KB057409

2024년판

중요 법률용어를 4개국어로 표시

법률용어사전

Law Dictionary

집필대표 법학박사 이병태

법학도 및 각종 시험을 준비하는 수험생과 법률실무가의 바이블

- ▷ 용어에 관한 판례를 알아보기 쉽게 박스처리 구성
- ▷ 핵심내용에 밑줄처리를 하여 이해를 높이도록 활용
- ▷ 해당법률용어와 관련하여 문제되는 쟁점사항이나 주용내용을 도표로 정리
- ▷ 현행법령과 판례, 예규, 학설을 기준으로 알기쉽도록 해설
- ▷ 용어에 해당하는 원어를 수록하여 원어강독에 편리
- ▷ 신설된 법률과 새로운학설의 용어도 빠짐없이 수록

법문북스

중요 법률용어 4개국어로 표시

개정판

법률용어사전

집필대표 법학박사 **이 병 태**

■집필위원〈가나다순〉■

강창경 한국소비자보호원 책임연구원·법학박사
고준기 군산대학교 법학과 교수 · 법학박사
김상규 한양대학교 법과대학 교수 · 법학박사
김이수 전주대학교 법학과 교수 · 법학박사
송호신 청주대학교 교수 · 법학박사
안택식 강릉대학교 법학과 교수 · 법학박사
옥무석 이화여자대학교 법학과 교수 · 법학박사
이기욱 한양대 법과대학 강사, 조세연구소 연구위원
이병태 한양대학교 법과대학 교수 · 법학박사
이형규 한양대학교 법과대학 교수법학박사
이훈종 동국대학교 교수 · 법학박사
정 규 공주대 법학과 교수 · 법학박사,
정세희 동아대학교 법과대학 교수 · 법학박사
정준우 아주대학교 법과대학 교수

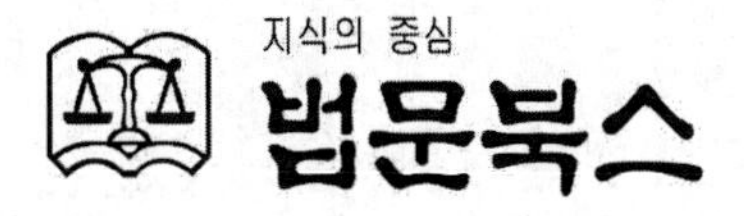

머 리 말

법률용어를 체계적으로 풀이하여 법률용어사전이라는 하나의 책으로 엮었다. 이 사전의 출판은 새로 대학에 들어와 법률학을 처음으로 공부하는 학생들의 길잡이로, 또 상식으로서 법률학을 알고자 하는 시민들의 안내를 기하려는 데 그 목적이 있다.

종래 대한민국에서도 법률학사전 또는 법률용어사전이라는 이름으로 적지 않은 책이 출간되었다. 그러나 이들 사전의 대부분은 일본에서 출간된 같은 이름의 단일책을 그대로 번역하여 국내법이나 한국풍토에 상충되는 경우가 많았고, 또 사전의 형식으로 개별적인 용어해설에 그쳐 각 법률분야의 큰 줄거리를 파악하기 어려운 경우가 적지 않았다. 본서는 이러한 문제점을 극복하기 위하여 최신의 국내법을 한국풍토에 접목시키며 다른 한편 "찾는" 사전과 동시에 "읽는" 사전으로서의 기능을 갖게 하였다. 따라서 이 사전의 전편을 통독하면 각 법률분야의 큰 줄거리를 충분히 이해 할 수 있도록 입문서로서의 형식을 가지고 있다.

물론 법률용어를 제대로 이해한다는 것은 쉬운 일이 아니다. 더욱이 짧은 기간에 그 용어가 가지고 있는 여러 가지 뜻을 정확하게 파악한다는 것은 너무도 어려운 일이다. 법률용어가 대부분 어려운 한자로 이루어지고 그 한자 역시 중국어 또는 일본어를 그대로 사용하여 우리말로 이해하기 어려운 경우가 적지 않다. 또 그 의미 역시 상식적인 뜻과는 거리가 먼 경우가 적지 않아 일반 사회생활에서 혼란을 가져오는 경우도 없지 않다. 이 점에서 각 법률분야의 큰 줄거리를 어느 정도 파악하고 법률용어의 정확한 뜻을 이해한다는 것은 법률학을 처음 공부하는 학생이나 또 상식으로서 법률을 알고자 하는 시민들에게 첫걸음이 되는 것이다. 이 사전은 이러한 학생들과 시민들의 욕구를 가장 손쉽게 성취할 수 있도록 편집이나 해설에서 유념하였다. 또 최근 크게 관심이 집중되는 노동 관련법이나 경제 관련법 또 자본시장통합법 등에서 새 시대의 추이에 알맞게 개요를 설명하고 새로운 항목을 선정하여 요령 있는 해설을 시도하였다. 이 점 어느 용어해설사전보다도 충실하다는 점을 자신할 수 있다.

민주주의사회에서 국민의 권리와 자유는 그 기본이 되며, 그 권리와 자유의 뒷면에 의무와 책임이 수반된다는 것은 말할 것도 없다. 의무와 책임이 없는 민주주의사회에서는 혼란만 거듭하게 되고 궁극에서는 권리와 자유가 헌신짝처럼 버려진다는 것은 누구나 잘 알고 있는 상식이다. 따라서 국민 각자가 권리와 자유에 못지않게 의무와 책임을 이행하는 데 이 사전이 조금이나마 기여할 수 있다면 이 사전의 집필진은 더 없는 보람을 느낀다.

마지막으로 이 사전이 출판되기까지 오랜 세월에 걸쳐 집필과 교열에 헌신한 여러 집필진의 노고에 심심한 경의와 사의를 표하고자 한다. 또 출판의 어려운 현실서도 물심양면에 집필을 도와주시고 사전을 출간한 법문북스 김현호 대표님과 편집부 직원 여러분에게도 감사드린다. 법문북스의 영원한 발전을 빈다.

2024년

편저자

일 러 두 기

1. 용어의 선정・해설방침

2024년 현행법령을 기준으로 기본 육법은 물론, 근래 들어 연구가 활발해지고 있는 경제 관련법의 분야에 이르기까지 모든 법역에 결친 법률용어를 선정하여 기초적인 용어의 뜻풀이와 함께 학설・판례를 적절히 참고할 수 있도록 하여 각종 시험을 준비하거나 실무에 유용하게 하였다. 또한 정부의 법률용어순화정책에 발맞추어 불필요한 한자어나 일본식 용어는 쓰지 않고, 가급적 우리말이나 쉬운 한자어를 사용하도록 하였다.

2. 항목의 분류

각 법분야의 성질에 따라 총 14개의 대단원으로 분류하였다.

3. 항목의 표기 및 배열

- 복합항목이나 상호 밀접하게 관련되는 항목(예 : 원시취득・승계취득, 채권・채무)은 일괄 해설하고, 참조할 항목은 화살표(☞)와 그 항목으로 표기하였다.
- 항목은 먼저 한글로 표기하고, 그 밑에 해당 한자를 괄호 안에 넣어 표기하였으며, 그에 대응하는 원어를 라틴어・영어・독일어・프랑스어 순으로 적었다. 각 항목부분에 색도처리하여 명료하게 식별할 수 있도록 하였다.

4. 관련법령 및 조문의 인용

- 항목해설 중 관련법령 및 법조문을 인용할 때에는 약어표에 따라 법령명을 표시하고, 예외적으로 참조할 법령의 경우는 약칭을 쓰지 않고 그대로 표기하였다.
- 같은 항목의 해설 중 같은 법령의 조문이 거듭 인용될 때에는 맨 처음에만 법령명과 조문을 병기(倂記)하고 그 이후로는 법령명은 생략하고 조문만을 표시하였다.
- 괄호안의 법조문 표기는 §숫자로 조문을, ○ 안의 숫자로 項(항)을, 로마숫자로 호(號)를 표기하였다(예 : 민§556① I →민법 제556조 1항 1호).

5. 총색인

전체 항목을 본문에 수록된 순으로 목차에 나열하고, 각 항목의 검색에 편리하도록 다시 가나다순으로 정리하였다.

略 語 表(약 어 표)

약어	법령명
가소	가사소송법
가소규	가사소송규칙
건기	건설기계관리법
건설	건설산업기본법
건축	건축법
검	검찰청법
경공	경찰공무원법
경직	경찰관직무집행법
경처	경범죄처벌법
공연	공무원연금법
공사채등록	공사채등록법
공선	공직선거및선거부정방지법
공임	공무원임용령
공광저	공장 및 광업재단 저당법
공증	공증인법
관세	관세법
광업	광업법
교공	교육공무원법
교육	교육법
국공	국가공무원법
국기	국세기본법
국배	국가배상법
국보	국가보안법
국안보	국가안전보장회의법
국가유공	국가유공자예우)등예우및지원에 관한 법률
국재	국유재산법
국징	국세징수법
국채	국채법
국토이	국토의계획및이용에관한 법률
국회	국회법
국회증감	국회에서의증언·감정등에관한법률
군연	군인연금법
군인	군인사법
군형	군형법
귀재산	귀속재산처리법
근주지	근로자의주거안정및목돈마련지원에관한법률
근기	근로기준법
근기령	근로기준법시행령
기회	기업회계기준
긴명	긴급명령
노복	노인복지법
노위	노동위원회법
농산유통	농수산물유통및가격안정에관한법률
농어보건	농어촌등보건의료를위한특별조치법
농지	농지법
농협	농업협동조합법
담배	담배사업법
담보사	담보부사채신탁법
도로	도로법
도로교	도로교통법
도시	도시계획법
도재	도시재개발법
독민	독일민법
독점	독점규제및공정거래에관한법률
독점시	독점규제및공정거래에관한법률시행령
장사	장사등에관한법률
모자보	모자보건법
문화재	문화재보호법
민	민법
민사조	민사조정법
민소	민사소송법
벌금임조	벌금등임시조치법
범피구	범죄피해자구조법
법공포	법령등공포에관한법률
법구	법률구조법
법인	법인세법

약어	법령명
법조	법원조직법
법징	법관징계법
변리	변리사법
변호사	변호사법
병	병역법
보험	보험업법
부	부칙
부등	부동산등기법
부정경	부정경쟁방지법
부정수	부정수표단속법
불민	프랑스민법
비송	비송사건절차법
사	사면법
사보	사회보장기본법
산림	산림법
산안	산업안전보건법
산재보	산업재해보상보험법
상	상법
상공	상공회의소법
상속	상속세및증여세법
상속령	상속세및증여세법시행령
상시	상법의일부규정의시행에관한규정
상저	상호저축은행법
상표	상표법
생활보	생활보호법
서민	스위스민법
선등	선박등기법
선박	선박법
선박령	선박법시행령
선보	선원보험법
선위	선거관리위원회법
선원	선원법
선직	선박직원법
국사	국제사법
소년	소년법
소득	소득세법
소비보	소비자보호법
소촉	소송촉진등에관한특례법
수	수표법
수난	수난구호법
수산	수산업법
수협	수산업협동조합법
식위	식품위생법
신탁	신탁법
신탁업	신탁업법
실용	실용신안법
실화책	실화책임)에관한법률
아동	아동복지법
약	약사법
양곡	양곡관리법
어	어음법
령	시행령
국재	국가재정법
외감	주식회사의외부감사에관한법률
외무공	외무공무원법
외인서	외국인의서명날인에관한법률
외자	외국인투자촉진법
외토	외국인토지법
외환	외국환관리법
우	우편법
유실	유실물법
의료	의료법
의급	의료급여법
디보	디자인보호법
이제	이자제한법
인지	인지세법
일상	일본상법
입목	입목에관한법률
자동차운수사업	자동차운수사업법
자보	자동차손해배상보장법
자재평	자산재평가법
자저	자동차등특정동산저당법
재규	재무제표규칙
저작	저작권법
전염	전염병예방법
정간등록	잡지등 정기간행물의 진흥에관한 법률
정자	정치자금법
정조	정부조직법
조특	조세특례제한법
조범절차	조세범처벌절차법

조세범	조세범처벌법
주택	주택법
주등	주민등록법
주보	주택임대차보호법
주세	주세법
중협	중소기업협동조합법
즉결	즉결심판에관한절차법
자통	자본시장과 금융투자업에 관한 법률
지공	지방공무원법
지방	지방세법
지자	지방자치법
지재	지방재정법
지적	지적법
직안	직업안정법
집시	집회및시위에관한법률
집행	집행관법
철도	철도법
철도소재	철도소재물법
청원	청원법
출입국	출입국관리법
칙	시행규칙
공토	공익사업을위한토지등의취득및보상에관한법률
도개	도시개발법
통비	통신비밀보호법
특허	특허법
특허령	특허법시행령
채무	채무자회생및파산에관한법률
항공	항공법
해오염	해양오염방지법
행소	행정소송법
행심	행정심판법
행형	행형법
헌	헌법
헌재	헌법재판소법
형	형법
형보	형사보상법
형소	형사소송법
환경	환경정책기본법

목 차

법 일 반

- 법 일 반 ……………………………………………………………………5
- 법사 · 법사상 ………………………………………………………………35

행 정 법

- 행정법일반 …………………………………………………………………45
- 행정행위 · 쟁송 ……………………………………………………………50
- 공 무 원 ……………………………………………………………………69
- 질서행정 ……………………………………………………………………79
- 복리행정 ……………………………………………………………………88

헌 법

- 총 론 ………………………………………………………………………105
- 대표적인 법 사상가 ………………………………………………………116
- 기 본 권 ……………………………………………………………………162
- 국 회 ………………………………………………………………………191
- 정 부 ………………………………………………………………………216
- 법 원 ………………………………………………………………………228
- 헌법재판소 …………………………………………………………………233

민 법

● 총 칙 ······ 245
● 물 권 법 ······ 363
● 채 권 법 ······ 452
● 친 족 ······ 570
● 상 속 ······ 608

민사특별법 ······ 633

부동산등기법 ······ 643

● 총 칙 ······ 643
● 등기소와 등기관 ······ 645
● 등기장부 ······ 646
● 등기절차 ······ 648

민 사 소 송 법

● 법원 · 당사자 ······ 663
● 소의 제기 ······ 683
● 변 론 ······ 692
● 소송의 종결 ······ 714
● 상 소 ······ 724

채무자 회생 및 파산에 관한 법률 ······ 729

민 사 집 행 법

● 총 칙 ……755
● 강제집행 ……762
● 보전처분 ……773

형 법

형법총론 ……**783**

● 구성요건해당성 ……793
● 위법성 ……818
● 책임성 ……828
● 미수론 ……836
● 공범론 ……843
● 죄수론 ……857
● 형벌론 ……862

형법각론 ……**881**

● 개인적 법익에 관한 죄 ……881
● 사회적 법익에 관한 죄 ……944
● 국가적 법익에 관한 죄 ……973

형 사 소 송 법

● 총 론 ……………………………………………………………1005
● 법원 · 당사자 ……………………………………………………1011
● 수사 · 강제처분 …………………………………………………1027
● 공 소 ……………………………………………………………1049
● 공 판 ……………………………………………………………1059
● 판 결 ……………………………………………………………1089
● 상소 · 비상구제절차 · 특별절차 ………………………………1097

형 사 특 별 법

● 자본시장법 ………………………………………………………1111
● 국토계획법 ………………………………………………………1129
● 공직선거법 ………………………………………………………1131
● 공무원법(公務員法) ………………………………………………1136
● 농수산물품질법 …………………………………………………1138
● 도로교통법 ………………………………………………………1139
● 동물보호법 ………………………………………………………1140
● 마약(痲藥) ………………………………………………………1141
● 먹는물 ……………………………………………………………1142
● 모자보건법 ………………………………………………………1143
● 문화재보호법 ……………………………………………………1144
● 성매매처벌법 ……………………………………………………1149
● 약사법(藥師法) …………………………………………………1154
● 여신전문금융업법 ………………………………………………1155
● 의료법(醫療法) …………………………………………………1157
● 주택법(住宅法) …………………………………………………1160

상 법

● 총 칙 ……1181
● 상행위법 ……1196
● 회사법 ……1206
● 보험법 ……1257
● 해상법 ……1279

상사특별법 ……1303

자본시장과 금융투자업에 관한 법

● 자통법(자본시장법) ……1311

노 동 법

● 총 론 ……1329
● 근로기준법 ……1337
● 노동조합 및 노동관계조정법 ……1356
● 노동위원회법 ……1377
● 근로자참여 및 협력증진에 관한법률 ……1382

조 세 법 · 경 제 법

조 세 법 ······ 1387

- 총 론 ······ 1387
- 국세실체법 ······ 1400
- 국세의 징수 ······ 1408
- 조세쟁송과 조세범칙법 ······ 1410

경 제 법 ······ 1413

- 지적재산권법 ······ 1415
- 소비자기본법 ······ 1433
- 저작권법 ······ 1446
- 독점규제 및 공정거래에 관한 법률 ······ 1447

국 제 법

국 제 법 ······ 1451

국제거래법 ······ 1493

색 인

一

1인 창조기업 …… 1164
1인회사 …… 1214
1주의 금액 …… 1221

ㄱ

가감적 구성요건 …… 796
가감적 신분 …… 856
가격배상 …… 476
가공 …… 410
가공물 …… 409
가구제 …… 67
가급임금 …… 1351
가납재판 …… 1094
가담범 …… 848
가도 …… 1290
가등기 …… 644
가등기가처분 …… 644
가등기담보 …… 450
가등기담보 등에 관한 법률 …… 634
가등기된 청구권 …… 370
가방면 …… 1055
가벌성의 조건 …… 819
가벌적 위법성론 …… 819
가봉자 …… 592
가봉자 입적 …… 592
가부권 …… 580
가부장제 …… 581
가분급부·불가분급부 …… 466
가분이행·불가분이행 …… 469
가사대리권 …… 581
가사비송사건 …… 638
가사사용인 …… 1343
가사소송 …… 636
가사소송법 …… 636
가사조정 …… 637
가산임금 …… 1351
가석방 …… 875
가스, 전기등 공급방해죄 …… 948
가스·전기등 방류죄 …… 949
가압류법원 …… 774
가압류의 집행 …… 774
가압류의 취소 …… 775
가압류해방금액 …… 775
가영치 …… 875
가옥대장 …… 383
가위탁 …… 876
가입조항 …… 1461
가장매매 …… 1115, 1315
가장적 선점 …… 1490
가장조건 …… 351
가장행위 …… 328
가정법원 …… 638
가정폭력범죄 …… 1124
가정항변 …… 705
가족 …… 575
가족관계등록부 …… 574
가족관계의 등록 등에 관한 법률 …… 574, 633
가족권 …… 569
가족권(신분권) …… 255
가주소 …… 279
가중주의 …… 858
가집행 …… 719
가집행면제의 선고 …… 719
가집행선고 …… 719

가짜 석유제품 ········· 1148
가처분 ········· 775
가처분명령 ········· 776
가처분법원 ········· 777
가처분의 집행 ········· 777
가처분의 취소 ········· 777
가체포 ········· 1475
가축전염병 ········· 1125
가출옥 ········· 876
가치권 ········· 433
가택수색 ········· 1043
가해선박선적국법주의 ········· 1489
가해조항 ········· 1476
가혹행위 ········· 983
각국특허의 독립원칙 ········· 1431
간섭 ········· 1455
간음 ········· 905
간이공판절차 ········· 1066
간이인도 ········· 384
간이파산 ········· 745
간접거래 ········· 1235
간접교사 ········· 853
간접민주제 ········· 140
간접반정 ········· 1498
간접법 ········· 1496
간접사실 ········· 1075
간접선거 ········· 152
간접정범 ········· 848
간접증거 ········· 709
간주 ········· 31
간주이자 ········· 461
간첩 ········· 1481
간첩죄 ········· 976
간통죄 ········· 967
감가상각 ········· 1243, 1403
감금 ········· 896
감금죄 ········· 897
감별 ········· 877
감사 ········· 299
감사원 ········· 227
감사위원 ········· 747
감염병 ········· 1125
감자잉여금 ········· 1246
감자차익금 ········· 1246
감정 ········· 1073
감정법학 ········· 39
감정서 ········· 711
감정유치 ········· 1047, 1073
감정인 ········· 1073
감정인기피 ········· 712
감정증인 ········· 712
감정표시 ········· 313
감청 ········· 1162
감형 ········· 224
감호조치 ········· 877
갑구 ········· 647
강간 ········· 902
강간과 추행의 죄 ········· 902
강간등에 의한 치사상죄 ········· 903
강간죄 ········· 902
강도 ········· 924
강도강간죄 ········· 903
강도상해·치상죄 ········· 928
강도죄(强盜罪) ········· 925
강력범 ········· 799
강박 ········· 331
강박에 의한 의사표시 ········· 324
강요된 행위 ········· 834
강요죄 ········· 899
강임 ········· 1136
강제격리 ········· 85
강제경매 ········· 762
강제관리 ········· 765
강제근로의 금지 ········· 1340
강제노역 ········· 172
강제보험·임의보험 ········· 1271
강제설립주의 ········· 289
강제수사 ········· 1028
강제이행 ········· 772
강제인지 ········· 594
강제저금의 금지 ········· 1340
강제중재 ········· 1375
강제집행면탈죄 ········· 990
강제집행비용 ········· 756

강제집행의 보전 …… 756
강제집행의 정지 …… 755
강제집행의 제한 …… 755
강제집행의 취소 …… 756
강제징수 …… 59
강제처분 법정주의 …… 1027
강제추행죄 …… 904
강제투표 …… 153
강행법 · 임의법 …… 18
강행법규 …… 316
개괄적 고의 …… 811
개념법학 …… 39
개발이익 …… 1164
개방적 구성요건 …… 796
개방조약 …… 1459
개연성설 …… 811
개의 …… 200
개인적 공권 …… 164
개인정보 …… 1126
개인주의 …… 142
개인채무자 …… 747
개인회생위원 …… 748
개인회생재단 …… 747
개인회생채권 …… 748
개인회생채권자집회 …… 749
개정 …… 1059
개축 …… 1128
객관적 구성요건요소와 주관적 구성요건요소 …… 795
객관적 귀속론 …… 808
객관적 귀속이론 …… 808
객관적 불능 …… 472
객관적 위법성 …… 820
객관적 위법성설 …… 819
객관적 쟁송 …… 61
객관적 처벌조건 …… 821
객체의 착오 …… 814
거동범 …… 796
거래법 …… 367
거래의 안전 …… 376
거부권 …… 1469
거소 …… 279
거실 …… 1127
거주·이전의 자유 …… 173
거주자 …… 1402
거중조정 …… 1461
거증책임 …… 1076
거치보험 …… 1272
거행지법 …… 1496
건물 …… 303
건물등기 …… 652
건설공사 …… 1126
건조물 …… 953
건축물 …… 1127
건축법 …… 640
건폐율과 용적률 …… 1128
검거 …… 1048
검사 …… 1019
검사동일체의 원칙 …… 1019
검색의 항변권 …… 493
검시 …… 1047
검역감염병 …… 1165
검인 …… 626
검증 …… 711, 1046
검증조서 …… 1086
검진 …… 706
검찰청 …… 1019
게놋센샤프트 …… 287
게르만법 …… 36
게리맨더링 …… 154
게베레 …… 389
게임물 …… 1130
격지자·대화자 …… 333
견련 …… 515
견련범 …… 860
견본매매 …… 531
결격사유 …… 158
결과범 …… 797
결과적 가중범 …… 818
결과책임 …… 829
결사의 자유 …… 177
결산보고서 …… 1241
결석 …… 709
결석재판주의 …… 710

결선투표 ······ 153
결심 ······ 714
결정 ······ 1090
결합범 ······ 859
경개 ······ 507
경계에 관한 상린관계 ······ 398
경계침범죄 ······ 941
경과법 ······ 20
경국대전 ······ 38
경락 ······ 767
경력직공무원 ······ 1136
경륜과 경정 ······ 1165
경마 ······ 1163
경매 ······ 530
경매·입찰방해죄 ······ 910
경매개시결정 ······ 763
경매신청 ······ 763
경매실시 ······ 764
경매절차의 중지 ······ 765
경매취소권 ······ 765
경비계엄 ······ 221
경비업 ······ 1165
경상손익 ······ 1248
경성헌법 ······ 110
경쟁계약 ······ 530
경쟁매매 ······ 530
경쟁의 유지와 촉진 ······ 1437
경정·결정 ······ 1408
경정등기 ······ 654
경제법 ······ 18
경제봉쇄 ······ 1464
경제사회이사회 ······ 1466
경제적 민주주의 ······ 141
경제적기본권 ······ 185
경제조항 ······ 143
경제질서 ······ 142
경찰강제 ······ 86
경찰공공의 원칙 ······ 81
경찰관직무집행법 ······ 83
경찰국가 ······ 130
경찰권 ······ 80
경찰권의 한계 ······ 83
경찰금지 ······ 87
경찰긴급권 ······ 84
경찰면제 ······ 86
경찰명령 ······ 85
경찰벌 ······ 87
경찰범 ······ 87
경찰법 ······ 83
경찰비례의 원칙 ······ 81
경찰상의 강제집행 ······ 86
경찰상의 즉시강제 ······ 86
경찰소극목적의 원칙 ······ 81
경찰소추 ······ 87
경찰의 목적 ······ 79
경찰의 수단 ······ 80
경찰의 의무 ······ 79
경찰의 의의 ······ 79
경찰책임 ······ 80
경찰처분 ······ 85
경찰평등의 원칙 ······ 81
경찰하명 ······ 85
경찰허가 ······ 86
경합범 ······ 860
경합적 병합 ······ 688
경험법칙 ······ 1075
계급국가 ······ 130
계모자관계 ······ 591
계속범 ······ 797, 859
계속보험 ······ 1272
계속비 ······ 209
계속적 공급계약 ······ 516
계속적 급부 ······ 516
계속적 불능 ······ 472
계속적 채권관계 ······ 516
계속적불법행위 ······ 561
계속지역권 ······ 428
계약 ······ 509
계약강제 ······ 511
계약갱신청구권 ······ 544
계약보증금 ······ 533
계약불이행의 항변 ······ 522
계약설 ······ 126
계약의 갱신 ······ 544

계약자유의 원칙 ········ 512
계약자유의 원칙과 소비자문제 ········ 1443
계약체결상의 과실 ········ 521
계엄 ········ 221, 1165
계쟁물에 관한 가처분 ········ 776
계친자 ········ 592
계표 ········ 404
계획사업리스 ········ 1204
계후자 ········ 592
고독사 ········ 1166
고리 ········ 462
고리금지법 ········ 463
고리대 ········ 462
고리대자본 ········ 463
고문 ········ 1084
고발 ········ 1034
고소 ········ 1032
고소권자 ········ 1033
고소기간 ········ 1032
고소불가분의 원칙 ········ 1034
고소의 추완 ········ 1033
고소의 취소 ········ 1033
고소인 ········ 1033
고용 ········ 546
고용노동부 ········ 1337
고위공무원단 ········ 1136
고위공직자범죄수사처 설치 및 운영에 관한 법률 ········ 1029
고유권 ········ 257
고유법·계수법 ········ 20
고유사무 ········ 161
고유의 의미의 헌법 ········ 106
고유재산 ········ 584
고의 ········ 562, 809
고충처리위원 ········ 1383
골재 ········ 1130
공갈죄 ········ 933
공개매수 ········ 1118, 1317
공개주의 ········ 1061
공개투표 ········ 153
공격방어방법 ········ 696
공공 ········ 1491
공공기업체 ········ 99
공공복지 ········ 166
공공서류 등 무효죄 ········ 993
공공시설 ········ 92
공공용물 ········ 92
공공위험죄 ········ 944
공공조합 ········ 96
공권(公權) ········ 46
공권(空券) ········ 1201
공권력 ········ 46
공급자의 자율적 규제 ········ 1437
공기업 ········ 96
공기업 이용권 ········ 100
공기업벌 ········ 100
공기업의 이용관계 ········ 99
공기업특권 ········ 100
공기업특허 ········ 100
공도(公道) ········ 92
공도(空渡) ········ 1290
공동구조 ········ 1299
공동담보 ········ 449
공동담보목록 ········ 652
공동대리 ········ 343
공동리스 ········ 1203
공동면책 ········ 488
공동보증 ········ 495
공동보험 ········ 1270
공동불법행위 ········ 561
공동상속 ········ 611
공동상속인 ········ 612
공동소송 ········ 676
공동소송인 ········ 677
공동소송인 독립의 원칙 ········ 680
공동소송적 보조참가 ········ 679
공동소송참가 ········ 680
공동소유 ········ 412
공동소유와 단체 ········ 413
공동압류 ········ 771
공동유언집행 ········ 627
공동의사 주체설 ········ 849
공동저당 ········ 448
공동정범 ········ 849

공동주택 ······ 1160
공동채무자 ······ 488
공동친권 ······ 602
공동피고인 ······ 1020
공동해손 ······ 1295
공류 ······ 404
공리주의법학 ······ 40
공매 ······ 530
공모공동정범 ······ 851
공무담임권 ······ 180
공무방해에 관한 죄 ······ 989
공무상 비밀표시무효죄 ······ 991
공무상비밀누설죄 ······ 982
공무원 ······ 69, 981
공무원권리행사방해죄 ······ 943
공무원선거권 ······ 180
공무원연금법 ······ 73
공무원의 권리 ······ 72
공무원의 기본권 제한 ······ 157
공무원의 변상책임 ······ 72
공무원의 신분보장 ······ 158
공무원의 의무 ······ 74
공무원의 종류 ······ 1136
공무원의 직무에 관한 죄 ······ 981
공무원의 책임 ······ 158
공무원자격사칭죄 ······ 946
공무원파면청원권 ······ 182
공무집행방해죄 ······ 989
공문서 ······ 992
공문서부정행사죄 ······ 992
공문서에 관한 죄 ······ 992
공문서위조·변조죄 ······ 992
공물 ······ 88
공물경찰 ······ 89
공물관리권 ······ 90
공물의 불융통성 ······ 96
공물의 사용 ······ 90
공물제한 ······ 90
공민권 ······ 149
공범 ······ 843
공범과 신분 ······ 856
공범독립성설·공범종속성설 ······ 848
공범자의 자백 ······ 1079
공법·사법 ······ 16
공법관계 ······ 45
공법상 권리·의무 ······ 48
공법상 근무관계 ······ 48
공법상 부당이득 ······ 48
공법상 손실보상 ······ 60
공법상 특별감독관계 ······ 47
공법상 합동행위 ······ 48
공법상의 계약 ······ 56
공법상의 권리관계에 관한 소송 ······ 61
공법상의 영조물이용관계 ······ 98
공법상의 주소 ······ 48
공법상의 행위능력 ······ 48
공법인 ······ 287
공보험 ······ 1268
공사감리자 ······ 1128
공소 ······ 1050
공소권 이론 ······ 1052
공소기각의 재판 ······ 1094
공소변경주의 ······ 1051
공소불가분의 원칙 ······ 1052
공소사실 ······ 1056
공소시효 ······ 1058
공소의 제기 ······ 1050
공소의 취소 ······ 1051
공소의 효력 ······ 1051
공소장 ······ 1053
공소장 일본주의 ······ 1056
공시송달 ······ 701
공시의 원칙 ······ 376
공시주의 ······ 376
공시최고 ······ 727
공시최고절차 ······ 728
공신력 ······ 377
공신의 원칙 ······ 377
공안을 해하는 죄 ······ 944
공업소유권 ······ 96, 1415
공업소유권의 보호를 위한 파리조약 ······ 1430
공연음란죄 ······ 968
공연점유 ······ 390
공영선거 ······ 152

공용개시 …… 92
공용물 …… 92
공용물파괴죄 …… 953
공용부담 …… 93
공용사용 …… 94
공용서류무효죄 …… 993
공용수용 …… 95
공용영조물 …… 92
공용재산 …… 91
공용제한 …… 93
공용지역 …… 95
공용징수 …… 380
공용폐지 …… 95
공용환지 …… 95
공운임 …… 1293
공유 …… 413
공유공물 …… 89
공유물분할 …… 415
공유의 지분 …… 415
공유재산 …… 414
공유하천용수권 …… 403
공의무 …… 188
공익건조물파괴죄 …… 953
공익권 …… 257
공익법인 …… 289
공익사업 …… 1372
공익신고 …… 1166
공익위원 …… 1380
공인노무사 …… 1166
공인위조부정행사죄 …… 963
공인회계사 …… 1166
공작물 …… 424
공장 및 광업재단 저당법 …… 443, 640
공장재단 …… 443
공장저당 …… 443
공적 경매 …… 762
공적운임 …… 1293
공전법규안 …… 1482
공정증서에 의한 유언 …… 625
공정증서원본부실기재죄 …… 961
공중접객업 …… 1200
공증인 …… 1174
공지의 사실 …… 704, 1076
공직선거법 …… 148, 1131
공직자윤리법 …… 1167
공탁 …… 509
공탁법 …… 635
공판기일 …… 1060
공판기일전증인신문 …… 1069
공판절차 …… 1059
공판절차의 경신 …… 1060
공판절차의 정지 …… 1060
공판조서 …… 1087
공판준비절차 …… 1057
공판중심주의 …… 1057
공평한 법원 …… 1013
공포 …… 203
공해 …… 1488
공해자유의 원칙 …… 1488
공화제 …… 128
공휴일 …… 1167
과거기간 …… 580
과료 …… 864
과세권 …… 206
과세기간 …… 1397
과세대상 …… 1396
과세요건 …… 1395
과세표준 …… 1396
과실 …… 563, 816
과실교통방해죄 …… 952
과실범의 공동정범 …… 850
과실상계 …… 480
과실상해·과실치사죄 …… 890
과실의 수취 …… 308
과실일수죄 …… 950
과실점유·무과실점유 …… 390
과실책임의 원칙과 소비자문제 …… 1442
과실책임주의 …… 478
과잉방위 …… 822
과잉자구행위 …… 826
과잉피난 …… 824
과태파산죄 …… 733
과한다·과한다 …… 32
과형상의 일죄 …… 861

관념통지 ···· 313
관련디자인 ···· 1428
관련사건 ···· 1017
관리권 ···· 259
관리능력 ···· 278
관리자주체설 ···· 285
관리점유 ···· 392
관리행위 ···· 339
관세 ···· 1388
관세경찰 ···· 82
관세무역일반협정 ···· 1389
관습 ···· 318
관습법 ···· 13, 251
관습법상 법정지상권 ···· 423
관습헌법 ···· 109
관습형법금지의 원칙 ···· 786
관영공공사업 ···· 99
관치행정 ···· 49
관할 ···· 1015
관할권 ···· 666
관할위반의 항변 ···· 1018
관할의 경합 ···· 1018
관할의 병합 ···· 669, 1017
관할의 이전 ···· 1017
관할의 지정 ···· 669, 1017
관할의 합의 ···· 669
광물 ···· 1167
광업권 ···· 363
광업재단 ···· 444
교부송달 ···· 701
교부주의 ···· 456
교사범 ···· 852
교사의 미수 ···· 852
교서 ···· 225
교섭단체 ···· 195
교육을 받을 권리 ···· 1435
교육의 권리 ···· 186
교육의 의무 ···· 190
교육의 자주성 ···· 186
교육의 정치적 중립성 ···· 187
교육환경보호구역 ···· 1135
교차책임 ···· 1298
교차청약 ···· 518
교통방해죄 ···· 952
교통방해치사상죄 ···· 952
교통시설 ···· 1168
교통약자 ···· 1168
교호신문 ···· 1071
교환 ···· 537
교환적 소의 변경 ···· 690
구금 ···· 1042
구두변론주의 ···· 1062
구두주의 ···· 693
구류 ···· 863
구분등기 ···· 655
구분소유 ···· 399
구분지상권 ···· 426
구상권 ···· 488
구성요건 ···· 793
구성요건의 흠결 ···· 793
구성요건적 착오 ···· 812
구성요건해당성 ···· 794
구성적 신분 ···· 856
구속 ···· 1035
구속의 취소 ···· 1036
구속의 효력 ···· 1045
구속집행정지 ···· 1045
구수증서에 의한 유언 ···· 626
구인 ···· 1043
구제명령 ···· 1364
구조료 ···· 1299
구체적 과실 ···· 564
구체적 부합설 ···· 813
구체적 사실의 착오 ···· 814
구체적 타당성 ···· 26
구파 ···· 790
국가 ···· 125
국가공무원 ···· 69
국가긴급권 ···· 220
국가면제 ···· 1455
국가배상 ···· 60
국가배상청구권 ···· 182
국가소추주의 ···· 1049
국가승인 ···· 1454

국가안전보장회의 ········ 226
국가에 귀속하는 상속재산이전에 관한 법률 633
국가영역 ········ 1485
국가원로자문회의 ········ 227
국가원수 ········ 220
국가의 불법행위책임 ········ 183
국가장 ········ 1175
국가주권설 ········ 133
국가책임 ········ 1456
국경일 ········ 1167
국고 ········ 91
국고에 대한 강제집행 ········ 757
국고행위 ········ 91
국교에 관한 죄 ········ 973
국군의 정치적 중립성 준수 ········ 145
국기· 국장모독죄 ········ 977
국기·국장비방죄 ········ 978
국내사항 ········ 1456
국무위원 ········ 226
국무총리 ········ 225
국무회의 ········ 226
국민 ········ 133
국민대표제 ········ 154
국민발안 ········ 180
국민의 기본적 의무 ········ 188
국민전체의 봉사자 ········ 158
국민주권 ········ 132
국민주택 ········ 1160
국민참여재판제도 ········ 1015
국민투표 ········ 221
국민파면 ········ 222
국방의무 ········ 189
국선변호인 ········ 1024
국세 ········ 1387
국세기본법 ········ 1394
국세징수법 ········ 1408
국세체납처분 ········ 1409
국유재산 ········ 90, 1137
국적 ········ 134
국적법 ········ 636
국적의 변경 ········ 135
국적의 상실 ········ 135
국적의 취득 ········ 135
국적이탈 ········ 136
국적회복 ········ 136
국정감사권·국정조사권 ········ 214
국제관습법 ········ 1452
국제기구 ········ 1464
국제노동기구 ········ 1335
국제노동법 ········ 1334
국제노동조약 ········ 1335
국제민간항공협약 ········ 1491
국제민법 ········ 1495
국제민사소송법 ········ 1495
국제범죄 ········ 1474
국제법 ········ 1451
국제법과 국내법 ········ 1457
국제법규 ········ 145
국제법의 주체 ········ 1454
국제법전편찬 ········ 1456
국제법주의 ········ 1451
국제분쟁 ········ 1463
국제사법 ········ 1493
국제사법공조 ········ 1470
국제사법규정의 흠결 ········ 1493
국제사법재판소 ········ 1469
국제사법재판소규정 ········ 1469
국제상법 ········ 1494
국제어음법·수표법 ········ 1494
국제연맹 ········ 1464
국제연합 ········ 1465
국제연합총회 ········ 1466
국제연합헌장 ········ 1466
국제예양 ········ 1453
국제유가증권법 ········ 1495
국제이중과세 ········ 1407
국제자유노동조합연맹 ········ 1467
국제재판의 준칙 ········ 1463
국제조정위원회 ········ 1462
국제중재재판 ········ 1462
국제지역 ········ 1485
국제통일화특허 ········ 1432
국제평화주의 ········ 144
국제항공조약 ········ 1492

국제해상법 ········ 1494
국제행정법 ········ 1495
국제형법 ········ 1475
국체 ········ 129
국체와 정체 ········ 129
국헌문란 ········ 973
국회 ········ 193
국회 상임위원회 ········ 194
국회법 ········ 194
국회사무처 ········ 194
국회의 권한 ········ 195
국회의 위원회제도 ········ 198
국회의 자율권 ········ 211
국회의 전문위원 ········ 202
국회의원 ········ 202
국회의장 ········ 201
국회해산권 ········ 225
권고적 의견 ········ 1471
권능 ········ 29, 269
권력 ········ 29
권력관계 ········ 46
권력분립주의 ········ 216
권리 ········ 27, 266
권리경합 ········ 267
권리관계 ········ 245
권리남용금지의 원칙 ········ 265
권리능력 ········ 269
권리능력없는 사단 ········ 293
권리변동 ········ 267
권리변동의 등기 ········ 382
권리보호의 이익 ········ 685
권리보호의 자격 ········ 685
권리본위사상 ········ 266
권리설정 ········ 421
권리의 객체 ········ 300
권리의 남용 ········ 264
권리의 본질 ········ 27
권리의 주체 ········ 268
권리의 추정 ········ 393
권리의 포기 ········ 245, 268
권리의 행사 ········ 268
권리이전 ········ 267
권리질권 ········ 439
권리취득 ········ 267
권리침해 ········ 1424
권리행사방해죄 ········ 942
권원 ········ 268
권위국가 ········ 130
권한 ········ 29, 245, 268
권한대행 ········ 220
권한의 대리 ········ 49
권한의 위임 ········ 49
권한의 획정 ········ 237
귀책사유 ········ 472
규문주의 ········ 1006
규범 ········ 5
규범적 책임론 ········ 830
규범적 헌법 ········ 108
규범적 효력 ········ 1361
규칙 ········ 7
균등처우 ········ 1340
근담보 ········ 447
근로3권 ········ 187
근로감독관 ········ 1355
근로계약 ········ 1338
근로관계 ········ 1338
근로권 ········ 187
근로기준법 ········ 1337
근로시간 ········ 1348
근로의무 ········ 190
근로자 ········ 1338, 1357
근로자명부 ········ 1346
근로자위원 ········ 1379
근로자참여및협력증진에관한법률 ········ 1382
근로조건 ········ 1339
근로조건의 명시 ········ 1339
근무성적평정 ········ 71
근보증 ········ 492
근보험 ········ 448
근본규범 ········ 41
근저당 ········ 447
근친혼 ········ 579
금고 ········ 863
금액채권 ········ 457

금약관 ···· 457
금융리스 ···· 1202
금융위원회 ···· 1123, 1323
금융투자상품 ···· 1120, 1320
금융투자업 ···· 1122, 1321
금전 ···· 456
금전배상 ···· 476
금전채권 ···· 456
금종채권 ···· 457
금치산자 ···· 277
급경사지 ···· 1169
급부 ···· 465
급부불능 ···· 468
급부의 선택 ···· 465
급부행정 ···· 88
기간 ···· 354
기간보험 ···· 1267
기간의 기산점 ···· 355
기간의 만료점 ···· 355
기관소송 ···· 63
기념물 ···· 1144
기능성 화장품 ···· 1164
기대가능성 ···· 833
기대권 ···· 259
기득권 ···· 260
기득권불가침의 원칙 ···· 11
기망 ···· 331
기망행위 ···· 931
기본공제 ···· 1400
기본적 인권 ···· 163
기본채권·지분채권 ···· 463
기부금품 ···· 1137
기부행위 ···· 1133
기산점 ···· 34
기성조건 ···· 351
기소 ···· 1049
기소독점주의 ···· 1053
기소사실인부절차 ···· 1066
기소유예 ···· 1055
기소편의주의·기소법정주의 ···· 1054
기속력 ···· 65, 717
기속처분 ···· 54
기속행위 ···· 54
기수 ···· 836
기숙사 ···· 1355
기숙사규칙 ···· 1355
기술적 구성요건요소와 규범적 구성요건요소 ···· 795
기아 ···· 283
기업별조합 ···· 1359
기업집단 ···· 1447
기업회계기준 ···· 1188
기여분 ···· 612
기일 ···· 698
기일의 변경 ···· 699, 1061
기일의 지정 ···· 699, 1061
기입등기 ···· 643
기초자산 ···· 1121, 1321
기탁금 ···· 1132
기판력 ···· 1095
기피 ···· 1014
기한 ···· 352
기한부법률행위 ···· 353
기한이익 ···· 354
긴급조정 ···· 1376
긴급조치·처분명령 ···· 220
긴급체포 ···· 1036
긴급피난 ···· 566, 823
길드 ···· 1185

ㄴ

나폴레옹법전 ···· 38
낙성계약 ···· 514
낙약자·요약자 ···· 521
낙태죄 ···· 892
난민 ···· 1169, 1481
난임 ···· 1144
남극과 북극 ···· 1168
남녀동일임금 ···· 1343
납부 ···· 1395
납세고지서 ···· 1398

납세신고 ······ 1398
납세의무 ······ 189, 1394
납세의무자 ······ 1397
내각 ······ 217
내국법인 ······ 293
내국세 ······ 1388
내금 ······ 537
내란목적살인죄 ······ 975
내란죄 ······ 974
내부 공익신고자 ······ 1166
내부자거래 ······ 1116, 1316
내수 ······ 1486
내수선 ······ 1296
내연관계 ······ 579
내외인평등의 원칙 ······ 1431
내용의 중요부분의 착오 ······ 330
내용증명우편 ······ 333
내재적 효과의사 ······ 314
내해 ······ 1487
노동공급계약 ······ 1336
노동권(근로권) ······ 1332
노동기본권 ······ 1331
노동법 ······ 1329
노동법의 체계 ······ 1331
노동위원회 ······ 1377
노동위원회법 ······ 1377
노동쟁의 ······ 1365
노동조합 ······ 1356
노동조합규약 ······ 1359
노동조합및노동관계조정법 ······ 1356
노동조합운동 ······ 1336
노동조합주의 ······ 1335
노래연습장업 ······ 1156
노무공급계약 ······ 546
노무관리 ······ 1336
노사협의회 ······ 1382
노숙인 등 ······ 1170
노역장 유치 ······ 866
노하우 ······ 1432
녹음에 의한 유언 ······ 625
논고 ······ 1088
논리해석 ······ 23
농산물우수관리 ······ 1138
농업재해 ······ 1170
뇌물죄 ······ 984
뇌사설 ······ 283
뇌사자 ······ 1158
누범·상습범 ······ 870
누진세율 ······ 1397
뉴스통신 ······ 1170
뉴슨스 ······ 400
능동대리 ······ 344
능력 ······ 269

ㄷ

다단계판매 ······ 1145
다수당사자의 채권 ······ 484
다수대표제 ······ 155
다원적 국가론 ······ 126
다중불해산죄 ······ 945
다툼없는 사실 ······ 704
다항제 ······ 1418
단결권 ······ 1333
단기시효 ······ 359
단기임대차 ······ 543
단기자유형 ······ 862
단독보험 ······ 1270
단독상속 ······ 607, 611
단독점유·공동점유 ······ 392
단독정범 ······ 849
단독제 ······ 1012
단독주택 ······ 1160
단독해손 ······ 1296
단독행위 ······ 510
단속규정 ······ 88
단순계약 ······ 515
단순승인 ······ 617
단순유증 ······ 629
단일국가 ······ 128
단일물 ······ 301
단일조직 ······ 1360

단체 ··· 287
단체교섭권 ··· 1333
단체법 ··· 287
단체보험 ··· 1270
단체행동권 ··· 1334
단체협약 ··· 1361
담담탄 ··· 1481
담보계약 ··· 515, 1164
담보물권 ··· 432
담보부사채 ··· 1238
담보책임 ··· 533
담합행위 ··· 532
답변서 ··· 702, 1102
당기손익 ··· 1249
당사자 ··· 672
당사자능력 ··· 673, 1021
당사자대등주의 ··· 673, 1022
당사자소송 ··· 63, 673
당사자신문 ··· 712
당사자의 동의와 증거능력 ··· 1080
당사자의 변경 ··· 679
당사자자치의 원칙 ··· 1499
당사자적격 ··· 674
당사자주의 ··· 1006
당연승계 ··· 681
대가 ··· 515
대금 ··· 532
대금감액청구권 ··· 536
대낙양자 ··· 598
대륙붕 ··· 1490
대리 ··· 333
대리권 ··· 337
대리의사 ··· 335
대리인 ··· 338
대리점 ··· 1192
대리행위 ··· 334
대마 ··· 1142
대물대차 ··· 540
대물반환의 예약 ··· 504
대물방위 ··· 822
대물변제 ··· 503
대물변제의 예약 ··· 503
대물적 강제처분 ··· 1040
대법원 ··· 230
대부업 ··· 1138
대상분할 ··· 615
대상청구권 ··· 475
대선거구 ··· 154
대세권·대인권 ··· 367
대수선 ··· 1127
대습상속 ··· 610
대안교육 ··· 1170
대여 ··· 543
대위 ··· 482
대위변제 ··· 504
대의제도 ··· 193
대인적 보안처분 ··· 877
대인적 청구권 ··· 467
대장 ··· 382
대주 ··· 544
대지 ··· 1127
대질 ··· 1072
대차대조표 ··· 1188
대체물·부대체물 ··· 308
대체적 급부 ··· 466
대체집행 ··· 772
대통령 ··· 219
대통령령 ··· 222
대통령제 ··· 218
대표 ··· 298
대표민주제 ··· 141
대표사원 ··· 1226
대표소송 ··· 1236
대한민국헌법 ··· 123
대항력 ··· 321
대항요건 ··· 322
대항하지 못한다. ··· 321
대향범 ··· 845
도급 ··· 547
도급근로자에 대한 임금보장 ··· 1348
도달주의 ··· 332
도박장소 등 개설 ··· 969
도박죄 ··· 969
도선사 ··· 1286

도시계획 ············ 1129
도시형 생활주택 ············ 1160
도의적 책임론 ············ 829
도주원조죄 ············ 995
도주죄 ············ 993
도품 ············ 406
도화 ············ 958
독가스 ············ 1481
독립당사자참가 ············ 679
독립등기 ············ 653
독립세·부가세 ············ 1406
독립채무 ············ 489
독수의 과실이론 ············ 1080
독촉 ············ 59, 1408
동거의무 ············ 582
동물 ············ 1140
동물학대 ············ 1141
동산 ············ 304
동산물권·부동산물권 ············ 365
동산저당 ············ 442
동산질권 ············ 438
동성동본불혼의 원칙 ············ 579
동시범 ············ 846
동시사망 ············ 282
동시이행의 항변권 ············ 521
동업길드 ············ 1185
동정 Strike ············ 1367
등기 ············ 381
등기관 ············ 645
등기권리자·등기의무자 ············ 648
등기기관 ············ 645
등기말소 ············ 656
등기명의인 ············ 649
등기번호란 ············ 647
등기부 ············ 646
등기부 취득시효 ············ 405
등기세 ············ 657
등기소 ············ 645
등기신청 ············ 650
등기신청권 ············ 648
등기신청서 ············ 651
등기용지 ············ 647
등기원인 ············ 648
등기의 공신력 ············ 378
등기의무자 ············ 649
등기청구권 ············ 648
등기필증 ············ 651
등록 ············ 381
디자인권 ············ 1426

ㄹ

라이프니츠식 계산법 ············ 459
로마법 ············ 36
리스거래 ············ 1202

ㅁ

마그나 카르타 ············ 784
마누법전 ············ 35
마약 ············ 965, 1141
만 ············ 1487
말소등기 ············ 655
말소회복등기 ············ 656
말자상속 ············ 611
망각범 ············ 806
매각(경락)불허가결정 ············ 768
매각(경락)허가결정 ············ 768
매각(경락)허가에 대한 이의 ············ 768
매각기일 ············ 768
매각기일(경매기일) ············ 764
매각조건(경매조건) ············ 763
매도담보 ············ 450
매도인 ············ 529
매도인의 담보책임 ············ 534
매매 ············ 528
매매의 예약 ············ 536
매매저당 ············ 446
매수인 ············ 529
매수청구권 ············ 425

매수합병 1251
매장 1158
매장물 408
매장물발견 409
맹견 1140
먹는 물에 관한 죄 965
먹는물 1142
먹는해양심층수 1142
메모의 이론 1086
면소 1094
면접교섭권 587
면책 746
면책약관 1291
면책위부 1286
면책적 채무인수 503
면책주의 744
면책증권 497
면책특권 213
멸실 382
멸실등기 656
멸실회복등기 655
멸종위기 야생생물 1153
명도 384
명령 718, 1091
명령적 행정행위 51
명목적 헌법 109
명문 319
명백하고 현존하는 위험의 원칙 175
명부식 비례대표 155
명시의 의사표시 326
명예형 868
명예훼손 564
명예훼손죄 907
명의개서 1234
명의신탁약정 1147
명의신탁자와 명의수탁자 1147
명인방법 386
명확성의 원칙 786
모권 602
모권설 603
모두절차 1064
모라토리움 463
모범(模範)운전자 1139
모병이적죄 980
모살·고살 885
모욕죄 908
모자보건법 640
모조 956
모집설립 1218
모해위증죄 996
모해증거인멸죄 998
모해증인은닉도피죄 997
모해허위감정통역번역죄 998
모험대차 1286
목적론적 해석 26
목적물 309
목적물반환청구권의 양도 385
목적물의 멸실 378
목적범 800
목적법학 39
목적적 행위론 803
몰수 381, 864
몰수물 1042
무고죄 998
무과실책임주의 478
무권대리 344
무기명채권 496
무기형 868
무능력자, 제한능력자 276
무담보사채 1239
무명계약 513
무상계약 514
무유언주의 624
무인채권 465
무인채무 465
무인행위 375
무자력 484
무죄추정주의 1009
무죄판결 1090
무주물 407
무주물선점 408
무주재산설 285
무체물 305
무체재산권 304

무한책임사원 ··· 1226
무해통항 ··· 1489
무형문화재 ··· 1144
무형위조 ··· 961
무형적 손해 ··· 477
무효 ··· 345
무효 등 확인소송 ··· 64
무효 등 확인심판 ··· 66
무효인 행정행위 ··· 57
무효행위의 전환 ··· 346
묵비권 ··· 1066
묵비의무 ··· 1073
묵시의 갱신 ··· 545
묵시의 의사표시 ··· 326
문리해석 ··· 23
문서위조7죄 ··· 958
문서제출의무 ··· 710
문화국가 ··· 138
문화재 ··· 1144
물건 ··· 300
물건제공이적죄 ··· 980
물권 ··· 362
물권계약 ··· 375
물권과 채권의 차이 ··· 365
물권법 ··· 366
물권법정주의 ··· 368
물권변동 ··· 371
물권상실 ··· 378
물권소멸 ··· 378
물권의 혼동 ··· 379
물권적 반환청구권 ··· 370
물권적 방해예방청구권 ··· 370
물권적 방해제거청구권 ··· 370
물권적 의사표시 ··· 375
물권적 청구권 ··· 369
물권적 청구권과 다른 청구권의 경합 ··· 369
물권적 취득권 ··· 535
물권적 합의 ··· 375
물권적 효력·채권적 효력 ··· 366
물권포기 ··· 379
물권행위 ··· 373
물권행위의 독자성·무인성 ··· 373
물납제도 ··· 1405
물론해석 ··· 24
물상담보 ··· 435
물상대위 ··· 435
물상보증인 ··· 435
물상청구권 ··· 369
물적 유한책임 ··· 487
물적 증거 ··· 1068
물적담보 ··· 486
물적신용 ··· 486
물적책임 ··· 487
물적편성주의 ··· 646
물품세 ··· 1406
미결구금 ··· 873
미국헌법 ··· 113
미분리과실 ··· 307
미성년·심신미약자 간음추행죄 ··· 906
미성년자 ··· 274
미성년자의제강간죄 ··· 904
미성년자추행죄 ··· 906
미세먼지 ··· 1170
미수 ··· 836
미수의 교사 ··· 853
미숙아 ··· 1143
미필적 고의 ··· 810
민법 ··· 244
민법의 법원 ··· 251
민법의 상화 ··· 1183
민법전 ··· 247
민법전구성 ··· 251
민사소송 ··· 663
민사유치권 ··· 437
민사책임 ··· 568
민사책임·형사책임 ··· 30
민속문화재 ··· 1145
민의원 ··· 198
민정헌법 ··· 110
민주공화국 ··· 128
민주주의 ··· 139
민중소송 ··· 63
민중적 쟁송 ··· 61

바다목장 ………… 1151
바다숲 ………… 1152
반국가단체구성죄 ………… 980
반대급부 ………… 466
반대신문 ………… 713, 1072
반대해석 ………… 24
반려동물 ………… 1140
반사적 이익 ………… 29, 57
반소 ………… 721
반의사불벌죄 ………… 889
반정 ………… 1498
반증 ………… 704
발기설립 ………… 1217
발기인의 보수 ………… 1222
발명 ………… 1416
발명자 ………… 1416
발명자증 ………… 1431
발명진흥법 ………… 636
발신주의 ………… 333
발안권 ………… 204
발의권 ………… 204
발코니 ………… 1128
방계혈족 ………… 571
방론 ………… 26
방문판매 ………… 1145
방법의 착오 ………… 814
방수방해죄 ………… 951
방조범 ………… 855
방화죄 ………… 946
배당기일 ………… 770
배당률 ………… 742
배당법원 ………… 770
배당변제 ………… 498
배당요구 ………… 769
배당이의의 소 ………… 766
배상명령절차 ………… 1107
배상액의 예정 ………… 481
배상자대위 ………… 482
배상책임보험 ………… 1272
배심제 ………… 1015
배우자 ………… 570
배임수증재 ………… 937
배임죄 ………… 935
배타성 ………… 367
배타적 경제수역 ………… 1490
백두대간 ………… 1171
백지위임장 ………… 337
백지형법 ………… 787
벌금 ………… 864
범인은닉죄 ………… 995
범죄 ………… 783
범죄공동설 ………… 850
범죄단체조직죄 ………… 944
범죄될 사실 ………… 1093
범죄의 성립요건 ………… 793
범죄인인도 ………… 1475
범죄지 ………… 788
법관 ………… 230
법관의 기피 ………… 672
법관의 제척 ………… 671
법관의 회피 ………… 672
법규 ………… 53
법규명령 ………… 53
법규재량 ………… 53
법규하명 ………… 54
법내조합 ………… 1363
법단계설 ………… 41
법령심사권 ………… 231
법률 ………… 105
법률개념의 상대성 ………… 26
법률관계 ………… 27
법률관계의 성질결정 ………… 1499
법률불소급의 원칙 ………… 11
법률상의 승인 ………… 1455
법률심 ………… 1107
법률안거부권 ………… 202
법률안제출권 ………… 204
법률에 의한 행정 ………… 45
법률요건·법률사실 ………… 320

법률의 규정에 의한 물권변동 371
법률의 우위 223
법률의 위임 223
법률의 유보 166
법률의 착오 833
법률행위 309
법률행위 자유의 원칙 310
법률행위에 의한 물권변동 371
법률행위적 행정행위 52
법률혼주의 578
법률효과 321
법무사 1145
법사회학 42
법실증주의 41
법앞의 평등 167
법외조합 1362
법원 1011
법원(法源) 12
법원(法院) 229
법원에 현저한 사실 1076
법의 단계 12
법의 목적 7
법의 반사작용 10
법의 실효성 7
법의 지배 45
법의 타당성 7
법의 타협적 성질 9
법의 해석 21
법의 획일적 성질 8
법의 효력 9
법의 흠결 9
법인 283
법인격부인의 법리 1207
법인격의 남용 1209
법인부정설 284
법인세 1402
법인실재설 285
법인의 권리능력 291
법인의 범죄능력 790
법인의 불법행위 297
법인의 청산 299
법인의 해산 299
법인의제설 284
법적 안정성 8
법정갱신 546
법정경찰권 1063
법정과실 308
법정관할 668
법정기간 699
법정단순승인 617
법정담보물권·약정담보물권 434
법정대리 335
법정대리인 336
법정대위 505
법정모욕죄 993
법정범·행정범 801
법정상속분 613
법정의무 245, 269
법정이율 461
법정이자 460
법정재산제 584
법정저당권 442
법정적 부합설 813
법정조건 351
법정준비금 1245
법정지상권 423
법정지역권 428
법정질권 438
법정청산 1256
법정청산인 1256
법정추인 348
법정충당 500
법정친자 591
법정해제권 525
법정혈족 571
법정형 866
법정후견인 604
법조경합 858
법철학 35
법치주의 139
법학 5
법해석학 41
변경등기 654
변경해석 24

변론 ········· 693
변론관할 ········· 668
변론능력 ········· 675, 1022
변론의 병합 ········· 689
변론의 분리 ········· 688
변론의 일체성 ········· 694
변론의 제한 ········· 688
변론의 지휘 ········· 694
변론조서 ········· 694
변론주의 ········· 692
변사자검시방해죄 ········· 999
변제 ········· 497
변제계획안 ········· 749
변제수령자 ········· 498
변제의 제공 ········· 501
변제의사 ········· 499
변제자대위 ········· 505
변제충당 ········· 500
변조 ········· 956
변태설립 ········· 1221
변호권 ········· 1024
변호사 ········· 1025
변호사강제주의 ········· 724
변호인 ········· 1022
변호인의 고유권 ········· 1023
별건구속 ········· 1036
별정우체국 ········· 1171
별제권 ········· 736
병과주의 ········· 857
병역의무 ········· 189
병존적 채무인수 ········· 503
보강증거, 자백의 보강법칙 ········· 1087
보관 ········· 454
보궐선거 ········· 156, 1134
보상책임 ········· 566
보석 ········· 1044
보수청구권 ········· 73
보안경찰 ········· 84
보안처분 ········· 877
보이스 피싱 ········· 1158
보이콧 ········· 1369
보전처분 ········· 748, 773
보정 ········· 676
보조인 ········· 1025
보조적 압류 ········· 771
보조참가 ········· 678
보존등기 ········· 653
보존비 ········· 557
보존수역 ········· 1489
보증금 ········· 541
보증도 ········· 1290
보증서 ········· 651
보증의 방식 ········· 491
보증인 ········· 492
보증인보호를 위한 특별법 ········· 641
보증인설 ········· 805
보증자본 ········· 1242
보증채무 ········· 490
보직 ········· 72
보충규정 ········· 319
보통거래약관 ········· 1183
보통경찰 ········· 81
보통보험약관 ········· 1259
보통선거 ········· 151
보통세·목적세 ········· 1392
보통징수 ········· 1408
보험 ········· 1257
보험계약 ········· 1261
보험법 ········· 1258
보험약관 ········· 1260
보험업 ········· 1146
보험업법 ········· 1305
보호 ········· 84
보호·교양권 ········· 601
보호감호 ········· 878
보호관찰 ········· 877
복구 ········· 1479
복권 ········· 746, 1146
복대리 ········· 340
복대리인 ········· 341
복수정당제 ········· 146
복약지도 ········· 1154
복임권 ········· 341
복지국가 ········· 131

복직 78
복표발매·중개·취득죄 970
복표에 관한 죄 970
복효적 행정행위 50
본 574
본국법주의 1497
본권 388
본다 281
본등기 643
본문·단서 33
본안판결 716
본인소송 676
본점·지점 1191
본증 706
봉쇄 1482
부 580
부가기간 700
부가물 306
부가형 868
부관 310
부권 602
부기등기 649
부담부증여 527
부당 558
부당이득 558
부당이득죄 932
부대세 1399
부대항고 725
부대항소 725
부동산 302
부동산강제집행효용침해죄 991
부동산등기법 634
부동산물권 366
부동산질권 439
부령 227
부부간의 계약취소권 583
부부공동입양 597
부부별산제 584
부부재산계약 583
부부재산제 583
부서 225
부속물매수청구권 430
부속물수거권 431
부양 605
부양가족공제 1400
부양의무자 606
부양청구권 605
부인 705
부인권 737
부작위범 803
부작위위법확인소송 64
부작위채무 466
부재자 279
부전조약 1478
부정경쟁행위의 규제 1440
부정기형 872
부정수표단속법 1304
부종성 490
부지 705
부진정 부작위범 805
부진정연대채무 489
부진정준비금 1247
부합 409
부합계약 511
부합물·합성물 409
분리주의 456
분묘기지권 426
분묘발굴죄 972
분별의 이익 494
분점·출장소·파출소 1192
분필등기 654
분할소유권 399
분할채권관계 484
불가벌적 사후행위 916
불가변력 51
불가분채권·불가분 채무 485
불가쟁력 51
불고불리의 원칙 1058
불공정거래행위 1448
불공정거래행위의 규제 1440
불기소처분 1054
불능범과 불능미수 839
불능조건 351
불문법 13

불문헌법 ··· 109
불법영득의 의사 ··· 917
불법원인급여 ··· 559
불법조건 ··· 351
불법행위 ··· 560
불법행위능력 ··· 276, 562
불법행위책임 ··· 183
불심검문 ··· 1030
불완전이행 ··· 474
불완전한 법률행위 ··· 310
불요식행위 ··· 323
불이익변경금지의 원칙 ··· 1099
불체포특권 ··· 214
불통일법국 ··· 1500
불합치선언 ··· 236
불항소합의 ··· 724
불확정기한 ··· 353
불확정적 고의 ··· 811
비교법학 ··· 41
비권력적 행정행위 ··· 51
비금전집행 ··· 773
비례대표제 ··· 155
비례세율 ··· 1397
비밀디자인 ··· 1428
비밀선거 ··· 156
비밀엄수의무 ··· 76
비밀준비금 ··· 1247
비밀증서에 의한 유언 ··· 625
비밀침해죄 ··· 912
비상계엄 ··· 221
비상구제절차 ··· 1105
비상대차대조표 ··· 1240
비상상고 ··· 1106
비상시지급 ··· 1347
비속 ··· 571
비송사건 ··· 663
비약적 상고 ··· 1103
비영리법인 ··· 288
비재산적 청구권 ··· 258
비전형계약 ··· 512
비전형담보 ··· 433
비점유질 ··· 439
비준 ··· 1458
비준서의 교환·기탁 ··· 1458
비채변제 ··· 558
비호권 ··· 1474

ㅅ

사건의 단일성 ··· 1010
사건의 동일성 ··· 1010
사건의 이송 ··· 1019
사권 ··· 253
사권행사의 한계 ··· 265
사기 ··· 330
사기에 의한 의사표시 ··· 324
사기죄 ··· 930
사기파산죄 ··· 733
사단 ··· 293
사단법인 ··· 291
사단법인의 지분 ··· 419
사람의 시기와 종기 ··· 881
사망 ··· 281
사망보험 ··· 1277
사면 ··· 878
사무관리 ··· 555
사문서부정행사죄 ··· 964
사문서위조변조죄 ··· 963
사물관할(事物管轄) ··· 1016
사물관할(死物管轄) ··· 667
사법(司法) ··· 228
사법(私法) ··· 245
사법경찰 ··· 82
사법경찰관리 ··· 82
사법국가 ··· 191
사법권 ··· 228
사법권의 독립 ··· 229
사법권의 우월 ··· 229
사법심사 ··· 234
사법인 ··· 288
사보험 ··· 1268
사상·표현의 자유시장론, 진리생존설 ··· 176

사생활의 자유 …… 174
사술 …… 331
사실상의 추정 …… 794
사실심 …… 1106
사실의 등기·권리의 등기 …… 643
사실의 착오와 고의의 성부 …… 814
사실의 착오와 법률의 착오 …… 812
사실의 착오의 태양 …… 813
사실의 흠결 …… 840
사실인 관습 …… 318
사실행위 …… 311
사실혼 …… 578
사업설명서 …… 1242
사업연도 …… 1402
사업자 …… 1447
사용대차 …… 539
사용자 …… 1357
사용자단체 …… 1363
사용자위원 …… 1379
사용자의 부당노동행위 …… 1363
사용자책임 …… 566
사용절도 …… 920
사용증명서 …… 1346
사원 …… 1225
사원권 …… 256
사유재산제도 …… 179
사인위조부정사용죄 …… 964
사인의 공법적 행위 …… 47
사인증여 …… 528
사자 …… 335
사자명예훼손죄 …… 908
사적 자치의 원칙 …… 262
사전수뢰죄 …… 987
사정변경의 원칙 …… 263, 479
사정판결 …… 65
사죄광고 …… 565
사체영득죄 …… 971
사체오욕죄 …… 972
사해설립 …… 1222
사해행위취소권 …… 483
사행행위 …… 1147
사형 …… 862
사회권 …… 184
사회법 …… 17
사회보장을 받을 권리 …… 186
사회보험 …… 1268
사회복무요원 …… 1146
사회입법 …… 30
사회적 가치설 …… 286
사회적 기본권 …… 184
사회적 민주주의 …… 141
사회적 책임론 …… 831
사회적 행위론 …… 802
사회적규범 …… 5
사회주의국가의 헌법 …… 114
사회질서조항 …… 1499
사후방조 …… 855
사후법의 금지 …… 171
사후설립 …… 1222
사후수뢰죄 …… 988
산업 …… 1415
산업단지 …… 1148
산업별조합 …… 1360
산업보험 …… 1269
산후조리업 …… 1144
살인죄 …… 881
삼민주의 …… 191
삼청교육 …… 1171
상계 …… 506
상계계약 …… 507
상계권 …… 748
상계의 항변 …… 705
상계적상 …… 506
상고 …… 725, 1102
상공 …… 398
상급종합병원 …… 1157
상당인과관계설 …… 807
상대적 친고죄 …… 924
상린관계 …… 398
상린권 …… 399
상법 …… 1181
상법시행법 …… 1303
상사시효 …… 1198
상사위임 …… 1199

상사조약 1182
상사채권 1197
상사채권의 소멸시효 1197
상상적 경합 860
상소 1097
상소권회복 1099
상소의 효과 1098
상속 607
상속결격 610
상속권 256, 609
상속등기 656
상속법 607
상속분 613
상속세 1405
상속의 승인 616
상속의 포기 619
상속인부존재 620
상속인의 순위 608
상속재산 608
상속재산분할 614
상속재산분할효과 615
상속재산의 파산 743
상속회복청구권 609
상습범 870
상업등기 1192
상업등기부 1193
상업신용장 1199
상인길드 1185
상인파산주의 733
상임위원 1381
상장 1113, 1312
상장의 승인 1113, 1313
상태범 798
상표권 1429
상해죄 886
상해죄의 동시범의 특례 887
상해치사죄 887
상행위 1196
상호 1186
상호보증금 1199
상호보험 1269
상호의 등기 1187
상호의 양도 1188
상호주 1232
상호주소유 1117, 1317
상환준비금 1247
상훈제도 71
생명보험계약 1275
생산관리 1370
생존권 185
생존보험 1277
서자 591
서자차별법 591
석명권 695
선거 148
선거관리위원회 149
선거구 1132
선거권 149
선거권의 제한 150
선거기간 1131
선거방해죄 983
선거범죄 1135, 1138
선거운동 1131
선거운동 할 수 없는 자 1131
선거일 1132
선거일 후 답례 금지 1134
선거쟁송 61
선결문제 695
선고유예 875
선고형 867
선관주의의무 550
선도거래 1120, 1320
선량한 풍속 기타 사회질서 315
선례구속의 원칙 15
선물거래 1119, 1319
선박 1171
선박경매 770
선박공유자 1283
선박관리인 1285
선박권력 1286
선박등록 1282
선박법 1305
선박소유권 1282
선박에 대한 강제집행 1301

선박우선특권 ······ 1300
선박저당권 ······ 1300
선박충돌 ······ 1296
선불카드 ······ 1156
선서 ······ 1070
선원법 ······ 1305
선원주의와 선발명주의 ······ 1418
선의·악의 ······ 404
선의취득 ······ 405
선이자 ······ 461
선임유언집행자 ······ 628
선임후견인 ······ 604
선적 ······ 1288
선적기간 ······ 1289
선적항 ······ 1282
선전 ······ 973
선점 ······ 407
선정당사자 ······ 675
선정후견인 ······ 604
선택권 ······ 464
선택무기명증권 ······ 496
선택조항 ······ 1470
선택채권 ······ 464
선택할 권리 ······ 1434
선하증권 ······ 1293
설립중의 회사 ······ 1219
설정적 취득 ······ 372
설치·관리의 하자 ······ 93
섭외사법 ······ 633, 1495
섭외적 사법관계 ······ 1496
성 ······ 573
성년 ······ 274
성년선고 ······ 274
성년의제 ······ 274
성립요건 ······ 291
성매매 ······ 1149
성매매알선등행위 ······ 1149
성매매피해자 ······ 1149
성명권 ······ 254
성문법 ······ 13
성문헌법 ······ 109
성범죄 ······ 1149
성적제 ······ 70
성폭력 ······ 1149
성폭력범죄 ······ 1150
성풍속에 관한 죄 ······ 967
세계지적소유권기구 ······ 1433
세무사 ······ 1150, 1410
세무서 ······ 1393
세무소송 ······ 1410
세법 ······ 205
세비 ······ 211
세액공제 ······ 1402
세율 ······ 1396
세입 ······ 206
세출 ······ 206
소 ······ 664
소가 ······ 665
소권 ······ 684
소극적 구성요건표지이론 ······ 795
소극적 손해 ······ 477
소극적 신분 ······ 921
소극적 행정행위 ······ 50
소급입법의 금지 ······ 171
소급효 ······ 347
소득세 ······ 1390
소득세법 ······ 1391
소멸시효 ······ 358
소멸청구 ······ 431
소멸통고 ······ 431
소명 ······ 708
소명방법 ······ 708
소비대차 ······ 538
소비물·비소비물 ······ 538
소비세 ······ 1391
소비임치 ······ 550
소비자 ······ 1433
소비자 보호방법 ······ 1436
소비자 피해 ······ 1441
소비자교육 ······ 1441
소비자권리 ······ 1433
소비자문제와 인격권 ······ 1443
소비자보호공법 ······ 1441
소비자보호의 민사적 통제 ······ 1439

소비자보호의 주체 ··· 1435
소비자보호의 행정적 통제 ··· 1440
소비자보호의 형사적 통제 ··· 1439
소비자보호절차법 ··· 1445
소비자신용 ··· 1444
소비자에 대한 정보제공과 교육 ··· 1438
소비자의 대표 ··· 1438
소비자의 조직화 ··· 1437
소비자파산 ··· 730
소상인 ··· 1184
소선거구 ··· 154
소송객체불가분의 원칙 ··· 1053
소송계속 ··· 684
소송계속의 경합 ··· 1018
소송계약 ··· 682
소송고지 ··· 680
소송관계인 ··· 1026
소송구조 ··· 688
소송능력 ··· 1022
소송대리 ··· 681
소송무능력자 ··· 674
소송물 ··· 664
소송물의 가액 ··· 665
소송물의 양도 ··· 665
소송법률관계설 ··· 1008
소송법률상태설 ··· 1008
소송비용 ··· 1096
소송상의 구조 ··· 690
소송상의 담보 ··· 691
소송상화해 ··· 720
소송서류 ··· 1026
소송에 관한 합의 ··· 682
소송요건 ··· 685
소송의 승계 ··· 681
소송의 이송 ··· 670
소송인수 ··· 679
소송절차의 법령위반 ··· 722
소송절차의 속행명령 ··· 722
소송절차의 수계 ··· 723
소송절차의 정지 ··· 723
소송절차의 중단 ··· 722
소송절차의 중지 ··· 722
소송절차참여권 ··· 1021
소송조건 ··· 1009
소송지휘권 ··· 1063
소송참가 ··· 677
소송탈퇴 ··· 677
소수대표제 ··· 155
소액사건심판법 ··· 638
소요죄 ··· 944
소유권 ··· 397
소유권유보계약 ··· 532
소유권절대의 원칙 ··· 398
소유물반환청구권 ··· 411
소유물방해예방청구권 ··· 412
소유물방해제거청구권 ··· 411
소유의 의사 ··· 392
소유자저당 ··· 444
소음과 진동 ··· 1151
소의 객관적 병합 ··· 667
소의 변경 ··· 689
소의 제기 ··· 683
소의 주관적 병합 ··· 667
소의 취하 ··· 721
소인 ··· 1065
소장 ··· 684
소제기의 의제 ··· 684
소지 ··· 389
소환 ··· 1044
소환장 ··· 700
속구 ··· 1281
속심주의 ··· 693
속인법주의 ··· 1497
속인법주의 · 속지법주의 ··· 11
속지법주의 ··· 1497
속지주의와 속인주의 ··· 788
손괴죄 ··· 939
손실보상 ··· 59
손익계산서 ··· 1248
손익상계 ··· 480
손해배상 ··· 476
손해보험 ··· 1261
송달 ··· 700
송달관 ··· 701

송부채무 ··· 455
숍협정 ··· 1357
수거 ··· 424
수권법 ··· 223
수권자본제도 ··· 1228
수권행위 ··· 336
수도 ··· 1151
수도불통죄 ··· 965
수령거절 ··· 473
수령능력 ··· 276, 521
수령의무 ··· 473
수령지체 ··· 473
수뢰죄 ··· 987
수뢰후 부정처사죄 ··· 988
수류변경권 ··· 403
수리방해죄 ··· 951
수명법관 ··· 696, 1012
수반성 ··· 491
수사 ··· 1027
수사기관 ··· 1030
수사의 개시 ··· 1030
수상 ··· 218
수색 ··· 1040
수의조건 ··· 352
수익권 ··· 162
수익자주체설 ··· 285
수임판사 ··· 1013
수정신고 ··· 1398
수증능력 ··· 624, 629
수증자 ··· 629
수치인 ··· 549
수탁판사 ··· 696, 1013
수표법 ··· 1303
순수법학 ··· 40
스토킹범죄 ··· 1152
스토킹행위 ··· 1152
승계적 공동정범 ··· 851
승계집행문 ··· 759
승계취득 ··· 405
승낙 ··· 517
승낙적격 ··· 518
승낙전질 ··· 441
승역지 ··· 428
시가발행제 ··· 1114, 1314
시기·종기 ··· 354
시담 ··· 713
시민법·만민법 ··· 36
시설제공이적죄 ··· 979
시설파괴이적죄 ··· 979
시장조성 ··· 1115, 1315
시장지배적 지위 ··· 1448
시행·적용 ··· 32
시효 ··· 356
시효의 원용 ··· 357
시효의 정지 ··· 357
시효의 중단 ··· 361
시효이익의 정지 ··· 361
시효이익의 포기 ··· 362
신고납부 ··· 1395
신고납입 ··· 1395
신규성 ··· 1417
신대통령제 ··· 218
신뢰의 원칙 ··· 817
신뢰이익 ··· 475
신문·통신의 자유 ··· 176
신분범 ··· 798
신분보장 ··· 70
신분행위 ··· 570
신생아 ··· 1143
신앙에 관한 죄 ··· 970
신용장 ··· 1502
신용카드 ··· 1155
신용훼손죄 ··· 909
신원보증법 ··· 639
신의성실의 원칙 ··· 262
신임장 ··· 1473
신주인수권 ··· 1237
신청주의 ··· 650
신체검사 ··· 1046
신체의 자유 ··· 170
신축 ··· 1128
신탁법 ··· 639
신탁통치 ··· 1468
신파 ··· 790

실권약관 ······ 524
실시권 ······ 1423
실업보험 ······ 1271
실용신안권 ······ 1426
실용신안법 ······ 635
실재재단·법정재단 ······ 743
실정법 · 자연법 ······ 12
실종선고 ······ 280
실질과세의 원칙 ······ 1393
실질범 ······ 799
실질적 심사주의 ······ 651
실질적 의미의 헌법 ······ 106
실체법 · 절차법 ······ 19
실체적 소송조건 ······ 1009
실체적 진실주의 ······ 1005
실체적재판·형식적재판 ······ 1092
실행미수 ······ 838
실행의 착수 ······ 837
실행행위 ······ 838
실화죄 ······ 949
실화책임에 관한 법률 ······ 639
실효의 원칙 ······ 264
심급관할 ······ 1016
심리강제설 ······ 785
심리유보 ······ 327
심리적 책임론 ······ 830
심소 ······ 388
심신미약 ······ 832
심신상실 ······ 831
심증 ······ 1074
심판 ······ 1425
심판불가분의 원칙 ······ 1018
심판청구기간 ······ 66
심판청구사항 ······ 66
심판청구의 대리 ······ 66
심판청구의 변경 ······ 66
쌍무계약 ······ 514
쌍방대리 ······ 341

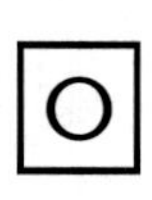

아그레망 ······ 1473
아동 ······ 1152
아동·청소년 ······ 1153
아동·청소년의 성을 사는 행위 ······ 1153
아동혹사죄 ······ 896
아편에 관한 죄 ······ 966
악의유기 ······ 590
악의의 수익자 ······ 559
악의점유·선의점유 ······ 390
안락사 ······ 825
안온방해 ······ 400
안전보장이사회 ······ 1468
안전의 권리 ······ 1434
안정조작 ······ 1115, 1315
알 권리 ······ 1434
알리바이 ······ 1087
알선수뢰죄 ······ 988
압류금지 ······ 770
압류명령 ······ 771
압류채권자 ······ 771
압수 ······ 1041
압수·수색영장 ······ 1042
압수물 ······ 1041
압수물의 가환부 ······ 1045
액면초과액 ······ 1245
야간근로 ······ 1352
야간근로수당 ······ 1352
야간수색 ······ 1041
야간주거침입절도죄 ······ 919
야경국가 ······ 138
야업금지 ······ 1352
약관 ······ 1182
약식명령 ······ 1091
약식절차 ······ 1096
약정담보물권 ······ 434
약정이율 ······ 461
약정이자 ······ 460

약정해제권 ······ 525
약정해지권 ······ 526
약취, 유인 및 인신매매의 죄 ······ 900
약혼 ······ 575
약혼의 해제 ······ 576
양가 ······ 598
양곡 ······ 1154
양도담보 ······ 449
양도저당 ······ 449
양도조건부리스 ······ 1204
양도질 ······ 449
양벌규정 ······ 869
양성의 평등 ······ 168
양수상속분 ······ 613
양심의 자유 ······ 174
양원제 ······ 197
양자 ······ 595
양적 유한책임 ······ 486
양친자 ······ 591
양해 ······ 828
양형 ······ 866
양형조건 ······ 867
어업권 ······ 364
어용조합 ······ 1362
어음법 ······ 1303
언론의 자유 ······ 175
언의 설치 및 이용권 ······ 402
엄격한 증명·자유로운 증명 ······ 1075
업무 ······ 890
업무방해죄 ······ 910
업무상 과실 ······ 817
업무상과실교통방해죄 ······ 952
업무상과실장물죄 ······ 938
업무상과실치사상죄 ······ 892
업무상배임죄 ······ 936
업무상비밀누설죄 ······ 913
업무상실화죄 ······ 950
업무상횡령죄 ······ 935
업무집행사원 ······ 1227
에프오비약관 ······ 1294
여수공급청구권 ······ 402
여수소통권 ······ 402
여적죄 ······ 976
여죄 ······ 861
여행계약 ······ 547
역권 ······ 429
역법적 계산법 ······ 356
역사학파 ······ 39
연금 ······ 73
연기명투표 ······ 156
연기항변 ······ 522
연대납세의무 ······ 1398
연대무한책임 ······ 487
연대보증 ······ 494
연대의 면제 ······ 487
연대채무 ······ 485
연도평가순익 ······ 1242
연령 ······ 356
연립내각 ······ 217
연부 ······ 499
연성헌법 ······ 110
연소자증명서 ······ 1353
연속범 ······ 859
연쇄교사 ······ 854
연쇄점 ······ 1192
연장근로 ······ 1350
연장자양자 ······ 597
연차유급휴가 ······ 1350
연합상표 ······ 1430
연합체조직 ······ 1361
엽관제 ······ 70
영공 ······ 1491
영국헌법 ······ 112
영단 ······ 98
영리법인 ······ 288
영리보험 ······ 1269
영미법·대륙법 ······ 37
영사 ······ 1473
영상녹화제 ······ 1085
영세중립국 ······ 1484
영수증 ······ 500
영아살해죄 ······ 883
영아유기죄 ······ 883
영업권 ······ 1193

영업대리 …… 1184
영업보고서 …… 1242
영업소 …… 1190
영업소폐쇄명령 …… 1190
영업손익 …… 1248
영업양도 …… 1194
영업외 손익 …… 1249
영역 …… 125
영유아 …… 1143
영장 …… 1037
영장실질심사 …… 1038
영장주의 …… 171, 1037
영전 …… 169
영조물 …… 97
영조물경찰 …… 100
영조물권력 …… 99
영조물규칙 …… 99
영치 …… 1049
영토 …… 1486
영해 …… 1488
예고기간 …… 543
예고등기 …… 644
예납기간 …… 1401
예납세액 …… 1401
예단배제의 원칙 …… 1056
예물 …… 577
예방경찰 …… 81
예비 …… 842
예비등기 …… 644
예비비 …… 209
예비적 병합 …… 687
예비적 청구 …… 687
예비후보자등록 …… 1133
예산 …… 207
예산안의 편성 …… 207
예산의 증액수정 …… 208
예선계약 …… 1287
예술의 자유 …… 178
예약 …… 536
예정보험 …… 1267
오권헌법 …… 191
오브리가띠오 …… 467
오상과잉방위 …… 823
오상방위 …… 822
오상피난 …… 824
오픈·숍 …… 1358
옥외집회 …… 177
온실가스 …… 1169
옵션거래 …… 1120, 1320
왕권신수설 …… 132
외교관 …… 1471
외교단절 …… 1471
외교문서 …… 1472
외교사절 …… 1472
외교사절의 특권 …… 1472
외교상기밀누설죄 …… 977
외교적 보호 …… 1474
외국국기국장모독죄 …… 978
외국금전채권 …… 458
외국등록상표 …… 1431
외국법인 …… 292
외국사절에 관한 죄 …… 978
외국에 대한 사전죄 …… 976
외국원수에 대한 죄 …… 979
외국인 …… 134
외국인의 권리능력 …… 272
외국인의 서명날인에 관한 법률 …… 272
외국판결의 승인 …… 1501
외인법 …… 1494
외환유치죄 …… 975
외환죄 …… 975
요물계약 …… 514
요식행위·불요식행위 …… 322
요역지 …… 428
요지불변경의 원칙 …… 1419
용도구역 …… 1130
용도지구 …… 1130
용도지역 …… 1130
용선계약 …… 1288
용수권 …… 403
용익권 …… 420
용익물권 …… 420
용익임대차 …… 543
우선권 …… 1431

우선변제 ······ 498
우선심사 ······ 1421
우선심사제도 ······ 1420
우선적 효력 ······ 363
우수현상광고 ······ 519
우표·인지의 위조·변조죄 ······ 957
운용리스 ······ 1203
운임 ······ 1293
운임청구권 ······ 1292
원격의료 ······ 1157
원동기장치자전거 ······ 1139
원물과 과실 ······ 307
원본 ······ 308, 463, 710
원상회복의무 ······ 526
원수 ······ 219
원시적 불능 ······ 471
원시정관 ······ 1220
원인에 있어서 자유로운 행위 ······ 832
원인주의 ······ 564
원인판결 ······ 716
원천과세 ······ 1409
원천징수 ······ 1409
원칙법・예외법 ······ 20
월차유급휴가 ······ 1349
위경죄 ······ 88
위계 등에 의한 촉탁살인죄 ······ 885
위계에 의한 공무집행방해죄 ······ 990
위난실종 ······ 280
위력 ······ 890
위법배당 ······ 1251
위법성 ······ 818
위법성 조각사유 ······ 820
위법성 조각사유의 객관적 전제조건에 관한 착오 ······ 815
위법수집증거배제법칙 ······ 1080
위법의 인식 ······ 809
위법처분 ······ 65
위생경찰 ······ 81
위약금 ······ 480
위약예정금지 ······ 1353
위임 ······ 548
위임명령 ······ 222
위임사무 ······ 161
위임입법 ······ 223
위임장 ······ 549
위임통치 ······ 1468
위자료 ······ 565
위조·변조통화행사죄 ······ 955
위증죄 ······ 996
위치추적 전자장치 ······ 1159
위탁 ······ 549
위탁증거금 ······ 1113, 1313
위태범 ······ 797
위헌 ······ 235
위헌명령·규칙·처분의 심사 ······ 232
위헌법률심사제 ······ 234
위헌재판 ······ 236
위헌판결 ······ 235
위험관계조건설 ······ 808
위험범 ······ 799
위험부담 ······ 523
위험책임 ······ 566
원시취득·승계취득 ······ 372
유가증권위조죄 ······ 957
유권해석 ······ 21
유급휴가 ······ 1349
유급휴일 ······ 1349
유기죄 ······ 894
유기체설(사회유기체설, ······ 286
유기형 ······ 868
유니온·숍 ······ 1357
유도신문 ······ 1072
유동적 무효 ······ 345
유류분 ······ 630
유류분 산정방법 ······ 631
유류분권리자의 상속순위 ······ 630
유명계약 ······ 513
유사강간 ······ 902
유사상표 ······ 1430
유사상호 ······ 1187
유사수신행위 ······ 1156
유사준비금 ······ 1247
유산채무 ······ 608
유상계약 ······ 513

유상행위·무상행위 ········ 311
유수사용권 ········ 402
유실물 ········ 406
유실물습득 ········ 407
유언 ········ 622
유언능력 ········ 623
유언양자 ········ 598
유언의 방식 ········ 624
유언의 효력 ········ 622
유언인지 ········ 623
유언자유의 원칙 ········ 624
유언증언 ········ 623
유언집행자 ········ 627
유익비 ········ 557
유인행위 ········ 375
유저당 ········ 445
유전자변형농수산물 ········ 1138
유족급여 ········ 74
유죄판결 ········ 1089
유증 ········ 628
유질 ········ 440
유질계약 ········ 440
유체물 ········ 305
유추 ········ 25
유추해석 ········ 787
유치권 ········ 436
유치송달 ········ 702
유치적 효력 ········ 438
유통세 ········ 1392
유통저당 ········ 445
유한책임사원 ········ 1226
유한책임회사 ········ 1214
유한회사 ········ 1211
유해물 ········ 1353
유형문화재 ········ 1144
유형위조 ········ 961
융통물·불융통물 ········ 305
은닉된 불합의 ········ 327
은닉행위 ········ 327
은비점유 ········ 391
은행법 ········ 1306
을구 ········ 647
음란물건반포죄 ········ 968
음란물건제조죄 ········ 968
음란죄 ········ 967
음모 ········ 842
음주운전 ········ 1139
음행매개죄 ········ 967
응보형과 교육형 ········ 789
의 의 ········ 729
의결권 ········ 1223
의결권대리행사권유제도 ········ 1118, 1318
의결기관 ········ 299
의결정족수 ········ 200
의료기관 ········ 1157
의료법 ········ 641
의무 ········ 29
의무교육 ········ 190
의무범 ········ 800
의무본위사상 ········ 267
의무의 충돌 ········ 824
의사공개의 원칙 ········ 210
의사규칙 ········ 212
의사능력 ········ 275
의사무능력자 ········ 277
의사반영의 권리 ········ 1434
의사의 실현 ········ 313
의사의 흠결 ········ 327
의사자치 ········ 261
의사주의·표시주의 ········ 325
의사통지 ········ 313
의사표시 ········ 311
의사표시수령능력 ········ 314
의사해석 ········ 314
의약외품 ········ 1154
의약품 ········ 1154
의원내각제 ········ 217
의원의 제명 ········ 211
의원의 특권 ········ 212
의원정수 ········ 1132
의의신청 ········ 1108
의제·간주 ········ 320
의제자백 ········ 703
의회 ········ 192

의회제 ········· 192
의회주권 ········· 133
이념적 헌법 ········· 115
이득죄 ········· 919
이면해석 ········· 25
이사 ········· 298
이연계정 ········· 1241
이연자산계정 ········· 1241
이원집정부제 ········· 218
이율 ········· 461
이의 ········· 697
이의신청 ········· 61
이익공여금지 ········· 1250
이익공통계약 ········· 1242
이익법학 ········· 40
이익잉여금처분계산서·결손금처리 계산서 ········· 1249
이익준비금 ········· 1246
이자 ········· 459
이자제한법 ········· 634
이자채권 ········· 458
이전등기 ········· 653
이중구속 ········· 1035
이중기소 ········· 1050
이중매매 ········· 532
이해관계인 ········· 283, 360
이해충돌 방지 의무 ········· 1167
이행 ········· 30, 468
이행거절 ········· 475
이행기 ········· 469
이행보조자 ········· 470
이행불능 ········· 470
이행의 소 ········· 686
이행의 제공 ········· 468
이행이익 ········· 475
이행지 ········· 469
이행지체 ········· 470
이혼 ········· 585
이혼무책주의 ········· 585
이혼소송 ········· 585
이혼숙려기간 ········· 589
이혼신고 ········· 586
이혼원인 ········· 590
이혼의 무효 ········· 586
이혼의 취소 ········· 586
이혼의 효과 ········· 586
인가 ········· 55
인가장 ········· 1474
인가주의 ········· 290
인간으로서의 존엄과 가치 ········· 167
인격권 ········· 254
인격적 책임론 ········· 829
인과관계 ········· 479, 806
인과관계의 착오 ········· 814
인과관계중단설 ········· 808
인과적 행위론 ········· 802
인권옹호직무방해죄 ········· 994
인도 ········· 384
인보이스 ········· 1200
인보험·물보험 ········· 1275
인보험계약 ········· 1273
인사위원회 ········· 71
인세·물세 ········· 1392
인식 없는 과실 ········· 816
인식 있는 과실 ········· 816
인신보호법 ········· 1174
인신보호영장 ········· 172
인역권 ········· 420
인장위조죄 ········· 962
인적 담보·물적 담보 ········· 434
인적 처벌조각사유 ········· 880
인적공용부담 ········· 94
인적담보 ········· 486
인적증거 ········· 1068
인적집행 ········· 487
인적책임 ········· 486
인적편성주의 ········· 647
인정사망 ········· 282
인정신문 ········· 1065
인지 ········· 593
인지사용청구권 ········· 400
인지의 취소 ········· 593
인질강도죄 ········· 929
인질강요죄 ········· 901
인척 ········· 572

인치 ··· 1040
일기장 ··· 1189
일물일권주의 ··· 368
일반권력관계 ··· 46
일반담보·특별담보 ··· 433
일반법・특별법 ··· 19
일반법학 ··· 40
일반사면 ··· 224
일반예방과 특별예방 ··· 789
일반의약품 ··· 1154
일반의지 ··· 133
일반재산 ··· 91
일반적 구속력·지역적 구속력 ··· 1361
일반파산주의 ··· 733
일부거부 ··· 203
일부다처혼 ··· 580
일부대위 ··· 506
일부무효 ··· 345
일부보험 ··· 1264
일부상소 ··· 1098
일부판결 ··· 715
일상가사대리권 ··· 343
일상가사채무 ··· 582
일수죄 ··· 950
일시적 불능 ··· 472
일신전속권 ··· 261
일신전속의무 ··· 261
일용근로자 ··· 1343
일자상속 ··· 611
일필의 토지 ··· 302
일필일등기기록주의 ··· 647
일할배당 ··· 1251
임금 ··· 1341
임금대장 ··· 1342
임금채권우선변제 ··· 1346
임금청구권 ··· 1341
임금통화지급의 원칙 ··· 1341
임대료 ··· 544
임대인 ··· 544
임대차 ··· 541
임대차의 갱신 ··· 545
임밋시온 ··· 400
임산부 ··· 1143
임상시험 ··· 1154
임시영치 ··· 85
임시이사 ··· 298
임야대장 ··· 382
임용 ··· 71
임의관할 ··· 669
임의대리 ··· 336
임의대리인 ··· 336
임의대위 ··· 505
임의동행 ··· 1031
임의법규 ··· 316
임의수사 ··· 1030
임의인지 ··· 594
임의조정 ··· 1373
임의준비금 ··· 1247
임의중재 ··· 1375
임의채권 ··· 464
임의청산 ··· 1255
임의투표 ··· 153
임차권 ··· 541
임치 ··· 549
입목 ··· 385
입목등기 ··· 652
입목에 관한 법률 ··· 386
입법 ··· 196
입법권 ··· 197
입법사항 ··· 197
입법의 위임 ··· 223
입법적 소비자보호조치 ··· 1436
입법촉구결정 ··· 236
입부혼 ··· 580
입양 ··· 596
입양의 무효 ··· 598
입양의 취소 ··· 599
입어권 ··· 364
입찰 ··· 531
입찰방해죄 ··· 911
입헌국가 ··· 130
입헌군주제 ··· 127
입헌제 ··· 127
입헌주의적 의미의 헌법 ··· 106

자가보험 ············ 1271
자격당사자 ············ 675
자격모용공문서작성죄 ············ 959
자격모용사문서작성죄 ············ 959
자격상실 ············ 865
자격정지 ············ 865
자구행위 ············ 826
자국민불인도의 원칙 ············ 1476
자기계약 ············ 341
자기주식취득금지 ············ 1231
자동차 ············ 1139
자동차 등 불법사용죄 ············ 920
자동차 등 특정동산 저당법 ············ 444
자동차손해배상보장법 ············ 640
자력구제 ············ 396
자력방위권 ············ 397
자력탈환권 ············ 397
자백 ············ 1077
자백의 임의성법칙 ············ 1078
자백의 증명력 ············ 1079
자복 ············ 871
자본 ············ 1227
자본시장과 금융투자업에 관한 법률 ············ 1307
자본준비금 ············ 1245
자산소득 ············ 1400
자산소득합산과세 ············ 1401
자산재평가 ············ 1241
자산재평가법 ············ 1306
자산평가 ············ 1240
자살관여죄 ············ 884
자수 ············ 1034
자수·자백·자복 ············ 871
자수범 ············ 798
자연공물 ············ 89
자연권 ············ 163
자연범·형사범 ············ 800
자연법학 ············ 38
자연인 ············ 269
자연채무 ············ 467
자연혈족 ············ 571
자위권 ············ 144
자유국가 ············ 130
자유권 ············ 169
자유로운 소유권 ············ 397
자유민주적 기본질서 ············ 138
자유방임주의 ············ 139
자유법론 ············ 40
자유상속주의 ············ 607
자유선거 ············ 152
자유설립주의 ············ 289
자유심증주의 ············ 1077
자유재량 ············ 52
자유주의 ············ 137
자유형 ············ 862
자유혼인 ············ 580
자율권 ············ 211
자율주행자동차 ············ 1139
자의성 ············ 841
자익권 ············ 257
자조매각 ············ 1201
자주점유·타주점유 ············ 391
자치권 ············ 159
자치법규 ············ 161
자치입법권 ············ 160
자치행정 ············ 160
자필증서에 의한 유언 ············ 625
자회사 ············ 1447
작량감경 ············ 872
작위범 ············ 803
장관 ············ 226
장물죄 ············ 938
장소는 행위를 지배한다. ············ 1500
장식방해죄 ············ 971
장애미수 ············ 840
장애인 ············ 1159
장외거래 ············ 1120, 1320
장외시장 ············ 1114, 1314
장해연금 ············ 74
재결 ············ 62

재결신청 …… 62
재결청 …… 62
재난 …… 1172
재단 …… 292
재단법인 …… 292
재단저당 …… 443
재단채권 …… 743
재량권일탈·재량권남용 …… 67
재량행위 …… 52
재매매의 예약 …… 537
재무제표 …… 1239
재무제표부속명세서 …… 1249
재물 …… 916
재물문서손괴죄 …… 941
재산권 …… 254
재산권의 보장 …… 178
재산목록 …… 1189
재산법·가족법 …… 246
재산분리 …… 619
재산분할청구권 …… 587
재산세 …… 1391
재산적 손해 …… 477
재산형 …… 869
재선거 …… 1134
재심 …… 726, 1105, 1425
재심사유 …… 726
재심항고 …… 726
재외법 …… 636
재의 …… 204
재정기간 …… 701
재정신청 …… 1055
재정증인 …… 1070
재축 …… 1128
재판관할권 …… 1501
재판규범 …… 6
재판매가격유지행위 …… 1448
재판상 파양 …… 600
재판상 화해 …… 721
재판상의 감경 …… 872
재판상의 복권 …… 878
재판상의 자백 …… 703
재판상이혼 …… 589
재판의 탈루 …… 717
재판장 …… 1012
재판적 …… 666
재판청구권 …… 182
재항고 …… 1104
재해보상 …… 1353
쟁의권 …… 1365
쟁의행위 …… 1366
쟁의행위의 손해배상 …… 1366
쟁의행위의 제한 …… 1371
저당권 …… 441
저당보험 …… 1267
저당증권 …… 446
저작권 …… 255
저작권 침해 …… 1446
저작권법 …… 636
저작권위탁관리업자 …… 1446
저촉규정 …… 1496
저촉법 …… 1493
저항권 …… 122
적극적 손해 …… 477
적극적 평등 실현조치 …… 169
적부 …… 1289
적시제출주의 …… 697
적하보험 …… 1266
전당포 …… 440
전대리스 …… 1203
전대차 …… 540
전득자 …… 484
전문 …… 136
전문기관 …… 1470
전문증거 …… 1081
전문투자자 …… 1123, 1322
전보배상 …… 478
전부보험 …… 1264
전부판결 …… 715
전세권 …… 429
전세권자 …… 430
전속관할 …… 668
전시공수계약불이행죄 …… 945
전시국제법 …… 1454
전시군수계약불이행죄 …… 945

전시금제품 ······ 1482
전심관여 ······ 670
전용실시권 ······ 1423
전자화폐 ······ 1156
전쟁 ······ 1477
전저당 ······ 446
전전세 ······ 430
전제군주제 ······ 127
전질 ······ 441
전차금 ······ 1344
전체국가 ······ 128
전체주의 ······ 142
전형 ······ 72
전형계약 ······ 512
절대권·상대권 ······ 260, 367
절대적 의미의 헌법 ······ 115
절대적 친고죄 ······ 1010
절도죄 ······ 915
절차법 ······ 20
점령 ······ 1482
점유 ······ 387
점유강취죄 ······ 919
점유개정 ······ 385
점유권 ······ 393
점유물반환청구권 ······ 394
점유물방해예방청구권 ······ 395
점유물방해제거청구권 ······ 395
점유보유의 소 ······ 396
점유보전의 소 ······ 396
점유보조자 ······ 389
점유보호청구권 ······ 394
점유소권 ······ 394
점유의 소 ······ 395
점유이탈물횡령죄 ······ 935
점유회수의 소 ······ 396
접견교통권 ······ 1023
접속범 ······ 859
정관 ······ 296
정관변경 ······ 296
정관의 인증 ······ 1220
정기금채권 ······ 465
정기매매 ······ 531
정기보험 ······ 1266
정기증여 ······ 528
정기행위 ······ 526
정기회 ······ 199
정당 ······ 146
정당국가 ······ 147
정당방위 ······ 565, 821
정당의 해산 ······ 147
정당한 쟁의행위 ······ 1371
정당행위 ······ 824
정박료 ······ 1293
정범 ······ 843
정보통신망 ······ 1159
정본 ······ 711
정부형태 ······ 216
정사 ······ 885
정수기 ······ 1142
정식재판 ······ 1092
정신질환자 ······ 1159
정액보험 ······ 1272
정역 ······ 863
정의 ······ 8
정적 안정·동적 안정 ······ 326
정정적 등기 ······ 643
정조의무 ······ 590
정족수 ······ 200
정지의 효력 ······ 718
정지조건 ······ 350
정지조건부법률행위 ······ 350
정직 ······ 77
정착물 ······ 303
정착어업 ······ 1491
정체 ······ 129
정치 Strike ······ 1368
정치권 ······ 180
정치범불인도의 원칙 ······ 1476
정치운동금지 ······ 75
정치적 민주주의 ······ 141
정치적 자유 ······ 181
정치적 책임 ······ 211
정혼 ······ 575
정황증거 ······ 1068

제2차 납세의무 ········ 1399
제2파산 ········ 745
제3자 ········ 404, 520
제3자 이의의 소 ········ 761
제3자뇌물공여죄 ········ 986
제3자를 위한 계약 ········ 520
제3자의 변제 ········ 499
제3채무자 ········ 446
제3취득자의 변제 ········ 446
제권판결 ········ 1232
제권판결에 대한 불복의 소 ········ 727
제너럴스트라이크 ········ 1368
제네바조약 ········ 1479
제네바협정 ········ 1479
제노사이드 ········ 1477
제노사이드조약 ········ 1477
제소전화해 ········ 720
제작물공급계약 ········ 531
제조물 책임 ········ 567
제조중의 선박 ········ 1281
제척 ········ 1013
제척기간 ········ 360
제출명령 ········ 1092
제한군주제 ········ 127
제한물권 ········ 420
제한선거 ········ 151
제한종류채권 ········ 454
조건 ········ 349
조건부권리 ········ 352
조건부법률행위 ········ 350
조건부채권 ········ 352
조건설 ········ 807
조기공개제도 ········ 1419
조례 ········ 160
조리 ········ 15, 253
조세 ········ 1387
조세국가 ········ 131
조세범처벌법 ········ 1411
조세범처벌절차법 ········ 1411
조세법 ········ 1387
조세법률주의 ········ 205, 1393
조세심판원 ········ 1388
조약 ········ 1452
조약의 등록 ········ 1460
조약의 비준 ········ 205
조약의 성립요건 ········ 1459
조약의 소멸 ········ 1453
조약의 체결 ········ 1457
조약의 효력 ········ 1460
조인 ········ 1458
조정 ········ 1373
조정강제 ········ 1373
조정안 ········ 1374
조정위원 ········ 1374
조정위원회 ········ 1374
조정이혼 ········ 589
조정인지 ········ 595
조정재판조약 ········ 1462
조정조약 ········ 1461
조정파양 ········ 600
조직규범 ········ 6
조직체설 ········ 286
조합 ········ 551
조합원자격 ········ 1359
조합의 업무집행 ········ 551
조합의 탈퇴와 가입 ········ 553
조합의 해산과 청산 ········ 553
조합재산 ········ 552
조합채무 ········ 455
존속 ········ 571
존속살해죄 ········ 882
존속친·비속친 ········ 572
종가세·종량세 ········ 1393
종교의 자유 ········ 175
종국등기 ········ 643
종국판결 ········ 715
종기 ········ 355
종된 권리 ········ 266
종류채권 ········ 453
종류채권의 특정 ········ 454
종물 ········ 306
종범 ········ 854
종속노동관계 ········ 1329
종속노동이론에 대한 비판론 ········ 1330

종신정기금계약 ……………… 554
종중 ……………… 295
종중재산 ……………… 295
종합병원 ……………… 1157
종합소득 ……………… 1406
죄수 ……………… 857
죄체 ……………… 1087
죄형법정주의 ……………… 785
주거·신체수색죄 ……………… 914
주거의 자유 ……………… 173
주거침입죄 ……………… 913
주관적 구성요건요소 ……………… 796
주관적 위법성 ……………… 820
주관적 정범개념 (主觀的 正犯槪念) ……………… 843
주관주의와 객관주의 ……………… 789
주권 ……………… 132
주권국 ……………… 133
주권의 선의취득 ……………… 1233
주는채무·하는채무 ……………… 465
주된 권리 ……………… 266
주등기 ……………… 649
주문 ……………… 714
주물과 종물 ……………… 305
주민등록법 ……………… 633
주민세 ……………… 1406
주소 ……………… 278
주식 ……………… 1223
주식매수청구권제도 ……………… 1118, 1318
주식의 배정 ……………… 1230
주식의 청약 ……………… 1230
주식인수 ……………… 1229
주식회사 ……………… 1210
주신문 ……………… 1072
주요구조부 ……………… 1127
주위토지통행권 ……………… 401
주의의무 ……………… 564
주장책임 ……………… 709
주주 ……………… 1224
주주제안제도 ……………… 1225
주차와 정차 ……………… 1139
주차장 ……………… 1159
주채무 ……………… 451
주택 ……………… 1160
주택임대차보호법 ……………… 634
주형 ……………… 862
준강간죄·준강제추행죄 ……………… 905
준강도죄 ……………… 929
준거법 ……………… 1496
준계약 ……………… 510
준공동소유 ……………… 418
준공동해손 ……………… 1296
준공유 ……………… 414
준물권 ……………… 363
준물권행위 ……………… 374
준법 투쟁 ……………… 1371
준법률행위 ……………… 312
준법률행위적 행정행위 ……………… 52
준불법행위 ……………… 561
준비금 ……………… 1244
준비서면 ……………… 702
준비절차 ……………… 703
준사기죄 ……………… 931
준사무관리 ……………… 556
준소비대차 ……………… 539
준예산 ……………… 208
준용 ……………… 31
준점유 ……………… 387
준점유강취죄 ……………… 919
준정 ……………… 595
준총유 ……………… 417
준칙주의 ……………… 290
준항고 ……………… 1104
준현행범인 ……………… 1039
중간배당 ……………… 741
중간법인 ……………… 289
중간생략등기 ……………… 652
중간예납 ……………… 1401
중간이자 ……………… 459
중간판결 ……………… 716
중간확인의 소 ……………… 690
중강요죄 ……………… 900
중개 ……………… 1199
중과실 ……………… 817
중과실 치사상죄 ……………… 892

중과실교통방해죄 ······ 952
중과실장물죄 ······ 938
중권리행사방해죄 ······ 943
중리 ······ 462
중립 ······ 1483
중립명령위반죄 ······ 977
중립법규 ······ 1484
중복보험 ······ 1263
중복신문 ······ 1072
중복제소의 금지 ······ 689
중상해죄 ······ 887
중선거구 ······ 154
중소기업협동조합법 ······ 640
중손괴죄 ······ 940
중앙노동위원회 ······ 1378
중앙노사정협의회 ······ 1383
중앙선거관리위원회 ······ 227
중요부분의 착오·요소의 착오 ······ 329
중요설 ······ 808
중유기죄 ······ 895
중임 ······ 219
중재 ······ 1374
중재위원회 ······ 1375
중재재정 ······ 1376
중재재판조약 ······ 1462
중지미수 ······ 841
중지범 ······ 838
중체포감금죄 ······ 897
중혼 ······ 580
즉결심판 ······ 1107
즉시강제 ······ 59
즉시범 ······ 799
즉시시효 ······ 406
즉시취득 ······ 405
즉시항고 ······ 1104
증거 ······ 706, 1067
증거개시제도 ······ 1058
증거능력·증명력 ······ 1074
증거물의 서면 ······ 1069
증거보전 ······ 713, 1047
증거보전절차 ······ 707
증거인멸죄 ······ 997
증거재판주의 ······ 1074
증거조사 ······ 1068
증권 ······ 1158
증권시장 ······ 1111, 1311
증권예탁 ······ 1112, 1312
증담보 ······ 448
증뢰죄 ······ 986
증명·소명·변명·석명 ······ 33
증언 ······ 1070
증언거부권 ······ 1071
증여 ······ 527
증여세 ······ 1405
증인 ······ 1069
증인은닉도피죄 ······ 996
증인적격 ······ 1070
증축 ······ 1128
지구단위계획 ······ 1129
지급명령 ······ 718
지급불능 ······ 474
지급정지·지급불능 ······ 734
지능범 ······ 799
지료 ······ 424
지료증감청구권 ······ 425
지리적표시 ······ 1138
지명채권 ······ 496
지목 ······ 383
지방공무원 ······ 69
지방노동위원회 ······ 1379
지방세 ······ 1388
지방자치 ······ 159
지방자치단체 ······ 159
지배·개입 ······ 1376
지배권 ······ 257
지배인 ······ 1185
지번 ······ 383
지분 ······ 418, 1224
지분권 ······ 419
지분매수청구권 ······ 1284
지분적조합 ······ 413
지분증권 ······ 1121, 1321
지상권 ······ 421
지상권갱신청구권 ······ 426

지상권과 임차권의 이동 ········· 422
지상물매수청구권 ········· 426
지시에 의한 점유이전 ········· 396
지시채권 ········· 496
지역권 ········· 427
지연배상 ········· 477
지연이자 ········· 481
지적공부 ········· 382
지점 ········· 1191
지정관할 ········· 669
지정변제충당 ········· 501
지정상속분 ········· 613
지정유언집행자 ········· 628
지정후견인 ········· 604
지주회사 ········· 1447
지참채무 ········· 455
지체 ········· 472
지하수 ········· 401
지하층 ········· 1127
직계비속 ········· 572
직계존속 ········· 572
직계친·방계친 ········· 572
직계혈족 ········· 571
직권남용죄 ········· 982
직권명령 ········· 222
직권송달주의 ········· 701
직권조사사항 ········· 682
직권주의 ········· 1007
직권진행주의 ········· 682
직능대표제 ········· 156
직무강요죄 ········· 990
직무명령 ········· 75
직무유기죄 ········· 981
직분관할(직무관할) ········· 667
직불카드 ········· 1155
직업선택의 자유 ········· 179
직위와 직급 ········· 1136
직장 내 성희롱 ········· 1170
직장폐쇄 ········· 1369
직접민주제 ········· 140
직접선거 ········· 151
직접세·간접세 ········· 1389
직접점유·간접점유 ········· 391
직접주의 ········· 1062
직접증거·간접증거 ········· 707
직종별조합 ········· 1360
진술 ········· 697, 1084
진술거부권 ········· 1086
진술서 ········· 1084
진술조서 ········· 1085
진의 아닌 의사표시 ········· 323
진화방해죄 ········· 948
질권 ········· 437
질서벌 ········· 87
질서범 ········· 87
질서유지선 ········· 1161
짐은 국가다 ········· 127
집단적 안전보장 ········· 1483
집단적 자위권 ········· 1467
집단행위금지 ········· 76
집중심리주의 ········· 1063
집중투표제도 ········· 1236
집합명령위반죄 ········· 994
집합물 ········· 301
집합범 ········· 846, 860
집합보험 ········· 1266
집합재산 ········· 553
집합투자 ········· 1122, 1322
집행계약 ········· 757
집행기간 ········· 757
집행력 ········· 757
집행력있는 정본 ········· 758
집행문 ········· 758
집행문 부여에 대한 이의 ········· 759
집행문 부여의 소 ········· 760
집행방법에 관한 이의 ········· 760
집행법원 ········· 760
집행보전절차 ········· 773
집행위임 ········· 760
집행유예 ········· 874
집행정지 ········· 68
집행지휘 ········· 1064
집회와 시위 ········· 1161
집회의 자유 ········· 176

징계 ······ 77
징역 ······ 863

ㅊ

차별 ······ 1169
차상위계층 ······ 1168
차임 ······ 542
차임증감청구권 ······ 542
착오 ······ 328, 812
참의원 ······ 198
참정권 ······ 180
창설적 등기 ······ 643
채권·채무 ······ 451
채권법 ······ 451
채권양도 ······ 495
채권자대위권 ······ 482
채권자의 정보제공의무와 통지의무 ······ 492
채권자지체 ······ 472
채권자취소권 ······ 483
채권자평등의 원칙 ······ 452
채권질권 ······ 439
채권추심자 ······ 1161, 1162
채권침해 ······ 564
채권평가회사 ······ 1123, 1323
채권행위 ······ 452
채권혼동 ······ 509
채무공제 ······ 1405
채무면제 ······ 508
채무불이행 ······ 474
채무승인 ······ 502
채무인수 ······ 502
채무자 회생 및 파산에 관한 법률 ··· 635, 1306
채무자주의 ······ 522
채무증권 ······ 1120, 1320
채무초과 ······ 734, 1243
책문권 ······ 698
책임 ······ 828
책임능력 ······ 276, 562
책임있는 채무 ······ 467
책임전질 ······ 441
책임정치 ······ 218
책임준비금 ······ 1269
처 ······ 581
처단형·선고형 ······ 867
처분의 변경 ······ 67
처분적 법률 ······ 224
처분행위 ······ 340
천부인권설 ······ 162
천연과실 ······ 307
철회 ······ 348
첨부 ······ 409
청구권 ······ 258
청구의 기초 ······ 687
청구의 원인 ······ 687
청구의 인낙 ······ 721
청구의 취지 ······ 686
청구의 포기 ······ 720
청산 ······ 1255
청산법인 ······ 1255
청소년 ······ 1162
청약 ······ 516
청약의 유인 ······ 517
청원 ······ 181
체포·감금죄 ······ 897
체포·구속영장 ······ 1038
체포·구속적부심사제도 ······ 172, 1039
첵크·오프 ······ 1342
초고층 건축물 ······ 1128
초과보험 ······ 1262
초보운전자 ······ 1139
촉탁·승낙에 의한 살인죄 ······ 884
촌 ······ 573
총강 ······ 137
총유 ······ 417
총포 도검 ······ 1162
최고 ······ 319
최고법규성 ······ 111
최고의 항변권 ······ 493
최저임금 ······ 1346
최저자본액 ······ 1229
최혜국대우 ······ 1471

최후의 배당 ······ 742
최후진술 ······ 1088
추가경정예산 ······ 209
추가배당 ······ 742
추심채무 ······ 455
추인 ······ 348
추정 ······ 31, 320
추정적 승낙 ······ 827
추징 ······ 865
추탈담보책임 ······ 534
축산물가공품 이력추적관리 ······ 1162
축소해석 ······ 24
출생 ······ 270
출원 ······ 1417
출원공개 ······ 1420
출원심사청구제도 ······ 1419
출판권 ······ 365
출판의 자유 ······ 176
충당금 ······ 1243
충돌약관 ······ 1297
취득시효 ······ 359
취소 ······ 346
취소소송 ······ 64
취소할 수 있는 행정행위 ······ 57
취업규칙 ······ 1354
취직인허증 ······ 1352
치료감호 ······ 878
치료행위 ······ 826
친가 ······ 598
친계 ······ 572
친권 ······ 601
친권의 변경 ······ 602
친권자 ······ 602
친등 ······ 573
친생부인의 소 ······ 593
친생자 ······ 590
친생추정되는 자 ······ 592
친양자 ······ 596
친자 ······ 590
친족 ······ 569
친족권 ······ 256
친족법 ······ 569
친족상도례 ······ 924
친족회 ······ 604
침략 ······ 1478

ㅋ

카지노업 ······ 1135
캐논법 ······ 37
컴퓨터 사용 사기죄 ······ 932
클로즈우드·숍 ······ 1358

ㅌ

타물권 ······ 420
타인의 생명의 보험계약 ······ 1277
타인의 재물 ······ 917
탄핵 ······ 210
탄핵제도 ······ 237
탄핵주의 ······ 1006
탄핵증거 ······ 1083
탈법행위 ······ 317
탈취죄 ······ 918
태아 ······ 271
태아 성 감별 행위 등 금지 ······ 1157
태업 ······ 1368
토지 ······ 302
토지공작물소유자의 책임 ······ 568
토지관할 ······ 1016
토지대장 ······ 383
토지채무 ······ 447
통고처분 ······ 1411
통모인수인 ······ 1238
통상대차대조표 ······ 1240
통상실시권 ······ 1423
통상임금 ······ 1351
통상항해조약 ······ 1281
통수권 ······ 222
통정매매 ······ 1114, 1314

통정허위표시 ······ 328
통합방위 ······ 1172
통화위조죄 ······ 954
퇴거불응죄 ······ 914
퇴직 ······ 78
퇴직금 ······ 1344
투자계약증권 ······ 1121, 1321
투자매매업 ······ 1122, 1322
투자목적회사 ······ 1124, 1323
투자일임업 ······ 1122, 1322
투자자문업 ······ 1112, 1122, 1311, 1322
투자중개업 ······ 1122, 1322
투표지 촬영과 공개금지 ······ 1134
특별감가상각 ······ 1404
특별권력관계 ······ 47
특별노동위원회 ······ 1379
특별사면 ······ 224
특별손익 ······ 1249
특별연고자 상속재산분여 ······ 621
특별조정위원회 ······ 1372
특수강요죄 ······ 900
특수경력직 공무원 ······ 69
특수경력직공무원 ······ 1136
특수공갈죄 ······ 934
특수상해죄 ······ 887
특수지역권 ······ 429
특수체포감금죄 ······ 898
특수폭행죄 ······ 889
특신상태 ······ 1082
특약 ······ 452
특유재산 ······ 584
특정 ······ 453
특정금전채권 ······ 458
특정물과 불특정물 ······ 306
특정물채권 ······ 453
특정승계인 ······ 372
특허 ······ 55
특허권 ······ 1415
특허등록 ······ 1422
특허료 ······ 1422
특허법 ······ 635
특허사정 ······ 1422
특허심판 ······ 1420
특허요건 ······ 1416
특허이의신청 ······ 1421
특허주의 ······ 291
특허협력조약 ······ 1432

ㅍ

파산 ······ 729
파산관재인 ······ 730
파산능력 ······ 734
파산배당 ······ 741
파산범죄 ······ 732
파산법원 ······ 732
파산선고 ······ 738
파산원인 ······ 731
파산자 ······ 730
파산재단 ······ 735
파산종결결정 ······ 745
파산채권 ······ 738
파산채권의 확정 ······ 739
파산채권자 ······ 740
파산채권자단체 ······ 740
파산채권확정소송 ······ 741
파산폐지 ······ 744
파생결합증권 ······ 1121, 1321
파생상품 ······ 1121, 1321
파양 ······ 599
파업 ······ 1367
판결 ······ 714, 1089
판결의 경정 ······ 716
판결의 정정 ······ 1096
판례법 ······ 14, 252
판매재취리스 ······ 1203
팩터링 ······ 1204
팩터링금융 ······ 1205
편무계약 ······ 514
편의시설부정이용 ······ 932
편취죄 ······ 919
평균임금 ······ 1342

평균적 정의 · 일반적 정의 · 배분적 정의 ····· 10
평등권 ···· 168
평등선거 ···· 151
평시국제법 ···· 1454
폐기물 ···· 1163
포괄승계 ···· 614
포괄승계·특정승계 ···· 372
포괄일죄 ···· 859
포괄증자 ···· 1238
포로 ···· 1479
포로대우에 관한 협약 ···· 1480
포장 ···· 1173
포제시오 ···· 388
폭리행위 ···· 317, 462
폭발물사용죄 ···· 946
폭발성물건파열죄 ···· 949
폭행죄 ···· 888
표제부 ···· 647
표현대리 ···· 342
표현대표이사 ···· 1234
표현지배인 ···· 1186
풍속경찰 ···· 82
프랜차이즈 계약 ···· 1206
프로이센헌법 ···· 111
피고인 ···· 1020
피선거권 ···· 156
피성년후견인 ···· 278
피의사실공표죄 ···· 982
피의자 ···· 1021
피케팅 ···· 1370
피한정후견인 ···· 277
피해보상과 불만처리의 권리 ···· 1435
피해자의 승낙 ···· 827
필수적 공동소송 ···· 677
필요적 공범 ···· 845
필요적 변호 ···· 1025
필요적 보석 ···· 1048

하도지시서 ···· 1290
하자담보책임 ···· 535
하자있는 의사표시 ···· 323
하자점유·무하자점유 ···· 392
학대·존속학대죄 ···· 895
학리해석 ···· 23
학문의 자유 ···· 177
학원 ···· 1163
한국거래소 ···· 1111, 1311
한국예탁결제원 ···· 1112, 1312
한국저작권위원회 ···· 1446
한시법 ···· 787
한옥 ···· 1128
한정능력자 ···· 273
한정승인 ···· 618
한정치산자 ···· 277
할부매매 ···· 1201
할증임금 ···· 1351
함무라비법전 ···· 35
함정수사 ···· 1032
합동행위 ···· 510
합명회사 ···· 1212
합법 ···· 30
합병교부금 ···· 1251
합병등기 ···· 655
합성물 ···· 301
합수적조합 ···· 412
합유 ···· 416
합유채권관계 ···· 416
합의관할 ···· 668
합의제 ···· 1011
합의해제 ···· 525
합자회사 ···· 1213
합필등기 ···· 654
항고 ···· 1103
항고소송 ···· 63
항공안전법 ···· 1304

항만운송사업법 ··· 1305
항변권 ··· 259, 493
항소 ··· 724, 1101
항소이유 ··· 1100
항소이유서 ··· 1101
항해 ··· 1282
항해보험 ··· 1267
해고 ··· 1345
해고의 예고 ··· 1345
해고제한 ··· 1345
해기사 ··· 1287
해난 ··· 1297
해난구조 ··· 1297
해산(海産) ··· 1298
해산(解散) ··· 554
해상법 ··· 1279
해상법의 법원 ··· 1280
해상법통일운동 ··· 1280
해상운송계약 ··· 1287
해석규정 ··· 319
해손 ··· 1294
해양사고의 조사 및 심판에 관한 법률 ··· 1298
해원 ··· 1285
해제 ··· 523
해제계약 ··· 524
해제권 ··· 524
해제조건 ··· 350
해제조건부법률행위 ··· 350
해지 ··· 525
해지통고 ··· 526
행복추구권 ··· 169
행사 ··· 956
행위·범죄행위 ··· 801
행위규범과 ··· 6
행위능력 ··· 273
행정각부 ··· 227
행정국가 ··· 192
행정사 ··· 1163
행정상 강제집행 ··· 58
행정소송 ··· 62
행정소송사항 ··· 64
행정심판전치주의 ··· 66
행정절차 ··· 60
행정처분 ··· 51
행정행위 ··· 50
행정행위의 부관 ··· 54
행정행위의 철회 ··· 58
행정행위의 효력 ··· 56
향정신성의약 ··· 1141
허가 ··· 55
허가주의 ··· 290
허용된 위험 ··· 817
헌법 ··· 105
헌법개정 ··· 121
헌법개정의 한계 ··· 121
헌법변천 ··· 122
헌법소원 ··· 238
헌법우위설 ··· 145
헌법재판 ··· 233
헌법재판소 ··· 233
헌법쟁의 ··· 111
헌법제정권력 ··· 115
현대 복지국가적 의미의 헌법 ··· 107
현명주의 ··· 339
현상광고 ··· 519
현실매매 ··· 529
현실의 인도 ··· 384
현실의 제공 ··· 501
현실재단 ··· 735
현실증여 ··· 528
현저한 사실 ··· 703
현존이익의 한도 ··· 557
현행범인 ··· 1039
혈족 ··· 570
협박죄 ··· 898
협의상 파양 ··· 600
협의상이혼 ··· 588
형벌불소급의 원칙 ··· 786
형법 ··· 783
형법의 기능 ··· 784
형사보상 ··· 183, 1106
형사소송절차 ··· 1005
형사재판권 ··· 1011
형성권 ··· 258

형성의 소 ······ 686
형성행위 ······ 55
형식적 심사주의 ······ 651
형식적 확정력 ······ 717
형의 면제 ······ 879
형의 시효 ······ 879
호가 ······ 1113, 1313
호별방문 ······ 1133
호적 ······ 574
호주 ······ 575
호주승계 ······ 606
호프만식 계산법 ······ 460
혼동 ······ 379
혼인 ······ 577
혼인빙자간음죄 ······ 906
혼인외의 자 ······ 591
혼인중의 자 ······ 590
혼합계약 ······ 513
혼합보험 ······ 1267
혼화 ······ 410
화염병 ······ 1164
화장품 ······ 1164
화재보험계약 ······ 1264
화해 ······ 555
확신범 ······ 801
확인의 소 ······ 686
확장적 정범개념 ······ 843
확장해석 ······ 24
환각범 ······ 839
환매 ······ 535
환취권 ······ 737
황견계약 ······ 1364
회계연도 ······ 208
회기 ······ 199
회기불계속의 원칙 ······ 201
회복등기 ······ 655
회사 ······ 1206
회사등기 ······ 1222
회사범죄 ······ 1207
회사법 ······ 1206
회사법정주의 ······ 1209
회사설립행위 ······ 1217
회사의 계속 ······ 1254
회사의 권리능력 ······ 1215
회사의 분할 ······ 1252
회사의 소멸 ······ 1256
회사의 조직변경 ······ 1252
회사의 해산 ······ 1253
회피 ······ 1014
횡령죄 ······ 934
후견 ······ 603
후견계약 ······ 603
후견인 ······ 603
후발적 불능 ······ 471
훈령 ······ 75
훈장 ······ 1172
휴게 ······ 1348
휴업지급 ······ 1347
휴일 ······ 1349
휴일근로 ······ 1349
휴전 ······ 1478
휴직 ······ 77
흡수주의 ······ 858

법 일 반

- 법일반 / 5
- 법사·법사상 / 35

법 일 반 개 요

법일반의 장(章)은 일반교양으로서 법률지식을 습득시키는 것, 법률관계의 큰 줄기를 이해할 수 있도록 관련 개념을 설명하는 것, 또는 법률학의 전문적 연구로 나아가는 예비적 지식을 도모하는 것 등 여러 가지 목적을 가지고 있다. 이러한 목적은 반드시 수평적으로 존재하는 것이 아니므로 본 장에서는 상기의 여러 목적 모두에 중점을 두고 서술하기로 한다.

법학과 법률학을 구별하는 것은 용어의 문제에 지나지 않는다. 본래 「법률」이라는 말은 그 개념의 넓고 좁음에 따라 두 가지 의미를 가지고 있다. 광의(廣義)의 「법률」은 사회규범으로서의 법일반을 지칭하며, 협의(狹義)의 「법률」은 국회에서 제정되어 ○○법 또는 ○○에 관한 법률이라는 명칭을 갖는 것만을 말한다. 두 가지의 개념을 똑같이「법률」이라는 명칭으로 부르는 것은 너무나 불편한 경우가 있으므로 최근에는 광의의 법률을 단순히 「법」이라고 부르는 경향이 강하다. 법률학이라고 하는 경우의 「법률」은 물론 광의의 의미이므로 법률이라고 하여도 동일한 뜻을 구성한다.

법일반의 내용은 그 모두가 법률체계의 논술을 이해하는 데 필요한 전제가 되는 사항들이다. 각 법률체계의 해설에 있어서는 법일반에서 다루고 있는 사항에 관하여는 당연히 지식을 가지고 있는 것으로 생각하여 설명이 생략되어 있으므로, 우선 법일반에 관한 충분한 이해가 필요하다. 예컨대 민법과 상법의 관계에 있어서도 일반법·특별법의 구별이 이해되지 않으면 정확한 분석이 불가능하며, 각 조문의 의미를 알기 위해서는 법률의 해석을 어떻게 해야 할 것인지의 지식을 갖고 있어야만 한다. 이와 같이 우선 법일반의 항목을 충분히 숙지한 뒤부터 그 다음의 각 법률관계의 설명을 읽어야 한다. 또한 조문참조를 게을리 하여서는 안 된다. 조문을 떠나서 성문법의 내용을 이해하려고 하는 것은 마치 그림 그 자체를 보지 않고서 그 그림의 해설만을 읽고 감상하려고 하는 것과 같으며, 이를 통해서는 공허한 지식조차도 얻을 수 없기 때문이다.

법 일 반

법 일 반

법학(法學)

영;jurisprudence, science of law
독;Rechtswissenschaft
불;science juridique

법을 연구의 대상으로 하는 학문을 말한다. 즉 법을 이론적·체계적으로 고찰하는 학문으로서 실정법학이 그 중심이며 사회과학과 규범과학으로서의 성질을 갖는다. 법학의 전문적 위치는 법 현상 가운데서 보편적인 법의 원리를 찾아내어 법을 객관화하고 이론적으로 법을 해석한다는 데에 있다. 법학에서는 법해석학·법사학·법정책학·법사회학·법철학 등이 포함된다. 법해석학이 실천철학으로서 법의 실천적인 면에서 구명하고자 하는 법학이라면, 법철학은 이론법학으로서 법을 순수한 원리적·가치적 측면에서 구명하는 법학이다. 그러나 양자 모두 이론적 측면과 실천적 측면을 지니고 있으므로 법해석학과 법철학은 법학의 2대지주로서 상호보완관계에 있다. 또한 법학은 법기술과는 구별되는 것으로서, 전자는 법 현상에 대한 체계적인 지식임에 반해 법기술은 재판기술이나 행정관의 법집행에서 보듯 법학상의 지식을 실제의 법적문제에 응용하는 실용성에 입각해 있다.

규범(規範)

영;norm 독;norm 불;norme 라;norma

마땅히 있어야 할 당위의 법칙을 말한다. 자연법칙이 원인과 결과의 필연적인 인과관계에 놓여 있어서 이것에의 위반이 결코 있을 수 없는 존재의 세계에 있음에 비해, 당위법칙은 그 위반에도 불구하고 반드시 준수되어야만 한다는 당위의 타당성을 지닌다. 당위의 타당성에 합당하게 행위하도록 정형화된 질서가 규범이라고 할 수 있다. 즉 위반과 반칙이 언제나 발생할 수 있기 때문에 규범이 있게 된다. 가치와 당위의 세계에 맺고 있는 관련정도에 따라서 관습, 도덕규범, 법규범 등으로 나뉘게 되고, 그 위반에 따른 강제가능성이 있는가의 여부에 따라 행위규범(사회규범)과 강제규범으로 나뉜다. 특히 법규범은 위반에 대해 주어지는 강제가 조직화된 국가권력에 의해 실시되어 그 실현가능성을 보장받을 수 있는 규범이다.

사회적규범(사회규범)

(社會的 規範〈社會規範〉)

사회적 규범(사회규범)이란 사회생활에서의 규범(지키지 않으면 안되는 규칙)을 말한다. 예의, 도덕, 종교, 관습 및 법은 모두 사회규범이지만, 법은 국가에 의하여 강제되는 것을 원칙으로 하는 점에서 기타의 사회규범과 다르다. 그러나 사회규범이라는 용어는 국가와는 구별되는 사회에 있어서의 규범이라고 하는 의미로도 사용된다. 국가도 일종의 사회이긴 하지만 그것과는 달리 범죄자의 사회, 학자의 사회, 어민의 사회 등을 생각할 수 있고 거기에는 국가법과는 다른 규범이 행하여진다. 이와 같은 규범을 국가법과 구별하기 위하여 사회규범이라고 한다.

행위규범과 강제규범(재판규범)
(行爲規範과 強制規範〈裁判規範〉)

행위규범이란 「…하여야 한다」 또는 「…하여서는 안된다」는 것과 같이 사람의 행위의 준칙을 정하는 당위의 법칙으로서 사회규범의 한 유형이라고 할 수 있다. 행위규범에 관한 이상, 법규범도 종교규범·도덕규범·관습규범 등의 사회규범과 다름이 없다. 다만 도덕규범 등은 단순한 행위규범이고 강제와 결합되어 있는 것은 아니다. 강제규범이란 행위규범에 위반하는 행위에 대하여 일정한 효과로서의 제재를 가함으로써 강제적으로 사회의 질서를 유지하는 작용을 갖는 규범을 말한다. 「사람을 살해한 자는 사형, 무기 또는 5년 이상의 징역에 처한다」는 것은 우선 「살인하지 말라」는 행위규범의 타당성을 전제로 하고, 이 규범에 대하여 위반행위가 있는 때에는 「사형, 무기 또는 5년 이상의 징역」이라는 일정한 제재를 가한다는 것을 뜻한다. 즉, 전자가 법의 내용으로서의 행위규범이며, 후자가 법관이 법적 강제를 행사하는 준칙으로서의 재판규범, 즉 강제규범이다.

재판규범(裁判規範)
독;Entscheiclungsnorm

사회규범 또는 행위규범에 상대되는 개념으로, 사법에 관한 법규는 모두 재판규범의 성질을 지닌다. 형법의 각 본조는 일반인에 대하여 만들어진 사회규범이 아니라, 일정한 사회규범의 효력을 전제로 이를 위반하는 행위가 있을 때, 그 행위를 어떠한 범죄로 하고, 그 범죄에 어떠한 형을 과하여야 하는가를 정한 재판규범이다. 예컨대 '폭행 또는 협박으로 부녀를 강간하지 말라'는 것은 사회규범이고, 형법 제297조의 '폭행 또는 협박으로 부녀를 강간한 자는 3년 이상의 유기징역에 처한다'는 규정은 재판규범이다. 한편 민사법규에는 사회일반의 사람들의 권리·의무관계를 규정하는 사회규범이 많이 수용되어 있는데, 그것은 곧 법관의 재판의 규준을 지시하고 있으므로 이러한 법규는 동시에 재판규범이라 하였다.

조직규범(組織規範)

조직규범이란 법규범의 제정(制定)·적용(適用)·집행(執行)을 담당하는 기관(국회·법원·행정관청 등)의 조직과 이 조직을 구성하는 기관에 일정한 권한을 부여하는 규범을 말한다. 근대국가에서는 법을 제정하고 적용하고 집행하는 것이 조직적으로 각 기관에 분장(分掌)되어 있다. 즉 국회가 법을 제정하고, 법원이 법을 적용하고, 행정관청이 법을 집행하는 형태로 되어 있다. 그리고 이러한 작용은 일정한 조직을 통하여 조직적으로 운영됨으로써 법이 사회의 질서를 유지하고, 그 권능을 발휘할 수 있다. 그런데 이와 같은 국가조직도 법에 의하여 결정되는 것이다. 즉 법의 제정·적용·집행에 관한 조직을 규정하고 있는 법을 조직규범이라고 하는 것이다. 조직규범에 의하여 법적으로 조직된 사회단체 중 가장 강력하며 가장 중요한 의의를 가지고 있는 것은 국가이다. 국가에는 헌법을 비롯하여 국회법·헌법재판소법·선거관리위원회법·공직선거법·법원조직법·정부조직법·감사원법·국가공무원법 등의 복잡한 조직규범이 있어서 국가의 법이 어떤 조직에 의하여 어떤 절차에 따라서 제정·적용·집행되어야 하는가를 정하고 있다.

규칙(規則)

넓은 의미의 명령의 일종으로 국가기관이 제정하는 성문법 중 규칙이라고 불리는 것을 말한다. 국회(헌법 제64조 제1항), 대법원(헌법 제108조), 헌법재판소(헌법 제113조 2항), 중앙선거관리위원회(헌법 제114조 6항) 등과 같이 헌법에서 특별한 기관에 규칙제정권을 규정한 경우에 그 규칙은 법규의 성질을 가질 수 있다. 좁은 의미의 규칙은 공법상의 특별권력에 기하여 특별권력관계 내부 또는 행정기관 내부의 사항을 규율하기 위한 일반적 규범을 말한다. 법규의 성질을 가지지 아니하며, 법률이나 명령에서 인정되는 경우도 있지만, 그러한 특별규정이 없더라도 제정할 수 있다. 영조물 규칙 등이 그 예이다.

법의 목적(法의 目的)

독;Zweck des Rechts

질서의 유지, 정의의 실현, 문화의 증진 등 법에 의하여 달성되는 목적을 말한다. 즉 각각의 법제도 또는 부분적 법질서가 실현시키고자 하는 목적을 일컫는다. 이는 법이념의 의미로 쓰이기도 한다.

법의 실효성(法의 實效性)

독;Wirksamkeit des Recht66

법의 실효성이란 법이 실제로 효력을 가지고 있는가 없는가의 성질을 말한다. 법이 실제로 시행되고 있을 때에는 법은 실효성을 가지고 있다고 하고, 법이라 하더라도 시행되고 있지 않을 때에는 실효성이 없다고 한다. 예를 들면, 경범죄처벌법은 "'흥행장, 경기장, 역, 나루터, 정류장, 그 밖에 정하여진 요금을 받고 입장시키거나 승차 또는 승선시키는 곳에서 웃돈을 받고 입장권·승차권 또는 승선권을 다른 사람에게 되판 사람'은 20만원 이하의 벌금, 구류 또는 과료의 형으로 처벌한다(암표매매)"고 규정하고 있다. 만약 경찰이 그러한 암표상을 방임하여 단속하지 않는다면 경범죄처벌법의 규정은 실효성을 가지고 있지 않는 것으로 본다.

법의 타당성(法의 妥當性)

독;Geltung des Recht

법의 타당성이란 일반적으로 법이 규범으로서 현실적으로 시행되어야 한다는 강제성의 요구를 말한다. 그러나 다음과 같이 세분하여 그 의의를 밝힐 수도 있다. 첫째로는 법이 정의에 맞는 것을 말하고, 둘째로는 법이 사람의 복종을 요구하는 성질(사람에게 의무를 지우는 성질)을 가지고 있는 것을 말한다. 법이 언제나 지켜진다고 단정할 수는 없지만 법이 만들어진 이상 법은 그 성질로서 법에 의하여 규율되는 사람의 복종을 요구하는 것이다. 그러나 이와 같은 법의 효력이 무엇에 근거하여 생기는가는 법철학상의 곤란한 문제이다. 셋째로는 법의 실효성과 같은 의미로 사용된다.

정의(正義)

영;justice 독;gerechtigkeit 불;justice 라;justitia

인간이 사회생활을 영위함에 있어서 마땅히 지켜야 할 보편타당한 생활규범의 이념을 말한다. '아리스토텔레스'는 정의를 배분적 정의와 교환적 정의(등분적 정의와 평균적 정의)로 분류하였다. 배분적 정의는 권리의 향유, 납세·영예 등과 같이 공법생활을 규제하는 질서의 근본이념으로서 단체와 그 구성원 또는 국가와 국민의 관계를 비례적으로 조화시키는 이념이다. 이에 비하여 교환적 정의는 손해배상 또는 유상계약에 있어서의 급부와 반대급부의 관계와 같이 사생활을 규제하는 질서의 근본이념으로서, 개인 대 개인 사이의 동등한 대가적 교환을 내용으로 한다.

법적 안정성(법적 안전)

(法的 安定性〈法的 安全〉)

영;legal stability 독;Rechtssicher heit

법적 안정성(법적 안전)이란 사회의 여러 사람들이 법에 의하여 안심하고 생활할 수 있는 것을 말한다. 법이 시행되지 아니하여 사회의 질서가 어지럽게 된다든지, 법이 함부로 개폐(改廢)된다든지, 법이 모호하여 명확하지 않다든지 하면 사람들은 법에 의하여 안심하고 생활할 수 없다. 즉, 법적 안정성이 없다. 법적 안정성은 법의 가장 중요한 가치의 하나이다.

법의 획일적 성질

(法의 劃一的 性質)

법의 획일적 성질이란 법이 모든 경우를 동일하게 취급하는 성질을 말한다. 법을 해석·적용함에 있어서는 구체적 타당성을 가지도록 주의하여야 하는데, 법이 어느 정도 획일적 성질을 가지는 것은 불가피하다. 획일적 성질이란 모든 경우를 같은 양태(樣態)로 취급하는 성질이다. 예컨대 제1심법원의 판결에 대한 항소는 판결서가 송달된 날로부터 2주일 내에 하여야 하나(민소§396①), 우연히 날짜를 잘못 세어 1일을 기일에 늦게 제기한 항소를 법원이 수리한다면 그밖에 기일에 늦어 항소를 단념한 자와의 사이에 불공평이 생기고 그 자의 항의에 대하여는 할 말이 없게 된다. 따라서 2주일간의 항소기일은 획일적으로 정하지 않으면 안 되며 법은 이와 같은 취급을 요구하고 있는 것이다.

법의 타협적 성질
(法의 妥協的 性質)

법의 타협적 성질이란 법이 지니고 있는 타협적인 성질을 의미한다. 법은 국가권력에 의하여 제정된다. 그러나 현실적으로 이해나 社會理想을 달리하는 사람들이 자기의 이상에 적합한 법을 만들려고 하므로, 현대 민주주의 사회에서 법은 서로 다른 이해나 사회이상의 공약수로서 타협의 산물인 것이 적지 않다. 법의 이러한 성질을 '타협적 성질'이라 한다.

법의 효력(法의 效力)
영;validity of law
독;Geltung des Rechts
불;validité du droit

법은 사회생활을 규율하는 규범이므로 법의 생명은 그것이 현실사회에서 실현되는 데 있다. 법이 그 규범의미대로 실현될 수 있는 상태에 있는 것을 법의 효력이라고 한다. 법규범은 그것이 실현되든 안되든 '법은 준수되어야 한다'는 당위성을 내포하는데, 이러한 강제성의 근거가 되는 것이 곧 규범에 한정된 객관적 형태를 줄 수 있는 '실정성'이다. 법이 법으로서 현실에 정립되어 현실화될 때 사람은 그 법이 지시하는 것에 따라서 사회생활을 요구받게 된다. 이와 같은 법의 실정에 기초한 규범의 구속성을 법의 타당성이라 한다. 또한 사람들이 그러한 요구에 합치하게 사회생활을 영위하는 것, 즉 법이 수범자들에 의해 현실에서 준수되는 시간적·공간적 현실을 법의 실효성이라고 한다. 즉 법이 행해진다거나 타당하다고 여기기 위해서는 수범자의 주관에 의해 승인된다는 주관적 요소와, 다른 한편 수범자의 주관적 승인을 통해 현실로 준수되고 있다는 객관적 요소를 필요로 한다. 그러므로 법의 효력을 담보하는 실정성은 합목적성과 정의의 문제인 타당성과, 그리고 인과적 규정의 문제인 실효성과의 불가분리의 관련을 맺고 있다. 법효력의 이러한 특성으로 인해 법효력의 근거에 관한 이론에는 의미적 존재로서의 법이 지니는 타당성에 중점을 둔 당위적·법률적 효력이론과, 시간적·공간적 실재로서의 법이 지니는 실효성에 중점을 둔 사실적·사회학적 효력이론이 있다.

법의 흠결(法의 欠缺)
독;Lücken im Recht
불;lacune du droit

법이 결여되어 있는 상태를 말한다. 사회생활은 복잡 다양하고 끊임없이 유동하기 때문에 이에 따른 새로운 사회규범이 필요하게 된다. 이에 아무리 성문법이 제정되어 있고 특별법을 제정해도 법의 흠결은 불가피하다. 법의 흠결이 생기게 되는 원인은, 대체로 입법 당시에 예상하지 못했던 사실이 입법 후에 발생한 경우 또는 입법기술의 미숙 등이 있다. 법의 흠결이 있다고 해서 그것을 이유로 법관이 재판을 거부할 수는 없다. 여기에 민법 제1조는 법률 또는 관습법이 모두 없는 경우에는 조리에 의한다고 규정함으로써, 법의 흠결시에는 조리에 따라 재판해야 한다는 오늘날 일반적으로 인정되어 있는 원칙을 명문화하였다.

평균적 정의·일반적 정의·배분적 정의

(平均的 正義·一般的 正義·配分的 正義)
독;ausgleichende Gerechtigkeit, allegemeine Gerechtigkeit, ver-teilende Gerechtigkeit

평균적 정의란 개인 상호간의 급부(給付)와 반대급부(反對給付)의 균형을 이루게 하는 것을 말하고, 일반적 정의(또는 법률적 정의)란 개인이 단체(예컨대 국가)에 대한 의무를 다하는 것을 말하며, 배분적 정의(또는 등분적 정의라고도 한다)란 단체가 개인을 그 능력 및 공적(功績)에 따라서 취급하는 것을 말한다. 위의 세 가지의 정의는 그리스의 철학자 아리스토텔레스에 의하여 분류된 것이다. 제1의 평균적 정의에 관한 예를 들면, 근로에 대하여는 이에 상응하는 대가를 주고, 절도(竊盜)에 대하여는 그 손해에 상응하는 배상을 지급하게 하는 것이다. 또 개인이 국가를 지키기 위하여 죽는 것은 일반적 정의에 맞는 것이다. 제3의 배분적 정의에 관한 예를 들면, 부자에게 세율을 높게 하는 것은 배분적 정의에 합당한 것이다. 요컨대 평균적 정의는 개인 상호간에 행하여지는 정의, 일반적 정의는 개인의 단체에 대한 관계에서의 정의이며, 배분적 정의는 단체의 개인에 대한 관계에서의 정의이다. 현대의 학자 중에도 이와 같은 분류를 인정하는 자가 적지 않다.

※ 아리스토텔레스(Aristoteles B.C.384 ~322) 고대 그리스의 철학자. 전반생을 플라톤의 학원에서 보낸 다음에 어린 알렉산더의 교육을 담당하였다. 아테네로 돌아와서는 리케이온이라고 불리는 학원을 개설하였는데, 스승인 플라톤에게 있어서는 초월적존재로 되고 있던 이데아를 그 소재와 함께 개체에 내존하는 형상으로써 포제하고 모든 사물의 발전을 소재가 형상을 실현하는 가능태로부터 현실태로의 운동으로써 설명하였다. 거기서 표시된 목적론적세계관은 인간은 본래 정치적동물이라는 그의 단체주의적사상과 함께 토마스 아퀴나스의 기독교적인 세계관의 형성에 커다란 영향을 미치게 하였다. 정의를 도덕일반과 합치(合致)된다는 일반적 정의와 특수적정의로 나누고, 후자를 다시 평균적정의와 배분적정의로 분류한 것으로 유명하다. 저자 : Politica(정치학) Ethica Nico-machea(니코마티스윤리학)

법의 반사작용(法의 反射作用)

법의 반사작용이란 법률상으로 반사적 결과가 일어나는 작용을 말한다. 원칙적으로 법에 의하여 권리를 부여받고, 의무를 부담하는 것은 사람에 한정된다. 따라서 예를 들면, 법이 동물을 보호하라고 명령한 경우에는, 동물의 사육자는 동물을 보호할 의무를 부담하지만, 동물이 사육자에 대하여 보호를 요구할 권리를 부여받는 것은 아니다. 즉, 동물이 법에 의하여 보호를 받는 것은 사육자의 동물보호의무의 반사작용인 것이다.

법률불소급의 원칙

(法律不遡及의 原則)
독;Prinzip der Nichtrückwirkung

법률불소급의 원칙이란 법은 시행 후에 발생한 사항에 대하여 적용되며, 그 시행 이전에 발생한 사항에 대하여는 소급하여 적용되지 않는다는 원칙을 말한다. 소급효를 인정하여 그 시행 이전의 사항에 대하여서도 신법을 적용한다면 국민의 법적 생활이 불안정하게 되고, 법질서가 혼란에 빠질 우려가 있기 때문에 인정되는 것이다 헌법 제13조 1항에서는 「모든 국민은 행위시의 법률에 의하여 범죄를 구성하지 아니하는 행위로 소추되지 아니하며…」라고 규정하고, 형법 제1조 1항에서는 「범죄의 성립과 처벌은 행위시의 법률에 의한다」고 규정하고 있다. 이런 규정은 죄형법정주의(罪刑法定主義)를 선언한 것이지만, 법률불소급의 원칙에 기초를 두고 있다. 이 원칙은 형법뿐만 아니라 법의 일반적인 원칙인 것이며, 명문의 규정이 없는 경우에도 법의 해석에 있어서 당연히 준수되어야 할 원칙이다. 그러나 주의할 것은 이 원칙은 해석적용에 관한 원칙이고, 입법상의 원칙이 아니라는 점이다. 따라서 어느 사항에 관하여 그 발생 당시의 법보다도 신법을 적용하는 것이 합리적이며 사회의 실정 또는 정의의 관념에 합치되는 경우에는 특히 명문으로 법의 소급효를 인정할 수도 있는 것이다. 민법 부칙 제2조에는 「본법의 특별한 규정이 있는 경우 외에는 본법 시행일 전의 사항에 대하여도 이를 적용한다. 그러나 이미 구법에 의하여 생긴 효력에 영향은 미치지 아니한다」고 규정하여 신법의 소급효를 일반적으로 인정하였고, 또 형법 제1조 2항에서는 「범죄 후 법률의 변경에 의하여 그 행위가 범죄를 구성하지 아니하거나 형이 구법보다 경(輕)한 때에는 신법에 의한다」고 규정하여 역시 신법의 소급효를 인정하고 있다.

기득권불가침의 원칙

(旣得權不可侵의 原則)

기득권불가침의 원칙이란 폐지된 구법에 의하여 이미 발생한 권리, 즉 기득권은 신법의 시행으로 변경되거나 소멸되는 일이 없다는 원칙이다. 이 원칙도 법률불소급의 원칙과 같이 해석·적용상의 원칙이므로 절대적인 것은 아니고 따라서 입법정책상 필요한 경우에는 기득권을 변경·소멸(消滅)시킬 수 있다. 그러나 이 원칙은 국민의 법적 안정을 목적으로 하는 것이므로 그 적용이나 법정책에 있어서 충분한 고려를 하여야 할 것이다.

속인법주의 · 속지법주의

(屬人法主義 · 屬地法主義)
독;Personalitätsprinzip, Territorialiatsprinzip

속인주의라 함은 사람이 어느 곳에 있던지간에 그 자가 소속하고 있는 종족이나 국적국 의 법을 적용하는 주의를 말하고, 속지법주의란 법이 일정한 지역에 체재(滯在)·거주하는 자에게 적용되는 주의를 말한다. 5~9세기에 걸쳤던 프랑크시대에는 각 종족의 법이 속인적으로 적용되었다. 그러나 봉건제도가 발달하고 근대에 이르러 영토주권의 관념이 확정됨에 따라 한 나라의 법은 사람의 국적여하를 묻지 아니하고 원칙적으로 그 나라의 영토 내에 있는 모든 사람에게 적용하게 되었다. 이것이 속지법주의이다. 현대의 국가는 속지법주의를 원칙으로 함과 동시에 어느 정도 속인법주의를 병용하고 있다. 우리나라 형법도 대한민국의 영역 내에서 죄를 범한 내국인과 외국인에게 적용함과 동시에 대한민국 영역 외에서 죄를 범한 한국인에게도 적용한다(형법§ 2·3).

법의 단계(法의 段階)

법의 단계란 법에 존재하는 상·하위의 단계를 말한다. 국내법에 대하여 말하면, 헌법이 최상위에 있고 그 다음에 법률(국회에서 제정한 법)이 있으며 대통령령(국무회의 심의를 거쳐 대통령이 제정한 명령), 조례(지방자치단체의 지방의회에서 제정한 법)가 그 하위에 있다. 하위의 법이 상위의 법에 반하는 경우에는 무효이다. 국제법·조약과 헌법간에 있어서의 상하에 대하여는 논의가 있다.

법원(法源)

영;source of law
독;Rechtsquellen
불;source du droit

법원이란 법이 존재하는 형식을 말하며 법의 연원(淵源)이라고도 한다. 법은 헌법의 형식을 취하는 것도 있고 또는 법률(국회에서 제정한 법)로서 혹은 대통령령(국무회의를 거쳐 대통령이 제정한 명령)으로서 나타난 것도 있다. 또는 법은 성문법인 것도 있고 관습법인 것도 있다. 이 경우에 헌법·법률·대통령령·총리령 또는 부령 등의 성문법·관습법은 법원이다. 법의 연구에 있어서는 먼저 법원으로서 어떠한 것이 있는가를 명백히 하지 않으면 안된다. 법원이라 함은 법을 구성하는 재료라고 하는 설명도 있는데 그 의미는 위에서 말한 것과 다를 바가 없다.

실정법 · 자연법(實定法 · 自然法)

실정법이란 국가에 의하여 제정된 법으로서 과거에 시행되었거나 현재에 시행되고 있는 법을 말하며, 자연법과 대립하는 개념이다. 자연법이란 모든 시대와 장소에 적용될 수 있는 영구불변(永久不變)의 법을 의미하는 것으로서 실정법 위에 있다고 하며 실정법을 보충하기도 하고 때로는 실정법의 지침이 되기도 한다. 자연법의 존부에 대해서는 학자에 따라서 견해가 일치하지 않는다. 자연법을 인정하는 견해는 예로부터 있었는데, 특히 18세기의 자연법사상은 유럽전역을 휩쓸었다. 18세기에 제창된 자연법론을 근세계몽적 자연법론(近世啓蒙的 自然法論)이라고 하는데 그것은 인간의 본래의 성질로부터 인간의 자연상태를 상정하고, 이 자연상태로부터 자연법의 존재를 논리적으로 설명하려는 점에 특색이 있다. 자연법론은 봉건적 속박으로부터 인간을 해방시키는데 있어서 절대적인 원동력이 되었으나 그 뒤 역사법학이 대두함에 따라서 근세자연법론은 쇠퇴하게 되었다. 그러나 19세기 후반에 독일의 법학자 슈타믈러(1856~1938)가 「형식은 변하지 않지만 내용이 변화하는 자연법」의 존재를 역설함으로써 현재 독일에서는 자연법론이 번성하고 있다. 우리나라에서도 자연법론은 학계에서 상당한 지위를 차지하고 있다.

※ 슈타믈러(Stammler Rudolf 1856~1938) 독일의 법철학자. 마르부르크학파의 신칸트주의에 입각하여 법의 순수형식을 탐구하였다. 전통적인 자연법론을 수정하여 정법의 이론을 제창하고 내용이 변화하는 자연법이라는 관념을 제시한 것으로도 유명하다. 저서 : Die Lehre vom richtigen Recht(정법의 이론).

성문법(成文法)

영;written law
독;geschriebenes Recht,
불;droit ecrit

성문법이란 문서의 형식으로 표현되고 일정한 절차와 형식을 거쳐서 공포된 법을 말한다. 국가기관에서 제정하였다는 의미에서 제정법이라고도 한다. 근대국가는 국민의 권리를 보장할 목적으로 법치주의(法治主義)를 채택하고 있으므로 성문법을 갖추고 있는 것이 보통이다. 성문법은 그 외부적 체제에 따라 법전과 단행법으로 나눌 수 있다. 법전(code, Gesetzbuch)은 특수한 사항에 관한 비교적 광범위한 법규범을 조직적·체계적으로 편별한 성문법을 의미하며, 편(編)·장(章)·절(節)·관(款) 등으로 나누어져 있다. 헌법전, 민법전, 형법전, 상법전, 민사소송법전, 형사소송법전 등은 그 예이다. 단행법은 특수한 사항에 관하여 편별 없이 제정한 성문법을 의미한다. 그러나 이 구별은 상대적이고 엄격한 표준이 있는 것은 아니다. 그리고 성문법은 문장으로 고정되어 있으므로 그 개정·폐지에 번거로운 절차를 요하는 점에 특색이 있다. 성문법에는 성문헌법·법률·명령·국제조약 및 국제법규·자치법 등이 있다.

불문법(不文法)

독;ungeschriebenes Recht

불문법이란 문서의 형식으로 표현되지 않은 법으로서 일정한 제정절차를 거치지 않고 존재하는 법을 말한다. 성문법과 함께 중요한 법원(法源)이 되고 있다. 이에는 관습법·판례법·조리(條理)가 포함된다. 법의 역사는 불문법에서 성문법으로 발전하여 왔으며, 특히 관습법은 성문법의 모체이며, 근대국가가 대규모의 성문법을 편찬하기 이전에는 불문법이 오랫동안 법적 생활을 지배하여 왔다. 현대에도 보통법(common law)을 중심으로 판례법주의를 취하는 영미법에서는 판례법이 제1차적 법원(法源)으로 인정되고 있다.

관습법(慣習法)

독;Gewohnheitsrecht

관습법이란 사회에서 발생한 관습이 사회의 법적 확신(Rechtsüberzeugung)에 의하여 지지를 받아 사회의 중심세력이 이것을 법적 규범으로 승인하고 강행하는 것을 말한다. 관습법의 타당근거(Geltungsgrund)에 관하여는 다음의 네 가지 학설이 있다. (1) 허용설(Geslattungstheorie) : 중세이래 주장된 견해로서, 관습법의 입법자가 명시적 또는 묵시적으로 동의하였기 때문에 적용된다고 하는 것이다. 따라서 이 설은 입법자가 관습법을 아주 배제할 수도 있으며 또한 관습법은 오직 성문법에 위반하지 않는 한도 내에서 적용된다고 한다. 그러나 이 설은 법은 국가만이 독점적으로 창설한다는 그릇된 생각에 입각한 것이며 인간생활의 역사적 발전을 무시한 점에서 옳지 못하다.

(2) 의사설(Willenstheorie) : 관습법은 모든 다른 법과 마찬가지로 한 공동체의 의사에 기초를 둔다고 본다. 이 의사는 보통 관행으로 나타나며 이 의사표시는 관습법의 성립요건인 동시에 인식근거(認識根據)라고 하는 것이다. 이 의사설의 단점은 이 설이 하나의 법원칙을 새로 성립시키는 의사, 곧 법창설의사(法創設意思)를 요하는 것으로 보는 점이다. 그러나 이러한 의사는 실제로는 존재하지 않는다.

(3) 확신설(Ȗberzeugungstheorie) : 이것은 독일에서 널리 주장되고 우리나라에서의 통설적 견해로서 관습법은 공동의 법적 확신(Rechtsüberzeugung)에 타당근거를 두며 관습법의 본질은 오직 국민정신에 있어서의 확신에 있고 그리하여 이러한 확신을 곧 법으로 간주하여 관행은 단지 이 확신의 표현이며 인식근거에 불과하다는 것이다. 그러나 이 설의 결점은 확신이라는 단순한 생각이나 감정을 법이라고 하는 점이다. 이러한 견해는 법의 개념을 잘못 파악한 것이라는 비난을 받는다. 의사설의 입장에서는 이 설에 대하여 법률은 한 의사의 표현인 것이고, 확신이라는 것은 이 의사행위에 있어서 단지 가장 중요한 것일 뿐이지 결코 그 의사행위의 유일한 발생의 기초가 되는 것은 아니라고 비판한다.

(4) 통용설 : 관습 가운데 법질서를 구성할 만큼 통용력이 있고 가치가 있는 관습만이 법적 구속력을 가지게 된다고 한다. 그러나 법질서의 구성부분이라는 개념이 모호하다는 단점이 있다. 따라서 관습이 이른바 사회의 법적 확신 또는 법적 의식에 의하여 지지를 받는 정도에 달하면 사회의 중심세력은 이것을 법적 규범으로서 승인하고 강행하게 되는데 이 정도에 달한 관습이 관습법이라고 이해하는 것이 좋을 것이다.

판례법(判例法)
영;case law, judgemade law
독;Judikaturrecht

판례법이란 법원의 재판을 통하여 형성되는 법을 말한다. 즉 유사한 사건에 대하여 법원이 동일한 취지의 판결을 반복하여 판례의 방향이 확정됨으로써 성립되는 불문법이다. 판례가 법원이 될 수 있는지의 여부는 법철학상의 기본문제 가운데 하나이다. 영미법은 대부분 판례의 집적으로 이루어지는 것이다. 영미에서는 상급법원판결은 동종의 사건에 대하여 하급법원을 법률상 구속하고 있다. 그런데 대륙법계의 국가에 있어서는 상급법원의 판례가 하급법원을 법률상 구속한다는 원칙이 인정되지 않고 있으며, 법관은 다만 헌법과 법률에 의하여 재판할 의무가 있는데 지나지 않는다. 따라서 대륙법계의 국가에서는 판례가 법원(法源)으로서 존재하여야 할 법리는 성립하지 않음을 원칙으로 한다. 우리나라에서도 마찬가지이다. 대법원의 법령에 관한 판단이 하급심(下級審)을 구속하는 것은 오직 「당해사건(當該事件)」에 한하며, 일반적으로 하급심을 구속하는 효력은 없다. 그러나 판례의 법률적 구속력은 인정되지 않는다고 하더라도 상급법원, 특히 최고법원의 판례가 사실상의 구속력을 가진다는 점은 부정할 수 없으며, 이 사실상의 힘을 통해서 대륙법계 국가에서도 사실상 많은 판례법이 생기는 것이다. 최고법원은 판례의 일관성을 유지하고 안정된 법을 이루기 위하여 자신의 판결에 구속되고 종래의 판례를 변경하는 데 신중을 기하게 된다. 또한 비록 하급심에서 상급법원의 판결과 다른 판결을 내리더라도 그것은 불필요하게 소송비용을 증대시킬 뿐이고, 결국은 상급법원에 가서 깨지고 마는 것이다. 따라서 어떤 사건에 대한 법원의 판결이 반복되면 거기에 추상적인 법칙이 발생하게 되고, 또 다른 비슷한 사건에 대하여도 그 법칙을 적용할 수 있으므로 여기에 판결에 의한 일반적인 법규범이 성립하게 된다고 볼 수 있다. 이처럼 판례가 법원을 사실상 구속하게 되면, 그것이 재판을 통하여 일반인도 구속하게 되는 것이다.

선례구속의 원칙

(先例拘束의 原則)
영;doctrine of stare decisis

다음에 같거나 또는 비슷한 사건에 대해 판결을 하는 경우에 선판례(先判例)에 의하여 구속을 받고, 상급법원의 판결이 하급법원을 구속하는 것을 말한다. 선례 구속력의 원칙은 재판관행으로서 발전되어 온 것으로서, 법의 지배·부심제도와 함께 영미법상의 한 특색을 이룬다. 판결 중에서 구속력을 갖는 것은 판결이유이며, 부수적 의견은 재판의 결론에 대해 영향을 미치지 않는다. 영미법에서는 보통법이나 형평법상의 여러 원칙은 법원에 의하여 확보된 선례 중에서 발견된다. 선결례의 원칙이라고도 한다.

조리(條理)

라;naturalis ratio
독;Natur der Sache
불;nature des choses

조리란 사물의 본질적 법칙 또는 사물의 이치를 말한다. 즉 일반적인 사회인이 보통 인정한다고 생각되는 객관적인 원리 또는 법칙을 의미한다. 경험칙·사회통념·신의성실·사회질서·형평·정의·이성·법의 일반원칙 등의 이름으로 표현되고 있다. 조리는 결국 사회생활에서 어떻게 행동하는 것이 정당한 것인가를 인간의 이성으로써 판단하여 얻은 결론이다. 그런데 이러한 판단이라는 것은 개인의 주관적인 판단이므로 이것을 획일적인 행위규범으로 내세우는 것은 정당하지 않다고 할 수도 있다. 그러나 사람들이 동일한 목적을 위하여 이성적으로 공평무사(公平無私)하게 내리는 판단은 대부분 공통성이 있는 것이므로 이와 같은 주관적 판단에도 보편성이 있는 것이다. 여기에 조리의 객관적 법칙성이 인정된다. 그런데 조리의 법원성(法源性)의 문제에 관하여서는 종래 많은 논의가 거듭되어 왔다. 이것이 문제되는 것은 어떤 사건에 관하여 그 재판의 기준이 될 제정법이나 관습법이 모두 존재하지 않는 공백상태가 있는 경우이다. 근대법치국가에서는 법의 불비를 이유로 법관이 재판을 거부하지는 못한다. 이러한 경우에 법관은 자기가 「조리」라고 믿는 바에 따라서 재판하는 수밖에 없다. 법관은 법에 의하지 않고서는 재판할 수 없으므로 재판의 기준이 되는 조리도 결국 하나의 법원이라고 할 수도 있을 것이다. 조리는 성문법과 관습법이 존재하지 않는 경우에 비로소 적용되는 것으로서 그와 같은 법에 대하여 보충적 효력을 가지고 있는 데 지나지 않는다. 민법 제1조도 그것을 의미한다.

공법 · 사법(公法 · 私法)

영;public law · private law
독;offentliches Recht · Privatrecht
불;droit public · droit prive

법을 그 내용에 의하여 공법과 사법으로 구분하는 것은 로마법 이래의 가장 전통적인 분류이다. 그러나 그 분류의 표준에 관해서는 학설이 대립하고 있다. 주요한 것은 다음과 같다. (1)이익설(利益說, 목적설) : 법은 목적에 의하여 공법과 사법으로 구별하려고 한다. 공익, 즉 사회공동의 이익의 보호를 목적으로 하는 법은 공법이며, 사익, 즉 개인의 이익의 보호를 목적으로 하는 법은 사법이라는 것이다. 그러나 여기서 말하는 공익과 사익은 그 자체가 명확한 개념이 아니다. 법이라는 것은 한편으로는 사익을 보호하는 동시에, 다른 편으로는 공익을 보호하는 것으로서 오직 공익만을 또는 사익만을 보호하는 경우는 없다. 예를 들면 공법인 헌법이 보호하는 이익은 공익에 그치지 않고, 개인의 신앙·주거·이전·언론의 자유를 규정함으로써 사익을 보호하고, 일반사법인 민법 가운데 무능력·등기·친족·상속에 관한 규정 등은 개인적 이익을 보호하는 동시에 또한 국가적 이익과도 깊이 관련되고 있는 것이다.

(2)주체설(主體說) : 법률관계의 주체를 표준으로하여 구별하는 설이다. 즉 국가 또는 공공단체 상호간의 관계 또는 이들과 개인과의 관계를 규율하는 법이 공법이고, 개인 상호간의 관계를 규율하는 법이 사법이라고 한다. 그러나 국가 또는 공공단체가 사인과의 사이에 매매·도급·임대차 등의 계약을 체결하는 경우에는 국가 또는 공공단체는 하나의 사인의 자격에서 행위를 하는 것이므로 그 행위를 규율하는 것은 일반적으로 사법인데, 이 설에 의하면 사법이 공법에 속하게 되는 모순에 빠지게 된다.

(3)법률관계설(法律關係說) : 법이 규율하는 법률관계의 성질에 의하여 구별하려는 설이다. 공법은 불평등자 사이의 관계, 즉 권력복종의 관계를 규율하는 법이고, 사법은 평등자 사이의 관

계를 규율하는 법이라는 것이다. 이 설에 의하면 국가 사이의 평등관계를 규율하는 국제법은 사법이 되지 않을 수 없고, 민법의 친족관계는 평등관계가 아니므로 공법이 될 수밖에 없게 된다.

(4)통치관계설(統治關係說) : 법이 규율하는 법률관계가 통치권의 발동에 관한 것인가 아닌가를 표준으로 하여 구별하는 설이다. 사람의 사회생활 가운데 국가 및 공공단체의 일원으로서의 생활, 즉 공적 생활관계는 통치권의 발동을 요건으로 하므로 이를 규율하는 법은 공법이고, 단순한 사인으로서의 생활관계는 통치권의 존재를 요건으로 하지 않으므로 이를 규율하는 법이 사법이라는 것이다. 따라서 통치권의 소재·그 발동의 형식, 국가기관의 조직·권한을 규정한 법은 공법이고, 사인의 생활관계를 규율하는 법은 사법이다. 그러나 통치권의 발동이라는 것은 국가권력의 대내적 발동을 의미하는 것이므로 대외적 발동에 기반을 두는 국제법은 공법에서 제외되는 결과가 생긴다.

(5)생활관계설(生活關係說) : 법이 규율하는 법률관계가 공적 생활관계이냐 또는 사적 생활관계이냐를 표준으로 하여 구별하는 설이다. 국민으로서의 생활관계를 규율하는 법은 공법이고 인류로서의 생활관계를 규율하는 법은 사법이라고 한다. 대통령의 직위·정부의 조직·형벌권의 행사·납세의 의무·소송 등에 관한 법은 모두가 국민으로서의 생활관계를 규율하므로 공법이고, 친자관계·사인 사이의 재산관계는 물론, 국가와 사인 사이의 매매관계·고용관계는 모두가 인간으로서 생존하기 위하여 존재하는 생활관계이므로 이것을 규율하는 법은 사법이 되는 것이다. 위의 여러 학설 중에서 생활관계설이 가장 유력한 학설이라고 할 수 있다. 그러나 무엇이 국가생활이고 사회생활이냐를 구별하기가 용이하지 않고 모호한 경우가 있다는 단점도 지니고 있다. 결국 공법과 사법은 하나하나의 법규를 중심으로 판단하여야 하는데, 동일한 법전 속에서도 공법과 사법이 혼합되는 경우가 적지 않다. 그러나 대체로 주로 공법적 규정으로 되어 있는 법은 공법이고 주로 사법적 규정으로 되어 있는 법은 사법이다. 따라서 헌법·행정법·형법·민사소송법·형사소송법·국제법 등은 공법에 속하고, 민법·상법·국제사법 등은 사법에 속한다.

사회법(社會法)

영;social law
독;Sozialrecht
불;droit social

사회법이란 공법도 아니고 사법도 아닌, 공법과 사법이 혼합된 법으로서 새로운 제3종의 법이다. 근대국가에 있어서의 자본주의 경제의 발전은 한편으로는 경제적 약자와 강자의 대립 또는 사용자와 노동자의 대립을 초래하였고, 또 다른 편으로는 자본주의 경제의 여러 폐단을 가져왔다. 여기서 경제적 약자를 보호하고 강자를 제한하며, 노사간의 대립을 완화하기 위하여 사권, 특히 소유권과 계약의 자유에 대하여 공법적 제한을 가하고, 나아가서는 국가의 사회정책적·노동정책적·경제정책적 입법이 점점 많아졌다. 이것이 집적(集積)되어 공법·사법의 어느 것에도 속하지 않는 독자적인 법영역인 사회법을 형성하게 되었다. 사회법에는 노동법·경제법·사회보장법·사회복지법 등이 있다.

경제법(經濟法)

독;Wirtschaftsrecht

경제법이란 국민경제적 입장에서 그 수급관계(需給關係)의 조정을 목적으로 하여 사적 경제활동에 대한 국가의 통제를 규정하는 법이다. 제1차 세계대전 후 경제적 파탄을 극복하고 재건하는 과정에서 주로 독일에서 발달한 법이다. 노동법이 노동자의 생활을 보호하기 위한 노동자의 법이라면, 경제법은 기업가의 지나친 경제적 활동을 통제하기 위한 기업가의 법이다. 경제법은 자본주의 경제의 테두리 안에서 기업가들의 독점을 완화시켜 국민경제의 균형 있는 발전을 도모하려는 법인 것이다. 독점규제및공정거래에관한법률, 소비자보호법, 방문판매등에관한법률·은행법·대외무역법·농지법·양곡관리법 등이 경제법에 해당한다.

강행법·임의법(强行法·任意法)

영;Imperative law·dispositive law
독;gzwingendes Recht·nachgi-ebiges Recht

법의 효력이 그 적용에 있어서 절대적인가 아닌가를 표준으로 하여 강행법과 임의법으로 구별한다. 강행법이란 당사자의 의사와는 상관없이 적용이 강요되는 법이고, 임의법이란 당사자의 의사로 그 적용을 배제할 수 있는 법이다. 민법 제473조에 「변제비용」은 다른 의사표시가 없으면 채무자의 부담으로 한다. 그러나 채권자의 주소이전 기타의 행위로 인하여 변제비용이 증가된 때에는 그 증가액은 채권자의 부담으로 한다고 규정하고 있는 것이 임의법의 예이다. 일반적으로 사회질서·공공의 복지에 관한 규정은 강행법으로 되어 있고, 사인 상호간의 법률관계를 규율하는 규정은 임의법으로 되어 있다. 그러므로 헌법·행정법·형법·각종 소송법 등의 공법의 법규는 대체로 강제법에 속하고, 민법·상법 등의 사법의 법규는 대체로 임의법에 속한다. 그러나 공법 중에도 임의법규가 포함되어 있는 경우도 있고, 사법 중에도 강제법규가 포함되어 있는 경우도 있다. 따라서 강제법인가 또는 임의법인가의 판단은 하나의 법령 전체가 아니라 각 법규에 관하여 하나하나 개별적으로 판단해야 할 것이다. 그리고 그 구별이 법규의 문장 자체에 의하여 판단하기 곤란한 경우에는 그 법규의 취지와 사회적 사정 등을 고려하여 결정해야 할 것이다. 본래 법은 강제법적 성격을 띠는 것이 많았으나, 근대법에서는 개인의 자유가 존중되고 사적 자치의 범위가 확대됨에 따라 임의법의 영역이 대단히 확장되었다. 그러나 오늘날에는 사회입법 등이 활발해지고, 다시 강제법의 영역이 확장되는 경향이 나타나고 있다.

일반법 · 특별법(一般法 · 特別法)

영;general law · special law
독;gemeingültiges Recht · Spezialrecht

법은 그 효력이 미치는 범위를 표준으로하여 일반법과 특별법으로 나눌 수 있다. 사람 · 장소 · 사항 등에 특별한 제한이 없이 일반적으로 적용되는 법을 일반법이라고 하고, 일정하게 한정된 사람 · 장소 · 사항 등에 관하여서만 적용되는 법을 특별법이라고 한다. 이 구별은 구체적으로 다음의 세 경우에 관하여 고찰하여야 할 것이다.

(1)지역적 범위를 표준으로 하는 구별 : 전국에 일반적으로 적용되는 법은 일반법이고, 한 지방에만 적용되는 법은 특별법이다. 예를 들면 지방자치법은 전국에 효력을 미치는 일반법이고, 서울특별시 조례는 서울특별시라는 국한된 지역에만 효력을 미치는 특별법이다.

(2)인적범위를 표준으로 하는 구별 : 일반에게 적용되는 법은 일반법이다. 예를 들면 민법·형법은 일반법이고, 특수한 사람에게만 적용되는 법, 즉 국가공무원이나 군형법은 국가공무원이나 군인에게만 적용되는 특별법인 것이다.

(3)사항을 표준으로 하는 구별 : 일반적인 사항에 적용되는 법은 일반법이고, 특수한 사항에 한하여 적용되는 법은 특별법이다. 예를 들면 민법은 민사에 관한 일반법이고, 상법은 민사 중 특히 상사에 관한 특별법이다. 그러나 이 구별은 상대적인 것이며, 절대적인 것이 아님을 주의하여야 한다. 예를 들면 상법은 민법에 대하여서는 특별법이지만, 은행법 · 보험업법 등에 대하여서는 오히려 일반법으로서의 지위를 차지하고 있고, 각조의 은행법 · 보험업법등은 상법에 대하여 특별법의 지위에 있는 것이다. 일반법과 특별법을 구별하는 실익(實益)은 「특별법은 일반법에 우선한다」는 원칙의 적용에 있다. 예를 들면 상사에 관하여서는 특별법인 상법이 우선적으로 적용되고, 보충적으로 일반법인 민법이 적용되는 것이다.

실체법 · 절차법(實體法 · 節次法)

영;substantive law · adjective law
독;materielles Recht · formalles Recht

법의 규정내용에 따라 실체법과 절차법으로 구별할 수 있다. 실체법이란 권리 · 의무의 실체, 즉 권리 · 의무의 성질 · 소재 · 범위와 종류 · 내용 · 발생 · 변경 · 소멸 등에 관한 실체적 사항을 규정하는 법이다. 민법 · 상법 · 형법 등은 이에 속한다. 이에 반하여 절차법이란 실체법을 실현시키는 절차, 즉 실체법상의 권리를 실행하거나 또는 의무를 실행시키기 위한 절차에 관한 법이다. 절차법 중에는 직접 소송에 관한 것과 그렇지 않은 것이 있다. 형사소송법 · 민사소송법은 전자에 속하고, 부동산등기법 · 가족관계의 등록 등에 관한 법률은 후자에 속한다. 절차법은 실체법이 없으면 그 의의가 없고, 실체법은 절차법의 도움을 받아서 비로소 그 내용의 실현이 보장되는 것이다. 실체법과 절차법의 구별은 하나의 법전 전체에 대하여서 말할 수 있는 것은 아니다. 실체법이라고 하는 법전 중에 절차규정이 포함되어 있는 경우도 있고, 그와 반대로 절차법 중에 실체규정이 포함되어 있는 경우도 있다.

절차법(節次法)

영;adjective law 독;Verfahrensrecht

권리의무의 실질적 내용을 실현하는 절차를 말한다. 예컨대 권리의 보전·실현, 의무의 이행·강제 등을 규율하는 법을 말하며, 민사소송법· 형사소송법·부동산등기법 등이 이에 해당한다. 절차법은 실체법이 권리의무의 실체, 예컨대 권리의무의 발생·변경·소멸·성질·내용·범위 등을 규율하는 것에 상대되는 법으로서 실체법의 존재를 전제로 하여서만 의의가 있는 것이며, 마찬가지로 실체법도 절차법의 존재를 전제로 함으로써만 그 실현이 보장되는 밀접한 관계에 있는 것이다. 통상적으로는 소송 또는 재판절차를 규율하는 법을 절차법이라고 하지만, 넓은 의미로는 행정적인 절차규정, 민사상의 절차규정 등도 이에 포함되는데 동일법전 중에 실체적 규정과 동시에 정하여진 경우도 적지 않다.

고유법 · 계수법(固有法 · 繼受法)

고유법이란 어느 사회에서 다른 사회의 법의 영향을 받지 않고 발달한 법을 말한다. 그리고 계수법이란 다른 사회로부터 수입한 법을 말한다. 독일에서는 중세기 중반부터 16세기에 걸쳐 로마법을 계수하였고, 우리나라에서는 고대의 고유법 이외에 중국·독일·프랑스·일본 등의 법을 수입하고 제2차대전 후에는 미국법의 일부를 계수하였다.

원칙법 · 예외법(原則法 · 例外法)

어떠한 사항에 관하여 일반적으로 적용되는가 안되는가를 표준으로 하여 원칙법과 예외법으로 나눈다. 즉 일정한 사항에 관하여 일반적으로 적용되는 법은 원칙법이고, 일정한 사항에 관하여 특별한 사정이 있는 경우에 그 원칙법을 적용하지 않을 것을 규정한 법이 예외법이다. 예를 들면 「채권은 양도할 수 있다. 그러나 채권의 성질이 양도를 허용하지 아니하는 때에는 그러하지 아니하다」(민§449①)에서 본문에서는 채권의 양도성을 일반적으로 규정하고, 단서에서는 예외를 규정하였는데, 이 중에서 본문은 원칙법이고, 단서는 예외법이다. 일반법과 특별법도 원칙법과 예외법과 같이 법의 효력범위에 의한 구별이나, 이것보다는 훨씬 넓은 범위에 있어서 사람·장소·사항에 관하여 효력을 정하는 법이다. 그러므로 일반법과 특별법은 법령과 법령 사이의 구별이지만, 원칙법과 예외법은 동일한 법령 또는 동일한 조문 가운데에서 구별되는 것이 보통이다.

경과법(經過法)

영;transitive law

독;transitörishes Recht

경과법이란 법이 변경된 경우에 어떠한 사실이 신법의 적용을 받는가 구법의 적용을 받는가에 대하여 설정해 두는 명문의 규정을 말한다. 구법시대에 발생한 사항에 대하여 구법이 적용되고, 신법시대에 발생한 사항에 대하여 신법이 적용되는 것은 법률불소급의 원칙에 의하여 당연하다. 그러나 구법시대에 발생하여 신법시대에까지 계속 진행하고 있는 사항에 대하여는 신법에 의할 것인지 또는 구법에 의할 것인지에 관하여 법의 적용기술상의 문제가 생긴다. 이 문제의 해결을 위하여 중요한 법령을 개폐하는 때에는 명문으로 이를 규정하는 것이 보통이다. 이러한 취지에서 제정된 것을 경과법 또는 경과규정이라 한다. 이것은 본법의 부칙에서 규정하는 것이 보통이다. 예컨대 민법부칙 제5조에서 「구법에 의하여 처가 부의 허가를 요할 사항에 관하여 허가 없이 그 행위를 한 경우에도 본법시행일 후에는 이를 취소하지 못한다」고 규정하고 있는 것과 같다.

법의 해석(法의 解釋)

영;intergretation
독;Auslegung des Rechts
불;interprétation du droit

입법기술상 추상적·일반적으로 불완전하게 규정되어 있는 법규범의 의미·내용을 명확히 하는 것을 말한다. 즉 사안에 추상적인 법규범을 구체적으로 적용하기 위하여 법규의 의미내용을 체계적으로 이해하고 법의 목적에 따라 규범의 개념을 명확히 하는 이론적·기술적 조작이다. 물론 법규가 문자로 표현된 것이어서 법해석에는 입법자의 의사, 법규의 문법적인 의미관계, 그리고 형식론적 조작을 통한 논리적 해석 등의 전단계를 거쳐야 하지만, 이는 법의 객관적 의미를 확정하기 위한 자료나 조건이 될 뿐이다. 그러므로 법규의 해석은 객관적·논리적이어야 하며, 입법자의 의사나 법규의 문리적 의미에만 한정할 것이 아니라 법에 내재해 있는 법의 이념과 목적, 그리고 사회적인 가치합리성에 기초한 입법의 정신 등을 객관화해야 하며, 단순한 형식·논리적 방법을 넘어서 목적론적이라야 한다. 해석의 대상은 불문법도 포함해야 할 것이나, 불문법은 존재 그 자체에 의미내용을 담고 있으므로 대부분 성문법에 국한된다. 또한 법문은 현실의 다양한 사회현상을 개념화한 것이기 때문에 법해석은 시대의 흐름에 따라 전개되는 법사상 등의 인접학문과 밀접한 관계하에 행해져야 한다. 법의 해석에는 국가의 권위 있는 기관에 의한 유권해석(有權解釋)과, 법학자 및 법관에 의한 학리해석(學理解釋)이 있다. 전자에는 입법해석·사법해석·행정해석이 있고, 후자에는 문리해석·논리해석이 있다.

유권해석(有權解釋)

영;authentic interpretation
독;authentische Interpretation

유권해석이란 국가의 권한 있는 기관에 의하여 법의 의미내용이 확정되고 설명되는 것을 말한다. 이것은 학리상으로는 부당한 경우라고 하더라도 이에 복종하여야 할 하나의 구속력을 가지고 있는 해석이므로 강제해석이라고도 한다. 유권해석은 다시 입법적 해석·사법적 해석 및 행정적 해석의 3종으로 나눌 수 있다. (1)입법적 해석 : 입법적 해석은 입법적 수단으로 법의 의미내용을 확정하는 것이다. 즉 법령으로서 법령의 용어를 해석하는 경우이다. 법규해석이라고도 한다. 이에는 첫째로 동일법령 중에 그 해석규정을 두는 방법이 있다. 민법 제98조에서 「본법에서 물건이라 함은 유체물 및 전기 기타 관리할 수 있는 자연력을 말한다」고 규정한 것이 그 예이다. 둘째로 부속법규(附屬法規)에 해석규정을 두는 방법이 있다. 국유재산법시행령(國有財産法施行令) 제4조 제4항에서 「법 제6조 제2항 제4호에서 "그 밖의 필요에 따라 국가가 보존하는 재산"이란 국가가 보존할 필요가 있다고 총괄청이 결정한 재산을 말한다.」라고 규정한 것이 그 예이다. 그리고 셋째로는 법문 중에 실례를 삽입하여 해석의 표준을 표시하는 방법이 있다. (구)산업안전보건법 제37조에서 「누구든지 황린성냥, 벤지딘, 벤지딘을 함유한 제재 기타 근로자의 보건상 특히 해롭다고 인정되는 물질로서 대통령령이 정하는 것은 제조·수입·양도·제공 또는 사용하여서는 아니된다. 다만, 대통령령이 정하는 바에 의하여 시험·연구를 위하여 제조·수입 또는 사용하는 경우에는 그러하지 아니하다.」고 규정한 것은 그 예이다. 입법적 해석은 그 자체로 독립한 법규이므로 강제력이 있어서 절대적인 권위를 갖는다. 그리고 입법적 해석은 사실에 있어서는 법규 그 자체이며, 신법규의 제정과 같다고 보아야 할 것이다.

(2)사법적 해석 : 사법적 해석은 법원, 특히 상급법원이 판결을 통하여 내리는 법의 해석이다. 그것은 법관이 직무상 행하는 해석으로 판례 중에 나타나는 것이 보통이다. 이것은 법원에서 하는 것이므로 재판해석이라고도 한다. 성문법주의 국가에서는 판례가 법원에 대하여 법적인 구속력을 갖지 못하므로 사법적 해석은 절대적인 권위는 가지지 못한다. 그러나 상급법원이 내린 법의 해석은 일정한 범위 내에서 하급법원을 사실상 구속하므로 이것도 역시 하나의 유권적 해석으로 보는 것이 좋을 것이다.

(3)행정적 해석 : 행정적 해석은 행정관청이 내리는 해석을 말한다. 이것은 행정관청에서 법을 집행하는 형식으로 또는 상급관청이 하급관청에 대하여 회답·훈령·지령 등을 하는 형식으로 나타난다. 물론 행정관청은 최종적인 권위가 있는 해석은 할 수 없다. 그릇된 법의 집행에 대하여서는 법원을 통하여 해결할 수 있다. 그러나 같은 계통의 상급관청의 회답(回答)·훈령(訓令) 등은 하급관청에 대하여 사실상 일정한 구속력을 가진다. 즉 하급관청이 이에 복종하지 않는 경우에는 상급관청이 행정감독으로써 이것을 강제할 수 있을 뿐이다. 따라서 이것도 하나의 유권적 해석으로 보는 것이 타당할 것이다. 중앙행정기관의 장은 법령을 운영·집행하는 과정에서 해석상 의문이 있는 경우에 법령해석업무를 관장하는 기관인 법무부나 법제처에 법령해석을 요청하여야 한다. 이때 민사·상사·형사, 행정소송, 국가배상 관계 법령 및 법무부 소관 법령과 다른 법령의 벌칙조항에 대한 해석인 경우에는 법무부에, 그 밖의 모든 행정 관계 법령의 해석인 경우에는 법제처에 법령해석을 요청하여야 한다(법제업무 운영규정 제26조 제1항).

학리해석(學理解釋)

라;interpretatio doctrinalis
영;doctrinal interpretation
독;wissenschaftlicheod, dogmatische Interpretation

학리해석이란 학리적 사고에 의하여 법의 의미내용을 확정하는 것을 말한다. 일반적으로 법의 해석은 이것을 의미한다. 이 해석은 유권해석과 같은 구속력이 없다. 이것은 다시 문리해석(文理解釋)과 논리해석(論理解釋)으로 나누어진다.

문리해석(文理解釋)

영;grammatical interpretation
독;grammatische Interpretation Auslegung
불;interpretion grammaticale

문리해석이란 학리해석의 한 종류로서, 법문의 문장·문구에 나타난 의의에 따라서 법의 의미 내용을 확정하는 해석방법이다. 문자·문장은 사상을 표현하는 것이므로 법문에 의하여 법을 인식하기 위하여서는 우선 일단 이 방법에 의하여야 한다. 따라서 문리해석은 법해석의 첫 걸음이라고 할 수 있다. 그런데 문리해석에 관하여서는 그 본질상 몇 가지 주의할 점이 있다. 첫째로, 법규의 용어는 사회의 일반통념을 좇아 보통의 의미로 해석하여야 한다. 둘째로 법규의 문자·문장은 제정 당시의 의미로 해석할 것인가 또는 해석당시의 의미로 해석할 것인가가 문제이다. 제정당시의 의미로 해석하여야 된다고 주장하는 견해는 만일 해석 당시의 의미로 해석하면, 시대의 변천이나 자의의 변천에 따라 그 의미를 임의로 해석하고 변경하게 되어 법을 개정할 필요가 없게 되고, 또 해석자 자신이 입법자와 같은 지위에 서게 되므로 입법과 사법이 혼동된다고 한다. 또 시대와 장소에 따라서 법문의 해석이 달라지면 오히려 형평을 잃고, 법의 안정성을 가질 수 없다고 한다. 그러나 해석당시의 의미로 해석하여야 한다고 주장하는 견해는 법은 현실적인 생활을 규율하는 것이며, 제정시에 있어서 형평이라고 인정되는 것에만 의하게 되면 실생활에서 형평을 찾을 수 없으므로 해석자는 자의가 아니라 선의와 성실에 의하여 해석하여야 한다고 한다. 오늘날은 후설이 유력한 학설로 되고 있다. 셋째로 법규의 문자의 의의는 법규전체와 관련하여 통일적으로 해석하여야 할 것이다. 넷째로 법규의 용어속에 일반의 용어법과 다른 특별한 용어법이 있는 경우에는 그것에 따라서 해석해야 한다.

논리해석(論理解釋)

영;logical interpretation
독;logische Interpretation

논리해석이란 학리해석의 한 방법으로서 법을 논리적 방법에 의하여 그 의미내용을 확정하고 해석하는 방법이다. 즉 법문의 문구·문장의 문법적 의미에 얽매이지 않고, 법전 전체에 대한 유기적·논리적 연관성에 입각하여 법제정의 목적·법적용의 결과와 합리성 등을 고려하여 법문이 가지는 통일적인 의미를 논리적 방법에 의하여 확정하는 해석방법인 것이다. 이러한 논리해석 가운데에는 문리해석이 포함되는 것은 물론이지만, 논리해석은 이에 그치지 않고, 그러한 문리해석을 기초로 하면서 다시 그것을 넘어서 이루어지는 것이다. 논리해석은 다시 확장해석·축소해석·반대해석·물론해석·변경해석·유추해석 등으로 나눌 수 있다.

확장해석(擴張解釋)

확장해석은 법문의 자구를 보통의 의미보다는 넓게 해석하여 법규 속에 잠재하고 있는 진의를 탐구하여 내리는 해석방법이다. 예를 들면 「마차통행금지」라는 푯말이 붙어 있는 경우에 이 법문의 「마」를 「우」에까지 확대시켜서 「우마차통행금지」로 해석하는 것과 같은 것이다. 또 형법 제250조 1항의 「사람을 살해한 자는…」이라고 하는 것이 부작위에 의한 살인도 포함한다고 해석하는 것은 이 경우에 속한다.

축소해석(縮小解釋)

축소해석은 법문의 자구를 보통의 의미보다는 좁게 해석하여 법의 타당성을 확보하려는 해석방법이다. 예를 들면 「제차통행금지(諸車通行禁止)」라는 푯말이 붙어 있는 경우에 그 입법의 취지로 보아 「제차」의 「차」속에는 자전차는 포함되어 있지 않으므로 자전차는 통행하여도 무방하다고 해석하는 것과 같은 것이다.

반대해석(反對解釋)

반대해석은 법문에 일정한 사항이 규정되어 있는 경우에 그 반대의 것은 그 법이 규정한 것과 반대로 해석하는 것을 말한다. 예를 들면 「차마통행금지」라는 푯말이 붙어 있는 경우에 그 어구에서는 「차마」로 표시되어 있으므로 사람은 통행할 수 있다고 해석하므로 사람은 통행할 수 있다고 해석하는 것과 같다. 또 민법 제303조 1항에 「전세권자는 전세금을 지급하고 타인의 부동산을 점유하여 그 부동산의 용도에 좇아 사용, 수익하며 그 부동산 전부에 대하여 후순위 권리자 기타 채권자보다 전세금의 우선변제를 받을 권리가 있다」고 규정되어 있으므로, 동산에 대하여서는 전세권을 설정할 수 없다고 해석하는 것이 이 경우에 속한다.

물론해석(勿論解釋)

물론해석은 법문에 일정한 사항이 규정되어 있는 경우에 법문으로써 명기되어 있지 않은 사항이라 할지라도 사물의 성질상 또는 입법정신에 비추어 보아 이것은 당연히 그 규정에 포함된 것이라고 해석하는 방법이다. 예를 들면 「우마차통행금지」라는 푯말이 붙어 있는 경우에 자동차의 통행금지는 물론이라고 해석하는 것과 같다. 또 민법에서 「과실책임주의(過失責任主義)」라고 할 때는 과실보다 더 중한 고의는 물론 책임을 지는 사유에 포함되는 것으로 해석하는 경우가 이에 해당한다.

변경해석(보정해석)
(變更解釋〈補正解釋〉)

변경해석(보정해석)은 법문의 문구를

문리해석하면 그 결과가 명백히 법의 진의에 배치되는 경우에는 그 자구를 보정 또는 변경하여 법의 진의에 합치하도록 해석하는 방법이다. 민법 제7조에서는 「법정대리인은 미성년자가 아직 법률행위를 하기 전에는 前2條의 동의와 허락을 취소할 수 있다」고 규정하는데, 그 중의 「취소」를 장래에 법률행위의 효력이 발생하지 못하게 할 뿐이고 소급효는 없는「철회(撤回)」로 해석하는 것이 그 예이다.

유추(유추해석)(類推〈類推解釋〉)

유추란 법령에 규정이 없는 사항에 관하여 이와 성질이 유사한 다른 사항에 관한 규정을 적용하여 동일한 법적 효과를 인정하는 것을 말한다. 예를 들면 민법 제326조에서 「유치권의 행사는 채권의 소멸시효의 진행에 영향을 미치지 아니한다」고 규정하고 있고, 질권에 관해서는 이와 같은 규정이 없으나, 이 규정은 질권에도 유추적용된다는 것이 그 예이다. 그러나 유추는 구체적 사건에 대한 원칙의 적용에 지나지 않는 것이므로 새로운 원칙의 창조, 즉 입법이라고 볼 수 없다. 또 유추는 법규가 없는 경우에 다른 법규를 적용하는 것이므로 법규의 자구를 법규의 범위 내에서 적합하도록 확장하는 확장해석과도 다르다. 또 유추는 반대해석과도 다르다. 입법자가 문제된 사항에 관하여 규정을 두지 아니한 것이 법규의 취지와 반대로 해석하기 위한 것이라고 판단되는 경우에는 반대해석을 하고, 그렇지 않고 단순한 법규의 부존재에 지나지 않는 경우에는 유추적용을 하여야 할 것이다. 예를 들면 「이곳에 말을 매는 것은 금지한다」는 푯말이 붙어 있는 경우에 소라면 매어 두어도 무방한 것인가는 문제이다. 이것을 해결하기 위하여서는 그 푯말이 세워진 취지를 검토하여야 한다. 만일 말은 사람을 차는 버릇이 있으므로 매는 것을 금한 것이라고 한다면 차는 버릇이 없는 소를 매어 두는 것은 무방하다고 반대해석을 할 것이다. 이에 반하여 그곳에 항상 말을 매어 두는 자가 많으므로 귀찮아서 우선 말을 매는 것을 금한 것이라면 소를 매는 것도 금한다는 유추적용을 하여야 할 것이다. 그리고 유추와 비슷하면서 유추가 아닌 것으로서 준용이라는 것이 있다. 준용이라는 것은 입법기술상 규정의 중복과 번잡을 피하기 위하여 법규 자체가 다른 법규의 채용을 명문으로 규정한 것에 지나지 않는다. 민법 제12조 2항에서 「한정후견개시의 경우에 제9조 제2항을 준용한다.」고 규정한 것이 그 예이다.

이면해석(裏面解釋)

이면해석이란 법령의 이면에 나타난 것으로부터 추리하여 그 규정과 다른 경우를 상상하고, 그 경우에 표면의 규정과 다른 결과가 발생하도록 해석하는 것을 말한다. 예컨대 민법 제844조의 제1항 「아내가 혼인 중에 임신한 자녀는 남편의 자녀로 추정한다.」라는 표면규정에서 추리하여「아내가 혼인중이 아닌 때에 임신한 자녀는 남편의 자녀가 아니다」라고 해석하는 것이다.

목적론적 해석(目的論的 解釋)

독;teleologische Ausleg-ung

목적론적 해석이란 법문의 목적(취지)에 부합하도록 해석하는 것을 말한다. 법의 해석은 목적론적 해석이 아니면 안된다. 확장해석·축소해석 기타 앞에서 설명한 해석방법은 목적론적 해석을 하기 위한 기술에 지나지 않는다. 예를 들면, 음란한 문서·도서·필름 기타물건을 공연히 「전시」한 자는 처벌되는데(형§243), 「전시」에는 영화의 영사(映寫)를 포함한다고 해석된다. 이와 같은 확장해석은 사회풍속의 문란을 방지한다고 하는 법문의 목적에서 가능한 것이며 이 경우의 「전시」라고 하는 용어의 의미의 확장은 실은 보통의 의미를 확장한데 불과하고 이 경우에는 바로 그것이 그 용어의 참뜻인 것이다.

법률개념의 상대성

(法律槪念의 相對性)

법률개념의 상대성이란 법의 해석이 목적론적 해석인 까닭에 동일한 용어라고 하더라도 이것을 사용하고 있는 법문이 다르면 그 의미도 다르게 되는 것을 뜻한다. 예컨대 형법에서 사람이란 모태에서 분리 중인 태아도 포함하므로 이러한 태아를 살해한 자는 낙태죄로 처벌하지 않고 살인죄의 규정으로써 처벌하지만, 민법에서 사람은 모태에서 완전히 분리된 자를 말하는 것으로 해석된다. 왜냐하면 민법은 권리의무의 주체를 사람으로 하는 것이며, 모태에서 분리되지 아니한 자에게 권리를 주고 의무를 지울 필요는 없기 때문이다. 이와 같이 동일한 용어라 할지라도 법령에 따라서는 각각 상대적으로 그 의미가 해석되어야 하는 것이다.

구체적 타당성(具體的 妥當性)

독;konkrete Biligkeit

구체적 타당성이란 법의 해석·적용에 의하여 구체적 사건의 해결이 적절히 이루어지는 것을 말한다. 예를 들면, 가옥의 임차인이 퇴거 요구를 받은 사건에 대하여 임차인과 임대인이 모두 만족할 수 있는 판결이 있었다면 그 판결은 구체적 타당성을 가지고 있다고 한다. 그러나 그것 때문에 법적 타당성이 침해되어서는 안된다. 법원이 임차인을 불쌍히 여겨서 일방적으로 집을 돌려주지 않아도 좋다고 하는 판결을 하였다면, 법률상으로는 임대한 가옥을 반환 받을 수 있다고 생각한 모든 임대인은 앞으로 자기가 임대한 가옥도 반환 받지 못하게 될 것을 우려하게 될 것이다. 즉, 법적 안정성이 없게 된다. 법적 안정성을 침해하지 아니하고 구체적 타당성을 가지는 해결책을 도출하는 것이 법률가의 임무인 것이다.

방론(傍論)

방론이란 판결에서 판결이유를 쓰는데 그 판결이유 가운데 그 사건의 판결과 직접적인 관계가 없는 부분을 말한다. 예를 들면 대금의 반환을 명하는 판결에서 만약 원고가 반환을 요구한 대금이 실제로 대여금이 아니라 피고의 사업에 대한 출자금이었다고 하면 피고는 이를 반환할 필요가 없다고 하는 논의가 있는 경우 그것은 방론이다. 원고가 돈을 빌려준 것을 인정하고 있는 이 사건과는 직접 관계가 없는 논의이기 때문이다. 영미에서는 판결이유는 선례로서 후에 일어난 사건을 구속하고, 법관이 선례로 다른 이유로 판결을 하는 것은 허용되지 않지만 방론에는 구속력이 없다. 따라서 후의 사건의 법관이나 변호사는 전의 사건의 판결이유 가운데 본론(사건에 직접 관계있는 판결이유의 부분)과 방론을 구별하는 작업을 하지 않으면 안된다. 우리나라에 있어서는 이후의 사건에 대하여 영미의 판결만큼 엄격한 구속력을 가지고 있지는 않다. 그러나 판결이유 중에서 본론과 방론을 구별하는 것은 이후의 비슷한 사건에 대하여 판결을 내리거나 그 판결을 비판하는데 있어서 매우 유용한 경우가 많다.

법률관계(法律關係)
영;juridical(legal) relation
독;Rechtsverhältnis
불;rapport juridique

법률관계란 법에 의하여 규율되는 생활관계를 말한다. 예를 들면, 갑·을 간에 시계의 매매계약이 체결되면 매매인 갑은 매수인 을에 대하여 대금의 지급을 청구할 권리를 취득하고, 매수인은 시계의 소유권을 취득한다고 하는 관계가 법률적으로 생긴다. 이와 같은 갑·을간의 관계가 법률관계이다. 법은 사람과 사람과의 관계를 권리와 의무의 관계로 규율하므로 법률관계는 권리의무의 관계이다. 예를 들면, 갑이 을을 상해하면 을은 갑에 대하여 손해의 배상을 청구할 권리를 취득하고, 갑은 배상지급의 의무를 부담하는 법률관계가 생기게 된다.

권리(權利)
영;right
독;Recht im subjektiven Sinne
불;droit subjectif

권리란 법이 인정한 의사의 힘을 말한다. 예를 들면 물건을 판매한 매도인은 매수인에 대하여 대금을 청구할 권리가 있는데, 대금을 청구할 권리가 있다고 하는 것은 대금을 청구하려고 하는 매도인의 의사가 법에 의하여 보호되고 있다는 것을 의미한다. 다시 말하면 만약 매수인이 임의로 대금을 지급하지 아니한 때에는 매도인은 법원에 소를 제기하여 판결을 얻어 이에 근거하여 강제집행을 하여 매수인의 재산으로부터 강제적으로 대금을 취득할 수 있다. 또한 권리는 법에 의하여 보호되는 이익이라고도 설명된다. 왜냐하면, 위의 예에서 매도인이 대금을 청구하는 것은 매도인의 이익이며 이 이익이 얻어지도록 법은 매도인을 보호하고 있기 때문이다.

권리의 본질(權利의 本質)

권리의 본질에 관한 문제는 일찍부터 학자들의 논의의 대상이 되어 왔으며, 법철학에서도 가장 근본적인 문제가 되어 있다. 그 주요한 학설로는 다음과 같은 것들이 있다.

(1)의사설 : 의사설(Willenstheorie)은 권리를 법에 의하여 주어진 의사의 힘 또는 의사의 지배라고 하는 학설로서 주로 역사법학파에 속하는 헤겔(Hegel), 빈트샤이트(Windscheid) 등에 의하여 주장된 것이다. 이 설에 대하여서는 의사능력(意思能力)이 없는 자, 예를 들면 유아·정신병자들이 권리를 가지는 이유를 설명할 수 없다는 커다란 결점이 있다.

(2)이익설 : 이익설(Interessent-heorie)은 권리를 법에 의하여 보호되는 이익이라고 설명하는 학설로서 예링(Jhering), 데른부르크(Dernburg) 등에 의하여 주장된 것이다. 이 설에 의하면 권리주체와 의사주체가 반드시 같은 것은 아니므로 유아나 정신병자도 권리의 주체가 될 수 있다는 점에서 의사설의 결점을 보충하였다. 그러나 이익은 권리의 내용이고, 이익 그 자체는 권리가 아니라는 비판을 받고 있다. 뿐만 아니라 권리를 행사하여도 아무런 이익을 얻지 못하는 경우도 있고, 또 권리는 없어도 법규의 반사적 효과로서 이익을 얻는 경우를 명확히 설명할 수 없다는 어려움이 있다.

(3)절충설 : 절충설(gemische Theorie)은 앞의 두 가지 학설을 절충하여 권익보호(權益保護)를 위하여 인정된 힘 또는 의사에 의하여 보호되는 이익이 권리라고 주장하는 학설이다. 옐리네크(Jellinek), 베커(Bekker)등이 주장하였다. 그러나 앞의 두 가지 학설에 대한 비난은 그대로 이에 대하여서도 가해질 수 있는 것이다.

(4) 법력설 : 법력설(rechtliche machtt-heorie)은 권리를 일정한 권익을 향수(享受)하게 하기 위하여 법이 인정하는 힘이라고 보는 학설로서 에넥케루스(Ennecce-rus)등이 주장한 것이다. 이 학설에 의하면 의사능력이 없는 자나 권리의 존재를 알지 못하는 자도 권리의 주체가 될 수 있다. 한편 생활이익 그 자체는 권리가 아니며, 생활이익을 보호 또는 향수하게 하는 수단으로서 법에 의하여 부여된 힘, 즉 법률상의 힘이 권리라고 함으로써 권리법력설(權利法力說)은 이익설이 가지는 결점을 구제해 주고 있다. 그러므로 이 학설은 위 학설 등이 가지는 결점을 보완한 것으로서 대체로 권리의 본질을 올바로 파악한 것이라고 할 수 있으며 오늘날의 통설이 되고 있다. 법력설에 의하여 권리의 의의를 설명하면 권리는 특정한 생활이익을 향수하게 하기 위하여 특정인에게 부여된 법적 힘이다. 즉 ㉮ 권리의 내용은 특정한 생활이익이다. 권리의 내용은 법의 보호를 받는 생활이익, 즉 법익이다. 법익은 재산적인 이익뿐만 아니라 생활·신체·명예와 같은 비재산적인 이익도 포함되어 있다. 또 생활이익은 어디까지나 법의 내용이며, 권익 그 자체는 아니다. 그리고 생활이익은 그 범위가 특정되어 있는 구체적인 생활이익이다. ㉯ 권리는 특정인에게 부여되는 것이다. 이 특정인을 권리의 주체라고 한다. ㉰ 권리는 법적 힘이다. 법적 힘이라고 하는 것은 법에 의하여 부여된 노력범위, 즉 생활이익을 향수하기 위하여 필요한 행위를 하고 또는 주장할 수 있는 「가능성」을 의미하며, 사람의

자연적인 실력은 아니다. 따라서 사실상의 힘을 가지고 있어도 권리가 없는 경우도 있고, 권리는 가지고 있으나 사실상의 힘을 가지고 있지 않는 경우도 있다. 그리고 권리는 법을 떠나서는 존재할 수 없고, 법에 의하여 부여된 것이므로 법이 먼저 존재하고, 법이 권리를 부여한 것이다.

권한(權限)
영;competence 독;kompetenz

권한이란 공법상 또는 사법상의 법인 혹은 단체의 기관 등이 법령·정관 등에 의하여 일정한 행위를 할 수 있는 범위를 말한다. 공무원의 권한·법인의 이사의 권한 등이 그 예이다.

권능(權能)
독;Befugnis

권능이란 권리의 내용을 구성하는 개별의 법률상의 힘을 의미한다. 예를 들면, 소유권은 권리이지만 그 내용인 사용권·수익권·처분권 등은 권능이다. 따라서 권리의 내용이 하나의 권능으로 성립하는 경우에는 권리와 권능은 동일한 것이 된다.

반사적 이익(反射的 利益)
독;objektives Reflexrecht

반사적 이익이란 법규가 사회일반인을 대상으로 하고 있는 규정의 반사적 효과로서 받는 이익이다. 좌측통행과 같은 도로 교통 단속법규의 시행으로 보행상의 이익을 얻게 되는 경우는 이에 속한다. 그러나 이러한 이익을 얻는 자는 반사적 이익을 받는데 불과하고 권리자로 인정되는 것은 아니다.

권력(權力)
독;Macht

권력이란 타인을 강제하는 힘을 말한다. 이것은 일정한 공익을 달성하기 위하여 개인 또는 집단이 다른 개인 또는 집단을 강제 또는 지배하는 법률상의 힘이다.

의무(義務)
영;duty 독;Pficht 불;devoir

의무란 법률상의 구속력, 즉 자기 의사와는 관계없이 반드시 일정한 행위를 하여야 할 또는 하여서는 아니될 법률상의 구속력을 말한다. 채무자는 채권자에 대하여 일정한 행위를 하여야 할 법률상의 구속을 받으며, 일반인은 소유자가 소유물을 사용·수익·처분하는 것을 방해하여서는 아니된다는 구속을 받는 것과 같은 것이 그 예이다. 의무는 권리의 반면(反面)이며, 권리와 의무는 서로 대응하는 것이 보통이다. 이것은 사법관계, 특히 채권관계에서 명백히 나타난다. 예를 들면 민법상 채권자의 권리인 채권에 대응하여 채무자에게는 급부의 의무인 채무가 생긴다. 그러나 권리에 대하여서는 의무, 의무에 대하여서는 권리가 언제나 반드시 따르는 것은 아니다. 그리하여 법인의 등기를 하여야 할 의무(민§49). 공고의무(민§88, 93)와 같이 의무만 있고 권리는 없는 경우도 있고, 또 취소권·해제권 등의 형성권의 경우처럼 권리만 있고 의무라는 것이 없는 경우도 있다. 그리고 사법관계와는 달라서 공법상의 의무에는 권리를 수반하지 않는 것도 많다. 뿐만 아니라 친권과 같이 동일한 사항이 권리인 동시에 의무인 경우도 있다.

사회입법(社會立法)

英;social legislation
獨;soziale Gesetzgebung
佛;legislation sociale

사회입법이란 사회문제 해결의 한 방법으로서 사회정책적 견지에 입각하여 행하는 국가적 입법을 총칭하는 것이다. 그 중에서도 국가의 입법기관에 의하여 제정되는 법규만을 말한다. 이른바 사회적 법규범을 포함하지 않는 점에서 노동법과 다르다.

합법(合法)

英;legality
獨;Gesetzmässigkeit
佛;legalité

합법이란 현행의 법질서에 정해진 추상적 법규에 합치(合致)하는 것을 의미하며, 불법에 대응하는 개념이다. 법에 위반하는 경우라도 불법이 위법보다 강한 법규위반인 것과 마찬가지로 합법은 적법보다도 형식적·추상적인 법규범에 더욱 적합한 것임을 의미한다.

이행(履行)

이행이란 채권의 목적인 의무자의 행위(또는 부작위)를 말한다. 예를 들면, 매도인은 매수인에 대하여 매매대금의 지급을 청구할 수 있는데, 이행을 청구할 수 있다는 것은 매수인의 대금지급이라는 행위를 청구할 수 있는 뜻이다. 상대방이 일정한 행위를 하지 않을 것(즉 부작위)을 청구하는 것을 소극적 이행을 청구한다고 하고, 이에 반하여 상대방이 일정한 행위를 할 것을 청구하는 것을 적극적 이행을 청구한다고 하는 경우도 있다. 채권은 채무자의 이행을 청구하는 권리이지만, 대금 그 자체를 직접 지배하는 권리는 아니다.

민사책임·형사책임
(民事責任·刑事責任)

민사책임이란 민법상의 책임, 특히 불법행위(不法行爲)로 인한 책임을 말하고, 형사책임이란 형법상의 책임을 말한다. 불법행위란 법이 허용하지 아니하는 행위로서, 예컨대 타인의 신체를 상해하는 것은 불법행위이다. 불법행위를 한자는 피해자에 대하여 손해를 배상할 책임이 있다. 형사책임은 범죄행위를 범한 경우에 져야 하는 책임이며, 행위자는 형벌이 과하여지게 된다. 즉, 형벌이 과하여지는 것을 형사책임을 부담한다고 한다. 타인의 신체를 상해한 경우에는 민사책임과 형사책임이 모두 발생하는데, 민사책임은 피해자가 법원에 제소하여 승소의 판결을 얻어야 비로소 가해자에게 강제하게 되는 것이며, 피해자의 제소가 없는데도 법원이 직권으로 가해자에게 손해배상을 명할 수는 없다. 이에 반하여 형사책임은 피해자의 제소가 없더라도 부담하여야 한다. 예를 들면, 살인범은 누가 제소하지 아니하더라도 국가는 이를 잡아 처벌한다. 그러나 행위자가 형사책임을 부담하지 아니하고 민사책임만을 부담하는 경우도 있다. 예를 들면 과실로 타인의 집의 창을 깨뜨린 자는 민사책임을 부담하지 않으면 안되지만 과실로 인한 기물파손죄(器物破損罪)는 인정되지 아니하므로 형사책임을 부담하는 일은 없다. 또한 민사책임은 개인에 대한 책임이고, 형사책임은 국가에 대한 책임이다.

추정(推定)
독;Vermutung

추정이란 어떤 사항과 동일한지의 여부가 불확실한 다른 사항을 일정한 법령이나 규정의 관계에서는 서로 동일하다고 취급하여 최초의 사항에서 발생한 법적 효과를 다른 사항에 대하여도 발생시키는 것을 말한다. 당사자의 입증상 편의를 기하기 위하여 사실의 존재 또는 부존재를 일단 추정하고 일정한 법적 효과를 부여하는 경우가 있다. 민법 제262조 2항에서 「공유자(共有者)의 지분(持分)은 균등한 것으로 추정한다」고 규정한 것이나, 민법 제844조 1항에서 「아내가 혼인 중에 임신한 자녀는 남편의 자녀로 추정한다.」고 규정한 것은 그 예이다. 따라서 추정은 일정한 사실이 명확하지 않은 경우에 보통의 상태를 기준으로 하여 일단 사실을 가정하고 거기에 일정한 법적 효과를 인정하는 것이다. 그러나 추정은 입증을 기다리지 않고 사실을 가정(假定)하는 것이므로 이와 다른 사실을 주장하는 자는 반증을 들어 증명하면 언제나 추정을 전복(顚覆)할 수 있다.

간주(看做)

공익 기타의 이유로 사실의 존재 또는 부존재를 법정책상 간주하는 경우가 있다. 간주라는 것은 일종의 법의 의제로서 그 사실이 진실이냐 아니냐를 불문하고 권위적으로 그렇다고 단정해 버리고, 거기에 일정한 법적 효과를 부여하는 것을 의미한다. 「간주한다」는 「본다」라고도 표현한다. 민법 제20조에서 「국내에 주소 없는 자에 대하여서는 국내에 있는 거소를 주소로 본다.」고 규정한 것이나, 민법 제855조 제2항에서 「혼인 외의 출생자는 그 부모가 혼인한 때에는 그때로부터 혼인 중의 출생자로 본다.」고 규정한 것은 그 예이다. 간주는 추정과는 달라서 반증을 들어 그 효과를 전복할 수는 없다. 따라서 앞의 예에서 거소나 주소로 간주해 버린 이상 반증으로써 이를 변경할 수 없다.

준용(準用)
독;entsprechende Anwendung
불;application correspondante

어떤 사항에 관한 규정을 그와 유사하지만 본질이 다른 사항에 대하여, 필요한 경우 조금의 수정을 가하여 적용시키는 것을 말한다. 예컨대 민법 제210조·제290조·제302조 등과 같이 입법기술상 중복규정에 따른 번잡을 피하고 간결화를 기하기 위해 이용된다.

그러나 법규의 검색을 곤란하게 하고 종종 수정의 여부에 있어서 의문을 제기하며 해석의 분규(紛糾)를 가져온다는 단점이 있다.

시행·적용(施行·適用)

법령은 제정권자에 의하여 제정(制定)됨으로써 일단은 일반국민을 구속하는 법규범으로서의 힘을 확정적으로 지니게 되지만 이것이 그 법령이 규율하려는 사항에 대하여 구체적으로 효력을 발휘하기 위하여는 그것이 「시행(施行)」될 것이 필요하다. 시행의 일시는 원칙적으로 각 법령마다 그 법령의 부칙(附則)에 표시된다. 법률의 시행에 대하여는 「법령 등 공포(公布)에 관한 법률」이 있는바, 여기에는 시행기일을 정하지 않은 경우에는 공포한 날로부터 만20일을 경과함으로써 효력을 발생한다고 명시되어 있는 것이다. 그러나 시행기일을 정하지 않은 법률은 거의 없다고 하여도 과언이 아니다. 법령은 보통의 경우 이것이 시행되면 그 시행일시부터 그의 규율의 대상이 되는 사항에 대하여 적용되지만 법령의 내용에 따라서는 시행의 시기를 결정하는 것만으로는 그 법령이 구체적으로 어떤 대상에게 어떻게 작용하는지 명확하지 않을 때가 있다. 이런 경우에는 시행기일에 관한 규정 이외에 그 법령이 어떤 대상에 대하여 어떤 경우에 규율하기 시작하는가를 특히「적용」이라는 용어를 사용하여 부칙에 규정한다. 예컨대 법인세법 부칙에서와 같이「이 법은 이 법 시행 이후 개시하는 사업연도분부터 적용한다.」라고 규정하여 그 적용관계를 명확히 하는 것이다. 더구나 법령은 경우에 따라서는 시행기일보다도 앞선 시기로 소급하여 어떤 사항에 대하여 적용하는 때가 있다. 이것을 보통 「소급적용(遡及適用)」이라고 하는데, 이것도 「이 법률은 공포일로부터 시행하고 1967년 10월 1일부터 적용한다」와 같이 규정하며「적용」이라는 용어를 사용하여 표시한다.

과한다·과한다(課한다·科한다)

「과(科)한다」라고 하는 것은 형벌이나 민사벌 또는 행정벌로서의 과태료 또는 단체가 단체구성원의 규율유지를 위한 처벌 따위를 어떠한 일정한 경우에 어떤 사람에게 부과할 수 있는가 하는 것을 추상적으로 표시할 경우에 사용된다. 형벌법규에서는 구체적으로 일정한 범죄를 구성하는 행위에 대하여 법정형을 정할 경우에는 「공연히 음란한 행위를 한 자는 1년 이하의 징역, 500만원 이하의 벌금・구류 또는 과료에 처한다」(형§245)의 경우와 같이 「과(科)한다」가 아니라 「처(處)한다」라는 용어를 사용하고 있다. 다음에 「과(課)한다」라고 하는 것은 국가 또는 지방공공단체 등이 국민에 대하여 공권력에 기하여 조세 기타 금전·현품의 납부를 부과하는 경우에 쓰인다. 예를 들면 「주류에는 이 법에 의하여 주세를 과한다」(주세§1) 등과 같다.

본문·단서(本文·但書)

어떤 조(條)와 항(項) 또는 호(號) 가운데 두 문장이 있을 때 뒤의 문장이 「다만」이라는 말로 시작되고 있는 경우, 이 「다만」으로 시작되는 문장을 단서라고 부르고 이에 대하여 앞의 문장(주문장)을 본문이라고 부른다. 단서는 「다만, …있는 경우는 예외로 한다」라는 식으로 보통 본문에 대하여 예외적·한정적인 내용을 정할 경우에 사용된다. 하나의 조나 항 가운데 두 문장이 있고 뒤의 문장이 앞서 열거한 것처럼 단서로 되지 아니한 경우에는 그 두 문장 가운데 앞의 문장을 후단(後段)이라고 부른다. 그리고 비교적 예가 적지만 하나의 조와 항 중에서 단서를 포함하지 않는 세 문장이 있는 경우에는 이를 각각 「전단」,「중단」,「후단」이라고 부른다.

증명·소명·변명·석명
(證明·疎明·辨明·釋明)

소송법상 「증명」이란 법관 또는 법원이 확신을 갖게 할 정도의 확실한 증거를 제시함으로써 어떤 사실을 명확히 하는 것이다. 이 「증명」과 구별하여 「소명」이라고 함은 법관 또는 법원이 확신을 가질 정도까지는 못되지만 일단 확실하다고 추측되는 정도의 증거를 제시하는 것을 뜻한다. 원래 소송은 계쟁사실(係爭事實)에 대하여 당사자가 재판관에게 확신을 갖게 할 정도의 증거를 제시하여 사실을 증명함으로서 법률문제의 시비(是非)를 가리려는 것이나, 소송과정에 있어서 일정한 문제에 대하여는 소송진행의 신속을 도모한다는 것이다. 「소명」의 정도의 증거를 제시하는 것만으로도 증명으로서 인정하고 있다. 예를 들어, 민사소송법에 있어서는 제척 또는 기피의 원인 및 참가의 이유와 증언거절의 이유 등에 대하여 소명으로 할 것을 정하고 있으며 형사소송법은 증인신문(證人訊問)을 필요로 하는 이유 및 재심청구(再審請求)를 할 수 있는 사유 등에 대하여 소명을 요건으로 한다. 이와 같이 소송법에서는 「증명」과 「소명」을 구분사용하고 있으므로 해석상 전술한 바와 같이 이 양자의 구별을 명확히 할 필요가 있다. 더구나 소송법 이외의 법령에서 소명과 구별하지 않고 「증명」이라는 용어를 사용하고 있는 경우에는 그 「증명」이 소송법상의 증명을 뜻하는가 아니면 앞서 말한 소명정도를 포함하는가는 그 법령의 규정의 취지에 따라서 해석할 수밖에 없다. 다음에 「석명」과 「변명」의 경우인데 이것을 일반적인 용법으로 말한다면 양자가 모두 자기 입장을 변호하고 설명한다는 말이다. 행정법령에 있어서는 두 용어가 대체적으로 같은 뜻으로 사용되고 있는 것이다. 그렇지만 이와 달리 민사소송법에서는 「석명」을 다소 특수한 의미로 사용하고 있다. 즉 소송관계를 명확히 할 필요가 있을 경우에는 법관은 당사자주의(當事者主義)의 원칙을 침해하지 않는 범위에서 사실상 또는 법률상의 사항에 있어서 당사자에 대하여 질문하고 또는 입증을 촉구할 수 있다고 규정하고 있는데(민소§136)

이것을 보통으로 「석명」이라고 하는 것이다. 또한 민사소송법 제140조에서는 법원은 소송관계를 분명하게 하기 위하여 당사자 본인 또는 법정대리인의 출석명령 그리고 문서 기타의 제출명령 등의 일정한 처분을 할 수 있다는 내용을 규정하고 있는데 이 법원의 처분을 석명처분이라 하는 것이다. 그러나 민사소송법 제149조 2항에서와 같이 당사자가 그 취지가 명료하지 않은 공격 또는 방어에 대하여 설명하는 것을 뜻하는 「석명」과 같이, 앞에서 말한 일반적인 용법에 따르는 것이라고 보아야 하는 경우도 있다.

기산점(起算點)

만료점에 대하여 기간의 계산이 시작되는 시점을 말한다. 기간을 시·분·초로 정한 때에는 즉시로부터 기산하며(민법 156조), 기간을 일·주·월 또는 연으로 정한 때에는 기간의 초일(初日)은 산입하지 아니한다. 그러나 그 시간이 오전 영시로부터 시작하는 때에는 그러하지 아니하다(민법 157조). 또 연령계산에는 출생일을 산입한다.(민법 158조), 가족법상 신고기간은 신고사건 발생일로부터 이를 기산하며, 재판의 확정일로부터 기간을 기산하여야 할 경우에 재판이 송달 또는 교부된 날로부터 기산한다. 형법상 형기(刑期)는 재판이 확정된 날로부터 기산하며, 징역·금고·구치와 구류에 있어서는 구속되지 아니한 일수는 형기에 산입하지 아니한다(형법 84조). 또 형의 집행과 시효기간의 초일은 시간을 계산함이 없이 1일로 산정한다(형법 85조). 형사소송법에 있어서도 기간의 계산에 관하여는 시로써 계산하는 것은 즉시로부터 기산하고, 일·월 또는 연으로써 계산하는 것은 초일을 산입하지 아니한다. 단 시효와 구속기간의 초일은 시간을 계산함이 없이 1일 산정한다(형사소송법 66조1항).

법사·법사상

법철학(法哲學)

영;philosophy of law, legal philosophy
독;Rechtsphilosophie
불;philosophie du droit

법 전반에 걸쳐서 그 본질을 규명하며, 그 근본목적·근본이념을 탐구하고, 법학의 방법론을 확립하는 것을 임무로 하는 법학의 토대가 되는 학문을 말한다. 즉 법철학은 법의 본질과 근본목적을 탐구하는 학문이며, 그 성과를 가지고 실정법을 평가하고 동시에 이론과학으로서의 법학의 근저(根底)에 대한 철학적 성찰을 하는 이론철학이면서 실천철학이기도 하다. 이론적 법철학은 우선 법의 본질규명을 그 사명으로 한다. 즉 무엇을 일반적으로 법이라고 이해하지 않으면 안 되는가의 물음에 답하는 것이 법철학이다. 여기서는 법 그 자체의 본질, 즉 효력이 있어야 할 법규범의 총체로서 그 특수한 존재형태에 있어서의 법 그 자체의 존재를 파악하는 법존재론적 과제가 주어진다. 둘째로는 법학의 방법에 관하여 이론적 반성을 꾀하는 인식론적·방법론적 차원에서의 법철학의 과제이다. 이는 법과 진리의 문제, 법흠결(欠缺)의 보완의 문제, 법해석의 문제, 법논리학의 문제 등 법인식의 방법과 가능성 즉 법사고 일반에 관한 문제로서 법학방법론·법논리학의 과제로 다루어진다. 셋째로는 실천철학적 법철학의 과제로서 여기에는 가치론적·규범적 관점에서 법질서 존재의 정당화 근거, 법의 이념, 정당한 법질서의 형성에 대한 문제 등을 다루는 법가치론·정법론이 있다.

함무라비법전

(Hammurabi法典)

함무라비법전이란 고대 바빌로니아의 함무라비왕(재위 기원전1728~1686)이 발포(發布)한 법전을 말한다. 세계에서 가장 오래된 성문법전으로서 유명하다. 법문은 높이가 약 2미터, 지름이 약 60센티미터의 돌로 된 원주에 설형문자(楔形文字)로 새겨져 있다. 1901년 프랑스인인 발굴가에 의해 페르시아의 수도였던 수사에서 발견되었고 설형문자는 학자에 의해 해독되어 한때는 설형문자법계가 인정된 적이 있으나 현재에는 사멸(死滅)되었다.

마누법전(마누法典)

마누법전이라 함은 인도 고대의 법전을 말한다. 이 법전은 산스크리트어로 쓰여지고 기원전 200년으로부터 기원 200년무렵까지에 완성된 것으로 추정된다. 인간의 시신(始神)인 마누가 신의 계시를 받아 만든 법이라고 전해진다. 그 내용은 법률 이외에 종교·도덕·의식에 관한 규율을 포함하고 있으며 고대의 카스트(Caste)에 관한 규정도 있다. 카스트라 함은 인도의 사회에서 신앙·직업 등으로써 구분되는 특수한 계급으로서, 같은 카스트에 속하는 자는 다른 카스트에 속하는 자가 종사하는 직업에는 종사할 수 없다. 인도에서는 현재에도 카스트제가 행하여지고 있어서 요리하는 사람에게 구두를 닦게 한다든지,

청소부에게 사무를 보게 한다든지 할 수는 없으며, 가사사용인을 고용하는 경우에도 수명 내지 수십명을 고용하지 않으면 소용이 없다고 한다.

로마법

독;römischen Rechts

로마법이라 함은 로마건국(기원전 753년으로 전해짐) 초기에 로마시민에게 적용되었던 시민법과, 로마가 지배했던 이민족에 대하여 적용되었던 만민법(萬民法)을 통틀어 이르는 말이다. 기원 2세기경에 이르러서 로마의 영토가 크게 팽창하여 로마는 세계제국으로 변모하였고 만민법도 세계법이 되었다. 기원전 2세기부터 3세기 무렵까지에 로마에는 위대한 법학자가 많이 나와 법학의 눈부신 발전을 가져왔다(법학융성시대). 그 후 법학은 쇠퇴하였지만 기원 6세기에 이르러 동로마의 황제 유스티니아누스는 법학융성시대의 학설을 모아 법학의 초(初)학자를 위한 교과서 및 역대 황제의 칙법(勅法)과 함께 이것을 법률로 공포하였다. 유스티니아누스가 편찬한 법전 전부를 로마법대전(시민법대전)이라 한다. 동로마제국이 멸망한 후 로마의 법전도 유야무야되었는데, 11세기말 이탈리아의 볼로니아대학에서 로마법 대전의 연구가 행해졌고 독일에서도 많은 법학자가 이 대학에 유학하여 독일에 로마법이 전파되게 되어, 로마법 대전은 15세기부터 16세기에 걸쳐 독일법으로서 전면적으로 독일에 수입되었다. 이를 로마법의 계수(繼受)라고 한다. 독일에 계수된 로마법은 그 때까지 독일에서 시행되어온 게르만법과 융합하여, 현재의 독일 법전에는 로마법적 요소와 게르만법적 요소가 남아 있다. 로마법은 스위스・프랑스・이탈리아・영국의 법에도 영향을 끼쳤고, 오늘날에도 독립된 법계를 이루고 있다.

시민법·만민법(市民法·萬民法)

독;ius civile・ius gentium

시민법이란 로마시민간에 적용된 법을 말하고, 만민법이라 함은 이민족에 적용된 법을 말한다. 로마는 기원전 8세기에 로마 부근에서 국가를 세웠다고 전하여지는데 이때에 로마의 시민간에 적용된 법을 시민법이라 한다. 로마는 점차 영토를 확장하여 세계적인 대제국으로 발전하였고 그 영토 내에 많은 이민족을 지배하게 됨으로써, 이들에게 적용되는 법이 발달하였다. 이것을 시민법에 대하여 만민법이라 한다. 만민법은 널리 로마제국 내의 이민족에게 적용되는 것이었으므로 그 결과 세계 어느 곳에서나 적용될 수 있는 합리적인 원리를 가지게 되었는데, 이러한 점이 로마법이 세계 각국에 영향을 미치게 된 원인이 된 것이다.

게르만법

독;germanische Recht

게르만법이란 게르만민족의 고유의 법을 말한다. 게르만민족은 현재의 독일인·스웨덴인·덴마크인·노르웨이인 등의 선조이며, 게르만민족의 고유의 법을 게르만법이라고 하고 게르만시대,

프랑크시대(5세기-9세기말), 중세(9세기말-1495년)를 통하여 독자적으로 발전하였다. 그런데 15, 16세기에 걸쳐 독일에 로마법이 계수된 후에는 로마법이 압도적으로 행하여지게 되었다. 그러나 게르만법은 각 지방에 남아 있어 로마법에 우선하여 적용되었다. 시간이 경과됨에 따라 로마법과 게르만법 사이에 어느 정도의 융합을 가져왔다. 현행 독일민법의 물권법에는 게르만법에서 유래하는 제도가 적지 아니하고, 민법총칙·채권법은 로마법적 요소가 강하다. 또한 게르만법은 스위스·프랑스 등에도 영향을 미치고 있다.

영미법·대륙법(英美法·大陸法)

영미법이란 영국과 미국의 법을 말하고, 대륙법이란 유럽대륙의 법을 말한다. 영국에는 초기에는 게르만민족에 속하는 앵글로색슨의 법이 행하여졌으나, 노르만인(게르만민족에 속한다)의 침공이 있은 후 윌리암 1세가 노르만 왕조를 수립하였다. 윌리암 1세와 그 후계자는 각지의 관습법을 존중함과 동시에 국내의 법을 통일하고자 국왕의 직속재판소를 두었고 재판관은 영국국민의 일반관행에 의하여 재판하였다. 그러나 영국에는 미리 규칙을 만들어 구체적 사건에 이를 적용한다고 하는 생각은 없었고, 판결이 바로 법이라고 생각하여 그 후에 일어난 사건은 전의 판결을 선례로 하여 재판하였다. 이와 같이하여 판결이 집적(集積)된 것을 보통법(普通法, common law)이라고 한다「(보통법·특별법)이라고 하는 경우의 보통법과는 구별해야 한다」 영국법에는 보통법과 더불어 또 다른 법체계가 존재하는 바 형평법(衡平法, equity)이 그것이다. 국왕의 최고고문인 대법관은 보통법으로 구제받을 수 없는 자를 개별적으로 구제하는 재판을 하고 이 재판이 선례가 되어 형평법이 성립된 것이다. 근대에 이르러서는 판결보다 상위에 위치하는 것으로서 의회에서 제정하는 제정법(制定法)도 많이 나타나게 되었지만 보통법이 영국법의 근간을 이루고 있는 것이다. 영국법은 로마법의 영향도 받았지만 그다지 많지는 않으며 이 점에 있어서 후술하는 대륙법과는 다르다. 보통법과 형평법은 미국을 비롯하여 영국의 구(舊)식민지에도 계수되어 영미법은 일대법계(一大法系)를 이루고 있다. 대륙법이란 유럽대륙의 법을 의미하고 영미법에 대응하는 법계이다. 유럽대륙의 법에는 로마법과 게르만법의 영향이 많고, 또 대륙법은 영미법과는 달리 미리 추상적인 법을 만들어 이것을 구체적인 사건에 적용한다고 하는 발상에 기초하는 것이다. 대륙법은 영미법과 함께 이대법계(二大法系)를 이루고 있으며, 특히 독일법계, 프랑스법계와 구(舊)소련법계가 중요하다.

캐논법(Canon法)

캐논법이란 카톨릭교회의 법을 말한다. 중세의 캐논법은 종교회의의 결의나 교황의 명령 등으로 이루어졌고 교회재판소에서 적용되었는데, 독일에서는 로마법의 계수와 거의 같은 시기에 독일의 세속(世俗)재판소에서도 적용되게 되었다(캐논법의 계수). 그리스도교국(敎國)의 법률 중에는 현재에도 캐논법의 영향을 받은 것이 있다. 그리스도 교국의 법률이 이혼을 금지하고 있는 것이 그 예이다. 현재 시행되고 있는 카톨릭교회의 법으로는 1917년에 공포되었던 캐논법전전(全典)이 있고 카톨릭교도를 구속한다.

나폴레옹법전(나폴레옹法典)

나폴레옹법전이란 1807년에 나폴레옹 1세가 제정한 프랑스 민법전으로서 1804년의 민법전을 개정한 것을 말한다. 나폴레옹법전은 나폴레옹이 유럽을 제패함으로써 그 치하의 나라들도 시행하였고 나폴레옹 정권이 몰락한 후에도 독일의 일부, 벨기에, 네덜란드, 이탈리아, 불가리아, 루마니아 등에 많은 영향을 남겼다. 나폴레옹 법전은 그 후에 민법전(code civil)으로 바뀌어 현재에 이르기까지 프랑스에서 시행되고 있다.

경국대전(經國大典)

조선조 법전 중의 근간을 이루는 영세불역(永世不易) 조종성헌(祖宗成憲)으로 취급된 대법전을 말한다. 조선조 개국 초부터 추진되어온 법전편찬의 일환으로 이루어진 것으로 경제육전·속육전·신속육전 등과 새로운 교지·조례와 고려시대에 행하던 판지·조례 등까지 참조하여 집대성한 것이다. 세조의 명에 의하여 최항·김국광·노사신 등이 편찬하였는데, 세조 6년에 육전 중의 호전이 완성되어 경국대전이라 명명되고, 다음해에 형전이, 예종 원년에 가서야 육전의 편찬이 완결되고 성종 때 수차례의 증보(增補)를 거쳐 완성되었다. 경국대전은 당률 이래 정착하게 된 육전체제를 구성원리로 하여 이·호·예·병·형·공의 육전으로 나뉘어 있고, 율령체계의 입장에서 볼 때 령(令)에 속하는 법전이며, 그 내용이 행정법규를 중심으로 규정되어 있다고 볼 수 있으나, 율(律)에 해당하는 규정을 다수 포함하고 있으며, 형사·민사의 소송절차규정, 형사·민사·상사의 실체법적 규정, 친족상속 등의 신분법적 규정도 다수 포함하고 있다.

자연법학(自然法學)

독;Naturrechtslehre

자연법학이란 실정법(實定法)에 대하여 자연법의 존재를 인정하고, 이로써 실정법의 기초로 삼으려고 하는 법사상을 말한다. 따라서 넓은 뜻으로는 희랍, 로마 자연법론을 비롯하여 중세 카톨릭 신학을 거쳐 근세 계몽기까지의 자연법사 및 최근에 있어서의 신자연법학의 모두를 말하며 좁은 뜻으로는 자연법학파의 뜻으로서의 근세자연법학만을 가리키는 일도 있다. 좁은 뜻의 자연법학을 설명하면 자연권 또는 자연법이 타당하는 자연상태와 실정법이 타당하는 국가상태를 구별하여, 국가계약 또는 사회계약에 의하여 전자로부터 후자에로 이행하는 것을 가리킨다. 소유권이나 계약 등의 구체적 내용에 관하여 주장하는 바는 결코 동일하지 않으나 전체로서는 시민계급의 대두를 배경으로 하면서 일단 시민 자유주의적 법사상의 확립에 공헌하였다. 주장자는 그로티우스, 홉스, 스피노자, 로크, 푸펜돌프, 토마지우스, 루소 등 그 후 역사법학파나 실증법주의 학파의 대두에 의하여 자연법학은 한때 그 세(勢)가 약해지는 듯하였으나, 최근에는 다시 자연법학의 르네상스가 제창되어 신자연법론의 가치를 다시 인정받기 시작하였다.

역사학파(歷史學派)

영;historical jurisprudence
독;historische Rechtwissensc-haft

역사법학이란 법의 생성·발달을 역사적으로 연구하는 학문을 말한다. 18세기의 자연법학자에게는 역사적인 관념이 없었으나 18세기말 무렵부터 법의 연구에는 그의 역사적 연구가 필요하다는 것을 자각하기 시작하였다. 19세기초에 이르러 독일의 법학자 사뷔니(Savigny 1779~1861)는 법은 언어와 같이 민족의 공동의식에 의하여 자연히 생성되고 자연히 발달한 것이라고 설명하고 이와 같은 법의 역사적 연구의 중요성을 주장하였다. 사뷔니의 설(說)은 19세기초의 유럽에 큰 영향을 주었다. 법이 자연히 생성되고 자연히 발달한 것이라고 하는 사뷔니의 설은 예링 등에 의하여 비판되어 그 위세를 잃었지만 법의 역사적 연구의 필요성은 그 후에도 학자들의 인정을 받고 있다.

감정법학(感情法學)

독;Gefűhlsjurisprudenz

자유법론의 지나친 주관적 태도에 대한 비난으로 붙여진 말로, 법규의 논리적 개념구성을 경시하고 법관에게 무제한의 자유재량을 인정하도록 한 자유법론이 법의 운영을 법관의 주관적 감정에 의탁하여 법적 안정성을 해치고 법학의 논리적 과학성까지도 부인하는데 이르게 하는 위험성을 경고하기 위해 붙여진 것이다.

목적법학(目的法學)

독;Zweckjurisprudenz

목적법학이란 법을 목적적으로 연구하는 학문을 말한다. 독일의 법학자 예링(Jhering 1818~1892)은 사뷔니의 역사법학을 비판하여, 법은 자연히 생성·발달하는 것이 아니라, 어떤 목적에 의하여 만들어지는 것이고 법의 목적은 사회의 이익에 있다고 설명하였다. 그 후 예링의 학설은 법학에 큰 영향을 미쳐서, 법의 해석은 법의 목적에 부합하도록 행하여져야 한다는 사상이 현재에는 일반적으로 인정받게 되었다.

개념법학(槪念法學)

독;IBegriffsjurisprudenz

개념법학이란 법문의 문자의 개념(의미)을 연구하는 학문을 말한다. 19세기 후반에는 법문의 문자의 개념(의미)을 정밀히 분석·확정하여 실제의 사건에 적용하려는 데에 전념하는 경향이 법학에 나타나고, 그 결과 법의 적용이 사회의 실정에 맞지 아니하는 경우가 눈에 띄게 되었다. 개념법학이란 이와 같은 경향이 법학에 붙여진 다소 조소적(嘲笑的)인 이름이다. 목적법학이나 자유법론은 개념법학에 대한 비판이기도 하다.

자유법론(自由法論)
독;freirechislehre

자유법론이란 개념법학이 개념의 분석을 일삼아 법문의 해석이 사회의 실정에 맞지 않게 된 것을 비난하고 법문의 문자에 구애되지 아니하고 자유로운 해석을 함으로써 법을 사회의 실정에 합치시키려고 하는 논의를 말한다. 독일의 법학자 칸도로빗치(Kantorowicz 1877~1940)가 주장한 것으로서 이와 같은 주장에 근거한 운동을 자유법운동(自由法運動)이라 한다.

일반법학(一般法學)
독;allgemeine Rechtslehre

일반법학이란 권리·의무·법률관계 등 민법·형법 등의 개개의 법률부문을 총괄하는 법의 일반적 이론의 연구를 대상으로 하는 법학을 말한다. 19세기 후반에 독일의 법학자 메르켈(Merkel 1838~1896) 등에 의하여 주장되었다.

순수법학(純粹法學)
영;pure theory of law
독;reine Rechtslehre

순수법학이란 오스트리아의 법학자 한스 켈젠(Hans Kelsen 1881~1973)이 주장한 것으로 정치적·사회학적·도덕적인 고찰을 실정법의 연구에서 배제하고 실정법을 순수하게 당위(當爲)의 법칙(지켜야 할 규칙)으로서 논리적으로 고찰할 것을 목적으로 하는 법학을 말한다.

공리주의법학(公理主義法學)
영;utilitarlianism

영국에서 발달한 철학적 급진주의자들의 법사상을 말한다. Jeremy Bentham(제레미 벤담)이 창시자이다. 대륙의 자연법사상이 William Blackstone(윌리엄 블랙스톤)의 보수주의와 결합된 것에 반대하여, 쾌락·행복은 선이고 이를 판단할 수 있는 자는 각 개인일 뿐이라서 가능한 많은 자유가 주어져야 최대다수의 최대의 행복이 실현될 수 있고, 한 사람의 자유로운 행동이 타인에 대한 자유의 침범을 방지하기 위한 준칙인 법은 강제로 말미암은 해악이, 방지하려는 해악보다 크지 않을 경우에만 허용될 수 있다고 한다.

이익법학(利益法學)
독;Interessenjurisprudenz

이익법학이란 법을 해석함에 있어서 여러 가지의 서로 충돌하는 이익을 비교·평가하여 가장 중요한 이익을 우선시해야 한다고 주장하는 법학을 말한다. 이익법학은 법의 목적이 사회의 이익에 있다고 한 예링으로 거슬러 올라갈 수 있다. 이 학설은 독일의 법학자 레벨린(Llewellyn 1861~1931), 헥크(Heck 1859~1943)가 주장했다.

법해석학(法解釋學)

독;Rechtsdogmatik

법해석학이란 법의 해석을 목적으로 하는 법학을 말한다. 이것을 해석법학이라고도 한다. 법학에는 법의 역사적 연구를 하는 법사학(법제사학)이나 입법정책을 연구하는 입법정책학등 여러 가지가 있는데, 이러한 법학과 함께 법해석학은 법학의 중요한 한 분야가 되어 있다.

비교법학(比較法學)

영;comparative jurisprudence
독;vergleichende Rechtsw-issenschaft
불;science de droit compare

비교법학이란 2개국 이상의 법을 비교 연구하는 학문을 말한다. 예를 들면 자국법과 외국법을 비교하고 그 장단점을 분석해 놓고 자국법의 입법·해석에 참고로 하거나, 여러 나라의 법에 공통된 원리를 밝혀 문명제국(文明諸國)의 공통한 법을 만드는 데 참고로 하는 것 등이 비교법학이 하여야 할 역할이다.

법실증주의(法實證主義)

독;Rechtspositiveismus

법실증주의란 실증적인 방법으로 법을 연구하려고 하는 주의를 말하고, 이와 같은 방법을 사용하는 법학을 실증법학이라고 한다. 실증적 법학이란 경험에 의하여 확인할 수 없는 것은 연구의 대상에서 제외하고 경험으로 확인할 수 있는 것만 연구의 대상으로 하는 방법이다. 실정법학·역사법학·목적법학 등, 자연법학을 제외한 모든 법학은 법실증주의이거나 실증법학적 경향을 가진다.

법단계설(法段階說)

독;Stufentheorie des Rechts

법단계설이란 법에는 상·하위의 단계가 있다고 주장하는 학설을 말한다. 켈젠(Kelsen 1881~1973)은 법을 순수하게 논리적으로 고찰한 결과 법질서 전체는 단계를 이루고 연속하여 일체(一體)를 이루는 것이라고 주장하였다. 가장 근원적인 법으로서는 근본규범이 있고, 그 밑에 국제법·헌법·법률·명령·판결 등이 있다고 하는 것이 이 설의 대략적인 내용이며 이를 법단계설이라 한다. 켈젠이 주장한 바와 같이 법이 단계를 이루어 존재한다는 것은 부정할 수 없는 점이나 근본규범이 존재한다고 하는 것은 사실에 반하고 또 국제법이 헌법의 상위에 있다고 하는 것에 대하여도 비판이 있다. 또한 법을 정치적·사회학적·도덕적인 요소로부터 분리하여 고찰하여야 한다는 켈젠의 주장에 대하여도, 이와 같은 고찰방법에 의하여 법을 올바로 이해할 수 있는가 하는 의문이 생긴다. 그러나 법의 성질·구조를 명확히 한 점에서 켈젠이 법학에 크게 기여한 점은 부인할 수 없을 것이다.

근본규범(根本規範)

독;Grundnorm

켈젠이 주장한 법단계설에서 최상위

에 위치하는 가설적(假說的) 최고규범을 말하며, 시원적인 규범이라고도 한다. 법규범은 존재의 세계에서 타당한 당위법칙이므로 국법질서는 창설의 합법성과 효력의 정당성이 상위규범에 근거하는 단계구조를 이루고 있다. 이러한 법단계설에서 모든 법규의 타당근거를 기초 지우는 최고 정점의 규범이 근본규범이다. 이는 국법질서의 최고의 타당근거인 헌법규범을 정당화시켜 주는 논리적 의미에서 전제된 최상위의 규범이다. 이 근본규범은 실정성에 의하여 타당한 규범이 아니라, 그 관념성에 의하여 스스로 타당한 규범이라서 법질서를 하나의 통일된 체계로 파악하기 위한 인식론적 전제가 되고, 최고의 법창설권위를 설정하는 창설주체의 기능을 한다. 그러나 법창설의 타당성은 형식적 합법성의 타당근거만을 규율하기 때문에, 전체로서의 실효적인 질서를 창설하고 적용할 수 있는 사실에 대해서만 법창설의 권위를 부여하게 되어 법으로의 힘의 전화가 불가피하게 된다. 이 때문에 순수한 당위의 세계에서 법규범을 체계 지우려 했던 켈젠의 순수법학은 사실의 세계로 전화(轉化)되는 논리적 모순을 범하고 있다는 비판이 가해지기도 한다.

법사회학(法社會學)
영;sociology of law
독;Rechtssoziologie
불;sociologie juridique

법사회학이란 법을 사회학적으로 연구하려고 하는 학문을 말한다. 독일의 막스베버(Max Weber 1864~1920), 오스트리아의 에를리히(Ehrlich 1862~1922)가 이 방면에 공헌하였다. 에를리히는 실정법과는 별도로 존재하는 사회의 내부질서를 명확히 하여야 할 필요가 있음을 강조하고 이를 명확하게 하는 학문을 사회법학이라고 불렀는데 법사회학이 널리 보급된 것은 비교적 최근의 일이다. 연구영역은 학자에 따라 다르지만 법학과 달리 법을 고찰하는 경우에도 이것을 사회현상으로 보는 것이다. 예를 들면 혼인은 신고하여야 그 효력이 생긴다고 한 규정(민§812)을 연구하는 경우에도 법사회학은 이 규정이 사회에서 어느 정도로 지켜지고 있는가, 신고하지 아니한 사실상의 혼인이 어느 정도 있는가, 이 그 이유는 무엇인가 하는 것 등을 연구하는 것이고, 일반적인 법학과 같이 그 규정의 목적은 무엇인가, 그 규정으로써 그 목적을 달성할 수 있는가, 이와 같은 목적을 추구하는 것이 법적으로 바람직한가 하는 것을 연구하는 것이 아니다.

행 정 법

- 행정법일반 / 45
- 행정행위·쟁송 / 50
- 공 무 원 / 69
- 질서행정 / 79
- 복리행정 / 88

행 정 법

행정법일반

법률에 의한 행정(法律에 의한 行政)

독;Prineip der gesetemöpigen ver waltumg

행정은 법에 근거를 두고 반드시 법에 따라서만 행하여져야 한다는 원칙을 말한다. 법치국가에서 행정의 기본원리로서 權力分立主義(권력분립주의)에 따른 통치기구를 전제로 하며, 자유주의·민주주의 사상하에서 성립되었다. 즉 법률제정기관인 국회에 행정권보다 우월한 지위를 인정하여, 국회가 제정한 법률하에서 행정을 하도록 함으로써 국민참정의 요청에 따르는 동시에 자의적인 행정을 방지하여, 국민의 자유·권리를 보장하고 법률생활의 안정을 확보하는 것을 목적으로 한다. 이 원리는 법치국가에서의 정치적 요청에 부응한 것이지만, 순수법학의 이념은 이 개념을 법이론적으로 이해하여 법단계설의 입장에서, 행정행위는 그 상위의 법으로서의 법률의 구체화된 작용이며, 따라서 법률에 적합할 것을 요한다는 의미의 표현으로 사용하고, 일반적으로 상위법에 대한 하위법의 법적합성에서 나온 요청의 특수한 적용에 불과하다고 한다.

법의 지배(法의 支配)

영;rule of law

법원이 일반적으로 적용하는 법 이외의 것에는 누구도 지배되지 않는다는 법지상주의적 사상(法至上主義的 思想)을 말한다. 이 원칙은 영국에서 법률을 제정하는 의회의 우위를 초래하여 의회주권주의(議會主權主義)의 토대가 되었으며, 미국에서는 이론적 귀결로서 사법권우위의 원리가 되었다. 그 결과 법의 지배는 생명, 신체, 재산의 자유를 정치권력으로부터 보호하는 법치주의의 원칙이 되었다. 그러나 위임입법의 확대와 사회·경제의 변화에 따른 법의 사회화로 인하여 법의 지배는 많이 변질되었다.

공법관계(公法關係)

공법상의 법률관계로서 사법관계에 대비되는 말이다. 법률관계인 동시에 권리관계인 점에서는 사법관계와 본질적으로는 같다. 그러나 사법관계에서와 같이 당사자자치가 인정되는 것이 아니고, 법률관계의 변동이 법에 구속되며, 당사자가 대등한 지위에 있는 것이 아니라 행정주체에 법률상 우월한 지위가 인정되고 있다는 점에 차이가 있다.

공법관계와 사법관계의 구별기준

주체설	법률관계의 일방당사자가 행정주체인 경우 공법관계로 보는 견해
신주체설	권리와 의무의 귀속주체가 오로지 공권력주체인 법은 공법이고, 권리와 의무의 귀속주체가 人인 법은 사법이라는 견해
성질설	불평등관계를 규율하는 법은 공법이고, 평등관계를 규율하는 법은

	사법이라는 견해
이익설	공익목적에 봉사하는 법이 공법이고, 사익추구에 봉사하는 법이 사법이라는 견해
구별부인론	법실증주의에 입각하여 공법과 사법은 모두 본질적으로 동일한 것이므로 구별할 필요가 없다는 견해

공권(公權)
독;subjektive Öffentliche Rechte
불;publics droits

공법관계에서 인정되는 권리이다. 이에는 국가, 공공단체 또는 국가로부터 수권된 자가 지배권자로서 국민에 대하여 가지는 권리(국가적 공권), 국민이 지배권자에 대하여 갖는 개인적 공권 등이 있다. 국가적 공권은 그 목적상 조직권, 형벌권, 경찰권, 강제권, 재정권(財政權), 공기업특권 등으로 나뉘고, 내용상 하명권, 강제권, 형성권 기타 공법상 지배권으로 나뉜다. 이러한 권리는 원칙적으로 행정주체가 권리내용을 일방적으로 정할 수 있고 자력으로 강제할 수 있다는 점이 특색이다. 개인적 공권은 참정권, 수익권*受益權), 자유권으로 나뉘며, 사권과는 달리 국가적·공익적 견지에서 인정되는 권리이기 때문에 일신전속적(一身專屬的)인 것이며, 이전성이 없고 그 포기가 제한되는 것이 원칙이지만, 경제적 가치를 주안으로 한 경우에는 예외가 인정된다. 개인적 공권은 행정소송으로 법원에 출소함으로써 보호받는다(헌§27·행소§12).

공권력(公權力)
독;Öffentliche Gewalt
불;puissance publique

국가나 공공단체가 국민에 대하여 우월한 의사주체로서 명령·강제하는 권력을 말하며, 그러한 권력을 행사하는 국가 그 자체를 의미하는 경우도 있다. 국민에 대하여 국가가 공권력을 행사하는 관계가 본래의 공법관계이며 사법의 지배를 받지 않고 공법의 규율을 받는다. 공권력개념은 대륙법계의 여러나라들이 공법의 개념을 정립하는데 결정적인 역할을 하였다.

권력관계(權力關係)
독;Gewaltverhältnis

국가나 공공단체가 지배자의 지위에, 그리고 개인이 피지배자의 지위에 서는 관계를 말한다. 양자의 지위는 대등하지 않으며, 국가나 공공단체의 의사가 법률상 개인보다 우월한 힘을 갖는다. 이와 같은 지배권의 성립이 일반통치권에 근거하는 경우가 일반권력관계이며, 특별규정이나 당사자의 합의에 근거하는 경우가 특별권력관계이다. 권력관계는 사법관계와는 달리 공법관계에서의 전형적이고 독특한 법원리의 적용을 받는다.

일반권력관계(一般權力關係)
독;allgemeines Gewaltverhälnis

특별권력관계에 상대되는 개념으로, 국가 또는 공공단체가 통치권에 지배되는 모든 국민에게 법치주의의 전면적

적용에 따라 명령하고 강제함으로써 성립되는 권력관계를 말한다. 이처럼 명령·강제에는 법률 및 그의 구체적 위임을 받은 명령의 근거가 있어야 하는 바, 이 점에서 국가 기타의 행정주체와의 특수관계로 그 내부에서는 법치주의가 제한되는 특별권력관계(군인·경찰관·공무원 등)와 구별된다. 일반권력관계의 예로는 국민의 신분으로서 부담하는 병역의무·납세의무 등을 들 수 있다.

특별권력관계(特別權力關係)

독;besonderes Gewaltver hält nis

법률의 규정 또는 당사자의 동의에 따른 특별한 법률상의 원인에 근거하여 공법상의 특정목적에 필요한 범위 내에서, 포괄적으로 당사자 일방이 타방을 지배하고 타방이 이에 복종하는 것을 내용으로 하는 이주체간(二主體間)의 관계를 특별권력관계라고 한다. 국가나 공공단체와 공무원간의 관계가 그 한 예이다. 위의 법률규정 또는 당사자의 동의에서 합리적으로 추측할 수 있는 한도 내에서 법치주의원리의 적용이 배제되고, 일방은 타방에 대하여 명령·강제·징계할 수 있는 권능을 갖는다. 근래에는 특별권력관계를 부정하는 견해가 유력하다.

특별권력관계 인정여부

형식적 부정설	법치주의의 적용을 받지 않는 특별권력은 인정될 수 없다는 견해
실질적 부정설	종래 특별권력관계로 불리던 것들을 개별적으로 분석하여 그 관계를 일반권력관계나 비권력관계로 환원시킴으로써 특별권력관계를 실질적으로 부정하는 견해
기본관계·경영관계론	법률의 견해로 특별권력관계를 법적 지위의 본질적인 사항과 관련되는 기본관계(외부관계)와 그렇지 않은 경영관계(내부관계)로 나누어 경영관계에 한하여 사법심사가 배제된다는 입장
제한적 긍정설	복무병역관계나 수형자관계와 같이 한정된 범위 내에서 여전히 특별권력관계를 긍정하는 견해
판례 (부정설)	대법원은 종래의 의미의 특별권력관계를 인정하지 아니한다. 이따금 특별권력관계라는 표현을 사용하나, 이는 고전적 의미의 특별권력관계가 아니라 특별행정법관계를 지칭하는 의미로 사용하는 것으로 평가된다.

공법상 특별감독관계

(公法上 特別監督關係)

국가적 사무를 위하여 설립된 공공단체, 국가사무를 위임받은 행정사무 수임자 등과 같이 국가와 특별한 법률관계를 가짐으로써 국가로부터 감독을 받는 관계를 말한다.

사인의 공법적 행위

(私人의 公法的 行爲)

공법적 효력을 발생시키기 위해서 사인이 행하는 법률행위를 말한다. 여기에는 국가기관의 일원으로서 행하는 것과 행정권의 상대방인 지위에서 행하는 것이 있다. 공법관계에서의 행위라는 점에서 사법적 행위와 다르고, 행정주의가 법률상 우월한 지위에서 행하는 것이 아닌 점에서 행정행위와도 다르다.

공법상 근무관계(公法上 勤務關係)

당사자의 일방이 타방에 대하여 포괄적 근무관계를 갖는 것을 내용으로 하는 공법상 특별권력관계의 일종을 말한다. 공법상 근무관계는 공법상의 위임관계나 노동법상의 일반 근무관계와 달리 충성의무와 포괄적 윤리의무를 가진다. 예를 들면 공무원처럼 공법상의 계약이나 쌍방적 행정행위에 의한 당사자의 합의에 의해 성립하는 경우와, 군복무처럼 법령에 의한 국가의 일방적인 의사로 성립하는 경우 등이 있다.

공법상 부당이득(公法上 不當利得)

사법상의 부당이득에의 의미가 공법에서도 존재하기 때문에 행정상 이를 공법에 적용한 것을 말한다. 공법상 부당이득의 예를 들자면 연금을 받을 수 없는 자의 연금수령, 조세·수수료·요금 등의 과오납, 과오에 의한 사유로서의 제3자의 재산의 압류·공매 등이 있다.

공법상부당이득반환청구권의 성질

사권설	부당이득반환청구권 자체가 원래 경제적 이해조정의 견지에서 확립된 사권이므로 이에 관한 소송도 민사소송에 의하여야 한다는 견해
공권설 (통설)	원인된 법률관계가 공법관계이므로 공권이며, 이에 관한 소송도 공법상의 당사자소송(행정소송법 제3조)에 의하여야 한다는 견해
판례 (사권설)	개발부담금 부과처분이 취소된 이상 그 후의 부당이득으로서의 과오납금 반환에 관한 법률관계는 단순한 민사 관계에 불과한 것이고, 행정소송 절차에 따라야 하는 관계로 볼 수 없다(대법원 1995. 12. 22. 선고 94다51253 판결).

공법상 권리·의무(公法上 權利·義務)

국가의 공권에 대해 개인에게는 공의무가 발생하고, 개인의 공권에 대하여는 국가의 공의무가 발생한다. 국가의 공권은 강제집행을 할 수 있다는 점에서 개인의 공권과 그 효과를 달리하지만, 국가와 국민은 모두 공권의 주체가 되면서도 공의무의 주체가 되기도 한다.

공법상의 주소(公法上의 住所)

공법상의 주소는 사법상의 주소의 의미와 같이 민법 제18조1항에 기재되어 있는 바와 같이 생활의 근간이 되는 곳을 말하며, 주민등록법에 의한 주민등록지의 주소가 된다.

공법상의 행위능력(公法上의 行爲能力)

사인의 공법적 행위가 법률상 유효하려면 행위자에게 행위능력이 있을 것을 요한다. 공법상 행위능력에 관하여는 개별적 규정(민소§51, §55)이 있을 뿐이며 일반적인 규정은 없다. 다만 행위능력에 관한 민법의 규정을 직접 적용할 수는 없지만 적어도 재산상행위에 있어서는 민법의 규정이 유추 적용된다고 해석하여도 좋을 것이다.

공법상 합동행위(公法上 合同行爲)

공법적 효과의 발생을 목적으로 하는 복수 당사자의 동일한 방향의 의사표시의 합치에 의하여 성립하는 공법행위를 말한다. 공법상 합동행위는 각 당사자의 의사표시의 방향이 동일하고, 그 효과도 각 당사자에게 동일한 의미를 가지는 점에서 공법상의 계약과 구별된다.

관치행정(官治行政)

국가가 행정기관에 의하여 직접 행하는 행정을 말한다. 국가의 일반적 수권에 의하여 공공단체가 자기의 존립목적을 위하여 행하는 자치행정 또는 국가나 공공단체의 위임에 의하여 공공단체 또는 개인이 행하는 위임행정에 대비되는 개념이다.

권한의 대리(權限의 代理)

관청이 권한의 전부나 일부를 그 보조기관 또는 다른 관청의 피대리관청의 행위로서의 효력을 발생하는 것을 말한다. 이는 그 발생원인에 따라 법정대리와 지정대리로 구분된다. 한편 권한의 대리는 관청의 보조기관이 그 관청의 이름으로 단지 사실상 그 관청의 권한을 대리행사 하는 위임전결이나, 관청의 권한 그 자체를 다른 기관에 위양하는 권한의 위임과 구별된다.

권한의 위임(權限의 委任)

행정관청이 자신의 법령상 권한의 일부를 다른 관청에 이양하고, 수임관청(보통 하급관청)의 권한으로서 그 명의와 책임 하에 행사하게 하는 것을 말한다. 권한의 위임은 법령으로 정해진 권한배정의 변경을 의미하므로 법적 근거를 요하고, 권한자체가 이양되며, 수임관청이 보통 하급관청인 점에서 권한의 대리와 구별된다. 권한이 위임되면 수임관청은 수임관청의 행위에 대해서 책임을 지지 아니한다. 다만 위임행위 자체에서 생기는 책임과 수임관청이 하급관청인 경우 상급관청으로서의 일반적 감독책임은 진다. 한편, 권한의 전부의 위임은 당해 관청의 실질적 폐지를 의미하므로, 그 일부의 위임만이 허용된다.

행정행위·쟁송

행정행위(行政行爲)

독;verwaltungsakt
불;acte adminstratif

행정권에 의하여 행정법규를 구체적으로 적용·집행하는 행위를 행정행위라 한다. 실정법상의 용어는 아니며, 실정법의 이론구성상 발달한 학문상 개념이므로 여러 가지 견해가 있는데, 최협의로는 행정주체가 법에 근거하여 구체적 사실에 관한 법집행으로서 행하는 권력적 단독행위인 공법행위의 뜻으로 사용된다. 실정법상의 행정처분이라는 용어가 대체로 이에 해당한다. 행정행위도 법적 행위라는 데서 사법행위와 본질적인 차이는 없으나, 상술한 바와 같은 행정행위는 그 성립·효력 등에 있어서 사법의 원리와는 다른 공법상의 특수한 법원리가 적용된다. 여기에 행정행위의 개념을 정립하는 의의가 있다. 행정행위는 그 행위의 요소인 정신작용이 효과의사인지의 여부에 따라 법률행위적 행정행위와 준법률행위적 행정행위로 분류되며, 법률행위적 행정행위에는 명령적 행위와 형성적 행위가 있고 준법률행위적 행정행위에는 확인행위, 공증행위, 통지행위 및 수리행위가 있다. 행정행위는 다음과 같은 특징을 갖는다. 즉 행정행위는 법률에 근거하여 법률에 따라야 하고(법적합성), 그 성립에 하자가 있어도 절대무효인 경우를 제외하고는 적법추정을 받으며 권한 있는 기관의 취소가 있기까지는 유효한 구속력을 가지며(공정성), 스스로 그 내용으로 하는 바를 상대방에 대하여 강제 실현할 수 있는 힘을 갖고(실효성), 일정기간의 경과 후에는 그 효력을 다툴 수 없으며(불가쟁성), 특정한 경우에는 행정주체도 이를 변경할 수 없다(불가변성). 또한 그 취소·변경을 구하는 소송은 행정소송으로서 특수한 규율을 받고 행정행위로 인한 손해배상책임도 민사상의 불법행위책임과는 다른 특색을 갖는다.

소극적 행정행위(消極的 行政行爲)

행정행위는 현재의 법률상태에 대하여 어떠한 형식으로 변동을 가져오는 것인지의 여부에 따라 적극적 행정행위와 소극적 행정행위로 나눠지는데, 소극적 행정행위란 행정행위의 신청이 각하나 부작위 등과 같이 현존의 법률상태를 그대로 존속시키는 경우를 말한다. 소극적 행정행위는 그 형식에 따라 거부처분과 부작위로 나눌 수 있다. 거부처분이란 개인으로부터 일정한 적극적 행정행위의 신청이 있는 경우에 그 신청을 배척하는 행정행위를 말하며(신청의 각하나 불허가행위), 부작위란 행정청이 개인의 신청에 대하여 상당한 기간 내에 일정한 행정행위를 하지 않고 방치하는 것을 말한다.

복효적 행정행위(復效的 行政行爲)

일중효적 행정행위라고 부르기도 하는데, 행정행위의 상대방에게 수익적 효과와 부담적 효과를 아울러 주거나, 그 행정행위의 상대방에 대하여는 수익적 효과가 발생하고 일정한 제3자에 대하여는 부담적 효과를 수반하는 경우를 말한다. 특히 후자의 경우를 제3자효 행정행위라고도 한다.

비권력적 행정행위(非權力的 行政行爲)

행정주체가 개인에 대하여서 우월한 지위에서 일방적으로 명령·강제하는 권력작용과는 달리, 내용적으로는 일반 개인 상호간의 행위와 다를 것이 없으나, 그 작용의 목적과 효과가 직접 공공성을 지닌다는 점에서 특별한 법적 규율을 받는 관리작용과 행정주체가 사경제의 주체의 지위로서 하는 국고작용을 말한다.

명령적 행정행위(命令的 行政行爲)

행정행위는 그 구성요소와 법률효과의 발생원인을 표준으로 법률행위적 행정행위와 준법률행위적 행정행위로 나누고, 전자는 다시 법률효과의 내용, 즉 당해 행정행위에 주어진 법률효과가 국민의 권리의무와 어떠한 관계가 있는가에 따라 명령적 행정행위와 형성적 행정행위로 분류된다. 명령적 행정행위는 개인에게 특정한 의무를 부과하거나 부과된 의무를 해제하는 행위로서, 의무를 명하는 하명과 의무를 해제하는 허가·면제가 있다.

불가변력(不可變力)

어떤 행정행위에 대하여 행정청 또는 그 상급 감독청이 직권으로 당해 행정행위를 취소·변경하는 것을 불허하는 힘을 말한다. 행정행위의 불가변력은 법률에 특별히 규정된 경우뿐만 아니라, 준사법적 행정행위나 수익적 행정행위와 같이 조리상 불가변력이 인정되는 행정행위도 있다.

불가쟁력(不可爭力)

쟁송기간의 경과와 같은 일정한 법률사실의 존재로 행정행위의 상대방 기타의 이해관계인이 법률상의 쟁송수단에 의하여 그 효력을 다툴 수 없는 힘을 말한다. 행정행위가 불가쟁력을 가지게 되는 것은 행정행위의 효력을 신속하게 형식적으로 확정시킴으로써 행정법관계의 안정성을 확보하기 위해 인정된 것이다.

행정처분(行政處分)

독;Verwaltungsverfügung

행정주체가 법에 근거하여 구체적 사실에 관한 법집행으로서 행하는 공법행위 가운데 권력적 단독행위(행정주체가 행하는 행위 가운데 사실행위, 통치행위, 사법행위, 관리행위, 사법행위 제외)를 가리키는 것이다. 영업면허, 공기업의 특허·조세부과가 그 예이다. 행정처분은 법규와 행정목적에 적합해야 한다. 따라서 법규에 위반하면 위법처분으로서 행정심판·행정소송의 대상이 되고, 행정목적에 위반하면 (부당처분으로서 행정심판의 대상이 된다.

법률행위적 행정행위

(法律行爲的 行政行爲)
독;rechtsgeschäftlicher Verwaltungsakt

행정행위 중에서 효과의사의 표시를 구성요소로 하고, 그 효과의사의 내용에 따라 법률적 효과를 발생하는 행위를 법률행위적 행정행위라 한다. 효과의사 이외의 정신작용의 표시를 구성요소로 하고 그 법률적 효과는 직접 법규가 정하는 바에 따라 발생하는 준법률행위적 행정행위와 대립된다. 법률행위적 행정행위에는 부관(조건·기한·소멸권의 유보 등)을 붙일 수 있다. 또한 이 법률행위적 행정행위는 그 법률효과에 따라서 명령적 행위와 형식적 행위로 구분된다.

준법률행위적 행정행위

(準法律行爲적 行政行爲)

행정행위 가운데 효과의사 이외의 정신작용의 표시를 구성요소로 하고, 그 법률효과는 행위자의 의사여하에 관계없이 직접 법규가 정하는 바에 따라 발생하는 행위를 준법률행위적 행정행위라 한다. 준법률행위적 행정행위에는 부관을 붙일 수 없다. 확인행위, 공증행위, 통지행위 및 수리행위(受理行爲)가 이에 속한다.

재량행위(裁量行爲)

독;Eressensakt

넓은 뜻으로는 행정행위를 행하거나 또는 행정행위의 내용을 결정함에 있어서 행정기관에 자유로운 재량이 인정되는 처분을 말하고, 좁은 뜻으로는 재량행위 중 무엇이 공익에 적합한지가 재량에 따라 행하여지는 행위 즉 자유재량행위만을 말한다. 기속재량행위(羈束裁量行爲)에 대비되는 것이다.

자유재량(自由裁量)

영;discretion
독;freies Ermessen
불;discrétio

광의로는 행정주의의 판단 또는 행위가 법이 허용하는 일정한 범위 내에서 법의 구속으로부터 해방되는 것을 말하며, 협의로는 위의 광의 자유재량 가운데 법규재량(기속재량)을 제외한 편선재량(공익재량)을 말한다. 행정기관의 자유재량행위는 재량의 범위 내에서는 법의 구속을 받지 않으므로 부당한 재량을 행하였다고 하더라도 위법의 문제는 생기지 않는다. 따라서 법원은 적부를 심사할 수 없다. 따라서 기술적으로 자유재량의 범위를 한정할 필요가 생긴다. 통설은 법규재량과 자유재량으로 나누고 법규재량은 법규의 해석문제로서 법원이 그 적부를 심리하며, 자유재량은 기술적 의미에서의 자유재량이라고 이해한다.

> 자유재량에 있어서도 그 범위의 넓고 좁은 차이는 있더라도 법령의 규정뿐만 아니라 관습법 또는 일반적 조리에 의한 일정한 한계가 있는 것으로서 위 한계를 벗어난 재량권의 행사는 위법하다 *(대법원 1990. 8. 28. 선고 89누8255 판결).*

법규(法規)
독;Rechtssatz

다의적 의미로 사용되는데, (1) 일반 국민의 권리·의무에 관계 있는 법규범을 말한다. 예컨대 법규명령의 법규가 이에 해당한다. 이와 같은 법규의 개념은 근대 입헌주의 및 법치주의의 소산인 바, 국민의 권리·자유 및 재산에 대해 침해를 가하는 국가의 작용은 반드시 국민의 대표기간인 국회의 동의를 얻어 제정한 법률에 근거해야 한다는 사상이 바로 법규개념의 연원이다. 이런 의미에서의 법률은 바로 법규와 같은 말이다. 우리 헌법은 제40조에서 '입법권은 국회에 속한다'라고 규정하고 있는 바, 실질설에 의하면 이때의 입법은 바로 법규의 제정을 의미한다. 이와 같이 헌법이 입법, 즉 법규의 제정을 국회에 독점시키는 까닭에 다른 국가기관, 특히 행정부는 법률의 위임이 있는 경우와 헌법이 특히 인정한 예외적인 경우에만 법규명령을 제정할 수 있는 것이다. (2) 또 추상적 의미를 가지는 법규범을 법규라고도 하는 바, 이는 구체적 의미를 가지는 행정행위나 판결에 대립되는 것으로서, 행정이나 재판은 법규에 기해서 행해진다고 할 때의 법규가 그것이다.

법규재량(法規裁量)
독;Ermessender Rechtmaäsigkeit

구체적인 경우에 무엇이 법인가의 문제에 관한 행정청의 재량을 말한다. 기속재량(羈束裁量)이라고도 한다. 편의재량(便宜裁量)에 대응하는 개념이다. 즉, 법규가 일정한 행정행위의 전제에 대하여 일의적으로 규정하지 않고 해석상의 여지를 남겼다고 하여도, 그것은 행정청의 자유로운 판단에 전적으로 위임한다는 것이 아니라, 법규의 해석·적용에 관한 법률적 판단의 여지를 부여한데 그치는 경우의 재량을 뜻한다.

법규명령(法規命令)
독;Rechtsverordnung

행정권에 의하여 정립되는 법규로서의 성질을 가지는 일반적 명령을 말한다. 법규명령은 법규로서의 성질을 가지기 때문에 국가와 국민에 대하여 일반적이 구속력을 가지는 규범이다. 이는 행정권에 의하여 정립되는 명령이라는 점에서 행정명령과 같으나, 대외적·일반적 구속력을 가지는 법규로서의 성질을 가진다는 뜻에서 행정명령과 다르다. 즉 국민에게 의무를 과하고, 국민의 권리를 제한하는 것을 내용으로 하는 명령을 말하는데, 위임명령·집행명령 등이 이에 속한다. 19C의 입헌군주정 하에서는 이와 같은 국민의 권리·의무에 관한 사항은 국민의 대표기관인 의회에 의한 입법사항으로 함을 절대적 원칙으로 하였으나, 20C의 복지국가에 이르러서는 국가기관의 적극화에 따라, 행정의 내용이 복잡해짐에 따라 이에 관한 법도 전문적·기술적 성격을 갖게 되었다. 법규명령은 형식적 의미에서의 법률에 속하지 아니함은 물론이나, 실질적 의미에서는 법률의 일종이라고 할 수 있다. 따라서 그 정립행위는 형식적 의미에 있어서는 행정이라고 하겠으나, 실질적 의미에 있어서는 입법에 속한다고 볼 수 있다. 그리고 법규명령은 개인의 권리·의무에 관계될 뿐만 아니라, 추상적·계속적 법규로서의 성질을 가지는 것이기 때문에 행정명령과는 달리 일정한 형식과 공포를 필요로 하며, 반드시 헌법과 법률에 그 그건가 있어야 한다.

법규하명(法規下命)

하명은 일반적으로 법령에 의거한 행정행위로써 행하여지는 것이 보통인데, 이 같은 특별한 행정행위를 기다릴 것 없이, 법령에 의하여 직접 일정한 경찰의무를 발생시키게 되는 경찰하명을 말한다. 경찰법령은 일반적으로 경찰처분의 근거를 정하는 데 그치고, 그에 의거한 구체적인 행정행위를 기다려 현실적인 경찰의무가 발생되는 것이 보통이나, 그러한 구체적인 행정행위의 존재를 요하지 아니하고 법령의 규정 자체로 직접 일정한 경찰하명의 효과를 발생하는 경우가 있는데, 그러한 경우에는 당해 법령의 규정이 실질적으로는 행정행위와 같은 효과를 가진다. 이 점이 보통의 경우인 하명처분과 구별된다.

기속행위(羈束行爲)
독;gebunderner Verwaltungsakt

법규의 집행에 대하여 행정청의 재량이 전혀 허용되지 않는 행정처분을 말한다. 기속행위가 부당하면 위법행위가 되고, 결과적으로 행정소송의 대상이 된다.

기속처분(羈束處分)
독;gebundene Verfugung

법규의 집행에 대하여 행정청의 재량의 여지가 전혀 허용되지 않는 처분(즉 기속행위) 및 행정청의 재량의 여지가 허용되는 것 같으면서도 법의 취지·원리가 이미 일반적으로 확정되어 있어서 실제로는 구체적인 경우에 한하여 그 취지·원리의 해석·판단의 여지밖에 허용되지 않는 처분(기속적 재량행위)을 말한다. 기속처분이 부당하면 위법행위가 되고, 결과적으로 행정소송의 대상이 된다.

행정행위의 부관(行政行爲의 附款)
독;Nebenbestimmungen der Verwaltung

행정관청이 행정행위를 하는 경우 그 효력에 일정한 제한을 가하는 종된 의사표시를 말한다. 민법상의 조건이나 기한(민§147, §154)과 기본적인 성질은 같지만, 행정행위의 부관은 법률행위적 행정행위인 경우 및 재량행위에만 붙일 수 있고 준법률행위적 행정행위 및 기속행위에는 그 일반적 효과를 행정관청이 자의로 제한할 수 없으므로 부관을 붙일 수 없다. 위법한 부관을 붙인 행정행위는 그 성질에 따라서 부관 없는 행정행위로 보거나(일부무효) 또는 행정행위 자체를 무효로 만든다. 부관에는 조건, 기한, 부담, 취소권의 유보 및 법률효과의 일부배제 등이 있다.

형성행위(形成行爲)

독;konstitutiver Akt

권리나 권리능력 또는 포괄적 법률관계를 설정하거나 변경 또는 소멸시키는 행위이다. 그 중에서도 행정관청의 구체적 형성행위(예컨대 공법인의 설립, 공기업의 특허 또는 공무원의 임명 등)를 특히 형성처분이라 한다. 또한 사법상의 형성권을 행사하는 행위나 소송법상의 형성판결도 형성행위의 일종이다.

인가(認可)

독;Genehmigung

당사자의 법률행위를 보충하여 그 법률상의 효력을 완성시키는 행정관청의 행정행위를 말한다. 즉 법인설립의 인가, 사업양도의 인가 등이 그 예이다. 인가는 법률행위의 효력발생 요건으로서 인가가 나지 않은 행위는 원칙적으로 무효이나 허가처럼 행정상 강제집행이나 처벌의 대상이 되지는 않는 것이 통례이다. 인가는 형성행위(形成行爲)이지만 허가는 하명행위라는 점에서 차이가 있다. 인가의 대상이 되는 행위는 법률적 행위에 한하며, 이 법률적 행위에는 공법적 행위도 있고 사법적 행위도 있다. 인가는 보충적 의사표시로서 인가되는 법률적 행위의 내용은 당사자의 신청에 의하여 결정되고, 행정청은 이를 동의하느냐의 여부만을 결정하므로 수정인가를 하려면 법률의 근거가 있어야만 가능하다. 실제는 허가·승인 등의 용어와 혼용된다.

허가(許可)

독;Erlaubnis 영;license

법령에 의하여 금지된 행위를 일정한 경우에 해제하여 적법하게 행할 수 있도록 한 행정처분을 말한다. 실정법상 면허, 인가, 허가 또는 등록 등의 용어를 쓰고 있으나 실정법에서의 허가라는 용어가 반드시 학문상의 허가를 의미하는 것은 아니다. 학문상의 허가는 단순히 일반적인 금지를 해제하는 것에 국한되므로 허가처분에 의하여 특정한 권리나 능력을 부여할 수 없다.

허가와 특허의 비교

구분	허가	특허
개념	질서유지를 위하여 일반적으로 금지한 영업행위를 특정한 경우에 해제하여 줌으로써 당해영업을 할 수 있는 자연적 자유를 회복시켜 주는 명령적 행정행위	공익목적을 위하여 사업수행권을 사인에게 부여하는 형성적 행정행위
대상사업	사회질서 유지가 필요한 사업	국민생활에 필수적인 재화나 역무를 제공하는 공익사업
목적	사회공공의 안녕과 질서유지를 도모	사회공공의 복리를 증진시키려는 취지
재량행위성	기속행위적 성격이 강함	재량행위적 성격이 강함
감독	소극적인 감독	적극적인 간섭

특허(特許)

독;Verleihung, Konzession

특정인을 위하여 특정한 권리 또는

법률관계를 설정하는 설권적(設權的)·형성적(形成的)·행정행위를 말하며, 학문상으로는 특정인을 위하여 법률상의 힘을 부여하는 행정처분의 의미로 사용된다. 일반적인 금지를 특정한 경우에 해소하여 적법하게 행할 수 있게 하는 허가와 구별된다. 또한 특허법상의 특허는 행정법상의 특허와 다른 것이다. 특허에 의하여 설정된 권리 또는 법률관계는 공법적 성질을 가진 것에 한하지 않고 어업권이나 광업권과 같은 사법적인 것도 있기 때문이다.

공법상의 계약(公法上의 契約)

독;öffentlichrechtlicher Vertrag

공법상 법률효과의 발생을 목적으로 하는 복수당사자간의 대향적(對向的) 의사표시의 합치를 말한다. 행정계약이라고도 한다. 공법상 계약은 실정법상 그 개념이 정립되어 있는 것은 아니므로 어떤 것을 공법상 계약으로 볼 것인가에 대하여는 여러 견해가 있다. 공무원의 임명과 같이 상대방의 동의를 요건으로 하는 행위가 공법상 계약인지가 문제된다. 이 경우 그 행위의 내용이 법률의 규정에 따라 행정청이 일방적으로 결정하고 상대방은 포괄적인 법률관계설정에 대하여 개괄적으로 동의하는 데에 지나지 않으므로 상대방의 동의를 요하는 행정행위로 해석하고 있다. 한편 공법상 계약이 법률에 명시된 근거를 필요로 하는지의 여부에 관하여 통설은 법률상 명시적인 근거가 있을 때에만 성립된다고 해석하고 있으나, 대등한 의사표시의 합치에 의하여 성립되는 것이므로 명시적인 근거를 요하지 않는다고 해석된다. 공법상 계약의 종류에는 행정주체 상호간의 계약, 행정주체와사인간의 계약 및 사인간의 상호계약이 있다.

행정행위의 효력(行政行爲의 效力)

유효하게 성립된 행정행위가 가지는 효력을 말한다. 유효하게 성립된 행정행위가 어떠한 효력을 갖는가는 행정행위의 종류에 따라서 다른데, 일반적으로 다음과 같은 효력을 갖는다. (1) 행정행위가 그 내용에 따라서 그 상대방, 기타 관계자뿐만 아니라 행정청도 구속하는 효력(행정행위의 구속력), (2) 행정행위가 비록 위법이어도 권한 있는 행정청 또는 법원에 의하여 취소될 때까지는 일단 적법성의 추정을 받아 상대방이나 국가기관 또는 제3자도 그 효력을 부정할 수 없는 효력(행정행위의 공정력), (3) 일정한 기간(제소기간)이 경과한 후에는 보통의 쟁송절차로써는 다툴 수 없는 효력(행정행위의 불가쟁력 또는 형식적 확정력) 및 행정청 자신도 그 효력을 변경할 수 없는 효력(행정행위의 불가변경력 또는 실질적 확정력) 및 (4) 행정행위는 원칙적으로 법원에 의한 채무명의 등을 얻지 않고도 자기명의로 법률이 정하는 바에 따라서 집행하여 그 내용을 실현할 수 있는 효력(행정행위의 자력집행력) 등을 갖는다.

반사적 이익(反射的 利益)

독;Reflexinteresse
영;reflective interest

법이 공익의 보호증진을 위하여 일정한 규율을 행하고, 또한 법에 근거하여 행정의 집행이 이루어지는 것의 반사적 효과로서 특정 또는 불특정의 사인에게 발생하는 일정한 이익을 말한다. 법치주의 아래에서 행정주체와 사인간은 법에 의하여 규율된 관계이고, 이 행정주체와 사인간의 관계가 공법의 규율을 받는 경우에는 그것은 공법관계라고 말하고 그 내용을 이루는 권리·의무를 일반적으로 공권·공의무라고 한다. 행정객체로서의 사인은 이와 같이 행정주체에 대하여 일정한 공권(개인적 공권)을 가지고 있는데, 이 개인적 공권은 자기를 위하여 법률적으로 일정한 이익의 주장을 할 수 있는 힘을 가지고 있다. 그러나 행정상의 관계에 있어서는 이러한 개인적 공권이라고는 말할 수 없는 사실상의 이익이 생기는 것이 적지 않다. 법이 공익의 보호증진을 위하여 일정한 규율을 행하고 또 법에 근거하여 행정의 집행이 행하여지는 것의 반사적 효과로서 특정 또는 불특정의 사인에게 일정한 이익이 발생하는 때가 있다. 이 경우에는 일정한 이익을 법적으로 주장할 수 없다고 되어 있고, 공권과 구별하여 반사적 이익이라고 한다. 즉, 반사적 이익에 지나지 않는다고 간주된 경우에는 재판상의 보호를 받을 수 없다고 일반적으로 해석되고 있다. 그러나 구체적으로는 무엇이 공권이고, 무엇이 반사적 이익에 지나지 않는가 그 구별이 곤란한 경우가 많다.

취소할 수 있는 행정행위

(取消할 수 있는 行政行爲)
독;anfechtbarer Verwaltungsakt

행정행위에 위법·부당한 하자가 있기 때문에 권한 있는 기관(처분청, 감독청 및 법원)이 취소할 수 있는 행정 행위를 말한다. 취소로써 소급적으로 무효가 된다는 점에서 철회사유가 발생한 행정행위와는 다르다. 또한 취소가 있을 때까지는 유효한 행위로서 그 효력이 계속되며, 장래에 권한 있는 기관에 의하여 취소될지도 모르는 불확정적 효력을 갖고 있는 점에서 완전히 유효한 행정행위와 다르고, 그 효력 상실이 특정한 행위(취소)로써 비로소 발생하며 그 때까지는 그 효력을 부인하지 못하는 점에서 무효인 행정행위와 다르다.

무효인 행정행위(無效인 行政行爲)

독;nichtiger Verwaltungsakt

행정행위로서의 효력을 발생하지 않는 행정행위를 말한다. 외관상으로는 행정행위로서 존재함에도 불구하고, 그 성립에 중대한 하자가 있어서 권한 있는 기관의 취소를 기다리지 않고 처음부터 당해 행정행위의 내용에 적합한 법률효과를 발생시키지 않는 것이다. 따라서 누구도 이에 구속되지 않고 상대방이나 다른 국가기관도 독자적인 판단으로 그 무효를 인정할 수 있다. 무효인 행정행위에 대해서는 무효등 확인소송을 제기하여 다툴 수 있다.

행정행위의 무효와 취소의 구별

중대설	하자의 중대성을 기준으로 하는 견해로서, 능력규정이나 강행규정을 위반하면 하자가 중대하여 무효이고, 명령규정이나 비강행규정 위반의 경우에는 취소사유라는 견해
중대명백설	행정행위의 하자가 내용상 중대하고 외견상 명백한 경우에만 무효사유에 해당한다는 견해
조사의무설	기본적으로 중대명백설의 입장에 있지만, 하자의 명백성을 완화하여 관계 공무원이 조사해 보았더라면 명백한 경우도 명백한 것으로 보아 무효사유를 넓히려는 견해
명백성보충요건설	행정행위의 무효의 기준으로 중대성요건만을 요구하여 중대한 하자를 가진 처분을 무효로 보지만, 제3자나 공공의 신뢰보호의 필요가 있는 경우에 보충적으로 명백성요건을 요구하는 견해
구체적가치형량설	구체적인 사안마다 권리구제의 요청과 행정의 법적 안정성의 요청 및 제3자의 이익 등을 구체적이고 개별적으로 이익형량하여 판단하는 견해
판례	대법원은 중대명백설을 취하고 있다. 헌법재판소는 원칙적으로 중대명백설을 취하나, 예외적으로 법적 안정성을 해치지 않는 반면에 권리구제의 필요성이 큰 경우에 무효를 인정한다.

행정행위의 철회(行政行爲의 撤回)

독;Widerruf

하자 없이 완전 유효하게 성립한 행정행위의 효력을 사후에 생긴 새로운 사유에 의하여 장래에 향하여 소멸시키는 행정행위이다. 사후에 생긴 사유에 의하는데서 처음부터 하자를 내포한 행위에 대하여 소급적으로 효력을 상실케 하는 취소와는 다르다. 행정은 공익에 적합하여야 하므로 행정행위가 공익에 적합하게 행하여진 뒤에도 새로운 사정의 발생으로 그것이 공익에 적합하지 않게 될 때에는 그 행위의 철회가 원칙적으로 가능한 것이다. 그러나 행정행위의 공익성에 비추어 그 철회는 기속재량에 속하고 특히 확정력 있는 행위는 철회를 할 수 없다. 또한 행위의 철회는 원칙적으로 처분청만이 할 수 있다.

철회권의 유보(撤回權의 留保)

행정행위의 주된 의사표시에 부가하여 일정한 경우에 행정행위를 철회할 수 있는 권한을 유보하는 종된 의사표시를 말하는 것으로 행정행위의 부관의 일종이다. 철회권의 유보는 철회사유를 한정하여 행할 때도 있고 그러한 한정 없이 행할 때도 있는데 후자의 경우에는 상대방에게 책임이 있는 경우를 제외하고는 조리상 일정한 한계가 있으므로 그 한계를 넘어 기득의 권리·이익을 침해하면 위법이 된다는 것이 통설이다.

행정상 강제집행(行政上 强制執行)

독;Zwangsvollstreckung

의무의 불이행이 있을 때 행정주체가 실력을 가하여 그 의무를 이행시키거나 또는 이행된 것과 동일한 상태를 실현하는 작용을 말하며 행정상 강제처분이라고도 한다. 장래를 향하여 의무이행을 강제하는 점에서 과거의 의무위반에 대한 제재인 행정벌과 구별되며, 의무의 존재와 그 불이행을 전제로 하는 점에서 의무를 과하지 않고서 즉시 실력으로 강제하는 행정상 즉시강제와 구별된다. 사법상 의무 또는 소송법상 의무의 강제는 사인이 스스로 행하지 않고 사법권의 작용을 통하여 행하여지는 반면, 행정법상 의무의 강제는 행정주체가 스스로 행할 수 있다는 점에 특징이 있다. 이러한 행정상 의무의 강제는 국민의 자유·재산의 침해가 되므로 반드시 법률의 근거가 있어야 한다.

독촉(督促)

공법상의 금전채권에 있어서 체납처분을 하기 위한 전제요건으로서 일정기한을 정하여 세금의 납부를 최고하는 통지행위를 말한다. 독촉은 시효중단의 효력이 있다. 또한 독촉절차는 세금 이외에 행정상의 강제징수가 인정되는 공법상 금전채권에도 적용된다.

강제징수(强制徵收)
독;Zwangsbeitreibung

국세징수법에 의거하여 국가나 공공단체가 국민의 금전적 의무이행을 강제하는 공권력의 작용을 말한다. 즉 공법상의 금전채권 중에서 국세채권은 다른 모든 공과에 우선하며(국기§35), 지방세채권은 국세징수의 예에 따르되 국세 및 그 가산금을 제외한 기타의 모든 공과금에 우선한다(지방§31, §65). 공법상 금전채권 이외에 행정상 의무이행에서도 강제징수에 의하여 그 목적을 달성할 수 있다. 행정상 의무자가 그 의무를 이행하지 않을 때에 대집행을 하고 그 비용을 부담시키는 것과 같은 것이 그 한 예이다.

즉시강제(卽時强制)
독;sofortiger Zwang

행정상 의무이행을 강제하기 위한 행정상 강제집행과는 달리 현재의 급박한 장해를 제거할 목적을 가지고 의무를 명할 여유가 없거나 또는 의무의 명령으로는 그 목적을 달성하기 어려운 경우에 직접 국민의 신체나 재산에 실력을 행사하여 행정상 필요한 상태를 실현시키는 작용을 말한다. 의무불이행을 전제로 하지 않는 점에서 행정상 강제집행과 다르다. 법치주의국가에서는 예외적인 작용이므로 명확한 법적 근거가 있고 행정목적을 달성하기 위한 최소한의 범위 안에서만 적법하다.

손실보상(損失補償)
영;Compensation
독;Entschädigung
불;indemnite

적법한 공권력의 행사로 특정인의 책임으로 귀속시킬 수 없는 사유에 의하여 경제상 특별한 희생을 부담하였을 경우, 그 부담을 전체의 부담으로 전보(塡補)하여 주는 제도를 말한다. 토지수용법(2002. 12. 31까지 유효, 2003. 1. 1부터 국토의계획및이용에관한법률 적용)에 의한 토지수용, 공익상 필요에 의한 면허취소 등과 같이 적법한 공권력의 행사로 인하여 손해를 받은 자에 대하여 상당한 보상을 행하는 경우에 이에 해당한다. 적법한 행위로 인한 손실(재산권의 침해)의 보상이라는 점에서 불법행위로 인한 공법상의 손해배상(국가배상)과 구별된다. 근대 법치국가에서는 공공목적을 위하여 필요한 재산권의 제약·침해를 인정하면서도 이에 따른 특별·우연한 희생은 이를 전보하여 공·사익의 조화를 도모하여 이것을 형평의 요청에 따른 것이다. 여기에 손실보상제도의 합리적 근거가 있다. 이 제도의 실정법적 기초는 헌법상의 재산권보장에 있는 바, 헌법은 국민의 재산권을 보장하는 동시에 공공필요에 따른 재산권의 수용·사용 또는 제한의 경우는 일정한 기준에 따라 법률이 정하는 보상을 하도록 규정하여 손실보상제도의 일반적 기초를 확립하였다(헌§23③).

공법상 손실보상(公法上 損失補償)

독:öffentlichrechtliche Entschädigung

적법한 공권력의 행사로 개인의 기득재산권을 제한하거나 이를 박탈하였을 경우 이러한 손해에 대하여 행정주체가 행하는 재산적 보상을 말한다. 불법행위로 인한 공법상의 손해배상과는 구분된다. 헌법 제23조3항은 '공공필요에 의한 재산권의 수용·사용·제한'을 들고 있다.

국가배상(國家賠償)

국가나 지방자치단체가 부담하는 손해배상을 국가배상이라 하며 헌법 제29조 1항에 근거한 국가배상법이 그 근거법이다. 국가배상이 이루어지는 경우는 다음과 같다. (1) 국가나 지방자치단체의 공무원이 그 직무의 집행시 고의 또는 과실로 법령에 위반하여 타인에게 손해를 가한 경우(이 경우 공무원 자신에게 고의 또는 중대한 과실이 있으면 국가 또는 지방자치단체는 그 공무원에 대해 구상권을 갖는다). (2) 도로, 하천 기타 공공의 영조물 설치 또는 관리에 하자가 있어서 타인의 재산에 손해를 입힌 경우(이 경우 손해의 원인에 대해 별도의 책임이 있는 자가 있으면 국가 또는 지방자치단체는 구상권을 갖는다), (3) 그밖에 국가나 지방자치단체의 사경제행위로 인하여 손해가 발생한 때 민법상의 손해배상책임을 부담하는 경우 등이 있다. 이처럼 국가 또는 지방자치단체가 손해배상책임을 부담하는 때에 공무원의 선임·감독 또는 영조물의 설치·관리의 비용을 부담하는 자가 동일하지 않는 경우에는 그 비용을 부담하는 자도 손해배상책임을 진다. 이때에도 내부적으로는 구상권이 있다. 국가배상법에서 규정하고 있는 손해배상은 불법행위로 인한 것이므로 적법행위로 인하여 발생하는 손실을 보상하는 손실보상과는 구별해야 한다.

행정절차(行政節次)

영:administrative procedure
독:Verwaltungsverfahren

행정기관이 규칙제정·쟁송의 재결 그 밖의 행정행위를 하는 경우에 준거해야 할 절차를 행정절차라 한다. 행정심판에서의 당사자 또는 관계인의 보호를 위하여 요청되는 일정한 형식을 갖는 경우에는 준사법적 절차라고도 한다. 한편 법원에 의한 심리재판을 사법절차라고 부르는데 대하여 행정기관에 의한 심판을 행정절차라고 부르는 경우도 있다. 행정절차와 사법절차의 관계에서 법률문제에 관한 한, 행정절차로서만 종심(終審)으로 하는 것은 금지된다(헌§107).

공법상의 권리관계에 관한 소송
(公法上의 權利關係에 관한 訴訟)

두 당사자 사이의 공법상 권리관계에 관한 분쟁을 해결하기 위하여 제기되는 소송을 말한다. 이른바 공법상의 당사자소송이다. 이는 행정소송법의 적용을 받는 행정사건소송의 일종으로서 이러한 유형의 분쟁이 발생한 경우에는 우선 행정청에 재결을 신청하고 이에 불복하는 경우에 항고소송의 형식으로서 법원에 제소하는 것이 통례이다. 이 소송에 있어서는 원칙적으로 국가·공공단체 등의 권리주체가 당사자로 된다.

이의신청(異議申請)
독;Einspruch

행정법상 위헌 또는 부당한 행정처분에 있어서 처분청에 대하여 그 재심사를 청구하는 것이다. 심리절차는 특별한 규정이 있는 경우를 제외하고는 소원의 규정을 준용한다. 이의의 신청에는 권리나 이익침해의 사실이 필요하나 예외가 있다.

객관적 쟁송(客觀的 爭訟)

당사자의 권리·이익의 침해를 요건으로 하지 않고 법규의 정당한 적용을 목적으로 하는 공익상의 필요에서 제기하는 쟁송을 말한다. 일반적으로 쟁송제도는 개인의 권리·이익의 보호를 주목적으로 하는 것이지만, 쟁송중에는 오로지 공익상의 요청만으로 그 직접적인 이해관계인 이외의 자에게도 제기권이 인정되는 쟁송이 있다. 민중쟁송과 기관쟁송이 그 예이다.

민중적 쟁송(民衆的 爭訟)
독;Populärkage
불;action populaire

개인의 구체적인 권리·이익의 침해를 요건으로 하지 않고, 일반국민 또는 선거인으로부터 제기될 수 있는 쟁송을 말한다. 행정상 쟁송제도는 행정구제를 위한 제도이지만, 궁극적으로 행정법규의 정당한 적용보장을 목적으로 하는 것이므로 민중적 쟁송이 인정되는 것이다. 다만 법률상 쟁송이 아니므로 이 소송의 제기는 이를 인정하는 규정이 있는 경우에만 할 수 있다.

선거쟁송(選擧爭訟)

선거의 효력에 관한 이의신청, 소청(訴請) 및 소송을 총칭하는 것이다(공선§219 이하). 그 제기가 있는 경우 선거의 규정위반이 존재할 때에는 선거의 결과에 변동을 줄 우려가 있는 경우에 한하여 당해 선거관리위원회 또는 법원은 그 선거의 전부 또는 일부의 무효를 결정 또는 판결한다.

재결(裁決)

행정청의 이의신청, 재결의 신청 또는 행정심판의 청구 등에 대하여 재결청이 쟁송절차에 따라 판단을 하는 처분이다. 재결은 보통 문서로써 행하고 그 이유를 첨부하여야 한다(행심§46). 재결에 불복이 있을 때에는 다시 심판청구를 제기할 수 없으며(행심§51), 재결이 위법일 경우에는 법원에 제소할 수 있다(행소§19단). 취소소송은 법령의 규정에 의하여 당해 처분에 대한 행정심판을 제기할 수 있는 경우에도 이를 거치지 아니하고 제기할 수 있다. 다만, 다른 법률에 당해 처분에 대한 행정심판의 재결을 거치지 아니하면 취소소송을 제기할 수 없다는 규정이 있는 때에는 그러하지 아니하다(행소§18①). 재결은 판결에 준하여 재판적 행위로서의 효력 즉 기속력·확정력을 가지며, 당사자 및 관계자뿐만이 아니라 하급행정청을 기속한다.

재결신청(裁決申請)

행정상 법률관계의 존재나 형성에 관해 다툼이 있을 경우에 권한 있는 행정청에 대하여 그 판정을 청구하는 행위를 말한다. 즉 시심적 소송의 제기를 의미한다. 이에 관한 일반법은 없고, 각 개별법의 규정에 의하는 바, 법령에 따라 재정의 신청, 재결의 신청, 결정의 신청 등으로 사용된다.

재결청(裁決廳)

행정심판의 청구를 수리하고 당해 심판청구사건에 대하여 재결을 할 수 있는 권한을 가진 행정기관을 말한다. 어떠한 행정기관을 재결청으로 할 것인지는 행정제도 전체의 구조 및 행정심판제도의 취지를 감안하여 입법정책적으로 결정할 문제인데, 개정 전 행정심판법은 재결의 객관적 공정을 도모함으로써 행정심판의 행정구제제도로서의 실효성을 확보하기 위하여 심판청구사건에 대한 심리·의결기능과 재결기능을 분리시켜, 심리·의결기능은 재결청에 소속하는 행정심판위원회에 부여하고, 재결청은 그 의결에 따르는 형식적인 재결기능만을 가지도록 하고 있었다. 그러나 2008년 행정심판법 개정으로 재결청의 개념이 사라지고 행정심판위원회가 행정심판사건에 대하여 직접 재결을 하도록 하는 등 절차가 간소화되어 사건처리기간이 단축되었다.

행정소송(行政訴訟)

독;Verwaltungsrechtspflege,
Verwaltungsstreitigkeit

공권력의 행사·불행사 및 행정기관의 위법한 처분 등으로 인한 국민의 권리 또는 이익의 침해를 구제하고 공법상의 권리관계 또는 법적용에 관한 다툼을 해결하는 소송절차를 말한다(행소§1). 행정쟁송의 한 종류이다. 행정소송에 관하여는 일반법으로서 행정소송법이 있다. 원칙적으로 구술변론을 거치는 점과 공법상의 권리관계 또는 법적용에 관한 것을 쟁송사항으로 하는 점 등에서 행정심판과 다르다. 행정소송은 행정법규의 정당한 적용과 동시에 국민의 권리구제라는 이중적 기능을 갖는다. 행정소송에는 항고소송·당사자소송·민중소송·기관소송이 있다(행소§3).

항고소송(抗告訴訟)

항고소송은 행정소송의 종류 중 하나로서 행정청의 처분등이나 부작위에 대하여 제기하는 소송이다. 항고소송은 취소소송(행정청의 위법한 처분등을 취소 또는 변경하는 소송), 무효등 확인소송(행정청의 처분등의 효력 유무 또는 존재여부를 확인하는 소송), 부작위위법확인소송(행정청의 부작위가 위법하다는 것을 확인하는 소송)으로 구분한다.

당사자소송(當事者訴訟)

독;Parteiprozess

행정청의 처분 등을 원인으로 하는 법률관계에 대한 소송, 그밖에 공법상의 법률관계에 대한 소송으로서 그 법률관계의 한 쪽 당사자를 피고로 하는 소송(행정소송법 제3조 2호)을 말한다.

민중소송(民衆訴訟)

민중소송이란 국가 또는 공공단체의 기관이 법률에 위반되는 행위를 할 때 직접 자기의 법률상 이익과 관계없이 그 시정을 구하기 위하여 제기하는 소송을 의미한다(행정소송법 제3조 3호). 즉, 민중소송은 행정법규의 그릇된 적용을 시정하기 위해 일반국민이나 주민이 제기하는 소송을 뜻한다. 그 예로는 공직선거법상의 선거소송, 당선소송, 국민투표법상의 국민투표무효소송, 지방자치법상의 주민소송, 주민투표법상의 주민투표소송을 들 수 있다.

기관소송(機關訴訟)

국가 또는 공공단체의 기관 상호간의 권한의 존부 또는 그 행사에 관한 다툼이 있을 때에는 이를 해결하기 위하여 제기하는 행정소송을 말한다. 기관 상호간의 권한의 존부 또는 그 행사에 관한 분쟁은 행정권 내부의 권한행사의 통일성 확보에 관한 문제로 상급기관의 감독권이나 기관 상호간의 협의에 의하여 내부적으로 처리되는 것이 통례이지만, 이러한 분쟁에 대하여도 법원의 공정한 판단에 의하여 기관 상호간의 권한질서를 유지하기 위하여 법률에서 소송절차에 의하여 해결하도록 특별한 규정을 둔 경우가 있다. 그러나 헌법재판소법은 제61조에서 국가기관 상호간, 국가기관과 지방자치단체 간 및 지방자치단체 상호간에 권한의 존부 또는 범위에 관하여 다툼이 있을 때에는 당해 국가기관 또는 지방자치단체는 헌법재판소에 권한쟁의심판을 청구할 수 있으며, 이 심판청구는 피청구인의 처분 또는 부작위가 헌법 또는 법률에 의하여 부여받은 청구인의 권한을 침해하였거나 침해할 현저한 위험이 있는 때에 한하여 이를 할 수 있다고 규정하고, 제62조에서 권한쟁의 심판의 종류를 다음과 같이 규정하고 있다. 즉 (1) 국가기관 상호간의 권한쟁의심판, 즉 국회·정부·법원 및 중앙선거관리위원회 상호간의 권한쟁의심판, (2) 국가기관과 지방자치단체간의 권한쟁의심판에는 정부와 특별시·직할시 또는 도 사이의 권한쟁의심판, 정부와 시·군 또는 지방자치단체인 구 사이의 권한쟁의 심판, (3) 지방자치단체인 상호간의 권한쟁의심판에는 특별시·광역시 또는 도 상호간의 권한쟁의심판, 시·군 또는 자치구 상호간의 권한쟁의 심판, 특별시·광역시 또는 도와 시·군 또는 자치구간의 권한쟁의심판 등이다.

취소소송(取消訴訟)

취소소송이란 행정청의 위법한 처분 등을 취소 또는 변경하는 소송을 의미한다(행정소송법 제4조 1호). 취소소송의 대상인 처분 등은 처분과 재결을 의미하므로(행정소송법 제2조 1항 1호), 취소소송은 처분취소소송, 처분변경소송, 재결취소소송, 재결변경소송, 그리고 판례상 인정된 무효확인을 구하는 취소소송으로 구분된다.

무효 등 확인소송(無效 등 確認訴訟)

행정청의 처분 등의 효력유무 또는 존재여부의 확인을 청구하는 소송을 말한다. 무효등 확인소송에는 처분이나 재결의 무효확인소송·유효확인소송·존재확인소송·부존재확인소송·실효확인소송 등이 있다. 구법하에서는 명문규정이 없었기 때문에 그 성질에 관하여 논란이 많았으나, 현재에는 행정소송법에서 항고소송의 일종으로 규정하여 입법적으로 해결하고 있다.

부작위위법확인소송
(不作爲違法確認訴訟)

행정청이 당사자의 신청에 대하여 상당한 기간 내에 일정한 처분을 할 법률상의 의무가 있음에도 불구하고 이를 하지 아니한 것에 대한 위법확인을 구하는 소송을 말한다. 오늘날 현대국가에 있어서 행정기능의 확대·강화 및 개인생활의 행정의존도의 증가는 필연적으로 행정청의 부작위로 인한 권익침해의 가능성이 넓어지게 됨에 따라 이에 대한 개인의 권익 구제제도가 보장될 필요성이 역시 증대되었다. 이에 따라 각국은 부작위에 대한 행정쟁송을 제도적으로 발전시켜 나오고 있는 바, 현재의 행정소송법에서도 부작위위법확인소송을 규정하고 있다.

행정소송사항(行政訴訟事項)
독;Verwaltungsstreitsache

행정소송을 제기할 수 있는 사항을 말한다. 대륙법계 국가의 행정재판제도에서는 사법기관에 관한 분쟁은 국가라도 언제나 민사소송을 제기하여 그 구제를 구할 수 있다. 이에 대하여 공법관계에 관한 분쟁에 대하여는 행정소송만을 유일한 구제수단으로 하는 것이 아니라 행정감독 등의 수단에 의해서도 그 목적을 달성할 수 있고, 더욱이 분쟁의 성질에 따라서 행정소송을 정하지 않는 것이 적당한 경우에는 행정소송을 제기할 수 있는 사항에 일정한 제한을 하는 것이 보통인 것이다. 행정소송사항을 결정하는 방법에는 개괄적으로 이를 정하는 개괄주의(概括主義)와 소송사항을 하나씩 한정하는 열기주의(列記主義)가 있다. 현행법 하에서는 공법관계의 분쟁도 법률적 쟁송에 해당하는 한, 최종적으로는 법원에 제소할 수 있다는 의미에서 개괄주의를 채택하고 있다(헌§107③·법조§2·행소§19).

사정판결(事情判決)

원고의 청구가 이유 있다고 인정하는 경우에도, 즉 처분등이 위법한 경우에 처분 등을 취소하는 것이 현저히 공공복리에 적합하지 아니하다고 인정하는 때에는 법원은 원고의 청구를 기각할 수 있다(행정소송법 제28조 제1항). 이에 따라 원고의 청구를 기각하는 판결을 사정판결이라고 한다. 사정판결은 법원의 재량에 놓인다. 그러나 공공복리의 유지를 위해 예외적으로 인정된 제도인 만큼 그 적용은 극히 엄격한 요건 아래서 제한적으로 하여야 한다.

> 위법한 행정처분을 존치시키는 것은 그 자체가 공공복리에 반하는 것이므로 행정처분이 위법함에도 불구하고 이를 취소하는 것이 현저히 공공복리에 적합하지 아니하다고 인정하여 사정판결을 함에 있어서는 극히 엄격한 요건 아래 제한적으로 하여야 할 것이고, 그 요건인 현저히 공공복리에 적합하지 아니한가의 여부를 판단함에 있어서는 위법·부당한 행정처분을 취소·변경하여야 할 필요성과 그로 인하여 발생할 수 있는 공공복리에 반하는 사태 등을 비교·교량하여 그 적용 여부를 판단하여야 한다*(대법원 2000. 2. 11. 선고 99두7210 판결)*.

기속력(羈束力)

독;Bindende Kraft

행정법상 행정청에 대하여 처분이 위법이라는 판결의 내용을 존중하여 그 사건에 대하여 판결의 취지에 따라 행동할 의무를 지우는 효력을 말하며, 구속력이라고도 한다. 행정소송법 제30조 제1항은 '처분 등을 취소하는 확정판결은 그 사건에 관하여 당사자인 행정청과 그 밖의 관계 행정청을 기속한다'고 규정하고 있다. 기속력의 성질은 일반적으로 판결 자체의 효력은 아니고 취소판결의 효과를 실질적으로 보장하기 위하여 행정소송법이 특히 부여한 특별한 효력으로 보고 있다.

위법처분(違法處分)

법규에 위배되는 행정처분을 말한다. 위법처분에 의하여 권리의 침해를 당한 자는 행정쟁송 기타 법률이 정하는 바에 의하여 이의신청이나 소원제기 등 행정상 불복신청을 할 수 있고 그 밖에 법원에 위법처분의 취소 또는 변경의 소를 제기할 수도 있다. 그러나 당해 처분이 위법에 이르지 않고 단순히 자유재량의 부적절한 행사로서 부당처분에 불과한 때에는 異議申請(이의신청)·訴願(소원) 등을 제기할 수 있을 뿐이고 行政訴訟(행정소송)은 제기하지 못한다.

행정심판전치주의(行政審判前置主義)

행정소송을 제기하는 경우 전심으로서 행정심판을 필요적인 전치절차로 하는 제도를 말한다. 즉 행정청의 위법처분에 대하여 법률의 규정에 의하여 행정청에 대한 소원 등 불복신청을 할 수 있는 경우에는 먼저 이에 대한 재결 등을 경유한 후가 아니면 소송을 제기할 수 없게 하는 것이다. 우리나라 개정 전 행정소송법은 필요적 행정심판 전치 주의를 채택하고 있었다. 그러나 1994년 행정소송법의 개정에 의하여 1998년 3월 1일 부터는 필수적인 행정 심판 전치 주의를 임의적인 절차로 전환토록 하였다(행소§18①).

무효 등 확인심판(無效 등 確認審判)

행정청의 처분의 효력유무 또는 존재여부에 대한 확인을 구하는 심판을 말한다. 무효등 확인심판도 항고쟁송의 하나이므로 취소심판과 거의 동일한 특수성을 가진다. 그러나 당연무효 등을 전제로 하기 때문에, 또한 사정재결에 관한 규정이 적용되지 아니한다.

심판청구기간(審判請求期間)

행정심판에 있어서 심판청구를 제기할 수 있는 일정한 기간을 말한다. 심판청구기간은 원칙적으로 처분이 있은 것을 안 날로부터 90일이며, 정당한 사유가 없는 한 처분이 있은 날로부터 180일을 넘겨서는 안 된다. 다만 무효 등 확인심판과 의무이행심판은 이러한 심판청구기간의 제한이 없다.

심판청구사항(審判請求事項)

행정심판의 대상, 즉 심판청구의 제기대상으로 삼을 수 있는 사항을 말한다. 우리나라의 행정심판법은 심판청구사항에 관하여 개괄적으로 인정하므로 모든 행정청의 처분 또는 부작위를 그 대상으로 할 수 있다.

심판청구의 대리(審判請求의 代理)

행정심판에 있어서 심판청구의 당사자인 청구인이나 피청구인이 대리인을 선임하여 당해 심판청구에 관한 행위를 하는 것을 말한다. 대리인이 그 권한의 범위 안에서 한 행위는 본인이 한 것과 같은 효과를 발생하고, 그 효과는 본인에게 미치는 것이다.

심판청구의 변경(審判請求의 變更)

심판청구의 계속중에 청구인이 당초에 청구한 취지 등을 변경하는 것을 말한다. 민사소송의 경우와 같이 행정심판에 있어서도 청구인은 청구의 기초에 변경이 없는 범위 안에서 청구의 취지나 이유를 변경할 수 있을 뿐 아니라, 심판청구 후에 처분청인 피청구인이 그 심판청구의 대상인 처분을 변경한 경우에는 그 처분을 대상으로 한 새로운 심판청구를 제기할 것 없이 변경된 처분에 맞추어 청구의 변경을 할 수 있도록 하여 당사자간의 분쟁해결에 간편을 도모하고 있다.

재량권일탈·재량권남용

(裁量權逸脫·裁量權濫用)
독;Ermessensüberschreitung ·Ermessensmissbrauch

법률에 의한 재량권과 일반법원칙의 제약의 한계를 넘어서 행사한 경우에 위법을 구성하는 재량권의 행사를 재량권일탈이라 한다. 그리고 조리상의 제약(비례원칙·평등원칙·공익원칙)을 무시하고 행사한 경우에 위법을 구성하는 재량권의 행사를 재량권남용이라 한다. 행정기관은 재량권의 행사에 있어서 법률에 의한 제약과 일반법원칙에 의한 제약을 받고 있으며, 이 제약에 위반한 때에는 재량의 위법을 초래하게 된다. 즉, 재량권이 법이 정하는 한계를 넘어서 행사된 때에 그것은 위법인 재량권 행사가 되고, 또 법이 일정한 사실의 존재로 하여 재량권의 행사를 인정하고 있는 경우 그 사실이 존재하지 않음에도 불구하고 처분을 하면 그 처분은 위법이 된다. 이와 같은 위법인 재량권의 행사를 재량권면탈이라 한다. 한편, 행정청의 재량권행사에는 항상 행정목적에 따른 조리상의 제약이 존재한다고 해석해야 한다. 행정청의 재량권은 공익목적의 증진, 행정목적의 원활한 수행을 위하여 행사되어야만 하며, 조리에 반하는 처분을 행한 경우에 그 처분은 단순한 부당에 그치지 않고 위법을 구성한다고 할 수 있다. 이러한 재량권의 행사를 재량권남용이라 한다. 재량권면탈이나 재량권남용이 있는 때 법원은 이를 취소할 수 있다(행소§27).

처분의 변경(處分의 變更)

이미 행한 행정행위의 내용을 변동시키는 행위를 말한다. 행정행위의 내용에 하자가 있을 때와 처음에는 하자가 없었으나 사후의 사정변경에 의하여 변경할 때가 있다. 처분의 변경은 처분청 또는 상급감독청에 의하여 행하여질 수 있다. 행정소송법 제4조는「…처분의 취소 또는 변경」이라고 규정하고 있으나, 권력분립제와의 관계상 법원은 행정행위의 적극적 변경을 할 수 없으며, 「일부취소」라는 의미에서의 변경을 할 수 있음에 그친다고 하는 것이 통설의 입장이다. 또한 행정행위의 변경이 그 자체의 하자에 의한 경우일지라도 법적 생활의 안정의 도모라는 문제가 있으므로 조리법상 일정한 한계가 있다.

가구제(假救濟)

공법상의 권리관계에 관하여 가정적인 임시의 효력관계에 관하여 가정적인 임시의 효력관계나 지위를 정함으로써 본안판결이 확정될 때까지 잠정적으로 권리구제를 도모하는 것을 말한다. 행정처분은 집행력·공정력등 특수한 효력이 있기 때문에 적절한 가구제가 인정되지 않을 경우 행정처분이 집행되어 원상회복이 불가능하게 되어 행정구제가 어렵게 되므로 본안판결이 있을 때까지는 잠정적인 권리구제 수단으로서 이러한 가구제제도가 필요하게 된다. 예를 들자면 행정소송법 제23조 제2항·제6항에 의한 집행정지가 가구제제도의 일종이다.

집행정지(執行停止)

본안판결의 실효성을 확보하고 권리구제를 도모하기 위한 가구제제도의 하나로서, 당해 행정처분 등에 불복하여 항고쟁송이나 항고소송을 제기한 원고를 위하여 당해 처분 등의 효력이나 그 집행 또는 절차의 속행을 정지케 함으로써 본안 판결이 있을 때까지 마치 당해 처분 등이 없었던 것과 같은 상태를 형성하는 재판을 말한다. 즉 행정처분은 공정력이 인정되어 집행력이 있으나, 이를 관철하면 상대방에게 회복할 수 없는 손해를 입힐 우려가 있어 예외적으로 집행정지를 인정한 것이다. 취소소송이 제기된 경우에 처분 등이나 그 집행 또는 절차의 속행으로 인해 생길 회복키 어려운 손해를 예방하기 위하여 긴급한 필요가 있다고 인정할 때에는 본안이 계속 되고 있는 법원은 당사자의 신청 또는 직권에 의하여 처분 등의 효력이나 그 집행 또는 절차의 속행의 전부 또는 일부의 정지를 결정할 수 있다. 다만 처분의 효력정지는 처분 등의 집행 또는 절차의 속행을 정지함으로써 목적을 달성할 수 있는 경우는 허용되지 않는다. 한편 집행정지의 결정을 신청함에 있어서는 그 이유에 대한 소명이 있어야 하며, 집행정지의 결정을 신청함에 있어서는 그 이유에 대한 소명이 있어야 하며, 집행정지의 결정에 대한 즉시항고에는 결정의 집행을 정지하는 효력이 없다(행정소송법 제23조2항 내지 5항).

공 무 원

공무원(公務員)

영;ffentlicher Beamte
독;fouctionairepublic
불;public official

광의로는 국가 또는 지방자치단체의 공무에 종사하는 모든 자를 말한다. 행정에 한하지 않고 입법·사법에 종사하는 자도 포함한다. 이러한 의미의 공무원은 국가공무원과 지방공무원으로 분류된다. 국가공무원법과 지방공무원법은 공무원의 직을 경력직과 특수경력직으로 구분하고, 경력직은 일반직, 특정직 및 기능직으로 그리고 특수경력직은 정무직, 별정직, 전문직 및 고용직으로 각각 구분된다(국공§2). 헌법과 국가공무원법은 공무원이 국민 전체에 대한 봉사자임을 규정하고 있다(헌§7①·국공§1). 이러한 신분 때문에 공무원은 일반국민과는 다른 특별한 권리와 의무를 갖는 동시에 여러 가지 자유와 권리에 제한을 받는 경우도 있다.

국가공무원(國家公務員)

광의로는 국가의 공무에 종사하는 모든 공무원을 말한다. 행정·입법·사법에 종사하는 모든 자를 포함한다. 국회의원과 법관도 이 의미의 국가공무원에 포함된다(헌§7). 그러나 협의로는 국가공무원법의 적용을 받는 국가공무원만을 말한다. 국가공무원법 제1조에서 말하는 국가공무원은 이러한 협의의 국가공무원을 말한다. 본래 국가공무원이라는 용어는 지방공무원에 대응하는 개념이다. 양자는 국가공무원이 국가에 의하여 임명되고 국가의 사무를 집행하는 공무원이며 지방공무원의 지방자치단체에 의하여 임명되고 지방자치단체의 사무를 집행하는 공무원이라는 점에서 구별된다. 그러나 임명에 의하지 않고 선거에 의한 공무원도 있기 때문에 임명주체와 사무분담으로 양자를 구별하는 데에는 문제가 있다. 따라서 근무의무를 부담하는 행정주체와 보수 기타 경비부담주체를 기준으로 양자를 구별하는 것이 타당하다. 한편, 국가공무원은 국가공무원을 경력직과 특수경력직으로 분류한다(국공§2①). 국가공무원법은 경력직에 속하는 공무원에 대하여 적용되며, 특수경력직 공무원에 대하여는 별도의 법률로 규정하고 있다.

지방공무원(地方公務員)

지방자치단체에 의하여 임명되고 지방자치단체에서 공무에 종사하는 모든 공무원을 지방공무원이라 한다. 국가공무원에 대응하는 개념이다. 임명주체, 업무의 종류 및 급여지급 주체 등에서 국가공무원과 구별된다. 지방공무원의 신분 기타에 관하여는 지방공무원법에 규정이 있다. 지방공무원은 지방공무원의 직을 국가공무원법에 준하여 경력직과 특수경력직으로 나눈다(지공§2①).

특수경력직 공무원(特殊經歷職 公務員)

선거에 의하거나 또는 임명에 관하여 국회의 승인을 필요로 하는 공무원을 말한다. 경력직 공무원에 대응하는 개념이다. 특수경력직 공무원에게는 원칙적으로 국가공무원법이 적용되지 않는다(국공§3참조).

성적제(成績制)
독;merit system

공무원의 임면·승진에 관하여 본인의 성적을 기준으로 하는 제도로서, 이러한 의미에서 성적주의 또는 실적주의라고도 한다. 엽관제(獵官制)에 대응하는 개념이다. 공무원을 정당의 영향에서 벗어나게 하여 공무원의 정치적 중립, 전문적 능력을 보유한 공무원의 확보 및 행정의 능률향상과 안전성 등을 목적으로 한다. 성적제는 그에 앞서 시행된 엽관제의 폐단을 제거하기 위하여 채택되었다는 점에 그 의의가 있다. 영국에서는 일찍이 글래드스턴(Gladstone)에 의하여 제창되었고, 미국에서는 1883년의 연방공무원법(civil Service Act)에 의하여 실시되었다. 우리 공무원법은 공무원을 경력직과 특수경력직으로 구분하여 경력제에 대해서는 특히 성적제의 확립을 도모하고 있다. 임용제도나 신분보장에서 공무원의 복리·후생을 보장하는 것은 성적제의 관철을 의도하는 것으로 볼 수 있다.

엽관제(獵官制)
독;spoils system

공무원의 임면 및 승진을 당파적 정실에 의하여 행하는 정치관습에서 나온 제도이다. 엽관주의라고도 하며, 성적제에 대응하는 개념이다. 정권을 획득한 정당이 관직을 그 정당에 봉사한 대가로 분배하는 정치적 관행에서 발생한 것으로서, 이러한 관행을 정당정치가 발달한 영·미에서 시작되었고, 특히 19세기 초 미국에서 성행하였다. 이 제도로 인하여 행정능률의 저하, 행정질서의 교란 등의 폐단이 발생하였고, 이러한 폐단을 제거하기 위해 성적제가 대두하게 된 것이다.

> 우리나라는 직업공무원제도를 채택하고 있는데, 이는 공무원이 집권세력의 논공행상의 제물이 되는 엽관제도(獵官制度)를 지양하고 정권교체에 따른 국가작용의 중단과 혼란을 예방하고 일관성 있는 공무수행의 독자성을 유지하기 위하여 헌법과 법률에 의하여 공무원의 신분이 보장되는 공직구조에 관한 제도이다*(헌법재판소 1989. 12. 18. 89헌마32,33 전원재판부).*

신분보장(身分保障)

공무원은 형의 선고, 징형처분 또는 법이 정하는 사유에 의하지 아니하고는 그 의사에 반하여 휴직·강임(降任)·면직을 당하지 않는 것을 말한다(국공§68·지공§60·외공§20·교공§43②).

다만 1급의 국가·지방공무원은 예외로 한다(국공§68단·지공§60단). 특수직 공무원인 법관은 탄핵결정·금고 이상의 형의 선고에 의하지 않고서는 파면되지 않고, 법관징형위원회의 징계처분에 의하지 않고서는 정직(停職), 감봉(減俸) 및 불리한 처분을 당하지 않는다(법조§46). 검사도 탄핵 또는 금고 이상의 형을 받거나 징계처분에 의하지 않으면 파면, 정직, 감봉의 처분을 받지 않는 것이다(검§37).

인사위원회(人事委員會)

각 지방자치단체에 두는 인사행정기관이다. 지방자치단체에 임용권자별로 인사위원회를 두되, 특별시·광역시·도 또는 특별자치도에는 필요하면 제1인사위원회와 제2인사위원회를 둘 수 있다(지공§7①). 인사위원회는 16명 이상 20명 이하의 위원으로 구성한다. 다만, 임용권을 위임받은 기관에 두는 인사위원회와 해당 지방자치단체의 인구 수, 위원 선정의 어려움 등을 고려하여 대통령령으로 정하는 지방자치단체에 두는 인사위원회는 7명 이상 9명 이하의 위원으로 구성할 수 있다(지공§7②). 인사위원회의 권한으로는 임용 및 승진시험의 실시, 임용권자의 요구에 따른 징계의결 그리고 기타 법령의 규정에 의해 그 권한에 속하는 사항 등이 있다. 즉 인사위원회는 독립·상설집행기관이다.

근무성적평정(勤務成績評定)

공무원의 근무성적을 평정하고 기록을 작성하여 그 결과를 인사관리에 반영시켜 과학적 인사행정을 도모하려는 제도이다. 즉, 각 기관의 장·임용권자는 정기 또는 수시로 소속 공무원의 근무성적을 평정하여 이를 인사관리에 반영해야 하며(국공§51①·지공§76①), 근무성적평정에 관한 사항은 국회규칙·대법원규칙·헌법재판소규칙·중앙선거관리위원회규칙·대통령령으로 정한다(국공§5 1③·지공§76③).

상훈제도(賞勳制度)

공무원으로서 직무에 정려(精勵)하거나 사회에 공헌한 공적이 현저한 자에 대하여 훈장·포장을 하거나 표창을 하는 제도를 말한다(국공§54). 지방자치단체의 장은 공무원으로서 직무에 특히 성실하거나 사회에 공헌한 공적이 현저한 자에 대하여는 조례가 정하는 바에 따라 표창을 행한다(지공§79). 위의 훈장·포장 및 표창에 관한 사항은 법률(상훈법)로 정한 것을 제외하고는 대통령령으로 정한다. 다만, 표창에 관한 사항은 국회규칙·대법원규칙·헌법재판소규칙 또는 중앙선거관리위원회규칙으로도 정할 수 있다.

임용(任用)

특정인에게 일정한 공무원의 직위를 부여하는 행위를 총칭하는 것이다. 임용을 공무원의 신분관계를 설정하는 임명과 이미 공무원의 신분을 취득한 자에게 일정한 직무를 부여하는 보직행위를 포함한다. 공무원의 임용은 시험성적·근무성적 기타 능력의 실증에 의하여 행하여야 하며, 관직에 결원이 발생한 때에는 신규채용·승진임용·강임·전직 또는 전보의 방법에 의하여 결원을 보충하는 것이 통례인데 이러한 임용방법을 정식임용이라 한다(국공§26, §27·지공§25, §26). 임용 외에도 일반적인 공무원의 채용방법으로서는 그 확보가 어렵다고 인정되는 과학·기술·홍보·문화·노동·통계분야 등의 전문지식 및 기술을 요하는 분야의 조사·연구·시험·검사 등의 업무를 수행하기 위하여 필요한 경우에는 예산범위 내에서 채용계약에 의하여 전문직공무원을 채용할 수 있으며(전공규§5), 중앙행정기관의 특수한 지식, 경험 또는 기술을 요하는 한시적 업무를 담당시키기 위하여 시한부직원을 채용할 수 있다(시직규§5).

전형(銓衡)

공무원 임용시 적격자인가의 여부를 일정한 기준에 의하여 심사하는 것을 말한다. 한편, 일정한 자격요건이 요구되는 경우에 그 자격요건을 약간 완화하거나 또는 형식적으로 요구하지 않고 그 직무에 실질적으로 적당한지 또는 그 직무에 필요한 특정한 학식, 기술 혹은 경험이 있는지의 여부를 일정한 기준에 의하여 구체적으로 판정하는 것을 뜻하는 경우도 있다.

보직(補職)

관과 직이 분리되어 있는 경우, 어떠한 관에 임명된 자에 대하여 구체적인 직의 담임을 명하는 행위를 의미한다. 예컨대 군인사법이 기갑 또는 보병과 출신장교를 여단장과 보직하는 경우(군인사§16, 동시행령§14, §14의 2 참조).

공무원의 권리(公務員의 權利)

공무원이 국가 또는 지방자치단체에 대하여 가지는 일종의 개인적 공권을 뜻한다. 공무원은 일반인과 다른 특별한 의무를 지는 반면, 일반인과는 다른 여러 가지 권리를 가지고 있다. (1) 신분상 권리로서, 경력직공무원은 ㉮ 신분보유권, 관직보유권, 직무집행권 및 형의 선고·징계처분 또는 국가·지방공무원법에서 정하는 사유에 의하지 아니하고는 그 의사에 반하여 휴직·강직·면직을 당하지 않을 권리(국공§68본문·지공§60본문)와 ㉯ 직명사용권(職名使用權)·제복착용권을 가진다. 다만, 특수경력직 공무원은 원칙적으로만 신분보장을 받지 못한다. (2) 재산상권리로서 경력직공무원은 봉급·연금·공무재해보상·실비변상 등을 받을 권리를 가진다. 이러한 공무원의 신분상 및 재산상의 권리가 침해된 때에는 공무원은 소청(所請)·행정심판·행정소송 등을 통해 권리의 구제를 받을 수 있다.

공무원의 변상책임(公務員의 辨償責任)

공무원이 그 직무를 집행함에 있어서 국가나 지방자치단체에 입힌 손해에 대하여 변상책임을 지는 것을 말한다. 공무원이 그 직무외의 행위로 위법하게 국가나 지방자치단체 또는 일반인에게 손해를 입힌 때에 사법상 불법행위로서 지는 민법상 배상책임(민법 750조)과 구분된다. 공무원의 변상책임의 유무 판정과 징계문책처분의 요구는 감사원이 행하며, 변상책임의 판정이 있을 때에는 소속장관 또는 감독기관은 감사원이 정한 기간 내에 이를 변상하게 하고, 그 기간이내에 이를 변상하지 않을 때에는 소속장관 또는 감독기관은 관계 세무서장에게 위탁하여 예에 따라 징수한다.

보수청구권(報酬請求權)

공무원이 국가 또는 지방자치단체에 대하여 봉급·수당·보상·연금·실비변상 등의 보수를 청구하는 권리이다. 공무원의 보수청구권은 법률로서 정하는 것 이외에 대통령령으로 규정하고 있는데(국공§46, §47, §48·지공§44, §45), 공무원의 봉급은 일반의 표준생계비·민간의 임금 기타 사정을 고려하여 직무의 곤란성 및 책임의 정도에 적응하도록 계급별로 정한다. 다만 직무곤란성과 책임도가 현저히 특수하거나 결원보충이 곤란한 직무에 종사하는 공무원 및 연구 및 특수기술직 공무원의 보수는 따로 정할 수 있다(국공§46①·지공§44①). 보수의 종류에는 기본급인 봉급과 각종 수당·보상·연금 및 실비변상·실물급대여등이 있다. 보수청구권은 공법관계에서 비롯되는 공법상의 권리이므로 사법상의 채권과는 다른 특수성이 있다.

공무원연금법(公務員年金法)

1982년 12월 28일 법률 제3536호로서 공무원 퇴직·사망과 공무로 인한 질병·부상·폐질에 대하여 적절한 급여의 실시로 공무원에 대한 사회보장제도확립과 공무원 및 그 유족의 경제적 생활안정과 복지향상에 기여함을 목적으로 제정된 법률이다.

연금(年金)

공무원이 상당기간 근무하고 퇴직·사망하였거나 공무로 인한 부상·질병으로 퇴직 또는 사망한 경우 법률이 정하는 기준에 따라 지급하는 급여를 말한다(국공§77①). 이에 관하여는 공무원연금법과 군인연금법 등이 있다. 공무원연금법은 기간을 기준으로 급여를 단기급여와 장기급여로 분류하며 이 가운데 장기급여를 연금이라 부른다. 연금의 종류에는 퇴직연금(공연§46①), 장해연금(§51~§55) 및 유족연금(공연§56~§61)이 있다.

공무원연금제도는 공무원이라는 특수직역을 대상으로 한 노후소득보장, 근로보상, 재해보상, 부조 및 후생복지 등을 포괄적으로 실시하는 종합적인 사회보장제도이므로, 공무원연금법상의 각종 급여는 기본적으로 모두 사회보장적 급여로서의 성격을 가짐과 동시에 공로보상 내지 후불임금으로서의 성격도 함께 가지며 특히 퇴직연금수급권은 경제적 가치 있는 권리로서 헌법 제23조에 의하여 보장되는 재산권으로서의 성격을 가지는데 다만, 그 구체적인 급여의 내용, 기여금의 액수 등을 형성하는 데에 있어서는 직업공무원제도나 사회보험원리에 입각한 사회보장적 급여로서의 성격으로 인하여 일반적인 재산권에 비하여 입법자에게 상대적으로 보다 폭넓은 재량이 헌법상 허용된다고 볼 수 있다 *(헌법재판소 2005. 6. 30. 2004헌바42 전원재판부).*

장해연금(障害年金)

공무원이 공무상 질병 또는 부상으로 인하여 장애 상태로 되어 퇴직한 때 또는 퇴직 후에 그 질병 또는 부상으로 인하여 장애 상태로 된 때, 공무 외의 사유로 생긴 질병 또는 부상으로 인하여 장애 상태가 되어 퇴직한 때 또는 퇴직 후에 그 질병 또는 부상으로 인하여 장애 상태로 된 때에 지급하는 급여로서 그 액수는 장애의 정도에 따라 다르다(공연§51~§55).

유족급여(遺族給與)

공무원연금법상 유족연금은 10년 이상 공무원이었던 자의 유족에 지급되고, 유족일시금은 10년 미만 공무원이었던 자의 유족에게 지급된다(공연§56, §60), 한편 유족연금을 받을 권리가 있는 자가 1년 이상 행방불명된 경우에는 동순위자의 청구에 의하여, 동순위자가 없는 때에는 차순위자의 청구에 의하여 그 행방불명된 기간에 해당하는 당해 연금을 동순위자 또는 차순위자에게 지급할 수 있다(공무원연금법§58). 유족급여를 받는 유족의 순위는 민법상 재산상속의 순위에 따른다(공무원연금법§28).

공무원의 의무(公務員의 義務)

공무원은 국가기관의 담당자로서 국가에 대하여 봉사하는 것을 그 임무로 하므로 이에 대응하는 특별한 의무를 부담한다(헌§7①·국공§1, §55~§66). 공무원의 의무는 그 지위에 있어서 당연히 발생하는 것이다. 경력직 공무원의 의무에 관하여는 국가공무원법에서 규정하고, 특수경력직 공무원의 의무에 관하여는 특별법에서 규정하는 경우가 있다. 공무원의 의무에 관하여는 특별법에서 규정하는 경우가 있다. 공무원의 의무는 포괄적인 것으로서 그 내용은 다음과 같다. (1) 성실의무 : 모든 공무원은 법령을 준수하며 직무를 성실히 수행하여야 한다(국공§56·지공§48). (2) 복종의무 : 공무원은 직무를 수행함에 있어서 소속 상관의 직무상 명령에 복종하여야 한다(국공§57·지공§49본문). 다만 이에 대한 의견을 진술할 수 있다.(지공§49단). (3) 친절공정의무 : 공무원은 국민, 주민전체의 봉사자로서 친절하고 공정하게 집무하여야 한다(국공§59. 지공§51) (4) 비밀엄수의무 : 공무원은 재직 중은 물론 퇴직 후에도 직무상 알게 된 비밀을 엄수하여야 한다(국공§60·지공§52). (5) 청렴의무 : 공무원은 직무와 관련하여 직접 또는 간접을 불문하고 사례·증여 또는 향응을 수수할 수 없으며, 직무상의 관계여하를 불문하고 그 소속 상관에게 증여하거나 소속 공무원으로부터 증여를 받아서는 아니된다(국공§61·지공§53). (6) 품위유지의무 : 공무원은 직무의 내외를 불문하고 그 품위를 손상하는 행위를 하여서는 아니된다(국공§63·지공§55). 외무공무원은 외교기밀의 엄수의무·품위유지의무·국제법의 준수 및 특권면제의 남용금지의무 및 외국정부의 시책에 대한 비판금지 의무를 부담한다(외공§16①Ⅰ·

Ⅱ·Ⅲ). 공무원이 이상과 같은 의무에 위반한 때에는 징형 사유에 해당되어 징형 처분을 받게 된다(국공§78①·지공§69①Ⅱ).

직무명령(職務命令)

공무원의 직무에 관하여 상사가 내리는 명령을 말한다. 공무원은 상하의 명령복종관계에 의하여 일체를 구성하여 행정목적을 추구하는 관계에 있으므로 그 상사의 명령에 충실하게 복종하여야 한다. 국가공무원법 제57조에 「공무원은 직무를 수행함에 있어서 소속 상관의 직무상의 명령에 복종하여야 한다」고 규정한 것은 이러한 직무명령에 대한 명령복종관계의 표현인 것이다. 직무명령은 실제상 훈령(訓令)·통첩(通牒)·훈시(訓示) 등의 명칭으로 부르고 있으나, 관청간의 명령인 훈령과는 구별되며, 서면으로 하는 경우도 있고 구두로 발하는 경우도 있다. 직무명령은 그 내용이 상사의 권한에 속하는 것이어야 하며, 명령을 받은 공무원의 직무에 관한 것이어야 한다. 공무원은 그가 받은 명령이 헌법 또는 법령에 명백히 위반되지 않는 한, 이를 거부할 수 없다. 다만 상사에게 의견을 개진할 수는 있다.

훈령(訓令)

독;Verwaltungsanweisung

상급관청이 하급관청의 권한행사를 지휘하기 위하여 발하는 명령을 말한다. 직무수행에 관한 지침을 전달하고 법령해석에 통일을 기할 목적으로 발하여진다. 원칙적으로 법규와 같은 성질을 갖지 않으므로, 하급행정청을 구속할 뿐이지 직접 국민을 구속하지 않는다. 따라서 훈령에 위반하여도 특별권력관계의 명령위반이 될 뿐이며, 국민에 대한 관계에서는 그 행위가 바로 위법 또는 무효가 되는 것은 아니다. 그러나 명령적 훈령은 직무기준이나 법령해석의 기준을 설정한 것이며, 행정조직 내부에 있어서는 하급행정청을 구속하므로 사실상 법규와 같은 기능을 하고 있다. 훈령의 실정법상 근거는 정부조직법 제6조 1항에 규정된 행정기관의 장의 통할권 및 지휘·감독권에서 당연히 유래된 것이라고 볼 수 있다. 훈령은 하급기관에 대한 일반적인 명령이며, 직무명령은 상사의 소속 공무원에 대한 구체적 명령이라 하여 양자를 구별하는 것이 보통이다.

정치운동금지(政治運動禁止)

공무원은 법령이 정하는 바에 의하여 정치적 중립성이 보장된다(헌§7②). 공무원은 국민전체의 봉사자인바 정치적 중립성을 확보하여야만 행정의 공정한 운영을 기할 수 있기 때문이다. 구체적으로 어떠한 정치행위가 금지되는가는 그 직무와 책임에 따라 다르다. 공무원은 정당이나 그 밖의 정치단체의 결성에 관여하거나 이에 가입할 수 없으며, 선거에서 특정 정당 또는 특정인을 지지 또는 반대하기 위한 행위(구체적인 행위는 이하의 내용 참고)를 하여서는 아니 된다. 이에 위반한 행위는 3년이하의 징역과 3년이하의 자격정지에 처한다(국공§84·지공§82). 금지되는 행위는 다음과 같다.

(1) 정당 및 기타 정치단체의 결성에 관여하거나 가입할 수 없다(국공§65). (2) 선거에 있어서 특정정당 또는 특정인의 지지나 반대를 하기 위하여 다음의 행위를 하여서는 아니된다. ① 투표를 하거나 하지 아니하도록 권유운동을 하는 것. ② 서명운동을 기도·주재하거나 권유하는 것. ③ 문서 또는 도서를 공공시설 등에 게시하거나 게시하게 하는 것. ④ 기부금을 모집 또는 모집하게 하거나 공공자금을 이용 또는 이용하게 하는 것. ⑤ 타인으로 하여금 정당 기타 정치단체에 가입하거나 가입하지 아니하도록 권유운동을 하는 것(국공§65②). (3) 위의 행위를 다른 공무원에게 행하도록 요구하거나 또는 정치적 행위의 보상·보복으로서의 이익·불이익을 약속하는 행위(국공§65③) 등이 있다.

집단행위금지(集團行爲禁止)

공무원의 노동운동 기타 공무 이외의 일을 위한 집단적 행위는 금지된다(국공§66①본문, 지공§58①). 그 이유는 공무원의 집단행위가 국민전체의 봉사자로서 공공복리를 위해 근무해야 하는 공무원의 특수한 지위에 상반되기 때문이다. 사실상 노무에 종사하는 공무원은 집단행위의 금지대상에서 제외되며(국공§66①단·지공§58①단), 그 공무원의 범위는 대통령령, 대법원규칙, 국회규칙, 헌법재판소규칙, 중앙선거관리위원회규칙 또는 조례로 정한다(국공§66②·지공§58②). 집단행위금지에 위반한 자는 1년 이하의 징역 또는 1,000만원 이하의 벌금에 처한다(국공§84의2·지공§83).

> 지방공무원법 제58조 제1항 본문은 "공무원은 노동운동 기타 공무 이외의 일을 위한 집단행위를 하여서는 아니 된다."고 규정하고 있는바, '공무 이외의 일을 위한 집단행위'라고 함은, 공무에 속하지 아니하는 어떤 일을 위하여 공무원들이 하는 모든 집단적 행위를 의미하는 것이 아니라 언론·출판·집회·결사의 자유를 보장하고 있는 헌법 제21조 제1항과 지방공무원법의 입법취지, 지방공무원법상의 성실의무와 직무전념의무 등을 종합적으로 고려하여 '공익에 반하는 목적을 위하여 직무전념의무를 해태하는 등의 영향을 가져오는 집단적 행위'를 말한다*(대법원 2004. 10. 15. 선고 2004도5035 판결).*

비밀엄수의무(祕密嚴守義務)

공무원은 그 직무상 지득한 비밀을 누설하지 않아야 한다. 여기서 직무상 지득한 비밀이란 직접 직무에 수반되는 비밀뿐만 아니라 직무와 관련하여 수반되는 비밀도 포함하며, 퇴직 후에도 의무는 존속한다. 어떠한 것이 비밀인가는 일률적으로 그 내용·절차를 규정한 것이 없다. 따라서 구체적인 경우에 따라 법령 또는 처분에 의하여 결정된다. 이 의무를 위반하면 징계사유가 될 뿐만 아니라, 법령에 규정된 직무상 비밀을 누설한 때에는 범죄를 구성한다(형§126, §127).

> 국가공무원법상 직무상 비밀이라 함은 국가 공무의 민주적, 능률적 운영을 확보하여야 한다는 이념에 비추어 볼 때 당해 사실이 일반에 알려질 경우 그러한 행정의 목적을 해할 우려가 있는지 여부를 기준으로 판단하여야 하며, 구체적으로는 행정기관이 비밀이라고 형식적으로 정한 것에 따를 것이 아니라 실질적으로 비밀로서 보호할 가치가 있는지, 즉 그것이 통상의 지식과 경험을 가진 다수인에게 알려지지 아니한 비밀성을 가졌는지, 또한 정부나 국민의 이익 또는 행정목적 달성을 위하여 비밀로서 보호할 필요성이 있는지 등이 객관적으로 검토되어야 한다*(대법원 1996. 10. 11. 선고 94누7171 판결).*

징계(懲戒)

일반적으로 특수권력관계 또는 공법상의 특별한 감독관계의 규율·질서를 유지하기 위하여 징계사유에 해당하는 경우 그 관계에 속하는 자에게 제재를 가하는 것이다. 경력직 국가공무원에 대해서는 직무상 의무위반인 경우 파면·해임·강등·정직·감봉·견책 등의 징계처분을 내릴 수 있고, 징계권자는 임용권자·중앙행정기관의 장·소속기관의 장이 된다(국공§82·공무원징계령§2, §3). 징계의결기관으로는 중앙징계위원회와 보통징계위원회가 있다. 이들 위원회에 대한 재심기관으로 소청심사위원회가 있다. 이는 행정기관 소속공무원의 징계위원회의 의결이 미흡하다고 인정하여, 그 처분 또는 의결에 대해 심사·결정하는 상설재결기관이다(국공§9~§15, §82②·행소§2①). 경력직지방공무원의 징계 종류는 전술한 국가공무원의 경우와 같으며, 징계의결기관으로는 인사위원회(지공§7~§11)가 있고 절차규정으로는「지방공무원징계 및 소청규정」이 있다. 그리고 재심기관으로는 지방공무원소청심사위원회가 있다(지공§13~§21).

정직(停職)

정직은 공무원의 경우 그 신분은 보유하지만 직무에 종사하지 못하는 것을 말하며(국공§80③·지공§71③), 군인(장교, 준사관 및 부사관)의 경우 그 직책은 보유하나 직무에 종사하지 못하고 일정한 장소에서 근신하도록 하는 것을 말한다(군인사§57①Ⅲ). 정직은 병에게 적용하지 아니한다. 국가·지방공무원의 정직기간은 1개월 이상 3개월 이하로 하고, 보수는 전액을 감한다(국공§80③, 지공§71③). 특정직 공무원인 법관의 정직기간은 1개월 이상 1년 이하이고, 보수를 지급하지 않는다(법징§3②). 군인의 정직기간은 1개월 이상 3개월 이하로 하고, 이 기간에는 보수의 3분의 2에 해당하는 금액을 감액한다(군인사§57①Ⅲ).

휴직(休職)

공무원의 신분은 보유하면서 그 직무를 일시 면하는 것으로서 임용행위의 일종이다. 휴직은 공무원에 대한 불이익처분이므로 법률에 정하는 일정한 사유가 있는 때에만 직권휴직이 인정되며, 그밖에 일정한 사유의 발생으로 본인이 원하는 때에 인정되는 휴원, 휴직이 있다. 따라서 형의 선고징계처분 또는 법률에 정한 사유가 없는 때에는 본인의 의사에 반하여 휴직을 명할 수 없다. 다만 1급 공무원은 그러하지 아니한다(국공§68·지공§60). 휴직사유에는 공무원이 (1) 신체·정신상의 장애로 장기요양이 필요한 때, (2) 병역법에 의한 병역복무를 필하기 위하여 징·소집되었을 때, (3) 천재·지변 또는 전시·사변이나 기타 사유로 인하여 생사 또는 소재가 불명한 때 및 (4) 「공무원의 노동조합 설립 및 운영 등에 관한 법률」 제7조에 따라 노동조합 전임자로 종사하게 되었을 때 (5) 기타 법률의 규정에 의한 의무를 수행하기 위하여 직무를 이탈하게 되었을 때 등이 있으며, 이 경우 임용권자는 본인의 의사에 관계없이 휴직을 명하여야 한다(국공§71·지공§63). 휴직자는 그의 휴직기간 중 직무에 종사하지 않으므로 휴직사유에 따라서 일정액이 급여에서 감액된다.

퇴직(退職)

일반적으로 국가·지방공무원 및 기타 기관의 직원이 일정한 사유에 의해 그 직에서 물러나는 것을 말하나. 공무원연금법에서의 의미는 면직·사직 기타 사망 외의 사유로 인한 모든 해직을 말하다. 다만, 공무원의 자격이 소멸한 날 또는 다음날에 다시 자격을 취득하고 공무원연금법에 의한 퇴직급여 및 퇴직수당을 수령하지 아니한 경우에는 예외로 한다(공연3①4호).

복직(復職)

광의로는 어떠한 사유로 인하여 그 직을 떠난 공무원이 원상으로 돌아오는 것을 의미하나, 협의로는 직권·직위해제 또는 정직 중에 있는 국가·지방·교육공무원을 직위에 복귀시키는 것을 뜻한다(공임§2Ⅲ·지공임§2Ⅱ·교공§2⑨). 임용행위의 일종이며 임용권자가 이를 행하는 것이 보통이다. 휴직기간 중 그 사유가 소멸된 때에는 30일 이내에 임용권자 또는 임용제청권자에게 이를 신고하여야 하며 임용권자는 지체없이 복직을 명하여야 한다(국공§73②).

질서행정

경찰의 의의(警察의 意義)

실질적 의의에서 경찰이란 직접 사회공공의 질서를 유지하기 위하여 일반통치권에 기초하여 국민에게 명령·강제함으로써 국민의 자연적 자유를 제한하는 행정작용을 말한다. 이러한 질서목적의 경찰개념은 자유주의적 법치국가사상에 따른 국가의 존재목적을 배경으로 성립된 것이다. 이 경찰작용은 목적·수단·권력기초의 세 가지 점에서 다른 행정작용과 구별된다. 첫째, 경찰은 소극적인 보안목적의 작용이라는 점에서 적극적인 복리목적의 보육작용·통제작용과 다르고, 사회목적적 작용이라는 점에서 국가목적적작용인 재정작용·군정작용과 다르다. 둘째, 경찰은 권력적 작용이라는 점에서 비권력적 작용임을 원칙으로 하는 보육작용과 다르고, 국민의 자연적 자유를 대상으로 공안상 필요한 일정상태를 실현하는 작용이라는 점에서 법률상 능력을 좌우하는 형식적 행위와 다르다. 셋째, 경찰은 국가의 일반 통치권에 근거를 두는 작용이라는 점에서 특별권력에 근거를 두는 명령·징형과 다르다. 형식적 의의에서 경찰이란 실정법상 일반경찰기관의 권한에 속하는 작용의 일체를 말한다.

경찰의 목적(警察의 目的)

경찰은 국민의 자유와 권익의 보호 및 사회공공의 안녕과 질서를 유지하는 것을 목적으로 한다(경직§1①). 사회공공의 안녕·질서는 사회의 공동생활이 원활하고 건전하게 유지되는 것을 의미한다. 이를 위해서는 사람의 생명, 신체, 재산이 보호되는 국가 및 공공단체의 조직·시설이 국민의 뜻에 따라서 운영되어야 한다. 따라서 경찰은 이러한 것들을 침해하는 사람의 작위·부작위 또는 자연력의 위험을 방지하고 제거할 것을 목적으로 하는 것이다. 다만 민주주의 정치체제에서는 언론의 정부기관에 대한 비판 등은 공공의 안녕과 질서의 침해에 해당하지 않는다.

경찰의 의무(警察의 義務)

경찰하명에 의하여 부과된 공법상의 의무를 말한다. 경찰목적의 달성을 위하여는 경찰강제에 의하여 실력으로써 필요한 상태를 실현하는 것이 가장 신속한 것이나, 인권보장의 취지에 따라 특별한 경우를 제외하고는 경찰의무를 명령하는 방법에 의하는 것이 원칙이다. 의무의 부과형식으로는 직접법규에 의하는 경우와 행정처분에 의하는 경우가 있다. 경찰의무는 일반공법상의 의무와 같이 그 내용에 따라 부작위의무·급부의무 및 수인의무로 나눌 수 있다. (1) 작위의무는 장해방지라는 경찰의 소극적인 성질 때문에 그 예가 드물지만 장해방지를 위해 적극적 행위가 필요한 경우도 있다. (2) 부작위의무는 가장 일반적인 것으로서 이를 경찰금지라 하며 절대적 금지와 허가보류의 금지로 구분된다. 금지방법에는 행정처분에 의하는 경우와 직접 법령 또는 명령에 의하는 경우가 있다. (3) 금전 또는 물건의 급부의무로는 경찰허가에 대한 수수료나 집행벌로서의 과태료 또는 경찰의무이행의 담보로서의 보증금공탁의무를 들 수 있다. (4) 수인의무는 경찰강제에 따라 신체·재산 또는 가택에 실력을 가하는 경우에 국민이 이를 수인하고 저항해서는 안되는 의무이다. 경찰의무를 이행하지 않은 경우에는 경찰상 강제집행의 대상이 되고, 경찰의무의 위반자는 경찰벌의 대상이 된다.

경찰의 수단(警察의 手段)

일반적으로 경찰작용을 경찰하명·경찰허가 및 경찰강제에 의하여 실행하는 수단을 의미한다. 경찰작용이란 권력으로서 국민에게 명령·강제하고 국민의 권리·자유를 제한하는 작용을 말한다. 그러나 경찰의 수단과는 별도로 행정지도의 형식으로 명령·강제에 해당하지 않는 비권력적 임의수단, 즉 상대방의 임의의 승낙에 근거하여 목적을 달성하는 방법도 있지만 본질적인 경찰작용이 아니다. 따라서 경찰의 수단의 특징으로는 개인의사에 우월한 국가 등의 권력에 의한 지배의사의 실현이라는 점과 필요한 때에는 실력으로써 강제한다는 점을 들 수 있다. 그러나 외관상으로는 장해제거를 위한 강제적 수단으로 보이지만 그 본질이 국민복지를 증진하는 작용을 하는 것(경제통제·공용부담·공물관리 등)은 경찰작용에서 제외된다.

경찰책임(警察責任)

사회의 공공질서에 장해가 발생한 경우(경찰위반상태가 발생한 경우)의 경찰의 책임을 의미한다. 이 책임은 객관적인 것으로서 경찰위반상태가 어떤 사람에 의하여 또는 그 사람의 지배하에 있는 사람 또는 가축 그 밖의 물건에 의하여 발생한 때에는 그 사람의 고의·과실에 기인하는지의 여부에 관계없이 그 사람의 지배범위 내에 위험상태를 가지고 있는 이상 경찰책임을 진다. 경찰권은 원칙적으로 이러한 의미의 경찰책임이 있는 자에 대하여만 발동되는 것이다.

경찰권(警察權)

독;Polizeigewalt

사회공공질서유지를 위하여 국민에 대해 명령·강제하고 자연적 자유를 제한하는 작용으로서 발동하는 일반통치권을 의미한다. 따라서 국가의 통치권에 복종하는 자는 내국인·외국인·자연인·법인의 구별 없이 경찰권의 대상이 되는 것이다. 법치국가에서 경찰권의 발동은 반드시 법규에 근거해야 하고 명문 또는 조리상의 한계(이를 경찰권의 한계라고 한다)에 의해 제약된다. 이 경우 법규는 국회에서 제정하는 법률과 법률의 위임(헌§75)에 의해 제정되는 법규명령을 말한다. 법규명령은 행정부가 제정하여 발하는 명령으로서 법규의 성질을 갖는 것이다. 즉 국민에게 의무를 부과하고 국민의 권리를 제한하는 것을 내용으로 하는 명령으로서 행정명령에 대응되는 개념이다. 위임명령·집행명령 등이 이에 속한다.

경찰공공의 원칙(警察公共의 原則)

경찰권은 사회공공의 안녕질서를 유지하기 위해서만 발동될 수 있는 것이며, 사회 공공의 안녕질서에 직접 관계되지 아니하는 생활관계는 경찰권 발동의 대상이 되지 아니한다는 원칙으로, 사생활 자유의 원칙이라고도 한다. 이는 사생활 불가침의 원칙, 사(私)주소 불가침의 원칙 및 민사관계 불간섭의 원칙으로 나눌 수 있다.

경찰비례의 원칙(警察比例의 原則)

경찰권의 발동은 사회공공의 질서의 유지를 위하여 참을 수 없는 위해 또는 위해발생의 위험을 제거하기 위하여 필요한 최소한도의 범위 내에 국한되어야 한다는 원칙을 말한다. 권력의 발동으로 인한 사회공공의 이익과 개인의 자유나 권리의 제한과의 사이에 정당한 균형이 유지되어야 하므로, 경찰권의 행사는 그로 인하여 얻을 수 있는 사회공공의 이익이 그로 인하여 상실되는 개인의 이익을 넘을 경우에, 또 그 범위 내에서만 인정될 수 있는 것이다. 이는 경찰권의 발동조건에 관한 것과 발동정도에 관한 것으로 나눌 수 있다.

경찰소극목적의 원칙 (警察消極目的의 原則)

경찰권은 소극적으로 공공의 안전과 질서의 유지에 대하여 유해한 영향을 미치는 질서위반상태의 예방 또는 제거를 위하여 발동되는 데 그치며, 적극적으로 공공복리의 증진을 위하여는 경찰권의 발동이 허용되지 아니하는 원칙을 말한다.

경찰평등의 원칙(警察平等의 原則)

경찰권을 행사함에 있어서는 상대방의 성별·신앙·인종·사회적 신분 등을 이유로 하는 불합리한 차별을 하여서는 아니된다는 원칙이다.

보통경찰(普通警察)

경찰기관의 내부적으로 직무의 분배에 의하여 경찰을 분류한 것으로서의 한 종류이다. 프랑스 법에서는 그 보호하려는 사회상의 가치가 사상·정치 등의 고등가치(高等價値)를 갖지 않는 경찰을 보통경찰이라 한다.

예방경찰(豫防警察)

예방경찰이란 행정법상의 용어로서 위험, 특히 범죄가 발생하기 전에 그 예방을 목적으로 하는 행정경찰(行政警察)의 일종이다.

위생경찰(衛生警察)

국민건강을 보전하기 위한 목적으로 이에 대한 장해의 예방과 배제를 위하여 행해지는 경찰작용이다. 즉 일반보건을 위하여서는 식품위생법에 의하여 음식물 그 밖의 단속을 하고, 의약의 단속이라는 측면에서 의료법·약사법에 의한 단속을 하며, 방역을 위해 전염병 예방법에 의한 전염병의 예방 및 박멸 등은 모두 이의 예이다.

풍속경찰(風俗警察)
독;Sittenpolized

선량한 풍속에 유해한 영향을 미치는 행위를 단속 또는 예압하는 것을 목적으로 하는 경찰작용이다. 청소년을 대상으로 청소년유해약물 판매,대여, 배포 금지(청소년보호법§28), 복표발행(福票發行)·현상(懸賞) 기타 사행행위(射倖行爲) 등의 금지 및 음란퇴폐광고물 같은 것이 그 예이다.

관세경찰(關稅警察)

밀수입 방지 또는 관세의 징수를 확보할 목적으로 관세장이나 세무공무원이 행하는 경찰작용으로, 일반경찰권이 아닌 국가재정권을 기초로 한다. 선차(船車)의 출발정지, 보세구역반입명령, 통관의 보류, 물품검사, 장치의 봉쇄, 총기사용, 해군 및 경찰의 원조요구 및 과세범의 조사와 처분(관세§290~§310)등이 그 예이다.

사법경찰(司法警察)
독;gerichtliche Polizei, Justizpolizei
불;police judiciaire

범죄의 수사를 목적으로 하는 경찰작용을 말한다. 즉 행정기관의 지위에 있는 자가 범죄의 수사를 담당하는 경우 그 직무로서 행하는 작용을 뜻한다. 행정경찰에 대응하는 개념이다. 따라서 실질적 의의의 경찰이 아니라 법에 의하여 경찰의 직무에 속해 있는 것이므로 형식적 의의의 경찰에 속하는 것이다. 행정경찰이 사회질서유지 즉 사전에 국민의 생명·신체·재산을 보호하려는 예방경찰에 중점을 두는 반면, 사법경찰은 그 법익이 침해된 경우에 범죄를 수사하는 활동이라는 데에 그 특색이 있으며, 검사와 사법경찰관리가 그 임무를 담당하고, 형사소송법이 정하는 절차에 따라 행해진다.

사법경찰관리(司法警察官吏)

사법경찰관과 사법경찰리를 총칭하는 말로서, 형사소송법상의 관념이다. 범죄수사에 있어서 검사의 보조기관이다. 사법경찰관은 수사관·경무관·총경·경정·경감·경위이며, 사법경찰리는 경사·경정·순경이고, 그 이외에 법률로써 사법경찰관리를 정할 수 있게 되어 있다(형소§196①, ⑤, ⑥). 사법경찰관은 모든 수사에 관하여 검사의 지휘를 받으며, 범죄의 혐의가 있다고 인식하는 때에는 범인, 범죄사실과 증거에 관하여 수사를 진행하여야 한다. 사법경찰리는 수사의 보조를 하여야 한다(형소법§196②, ⑤). 그러나 2020년 2월 4일 검·경 수사권 조정으로 인하여 사법경찰관도 수사를 할 수 있게 되었다(시행미정).

경찰관직무집행법
(警察官職務執行法)

국민의 자유와 권리의 보호 및 사회공공의 질서유지를 위한 경찰관의 직무수행에 필요한 사항(주로 행정경찰의)을 규정함을 목적으로 하여 제정된 법률이다(경직§1①). 경찰관은 이 법에 따라서 불심검문·보호조치·위험발생의 방지·범죄의 예방 및 제지·위험방지를 위한 출입·무기사용·최루탄의 사용 등의 조치를 할 수 있다. 다만 그 조치는 이 법률의 목적을 달성하기 위하여 필요한 최소한도의 범위 내에서 행사해야 하며 그 남용은 금지된다(§1②).

경찰법(警察法)

1991. 5. 31 법률 제4369호로 제정된 이 법은 경찰의 민주적인 관리·운영과 효율적인 임무수행을 위하여 경찰의 기본조직 및 직무범위 기타 필요한 사항을 규정함을 목적으로 한다. 경찰의 조직으로 치안에 관한 사무를 관장하게 하기 위하여 행정자치부장관 소속하에 경찰청을 두며, 경찰청의 사무를 지역적으로 분담 수행하게 하기 위하여 서울특별시장·광역시장 및 도지사(이하 시·도지사라 함) 소속하에 지방경찰청을 두고, 지방경찰청장 소속하에 경찰서를 두도록 되어있다. 특히 새로이 경찰법을 제정한 것은 우리나라의 특수한 안보상황과 치안여건에 효율적으로 대처하기 위하여 국가경찰체제를 유지하면서도 경찰의 기본조직을, 중앙은 과거 행정자치부장관의 보조기관으로 되어있던 치안본부를 행정자치부장관의 소속하의 지방경찰청으로, 지방은 시·도지사 보조기관이던 경찰국을 시·도지사 소속기관인 지방경찰청으로 개편하고, 행정자치부에 경찰위원회를 두어 경찰행정에 관한 주요제도 및 인권보호에 관한 사항을 심의·의결하게 하며, 경찰의 의무를 명확히 하고 직권을 남용하지 못하도록 하여 국민의 자유와 권리를 최대한 보장함으로써 경찰에 대한 국민의 권리를 회복하고 진정한 민주경찰로서의 발전을 도모하려는 것이다.

경찰권의 한계(警察權의 限界)

경찰권이 유효하게 발동될 수 있는 한계를 말한다. 경찰권은 무제한적으로 발동할 수 있는 것이 아니라, 구체적인 규정이 없더라도 그 대상·범위·조건·양도시에 관하여 조리상 일정한 한계가 있다. 그러므로 이 조리상의 한계를 넘은 경찰권의 발동은 언제나 위법인 것으로 해석된다. 보통 다음 세 원칙이 주장되고 있다. (1) 경찰책임의 원칙 : 경찰권은 경찰위반의 상태가 있는 때, 즉 사회공공의 안녕과 질서에 대한 장해가 생기거나 또는 생길 우려가 있을 때, 이 상태의 발생에 관하여 경찰책임을 가지는 자(그 사람의 생활범위에 속하는 것을 포함한다)에 대하여서만 발동하는 것을 원칙으로 하며, 경찰책임이 없는 자에 대하여서는 긴급을 요하는 경우로서, 특히 법령이 인정하는 때(경찰긴급권의 경우, 경찰긴급권의 항 참조) 이외에는 발동할 수 없다. 경찰책임을 발생시키는 사람의 생활범위는 그 자의 사실상의 지배하에 있는 모든 사람 및 물건을 가리키고, 그 자 자신은 몰론 가족·사용인·가축 기타 그 자가 소유 또는 점유하는 모든 물건을 포함한다. (2) 경찰공공의 원칙 : 경찰권은 사회공공의 안녕과 질서를 위해서만 발동 할 수 있고, 이것과 직접 관계가 없는 사생활상의 분쟁이나 사주소·사경제·민사상의 법률관계에 대해서는 미치지 아니한다. 이것을 민사불개입의 원칙이라 한다. 그 예로서 「민사분쟁에의 부당개입의 금지」규정이 있다(경찰공무원복무규정§10). 그러나 사적인 일일지라도 미성년자의 음주·흡연이나 아동의 학대, 동물학대 등 사회공공에 영향을 미치는 경우는 경찰권을 발동할 수 있다. (3) 경찰비례의 원칙 : 경찰권의 발동 및 정도는 사회공공의 질서에 있어서 용인할 수 없는 장해의 정도에 비례하여야 한다. 또한 그 장해를 제거하기 위한 수단으로서의 경찰관의 직권행사는 항상 그 직권수행에 필요한 최소한도에 그쳐야 한다. 이 경찰비례의 원칙의 구현으로서는「경찰관의 직권은 그 직무수행에 필요한 최소한도 내에서 행사되어야 한다」는 규정이 있다(경직§1②).

경찰긴급권(警察緊急權)
독;Polizeinotrecht

현재의 급박한 경찰상의 필요에 의하여 일반적인 긴급권의 한계를 넘어서 경찰권을 함으로써 국민의 신체·재산에 대하여 실력을 행사하는 것이 법령상 허용되는 권한을 말한다. 경찰관이 경찰관직무집행법 제5조(위험발생의 방지) 1호·3호 및 경찰관직무집행법 제6조(범죄의 예방과 제지)에서 말하는 경찰책임이 없는 관계인에게 경고를 발하거나 필요한 조치 및 범죄행위의 제지를 하는 것 등의 권한이 그 예이다. 이들은 경찰책임의 원칙을 벗어난 것이지만 경찰관직무집행법에 의하여 허용된 권한내의 것이므로 위법이 아니다.

보호(保護)

정신착란 또는 음주로 인하여 자기 또는 타인에게 위해를 미칠 우려가 있는 자 또는 미아·환자·부상자 등으로 응급한 구호가 필요한 자를 경찰관이 경찰서·병원 등 적당한 장소에 일시적으로 보호하는 것을 말한다. 종래 여러 가지 보호제도가 있었으나 그 남용사례가 빈번하였기 때문에 경찰관직무집행법은 그 요건을 엄격하게 하고 있다. 경찰관서에서의 보호는 24시간 임시영치(臨時領置)의 경우는 10일을 초과하지 못한다(경직§4⑦).

보안경찰(保安警察)
독;Sicherheitspolizei

사회공공의 안녕과 질서를 유지하기 위하여 다른 유형의 행정작용에 수반되지 않고 오직 경찰작용만으로써 목적을 달성하는 경찰을 뜻한다. 다른 행정작용에 관련하여 발생하는 장해를 제거하기 위하여 행해지는 부수적인 경찰작용(협의의 행정경찰)에 대립되는 독립경찰이며, 고유의 의미의 경찰이다. 언론·집회·결사·선거 등의 단속, 정신병자나 위험물 등 사회의 공안에 위해한 인물·물건·행위를 단속하는 경찰이 이에 속한다.

임시영치(臨時領置)

경찰이 즉시강제를 하는 경우에 장해가 되는 물건을 일시적으로 소지자의 점유에서 박탈하여 경찰기관의 점유로 이관하는 것을 말한다. 원래 행정집행법에 의하여 이 제도가 일반적으로 인정되었으나 현재에는 드물다. 무기·흉기의 임시영치가 그 예이다(경직§4③).

강제격리(强制隔離)

행정상 즉시강제의 수단의 일종으로 예컨대, 전염병 예방 등을 위하여 환자를 강제적으로 전염병원 또는 격리병사 등에 입원시키고, 기타 전염의 염려 또는 의심이 있는 자를 격리소·검역소 기타 적당한 장소에 격리시키는 것을 말한다(전염§29·검역§13). 이것은 행정상의 의무위반에 대한 제재(행정벌)나 이미 부과된 행정상의 의무이행을 강제하는 것(강제집행)과는 다르며, 단순히 보건행정상의 목적을 위한 긴급실적조치에 지나지 않는다.

경찰처분(警察處分)
독;Polizeiverfügung

경찰행정관청이 경찰목적의 달성을 위해 법률의 집행으로서 행하는 경찰하명이나 경찰허가등의 행정처분을 말한다.

경찰명령(警察命令)
독;Polizeiverordung

경찰목적의 달성을 위해 경찰에 관한 사항에 대해 발하는 행정입법으로, 위임명령과 집행명령이 있다.

경찰하명(警察下命)

경찰상의 목적달성을 위하여 국민에 대하여 공익상 유해한 행위를 금지하거나 또는 필요한 행위를 명하는 처분으로서 여기에는 다음의 네 가지가 있다. (1) 작위하명 : 일정한 행위를 적극적으로 명하는 것이다. 예컨대 일정한 경우 총포·도검·화약류의 제출을 명하는(총포·도검·화약류단속법§47)경우가 그것이다. (2) 부작위하명(경찰금지) : 경찰상의 금지를 내용으로 한다. 금지는 그 행위 자체가 선량한 풍속 기타 사회질서에 반하여 사회적으로 유해하기 때문에 행하여지는 절대적 금지(예컨대 미성년자의 음주·흡연 및 남녀혼숙 등의 금지)와 단순히 허가를 받지 아니하고 일정한 행위를 하는 것을 금지하는 상대적 금지(예컨대, 무면허운전의 금지)로 분류된다. (3) 급부하명 : 경찰상의 목적을 위해 금전 또는 물품의 납입을 명하는 것이다. 예컨대 경찰상의 대집행의 비용징수·수수료의 납부 등을 들 수 있다. (4) 수인하명 : 경찰상의 강제에 반항하여서는 아니된다는 것을 명하는 것이다. 예컨대 경찰관의 위험방지를 위한 출입(경직§7), 강제건강진단(전염§9) 등이 행하여지는 경우에는 직무집행자에게 그 권한이 부여되는 동시에 상대방에게 수인의 하명이 내려져서 법률상의 수인의무를 지게 된다.

경찰허가(警察許可)

독;Polizeierlaubnis

경찰목적을 위하여 일반적으로 금지된 행위를 특정한 경우에 해제하여 적법하게 일정한 행위를 할 수 있게 하는 행정처분을 말한다. 예컨대 영업의 허가, 건축의 허가가 이에 해당한다. 일반적 금지의 해제이고 새로운 권리를 설정하는 행위가 아닌 점에서 특허와 다르다. 허가를 하여야 할 것인가의 여부는 경찰관청의 자유재량에 속하는 것이 아니라 경찰상 장해의 염려가 없으면 허가를 하여야 하는 기속재량에 속한다. 경찰허가는 신청의 인적사정에 따라 부여되는 대인적 허가(예컨대 운전면허)와, 물건 또는 설비 등의 물적 사정에 따라 부여되는 대물적 허가(예컨대 건축물 사용허가)로 분류된다. 경찰허가의 형식은 신청에 의하여 서면으로써 행하는 것이 보통이며, 면허증 등의 교부, 공부상에의 등록 등 특정한 형식을 그 효력발생요건으로 하는 경우가 있다.

경찰강제(警察强制)

경찰상의 목적을 달성하기 위하여 사람의 신체 또는 재산에 실력을 가하여 경찰상 필요한 상태를 실현하는 사실상의 작용을 말한다. 경찰강제는 강제집행과 즉시강제로 나누어진다. 이에 대하여는 경찰에 관한 특별법에 구체적 규정이 있다. 일반적으로 강제집행에 행정대집행법이 있고, 즉시강제에는 경찰관직무집행법이 있다. 경찰강제에는 대인적 강제·대물적 강제·대가택 강제가 있다.

경찰상의 즉시강제

(警察上의 卽時强制)

경찰의무의 불이행을 전제로 하지 아니하고, 직접 개인의 신체 또는 재산에 실력을 가함으로써 질서유지에 필요한 상태를 실현시키는 작용을 말한다.

경찰상의 강제집행

(警察上의 强制執行)

경찰상 강제집행이란 경찰의무의 불이행에 대하여 강제로 의무를 이행하게 하거나 또는 의무의 이행이 있는 것과 동일한 상태를 실현시키는 작용을 말한다. 경찰강제의 일종이다. 경찰상 강제집행의 성질은 행정상 강제집행에 있어서와 같다. 경찰상의 강제집행에 적용되는 법률로서는 행정대집행법이 있으며 이 법 이외의 강제집행수단을 사용할 수 없다.

경찰면제(警察免除)

독;Polizeierlass

부작위의 경찰의무를 해제해주는 경

찰허가에 대하여, 특정인에 대하여 긴급목적을 위해 명해진 작위·급부 등의 경찰의무를 해제해주는 행정처분을 말한다.

경찰금지(警察禁止)
독;Polizeiverbot

경찰목적의 달성을 위하여 법규 또는 행정처분의 형식으로 부작위를 명하는 경찰하명의 일종을 말한다. 이에 자동차운전의 금지처럼 허가를 유보한 금지(즉 자동차운전면허를 취득하면 그의 운전을 허가한다), 즉 상대적 금지와 노상방뇨의 금지처럼 절대적 금지가 있다.

경찰소추(警察訴追)
영;police prosecution

영국에 있어서 가장 일반적으로 행해지는 소추제도인 경찰에 의한 소추를 말한다. 즉 영국은 사인소추주의를 원칙으로 하는데, 사건을 소추할 사인이 기소에 냉담하거나, 변호사를 선임할 수 없는 경우에 경찰이 스스로 수사 등 공판준비를 하고 또 소추를 행하게 된다. 이는 사실상 직권소추라 하겠으나 이론상으로는 공중소추, 즉 사인소추의 형식을 취한다.

경찰범(警察犯)
독;Polizeidelikt

전형적 행정범으로 경찰벌이 과해지는 경찰위반의 범죄를 말한다.

질서범(秩序犯)

질서벌을 부과하게 되는 행위이다. 일반행정범에 비하여 단순한 행정상의 의무를 과태하는 것이다. 질서범은 이러한 의무의 단순한 과태라는 점에서 직접 사회공익을 침해하는 데까지 이르는 행정범과 구별된다. 다만 동일한 행위에 대하여도 형벌이 부과되기도 하고 과태료가 부과되기도 하여 입법이 반드시 통일되어 있지는 않다.

질서벌(秩序罰)
독;Ordnungsstrafe

행정상의 질서를 유지할 목적으로 행정상 의무의 위반에 대한 제재로서 부과되는 과태료이다. 질서벌에는 행정상의 질서 유지를 위하여 과태료를 부과하는 행정상의 질서벌과 민사상·소송법상의 질서를 유지하기 위하여 과태료를 부과하는 민사상·소송법상의 질서벌이 있다.

경찰벌(警察罰)

경찰법상의 의무위반에 대한 제재로 통치권에 의거하여 과하는 벌을 말한다. 경찰벌이 과하여지는 경찰의무 위반행위를 경찰범이라고 하며, 경찰범에 대하여 경찰벌을 과하는 절차를 경찰처벌이라 한다. 경찰벌은 경찰의무 중 주로 부작위의무·수인의무의 위반에 대한 제재라는 점에서, 경찰의무의 불이행의 경우에 행하여지는 경찰강제와 다르다.

단속규정(團束規定)

경제통제법규나 교통단속규정과 같이 어떤 행위를 함에는 일정한 조건을 요하거나, 행정단속상 입장에서 일정한 제한·금지를 가하는 규정을 말한다. 단속규정과 관련하여서는 다음과 같은 것이 문제된다. 즉 어떠한 거래를 단속하는 규정이 있는 경우, 그에 위반하여 행해진 행위에 대하여 그 행위의 사법상 효력까지 부정되느냐, 아니면 행위를 처벌함에 그치느냐 하는 문제이다. 이는 그 위반행위를 제한·금지하는 입법취지와 그 취지 실현을 위한 방법으로서의 적부 그리고 거래일반에 미치는 영향 등을 종합적으로 고려하여 판단하여야 할 것이다. 이에 대해 사법상의 효력을 인정하는 것을 협의의 단속규정이라 하고, 사법상의 효력까지 부정하는 것을 효력규정이라 부르는 일도 있다.

위경죄(違警罪)

독;Übertretung 불;contravention

프랑스 형법은 재판관할·소송절차·형의 경중을 고려하여 범죄를 중죄·경죄·위경죄로 분류하는 3분법을 사용하고 있다. 우리나라의 구형법도 이러한 구별을 인정하였으나 현행 형법은 이 구별을 인정하지 않고 있다. 경범죄처벌법에 규정된 범죄가 위경죄에 해당한다.

복리행정

급부행정(給付行政)

독;Leistungsverwaltung

국가 또는 공공단체 등의 행정주체가 수익적 활동을 통하여 직접으로 사회공공의 복리를 증진하기 위하여 주로 비권력적 수단에 의하여 하는 작용을 말한다. 급부행정은 (1) 그 내용에 따라 공급행정·사회보장행정 및 조성행정으로, (2) 구체적인 급부의 목적물에 따라 금전지급, 물건의 공여, 역무제공 및 알선보호 등으로, (3) 그것이 행하여지는 법형식에 따라 공법적 급부와 사법적 급부로, (4) 법적 구속 여부에 따라 의무적 급부·재량적 급부 및 법률로부터 자유로운 급부로 나눌 수 있다.

공물(公物)

라;res publica
독; ffentliche Sache
불;domaine public

국가·공공단체 등의 행정주체에 의하여 직접 공공목적에 공용되는 개개의 유체물을 말한다. 공용주체에 착안하여 정립된 개념으로서 소유권의 귀속여하를 불문한다. 개개의 유체물이므로 영조물 그 자체는 공물이 아니다. 도로·하천 등과 같이 일반공중의 공동사용에 제공되는 이른바 공공용물과 청사·교사 등과 같이 행정주체 자신의 사용에 제공되는 이른바 공용물의 양자가 있다. 국유재산은 그 가운데 행정재산만이 이 공물에 해당하고, 수익만을 목적으로 하는 일반재산은 공물이 아니다. 공물은 사물(私

物)의 반대 개념으로서 공공목적에 공용되는 한도 내에서는 사물과 다른 법적 취급을 받고 공법적 규정에 의하여 규율된다. 즉, 공물에는 사권의 목적이 될 수 없는 것이 있고(예 : 하천·호소·해면 등), 사권의 목적이 될 수 있는 공물에 있어서도 그 공공목적에 방해가 되는 사권의 행사는 제한된다(예 : 융통성의 제한·강제집행의 제한·수용의 제한·과세의 제한 등). 공물의 성립과 관련하여, 공공용물에 있어서는 자연공물을 제외하고 당해 물건이 일반 공중의 사용에 제공될 수 있는 형체적 요소를 갖추어야 하고, 공공용물로서 일반 공중의 사용에 제공한다는 의사를 표시하는 공용개시행위를 필요로 한다. 공용물에 있어서는 단순한 사실상의 사용개시를 요건으로 한다. 아직 공공목적에 공용되지 않았으나 장차 그 구조의 완성을 기다려서 공용하기로 결정된 이른바 예정공물(예 : 도로 예정지) 또는 현실적인 공용이 목적이 아니고, 다만 공공목적을 위하여 그 물건 자체의 보존을 목적으로 하는 이른바 공적 보존물(예 : 문화재·향교재산 등)도 공공목적에 필요한 한도 내에서 공물에 준하여 취급된다.

공유공물(公有公物)

사권의 목적이 될 수 있는 공물에 있어서의 그 소유권의 주체가 공공단체인 경우의 공물을 말한다. 국유공물의 경우와 같이 공유공물을 관리하는 주체에 따라서, 즉 주체가 공공단체인가 국가인가에 따라서 자유공물 또는 타유공물이 된다.

자연공물(自然公物)

하천·산림·해면 등과 같이 천연 상태로 이미 공공용에 제공할 수 있는 형태를 갖추고 있는 공물을 의미한다. 행정주체가 인공을 가하고 또한 이를 공공용에 제공함으로써 비로소 공물이 되는 인공공물(예컨대 도로·공원 등)에 대응하는 개념이다. 국유재산법은 이 종류의 자연공물에 관하여 국가의 일반적인 의미에서의 소유권을 부정하고 이를 공공물이라 부른다(국재§4②Ⅰ).

> 공유수면인 갯벌은 자연의 상태 그대로 공공용에 제공될 수 있는 실체를 갖추고 있는 이른바 자연공물로서 간척에 의하여 사실상 갯벌로서의 성질을 상실하였더라도 당시 시행되던 국유재산법령에 의한 용도폐지를 하지 않은 이상 당연히 잡종재산으로 된다고는 할 수 없다*(대법원 1995. 11. 14. 선고 94다42877 판결).*

공물경찰(公物警察)

공물의 안전을 유지하고, 공물의 공공사용에 관한 질서를 유지하기 위하여 하는 경찰권의 작용을 말한다. 공물의 사용은 그 방법의 여하에 따라서는 공공의 안녕질서에 대한 위해를 발생하는 경우가 있는데, 공공의 질서유지를 위하여 도로통행의 금지·제한 등의 경찰작용이 공물에 대하여 행하여지게 된다.

공물관리권(公物管理權)

공공의 존립을 유지하고 공공목적을 위하여 사용함으로써 공물 본래의 목적을 달성하도록 하는 작용을 공물의 관리라 하는데, 공물을 관리할 수 있는 공물주체의 권한을 공물관리권이라 한다. 공물관리권의 내용은 당해 공물에 관한 법령 또는 자치법규에 의하여 정하여지는 것이며, 각 공물에 따라 같지 않다. 공물의 소극적인 관리작용은 범위결정, 공용담보 및 공공목적에의 사용 등이 있고, 적극적인 관리작용으로는 공물의 유지·수선·보관 및 공공목적에 대한 장해의 방지·제거 등이 있다.

공물의 사용(公物의 使用)

일반공중이 주로 공공용물을 사용하는 법률관계를 말한다. 다만 공용물의 경우에는 그 공용물의 본래 목적을 방해하지 않는 범위내에서만 사용이 가능하다. 공물주체와 공물사용자 사이에는 공물 본래의 목적에 필요한 한도내에서는 공법관계가 성립한다. 그러나 공물의 사용권은 사법상 계약에 의하여 성립할 수도 있다.

공물제한(公物制限)

개인의 소유에 속하는 특정한 물건이 특정한 공익목적을 위하여 필요한 경우에, 그 필요한도 내에서 소유권에 가해지는 공법상의 권리를 말한다. 사유공물 또는 특허기업용 재산에 대한 공물제한은 권리의 목적물을 공익목적에 제공하기 위하여 제한이 가하여지는 경우이고, 공적보존물에 대한 것은 그 목적물의 존재 자체가 공익상 필요하기 때문에 제한이 가해지는 경우이다.

국유재산(國有財産)

넓은 의미로는 국가가 소유하는 일체의 동산·부동산 및 권리를 말하며, 공유재산·사유재산에 대응하는 개념이다. 좁은 의미로는 국유재산법 제5조에서 규정하고 있는 재산을 말한다. 즉 동법에서 국유재산이라 함은 다음 각호의 재산으로서 국가의 부담이나 기부의 채납 또는 법령이나 조약의 규정에 의하여 국유로 된 것을 말한다(국재§2①). (1) 부동산과 그 종물, (2) 선박·부표·부잔교(浮棧橋)·부선거(浮船渠) 및 항공기와 그들의 종물, (3) 정부기업 또는 정부시설에서 사용하는 중요한 기기와 기구(그 범위는 대통령으로 정한다. 기관차·전차·회차·기동차등 궤도차량), (4) 지상권·지역권·광업권 기타 이에 준하는 권리, (5) 「자본시장과 금융투자업에 관한 법률」에 따른 증권 (6)특허권·실용신안권·디자인권 및 상표권 등이 그것이다. 국유재산법은 국유재산을 행정재산(공용재산·공공용재산·기업용재산·보존용재산)과 일반재산으로 구분하고 있다.(국재§6). 행정재산이라 함은 공용재산, 공공용재산, 기업용재산 및 보존용재산을 말한다(국재§6②). 공용재산이라 함은 국가가 직접 그 사무용·사업용 또는 공무원의 주거용으로 사용하거나 사용하기로 결정한 재산을 말하고 공공용재산이라 함은 국가가 직접 공공용으로 사용하거나 사용하기로 결정한 재산을 말하며, 기업용 재산이라 함은 정부기업이 직접 그 사무용·사업용 또는 당해기업에 종사하는 직원의 주거용으로 사용하거나 사용하기로 결정한 재산을 말하고 보존용 재산이라 함은 법령의 규정에 의하거나 기타 필요에 의하여 국가가 보존하는 재산을 말한다(국재6②), 각 중앙관서의 장은 국유재산의 관리, 처분에 관련된 법령을 제정, 개정하거나 폐지하려면 그 내용에 관허여 총괄청 및 감사원과 협의하여야 하고(국재§19), 국유재산에 관한 사무에 종사하는 직원은 그 처리하는 국유재산을 취득하거나 자기의 소유재산과 교환하지 못한다(다만, 해당 총괄청이나 중앙관서의 장의 허가를 받은 경우에는 그러하지 아니하다). 그리고 이를 위반한 행위는 무효이다(국재§19),

한편, 국유재산을 관리전환 하는데 있어 일반회계와 특별회계, 기금 간에 관리전환을 하려면 총괄청과 해당 특별회계, 기금의 소관 중앙관서의 장 사이에 협의를 통하여 관리전환 한다(국재§16). 그리고 서로 다른 특별회계·기금 간에 관리전환을 하려면 해당 특별회계·기금의 소관 중앙관서의 장(長)간의 협의를 통하여 한다(국재§16).

일반재산(一般財産)

국유재산은 그 용도에 따라 행정재산과 일반재산으로 구분한다(국재§6①). 이 중 일반재산이란 행정재산 외의 모든 국유재산을 말한다(국재§6③).

공용재산(公用財産)

국유재산법상의 행정재산에 속하는 재산으로, 국가가 직접 그 사무용·사업용 또는 공무원의 주거용으로 사용하거나 사용하기로 결정한 재산을 말한다.

국고(國庫)

영;fisc 독;Fiskus 불;fisc

재산권의 주체로서의 국가를 말한다. 법치국가에 있어서는 국가도 일반적으로 법의 지배를 받으므로 공권력의 주체인 본래 의미에서의 국가와 별개의 인격으로 본 국고관념은 부정되게 되었다. 그러나 오늘날에 있어서도 민법 제80조 제3항의 경우와 같이 재산권의 주체로서의 국가를 국고라고 하기도 하며, 이 경우에는 민·상법 등 사법의 적용을 받는다. 한편 경찰국가시대에 있어서의 국가는 공권력의 주체로서의 지위에서는 법의 지배를 받지 아니하나 공권력을 수반하지 아니한 재산관계에 있어서는 국가도 사인과 같이 법의 지배를 받으며 법원의 재판을 받는 것으로 되어 있었으니, 이런 의미에서의 국가와는 별개의 인격으로 파악하였다.

국고행위(國庫行爲)

국가의 국유재산불하·수표발행·물품매매계약 등과 같이 행정주체의 사경제적 행위를 말한다. 국고행위는 주로 경제적 활동에 관한 것이기 때문에, 국가의 경우도 경제 단체적 성격이 농후한 공공단체에서 그 예가 많다. 이러한 행위는 행정주체의 사법상 재산권의 주체로서의 행위이고 사인으로서의 행위이므로 특별한 규정이 없는 한 일반사인과 마찬가지로 민법 기타 사법의 적용을 받는다.

공도(公道)

행정권의 주체가 행정작용으로서 일반교통용으로 제공하는 도로를 말하며, 사도에 대응하는 개념이다. 도로법에 의한 도로가 그 대표적인 예이며, 도시계획법에 의한 도로 및 농어촌정비법에 의한 농어촌 도로 등도 공도에 속한다. 공도는 공물이므로 그 관리·사용관계에 있어서 사물인 사도와는 다른 취급을 받는다.

공용개시(公用開始)

특정물을 실제로 공공목적에 공용한다는 행정주체의 의사표시를 말한다. 공공용물은 원칙적으로 일반공중의 공동사용에 제공될 수 있는 형식적 조건을 구비함과 동시에 이와 같은 의사표시행위가 있음으로써 성립한다. 이 의사표시행위를 공용개시행위(Widmunsakt)라고 한다. 이 공용개시행위에 의하여 그 물건은 공물로서의 성질을 취득하고 일정한 공법상의 제한을 받게 된다. 공용개시행위는 상대방 없는 형식적 행정행위로서, 그 의사표시는 명시적인 것이 보통이나 묵시적인 것도 있다. 공용개시행위는 공공용물의 성립요건이지만 공용물 및 자연공물(하천·항만 등)의 성립에는 필요하지 않다.

공용물(公用物)

공용물이란 예컨대 청사·교사·병사·교도소 등과 같이 행정주체 자신의 사용에 제공되는 공물을 말한다. 공공용물에 대응하는 개념이다. 특히 고유의 공용물을 공용재산이라고 한다(국재§4②Ⅰ).

공용영조물(公用營造物)

독;Anstalt des ffentlichen Dienstes

공공영조물과 상대되는 개념으로, 행정주체가 자신의 사용에 제공하는 영조물을 말한다.

공공용물(公共用物)

공공용물이란 예컨대 도로·하천·항·만·운하·제방·교량·공원·천연기념물 등과 같이 일반공중의 공공사용에 제공되는 공물을 말한다. 공용물에 대응하는 개념이다. 공물 가운데 가장 공공성이 강한 것으로서 좁은 의미의 공물은 이 공공용물만을 의미한다. 국유재산법은 공공용물을 공공용재산이라고 하고 있다(국재§6②Ⅱ).

공공시설(公共施設)

국가 또는 지방자치단체에 의하여 공적 목적의 수행에 제공되는 계획적 설비의 일체를 말한다. 이것은 공물과는 달라서 지방자치법상의 용어이다(지자

§144). 위에 말한 바와 같이 공공시설은 설비의 일체이므로 다수의 물건 또는 다수의 사람으로서 포괄적으로 구성된 것을 말할 때 이 개념이 생기는 것이다. 공공시설에는 그 주체의 구별을 표준으로 하여 국가의 공공시설과 공공단체의 공공시설로 구별되고 또 그것이 어떤 방법에 의하여 공적목적을 실시하는가를 표준으로 하여 공용시설과 공공시설로 분류 할 수 있다. 공공시설은 그것을 설비하고, 그 설치로 하여금 일반 사인의 수요를 만족시키는 데 필요한 모든 시설을 공공시설의 관리라고 하여, 이를 위하여 발동하는 행정주체의 행정권을 공공시설의 관리권이라고 한다. 이것은 일반통치권력과 구별되는 것이며, 그것을 사용함으로써 성립하는 사용자와의 특별권력관계에서 발동되는 일체의 지배권이라고 할 수 있다. 공공시설은 원래 공공의 복지를 위하여 설치되는 것이므로 그것을 설치한 행정주체 이외의 일반사인이 이것을 사용하는데, 그 사용방법을 표준으로 하여 보통사용과 특별사용으로 구별한다.

설치·관리의 하자(設置·管理의 瑕疵)

공공시설이 설치·관리의 하자로 인하여 손해를 발생시킨 경우에 행정상 손해배상책임이 발생하게 된다. 이때 설치·관리의 하자란 공공시설이 일반적으로 갖추어야 할 안정성에 흠이 공공시설의 성질을 취득한 당초에 있는 것이 설치의 하자이고, 흠이 후에 발생되는 경우가 관리의 하자이다.

공용제한(公用制限)

독;öffentlichrechtlicheEigentumsbesch ränkung

특정한 공익사업의 목적을 위하여 특정한 재산권에 부과되는 공법상의 제한을 말한다. 물적 공용부담의 일종이다. 그 재산권의 이전과 함께 그 제한의 효과도 당연히 이전된다. 공용제한의 대상이 되는 재산권의 목적인 재산은 토지 등의 부동산인 경우도 있고 동산인 경우도 있으며, 또 무체재산권이 대상이 되는 경우도 있다. 그 중 토지에 대한 공용제한이 가장 보통의 경우인데, 이것을 공용지역이라고 한다. 공용제한은 특정한 공익사업을 위한 공법상의 제한이라는 점에서 사법상의 제한과는 구별되며, 재정목적·경찰목적·군사목적을 위한 그 밖의 공법상의 제한과도 구별된다. 공용제한은 반드시 법률의 근거를 요하며, 법률이 정하는 바에 따라 그 손실을 보상해야 한다(헌§23③). 그리고 제한의 태양(態樣)에 따라 계획제한·보전제한·사업제한·공물제한·사용제한으로 구별된다.

공용부담(公用負擔)

특정한 공익사업의 목적을 달성하기 위한 행정수단으로서 법률에 기하여 국민에게 강제적으로 과하는 일체의 인적·물적 부담을 말한다. 행정주체가 경영하는 공익사업 자체는 비권력적 작용이지만, 그 보조적 수단으로서 이와 같은 권력적 작용이 필요하다. 공용부담은 특정한 공익사업을 위한 공법상 부담이라는 점에서 기타의 행정목적을 위한 공법상 부담인 경찰부담·재정부담·군사부담 등과 구별되며, 국민에게 부과하는 부담인 점에서 공공단체에 부과하는 사업부담·경비부담 등과 구별된다. 공용부담은 국민에게 새로운 부담을 부과하는 것이므로 반드시 법률의 근거를 요한다. 이러한 부담을 부과할 권리는 국가 또는 공공단체가 소유하는 외에 법률 또는 법률에 근거하는 처분에 의하여 사기업자에게 주어지는 경우도 있다. 이 권리를 공용부담의 특권이라고 한다. 공용부담은 특정인에게 작위·부작위·급부를 명하는 인적 공용부담과 특정한 재산권에 고착하여 이에 제한·변경을 가하는 물적 공용부담으로 구분되는데, 인적공공부담은 다시 부담금·부역현금·노역물품·시설부담·부작위부담 등으로 구분되고, 물적공용부담은 공용제한·공용징수·공용환지 등으로 구분된다.

인적공용부담(人的公用負擔)

독;persönliche Lasten

특정한 공익사업 기타의 복리행정상의 수요에 따라 당해 행정주체 등이 법률에 의거하여 개인에게 과하는 공법상의 작위·부작위 또는 지급의 의무를 말한다. 그 의무의 불이행에 대하여는 대집행 또는 행정상의 강제징수 등과 같은 행정상의 강제집행이, 의무의 위반에 대하여는 행정벌이 과하여진다. 인적공용부담은 그 부과방법에 따라 개별부담과 연합부담으로, 부과근거에 따라 일반부담·특별부담·미우발부담으로, 그 내용에 따라 부담금, 부역·현품, 노역·물품, 시설부담, 부작위부담으로 나눌 수 있다.

공용사용(公用使用)

특정한 공익사업을 위하여 그 사업주체가 타인의 소유인 토지 기타 재산권을 강제적으로 사용하는 것을 말한다. 이 권리를 공용사용권이라고 하다. 공용제한의 일종이지만 공용사업권의 설정이 주된 것이고, 재산권에 대한 제한은 그 효과에 불과한 점에서 공용제한과는 다른 특성을 가지고 있다. 그리고 공용수용이 재산권 자체를 징수하는데 대하여, 공용사용은 그 재산권의 사용권만을 징수하는 점에서 공용수용과도 다르다. 공용사용은 법률 또는 법률에 근거한 행정행위에 의하여 제정되며, 그 성질은 공법상의 권리이다. 공용사용에는 공사·측량 등을 위하여 또는 비상·재해의 경우에 설정되는 일시적 사용과 계속적 사용의 두 가지 경우가 있다. 일시적 사용은 보통 법률이 정하는 간단한 절차 또는 행정처분에 의하여 설정되는 데 대하여, 계속적 사용은 재산권에 대한 중대한 제한이므로 그 설정은 법률의 근거가 있어야 하며, 그 절차도 원칙적으로 국토의 계획 및 이용에 관한 법률에 의한 토지수용의 절차에 따른다. 보상은 공익 및 관계자의 이익을 정당하게 형량하여 법률로 정한다(헌§23③).

공용수용(公用收用)
독;expropriation:Enteignung

특정한 공익사업을 위하여 개인의 재산권을 법률에 의하여 강제적으로 취득하는 것을 말한다. 수용 또는 공용징수라고도 한다. 물적 공용부담의 일종이다. 공용수용은 공익사업을 위한 재산권의 징수라는 점에서 재정상의 목적을 위하여 행하는 조세징수, 경찰상의 목적에서 행하는 몰수, 국방상의 목적에서 행하는 징발 등과 구별된다. 재산권의 강제적 취득인 점에서 임의적 취득 및 재산권의 제한인 공용제한과도 구별된다. 공용수용은 특정한 공익사업을 위한 것이어야 한다. 그 대상인 물건은 비대체적인 특정한 재산권으로서 토지·기타의 부동산·동산에 관한 소유권, 기타의 권리이지만, 경우에 따라서는 무체재산권(특허권 등)또는 광업권·어업권·용수권인 경우에도 있다. 그 중 토지소유권에 관한 것이 가장 보편적이다. 공공수용의 주체는 국가 또는 공공단체 또는 그로부터 특허 받은 사인이다. 공용수용은 사법상의 수단에 의할 수 없을 때에 권리자의 의사에 관계없이 그 권리를 강제적으로 취득하는 것이므로 법률의 규정에 의한 물권변동이다. 따라서 부동산의 경우에도 등기 없이 효력이 생기며, 그 권리취득의 성취는 원시적 취득이다. 공용사용은 법률의 근거가 있어야 하고 법률이 정하는 보상을 하여야 한다(헌§23③). 공용수용에 관한 일반법으로서는 국토의 계획 및 이용에 관한 법률이 있다. 이외에도 그 근거를 규정한 법률이 많다.

공용폐지(公用廢止)

공물로서의 성질을 상실시키는 행정주체(공물관리자)의 의사표시를 뜻한다. 상대방 없는 형성적 행정행위이다. 공용폐지는 명시적일 것이 원칙이지만 묵시적이어도 상관없다. 공용폐지로써 그 물건에 대한 공법상의 제한이 없어지고 사법상의 권리가 완전히 회복되어 이후로는 사법의 적용대상이 된다.

공용지역(公用地域)
독;ffentlichrechtliche Dienstbarkeit
불;Servitudes k'utilitépublique

특정한 공익사업의 목적을 위하여 일정한 토지 위에 부과되는 공법상의 제한을 말한다. 공용제한의 일종이지만 그 제한의 대상이 토지라는 점에서 토지 이외의 부동산·동산·무체재산권 위에 부과되는 기타의 공용제한과 구별된다. 토지에 고착된 물상부담인 까닭에 그 토지의 이전과 함께 공용지역의 효과도 당연히 수반하여 이전된다.

공용환지(公用換地)

토지의 이용가치를 전반적으로 증진시키기 위하여 특정한 지역 내에 있어서의 토지의 소유권 또는 그 밖의 권리(예 : 토지권·임차권 등)를 권리자의 의사를 묻지 않고 강제적으로 교환·분합하는 것을 말한다. 물적 공용부담의 일종이다. 환지·토지정리·구획정리라고도 한다. 공용환지는 되도록 권리의 실질에 변경을 주지 않으면서 목적물을 변경하여 동가치의 토지와 교환케 할뿐인 점에서 권리의 제한 또는 수용을 목적으로 하는 공용제한·공용수용과 구별된다.

공물의 불융통성(公物의 不融通性)

공물은 그 공용의 목적을 해치지 않는 방법에 의해서만 법률상의 거래를 할 수 있다. 따라서 그 목적을 해치는 방법으로써, 그 물건에 대한 사실상의 지배를 행할 것을 목적으로 하는 계약을 체결하거나 또는 소유권이양을 목적으로 하는 법률행위를 하거나 그 물건에 제3자의 제한물권 또는 임차권 따위를 설정할 수 없다. 이것을 공물의 불융통성이라고 한다.

공업소유권(工業所有權)

영;industrial property
독;gewerbliches Eigentum
불;propriétéindustrielle

특허권·실용신안권·상표권·의장권(意匠權)을 총칭하는 말로서 산업상의 무형적 이익에 대한 배타적 지배권이라는 점에 특색이 있다. 만국공업소유권보호 파리조약 (1)에서는 위의 4가지 외에 농업·광업 등에 관한 것도 포함하여 넓게 해석하고 있다. 공업소유권과 저작권을 합하여 무체재산권이라 한다.

공기업(公企業)

독;ffentliche Unternehmung

국가·공공단체 또는 그로부터 특허 받은 자가 직접 사회공공복리를 위하여 인적·물적 시설을 갖추고 경영하는 비권력적 사업을 말한다. 공기업을 정적으로 그 시설에 중점을 두어 말할 때에는 영조물 또는 공공시설이라고 한다. 국가·공공단체 또는 그로부터 특허 받은 자가 그 주체라는 점에서 사인이 자기의 고유사업으로서 경영하는 사기업과 구별되고, 직접 사회공공복리를 목적으로 하는 점에서 국가의 수입을 목적으로 하는 사경제적 기업과 구별되며, 역무의 제공과 그 시설의 유지·권리만을 내용으로 하는 비권력적 작용을 수단으로 하는 점에서 경찰·통제·조세·병역 등의 권력작용과도 구별된다. 학설상으로는 영리를 수반하는 공익사업(예 : 철도·우편·전신·전화 등)만을 가리키는 의미로 사용하고 비영리적 순공익사업(예 : 학교·도서관·박물관·미술관 등)을 제외하는 수가 있으나, 이 양자는 경제상으로는 차이가 있어도 법률적으로는 본질적인 차이가 없으므로 양자를 포함하여 공기업이라고 부른다. 공기업은 국가·공공단체 또는 그로부터 특허 받은 자가 공공복리를 위하여 계속적 시설로써 영위하는 사업이므로 그의 조직(인적 요소는 공무원, 물적 요소는 공물)·회계·경리 등이 있어서 사기업과 다른 취급이 인정된다. 그리고 경제상(기업독점권 기타)·형사상 기타 특별한 보호가 부여되고, 그의 이용관계에 관하여도 사법적 관계와는 다른 법률상 또는 사실상의 강제가 가해지는 경우도 종종 있다.

공공조합(公共組合)

공법상의 사단법인을 말한다. 농지개량조합, 산립조합 등이 이에 속한다.

일정한 사원(조합원)의 결합에 의한 조직이라는 점에서는 사법상의 사단법인과 같지만, 공공조합은 국가적 목적을 위해 존재하고 국가적 임무를 담당하며 그 목적을 국가가 부여한다는 점에서 사단법인과 구별된다. 그밖에도 공공조합은 다음과 같은 점에서 또한 사법상의 사단법인과 구별된다. 즉, 공공조합은 그 목적의 상위에 따라 그 설립이 강제되며, 설립이 강제되지 않는 경우에도 일정한 자가 이것을 설립하였을 때에는 다른 자격자는 당연히 조합원이 되는 점, 공공조합에 대해서는 국가적 권력이 부여됨으로써 조합원의 의사여하에 불구하고 조합이 정한 바를 강행할 수 있으나 또 한편으로는 공공조합에 대해서는 국가로부터 특별한 의무가 부과되고 국가의 특별한 감독을 받는 점 등이다. 공공조합은 공공단체(공법인)의 일종이다. 그러나 공공단체라고해서 공공조합에 관한 법률관계가 전부 공법관계임을 의미하지는 않는다. 전에는 각종 산업의 개량·발달, 동업자의 이익증진 또는 산업의 통제를 목적으로 하고 국가목적을 추진하기 위하여 널리 공공조합의 제도가 이용되었으나 이들 제도는 점차 임의단체인 협동조합으로 전화하는 경향이 있다. 농업협동조합·수산업협동조합·중소기업협동조합 등이 그 예이다. 협동조합을 공동조합의 일종으로 보는 자도 없지 않으나, 협동조합은 목적이 국가로부터 부여된 것이 아니고 또한 강제적 요소를 전혀 띠고 있지 아니하므로 공공조합으로 보지 않는 것이 좋다.

영조물(營造物)

영;public instiution
독;Anstalt, öffentliche Anstalt
불;tablissement public

국가 또는 공공단체에 의하여 공공의 목적에 공용되는 인적·물적 시설의 통일체를 말하며 공공영조물이라고도 한다. 영조물이라는 용어는 실정법상으로 행정주체에 의하여 공동의 목적에 사용되는 도로·하천 기타 공공의 건조물 등의 물적 설비를 의미하는 경우에 사용되고 있는데(국배§5, §6), 이 경우의 영조물이라는 개념은 공물이라는 의미에 해당하며, 특히 영조물의 개념으로서 파악할 필요는 없다. 영조물에는 공용영조물과 공공용영조물이 있다. 공용영조물은 행정 주체가 공공의 목적을 위하여 계속적으로 사용하는 인적·물적 설비의 종합체를 의미하는 영조물(예 : 행정관서·교도소·소년원 등)이고, 공공영조물은 행정주체에 의하여 계속적으로 일반공중의 사용에 제공되는 인적·물적 시설의 종합체를 의미하는 영조물(예 : 철도·수도·병원·박물관·도서관·도로·시장·학교 등)이다. 국가 또는 공공단체가 부여하는 각종의 공공의 목적을 위하여 물적 설비를 갖추고, 그 사무를 집행하는 인원을 갖추는 경우, 내용적으로는 공기업에 가깝다고 말할 수 있다. 그래서 최근에 와서는 영조물의 개념을 정립함에 있어서 의의가 생겼다. 그래서 실정법에서는 영조물이라는 용어 대신에 공공시설이라는 용어를 사용하게 되었다(예 : 국배§5의 제목, 지재§25의2, §26, §27). 일반적으로 영조물은 주로 설비의점에 착안한

정적 개념이고, 공기업은 주로 이 설비를 이용하여 행하는 행위에 중점을 두는 동적개념이라고 말할 수 있다. 따라서 도로·공원·항만 등과 같이 주로 물적 설비를 요소로 하는 것은 공기업이라고 부르기에는 적합하지 않고 주로 사람의 행위를 요소로 하는 토지개량 등은 영조물이라고 말할 수 없다. 또 공기업이라는 용어는 주로 영리적으로 경영되고, 적어도 수입과 지출이 있는 경제적 재화의 생산에 관한 사업을 의미하는 경향이 있는데 대하여, 영조물이라는 용어는 수입과 지출이 없는 정신적 문화에 관한 사업을 의미하는 경향이 있다. 이와 같이 양자는 관점을 달리하는 점에서 그 개념의 차이가 있다. 그러나 양자는 대체로 동일한 내용을 가지고 있기 때문에 영조물을 학문상 공기업이라고 부르는 자가 적지 않다. 영조물은 인과 물을 구성요소로 하여 성립되는 통합체이므로 인적 요소와 물적 요소 중 어느 하나를 결하거나 그것이 빈약하면 영조물이라고 하기 곤란하다. 예컨대 하천·도로 등에는 인적 요소가 없으므로 이는 공물(특히 공공용물)에 불과하다고 보아야 할 것이다(국배§5① 참조). 영조물은 그 본질에 있어서는 사인이 경영하는 동종의 시설과 다른 점은 없지만, 다만 그것이 공공적 성질을 가지고 있기 때문에 법률은 그의 관리자에게 영조물규칙제정권·명령징계권·공용부담특권·영조물경찰 등 공적 특권을 인정하여 사인의 그것과는 다른 법률적 취급을 하는 경우가 있다. 영조물의 설치·관리의 하자로 인한 손해에 대한 배상책임과 같은 것이 그 예이다(국배§5).

공법상의 영조물이용관계
(公法上의 營造物利用關係)

공법상 공공시설이용관계라고도 하며, 특정인이 공공시설, 즉 영조물을 이용하는 경우에 영조물의 관리자와의 법률관계를 말한다. 예를 들어 국공립의 학교·도서관·병원의 이용관계와 같이 윤리적인 성격을 가진 것만을 공법상의 영조물이용관계라 할 수 있고, 영조물이 주는 역무나 설비의 제공·재화의 공급이 순전한 경제적 급부를 내용으로 하는 이용관계는 사법관계에 불과하다.

영단(營團)

공공성의 성질을 갖는 사업을 경영함을 목적으로 하는 특수기업형태의 하나이다. 영단(營團) 발생의 이유는 영리를 목적으로 하는 주주총회를 최고기관으로 하는 회사형태에 적합하지 않는 공공성이 있는 사업을 국가적 통제 하에 둔다는 점에 있다. 목적이나 성질은 각기 다르나 일반적 특색은 정부 출자가 자본금의 금액 또는 반액 이상을 차지하는 점, 사업운영이 주주총회와 같은 다수결 원리에 의하지 않고 강력한 권한을 가진 이사기관에 의하여 행해지는 점, 이사기관은 정부가 임명하는 점, 정부의 특별한 감독(잉여금 처분의 인가, 그밖에 감독상의 명령)이나 보호(면세·보조금 등)를 받는 점 등이다. 오늘날에는 영단(營團)이란 말은 쓰지 않고 주로 공단 또는 공사라는 말을 쓴다. 예컨대 대한주택공사·석탄공사 등이다.

공공기업체(公共企業體)

국가의 소관에 속하는 특수한 사업을 관리하기 위하여 설립되는 단체를 말하며, 국가로부터 독립된 인격을 가진다. 각종 공사(한국조폐공사·한국전력공사·한국도로공사·한국전기통신공사·한국토지공사 등)·특수은행(한국은행·한국산업은행·중소기업은행 등)이 모두 이에 속한다. 이들 공공기업체는 넓은 의미에서 국가행정조직의 일부를 구성한다고 볼 수 있다.

관영공공사업(官營公共事業)

공동기업 가운데 공공단체의 경제적 부담에 의하여 국가가 관리하고 경영하는 사업을 말한다. 현행법상의 도로·하천의 유지·관리와 같은 사업을 말한다. 이와 같은 기업의 관리주체로서의 국가와 경제적 부담자로서의 공공단체 사이의 권한의 분계에 관한 의문이 많이 발생한다(국배§5, §6 참조).

영조물규칙(營造物規則)
독;Anstaltsordnung

영조물의 조직·관리·이용조건 등에 관하여 영조물 관리자가 정하는 규칙이다. 이는 영조물의 내부규율 또는 영조물 관리자의 특별권력에 복종하는 자를 구속할 뿐이고, 일반법인의 권리·의무에 관한 것이 아니므로 성질상 행정규칙의 일종이라고 생각할 수 있다. 따라서 법률의 수권을 필요로 하지 않으며, 법령에 저촉하지 않는 범위에서 적절히 고시 등의 형식으로 정할 수 있다.

영조물권력(營造物權力)
독;Anstaltgewalt

영조물 주체가 영조물 사용관계에 있어서 사용자인 특정인 또는 물건에 대하여 가지는 권력을 뜻한다. 일반공권력과 구별되는 특별권력이다. 일반적으로 영조물 내부의 규율권을 말한다. 영조물권력을 초월하여 사용자에게 작위·급부를 명하는 경우도 있다. 또한 영조물권력은 사용자에 대하여서만이 아니라, 사용자가 사용할 때에 영조물 내부에 들어오는 물건에 대해서도 작용한다.

공기업의 이용관계(公企業의 利用關係)

공기업의 작용이 사회공중을 위하여 그 각인에 대하여 노무 또는 재화를 공급하거나 그 설비를 사용시키는 경우에, 그 공급을 받고 설비를 이용하는 자와 기업주체와의 사이에 생기는 법률관계를 말한다. 공기업의 이용관계는 법규나 공기업규칙에 따라 기업주체와 이용자 사이의 자유의사에 의한 합의로 성립하는 것이 원칙이나, 때로는 그 이용이 강제되는 경우(예를 들어 전염병 환자의 병원수용, 취학아동의 취학 등)가 있다. 공기업의 이용관계가 성립하면 공기업의 이용자는 공기업 이용권과 기타 그에 부수되는 손해배상청구권·행정쟁송권 등의 권리를 갖게 되며, 한편 공기업주체는 이용조건설정권·수수료징수권·명령징계권을 갖는다.

공기업 이용권(公企業 利用權)

공기업 이용관계가 성립되면 이용자가 법령·조례·규칙 또는 정관 등이 정하는 바에 따라 공기업주체에 대하여 가지는 당해 공기업의 이용을 청구할 수 있는 권리를 말한다.

공기업벌(公企業罰)

공기업의 확실하고 안전한 관리·경영을 도모하기 위하여 공기업의 경영의 계속성 또는 안정성을 침해한 행위에 대하여는 특별한 제재를 과하는 경우를 말한다.

공기업특권(公企業特權)

공기업의 목적을 달성하기 위하여 법률이 특별히 공기업의 주체에 부여하는 권리 또는 이익을 뜻한다. 전신·전화·화폐의 주조와 같은 기업독점권·공용제한·공용수용 등을 할 수 있는 권리와 경제상 특별한 보호를 받는 이익과 같은 것이다.

공기업특허(公企業特許)

법률상 국가 또는 공공단체에 유보되어 있는 공기업의 경영권의 전부 또는 일부를 다른 특정인에게 부여하고, 그 경영의무를 부담시키는 행위를 말한다. 포괄적 법률관계의 설정행위로서, 경찰상의 제한을 해제하여 본래의 자유를 회복하는 경찰상의 영업허가와 구별된다. 다만, 양자를 구별하지 않는 견해도 있다. 공기업특허는 직접법규에 의하여 행하는 경우와 법규에 근거한 행정행위에 의하여 행하는 경우가 있다. 그리고 법규에 근거한 행정행위에 의하여 행하는 경우에는 보통 특허명령서를 교부한다. 이 경우 특허를 받게 되면 공기업의 공공성으로 인하여 특허기업자는 그 기업의 경영에 있어서 국가 또는 공공단체로부터 여러 가지 보호와 특전을 받게 되는 동시에, 특별한 공법상의 의무를 지게되고 또한 특별한 국가적 감독을 받는다. 사립학교 설립허가·도선장설치허가·토지수용사업 인가 등이 그 예이다.

영조물경찰(營造物警察)

독;Anstaltspolzei

영조물의 관리 및 경영에 수반하여 사회공공의 안녕·질서에 위해를 미치거나 미칠 우려가 있는 때에 이를 제거하거나 예방하기 위하여 행하는 경찰을 말한다. 공공경찰이라고도 한다. 공공의 질서를 유지하기 위하여 일반통치권에 의거하여 국민에게 일정한 제한을 가하는 작용이라는 점에서 다른 경찰과 다름이 없으나, 그것이 특히 영조물에 관하여 행하여진다는 점에서 영조물경찰이라고 한다. 예컨대 철도경찰·도로경찰 등이 있다.

헌 법

- 총 론 / 105
- 대표적인 법 사상가 116
- 기본권 / 162
- 국 회 / 191
- 정 부 / 216
- 법 원 / 228
- 헌법재판소 / 233

헌 법 개 요

헌법(憲法)이라는 용어는 여러 가지 의미로 사용되는데, 크게 보면 다음의 세 가지 개념을 가지고 있다. 즉 (1) 넓게는 하나의 공동체의 기본법질서를 의미하고, (2) 좁게는 근대시민사회에 있어서 국가의 기본법만을 가리키며, (3) 형식적으로는 헌법법전만을 지칭한다. 기본법이라 함은 국가의 조직 및 작용에 관한 기본적 사항을 규정하는 법을 지칭하는 것이다. 따라서 (1)의 의미에서는 헌법을 가지고 있지 않은 국가는 존재할 수 없으며, 하나의 국가는 동시에 복수의 헌법을 가질 수 없다. 오늘날 헌법이라고 말하는 경우에는 상기 (2)의 의미로 사용되는 것이 보통이며, 일반적으로 그 내용은 기본적 인권의 보장, 대표제, 삼권분리제 등을 정하고 있다.

국가가 존재하는 이상, 반드시 헌법을 갖게 되지만, 반드시 헌법전을 갖는다고는 할 수 없다. 실질적으로 국가의 조직이나 활동의 기본적 사항을 정하는 법을 실질적 헌법이라 부르며, 헌법 또는 기본법 등의 명칭을 갖는 법전을 형식적 헌법이라 한다. 이러한 의미에서 영국은 실질적 헌법을 가질 뿐이다. 오늘날의 헌법은 보통 통치기구(형식)와 인권선언(보장)의 2부분으로부터 성립한다. 이전에는 헌법이 인권선언을 포함하지 않고, 군주의 상속, 종교 등의 규정이 이에 대신하고 있었다. 헌법전에 인권선언을 포함한 것은 버지니아헌법(1776년)을 시초로 하는 미국 여러 주(州)의 헌법이었다. 그러나 미국과 같이 인권선언에 상당하는 독립선언(1776년)을 이미 가지고 있던 경우, 연방헌법(1787년)은 통치기구만을 내용으로 하고 인권선언을 포함할 필요가 없었다. 이것은 근대적 헌법으로서의 예외라고 할 수 있는데, 오늘날에는 이 미국연방헌법도 수정헌법에 의하여 인권의 보장을 첨가하고 있다. 프랑스 제3공화제의 헌법적 법률도 인권선언을 포함하지 않은 것인데, 대통령의 인권선언이 그대로 적용된 것으로 보아도 좋을 것이다.

헌법을 연구하는 과학을 헌법학이라고 하는데, 이 경우의 헌법은 헌법전과 같은 일정의 문서만을 지칭하는 것은 아니다. 헌법전을 중심으로 하는 사회현상, 예컨대 헌법현상이라고 할 수 있는 현상을 정확히 인식하고 이것을 해석하는 과학이다. 그 방법의 차이에 따라 주로 헌법전을 문리적으로 해석하는 헌법해석학, 헌법현상을 역사적으로 해석하는 헌법사학, 일정한 헌법현상을 비교·고찰하는 비교헌법학 및 종합적인 방법에 의존하는 일반헌법학 등으로 분류할 수 있다.

헌 법

총 론

헌법(憲法)

영;constitution
독;Verfa ssung

국가의 통치체제를 규정한, 즉 정치체제의 조직과 운용을 정한 기본법을 말한다. 사회에 존재하는 모든 단체(예컨대 학교·회사·조합·시·읍·면·국가 등)는 각각 그 조직과 운용을 위한 규칙을 가지게 마련이다. 이 중에서도 국가의 규칙을 지칭하여 특히 「법」이라고 한다. 국가에는 다수의 법(법률·명령·규칙·조례·조약 등)이 있으나, 이러한 법들의 내용·형식은 헌법에 위반해서는 아니 된다. 즉, 헌법은 근본법(根本法)·기본법(基本法)인 것이다. 근본법을 헌법이라는 명칭으로 부르게 된 것은 미국연방헌법(1787년)이 스스로「헌법」이라고 칭하여 제정된 것이 시초이다. 18세기말에서 19세기초에 유럽에서는 점차적으로 전제적 군주국가가 붕괴되어 자유주의적 근대국가가 건설되었다. 이러한 자유주의국가에서는 권력분립제와 국민의 권리보장이 가장 중요한 정치원리가 되었다. 프랑스의 인간과 시민의 권리선언 제16조(1789년)는 「권리의 보장이 확보되지 아니 할 수 없다」고 선언하고 있다. 그래서 이 두 개의 원리를 갖는 헌법을 특히 근대헌법(近代憲法)이라 하여, 근본적·조직법으로서의 헌법과 구별한다. 그러나 근대헌법을 단순히 「헌법」이라고 하는 일이 많다. 또한 오늘날에는 영국 등 몇몇 나라를 제외하고 대다수의 나라에서는 헌법이 법전화되어 있으므로 이 헌법전을 헌법이라고 하기도 한다.

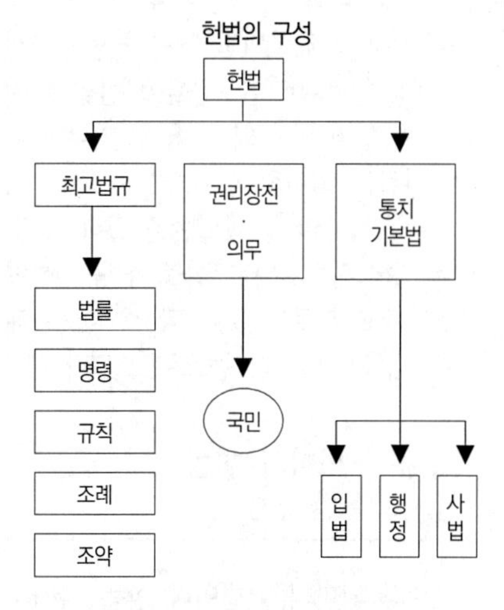

역사적 발전에 따른 헌법개념

구분	내용
1. 고유의미의 헌법	국가최고기관의 조직, 구성과 권한행사방법, 권력기관 상호관계를 규정한 국가의 근본조직법
2. 근대입헌주의적 의미의 헌법	개인의 자유와 권리의 보장, 그리고 권력분립에 의하여 국가권력의 남용을 억제하는 것을 내용으로 하는 헌법
3. 현대사회국가적 헌법	모든 국민의 인간다운 생활을 보장하는 것이 국가의 책무인 동시에 그에 대한 요구가 국민의 권리로서 인정되는 복지국가의 이념을 바탕으로 하는 헌법

법률(法律)

법률은 형식적 의미의 법률과 실질적

의미의 법률로 나누어진다. (1) 형식적 의미의 법률(영;statute 독;Gesetz 불;loi) : 국민의 대의기관인 국회의 의결을 거쳐 대통령이 서명·공포함으로써 성립하는 국법으로서의 법률을 말한다. 이 점이 행정부의 명령이나 입법부 또는 사법부의 규칙 등과 구별된다. 법률은 헌법 다음의 국법이며, 명령·규칙 등이 법률에 위반되면 당연히 법원에서 그 적용이 거부되며, 법률이 헌법에 위반되면 법원은 이의 적용을 거부한다. (2) 실질적 의미의 법률(영, law 독, Recht 불, droit) : 법일반을 말하는 바, 이는 형식적 의미의 '법률'과 구분하여 '법'이라고 부르는 것이 타당하다. 용례로는 법해석·법철학 등으로 쓰인다.

고유의 의미의 헌법

(固有의 意味의 憲法)

고유의 의미의 헌법이라 함은 국가의 통치체제에 관한 기본사항을 정한 국가의 기본법, 다시 말하면 국가최고기관의 조직과 권한, 국가최고기관 상호간의 관계, 국가와 국민의 관계에 관한 기본원칙을 정한 국가의 기본법을 말한다. 이러한 의미의 헌법은 동서양을 막론하고 국가가 존재하는 곳이면, 성문의 형식이건 불문의 형식이건 반드시 존재하는 헌법이다.

고유의 의미의 헌법

개 념	국가조직과 작용에 관한 기본법
특 색	모든 국가에 존재(국가가 있으면 반드시 존재) 예) 영국에 헌법이 있다 - Alexis de Tocqueville - 기본권규정과 무관

실질적 의미의 헌법

(實質的 意味의 憲法)
독;Verfassung im materiellen Sinne

국가의 조직·작용의 기본원칙을 정하는 국가의 기본법의 전부를 말한다. 이 의미에서 헌법은 국가의 최고기관의 형성·조직·권한·이들 기관 상호간의 관계, 국가와 그 구성원인 국민과의 관계 등에 관한 규칙의 총칭이다. 이는 법에 규정된 내용에 착안하여 일정한 사항에 관한 법규는 그 형식에 불구하고 모두 헌법이라고 본다. 따라서 헌법전은 물론, 법률·명령·규칙 및 관습이나 조리까지도 모두 헌법개념에 포섭된다. 실질적 의미의 헌법은 법형식에도 불구하고 국가통치의 기본권의 전부를 포함하는 것이므로, 이들이 일정한 역사상의 이념이나 어떤 특정한 원리에 지배될 필요는 없다. 따라서 고대국가나 중세국가에도 헌법은 존재하였고, 사회주의국가의 헌법도 이에 포함되며, 성문헌법이 없는 영국 등의 불문헌법국가도 실질적 의미의 헌법은 가지고 있다고 하겠다.

입헌주의적 의미의 헌법

(立憲主義的 意味의 憲法)
독;Verfassung in konstitutionelle Sinne

국가권력조직에 관한 근본적 규범과 함께 국민의 국가권력에 대한 지위의 보장에 관한 근본적 규범을 갖추고 있으면서 국민주권의 원칙과 개인의 자유를 본질적 요소로 하고 있는 헌법을 말한다. 그러나 입헌주의(立憲主義)라는 말의 뜻은 시대에 따라서 각각 그 내용이 다르게 변천되어 왔다. 19세기에 있어서는 자유주의와 군주주의와의 결합에 의한 입헌군주제라는 의미로 오해되었고 군주의 실권이 소멸된 오늘의 민주국가에 있어서는 입헌주의라는 용어는 대체로 자유민주주의라는 의미로 사용되고 있다. 입헌주의헌법은 대체로 다음과 같이 세 가지 요소로 구성된다. (1) 기본권(基本權) 보장 : 국민의 기본권을 보장하는 규정은 모든 입헌주의 헌법에서 가장 본질적인 요소로서 규정되어 있으며, 따라서 똑같은 헌법에 규정되어 있으면서도 기본권에 관한 규정은 권력구조에 관한 규정에 상위하는 규정으로 간주되고 있다. (2) 권력의 분립 : 개인의 자유를 보장하기 위해서는 국가의 권력구조는「견제와 균형」의 원리에 기초하여 입법·행정·사법이 엄격하게 분립될 것을 요구하고 있다. (3) 성문헌법 : 입헌주의적 헌법에 있어서는 기본권의 보장이 헌법의 목적이기 때문에 그 기본권을 보장하기 위해서는 헌법을 성문화 할 필요가 있다(성문헌법주의). 뿐만 아니라 헌법을 성문으로 하는 까닭과 같은 맥락에서 그 개정을 보통 법률의 그것보다 어렵게 해야 한다는 데에 있다(경성헌법주의). 입헌주의적 헌법은 이러한 성문성과 개정곤란성을 그 특색으로 하는 형식적 헌법이다. 이러한 헌법의 형식을 구비한 것이 바로 헌법전이다. 그러한 의미에서 입헌주의적 헌법은 형식적 헌법(성문헌법)인 헌법전으로 표현할 수 있다. 입헌주의적 헌법을 가지고 있는 국가를 입헌국가라고 하며, 오늘날 입헌국가는 보통 자유민주주의국가를 뜻한다.

현대 복지국가적 의미의 헌법
(現代 福祉國家적 意味의 憲法)

복지국가(Wohlfahrtsstaat) 내지 사회국가(Sozialstaat)라 함은 모든 국민에게 생활의 기본적 수요를 충족시킴으로써 건강하고 문화적인 생활을 보장하는 것이 국가의 책무인 동시에 그에 대한 요구가 국민의 권리로서 인정되는 국가를 말한다. 현대복지국가적 의미의 헌법이라 함은 이러한 복지국가의 이념을 바탕으로 하는 헌법을 말한다. 현대복지국가적 의미의 헌법은 근대입헌주의적 의미의 헌법의 기반위에 실질적 민주화와 사회화 등을 그 내용적 특징으로 하는 헌법이다.

양차(兩次)대전기간 중 근대시민의 확고한 신념이었던 법치국가의 원리와 권력분립의 원리는 사라져버렸고, 의회주의에 대한 불신은 증폭되었으며, 자본주의 사회의 구조적 모순은 날로 심화되어 갔다. 대전이후 이러한 시민국가적 체제에 대한 불신과 부조리를 극복하기 위하여 국가의 성격은 소극적인 야경국가(夜警國家)에서 적극적인 복지국가(福祉國家)로 전환되어 갔다. 여기에 근대의 입헌주의적 헌법원리를 계승하면서 실질적인 경제의 민주화 등의 요구를 수용한 진보적인 헌법이 나타났다. 이것이 현대복지국가적 의미의 헌법이며 1919년 바이마르헌법이 최초이다. 현대복지국가적 의미의 헌법은 (1) 18, 19세기의 형식적 법치주의에 대한 반성으로서 실질적 법치주의를 채택하고 (2) 일련의 사회적 기본권을 규정하고 있으며, (3) 양적, 질적으로 증대하고 있는 국가기능을 능률적으로 수행하기 위하여 행정국가의 경향을 보이고 있다. (4) 그리고, 헌법규범의 위기를 교훈삼아 헌법재판제도 등 헌법수호제도를 확대·강화하고, (5) 자유민주적인 정당제도를 수용하였으며, (6) 양차(兩次)대전등 전쟁의 참회를 방지하기 위하여 국제평화주의를 선언하고 있다.

근대입헌주의적 의미의 헌법과
현대복지국가적 의미의 헌법

	근대입헌주의적 의미의 헌법	현대복지국가적 의미의 헌법
개념	근대자유주의 이념이 구현된 헌법만, 내용 권력분립주의 기본권보장 1789. 프랑스 인권선언 제16조	현대복지주의 이념이 구현된 헌법만, 내용 대내적-사회권적기본권 대외적-국제평화주의 1919. 바이미르헌법
현대복지국가적 의미의 헌법 특색	1.국민주권주의	실질화→① 보통평등선거원칙 ② 복수정당제도 ③ 지방자치제도 ④ 표현의 자유보장
	2.기본권보장	실질적보장→① 기본권상대화 ② 사회적기본권의 보장 ③ 사유재산제도보장
	3.권력 분립주의	수정→① 권력분립의 완화 ② 국가권력의 적극화 ③ 권력간의 융화와 공동 ④ 사법권의 독립을 강화
	4.의회주의	국가가 의회를 중심으로 운영되던 의회주의의 전성기와 비교해 보면 20세기에 들어와서는 국가 운영에서의 의회의 기능과 비중이 상대적으로 약화
	5.법치주의	실질화→① 실질적 법치주의 ② 포괄적 위임입법 금지 ③ 행정의 합법성 심사 (개괄주의채택)
	6.성문헌법주의→경성헌법 (예외:영국-불문헌법)	헌법의 경성은 성문헌법의 본질적 요소에 속하는 것이 아니나, 오늘날 성문헌법의 대부분은 경성헌법임
	7.그 외 특징	국제평화주의 복지국가주의 →① 인간다운생활보장 ② 경제에관한규제조정→20C경제헌법 (사회적 시장경제)

규범적 헌법(規範的 憲法)

영, normative constitution

뢰벤스타인의 분류로 영국·미국·독일·스위스 등과 같이 국가의 체제에 알맞게 헌법을 제정하여 헌법규정과 권력행사의 현실이 일치하는 헌법을 말한다. 이에 상대되는 헌법이 명목적 헌법이다.

뢰벤슈타인의 헌법 분류

독창적 헌법과 모방적 헌법	대부분의 헌법은 모방적 헌법이지만 1787년 미연방헌법의 대통령제, 1793년 프랑스 헌법의 국민공회정부제, 1918년 레닌헌법의 평의회제, 1931년 중국국민당헌법의 오권분립제, 1972년 한국의 유신헌법 등은 독창적 헌법으로 볼 수 있다.
규범적 헌법 · 명목적 헌법 · 장식적 헌법	헌법 규범과 헌법 현실이 일치하는 헌법을 규범적 헌법(예:서구의 헌법), 헌법은 이상적으로 만들어졌으나 사회여건이 헌법의 이상을 따를 수 없는 헌법을 명목적 헌법(예:아시아·아프리카의 헌법), 헌법이 대외적으로 과시용으로 제정되었기 때문에 헌법현실에 적응할 수 없는 헌법을 장식적 헌법(예:독재국가의 헌법)이라고 한다.
이념적 헌법과 실용적 헌법	바이마르헌법, 멕시코헌법, 포르투갈헌법 등을 이념적 헌법으로 볼 수 있고, 비스마르크 헌법은 통일을 위한 실용적 헌법으로 볼 수 있다.

명목적 헌법(名目的 憲法)

규범적 헌법에 상대되는 개념으로, 실제의 권력과정과 헌법규정이 서로 부합되지 않는 헌법을 말한다. 명목적 헌법은 아직까지 현실을 규율하지 못하고 교육적인 효과만을 가진 것을 말한다. 즉 헌법은 이상적으로 만들었으나, 사회여건이 헌법의 이상을 따를 수 없는 것으로서, 멕시코 헌법 등 남미(南美)의 헌법들, 그리고 아시아의 여러 헌법들이 이에 속한다.

성문헌법(成文憲法)

영;written constitution
독;geschriebene Verfassung

헌법이라는 형식을 갖추고 성문화되어 있는 헌법으로서 형식적 의미의 헌법과 같다. 불문헌법에 상대되는 개념이다. 헌법이 성문화하기 시작한 것은 18세기말의 일로 오늘날은 영국, 이스라엘 등을 예외로 하고 모든 국가들이 성문헌법을 가지고 있다. 단일 법전을 형성하여 보통 법률보다 강한 형식적 효력이 인정되며 그 개정에 관하여 특별한 절차를 규정하는 것이 보통이다. 성문헌법은 비교적 권리선언적인 내용을 많이 포함한다.

불문헌법(不文憲法)

영;unwritten constitution
독;ungeschriebene Verfassung

성문화된 형식적 의미의 헌법을 가지고 있지 않은 국가의 헌법을 말한다. 관습헌법(慣習憲法)이라고도 한다. 그러나 대부분의 나라는 18세기말부터 헌법을 성문화하였고, 오늘날은 영국, 이스라엘 등이 유일하게 불문헌법을 취하고 있다. 불문헌법은 또한 연성헌법(軟性憲法)인 것이 특징이지만 이것은 민주주의적 요소와는 무관하다.

관습헌법(慣習憲法)

관습헌법이란 반복하여 행해진 기본적 헌법사항에 해당하는 관행이 헌법으로서의 규범력에 대한 사회구성원들의 법적 확신을 통하여, 국가 내의 최고법으로서의 규범성을 획득하여, 헌법과 동일한 효력을 가지게 된 것을 의미한다. 우리나라의 경우 현행 헌법이 성문헌법주의를 채택하고 있음에도 관습헌법이 인정될 수 있는지 여부에 관하여 관습의 불분명함을 이유로 관습헌법을 부인하는 견해도 있으나, 성문헌법 속에 헌법사항을 구체적으로 모두 규정하는 것은 불가능하고, 성문헌법에서 헌법적 가치를 갖는 사항을 흠결할 수도 있으므로 관습헌법의 필요성과 그 규범력을 인정하는 것이 타당하다고 본다. 헌법재판소도 관습헌법의 필요성을 인정하고 있다.

> 우리나라는 성문헌법을 가진 나라로서 기본적으로 우리 헌법전(憲法典)이 헌법의 법원(法源)이 된다. 그러나 성문헌법이라고 하여도 그 속에 모든 헌법사항을 빠짐없이 완전히 규율하는 것은 불가능하고 또한 헌법은 국가의 기본법으로서 간결성과 함축성을 추구하기 때문에 형식적 헌법전에는 기재되지 아니한 사항이라도 이를 불문헌법(不文憲法) 내지 관습헌법으로 인정할 소지가 있다. 특히 헌법제정 당시 자명(自明)하거나 전제(前提)된 사항 및 보편적 헌법원리와 같은 것은 반드시 명문의 규정을 두지 아니하는 경우도 있다. 그렇다고 해서 헌법사항에 관하여 형성되는 관행 내지 관례가 전부 관습헌법이 되는 것은 아니고 강제력이 있는 헌법규범으로서 인정되려면 엄격한 요건들이 충족되어야만 하며, 이러한 요건이 충족된 관습만이 관습헌법으로서 성문의 헌법과 동일한 법적 효력을 가진다*(헌재 2004.10.21, 2004헌마554)*.

경성헌법(硬性憲法)

영;rigid constitution
독;starre Verfassung

경성헌법이란 그 개정의 방법이 일반법률의 개정방법보다 신중한 조건을 충족하도록 규정되어 있는 헌법이다. 일반적으로 성문헌법은 개정에 관한 절차를 헌법 속에 규정하고 있는 것이 원칙인데 그 절차가 일반법률의 개정절차보다 까다롭다. 이것은 국가의 기본법인 헌법의 개정을 될 수 있는 대로 방지하려는 데 목적이 있다. 연성헌법에 대응하는 개념이다. 근대 여러 나라의 성문헌법은 대부분 이에 속하며, 우리나라 헌법도 경성헌법에 포함된다(헌§128 이하 참조).

연성헌법(軟性憲法)

영;flexible constitution
독;biegsame Verfassung

연성헌법이란 그 개정의 절차에 특별한 개정절차를 필요로 하지 아니하고 일반법률의 개정방식으로 개정할 수 있는 헌법을 말한다. 경성헌법에 대응하는 개념이다. 1848년의 사르디니아 왕국헌법·1876년의 스페인헌법이 그 예이다. 또 영국의 경우 성문헌법이 없고 헌법사항이 일반법률의 형식으로 제정되어 이것의 개정에는 일반법률의 개정방식에 의하는데 이것이 전형적인 연성헌법의 예이다.

민정헌법(民定憲法)

민정헌법이란 국민주권사상에 입각하

여 국민전체의 의사에 의해서 국민이 단독으로 제정한 헌법이다. 국민이 직접 제정하거나 그 대표기관이 제정한다. 보통 국민으로부터 선거된 의회에서 제정되는 헌법을 의미한다. 민정헌법은 민약헌법(民約憲法) 또는 공화제헌법(共和制憲法)이라고도 한다.

최고법규성(最高法規性)

헌법은 모든 국법의 근원이며 이에 반하는 법령은 효력이 없다고 하는 헌법이 지니는 성격을 말한다. 이 성격은 헌법개정에 대하여 법률제정보다도 엄격한 절차가 필요하며(헌§130②), 위헌법률심사권(§107①)에 있어서 법원의 제청에 의하여 헌법재판소가 결정한 바에 따라 재판하도록 하고 있는 것으로 보아도 알 수 있다. 이러한 헌법은 그 형식적 효력에서의 최고성 이외에 기본적 인권(§10)과 대통령의 헌법수호책무(§66②)를 규정하고 있다. 이것은 헌법이 형식적으로 최고법규라고 하는 것의 실질적 이유와 최고법규라고 하는 것에서 생기는 일종의 효과를 정하고 있는 것이라고 해석할 수 있다. 실질적 이유라 함은, 「인류의 오랜 세월에 걸친 자유획득의 노력의 효과」인 기본적 인권을 「이 헌법이 대한민국국민에게 보장」한다고 하는 것을 말한다. 이와 같은 보장규정을 핵심으로 하는 까닭에 헌법은 최고법규로서의 가치를 가지는 것이다. 또한 기본적 인권을 위협할 우려가 있는 국가권력의 담당자인 대통령에게 헌법수호책무를 부과하는 것도 헌법의 최고법규성에 생기는 필연적인 효과라고 보아야 할 것이다. 이와 같이 헌법의 최고법규성을 고찰함에 있어서는 형식적인 최고법규성뿐 아니라 실질적 측면이 있다는 것을 유의해야 한다.

헌법쟁의(憲法爭議)

독;Verfassungsstreitigkeit

헌법의 해석에 관한 쟁의를 의미한다. 헌법재판이 인정되어 있는 국가에서는 법원의 법률심사권에 의하여 해결되는 경우 외에는 정부 또는 의회 그 밖의 관계기관 상호간의 실제적 타협에 의하여 해결할 수밖에 없다.

프로이센헌법(프로이센憲法)

1848년에 제정되고, 1850년 개정된 프로이센의 헌법을 말한다. 이 프로이센헌법의 본질적인 특색은 북독일연방헌법(1867년)이나 남독일제국을 합한 독일제국헌법, 즉 비스마르크헌법(1871년)에도 계승되어 제1차대전 후의 바이마르헌법(1919년 8월 11일)이 제정될 때까지 그 근간을 유지해 왔다는 데서 주목할 만한 가치가 있다. 이 프로이센헌법 제정사업은 프로이센의 왕 프리드리히 빌헬름3세에 의하여 착수되었는데, 1848년 프로이센의 흠정헌법(欽定憲法) 발포는 빌헬름 4세에 의하여 이루어졌다. 이미 1789년에 일어난 프랑스혁명은 이웃나라 오스트리아와 독일에도 전파되어 3월 혁명을 각지에서 일으키게 하였는데, 보수적인 군주절대주의를 고수해 왔던 프로이센

국왕도 이러한 민중의 혁명적 요구에 물러서지 않을 수 없었던 것이다. 또한 프로이센의 독일연방국가를 구성하는 연방국들 중에서 지도적 지위를 확립하기 위하여서도 헌법제정이 불가피하였다. 1850년의 개정헌법은 1848년의 제정헌법과 마찬가지로 1831년 벨기에헌법을 모방한 것이었지만, 독일·프로이센적인 반동적(反動的)·군주주권주의(君主主權主義)가 강하게 작용하고 있어서 국민주권과 의회권한이 강조된 벨기에 헌법과는 상당한 거리가 있다. 예를 들어보면, 이 법권은 국왕과 양원(兩院)이 공동으로 행사하고, 행정권은 국왕에 속하며, 사법권은 법원이 군주의 이름으로 행사하는 등 삼권분립의 규정이 있으며, 국민의 권리도 어느 정도 보장되어 있지만, 특히 권리보장의 측면에서는 이른바 「법률의 유보」사항이 벨기에헌법에서는 예시적으로 규정된 데 반하여 프로이센헌법에서는 제한적 예거(例擧)로 해석되고 있다. 거기에다 국왕의 독립명령권이 광범하게 인정된다고 해석되는 등이 중요한 차이점이다. 이점에 관해 주목할만한 사건은 1862년부터 1866년에 걸친 유명한 헌법분쟁을 들 수 있다. 그것은 비스마르크 재상의 강력한 주장에 의하여 군비확장에 반대한 연방회의 의결을 거치지 않고 예산을 집행한 사건에서 그 절정에 달하였는데, 사실문제로서는 1866년 7월 오스트리아에게 승리함으로써, 비스마르크의 사실승인의 제안에 의하여 종결되게 되었다.

영국헌법(英國憲法)

영국은 오늘날 의원내각제를 내용으로 하는 근대의회제민주국가의 표본이 되고 있다. 여기서 근대적 헌법원리가 세계최초로 성립하였다. 그럼에도 불구하고 영국에는 헌법이 없다는 말을 하고 있다. 이는 영국에 성문헌법전이 없다는 뜻으로서 오늘날 문명국가 가운데서 성문헌법을 가지고 있지 않은 유일한 나라가 바로 영국이다. 그러므로 보통 영국헌법이라고 말할 때에는 실질적으로 헌법적인 내용을 규정한 통상법률, 관습과 병행하는 헌법적 관습율(conventions of the constiution)에 의하여 성립한 것들을 총칭함에 불과하다. 이런 의미의 헌법을 실질적 의미의 헌법이라고 한다. 이중에는 약간의 성문법이 있는데 대헌장(Magna Carta, 1215), 권리청원(petition of Right, 1628), 권리장전(Bill of Rights, 1689)등이다. 이는 영국헌법의 성전으로 불려지는데 성문헌법국가에 있어서의 인권보장의 고전적 규정들이 이 가운데서 발견되고 있다. 그리고 왕위계승법(Act of Settlement, 1701)과 의회법(Parliament Act, 1891)도 중요하다. 전자는 군주제국가의 구성에 있어서 불가결한 왕위승계 외에 사법권 독립에 관해서도 규정하고 있으며, 후자는 영국헌정역사상 가장 중요한 역할을 하는 의회에 관한 법률이다. 영국헌법의 기본원리로서의 특징은 소위 의회주권(sovereignty of parliament)이 있는데 그것은 국왕과 상원(귀족원 : house of Lords) 및 하원(서민

원 : House of Commons)을 합한 의회가 영국의 국민의 대표로서 주권을 행사한다는 것이다.

그러나 20세기에 와서 영국헌정상에는 새로운 경향 내지 특색이 나타나게 되었다. 그 하나는 하원의 우월성이다. 상원은 제정법안에 대해서 거부권이 없으며 공법률안에 있어서도 계속 2회기에 걸쳐 하원에서 재의결이 되면 상원의 의사를 무시하고 법률로 확정된다. 또 하나는 군주제의 민주화이다. 「국왕이란 이름이 지상에서 영원히 소멸되는 한이 있어도 최후까지 남는 왕은 5인이 있다. 그것은 트럼프(Trump card)에 있는 네 개의 왕과 영국의 왕이다」고 할 정도로 군주는 영국의 상징이었으나, 오늘날의 영국은 「왕관을 쓴 공화제(crowned republic)」라고 부를 정도로 각 지방에서 민주화가 철저히 이루어졌다. 즉 제한군주제라고 하여도 그것은 민주주의가 보다 발전된 의회주의적 군주제의 전형을 나타내고 있다. 그리고 세 번째는 1931년의 웨스트민스터헌장(Statute of Westminster)에 의하여 영본국과 자치령과의 각종 규정이 설정되고 영연방의 헌법적 구성에 관한 규제가 이루어진 것인데, 제2차대전 후 인도의 독립을 비롯한 여러 식민지의 독립에 따라 그 구성내용의 규제가 완화되었고 정치적으로도 많은 변동이 나타나게 되었다.

미국헌법(美國憲法)

미국헌법은 역사적으로 볼 때 영국식민지의 지배하에 독립혁명으로써 쟁취된 산물이다. 오늘날의 미합중국은 1787년 영영식민지 13주로 이루어진 연방으로부터 출발한 것이다. 이에 앞서 독립선언을 발포한 1776년부터 1780년에 걸쳐서 버지니아주를 위시한 여러 주에서는 천부적 기본권 및 사회계약론을 사상적 기반으로 한 주(州)헌법이 제정되었다. 미연방헌법은 이들 여러 주가 통합된 안정정치를 수립하고자 하는 취지에서 제정된 것이다. 그런 의미에서 보면 1777년의 연합규약(Articles of Confede-ration)은 이에 이르는 과도적 교량(橋梁)이 되는 것이다. 1787년에 제정된 미연방헌법은 초대대통령에 조지 워싱턴을 선출하고 이후 연방헌법의 정비 내지 수정에 노력하였다. 최초의 수정헌법 10개조는 1892년에 증보된 것으로서 그 내용이 바로 권리선언이다. 그 뒤 수정조문으로서 특히 중요한 것은 남북전쟁 후에 증보(增補)된 노예제도의 폐지를 중심으로 한 수정 13조 내지 15조이다. 이에 의해서 흑인의 인권을 포함한 지금 헌법의 기본적 체계가 대개 확립되게 되었다. 미국헌법의 특색으로서는 50여개주로 형성되는 연방제와 권력분립주의 그리고 위헌심사제에 있어서의 사법권우위 등을 들 수 있다. 그 가운데 연방제에 관해서는 전술한 바와 같이 건국 당초의 사정에도 밝혀진 것처럼 합중국과 각주의 권한분배가 헌법에 의해서 명시되고 있다. 그 때문에 연방법과 주법이라는 2원성이 미국법체계의 특색이 되고 있다. 이에 따라서 사법제도 역시 연방법원과 주(州)법원으로 양분되어 있다. 또 미국의 권력분립제도는 대통령과 연방의회 및 연방법원의 3기관으로 엄격한 분립체제를 취하고 있는데 대통령은 4년의 임기를 가지고 국민으로부터 선출되며, 국회와는 전혀 무관하게 독자적으로 활동한다.

행정부와 입법부 사이는 영국의 의원내각제처럼 밀접한 협동관계가 없으며, 엄격한 권한과 기능의 분립이 이루어져 있다. 또한 의회를 구성하는 상원과 하원 중 하원은 인구에 비례하여 각주에서 선출된 의원으로 이루어지며, 상원은 각주에서 주대표로 2명씩 선출된 임기 6년의 의원으로 구성되는데, 이것이 연방제의 제1특색임은 말할 것도 없다. 미국헌법의 또다른 특색인 사법권우위는 성문헌법의 명문에서 오는 것은 아니고 1803년 마베리 대 매디슨사건(Marbury vs. Madison) 에 관한 연방최고법원의 판결로써 확립된 판례법상의 원칙이다. 즉 법률이 헌법규정에 비추어 위헌이냐 합헌이냐 하는 심사권한은 법의 해석을 임무로 하는 법원이 전담할 성질의 것이라는 것이다. 다만 이 때의 위헌심사제도는 구체적 사건의 심사과정에서 내리는 판단이므로 독일에 있어서 추상적 위헌심사를 내용으로 하는 헌법재판소의 기능은 가지지 않는다는 점에서 차이가 있다. 미국의 경우를 구체적 규범통제, 독일의 경우를 추상적 규범통제라고 한다. 우리 헌법 제111조 1항은 구체적 규범통제형식으로 독립된 헌법재판소에 위헌법률심사권을 규정하고 있다.

사회주의국가의 헌법
(社會主義國家의 憲法)

사회주의국가에서 제정되어 시행되고 있는 헌법을 말한다. 전통적인 헌법학에서는 헌법의 형식면을 기준으로 헌법을 분류하는 방식을 취하고 있지만, 관점을 바꾸어서 국가의 사회경제체제의 측면에서 분류한다면, 자본주의국가헌법과 사회주의국가헌법으로 나누어 볼 수 있다. 그러나 일률적으로 사회주의국가헌법이라고 해도 오늘날에 있어서는 인민민주주의국가라고 불리는 것이 있는데, 그것은 그 성립과정이나 제도적 배경에 따라서 특이한 성격을 가진다는 데 유의할 필요가 있다. 여하간 광의의 사회주의국가헌법이라고 부를 수 있는 것은 자본주의에서 사회주의로 이행하는 과도기적 단계에서의 사회·경제의 체제를 반영하는 헌법이다. 이와 같은 헌법은 1917년 사회주의혁명으로 인한 사회주의 국가의 탄생과 궤도를 같이하는 것이었다. 일반적으로 사회주의 국가헌법에 공통적인 특색은 그 기본원칙으로 사회주의 이념을 천명하고 있다는 것이다. 또한 소시민(小市民)이나 지주들의 참정권을 어느 정도 인정하고 있지만, 사회·정치·경제의 여러 분야에 걸친 실질적 지도권은 노동자계급 또는 그 전위당(前衛黨)이 장악하고 있다는 점이다. 그러므로 특히 자본주의국가의 헌법에서는 민주주의의 본질적 요소인 자유평등을 근간으로 하는데 반하여, 사회주의국가헌법에서는 근로대중을 최상으로 옹호한다는 미명아래 보다 격심한 계급독재를 합법화하는 명목상의 것으로 위장하고 있다는 점에서 대조적이라고 할 수 있다. 사회주의국가헌법의 창설은 레닌이 이끌었던 1917년의 러시아 10월 혁명에서 비롯된 역사적 사실이었으며, 제2차 세계대전이 종결되기까지 소련의 사회주의헌법이 세계 여러 나라 헌법 중에서도 확실히 독특한 존재였음은 부인할 수가 없다.

그러나 전후 20년 동안 사회주의가 보급됨에 따라서 사회주의헌법을 채택하는 나라들이 생겨나게 되었는데, 유럽에 있어서의 소련 위성국가들과 아시아·아랍제국이 그 예이다. 다시 지역적으로 소상히 살펴보면 불가리아·헝가리·알바니아·폴란드·루마니아·유고슬라비아 등 동구의 민주주의 국가라고 칭하는 나라들의 헌법들인데, 그 특색은 사법 소유권제도를 인정하고 정치참여를 허용하는 비교적 온건한 태도를 취하는 점이다. 이 점이 1918년 러시아 혁명헌법과 차이가 있다. 다음에 중국·몽고·베트남 등의 헌법을 들 수 있는데, 이것들은 각각 그 나라의 특수사정에 따라서 전자보다 많이 변질되어 정통적인 민주주의를 지향하고 있는 이른바 자본주의국가 헌법과는 달리 고유한 입법주의를 포기한 명목뿐인 헌법적 요소가 많은 실정이다.

절대적 의미의 헌법
(絶對的 意味의 憲法)
독;Verfassung in absoluten Sinne

같은 헌법전에 규정되어 있는 조항들이라 하더라도 그것들이 평균적으로 동위에 있는 것이 아니라 입체적·단계적 구조를 가지고 있는바, 그 중에서도 그 성질상 상위의 차원의 조항을 절대적 의미에 헌법 또는「헌법의 헌법」이라고도 한다. 이것은 칼·슈미트(C·Schmitt)가 주장한 것이며, 이러한 조항의 변경은 곧 헌법의 파괴를 의미하는 것이다. 따라서 절대적 의미의 헌법은 헌법개정의 한계를 규정짓는 기준이 되며 이에 대응하는 것이 상대적 의미의 헌법이다.

이념적 헌법(理念的 憲法)
영;ideological constitution
독;ideologische Verfassung

헌법상 이념을 표명하고 있는 헌법을 말한다(예컨대 자유주의적 헌법 또는 사회주의적 헌법). 실용적 헌법에 대하는 개념이다. 사회질서의 개혁을 강력히 지향하는 헌법은 이념을 명백히 표명함으로써 이념적 헌법의 형태를 채택한다. 1917년의 바이마르헌법, 1936년의 구소련헌법 등이 이에 속한다. 헌법의 이념이 달성된 후에 주로 국가권력구조면에 관한 규정을 중심으로 하는 헌법을 실용적 헌법이라고 하는데, 이는 이념적으로 중립이거나 순수하게 실용적인 헌법일 것을 목표로 한다(예컨대 1871년 비스마르크헌법, 1875년 프랑스 제3공화국헌법 등).

헌법제정권력(憲法制定權力)
독;Verfassungsgebende Gewalt
불;pouvoir constituant

헌법제정권력이란 헌법 자체를 만들

고 헌법상의 국가기관에 권한을 부여하는 근원적인 권한 내지 권력을 말한다. 주권이라고 규정하기도 하며, 헌법에 기초하여 헌법이 부여한 권한만을 행사하는 입법권·행정권·사법권과 구별하여야 한다. 주권이 국민에게 있음은 헌법제정권이 국민에게 있음을 의미하며, 군주주권은 헌법제정권이 군주에 있음을 의미한다. 우리 현행헌법은 주권주민의 원칙을 제1조 2항에서 규정하여 헌법제정권이 국민에게 있음을 선언하였을 뿐만 아니라, 제130조 2항에서 헌법의 개정도 국민투표에 의하여 최종적으로 확정됨을 규정하고 있다. 헌법제정권력은 프랑스혁명 당시 국민주권의 기초를 세우기 위하여 「시에예스」에 의하여 주장되었고, 최근에는「슈미트」에 의하여 전개되었다. 이 권력의 소재가 군주냐 국민이냐의 구별에 의하여 국가형태(Staatsform)를 분류하는 것은 곧 헌법의 파괴가 되므로 헌법상의 개정 절차로는 변경할 수 없다. 또한 헌법제정권력은 헌법개정권력과도 엄밀히 구별되어야 하는 것이다.

대표적인 법 사상가

라살레(ferdinand Lassalle 1825~1864)

독일의 사회주의자, 노동운동의 지도자. 1848년의 2월혁명을 지도했으며 1863년에는 전 도이치 노동자협회를 창립하였다. 처음에는 마르크스와 가까운 사이였으나 뒤에 국가주의로 전향하여 사이가 벌어졌다.

저서 : (노동자강령) (기득권의 체계)

칼슈미트(Carl Schmitt 1888~1985)

독일의 법학자·정치학자. 베를린대학 교수. 전체주의적 국가·정치관을 주장하여 나치스에 중요한 이론적 기초를 부여했다. 또 연방지사법(聯邦知事法), 지방자치체조직법의 제정에 사력을 다했다.

게오르그옐리네크(Jellinek Georg 1851~1911)

독일의 공법학자. 19세기의 독일국가학을 집대성하고 현대공법학의 기초를 마련하였다. 존재와 당위를 구별하는 신칸트주의의 방법이원론에 입각하여 국가학을 국가의 사회학과 국법학으로 나누고 체계를 전개하였다. 사회학적인 국가개념과 법학적인 국가개념을 구별하는 국가양면설 및 법의 효력의 근거를 사회심리학적으로 설명하는 사실의 규범 그리고 법과 국가의 관계에 기초를 마련하는 국가의 자유구소설 등은 특히 유명하다.

저서 : Allgemeine staatslehre(일반

국가학, 1900.) System der subjekti ven öffentlichen Rechte (공권론).

한스켈젠(Kelsen Hans 1881~1957)

오스트리아의 법학자. 빈대학에서 교직을 맡고 있었는데 나치스의 박해를 피하여 국외로 탈출. 미국의 켈리포니아대학교수. 신칸트주의의 방법이원론이나 후설의 논리주의 흐름을 흡수하고 순수법학을 수립하여 법질서의 규범론리적인 구조를 명확히 하고 법단계설을 제창하였다. 민주주의론·국제법이론·이데올로기비판 등에서도 예리한 분석능력을 발휘하고 세계의 학계에 상당한 영향을 끼쳤다.

저서 : Allgemeine Staatslehre(일반국가학, 1925), Reine Rechtslehre (순수법학), Vom Wesen und Wert der Demok ratie(민주주의의 본질과 가치).

사비니(Savigny Friedrich Karl von 1779~1861)

독일의 법학자. 법전논쟁을 계기로 역사법학을 창설한 것으로써 유명하다. 합리적인 근대자연법론에 입각한 법전편찬 움직임에 항거하고 민족정신의 소산인 법의 역사성을 강조하고 로마법의 역사적·체계적인 연구를 통하여 현대독일법학의 기초를 확립했다.

저서 : VomBeruf unseror zeit Für Ges- etzgebungund Rechtswissenschaft(입법 및 법학에 대한 현대의 임무) System des heuti gen römischen Rechts(현대로마법체계)

마키아벨리(Niccolo B. Machiavelli 1469~1627)

이탈리아의 정치학자. 1513년 정계를 물러나고 사색과 저술생활로 들어갔다. 마키아벨리즘(Machiavellism)으로 이름이 알려져 있는데, 본래는 열렬한 공화주의자였다. 즉 15세기 말엽의 이탈리아의 소국분립권력투쟁등과 외적들의 침입은 그로 하여금 결국 반공화주의자가 되게 하였던 것이다. 그는 르네상스의 정치사상을 대변하였고, 또는 정치학을 신학적 형이상학에서 해방하였다.

저서 : (로마사론) (군주론 : 1513)

보딩(Bodin Jean 1530~1596)

프랑스의 법학자이며 정치학자. 불란서의 절대왕제의 확립에는 국내의 봉건제후의 세력을 압제하고 국외의 로마교회 및 신성로마제국의 지배를 거절할 것이 필요하였지만 보딩은 대내적으로는 유일한 존재이고 대외적으로는 독립의 권력인 주권의 개념을 형성하고 절대주의의 이론적인 기초를 마련하였다.

저서 : Los six liver s de la république(국가론 육편 : 1576)

알투지우스(Althusius Jahannes 1557~1638)

독일의 법학자. 사회계약론의 선구자로서 유명하다. 국민주권과 저항권 등도 주장하였고 킬케에 의해서 높이 평가되었다.

저서 : Politica methodice digesta atque exemplis sacris et protanis illu strata(조직정치학 : 1603)

홉스(Hobbes Thomas 1588~1679)

영국의 경험론의 철학자이며 근대자연론의 대표자 가운데 한 사람이다. 인간은 자연상태에서 무제한의 자유인 자연권을 향유하지만 거기서 출현하는 투쟁상태로부터의 탈각(脫却)을 지시하는 이성의 명령(자연법)에 따라서 사회계약을 체결함과 동시에 자연권을 포기하여 주권을 설정하고 거기에 전능의 국가가 탄생한다고 주장한다. 법의 권위를 중시하는 홉스는 저항권을 적극적으로 인정하려 하지 않고 그의 이론은 절대주의의 이데올로기로서의 기능을 이룩하고 있었는데 국가나 법에 관한 그의 합리적인 설명은 극히 근대적인 성격을 표시하는 것으로써 높이 평가된다.

저서 : leviathan(리바이어던 : 1651) de cive(시민론)

루소(Rousseau Jean Jacques 1712~1778)

제네바태생의 프랑스의 사상가. 각 방면에서 다채로운 사상을 전개했지만 법사상사(史)에서는 사회계약론의 주창자로서 이름 높다. 특히 자유와 구속이라는 모순을 사실의 문제로서가 아니라 권리의 문제로 포함하고 자율적인 사회계약의 관념을 그 해답으로써 정한다는 것은 근대자연법론의 중심적인 관념을 방법론적으로 순화한 점에서 중요하다. 이리하여 그는 국민주의에 입각한 새로운 정당성의 원리를 확립하고 근대사회의 형성에 커다란 영향을 미쳤지만 그의 일반의지의 이론은 해석여하에 따라서 민주주의에도 전체주의에도 결부되는 것으로써 문제가 되고 있었다. 칸트가 루소의 사상에 감동하였다는 것은 유명하다

저서 : Discours sur l'origine et les fondements de i'i négalité parmi des hommes(인간불평등 기원론) Du contrat social(사회계약론 Emile(에밀)

그로티우스(Grotius Hugo 1583~1645)

네델란드의 법사상가, 젊었을 때부터 명성을 떨치고 실무와 연구분야에서 다채로운 활약을 하였다. 생리적·사회적인 인간본성에 입각한 자연법론을 제창하고 국제법의 기초를 확립하였다. 자연법의 아버지, 국제법의 아버지로서 높이 평가되고 있다.

저서:De Jure belli ac pacis(전쟁과 평화의 법:1625) mare liber um(자연해법)

로크(Locke John 1632~1704)

영국경험론의 대표적인 철학자이다. 그는 근대자연법론자로서도 법사상사(史)에서 중요한 지위를 차지하고 있다. 인간은 자연상태에서 향유하고 있던 자연법상의 권리를 확보하기 위하여 사회계약을 체결하지만 거기서 성립하는 권력은 사회형성의 목적에 의해서 제약된 신탁적(信託的) 권력이며 시민에게는 권력의 남용에 대한 저항권이 유보되고 있다고 주장한다. 재산권을 자연법상의 권리라고 하는 로크의 사상은 명예혁명에 의해서 성립한 영국의 시민사회를 정당화하는 것이었지만 또한 그의 저항권이나 입법권우위의 이론은 제국의 민주주의의 발전

을 지도해왔던 것이다.
저서 : Two Treatises of civil Government(시민정부론 : 1690), Essay Concerning Human Understanding(인간오성론)

몽테스키외(Montesquieu Charles Louis de Secondat 1689~1755)
프랑스의 사상가. 자연법론이 지배적이던 계몽기에 있어서의 약간 특이한 존재였으니, 인간의 본성론적 고찰이나 사회의 계약론적 설명 외에도 구체적 존재로서의 인간과 역사적 실재로서의 사회의 경험과학적 인식을 중시하여, 오늘날 법사학·법사회학·비교법학의 선구가 되고 있다. 정치적 자유의 확보를 목적으로 한 그의 삼권분립론은 유명하며 근대입헌주의헌법의 기본원리의 하나로 빛나고 있다.
저서 : De I'esprit des lois(법의 정신 : 1748) lettres persanes(페르시아인의 편지)

다이시(Dicey Albert Benn 1835~1922)
영국의 헌법학자. 자유주의적이며 개인주의적인 헌법학을 수립하고 의회주권과 법의 지배와 헌법관행의 존중이 영국헌법의 특질이라고 하였다. 현대에서는 그의 19세기적인 한계가 문제되는 경우도 있겠지만 그의 헌법학은 영국헌법학의 전통이라고 할 만큼 권위를 갖추었다. 법과 세론의 사회학적인 연구나 국제사법에 관한 우수한 논고(論稿)도 있다.
저서 : inttrodu-ction to the study of the La w of the Constitution (헌법론서설 : 188 5) lectures on the Relation between La w and public Opinion in England durli ng the Nineteenth Century(법과 세론). A Digest of the Law of England with Reterence to the Conflict of Laws(법의 저촉에 관한 영국법적요)

라스키(Harold Joseph Laski 1893~1950)
영국의 정치학자·문명비평가. 런던대학 정치학교수. 노동당의 최고간부의 1인. 그는 개인의 자유를 정치의 궁극의 목적으로 하고 이 자유가 자본주의 사회에 있어서의 억압될 염려가 있다고 생각하고 사회주의적인 입장에서 연구하였으며 반파시즘·반국가주의 및 세계평화의 달성을 위하여 노력하였다.
저서 : (근대국가에 있어서의 권위)(위기에 있는 민주정치)

홈즈(Holmes Oliver Wendell 1841~1935)
미국의 법률가. 연방대법원의 판사로서 활약하고 때때로 진보적인 소수의견을 내세워「위대한 반대론자」라고 불렸었다. 미국에 있어서의 기본적 인권과 사회정책의 발전을 이룩하게 한 역할은 크다. 실증주의적인 법예언설을 제창한 것으로도 유명하고 리얼리즘법학에 영향을 주었다.
저서 : The Common Law(보통법 ; 188 1)

르웰린(Llewellyn Karl Nickerson 1892~1962)
미국의 법학자. 현대의 미국법학을 대표하는 리얼리즘법학의 제창자로서 유명하다. 미국통일상사법전의 기초를 위하여 크게 공헌하였다.
저서 : Jurisprudence(법리학 : 1962)

레옹뒤기(Duguit Léon 1859~1928)
프랑스의 공법학자이며 법철학자. 사회적 연대라는 사회학적 근원적인 사실에 착안하여 전통적인 공법이론을 비판하고 독창적인 이론을 전개하였다. 주권 및 권리 등의 개념은 실증주의의 이름으로 부정되고 통치자는 전국가적으로 존재하는 법규범에 입각하여 공역무(公役務)를 조직·통제하는 의무만을 부담한다고 하였다.
저서 : Les transformation du droit public(공법변천론) Traité de droit constitutionnel(헌법개론 : 1921~25)

모리스오류(Hauriou Maurice 1856~1929)
프랑스의 철학자이며 공법학자. 듀기와 함께 프랑스의 공법학계를 지배하고 프랑스행정법학의 체계화를 위하여 크게 공헌하였지만 법 또는 제도를 집단의 기초에 근거를 둔 이념의 발로로써 포제하는 제도이론의 창시자로서도 유명하다. 저서 : principes de droit public(공법원리)

파울라반트(Laband Paul 1838~1918)
독일의 공법학자. 법학적인 방법을 채용하고 독일공법학·국가학의 단서를 마련한 켈버의 사상을 승계하고 정치적·도덕적 판단을 배제한 순(純)법률적인 개념구성에 의하여 국법학의 체계를 확립하였다. 그의 학설은 비스마르크체제하의 독일을 지배하였다.
저서 : Das Staatsrecht des deutsc-en Reiches(독일제국헌법 : 1876)

한스니퍼다이(Nipperdey Hans Carl 1895~1968)
독일의 민법학자이며 노동법학자이다. 현대 독일의 지도적인 법학자이며 민법교과서의 표준인 엔네크첼스의 lehrbuch des bürgenlichen Rechts(민법교과서)의 개정자로서 유명하다. 휴크와의 공저인 lehrbach des Arbeitsrechts(노동법교과서 : 1959)도 높이 평가되고 있다.

시에예스(Emmanuel Sieyes 1748~1836)
프랑스의 정치가. 사제출신. 프랑스혁명 전야에 있어「제3신분이란 무엇이냐」라는 논문을 발표하여 일약 유명해졌다. 이후 혁명 정치가의 중심인물로 활약했다.

헌법개정(憲法改正)

영;amendment of constitution
독;Verfassungsänderung, Verfassungsrevision
불;revision de la constitution

헌법의 개정이란 성문헌법에 규정된 개정절차에 의하여 헌법의 일부 조항을 변경하는 것, 즉 수정하거나 삭제하거나 증보(增補)하는 것을 말한다. 헌법의 개정은 성문헌법전의 조항을 변경하는 것이므로 일반법률의 개정절차에 따르는 불문헌법의 경우는 문제될 것이 없다. 그리고 이러한 헌법의 개정은 헌법조항의 일부를 변경하는 부분적 개정이 보통이다. 그러나 현재의 헌법전(憲法典)을 전부 고치는 전면개정도 있으며 증보의 형식을 취하는 경우(미국)도 있다. 헌법개정의 방법에는 다음과 같은 것을 예로 들 수 있다. (1) 헌법개정을 통상의 의회에서 하되 그 절차를 보통의 입법절차보다는 엄격하게 하는 방법. 대개의 국가들(오스트리아·독일·한국의 건국헌법 등)이 취하고 있는 방법이다. (2) 국민투표를 필수적으로 요구하는 방법. 이것은 국민주권사상에 유래하는 것으로 국민이 헌법제정권자라는 것을 전제로 하고 있다. (3) 연방을 구성하는 지방의 동의를 개정요건으로 하는 방법. 이것은 연방헌법(미국·멕시코헌법)에 특유한 것으로 연방의회의 의결 외에 각주의 승인을 필요로 한다. (4) 헌법개정을 위한 특별헌법회의를 필요로 하는 방법. 헌법개정만을 위하여 특별히 소집된 특별의회에 의하여 헌법을 개정하는 방법이다(스위스·벨기에·노르웨이헌법). 우리나라 헌법의 헌법개정절차를 보면, 헌법개정은 국회재적의원 과반수 또는 대통령의 발의(發議)로 제안되며(헌§128①), 대통령의 임기연장이나 또는 중임변경(重任變更)을 위한 개정은 헌법개정제안 당시의 대통령에 대하여는 효력이 없다(헌§128②). 제안된 헌법개정안은 대통령이 20일 이상의 기간 이를 공고하도록 되어 있다(헌§129). 국회는 헌법개정안이 공고된 날로부터 60일 이내에 의결하여야 하며, 국회의 의결은 재적의원 3분의 2 이상의 찬성이 있어야 한다(헌§130①). 국회의 의결을 거친 헌법개정안은 국회가 의결한 후 30일 이내에 국민투표에 붙여지고, 국회의원 선거권자 과반수의 투표와 투표자 과반수의 찬성을 얻어야 하고, 위의 찬성을 얻은 때에 헌법개정안은 확정되며, 대통령은 즉시 이를 공포하여야 한다(헌§130③).

헌법개정의 한계

(憲法改正의 限界)

헌법개정의 한계란 헌법개정의 방법으로써 모든 헌법규정을 개정할 수 있는지 여부의 문제이다. 이에 관하여는 견해가 대립하고 있다. 무한계설(한계부정론)은 헌법의 개정절차에 따르기만 하면 어떤 조항이라도 개정할 수 있다고 본다. 이에 반하여 한계설(한계긍정론)은 헌법개정의 한계에 관한 명문규정의 존재여부에 관계없이 헌법개정에는 일정한 한계가 있다고 본다. 따라서 헌법개정절차에 따라 개정하더라도 개정할 수 없는 조항이 있다는 것이다. 근래에는 대체로 후자의 견해가 일반적으로 받아들여지고 있다.

헌법변천

헌법변천이란 특정의 헌법조항이 헌법에 규정된 개정절차에 따라 의식적으로 수정, 변경되는 것이 아니라, 당해 조문은 존속하면서 그 의미와 내용만이 실질적으로 변화하는 경우를 의미한다. 헌법변천은 명시적이지 않은 변화로서, 명시적인 의사의 표시와 헌법에 정한 절차에 따라 헌법을 변경하는 헌법개정과 구별된다. 또한 헌법변천은 기존 규정의 규범력이 없다는 판단을 내림과 동시에 새로운 내용의 규범적 효력을 인정한다는 점에서 헌법규정의 문언상 의미와 한계 내에서 이루어지는 헌법해석과도 구별된다. 이러한 헌법변천은 헌법규범과 헌법현실 사이의 간극을 좁혀서 헌법의 규범적 기능을 높이는 역할을 한다. 이러한 헌법변천을 인정할 수 있을지에 대하여 긍정설과 부정설, 그리고 원칙적으로 인정되지 않지만, 헌법의 기본이념에 충실하거나 흠결보완의 의미를 가지는 경우에는 예외적으로 헌법변천을 인정할 수 있다는 예외적 긍정설(다수설)이 주장되고 있다.

저항권(抵抗權)

英;right of resistance
독;widerstandsrecht
불;droit de résistence a l'oppression

기본적 인권을 침해하는 국가권력에 대하여 저항할 수 있는 국민으로서의 권리를 말한다. 이것은 실정법상으로 승인된 국민의 권리는 아니다. 초기의 권리조항에서 권리조항의 보장을 위한 담보로 삽입된 바가 있었다. 예를 들면 미국의 독립선언, 프랑스의 인권선언, 1793년의 프랑스 헌법 등이 그것이다. 그러나 이러한 저항권은 그 후의 권리조항에서는 점차 사라져 버렸을 파시즘·나치즘의 비극을 거친 제2차대전 후의 권리조항에서 저항권에 관한 규정이 다시 출현하게 되었다(예 : 헤센 헌법§ 147). 이것은 합법적인 독재로부터 인권을 수호하기 위한 필요에서였다. 우리 헌법상 최종적인「헌법수호자」는 대통령(헌§66②)과 헌법재판소(헌§111)가 있을 뿐이므로 국민의 저항권은 헌법 밖의 문제로 생각할 수밖에 없다. 한때 9차 개헌 때 국민의 저항권을 헌법의 전문(前文)에 규정해야 한다는 견해가 있었다.

저항권의 인정여부

구분		내용
학설	긍정설	헌법 제10조와 제37조 제1항에서 저항권을 간접적으로 인정하고 있고, 헌법전문은 저항권의 표현이라고 할 수 있는 3·1운동과 4·19민주이념의 계승에 대하여 규정하고 있음을 논거로 긍정하는 견해이다.
	부정설	헌법이 저항권을 인정하는 명문의 규정을 두고 있지 않고, 이러한 개념은 법적 안정성을 파괴할 위험이 있음을 이유로 부정하는 견해이다.
판례	대법원(부정설)	대법원 1980. 5. 20. 선고 80도306 판결
	헌법재판소(긍정설)	헌재1997. 9. 25. 97헌가4

현대 입헌 자유민주주의 국가의 헌법이론상 자연법에서 우러나온 자연권으로서의 소위 저항권이 헌법 기타 실정법에 규정되어 있는 없든 간에 엄존하는 권리로 인정되어야 한다는 논지가 시인된다 하더라도 그 저항권이 실정법에 근거를 두지 못하고 오직 자연법에만 근거하고 있는 한 법관은 이를 재판규범으로 원용할 수 없다고 할 것인바, 헌법 및 법률에 저항권에 관하여 아무런 규정 없는 우리나라의 현 단계에서는 저항권이론을 재판의 근거규범으로 채용, 적용할 수 없다*(대법원 1980. 5. 20. 선고 80도306 판결)*.

저항권은 국가권력에 의하여 헌법의 기본원리에 대한 중대한 침해가 행하여지고 그 침해가 헌법의 존재 자체를 부인하는 것으로서 다른 합법적인 구제수단으로는 목적을 달성할 수 없을 때에 국민이 자기의 권리·자유를 지키기 위하여 실력으로 저항하는 권리이므로, 국회법 소정의 협의 없는 개의시간의 변경과 회의일시를 통지하지 아니한 입법과정의 하자는 저항권 행사의 대상이 되지 아니한다*(헌법재판소 1997. 9. 25. 97헌가4 전원재판부)*.

대한민국헌법(大韓民國憲法)

대한민국헌법이라 함은 1948년 7월 17일 제정·공포, 공포한 날로부터 시행되어 그 후 제9차의 개정을 거쳐서 오늘에 이르고 있는 성문헌법을 말한다.

조국이 일제에서 해방된지 약 3년만인 1948년 5월 10일에 제헌국회(制憲國會)가 구성되어 대통령제, 단원제(單院制)를 골자로 하는 건국헌법이 1948년 7월 17일에 제정·공포되었다.

그 후, 건국헌법의 두 차례에 걸친 개정이 있었고(1952년 7월 7일의 「발췌개헌(拔萃改憲)」과 1954년 11월 29일에) 항거하는 학생데모에 의하여 이승만 정부가 무너지고 의원내각제를 중심으로 하는 1960년 헌법이 1960년 6월 15일에 공포된 바 있다. 이 헌법은 「3·15 부정선거」의 주모자를 처벌하기 위한 헌법상의 근거를 만들기 위하여 형벌불소급(刑罰不遡及)의 원칙에 대한 예외규정을 둠을 골자로 하여 1960년 11월 29일에 개정되었다(제4차 개정).

「4·19」이후의 국가적 혼란과 집권당인 민주당의 무능력으로 말미암아 「5·16군사쿠데타」에 의하여 제2공화국은 단명으로 끝나고 제3공화국이 탄생되었다. 1962년 12월 26일에 대통령제와 단원제로의 환원을 골자로 하는 1962년 헌법이 공포되었는데 이것은 그 성질상 전면개헌이었다(제5차 개정). 1962년 헌법은 1969년 10월 21일에 개정되었고(3선개헌), 그 후 1972년 12월 27일에 다시 개정되어 「유신헌법」의 탄생을 보게 되었다(제7차 개정).

1979년 10월 26일에 박정희대통령이 급서하자 극도의 정치적 혼란기를 거쳐, 1980년 9월 9일에 정부측의 개헌시안이 확정되고 동년 10월 22일 국민투표에서 압도적인 찬성을 얻어 제8차 개정이 확정되고 1980년 10월 27일부터 시행되었으며, 이것이 1980년헌법이다.

현행헌법의 (9차)개정에 관하여는 숱한 우여곡절 끝에 여당 민정당과 야당인 신민·국민당에 의하여 1986년 8월 18일에 개헌안이 나오게 되고 1987년 10월 27일에 국민투표에 의하여 확정, 1987년 10월 29일에 공포되었다. 1987년 현행헌법과 특이한 것은 상해임시정부의 법통과 4·19민주이념의 계승(전문), 편제상 국회를 정부의 장 앞에 두었고, 대통령 직선제, 구속의 적부심사(適否審査)를 전면 실시, 헌법위원회의 폐지와 헌법재판소 신설 등이다.

대한민국헌법연혁

	주요내용	비 고
제헌 헌법	대통령중심제 대통령 국회간선 4년 중임 국회단원제 4년	내각책임제 개헌안이 이승만 대통령의 반대로 직선제로 바뀜
제1차 개정	대통령 직선제 국회양원제(민의원 4년 참의원 6년)	발췌개헌 계엄령 선포 국회의원감금(정치파동)
제2차 개정	대통령연임제한철폐	11월 27일부결 발표 후 11월 29일 수정발표(사십오입 개헌)
제3차 개정	의원내각제 대통령국회선출 5년 중임	민주당 정권출범
제4차 개정	반민주행위자처벌 부정축재자처벌	소급입법
제5차 개정	대통령중심제 비례대표제 국회단원제 4년	공화당 정권수립 소급입법(정치활동정화법)
제6차 개정	대통령3선허용	제3별관 변칙처리 3선개헌
제7차 개정	영도적(領導的)대통령제 대통령 간선 6년 유정회의원 대통령지명(지역구의원 6년, 유정회 3년) 긴급조치권	비상계엄
제8차 개정	대통령 7년 단임 선거인단간선 비례대표 제4년	5·17제주를 제외한 비상계엄 12·12사태
제9차 개정	대통령직선제 대통령 5년 단임 국정감사권 부활	최초의 여야 합의개헌 15년만에 대통령직선제로 환원

건국헌법

[1948년7월12일제정
1948년7월17일공포]

전 문

유구한 역사와 전통에 빛나는 우리들 대한민국은 기미 3·1운동으로 대한민국을 건립하여 세계에 선포한 위대한 독립정신을 승계하여 이제 민주독립국가를 재건함에 있어서 정의 인도와 동포애로써 민족의 단결을 공고히 하며 모든 사회적 폐습을 타파하고 민주주의제도를 수립하여 정치, 경제 사회, 문화의 모든 영역에 있어서 각인의 기회를 균등히 하고 능력을 최고도로 발휘케하며 각인의 책임과 의무를 완수케하여 안으로는 국민생활의 균등한 향상을 기하고 밖으로는 항구적인 국제평화의 유지에 노력하여 우리들과 우리들의 자손의 안전과 자유와 행복을 영원히 확보할 것을 결의하고 우리들의 정당 또 자유로이 선거된 대표로서 구성된 국회에서 단기 4281년 7월 12일 이 헌법을 제정한다.

단기 4281년 7월 12일
대한민국국회의장 이승만

국가(國家)

영;state nation 독;Staat 불;Etat

일정한 영토에 정주(定住)하는 다수인으로 구성된 인적 집단으로서 정치조직을 갖추고 있는 단체를 말한다. 국가는 주권·영토·국민의 세 요소에 의하여 성립한다(통설). 국가의 기원(起源)에 대한 학설로는 신의설(神意說)·가족설(家族說)·계약설(契約說) 등이 있으며, 그 권능 또는 목적으로는 자기보존·치안유지·문화발전 등을 들수 있다(질서·복지). 자유주의적 국가관에 있어서는 국가를 필요악이라고 규정하고, 사회복지적 국가관에 있어서는 각 국민의 생활을 보장하는 것이 국가의 임무라고 한다. 국가는 여러 가지 표준에 따라 군주제와 공화제, 민주제와 절대제 등으로 분류된다. 국가를 연구대상으로 하는 학문을 가리켜 널리 국가학 또는 국가론이라고 한다.

영역(領域)

영;territory
독;Staatsgebiet 불;territoire

한 국가의 배타적 지배가 미칠 수 있는 장소적 공간을 말한다. 주권은 국제법의 제한 내에서 자유로이 통치할 수 있는 권능이며, 영역은 국가가 국제법의 제한 내에서 자유로이 통치할 수 있는 지역이다. 영역은 일정한 토지를 중심으로 하여 그 주변의 일정한 범위의 해역과 그 상방의 공간으로 성립하는데 그 토지가 영토, 해역이 영해, 공간이 영공이다. 보통 영역이라 할 때에는 흔히 영토만을 가리키기도 한다. 영해와 영공은 불가분적으로 영토와 결합되고 있다. 우리 헌법은 제3조에서 '대한민국의 영토는 한반도와 그 부속도서로 한다'고 규정하고 있을 뿐 영해와 영공에 대해서는 규정하지 않고 있다. 그러나 영해와 영공은 영토에 종속적인 것이기 때문에 이를 규정하지 않은 것이라고 할 것이다.

계약설(契約說)
영;contract theory of the state
독;Vertragstheorie
불;théorie du contrat social

국가는 개인의 합의에 의하여 성립된다는 설이다. 이러한 합의에 따른 원시계약(原始契約)은 사회계약(contract of society:Gesellschaftsve-rtrag:pacte d'association)과 통치계약(contract of government : Herrshafts vertrag : pacte de gouvernement)이라는 두가지 관념에 의하여 성립한다. 정부의 의미로서의 국가가 지배자와 피지배자와의 계약에 근거한다는 지배계약의 관념은 사회계약의 성립을 전제로 한다. 국가계약이론을 처음으로 제시한 것은「알투지우스」이다. 이에 대하여 홉스,로크, 루소는 여기서의 계약은 사회계약을 의미한다고 하였다. 통치계약은 주권(Potestas)을 만들뿐이지만 사회계약은 사회(societas) 그 자체를 만든다. 인간은 국가성립 이전의 자연상태 하에서는 완전히 자유이고 자연법에 의하여서만 지배되었지만 생활의 안정과 질서라는 요청에 따라 개인간의 합의에 의하여 국가를 만들었다고 하는 것이 계약설의 기초를 이루는 국가목적론이다. 따라서 정부는 국민의 자유와 권리를 보호하기 위하여서만 그 권력을 행사하는 것이 허용된다고 함으로써 계약설은 근대자유주의 국가관의 사상적 기초가 되었다. 처음에는 이와 같은 국가계약을 역사상의 사실로서 설명하는 경향이었지만, 루소 및 칸트에 이르러서는 본래 자유스러운 인간이 국가권력의 구속 하에 놓이는 것을 인정하기 위하여서는 이론적으로 국가 그 자체의 존립의 기초를 국민의 자발적인 합의에 구할 필요가 있다는 사고로 바뀌어서 국가계약은 사실의 문제가 아니고 권리의 문제로 연구하게 되었다.

다원적 국가론(多元的 國家論)
영;pluralistic theory of state

국가와 정치를 동일시하던 종래의 전통적인 정치이론을 부정하고, 국가는 다른 사회에 우선하여 정치를 독점하는 초월적 권력주의가 아니라 단순한 부분사회(association)의 일종에 불과하다는 이론이다. 즉, 이 학설에 따르면 국가주권의 유일성이 부정되고 각 부분사회가 복수주의(複數主義)를 가진다고 한다. 따라서 국가는 교회·직업단체·지방단체등과 본질적인 차이가 없게 되는 것이다. 다원적 국가론은 20C초 콜(Cole), 라스키(Laski) 등의 영미학자에 의하여 주창되어 정치학상에 획기적인 영향을 끼쳤다. 논자에 따라 그 견해에는 약간의 차이가 있으나, 국가의 특수한 사회적 기능을 인정하면서도 국가를 다른 부분사회의 상위에 있는 유일한 지배적 전체사회로 하지 않고, 동일하게 정치적 기능을 분담하는 그 밖의 부분사회와 질적으로 같은 서열에 놓고 고찰하려는 입장에 입각하고 있다. 주로 대륙법계 특히 독일에서 발전한 관념적인 국가절대주의의 경향에 대하여 다원적 국가론은 영미의 자유주의와 경험주의의 흐름을 이어받은 정치학설이라고 할 수 있다.

전제군주제(專制君主制)
영;despotic monarchy
독;despotische Monarchie
불;monarchie despotique

군주가 국가의 통치권을 장악하여 단독행사하고 국가기관은 오로지 군주의 권력을 집행하는 기관에 불과한 제도를 뜻한다. 이러한 전제군주제는 17·18세기의 유럽제국과 오랫동안의 동양제국에서 볼 수 있었다. 전제군주제는 다시 군주의 독재적 기능이 신으로부터 부여되었다고 보는 신정적(theokratisch) 군주제, 하나의 가족인 국민의 가장인 지위에서 유래된다고하는 가부장적(partriachalisch) 군주제와 영토 및 국민을 군주의 세습재산으로 간주하는 가산적(家産的, partrimonial)군주제로 분류할 수 있다. 유럽대륙에 있어서 전제군주제는 등족(等族, Ständisch)군주제의 극복과 더불어 탄생되었다. 계몽전제군주제도 근본적으로는 전제군주제의 한 형태이다.

제한군주제(制限君主制)
영;limited monarchy

군주의 권력행사에 대하여 여러 법적인 제한이 가해지는 군주제이다. 절대적 군주제에 대응되는 개념이다. 이것이 근대적 자유주의에 바탕을 둘 때에는 입헌군주제라고 불리고, 의원내각제를 수반할 때에는 의회군주제라 하는 것이다.

입헌군주제(立憲君主制)
영;constitutional Monarchy
독;Konstitutionel le Monarchie

군주국가 가운데 국가권력을 행사하는 방법에서 군주가 입헌적 제약을 받는 정체를 말한다. 즉, 국민의 선거에 의하여 구성된 의회가 독립적 국가기관으로 존재하며 그 의결이 없이는 군주의 독단적인 헌법개정·법률제정 기타 중요한 국무처리를 할 수 없도록 하는 정체이다. 제한군주정체의 일종으로, 오늘날 입헌군주제를 따르는 국가들은 대개 국민주권의 원칙(의회주의)을 채택하고 있다.

짐은 국가다(朕은 國家다)
불;L, Etat, s'est moi

프랑스의 루이14세가 절대왕권의 표현으로서 사용한 말이다. 즉 국가권력은 군주에 의하여 생겨난다는 절대왕권주의의 권력구조를 확립함으로써 군주와 국가를 동일시하는 사상의 표현이다.「짐은 제1의 공복(公僕)이다」라는 프로이센의 프리드리히 대왕의 말과 좋은 대조를 이루고 있다.

입헌제(入憲制)
영;constitutional government
독;konstitutionelle Regierung
불;régime constitutionnel

헌법을 제정하여 통치권을 행사하는데 있어 입법·사법·행정의 3권을 분리시켜 국민으로 하여금 국정 특히 입법에 참여하도록 하는 정치제도를 뜻한다. 국민주권사상과 자유평등주의를 근간으로 하는 정치제도로서 입헌정체(立憲政體)라고도 하는 것이다. 입헌제의 개념에 관하여는 이와 같은 의미 이외에, 오늘날에는 일반적으로 근대민주적·자유주의적 정치형태를 가리키는 것으로 보고 입헌제의 개념과 입헌민주제 내지 자유민주제의 개념을 동일시하고 있다. 따라서 이러한 의미에서의 입헌제는 「국민의, 국민에 의한, 국민을 위한」 정치체제를 의미한다. 그 결과, 입헌제는 국민주권주의·국민참정제도·인권존중주의를 그 본질적 요소로 하고, 국민자치와 자유·평등을 그의 중심사상으로 한다. 그리고 국민주권 내지 국민자치를 위하여 인정되는 제도가 의회제도를 비롯한 국민의 참정제도이고, 그를 위한 국민의 권리가 곧 참정권이다. 또 국민의 자유와 권리를 보장하기 위하여 권력분립주의(삼권분립주의)·법치주의 및 모든 국민의 법 앞의 평등의 원칙을 선언하고 있다.

공화제(共和制)

영;republic

주권이 한 사람의 의사에서가 아니고 합의체의 기관에서 나오는 정치제도를 말한다. 과두(寡頭)정치·귀족정치도 이에 포함되지만 근세에 와서는 오직 민주정치만을 의미한다. 옛날에는 군제가 절대다수였기 때문에 공화정이라고 하면 무조건 민주적인 것이라 여겨졌으나, 오늘날 절대군주제가 없어지고 군주제도 민주화함에 따라서(예컨대 영국·일본 등의 상징군주제) 군주제와 공화제를 구별하는 실익은 적어졌다.

민주공화국(民主共和國)

영;democratic republic
독;demofratische Republik
불;république démocratique

국체(國體)가 민주국체이고 정체(政體)가 공화정체인 국가를 뜻한다. 즉 주권이 국민에게 있고 주권의 운용이 국민의 의사에 따라 이루어지는 국가이다. 군주가 없는 공화국 중에서 귀족공화국이나 독재공화국이 아닌 민주주의적 공화국을 말하는 것이다. 우리나라 현행헌법은 주권재민(主權在民)의 원칙에 입각하여 민주공화국임을 총강(總綱)에서 천명하고 있다(헌§ 1①).

단일국가(單一國家)

영;unitary state 독;Einheitstaat
불;etat unitaire

복합국(複合國)에 대응하는 개념으로서의 국가이다. 단독국가라고도 한다. 복합국과 같이 2개 이상의 국가에 의하여 성립되지 않고 단일한 국가로 성립·존재하는 국가이다.

전체국가(全體國家)

영;totalitarian state 독;Einheitstaat
불;etat unitaire

전체주의를 통치의 기초로 삼고 있는 국가를 말한다. 개인의 인격과 가치의 존엄성을 무시하고 국가의 목적 내지 정치이념을 모든 가치 위에 두는 국가이다. 과거 나치스와 파시스트를 전형적인 예로 들 수 있고, 구소비에트 연방의 경우도 반자유주의적 체제였다는 점에서 같다.

국체(國體)
독;Staatsform

정체(政體)와 함께 헌법학상 사용되는 개념으로서 주권의 담당자(귀속주체)가 누구인가에 따라서 분류하는 국가형태를 국체라고 한다. 즉 주권이 군주에 속하고 있는 국가를 군주국(체)이라고 말하고, 국민에게 속하고 있는 국가를 공화국(체)이라고 말하는 것과 같이, 국체는 국가를 분류하는 경우에 주권의 소재를 기준으로 한 경우의 개념이다. 이에 대응하여 전제군주제·입헌군주제·의회제적 군주제의 구별, 또한 대통령제·의원내각제의 구별 등 주권의 소재가 아니고, 주권의 행사의 형식의 상위(相違)를 기준으로 하는 정체와 구별하여 사용된다. 주권의 소재라는 측면에서 보면 군주국(체)이지만 주권의 행사의 형식이라는 관점에서 보면 입헌정체의 국가가 있는 반면에 공화국(체)이면서도 전제정체의 국가도 있는 것이다. 우리 헌법은 제1조에서 대한민국의 주권은 국민에게 있음을 규정하여 공화국(체)임을 분명히 하고 있다. 또한, 국가형태로서의 공화국은 민주적인 공화국이어야 함을 규정하여 주권이 국민에게 있는 민주적 정체임을 정하고 있다.

정체(政體)
독;Regierunsform

통치권의 담당자 또는 발동형식, 즉 국가의 통치조직에 따라 분류되는 국가형태를 말한다. 주권의 소재를 표준으로 분류하는 국체에 대응하는 개념이다. 정체는 여러 가지 표준에 의하여 구분되는데, 그 주요한 것으로서는 민주정체와 독재정체, 직접정체와 간접정체, 단일제와 연방제, 입헌제와 비(非)입헌제를 들 수 있다. 오늘날 가장 중요한 것은 입헌제와 비입헌제, 특히 서구적 민주제와「소비에트」제의 구분이다. 우리 헌법은 민주정체·간접정체·입헌정제를 채택하고 있다.

국체와 정체(國體와 政體)

종래 정부형태를 분류하는 기준으로서, 국체는 궁극적으로 주권자가 누구냐에 의한 분류이며, 정체는 주권을 어떻게 행사하느냐에 의한 분류를 말한다. 우리헌법 제1조 제1항은 「대한민국은 민주공화국이다」라고 규정하여 대한민국의 국가형태가 민주공화국임을, 제2항에서는 「주권은 국민에게 있고」라고 규정하여 국민주권주의를 선언하고 있다. 이들 규정들에 대해서는 종래 국체·정체의 분류이론에 따라 학설의 대립이 있다. 즉 제1항의 '민주공화국'이란 말에서 '민주'는 정체, '공화국'은 국체를 규정한 것이고, 제2항의 '국민주권원리'는 제1항을 구체적으로 부연한 것이라는 견해(유진오)에 대해, 제1항의 '민주공화국'이란 말에서 '민주'는 민주정체를, '공화국'은 공화정체를 의미하며, 따라서 민주공화국은 우리나라의 정체에 관한 말이고, 제2항의 '주권재민·권력유민'에 관한 규정은 우리나라 국체를 민주국체로 선언한 것이라 보는 견해(박일경)가 대립되고 있다. 그러나 이러한 국체·정체에 의한 분류에 대해서는 현실성이 결여되었다는 비판을 받고 있다. 그래서 뢰벤슈타인은 국가권력의 행사가 통합되어 행사되는 국가를 전제정체라고 하고, 국가권력이 분산되어 행사되는 국가를 입헌정체라고 구분하고 있다. 이처럼 국체와 정체를 엄격히 구분할 실익이 없다고 보아 민주공화국이란 규정 그 자체를 우리나라의 국가형태로 파악하는 견해가 유력하다(김철수·구병삭·권영성).

권위국가(權威國家)

국가 원수의 권위를 중심으로 하여 조직된 독재국가의 하나이다. 정부와 국민의 관계설정이 「지도자 대 복종자」라는 관계에서 고려되고, 정부는 지도자의 권위에 대한 복종을 기초로 하여 구성된다. 따라서 입헌국가에서 정부의 전횡을 방지하기 위하여 설정된 여러 가지 제도가 모두 무시되고 국가가 국민에 대하여 완전한 통치행위상의 자유를 갖는다는 점에 그 특징이 있다.

자유국가(自由國家)

자유주의를 그 이념적 기초로 하는 국가이다. 18세기 입헌주의국가는 국민의 자유에 대한 침해의 배제, 즉 치안유지만을 목적으로 하였고 국가의 권력은 가능한 한 제한·축소함으로써 국가의 목적을 달성할 수 있다고 보았다. 그 결과, 국가는 필요악이며 따라서 최소한의 정부가 최고의 정부라고 여겨졌다. 그러나 오늘날에는 공산국가에 대하여 자유민주주의국가를 의미할 때 쓰인다.

입헌국가(立憲國家)

국가의 3권, 즉 입법권·행정권·사법권을 담당하는 국회·행정부·법원 가운데 다른 권력에 비하여 국회에 우월한 지위가 인정되는 국가를 말한다. 「슈미트」(Carl Schmitt)에 의하여 19세기에 그 전성기를 보였던 서구에 있어서의 시민적 법치국가는 그 국가권력의 중심이 입법부(국회)로 기울어졌다는 의미에서 그것은 입법국가라고도 한다. 현재의 영국은 의회가 절대적 우월성을 가지므로 입법국가라 할 수 있다. 행정국가·사법국가에 대한 개념이다.

계급국가(階級國家)

지배계급이 피지배계급을 경제적으로 착취하기 위하여 필요한 억압기관으로서의 역할을 하는 국가이다. 막시즘(Marxism) 또는 사회주의적 국가관에 유래하는 국가개념이다. 이 개념에 의하면, 고대국가는 노예소유자가 노예를, 중세국가는 귀족이 농노를, 그리고 근대국가는 자본가가 노동자를 경제적으로 착취하는 억압기관으로서의 구조를 가진다고 한다.

경찰국가(警察國家)

독;Polizeistaat

근대 법치국가 성립 이전인 17·18세기 유럽에서의 절대군주제국가를 말한다. 이 경찰국가의 군주의 포괄적인 내정권한을 경찰권이라 불렀으며 국민에 대한 경찰권의 발동에는 아무런 법적 제약도 없었다. 따라서 부당한 경찰권의 발동이 있는 때에도 그에 대한 구제수단을 취할 수 없었다. 그러다가 사법기관이 독립하고 자연적인 시민적 자유주의와 국민참정의 요구에 의하여 권력분립이 인정됨으로써 국민이 참정하는 입법기관, 즉 의회를 인정하는 법률의 제정에 따라 근래의 사법행정에 의한 법치국가로 발전하게 되었다.

복지국가(福祉國家)

영 : welfare state
독 : Wohlfahrtsstaat

극단적인 개인주의나 자유방임주의를 지양하고 국민의 공동복리를 주요한 기능으로 하는 국가를 말하며, 야경국가와 상대되는 개념이다. 신헌법은 기본권보장에 있어서 자유권적 기본권의 보장에만 그치는 것이 아니라 생존권적 기본권보장에도 중점을 두어 복지국가의 건설을 꾀하고 있다. 복지국가란 기본적으로 개인의 경제적·정치적·사회적 활동의 자유를 허용하는 자유주의에 입각하면서 경제적 자유경쟁의 모순을 국가권력에 의해 조절하는 것을 목적으로 한다. 즉 사회적·경제적 원인에 의한 빈곤 등을 제거하고 생활환경의 파괴에서 인간을 보호하는 것이 복지국가의 목적가운데 하나로 추가되었다. 우리헌법은 전문에서 '국민생활의 균등한 향상'을 선언하고 있으며, 기본권조항에서'모든 국민의 인간다운 생활'을 보장하고(헌§34①), '사회보장·사회복지에 관한 국가의무'를 규정하며(헌§34②), '건강하고 쾌적한 환경에서 생활할 권리'를 보장하여(헌§35①) 복지국가건설을 그 목적으로 하고 있음을 천명하고 있으며, 나아가서 '근로자의 고용의 증진과 적정임금을 보장하고 최저임금제를 시행하며'(헌§32①), 근로조건의 기준을'인간의 존엄성을 보장하도록 법률로 정할 것'을 규정하고 있고(헌§32③), 여자·노인·청소년 및 신체장애자의 복지를 규정하고 있으며(헌§32②, 헌§34③④⑤), 상이군경과 전몰군경 및 국가유공자의 유가족에 대한 우선취업권을 부여하고(헌§32⑥), 혼인과 가족생활이'개인의 존엄성과 양성의 평등'에 기초하도록 하여(헌§36①) 복지국가주의를 실질화하고 있다. 이러한 복지국가의 달성을 위하여 경제조항을 두어 사회적 시장경제주의의 원칙을 선언하고 있다.

조세국가(租稅國家)

독;Steuerstaat

국가의 경비로 충당할 수입을 사경제로부터 징수하는 조세로 조달하려고 하는 국가형태이다. 봉건국가에 있어서는 영주 또는 국왕의 가계와 국가재정이 분화되지 않은 상태에 있었고 재정수입도 가산이나 특권수입으로써 이루어져 있었다. 그러나 근대 국가의 형성과 함께 국가권력이 확립되고 그 국가권력의 발동에 의하여 조세가 징수되어 국가지출을 충당할 수 있게 되었다. 그러므로 자본주의 국가에서는 조세는 국가를 전제로 하고, 국가는 조세로써 유지되는 것이다.

주권(主權)

영;sovereignty
독;Souveranität
불;souveraineté

주권이란 일반적으로 입법·행정·사법이라는 국가권력제의 기초가 되는 지배권력을 의미한다. 보딩(Bodin)에 의하여 창설된 이후 다음과 같은 여러 가지 의미로도 사용되어 왔다. (1) 국가의 최고의 의사. 국가정치의 형태를 최종적으로 결정하는 권력. 군주주의 또는 국민주권이라고 일컫는 경우의 주권은 이 뜻이다. (2) 국가권력이 최고의 독립성인 것. 주권국 또는 비주권국이라고 일컫는 경우의 주권을 말한다. (3) 통치권 또는 국권. 이 뜻의 주권은 여러 가지 권리의 총체라 하고 혹은 단일한 원시적·고유·불가분의 권력이라고 한다. 현행 대한민국헌법 제1조 제2항은 「대한민국의 주권은 국민에게 있고 모든 권력은 국민으로부터 나온다」고 규정하고 있는 바, 주권이 국가의 최고의사이자 국가정치형태를 최종적으로 결정하는 권력임을 의미하는 것이다.

왕권신수설(王權神授說)

영;divine right theory of kings

절대군주제를 변호하기 위해서 주장된 것으로 국왕의 권력은 신의 의사에 근거를 둔다는 설이다. 특히 영국에서는 제임스 1세에 의하여 실제 정치적으로 주장되어 국회의 강력한 반대를 초래하였고, 양측 사이에 심한 논쟁의 결과 내란 및 명예혁명에 의하여 국회의 승리로 결말을 보았고, 후에 국민주권주의가 유력해지면서 이 설은 사라지게 되었다.

국민주권(國民主權)

영;popular sovereignty
독;Volkssouveränitat
불;souveraineténationale

주권이 국민에게 있는 헌법 제도를 말하며, 주권재민(主權在民)이라고도 한다. 군주주권(君主主權)과 반대되는 개념이다. 현행의 대한민국헌법은 「대한민국의 주권은 국민에게 있고, 모든 권력은 국민으로부터 나온다」고 규정하여(헌§1②), 국민에게 주권이 있음을 천명하고 있다. 군주주권과 민주주의가 반드시 모순되는 것은 아니며, 민주주의정치가 반드시 국민주권에 근거해야 하는 것은 아니다(예 : 영국). 그러나 본래의 민주주의가 국민에 의한, 국민을 위한 정치인 이상, 국민이 정치의 원동력(국민주권)이라고 하는 것이 이상적이다. 우리나라의 경우, 주권은 국민에게 있고 모든 권력은 국민으로부터 나온다고 규정하여, 민주주의의 실현을 도모하고 있는 것이다. 다만 주의해야 할 점은 국민주권이라 함은 정치의 최종적 결정권이 국민에게 있다고 하는 의미이며 반드시 국민 각자가 직접 정치를 한다는 의미는 아니다. 국민은 선거에 의하여 국회의원을 선출하여 국가의 정치를 대행시키고 헌법개정시의 국민투표 등에 의하여 정치에 참가하는 것이다. 이러한 의미에서 순수한 간접민주제국가에서 국민주권을 부인하게 되는 결과가 된다는 주장도 있다(다이시, Albert Venn Dicey).

일반의지(一般意志)
불;violenté générale

루소가 주창한 국가계약에 의하여 생기는 주권자의 의지를 말한다. 일체의 현실적인 의지결정에서 근거가 되는 법의이념 또는 이에 따른 올바른 입법의 의지이념(意志理念)을 뜻한다.

국가주권설(國家主權說)

국가주권설이란 국가권력 즉 주권이 군주나 국민에게 속하는 것이 아니라 사회적 단일체이며 법률상의 인격체인 국가 자체에 귀속한다는 학설을 말한다. 이 학설은 국가법인설(國家法人說)과 밀접한 관계를 가지고 있으며, 19세기 후반 절대적 군주정과 극단적 민주정과의 타협의 결과로 독일에서 생겨난 입헌군주정의 전위적 학설이었다. 이 학설의 대표적 주장자는「옐리네크(G. Jelin-ek)」이다.

주권국(主權國)
영;sovereign state 독;souveraner Staat
불;Etat souveratin

주권을 가진 국가를 말한다. 주권이란 종래 여러 가지 의미로 사용되는 개념으로서 많은 논란을 낳았는데, 국제법상으로는 특히 다른 어떠한 국가의 권력에도 복종하지 않는 것을 말한다.

의회주권(議會主權)
영;sovereignty of parliament

의회가 국가의 최고기관으로서 주권을 가지는 헌법제도를 의미한다. 영국의회가 역사적으로 가지고 있는 절대적인 권능에 유래하여 생긴 용어이다. 국민주권은 요컨대 의회주의에 불과하다는 설도 있으나, 의회가 언제나 직접 또는 공정하게 국민을 대표한다고는 할 수 없다. 영국에서는 통치권의 소재를 표시할 때 전통적으로 'King in parliament'라는 용어가 사용되고 있는데, 국왕은 단독으로 주권을 행사할 수 없고, 의회의 일원으로서만 권력의 주체가 될 수 있다는 의미이다. 또한 의회통과법률안이 국왕에 의해 거부된 예(例)가 없으므로 여기에서도 의회주권을 찾아볼 수 있다.

국민(國民)
영;nation people 독;Nation peuple

국가의 소속원으로서 국적을 가진 자이다. 국권에 복종하는 국민으로서의 지위를 신민(臣民, subject)이라 하고 국정에 참여할 국민으로서의 지위를 공민(公民, citizen)이라 한다. 대한민국의 국민이 되는 요건은 법률(국적법)로 정하도록 되어 있고(헌§2①), 국민은 포괄적인 통치권의 지배를 받는다. 그리고 국민은 위와 같이 개개의 국가소속원만을 뜻하지 않고 국가기관으로서의 국민이라는 이념적 통일체를 의미하기도 한다. 이러한 의미에서의 국민을 선거인단(選擧人團)이라고 한다.

외국인(外國人)
英;alien, foreigner
獨;Ausländer
佛;étranger

대한민국의 국적을 가지지 않는 자를 말한다. 이중국적자는 자국민으로 취급하나, 무국적자는 보통 외국인에 포함시킨다. 외국인의 법률상 지위는 원칙적으로 대한민국 국민과 같고, 대한민국의 통치권이 대상이 되어 원칙적으로 그 법령에 복종해야 한다. 일반적으로 기본권 중 인간의 권리라고 볼 수 있는 것은 외국인에게도 인정되나, 외국법인에게는 인정되지 않는다. 자유권과 같은 초국가적 자연권은 당연히 외국인에게도 인정되나, 외국법인에게는 인정되지 않는다. 참정권과 같이 실정권으로서 국가내적 권리는 외국인에게 인정되지 않는다. 실정권으로서 청구권은 국제법과 조약에 정한 바에 의하여 호혜평등하게 인정된다(헌§6②). 또 납세의무는 동등하게 인정되며, 출입국은 일정한 제한을 받으며, 외교사절을 제외하고는 재판권의 행사에 따라야 한다. 또 외국인에게는 거주이전의 자유와 토지소유권 등이 제한된다.

국적(國籍)
英;nationality
獨;Staatsangehörgkeit
佛;nationalité

국적이란 어느 개인이 법률상 국민으로서 어느 국가에 소속되는 관계, 즉 일정한 국가의 구성원이 되는 자격을 말한다. 일정한 국적을 가진 사람은 당해 국가의 영토 밖에서도 그 국가의 주권에 복종해야 하며, 본국에 의하여 보호를 받는다(헌§2②). 국적의 취득에는 출생 등의 선천적 취득과 영토의 변경·귀화 등의 후천적 취득이 있고, 국적의 상실에 있어서도 사망 등의 선천적 상실과 영토의 변경·국적의 이탈(離脫) 등의 후천적 상실이 있다. 근대 이전에 있어서는 각국의 법제는 국적강제주의를 채택하여 일정한 조건을 구비한 개인에 대하여 그 나라의 국적 취득을 강제하고 그 이탈을 허용하지 않는 것이 원칙이었다. 그러나 유럽인의 이민에 의하여 성립된 미합중국에서는 1868년 헌법의 개정에 의하여 귀화에 의한 국적과 함께 이주와 국적이탈의 자유를 인정하였다. 그 이후 각국은 개인의 자유의사에 의한 국적의 취득·상실을 인정하고 자유의사에 반하는 국적강요를 금지하게 되어, 세계인권선언 제13조에서도 이 자유를 인정하고 있다. 우리나라에서도 국적법에서 국적이탈의 자유를 인정하고 있다(국적법§15).

(1) 국민은 영토, 주권과 더불어 국가의 3대 구성요소 중의 하나다. 국적은 국민이 되는 자격·신분을 의미하므로 국민이 아닌 자는 외국인(외국국적자, 이중국적자, 무국적자 포함. 이하 같다)이라고 한다. 국민은 항구적 소속원이므로 어느 곳에 있던지 그가 속하는 국가의 통치권에 복종할 의무를 부담하고, 국외에 있을 때에는 예외적으로 거주국의 통치권에 복종하여야 한다.
(2) 개인의 국적선택에 대하여는 나라마다 그들의 국내법에서 많은 제약을 두고 있는 것이 현실이므로 국적은 아직도 자유롭게 선택할 수있는 권리에는

이르지 못하였다고 할 것이다(*헌법재판소 2000. 8. 31. 97헌가12 전원재판부*).

국적의 변경(國籍의 變更)

종래의 국적을 상실하고 새로운 국적을 취득하는 것을 말한다. 국적변경의 원인은 혼인·입양 및 인지 등의 친족법상의 원인으로 인한 경우, 귀화로 인한 경우, 영토할양, 국가병합 등의 국제법상의 원인으로 인한 경우 등이다.

국적의 상실(國籍의 喪失)

종래의 국적을 상실 또는 이탈하는 것을 말한다. 대한민국의 국민으로서 자진하여 외국 국적을 취득한 자는 그 외국 국적을 취득한 때에 대한민국 국적을 상실한다(국적법 제15조 제1항). 반면, 외국인과의 혼인으로 그 배우자의 국적을 취득하게 된 자, 외국인에게 입양되어 그 양부 또는 양모의 국적을 취득하게 된 자, 외국인인 부 또는 모에게 인지되어 그 부 또는 모의 국적을 취득하게 된 자, 외국 국적을 취득하여 대한민국 국적을 상실하게 된 자의 배우자나 미성년의 자(子)로서 그 외국의 법률에 따라 함께 그 외국 국적을 취득하게 된 자와 같이 외국국적의 비자진취득자의 경우에는 그 외국국적을 취득한 때부터 6개월 내에 법무부장관에게 대한민국 국적을 보유할 의사가 있다는 뜻을 신고하지 아니하면 그 외국 국적을 취득한 때로 소급(遡及)하여 대한민국 국적을 상실한 것으로 본다(국적법§15②).

국적의 취득(國籍의 取得)

특정 국가의 국민으로서의 자격인 국적을 얻는 것을 말한다. 국적법은 국적의 취득에 관하여 규정하고 있는데, 이에는 선천적인 취득과 후천적인 취득이 있다. 선천적 취득은 출생이란 사실로 국적을 취득하는 것을 말하며, 국적취득의 가장 보편적인 방법이다. 우리나라는 혈통주의(속인주의)를 원칙으로 하면서, 다만 부모가 다 분명하지 않을 때 또는 부모가 무국적일 때에 대한민국에서 출생한 자와 대한민국에서 발견된 기아(飢餓)에 한해서는 예외적으로 속지주의를 채택하고 있다(국적법§2). 선천적 취득사유로는 친족법상의 원인에 기하는 국적취득이 많고, 귀화와 국적회복 등에 의해서도 가능하다. 배우자가 대한민국의 국민인 외국인으로서 그 배우자와 혼인한 상태로 대한민국에 2년 이상 계속하여 주소가 있는 자이거나, 그 배우자와 혼인한 후 3년이 지나고 혼인한 상태로 대한민국에 1년 이상 계속하여 주소가 있는 자 등은 국적법에서 정한 귀화 요건을 갖추면 우리나라의 국적을 취득하며(국적법§6), 또 대한민국의 국민인 부모가 미성년자를 인지하는 경우에는 우리나라의 국적을 취득한다(국적법§3). 귀화에 의해서도 국적을 취득할 수 있는바, 귀화에는 보통귀화와 특별귀화가 있으며, 국적법에서 각 요건을 규정하고 있다.

국적이탈(國籍離脫)

넓은 의미로는 국적의 상실과 같으나, 특히 자진하여 일정 국가의 국적을 떠나는 것을 말한다. 복수국적자로서 대한민국의 국적을 이탈하고자 하는 자는 국적이탈신고서를 법무부장관에게 제출하여 대한민국의 국적을 이탈할 수 있다(국적법§14).

국적회복(國籍回復)

국적을 상실했던 자가 다시 국적을 취득하는 것을 말한다. 대한민국의 국적을 상실한 자라도 그가 대한민국에 주소를 가진 때에는 법무부장관의 허가를 얻어 대한민국의 국적을 회복할 수 있다(국적법§9①). 국적의 회복에 관한 절차는 대통령령으로 정한다(국적법§9④). 국적 회복 후 당연히 대한민국의 국민으로서의 권리를 향유하고 의무를 부담한다.

전문(前文)

영;preamble
독;Präambel
불;Vorrede

법령의 조항 앞에 있는 문장을 말한다. 대부분 전문의 내용은 법령의 제정 과정·목적 또는 기본원칙을 선언하는 것이 보통이다. 전문의 내용이 법의 목적 또는 기본원칙을 선언하고 있을 경우 이것은 법규범으로서의 효력을 갖는다. 우리나라 법령의 전문으로서 가장 대표적인 것은 헌법의 전문이다. 헌법전문을 절대적 의미의 헌법에 속하는 자유민주주의원리와 이에 따른 여러 제도를 표명하는 실질적 헌법의 일부이다. 우리나라에서는 제4공화국 헌법의 전문에서 승계정신에 관하여 3·1운동의 숭고한 독립정신과 4·19민주이념 및 5·16혁명이념을 넣고 있었으나, 제5공화국 헌법의 전문에서는 3·1운동의 숭고한 독립정신만 남기고 4·19 민주이념 및 5·16 혁명이념을 삭제하였다. 제5공화국 헌법 전문에서는 (1) 정의·인도와 동포애로써 민족단결을 공고히 한다는 것, (2) 모든 사회적 폐습과 불의를 타파한다는 것, (3) 자유민주적 기본영역에서 각인의 기회를 균등히 한다는 것, (4) 능력을 최고도로 발휘하게 한다는 것, (5) 자유와 권리에 따르는 책임과 의무를 완수하게 한다는 것, (6) 안으로는 국민생활의 균등한 향상을 기하고 밖으로는 항구적인 세계평화와 인류공영(人類共榮)에 이바지함으로써 우리들과 우리들의 자손의 안전·자유·행복을 영원히 확보한다는 것 등을 다짐하였고, 제6공화국 헌법에서는 3·1운동으로 건립된 대한민국임시정부의 법통(法統)과 불의에 항거한 4·19 민주이념을 계승하고, 조국의 민주개혁과 평화적 통일의 사명과 자율 및 조화를 바탕으로 한다는 것 등을 추가하였다.

헌법전문의 법적 성격

학설	효력부정설	헌법전문은 헌법의 유래, 헌법제정의 목적, 헌법제정에 관한 국민의 일반적인 의사를 단순히 선언한 것에 불과하므로 법적 효력이 없다.

	효력긍정설	헌법전문은 헌법제정권력의 소재를 밝히고, 국민의 이념적 합의 또는 근본적 결단의 본질적 부분을 내포하고 있으므로 법적 규범력을 가진다.
판례	효력긍정설(88헌가7)	

헌법은 그 전문에 "정치, 경제, 사회, 문화의 모든 영역에 있어서 각인의 기회를 균등히 하고"라고 규정하고, 제11조 제1항에 "모든 국민은 법앞에 평등하다"고 규정하여 기회균등 또는 평등의 원칙을 선언하고 있는바, 평등의 원칙은 국민의 기본권 보장에 관한 우리 헌법의 최고원리로서 국가가 입법을 하거나 법을 해석 및 집행함에 있어 따라야할 기준인 동시에, 국가에 대하여 합리적 이유없이 불평등한 대우를 하지말 것과, 평등한 대우를 요구할 수 있는 모든 국민의 권리로서, 국민의 기본권 중의 기본권인 것이다*(헌법재판소 1989. 1. 25. 88헌가7 전원재판부).*

총강(總綱)

성문헌법을 장으로 구분하는 경우에 제1장에 해당하며 총칙과 동일한 부분이다. 제6공화국 헌법 총강에서는 국호・정체・국민주권, 국민의 요건・재외국민, 영토, 통일정책, 침략적 전쟁의 부인・국군의 사명, 조약・국제법규의 효력・외국인의 법적 지위, 공무원의 지위・책임・신분・정치적 중립성, 정당, 전통문화와 민족문화 등에 관하여 규정하고 있다(헌§1~9). 제5공화국 헌법의 총강과 다른 점은 제4조에서 자유민주적 기본질서에 입각한 평화적 통일정책을 수립하고 추진할 것을 규정하고 있다는 점과 제5조 제2항에서 군의 정치적 중립성이 준수된다고 규정한 점 등이다.

자유주의(自由主義)

영;liberalism
독;Liberalismus
불;libéralisme

개인의 자유보장을 지상의 이념으로 하는 주의를 말한다. 자유주의는 중세의 극복의 결과라 할 수 있다. 인간이 단지 춘프트(Zunft), 길드(Guild), 사제계급, 귀족계급 등의 좁은 계급적 테두리 속에 구속되었던 것이 인문주의와 문예부흥을 통하여 자연권과 계몽운동을 통하여 인간은 현세의 생활과 창조의 주인공인 동시에 의지와 생활형성의 자연적 요청자임을 깨닫고, 인간이 독자적으로 생각하고 책임 있게 행동하며 예술을 창조하는 인격자로서 승인됨에 이르게 되었다. 자유주의는 개인주의사상의 기초가 되었으며 18세기말 프랑스혁명에 의하여 구체적으로 표현되었다. 자유주의는 「자율성을 지키려는, 즉 자신의 인격을 타인의 명령에 의해서가 아니라 독자적으로 발전시키려는 인간본연의 정신의 발로 속에 뿌리박은 것이며, 오랜 역사적인 생성과정의 소산」인 것이다. 로크와 몽테스키외를 통해 칸트에 이르러서는 자유주의는 법치국가·권력분립의 사상을 형성하게 되었고 경제면으로는 자유방임주의(Laissez faire)를 가져왔다. 그러나 자유주의가 정치원리로 자리 잡은 것은 단기간의 일이 아니었다. 이후 영국, 독일, 프랑스의 자연법학자들이 이 원리를 학문적으로 발전시켰고, 고전경제학자들이 분업사회에 적용하였다.

야경국가(夜警國家)

독;Nachtwächterstaat

국가는 국민에 대한 외적의 침입으로부터의 방위, 치안의 유지 또는 개인의 자유에 대한 침해의 제거만을 목적으로 존재하며, 개인의 자유에 간섭하거나 국민의 사유재산에 대하여는 통제할 수 없는 국가 체제이다. 주로 19세기적 자유방임주의국가를 가리키는 말로 쓰인다.

문화국가(文化國家)

독;Kulturstaat

사회의 문화적인 발달을 적극적으로 도모하는 국가를 말한다. 소극적으로 개인의 자유를 보장하는데 그치는 법치국가에 있어서보다 일보 진전된 형태의 국가라고 할 수 있다.

자유민주적 기본질서

(自由民主的 基本秩序)

자유민주주의 국가의 헌법의 기본질서를 말한다. 우리 헌법의 자유민주적 기본질서의 내용은 과거 서독 연방헌법법원이 서독기본법 제18조와 제21조 제2항의 내용에 관하여 판시한 것과 같은 내용으로 볼 수 있을 것이다. 즉 (1) 폭력적 지배와 자의적인 지배의 부정, (2) 자유와 평등의 보장, (3) 다수결의 원리, (4) 국민의 자율성, (5) 법치주의 등을 그 개념적 요소로 한다고 볼 수 있다. 이러한 민주적 기본질서의 이념과 가치는 민주주의의 이념과 가치에 직결된다. 민주정치의 이념에 대해서는 자유·평등·복지 등이 제시되고 있다. 자유민주적 기본질서의 내용이 되는 기본원칙으로서 인권의 존중, 특히 생명과 인격권의 존중, 국민주권, 권력분립, 정부의 책임성, 행정의 합법률성, 사법권의 독립, 복수정당제, 반대당의 합헌적 결성권과 그 활동의 자유 그리고 모든 정당에 대한 기회균등을 들 수 있다. 여기에 국제적 평화주의도 자유민주적 기본질서에 포함된다. 이러한 민주적 기본질서는 개정금지의 대상이며, 해석의 기준이 되고, 국가권력의 타당성의 척도이며, 기본권의 내재적 한계사유인 동시에, 개별적 헌법유보에 해당한다.

자유민주적(自由民主的) 기본질서(基本秩序)에 위해(危害)를 준다 함은 모든 폭력적(暴力的) 지배(支配)와 자의적(恣意的) 지배(支配) 즉 반국가단체(反國家團體)의 일인독재(一人獨裁)내지 일당독재(一黨獨裁)를 배제하고 다수(多數)의 의사(意思)에 의한 국민(國民)의 자치(自治), 자유(自由)·평등(平等)의 기본원칙(基本原則)에 의한 법치주의적(法治主義的) 통치질서(統治秩序)의 유지를 어렵게 만드는 것으로서 구체적으로는 기본적(基本的) 인권(人權)의 존중(尊重), 권력분립(權力分立), 의회제도(議會制度), 복수정당제도(複數政黨制度), 선거제도(選擧制度), 사유재산(私有財産)과 시장경제(市場經濟)를 골간으로 한 경제질서(經濟秩序) 및 사법권(司法權)의 독립(獨立) 등(等) 우리의 내부체재(內部體制)를 파과·변혁시키려는 것이다(*헌법재판소 전원재판부 1990. 4. 2. 89헌가113*).

법치주의(法治主義)

국가는 법에 의하여 통치되어야 한다는 주의를 말한다. 여기서 법이라 함은 원칙적으로 의회에 의하여, 또는 의회의 참여에 의하여 제정된 법, 즉 법률이어야 한다는 것이 전통적인 법치주의의 요청이다. 이러한 의미에서의 법에 의하지 않고는 국가는 국민에게 어떠한 명령이나 금지도 할 수 없다. 따라서 법치주의를 실현하기 위하여는 (1) 법의 제정이 의회에 의하여 또는 의회의 참여에 의하여 행하여짐을 전제로 하고, (2) 사법은 독립된 법원에 의하여 행하여지며, (3) 행정은 법률에 의하여 행해질 것이 요구된다. 즉 권력분립주의가 법치주의의 기초를 이루고 있다. 그것은 구체적으로는 국민의 자유권을 보호하기 위한 자유주의적 원리이며, 법치주의에 의한 국가를 법치국가라고 일컫는다. 그러나 근대국가의 위기와 함께 이 원리는 입헌국가에서도 상대적으로 운용되었고, 잇따라 나타나는 독재국가에서는 아예 폐기됨에 이르렀다.

자유방임주의(自由放任主義)

18세기 중엽 이후에 일어난 경제정책상의 사상이다. 개인의 기업·기업형태·노동조건 등 모든 경제활동에 대해 국가 또는 정부는 가능한 한 간섭을 하지 않고 자연적 흐름에 맡겨 둔다는 주의를 말한다. 근대국가의 자본주의는 국가가 경제활동에 개입하지 않고 개인능력에 일임하는 자유방임주의를 토대로 발전했다. 각인의 자유로운 경쟁만이 「보이지 않는 손」에 의하여 조화적으로 사회의 복지를 증진시킨다는 것이 「아담·스미스」(Adam Smith)의 자유방임사상의 내용이다. 이러한 자유방임주의는 국가와 사회의 이원주의(二元主義)와 국가목적의 소극성을 초래하게 되었다. 즉, 사회는 국가가 발생하기 이전부터 있었던 기존의 질서를 가지고 있으므로 국가는 사회 안에서 이루어지는 자유경쟁에 간섭하지 말고 오직 그 질서의 유지만을 담당해야 한다는 것이 이러한 이원주의와 국가목적제한설의 내용이다. 자유방임의 결과, 국가의 목적에 치안유지에 국한된 경우를 야경국가라고 하여, 이에 대립하는 것이 오늘날의 복지국가의 개념이다.

민주주의(民主主義)

영;democracy
독;Demokratie
불;démocratie

개인주의·자연주의·합리주의적인 세계관으로서 국민 전체가 정치에 참가하는 제도와 기본적 인권을 존중하는 사상을 말한다. 고대 그리스의 정치제도에는 군주 한 사람이 지배하는 군주제, 몇몇이 지배하는 과두제(寡頭制)와 함께 시민 전체가 정치에 참여하는 민주제가 있었다. 그러나 오늘날 민주주의라고 할 때에는 단지 이러한 정치제도의 형식만을 뜻하는 것이 아니라 인권존중을 기본이념으로 하는 사상을 포함하기도 한다. 링컨은 민주주의를 「국민의, 국민에 의한, 국민을 위한 정치」라고 정의하였는바, 우리나라 현행법상도 그 전문에서 자유민주적 기본질서를 확고히 한다는 표현이 있음을 보더라도 대한민국의 정치가 민주주의에 기초를 두고 있음을 알 수 있다. 이와 같은 근대의 민주주의가 고대의 그것과 다른 점은 기본적 인권의 관념을 기초로 하고 있는 점에 있다. 근대 국가는 기본적 인권의 존중과 옹호를 입헌제의 목적으로 하며, 또 이와 같은 사상을 배경으로 하는 제도로서, 근대에 있어서 민주제가 지지되고 있다. 따라서 민주주의란 제도임과 동시에 사상이다. 영국이 제도로서는 군주제이면서 민주주의국가라고 불리며, 나치스·독일이 공화제이면서 민주주의국가라고 할 수 없는 것은 이와 같은 까닭에서이다. 인간의 역사는 專制主義(전제주의)로부터 인간을 해방시킨 민주주의 실현의 역사라고도 할 수 있다. 따라서 근세의 시민혁명이나 파시즘을 몰락시킨 제2차 세계대전을 민주주의의 승리라고 하는 것이다. 현대는 예외 없이 대의제(代議制)를 택하고 있으므로 통치의사와 국민의사의 일치는 실질적으로 불가능하다. 그러므로 민주주의의 기준은 국민의사가 절대적이 아니라 상대적으로 통치의사를 지배하는 것을 의미한다. 국민주권·의회제도·국민투표 등의 제도는 모두 민주주의를 기초로 하는 것이다.

직접민주제(直接民主制)

영;direct democracy
독;unmittelbare Demokratie
불;démocratie directe

국민이 국가의사를 결정하는 데 직접 참여하는 정치제도를 말한다. 구체적으로는 국민투표제를 넓은 범위에서 인정하는 민주제로서 간접민주제에 반하는 개념이다. 직접 민주제의 기원은 고대 그리스의 아크로폴리스로 올라갈 수 있는데, 치자(治者)와 피치자(被治者)의 동일성의 원리를 내포하고 있는 현대 민주정치에서도 그 이념은 존중되고 있다. 다만 모든 통치권의 행사에 국민이 직접 참여하여 결정한다는 것은 현대국가에서 거의 불가능하기 때문에 오늘날에는 간접민주제를 보충하는 범위 내에서만 채택되고 있다. 우리 현행헌법은 정당국가적 의회제도(간접민주제)를 바탕으로 국민의 통치권을 실현하도록 하였으며, 특히 중요한 국사에 한하여 직접민주제를 병용하고 있다(헌§72, 130②).

간접민주제(間接民主制)

국민이 정치에 참여하는 경우를 의원 기타 공무원의 선거에 한정시켜 국민이 그의 대표자인 의원 기타의 피선기관(被選機關)을 통하여 통치권을 행사하는 민주제를 말한다. 대표민주제 또는 대의제(代議制)라고도 하며 직접민주제에 반대되는 개념이다. 현재의 민주주의 국가들은 거의 직접민주제에 의하고 있다. 우리현행 헌법도 간접민주제를 원칙으로 하면서 외교·국방·통일 그밖에 국가안위 등의 중요정책과 헌법개정안에 대한 국민투표(헌§72, 130②)에 한하여 직접민주제를 병용하고 있다.

대표민주제(代表民主制)

영;representative democracy
독;repräsentativ Demokratie
불;democratie representative

국민이 선거에 의하여 선출한 국민의 대표자인 의원 기타 피선기관을 통하여 국민의 의사를 국정에 반영시키고, 국민은 간접적으로만 정치에 참여하는 민주제를 가리킨다. 간접민주제 또는 대의민주제라고도 한다. 직접민주제에 대응하는 개념이다. 현재의 민주제는 대부분 대표민주제를 채택하고 있다.

정치적 민주주의(政治的 民主主義)

경제적 민주주의에 대응하여 쓰이는 개념이다. 18세기로부터 19세기 초기의 민주정치의 특성을 가리킬 때가 많다. 개인주의·자유주의를 중심으로 개인의 자유와 평등 및 창의를 존중하되, 소득분배의 경제정의, 경제적 약자(無産大衆)의 생존보장에 소홀했던 점이 바이마르헌법에 의해 수정된 뒤, 소위 사회적 민주주의가 등장하게 된 것이다.

사회적 민주주의(社會的 民主主義)

폭력혁명 및 프롤레타리아 독재를 부정하고, 의회정치에 의한 민주주의적 방법으로 사회주의를 실현하려는 것이다. 사회적 민주주의는 정치적 민주주의의 수정형태 내지 이념적으로 발전된 형태로서 나타난 것이다. 이 주의도 노동계급의 해방을 통한 사회적·경제적 평등의 실현을 목적으로 하는 점에서는 공산주의와 같지만, 그 방법에 있어서 프롤레타리아 독재를 부인하고 의회주의를 고수하고 있는 점에서 공산주의와 다르다. 제1차 대전까지는 공산주의와 사회민주주의 사이에 명백한 구별이 없었기 때문에 사회민주주의라는 용어가 이 두 가지를 총괄하는 명칭으로 사용되었으나, 공산주의를 신봉하는 제3인터내셔널이 성립된 시기를 계기로 하여 사회적 민주주의와 공산주의를 엄격하게 구별하게 되었다.

경제적 민주주의(經濟的 民主主義)

18·19C를 풍미하던 정치적 민주주의는 경제면에서는 자유방임적 자본주의를 취하였고, 특히 19C 후반 이래 급속히 발전해온 자본주의는 사회적·경제적 생활에 여러 문제점을 노정시켰고, 동시에 자유주의적·자본주의적 이데올로기 때문에 그 균형성을 상실하였다. 이에 따라 각국 헌법은 경제적 민주주의의 실현을 위해 모든 국민에게 인간다운 생활의 확보와 최저생활을 보장할 수 있도록 사유재산권의 제한과 의무화조항, 그리고 경제조항을 규정하였다. 우리 헌법도 대한민국의 경제질서는 개인의 경제상의 자유와 창의를 기본으로 하는 자유민주주의를 원칙으로 하는 동시에, 국가는 균형 있는 국민경제의 성장 및 안정과 적정한 소득의 분배를 유지하고, 시장의 지배와 경제

력의 남용을 방지하며, 경제주체간의 조화를 통한 경제의 민주화를 위해 경제에 관한 규제와 조정을 할 수 있도록 규정하였다.

전체주의(全體主義)
영;totalitarianism

개인주의에 반대하고 개인보다 단체에 우월한 가치기준을 두는 주의를 말한다. 정치적으로는 자유주의·민주주의에 대립하는 절대주의·독재주의·국가주의·파시즘과 동일하다. 특히 독일의 나치즘을 지칭하는 용어로 쓰였다. 구소비에트를 중심으로 했던 공산국가의 정치원리도 반자유주의적이라는 의미에서 전체주의라고 할 수 있다.

개인주의(個人主義)
영;individualism
독;Individualismus

정치·사회·경제·문화 등 모든 제도는 개인의 가치와 존엄사상을 기초로 해야 한다는 사상이다. 법철학사상의 개인주의는 개인의 존재가치의 존중을 정치제도의 이상으로 하므로 단체주의 또는 전체주의를 배격한다. 근세 자연법론의 영향을 받은 민주주의, 개인 인격의 존엄성 및 천부인권설(天賦人權說)도 사상적으로 개인주의에서 나왔다. 근대민법의 3대원칙인 사소유권의 절대불가침, 계약자유의 원칙 및 과실책임의 원칙은 사법상에 있어서의 개인주의 법사상의 단적인 표현인데, 이것이 근대 자본주의가 급속도로 발전하는데 있어서 법적 뒷받침이 되었던 것이다. 오늘날의 자유주의나 민주주의도 물론 개인주의에 입각한 사상이다. 그러나 19세기 후반부터 경제적 불균형에서 비롯되는 사회적 문제로 인하여 종래의 개인주의법사상이 대폭적으로 수정되어 법의 사회화 경향이 현대법사상의 특징으로 되었다.

민주주의·개인주의·전체주의

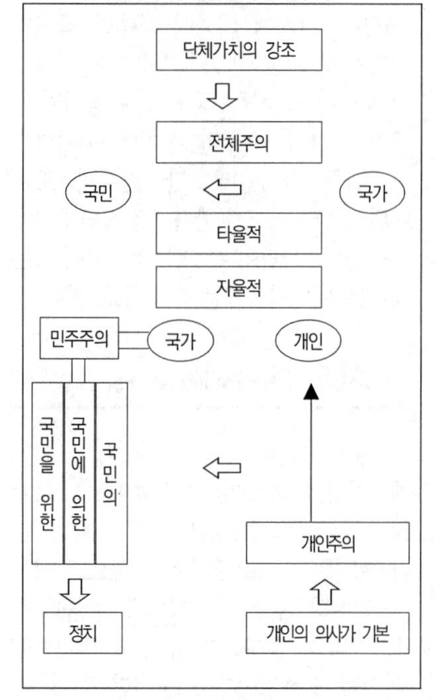

경제질서(經濟秩序)

경제질서란 국가의 기본적인 경제적 구조를 말한다. 우리나라의 경제질서는 개인과 기업의 경제상의 자유와 창의를 존중함을 기본으로 하되(헌§199①), 국가는 균형 있는 국민경제의 성장과 안정, 적정한 소득분배를 유지하고, 시민의 지배와 경제력의 남용을 방지하며, 경제의 민주화를 위하여 규제와 조정을 할 수 있다고 규정하고 있다(§119②). 즉, 우리나라는 국민에게 경제상의 자유를 보장하여 그의 창의를 존중하고, 그를 최대한으로 발휘시킴으로써 국가경제의 발전과 국민생활의 자주성을 도모하면서도, 극단적인 자유방임주의가 초래한 폐단 가운데 하나인 독과점(獨寡占)의 폐단을 적절히 규제·조정함으로써, 국가에 의한 경제에의 합리적인 관여가능성 및 국민 각자의 경제적 자유의 한계를 설정하여 부의 균등분배를 도모하고자 하는 것이다. 독점규제및공정거래에관한법률 등이 그 예이다.

경제질서의 유형

자본주의적 자유시장 경제질서	자유주의사상을 기초로 하고 있는 근대의 경제질서이다. 사유재산을 보장하고 개인의 경제활동의 자유를 보장하며 경제영역에 대한 국가의 간섭을 원칙적으로 금지한다.
사회주의적 계획 경제질서	모든 생산수단을 국유화하고 경제영역에서의 모든 활동을 국가의 계획 하에 행하며, 개인의 경제활동이 국가의 명령과 통제 하에 있는 경제질서이다.
사회적 시장 경제질서	사유재산제의 보장과 자유경쟁을 기본원리로 하는 시장경제질서를 근간으로 하면서, 부분적으로 사회주의적 계획경제를 가미한 경제질서를 의미한다. 헌법차원에서는 1919년 바이마르 공화국 헌법에서 최초로 도입하였다.

우리나라 헌법상의 경제질서는 사유재산제를 바탕으로 하고 자유경쟁을 존중하는 자유시장경제질서를 기본으로 하면서도 이에 수반되는 갖가지 모순을 제거하고 사회복지·사회정의를 실현하기 위하여 국가적 규제와 조정을 용인하는 사회적 시장경제질서로서의 성격을 띠고 있다*(헌법재판소 1996. 4. 25. 92헌바47 전원재판부).*

경제조항(經濟條項)

경제조항이란 보통 헌법 중 경제에 관한 제규정을 말한다. 자유방임주의와 개인주의에 입각하여 사유재산권의 신성과 계약자유의 원칙을 강조하던 18·19세기 제국가의 헌법에 있어서는 경제에 관한 헌법의 규정으로서는 재산권의 신성불가침 및 계약자유의 원칙을 규정한 것 이외에는 이를 찾아 볼 수 없었다. 그러나 20세기에 들어와서 자본주의가 사회적·경제적인 모든 면에서 여러 문제를 발생시키고, 그밖에 자력으로 이를 극복할 자극성(自克性)을 상실하게 되자 국민의 경제적·사회적 생활에 대하여 국가의 합리적인 관여 및 통제가 강력하게 요청되게 되었다. 이리하여 「바이마르헌법」을 비롯하여 제1차대전 후의 20세기 각국의 헌법은 경제에 관한 규정을 매우 중요시하게 되었는데, 우리 헌법도 이 진보적 경향에 따라 제9장 「경제」에서 경제에 관한 기본원칙을 분명하게 밝히고 있다. 즉 제119조에서 경제질서의 기본과 경제의 민주화를 위한 규제와 조정을 할 수 있다고 규정하고, 제120조에서 중요한 자원과 자연력은 국가의 보호를 받는다는 것을 규정하고, 제121조에서 농지의 소작제도를 금지하고, 제122조는 생산 및 생활의 기반인 국토의 효율적 이용을 위하여 법률이 정하는 바에 의하여 그에 관한 필요한 제한과 의무를 과할 수 있게 하고, 제123조에서는 농어촌을 개발하여 지역경제의 발전을 기하고, 중소기업보호 육성을 규정하고, 제124조에서는 국가는 건전한 소비행위를 계도(啓導)하고 생산품 품질향상을 촉구하기 위한 소비자보호 운동을 법률이 정하는 바에 의하여 보장하고, 제125조에서는 대외적 무역을 육성하며, 이를 규제·조정할 수 있게 하고, 제126조에서는 국방상 또는 국민경제상 긴절(緊切)한 필요로 인하여 법률에 정한 경우를 제외하고는, 사영기업을 국유 또는 공유로 이전하거나 그 경영을 통제 또는 관리할 수 없게 하고, 제127조에서는 과학기술의 혁신과 정보 및 인력개발을 통하여 경제발전에 노력하여야 하며, 대통령은 이를 위하여 필요한 자문기관을 둘 수 있다고 하고 있다.

국제평화주의(國際平和主義)

국제간의 친선을 도모하고 침략전쟁을 부인함으로써 인류를 전쟁의 참화로부터 지켜내려는 주의를 말한다. 이 주의는 UN의 정신이며, 우리 현행헌법 제5조 제1항과 헌법조문에서도 그 뜻이 명백히 규정되어 있다. 우리 현행헌법 제5조 제1항은 국제평화의 유지에 노력하고 침략적 전쟁을 부인한다고 규정하고 있는데, 국제연합헌장과 프랑스헌법 및 우리 현행헌법 전문에 그 취지가 선언되어 있다. 오늘날 각국의 헌법은 대부분 국제평화에 관한 규정을 두고 있다(예 : 이탈리아헌§11·일본헌§2 등).

자위권(自衛權)

영;right of selfdefence
독;Recht der Notwehr
불;pdroit de lëgitime défence

국가 또는 국민에 대한 급박한 침해에 대하여 실력으로써 방위할 수 있는 국가의 기본적 권리이다. 급박하고 부당한 침해에 대하여 방위하는 정당방위(正當防衛)와 단순히 급박한 위해(危害)를 피하기 위하여 행하는 긴급피난(緊急避難)이 있는데 보통자위권이라 하면 전자를 가리킨다. 어느 경우에나 다른 수단으로는 위해를 피할 수 없는 부득이한 경우가 아니면 안 된다. 자위권의 관념은 제1차대전 후 전쟁이 일반적으로 위법화됨에 따라 부정한 침해에 대한 방위를 위한 전쟁의 합법성을 유보하기 위하여 특별히 일반화되었다. 1928년의 부전조약(不戰條約)에서도 자위권만은 합법적인 권리로서 인정되었고 국제연합헌장에서도 자위권의 발동을 인정하고 있다. 특히 헌장은 개별적 자위권과 동시에 집단적 자위권을 인정하고 있으며, 어느 경우에나 그 발동의 남용을 방지하기 위하여 안전보장이사회가 통제를 하도록 규정하고 있으며, 필요한 정도를 넘은 자위권의 행사는 과잉방어로서 위법행위가 된다.

국군의 정치적 중립성 준수
(國軍의 政治的 中立性 遵守)

군의 기본적 사명이 외침으로부터의 국토방위이고, 그 기본적 기능이 정치가 아닌 군사적 전략·전술임은 물론, 주권자인 국민이 그 안전을 위하여 그들의 납세로써 군을 조직하고 유지하고 있다는 점을 감안할 때, 국민의 의사에 반하여 군은 정치에 개입할 수 없다. 국가적 위기가 외침에 의한 것이 아니고 정치적·경제적·사회적 요인에 의한 것일 경우, 그것은 헌법에 규정된 통상적인 국가긴급권으로 대처해야 한다. 현행 헌법 제5조 제2항은 '국군은 국가의 안전보장과 국토방위의 신성한 의무를 수행함을 사명으로 하며, 그 정치적 중립성은 준수된다'고 규정하고 있다.

국제법규(國際法規)

우리 헌법 제6조 제1항은 '헌법에 의하여 체결·공포된 조약과 일반적으로 승인된 국제법규는 국내법과 같은 효력을 가진다.'라고 규정하여 국제법을 국내법에 수용하고 이를 존중하는 입장을 명백히 하고 있다. 국제관습법이나 조약을 국내에서 실시함에 있어서 국내법적 형식을 부여해야 한다고 가정하면, 국제법과 국내법은 그 소관형식을 달리하기 때문에 양자 사이에 효력의 우열관계는 발생하지 않는다. 그러나 국제법이 그대로의 형식으로서 국내법상의 효력을 가진다고 하면, 조약도 또한 국제법이 성립하는 한 개의 법형식에 불과하므로 국제법과 헌법·법률·명령 등과의 우열문제가 생긴다. 이론적으로는 국내법우위론과 국제법우위론이 대립되고 있으며, 이에 관한 각국헌법의 규정은 상이하다. 우리 헌법은 국제법과 국내법의 효력관계에 있어서 동위설을 취하고 있다.

헌법우위설(憲法優位說)

헌법과 조약과의 효력관계에 있어서 헌법이 조약보다 우위에 있다는 학설을 말한다. 이에 대하여 그 반대의 경우를 조약우위설이라고 한다. 이 논의는 일단 국제법(조약)과 국내법(헌법)이 동일법체계에 속한다는 것(일원론)을 전제로 하여 성립한다. 따라서 헌법이 조약보다 우위에 있다는 논거는, (1) 성립절차에 국민투표를 필요치 않고 개정이 헌법보다도 용이한 조약이 만약 헌법보다 우위에 있다고 하면 국민투표의 절차를 필요로 하는 헌법을 변경하는 것이 가능하게 되어 국민주권주의의 입장에서 불합리하다는 것, (2) 헌법 제6조 1항도 헌법과 조약과의 우열을 정한 규정이 아니고 국제법규는 국내법(헌법 이외)과 동일한 효력을 가진다는 것. (3) 위헌법령심사의 대상에서 조약을 제외하는 것은 조약 자체의 특성에서 나오는 것이고, 그것이 조약우위를 의미하는 것은 아니라는 점 등을 든다.

헌법우위설과 조약우위설

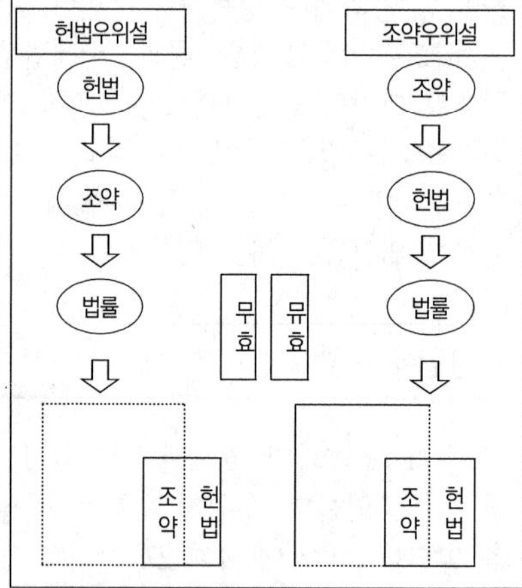

헌법 제111조 제1항 제1호 및 헌법재판소법 제41조 제1항은 위헌법률심판의 대상에 관하여, 헌법 제111조 제1항 제5호 및 헌법재판소법 제68조 제2항, 제41조 제1항은 헌법소원심판의 대상에 관하여 그것이 법률임을 명문으로 규정하고 있으며, 여기서 위헌심사의 대상이 되는 법률이 국회의 의결을 거친 이른바 형식적 의미의 법률을 의미하는 것에는 아무런 의문이 있을 수 없다. 따라서 형식적 의미의 법률과 동일한 효력을 갖는 조약 등은 포함된다고 볼 것이지만 헌법의 개별규정 자체는 그 대상이 아님이 명백하다*(헌법재판소 1995. 12. 28. 95헌바3 전원재판부)*.

정당(政黨)

영;political party
독;politische Partei
불;parti politique

정당이란 국민의 이익을 위하여 책임있는 정치적 주장이나 정책을 추진하고 공직선거의 후보자를 추천 또는 지지함으로써 국민의 정치적 의사의 형성에 참여하는 것을 목적으로 하는 국민의 자발적 조직을 말한다(정당§2). 우리 현행 헌법은 「① 정당의 설립은 자유이며, 복수정당제는 보장된다. ② 정당은 그 목적·조직과 활동이 민주적이어야 하며, 국민의 정치적 의사형성에 참여하는데 필요한 조직을 가져야 한다. ③ 정당은 법률이 정하는 바에 의하여 국가의 보호를 받으며, 국가는 법률이 정하는 바에 의하여 정당의 운영에 필요한 자금을 보조할 수 있다. ④ 정당의 목적이나 활동이 민주적 기본질서에 위배될 때에는 정부는 헌법재판소에 그 해산을 제소할 수 있고, 정당은 헌법재판소의 심판에 의하여 해산된다.」고 규정하고 있다(헌§8).

정당은 정치적결사로서 국민의 정치적의사를 적극적으로 형성하고 각계 각층의 이익을 대변하며, 정부를 비판하고 정책적 대안을 제시할 뿐만 아니라, 국민 일반이 정치나 국가작용에 영향력을 행사하는 매개체의 역할을 수행하는등 현대의 대의제민주주의에 없어서는 안될 중요한 공적기능을 수행하고 있다*(헌법재판소 전원재판부 1996. 8. 29. 96헌마99)*.

복수정당제(複數政黨制)

독;System der Pluraiparteien

단일정당제의 강요나 정당설립의 제한을 인정하지 않는 정당제도를 말한다. 오늘날 다원주의는 자유법치국가적 민주정치의 구성요소로 되고 있다. 따라서 국가정당제도나 단일정당제도는 민주적 기본질서에 위배된다. 정당결성의 자유는 민주주의 국가에서는 정치적 기본질서의 하나에 속하기 때문에 2개 정당만을 인정하는 제도라기보다 단일 정당제를 부인하는 제도라는 데 그 의의가 있다. 다수정당제만이 정치과정의 공개성과 의견의 다양성, 정권의 평화적 교체의 가능성을 보장하고 있다. 따라서 야당의 활동의 자유가 보장되는 복수정당제야말로 민주적 기본질서의 중요한 요소가 되고 있다. 우리 헌법은 제8조에서 복수정당제를 보장하고 정당활동의 자유를 보장하고 있다.

정당국가(政黨國家)

영;Parteienstaat

의회정치의 운용에서 정당이 그 정치의 중심이 되어 있는 국가를 말한다. 오늘날 모든 국가는 대의정적 의회제도가 쇠퇴하고 정당국가로 변모하고 있다. 따라서 '민주정치=의회정치=정당정치'라는 공식이 성립하게 된다. 민주국가에 있어서의 정당국가적 성격은 복수정당제 또는 다원적 정당국가임을 그 특성으로 한다. 다원적 정당국가에 있어서는 정당설립의 자유가 보장되어야 함과 동시에 복수정당간에 평화적인 정권교체의 간섭이 존재한다는 점에 특색이 있다. 정당국가에 있어서는 정당의 정책을 중심으로 그 정치가 운용되는 까닭에 선거의 성질은 대표자의 선출로서의 의미를 가지는 것이 아니라 정당의 정책에 관한 국민투표를 의미하게 한다.

정당의 해산(政黨의 解散)

정당의 해산이란 정당의 목적이나 활동이 민주적 기본질서에 위배된 때, 정부가 헌법재판소에 그 해산을 제소하고, 헌법재판소의 심판에 의하여 정당을 해산하는 것을 말한다(헌§8④ 참조). 즉, 우리 헌법의 가치기준이 되어 있는 민주적 기본질서 그 자체를 파괴하려는 정당의 존립을 인식하면서도, 그 해산은 정치적 중립기관인 헌법재판소의 신중한 심판절차를 거치게 함으로써 정부의 자의적인 처분에 의한 정당해산과 이로 인한 야당탄압을 금지한 것이다. 헌법재판소에서 정당해산의 심판을 할 때에는 재판관 6인 이상의 찬성이 있어야 한다(§113①). 정부가 헌법재판소에 해산을 제소함에는 국무회의의 심의를 거쳐야 한다(§89XIV). 정당해산을 위한 제소장에는 해산을 요구하는 정당을 표시하고 제소의 이유를 기재하여야 한다. 정당의 해산을 명하는 결정이 선고된 때에는 당해 정당은 해산하게 된다. 위헌정당 강제해산시 그 소속원인 국회의원의 신분에 어떠한 영향을 미치는지에 대하여는 견해대립이 있다. 다만, 헌법재판소는 2014년 12월 19일 '통합진보당'에 대한 해산청구사건(2013헌다1)에서 헌법재판관 8명의 찬성으로 피청구인 통합진보당을 해산하고 그 소속 국회의원은 의원직을 상실한다는 결정을 선고하였다.

위헌정당강제해산시 소속의원의
자격 상실여부에 대한 견해대립

제1설 (다수설, 헌법재판소 판례)	정당제민주주의원리와 방어적 민주주의 정신을 존중하고, 위헌정당강제해산결정의 실효성 확보를 이유로 지역구·비례대표의원 모두 국회의원신분을 상실한다고 보는 견해
제2설	국회의원의 국민대표성을 중시하여 소속 정당이 해산되더라도 국회의원직은 상실되지 않고 무소속의원으로 남는다는 견해
제3설	지역구국회의원의 경우 국민대표성이 강하므로 국회의원직을 상실하지 않지만, 비례대표국회의원의 경우 정당대표성이 강하다는 이유로 의원직을 상실한다고 보는 견해

※ 통합진보당 해산 청구 사건(2013헌다1) 결정 요지
[1] 북한식 사회주의를 실현하고자 하는 피청구인의 목적과 활동에 내포된 중대한 위헌성, 대한민국 체제를 파괴하려는 북한과 대치하고 있는 특수한 상황, 피청구인 구성원에 대한 개별적인 형사처벌로는 정당 자체의 위험성이 제거되지 않는 등 해산 결정 외에는 피청구인의 고유한 위험성을 제거할 수 있는 다른 대안이 없는 점, 그리고 민주적 기본질서의 수호와 민주주의의 다원성 보장이라는 사회적 이익이 정당해산결정으로 인한 피청구인의 정당활동의 자유에 대한 근본적 제약이나 다원적 민주주의에 대한 일부 제한이라는 불이익에 비하여 월등히 크고 중요하다는 점을 고려하면, 피청구인에 대한 해산결정은 민주적 기본질서에 가해지는 위험성을 실효적으로 제거하기 위한 부득이한 해법으로서 비례원칙에 위배되지 아니한다.
[2] 헌법재판소의 해산결정으로 정당이 해산되는 경우에 그 정당 소속 국회의원이 의원직을 상실하는지에 대하여 명문의 규정은 없으나, 정당해산심판제도의 본질은 민주적 기본질서에 위배되는 정당을 정치적 의사형성과정에서 배제함으로써 국민을 보호하는 데에 있는데 해산정당 소속 국회의원의 의원직을 상실시키지 않는 경우 정당해산결정의 실효성을 확보할 수 없게 되므로, 이러한 정당해산제도의 취지 등에 비추어 볼 때 헌법재판소의 정당해산결정이 있는 경우 그 정당 소속 국회의원의 의원직은 당선 방식을 불문하고 모두 상실되어야 한다.

공직선거법(公職選擧法)

1994. 3. 16. 법률 제4739호로 '공직선거및선거부정방지법'으로 제정된 이 법은 2005. 8. 4. 공직선거법'으로 명칭을 개정하였다. 대한민국헌법과 지방자치법에 의한 선거가 국민의 자유로운 의사와 민주적인 절차에 의하여 행하여지도록 하고, 선거와 관련한 부정을 방지함으로써 민주정치의 발전에 기여함을 목적으로 한다. 이 법은 대통령선거·국회의원선거·지방의회의원 및 지방자치단체의 장의 선거에 적용한다.

선거(選擧)

英;election
독;Wahl
불;lection

다수의 선거인에 의한 공무원의 선임행위를 말한다. 즉 선거인은 전체로써 선거인단을 구성하고, 이 합의체에 의하여 공무원을 선임한다. 선거는 기술적인 문제인 것처럼 보이나 사실에 있어서는 민주정치의 실현에 결정적인 역할을 하는 것으로 국가는 각기 직접

군주제·권력분립제·대표민주제에 적합한 선거제도를 채택한다. 따라서 선거는 오늘날 헌법의 요소로 되었다. 선거는 단순한 선임행위이나 그 법적 성질에 관하여서는 학설의 대립이 있다. 선거를 국민의 권리의 강제위임이라고 보는 설도 있으나, 오늘날에는 대표위임이라고 보는 것이 유력한 학설이다.

선거관리위원회(選擧管理委員會)

선거와 국민투표의 공정한 관리 및 정당에 관한 사무를 처리하기 위하여 두는 합의제 독립기관을 말한다(헌§114①). 우리 헌법은 제114조부터 제116조까지 선거관리에 관한 규정을 두고 있다. 즉 헌법 제114조 제2항에서 중앙선거관리위원회의 구성을, 동조 제3항에서 위원의 임기를, 동조 제4항에서 위원의 정치적 중립성을, 동조 제5항에서 위원의 신분보장을, 동조 제6항에서 규칙제정권을 규정하고, 그리고 동조 제7항에서는 '각급선거관리위원회의 조직·직무범위 기타 필요한 사항은 법률로 정한다'라고 하고 있는 바, 이에 관한 법률로서 선거관리위원회법이 있다. 선거관리위원회는 선거와 국민투표의 공정한 관리는 물론 정당한 사무를 처리하는 헌법상의 필수적 합의제독립기관(관청)이다. 선거관리위원회는 (1) 헌법상의 필수기관으로서 헌법개정에 의하지 아니하고는 이를 폐지할 수 없고, (2) 독립된 기관이므로 위원의 신분이 보장되고, 대통령도 그 직무에 간섭할 수 없으며, 위원들의 정당가입이나 정치관여가 금지되며, (3) 합의제기관이므로 직무에 관한 합의에는 위원장과 위원들이 법적으로 동등한 지위에 선다.

공민권(公民權)

공민이 가지는 권리로서 참정권(선거권·피선거권)을 말한다.

선거권(選擧權)

영;elective franchise, suffrage
독;(aktives)Wahlrecht
불;lectorat

참정권 중 선거인의 지위를 말한다. 선거권의 법적 성격에 대해서는 자연권설·기능설(공무설)· 권한설·이원설 등 학설이 대립된다. 선거권은'국가기관으로서의 국민'인 선거기관의 기능이라고 보는 것이 가장 논리적이나 선거기관으로서의 국민은 합성기관이며 개별적 국민을 의미하지 않는다. 그렇다고 하더라도 개별적인 국민은 이 선거기관의 구성에 적극적으로 참여할 수 있는 능동적 기본권을 가진다. 이 기본권은 국가 이전의 자연권적 권리라고 볼 수는 없으나, 헌법이나 실정법에 의하여 인정되는 것이므로 어디까지나 하나의 개인적 공권이라고 보아야 할 것이므로 이원론이 타당하다. 우리 헌법 제24조는 '모든 국민은 법률이 정하는 바에 의하여 선거권을 가진다'고 규정하고 있다. 공직선거법 제15조에서는 선거권을 가지기 위해서 만 19세가 되어야 한다고 규정하고 있다. 외국에서는 선거연령을 18세로 인하하고 있다. 국민의 선거권에는 국회의원 선거권, 대통령 선거권, 지방의회의원과 지방자치단체의 장의 선거권 등이 있다. 국회의원에 대한 선거권은 보통·평등하게 부여되어야 한다(헌§41). 따라서 제한선거는 인정되지 않으며, 불평등선거도 인정되지 않는다. 만 19세에 달한 대한민국 국민은 결격사유가 없는 한 1인 1표를 가지며, 주거기간에 의한 선거권의 제한은 인정되지 않는다.

선거권의 제한(選擧權의 制限)

선거인의 지위를 인정하지 않는 것을 말한다. 선거권의 요건에는 적극적 요건과 소극적 요건이 있다. 적극적 요건은 국적·연령 등에 관한 것이고, 소극적 요건은 선거권이 인정되기 위해서 있어서는 안될 사유를 말한다. 선거권은 국가내적 공권이기 때문에 외국인에게는 인정되지 않는다. 그러나 지방차원에서의 참정권을 '국민의 권리'가 아닌 '주민의 권리'로 파악하여 외국인에게도 지방에 한하여 참정권을 인정할 수 있지 않은지 문제되는데, 현행 공직선거법은 2005년 법개정을 통하여 영주의 체류자격 취득일 후 3년이 경과한 19세 이상의 외국인으로서 지방자치단체의 외국인등록대장에 등재된 자에 대하여는 지방자치단체장과 지방의회의원 선거에서의 '선거권'을 인정하고 있다(공직§15②). 선거권과 관련하여 2014년 1월 18일 헌법재판소에서는 형의 집행유예기간인 자에 대한 선거권 제한에 대하여는 위헌결정을, 수형자의 선거권 제한에 대하여는 헌법불합치 결정을 선고하였다. 이에 2015년 8월 13일 공직선거법의 개정으로 집행유예자에게 선거권을 부여하도록 하고 수형자에 대하여는 1년 이상의 징역 또는 금고형을 선고받은 경우에만 선거권을 제한하도록 함으로써 사회 구성원으로서 권리의 행사를 통한 수형자의 재사회화에 이바지함과 동시에 이들의 선거권을 최대한 보장하고 있다. 개정된 공직선거법에 의하면 선거일 현재 (1) 금치산선고를 받은 자, (2) 1년 이상의 징역 또는 금고의 형의 선고를 받고 그 집행이 종료되지 않거나 그 집행을 받지 않도록 확정되지 아니한 자(단, 그 형의 집행유예를 선고받고 유예기간 중에 있는 사람은 제외), (3) 선거범, 정치자금법 제45조 및 제49조에 규정된 죄를 범한 자 또는 대통령 · 국회의원 · 지방의회의원 · 지방자치단체의 장으로서 그 재임중의 직무와 관련하여 형법 제129조 내지 제132조 · 특정범죄가중처벌 등에 관한 법률 제3조에 규정된 자를 범한 자로서, 100만원 이상의 벌금형의 선고를 받고 그 형이 확정된 후 5년 또는 형의 집행유예의 선고를 받고 그 형이 확정된 후 10년을 경과하지 아니하거나 징역형의 선고를 받고 그 집행을 받지 아니하기로 확정된 후 또는 그 형의 집행이 종료되거나 면제된 후 10년을 경과하지 아니한 자(형이 실효된 자도 포함한다), (4) 법원의 판결 또는 다른 법률에 의하여 선거권이 정지 또는 상실된 자에게는 선거권을 인정하지 아니하고 있다(동법 18조).

1. 공직선거법(2005. 8. 4. 법률 제7681호로 개정된 것) 제18조 제1항 제2호 중 '유기징역 또는 유기금고의 선고를 받고 그 집행유예기간 중인 자'에 관한 부분은 헌법에 위반된다.*(헌법재판소 2014.1.18, 2012헌마409).*
2. 공직선거법 제18조 제1항 제2호 중 '유기징역 또는 유기금고의 선고를 받고 그 집행이 종료되지 아니한 자'에 관한 부분은 헌법에 합치되지 아니한다. 위 법률조항 부분은 2015. 12. 31.을 시한으로 입법자가 개정할 때까지 계속 적용된다*(헌법재판소 2014.1.18, 2012헌마409).*

보통선거(普通選擧)
영;universal suffrage
독;allgemeines Wahlrecht
불;suffrage universal

보통선거란 재산·납세·교육의 정도 또는 신앙 등에 의하여 선거권에 차등을 두지 않는 선거를 말한다. 제한선거에 대응하는 개념이다. 근대초기에는 대개 제한선거제도를 택하고 있었으나 민주주의가 발달한 현대에 와서는 거의 예외없이 보통선거를 채택하고 있다. 우리 헌법에서도 국회의원과 대통령의 선거에 있어서 보통선거에 의할 것을 명문으로 규정하고 있다(헌§41①, §67①).

제한선거(制限選擧)
영;restricted suffrage
독;beschränktes Wahlrecht
불;suffrage restreint

제한선거란 재산·납세·교육의 정도 또는 신앙의 여하에 따라서 선거권에 제한을 두는 제도이다. 보통선거에 대응하는 개념이다. 근대 초기 선거제도는 대개 제한선거제도이었으나, 현대에는 제한선거제를 채택하는 예는 거의 없으며, 보통선거가 원칙으로 되어 있다.

평등선거(平等選擧)
독;gleiches Wahlrecht
불;suffrage égal

평등선거란 각 선거인이 가지는 선거권의 효과가 동등한 선거제도를 말한다. 재산·납세·교육 등에 의해서 선거권의 효과에 차등을 두는 제도인 불평등(차등)선거와 구별된다. 직접·비밀·보통선거와 아울러 평등선거는 입헌국가에서 선거제도상 가장 중요한 원리의 하나이다. 우리 헌법도 국회의원과 대통령선거에 있어서 평등선거를 선언하고 있다(헌§41①, §67①).

직접선거(直接選擧)
영;direct election
독;direkte Wahl,unmittelbare Wahl
불;suffrage direct

직접선거란 선거인이 당선인을 직접 지명하는 선거제도를 말한다. 간접선거에 대응하는 개념이다. 오늘날 여러 국가의 선거법에서는 일반적으로 직접선거제도를 채택하고 있다. 우리 헌법도 국회의원과 대통령선거는 직접선거에 의할 것을 명문으로 규정하고 있다(헌§41①, §67①).

간접선거(間接選擧)

영;indirect election
독;indirekte Wahl mittelbare Wahl
불;suffrage deux degés

간접선거란 일반선거인은 소위원선거인으로써 중간선거인을 선거하는 데 그치고, 그 중간선거인이 대통령이나 의원 등을 선거하는 제도를 말한다. 직접선거에 대응하는 개념이다. 일반선거인의 선거능력에 대한 불신에서 채택하는 경우와, 인구가 많고 지역이 광대하여 선거절차를 간편히 하려는 목적에서 채택하는 경우도 있으나, 간접선거제도의 근원은 전자에 유래한다. 중간선거인이 원선거인(原選擧人)의 의사대로 대통령이나 의원을 선출하면 무용의 절차이고, 반면 원선거인의 의사에 반하면 민의를 중간에서 저지·왜곡하는 까닭에 그 한도 내에서는 민주주의 정신에 위배된다고 할 수 있다. 현존의 제도로는 미국대통령 선거가 대표적인 것이나, 정당정치의 발달로 실질적으로는 직접선거와 같다. 우리나라에서는 제4·5공화국의 대통령선거가 간접선거에 의해 행해졌다.

자유선거(自由選擧)

자유선거란 강제선거에 대응하는 개념으로 선거인이 강제나 외부의 어떠한 간섭도 받지 않고 자기의 선거권을 자유롭게 행사할 수 있는 것을 의미한다. 자유건거의 원칙은 선거의 내용뿐만 아니라 선거의 가부까지도 선거인의 임의로운 결정에 맡길 것을 요구하는 것이다. 따라서 선거의무를 헌법적 차원이 아닌 법률로 규정하는 것은 허용될 수 없다. 헌법은 자유선거의 원칙을 명문으로 규정하지는 않지만, 민주국가의 선거제도에 내재하는 법원리로서 당연히 인정된다고 본다.

헌법 제41조 제1항 및 제67조 제1항은 각 국회의원선거 및 대통령선거와 관련하여 선거의 원칙을 규정하면서 자유선거원칙을 명시적으로 언급하고 있지 않으나, 선거가 국민의 정치적 의사를 제대로 반영하기 위해서는, 유권자가 자유롭고 개방적인 의사형성과정에서 외부로부터의 부당한 영향력의 행사 없이 자신의 판단을 형성하고 결정을 내릴 수 있어야 한다. 따라서 자유선거원칙은 선출된 국가기관에 민주적 정당성을 부여하기 위한 기본적 전제조건으로서 선거의 기본원칙에 포함되는 것이다. 자유선거원칙이란, 유권자의 투표행위가 국가나 사회로부터의 강제나 부당한 압력의 행사 없이 이루어져야 한다는 것뿐만 아니라, 유권자가 자유롭고 공개적인 의사형성과정에서 자신의 판단과 결정을 내릴 수 있어야 한다는 것을 의미한다*(헌법재판소 2004. 5. 14. 선고 2004헌나1 전원재판부).*

공영선거(公營選擧)

선거를 국가나 지방자치단체가 관리하는 선거제도를 말한다. 이는 선거운동의 과열로 야기될 폐단을 방지하기 위하여 선거비용의 전부 또는 일부를 국가가 부담하고, 선거운동을 국가나 지방자치단체가 관리하는 제도이다. 이 제도는 공정한 선거를 기하고, 선거비용에 제약을 받는 자력은 없으나 유능한 자의 당선을 보장하려는 데에 그 의의가 있다. 우리 헌법 제116조에서는 "선거운동은 각급 선거관리위원회의 관리하에 법률이 정하는 범위안에서 하되, 균등한 기회가 보장되어야 한다. 선거에 관한 경비는 법률이 정하는 경우를 제외하고는 정당 또는 후보자에게 부담시킬 수 없다"고 규정하여 공영선거제를 취하고 있다.

공개투표(公開投票)

영;open vote

공개투표란 투표인의 투표내용을 제3자가 알 수 있는 투표제도를 말한다. 비밀투표에 상대되는 개념이다. 예컨대 구술투표・거수투표・기립투표・기명투표 등이 그것이다. 공개투표에 의하게 되면 투표인이 제3자에 의해 심리적 압박을 받아 공정한 표결을 기대하기 어렵기 때문에 현대국가에서는 그 예(例)가 적다.

임의투표(任意投票)

임의투표란 선거권의 행사는 전적으로 선거인의 자유의사에 의하며, 기권하는 경우에도 아무런 법적 제재를 가하지 않는 투표제도를 말한다. 강제투표에 대응하는 개념이다. 자유민주국가의 대부분이 임의투표제를 채택하고 있으며 우리나라도 임의투표제에 따르고 있다. 선거권을 하나의 권리로 보는 시각에서 오는 제도이다.

강제투표(强制投票)

강제투표란 선거인으로서 정당한 이유 없이 투표하지 않는 자에게 일정한 제재를 가하는 투표제도를 말한다. 임의투표에 상대되는 개념이다. 선거권의 법적 성질을 공무적인 것으로 보는 제도이다. 프랑스의 1791년의 헌법회의에서 바르나브(Barnave・Antoine・Pier-re・joseph・Marie) 등에 의하여 주장되었고, 1795년 집정헌법(執政憲法)의 토의에서도 지배적인 주장이 되었으며, 19세기 중엽 이후의 유럽제국에서 많이 채택된 제도이다. 정당한 이유 없이 선거권을 행사하지 않은 데 대한 제재로서는 보통 성명의 공시(公示)・견책(譴責)・공권의 정지・공권의 박탈・벌금・조세의 증징(增徵) 등이 있으며, 공무원의 경우에는 감봉・면직 등의 방법이 있다. 강제투표의 주된 목적은 기권의 방지이지만 정치적 무관심을 예방하려는 취지도 있다.

결선투표(決選投票)

결선투표란 재투표의 하나로서, 당선인을 결정하기 위해서 일정한 득표수 이상이 요구되는 경우, 그 득표수에 해당하는 자가 없어서 당선인을 결정할 수 없는 때에 최고득표자 두 명을 대상으로 하여 다시 선거하는 투표제도를 말한다.

게리맨더링
영;gerrymandering

특정의 정당이나 후보자에게 유리하도록 선거구의 구역을 인위적으로 정하는 것을 말한다. 메사추세츠 주지사 게리(Elbrid-ge Gerry : 1744~1814)의 재임 시, 현재의 민주당인 당시 공화당이 공화당에게 유리한 상원의원선거구개정법을 통과시켜 선거구가 마치 샐러맨더(salamander, 불도마뱀)라는 괴물과 비슷한 기형의 선거구 모양이 만들어져 이를 합성하여 게리맨더링(Gerrymandering)이라는 말이 생겼다.

대선거구(大選擧區)

대선거구란 단위지역에서 5인 이상의 대표를 선출하는 선거구를 말한다. 소선거구에 대응하는 개념이다 대선거구제의 장단점은 곧 소선거구제의 장단점의 반대가 된다. 즉, (1) 사표(死票)가 적어지며 비례대표제의 취지를 관철시킬 수 있고, (2) 소선거구제의 경우와 같은 선거간섭·정실·매수 등 부정선거가 비교적 적어지며, (3) 인물 선택의 범위가 넓어진다는 장점이 있는 반면, (1) 군소정당의 출현을 쉽게 하므로 정국의 불안을 가져올 우려가 있고, (2) 선거구역이 확대되므로 선거비용이 많아진다는 단점이 있다.

중선거구(中選擧區)

중선거구란 한 선거구에서 2~4인의 대표자를 선출하는 선거의 지역적 단위를 의미한다. 중선거구제는 대·소선거구의 장단점을 모두 갖추고 있다.

소선거구(小選擧區)

소선거구란 1선거구에서 1인을 선출하는 선거의지역적 단위를 말한다. 대선거구에 대응하는 개념이다. 선거인은 후보자 가운데 1인에게만 투표를 하고, 그 투표의 다수를 얻은 후보자가 당선인이 되는 단기명투표법(單記名投票法)과 다수결주의가 적용된다. 소선거구제는 (1) 소정당의 진출을 억제함으로써 정국의 안정을 도모할 수 있으며, (2) 선거단속의 철저를 기할 수 있으므로 엄정선거를 도모할 수 있고, (3) 지역이 비교적 협소하므로 선거비용이 절약되고, 후보자의 적부에 대하여 선거인이 비교적 정통하다는 장점이 있는 반면, (1) 사표(死票)의 확률이 높으며, 대정당(大政黨)에 불리하고, (2) 전국민의 대표자로서는 부적합한 지방적인 인물이 배출될 가능성이 많으며, (3) 선거의 간섭·정실·매수 등의 부정선거가 행하여질 위험성이 크다는 단점도 무시할 수 없다.

국민대표제(國民代表制)

국민주권원리의 구체적 구현형태의 일종을 말한다. 헌법 제1조 제2항은 '대한민국의 주권은 국민에게 있고, 모든 권력은 국민으로부터 나온다'라고 하여, 국민주권의 권리를 명문으로 선언하고, 전문은 국민이 헌법을 제정했고 그 헌법을 국민투표에 의해 개정했음을 선언하고 있으며, 또 제1조 제1항은 민주공화국임을 규정하여 국민주권원리의 채택을 간접적으로 규정하고 있다. 그러나 전체국민의 주권자라 하여도 이러한 전체국민은 주권을 직접 행사할 수 없다. 주권자인 국민은 모든 국가권력의 연원으로서 다른 국가기관에 국가권력을 위탁하여 행사시킨다. 국가의 권력은 헌법에 의하여 국민의 대표기관인 대통령·헌법재판소 및 국회·행정부·법원에 수권되고 있다. 우리 헌법상 국민주권원리의 구현을 위한 국민대표제의 표현으로 의회제도를 보장하고(헌§3), 주권행사기관인 국민이 국민의 대표인 국회의원을 직접선거하며(헌§41①), 대통령을 직접선거한다(헌§67①). 이를 위하여 국민 개인에게는 공무원선거권(헌§24), 공무담임권(헌§25)이 보장되며, 보통·평등·직접·비밀선거제가 채택되고 있다(헌§41).

다수대표제(多數代表制)
영;majority representation system

다수대표제란 다수표를 얻은 자를 당선인으로 하는 선거제도를 말한다. 소선거구제와 결합하여 다수당에 유리한 제도이다. 대선거구제에서도 연기투표제를 실시하는 경우에도 같다. 소수대표제와 비례대표제는 다수대표제의 이러한 결점을 보충하기 위해 고안된 제도이다.

소수대표제(小數代表制)
영;minority representation system

소수대표제란 선거구에서 2인 이상의 당선자를 내게 하는 대선거구제와 결합하여 소수당에서도 당선인을 낼 수 있는 선거제도를 말한다. 다수대표제에 대응하는 개념이다. 소수대표제는 대선거구에서 단기명투표제를 채택하는 경우가 대부분이지만, 이 밖에도 누적투표제·제한연기명투표제(制限連記名投票制)·체감투표제(遞減投票制)등의 방법을 택하는 경우도 있다. 우리나라에서는 과거 참의원선거에서 대선거구에 제한연기명투표제를 채택한 바가 있으나, 현행 선거법에는 채택하고 있지 않다.

비례대표제(比例代表制)
영;proportional represent ation system

비례대표제란 정당의 존재를 전제로 하고, 정당의 득표수에 비례하여 의원을 선출하는 선거제도를 말한다. 우리나라 헌법도 비례대표제를 채택하고 있다(헌§41③). 다수대표제와 소수대표제의 결점을 보완하기 위하여 고안된 것이다. 자유주의적 대의제로부터 정당국가적민주정으로 발달하면서 비례대표제가 많이 채택되었다. 사표(死票)를 활용하는 데에 장점이 있다. 비례대표제에는 그 양태가 170여종이나 있으나 그 대표적인 것으로는 단기이양식(單記移讓式)과 명부식(名簿式)이 있다.

명부식 비례대표(名簿式 比例代表)
영;list proportional representation

유럽에서 사용되는 비례대표제의 하나로, 대선거구제에서 선거인이 미리 제시된 각 정당의 후보자 명부에 투표하여, 그 명부 안에서 투표의 이양을 인정하는 제도를 말한다. 이는 다시 (1) 같은 정당 안에서는 후보자의 선택을 자유롭게 하는 자유명부제와 (2) 한 개의 후보자 명부에 구속되어 그 순위의 변경을 인정하지 않는 구속명부제로 나뉜다.

직능대표제(職能代表制)

영;functional representation

직능대표제란 국민 각계각층의 이해관계인의 대표로 국회를 구성하는 제도이다. 국회의원이 국민의 일부계층에서만 선출되면 국회가 정당한 국민의 대표라고 말할 수 없다는 것을 근거로 하여 직능대표제를 주장한다. 그러나 직능대표를 선출하는 합리적인 방법을 고안하는 것이 기술적으로 곤란하고, 이해관계가 대립하는 대표자들이 의견의 일치를 보는 것도 어렵다는 단점이 있다.

연기명투표(連記名投票)

연기명투표란 대선거구에서 정원수만큼 후보자의 성명을 연기(連記)하는 투표제도이다. 다수대표제의 투표방식으로서 단기명투표에 대응하는 개념이다.

피선거권(被選擧權)

독;Wählbarkeit 불;éligibilité

피선거권이란 선거에 의하여 당선인이 될 수 있는 자격을 말한다. 피선거자격과 동일한 의미이다. 보통 선거권보다는 그 요건이 가중된다. 국회의원의 피선거권은 법률로써 정해지나 성별·종교·사회적 신분에 의하여 차별해서는 안 된다(헌§11①). 우리나라에 있어서는 국회의원의 선거에 있어서나 대통령선거에 있어서 선거권의 연령보다는 높은 연령으로 하고 있다. 즉, 대통령의 피선거권이 있는 자는 국회의원의 피선거권이 있고 선거일 현재 40세에 달하여야(선거권은 19세) 한다고 하고 있다(헌§67④·공선§15, 16, 17).

비밀선거(祕密選擧)

영;secret election 독;geheime ballot
불;suffrage secréte

비밀선거란 투표인의 투표내용을 외부에서 알지 못하도록 비밀을 보장하는 방법을 취하는 선거제도를 뜻한다. 공개선거제에 대응하는 개념이다. 투표자가 외부의 압력을 받지 않고 공정한 투표를 할 수 있도록 하기 위하여 대부분의 민주국가는 선거제도로서 비밀선거제를 채택하고 있다. 우리나라 헌법도 국회의원과 대통령의 선거에서 비밀선거를 보장하고 있다(헌§41①, 67①).

보궐선거(補闕選擧)

보궐선거란 대통령이 궐위(闕位)된 때와 국회의원, 지방의회의원, 지방자치단체장에 궐원(闕員)이 생긴 때에 실시되는 선거를 말한다. 대통령이 궐위된 때에는 60일 이내에 후임자를 선거하게 되어 있다(헌§68②, 공선§200③, 201). 그리고 지역구에서 선출된 국회의원, 지방의회의원, 지자체장에 궐원이 생긴 때에는 보궐선거를 실시하도록 되어 있다. 다만, 그 선거일부터 임기만료일까지의 기간이 1년 미만이거나, 지방의회의원정수의 4분의1이상이 궐원되지 아니한 경우에는 실시하지 아니할 수 있다(공선§201①). 비례대표국회의원 및 비례대표지방의회의원에 궐원이 생긴 때에는 선거관리위원회는 궐원통지를 받은 후 10일 이내에 그 궐원된 의원이 선거당시에 소속한 정당의 비례대표국회의원후보자명부 및 비례대표지방의회의원후보자명부에 기재된 순위에 따라 궐원된 의석을 승계할 자를 결정하여야 한다(공선§200②). 다만, 그 예외로 개정전 공직선거법 제200조 ②항 단서에서는 '공선법 제264조(당선인의 선거범죄로 인한 당선무효)의 규정에 의하여 당선이 무효로 되거나 그 정당이 해산된 때 또는 임기만료일 전 180일 이내에 궐원이 생긴 때에는 그러하지 아니하다(공선§200② 단서)'고 규정하고 있었다. 그러나 이 규정(공선§200②단서)은 2009년 6월 25일 헌법재판소에 의하여 '공선법 제264조(당선인의 선거범죄로 인한 당선무효)의 규정에 의하여 당선이 무효로 되거나'의 부분은 위헌결정을 받았고, '임기만료일 전 180일 이내에 궐원이 생긴 때'부분은 헌법불합치 결정을 받았다. 이에 2010년 1월 25일 법개정을 통하여 단서 조항을 '그 정당이 해산되거나 임기만료일 전 120일 이내에 궐원이 생긴 때에는 그러하지 아니하다.'로 개정하였다. 대통령권한대행자는 대통령이 궐위된 때에는 지체없이 중앙선거관리위원회에 이를 통보하여야 한다. 국회의장은 국회의원에 궐원이 생긴 때에는 대통령 및 중앙선거관리위원회에 이를 통보하여야 한다. 지방의회의장은 당해 지방의회의원에 궐원이 생긴 때에는 당해 지방자치단체의 장과 관할선거구선거관리위원회에 이를 통보하여야 하며, 지방자치단체의 장이 궐위된 때에는 궐위된 지방자치단체의 장의 직무를 대행하는 자가 당해 지방의회의장과 관할선거구선거관리위원회에 이를 통보하여야 한다.

공직선거법(2005. 8. 4. 법률 제7681호로 개정된 것) 제200조 제2항 단서 중 '비례대표지방의회의원 당선인이 제264조(당선인의 선거범죄로 인한 당선무효)의 규정에 의하여 당선이 무효로 된 때' 부분은 헌법에 위반된다*(헌재 2009. 6. 25, 2007헌마40)*.

공직선거법(2005. 8. 4. 법률 제7681호로 개정된 것) 제200조 제2항 단서 중 '임기만료일 전 180일 이내에 비례대표국회의원에 궐원이 생긴 때' 부분은 헌법에 합치되지 아니한다. 위 법률조항은 2010. 12. 31.을 시한으로 입법자가 개정할 때까지 계속 적용된다*(헌재 2009. 6. 25, 2008헌마413)*.

공무원의 기본권 제한
(公務員의 基本權制限)

공무원에 대해서는 국민전체에 대한 봉임자라는 지위를 확보하고, 직무의 공정한 수행과 정치적 중립성을 보장하기 위하여 일반국민에게는 인정되지 아니하는 기본권의 제한이 인정되고 있다. 정당가입의 제한, 정치활동의 제한, 노동3권의 제한 등이 바로 그것이다. 그러나 공무원도 국민의 일부이고,

또 근로자라는 점을 감안할 때, 공무원의 기본권을 지나치게 제한하는 것은 민주국가에 있어서 기본권 보장의 이념에 반한다.

공무원의 신분보장
(公務員의 身分保障)

공무원은 정권교체에 영향을 받지 아니하고, 또 동일한 정권하에서도 정당한 사유없이 해임당하지 않는 것을 말한다. 국가공무원법에서 보면, "공무원은 형의선고·징계처분 또는 이법에 정하는 사유에 의하지 아니하고는 그 의사에 반하여 휴직·강임 또는 면직을 당하지 아니한다"라고 규정하여(국공§68), 공무원의 신분보장을 구체화하고 있다.

국민전체의 봉사자
(國民全體의 奉仕者)

헌법상 공무원의 지위를 요약해서 나타내는 말이다. 헌법은 공무원을 국민전체에 대한 봉사자이고 일부의 봉사자가 아니라고 규정하고 있는바(헌§7①), 이 말은 공무원의 본질·지위를 나타내는 기본 개념으로 널리 쓰인다. 공무원의 복무상의 의무는 이 개념을 전제로 한다. 「국민전체에 대한 봉사자」라 함은 공무원이 사적이익의 추구자가 아니고, 공공이익을 위해 봉사하는 자이며, 일부 정파(政派)의 봉사자가 아니라 국민전체의 봉사자로서 정치적으로는 중립을 지켜야 함을 뜻하는 것이라고 해석된다(국공§65참조).

결격사유(缺格事由)

일정한 자격이나 공직을 갖기 위해서 해당되어서는 아니되는 소극적 요건을 말한다. 선거권·피선거권 또는 공무원이 되기 위해서 해당되어서는 아니되는 결격사유에 관하여서는, 대통령선거·국회의원선거·지방의회의원 및 지방자치단체의 장의 선거에 적용되는 공직선거및선거부정방지법, 국가공무원법, 지방공무원법 등에 각각 규정되어 있다.

공무원의 책임(公務員의 責任)

공무원의 책임이란 공무원이 헌법·행정법상 부담하는 책임 및 민사·형사상 져야 하는 책임을 말한다. (1) 헌법상의 책임 : 국민주권의 원리로부터 공무원은 국민전체에 대한 봉사자이며 또한 언제나 국민에게 책임을 지며(헌§7①) 공무원의 직무상 불법행위로 손해를 입은 국민은 국가 또는 공공단체에 배상을 청구할 수 있는 이외에, 공무원 자신의 민사책임과 형사책임도 물을 수 있다(헌§29). 대통령과 국회의원은 재직 중의 면책특권을 가지나(헌§84, 44, 45), 헌법 제65조 제1항에 규정된 공무원의 직무집행상 위법행위에 대하여는 국회의 탄핵소추(彈劾訴追)의 대상이 되고, 이 탄핵결정에 의하여 공무원은 공직으로부터 파면 당하게 되나, 이에 의하여 민사상이나 형사상의 책임이 면제되지는 아니한다(헌§65④). (2) 행정법상의 책임 : 행정법상 일반적으로 하급관서가 상급관서에 대하여 직무행위에 관하여 책임을 진다. 특별규정으로서 공무원의 책임을 규정하는 징계규정을 두는 수가 많다. (3) 민사상의 책임 : 직무상의 불법행위로 인한 손해배상책임을 진다(헌§29·민§750). (4) 형사상의 책임 : 공무원은 형법 또는 특별법 벌칙에 의한 책임을 진다. 형법에 의한 공무원의 범죄행위에는 공무원의 직무에 관한 죄(형§7), 업무상 횡령과 배임죄(형§356), 공문서위조·변조죄(형§225),도주원조죄(형§148) 등이 있다.

지방자치(地方自治)

영;localantonomy
독;Kommunale Selbstverwaltung

지방자치란 일정한 지역을 기초로 하는 단체가 지방적 행정사무를 지방주민의 책임하에서, 자기의 기관으로 하여금 처리하고 실현하는 것을 말한다. 민주정치란 국민의 자치를 의미하므로 지방에서도 자치가 요망되고 있다. 그러므로 지방자치는 풀뿌리의 민주정치(grassroots democracy)또는 민주정치의 원천(또는 교실)이라고도 불려진다. 현대 민주주의국가에서는 지방자치는 지방분권주의를 그 기초로 하고 주민자치와 단체자치를 그 요소로 하여 성립되어 있다. 주민자치는 영국에서 발달한 제도로 주민 스스로의 의사에 의하여 주민 자신의 책임아래 지방행정을 처리하는 것이며, 단체자치는 주로 독일 기타 유럽대륙에서 발달한 제도로서 국가로부터 독립된 단체를 인정하고 가능한 한 국가행정기관의 관여를 배제하여 그 단체의 의사와 기관자신이 그 단체의 사무를 처리하게 하는 행정이다. 그러나 진정한 자치행정이 되기 위해서는 단체자치 뿐 아니라 주민자치의 요소도 갖추어야 한다.

지방자치단체(地方自治團體)

독;Gevietsrörperschaft

지방자치단체란 국가영토의 일부를 구성요소로 하고, 그 구역 내의 주민에 대하여 국법의 범위 내에서 지배권을 가진 단체를 말한다. 공공단체의 일종이며, 공법인이다(지자§3①). 지방단체 또는 지단이라고도 한다. 국가와 동일한 통치단체의 성격을 가지고 있으며, 단순한 경제단체가 아니다. 종류로는 보통지방자치단체와 특별지방자치단체(자치단체조합)로 나누어 볼 수 있으며, 보통지방자치단체는 다시 상급지방자치단체(도·서울특별시·광역시)와 하급지방자치단체(시·군·자치구)로 나눌 수 있다.

자치권(自治權)

자치권이란 보통 공공단체의 자주적인 사무처리권능을 뜻하는데, 주로 지방공공단체가 그의 구역 내에서 가지는 지배권을 말한다. 국민에 대한 공적 지배권인 점에서 국가의 통치권과 성질을 같이 한다. 그러나 이 자치권의 성질에 대해서는 예로부터 두 가지 견해가 대립되어 왔다. 일설(一說)은 지방자치단체의 자치권은 국가의 통치권의 일부가 지방자치단체에 부여된 것이라 하고, 따라서 국가로부터 부여된 범위 내에서만 행사될 수 있다고 한다. 또 다른 설은 지방자치단체는 그 자체가 고유의 자치권을 가지는 것으로서, 국가라 할지라도 그 고유의 자치권을 침해하는 것은 허용되지 않는다고 한다. 우리 헌법은 「지방자치단체는 … 법령의 범위 안에서 자치에 관한 규정을 제정할 수 있다」(헌§117①)고 규정함으로써 전자의 견해를 따르고 있다.

자치행정(自治行政)

영;self-government, autonomy
독;Selbstverwaltung
불;administration autonome

자치행정이란 지방자치제도에 의하여 수행되는 행정을 의미하는 것이나 그 연혁과 제도에 따라서 영국형 자치행정의 의미와 유럽대륙형 자치행정의 의미로 구별되고 있다. 전자를 주민자치라 하고 후자를 단체자치라 한다. (1) 국민(또는 주민)이 그들 스스로의 손에 의하여 또는 그들이 선출한 기관에 의하여 수행하는 행정을 의미한다. 이와 같은 의미의 자치행정은 관치행정(官治行政)에 대응하는 개념으로서 민중정치(民衆政治)라고도 하는 것이다. (2) 지방자치단체에 의한 행정을 의미한다. 근대정치에 있어서 자치의 요소가 일찍이 지방단체에 적용되었기 때문에 자치행정이란 지방자치단체에 의한 행정을 의미하여, 국민행정에 대한 개념으로서 단체자치라고도 할 수 있다. 다만 현대국가에 있어서는 자치행정의 주체로서 자치단체가 설정되고 그 자치단체에 의하여 정치적 의미의 자치행정이 실현되고 있다. 그러나 자치행정은 반드시 지방자치단체에만 인정되는 것이 아니라 경제행정 기타의 행정 분야에 있어서 직능단체(職能團體)가 설치되어 그에게 경제통제 기타의 기능이 위임되는 경우가 있다. 이 경우를 경제자치행정(Wirtsch aftssel bstverwaltu- ng)이라고 한다.

조례(條例)

지방자치단체가 법령의 범위내에서 지방의회의 의결을 거쳐 그 사무에 관하여 제정한 법(헌§118①, 지자§22)을 말한다. 조례는 지방자치단체가 그의 자치권에 의하여 자주적으로 정립한 법, 즉 지방자치단체의 자주법이라고 할 수 있는데, 법령에 위배되어서는 아니되고, 시·군 및 자치구의 조례는 시·도의 조례에 위반되어서도 아니되며(지자§22), 주민의 권리·의무에 관한 사항이나 벌칙을 규정할 때에도 법률의 위임이 있어야 한다(지자§22단).

자치입법권(自治立法權)

지방자치단체가 그 자치권에 기하여 법령의 범위 안에서 자치에 관한 규정을 제정하는 권한을 말한다. 헌법은 '지방자치단체는 … 법령의 범위 안에서 자치에 관한 규정을 제정할 수 있다'라고 하여, 자치입법권을 보장하고 있으며, 지방자치법은 자치법규로서 조례와 규칙을 인정하고 있다. 즉 자치입법권에는 지방자치단체가 법령의 범위 안에서 그 사무에 관하여 조례를 제정하는 권한과 또 지방자치단체의 장이 법령 또는 조례가 위임한 범위 안에서 그 권한에 속하는 사무에 관하여 규칙을 제정하는 권한(지자§3)이 있다.

자치법규(自治法規)

자치법규란 넓은 의미로는 지방자치단체의 자치에 관계가 있는 모든 법규를 총칭하는 것이다. 예컨대 헌법·지방자치법·교육법·지방세법·지방공무원법·조례·규칙 등이 그것이다. 좁은 의미로는 법령의 범위 안에서 지방자치단체가 제정하는 자치에 관한 규정, 즉 조례와 규칙만을 가리키는 것이다.

고유사무(固有事務)

고유사무란 지방자치단체가 그의 존립목적을 달성하기 위하여 행하는 사무를 말한다. 헌법 제117조 1항에 규정된 「주민의 복리에 관한 사무」또는 지방자치법 제9조 1항에 규정된 「그 지방의 자치사무」가 바로 고유사무에 해당하는 것이다. 위임사무에 대응하는 개념이다. 지방자치단체는 그의 존립목적으로 하는 것이므로, 그 목적을 달성하기 위해서 행하는 각종의 사업(상하수도·교통·오물처리)의 경영 또는 시설(병원·학교·시장)의 관리에 관한 사무가 여기서 말하는 고유사무이다. 지방자치단체는 법률상 국가 또는 다른 자치단체의 전권에 속한 것을 제외하고는, 임의로 그의 주민의 복리를 위해 필요한 각종의 사무를 행할 수 있다. 이것을 임의 또는 수의사무(隨意事務)라고 한다. 그러나 때로는 지방자치단체에게 법률상 어떤 종류의 사무를 행할 것을 의무화하고 있는 경우도 있다. 예를 들면, 교육법에 의해 의무를 부과하고 있는 초등학교설치·관리가 그것이다. 이와 같은 사무를 임의사무에 대응하여 필요사무라고 한다.

지방자치단체가 조례를 제정할 수 있는 사항은 지방자치단체의 고유사무인 자치사무와 개별 법령에 의하여 자치단체에 위임된 이른바 단체위임사무에 한하고, 국가사무로서 지방자치단체의 장에 위임된 이른바 기관위임사무에 관한 사항은 조례제정의 범위 밖이라고 할 것이다*(대법원 1992. 7. 28. 선고 92추31 판결)*.

위임사무(委任事務)

위임사무란 지방자치단체 또는 그 기관이 국가 또는 다른 공공단체의 위임에 근거하여 행하는 사무를 뜻한다. 고유사무에 대응하는 개념이다. 위임사무는 단체위임사무와 기관위임사무 및 사인(私人)에 대한 위임사무 등이 있다. 단체위임사무는 단체 자체에 대한 위임사무로서 보건소의 설치·경영, 도로·하천의 비용의 부담에 관한 사무 등이 이에 속한다. 그 사무처리의 면에서는 고유사무와의 사이에 별로 다를 바 없다. 즉, 원칙적으로 지방의회의 의결을 거쳐 지방자치단체의 장이 집행한다. 기관위임사무는 자치단체의 장 기타 기관에 대한 위임사무로서, 그 기관은 특히 국가사무를 위임받아 처리하는 한도 안에서는 국가기관의 지위에 있게 되고 지방의회는 이 사무에 관여하지 아니한다. 경찰·가족관계등록사무 등이 그 예이다.

기관위임사무에 있어서도 그에 관한 개별 법령에서 일정한 사항을 조례로 정하도록 위임하고 있는 경우에는 지방자치단체의 자치조례 제정권과 무관하게 이른바 위임조례를 정할 수 있다고 하겠으나 이 때에도 그 내용은 개별 법령이 위임하고 있는 사항에 관한 것으로서 개별 법령의 취지에 부합하는 것이라야만 하고, 그 범위를 벗어난 경우에는 위임조례로서의 효력도 인정할 수 없다*(대법원 1999. 9. 17. 선고 99추30 판결).*

기 본 권

천부인권설(天賦人權說)

영;theory of natural rights

인간은 태어나면서부터 자유롭고 평등한 인격과 스스로의 행복을 추구하는 권리를 가진다는 이론이다. 이 학설은 18세기 유럽에서 시민계급의 대두를 배경으로 발전하였는데, 근세의 계몽적 자연법사상에서 제창된 자연법 이론의 하나이다. 대표자는 「루소」이다. 천부인권은 초국가적·전법률적 불가침의 것으로 간주되므로 국가의 역할은 이와 같은 천부인권을 소극적으로 보장하는 데 그치며(자유주의적 국가관, 나아가서는 법치주의), 따라서 국가권력이라 할지라도 천부인권은 침해할 수 없다고 하는 것이다(예 : 인권선언). 제6공화국 헌법에서도 이 천부인권에 바탕을 두고 「모든 국민은 행복을 추구할 권리를 가진다」고 규정하고 있다(헌§10).

수익권(受益權)

국민의 자기의 이익을 위해 일정한 행위 또는 급부 기타 공공시설의 이용을 국가에 대하여 요구할 수 있는 공권으로서, 국가의 적극적인 행위 또는 급부를 요구할 수 있는 적극적 공권이다. 자유권이 국가의 불간섭 등을 요구할 수 있는 소극적 공권임과 상대된다. 수익권은 국가에 대한 국민의 요구 내용에 따라 (1) 특정의 국가행위, 예를 들면 재판청구권, 청원권,

소원권 등과 같이 특정한 사법행위나 행정행위를 요구하는 권리, (2) 국가에 대하여 예를 들면 각종 사회보험료의 지급을 청구하는 것과 같은 금품의 급부를 요구하는 권리, (3) 국가에 대하여 양로원·고아원 등과 같은 공적설비의 이용을 요구하는 권리 등으로 구분되며, 수익권은 (1) 생존권적 수익권과 (2) 기본권의 보장을 위한 수익권으로 분류할 수도 있는데, 전자는 경제적 약자를 보호하여 모든 국민에게 '인간다운 생활'을 보장하기 위하여 인정된 것으로, 초기 입헌주의 헌법에서는 찾아볼 수 없었던 것으로 20세기 헌법에서 보장되었다. 이는 빈부의 격차가 심각한 사회문제로 대두됨에 따라 이를 헌법적 차원에서 방지하고자 함에서이다.

자연권(自然權)

영;natural right

자연권이란 모든 사람이 태어나면서부터 당연히 가지는 권리를 의미한다. 즉 실정법상의 권리에 대하여 자연법에 의하여 선천적으로 가지는 권리를 말한다. 근세초기의 사회계약설을 배경으로 하여 나타난 천부인권과 동일한 개념이다. 이것은 국가 이전의 권리이므로, 국가라 할지라도 이것을 침해할 수 없다고 하여, 이에 대한 침범에 대한 저항권·혁명권도 자연권이라고 한다. 자연법사상의 산물이다. 자연권의 내용은 일정하지 않지만 자기보존·자기방위의 권리·자유 및 평등의 권리 등이 그 대표적인 것이며, 이들 권리를 확보하는 것이 실정법의 주요임무라고 한다. 자유·재산·안전 및 압제에 대한 저항을 시효(時效)에 걸리지 않는 자연권으로 규정한 1789년의 프랑스의 인권선언과 같은 것은 이 사상을 극명하게 나타내고 있다.

기본적 인권(基本的 人權)

영;fundamental human rights
독;Grunderchte

기본적 인권이란 인간이 인간으로서 살아가는 데 있어서 불가결한 기본적인 권리를 말한다. 인권, 기본권이라고도 한다. 기본적 인권은 태어나면서부터 가지는 권리이고, 법률에 의하여 부여된 것이 아니라고 하는 사고에서 자연권, 천부인권이라고도 한다. 사람이 기본적 권리를 가진다고 하는 사상은 인간이 자아(주체적인 존재)를 자각하게 된 근세에 이르러 비로소 널리 주장되었다. 미국의 독립, 프랑스의 혁명을 비롯하여 근대민주국가의 정치에 대한 기본적 인권의 확립이 주요한 목적이었다.

따라서 그러한 근대국가의 헌법에는 예외 없이 기본적인 권위 불가침이 명시되어 있다. 우리나라의 유신헌법에서는 「국가의 안전보장·질서유지 또는 공공복리를 위하여 필요한 때에는 국민의 자유나 권리를 법률로 제한할 수 있다」고 규정되어 있었는데 (헌§37② 전문), 국민의 자유나 권리는 이른바 「법률에 의한 제한」, 즉 법률에 의해 제한을 받지 않는 범위 내에서만 인정된 자유와 권리였고, 법률에 의하여도 제한할 수 없는 기본적 인권을 인정한 것은 아니었다. 1987년 헌법(현행헌법)에 있어서는 「국가는 개인이 가지는 불가침의 기본적 인권을 확인하고 이를 주장할 의무를 진다」고 규정하고 있고(§10), 구헌법에서와 같은 기본적 인권에 대한 제한규정을 두고 있으나 본질적인 침해는 할 수 없도록 하고 있다(§37② 후문).

기본적 인권은 크게 나누어 자유권적 기본권과 사회적 기본권으로 설명할 수 있다. 자유권적 기본권이란 국가의 불간섭에 의하여 획득·보호되는 권리이며, 사상의 자유·언론의 자유·종교의 자유 등 이른바 19세기적 권리이다. 사회적 기본권이란 자본주의경제사회의 압력(실업·빈곤 등)에 의하여 압박당하는 인간을 국가의 사회적·정책적 방법에 의하여 구제·보장하는 제도를 두게 되었는데, 이와 같은 정책적 보장에 의하여 확보되는 권리를 말하고, 생존권 ·노동권·근로단결권·단체교섭권·단체행동권 등이 있으며 이른바 20세기적 권리라고 한다.

개인적 공권(個人的 公權)

국민이 국가에 대하여 가지는 공권으로서 국가적 공권에 대응하는 개념이다. 개인적 공권을 분류하는 방법에는 몇 가지가 있는데, 자유권·참정권·수익권으로 3분하는 설(說)과 자유권·참정권·생활권적 기본권 및 청구권적 기본권으로 4분하는 설이 있다. 개인적 공권은 사권과 달리 국가적·공익적 견지에서 인정되는 권리이므로 일신전속적(一身專屬的)인 성질의 것이며, 이러한 이유에서 양도성이 없고 포기할 수 없는 경우가 대부분이다. 그러나 경제적 가치를 내용으로 하는 권리에 있어서는 예외가 인정된다. 개인적 공권은 법문에 행정소송을 제기함으로써 보호된다(헌§27①·행정§1).

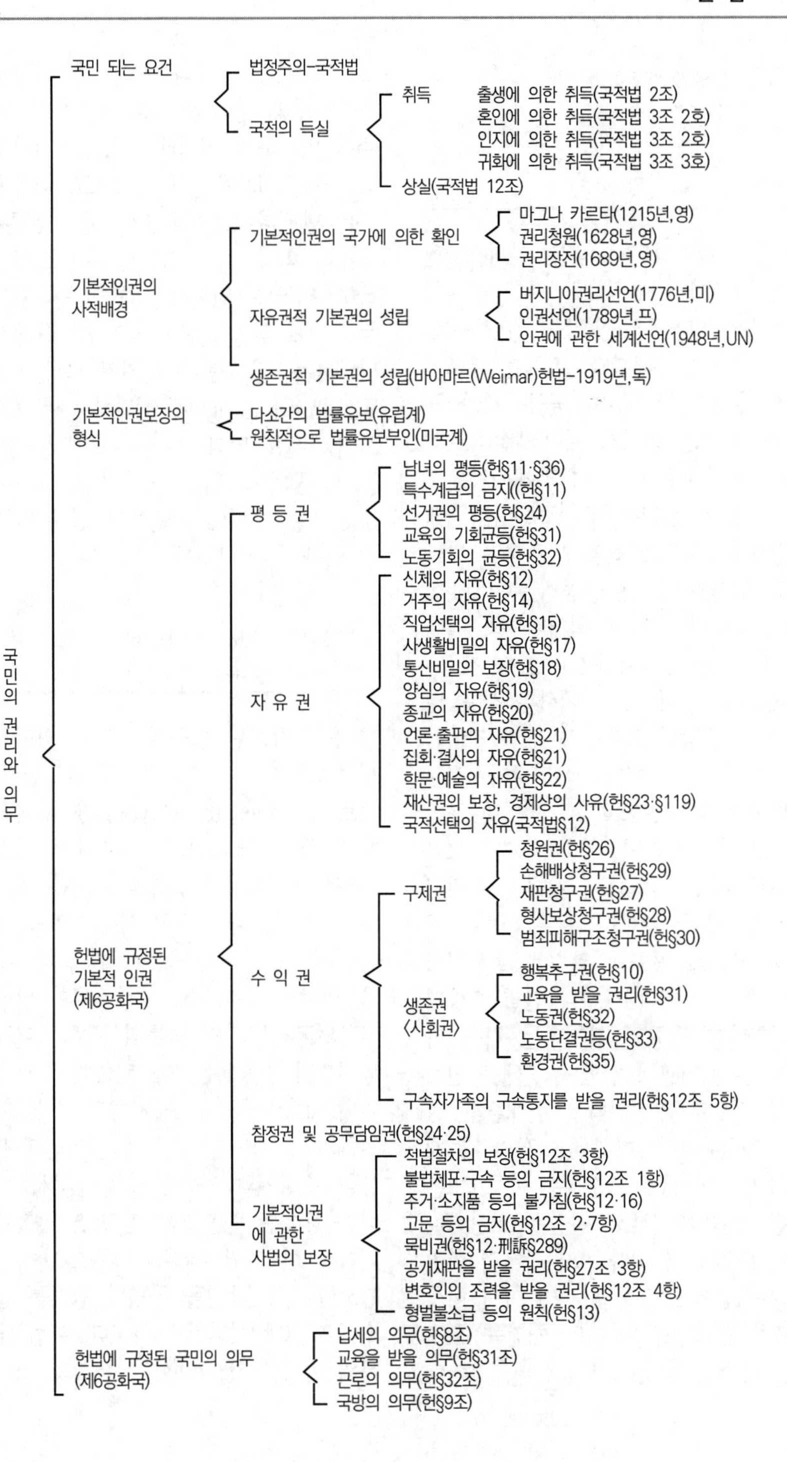
국민의 권리와 의무
국민 되는 요건
법정주의-국적법
국적의 득실
취득
출생에 의한 취득(국적법 2조)
혼인에 의한 취득(국적법 3조 2호)
인지에 의한 취득(국적법 3조 2호)
귀화에 의한 취득(국적법 3조 3호)
상실(국적법 12조)
기본적인권의 사적배경
기본적인권의 국가에 의한 확인
마그나 카르타(1215년,영)
권리청원(1628년,영)
권리장전(1689년,영)
자유권적 기본권의 성립
버지니아권리선언(1776년,미)
인권선언(1789년,프)
인권에 관한 세계선언(1948년,UN)
생존권적 기본권의 성립(바이마르(Weimar)헌법-1919년,독)
기본적인권보장의 형식
다소간의 법률유보(유럽계)
원칙적으로 법률유보부인(미국계)
헌법에 규정된 기본적 인권 (제6공화국)
평 등 권
남녀의 평등(헌§11·§36)
특수계급의 금지((헌§11)
선거권의 평등(헌§24)
교육의 기회균등(헌§31)
노동기회의 균등(헌§32)
자 유 권
신체의 자유(헌§12)
거주의 자유(헌§14)
직업선택의 자유(헌§15)
사생활비밀의 자유(헌§17)
통신비밀의 보장(헌§18)
양심의 자유(헌§19)
종교의 자유(헌§20)
언론·출판의 자유(헌§21)
집회·결사의 자유(헌§21)
학문·예술의 자유(헌§22)
재산권의 보장, 경제상의 사유(헌§23·§119)
국적선택의 자유(국적법§12)
수 익 권
구제권
청원권(헌§26)
손해배상청구권(헌§29)
재판청구권(헌§27)
형사보상청구권(헌§28)
범죄피해구조청구권(헌§30)
생존권 〈사회권〉
행복추구권(헌§10)
교육을 받을 권리(헌§31)
노동권(헌§32)
노동단결권등(헌§33)
환경권(헌§35)
구속자가족의 구속통지를 받을 권리(헌§12조 5항)
참정권 및 공무담임권(헌§24·25)
기본적인권에 관한 사법의 보장
적법절차의 보장(헌§12조 3항)
불법체포·구속 등의 금지(헌§12조 1항)
주거·소지품 등의 불가침(헌§12·16)
고문 등의 금지(헌§12조 2·7항)
묵비권(헌§12·刑訴§289)
공개재판을 받을 권리(헌§27조 3항)
변호인의 조력을 받을 권리(헌§12조 4항)
형벌불소급 등의 원칙(헌§13)
헌법에 규정된 국민의 의무 (제6공화국)
납세의 의무(헌§8조)
교육을 받을 의무(헌§31조)
근로의 의무(헌§32조)
국방의 의무(헌§9조)

헌
법

공공복지(公共福祉)

라;bonum commune
영;Public welfare, common good
불;bien commun
독;das gemeine Beste

공공의 복지라는 이념은 아리스토텔레스나 토마스 아퀴나스 특히 후자의 유기체적 단체주의(有機體的 團體主義)의 사상에서 유래한다. 전체는 부분에 대해 우선한다는 것이 공공복지의 근본사상이지만 반드시 무기체설(無機體說)이나 전체주의에 결합되어 있는 것이 아니며, 순수한 이념으로서는 근대개인주의에서도 모습을 달리하여 나타나고 있다. 루소의 공공의 복지(bein commun)나 벤담의 최대다수의 최대행복(the grea test happiness of the greatest number) 이란 사상도 넓은 뜻의 공공의 복지를 가리킨 것이라고 하여도 무방하다. 우리나라에서는 헌법에서 처음 도입한 이래 널리 쓰이게 되었다. 그 개념은 명백하지 않으나 대체로 서로 대립되는 개개의 이익의 올바른 조화를 뜻한다. 보통 헌법은 기본적 인권을 공공의 복지에 위배되지 않는 한 보장한다고 하나 만일 그렇게 해석한다면 공공의 복지라는 허울 아래서 온갖 기본적 인권의 침해를 인정하게 되므로 부당하다는 반대론도 있다. 그러나 이 사회에 있어서의 각 개인의 이익이 서로 모순되는 이상, 또는 어떤 개인의 기본적 인권을 보장하는 것이 타인(특히 대다수)의 기본적 인권을 무시함을 긍정하는 것이 아닌 이상 이러한 뜻의 공공복지의 개념을 모조리 부정함은 허용되지 않는다. 그러나 그 경우에도「공공의 복지」라는 뜻은 민주주의의 원리와 기본권의 뜻에 비추어 엄격하게 해석해야 하며, 이것을 유기체적 전체주의의 경향으로 왜곡해서는 안된다. 그리고 이 말은 public welfare라고 해석되고 있으나 그것은 특히 미국에 있어서는 빈민구제·위생 등의 사회후생사업을 국가·공공단체가 담당하는 경우를 가리키고 독일어의 Wohlhafts pfege에 해당하는 뜻으로 쓰이는 일이 많다. 우리 헌법에서 말하는「공공의 복지」는 영어의 public policy라는 개념에 접근하고 있다고 볼 수 있다.

법률의 유보(法律의 留保)

독;Vorbehalt des Gesetzes

법률의 유보란 법률에 근거가 있어야 행정권을 발동할 수 있는 것을 말한다. 오토 마이어(Otto Mayear)가 행정작용은 행정권에 고유한 권력에서 나오는 것으로 일일이 법률의 근거를 필요로 하지 않으나 일정한 사항(개인의 기본권)에 관하여 이 자유가 배제되는 것을 법률의 유보라고 칭한 이후 널리 사용되고 있다. 이 법률의 유보가 어느 범위까지 허용되는가에 관하여는 각국법의 태도와 학설이 일치하지 않다. 이 법률의 유보의 원리는 개인의 권리·자유를 행정권의 자의에 의한 침해로부터 보장하는 뜻을 가지는 반면 법률에 의하는 한 개인의 권리·자유에 대하여 필요한 경우 제한을 하거나 침해를 할 수 있다고 해석되기도 하였다. 유럽 대륙의 여러 나라 헌법에 있어서의 권리선언은 개인의 권리·자유의 보장을 이 법률의 유보의 형식에서 구하고 있는 경우가 많다. 이에 대하여 미국계의 헌법은 법률로써 침해할 수 없는 기본적 인권을 승인하고 있는 경우가 많다. 우리 헌법 제2장은 기본적 인권에 관하여는 원칙으로 법률의 유보형식을 취하고 있으나 이때의 법률은 국가의 안전보장과 사회질서 및 공공복리를 위하여 필요한 때로 한정함으로써(헌§37②), 기본권존중주의를 철저히 하고 있다. 그리하여 기본권을 제한하는 경우에도 자유와 권리의 본질적인 내용을 침해할 수 없도록 하였다.

인간으로서의 존엄과 가치
(人間으로서의 尊嚴과 價値)

개인존중의 원리를 그의 모체로 하는 근대민주주의는 모든 사람의 인간으로서의 존엄과 가치를 인정하고 있으며, 민주국가의 헌법에서 규정되고 있는 국민의 기본권, 특히 자유권은 개인의 존중을 전제로 할 때에만 성립할 수 있는 권리이다. 인간의 존엄과 가치는 권리조항에서 많이 규정되었고 우리 헌법도 국민의 권리와 의무를 규정한 제2장의 첫 조문에서 이를 명시하였으며 이를 위하여 국가는 개인이 가지는 불가침의 기본적 인권을 확인하고 보장할 의무를 진다고 규정하고 있다(헌§10).

헌법 제10조에서 규정한 인간의 존엄과 가치는 '헌법이념의 핵심'으로 국가는 헌법에 규정된 개별적 기본권을 비롯하여 헌법에 열거되지 아니한 자유와 권리까지도 이를 보장하여야 하며, 이를 통하여 개별 국민이 가지는 인간으로서의 존엄과 가치를 존중하고 확보하여야 한다는 헌법의 기본원리를 선언한 조항이다*(헌법재판소 2004. 10. 28. 2002헌마328 전원재판부)*.

헌법에 열거되지 아니한 자유와 권리
(憲法에 列擧되지 아니한 自由와 權利)

모든 헌법이 궁극적 이념인 인간으로서의 존엄과 가치를 보장하기 위해 인간이 가지는 기본권으로서 헌법에 규정되지 아니한 자유와 권리를 말한다. 현행 헌법은 제37조 제1항에서 '국민의 자유와 권리는 헌법에 열거되지 아니한 이유로 경시되지 아니한다'라고 하여, 자유와 권리의 전국가성과 포괄성을 명문으로 확인하고 있다. 구체적으로는 오늘날 문제가 되고 있는 생명권, 신체를 훼손당하지 아니할 권리, 평화적 생존권, 일반적 행동의 자유, 소비자의 단결·단체교섭 및 불량식품 불매운동권과 같은 소비자 기본권, 일조권, 휴식권, 수면권, 스포츠권, 저항권 등이다.

법앞의 평등(法앞의 平等)
영;equality before the law
독;Gleichheit voe dem Gesetze
불;galit devant la loi

헌법은 개인의 자유와 함께 평등을 보장하기 위하여 평등의 원칙을 규정하고 있는데, 그 평등의 원칙의 내용을 말한다(헌§11① 참조). 자유권에 대하여 이것을 평등권이라고도 한다. 여기에서 「평등」이라 함은 자의의 금지를 말한다. 자의의 금지란 정의의 관념에 따라서 「평등한 것은 평등하게」, 「불평등한 것은 불평등하게」 취급하는 것을 말한다. 따라서 결국 평등의 원칙에 있어서의 평등이란 평등=자의의 금지=정의를 말한다. 법 앞의 평등의 내용은 시대에 따라서 각각 다르기는 하지만, 오늘날에 와서는 대체로 입법·사법·행정의 모든 분야에 있어서 차별대우를 받지 않는 것을 말한다. 따라서 입법에서의 불평등은 위헌법률심사의 대상이 되고, 행정에 있어서의 불평등한 처분은 행정소송의 대상이 되며, 사법에 있어서의 불평등한 재판은 상소와 재심의 사유가 된다.

평등권(平等權)

영;equal right

모든 사람은 법 앞에 평등하다는 것을 내용으로 하는 권리이다. 모든 인간은 어떠한 사회적 환경에서도 인간으로서의 가치는 똑같고 평등한 존재라는 것은 민주주의사상의 가장 본질적인 내용을 이루는 것이다. 그래서 근대 헌법은 예외 없이 평등권을 인정한다. 대한민국헌법도 「모든 국민은 법앞에 평등하다. 누구든지 성별·종교 또는 사회적 신분에 의하여 정치적·경제적·사회적·문화적 생활의 모든 영역에 있어서 차별을 받지 아니한다(헌§11①)」고 규정하고 있다. 법앞의 평등이란 헌법·법률·명령·조약 등의 내용에 적어도 불평등한 사항이 규정되어서는 안된다고 하는 것이다(「법 앞의 평등」 참조). 사회적 신분이란 직업이나 사회적 지위를 말한다. 기타 명문규정은 없으나 연령·재산·교육 등에 의한 차별도 물론 금지한다. 그러나 연령이나 능력에 따라 차이를 두는 것은 합리적인 차별로서 허용된다. 우리 헌법은 지금까지 현저한 불평등이 존재했던 혼인과 가족생활관계에 관하여 평등을 보장하기 위하여 헌법 제36조 1항(혼인과 가족생활에서의 개인의 존엄과 양성의 평등)의 규정을 두고, 또 교육을 균등하게 받을 권리(§31①) 등에 관하여 규정하고 있다.

> 헌법 제11조 제1항의 '모든 국민은 법앞에서 평등하다'는 규정은 기회균등 또는 평등의 원칙을 선언하고 있는 바, 평등의 원칙은 국민의 기본권 보장에 관한 우리 헌법의 최고원리로서 국가가 입법을 하거나 법을 해석 및 집행함에 있어 따라야 할 기준인 동시에, 국가에 대하여 합리적 이유 없이 불평등한 대우를 하지 말 것과 평등한 대우를 요구할 수 있는 모든 국민의 권리로서, 국민의 기본권 중의 기본권이다*(헌재 1989. 1. 25. 89헌가7)*.

양성의 평등(兩性의 平等)

남녀의 성별에 의해 차별대우를 받지 않는다는 사상을 말한다. 이 양성의 평등은 헌법에서 보장되는 법 앞의 평등에서 오는 당연한 귀결이다. 법률의 차별이 없다는 뜻은 적용·집행·입법상의 차별대우가 없다는 의미이다. 오늘날의 혼인과 가족제도는 개인의 존엄과 양성의 본질적 평등을 기초로 한다. 헌법

제36조는 '혼인과 가족생활은 개인의 존엄과 양성의 평등을 기초로 성립되고 유지되어야 하며…'라고 규정하여 혼인과 가족생활에 있어서의 양성평등을 보장하고 있다. 개인은 개인의 존엄과 양성의 평등에 입각하여 평등보호를 국가에 요구할 수 있으며, 국가는 개인의 존엄과 양성의 평등에 입각하여 법을 제정하고 적용할 의무가 있다. 양성의 평등은 혼인과 가족생활 이외에도 근로와 일반적 생활에서도 유지되어야 하는 권리이다.

적극적 평등 실현조치

적극적 평등 실현조치란 종래 사회로부터 차별을 받아 온 특정집단에 대해 그 동안의 차별로 인한 불이익을 보상해 주기 위하여 그 집단의 구성원에게 취업이나 입학 등의 영역에서 사회적 이익을 직·간접적으로 부여하는 국가의 정책을 의미한다. 이러한 적극적 평등 실현조치는 개인의 자격이나 실적보다는 집단의 일원이라는 점을 근거로 하여 혜택을 준다는 점, 기회의 평등보다는 결과의 평등, 실질적 평등을 추구한다는 점, 구제목적이 실현되면 종료되는 잠정적 조치라는 점에 특징이 있다.

영전(榮典)

영전이란 국가에 대한 공로를 치하하기 위하여 인정된 영예로서의 특수한 법적 지위를 뜻한다. 대개의 경우 훈장이 수여된다. 영전의수여는 법률에 의하여 대통령이 행한다(헌§80). 헌법상 훈장 등의 영전은 이를 받은 자에게만 효력이 있고 어떠한 특권도 이에 따르지 않는다(헌§11③).

행복추구권

헌법 제10조 제1문 후단은 '모든 국민은 … 행복을 추구할 권리를 가진다'고 하여 행복추구권을 규정하고 있다. 일반적으로 행복추구권이란 안락하고 만족스러운 삶을 추구할 수 있는 권리라고 정의할 수 있다. 행복추구권은 1776년 미국독립선언과 버지니아권리장전, 1946년 일본헌법에 규정되었었고, 우리나라의 경우 행복추구권은 제5공화국헌법에서 신설된 이래 현행 헌법에까지 이르고 있다.

> 헌법(憲法) 제10조의 행복추구권은 국민이 행복을 추구하기 위하여 필요한 급부를 국가에게 적극적으로 요구할 수 있는 것을 내용으로 하는 것이 아니라, 국민이 행복을 추구하기 위한 활동을 국가권력의 간섭없이 자유롭게 할 수 있다는 포괄적(包括的)인 의미의 자유권으로서의 성격을 가지므로 국민에 대한 일정한 보상금의 수급기준을 정하고 있는 이 사건 규정이 행복추구권을 침해한다고 할 수 없다*(헌법재판소 1995. 7. 21. 93헌가14 전원재판부).*

자유권(自由權)

영;right of freedom
독;Freiheitsrechte

자유권이란 국가로부터 간섭을 받지 않고 자유롭게 행동할 수 있는 자유로서 헌법과 법률에 의하여 보장된 국민의 기본권이다. 자유란 일반적으로는 남에게 구속되거나 무엇에 얽매이지 아니하고 자기 마음대로 하는 행위를 말하고, 법적으로는 법률의 범위 내에서 자기 마음대로 하는 행위를 말하며, 헌법적으로는「자유권」을 말한다. 헌법상의「자유」는 기본적 인권의 가장 중요한 부분을 구성한다. 한편, 자유권은 참다운 의미의 권리가 아닌 반사적 이익에 불과하다고 주장하는 학설도 있다. 그러나 자유권은 자유가 국가에 의하여 위법적으로 침해되는 경우에, 그 위법적인 침해의 폐기를 청구할 수 있는 청구권을 포함하고 있기 때문에, 소극적 권리이나마 역시 권리인 것이다. 한편 자유권이 초국가적이고 전법률적(前法律的)인 자연법상의 권리인지 또는 근대국가주의 성립과 더불어 국민 또는 사람의 자유의 보장을 위하여 입헌주의적 헌법에 의하여 실정법적으로 인정하게 된 실정법상의 권리인지에 관하여는 학설이 날카롭게 대립하고 있다. 그리고 자유권이 권리로서 성립한다면, 그것은 포괄적인 권리이냐, 아니면 헌법이 규정하는 개별적인 권리이냐가 문제된다. 이에 관하여 헌법은 국민의 어떠한 자유를 제한함에도 최소한 법률에 의하도록 하고 있으므로(헌§37②), 우리 국민은 포괄적 자유권을 가지고 있다고 하겠다. 그밖에 국민의 자유와 권리를 제한하는 법률의 제정은 국가안전보장·질서유지 또는 공공복리를 위하여 필요한 경우에 한하지만, 이 경우에도 자유와 권리의 본질적인 내용을 침해할 수 없다(헌§37②).

신체의 자유(身體의 自由)

영;personal liberty
독;persönliche Freiheit

신체적 구속을 받지 않을 자유이다. 인신의 자유라고도 하며 권리선언이 보장하는 전통적 자유의 하나이다. 신체의 자유는 인간의 생존과 활동을 위하여 가장 기본적인 것이므로 헌법은 이를 엄격히 보장하고 있다. 즉 (1) 누구든지 법률에 의하지 아니하고는 체포·구속·압수·수색 또는 심문을 받지 아니하며, 법률과 적법한 절차에 의하지 아니하고는 처벌보안처분 또는 강제노역을 받지 아니한다(헌§12②). (2) 누구든지 고문을 받지 않으며 형사상 자기에게 불리한 진술을 강요당하지 아니한다(묵비권의 인정 : 헌§12②). (3) 체포·구속·압수 또는 수색에는 검사의 신청에 의하여 법관이 발부한 영장을 제시하여야 한다. 다만 현행범인인 경우와 장기 3년 이상의 형에 해당하는 죄를 범하고 도피 또는 증거인멸의 염려가 있을 때에는 사후에 영장을 청구할 수 있다(헌§12③). (4) 누구든지 체포·구속을 당한 때에는 즉시 변호인의 조력을 받을 권리를 가지며 형사피고인이 스스로 변호인을 구할 수 없을 때에는 법률이 정하는 바에 의하여 국가가 변호인을 붙인다(헌§12④) (5) 누구든지 체포·구속을 당한 때에는 적부의 심사를 법원에 청구할 권리가 있다(헌§12⑥). (6) 피고인의 자백이 고문 폭행·협박 등에 의하여 자의로 진술된 것이 아니라고 인정될 때 또는 정식재판에서 피고인의 자백이 그에게 불리한 유일한 증거일 때는 이를 유죄의 증거로 삼거나 이를 이유로 처벌할 수 없다(헌§12⑦). 그리고 형사불소급의 원칙과 일사불재리(一事不再理)의 원리가 인정되며(헌§13①), 형사피고인은 신속한 공개재판을 받을 권리를 가진다(헌§27③). 신체의 자유보장에 관한 헌법의 모든 원칙은 형사소송법에도 그대로 적용된다.

영장주의(令狀主義)

영장주의란 형사절차상 강제처분을 행하는 경우에는 원칙적으로 법관의 영장을 필요로 하는 주의이다. 체포·구속·수색·압수에 있어서의 영장주의는 헌법상의 요청이다(헌§12③). 사법적 압제에 의하여 강제처분의 남용을 방지하고 인권을 수호함을 목적으로 한다. 처분의 대상·시각 또는 장소의 특정을 결한 영장(이른바 일반영장)은 영장주의에 반하므로 금지된다(형소§74, 75, 114). 현행범인의 체포(§12③단·형소§212) 및 피의자·피고인을 구속(구속영장의 집행포함)하거나 현행범인을 체포하는 경우에는 압수·수색·검증(형소§216~218, 137)등에는 영장을 요하지 않는다. 또한 법원·법관이 스스로 강제처분을 행하는 경우에는 영장을 요하지 아니한다(형소§106, 113). 그리고 비상계엄선포지역에 있어서는 영장제도의 시행이 일시 배제될 수 있다(헌§77③·계엄§9①).

사후법의 금지(事後法의 禁止)

영;prohibition of ex post facto law

행위 당시에 적법했던 행위에 대하여 사후에 형사책임을 지우는 입법을 금지하는 원칙을 뜻한다(헌§13① 참조). 적법한 행위에 대하여 사후에 이를 처벌하는 소급법을 제정할 수 없으며, 그러한 사후법으로써 형을 가중하는 것도 금지된다.

소급입법의 금지(遡及立法의 禁止)

영;ex post facto law

신제정법을 소급하여 재정 전의 사실에 적용함을 금지하는 것을 말한다. 헌법 제13조 제1항은 '모든 국민은 행위시의 법률에 의하여 범죄를 구성하지 아니하는 행위로 소추되지 아니하며, 동일한 범죄에 대하여 거듭 처벌받지 아니한다'고 규정하고 있고, 또 제2항에는 '모든 국민은 소급입법에 의하여 참정권의 제한을 받거나 재산권을 박탈당하지 아니한다'라고 규정하고 있다. 이 규정은 죄형법정주의 및 일사부재리의 원칙상 당연한 것이지만, 해방직후 반민족처벌법(당시 헌법 101조) 그리고 4.19와 5.16 당시 부정축재처리법 등 소급입법에 의하여 처벌하거나 재산권을 박탈한 예가 있었다. 이같은 소급입법에 의한 처벌은 법치주의 원리에 위배됨은 물론, 법적안정성과 예측가능성의 이념에도 반한다. 그러나 신법이 구법보다 당사자에게 유리한 경우에는 이 원칙이 배제되는 경우가 있다.

인신보호영장(人身保護令狀)

영;writ of habeas corpus

영미법상의 헤비어스코퍼스(Habeas corpus)가운데 가장 중요한 영장의 하나이다. 기원은 마그나카르타(Magna carta,대헌장) 이전으로 거슬러 올라가며 특히 헨리4세 시대에 이르러 왕권의 부당한 행사에 대한 헌법상의 구제수단으로 사용하게 되었다. 1679년의 인신보호법(the Habeas Corpus Act)은 불법구금에 대하여 이 영장을 청구할 권리를 확정적으로 승인한 것이다. 1816년에는 범죄의 혐의로 구금된 경우는 물론이고 모든 불법구금에 대하여 인신보호영장을 발할 수 있다고 하는 법률이 제정되었다. 미국에서는 보통법(common law)의 일부로서 발전하여 헌법상으로도 보장되어 있다. 이 영장의 신청은 피구금자을 포함하여 피구금자를 위하여 누구나 행할 수가 있다. 법원 또는 법관은 구금자에 대하여 피구금자의 신병을 인도할 것을 명한 영장을 발하며 구금자의 답변서와 신병의 인도에 기초하여 심리하고 신청에 이유가 있으면 피구금자의 석방을 명하거나 또는 보석을 허가하는 것이다. 우리나라에서도 체포·구속적부심사제도가 미군정 때 들어와서 헌법에 수용되어 오다가 제7차 개헌에서 그 규정이 삭제되었으나, 제8차 개헌에서 다시 부활하였다(헌§12⑥).

강제노역(强制勞役)

영;compulsory labour

헌법상 본인의 의사에 반하여 강제적으로 하는 노역을 말하며, 본인에게 어느 정도의 고통을 수반한다. 우리 헌법 제12조 제1항 후문은 "… 누구든지 법률과 적법한 절차에 의하지 아니하고는 처벌·보안처분 또는 강제노역을 받지 아니한다"라고 규정하고 있다. 이러한 강제노역은 법률과 적법절차에 의하지 아니하고는 과할 수 없다. 징병제도는 병역을 국민의 의무의 하나로 규정한 헌법상의 예외로 강제노역이 아니다. 또 부역은 대역 또는 금품대납이 가능하므로 강제노역에 속하지 않는다. 재산형에 관한 환형(換刑)처분으로서의 노역장 유치는 법률과 적법절차에 의한 강제노역으로서 인정된다. 헌법 제12조의 적법절차(due process of law)는 제6공화국 헌법에서 처음 규정되었다. 이 적법절차는 1215년의 마그나카르타(Magna Carta)에서 유래한 것으로, 미국헌법 수정 제5조와 제14조에서 규정되었고, 일본헌법 제31조도 이를 계승하였고, 우리 헌법도 이를 명문으로서 규정하고 있다. 여기서 적법절차란 절차가 법률로써 규정되고 이에 따라야 한다는 절차적 공정만을 요구하는 것이 아니고 법률의 실체적 내용까지도 공정성·합리성·정당성에 위반되어서는 안 된다는 판례가 확립되어 있다.

체포·구속적부심사제도

(逮捕·拘束的否審査制度)

체포·구속적부심사제도란 피구속자 또는 관계인의 청구가 있을 때에 법관은 즉시 본인과 변호인이 출석한 공개법정에서 구속의 이유(㉮ 주거부정여부, ㉯ 도망의 우려여부, ㉰ 증거인멸등)을 밝히도록 하고, 구속의 이유가 부당하거나 적법하지 아니할 때에는 법관이 직권으로 피구속자를 석방하게 하는 제도를 말한다. 이 제도의 기원은 불확실하나, 1215년의 「마그나카르타」이전에 영국의 보통법(common law)에서 비롯되어 1679·1816·1862년의 각 인신보호법에 수정·확대되고, 이어서 각국의 헌법에 확대되었다. 우리나라에서는 1948년 3월에 군정법령 제176호 「형사소송법의 개정」에 의하여 이 제도가 도입되고 헌법에 명시되었다. 그러나 그 후 이 제도는 폐지되었다가 제5공화국 헌법에서 다시 부활되었으나, 청구사유를 제한했었다. 그런데 제6공화국헌법에서는 그 제한했던 규정과 국가보안법 위반사건등과 검사인지사건을 청구대상에서 제외하는 규정을 삭제하고 모든 범죄에 대해 체포구속적부심사청구를 할 수 있도록 하였다(헌§12⑥·형소§214의2).

주거의 자유(住居의 自由)

법률에 의하지 아니하고는 어떠한 사람이라도 그 주거에 대하여 침입·수색 및 압수를 당하지 아니하는 자유권을 말한다. 헌법 제16조는 주거의 자유에 대한 불가침의 선언과 더불어 일정한 요건으로 발부된 영장에 의해서만 압수나 수색을 하게 함으로써, 개인의 사생활의 근거가 되는 주거를 공권력에 의한 자의적인 침해로부터 보호하려고 한다. 주거란 사람이 거주하는 설비로서 널리 사생활을 영위하는 장소를 말한다. 그러나 그것은 민법상의 주소(민§18)와는 상이하다. 주거란 주택에 한하지 않으며, 여관이나 기숙사의 일실도 여기에 포함된다. 회사·학교 등도 그 관리자의 주거이다. 주거자의 의사에 반하여 그 내부에 들어가는 침입의 경우뿐만 아니라, 도청기 등을 사용하여 내부의 회화를 도청하는 것도 사생활의 비밀과 자유 및 통신의 자유를 침해하는 것이 된다. 주거의 자유에 불가침이 규정되어 있는 이상, 법률에 의하지 아니하고는 점유자의 의사에 반하여 주거에 들어갈 수 없다. 그러나 법률은 국가안전보장·질서유지 또는 공공복리를 위하여 필요한 경우에 한하여 제한할 수 있다.

거주·이전의 자유(居住·移轉의 自由)

독;Freizügikeit
불;liberté d'aller et de venir

거주·이전의 자유란 국내 어느 곳이라도 거주를 결정하고 그를 변경할 수 있는 자유, 국내의 어떠한 장소이든 여행할 수 있는 자유, 국외로 이주하고 자국으로 귀환하는 자유 및 국적을 이탈하여 귀화하는 자유를 말한다(헌§14 참조). 권리조항이 보장하는 전통적인 자유권의 일종이다. 이 자유는 국가안전보장·질서유지·공공복리를 위하여 필요한 경우에 법률로써 제한될 수 있는데(헌§37②), 구체적으로는 위생상·풍속상·형사상·군사상의 필요에 의하여 제한되고 있다.

사생활의 자유(私生活의 自由)

자유권의 일종으로 사생활의 비밀과 자유를 침해받지 않는 자유를 말한다. 헌법 제17조는 '모든 국민은 사생활의 비밀과 자유를 침해받지 아니한다'라고 규정하고 있다. 개인의 사생활의 비밀과 자유가 존중됨으로써 개인이 가지는 권리는 곧 프라이버시(Privacy)의 권리이다. 이는 미국의 학설과 판례상 인정되기 시작하여 오늘날 세계 각국에서 인정되게 되었다. 프라이버시의 권리는 오늘날 소극적인 자유권에 그치는 것이 아니라 적극적으로 '자기에 관련된 정보의 전파를 통제할 수 있는 권리'로 파악하려는 경향이 있으나, 우리 헌법은 이를 자유권조항에서 규정하고 있으므로 소극적인 권리로 보되, 자기에 관한 정보를 통제할 수 있는 권리는 헌법 제10조(기본적 인권의 보전)에서 보장되고 있다고 하겠다. 사생활의 자유는 일반적으로 (1) 인격의 부당한 공개 또는 부당한 시인, (2) 대중이 관심을 갖지 않는 사적 사항을 공개하는 것, (3) 통상적인 감정을 갖는 사람을 모욕하거나 정신적 고통 또는 치욕을 갖게 하는 방법으로 사적활동에 불법으로 개입하는 것으로부터의 자유를 말한다. 이러한 권리의 내용은 (1) 사생활의 침입, (2) 사적사항의 공개, (3) 오인을 낳게 하는 표현, (4) 성명·초상의 도용 등의 금지이다. 사생활의 자유는 국가권력에 대한 관계에서만 국한되지 않고 특히 사인간에 있어서의 그 침해도 문제된다. 각 개인은 자신의 사생활에 대하여 인격적인 이익을 갖고 있으므로 그 침해에 대해서는 손해배상 등 법적 구제가 인정된다. 그러나 사생활의 자유와 비밀도 절대적인 것은 아니며 국가안전보장·질서유지·공공복리를 위하여 필수불가결한 경우에는 법률로써 제한할 수 있으며, 다른 기본권과 충돌하는 경우에는 이익형량에 의하여 제한될 수 있다. 사생활의 비밀보장은 (1) 사생활상의 사실 또는 사실인 것처럼 받아들여질 염려가 있는 사항, (2) 일반인의 감수성을 기준으로 하여 당해 사인의 입장에 선 경우에는 공개를 원하지 않았을 것이라고 인정되는 사항, (3) 일반인에게 아직 알려져 있지 않은 사항의 3요건을 구비하는 경우에만 인정된다고 볼 것이므로 이러한 요건들을 갖추지 않은 경우에는 제한이 가능하다고 하겠다.

양심의 자유(良心의 自由)

영;freedom of conscience
독;Freiheit des Gewissens

양심의 자유란 원래는 이론적 사항에 대한 신념을 의미하지만, 현행 헌법상으로는 「사상의 자유」를 의미한다(통설). 신념과 가치판단에 관한 내심의 자유로서, 본래 종교의 자유의 일부였으나 우리 헌법은 양자를 따로 규정하고 있다. 우리 헌법에는 「모든 국민은 양심의 자유를 가진다」고 규정되어 있는데(헌§19), 이것이 양심의 자유이다. 양심의 자유의 내용으로는 양심상 무엇을 결정하는 자유와 결정한 내용에 대하여 침묵을 지키는 자유, 그리고 양심상의 결정을 외부에 표현하거나 그 결정을 실현하는 자유로 나누어 볼 수 있는데, 그 보장의 정도와 방법은 각각 다르다. 양심의 자유와 관련하여 문제가 되는 것은 신문기자의 취재원에 관한 묵비권과 양심상의 집총거부를 허용할 수 있는지 하는 것이다.

> 헌법 제19조에서 보호하는 양심은 옳고 그른 것에 대한 판단을 추구하는 가치적·도덕적 마음가짐으로, 개인의 소신에 따른 다양성이 보장되어야 하고 그 형성과 변경에 외부적 개입과 억압에 의한 강요가 있어서는 아니되는 인간의 윤리적 내심영역이다. 따라서 단순한 사실관계의 확인과 같이 가치적·윤리적 판단이 개입될 여지가 없는 경우는 물론, 법률해석에 관하여 여러 견해가 갈리는 경우처럼 다소의 가치관련성을 가진다고 하더라도 개인의 인격형성과는 관계가 없는 사사로운 사유나 의견 등은 그 보호대상이 아니다*(헌법재판소 2002. 1. 31. 2001헌바43 전원재판부)*.

종교의 자유(宗教의 自由)

영;freedom of religion
독;Glaubensfreiheit kultus freiheit
불;liberté religieuse

종교의 자유란 종교를 믿거나 믿지 아니하는 자유를 말한다. 우리 헌법에는 「모든 국민은 종교의 자유를 가진다」고 규정되어 있는바(헌§20①), 이것이 종교의 자유이다. 이 종교의 자유에는 종교의 선택·변경의 자유, 무종교의 자유, 종교적 사상발표의 자유, 예배집회의 자유, 종교결사의 자유를 포함한다. 그리고 종교를 이유로 하는 법적 차별대우도 당연히 부정된다. 권리조항에서 보장되는 전통적인 자유권의 하나이다. 모든 국민은 종교의 자유를 가지며, 국교는 인정되지 아니하고, 종교와 정치는 분리된다. 그러나 종교의 자유도 질서유지와 공공복리 또는 국가안전보장을 위하여 필요한 경우에는 법률로써 제한할 수 있다(헌§37②).

언론의 자유(言論의 自由)

영;freedom of speech
독;Redefreiheit
불;liberté de la parole

언론의 자유란 사상표현의 자유를 말한다. 우리 헌법에는 「모든 국민은 언론의 자유를 가진다」고 규정되어 있는데(헌§21①) 이것이 언론의 자유이다. 사상표현의 수단으로는 연설·방송·연극 등외에 출판물에 의한 방법이 있다. 그러나 엄격한 의미에서 언론의 자유라 할 때는 출판이라는 간접수단을 빌리지 않고 직접적으로 사상을 표현하는 자유를 말한다. 자유주의 사상의 기본적 원칙의 하나로 주장되어 왔으며, 특히 현대 민주주의사회에 있어서는 언론의 자유는 필수 불가결한 것이며, 이에 대한 사전적 제약인 허가제와 검열제는 언론의 자유와 양립될 수 없으므로 철폐되어야 하는 것이다(헌§21②).

명백하고 현존하는 위험의 원칙

(明白하고 現存하는 危險의 原則)
영;clear and present danger rule

1918년 미국의 홈즈(Oliver Wendell Holmes)판사에 의해 주장된 이론으로, 언론·출판·집회·결사·종교 등의 자유를 제한하기 위해서는 법이 방지하고자 하는 해악이 발생할'명백하고 현존하는 위험이 있을 때에'한하여 제한할 수 있으며, 단순히 장래에 그러한 해악을 발생시킬 염려가 있다는 것만으로는 제한할 수 없다는 원칙을 말한다.

사상·표현의 자유시장론, 진리생존설
(思想·表現의 自由市場論, 眞理生存說)

전자는 무엇이 진리인가는 국가의 관여 없이 공개된 장소에서 자유로운 논쟁을 통하여 판명된다는 이론이고, 후자는 자유로운 논쟁의 결과 진리는 살아남고 허위는 자연도태 된다는 가설을 말한다. 근대시민국가에서 정신적 자유권을 확립하는데 결정적으로 기여한 이론과 사상은 국가중립론과 그것을 바탕으로 한 자유주의적 사상관이었다. 이 자유주의적 사상관을 대표하는 것이 바로 19세기의 사상·표현의 자유시장론과 진리생존설이다.

신문·통신의 자유(新聞·通信의 自由)

언론·출판의 자유(헌§21①)에 포함되는 자유로, 신문·통신에 대한 사전적 제약인 허가제는 인정되지 아니하며(헌§21②), 통신·방송의 시설기준과 신문의 기능을 보장하기 위하여 필요한 사항은 법률로 정한다(헌§21③). 그러나 이 자유권이 타인의 명예나 권리 또는 공중도덕이나 사회윤리를 침해하여서는 안 되며, 타인의 명예나 권리를 침해한 때에는 피해자는 이에 대한 피해의 배상을 청구할 수 있다(헌§21④).

출판의 자유(出版의 自由)
영;freedom of the press, Pressfreiheit
독;liberté de la presse

출판에 의하여 사상을 발표하는 자유를 말한다. 언론의 자유 중 가장 중요한 비중을 차지한다. 권리선언에서 보장되는 전통적인 자유권의 하나이며 헌법에서도 이를 보장한다(헌§21). 언론의 자유는 주로 구두를 통한 사상발표의 자유이나, 출판의 자유는 문자나 상형에 의한다는 점에서 다르다. 출판에 대한 검열과 허가제는 원칙적으로 허용될 수 없다.

집회의 자유(集會의 自由)
영;freedom of assembly
독;Versammlungsfreiheit
불;libert de reunion

집회의 자유란 다수인이 어떠한 공동목적을 위하여 일시적으로 일정한 장소에 회합하는 자유를 말한다. 광의로는 시위의 자유를 포함한다. 권리조항에서 보장되는 전통적인 자유권의 하나이다. 모든 국민은 집회의 자유를 가지며(헌§21①), 일반적인 자유권과 같이 국가안전보장·질서유지·공공복리를 위하여 필요한 경우에는 법률로써 제한할 수 있으며(헌§37②), 집회의 자유를 제한하는 것으로는 「집회 및 시위에 관한 법률」이 있다. 이 법률은 집회 및 시위의 방해 금지, 금지되는 집회 및 시위, 옥외집회 및 시위의 신고 등을 규정하고 있다. 헌법은 원칙적으로 집회에 대한 허가를 인정하지 않고 있다(헌§21②).

집회의 자유는 개인의 인격발현의 요소이자 민주주의를 구성하는 요소라는 이중적 헌법적 기능을 가지고 있다. 인간의 존엄성과 자유로운 인격발현을 최고의 가치로 삼는 우리 헌법질서 내에서 집회의 자유도 다른 모든 기본권과 마찬가지로 일차적으로는 개인의 자기결정과 인격발현에 기여하는 기본권이다. 뿐만 아니라, 집회를 통하여 국민들이 자신의 의견과 주장을 집단적으로 표명함으로써 여론의 형성에 영향을 미친다는 점에서, 집회의 자유는 표현의 자유와 더불어 민주적 공동체가 기능하기 위하여 불가결한 근본요소에 속한다*(헌법재판소 20 03. 10. 30. 2000헌바67, 83(병합) 전원재판부)*.

옥외집회(屋外集會)

도로, 광장 그 밖의 공공장소에서 행하는 집회를 말한다. 옥외집회를 주최하고자 하는 자는 그 목적·일시 등을 기재한 신고서를 집회 720시간 전부터 48시간 전에 관할 경찰서장에게 신고하여야 한다(집시§6①). 또한 국회의사당, 각급법원, 헌법재판소 등 일정지점으로부터 100m이내의 장소에서의 집회는 금지된다(집시§11).

결사의 자유(結社의 自由)

영;freedom of association
독;Vereinfreiheit
불;libert d'association

결사의 자유란 다수인이 공동의 목적을 가지고 계속적인 단체를 조직하는 자유를 말한다. 근대의 권리선언에서 보장되는 전통적인 자유의 하나이다. 우리나라 헌법에는 「모든 국민은 결사의 자유를 가진다」고 규정되어 있는바(헌§21①), 이것이 결사의 자유이다. 특히 근세에 이르러는 정치적 단체조직과의 관계에 있어서 민주사회에서는 반드시 보장되어야 할 국민의 기본권의 하나이다. 우리 헌법은 정치적 단체인 정당과 근로자의 결사인 노동조합을 적극적으로 보호하고 있다(헌§8, 33①). 다만 정당의 설립은 일종의 결사라고 볼 수도 있으나 헌법 제21조가 규정하는 결사에서 정당은 제외되는 것으로 해석해야 할 것이다. 헌법은 정당의 자유에 관하여 따로 규정하는 동시에 그 목적, 활동 및 해산에 관하여 일반의 결사와는 다른 특별규정을 두고 있기 때문이다(헌§8). 원칙적으로 결사에 대한 사전허가제는 인정되지 아니한다(헌§21②). 그러나 예외적으로 국가안전보장·질서유지 또는 공공복리를 위하여 법률로써 제한할 수 있다.

학문의 자유(學問의 自由)

영;academic freedom
독;akademische freiheit

학문연구의 자유, 즉 임의의 과제를 선정하여 결과를 추구하는 자유 및 학문상의 사상과 그 연구·발표의 자유를 말한다. 종교의 자유, 양심의 자유와 함께 광의의 언론의 자유를 보장하려는 것이다. 학문은 인간정신의 창조적 성과로서 문화발전에 기여한다는 점에서 이 자유보장은 오늘날 특별한 의미를 갖는다. 사상의 자유, 표현의 자유의 일부로도 볼 수 있으나, 헌법이 특히 항목을 설정하여 이것을 보장하고 있는 것은 학문 그 자체가 가지는 객관적인 특성 때문에, 이것에 대하여는 별도의 자유가 요구되기 때문이다. 그리고 이러한 이유에서 학문의 중심인 대학의 자유가 특히 요청된다. 서구에 있어서는 학문의 자유는 사상 내지 언론의 자유와 상반하여 또는 그 내용으로서 주장되어 왔는데, 특히 학문의 자유로서 주장하게 된 것은 17세기 영국의 베이컨(Bacon)과 밀턴(Milton)에 의해서였다. 우리 헌법에서는 모든 국민은 학문의 자유를 가지지만(헌§22①), 질서유지 등을 위하여 필요한 경우에 법률로써 제한될 수 있다(헌§37②).

예술의 자유(藝術의 自由)

독;Freiheit der kunst

예술의 연구·발표·논의의 자유(헌§22①)를 말한다. 예술의 자유는 예술창작의 자유와 예술표현의 자유가 포함된다. 다만 전자는 절대적 자유이나, 후자는 상대적 자유이다. 예술의 자유는 대한민국 국민뿐 아니라 외국인도 그 주체가 된다.

재산권의 보장(財産權의 保障)

재산권의 보장이란 사유재산을 타인에 의하여 침해당하지 않도록 보장하는 제도를 말한다. 우리 헌법에는 「모든 국민의 재산권은 보장된다」고 규정되어 있는데(헌§23①), 이것이 재산권의 보장이다. 근대 이전의 봉건사회에 있어서 재산은 국왕이나 영주로부터의 보관물 또는 일시적인 시여물(施與物)이라 생각되었고, 따라서 영구적인 소유물이 아니었다. 그 결과 재산관계가 불안정할 뿐만 아니라 안정된 사회생활을 영위할 수 없었다. 그 결과로 근대헌법에서는 사유재산의 보장(불가침)이 규정되었다. 재산권의 보장은 근대헌법의 기본원칙의 하나인 동시에 근대자본주의사회는 이 재산권의 보장을 기초로 발전하였다. 그러나 19세기 후반부터 자본주의 경제의 발전에 따른 부의 불평등분배·부의 편중을 사회적 관점에서 고려한 결과 사유재산의 절대적 보장에 수정을 가하게 되었다. 이것을 재산권의 사회화라고 한다. 즉 사적 소유권은 절대적인 것이 아니고, 사회적 이용책임을 수반한다고 생각하게 되었다. 독일의 바이마르헌법(1919년)이 「소유권은 의무를 수반한다」고 규정한 것은 재산권의 사회적인 책임을 나타낸 것이다. 헌법 제23조는 1항에 「모든 국민의 재산권은 보장된다」고 규정하고 있으면서, 그 내용과 한계를 법률로 정하고(헌§23①단), 그 행사를 공공복리에 적합하도록 하여야 한다(동조②)고 규정하고 있는 것도 이러한 경향을 인정한 결과에 불과한 것이다. 다만 공공을 위하여 사유재산을 제한함에는 정당한 보상이 있어야 하므로 제23조 3항에서는 「공공필요에 의한 재산권의 수용·사용 또는 제한 및 그에 대한 보상을 법률로써 하되, 정당한 보상을 지급하여야 한다」고 규정하고 있다.

재산권이 법질서내에서 인정되고 보호받기 위하여는 입법자에 의한 형성을 필요로 한다. 즉, 재산권은 이를 구체적으로 형성하는 법이 없을 경우에는 재산에 대한 사실상의 지배만 있을 뿐이므로 다른 기본권과는 달리 그 내용이 입법자에 의하여 법률로 구체화됨으로써 비로소 권리다운 모습을 갖추게 된다. 입법자는 재산권의 내용을 구체적으로 형성함에 있어서 헌법상의 재산권보장(헌법 제23조 제1항 제1문)과 재산권의 제한을 요청하는 공익 등 재산권의 사회적 기속성(헌법 제23조 제2항)을 함께 고려하고 조정하여 양 법익이 조화와 균형을 이루도록 하여야 한다*(헌법재판소 1998. 12. 24. 89헌마21 4, 90헌바16, 97헌바78(병합) 전원재판부).*

사유재산제도(私有財産制度)

영;private roperty
독;Privateigentum
불;propriéte privée

모든 재산 특히 토지 기타 천연자원 및 공장 등의 생산시설을 사인의 소유로 하고 국법으로써 이것을 보호하며 관리처분을 원칙적으로 소유자의 자유로운 의사에 맡기는 제도이다. 이 제도는 근세초기의 개인주의사상을 배경으로 확립되고, 계약자유의원칙과 더불어 자본주의문명의 원동력이 되었다. 그러나 자본주의가 고도로 발달함에 따라 재산의 집중이 생기고 이 원칙을 형식적으로 관철하는 것은 무산계급의 생존을 위협할 뿐만 아니라, 재화(財貨)를 사회전부의 공동이익을 위하여 효율적으로 이용하고자 하는 이상에도 반하게 되었다. 그리하여 20세기에 들어오면서 생산수단 특히 천연자원이나 독점적인 기업시설에 대한 사유재산권을 어느 정도 제한하는 경향이 현저하게 되었다. 다만 이러한 경향은 나라에 따라 차이가 있다. 과거 소련과 그 위성국은 소비재를 제외한 모든 재화에 대하여 원칙적으로 사유를 부정하였으나, 현재 거의 모든 문명국에서는 이 제도를 인정하고, 특수한 것에 관하여 국유 내지 국가관리의 제도를 채택하거나 또는 적당히 제한하는 태도를 취하고 있다. 우리 헌법도 사유재산제도를 원칙으로 하되 이에 대한 조정과 규제를 가하여 공공복리에 적합하도록 하였으며 「자연자원국유(自然資源國有)」의 예외를 규정하고 있다(헌§23, 120).

직업선택의 자유(職業選擇의 自由)

직업선택의 자유란 개인이 바라는 바에 따라 어떠한 직업이라도 자유롭게 선택할 수 있는 자유이다. 영업의 자유도 이에 포함된다. 봉건적인 신분제·세습제를 부정하는 것으로서 권리조항에서 보장되는 전통적인 자유권의 하나이다. 우리나라에서는 제5차 개정헌법에서 이를 명문으로 보장하였으며, 현행 헌법에서는 제15조에 규정하고 있다. 이 자유는 국가안전보장·질서유지·공공복리를 위하여 필요한 경우에 법률로써 제한할 수 있으나, 이 경우에도 자유와 권리의 본질적 내용을 침해할 수는 없다(헌§37②)

"직업"이란 생활의 기본적 수요를 충족시키기 위한 계속적인 소득활동을 의미하며 그러한 내용의 활동인 한 그 종류나 성질을 묻지 않는 것이다*(헌재 1997. 3. 27, 94헌마196).*

정치권(政治權)

영;political rights
독;politsche Rechte

참정권과 동일한 개념의 말이다. 다만 참정권은 군주주의 아래에서 군주 중심의 정치에 참여한다는 의미로 해석되므로 국민주권국가에서는 모순된 느낌이 있고 적합한 의미의 용어가 아닌 까닭에 오히려 국민이 직접 정치를 담당한다는 의미에서 정치권이라는 용어가 타당하다고 주장하는 견해가 유력해지고 있다.

참정권(參政權)

영;political rights
독;politische Rechte

참정권이란 누구든지 선거인단(국가기관으로서의 국민)에 참가하거나 공무원이 될 수 있는 국민의 기본권을 의미한다. 일반적으로 전자를 선거권이라 하고, 후자를 공무담임권이라 한다. 다만 선거권은 투표권과 엄연히 구별되어야 한다. 투표권이란 선거인단에 참가한 국민이 선거인단의 구성분자로서 선거권을 행사하는 권한에 지나지 않으며, 투표권 그 자체가 국민의 기본권인 참정권은 아니기 때문이다. 대통령이나 국회의원을 국민들이 직접·비밀투표에 의하여 선출하는 것이 바로 참정권이다.

국민발안(國民發案)

영;initiative
독;Volksbegehren
불;initiative

국민발안이란 국민 또는 한 지방의 주민이 입법에 관한 제안을 하는 것으로서 직접발안(直接發案)이라고도 한다. 이 제도는 직접민주제의 한 형태로서 고대 그리스의 도시국가에서부터 행해졌다. 우리나라는 제5차 개정헌법에서 헌법개정에 국회의원 선거권자 50만인 이상의 찬성으로 헌법개정의 제안을 할 수 있도록 규정한 예도 있었으나(제5차 개정헌법§119①), 현행헌법에는 채택하고 있지 않다.

공무원선거권(公務員 選擧權)

공무원의 선거에 참여할 수 있는 국민의 권리를 공무원선거권이라 한다. 「주권기관으로서의 국민」이라는 지위에서 유래하는 헌법상의 기본권이다. 모든 국민은 만18세가 되면 법률이 정하는 바에 따라 공무원선거권을 갖는다(헌§24, 공선§15). 공무원선거권은 대의(간접)민주정치를 원칙으로 하는 국가에서는 가장 중요한 참정권의 하나이다. 국민의 선거권은 보통·평등·직접·비밀선거의 원칙에 따라 행사되어야 한다(헌§41①).

공무담임권(公務擔任權)

공무담임권이란 국민이 공무원이 되어 공무를 담임할 수 있는 권리를 말하며 참정권의 일종이다. 헌법 제25조의 규정에 따라 모든 국민은 법률이 정하는바에 따라 모든 국민은 법률이 정하는 바에 따라 공무를 담임할 권리를 가진다. 여기서 규정하는 공무는 행정부·사법부의 직무뿐만 아니라 국회의원·지방의원 기타 일체의 공공단체의 직원의 직무를 포함한다. 그밖에 이 규정은 참정권에 관한 국민평등의 원칙을 선언하는 뜻을 갖는다. 그러나 국민 각인에게 그 자격 여하를 불문하고 직접 공무원이 될 수 있는 권리를 부여한다는 취지는 아니므로, 법률이 정하는 바에 따라 선거에 의한 당선, 일정한 자격, 시험합격 등을 공무원 취임의 조건으로 하는 것은 이 규정의 취지에 위배되는 것이 아니다.

정치적 자유(政治的 自由)

영;political freedom
독;politische Freiheit

정치적 자유란 정치에 관한 또는 정치적 활동이나 목적을 위한 자유를 말한다. 특히 그 중 정치적 목적을 위한 언론·출판·집회·결사·단체행동의 자유와 정당의 자유 및 참정권(특히 선거권)의 자유로운 행사가 가장 중요하다. 입헌민주주의나 자유민주주의를 기초로 하는 민주제도에서는 필수 불가결한 요건이다. 진정한 의미의 정치적 자유가 실질적으로 보장되기 위해서는 사회·경제·문화생활의 모든 영역에서 기회의 균등이 모든 국민에게 현실적으로 부여되어야 한다. 정치적 자유는 민주적 기본질서의 유지를 위하여 제한될 수 있다(헌§8②④, 37②).

청원(請願)

영;petition
독;Petition
불;pétition

청원이란 국민이 국가기관에 대하여 일정한 사항을 문서로써 진정하는 것을 말한다. 민주정치는 국민을 위한 정치이므로 국민은 국가기관에 대하여 일정한 희망이나 의사를 문서로써 제출함으로써 권리의 구제·위법의 시정 또는 복리증진을 할 수 있도록 한 것이다. 고전적 기본권의 하나이며 기본권을 보장하기 위한 기본권이라고도 한다. 우리 헌법도 청원권을 보장하고 있다(헌§26). 국회에 대한 청원은 국회법, 지방의회에 대한 것은 지방자치법, 그 밖의 일반법으로는 청원법이 있다. 누구든지 청원하였다는 이유로 차별대우를 받거나 불이익을 강요당하지 아니한다(청원§12).

헌법상 보장된 청원권은 공권력과의 관계에서 일어나는 여러 가지 이해관계, 의견, 희망 등에 관하여 적법한 청원을 한 모든 당사자에게 국가기관이 청원을 수리할 뿐만 아니라 이를 심사하여 청원자에게 그 처리결과를 통지할 것을 요구할 수 있는 권리를 말하나, 청원사항의 처리결과에 심판서나 재결서에 준하여 이유를 명시할 것까지를 요구하는 것은 청원권의 보호범위에 포함되지 아니하므로 청원 소관관서는 청원법이 정하는 절차와 범위내에서 청원사항을 성실·공정·신속히 심사하고 청원인에게 그 청원을 어떻게 처리하였거나 처리하려고 하는지를 알 수 있는 정도로 결과통지함으로써 충분하고, 비록 그 처리내용이 청원인이 기대하는 바에 미치지 않는다고 하더라도 헌법소원의 대상이 되는 공권력의 행사 내지 불행사라고는 볼 수 없다*(헌법재판소 1997. 7. 16. 93헌마239 전원재판부).*

공무원파면청원권(公務員罷免請願權)

공무원파면청원권이란 공직에 있는 자를 임기종료 전에 국민의 발의에 의하여 파면시키는 권리를 말한다. 구헌법에서 국민의 기본권리의 하나로 인정된 바 있다(제5차 개정 이전의 헌§27①). 직접민주제에 있어서의 소환과 비슷하나 공무원의 불법행위를 요건으로 하고 그 방법에 있어서 청원에 의하는 점이 다르다. 미국·스위스·독일 등에서 발전된 제도이다. 우리나라는 1962년 헌법개정(제5차개정)에서 이 규정을 삭제하였으나, 제6공화국헌법 제26조와 청원법 제4조 제2호에 의하여 국가기관에 문서로 청원할 수 있는 권리가 인정되고 있다.

재판청구권(裁判請求權)

재판청구권이란 모든 국민이 헌법과 법률에 정한 법관에 의하여 법률에 의한 재판을 받을 권리를 말한다(헌§27①). 그 효과로는 적극적 효과와 소극적 효과가 있다. 적극적 효과란 적극적으로 재판을 청구하는 권리이며, 이에 의하여 국민은 민사재판청구권과 행정재판청구권을 갖는 것이다. 한편 형사재판청구권은 원칙적으로 검사만이 가지고(형소§246), 일반국민은 법률상 이것을 가지지 아니하는 것이 원칙이다. 재판청구권의 소극적 효과란 헌법과 법률이 정한 법관이 아닌 자의 재판 및 법률에 의하지 아니한 재판을 거절하고 합리적인 재판을 청구할 수 있는 권리이다. 즉, 정당한 재판을 받을 권리인 동시에 신속한 재판을 받을 권리이며(헌§27), 재판의 공개(헌§27③). 대법원을 최고심으로 하는 3심제(헌§101②), 법관의 독립(헌§103) 등의 보장을 그 내용으로 한다. 헌법이 인정하는 예외로는 군사법원에 의한 재판이 있다(헌§27②).

> 재판청구권은 사실관계와 법률관계에 관하여 최소한 한번의 재판을 받을 기회가 제공될 것을 국가에게 요구할 수 있는 절차적 기본권을 뜻하므로 기본권의 침해에 대한 구제절차가 반드시 헌법소원의 형태로 독립된 헌법재판기관에 의하여 이루어 질 것만을 요구하지는 않는다. 법원의 재판은 법률상 권리의 구제절차이자 동시에 기본권의 구제절차를 의미하므로, 법원의 재판에 의한 기본권의 보호는 이미 기본권의 영역에서의 재판청구권을 충족시키고 있기 때문이다*(헌법재판소 전원재판부 1997. 12. 24. 96헌마172, 173(병합))*.

국가배상청구권(國家賠償請求權)

국민의 공무원의 직무상 불법행위로 손해를 입은 경우에 국가에게 그 손해를 배상에 주도록 청구할 수 있는 권리를 말한다. 이러한 권리는 정의·공평의 이념에 따라 국가에게도 불법행위의 책임을 지우는 것이며, 공무원 개인의 책임만으로는 충분한 손해배상을 기대하기 어렵기 때문에 인정되는 것이다. 현행 헌법 제29조는 제1항에'공무원의 직무상 불법행위로 손해를 받은 국민은 법률이 정하는 바에 의하여 국가 또는 공공단체에 정당한 배상을 청구할 수 있다'고 규정하여 국가배상청구권을 인정하고 있다.

국가의 불법행위책임
(國家의 不法行爲責任)

국내법상 국가가 위법하게 개인의 권리를 침해한 경우에 국가의 배상책임을 말한다. 종래에는 국가의 불법행위책임에 관한 일반적 규정이 없었으며, 특히 공행정작용에 있어서는 국가무책임의 원칙이 지배하고 있었다. 우리 헌법 제29조 제1항은 공무원의 직무상 불법행위로 손해를 받은 국민은 국가 또는 공공단체에 배상을 청구할 수 있다는 것을 규정하고 있다. 이에 따라 국가배상법이 제정되었으며, 국가의 불법행위책임이 일반적으로 확립된 것이다. 국제법상으로는 국가책임이라고 한다.

불법행위책임(不法行爲責任)

국가에 의하여 국민의 권리가 침해된 경우 국가가 국민에 대하여 부담하는 손해배상책임을 뜻한다. 헌법은 기본권존중주의의 입장에서 이 책임을 명문화하였다(헌§29). 이에 따라 국가배상법(1967.3.3법률 제1899호)이 제정되어 국가의 일반적 불법행위책임이 확립되었다. 국가의 불법행위책임에 관하여는 국가작용의 성질에 따라 다음과 같이 분류할 수 있다. (1) 권력적 작용에 관하여는 국가배상법에 의하여 공권을 행사하는 공무원이 그 직무를 행함에 있어서 고의 또는 과실로 인하여 위법하게 타인에게 손해를 입힐 것을 요건으로 한다(국배§2). 이 경우 국가는 공무원에게 고의 또는 중과실이 있을 때에는 구상권(求償權)을 가진다(국배§2②). (2) 비권력적인 행정작용 가운데 도로·하천 등의 공공영조물의 설치·관리의 하자로 인한 손해의 배상책임에 관하여는 국가배상법에 특별한 규정이 있다(국배§5, 6). 그 밖의 비권력적 작용에 관하여는 통설은 종래의 판례의 경향에 따라 민법의 규정을 적용한다고 한다. (3) 영리목적을 위하여 하는 사경제적 작용에 관하여는 민법에 의한다. 다만 민법 이외의 법률에 다른 규정이 있을 때에는 그 규정에 의하도록 한다(국배§8단).

형사보상(刑事補償)

형사보상이란 형사피고인으로서 구금되었던 자가 무죄판결을 받은 때에 법률이 정하는 바에 의하여 국가에 대하여 청구할 수 있는 정당한 보상을 말한다(헌§28). 현행헌법에서 규정하고 있는 형사보상의 청구권에는 형사피의자까지도 포함시키고 있다. 즉, 「형사피의자 또는 형사피고인으로서 구금되었던 자가 불기소처분 또는 무죄판결을 받은 때에는 법률이 정하는 바에 의하여 국가에 정당한 보상을 청구할 수 있다」고 하는 것이 그것이다. 형사보상은 프랑스·독일 등 유럽 대륙에서 발달된 제도로서 초기에는 국왕의 은혜로서 생각되었으나, 오늘날에는 국가의 의무로 정착되었다. 이 보상의 본질에 관하여는 법률의무설과 공평설과의 대립이 있다. 전자는 처분의 객관적 위법에 그 근거를 구하는 데 대하여, 후자는 공법상의 조절보상에 그 본질이 있다고 한다. 우리나라에서는 공평설적인 사고방식에 근거하여, 일종의 공법상의 무과실손해배상이라고 하는 견해가 유력하다. 우리나라에 있어서 형사보상에 관한 사항은 헌법 제28조에 의한 「형사보상 및 명예회복에 관한 법률」에서 정한다. 형사보상을 받으려면 형소법상의 일반절차, 재심·비상상고 또는 상소권회복에 의한 상소절차에서 무죄판결을 받거나(형보§2①), 면소 또는 공소기각의 재판을 받았으나 이러한 재판을 할 만한 사유가 없었더라면 무죄의 재판을 받을 만한 현저한 사유가 있는 자(형보§26)가 미결구금·구금 또는 형의 집행을 받았어야 한다. 다만, 이러한 요건이 갖추어진 경우에도 일정한 사유가 있는 경우에는 법원의 재량에 의하여 보상청구의 전부 또는 일부를 기각할 수 있다(형보§4). 피의자에 대한 보상규정은 형사보상 및 명예회복에 관한 법률 제27조에 규정되어 있으며, 피의자 보상의 청구 등도 명문으로 규정하고 있다(형보§27).

사회권(社會權)

불;droits sociaux

사회권이란 국민이 인간다운 생활을 영위하는데 필요한 조건의 형성을 국가에 요구할 수 있는 권리를 말한다. 즉 국가로부터 인간다운 생활을 보장받을 수 있는 국민의 기본적 권리이다. 개인의 인간다운 생활을 보장할 책임은 국가 및 사회에 있다는 사상에서 발생한 권리이며, 생활권이라고도 하고, 대체적으로 생존권적 기본권과 같은 개념이라고 할 수 있다.

사회적 기본권(社會的 基本權)

독;soziale Grundrechte

복지국가에서 국민이 그 인간다운 생활을 확보하기 위하여 필요한 일정한 국가적 급부와 배제를 요구할 수 있는 국법상의 권리를 말한다. 현대 헌법에 규정된 일련의 사회적 기본권은 헌법 제34조 제1항의 인간다운 생활권(생존권)을 그 목적조항으로 하고, 그 밖의 사회보장수급권(헌§34②~⑥), 교육을 받을 권리(헌§31), 근로의 권리(헌§32), 노동3권(헌§33), 환경권(헌§35), 보건권(헌§36③) 등을 그 수단조항으로 하고 있다. 이러한 사회적 기본권의 법적 성격에 관해서는 종래의 프로그램권리설과 최근에 등장한 법적 권리설이 대립하고 있고, 후자는 다시 추상적 권리설과 구체적 권리설로 나뉘고 있다. 이와 같은 사회적 기본권은 1919년 바이마르헌법에서 실정화되었는데 바이마르헌법은 제151조 제1항에서 '경제생활의 질서는 모든 사람에게 인간다운 생활을 보장하여 주기 위하여 정의의 원칙에 합치하지 않으면 안된다. 이 한계 내에서 개인의 경제적 자유는 보장된다'라고 하여 현대적 헌법에서 사회적 기본권 조항을 최초로 도입하였다.

생존권(生存權)

영;right to life
독;Recht auf Existenz

인간다운 생활 또는 생존을 위하여 필요한 여러 조건의 확보를 요구할 수 있는 권리를 말한다(헌§34①). 생존권은 본래 국가의 간섭을 받음이 없이 자기의 생활을 유지할 수 있는 자연권, 즉 자유권적 기본권으로 17·18세기에 주장되었다. 그러나 20세기에 들어와서 빈부의 차가 격심해져서 무산대중의 생활이 위협을 받게 되자 생존권은 소극적인 것에서 적극적으로 개인이 국가에 대하여 생존의 유지와 발전을 위해 금전적 급부 또는 시설의 이용을 요구할 수 있는 수익권으로 전환하였다. 또한 절대 불가능한 것은 아니지만 완전고용이란 매우 곤란하기 때문에, 자본주의국가에서 모든 국민에게 생존권을 실질적으로 보장하기 위해서는 완전고용을 위해 노력하는 동시에, 실업보험·질병보험·상해보험·폐병보험·양로보험·퇴직연금 등과 같은 「사회보험제도」를 완비해야 한다. 그러므로 우리 헌법도 「국가는 사회보장·사회복지의 증진에 노력할 의무를 진다」고 규정하고 있다(헌§34②). 따라서 생존권은 국민의 구체적이고 주관적인 권리라고는 볼 수 없고, 생존권을 규정하고 있는 헌법규정은 다만 국가정책의 지침을 천명하였음에 지나지 않는다(다수설).

생존권(인간다운 생활권)

생존의 권리
사회보장과 사회복지의 선언
노동력이 있는 자
무재산자
노동력이 없는 자
재산 있는자
노동권의 보장
재산권의 보장
단결권 단체교섭권 단체행동권
생활 보호
인간다운 생활의 보장

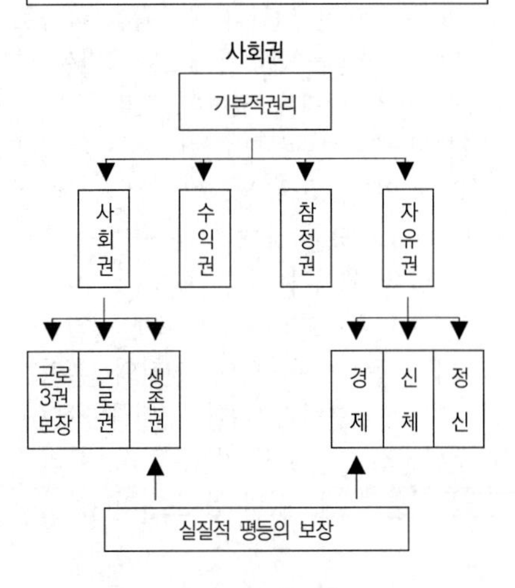

경제적기본권(經濟的 基本權)

독;konomische Grundrechte
불;droits conomiques fondmentaux

경제적 기본권이란 사회주의이론에서 주장되는 기본권의 일종이다. 생존권적 기본권과 거의 동일한 개념이며 생존권이나 노동기본권이 그 전형적인 예이다. 근대의 개인주의적 법이론에서는 천부인권으로서 자유권적 기본권 보장을 국가 및 법률의 근본목적으로 하는 데 반하여, 사회주의적 법이론에서는 경제적 기본권의 보장과 실현을 요구한다. 특히 사회주의국가가 아니더라도, 자본주의의 발전에 따른 소득·분배의 불균형과 국민생활의 불안정을 해소하기 위하여 국가는 국민에게 자유권과 함께 인간다운 생활을 누릴 수 있도록 경제적 기본권을 보장하게 되었다.

사회보장을 받을 권리
(社會保障을 받을 權利)

모든 국민은 인간다운 생활을 국가로부터 보장받을 권리가 있고, 국가는 사회보장의 증진을 위하여 노력할 헌법적 의무를 부담하고 있다. 스스로 생활을 영위해 나갈 능력이 없는 국민은 법률이 정하는 바에 따라 국가의 보호를 받을 권리가 있다(헌§34②, ③, ④, ⑤, ⑥). 이 권리는 국민에게 실질적인 자유·평등을 보장하여 인간의 존엄과 가치를 실현하기 위한 것이다(헌§10). 생활권적 기본권의 일종으로서, 우리나라 헌법의 진보성의 한 표현이다.

교육의 권리(敎育의 權利)

교육의 권리란 모든 국민이 능력에 따라 평등하게 교육을 받을 권리를 말한다(헌§31①). 이 권리는 일정한 자격과 학력이 있는 자가 주로 경제적 이유 내지 지역적·시간적 이유로 현실적으로 교육을 받을 수 없을 때에, 국가에 대하여 교육을 시켜줄 것을 청구할 수 있고, 국가는 이에 대응하는 의무를 지는 적극적인 수익권을 의미한다. 그러므로 이 권리는「교육의 기회균등」의 원칙이 사실상 무시되었던 초기민주국가에서는 볼 수 없었던 현대적인 수익권의 하나이다. 그리고 그 권리의 실효성을 거두기 위하여는 광범위한 무상교육제도·학비보조제도·급비제도·장학제도의 채택은 물론, 학교를 지역적·종별적으로 공평하게 배치할 것 및 유직자의 수학을 위하여 야간제·시간제 기타 특수한 교육방법을 강구할 것 등 일련의 적극적 수단이 필요하다.

> 헌법(憲法) 제31조 제1항에서 말하는 "능력(能力)에 따라 균등(均等)하게 교육(敎育)을 받을 권리(權利)"란 법률(法律)이 정하는 일정한 교육을 받을 전제조건(前提條件)으로서의 능력을 갖추었을 경우 차별 없이 균등하게 교육을 받을 기회가 보장된다는 것이지 일정한 능력, 예컨대 지능(知能)이나 수학능력(修學能力) 등이 있다고 하여 제한 없이 다른 사람과 차별하여 어떠한 내용과 종류와 기간의 교육을 받을 권리가 보장된다는 것은 아니다*(헌법재판소 1994. 2. 24. 93헌마192 전원재판부)*.

교육의 자주성(敎育의 自主性)

교육의 자주성을 확보하기 위해서는 최소한 교사의 교육시설 설치자·감독권자로부터의 자유, 교육내용에 대한 교육행정기관의 권력적 개입의 배제, 교육관리기구(교육위원회 위원, 교육감, 교육장 등) 등의 공선제가 실현되어야 한다.

교육의 정치적 중립성
(敎育의 政治的 中立性)

교육의 본질에 위반되는 국가적 권력이나 정치적·사회적·종교적 세력 등에 의한 영향을 배제한다는 것을 말한다. 이에 따라 국가는 입법에 있어서 교육의 정치적 중립성을 침해하는 법률을 제정할 수 없으며, 교원과 학생도 교육과정(학내)에서는 정치적 활동을 할 수 없다.

근로권(勤勞權)

근로권이란 노동을 할 능력이 있는 자가 일을 할 기회를 국가에 대해 요구할 수 있는 권리를 말한다. 실제로는 노동을 할 능력을 가지고 있으면서도 일반기업에 취업할 수 없는 자에 대해서 국가 또는 공공단체가 최소한도 보통의 임금으로 노동의 기회를 제공하고, 만약 그것이 불가능한 경우에는 상당한 생활비를 지급할 것을 요구하는 권리라고 할 수 있다. 이 근로권에 관하여는 근본적으로 다른 두 가지의 개념이 있다. (1) 개인이 자유롭게 노동의 기회를 얻는 것을 국가가 침범하지 못한다는 소극적 의미의 자유권적 기본권으로 이해하는 17·18세기의 개인주의·자유주의를 기반으로 하는 자연법적 기본권의 개념과 (2) 국민의 균등한 생활을 보장하고, 경제적 약자인 근로자의 인간다운 생활을 보장하는 것을 내용으로 하는 적극적 의미의 생존권적 기본권으로 이해하는 20세기의 복리·후생주의적 근로권의 개념이 그것이다. 이러한 의미의 근로권은 '멩거(Carl Menger)'이래 유력한 사회사상으로서 주로 독일에서 주장되어 「바이마르헌법」에서 채택되었다. 우리 헌법의 노동권(헌§32①) 규정은 단순한 직업선택의 자유 이상으로 일종의 20세기적인 적극적 의미의 생존권적 기본권으로서의 근로권을 인정하는 동시에 「국가는 사회적·경제적 방법으로 근로자의 고용의 증진과 적정임금의 보장에 노력하여야 하며, 법률이 정하는 바에 의하여 최저임금제를 실시해야 한다」(헌§32①)는 것과, 「국가는 사회보장·사회복지의 증진에 노력할 의무를 진다」(헌§34②)는 것을 아울러 선언하고 있다. 이에 근거하여 국가는 근로자에 대하여 최저의 임금수준을 보장하고 근로자의 생활안정과 노동력의 질적 향상을 도모하고자 최저임금법을 제정하였다(1986. 12. 31.법률 제3927호).

<u>모든 임금은 근로의 대가로서 '근로자가 사용자의 지휘를 받으며 근로를 제공하는 것에 대한 보수'를 의미</u>하므로 현실의 근로 제공을 전제로 하지 않고 단순히 근로자로서의 지위에 기하여 발생한다는 이른바 생활보장적 임금이란 있을 수 없고, 또한 <u>우리 현행법상 임금을 사실상 근로를 제공한 데 대하여 지급받는 교환적 부분과 근로자로서의 지위에 기하여 받는 생활보장적 부분으로 2분할 아무런 법적 근거도 없다</u>*(대법원 1995. 12. 21. 선고 94다26721 전원합의체 판결).*

근로3권(勤勞三權)

노동3권이란 근로자에 대한 생존권

확보를 위하여 헌법이 보장하고 있는 노동권(헌§32①) 및 단결권·단체교섭권·단체행동권(노동3권이라고도 한다)을 말한다. 노동기본권이라고도 한다. 이러한 권리는 보장의 방법여하에 따라서 반드시 동일한 성격을 가지고 있는 것이 아니다. 즉 근로권은 국민이 근로의 권리를 갖는다는 취지의 선언적 규정에 지나지 않으며, 법률적으로는 정치적 강령을 표시한 것에 불과한 것이지만, 다른 3종은 노동조합 및 노동관계조정법·노동위원회법·근로자참여 및 협력증진에 관한 법률·근로기준법 등의 구체적 입법에 의하여 적극적으로 보장되고 있다. 이에 관하여 헌법은 공공복리에 의한 제약을 결정하지는 않았으나, 이들 권리가 근로자의 생존을 확보하기 위한 수단으로 보장된 것이라는 점을 생각하며, 그 권리가 절대적 권리로서 무한정의 행사의 보장을 받는 것이라고는 할 수 없다. 즉, 사회전체의 이익을 위하여는 근로3권이 제한받는 일이 있다고 할 수 있으나, 이를 이유로 부당한 제한을 두어서는 아니된다. 근로자의 기본권에 대해서 사용자 측에는 록아웃(Lock out, 직장폐쇄)라고 하는 쟁의행위가 인정되고 있지만(노동조합 및 노동관계 조정법§46), 이것은 단지 노사의 균형상 용인되고 있을 뿐, 근로3권이라고는 볼 수 없는 성질의 것이다.

> 근로3권은 국가공권력에 대하여 근로자의 단결권의 방어를 일차적인 목표로 하지만, 근로3권의 보다 큰 헌법적 의미는 근로자단체라는 사회적 반대세력의 창출을 가능하게 함으로써 노사관계의 형성에 있어서 사회적 균형을 이루어 근로조건에 관한 노사간의 실질적인 자치를 보장하려는 데 있다. 근로자는 노동조합과 같은 근로자단체의 결성을 통하여 집단으로 사용자에 대항함으로써 사용자와 대등한 세력을 이루어 근로조건의 형성에 영향을 미칠 수 있는 기회를 가지게 되므로 이러한 의미에서 근로3권은'사회적 보호기능을 담당하는 자유권'또는'사회권적 성격을 띤 자유권'이라고 말할 수 있다*(헌재 1998. 2. 27, 94헌바13).*

국민의 기본적 의무
(國民의 基本的 義務)

국민이 국가에 대하여 가지는 기본적인 의무를 말한다. 납세의무(헌§38)와 국방의무(헌§39)는 고전적인 기본적 의무이며, 현대 복지국가에서는 공공복리를 위하여 교육을 받게 할 의무(헌§31②), 근로의무(헌§32②) 등이 인정된다. 이와 같은 국민의 기본적 의무는 법치주의의 원칙상 그 부과를 위해서 국회의 의결을 거친 법률의 근거를 필요로 한다. 근대국가 중에서 최초로 국민의 의무를 입법사항으로 한 것은 영국에서 국왕의 자의적인 조세징수를 억제하기 위해서 의회의 승인에 의한 납세원칙이 확립되면서부터이다.

공의무(公義務)

공의무란 일정한 범위 내에서 국가의 통제에 따르고 국가의 합법적인 명령의 강제에 대하여 무조건 복종해야 하는 국민의 의무를 의미한다. 그러나 공의무 역시도 국민의 자유를 보장한다는 취지에서만 인정되고 있는 것이다. 헌법이 규정하는 것 외에 법률이 규정하는 공의무도 있다. 교육(헌§31②)·노동(§32②)·납세(§38)·국방(§39) 등의 의무가 이에 해당된다.

납세의무(納稅義務)

납세의무란 국가 또는 공동단체를 유지하기 위하여 필요한 경비를 조세로써 납부하는 의무를 말한다. 납세의무는 대부분의 국가가 헌법에 규정하고 있으며, 우리 헌법도 이 의무를 규정하고(헌§38). 「모든 국민은 법률이 정하는 바에 의하여 납세의 의무를 진다」는 것은 조세법률주의를 말하는데, 이것은 헌법 제59조에서도 「조세의 종목과 세율은 법률로 정한다」고 하여 이를 별도로 규정하고 있다. 조세법률주의는 영국에서 확립된 「대표 없이는 과세 없다」의 원칙으로부터 유래한 것이다. 조세는 금전급부가 원칙이지만, 경우에 따라서는 부역·현품으로 징수할 수도 있다. 조세는 담세력(擔稅力)에 따라서 균등하게 국민에게 부과되는 것으로서, 조세납부에 대한 반대급부가 없다는 점에서 수수료·요금·부담금 기타의 과징금과 다르다.

국방의무(國防義務)

국방의무란 모든 국민이 법률이 정하는 바에 의하여 외적의 공격에 대해 국가를 방어할 의무를 지는 것을 말한다. 우리 헌법도 국방의무에 관해 규정하고 있다(헌§39). 우리나라는 국제평화의 유지에 노력하고 침략적인 전쟁을 부인하지만(헌§5), 아직도 우리나라는 침략자를 격퇴하는 자위의 전쟁과 침략자를 응징하는 제재의 전쟁을 할 필요가 있기 때문에 모든 국민에게 법률이 정하는 바에 의하여 국방의 의무를 부담시키고 있다. 현대전은 총력전이기 때문에 국방의 의무는 단지 병역의 의무에 그치지 않고, 방공·방첩의 의무, 군작전에 협조할 의무, 국가안전보장에 기여할 군노무동원에 응할 의무 등을 포함한다. 실제에 있어서도 병역법에 의하여 병역의 의무뿐만 아니라, 향토예비군설치법에 의한 예비군복무의 의무, 민방위기본법에 의한 징발·징용에 응할 의무 등을 부과하고 있다.

병역의무(兵役義務)

국가의 복무명령이 있을 때에는 군대의 구성원으로서 군에 복무할 의무를 말한다. 병역의무는 현실적인 군복무의무를 뜻하는 것이 아니라, 국가로부터 군복무의 명령을 받을 수 있는 법률상의 지위를 뜻하는 데 지나지 아니하므로, 그 내용은 국가의 군복무명령이 있을 때에는 그에 응할 의무이다. 대한민국 국민인 남자는 헌법과 병역법이 정하는 바에 의하여 병역에 복무할 의무를 지며(헌§39①, 병역§3①), 여자는 지원에 의하여 현역에 한하여 복무할 수 있다(병역§3①), 또 헌법 제39조 제2항은 '누구든지 병역의무의 이행으로 인하여 불이익한 처우를 받지 않는다'고 규정하고 있다.

교육의 의무(教育의 義務)

교육의 의무란 모든 국민이 자녀에게 최소한 초등교육과 법률이 정하는 교육을 받게 할 의무를 말한다(헌§31②). 이 의무는 진보적 사상에 기초하여 국민의 교육수준을 향상시킴으로써 각 개인의 지적향상을 도모하는 동시에, 국력의 부강을 도모하고 나아가서는 인류문화의 발달에 이바지한다는 근본적인 목적을 가지고 있다. 의무교육은 무상으로 한다(헌§31③).

의무교육(義務教育)

보호자가 그 자녀에게 취학시킬 의무를 지는 교육을 말한다. 국가가 요구하는 국민생활의 향상과 복지국가형성을 달성하는데 요구되는 것이 교육의 의무화인 것이다. 우리나라의 헌법은 '모든 국민은 그 보호하는 자녀에게 적어도 초등교육과 법률이 정하는 교육을 받게 할 의무를 진다(헌§31②)'고 하여 초등교육을 의무화하고 있고, 6년의 초등교육과 3년의 중등교육에 대하여는 교육기본법 제8조에서 의무교육으로 규정하고 있다(교육기본§8). 이를 실시하기 위해 국가는 시설을 확보하는 등 필요한 조치를 강구하여야 하고, 지방자치단체는 그 관할 구역의 의무교육대상자를 모두 취학시키는 데에 필요한 초등학교, 중학교 및 초등학교·중학교의 과정을 교육하는 특수학교를 설립·경영하여야 한다(초·중등교육법 제12조). 또한 모든 국민은 보호하는 자녀 또는 아동이 6세가 된 날이 속하는 해의 다음 해 3월 1일에 그 자녀 또는 아동을 초등학교에 입학시켜야 하고, 초등학교를 졸업할 때까지 다니게 하여야 한다. 또한 보호하는 자녀 또는 아동이 초등학교를 졸업한 학년의 다음 학년 초에 그 자녀 또는 아동을 중학교에 입학시켜야 하고, 중학교를 졸업할 때까지 다니게 하여야 한다(초·중등교육법 제13조). 교육을 받을 권리의 주체는 원래 취학연령에 있는 미성년자이나, 이들은 독립하여 생활할 수 없는 자이므로 보호자가 그 자녀를 취학시킬 의무를 다하지 아니하면 이 권리는 실효성이 없다. 따라서 교육을 받을 권리의 실효를 기할 목적으로 교육의 의무를 보호자에게 부과하고 있다.

근로의무(勤勞義務)

독;Arbeitspficht 불;devoir autravail

근로의무란 국가가 민주주의 원칙에 따라 법률로써 정한 근로의무의 내용과 조건을 민주주의 원칙에 따라 모든 국민이 노동할 의무를 지는 것을 말한다(헌§32②). 납세의무·국방의무가 고전적 의무인데 비하여, 이것은 20세기 헌법에 의해 생존권적 기본권으로서의 노동권이 인정되는 것에 상응하여 부과된 국민의 의무이다. 「일하지 않는 자는 먹지 말라」고 하는 구소련헌법과 같은 공산국가의 노동의무와는 달리, 헌법상으로 개인의 재산권 및 직업선택의 자유를 보장하고(헌§23①, 헌§1

5), 강제노역을 금지하고 있는(헌§12①) 우리나라에서는 불로소득생활자가 생기는 것은 불가피한 일이다. 또 「국가는 근로의무의 내용과 조건을 민주주의원칙에 따라 법률로 정한다」(헌§32②후단)고 규정하여, 근로의무는 민주주의원칙을 전제로 하고 있으므로, 그 내용과 조건이 공산주의국가에 있어서와 같은 강제근로의 의미를 가질 수 없다. 그러므로 우리 헌법의 근로의무는 근로의 능력이 있는데도 노력하지 않는 자에 대하여는 근로권의 보호를 주지 않는다는 의미로 보는 것이 타당하다.

국 회

삼민주의(三民主義)

손문(孫文)이 제창한 중화민국의 정치적 지도이념으로서 민족주의·민권주의 및 민생주의를 일컫는다. 민족주의는 대외적으로 열강제국주의로부터의 해방 그리고 대내적으로 국내 여러 민족의 평등의 확보를 뜻한다. 또한 민권주의는 국민의 참정을 의미하며, 민생주의는 인권의 평등 및 자본의 절제에 입각한 일종의 사회주의 또는 사회민주주의를 의미한다.

오권헌법(五權憲法)

일반적으로 권력분립주의는 국가작용을 입법·사법·행정의 삼권으로 나누지만 이에 대하여 이를 사법·입법·행정·고시·감찰의 5권으로 나누는 헌법이론을 말한다. 손문이 삼민주의이론과 함께 제창한 헌법체계로서 중국국민당 정부의 지도적 정치원리였다고 할 수 있다.

사법국가(司法國家)

독;Justizstaat
불;Pays sans régime administratif

행정제도를 인정하지 않는 국가이다. 행정국가에 대응하는 개념이다. 행정제도가 성립하지 않고 따라서 행정재판의 제도도 없으며, 일반법원이 행정상의 사건도 관할함을 전제로 한다. 영·미법계의 여러 나라가 이에 해당하는

데 우리나라도 일반법원이 일체의 법률상의 쟁송을 재판하는 점에서(헌§102) 사법국가의 형태를 갖는다. 사법국가라는 개념은 법원의 법령심사권과 관련하여 사법권이 입법권이나 행정권보다 우월한 지위에 있는 국가(예 : 미국)라는 의미로 쓰이기도 한다.

행정국가(行政國家)
독;Verwaltungsstaat
불;pays regime administratif

행정제도가 확립되어 있는 국가를 의미하며, 사법국가에 대응하는 개념이다. 즉 행정권을 사법권의 간섭으로부터 독립시키기 위하여 행정상의 재판권을 일반법원에 부여하지 않고, 독립된 행정법원을 두어 행정재판을 담당하게 하는 등, 행정권의 지위를 보장하는 제도이다. 프랑스가 그 종주국이라 할 수 있고 독일, 오스트리아 등의 대륙법계 국가가 행정국가에 속한다. 이 나라들에서는 일반사법과 다른 특수한 법이 행정과 관련하여 인정되어 행정법체계의 월등한 발달을 가져오기도 했다.

의회(議會)
영;parliament
독;Parlament
불;parlement

의회란 국민의 정치적 대표기관인 민선의원을 구성원으로 하고, 입법 기타 중요한 국가작용에 결정적으로 참여하는 기능을 가진 합의체를 말한다. 우리 헌법상 국회와 같다. 국회는 일반적으로 입법작용을 담당하는 것이 본래의 임무이므로 입법부라고도 한다. 국가의 기관인 의회를 국회라고 하며, 지방자체단체의 기관인 국회를 지방의회라고 한다(헌§118). 국가의 의회제도에는 양원제와 단원제가 있다. 의회는 봉건국가에 있어서의 등의족회(等議族會)에서 그 기원을 찾을 수 있는데, 특히 1295년의 영국의 전형의회(model parliament)는 봉건사회의 각 신분대표를 소집한 점에서 그 뒤의 의회의 모범이 되었다. 양원제가 확립된 것은 14세기 전반기에 이르러 귀족·고위 성직자가 귀족원을, 기사·도시대표가 서민원을 각각 구성하여 국왕이 국민에 대하여 부과하는 재정상 부담을 의결한 데서 비롯된다. 양원제의 존재이유는 국가에 따라 다르나, 일반적으로 연방국가에 있어서는 각주의 이익을 평등하게 대표하는 기관으로 상원을 두고, 군주국가에 있어서는 귀족과 같은 특수계급의 이익을 대표하는 귀족원을 두고 있다. 오늘날에는 단원제 의회의 경솔·전횡을 방지하기 위하여 양원제를 채택하고 있는 나라가 많다.

의회제(議會制)
영;congressional government
불;régime représentatif

의회제란 민주국가에 있어서 대의제의 한 수단으로서 국민대표에 의하여 조직된 기관이 정치의 중심으로 되는 제도를 말한다. 즉 의회를 가진 정치체제로서 대의제라고도 한다. 민주정치는 국민주권사상의 표현인 의회제도를 그 본질적 요소로 한다. 따라서 의회제에는, (1) 국민이 선출한 대표로써 조직

될 것, (2) 서로 의견과 이익을 달리하는 정치세력의 대립이 있을 것, (3) 그 기관의 의사는 이러한 대립된 의견 및 이익의 토론과 타협으로써 결정될 것 등을 요건으로 한다. 따라서 공산주의 국가의 최고인민회의에 있어서와 같이, 그것이 비록 인민의 대표로써 구성된 합의체의 기관이라고 할지라도 대립된 정치세력이 없고 토론과 타협의 여지가 없을 때에는 그것을 의회라고 할 수 없다. 의회가 민주정치에 있어서는 불가결의 정치도구를 의미하는 것과 같이, 의회정치 또는 의회주의도 민주정치와 똑같은 의미로 사용되고 있다. 민주정치에 있어서 의회의 본질을 이루고 있는 의견과 이익의 대립은 민주주의의 요소인 다원적 정당제에 의하여 실시하고 있다. 행정부와의 관계에서 의회가 정치의 실권을 잡고 있는 경우를 의회제라고 하는 경우도 있다. 미국과 같이 대통령의 영도력에 따라 권력의 비중이 대통령에게로 기울어지는 경우를 대통령제라 하고, 의회쪽으로 기울어지는 경우를 의회제라고 한다. 또한 권력구조에 있어서 의회제의 경우는 정부에 비해 의회가 월등한 우위에 선다.

대의제도(代議制度)

영;representative system
독;Repräsentativesystem
불;régime représentatif

주권자인 국민이 직접 국가의사(또는 국가정책)를 결정하지 아니하고 그들의 대표자(국회의원·대통령 등)를 선출하여 그 대표자로 하여금 국민을 대신하여 국가의사를 결정하게 하는 제도를 말한다. 대의제의 본질은 통치자와 피치자의 구별을 전제로 하여, 피치자인 국민은 국가기관의 구성권과 그에 통치권만을 유보하고, 국가의사나 국가정책의 현실적인 결정권과 그에 관한 책임은 그들에 의하여 선출된 대표자인 통치권자들에게 일임한다는 데 있다. 그리고 이때의 기관구성권자인 국민과 대의기관의 관계, 즉 대표관계는 강제적 위임관계(명령적 위임관계)가 아니라 자유위임관계(무기속위임관계)를 그 이념적 기초로 하기 때문에 대의기관의 의사결정이 국민의 현실적인 또는 추정적인 의사와 일치하지 아니하는 경우에도 국민의 동의가 있는 것으로 간주된다. 그러므로 대의제의 기능은 (1) 국민에 의해 선출된 국민의 대표자가 국민을 대신하여 국가의사를 결정한다는 대의기능과 (2) 복수의 대표자가 합의에 의하여 국가의사를 결정한다는 합의기능으로 요약된다.

국회(國會)

영;parliament congress
독;Parlament
불;parlement

국회란 국민이 선출한 의원(민선의원)으로 구성되는 합의체로서, 입법을 비롯하여 기타 중요한 국가작용에 관한 권한을 가진 헌법상의 기관을 말한다. 국회의 주요권한을 가진 헌법상의 기관을 말한다. 국회의 주요권한은 입법에 관한 것이라는 점에서 이를 입법기관이라고 한다. 헌법은, 「입법권은 국회에 속한다」(헌§40)고 규정하고 있다. 국회의 구성에는 단원제와 양원제가 있는데, 우리나라는 1948년의 건국헌법당시에는 단원제를 채택하였으나, 1952년의 제1차개헌에서 양원제를 채택한 후, 1962년 헌법(제5차개헌)에서 다시 단원제가 되었다. 국회는 국민의 보통·평등·직접·비밀선거에 의하여 선출된 의원으로 구성되고(헌§41①), 국회의원의 수는 법률로 정하되, 200인 이상으로 한다. 국회의원의 선거구와 비례대표제 기타 선거에 관한 사항은 법률로 정하게 되어 있다. 국회의 운영에 관하여는 국회법에 상세히 규정되어 있고, 국회의원의 선거에 관하여는 공직선거및선거부정방지법이 있다. 국회의 집회에는 정기회와 임시회가 있고, 정기회는 법률이 정하는 바에 의하여 매년 1회 소집되며, 임시회는 대통령 또는 국회재적의원 4분의1이상의 요구에 의하여 소집된다(헌§47①). 정기회의 회기는 100일을, 임시회의 회기는 30일을 초과할 수 없으며(헌§47②), 대통령이 임시회의소집을 요구할 때에는 기간과 집회요구이유를 명시하여야 한다. 국회에는 의장 1인과 부의장 2인을 두고(헌§48), 일반의결정족수는 재적의원과반수의 출석과 출석의원 과반수의 찬성으로 하는데, 가부동수(可否同數)인 때에는 부결된 것으로 본다(헌§49). 국회의 회의는 원칙적으로 공개하나, 출석의원 과반수의 찬성이 있거나 의장이 국가의 안전보장을 위하여 필요하다고 인정할 때에는 공개하지 아니할 수 있다. 이 때 공개하지 아니한 회의내용의 공표에 관하여는 법률이 정하는 바에 의한다(헌§50①②).

국회법(國會法)

이 법은 국회의 조직·의사 기타 필요한 사항을 규정함으로써 국민의 대의기관인 국회의 민주적이고 효율적인 운영에 기여함을 목적으로 한다. 총칙(제1장), 국회회기와 휴회(제2장), 국회의 기관과 경비(제3장), 의원(제4장), 교섭단체·위원회와 위원(제5장), 회의(제6장), 회의록(제7장), 국무총리·국무위원·정부위원과 질문(제8장), 청원(제9장), 국회와 국민 또는 행정기관과의 관계(제10장), 탄핵소추(제11장), 사직·퇴직·궐원과 자격심사(제12장), 질서와 경호(제13장), 징계(제14장), 국회 회의 방해 금지(제15장), 보칙(제16장) 등으로 되어 있다.

국회사무처(國會事務處)

국회의 일반사무를 처리하는 국회의 기관을 말한다. 국회사무처에는 사무총장 1인과 기타 필요한 공무원을 두며 사무총장은 의장이 각 교섭단체 대표의원과의 협의를 거쳐 본회의의 승인을 얻어 임명하고, 사무총장은 의장의 감독을 받아 국회의 사무를 통할하고 소속 공무원을 지휘·감독한다(국회§21). 국회사무처에 관해 필요한 사항은 국회사무처법에서 규정한다.

국회 상임위원회(國會 常任委員會)

국회 본회의에 부의하기에 앞서 의안·청원 등을 심의하기 위하여 국회에 설치된 위원회를 말한다. 현대국가에 있어서는 국가기능이 확대됨에 따라 국회본회의가 광범한 영역 전반에 대해 심의하기는 부적합하므로 이를 소수의 의원들로 구성되는 각종의 위원회에서 심의하여 본회의 상정 여부를 결정하며, 본회의에서 통과를 위한 예비적 심의를 하는 것이 필요하게 되었다. 우리나라에서도 본회의 중심주의를 지양하고 상임위원회 중심주의를 채택하여 법안심의는 상임위원회에서 하고, 본회의에서는 심사 보고를 한 후 가부투표를 실시한다. 현행 국회법상 상임위원회는 「(1)국회운영위원회, (2)법제사법위원회, (3)정무위원회, (4)기획재정위원회, (5)교육위원회 (6)과학기술정보방송통신위원회, (7)외교통일위원회, (8)국방위원회, (9행정안전위원회, (10)문화체육관광위원회, (11)농림축산식품해양수산위원회, (12)산업통상자원중소벤처기업위원회, (13)보건복지위원회, (14)환경노동위원회, (15)국토교통위원회, (16)정보위원회, (17)여성가족위원회」가 있다. 국회의원은 2인 이상의 상임위원회의 위원이 되며, 각 교섭단체의 대표의원은 국회운영위원회의 위원이 된다. 국무총리·국무위원·국무조정실장·처의 장·행정각부의 차관 기타 국가공무원의 직을 겸한 의원은 상임위원을 사임할 수 있다(국회§39). 상임위원은 선임된 날로부터 2년간 재임한다(국회§40①). 상임위원회는 그 소관에 속하는 사항에 관하여 법률안 기타 의안을 제출할 수 있으며(국회§51①), 위원회에 전문위원과 필요한 공무원을 둔다(국회§42①).

교섭단체(交涉團體)

국회의 의사진행의 원활을 도모하기 위하여 일정한 정당에 속하는 의원의 의사를 통합·통일하여 사전에 상호교섭을 하기 위한 의원단체를 말한다. 국회에 20인 이상의 소속의원을 가진 정당은 하나의 교섭단체가 된다. 그러나 다른 교섭단체에 속하지 아니하는 20인 이상의 의원으로 따로 교섭단체를 구성할 수 있다. 교섭단체의 대표의원은 그 단체의 소속의원이 서명·날인한 명부를 의장에게 제출하여야 하며, 그 소속의원에 이동이 있거나 소속정당의 변경이 있을 때에는 그 사실을 의장에게 보고하여야 한다. 어느 교섭단체에도 속하지 아니하는 의원이 당적을 취득하거나 소속정당을 변경한 때에는 그 사실을 즉시 의장에게 보고하여야 한다. 교섭단체 소속의원이 입법활동을 보좌하기 위하여 교섭단체에 정책연구원을 둔다. 또 교섭단체는 원내발언의 순서나 상임위원회위원배정 등의 권한을 가진다.

국회의 권한(國會의 權限)

국회의 권한은 형식적 견지에서 의결권·동의권·승인권·통고권 및 통제권으로 분류할 수 있고, 실질적 견지에서 입법에 관한 권한, 재정에 관한 권한, 일반국정에 관한 권한 및 국회내부에 관한 권한으로 분류할 수 있다. 실질적 분류기준에 의한 국회의 권한은 다음과 같다. 입법에 관한 권한으로는 (1) 법률안 제출(헌법 제52조, 국회법 제7

9조)·심의권(국회법 81·87·93·95·109·98조 1항), (2) 헌법개정안 발안(헌법 제128조 1항)·심의권(헌법 제130조 1항, 국회법 제112조 4항), (3) 조약체결·비준 동의권(헌법 제60조 1항)이 있다. 재정에 관한 권한으로는 (1) 재정입법권(조세법률주의), (2) 예산의 심의·확정(헌법 제54조 2항), (3) 기채동의권(헌법 제58조 전단), (4) 예산외 국가부담이 될 계약체결에 대한 동의권(헌법 제58조 후단), (5) 재정적 부담이 있는 조약체결에 대한 동의권(헌법 제60조 1항), (6) 결산심사권(헌법 제99조), 긴급재정·경제처분에 대한 승인권(헌법 제76조 3항)이 있다. 일반국정에 관한 권한으로는 (1) 국무총리 임명동의권(헌법 제86조 1항), (2) 국무총리·국무위원해임건의권(헌법 제63조), (3) 국무총리·국무위원 출석요구권 및 질문권(헌법 제62조), (4) 탄핵소추권(헌법 제65조), (5) 선전포고 및 국군해외파견, 외국군 주류에 대한 동의권(헌법 제60조 2항), (6) 일반사면에 대한 동의권(헌법 제79조 2항), (7) 대법원장 및 대법관 임명동의권(헌법 제104조 1항)과 감사원장 임명동의권(헌법 제98조 2항), (8) 헌법재판소재판관 및 중앙선거관리위원회 선출권(헌법 제111조 3항, 114조 2항), (9) 계엄해제요구권(헌법 제77조 5항), (10) 긴급명령·긴급재정·경제명령 처분권(헌법 제76조 3항), (11) 국정감사권·국정조사권(헌법 제61조)이 있다. 국회의 자율적 권한으로는 (1) 의사 및 내부규율에 관한 규칙제정권, (2) 의사진행에 관한 자율권, (3) 내부경찰권 및 국회가택권(출입금지 및 퇴장 요구권), (4) 내부조직권 및 국회의원의 신분에 관한 권한 등이 있다.

입법(立法)
영;legislation
독;Geselzgebung
불;législation

입법이란 법의 정립작용을 말한다. 입법은 그 의미상 실질적 개념과 형식적 개념으로 나눌 수 있다. 실질적 개념에 다르면 통치권에 의거하여 국가와 국민과의 사이에 효력을 가질 성문의 법규를 정립하는 국가작용을 입법이라 한다. 이것은 국가작용의 성질에 따른 차이점에 근거한 것으로서, 행정·사법이 법규에 근거하여 법규를 구체적으로 집행·운용하는 작용인데 대하여 일반적이고 추상적인 법규를 정립하는 작용을 입법이라고 보는 것이다. 이에 대하여 국가작용은 모두 법정립적·법집행적·법적용적 성질을 동시에 가지고 있으므로, 국가작용을 성질에 따라 구별하는 것은 불가능하다고 하는 견해도 있으나(순수법학파), 국가기관을 입법·행정·사법의 3기관으로 나누고, 국민의 자유와 권리에 관계되는 법규의 정립을 국민의 대표기관인 의회의 권한으로 하는 근대입헌주의적 삼권분립사상을 감안한다면 국가작용의 성질에 따른 국가작용의 구별은 가능하다고 본다. 그런데 원래 권력분립론은 실질적 의미의 입법·사법·행정을 입법기관·행정기관·사법기관이 각각 담당할 것을 목표로 한 것이었으나, 실제의 권한분배에서 각 기관은 실질적인 작용상 자기 본래의 권한에 속하지 않는 작용도 그 권한으로 하고 있다. 이리하여 입법의 개념에도 실질적 개념 이외에 형식적 개념이 있는데, 이 형식적 개념에 따르면 입법기관의 권한에 속하는 작용을 입법이라고 한다. 실질적 의미의 입법과 형식적 의미의 입법은 일치하지 않는다. 학문상으로는 실질적 의미의 입법을 연구대상으로 한다. 다만, 우리나라에서도 헌법 제40조의「입법」의 의의에 관하여 실질설(실질적 의미의 법률, 즉 앞서 말한 바와 같이 법규를 정립하는 작용이라는 설)과 형식설(형식적 의미의 법률을 정립하는 입법기관의 작용이라는 설)이 대립하고 있다.

입법권(立法權)
영;legislative power
독;gesetzgebende Gewalt
불;pouvoir législatif

입법권이란 실질적 의미에 있어서는 법을 제정하는 국가권능을 말하고, 형식적 의미에 있어서는 국회가 가지는 법률제정권을 의미한다. 삼권분립론에 따르면 국가권력은 입법권·행정권·사법권의 3권으로 분류되며, 입법권은 국회의원으로 구성되는 국회에 부여하고 있는 동시에 국민의 원리의무에 관한 법규정립권은 국회만이 가진다는 원칙이 확립되어 있다. 그러나 국가에 따라 국가비상사태시에는 특례가 인정된다. 우리 헌법은「입법권은 국회에 속한다」고 선언하고 있다(헌§40). 헌법 제40조의 입법의 의미에 관하여 이것을 실질적 의미의 법률(즉 법규)을 정립하는 작용이라고 하는 실질설과, 형식적 의미의 법률(즉 국회를 통과해야 하는 법률)을 정립하는 작용이라고 하는 형식설이 대립하고 있다. 실질설에는 헌법 그 자체가 예외로서 대통령의 재정·경제처분, 명령·긴급명령·위임명령·집행명령을 인정하였다고 본다. 반면에 형식설에 따르면 대통령의 재정·경제처분, 명령·긴급명령은 헌법 그 자체가 인정하는 예외이므로 별개로 하고, 위임명령·집행명령은 법률에 의한 보통적 명령이므로 무관하다고 한다.

입법사항(立法事項)

입법사항이란 헌법 또는 법률에 의하여 법률로써 규정하게 되어 있는 사항을 말한다. 즉 국민의 자유(자유권)와 권리를 제한하거나 의무를 부담시키는 사항(헌§37②)과 같이, 그 중요성에 비추어 국민의 대의기관인 국회의 의결을 거쳐야 할 법률유보사항을 말한다. 법치주의를 구현하는 한 방법으로서, 법률사항이라고도 한다. 국민의 권리제한은 반드시 법률로 규정해야 하며, 법률의 구체적 위임이 없이는 행정권의 명령으로 규정할 수 없다(헌§75). 법률의 근거 없이 입법사항을 규정한 행정명령이나 규칙은 헌법에 위배되는 것으로서 법원의 심사대상이 된다(헌§107②).

양원제(兩院制)
영;bicameral system
독;Zweikammersystem
불; bicaméralisme

양원제란 국회(의회)가 두 개의 의원으로 구성되어 있는 제도를 말한다. 일반적으로 상원과 하원으로 구성된다. 상원은 군주국의 경우 군주의 세력을 대표하는 귀족으로 구성되거나, 연방국가의 경우 각주의 대표기관으로 구성되거나, 또는 기타 국가의 경우 보수세력으로 구성되는 것이 보통이다. 하원은 국민으로부터 공선된 의원으로 조직되는 경우가 대부분이다. 양원제는 국회(의회)의 권력을 완화하고 민주성을 억제할 수 있는 권한에 대응하는 권한을 하원이 보유할 수 있으므로 특히 입헌주의를 기초로 하는 국가에서 많은 호응을 받았다. 그러나 민주주의의 발달에 따라 하원의 권한이 강화됨으로써 하원은 보수세력을 대표하여 정부와 하원과의 완충역할을 담당하게 되었다. 그 명칭은 국가에 따라 다르다. 우리나라는 과거 양원제를 채택할 때 참의원과 민의원으로 구성하였다. 영국은 상원(House of Lords)와 하원(House of Commons), 미국은 상원(Senate)와 하원(House of Representatives) 그리고 일본은 중의원과 참의원으로 양원제를 이룬다.

민의원(民議院)

민의원이란 양원제 국회에서 하원에 해당하는 것으로서, 참의원과 함께 국회를 구성하는 일원을 말한다. 우리나라는 제2공화국 시대에 민의원과 참의원의 양원으로 국회를 구성하고 있었다(제2공화국 헌§31② 참조). 예산 기타 법률안의 심의나 정부의 조직·감독 등에 있어서 일반적으로 참의원에 우월하다.

참의원(參議院)

참의원이란 양원제 국회에서의 상원에 해당하며, 민의원과 함께 국회를 구성하는 일원을 말한다. 우리나라의 경우 헌법상 제1차개헌부터 제5차개헌 전까지 참의원 제도가 존재하였으나, 제3차개헌 이후에 실질적인 기능을 발휘하게 되었다. 제5차개헌 이전의 헌법에 따르면 참의원도 민의원과 같이 국민의 보통·평등·직접·비밀투표에 의하여 선거된 의원으로써 조직되었다. 다만 그 권한과 임기·정수·개선방법·선거구 등은 민의원과 달랐다(이별조직의 원칙). 그리고 참의원에는 민의원과 같은 해산제도가 적용되지 않았고 긴급집회제도를 특징으로 들 수 있다.

국회의 위원회제도
(國會의 委員會制度)

현대는 국가기능의 확대에 따라 입법기관도 고도로 기술화하여 의안을 심의하는데 있어서 전문적 지식을 필요로 하는데 있어서 전문적 지식을 필요로 하게 되었다. 복잡 다양한 의안을 전문적 지식을 갖추지 못한 의원으로 구성되는 본회의에서 다루는 것은 비능률적이기 때문에 이에 대한 대책으로 발달한 것이 위원회제도인 것이다. 따라서 국회에서 심의해야 할 의안은 먼저 위원회(committee)에서 예비심의하여 정리한 다음 본회의에 상정한다. 이리하여 국회운영을 실질적으로 담당하고 있는 상임위원회와, 상임위원회에 속하지 않거나 또는 특별한 안건을 심의하기 위하여 일시적으로 설치하는 특별위원회 및 상임위원회와 협의하여 개최하고 표결할 수는 없지만 의견을 진술하고 토론을 할 수 있는 연석의회가 있다.

위원회제도의장·단점

장점	▪의안심의의 능률 향상 ▪방대한 안건의 효율적 처리 ▪의안을 보다 심도 있게 심사 가능 ▪위원회에서 불필요한 안건을 미리 심사하여 본회의에의 상정여부를 결정함으로써 본회의 운영에 있어 효율성과 탄력성을 기할 수 있음
단점	▪본회의의 형해화 ▪위원회소속 의원의 수가 상대적으로 적음에 따라 이익집단, 이해관계자 및 로비스트 등에 의해 이용되기 쉬움 ▪상임위원회의 업무분장기준이 정부조직법상의 행정부처에 따르게 되는 나머지, 소관행정부처가 출장소화 될 위험

회기(會期)

영;session
독;Sitzungsperiode

국회의 회기란 국회가 활동할 수 있는 일정한 기간을 말한다. 국회는 행정부나 법원과는 달라서 상설기관이 아니므로 일정한 기간만 활동한다. 국회는 각 회기마다 독립하여 활동하는 것이 원칙이다. 회기 중에 의결되지 아니한 의안은 다음 회기에 계속하여 심의하지 않을 것을 會期不繼續(회기불계속)의 원칙이라 한다. 우리 헌법은 이 원칙을 채택하지 않는다. 그러나 국회의 회기제도는 반드시 있어야 하는 것은 아니다. 우리 헌법은 국회에 제출된 법률안 기타의 의안은 회기 중에 의결되지 못한 이유로 폐기되지 아니한다. 다만, 국회의원의 임기가 만료된 때에는 예외(헌§51)로 하고 있으나, 국회의원의 임기 중에 한해서는 회기불계속의 원칙이 부정되고 있다. 또 국회의 회기는 정기회와 임시회로 구별된다. 정기회(ordi nary session)는 법률이 정하는 바에 의하여 매년 1회 정기적으로 집회되는 회기이고, 임시회는 대통령 또는 국회재적의원 4분의 1이상의 요구에 의하여 집회되는 회기이다(§47). 그밖에 우리 헌법에는 규정이 없으나 국회가 해산된 다음 새로이 선출된 국회의원이 소집되어 집회하는 特別會制度(특별회제도)가 있다.

정기회(定期會)

영;ordinary session

법령에 의하여 일정한 시기에 집회하도록 되어 있는 합의체기관의 회의를 말하나, 보통은 국회의 정기회를 의미한다. 국회의 정기회는 매년 1회 법률이 정하는 바에 의하여 집회한다(헌법 47조1항). 국회법에서 그 집회일을 정하게 한 것은 국회의 자율권을 보장하기 위한 것이다. 국회법은 정기회를 9월 1일에 집회하도록 규정하고, 그 날이 공휴일인 때에는 그 다음날에 집회하기로 하고 있다(국회법 4조). 정기회의 회기는 100일을 초과할 수 없으며(헌법 47조2항), 정기회에 있어서는 일반적으로 예산안을 심의·확정하며, 법률안 등을 심의·통과시킨다.

정족수(定足數)
영;quorum
독;Quorunm
불;quorum

정족수란 합의체가 활동하기 위하여 개회와 의결을 하는 데 필요한 일정한 수를 말한다. 이 정족수에는 의사의 정족수와 의결의 정족수가 있다. 의사정족수는 합의제기관의 과정을 진행하는 데 필요한 구성원의 출석수를 말한다. 국회의 의사정족수는 재적의원 5분의 1이상이다(국회§73①). 국회가 회의 도중에 의사정족수에 미달하게 된 때에는 의장은 회의의 중지 또는 산회를 선포한다(국회§73③). 의결정족수는 합의체기관의 의결이 성립하는 데 필요한 구성원의 찬성표수를 말한다. 국회는 헌법 또는 법률에 특별한 규정이 없는 한, 그 재적의원 과반수의 출석과 출석의원 과반수의 찬성으로 의결한다. 가부동수인 경우에는 부결된 것으로 본다(헌§49). 이것을 국회의 일반의결정족수라고 하는데, 이 이외에 특별의결정족수가 요구되는 경우가 있다. 대통령이 환부한 법률안에 대한 재의결(§53④), 국무총리 또는 국무위원에 대한 해임의 건의(§63②), 의원의 제명의결(§64③), 탄핵소추의결(§65②), 헌법개정안의 의결(§128①) 등이 그것이다.

의결정족수(議決定足數)

합의체기관의 의결이 성립하는데 필요한 구성원의 찬성표수를 말하는 바, 의사를 성립시켜 행하는 데 필요한 수인 의사정족수와 구별된다. 우리 헌법상 국회의 일반적인 의결정족수는 헌법 또는 법률에 특별한 규정이 없는 한, 그 재적의원 과반수의 출석과 출석의원 과반수의 찬성으로써 의결한다(헌법 49조). 한편 표결 결과가 가부동수인 경우에는 부결된 것으로 본다(헌법 49조 후단). 그러나 우리 헌법과 법률은 일정한 경우에 특별정족수를 규정하고 있다. (1) 법률안의 재의결에는 재적의원 과반수의 출석과 출석의원 3분의2 이상의 찬성(헌법 제53조4항), (2) 국무총리·국무위원의 해임건의에는 재적의원 3분의1이상의 발의와 재적의원 과반수의 찬성(헌법 제63조2항), (3) 국회의원의 제명처분에는 재적의원 3분의2 이상의 찬성(헌법 제64조3항), (4) 탄핵소추의결에는 ① 일반적인 경우는 재적의원 3분의1 이상의 발의와 재적의원 과반수의 찬성, ② 대통령 탄핵소추의 경우는 재적의원 과반수의 발의와 재적의원 3분의2 이상의 찬성(헌법 제65조2항), (5) 계엄의 해제요구에는 재적의원 과반수의 찬성(헌법 제77조5항), (6) 헌법개정안의 의결에는 재적의원 3분의2이상의 찬성(헌법 제130조1항)을 말한다.

개의(改議)

회의에서 발의(發議)된 의안(議案)이나 동의(動議)를 수정하여 의논하는 것으로서 국회법상 발의된 의안 또는 동의에 대한 번안동의와 수정동의를 말한다. 번안동의는 본회의에서는 의안을 발의한 의원이 그 의안을 발의한 때의 찬성자 3분의2이상의 동의로, 위원회에 있어서는 위원의 동의로 발의하되 재적의원 과반수의 참석과 출석의원 3분의 2 이상의 찬성으로 의결한다. 그러나 본회의에 있어서는 안건이 정부에 이송된 후에는 번안할 수 없으며, 위원회에 있어서는 본회의에 의제가 된 후에는 번안할 수 없다(국회법 91조). 의안에 대한 수정동의는 그 안을 갖추고 이유를 붙여 의원 30인 이상의 찬성자와 연서하여 미리 의장에게 제출하여야 한다. 그러나 예산안에 대한 수정동의는 의원 50인 이상의 찬성이 있어야 한다. 위원회에서 심사 보고한 수정안은 찬성 없이 의제가 되며, 위원회는 소관사항 외의 안건에 대하여는 수정안을 재출할 수 없다. 또 의안에 대한 대안은 위원회에서 그 원안을 심사하는 동안에 제출하여야 하며, 의장은 이를 그 위원회에 회부한다(국회법 95조).

회기불계속의 원칙
(會期不繼續의 原則)

회기불계속의 원칙이란 어느 회기 중에 완결되지 아니한 의안, 동의는 그 회기가 끝남과 동시에 소멸하며, 차회의 회기로 이월되지 아니한다는 원칙을 말한다. 국회 및 지방의회 등은 그 회기 중에만 활동능력을 가진다는 점에서 이러한 회의체는 각 회기마다 별개의 존재이며, 전회와 후회 사이에는 의사의 연속이 없다는 데서 유래한 것이다. 그러나 국회의원의 임기 중 수회의 회기가 존재하게 되면 여러 불합리한 점이 있기 때문에, 헌법은 국회에서의 회기불계속의 원칙을 부인하는 명문의 규정을 두었으며(헌§51 본문), 예외로서 국회의원의 임기가 만료되었거나 국회가 해산된 경우에는 이 원칙을 인정하고 있다(§51 단서).

국회의장(國會議長)

국회를 대표하고 의사를 정리하며 질서를 유지하고 사무를 감독하는 기관을 말한다(국회법 10조). 의장과 부의장(2인)은 국회에서 무기명투표로 선거하되 제적의원 과반수의 득표로 선출되며(헌법 49조, 국회법 15조 1항), 임기는 2년이나, 보궐선거에 의한 경우에는 전임자의 잔임기간으로 한다(국회법 9조 1항). 의장이 사고가 있을 때에는 의장이 지정하는 부의장이 그 직무를 대리하며(동법 12조), 의장과 부의장이 모두 사고가 있을 때에는 임시의장을 선출하여 의장의 직무를 대행하게 한다(동법 13조). 그러나 국회의원 총선거 후 최초의 임시회의 집회공고에 관하여는 사무총장이 의장의 직무를 대행한다(동법 14조). 국회의장은 상임위원회의 의원이 될 수 없으며(동법 39조 3항) 다만 상임위원회에 출석하여 발언할 수 있으나, 표결에는 참가할 수 없다(동법 11조). 한편 국회의장의 권한을 살펴보면, (1) 임시국회 소집공고권, (2) 정기국회 집회 공고권, (3) 원내질서 유지권, (4) 의사정리권, (5) 사무감독권, (6) 국회대표권, (7) 국회의 위임에 의한 특별위원 선임권, (8) 국회에서 가결된 의안의 정부에의 이송권, (9) 궐석의원의 보궐선거를 정부에 요구하는 권한, (10) 의원의 청가허가권, (11) 폐회 중에 있어서의 의원사직 처리권, (12) 의안을 심사할 위원회의 선택결정권, (13) 국회내 경호권, (14) 방청 허가권, (15) 발언 허가권, (16) 발언 중지권, (17) 법률안이 정부에 이송된 후 15일 이내에 대통령이 공포나 재의를 요구하지 않아 법률로 확정된 경우나, 대통령의 재의요구에 대하여 국회가 전과 같이 재의결하여 법률로 확정된 경우에 국회의장은 확정법률이 정부에 이송된 후 5일 이내에 대통령이 공포하지 않는 경우에는 이를 공포할 권한을 갖는다(헌법 제53조 6항).

국회의원(國會議員)

영;congressman Member of Parliament
독;Parliamentarier
불;parlementaire

국회의원이란 국회의 구성원으로서 특수경력직 국가공무원이다. 국회의원은 국민의 보통·평등·직접·비밀선거에 의하여 선출되며(헌§41①), 국회의원선거에 관한 사항은 공직선거법에 규정하고 있는바, 즉 선거일 현재 25세 이상의 국민은 피선거권이 있으며(공선§16②), 피선거권이 없는 자에 대한 규정도 있다(§19). 국회의원의 수는 법률로 정하되 200인 이상이어야 하는데(헌§41②), 그 수는 지역구 의원수와 비례대표의원수를 합한 것이다. 국회의원은 법률이 정하는 직을 겸할 수 없으며(국회§29), 품위를 유지할 의무가 있으며, 국가이익을 우선하여 양심에 따라 직무를 수행하여야 하고, 그 지위를 남용하여서는 아니된다(헌§46·국회§24, 25, 29). 국회의원은 그 직무의 독립적 수행을 보장하기 위하여 일정한 특권이 인정되어 있는데 불체포특권(헌§44)과 면책특권(§45)이 그것이고, 또 수당·여비와 국유의 교통기관 이용의 편의를 보장받고 있다(국회§30, 31). 또 국회의원의 자격심사와 징계는 국회가 자율적으로 행하게 되어 있으며 국회의원의 제명은 재적의원 3분의 2이상의 찬성에 의하여야 하고, 위의 처분에 대하여 법원에 제소할 수 없다(헌§64②·③·④).

국회의 전문위원(國會의 專門委員)

전문위원이란 국회의원은 아니지만 국회의 상임위원회에 소속되어 있는 전문지식을 가진 위원을 말한다. 국회사무총장의 추천을 받아 국회의장이 임명한다. 전문위원은 해당 위원회에서 발언할 수 있으며, 본회의에서는 본회의의결 또는 의장의 허가를 받아 발언할 수 있다(국회§42⑥).

법률안거부권(法律案 拒否權)

영;veto 독;Veto 불;veto

법률안거부권이란 국회(의회)가 의결한 법률안을 행정부의 기관(군주나 대통령)이 그에 대한 재가 또는 승인을 거부함으로써 법률로서의 성립을 결정적 또는 잠정적으로 저지하는 권한을 말한다. 거부의 효력이 절대적이고 의회의 재의를 인정하지 않는 경우 이것을 절대적 거부권(absolute veto)이라 하는데, 과거 일본 제국헌법하의 일본이 그 좋은 예이다. 이에 대하여 거부의 효력이 잠정적이어서 의회의 재의결로써 부인되는 경우, 이것을 정지적 거부권(suspensive veto)이라고 하는바, 미국대통령의 거부권이 그 예이다. 우리나라 헌법에 의하면 국회에서 이송된 법률안에 대하여 이의가 있는 경우 대통령은 이송된 후 15일 이내에 이의서를 붙여 이를 국회에 환부하고 그 재의를 요구할 수 있다(헌§53②·환부거부). 재의의 요구가 있는 경우 국회는 재의에 붙이고, 재적의원 과반수의 출석과 출석의원 3분의 2이상의 찬성으로 전과 같은 의결을 하면 그 법률안은 법률로서 확정된다. 그러므로 우리나라 대통령의 법률안거부권은 정치적 거부권이다. 대통령은 거부권을 행사하는 경우 법률안의 일부에 대하여 또는 법률안을 수정하여 재의를 요구할 수 없고, 따라서 일부거부(item veto) 또는 수정거부는 인정되지 아니한다. 그리고 대통령은 법률안에 이의가 있을 때에는 국회가 폐회중일지라도 그 이송을 받은 날로부터 15일 이내에 국회에 재심의 요구를 하여야 하며, 재심의 요구를 하지 아니할 때에는 그 법률안은 법률로서 확정되므로, 우리나라 헌법상으로는 미국헌법에서와 같은 보유거부(pocket veto)는 인정되지 아니하며, 오직 환부거부만 인정된다. 다만 국회의원의 임기가 만료된 때에는 회기불계속의 원칙이 적용되므로(§51단), 이 경우에는 예외적으로 보류거부가 인정된다고 해석된다. 이 경우에는 법률안을 의결한 국회와 재의할 국회가 서로 다른 국회이기 때문에 엄격한 의미에서의 「재의」라고 할 수 없기 때문이다.

일부거부(一部拒否)
영;item veto

일부거부란 국회가 의결하여 이송한 법률안에 대하여 대통령이 일부만을 국회에 환부하여 재심을 요구하는 것을 말한다. 우리나라 헌법은 정부의 법률안제출권을 인정하고 국무위원의 국회출석발언권을 인정하고 있으므로 대통령의 일부거부권은 인정되지 않는다(헌§52, 53③, 62).

공포(公布)
영;promulgation
독;Publikation

법령을 일반국민에게 주지시키는 행위를 말한다. 이에 관하여 헌법 제53조 제1항은 "국회에서 의결된 법률안은 정부에 이송되어 15일 이내에 대통령이 공포한다"고 규정하고, 국회에서 재의결된 법률이나 대통령이 기간 내에 공포 또는 재의의 요구를 하지 아니하여 확정된 법률이 정부에 이송된 후 5일 이내에 대통령이 공포하지 아니할 때에는 국회의장이 이를 공포하도록 되어 있다. 법률은 특별한 규정이 없는 한 공포한 날로부터 20일을 경과함으로써 효력을 발생한다(헌법 제53조7항). 또 헌법 개정이 확정되면 대통령은 즉시 이를 공포하도록 되어있다. 법령은 공포하여야 시행할 수 있는바, 공포는 법령의 효력발생요건의 하나이다. 그러나 공포된다고 반드시 곧 시행되는 것은 아니다. 한편 법령 등의 공포에 관한법률이 이를 규정하고 있다.

재의(再議)

재의란 일단 의결된 안건에 대하여 동일한 의결기관이 다시 심사·의결하는 절차를 말한다. 대통령은 국회에서 의결된 법률안에 대하여 이의가 있는 때에는 15일 이내에 이의서를 붙여 국회로 환부하고 그 재의를 요구할 수 있다(헌§53①·②). 그러나 一部拒否(일부거부)나 修正拒否(수정거부)는 인정되지 않는다(§53③). 대통령이 거부권을 행사하여 국회에 재의를 요구하면, 국회는 환부된 법률안을 재심에 붙인다. 이 때 재적의원 과반수의 출석과 출석의원 3분의 2이상의 찬성으로 재의결(overrule)하면 그 법률안은 법률로서 확정된다(§53④). 재의로 확정된 법률안은 5일 이내에 공포하여야 한다(§53⑥). 지방의회의 의결이 월권 또는 법령에 위반되거나 공익을 현저히 해한다고 인정되는 때, 그 지방자치단체의 장은 그 의결사항을 이송 받은 날부터 20일 이내에 이유를 붙여 의회에 재의를 요구할 수 있다(지자§107①). 지방의회의 의결에 예산상 집행할 수 없는 경비가 포함되어 있다고 인정되는 때에는 그 의결사항을 이송 받은 날부터 20일 이내에 그 지방자치단체의 장은 재결의 이유와 의결의 재의를 붙여 의결의 재의를 요구할 수 있다.(§108①). 재의의 요구에 대하여 재의의 결과 재적의원 과반수의 출석과 출석의원 3분의 2이상의 찬성을 얻은 경우에는 그 의결이 확정된다(§107②). 지방자치단체의 장은 위 규정에 의하여 재의결된 사항이 법령에 위반한다고 인정되는 때에는 대법원에 소를 제기할 수 있다.

법률안제출권(法律案提出權)

법률안제출권이란 국회의원과 정부가 법률안을 국회에 제출할 수 있는 권리를 말한다(헌§52). 권력분립주의에 철저한 대통령제에서는 정부의 법률안제출권을 부정하는 것이 보통이고, 다만 사실상 정부의 입안이 국회여당의원을 통하여 국회에 제출되는 과정을 거치는 것이 보통이다. 그러나 우리 헌법은 정부의 법률안제출권을 전면적으로 인정하여 정부가 입법에 관하여 강력한 영향을 미치게 하고 있다.

발안권(發案權)

의안을 제출하는 권리를 말한다. 법률의 발안권은 국회의원(20인 이상)과 정부에게 있으며(헌법 제52조, 국회법 제79조 1항), 예산안의 발안권은 정부에게 있는 바, 정부는 회계연도마다 예산안을 편성하여 회계연도 개시 90일 전까지 국회에 제출하여야 한다(헌법 제54조 2항).

발의권(發議權)

의안을 하는 권리를 말한다. 한때(구헌법 제119조 1항)에는 국회에서 의결하여야 할 의안의 발의권이 유권자와 국회의원에게 인정되어 있었으나, 현행 헌법상 법률의 발의권은 국회의원과

정부에게 있으며(헌법 제52조), 예산안·조약안처럼 정부에게만 발의권이 유보되어 있는 경우도 있다. 국회의원은 20인 이상의 의원의 찬성으로 의안을 발의할 수 있다. 다만, 예산상의 조치가 수반되는 법률안 기타 의안의 경우에는 예산명세서를 제출하여야 한다(국회법 제79조), 국회의원은 법률안 제출권(헌법 제52조), 헌법개정안 제출권(헌법 제128조 1항), 탄핵소추발의권(헌법 제65조 2항), 의안발의권(국회법 제79조) 등을 가지나, 예산안·조약안의 발의권은 없다.

조약의 비준(條約의 批准)

영;ratification
독;Ratifikation

조약의 비준이란 조약에 대한 국가의 최종적 확인행위를 말한다. 조약은 서명함으로써 그 내용이 확정되는데, 일반적으로 조약은 비준을 하여야만 완전히 성립하게 된다. 그리고 조약이 그 효력을 발생하기 위해서는 재차 비준서의 교환이라는 절차를 거쳐야 한다. 요컨대 비준은 조약이 효력을 발생하기 위한 전제가 되는 것이다. 중요한 조약의 체결·비준에 관하여는 국회의 동의를 얻어야 한다(헌§60①).

조세법률주의(租稅法律主義)

조세법률주의란 조세의 부과는 반드시 법률에 의하여야 한다는 주의를 말한다. 이른바 「대표 없으면 과세도 없다」는 원칙의 표현으로서 근대국가는 모두 이 주의를 인정하고 있다(헌§59). 그 의의는 조세의 종류 및 부과의 근거뿐만 아니라 납세의무자·과세물건·과세표준·세율을 국민의 대표로써 제정되는 법률로써 규정함으로써, 국민의 재산보장과 법률생활의 안전을 도모하려는 것이다. 그 예외로는 현행법상 다음과 같다. 즉, 지방세는 지방자치단체가 과세권을 국가로부터 부여받고 지방세법이 그 일반적 기준을 정하나, 구체적인 것은 지방자치단체의 자치권에 근거한 조례로써 정한다.

> 조세법률주의의 원칙은 조세요건과 부과징수절차는 국민의 대표기간인 국회가 제정한 법률로서 이를 규정하여야 하고 그 법률의 집행에 있어서도 이를 엄격하게 해석, 적용하여야 하며 행정편의적인 확장해석이나 유추적용은 허용되지 않음을 의미하는 것이므로, 법률의 위임이 없이 명령 또는 규칙 등의 행정입법으로 조세요건과 부과징수절차에 관한 사항을 규정하거나 또는 법률에 규정된 내용을 함부로 유추, 확장하는 내용의 해석규정을 마련하는 것은 조세법률주의의 원칙에 위반된다*(대법원 1982. 11. 23. 선고 82누221 전원합의체 판결).*

세법(稅法)

영;tax law
독;Steuerrecht

조세의 부과 및 징수에 관한 법을 말한다. 이는 국세와 지방세로 분류된다. 국세에 관해서는 국세기본법·국세징수법·조세특례제한법·조세범처벌법·조세범처벌절차법 등이 일반법이고, 지방세는 지방자치단체의 조세에 관한 법으로서, 지방세법·지방교부세법 등이 있다. 헌법 제38조는 '모든 국민은 법률이 정하는 바에 의하여 납세의 의무를 진다' 라고 규정하고, 또 제59조에서는 '조세의 종목과 세율을 법률로 정한다'라고 규정함으로써, 국민의 납세의무와 조세부담에 관해서는 조세법률주의를 채택하고 있다. 이러한 세법은 예산회계법과 함께 행정작용법의 한 부분을 이루고 있다.

세입(歲入)

국가나 지방자치단체의 한 회계연도의 한 해 동안의 모든 재정수요로 충당하기 위한 재원으로서, 국고에 입금되는 조세를 말한다. 헌법 제54조는 '국회는 국가의 예산안을 심의·확정하며, 정부는 회계연도마다 예산안을 편성하여 회계연도 개시 90일전까지 국회에 제출하고, 국회는 회계연도개시 30일전까지 이를 의결하여야 한다'라고 규정함으로써, 세입과 세출을 예산으로 편성하여 국회의 의결을 받도록 하고 있다. 또한 국가재정법은 한 회계연도의 모든 수입을 세입으로 하고, 모든 지출을 세출로 하며, 세입·세출은 모두 예산에 계상하여야 하고, 차관물자대의 경우 전년도 인출예정분의 부득이한 이월 또는 환율의 변동으로 인하여 세입이 예산을 초과하게 되는 경우에는 당해 세출예산을 초과하여 지출할 수 있도록 규정하고 있다.

세출(歲出)

국가 또는 지방자치단체가 한 회계연도 동안에 모든 수요에 충당하기 위하여 지출하는 일체의 경비를 말한다. 국가의 세출은 국채 또는 차입금 이외의 세입으로서 그 재원으로 한다. 헌법은 '국회는 국가의 예산안을 심의·확정하여, 정부는 회계연도마다 예산안을 편성하여 회계연도 개시 90일전까지 국회에 제출하고, 국회는 회계연도개시 30일전까지 이를 의결하도록' 규정(헌법 제54조)하여 세입과 세출을 예산안으로 편성하여 국회의 의결을 받도록 하고 있다. 또 국가재정법은 '세출예산중 경비의 성질상 연도 내에 그 지출을 끝내지 못할 것이 예측될 때에는, 특히 그 취지를 세출예산에 명시하여 미리 국회의 승인을 얻어 다음 년도에 이월하여 사용할 수 있도록' 하였다. 그리고 매회계년도의 세출예산 중 명시이월비의 금액 또는 연도 내에 지출원인행위를 하고 불가피한 사유로 인하여 연도 내에 지출하지 못한 경비와 지출원인행위 하지 아니한 그 부대경비의 금액은 다음 년도에 이월하여 사용할 수 있다.

과세권(課稅權)

국가의 통치권에 기하여 국가 또는 통치권의 일부를 위임받은 지방자치단체의 조세를 부과·징수하는 권능을 말한다. 우리 헌법 제3조는 "모든 국민은 법률이 정하는 바에 의하여 납세의 의무를 진다"고 규정하여, 과세는 본인의 동의를 요하지 않으며 강제적으로 납부시킬 수 있다. 과세권은 통치권이 미치는 범위, 즉 국민과 그 영토에 있는 사람 및 물건에 과할 수 있으나, 구체적으로 어떤 조세를 부과·징수할 것인가는 법률이 정하는 바에 의한다. 우리 헌법 제59조도 "조세의 종목과 세율은 법률로 정한다"고 규정하고 있는 바, 이를 조세법률주의라고 한다.

예산(豫算)
영;budget 독;Budget 불;budget

예산이란 실질적 의미로는 1회계연도에 있어서의 세입과 세출의 예산계획서를 말하고, 형식적 의미로는 일정한 형식에 의하여 행정부에서 작성하여 국회의 심의를 거쳐 그 의결로써 성립하는 국법의 한 형식으로서 국회가 행정부에 대하여 재정권을 부여하는 형식을 말한다. 예산에는 국가의 예산과 지방자치단체의 예산이 있다. (1) 국가의 예산 : 우리 헌법과 국가재정법에 있어서의 예산은 앞에서 설명한 형식적 의미의 예산이라는 의미로 사용되고 있다. 그러나 우리나라에서는 영미계통의 형식(예산법률주의)과는 다른 형식을 취하고 있다. 즉, 행정부는 국가의 총수입과 총지출을 회계연도마다 예산안으로 편성하여 회계연도개시 120일 전까지 국회에 제출하여 그 의결을 얻어야 하고(헌§54②·국가재정법§33). 행정부는 국가가 채무를 부담하는 행위를 할 때에는 미리 예산으로써 국회의 의결을 얻어야 한다(헌§58·국가재정법§25), 이와 같이 예산에 대하여 국회의 의결을 요하게 한 것은 국가재정을 국민의 대표기관인 국회의 감독하에 두려는 취지이다. 양원제를 채택하는 국가에 있어서는 예산에 관하여 하원에 선의권을 부여하는 것이 보통이다. 예산에는 본예산과 추가경정예산, 확정예산과 준예산, 일반회계예산과 특별회계예산 등의 구별이 있다. 예산은 예산총칙·세입세출예산·계속비·명시이월비· 국고채무부담행위로서 성립된다(국가재정법§19). 예산의 효력은 세입예산과 세출예산에 있어서 서로 다르다. 즉 전자는 단순한 세입예정표에 지나지 않으며, 그 효과는 특정회계년도의 세출지변(歲出支辯)의 재원을 표시하고, 세입을 통관하고 편의를 제공하는 데에 지나지 않으나, 후자는 지출의 목적·금액·시기라는 세 가지 측면에 있어서 행정부를 구속하는 법적 효력을 가진다. (2) 지방자치단체의 예산에 있어서도 국가의 예산과 대체로 동일한 예산제도가 인정되고 있다(지재§30~34, 지자 제7장 제2절 참조).

예산안의 편성(豫算案의 編成)

예산안의 편성이란 국회에 제출할 예산안을 편성하는 것을 말한다. 예산안을 편성하는 권한은 정부에 속하며(헌§54②, 56, 89④), 정부 내에서는 기획재정부장관의 권한에 속한다(국가재정법§32). 기획쟁정부장관은 매년 전년도 3월 31일까지 국무회의의 심의를 거쳐 대통령의 승인을 얻은 예산안편성지침을 각 중앙관서의 장에게 통보하고, 각 중앙관서의 장은 이에 따라 그 부담행위 요구서를 작성하여 5월 31일까지

기획재정부장관에게 제출하며, 기획재정부장관은 이에 의하여 예산을 편성하여 국무회의의 심의를 거쳐 대통령의 승인을 얻어야 한다(국가재정법§32).

대법원·헌법재판소·감사원·중앙선거관리위원회의 세출예산 요구액을 감액할 때에는, 국무회의에서 국회의장·대법원장 기타 당해기관의 장의 의견을 구해야 한다(국가재정법§40). 국무회의의 심의와 대통령의 승인을 얻은 예산안은 회계연도개시 120일전까지 국회에 제출하여 그 의결을 받아야 한다(헌§54②, 국가재정법§33).

예산의 증액수정(豫算의 增額修正)

예산의 증액수정이란 국회가 정부에서 제출한 예산의 원안에 존재하지 않는 새로운 예산과목(장·관·항)을 첨가하거나 또는 이들 금액을 증액하도록 수정을 가하는 것을 말한다. 국회에는 예산의 발안권이 없음을 이유로 하여 증액수정을 부정하는 견해와, 국회가 국권의 최고기관이고 재정처리에 관한 국회중심주의를 채용한 헌법정신을 이유로 하여 이를 긍정하는 견해가 대립하고 있다. 헌법 제57조에서는 국회는 정부의 동의 없이 정부가 제출한 지출예산 각 항의 금액을 증가하거나 새 비목을 설치할 수 없다고 규정하고 있다.

회계연도(會計年度)

英;fiscal year
獨;Etatsjahr, Rechmungsijahr
佛;année budgétaire, année financiere

회계연도란 세입·세출의 기본이 되는 기간을 말한다. 세입·세출을 일정한 기간마다 구분·정리하여 그 관계를 명료하게 하고, 서로의 균형을 유지시키기 위하여 이러한 제도를 둔 것이다. 일반적으로 1년을 단위로 하여 이것을 1회계연도라고 한다. 국가의 회계연도는 매년 1월 1일에 시작하여 12월 31일에 종료한다(국가재정법§2). 매 회계연도는 각각 독립함을 원칙으로 하며, 각 회계연도에 있어서의 경비는 그 회계연도의 세입으로써 지변(支辯)하여야한다. 그리고 매 회계연도의 세출예산은 원칙적으로 다음 연도에 이월하여 사용할 수 없다(국가재정법§48① 본문). 지방자치단체의 회계연도도 매년 1월 1일에 시작하여 그 해 12월 31일에 끝난다(지자§125).

준예산(準豫算)

준예산이란 국가의 예산이 새로운 회계연도가 개시될 때까지 성립하지 못한 경우에 정부가 일정한 범위 안에서 전 회계년도 예산에 준하여 집행하는 잠정예산을 말한다(헌§54③). 임시예산이라고도 한다. 정부가 회계연도개시 90일 전까지 예산안을 국회에 제출하면 국회는 회계연도개시 30일 전까지 이것을 의결하여야한다. 만약 새로운 회계연도가 개시될 때까지 국회에서 부득이한 사유로 예산안이 의결되지 못한 때에는 정부는 그 예산안이 의결될 때까지 (1) 헌법이나 법률에 의하여 설치된 기관 또는 시설의 유지·운영, (2) 법률상 지출의무의 이행, (3) 이미 예산으로 승인된 사업의 계속을 위한 경비를 전년도 예산에 준하여 집행할 수 있는바(헌§54②③, 국가재정법§55), 이 경비가 준예산이다. 집행된 준예산은 당해연도의 예산이 성립되면 그 성립된 예산에 의하여 집행된 것으로 본다.

계속비(繼續費)

계속비란 수년에 걸친 경비에 관하여 미리 일괄하여 국회의 의결을 얻고, 이것을 변경할 경우 외에는 다시 그 의결을 얻을 필요가 없는 경비를 말한다. 국가의 세출은 매회계년도마다 예산으로 편성하여 매년도 국회의 의견을 얻는 것이 원칙이지만, 계속비는 그 예외이다(헌§55①). 즉, 예산 1년주의에 대한 예외이다. 계속비의 년한은 5년 이내이다. 다만, 사업규모 및 국가재원 여건상 필요한 경우에는 예외적으로 10년 이내로 할 수 있다(국가재정법§23②). 수개년간 계속되는 사업이 일단 착수된 후에 중도에서 국회의 의결을 얻지 못하여 중지하게 되는 일이 일어나지 않도록 하려는 것이다. 또한 계속비는 경비총액과 그 년한을 미리 정하여 국회의 의결을 얻어야 하는데, 계속비의 성질상 매년도의 지출잔액은 예정연한이 종료할 때까지 순차적으로 이월하여 사용할 수 있다고 해석된다. 또한 지방자치단체에 대해서도 계속비의 제도가 인정된다(지자§128).

예비비(豫備費)

예비비란 예측하기 어려운 세출예산의 부족(예산 외의 지출 또는 예산초과지출)에 충당하기 위하여 예산에 계상되는 경비를 말한다. 이 경우 예측하기 어려운 세출예산 부족분은 예산편성 당시 계상할 수 없었던 의외의 지출 또는 예산에 계상은 되었으나 불가피한 사정으로 부족액이 발생한 데에 주로 기인한다. 현행 헌법에는 「예비비는 총액으로 국회의 의결을 얻어야 한다」고 규정하고(헌§55②전단), 국가재정법은 「정부는 예측할 수 없는 예산 외의 지출 또는 예산초과지출에 충당하기 위하여 일반회계 예산총액의 100분의 1 이내의 금액을 예비비로 세입세출예산에 계상할 수 있다.」고 규정하고 있다(국가재정법§22). 예비비는 형식적으로는 세입세출예산에 계상되어 있지만 예비비 그 자체가 지출되는 것은 아니므로, 실질상으로는 예산이 아니라 후일 예산으로 변할 용도미정의 재원이다. 물론 예비비설치의 경우는 추가경정예산으로도 편성할 수 있으나, 세입을 변경하지 않고 예산편성시의 세입을 변경하지 않고 예산편성시의 세입을 전제하여 그 일부를 먼저 보류하여 두는 데에 그 의의가 있다. 기획재정부장관이 이를 관리하고(국가재정법§51), 지출은 국무회의의 심의를 거쳐 대통령의 승인을 얻어야 한다(헌§55② 후단). 지방자치단체에 대해서도 예비비 제도가 인정된다(지자§129).

추가경정예산(追加更正豫算)

추가경정예산이란 예산의 성립 후에 생긴 사유로 인하여 이미 성립된 예산에 변경을 가하는 예산을 말한다. 구재정법에서는 추가예산과 경정예산을 각각 구별하여 규정하고 있었으나, 헌법(헌§56)과 국가재정법(§89)은 이를 포괄하여 추가경정예산으로 하고 있다. 헌법은 예산안의 편성 시에 예비비를 두어 예산성립 후의 불의(不意)의 지출에 대비하고 있지만(§55②), 이것만으로 충당할 수 없는 때에 세입지출의 추가를 할 수 있게 한 것이다. 추가경정예산안의 제출은 수정예산안의 제출과는 다르다. 즉, 후자는 행정부가 예산안을 국회에 제출한 후 예산이 성립되기 전에 부득이한 사정으로 예산안의 일부를 수정하는 것임에 대하여, 전자는 예산이 성립된 후에 그 예산을 변경하는 것이다.

의사공개의 원칙(議事公開의 原則)

의사공개의 원칙이란 대의기관인 국회의 의사를 공개하여 국사의 공개토론 및 국민의 비판을 가능하게 하는 국회제도의 본질적 원칙으로서 거의 모든 나라가 인정하고 있다. 방청의 자유를 인정하며 의사(議事)에 대한 보도의 자유, 국회의사록의 공표나 배부자유의 원칙 등이 포함된다. 그러나 이 원칙의 적용은 국회의 본회의에 한정되며, 절대적인 것은 아니고 따라서 의장의 제의 또는 의원 10인 이상의 연서에 의한 동의로 본회의의 의결이 있거나 의장이 각 교섭단체 대표의원과 협의하여 국가안전보장을 위하여 필요하다고 인정할 때에는 비공개로 할 수 있다 위의 제의나 동의에 대하여는 토론을 하지 아니하고 표결한다(헌§50①·국회§75).

탄핵(彈劾)

영;impeachment
독;Anklage
불;accusation

탄핵제도란 일반법원에 의해서는 소추가 어려운 정부의 고급공무원 또는 법관과 같은 신분보장을 받고 있는 공무원의 직무상 중대한 비위 또는 범법행위에 대하여 국회의 소추에 의하여 처벌하거나 또는 파면하는 제도를 말한다. 이 제도는 먼저 영국에서 발생하여 그 후 여러 국가에 의하여 계수 되었으나 그 내용과 절차는 반드시 일정한 것은 아니다. 예컨대 영국에서는 형벌까지 과할 수 있는데 비하여(프랑스·멕시코도 마찬가지이다), 미국에서는 파면함에 그치며, 또 보통의 경우는 하원이 소추하고 상원이 심판하는 것이나, 때로는 법원이 심판을 담당하는 경우도 있다(독일 바이마르헌법 하의 국사재판소와 이태리 사르디니아 왕국의 1848년 헌법 하의 고등법원) 우리 헌법도 대통령·국무총리·국무위원·행정각부의 장·헌법재판소재판관·법관·중앙선거관리위원회 위원·감사원장·감사위원 기타 법률에 정한 공무원이 그 직무수행에 관하여 헌법이나 법률을 위배한 때에는 국회는 탄핵의 소추(국회의원 3분의 1 이상의 발의로 그 재적위원 과반수의 찬성에 의한 의결로 다만, 대통령에 대하여는 재적의원 과반수의 발의와 재적의원 3분의 2이상의 찬성으로 의결)에 의해(헌§65①·②) 헌법재판소가 심판하는 탄핵제도를 인정하고 있다(§111①②). 탄핵소추의 의결을 받은 자는 탄핵심판을 받을 때까지 그 권한행사가 정지된다(§65③), 그리고, 탄핵결정은 공직으로부터 파면함에 그친다. 그러나 이에 의하여 민사상이나 형사상의 책임이 면제되지 아니한다(§65④).

의원의 제명(議員의 除名)

국회 또는 지방의회 의원에 대한 징계의 일종으로, 그 중에서 가장 중한 것이다. 국회의원을 제명하는데 있어서는 국회재적의원 3분의 2이상의 찬성이 있어야 하며(헌법 제64조3항), 이 처분에 대해서는 국회의 자율성을 존중하기 위해 법원에 제소할 수 없다(헌법 제64조4항). 법률에 명문의 규정은 없으나, 법리상 피제명의원이 재선된 경우에 그를 거절할 수 없다고 본다. 한편 지방의회의원에 대한 제명에 관하여는 지방자치법 제88조에 규정되어 있다.

정치적 책임(政治的 責任)

헌법과 법률에 위배된 행위에 의해 지는 법적책임에 상대되는 개념으로, 고의나 과실을 요건으로 하지 않고 정치적으로 지는 책임을 말한다. 의원내각제에 있어 국회가 각원에 대하여 개별적 불신임 결의를 할 때는 물론, 국회가 내각에 불신임결의를 할 때에도 법적책임 뿐만 아니라 정치적 책임을 묻는 경우도 있다. 우리 헌법상으로도 국회의 탄핵의결(헌법 제65조)이 법적 책임의 추궁이라면, 국회의 국무총리·국무위원 해임건의(헌법 제63조)는 정치적 책임의 추궁이라 하겠다.

세비(歲費)

국회의원이 매월 지급받는 수당 및 활동비를 말한다. 국회법 제30조는 '의원은 따로 법률이 정하는 바에 의하여 수당과 여비를 받는다'고 규정하고 있으며, 이에따라 '국회의원의수당에관한법률'이 제정되었다.

국회의 자율권(國會의 自律權)

국회의 자율권이란 국회가 의사 기타 내부사항에 대하여 자율적으로 규율할 수 있는 권한을 말한다. 국회의 자율성을 보장하려는 데 그 목적이 있다. 의사규칙제정권·의사자율권·내부조직권·의원의 자격심사권·징계권이 그 예이다(헌§64).

국회는 국민의 대표기관, 입법기관으로서 폭넓은 자율권을 가지고 있고, 그 자율권은 권력분립의 원칙이나 국회의 지위, 기능에 비추어 존중되어야 하는 것이지만, 한편 법치주의의 원리상 모든 국가기관은 헌법과 법률에 의하여 기속을 받는 것이므로 국회의 자율권도 헌법이나 법률을 위반하지 않는 범위내에서 허용되어야 하고 따라서 국회의 의사절차나 입법절차에 헌법이나 법률의 규정을 명백히 위반한 흠이 있는 경우에도 국회가 자율권을 가진다고는 할 수 없다*(헌법재판소 1997. 7. 16. 96헌라2 전원재판부)*.

자율권(自律權)

각 국가기관이 일정한 범위 안에서 그 기간 스스로 규칙을 제정할 수 있는 권한 등 각 국가기관의 독자성을 존중하는 의미에서 부여된 권한을 말한다. 좁은 의미로는 국회와 법원만이 이에 해당되나, 다른 기관에 대해서도 언급하는 것이 보통이다. (1) 국회에 대하여 우리 헌법은 법률에 저촉되지 않는 범위 안에서 의사와 내부규율에 관한 규칙을 제정할 수 있는 권한(헌법 제64조1항)을 인정하고 있으며, 이외에 의사진행에 관한 자율권(헌법 제47조1항), 내부경찰권(국회법 제13장), 국회가택권 그리고 내부조직권 및 국회의원의 신분에 관한 권한을 인정하고 있다. (2) 대법원에 대하여는 '대법원은 법률에 저촉되지 아니하는 범위안에서 소송에 관한 절차, 법원의 내부규율과 사무처리에 관한 규칙을 제정할 수 있다(헌법 제108조)'고 규정하고, (3) 헌법재판소에 대하여는 '헌법재판소는 법률에 저촉되지 아니하는 범위안에서 심판에 관한 절차, 내부규율과 사무처리에 관한 규칙을 제정할 수 있다(헌법 제113조2항)'고 규정하며, (4) 중앙선거관리위원회에 대하여는 '중앙선거관리위원회는 법령의 범위안에서 선거관리·국민투표 관리 또는 정당사무에 관한 규칙을 제정할 수 있으며, 법률에 저촉되지 아니하는 범위안에서 내부규율에 관한 규칙을 제정할 수 있다(헌법 제114조6항)'고 규정하여 각 국가기관의 자율권을 보장하고 있다.

의사규칙(議事規則)
독;Geschäftsordnung

의사규칙이란 국회가 법률에 저촉되지 않는 한도 내에서 의사(議事)와 내부규율에 관하여 자율적으로 규정한 규칙을 말한다(헌§64①). 이것은 국회의 자주성을 존중하려는 취지에서 인정되는 것이므로 국민도 기속(羈束)하는 것이다.

의원의 특권(議員의 特權)

국회의원이 그 직무의 자주성과 독립성을 보장받도록 다른 공무원에게는 주어지지 않는 헌법상 인정된 특권을 말한다. 국회의원의 특권은 국가에 따라서도 다르지만 우리나라에서는 발언·표결의 자유(면책특권)와 불체포특권을 인정하고 있다. 헌법상 이 특권은 국회의원 개인의 특권이 아니라 국회 자체의 특권이라 할 것이므로 의원은 이를 포기할 수 없다고 해석된다. 또한 이러한 국회의원의 특권은 출생 기타 불합리한 조건에 의한 특권을 의미하는 것이 아니라, 국회의원의 직무수행에 있어서 필요한 특권이므로 헌법의 평등조항에 위반되지 않는다. (1) 발언·표결의 면책특권에 대해 헌법 제45조는 '국회의원은 국회에서 직무상 행한 발언과 표결에 관하여 국회외에서 책임을 지지 아니한다'고 규정하고 있다. 이 면책특권은 ① 국회에서 직무상 행한 발언과 표결이어야 하고 의원이 국회외에서 행한 발언에 대해서는 이 특권은 적용되지 않는다. 여기에 국회라 함은 국회의 본회의와 위원회를 모두 포함한다. 의원의 직무상 행한 발언과 표결이어야 하기 때문에 직무와 관계없는 것은 특권의 대상에서 제외된다. ② 국회외에서 민·형사상 책임을 추궁당하지 않는 것을 말하므로 의원의 발언에 대하여 국회내에서 책임을 추궁하게 함은 별개 문제이다. 의원의 발언이 국회안에서 국회법 기타 의사규칙에 위반하거나 징계사유에 해당될 때에는 징계할 수 있다. 법적 책임만이 면제되므로 선거구 구민에 의한 정치적 비난 등 정치적 책임은 물을 수 있다. 또 국회내에서 행한 발언을 자기가 국회외에서 발표하거나 문서로 출판한 경우에는 이 특권은 인정되지 않는다. 면책의 시기는 임기종료후에도 영구히 계속된다. (2) 불체포특권에 대해 헌법 44조는 '① 국회의원은 현행범인인 경우를 제외하고는 회기 중 국회의 동의없이 체포 또는 구금되지 아니한다. ② 국회의원이 회기전에 체포 또는 구금된 때에는 현행범인이 아닌 한 국회의 요구가 있으면 회기중 석방된다'고 규정하고 있다. 이 특권은 ① 회기중에 한하여 적용되며, 현행범인 경우에는 인정되지 아니한다. 현행범에는 형소법상 현행범과 준현행범을 포함하나 국회내의 현행범은 제외된다. 국회의원을 불구속으로 수사 또는 재판할 때에는 국회의 동의를 필요로 하지 않는다. 회기 중이란 정기회·임시회를 막론하며 휴회 중에도 포함된다. 전회기에 국회가 체포구금에 동의하였다가 현회기에 변경하여 동의하지 않으면 석방을 요구하더라도 전회기의 의사가 현회기의 의사와는 다르므로 일사부재리의 원칙에 위반되지 않으며, 그 요구가 있으면 즉시 석방하여야 한다. 석방은 회기중에 한하는 것이므로, 회기 종료 후에는 그 의원을 다시 구금할 수 있다. (3) 또 국회의원은 법률이 정하는 수당과 여비를 받는데(국회법 30조), 엄밀히 말해 이는 특권이라기 보다는 의원활동에 대한 보수로 볼 것이다. 또한 국회의원은 국유 철도·선박 및 항공기를 무료로 이용할 수 있다. 그러나 폐회중에는 공무에 한한다(국회법 31조). 이는 의원의 직무수행의 편의를 도모하기 위하여 인정된 특권이라고 볼 수 있다.

불체포특권과 면책특권의 비교

구분	불체포특권	면책특권
요건	직무상관련 불필요	직무상 행한 발언과 표결
적용기간	회기중 일시적 유예	영구적
효과	일시적 체포유예	인적처벌 조각사유
국회의결로 배제가능한지 여부	국회동의로 제한가능	제한불가능

면책특권(免責特權)
영;immunities
독;Immunitatder Verantwortungsfreiheit

면책특권이란 국회의원이 국회에서 직무상 행한 발언이나 표결에 관하여 국회 밖에서 책임을 지지 않는 특권을 말한다(헌§45). 의원의 발언·표결의 면책특권이라고도 한다. 의원이 자유롭게 소신대로 발언하고 양심에 따라 표결할 수 있도록 인정된 것이다. 근대 국회의 의원이 자유롭게 발언·표결하는 것을 보장하여 의원의 국민대표성을 확보하려는 제도였으나, 오늘날의 정당국가적 의회제도에 있어서 의원은 정당의 대표성이 더 농후하게 나타나게 되어 발언·표결의 자유가 제한되며, 따라서 이 면책특권의 의의가 다소 변질되었으며, 폐지론까지 대두되고 있다. 이 면책특권은 1689년의 권리장전에 의하여 처음으로 인정된 것이다.

불체포특권(不逮捕特權)

영;privileges 독;Privileg

불체포특권이란 (1) 국회의원이 현행범인 경우를 제외하고는 회기중 국회의 동의 없이 체포·구금되지 아니하며, 회기 전에 체포·구금된 때에는 현행범이 아닌 이상 국회의 요구가 있으면 회기 중 석방되는 헌법상 특권을 말한다(헌§44). 우리 헌법은 현행범인 경우에는 국회의 동의 없이 체포·구금할 수 있도록 하였고, 또 회기 전에 체포·구금한 경우에는 국회의 요구가 있으면 현행범인이 아닌 이상 회기 중에는 석방한다. 행정부의 부당한 억압으로부터 국회의원의 자주적인 활동을 보장하기 위한 제도이다. 이 불체포 특권은 영국의 제임스 1세(James I, 1566~1625) 때에 처음 인정되었다. 그 밖의 특권으로 (2) 선거관원은 선거인명부작성기준일 또는 국민투표안 공고일로부터 개표종료시까지 내란·외환·국교·폭발물·방화·마약·통화·유가증권·우표·인장·살인·폭행·체포·감금·절도·강도 및 국가보안법 위반의 범죄에 해당하는 경우체포 또는 구속되지 아니하며 병역 소집의 유예를 받는 것과(선위§13), 또 (3) 교육공무원법상 교원은 현행범인 경우를 제외하고는 소속학교의 장의 동의 없이는 학원 안에서 체포되지 않는 것 등이 있다(교공§48).

국정감사권·국정조사권

(國政監査權·國政調査權)

영;investigate power of parliament or congress

국회가 국정에 관한 감사 또는 조사를 직접 할 수 있는 권한을 말한다. 국회의 국정감사권은 의회제 국가에 있어서 의회가 그 권능을 효과적으로 발휘하기 위한 필수적인 제도로 인정되고 있다. 이 제도의 기원은 영국에서 비롯되었으며, 그 뒤 프랑스·벨기에·독일 등에 계수되었다. 의원내각제 국가에서는 정부에 대한 감독수단으로서 중요한 의의를 가지며, 대통령제 국가에서도 의회가 그 권한을 행사하기 위하여 가져야 하는 권한으로 인정되어 왔다. 국정감사권은 국회의 독립적 기능이나, 국정조사권은 보조적 기능으로 이해된다. 헌법 제61조는'①국회는 국정을 감사하거나 특정한 국정사안에 관하여 조사할 수 있으며, 이에 필요한 서류의 제출, 증인의 출석과 증언이나 의견의 진술을 요구할 수 있다. ②국정감사 및 조사에 관한 절차 기타 필요한 사항은 법률로 정한다'고 규정하고 있으며, 국정감사 및 조사에 필요한 사항을 정한 법률로는 국정감사및조사에 관한법률이 있다. 국정감사의 범위와 대상은 국회의 권한사항에 한정되나, 그 권한에 속하는 한에서는 국정전반에 관하여 감사할 수 있고, 헌법 제61조가'특정한 국정사안에 대하여 조사할 수 있으며'라고 규정하므로 개별적 특정국정사항에 관하여 국정조사를 할 수 있다. 국정감사의 대상에 대해서는 국정조사및감사에관한법률 제7조에 규정을 두고 있다. 국회는 입법을 위하여 필요한 사항에 관하여 조사할 수 있는데 이를 입법조사라고 한다. 국회입법에 관한 사항뿐만 아니라 위임입법·자치입법이 그 한계를 벗어나지 않았는가도 조사할 수 있다. 행정부의 행위에 대하여도 국회의 권한행사를 위하여 필요한 범위 내에서 감사와 조사가 가능하며, 선거조사, 의옥조사(특정한 부정행위에 대한 조사), 예산집행에 대한 조사 등이 행해진다. 사법에 관한 사항 중에는 사법부의 독립과 직접 관계가 없는 법원의 사법행정작용과 대법원의 규칙제정작용 등은 국정감사의 대상이 된다. 국회의원의 징계, 국회의원의 체포의 허락 및 석방의 요구 등을 위하여 국회의원의 신분에 관한 조사를 할 수 있다. 국정감사와 조사의 주체에 대하여 헌법은 이를 국회라고 규정하고 있지만, 국회법은 본회의 또는 위원회가 국정감사권을 가진다고 규정한다(국회법 128조). 그러면서도 국회법은 국정감사와 조사에 관하여 국회법이 정한 것을 제외하고는 국정조사및감사에관한법률에 따른다고 규정하고 있다(국회법 127조). 국정감사와 조사의 방법은 특정한 국정사안에 관해서만 조사할 수 있고, 국정전반에 관하여는 감사할 수 있다. 이에 직접 관련된 서류의 제출, 증인의 출석, 증언이나 의견진술을 요구할 수 있다(헌법 61조). 국정감사및조사에관한법률도 방법에 관한 규정을 두고, 감사 또는 조사를 위한 증인·감정인·참고인의 증언·감정등에 관한 절차는 국회에서의증언·감정등에관한법률 제10조에 의하도록 되어 있다. 국정감사 및 조사결과는 서면으로 지체없이 국회의장을 거쳐 본회의에 보고되어야 하며, 조사결과 정부 또는 해당기관의 시정을 필요로 하는 사유가 있을 때에는 국회는 그 시정을 요구하고, 정부 또는 그 해당기관은 이를 지체없이 처리하고 그 결과를 국회에 보고해야 한다(국정감사및조사에관한법률 16조). 국회의 국정감사권과 조사권에는 한계가 있는데, 이에는 절대적 한계와 상대적 한계가 있다. 즉 국정감사권은 국회의 권리행사를 위한 독립적인 권능이므로 그 권한 내에 포함되지 않는 사항은 감사의 대상이 될 수 없다는 절대적 한계와, 이론상 감사대상이 될 수는 있으나 조사목적의 이익과 피조사로 인하여 받는 불이익의 비교 결과 불이익이 클 경우 그 행사를 자제해야 한다는 상대적 한계가 있다.

구분	국정감사	국정조사
대상	국정전반감사	특정국정사안 조사
시기	매년 정기회 집회일 이전에 감사 시작일 부터 30일 이내의 기간을 정하여 감사를 실시. 다만, 본회의 의결로 정기회 기간 중에 감사를 실시할 수 있음.	재적의원 1/4이상의 요구시
기간	30일 이내	부정기
주체	소관상임위원회	특별위원회, 상임위원회

정 부

권력분립주의(權力分立主義)

영;separation of powers
독;Gewaltenteilung
불;separation des pouvoirs

권력분립주의란 국가의 권력을 입법권·사법권·행정권으로 나누고 이것을 각각 독립된 기관으로 하여금 행사하게 함으로써, 위 3권이 서로 견제(checks)와 균형(balances)을 취함으로써 국가권력의 남용을 방지하고 국민의 기본적 권리를 보장하려는 민주주의국가의 근본원리이다. 자유주의적인 조직원리로서의 권력분립론은 존로크(John Locke)에 의하여 3권분립론으로 주장되다가 몽테스키외(Montesquieu)에 이르러 3권분립론으로 완성되었다. 권력분립론의 이론적인 특성은 국민의 자유권적 기본권을 보장하기 위한 자유주의적인 정치원리이며, 적극적으로 능률을 증진시키기 위한 원리가 아니라, 권력의 남용 또는 권력의 자의적인 행사를 방지하려는 소극적인 권리라는 점이다. 이 이론은 절대군주의 권력에 대해 중화작용을 하는 것과 같이 오늘날에도 다수자의 횡포에 대해 중화작용을 하기 때문에 권력을 중화하기 위한 원리이기도 하다. 권력분립주의는 근대헌법에 공통적이고 불가결한 요소이다. 보통 입법권은 국회가, 사법권은 법원이, 행정권은 대통령 등의 행정기관이 담당하는데, 역사적으로 발달한 제도인 까닭에 그 구체적인 것은 각국에 따라 다르다. 예를 들면, 미국형의 의원내각제는 오히려 입법·행정의 융합을 나타내고 있다. 또한 대륙법계의 나라에서는 행정재판제도에 의해 행정권의 사법권으로부터의 독립을 강조하는 경향이 있는데 반하여, 영미법계의 제국은 이것을 인정하지 않는다. 우리 헌법도 입법권은 국회에(헌§40), 행정권은 대통령을 수반으로 하는 정부에(§66④), 사법권은 법관으로 구성된 법원에(§101①) 각각 분속시킴으로써 권력분립주의를 채택하고 있다.

정부형태(政府形態)

정부형태란 국가권력구조가 어떠한 형태로 되어 있느냐 하는 것을 말한다. 정체라고도 한다. 정부형태는 국가형태를 전제로 한다. 국가형태란 그 국가의 기본질서가 군주를 중심으로 하느냐(군주국), 국민을 중심으로 하느냐(공화국)에 따라서 결정된다. 그러나 오늘날의 거의 대다수의 국가는 공화국인 까닭에, 국가의 기본질서의 문제도 국민의 지배를 표준으로 하지 않고 자유민주주의냐 공산주의냐 하는 것을 기준으로 하며, 그 권력구조는 이러한 국가의 기본질서와 밀접한 관계가 있는 까닭에 오늘날에 있어서는 대체로 국가형태의 문제는 정부형태를 중심으로 하여 고찰하게 된다. 정부형태에는 입법과 행정과의 관계의 여하를 기준으로 하여 대체로 대통령제·내각책임제(또는 의원내각제)·회의제(또는 회의 정체)로 구별된다.

의원내각제(議員內閣制)

영;parliamentary government
독;Parlamentalismus,Parlamentalische Regierung
불;régime parlementaire

의원내각제란 정부(행정부)가 의회(특히 하원)의 신임을 전제로 하여 조직되고 존속할 수 있는 제도로서 이것은 영국에서 비롯되었고 프랑스를 거쳐, 다른 유럽제국에 보급되었다. 이 제도 하에서는 의회가 정부에 대해 신임을 거부하는 경우, 정부는 총사퇴하지 않으면 안 되는데, 정부가 의회의 해산권을 가지는 경우에는 총사퇴하지 않고 의회를 해산하여 총선거에 붙일 수도 있다. 의원내각제에서는 정부는 필연적으로 정당내각인 것이 원칙이다. 우리나라는 제2공화국헌법에서 전형적인 의원내각제를 경험했다. 진정한 의미의 의원내각제는 의회의 정부에 대한 불신임권과 정부의 의회해산권이 서로의 견제수단이 되어 의회와 정부가 대등한 지위에 있는 것을 말한다. 그러나 현실적으로는 내각이 의회보다 우월하다거나, 또는 의회가 내각보다 우월하다거나 하여 그 양자의 균형이 파괴되는 것이 보통이다. 전자의 전형적인 예를 영국에서 발견할 수 있으며, 후자의 전형적인 예는 제3, 제4공화국시대에 있어서의 프랑스에서 찾아볼 수 있었다. 「레즈로브」(Redslob)는 이와 같은 의원내각제의 유형을 불진정한 의원내각제라고 불렀다. 우리나라에서는 흔히 의원내각제를 내각책임제라고 한다.

내각(內閣)

영;Cabinet
독;Kabinet
불;conseil des ministres

수상과 각원으로 이루어진 합의체를 말한다. 대통령제에 있어서도 내각이라는 용어를 사용하나, 이 경우 내각은 원칙적으로 의결권 없이 대통령을 보좌하는 기관에 불과하며, 보통 내각은 의원내각제에 있어서 그것을 가리키는 바, 이 경우 내각은 행정권의 귀속체로서 국회에 대해 연대책임을 갖는다. 그러나 바이마르 공화국 헌법이나 프랑스 제5공화국 헌법에서와 같이, 대통령제와 의원내각제를 혼합한 이른바 변형된 대통령제 내지 반대통령제의 경우를 보면, 평상시에는 국정이 수상의 권한 아래 통괄되다가, 일단 비상시에 처하게 되면 그 권한은 모두 대통령에게 이관되고, 수상은 그 집행기관에 지나지 않게 되어 수상의 지위가 대통령의 보좌기관과 같은 성격을 가지게 되는 예도 있다.

연립내각(聯立內閣)

영;coalition cabinet
독;koalitionsministerium
불;cabinet de concentration

연립내각이란 하나의 정당을 기초로 하는 단독내각에 대응하는 개념으로서, 두 개 이상의 정당으로 이루어지는 정당내각을 말한다.

수상(首相)
영;prime minister, premier
독;Kanzler

수상이란 의원내각제에서 내각의 구성원으로서 내각의 수반을 말한다. 내각책임제를 택하고 있는 나라에서는 다수당의 당수가 수상이 되는 것이 원칙이며, 수상은 내각을 통솔하고 행정각부를 지휘·감독한다.

책임정치(責任政治)
영;responsible government

책임정치란 넓은 의미로는 국가기관이 국민에 대하여 책임을 지는 정치를 뜻한다. 국민주권에서 나오는 당연한 결과이다. 좁은 의미로는 의원내각제의 정부형태 아래에서 정부가 의회에 대하여 시정의 책임을 지고 의회의 신임 유무에 따라 그 진퇴를 결정하는 정치방식을 말한다. 그 특징으로는 정부(내각)의 연대책임을 들 수 있다.

대통령제(大統領制)
영;presidential government
불;régime présidentiel

대통령제란 엄격한 권력분립주의에 입각하여 행정부의 수반인 대통령이 국민에 의해 선출되고, 의회로부터 완전히 독립한 지위를 가지는 정치체제를 말한다. 미합중국의 정부형태가 그의 전형이다. 다만, 대통령제에 의원내각제적 요소를 가미한 형태와, 형식적으로는 권력분립적인 형태를 취하고 있으나 실질적으로는 집행권이 우월한 대통령제(후진국의 대통령제) 등으로 나누어 볼 수도 있다. 우리 나라도 제1공화국에서 대통령제를 경험했고, 제5차개정헌법 이후로는 대통령제로 되어 있다. 그러나 건국헌법에서는 대통령제에 의원내각제적 요소를 많이 가미했으므로 그것을 순수한 대통령제로 보기는 힘들다. 그래서 이러한 대통령제를 대통령중심제라고 부르는 사람도 있다.

신대통령제(新大統領制)
영;new presidentialism
독;Neo-präsidentialismus

헌법상 대통령이 타국가기관보다 월등하게 우월한 지위를 가지며, 타기관이 대통령에 의한 사실상의 권력의 독점에 대항하거나 그것을 견제할 수 없는 정치제도를 말한다. 이것은 뢰벤슈타인(Loewenstein)이 명명한 것이다. 그것은 '미국의 대통령제와는 명칭을 제외하고는 실제상 하등의 공통점을 가지지 않는다. 그것은 특정한 헌법상의 제제도를 통하여 정부의 수반이 다른 모든 국가기관에 우월하는 바의 정치권력을 가지는 정치제제이다'라고 설명된다. 따라서 (1) 일당전제, (2) 1인의 지배, (3) 기본적 인권의 배제 등의 특색을 지닌다.

이원집정부제(二元執政府制)

의원내각제의 요소와 대통령제의 요소를 결합하여 가지고 있는 제도를 말한다. 집행부가 대통령과 내각의 두 기구로 구성되고, 대통령과 내각이 각기

집행에 관한 실질적 권한을 나누어 가지는 정부형태이다. 대통령은 외교나 국방 등 국가안보에 관한 사항을 관장하고 국가긴급권을 보유하는 반면, 수상은 법률의 집행권과 그밖의 일반행정에 관한 사항을 담당한다. 이 제도는 오스트리아·핀란드·바이마르독일 등에서 발달된 제도로서 대통령제와 의원내각제의 혼합형태인 점에 특색이 있다. 이 제도의 현대적 유형으로는 프랑스 제5공화국을 들 수 있다.

대통령(大統領)
영;president
독;Präsident
불;président

대통령이란 공화국의 원수를 말한다. 대통령제를 채택하는 현행 헌법상의 대통령은 행정부의 수반인 동시에 국가의 원수이며, 외국에 대하여 국가를 대표하고(헌§66①·④), 국가의 독립·영토의 보전·국가의 계속성과 헌법을 수호할 책무를 지며(§66②), 조국의 평화적 통일을 위한 성실한 의무를 지며(§66③), 5년의 임기로 국민의 보통·평등·직접·비밀설거로 선출된다(§67①, §68, §70). 대통령의 피선거권이 있는 자는 국회의원의 피선거권이 있고 선거일 현재 40세에 달하여야 한다(§67④). 이밖에 대통령의 권리로서는 중요정책에 대한 국민투표부의권(§72), 외교·선전·강화권(§73), 국군통수권(§74), 대통령령 발포권(§75), 긴급처분·명령권(§76), 계엄선포권(§77), 공무원임면권(§78), 사면권(§79), 영전수여권(§80), 국회에 대한 의사표시권(§81), 대법원장임명권(§104①), 국무총리임명권(§86①), 법률공포권(§53①), 법률안거부권(§53②), 헌법재판소 재판관 및 중앙선거관리위원회 위원의 임명권(§111②, 114②) 등 행정권 전반과, 입법권 및 사법적 기능의 일부까지도 포함한 강력한 권한을 가지는 동시에, 내란 또는 외환의 죄를 범한 경우를 제외하고는 재직 중 형사상 소추를 받지 않을 특권이 있다§84).

중임(重任)

특히 대통령의 재임과 관련하여 한 사람이 거듭 입후보하여 선출될 수 있는 것을 말한다. 현행 헌법은 대통령의 임기를 5년으로 하고, 중임할 수 없도록 하며(헌법 70조), 중임변경을 위한 헌법개정은 그 헌법개정제안 당시의 대통령에 대하여는 효력이 없도록 하였다(헌법 128조2항).

원수(元首)
영;head of a state
독;Staatsoberhaupt
불;chef de l'Etat

원수란 국가원수와 동일한 의미이다. 외국에 대하여 국가를 대표할 자격을 갖는 국가의 최고기관이다. 군주 또는 대통령이 이에 해당한다. 헌법은 제66조 1항에서 「대통령은 국가의 원수이며, 외국에 대하여 국가를 대표한다」고 규정하고 있다.

국가원수(國家元首)

영;head of a state
독;Staatsoberhaupt,
불;chef de l'Etat

헌법상 국가의 통일성과 항구성을 상징하며, 외국에 대해서는 국가를 대표하고, 국내에 있어서는 최고의 통치권을 행사하는 기관을 말한다. 대통령의 지위는 그 국가의 정부형태에 따라 다른데, 의원내각제 하에서의 대통령은 국정에 초연한 국가원수로서의 지위만을 가지며, 그 권한은 형식적·의례적인 성격을 가지는데 반하여, 대통령중심제하의 대통령은 국가대표자로서의 지위뿐만 아니라 국정에 관한 실질적 권한을 가지는 행정권의 수반으로서의 지위를 갖는다. 헌법은 '대통령은 국가의 원수이며, 외국에 대해 국가를 대표한다', '행정권은 대통령을 수반으로 하는 정부에 속한다'(헌법 66조 1항, 4항)라고 하여 대통령제에서의 대통령의 지위를 규정하고 있다. 국제법상으로 국가원수는 외교사절을 신임·접수하고 외국에 대하여 자국을 대표한다. 외국에서의 국가원수의 지위는 외교사절의 경우와 마찬가지로 외교특권인 치외법권과 불가침권을 접수국에서 향유하며 외교사절보다 더 정중한 대우를 받는다.

권한대행(權限代行)

어떤 국가기관이나 국가기관의 구성원의 권한을 다른 국가기관이나 국가기관의 구성원이 대행하는 것을 말한다. 우리 헌법 제71조는 '대통령이 궐위되거나 사고로 인하여 직무를 수행할 수 없을 때에는, 국무총리, 법률에 정한 국무위원의 순서로 그 권한을 대행한다'고 규정하고 있다.

국가긴급권(國家緊急權)

영;emergency power,
불;Staatsnotrecht

전쟁·내란 등에 의해 국가의 존망이 위기에 처한 경우, 정부가 평시에는 준수해야 할 헌법 기타의 법질서를 무시하고 국가의 치안과 질서를 유지하기 위해 필요한 조치를 취할 수 있는 권한을 말한다. 현행 헌법에도 대통령의 긴급명령권(헌법 제76조 2항), 긴급재정·경제처분권(헌법 제76조 1항), 계엄선포권(헌법 제77조)을 규정하고 있지만, 이 국가긴급권에는 국가가 법에 선행한다는 기본사상이 깔려 있어, 국가긴급권을 완전히 실정화하는 것은 불가능하다고 해석된다.

긴급조치·처분명령(緊急措置·處分命令)

긴급조치·처분명령이란 내우·외환·천재·지변 또는 중대한 재정·경제상 위기에 있어서 국가의 안전보장 또는 공공의 안녕질서를 유지하고, 안위에 관계되는 중대한 교전상태에 있어서 국가를 보위하기 위하여 긴급한 조치가 필요한 경우, 국회의 소집을 기다릴 여유가 없을 때에 최소한 재정·경제상의 처분과 법률의 효력을 가지는 명령을 말한다(§76①, ②). 대통령은 지체 없이 국회에 보고하여 승인을 얻어야 하며, 승인을 얻지 못한 때에는 그 효력을 상실한다. 이 경우 그 명령에 의하여

개정 또는 폐지되었던 법률은 그 명령이 승인을 얻지 못한 때부터 당연히 효력을 회복한다(§76③, ④)

계엄(戒嚴)
영;martial law
독;Belagerungszustand
불;tat de siege

계엄이란 전시·사변 또는 이에 준하는 국가비상사태의 경우 군사상의 필요(군사계엄) 또는 공공의 안녕·질서유지의 필요에 따라 병력사용이 요구되는 때에 일정한 지역을 구획하여 사법·행정사무의 일부 또는 전부를 군기관(계엄사령관 또는 군사법원)에 이관하는 것을 말한다(헌§77①·계엄§1, 6) 비상계엄과 경비계엄이 있다. 경비계엄이 선포된 경우에는 계엄지역 내의 군사에 관한 행정·사법사무가 군의 권력 하에 이관된다(계엄§7②). 비상계엄이 선포된 경우에는 계엄지역 내의 행정·사법사무 전부가 군의 권력 아래로 이관되며 법률이 정하는 바에 따라 영장제도·언론·출판·집회·결사의 자유·거주·이전 또는 단체행동에 관하여 특별한 조치를 할 수 있다(헌§77③·계엄§7①, 9①). 계엄령은 대통령이 국무회의의 심의를 거쳐 선포하되 지체없이 국회에 통고하여야 한다. 그리고 국회가 재적의원 과반수의 찬성으로 그 해제를 요구한 때에는 이를 해제하여야 한다(헌§77④·⑤, 계엄§4, 11).

경비계엄(警備戒嚴)

계엄의 종류에는 비상계엄과 경비계엄이 있는데, 경비계엄이란 대통령이 전시·사변 또는 이에 준하는 국가비상사태에 있어서 사회질서가 교란되어 일반 행정기관만으로 치안을 확보할 수 없는 경우에 공공의 안녕질서를 유지하기 위하여 선포하는 계엄을 말한다. 이 때 경비계엄의 선포와 동시에 계엄사령관은 계엄지역 안의 군사에 관한 행정사무와 사법사무를 관장한다.

비상계엄(非常戒嚴)

계엄의 종류에는 비상계엄과 경비계엄이 있는데, 비상계엄이란 대통령이 전시·사변 또는 이에 준하는 국가비상사태에 있어서 적과 교전상태에 있거나 사회질서가 극도로 교란되어 행정 및 사법기능의 수행이 현저히 곤란한 경우에 군사상의 필요에 의하거나 공공의 안녕질서를 유지하기 위하여 선포하는 계엄을 말한다.(헌법 제77조 1항, 계엄법 제2조 2항). 비상계엄의 선포와 동시에 계엄사령관은 계엄지역 안의 모든 행정사무와 사법사무를 관장하며, 비상계엄지역 안에 있어서 일정한 범죄는 군사법원에서 재판한다(계엄법 10조).

국민투표(國民投票)
영;referendum 독;Volksabstimung
불;referendum

국민투표란 특정한 사항에 관하여 국민이 직접 투표에 참여함으로써 국민의사를 결정하는 직접민주제의 한 형태이다. 우리나라 헌법상으로는 헌법개정안에 대하여 국민투표에 붙여서 확정하도록 하고 있으며(§130②), 대통령은 필요하다고 인정할 때에는 외교·국방·통일 기타 국가안위에 관한 중요정책을 국민투표에 붙일 수 있다(§72). 국민투표에 관하여 필요한 사항은 국민투표법에 정하고 있다.

국민파면(國民罷免)

영;Recall
독;Abberfung

국민의 의사로써 공직자를 임기 만료 전에 해직시키는 제도를 말한다. 이 제도는 일정한 절차에 의한 일정수의 유권자의 청구에 따라 직접 파면의 효과가 발생한다. 국민소환·국민해직이라고도 한다.

대통령령(大統領令)

대통령령이란 법률에서 구체적으로 범위를 정하여 위임받은 사항과 법률을 집행하기 위하여 필요한 사항에 관하여 대통령이 발할 수 있는 명령을 말한다(헌§75). 전자의 대통령령을 위임명령이라 하고, 후자의 대통령령을 집행명령이라 한다. 대통령령은 국무회의의 심의를 거쳐 대통령이 발한다.(§89③). 일반적으로 법치주의의 원칙상 국민의 권리·의무에 관한 이른바 입법사항은 국회의 입법권에 속한다. 그러나 헌법과 법률은 이것을 모두 입법부에 전속시키지 않고, 경우에 따라서는 예외적으로 행정부에 그 권한을 부여하는 경우가 있다. 이것은 법규명령이라 하며, 이것은 반드시 헌법과 법률에 그 근거가 있어야 한다. 위임명령과 집행명령이 포함되는 대통령령은 바로 이에 해당하는 명령이다. 내각책임제에 있어서는 내각령이 대통령령에 해당한다.

직권명령(職權命令)

행정관청이 직권으로 발하는 명령을 말한다. 즉 법규명령은 그 수권의 근거를 기준으로 하여 직권명령과 위임명령으로 나누어지는데, 직권명령이란 법률 또는 상위명령의 구체적·개별적인 위임을 근거로 하는 것이 아니라 법령에 의한 소관 사무를 수행하기 위하여 직권으로 발하는 명령이다. 직권명령은 법률과의 관계에 따라 독립명령과 집행명령으로 나눌 수 있다. 현행법상 행정관청이 그 직권으로 당연히 발할 수 있는 명령은 헌법·법률 또는 상급명령의 규정을 실시하기 위하여 필요한 사항을 정하는 소위 집행명령에 한하고(헌법 제75·95조), 그 이외의 사항은 직권명령으로써 정할 수가 없다. 이 직권명령은 국민의 권리·의무에 관한 이른바 입법사항을 규정할 수 있느냐에 관하여는 학설이 대립된다.

위임명령(委任命令)

위임명령이란 법률의 위임에 의하여 행해지는 명령을 말한다(헌§75, 95). 상급명령의 위임에 의하여 행해지는 명령도 위임명령이라 한다. 예컨대 대통령령의 위임으로 발하는 총리령 또는 부령 등이 있다.

통수권(統帥權)

통수권이란 군의 최고사령관으로서 군

을 지휘·통솔하는 권한을 말하며, 군영권이라고도 한다. 우리 헌법에서는 대통령에게 통수권을 부여하고 있다(§74). 이를 병정통합주의(兵正統合主義)라고 한다. 통수권의 행사에는 국무총리와 관계국무위원의 부서를 요한다(§82).

수권법(授權法)
독;Ermächtigungsgesetz

수권법이란 입법에 관한 권한을 행정권(행정부)에 위임하는 법률을 말한다. 보통 권한위임의 범위가 광범하고 포괄적인 경우에 사용되는 용어이다. 나치스의 국민혁명 때 있었던 수권법이 그 예이다.

위임입법(委任立法)

위임입법이란 법률의 위임에 의하여 입법부 이외의 국가기관이 법률을 제정하는 것을 말한다. 법치주의에 따르면 국민의 선거에 의한 국회만이 입법권을 갖는 것이 원칙이지만, 현대사회의 복잡성에 수반하는 입법기술상 또는 법률제정 시기상의 문제 때문에 국회가 모든 법률을 제정하는 것은 불가능해졌다. 따라서 국회는 법률로써 일반적·추상적인 기준을 정할 뿐이고, 구체적이고 상세한 규정은 행정기관 등의 다른 기관에 위임하는 경향이 점점 늘어나는 추세이다.

법률의 우위(法律의 優位)
독;Vorrang des Gesetzes

법률의 우위란 국회에서 제정한 법률이 다른 기관에서 제정한 법규(행정명령)보다 우월한 효력을 갖는다는 원칙을 말한다. 국회가 제정한 법률은 다른 기관(행정권 또는 사법권)의 의사보다 우위에 있으며 이에 저촉되는 법률은 효력이 없다는 것을 의미한다. 우리나라 헌법은 이러한 법률우위성을 제도적으로 보장하고 있다(헌§107② 참조).

입법의 위임(立法의 委任)

입법의 위임이란 국회가 입법사항에 관하여 가지고 있는 입법권을 다른 기관에 위임하는 것을 말한다. 입법의 위임은 법률사항에 관하여 포괄적으로 행정기관에 위임하는 포괄적 위임과 구체적으로 특정범위를 한정하여 위임하는 구체적 위임으로 분류할 수 있는데, 입법권은 국회만이 가진다는 법치주의의 권력분립원칙에 비추어 포괄적 위임은 헌법에 위배되는 것이다(헌§75전단 참조).

법률의 위임(法律의 委任)

법률이 규정하여야 할 사항, 즉 법률사항을 명령·규칙 등 다른 법형식으로 규정할 수 있도록 정한 것을 말한다. 위임의 범위는 나라에 따라 다르나, 우리 헌법은 제75조에서 '대통령은 법률에서 구체적으로 범위를 정하여 위임받은 사항과 법률을 집행하기 위하여 필요한 사항에 관하여 대통령령을 발할 수 있다'고 규정하고, 또 제95조에서 '국무총리 또는 행정각부의 장은 소관사무에 관하여 법률이나 대통령령의 위임 또는 직권으로 총리령 또는 부령을 발할 수 있다'고 규정하는 등 포괄적 위임에 한해서 허용하고 있다.

처분적 법률(處分的 法律)

행정적 집행이나 재판적 사법을 매개로 하지 아니하고 직접 국민에게 권리나 의무를 발생케 하는 법률, 즉 자동적 집행력을 가지는 법률을 말한다(헌재 1989. 12. 18. 89헌마32·33 병합). 따라서 처분적 법률은 일정한 범위의 국민을 대상으로 하는 어떤 처분이나 조치 등 구체적이고 개별적인 사항을 그 내용으로 한다.

일반사면(一般赦免)
영;amnesty 독;Amnestie 불;amnistie

일반사면이란 대통령의 사법권에 대한 특권으로서 소송법상의 절차에 의하지 않고서 형선고 효과의 전부 또는 일부를 소멸시키거나 형의 선고를 받지 않는 자에 대하여는 공소권을 소멸시키는 사면을 말하는 것이다. 대통령령으로 죄의 종류를 정하여 하는 것이며(사면§8①, ②), 국무회의의 심의를 거쳐 국회의 동의를 얻어야 한다(헌§79②, 89Ⅸ). 일반사면의 효과는 대통령령에 특별한 규정이 있는 경우를 제외하고는 형선고의 효력을 소멸시키며, 형의 선고를 받지 않은 자에 대하여서는 공소권이 상실된다(사면§5①Ⅰ). 그러나 형의 선고에 의한 기성(旣成)의 효과는 사면으로 인하여 변경되지 않는다(사면§5②).

헌
법

특별사면(特別赦免)
독;Begnadigung 불;grace

특별사면이란 사면의 일종으로서 특사라고도 한다. 형의 선고를 받은 특정한 자에 대하여 법무부장관의 상신(上申)으로 국무회의의 심의를 거쳐 대통령이 행한다(사면§3Ⅱ, 9, 10·헌§79, 89Ⅸ). 특별사면은 형의 집행을 면제하는 것이 원칙이나, 특별한 사정이 있을 때에는 이후 형의 선고의 효력을 상실시킬 수 있다(사면§5①Ⅱ). 특별사면은 형의 선고에 의한 기성의 효과에는 영향을 미치지 아니한다(사면§5②).

감형(減刑)
독;Strafverminderung
영;commutation

형의 선고를 받은 자에 대하여 형의 분량을 감소시켜 주는 것을 말한다. 국가원수인 대통령이 행하는데, 감형은 일반감형과 특별감형의 두 가지로 분류되는 바, 일반감형이란 죄종을 지정하여 그 죄종의 모든 범죄인에게 일률적으로 일정량의 감형을 인정하는 것이며, 특별감형이란 특정인에게 그것을 행하는 것이다. 이러한 감형이 있는 때에는 형의 내용이 변경되는 결과가 된다. 이와 같은 감형으로 형기가 만료 또는 경과되는 경우에는 즉시 석방하게 되므로, 이것도 교도소에서의 출소의 한 방법이 된다.

부서(副署)

영;countersignature
독;Gegenzeichnung
불;contreseing

부서란 국가원수의 서명에 부서하여 각원 또는 장관이 서명하는 것을 말한다. 국무총리가 있는 나라에서는 국무총리도 부서한다. 관계각원·장관의 책임의 소재를 밝히는 동시에 국가원수의 전횡을 예방하는 효과가 있다. 우리 헌법에는 대통령의 국법상 또는 군사상 행위는 문서로써 하며, 이 문서에는 국무총리와 관계국무위원이 부서하도록 하고 있다(헌§82).

부서 없는 대통령의 국법상 행위의 효력

무효설	부서는 대통령의 권한행사에 대한 견제적 기능을 하는 제도이므로 이를 결여한 대통령의 행위는 형식적 유효요건을 결여한 것이므로 무효라고 본다.
유효설	부서는 대통령의 국무행위에 관한 유효요건이 아니라 적법요건이기 때문에 부서 없는 대통령의 국법상 행위도 당연무효는 아니고, 위법행위가 되는데 지나지 않는다고 본다.

교서(敎書)

영;presidential message

국회에 국내외정세를 보고하고, 법률 등 예산한 기타에 관해 대통령의 의사를 표시하는 문서를 말한다. 우리 헌법 제82조는"대통령의 국법상 행위는 문서로써 하며, 이 문서에는 국무총리와 관계 국무위원이 부서한다. 군사에 관한 것 또한 같다"고 규정하고 있다.

국회해산권(國會解散權)

영;dissolution
독;Auflösung
불;dissolution

국회해산권이란 대개 대통령이 국회를 해산할 수 있는 권한을 말하는 것으로서 두 가지로 설명할 수 있다. 즉 5공화국 헌법에 존재하던 대통령의 국회해산권과 의원내각제하에서의 의회해산권이 그것이다. 현행 헌법에서는 국회해산권이 폐지되었다. 전통적으로 헌법상 대통령의 국회해산권은 권력분립주의를 관철하는 대통령제 정부형태에서는 인정되지 않는 것이 일반적인데, 5공화국 헌법은 국가의 안정·국민전체의 이익을 위하여 일정한 요건을 구비하여 대통령이 국회를 해산할 수 있다고 하였으나(구헌법§57), 현행헌법에서는 이를 폐지한 것이다.

국무총리(國務總理)

국무총리란 대통령의 보좌기관으로서 행정에 관하여 대통령의 명을 받아 행정각부를 통할하는 권한을 갖는 제2의 최고행정기관을 말한다(헌§86②). 대통령이 국회의 동의를 얻어 임명하며(§86①), 군인은 현역인 자는 임명할 수 없다(§86③). 그 해임권은 대통령에게 속하나, 국회는 국무총리의 해임을 대통령에게 건의할 수 있다(§63①). 국무총리는 국무위원 및 행정각부의 장의 임명제청권을 가지며(§87①, 94), 대통령이 유고로 인하여 직무를 수행할 수 없을 때에는 대통령권한대행권을 가진다(§88③, 89). 그리고 소관사무에 관하여 법률이나 대통령령의 위임 또는 직권으로 총리령을 발할 수 있는 권한을 가지며(§95), 국회나 그 위원회에 출석하여 국정처리상황을 보고하거나 의견을 진술하고 질문에 응답할 수 있는 권한을 가진다(§62①).

국무위원(國務委員)

국무위원이란 국무회의의 구성분자를 말한다. 국무총리의 제청에 의하여 대통령이 임명한다(헌§88①). 대통령의 국법상의 문서에 대하여 관계 국무위원은 부서한다(§82). 국무위원은 각부장관에 보임되는 국무위원도 있다. 이것을 정무장관이라고 한다. 국회는 대통령에게 국무위원의 해임을 건의할 수 있다(§63).

국무회의(國務會議)

국무회의란 1960년의 제3차 개헌 이전의 헌법 하에서는 대통령의 권한에 속하는 중요국책을 의결하는 의결기관으로서의 국무원의 회의를 의미하였고, 제3차 개정 헌법 하에서는 내각책임제 정부형태가 채택됨에 따라 행정권의 귀속주체로서의 최고회의제 행정관청인 국무원의 의회를 의미하였으며, 민의원에 대하여 연대책임을 지는 국무원의 일체성을 담보하기 위하여 중요한 기능을 가지고 있었다. 5·16군사쿠테타 이후 국가재건비상조치법 제23조에 의하여 헌법상의 국무원에 관한 규정은 동비상조치법하의 내각에 준용하기로 되었고, 내각의 회의를 각의라고 하였다. 제5차 개헌 및 제7차 개헌에 있어서는 미국식 대통령제가 채택됨에 따라 의결기관으로서의 국무원제도는 폐지되고, 현행헌법에서는「정부의 권한에 속하는 중요한 정책을 심의」하는 필요적 심의기관으로서의 국무회의만을 두고 있다(헌§88①, 89). 국무회의는 대통령·국무총리와 15인 이상 30인 이하의 국무위원으로 구성하되(§88②), 대통령이 의장, 국무총리가 부의장이 된다(§88③).

장관(長官)

장관이란 법령이 정하는 바에 의하여 일정한 범위 내의 행정사무를 주관하고, 그 주관 사무에 관하여 받는 행정각부의 장으로서, 국무위원 중에서 국무총리의 제청으로 대통령이 임명한다(헌§94). 장관은 반드시 국무위원이지만, 모든 국무위원이 장관인 것은 아니다. 장관은 국무위원을 겸하고 있으나 그 법적 지위는 구별하여야 한다. 첫째로 국무위원은 국무회의의 구성원인데 대하여, 장관은 국무회의에서 일단 심의된 사항을 집행하는 행정집행기관이다. 둘째로 국무위원은 담임사무에 한계가 없음에 대하여, 장관은 담임사무에 일정한 한계가 있다.

국가안전보장회의(國家安全保障會議)

국가안전보장회의란 국가의 안전보장에 관련되는 대외정책·군사정책 및 국내정책의 수립에 관하여 국무회의의 심의에 앞서 대통령의 자문에 응하는 위한 기관이다(헌§91①). 국가안전보장의 중요성에 비추어 특별히 설치된 대통령의 자문기관이다. 따라서 회의는 대통령이 주재한다(§91②). 그 조직·직무범위 기타 필요한 사항은 법률로 정한다(§91③). 이에 관한 법률로는 국가안전보장회의법이 있다.

국가원로자문회의(國家元老諮問會議)

국가원로자문회의란 국정의 중요한 사항에 관한 대통령의 자문에 응하기 위하여 국가원로로 구성된 기관을 말한다(헌§90①). 그 조직 및 직무범위 기타 필요한 사항은 법률로 정한다(§90③). 의장은 직전대통령이 되며, 다만 직전대통령이 없을 때에는 대통령이 지명한다(§90②).

행정각부(行政各部)

행정각부란 정부의 구성단위로서 대통령과 그를 보좌하는 국무총리의 통할하에 있으며, 법률이 정하는 소관 사무를 담당하는 중앙행정기관을 말한다.

부령(部令)

부령이란 대통령중심제에 있어서 행정각부의 장이 소관 사무에 관하여 법률이나 대통령령이 위임 또는 직권으로 발하는 명령을 말한다(헌§95). 이 부령에는 두 가지가 있다. 하나는 법률이나 대통령령의 위임에 의하여 발하는 부령이고, 다른 하나는 직권으로서 발하는 부령이다. 전자를 위임명령이라 하고, 후자를 직권명령이라고 한다.

감사원(監査院)

감사원은 국가의 세입·세출의 결산, 국가 및 법률이 정한 단체의 회계검사와 행정기관 및 공무원의 직무에 관한 감찰을 하기 위하여 대통령 소속 하에 설치된 헌법상의 기관이다(헌§97). 감사원은 장관을 포함한 5인 이상 11인 이하의 감사위원으로 구성되는 합의제기관이다(§98①). 감사원장은 대통령이 국회의 동의를 얻어 임명하며(§98②). 감사위원장은 원장의 제청으로 대통령이 임명하고, 임기는 감사원과 같이 4년이며 1차에 한하여 중임 할 수 있다(§98②, ③). 감사원의 조직·직무범위·감사위원의 자격·감사대상공무원의 범위 기타 필요한 사항은 법률로 정한다(§100). 감사원은 세입·세출의 결산을 매년 검사하여 대통령과 차(次)년도 국회에 그 결과를 보고하여야 한다(§99).

중앙선거관리위원회
(中央選擧管理委員會)

중앙선거관리위원회란 최상급의 선거관리위원회를 말한다. 선거관리위원회란 선거와 국민투표의 공정한 관리 및 정당에 관한 사무를 처리하기 위하여 설치된 국가선거관리기관을 말한다(헌§114). 중앙선거관리위원회는 9인의 위원으로 구성되는데, 3인은 대통령이 직접 임명하고, 3인은 국회에서 선출하며, 3인은 대법원장이 지명한다. 위원장은 위원 가운데에서 호선(互選)한다. 이와 같이 위원은 중립성이 보장된 대법원에서 3분의 1의 위원을 선출하게 하여, 선거와 정당의 최고관리기관인 중앙선거관리위원회의 중립성을 보장하고 있다. 위원의 임기는 6년으로 한다. 위원은 정당에 가입하거나 정치에 관여할 수 없다. 위원은 탄핵 또는 형벌에 의하지 아니하고는 파면되지 아니한다. 중앙선거관리위원회는 법령의 범위 안에서 선거관리·국민투표관리 또는 정당사무에 관한 규칙을 제정할 수 있으며, 법률에 저촉하지 아니하는 범위 안에서 내부규율에 관한 규칙을 제정할 수 있다.

법 원

사법(司法)

실질적 의미의 사법이라 함은 입법 및 행정에 대하여 법규를 적용하여 권리관계를 확정하거나 또는 어떤 사항의 적법·위법을 판단함으로써 구체적 쟁소를 해결하는 국가작용을 말한다. 형식적 의미로는 사법기관인 법원의 권한으로 되어 있는 사항을 말한다. 대륙법계 국가에서는 일반적으로 실질적 사법은 민사 및 형사재판권의 행사에 한정되어 있으나, 우리나라는 영미법적인 통일관할주의아래서 행정사건의 재판에 대하여도 사법절차를 준용하고 있다(헌§107③).

사법권(司法權)

사법권이란 사법작용을 행사하는 통치권의 권능을 말한다. 입법권·행정권과 병립하는 개념이다. 근대국가의 근본원칙 가운데 하나인 삼권분립주의는 입법·사법·행정이라는 세 가지 권력이 각각 별개의 기관에 분속될 것을 요구하고 있다. 이에 따라 대부분의 국가는 사법권을 독립한 법원으로 하여금 행사하도록 하고 있다. 사법권에는 민사·형사·행정 재판권, 선거에 관한 재판권, 명령·규칙·처분 심사권 및 위헌법률심사제청권 등이 포함된다.

사법권의 독립(司法權의 獨立)

영;independence of judiciary
독;richterliche Unabhängigkeit

사법권의 독립이란 사법권이 입법부 및 행정부로부터 독립하여 공정한 재판을 하는 것을 말한다. 사법권의 독립은 법원의 입법부나 행정부로부터의 독립은 물론이지만, 특히 법관의 신분보장이 중심이 되는 인적 독립과, 직무상(재판상)의 독립을 의미하는 물적 독립으로 나누어 설명하여 볼 수 있다. (1) 인적 독립(법원구성의 독립) : 인적 독립이란 법원의 인적 조직·법관의 자격·법관의 지위의 독립 및 보장을 말한다. 헌법이 「사법권은 법관으로 구성된 법원에 속하며」(헌§101①), 「법관의 자격은 법률로 정한다」(§101③), 또 「법관은 탄핵 또는 금고이상의 형의 선고에 의하지 아니하고는 파면되지 아니하며 징형 처분에 의하지 아니하고는 정직·감봉 기타 불리한 처분을 받지 아니한다」(§106①)고 규정한 것 등은, 법관의 신분보장과 행정부의 관여를 배제하고 인사의 독립성을 보장함으로써 법원구성의 독립성을 기하는데 목적이 있다. (2) 물적 독립(재판상의 독립) : 물적 독립이란 소송사건을 심판함에 있어서, 외부로부터 어떠한 간섭이나 지시도 받지 않는다는 것을 의미한다. 헌법은 「법관은 헌법과 법률에 의하여 그 양심에 따라 독립하여 심판한다」(§103)고 규정함으로써, 법관은 재판을 함에 있어서 헌법과 법률에만 구속당할 뿐, 어떠한 세력에도 영향을 받지 않음을 말하는 것이다. 사법권 안에서도 상급법원 또는 법관이 소속하고 있는 법원의 장으로부터의 간섭도 절대로 받지 않는다. 이러한 것은 물적 독립 또는 재판상의 독립이라 한다.

사법권의 우월(司法權의 優越)

영;judicial supremacy

사법권의 우월이란 법원에 법률의 실질적 심사권을 부여함으로써 사법권의 우위적 권능을 인정하는 제도를 뜻한다. 보통 입법권에 대한 우월성을 의미한다. 미국에서는 연방대법원의 위헌판결(1803 Marbury vs. Madison 사건에서 Marshall 판사의 논지)을 통하여 일찍이 확립되었으나, 유럽의 대부분 국가에서는 법원의 법률심사권을 부정하고 있다. 우리 헌법도 절대적 행정권 우위의 국가로서 법원의 실질적 법률심사권을 인정하지 않고 있다(헌§107①, ②).

법원(法院)

법원이란 좁은 의미로는 법관으로 구성된 사법관청을 말하며 헌법상 사법권을 행사하는 기관이다. 법원의 대강에 관하여는 헌법 제101조 내지 제106조에 규정되어 있으나, 그 자세한 것에 관하여는 법원조직법에 규정되어있다. 이러한 의미의 법원에는 합의부와 단독판사의 두 가지가 있다. 한편 법원이라는 용어는 법원의 사무직원과 집달관까지도 포함하는 복합적 관서의 의미로도 사용되고 있다. 이러한 의미에서의 법원을 넓은 의미의 법원이라고 한다.

대법원(大法院)
영;Supreme Court
독;Oberstes Gericht

헌법과 법률의 구체적 해석 및 적용을 담당하고 있는 사법부의 최고기관을 말한다. 우리나라의 현행 헌법은 헌법재판소제도를 두면서도 대륙식 위헌법률심사제국가인 독·불과 같은 사법분산제를 채택하지 아니하고, 사법심사제국가인 미·일의 사법집중제를 채택하고 있다. 다만 대법원에 위헌법률심사권을 인정할 것인가에 따라서 차이가 있었을 뿐이다. 현행 헌법에서 대법원이 가지는 지위는 (1) 주권행사기관의 하나로서의 지위, (2) 최고기관의 하나로서의 지위, (3) 국민의 기본권보장기구로서의 지위, (4) 최고최종심법원으로서의 지위, (5) 위헌법률심사제청기관으로서의 지위, (6) 최고사법행정기관으로서의 지위 등이 있다. 일반적으로 대법원은 대법원장과 대법관으로 구성된다. 대법관의 수는 대법원장을 포함하여 14인으로 한다(법원조직법 4조 2항). 대법원의 구성방식에 있어서 우리나라는 대법원에 여러 부를 두게 하고 있으며(헌법 제102조 1항), 특히 법원조직법은 대법원에 행정·조세·노동·군사·특허 등을 전담하는 부를 둘 수 있게 하고 있다(법원조직법 제7조 2항). 대법원의 심판권은 대법관의 전원의 3분의 2 이상의 합의체에서 이를 행하며 대법원장이 재판관이 된다. 다만 대법관 3인 이상으로 구성된 부에서 먼저 사건을 심리하여 의견이 일치할 때에 한하여 (1) 명령 또는 규칙이 헌법에 위반함을 인정하는 경우, (2) 명령 또는 규칙이 법률에 위반함을 인정하는 경우, (3) 종전에 대법원에서 판시한 헌법·법률·명령 또는 규칙의 해석적용에 관한 의견을 변경할 필요가 있음을 인정하는 경우, (4) 부에서 재판함이 적당하지 아니함을 인정하는 경우 등을 제외하고 그 부에서 재판할 수 있다(법원조직법 7조 1항). 대법원은 (1) 상고사건, (2) 항고법원·고등법원 또는 항소법원의 결정·명령에 대한 재항고 사건, (3) 다른 법률에 의하여 대법관의 권한에 속하는 사건을 종심으로 재판한다(법원조직법 14조). 한편 상급법원의 재판에 있어서의 판단은 당해 사건에 관하여 하급심을 기속하므로(법원조직법 8조), 최고법원의 대법원의 판결례는 향후 하급심의 유사사건 재판에 있어서 절대적 영향을 끼친다.

법관(法官)
영;judge 독;Richter 불;juge

법관이란 넓은 의미로는 분쟁 또는 이해의 대립을 법률적으로 해결·조정하는 판단을 내리는 권한을 가진 자를 뜻한다. 그리고 좁은 의미로는 우리 국법상 법관의 명칭을 가지는 공무원으로 헌법 또는 법률에 정한 바에 의하여 임명되고, 대법원 기타 각급 법원에 소속되어 재판사무를 담당하는 자를 말한다. 법관은 그 직권행사에 있어서 누구로부터도 지휘·명령을 받지 아니하고, 오직 그 양심에 좇아 헌법 및 법률을 해석·적용하여야 한다. 법관은 탄핵 또는 금고 이상의 형의 선고에 의하지 아니하고는 파면되지 아니하며,

징계처분에 의하지 아니하고는 정직·감봉 기타 불리한 처분을 받지 아니한다(헌§106①·법조§46①). 법관에는 대법원장, 대법관, 판사 등 3종류가 있는데, 대법원장과 대법관의 임기는 6년(대법원장은 중임 할 수 없으며, 대법관은 법률이 정하는 바에 의하여 연임할 수 있다)이고, 대법원장과 대법관이 아닌 법관의 임기는 10년이며 법률이 정하는 바에 의하여 연임할 수 있다(헌§105). 그리고 대법원장과 대법관이 아닌 법관은 대법관회의의 동의를 얻어 대법원장이 임명한다(§104③).

법령심사권(法令審査權)

독;richterliches Prüfungsrecht

법령심사권이란 법원이 재판을 행할 때에 적용해야 할 법령의 효력을 심사하고, 하자있는 법령의 적용을 거부하거나 그 효력을 부인하는 권한을 말한다. 형식적 하자의 심사권은 일반적으로 법원이 가지고 있으나, 실질적 하자(법령의 내용이 상위의 법형식에 위반하는 것)의 심사권에 관하여는 나라마다 그 취급방법을 달리한다. 그리고 법원이 국회의 의결을 거친 법률에 대하여 심사권을 가질 수 있느냐에 대하여도 국가에 따라 다르다. 제1차 세계대전 이전까지의 유럽 국가는 입법부의 우월성을 인정하고 법원의 위헌법률심사권을 부인하였다. 이에 대하여 미국은 사법부의 우월을 인정하고 일찍이 연방대법원의 판결로써 위헌법률심사권을 인정하였다. 그밖에 법률심사제는 인정하지만 이를 법원에 부여하지 않고 헌법재판소에 부여하는 국가도 있다. 위헌법률심사제에 관해 우리나라는 건국헌법 시대에는 헌법위원회에, 1960년 헌법시대에는 헌법재판소에, 1962년 헌법시대에는 대법원에 위헌법률심사권을 부여하고 있었다. 1972년, 1980년 헌법에서는 헌법위원회가 위헌법률심사권을 갖고, 법원은 명령·규칙·처분의 심사권만 가지고 있었다. 1987년 헌법은 위헌법률심사권을 새로 구성된 헌법재판소의 관할로 하고 있다. 명령·규칙 그 가운데에서도 정부가 발하는 것에 대하여는, 법률의 위헌심사권을 부여하지 않는 국가라 할지라도 위헌·위법의 명령·규칙심사권을 법원에 부여하고 있는 것이 통례이다.

우리 헌법은 「명령·규칙·처분이 헌법이나 법률에 위반되는 여부가 재판의 전제가 된 경우에는 대법원은 이를 최종적으로 심사할 권한을 가진다」(헌§107②)고 규정하고 있다 여기서 심사의 대상이 되는 것은 명령과 규칙 및 처분이다. 명령이라 함은 행정기관이 정립하는 일반적 규범을 뜻하고, 규칙은 행정권의 자유적 입법인 규칙뿐만 아니라 국회가 제정하는 규칙, 대법원규칙, 지방자치단체의 조례와 규칙도 포함된다. 처분심사권은 행정작용으로 인한 국민의 피해를 구제하여 행정의 법적합성을 확보하기 위한 것으로 행정에 대한 사법적 통제의 기능을 하는 것이다. 이러한 심사권은 각급 법원의 권한에 속하며 다만 대법원은 이를 최종적으로 심사할 권한을 가진다. 법원은 법률의 위헌여부가 재판의 전제가 된 경우에 헌법재판소에 제청하여 그 심판에 의하여 재판한다(§107①). 법원은 단지 헌법재판소에 제청권만을 가진다.

헌

법

위헌명령·규칙·처분의 심사
(違憲法令·規則·處分의 審査)

명령·규칙 또는 처분이 헌법이나 법률에 위반되는 여부가 재판의 전제가 된 경우에 이를 심사하는 것을 말한다. 위헌법률의 심사권은 헌법재판소가 행사하나(헌법 107조1항), 위헌명령·규칙 또는 처분의 심사권은 법원이 가지며, 최종적인 심사권은 대법원이 가진다(헌법 제107조2항). 여기서 명령이란 위임명령·집행명령 등 일반적 법규범을 의미하며, 여기에는 대통령령·대법원규칙·헌법재판소규칙·중앙선거관리위원회규칙 및 지방자치단체의 자치에 관한 조례·규칙 등도 포함된다. 위반여부의 판정기준은 헌법과 법률(실질적 의미의 헌법·법률 포함) 및 국회의 비준·동의를 받은 조약도 심사기준이 되며, 위헌명령·규칙의 위헌여부는 대법관 전원의 3분의2 이상의 합의체에서 행하고 대법원장이 재판장이 된다. 명령·규칙이 헌법이나 법률에 위반된다고 인정되는 경우에는 법원은 그 명령·규칙의 당해 사건에의 적용을 거부할 수 있다. 그러나 그 명령·규칙의 심사를 목적으로 하는 것이 아니며, 현행법상 위헌을 공고하는 방법이 없기 때문이다.

헌법 제107조 제2항이 규정한 명령·규칙에 대한 대법원의 최종심사권이란 구체적인 소송사건에서 명령·규칙의 위헌여부가 재판의 전제가 되었을 경우 법률의 경우와는 달리 헌법재판소에 제청할 것 없이 대법원의 최종적으로 심사할 수 있다는 의미이며, 헌법 제111조 제1항 제1호에서 법률의 위헌여부심사권을 헌법재판소에 부여한 이상 통일적인 헌법해석과 규범통제를 위하여 공권력에 의한 기본권침해를 이유로 하는 헌법소원심판청구사건에 있어서 법률의 하위법규인 명령·규칙의 위헌여부심사권이 헌법재판소의 관할에 속함은 당연한 것으로서 헌법 제107조 제2항의 규정이 이를 배제한 것이라고는 볼 수 없다 *(헌법재판소 1990. 10. 15. 89헌마178 전원재판부)*.

헌법재판소

헌법재판소(憲法裁判所)

헌법재판소란 법원의 제청에 의한 법률의 위헌여부와 탄핵 및 정당해산 등에 관한 심판을 담당하는 국가기관을 말한다(헌§111①). 헌법재판소는 3권으로부터 완전히 독립하여 중립권력을 행사하는 헌법수호자로서의 지위를 가진다. 헌법재판소에서 결정한 사항은 최종적인 국가의사(國家議事)로서 확정되므로, 다른 어떠한 기관의 의사로써도 제약 또는 변경을 가할 수 없다. 헌법재판소는 9인의 재판관으로 구성되며, 재판관은 대통령이 임명한다(§111②). 이 9인의 위원 중 3인은 대통령이 지명하는 자를, 3인은 국회에서 선출하는 자를, 3인은 대법원장이 지명하는 자를 임명한다. 헌법재판소의 장은 국회의 동의를 얻어 재판관 중에서 대통령이 임명하고, 그 임기는 6년으로 하며, 법률이 정하는 바에 의하여 연임할 수 있다(§112①). 헌법재판소의 재판관은 탄핵 또는 금고이상의 형의 선고에 의하지 아니하고는 파면되지 아니한다. 이밖에 해임사유로서는 정당에 가입하거나 정치에 관여한 경우를 들 수 있다(§112②). 헌법재판소에서 법률의 위헌결정, 탄핵결정 또는 정당해산결정을 할 때에는 위원 6인 이상의 찬성이 있어야 한다. 또 법률에 저촉되지 아니한 범위 안에서 심판에 관한 절차, 내부규율과 사무 처리에 관한 규칙을 제정할 수 있고, 조직과 운영 기타 필요한 사항은 법률로 정한다(§113②, ③·헌재§10). 헌법재판소는 위헌법률심판권(헌§107, §111①Ⅰ, §113①), 탄핵심판권(§111①Ⅱ, §65), 정당해산심판권(§111①Ⅲ, §8④), 권한쟁의심판권(§111①Ⅳ) 및 헌법소원심판권(§111①Ⅴ) 등의 권한을 갖는다.

헌법재판(憲法裁判)

독:Verfassungsgerichtsbarkeit

헌법재판이란 의회에서 제정한 법률이 헌법에 위반하는지의 여부를 심사하고, 그것이 위헌이라고 판단될 때에는 그 법률의 효력을 상실시키거나 적용을 거부하는 제도를 말한다. 헌법재판제도에 관하여는 각국의 입법례가 다른데, 크게 나누어 보면 (1) 불문헌법인 국가에서는 헌법과 법률의 우열이 없으므로 문제되지 않고, (2) 일반법원과 독립한 헌법재판소를 설치하고 법률심사를 담당케 하는 국가(독일, 오스트리아, 이탈리아, 포르투갈, 스페인, 터키), (3) 일반법원에 법률심사권을 부여하는 국가(미국, 중남미제국, 호주 캐나다, 일본, 인도) (4) 헌법재판소도 순수한 일반법원도 아닌 특수한 성격을 가진 기관으로 하여금 헌법재판을 담당하는 국가(프랑스의 헌법원(conseilconstirufrmee), 그리스의 특별최고법원, 이란의 헌법수호위원회)등이 그것이다. 헌법재판제도에는 구체적인 쟁송사건과의 관련 또는 전제가 되는지에 따라 구체적 규범통제형식과 추상적 규범통제형식(독일기본법, 1958년 오스트리아헌법, 1948년 이탈리아 헌법)으로 구분할 수 있고 위헌결정의 효과에 따라 구체적 효력과 일반적 효력으로 구분할 수 있다. 우리나라 헌법은 구체적 규범통제형식에 따르고 있으며 위헌심판의 효과로는 일반적 효력을 발생한다(헌§107①).

사법심사(司法審査)

영;judicial review

법치주의의 관념 아래 모든 국가기관의 행위, 특히 행정기관의 행위에 대하여 사법법원이 그 적법성의 심사를 하는 것을 말한다.

위헌법률심사제(違憲法律審査制)

영;review of the constitutionality

위헌법률심사제는 입법부의 위헌법률제정에 대한 헌법보장의 사법적 수단으로서 중요시되고 있다. 위헌법률심사제란 법률이 그 상위규범인 헌법에 합치하는가 여부를 사법기관이 심사하여 헌법에 위배된다고 생각하는 경우에는 그 효력을 상실하게 하거나 그 법률의 적용을 거부하는 제도를 말한다. 위헌법률심사제도에는 미국식인 사법심사제도와 독일식인 헌법재판소제도가 있다. 일반적으로 사법심사제는 일반법원에 의한 위헌심사제이나, 독일식 헌법재판소제도는 헌법재판소라는 특별한 기관을 두어 위헌심사를 담당하게 하고 있는 것이 특색이며, 또 사법심사제도는 어떤 법률의 위헌성 판단이 구체적 사건의 재판에 전제가 되어 이루어지는 위헌심사인 구체적 규범통제를 주로 하는데 비하여, 헌법재판소제도는 구체적 사건을 전제하지 않고서도 어떤 법률의 위헌성을 판단하는 이른바 추상적 규범통제도 아울러 행사함을 그 특색으로 하고 있다. 사법심사제와 헌법재판소제도는 그 기구·조직·관할·절차·심사대상·심사권의 한계, 판결의 효력 등에 있어서 현격한 차이가 있다. 우리나라는 위헌법률심사권을 법원이 아닌 헌법재판소에 부여하고 있다. 즉 법률이 헌법에 위반되는 여부가 재판의 전제가 된 경우에는 법원(군사법원을 포함한다)은 직권 또는 당사자의 신청에 의한 결정으로 헌법재판소에 제청하여 그 심판에 의하여 재판한다(헌법 제107조1항, 헌법재판소법 제41조1항). 또 헌법재판소에서의 법률의 위헌결정은 재판관 9인중 6인 이상의 찬성이 있어야 한다(헌법 제113조). 법원이 법률의 위헌여부의 심판을 헌법재판소에 제청한 때에는 당해 소송사건의 재판은 헌법재판소의 위헌여부의 결정이 있을 때까지 정지된다. 다만 법원이 긴급하다고 인정하는 경우에는 종국재판외의 소송절차를 진행할 수 있다(헌법재판소법 제42조 제1항). 한편 위헌으로 결정된 법률 또는 법률의 조항은 그 결정이 있는 날로부터 효력을 상실한다(헌법재판소법 제47조2항). 그러나 형벌에 관한 법률 또는 법률의 조항은 소급하여 그 효력을 상실한다. 다만, 해당 법률 또는 법률의 조항에 대하여 종전에 합헌으로 결정한 사건이 있는 경우에는 그 결정이 있는 날의 다음 날로 소급하여 효력을 상실한다(헌법재판소법 제47조3항).

위헌(違憲)

영;unconstitutional
독;verfasungswidrig
불;inconstitutioinnel

법령 등이 헌법규정에 위반하는 것(헌법 제107조)을 말한다. 법률이 헌법에 위반되는 여부가 재판의 전제가 된 경우에는 법원은 헌법재판소에 제청하여 그 심판에 의하여 재판하며(헌법 제107조1항), 명령·규칙 또는 처분이 헌법이나 법률에 위반되는 여부가 재판의 전제가 된 경우에는 대법원은 이를 최종적으로 심사할 권한을 가진다(헌법 제107조2항).

위헌판결(違憲判決)

위헌판결이란 법원이 헌법 제107조 1·2항에 의하여 법률·명령·규칙의 위헌·합헌을 심사하고, 그 결과 위헌으로 판단하여 내린 판결을 말한다. 위헌심사에는 두 가지가 있다. 하나는 명령·규칙에 대한 위헌심사이고 또 하나는 법률에 대한 위헌심사이다. 명령·규칙 또는 처분이 헌법이나 법률에 위반되는가의 여부에 대하여는 각급 법원이 실질적 심사권을 가지고 있다(헌§107②). 그 심사는 위헌여부가 판결의 전제가 되고 있을 때 한하여 행사할 수 있는 것이 우리 헌법의 특색이다. 한편 법률의 위헌심사제도에 있어서는 세계 각국의 헌법이 다양하게 규정하고 있다. 대략 살펴보면 일반법원에 위헌심사권을 부여하는 국가(미국, 중남미제국, 호주, 캐나다, 일본, 인도)와 독립된 헌법재판소를 따로 설치하여 위헌심사권을 행사하도록 하는 국가(독일, 오스트리아, 이탈리아, 포르투갈, 스페인, 터키)가 있다. 우리 헌법은 현재 법률의 위헌여부가 재판의 전제가 된 때에는 법원은 헌법재판소에 제청하여 그 심판에 따라 재판한다고 규정함으로써(§107①) 법원과 독립한 헌법재판소에 심사권을 부여하고 있다. 법률심사의 결과 위헌심판을 하게 되는 경우에는 어떠한 효력이 발생하는가도 문제가 되고 있다. 이에는 일반적효력설과 개별적 효력설이 대립되고 있다. 일반적 효력설에 의하면 위헌심사를 함으로써 그 위헌법률은 효력의 상실하게 되므로 이후의 모든 사건과 국가기관을 구속한다고 한다. 이에 반하여 개별적 효력설에 따르면 위헌결정은 당해 사건과 소송당사자에 한하여 효력이 미칠 뿐 그 법률자체가 실효되는 것은 아니라고 본다. 구체적 규범통제형식(재판의 전제가 된 때에 한정하여 행하는 위헌심사제도)을 채택하는 나라에서는 이 경우에 개별적 효력을 인정한다. 이에 대하여 추상적 규범통제형식(구체적으로 재판의 전제가 되지 않은 때에도 인정되는 위헌심사제도)를 채택하는 나라에서는 일반적 효력을 인정한다.

우리 헌법은 제107조 1·2항에서 구체적 규범통제형식을 채택하면서도 헌법재판소법 제47조에서는 일반적 효력을 인정하고 있다. 이 조에 따르면 법률이 위헌결정은 법원 기타 국가기관 및 지방자치단체를 기속하며, 위헌으로 결정된 법률 또는 법률의 조항을 그 결정이 있는 날로부터 효력을 상실한다. 그러나 형벌에 관한 법률 또는 법률의 조항은 소급하여 그 효력을 상실한다.

다만, 해당 법률 또는 법률의 조항에 대하여 종전에 합헌으로 결정한 사건이 있는 경우에는 그 결정이 있는 날의 다음 날로 소급하여 효력을 상실한다. 우리나라는 헌법재판소법에서 이와 같이 규정함으로써 위헌판결에 대한 학설의 대립을 입법적으로 해결한 것이다.

위헌재판(違憲裁判)

위헌재판이란 법원에 법령심사권을 인정하는 국가에서 법원이 이 권한에 근거하여 어떤 법률·명령·규칙·처분이 헌법에 위반된다고 판단하는 재판을 말한다. 명령·규칙 또는 처분의 위헌재판은 일반법원의 권한으로 인정되는 것이 일반적이며, 우리 헌법 역시 이에 따르고 있지만(헌§107②), 법률의 위헌여부에 관하여는 그 심사를 전혀 인정하지 않는 제도, 일반법원에 그 재판권을 부여하는 제도, 특별법원에 그 재판권을 부여하는 제도, 특별기관에 그 결정권을 주는 제도 등 국가에 따라 다른데, 위헌재판은 일반법원(예컨대 미국·일본·호주·캐나다·인도·중남미제국 등) 또는 특별법원(예컨대 1919년의 오스트리아 헌법재판소·독일연방헌법재판소·1960년헌법 하의 우리나라헌법재판소 등)에 그 재판권을 주는 국가에서만 인정된다. 우리나라의 현행헌법은 특수기관인 헌법재판소에 법률의 구체적 위헌심사권을 부여하고 있다(§107①, 111①Ⅰ).

불합치선언(不合致宣言)

독;unvereinbar

위헌확인(Fests tellungder Verfassu ngs-widrigkeit) 선언의 주문이라고 한다. 이와 같은 판결을 함에 있어서는 두 가지 관점이 표준이 된다. 하나는 입법자의 형성자유의 존중을 하려는 것이고, 또 하나는 법의 공백에 대비하여 법적 안정성을 유지하기 위한 것이다. 구체적으로 말하면 이는 헌법에 합치하지 아니한다는 위헌선언에 그치고 무효선언에까지 이르지 않는 경우이다. 위헌법률에 대한 대체입법 없이 위헌선언하면 법률공백(Rechtsvakuum)이 생기고 따라서 법적 안정성을 해칠 우려가 있으므로 이를 피하기 위해 서독 연방헌법재판소는 1970년 법개정에 의하여 명문화하기 전부터 판례로 불합치 선언의 판결주문을 냈다. 무효선언을 하여 법규의 대안 없는 제거의 상태를 만드는 것이, 위헌법규라도 잠정적인 계속효를 인정하는 것보다는 더 위헌적임을 이유로 한다. 위헌적 상태를 제거하기 위한 신 입법을 하는데 입법자에게 형성의 여지를 차단치 않기 위한 것이다. 즉 입법권자에게 법형성의 자유를 존중하여 신법에 의한 폐기·보완·변경의 여지를 주기 위한 것이다.

입법촉구결정(立法促求決定)

입법촉구결정을 또 하나의 독자적 결정형으로 보는 견해에 의하면, 입법촉구결정이란 결정 당시에는 합헌인 법률이지만 위헌법률이 될 소지가 있다고 인정하여, 헌법에 완전히 합치하는 상태를 실현하기 위하여 또는 장차 발생할 위헌의 상태를 방지하기 위하여 입법자에게 당해 법률의 개정 또는 보완 등 입법을 촉구하는 형식이라고 한다. 그러나 아직까지 우리나라에서는 직접 입법촉구를 주문에 명시한 결정례를 찾아볼 수 없다.

권한의 획정(權限의 劃定)

권한쟁의 또는 주관쟁의를 결정하는 것을 말한다. 행정관청의 권한에 관하여 분쟁이 있을 때에는 그 상급관청이 결정하며, 상급관청이 같지 않을 때에는 상급관청간의 협의에 의하여 결정하며, 협의가 이루어지지 않을 때에는 국무회의의 심의(헌법 제89조 10호)를 거쳐 행정부의 수반으로서 대통령이 결정한다. 한편 국가기관 상호간, 국가기관과 지방자체단체 및 지방자치단체 상호간의 권한쟁의에 관한 심판은 헌법재판소가 이를 관장한다(헌법 제111조 1항 4호).

탄핵제도(彈劾制度)

탄핵이란 일반적인 사법절차나 징계절차에 따라 소추하거나 징계하기가 곤란한 집행부의 고위공무원이나 법관 등 신분이 보장된 공무원이 직무상 중대한 비위를 범한 경우에 의회가 이들을 소추하여 처벌하거나 파면하는 제도를 말한다. 현행 헌법상 탄핵제도는 탄핵소추와 탄핵심판의 두 절차로 구성되어 있고, 탄핵소추는 국회의 권한으로 하고(§65), 탄핵심판은 헌법재판소의 권한으로 하고 있다§111①). (1) 탄핵소추 : 대통령을 탄핵소추 하는 경우에는 국회재적의원 과반수의 발의가 있어야 하고, 의결은 재적의원 3분의 2 이상의 찬성이 있어야 한다. 그 외의 자를 탄핵소추 하는 경우에는 국회재적의원 3분의 1 이상의 발의와 재적의원 과반수의 찬성으로 의결한다(§65②). 탄핵소추의 의결을 받은 자는 소추결정서가 본인에게 송달된 때로부터 헌법재판소의 탄핵심판이 있을 때까지 권한행사가 정지된다(§65②). (2) 탄핵심판권 : 탄핵심판사건은 헌법재판소의 재판관 전원(9인)으로 구성되는 재판부에서 관장한다. 재판부는 재판관 7인 이상의 출석으로 사건을 심리하고, 탄핵의 결정을 할 때에는 재판관 6인 이상의 찬성이 있어야 한다(§113①). 탄핵결정은 공직자를 공직으로부터 파면함에 그친다. 그러나 탄핵의 결정으로 민사상의 책임이나 형사상의 책임이 면제되는 것은 아니다(§65④). 탄핵결정은 징계적 처벌이므로 탄핵결정과 민·형사재판 간에는 일사부재리의 원칙이 적용되지 아니한다(헌재법 §54①). 우리나라에서는 2016년 12월 9일 박근혜 대통령에 대한 탄핵소추안이 국회를 통과했고, 2017년 3월 10일 헌법재판소는 재판관 8명 전원 일치 의견으로 박근혜 대통령에 대한 파면 결정을 내렸다(2016헌나1). 이에 따라 박근혜 전 대통령은 대한민국 헌정 사상 임기 도중 탄핵으로 물러난 첫 대통령으로 남게 되었다.

헌법소원(憲法訴願)
독;Verfassungsbeschwerde

공권력에 의하여 국민의 기본권이 침해된 경우에 헌법재판소에 제기하는 기본권 구제수단을 말한다. 이는 오스트리아와 독일 헌법재판소에서 인정되어 우리나라를 비롯하여 현재 헌법재판소제도를 가지고 있는 나라에서 대부분 인정되고 있다. 특히 우리나라에서는 헌법재판소법이 법률의 위헌제청신청이 기각된 경우에도 헌법소원을 할 수 있다고 규정하여(헌법재판소법 제68조2항), 그 의의가 매우 크다. 헌법소원 심판청구권자는 공권력의 행사 또는 불행사로 인하여 헌법상 보장된 기본권을 침해받은 자이며, 법률의 위헌여부심판의 제청신청이 법원에 의하여 기각된 때에는 그 신청을 한 당사자도 헌법소원을 청구할 수 있다(동법 68조). 헌법상 보장된 기본권을 침해하는 공권력의 행사·불행사가 청구의 대상이나, 또 헌법소원은 다른 법률에 구제절차가 있는 경우에는 그 절차를 모든 거친 후가 아니면 청구할 수 없는바(동법 68조1항 단서), 이를 헌법소원의 보충성이라고 한다. 헌법소원의 심판은 그 사유가 있음을 안 날로부터 90일 이내에, 그 사유가 있은 날로부터 1년 이내에 청구하여야 하며, 다른 법률에 의한 구제절차를 거친 헌법소원의 심판은 그 최종결정을 통지받은 날로부터 30일 이내에 청구하여야 한다(동법 69조1항). 헌법재판소법은 헌법소원의 청구인이 사인일 경우에는 반드시 변호사를 대리인으로 선임해야 심판수행을 할 수 있도록 하여(동법 25조3항), 변호사선임강제주의를 취하고 있다. 변호사를 선임할 자력이 없는 경우에는 헌법재판소에 국선대리인을 선임하여 줄 것을 청구할 수 있다(동법 70조). 또 헌법재판소는 헌법소원심판의 청구인에 대하여 공탁금의 납부를 명할 수 있다(동법 37조). 이는 헌법소원심판청구가 남용되는 것을 막기 위한 것이다. 그리고 헌법재판소의 부담을 경감시키기 위하여 헌법재판소에 재판관 3인으로 구성되는 지정재판부를 두어 헌법소원심판의 사전심사를 담당하게 한다(동법 72조1항). 만일 (1)다른 법률에 의한 구제절차를 거치지 않은 경우, 그 절차를 모두 거치지 않거나 또는 법원의 재판에 대하여 헌법소원의 심판이 청구된 경우, (2)청구기간이 경과된 후 헌법소원심판이 청구된 경우, (3)대리인의 선임 없이 청구된 경우, (4)기타 헌법소원심판의 청구가 부적법하고 그 흠결을 보정할 수 없는 경우에 지정재판부 재판관 전원의 일치된 의견에 의한 결정으로 헌법소원의 심판청구를 각하하며, 지정재판부가 각하결정을 하지 아니하는 경우에는 결정으로 헌법소원을 재판부의 심판에 회부하여야 한다. 헌법소원심판의 청구 후 30일이 경과할 때까지 각하결정이 없는 때에는 심판에 회부하는 결정이 있는 것으로 본다(동법 72조2·3항). 헌법소원에 관한 심판은 서면심리를 원칙으로 하나, 재판부는 필요하다고 인정하는 경우에는 변론을 열어 당사자·이해관계인 기타 참고인의 진술을 들을 수 있고(동법 30조), 헌법소원의 심판에 이해관계가 있는 국가기관 또는 공공단체와 법무부장관은 헌법재판소에 그 심판에 관한 의견서를 제출할 수 있다(동법 74조).

민　　법

- 총　칙 / 245
- 물권법 / 363
- 채권법 / 452
- 친　족 / 570
- 상　속 / 608

민사특별법 / 633

부동산등기법 / 643
- 총　칙 / 643
- 등기소와 등기관 / 645
- 등기장부 / 646
- 등기절차 / 648

민 법 개 요

민법은 사람의 재산관계 및 신분관계를 규정하는 일반사법이다. 이를 나누어 설명하면, 우선 민법은 사법에 속한다. 법을 공법과 사법으로 구분하는 것은 일반적으로 승인되고 있는 것이지만 종래 그 구별의 기준에 대하여는 이론이 있다. 법이 보호하여야 할 이익이 공익인가 사익인가를 기준으로 하여야 한다는 이익설, 법률관계의 한편의 주체가 국가 기타의 공익단체인 경우가 공법이고 그 반대의 경우가 사법이라고 하는 주체설, 권력복종의 관계를 규정하는 법이 공법이고 평등관계를 규정하는 법이 사법이라고 하는 관계설, 통치권의 발동에 관한 법이 공법이고 그렇지 않은 경우가 사법이라고 하는 통치관계설 등이 그것이다. 사람의 생활관계에는 국민으로서의 생활관계와 인간으로서의 생활관계가 있다. 전자를 규율하는 법이 공법이고, 후자를 규율하는 법을 사법으로 보는 생활관계설의 견해가 일반적이다. 본디 법을 공법과 사법으로 나누어 고찰하는 것은 정치사회와 경제사회 및 시민사회의 구별에 대응한 것으로 이와 같은 구별은 근대사회의 특질에서 기인하는 것이다.

다음에 민법은 사법 가운데에서도 이른바 일반사법에 속하는 법이다. 즉 상사관계를 제외한 인간으로서의 생활관계를 규율하는 법이 민법이다. 이러한 민법의 내용은 재산관계를 규율하는 부분(이른바 재산법)과 신분관계를 규율하는 부분(이른바 신분법 또는 가족법)으로 구성되어 있다. 결국 민법은 사람들의 일반적인 생활관계를 규율하는 법률인 것이다.

현행민법은 1958년 2월 21일 법률 제471호로 제정되어 수차례의 개정을 거쳐 오늘에 이르고 있다. 그 구성으로 제1편 총칙은 권리의 주체(인), 객체(물), 법률행위, 대리, 조건, 기한, 기간 및 시효 등에 관하여 규정하고 있다. 총칙으로서 가족법(신분법)에는 적용되지 않는 경우가 많다. 제2편은 물권으로 이른바 물권법정주의를 취하고 물권변동에 관하여 형식주의를 규정하여 소유권, 점유권, 용익물권 및 담보물건에 관하여 규정하고 있다. 제3편 채권편에서는 채권의 일반효력을 규정한 총칙과 채권발생의 원인인 계약, 사무관리, 부당이득 및 불법행위에 관하여 규정하고 있는 각칙으로 나누어져 있다.

그밖에 제4편, 제5편에서는 신분관계에 관한 부분인 친족, 상속에 관하여 규정하고 있다.

민 법

총 칙

민법(民法)
영;civil law
독;Burgerliches Recht
불;droit civil

(1) 민법의 연혁 및 어원 : 민법은 독일어로(Bargerliches Recht나 Zivilrecht)라 부르며, 불어로는 droit civil이라고 부른다. 그러나 용어는 모두 로마법 ius civile를 번역한 것에 불과하다. 원래 ius civile(시민법)는 로마시민권을 가진 자에게만 적용되는 법체계로서 로마시민권이 없는 자와의 법률관계를 규율하는 법체계인 ius genti-um(만민법)과 대립하는 것이었다. 그후 ius civile의 점차 확대 적용되었으며 A. D. 212년에 제국내의 모든 자연인에게 시민권이 부여되면서 모든 국민에게 적용되는 법체계가 되었다. 그러나 그 내용은 로마의 법학자들이 ius privatum(사법)이라 부르던 개인과 그의 가족에 관한 사법에 제한되었던 것이다. 그 후 근세 초에 이르러 로마법이 계수 되면서 공·사법의 구별을 알지 못하던 게르만법체계에 공·사법의 구별을 가져왔다. 그리하여 ius civile는 사법(Privatrecht)에 부합하는 법률용어가 되었으며 18세기 이래로 제정된 여러 사법전은 ius civile를 번역한 용어로 불리우게 되었다. 이 용어가 퍼져가는데 가장 큰 역할을 한 것은 프랑스민법전(Code Civil)과 독일민법전(Brgerliches Gesetzbuch : BGB)이다. 우리가 쓰고 있는 「민법」이라는 말은 일본인이 네덜란드어 Burgeryk Regt를 번역한 것이라고 한다.

(2) 민법의 의의·체계는 다음과 같다. ㉮ 사법이며 일반법이다. 사법이란 사적 생활관계를 규율하는 법으로 공적 생활관계를 규율하는 법으로 공적 생활관계를 규율하는 공법이나 노동생활관계·경제생활관계·복지생활관계를 배분적 정의에 입각하여 규율하는 사회법에 대치되는 개념이다. 또한 일반법이란 사람·장소·사물의 전반에 대해서 일반적으로 적용되는 법률로서 그 일부에만 적용되는 특별법에 대치되는 개념이다. ㉯ 재산법과 가족법을 포괄하는 일반법이다. 사회생활관계는 소유를 중심으로 하는 재산 관계와 친자·부부 등의 가족을 중심으로 하는 가족관계의 두 분야로 나눌 수 있다. 민법은 이 두 분야를 모두 규제하는 법이다. ㉰ 행위규범이면서 재판규범이다. 민법은 사회의 불특정한 일반인을 대상으로 하는 법이므로 개인은 일상생활에서 반드시 지켜야한다(행위규범). 그러나 이것이 지켜지지 않아 분쟁이 일어나서 법원에 소가 제기될 경우 민법은 법원이 판결할 수 있는 기준이 된다(재판규범). ㉱ 실체법이다. 민법은 직접적으로 권리·의무에 관하여 정한 실체법이다. 그리고 실체법이 정한 내용을 법원이나 그 밖의 기관이 실현하는 절차를 정한 법이 민사소송법 등의 절차법이다. ㉲ 민법의 의의는 실질적 의미

와 형식적 의미로 나눌 수 있다. 실질적 의미의 민법은 상법 등의 특별사법에 대한 개념으로 사법의 일반법을 말한다. 이른바 실질적 의미의 민법이란 개인으로서의 일반적인 생활관계를 자유·평등을 기조로 하여 규정한 법이라고 할 수 있다. 형식적 의미의 민법은 민법이란 명칭을 가진 성문법전을 말한다. 즉 실질적 의미의 민법을 체계화하여 편찬한 법전을 뜻한다.

권리의 포기(權利의 抛棄)

자기가 가지는 권리를 소멸시키기 위하여 행하는 행위. 포기한다는 취지의 적극적 의사표시에 의하는 점에서 권리의 불행사와 구별된다. 권리를 포기하는 것은 원칙적으로 권리자의 자유이나 공권이나 가족권(신분권)과 같은 것은 그 성질상 포기할 수 없는 것을 원칙적으로 하며 재산권이라도 타인의 이익을 해치는 경우에는 포기할 수 없다.

> <u>인지청구권은 본인의 일신 전속적인 신분관계상의 권리로서 포기할 수 없고 포기하였다 하더라도 그 효력이 발생할 수 없는 것</u>이므로 비록 인지청구권을 포기하기로 하는 화해가 재판상 이루어지고 그것이 화해조항에 표시되었다 할지라도 동 화해는 그 효력이 없다*(대법원 1987. 1. 20. 선고 85므70 판결).*

권리관계(權利關係)

권리관계라 함은 사람과 사람 간에 있어서 법률상에 의무를 강제할 수 있는 관계를 말한다. 예컨대 甲·乙간에 매매계약이 성립한 때에는 매도인 채권자는 그 대금의 교부를 받을 권리가 있으므로 채무자인 매수인을 강제할 수가 있다. 즉 이 강제할 수 있는 관계가 권리관계인 것이다.

법정의무(法定義務)

법률·명령의 규정에 의하여 당연히 부담하는 의무. 예컨대 친권자가 자기 집에 있는 미성년자인 자녀를 보호 감독하는 의무를 부담하는 것과 같다. 이 경우에 미성년자가 제3자에 대하여 끼친 손해에 관하여는 배상책임을 진다(민§755).

권한(權限)

독;Zuständigkeit, Kompetenz

타인을 위하여 그 자에 대하여 일정한 법률효과를 발생케 하는 행위를 할 수 있는 법률상의 자격이다(예 : 대리인의 대리권·법인이사의 대표권·사단법인사원의 결의권·선택채권의 선택권 등). 그러나 권리를 가지는 자가 타인을 위하여 그러한 효과를 발생시키는데 있어서 이익을 가지는 경우에는 권리라고 하여도 상관없다.

사법(私法)

영;private law
독;Privatrecht Zivilrecht
불;droit prive

사법이란 사인 상호간의 일상생활관계를 규율하는 법이다. 공법이 권력관계의 법·공익에 관한 법·국가에 관한 법인데 반해 사법은 법과 대등한 관계의 법·사익에 관한 법·사인에 관한 법으로 볼 수 있다. 구체적으로 말하면 민법과 상법 그 밖의 민사특별법(어음법, 수표법 등)이 이에 해당된다(자세한 것은 공법 참조).

공법과 사법의 구별기준

학설	내용
이익설	보호하고자 하는 이익이 공인이냐 사익이냐를 기준으로 하는 견해로서, 공익을 보호하는 것이 공법, 사익을 보호하는 것이 사법이라고 본다.
성질설	법률관계의 성질에 따라 평등·대등한 관계를 규율하는 법이 사법, 불평등한 관계를 규율하는 법이 공법이라는 견해이다.
주체설	국가 기타 공공단체 상호간의 관계나 공공단체와 사인간의 관계를 규율하는 법이 공법, 사인과 사인간의 관계를 규율하는 법이 사법이라는 견해이다.
생활관계설	국민으로서의 생활관계를 규율하면 공법관계, 인류로서의 생활관계를 규율하면 사법관계로 보는 견해이다.

재산법·가족법(財産法·家族法)

민법은 그 규제대상에 따라 재산법과 가족법으로 구성되어 있다. 개인간의 사회생활을 규율하는 사법관계는 경제적 생활관계(재산관계)와 가족적 생활관계(가족관계)로 크게 분류되는데, 전자를 규율하는 법규를 재산법이라 하고 후자를 규율하는 법규를 가족법(신분법)이라 한다. 민법상의 물권·채권법과 상법은 재산법의 주요한 것이고 민법상의 친족·상속법은 가족법(신분법)의 주요한 것이다. 상속법은 재산의 상속 또는 사인처분(死因處分)을 규율하므로 재산법이라고도 볼 수 있으나 친족법과 밀접하게 관계하므로 보통 가족법(신분법)의 일부로 취급한다. 재산관계는 합리적인 경제관계이다. 따라서 경제행위에 대한 외적규범인 재산법은 보통 임의규정으로써 이루어지며 강행규정은 예외적으로 이루어진다. 반면에 가족관계는 비합리적인 전인격적인 결합관계이다. 따라서 사람의 가족생활에 대한 내적규범인 가족법(신분법)은 원칙적으로 강행규정으로 이루어지고 자유의사에 의한 행위는 혼인·결혼·입양·파양 등 가족관계의 득실변경에 관해서만 인정될 뿐 그 밖의 가족관계의 이탈·변경은 원칙적으로 인정되지 않는다. 이와 같이 사적자치의 원칙이나 동적 안전의 존중 등은 주로 재산법 분야에 한한다. 재산법과 가족법(신분법)의 차이는 이와 같은 법률상의 지도원리의 차이에 의거한다. 민법총칙은 법전의 형식상으로는 물권·채권·친족·상속 등 각편에 공통되는 일반규정을 두고 있으므로 민법전체의 통칙적 지위에 있다. 그러나 민법총칙은 주로 민법상의 재산법에 대한 통칙을 정한 것으로 가족법(신분법)에는 적용되지 않는 것이 많이 있다.

가족법에 적용되는 민법총칙 규정

(1) 법원에 관한 민법 제1조
(2) 신의칙 · 권리남용금지원칙에 관한 민법 제2조
(3) 주소에 관한 민법 제18조 내지 제21조
(4) 부재와 실종에 관한 민법 제22조 내지 제30조

(5) 물건에 관한 민법 제98조 내지 제102조
(6) 반사회질서의 법률행위 무효에 관한 민법 제103조
(7) 무효행위의 전환에 관한 민법 제138조
(8) 기간에 관한 민법 제155조 내지 제161조

민법전(民法典)

영;civil code
독;Burgerliches Gesetzbuch(BGB)
불;code civil

민법전은 민법의 명칭을 가진 법전을 말한다. 법전이라 함은 체계적으로 편집된 일단의 법률을 뜻한다. 민법전은 5편으로 되어 있고 각 편이 장·절 등으로 편집된 본문 제1118조(총1106개조)와 부칙 28조 및 개정부칙으로 구성되어 있는 일대법전이다. 민법전을 보통 민법이라고 부르고 있다. 이 의미에서의 민법을 형식적 의미의 민법이라고 한다. 민법전에 수록되어 있는 조문을 그 대부분이 실질적 의미의 민법이지만 실질적 의미의 민법과 형식적 의미의 민법이 반드시 일치하는 것은 아니다. 예컨대 민법전 속에는 법인의 이사·감사·청산인에 대한 벌칙규정(민§97)·채권의 강제이행(§389)등과 같은 공법적인 규정도 포함되어 있다. 이러한 규정들은 공법규정이므로 실질적 의미의 민법은 아니다. 반대로 민법전에 수록되어 있는 것 이외에 관습법 내지 불문법으로서 실질적 의미의 민법도 존재한다. 즉 민법전은 실질적 의미의 민법법규를 집대성한 것이지만 실질적 민법에 관한 규정을 모두 포괄하고 있지 못하여 이자제한법·부동산등기법·유실물법·공탁법·신탁법 등의 기타 단행법 속에 실질적 의미의 민법에 속하는 사항이 규정되어 있는가 하면 관습법 내지 불문법으로서의 실질적 민법도 존재한다. 영국과 미국을 제외한 근대국가는 19세기 초부터 완비된 민법전을 제정하여 사용하고 있다. 우리나라 민법은 한일합병 이전까지는 경국대전·속대전 등의 관습법이 있었을 뿐 근대적 의미의 민법전을 가지고 있지 못하였다. 그러다가 합방 후에는 조선민사령에 의하여 일본의 민법을 의용하여 사용하였다. 의용민법은 광복 후 군정법령 제21호 및 구헌법 제100조에 의해서 그대로 사용되다가 현행 민법이 1958년 2월 22일에 법률 제471호로서 공포되고 1960년 1월 1일부터 시행됨으로써 폐지되었다. 1960년 1월 1일부터 민법전이 시행된 이래로 약 50년 동안 모두 17차(타법 개정으로 인한 개정 포함)에 걸친 개정이 있었다.

제1차 개정(1962 12. 29. 법률 제1237호)은 강제분가에 관한 민법 제789조 1항을 개정하여 법정분가에 관한 1개항을 신설하여 이를 1항으로 하고 종래의 강제분가의 규정을 2항으로 두었다. 제2차 개정(1962. 12. 31. 법률 제1250호)과 제3차 개정(1964. 12. 31 법률 제1668호)은 모든 부칙 제10조 1항이 정하는 등기기간을 연장한 것이다. 제4차 개정(1970. 6. 18. 법률 제2200호)도 부칙규정의 개정이다. 제5차개정(1977. 12. 31 법률 제3051호)은 가족법에 관한 상당히 큰 규모의 개정이었다. 그 내용은 (1) 성년자의 혼인에는 부모의 동의가 필요 없는 것으로 한 개정(민§808), (2) 성년의제

규칙의 신설(§826의2), (3) 부부의 소속불분명재산을 부부의 고유재산으로 추정한 개정(§830②), (4) 협의이혼의 경우 가정법원의 확인을 얻도록 한 개정(§836①), (5) 子에 대한 친권을 원칙적으로 부부가 공동으로 행사하도록 한 개정(§909①②), (6) 특별수익자의 상속분의 단서를 삭제(§1008), (7) 유처(遺妻)의 법정상속분을 유리하게 조정하는 개정(§1009①②), (8) 유류분제도의 신설(§1112~§1118) 등이다. 제6차 개정(1984. 4. 10. 법률 제3723호)은 ㉮ 특별실종기간을 3년에서 1년으로 단축하고 항공기에 의한 실종을 특별실종에 추가하였고(§27), ㉯ 구분지상권규정을 신설하였고(§289의2), ㉰ 전세권에 우선변제적 효력을 인정하여 投下資本回收(투하자본회수)를 보장하였고(§30 3), ㉱ 건물전세권자의 지위의 안정성을 보장하였고(§312), ㉲ 건물전세권의 법정갱신제도 및 전세금증감청구권제도를 신설하였다(§312의2). 제7차 개정(1990. 1. 13. 법률 제4199호)은 ㉮ 호주의 승계와 재산상속의 규정을 대폭 개정하였고, ㉯ 부부의 이혼시 자의 면접교섭권과 상속재산에 특별히 기여한 부분을 공제하는 규정을 신설하였고(§837의2, §1057의2), ㉰ 재산상속시 동순위인 경우에 남녀차별없이 상속분은 균분(§1009)하도록 하였다. 제10차 개정(2001.12.29. 법률 제6544호)은 이사의 직무집행을 정지하거나 직무대행자를 선임하는 가처분을 하거나 그 가처분을 변경·취소하는 경우에는 주사무소와 분사무소가 있는 곳의 등기소에서 이를 등기하도록 하고(법 제52조의2 신설), 직무대행자는 가처분명령에 다른 정함이 있는 경우와 법원의 허가를 얻은 경우를 제외하고는 법인의 통상사무에 속하지 아니한 행위를 하지 못하도록 하였다(법 제60조의2 신설). 제11차 개정(2002. 1. 14일 법률 제6591호)은 ㉮ 상속회복청구권 기간을 그 침해를 안 날로부터 3년, 침해행위가 있은 날로부터 10년을 경과하면 소멸하도록 하였고, (§999③) ㉯ 상속채무가 상속재산을 초과하는 사실을 중대한 과실없이 상속개시일부터 3월의 기간동안 알지 못한 경우 그 사실을 안 날로부터 3월내에 한정승인을 할 수 있도록 하였다(§1019③신설). 제14차 개정(2005. 12. 29. 법률 제7765호)은 2002년 1월 14일에 신설된 「민법」제1019조제3항, 이른바 특별한정승인제도(단순승인을 하거나 단순승인으로 간주된 후 한정승인을 할 수 있는 제도)는 동법 부칙 제3항에서 그 소급적용의 범위를 "1998년 5월 27일부터 이 법 시행(2002. 1. 14.)전까지 상속개시가 있음을 안 자"로 제한하고 있는데, 이러한 부칙 제3항은 1998년 5월 27일전에 상속개시가 있음을 알았으나 그 이후에 상속채무가 상속재산을 초과하는 사실을 안 자를 포함하는 소급적용에 관한 경과규정을 두지 아니하는 한 헌법에 위반된다는 헌법재판소의 결정(2004. 1. 29. 2002헌가22 등)이 있어 이에 해당하는 자에게도 특별한정승인의 기회를 부여하기 위해 개정한 것이다. 제16차 개정(2007.12.21. 법률 제8720호)은 헌법상의 양성평등원칙 구현을 위하여 남녀의 약혼연령 및 혼인적령을 일치시키는 한편, 신중하지 못한 이혼을 방지하기 위하여 이혼숙려기간 제도를 도입하고, 이혼 가정 자녀의 양육 환경을 개선하기 위하여 협의이혼시 자녀 양육사항 합의를 의무화하는 등 현행 규정의 운영상 나타난 일부 미비점을 개선·보완하기 위한 개정이다. 그리고 제17차 개정(2009.5.8. 법률 제9650호)은 이혼시 양육비를 효율적으로 확보하기 위해 양육비의 부담에 대하여 당사자가 협의하여 그 부담 내용이 확정된 경우, 가정법원이 그 내용을 확인하는 양육비부담조서를 작성하도록 하려는 것이다(제836조의2에 제5항 신설).

이 외에도 미흡한 점을 보완하고, 현실에 맞도록 수정하는 등의 개정은 계속해서 이루어지고 있다. 2011년 3월 7일 개정을 통하여 기존의 금치산·한정치산 제도를 현재 정신적 제약이 있는 사람은 물론 미래에 정신적 능력이 약해질 상황에 대비하여 후견제도를 이용하려는 사람이 재산 행위뿐만 아니라 치료, 요양 등 복리에 관한 폭넓은 도움을 받을 수 있는 성년후견제로 확대·개편하고, 금치산·한정치산 선고의 청구권자에 후견감독인과 지방자치단체의 장을 추가하여 후견을 내실화하며, 성년후견 등을 요구하는 노인, 장애인 등에 대한 보호를 강화하고, 피성년후견인 등과 거래하는 상대방을 보호하기 위하여 성년후견 등에 관하여 등기로 공시하도록 하는 한편, 청소년의 조숙(早熟)화에 따라 성년연령을 낮추는 세계적 추세와 「공직선거법」 등의 법령 및 사회·경제적 현실을 반영하여 성년에 이르는 연령을 만 20세에서 만 19세로 낮추었다. 또한 2012년 2월 10일 개정을 통하여 미성년자를 입양할 때에는 가정법원의 허가를 받도록 하고, 미성년자에 대한 파양은 재판으로만 할 수 있도록 하며, 부모의 소재를 알 수 없는 등의 경우에는 부모의 동의 없이도 입양이 가능하게 하는 등 입양제도를 개선하고, 친양자 입양 가능 연령을 현행 15세 미만에서 미성년자로 현실에 맞게 완화하는 한편, 중혼에 대한 취소청구권자에 직계비속을 추가하는 등 현행 제도의 운영상 나타난 미비점을 개선·보완하였으며, 2013년 4월 5일 개정을 통하여 유실물에 대하여 공고 후 1년 내에 소유자가 권리를 주장하지 않으면 습득자가 소유권을 가진다고 규정하고 있던 것을, 20년 전 최초로 유실물 규정이 제정된 때와는 달리 현재는 교통 · 통신망의 발달로 유실물이 소유자에게 반환되는 기간이 짧아지고 있으며, 유실물 중 고가의 전자기기 등은 시간이 지날수록 가치가 하락하므로 습득자의 권리를 보다 빨리 인정할 필요가 있는 점을 고려하여 유실물의 소유권이 습득자에게 귀속되는 기간을 1년에서 6개월로 단축하였다. 또한 2014년 10월 15일 개정을 통하여 부모의 학대나 개인적 신념 등으로 자녀의 생명 · 신체 등에 위해가 발생하는 경우에도 자녀의 보호를 위하여 친권의 상실 선고 외에는 활용할 수 있는 제도가 없었던 문제를 개선하고자, 친권을 일정한 기간 동안 제한하거나 친권의 일부만을 제한하는 제도 등을 마련하여 구체적인 사안별로 자녀의 생명 등을 보호하기 위하여 필요 최소한도의 친권 제한 조치가 가능하도록 하였으며, 2015년 2월 3일 개정을 통하여 일반 보증인을 보호하기 위하여 보증 방식 및 근보증(根保證)에 관한 규정 등을 마련하는 한편, 생활 속에 대중화·보편화되어 계속적으로 증가하는 추세인 여행과 관련하여 여러 가지 법적 문제가 발생하고 있으나 이를 직접 규율하는 법령이 없어 여행자 보호에 취약한 부분이 있으므로 이를 보완하기 위하여 여행계약의 의의, 해제·해지, 담보책임에 관한 사항을 정하는 등 여행계약에 관한 기본적인 사항을 규정하였다. 2016년 1월 6일 개정에서는 견고한 건물 등의 소유 또는 식목(植木) 등을 목적으로 하는 토지임대차를 제외한 모든 임대차의 존속기간은 20년을 넘지 못한다고 규정한 제651조 제1항은 그 입법취지가 불분명하고 계약의 자유를 침해하므로 헌법에 위반된다는 헌법재판소의 결정(2011헌바234, 2013. 12. 26. 선고)을 반영하여 임대차 존속기간에 제한을 둔 관련 규정을 폐지하였다. 이어 2016년 12월 2일 개정을 통하여 자녀를 직접 양육하지 아니하는 부모 일방이 사망하거나 자녀를 직접 양육하지 아니하는 부모 일방이 피치 못할 사정으로 면접교섭권을 행사할 수 없을 때 그 부모의 직계존속이 가정법원의 허가를 받아 손자녀와 면접교섭이 가능하도록 하였고, 2016년 12월 20일 개정을 통하여 피후견인의 직계비속은 그 직계혈족이 피후견인을 상대로 소송을 하였거나 하고 있더라도 후견인 결격사유에 해당되지 않도록 하였다. 또한 2017년 10월 31일 개정을 통하여 「민법」 제844조 제2항 중 혼인관계종료의 날부터 300일 이내에 출생한 자는 혼인 중에 포태(胞胎)한 것으로 추정하는 부분에 대한 헌법재판소의 헌법불합치결정(2013헌마623, 2015. 4. 30. 결정)의 취지를 반영하여 혼인관계가 종료된 날부터 300일 이내에 출생한 자녀에 대하여 어머니와 어머니의 전(前) 남편은 친생부인의 허가 청구를, 생부(生父)는 인지의 허가 청구를 할 수 있도록 하여 친생부인(親生否認)의 소(訴)보다 간이한 방법으로 친생추정을 배제할 수 있도록 하였다.

민법전의 구성

구분	내용
총칙	권리의 주체가 되는 사람, 객체가 되는 물건, 권리득실의 주원인이 되는 행위 등에 관해서 규정하고 있다.
재산법	〈물권〉 물건을 직접적으로(사람의 행위를 媒介하지 않고서)동시에 배타적으로(일물일권주의의 원칙)지배하여 이익을 얻을 권리(점유권·소유권·지상권 등의 용익물권·질권·저당권 등의 담보물권)를 규정하고 있다.
	〈채권〉 채권자가 채무자에게 일정한 행위(채무의 이행)를 청구하는 권리를 규정하고 있다. 특히 채권의 발생원인인 계약, 불법행위 등을 규정
가족법	〈친족법〉 가족·부부·친생자·친족 등의 신분적 협동체에 관해서 규정하고 있다.
	〈상속법〉 사망으로 인한 유산의 배우자·子나 孫·부모·형제자매 등으로의 이전과 유언에 관해서 규정하고 있다.

민법전구성(편별) (民法典構成〈編別〉)

민법의 구성에는 로마식 「인스티투치오넨스식」(Institutionensystem)과 독일식 「판덱텐식」(Pandektensystem)이 있다. 로마식은 로마의 법률가인 「가이우스」(Gaius)가 「법학제요」(Instiutiones)에서 사법을 인법(ius personarum)과 물법(ins reirim)으로 나누고 이에 소송법(Ius actionum)을 첨가한데서 유래한다. 동로마의 「유스티니아누스」(Justinianus)황제는 이를 모법으로 법률편찬사업을 전개하여 「법학제요」(Institutiones)라는 법전을 만들었다. 이 법계에 속하는 것은 프랑스·이탈리아·스페인·포르투갈과 라틴제국의 민법전 등이다. 독일식은 독일의 사법학자가 로마법대전의 학설휘찬(學說彙纂, Pandectae)에서 인용한 것이며 1863년의 작센(Sachsen)민법에서 비로소 채용하였는데 현행 독일민법전은 바이에른(Bayern) 민법초안식에 의하여 총칙·채권·물권·친족·상속의 순위로 배열되고 있다. 이 법계에 속하는 것은 스위스민법과 동채무법, 네덜란드·오스트레일리아·터키·중국·일본 등의 민법전이 있다. 우리 민법전은 독일식에 따르고 있다.

민법의 법원(民法의 法源)
영;source of civil law
독;Zivilrechtsquelle
불;source de dro it civil

법원(法源)이란 (1) 법의 존재형식이나 현상형태 (2) 법을 형성하는 원동력 (3) 법이 규범으로서의 가치가 인정될 수 있는 근원을 말한다. 법은 처음에 관습과 판례로 발달하여 불문법으로 존재하지만 문자로 기록되면서 통일적인 성문법이 제정되었다. 관습법과 판례법을 주요법원으로 하는 것이 불문법주의(不文法主義)이고, 문자로 기록한 법전을 주요법원으로 하는 것이 성문법주의이다. 불문법주의는 탄력적이어서 사회변동에 잘 대처할 수 있지만 법의 존재와 내용이 불명확하다. 성문법주의는 법의 존재와 내용이 명확하지만 법이 경직되어 사회변동에 잘 대처하기 어렵다. 우리 민법의 법원으로는 국가가 제정한 제정법으로서의 민법전 기타 특별민법제법규칙(特別民法諸法規則) 등의 성문민법(成文民法)과 관습법·판례법·조리 등의 불문민법을 들 수 있다. 이러한 법원의 다양성으로 인한 혼란을 방지하기 위하여 우리 민법 제1조는 「민사에 관하여 법률에 규정이 없으면 관습법에 의하고, 관습법이 없으면 조리에 의한다」고 규정하고 있다.

관습법(慣習法)
영;Common law
독;Gewohnheitsrecht
불;droit coutumier

사회질서와 선량한 풍속에 반하지 않는 관습이 단순한 예외적·도덕적인 규범으로서 지켜질 뿐만 아니라 사회의 법적확신 내지 법적인식을 수반하여 법적확신 내지 법적인식을 수반하여 법의 차원으로 굳어진 것을 말한다. 관습법의 성립조건은 (1) 관행이 존재하여야 하고, (2) 관행에 대한 일반의 법적확신이 있어야 하며 (3) 관행이 사회질서에 위반하지 말아야 한다. 관습법은 성문법에 대하여 원칙적으로 보충적 효력을 가지는데 불과하다.

「민사에 관하여 법률에 규정이 없으면 관습법에 의하고 관습법이 없으면 조리에 의한다」고 규정한 민법 1조는 바로 이러한 의미이다. 따라서 성문법을 개폐할 변경적 효력은 없다고 보아야 한다. 그러나 다음의 경우에는 관습법이 법률과 동일한 효력을 가진다고 보아 실제로는 성문법과 모순되는 관습법이 성문법규를 제압하고 효력을 발휘하는 경우도 있다(민§106). 즉 (1) 법령 가운데 이러한 사항에 대해서는 관습에 의한다고 규정되어 있는 경우이다. 예컨대 관습에 의한 비용부담(§224)등이다. 또한 민법은 물권에 관하여는 관습법에 대하여 성문법 제1조에 대한 예외를 스스로 인정하고 있다(§185). (2) 법령에 아무런 규정이 없지만 변경적 효력이 인정되는 경우이다. 예컨대 양도담보·명인방법(明認方法)·내록관계(內錄關係) 등이다. 또 상사에 관하여는 상관습법은 상법에서는 우선하지 못하지만 민법에는 우선하여 적용된다(상§1).

관습법이란 사회의 거듭된 관행으로 생성한 사회생활규범이 사회의 법적 확신과 인식에 의하여 법적 규범으로 승인·강행되기에 이른 것을 말하고, 그러한 관습법은 법원(法源)으로서 법령에 저촉되지 아니하는 한 법칙으로서의 효력이 있는 것이고, 또 사회의 거듭된 관행으로 생성한 어떤 사회생활규범이 법적 규범으로 승인되기에 이르렀다고 하기 위하여는 헌법을 최상위 규범으로 하는 전체 법질서에 반하지 아니하는 것으로서 정당성과 합리성이 있다고 인정될 수 있는 것이어야 하고, 그렇지 아니한 사회생활규범은 비록 그것이 사회의 거듭된 관행으로 생성된 것이라고 할지라도 이를 법적 규범으로 삼아 관습법으로서의 효력을 인정할 수 없다*(대법원 2005. 7. 21. 선고 2002다1178 전원합의체 판결)*.

관습법의 효력

견해	내용
보충적 효력설	관습법은 성문법이 없는 경우 그것을 보충하는 효력만 인정하는 견해이다.
대등적 효력설	관습법은 성문법과 대등하며, 나아가 성문법을 개폐하는 효력을 인정하는 견해이다.
판례 (보충적 효력설)	가족의례준칙 제13조의 규정과 배치되는 관습법의 효력을 인정하는 것은 관습법의 제정법에 대한 열후적, 보충적 성격에 비추어 민법 제1조의 취지에 어긋나는 것이다(대법원 1983.6.14. 선고 80다3231 판결).

판례법(判例法)

영;case law, judgemade law
독;Judikaturrecht

판례란 법원이 소송사건에 대하여 법을 해석 적용하여 내린 판단을 말하며 판례법은 이러한 판례를 법원으로 인정할 경우에 판례의 형식으로 형성된 법이다. 영미법계에서는 판례를 가장 중요한 법원으로 한다. 그러나 성문법 중심의 우리나라에서는 판례를 법원으로 할 것인가에 대하여 견해가 나누어진다. (1) 부정설 : 부정설은 ㉮ 입법과 사법은 엄격히 구분되므로 법원이 법을 정립하는 것은 삼권분립에 반하며, ㉯ 대법원의 법령에 대한 판단은 당해 사건에 한하여 하급심을 구속하기(법조§8) 때문에 장래의 재판에 있어서 그 판례가 법으로 원용되는 것은 아니라는 점을 근거로 든다. 따라서 판례는 법원을 구속하지 못할 뿐만 아니라 일반인에 대하여도 법으로서의 구속력을 갖지 않는다고 주장한다. (2) 긍정설 : 긍정설은 ㉮ 판례는 장래의 사상을 예정하여 추상적인 규범법을 정립하는 것이 아니고 구체적인 소송사건에 대한 법의 적용과정을 통하여 법적 성격을 형성하여 가는 것이므로 삼권분립의 원칙에 반하지 않으며, ㉯ 우리나라 대법원의 심판에서 판시한 법령의 해석은 그 사건에 관하여 하급심을 구속하며(법조§8), ㉰ 대법원은 판결의 변경에 신중을 기하므로 상당한 정도의 확실성을 인정할 수 있으며(법조§7①Ⅲ), ㉱ 이후의 판결이 사실상 선례를 따른다는 점을 근거로 든다. 일반적으로 하급법원이라 하더라도 재판권을 행사함에 있어서 상급법원의 판결에 구속되지 않는다. 그러나 같은 내용의 사건에 대하여 상급법원의 판례와 다르게 재판하면 상급심에서 파기되는 일이 많으므로 하급법원은 스스로 상급법원의 판결을 존중하게 된다. 또한 일반인도 패소하지 않기 위하여 판례에 따라 행동하여야 한다. 따라서 판례의 구속력은 사실상 매우 강하다. 그러나 대륙법계 국가인 우리나라에서는 판례의 법원성이 부정된다.

조리(條理)

英;naturalis ratio
獨;Natur der Sache
佛;nature des choses

조리는 사물의 성질·순서·도리·합리성 등의 본질적 법칙을 의미한다. 경우에 따라서는 경험칙·공서양속·사회통념·신의성실· 사회질서·정의·형평·법의 체계적 조화·법의 일반원칙 등의 명칭으로 표현되는 일도 있다. 그 법원성에 대하여는 긍정설과 부정설이 있다. 아무리 완비된 성문법이라도 완전무결할 수 없다. 따라서 법의 흠결이 있을 경우에는 조리에 의하여 보충하여야 한다. 민법 제1조는「민사에 관하여 법률의 규정이 없으면 관습법에 의하고 관습법이 없으면 조리에 의한다」고 하여 민사재판에서 성문법도 관습법도 없는 경우에는 조리가 재판의 규범이 된다고 명문으로 규정하고 있으므로 조리는 보충적 효력을 가진다고 한다.

사권(私權)

英;private rights
獨;subjektive private Rechte
佛;droits privés ou civils

재산과 가족에 관한 법률관계, 즉 사법상 인정되는 권리로서 공권에 대치되는 권리이다. 법을 공법과 사법으로 나눌 수 있는 것과 마찬가지로 권리도 공권과 사권으로 나눌 수 있다. 민법상의 권리는 사권에 속한다. 사권 중에서 특히 재산권은 개인주의적 법률관에 있어서는 신성불가침의 권리로 생각되었다. 그러나 오늘날 법률이 사권을 인정하는 이유는 사회의 향상과 발전을 위한 필요 때문이다. 따라서 사권의 내용과 행사는 공공복리에 의하여 제한되고 이에 대한 위반은 권리의 남용으로 취급된다(민§3). 권리란 일정한 이익을 향유하기 위해서 주어진 법률상의 힘이므로 사권은 사법적 생활이익의 보호 또는 향유를 위하여 법률상 인정된 것이다. 때문에 사람의 사회적 생활이익이 대단히 다양한데 따라 사권도 여러 가지 표준에 의해 분류될 수 있다. 즉 사권은 내용에 따라 인격권·재산권·가족권·사원권, 작용에 따라 지배권·청구권·형성권·항변권·효력범위에 따라 절대권·상대권·이전성에 따라 일신전속권·비전속권 등으로 분류된다.

인격권(人格權)

영;personal rights
독;Persönlichkeitsrecht
불;droit de personnalite

권리자 자신의 인격적 이익향수를 보호의 목적으로 하는 사권이다. 인격권은 성질상 권리자 자신에게서 분리될 수 없는 일신전속권이므로 양도·처분할 수 없으며 시효의 대상도 되지 않는다. 민법 제751조는 타인의 신체·자유·명예를 침해한다면 불법행위가 성립된다고 규정하고 있다. 이는 인격권을 예시한 규정이므로, 이밖에도 생명·정조·신용·성명·초상 등에도 위의 인격권이 성립하다. 그리고 인격권은 사람이 법률상 인정되는 인격자라는 지위(Recht der Persönlichkeit)의 의미로 쓰이는 경우도 있겠으나 그것은 결국 권리능력과 같은 뜻이다.

인격권은 그 성질상 일단 침해된 후의 구제수단(금전배상이나 명예회복 처분 등)만으로는 그 피해의 완전한 회복이 어렵고 손해전보의 실효성을 기대하기 어려우므로, 인격권 침해에 대하여는 사전(예방적) 구제수단으로 침해행위 정지·방지 등의 금지청구권도 인정된다*(대법원 1996. 4. 12. 선고 93다40614, 40621 판결).*

성명권(姓名權)

독;namensrecht

자기의 성명을 사용함을 내용으로 하는 사권. 인격권의 하나로 지배권의 성질을 가지며, 권리자의 사용을 방해하는 자 또는 부당하게 이를 사용하는 자에 대하여는 방해배제 또는 손해배상의 청구권이 발생한다. 성명이 어떻게 정해지느냐는 민법 및 그 밖의 법률에 규정되어 있다. 또 타인의 성명을 무단히 상표에 사용할 수 없는 점에 관하여서는 상표법에 규정이 있다. 어떤 경우에 타인의 성명권을 침해한 것이 되느냐 함은 공서양속(公序良俗)을 표준으로 하여 당시의 구체적인 사정에 따라서 사회통념으로 정해야 한다.

재산권(財産權)

영; property right
독;Vermögensrechte
불;droits des patrimoines

권리자의 인격이나 가족관계는 관계없이 금전적 가치를 목적으로 하고, 권리자체도 금전적 가치를 지니는 권리이다. 인격권·가족권(신분권)·사원권 등의 비재산권에 대립된다. 그러나 채권은 금전으로 가격을 산정할 수 없는 것도 목적으로 할 수 있는데(민§373), 이러한 채권도 재산권이라 할 수 있다(§162②). 한편 상속권(§1000)·부양청구권(§974)등은 재산적 가치를 내용으로 하고 있지만 인격이나 가족을 기초로 하는 권리이므로 재산권으로 취급하지 않는다. 재산권의 주요한 것은 물권·채권·무체재산권 등이다.

저작권(著作權)
영;copyright
독;Urheberrecht
불;droit k'auteur

문학·학술·예술에 속하는 저작물에 대한 배타·독점적 권리로서 무체재산권의 일종이다. 문학·학술·예술의 범주에 속하지 않는 것은 특허권·실용신안권·의장권(意匠權)·상표권 등의 객체가 된다. 저작물이란 문서·연설·회화·조각·공예·건축·지도·도형·모형·사진·악곡·악부·연주·가창·무보(舞譜)·각본(脚本)·연출·녹음필름·영화와 텔레비전, 컴퓨터프로그램저작물, 그 밖의 학문 또는 예술의 범위에 속하는 일체의 물건을 말한다. 저작자의 창작에 대한 노고와 그것이 갖는 재산적 가치에 비추어 저작자에게 이러한 권리를 인정한 것이다. 저작권은 그 성질상 국제적인 것이므로 만국저작권보호동맹이 체결되어 있다. 우리나라는 저작권법으로 보호하고 있다. 저작재산권으로 보호기간은 저작자가 생존하는 동안과 사망한 후 70년이며, 공동저작물의 저작재산권은 맨 마지막으로 사망한 저작자가 사망한 후 70년간 존속한다. 무명 또는 널리 알려지지 아니한 이명(異明)이 표시된 저작물과 업무상저작물의 저작재산권은 공표된 때로부터 70년간 존속하며, 무명 또는 이명 저작물의 경우, 저작자가 사망한 지 70년이 경과하였다고 인정할 만한 사유가 발생한 경우에는 그 저작재산권은 저작자 사망 후 70년이 경과하였다고 인정되는 때에 소멸한 것으로 본다. 그리고 업무상저작물의 경우 창작한 때부터 50년 이내에 공표하지 아니한 때에는 창작한 때부터 70년간 존속한다(저작§40, 41). 저작재산권은 전부 또는 일부를 양도할 수 있으며(저작§45①) 다른 사람에게 그 저작물의 이용을 허락할 수도 있다(저작§46①).

가족권(신분권)(家族權(身分權))

부자·부부 기타의 친족과 같은 일정한 가족적 지위에 따르는 생활적 이익을 내용으로 하는 권리로서 친족권과 상속권으로 나누어진다. 가족권(신분권)은 일신전속권이며 원칙적으로 본인이 행사하여야 하며 임의로 타인에게 양도·상속할 수 없다. 이 점에서 재산권과 다르며 인격권과 유사하다. 가족권(신분권)은 그 지위에 따른 포괄적인 권리가 아니라 개개의 권리의 총칭에 지나지 않는다. 따라서 그 가운데는 여러 권리가 포함되고 순수한 가족적인 것 이외에 부양청구권이나 재산관리권과 같은 재산적 색채가 강한 것도 있다.

친족권(親族權)

친족관계의 일정한 지위에 따르는 이익을 향수할 것을 내용으로 하는 권리이다. 예를 들면 친족·후견인의 권리·배우자의 권리·부양청구권 등이다. 특정인에 대한 권리라는 점에서는 채권과 가깝지만 그 내용이 지배권이라는 점에서 물권과 유사하며 일반적으로는 포괄적인 동시에 의무적인 색채가 강한 것이 특색이다. 친족권이 타인으로부터 침해를 받게 되면 물권에서 물권적 청구권이 발생하는 것과 마찬가지로 가족법상의 청구권이 발생한다. 이 가족법상의 청구권은 그 기본이 되는 친족권과 법률상 운명을 같이 한다.

상속권(相續權)

상속인으로서의 지위에 따라서 발생하는 권리이다. 종래에는 호주상속권과 재산상속권으로 나누어졌지만 1990년 개정민법은 재산상속만을 상속이라 하고 호주상속권은 호주승계권으로 명칭을 바꾸어 친족편에 편입시켰다. 민법상 상속권은 다음의 두 가지 뜻으로 사용된다. (1) 상속개시 전에 추정상속인이 가지는 기대권(희망권)으로서 장래에 현재대로 상속이 개시되면 상속이 될 수 있다는 불확정한 권리이지만 법률에 의하여 보호되고 있다(민§1000). (2) 상속개시 후에 상속인이 갖는 상속권으로 현실적인 권리이다(기득권). 이는 상속의 결과로 상속인이 취득한 포괄적인 권리로서(§1005) 상속개시에 의하여 발생하는 확정적인 권리이다. 따라서 이를 침해하는 자에 대하여는 상속회복을 청구할 수 있다(§999).

사원권(社員權)

독;Mitgliedschaftrecht

사단법인의 사원이 그 자격에 기인하여 법인에 대하여 가지는 권리의무와 이 권리의무를 발생하는 기본이 되는 사원의 법률상의 지위를 합하여 사원권이라고 부른다. 사원권은 내용상 (1) 법인의 목적을 달성하기 위하여 사원에게 인정되는 의결권·업무집행권과 같은 공익권과 (2) 사원 자신의 경제적 이익을 직접적으로 확보하기 위해 인정되는 이익배당청구권·잔여재산분배청구권과 같은 자익권(自益權)으로 나눌 수 있다. 민법상의 비영리법인에서는 공익권이 중요하나 영리법인 특히 주식회사 등에는 자익권이 중시되어 공익권은 부수적인 것이 된다. 따라서 공익권은 법인기관이 가지는 권한이라고 하고 자익권만이 사원권이며, 그것도 사원인 지위에서 생기는 개개의 권리라고 보면 족하다고 하는 이른바 사원권부인론도 있다.

> “사단법인의 사원의 지위는 양도 또는 상속할 수 없다”고 한 민법 제56조의 규정은 강행규정은 아니라고 할 것이므로, 정관에 의하여 이를 인정하고 있을 때에는 양도·상속이 허용된다*(대법원 1992. 4. 14. 선고 91다26850 판결)*.

민 법

공익권(共益權)
독;gemeinnützige Recht

사원권의 일종으로서 법인자체 또는 사원의 공동의 목적을 위하여 존재하는 권리를 말한다. 예컨대 의결권·소수사원권·각종감독권·업무집행권(인적회사)등이 있다. 그러나 이것은 사원이 기관의 자격에서 가지는 권한이 아니라는 이유로 이를 부인하는 설도 있다.

자익권(自益權)
독;selbstnützliges Recht

사단법인의 사원 자신의 목적을 달성하기 위하여 부여된 권리로서 사원권의 일종이다. 예를 들면 이익배당청구권·잔여재산처분청구권·설비이용권 등이다.

고유권(固有權)
라;iura singulorum, iura quaesta
독;Soderrecht, Einzelrecht

사단에 있어서 구성원이 가지는 권리로서, 그 구성원의 동의 없이 다른 구성원들이 다수결로써도 박탈할 수 없는 구성원의 권리를 말한다. 비영리법인이나 공법인 등에 있어서도 문제가 되지만 특히 주식회사의 주주의 고유권이 문제가 된다. 주식회사에 있어서는 회사가 원래 각사원의 개인적 이익추구의 수단으로서 존재하는 것이므로 다수결에 의하여 각사원의 단체구성의 목적을 부인하는 것은 허용되지 않는다. 즉 고유권리론은 사원의 본질적 이익 보호를 위한 다수결원칙의 한계가 되는 것이다. 따라서 정관변경 또는 주주총회의 결의로써도 박탈할 수 없는 권리가 무엇인가에 대하여는 학설이 갈라져 있으나 결국 주식회사의 본질과 법률의 규정에 의하여 결정하는 수밖에 없다. 일반적으로 공익권 가운데 의결권은 다수결의 이론적 전제로서 법률의 규정에 의한 경우 이외에는 뺏을 수 없으며 그 이외의 권리도 정관에 의해 자치적 취급을 법정한 것 이외에는 박탈할 수 없다. 자익권 가운데에서도 주식자유양도권·신주인수권·주권교부청구권·주식명의 개서청구권 등은 성질상 박탈할 수 없고 이익배당청구권을 영구히 정지하거나 이익배당청구권과 잔여재산분배청구권을 동시에 박탈하는 것은 허용되지 않는다. 어쨌든 이 문제는 실정법상 대부분 해결되어 있으며 그 이론상 실익은 그리 크지 않다. 고유권은 형사소송에서 변호권의 내용으로 사용되기도 한다.

지배권(支配權)
독;Herrschaftsrecht, Beherrschungsrecht

타인의 행위를 개재시키지 않고서 일정한 객체에 대하여 직접 지배력을 발휘할 수 있는 권리이다. 물권이 가장 전형적인 지배권이며, 그밖에 저작권이나 등기권 등의 무체재산권이 이에 속한다. 친권·후견권 등도 비록 사람을 대상으로 하지만 상대방의 의사를 억누르고 권리내용을 직접 실현하는 점에서 지배권이다. 인격권도 인격적 이익을 직접 지배하는 권리이므로 지배권이다. 지배권을 침해하는 자가 있을 경우에는 그 자에 대하여 손해배상청구권 및 방해제거청구권(예컨대 물권적 청구권)이 발생한다. 이밖에 지배인의 대리권(Prokura)도 지배권이라 불린다.

청구권(請求權)

독;Anspruch

특정인이 타인에 대하여 작위 또는 부작위를 요구할 수 있는 권리이다. 권리실현을 위하여 그 타인의 행위를 필요로 하는 점에서 객체를 직접 지배하는 지배권과 근본적으로 다르다. 또한 타인이 청구에 응하지 않을 때에는 권리의 실현을 위하여 국가의 조력을 얻어야 한다. 채권은 그 대표적인 예이다. 다만, 채권은 모두 청구권이지만 청구권 모두가 채권은 아니다. 그 밖에 지배권인 물권이 어떠한 형태로 그 원만한 지배형태가 방해되었을 때에 생기는 물권적 청구권이나, 부양청구권(민§974)·부부간의 동거청구권(§826②) 등의 가족법상의 청구권도 이에 포함된다. 청구권 경합이란 동일한 경제적 목적을 가진 수개의 청구권이 공존하는 것이다. 특히 동일당사자간에 동일사실에 대한 다수의 청구권을 발생하는 요건을 충족시키는 경우에는 그 경합을 인정하느냐가 문제가 된다. 예컨대 임차인이 실화로 임차가옥을 불태우고 채무불이행과 불법행위가 겹쳐서 성립하는 경우이다. 이에 대하여 (1) 양쪽의 요건을 갖출 때에는 각각의 것을 원인으로 하여 두 가지의 손해배상 청구권이 발생한다고 보아 두 가지 모두를 청구하거나 어느 한쪽만을 청구할 수 있도록 경합을 인정하는 청구권 경합설과 (2) 당사자의 관계 또는 행위의 모습 등에 의하여 판단하여 어느 한쪽만이 발생한다는 경합을 인정하지 않는 법조경합설이 있다.

> 전세권자는 전세물인 가옥을 선량한 관리자의 주의로써 보관할 의무가 있고 계약이 해지되면 전세물을 반환하여야 하는 채무를 지는 것이므로 전세권자의 실화로 인하여 가옥을 소실케 하여 그 반환의무를 이행할 수 없게 된 때에는 한편으로는 과실로 인하여 전세물에 대한 소유권을 침해한 것으로서 불법행위가 되는 동시에 한편으로는 과실로 인하여 채무를 이행할 수 없게 됨으로써 채무불이행이 되는 것이다*(대법원 1967. 12. 5. 선고 67다2251 판결)*.

비재산적 청구권(非財産的 請求權)

예컨대 유골인도청구권과 같이 금전적 가치가 없는 행위를 목적으로 하는 청구권일지라도 법률상 보호할 가치가 있는 이상 마땅히 법률상의 권리로서 유효하게 존재할 수 있는 것이다(민§373).

형성권(形成權)

독;Gestaltungsrecht

권리자의 일방적 의사표시에 의하여 새로운 법률관계의 형성, 즉 권리의 발생·변경·소멸이라는 일정한 법률효과를 발생시키는 권리이다. 가능권(Kannrecht)이라고도 한다. 형성권은 재산권도 가족권도 아니다. 형성권에는 (1) 권리자의 의사표시만으로써 효과를 발생하는 것, 예컨대 벌률행위동의권(§5, §10)·취소권(§140~§146)·추인권(§143~§145)·계약해지권과 해제권(§543)·상계권(§492)·매매의 일방예약완결권(§564)·약혼해제권(§805)·상속포기권(§1041) 등과 (2) 법원의 판결에 의하여 비로소 효력이 발생하는 것, 예컨대 채권자취소권(§146)·친생부인권)(§846)·혼인취소권(§816~§825)·재판상혼인권(§840~§843)·입양취소권(§884~§897)·재판상파양권(§905~§900)등이다. 이와 같이 재판에 의해서만 법률관계를 형성시키는 이유는 형성권 행사의 효과가 일반 제3자에게 미치는 영향이 크기 때문이다. 그리고 이 경우에 제기하는 소를 형성의 소라고 한다.

청구권으로 불리우나 형성권인 것

(1) 공유물분할청구권
(2) 지상권자, 토지임차권자의 지상물매수청구권
(3) 전세권자, 임차인, 전차인의 부속물매수청구권
(4) 지료, 전세금, 차임증감청구권
(5) 매매대금감액청구권(민법 제572조)
(6) 지상권설정자, 전세권설정자의 지상권소멸·전세권소멸청구권

항변권(抗辯權)
독;exceptio 불;Einrede

타인의 청구권의 행사를 거부할 수 있는 권리이며 청구거부권이나 반대권이라고도 한다. 항변권은 상대방의 권리를 승인하면서 그 행사로 인하여 상대방의 권리의 작용에 일방적인 변경을 주는 법률효과를 발생시키는 것이기 때문에 청구거절을 내용으로 하는 특수한 형성권으로 간주된다. 항변권에는 (1) 일시이행을 거절하여 청구권의 효력을 일시적으로 저지하는 연기의 효력을 발생시키는 연기적(延期的)·정지적 항변권(dilatorische od. dauernde Einrede)과 (2) 영구적으로 이행을 거부하여 청구권소멸의 효력을 발생시키는 부정적·영구권 항변권 혹은 멸각적(滅却的) 항변권(peremptorische od. dauernde Einrede)의 두 가지로 나눌 수 있다. 동시이행의 항변권(민§536). 보증인이 가지는 최고 및 검색의 항변권(§437)등은 전자에 속한다. 후자의 예로 독일민법의 소멸시효의 항변권(독민§222), 우리 민법의 경우 한정승인의 항변권을 들 수 있다.

관리권(管理權)

관리권은 권리의 귀속과 행사·재산의 귀속과 관리가 법률적으로 분리한데서 발생한 권리개념이다. 관리권은 넓은 의미에서는 처분권까지 포함하지만(민§22, 211), 처분권과 대립시켜 처분권을 제외한 것을 관리권이라고도 한다. 후자의 의미에서 관리권은 재산권에 대한 처분권은 없고 다만 관리만을 내용으로 하는 권리이며, 보존행위·이용행위·개량행위 등이 여기에 해당한다(§118).

기대권(期待權)
독;Anwartschatsrecht

장래 일정한 사실이 발생하면 일정한 법률적 이익을 얻을 수 있다는 기대(희

망)를 내용으로 하는 권리로서 희망권이라고도 한다. 조건(또한 기한)의 성부가 미정인 동안에 있어서의 지위(조건부권리 : 민§148, 149)가 주요한 것이나 상속의 개시 전에 있어서의 장래에 유산을 상속할 상속인의 지위도 이에 속한다. 시험에 합격하면 10만원을 준다는 계약이 체결된 때는 수험자는 시험에 합격만 하면 10만원을 받을 수 있다는 기대를 가지게 되는데 이 기대를 일종의 권리로서 인정한 것이다. 위의 사례에서 만일, 돈을 주기로 약속한 자가 돈을 주지 않을 생각으로 합격을 방해하여 불합격을 시키더라도 그 약속에 관한 이상, 합격한 것으로 인정되기 때문에 10만원을 받을 수 있게 된다(§150①). 기대권의 보호는 권리의 종류에 따라 다르나 일반적으로 기대권(특히 조건부권리)은 그 이익을 침해당하지 않는다는 소극적 보호(§148)를 받는 이외에 일반적인 규정에 따라 이것을 처분·상속·보존·담보로 제공할 수도 있다(§149).

기득권(旣得權)
독;iura quasita
영;vested rights
독;wohlerworbene Rechte
불;droits acquis

사람이 이미 획득한 권리로서 국가라 할지라도 이를 침해할 수 없다고 한다. 기득권은 법률에 의해서 이미 주어진 권리이다. 주로 개인의 재산권에 대하여 주장되었다. 역사적으로는 사유재산의 확립에 이바지한 이론이다. 예를 들면 10년 이상 근무한 공무원은 퇴직연금을 받을 권리가 있다(공연§46① 본문). 그러므로 공무원연금법을 개정하여 25년 근속한 공무원에게 이 퇴직연금을 지급한다고 하여, 이미 10년이 넘은 공무원들에게까지 신법을 적용하게 되면 기득권을 침해하는 결과가 된다. 나아가 이 개정법의 적용을 10년 전까지 소급시행하여 적용하면 현재 연금을 받는 자도 앞으로는 연금을 받지 못하게 될 것이다. 오늘날 기득권의 불가침은 인정되지 않지만 입법정책상 기득권은 될 수 있는 한 존중되어야 한다. 법률불소급의 원칙에 입각한 것이다.

절대권·상대권(絶對權·相對權)
독;absoultes Recht·relative Recht
불;droit absolu·droit relatif

권리의 대외적 효력이 사회일반에 대하여 절대적으로 미치는가 혹은 특정인에 대하여 상대적으로 미치는가에 따라서 절대권과 상대권이 구별된다. 이 구별은 권리에 대한 의무자의 범위에 의한 분류로서 주로 사권에 관하여 행해진다. 절대권은 세상의 일반인을 의무자로 하여 대항할 수 있는 권리로서 대세권(對世權)이라고도 한다. 물권·인격권·무체재산권과 같은 지배권이 전형이다. 상대권은 권리의 내용이 특정인에 대한 일정한 행위를 위한 것이므로 그 특정인만을 의무자로 하여 대항할 수 있는 권리이다. 대인권이라고도 부르며 채권과 같은 청구권이 전형이다. 그러나 오늘날은 채권도 채무자 이외의 제3자에 의하여 침해받을 수 있으므로 절대권과 상대권의 구별은 명확한 것이 아니다.

일신전속권(一身專屬權)

독;höchstpersönliches Recht
불;droit exclusivement attache'e `ala personne

권리가 그 귀속이나 행사에 대하여 특정한 권리주체에 전속하는가에 의한 구별이다. 일신전속권은 권리가 특정한 주체와의 사이에 특별히 긴밀한 관계가 있기 때문에 그 주체만이 향유·행사할 수 있는 권리이다. 일신전속권은 다음의 두 가지로 나눌 수 있다. (1) 특정한 주체만이 향유할 수 있는 것이 향유전속권(享有專屬權)(귀속상의 일신전속권)이다. 즉 권리가 그 귀속에 있어서 권리자 자신의 신분·인격과 불가분의 관계에 있는 것이다(예 : 부양청구권·대리권 등). 이는 양도·상속에 관하여 제한을 받지만 다시 ㉮ 양도·상속이 다같이 불가능한 것(예 : 친권, 부부상호의 권리 등)과 ㉯ 양도만이 불능하고 상속이 가능한 것(예; 양도금지의 특약이 있는 채권 : 민§389①, ②§449, §1005 등)으로 나누어진다. (2) 특정한 주체만이 행사할 수 있는 것이 행사전속권(행사상의 일신전속권)이다. 즉 권리를 행사함에 있어서 권리자의 개인적 의사나 감정을 무시할 수 없는 권리이다. 이것은 채권과 대위권의 목적이 될 수 없다(§404①). 이들 두 종류의 일신전속권은 관점을 달리하므로 양쪽 모두를 포함하는 일신전속의 권리도 적지 않으나(예 : 친권등의 기초권(신분권)에 많다), 행사에 관하여만 일신전속의 것(예 : 위자료청구권이라든가 향유에 관하여만 일신전속의 것(예 : 종신정기금채권)도 있다. 그리고 공권은 공익적인 취지에서 부여되는 결과로 권리주체와의 사이에 긴밀한 관계가 인정되어 일신전속적 성격을 가지는 일이 많다(봉급청구권·연금청구권 따위). 인격권과 가족권(신분권)은 일신전속권이며 재산권은 원칙적으로 비전속권이다.

일신전속의무(一身專屬義務)

의무의 내용상 의무자 이외의 제3자가 이행할 수 없는 것이거나 의무자의 특수한 신분에 결합된 것을 말한다. 상속의 대상이 되지 않는다. 예를 들면 특정의 화가가 그림을 그릴 채무나 부양의무 등이 있다.

의사자치(意思自治)

영;autonomy of the will
독;Parteiautonomie
불;autonomie dela volonte'

일반적으로 개인의 사법관계를 그 의사에 의하여 자유로 규율하게 하는 것, 즉 사적자치 또는 사적 자치의 원칙을 뜻하는 바 국제사법에서 특히 이말이 쓰인다. 국제사법에서 의사자치라 함은 법률행위의 준거법을 당사자의 명시 또는 묵시의 의사로서 정하는 것을 뜻하며 당사자자치라고도 한다. 당사자가 법률행위에 의할 법률을 지정한 경우에 그 지정은 두 가지의 뜻을 가질 수 있다. 하나는 법률행위의 성립 및 효력 그 자체를 지배하는 법률의 지정이고, 다른 하나는 준거법을 정하는 대신에 어느 한 곳의 법률에 의하고자 하는 지정이다. 전자를 저촉법적지정(低觸法

的指定)(kollisionsrechtliche Verweisung)이라 하고, 후자를 실질적 지정(Materiwllrechtliche)이라고 한다. 그러나 의사자치에 대한 이러한 논의를 부정하는 견해도 있다.

사적 자치의 원칙

(私的 自治의 原則)
영;principle of private autonomy
독;Prinzip der Privatautonomie

사법상의 법률관계, 특히 거래는 개인의 자유로운 의사에 따라 결정되어 자기책임하에 규율되는 것이 이상적이며 사적생활의 영역에는 원칙적으로 국가가 개입하거나 간섭하지 않는다는 근대사법의 원칙이다. 때문에 각인은 모두 평등한 권리와 의무를 가지며 자신이 소유하는 물건을 자유로이 지배하고, 자유의사의 자치로써 타인과 협력하며, 개인의 의사에 따른 행위, 특히 과실 있는 행위에 대하여서만 책임을 진다는 구조이다. 그 중에서 소유권의 절대성·계약의 자유·과실책임이란 세 가지는 개인주의법제의 3원칙이라고도 하며 우리사회를 규율하는 가장 기본적인 법원리이다. 그런데 당사자간의 사적자치는 계약에 의하여 달성되므로 사적 자치의 원칙은 주로 계약자유의 원칙(계약체결의 자유·계약상대방 선택의 자유·계약내용결정의 자유·계약방식의 자유)으로 나타나지만, 개인이 사유하는 재산처분자유의 원칙과 상속법상의 유언자유의 원칙 등도 포함된다. 그러나 사법상의 거래관계는 각인의 의사에 맡긴다고 하더라도 그 의사가 잘못 표시된 경우 본인의 진의를 희생해서라도 외관을 신뢰한 자를 보호하지 않으면 거래의 안전을 해치게 된다. 또한 다수의 거래를 신속히 행하려고 할 때에는 미리 계약내용을 정해두고 이와 다른 계약은 하지 않도록 할 필요가 있다(부합계약). 나아가서 공공의 질서와 선량한 풍속에 반하는 계약은 무효로 하여야 한다. 특히 불리한 계약을 본의 아니게 체결 당하기 쉬운 토지·건물의 임차인, 금전의 차용인 등은 특별히 보호할 필요가 있다. 사적 자치의 원칙은 이러한 경우에 각각 제한을 받게 된다. 즉 사법상의 권리의 행사가 실질적으로 부당하다고 생각되는 경우 명문의 유무에 관계없이 권리에 대한 어떤 한계를 지어야 한다. 그리하여 오늘날은 신의성실의 원칙, 권리남용금지의 원칙, 무과실책임주의, 계약공정의 원칙 등에 의한 제한이 가해진다.

신의성실의 원칙

(信義誠實의 原則)
독;Treu und Glauben
불;bonne foi

「권리의 행사와 의무의 이행은 신의에 좇아 성실히 하여야 한다」(민§2①). 이것을 신의성실의 원칙 또는 신의칙이라고 한다. 신의성실이란 사회공동생활의 일원으로서 상대방의 신뢰를 헛되이 하지 않도록 성의를 가지고 행동하는 것이다. 이 원칙은 로마법에서 기원하였으며 특히 당사자의 신뢰관계를 기반으로 하는 채권법의 영역에서 채권행사와 채무이행에서 발생·발전한 법리이다. 근대사법에 있어서는 프랑스민법에서 처음으로 규정하였다. 그 근본 사고방식은 권리남용의 법리와 공통된 점이 많이 있다. 즉 권리의 행사가 신의성실에 반하는 경우에는 권리남용이 되는 것이 보통이며, 의무의 이행이 신의성실에 반하는 경우에는 의무이행의 책임을 지게 된다. 그밖에 권리의 남용도 실질적으로 신의성실에 반하는 경우에는 신의성실의 원칙에 적용을 받아야 하며 또한 공공의 질서와 선량한 풍속의 내용을 정하는 데에도 신의성실의 원칙을 적용한다. 신의나 성실의 구체적인 내용은 때나 장소가 변함에 따라 변화하는 것으로 결국 그 사회의 상식이나 일반통념에 따라 결정된다. 따라서 사정변경의 원칙과 실효의 원칙과 같은 원칙이 파생된다. 그러나 그 중심은 권리의 공공성·사회성을 존중하려고 하는 데 있다.

신의성실의 원칙에 반하는 것 또는 권리남용은 강행규정에 위배되는 것이므로 당사자의 주장이 없더라도 법원은 직권으로 판단할 수 있다*(대법원 1995. 12. 22. 선고 94다42129 판결).*

사정변경의 원칙

(事情變更의 原則)
라;clausula rebus sic stantibus

법률행위의 성립당시 그 기초가 된 사정이 그 후 현저히 변화된 경우에 당초에 정하여진 행위의 효과를 그대로 유지·강제하는 것은 신의성실에 반하는 부당한 결과를 발생시킬 수 있다. 이 경우 법률행위의 효과가 새로운 사정에 적합하도록 변경할 것을 청구하거나 또는 해제·해지할 수 있다는 원칙이다. 그러나 스스로 약속한 것을 사정변경을 이유로 함부로 파기하는 것은 계약정의에 어긋나므로 그 적용에는 요건이 구비되어야 한다. 즉, (1) 당사자의 책임 없는 사유(예 : 인플레이션)로, (2) 계약당시에는 당사자가 예상할 수 없었던, (3) 현저한 사정의 변경이 발생한 경우일 것을 요한다. 그러나 계약의 변경을 용이하게 인정하면 거래안전을 해칠 우려가 있기 때문에 이 원칙은 신중하게 적용되어야 한다.

이른바 사정변경으로 인한 계약해제는, 계약성립 당시 당사자가 예견할 수 없었던 현저한 사정의 변경이 발생하였고 그러한 사정의 변경이 해제권을 취득하는 당사자에게 책임 없는 사유로 생긴 것으로서, 계약내용대로의 구속력을 인정한다면 신의칙에 현저히 반하는 결과가 생기는 경우에 계약준수 원칙의 예외로서 인정되는 것이고, 여기에서 말하는 사정이라 함은 계약의 기초가 되었던 객관적인 사정으로서, 일방당사자의 주관적 또는 개인적인 사정을 의미하는 것은 아니다. 또한, 계약의 성립에 기초가 되지 아니한 사정이 그 후 변경되어 일방당사자가 계약 당시 의도한 계약목적을 달성할 수 없게 됨으로써 손해를 입게 되었다 하더라도 특별한 사정이 없는 한 그 계약내용의 효력을 그대로 유지하는 것이 신의칙에 반한다고 볼 수도 없다*(대법원 2007. 3. 29. 선고 2004다31302 판결).*

실효의 원칙(實效의 原則)

라;venire contre actum proprium
독;Verwirkung

권리를 포기한 것으로 인정할 만한 행위를 하거나 오랫동안 권리를 행사하지 않는 경우와 같이 권리의 행사가 없는 것으로 믿을 만한 정당한 사유가 있게 된 경우, 새삼스럽게 그 권리를 행사하는 것이 신의성실에 반한다고 인정되는 때에 그 권리의 행사를 권리남용으로서 허용하지 않는다는 원칙이다. 이 이론은 1차 대전 후 독일의 판례에서 나타나기 시작하였으며 영미법에 있어서의 이른바 금반언(禁反言)의 원칙(estoppel)과 그 취지가 같다.

실효의 원칙이라 함은 권리자가 장기간에 걸쳐 그 권리를 행사하지 아니함에 따라 그 의무자인 상대방이 더 이상 권리자가 그 권리를 행사하지 아니할 것으로 신뢰할 만한 정당한 기대를 가지게 되는 경우에 새삼스럽게 권리자가 그 권리를 행사하는 것은 법질서 전체를 지배실효의 원칙이라 함은 권리자가 장기간에 걸쳐 그 권리를 행사하지 아니함에따라 그 의무자인 상대방이 더 이상 권리자가 그 권리를 행사하지 아니할 것으로 신뢰할 만한 정당한 기대를 가지게 되는 경우에 새삼스럽게 권리자가 그 권리를 행사하는 것은 법질서 전체를 지배하는 신의성실의 원칙에 위반되어 허용되지 않는다는 것을 의미하는 것이므로, 종전 토지 소유자가 자신의 권리를 행사하지 않았다는 사정은 그 토지의 소유권을 적법하게 취득한 새로운 권리자에게 실효의 원칙을 적용함에 있어서 고려하여야 할 것은 아니다*(대법원 1995. 8. 25. 선고 94다27069 판결)*.

권리의 남용(權利의 濫用)

영;abuse of right
독;Rechtsmissbrauch
불;abus de droit

겉으로는 권리의 행사처럼 보이지만 실질적으로는 공공의 복지에 반하기 때문에 권리행사라고 할 수 없는 경우를 말한다. 즉 사회적으로 타당하다고 생각되는 범위를 넘어서 권리자가 오로지 개인적 이기적 입장에서 권리를 행사하는 것이다. 이러한 권리의 행사에 대하여는 이것을 인용할 필요가 없거나 불법행위로서 손해배상을 청구할 수 있다.

권리남용의 요건

문제점	권리남용이 되기 위해서 객관적 요건(권리의 존재, 권리의 행사, 권리행사로 인한 권리자의 이익과 상대방의 불이익 사이에 현저한 불균형) 외에 주관적 요건(권리행사자의 가해목적)도 있어야 하는지 문제된다.
학설	일반적인 견해는 객관적 요건만 요구하고 주관적 요건은 요구하지 않는다(곽윤직, 이영준, 이은영).
판례	양자를 모두 요구한 판례(2002다62135)
	객관적 사정에 의해 주관적 요건을 추인할 수 있다고 한 판례(93다4366)
	주관적 요건을 요구하지 않은 판례(2002다59481)

권리남용금지의 원칙
(權利濫用禁止의 原則)
독;Vervot der Rechtsmissbrauch

「권리는 남용하지 못한다」(민§2②). 권리는 사회공동생활의 향상 발전을 위하여 인정되는 것이므로 그 행사는 신의성실에 좇아서 행하여져야 하고 그렇지 않을 경우에는 불법한 것으로서 금지되어야 한다는 원칙이다. 권리자유의 원칙을 근본적으로 수정하는 진정한 권리남용금지가 확립된 것은 권리의 공공성·사회성이 인정되면서부터이다. 즉 권리자의 주관적 의사(방해의 의사나 목적)를 표준으로 하는 시카네(Schikane)금지의 법리와는 달리 객관적 입장에서 권리가 본래의 사회적 목적을 벗어난 행사가 있었는지에 여부를 표준으로 권리남용을 인정할 수 있게 되었기 때문이다.

사권행사의 한계
(私權行使의 限界)

근대민법에서는 소유권을 중심으로 하는 사법상 재산권의 행사를 권리자의 자유에 일임하고 국가가 함부로 간섭하지 않는 것이 기본원칙이었다. 따라서 법률에 특별한 제한이 없는 이상 권리의 행사는 자유이며 이를 제한하기 위해서는 법률의 특별규정이 있어야한다고 여겼다. 그러나 실제 법률관계에 있어서 형식적으로는 권리행사로 보이지만, 실질적으로 부당하다고 인정될 때에는 법문의 규정 유무를 막론하고 적당히 제한하여야 할 필요성이 대두되게 되었다. 이와 같은 필요성을 구체적으로 구현한 것이 민법상 양대 지주를 이루고 있는 권리남용의 금지와 신의성실의 원칙이다(민§2). 권리남용금지의 법리에 관하여 살펴보면, 소유권의 행사는 원칙적으로 자유이다. 그렇지만 개인의 자유에도 사회적으로 승인될 수 있는 내재적인 한계는 있는 것이므로 외형상으로 소유권행사로 보이는 경우에도 이 사회적 타당성의 한계를 벗어나게 되면 법률은 이에 대하여 보호할 수 없는 것이다. 신의성실의 원칙은 당사자간의 신뢰관계를 토대로 하는 채권법의 영역에서 특히 강조되어 온 것이며 채권의 행사와 채무의 이행에 관하여 발달하여온 법리이다. 이는 근본적으로는 권리남용금지와 공통된 원리에 입각하고 있는 것이다. 즉 쌍무계약에서 상대방이 완전한 채무를 이행하지 않는 한, 이쪽에서도 반대급부를 거절할 수 있는 것은 분명히 법적으로 주어진 일종의 권리이지만(동시이행의 항변권의 경우) 상대방의 불완전이행의 정도가 아주 경미한 경우에까지 이 같은 권리를 행사한다는 것은 실질적 형평의 관점에서 허용되지 않는다고 해석된다. 결론적으로 권리남용금지는 사회적인 관점에서의 제약인 데 반하여 신의성실원칙은 채권관계의 내부에서 조정 조화하려는 데 취지가 있다는 점이 다르다고 할 수 있으나 양자는 동일한 기조 위에서 근대사법상 중대한 변화를 촉진해 온 지도원리였다. 위 민법상에서도 이 원리는 단순히 채권이나 물권 등 어느 일부에만 적용되는 것이 아니라 사권 전반에 대한 한계 및 민법 전반에 흐르는 지도원리로서 의의를 가진다.

권리(權利)

영;right 독;(subjektives) Recht
불;droit(subjectif)

권리의 본질에 관하여는 (1) 의사의 힘 또는 의사의 지배라고 하는 의사설 (2) 법에 의하여 보호되는 이익이라는 이익설(Thering) (3) 이익의 향수를 위하여 법에 의하여 일정한 사람에게 주어진 힘이라는 권리 법력설(法力說)(Emeccerus) 등으로 학설이 나누어진다. 권리의 본질을 논할 경우는 항상 법이 전제가 된다. 그러나 법이 과연 권리를 앞서느냐에 대하여는 ㉮ 18세기 개인주의·자연주의적 사회계약설에서 유래된 권리선존설(權利先存說) ㉯ 실정법만이 법이라는 법실증주의자들이 주장한 법선존설 ㉰ Recht나 droit 등의 문자의 의미와 같이 객관적으로는 법을 의미하고 주관적으로는 권리를 의미한다는 동시존재설 등의 학설이 있다. 권리사상은 중세의 의무본위의 사상으로부터 근세의 권리본위사상의 시대를 거쳐 다시 금세기 초엽부터 권리에는 의무가 따른다는 사상으로 발전하였다.

주된 권리(主된 權利)

영;principal right
독;Hauptrecht
불;droit principal

다른 권리에 대하여 종속관계에서는 권리를'종된 권리'라고 하는데 비해, 그 다른 권리를 말한다. 이것은 주종관계를 표준으로 분류한 것이다. 이것은 주종관계를 표준으로 분류한 것이다.'종된 권리'는'주된 권리'의 존재를 전제로 하여 발생한다. 예컨대 질권과 저당권은 그의 피담보채권의 '종된 권리'이고, 이자채권은 원본채권의 '종된 권리'이다. '종된 권리'중에는 보증인에 대한 채권이나 질권·저당권 등과 같이'주된 권리'를 확보하기 위한 것이 있고, 또한 이자채권과 같이'주된 권리'의 확장으로 볼 수 있는 것이 있다. '종된 권리'는 그 발생·변경·소멸에 있어서 원칙적으로'주된 권리'와 운명을 같이 한다. 그러나 '종된 권리'도 발생 후 독립된 존재를 갖기에 이르면,'주된 권리'가 소멸된 후에도 독립하여 존재할 수 있다.

종된 권리(從된 權利)

영;accessory right
독;Nebenrecht
불;droit accessoire

어떤 법률행위의 효력이 발생하기 위하여 다른 법률행위의 존재를 필요로 하는 경우에 그 행위를 말한다.

권리본위사상(權利本位思想)

법의 이론 및 실제에 대하여 권리가 가지는 의의를 중요시하는 사상으로 의무본위사상에 대립한다. 이 사상은 일찍이 로마법에서 볼 수 있었으며 특히 근대에 이르러 개인주의적 사회관과 결부하여 지배적이 되었다.

의무본위사상(義務本位思想)

권리본위사상을 배척하는 의사로서, 법률생활에 있어서 지닌 의무의 뜻을 강조하는 것이 특색인바 의무는 법률상의 의무를 말할 때도 있고, 도덕상의 의무를 말할 때도 있다.

권리취득(權利取得)

권리가 특정한 주체와 법률적으로 결합하는 것이다. 즉 특정한 법률상의 인격자가 새로이 특정한 권리의 주체가 되는 것이다. 권리취득은 원시취득과 승계취득의 두 가지가 있다. 원시취득이란 타인의 권리를 기초로 하지 않고 새로이 권리를 취득하는 것을 뜻한다. 무주물선점(민법 제252조), 유실물습득(민법 제253조), 매장물발견(민법 제254조)에 따른 취득, 건물의 신축에 의한 소유권 취득 등을 예로 들 수 있다. 선의취득과 시효취득이 원시취득인지에 대해서는 견해가 대립하나 원시취득설이 다수설이다. 승계취득이란 타인의 권리에 기초하여 권리를 취득하는 것을 의미한다. 이 경우 종전 권리 위에 존재하던 제한이나 부담은 존속한다는 특징이 있다. 승계취득에는 종전의 권리자의 권리가 동일성을 유지하면서 새로운 권리자에게 이전되고 종전 권리자는 권리를 상실하게 되는 이전적 승계와 종전권리자는 권리를 유지하면서 그 권리에 대한 제한적인 권리를 신 권리자가 취득하는 설정적 승계가 있다.

권리이전(權利移轉)

권리가 동일성을 잃지 않고 그 자체로 갑으로부터 을로 주체를 옮기는 것이다. 을로부터 본다면 권리취득 및 승계취득이다. 계약 그 밖의 법률행위나 법률규정에 의하여 일어난다.

권리변동(權利變動)

권리의 발생·소멸을 총칭한다. 이것을 권리주체로부터 보면 권리의 취득·변경·상실 등이 된다. 권리의 변동은 여러 원인에 의하여 생기므로 개개의 권리의 변동을 발생케 하는 원인을 통일적으로 관념하여 법률요건이라고 한다.

권리경합(權利競合)

독, Konkurrenz Von Rechten

광의(廣義)로는 권리자인 1인이 타 권리자의 권리의 전부나 일부의 행사를 불능하게 하지 않으면 자기의 권리를 완전히 행사할 수 없는 상태, 즉 수인의 권리가 병존하는 것이다. 협의(狹義)로는 1인에게 동일한 목적을 가진 수개의 권리가 동시에 존재하는 경우이다. 협의의 권리경합에는 청구권경합, 형성권경합, 支지배권경합 등이 있다. 그러나 각개의 권리는 독립하여 존재하고, 서로 무관계하게 행사될 수 있으며, 또한 각 권리는 단독으로 시효 기타로 소멸할 수 있다. 예컨대 임차인 을이 임대차관계의 종료 후에도 임대인 갑에게 임차물을 반환하지 않은 경우, 갑은 임대차에 의한 반환청구권(민법 615조, 6

54조)과 함께 소유권에 기한 반환청구권(민법 213조)을 가지게 된다. 이때 같은 양 청구권 중 어느 하나의 행사에 의해서도 목적을 달성할 수 있으므로 권리의 경합이 있게 되고, 어느 한 청구권의 실현으로 다른 청구권은 그 존재의 적을 잃어 소멸하게 된다.

권리의 포기(權利의 拋棄)

자기가 가지는 권리를 소멸시키기 위하여 행하는 행위, 포기한다는 취지의 적극적 의사표시에 의하는 점에서 권리의 불행사와 구별된다. 권리를 포기하는 것은 원칙적으로 권리자의 자유이나 공권이나 가족권(신분권)과 같은 것은 그 성질상 포기할 수 없는 것을 원칙으로 하며 재산권이라도 타인의 이익을 해치는 경우에는 포기할 수 없다.

권리의 주체(權利의 主體)

영;the subject of rights
독;Rechtssubjekt

일정한 이익을 향유하게 하기 위하여 법이 인정하는 힘의 귀속자, 즉 권리의 귀속자를 말하며, 의무의 주체와 대립된다. 권리의 주체가 될 수 있는 지위 또는 자격을 가리켜 권리능력 또는 인격이라고 하는데, 민법은 자연인뿐만 아니라, 사단과 재단 등의 법인에게도 권리능력을 인정하고 있다.

권리의 행사(權利의 行使)

독;Ausübung des Rechts

권리의 내용을 그 권리의 주체를 위하여 직접 실현하는 것을 말하며, 넓은 의미로는 권리를 처분하는 것도 포함한다. 권리의 행사는 신의성실에 좇아, 그 권리를 남용하여서는 안 된다(민법 제2조). 또 권리의 행사는 주체는 물론, 대리인이나 관리인 등 타인에 의해서도 행해진다. 권리행사의 형태는 그 권리의 내용에 따라 지배권(물권)의 경우는 사실행위, 청구권(채권)의 경우는 급부요구와 수령행위, 형성권의 경우는 의사표시이다.

권한(權限)

독;Zuständigkeit, Kompetenz

타인을 위하여 그 자에 대하여 일정한 법률효과를 발생케 하는 행위를 할 수 있는 법률상의 자격이다(예 : 대리인의 대리권·법인이사의 대표권·사단법인 사원의 결의권·선택채권의 선택권 등). 그러나 권리를 가지는 자가 타인을 위하여 그러한 효과를 발생시키는데 있어서 이익을 가지는 경우에는 권리라고 하여도 상관없다.

권원(權原)

영;title 독;Rechtstitel 불;titre

어떤 법률행위 또는 사실행위를 법률적으로 정당하게 하는 근거이다. 예컨대 타인의 토지에 건물을 부속시키는 권원은 지상권(地上權)·임차권이다(민§256). 그러나 점유에 관하여는 점유를 정당하게 하는가의 여부를 불문에 붙이고 점유하게 된 모든 원인을 포함한다.

권능(權能)
독;Befugnis

권리의 내용을 이루는 개개의 법률상의 힘이다. 예컨대 소유권은 권리이지만 그 내용인 사용권·수익권·처분권 등(민§211)은 권능이다. 따라서 권리의 내용이 하나의 권능으로 성립하는 경우에는 권리와 권능은 동일하다.

법정의무(法定義務)

법령의 규정에 의하여 당연히 지게 되는 의무를 말한다. 예컨대 친권자가 자기 집에 있는 미성년자인 자녀를 보호·감독할 의무를 지는 것과 같다(민§755)·이 경우에 미성년자가 제3자에 대하여 끼친 손해에 관하여는 감독의무자가 배상책임을 진다.

자연인(自然人)
영;natural person
독;natürliches Person
불;presonne physique

법이 권리능력을 인정하는 자연적 생활체로서의 인간을 말한다. 재단이나 사단인 법인에 대립하여 개인을 가리키는 데 쓰이는 개념이다. 옛날 노비와는 달리 근대 법에서 자연인은 출생부터 사망에 이르기까지 완전한 권리능력(인격)을 인정받는다(민§3). 그러나 외국인에 대해서는 예외적으로 권리능력을 제한할 수 있다. 반면에 태아는 자연인이 아님에도 불구하고 예외로 권리능력을 인정받을 수 있다(§762 참조).

능력(能力)
영;capacity 독;Fahigkeit 불;capacite

법률상 일정한 사유에 관한 사람의 자격. 예컨대 권리의 주체가 될 수 있는 자격을 권리능력, 유효한 법률행위를 할 수 있는 자격을 행위능력, 위법한 행위에 의한 책임을 질 수 있는 자격을 책임능력, 특히 불법행위에 의한 손해배상의무를 질 수 있는 자격을 불법행위능력, 형사책임을 질 수 있는 능력을 형벌능력이라고 한다. 그러나 민법에서 단순히 능력이라고 하면 행위능력을 말한다.

권리능력(權利能力)
독;Rechtsfähigkeit
불;capacite de jouissance des droits

권리나 의무의 주체가 될 수 있는 자격이나 지위를 말한다. 권리능력을 인격 또는 법인격이라고 한다. 민법 제3조가 「사람은 생존한 동안 권리와 의무의 주체가 된다」고 규정한 것은 권리능력을 의미한다. 민법에서 따로 무능력자라고 하는 말이 있으나 이것은 권리능력이 없는 자는 아니므로 주의하여야 한다. 권리능력은 자격을 의미하므로 현실적으로 권리의무를 취득하기 위한 활동을 함에 필요한 행위능력과 다르다. 권리능력을 가지는 자는 구체적으로 인간의 육체를 가진 자연인 그리고 회사·학교·사회법인·재단법인 등과 같은 법인의 두 가지로 나누어진다. (1) 자연인은 법률상의 인격자로서 그 성별·연령·계층의 구별이 없이 평등하게 권리능력이 인정된다(민§3). 자연인이 권리능력을 갖는 시기는 출생시이고 종기는 사망시다. 아직 출생하지 않은 태아는 원칙적으로 권리능력이 없다. 그러나 앞으로 태어날 태아의 보호를 위하여, 불법행위로 인한 손해배상청구, 상속, 유증 등의 경우에는 이미 태어난 것으로 간주하여 그 한도에서 권리능력을 가진다(§762, §1064, §1003③). 즉 태아에게 유산을 준다고 하는 유언도 유효하다. (2) 법인은 사람의 결합체인 사단과 재단적 집단인 재단으로 나누어진다. 법인은 근대자본주의경제발전의 필연적 결과로서 조직적 활동체에 법률상의 인격을 부여하여 법률관계의 주체로 한 것이다(§31~97).

내용 / 능력의 종류	능력 있는 경우	능력 없는 경우
의사능력	7세 정도라도 증여를 받을 수가 있다.	행위는 성립하지 않고 무효
행위능력	19세가 되면 일체의 재산거래 행위가 가능하다. 법인도 목적의 범위 내에서라면 가능하다.	행위를 취소할 수 있으며 취소되면 처음부터 무효가 된다.
신분행위능력	의사능력이 있으면 子의 인지가 가능함. 입양의 승락	무효. 소(訴)에 의한 취소로부터 장래에 대해서마나 무효가 가능하도록 한 것이 많다.
불법행위(책임)능력	본인이 손해배상 등의 책임을 직접 부담한다.	본인은 책임이 없으며 감독의무를 해태한 법정감독의무자가 손해배상 등의 책임을 부담한다.
권리능력	권리를 가지며 의무를 부담한다.	권리를 갖지 못하며 또한 의무도 부담하지 않는다.

내용 / 능력의 종류	의 미	구체적인 표준
의사능력	사물을 판단하고, 이에 따라 의사결정을 할 수 있는 능력	만 7세 정도 개별적으로 판단
행위능력	재산법상의 권리나 의무를 질 수 있는 행위(법률행위)를 혼자서 유효히 할 수 있는 능력	미성년(19세 미만)·피한정후견인·피성년후견인 등 제한능력자를 법정. 법정인은 정해진 목적의 범위 내
신분행위능력	신분법상의 행위능력	순신분적행위(純身分的行爲)에 대해서는 의사능력과 동일하다.
불법행위(책임)능력	행위의 책임을 변식할 수 있는 정신적 능력	책임능력에 관해서 판례는 14세 전후의 청소년에 대하여 책임능력이 있다고 보는 것(71다187)과 없다고 보는 것(78다1805)이 모두 존재한다. 책임능력은 불법행위 당시를 기준으로 개별적으로 판단하고 획일적인 기준은 없다.
권리능력	권리나 의무의 주체가 될 수 있는 지위나 자격	자연인(경우에 따라서는 출생 전의 태아도)과 법인이 가진다.

출생(出生)

태아가 생명을 가지고 모체에서 완전히 분리되는 것을 말한다. 자연인은 출생과 동시에 권리능력을 취득한다(민§3). 따라서 자연인은 출생에 의하여 계급·신분·연령·성별 등에 관계없이 평등하게 재산을 소유할 수 있고 평등한 가족관계에 들어서게 된다. (1) 출생의 시기 : 출생은 보통 산모의 고통에서 시작하여 태아가 노출하고 스스로 호흡을 하게 되는 과정을 거치므로 어느 시점을 출생으로 볼 것인가가 문제된다. 학설은 ㉮ 진통설(형법의 통설), ㉯ 일부노출설, ㉰ 전부노출설(민법상의 통설), ㉱ 독립호흡설 등이 있지만 현재 민법상의 통설은 전부노출설이다. 사법상으로는 사산인가 태아가 출생후에 사망하였는가에 따라 상속순위가 달라지므로 출생의 시기가 문제된다. 예컨대 다른 직계비속이 없이 태아만이 있는 동안에 父가 사망한 경우에 만약 태아가 출산하여 순간이지만 권리능력을 취득하였다면 母와 그 子가 공동상속인이 되는데 비하여 사산이라면 母와 亡父의 직계존속이 공동 상속하게 된다(민§1000, §1003 등) (2) 출생의 증명 : 출생은 가족관계의 등록 등에 관한 법률에 따라 생후 1개월 이내에 신고하여야 한다(동법 제44조). 신고의무자는 다음과 같다. 즉, 혼인 중 출생자의 출생의 신고는 부 또는 모가 하여야 한다. 그리고 혼인 외 출생자의 신고는 모가 하여야 한다. 만약 이와 같이 신고를 하여야 할 사람이 신고를 할 수 없는 경우에는 동거하는 친족, 분만에 관여한 의사·조산사 또는 그 밖의 사람의 순위에 따라 신고를 하여야 한다(동법 제46조). 이 신고는 혼인·입양의 신고와는 달리 절차상의 관계에 지나지 않는다. 사람의 출생이라는 사실에 의하여 권리능력을 취득한다는 실체관계는 이로써 좌우되는 것이 아니다.

태아(胎兒)

라;nasciturus 영;unborn child
독;leibsfrucht 불;enfant concu

母의 태내에서 아직 출생하지 않은 자이다. 즉 수태후 출생에 이르기까지의 자이다. 태아는 민법상 원칙적으로 권리능력이 인정되지 않는다(민§3). 그러나 이러한 원칙을 고집하면 태아에게 불이익하거나 인정에 반하는 경우가 일어난다. 여기에 각국의 민법은 다소 예외를 인정하여 일반적 보호주의 혹은 개별적 보호주의를 채택한다. 전자는 태아의 이익을 위하여 모든 법률관계에 있어서 태아가 이미 출생한 것으로 보는 주의로서 로마법의 원칙이었고 스위스민법이 이에 따른다(스·민§21②) 후자는 중요한 법률관계에 관하여서만 개별적으로 출생한 것으로 보는 주의로서 독일민법(독§1923, §1912 등)·프랑스민법(프·민§725, §906 등)·구민법 등이 이에 따른다. 우리 민법은 개별적 보호주의를 택하여 (1) 불법행위에 기한 손해배상의 청구(민§762) (2) 상속(§1000③) (3) 대습상속(§1001) (4) 유증(§1064) (5) 사인증여(§562) 등에 관하여 태아의 권리능력을 인정한다. 그러나 권리능력이 인정되는 태아가 출생하기까지의 법률상의 지위에 관하여는 (1) 태아로 있는 동안에는 아직 권리능력을 취득하지 못하나, 살아서 출생한 때에는 그의 권리능력취득의 효과가 문제의 사건이 발생한 시기까지 소급하여 생긴다는 정지조건설(인격소급설)과 (2) 이미 출생한 것으로 간주되는 각 경우에 태아는 그 개별적 사항의 범위 안에서 제한된 권리능력을 가지며, 사산인 때에는 그 권리능력취득의 효과가 과

거의 문제의 사건 시까지 소급하여 소멸한다고 보는 해제조건설(제한적 인격설)이 대립된다. 대법원은 정지조건설의 태도를 취하고 있다(76다1365).

> 태아가 특정한 권리에 있어서 이미 태어난 것으로 본다는 것은 살아서 출생한 때에 출생시기가 문제의 사건의 시기까지 소급하여 그 때에 태아가 출생한 것과 같이 법률상 보아 준다고 해석하여야 상당하므로 그가 모체와 같이 사망하여 출생의 기회를 못가진 이상 배상청구권을 논할 여지없다*(대법원 1976. 9. 14. 선고 76다1365 판결).*

외국인의 권리능력

(外國人의 權利能力)

외국인이란 대한민국의 국적을 갖지 않은 자를 말하며 외국의 국적을 가지는 자와 무국적자를 포함한다. 외국인의 권리능력에 대하여서는 상호주의와 평등주의로 나누어지지만 일반적으로는 내국인과 차별하지 않는 것이 보통이다. 우리 민법은 외국인의 권리능력에 관하여 아무런 규정을 두지 않고 있으나 헌법 제6조 제2항에 따라 내외국인 평등주의를 취하고 있다할 것이다. 그러나 경제적·군사적 이유에서 외국인의 권리능력에 대하여 특별법에 의거하여 제한하는 경우가 상당히 있다. 예를 들어 광업권의 경우, 그 외국인이 속하는 국가에서 대한민국 국민에 대하여 그 국가의 국민과 동일한 조건으로 광업권을 갖는 것을 인정하는 경우, 대한민국이 그 외국인에 대하여 광업권을 갖는 것을 인정하는 경우에는 그 외국인이 속하는 국가에서도 대한민국 국민에 대하여 그 국가의 국민과 동일한 조건으로 광업권을 갖는 것을 인정하는 경우, 조약 및 이에 준하는 것에서 광업권을 갖는 것을 인정하고 있는 경우에만 광업권을 가질 수 있다(광업§10조의2). 저작물의 경우, 외국인의 저작물은 대한민국이 가입 또는 체결한 조약에 따라 보호되고, 대한민국 내에 상시 거주하는 외국인의 저작물과 맨 처음 대한민국 내에서 공표된 외국인의 저작물도 저작권법에 따라 보호되지만, 이렇게 보호되는 외국인(대한민국 내에 상시 거주하는 외국인 및 무국적자는 제외한다)의 저작물이라도 그 외국에서 대한민국 국민의 저작물을 보호하지 아니하는 경우에는 그에 상응하게 조약 및 이 법에 따른 보호를 제한할 수 있다(저작§3). 그리고 대한민국 국민이 아닌 사람은 도선사가 될 수 없다(도선§6).

외국인의 서명날인에 관한 법률

(外國人의 署名捺印에 관한 法律)

1958년 7월 12일 법률 제488호로 공포되었다. 법령의 규정에 의하여 서명·날인(기명날인도 포함한다) 또는 날인만을 하여야 할 경우에 외국인은 서명만으로써 이에 대신할 수 있음을 규정한 법률이다. 서명에 있어서 제도의 차이에서 비롯되는 불편을 없애기 위한 것이다. 단, 그 외국인이 서명날인의 제도를 가지는 국가에 속하는 때에는 제외된다.

행위능력(行爲能力)

독;Geschäftsfähigkeit Handlungsfähigkeit
불;capacité d'exercice des droits

사법상 확정적으로 유효한 법률행위를 단독으로 행할 수 있는 능력으로 단순히 능력이라고도 한다. 특히 소송행위를 단독으로 할 수 있는 능력을 말한다(민소§51). 사람의 정적인 권리의 보호·존재을 위한 권리능력과는 달리 행위능력은 동적인 활동능력을 말한다. 자연인과 법인은 누구나 권리능력을 가진다. 그러나 반드시 행위능력도 가진다고 할 수는 없다. 민법은 행위능력이 제한되는 제한능력자로 미성년자·피성년후견인·피한정후견인을 규정하고 있으며 그 보호를 위하여 미성년자가 단독으로 행한 법률행위를 취소할 수 있도록 하는 등 일정한 경우 취소권을 규정하고 있다(민§5, §10, §13). 그렇지만 민법총칙의 능력의 규정은 재산법상의 행위에 관한 것으로 친족법·상속법상의 행위(가족법상의 행위)에는 원칙적으로 적용되지 않는다. 가족법상의 행위능력에 관하여는 각 행위의 성질에 비추어 가족법상의 독립적 입장으로부터 개별적으로 규정하고 있는바, 명문이 있는 경우 외에는 가족법상의 행위를 할 수 있는 의사능력이 있으면 행위능력을 인정하는 것이 통설이다(§788②, §800, §802, §807, §808, §835, §856, 등). 또 법인은 그 목적의 범위 내에 있어서 행위능력(불법행위능력)을 가진다(§35).

행위무능력자 제도는 사적자치의 원칙이라는 민법의 기본이념, 특히, 자기책임 원칙의 구현을 가능케 하는 도구로서 인정되는 것이고, 거래의 안전을 희생시키더라도 행위무능력자를 보호하고자 함에 근본적인 입법 취지가 있는바, 행위무능력자 제도의 이러한 성격과 입법 취지 등에 비추어 볼 때, 신용카드 가맹점이 미성년자와 신용구매계약을 체결할 당시 향후 그 미성년자가 법정대리인의 동의가 없었음을 들어 스스로 위 계약을 취소하지는 않으리라고 신뢰하였다 하더라도 그 신뢰가 객관적으로 정당한 것이라고 할 수 있을지 의문일 뿐만 아니라, 그 미성년자가 가맹점의 이러한 신뢰에 반하여 취소권을 행사하는 것이 정의관념에 비추어 용인될 수 없는 정도의 상태라고 보기도 어려우며, 미성년자의 법률행위에 법정대리인의 동의를 요하도록 하는 것은 강행규정인데, 위 규정에 반하여 이루어진 신용구매계약을 미성년자 스스로 취소하는 것을 신의칙 위반을 이유로 배척한다면, 이는 오히려 위 규정에 의해 배제하려는 결과를 실현시키는 셈이 되어 미성년자 제도의 입법 취지를 몰각시킬 우려가 있으므로, 법정대리인의 동의 없이 신용구매계약을 체결한 미성년자가 사후에 법정대리인의 동의 없음을 사유로 들어 이를 취소하는 것이 신의칙에 위배된 것이라고 할 수 없다*(대법원 2007. 11. 16. 선고 2005다71659, 71666, 71673 판결)*.

한정능력자(限定能力者)

독일민법은 무능력자를 절대무능력자(7세 미만인 자 및 정신병으로 인한 금치산자)와 한정능력자로 분류하고, 전자의 행위는 무효, 후자의 행위는 취소하게 하고 있다(독·민§104이하, 114).

성년(成年)
영;full age 독;Volljahrigkeit
불;majorite

사람이 독립하여 법률행위를 할 수 있는 능력을 인정받는 연령을 말한다. 만19세에 달한 자는 성년이 된다(민§4). 연령계산에는 출생일을 산입한다. 따라서 성년이란 출생한 날부터 기산하여 19년째의 출생일 전날 하오 12시에 이르렀을 때에 도달한 것으로 본다(§4). 미성년자가 혼인한 때에는 성년자로 본다(§826의2). 성년이 되면 행위능력을 취득하는 이외에 여러 가지 효과가 있다(§866, §923 등).

성년선고(成年宣告)
라;venia aetatis
독;Volljahigkeitserklärung, Mündiger klärung

미성년자를 획일적으로 취급하는데서 오는 결함을 보충하기 위하여 일정한 조건하에서 미성년자를 성년자로 선언하여 완전한 행위능력을 부여하는 제도. 독일민법(§3, 4)·스위스민법(§15)은 이것을 인정하고 있으나 우리나라는 인정하고 있지 않다.

성년의제(成年擬制)

미성년자가 혼인함으로서 성년자로 의제되는 것(민법 826조의2)을 말한다. 1977년 민법의 일부개정에서 신설된 규정이다. 미성년자는 친권이나 후견에 복종하므로 혼인하더라도 부부의 일방 또는 쌍방이 미성년자인 경우는 부부의 생활이 제3자의 간섭을 받게 되어 부당하다. 또한 부부의 일방이 후견인이 되는 것도 부당하다. 왜냐하면 부부평등의 원칙에 위배하기 때문이다. 그러므로 미성년자도 혼인하면 친권 또는 후견을 벗어나서 행위능력을 가지는 것으로 한다. 성년의제의 적용범위는 민법에만 한정된다고 하는 것이 원칙이다. 그러나 소송능력 같은 것은 인정된다(민소법 55조). 혼인이 취소된 경우에도 혼인에 의해 취득한 능력을 없애는 것은 거래의 안전 등을 해칠 수 있으므로 성년의제의 효과는 소멸하지 않는다고 보아야 한다.

미성년자(未成年者)
영;infant, minor
독;Minder jähriger
불;mineur

만19세에 이르지 않은 자를 말한다(민§4). 미성년자는 판단능력이 불완전하므로 본인의 보호와 거래의 안전을 위하여 무능력자로 취급받으며 행위능력이 제한된다. 개개의 미성년자에게 행위능력을 완화하는 제도로서는 「성년선고」(스위스민법§15), 「자치산」(해방 : 프·민§477이하), 「혼인하면 성년이 된다」(스위스민법§14②)등이 있다. 미성년자의 보호자로는 제1차적으로 친권자, 제2차적으로는 후견인이 있으며 이 양자는 모두 법정대리인으로서 미성년자를 대신하여 행위하는 대리권과 미성년자의 행위를 완전히 유효하게 하는 동의권도 가진다. 즉 미성년자가 법률행위를 하려면 원칙적으로 법정대리인의 동의가 있어야 한다(§5①전단). 미성년자가 법정대리인의 동의를 얻지 않은 법률행위는 본인 또는 법정대리인이 취소할 수 있다(§5②). 의사능력을 가진 미성년자는 가족법상의 행위에 대하여 상당히 광범위한 능력을 인정받고 있다(§1061, §1062). 재산상의 행위에 있어서도 (1) 단순히 권리만을 얻거나 의무만을 면하는 행위(§5①단), (2) 법정대리인이 허가한 영업에 관한 행위(§8), (3) 법정대리인이 일정한 범위를 정하여 처분을 허락한 재산은 임의로 처분하는 행위를 할 수 있다(§6). 또 단순히 제3자에게 효과를 미치는 행위(§117) 등은 단독으로 완전 유효한 법률행위를 할 수 있다. 미성년자가 타인에게 손해를 가한 경우에 그 행위의 책임을 식별할 지능이 없는 때에는 손해의 책임을 지지 않는다(§753). 미성년자를 보호하는 것으로서 청소년보호법, 아동·청소년의 성보호에 관한 법률이 있다. 이 밖에 만19세를 한계로 하는 것은 아니나, 연소자·아동은 노동법상의 보호를 받으며 소년은 형의 집행 및 수용자의 처우에 관한 법률상 특별한 취급을 받는다.

미성년자의 법률행위에 있어서 법정대리인의 묵시적 동의나 처분허락이 있다고 볼 수 있는지 여부를 판단함에 있어서는, 미성년자의 연령·지능·직업·경력, 법정대리인과의 동거 여부, 독자적인 소득의 유무와 그 금액, 경제활동의 여부, 계약의 성질·체결경위·내용, 기타 제반 사정을 종합적으로 고려하여야 할 것이고, 위와 같은 법리는 묵시적 동의 또는 처분허락을 받은 재산의 범위 내라면 특별한 사정이 없는 한 신용카드를 이용하여 재화와 용역을 신용구매한 후 사후에 결제하려는 경우와 곧바로 현금구매하는 경우를 달리 볼 필요는 없다*(대법원 2007. 11. 16. 선고 2005다71659, 71666, 71673 판결).*

의사능력(意思能力)

독;Willenfähigkeit

정상적인 인식력과 예기력으로 자기 행위의 의미나 결과에 대하여 의사결정을 할 수 있는 능력을 말한다. 불법행위나 범죄를 범하는 경우에는 책임능력을 가리킨다. 술에 몹시 취한 자나 미친 사람 또는 유아등은 이러한 능력이 없기 때문에 법률행위를 해도 그것은 의사에 의한 행위라고 할 수 없으므로 무효이다. 즉 근대법에서 각인은 원칙적으로 자기의 의사에 기하여서만 권리를 취득하고 의무를 부담한다는 사적자치의 원칙을 취하므로 의사무능력자(책임무능력자)등이 행한 의사표시는 무효이고 불법행위책임이나 형사책임도 생기지 않는다. 다만 의사무능력자의 불법행위에 대하여는 그를 감독할 법정의무자가 그 법정행위에 대하여 책임을 지는 경우가 있다(민§755). 대체로 초등학교학생 정도이면 의사능력이 있는 것이라고 생각되지만 유언이나 혼인·입양 등과 같은 가족법상의 행위는 한층 더 성숙할 것이 필요하므로 이러한 경우에는 각각 법률로 규정하고 있다.

의사능력이란 자신의 행위의 의미나 결과를 정상적인 인식력과 예기력을 바탕으로 합리적으로 판단할 수 있는 정신적 능력 내지는 지능을 말하는 것으로서, 의사능력의 유무는 구체적인 법률행위와 관련하여 개별적으로 판단되어야 할 것이다(*대법원 2002. 10. 11. 선고 2001다10113 판결*).

불법행위능력(不法行爲能力)

독;Deliktsfähigkeit

불법행위로 인한 손해배상의 책임을 질 수 있는 능력이다. 자연인에 대하여는 책임능력이라는 용어가 일반적으로 사용되고 불법행위능력이란 말은 주로 법인에 대하여 사용된다. 자연인의 불법행위능력인 책임능력은 민법 제753조 내지 754조에 규정되어 있으며 법인의 불법행위능력은 민법 제35조 제1항에 규정되어 있다.→자세한 것은 채권법 참조

책임능력(責任能力)

독;Zurechnungsfähigkeit

위법행위로 인한 민사책임이나 형사책임을 질 수 있는 능력이다. 대개는 판단능력 혹은 의사능력을 기초로 하지만, 민사상의 책임능력과 형사상의 책임능력(→형법에서 설명)은 다르다. 불법행위에 의한 손해배상책임을 지게 하기 위한 전제이며 자기의 행위가 불법한 가해로서 어떤 법적책임을 발생하는 것을 이해할 수 있는 능력이다. →자세한 것은 채권법 참조

수령능력(受領能力)

독;Empfangsfähigkeit

→ 채권법 참조

무능력자(無能力者), 제한능력자

독;Geshäftsungähiger
불;personne incapable

단독으로 권리나 의무를 가지기 위한 법률행위를 완전하게 할 수 있는 능력을 행위능력이라고 하며 행위능력이 제한되는 자를 제한능력자라고 한다. 개정 전 민법상으로는 행위무능력자로 미성년자· 금치산자·한정치산자의 세 가지를 규정하고 있었다(민§5~§17). 그러나 2011년 3월 7일 법개정을 통하여 2013년 7월 1일부터 기존의 금치산·한정치산 제도를 현재 정신적 제약이 있는 사람은 물론 미래에 정신적 능력이 약해질 상황에 대비하여 후견제도를 이용하려는 사람이 재산 행위뿐만 아니라 치료, 요양 등 복리에 관한 폭넓은 도움을 받을 수 있는 성년후견제로 확대·개편하였다. 이에 따라 현재는 단독으로 유효하게 법률행위를 할 수 있는 자인 '행위능력자'와 할 수 없는 자인 '제한능력자'를 나누고, 제한능력자가 단독으로 법률행위를 한 경우에는 그에게 의사능력이 있었는지 여부를 묻지 않고 그 행위를 취소할 수 있도록 하고 있다. 또한 이 획일적 기준을 외부에서 쉽게 인식할 수 있도록 객관화하여 상대방을 보호하고 있다. 이처럼 획일적 기준에 의하여 의사능력을 객관화한 제도가 행위능력제도 또는 제한능력자제도이다. 행위능력에

관한 민법총칙의 규정은 가족법상의 행위에는 원칙적으로 적용되지 않으므로 제한능력자일지라도 의사능력을 가진 자는 독립하여 완전히 유효한 가족법상의 행위를 할 수 있다.

의사무능력자(意思無能力者)

일반적으로 7세 미만의 자, 정신병자, 만취자 등은 의사능력이 없으므로 그 행위는 무효이고, 그 불법행위는 감독 행위자가 책임을 진다(민§753~§755).

한정치산자(限定治産者)

영;quasi-incompetent 불;deminterdit

개정 전 민법에 의할 때 심신박약 또는 낭비자로서 자기나 가족의 생활을 궁박하게 할 염려가 있는 자에 대하여 본인·배우자, 4촌 이내의 친족·후견인 또는 검사의 청구에 의하여 가정법원으로부터 한정치산선고를 받은 자를 의미하였다. 보호기관은 후견인이며, 한정치산자의 행위무능력제한은 미성년자와 같았으며, 한정치산의 원인이 소멸하면 일정한 자의 청구에 의하여 법원은 그 선고를 취소하였다. 다만, 민법 개정을 통하여 2013년 7월 1일부터 한정치산자의 개념은 제한능력자의 개념으로 대체되었으며 한정치산자는 피한정후견인으로 용어가 변경되었다.

금치산자(禁治産者)

영; an incompetent
독;Entmündigter
불;interdit

개정 전 민법에 의할 때 금치산자란 심신상실의 상태에 있어 자기행위의 결과를 합리적으로 판단할 능력(의사능력)이 없는 자로서 본인·배우자·4촌 이내의 친족·후견인·검사의 청구에 의하여 가정법원으로부터 금치산의 선고를 받은 자를 의미하였다. 정도가 약한 정신병자라고 생각해도 무방하나 일단 선고를 받으면 치유되더라도 선고를 취소 받을 때까지는 아직 금치산자이다. 금치산자의 일체의 법률행위는 취소할 수 있었다. 따라서 금치산자에게는 반드시 보호기관으로 후견인을 두어야 하는데 그 순위는 직계혈족, 3촌 이내의 방계혈족의 순으로 되어 있었다. 후견인은 요양·감호와 재산관리, 그리고 법률행위를 대리하도록 정하고 있었다. 그런데 금치산자도 정상으로 회복되었을 때에는 혼인, 이혼, 입양, 파양, 유언 등의 가족법상의 행위를 단독으로 유효하게 행할 수 있었다. 이 경우 후견인일지라도 가족법상의 행위를 대리하여 행하는 것은 허용되지 아니하였다. 다만, 민법 개정을 통하여 2013년 7월 1일부터 금치산자의 개념은 제한능력자의 개념으로 대체되었으며 금치산자는 피성년후견인으로 용어가 변경되었다.

피한정후견인

피한정후견인은 질병 · 장애 · 노령 · 그

밖의 사유로 인한 정신적 제약으로 사무를 처리할 능력이 부족한 사람으로서 일정한 자의 청구에 의하여 가정법원으로부터 한정후견개시의 심판을 받은 자이다(민§12). 피한정후견인은 원칙적으로 종국적·확정적으로 유효하게 법률행위를 할 수 있다. 다만, 가정법원이 피한정후견인으로 하여금 한정후견인의 동의를 받아야 할 행위의 범위를 정한 경우에는 예외이다. 즉, 가정법원은 피한정후견인이 한정후견인의 동의를 받아야 하는 행위의 범위를 정할 수 있다(민§13①). 한정후견인의 동의가 필요한 법률행위를 피한정후견인이 한정후견인의 동의 없이 하였을 때에는 그 법률행위는 취소할 수 있다. 다만, 일용품의 구입 등 일상생활에 필요하고 그 대가가 과도하지 않은 법률행위는 취소할 수 없다(민§13④).

피성년후견인

피성년후견인은 질병·장애·노령·그 밖의 사유로 인한 정신적 제약으로 사무를 처리할 능력이 지속적으로 결여된 사람으로서 일정한 자의 청구에 의하여 가정법원으로부터 성년후견개시의 심판을 받은 자이다(민§9). 피성년후견인은 가정법원이 다르게 정하지 않는 한 원칙적으로 종국적·확정적으로 유효하게 법률행위를 할 수 없으며, 그의 법률행위는 원칙적으로 취소할 수 있다(민§10①). 단, 가정법원이 취소할 수 없는 피성년후견인의 법률행위의 범위를 정한 경우나(민§10③), 일용품의 구입 등 일상생활에서 필요하고 그 대가가 과도하지 않은 법률행위의 경우에는 성년후견인이 취소할 수 없다(민§10④).

관리능력(管理能力)

재산을 관리할 수 있는 법률상의 자격을 말한다. 누구나 원칙적으로 자기 재산에 대하여 관리능력을 가지며, 다만 무능력자의 관리능력은 부정된다.

주소(住所)

영;domicile 독;Wohnsitz 불;domicile

인간생활의 근거가 되는 곳을 주소라고 한다(민§18①). 주소의 설정·변경에는 정주의 사실외에 그곳을 생활관계의 중심으로 하고자 하는 의사가 필요하다고 하는 주관설(프랑스, 독일, 스위스)과 그러한 의사가 필요 없다고 하는 객관설이 대립하는데 객관설이 다수설(우리나라)이다. 주소는 반드시 1개에 한하지 않고 각각의 생활관계의 중심지가 그 관계에 있어서의 주소라고 생각해도 좋다. 법인에 관하여는 주된 사무소 또는 본점의 주소지가 주소로 된다(민§36, 상§171①). 예를 들면 부산에 가정을 가지고 있는 사람이 서울에 사무소를 가지고 있으면 가정생활관계의 주소는 부산이며 사무소의 주소는 서울이라고 해석된다. 주소를 정하는 실효성은 다음의 경우에 생긴다. (1) 부재나 실종자의 표준(민§22, §27) (2) 채무의 변제장소(§467) (3) 상속개시지(§998) (4) 어음행위의 장소(어음§1, §4, §21, §76③) (5) 재판관할의 표준(민소§3·가소§13, §22, §26, §30·가소규§70·비송§33, §72·파§96) (6) 민사소송법상의 부가기간(민소§172 ②)(7) 귀화 및 국적회복의 요건(국적 §5, §7, §14) 등이다. 등록기준지는 가족법상의 개념으로 주소와 다르다. 거소와 가주소 등도 일정한 경우에 주소로 본다(민§19, §21). 즉 주소를 알 수 없는 자에 대하여는 거소를 주소로 본다. 거소 이외에 민법은 거래에 관하여 일정한 장소를 선정하여 가주소로 할 수 있도록 하였다.

우리 민법상 주소의 특성(민법 제18조)

실질주의	형식주의(주소를 정하는 표준에 관하여 신고와 같은 일정한 형식을 요구하는 것)와 달리 '생활의 근거가 되는 곳'을 주소로 함으로써 실질적 관계에 의해 정하는 실질주의에 따른다.
객관주의	민법은 정주의사를 요구하지 않으며, 무능력자를 위한 법정주소제도를 두지 않은 점을 고려할 때 객관주의를 취하고 있는 것으로 해석된다고 본다(통설).
복수주의	하나의 주소만 인정하는 단일주의와 달리 우리 민법은 복수의 주소를 인정하는 복수주의를 취하고 있다.

가주소(假住所)

독, erwÖhlter
불, domicile provisoire)

거래의 편의상 당사자의 의사에 의해 설정되는 주소를 말한다. 이 거래관계에 있어서는 가주소가 주소로 인정되어 주소에 관하여 발생하는 효과가 생기게 된다(민법 21조).

거소(居所)

영;residence
독;Wohnort
불;résidence

거소란 주소와는 달리 사람이 다소의 기간 거주하는 장소로서 생활의 중심지이지만 그 장소와의 밀접한 정도가 주소에 미치지 않는 곳을 말한다. 거소의 법률적 의의는 (1) 주소를 알지 못한 경우(민§19)와 (2) 국내에 주소를 가지지 않는 내국인이건 내국인이 아니건 불문하고 국내에 있는 거소를 그 주소로 간주한다(§20).

부재자

영;absentee

종래의 주소 또는 거소를 떠나서 당분간 돌아올 가망이 없는 자를 말한다(민§22). 부재자제도는 부재자의 잔유재산을 적당하게 관리하면서 그의 귀가를 기다리기 위한 제도이며 그 운영은 법원 감독 하에 행하여진다(§22~§29). 부재자의 재산관리는 부재자의 잔류재산에 대하여서 법률상의 관리권자(친권자나 후견인 등) 또는 위임에 의한 관리인이 있으면 문제가 없으나 만약 그가 재산의 관리인을 두지 않은 때에는 이해관계인이나 검사의 청구에 의해서 가정법원은 관리인의 선임 기타 필요한 처분을 명하여야 한다. 관리인은 부재자의 재산을 현상 그대로 유지하여 보전하기 위한 보존행위, 대리의 목적인 물건이나 권리의 성질을 변하지 않는 범위에서 이로부터 이익을 거두는 이용행위는 할 수 있다(§118).

그러나 재산의 처분행위를 할 때에는 가정법원의 허가를 얻어야 한다(§25). 부재자가 관리인을 둔 경우에는 법원은 원칙적으로 간섭할 필요가 없으나 다음의 경우에는 법원이 개입·간섭한다. (1) 본인의 부재중에 재산관리인의 권한이 소멸한 경우에는 처음부터 관리인이 없었던 것과 마찬가지의 조치를 취한다(§22①후단). (2) 부재자의 생사가 분명하지 않게 된 때에는 본인의 감독이 미치지 못하므로 가정법원이 간섭하게 된다. 즉 법원은 재산관리인이나 이해관계인 혹은 검사의 청구에 의하여 재산관리인을 개임할 수 있다(§23). 부재자의 생사불명의 상태가 일정기간 계속되면 실종선고를 할 수 있게 된다.

위난실종(危難失踪)

실종선고의 요건인 실종기간은 보통실종에 있어서는 5년, 특별실종에 있어서는 1년(민§27②)이다. 특별실종은 전쟁·선박의 침몰, 항공기의 추락, 그 밖의 사망의 원인으로 되는 위난에 당하여 생사불명인 자에 대하여 인정되는 바 실종기간은 위난이 소멸한 때부터 기산한다.

실종선고(失踪宣告)

독;Verschollenerklärung

부재자의 생사불명의 상태가 일정기간 계속되어 사망했을 것이라는 추측이 강한 경우 이해관계인(상속인·배우자·채권자·법정대리인·재산관리인 등)이나 검사의 청구에 의하여 가정법원이 행하는 선고이다(민§27). 부재자를 사망한 것으로 의제하여 그 가족이나 재산관계를 확정시키는 제도이다. 실종자를 중심으로 하는 재산관계나 가족관계를 오랫동안 불확실한 상태에 방치하여 두는 데서 오는 불합리성을 제거하기 위한 제도이다. 부재자의 생사불명의 기간이 보통실종의 경우에는 5년, 전쟁실종·선박실종·항공기실종·위난실종 등 특별실종에 대해서는 1년을 경과해야 선고할 수 있다(§27). 이 기간의 기산점은 보통실종의 경우에는 최후의 소식이 있었을 때, 특별실종의 경우에는 전쟁이 끝난 날·선박이 침몰했을 때·항공기가 추락했을 때, 그 밖의 경우에는 위난이 사라진 때이다. 실종선고가 있으면 실종자는 실종기간이 만료한 때에 사망한 것으로 본다(§28). 따라서 비록 살아있다고 하는 반증이 있더라도 선고가 취소되지 않는 이상에는 사망한 것으로 취급된다. 사망한 것이라고 인정되는 결과, 그자와 혼인하고 있는 자는 미망인이나 홀아비가 되어 재혼할 수 있게 되며 상속이 개시되고 실종자의 생명보험금도 지급된다. 선고 후 실종자가 살아 있거나 실종기간 만료시와 다른 때에 사망한 것이 증명되었을 때에는 본인이나 이해관계인 또는 검사의 청구에 의하여 법원은 선고를 취소하여야 한다(가소§2①나(1)Ⅲ, §44Ⅰ, §11·가소규§53~§59·민§29①). 취소가 있으면 실종자는 처음부터 실종선고가 없었던 것과 동일한 것으로 된다. 즉 법률관계는 소급적으로 무효가 된다. 그러므로 재혼은 중혼으로 되어 취소되며 상속은 무효가 되고, 보험금은 반환하여야 한다. 다만 실종선고를 신뢰하였던 자는 보호할 필요가 있으므로 민법은 행위의 당사자가 선의(선고가 사실에 반하는 것을 알지 못한 것)로 행한 행위, 예컨대 재혼이라든가 실종자의 재산의 매각 등은 모두 그 효력에 영향이 없으며(민§29①단), 또 선고로 인하여 재산을 얻은 자 예컨대 상속인이나 보험금을 취득한 자 등은 그 재산이 감소했더라도 현재에 잔존하는 한도에서 반환하면 된다(민§29②). 그러나 악의인 때에는 그 받은 이익에 이자를 붙여서 반환하고, 손해가 있으면 이를 배상하여야 한다(민§29②).

본다

법규에 의한 의제를 말하는 바, '간주한다'라고도 한다. 예컨대 A라는 사실과는 본질적으로 다른 B라는 사실을 법률상 A라는 사실과 동일하게 취급하는 것이다. 추정과의 구별은, 추정은 법률상 일단 가정하는 것으로서, 만일 반증을 들면 그 가정된 효과는 번복되지만, '본다'고 할 때에는 반증을 들어도 법규가 의제한 효과를 뒤집을 수 없다는 데에 있다. 예컨대'실종선고를 받은 자는 사망한 것으로 본다'(민법 제28조)고 할 때의 '본다'가 그것이다. 이 경우 실종선고는 사망한 것으로 추정하는 것이 아니라, 사망한 것으로 보므로, 후일에 그 실종선고가 사실과 다르다는 것이 입증되더라도 그 실종선고를 취소하지 않는 한 사망이라는 법률적 효과를 소멸시키지는 못한다.

민법 제29조 1항 단서의 '선의'의 의미

구분		내용
문제점		민법 제29조 1항 단서에서는 실종선고 취소의 경우 실종선고를 신뢰한 자를 보호하기 위하여 '실종선고 후 그 취소 전에 선의로 한 행위의 효력에 영향을 미치지 아니한다.'고 규정하고 있다. 여기에서 누가 선의 이어야 하는지 문제된다.
단독행위		단독행위자가 선의이면 족하고, 상대방의 선의는 문제되지 않는다.
재산법상 계약	쌍방 선의설 (다수설)	당사자 쌍방이 선의여야 위 조항에 의한 보호를 받는다는 견해이다.
	상대적 효력설	개별적, 상대적으로 판단하여 선의자는 보호되지만, 악의자는 취득한 물건 또는 이득을 실종자에게 반환해야 한다는 견해이다.
가족법상 계약 (예:재혼)		당사자 쌍방이 선의라야 그 계약이 유효라는 것이 통설이다.

사망(死亡)

사생활기능의 절대적 종지를 말한다. 이는 자연인의 일반적 권리능력의 유일한 소멸원인이 된다. 사망의 시기를 결정하는 기준에 관해서는 법률에 규정하고 있지 않으므로 견해의 대립이 있다. 종래의 통설은 호흡과 혈액순환의 영구적 종지가 사망이 인정되는 시점이라고 한다. 이에 의하면 심장이 그 기능을 멈추고, 맥박이 정지하여야 사망에 이르게 된다. 그러나 현대 의학의 눈부신 발달과 함께 장기이식이 가능하게 되어 사망시기에 대한 새로운 주장이 제기되고 있는 바, 이 설을 뇌사설이라고 하는데 뇌기능의 종지시점을 사망시기로 보자는 견해이다. 사망의 유무나 시기와 관련하여 문제되는 것으로 다음의 세 가지가 있다. (1) 2인 이상이 동일한 위난으로 사망한 경우에 누가 먼저 사망하였는지를 확정하는 것은 특히 상속문제와 관련하여 어려운 문제이다. 이에 관해 우리 민법은 2인 이상이 동일한 위난으로 사망한 경우에는 동시사망으로 추정한다라고 규정하여 문제를 해결하고 있다(민법 30조). (2) 사망의 확증은 없지만 사망한 것이 거의 확실한 경우(수난·화재)에, 그것을 조사한 관공서의 사망보고에 기하여 등록부에 기재함으로써 사망을 인정하는 제도로 인정사망제도가 있다. (3) 사망의 개연성이 큰 경우에 관하여 실종선고라는 절차로 일정시기에 사망을 인정하는 제도로 실종선고제도가 있다.

동시사망(同時死亡)

동일한 위난에 의하여 사망한 수인의 사망자 중 사망의 전후를 증명할 수 없을 때에는 이들이 동시에 사망한 것으로 추정함을 말한다(§30). 태풍이나 화재·교통사고 등에는 종종 이러한 문제가 일어난다. 이 경우에 사망시기의 전후는 상속관계에 있어서 중요한 문제이지만 누가 먼저 사망하였는지 증명하기 곤란하다. 예컨대 남편과 그 외아들이 항공기 사고로 함께 사망했다고 하면 남편의 유산은 유처와 남편의 부모가 공동 상속하게 된다. 그러나 만약에 남편이 먼저 사망했다는 것을 증명할 수 있으면 남편의 유산은 유처와 아들에게 상속되며 다시 그 아들이 죽은 후에는 그 母에게 상속되기 때문에 결국 전체 유산이 처에게로 돌아가게 되지만 동시사망의 경우에는 유처와 남편의 부모가 유산을 공동 상속하게 된다. 입법례를 살펴보면, 로마법과 프랑스는 연소자가 먼저 살아 남은 것으로 추정하는 연소자생존추정주의를 취하며(프·민§720), 독일과 스위스는 동시에 사망한 것으로 추정한다(독일실종법§11, 스·민§32②). 우리민법은 동시사망으로 추정한다(민§30).

인정사망(認定死亡)

수해·화재 그 밖의 사변으로 인하여 사망한 것이 확실한 경우에 그 조사를 집행한 관공서가 이를 사망이라고 인정하는 것을 말한다. 그 사체가 발견되지 않아 사망진단이 불가능하고 사망신고가 곤란한 때에 실종선고를 내리지 않고 사망으로 취급하는 점에 실익이 있다. 이때 사망한 자를 조사한 관공서는 지체없이 사망지의 시·읍·면장에게 사망보고를 하여야한다. 그러나 외국에서 사망이 있는 때에는 사망자의 등록기준지의 시·읍·면의 장에게 사망의 보고를 하여야한다.

민법 제30조에 의하면, 2인 이상이 동일한 위난으로 사망한 경우에는 동시에 사망한 것으로 추정하도록 규정하고 있는바, 이 추정은 법률상 추정으로서 이를 번복하기 위하여는 동일한 위난으로 사망하였다는 전제사실에 대하여 법원의 확신을 흔들리게 하는 반증을 제출하거나 또는 각자 다른 시각에 사망하였다는 점에 대하여 법원에 확신을 줄 수 있는 본증을 제출하여야 하는데, 이 경우 사망의 선후에 의하여 관계인들의 법적 지위에 중대한 영향을 미치는 점을 감안할 때 충분하고도 명백한 입증이 없는 한 위 추정은 깨어지지 아니한다고 보아야 한다*(대법원 1998. 8. 21. 선고 98다8974 판결)*.

뇌사설(腦死說)

뇌기능의 종국적인 훼멸 즉 뇌사(Hirntod)에 이른 때에 사람이 사망하였다고 하는 학설을 말한다. 뇌사설은 1968. 8. 9. 시드니에서 개최된 제22차 세계의사학회에서 채택된 시드니 선언에서 사망의 시기결정에 대한 가장 유효하고 유일한 기준으로 추천되어, 현재 독일에서는 통설의 지위를 차지하고 있다. 최근 인체의 장기이식과 관련하여 논란이 일고 있으며 장기이식에관한법률이 1999년 2월 8일 제정되어 뇌사의 판정에 관한 절차를 규정하고 있다.

이해관계인(利害關係人)

이해관계인이란 특정사실에 대하여 법률상의 이해를 가진 자이다. 그 사실의 여하가 이미 가진 자기의 권리의무에 직접 영향을 미칠 위기에 있는 자이다(민§22, §44, §63, §469②, §1053 등).

기아(棄兒)

부모 그 밖에 보호의 책임이 있는 자로부터 버려져서 양친을 알 수 없는 어린이를 말한다. 기아를 발견한 자 또는 기아발견의 통지를 받은 경찰공무원은 24시간 이내에 그 사실을 시·읍·면의 장에게 보고하여야 한다. 시·읍·면의 장은 소속품·발견장소·발견年月日時·그 밖의 상황·성별·출생의 추정년월일을 조서에 기재하여 이로써 출생신고를 대신하며, 민법의 규정에 의하여 기아의 성과 본을 창설한 후, 이름과 본적을 정하여 이를 등록부에 기록함으로써 새등록부가 편제된다(민§781④). 또 나중에 부 또는 모가 기아를 찾은 때에는 1개월 이내에 다시 출생신고를 제출하고 그 등록부의 정정을 신청하여야 한다. 그리고 어린이를 버리는 행위는 유기죄로 처벌된다.

법인(法人)

英;artificial person, juridicial person, corporation
獨;juristishe Person
佛;personne morale ou juridique

법인이란 전형적인 권리능력의 주체인 자연인 이외의 것으로서 법인격(권리능력)이 인정된 것으로서 법인격(권리능력)이 인정된 것이다. 일정한 목적과 조직을 가진 사람의 결합인 단체(사단 또는 조합)와 일정한 목적을 위하여 조성된 재산(재단)도 각각 사회에서 중요한 역할을 담당하기 때문에 법률관계의 주체가 될 수 있다. 따라서 「사람」이나 「재산」의 결합체에 대하여 법률로써 권리능력을 부여하고 이를 법인이라 부른다. 법인의 본질에 대한 학설은 (1) 법인의 실재성을 부정하여, 그 본체는 결국 개인 또는 일정한 재산에 지나지 않는다는 법인부정설, (2) 자연인만이 본래의 법적 주체이고, 법인은 자연인을 의제하여 인정받은 데 불과하다고 하는 법인의제설, (3) 법인은 법률의 의제가 아니라 자연인과 마찬가지로 현실의 사회에 시재한다고 하는 법인실재설 등이 있다. 법인실재설이 오늘날의 통설이다. 국가나 지방자치단체·각종의 사회·노동조합이나 학교의 대부분은 모두 법인이다. 법인의 종류로는 (1) 공법인과 사법인 (2) 재단법인과 사단법인 (3) 영리법인과 비영리법인 (4) 외국법인과 내국법인 등이 있다. 법인은 법률의 규정에 의해서만 설립된다(민§31). 법인설립에 대한 입법주의로는 특허주의·허가주의·인가주의·준칙주의·자유설립주의 등이 있다. 우리나라의 비영리법인에는 허가주의(§32), 영리법인에는 준칙주의(§39), 특수법인에는 특허주의(특별법에 의함)를 취하고 있다. 사단법인의 설립시에는 정관의 작성을, 재단법인의 설립에는 일정재산의 출원·출손과 정관의 작성이 필요하다. 법인의 해산은 (1) 존립기간의 만료, (2) 정관에 정한 해산사유의 발생, (3) 목적인 사업의 성취나 불능, (4) 파산, (5) 설립허가의 취소, 이밖에 사단법인은 (6) 사원총회의 결의 (7) 사원이 없게 된 경우 등의 이유로 해산한다(§77 ~ §79).

법인의제설(法人擬制說)

독;Fiktionstheorie

자연인인 개인만이 본래의 법적 주체이며, 법인은 법률이 자연인에 의제한 것에 지나지 않는다고 하는 법인이론. 사비니(Savigny)가 대표자이다. 법인의제설은 법인은 법률이 특히 인정한 경우에만 성립할 수 있다고 하므로 허가주의·특허주의의 이론적 기초가 된다. 법인 자체의 활동을 부정하여 법인은 대리인인 이사의 행위의 귀속점이 됨에 지나지 않는다. 따라서 법인의 활동범위를 좁게 한정하고 법인의 활동을 제한하기 쉽다. 즉 법인의 정관이나 기부행위의 목적으로 기재된 것을 중심으로 하여 그것에만 권리·의무를 가지며 활동할 수 있고 책임을 진다고 생각한다. 법인의제설에 따르면 당연히 법인의 불법행위능력을 부정하게 된다. 법인의제설은 근대 초에는 유력했으나 그후 법인실제설이 이를 대신하게 되었다.

법인부정설(法人不定說)

독;Negationstheorie

법인의제설의 주장은 결국 법인은 독자적인 실체가 없다는 것이 된다. 따라서 그 실체를 법인을 구성하는 개인이나 재산에서 찾으려는 학설이 나타났는데 이를 법인부정설이라고 한다. 이 학설은 다시 (1) 무주재산설(無主財産說), 목적재산설(Brin), (2) 수익자주체설(Thering), (3) 관리자주체설(Hö der)로 나누어진다. 법인부정설은 법인의 사회적 실체를 파악하는데 법인의제설

민

법

보다 앞서며 다수주체자의 법률관계를 단순화하기 위한 법기술의 결과가 법인이란 점을 명백히 한 견해이다. 그러나 법인부정설은 주로 재단을 대상으로 하는 이론이므로 개인이나 재산 이외에 사회적 활동을 영위하는 존재인 사단에 대해서는 설명하지 못한다.

무주재산설(無主財産說)

독;Zweckvermögens theorie

브린쯔(Brinz)가 대표자이다. 교회법상 교회의 재산은 하나님에게 속한다는 사상에서 유래한다. 법인의 권리는 실제상 누구에게도 속하지 않고 다만 일정한 목적에 의하여 결합된 재산이 있을 뿐이다. 따라서 법인의 실체는 일정한 목적에 의하여 결합된 무주물의 재산자체이고, 그 재산 외에 권리·의무의 주체를 인정할 수 없다고 하는 학설이다.

수익자주체설

독;Genissenstheorie

예링(Jhering)이 대표자이다. 교회법상 교회의 재산은 빈민을 위한 것이라는 사상에서 유래한다. 법인으로부터 이익을 얻고 있는 다수의 개인이 법인의 본체라는 설이다.

관리자주체설(管理者主體說)

독;Amtstheorie, Verwalterstheorie

횔더(Hölder)가 대표자이다. 교회법상교회의 재산이 관리자인 사제 등의 사유에 속한다는 사상에서 유래한다. 법인의 본질에 관하여 법인의 실체는 법인재산의 관리자라는 설이다. 법인의 실재를 부정하고 법인의 권리와 이를 관리·처분하는 관리인의 권리를 혼동하고 있다고 본다.

법인실재설(法人實在說)

독;Realitätstheorie

법인은 법률에 의해 의제된 공허물(空虛物)이 아니라 실질을 가지는 사회적 실체라고 하는 법인학설을 통틀어서 법인실재설이라 한다. 즉 법인도 자연인과 더불어 많은 일을 행하는 실재적인 것이므로 목적 그 자체가 아니라 목적을 수행하기 위하여 상당하다고 인정되는 일반에 대하여 권리·의무를 가지고 행위하며 책임을 지는 것이라고 생각하는 학설이다. 법인의제설에 대립하여 제창되었으며, 오늘날에는 그것에 대신하여 지배적 위치를 차지하고 있다. 법인의 실재를 무엇으로 보느냐에 따라 (1) 유기체설(Gierke) (2) 조직체설(Michoud, Saleilles) (3) 사회적작용설(와가쓰마사카에, 我妻榮) 등으로 나누어진다. 조직체설이 유력하다. 법인실재설은 법적 주체인 실체를 갖춘 것을 법인으로 인정하려고 하므로 준칙주의의 이론적 기초가 되며, 또 법인의 이사의 활동은 법인을 대표하는 것이므로 법인자체의 행위에 지나지 않는 까닭에 법인의 불법행위의 능력을 인정하게 된다.

법인은 기관에 의하여 독자의 행위를 할 수 있는 실체이므로 기관의 행위는 각 법인 자체의 행위가 되고, 다만 법인의 기관은 법인의 목적범위내의 행위이어야 된다는 제한이 있을 따름이다*(대판 1978. 2. 28. 77누155).*

유기체설(사회유기체설, 단체설)

(有機體說, 〈社會有機體說, 團體說〉)

독:Organischentheorie, Genossenschaftstheorie

기르케(Gierke)가 대표자이다. 사회실제론에서 나온 법이론으로 단체를 사회적 유기체라고 보는 학설이다. 자연인이 자연적유기체로서 그 고유의 의사를 가지는 것과 마찬가지로 법인은 사회적 유기체인 단체인격자 또는 종합인격자로서 존재하며 사실상 의사를 가지고 활동하고 있다. 따라서 자연적 유기체인 자연인과 동일하게 취급된다. 그러나 사회적 관념과 법률적 관념과의 명확한 구별이 없는 점에 난점이 있다. 즉 (1) 인간의 결합체를 유기체로 볼 것인가 또는 단체의사를 인정할 것인가는 사회학의 문제일 뿐 사회적 유기체에 법인격을 부여한 이유를 설명하지 못한다. (2) 사단의 구성원이 사단과는 별개의 사회적 존재를 갖는 동시에 사단도 그 구성원을 떠나서 독자적인 사회적 존재를 갖는 점을 유기체설은 설명하지 못한다. (3) 단체가 그 고유의 의사를 가지기 때문에 법인격을 인정한다는 것은 의사주체만이 권리주체가 될 수 있다는 법리를 벗어나지 못하는 것으로서 이 점에서는 법인의제설과 큰 차이가 없다. 단체주의 의사의 산물이다.

조직체설(調織體說)

독:Organisationstheorie

미슈(Michoud)와 살레이유(Saleilles)가 대표자이다. 법인의 실체를 유기체로 보는 대신에 법률에 의한 조직체로 보고 법인이 권리주체로서 적합한 조직체를 가지기 때문에 법률상 권리능력의 주체가 될 수 있다는 학설이다. 이 설은 유기체설이 사회학적 이론에 그치고 법률이론이 되지 못한 점을 시정하여 법률적 조직체라고 함으로써 유기체설보다 한걸음 앞선 이론이라 할 수 있다. 그러나 (1) 단체는 자연발생적으로 성립하며 독자의 생명을 가지고 활동하기 때문에 법률의 힘으로 함부로 금하거나 의제할 수 없는 실체를 가진다고 주장한 유기체설의 장점을 찾아볼 수 없다. (2) 법인에게 인격이 부여되는 이유도 충분히 설명하지 못한다.

사회적 가치설(社會的 價値說)

일본의 와가쓰마 사카에(我妻榮) 박사가 대표자이다. 법인은 자연인과 마찬가지로 사회적 작용을 담당하고 법적 주체인 사회적 가치를 가진다는 학설이다. 이 학설은 Köhler·Duguit 등의 사회연대사상을 토대로 한다. 그러나 사회적 작용이 법인의 사회적 가치를 결정하는 유일한 기준이 될 수는 없다고 하는 비판이 있다.

단체(團體)

다수의 사람으로 구성되고 공동의 목적을 가지는 결합체를 말한다. 이러한 사단에는 사단법인과 법인격 없는 사단이 있으며, 사단으로서의 실체를 갖추지 못한 조합도 있다. 조합은 그 구성원의 법적 지위가 단체와 어느 정도 독립성을 가지는 점에서 사단과 다르다.

단체법(團體法)

독;Genossenschaftsrecht,
Gemeinschaftsrecht

단체의 조직·운영을 규율하는 법으로서 개인법에 대한다. 그러나 이 말이 사용되는 것은 거기에 개인법과 다른 원리가 존재하기 때문이다. 이것은 기에르케(Gierke, Otto Von)가 게르만의 단체법에 대하여 강조한 것이며 그는 이러한 단체를 전체의 단일성과 부분의 복잡성과의 조직적 결합이라고 하였다. 오늘날 개인주의적인 근대적사법관계를 수정하는 이론으로서 단체법이론이 제창되는 것도 이와 관련하기 때문이다.

게놋센샤프트

독;Genossenschaft

종합인(Gesampt person) 또는 실재적 종합인이라고도 한다. 다수인의 단체이며, 그 구성원이 변화할지라도 동일성을 잃지 않는 것은 법인과 마찬가지이다. 그러나 법인에서처럼 구성원과 별개의 인격을 가지는 것이 아니라 구성원의 총체 자체가 단일체로 인정되는 것으로 게르만의 촌락공동체가 그 예이다. 로마법의 법인에 대한 게르만법의 단체의 특색이다. 단체가 가지는 권리·의무에 관하여 살펴보면 법인에서는 단체원이라 함은 직접적인 관계가 없이 법인에 단독으로 귀속하는 데 대하여 게놋센샤프트에서는 그 단체에 총제적으로 귀속하고(그 소유형태는 총유라고 한다), 처분관리의 기능을 전체에게 사용·수익의 권능은 구성원에게 그 권능이 분속되어 있다.

공법인(公法人)

영;public corporation
독;juristische Person des öffentlichen
Rechts
불;personne morale du droit pulic

특별한 공공목적을 위하여 특별한 법적근거에 의하여 설립된 법인이다. 사법인에 대한 것. 광의로는 국가와 공공단체를 모두 포함한 의미로 사용되고, 협의로는 공공단체와 같은 뜻으로, 최협의(最狹義)로는 공동단체 중에서 지방자치단체 이외의 것을 가리키는 말이다. 공법인에 대하여는 그 목적에 부합되는 한도 내에서 행정권을 부여할 수 있다. 공공조합·공사단이 그 예이다. 공법인은 국가의 특별한 감독, 공과금의 면제 등과 같이 사법인과는 다른 실정법상의 취급을 받는 경우가 많으나 그에 관한 모든 법률관계가 공법관계인 것은 아니고 그 사업의 실질적 내용, 실정법상의 규정 등에 의하여 구체적으로 결정하는 것이다.

사법인(私法人)

영;judicial person of private law
독;juristische Person des Privat rechts
불;personne morale civile

사법상의 법인이라는 의미로서 회사·비영리사단법인·비영리재단법인과 같이 그 내부의 법률관계(예컨대, 단체에 가입, 회비의 징수 등)에 국가 또는 공공단체의 강제적 권력작용이 가하여지지 않는 법인을 가리킨다. 법인을 공·사의 2종으로 분류하는 것은 그 쟁송을 행정소송으로 볼 것인지, 민사소송으로 볼 것인지, 또 공법을 적용할 것인지, 사법을 적용할 것인지 등을 결정하는 기준으로서 종래부터 다수의 학자들이 인정하여 온 방법이다. 그러나 그 강제적 권력작용이 가하여지는 범위는 법인에 따라 차이가 있어 양자는 모든 점에서 법률적으로 다르게 다루어지는 것은 아니므로 양자의 구별도 그 점에 있어서는 대체적인 기준이 되는데 지나지 않는다. 사법인은 그 내부조직의 차이에 따라 사단법인과 재단법인으로 나누어지고, 그 목적에 따라 비영리법인과 영리법인으로 구별된다.

영리법인(營利法人)

독;Geschäftsverein,
wirtschaftlicher Verein

영리법인이란 영리를 목적으로 하는 사단법인을 말한다. 주로 구성원의 사익을 도모하고 법인의 기업이익을 구성원 개인에게 분배하여 경제적 이익을 구성원에게 돌아가게 하는 법인이다. 비영리법인에 대한다. 현행법상 재단법인은 영리를 목적으로 할 수 없으므로 영리법인은 사단법인에 한정되고 상법의 규정이 적용된다(민§32,§39). 따라서 영리법인은 상행위 기타 영리를 목적으로 하여 설립한 사단인 회사를 말한다. 구법에서는 상행위를 목적으로 하는 사단법인을 상사회사라 하고 상행위 이외의 영리행위(농업·어업·광업 등)를 목적으로 하는 것을 민사회사라 하여 구별하였다. 그러나 상법에서는 민사회사를 의제상인으로 하여(상§5), 그 행위에 대하여서도 상행위에 관한 규정을 준용하도록 하였으므로(상§66) 구별의 실익이 없다. 비영리법인의 설립에는 허가주의가 취하여지고 있으나(민§32), 영리법인의 설립에는 준칙주의를 취한다(상§172). 따라서 법정의 절차에 따라 단체가 성립하는 때에는 당연히 영리법인이 성립한다. 근대법에 있어서의 영업의 자유, 단체설립의 자유의 사상을 표현한 것이다.

비영리법인(非營利法人)

독;nichtwirtschaftlicher Verein, idealer Verein, nichtwirtschaftliche Stiftung, ideale Stifung

비영리법인이란 학술·종교·자선·기예·사교 기타 영리 아닌 사업, 즉 경제적 이익을 도모하는 것이 아닌 사업을 목적으로 하는 사단법인 또는 재단법인을 말한다(민§32). 우리 민법은 법인을 영리법인과 비영리법인으로 구분하고 있고(§32, §39), 비영리법인에는 공익법인과 비공익비영리법인(이른바 중간법인)의 두가지가 있다. 공익법인에 출연 또는 기부한 재산에 대하여는 각종 세제상의 혜택을 주는 외에 공익적 견지에서 감독을 강화하고 있다(공익법인의 설립·운영에 관한 법률). 비영리법인의 설립은 허가주의를 따르고 있다.

공익법인(公益法人)
영;public artificial person,
public juridicial person
독;idealer Verein

사회일반의 이익, 즉 학술·종교·자선·기예·사교 그 밖의 공익을 목적으로 하는 법인을 말한다. 비영리법인의 일종으로 사단법인과 재단법인의 2종이 있다. 공익법인은 세법상 그 밖의 국가의 특별한 보호를 받으므로 그 설립에는 허가주의가 취해진다(민§32). 공익법인의 설립·운영에 관하여는 민법에 대한 특별법으로 「공익법인의 설립·운영에 관한 법률」(1975. 12. 31. 법률 제2814호)이 제정되어 있다.

중간법인(中間法人)

공익법인도 영리법인도 아닌 법인을 말하는 것이나 우리나라 현행민법은 이것을 인정하지 않는다. 즉 중간법인은 법인을 공익법인과 영리법인으로 분류하던 구민법하에서 인정하였던 것이나 현행민법은 법인을 비영리법인과 영리법인으로 분류하여 중간법인을 비영리법인에 포함하였으므로 이 개념을 따로 인정할 실익이 없게 되었다. 구민법하에서는 동업자라든지 동일한 사회적 지위에 있는 자의 공통된 이익의 증진을 목적으로 하는 단체는 특별법이 없으면 법인이 될 수 없었으며 권리능력 없는 사단에 불과하였고 그와 같은 단체 중에서 특별법에 의하여 법인이 될 것으로 인정된 것이 중간법인이었다. 뿐만 아니라 중간에 존재하는 것으로써 공단·공사 등이 있다.

자유설립주의(自由設立主義)
독;System der freien Kö rperschaftbidlung

법인설립에 관하여 아무런 제한을 두지 않고, 거래사회에서 자주적으로 활동하는 단체나 재단이 사실상 설립되면 법인격을 인정하는 주의이다. 결국 법인의 자유로운 설립을 허용하는 주의이다. 법인설립이 자유롭고 간편하지만 법인의 성부(成否) 및 내용이 불명확하여 거래의 안전을 해치므로 오늘날에는 이와 같은 주의를 채용하는 입법례는 거의 없다. 다만 스위스민법이 비영리사단법인의 설립에 이 주의를 채용할 뿐이다(스·민§60). 우리나라 민법은「법인은 법률의 규정에 의함이 아니면 성립하지 못한다」(민§31)고 규정함으로써 자유설립주의를 명시적으로 배제하고 있다. 법인실재설을 기초로 주장되는 주의이다.

강제설립주의(强制設立主義)
독;Grundugszwangssystem

법률에 의하여 국가가 법인의 설립을 강제하는 주의이다. 국가는 일정한 단체의 구성원이 될 자에게 직접 이해관계가 없더라도 공익과 관계가 있을 경우 국가정책상 그 자에게 법인의 설립을 강제한다. 예컨대 수리조합, 상공회의소, 의사회, 변호사회, 변리사회 등이 있다. 강제설립주의는 특허주의와 같이 각각 특수한 사회작용을 담당하는 것이므로 이 주의는 일반법인에 대하여 채용하는 것은 곤란하고, 사회일반의 이해관계에 큰 영향을 미치는 경우에 한하여야 한다.

허가주의(許可主義)

독;Konzessionssystem

면허주의라고도 한다. 법인의 설립에 있어서 행정관청의 허가를 필요로 하는 주의이다. 특허주의와 준칙주의의 중간에 위치하는 것. 우리나라 민법은 비영리법인에 대해 일반적으로 허가주의를 취하고 있다(민§32). 또한 학교법인과 증권거래소 등에도 허가주의를 채용하고 있다. 이 경우의 허가는 자유재량이라고 하나 최근에는 일단 허가를 요한다고 하면서 법률이 정하는 요건을 갖추고 있으면 행정관청은 반드시 허가하지 않으면 안 된다고 정함으로써 준칙주의의 입장을 취하는 경향이 증가하고 있다.

인가주의(認可主義)

독;System der Genehmigung

법률이 정한 요건을 구비하고 행정관청의 인가를 얻음으로써 법인으로 성립할 수 있게 하는 주의이다. 이에 대해 인가주의는 허가주의와 달리 법률이 정하는 요건을 갖추고 있으면 반드시 인가해 주어야 한다.

민법은 제31조에서 "법인은 법률의 규정에 의함이 아니면 성립하지 못한다." 고 규정하여 법인의 자유설립을 부정하고 있고, 제32조에서 "학술, 종교, 자선, 기예, 사교 기타 영리 아닌 사업을 목적으로 하는 사단 또는 재단은 주무관청의 허가를 얻어 이를 법인으로 할 수 있다."고 규정하여 비영리법인의 설립에 관하여 허가주의를 채용하고 있으며, 현행 법령상 비영리법인의 설립허가에 관한 구체적인 기준이 정하여져 있지 아니하므로, 비영리법인의 설립허가를 할 것인지 여부는 주무관청의 정책적 판단에 따른 재량에 맡겨져 있다. 따라서 주무관청의 법인설립 불허가처분에 사실의 기초를 결여하였다든지 또는 사회관념상 현저하게 타당성을 잃었다는 등의 사유가 있지 아니하고, 주무관청이 그와 같은 결론에 이르게 된 판단과정에 일응의 합리성이 있음을 부정할 수 없는 경우에는, 다른 특별한 사정이 없는 한 그 불허가처분에 재량권을 일탈·남용한 위법이 있다고 할 수 없다*(대법원 1996. 9. 10. 선고 95누18437)*.

준칙주의(準則主義)

독;Normativsystem

법인설립에 관한 요건을 미리 정해놓고 그 요건을 구비한 사단 또는 재산을 설립하는 때에는 허가나 인가라는 특별한 행정처분을 요하지 않고 법인격을 인정하는 주의이다. 다만 그 조직·내용을 공시하기 위하여 등기 또는 등록을 성립요건으로 하는 것이 보통이다. 회사에 관하여는 특허주의에서 허가주의를 거쳐 오늘날에는 일반적으로 준칙주의가 채용되어 있다. 우리나라는 민법에 의한 영리법인인 민사회사(민§39)·상법에 의한 영리법인인 이른바 회사(상§172)에 관하여 준칙주의가 채용되어 있는 외에 중소기업 등의 협동조합(중협§10)·노동조합(노동조합및노동관계조정법§35, §36) 등이 이 주의를 채용한다. 인가주의가 행정관청에 의한 사전심사가 있다는 절차상의 차이가 있을 뿐, 준칙주의와 인가주의와는 실질적인 차이는 없다.

특허주의(特許主義)
독;Oktroisystem

특정한 법인을 설립할 때마다 특별한 법률의 제정을 필요로 하는 주의로서 개별입법주의라고도 한다. 특허주의는 주로 국가의 재정·금융·상업 등에 관한 정책을 통제·강화하는 필요에서 국가가 정책상 특정한 국영기업에 독립성을 주는 것이다. 한국은행(한국은행법), 한국산업은행(한국산업은행법), 중소기업은행(중소기업은행법), 한국토지공사(한국토지공사법), 대한주택공사(대한주택공사법), 한국전력공사(한국전력공사법) 등이 이에 속한다. 특허주의에 의한 법인이 사기업의 형태, 특히 주식회사의 형식을 취하더라도 그것은 출자자나 주주의 이익만을 목적으로 하지는 않는다. 근대 초기에는 개인의 자유를 억압하는 것이 단체라는 사상에서 군주의 특허에 의해서만 단체의 주체성을 인정하였다. 따라서 오늘날의 특허주의는 역사적으로 근대초기에 볼 수 있었던 특허주의와는 실질적으로 다르다.

법인의 권리능력(法人의 權利能力)

법인은 자연인에게만 있는 신체나 친족관계에 기인한 권리의무를 향유할 수는 없으나 법률이나 정관으로서 규정한 목적의 범위 내에서 권리와 의무의 주체가 된다(민§34).

성립요건(成立要件)

어떤 사물 또는 어떤 법률관계 등이 성립하는데 필요한 요식행위를 말한다. 예컨대 법인은 그 주된 사무소의 소재지에 설립등기(민§33)를 성립요건으로 하고, 상사회사(영리법인)는 본점소재지에서 설립등기(상§172)를 성립요건으로 하는 것과 같다.

사단법인(社團法人)
영;incorporated association
독;rechtsfähiger verein
불;association personnifeée

일정한 목적을 위하여 결합한 사람의 집단으로 권리능력(법인격)이 인정된 것을 말한다. 사단법인은 영리를 목적으로 하는 회사와 같이 상법의 적용을 받는 영리법인과, 비영리를 목적으로 하며 민법의 적용을 받는 비영리사단법인으로 나누어진다(민§32,§39·상§169). 일반적으로 사단법인이라고 하는 경우에는 비영리사단법인을 의미하므로 이를 중심으로 하여 설명하기로 한다. 사단법인의 설립은 설립자가 정관을 작성하여 주무관청의 허가를 얻어 주된 사무소의 소재지에 등기함으로써 성립한다. 따라서 주된 사무소의 소재지에 등기하지 않는 동안에는 법인의 설립을 주장할 수 없다. 사단법인은 기관에 의해서 행위 하는데 최고필수의 의사결정기관은 사원총회이며 이사는 적어도 매년 1회의 정기총회와 그밖에 필요에 따라, 특히 총사원 5분의 1이상의 요청이 있는 때에 임시총회를 소집한다. 이사는 법인의 내부적 사무를 집행하고 대외적으로는 법인을 대표하는 상설필수기관이다. 법인의 재산상황이나 이사의 업무집행을 감사하는 기관으로서 감사가 있는데 이것은 필수기관은 아니다.

재단법인(財團法人)

독;Stifung

일정한 목적을 위하여 바쳐진 재산을 개인에게 귀속시키지 않고 독립적으로 운영하기 위하여 그 재산을 구성요소로 하여 권리능력이 인정된 것을 말한다(민§32 이하). 재단법인은 영리법인으로서는 인정되지 않고 비영리법인뿐이다(§32). 즉 종교·자선·학술·기예 그 밖의 영리 아닌 사업을 목적으로 하는 것에 한하여 인정되며 사립학교·의료법인 등에 그 예가 많다. 재단법인의 설립은 영리 아닌 사업을 목적으로 하여 재산을 출연하고 그 근본규칙인 정관을 만들어 주무관청의 허가를 얻어 주된 사무소 소재지에서 설립등기를 함으로써 법인은 성립한다. 사단법인과는 달라서 사원이나 사원총회는 없으며 정관에 따라 이사가 의사결정이나 업무집행 및 대외적으로 대표하는 일을 행한다.

재단(財團)

일정한 목적을 위하여 결합된 재산의 집합을 말한다. 재단은 두 가지로 생각할 수 있다. 즉 (1) 채권자와 기타 제3자의 권리를 보호하기 위하여 어떤 자의 사적 소유에 속하는 재산을 법률상 그 자의 다른 재산과 구별하여 다루는 경우(이른바 특별재산 또는 광의 목적재산)이다. 파산재단,, 각종의 재단저당의 목적이 되는 재단, 한정승인을 한 상속재산(민§1028~§1040), 상속인 없는 상속재산(§1053) 등이 이에 속한다. (2) 공익·사회적 목적을 위하여 출연된 재산(이른바 목적재산)이 그 목적에 따라 통일적으로 관리되는 경우이며 실질적으로는 사적 소유를 이탈한 재산이다. 그러나 그것은 무주의 재산은 아니며 그 관리를 위한 형식적인 주체를 필요로 한다. 이것은 다시 (1) 신탁의 방법에 의한 것, (2) 법인조직에 의한 것, (3) 권리능력 없는 재단으로서 관리되는 것 등 세 가지 경우로 구별된다.

외국법인(外國法人)

영;foreign corporation
독;ausländische juristilsche Person
불;personne morale étrangère

내국법인이 아닌 법인을 말한다. 내국법인과 외국법인의 구별의 기준에 대하여서는 (1) 주사무소나 영업중심지가 국내에 있는지의 여부를 기준으로 하는 주소지주의(住所地主義) (2) 법인설립의 준거법이 내국법인지의 여부를 기준으로 하는 설립준거법주의, (3) 정관작성지가 국내인지의 여부를 기준으로 하는 정관작성지법주의, (4) 설립자가 내국인이냐의 여부를 기준으로 하는 설립자국적주의 등으로 나누어진다. 입법례로서는 (1) 대륙법계와 라틴아메리카의 다수국가와 (2) 영미법계와 일부 라틴아메리카의 국가가 주로 채용되고 있다. 우리나라는 통설적으로 외국에 주소가 있거나 외국법에 준거하여 설립된 법인이 외국법인이라 하고 있다(설립준거법주의와 주소지주의 절충설). 그러나 법인의 국적에 대한 개념은 유해무익하다하여 이를 부인하는 학설이 요즘 유력하게 주장되고 있다. 우리민법은 외국법인에 관하여 아무런 규정을 두고 있지 않은데 그것은 내외국법인평등주의를 당연한 것으로 받아들이고 있는 결과이다. 즉 외국법인 중에서 상사회사 등의 일정한 것은 우리나라에서 설립을 인가하며 같은 종류의 한국법인과 동등한 사권을 향수할 수 있다. 다만 외국인이 향수할 수 없는 권리 및 법률 또는 조약에서 금지된 권리는 향수할 수 없다. 즉 외국법인이 향수할 수 있는 권리의 범위는 외국인과 동일하게 되어 있다. 따라서 내외국법인평등주의는 하나의 원칙일 뿐 법률이나 조약으로 권리나 행위능력 등을 제한할 수 있다. 외국법인은 국가의 감독을 받는다. 민법은 등기의 의무를 과하고(민§7 I), 상법은 외국회사에 관하여 상세한 규정을 두고 있다(상§614~§621).

내국법인(內國法人)

대한민국법에 의하여 설립되고 대한민국에 주소를 가진 법인을 말한다. 한국법인이라고도 한다. 외국법인에 대한 말이다. 내국법인과 외국법인의 구별표준에 관하여는 주소지설·준거지설·설립지설·설립자의 국적설 등 학설이 대립하고 있으나 외국에 주소가 있거나 외국법에 준거하여 설립된 법인을 외국법인이라고 하는 것이 통설이다.

사단(社團)

영;society, association
독;Verein
불;association

사람의 집합체로서 각 구성원(사원)을 초월하여 독립한 단일체로 존재하며 활동하는 단체이다. 따라서 사단은 그 사원의 변경에 무관하게 존속하게 된다. 사람의 집합체라는 점에서 민법상의 조합도 사단과 동일하지만 조합은 개개의 조합원을 초월한 독자의 존재가 아니라는 점에서 사단과 다르다. 사단은 사단자체가 권리·의무의 주체인 성격을 가지므로 법인이 될 요건을 갖추고 있다. 사단으로서 법인이 된 것을 사단법인, 법인이 되지 않은 것을 권리능력 없는 사단 또는 법인 아닌 사단이라고 한다.

권리능력없는 사단

(權利能力없는 社團)
영;unincorporated association
독;Verein ohne Rechtsfähigkeit
불;association sans personnalité civile

일정한 목적에 따라 결합한 집단이면서 권리능력을 가지지 않은 것을 말한다. 사단법인의 바탕이 되는 실체를 이루고 있기는 하지만 실질적으로 법인격을 갖추지 못한 사단이다. 인격 없는 사단 또는 법인 아닌 사단이라고도 한다. 영리를 목적으로 하지 않기 때문에 회사가 아니며 또는 설립등기를 하지 않기 때문에 사단법인이 되지 않는 학회·동창회·친목회·사교클럽이라든가, 장차 사단법인으로 될 것이라도 아직 절차를 마치지 않은 것이 이에 해당한다. 권리능력 없는 사단은 민법의 물건소유관계 이외에는 아무런 직접적 규정을 두지 아니하였다(민§275①). 그런데 권리능력 없는 사단은 개개인의 단순한 집합인 조합과는 달리 구성원 개개인을 초월한 독립적인 존재를 가지는 단체이므로, 사단법인과 본질을 같이 한다. 따라서 권리능력 없는 사단은 법인격이 없는 데서 오는 차이를 제외하고는 그 실질로 보아 될 수 있는 대로 사단법인에 가깝게 다루는 것이 적당하다. 그리하여 (1) 사단의 내부관계, 즉 총회의 결의, 구성원의 변동, 사무집행기관 또는 감독기관의 선거 등에는 사단법인의 규정이 적용된다. (2) 사단의 외부관리에 관하여는 대표자나 관리인이 정해져 있는 한, 소송상의 당사자능력이 있음은 명문으로 규정되어 있다(민소§52). 그 밖의 사단의 대외적 교섭에 있어서도 사단의 규칙에 의하여 정해지는 대표기관에 의하여 대표되는 것은 사단법인의 경우와 동일하다. (3) 재단관계에 관하여는 법인이 아닌 사단의 사원이 집합체로서 물건을 소유할 때는 총유로 하되 총유에 관하여는 사단의 정관 기타의 규약에 의하는 외에(민§275) 그 재산은 사원총회의 결의에 의하여 관리·처분되고 각 사원은 정관 기타의 규약에 좇아 총유물을 사용·수익할 수 있으며(민§276) 총유물에 관한 사원의 권리의무는 사원의 지위를 취득·상실함으로써 취득·상실하게 된다. 구성원은 회원 기타 단체의 규칙으로 정한 이상의 책임을 지지 않는 것으로 되어 있다. 부동산등기에 관하여는 사단자체를 등기권리자 또는 등기의무자로 한다(부등§30). 권리능력 없는 사단도 직접 사단의 명의로 등기할 수 있다. 그러나 권리능력 없는 사단의 재산을 공시하기 위해서 예금채권 등에는 대표자의 성명에 사단대표자라는 직위를 써넣어 실질적으로는 사단채권이라는 것을 표시하는 방법이 관용되고 있다.

민법상의 조합과 법인격은 없으나 사단성이 인정되는 비법인사단을 구별함에 있어서는 일반적으로 그 단체성의 강약을 기준으로 판단하여야 하는바, 조합은 2인 이상이 상호간에 금전 기타 재산 또는 노무를 출자하여 공동사업을 경영할 것을 약정하는 계약관계에 의하여 성립하므로(민법 제703조) 어느 정도 단체성에서 오는 제약을 받게 되는 것이지만 구성원의 개인성이 강하게 드러나는 인적 결합체인 데 비하여 비법인사단은 구성원의 개인성과는 별개로 권리의무의 주체가 될 수 있는 독자적 존재로서의 단체적 조직을 가지는 특성이 있다 하겠는데 민법상 조합의 명칭을 가지고 있는 단체라 하더라도 고유의 목적을 가지고 사단적 성격을 가지는 규약을 만들어 이에 근거하여 의사결정기관 및 집행기관인 대표자를 두는 등의 조직을 갖추고 있고, 기관의 의결이나 업무집행방법이 다수결의 원칙에 의하여 행해지며, 구성원의 가입, 탈퇴 등으로 인한 변경에 관계없이 단체 그 자체가 존속되고, 그 조직에 의하여 대표의 방법, 총회나 이사회 등의 운영, 자본의 구성, 재산의 관리 기타 단체로서의 주요사항이 확정되어 있는 경우에는 비법인사단으로서의 실체를 가진다고 할 것이다*(대법원 1992. 7. 10. 선고 92다2431).*

종중(宗中)

공동선조의 분묘의 보존, 제사의 이행, 종원(족인)간의 친선·구조 및 복리증진을 도모하는 권리능력 없는 사단인 가족단체를 말한다. 일종족 전체를 총괄하는 대종중 안에 대소의 분파에 따른 종중이 있는데, 지류종중을 일컬어 문중이라고 한다. 우리 민사소송법 제56조는 '법인 아닌 사단이나 재단으로서 대표자 또는 관리인이 있으면 그 이름으로 당사자가 될 수 있다'고 하여 종중 스스로에 당사자능력을 인정하며, 또 부동산등기법 제30조는 '종중·문중 기타 대표자나 관리인이 있는 법인 아닌 사단이나 재단에 속하는 부동산의 등기에 관하여서는 그 사단 또는 재단을 등기권리자 또는 등기의무자로 하며, 이 등기는 그 사단 또는 재단의 명의로 그 대표자 또는 관리인이 이를 신청한다'고 규정하고 있다.

종중이란 공동선조의 분묘수호와 제사 및 종원 상호간의 친목 등을 목적으로 하여 구성되는 자연발생적인 종족집단이므로, 종중의 이러한 목적과 본질에 비추어 볼 때 공동선조와 성과 본을 같이 하는 후손은 성별의 구별 없이 성년이 되면 당연히 그 구성원이 된다고 보는 것이 조리에 합당하다*(대법원 2005. 7. 21. 선고 2002다1178 전원합의체 판결).*

종중재산(宗中財産)

종중이 소유한 매장·제사용의 토지·건물·제비의 재원인 전답이나 임야, 위토와 종산 등의 재산을 말한다. 여기서 위토란 그 수익으로 조상제사용으로 충당하기 위해 제공된 토지를, 종산은 조상분묘가 소재하는 곳으로 동종의 자손을 매장하기 위한 장소를 가리킨다. 종중 재산은 종중인 사회단체의 목적을 위한 재산이므로, 그 권리는 종중에 귀속되나, 종중이 권리능력없는 사단인 까닭에 종원 각자를 그 권리의 주체로 하게 된다. 따라서 종원 각자가 그 지분비례에 따라 사용수익할 수 있지만, 우리 민법 제275조는 이를 총유로 규정함으로써 이 지분의 분할과 양도는 종회의 결의에 의하여야 한다(민법 276조).

종중 소유의 재산은 종중원의 총유에 속하는 것이므로 그 관리 및 처분에 관하여 먼저 종중규약에 정하는 바가 있으면 이에 따라야 하고, 그 점에 관한 종중규약이 없으면 종중총회의 결의에 의하여야 하므로, 비록 종중 대표자에 의한 종중 재산의 처분이라고 하더라도 그러한 절차를 거치지 아니한 채 한 행위는 무효이고, 이러한 법리는 종중이 타인에게 속하는 권리를 처분하는 경우에도 적용된다*(대법원 1996. 8. 20. 선고 96다18656)*.

정관(定款)
영;memorandum of association,
Certificate of incorporation
미;articles incorporation
독;Stazung, Statut 불;statut

단체나 법인의 조직·활동을 정하는 근본규칙(민§40, §42, §44, §45·상§178, §204, §269, §433, §543①, §584 등), 또는 이 규칙을 기재한 서면(민§40, §43·상§179, §270, §289, §543② 등)을 말한다. 법인의 설립을 담당하는 자인 설립자나 발기인 등이 정관을 정하여 서면에 기재하고 기명날인 또는 서명한다. 주식회사에서는 공증인의 인증을 받음으로써 효력이 생긴다(상§292). 정관의 기재사항에는 (1) 그 기재를 결하였을 때에는 그 정관이 무효가 되는 절대적 기재사항(민§40, §43·상§179, §270, §289, §543② 등), (2) 정관에 기재하지 않았을 때에는 그 사항이 법률상 효력을 발생하지 않는 상대적기재사항(민§41·상§290, §544등) (3) 정관에의 기재여부는 자유이지만 기재하였을 경우에는 정관변경절차를 거치지 않으면 개폐할 수 없는 임의적 기재사항이 있다. 민법의 사단법인인 경우에는 목적·명칭·사무소의 소재지·자산에 관한 규정·이사의 임면에 관한 규정·사원자격의 득실에 관한 규정, 존립시기나 해산사유를 정하는 때에는 그 시기 또는 사유는 반드시 기재해야 한다(민§40Ⅰ~Ⅶ). 민법상 재단법인의 정관에도 목적·명칭·사무소의 소재지·자산에 관한 규정·이사의 임면에 관한 규정 등을 기재하여야 한다(§43).

사단법인의 정관은 이를 작성한 사원뿐만 아니라 그 후에 가입한 사원이나 사단법인의 기관 등도 구속하는 점에 비추어 보면 그 법적 성질은 계약이 아니라 자치법규로 보는 것이 타당하므로, 이는 어디까지나 객관적인 기준에 따라 그 규범적인 의미 내용을 확정하는 법규해석의 방법으로 해석되어야 하는 것이지, 작성자의 주관이나 해석 당시의 사원의 다수결에 의한 방법으로 자의적으로 해석될 수는 없다 할 것이어서, 어느 시점의 사단법인의 사원들이 정관의 규범적인 의미 내용과 다른 해석을 사원총회의 결의라는 방법으로 표명하였다 하더라도 그 결의에 의한 해석은 그 사단법인의 구성원인 사원들이나 법원을 구속하는 효력이 없다*(대법원 2000. 11. 24. 선고 99다12437)*.

정관변경(定款變更)
영;alteration of memorandum
미;amendment of articles
독;Statutenänderung
불;modification desstatuts

법인의 조직·활동의 근본규칙인 정관을 변경하는 것이다. 서면인 정관의 변경은 이에 따르는 사무집행의 일부에 불과하다. (1) 사단법인은 인적 결합체로서 자체의 내부적 질서를 결정할 독립된 의사를 가지므로 그 본질 및 법의 강제규정에 반하지 않는 한 정관을 변경할 수 있다. 변경의 방법은 사실의 변경에 의하여 당연히 변경되는 수도 있지만(예 : 사원의 사망, 상§179), 사원자체의 의사로 변경하는 것이 보통이다. 정관의 변경은 신중한 절차를 거쳐 행한다. 즉 비영리법인은 총사원의 3분의2 이상의 동의와 주무관청의 허가(민§42), 인적 회사에서는 총사원의 동의(상§204, §269), 물적 회사에서는 주주총회 또는 사원총회의 특별결의(상§434, §585·중협§42Ⅰ 등)를 요한다. 사단법인의 정관변경에서 문제가 되는 것은 정관에서 그 정관을 변경할 수 없다고 규정하고 있는 때에도 정관을 변경할 수 있느냐 하는 것이다. 사단법인의 본질상 이 경우에도 정관의 변경은 가능하며, 다만 총사원의 동의를 필요로 한다는 데 학자들 견해가 일치한다. (2) 재단법인의 정관은 원칙적으로 자유로이 변경할 수 없지만, 그 변경방법을 정관으로 정한 때에는 변경할 수 있다. 또한 재단법인의 목적달성 또는 그 재단의 보전을 위하여 적당한 때에는 명칭 또는 사무소의 소재지를 변경할 수 있다(민§45). 민법은 더 나아가 재단법인의 목적을 달성할 수 없는 때에는 설립자나 이사는 주무장관의 허가를 얻어 설립취지를 참작하여 법인의 목적·기타 정관의 규정까지도 변경할 수 있게 하고 있다(§46). 정관에 규정된 사항 가운데 등기한 것이 변경된 경우에는 등기도 변경하여야 한다(민§52, §49②·상§183, §180, §269, §317④).

법인의 불법행위(法人의 不法行爲)

법인은 이사 그 밖의 대표자가 그 직무에 관하여 타인에게 가한 손해를 배상할 책임을 면하지 못한다(민§35① 전단). 법인의 행위능력을 부정하는 의제설의 입장에서는 법인의 불법행위를 인정하지 않는다. 그러나 법인에 대한 오늘날의 통설인 법인실재설의 입장에 따른 책임설에 의하여, 법인이 불법행위에 대하여 책임을 지는 경우도 점차 확장되는 경향이 있다. 불법행위의 요건은 다음과 같다. (1) 대표기관의 행위이어야 한다. 즉 이사 기타 대표자란 결국 대표기관이란 의미이다. 이사 이외의 대표자로는 임시이사(민§63), 특별대리인(§64), 청산인(§82)이 있다. (2) 직무에 관하여 타인에게 손해를 가해야 한다. 대표기관은 그가 담당하는 직무행위의 범위 내에서만 법인을 대표한다. 직무에 관하여라고 하는 말도 널리 외관상 법인의 기관의 행위라고 인정되는 행위이면 진정한 직무행위가 아니라도 이에 해당되며 또 이와 적당한 상호관계가 있는 것이라면 족하다고 해석된다. (3) 불법행위에 관한 일반적인 요건이 있어야 한다. 즉 고의나 과실이 있어야 하고, 가해행위가 위법해야 하며, 피해자가 손해를 입어야 한다. 이사의 행위에 의하여 법인이 불법행위의 책임을 지는 경우에 이사 자신이 책임을 지는 것은 물론이며 법인도 이사와 함께 부진정연대채무를 지게 된다. 또한 공무원이 「그 직무를 수행함에 대하여」 불법행위를 하면 국가 또는 지방자치단체가 배상책임을 진다(국배§2①). 적어도 외형상으로 공무원의 직무행위라고 보여 지는 것에는 정부 등에서 책임을 지는 것은 민법의 경우와 같은 것이나 공무원 자신은 책임을 지지 않는 것이 다르다.

대표(代表)

영;representation
독;Repräsentation
불;repésentation

법인이나 단체의 기관이 기관으로서 행위 하였을 때 법률상 법인이나 단체가 행한 것과 동일한 효과를 발생시키는 경우에 그 기관을 법인 또는 단체의 대표라고 한다. 즉 이사나 대표이사의 행위는 대외적으로 비영리법인이나 회사의 행위로서 인정된다. 대리와 유사하지만, 대리가 서로 대등한 두 인격자간의 관계인데 반하여 기관은 법인과 대립되는 지위에 있는 것이 아니고 기관의 행위 자체를 법인의 행위로 간주하는 점에서 대리와 구별된다. 대표행위는 법인의 행위 그 자체이므로 반드시 의사표시에 한하지 않고 불법행위나 사실행위에 대해서도 존재할 수 있다.

이사(理事)

영;director
독;Vorstand
불;directeeur, administrateur

이사란 법인에 있어서 대외적으로는 법인을 대표하여 법률행위를 행하며 대내적으로는 법인의 모든 업무를 집행하는 상설적 필수기관이다(민§57, §65, 상§382, §561, §562). 이사의 임면방법과 권한의 제한은 정관으로 정해진다. 즉 이사의 대표권은 제한할 수 있으나 그 제한은 반드시 정관에 기재하여야 하며 정관에 기재하지 않은 대표권의 제한은 무효이다(민§41). 법인은 이사를 통해 행위한다. 따라서 이사가 법인의 대표자로서 그 목적범위 내에서 한 행위는 법인의 행위인 것이다. 목적범위 내라 함은 정관에 기재되어 있지 않더라도 그 목적을 실현하는데 상당한 행위라면 포함된다는 의미이다. 이사가 직무행위에 관하여 타인에게 손해를 입히면 법인 자신의 불법행위로 되어 법인은 이사와 함께 손해를 배상할 책임을 진다(민§35). 이사는 선량한 관리자의 주의로 그 직무를 행하여야 하며(민§61), 이를 게을리 한 때에는 법인에 대하여 연대하여 손해배상의 책임을 진다(§65). 또한 이사가 법인과 이해가 상반되는 행위를 한 때에는 이해관계인 또는 검사가 법원에 청구하여 특별대리인을 선임 받아 그와 거래하지 않으면 안 된다(민§64).

임시이사(臨時理事)

이사가 일시적으로 없거나 결원이 있어 이로 말미암아 손해가 생길 염려가 있는 때에 이해관계인이나 검사의 청구에 의하여 법원이 임시로 선임하는 이사를 말한다(민§63). 직무권한은 이사와 동일하나 정식 이사가 선임되면 당연히 퇴임하게 된다.

감사(監査)
영;auditor 독;Aufsichtsrat
불;commissaire de surveilance

법인의 재산이나 업무집행상태를 심사·감독하는 기관으로 법인의 정관 또는 총회의 의결로써 둘 수 있는 임의기관이다. 그 직무는 (1) 법인의 재산상황의 감사, (2) 이사의 업무집행의 감사, (3) 재산상황이나 업무집행에 잘못된 점을 발견하면 총회 또는 주무관청에 보고하면 (4) 보고를 위하여 필요가 있으면 총회의 소집도 할 수 있다(민§67) 감사가 수인 있는 경우에는 각자 단독으로 직무를 수행한다.

의결기관(議決機關)

의사기관이라고도 하며, 법인의 의사를 결정하는 합의기관이다. 집행기관·이사기관에 상대되는 말이다. 특히 공공단체의 기관에 관하여 사용하는 경우가 많다. 지방의회가 그 예이다. 사법인에서는 주주총회가 이에 해당한다. 의결기관의 의결은 집행기관을 구속하고, 집행기관은 그 의결을 집행할 의무를 진다.

법인의 해산(法人의 解散)

법인은 자연인과 달리 사망이라는 문제가 일어나지 않지만 (1) 정관에 정한 해산사유가 발생하거나, (2) 법인의 목적사업을 성취하거나 목적달성이 불가능하거나, (3) 파산하거나, (4) 주무관청으로부터 설립허가가 취소되거나, 이밖에 사단법인인 경우에는 (5) 사원총회의 해산결의가 있거나, (6) 사원이 한사람도 없어지게 된 경우 등의 이유로 해산한다(민§77, §79). 법인이 해산하게 되면 그것은 이미 적극적인 행동을 행할 수가 없어지며 재산관계를 정리하는 청산절차로 들어가게 된다.

법인의 청산(法人의 清算)

해산한 법인이 잔무를 처리하고 재산을 정리하여 완전히 없어질 때까지의 절차를 청산이라 한다. 법인이 해산되면 청산법인은 재산정리를 위한 목적범위 내에서만 권리능력을 가질 뿐이다(민§81). 법인이 해산하게 되면 이사가 청산인이 된다(§82). 이사 가운데 청산인이 될 자가 없거나 청산인의 결원으로 손해가 생길 염려가 있는 때에는 법원은 직권 또는 이해관계인이나 검사의 청구에 의하여 청산인을 선임할 수 있다(§83). 청산인은 청산법인의 집행기관으로서 계속 중인 사무를 끝내게 하고 채권을 회수하며 채무를 변제하며 그 결과 잔여재산이 남는 경우에는 이것을 정관에 지정된 사람에게 주며, 정관에 지정된 자가 없거나 이를 지정하지 않은 때에는 주무관청의 허가를 얻어서(사단법인인 경우에는 총회 결의도 필요하다), 그 법인의 목적과 같은 목적을 위하여 처분하며, 그것도 없거나 이를 지정하지 않은 때에는 국고에 귀속시킨다(§80). 이 청산의 완료에 의하여 법인은 소멸하게 된다(§81). 또한 법인이 채무를 변제할 수 없는 때에는 파산선고를 신청하고 이를 공고하여야 한다(§93①).

청산종결등기가 경료된 경우에도 청산사무가 종료되었다 할수 없는 경우에는 청산법인으로 존속한다*(대법원 1980. 4. 8. 선고 79다2036)*.

권리의 객체(權利의 客體)

권리의 실질적인 내용은 이익이다. 이 이익을 권리의 내용 또는 목적이라고 하고, 이 권리의 내용 또는 목적을 달성하기 위한 대상을 권리의 객체라고 한다. 즉 이익발생의 대상이 권리의 객체이다. 예컨대 물권은 물건을 직접 지배하는 것이 그의 목적 또는 내용이며 물건은 물권의 객체인 것이다. 이와 같이 권리의 객체는 권리의 목적, 내용 또는 종류에 따라 다르다. 즉 물권의 경우에는 물건, 채권의 경우에는 특정인의 행위(급부), 권리 위의 권리의 경우에는 권리, 형성권의 경우에는 법률관계, 무체재산권(無體財產權)의 경우에는 정신적 산물, 인격권의 경우에는 권리주의, 친족권의 경우에는 친족법상의 지위, 상속권의 경우에는 상속재산 등이 권리의 객체이다.

물건(物件)

라;res 영;thing 독;Sache 불;chose

물건에 대한 입법례로 로마법·프랑스민법(§516 이하)·스위스민법(§713) 등은 무체물도 포함시키고 있으나 독일민법(§90)은 물건을 유체물로 한정하고 있다. 우리 민법상 물건이란 유체물 및 전기·기타 관리할 수 있는 자연력을 말한다고 규정하고 있다(민§98). 따라서 민법상 물건이기 위해서는 유체물이나 관리가능한 자연력이어야 하고, 사람이 그것을 관리할 수 있어야 하며 인간 이외의 외계의 일부로서 지배 가능한 독립된 물건이어야 한다. 따라서 물건에는 사람의 오감에 의하여 지각할 수 있는 형태를 가지는 유체물과 전기·열·광·음향·향기·에너지·권리 등 무체물도 있는 것이다. 그러나 아무리 유체물이라 하더라도 日(일)·月(월)·星(성)·辰(진)·空氣(공기)·海洋(해양) 등 사람이 관리할 수 없는 것은 법률상의 물건의 개념에서 제외된다. 또한 민법은 인격절대주의를 취하고 있으므로 인체는 법률상 물건이 아니다. 또한 사체가 물건이냐 아니냐에 관해서는 어려운 문제가 있으나 물건이라는 데에 대체로 학설이 일치하고 있다. 우리민법은 물권거래의 안전을 위하여 일물일권주의(一物一權主義)를 취하고 있으므로 물건의 일부는 원칙적으로 권리의 객체가 되지 않고, 또 개별주의의 기초 위에서 경제적으로는 단일목적을 위하여 쓰여지고 있는 다수의 독립물의 집합도 원칙적으로 물건으로 취급되지 않는다. 그러나 오늘날의 경제적 발전은 민법을 수정한 특별법을 가지고 공장재단·철도재단 등 집합물을 1개의 물로서 취급하기에 이르렀다. 물건의 분류에 있어서 민법은 (1) 동산·부동산, (2) 주물·종물, (3) 원물·과실의 3종을 인정하고 있으며, 그밖에 강학상 (1) 단일물·합성물·집합물, (2) 융통물·불융통물, (3) 가분물·불가분물, (4) 대체물·부대체물, (5) 특정물·불특정물, (6) 소비물·비소비물 등의 분류를 하고 있다.

단일물(單一物)
독;einfache Sachen
불;choses simples

외형상 단일한 일체를 이루고 그 구성부분이 독립한 개성을 가지지 않는 물건을 단일물이라 한다. 합성물·집합물에 대한 개념이다. 책상·서적 등의 물건이 이에 해당한다. 단일물은 법률상 1개의 물건으로 취급되며 그 일부에 대해서는 독립한 권리가 성립할 수 없다.

집합물(集合物)
라;universitas rerum distantium
독;Sachinbegriff, Gesamtsache
불;universalité

단일한 물건이 일정한 목적을 위하여 집합되어 경제적으로 하나의 물로서 독립적 가치가 있으며, 거래상으로도 일체로서 취급되는 것을 집합물이라 한다. 법률적으로는 소유권이나 그 밖의 물권은 일물일권주의가 원칙으로 되어 있으므로 집합물 위에 하나의 물권이 성립하는 것은 원칙적으로 인정되지 아니한다. 그러나 특정 기업시설 전부를 거래하거나 담보하는 경우에는 일물일권주의에 의하게 되면 번거롭고 또 기업의 가치를 전체로서 살릴 수가 없기 때문에 점차 집합물을 하나의 물건으로 인정하려는 경향이 있다. 공장의 시설일체를 담보로 하는 공장저당제도 등이 그 예이다. 그러나 이와 같이 특별법에 의하여 공시방법이 인정된 경우 외에 특별법이 없는 경우에도 집합물의 개념을 인정하여 이를 전체로서 하나의 물건으로 다룰 수 있는지 아니면 복수의 물건으로 다루어야 하는지 견해가 나뉜다(아래의 표 참조). 대법원은 집합물의 개념을 긍정하고 이를 하나의 물건으로 다루고 있다(87누1043참조).

특별법이 없는 경우 집합물 인정 여부

구분	내용
집합물 긍정설	집합물도 하나의 물건으로 다룰 수 있다고 보는 견해로서, 그 요건으로 집합물을 하나의 물건으로 다루어야 할 사회적 필요성의 존재, 그 범위를 특정할 수 있으며, 공시할 수 있는 방법이 있어야 함을 요구한다.
집합물 부정설	일물일권주의의 원칙상 집합물을 하나의 물건으로 볼 수 없다는 견해이다.
판례 (긍정설)	재고상품, 제품, 원자재 등과 같은 집합물을 하나의 물건으로 보아 이를 일정기간 계속하여 채권담보의 목적으로 삼으려는 이른바 <u>집합물에 대한 양도담보권설정계약에 있어서는 그 목적동산을 종류, 장소 또는 수량지정 등의 방법에 의하여 특정할 수만 있다면 그 집합물 전체를 하나의 재산권으로 하는 담보권의 설정이 가능</u>하다 *(대법원 1988.12.27. 선고 87누1043).*

합성물(合成物)
라;res composita
독;zusammengesetzte Sachen
불;choses composees

각 구성부분이 개성을 잃지 않으나 결합하여 단일한 형태를 이루는 물건을 합성물이라 한다. 가옥 또는 보석을 장식한 가락지 등이 그 예이다. 집합물과는 달리 단일물과 마찬가지로 법률상 1개의 물건으로 취급되며, 각 구성 부분에 각각 다른 권리는 성립할 수 없다(민§257, §261). 각각 다른 소유자에 속하는 물건이 결합하여 합성물로 된 때에는 각자의 소유권의 존재를 인정할 수 없으며, 따라서 소유권의 변동을 일으킨다(민§256~§261).

부동산(不動産)
라;res immobiles
영;immovables
독;unbewegliche Sachen, Im mobilien
불;immeules

토지 및 그 정착물을 부동산이라 한다(민§99①). 선박·자동차·항공기·건설기계 등은 원래는 동산이지만 부동산에 준하는 취급을 받는다(상법·자동차 등 특정동산저당법). 토지의 개수는 등기부에 따라 일필을 일개로 취급하며, 토지소유권은 정당한 이익 있는 범위 내에서 일필의 토지의 상하에 미친다(민§212). 동산과 부동산을 구별하는 근거는 (1) 사회경제상의 차이로 부동산은 동산에 비하여 그 가치가 일반적으로 크고 소재가 일정하게 되어 있다. (2) 물건의 공시방법의 차이로 동산이 인도인 데 대하여 부동산은 등기를 하여야 한다. (3) 동산에는 선의취득이 인정되지만 부동산에는 인정되지 않는다. (4) 동산에는 타물권의 설정이 인정되지 않지만 부동산에는 인정된다.

토지(土地)
라;praedium 영;land
독;Grundstück 불;fonds de terre

토지란 일정한 범위에 걸친 지면에 정당한 이익이 있는 범위 내에서 그 수직의 상하(공중과 지하)를 포함시키는 것이다(민§212). 토지는 그 자연적 성질로 인하여 그 정착물과 함께 부동산으로 되며(§99①), 동산과 여러 가지 점에서 대립한다. 즉 토지의 구성물(암석·토사·지하수 등)은 토지와는 별개의 독립한 물건이 아니며, 토지의 소유권은 당연히 구성물에도 미친다. 특히 중세에는 토지에 대하여 많은 구속이 있었으나 근대에 들어서면서 소유권이 확립되면서 오늘날 토지소유자는 법령의 범위 내에서 자유로이 자신의 소유지를 사용·수익·처분을 할 수 있다(§211). 다만 광물의 채굴권에는 토지소유자의 소유권이 미치지 못한다(광업§7). 미채굴광물의 성질에 대하여 국가의 배타적인 채굴취득허가권의 객체라는 견해와 국유에 속하는 독립한 부동산이라는 견해가 있다. 토지는 소유자가 사용수익하는 외에 지상권·지역권·임차권에 의하여 타인이 사용·수익할 수 있다. 그리고 인접지와의 사이에서 상린관계(相隣關係)가 발생한다. 토지등기부상의 등기는 물권변동의 효력발생요건이 된다(민§186). 또한 토지등기부의 토지표시에 기초가 되는 것은 토지대장이며 토지의 개수도 토지대장의 기재에 의하여 결정된다.

일필의 토지(一筆의 土地)

토지는 연속되어 있으므로 인위적으로 토지를 구획하여 그 일구획을 하나의 부동산으로 한다. 토지는 부동산이므로(민§99①). 토지에 관한 물권은 등기를 성립요건으로 한다(§186). 1개의 부동산의 물권관계는 1개의 용지에 등기하여 공시한다. 즉 일필에 등기하기 때문에 1개의 토지를 일필의 토지라고 한다. 일필의 토지를 수필로 분할하거나 수필의 토지를 일필로 합병하고자 하는 경우에는 불필이나 합필의 절차를 밟아야 한다. 즉 분필절차를 밟기 전에 일필의 토지 중 일부만의 양도·제한물권의 설정·시효취득을 할 수 없다.

정착물(定着物)

토지의 정착물은 부동산이다(민§99①). 토지의 정착물이란 토지에 계속적으로 부착하여 있고, 또 계속적으로 부착된 상태에서 사용되는 것이 사회통념상 인정되는 물건을 말한다. 건물·수목·토지·토지에 부속된 기계 등이다. 법적 평가의 차이에 따라 두 종류로 나눌 수가 있다 (1) 토지의 일부로서 취급되는 것으로 다리·돌담·연못·도랑·뿌려진 씨앗이나 비료 등이다. (2) 토지와는 별도의 부동산으로 취급되는 것으로 건물이나 입목에 관한 법률에 의하여 등기된 수목의 집단이 있다. 건물은 언제나 독립한 부동산이다. 건물의 개수는 등기부에 있는 것이 아니라 사회통념에 따른다. 일동(一棟)의 건물의 일부라고 하더라도 다른 부분으로부터 독립하여 사용하여 거래되는 것과 같은 경우에는 그 부분에 대하여 민법은 구분소유를 인정하고 있다. 또 입목에 관한 법률에 의하여 등기되어 있지 않은 수목 내지 그 집단은 독립된 부동산은 아니나 판례는 당사자가 이와 같은 수목을 토지와는 별도로 거래하는 대상으로 하는 것을 인정하며 또 관습에 따라서 명인방법(明認方法)을 실시함으로써 그 거래에 따라서 얻은 수림의 처분권을 제3자에게 대항할 수가 있는 것이라고 하고 있다. 밭이나 논에서 베어내기 이전의 벼나 보리 등 곡식에 대하여도 판례법상으로 그와 같이 다루고 있다. 그러나 토지에 고착하지 않는 물건은 정착물이 아니고 동산이다.

건물(建物)

英;building 독;Gebäude
불;baάtiment

토지의 정착물인 건조물로서 토지와 함께 부동산으로 인정된다(민§99①). 그 범위는 사회통념에 의하여 결정되는바 지붕과 담장이 있고, 거주·저장 등의 목적에 쓰이는 것을 가리키며 지하가·가도 밑에 있는 건물도 포함된다. 건물을 외국에서는 토지의 일부로 인정하나 우리나라에서는 토지로부터 독립한 부동산으로 취급하여 독립적으로 등기할 수 있다(부등§14①). 이러한 취급은 거래에는 편리하지만 대지의 사용 등에 관하여는 복잡한 법률관계를 초래한다. 건물은 구조상 및 거래상 독립성이 있으며 1개의 건물로서 등기할 수 있고 또 거래를 할 수 있다. 판례에 의하면 (1) 건축중의 건물은 지붕과 겉벽이 이루어졌을 때 독립한 부동산이 되어 등기를 할 수 있으며, (2) 도급건축에서는 재료를 도급인이 제공한 경우 외에는 원칙으로 일단 수급인의 물건이 되며 양도한 때에 도급인에게 소유권이 이전한다고 한다. 건물을 개축하거나 장소를 이전할 경우에 동일성이 있느냐의 여부는 이전의 저당권이 그대로 미치느냐의 여부에 커다란 문제가 되는 바 이것도 사회통념에 의하여 결정할 수밖에 없다.

동산(動産)
라;res mobiles
영;movables, chattels(personal)
독;bewegliche Sachen, Fahrn issachen, Mobilen
불;meubles

부동산 이외의 물건은 모두 동산이다(민§99②). 그러나 동산으로부터 부동산으로의 진행과정에 있는 건축 중의 건물이나, 그 반대과정에 있는 철거중의 건물의 경우에는 그것이 동산인지 부동산인지를 식별하는 것이 곤란한 때가 있다. 따라서 추상적으로 말하면 건물의 용도에 따른 사용을 할 수 있는 상태에 있느냐가 구별의 표준이 될 것이다. 동산의 수효는 사회통념에 의한다. 곡식·된장·간장·술 등은 용기에 의하여 수효가 정해진다. 동산과 부동산은 여러 가지 점에서 법률상의 취급이 다르다. 그 가운데 가장 중요한 차이점은 물권의 공시방법 내지 그 효력에 있다. 부동산물권은 등기로써 공시된다. 따라서 등기를 하지 않으면 부동산물권변동의 효력이 발생하지 않는다(민§186). 그러나 등기는 공신력이 없기 때문에 선의취득이 인정되지 않는다. 이에 대하여 동산권의 공시방법은 점유(占有)이다(민§200). 거래에 의하여 동산소유권을 얻은 자가 그 권리를 제3자에게 주장하기 위하여는 점유의 이전(인도)을 받을 필요가 있다(민§188, §523). 또한 비록 매도인에게 처분권이 없더라도 매수인이 동산을 선의로 매수하여 점유의 이전을 받으면 그 동산의 소유권을 취득한다(민§249).

동산·부동산의 법률상의 차이

구 분	부동산	동 산
용익물권의 설정	할 수 있다	할 수 없다
질권의 실행	경매법에 의한다	전집물(典執物)을 직접 변제에 충당하는 경우(§338).
저당권의 설정	할 수 있다	원칙상은 할 수 없다.
공시방법	등 기	점유
대항력	등 기	점유의 이전
공신력	(등기부에 없다)	(점유에)있다

무체재산권(無體財産權)
독;Immaterialguterrecht, geistiges Eigentum

유체물에 대한 배타적 지배권인 물권에 반하여 무체적 이익에 대한 배타적 지배권의 총칭이다. 특허권·실용신안권·상표권·의장권·저작권 등과 같이 지능적 창작물을 독점적으로 이용하는 것을 내용으로 하며 재산적인 가치를 가지지만 유체물을 지배하는 권리는 아니다. 일반적으로 법률이 정하는 바에 따라 등록함으로써 배타적인 지배권이 발생하며 물권에 준하는 취급을 받는다. 무체재산권 가운데 저작권을 제외한 것을 공업소유권이라고 한다. 무체재산권에 관하여는 국제적인 분쟁이 일어나기 쉬우므로 여러 가지 국제조약이 체결되어 있다.

무체물(無體物)
불;meubles incorporels

유체물 이외의 물건을 말한다. 구민법은 독일민법을 따라서 무체물을 물건으로 인정하지 않았다(구민§85). 그러나 물건의 관념을 유체물 이외에 미치게 할 필요가 생기게 되어 현행법은 유체물 및 전기 기타 관리할 수 있는 자연력을 물건으로 하여(민§98) 유체물뿐만 아니라 전기 기타 자연력 즉 열·광·원자력·풍력 등이 에너지와 같은 일정한 요건을 갖춘 무체물도 법률상의 물건으로 인정한다. 원래 무체물을 법률상 물건으로 인정할 것이냐는 로마법 이래로 입법례가 나누어져 있다. 프랑스민법(프민§526, §529, §530)은 이것을 인정하였으나, 독일민법(독민§90)은 이것을 부정하였다. 그러나 스위스민법은 다시 이것을 인정하여 법률상의 지배를 할 수 있는 자연력도 동산으로 하였고(스민§713, §655), 우리 민법도 이에 따른 것이다. 형법상으로도 무체물은 재산죄의 객체가 된다.

유체물(有體物)
독;korperliche Gegenstände

공간의 일부를 차지하고 유형적 존재를 가지는 물건을 말한다. 고체·액체·기체 등과 같이 사람의 오관으로 인식할 수 있는 공간적·물리적인 의미에서의 존재인 물질을 유체물이라 한다. 구민법은 물건을 유체물에 한정하였지만 현행민법은 전기·열·광·원자력·풍력 등의 관리할 수 있는 자연력도 물건으로 규정하고 있다(민§98). 또한 형법상으로 관리할 수 있는 동력은 절도죄의 객체인 재물로 취급되다.

융통물·불융통물(融通物·不融通物)
라;res in commercio·res extra commercium
독;verkehrsfähige Sachen·verkehrsunfähige Sachen
불;choses alíenables·choses inalíenable

사법상의 거래의 객체가 될 수 있는 물건을 융통물, 그렇지 않은 물건을 불융통물이라고 한다. 불융통물의 주요한 것은 공용물(예 : 관청의 건물), 공공용물(예 : 도로·하천), 법령으로써 거래가 금지된 금제품(예 : 아편·음란문서)등이 있다.

주물과 종물(主物과 從物)
독;Houptsache·Zubehör
불;chose principale·chose accessoire

물건의 사용방법을 보면 배와 노, 자물쇠와 열쇠, 시계와 시계줄, 칼과 칼집, 가옥과 창·덧문 등과 같이 별개의 물건상호간에 주종(主從)의 관계에 있는 경우가 적지 않다. 이와 같이 물건의 소유자가 그 물건의 상용에 공하기 위하여 자기소유인 다른 물건을 이에 부속한 때에는 그 물건을 주물이라 하고 주물(主物)에 부속된 다른 물건을 종물(從物)이라고 한다(민§100①). 민법은 법적 명확성과 거래의 안전을 위하여 그의 물권법질서는 단일물에서 출발하고 있다. 그러나 물건이 각각 경제상 독립적 존재를 가지고 있더라도 객관적·경제적 관계에 있어서 일방이 타방의 효용을 도와서 하나의 경제적 가치를 발휘하는 경우가 적지 않으며, 또한 그들은 서로 경제적 운명을 같이 하는 것이 보통이다. 여기에서 법률도 그들의 결합을 파괴하지 않고 사회경제상의 의의를 다할 수 있도록 법률적 운명을 같이 하도록 한 것이 이 이론이다. 주물과 종물을 구별하는 실익은 종물이 주물의 처분에 따르는 점에 있다(§100②). 처분이라 함은 소유권의 양도·임대차와 같은 채권적 처분도 포함한다. 민법은 주물위에 저당권이 설정된 경우 그 저당권의 효력이 종물에 까지 미침을 명문으로 해결하였다(§358). 따라서 가옥을 매매하거나 저당권이 설정되면 그 가옥 내의 창이라든가 덧문 등에도 효력이 미치게 되며, 저당권 설정 후의 종물에도 그 효력이 미친다. 다만 강행규정이 아니므로 당사자가 반대특약을 하여도 무방하다. 그리고 위의 규정은 통상의 경우를 예정하여 만들어진 것이므로 당사자가 주물의 처분을 함에 있어서 특히 종물의 처분을 유보하지 못하도록 하는 것은 아니다.

> 저당권의 효력이 미치는 저당부동산의 종물이라 함은 민법 제100조가 규정하는 종물과 같은 의미로서 어느 건물이 주된 건물의 종물이기 위하여는 주물의 상용에 이바지하는 관계에 있어야 하고, 주물의 상용에 이바지한다 함은 주물 그 자체의 경제적 효용을 다하게 하는 것을 말하는 것으로서, 주물의 소유자나 이용자의 사용에 공여되고 있더라도 주물 그 자체의 효용과 직접 관계가 없는 물건은 종물이 아니다*(대법원 2000. 11. 2. 자 2000마3530)*.

종물(從物)

(독;Zubehör 불;chose accessoire)

민법은 거래의 안전과 명확성을 기하기 위하여 원칙적으로 단일물주의를 취하고 있으나, 서로 경제적 종속관계에 서 있는 복수의 물건에 대해 법률적으로 그 운명을 같이 하게 하기 위해 주물과 종물의 이론을 발전시켰다. 예컨대 자물쇠와 열쇠, 시계와 시계줄이 이러한 주물과 종물의 관계에 서 있다. 종물은 주물과 함께 동일한 소유자에게 속하며, 독립한 물건으로서 주물의 상용에 이바지하여야 한다(민법 100조1항). 종물은 주물과 그 법률적 운명을 같이하므로 주물에 대한 그 법률적 운명을 같이하므로 주물에 대한 소유권의 양도나 물권의 설정 및 매매·대체 등은 종물에도 그 효력을 미친다.

부가물(附加物)

저당부동산에 부수하여 그것과 일체를 이룬 물건을 뜻한다(민§358). 지상의 수목·주택의 조각 등과 같은 것이다. 부가물은 사회통념상 독립한 존재인 물건이 아니므로 그 부가가 저당권 설정의 전후인지를 불문하고 특약이 없는 한 저당권의 효력이 이에 미친다.

특정물과 불특정물(特定物과 不特定物)

독;bestimmte Sachen·unbestimmte Sachen
불;choses de´termine´es choses inde´te rm i ne´es

구체적인 거래에 있어서 당사자가 물건의 개성에 착안하여 지정한 목적물로 거래한 물건을 특정물이라 하고, 단순히 종류와 수량에 착안하여 그 개성을 묻지 않고 명시한 목적물로 거래한 물건을 불특정물이라 한다. 예컨대 「이 쌀」의 매매는 특정물의 매매이고 「쌀 한 가마」는 불특정물의 매매이다. 대체·부대체는 거래상의 객관적 구별임에 대하여 특정·부특정은 구체적인 거래에 있어서의 당사자의 주관적 구별인 점이 다르다. 구별의 실익은 주로 채권의 효력에 관하여 생긴다. 즉 목적물의 보관의무의 경중(민§374), 인도의 조건(§462, §467), 위험부담(§537, §538), 하자담보책임(§570) 등이다. 실제적으로 특정물·불특정물과 대체물·부대체물의 구별은 대체로 일치하나 대체물도 「이 쌀」이라고 지정하면 특정물로 되고, 부대체물도 단순히 「말 1필」이라 고하여 거래하면 불특정물이 된다. 종류채권이나 선택채권에 있어서는 그 특정에 주의를 요한다(민§375, §380~§386).

원물과 과실(元物과 果實)
독;Substanz, Muttersache
불;chose originare
독;Früchte
불;fruits

수익을 낳게 하는 물건이 원물이고 그로부터 생기는 수익을 과실이라고 하는데, 물건의 경제적 효용에 따른 분류이다. 또한 과실은 그것이 생기는 근원에 따라 천연과실과 법정과실로 나누어진다.

천연과실(天然果實)
라;fructus naturales
독;natürliche Früchte
불;fruits naturels

원물에서 그 경제적 용도에 따라 자연적으로 수취되는 산출물을 천연과실이라고 한다(민§101①). 즉 논이나 밭에서 자라나는 쌀·보리·밀 등 곡식이라든가 젖소로부터 짜낸 우유 등이다.

미분리과실(未分離果實)
라;fructus stanteset pendentes
독;stehende und hängende fraüchte

미분리과실이라 함은 원물에서 분리되기 이전의 천연과실을 말한다. 원물에 부착되어 있으므로 원물인 부동산 또는 동산의 일부이다. 예를 들면 수확하기 전의 농작물이나 광물이라든지 벌채 전의 수목 또는 사육하고 있는 동물의 태아 등이다. 원물과 일체가 된 부동산 또는 동산이므로 원물과 일체로서 권리의 객체이며, 원물과 일체로서 거래의 대상이 되지만, 미분리과실만 거래할 수도 있다(분리전의 과실만의 매매계약이나 예약). 이 경우에는 분리를 시기(확정기한 또는 불확정기한)로 하는 계약이 된다. 분리수취권을 매수인으로 하는 뜻의 계약도 유효하다(민§102①). 미분리의 천연과실은 개념적으로는 독립의 물건은 아니나 학설이나 판례는 명인방법(明認方法)을 써서 미분리된 채 거래될 경우에는 독립의 물건인 지위를 인정하고 있다.

법정과실(法定果實)

라;fructus civiles
독;juristische Früchte
불;fruits civils

원물(원본)을 사용하게 한 대가로 수취하는 금전 그 밖의 물건을 법정과실이라고 한다(민§101②). 천연과실에 대립하는 말이다. 즉 임료·대지의 지료·임금의 이자 등이다.

원본(元本)

영;capital 독;Kapital 불;foonds

광의로는 사용에 공함으로써 수익을 낳는 재산을 말한다. 보통은 법정과실을 낳는 원물(예 : 지료에 대한 대지), 그 중에서도 특히 이자에 대한 임금을 말하는데, 사용의 대가를 받는 특허권·전화가입권 등도 포함되는 점에서는 물건에 있어서의 원물보다 넓은 개념이다.

과실의 수취(果實의 收取)

(1) 천연과실의 수취할 권리여부는「천연과실이 원물로부터 분리할 때」를 기준으로 하여 정하여지며 이때에는 이것을 수취할 권리(예: 소유권·임차권)를 가진 자에게 귀속된다(민§102①). 천연과실의 수취권자는 원물의 소유자(민§211), 선의점유자(민§201), 지상권자(§279), 전세권자(§303), 유치권자(§323), 질권자(§343, §355), 저당권자(§359), 매도인(§587), 사용차주(§609), 임차인(§618), 특유재산의 관리자(§831), 친권자(§916~§923), 수증자(§1079) 등이다. (2) 법정과실은 그 지급시기를 기준으로 하는 것이 아니라 수취할 수 있는 권리의 존속기간에 따라 일수의 비율로 취득한다(§102②). 즉 법정과실은 이것을 수취하는 권리의 존속기간일수의 비율로 각각 수취권자에게 귀속한다. 따라서 임대중의 건물이 양도되면 양도일 이전의 임대료는 전소유자가, 그 후의 임대료는 새로운 소유자가 각각 수취하게 된다. 그러나 이상의 규정은 특별한 규정(§587)이나 관습 또는 약정이 있는 경우에는 그에 따르게 된다.

대체물·부대체물(代替物·不代替物)

라;resfungibiles·res nonfungibiles
독;vertretbare Sachen·unvertret bare Sachen
불;choses fongibles·chosesnon- fogibles

금전이나 미곡처럼 거래상 물건의 개성을 문제로 하지 않고 단순히 종류·품질·수량 등에 의하여 정하여지며 동종·동질·동량의 물건으로 바꾸어도 당사자에게 영향을 주지 않는 물건을 대체물이라 하고, 이에 대하여 토지·예술품처럼 개성에 착안하여 같은 종류의 다른 물건으로 대체할 수 없는 물건을 부대체물이라고 한다. 특정물·불특정물의 구별과 약간 유사하나 당사자의 의사에 의하는 것이 아니라 물건의 객관적 성질에 의한 구별이라는 점에 차이가 있다. 즉, 대체물도 지정으로써 특정물이 될 수 있다. 이 구별의 실익은 소비대차·소비임치 등의 경우이다(민§598, §702).

목적물(目的物)

목적물이란 여러 가지 의미로 쓰이지만 대개 권리·의무 또는 법률행위의 직접 또는 간접적 대상을 가리키는 일이 많다. 물권의 목적물은 그것을 지배하는 직접적인 대상인 물건이지만 채권의 직접적 대상은 목적인 급부이며 목적물은 간접적인 대상에 지나지 않는다. 그러나 법문상 목적과 목적물은 혼용되고 있다.

법률행위(法律行爲)

독;Rechtsgeschäft
불;acte juridique

법률행위란 의사표시를 요소로 하는 사법상의 법률요건을 말한다. 일정한 권리 내지 법률관계의 창설·개폐를 목적으로 한는 의식적인 행위를 의사표시라고 한다. 법률행위는 일정한 법률효과의 발생을 목적으로 하는 한 개 또는 수 개의 의사표시를 불가결의 요소로 하는 법률요건 가운데 가장 중요한 것이다. 법률행위의 성립요건은 당사자·목적(내용)·의사표시이다. 따라서 법률행위가 이들 요건을 갖추어 확정적으로 완전한 효과를 나타내도록 하기 위하여서는 이것을 행하는 당사자가 행위능력을 가지며, 목적이 가능·적법하고 사회적 타당성을 가지며 확정 또는 확정할 수 있는 것이어야 하며 또한 의사표시가 그 결정에 하자 없이 완전하여야 하고 내심의 효과의사와 표시가 일치하여야 한다. (1) 의사표시의 결합의 상태에 따라 단독행위·계약·합동행위의 세 종류로 구별된다. 그러나 일방적인 행위인 단독행위로서 권리관계가 창설·개폐되는 경우는 계약의 취소·해제·추인·채무의 면제라고 하는 특수한 경우에 한하며, 통상적으로 합의(계약)에 의한다. 합동행위란 사단법인의 설립과 같이 의사표시가 병행 또는 집합하여 존재하는 경우이다. 이밖에도 여러 가지 표준에 의하여 ㉮ 요식행위와 불요식행위, ㉯ 유상행위와 무상행위, ㉰ 유인행위와 무인행위, ㉱ 생전행위와 사후행위, ㉲ 독립행위와 보조행위 ㉳ 채권행위와 물권행위, ㉴ 주된 행위와 종된 행위 등으로 분류된다. (2) 법률행위의 해석. ㉮ 행위를 인식할 수 없을 만한 미성년자나 미친자의 법률행위는 의사무능력자의 행위로서 무효가 된다. ㉯ 권한없는 자의 법률행위는 무효가 되지만 표현대리나 선의취득은 예외이다. ㉰ 행위방법이 법정되어 있는 경우에 그 방법에 의하지 않으면 불성립하거나 무효로 된다. 예를 들면 혼인·입양·인지는 가족법에 따라 신고하고, 상속의 포기나 취소는 법원에 신고하지 않는 한 성립하지 않는다(요식행위). 또한 질권설정은 목적물을 인도하지 않는 한 성립하지 아니하며(요물행위), 서면에 의하지 않는 증여나 법정대리인 내지 후견인의 동의가 없는 무능력자의 법률행위는 취소함으로써 무효가 된다. ㉱ 증거·관습·법률·조리를 적용해도 행위의 목적을 확정할 수 없는 경우에는 무효이다. ㉲ 소실한 가옥의 매매와 같이 행위의 목적을 실현할 수 없는 경우에는 무효이다. 실현할 수 있느냐의 여부는 행위

당시를 기준으로 하여 정한다. ㉥ 행위의 전 과정으로 보아서 그 법률행위가 공서양속에 반하는 경우라든가 공공질서에 관한 사항을 정한 법규에 위반하는 경우에는 무효이다.

법률행위 자유의 원칙
(法律行爲 自由의 原則)

사적생활에 관하여는 국가권력이 개입하거나 간섭해서는 안 되며, 사법의 법률관계는 개인이 그의 의사에 의해 다른 사람과 자유로이 법률관계를 형성할 수 있고, 개인이 의욕한 대로의 효과발생을 인정하는 것을 말한다. 이 법률행위 자유의 원칙은 계약에서 가장 뚜렷이 나타나기 때문에 계약자유의 원칙이라고도 한다. 이 원칙은 개인주의·자유주의를 기초로 하는 근대 사법의 기본원칙으로서 인류문화의 발전에 크게 기여하였으나, 자본주의경제의 발전은 빈부의 현격한 차이를 초래하는 등 여러 가지 폐단을 가져와 진정한 법률행위자유의 원칙은 기대할 수 없게 되었다. 이에 경제적 약자의 보호를 위해 법률행위 자유의 원칙은 각종 경제정책적·사회정책적 입법으로 제한받고 있다.

부관(附款)
(독;Nebenbestimmung)

법률행위로부터 일반적으로 발생할 효과를 제한하기 위하여 의사표시 하는 데 있어서 표의자가 특히 부가한 제한을 말한다. 부관은 법률행위의 내용을 이루는 것으로서 부속적 지위에 있으나, 별개의 의사표시는 아니다. 부관에는 민법상 법률행위에 있어서 붙이는 경우와 행정행위에 붙이는 경우 2가지가 있다. 민법상 부관은 조건 및 기한이 그 주요한 것이나, 증여나 유증에 부가되는 부담도 그 부관의 일종이다. 행정행위에도 부관이 붙여지는데 여기에는 조건·기한·부담·취소권의 유보·법률효과의 일부배제 등이 있다.

불완전한 법률행위
(不完全한 法律行爲)

법률행위로서의 완전한 효력을 발생하지 못하는 법률행위를 말한다. 이에는 법률행위의 효력발생요건이 구비되지 못한 경우와, 효력발생요건은 구비되었지만 당사자들이 그 효력발생을 보류한 경우가 있다. 법률행위의 효력발생요건으로는 당사자가 행위능력자이어야 하며, 법률행위의 내용이 확정·가능·적법·타당하여야 하고, 내심의 효과의사와 외부의 표시가 일치하여야 한다. 이러한 요건을 구비하지 못한 법률행위는 불완전한 법률행위로 된다. 예컨대 미성년자가 단독으로 한 법률행위, 내용상 불확정·불가능·불법·부당한 행위, 하자있는 의사표시 등이 여기에 속한다. 다음으로 법률행위의 효력발생요건은 구비되었으나 당사자들이 완전한 효력발생을 보류하여 불완전한 법률행위로 되는 경우도 있다. 이것도 법률행위의 효력이 직접 완전하게 발생하지 않기 때문이다. 예컨대 의사표시에 제한 있는 법률행위, 즉 부관 있는 의사표시인 조건과 기한, 부담이 이에 속한다. 불완전한 법률행위는 그 효과로서 완전한 권리를 발생시키지 못하고, 단지 불완전한 권리를 발생시키는데 그친다. 불완전의 정도가 심한 것은 처음부터 무효로 된다.

사실행위(事實行爲)

독;Realakt

사실행위란 외부에 표시하지 않은 내심적 의사로써 일정한 사실을 행하는 것이며 법률요건중의 적법행위의 하나이다. 점유(민§192), 무주물선점(無主物先占)(§252①②), 과실의 취득(§102) 등이다. 사실행위는 의사표시를 요하지 않는 다른 점에서 법률행위나 준 법률행위와 다르다. 그러나 학설 가운데는 준 법률행위를 표현행위와 비표현행위로 분류하여, 준 법률행위를 표현행위로, 사실행위를 비표현행위로 파악하는 입장도 있다. 준법률행위란 법률효과가 의사에 의하지 않고, 법률의 규정에 의하여 발생하는 것이므로 앞에서 말한 바와 같은 입장은 사무관리에 대하여는 타당하나 기타 사실행위에는 타당하지 않는 분류라고 할 수 있다. 사실행위는 일정한 사실상의 결과가 생기기만 하면 족하고 법률효과의 발생을 의욕하는 의사가 표현될 필요가 없으므로 무능력자라도 사실행위를 할 수 있다.

유상행위·무상행위

(有償行爲·無償行爲)

재산의 출연을 목적으로 하는 법률행위 가운데 일방의 법률행위의 내용의 이행(급부)이 대가(대상)를 수반하는 것은 유상행위라 하고, 대가를 수바하지 않는 것은 무상행위이다. 유상행위로는 매매·교환·임대차·고용·도급 등이 있으며, 무상행위로는 증여·사용대차 등이 있다. 유상행위는 대부분 유상계약(매매는 그 전형적인 것)인데 무상행위에는 증여 등의 무상계약 외에 유증(遺贈)·재단법인의 설립행위와 같은 무상의 단독행위가 있다. 또한 유상·무상의 구별은 보통 계약에 관하여 행하여지나(유상계약·무상계약), 성질상 단독행위라 할지라도 구별은 가능하다(예 : 일반유증·부담부유증).

의사표시(意思表示)

독;Willenserklärung
불;d'eclarationde volont'e

의사표시는 일정한 법률효과의 발생을 의욕하여 이를 외부에 표시하는 행위로서 법률행위의 요소이다. 즉 당사자의 의사표시는 그 내용에 따라 일정한 법률효과, 이른바 권리·의무의 변동인 권리의 발생·변경·소멸을 발생시킨다. 예를 들면 「취소한다」나「 판다」, 「산다」하는 것은 모두 일정한 법률효과의 발생을 목적으로 하는 의사표시이다. 법률행위의 불가결한 요소로서 「언어, 문자」 등에 의하여 명시적으로 행하여지는 것이 보통이지만, 「몸짓, 침묵」등 묵시적으로 행하여지는 것도 있다. 계약의 청약이나 승낙, 취소나 해소, 유언 등은 모두 의사표시이다. 의사표시를 단계적으로 분석하여 보면 의사표시는 먼저 (1) 어떤 동기에 의하여 일정한 법률효과의 발생을 목적으로 하는 의사(효과의사=표시자의 내심적 효과의사 즉 어떤 조건으로 매매한다는 의사)를 결정하고, 다음에 (2) 이 의사를 외부에 발표하고자 하는 의사(표시의사=표시행위의사 즉 표시행위를 하려는 의사)를 가지고 (3) 일정한 행위를 외부에 나타냄으로써(표시행위=외부 상대방에게 의사를 표명하는 행위) 성립한다. 이에 따라 객관적으로 판단된 효과의사(외부적 효과의사·표시상의 효과의사)가 상대방에게 전하여지는 것이다. 이러한 3단계 중에서 의사표시의 본체가 무엇인가에 관해서는 견해가 나누어진다. 앞서 열거한 것 가운데 (1) 동기와 내심적 효과의사 및 표시의사는 주관적인 것으로 오직 표의자만이 알고 있으며 상대방은 알 수 없는 것이다. (2) 표시행위와 표시상의 효과의사는 동일한 것으로서 상대방이 객관적으로 인식 파악할 수 있다. 그리고 의사표시는 상대방과 교섭하기 위한 수단이므로 의사표시의 본질은 표시행위와 표시상의 효과의사에 중점을 두어야 한다. 따라서 표시행위 및 표시상의 효과의사가 인정되면 의사표시는 성립하고 비록 내심적 효과의사나 표시의사가 결격되었다 할지라도 원칙상 의사표시는 효력이 있다(민§107 참조).

그러나 내심적 효과의사와 표시상의 효과의사가 불일치한다든가(의사의 흠결), 자유로운 의사에 의거하지 않았을 경우(하자있는 의사표시)에는 당해 법률행위는 무효 또는 취소할 수 있다(§107, §109). 즉 허위표시의 경우에는 일반적으로 이것을 의사표시로서의 가치를 인정할 필요가 없으므로 원칙상 무효로 한다(§108). 단 가족법상의 행위에는 예외적으로 본인의 효과의사를 특별히 존중하게 된다(§883). 또한 내심의 효과의사와 표시상의 효과의사의 차이로 인하여 특히 표의자의 책임을 부정할 경우에는 착오로서 취소할 수 있다(§109). 의사표시는 의사능력을 전제로 하고 있으므로 의사무능력자의 의사표시는 무효이다.

준법률행위(準法律行爲)

독;geschäftsähnliche Handlung

법률질서를 유지하기 위하여 당사자의 의사와는 관계없이 법률에 의하여 일정한 법률효과가 부여되는 자의 행위이다. 사람의 의사표시에 효과의사가 따르지 않으며 법률적 행위라고도 한다. 준법률행위는 의욕하였기 때문에 법률효과가 생긴다는 의사표시를 요소로 하는 법률행위와는 다르므로 의사표시의 통칙인 행위능력·착오·대리 등에 대한 규정은 원칙적으로 적용되지 않는다. 준법률행위에는 (1) 일정한 의식내용의 표현과 관련하여 일정한 효력이 인정되는 표현행위(의사통지·관념통지·감정표시)와 (2) 법률의 의사내용을 전제로 하는 일정한 행위의 객관적 가치에 중점을 두고 이에 일정한 법률효과가 인정되는 사실행위 즉 유실물습득(민§253)·선점(§252)·사무관리(§734) 등이 있다.

의사통지(意思通知)

독;Willensmitteilung

각종의 최고, 이행의 청구 및 거절등과 같이 자기의 의사를 타인에게 통지하는 사법상의 행위를 말한다. 예를 들면 계약취소의 여부에 관한 확답촉구(§15)·채무이행청구(§387)·변제수령거절(§460단, §487) 등이 있다. 이러한 행위는 의사통지자의 원함에 관계없이 사법상 일정한 효과를 발생시킨다. 즉 이행의 청구(최고)는 시효를 중단하고(§174), 채무자를 이행지체에 빠뜨려(§387②) 해제권을 발생시킨다(§544). 그러나 이들 효과는 행위자가 그것을 원했기 때문에 발생한 것이 아니고, 법률에 의하여 행위자가 반드시 원하지 않더라도 발생한다는 점에서 의사표시와 다르다. 준법률행위의 일종이다.

의사의 실현(意思의 實現)

독;Willensbetätigung,
Willensverwirklichung,
Willensäusserung

효과의사를 추측하여 판단(추단)하기에 족한 행위가 있기 때문에 의사표시로 취급되는 것을 말한다. 즉 의사표시로 취급되는 것을 말한다. 즉 의사표시와 같이 일정한 효과의사를 외부에 표시할 목적으로 행하여진 것으로 볼 수는 없는 행위이지만, 그것으로부터 일정한 효과의사를 추단할 수 있는 행위를 가리킨다. 이 의사실현에는 승낙의 의사를 표시하는 통지는 없으나, 승낙의 의사가 있음을 추단할 만한 행위가 있기 때문에 의사실현에 의한 계약의 성립을 인정하게 된다. 민법 532조는 청약자의 의사표시나 관습에 의하여 승낙의 통지를 필요로 하지 않는 경우에는 승낙의 의사표시로 인정되는 사실이 있는 때에 계약은 성립한다고 규정하고 있다. 의사실현으로 인정되는 경우는 예컨대, 청약과 동시에 송부된 물품을 소비하거나 또는 쓰기 시작하는 행위, 주문받은 상품을 송부하는 것, 여객으로부터의 청약을 받고 객실을 청소하는 경우 등을 들 수 있다. 의사실현으로 계약이 성립하는 시기는 의사실현의 사실이 발생한 때이다.

감정표시(感情表示)

독;Gefäusserung

용서와 같이 일정한 감정을 나타내는 행위를 말한다. 즉 이혼의 원인이 있어도 당사자의 일방이 용서하면 이혼의 소를 제기할 수 없게 되는 경우이다(민§841). 그 법률효과는 행위자의 원함과 관계없이 법률자체에 의하여 생기는 것이므로 의사표시가 아니다. 준법률행위의 일종이다.

관념통지(觀念通知)

독;Vorstellungsmitteilung

어떤 사실의 관념을 타인에게 표시하는 행위를 말한다. 사실의 통지라고도 한다. 예를 들면 사회총회나 주주총회의 소집통지(민§71, 상§363, §365)·채무의 승인(§168Ⅲ)·채권양도의 통지나 승낙(§450)·승낙연착의 통지(§528②, ③) 등이 있다. 이들 행위에서 생기는 법률효과는 통지자의 의욕여부와는 관계없이 법률에 의하여 직접 발생한다는 점에서 의사표시와 구별된다. 준 법률행위의 일종이다.

내재적 효과의사(內在的 效果意思)

표의자가 내심으로 진정 바라고 있는 의사를 말한다. 이것을 의사표시의 본체로 하는 것을 의사주의이론이라고 한다. 의사표시는 표의자의 의사가 표시행위를 통하여 그대로 표현되는 경우 즉 의사와 표시가 일치하는 때에 법률적 효과의사와 외부에 표시된 효과의사가 일치하지 않는 경우를 의사의 흠결이라고 한다.

의사해석(意思解釋)

법률행위나 계약의 해석에 의하여 당사자의 진의를 탐구하는 방법을 말한다. 때로는 입법자의 의사를 탐구하는 경우에 쓰이는 일도 있다. 즉 「법의 해석은 입법자의 의사해석으로 정해서는 안 된다」라고 하는 경우가 그 예이다. 그러나 의사 해석은 계약내용을 결정하는 표준으로 쓰인다. 「계약내용은 계약의 문자에 구애됨이 없이 의사해석에 의하여 정해야 한다」라는 것이 그 예이다. 그러나 이 경우에도 당사자의 내심에 존재하는 의사를 탐구해야 한다는 것이 아니라, 증서나 법규정의 문언에 구애됨이 없이 당사자가 애초에 의욕한 진의를 구명하여 그 계약이 체결된 당시의 사정 아래서 거래관행과 신의칙에 따라 당사자가 보통 가지고 있다고 인정되는 합리적인 의사를 표준으로 해야 한다. 당사자의 보통의사에 따른 해석이라고도 한다.

> 법률행위의 해석은 당사자가 그 표시행위에 부여한 객관적인 의미를 명백하게 확정하는 것으로서, 사용된 문언에만 구애받는 것은 아니지만, 어디까지나 당사자의 내심의 의사가 어떤지에 관계없이 그 문언의 내용에 의하여 당사자가 그 표시행위에 부여한 객관적 의미를 합리적으로 해석하여야 하는 것이고, 당사자가 표시한 문언에 의하여 그 객관적인 의미가 명확하게 드러나지 않는 경우에는 그 문언의 형식과 내용 그 법률행위가 이루어진 동기 및 경위, 당사자가 그 법률행위에 의하여 달성하려는 목적과 진정한 의사, 거래의 관행 등을 종합적으로 고려하여 사회정의와 형평의 이념에 맞도록 논리와 경험의 법칙, 그리고 사회일반의 상식과 거래의 통념에 따라 합리적으로 해석하여야 한다*(대법원 2001. 3. 23. 선고 2000다40858).*

의사표시수령능력(意思表示受領能力)

독;Empfangesfähigkeit

의사표시의 상대방이 의사표시를 인식할 수 있는 능력을 가리킨다. 그 정도는 행위능력보다 빈약해도 이론상 불편은 없다. 수동적인 능력이므로 의사능력이 있기만 하면 충분하지만 수령하면 법률효과가 수반되므로 민법은 의사표시의 상대방이 의사표시를 받은 때에 제한능력자인 경우에는 의사표시자는 그 의사표시로써 대항할 수 없도록 하고 있다. 다만, 그 상대방의 법정대리인이 의사표시가 도달한 사실을 안 후에는 그러하지 아니하다(민§112).

선량한 풍속 기타 사회질서

(善良한 風俗 其他 社會秩序)
영;public policy
독;öffentliche Ordnung und gute Sitten
불;orde public et bonnes moeurs

선량한 풍속이란 사회의 일반적 도덕이나 윤리관념으로서 모든 국민에게 요구되는 최소한도의 도덕률을 말한다. 사회질서란 국가사회의 일반적 이익인 공공적 질서를 말한다. 양자는 그 내용과 범위가 대부분 일치하므로 이론상 구별하기 곤란하다. 따라서 민법은 사회질서를 중심개념으로 하고 선량한 풍속은 그 한 부분으로 파악하고 있다(민§103). 사회질서란 사회적 타당성 내지는 사회성을 의미한다. 법률은 사회질서와 융합할 것을 이상으로 하므로 사회질서를 유지하기 위한 수단이기 때문에 반사회적이라고 보여지는 행위를 인정하지 않는다.

따라서 (1) 사인의 행위가 법률적으로 승인되기 위하여는 사회질서에 위반하지 않는 것을 요건으로 하여야 한다. 즉 개개의 강행규정에 위반하지 않더라도 사회질서에 위반한 사항을 내용으로 하는 법률행위는 무효이며(§103), 사회질서에 반하는 방법으로 타인에게 손해를 가한 자는 불법행위의 책임을 지며, 권리의 행사도 사회질서에 반할 때에는 권리남용으로 된다. 그밖에 자구행위·사기·강박 등의 사법상 행위가 위법인지 여부가 문제될 경우에 그 위법여부를 결정하는 표준은 사회질서에서 구하게 된다. 또한 범죄의 위법성도 실질에 있어서는 그 행위가 사회질서에 반하는 것을 실질적 요건으로 한다. 어떠한 행위가 반사회적인지를 상세히 설명하기는 곤란하나 대체로 그 기준은 다음과 같다. ㉮ 형법상 범죄로 되는 행위를 목적으로 하는 것. 예컨대 살인의 대가로서 금전을 주는 계약과 같은 것이다. 다만 사기나 협박에 의한 법률행위는 피해자가 취소함으로써 무효로 되는데 그친다(민§110). ㉯ 인륜·도덕에 반하는 행위를 목적으로 하는 것. 예컨대 일부일처제에 반하는 첩계약이나 본처와 이혼하고 나서 혼인한다는 약속으로 그때까지의 부양료를 줄 것을 내용으로 하는 계약과 같은 것이다. ㉰ 개인의 신체적·정신적 자유를 극도로 침해하는 행위를 목적으로 하는 것. 예컨대 인신매매나 매춘행위 혹은 경제적 활동의 자유를 과도히 제한하는 것이다. ㉱ 상대방의 급박하고 분별력이 없음을 틈타서 생존의 기초를 박탈하는 폭리행위를 목적으로 하는 것. ㉲ 현저한 사행적인 행위를 목적으로 하는 것. 예컨대 도박계약 등과 같은 것이다. ㉳ 기타 명예를 훼손하지 않는 대신으로 대가를 받는 계약이라든가 절의 주지의 지위를 대가로서 거래하는 행위 등과 같은 것이다.

(2) 법률규범의 내용이 사회질서에 위반할 때에는 법으로서 효력이 인정되지 않을 것이다. 그러나 이 이론을 더욱 철저히 관철한다면 사회질서에 반한다는 이유로 실정법으로서 존재하는 법규의 효력을 부인하게 되는데 이는 법적 안정성을 해하고 오히려 사회질서를 문란하게 할 우려가 있다. 따라서 법률에 명문의 규정이 있는 경우(예 : 민소§203Ⅲ)는 별문제이지만 일반적

으로 이 이론을 과연 어떤 범위에서 인정할 것인가는 법해석론의 중심으로 다루어질 문제이다.

> 민법 제103조에 의하여 무효로 되는 반사회질서 행위는 법률행위의 목적인 권리의무의 내용이 선량한 풍속 기타 사회질서에 위반되는 경우뿐만 아니라, 그 내용 자체는 반사회질서적인 것이 아니라고 하여도 법률적으로 이를 강제하거나 법률행위에 반사회질서적인 조건 또는 금전적인 대가가 결부됨으로써 반사회질서적 성질을 띠게 되는 경우 및 표시되거나 상대방에게 알려진 법률행위의 동기가 반사회질서적인 경우를 포함한다*(대법원 2000. 2. 11. 선고 99다56833)*.

임의법규(任意法規)
라;ius dispositivum
영;dispositive law
독;nachgiebiges Recht
불;droit facultatif

당사자의 의사에 의하여 그 적용을 배제할 수 있는 규정을 임의규정 또는 임의법규라고 한다. 공공의 질서에 관계되지 않는 규정이며 사적 자치를 원칙으로 하는 사법에 속하는 규정이 많다. 민법에서는 선량한 풍속 기타 사회질서에 관계없는 규정(민§105)을 임의규정이라고 하며, 계약에 관한 규정에 이를 널리 인정하고 있다. 임의규정은 그 작용으로부터 보충규정과 해석규정으로 나누어지나, 보충규정은 표시내용의 결함을 보충하는 기능을 하며, 해석규정은 표시내용의 불명료한 점을 일정한 의미로 해석하는 기능을 한다. 양자는 다같이 법률행위의 불완전한 것을 완전하게 하는 보완적 기능을 한다. 즉 임의 법규는 당사자의 의사표시가 없는 경우 또는 명확하지 않는 경우에 대비하여 그 공백부분을 메꾸거나 또는 명확하지 않은 부분을 분명하게 할 목적으로 만들어진 것이다(민§105). 규정중 「별단(別段)의 정함이 없는 때에는」이나 「정관에 별단의 정함이 없는 때에는」이라고 명기되어 있는 경우에는 그 임의 법규성은 명백하다. 그러나 그와 같이 명문이 없더라도 임의법규인 경우는 적지 않다. 채권편 특히 계약법의 대부분은 임의법규이다. 강행규정과 임의규정의 구별은 법문의 표현 및 기타 법규가 가지고 있는 가치 등을 고려하여 각 규정에 대하여 구체적으로 판단하는 수밖에 없다. 즉 사법이라 할지라도 물권의 종류·내용에 관한 규정(§185), 가족관계에 관한 규정(§826~§833, §909~§927, §1000~§1004). 특히 사회적 약자를 보호하고자 하는 규정(민§339) 등 기타 많은 강제규정들이 있다.

강행법규(强行法規)
라;ius cogens 영;imperative
독;zwingendes Recht 불;droitimpératif

당사자의 의사여부와 관계없이 강제적으로 적용되는 규정을 강행법규 또는 강행규정이라고 한다. 일반적으로 공공질서에 관한 사항을 정한 법규이며 공법에 속하는 규정은 거의 강행법규이다. 그러나 공법이라 할지라도 민사소송법의 합의관할에 관한 규정(민소§29①)과 같은 것은 임의규정이다. 다수설과 판례는 강행법규에는 효력규정과 단속규정이 있다고 본다. 이에 따르면 효력규정에 위반하는 행위의 경우 사법상 효과가 부정되지만, 단속규정에 위반하는 행위의 경우 벌칙의 적용이 있을 뿐이며, 그 행위 자체의 사법상 효과에는 영향이 없다고 본다. 사유재산제의 가장 중요한 부분인 물권의 종류나 내용을 정하는 물권편(§185~§372)과 경제적인 약자를 보호하기 위하여 자유경쟁의 조정을 도모하는 모든 법규의 대부분은 강행법규의 예이다.

탈법행위(脫法行爲)

광의로는 모든 법령의 금지규정을 잠탈(潛脫)하는 행위를 말한다. 협의로는 강제규정을 잠탈하는 행위를 말한다. 즉 직접적으로는 강행법규에 위반되지는 않지만 결과적으로 강행법규로 금지되어 있는 것과 동일한 효과를 발생시키는 행위로서 다른 수단을 통하여 합법성을 가장하는 행위를 말한다. 이른바 법망을 피해 가는 행위이다. 예컨대 공무원연금법이 금지하는 연금의 양도담보를 행하기 위하여 위임의 형식을 통하여 잠탈하려고 하는 행위이다. 탈법행위는 법률에 명문의 규정이 없는 경우에도 원칙적으로 무효이지만 명문으로 규정한 예도 많이 있다(예 : 공연금§32 등). 그러나 강행법규에 위반하는 것 같이 보이는 결과를 일으키는 행위일지라도 그 강행법규의 취지가 널리 이를 회피하는 수단까지도 금할 정도가 아닌 경우에는 그 행위를 탈법행위로서 무효로 할 필요는 없다. 예컨대 동산의 양도담보에 관한 효력을 인정하고 있는 경우와 같다.

폭리행위(暴利行爲)

독;Wucher 불;lésion

타인의 궁박·경솔·무경험 등을 이용하여 부당한 이익을 얻는 행위를 말한다. 궁박·경솔·무경험 등은 행위당사자의 사회적 지위, 직업 기타 법률행위 당시의 구체적 상황 등을 고려하여 판단할 것이다. 부당한 이익이라 함은 일반사회 통념상 정당한 이익을 현저히 초과하는 경우로서 사회적 공정성을 결한 것을 말한다. 법률행위의 윤리성과 공정성이 강조되는 오늘날의 법률에 있어서는 폭리행위는 공서양속위반이 되어 사법상 무효로 된다. 민법은 특별히 이에 관한 명문의 규정을 두고 있다(민§104). 또한 계약상의 금전대차의 이자에 관하여는 구 이자제한법에 특별한 제한을 두고 있으며 구 이자제한법(§1, §2) 독점규제및공정거래에관한법률을 두어 일상생활에서 발생하기 쉬운 부당한 거래를 억제하고 있다.

민법 제104조에 규정된 불공정한 법률행위는 객관적으로 급부와 반대급부 사이에 현저한 불균형이 존재하고, 주관적으로 위와 같이 균형을 잃은 거래가 피해 당사자의 궁박, 경솔 또는 무경험을 이용하여 이루어진 경우에 성립하는 것으로서, 약자적 지위에 있는 자의 궁박, 경솔 또는 무경험을 이용한 폭리행위를 규제하려는 데에 그 목적이 있다 할 것이고, 불공정한 법률행위가 성립하기 위한 요건인 궁박, 경솔, 무경험은 모두 구비되어야 하는 것이 아니고 그 중 일부만 갖추어져도 충분하며, 여기에서 '궁박'이라 함은 '급박한 곤궁'을 의미하는 것으로서 경제적 원인에 기인할 수도 있고, 정신적 또는 심리적 원박의 상태에 있었는지 여부는 그의 신분과 재산상태 및 그가 처한 상황의 절박성의 정도 등 제반 상황을 종합하여 구체적으로 판단하여야 한다(*대법원 1999. 5. 28. 선고 98다58825*).

관습(慣習)

영;Custom 독;Gewohnheit 불;costume

사회생활상 계속·반복하여 행해지며 어느 정도까지 일반인 또는 일정한 직업이나 계급에 속하는 사람을 구속하기에 이른 일종의 사회규범을 말한다. 관습이 사회의 법적 확신에 의하여 지지되어 일종의 법적 규범력을 취득하게 되면 관습이라 한다. 관습에까지 이르지 않았으나 얼마간 되풀이하여 반복된 사례는 관례라고 한다. 또한 관습으로서 행하여지고 있는 사항을 규범의 측면에서가 아니라, 행위의 측면에서 본 것이 관행이다. 관습은 법률행위의 해석에 있어서 중요한 구실을 한다(민§106). 관습은 법·도덕과 더불어 사회규범의 3형태를 이룬다.

사실인 관습(事實인 慣習)

독;verkehrssittn
불;usages admis dans les affaires

사회적으로 사실상 존재하는 관습이기는 하지만, 아직 법으로서 인정되지 않고 있는 것을 말한다. 따라서 민사상의 법원으로 인정되어 있는 관습법(민§1)은 아니며, 다만 법률행위의 내용을 확정함에 있어서 참고자료로 되는 업계나 각지의 관습을 사실인 관습이라고 한다. 법률행위의 해석에 있어서 법령 중에 선량한 풍속 기타 사회질서에 관계없는 규정(임의규정)과 다른 관습이 있는 경우에 당사자의 의사가 명확하지 않은 때에는 그 관습에 의한다(민§106). 즉 강행규정에 위반하지 않고 또한 임의규정 및 다른 관습이 있을 때에 당사자가 특히 그 관습에 의하지 않는다는 것을 명백히 한 경우를 제외하고는 그 관습은 임의규정에 우선한다. 반대로 법률행위의 당사자가 제반사정으로 보아서 관습에 따를 의사가 없다고 인정되는 경우에는 그 관습은 참고자료가 될 수 없다.

관습법이란 사회의 거듭된 관행으로 생성한 사회생활규범이 사회의 법적 확신과 인식에 의하여 법적 규범으로 승인·강행되기에 이른 것을 말하고, 사실인 관습은 사회의 관행에 의하여 발생한 사회생활규범인 점에서 관습법과 같으나 사회의 법적 확신이나 인식에 의하여 법적 규범으로서 승인된 정도에 이르지 않은 것을 말하는 바, 관습법은 바로 법원으로서 법령과 같은 효력을 갖는 관습으로서 법령에 저촉되지 않는 한 법칙으로서의 효력이 있는 것이며, 이에 반하여 사실인 관습은 법령으로서의 효력이 없는 단순한 관행으로서 법률행위의 당사자의 의사를 보충함에 그치는 것이다(*대법원 1983. 6. 14. 선고 80다3231*).

명문(明文)

법령 중에서 어떤 사항을 명시적으로 규정하고 있는 조항을 가리켜 명문이라고 한다. 예컨대 민법 제1조 「민사에 관하여 법률의 규정이 없으면 관습법에 의하고, 관습법이 없으면 조리에 의한다」던가 상법 제1조 「상사에 관하여 본법에 규정이 없으면 상관습법에 의하고, 상관습법이 없으면 민법의 규정에 의한다」고 함과 같이 명시적인 조문을 명문이라고 한다.

보충규정(補充規定)

독;ergänzende Vorschrift

임의규정을 그 작용면에서 보아 당사자의 의사표시의 내용에 결여되어 있는 부분을 보충하기 위한 규정을 보충규정이라 한다. 당사자가 해당법규와 다른 정함을 두지 않았을 경우에 비로소 적용된다. 당사자의 의사표시가 불충분할 경우에 그것을 보충하여 생활관계를 합리적으로 규정하려고 하는 규정이다. 보충규정은 「다른 의사표시가 없으면」, 「다른 규정이 없을 때」, 「다른 약정이 없으면」적용한다는 형식으로 규정하는 일이 많다(민§42, §358, §394, §829 등). 그러나 언제나 그러한 것은 아니며 결국 임의규정의 취지를 고려하여 정하여야 한다.

해석규정(解釋規定)

독;Auslegungsregel

임의규정을 그 작용면에서 보아 당사자의 의사표시의 내용이 불명확할 때 그것을 명백히 해석하기 위한 규정을 해석규정이라 한다. 해석규정은 「추정한다」라는 형식으로 규정되는 일이 많다(민§398④ 등). 그러나 보충규정과 마찬가지로 결코 한정되어 있는 것은 아니며 임의규정의 취지를 고려하여 정하여야 한다.

최고(催告)

독;Nahnung
불;avertissement

상대방에 대하여 일정한 행위를 할 것을 요구하는 통지로서 그 성질은 상대방 있는 일방적 의사의 통지이다. 최고가 규정되어 있는 경우에는 일정한 효과가 부여된다. 최고는 두 가지로 나눌 수 있다. 첫째는 의무자에 대하여 의무의 이행을 최고하는 경우이다. 채권자가 채무자에 대하여 하는 이행의 청구가 그 예인데, 만약 채무자가 최고에 응하지 않는 경우에는 이행지체(민§387②, §603②), 시효의 중단(§174), 계약해제권의 발생(§544) 등의 효과가 생긴다. 즉 기한이 정해져 있지 아니한 채무는 최고가 있은 때가 기한으로 되며 상대방은 이행지체가 된다(§387②). 그런데 돈을 빌려 준 때에는 최고한 것만으로는 되지 않으며 상당한 유예기간을 두고 반환하라고 최고하지 않으면 안된다(§603②). 또 소멸시효가 진행되는 권리도 최고가 있으면 6개월 연장된다(§174). 이행지체를 이유로 계약을 해제할 때에도 상당한 기간을 정하여 최고하여야 한다(§544). 둘째는 권리자에 대하여 권리의 행사 또는 신고를 최고하는 경우이다. 만일 권리자가 최고에 응하지 않는 경우에는 그 효과로서 권리행사의 제한을 받는다. 이러한 경우로서의 제한능력자의 행위에 대한 상대방의 확답을 촉구할 권리(§15), 무권대리행위에 대한 추인의 최고(§131), 계약해제권의 행사여부에 대한 최고(§552), 매매의 일방예약에 있어서의 매매완결의 최고(§564②, ③), 선택권행사의 최고(§381), 법인의 청산절차에 있어서 청산인이 하는 채권신고의 최고(§88①, §89), 한정승인절차에 있어서 한정승인자가 일반상속채권자 및 유증자에 대하여 하는 권리신고의 최고(§1032), 상속인이 없는 경우에 있어서 상속재산관리인이 일반상속채권자 및 수증자에 대하여 하는 권리신고의 최고(§1056), 유증의 승인 및 포기의 최고(§1077), 상속인 기타 이해관계인이 하는 상속인 기타 이해관계인이 하는 유언집행자의 지정에 관한 최고(§1094②) 등이 있다.

추정(推定)

독;Vermutung 불;présomption

명확하지 않은 사실을 일단 존재하는 것으로 정하여 법률효과를 발생시키는 것을 말한다. 법률관계 또는 사실이 명확하지 아니한 경우에 일반적으로 존재한다고 생각되는 상태를 표준으로 하여 일단 법률관계 또는 사실에 대한 판단을 내려서 법률효과를 발생시키고 당사자간의 분쟁을 회피시키는 경우가 있는데 이렇게 이루어진 판단을 추정이라고 한다. 민법은 증명하기 곤란함을 완화하기 위하여 여러 가지사항을 추정하고 있다. 즉 2인 이상이 동일한 위난으로 사망했을 때에는 동시에 사망한 것으로 추정된다(민§153①). 부부의 누구에게 속한 것인지 분명하지 아니한 재산은 부부의 공유로 추정하다(§830②). 그러나 당사자는 반증을 들어서 그 추정을 번복시킬 수 있다. 이 점에 있어서 법규상의 「본다」와 다른 것이다. 즉 「본다」의 경우에는 반증을 들어도 일단 발생한 법률효과는 번복되지 아니하나, 추정의 경우에는 반증에 의하여 법률효과도 번복된다. 추정된 사항이 진실에 반한다고 다투는 자는 반대증거를 제출하여야 한다.

의제·간주(擬制·看做)

진실에 반하는 사실이라고 하여도 법률상으로 특정되어 반대증거가 있어도 그 정한 사실을 변경시킬 수 없는 것을 의제라고 한다. 종래의 법문에서는 이러한 경우를「간주한다」는 말로 표현해 왔으나 현재에는「본다」는 말로 규정하고 있다. 실종선고를 받은 자는 비록 살아 있어도 사망한 것으로 보며(민§28), 미성년자가 혼인하면 성년으로 보고(민§826의 2), 태아는 손해배상의 청구권에 관하여는 이미 출생한 것으로 본다는 것과 같은 것이다.

법률요건·법률사실
(法律要件·法律事實)

권리변동의 원인인 사실을 법률요건이라 하며, 법률요건의 요소인 사실을 법률사실이라고 한다. 예를 들면 매매

민
법

는 「당사자의 일방이 재산권을 상대방에게 이전할 것을 약속하고, 상대방이 이에 대하여 대금을 지급할 것을 약속함」으로써 성립하는 법률요건이며(민§563), 또 불법행위는 「고의 또는 과실로 인한 위법행위로 타인의 권리를 침해하여 손해를 입힘」으로써 성립하는 법률요건이다(§750). 이 경우에 「고의」라든가 「과실」, 「권리침해」와 같이 법률요건을 이루고 있는 개개의 사실을 법률사실이라고 한다. 즉 단독으로 혹은 다른 사실과 합쳐서 하나의 법률효과를 발생케 하는 사실이 법률사실이다. 법률요건은 수개의 법률사실의 결합으로 이루어질 경우(법률요건으로서의 계약은 청약·승낙의 2개의 의사표시 〈법률사실〉에 의하여 성립한다)와 1개의 법률사실이 그대로 법률요건이 되는 경우가 있다(유언·출생). 법률사실에는 사람의 정신작용에 의한 것(사람의 용태)과 그렇지 않은 것(사건)이 있으며, 용태는 다시 외부적 용태(행위)와 내부적 용태(심리상태)로 구분된다. 외부적 용태인 행위는 적법행위(의사표시·준법률행위)와 위법행위(채무불이행·불법행위)로 나누어지며 법률사실로서 가장 중요하다.

법률효과(法律效果)

독;Rechtserfolg

일정한 법률요건에 의거하여 법률상 생기는 효과, 즉 일정한 경우에 「일정한 권리의 변동이 생기는 것」을 법률효과라고 한다. 예컨대 매매라고 하는 법률요건(계약)에 기인하는 법률효과는 목적물의 인도채무와 대금의 지급채무이다. 법률효과는 주로 권리·의무의 발생·변경·소멸인데, 친족법상의 분신과 권리능력·행위능력 등의 득실(得失)과 같은 것도 있다.

대항력(對抗力)

이미 유효하게 성립한 권리관계를 제3자가 부인하는 경우에 그 부인을 물리칠 수 없는 법률상의 권능을 대항력이라고 한다. 즉 일단 성립한 권리관계를 타인에게 주장할 수 있는 힘이다. 따라서 대항력을 결한 경우에는 타방으로부터 권리관계를 부인할 수 있는 가능성이 있다는 것을 의미하는 것이며, 실제로 부인하는가 안하는가는 부인하는 자의 자유라고 해석된다. 예컨대 통정허위표시에 있어서 선의의 제3자는 허위표시를 무효로 주장하든 유효로 주장하든 자유라고 한다(민법 108조 2항). 이러한 대항력은 제3자에 대해서 주장할 때도 있지만 당사자 사이에서도 사용되어진다. 전자인 지명채권양도의 통지나 승낙은 제3자에게 하는 것이며(민법 405조), 후자는 위임종료의 사유가 그에 해당된다(민법 692조).

대항하지 못한다. (對抗하지 못한다)

이미 성립한 권리관계를 타인에 대하여 주장할 수 없는 것을 말하며 대항불능이라고도 한다. 예컨대 의사표시의 도달이 있는 경우 「상대방이 이를 받은 때에는 무능력자인 경우」에는 그 의사표시로써 대항하지 못한다는 것

(민§112), 또는 상대방에 대한 추인, 예를 들면 무권대리인에 대한 추인은 상대방에게 대항하지 못한다(§132). 그 밖에도 우선권 있는 채권자에 대항하지 못한다는 등 여러 규정이 있다. 그리고 '대항하지 못한다'는 말은 선의의 제3자를 보호하고 거래의 안전을 확보하려는 경우에 쓰인다(§129, §110③, §92②단, §108②). 그러나 제3자의 범위 및 대항하지 못한다는' 것의 효과에 관하여는 각각의 경우에 있어서 학설이 일치하지 않음을 주의하여야 할 것이다.

대항요건(對抗要件)

이미 발생하고 있는 권리관계를 타인에게 대하여 주장할 수 있는 요건이다. 즉 대항할 수 있는 사유(민§426①, §451①)로 말미암아 채무자가 그 부담부분에 대하여 채권자에게 면책을 주장할 수 있는 요건이다. 예컨대 어떤 연대채무자가 다른 연대채무자에게 통지없이 변제 기타 자기재산으로 공동면책을 한 경우에는 채권자에게 대항할 수 있는 것, 또는 보증인이 주된 채무자의 항변으로 채권자에 대항하는 것 따위의 여러 규정이 있다(§433, §434, §452). 이 요건이 결여되어 있는 경우에는 상대방 또는 제3자에 대하여 계쟁의 권리관계의 성립을 부인할 수 있지만, 그 객관적인 성립이 방해되는 것은 아니다. 이 점이 성립요건과 다르며 주로 당사자간에 효력을 발생한 법률관계를 제3자에 대하여 주장하는 경우에 사용되며(예외 : §692), 그 본래의 작용은 법률관계의 변동을 제3자에게 공시하여 거래의 안전을 기하려는 데에 있다. 그러나 공시의 원칙을 실현하기 위한 공시방법 중에서 효력을 발생시키는 요건이 아니라 다만 대항하기 위한 요건일 뿐이다. 종래에는 법률행위에 의한 물권변동에 있어서 의사주의를 채택한 결과 등기(구민§177)와 인도(구민§178)가 대항요건이 되어 있었으나 현행민법은 형식주의를 채택한 결과 이것이 효력발생요건으로 되어 있다. 대항요건으로 사용되는 형태에는 채권양도에 있어서의 통지와 승낙(민§450, §451①), 저작권법에 있어서의 등록(저작§52) 등이 그 예이다.

요식행위·불요식행위
(要式行爲·不要式行爲)

법률행위를 구성하는 의사표시가 서면이나 그 밖의 일정한 방식에 따를 것을 요하는 것이 요식행위이며, 방식에 따를 것을 요하지 않는 것이 불요식행위이다. 현행민법은 계약자유의 원칙을 인정하므로 법률행위의 방식은 자유이며, 불요식이 원칙이다. 즉 특정한 방식을 필요로 한다고 규정되어 있는 경우 이외의 법률행위는 원칙적으로 불요식행위에 속한다. 예컨대 재산적 법률행위의 대부분은 불요식행위이다. 그러나 거래의 신속과 안전을 요하는 경우 등에 있어서는 일정한 방식을 갖춘 행위가 요구된다. 예컨대 혼인(민§812)·협의이혼(§836)·인지(§855)·입양(§878)·유언(§1060)·법인설립(§33)·정관작성(§40)·어음수표행위(§1,

§2)등은 요식행위에 속한다. 그러나 증여는 불요식행위이기는 하지만 서면에 의하지 않는 경우에는 취소할 수 있다(민§555).

불요식행위(不要式行爲)

(독;formfreies Geschäft)

법률행위의 요소인 의사표시를 일정한 방식에 의해 행할 것을 필요로 하지 않는 행위를 말한다. 계약자유의 원칙적용의 한 면으로서, 방식의 자유가 인정되므로 일반적으로 법률행위의 방식은 자유, 즉 불요식이 원칙이다. 그러나 특히 혼인 등 당사자가 진정으로 행위 할 것을 필요로 할 때, 유언·인지·정관작성·기부행위 등 법률관계를 명확하게 할 필요가 있는 때, 또는 외형을 신뢰하여 거래할 필요가 있는 어음·수표 행위 등은 예외적으로 일정한 방식을 필요로 하는 것이므로 요식행위이다.

진의 아닌 의사표시

(眞意 아닌 意思表示, 비진의표시)

표의자가 의사와 표시의 불일치를 스스로 알면서 하는 의사표시를 말하며, 비진의표시라고도 한다. 표의자가 단독으로 행하고 상대방이 있더라도 그와 통정하지 않는다는 점에서 통정허위표시와 구별되고, 이러한 의미에서 진의 아닌 의사표시를 단독허위표시라고도 한다. 사교적인 명백한 농담이나, 배우의 무대 위에서의 대사 등은 법률관계의 발생을 원하는 의사표시가 없음이 명백하므로 비진의 의사표시의 문제가 생기지 않으나, 상대방이나 제3자가 표의자의 진의 아님을 이해하리라는 기대 하에서 행하는 희언은 비진의 표시가 된다. 비진의표시는 원칙적으로 의사표시의 효력에 영향을 미치지 않아 표시된 대로 법률행위의 효력이 발생하나(민법 107조 1항 본문), 상대방이 표의자의 진의 아님을 알았거나 이를 알 수 있었을 경우에는 무효이다(민법 107조 1항 단서). 그러나 비진의표시가 무효로 되는 때에도 선의의 제3자에 대해서는 그 무효로서 대항하지 못한다(민법 107조 2항).

진의 아닌 의사표시에 있어서의 '진의'란 특정한 내용의 의사표시를 하고자 하는 표의자의 생각을 말하는 것이지 표의자가 진정으로 마음 속에서 바라는 사항을 뜻하는 것은 아니므로 표의자가 의사표시의 내용을 진정으로 마음 속에서 바라지는 아니하였다고 하더라도 당시의 상황에서는 그것이 최선이라고 판단하여 그 의사표시를 하였을 경우에는 이를 내심의 효과의사가 결여된 진의 아닌 의사표시라고 할 수 없다*(대법원 2001. 1. 19. 선고 2000다51919, 51926).*

하자있는 의사표시

(瑕疵있는 意思表示)

타인의 사기 또는 강박에 의하여 행한 의사표시를 하자있는 의사표시라고 한다. 하자있는 의사표시는 어쨌든 표시행위에 상당하는 내심의 효과의사가 존재한다는 점에서 효과의 사자체를 결여하는 의사의 흠결과 구별된다. 내심적 효과의사의 형성과정에서 의사를 결정할 때에 동기가 자유롭지 못하고 타인의 부당한 간섭이 가하여진 경우에 표의자를 보호하기 위하여 민법은 이것을 취소할 수 있는 것으로 하였다(민§110①). (1) 사기에 의한 의사표시 : 타인의 기망으로 인하여 착오에 빠진 결과로 이루어진 의사표시로서 취소할 수 있다(§110①). 그러나 이 취소로써 선의의 제3자에게는 대항하지 못한다(§110③). 그리고 채무자가 보증인을 기망하여 보증계약을 체결시킨 경우와 같이 상대방 이외의 제3자가 사기를 하였을 경우에는 상대방이 사기의 사실을 알았거나 알 수 있었을 경우에만 취소할 수 있다(§110②). 이 경우에도 그 취소로써 선의의 제3자에게 행하지 못한다(§110③). (2) 강박에 의한 의사표시 : 상대방 또는 제3자의 강박에 의하여 공포심이 생겨 그 결과로 이루어진 의사표시이며 그 하자의 결과는 사기에 의한 경우와 동일하다(§110①, ②, ③).

사기에 의한 의사표시
(詐欺에 의한 意思表示)

사기에 의한 의사표시란 기망행위에 의해 표의자가 착오에 빠져 하는 의사표시를 의미한다. 이는 의사표시의 형성과정에 상대방의 기망이 존재함으로써 의사표시에 하자가 존재하는 것이다. 사기에 의한 의사표시에서 사기란 고의로 사람을 기망하여 착오에 빠지게 하는 행위를 뜻한다. 사기에 의한 의사표시에 해당하기 위해서는 사기자의 2단계의 고의(사기자가 표의자를 기망하여 착오에 빠지게 하려는 고의와 표의자로 하여금 그 착오에 기하여 의사표시를 하게 하려는 고의), 기망행위의 존재 및 기망행위의 위법성, 기망행위와 표의자의 착오 사이에 인과관계가 있어야 한다. 사기에 의한 의사표시를 한 자는 그 의사표시를 취소할 수 있다(민법 제110조 1항). 그러나 상대방 있는 법률행위에서 제3자의 사기에 의한 의사표시를 한 경우에는 상대방이 그 사실을 알았거나 알 수 있어야 표의자는 의사표시를 취소할 수 있다(민법 제110조 2항). 그러나 이 취소로써 선의의 제3자에게는 대항하지 못한다(민법 제110조 3항).

강박에 의한 의사표시
(强迫에 의한 意思表示)

표의자가 타인의 강박행위에 의하여 공포심을 가지게 되고, 그 해악을 피하기 위하여 마음에 없이 행한 진의 아닌 의사표시를 말한다. 표시와 의사의 불일치에 관하여 표의자에게 자각이 있는 점에서 착오나 사기의 경우와 다르고, 비진의표시(심리유보) 또는 허위표시에 가깝다. 강박에 의한 의사표시를 성립시키기 위하여는 다음의 요건이 필요하다. ①강박자의 고의 : 강박하여 공포심을 가지게 하고, 그 공포심으로 인하여 의사표시를 하게 하려는 고의가 필요하다. 강박자는 표의자의 상대방이거나 그 외의 제3자이거나를 묻지 않는다. ②강박행위가 있을 것 : 강박행위란 해악을 표시하여 상대방으로 하여금 공포심을 가지게 하는 행위를 말한다. 해악은 재산적 해악이거나 비재산적 해악이거나를 불문하고, 장래의 것이거나 현재의 것이거나를 불문한다. 침묵도 경우에 따라서는 강박행위로 될 수 있다. 강박행위가 사회적으로 위법할 것을 요구하는 것은 사기의 경우와 같다. ③표의자가 강박의 결과 공포심을 일으킬 것. ④공포심에 의하여 의사표시를 할 것 : 공포심과 의사표시 사이에 인과관계가 있어야 한다. 이상의 요건을 갖춘 강박에 의한 의사표시는 취소할 수 있다(민법 110조1항). 그러나 선의의 제3자에게는 그 취소로 대항하지 못한다(민법 110조2항).

의사주의·표시주의

(意思主義·表示主義)
독;Willenstheorie·Erklärungstheorie

민법이 사인간의 법률관계를 규율하는 데는 개인의사존중과 거래안전 확보라는 두 가지 상반된 요건에 부딪히게 된다. 즉 당사자가 의도한대로의 법률효과를 인정하여 주는 것은 개인의 자유의사에 따라 법률관계를 규율한다는 근대사법상 의사자치의 사상에 적합한 것이기는 하지만, 반대로 상대방이나 제3자에게 뜻밖의 손실을 주는 등 거래의 안전을 희생시키는 결과가 생길 수 있다. 따라서 의사와 표시의 불일치가 있을 때 어느 쪽을 더 존중할 것이냐에 대하여 두 개의 주의가 대립한다. (1) 의사주의 : 표의자의 내심의 의사에 중점을 두고 이에 따라 법률효과를 부여해야 한다는 것이 의사주의이다. 개인의 내심적 효과의사(진의)를 존중하고 의사에 합치하지 않은 표시는 무의미하고 따라서 무효라고 하는 개인주의적인 견해이다. 행위자는 개인적 이익·정적 이익보호는 기할 수 있으나 상대방 또는 제3자의 이익을 해할 우려가 있다. (2) 표시주의 : 표시된 대로의 언행이나 문자를 중시하여 그에 따라 법률효과를 인정해야 한다는 주의이다. 즉 의사표시의 내용은 객관적 표시행위를 표준으로 하여 결정하여야 할 것이고 설사 행위자는 내심적 효과의사가 이와 상치되는 일이 있다 하더라도 불가피하다고 하는 주의이다. 사회본위의 입장으로서 행위자의 개인적·정적 이익을 희생시키더라도 동적 안전(거래안전)을 도모하고자 한다. 근대민법의 일반적 경향은 개인의사의 존중에서 거래안전의 확보로 옮겨지면서 의사주의에서 표시주의로 그 중점이 이행하였다. 우리 민법은 과거 의사주의에서 어느 정도 표시주의로 발전하기는 하였으나 아직 완전한 표시주의의 단계에는 이르지 못하였다.

의사와 표시와의 불일치의 경우를 민법에서 살펴보면, (1) 비진의 표시에 있어서는 표의자를 특히 보호할 필요가 없으므로 내심의 효과의사는 고려할 필요 없이 표시된 대로의 효과를 부여하여 상대방의 보호에 만전을 기하고 있으며(민§107① 본문), (2) 허위표시에서는 원칙적으로 무효로 하되, 그 내용을 알지 못한 선의의 제3자에게는 무효를 주장할 수 없게 하고 있다(민§108). 그리고 특히 문제되는 것은 (3) 착오인데 구법에서 의사주의를 따르고 있던 것을 현행민법은 표시주의로 바꾸었으며, 표의자의 이익과 상대방 및 제3자의 이익을 적절히 조화하고 있다. 즉 착오에 의한 의사표시는 법률효과에 아무런 영향을 미치지 않으나, 내용의 중요부분에 착오가 있는 때에는 취소할 수 있도록 한다. 그러나 표의자에게 중대한 과실이 있을 때에는 취소하지 못하며, 또 취소를 하였을 경우에도 선의의 제3자에게 대항할 수 없도록 하고 있다(§109). 이를 종합하여 볼 때 우리 민법은 표시주의원칙에서 서서 의사주의를 부분적으로 가미하고 있다. 그러나 가족법(신분법)에서는 표의자의 진의가 절대 존중되어야 하므로 총칙 상 표시주의가 적용되지 않는다.

정적 안정·동적 안정
(靜的 安定·動的 安定)

정적 안정이란 현재 가지고 있는 권리를 보호하는 것이다. 예를 들면 제한능력자제도(민§5~§17)나 착오(§109)는 정적 안정을 제일의 목적으로 하는 제도이다. 동적 안정이란 거래상대방을 보호하는 것이다. 일정한 외관을 신뢰하여 거래한 자에게 그가 신뢰한 대로의 권리의 취득을 인정하는 제도이다. 예를 들면 이사의 대리권에 대한 제한의 대항요건(§60)·사기·강박에 의한 의사표시(§110②, ③)·표현대리(§125, §126, §129)·선의취득(§249)·채권준점유자에의 변제(§471)·영수증소지자에의 변제(§471) 등의 제도가 있다. 상법상의 유가증권의 유통보호제도도 동적 안정 보호제도이다. 정적 안정과 동적 안정은 서로 대립하는 법제도이므로 입법정책상으로 양자의 조화점을 발견하여 실시하는 것이 타당하다. 그러나 기업거래관계에 있어서는 동적 안정이 중시되어야 한다.

묵시의 의사표시(黙示의 意思表示)
독;stillschweigende Willenserklärung

적극적이고 명백한 말이나 글자에 의한 것이 아니라 주위의 사정으로 미루어 보아 비로소 알 수 있는 의사표시를 말한다. 즉, 적극적인 표시행위에 의하지 않는 의사표시이다. 묵시의 의사표시는 간접적 의사표시라고도 한다. 명시의 의사표시에 대하는 것이지만, 의사표시의 뜻은 그것이 이루어졌을 때의 모든 객관적 사정을 종합하여 판단해야 하는 것이므로 묵시의 의사표시도 원칙적으로 명시의 의사표시와 동일한 효력을 가진다. 그러나 일정한 형식이 요구되는 요식행위에 있어서는 명시된 의사표시에 의하지 아니하면 효력이 발생하지 않는다(민§812, §878, §1060).

명시의 의사표시(明示의 意思表示)

묵시의 의사표시에 상대되는 말이다. 예컨대 상대방의 매매청약에 대하여 「사겠다」고 적극적으로 의사표시를 하는 것은 명시적 의사표시이고, 지기 집에 배달된 신문을 아무 말 없이 구독하는 것은 묵시에 의한 승낙의 의사표시이다.

은닉된 불합의(隱匿된 不合意)

계약의 당사자가 불합의의 존재를 모르는 경우로서, 무의식적 불합의라고도 한다. 이 경우에 당사자는 계약 내용에 관하여 합의가 있다고 믿지만 실제로는 그 합의가 없고 의사표시가 내용적으로 일치하지 않으므로 계약이 성립되지 않는다.

의사의 흠결(意思의 欠缺)

독;Willensmangel

표시상의 효과의사와 내심의 효과의사가 일치하지 않는 것이 의사의 흠결 또는 의사와 표시의 불일치라고도 한다. 이 경우 표시주의에 의하면 표시의사에 따라 유효한 것으로 성립하게 되지만 의사주의에 의하면 그 효과가 문제된다. 우리 민법은 절충주의 입장에서 불일치의 태양(態樣)에 따라 사회일반이익과 개인이익의 조화를 꾀하고 있다. 불일치는 (1) 표시자 자신이 의사와 표시와의 불일치를 자각하고 있는 의식적 불일치와 (2) 자각하고 있지 않은 무의식적 불일치로 나눌 수 있다. 단독으로 내심에 없는 것을 표시하는 비진의 의사표시(민§107)와 상대방과 통정하여 하는 통정허위표시(§108)는 의식적 불일치에 속하고 착오로 인한 의사표시(§109)는 무의식적 불일치에 속한다. 의사의 흠결에 있어서 착오는 표의자가 선의인 경우이며, 비진의 의사표시와 허위표시는 표의자가 악의(惡意)의 경우이다.

심리유보(心理留保)

라;reservatio mentalis
영;mental reservation

표의자가 진의가 아닌 것을 알면서도 행한 의사표시이다. 즉 표시와 내심적 의사가 일치하지 않는다는 것을 표의자 스스로가 알면서 하는 의사표시를 말한다. 진의를 마음속에 유보한 행위라는 의미에서 심리유보라고 하며 진의 아닌 의사표시, 비진의표시 또는 단독허위표시라고도 한다. 이것은 상대방을 속일 의도나 농담으로 행해진다. 그러나 그 동기가 어떠한 것이던지 심리유보는 표시한 대로의 효과를 발생하는 것을 원칙으로 한다(민§107① 본문). 다만 (1) 상대방이 의사자의 진의를 알고 있었던 경우나 (2) 비록 알지 못했다고 하더라도 보통 사람이라면 표의자의 진의를 알 수 있었을 것이라고 인정되는 경우에는 상대방을 보호할 필요가 없으므로 무효로 된다(§107①단). 그러나 이 무효는 선의의 제3자에게 대항하지 못한다(§107②). 가족법상의 행위(신분행위)에서는 절대적으로 본인의 의사를 존중하여야하기 때문에 심리유보는 가족법상의 법률행위에는 적용되지 않는다(§815Ⅰ, §883Ⅰ). 또 상법에서는 거래안전의 필요상 비진의 의사표시를 유효로 보는 경우도 있다(상§302③, §425①).

은닉행위(隱匿行爲)

독;verdedktes(dissimuliertes) Rechtsgeschäft

허위표시에 진의가 있는 행위가 숨어있는 행위이다. 예를 들면 증여를 은닉하여 표면에서 매매를 가장하는 것과 같다. 은닉행위는 그 자신 법률행위의 요건을 갖출 때에는 그로써 효력을 발생한다.

가장행위(假裝行爲)
(영, simulation 독, scheingeschäft)

허위표시를 요소로 하는 법률행위를 말하며, 대표적인 예로서는 서로 통정하여 성립된 가장의 매매계약을 들 수 있다.

통정허위표시(通情虛僞表示)
라;simulation
독;Scheingeschäft, Simulation
불;simulation

표의자가 상대방과 통정하여 행한 진의 아닌 허위의 의사표시이다. 이러한 허위표시를 요소로 하는 법률행위를 통정허위표시 또는 가장행위라고 한다. 예를 들면 채권자의 압류를 면하기 위하여 타인과 통정하여 부동산의 소유명의를 타인에게 이전한 경우 그 매매는 허위표시에 속한다. 표의자 스스로가 의사와 표시의 불일치를 자각하고 있다는 점에서 비진의 표시와 같지만 상대방과의 통정에 대한 합의가 있다는 점에서 다르다. 허위표시는 원칙적으로 무효이다(민§108①). 그러나 사정을 알지 못하는 선의의 제3자를 보호하기 위하여 민법은 선의의 제3자에 대해서는 허위표시의 무효를 주장할 수 없게 하고 있다(민§108②). 여기서 말하는 제3자란 당사자 및 포괄승계인(상속인) 이외의 자로서 허위표시가 있은 후에 그 목적물에 대하여 이해관계를 가지게 된 자를 말한다.

착오(錯誤)
라;error 영;mistake
독;Irrtum 불;erreur

표의자가 내심의 의사와 표시의 내용이 일치하지 않는 것을 알지 못하고 행한 의사표시를 착오 또는 착오에 의한 의사표시라고 한다. 표의자가 의사와 표시의 불일치를 알지 못한다는 점에서 비진의 표시나 허위표시와 구별된다. 착오는 보통 다음과 같이 분류된다. (1) 내용의 착오 : 표시행위 자체에는 착오가 없으나 표시행위의 의미를 오해하는 경우이다. 예를 들면 보증채무와 연대채무를 같은 것이라고 오해하여 연대채무자가 될 것을 승낙하거나, 파운드와 달러가 같은 가치를 가지는 것이라고 믿고 100파운드로 살 것을 승낙한 경우이다. (2) 표시상의 착오 : 표시행위 자체를 잘못하여 내심적 효과의사와 표시상의 의사에 불일치가 생기는 경우이다. 예를 들면 10만원이라고 써야할 때에 잘못하여 100만원이라고 써버린 경우처럼 오기 하거나 잘못 말한 따위와 같은 것이다. (3) 동기의 착오 : 의사표시를 하게된 동기에 착오가 있는 경우이다. 예를 들면 가까운 곳에 철도가 가설되는 것이라고 오해하여 토지를 비싼 값으로 사들인 경우이다. (4) 표시기관의 착오 : 예를 들면 전보에 의한 의사표시를 할 때에 전신기사의 잘못으로 표의자가 말한 바와 다른 내용을 상대방에게 전한 것과 같은 경우이다. 이러한 경우에는 표시상의 착오와 마찬가지로 취급된다. 그런데 착오에 의한 의사표시가 취소할 수 있는 것으로 되느냐 되지 않느냐 하는 것은 오로지 그 착오가 법률행위의 중요부분에 관한 것이냐 아니냐에 따라서 정하여진다는 것에 유의하여야 한다(민§109①). 착오의 적용범위는 재산행위에 한하고 가족법상의 행위(신분행위)에는 적용되지 않는다(§815, §883). 그러나 재산행위 가운데서도 행위의 외형에 신뢰하여 대량·신속하게 이루어지는 상법상의 거래에 있어서는 착오의 법리가 배제되는 수도 있다(상§320, §427).

> 법률행위의 내용의 착오는 보통 일반인이 표의자의 입장에 섰더라면 그와 같은 의사표시를 하지 아니하였으리라고 여겨질 정도로 그 착오가 중요한 부분에 관한 것이어야 한다*(대법원 1998. 2. 10. 선고 97다44737)*.

중요부분의 착오·요소의 착오
(重要部分의 錯誤·要素의 錯誤)

민법은 착오의 용태에 의하지 않고「법률행위의 내용의 중요부분에 착오가 있는 때에는 그 법률행위를 취소할 수 있다」고 하였다(민§109). 구민법은 이를 요소의 착오라 하였는데 같은 의미이다. 법률행위의 중요부분이 무엇인가는 표의자의 주관에 의하여 정해지는 것이기 때문에 구체적으로 지시하는 것은 곤란하다. 그러나 일반적으로 그 부분의 착오가 없었더라면 본인이 의사표시를 하지 않았을 뿐만 아니라 일반인도 하지 않았으리라고 생각되는 객관적 중요성을 말한다. 이러한 중요부분이 어떠한 것인가에 대하여 대체로 살펴보면 다음과 같다. (1) 당사자인 사람에 관한 착오 : 가족법상의 행위(신분행위)나 증여에 있어서는 상대방이 누구인가 중시된다. 보증계약에 있어서는 주된 채무자가 누구인가가 중시된다. 따라서 이러한 점의 착오는 일반적으로 중요부분의 착오가 될 것이다. (2) 목적물에 관한 착오 : 매매에 있어서는 사람보다도 목적물이나 대금을 더 중요시하고 있다. 목적물의 시장가액과 대금액과의 사이에 현저한 차이가 있을 경우에는 일반적으로 중요부분에 착오가 있는 것이라고 추정될 것이다. 그러나 자기의 판단에 의하여 행해지는 투기적인 매매는 이에 해당되지 않는다. 또 매매 후 이행 전에 매수인이 대금지급능력이 없다는 것이 판명된 경우에도 중요부분에 착오가 있는 것이라고 추정된다. 이에 대하여 금전대차 등에서는 임차인의 지급능력에 대한 착오는 중요부분의 착오가 되지 않는 것이 보통이다. (3) 내용의 중요부분의 착오 : 법률행위의 성질에 관한 중요부분의 착오를 말한다. 그러나 착오가 표의자의 중대한 과실로 인한 경우에는 의사표시의 취소를 할 수 없게 된다(민§109①).

> 법률행위의 중요 부분의 착오라 함은 표의자가 그러한 착오가 없었더라면 그 의사표시를 하지 않으리라고 생각될 정도로 중요한 것이어야 하고 보통 일반인도 표의자의 처지에 섰더라면 그러한 의사표시를 하지 않았으리라고 생각될 정도로 중요한 것이어야 한다*(대법원 1999. 4. 23. 선고 98다45546)*.

내용의 중요부분의 착오
(內容의 重要部分의 錯誤)

의사표시의 내용 중에서 중요한 부분에 대해서 인식한 것과 사실이 불일치한 것을 말한다. 여기서 의사표시의 내용이란 당해 의사표시에 의하여 표의자가 달성하고자하는 사실적인 효과(효과의사)를 말한다. 또 내용의 중요부분이란 만약 그 부분에 관해서 착오가 없었더라면 표의자가 의사표지를 하지 않았을 뿐만 아니라 일반인도 하지 않았을 것이라고 여겨지는 부분을 말한다. 의사표시는 법률행위의 내용의 중요부분에 착오가 있는 때에는 취소할 수 있다(민법 109조 1항 본문). 그러나 그 착오가 표의자의 중대한 과실로 인한 때에는 취소하지 못한다(민법 109조 1항 단서). 중요부분에 관한 착오 여부는 당해 경우에 따라 구체적으로 판단해야 되지만, 일반적으로 중요부분의 착오의 예로 다음과 같은 것이 있다. (1) 혼인·입양·매매·증여 등 개인에 중점을 두는 법률행위에 있어서 당사자인 사람에 대한 착오, (2) 목적물의 동일성에 관한 착오, (3) 목적물의 성상이나 내력이 거래상 중요한 의미를 가지고 있는 경우 이에 대한 착오, (4) 물건의 수량이나 가격 등에 관한 착오는 일반적으로 중요한 부분의 착오가 되지 않으나, 그 물건의 객관적인 가격이나, 예기된 수량과 상당히 큰 차이가 있는 경우와 같은 때에는 중요부분의 착오가 된다. (5) 법률상태에 관한 착오, (6) 법률행위의 성질에 관한 착오 등에는 중요부분의 착오가 인정된다.

사기(詐欺)
라;dolus
영;fraud, deceit, misrepresentation
독;Betrug 불;dol

타인을 고의로 기망하여 착오에 빠지게 하는 위법행위이다. 타인을 기망한다는 것은 사실의 은폐도 포함하지만 그 위법여부는 경우에 따라 사회관념에 비추어 판단하여야 한다. 과대선전이나 과대광고는 모두 사실을 속이는 것이나 이를 보거나 듣는 쪽에서 과장되어 있다는 것을 예기할 수 있는 경우에는 사기로 되지 않는 것이 보통이다. 즉 사기가 성립되기 위해서는 타인을 기망하여 착오에 빠지게 하려는 고의가 있고 이로 인하여 타인이 착오에 빠졌음을 요한다. 이와 같이 표의자가 타인의 기망행위로 말미암아 착오에 빠진 상태에서 행한 의사표시가 사기에 의한 의사표시이다. 사기는 착오를 일으키지만 그 착오는 내심의 효과의 사결정의 동기에 있을 뿐이고, 표시의 내용에 나타나지 않는 점에서 의사표시의 내용의 착오(민§109)와 다르다. 사기에 의한 의사표시는 강박에 의한 의사표시와 함께 하자있는 의사표시이다. 사기에 의한 피해자에게는 민법상 두 가지의 구제방법이 주어져 있다. (1) 사기에 의하여 입은 손해는 불법행위를 이유로 하여 배상시킬 수 있으며(§750), (2) 사기에 의한 의사표시는 하자 있는 의사표시로서 취소할 수 있다(§110①, §140, §141). 취소된 행위는 처음부터 무효로 되기 때문에(§141), 상대방이 계약의 이행을 요구해도 거절할 수 있으며 이미 이행을 끝냈다면 이행한 물건의 반환이라든가 등기의 취소를 청구할 수 있다. 그러나 이 취소는 일정한 제한이 있다. 즉 상대방 이외의 제3자가 사기를 행한 경우에는 상대방이 그 사실을 알았거나 또는 알 수 있었을 경우에 한하여 취소할 수 있고(§110②), 사기에 의한 의사표시는 선의의 제3자에게 대항할 수 없다(§110③). 또한 재산행위 가운데 외관을 신뢰하여 대량 신속하게 이루어지는 상법상의 거래행위에는 적용되지 않는 것도 있다. 예를 들면 주식인수의 취소 제한(상§320), 가족법상의 행위(신분행위)에 관하여는 따로 특칙이 있다.

기망(欺罔)

사람에게 착오를 일으키게 하는 행위를 말한다. 착오는 사실·가치·법률관계·법률효과에 관한 것을 불문하며 반드시 중요부분의 착오일 필요도 없다. 또한 언어나 거동을 통하여 적극적으로 허위의 사실을 날조하는 것뿐만 아니라 소극적으로 진실한 사실을 숨기는 것도 기망이 된다. 그러나 단순한 의견의 진술이나 희망의 표명은 기망이 되지 않는다. 부작위에 의한 기망은 일반적으로 당해거래에 관하여 사회관념상 또는 법률상 요구되어 있는 신의성실의 의무에 위반하는 경우에 한하여 위법이 되지만 위법성이 조각(阻却)되는 경우가 많다.

사술(詐術)

사람을 기망하는 술책을 말하며, 개정 전 민법에서 사용되던 표현이다. 개정 민법에서는 속임수라고 표현하고 있다. 민법 제17조 제1항은 「제한능력자가 속임수로써 자기를 능력자로 믿게 한 경우에는 그 행위를 취소할 수 없다.」고 규정하고 있으며, 제2항은 「미성년자나 피한정후견인이 속임수로써 법정대리인의 동의가 있는 것으로 믿게 한 경우에도 제1항과 같다.」고 규정하고 있다. 이 규정의 취지는 이러한 제한능력자는 보호할 가치가 없고, 오히려 상대방을 보호하여 거래의 안전을 도모하는 것이 타당하다는 데 있다. 따라서 판례는 이때의 사술(=속임수)을 사기보다도 넓게 해석하여, 일반인을 기망할 만큼 다소 교묘한 방법을 꾀함으로써 사술이 된다고 하고 있다.

강박(强迫)

라;metus 영;coercion, duress
독;Drohung 불;menance

사람을 고의로 위협하여 공포감을 일으키게 하는 위법한 행위를 말한다. 강박행위의 방법이나 위협의 종류는 사람이 공포를 야기 시키는 것이면 어떠한 것이라도 무방하다. 그러나 그것이 위법한 행위인가의 여부는 구체적인 경우에 당하여 행위의 목적과 수단과를 상관적으로 고찰하여 사회통념에 비추어 판단할 문제이다. 채무를 면제하지 않으면 압류한다든가 부정행위를 고소·고발한다든가 하는 행위는 권리의 행사이므로 비록 상대방이 공포심을 가지더라도 일반적으로 강박이 되지 아니한다. 그러나 그것이 부당한 이익을 얻기 위한 수단으로서 사용된 경우에는 강박이 된다. 이와 같이 표의자가 타인의 강박행위에 의하여 공포심을 가지게 됨으로써 그 해악을 피하기 위하여 행한 진의 아닌 의사표시가 강박에 의한 의사표시이다. 피해자(표의자)는 강박에 의한 의사표시를 취소할 수 있다(민§110①). 그러나 강박에 의한 의사표시의 취소는 선의의 제3자에 대하여 대항할 수 없다(§110②, ③).

도달주의(到達主義)

독;Empfangstheorie
불;systeme de la réception

의사표시는 상대방에게 의사표시가 도달한 때, 즉 상대방의 지배권내에 들어간 때에 효력이 발생한다는 주의이며, 수신주의(受信主義), 수령주의(受領主義)라고도 한다. 여기서 도달이란 우편으로 배달을 받았을 때와 같이 사회통념상 의사표시를 분명히 알 수 있는(了知) 객관적 상태가 생겼다는 것을 말한다. 예컨대 편지가 상대방에게 배달되어 가족이나 동거인이 수령하면 도달된 것으로 본다. 의사표시의 불도착 또는 연착에 의한 불이익은 표의자에게 돌아간다. 상대방 있는 의사표시는 보통 표백(문서의 작성)·발신(투함)·도달(배달)·요지(독료)의 과정을 거치는데, 이때에는 언제 의사표시의 효과가 발생하는 것인가에 대하여 (1) 표백주의, (2) 발신주의, (3) 도달주의, (4) 요지주의의 4가지로 나누어진다. (1)과 (4)는 한쪽으로 치우쳐 타당하지 않고 (2)는 신속한 거래에 응하여 다수의 상대방을 획일적으로 취급하는 경우에 적당하지만 상대방에게 불리하다. 따라서 민법은 도달주의가 가장 적당하다고 보고 이것을 원칙으로 하고 있다(민§111). 이와 같이 도달주의 원칙에 대하여는 다음과 같은 점을 유의할 필요가 있다. 첫째는, 다른 무효원인이 있으면 도달해도 효과를 발생하지 않음은 물론이다. 둘째는 효력발생시기에 대하여 특별한 규정이 있는 경우에는 그에 의한다. 그 중요한 것을 들면 다음과 같다. (1) 상대방이 제한능력자인 때에는 그 법정대리인이 도달한 것을 알지 못하는 한 의사표시의 효력이 발생한 것을 주장할 수 없다(§112). (2) 격지자간의 계약의 승낙과 같이 거래의 신속성이 요구되는 경우에는 발신주의를 취하고 있다(§15, §131, §455②, §531). (3) 요식행위나 요물행위 등은 소정의 요식을 거쳐서 물건을 인도하지 않으면 효력이 생기지 않는다. (4) 발신 후 도달 전에는 발신자가 임의로 의사표시를 철회할 수 있지만 도달 후에는 표의자가 발신 후 사망하거나 제한능력자가 되어도 그 때문에 의사표시가 무효로 되지 아니한다(§111②). (5) 상대방의 행방불명 등으로 그 소재를 알 수 없는 경우에는 공시송달에 의하여 그 의사표시의 효력을 발생시킬 수 있다(§113). 셋째로 대화자간의 의사표시는 표백·발신·도달·요지 사이에 시간적인 차이가 없으며, 상대방이 없는 의사표시는 표백이 있을 뿐이기 때문에 특별한 규정이 없다. 그런데 대화자간의 의사표시도 도달 후에 상대방이 요지할 수 없는 경우가 있다. 따라서 이 경우에도 상대방이 알 수 있는 상태에 있어야 효력이 생기는 것이라고 해석된다.

발신주의(發信主義)

의사표시가 발신되었을 때(서신을 우체통에 넣은 때, 종이에 기록하여 전보국의 창구에 의뢰한 때)에 효력을 인정하는 주의이다. 즉, 의사표시가 표의자의 지배범위를 벗어나서 발신되면 효력을 발생한다. 민법은 도달주의를 원칙으로 하고 있지만(민§111①), 격지자에 대한 의사표시의 효력발생시기에 관하여는 의사표시를 발신한 때에 의사표시의 효력이 발생하도록 하고 있다.

내용증명우편(內容證明郵便)

특수취급우편의 일종으로서 체신부가 당해 우편물인 문서의 내용을 등본에 의하여 증명하는 제도이다. 이는 일정한 내용을 가진 문서를 발송했다는 증거가 되며, 그 문서에 확정일자를 부여하는 효력이 있다.

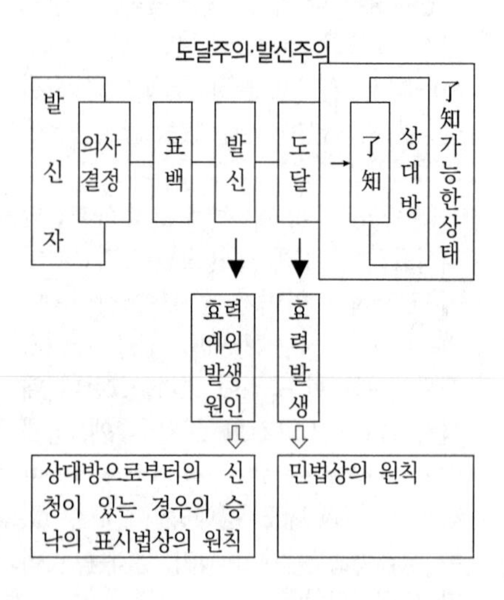

격지자·대화자(隔地者·對話者)

의사표시가 발신되면 그것을 요지하기까지 다소의 시간이 필요한 자를 격지자라고 하며, 반면에 의사표시를 곧 알 수 있는 위치에 있는 자가 대화자이다. 공간적으로 상격하여 있다 하더라도 전화나 수기신호 등에 의한 통신으로 상대방이 의사표시를 즉시 요지할 수 있는 상태에 있으면 대화자이다. 즉 민법(민§111①), 상법(상§52①) 등에서 격지자와 대화자를 구별하는 것은 단순히 공간의 격리를 문제 삼고 있는 것이 아니라 시간적 간격을 기준으로 발신·수신과 납득이 동시에 행해지느냐의 여부를 문제 삼고 있기 때문이다. 대화자간의 의사표시는 원칙적으로 바로 효력을 발생시키나, 격지자간의 의사표시는 원칙적으로 도달됨으로써 효력을 발생한다(민§111①). 그러나 거래의 신속을 필요로 하거나 상대방·제3자·채무자를 보호하여야 할 필요가 있을 때에는 예외적으로 발신주의를 취한다(민§15, §131, §455②, §531).

대리(代理)

영;agency, represntation
독;Stellvertrtung, Vertretung
불;repésentation

대리란 광의(廣義)로 타인(본인) 대신하여 어떤 행위를 하는 것을 말하지만 민법 총칙편에 정해진 대리란 대리인이 본인을 위한다는 것을 나타내어 의사표시를 하거나 의사표시를 받아 그 법률효과가 본인에게 직접 생기게 하는 것을 말한다(민§114~§136). 근대법에서 완성된 제도로서 본인의 행동 범위를 넓게 확장하고, 또한 의사능력이 없는 자 등에게 대리인에 의한 거래의 길을 열어 주어 사적 자치를 확장·보완한다. 대리의 종류로는 임의대리·법정대리·공동대리·복대리·쌍방대리·무권대리·표현대리 등이 있다.

대리의 법률상의 특색을 보면 다음과 같다. (1) 대리인이 본인과 대립하는 지위에서 대리권을 가진다. 이 점에서는 대표와 다르다. 즉 법인의 이사는 법인을 위하여 여러 가지 의사표시를 하거나 의사표시를 받는데 그 방법이나 효과는 대리의 경우와 다를 바가 없지만 대리인이라고 하지 않고 대표자라고 한다. (2) 대리인의 행위는 어디까지나 대리인의 의사에 의한 독자적인 행위이다. 이 점에서 타인을 위하여 의사표시에 관계하나 표의자 또는 의사표시를 받는 자의 보조자에 불과한 고문·상담역·使者(사자) 등과도 다르다. (3) 대리인이 권한 내에서 행한 행위의 효과(권리·의무)는 모두 직접 본인에게 귀속한다(민§114). 이 점에서 어떤 사람이 다른 사람을 개입시켜 물건을 점유하는 이른바 간접점유(§194)와도 다르다. (4) 대리는 의사표시를 하는 것(능동대리)과 의사표시를 받는 것(수동대리)에 한한다. 따라서 불법행위와 사무관리의 대리는 인정되지 않는다. (5) 원금보증이 없는 투자신탁을 취급하는 사회는 타인(투자자)을 위하여 증권류의 거래(의사표시)를 한다. 더욱이 그 거래에 의한 이익이나 손실은 모두 투자자에게 귀속하지만 그 거래는 회사가 자기의 이름으로 행한다. 따라서 효과도 법률상으로는 회사에 귀속하므로 대리와는 다르다. 그러나 법률상으로는 어떻든 사실상으로는 대리와 같으므로 이와 같은 경우를 간접대리라고 하기도 한다. (6) 법률행위 중에는 성질상 본인 스스로의 의사결정을 요하는 것이 있다. 혼인·양자입양·유언 등의 가족법상의 행위(신분행위)가 그 예인데 이러한 종류의 행위에는 대리가 허용될 수 없다. 그리고 재산상의 행위에도 특별한 이유로 대리행위가 금지되는 것이 있다(근기§65 ①). (7) 대리인은 본인을 위한 것임을 표시하여 행위하는 것이 원칙이지만(현명주의 : 민§114), 상행위의 대리에는 이것이 불필요하다(상§48).

대리행위(代理行爲)

대리에 있어 행위의 당사자인 대리인과 상대방간의 법률관계를 말한다. 이러한 대리행위는 대리인이 본인을 위한 것임을 즉, 대리의사를 표시하여야 그 효력을 발생한다(민법 114조). 이를 현명행위라고 하는 데, 상행위에 있어서는 이 원칙이 적용되지 않는다. 일반적으로 통용되고 있는 대리인의 현명방법은 '갑의 대리인 을'인데, 반드시 본인의 성명을 명시하여야 하는 것은 아니며, 주위의 사정으로부터 본인이 누구인지를 알 수 있는 것으로 족하다. 대리인이 본인을 위한 것임을 즉, 대리의사가 표시되지 않는 대리인의 의사표시는 대리인 자신을 위한 것으로 간주된다(민법 115조 본문). 대리에 있어 법률행위의 당사자는 어디까지나 대리인이므로 의사표시에 관한 요건은 본인이 아니라 대리인에 관하여 정하여야 한다. 그러나 그러한 대리행위의 하자에서 생기는 효과(취소권·무효주장권 등)는 역시 본인에게 귀속하게 된다. 또한 대리에 있어서 본인은 법률행위의 당사자는 아니나, 법률행위가 직접 본인에게 귀속하므로, 선의·악의가 법률행위의 효력에 영향을 미치는 경우에는 비록 대리인이 선의이더라도, 본인이 악의이면 그 본인은 선의의 보호를 받을 자격이 없게 된다.

대리의사(代理意思)

자신이 한 법률행위의 효력을 직접 본인에게 귀속시키려는 대리인의 의사를 말한다. 대리행위는 본인을 위하여 하는 것이다. 즉 대리행위는 대리의사를 표시하여 행하여야 한다. 그러므로 갑의 대리인 을이라고 서명하거나, 甲회사 지배인 乙이라고 하는 것과 같이 대리자격을 표시하는 문언을 표시·기재하여 서명하는 것이 대리의사표현의 보통의 형식이다. 대리의사를 표시하지 아니하고 한 행위는 표의자 자신의 법률행위로서 효력이 발생한다. 대리인이 본인을 위하여 함을 나타내야 한다는 것을 현명주의라고 한다(민§114①).

사자(使者)

라;nuntius 영;assistant 독;Bote

사자는 표의자의 보조자로서 우편을 전함으로써 타인의 완성된 의사표시를 전달하거나 말을 전함으로써 타인이 결정한 의사를 상대방에게 표시하는 자이다. 법문에서 사자라는 말은 사용되고 있지 않으나 법률학에서는 표의자와 구별하기 위하여 사자라고 하는 말이 사용되고 있다. 사자가 잘못하여 다른 사람에게 편지를 전하거나, 다른 말을 전하면 의사표시는 도달하지 않은 것으로 된다. 상대방에게 의사표시의 내용을 잘못 전한 때에는 표의자의 착오와 같이 취급된다. 대리인과 유사하여 대리인의 규정이 유추적용될 수 있지만 대리인은 스스로 독립한 의사표시를 하는데 대하여 사자는 본인의 기관에 불과하다. 따라서 사자의 경우에는 본인이 행위능력이 있음을 요하며 착오·사기·강박·선의·악의 등에 관하여는 본인의 의사와 사자의 표시를 비교하여야 한다(민§116). 또 가족법상의 행위(신분행위)와 같은 대리를 허용하지 아니하는 행위라도 사자는 허용될 때가 많이 있다.

법정대리(法定代理)

독;gesetzlicher Vertret
불;représent légal

본인의 의사와는 관계없이 법률이 정하는 바에 따라서 대리권이 발생하는 대리이다. 현대사회는 자기재산을 스스로 관리 운용하는 것이 원칙이지만 이 원칙을 끝까지 관철하는 것이 적당하지 않거나 관철할 수 없는 경우가 많이 있다. 예를 들면 미성년자의 이익을 위하여, 파산자는 채권자 등의 이익을 위하여, 관리자가 부재인 경우에는 부재자 및 이해관계인의 이익을 위하여, 각기 그들을 대신하여 재산을 관리하거나 법률행위를 행할 자가 필요하다. 법률은 이와 같은 경우에 대비하여 각각 대리인을 두도록 배려하고 있다. 이것이 법정대리제도이다.

법정대리인(法定代理人)

독;gesetzlicher Vertreter
불;représentant légal

법정대리권을 가지는 자이다. 즉 본인의 대리권수여에 의하지 않고 대리권을 부여받은 자이다. 법정대리인은 크게 다음의 세 가지가 있다. (1) 본인에 대하여 일정한 지위에 있는 자가 당연히 대리인이 되는 경우이다. 예컨대 친권자(민§909, §911, §916, §920), 후견인(§931~§936, §938) 등이 이에 속한다. (2) 법원의 선임에 의한 경우이다. 예컨대 부재자의 재산관리인(§22,§23), 상속재산관리인(§1023②, §1053), 유언집행자(§1096) 등이 이에 속한다. (3) 본인 이외의 일정한 지정권자의 지정에 의한 경우이다. 예컨대 지정후견인(§931), 지정유언집행자(§1093, §1094) 등이 이에 속한다. 법정대리인은 임의대리인과 달리 복임권을 가진다.

임의대리(任意代理)

본인의 수권행위에 의하여 성립되는 대리이다. 임의대리란 본인의 활동 영역을 확장 보충하는 하나의 수단이다. 즉 자기가 신뢰하는 대리인을 사용함으로써 시간을 절약하며 경험이나 지식의 부족을 보충할 수가 있기 때문이다. 본인이 대리권을 주는 행위를 수권행위라고 한다. 수권행위는 위임계약과 합체하여 있는 일이 많으므로 구민법은 임의대리를 위임으로 인한 대리(위임대리)라 하였지만(구민§104 등), 수권행위는 위임에 한하지 않고 조합·고용·도합 등의 계약과도 합체하여 있을 수 있고 그러한 계약 없이도 대리권의 수여만이 별도로 행하여질 수도 있으므로, 이 용어는 적당하지 않다. 그러므로 현행민법은 법률행위에 의하여 수여된 대리권(임의대리 : 민§128)이라는 말을 쓰고 있다. 더욱이 수권행위의 성질과 위임·고용 등의 계약과는 법률상으로 별개의 행위라고 해석된다. 그 결과 위임·고용 등의 계약이 무효가 되어도 수권행위는 당연히 무효로 되지 않는 경우가 있을 수 있다. 따라서 그 한도 내에서는 거래의 안전에 기여하게 된다. 대리권을 증명하는 수단으로서 종종 위임장이 교부되며 그 특수한 것으로 백지위임장이 있다.

임의대리인(任意代理人)

본인의 의사에 기하여 대리권을 수여받은 자를 임의대리인이라고 한다. 임의대리인의 대리권은 본인과 대리인간의 수권행위에 의하여 발생한다.

수권행위(授權行爲)

독;Bevollmächtigung

대리권을 수여하는 법률행위를 말한다. 위임 기타 대리권수여의 기초가 되는 행위(예 : 고용·조합)와 실제로 일체가 되어 존재하는 것이 보통이지만 이론상으로는 별개의 행위이다. 그 성질에 관하여는 계약설과, 단독행위설로 나누어진다. 독일민법(독일민법§167)과 스위스 채무법(스위스채무법§32)은 명문으로 단독행위라고 정하고 있으며, 우리나라 통설도 본인의 단독행위라고 보고 있다. 다만 구민법하에서는 위임과 유사한 무명계약으로 보는 설이 우세하였었다. 그리고 대리권을 수여한 증거로서 동시에 위임장을 교부하는 일이 많지만 그것이 수권행위의 요건은 아니다.

수권행위의 유인성·무인성

무인성설	본인과 대리인간의 대리권을 수여하게 된 기초적 법률관계가 무효이거나 취소가 되더라도 수권행위는 영향을 받지 않으므로 대리권은 존속한다고 보는 견해이다.
유인성설	본인과 대리인간의 대리권을 수여하게 된 기초적 법률관계가 무효이거나 취소되면 수권행위도 영향을 받아 실효된다고 보는 견해이다.
수권행위이분설	수권행위를 본인이 대리인에게 하는 수권인 내부적 수권과 본인이 거래의 상대방에게 하는 수권인 외부적 수권으로 나누어 내부적 수권은 유인성을 가지나 외부적 수권은 무인성을 갖는다고 보는 견해이다.

백지위임장(白紙委任狀)

위임장의 기명사항 가운데 일부를 기재하지 않고 백지로 남겨 둔 채 그것을 일정한 사람으로 하여금 보완시키고자 하는 형식으로 된 위임장으로서 다음과 같은 종류가 있다. (1) 위임하는 사항을 백지로 하여 기재하지 않는 것. 어떤 사람에게 공정증서를 위임함에 있어서 위임사항을 쓰지 않고, 공증인의 지시에 따라 기입할 것을 그 사람에게 위임하는 것이 이에 속한다. 이런 경우에 만일 수임자가 위임받은 이외의 사항을 기입하면 대리권의 범위를 넘어 남용이 되지만, 공정증서에 의한 계약의 상대편에 대하여는 표현대리인이 되는 일이 많다(민§126 참조). 그러나 수임자는 위임자에 대하여 계약위반의 책임을 진다는 것은 말할 것도 없다. (2) 수임자 즉 위임하는 상대편을 백지로 하여 기재하지 않은 것. 주요한 경우가 세 가지가 있다. ㉮ 주식회사에 출석하지 않은 주주가 의결권을 행사할 대리인을 백지로 하여 회사에 보내는 것. ㉯ 기명주식을 양도함에 있어서 첨부된 명의개서의 백지위임장. ㉰ 계약당사자의 일방이 후일 그 계약에 관하여 분쟁이 생길 경우의 해결을 위하여 자기를 대리할 자를 백지로 해놓고, 그 결정은 상대편에 위임하는 것. 다만 이 경우에는 불공정한 법률행위로서 무효로 보아야 할 경우가 많을 것이다(민§104).

대리권(代理權)

영;agent, represntative
독;Stellvertreter, Bevollmächtiger
불;repŕesentant

대리인이 가지는 대리행위를 할 수 있는 지위나 자격이다. 대리는 대리인이 행한 행위의효과가 직접 본인에게 귀속하는 제도이므로 대리인에게는 대리권이 필요하다. 대리권이 없는 대리행위를 무권대리라고 부르며 원칙상무효이나(민§130), 본인이 추인을 하면 이로서 대리권이 추완되고 무효하게 된다. 또한 표면상 대리권이 있는 것처럼 보이는 소위 표현대리에 있어서는 유권대리와 같이 본인이 책임을 부담한다(§129, §125). 대리권의 발생은 법정대리의 경우 법률의 규정(§911)이나, 법원의 선임(§936) 또는 특정인의 지정(§931)에 의하여 일어나며, 임의대리의 경우 본인의 의사에 따른 수권행위 등에 입각하여 발생한다. 대리권의 범위는 법정대리는 각각 법률의 규정에 의하고(예 :§920, §949), 임의대리는 그 수권능력의 내용에 의하여 정하여진다. 그러나 임의대리도 지배인이나 선장의 대리권은 법정되어 있다. 권한을 정하지 아니한 대리인은 관리행위만을 할 수 있다(§118). 그리고 자기계약·쌍방대리의 금지(§124)도 대리권제한의 한 예이다. 대리권의 소멸은 본인의 사망대리인의 사망·금치산·파산에 의하여 소멸하는 이외에(§127), 임의대리권은 그 원인된 법률관계의 종료나 수권행위의 철회에 의하여 소멸하게 되고(§128), 법정대리권은 친권의 박탈의 경우 등 특별한 규정에 의하여 소멸한다(§924, §927). 상행위의 위임에 의한 대리권은 본인의 사망으로 인하여 소멸하지 않는다(상§50).

대리인(代理人)
영;agent, representative
독;Stellvertreter, Bevollmächtiger
불;repŕesentant

대리를 할 수 있는 지위에 있는 자를 대리인이라고 한다. 대리는 본인을 대신하여 의사표시를 하는 제도이므로 대리인은 본인의 의사를 단순히 전달하는 사자와 다르다. 대리인의 행위는 효과만이 본인에게 귀속하므로 법인의 행위 그 자체가 되는 법인의 대표와도 다르다. 대리인은 스스로 의사표시를 할 수 있는 의사능력이 있어야함은 물론이지만 행위능력은 없어도 무방하다. 왜냐하면 대리행위의 효과는 직접 본인에게 귀속하고 대리인 자신에게는 미치지 않으므로 대리인은 행위능력자임을 요하지 않는다(민§117). 즉 대리인이 제한능력자로서 대리행위를 하더라도 제한능력자의 이익이 침해될 염려는 없기 때문이다. 또한 제한능력자의 대리행위에는 법정대리인의 동의를 요하지 않는다. 따라서 대리인이 제한능력자였다는 이유만으로는 본인이나 대리인은 물론 법정대리인도 그 대리행위를 취소할 수 없다. 다만 민법은 본인의 이익을 보호하기 위하여 제한능력자가 법정대리인이 되는 것을 금지하는 특칙을 정하는 경우가 많다(예 : 민§937).

(使者) 법문에는 사자라는 용어는 쓰지 않고 있으나 법학에서는 표의자와 구별하기 위하여 사자라는 용어가 사용되고 있다. 사자는 표의자의 보조자로서 편지를 전하던가, 말하는 것을 그대로 전하는 것인데 그런 의미에서는 우편배달인이나 전보의 전신기사와 같다. 사자가 잘못하여 다른 사람에게 편지를 전달하였다면 의사표시는 당연히 도달하지 않은 것이 된다. 이에 대하여는 상대방에 대하여 의사표시의 내용을 잘못 전했을 때에는 표의자의 착오와 같

이 취급된다. 이에 반하여 대리인은 표의자이므로 의사표시의 효력이 표의자의 심리적 태양(態樣)-예를 들면 착오·사기·강박·선의·악의 등-에 의하여 좌우되는 경우에도 본인이 아니고 오직 대리인을 표준으로 하여 정하여 진다.

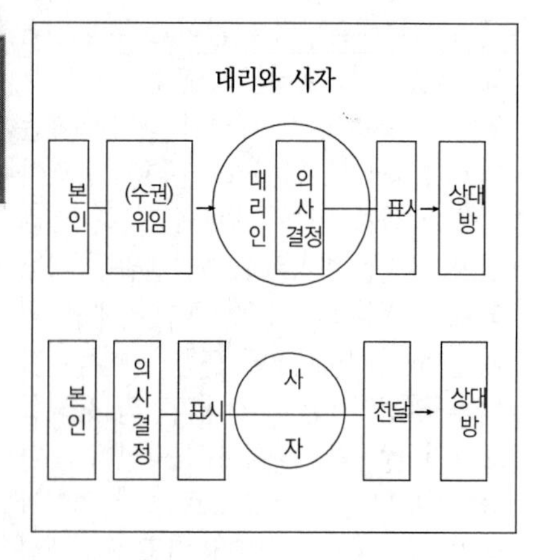

현명주의(顯明主義)

영;named principle disclosed principle
독;Offenheitsprinzip

대리인이 대리행위를 하는 경우에는 상대방에게 본인을 위한 것임을 표시하여야 한다(민§114①). 이것을 현명주의라고 부른다. 우리민법은 거래의 상대방을 보호하기 위하여 이 주의를 채택하고 있다. 본인을 위한 것임을 표시한다는 것은 그 행위의 법률효과를 본인에게 귀속시키려는 의사이므로 비록 대리인이 마음속으로 자기의 이익을 도모할 생각이었다고 하더라도 그것만으로 대리행위가 무효로 되는 것은 아니다. 대리인이 대리의사를 표명하지 않을 경우, 즉 현명하지 않고 행하여진 대리인의 행위는 대리행위가 될 수 없다(민§115본문). 그러나 원래 현명주의는 대리인의 입장에서 행동하는 것이라는 것을 상대방에게 알리기 위한 것이므로, 그러한 것을 상대방이 알거나 또는 알 수 있는 상태에 있으면 현명하지 않더라도 그 행위는 대리행위로서 효력을 발생한다(§115단, §114①). 현명주의의 취지는 상대방이 대리인에 대하여 의사표시를 하는 경우에도 마찬가지로 적용되어, 상대방이 대리인에게 본인을 위한 것임을 표시하지 않으면 본인에 대하여 효력을 발생하지 않는다(§114②). 상법상의 대리에는 상거래의 개성의 희박성 때문에 현명주의를 취하지 않는다. 즉 상행위의 대리에 대하여는「상행위의 대리인이 본인을 위한 것임을 표시하지 아니하여도 그 행위는 본인에 대하여 효력이 있다」고 하는 예외규정이 있다(상§48본문). 어음 행위에 있어서는 법률관계의 형식성 때문에 현명주의가 채택되고 있다(어8, 수§11). 본인을 위한 것임을 표시하는 의사표시는 명시적일 필요는 없으며 묵시적이라도 좋다(민§115단서). 수동대리의 경우에는 상대방이 대리인에 대하여 대리의사를 표시하여야 한다고 해석하여야 한다(§114②). 이 경우 대리인이 현명하여 수령하는 것이 불가능·불필요하기 때문이다.

관리행위(管理行爲)

불;actes d'administration

관리행위란 재산을 보존·이용·개량하는 행위를 말한다. 처분행위에 대한 개념이다. 부패하기 쉬운 물건을 매각하여 금전적 가치를 유지하는 것은 일종의 처분이지만 재산전체에서 보면 관리행위(보존행위)이다. (1) 보존행위 : 대리의 목적으로 되어 있는 재산의 현황을 유지하는 행위이다. 예컨대 가옥수리를 위한 도급·권리의 등기·시효의 중단 등 (2) 이용행위 : 대리의 목적인 재산의 성질을 변경하지 않는 한도에서 통상의 용법에 따라 이용하고 수익을 도모하는 행위이다. 예컨대 금전의 은행예금·가옥임대·황무지경작 등 (3) 개량행위 : 대리의 목적인 재산의 성질을 변경하지 않는 범위에서 그 사용가치 또는 교환가치를 증가하는 행위이다. 예컨대 택지조성을 위한 도급·무이자채권을 이자부로 바꾸는 행위 등. 대리권의 범위는 수권행위의 내용을 둘러싸고 다툼이 많으며 이 경우 본인과 대리인 사이의 종래의 관계와 수권행위를 하게 된 사정 등을 통하여 대리권의 범위를 확정하여야 하지만 그래도 역시 불명확한 경우가 있다. 그래서 민법은 대리권의 범위를 확정할 수 없는 대리인은 관리행위만을 할 수 있게 하였다(민§118).

처분행위(處分行爲)

독;Verfügungsgeschäft

처분행위는 두 가지로 나누어 볼 수 있다. (1) 관리행위에 대하는 관념 : 재산의 현황 또는 그 성질을 변하게 하는 사실적 처분행위(가옥의 파괴) 및 재산권의 변동을 발생하는 법률적 처분행위(가옥의 매각·주식의 入質(입질))를 총칭한다. 민법은 행위능력이나 권한을 정함에 있어서 때때로 이 관념을 사용한다(민§6, §149, §177, §619 등 참조). (2) 채무부담행위(Verflichtungsakt)에 대하는 관념 : 재산적 가치를 이전해야 할 채무를 발생함에 그치는 행위(채무부담행위)에 대하여 직접 이것을 이전하는 효과를 발생하는 행위를 가리킨다. 예컨대 매매에 있어서 목적물 이전채무·금전소유권이전을 하는 행위가 처분행위이다. 물권행위에 유사한 관념이라고 할 수 있다.

복대리(復代理)

영;sub-agency, substitution
독;Substitution

복대리란 대리인이 자지가 가지고 있는 대리권의 범위 내에서 특정한 자를 선임하여 그에게 권한 내의 행위의 전부 혹은 일부를 행하게 하는 것이다(민§120~§123). 대리인 자신의 이름으로 선임한 본인의 대리인이다. 복 대리의 특색은 다음과 같다. (1) 대리인은 자기의 이름으로 복대리인을 선임하는 것이며, 따라서 복대리인의 선임은 대리행위는 아니다. 법정대리인은 자기의 책임으로 언제라도 복대리인을 선임하나(§122), 임의대리인은 본인의 허락이 있거나 부득이한 사유가 있는 경우에 한하여 복대리인을 선임할 수 있다(§120). 그 반면에 임의대리인은 복대리인의 선임·감독에 대하여 과실이 있는 경우에 한하여 책임을 지는데 그친다(§121). (2) 복대리인은 대리인의 대리가 아니라 본인의 대리인이며 따라서 복대리인의 대리행위의 효과는 직접 본인에게 미친다(§123). (3) 복대리인은 대리인과의 내부관계에 의거하여 대리인의 감독에 따라야 하는 것은 당연하나 나아가서는 본인과의 사이에 대리인·본인간의 내부관계(위임·고용 등)와 동일한 관계가 생긴다(민§123②).

복대리인(復代理人)

독;Unterbevollmächtigter, Substitut
불;sous-repŕesntant

대리인에 의하여 선임된 대리인을 말한다. 대리인의 대리인이 아니고, 본인의 대리인이다. 따라서 복대리인의 행위의 효과는 모두 직접 본인에 대하여 발생한다. 그러나 대리인의 감독에 복종하고 보수나 그 밖의 관계는 모두 대리인과의 사이에서 결정되며, 그 권한도 대리인의 권한을 초과할 수 없다.

복임권(復任權)

대리인이 복대리인을 선임할 수 있는 권능을 복임권이라고 한다. 법정대리의 경우에 언제나 복임권이 인정되나 임의대리의 경우에는 원칙적으로 인정되지 않으며 본인의 승낙이 있거나 부득이한 사유가 있을 경우에 한하여 인정하는데 불과하다(민§120). 복임권에 의거하여 복대리인을 선임한 경우에는 대리인은 그 선임·감독에 대하여 본인에게 책임을 진다(§121, §122).

자기계약(自己契約)

독;Selbstkontrahierung

법률행위의 당사자의 일방이 한편으로는 상대방을 대리하여 자기와 계약을 체결하게 하는 것이다. 즉 자기 혼자서 본인의 대리인도 되고 계약의 나머지 일방의 당사자도 되는 것이다. 상대방대리라고도 한다. 자기계약은 본인의 이익이 침해될 위험이 있기 때문에 쌍방대리와 더불어 금지되어 있다(민§124본문). 따라서 본인의 이익을 해치지 않는 경우에는 금지되지 않는다. 민법은 그 예로서 채무의 이행을 들고 있으나(§124단), 그에 한하지 않고 주식의 명의개서·친권자의 미성년자에 대한 증여 등도 본인의 이익을 해치지 않기 때문에 금지되지 않는다. 또한 본인이 사전 또는 사후에 자기계약을 허락한 경우에는 그 계약은 물론 유효하다.

쌍방대리

독;Doppelvertretung

갑의 대리인 을이 병의 대리인도 겸하여 을 한사람이 갑과 병간의 계약을 체결하는 경우이다. 민법은 본인의 이익을 해할 우려가 있기 때문에 원칙적으로 이것을 금지한다(민§124본문). 다만 본인의 이익을 해하지 않는 경우에는 예외로 한다. 민법은 그 예로서 단순한 채무의 이행을 들고 있으나(§124단서), 그에 한하지 않고 주식의 명의개서·등기신청 등도 이에 포함시킨다. 또한 본인이 쌍방대리를 허락한 때에는 유효하며 허락이 없는 경우에도 절대무효로 되는 것이 아니고 무권대리행위로서 취급되어 그 추인이 인정된다. 그리고 법정대리인도 쌍방대리의 제약을 받으며 친권자·후견인이 본인의 이해에 상반되는 행위를 할 경우에는 별도로 특별대리인을 선임한다는 특칙이 있다(§921①). 법인의 이사가 제3자의 대리인으로서 당해 법인과 거래하는 경우에도 쌍방대리인와 유사한데 이런 경우에도 특별대리인을 선임하여야 한다는 규정이 있다(민§64). 한편, 회사의 대표기관에 대하여는 이사회의 승인 등을 요건으로 하므로 쌍방 대리의 제한규정은 적용되지 않는다(상§199, §269, §398, §564③).

민법 제124조는 "대리인은 본인의 허락이 없으면 본인을 위하여 자기와 법률행위를 하거나 동일한 법률행위에 관하여 당사자 쌍방을 대리하지 못한다."고 규정하고 있으므로 부동산 입찰절차에서 동일물건에 관하여 이해관계가 다른 2인 이상의 대리인이 된 경우에는 그 대리인이 한 입찰은 무효이다*(대법원 2004. 2. 13. 자 2003마44).*

표현대리(表現代理)
독;Scheivollmacht

대리권이 없음에도 불구하고 마치 대리권이 있는 것과 같은 외관을 나타내는 경우에 거래의 안전을 도모하기 위하여 본인에게 일정한 법률상의 책임을 지우는 제도이다(민§125, §126, §129). 대리권이 없는 자가 행한 대리행위는 무효이지만 대리권의 외관이 있는 경우에 본인은 그 무권대리행위에 대하여 무효를 주장할 수 없다. 이것이 표현대리이며 외형을 신뢰한 자를 보호한다는 점에서 선의취득과 동일한 원리에 입각한 제도이다. 표현대리는 다음의 세 가지 경우에 성립한다. (1) 대리권수여의 표시에 의한 표현대리 : 본인이 대리권을 수여하지 않았음에도 본인이 특정인(표현대리인)에게 대리권을 수여했다는 뜻을 제3자에게 표시한 경우이다. 이 경우 표현대리인이 표시된 대리권의 범위 내에서 제3자와 법률행위를 했을 때에는 본인에게 책임이 있다(§125 본문). 그러나 제3자가 대리권 없음을 알았거나 알 수 있었을 때에는 예외이다(§125단서). (2) 권한을 넘는 표현대리 : 대리권이 부여되었지만 대리인이 권한 외의 행위를 행한 경우이다. 이 경우에 권한이 있다고 믿을 만한 정당한 사유가 제3자에게 있을 때에는 본인에게 책임이 있다(§126). 법정대리의 경우에도 적용된다. (3) 대리권 소멸후의 표현대리 : 대리인이 대리권소멸 후에 대리행위를 하였을 경우이다. 이때에도 상대방이 선의인 경우에 상대방은 본인에게 대리의 효과를 주장할 수 있으며 본인은 선의의 제3자에게 대항하지 못한다(§129본문). 그러나 제3자가 과실로 인하여 그 사실을 알지 못한 경우에는 예외이다(§129단서). 소멸하기 전에 가지고 있던 대리권을 넘어서 대리행위를 한 경우에는 민법 제126조와 결합하여 표현대리가 성립한다. 표현대리의 효과로서 상대방은 본인에 대하여 유효한 대리행위로서의 효과를 주장할 수 있지만, 표현대리도 무권대리로서 처리할 수도 있다. 그리고 표현대리인이 본인에 대하여 일반원칙에 따른 불법행위의 책임을 짐은 물론이다.

> 유권대리에 있어서는 본인이 대리인에게 수여한 대리권의 효력에 의하여 법률효과가 발생하는 반면 표현대리에 있어서는 대리권이 없음에도 불구하고 법률이 특히 거래상대방 보호와 거래안전 유지를 위하여 본래 무효인 무권대리행위의 효과를 본인에게 미치게 한 것으로서 표현대리가 성립된다고 하여 무권대리의 성질이 유권대리로 전환되는 것은 아니므로, 양자의 구성요건 해당사실 즉 주요사실은 다르다고 볼 수 밖에 없으니 유권대리에 관한 주장 속에 무권대리에 속하는 표현대리의 주장이 포함되어 있다고 볼 수 없다*(대법원 1983. 12. 13. 선고 83다카1489 전원합의체 판결)*.

일상가사대리권(日常家事代理權)

(독;Schlüssegewalt)

일상적인 가사에 대하여 부부 상호간에 인정되는 대리권을 말한다. 일상가사의 범위에 대해서 학설과 판례는 대립한다. 이 일상가사대리권은 원래 게르만법의 '열쇠의 기능'이란 법리에서 발달한 것이다. 그러나 오늘날은 별산제를 채택하고 있는 나라가 많아서 거래안전의 보호목적이 아닌 일상가사비용에 대한 부부의 연대책임만을 인정하고 있다. 일반적으로 인정되고 있는 학설·판례상의 일상가사의 범위는 부부공동생활에 통상 필요로 하는 필수품들, 예를 들어 쌀·부식 등 식료품의 구입, 세금, 자녀의 양육, 가구의 구입 등을 범위로 보고, 일상생활비를 초과하는 전화가입권의 매도담보, 가옥의 임대, 입원 등은 포함되지 않는다고 본다. 현행 민법은 부부평등의 원칙에 따라 부부는 일상가사에 대해 서로 대리권이 있어서(민법 827조1항), 부부의 일방이 일상가사에 관해 제3자와 법률행위를 한 때는 다른 일방이 이에 대한 책임을 같이 지게 하고 있다(민법 832조).

공동대리(共同代理)

독;Gesamtvertretung, Kollektivvertretung

수인의 대리인이 공동으로만 대리할 수 있는 경우이다. 따라서 공동대리에 있어서 대리인의 한 사람이 대리행위에 참여하지 않거나 또는 한 사람의 대리인의 의사표시에 결함이 있는 때에는 그 대리행위는 유효하지 않거나 대리행위 자체에 하자있는 것이 된다. 그러므로 각 대리인에게는 공동대리가 그 대리권에 대한 제한이 된다. 그러나 수인의 대리인이 있더라도 법규나 수권계약에서 특히 공동대리로 할 것을 정하고 있지 않은 경우에는 각자는 단독으로 대리할 권한을 가지는 것이라고 해석된다. 수동대리에 있어서도 공동으로만 상대방의 의사표시를 수령하여야 하는가에 관해서는 상대방 보호와 거래안전보호라는 입장에서 이를 부정하는 견해와 공동대리가 능동대리에 한정되는 것이 아니라는 입장에서 긍정하는 견해가 대립하고 있다(상§12②). 또 수인의 대리인이 있는 경우에는 공동대리로 한다는 법률의 규정이나 수권행위의 특별한 정함이 없는 한 원칙적으로 단독대리이며 대리인 각자가 단독으로 본인을 대리한다(민§119). 공공대리의 제한에 위반하여 1인의 대리인이 단독으로 대리행위를 한 경우에는 권한을 넘는 무권대리행위가 된다.

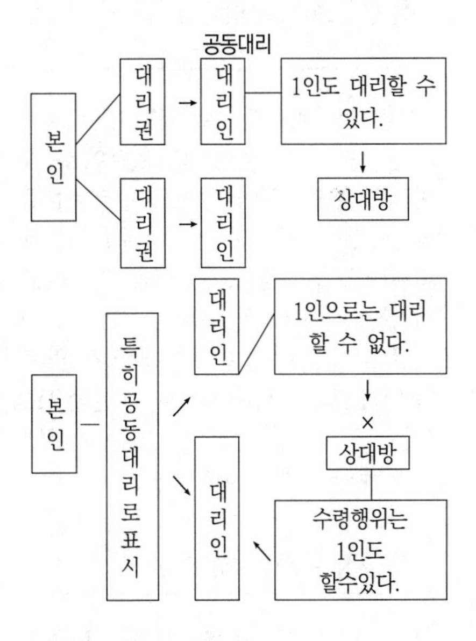

무권대리(無權代理)

독;vertretng ohne Vertretungsmacht
불;representation non-fondée

무권대리는 광의(廣義)로 대리권이 없는 자의 대리행위이다. 대리권이 전혀 없는 경우와 대리권의 범위를 벗어난 경우로 나눌 수 있다. 무권대리는 원래 본인이나 대리인에게 아무런 법률효과를 발생시킬 수 없으므로 무효이다. 다만, 무권대리인이 상대방에 대하여 불법행위상의 책임을 지는데 불과하다. 그러나 민법은 거래안전과 상대방보호를 위하여 무권대리인과 본인 사이에 특수한 관계가 있는 경우에는 무권대리행위에 의한 법률효과를 인정하고 본인에게 그 행위에 대하여 책임을 부담시키고 있는데 이를 표현대리라고 부른다(민§125, §126, §129). 그렇지 않을 경우에는 무권대리의 책임을 특히 무겁게 하였는데 이를 협의(狹義)의 무권대리라고 한다(민§130, §136). 협의의 무권대리는 그 행위가 계약인가 단독행위인가에 따라 법률규정이 다르다. (1) 계약의 무권대리 : 본인은 그 행위를 추인 또는 거절할 수 있다(§130, §132). 상대방에게 추인하면 제3자의 권리를 해하지 않는 한도에서 그 행위는 처음부터 유효하였던 것으로 되며(§133), 추인을 거절하면 그 행위는 무효로 확정된다. 무권대리인이 본인을 상속한 경우에는 추인을 거절할 수 없다. 반면에 선의의 상대방은 본인에게 추인의 최고권과 추인 전까지 계약의 상대방은 무권대리인에게 계약이행이나 손해배상을 선택적으로 청구할 수 있다(§135①). (2) 단독행위의 무권대리 : 유언이나 기부행위와 같이 상대방 없는 단독행위의 무권대리인 경우에는 완전히 무효이다. 그러나 상대방 있는 단독행위는 그 행위 당시에 상대방이 대리인이라 칭하는 자의 무권리행위에 동의하였거나 그 대리권을 다투지 않은 때에는 계약의 경우와 동일하게 취급된다(§136 본문). 대리권 없는 자의 그 동의를 얻어 단독행위를 한 때에도 같다(§136단).

능동대리(能動代理)

본인을 위하여 제3자에게 의사표시를 하는 대리이다. 적극대리라고도 부른다. 예컨대 본인을 대신하여 계약의 청약을 하는 것이 능동대리이다. 이 대리행위가 본인을 위한 것임을 표시하는 것은 능동대리에서는 대리인 자신이다. 수동대리에 대한 말이다.

무효(無效)
영;invalidity, nullity
독;Ungültigkeit, Nichtigkeit, Unwirksamkeit
불;invalidité, nullité, infficacité

법률행위가 법률요건을 결하였기 때문에 당사자가 의도한 법률상의 효과가 발생하지 않는 것을 말한다. 무효는 목적으로 한 법률효과를 절대로 발생시키지 않는 점에서 추인에 의하여 유효하게 되는 취소와 다르다(민§139 본문). 그러나 민법은 당사자가 그 무효를 알고 추인을 하였을 때에는 새로운 행위를 한 것으로 간주하고 장래에 있어서 유효한 것으로 한다(§139단서). 무효의 원인은 (1) 법률행위일반에 공통된 것으로 의사능력의 흠결·비진의 표시의 예외·허위표시·목적 위법·목적 불능·반사회질서행위 등이 있으며, (2) 특수한 법률행위에 한정되는 것으로 입양시 양자가 양친보다 연장자인 것(§883Ⅱ, §877①)·유언시 방법의 흠결(§1060) 등이 있다. 무효행위에 의하여 이미 이행된 경우에는 일반적으로 부당이익에 의하여 반환청구를 할 수 있다. 무효는 원칙적으로 누구에 대해서도 누구에 의해서 주장될 수 없는 것이 원칙이다(절대적 무효). 그러나 예외적으로 거래안전을 도모하기 위하여 무효의 효과를 특정한 제3자에게는 주장할 수 없도록 한 경우가 있다(§107②, §108② : 상대적 무효). 그밖에 전부무효와 일부무효로 나누어지기도 한다.

일부무효(一部無效)
독;teilweise Nichtigkeit

법률행위 가운데 일부분만이 무효로 되는 것이다. 법률행위의 일부에 관하여서만 무효원인이 있어도 전부무효로 되는 것이 원칙이지만, 그 무효부분이 없더라도 법률행위를 하였을 것이라고 인정될 때에는 그 부분만 일부무효가 되고 나머지 부분은 무효가 되지 않는다(민§137). 그러나 나머지 부분만으로써는 그 목적을 이룰 수 없는 경우에는 전부를 무효로 하게 된다.

유동적 무효(流動的 無效)

유동적 무효란 현재는 무효이나 추후 허가(또는 추인)에 의해 소급하여 유효한 것으로 될 수 있는 것을 말한다. 이와 대비되는 것으로, 일단 유효하지만 후에 무효로 될 수 있는 것을'유동적 유효'라고 한다. 우리 민법상 유동적 무효의 법적 근거로 들 수 있는 것은 '무권대리의 추인'에 관한 규정이다(§130 이하). 즉 대리권 없는 자가 타인의 대리인으로 한 계약은 본인이 이를 추인하기까지는 무효이나, 본인이 이를 추인하게 되면 계약시에 소급하여 그 효력이 발생하고, 그러나 추인을 거절하게 되면 본인에게 무효인 것으로 확정되는 점에서 그러하다.

대법원은 1991년에 처음으로 국토이

용관리법의 적용과 관련하여 유동적 무효의 법리를 처음으로 도입하였다. 즉 동법은 규제지역에 속한 토지에 대한 거래시에는 허가를 받아야 하고, 이 허가를 받지 않고 체결한 계약은 무효로 하는데(동법 §21의3), 여기서 그 허가를 받기 전의 매매계약의 성격이 문제가 된 사안에서 "국토이용관리법상 허가를 받을 것을 전제로 하여 체결된 계약은 확정적으로 무효가 아니라, 허가를 받기까지 유동적 무효의 상태에 있고, 그 후 허가를 받게 되면 그 계약은 소급해서 유효한 것으로 되고, 허가 후에 새로이 거래 계약을 체결할 필요는 없다. 그러나 불허가가 된 때에는 무효로 확정된다."고 하였다[대판(전원합의체) 1991. 12. 24. 90다12243)].

무효행위의 전환(無效行爲의 轉換)
독;Konversion Umvwandlung

무효인 법률행위가 다른 법률행위의 요건을 갖추고 있을 경우에 당사자가 무효를 알았더라면 그 다른 법률행위를 하는 것을 의욕 하였으리라 인정될 경우에 그 다른 법률행위로서의 효력을 발생시키는 것을 말한다(민§138). 예컨대 발행어음의 법정요건이 흠결되어 있거나 비밀증서유언으로서 무효인 유언을 각각 내용이나 방식을 보충하여 차용증서나 자필증서유언으로 효력을 인정하는 것이다. 무효행위의 전환은 당사자의 의도를 최대한 충족시키면서 사적 자치의 원칙에 기초하고 있는 것이므로 공서양속에 반하는 무효인 경우와 같이 사인(私人)의 의사가 제약되는 행위까지 전환이 인정되는 것은 아니다.

취소(取消)
독;Anfechtung 불;rescision

일단 유효하게 성립한 법률행위의 효력을 일정한 이유에서 후에 행위시로 소급하여 소멸케 하는 특정인(취소권자)의 의사표시를 말한다. 원래 취소라 함은 법률행위 당사자가 제한능력자인 경우(민§5②, §10, §13)·의사표시의 착오(§109①)·사기나 강박(§110②)을 이유로 하여 그 법률행위의 효력을 소급적으로 무효로 하는 것이며 민법 제140조 내지 제146조에서 일반적으로 규정한 취소는 이러한 의미이다. 그런데 민법은 원래무효인 것의 무효를 주장하는 의사표시(중혼의 취소 : §818, §810), 완전히 유효하게 성립한 행위의 효과를 소멸시키는 철회(미성년자에 대한 영업허락의 취소 : §7·상속의 승인이나 포기의 취소 : §1024)를 취소라고 하고 있으나 이는 본래의미의 취소가 아니며 따라서 민법 제140조 내지 제146조의 적용이 제한된다. 또한 가족법상의 행위(신분행위)의 취소(혼인·입양의 취소 : §816, §823, §884, §897)는 특수한 취소로서 일반적 취소와 구별되어 역시 민법 제140조 내지 제146조의 적용이 제한된다. 취소할 수 있는 행위도 취소가 있기 전까지는 그 행위를 유효한 것으로 다루어야 한다. 또한 추인을 하여 취소권이 포기되거나(민§143), 제소기간의 경과로 취소권이 소멸되어(§146), 그 행위는 완전히 유효한 것으로 확정된다. 이 점이 무효인 행위와 전혀 다른 것이다.

그러나 취소되면 그 법률행위는 처음부터 무효이었던 것으로 되고(민§141 본문), 당사자간에 일단 발생한 권리·의무는 처음부터 발생하지 않았던 것으로 된다. 취소권자는 제한능력자·착오 사기 및 강박에 의해서 의사표시를 한 자, 이러한 자들의 대리인 혹은 승계인이다(§140). 취소의 방법은 그 법률행위를 취소한다는 의사를 표시하면 되며(단독행위), 그밖에 아무런 형식도 필요로 하지 않는 것이 원칙이다. 다만 상대방이 확정되어 있으면 상대방에 대한 의사표시로써 하여야 한다(§142). 이밖에 재판상의 소로써 취소의 청구를 하지 않으면 안되는 것이 있다. 예를 들면 사해행위(§406), 가족법상의 행위(신분행위, §816, §825, §884, §897), 회사설립(상§184, §269, §552), 주식총회결의(상§376~§379) 등의 특수한 취소에는 재판상의 취소가 요구된다. 취소의 효과는 그 행위가 처음부터 무효였던 것으로 취급된다. 그러나 혼인·입양의 취소(민§824, §897) 등의 소급효는 제한된다. 또한 취소의 효과는 절대적인 것이 원칙이지만 사기나 강박에 의한 의사표시의 취소가 선의의 제3자에게 대항할 수 없는 것과 같이 상대적인 때도 있다(민§110③). 취소할 수 있는 권리는 추인을 할 수 있는 때로부터 3년, 법률행위를 한 때로부터 10년이 달하면 소멸한다(민§146).

무효와 취소(비교)

무 효	취 소
효력없는 것으로 되는 것에 특정인의 주장이 필요없이 당연히 효력없음.	특정인의 주장이 (취소행위)있어야 효력이 없음.
모든 자는 처음부터 효력없는 것으로 취급됨	취소없는 동안은 효력있는 것으로 취급됨.
그대로 두어도 효력이 없는 것이 변함없음.	그대로 두면 무효로 할 수 없게 됨.

소급효(遡及效)
독;Rückwirkung
불;rétroactivite, effet rétroactif

법률행위 및 그 밖의 법률요건의 효력이 그 성립 이전으로 거슬러 올라가서 형성되는 것이다. 법률은 법률불소급의 원칙에 따라 소급효를 인정하지 않는 것이 원칙이다. 그러나 특정한 규정이 있는 경우에 한하여 인정된다. 예컨대 실종선고의 취소(민§29), 법률행위취소(§141, §406), 추인(§133), 소멸시효(§167, §147), 계약해제(§548), 상속재산의 분할(§1015) 등이 있다. 소급효가 인정되는 경우에는 원상회복의 권리·의무가 발생하는 것이 많다. 다만 반환의무가 현존하는 이익으로 제한되는 경우도 있다. 즉 무능력자는 그 행위로 인하여 받은 이익이 현존하는 한도에서 상환할 책임이 있다(§141단). 계속적 계약관계에서는 소급효가 인정되지 않는다. 혼인이나 입양의 취소에도 소급효는 인정되지 않는다(§824, §897). 법률을 시행할 때에도 예외적으로 소급효가 인정되는 경우가 있다.

철회(撤回)
영;revocation 독;Widerruf

아직 종국적으로 법률효과를 발생하고 있지 아니한 의사표시를 그대로 장래에 효과가 발생하지 않게 하거나 일단 발생한 의사표시의 효력을 장래를 향하여 소멸시키는 표의자(表意者)의 일방적인 의사표시이다. 민법상으로는 철회도 취소라고 부른다. 그러나 취소는 일단 의사표시의 효과가 발생한 다음에 그 효과를 소급적으로 소멸시키는 것인데 대하여 철회는 다만 장래에 향하여서만 그 효과를 상실시키는 점에서 양자가 서로 다르다. 예를 들면 법정대리인은 미성년자에게 준 영업의 허가를 취소할 수 있는데(민§8②) 이는 이미 발생한 효력을 향해 저지시킨다는 의미이므로 철회이다. 또한 유언자는 언제든지 유언 또는 생전행위로써 유언의 전부나 일부를 철회할 수 있다(§1108①). 철회가 허용되지 않는 경우에도 그 의사표시에 관하여 취소원인이 있을 때에는 취소할 수 있다(§1024②).

추인(追認)
영;ratihabitio, confirmatio
독;Genehmigung, Bestätigung
불;ratification, confirmation

불완전한 법률행위를 사후에 이르러 보충하여 완전하게 하는 일방적인 의사표시이다. 세 가지의 경우가 있다. (1) 취소할 수 있는 행위의 추인(민§143) : 취소할 수 있는 행위에 의하여 발생한 불확정한 효력을 취소할 수 없는 것으로 확정하는 단독행위이다. 이론상으로는 취소권의 포기란 의미이다. 따라서 취소할 수 있는 불안정한 상태의 행위는 이후에 취소할 수 없게 되고 법률관계는 유효한 것으로 확정된다(§143①). 추인을 할 수 있는 자는 취소권자이다(§140). 그리고 추인의 방법은 취소와 같다. 취소할 수 있는 행위에 대하여 일정한 사유가 발생한 때에는 추인한 것으로 보며(법정추인 : §145), 소급효가 있다. (2) 무권대리행위의 추인(§130, §133) : 무권대리행위가 대리권 있는 행위와 같은 효력을 발생시키도록 하는 단독행위이다. 즉 무권대리행위는 본인이 추인함으로써 처음부터 유권대리였던 것과 마찬가지의 법률효과가 발생한다. 무권대리행위의 추인은 무효인 행위를 유효로 하는 성질을 가진다는 점에서 취소할 수 있는 행위의 추인과 다르다. 소급효가 인정된다. (3) 무효행위의 추인 : 무효인 행위는 추인하여도 유효하게 되지 않는다. 그러나 무효원인이 없어진 후에 당사자가 그 법률행위가 무효인 것을 알고 이를 추인한 경우에 민법은 당사자의 의사를 추측하여 비소급적 추인을 인정하고 있다. 이것은 편의상 새로운 행위를 한 것으로 본다. 따라서 새로운 행위를 하는 경우와 동일한 요건을 갖추어야 하며, 요식행위는 새로운 형식을 갖추어야 한다.

법정추인(法定追認)

취소할 수 있는 행위에 관하여 사회 사람들이 일반적으로 추인이라고 인정할 만한 행위가 행해졌을 경우 취소권자의 실제의 의사와는 아무런 관계도 없이 추인과 동일한 효과를 발생시키는 것을 말한다. 이것을 법정추인이라고 한다(민§145). 예컨대 미성년자가 행한 매매계약에 대하여 법정대리인인 친권자가 대금을 지급하거나 물품의 인도를 청구하거나 담보를 설정한 것과 같은 경우에는 취소권자(위의 예에서는 친권자)의 의사여하를 불문하고 추인과 동일한 효과가 생기며 취소할 수 있는 행위의 효과는 확정되는 것이다. 즉 이후에 (1) 그 의무의 전부 또는 일부를 이행하거나 이행의 청구를 한 때, (2) 경개계약(更改契約)을 하거나 담보를 제공한 때, (3) 그 행위로부터 얻은 권리를 양도한 때, 그리고 (4) 강제집행을 한 때에는 특별한 이의가 없는 한 추인한 것으로 보게 된다.

조건(條件)

라;comdicio 영;condition
독;Bedingung 불;condition

법률행위의 효력의 발생이나 소멸을 장래의 불확실한 사실의 성부(成否)에 걸리게 하는 경우에이사실을 조건이라고 한다. 예컨대 시험에 「합격하면」이라는 것처럼 법률행위의 효력의 발생에 관한 것인 때에는 정지조건이라고 하며, 반대로 「불합격하면」학비를 대주지 않겠다고 하는 것처럼 법률행위의 소멸에 관한 것인 때에는 해제조건이라고 한다. 조건은 그 성부가 불확실한 점에서 기한과 동일한 법률행위의 부관(附款)이기는 하지만 장래에 반드시 도달하는 기한과 다르다. 특수한 조건으로 불법조건·불능조건·수의조건·법정조건·기성조건 등이 있으나 뒤의 두 가지는 진정한 조건이 아니다. 법률행위에 조건을 붙이는 것은 자유이지만 혼인·입양·어음행위(어§12①)와 같이 확실한 효과를 발생시킬 필요가 있는 행위에는 조건을 붙일 수 없다. 또한 해제라든가 취소와 같은 단독행위에 조건을 붙이는 것은 상대방에게 불리하게 되므로 조건을 붙일 수 없다. 조건부법률행위의 효력이 발생하거나 소멸하는 것은 조건이 성취한 때부터이다. 그러한 조건의 성취에 의하여 불이익을 받는 당사자가 고의로 그 조건의 성취를 방해하였을 경우에는 상대방은 그 조건이 성취된 것으로 주장할 수 있다(민§150①). 반대로 조건의 성취에 의하여 이익을 받을 자가 고의로 신의성실의 원칙에 반하여 조건을 성취하였을 때에는 상대방은 조건불성취를 주장할 수 있다(§150②).

조건은 법률행위의 효력의 발생 또는 소멸을 장래의 불확실한 사실의 성부에 의존케 하는 법률행위의 부관으로서 당해 법률행위를 구성하는 의사표시의 일체적인 내용을 이루는 것이므로, 의사표시의 일반원칙에 따라 조건을 붙이고자 하는 의사 즉 조건의사와 그 표시가 필요하며, 조건의사가 있더라도 그것이 외부에 표시되지 않으면 법률행위의 동기에 불과할 뿐이고 그것만으로는 법률행위의 부관으로서의 조건이 되는 것은 아니다*(대법원 2003. 5. 13. 선고 2003다10797)*.

정지조건(停止條件)

라;condicio suspensiva
영;condition precedent
독;aufschiebende Bedingung
불;condition suspensive

법률행위의 효력의 발생을 장래의 불확실한 사실에 유보해 두는 조건으로, 조건이 성취될 때까지 법률행위의 효력의 발생을 정지시킨다. 예를 들면 「혼인하면 이 집을 준다」고 하는 계약의 「혼인하면」이라는 것이 정지조건이다. 장래에 발생할지도 모르는 사실(위의 예에서 「혼인하면」)에, 법률행위를 한 위의 예에서 증여계약)효력을 발생케 하는 것을 말한다. 정지조건의 성취(혼인)에 의하여 법률행위는 그때부터 효력이 생기느냐 하는 것은 당사자의 특약에 따르게 되나 특약이 없으면 소급하지 아니한다(민§147③).

해제조건(解除條件)

라;condicio resolutiva
영;conditio subsequent
독;auflösende Bedingung
불;condition résolutoire

법률행위의 효력의 소멸을 장래의 불확실한 사실의 발생에 둔 조건이다. 예를 들면 「낙제하면 급비를 중단하겠다」고 하는 계약의 「낙제하면」이라고 하는 것이 해제조건이다. 장래에 발생할지도 모르는 사실(위의 예에서 「낙제하면」)에 이미 생긴 법률행위 (위의 예에서 급비계약)의 효력을 소멸케 하는 것을 말한다. 해제조건의 성취에 의하여 법률행위는 그때부터 효력을 잃게 되느냐 또는 소급하여 효력을 잃게 되느냐 하는 것은 당사자의 특약에 따르게 되나 특약이 없으면 소급하지 않는다(민§146③).

조건부법률행위(條件附法律行爲)

장래의 불확실한 사실의 성부에 효력의 발생(정지조건) 또는 소멸(해제조건)의 효과가 생기는 법률행위를 말한다. 그 효력은 조건의 성취 전과 성취 후에 따라 각각 다르다.

정지조건부법률행위
(停止條件附法律行爲)

장래의 불확실한 사실의 발생에 효력의 발생 여부가 결정되는 법률행위이다. 조건성취에 의하여 이익을 받는 자는 기대권을 가지며 이 기대권은 보호된다. 따라서 불능한 정지조건을 붙인 법률행위는 무효이다(민§151①). 정지조건의 성취의 효력은 원칙적으로 소급하지 않지만, 당사자의 특약으로써 소급시킬 수 있다(민§147③).

해제조건부법률행위
(解除條件附法律行爲)

해제조건이 붙은 법률행위이다. 해제조건이 성취되면 그 법률행위의 효력은 당연히 소멸한다(민§147②). 성취가 불능한 해제조건을 붙인 법률행위는 무조건이며, 그 법률행위는 유효이다. 불법한 해제조건을 붙인 법률행위는 그 자체가 무효이다(§151).

민 법

가장조건(假裝條件)

외관상으로는 조건같이 보이지만 사실상으로는 조건이 아닌 것이다. 이에는 (1) 기성조건(旣成條件), (2) 불법조건 (3) 불능조건, (4) 법정조건 등이 있다.

기성조건(旣成條件)

라;conditio in praesns vel
n praeteritum collata

그 조건의 성부(成否)가 법률행위 당시에 이미 확정되어 있는 조건이다. 이러한 기성조건이 이미 성취되고 있는 경우에는 그것이 정지조건이라면 법률행위는 조건 없는 법률행위가 되며, 해제조건이라면 그 법률행위는 무효가 된다. 그러나 반대로 조건이 이미 불성취로 확정하여 있는 경우에는 그것이 정지조건이면 무효이며 해제조건이면 조건 없는 법률행위가 된다(민§151②, ③). 기성조건은 진정한 의미에서의 조건이라고 할 수 없다.

불법조건(不法條件)

조건이 붙여짐으로 인하여 행위의 전체가 위법성을 가지게 되어 선량한 풍속 기타 사회질서에 위반하는 것일 때에 이를 불법조건이라 한다. 예컨대 갑을 죽이면 백만원을 준다고 하는 것과 같은 경우이다. 조건인 사실자체가 불법한 것이 많은데 반드시 그렇다고 만은 볼 수 없다. 살인을 하지 않을 것을 조건으로 백만원을 준다고 하는 계약은 그 조건인 사실 자체만을 보면 아무런 불법이 되지 않으나 당연히 해서는 안될 비행을 특히 하지 않을 것을 조건으로 하여 돈을 주기 때문에 법률행위 전체로서 위법성을 띠게 되는 것이다. 이러한 조건부법률행위는 무효이다(민§151①).

불능조건(不能條件)

조건의 성취가 사실상·법률상·불가능한 조건이다. 예를 들면 물위를 걸으면 시계를 주겠다라는 것과 같이 사회통념상 그 현실이 불가능한 사실을 조건으로 하는 것이다. 불능조건을 정지조건으로 하는 법률행위는 법률행위전체가 무효이다. 기대권으로서의 가치를 가지지 않기 때문이다(민§151③). 또 불능조건을 해제조건으로 하는 법률행위는 조건 없는 법률행위가 된다(§151③). 불능의 해제조건만이 무효가 되기 때문에 일부무효가 된다.

법정조건(法定條件)

라;condicio iuris
독;Rechtsbedingung
불;condition de droit

법률이 법률요건으로 정하고 있는 사실을 법정조건이라고 한다. 즉 어떤 법률행위가 효력을 발생하기 위하여 필요한 조건을 미리 법률로써 규정하는 것이다. 예컨대 이행지체로 인한 계약의 해제를 위해서는 우선 최고를 하고 최고기간 내에 이행하지 않는 경우 해제권이 발생하는데(민§544), 최고기간내의 불이행이 해제권발생의 요건인데 이것을 법정조건이라고 한다. 본래 조건은 당사자가 법률행위의 내용으로서 임의로 정하는 것이므로 이것은 진정한 의미에서 조건으로 볼 수 없다. 따라서 최고기간 내에 불이행할 때에는 이를 해제한다라고 하는 의사표시는 조건부해제의 법률행위라고 볼 수 없다.

수의조건(隨意條件)

라;condicio potestativa
독;Potestativbedingung
불;condition potestative

조건의 성부가 당사자의 일방적 의사만에 관계되는 것을 수의조건이라 한다. 이에 반하여「내일 비가 온다면」과 같이 조건의 성부가 당사자의 의사로는 어떻게 할 수 없는 사실에 관계되게 하는 조건을 비수의조건(非隨意條件)·우성조건(偶成條件)이라고 한다. 수의조건 가운데는「마음이 내키면 시계를 주겠다」고 하는 것과 같이 조건의 성부가 단순히 당사자의 자의에 매여 있는 순수수의조건과 「여행할 때는 너를 동반하겠다」고 하는 것과 같이 어떤 사실적 상태의 성부를 당사자가 임의로 결정하여 이것을 조건으로 하는 단순수의조건이 있다. 수의조건을 정지조건으로 하는 법률행위는 법률행위 전체가 무효이다. 기대권으로 파악할 필요가 없기 때문이다. 반면에 수의조건을 해제조건으로 하는 법률행위는 조건 없는 법률행위로서 해제조건만이 무효로 되어 일부무효가 된다.

조건부권리(條件附權利)

조건의 성부가 미정인 동안에 당사자 일방은 조건의 성취로 일정한 이익을 얻게 될 「기대」를 가지게 된다. 이 권리를 조건부권리라고 하며 이른바 기대권 또는 희망권의 일종이다. 민법은 이를 권리로서 보호하고, 조건부의무를 지는 상대방이 조건부권리자의 이익을 해치는 것을 금지함과 동시에 조건부권리의무를 일반규정에 따라서 처분·보존·담보하는 것을 인정하였다(민§148, §149). 재산의 청산인 경우에는 조건부권리의 평가에 관하여 특칙이 있다(민§1035, 상§259④).

조건부채권(條件附債權)

채권관계의 발생이나 소멸이 조건의 성부에 달려 있는 채권이다(파§18, §238). 아직까지 성립하고 있지 않지만 장래 성립할지도 모른다는 기대가 걸려있는 채권(정지조건부채권)과 현재에 성립하고 있지만 장래 소멸될지도 모른다는 기대를 가지고 있는 채권(해제조건부채권)이 있다.

기한(期限)

라;dies
독;Termin, Zeitbestmmung 불;terme

법률행위효력의 발생·소멸 또는 채무의 이행을 장래 발생할 것이 확실한 사실에 의존하게 하는 법률행위의 부관이다(민§152~§154). 조건은 그 성취여부가 불확실한데 반하여 기한은 발생사실이 확실하다. 예를 들면「비가 오면」은 언젠가는 비가 올 것이므로 기한이지만,「10월 이내에 비가 오면」은 불확실하므로 조건이다. 기한은 도래시기가 언제인지 확실한 확정기한과 언제 도래할지 확실하지 않은 불확정기한의 두 가지가 있다. 「내년 2월 1일」은 확정기한이며, 「갑이 사망하는 날」은 불확정기한이 된다. 그리고 법률행위의 효력의 발생 또는 채무의 이행에 관한 기한을 시기라 하고, 법률행위의 효력소멸에 관한 기한을 종기(終期)라 한다(§152). 「내년 2월 1일부터 생활비를 지급하겠다」고 할 때에는 내년 2월 1일은 시기가 되지만, 「갑이 사망할 때까지 생활비를 지급하겠다」고 약속하였을 때 갑의 사망이라는 사실은 종기가 된다.

불확정기한(不確定期限)

독, ungewisse Zeitbestimmung
불, terme incertain)

기한으로 도래할 사실의 발생시기가 불확정한 기한을 말한다. 기한으로 도래할 사실은 장래 발생할 것이 객관적으로 확정되어야 하지만, 그 발생시기는 반드시 확정될 필요가 없다. 예컨대 '매년 1월 1일', '오늘부터 3개월 후'와 같이 발생할 시기가 달력 위에 처음부터 확정되어 있는 것을 확정기한이라 하고, '내가 죽은 때', '비가 온 때'와 같이 발생할 시기가 불확정한 기한을 불확정기한이라고 한다. 불확정기한도 도래할 것이 확정되어 있다는 점에서 성부 자체가 미확정인 조건과 다르다. 예컨대 '어떤 사람이 죽는다면'과 같은 것은 장래에 발생할 것이 객관적으로 확정되어 있는 사실을 조건으로 한 경우이지만, 그 본질은 조건이 아니라 불확정기한이다. 그러나 '어떤 사람이 올해 안에 죽는다면'과 같은 경우는 올해 안에 죽는다는 것이 불확정하기 때문에 진정한 조건이다. 불확정기한과 조건의 구별은 개념상으로는 명백하지만 구체적인 경우, 즉 채권계약에서 장래 발생할 것이 불확정한 사실이 발생한 때에 이행할 뜻을 약정한 경우에 이를 채무의 발생을 정지조건으로 할 것인가 또는 채무는 확정적으로 발생하고, 그 이행을 불확정기한으로 볼 것인가를 결정하는 것이 사실상 곤란한 경우가 많다. 이 경우 의사해석에 의해 결정할 문제이고, 당사자 사이에 장래 반드시 지급할 의사가 있는 때는 불확정기한이며, 당해 사실의 불발생의 경우에 채무를 면한다는 의사가 있을 때는 조건이다.

> 부관이 붙은 법률행위에 있어서 부관에 표시된 사실이 발생하지 아니하면 채무를 이행하지 아니하여도 된다고 보는 것이 상당한 경우에는 조건으로 보아야 하고, 표시된 사실이 발생한 때에는 물론이고 반대로 발생하지 아니하는 것이 확정된 때에도 그 채무를 이행하여야 한다고 보는 것이 상당한 경우에는 표시된 사실의 발생 여부가 확정되는 것을 불확정기한으로 정한 것으로 보아야 한다*(대법원 2003. 8. 19. 선고 2003다24215)*.

기한부법률행위(期限附法律行爲)

기한을 붙인 법률행위를 말한다. 즉 법률행위의 당사자가 그 효력의 발생·소멸 또는 채무의 이행을 장래에 발생하는 것이 확실한 사실에 의존하게 하는 부관이 붙은 법률행위이다. 기한을 붙이는가의 여부는 원칙적으로 행위자의 자유이지만 기한을 붙일 수 없는 법률행위도 있다. 예를 들면 혼인이나 입양에는 기한을 붙일 수 없으며, 취소·추인·상계 등은 시기를 붙일 수 없다. 기한부법률행위는 기한의 도래 전에는 당사자는 기대권과 기한의 이익을 가지며 기한이 도래하면 종기부의 경우는 그 효력을 잃고 시기부의 경우는 그 효력이 발생한다(민§152). 기한은 도래하는 것이 결정되어 있으므로 조건부법률행위와 같이 미확정한 상태가 발생하지 않는다.

기한이익(期限利益)

기한이익이란 법률행위에 기한이 붙음으로써 당사자가 얻는 이익을 말한다. 기한이익은 채무자측에 있다고 추정된다(민§153①). 그러나 무상임치와 같이 채권자 측에만 있는 것과 이자부 소비대차와 같이 채무자와 채권자 쌍방에 있는 것이 있다. 기한의 이익은 포기할 수 있으나 이자가 붙은 차금(借金)을 기한전에 변제할 경우는 대주(貸主)의 손해를 배상하지 않으면 안된다(§153②). 즉 기한의 이익이 상대방에게도 있는 경우에는 일방적으로 포기함으로써 상대방의 이익을 해하지 못한다(§153②단). 그리고 기한의 이익을 가진 채무자에 대하여 그 신용이 위험하게 될 일정한 사정 즉 채무자의 파산, 담보의 소멸·감소·담보제공의무의 불이행 등 그 신용을 잃는 사실이 있었을 때는 의무자는 기한의 이익이 박탈된다(§154, §148, §149).

시기·종기(始期·終期)

법률행위의 효력이 발생하는 시기 및 채무를 이행하는 시기를 시기라 하고, 법률효과가 소멸하는 시기를 종기(終期)라고 한다. 민법상의 기한에는 시기와 종기가 있는 바, 시기는 기한의 도래로 인하여 법률효과가 발생하며 종기는 기한의 도래로 인하여 소멸한다. 졸업할 때까지 매년 10만원씩 지급한다는 약속에서「졸업의 시기」는 채무의 종기에 해당한다.

기간(期間)

독;Frist 불;délai

일정한 시점에서 다른 시점까지의 시간적인 간격을 의미한다. 시간은 지금부터 1년·1주간·1시간과 같이 시간의 경과를 내용으로 하므로 일정한 시점을 나타내는 기일과는 다르다. 기간은 시효나 연령과 같이 법률상 여러 가지 효과가 주어지므로 민법에 일반적인 계산방법을 정하고 법령·재판상의 처분 또는 법률행위에 특별한 규정이 없는 경우에는 이에 따르도록 하고 있다(민§155). 그 계산방법에는 두 가지 방법이 있다. (1) 자연법적 계산방법 : 시간을 시·분·초로 정한 때에는 그 시점부터 기산하여 정해진 시점까지 사실 그대로 계산하는 방법이다(§156). (2) 역법적 계산방법 : 일(日)이상을 단위로 정한 경우에는 초일은 산입하지 않고 다음 날부터 계산하며 또 월 또는 년으로 단위를 정한 때는 일(日)로 환산하지 않고 력(曆)에 따라 계산하는 방법이다(§157, §160). 그러므로 주·월·년의 처음부터 기산하지 않을 때는 최후의 주·월·년에서 기산일에 해당하는 날의 전일을 만기로 한다. 예컨대 3월 20일에 지급부터 2개월이라고 하면 3월 21일부터 기산하여 5월 20일에 만료된다. 기간의 말일이 토요일 또는 공휴일에 해당하는 때에는 기간은 그 다음날로 만료일이 된다(§161). 위와 같은 기간계산의 원칙에는 예외가 있는데, 연령계산에 있어서는 초일을 산입하도록 되어 있으며(§158) 가족법상 신고기간은 신고사건발생일부터 기산하게 되어 있다. 재판의 확정일로부터 기간을 기산하여야 할 경우에 재판이 송달 또는 교부전에 확정된 때에는 그 송달 또는 교부된 날로부터 기산한다.

종기(終期)

독;Endtermin
불;terme final, terme extinctif)

시기에 상대되는 개념으로, 그 도래로써 법률행위의 효력이 소멸되는 기한(민법 150조2항)을 말한다.

기간의 기산점(期間의 起算點)

기간계산의 처음이 되는 시점이다. 만료점에 대한다. 민법은 기간이 시·분·초를 단위로 하는 기간의 계산은 즉시를 기산점으로 하며(자연법적 계산방법 민§156), 일·주·월·년을 단위로 하는 기간의 기산점은 기간이 오전 0시로부터 시작하는 외에는 초일을 산입하지 않고 다음날로부터 기산한다(역법적 계산방법 민§157). 그러나 역법적계산방법에 관하여는 법령에 의하여 초일을 산입하는 것이 적지 않다(민§158, 형§84①, §85, 형소§66①단). 즉 기간이 오전 0시로부터 시작된 때에는 예외이며 연령계산에는 출산일을 산입한다. 가족법상 신고기간은 신고사건 발생일부터 기산하게 되어 있다.

기간의 만료점(期間의 滿了點)

기간계산이 끝나는 시점이다. 기산점에 대한다. 기간이 시·분·초를 단위로 할 때에는 정해진 시·분·초의 종료를 만료점으로 하고(자연법적 계산방법), 일·주·월·년을 단위로 하는 경우에는 말일의 종료를 만료점으로 한다(역법적 계산방법). 말일의 종료라 함은 말일의 오후 12시가 경과함을 말한다(민§159). 일의 경우에는 당해 말일을 만료점으로 하고 주·월·년의 경우에는 력(曆)에 따라 계산한다. 주, 월 또는 연의 처음으로부터 기간을 기산하지 아니하는 때에는 최후의 주, 월 또는 연에서 그 기산일에 해당한 날의 전일로 기간이 만료한다. 월 또는 년으로 정한 경우에 최종의 월에 해당일이 없는 때에는 그 월의 말일로 기간이 만료한다(§160). 말일이 토요일 또는 공휴일에 해당할 때에는 그 익일에 종료한다(§161).

역법적 계산법(曆法的 計算法)
라;computatio civil

기간을 역법상의 단위 즉 일·주·월·년에 따라 계산하는 방법이다. 자연적 계산방법에 대립한다. 자연적 계산방법에 비하여 정밀하지는 않지만, 장기의 계산에 편리한 방법이다. 민법은 기간이 일 이상의 단위로 정해질 때에는 역법적 계산방법에 따르도록 규정하고 있다(민§157~§161).

연령(年齡)

연령은 책력(冊曆)에 따라서 계산하는데(민§160), 초일을 산입치 않는 민법상 기간의 일반적 계산방법과는 달리 초일, 즉 출생일부터 기산한다. 따라서 가령 4월 1일 출생한 자는 여섯 번째의 생일날 전일인 3월 31일이 만료함으로써 만 6세가 된다. 그 밖에 일정한 연령에 이르면 공법상·사법상의 자격·능력을 취득하는 요건이 되는 일이 많다(선거권·행위능력의 취득 따위).

시효(時效)
라;usucapio, praescriptio
독;Verjährung
불;prescription

일정한 사실 상태가 일정기간 계속되어 온 경우에 그 사실상태가 진정한 권리관계와 합치하는지 여부를 묻지 않고 법률상 사실상태에 대응하는 법률효과를 인정하여 주는 제도이다. 즉 일정한 사실상태가 일정한 기간동안 계속함으로써 법률상으로 권리의 취득 또는 권리의 소멸이 일어나게 하는 법률요건을 시효라 한다. 시효에는 타인의 물건을 오랫동안 점유함으로써 권리를 취득하게 되는 취득시효와 장기간 권리를 행사하지 않음으로써 권리가 소멸되는 소멸시효가 있다. 민법은 소멸시효에 관하여는 총칙편의 마지막 장에(민§162~§184), 취득시효에 관하여는 물권법에 소유권취득의 원인으로서 규정하고 있다(§245~§248). 이와 같은 시효제도를 두고 있는 근거는 (1) 일정한 사실의 영속상태를 기초로 하여 형성된 여러 가지 법률관계가 오랜 뒤에 진정한 권리자가 나타나서 이 사실상태를 뒤엎어버리게 되면 사회질서가 혼란에 빠진다는 점, (2) 영속한 사실상태가 과연 진정한 권리관계와 합치하는가 여부는 결국 소송에 의하여 가려지게 되는데 그 동안 증거자료의 散逸(산일)·멸실 등 擧證(거증)의 곤란이 따른다는 점, (3) 권리를 가지고 있는 자는 오래도록 방치하고 권리행사를 하지 않는 것은「권리위에 잠자는 자는 보호할 필요가 없다」(Lex vigila ntibus, non dormientibu-s, subve nt)는 원리에서 보호의 가치가 없다는 점을 든다. 또 시효의 효과는 기산일로 소급하므로(민§167) 취득시효에서는 처음 점유를 하거나 권리행사를 한 때로부터 권리자였던 것이 되고, 소멸시효에서는 권리를 행사 할 수 있었던 때부터 소멸한 것이 된다. 시효의 완성을 방해하는 사유로는 시효의 중단과 정지가 있으며 이미 완성한 시효의 이익을 받지 않겠다는 의사표시, 즉 시효의 포기가 인정되고 있다(민§184).

> 시효제도의 존재이유는 영속된 사실상태를 존중하고 권리 위에 잠자는 자를 보호하지 않는다는 데에 있고 특히 소멸시효에 있어서는 후자의 의미가 강하므로, 권리자가 재판상 그 권리를 주장하여 권리 위에 잠자는 것이 아님을 표명한 때에는 시효중단사유가 되는바, 이러한 시효중단사유로서의 재판상의 청구에는 그 권리 자체의 이행청구나 확인청구를 하는 경우만이 아니라, 그 권리가 발생한 기본적 법률관계에 관한 확인청구를 하는 경우에도 그 법률관계의 확인청구가 이로부터 발생한 권리의 실현수단이 될 수 있어 권리 위에 잠자는 것이 아님을 표명한 것으로 볼 수 있을 때에는 그 기본적 법률관계에 관한 확인청구도 이에 포함된다고 보는 것이 타당하다*(대법원 1992. 3. 31. 선고 91다32053 전원합의체 판결).*

시효의 정지(時效의 停止)

독 : Hemmung der Verjährung

시효기간의 만료시에 즈음하여 권리자에게 시효를 중단하는 것이 곤란한 사정이 있는 경우에 일정기간에 한하여 시효의 완성을 유예하는 것을 말한다. 이는 권리의 불행사가 권리자의 태만에 의한 것이라 할 수 없는 경우에 이를 보호하려는 하는 제도이다. 정지는 중단과 달리 이미 경과한 시효기간은 무효로 하지 않는다. 시효의 정지사유로는 다음과 같은 것이 있다. (1)시효기간 만료 전 6월내에 제한능력자의 법정대리인이 없는 때에는 그가 능력자가 되거나 법정대리인이 취임한 때로부터 6월내에는 시효가 완성하지 않는다(민법 179조). (2)제한능력자가 그의 재산을 관리하는 부·모 또는 후견인에 대하여 갖는 권리에 있어서 그 자가 능력자가 되거나 후임의 법정대리인이 취임한 때로부터 6월내에는 시효가 완성하지 않는다(민법 180조1항). (3)부부의 일방의 그 배우자에 대한 권리는 혼인관계가 종료한 때로부터 6월내에는 소멸시효가 완성하지 않는다(민법 180조2항). 이는 부부 사이에서 시효중단절차를 밟는다는 것이 실제상으로는 용이하지 않기 때문이다. (4)상속재산에 속하는 권리나 그에 대한 권리는 상속인의 확정, 관리인의 선임 또는 파산선고가 있는 때로부터 6월내에는 시효가 완성하지 않는다(민법 181조). (5)그밖에 천재 기타 사변으로 인하여 시효를 중단할 수 없을 때에는 그 사유가 종료한 때로부터 1월내에는 시효가 완성하지 아니한다(민법 182조). 여기서 천재란 지진·홍수 등의 자연력을 의미하고, 기타 사변이란 폭동·전쟁 등과 동시할 수 있는 외부적 장애를 의미한다. 권리자의 질병·부재 등의 주관적 사유는 포함하지 않는다.

시효의 원용(時效의 援用)

시효의 이익을 받을 자가 시효의 이익을 받겠다고 하는 주장을 시효의 원용이라고 한다. 시효가 완성되어 권리나 의무가 득실 가능한 상태에 놓여 있더라도 당사자의 주장이 없는 이상 법원은 시효완성사실을 가지고 재판할 수 없는 것이다. 즉 소멸시효에서 채권을 10년간 행사하지 아니하면 소멸시효가 완성한다고 규정하였을 뿐 그 완성의 효력이 무엇인가는 불명하지만 소송의 경우에는 소멸시효의 완성으로 이익을 받을 자가 이를 주장하지 않으면 법원은 이를 재판의 기초로 할 수 없다고 보고 있다. 즉 시효의 완성과 시효의 원용의 성질에 관하여는 견해가 갈리고 있는데 (1) 절대적 소멸설에 의하면 시효의 완성으로 권리가 절대적으로 소멸하는 것이며, 당사자가 주장하지 않는 동안에는 법원이 이를 재판의 기초로 할 수 없을 뿐이라고 한다. (2) 상대적 소멸설에 의하면 시효가 완성한 뒤에 이익을 받을 자가 원용을 하거나 이익을 포기함으로써 비로소 실체법상 권리관계가 확정하게 된다고 한다. 시효의 원용을 할 수 있는 자는 시효의 완성으로 권리를 취득하거나 의무를 면할 수 있는 이익이 있는 자에 한한다.

소멸시효(消滅時效)
라;praescriptio extinctiva
독;Verjährung
불;prescription extivctive

권리를 행사할 수 있음에도 불구하고 권리 불행사의 상태를 일정기간 계속함으로써 권리소멸의 효과를 생기게 하는 제도이다. 취득시효와 함께 널리 시효라고 불리운다. 소유권 외의 재산권은 모두 소멸시효에 걸리는 것이 원칙이지만 상린권(相隣權)·점유권·물권적 청구권·담보물권은 소멸시효에 걸리지 않는다.

(1) 채권의 시효기간은 ㉮ 민법은 10년(민§162①), 상사는 5년(상§64), ㉯ 의사·변호사의 직무에 관한 채권이나 운임 등의 특수한 채권에는 3년에서 1년까지의 단기의 시효기간이 인정된다(민§163, §164, 근기§41), ㉰ 10년 이하의 단기시효가 인정되는 채권에 대하여서도 그에 대하여 확정판결이 있은 때에는 그 효과기간은 10년으로 된다(민§165①). (2) 채권 이외의 재산권의 소멸시효는 20년이 원칙이다(민§162②), ㉮ 소유권은 소멸시효에 걸리지 않지만 타인이 취득시효로 취득하는 결과로서 소멸하는 경우가 있다. 또한 ㉯ 점유권은 점유하고 있는 사실만으로 성립하며(민§192①), 점유를 계속하는 한 점유권이 소멸되지 않으므로 소멸시효의 적용이 없다(민§192②). ㉰ 유치권도 그 존속을 위하여 점유의 계속이 요구되며(민§320①), 점유를 상실하면 유치권도 소멸하므로(민§328) 소멸시효의 적용이 없다. ㉱ 담보물권은 피담보채권이 존속하는 한 독립하여 소멸시효에 걸리지 않는 것이 원칙이다(민§369). 결국 소멸시효에 걸릴 수 있는 물권은 지상권·지역권·전세권뿐이다. (3) 시효의 기산점은 권리를 행사할 수 있는 때부터이다(민§166②). (4) 소멸시효완성의 효과에 관하여는 소멸시효가 완성함으로써 권리자체가 절대적으로 소멸한다는 절대적 소멸설과 권리자체가 소멸하는 것이 아니라 다만 시효로 인하여 이익을 받는 당사자에게 권리의 소멸을 주장할 수 있는 권리를 발생시킬 따름이라고 하는 상대적 소멸설이 대립되어 있다. 판례는 기본적으로 절대적 소멸설을 따르는 것으로 평가된다(65다2445참조). 다

만, 상대적 소멸설의 논리에 따르는 판례도 존재한다(79다1863참조). 상대적 소멸설에 의할 때 소멸시효는 당사자가 권리의 소멸을 주장(소멸시효의 원용)함으로써 비로소 권리가 소멸한다. 그리고 당사자는 소멸시효로 인하여 받는 이익을 포기(소멸시효이익의 포기)할 수도 있다. 소멸시효는 그 기산일에 소급하여 효력이 생긴다(민§167).

> 당사자의 원용이 없어도 시효완성의 사실로서 채무는 당연히 소멸한다*(대법원 1966. 1. 31. 선고 65다2445).*

> 소멸시효기간 만료에 인한 권리소멸에 관한 것은 소멸시효의 이익을 받은 자가 소멸시효완성의 항변을 하지 않으면, 그 의사에 반하여 재판할 수 없다 *(대법원 1980. 1. 29. 선고 79다1863).*

단기시효(短期時效)

독;kurze Verjährung

넓은 뜻으로는 일반채권의 시효기간인 10년(민§162①)보다 기간이 짧은 소멸시효를 말한다. 그러므로 단기시효에는 소멸시효가 5년인 일반상사채권(상§64)도 포함된다. 그러나 보통은 그보다 짧은 3년이하의 것을 가리킨다. 즉 우리 민법은 3년의 단기시효(§163)와 1년의 단기시효(§164)를 규정하고 있으며 상법에도 단기시효가 인정되고 있다(상§122, §662·어§70·수§51) 등). 그 취지는 보통 빈번하게 생기는 비교적 소액의 채권으로 수취증서의 교부·보존이 어려운 것에 대한 법률관계를 조속히 확정시켜 분쟁을 없애기 위한 것이다. 그러나 단기시효제도는 소액채권자에게는 불리한 제도이므로 간편하게 채권을 실현함으로써 소액채권자를 보호하기 위하여 소액사건심판법원을 설치·운영하고 있다. 또한 판결에 의하여 확정된 채권·파산절차에 의하여 확정된 채권, 재판상의 화해·조정 기타 판결과 동일한 효력이 있는 것에 의하여 확정된 채권은 단기소멸시효에 해당하는 것이라도 그 소멸시효는 10년으로 한다(민§165①, ②). 단 기한부채권에 있어서 기한에 이르기 전에 확정판결을 받은 경우와 같이 확정될 당시에 아직 변제기가 오지 않은 채권은 그러하지 아니하다(민§165③).

취득시효(取得時效)

라;prascriptio acquisitva, usucapio
독;Ersitzung
불;prescription acquisitve

타인의 물건을 일정기간 계속하여 점유하는 자에게 그 소유권을 취득케 하거나 소유권 이외의 재산권을 일정기간 계속하여 사실상 행사하는 자에게 그 권리를 취득케 하는 제도이다. 소멸시효와 함께 널리 시효라고 불린다. (1) 소유권의 소득시효의 요건은 다음과 같다. ㉮ 소유의 의사로서 점유하고 있으며 자주점유 이어야 한다. ㉯ 그 점유가 평온, 공연히 행해져야 한다. ㉰ 그 점유가 일정기간 계속되어야 한다. 그 기간은 ⓐ 부동산일 경우에는 점유자가 소유자로 등기가 되어 있지 않으면 20년이며 시효완료시 등기로써 소유권을 취득한다. 점유자가 소유자로 등기가 되어 있으면 10년 만에 소유권을 취득한다(민§245). 이 경우에 점유자가 처음 선의·무과실인 경우에는 10년, 그렇지 않은 경우에는 20년이다. ⓑ 동산의 경우에는 점유가 선의·무과실인 경우 5년, 그렇지 않은 경우 10년이다(§246). (2) 소유권 이외의 재산권의 취득시효의 요건은 소유권취득시효의 요건이 준용된다(§248). 따라서 부동산은 권리자로서 미리 등기되어 있는지의 여부에 따라 10년과 20년, 동산은 선의·무과실이냐에 따라 5년과 10년이다. 취득시효는 재산권에 한하여 적용되고 가족권(신분권)에는 적용되지 않는다. 직접 법률의 규정에 의하여 성립하는 재산권(예 : 점유권·유치권)과 법률에 의하여 시효취득이 금지된 재산권(예 : §294)은 취득시효의 목적이 될 수 없다. 또 재산적 지배권이 아닌 청구권(예 : 채권)과 형성권(예 : 취소권·해제권·해지권) 및 점유나 준점유를 수반하지 않는 물권(예 : 저당권) 등은 그 성질상 취득시효의 목적이 되지 않는다. 전세권은 사실상 그 예(例)가 드물지만 이론상 시효취득을 인정하여야 한다는 견해가 유력하다. 취득시효의 요건을 갖추면 권리취득의 효력이 확정적으로 생긴다. 취득시효로 인한 권리취득은 원시취득이며 그 점유를 개시한 때에는 소급한다(민§247①).

이해관계인(利害關係人)

이해관계인이란 특정한 사실에 관하여 법률상의 이해를 가진 자를 말한다. 즉, 그 사실의 여하에 따라 이미 보유하고 있는 자기의 권리·의무에 직접적인 영향을 받는 자이다(민§22, §27, §44, §63, §963).

제척기간(除斥期間)

영;limitation 독;Ausschlussfrist
불;délai préfix

어떤 권리에 대하여 법률이 예정하는 존속기간이다. 법정기간의 경과로써 당연히 권리의 소멸을 가져오는 것이다. 즉 권리의 존속기간인 제척기간이 만료하게 되면 그 권리는 당연히 소멸하는 것이 된다. 소멸시효와 비슷하지만 다음의 점이 다르다. (1) 제척기간에는 시효와 같은 포기·중단·정지라는 문제가 있을 수 없다. (2) 시효의 이익은 당사자가 원용함으로써 재판에서 고려되는 것이지만, 제척기간은 당연히 효력을 발생하기 때문에 법원은 이를 기초로 재판하지 않으면 안 된다. 그러나 어느 것이 제척기간에 해당하는가의 구별은 용이하지 않다. 민법은 제척기간에 대하여 여러 곳에 분산적으로 규정하고 있을 뿐 체계적으로 규정한 바가 없다. 대략 법문에「시효에 의하여」라고 규정된 것 이외에는 제척기간으로 해석되고 있다. 그 밖에도 조문에 관계없이 법문의 취지나 권리의 성질 등을 참작하여 실질적으로 판단해야 할 것이라는 견해도 있다. 점유보호청구권(민§204③, §205③)·매수인의 담보책임추구권(민§573, §575③)·매도인의 하자담보책임(민§582)에 관한 기간 등은 제척기간의 예이다.

시효의 중단(時效의 中斷)
독;Unterbrechung der Verjährung

시효의 진행 중에 시효의 기초가 되는 사실상태의 계속이 중단되는 어떤 사실(권리자의 권리행사·의무자의 의무승인)이 발생했을 경우에 시효기간의 진행을 중단시키는 것이다. 시효가 중단되면, 이미 진행한 시효기간은 효력을 전부 상실하게 되며, 그 중단사유가 종료하였을 때로부터 다시 시효기간을 계산하게 된다(민§178). 시효중단사유로는 (1) 민법이 정하고 있는 법정중단사유는 다음과 같다. ㉮ 청구(민§168 Ⅰ) : 권리자가 시효의 완성으로 이익을 얻는 자에 대하여 그의 권리 내용을 주장하는 것이다. 즉 재판상의 청구인 소의 제기와 권리자가 의무자에 대하여 의무의 이행을 촉구하는 최고 등이 주요한 것이고 그 밖에도 지급명령·화해를 위한 소환·임의출석·파산절차의 참가(민§170~§174) 등이 있다. 다만 최고는 이를 한 후에 6개월 이내에 다시 소의 제기나 강제집행 등의 강력한 중단행위를 하여야 한다. ㉯ 압류, 가압류, 가처분(§168Ⅱ) : 압류는 확정판결 기타의 집행권원(채무명의)에 기하여 행하는 강제집행이며 가압류와 가처분은 강제집행을 보전하는 수단이다. ㉰ 승인(§168Ⅲ) : 즉 시효의 이익을 받을 당사자가 상대방의 권리의 존재를 인정하는 뜻을 표시하는 것이다(§177). (2) 자연중단사유는 취득시효완성의 요소인 점유 또는 준점유의 사실이 소멸하는 것이다(또는 점유의 상실). 이와 같은 법정중단사유는 취득시효와 소멸시효에 공통하는 것이고(§247②) 자연중단사유는 취득시효에 특유한 중단사유이다.

시효이익의 정지(時效利益의 停止)
독;Hemmung der verjährung

시효가 완성될 즈음에 권리자가 중단행위를 하는 것이 불가능하든가 현저하게 곤란한 사정이 있을 경우에 시효의 완성이 일시유예되는 것이다(민§179~§182). 시효완성에 있어서의 권리자의 불이익을 막기 위하여 시효의 진행을 일시정지 시키는 제도이다. 따라서 시효의 정지는 시효의 진행이 정지할 뿐이며 정지사유가 그치고 일정한 유예기간이 경과하면 시효가 완성한다. 즉 시효의 중단과 같이 경과한 기간이 효력을 잃게 되는 것이 아니라 일정기간 지나면 다시 시효가 계속 진행한다. 시효의 정지사유는 다음과 같다. (1) 제한능력자에게 법정대리인이 없는 경우(민§179), (2) 제한능력자가 재산관리인에 대하여 권리를 갖는 경우(§180①), (3) 부부간의 권리에 있어서 혼인해소가 있는 경우(§180②), (4) 상속인 미확정·상속재산에 관리인의 선임 또는 파산선고가 없는 경우(§181), (5) 천재 기타 사변으로 시효의 중단이 불가능할 경우(§182)이다. 이 경우에 그 사유가 소멸한 때로부터 (1)~(4)의 경우에는 6월, (5)의 경우에는 1월간 시효는 완성하지 않는다. 민법은 시효의 정지를 해소시효에만 규정하고 취득시효에 관하여는 준용한다는 규정이 없다. 그러나 취득시효에 관하여 시효의 정지를 배척할 이유가 없으므로 취득시효의 완성으로 인한 권리를 상실하게 될 자에게도 소멸시효의 정지에 관한 규정을 유추적용 하여야 한다.

시효이익의 포기(時效利益의 拋棄)

시효로 생기는 법률상의 이익을 받지 않겠다는 일방적 의사표시이다. 이에 의하여 시효의 효과는 처음부터 없었던 것으로 확정된다. 시효제도는 영속한 사실상태를 정당한 법률상태로 높여주는 것인데 당사자가 이익을 받기를 원치 않을 때에는 이를 강제할 아무런 이유가 없다. 오히려 당사자의 의사를 존중하는 것이 옳다. 이것이 포기를 인정하는 이유이다. 그러나 시효이익을 받을 수 있는 자를 억압하거나 관련자의 농간에 의한 진의 아닌 포기는 부당하므로 민법은 시효의 완성 전에 미리 포기하는 것을 금하고 있다(민§184①). 시효이익의 포기방법은 어떤 것도 가능하다. 그런데 시효의 완성을 모르고 변제하였을 경우 이를 시효이익의 포기로 볼 것인지가 문제이다. 이 경우 이미 변제하였으므로 신의칙상 시효이익을 포기하지 않는다는 유보가 없는 한 포기로 보는 것이 타당하다.

물 권 법

물권(物權)

라;ius in re 영;real rights
독;Sachenrechte 불;droits ŕeels

특정한 물건(또는 재산권)을 직접·배타적으로 지배하여 이익을 향수하는 것을 내용으로 하는 권리이다. 물권의 본질은 다음과 같다. (1) 그 목적물을 직접지배 하는 권리이다. 직접 지배란 권리의 실현을 위하여 타인의 행위를 요하지 않는다는 뜻이다. 따라서 권리실현을 위하여 채무자의 행위를 요하는 채권과 다르다. (2) 배타적인 권리이다. 즉 동일물에 관하여 동일내용의 2개 이상의 물권이 동시에 존재할 수 없다(일물일권주의). 따라서 제3자를 해하지 않도록 엄격한 공시를 필요로 한다. 물권은 우선적 효력·소급적 효력을 가지고 있으므로 물권의 내용여하에 따라서 제3자에게 불의의 손해를 주지 않게 하기 위하여 물권의 종류 및 내용을 제한하여 당사자가 임의로 창설할 수 없으며, 오직 법률이나 관습법에 의해서만 창설된다(물권법정주의 : 민§185). 물권은 크게 소유권과 용익물권(지상권·지역권·전세권) 및 담보물권(유치권·질권·저당권) 그리고 사실상 지배관계에서 발생하는 점유권 등을 총칭한다. 물권에 있어서 직접 지배의 대상은 특정·독립의 물건을 원칙으로 하지만 예외적으로 권리질권 같은 재산권과 재단저당 같은 물건의 집합일 수도 있다. 물권의 효력에는 (1) 내용이 충돌하는 물권 상호간에는 먼저 성립한 물권이 후에 성립한 물권보다 우선하는 효력을 가지며, 물권과 채권이 병존하는 경우에는 그 성립의 선후에 관계없이 언제나 물권이 우선한다는 우선적 효력을 가진다. (2) 물권의 내용의 실현이 방해되거나 방해될 염려가 있는 경우에 그 방해자에 대하여 방해의 제거를 청구하는 권리인 물권적 청구권이 있다.

준물권(準物權)

민법상의 물권은 아니지만 배타적인 이용을 내용으로 하며 특별법에 의하여 물권으로서의 취급을 받는 권리로서 광업권·조광권·채석권·어업권 등이 이에 속한다. 무체재산권은 배타적 지배권이지만 특별한 취급을 받으므로 따로 구별한다.

우선적 효력(優先的 效力)

물권은 채권이나 다른 후순위물권에 우선한다는 효력을 말한다. 먼저 채권에 우선하는 효력에 관하여 보면, 물권과 채권이 충돌하는 경우에는 언제나 물권이 우선한다. 비록 채권이 물권보다 먼저 성립하였더라도 마찬가지이다. 다만 물권의 채권에 대한 우선적 효력은 물권이 절대적 효력을 가지는데 비하여, 채권은 상대적 효력을 갖는데 불과하다는 점에서 유래하는 것이므로 채권이 등기 또는 가등기에 의하여 절대적 효력 유사의 지위를 가지게 되면 그 순위에 의해 우선적 효력을 정할 수밖에 없는 것이다. 예컨대 등기된 부동산임차권은 그 후에 성립하는 물권에 우선한다(민법 621조). 다음 물권 상호간의 우선적 효력에 대하여 보면, 동일한 물건 위에 성립하는 물권 상호간에 있어서는 시간적으로 먼저 성립한 물권이 후에 성립한 물권에 우선한다. 일물일권주의원칙에 의하여, 소유권이 동일한 물건 위에 두 개 이상 성립하는 것은 불가능하지만 제한물권의 경우에는 가능하다. 따라서 지상권·지역권·전세권 등의 용익물권과 담보물권 상호간에 있어서는 그 성립의 순위에 따라 우선적 효력이 인정된다. 예컨대 저당권 뒤에 성립한 지상권은 저당권의 실행으로 소멸하지만 지상권 뒤에 설정된 저당권이 실행되면 지상권은 소멸하지 않고 경락인의 소유부동산에 존속하게 된다.

광업권(鑛業權)

광업권이란 탐사권과 채굴권을 말한다(광업§3). 탐사권이란 등록을 한 일정한 토지의 구역에서 등록을 한 광물과 이와 같은 광상(鑛床)에 묻혀 있는 다른 광물을 탐사하는 권리이고 채굴권이란 광구에서 등록을 한 광물과 이와 같은 광상에 묻혀 있는 다른 광물을 채굴하고 취득하는 권리를 말한다(광업§3).광업법에서 정하는 내용 이외에는 부동산에 관한 민법 기타의 법령의 규정이 준용된다(광업법§10). 탐사권은 상속, 양도, 체납처분 또는 강제집행의 경우 외에는 권리의 목적으로 할 수 없고, 채굴권은 상속, 양도, 조광권·저당권의 설정, 체납처분 또는 강제집행의 경우 외에는 권리의 목적으로 할 수 없다(광업§11). 광업권의 존속기간은 7년을 넘을 수 없고, 채굴권의 존속기간은 20년을 넘을 수 없다. 채굴권자는 채굴권의 존속기간이 끝나기 전에 대통령령으로 정하는 바에 따라 지식경제부장관의 허가를 받아 채굴권의 존속기간을 연장할 수 있다. 이 경우 연장할 때마다 그 연장기간은 20년을 넘을 수 없다(광업§12). 광업권의 설정을 받으려는 자는 광업권의 종류를 정하여 대통령령으로 정하는 바에 따라 산업통상자원부장관에게 출원하고 그 허가를 받아야 하고, 광업권설정의 출원을 하는 자는 광업권설정출원서에 대통령으로 정하는 바에 따라 작성한 광상에 관한 설명서, 그 밖에 산업통상자원부령으로 정하는 서류를 첨부하여 산업통상자원부장관에게 제출하여야 한다(광업§15).

어업권(漁業權)

영;fishery 독;Fischereirecht
불;droit de peche

일정한 구역의 공유수면에서 수산동식물의 포획·채취 또는 양식사업 등의 일정한 어업을 독점·배타적으로 영위할 수 있는 권리이다. 임어업과는 다른 권리이다. 그 대상이 되는 어업에는 정치망어업, 해조류양식어업, 패류양식어업, 어류등 양식어업, 복합양식어업, 마을어업, 협동양식어업, 외해양식어업의 8종이 있다(수산§8①). 어업권은 물권으로 하고 토지에 관한 규정이 준용된다(수산업법§16). 어업권자에 대하여는 그 면허를 받은 어업에 필요한 범위에서 「공유수면 관리 및 매립에 관한 법률」에 따른 행위가 허용된다(수산§18). 어업권은 시장·군수·구청장의 면허를 받아 등록함으로써 취득된다(수산업법§8, §17). 면유효기간은 면허어업은 10년이며, 수산자원보호와 어업조정에 관하여 필요한 사항을 대통령령으로 정하는 경우에는 각각 그 유효기간을 10년 이내로 할 수 있다(수산§14). 이와 같이 어업권은 물권적인 사권이기는 하지만 그 임대차가 금지되고(수산업법§33), 양도성 및 담보도 공익적·정책적 입장으로부터 강하게 제한된다(수산업법§19, 21), 그 밖에 수산업법은 어업권이 특수한 물권이라는 점에 비추어 여러 가지 상세한 규정을 둔다. 어업권자가 면허를 받은 사항 중 성명·주소 등 대통령령으로 정하는 사항을 변경하려면 농림수산식품부령으로 정하는 바에 따라 시장·군수·구청장에게 변경신고를 하여야 한다(수산§20).

입어권(入漁權)

어업권자와의 계약을 바탕으로 그 소유하는 공동어업권 또는 특정한 구획어업권에 속하는 어장에서 그 어업권의 내용인 어업의 전부 또는 일부를 영위하는 권리이다. 공동어업의 어업권자는 종래의 관행에 의하여 그 어장에서 어업 하는 자의 입업(入業)을 거절할 수 없다(수산§40①). 입어권은 어업권과 마찬가지로 물권으로 보며 어업원부에의 등록을 제3자에 대한 대항요건으로 한다.

출판권(出版權)
독;Verlagsrecht
불;droit d'edition

저작물을 인쇄·간행할 수 있는 독점·배타적인 권리로서 저작권상의 한 형태이다. 저작권법 상으로는 저작권자가 출판자에 대하여 설정행위에 의하여 부여하는 권리를 의미하기도 한다. 이러한 의미에서 출판권은 저작물을 인쇄 그 밖에 이와 유사한 방법으로 문서 또는 도화로 발행하는 독점권이다(저작§63). 또 출판권자는 출판권을 표시하기 위하여 원칙적으로 각출판물에 저작권자의 검인을 첨부하여야 하며 저작권을 양도받은 경우에는 그 취지를 출판물에 표시해야 한다. 특약이 없는 한 존속기간은 3년(저작권법§63의2)이며 득실·변경·입질 등은 등록을 하지 않으면 제3자에 대항 할 수 없다(저작권법§54). 그 법적 성질은 일종의 용익물권이다.

물권과 채권의 차이
(物權과 債權의 差異)

중요한 재산권에 속하는 물권과 채권의 차이점은 다음과 같다. (1) 물권은 타인의 행위를 거칠 필요 없이 물건을 직접 지배하는 권리인 반면에 채권은 특정인에 대하여만 급부를 청구할 수 있는 권리이다. 따라서 채권에는 배타성이 없지만 물권에는 배타성이 존재한다. (2) 물권은 그 사용·수익을 보장하기 위하여 물권적 청구권이 인정되지만, 채권은 배타성이 없으므로 모든 사람에게 권리보호를 주장할 수 있는 물권적 청구권을 인정할 수 없다. (3) 물권은 내용이 서로 양립할 수 없는 물권간에 병존할 수 없지만 채권은 동시에 수개의 같은 채권이 병존할 수 있다. 물권과 물권은 먼저 성립한 것이 우선하고, 물권과 채권은 언제나 물권이 우선한다. (4) 물권의 양도는 자유이지만 채권은 그렇지 못하다. (5) 물권은 이와 같이 채권에 비하여 광범하고 강한 효력을 가지므로, 일반인들을 보호하기 위하여 공시방법이 요청되며 또 그 종류를 법정하여 함부로 약정할 수 없도록 하고 있다(민§185). 그러나 채권은 법률이 규정하고 있는 것 이외에도 당사자의 계약에 의하여 얼마든지 정할 수 있는 점 등이 양자의 차이점이다.

동산물권·부동산물권
(動産物權·不動産物權)

그 객체가 되는 물건이 동산이면 동산물권, 부동산이면 부동산물권이라 한다. 특정한 동산 혹은 부동산을 직접 지배하는 배타적 권리이다. 근대민법은 양자를 구별하지 않고 통일적으로 취급하지만 그 경제적 가치 기타 물리적 성질에 있어서 상당한 차이가 있다. 우리 민법은 부동산물권의 변동은 등기(민§186)함으로써 효력이 생기고, 동산물권의 변동은 의사표시에 합치된 인도(현실인도·간이인도·점유개정·목적물반환청구권의 양도)에 의하여 그 효력이 생긴다(§188, §189, §190). 또한 용익물권은 동산에서는 성립되지 않고, 질권은 동산에서만 성립하며 저당권은 부동산에서만 성립된다.

부동산물권(不動産物權)

물권의 객체가 부동산인 물권을 말한다. 게르만법에서는 부동산물권법과 동산물권법이 각각 다른 원리를 가지고 발달하였으나 로마법은 양자를 같은 원칙에 따라 통일적으로 규율하였으며, 근대민법도 양자를 통일적으로 규율하고 있다. 그러나 각국의 민법에 있어서 물권은 그 객체가 동산이냐 부동산이냐에 따라 실제로 상당한 대립을 보이고 있으며 우리 민법상 부동산물권을 규율하는 원리는 대체로 다음과 같다. (1) 법률행위에 의한 부동산의 물권변동에 관하여는 등기라고 하는 엄격한 공시방법을 요구함으로써 거래의 안전을 도모하고, (2) 부동산거래에 관하여는 선의취득제도를 채택하지 않음으로써 진정한 권리자를 보호하며, (3) 부동산에 관하여는 법률에 의한 소유권 제한의 정도를 강화하고 있다. 이와 같은 부동산물권으로써 우리 민법상 규정되어 있는 것으로는 점유권·소유권·지상권·지역권·전세권·유치권·저당권 등이 있다.

물권적 효력·채권적 효력

(物權的 效力·債權的 效力)
독;dingliche Wirkung
불;shuldrechtiche Wirkung,
obligatorische Wirkung

권리의 발생·변경·소멸의 효력을 누구에게나 주장할 수 있는 것이면 물권적 효력이고, 단순히 당사자 간에서만 주장할 수 있는 것이라면 채권적 효력이다. 예컨대 정지조건이 붙은 소유권의 이전행위에 있어서 조건의 성취와 함께 소유권이 이전할 때에 조건의 효력은 물권적이며, 단순히 일방이 타방에 대하여 소유권의 이전을 청구할 수 있을 때에는 채권적이다. 그러나 물권적이라는 말은 절대적·대세적이라는 뜻이고, 채권적이라고 말하는 것은 상대적·대인적이라는 뜻이므로 물권적 효력이 물권의 변동을 발생케 하는 경우에 한정하는 것은 아니다. 또한 물권적 효력이란 후에 이행을 남기지 않는 것을 말한다. 물권행위와 준물권행위에는 물권적 효력이 있다. 채권적 효력이란 후일에 이행을 남기는 것이다. 채권행위에는 원칙적으로 채권적 효력이 있지만 예외적으로 현실매매에는 채권행위와 동시에 매매가 이행되기 때문에 물권적 효력이 있다.

물권법(物權法)

독;Sachenrecht 불;droit des biens

물권법은 재산법의 한 영역으로 각종 재산에 대한 인간의 지배관계를 규율하는 법률이다. 형식적으로 물권법을 파악하면 민법 제2편 물권(§185 ~ §372)이며, 이는 총칙·점유권·소유권·지상권·지역권·전세권·유치권·질권·저당권으로 구성된 제9장 188개조의 규정이다. 민법의 물권법 이외에 실질적으로 물권법에 속하는 특별법이 있다. 즉 부동산등기법·가등기담보에 관한 법률·공장저당법·광업재단저당법·자동차저당법·항공기저당법·건설기계저당법·광업법·상법상의 유치권·질권에 관한 특칙 등이 있다. 물권법은 강제법규적 성질을 가지므로 같은 재산영역이라 하더라도 채권법과 완전히 다르다.

거래법(去來法)
독;Verkehrsrecht

재산거래에 관한 법률의 전체를 말한다. 재산법 중 정적(靜的)인 재산내용에 관한 특권입법이나 조직법에 대하는 것으로 재산의 거래에 관한 법인 채권법·행위법 등이 이에 속한다. 거래법에서는 거래의 안전 또는 동적 안전이 강조된다.

배타성(排他性)

특정 물건 위에 하나의 물권이 성립하면 그와 양립할 수 없는 내용을 가진 물권은 동시에 병존할 수 없다(일물일권주의). 물권에는 배타성이 있으나 채권은 없는 것이 원칙이다. 따라서 갑이라는 배우가 같은 시간에 다른 장소에 출연하기로 여러 개의 계약을 맺어도 그 수개의 채권은 평등하게 성립할 수 있다. 그러므로 결국 물권의 배타성은 물권과 채권을 구별하는 표준이 되어 왔다. 공유의 경우는 일물 위에 수개의 소유권이 병존하는 것처럼 보이지만 이 역시 하나의 소유권이 분량적으로 분할되어 수인에게 귀속하고 있는 상태이므로 물권의 배타성의 예외는 아니다. 이와 같은 물권의 배타성을 인정하려면 거래의 안전을 위하여 그 성립을 엄격히 할 뿐 아니라 물권의 성립을 제3자가 알 수 있도록 하는 외형, 즉 점유나 등기와 같은 공시방법이 필요하게 된다(§186, §188).

대세권·대인권
(對世權·對人權)

→ 절대권·상대권

절대권·상대권(絶對權·相對權)
독;absolutes Recht relative Recht
불;droit absolu·droit relatif

절대권은 널리 일반인에 대하여 효력이 있는 권리이며 대세권(對世權)이라고도 한다. 물권·인격권·무체재산권 등과 같은 지배권이 전형이다. 절대권은 그 내용이 특정의 법익을 직접 지배하는 것이므로 일반인의 불가침의무를 필요로 한다. 이에 반하여 상대권은 특정인에 대하여 주장할 수 있는 권리이며 대인권이라고도 한다. 채권과 같은 청구권이 그 전형적인 예이다. 즉 채권도 채무자 이외의 제3자에 의하여 침해될 수 있으므로 오직 특정인(채무자)에 대하여서만 주장할 수 있는 권리라고 말할 수 없지만 특정인에 대한 관계가 그 거래의 중점이라는 것에는 변함이 없다. 권리에 대한 의무자의 범위에 의한 분류로서 주로 사권(私權)에 관하여 행해진다. 그러나 이 의무자의 범위는 그 권리가 권리로서 성립하기 위한 불가결의 내용을 말한다. 예컨대 소유권은 권리주체 이외의 모든 자에게 그 권리내용을 침해하지 않을 의무를 부담시키면 족하다는 것이다. 절대권에는 배타성이 있지만 상대권에는 배타성이 없는 것이 특색이다.

물권법정주의(物權法定主義)
독;numerus clausus der Sachenreshte

물권은 법률이나 관습법에 의하는 외에 임의로 창설하지 못한다는 주의이다. 물권의 종류나 내용은 민법 기타의 법률이 정하는 것에 한정함으로써 당사자가 그 밖의 물권을 자유롭게 창설할 수 없게 금지한다는 원칙이다(민§185). 즉 물권법에서는 채권법에서와 같은 계약자유의 원칙이 인정되지 않는다. 채권법상의 계약의 전형은 예외적인 것에 지나지 않지만, 물권법이 규정하는 물권의 종류와 내용은 확정적이고 정형적인 것이다. 이와 같이 채권법에서와 같은 계약자유의 원칙을 배척하고 물권법정주의를 택하는 근거는 다음과 같다. (1) 역사적·연혁적 이유 : 봉건적인 지배관계를 정리하여 토지에 관한 권리관계를 단순화함으로써 자유로운 소유권을 확립하고 봉건적 물권관계가 부활하는 것을 막기 위하여 물권의 법정화를 실현하였다. (2) 공시원칙의 관철 : 물권은 배타적 지배권이므로 거래의 안전과 신속을 위하여 공시하여야 한다. 그런데 동산물권의 공시방법인 점유는 당사자가 자유롭게 창설하는 모든 물권을 공시한다는 것이 불가능하며, 부동산물권의 공시방법인 등기도 여러 형태의 물권을 공시할 수는 있지만 너무 복잡하면 혼란을 가져와 공시의 목적을 달성하지 못할 염려가 있다. 따라서 물권의 종류와 내용을 미리 법률로써 한정하여 당사자에게 선택의 자유만을 인정하는 것이 가장 적절한 것이다. 그러나 물권법정주의는 격변하는 사회의 수요에 맞지 않는 불편도 초래하게 되므로 현 실정에 맞도록 물권의 내용을 완화할 수 있도록 새로운 관습법에 의한 물권의 창설을 인정하였다. 다만 이 경우에도 특정의 공시방법을 갖추어야 한다. 민법 제185조는 강행규정이므로 이에 위반하는 행위는 무효가 된다(민§105).

> 민법 제185조는, "물권은 법률 또는 관습법에 의하는 외에는 임의로 창설하지 못한다."고 규정하여 이른바 물권법정주의를 선언하고 있고, 물권법의 강행법규성은 이를 중핵으로 하고 있으므로, 법률(성문법과 관습법)이 인정하지 않는 새로운 종류의 물권을 창설하는 것은 허용되지 아니한다*(대법원 2002. 2. 26. 선고 2001다64165).*

일물일권주의(一物一權主義)

한 개의 물건 위에는 동일한 내용의 물권이 동시에 두 가지 이상 성립하지 못한다는 원칙이다. 이 원칙을 일물일권주의라고 한다. 물권의 존재를 공시하여 거래의 안전을 기하기 위하여 필요한 것이기도 하다. 즉 (1) 하나의 물권 위에 동종의 서로 배척하는 내용의 물권이 두 가지 이상 성립할 수 없다. 물권의 배타적 지배권의 성격을 보장하기 위한 것이다. 그러나 내용이 모순되지 않는 물권, 예를 들면 소유권과 지상권의 양립·순위가 붙여지는 저당권은 이 원칙에 반하지 않는다. (2) 수개의 물건(집합물) 위에 한 개의 물건은 성립하지 않으며, 물건의 일부에도 하나의 물건이 성립하는 일이 원칙적으로는 없다. 그러나 물건의 구분소유(민§215,§집합건물의소유및관리에관한법률), 부동산의 일부 위의 전세권의 설정(민§303, 부등§139①) 등은 예외이다. 또한 각종재단저당법상의 집합물(공장재단·광업재단 등)은 한 개의 물건으로 간주되며, 수목의 집단은 토지에 부착되어 있지만 독립된 부동산으로 인정되어 거래시에는 명인방법(明認方法)이 채택된다.

물상청구권(物上請求權)

→ 물권적 청구권

물권적 청구권(物權的 請求權)

영;real action
독;dinglicher Anspruch
불;action réelle

물권의 내용의 실현이 어떤 사정으로 말미암아 방해 당하고 있거나 방해 당할 염려가 있는 경우에 물권자가 방해자에 대하여 그 방해의 제거 또는 예방에 필요한 일정한 행위를 청구할 수 있는 권리를 말한다. 물권적 청구권이라고도 한다. 물권적 청구권은 상대방에게 고의·과실이 있음을 필요로 하지 않으며 물권내용의 실현만을 그 본지로 하는 점에서 금전으로써 하는 손해배상을 내용으로 하는 불법행위에 의한 손해배상청구권과 다르다. 민법은 물권적 청구권으로 점유권에 기한 점유물반환청구권·점유물방해제거청구권·점유물방해예방청구권을 규정하고(민§204~§206), 그 이외에 소유권에 기한 물권적 청구권으로 소유권반환청구권·소유물방해제거청구권·소유물방해예방청구권을 규정하고 있다(§213, §214). 이 규정들은 지상권과 전세권에 준용되며(§290, §319, §213, §214), 소유물방해제거청구권과 소유물방해예방청구권에 관한 규정은 지역권과 저당권에 준용한다(§301, §370, §214). 물권적 청구권의 종류는 본권에 기한 것과 점유권에 기한 것으로 나눌 수 있다. 또한 그 내용도 반환청구권·방해제거청구권·방해예방청구권의 세 가지로 나눌 수 있다. 물권적 청구권은 절대권에 관하여서 인정되는 것이고 따라서 물권 이외의 무체재산권과 인격권에 관하여도 인정된다. 이와 반대로 채권과 같은 상대권에는 인정되지 않는다.

물권적 청구권과 다른 청구권의 경합
(物權的 請求權과 다른 請求權의 競合)

물권침해의 사실이 있으면 물권적 청구권을 발생시키는 동시에 다른 청구권을 병발시키는 경우가 있다. (1) 불법행위와의 관계 : 물권의 침해가 고의·과실에 의하여 행하여진 경우에는 물권적 청구권이 성립하는 것과 동시에 불법행위로 인한 손해배상청구권이 발생한다(민§750). 이러한 경우에는 양 청구권이 병립하는 것이며, 한쪽이 소멸되었다고 하여 다른 쪽이 당연히 소멸하는 것은 아니다. 그러나 침해자가 목적물을 반환하는 경우에는 손해배상의 범위가 축소될 수 있다. (2) 부당이익과의 관계 : 점유할 권리가 없는데도 타인의 물건을 점유하는 경우에는 물권적 청구권과 함께 부당이익반환청구권이 발생하게 된다(민§741). 그런데 이 두 권리의 병존을 인정할 것인가에 관하여는 어려운 해석문제가 있으며, 여러 견해가 존재한다. (3) 계약 등과의 관계 : 계약 그 밖의 법률관계가 존재함으로써(예컨대, 임차권·지상권·전세권 등) 물권침해의 상태가 정당한 권한에 의거하고 있는 경우에는 물권적 청구권이 발생하지 않는다. 그러나 그러한 법률관계가 종료하는 때에는 물권적 청구권은 그러한 법률관계에 의거하는 반환청구권과 병립하게 된다. 이 경우에 한 쪽의 이행이 있으면 다른 쪽도 당연히 소멸한다.

물권적 반환청구권

(物權的 返還請求權)
라;rei vindicatio

목적물에 대한 지배, 즉 점유가 전부 침탈 당하고 있는 경우에 물권자는 침탈자에 대하여 그 점유의 반환을 청구할 수 있다(민§204, §213). 물권적 청구권의 한 형태이며, 물권에서 파생한 하나의 독립한 효력이다. 예를 들면 소유자가 도난 당하거나 소유자의 토지·가옥을 무단사용·불법사용 하는 경우에 이에 대한 반환청구권 및 인도청구권 등이 그 예이다.

물권적 방해제거청구권

(物權的 妨害除去 請求權)
라;actio negatoria

목적물에 대한 지배가 부분적으로 침해되고 있는 경우, 즉 점유침탈 이외의 방법으로써 그 지배가 방해 당하고 있는 경우에 물권자는 침탈자에 대하여 그 방해의 제거를 청구할 수 있다(민§205, §214). 주로 부동산 특히 토지에 있어서 그 예가 많이 있다.

물권적 방해예방청구권

(物權的 妨害豫防請求權)

현실적으로 목적물에 대한 지배가 침해되고 있지는 않더라도 앞으로 침해당할 위험이 존재하는 경우에 물권자는 상대방에 대하여 그러한 원인이 되고 있는 상태 또는 행위의 예방을 청구 할 수 있다(민§206, §214). 방해의 위험은 주로 부동산에 관하여 생긴다. 예를 들면 인가(隣家)의 담이 택지내로 무너지려는 경우 등이다.

가등기된 청구권

(假登記된 請求權)

소유권·지상권·지역권·전세권·저당권·권리질권, 임차권의 설정·이전·변경 또는 소멸의 청구권을 보전하려할 때, 장래 일정한 조건하에 부동산물권을 취득할 수 있는 청구권이라고 부르기도 한다. 이러한 가등기된 청구권은 목적물이 특정되어 있고, 또 등기됨으로써 배타성이 부여되어 있다는 점에서 물권으로서의 일면을 갖추고 있으나, 청구권 자체는 채권적 성질을 가지는 것이므로 채권과 물권의 중간적 권리이다.

물권변동(物權變動)

물권의 동일성을 해하지 않는 범위 내에서 물권의 주체·객체·내용 및 작용에 대하여 생기는 변화를 말한다. 물권의 발생·변경·소멸의 총칭이다(이는 객체면에서 본 것이고, 주체면에서 보면 물권의 취득·변경·상실 즉 득실변경이 된다). 민법상 물권의 취득원인에는 취득시효(§245, §248), 선의취득(§249, §251), 무주물의 선점(§252), 부합(§256, §257), 혼화(§258), 가공(§259), 유실물습득(§253), 매장물발견(§254), 상속(§1005) 등이 있고 민법 이외의 법률이 규정하는 것으로는 공용수용, 몰수(형§48) 등이 있다. 물권변동에 관하여는 당사자의 의사표시만으로 그 효력이 발생한다는 의사주의와 의사표시 이외에 어떤 형식을 요한다는 형식주의가 있다. 구민법은 의사주의(대항요건주의)를 취하고 있었으나, 현행민법은 거래의 안전을 보호하기 위하여 형식주의(성립요건주의)를 취하고 있다(§186, §188).

법률의 규정에 의한 물권변동
(法律의 規定에 의한 物權變動)

법률행위에 의하지 않은 물권변동을 총칭하는 것으로, 준법률행위 또는 사건에 의한 물권변동을 말한다. 즉 당사자의 의사와는 관계없이 일정한 목적 하에 일정한 요건이 갖추어지면 당연히 물권변동의 효과가 발생하도록 법률이 규정하고 있는 경우이다. 따라서 이 경우에는 등기 또는 인도가 없어도 물권변동은 효력을 발생한다(민법 187조). 법률의 규정에 의한 물권변동은 여러 곳에 산재하고 있다. 즉 민법상으로는 취득시효(민법 245조 이하), 소멸시효(민법 162조 이하), 혼동(민법 191조), 무주물선점(민법 252조), 유실물습득(민법 253조), 매장물발견(민법 254조), 첨부(민법 256조 이하), 상속(민법 995조, 1005조) 등이 있고, 특별법상으로는 공용징수, 몰수(형법 48조), 경매(경매법 3조의1) 등이 있다.

법률행위에 의한 물권변동
(法律行爲에 의한 物權變動)

물권변동은 법률요건에 따라 법률행위·준법률행위·사건에 의해 발생하는데 그 중 가장 흔히 발생하고 중요한 것이 법률행위에 의한 물권변동이다. 이는 당사자의 의사에 의하여 일어나는 것이므로 사적자치의 원칙을 기본으로 하는 근대적 민법 하에서 법률행위에 의한 물권변동이 중요한 의미를 가지는 것은 당연하다. 법률행위에 의한 부동산물권변동은 등기, 동산물권변동은 인도가 있어야 효력이 발생한다. 법률행위에 의한 부동산물권변동은 민법 제186조, 동산물권변동은 민법 제188조 내지 190조에 의해 규율된다. 그러나 점유권 및 유치권은 성질상 이에 의해 규율되지 않는다.

원시취득·승계취득

(原始取得·承繼取得)

독;originaler Rechtserwerb, ursprünglicher Rechtserwerb·derivativer Rechtserweb, abgeleiterter Rechtserwerb

어떤 권리를 기존 권리와 관계없이 새로이 취득하는 것이 원시취득이다. 타인의 권리에 근거하지 않고 독립하여 취득하는 것이다. 무주물선점(민§252), 유실물습득(§253), 선의취득(§249~§251), 시효취득(§245~§248)등이다. 이에 대하여 타인이 가지고 있는 기존의 권리에 의거하여 권리를 취득하는 것이 승계취득이다. 양도, 상속 등이다. 원시취득에 의하여 취득된 권리는 전혀 새로운 권리이므로 비록 그 전주(前主)의 권리에 어떠한 하자가 있었더라도 원시취득자에게 승계되지 않는다. 또한 취득한 물권의 객체가 타인의 지상권이나 저당권 등의 목적물로 되어 있었을 경우에도 원시취득함과 동시에 이들 부담은 모두 소멸한다. 승계취득은 전주(前主)가 보유하고 있는 권리를 그대로 취득하는 이전적 승계취득과 전주의 물건에 의거하여 이와 다른 새로운 물권을 승계하는 설정적 승계취득(예를 들면 소유자가 소유권에 의거하여 지상권(地上權)·전세권을 타인에게 설정할 때에 타인의 지상권·전세권을 승계하는 경우)으로 나누어진다. 이와 같은 물권행위가 있으면 물권변동이 일어난다. 이전적 승계는 다시 포괄승계(상속·포괄유증)와 특정승계(양도)로 나누어진다.

설정적 취득(設定的取得)

독;konstitutiver Rechtserwerb

승계취득의 일종으로 창설적 취득이라고도 한다. 예를 들면 甲이 그 소유지에 乙을 위하여 저당권을 설정하는 경우와 같이 전주(前主)의 기존 권리에 기인하여 새로운 권리를 창설하여 승계인에게 취득시키는 것이다.

포괄승계·특정승계

(包括承繼·特定承繼)

승계취득의 형태이다. 포괄승계는 단일한 원인에 의하여 전주의 모든 권리·의무의 전체를 일괄적으로 승계하는 것이며 일반승계라고도 한다. 이에는 상속·포괄유증·회사합병 등이 있다. 포괄승계의 승계인을 포괄승계인이라고 한다. 한편 각개의 권리·의무를 개별적인 원인에 의하여 승계하는 것을 특정승계라 한다. 예컨대 매매에 의한 승계와 같은 것이다. 특정승계의 승계인을 특정승계인이라고 한다. 그리고 포괄승계에 있어서 포괄승계인은 법률상 거의 전주와 동일시되므로, 개개의 권리·의무를 일괄승계한다고 보는 것보다는 차라리 전주의 법률상 지위를 그대로 승계한다고 보는 것이 적절할 것이다. 그러나 일신전속권이나 일신전속의무와 같이 성질상 그 승계가 허용되지 않는 것은 이에서 제외된다.

특정승계인(特定承繼人)

독;Singularsukzessor, Einzelnachfolger

타인의 권리를 개별적으로 취득하는

자이다. 포괄승계인에 대하는 것으로, 매매 등에 의한 보통의 권리승계인이 모두 이에 속한다.

물권행위(物權行爲)

독;dingliches Rechtsgeschaft

물권의 득실변경 즉 설정·이전·소멸을 목적으로 하는 법률행위다(물권적 법률행위). 예를 들면 채무를 담보하기 위하여 저당권을 설정하거나 매매계약에 의하여 소유권을 이전하는 계약 등을 물권계약 또는 물권행위라고 한다. 이에 대하여 채권행위는 채권을 발생시키는 법률행위이다. 물권행위와 채권행위는 다같이 계약인 것이 보통이지만 단독행위나 합동행위일 경우도 있다. 채권행위는 원칙적으로 당사자의 의사표시에 의하여 성립하지만, 물권행위에 대해서는 (1) 당사자의 의사표시만에 의하여 성립하고 그밖에 아무런 형식도 필요로 하지 않는 의사주의(불법주의, 대항요건주의)와 (2) 당사자의 의사표시 이외에 인도나, 등기와 같은 특정 형식을 구비하지 않으면 성립하지 않는다는 형식주의, 독법주의(독法主義), 성립요건주의로 나누어진다. 그런데 물권행위는 채권행위를 전제로 하지 않고 직접 물권 변동을 발생시키기도 하지만, 대부분의 물권행위는 독립하여 행하여지기보다는 채권계약의 이행 수단 또는 그와 관련하여 행하여진다. 독일민법과 같이 물권행위에 관하여 형식주의(성립요건주의)를 취하는 입법례에서는 물권행위는 채권행위와는 별개의 독립행위로 파악되지만 의사주의(대항요건주의)를 취하는 프랑스민법 등에서는 명문규정으로 물권행위의 독자성을 부정하여 물권행위는 원인행위인 채권행위와 합체되어 행하여진다. 우리 민법은 물권행위에 대하여 형식주의를 취하지만 원인행위와의 관계에 관한 규정이 없으므로 물권행위의 독자성에 관하여 논쟁이 있다. 물권행위의 효력은 그 원인인 채권행위의 부존재·무효·취소·해제 등으로 당연히 영향을 받는다고 하는 것이 물권행위의 유인론이고, 이에 반하여 물권행위의 효력은 그 원인이 되는 채권행위의 운명에 아무런 영향도 받지 않으며 물권행위의 효력은 원인관계와 법률상 절연되어 있다는 것이 물권행위의 무인론이다. 물권행위의 무인성을 인정하려면 그 전제인 물권행위의 독자성을 인정하게 된다. 그러나 물권행위의 무인성을 인정하는 견해도 절대적 무인을 주장하지는 않으며 당사자가 원인관계의 유효를 조건으로 하는 때에는 유인이 된다는 상대적 무인성을 주장한다.

물권행위의 독자성·무인성

(物權行爲의 독自性·無因性)

채권행위가 있고 그 이행으로서 물권행위가 행하여지는 경우에, 물권행위는 원인행위인 채권행위와 별개로 행하여진다는 것을 물권행위의 독자성이라 하는데, 이에 대하여는 이를 인정하는 견해와 부정하는 견해가 대립하고 있다. 우리나라에서는 이를 부정하는 견해가 다수설이다. 한편 물권행위의 원인인 채권행위가 무효이거나 취소되는 때, 그 이행으로서 행하여진 물권행위에는 아무런 영향이 없다는 것이 물권행위의 무인성이다. 물권행위의 유인·무인의 문제는 물권행위의 독자성을 인정할 때에 비로소 일어나는 것이고, 물권행위의 독자성을 부정하는 법제나 학설의 입장에서는 물권행위는 당연히 유인성을 띠게 된다. 물권변동에 관하여 형식주의를 취하는 독일 민법에 있어서는 물권행위의 독자성을 인정하는 것으로 해석되고 있으며, 학설에 의해 무인성도 인정된다. 이에 비하여 같은 형식주의를 취하는 스위스 민법은 원인인 채권행위를 요식행위로 함으로써 입법으로 물권행위의 독자성을 부인하고 있으며, 따라서 무인성도 부인된다. 의사주의를 취하는 프랑스 민법은 물건의 소유권은 채권의 효력으로써 취득되고 이전된다고 하여 물권행위의 독자성을 부인하며 따라서 무인성도 부인된다. 역시 의사주의를 취하는 일본 민법에 있어서는 학설상 독자성·무인성을 부인하는 견해가 다수설이다. 우리 민법은 물권행위와 채권행위의 관계에 관하여 아무런 규정을 두고 있지 않으며, 학설은 독자성·무인성을 모두 인정하는 견해, 독자성·무인성을 부정하는 견해로 나누어진다. 판례는 물권행위의 독자성을 부정하고, 유인성론에 따른다(75다1394참조).

민법 548조 1항 본문에 의하면 계약이 해제되면 각 당사자는 상대방을 계약이 없었던 것과 같은 상태에 복귀케할 의무를 부담한다는 뜻을 규정하고 있는 바 계약에 따른 채무의 이행으로 이미 등기나 인도를 하고 있는 경우에 그 원인행위인 채권계약이 해제됨으로써 원상회복 된다고 할 때 그 이론 구성에 관하여 소위 채권적 효과설과 물권적 효과설이 대립되어 있으나 우리의 법제가 물권행위의 독자성과 무인성을 인정하고 있지않는 점과 민법 548조 1항 단서가 거래안정을 위한 특별규정이란 점을 생각할때 계약이 해제되면 그 계약의 이행으로 변동이 생겼던 물권은 당연히 그 계약이 없었던 원상태로 복귀한다 할 것이다(*대법원 1977. 5. 24. 선고 75다1394*).

준물권행위(準物權行爲)

물건 이외에 권리의 변동을 직접 발생시키는 법률행위이다. 예를 들면 채권양도·채권면제 등이다. 단순히 당사자간에 권리 변동을 일으키는 채권·채무를 발생시키는 것이 아니라는 점에서 채권행위와는 다르며 물권의 설정·이전을 내용으로 하지 않는다는 점에서 물권행위와 다르지만, 채권변동의 직접적인 변동을 일으켜 원칙적으로 이행의 문제를 남기지 않는다는 점에서 물권행위에 가깝다. 따라서 준물권행위라고 부른다. 준물권행위에서도 물권행위와 같이 의사주의인가 형식주의인가 하는 준물권행위 자체로서의 성립요건 및 독자성·무인성 등의 원인인 채권행위와의 관계 등이 입법상·해석상 문제가 된다.

→ 물권행위

유인행위(有因行爲)
독;kausales Geschäft

원인과 분리하여서는 효력을 가지지 않는 법률행위를 유인행위라고 한다. 즉 특정한 법률행위를 기초로 하여 새로운 법률행위를 하였을 경우에 원인되는 법률행위의 유·무효에 따라 뒤에 행하여진 법률행위의 유·무효가 결정되는 행위이다. 일반적인 법률행위는 언제나 일정한 원인에 의하여 연쇄적 관련을 가지고 행하여지므로 유인행위인 것이 원칙이다. 그러나 우리 민법상 물권행위가 원인 되는 채권행위에 대하여 무인성을 갖는가의 여부에 대하여는 견해가 갈라진다. 통설은 물권행위는 원칙적으로 무인이지만 특약으로 유인으로 할 수 있다고 한다.

무인행위(無因行爲)
독;abstraktes Geschaft

원인과 분리하여도 출손(出損)의 효력에 영향이 없는 법률행위를 무인행위라고 한다. 즉 원인인 법률행위가 효력을 잃더라도 결과적 행위의 효력은 아무런 영향을 받지 않는 행위이다. 어음행위와 같이 거래의 안전을 특히 보호할 필요가 있는 것은 무인행위가 된다. 어음행위가 무인행위라는 견해에 대하여는 현재 소수의 이론이 있다. 무인행위에 있어서 무인성의 인정에 따른 재산상의 불균형은 부당이득제도에 의하여 시정된다. 즉 무인행위로 인하여 이익을 본 상대방은 부당이익이 생기게 되므로 따로 반환청구를 당하게 될 것이다.

물권계약(物權契約)
독;dingliches Vertrag

직접적으로 물권의 설정·이전·소멸을 목적으로 하는 계약으로서 물권행위의 대부분을 차지한다. 예를 들면 질권설정계약·지상권설정계약 등이다. 계약이 아닌 물권행위로는 유언·권리의 포기와 같은 단독행위와 사원 총회의 결의와 같은 합동행위가 있지만 그 예가 드물다.

물권적 의사표시(物權的 意思表示)

물권행위의 구성 요소로서 물권변동을 발생시킬 것을 내용으로 하는 의사표시이다. 물권변동은 등기나 인도를 통하여 그 효력이 발생한다(민§186, §188, 예외§187 참조). 등기나 인도는 물권행위의 효력을 제3자에게 공시하기 위한 것이며 효력발생의 요건이 된다.

물권적 합의(物權的 合意)
(독;Einigung)

물권변동을 목적으로 하는 의사표시, 즉 물권계약은 이를 특히 물권적 합의라고 하며, 물권적 의사표시라고도 한다. 일반적인 견해에 의하면 물권적 합의는 곧 물권행위를 가리키는 것이나, 물권적 의사표시와 공시방법을 합한 것을 물권행위라고 하는 견해에 의하면 물권적 합의는 물권행위의 한 요소가 된다.

공시의 원칙(公示의 原則)
독;Prinzip der Offenkundigkit, publizitä tsprinzip

물권의 변동은 언제나 그 사정을 외부에서 인식할 수 있도록 반드시 일정한 공시방법을 수반하여야 한다는 원칙이다. 물권은 배타성을 가지는 독점적 지배권이므로 그 내용은 제3자가 알 수 있도록 하지 않으면 일반인에게 예측할 수 없는 손해를 주어 거래안전을 해치게 된다. 따라서 이러한 물권 거래의 안전을 위하여 인정되는 것이 공시제도이다. 공시방법에는 부동산의 경우에 등기(민§186)이고 동산의 경우에 인도(§188)이며 그밖에 수림의 집단에 인정되는 명인방법(明認方法)이 있다. 물권변동 시 공시방법을 갖추지 않는 경우에 대하여는 입법례가 둘로 나누어져 있다. (1) 공시방법을 갖추지 않으면 제3자에 대한 관계는 물론 당사자 간에서도 물권변동이 생기지 않는다는 성립요건주의(형식주의로 등기나 인도를 효력발생 요건으로 함 : 독법계와 우리 민법)와 (2) 당사자간에는 물권변동이 일어나지만 공시방법을 갖추지 않는 한 그 물권변동을 제3자에게 대항하지 못하다는 대항요건주의(의사주의, 단순히 대항요건으로 함 : 불법계와 일본민법, 구민법)이 있다. 그런데 부동산물권에 관하여는 등기라는 완비된 공시방법이 인정되어 있어서 그 기능을 다하고 있지만 동산물권의 공시방법인 점유의 이전(인도)은 대단히 불완전하므로 그 기능을 다하지 못한다. 따라서 동산물권의 거래가 안전하게 행하여지는 것은 공시의 원칙에 의한 것이다. 이러한 동산물권의 공시원칙을 관철하는 방법으로 (1) 일정한 상품의 권리를 증권화하여 그 증권의 배서·교부를 공시방법으로 하는 것(예 : 상법상의 화물상환증·유가증권·선하증권·창고증권 등)과 (2) 특수한 동산물권에 관하여 공적장부에 의한 공시방법으로 등기·등록을 인정하는 것(선박·자동차·항공기·건설기계 등)이 있다. 공시제도는 본래 물권에서만 문제되었던 것이나 지금은 임차권과 같은 채권(민§621)·채권양도시의 통지, 승낙(§450)·혼인의 신고(§812)·회사설립의 등기(상§172)·어음상의 권리양도의 배서(어§14, §16)·특허권이전의 등록(특허§101①Ⅰ)·광업권이전의 등록(광업§38)·저작재산양도의 등록(저작§54) 등에 인정된다.

공시주의(公示主義)

공시주의라 함은 제3자의 이해에 영향을 미칠 수 있는 사항, 그 중에서도 특히 권리능력·행위능력 또는 권리의 발생·변동·소멸 등에 관하여 제3자로 하여금 그것을 알 수 있도록 공시하여 거래의 안전을 도모하려는 주의이다. 등기나 등록 등의 제도는 모두 이 주의의 구현이라고 할 수 있다.

거래의 안전(去來의 安全)

재산의 거래에 있어서 거래당사자와 당사자가 아닌 자와의 이해가 충돌하는 경우 그 지위를 보호하는 것을 말한다. 이 때 진정한 권리자의 보호에 중점을 두는 것을 정적 안전(靜的 安

全)이라 하고, 진정한 권리자의 권리를 희생시키더라도 거래의 안전을 보호하기 위하여 외관을 신뢰한 자를 보호하는 것을 동적 안전(動的 安全)이라고 한다. 물론 이 동적 안전과 정적 안전이 적절히 타협하는 것이 가장 이상적이라 할 것이다. 그러나 근대법은 정적 안전의 보호에 주안점을 두었으며 자본주의가 발달함에 따라 재화의 유통이 빈번해짐으로써 그 유통의 신속과 안전을 위하여 동적인 안정을 점차 중시하게 되었다.

공신의 원칙(公信의 原則)

독;Prinzip des öffen tlichen Glaubens

물권의 존재를 추측케 하는 표상 즉 공시방법(등기·점유)에 의하여 물권의 외형을 신뢰하여 거래한 자는 비록 그 공시방법이 실질적 권리와 일치하지 않더라도 그 공시된 대로의 권리가 존재하는 것으로 인정하여 그 자를 보호하여야 한다는 원칙이다. 공신의 원칙은 물권의 공시방법으로 인정하는 표상을 신뢰한 자를 보호함으로써 거래의 안전을 도모하는 역할을 하는 동시에 진정한 채권자로 하여금 권리관계와 부합하지 않는 공시방법을 시정하여 공시와 권리관계를 부합시키도록 노력하게 하는 역할을 한다. 본래 진정한 권리가 없는 자로부터는 소유권을 취득할 수 없는 것이 원칙이다. 그러므로 공신의 원칙에 의한 매수인의 보호는 분명히 변칙적인 사례에 속한다. 그러나 상대방이 진정한 채권자인지의 여부를 정확히 조사한다는 것은 곤란하며 또 가능하다 하더라도 많은 시간을 요하게 되어 거래의 신속을 해치게 된다. 따라서 물권법이 규정하는 공시방법을 갖춘 자로부터 선의로 매수한 자는 보호되어야 한다는 결론이 성립할 수 있는 것이다. 공신의 원칙은 민법에서는 동산의 선의취득제도(민§249~§251) · 지시채권의 선의취득제도(§514, §515) · 표현대리제도(§125, §126, §129)·채권의 준점유자에 대한 변제의 보호제도(§470, §471) 등이 있으며 상법에서는 유가증권선의취득제도(상§65·어16②·수§21) 등이 있다. 그러나 공신의 원칙은 진정한 권리자에게 불이익이 된다. 따라서 우리 민법상 공신의 원칙은 부동산에 있어서는 인정되고 있지 않다. 그러므로 부동산의 경우에는 등기만을 믿고 안심하고 거래하지는 못한다.

공신력(公信力)

독;öffentlicher Glaube

원래 물권변동에 관하여 공시의 원칙을 취하였다 하더라도 그 외형적인 사실, 즉 권리관계의 표상이 언제나 진실된 권리관계와 일치된다고는 볼 수 없다. 따라서 표상을 신뢰하여 거래한 자라 하더라도 물권을 취득할 수 없다는 결과가 된다. 그러나 그렇게만 한다면 물권거래의 안전과 신속을 기대하기가 어렵기 때문에 물권의 표상에 대하여 그것을 신뢰한 자에게 물권을 취득케 하는 효력을 인정함으로써 무권리자를 보호할 필요가 생긴다. 이러한 효력을 공신력이라고 한다. 우리나라 민법상

동산에 관한 점유는 공신력을 가지고 있으나 부동산에 관한 등기는 공신력을 가지지 않는다.

등기의 공신력(登記의 公信力)

어떤 부동산등기를 신뢰하여 거래한 자가 있는 경우에 비록 그 등기가 진실한 권리관계에 합치되지 않는 것이더라도 그 자의 신뢰가 보호되는 등기의 효력을 말하는 것이다. 공신의 원칙을 인정하면 물권거래의 안전은 보호되는 반면, 진정한 권리자는 기존의 권리를 박탈당하게 된다. 따라서 공신의 원칙은 동적안전·정적안전 중 어느 쪽을 보호하여야 할 것인가를 검토하여 전자가 중요시되는 경우에 한해 인정될 수 있다. 공신의 원칙을 채용함에 있어서는 권리를 잃게 되는 진정한 권리자의 보호를 고려해야 한다. 우리 민법상 등기의 공신력은 부인되기 때문에 A가 B소유의 부동산을 자기의 소유명의로 등기한 후, 이를 C에게 매도하고 등기이전을 한 경우에 C가 비록 A명의로 되어 있던 등기를 신뢰하였더라도 C는 권리를 취득하지 못한다.

물권상실(物權喪失)

→ 물권소멸

물권소멸(物權消滅)

물권이 주체로부터 이탈하는 것을 말하며 물권상실이라고도 한다. 이것은 절대적 소멸과 상대적 소멸로 나누어진다. 절대적 소멸은 권리가 누구를 위하여도 존속하지 않고 소멸하는 것, 즉 이 사회에서 기존의 물권 하나가 없어지는 것이다. 상대적소멸은 물권 그 자체는 존속하지만 물권이 타인에게 승계됨으로써 종래의 주체가 물권을 잃는 것이다. 이에는 권리자의 의사에 의하여 발생하는 경우와 그렇지 않은 경우가 있는데, 특히 의사에 의하여 물권을 상실하는 것을 물권의 양도라고 한다(민§188②). 각종 물권의 공통이 되는 소멸원인으로 목적물의 멸실·소멸시효·포기·혼동·공용징수·몰수 등이 있다.

목적물의 멸실(目的物의 滅失)

물권은 물건을 직접 지배하는 권리이므로 목적물이 멸실하면 그에 대한 물권도 소멸하는 것은 명문의 규정이 없어도 당연하다. 물권의 멸실 여부는 사회통념·거래관념에 따라 결정된다. 물건의 일부가 멸실한 경우에 동일성이 유지되는 한 그 물건에 대한 동일물권이 존속한다. 물건의 멸실이라도 물건의 소실과 같이 물리적으로 완전히 소멸하기도 하지만 멸실물의 물질적 변형물이 남는 경우가 있다. 이 경우 물권은 원칙적으로 목적물의 물질적 변형물에까지도 미친다. 예컨대 소유권이나 저당권은 무너진 집의 붕괴목재에까지 미친다. 또한 담보물권은 그 목적물이 멸실되더라도 경제적 가치로 보아 대위성(代位性)(예 : 화재보험금이나 손해배상청구권 등)이 있는 경우에는 그에 대하여 권리가 존속한다.

물권포기(物權拋棄)

물권을 소멸시킬 것을 목적으로 의사표시로 성립하는 단독행위이다(물권적 단독행위). 부동산물권의 포기에는 물권적 의사표시와 등기를 필요로 하고(민§186), 동산물권의 포기에는 물권적 의사표시와 점유의 포기를 필요로 한다. 점유를 수반하는 물권(소유권·질권·지상권(地上權)·전세권 등)의 포기에는 포기의 의사표시와 등기 이외에 그 점유도 포기하여야 한다. 소유권과 점유권의 포기는 상대방 없는 단독행위로서 단독으로 말소등기를 신청할 수 있다. 제한물권의 포기는 그 포기에 의하여 직접 이익을 얻는 자에 대하여 행하는 상대방 있는 의사표시이며 이 경우 말소등기신청에 대하여는 단독신청설과 상대방과의 공동신청설이 대립한다. 또한 포기는 원칙적으로 자유이지만 그로 인하여 타인의 이익을 해할 수 없다. 즉 민법은「지상권 또는 전세권이 저당권의 목적인 경우에 그 지상권 또는 전세권의 포기는 저당권자의 동의 없이 할 수 없다」고 규정하고 있다(민§371②). 포기도 법률행위의 일종이므로 선량한 풍속 기타 사회질서에 위반하는 경우에는 무효이다(민§103).

혼동(混同)

라;confusio
영;merger
독;Konfusion, Vereinigung

병존시킬 만한 가치가 없는 두 개 이상의 법률상의 지위 또는 자격이 동일인에게 귀속하는 것을 말한다. 일반적으로 두 개의 지위나 자격을 병존할 필요가 없기 때문에 그 가운데 한 편은 다른 편에 흡수되어 소멸하는 것이 원칙이다. 혼동은 주로 채권과 물권에 관하여 다같이 소멸원인이 된다(민§507, §191). → 물권의 혼동, 채권의 혼동 참조

물권의 혼동(物權의 混同)

입법례에 따라서는 독일민법과 같이 부동산물권은 혼동으로 인하여 소멸하지 않는 것도 있다(독민§889). 그러나 우리 민법은 동산물권과 부동산물권의 구별 없이 물권은 혼동으로 소멸하는 것이 원칙이다. 즉 (1) 소유권과 제한물권의 혼동 : 동일한 물건에 대한 소유권과 제한물권이 동일인에게 구속한 경우에는 제한물권이 소멸하는 것이 원칙이다(민§191① 본문). 예컨대 저당권자가 저당부동산의 소유권을 취득하거나 지상권자가 소유권자를 상속하는 경우 등에 그 저당권이나 지상권은 혼동으로 인하여 소멸한다. 그러나 혼동으로 인한 제한물권의 소멸을 인정하는 것이 소유권자나 제3자의 법률상의 이익을 부당하게 해치게 될 경우에 제한물권은 소멸하는 것은 부당하다. 이에 민법은 그 제한물권이 제3자의 권리의 목적인 때에는 소멸하지 않는다는 예외 규정을 두고 있다(민§191① 但). 이러한 예외도 다음의 두 가지로 나눌 수 있다. 즉 ㉮ 그 물건이 제3자의 권리의 목적인 때 : 예컨대 甲 소유의 토지에 乙이 1번 저당권을, 병이 2번 저당권을 가지고 있는 경우에 을

이 갑의 소유권을 취득하여도 을의 1번 저당권은 소멸하지 않는다. 왜냐하면 만약 을의 저당권이 소멸하면 그 부동산이 병에 의하여 경매되는 경우에 병이 1번 저당권자로 격상되어 우선 변제를 받게 되어 병보다 선순위저당권자였던 을이 우선변제를 받지 못하게 되기 때문이다. ㉯ 혼동한 제한물권이 제3자의 권리의 목적인 때 : 예컨대 갑 소유의 토지 위에 지상권을 가지고 있는 을이 갑 소유권을 취득하여도 그 지상권이 병의 저당권의 목적인 경우에는 을의 지상권은 소멸하지 않는다. 만약 소멸한다면 그 지상권에 기한 병의 저당권이 소멸하여 병은 부당한 불이익을 받게 되기 때문이다. 그러나 제한권자를 존속시킬 아무런 이익이 없는 경우 예컨대 위의 ㉮에서 을이 2번 저당권일 경우와 ㉯에서 병도 갑 토지에 대하여 을의 지상권에 우선하는 저당권을 가지는 경우에는 소멸한다.

(2) 제한물권과 그 제한물권을 목적으로 하는 다른 권리와의 혼동 : 제한물권과 그 제한물권을 목적으로 하는 다른 권리가 동일인에게 귀속되는 경우에는 그 다른 권리는 소멸하는 것이 원칙이다(민§191②). 예컨대 지상권 위에 저당권을 가지는 자가 그 지상권을 취득하거나 지상권 위에 질권을 가지는 자가 저당권을 상속하는 경우에는 저당권이나 질권은 혼동으로 인하여 소멸한다(민§191②, §191① 본문). 그러나 이 역시 해석상 예외가 인정된다(§191②, §191① 단서). 즉 ㉮ 제한물권이 제3자의 권리의 목적인 경우와 ㉯ 혼동한 제한물권이 제3자의 권리의 목적인 경우이며 그 근거는 소유권과 제한물권의 혼동에서와 동일하다. (3) 권리의 성질상 처음부터 양립하여 대립하지 않는 것은 혼동의 적용이 없다. 즉 ㉮ 점유권은 혼동으로 소멸하지 않는다(민§191③). 점유권은 점유라는 사실을 보호하는 권리이므로 소유권 기타 본권에 대하여 독자적인 존재의미를 가진다. ㉯ 광업권은 광물 채취를 목적으로 하는 지역에 관한 지배권이며 보통 지표의 이용을 목적으로 하는 토지소유권과는 별개의 독립한 권리이므로 양자는 양립할 수 있는 것이므로 혼동으로 소멸하는 일은 없다. 혼동으로 인한 물권의 소멸은 절대적이다. 혼동 이전의 상태가 어떤 이유로 복귀하더라도 일단 소멸한 권리는 부활하지 않는다. 그러나 혼동을 일으키는 전제가 된 권리의 취득행위 자체가 취소·무효·해제 등으로 말미암아 부정된 경우에는 혼동은 생기지 않았던 것으로 된다.

공용징수(公用徵收)
영;compulsory acquisition expropriation
독;Enteignung
불;expropriation

공용수용과 같은 말이다. 공익을 위하여 필요한 처분으로서 공용징수가 인정되는 경우에는 징수자는 원시적으로 권리를 취득하고 그 반면으로서 피징수자의 물권은 소멸된다. → 행정법편 참조

몰수(沒收)
영;confiscation of propery
독;Einziehung

몰수는 재산의 박탈을 내용으로 하는 재산형이다(형§41Ⅸ). 몰수에 의하여 국가는 권리를 원시적으로 취득하는 반면에 피몰수자의 물권은 소멸된다.

등기(登記)
영;registration
독;Eintragung
불;transcription, inscription

일정한 법률관계를 널리 사회에 공시하기 위하여 등기관이 법정절차에 따라서 등기부라고 불리는 공적 장부에 부동산에 관한 일정한 권리관계를 기재하는 것을 말한다. 즉 (1) 등기는 부동산의 권리관계 또는 표시에 관한 기재이다. 따라서 이와 관계없는 기재는 등기부상의 체재일지라도 단순한 절차상의 기재일 뿐 등기는 아니다. (2) 등기관의 과실 등으로 등기부에 기재되지 않으면 등기가 있다고 할 수 없다. 이 점이 가족법상의 신고와 다르다. 즉 등기부에 기재가 있을 때에 비로소 공시적 기능을 발휘할 수 있기 때문이다. (3) 등기가 당사자의 신청에 의한 것인지의 여부는 묻지 않는다. 따라서 그 기재가 관공서의 촉탁에 의한 것이든 등기관의 직권에 의한 것이든 모두 등기가 된다. (4) 등기는 국가기관인 등기관이 법정의 절차에 따라서 기재하여야 한다. 등기절차를 정하는 것은 부동산등기법과 부동산등기법시행규칙이다. 등기의 효력에 대하여 구민법상의 부동산등기에서는 일정한 사항을 제3자에게 주장하는 대항요건으로 하였지만 현행민법상의 부동산등기와 상법상의 회사설립등기는 일정한 사항의 효력발생요건으로 하고 있다. 우리나라는 등기의 공신력을 인정하지 않고 있다.

등록(登錄)
영;registration
독;Registrierung
불;enregistrement

일정한 사실이나 법률관계를 행정관청 등에 비치되어 있는 공부에 기재하는 것이다. 광의로는 등기를 포함하지만(지방세법), 다음과 같은 점에서 등기와 다르다. (1) 등기는 등기소에 비치되어 있는 등기부에 등기하여 행하는데 대하여, 등록은 일반행정청 등에 비치되어 있는 공부에 등록하여 행한다. (2) 등기는 권리의 효력발생요건 또는 대항요건인데 대하여, 등록은 권리의 종류에 따라서 그 효력이 다르다. ㉮ 특허권(특허법§87)·디자인권(디자인보호법§39)·실용신안권(실용신안법§21)·상표권(상표법§41) 등의 공업소유권등록과 자동차저당(자동차 등 특정동산저당법§5)의 등록은 권리의 효력발생요건이다. ㉯ 저작권(저작권법§53)·등록국채증권의 이전 및 입질(국채§6)의 등록과 어업권의 등록(수산§17)은 제3자에 대한 대항요건이다. ㉰ 의사(의료법§11)·수의사(수의사법§6)·변호사(변호사법§7)의 등록은 면허의 방법이다. ㉱ 자동차(자동차관리법§5)·선박(선박법§8, 상§743, §745)·항공기(항공법§5)의 등록은 일정한 행위를 하기 위한 요건이다.

권리변동의 등기
(權利變動의 登記)

소유권의 보존등기를 기초로 하여 그 후에 행하여지는 권리변동의 등기를 말한다. 즉 소유권의 이전·저당권의 설정 등은 우선 소유권의 보존등기를 하지 않고는 등기할 수 없다.

멸실(滅失)

물건이 경제적 효용을 전부 상실할 정도로 파괴된 상태이다. 예컨대 민법에 있어서 점유물의 멸실의 경우 선의의 점유자는 이익이 현존하는 한도에서 배상책임이 있으며 악의의 점유자는 그 손해의 전부를 배상할 책임이 있다(민§202 본문).

대장(臺帳)

부동산등기부 이외에 부동산에 관한 공적 장부로서 토지대장과 가옥대장이 있다.

지적공부(地籍公簿)

과세와 징세를 위하여 토지의 상황을 정확하게 파악하기 위한 기초자료로서 이용하기 위한 토적부(討籍簿)로서의 성격을 가진 공적 장부이다. 우리나라는 지적장부로서 토지대장과 임야대장 등을 가지고 있다. 이와 같이 토지에 관하여도 대장을 가지게 된 연유는 일제하에서 먼저 경작지를 중심으로 하는 토지조사를 바탕으로 하여 토지대장이 작성되었고, 이어서 토지조사에서 제외된 임야에 대한 조사·사정을 거쳐 임야대장을 만들었기 때문이다. 토지대장과 임야대장에 등록되는 것은 토지의 소재·지번·지목·면적·소유자의 성명 또는 명칭, 주소와 주민등록번호(국가 또는 지방자치단체, 법인 또는 법인 아닌 사단이나 재단 및 외국인의 경우에는 부동산등기법 제49조에 따라 부여된 등록번호) 등이다(공간정보의 구축 및 관리 등에 관한 법률 §71). 그러나 지적공부라고 할 때에는 이 두 대장이외에 공유지연명부, 대지권등록부, 지적도, 임야도 및 경계점좌표등록부 등 지적측량 등을 통하여 조사된 토지의 표시와 해당 토지의 소유자 등을 기록한 대장 및 도면(정보처리시스템을 통하여 기록·저장된 것을 포함한다)을 말한다(공간정보의 구축 및 관리 등에 관한 법률§2 19호). 지적소관청은 해당 청사에 지적서고를 설치하고 그 곳에 지적공부(정보처리시스템을 통하여 기록·저장한 경우는 제외한다)를 영구히 보존하여야 하며, 천재지변이나 그 밖에 이에 준하는 재난을 피하기 위하여 필요한 경우나 관할 시·도지사 또는 대도시 시장의 승인을 받은 경우 외에는 해당 청사 밖으로 지적공부를 반출할 수 없다(공간정보의 구축 및 관리 등에 관한 법률 §69).

임야대장(林野臺帳)

→ 지적공부(地籍公簿)

토지대장(土地臺帳)
영;cadaster
독;Kataster
불;cadastre

토지의 상황을 명확히 하기 위하여 토지의 소재·지번·지목(토지의 주된 사용목적)·면적·소유자의 성명 또는 명칭, 주소와 주민등록번호(국가, 지방자치단체, 법인 또는 법인 아닌 사단이나 재단 및 외국인은 그 등록번호) 및 고유번호 등을 등록하는 장부이다(공간정보의 구축 및 관리 등에 관한 법률 §71). 등기소에 비치하여 토지의 권리관계를 공시하는 토지등기부와는 다르지만, 이 두 장부는 서로 그 기재내용에 있어서 일치하여야 한다. 따라서 부동산 상황에 변동이 생긴 때에는 먼저 대장등록을 변경한 후에 등기부를 변경하게 된다. 그러나 권리자체의 변동에 관하여는 등기부를 기초로 하고 토지대장은 이에 따르게 된다. → 지적공부(地積公簿)

지목(地目)

토지의 현황·성질·이용목적 등을 표시하기 위하여 토지에 붙이는 명칭이다. 측량·수로조사 및 지적에 관한 법률은 지목을 토지의 주된 사용목적에 따라 전(田)·답(畓)·과수원·목장용지·임야·광천지(鑛泉地)·염전·대(垈)·공장용지·학교용지·주차장·주유소용지·창고용지·도로·철도용지·제방·하천·구거(溝渠)·유지(溜池)·양어장·수도용지·공원·체육용지·유원지·종교용지·사적지·묘지·잡종지로 구분하여 정한다(공간정보의 구축 및 관리 등에 관한 법률 §67), 토지의 지목이 다르게 된 때에는 토지소유자는 60일 이내에 소관청에 지목변경을 신청하여야 한다(공간정보의 구축 및 관리 등에 관한 법률 §81).

지번(地番)

지번이라 함은 필지에 부여하여 지적공부에 등록한 번호를 말한다(공간정보의 구축 및 관리 등에 관한 법률 §2). 모든 토지는 공간정보의 구축 및 관리 등에 관한 법률에 따라 필지마다 지번 등을 정하여 지적공부에 등록되어야 하는 것이다(공간정보의 구축 및 관리 등에 관한 법률 §64). 지적소관청은 지적공부에 등록된 지번을 변경할 필요가 있다고 인정하면 시·도지사나 대도시 시장의 승인을 받아 지번부여지역의 전부 또는 일부에 대하여 지번을 새로 부여할 수 있다(공간정보의 구축 및 관리 등에 관한 법률 §66).

가옥대장(家屋臺帳)

가옥의 소재·번호·종류·구조·건평과 소유자의 주소·성명 등을 등록하여 가옥상황을 명확하게 하는 장부이다. 세무관청에 비치되어 과세의 기본이 된다. 가옥의 사실상의 상황을 명확히 기재하는 점에서 등기소에 비치되어 가옥에 관한 권리관계를 공시하는 건물등기부와 구별되지만 양자는 동일사항에 관하여 일치하여야 한다. 따라서 건물의 사실상의 상황에 관하여는 대장의 기재를 등기부의 기재의 기초로 삼고, 건물에 관한 권리변동에 관하여는 등기부의 기재를 대장의 기재의 기초로 삼는다.

인도(引渡)
라;traditio 영;delivery
독;Ubergabe 불;delivrance

인도란 원래 동산에 대한 현실적·직접적인 지배의 이전인 현실의 인도를 의미한다(민§188①). 그러나 우리 민법상 인도는 점유의 이전을 말한다. 즉 인도에는 (1) 현실의 인도 이외에 (2) 간이인도(§188②) (3) 점유개정(§189) (4) 목적물반환청구권의 양도에 의한 인도 방법(민§190) 등도 인정된다. 인도는 동산물권변동의 공시방법이며 효력발생요건이다. 그러나 인도는 등기와는 달리 일반인에게 공시의 역할이 미약하다. 더구나 현실의 인도만이 아니라 관념의 인도까지 인정하기 때문에 더욱 불완전하게 된다. 이와 같은 불완전한 공시의 결점을 보완하기 위하여 동산거래시에는 선의취득자를 보호한다(민§249).

명도(明渡)

토지나 건물 또는 선박을 점유하고 있는 자가 그 점유를 타인의 지배하에 옮기는 것이다. 법문상으로는 인도로 규정하고 있으며(민사집행법 258조 1항) 명도라는 말은 사용하지 않는다.

현실의 인도(現實의 引渡)

직접 물건을 교부하는 것과 같이 물건에 대한 사실상의 지배를 현실적으로 이전하는 것이다. 인도의 가장 원칙적인 방법이다. 어떠한 경우에 사실적 지배의 이전이 있다고 보느냐는 사회통념에 의하여 결정하게 된다. 즉 사회통념상 물건이 양도인의 지배권을 벗어나서 양수인의 지배권내로 갔다고 인정되면 되는 것이다. 예컨대 물건이 집에 배달된 경우 등에는 현실의 인도가 있는 것으로 된다. 민법 제188조 1항에서 말하는 인도는 현실인도를 의미한다.

물건의 인도가 이루어졌는지 여부는 사회관념상 목적물에 대한 양도인의 사실상 지배인 점유가 동일성을 유지하면서 양수인의 지배로 이전되었다고 평가할 수 있는지 여부에 달려있는 것인바, 현실의 인도가 있었다고 하려면 양도인의 물건에 대한 사실상의 지배가 동일성을 유지한 채 양수인에게 완전히 이전되어 양수인은 목적물에 대한 지배를 계속적으로 확고하게 취득하여야 하고, 양도인은 물건에 대한 점유를 완전히 종결하여야 한다*(대법원 2003. 2. 11. 선고 2000다66454)*.

간이인도(簡易引渡)
라;traditio brevimanu
독;bergabe kurzer Hand

목적물의 양수인 또는 대리인이 이미 현실적으로 물건을 소지·점유하고 있을 때에는 따로 인도라는 절차를 밟을 필요가 없으므로 당사자의 의사표시만으로써 인도의 효과를 생기게 하는 제도이다(민§188②). 양수인이 이미 물건을 점유하고 있는 경우에는 점유권을 이전하는 편법의 일종이다. 예컨대 甲의

자동차를 임대한 乙이 甲의 자동차를 매수하는 경우에 일단 甲에게 되돌려 주었다가 다시 甲으로부터 인도를 받는다는 것은 번잡한 수고만 더하기 때문에 실제로 물건이동을 하지 않고 甲과 乙의 합의만으로 인도를 끝내버리는 간편한 인도방법이다.

점유개정(占有改定)
라;constitutum possessorium
독;Besitzkonstitut

양도인이 양수인의 점유매개자가 되어서 물건을 계속 소지하는 경우에 양도인이 앞으로는 양수인을 위하여 점유한다는 의사표시를 함으로써 인도의 효력이 생기게 하는 인도방법이다(민§189, §196②). 즉 양도인이 양수인에게 목적물을 양도하고서 다시 양수인에게 그 목적물을 임차하여 양도인이 물건을 계속 점유하는 경우이다. 소유권이전의 합의와 양수인에게 간접점유를 취득시키는 계약과의 두 가지 합의가 있게 된다. 그리고 이 두 합의(계약)는 불요식행위이며 묵시적으로 할 수 있으며 양자가 하나의 행위로 합체되어서 행하여지는 것이 보통이다. 일단 양수인에게 인도하였다가 다시 양도인이 빌어오는 절차의 번잡성을 피하기 위해 절차를 생략한 방법으로 양도담보의 경우에 실익이 많다.

목적물반환청구권의 양도
(目的物返還請求權의 讓渡)
라;cessio vindicationis

양도인이 제3자에게 점유시키고 있는 목적물, 즉 간접점유의 관계에 있는 물건을 그대로 양도하고자 할 경우에 양도인이 그 제3자에게 대한 반환청구권을 양수인에게 양도하면 그 동산의 인도가 있는 것이 되고 따라서 동산물권이 양도되는 제도이다(민§190, §196②). 즉 직접점유자에게 이후의 양수인을 위하여 그 물건을 점유할 것을 명하고 양수인이 이것을 승낙함으로써 점유의 이전, 이른바 동산의 인도가 생긴다. 주로 창고에 임치하여 둔 경우에 물건을 매매하고 계속하여 임치할 경우에 한 번 찾았다가 다시 임치하는 번잡을 피하기 위하여 행하여진다. 이 경우 반환청구권의 성질에 관하여 채권적 청구권설과 물권적 청구권설이 대립하지만 채권적 청구권설이 다수설이다.

입목(立木)

토지에 자라고 있는 수목의 집단이다. 입목은 민법상 토지의 정착물이며 가옥과 같이 독립된 부동산으로 취급되지 않는다. 따라서 원칙적으로 토지의 처분은 그 위에 자라고 있는 입목에도 미친다. 그러나 입목은 명인방법(明認方法)을 취함으로써 독립된 물건으로서 토지로부터 분리하여 거래할 수 있다. 또한 입목에 관한 법률은 입목을 독립한 부동산으로 보아 토지와 분리하여 양도하거나 이를 저당권의 목적으로 할 수 있도록 하였다(입목§3①, ②). 저당권의 목적이 된 입목소유자는 당사자간에 약정된 사업방법에 따라 그 입목을 조성·육림하여야 한다. 또한 입목소유자와 입목이 부착되어 있는 토지의 소유자가 경매 기타의 사유로 각각 다르게 되는 경우에는 토지소유자는 입목소유자에게 지상권을 설정한 것으로 간주되고 지료는 당사자의 약정에 의한다.

입목에 관한 법률

입목에 대한 등기 및 저당권의 설정 등에 관하여 필요한 사항을 규정한 법률이다. 종래 입목에 관하여 공시방법으로 관습법으로 발전한 명시방법만이 인정되었으나, 이 법에 의하여 등기가 가능하게 되었다(입목§13~§21). 즉 토지에 부착된 수목의 집단으로서 소유자가 소유권보존등기를 하는 경우에 그 수목의 집단은 토지와 분리된 독립한 부동산이 되어 양도나 저당권의 목적이 될 수 있다(입목§3). 입목에 관하여 인정되는 물권은 소유권과 저당권뿐이다. 입목법은 이들의 물권변동에 관하여 특별규정을 두고 있지 않으므로 민법 제186조와 제187조의 일반규정에 의하게 된다.

명인방법(明認方法)

수목의 집단이나 미분리의 과실 등에 관한 물권변동에 있어서 관습법 또는 판례법에 의하여 인정되어 있는 특수한 공시방법이다. 수목이나 미분리과실 등의 소유권 양도에 인정된다. 명인방법은 소유권을 외부에서 인식할 수 있는 방법이어야 한다. 예를 들면 장래에 벌채할 목적으로 매수한 입목의 껍질을 벗기거나 페인트로 소유자의 이름을 기재하거나 귤밭에 새끼줄을 두르고 푯말을 세워 귤을 매수하였음을 공시하는 것 등이다. 그러나 명인방법에 의한 공시방법은 등기와 달리 완전한 것이 못되므로 소유권의 이전이나 보유의 경우에만 이용할 수 있으며 저당권과 같은 담보물권의 설정 등에는 이용할 수 없다. 또한 명인방법에는 공신력이 없으며, 수목이나 미분리과실이 분리되었을 경우에는 동산이 되어 채취할 권리가 있는 자에게 귀속된다(민§102① : 예컨대 토지소유권자·지상권자·임차권자 등). 수목의 집단에 관하여는 입목에 관한 법률이 제정되어 독립한 부동산으로 거래할 길이 열렸으나 입목에 관한 법률의 적용을 받는 수목은 매우 제한된 것이므로 앞으로도 명인방법은 많이 행하여질 것이다. 또한 입목법에 의하여 보존등기가 행하여진 입목은 수목 등에 관한 물권변동에 있어서 효과발생요건이 된다.

명인방법은 지상물이 독립된 물건이며 현재의 소유자가 누구라는 것이 명시되어야 하므로, 법원의 검증당시 재판장의 수령 10년 이상된 수목을 흰 페인트칠로 표시하라는 명에 따라 측량감정인이 이 사건 포푸라의 표피에 흰 페인트칠을 하고 편의상 그 위에 일련번호를 붙인 경우에는 제3자에 대하여 이 사건 포푸라에 관한 소유권이 원고들에게 있음을 공시한 명인방법으로 볼 수 없다 *(대법원 1990. 2. 13. 선고 89다카23022).*

점유(占有)
라;possesio 영;possesion
독;Besitz 불;possession

물건에 대한 사실상의 지배를 말한다. 사실상 지배라 함은 사회통념상 물건이 어떤 사람의 지배하에 있다고 하는 객관적인 관계를 말한다. 사실상의 지배는 그 지배를 정당화하는 권리(소유권이나 임차권 등과 같은 본권(本權))에 의해 이루어지기도 하고, 훔쳐온 경우와 같이 아무 권리도 없이 단순히 사실상의 지배를 하고 있는데 불과한 경우도 있다. 그러나 우리 민법은 실질적인 권리인 본권의 유무를 떠나서, 즉 현존하는 지배관계가 어떠한 이유에서 발생했는가에 대하여 일체 불문하고 일단 그 사실상의 지배관계를 보호하고 사회의 평화와 질서를 유지하기 위하여 점유라는 지배의 사실적 외형에 점유권이라는 물권을 인정하고 여러 가지 법적 효과를 부여하고 있다. 이것이 占점유제도이다. 점유가 성립하면 사실적 지배 외에 주관적 의사를 필요로 하는가에 관하여 주관설과 객관설이 나누어져 있지만 현실의 지배사실이 있으면 그것으로 충분하다(민§192). 그러나 물건에 물리적 힘을 미칠 수 있을지라도 점유보조자는 점유할 수 없으며, 반대로 윤리적 실력행사는 미치지 아니할지라도 간접점유에는 점유가 인정된다.

물건에 대한 <u>점유란 사회관념상 어떤 사람의 사실적 지배에 있다고 보여지는 객관적 관계를 말하는 것</u>으로서 사실상의 지배가 있다고 하기 위하여는 <u>반드시 물건을 물리적, 현실적으로 지배하는 것만을 의미하는 것이 아니고, 물건과 사람과의 시간적, 공간적 관계와 본권관계, 타인지배의 배제 가능성 등을 고려하여 사회통념에 따라 합목적적으로 판단하여야 할 것</u>이고, 대지의 소유자로 등기한 자는 보통의 경우 등기할 때에 그 대지의 인도를 받아 점유를 얻은 것으로 보아야 할 것이므로 등기사실을 인정하면서 특별한 사정의 설시(說示) 없이 점유사실을 인정할 수 없다고 판단할 수는 없다 *(대법원 2001. 1. 16. 선고 98다20110).*

준점유(準占有)
라;quasi possessioiuris
독;Rechtsbesitz
불;quast-possession

재산권을 사실상 행사하는 것이며, 점유에 관한 규정이 준용된다(민§210). 이 제도를 인정하는 목적은 물건의 사실상지배를 점유로써 보호하는 것과 마찬가지로 재산권의 사실상 지배도 보호하고자 하는 것이다. 따라서 권리점유라고도 한다. 순수한 점유권이 성립시킬 수 있는 소유권·지상권·전세권·질권·임차권은 준점유의 대상이 되지 못한다. 반면에 채권과 지역권·저당권 그리고 저작권·특허권·상표권과 같은 무체재산권은 준점유의 대상이 된다. 준점유의 효력은 점유의 효력과 같다. 즉 권리추정·과실취득·비용상환·점유보호청구권 등의 효력은 준점유에도 적용된다. 그러나 선의취득에 관한 규정은 준용되지 않는 것으로 해석된다. 다만, 채권의 준점유자에 대한 선의의 변제는 유효하다(민§471).

본권(本權)

본권이란 점유하는 것을 법률상 정당하게 하는 권리를 말한다. 즉 물건을 점유하여도 그 점유를 정당화하는 실질적인 권리에 의하여 점유하는 경우도 있지만 그렇지 않은 때도 있다. 예컨대 임차인·소유자는 각기 임차권·소유권이라는 권리에 의하여 정당하게 점유하는 자이다. 반면에 도둑과 같은 자는 그러한 권리 없이 사실상 점유하고 있을 뿐이다. 이와 같이 점유를 정당하게 하는 실질적인 권리를 본권 또는 점유할 권리라고 한다. 물건의 사용가치의 지배를 목적으로 하는 권리 즉 소유권·전세권·지상권·임차권 등은 모두 이러한 권리를 포함하고 있다.

심소(心素)

라;animus

어떠한 법률사실(예:주소·점유)의 구성요소로서 필요한 의사적 요소(정주(定住)의 의사·친구를 위한 의사 등)가 심소(心素)이며, 외형적 요소(거소의 사실·소지 등)가 체소(體素)(라;corps)가 된다. 심소와 체소의 구별은 점유에 관하여 가장 문제가 된다.

포제시오

라;possessio

로마법상의 점유제도이다. 로마법에 있어서는 물건에 대한 법률적 지배인 소유권(dominium)과 물건에 대한 사실적 지배인 점유(possessio)를 완전히 분리함으로써 possessio는 소유권 기타 본권의 유무와는 관계없는 사실적 지배 그 자체로서 보호되었으며 이를 위하여 점유보호청구권(action Possessire)을 인정하였다. 로마법상의 점유는 (1) 시민적 점유(possessio civilis)와 (2) 자연적 점유로 나누어진다. 시민적 점유라 함은 점유소권(interdictum possess - orium)에 의하여 보호되는 점유로서 점유소권부 점유 (interdictum possessorium) 혹은 「possessio」라고 부른다. 그러나 고전시대의 법학자들은 시민적 점유를 점유소권의 보호를 받는 점유 가운데 특히 시민법의 효과를 수반하는 점유 즉, 즉시 혹은 시효기간의 경과에 의하여 소유권취득을 할 수 있는 점유만을 가리킨다. (2) 자연적 점유라 함은 점유소권의 보호를 받지 않는 사실상의 점유, 즉 소지를 말한다. 이러한 possessio의 특색을 보면 ㉮ possessio는 권리관계로부터 분리하여 파악된 관념이므로 점유자가 소유권이나 채권 혹은 어떠한 권리를 갖느냐에 따라 아무런 차이도 생기지 않는다. ㉯ 따라서 possessio는 오직 한 종류밖에 없고 하나의 물건 위에 하나의 possessio가 성립할 따름이다. ㉰ 그러나 사실상의 지배를 갖는 모든 자에게 possessio가 인정되는 것이 아니라 임차인·사용차주 등은 사실상 지배를 하고 있어도 possessio가 인정되지 않는다. 우리 민법의 점유제도는 주로 possessio의 이론에 기초하고 있다.

게베레
영;seisin 독;Gewere 불;saisine

게르만법상의 물권제도이다. 물건에 대한 사실적 지배를 권리의 표현상식으로 보는 관념이다. 게르만법은 로마법과는 달라서 본권과 점유의 분화를 알지 못하였으며 외형에 나타난 사실적 지배와 추상적 권리를 언제나 일체된 것으로 파악하였다. 이러한 게베레의 효력은 세 가지가 있다. (1) 게베레를 수반하는 물건의 지배는 재판상의 증거에 의하여 뒤집혀질 때 가지는 정당한 것으로 간주되는 방어적 효력(권리방어적 효력), (2) 게베레를 수반하는 물적 지배가 침해되는 때에는 그 침해를 배제하여 권리의 내용을 실현할 수 있는 공격적 효력(권리실현적 효력·권리추정력), (3) 물건에 대한 지배권의 이전은 게베레의 이전이 있을 때에 비로소 완성된다는 이전적 효력(권리이전적 효력) 등이다. 이러한 관념은 근대의 점유제도 가운데도 계승되었다. 우리민법도 점유의 권리추정력·간접점유·선의취득 등은 게베레의 관념에서 온 것이다. 게베레를 현대적으로 풀어보면 「물권+점유」가 될 것이다.

소지(所持)
라;Detention, Innehabung
불;détention

민법상으로는 물건이 어떤 사람의 사실상의 지배권내에 들어있다고 볼 수 있는 상태이다. 사비니(Savigny) 대 예링(Jhering)의 유명한 점유논쟁에서 Jhering이 주장한 「detentio」 라고 하는 개념이다. 점유에 대하여는 주관설과 객관설로 나누어진다. (1) 주관설은 Savigny가 주장한 점유이론으로서 「자기를 위한 의사」를 「所有意思」로 보고 이 소유의사(심소)와 물건의 소지(體素)가 동시에 존재하고 있는 경우에 한하여 점유권이 발생한다고 하였다. 즉「소지+점유의사=점유」로 소지와 점유를 구분하였다. 이에 대하여 (2) 객관설은 Jhering이 주장한 것으로 심소는 「소지의사」일 필요는 없고 단순히 물건을 「소지하려는 의사」만으로도 충분하며 그 의사는 소지라는 사실상태 가운데 구현되므로 특별히 심소를 분리할 필요는 없다고 하였다. 즉 「물건에 대한 사실상의 지배=소지=점유」이므로 소지와 점유가 구별되지 않는다. 독일민법은 Jhering의 설을 다시 순화한 베커(Bekker)의 객관설에 입각하고 있으므로 소지를 점유로 인정하고 있으나 우리나라 민법은 사비니의 주관설에 근거를 두고 있으므로 단순한 소지에는 독립된 법적 효과를 인정하지 않는 경우가 많다. 그러나 우리나라 학설은 객관설의 경향을 띠고 해석하고 있기 때문에 실제로는 소지와 점유를 구별한다는 것은 매우 곤란하다.

점유보조자(占有補助者)
독;Besitzdiener, Besitzorgan

가사상(家事上)·영업상 기타 유사한 관계에 의하여 타인의 지시를 받고 물건에 대한 사실상의 지배를 하는 자이다(민§195). 예를 들면 타인의 상점에 고용되어 있는 점원은 점유보조자이고 주인은 점유자가 되는 것이다. 점유자의 수족이 되어 물건을 소지하는데 불과하므로 그 자신이 점유자가 되지는 못한다. 점유자와는 관계는 채권·채무관계가 아니라 상하지배관계에 놓여 있게 된다. 점유보조자는 점유권이 없으므로 점유보호청구권을 행사할 수 없으나 다만 현재의 사실상 지배를 침해하는 데 대하여는 자력구제권이 허용된다(§209).

악의점유·선의점유
(惡意占有·善意占有)

점유자가 자기에게 정당한 권원(權原)이 없다는 사실을 알면서도 점유하고 있는 상태를 악의 점유라고 한다(예 : 절도범인). 반면에 정당한 권원이 없다는 사실을 모르고 점유하는 상태를 선의의 점유라고 한다(예 : 착각하여 타인의 구두를 바꿔 신은 것). 정당한 권원이 없다는 사실을 확신하지 않는 경우 즉 의심을 하면서도 이를 점유하고 있는 경우에는 악의의 점유로 된다. 양자를 구분하는 실익은 취득시효에 있어서 악의는 20년 이상의 기간의 경과를 요하는 반면에 선의는 10년 이상이면 족하다고 하는 데에 있다(민§245). 그리고 동산의 즉시취득이 선의의 점유에 한하여 적용되고 있다는 점(§249)과 점유회복자에 대한 반환범위(§203) 등에 양자의 차이가 있다. 그밖에 점유자의 과실취득(§201)·점유자의 책임(§202)·점유자의 비용상환청구 등에도 차이가 있다. 점유자가 선의·악의인지가 불분명한 경우에는 점유자는 선의로 점유하고 있는 것으로 추정된다(§197①). 그러나 선의점유자가 본권에 관한 소에서 패소하면 그 소가 제기된 때에 소급하여 악의이었던 것으로 간주된다(§197②).

과실점유·무과실점유
(過失占有·無過失占有)

본권이 없는데도 불구하고 본권이 있는 것으로 오신(誤信)하는 경우에 그 오신에 관하여 과실이 있으면 과실점유(과실 있는 점유)이고 과실이 없으면 무과실점유(과실없는 점유)이다. 일반적으로 점유에 관하여 선의는 추정되고 있으나(민§197①), 무과실은 민법 제197조와 같은 규정이 없기 때문에 추정되지 않는다는 것이 통설이다. 따라서 무과실을 주장하는 자가 증명하여야 한다. 그러나 선의취득의 경우에는 예외적으로 무과실까지도 추정된다. 양자의 구별실익은 취득시효(§245~§248), 선의취득(§249~§251) 등에서 나타난다.

공연점유(公然占有)

공공연하게 내놓고 행하는 점유이다. 공연이라 함은 불특정이고 다수인이 알 수 있는 상태이므로 일부러 남에게 표시할 필요는 없으며 사물을 보통 소유하는 방법으로 점유한다면 공연한 점유가 된다. 점유자는 일반적으로 공연하게 점유한 것으로 추정된다(민§197). 동산의 선의취득(§249)·시효취득(§245②, §246) 등의 요건으로 사용되고 있다.

은비점유(隱祕占有)

점유사실을 타인에게 발각되지 않게 하기 위하여 은밀하게 가지는 점유이다. 공연점유에 대하는 말이다. 은비점유는 선의취득이나 시효취득을 하지 못할 뿐 아니라 점유물에서 생기는 과실을 반환할 의무를 진다(민§201②).

직접점유·간접점유
(直接占有·間接占有)

점유자와 물건 사이에 타인을 개재함이 없이 점유자가 물건을 직접적으로 지배하거나 점유보조자를 통하여 지배하는 것을 직접점유라고 한다. 반면에 어떤 자가 타인과의 일정한 법률관계에 기하여 그 타인에게 점유를 이전한 경우에 그에게 인정되는 점유가 간접점유이다. 사회에는 소유자가 소유물을 자신이 소지하고 있는 경우도 있지만, 그것을 타인에게 소지케 하고 자기는 그것을 관념상으로 지배하고 있는 경우가 있다. 예를 들면 건물의 소유권자 甲이 그 건물을 乙에게 임대하고 있는 경우에 乙은 직접점유자이고 甲은 간접점유자이다. 갑은 을을 매개로 하여 점유를 하고 있으므로 갑의 점유를 간접점유(대리점유)라고 하며 을은 점유매개자(Besitzmittler)가 된다. 이와 같이 점유는 중복하여 성립할 수 있다. 간접점유가 성립하려면 (1) 점유매개자가 물건을 점유할 것과 (2) 간접점유자와 점유매개자 사이에 지상권(地上權)·전세권·질권·사용임차·임대차·임치 기타의 관계, 즉 물건의 반환청구권의 존재를 전제로 하여 점유매개관계가 존재할 것을 필요로 한다(민§194). 이러한 관계가 없는 도난에 있어서의 피해자와 도난 사이에는 간접점유는 성립하지 않는다. 간접점유도 점유이므로 간접점유자는 원칙적으로 점유보호청구권(§207) 등 점유권의 모든 효력이 인정된다. 이 점에서 점유보호자와 다르다.

자주점유·타주점유
(自主占有·他主占有)
독:Eigenbesitz·Fremdbesitz

자주점유란 소지의 의사를 가지고 하는 점유이다. 이에 비해 타주점유란 소유의 의사가 없는 점유, 즉 타인이 소유권을 가지고 있다는 것을 전제로 하는 점유이다. 권원의 성질상 자주점유인지 타주점유인지 판단할 수 없는 경우에는 자주점유로 추정한다(민§197①). 소유의 의사란 소유권자로서의 배타적 지배를 사실상 행사하려고 하는 의사를 말한다. 법률상지배권원(소유권)을 가지고 있거나 있다고 믿어야 하는 것은 아니다. 따라서 소유자는 아니지만 착오로 소유자라고 믿고서 점유하고 있는 자 혹은 물건을 절취한 자는 소유의사를 가지기 때문에 자주점유자이다. 그러나 지상권자(地上權者)·전세권자·질권자·임차인· 수치인 등은 소유자가 따로 있다는 것을 전제로 점유하고 있기 때문에 타주점유자이다. 양자의 구별실익은 취득시효(§245), 무주물선점(§252)·점유자의 책임(§202)등에서 볼 수 있다.

점유자의 점유가 소유의 의사 있는 자주점유인지 아니면 소유의 의사 없는 타주점유인지의 여부는 점유자의 내심의 의사에 의하여 결정되는 것이 아니라 점유 취득의 원인이 된 권원의 성질이나 점유와 관계가 있는 모든 사정에 의하여 외형적·객관적으로 결정되어야 하는 것이다*(대법원 1997. 8. 21. 선고 95다28625 전원합의체 판결).*

소유의 의사(所有의 意思)

물건을 자기의 소유로 지배하려는 의사이다. 점유가 성립하는 데는 자기를 위한다는 의사로 충분하고 소유의 의사는 필요로 하지 않는다. 점유자는 소지의 의사가 있다고 추정된다(민§197). 소유의 의사를 가지고 행하는 점유를 자주점유라고 하며, 취득시효·무주물선점, 점유자의 책임 등의 요건이 된다(§245, §246, §202, §252).

자주점유는 소유자와 동일한 지배를 하려는 의사를 가지고 하는 점유를 의미하는 것이지, 법률상 그러한 지배를 할 수 있는 권한 즉, 소유권을 가지고 있거나 또는 소유권이 있다고 믿고서 하는 점유를 의미하는 것은 아니다*(대법원 1987. 4. 14. 선고 85다카2230).*

관리점유(管理占有)

독;Verwaltungsbesitz,
Sequestrationsbesitz

수치물에 대한 임치인의 점유 같이 소유나 사용의 의사 없이 보관을 목적으로 하는 점유이다. 자주점유(自主占有)·용익점유(用益占有)에 대한다. 다만 관리점유에도 보관자 자신을 위하여 한다는 의사가 인정되므로 점유권은 성립한다.

단독점유·공동점유

(單독占有·共同占有)

단독점유는 한 개의 물건(혹은 물건의 일부)을 한 사람이 점유하는 것이다. 반면에 공동점유는 수인이 공동하여 동일물을 점유하는 것이다. 공동점유의 성립에는 공동점유자 각자가 자기를 위하여 하는 의사로써 충분하고 공동점유자 전원을 위하여 하는 의사를 요하지 않는다. 그러나 공동점유에 있어서의 각자의 점유는 완전한 것이 아니고 서로 제한된 상태에 있는 것으로 보아야 할 것이다. 또한 공동점유는 자주점유의 경우뿐만 아니라 타주점유의 경우에도 있을 수 있다. 그러나 공동점유란 수인이 공동하여 점유하는 것이므로 직접점유와 간접점유가 중첩되는 경우에는 공동점유는 성립될 수 없다.

하자점유·무하자점유

(瑕疵占有·無瑕疵占有)

점유에서 사용되는 하자란 악의(惡意)·과실·강폭(평온하지 않은 것)·은비(공연하지 않은 것)·불계속 등 완전한 점유로서의 효력발생을 방해하는 모든 사정을 말한다. 이러한 하자가 따르는 점유가 하자점유이고 전혀 하자가 없는 점유가 무하자점유이다. 진정한 권리자로부터 항변을 받는 것만으로는 악의나 과실의 하자는 될지라도 강폭한 점유가 있는 것으로 볼 수 없다. 그러나 점유의 선의(善意)·평온·공연(公然)과 전후양시(前後兩時)에 점유한 사실이 있는 경우의 점유의 계속은 명문에 의하여 추정된다(민§197②, §198). 따라서 점유자는 무과실만을 입증하면 무하자점유를 주장할 수 있다. 양자(兩者)의 구별실익은 취득시효(민§245~§248)·선의취득(§249) 등에서 볼 수 있다.

점유권(占有權)

독;Recht des Besitzes
불;droti de possession

점유권이란 점유라는 사실을 법률요건으로 하여 점유자에게 인정되는 물권의 일종이다(민§192~§209). 다른 물권과 같이 물건의 지배로부터 적극적으로 어떤 이익을 얻을 것을 내용으로 하는 것이 아니라, 물건에 대한 사실적인 지배상태를 일단 권리로서 보호하여 사인에 의한 교란을 금함으로써 사회의 평화와 질서를 유지하려는 제도이다. 다른 물권과는 지배권이라는 공통성 이외에는 배타성이나 우선적 효력이 없는 등 법률적 성질이나 사회적 작용에 있어서 현저한 차이가 있다. 점유권의 효력을 살펴보면 다음과 같다. (1) 점유권은 소유권이나 임차권과 마찬가지로 점유를 정당화하는 권리이다. 따라서 점유물에 대하여 행사하는 권리인 점유권은 적법하게 보유한 것으로 추정된다(권리의 추정 민§200). 예를 들면 시계를 절도한 자는 그 시계를 점유하고 있다는 점에서 일단 정당한 점유로 추정되기 때문에 도둑맞은 자는 자기가 소유자라는 이유로 도둑의 점유권을 침해할 수 없다. (2) 타인의 동산을 평온·공연하게 양수한 자가 선의(善意)·무과실로 그 동산을 점유한 경우에는 양도인이 정당한 소유자가 아닐지라도 즉시 그 동산의 소유권을 취득한다(동산점유의 공신력, 민§249). 이를 즉시취득 또는 선의취득이라고 한다. 예를 들면 일시 점유하고 있는 임차인을 소유자로 믿고 거래를 하고, 더구나 그렇게 믿는 것이 타당하다고 생각될 때에는 그 거래를 한 자는 보호되며 소유권을 취득한다. (3) 점유자는 점유의 방해를 받거나 받을 염려가 있는 때에는 물건의 반환이나 방해의 제거 또는 방해의 예방을 청구할 수가 있다(§204~§208). 이것을 점유보호청구권이라고 한다. 이밖에도 동산물권변동의 효력발생요건(§188)·취득시효의 기초(§245, §246)·자력구제권(§209)·과실취득권과 비용상환청구권(§201~§203)등 몇 가지 효력이 있다.

권리의 추정(權利의 推定)

특정인이 어떤 사실에 따라서 특정한 권리를 가지고 있다고 추정되는 것이다. 즉 점유자가 점유물에 대하여 행사하는 권리는 적법하게 보유하는 것으로 추정된다(민§197, §200). 이러한 추정을 받는 자는 그 권리를 다투는 자가 있더라도 스스로 권리자라는 것을 입증할 책임을 부담하지 않는다. 도리어 그 권리를 다투는 자 쪽에서 상대방이 권리자가 아니라는 것을 입증하여야 된다.

점유소권(占有訴權)
라;intrdictum
독;Besizklage
불;action possessoire

→ 점유보호청구권

점유보호청구권
(占有保護請求權)
라;interdictum possessionis
독;Besitzschutzanspruch
불;action posessoire

점유자가 점유의 방해를 받거나 방해의 염려가 있을 때 방해자에게 방해의 정지나 제거를 청구할 수 있는 권리이다(민§205 ~ §209)·점유보호청구권은 점유물반환청구권·점유물방해제거청구권·점유물방해예방청구권의 세 가지 종류가 있다. 점유보호청구권이라고 하지만 실체법상의 권리이며 물권적 청구권의 일종으로서 민법에서는 이것만을 규정한다. 민법은 점유의 침해에 기한 손해배상청구권까지도 점유보호청구권의 내용으로 하고 있으나 손해배상청구권은 순수한 채권이지 물권적 청구권이 아니며 다만 편의상 함께 규정하고 있는 것에 불과하다. 사실상의 지배인 점유에 이와 같은 권리를 인정하는 이유는 사회의 질서유지를 확보하기 위해서이다. 이는 원칙적으로 자력구제를 금한다는 원칙에 대한 제도적 보장을 가능하게 한다. 다만 정당한 권리자는 자력구제를 할 수 있다(민§209). 점유보호청구권의 주체는 점유권자이다. 즉 직접·간접점유자 모두 주체가 되지만(§207), 점유보조자는 점유보호청구권을 행사하지 못한다.

점유물반환청구권
(占有物返還請求權)
독;Anspruch Wegen Besitzentziehung

점유자가 점유의 침탈을 당한 때에는 그 물건의 반환과 손해배상을 청구할 수 있는데 이 가운데 반환청구권을 점유물반환청구권이라 하며 점유회수청구권이라고도 한다(민§204①).

점유보호청구권의 일종이며, 물권적 반환청구권의 성질을 가진다. 이 반환청구권의 상대방은 현재 점유하고 있는 자이다. 자기의 의사로 점유를 이전하였거나 빼앗긴 물건이 매매 등에 의하여 침탈자로부터 선의의 특별승계인(예컨대 매수인)에게 이전되었을 경우에는 원칙으로 그 권리를 행사할 수 없게 된다(§204②). 그리고 간접점유자는 그 물건의 점유자에게 반환할 것을 청구할 수 있으며 점유자가 그 물건의 반환을 받을 수 없거나 받지 않을 때에는 자신에게 반환할 것을 청구할 수 있다(§207②). 손해가 있으면 상대방에게 고의나 과실이 있는 경우에 한해서 그 배상을 요구할 수가 있다. 그러나 여기서 손해배상청구권은 점유보호청구권의 내용은 아니고 불법행위의 효과에 불과하다. 점유물반환청구권과 손해배상청구권은 침탈을 당한 날로부터 1년 이내에 행사하여야 한다(§204③).

점유물방해제거청구권
(占有物妨害除去請求權)

점유자가 점유의 침탈 이외의 방법으로 점유를 방해받은 때에는 그 방해의 제거 및 손해배상을 청구할 수 있는데 이것을 점유물방해제거청구권이라고 한다(민§205①). 즉 점유가 부분적으로 방해된 데 불과한 경우에 그 방해의 제거를 청구할 수 있는 권리로서 점유보호청구권이라고도 한다. 점유보호청구권의 일종이며 물권적방해제거청구권의 성질을 가진다. 이 제거청구권의 상대방은 현재의 방해자이다. 방해가 존재하고 있는 동안이나 또는 그것이 종료한 날로부터 1년 이내에 행사하여야 한다(§205①). 그러나 공사로 인하여 방해를 받은 경우에는 공사착수 후 1년을 경과하거나 또는 그 공사가 완성한 때에는 방해의 제거를 청구하지 못한다(§205③). 또한 방해제거는 방해가 종료하면 청구할 수 없을 것이므로 1년이란 기간은 손해배상의 청구에만 적용된다. 손해가 있으면 상대방에게 고의나 과실이 있는 경우에 한해서 그 배상을 요구할 수가 있다. 여기서의 손해배상청구권은 점유보호청구권의 내용은 아니고 불법행위의 효과에 불과하다.

> 점유권에 의한 방해배제청구권(점유보유청구권)은 <u>물건 자체에 대한 사실상의 지배상태를 점유침탈 이외의 방법으로 침해하는 방해행위가 있을 때 성립</u>된다 *(대법원 1987. 6. 9. 선고, 86다카2942).*

점유물방해예방청구권
(占有物妨害豫防請求權)

점유자가 점유의 방해를 받을 염려가 있는 때에는 그 방해의 예방 또는 손해배상의 담보를 청구할 수 있는 것을 점유물방해예방청구권이라고 한다(민§206①). 점유보전청구권이라고도 하며 위험이 존재하는 동안은 언제라도 행사할 수가 있다. 점유보호청구권의 일종이며 물권적 방해예방청구권의 성질을 가진다. 공사로 인하여 방해를 받을 염려가 있는 경우에는 공사착수 후 1년을 경과하거나 또는 공사가 완성한 때에는 방해의 예방을 청구하지 못한다(§206②). 손해배상의 담보의 종류는 금전의 공탁이 보통이지만 제한은 없다.

> 방해예방청구권 (점유보전청구권)에 있어서 <u>점유를 방해할 염려나 위협성이 있는지의 여부는 구체적인 사정하에 일반경험법칙에 따라 객관적으로 판정</u>되어야 할 것이다*(대법원 1987. 6. 9. 선고, 86다카2942).*

점유의 소(占有의 訴)

점유보호청구권을 행사하는 소이다. 점유의 소에는 점유회수·보유·보전의 소(所)가 있다. 점유의 소는 점유할 권리의 유무에 관계없이 현재의 물적 지배를 침해당한 자는 누구나 점유소권을 가진다. 이에 대하여 소유권·지상권(地上權)·전세권 등의 실질적 권리에 의한 소를 본권의 소라고 부른다. 점유의 소는 사회질서의 유지를 목적으로 하고 본권의 소는 권리의 종국인 실현을 목적으로 하므로, 양자는 별개의 것으로 취급되며 서로 영향을 미치지 아니한다(민§208). 따라서 법원은 점유의 소에 대하여 본권에 관한 이유로 판단하여 재판해서는 안 된다. 예컨대 소유자가 그의 점유물을 빼앗긴 경우에는 점유권에 기한 점유물반환청구권의 소와 소유권에 기한 소유물반환청구권의 소를 제기할 수 있다. 본권의 소 이외에 점유의 소를 따로 인정하고 있는 이유는 물적 지배관계에 대한 사회질서를 유지하기 위한 데 있는 것이다. 자력구제의 금지원칙은 점유소권(占有訴權)에 의하여 제도적 보장이 가능하다 하겠다.

점유회수의 소(占有回收의 訴)

→ 점유물반환청구권 참조

점유보유의 소(占有保有의 訴)

→ 점유방해 제거청구권 참조

점유보전의 소(占有保全의 訴)

→ 점유물방해예방청구권 참조

지시에 의한 점유이전
(指示에 의한 占有移轉)

점유양도시 양도인이 물건을 간접점유하고 있을 때 직접점유자에게 앞으로는 그 물건을 양수인을 위하여 점유해 줄 것을 명하는 것만으로 현실의 인도 없이 점유권을 양수인에게 이전하는 인도방법이다. 민법에는 반환청구권의 인도에 의한 인도로 규정하고 있다(§190).

자력구제(自力救濟)
영;self-help
독;Selbsthilfe
불;Justice rivée

일반적으로 자기의 이익이나 권리를 방어·확보·회복하기 위하여 국가기관에 의하지 않고 스스로 사력을 행사하는 것을 말한다. 형법상으로는 자력행위라 하고 국제법에서는 자조행위(自助行爲)라 한다. 오늘날 법치국가에 있어서는 자력구제란 원칙상 허용되지 않는다. 그러나 국가기관의 구제절차를 기다리다가는 도저히 회복할 수 없는 손해가 발생할 것이 명백·절박한 상황하에서, 자기의 생명·신체·명예·재산등을 수호하기 위한 정당방위나 긴급피난은 예외적으로 허용되고 있다. 그러나 법률요건을 벗어나 자력구제는 위법성이 조각되지 않으며, 따라서 자력구제자체가 위법한 불법행위가 되어 손해배상의 책임을 져야 한다. 우리나라는 사법일반에 관한 자력구제를 인정하지 않고, 오직 점유자에게 일정한 경우에만 허용하고 있다. 다만 본권에 기한 자력구제도 인정하는 것이 학계의 다수설이다. 민법이 인정하는 것은 점유자의 자력구제권은 자력방어권과 자력탈환권의 두 가지이다. 자력구제권은 직접점유자와 점유보조자에게 인정된다. 그러나 간접점유자의 자력구제권에 대하여는 긍정설과 부정설이 대립한다.

자력방위권(自力防衛權)

점유자가 그 점유를 부정히 침탈 또는 방해당하는 경우 자력으로써 이를 방위할 수 있는 권리이다(민§209①). 이 경우 위법성이 조각(阻却)된다. 그러나 침해가 아직 끝나지 않고 침탈로 점유가 아직 상실되지 않은 때에 한한다. 그러나 위법성조각에 필요한 요건이 없음에도 불구하고 있다고 오신하여 자구행위를 한 자가 있다면 민법상의 규정은 없지만 착오에 과실이 없다고 할지라도 상대방에 대하여 손해배상의 의무를 지는 것으로 해석된다.

자력탈환권(自力奪還權)

불법한 사력(私力)에 의하여 점유가 침탈된 경우에는 실력으로써 이를 침탈할 수 있는 권리이다. 그러나 이 자력탈환권의 행사에는 시간적 한계가 있다. 즉 동산의 경우에는 가해자가 현장에 있거나, 또는 이를 추적한 때에만 실력으로써 탈환할 수 있고, 부동산의 점유침탈에 대하여는 침탈 후 즉시 가해자를 배제하여 점유를 회복하여야 한다(민§209②). 그리고 오상자력탈환(誤想自力奪還)의 경우에는 착오에 과실이 없다고 할지라도 상대방에 대하여 손해배상의 의무를 지는 것으로 해석된다.

소유권(所有權)

영;property, ownership
독;Eigentum
불;propriéte

물권 가운데 가장 기본적이고 대표적인 것으로서 목적물을 전면적·일반적으로 지배하는 권리이다. 소유자는 소유물을 법률의 범위 내에서 자유로이 사용·수익·처분할 수 있다(민§211). 소유권은 재산권의 기초이며, 자본주의사회의 법률상의 기본형태로서 오늘날 사유재산제도의 기초를 이루고 있다. 소유권의 내용인 물건의 지배는 전면성과 절대성을 가진다. 이점에서 일정한 목적의 범위 안에서만 물건을 지배할 수 있는 지상권·전세권·질권·저당권 등의 제한물권과 다르다. 또한 소유권은 설령 제한물권을 설정하더라도 일시적으로 물건의 사용에 있어서는 공백이 되지만 이것이 소멸되면 원래의 원만한 상태로 회복되는 강력성을 가지며, 존속기간의 예정을 허용하지 않고 소멸시효에도 걸리지 않는 배타적 지배권인 전형적인 물권이므로 그 상태가 침해된 경우에는 강력한 물권적 청구권이 생기는 물권적 지배권이다.

자유로운 소유권

(自由로운 所有權)
독;freies Eigentum

중세의 봉건적 소유권에 대하여 근대의 소유권을 자유로운 소유권이라고 부른다. 근대법에 있어서의 소유권은 봉권적 소유권에 가해졌던 여러 구속을 배제하고 목적물을 자유로 사용·수익·처분함을 내용으로 하는 권리가 되었다. 즉 근대적 소유권은 이 자유로운 성격을 통하여 자본의 기초로서의 작용을 하고, 근대자본주의의 근간을 이루므로 자본주의적 소유권이라고도 한다.

소유권절대의 원칙
(所有權絶對의 原則)

근대적 소유권은 봉건적 구속이 타파되고 자유로운 소유권으로서 발달하여 신성불가침의 권리로서 헌법상·형법상 완전히 보호되었다. 이에 따라 소유권이 소유자의 자유의사에 맡겨지게 되는 것을 소유절대의 원칙이라고 한다. 그러나 20세기에 들어서면서 사회일반의 복지요구에 따르게 하려는 사상이 고조되어 권리남용이나 공공복지에 의한 제한이라는 사고방식이 강조되면서 소유권의 제한이 불가피하게 되었다. 그러나 소유권의 자유를 근본적으로 부정하는 것은 불가능한 것이다.

상공(上空)

민법상 토지의 소유권은 땅의 상하에 미친다고 규정되어 있다(민§212). 그러나 현실적으로 지배력이 미쳐서 이익향수를 할 수 있는 한도에 그친다고 해석된다. 또한 전기사업법(§55~§60)·전기통신사업법(전기통신사업법§72~§75)·항공법 등에 제한이 있다. 기타 국제법상 문제가 되는 것은 국가의 영토 및 영수의 상공이다.

상린관계(相隣關係)
독;Nachbarschaft, Nachbarverhältnis
불;servitudes l'egales

인접하고 있는 부동산 소유자 또는 이해자 상호간에 있어서 각 부동산의 이해관계를 조절하기 위하여 서로 그 권능을 일정한 한도까지 양보·협력하도록 규정한 법률관계를 말한다(민§215~§244). 또한 그러한 상린관계로부터 발생하는 권리를 상린권(相隣權)이라고 한다. 인접한 부동산의 소유자가 각자의 소유권을 무제한으로 주장한다면 그들의 부동산의 완전한 이용을 바랄 수 없으므로 각 소유권 또는 이용권의 내용을 일정범위 안에서 제한하고 각 소유자로 하여금 협력시키는 제도이다. 그 작용은 지역권과 유사하므로 프랑스 민법에서처럼 법정지역권으로 규정한 입법례도 있지만 대부분의 국가에서는 이를 소유권의 한계로 규정하고 있다. 우리 민법은 부동산 소유권에 대하여 규정을 두고 지상권(地上權) 및 전세권에 준용하고 있으나(민§290, §319), 임차권에도 준용하여야 할 것으로 해석된다. 즉 건물구분소유(§215)·통행(§219)·배수와 유수(§221, §222)·경계(§237, §239)·경계넘는 수목(§240)·건축방법(§242, §243)·인지사용(§216)·안온방해금지(安穩妨害禁止)(§217)에 관한 것 등이 있다. 민법의 상린관계의 규정은 이웃간의 특별한 계약이 없을 때의 최소한의 규제를 정한 것이다. 만약 그 이상으로 인지를 사용할 수 있는 권리를 취득하려면 인지상(隣地上)의 지역권(§291~§302)을 설정해야 한다.

경계에 관한 상린관계
(境界에 관한 相隣關係)

인접하는 부동산을 이용하는 자 사이에 있어서 경계선을 확실히 하고, 이웃거주자에게 불편을 끼치지 않도록 협력하여야 하는 법률관계를 말한다. 인접하여 토지를 소유하는 자는 이웃 토지소유자와 공동비용으로 통상의 경계표나 담을 설치할 수가 있다. 경계표나 담의 설치와 그 비용부담에 관해서 다른 관습이 있으면 그 관습에 의한다(민법 237조3항). 그리고 인지소유자는 자기의 비용으로 담의 재료를 통상보다 양호한 것으로 할 수 있으며, 그 높이를 통상보다 높게 할 수 있고 또는 방화벽 기타 특수시설을 할 수 있다(민법 238조). 이 때 담의 종류에 대해서는 당사자의 협의에 의해 정하여야 하나, 만일 협의가 이루어지지 못하는 경우에는 이웃 토지소유자의 승인을 요하지 않고 담의 특수시설을 할 수 있다. 이 경우의 담의 특수시설자는 그 시설에 관해 단독소유권을 가진다(민법 239조). 본래 소유권은 물건의 전부에 대해서만 성립하는 것이나, 이 경우에는 물건의 일부에 대해 소유권이 성립하는 특례에 속한다. 경계에 설치된 경계표·담·구거 등은 상린자의 공유로 추정한다(민법 239조). 물론 소유관계는 계약 또는 관습에 따라서 결정되는 경우도 있다 하겠으나, 공유에 속하는 것이 보통이므로 그렇게 추정하는 것이다. 다만 이 때의 공유는 경계에 설치된 경계표·담·구거 등의 공작물에 대해 분할을 청구하지 못한다고 규정하고 있다(민법 268조3항).

상린권(相隣權)

독;Nachbarrecht

→ 상린관계

구분소유(區分所有)

수인이 1동의 건물을 분할하거나 구분하여 각각 그 일부에 대하여 소유권을 가지는 것을 말한다(민§215). 상린관계의 한 모습이다. 1동의 건물을 구분한다는 것은 건물을 세로로 구분하는 경우뿐만 아니라 빌딩의 각층 객실을 구분하여 소유할 경우도 포함한다. 최근 아파트 등 공동건물의 건축이 늘어나면서 1실에 독립된 소유권을 인정할 필요가 생기고 있다. 따라서 부동산등기법은 건물의 분할 또는 구분에 관한 등기를 정하고 있으며(부등§104), 「집합건물의소유및관리에관한법률」이 제정되어 민법의 구분소유권에 관한 불비된 규정을 보완하고 있다. 구분소유자가 공동으로 사용하고 있는 부분은 구분소유권자 전원의 공유로 추정된다(민§215①). 이 공용부분은 공유자 전원의 합의가 없이는 단독으로 분할할 수 없고(§268③). 수선비 그 밖의 비용의 부담은 각자의 소유부분의 가액에 따라 분담한다(민§215②).

분할소유권(分割所有權)

독;geteites eigentum

하나의 소유권이 질적으로 분할되어 있는 상태를 분할소유권이라 한다.

즉 (1) 토지 위에 지료·소작료 등을 징수하는 상급소유권(Obereigentum)과 (2) 권리와 경작권 및 그 밖의 이용권이 병존하고 양단간에 주·종에 관계없이 모두 함께 자유로이 양도·상속을 할 수 있는 하급소유권(Untereigent-u m)으로 나누어진다. 이는 중세독일에서 전형적으로 볼 수 있었던 것으로 근대적 소유권의 성립 이전에는 여러 국가에 그 예가 있었다. 그러나 근대적 소유권은 목적물을 전면적·일반적으로 지배하는 권리이므로 그 가운데 어느 하나가 완전한 소유권으로 되면, 다른 것은 그것을 제한하는 일시적인 종된 권리에 지나지 않게된다. 이에는 지료 등의 징수권자가 소유자가 되는 경우(우리나라)와, 그와는 반대로 이용권자가 소유자가 되고 지료 등의 징수권자가 일시적인 권리를 가지는 경우도 있다.

인지사용청구권(隣地使用請求權)

토지소유자가 경계나 그 근방에서 담 또는 건물을 축조하거나 이를 수선하기 위해 필요한 범위 내에서 이웃 토지의 사용을 청구할 권리이다(민§216①). 만약 이웃 사람이 승낙하지 않으면 승낙에 갈음하는 판결을 구해야 한다는 견해(민§389②)와 이웃 사람의 인용의무를 들어 판결을 구할 필요가 없다는 견해가 대립한다. 인지사용청구권의 상대방은 인지소유자뿐만 아니라 그밖에 인지를 이용하는 지상권자·임차인 등이다. 또한 인지의 주거에 들어가려면 이웃 사람의 승낙이 있어야 하며(민§216①단), 이 경우 판결로써 승낙을 갈음하지는 못한다. 이 경우 이웃 사람이란 건물 소유자를 가리키는 것이 아니라 현재 그 거주에서 거주하는 자를 의미한다. 위의 두 경우에 이웃 사람이 손해를 입은 경우에는 보상을 청구할 수 있다(§216②).

안온방해(安穩妨害)

영;nuisance
독;Immission
불;troublles de voisinage

안온방해란 매연·열기체·액체·음향·진동·기타 이와 유사한 것으로 이웃 토지의 사용을 방해하거나 이웃 거주자의 생활에 고통을 주는 것을 말한다. 이러한 안온방해는 원칙적으로 금지된다(민§217①). 현대의 사회생활은 어느 정도의 안온방해는 서로 용인하여야 하므로 토지사용이 통상의 용도에 적당한 것인 한 이웃 거주자는 이를 인용하도록 규정하고 있다(민§217). 그러나 그 정도가 지나칠 경우에 방해당한 자는 소유권 또는 점유권에 의거하여 방해배제청구권을 행사할 수 있으며 손해가 발생하면 손해배상을 청구할 수 있다.

임밋시온

독;Immisson

임밋시온이란 매연·취기·음향·진동 등이 이웃에 미치는 영향을 의미한다. 독일·스위스 등은 민법상 명문으로 과도한 임밋시온을 금지하고 있다(독민§906, 스민§684). 우리민법 제217조는 이들 규정을 따른 것이다.→ 안온방해

뉴슨스

영;nuisance

영미법에서는 안온방해를 nuisance(생활방해)라고 부르며 직접적인 가해행위에 의하지 않고 매연·가스·음향·광열 등의 방산으로 불법하게 손해를 발

민
법

생시키면 손해배상의 책임을 진다. 일반공중에 대한 방해는 공적생활방해(public nuisance)로서 범죄가 되어 형벌의 제재 혹은 행정적 규제의 대상이 된다. 또한 특정인에 대한 방해는 사적생활방해(private nuisance)로서 보통법상 손해배상이 인정되고, 형평법상 금지명령청구권과 자력구제로서의 방해제거의 특권이 인정된다. 즉 영미법에서는 nuisance를 사법의 측면에서는 불법행위의 문제로 처리하고 있다.
→ 안온방해참조

주위토지통행권(周圍土地通行權)

어느 토지와 공로(公路) 사이에 그 토지의 용도에 필요한 통로가 없는 경우에 그 토지소유자는 주위의 토지를 통행 또는 통로를 개설하지 않고서는 공로(公路)에 출입할 수 없거나 공로에 통하려면 과다한 비용을 요하는 때에는 그 토지소유자는 주위의 토지를 통행할 수 있고, 필요한 경우에는 통로를 개설할 수 있는 권리이다(민§219①). 그러나 이로 인한 손해가 가장 적은 장소와 방법을 선택하여야 한다(민§219①但). 통행권자(통행권자는 통행토지 소유자의 손해를 보상하여야 한다(민§219②). 그러나 원래 공로로 통하고 있던 토지를 분할 혹은 일부 양도함으로써 공로에 통하지 못하게 된 토지가 된 경우에는 그 토지소유자는 공로에 출입하기 위하여 다른 분할자나 양수인의 토지 또는 잔존부분의 토지를 통과할 수 있다. 다만 이때에는 보상의 의무가 없다(민§220①, ②).

> 주위토지통행권은 그 소유 토지와 공로 사이에 그 토지의 용도에 필요한 통로가 없는 경우에 한하여 인정되는 것이므로, <u>이미 그 소유 토지의 용도에 필요한 통로가 있는 경우에는 그 통로를 사용하는 것보다 더 편리하다는 이유만으로 다른 장소로 통행할 권리를 인정할 수 없다</u>*(대법원 1995. 6. 13. 선고 95다1088, 95다1095).*

지하수(地下水)

지하에 있는 물을 말한다. 지하수는 토지의 구조부분이 되므로 토지의 소유권이 이에 미친다(민법 212조). (1) 자연히 용출하는 지하수는 토지의 소유자가 이를 자유로 사용할 수 있다. 그러나 계속하여 타인의 토지에 흘러내려가는 경우에는 그 타인의 관습법상의 유수사용권을 취득하는 경우가 있으므로, 이때에는 용출지의 소유자도 이를 침해하지 못한다. (2)인공적으로 용출케한 지하수, 예컨대 자기 소유의 토지에 우물을 파서 지하수를 이용하는 경우에도 토지소유자는 타인의 이용권을 침해하지 않는 한도에서만 할 수 있을 뿐이다. 지하수는 지하에서 서로 연결되어 수맥을 이루고 있기 때문에 한 곳에서 우물을 파서 이용하면 다른 곳에서 수량이 감소하거나 또는 고갈되는 수가 있기 때문이다. 따라서 토지소유자가 함부로 토지를 파서 지하수를 이용하는 결과 다른 토지의 소유자가 지하수를 이용하지 못하게 되는 때에는 권리의 남용, 즉 불법행위가 된다. 필요한 용도 또는 수익이 있는 원천이나 수도가 타인의 건축 기타 공사로 인하여 단수·감수 기타 용도에 장해가 생긴 때에는 용수권자는 손해배상을 청구할 수 있다(민법 236조1항).

여수소통권(餘水疏通權)

고지대의 토지소유자가 침수지를 건조하기 위하여, 또는 가용(家用)이나 농(農)·공업용의 여수(餘水)를 소통하기 위하여 공로(公路)·공류(公流) 또는 지하도에 이르기까지의 낮은 지대에 물을 통과하게 할 수 있는 권리이다(민§226①). 인공적 배수를 위하여 타인의 토지를 사용하는 것은 원칙적으로 금지되지만 예외의 경우이다. 여수소통을 위한 장소와 방법은 저지대의 손해가 가장 적은 곳을 선택하여야 하며, 손해가 있으면 그 손해는 보상하여야 한다(§226).

유수사용권(流水使用權)

토지소유자가 이웃 토지로부터 흘러 들어오는 물을 음료·관개·유수(流水)·동력 등의 용도에 제공하기 위하여 사용하는 권리이다. 즉 자연히 흐르는 물은 저지소유자에게 필요한 것일 때에는 고지소유자는 자기의 정당한 사용범위를 넘어서 흘러내리는 물을 막을 수 없다(민§221②). 또한 토지소유자가 자기 소유지의 물을 소통하기 위하여 고지나 저지의 소유자가 시설한 공작물을 사용할 수 있다(§227). 다만 이러한 타인의 공작물을 사용하는 자는 그 이익을 받는 비율로 공작물의 설치와 보존의 비용을 분담하여야 한다(§227). 하천법 등의 공수법에도 유수사용권에 관한 규정이 정비되어 있으나 간혹 분쟁을 발생시킨다. 더욱이 최근에는 농업용수로의 사용과 수력발전을 위한 사용이 충돌을 일으키는 경우가 있으므로 그 입법적 해결이 요망되고 있다.

여수공급청구권
(餘水供給請求權)

토지소유자가 과다한 비용이나 노력을 요하지 아니하고는 가용이나 토지이용에 필요한 물을 얻기 곤란한 때에는 이웃 토지소유자에게 보상하고 여수의 급여를 청구할 수 있는 권리이다(민§228). 여수를 공급하지 않으면 권리의 남용이 된다. 그러나 이웃 토지소유자도 자기의 필요량 정도 혹은 자기의 사용량보다 부족한 경우에는 여수공급의무가 없다. 여수의 유무는 사회통념에 따라 객관적으로 결정된다.

언의 설치 및 이용권
(堰의 設置 및 利用權)

수류지의 소유자가 언, 즉 둑을 설치할 필요가 있는 때에는, 그 언을 대안에 접촉하게 할 수 있는 권리를 말한다. 그러나 이로 인하여 생긴 손해에 대하여는 보상하여야 한다(민법 230조1항). 대안의 소유자는 수류지의 일부가 그의 소유에 속하는 때에는 그 언을 사용할 수 있다. 그러나 이익을 받는 비율로 언의 설치·보존의 비용을 분담하여야 한다(민법 230조2항). 따라서 대안의 토지만을 소유하고 수류지의 일부를 소유하지 않는 자는 언을 접촉케 하고, 그로 인한 손해를 보상받을 뿐이다. 그러나 그러한 자도 수류이용권을 가지는 것이 보통이므로, 수류지소유자의 사용을 방해하지 않는 한도에서 언을 사용할 수 있다.

수류변경권(水流變更權)

구거(溝渠) 기타 수류지의 소유자가 양안(兩岸)의 토지소유자인 경우에 수로와 수류의 폭을 변경할 수 있는 권리이다. 그러나 하류는 자연의 수로에 일치하도록 하여야 하다(민§229②). 그러나 대안(對岸)의 토지가 타인의 소유인 때에는 그 수로나 수류의 폭을 변경하지 못한다(§229①). 다만 이러한 규정들은 다른 관습이 있으면 그 관습에 의한다(§229③).

용수권(用水權)

물의 이용을 목적으로 하는 권리를 말한다. 공수, 특히 하천의 물을 계속적·배타적으로 사용하는 권리로 수리권이라고도 한다. 그 이용의 목적은 관개·발전·수도·유수 등 여러 가지가 있다. 용수권은 관습에 의하여 성립되는 일도 적지 않으며, 부락의 관개용수 등은 그것이 많으나, 일반적으로 공수를 관리하는 관청의 허가(특허)에 의하여 생기고 또 그 성질은 사권이 아니라 공권이다. 일반인이 그것을 자유로이 사용하는 경우는 권리가 아니나, 이상과 같은 배타적인 용수권은 일종의 재산권으로 타인의 침해에 대하여는 물권에 준거하여 방해배제 또는 불법행위에 의한 손해배상의 청구권이 인정되며, 또 거래의 객체가 되기도 한다. 하천법은 물에 관한 공법적 규율의 대표적인 예이다. 민법은 상린관계에 관한 규정 중에서 유수의 변경 및 둑의 설치, 이용에 관한 규정을 두었으나(민법 229·230조), 이것들은 수류지의 소유권이 사인에 속하는 경우에만 적용되는 것일 뿐만 아니라, 유수를 수류지에 흐르는 채로 사용하는 경우에 관한 것이고, 수류지 이외의 토지로 끌어다 쓰는 경우에 관한 것이 아니다. 따라서 이러한 물의 이용은 토지소유권의 내용으로 생기게 되는 것이고, 토지소유권과 독립한 물의 이용 자체를 목적으로 하는 독립의 권리로서 민법에 규정된 것으로는 공유하천용수권(민법 231조 내지 234조)과 원천수도사용권(민법 235조 내지 236조)

공유하천용수권(公有河川用水權)

공유하천의 연안에서 농공업을 경영하는 자가 그 농공업에 이용하기 위하여 그 공용하천으로부터 인수하는 권리이다. 다만 타인의 용수를 방해하지 않는 범위 내에서 인수(引水)할 수 있다. 이는 종래 관습법상의 물권으로 인정되어 온 것을 성문화한 것이다. 그 법적 성질은 독립물권설과 상린권설이 대립된다. 공유하천용수권에 다른 관습이 있으면 그 관습에 따른다(§234).

공류(公流)

공공의 이해에 관계되는 유수(流水)이다. 하천법 등 행정법규의 대상이 되는 공수(公水)의 일종이다. 고지소유자(高地所有者)는 필요한 경우 공류에 이르기까지 타인소유의 저지에 여수를 통과시킬 수 있다(민§226①).

계표(界標)

경계를 표시하는 물건이다. 토지소유자는 인지소유자와 공동비용으로서 계표를 설정할 수 있다(민§237). 계표의 설치 및 보존비용은 상린자가 평등하게 이를 분담한다.

선의·악의(善意·惡意)

라;bona fides·mala fides
독;gutgläubig·bösgläubig
불;bonne foimauvaise foi

사법상 선의란 어떤 사실을 모르는 것이며, 악의란 알고 있는 것을 말한다. 법학상의 선의·악의의 개념은 윤리적인 평가와는 관계없이 일정한 사실에 관한 지(知)·부지(不知)라는 심리상태, 즉 내심적 사실에 따른 것이다. 법률요건으로서는 내부적 용태에 속하고 있는데 이것은 관념적 용태라고도 한다. 이러한 개념의 취지는 어떤 사정을 모르는 당사자나 제3자의 거래안전을 보호하기 위해서이며, 이 경우에 법문에는 선의의 상대방이나 선의의 제3자라는 용어를 사용한다(민§108②). 그러나 점유에 관한 선의(redlich)·악의(unredlich)의 구별에 있어 선의란 단지 어떠한 사실을 알지 못하는 데 그치지 않고 자기가 점유할 수 있는 권리가 있는 것으로 확신하는 것을 의미한다. 따라서 점유할 권리가 없음을 알지 못하여도 단지 의문을 가지는 것은 악의의 점유가 된다(민§201 등). 선의·악의에 관계된 조문으로는 (1)이익의 반환에 관한 민법 §30, §201, §741, §748① 등이 있고, (2) 동적 안전에 관한 민법 §30②, §110, §129, §249, §470 등이 있다. 그러나 예외적으로 선의·악의를 문자 그대로 윤리적인 가치판단에 의하여 구별하여 악의를 타인에게 해를 주려는 부정한 의사라는 뜻으로 사용하는 경우가 있다(민§840②).

제3자(第三者)

라;tertius
영;third party
독;Dritter
불;tiers, tierce personne

법률관계에 있어서 직접 참여하는 자를 당사자라고 하며, 당사자 이외의 자를 제3자라고 한다. 예를 들면 가옥의 매매에 있어서 매도인·매수인은 당사자이고, 목적 가옥의 차가인(借家人) 그 밖의 사람은 모두 제3자이다. 권리의무의 포괄승계인(상속인)은 계약의 당사자로서의 지위를 승계한 자로서 제3자는 아니다. 또 어떤 경우에는 일정한 법률관계에 있어서 일정사항을 주장하는 정당한 이익을 갖는 자만을 제3자라고 할 경우가 있다(민§110, §539). 법률상 거래안전을 위하여 제3자 보호(특히 선의의 제3자 보호)의 제도가 마련된다(§108②).

즉시취득(卽時取得)

→ 선의취득

승계취득(承繼取得)

영;derivative acquisition
독;derivativer od. abgeleiteter Rechtserwerb
불;acquisition déeivée)

원시취득에 상대되는 개념으로, 타인의 소유한 권리에 기하여 권리를 취득하는 것을 말한다. 예컨대 매매·상속 등이 이에 속한다. 승계취득의 경우에는 취득자의 권리가 전주의 권리에 기하고 있기 때문에 전주의 권리에 하자나 제한이 있는 경우에는 승계인은 하자나 제한이 있는 권리를 취득한다. 다만 거래안전의 필요성에서 민법 제249조, 상법 제519조, 수표법 제21조에 의한 규정이 있는 것과, 부동산에 관해서도 등기가 없으면 원칙적으로 제3자에게 대항할 수 없다는 것(민법 186조, 621조2항)에 주의하여야 한다. 승계인이 권리를 취득했다는 것을 증명하려면 권리승계의 사실 외에 전주의 권리도 정당하게 존재했다는 것을 증명하여야 한다. 승계인은 원칙적으로 종된 권리도 취득한다. 승계취득에는 그 성질에 따라서 창설적 취득과 이전적 취득으로 나뉘어진다. 창설적 취득은 기존의 권리에 기하여 다른 권리를 창설하는 것으로, 예컨대 지상권·저당권의 설정 등이 이에 속한다. 이전적 취득은 소유권, 채권의 양도 등 기존의 권리를 기존의 상태로 취득하는 것을 말한다. 한편 승계취득을 포괄승계와 특정승계로 분류하는 견해도 있다.

등기부 취득시효(登記簿 取得時效)

부동산의 소유자로 등기한 자가 10년간 소유의 의사로 평온·공연하게 선의·무과실로 그 부동산을 점유한 때에는 소유권을 취득하는 제도를 말한다(민법 245조). 민법은 점유취득시효와 등기부취득시효(단기취득시효)의 두 가지를 인정하고 있다. 구민법은 점유취득시효만을 인정할 뿐이고, 독일민법은 등기부 취득시효만이 있을 뿐이다. 등기부 취득시효에 있어서 소유권을 취득한 자는 10년간 반드시 그의 명의로 등기되어 있어야 하는 것은 아니고 앞 사람의 등기까지 아울러 그 기간 동안 부동산의 소유자로 등기되어 있으면 된다는 것이 통설·판례의 입장이다. 등기부 취득시효에 있어서는 이미 시효취득자가 등기부상 명의인으로 되어 있으므로 등기는 그 요건이 아니다.

선의취득(善意取得)

독;Eigentumserwerb kraft guten Glaubens
불;acquisition de bonne foi

동산을 점유하고 있는 자를 권리자로 믿고서 평온·공연·선의(善意)·무과실로 거래한 자는 그 동산에 대한 권리를 무권리자로부터 원시 취득하는 제도이며 즉시취득이라고도 한다(민§249). 예컨대 갑이 을의 동산을 빌려서 점유하고 있는데 병이 갑으로부터 그 동산을 매수한 경우에, 갑은 소유권이 없으므로 병은 갑으로부터 소유권을 양수할 수 없지만 병이 갑이 권리외관을 신뢰하였다면 특별하게 소유권을 취득하게 하는 제도이다. 이 제도는 원래 게르만법의 「Hand wahre Hand(손이 손을 지킨다)」 또는 「Wo man sein Glauben gelassen hat, da muss man ihn suchen(동산을 임의로 타인에게 인도한 자는 타인으로부터만 반환을 받을 수 있다)」는 원칙에 개혁적인 근거를 가지고 있지만 오늘날에는 거래안전과 신속을 위하여 동산거래에 공신력을 기하기 위한 공신의 원칙의 표현이다. 우리민법상 선의취득의 요건을 보면 (1) 목적물이 동산이고 (2) 취득자가 평온·공연·선의·무과실로 점유를 취득하며 (3) 점유취득이 거래에 의한 승계취득이며 (4) 목적물이 도품(盜品)·유실물이 아니어야 하는 등이다. 어음·수표 그 밖의 유가증권의 소지인이 증권에 의하여 권리자로 추정되는 경우(증권의 소지·배서의 연속)에도 가령 앞의 소지자가 무권리자이었을 경우에는 이것에 대하여 악의나 중대한 과실이 증명되지 않는 한 선의취득이 인정된다(민§514, §524·상§65·어§16②·수§21).

즉시시효(卽時時效)

불;prescription instantanée

민법상 선의취득(§249)에 해당하는 용어로서, 프랑스법계에서 이것을 취득시효의 일종으로 규정함으로써 생긴 말이다(프§279).

도품(盜品)

도품이란 절도나 강도에 의하여 점유를 빼앗긴 물건이다. 도품인 것을 알면서도 거래하면 장물죄(7년이하의 징역 또는 1,500만원 이하의 벌금)가 성립된다(刑§362). 도품에 관하여도 선의취득은 성립된다. 그러나 피해자는 도난시부터 2년간 취득자에 대하여 회복을 청구할 수 있다(민§250). 이러한 규정은 도난자로부터의 직접취득자뿐만 아니라 그 자로부터 전수(傳受)·입질(入質)한 경우에도 적용된다. 회복청구시에는 무상회복이 원칙이다. 그러나 취득자가 경매·공개시장·동종류의 물품판매상인으로부터 매수하였을 경우에, 피해자는 취득자가 지급한 대가를 변상하고 그 물건의 반환을 청구할 수 있다(선의취득 : 민§251).

유실물(遺失物)

독;verlorene Sache
불;chose perdue

점유자의 의사에 의하지 않고 그 점유를 이탈한 물건으로서 도품이 아닌 것을 말한다. 따라서 사기·공갈·횡령 등의 목적물은 이에 포함되지 않는다. 유실물법은 특히 「범죄자가 놓고간 것으로 인정되는 물건」·「착오로 인하여 점유한 물건」·「타인이 놓고 간 물건」·「일실한 가축」을 유실물에 준하는 것으로 하고 있다 (유실§11, §12). 유실물이 신고 되지 않고 거래되고 있는 경우에는 유실물주는 2년 내에 현점유자로부터 무상으로 반환을 청구할 수 있다(민§250). 선의취득의 한 예외로서 유실자로부터 전수(傳受)·입질(入質)한 경우에도 적용된다. 다만 유실물을 경매·공개시장·동종류의 물품판매상인에게서 선의로 매수하였을 경우에 매수인이 지급한 대가를 변상하여야만 반환청구를 할 수 있다(민§251).

유실물습득(遺失物拾得)

점유자의 의사에 반하여 점유를 이탈한 물건 가운데 도품이 아닌 것의 점유를 취득하는 것을 말한다. 그 법적 성질은 사실행위이다. 유실물은 법률이 정한 바에 따라 공고한 후 6개월 내에 소유권자가 나타나지 않을 경우에 습득자가 그 소유권을 취득하게 된다(민§253). 즉 유실물을 습득한 자는 신속히 유실물의 소유자에게 반환하거나 경찰서에 제출하여야 한다. 만약에 제출하지 않고 영득(領得)하면 점유이탈물횡령죄(1년 이하의 징역이나 3백만원 이하의 벌금 또는 과료)에 해당된다(형§360). 유실물 제출시 경찰서장은 물건의 반환을 받을 자에게 반환하거나 이를 공고하여야 한다(유실§1①, ②). 만약에 6개월 내에 소유권자가 나타난 경우에 소유권자는 물건가액의 100분의 5 내지 100분의 20의 범위 내에서 보상금을 습득자에게 지급하여야 한다(유실§4). 그러나 습득한 유실물이 학술·기예·고고(考古)의 중요한 자료가 될 경우에는 습득자가 소유권을 취득하지 못하고 국유가 된다(민§255). 이 경우 습득자는 국가에 대하여 적당한 보상을 청구할 수 있다(민§255). 표류물과 침몰물도 성질상은 유실물이지만 그 습득에 관하여는 수난구호법의 적용을 받는다(수구§35).

무주물(無主物)

무주물이란 현재소유자가 없는 물건을 말하며 무주산(無主産)이라고도 한다. 과거에 누군가의 소유물이었을지라도 그후에 무주로 되면 무주물이 된다. 야생하는 동물도 무주물이며, 소유자가 소유권을 포기한 동산도 무주물이다. 또한 사육하는 야생동물이 다시 야생상태로 돌아가면 무주물이 된다(민§252③). 땅에서 발견되는 물건에 대해서는 (1) 관서에 누구의 소유에 속하였고 현재도 상속인의 소유에 속하는 것으로 사회관념상 인정되는 물건은 매장물로 보지만, (2) 고생물의 화석류와 같이 과거 누구에게도 소유되지 않았던 것으로 인정되는 물건이나 소유되지 않았던 것으로 인정되는 물건이나 고대인류의 유물과 같이 과거 누구에게 소유되고 있었더라도 현재 그 상속인의 소유로 인정하기 어려운 물건은 매장물이 아니고 무주물이다. 미채굴광물은 광업권에 의하지 않고서는 채굴하지 못하므로 先占(선점)의 목적이 되지 않는다(광업§2). 광구에서 광업권이나 조광권에 의하지 아니하고 토지로부터 분리된 광물은 그 광업권자나 조광권자의 소유로 한다(광업§5).

선점(先占)

영;occupancy 독;Aneignung 불;ocupation)

무주물선점을 가리키는 바, 무주의 동산을 소유의 의사로 점유한 자가 소유권을 취득하는 것을 말한다(민법 252조). 선점의 객체는 동산인 무주물이다. 무주의 부동산은 국유가 되므로 선점의 목적이 되지 않는다(민법 252조 2항). 과거에 관계없이 현재소유자가 없는 물건이 무주물이다. 사육하는 야생동물이 다시 야생상태로 돌아가면 무주물이다.

무주물선점(無主物先占)

라;occupatio
영;occupancy
독;Aneignung, Okkupation
불;occupation

소유의 의사로 무주의 동산을 타인에 앞서 점유하는 것을 말한다. 점유자는 그 효과로서 원시적으로 그 동산의 소유권을 취득한다(민§252①). 무주물선점에는 소유의 의사가 있어야 하는데 소유의사는 법률상으로 추정되고 있다(민§197). 무주물선점은 로마법 이래로 대부분의 민법에서 인정되는 제도이며, 그 법적 성질은 사실행위(혹은 비표현행위)이다. 선점은 선점자 자신이 직접 행함을 요하지 아니하고 점유보조자나 점유매개자에 의하여 행할 수도 있다. 그러나 학술·기예·고고(考古)의 중요한 자료에 대하여는 선점자의 소유권을 인정하지 않으며 그것은 국유가 된다(민§255①). 이 경우 선점자는 국가에 대하여 적당한 보상을 청구할 수 있다(민§255②). 또한 무주의 부동산은 국유가 되므로(§252②) 무주물선점의 목적이 될 수 없다. 그밖에 특별법상 독점적 선점권을 인정하는 단행법들이 있다. 즉 광업법·수산업법 등이다. 다만 수산업법 등에 의하여 어획이나 포획을 제한·금지할지라도 어획물이나 포획물에 대하여는 선점으로 인한 소유권의 취득을 인정한다. 즉 이 경우 금지위반의 제재는 있을지라도 사법상의 효력에는 영향이 없다.

무주물·유실물

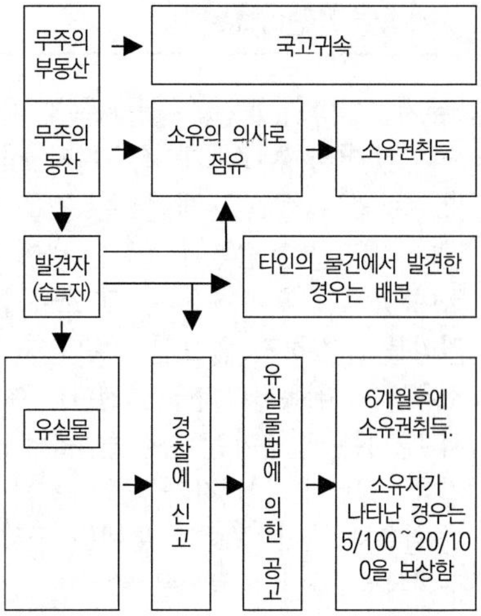

무주의 부동산 → 국고귀속
무주의 동산 → 소유의 의사로 점유 → 소유권취득
발견자(습득자) → 소유의 의사로 점유
발견자(습득자) → 타인의 물건에서 발견한 경우는 배분
유실물 → 경찰에 신고 → 유실물법에 의한 공고 → 6개월후에 소유권취득. 소유자가 나타난 경우는 5/100~20/100을 보상함

매장물(埋藏物)

라;tresaurus 불;Schatz 불;trésor

매장물이란 토지 그 밖의 물건(포장물)속에 매장되어 있어서 누구에게 속하는지 식별할 수 없는 물건이다. 매장물이란 보통의 상황 아래서는 쉽게 발견할 수 없는 상태에 있는 것으로서 그 원인이 인위적이든 자연적이든 이를 묻지 않는다. 또한 매장기간의 장단여부는 문제되지 않는다. 또한 매장물은 실제로는 대부분 동산이지만 이론상 건물인 경우도 있을 것이며(예 : 옛 건물의 발굴), 포장물은 토지인 경우가 많으나 건물이나 동산이라도 무방하다(예 : 옛 의류 속에 포장된 물건은 매장물

이다). 그러나 사회통념상 과거 누구의 소유에 속한 적이 없다고 인정되고 물건 또는 그 소유가 현재 계속되고 있는 것으로 인정될 수 없는 물건은 매장물이 아니라 무주물(無主物)이다.

매장물발견(埋藏物發見)

토지 그 밖의 물건(포장물) 속에 매장되어 있어서 누구에게 속하는지 식별할 수 없는 물건을 발견하는 것을 말한다. 매장물은 법률이 정하는 바에 의하여 공고한 후 1년 내에 그 소유자가 권리를 주장하지 않으면 발견자가 그 소유권을 취득한다(민§254전단). 여기서 말하는 법률이란 유실물법을 가리킨다. 그런데 관리자가 있는 선박·차량·건축물 기타 공중의 통행을 금지한 구내에서 타인의 물건을 습득한 경우 이외에 매장물에 관하여는 유실물법 제13조에서 본법을 준용한다고 규정하고 있다. 그밖에 매장물문화재에 관하여는 문화재보호법에 특칙이 있다. 매장물발견의 법적 성질은 사실행위이다. 그러나 타인의 토지기타 물건으로부터 매장물 발견자와 토지기타 포장물의 소유자가 절반씩 그 소유권을 취득한다(민§254). 매장물이 학술·기예·고고(考古)의 중요한 재료인 경우에는 이를 국유로 한다. 다만 매장물발견자와 매장물발견토지의 소유자는 국가에 대하여 적당한 보상을 청구할 수 있다(민§255).

첨부(添附)
라;accessio 영;accretion
독;Akzession 불;accession

소유자를 달리하는 두 개 이상의 물건이 결합하여 하나의 물건이 되거나 타인의 물건을 가공하여 새로운 물건이 생긴 경우이다. 즉 전자를 부합 혹은 혼화(混和)라 하고 후자를 가공(加工)이라 하는데 이들을 총칭하여 첨부라고 부른다. 첨부는 이것을 원상으로 회복하는 것이 불가능하지 않을지라도 사회경제적 입장에서 보아 심히 불이익하므로 원상으로 다시 복귀시키지 않고 첨부의 상태로 소유권의 귀속이 정하여진다(민§256~§261). 즉 일정한 자가 원시적으로 그 소유권을 취득하고 원래의 물건에 대한 다른 소유권 및 그 물건에 대한 권리는 소멸한다(§260①). 이 권리의 소멸에 의하여 손실을 입은 소유권자 및 그 밖의 권리자들은 부당이득의 법리에 의하여 구상권을 행사할 수 있다(§261).

부합물·합성물(附合物·合成物)

→ 부합 참조

가공물(加工物)

→ 가공 참조

부합(附合)
라;incorporatio 독;Verbindung
불;adjonction

소유자를 달리하는 두 개 이상의 물

건이 결합하여 1개의 물건으로 되는 것이다. 분리시키려면 그 물건이 훼손되거나 과다한 비용을 들여야 하는 상태, 즉 물리적·사회적·경제적으로 보아서 분리불능의 상태가 되는 것을 말한다. 첨부의 한 형태이다. 예를 들면 구두의 밑창·반지의 보석·논에 심어 놓은 모 등이다. 부합의 경과로 생성한 물건을 부합물 혹은 합성물이라 한다. (1) 부동산에 다른 물건(동산)이 부합하였을 때에는 부동산의 소유자가 그 물건의 소유권을 취득하되(민§256), 타인의 권원(權原)에 의하여 부속시킨 물건은 그 부속시킨 자에 속한다(§256단). (2) 수개의 동산이 부합하였을 때에는 그 물건을 합성물이라고 한다. 이들 동산간에 주종의 구별이 있으면 주된 동산의 소유자가 전체 소유권을 취득하며(민§257전단), 주종의 구별이 없으면 각 동산의 소유자는 부합당시의 가격비율에 의하여 부합물을 공유한다(§257후단). 이와 같이 부합의 효과로서 그 일방이 소유권을 취득하고 타방이 소유권을 상실하게 되면 그 일방은 타방의 재산상의 손실로 인하여 이득을 보는 것에 해당하므로, 그 손실자는 이득자에 대하여 부당이득에 관한 규정에 따른 구상권을 행사하여 보상을 청구할 수 있다(§261).

혼화(混和)
영;confusion
독;Vermengung, Vermischung
불;mélange

소유자를 달리하는 물건이 합일되어 어느 부분이 누구의 소유에 속하는지 식별할 수 없게 되는 것이다. 혼화는 혼합과 융화의 총칭이다. 혼합은 곡물·금전 등과 같은 고형물이 합일하는 것이고 융화는 술·기름 등과 같은 유동물이 합일하는 것이다. 그 어느 것이나 객체인 물건이 다른 동종의 물건과 잘 섞여져서 원물을 쉽게 식별할 수 없게 된다는 특성이 있다. 그러나 이것은 부착과 합일이 쉽게 일어난다는 의미일 뿐이며 그 성질은 일종의 동산의 부합이라고 할 수 있다. 따라서 일반적으로 동산부합에 관한 규정이 준용된다(민§257~§258).

가공(加工)
라;specificatio
독;Verarbeitung
불;spécification

타인의 재료에 공작을 가하여 새로운 물건을 제작하는 것을 말한다. 즉 타인의 동산에 노력을 가하여 새로운 물건을 만들어 내는 것이다. 제작된 새로운 물건을 가공물이라고 한다. 첨부의 한 형태이다. 가공물은 원칙적으로 재료의 소유자에게 귀속되는 것이 된다(민§259). 다만 예외적으로 갑 소유의 화지에 을 화백이 그림을 그렸을 경우처럼, 가공물의 가격이 재료의 가격보다 현저하게 비싼 경우에는 가공자가 가공물의 소유권을 취득한다(§259①). 다만 특약이나 별도의 관습이 있거나 노동계약에 의한 경우에는 가공물의 가격이 아무리 높아져도 가공자가 소유권을 취득하지 못한다. 가공에 따른 소유권을 취득한 자는 상대방에 대하여 부당이득에 관한 규정에 의하여 보상금을 지급한다(§261). 상법은 가공에 관한 행위를 기본적 상행위로 규정하였다(상§46Ⅲ).

소유물반환청구권

(所有物返還請求權)
독;rei vindicatio
불;Herausgabeanspruch des Eigentümers, Vindikatiosklage des Eigentümers

소유자가 그 소유에 속하는 물건을 점유한 자에 대하여 반환을 청구할 수 있는 권리를 말한다(민§213). 이 청구권은 물권적 청구권이다. 점유의 상실이나 방해의 여부는 사실심의 변론종결시를 표준으로 한다. 이 청구권의 주체(원고)는 점유를 잃은 소유자이다. 소유자가 간접점유하는 경우에는 점유매개자인 직접점유자에게 반환을 청구할 수 있으며, 직접점유자가 점유를 제3자에게 빼앗긴 때에는 그 제3자에 대하여도 반환을 청구할 수 있다. 청구권의 상대방(피고)은 현재 그 물건을 점유함으로써 소유자의 점유를 방해하고 있는 자이다. 타인의 점유를 빼앗은 자라도 청구시에 점유하고 있지 않으면 상대방이 되지 못한다. 상대방의 점유취득에 고의·과실 등의 귀책사유가 있어야 하는 것은 아니다. 그러나 상대방이 자기의 점유를 정당화할 권리를 가지는 경우에는 반환을 청구할 수 없다(§213단). 또한 상대방이 간접점유하고 있는 경우에는 그 직접점유자가 현재 목적물을 점유함으로써 소유물권을 방해하고 있는 것이므로 소유자는 그 직접점유자도 상대방이 된다. 상대방이 점유보조자를 통하여 점유하는 경우에는 본인인 상대방에 대하여만 반환을 청구할 수 있다

소유물방해제거청구권

(所有物妨害除去請求權)
라;actio negatoria
독;negatorischer Anspruch
불;action négatoire

소유자가 소유권을 방해하는 자에 대하여 그 방해의 제거를 청구할 수 있는 권리를 말한다(민§214). 이 청구권은 물권적청구권이다. 청구권의 주체(원고)는 소유권의 내용실현이 점유상실 이외의 방법으로 방해되고 있는 자이다. 현재 소유권을 방해당하고 있어야 하므로 방해당하고 있는 소유권을 타인에게 양도한 때에는 그 양수인만이 청구권을 가진다. 청구권의 상대방(원고)은 현재 방해상태를 일으켜 놓고 있는 자이다. 상대방이 객관적으로 방해하는 사정을 지배하는 지위에 있으면 되고 고의나 과실과 같은 귀책사유가 있어야 하는 것은 아니다. 따라서 방해가 원고가 아닌 타인의 행위 혹은 자연력에 의한 경우라도 현재 방해상태를 발생케 하고 있으면 상대방이 된다. 또한 반환청구와는 달리 목적물을 침탈당하지 않고 점유는 그대로 보유한다. 따라서 (1) 소유물이 이미 멸실한 경우 (2) 상린규정이나 특별법의 제한으로 소유자가 인용하여야 되는 경우 (3) 방해제거를 청구하는 것이 소유권의 남용이 되는 경우에는 청구권을 행사할 수 없다.

소유권에 기한 방해배제청구권에 있어서 '방해'라 함은 현재에도 지속되고 있는 침해를 의미하고, 법익 침해가 과거에 일어나서 이미 종결된 경우에 해당하는 '손해'의 개념과는 다르다 할 것이어서, 소유권에 기한 방해배제청구권은 방해결과의 제거를 내용으로 하는 것이 되어서는 아니 되며(이는 손해배상의 영역에 해당한다 할 것이다) 현재 계속되고 있는 방해의 원인을 제거하는 것을 내용으로 한다*(대법원 2003. 3. 28. 선고 2003다5917)*.

소유물방해예방청구권
(所有物妨害豫防請求權)

소유권을 방해할 염려가 있는 자에 대하여 그 예방이나 손해배상의 담보를 청구할 수 있는 권리이다(민§214후단). 이 청구권은 물권적청구권이다. 청구권의 주체(원고)는 방해될 염려가 있는 소유권의 보유자이다. 청구권의 상대방(원고)은 장차 소유권을 방해할 염려가 있는 자이다. 청구권의 내용은 방해를 미연에 방지하는 조치를 청구하거나 손해배상의 담보를 청구하는 것이다. 소유자는 두 가지를 다 청구하지는 못하고, 어느 한 가지만을 선택하여 청구할 수 있을 뿐이다. 예방청구는 상대방의 부작위를 청구하는 경우가 많으나, 작위를 청구하는 수도 있다.

공동소유(共同所有)

하나의 물건을 2인 이상의 다수인이 공동으로 소유하는 상태를 말한다. 일반적으로 공동소유의 형태는 공유·합유·총유의 세 가지를 든다. 일반적으로 소유를 권리주체의 면에서 보면, 단수의 권리주체가 한 개의 물건을 소유하는 경우가 압도적으로 많지만, 경우에 따라서는 한 개의 물건을 복수의 권리주체가 공동으로 소유하는 경우도 있다. 전자를 단독소유라 한다면 후자는 공동소유가 된다. 그러나 공동소유는 물건자체를 분할하여 소유하는 것이 아니고 권리를 분할하여 소유하는 것을 전제로 한다. 따라서 물건자체를 분할하여 소유하는 구분소유권과 명백히 다르다. 그런데 권리의 분할은 양적분할과 질적분할로 나누어질 수 있다. 하나의 소유권을 분수적으로 분할함으로써 甲·乙·丙이 각각 3분의 1씩을 갖는 경우는 소유권의 양적 분할이 된다. 반면에 소유권을 관리·처분·사용·수익 등의 여러 기능으로 분산하여 관리·처분과 같은 지배적 기능을 갑이 가지고, 사용·수익과 같은 경제적 기능은 을이 가짐으로써 양자의 기능을 내부적으로 결합시킴으로써 완전한 소유권을 실현시키는 경우라면 질적 분할이 된다. 소유권의 양적 분할은 개인주의적법제 아래서 인정되는 공동소유의 형태로서 공유가 이에 속하며, 소유권의 질적 분할은 단체주의법제 아래서 인정된 공동소유의 형태로 총유가 이에 속한다. 합유는 공유와 총유의 중간형태라 하여도 무방하다.

합수적조합(合手的組合)

→ 공동소유와 단체

민법

지분적조합(持分的組合)

→ 공동소유와 단체

공동소유와 단체
(共同所有와 團體)

민법은 단체에 관한 통일적 규정을 두고 있지 않고 개별적으로 규정하고 있다. 즉 총칙편의 사단법인·물권법의 공동소유관계·채권법의 조합 등이다. 그런데 단체는 그 성질에 따라 사단과 조합으로 대별할 수 있다.

(1) 사단(社團)은 다수인이 결합하여 단체를 조직함으로써 하나의 단체로서의 단일성이 대외적으로 나타나고 개개의 구성원의 존재가 단체적 단일성에 흡수되어 버리는 모습이다. 예컨대 회사·노동조합·문·동창회 등이다. 즉 대외적으로 단체만이 표면에 나타나 각종 법률관계를 맺게 된다. 그러나 사단 자체가 권리·의무의 주체로 되기 위하여는 법률상 단체에 법인격을 부여하여야 한다. 이에 대하여는 법인부인설·법인의제설·법인실재설로 나누어진다. 한편 사단이면서도 법인격을 취득하지 않은 사단을 권리능력없는 사단 또는 법인격 없는 사단이라고 한다. 민법에는 이에 관한 규정이 없지만 그 사단으로서의 실재성을 감안하여 될 수 있는대로 사단법인에 준하여 취급하여야 한다(민소§52). 조합의 실체를 가지면서 사단법인의 형태를 취하는 것으로 합명회사와 합자회사가 있다. (2) 조합은 구성원의 독립적 개성이 중시되어 각 구성원이 권리·의무의 주체로서 표면에 나타나게 된다. 예컨대 수인이 공동투자하여 소규모의 사업을 경영하는 경우이다. 조합은 채권계약의 일종으로 취급된다(민§703~§724). 다만 어느 정도 단체성을 인정하여 가입·탈퇴·재산관계·해산 등에 관하여 단체적 제약을 두고 있어 일반채권계약과는 다르게 규율하고 있다. 조합은 다시 합수적 조합과 지분적 조합으로 나누어진다. 합수적 조합은 조합원이 미리 설정된 공동목적에 의하여 결합되고 그러한 결합관계를 기초로 물건을 공동으로 소유하며 공동목적에 관한 한 단독행동이 절대로 허용되지 않으며 전원일치의 의사로써만 행동한다. 지분적 조합은 수인이 우연히 어떤 물건을 공동소유하는 이외에 조합원간에 아무런 결합관계도 없다. 따라서 단독행위도 무제한 허용된다. (3) 결국 인적 결합은 사단법인·법인격없는 사단·합수적조합·지분적조합의 네 가지로 나누어진다. 이들의 단체의 소유결합관계는 각각 다르다. 즉 사단법인은 법인이라는 단일인격자로 나타나므로 그 소유형태도 개인소유와 같은 법인의 단독소유가 된다. 다음에 법인격없는 사단은 총유, 합수적 조합은 합유, 지분적 조합은 공유의 모습을 갖게 된다.

공유(共有)
독;Miteigentum 불;copropriété

공유란 물건의 지분에 의하여 수인의 소유로 귀속되고 있는 공동소유의 형태이다(민§262①). 공유의 법적 성질에 대하여는 다수인이 하나의 소유권을 분량적으로 분할하여 소유하는 상태라는 견해가 통설이다. 이들 다수인을 공유자라고 하며, 공유는 공동소유의 형태 가운데 가장 개인적 색채가 강하다(개인주의적 공동소유형태. 즉 공유에 있어서 수인은 한 개의 물건을 공동으로 소유하지만 공유자들 사이에는 어떠한 인적 결합관계나 단체적 통제가 없다. 따라서 목적물에 대한 각 공유자의 지배권능은 서로 완전히 자주·독립적이다. 공유는 당사자의 의사나 법률규정에 의하여 성립한다. 각자가 가지는 지배권능은 지분이라 하는데 이 지분권은 질적으로는 독립소유권과 다름없다. 따라서 각공 유자가 가지는 지분의 처분은 자유이며(민§263 ; 지분처분의 자유), 원칙적으로 언제든지 목적물의 분할을 청구하여 공동소유관계를 폐지함으로써 완전한 개인적인 단독소유권으로 전환할 수 있다(§268①) ; 분할청구의 자유). 다만 목적물이 동일하기 때문에 그 행사에 제약을 받고 있는데 지나지 않는다. 즉 공유자는 개인적 수요를 충족하기 위하여 공유물 전부를 지분의 비율에 따라 단독으로 사용·수익할 수 있다(§263). 그러나 지분과 달리 공유물은 동시에 다른 공유자 지분의 객체가 되므로 한 사람의 공유자가 단독으로 처분·변경을 위하여는 공유자 전원의 동의를 필요로 한다. 또한 공유물의 관리, 즉 이용·개량에 관한 사항은 공유자 지분의 과반수로써 결정한다(§265). 다만 보존행위는 공유자 전원에게 이익이 되므로 각 공유자가 단독으로 할 수 있다.(§265단). 공유물의 관리비용 기타 의무는 각공유자가 그 지분의 비율로 이를 부담한다(§226①). 공유자가 이러한 의무의 이행을 1년 이상 지체한 때에 다른 공유자는 상당한 가액으로 그 자의 지분을 매수할 수 있다(§266②).

공유관계 정리

공 유	
지분	공유지분
목적물 처분, 변경	공유자 전원 동의
지분 처분	자유
분할 청구	자유, 단 5년 내의 기간으로 금지특약가능
보존 행위	각자가 단독으로 가능
사용·수익	지분비율로 전체사용함
등기	공유자전원명의로 지분 등기함

준공유(準共有)
독;Quasimiteigentum

소유권 이외의 재산권의 공유를 말한다. 이에는 공유에 관한 규정을 준용한다. 그러나 이에 관해 다른 법률에 특별한 규정이 있으면 먼저 그 법률을 적용하여야 하고, 민법을 적용할 수는 없다(민법 278조). 준공유가 인정되는 소유권 이외의 재산권의 주요한 것은 지상권·전세권·지역권·저당권 등의 민법상의 물권과, 주식·광업권·저작권·특허권·어업권 등이다.

공유재산(共有財産)

공유재산이란 수인의 공유에 속하는 재산, 예를 들어 수인이 공동으로 양수하였거나 상속한 재산을 말한다. 수인이 한 채의 건물을 구분하여 각각 그 일부분을 소유한 때에는 건물과 그 부속물 중 공유하는 부분은 그의 공유로 추정하고(민법 215조), 경계에 설치된 경계표·담·구거 등은 상린자의 공유로 추정하며(민법 239조), 부부의 누구에게 속한 것인지 분명하지 않은 재산은 부부의 공유로 추정한다(민법 830조3항).

공유의 지분(共有의 持分)

독;Antei 영;quota 불;part indivise

공유에 있어서 각 공유자가 가지는 권리가 지분인데, 지분의 법률적 성질에 관하여, 지분은 한 개의 소유권의 분량적 일부라고 하는 통설에 따르면 결국 지분이란 각 공유자가 목적물에 대하여 가지는 소유의 비율이라고 할 수 있다. 지분의 비율은 법률의 규정(민법 254조단서·257조·258조·1009조 등) 또는 공유자의 의사표시에 의하여 정해진다. 그것이 불명한 경우 각 공유자의 지분은 균등한 것으로 추정한다(민법 262조2항). 부동산 공유지분의 비율에 관한 약정은 이를 등기하여야 한다(부동산등기법 44조). 각 공유자는 공유물 전부를 지분의 비율로 사용·수익할 수 있다(민법 263조). 공유물의 처분을 위해서는 공유자 전원의 동의가 필요하다(민법 264조). 하지만 그 지분은 자유롭게 처분할 수 있다(민법 264조). 공유자는 공유물의 관리에 관한 사항, 즉 목적물의 이용 및 개량을 목적으로 하는 행위는 지분의 과반수로써 결정한다. 그러나 보존행위는 지분과 관계없이 각자가 단독으로 할 수 있다(민법 265조단서). 공유물의 관리비용 기타 의무(세금 등)는 공유자가 그 지분의 비율로 부담한다(민법 266조1항). 지분은 소유권과 같은 성질을 가지는 것으로 각 공유자는 단독으로 다른 공유자 및 제3자에 대하여 그의 지분을 주장할 수 있다.

공유물분할(公有物分割)

공유물을 공유자의 지분권에 따라 나누는 것을 말한다. 즉 각 공유자는 법률의 규정이나 별단의 특약이 없는 한 언제든지 공유물의 분할을 청구할 수 있다(민§268① : 공유물분할의 자유). 그러나 공유자는 계약(부분할계약)을 통하여 일정한 한도, 즉 5년 이내의 기간에 한하여 분할하지 않을 것을 약정할 수 있다(민§268①단). 또한 물건의 구분소유자(§215)·경계표(§239) 등의 공유자 등은 분할을 청구할 수 없다(§268②). 분할방법에는 현물분할·대금분할·가격배상에 의한 분할의 세 가지가 있다. 분할은 공유자간에 협의가 이루어지면 협의로서, 협의가 이루어지지 않을 경우에는 공유자가 법원에 재판상의 분할을 청구할 수 있다(§269). 분할의 결과 공유관계는 종료되고 분할시부터 각 공유자는 자기가 받은 부분에 대하여 단독 소유자가 된다. 따라서 다른 공유자가 분할로 인하여 취득한 물건에 대하여 그 지분의 비율로 매도인과 동일한 담보책임을 부담한다(§270). 또한 분할은 교환 또는 매매의 성질을 가지므로 분할의 효과는 소급하지 않는다. 그러나 예외적으로 상속재산의 분할의 효과는 상속개시시(즉 피상속인의 사망시)에 소급한다(§1015).

합유(合有)
독;Eigentum zur gesamten Hand

합유란 법률규정이나 계약에 의하여 수인이 조합체로서 물건을 소유하는 형태로서, 공유와 총유의 중간에 있는 공동소유관계이다(민§271①). 따라서 합유는 그 전제로서 조합체의 존재가 필요하다. 여기서 조합체란 동일목적에 의하여 결합되고 있으나 아직 동일적 활동체로서의 단체적 체제를 갖추지 못한 복수인의 결합체인 합수적 조합을 가리킨다. 합유는 계약이나 법률규정에 의하여 성립한다(§271①전단). 현행법상 법률규정으로 합유가 인정되는 경우는 민법상 조합재산(§704)과 신탁법상 수탁자가 수인인 신탁재산(신탁§50)이다. 그리고 부동산의 합유는 등기하여야 한다. 합유는 지분이 공동목적을 위하여 구속받으며 단독으로 자유로이 처분할 수 없고 분할을 청구하는 권리도 제한된다는 점에서 공유와 다르다(민§273). 또한 합유는 단체로서의 체제를 갖추지 못하고 단체적 통일성을 가지지 아니한 점에서 단일적 활동체로서 물건을 총유하는 법인격없는 사단과 다르지만, 합유의 기초인 조합체가 존재한다는 점에서는 총유와 비슷하다. 즉 공유는 개인적 색채가 가장 짙으며, 합유는 공동목적을 위하여 개인적인 입장이 구속되지만 持分(지분)이 존재한다는 면에서 總有(총유)보다는 개인적이다. 합유는 합유물을 처분·변경함에 있어서 합유자 전원의 동의가 있어야 한다(민§273①). 또 합유관계는 조합의 해산이나 합유물의 양도로 인하여 종료하며, 이 경우에 합유물의 분할에 관하여는 공유물의 분할에 관한 규정을 준용한다(민§274).

합유관계 정리

합 유	
지분	합유지분
목적물 처분, 변경	합유자 전원 동의
지분 처분	합유자 전원 동의
분할 청구	불가. 단, 조합체 해산 후에는 가능.
보존 행위	각자가 단독으로 가능
사용·수익	조합계약에 의함
등기	합유자전원명의로 등기함

합유채권관계(合有債權關係)

한 개의 채권관계에 있어서 수인의 채권자 또는 채무자가 있는 경우에 각 채권자가 가지거나 각 채무자가 부담하는 비율이 잠재적인 것이기 때문에 총 채권자 또는 총 채무자가 공동하여서만 채권을 행사하거나 채무를 부담할 수 있는 것으로서 채권·채무의 합유적 귀속으로 보아야 할 관계를 말한다. 총채권관계와 함께 공동채권관계의 일종이다. 조합의 채권·채무와 같이 수인의 채권자나 채무자의 사이에 단체적 결합이 존재하는 경우에 생긴다. 합유채권관계는 채권·채무의 준합유관계로서 합유에 관한 규정이 준용된다(민§278).

총유(總有)

독;Gesamteigentum
불;propriete collective

총유란 법인이 아닌 사단 등이 집합체로서 물건을 소유하는 공동소유의 형태이다(민§275). 공동소유 가운데 가장 단체적 색채가 농후한 것이며 게르만족의 촌락공동체의 공동소유관계에서 시작된 제도이다. 총유는 그 기초인 법인 아닌 사단에 있어서의 사원의 총합체가 하나의 단일적 활동체로서 단체의 체제를 갖추고 있는데 대하여 합유는 단체로서의 체제 즉, 단체적 단일성을 갖추지 못한 점에서 총유와 구별된다. 또 공유는 소유권의 관리·처분·사용·수익 등의 권능이 공유자 수인에게 분속(分屬)되지만, 총유는 목적물의 관리·처분 등의 권능이 구성원의 총체인 사단자체에 속하며 사용·수익 등의 권능은 각 구성원에게 귀속하여 양자가 단체적 통제하에 유기적으로 결합하여 하나의 소유권을 이루는 점에서 공유와 구별된다. 그 자격의 득실이나 단체원의 사용수익의 방법 등은 단체의 규약에 의하여 정해진다. 총유의 주체는 법인 아닌 사단 즉 법인격 없는 인적 결합체이다. 이른바 권리능력 없는 사단이나 종중등이 그 예이다. 객체가 다수의 물건으로 구성되는 재산인 경우에는 그 모든 재산이 총유의 객체이다. 또한 객체가 부동산이라면 그 부동산의 총유는 등기하여야 하며, 등기는 사단의 명의로 그 대표자 또는 관리인이 신청한다(부등§30). 총유관계는 사단의 정관 기타의 규약에 의하여 규율되지만, 이들에 정함이 없을 경우에는 (1) 총유물의 관리·처분은 사원총회의 결의로써 하며(민§276①), (2) 총유물의 사용, 처분은 정관 기타의 규약에 따라 각 사원이 할 수 있으며(민§276②), (3) 총유물에 대한 사원의 권리의무는 사원의 지위를 취득하거나 상실하는 동시에 당연히 취득 또는 상실된다(민§277), (4) 총유의 지분에 관하여는 지분을 전면적으로 부인하는 견해와 인정하는 견해가 대립된다.

총유관계 정리

총 유	
지분	없다.
목적물 처분, 변경	사원총회 결의 필요
지분 처분	지분이 없다.
분할 청구	불가함.
보존 행위	총회결의를 얻어야 함.
사용·수익	정관이나 규약에 의함.
등기	비법인 사단의 단독명의로 등기함.

준총유(準總有)

준공동소유의 한 유형으로 '법인 아닌 사단'이 소유권 이외의 재산권을 소유하는 것을 말한다. 준총유에 관하여 다른 법률에 특별한 규정이 없으면 총유에 관한 규정을 준용한다(민법 278조). 준총유가 인정될 수 있는 소유권 이외의 재산권에는 지상권·전세권·지역권·저당권 등의 민법상의 물권과, 주식·광업권·저작권·특허권·어업권 등이 있다. 채권에 관하여도 준총유가 인정되나, 채권의 내용이나 효력에 관하여는 불가분채권의 규정에 의하여야 하고, 채권에 대한 지배에 관하여서만 준총유로서 관계되는 규정에 따르게 된다. 따라서 채권을 준총유한다는 것은 그 채권이 '법인 아닌 사단'에 한 개의 권리로서 귀속하고 그 추심 기타의 처분은'법인 아닌 사단 '자체가 이를 할 수 있음에 그치고, 그 추심으로 얻을 수 있는 것은 '법인 아닌 사단'의 총유에 속하며, 사단의 각 성원은 개인으로서는 그 채권에 관하여 직접 아무런 권리도 가지지 않는다.

준공동소유(準共同所有)

독;Quasimiteigentum

준공동소유란 수인이 소유권 이외의 재산권을 공동으로 소유하는 형태이다. 원래 공동소유의 특색은 권리자가 복수라는 점에 있지 그 권리가 소유권인지의 여부에 있는 것은 아니므로, 다른 법률의 특별한 규정이 없으면 공유에 관한 규정이 준용된다(민§278). 따라서 준공동소유에는 준공유·준합유·준총유의 세 가지 형태가 존재할 수 있으며 각각 공유·합유·총유의 규정이 준용된다. 준공동소유가 인정되는 객체는 소유권을 제외한 지상권·전세권)지역권·저당권 등 민법상의 물권과 주식 및 저작권·특허권·어업권 등의 무체재산권 등이다. 채권에도 준공동소유가 성립되지만 채권의 내용과 효력에 관하여는 불가분채권의 규정(민§409~§412)에 따라야하고 채권에 대한 지배에 관하여서만 준공동소유로서 각각 관계되는 규정에 의하게 된다.

지분(持分)

영;quota 독;Anteil 불;part indivise

지분이라는 용어의 의무는 여러 가지이다. (1) 공유관계 : 공유에서는 공유자에게 귀속되는 몫을 말하지만 이 경우도 두 가지로 구별할 수 있다. 즉, 지분은 ㉮ 각 공유자가 목적물에 대하여 가지는 소유의 비율자체를 가리키거나, ㉯ 이 지분에 기하여 각 공유자가 공유물에 대하여 가지는 권리(지분권)를 말한다. 그러나 공유에 관한 민법 규정상의 지분에는 두 가지 의미가 모두 포함되어 있어서 양자를 엄격하게 구별하여 사용하고 있지 않다. 지분의 비율은 공유자간의 계약이나 법률규정에 의하여 결정되지만 불명한 경우에는 각 공유자의 지분은 균등한 것으로 추정된다(민§262②). 공유자들은 그 지분을 처분할 수 있고, 그 지분비율에 따라서 공유물 전부를 사용·수익할 수 있다(§263). 또한 지분의 비율에 따라 공유물의 관리비용 기타 의무를 부담한다(§266①). 상법상 선박공유자의 지분은 민법상의 공유의 지분과 같은 의미이다. (2) 합유관계 : 합유에서는 합유자가 가지는 몫을 말한다. 즉 ㉮ 조합관계로부터 생기는 각 합유자의 권리·의무의 총체, 즉 조합체의 일원으로서의 지위를 가리키거나, ㉯ 합유물에 대하여 각 합유자가 가지는 권리로서 전원의 합의 없이는 그 지분을 처분하지 못하며 그 지분에 관하여 분할을 청구할 수 없다고 규정한 경우의 지분이다(민§273). (3) 총유관계 : 총유의 지분에 관하여는 지분을 전면적으로 부인하는 견해와 인정하는 견해가 대립한다. 총유에는 지분이라는 표현을 사용하고 있지 않지만 그 구성에 따라 사원이 총유물에 대하여 갖는 사용수익권 또는 권리·의무총체, 혹은 사원으로서 갖는 법률상의 지위를 지분으로 파악하기도 한다.

사단법인의 지분

(社團法人의 持分)
영;share
독;Anteil, Teihabeschaft
불;part social

사단법인의 구성원이 가지는 몫을 말한다. 상법 중 회사법은 합명회사·합자회사·유한회사의 사원이 소유하는 몫에 대하여 지분이라는 용어를 사용한다(상§197, §222~§224, §249, §276, §555~§558). 여기서 지분이란 그 대상인 재산인 법인인 회사의 재산이므로 구성원인 사원의 공유나 합유에 속하는 공유재산이나 합유재산의 지분과는 그 의미가 좀 다르다. 사단법인의 지분에는 (1) 사원이 그 자격에서 사회에 대하여 권리·의무를 갖는 지위(사원권)를 의미할 경우(예컨대 지분양도·지분상속·지분입질·지분압류에 있어서의 경우가 여기에 해당한다)와 (2) 회사가 해산하였거나 사원이 퇴사하였을 경우, 사원이 그 자격에서 회사에 청구하거나 또는 회사가 지급하여야 할 계산상의 수액(數額)을 의미할 경우(예컨대 지분의 환급과 지분의 계산 등)가 있다. 또 협동조합에 있어서는 회사사원의 지분과 동일한 조합원의 지분의 관념이 있으며, 탈퇴시 지분의 환급은 청구할 수 있으나(농협§31·중협§26·수협§21, 등) 조합원의 지분의 공유는 금지되고 있다(농협§23,·중협§23·수협§24,).

지분권(持分權)

공유나 합유시 공유물 또는 합유물에 대하여 공유자나 합유자들이 일정한 비율로써 가지는 권리를 말한다. 그러나 민법·상법에서는 모두 이 용어를 쓰지 않고 지분이라는 용어로써 규정하고, 상법은 합명회사·합자회사·유한회사의 사원이 회사재산에 대하여 가지는 몫의 비율을 지분이라는 용어로써 규정한다.

공유자의 지분권은 양적으로는 소유권의 분수적 일부이지만 질적으로는 완전히 독립한 소유권이므로 그 성질·효력에 있어서는 소유권과 동일하고, 소유권에 관한 일반적 규정의 적용을 받는다. 즉 그 처분·상속·등기·인도 등은 모두 소유권에 준하며, 공유자의 1인이 그 지분을 포기하거나 상속인이 없이 사망한 때에는 그 지분은 다른 공유자에게 각각 지분의 비율로 귀속하며(민§267), 또 각 공유자는 각자의 지분에 대하여 단독으로 타 공유자나 제3자에게 주장할 수 있다. 즉 각 공유자는 그 지분권에 의하여 지분확인의 소·지분에 의한 물권적청구권·지분에 관한 시효의 중단 등을 할 수 있다. 그러나 합유자의 지분권은 공동목적을 위하여 구속되어 있으며, 독립의 권리로서의 성질을 가지지 않기 때문에 임의로 처분하지 못하고(민§273①). 또 각 합유자는 단독으로 지분의 확인·

지분의 등기·방해제거 및 합유물의 반환을 청구할 수 없다고 해석한다.

용익물권(用益物權)
독;Natzungsrecht

타인의 토지 또는 건물을 일정한 목적을 위하여 사용·수익할 것을 내용으로 한 물권의 총칭이다. 사용권·이용권이라고도 한다. 또한 소유권과 같은 전면적·포괄적 권리가 아니고 한정된 범위 내에서의 지배권이라는 점에서 담보물권과 함께 제한물권에 속한다. 민법에서는 지상권·지역권·전세권이 용익물권에 해당하며 모두가 부동산을 객체로 하고 있다. 그러나 그 밖의 광업권·어업권 등도 같은 성질의 것이다. 민법은 소유권을 절대의 권리로 하고, 용익물권은 이를 한정된 범위에서 일시적으로 제한하는데 불과한 물권이라고 하고 있는데, 최근에는 토지를 실제로 이용하고 있는 자를 보다 더 보호해야 한다는 이용권강화의 견지에서 점차로 용익물권이 강화되어가고 있다.

용익권(用益權)
라;usus fructus 독;Niessbrauch
불;usu fruit

타인의 소유물을 그 본체를 변경하지 않고 일정기간 사용수익하는 물권이다. 사용수익권을 발생케 하는 용익물권·임차권 등을 가리키는 말로도 쓰인다. 일종의 인역권(人役權)으로서 구민법이 독·프랑스 민법을 따라 이 제도를 규정한 바 있었으나 현행민법은 이를 인정하지 않는다.

인역권(人役權)

특정인의 편익을 위하여 타인의 물건(동산·부동산)을 이용하는 물권이다. 예를 들면 타인의 집에서 낚시질이나 사냥을 하는 것 혹은 타인의 가옥에 거주하는 것 등이다. 로마법에서 널리 인정되었던 권리이나, 우리 민법에서는 인정하지 않고 있다.

제한물권(制限物權)
독;beschränktes Sachenrecht

특정된 방향이나 특정한 목적을 위하여 물건을 지배함으로써 이익을 향수할 수 있는 권리이다. 소유권의 기능의 일부를 제한하는 것이므로 제한물권이라고 한다. 즉 소유권을 제한함으로써 그 위에 성립할 수 있으며 스스로도 그 내용에 있어서 제한을 받게 되는 물건이다. 민법상으로 지상권·지역권·전세권 등의 용익물권과 유치권·질권·저당권 등의 담보물권 등은 모두가 제한물권이다. 소유권이 물건을 전면적으로 지배하고 자유로이 이용할 수 있는데 대하여 제한물권은 어떤 특정한 목적을 위해서 일시적으로 물건을 지배하는 권리인데 불과하다. 이러한 의미에서 소유권과 대립되는 개념이라 하겠다.

타물권(他物權)
라;ius in re aliena
독;Recht an fremder Sache

타인의 물건 위에 성립하는 물권을 말한다. 많은 학자들이 제한물권을 타인권이라고 부른다. 이는 소유권 이외의 물권이 모두 타인의 소유에 속하는 물건 또는 권리 위에 존재하는 권리이기 때문이다. 독일법에서도 제한물권이란 용어 이외에 타물권이라는 용어가 사용되며 로마법에서도 타물권이라는 말이 있었다. 그러나 제한물권은 간혹 자기의 물건 위에도 성립할 수 있으므로 적당하지 않다. 즉 제한물권이 타인의 권리의 목적으로 되어 있는 경우에는 소유물 위에 소유자의 제한물권이 성립할 수 있으며 특수지역권이 지역단체 소유의 지반위에 성립할 수 있기 때문이다.

권리설정(權利設定)

권리의 주체가 그 권리를 보유하면서 그 권리에 대하여 내용이 제한된 새로운 권리를 방생시키는 것이다. 예컨대 소유자가 지상권이나 질권과 같은 제한물권을 설정하는 경우이다. 이러한 제한물권의 설정에는 당사자의 설정계약 또는 단독행위가 있어야 하고, 계약 등이 유효하려면 저당권·지상권의 경우에는 등기를, 질권의 경우에는 점유의 인도를 필요로 한다.

지상권(地上權)

라;superficies
독;Erbbaurecht
불;droit de superficie

타인의 토지에 건물 기타 공작물이나 수목을 소유하기 위하여 그 토지를 사용하는 물권을 말한다(민§279~§290). 토지의 전면적 지배권인 소유권을 제한하여 일면적으로 지배하는 제한물권이며, 그 가운데 용익물권에 속한다. 이러한 지상권의 내용은 당사자가 임대차계약(임차권)을 체결하여 채권적 관계에 의하여도 동일한 목적을 달성할 수 있다. 또한 실제로도 지주에게는 우선적 효력·물권적 청구권·처분권한 등에서 임대차계약이 유리하므로 지상권을 설정하기보다는 임대차계약에 의하며, 일반적으로 지상권이라고 하는 것도 대부분은 임대차에 불과하다. 지상권의 취득은 지상권설정계약에 의하여 취득하는 것이 보통이지만 유언과 같이 지상권양도 등의 법률행위에 의하여 취득하는 경우도 있으며 당연히 지상권의 존재가 인정되는 법정지상권도 있다. 우리 민법은 지상권의 최장존속기간의 규정은 없으며 다만 지상물의 종류와 구조 등에 따라 30년·15년·5년의 최단존속기간의 제한만을 두고 있다(민280①). 만약 설정행위에 의하여 이 기간보다 단축된 기간을 정한 경우에는 그 존속기간을 각 종류에 해당하는 최단기간까지 연장한다(§280②). 지상권은 물권이므로 양도성·임대성이 있고 담보로 제공할 수 있다. 또한 지상권이 소멸한 때에는 지상권 설정자는 언제든지, 또 지상권은 일정한 조건하에 상대방에 대하여 지상물 매수청구권을 행사하여 지상물을 유지하거나, 투하자본을 회수할 수 있다(§283②, §285②). 지료는 지상권의 요소는 아니지만 그 약정을 등기하면 지상권의 내용으로 되어 물권적 효력이 있다. 지상권의 소멸원인은 토지의 멸실·존속기간의 만료·소멸시효(§162②)·(혼동)(§191)·토지의 수용·지상권에 우선하는 저당권의 실행으로 인한 매매 등과 같은 물권일반에 걸친 공통된 사유와 지상권설정권자의 소멸청구(§287)·지상권의 포기(§153②단, 371②)·지상권소멸에 대한 약정사유의 발생 등과 같은 지상권에만 특유한 사유가 있다.

지상권과 임차권의 이동
(地上權과 賃借權의 異同)

타인의 토지를 이용하여 건축)·식목하는 법률관계는 지상권설정 및 임대차계약에 의하는 방법이 있다. 그러나 토지소유자는 물권인 지상권에 의한 강력한 구속을 받는 것은 매우 불리하기 때문에 임대차를 택하는 것이 보통이며 토지이용자는 경제적으로 약자이므로 임대차취득에 만족하지 않을 수 없다. 현행민법의 구성은 토지사용권으로서의 지상권과 토지임차권의 두 가지 제도를 병존시키고 있다. 양자의 내용상의 이동은 다음과 같다.

권리의 성질 : 지상권은 배타성을 가지고 토지를 직접 지배하는 물권으로 물권편(민§279~§290)에 규정되어 있는 반면에 임차권은 임대인에게 토지를 사용수익하게 할 것을 청구할 수 있는 채권에 불과하며 채권편(§618~§654)에 규정되어 있다.

대항력 : 지상권은 등기가 강제되어 제3자에게 대한 대항력을 가지는(민§186) 반면에, 채권은 당사자가 등기하지 않을 것을 약정할 수 있으므로 대항력을 갖지 못한다.

존속기간 : ㉮ 권리존속기간에 대한 약정이 있는 경우에 지상권은 최장기간의 제한이 없고 최단기간으로 사용목적에 따라 각각 30년·15년·5년의 제한이 있다(민§280). 임차권은 개정 전 민법에 의할 때에 원칙적으로 20년을 초과하지 못하는 제한이 있었다. 그러나 이 규정에 대해 입법취지가 불분명하고 계약의 자유를 침해하므로 헌법에 위반된다는 헌법재판소의 결정(2011헌바234, 2013. 12. 26. 선고)이 있었고, 이후 개정을 통해 임대차 존속기간에 제한을 둔 관련 규정을 폐지하였다. ㉯ 권리존속기간에 대한 약정이 없는 경우에는 지상권은 사용목적에 따라 각각 30년·15년·5년으로 하는 데 반하여(민§281), 임차권은 언제든지 해지통지할 수 있다(민§635). ㉰ 권리존속기간의 법정갱신에 관하여 지상권은 아무 규정이 없으나, 임차권은 법정갱신을 인정하고 있다(§639).

투하자본 회수 : ㉮ 지상권은 양도성이 있어서 지상권자가 임의로 양도·임대·담보로 제공할 수 있지만(§282), 임차권은 임대인의 동의없이 양도·전대할 수 없다(§629). ㉯ 지상권소멸시 지상권자는 지상권을 수거할 수 있으며 토지소유자에 대하여 지상권의 매수를 청구할 수 있으며(§283, §285), 이점에서는 임차권도 동일하다(§654, §615, §643).

대가관계 : ㉮ 지상권은 지료를 요소로 하지 않는데 대하여(§279), 임차권은 차임을 그 요소로 한다(§618). ㉯ 지상권에 지료약정이 있는 경우는 액수·지급시기·방법 등은 모두 계약에 의하여 결정되며 임대차 역시 동일하다. ㉰ 지상권 조세 기타 경제사정의 변동

시 당사자에게 지료증감청구권의 행사를 인정하여 사정변경의 원리를 채용하며(§286), 임차권도 동일한 이유로 차임증감청구권을 인정한다(§628). 지상권은 2년 이상 지료지급이 연체되어야 지상권 소멸청구를 할 수 있는데 반하여(§287), 임차권은 연체액이 2기의 차임액에 달하면 해지청구를 할 수 있다(§640, §641).

법정지상권(法定地上權)

법정지상권이란 당사자의 계약에 의하지 않고 법률의 규정에 의하여 당연히 성립하는 지상권이다. 법정지상권이 성립하는 예로는 (1) 토지와 그 지상의 건물이 동일 소유자에게 속하는 경우에, ㉮ 건물에 대하여서만 전세권을 설정한 후 토지소유자가 변경된 경우(민§305①), ㉯ 어느 한쪽에만 저당권이 설정된 후 저당권의 실행으로 경매됨으로써 토지와 건물이 소유자가 다르게 된 경우(§366①), ㉰ 토지 또는 건물의 한쪽에만 가등기담보권·양도담보권·매도담보권이 설정된 후, 이들 담보권의 실행(이른바 귀속청산)으로 토지와 건물의 소유자가 다르게 된 경우(가등기담보등에 관한법률 제10조)와 (2) 토지와 입목이 동일인에 속하고 있는 경우에 경매 기타의 사유로 토지와 입목이 각각 다른 소유자에게 속하게 된 경우(입목§6)에는 건물이나 입목이 타인의 토지 위에 이유없이 존재하게 되어 버리므로 철거 혹은 수거하여야 하는 불합리한 일이 생긴다. 이 경우 민법은 건물이나 입목의 물권설정자는 건물이나 입목을 위하여 그 토지에 지상권을 설정한 것으로 보고, 건물이나 입목을 철거·수거하지 않아도 되게 하였다. 그 (지료는 당사자의 청구에 의하여 법원이 정한다(민§366). 법정지상권은 서구제국의 법제와는 달리 토지와 건물을 별개의 부동산으로 취급함으로써 일어나는 결함을 보완해 주는 제도이다.

법정지상권

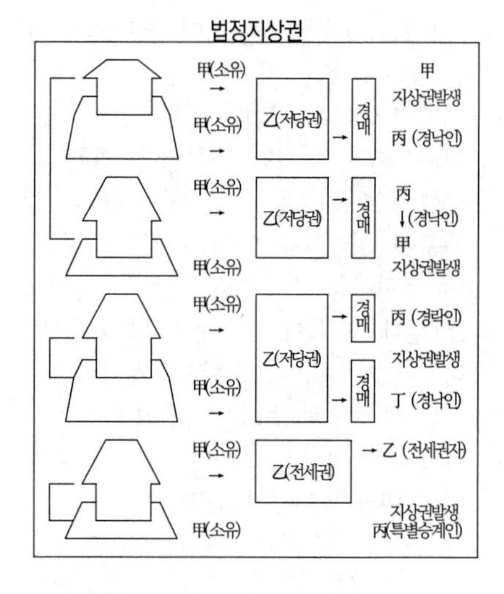

관습법상 법정지상권

(慣習法上 法定地上權)

관습법상 법정지상권이란 토지와 건물이 동일인에게 속하였다가 매매 기타 원인으로 토지와 건물 소유자가 달라지게 된 경우 그 건물을 철거한다는 등의 특약이 없는 한 건물소유자는 관습법에 의하여 등기 없이도 당연히 취득하는 지상권을 의미한다. 이는 판례가 관습법으로 인정한 것이다.

관습상의 법정지상권은 동일인의 소유이던 토지와 그 지상건물이 매매 기타 원인으로 인하여 각각 소유자를 달리하게 되었으나 그 건물을 철거한다는 등의 특약이 없으면 건물 소유자로 하여금 토지를 계속 사용하게 하려는 것이 당사자의 의사라고 보아 인정되는 것이므로 토지의 점유·사용에 관하여 당사자 사이에 약정이 있는 것으로 볼 수 있거나 토지 소유자가 건물의 처분권까지 함께 취득한 경우에는 관습상의 법정지상권을 인정할 까닭이 없다 할 것이어서, 미등기건물을 그 대지와 함께 매도하였다면 비록 매수인에게 그 대지에 관하여만 소유권이전등기가 경료되고 건물에 관하여는 등기가 경료되지 아니하여 형식적으로 대지와 건물이 그 소유 명의자를 달리하게 되었다 하더라도 매도인에게 관습상의 법정지상권을 인정할 이유가 없다*(대법원 2002. 6. 20. 선고 2002다9660 전원합의체 판결).*

공작물(工作物)

일반적으로는 인공적 작업에 의하여 만들어진 물건을 말하지만 법률적으로는 「토지에 접착되어 설치된 공작물」을 가리키는 경우가 많다. 즉, 건물·담·동상·다리와 같은 지상물 외에 제방·터널·개천 따위도 이에 포함된다. 토지의 공작물에는 위험이 많으므로 하자로 인한 손해에 관하여는 점유자의 배상은 가중되어 소유자는 무과실책임을 지게 된다(민§758). 공작물의 범위를 공장·광산·철도 등의 기업에도 확장해야 한다고 주장하는 학자가 많다. 또한 이밖에 민법에는 공작물에 관한 규정이 많이 있다(§223, §279, §283, §285, §298, §300, §619, §668).

수거(收去)

종래 일정한 장소에 있던 공작물·수목 등을 권리자가 그 장소로부터 치우는 것을 말한다(민§285, §615). 즉 지상권·임차권 등의 권원에 의하여 타인의 토지 위에 건물 기타 공작물이나 수목을 가지고 있던 자가 그 용익권을 잃게 되면 공작물 등의 수거와 원상회복의무를 지게 되는 것이다.

지료(地料)
영;rent 독;Rente 불;rente

지상권자가 토지사용의 대가로 지주에게 지급하는 금전 그 밖의 물건(민§286)을 말하며 지대라고도 한다. 지상권에는 반드시 지료가 따라야 하는 것은 아니며, 당사자의 약정으로 그 유무·종류·금액·지급시기 등을 결정할 수 있다(부등§69). 지료에 관한 약정은 등기를 하여야만 물권적 효력이 있다(부동산등기법§69). 약정의 액(額)은 일반적으로 증감할 수 없는 것이 원칙이다. 그러나 당사자간의 지료액이 약정으로 결정된 후라도 물가변동 등 사정이 변경될 경우에는 양당사자는 지료증감청구권을 행사할 수 있다(민§286). 지상권자가 2년 이상의 지료를 연체한 경우에 지상권설정자가 지상권의 소멸을 청구할 수 있다(지상권소멸청구권)§287).

지상권에 있어서 지료의 지급은 그의 요소가 아니어서 지료에 관한 유상 약정이 없는 이상 지료의 지급을 구할 수 없다*(대법원 1999. 9. 3. 선고 99다24874).*

지료증감청구권(地料增減請求權)

지료가 토지에 관한 경제사정 등의 변경으로 부당하게 될 경우에 당사자가 지료의 증감을 청구할 수 있는 권리이다. 지료액은 원칙적으로 당사자간의 합의로 이루어진다. 그러나 지상권의 존속기간은 상당히 장기이므로 그 동안에 조세 기타 부담의 증감이나 지가(地價)의 변동으로 인하여 적당치 않게 될 수가 있다. 이러한 경우를 위하여 민법은 양당사자에게 지료의 증감청구권을 인정하고 있다(민§286). 이러한 지료증감청구권은 형성권이다. 따라서 토지소유자가 증액청구를 하거나 지상권자가 감액청구를 하면 곧 지료는 증액 혹은 감액되고 지상권자는 그 증감된 지료를 지급할 의무를 부담한다. 이 경우에 증감청구에 대하여 상대방이 불복하게 되면 법원에 제소할 수밖에 없다. 법원의 판결에 의하는 지료의 증감은 그 감액청구를 한 때에 소급하여 효력이 생긴다. 그러나 지료액이 법원에 의하여 결정될 때까지는 종래의 지료액이나 감액된 지료액을 지급하더라도 지료는 체납되지 않는다.

지료증감청구권에 관한 민법 제286조의 규정에 비추어 볼 때, 특정 기간에 대한 지료가 법원에 의하여 결정되었다면 당해 당사자 사이에서는 그 후 위 민법규정에 의한 지료증감의 효과가 새로 발생하는 등의 특별한 사정이 없는 한 그 후의 기간에 대한 지료 역시 종전 기간에 대한 지료와 같은 액수로 결정된 것이라고 보아야 한다*(대법원 2003. 12. 26. 선고 2002다61934).*

매수청구권(買受請求權)

매수청구권이란 부동산의 이용관계가 종료하는 경우에, 부동산의 소유자나 이용자는 부동산이용시에 이용자가 그 부동산에 부속시킨 물건에 대하여 일방적 의사표시로써 각각 상대방에게 매수를 청구할 수 있다는 권리를 말한다. 이 청구권은 그 권리를 행사하면 상대방의 승낙을 받을 필요가 없이 그것만으로 매매가 성립하는 것이므로 일종의 형성권이다. 매수청구권은 부동산에 부속된 물건의 경제적 효용을 다하게 하는 작용을 하는 것이며, 특히 이 권리를 이용자가 행사하는 경우에는 이용자의 투하자본을 회수하는 작용을 하게 된다. 민법상 인정되는 매수청구권으로서는 (1) 지상권설정자 및 지상권자의 부속물매수청구권(민§285②, §283②), (2) 전세권설정자 및 전세권자의 부속물매수청구권(§316①, ②), (3) 토지임차인 및 전차인의 건물 기타 공작물의 매수청구권(§643, §644) 등이 있다.

지상물매수청구권
(地上物買受請求權)

지상물매수청구권은 지상권이 소멸한 경우나 토지임대차계약의 기간이 만료된 경우에 지상권설정자와 지상권자 및 토지임차인과 전차인이 각각 상대방에 대하여 상당한 가격으로 건물등의 공작물이나 수목 그밖의 지상물의 매수를 청구하는 권리이다(민§283②, §285②, §643, §644). 이 청구권은 지상권소멸시나 토지임대차계약종료시에 행사할 수 있는데 다음의 두 경우로 나누어 진다. 즉 (1) 지상권설정자나 토지임차인은 언제든지 지상권자 및 토지임차인에게 지상물매수청구권을 행사할 수 있다(민§285). (2) 지상시설이 현존하는 때에 지상권자나 토지임차인은 계약의 갱신을 청구할 수 있지만(지상권경신청구권), 지상권설정자나 토지임차인이 갱신을 원하지 않는다면 그 경우에 한하여 지상물매수청구권을 행사할 수 있다(§283). 이 청구권은 일종의 형성권이며 따라서 이 권리를 행사하면 상대방의 승낙을 기다릴 필요 없이 매매가 성립한 것과 동일한 법률관계가 생긴다.

지상권갱신청구권
(地上權更新請求權)

→ 지상물매수청구권 참조

구분지상권(區分地上權)

지하 또는 지상의 공간은 상하의 범위를 정하여 건물 기타 공작물을 소유하기 위한 지상권의 목적으로 할 수 있다는 것이다(민§289의2). 즉 공중권·지중권·지하권을 통틀어서 구분지상권이라 부른다. 구분지상권은 토지의 상하의 어떤 층만을 객체로 한다. 예를 들면 1필의 토지의 어떤 층에만 설정할 수도 있다. 따라서 구분지상권이 설정되더라도 목적이 되는 층 이외의 층, 즉 구분지상권이 미치지 못하는 토지부분에 관하여는 토지소유자 또는 용익권자가 사용권을 갖는다. 이 경우 상호간의 이용의 조절문제는 상린관계에 관한 규정을 준용한다(§290). 그러나 설정행위에서 구분지상권의 행사를 위하여 토지소유자의 사용권을 제한하는 특약을 체결할 수 있다(민§289조의2① 후단). 또한 당해 토지에 대한 용익권을 가지는 제3자의 승낙을 얻어서 설정된 경우에는 그들 제3자는 구분지상권의 정당한 행사를 방해하지 않을 의무를 부담하며(§289조의2②후단), 구분지상권자는 방해행위의 제거를 청구할 수 있다. 또한 구분지상권자는 공작물을 소유하기 위하여서만으로 한정된다. 구분지상권은 지상권의 일종이므로 역시 물권이다. 따라서 구분지상권은 지상권에 관한 설명이 원칙적으로 타당하게 된다. 구분지상권의 설정은 설정에 관한 물권적 합의와 등기에 의한다.

분묘기지권(墳墓基地權)

타인의 토지에 분묘를 설치한 자가 그 분묘를 소유하기 위하여 분묘의 기지부분의 타인소유의 토지를 사용할 것을 내용으로 하는 권리이다. 이 권리는 관습에 의하여 인정된 물권으로서 판례에 의하면 「지상권에 유사한 일종의 물권」이라고 한다. 판례는 이 권리가 성립되는 경우로 (1) 소유자의 승낙을 얻어 그 소유지 내의 분묘를 설치한 경우, (2) 타인소유의 토지에 승낙없이 분묘를 설치하고 20년간 평온·공연하게 그 분묘의 기지를 점유함으로써 분묘기지권을 시효로 취득한 경우, (3) 자기소유의 토지에 분묘를 설치할 자가 그 후에 분묘기지에 대한 소유권을 유보하거나 또는 분묘도 함께 이전한다는 특약을 하지 않고 토지를 처분한 때에 그 분묘를 소유하기 위하여 분묘기지권을 소유한 경우 등이다. 분묘기지권은 분묘형태자체가 일종의 명인방법으로서의 기능을 하므로 등기할 필요는 없다.

> 타인 소유의 토지에 소유자의 승낙 없이 분묘를 설치한 경우에는 20년간 평온, 공연하게 그 분묘의 기지를 점유하면 지상권 유사의 관습상의 물권인 분묘기지권을 시효로 취득하는데, 이러한 분묘기지권은 봉분 등 외부에서 분묘의 존재를 인식할 수 있는 형태를 갖추고 있는 경우에 한하여 인정되고, 평장되어 있거나 암장되어 있어 객관적으로 인식할 수 있는 외형을 갖추고 있지 아니한 경우에는 인정되지 않으므로, 이러한 특성상 분묘기지권은 등기 없이 취득한다*(대법원 1996. 6. 14. 선고 96다 14036).*

지역권(地役權)

라;chervitus praediorum
영;easement
독;Grunddienstbarkeit
불;servitude prédiale

일정한 목적을 위하여 타인의 토지를 자기토지의 편익에 이용하는 권리로서 토지용익물권의 일종이다(민§291). 지역권에 있어서 편익을 받는 토지를 요역지라 하고 편익을 제공하는 토지를 승역지라고 한다. 로마법의 부동산역권에서 유래한다. 지역권의 내용은 임대차계약이나 상린관계(§215~§244)에 의하여 목적을 달성할 수 있지만 이들과는 상당한 차이가 있다. 지역권설정은 토지소유자뿐 아니라 지상권자·전세권자·임차권자(부인설도 있다)간에도 할 수 있다(§292①). 지역권은 유상이든 무상이든 무방하다(통설). 또한 지역권은 요역지 소유권으로부터 분리되어 존재할 수 없고 이에 종된 권리로서 요역지의 처분과 동시에 이전하며, 요역지소유권으로부터 분리하여 양도하거나 권리의 목적으로 하지 못한다(수반성§292). 요역지 전부를 위하여 승역지 전부를 이용할 수 있으며 공유나 분할의 경우에 관계자 전부에 대하여 효력을 가진다(불가분성§293,§295). 지역권의 종류로는 (1) 적극지역권과 소극지역권, (2) 계속지역권과 불계속지역권, (3) 표현지역권과 불표현지역권으로 나누어진다. (2)와 (3)은 시효취득과 관련하여 구별의 실익이 있다. 즉 지역권은 「계속되고 표현된 것에 한하여」 시효취득할 수 있다(§294). 그러나 지역권은 일반적으로 설정계약에 의하여 취득되며 그밖에 유언·상속·양도 등으로 취득한다. 다만 설정계약이든 시효취득이든 등기에 의하여 효력이 생긴다(§186, §245①, §294). 지역권의 소멸은 요역지나 승역지의 소멸·지역권자의 포기·혼동·존속기간의 만료·약정소멸사유의 발생·승역지의 시효취득·지역권의 소멸시효(지역권은 20년간 행사하지 않으면 소멸시효에 걸린다 : §162②)·승역지의 수용 등으로 소멸한다. 그러나 지역권은 요역지에 부착하는 권리이기 때문에 용역지의 소유자가 바뀌어도 소멸되지 않는다.

요역지(要役地)
라;praedium dominans
독;herrschendes Grundstück
불;fonds dominant

→ 지역권 참조

승역지(承役地)
라;praedium serviens
독;dienendes Grundstuck

→ 지역권 참조

계속지역권(繼續地域權)

중단 없이 권리의 내용이 실현되는 지역권을 말하는데, 그 예로는 통로의 개설, 송전선의 부설 등을 들 수 있다. 지역권의 행사가 시간적으로 계속되는가에 따라서 계속지역권과 불계속지역권으로 분류되는 것인데, 불계속지역권과는 지역권의 취득시효 및 소멸시효 기간의 기산점에 관해서 그 구별의 실익이 있다. 즉 지역권의 시효취득은 계속지역권이어야 한다는 점과, 소멸시효의 기산점에 있어서 불계속지역권은 최후로 권리행사를 한 때임에 비해 계속 지역권의 경우는 권리불행사시라는 점에 구별의 실익이 있다고 하겠다.

법정지역권(法定地役權)
(불, servitude légale)

상린관계와 같은 뜻으로, 지역권이 당사자의 계약에 의하여 생기는 소유권의 확장·제한인데 대해, 법정지역권 즉 상린관계는 지역권의 내용과 대단히 비슷하나, 법률에 의하여 정하여진 소유권내용 그것의 당연한 확장·제한인 점에 그 차이점이 있다. 상린관계는 인접하고 있는 부동산 소유자 상호간의 이용을 조절하기 위함에 그 취지가 있다. 인접한 부동산 소유자가 각자의 소유권을 무제한 주장한다면, 그들의 부동산의 완전한 이용은 어렵게 된다. 이에 각 소유자가 갖는 권리를 어느 정도까지 제한하고, 각 소유자에게 협력의 의무를 부담시킴으로써 인접하는 부동산 상호간의 이용의 조절을 기하려는 것이다. 그러므로 상린관계의 규정은 소유권의 제한이라고 볼 수 있다. 그러나 각 소유자는 각각의 소유권 행사를 그 범위 밖에까지 넓힐 수 있고, 타인의 협력도 요구할 수 있으므로, 어떤 의미에서는 소유권의 확장도 된다. 따라서 상린관계는 각 소유권의 내용의 확장과 제한으로서 법률상 당연히 발생하는 소유권의 최소한의 이용의 조절이며, 소유권 그 자체의 기능이 미치는 범위라고 볼 수 있다.

특수지역권(特殊地役權)

어느 지역의 주민이 집합체의 관계로 각자가 타인의 토지에 초목·야생물 및 토사의 채취·방목 기타의 수익을 하는 권리를 말한다(민§302). 이를 총유적 토지이용권·특수토지수익권·입회권 등이라고도 부른다. 특수지역권은 토지수익권으로서 제한물권이며 인역권(人役權)의 일종이다. 이러한 토지수익권은 목적토지의 소유권이 (1) 수익을 하는 어느 지역의 주민전체의 총유에 속하는 형태와 (2) 일정지역의 주민의 총유에 속하지 않고 타인(국가 기타 공·사법인 및 개인 등)의 소유에 속하는 형태로 나누어진다. (1)은 토지의 총유로 민법의 총유에 관한 규정을 적용하며 (2)는 지역권을 적용하면 되지만 실질적으로 준총유에 귀속하므로 마찬가지로 총유에 관한 규정을 준용할 여지가 크다(§278). 다만 민법의 규정과 다른 관습이 있으면 관습이 우선적으로 적용된다(§302).

역권(役權)

라;servitus 독;Dienstbarkeit
불;servitude

일정한 목적을 위하여 타인의 물건을 이용하는 물건이다. 원래 로마법에서는 용익물권(타물권)으로서 인역권(人役權)과 지역권을 포함하는 역권만을 인정하였을 뿐이었으므로 소유권과 대립해서 중요한 작용을 하였다. 즉 인역권이란 특정인의 편익을 위하여 타인의 물건을 이용하는 권리이고 지역권은 특정의 토지의 편익을 위하여 타인의 토지를 이용하는 권리이다. 그러나 근대사회의 일반적 경향은 지상권과 임차권에 중점을 두고 있다. 우리 민법도 지역권만 제도화하는데 그치고 있다(민§291, §302).

전세권(傳貰權)

전세금을 지급하고 농경지를 제외한 타인의 부동산을 점유하여 그 부동산의 용도에 좇아 사용·수익함을 내용으로 하는 물권이다(민§303~§319). 이는 종래 채권인 전세로 임대차(특히 건물의 이용권)에 유사한 계약으로 행하여져 온 전세의 관습을 토대로 하여 민법이 용익물권으로 규정하여 물권화한 권리이다. 전세권이 소멸하면 목적부동산으로부터 전세금의 우선변제를 받을 수 있는 효력이 인정된다(§303①). 즉 용익물권 이지만 한편으로는 담보물권의 성질도 가지는 특수한 물권이다. 그러나 전세권의 담보물권성은 부수적·종적인 것에 지나지 않는다. 전세권은 전세권설정계약을 통하여 설정되며 등기하여야 효력이 생긴다(§186). 그 밖에 양도·상속·취득시효로도 취득한다. 설정행위에서 금지되지 않는 한, 전세권자는 전세권을 타인에게 양도 또는 담보로 제공할 수 있으며 그 존속기간 내에서 그 목적물을 타인에게 전전세(轉傳貰)·임대할 수 있다(§306). 전세금 반환이 지체된 때에는 전세권자에게는 경매를 청구할 권리가 있다(§318). 전세권존속시기는 10년을 한도로 하며 갱신할 수 있지만 역시 10년을 넘지 못한다. 당사자의 약정기간이 10년을 넘는 경우에는 10년으로 단축된다(§312①). 건물에 대한 전세권 약정 기간은 최소한 1년이어야 하며, 1년 미만으로 약정한 경우에는 1년으로 본다(§312②). 존속기간을 약정하지 않은 경우에는 각 당사자는 언제든지 상대방에 대하여 전세권의 소멸을 통고할 수 있으며, 상대방의 전세권은 이 통고를 받은 후 6월이 경과하면 소멸한다(§313). 그러나 아직도 전세의 대부분은 채권관계로 남아있는 실정이다. 이러한 채권적 전세 가운데는 민법의 임대차규정이 적용되는 것과 그 밖의 주택임대차보호법의 적용을 받는 것이 있다.

전세권자(傳貰權者)

전세권을 가진 자를 말한다. 즉 전세금을 지급하고 전세권설정자의 부동산을 점유하여 그 부동산의 용도에 좇아 사용·수익할 권리를 가진 자이다(민§303). 전세권자에게는 점유권·사용 및 수익권·유익비의 상환청구권·부속물수거권·매수청구 및 경매청구권의 권리가 있으며 목적물관리의무·원상회복의무 등의 의무가 있다.

전전세(轉傳貰)

전세권자가 전세권을 기초로 하여 그 전세기간 내에서 그 전세권을 목적으로 하는 전세권을 다시 설정하는 것을 말한다(민§306). 그러나 이는 설정행위로 금지할 수 있다. 일종의 전세권이므로 물권적 합의로 설정하며 등기를 하여야 한다. 전세금지급은 전전세(轉傳貰)에 있어서도 반드시 지급되어야 한다. 전세금에 대하여는 학설의 대립이 있지만 원전세금을 넘지 않아야 한다는 것이 다수설이다. 전전세가 설정되어도 원전세권은 소멸하지 않는다. 그러나 전세권자는 전전세하지 않았더라면 면할 수 있었을 불가항력으로 인한 손해에 대하여서도 그 책임을 부담한다(§308). 전전세권이 존속하는 동안에 전세권자는 전전세의 기초가 되는 전세권을 소멸시키는 행위를 하지 못하지만 행하지 않는 범위에서는 처분 행위를 할 수 있다. 전세권이 소멸하면 전전세권도 소멸한다. 전전세권자도 경매권을 행사할 수 있다(§318).

부속물매수청구권
(附屬物買受請求權)

전세권자 또는 건물 기타 공작물의 임차인이나 전차인이 목적물 사용의 편익을 위하여 전세권설정자나 임대인의 동의를 얻어 부속시킨 물건이나 그로부터 매수한 부속물을 계약의 종료시에 전세권설정자 또는 임대인에 대하여 매수할 것을 청구하는 권리(민법 316조 2항, 646조, 647조)를 말한다. 이 권리는 명목은 청구권이지만 차가인이 부속물의 매수청구의 의사표시를 함과 동시에 당연히 시가에 따른 매매가 성립하므로 본질적으로는 형성권이다. 부속물매수청구권은 전세권자 또는 차가인이 임차건물에 투하한 자본의 회수를 용이하게 함과 동시에, 건물의 객관적 가치를 증가시키고 있는 부속물을 그 건물로부터 제거함으로써 생기는 사회적·경제적 퇴비를 방지하기 위하여 인정된 제도이다.

부속물수거권(附屬物收去權)

전세권이 소멸하는 경우에는, 전세권자는 그 목적부동산을 원상회복하여야 하고, 그 목적물에 부속시킨 물건을 수거할 수 있는데(민법 316조 1항 본문), 이를 부속물수거권이라 한다. 민법은 '존속기간의 만료로 인하여 소멸한 때'라고 하지만 어떤 사유로 인하여 소멸한 경우에나 마찬가지로 해석하여야 한다. 부속물의 수거와 원상회복은 권리인 동시에 의무이며, 수거는 전세권이 소멸한 후 지체 없이 하여야 한다. 그러나 부속물수거권은 전세권설정자가 매수청구권을 행사하는 경우에는 인정되지 않는다.

소멸청구(消滅請求)

지상권설정자 및 전세권설정자가 지상권자나 전세권자에 대하여 지상권 또는 전세권을 소멸시키는 단독적 물권행위를 말한다. 그리고 이 소멸청구를 할 수 있는 지상권 또는 전세권설정자의 권리를 소멸청구권이라 하며, 그 법적 성질은 형성권의 일종이다. 따라서 지상권 또는 전세권설정자에 의한 소멸청구의 일방적 의사표시가 있으면 지상권 또는 전세권소멸에 관한 물권적 합의가 있은 때와 같이 법률관계가 성립하며, 이러한 권리소멸의 효력은 등기를 함으로써 생긴다고 하겠다. 먼저 지상권의 소멸청구는 지상권자가 2년 이상의 지료를 지급하지 아니한 때에 할 수 있으며(민법 287조), 그 지상권이 저당권의 목적인 때나, 그 토지에 있는 건물·수목이 저당권의 목적이 된 때에는 소멸청구를 한 것을 저당권자에게 통지한 후 상당한 기간이 경과하여야 효력이 생긴다(민법 288조). 다음 전세권의 소멸청구는 전세권자가 설정계약 또는 그 목적물의 성질에 의하여 정하여진 용법에 의하지 아니한 사용·수익으로 인해 전세부동산에 변경이 가해졌거나 손해가 발생한 때에는, 전세권 설정자는 전세권자에 대하여 원상회복 또는 손해배상도 청구할 수 있다(민법 311조).

소멸통고(消滅通告)

소멸청구와 함께 전세권을 소멸시키는 단독적 물권행위를 말한다. 그 법적 성질은 형성권의 일종으로 전세권 소멸효과가 생기려면 등기하여야 한다(민법 186조). 전세권의 존속기간을 약정하지 아니한 때에는 각 당사자는 언제든지 상대방에 대하여 전세권 소멸의 통고를 받을 수 있고, 상대방이 이 통고를 받은 날로부터 6월이 경과하면 전세권은 소멸한다(민법 313조). 또 전세권의 목적물의 전부 또는 일부가 불가항력으로 인하여 멸실된 때에는 그 멸실된 부분의 전세권은 소멸하는데, 일부멸실의 경우에 전세권자가 그 잔존부분으로 전세권의 목적을 달성할 수 없는 때에는 전세권설정자에 대하여 전세권 전부의 소멸을 통고하고, 전세금의 반환을 청구할 수 있다(민법 314조).

담보물권(擔保物權)

담보물권이란 일정한 물건을 채권의 담보에 제공하는 것을 목적으로 하는 물권이다. 제한물권이란 점에서는 용익물권과 동일하지만 물건의 물질적 이용을 목적으로 하는 것이 아니라 오직 물건의 교환가치를 파악하고, 이에 의하여 채권을 담보하는 점에서 다르다. 담보물권은 채권자평등의 원칙의 예외로서 인정되는 제도이다. 예컨대 甲(갑)을 포함한 10명의 채권자들이 乙(을)에게 각각 10만원씩의 채권을 가지고 있다면 을의 채무가 모두 100만원이나 되지만 을의 재산이 50만원밖에 없는 경우에는 을의 파산이나 강제집행의 경우 갑을 포함한 각 채권자들은 각각 5만원밖에 받지 못하게 된다. 따라서 갑은 채권확보를 위해 특정재산에서 우선적으로 채권구제를 받을 수 있는 권리를 설정할 필요가 있는 것이다. 이와 같이 채권자가 취득한 특권을 담보물권이라고 한다. 담보물권의 목적이 되는 재산은 원칙적으로 특정재산이 아니면 안 된다. 담보물은 대개 채무자가 제공하지만 그 친구나 친척 등이 채무자를 위해서 담보물을 제공하는 경우도 있다. 이러한 자를 물상보증인이라고 한다.

담보물권의 종류 : 민법상 법정담보물권(유치권)과 약정담보물권(질권·저당권)이 인정되지만 사업상 선박저당권이 있으며 그 밖의 특별법상의 재단저당·담보부사채·자동차저당·항공기저당 등이 인정된다. 또한 명문의 규정은 없으나 관습법에 의하여 확립된 양도담보의 제도도 담보물권의 일종이다.

담보물권을 통한 채권확보방법 : 담보물권은 채권자가 자기의 채권을 확보하기 위한 물권이며 그 채권의 확보방법은 두 가지가 있다. 채권자가 변제하지 않는 경우에 채권자는 ㉮ 담보물을 경매해서 그 대금에서 우선적으로 변제를 받는 방법으로 질권·저당권이 이에 해당하며 ㉯ 담보물의 점유를 채권자의 수중에 두고, 채무자가 이를 변제하지 않을 때 간접적으로 변제를 독촉한다는 방법으로 유치권과 질권이 이에 해당한다.

담보물권의 성격 : ㉮ 부종성 : 채권이 없으면 담보물권도 성립하지 않는다. 또 채권이 소멸하면 담보채권도 소멸한다. 담보물권이 채권의 담보라는 목적을 위하여 존재하는 권리라는 점에서 오는 당연한 성질인 것이다. 그러나 금융거래의 편의상 채권이 아직 발생하지 않았으나 장차 발생하는 것이 확실한 경우에, 미리 담보물권을 설정해 둘 필요가 생기게 되므로 학설도 점차로 이와 같은 요청을 받아들여서 드디어 근담보제도가 명문화하게 되자 그 한도내에서 담보물권의 부종성은 다소 완화되고 있다. 그러나 이것은 약정담보권인 질권·저당권에 대하여 말하는 것이며 유치권에 대하여는 부종성이 엄격히 관철된다. ㉯ 수반성 : 담보물권은 채권을 담보하는 것이기 때문에 그 채권이 양도되면 원칙적으로 이에 수반해서 이전된다. ㉰ 불가분성 : 담보물권은 채권전부의 변제를 받을 때까지는 소멸하지 않는다. 예컨대 100만원 채권중 이미 90만원의 변제를

받았다고 하여도 담보물권은 전부에 대하여 존속한다. ㉣ 물상대위성 : 담보의 목적물이 매각·임대되거나 멸실·훼손됨으로써 그 소유자가 매각대금·임료·손해배상금·보험금 등의 청구권을 취득하는 경우에는 담보물권은 이러한 청구권 위에 그대로 존속한다. 왜냐하면 이러한 청구권은 본래의 담보물의 가치를 대표하는 것이기 때문이다. 다만, 유치권에는 이러한 성질이 없다.

가치권(價値權)

물건의 교환가치를 취득함을 목적으로 하는 권리이다. 물건의 물질적 이용을 목적으로 하는 권리인 물질권에 대칭되는 개념이다. 예를 들면 질권이나 저당권은 채무자가 기간 내에 채무변제를 하지 않은 경우에 다른 채권보다 우선적으로 변제를 받을 수 있는 권리이다(민§329, §356, §342, §370). 가치권은 실정법상의 용어가 아니며 용익물권에 대하여 담보물권의 특질을 명확히 하기 위한 대립개념으로 사용되는 용어이다. 담보물권은 기능적으로 채권을 담보하며, 채무불이행이 있을 경우에 목적물로부터 우선 변제를 받는 것만으로써 충분하고 목적물의 물질적 이용에 관계하지 않으므로 소유권·이용물권에 대하여 가치권이라 불려진다. 즉 질권이나 저당권 궁극적인 실현은 경매의 매득금에 대한 우선변제권에 있다. 경매의 매득금은 질물이나 저당물건의 교환가치가 현실화한 것이다. 따라서 질권이나 저당권은 물(物)의 교환가치를 지배하는 권리라고 할 수 있다. 특히 저당권의 가치권으로서의 성격은 근대저당권법의 발전에 의하여 점점 독립적인 것으로 나타나고 있다.

일반담보·특별담보
(一般擔保·特別擔保)

특별담보란 특정의 재산이 특정의 채권의 담보가 되는 것을 말한다. 즉 담보물권의 목적으로 되는 것을 가리키지만 한편으로 특별담보의 목적으로 되어 있는 특정재산을 뜻하는 때도 있다. 이에 대하여 일반담보란 채무자의 전재산 중에서 특별담보의 목적이 되어 있는 것과 압류가 금지되어 있는 것을 제외한 그 나머지의 전재산이 모든 채권자를 위하여 변제에 충당되는 것을 말하며, 한편으로는 그 전재산, 즉 일반담보의 목적이 되는 재산을 가리키는 일도 있다. 즉 채무자의 총재산을 총 채권자의 일반담보라고 할 때에는 전자를 말하고, 사해행위(詐害行爲)는 일반담보를 감소시키는 행위라고 할 때에는 후자를 뜻한다.

비전형담보(非典型擔保)

민법은 담보물권으로서 유치권·질권·저당권을 규정하고 있으며, 그밖에 전세권도 일종의 담보물권으로 하고 있다. 그러나 오늘날의 담보물권제도에 있어서의 실질적·중심적 기능인 적극적 신용수수의 역할을 하는 물적 담보제도로서 민법이 정한 제도는 질권과 저당권뿐이라고 할 수 있다. 그런데 실제 거래계에서는 이러한 민법상의 담보물권제도를 불만스럽게 여기고 새로운 형태의 담보제도를 개발하여 이용하게 되었다. 즉 본래는 담보수단으로서 구성되어 있지 않은 민법상의 제도를 담보수단으로 전용하는 방법을 취해오고 있다. 여기서 유치권·질권·저당권 등의 민법이 예정한 본래의 담보방법을 전형담보라고 하는 반면, 민법이 예정하지 않았던 새로운 담보방법을 비전형담보 또는 변칙담보라고 부르는 것이다.

인적 담보·물적 담보

(人的 擔保·物的 擔保)

인적 담보제도란 금전채권의 실현시 그 거점이 되는 책임재산으로서 채무자의 책임재산 뿐만 아니라 다른 제3자의 책임재산도 추가하는 방법의 담보제도이다. 채권법에서 다루는 보증채무 및 연대채무)등이 인적 담보이다. 복수의 책임재산이 있으므로 전체적으로 책임재산의 총액이 증대하는 동시에 지급불능의 위험이 분산되어 금전채권의 실현이 보다 확실하게 된다. 물적 담보는 책임재산을 이루는 재화 가운데 어느 특정의 것을 가지고 채권의 담보에 충당하는 제도이다. 즉 채무자의 채무불이행이 있게 되면 채권자는 그 교환가치로부터 채권자평등의 원칙을 깨뜨려서 다른 채권자보다 우선하여 변제를 받는 제도이다. 물권법상의 담보물권은 그 전형적인 예이다.

법정담보물권·약정담보물권

(法定擔保物權·約定擔保物權)

담보물권에는 법정담보물권과 약정담보물권의 두가지가 있다. 법정담보물권은 특수한 채권에 대하여 일정한 요건에 의거하여 법률상 당연히 발생하는 것으로 (1) 유치권, (2) 법정질권·법정저당권, (3) 우선특권이 이에 해당한다. 약정담보물권은 채권자와 채무자가 애당초에 약속하고 성립시켜 발생하는 것으로 (1) 질권, (2) 저당권, (3) 전세권이 이에 해당한다.

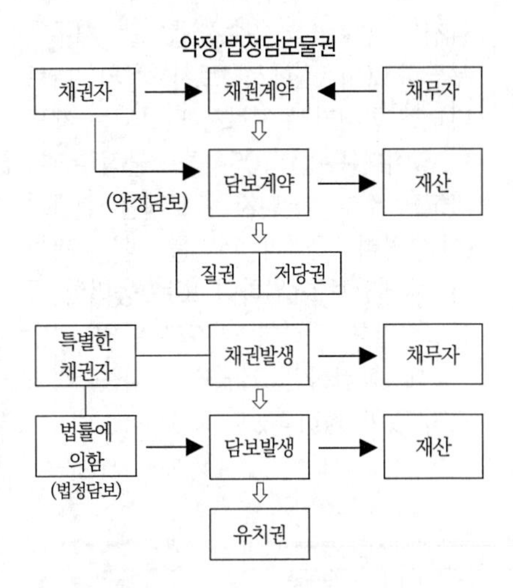

약정담보물권(約定擔保物權)

(독;Verträgliches Pfandrecht)

당사자 사이의 계약에 의해 성립하고 재화의 자금화를 목적으로 하는 담보물권을 말한다. 민법상의 약정담보물권으로는 질권과 저당권이 있다. 또한 전세권의 경우 우선변제적 효력이 인정되기 때문에(민법 303조) 이를 용익물권인 동시에 일종의 담보물권으로 보아 약정담보물권의 범주에 포함시켜도 무방할 것이다. 약정담보물권은 법정담보물권에 대립되는 개념이다. 법정담보물권은 당사자의 의사와 상관없이 법률상 당연히 성립하는데 반해, 약정담보물권은 당사자 사이의 계약에 의해 성립하여 채권을 담보하는 제한물권이다.

물상담보(物上擔保)

독;Reallast

독일 민법상 일정한 권리자에 대하여 토지소유자가 회귀적 급부(예 : 곡물·금전의 급부, 가옥수선)를 할 채무를 부담하고(이 점에서 토지채무와 다르다) 그 변제가 토지로서 담보되는 제도를 말한다(독민§1105이하). 물적부담이라고도 한다. 권리자는 토지를 현금화(환가)하여 채권의 변제를 받는 것이다. 채권담보를 위하여 또는 농민의 공동상속인을 위하여 설정되는 일이 많은 데 봉건적인 기원에 속하는 것이 적지 않아 정리되었다.

물상보증인(物上保證人)

독;Drittverpfänder
불;caution réelle

타인의 채무를 위하여 자기가 소유하는 재산을 담보에 제공하는 것을 물상보증이라고 하고 그 재산을 담보에 제공한 사람을 물상보증인이라고 한다. 타인의 채무를 위하여 채무자와 계약으로 저당권 또는 질권을 설정한다. 물상보증인은 보증인과 달라서 채무를 부담하지 않으므로 채권자는 이에 대하여 청구를 하거나 그의 일반재산에 대하여 집행하지는 못한다. 그러나 담보권이 실행되거나 또는 물상보증인이 변제를 했을 때에는 물상보증인은 채무자에 대하여 보증인과 동일한 구상권을 취득한다(민§341, §370). 물상보증인은 변제를 하는데 이해관계를 가진 제3자로서 채무자의 의사에 반하여 변제할 수 있으며(민§469②), 변제에 의하여 당연히 채권자를 대위한다(민§481).

물상대위(物上代位)

독;Surrogation
불;surbroagtion

물상대위란 담보의 목적물이 멸실·훼손되더라도 그것의 교환가치를 대표하는 것이 존재하는 경우에는 그 위에 담보물권이 존속하게 되는 것을 말한다. 예컨대 담보가옥이 소실한 경우 저당권자는 화재보험금을 우선적으로 수령할 수 있으며 담보물권의 목적물이 멸실하였을 때에도 담보물권은 손해배상금 등의 청구권 위에 잔존하여 우선변제 받는다. 물상대위는 교환가치가 현실화되었다는 이유로 인정되므로, 우선변제권이 없는 유치권에는 물상대위의 적용이 없다. 민법은 질권에 관하여 물상대위의 규정을 두고 이것을 저당권에 준용하고 있다(민§342). 물상대위는 멸실·훼손 기타에 의하여 채무자 등 또는 물상보증인이 취득하는 청구권(보험금·손해배상·보상금 등의 청구권) 위에 그 효력을 미치는 것이고 지급된 금전 등위에 그 효력을 미치는 것이 아니다. 따라서 물상대위가 실효성이 있게 하려면 보험금이나 손해배상금 등이 채무자에게 지급 또는 인도되기 전에 압류하여야 한다(민§342). 이때 압류는 대표물의 특정성을 유지하여 제3자에게 예측하지 못한 손해를 입히지 않기 위한 것이므로, 대위권을 행사하는 담보물권자가 스스로 할 필요는 없으며, 다른 채권자가 압류한 경우에도 대위권을 행사할 수 있다는 것이 통설과 판례이다.

유치권(留置權)

英;lien
獨;Zurückbehaltungsrecht, Retentionsrecht
佛;drit de rétention

타인의 물건이나 유가증권을 점유하고 있는 자가 그 물건 또는 유가증권에 관하여 발생한 채권의 변제를 받을 때까지 그 물건 또는 유가증권을 유치하는 권리이다(민§320~§328). 예컨대 시계수리상은 수리대금의 지급을 받을 때까지는 수리한 시계를 유치하여 그 반환을 거절할 수 있다. 이를 유치적 작용이라 하는데 채권자는 이를 이용하여 간접적으로 채무자에게 수리대금의 지급을 강제하는 역할을 하여 수리대금청구권을 확보한다. 유치권은 그 물건에 관해서 생기게 된 채권에 대해서 법률상 당연히 생기는 법정담보물권이다. 따라서 담보물권에서 인정되는 부종성·수반성·불가분성을 가진다. 그러나 물상대위성은 없다. 동시이행의 항변권과는 같은 취지이지만 유치권은 물권인 점에서 다르다. (1) 유치권의 성립 : 유치권은 법정담보물권이므로 법률이 정하는 일정한 요건을 구비함으로써 법률상 당연히 성립한다. 그러나 당사자간의 특약에 의하여 유치권의 발생을 억제할 수 있다. 유치권이 성립하려면 ㉮ 채권자가 타인의 물건·유가증권을 점유하여야 한다. ㉯ 채권이 물건 또는 유가증권에 관하여 생긴 것일 것(견련관계), 즉 보관·운송·수선 등 뿐만 아니라 그 물건이나 유가증권으로부터 생기는 손해 등에 관하여 생긴 청구권도 포함한다. ㉰ 점유가 불법행위에 의하지 않아야 한다. ㉱ 채권이 변제기에 있어야 한다. 그러나 상사유치권에 대하여는 상법에 특칙이 있는데(상§58), 채무자소유의물건이나 유가증권에 대하여서만 성립하고 물건·유가증권과 채권과의 사이에 직접적인 견련관계를 필요치 않으며 채권의 성립과 물건이나 유가증권의 점유의 취득이 당사자간의 상행위에서 생기면 충분하고 특정한 물건 또는 유가증권에 대하여 생긴 채권뿐만 아니라 다른 채권에 대하여서도 그 지급이 있을 때까지 그 물건이나 유가증권을 유치할 수 있다.

(2) 유치권의 효력 : ㉮ 유치권자는 채권의 변제가 있을 때까지 목적물을 유치할 수 있다(유치적 효력). ㉯ 유치권자는 유치물에서 생기는 천연과실 및 임료 등의 법정과실을 수취하여 다른 채권자에 우선하여 과실로써 채권의 변제에 충당할 수 있다(민§323). ㉰ 유치권자는 별제권(파§84)과 경매권을 가진다(민§322). 다만 경매시 우선변제권이 없다는 데 이론이 없지만(민§320) 다른 채권자가 그 물건을 경매에 붙여 경락인이 결정되었다 해도 경락인은 우선 유치권자에게 그 채권액만

큼을 먼저 경락대금에서 지급하지 않으면 그 물건을 받아내지 못하게 되어 있으므로 사실상은 유치권도 우선적으로 변제를 받을 수가 있다. ㉣ 유치권자는 유치물의 보관상 주의의무를 지며 사용·수익할 수 없으나(민§324), 비용상환청구권을 가진다(§325). (3) 유치권의 소멸 : 유치권은 유치물의 점유를 잃으면 소멸하고, 또 채무자는 상당한 담보를 제공하여 유치권소멸의 청구를 할 수 있다(§327~§328).

민사유치권(民事留置權)

민법상의 일반적인 유치권을 상사유치권에 대한 명칭으로 부르는 용어이다. 유치권에는 유치적 효력과 현금화(환가)효력이 있다. 법정담보물권이라는 점에서는 상사유치권이나 민사유치권이 모두 같다. 그러나 그 성립요건에서 약간의 차이가 있다.

→ 유치권. 상사유치권 참조.

질권(質權)

라;pignus
영;pledge
독;Pfandrecht
불;nantissement, gage

채권자가 채무담보로서 채무자나 제3자(물상보증인)로부터 인수한 물건을 채무변제가 있을 때까지 유치하여 채무변제를 간접적으로 강제하다가, 채무자가 변제하지 않을 경우 그물건을 현금화(환가)하여 우선적 변제를 받을 수 있는 담보물권이다(민§329~§355). 채권자로서 질물(質物)을 받을 사람을 질권자, 질물을 제공한 사람을 질권설정자라고 한다. 질권은 저당권과 함께 약정담보물권으로 금융을 얻을 수 있는 수단으로 사용된다. 질권은 목적물점유를 채권자에게 이전하여야 하므로 채권자가 목적물을 계속 이용해야 하는 공장·생산용구 등을 담보로 금융을 얻으려는 경우에는 채권자·채무자 양쪽에 모두 불편한 것이며 이 경우는 오히려 저당권이 편리하다. 반면에 일용품과 같이 채무자에게 주관적 사용가치가 큰 물건에 대하여는 질권이 큰 역할을 하게 된다. 그러나 질권이 유치적·현금화(환가)효력을 가지는데 반하여(민§335), 저당권은 유치적 효력이 없다. 또한 질권은 물권일반의 성격인 부종성·수반성·불가분성·물상대위성(§342)이 인정된다. 질권에는 동산질·권리질이 있다. 현행민법은 부동산질을 폐지하였다. 또한 이러한 민사질 이외에 상법 그밖의 특별법상의 질권인 상사질·영업질·공익질 등이 있다. 질권은 질권자와 질권설정자간의 계약에 의하여 성립한다. 채권에 의하여 담보되는 질권의 범위는 원금·이자(저당권의 경우와 같이 제한은 없음)·위약금)·질권실행)·실물보존비용·손해배상채권에 미친다. 질권자는 질권의 보존범위 내에서 사용·수익할 수 있으며 자기의 책임으로 전질(轉質)을 할 수도 있다(§336). 질권자가 우선적으로 변제를 받는데는 민사집행법의 규정(민사집행법§271, §272)에 의하는 것이 원칙이며 동산질이나 권리질에는 특별한 현금화(환가) 방법도 인정되고 있다(§338). 그러나 변제기일전의 계약으로 질권자에게 질물(質物)

의 소유권을 취득케하는 유질계약은 채무자 이익보호를 위하여 금지되고 있다(§339).

유치적 효력(留置的 效力)

유치권자·질권자와 같이 점유의 권리를 수반하는 담보물권자가 담보목적물을 유치하여 간접적으로 변제를 강제하는 효력을 말한다(민§335, §320). 유치권은 이 효력에 의하여서만 담보의 목적을 다한다. 그러나 질권은 목적물을 경매하여 우선변제를 받는 효력을 가지며(§329), 동산질권에서는 실제로 유치적 효력이 큰 실익을 발휘한다.

동산질권(動産質權)

독;Faustpfand 불;gage

동산을 목적물로 하는 질권을 말한다. 장신구·공동품·귀금속·의류 등의 입질(入質)로서 질권 가운데 가장 일반적인 형태이며 서민금융의 수단으로서 중요하다. 동산질권의 설정에는 합의이외에 질권자에 대한 목적물 인도를 요하고(민§330), 점유개정에 의하여 인도에 대신할 수 없다. 이것은 특히 동산질권에 유치적 효력을 확보하기 위한 것이다. 점유가 침탈되면 점유보호청구권에 의하여 보호된다. 그러나 침탈 이외의 사유로 점유를 상실하면 질권을 상실하게 되느냐에 관하여 질권에 기한 반환청구권을 인정하는 견해(다수설)와 부인하는 견해가 있다. 증권에 의한 상품입질은 증권을 질권자에게 배서·교부함으로써 효력이 생기고 증권의 인도가 상품자체의 인도와 동일시된다. 유질계약은 금지되지만(§339), 가격이 적은 것을 목적으로 하는 동산질권의 질물까지도 정식 경매를 한다면 불합리한 결과가 생기므로, 특히 법원의 허가를 얻은 경우에 한해서 간편한 현금화(환가) 방법에 의한 변제충당의 방법을 인정하고 있다. 이 경우에는 질권자는 미리 채무자 및 질권설정자에게 통지하여야 한다(§338②). 또 질권의 과실을 수취하여 우선변제를 받을 수도 있다(§343, §323 전단).

법정질권(法定質權)

독;gesetzliches Pfandrecht

법률의 규정에 의하여 성립하는 질권이다(민§648, §650). 당사자간의 계약에 의하여 설정되는 보통의 질권과는 그 성립의 원인을 달리한다. 그러나 일단 성립한 후에는 성질이나 효력에 있어서 보통의 질권과 동일하다. 법정질권이 성립하기 위하여는 부동산임대인(채권자)이 목적물을 압류하여야한다. 압류에 의하여 채권자의 간접점유가 성립한다. 법정질권에 대하여는 동산질권에 관한 규정이 준용된다. 현행민법상의 법정질권은 (1) 토지임대인의 임대차에 관한 채권에 의하여 임차지에 부속 또는 그 사용의 편익에 공용한 임차인 소유의 동산 및 그 토지의 과실을 압류한 경우(민§648)와 (2) 건물 기타 공작물의 임대인이 임대차에 관한 채권에 의하여 그 건물 기타 공작물에 부속한 임차인소유의 동산을 압류한 경우(§650)에 성립한다.

권리질권(權利質權)
독;Pfandrecht an Rechten
불;gage sur les droits

물건 이외의 재산적 권리의 목적으로 하는 질권이다(민§345~§355). 즉 질권은 동산 위에 성립하는 외에 채권이나 주식과 같은 재산권에도 성립한다. 질권은 원래 유체물(특히 동산)에 대하여 인정된 제도인데, 재산권이 경제상 중요한 지위를 점하기에 이르러 종래의 질권의 개념을 확장하여 권리를 입질하는 것이 인정되었다. 현재 권리질권은 은행금융 등에서 중요한 작용을 하고 있다. 권리질권의 설정은 법률의 다른 규정이 없으면 그 권리양도에 관한 방법에 의하여야 한다(§346). 권리질의 목적이 될 수 있는 권리는 양도를 할 수 있는 재산권이다. 채권·주긴·무체재산권 등 그 범위가 넓다(§331, §345). 그러나 재산권일지라도 사용·수익을 목적으로 하는 권리(예 : 지상권·전세권·부동산임차권 등)는 권리질의 목적으로 할 수 없다(§345但). 광업권에도 처분의 제한이 있다(광§11). 특허권·저작권 등의 무체재산권에는 목적물의 인도라는 개념이 없으며 등록을 효력발생요건으로 하므로 이들 권리에 대한 질권은 질권이라고는 하지만 저당권적 성격을 가진다('등록질'이라고도 한다).

채권질권(債權質權)
독;Forderungspfandrecht

채권을 목적으로 하는 질권으로 권리질권 가운데 하나이다. 채권은 양도 할 수 있으므로 질권의 목적이 될 수 있다. 즉 채권질권의 설정은 채권양도의 방법에 의하므로 채권의 종류에 따라 다르다(민§346). 채권이 재화로서 중요한 지위를 차지하는 현재로는 그 작용이 크다. 특히 증권화된 채권(지시채권·무기명채권)에 있어서 현저하다. 채권질권이 설정되면 입질채권에 관한 변제·포기 따위의 처분이 금지된다. 질권자는 입질채권을 직접 청구할 수 있거나 민사소송법의 규정에 의하여 행할 수 있다(§382①, §383).

부동산질권(不動産質權)
독;Nutzpfand
불;antichrèse

토지·건물 등 부동산을 목적으로 하는 질권이다. 그 내용은 구민법상 질권자는 원칙적으로 목적물을 용익하고 그 수입을 세금·관리비용 등의 부담 및 피담보채권의 이자 등에 충당하도록 규정하였었다(구민§356~§359). 그러나 저당권의 발달로 그 효용이 없어지게 되고 금융업자도 부동산의 점유와 용익에는 관심을 기울이지 않는다는 실정을 고려하여 현행법은 이를 폐지하였다.

비점유질(非占有質)
독;Jungerd Satzung

비점유질이란 그 설정에 질물(質物)의 점유를 요하지 않는 질권이다. 현행법상 인정되지 않으나 저당권과 분화하지 않았던 시대에 이와 같은 질권이 존재한 바 있었다. 예컨대 로마법상 actio serviana에 의하여 보호되었던 사업용 기구의 질권이 있다. 저당권의 원시형태라 할 수 있다.

유질(流質)
라;lex commissoria
독;Verfallklausel
불;pacte commissoire

변제기 전에 계약으로 채무자가 채무의 이행을 하지 않을 때에는 채권자가 질권의 소유권을 질권자에게 취득하게 하거나 채권자가 질권을 임의로 처분하여 그 매매대금을 우선적으로 채권변제에 충당하는 것이다. 민법은 서민금융의 법적 수단인 질권의 사회적 기능에 비추어 차주(借主)의 경제적 빈궁을 이용하여 부당한 이익을 보지 못하도록 유질계약을 금지한다(민§339). 그러나 상업질권(상§59)에 대하여는 예외적으로 유질계약을 인정한다. 또한 금지되는 것은 변제기 전의 유질계약 뿐이며 변제기 이후 당사자간에 질권을 처분하는 계약을 하는 것은 자유이다.

전당포(典當鋪)
영;pawnshop
불;boutique de préteur sur gage

물품(동산) 및 유가증권 위에 민법에 규정된 질권을 취득하여 유질기간동안 전당물로서 담보하고 그 채권의 변제를 받지 못할 때에는 그 전당물로서 변제에 충당하는 약관을 붙여서 금전을 빌려주는 영업적 금융업자이다. 일제 때부터 질옥취체법(1895년법14호)으로 전당업을 단속하였으나 서민금융기관으로서 중요한 구실을 하였으므로 5·16 이후 전당포영업법(1961년 11월 1일 법률 제763호 개정있었음)을 제정하여 이를 규율하고 있었으나 1999년 폐지되었다.

유질계약(流質契約)

질권설정자가 질권설정계약과 동시에 또는 채무변제기 전의 계약으로서 변제에 갈음하여 질권자에게 질물의 소유권을 취득하게 하거나 기타 법률에서 정한 방법에 의하지 아니하고 질물을 처분케 하는 약정을 하는 것을 말한다. 우리 민법은 이 유질계약을 금지하고 있다(민법 339조). 유질계약을 허용하면, 궁박한 상태에 있는 채무자가 자금의 융통을 위하여 고가물의 입질을 강요당하여 폭리행위의 희생물이 될 우려가 있기 때문에 이를 금지하는 것이다. 채무변제기 전의 유질계약을 금지하는 것이며, 변제기 후의 유질계약은 일종의 대물변제로서 유효하다. 금지에 해당하는 유질계약의 효력은 당연무효이다. 민법 제399조는 강행규정이므로 당사자의 합의로도 이를 배제할 수 없다. 이러한 유질계약의 금지는 상법에 예외규정이 있다. 즉 상행위에 의한 채권을 담보하기 위해서 설정된 질권에는 민법 제339조가 적용되지 않는다(상법 59조). 그런데 이와 같은 민법상의 유질계약의 목적은 환매·양도담보 등 다른 제도에 의해 달성될 수 있으므로 유질계약만을 금지함에 실효성이 없다. 또한 절대적으로 유질계약을 금지하면 채무자의 자금융통의 길을 막게 되어 채무자 보호의 본래목적에서 벗어나게 된다.

전질(轉質)
라;pignus pignoris
독;Afterpfand
불;sous-engagement, arrière-gage

질권자가 질물(質物)을 자기의 책임으로, 그 권한 안에서 자기의 채무의 담보로 다시 입질하는 것이다(민§336). 질권설정자의 승낙을 얻어서 행하는 전질을 승낙전질이라고 하며, 질권설정자의 승낙을 얻지 않고 질권자 스스로의 책임으로 전질하는 것을 책임전질이라한다. 승낙전질은 주로 당사자간의 계약에 의하여 그 내용이 정하여지고 민법 제336조의 전질은 책임전질에 관한 것이다. 책임전질의 성질에 대하여는 채권·질권공동입질설과 질물재입질설이 대립하고 있다. 전질권의 피담보채권은 원질권의 피담보채권을 초과할 수 없으며, 전질권의 존속기간은 원질권의 존속기간 내이어야 하며, 전질권의 실행에는 원질권의 실행기가 도래하였을 것을 요한다. 원질권의 피담보채권에 관하여서는 변제 기타의 처분이 금지되며 전질권의 설정에 대하여 원채무자에게 통지하고 또는 승낙이 있었을 때에는 원채무자의 원질권자에의 변제는 효력을 발생하지 않는다. 또한 책임전질에 있어서는 전질하지 아니하였으면 발생하지 않았을 불가항력으로 인한 손해에 대하여서도 책임을 진다(민§336).

책임전질(責任轉質)

→ 전질 참조

승낙전질(承諾轉質)

→ 전질 참조

저당권(抵當權)
독;hupothek
불;hypotèque

채권자가 채무자 또는 제3자(물상보증인)로부터 점유를 옮기지 않고 그 채권의 담보로 하여 제공된 목적물에 대하여 채무자가 변제를 하지 않을 때에는 일반채권자에 우선하여 변제를 받는 권리이다(민§356~§372). 질권과 같은 약정담보물권이며, 금융의 수단으로 이용되고 있다. 저당권은 질권과는 달리 목적물을 유치하지 않고 저당권설정자가 계속 사용·수익할 수 있으므로 기업시설의 담보화에 유용하고 근대적 금융에 유리하다. 부동산과 같이 설정자가 계속 사용할 필요가 있는 경우에는 저당제도가 특히 중요한 작용을 발휘하게 된다. 그러나 점유를 수반하지 않으므로 제3자에게 저당권의 설정되어 있음을 알 수 있도록 하기 위하여 저당권은 등기·등록과 같은 공시방법을 갖추어야 성립할 수 있다. 민법상 부동산과 지상권 및 전세권이 저당권의 목적으로 될 수 있지만, 동산은 저당권의 목적이 되지 않는다. 그러나 경제발전과 더불어 그 목적 범위가 점차로 확대되어 각종 재단저당·동산저당(공장저당·자동차저당 등)이라는 특수한 저당권분야가 형성되었다. 저당권은 약정담보물권이므로 저당권자와 저당권설정자간의 저당권설정합의와 등기(대항요건)를 함으로써 성립한다. 저당권이 설정되어 있는 부동산에 대하여 지상권이나 임차권이 설정되어도 저당권자에게는 대항하지 못한다. 하나의 저당권에 2개 이상의 저당권이 설정되면 등기의 전후에 따라 1번저당·2번저당으로 부르며 1번저당이 소멸하면 2번저당이 승격하여 1번저당이 된다(순위승진의 원칙). 후순위의 저당권자는 선순위의 저당권자가 경매대금에서 변제를 받은 다음에야 변제를 받을 수 있다. 저당권자는 다른 채권자를 위하여 자기 저당권을 포기하거나 양도할 수 있다.

법정저당권(法定抵當權)

독;gesetzliche Hypothek

토지임대인의 일정범위의 차임채권을 보호하기 위하여 법률의 규정에 의해 당연히 성립되는 저당권을 말한다(민법 649조). 법정저당권이 성립되는 토지임대인의 채권은 변제기를 경과한 최후 2년의 차임채권에 한하며 법정저당권의 목적은 임대차의 목적이 된 토지위에 있는 임차인소유의 건물이다. 법정저당권의 효력발생을 위해서는 토지임대인이 그 목적물인 건물을 압류하여야 한다. 법정저당권의 성립은 법률의 규정에 의한 물권변동이므로 등기를 요하지 않는다(민법 187조). 법정저당권은 저당권과 동일한 효력이 있다(민법 649조). 특히 토지임대인은 변제기를 경과한 최후 2년의 차임채권에 관하여 그 지상에 있는 임차인소유의 건물로부터 우선변제를 받을 수 있다는 것이 주된 효력이다. 법정저당권과 그 건물 위에 존재하는 다른 저당권과의 순위는 일반원칙에 따라 그 성립의 시, 즉 압류등기시의 선후에 의해 정하여진다. 부동산공사의 수급인은 보수에 관한 채권을 담보하기 위하여 그 부동산을 목적으로 한 저당권의 설정을 청구할 수 있는데(민법 666조), 이 경우의 저당권은 법률에 의해 당연히 성립하는 것은 아니므로 엄밀한 의미에서 법정저당권은 아니지만, 당사자의 합으로써 설정되는 것은 아니라는 점에서 보통의 저당권과 다르고 법정저당권과 같다.

동산저당(動産抵當)

영;chattel mortgage
독;Mobiliarhypotek
불;gage sans déplacement

항공기·자동차·증기·선박 등처럼 공시방법으로서 등록·등기를 할 수 있고, 목적물을 계속 채무자가 사용·수익하는 것이 요청되는 특수한 동산에 관해 자동차 등 특정동산 저당법, 상법 등에 의하여 목적물의 점유를 설정자에게 맡겨두고 단지 관념상으로만 목적물을 지배하며, 채권이 변제되지 않는 경우에 그 목적물로부터 우선변제를 받는 저당권을 설정함으로써 금융을 얻을 수 있는데, 이러한 제도를 동산저당이라 한다. 동산저당제도는 채무자가 목적물에 대한 사용·수익권을 계속 보유하므로 금융을 얻는 자나 금융을 주는 자 모두에게 효율적이다. 또한 이중담보가 가능하므로 동산의 담보가치를 최대한으로 발휘할 수 있다. 그러나 등기·등록으로 공시할 수 있는 동산은 제한되어 있으므로 동산저당의 목적물에는 한계가 있으며 설정이나 실행절차가 복잡하다는 단점이 있다.

재단저당(財團抵當)

공장·광업·운수사업 등의 기업에서 그 기업의 경영을 위한 토지·건물·기계·기구·재료 등의 물적 설비와 그 기업에 관한 면허·특허 그 밖의 특권 등을 결합하여 일괄적으로 하나의 물건(재단)으로 취급하고, 그 위에 저당권을 설정하는 제도이다. 본래 민법상 물권은 개개의 물건 위에 성립하는 것이므로 어떤 기업전체를 개개의 부분으로 담보하는 것은 가치상 불리하고 절차상 복잡하다. 따라서 특별법으로써 재단을 구성한 것을 일체로 하여 저당권의 목적이 될 수 있도록 하고 있다. 즉 재단저당제도는 법기술상 두 가지 요소를 포함한다. 하나는 다수의 물건 또는 권리를 재단이라는 단일체로 파악한다는 점이며, 다른 하나는 재단을 한 개의 부동산으로 보아 등기하여 공시하는 것이다.

공장저당(工場抵當)

공장저당법에 의하여 공장에 속하는 재산상에 설정되는 특수한 저당권이다. 공장을 중심으로 하여 공장에 관한 시설이 재단을 구성할 때에는 공장재단저당이 되지만, 공장저당법은 재단설정의 절차를 취하지 않고 단순히 공장에 속하는 토지 및 건물 위에 설정된 저당권에 관하여도 그 효력의 범위를 민법의 저당권보다 확장한다(공저§3). 이러한 저당권도 재단을 구성하지 않는 공장저당이며 넓은 의미에서 공장저당의 일종으로 간주된다.

공장 및 광업재단 저당법
(工場 및 鑛業財團 抵當法)

공장재단 또는 광업재단의 구성, 각 재단에 대한 저당권의 설정 및 등기 등의 법률관계를 적절히 규율함으로써 공장 소유자 또는 광업권자가 자금을 확보할 수 있게 하여 기업의 유지와 건전한 발전 및 지하자원의 개발과 산업의 발달을 도모함을 목적으로 제정된 법률이다. 원래 공장저당법과 광업재단저당법이라는 별개의 법률로 규정하고 있었으나, 두 법률은 모두 기업의 재산 일체를 하나의 담보물로 허용하는 공통의 목적을 가지고 있으므로 2009년 3월 25일 법 개정을 통하여 하나의 법률로 통합하였다. 이에 기업담보에 관한 기본법의 기틀을 마련하게 되었다.

공장재단(工場財團)

공장에 속하는 일정한 기업용 재산으로 구성되는 일단(一團)의 기업재산으로서 공장 및 광업재단저당법에 따라 소유권과 저당권의 목적이 되는 것을 말한다. 공장재단은 1개의 부동산으로 보며 소유권과 저당권 외의 권리의 목적이 되지 못한다. 다만 저당권자가 동의한 경우에는 임대차의 목적물로 할 수 있다(공광저§12). 공장재단은 공장에 속하는 토지, 건물, 공작물, 기계,

기구, 전봇대, 전선, 배관, 레일, 그 밖의 부속물, 항공기, 선박, 자동차 등 등기나 등록이 가능한 동산, 지상권 및 전세권, 임대인이 동의한 경우에는 물건의 임차권,지식재산권 등으로써 구성된다(공광저§13). 공장재단은 공장재단 등기부에 소유권보존등기를 함으로써 설정하고, 공장재단의 소유권보존등기의 효력은 소유권보존등기를 한 날부터 10개월 내에 저당권설정등기를 하지 아니하면 상실된다(공광저§11). 공장 소유자는 하나 또는 둘 이상의 공장으로 공장재단을 설정하여 저당권의 목적으로 할 수 있다. 공장재단에 속한 공장이 둘 이상일 때 각 공장의 소유자가 다른 경우에도 같다(공광저§10). 그리고 공장이란 영업을 하기 위하여 물품의 제조, 가공에 사용하는 장소를 말한다.

광업재단(鑛業財團)

공장 및 광업재단저당법에 의하여 저당권을 설정할 수 있는 재단이다. 토지, 건물, 그 밖의 공작물, 기계, 기구, 그 밖의 부속물, 항공기, 선박, 자동차 등 등기 또는 등록이 가능한 동산, 지상권이나 그 밖의 토지사용권, 임대인이 동의하는 경우에는 물건의 임차권 지식재산권 등으로 구성된다(공광저§53),

자동차 등 특정동산 저당법
(自動車 등 特定動産 抵當法)

건설기계, 「선박등기법」이 적용되지 아니하는 선박, 자동차, 항공기 등 등록의 대상이 되는 동산(動産)의 저당권에 관한 사항을 정하여 그 담보제공에 따른 자금 융통을 쉽게 하고, 저당권자·저당권설정자 및 소유자의 권익을 균형 있게 보호함을 목적으로 제정된 법률이다. 원래 「건설기계저당법」, 「소형선박저당법」, 「자동차저당법」, 「항공기저당법」등 4개의 법률로 규정하고 있던 사항을 2009년 3월 25일 법 제정을 통하여 하나로 통합한 것이다. 이는 저당 목적물만 다를 뿐 등록할 수 있는 동산의 저당이라는 같은 내용을 규정하고 있고, 규정체계와 내용도 매우 유사하며, 소관 부처가 동일한 점을 고려하여 1개 법률로 통합함으로써 정부의 집행편의 위주로 되어 있는 법률체계를 국민 중심의 법률체계로 환원하고, 법률 제·개정에 따른 행정낭비를 줄이며, 국민들이 쉽게 법률을 이해하고 준수하도록 하려는 것이었다.

소유자저당(所有者抵當)
독;Eigentümerhypothek

부동산의 소유자가 자기소유의 부동산 위에 스스로 저당권을 가지는 것을 말한다. 독일민법은 공평·합리성의 견지에서 이러한 소유자저당제도를 채용하고 있다(독민§1163, §1168, §1173, §1177). 이는 후순위저당권의 순위승진을 방지하고 토지소유자를 위하여 순위를 확보하여 주며 새로이 저당권을 설정하는 절차를 생략하고 저당권의 이용을 촉진하기 위한 것이다. 우리 민법은 소유권과 저당권이 동일인에 귀속되면 저당권은 혼동에 의하여 소멸된다는 로마법 이래의 법리를 답습하여(민§191①전단), 담보물권의 부종성을 엄격히 지켜서 이 제도를 인정하지 않는다. 다만 그 물권이 제3자의 권리의 목적이 된 경우에 저당권은 소멸되지 않는다고 함으로써(§191단), 예외적으로 소유자저당이 인정된다.

유저당(流抵當)

저당채무의 변제기한 전의 특약에 의하여 변제가 없는 경우에 저당권자는 저당목적물을 취득(소유권이전형)하거나 이를 임의로 매각하여 우선변제에 충당하는 것(임의환가형)을 말한다. 저당직류라고도 한다. 우리 민법은 유질(流質)만을 금지하고 있으며(민§339), 동규정이 저당권에 준용되지 않으므로 유저당(流抵當)을 금지하고 있지 않다. 따라서 저당권자가 유저당약정을 하면 유효한지가 문제된다. 임의환가형 유저당을 허용하는 데에는 별다른 문제가 없다. 그러나 소유권이전형 유저당은 민법 제607조와 제608조와 관련하여 문제가 된다. 채무자가 채무불이행시 저당권자가 저당부동산의 소유권을 취득하는 형태의 유저당은 일종의 대물별제예약이 되는데, 이 경우 민법 제607조, 제608조가 적용되게 된다. 따라서 저당물의 가액이 피담보채무의 원리금을 초과하는 경우에는 동 규정에 위반되게 되는데 이 경우 대물변제의 예약은'그 효력이 없다'라고 규정되어 있어 이를 어떻게 해석할지 견해가 나뉜다. 이에 대하여 일부무효설은 제607조에 위반한 대물변제 예약은 무효이나 전부 무효는 아니고 초과부분만 무효로 된다고 보는 견해이다. 무효행위전환설은 대물변제 예약이 무효라도 무효행위 전환의 법리에 의해 약한 의미의 양도담보로서의 효력이 인정된다고 보는 견해이다. 채권담보의사설은 제607조에 위반한 대물변제 예약은 무효이나 그 속에 포함된 담보계약은 독립적으로 효력을 갖는다는 견해이다. 대법원은 대물변제예약은 무효이나 그 대물변제의 예약에는 약한 의미의 양도담보계약을 함께 맺은 것으로 보아 약한 의미의 양도담보계약은 유효한 것으로 본다(68다762참조).

유통저당(流通抵當)

독;Verkehrshypothek

독일 민법상 저당권 뿐 아니라 피담보채권에도 등기의 공신력·추정력을 미치는 저당권이다(독민§1138, §891~§893). 따라서 채권이 무효인 경우에도 등기부상의 저당권을 양수한 자는 보호된다. 그러나 양수인은 채권을 취득하는 것이 아니고 채권이 없는 토지채무를 취득한다. 독일에서는 이와 같은 유통저당을 원칙으로 한다. 이것은 유통에 적합하고 보전저당과는 달라서 주로 장기의 투자목적에 이용된다(투자저당). 최근에는 유통저당의 유통을 간편하게 하기 위하여 저당권의 증권화가 이루어지고 있지만 우리 민법은 모두 인정하지 않고 있다.

매매저당(賣買抵當)

매매형식에 의한 저당제도로서 매매담보라고도 한다. 금전을 차용하는 자가 목적물을 대여인에게 매도하여 그 대금으로써 대부를 받고 일정기한 내에 원리금에 상당하는 금액으로 목적물을 다시 사는 방법을 취하는 저당형태이다. 만약 차용인이 다시 사지 않으면 소유권은 확정적으로 대여인에게 귀속하고 대부관계는 소멸한다. 양도담보와 비슷한 제도이다.

전저당(轉抵當)

저당권자가 그 저당권을 자기의 채무의 담보에 다시 제공하는 것을 말한다. 저당권자가 피담보채권으로부터 분리된 상태에서 투자자본을 회수하고 저당권의 유동성을 확보하는 수단이 된다. 그러나 우리 민법은 저당권의 부종성을 엄격히 고수하여 피담보채권으로부터 분리하여 타인에게 양도하거나 다른 채권의 담보로 하지 못하도록 저당권의 처분을 금지하였다(민§361). 따라서 저당권만을 담보로 제공할 수는 없고, 오로지 피담보채권과 함께 입질(入質)할 수 있을 뿐이다.

저당증권(抵當證券)

영;mortgage debenture
독;Hypothekenbrief
불;lettre de gage

저당권부채권의 유통을 편리하게 하고, 부동산신용에 있어서의 자금의 공급을 원활하게 할 목적으로 저당권과 피담보채권과의 양자를 결합하여 화체시킨 유가증권이다. 당사자의 특약에 의하여 저당권자가 신청함으로써 관할 등기소에서 발행한다. 채권과 저당권은 일체가 되어 배서에 의하여 양도된다. 증권소지인은 기한도래 후에 저당권을 실행하여 우선변제를 받을 수 있으나 부족액에 관하여 일정한 요건하에 각 배서인에 대하여 어음과 같이 상환청구할 수 있다. 증권을 발행함에 있어서 이해관계인에게 이의여부를 촉구함으로써 등기부에서 전서된 증권기재에 어느 정도의 공신력을 부여하며, 또한 증권유통시 하자에 대하여는 어음에 준하여 그 안전성을 보장한다. 독일민법의 Hypothekenbrief(저당증권)과 스위스의 Pfandtitel(담보증권)등이 그 예이지만, 우리민법은 아직 이를 인정하지 않는다.

제3채무자(第三債務者)

채권자 甲과 채무자 乙 두 사람이 있는 경우에 채무자 乙에게 채무를 지고 있는 제3자이다. 예를 들면 입질된 채권의 채무자(민§349, §353③), 압류된 채권의 채무자(§498, 민사집행법§244) 등이 이에 속한다.

제3취득자의 변제
(第三取得者의 辨濟)

저당부동산에 대하여 소유권이나 지상권 또는 전세권을 취득한 제3자가 저당권자에게 부동산으로 담보된 채권을 변제하고 저당권의 소멸을 청구할 수 있는 것이다(민§203②, §367, §369, §481~§485 참조). 이는 저당권자의 담보가치의 실현에 지장을 주지 않고 동시에 제3자 취득자의 지위를 보호하려는 것으로서 민법 제469조의 경우보다 한층 더 강력한 보호를 하고 있는 것이다. 예컨대 저당부동산의 제3취득자가 하는 변제제도(§364) 등이 있다.

토지채무(土地債務)
독:Grund schuld

토지로부터 일정한 금액을 지불받을 수 있는 물권으로 독일민법상 저당권과 유사한 제도이다. 토지소유자는 변제의무는 없지만 변제기에 변제하지 않으면 권리자는 강제집행에 의하여 토지를 현금화(환가) 하여 변제받을 수 있다. 이점에서 저당권과 유사하다. 그러나 저당권은 채권이 소멸하면 저당권도 소멸하는 데 대하여 토지채무는 채권담보를 위하여 설정되지만 채권이 소멸하여도 토지채무에는 변경이 없다. 토지채무는 토지채무설정의 원인관계에 불과하여 토지소유자는 단지 부당이익을 이유로 하여 토지채무의 반환을 요구할 수 있을 뿐이다.

근담보(根擔保)

일정한 계속적 거래관계로부터 장래에 발생하게 될 다수의 불특정 채권을 담보하기 위하여 질권이나 저당권을 설정하는 것을 말한다. 즉 근질과 근저당을 일컬어 근담보라고 한다.

근저당(根抵當)
독;Höchstbetragshypothek, Maximalhypothek

계속적인 거래관계로부터 발생하는 다수의 채권을 담보하기 위하여 담보물이 부담하여야 될 최고액을 정하여 두고 장래 결산기에 확정하는 채권을 그 범위안에서 담보하는 저당권이다(민§357). 장래의 채권의 담보이기는 하지만 특정·단일의 채권을 담보하는 것이 아니라, 증감변동 하는 일단의 불특정채권을 최고한도 내에서 담보하는 점에 특색이 있다. 근저당은 은행과 그 거래처간의 신용의 계속적 물품공급계약에서 생기는 수많은 채권을 일괄하여 담보하기 위하여 관행으로 인정되어 온 것을 명문으로 인정한 것이다. 근저당과 보통의 저당권과의 차이는 (1) 보통의 저당권이 현재 확정액의 채권에 부종하여 성립하는 데 반하여 근저당권은 피담보채권의 발생 또는 채권액의 확정이 장래의 결산기일이며, (2) 보통의 저당권은 변제에 따라 피담보채권의 소멸, 즉 채권액의 소멸이 이루어지는 데 반하여, 근저당은 현재의 채무 없이도 저당권이 설립하고 한 번 성립한 채권은 변제되어도 차순위의 저당권의 순위가 승격하지 않으며, 결산기 전의 변제는 피담보채권(액)의 소멸을 가져오지 않고, 또한 (3) 보통의 저당권에 있어서는 피담보채권액이 등기되는 데 반하여, 근저당에서는 피담보채권 최고액이 등기되는 것이다. 근저당은 근저당이라는 뜻과 채권의 최고액 및 채무자를 등기하여야 한다(부등§140②). 계속적 거래관계가 종료하면 채권액이 확정되고 근저당권자는 우선변제를 받을 수 있게 된다. 그 효력은 보통의 저당권과 다르지 않으나, 비록 채권액이 많더라도 약정된 최고액 이상의 우선변제권은 없다.

> 근저당권은 그 담보할 채무의 최고액만을 정하고, 채무의 확정을 장래에 보류하여 설정하는 저당권으로서, 계속적인 거래관계로부터 발생하는 다수의 불특정채권을 장래의 결산기에서 일정한 한도까지 담보하기 위한 목적으로 설정되는 담보권이므로 근저당권설정행위와는 별도로 근저당권의 피담보채권을 성립시키는 법률행위가 있어야 한다*(대법원 2004. 5. 28. 선고 2003다70041)*.

근보험(根保險)

근저당 및 이와 동일한 같은 목적을 가진 질(質)(근질(根質))과 보증(근보증)의 총칭이다. 당좌임월계약과 같이 계속적 거래관계로부터 생기는 채무의 일정액을 한도로 하여 담보하는 것을 목적으로 한다. 민법은 근저당에 관하여만 명문으로 규정하고 있다(민§357).

증담보(增擔保)

일단 질권이나 저당권 등을 설정한 다음 담보물을 증가시키는 것이다. 담보물이 담보물권설정 후에 파괴되거나 값이 하락한 경우에는 채권을 충분히 담보할 수 없으므로 채권자가 담보물의 추가제공을 요구하게 된다. 보통은 채무자 쪽에서 이에 응할 의무는 없으나, 채권자에게 증담보를 청구할 권리를 부여한 특약이 있으면 증담보를 청구할 수 있다.

공동저당(共同抵當)

독;Gesamthypothek

동일한 채권의 담보로서 수개의 부동산 위에 저당권을 설정하는 것이다(민§368). 저당권불가분의 이론에서 보면 공동저당에 있어서 각 부동산은 어느 것이나 채권전액을 담보하는 것이 되며, 그 채권의 전액 또는 일부를 변제받을 수 있게 된다. 그러나 이렇게 되면 각 부동산 담보가치는 불필요하게 구속되며 후순위 저당자 및 일반채권자가 불이익을 볼 우려가 있다. 따라서 민법은 (1) 공동저당의 목적물의 전부가 동시에 경매되는 경우에는 각 저당부동산의 가액에 응하여 공동저당권자의 채권액을 안분하여 공동저당권자는 각 저당부동산으로부터 배분액만큼의 우선변제를 받고 배분액을 넘는 부분을 후순위 저당권자의 변제에 충당한다(민§368①). (2) 공동저당물 가운데 일부 부동산에 관해서만 경매가 있어 그 대가를 배당할 경우에는 공동저당권자는 그 대가로부터 채권전액에 관하여 변제를 받는다. 그러나 민법은 이 경우에 후순위 저당권자를 보호하여 공동저당권자가 저당부동산 전부를 동시에 집행했다면 다른 부동산으로부터 우선변제를 받았을 금액을 한도로 하여 후순위저당권자가 공동저당권자를 대위하여 저당권을 행사할 수 있게 하였다(§368②).

공동담보(共同擔保)

동일한 채권을 담보하기 위하여 여러 개의 물건 위에 담보물권이 존재하는 것이다. 공동저당은 그 가장 중요한 형식 가운데 하나이다(민§368).

양도저당(讓渡抵當)
영;mortgage

영미법상의 제도이다. 채무의 이행을 담보하기 위하여 부동산 혹은 동산을 이전하여, 채무자가 채무를 이행하면 이를 다시 채무자에게 이전하는 것이다. 이에는 보통법상과 형평법상의 두 가지로 나누어진다. 보통법상으로는 저당권의 설정은 채무자의 채무불이행을 조건으로 한 재산권의 양도에 둔다. 그러나 형평법상으로는 채무이행을 위하여 특정의 재산을 담보하는데 지나지 않으며 재산권의 양도·이전은 아니다.

양도질(讓渡質)

양도담보나 매도담보에 있어서 목적물의 점유를 채권자 또는 매수인에게 이전하여야 하는바, 점유를 이전하지 않는 경우를 특히 양도질이라고 한다.

양도담보(讓渡擔保)
독;Sicherungsübereignung

담보물의 소유권 그 자체를 채권자에 이전하고, 일정한 기간 내에 채무자가 변제하지 않으면 채권자는 그 목적물로부터 우선변제를 받게 되지만, 변제하면 그 소유권을 다시 채무자에게 반환하는 담보제도이다. 민법이 규정하는 담보제도는 아니지만 경제적 필요에 의하여 많이 이용되고 있다. (1) 양도담보의 법적 성질에 대하여는 ㉮ 양도담보는 담보목적으로 소유권을 신탁적으로 이전한 것으로 보는 신탁적 소유권이전설과 ㉯ 소유권은 채권자에게 이전하지 않고 여전히 채무자에게 있으며, 채권자는 양도담보권이라는 일종의 담보권을 가지는 것에 불과하다고 보는 담보물권설로 나뉘어 있다. (2) 양도담보의 종류로는 ㉮ 목적물의 점유를 채권자에게 이전하는 양도저당과 채무자가 계속하여 점유·이용하는 양도질 ㉯ 융자받는 자가 융자하는 자에게 담보목적물을 매각하고(이 경우 매매대금의 지급이 융자금의 교부를 의미한다) 일정기간 내에 채무자가 채권자에게 매매대금을 반환하면 목적물을 찾아 갈 수 있는 것으로 약정하는 것과 같이 신용의 수수를 매매의 형식으로 행하고 당사자 사이에 따로 채권·채무관계를 남기지 않는 매도담보와 채권자와 채무자가 소비대차계약을 하고 채무자가 소비대차에서 생긴 채무의 담보로서 물건의 소유권을 채권자에게 이전하여 신탁의 수수를 채권채무의 형식으로 남겨두는 협의의 양도담보가 있다. (3) 양도담보의 기능으로 다음을 들 수 있다. ㉮ 양도담보는 동산을 채권자에게 인도하지 않아도 되므로 일상사용에 필요한 동산도 담보로 제공할 수 있다. ㉯ 담보물권에서는 현금화(환가) 절차가 번잡하고 많은 비용이 드는 데 반하여 양도담보는 목적물의 현금화(환가)방법을 당사자가 임의로 정할 수 있다. ㉰ 동산·부동산 뿐 아니라 형성과정에 있는 재산권으로 담보할 수 없는 것도 양도담보로 담보화할 수 있다.

가등기담보(假登記擔保)

양도담보와 더불어 소유권이전의 형식을 취하는 담보방법으로, 채권담보를 위하여, 채권자와 채무자(또는 제3자) 사이에서 채무자(또는 제3자)소유의 부동산을 목적물로 하는 대물변제예약 또는 매매예약등을 하고, 동시에 채무자의 채무불이행이 있는 경우에 발생하게 될 장래의 소유권이전 청구권을 보전하기 위한 가등기를 하는 변칙적인 담보를 말한다. 가등기담보계약과 가등기를 함으로써 성립되는 가등기담보의 성질에 관하여는, (1)가등기담보권은 일종의 담보물권인 특수저당권이라고 하는 견해와 (2)가등기담보는 신탁적 소유권이전이며 다만 채권자·채무자·제3자간의 관계에 관하여는 담보물권의 법리가 준용 또는 유추적용되어야 한다는 견해가 있다.

매도담보(賣渡擔保)

독;Sicherungskauf

매매의 형식에 의한 물적 담보이다. 융자를 받는 자가 목적물을 융자자에게 매도하고, 대금으로 융자를 받아 일정기한 내에 원리금에 상당한 금액으로써 이것을 환매하는 방법을 취하는 담보형식이다. 환매하지 않는다면 목적물은 확정적으로 융자자에 귀속하여 융자관계는 끝난다. 소유권이전형식에 의한 담보방법이라는 점에서 양도담보와 비슷한 제도이다. 그러나 매도담보는 융자를 받는 자가 융자에 관한 채무를 부담하지 않으므로 융자자는 변제를 청구하는 권리를 가지지 못하며, 목적물이 멸실하면 그것은 융자자의 손실로 돌아간다. 민법의 환매(민§590~§695)는 이에 해당하는 것인데, 환매기간·환매대금 등의 제한이 있으므로, 보통은 재매매의 예약의 방법으로 환매를 실행한다. 그러나 일반적으로 매도담보라는 말은 양도담보의 의미로 사용하는 일이 많다. 이 제도는 종래 관습법으로 존재하던 것을 민법이 성문화한 것이다. 용익권을 보유한 채 재산을 담보로 제공하므로 특히 부동산담보에 편익이 있다.

민 법

채 권 법

채권·채무(債權·債務)

독;Obligation, Forderun ·Schuld

특정인(권리자)이 다른 특정인(의무자)에 대하여 특정의 행위(給付:급부)를 청구할 수 있는 권리를 채권이라고 하고, 그러한 급부를 하여야 할 의무를 채무라 한다. 이 권리자인 특정인을 채권자라 하고, 의무자인 특정인을 채무자라고 한다. 채권과 채무로 인하여 결합되는 당사자의 관계를 채권관계라 한다. 오늘날의 사회생활에서는 상품의 매매·금전의 임차·차지·차가·근로계약 등은 물론, 불법행위로부터 발생하는 손해배상채권 등 채권관계가 경제상 중요한 역할을 하고 있으며 채권은 재산관계의 중심이 되고 있는 것이다. 과거 재산권 가운데서 중요한 지위를 차지하였던 소유권과 같은 물권도 오늘날에는 그 역할을 채권에 일보 양보를 했다고 해도 과언이 아니다. 왜냐하면 오늘날에는 소유자가 직접 생산 활동을 하기 보다는 기업인은 돈을 끌어들이고 노동력을 고용하고, 상품을 매매하는 등 생산·소비과정의 대부분이 어떤 행위로든 채권관계에 의해서 이루어지고 있기 때문이다. 채권은 물권과 함께 재산권의 주류를 이루고 있다. 물권과 채권의 차이는 물권은 물건에 대한 지배권을 갖는데 대하여 채권은 사람에 대한 청구권으로서 배타성이 없다. 따라서 동일한 물건에 물권과 채권이 성립하면 물권이 우선한다. 채무자가 채무를 이행하지 않는 때에는 채권자는 원칙적으로 강제이행을 구하거나 손해배상을 청구할 수 있다. 또한 일정한 요건하에서 채권자 대위권과 채권자 취소권을 행사할 수 있다.

주채무(主債務)

독;Hauptschuld

보증채무에 의해 담보된 채무를 말한다. 우리 민법은 '보증채무는 주채무의 이자·위약금·손해배상 기타 주채무에 종속한 채무를 포함하며(민법 429조1항)', '보증인의 부담이 주채무의 목적이나 형태보다 중한 때에는 주채무의 한도로 감축한다(민법 430)'고 규정하고 있다. 한편 주채무를 부담하는 자를 주채무자라 한다.

채권법(債權法)

독;Obligationenrecht das Recht der Schuldverhältnisse

불;droit des obligations

채권관계를 규율하는 법규의 전체이다. 물권법과 함께 재산법에 속한다. 그 주요한 법원(法源)은 민법 제3편이나 민법의 다른 편과 그 밖의 법률에도 채권에 관한 규정이 많이 있다. 그러나 그 대부분이 임의법규인데 그 이유는 채권은 채권자·채무자의 관계이며 그 이해는 당사자 사이에 국한되는 것이 보통이므로 공적 질서에 관계되는 것이 적기 때문이다. 또한 채권법은 지방적·민족적 색채가 희박하여 원칙적으로 보편성을 가지며 신의성실의 원칙에 의하여 지배된다.

채권행위(債權行爲)

당사자 사이에 채권·채무의 관계를 발생시키는 법률행위를 말한다. 법률행위·고용·임대차·증여 등이 그 예이다. 그 대부분은 계약이다. 당사자 사이에 채권·채무관계를 발생하게 하는 것일지라도 손해배상채권을 발생하게 하는 불법행위 등은 법률행위가 아니므로 채권행위라고 할 수 없다. 채권행위에 대립하는 개념은 물권행위이다. 물권행위라고 하는 것은 소유권이전행위나 저당권 등의 담보물권설정행위와 같이 직접 물권의 변동을 목적으로 하는 법률행위이다. 이 외에도 가족권(신분권)의 변동을 목적으로 하는 신분행위가 있다.

채권자평등의 원칙

(債權者平等의原則)

독;Prinzip der Gleichbehandlung des Gl'aubigers

동일한 채무자에게 여러 사람의 채권자가 있을 때는 채권발생의 원인이나 시효의 전후에 관계없이 모든 채권자는 채무자의 총재산으로부터 균등하게 변제를 받을 수 있다는 원칙이다. 물권의 경우에는 공시방법이 있지만, 채권에는 공시방법이 없다. 또한 모든 채권은 금전채권으로 전환되고(물건의 인도채무도 이행을 하지 않을 때에는 금전배상으로 전환한다.) 결국은 채무자의 전재산을 대상으로 하고 있다. 그러므로 채권자는 채무자의 어느 재산에도 이해관계가 있는 것이다. 이와같이 채권에는 공시방법이 없기 때문에 모든 채권자는 서로가 자기 이외에 어떤 채권자가 있는지 알지 못하며 모든 채권자가 채무자의 전 재산에 똑같은 이해관계를 지니게 될 때, 어떤 채권자가 다른 채권자에 우선해서 채무자의 재산으로부터 변제를 받을 것을 인정한다는 것은 불공평한 것이다. 이것이 바로 채권자평등의 원칙을 마련하게 된 이유이다. 그래서 법률은 어떤 채권자가 채무자의 재산을 압류하였을 경우에는 다른 채권자는 압류채권자와 균등하게 배당요구를 할 수 있다고 정하고(민사집행법§217), 또한 채무자 회생 및 파산에 관한 법률은 채무자의 재산을 공정하게 환가·배당함을 그 목적으로 하고 있음을 규정하고 있다. 채권자취소권이 모든 채권자의 수익을 위하여 행사된다는 취지도 채권자 평등의 원칙의 한 가지 적용이다(민§406). 그러나 채권자 평등의 원칙은 어떠한 경우에도 관철시킬 수 있는 것은 아니다. 채권자 가운데는 어떻게 하든 우선변제를 받으려고 하는 사람이 있을 것이고, 또한 일정한 채권자에게 우선변제권을 부여하는 것이 공평한 경우도 있기 때문이다. 그 때문에 민법은 공시를 수반한 물적 담보제도를 설정하고 있는 것이다. 전자의 요청을 위하여는 저당권과 질권을 인정하고 후자의 요청을 위하여는 유치권을 인정하고 있다.

특약(特約)

당사자간의 특별한 합의이다. 법률은 특약이 없는 일반적 경우를 규율하는 법규를 설정하는데, 특약이 있을 때에는 법규정에 갈음하여 특약에 따르는 경우가 많다. 그러나 당사자 사이에 어떤 특약이 있더라도 그것은 임의규정에 관한 사항일 경우에 한하여 효력이 있으며 강행규정일 경우에는 그 특약은 효력이 없다. 즉 법령 중 선량한 풍속 기타 사회질서에 관계없는 규정과 다른 의사를 표시한 때에 한하여 그 특약에 따르게 된다(민§105).

특정(特定)

물건의 인도채무에 있어서 인도해야 할 물건은 어떤 특정한 물건으로 지정하는 것을 말한다. 만약 갑의 집을 인도하는 경우처럼 처음부터 인도할 물건이 특정되고 있는 경우에는 여기서 문제가 되지 않는다. 종류채권이나 선택채권처럼 인도물이 아직 특정하지 않은 경우에 특정의 문제가 발생한다. 종류채권에서 목적물을 특정하는 것은 당사자의 계약으로 결정되는 경우가 많지만 사건에 그런 결정이 없을 때에는 채무자가 급부에 필요한 행위를 완료하였을 때 즉 채무자가 채무의 내용에 따라 변제의 제공을 한 때에 특정된다. 따라서 지참채무일 때에는 채무자가 채권자의 주소로 지참하여 채권자가 언제든지 수령할 수 있는 상태에 놓여진 때 비로소 특정이 되고, 추심채무일 때에는 채무자가 언제라도 인도할 수 있도록 채권자에게 그 취지를 통지하였을 때 특정된다(민§460). 선택채권일 때에는 특별한 결정이 없을 경우, 원칙적으로 채무자가 선택의 의사표시를 하였을 때 특정한다(민§382). 특정이 되면 그 이후는 특정물인도채무와 다를 바가 없다.

특정물채권(特定物債權)

특정물의 인도를 목적으로 하는 채권이다. 거래상 당사자는 인도할 물건을 「이 말(馬)」혹은 「1번지 토지」와 같이 지정해야 한다. 이점에서 종류채권이나 불특정물채권에 대립된다. 특정물을 인도할 채무자는 그 목적물을 이행기의 현상 그대로 인도하면 되며 목적물이 훼손된 경우라도 인도할 때의 현상 그대로 인도하면 된다(민§462). 또한 그 인도를 할 때까지는 선량한 관리자의 주의를 다하여 보존할 의무를 진다(§374).

종류채권(種類債權)

독;Gattungsschuld, Gattungsobligation
불;obligation de genre

일정종류에 속하는 물건의 일정수량의 급부를 목적으로 하는 채권이다. 예컨대 「쌀 2가마니」, 「비누 1다스」와 같이 다만 종류와 분량만이 정하여져 있고 어디에 있는 쌀이라고 특정되지 않은 「불특정물」의 인도를 목적으로 하는 채권이다. 불특정물인 상품의 매매에서 흔히 볼 수 있는 것처럼, 종류채권이 차지하는 비율은 크다. 일반적으로는 당사자 사이에 품질은 어느 정도의 것을 급부하는가를 미리 결정하던가 혹은 계약의 성질상 품질은 이미 결정되고 있을 것이다. 그러나 정하여지지 않을 경우에는 품질은 중등품질의 물건으로 급부(給付)하여야 한다(민§375①). 종류채권은 미리 당사자가 특약을 해서 합의를 보고, 또한 채무자나 제3자가 지정을 하여 「이 물건」이라고 결정하는 때도 있지만, 그런 결정이 없을 때는 채무자가 인도에 필요한 행위를 완료하였을 때 특정한다(종류채권의 특정). 채권의 목적물이 특정되면 그로부터 채무는 특정물인도채무와 같게 되고, 채무자는 그 물건을 선량한 관리자의 주의로 보관해야 하고(§374), 그 물건이 채무자의 책임 있는 사유로 멸실한다면, 채무자는 손해배상을 해야 한다(§390).

보관(保管)
독;Gewahrsam

공간적 관계에 있어서 물건을 자기의 사실상의 지배범위 내에 두어, 그 물건의 멸실·훼손을 방지하고 보존·관리하는 것을 말한다. 보관하는 물건은 타인의 물건인 것이 보통이나, 반드시 타인의 물건에 한하는 것은 아니다. 보관이란 순수하게 그 물건과의 공간적 관계를 의미하기 때문에, 그 물건에 대해 소유권이나 처분권은 없다. 또 보관은 양도되거나 상속될 수 없다.

제한종류채권(制限種類債權)
독;beschränkte Gattungsschuld

종류채권 중에서 그 종류에 관하여 다시 일정한 내용의 제한이 있는 것이다. 예컨대 쌀 10가마를 인도할 채무는 순수한 종류채권이지만, 일정한 창고 안에 있는 쌀 10가마를 인도할 채무는 제한종류채권이다. 혼합종류채권(gemischte Gattungsschuld), 또는 한정종류채권(begrenzte Gattungsschuld)이라고도 한다. 순수한 종류채권에는 그 종류의 물건의 거래가 허용되는 한 이행불능이 되지 않으나 제한종류채권에는 그 제한 내에 있어서 불능으로 되면(前例에서 그 창고안의 쌀이 모두 유실되면) 이행불능이 되는 점에 차이가 있다.

제한종류채권에 있어 급부목적물의 특정은, 원칙적으로 종류채권의 급부목적물의 특정에 관하여 민법 제375조 제2항이 적용되므로, 채무자가 이행에 필요한 행위를 완료하거나 채권자의 동의를 얻어 이행할 물건을 지정한 때에는 그 물건이 채권의 목적물이 되는 것이나, 당사자 사이에 지정권의 부여 및 지정의 방법에 관한 합의가 없고, 채무자가 이행에 필요한 행위를 하지 아니하거나 지정권자로 된 채무자가 이행할 물건을 지정하지 아니하는 경우에는 선택채권의 선택권 이전에 관한 민법 제381조를 준용하여 채권의 기한이 도래한 후 채권자가 상당한 기간을 정하여 지정권이 있는 채무자에게 그 지정을 최고하여도 채무자가 이행할 물건을 지정하지 아니하면 지정권이 채권자에게 이전한다*(대법원 2003. 3. 28. 선고 2000다24856)*.

종류채권의 특정
(種類債權의 特定)

종류채권의 목적물은 구체적으로 정하여지지 않고 종류와 수량에 의해서만 추상적으로 정해져 있으므로 종류채무를 실제로 이행하기 위해서는 정해진 종류의 물건 중에서 소정의 수량의 물건이 구체적으로 선정되어야 하는데, 이를 종류채권의 특정 내지 집중이라고 한다. 민법에 규정된 특정의 방법으로는 채무자가 하여야 할 모든 행위를 완료한 때, 즉 채무의 내용에 따라 변제의 제공을 하거나, 채권자가 부여한 지정권에 기하여 채무자가 특정의 물건을 지정·분리할 때 특정이 생긴다. 지참채무의 경우에는 목적물이 채권자의 주소에 도달하여 채권자가 언제든지 수령할 수 있는 상태에 놓여진 때에 특정이 있게 되며, 추심채무에 있어서는 채무자가 인도할 목적물을 분리해서 채권자가 추심하러 온다면 언제든지 수령할 수 있는 상태에 두고, 이를 채권자에게 통지하면 특정하게 된다. 송부채무의 경우에는 제3지가 채무의 본래 이행장소인 때에는 지참채무와 같으나, 채무자가 호의로 본래 이행장소가 아닌 제3지에 송부하는 때에는 채무자가 목적물을 분리하여 그 제3지에 발송한 때에 특정이 생기게 된다. 목적물의 특정으로 종류채권은 특정채권으로 전환된다.

지참채무(持參債務)

독;Bringschuld

채무이행의 장소가 채무자의 주소 또는 영업소로 되어 있는 채무를 말한다. 채권자가 채무자에게 받으러 오는 추심채무에 대립하는 용어이다. 당사자가 특히 추심채무라고 결정을 하거나 법률에 의하여 추심채무가 된 경우(상§56)를 제외하고는 지참채무가 원칙이다(민§467). 더욱이 지정물의 인도는 특약이 없는 한 계약당시에 그 물건이 존재하고 있던 장소가 이행지로 되고 있다(민§467). 지참채무에서 채무자는 이행지에 채권자에게로 가서 이행하지 않으면 이행지체가 된다.

추심채무(推尋債務)

채무이행의 장소가 채무자의 주소 또는 영업소로 되어 있는 채무이다. 채무자가 채권자에게로 가서 이행하는 지참채무에 대한 용어이다. 당사자가 특히 추심채무라고 결정하거나 어음·수표채무와 같이 법률로써 추심채무라고 결정하고 있는 경우(상§56) 이외에는 지참채무가 원칙이다(민§467). 추심채무에서는 이행기가 도래하였을 지라도 채권자가 추심을 하지 않는 한 이행지체가 되지 않는다.

송부채무(送付債務)

독;Schickschuld

채무를 이행함에 있어서 채권자 및 채무자의 주소나 영업소 이외의 제3지에 목적물을 송부하여야 할 채무이다. 그러나 제3지가 이행의 장소인 때에는 목적물의 특정은 지참채무의 경우와 같아진다.

조합채무(組合債務)

민법상 조합이 사회적으로 활동하는 과정에서 부담하는 채무를 말하는 것이 보통이다. 조합채무도 조합재산의 하나로서 조합원 전원에게 합유적으로 귀속한다. 한편 조합은 법인격이 없으므로 채무의 주체가 되지 못하기 때문에 결국 각 조합원의 채무가 되어 각 조합원도 조합채무에 대하여 책임을 져야 한다. 즉 조합채무에 대하여는 각 조합원이 그의 개인재산을 가지고 책임을 지는 외에 조합원 전원이 조합재산을 가지고 공동으로 책임을 진다. 그리고 이 두 책임은 병존적이기 때문에 채권자는 채권 전액에 관하여 조합전원을 상대로 하여 조합재산에 대해 집행할 수도 있고, 각각의 조합원을 상대로 하여 그의 개인적 재산에 대하여 집행할 수도 있다.

분리주의(交付主義)

독;Ausscheidungstheorie

종류채무의 특정에 관한 학설이다. 다시 분리주의는 (1) 채무자가 급부해야 할 물건을 같은 종류 중에서 분리했을 때에 특정이 성립한다는 학설과, (2) 분리하고 또 이것을 채무자에 통지했을 때에 특정이 성립한다는 학설이 있다. 그리고 천연과실의 귀속에 관하여 분리의 시기를 표준으로 하는 주의를 말할 때도 있는데 과실의 생산기간이 표준이라고 하는 생산주의에 대립되는 개념이기도 하다.

교부주의(交付主義)

독;Leiferungstheorie

종류채권의 지정에 관한 학설이다. 예링이 제창하였다. 채무자가 물건의 급부(給付)를 하는데 필요한 행위를 완료했을 때, 예컨대 송달채무의 경우에는 물건을 발송하였을 때에 특정한다고 한다. 우리민법(§375②)과 독일민법(독민§243②)은 대체로 이 주의(主義)에 해당한다.

금전(金錢)

영;money 독;Geld 불;espéce

재화의 교환의 매개물로서 국가가 정한 물건을 말하는 바, 국가에 의하여 강제통용력을 가지는 화폐는 물론, 거래상 화폐로 통용되는 자유통화까지도 포함시키기도 한다. 금전에 대한 선의취득 규정의 적용 여부에 관하여 우리 민법 제250조 단서는 '도품이나 유실물이 금전인 때에는 그러하지 아니하다'고 하여 금전에 대하여는 도품·유실물의 특칙을 인정하지 않으면서 선의취득 규정을 적용한다. 그러면 금전이 도품이나 유실물이 아닌 경우에, 그 선의취득에 관하여 민법 제514조 또는 수표법 제21조를 적용할 것이냐가 문제된다. 이론상으로는 후자가 타당하나, 이 경우 유가증권의 선의취득에 있어서는 민법 제250조 본문과 제251조가 정하는 것과 같은 도품·유실물에 대한 특칙은 적용되지 않으므로 민법 제250조 단서는 유명무실해 진다.

금전채권(金錢債權)

독;Geldschuld

일정한 액수의 금전을 지급할 것을 목적으로 하는 채권이다. 일종의 종류채권이라고도 할 수 있다. 그 내용이 일정한 가치고 물건은 금전자체이므로 목적물의 특정이나 이행불능의 문제는 생기지 않는다. 다만 이행지체의 문제만이 생길 뿐이다. 금전채권의 종류에는 금액채권·금종채권·특정금전채권·외화채권 등이 있다. 그리고 이행지체에 의한 지연배상에 대해서 금전채권은 특수한 취급을 받고 있다(민§397). 즉 채무자의 고의·과실이나 실손해의 유무에 관계없이 채무자가 금전채무를 이행지체한 때에는 지연이자를 지급해야 한다. 더구나 금전에는 개성이 없기 때문에 채무자는 어떤 화폐나 지폐로 지급해도 상관없지만, 특별히 만원권 지폐로 지급한다고 정할 수도 있다. 외국의 통화로 금액을 결정하였다 할지라도 이에 대한 특약이 없으면 지급할 경우에는 우리나라 화폐로 지급해도 무방하다(민§378).

금전채무 불이행에 관한 특칙을 규정한 민법 제397조는 그 이행지체가 있으면 지연이자 부분만큼의 손해가 있는 것으로 의제하려는 데에 그 취지가 있는 것이므로 지연이자를 청구하는 채권자는 그 만큼의 손해가 있었다는 것을 증명할 필요가 없는 것이나, 그렇다고 하더라도 채권자가 금전채무의 불이행을 원인으로 손해배상을 구할 때에 지연이자 상당의 손해가 발생하였다는 취지의 주장은 하여야 하는 것이지 주장조차 하지 아니하여 그 손해를 청구하고 있다고 볼 수 없는 경우까지 지연이자 부분만큼의 손해를 인용해 줄 수는 없는 것이다*(대법원 2000. 2. 11. 선고 99다49644)*.

금약관(金約款)
영;gold clause
독;goldklasel
불;clause d'or

화폐가치의 변동에 의한 손해를 방지하기 위하여 금전채권에 붙여지는 약관이다. 그 내용은 여러 가지가 있으나 다음의 두 가지로 구별할 수 있다. (1) 1만원의 채무를 변제기에 있어서의 1만원의 금화로 지급하는 것과 같이 금화 또는 금으로 지급할 것을 약속하는 금화약관 또는 금화채무약관, (2) 1만원의 채무를 1냥 100원의 비율로서 계산할 금 1관을 포함하는 금화 또는 그것과 동일가치의 다른 통화로 지급할 것을 약속하는 금화가치약관 또는 금가치약관이다. 금화약관 또는 금화채무약관은 지폐가치가 폭락한 경우에는 적당한 대책이 되지만 평가절하의 경우에는 그 대책이 되지 못하므로 금화가치약관 또는 금가치약관이 주로 쓰인다.

금액채권(金額債權)

일정액의 금전의 인도를 목적으로 하는 채권이다. 고유의 의의(意義)에 있어서의 금전채권이며 보통 금전채권이라고 하면 금액채권을 의미한다. 당사자 사이의 특약이 없는 한 채무자의 선택에 따라 각종의 통화로 변제할 수 있다.

금종채권(金種債權)
독;Geldsortenschuld

당사자 사이의 약관으로 특정한 종류에 속하는 통화의 일정량의 급부를 목적으로 하는 채권이다. 채권의 목적인 특종의 통화가 변제기에 강제통화력을 잃은 경우에는 강제통용력 있는 다른 화폐로 변제하여야 한다(민§376).

특정금전채권(特定金錢債權)

특정의 금전의 급부를 목적으로 하는 채권이다. 이는 순전한 특정물채권에 지나지 않으며 금전채권으로서의 특질은 전혀 없다.

외국금전채권(外國金錢債權)

독;Geldschuld in fremder Währung

외국화폐의 급부를 목적으로 하는 금전채권이다. 그 취급은 내국금전채권과 다름이 없으나 다만 한국의 통화로 변제할 수 있도록 특히 규정하고 있다(민§377, §378·어§41·수§36). 채권의 목적이 다른 나라 통화로 지급할 것인 경우에 그 통화가 변제기에 강제통용력을 잃은 때에는 그 나라의 다른 통화로 변제하여야 한다(민§377).

이자채권(利子債權)

독;Zinsobligation
불;obligation de l'intérêt

이자의 지급을 목적(내용)으로 하는 채권을 말한다. 이자채권은 소비대차나 소비임치에 수반하는 경우가 많으나, 매매대금을 준소비대차로 고쳐 이자를 붙이는 경우도 있다. 소비대차는 민법상에 있어서는 이자를 붙인다는 내용의 특약에 의하여 이자를 붙이게 되는데 상법상으로는 당연히 이자를 붙이게 된다(민§602). 지연이자라고 불리우는 것은 실은 이행지체로 인한 손해이며(§390참조), 지연이자청구권은 본래의 이자청구권이 아니나, 이자나 이자청구권과 똑같이 취급한다. 이자채권에 대하여는 기본권인 이자채권과 지분권인 이자채권의 두 가지로 나누어 볼 수 있다. 기본권인 이자채권이란 일정시기에 일정률의 이자가 생기게 하는 것을 목적으로 하는 채권이다. 그리고 이 기본적인 이자채권에 입각하여 일정시기에 일정액의 이자청구권이 구체적으로 발생한다. 이것을 지분권적 이자채권이라고 한다. 예를 들어, 이율을 월 1분으로 하여 이자 월말 지급의 특약으로 2년의 기간을 정하여, 원본 10만원의 소비대차를 하면 이 계약관계는 기본권인 이자채권이 있는 소비대차이며, 각 월말마다 지분권인 1천원의 이자채권이 발생한다. 이는 원본채권에 부종(附從)하여 독립성이 없으며 원본채권양도의 경우에도 이에 부종(附從)한다. 그러나 이미 현실화한(발생한) 지분권인 이자채권은 독립의 존재로서 원본채권이 양도되어도 특약이 없으면 이에 수반되지 않고 독자적으로 소멸시효가 진행한다. 지분권인 이자채권에 관한 저당권의 효력에 대하여는 민법 제360조를 참조하기 바란다. 이율의 특약이 없는 경우에는 민법상으로는 년5분이며 상법상으로는 년6분으로 정하여져 있다. 이것을 법정이율이라고 한다(민§379·상§54).

민 법

이자(利子)

영;interest 독;Zins 불;intérêt

유동자본인 원본채권액과 존속기간에 비례하여 지급되는 금전 기타의 대체물이다. 법정과실의 일종이다(민§101). 원본채권에 대하여 년1할이라 하는 것처럼 일정한 이율로 정기적으로 계산된다. 따라서 원본채권이 없는 대금이나 원본을 소각하는 월부상환금은 모두 이자가 아니다. 또한 고정자본의 사용의 대가인 임료는 이자가 아니다. 이자는 금전 그 밖의 대체물에 한한다(그렇지 않으면 이율이 있을 수 없다). 그리고 이자는 법률에 규정에 있는 경우(법정이자)와 특약이 있는 경우(약정이자)에 한해서만 발생한다. 원래 유럽에서는 중세기까지 기독교의 교리에 의하여 이자가 금지되어 왔으나 상업의 진흥과 함께 이를 교묘히 위반하는 여러 가지 방법이 퍼지게 되자 차츰 그 금지가 완화되어 근세법이 계약자유의 원칙을 채용하기에 이르러 이자의 자유가 일반원칙이 되었다. 그러나 채무자 보호를 위하여 중리를 금하거나 일정률 이상의 고리를 금하는 제도는 오늘날에도 여러 나라에 존재한다. 우리나라에서는 이자를 이자제한법으로 규제하고 있다가 98년 폐지하였으나 2007. 3. 29. 법률 제8322호로 다시 제정하였다. 이자제한법은 금전대차에 관한 계약상 최고이자율은 연 24퍼센트로 하고, 이 최고이자율을 초과하는 부분은 무효로 한다(§2①~③). 채무자가 최고이자율을 초과하는 이자를 임의로 지급한 경우에는 초과 지급된 이자 상당액은 원본에 충당되고, 원본이 소멸한 때에는 그 반환을 청구할 수 있다(§2④). 이자제한법은 대차원금이 10만원 미만인 대차의 이자와 다른 법률에 따라 인가·허가·등록을 마친 금융업 및 대부업에는 적용되지 않는다(§2⑤, 7). 자금의 수급상황에 따라 금리가 자유로이 정해질수 있도록 하여 자원배분의 효율성을 도모하고자 하기 위함이다.

중간이자(中間利子)

장래에 일정한 급부를 할(예컨대 1년 후에 10만원을 지급할) 채권의 현재가액을 산정하기 위해 그 급부의 가액으로부터 공제하는 이자이다(10만원에서 1년간 이자를 공제하게 된다). 파산의 경우에 기한 미도래의 채권의 현재가액을 산정할 때에 중간이자의 공제가 필요하게 된다. 중간이자의 산정방법에는 카르프초우식(Garpzowsc-he Met hode), 호프만식(Hoffammische Mef hode), 라이프니쯔식(Leibnizsde M-e thode) 산정법의 3가지가 있는데, 호프만식이 가장 널리 이용되고 있다.

라이프니츠식 계산법

(라이프니츠式 計算法)

독;Leibnitzsche Methode

무이자기한부 채권의 기한이 아직 도래하지 않은 시기에 있어서, 그 현가를 산정하는 방법의 하나로, 채권의 명의액을 s, 변제기한까지의 연수를 n, 법정이율을 i라 하면, 현재 채권가액 p=

s/(1+i)ⁿ가 된다. 이는 소요의 현재가액에 대하여 현재 이후 변제기에 이르기까지의 법정이자를 가한 액이 명의액과 같게 산정하는 것이다. 이처럼 라이프니츠식 계산법은 이자의 계산에 복리법을 사용하는데 비해, 호프만식 계산법은 단리법에 의하는 까닭에 정확도는 뒤지나 간편하여 파산법 등에 일반적으로 사용된다.

호프만식 계산법

(호프만式 計算法)
독;Hoffmannische Methode

무이자기한부채권의 기한이 아직 도래되지 않은 경우에 그 현재가액을 산정하는 방법이다. 이것은 현재가액에 대하여 현재(예 : 파산선고시) 이후 변제기에 이르기까지의 법정이자(민사는 년5분, 상사는 년6분)을 더한 것이 채권의 명의액과 같도록 산출한다. 일반거래 사회에 널리 통용되는 방법으로서 우리나라에서도 이 방식이 취하여지고 있으며 특히 명문으로 규정되어 있는 경우도 있다. 즉 파산법에서 기한부채권은 파산선고시에 변제기에 이른 것으로 간주하는 바(파§16), 그 금액을 곧 파산채권으로 하는 것은 그 채권자를 부당하게 이롭게 하는 결과가 되므로 이와 같은 계산법에 의하여 중간이자를 공제하고 배당에 참가할 수 있게 한다. 민사소송에 있어서 불법행위에 의한 손해배상액의 산정 기타의 경우에도 이 방법이 사용될 때가 많다. 또 이밖에 카르프초우(Garpzow)식 계산법(채권액 또는 장차 취득하여야 할 총액에서 장래의 기간 중에 생겨날 이자를 공제하는 방법), 라이프니츠(Leibriz)식 계산법(현재가액에 대하여서 장래의 기간 중에 생길 이자를 복리계산에 의하여 채권액 또는 장래 취득하여야 할 총액에서 공제하는 방법)이 있다.

약정이자(約定利子)

독;vereinbartar zins

당사자의 약정에 의하여 발생하는 이자이다. 법정이자에 대립된다. 당사자가 이자를 받을 결정을 하였을 때는 이율도 정하는 것이 보통인데 약정이자의 이율은 당사자가 자유롭게 정할 수 있다. 이자를 받을 약속은 했지만 이율을 정하지 않는 경우에는 법정이자율(민법상의 경우라면 년5분, 상법상의 경우라면 년6분)에 의한다(민§379·상§54). 이자의 계산은 따로 의사표시가 없는 한 채권의 존속기간일수의 비율로써 한다(민§102②).

법정이자(法定利子)

독;gesetzlicher zins
불;intérêt légal

법률의 규정에 의하여 당연히 생기는 이자이다. 약정이자에 대립된다. 법률이 이자를 생기게 하는 이유는 부당이득반환(민§548, §748), 출자대가(§425, §688, §701)의 취지 등 여러 가지이다. 즉 당사자가 계약을 하지 않아도 공평의 관점에서 법률에 특별히 규정하여 이자를 받도록 인정한 것이다. 법정이자의 이율은 민법상의 채무에 대하여도 연5분(§379), 상법상의 채무에 대하여는 연6분(상§54)으로 정하여져 있다(법정이율).

선이자(先利子)

채무자가 지급하여야 할 이자를 미리 계산해서, 이를 약정의 원본액에서 공제한 잔액만을 교부하는 경우, 미리 계산해서 약정원본에서 공제되는 이자를 선이자라고 한다. 예컨대 100만원을 월리(月利) 구분으로 3개월간 빌리는 경우에 이자 9만원을 약정원본액 100만원에서 미리 공제해서, 실제로는 91만원을 채무자에게 빌려주고 3개월 후에 100만원을 반환받는 경우가 여기에 해당한다. 선이자를 사전공제한 경우에는 그 공제액의 채무자가 실제로 수령한 금액을 원본으로 하여 이자제한법 제2조 제1항에서 정한 최고이자율(연 24%)에 따라 계산한 금액을 초과하는 때에는 그 초과부분은 원본에 충당한 것으로 본다(이자제한법 §3).

간주이자(看做利子)

예금(禮金), 할인금, 수수료, 공제금, 체당금(替當金), 그 밖의 어떤 명칭에 불구하고 금전의 대차와 관련하여 채권자가 받은 것은 이를 이자로 보는데, 이를 간주이자라고 한다(이자제한법 §4).

이율(利率)

영;rate of interest
독;Zinsfuss
불;taux de l'intérêt

원본에 대한 이자의 비율이다. 원본에 대한 백분비로 표시하는 것이 보통이다(예 : 연6푼·월1푼). 이율은 약속으로 정해지는 것이 보통이지만(약정이율) 약정이율이 없는 경우에는 법률로 정한 이율(법정이율)을 표준으로 한다(민§379, 상§54).

약정이율(約定利率)

독;vereinbarter Zinsfuss

당사자의 계약으로 정한 이율이다. 법정이율에 대립된다. 이율은 약정으로 정할 수 있지만 폭리를 허용한다는 것은 사회정의에 반(反)하는 일이기 때문에 금전대차에 대한 약정이율은 이자제한법의 제한을 받는다. 금전대차에 관한 계약상의 최고이자율은 연 24퍼센트이다(이자제한법 §2①, 이자제한법 제2조 제1항의 최고이자율에 관한 규정 1). 계약상의 이자로서 최고이자율을 초과하는 부분은 무효로 한다(이자제한법 2③). 채무자가 최고이자율을 초과하는 이자를 임의로 지급한 경우에는 초과지급된 이자 상당액은 원본에 충당되고, 원본이 소멸한 때에는 그 반환을 청구할 수 있다(동 §2④).

법정이율(法定利率)

독;gesetzlicher Zinsfuss

법률로써 정하여진 이율이다. 약정이율에 대립한다. 민법상으로는 년5분(민§379), 상법상으로는 년6분이다(상§54). 이율의 약정이 없는 경우에 법정이자가 적용된다. 그리고 금전채무불이행의 경우의 손해배상(지연이자)도 법정이율보다 높은 약정이율의 약속이 없는 때에는 법정이율에 의한다(민§397①전단). 그러나 금전채무의 이행명령판결을 선고할 경우 이율은 대통령령으로 정하도록 되어 있고(소촉§3) 공탁금의 이율은 대법원규칙으로 정한다(공탁§6).

폭리행위(暴利行爲)
독;Wucher 불;lésion

타인의 궁박·경률·무경험 등을 이용하여 부당한 이익을 얻는 행위이다. 이는 행위당시의 사회적 지위·직업 기타 법률행위 당시의 구체적 상황 등을 고려하여 판단할 것이다. 부당한 이익이란 일반 사회통념상 정당한 이익을 현저히 초과하는 경우로서 사회적 공정성을 결한 것을 말한다. 폭리행위는 민법 제103조에서 규정하고 있는 공서양속 위반으로서 일반적으로 무효가 된다. 그 밖에 민법전 가운데서도 유질계약의 금지규정(§339)이 있어서 일상생활상 빈발하는 부당한 거래를 억제하고 있다.

중리(重利)
라;anatocismus
영;compound interest
독;Zinsezins
불;anatocime

기일이 도래된 이자를 원본에 가산하여 원본의 일부로써 다시 이자가 생기게 하는 것이다. 복리(複利)라고도 한다. 이자가 이자를 낳는 결과가 되어 채무자의 부담을 현저하게 증대시킴으로 로마법 이래로 중리를 금지하는 예가 많으나(독민§138②, §248①, §289·프민§1154·구소민§213·스채§314③), 우리 민법은 이를 금지하지 않으므로 특약으로 유효하다. 다만, 이자제한법은 이자에 대하여 다시 이자를 지급하기로 하는 복리약정은 이자제한법 제2조 제1항에서 정한 최고이자율을 초과하는 부분에 해당하는 금액에 대하여는 무효로 한다고 규정하고 있다(§5). 중리가 발생하는 데는 두 가지 경우가 있다. (1) 법정중리 : 상법 제76조에 규정하는 바와 같이 법률의 규정에 의하여 직접 인정되는 중리를 법정중리라고 한다. (2) 약정중리 : 이에 대하여 당사자의 계약에 의해서 중리를 발생시키는 것이 있다. 미리 중리를 계약하거나 이자가 발생하고 나서 그것을 원본에 산입하는 등 중리의 특약의 내용에는 여러 가지가 있다.

고리(高利)

법령에서 허용하고 있는 이율에 비하여 부당하게 높은 이율의 이자이다. 고리로 인한 사회 결제적 폐단을 없애기 위하여 옛날에는 종교적으로 금지하는 법률을 만들었고 근래의 여러 나라에서는 이자를 제한하는 법률이 제정되었으며 고리를 제한 또는 금지하고 있다.

고리대(高利貸)
英;usurer

아주 높은 이율의 이자로써 채무자에 대하여 금전을 대부하는 것을 말한다. 고리화는 단순히 금전대부에 대하여 비싼 이자를 받을 뿐 아니라 이밖에도 유담보·대물변제의 예약 등 탈법수단

민법

으로 폭리를 취득하는 예가 많다. 민법은 이와 같은 반사회적 행위를 단속하고 채무자를 보호하기 위하여 여러 가지 강행규정을 두고 있다(민§606~§608, §339).

고리대자본(高利貸資本)

독;Wucher Kapital

타인에게 대부(貸付)하고 이자를 취득하는 화폐자본이다. 주로 자본주의 초기의 수공업시대에 행해졌던 것으로서, 그 후 그 형태가 변천하여 오늘날의 은행자본이 되었다.

고리금지법(高利禁止法)

영;usury law

이자대체에 관하여는 예로부터 신분계급 또는 이율에 제한이 가해지고 있었는데 중세의 사원법은 철저하게 이자를 금지하였으며 많은 국가가 이에 추종하였으나 근세에 와서는 자유주의의 대두에 의하여 이자계약의 자유가 설명되어 각국의 이자금지는 차츰 완화되거나 철폐되었다. 그 결과로써 고리대를 방지할 필요가 생겨 독일에서는 1880년, 프랑스에서는 1886년, 영국에서는 1854년에 각각 이자제한의 법률을 제정하였다. 우리나라에도 이자제한법에 의하여 고리가 금지된다.

기본채권·지분채권

(基本債權·支分債權)

일정률 또는 일정액을 일정기 혹은 일정한 조건하에서 청구할 수 있다는 추상적·기본적인 채권을 기본채권이라고 하며 각기에 이자·임대료·배당·납입 등을 청구하는 현실적이며 개별적인 채권을 지급채권이라 한다. 기본채권은 기본적 존재이며 이것을 발생시킨 법률관계(예 : 소멸대차·임대차·주주(株主)인 관계 등)와 발생·이전·소멸을 같이 하는 데 반하여 지분채권은 기본채권으로부터 파생하는 바 일단 발생하면 독립적 존재를 취득하여 그 이전·소멸 등에 관하여 법률상 별개의 취급을 받는다.

원본(元本)

영;capital 독;Kapital 불;fonds

그 사용의 대가로서 금전 또는 그 외 다른 물건(법정과실)을 받을 수 있는 재산을 말한다. 원본이라고 하는 개념은 유체물인 원본을 포함할 뿐만 아니라 법정과실이 발생하는 재산이라면 특허권과 같은 무체재산도 포함된다. 그러나 일반적으로 원본이라고 할 때에는 더 좁은 의미로 사용되는 경우가 많다. 즉 이자가 발생하는 대금만을 원본 또는 원금이라 한다. 사용의 대가로서 이자를 발생시키는 금전을 원본이라고 하기 때문에, 이자에 이자를 붙이는 복리의 경우에는 이자를 발생시킨 이자는 원본으로 전화(轉化)하게 된다. 이것을 원본에로의 이자의 산입이라고 한다.

모라토리움

라;moratorium 영;moratorium

비상시에 채무자를 위하여 법령으로써 지급유예를 하는 것이다. 유럽 여러 나라에서 예로부터 행해진 제도이다.

그 채무는 공공단체의 채무·모종의 은행예금을 제외한 일체의 사법상의 금전채무이다. 이에 수반하여 어음 그 밖의 유가증권에 관한 권리보전행위의 기간도 연장된다. 법령의 시행 전에 변제기가 도래한 채무가 유예기간 중 지연이자의 발생을 정지하느냐는 문제이나 판례는 무이자의 채무에 대하여는 발생을 정지하고, 약정이율에 의한 것에 관하여는 그 발생을 정지하지 않는다고 한다. 또한 시효기간이 유예기간만큼 연장되느냐의 문제도 있으나 판례는 이것을 부정한다.

선택채권(選擇債權)

라;obligatio alternativa
독;Wahlschuld
불;obligation alternative

채권의 목적이 수개의 급부 중에서 선택에 의하여 정하여지는 채권이다(민§380). 수개의 급부(給付)가 처음부터 개별적으로 예정되어 있는 점에서 종류채권과 다르며 수개의 급부가 각각 대등한 지위를 갖고 있는 점에서 임의채권과 다르다. 선택채권은 계약 이외에 법률의 규정에 의해서 발생한다. 이 선택채권을 변제하려면 우선 어느 것을 급부할 것인지 선택할 필요가 있는데 이것을 선택채권의 특정 또는 집중이라고 한다. 선택권자는 보통 계약으로 정하여져 있지만 이러한 약정이 없을 때에는 민법은 채무자에게 선택권이 있다고 규정하고 있다(§380). 채무자가 언제까지나 선택을 하지 않을 때는 선택권은 상대방에게로 이전된다(§381). 선택권의 행사에 의하여 채권은 처음부터 선택된 급부를 목적으로 한 것으로 된다(§386). 더구나 몇 개인의 급부가운데 이행불능의 급부가 있을 때에는 이 채권의 목적은 잔존한 것에 존재한다(§385①).

선택권(選擇權)

선택채권에 있어서 몇 개의 급여 중에서 하나를 선택하는 권리이다. 형성권의 일종이다. 선택권자는 원칙적으로 채무자이나 법률행위 또는 법률규정에 따로 규정이 있을 때에는 예외이다(민§380).

임의채권(任意債權)

라;ovligatio facultativa
독;Schuld mit alternative Ermächtigung
불;obligation facultative

채권자 또는 채무자가 채권의 본래의 목적인 급부에 갈음하여 다른 급부를 할 수 있는 채권이다. 본래의 급부에 갈음하여 다른 급부를 할 수 있는 채무자의 권리를 대용권이라 하고, 이에 갈음하는 급부를 대용급부라고 한다(대용급부권). 채권자는 대용급부를 청구할 권리를 가지지 않는다. 또 본래의 급부에 대하여 다른 급부가 보충적이라는 점에서 선택채권과 다르다. 따라서 본래의 급부가 불능이 되어도 대용급부가 채권의 목적이 되는 것은 아니다. 민법상 별도의 규정은 없으며 계약 또는 법률의 규정(민§378, §443, §764 등)에 의하여 발생할 때가 있다.

급부의 선택(給付의 選擇)

선택채권의 목적인 여러 개의 급부중 하나의 급부를 선정하는 의사표시이다(민§382, §383). 한번 선택한 후에는 임의로 철회·변경할 수 없다. 선택을 하면 그 효력은 소급하므로(민§386) 선택된 하나의 급부만을 목적으로 하는 특정물채권이 처음부터 있었던 것으로 된다.

정기금채권(定期金債權)

독;Rentenrecht 불;rente

일정한 기간동안 정기적으로 반복하여 금전(또는 그 밖의 대체물)의 급부를 받을 것을 목적으로 하는 채권이다. 종신정기금·연금·부양료·지료(地料)와 같은 것이다. 매기에 발생하는 채권은 그 기초인 정기금채권으로부터 유출하는 지분채권이고, 정기금채권은 이러한 지분채권을 낳는 기본채권이다. 회귀적 급부를 목적으로 하므로 일정액을 수회에 분할하여 급부하는 경우에는 정기금채권이 아니다. 시효·저당권의 효력에 관하여 특칙이 있다.

무인채무(無因債務)

독;abstrakte Schuld

그 채무를 발생시킨 원인(예: 매매·대차)이 유효하건 무효하건 관계없이 언제나 독립한 효력을 인정받는 채무이다. 독립한 재화로서 유통되는 채권에 관하여 인정되는 제도로서 이에 대하는 채권을 무인채권이라 한다. 무인채권은 증권에 화체(化體)되는 경우가 많으며(예 : 어음), 그 경우에는 무인증권의 하나가 된다. 그러나 증권에 화체되지 않고 단순히 서면의 기재로써 인정받는 일이 있다. 독일 민법상 채무의 승인 및 채무약속에 의하여 발생하는 채권은 이에 속한다. 그리고 무인채무를 발생시키는 행위는 일종의 무인행위이다.

무인채권(無因債權)

독;abstrakte Forderung

→ 무인채무 참조

급부(給付)

독;Leistung

급부란 채무의 내용(목적)이며 채무자의행위이다. 현행법은 각 경우에 따라 이행·지급·행위·급여 등의 용어를 쓴다. (1) 급부(給付)는 주는 채무와 하는 채무 및 (2) 가분급부와 불가분급부 등 여러 가지로 분류할 수 있다.

주는채무·하는채무

(주는債務·하는債務)

물건의 인도를 목적(내용)으로 하는 채무를 주는 채무라 하며 물건의 인도 이외의 채무자의 행위를 목적으로 하는 채무를 하는 채무라고 한다. 주는채무의 경우에 채권자는 일정량의 물건을 인도 받음으로써 만족할 수 있으므로 채무자 이외의 제3자로부터의 변제도 원칙상 가능하다(민§469). 하는 채무는 일정한 적극적인 행위를 내용으로 하는 작위의무와 소극적으로 일정한 행위를 하지 않을 것을 내용 하는 부작위채무로 분류할 수 있다. 또한 채무자 이외의 제3자의 급부행위일지라도 채권자가 만족할 수 있는 대체적 급부와 채무자 이외의 자의 급부행위로서는 만족할 수 없는 비대체적 급부도 있다. 예를 들면 도급채무는 일반적으로 대체성이 있는 하는 채무이나 화가나 가수가 이행하여야 할 채무는 일반적으로 대체성이 없는 하는 채무이다. 이 분류는 강제이행의 방법에 차이가 있다. 주는 채무는 강제이행으로서는 직접적인 강제가 적절한 데 대하여 하는 채무에 있어서는 인도주의의 견지에서 직접강제는 허용되지 않는다.

부작위채무(不作爲債務)
독;Forderung auf Unterlassen
불;obligation de ne pas faire

채무자가 어떤 일정한 행위를 하지 않는 것(소극적 급부)을 목적으로 하는 채무이다. 예를 들면 상업상의 경쟁을 하지 않는 채무·관망을 방해할 건축을 하지 않는 채무 등이다. 작위채무와 대립하는 관념이다. 강제이행의 방법에 관하여는 민법에 특별한 규정이 있다(민§389③). 그밖에 소멸시효의 기산점에 관하여는 약간 특별한 취급을 필요로 한다.

가분급부·불가분급부
(可分給付·不可分給付)

목적물의 성질이나 가치를 해하지 않고 분할하여 급부할 것을 허용하고 있는 경우를 가분급부라고 하고 그것이 허용되지 않는 경우를 불가분급부라고 한다. 계약 내용에 의하여 불가분급부로 되는 경우와 채무의 성질에 따라서 당연히 불가분급부로 되는 경우가 있다. 가분급부에 대하여는 분할채무가 원칙이나(민§408), 불가분급부에 대하여는 불가분채무가 성립한다(민§409).

반대급부(反對給付)
독;Gegenleistung

쌍무계약에 있어서 당사자 일방의 급부에 대하여 상대방의 급부를 서로 반대급부라고 한다. 매매에 있어서 매도인의 목적물의 소유권이전의무와 매수인의 대금지급의무와는 반대급부 관계에 있다. 서로 반대급부의 채무를 부담하는 쌍방계약에 있어서는 동시이행의 항변권과 위험부담에 관한 규정이 있다(§536, §537).

대체적 급부(代替的 給付)

'하는 채무' 중 제3자가 채무자에 갈음하여 이행하여도 채권의 목적으로 달성할 수 있는 급부를 말한다. 대체적 작위채무라고도 한다(민법 389조 2항 후단). 예컨대 가옥을 인도하거나 도로를 수선하거나 신문지상에 사죄광고를 하는 급부(채무)가 이에 해당한다. 이러한 급부를 내용으로 하는 채무를 강제이행하려 할 때에는 직접강제·간접강제의 방법을 사용할 수 없고 대체집행을 하여야 한다.

대인적 청구권(代人的 請求權)

독;Persönliche Ansprü che

청구권은 크게 대인적 청구권과 대물적 청구권으로 나누어진다. 그 구별의 기준에 대해서는 (1) 상대권에서 발생한 것을 대인적 청구권, 절대권에서 발생한 것을 대물적 청구권으로 하는 설과 (2) 권리의 지배력의 회복을 목적으로 하는 소유물 반환청구권 같은 것은 대물적 청구권이고 그 외에는 모두가 대인적 청구권이라는 설(說)이 있다.

오브리가띠오

라;obligatio

로마법상 채권·채무관계 등을 뜻한다. 고전시대에 있어서는 악티오(Actio,訴權)의 상관관념으로 사용되었다. 오브리가띠오는 어떤 실체관계(계약·불법행위 등)에서 발생하는가는 소송상 어떤 실체관계를 기재한 방식서의 사용이 허용되는가에 달려있으며, 또 여러 가지 오브리가띠오는 방식서의 종류에 따라 개별화되어 있었다. 따라서 로마 계약법에서는 단순한 합의가 그 자체로서 소송에 의한 보호를 받는다는 것(방식자유의 원칙)은 있을 수 없었다. 악티오를 결여한 오브리가띠오의 존재는 생각할 수 없었으나 고전시대 이래 오브리가띠오로서는 성립할 수 없는 계약관계 중 어떤 것을 주체로 한 채무 등에 일정한 법적 효과를 인정하였는데 이것이 나뚜라리스·오브리가띠오(Naturalis oblig- atio : 이른바 자연채무)이다. 비잔틴시대에는 「오브리가띠오는 악띠오의 어머니」라는 주장과 채권관계라고 하여 실체관계가 소권(訴權)에 앞선다는 이론이 대두되었었다.

책임있는 채무(責任있는 債務)

책임있는 채무란 강제집행을 받을 책임이 하는 채무를 말한다. 채무자가 임의로 이행을 하지 않을 때에는 채권자는 판결로써 채무이행을 강제하고, 또한 강제이행(강제집행)을 할 수 있다(민§389). 이와 같이 채무는 일반적으로 강제집행을 받을 책임이 있다. 이것을 책임있는 채무라고 한다. 그러나 예외적으로 강제집행을 받지 않는 책임이 없는 채무도 있다. 이것을 책임없는 채무라고 한다. 책임없는 채무의 채권자는 강제집행을 할 수 없다. 또한 판결로 강요할 수 없는 채무를 자연채무라고 한다. 채무는 당사자간에 강제집행을 하지 않겠다는 취지의 특약으로써 책임없는 채무가 된다. 그러나 이 특약이 사해행위인 경우는 취소의 대상이 된다. 법률규정으로 책임이 한정되는 것에는 한정승인이 있으며, 책임이 특정재산에 한정되는 경우는 수탁자의 수익자에 대한 책임(신탁§38), 선박소유자의 책임(상§746) 및 물상보증인의 책임 등이 있다.

자연채무(自然債務)

라;obligatio naturalis
독;Naturalobligation
불;obligation naturelle

만일 채무자가 자진변제를 하면 유효한 변제가 되지만(부당이득이 되지 않는다). 채무자가 변제하지 않는 경우에 채권자가 법원에 소를 제기할 수 없는 채무(소권없는 채무)이다. 또는 소를 제기하여 판결을 구할 수는 있으나 그 판결에 의하여 강제집행을 청구할 수 없는 것(책임없는 채무)도 포함하여 말하는 경우도 있다. 원래 채무의 본체는 급부함을 요한다(Leisten sollen)라는 구속이며, 급부하지 않았을 때의 채무자의 책임(Hafung)은 채무와는 별개의 존재가 된 것이다. 로마법에는 소권 없는 채무, 즉 자연채무가 많이 존재하였고, 프랑스 민법 및 우리나라 구민법은 이를 인정하였다. 그러나 현대의 민법에서는 채무가 원칙적으로 소권(訴權) 및 강제집행의 기능을 포함하므로 독일 민법 및 우리나라의 현행민법은 이에 대하여 아무런 규정도 두고 있지 않다. 따라서 자연채권의 관념을 인정하느냐 안하느냐에 관하여 학설이 나뉘어 있다. 그러나 현행법하에서도 소권없는 채무(예 : 불법원인급부), 화의(和議)에 있어서 일부 변제를 받은 부분의 채무(파§298·화§61) 또는 강제이행을 요구할 수 없는 채무(강제집행을 하지 않는 특약있는 채무, 한정승인을 행한 채무의 적극재산을 초과하는 부분)가 존재하는 것은 명백한 것이다. 따라서 학설의 논쟁은 이들 경우를 종합하여 자연채무 또는 책임없는 채무라는 관념을 인정하느냐 안하느냐에 귀착한다. 최근의 학설은 이를 인정하는 방향으로 기울어지고 있다. 채무의 이행을 당사자간의 도덕에 맡기고 법적인 강제를 가하지 않는 채권·채무관계를 인정하더라도 불합리한 바가 없기 때문이다.

급부불능(給付不能)

채권의 목적인 급부가 실현불가능한 것이다. 급부의 가능·불가능 여부는 사회적 통념으로 정해진다. 법률적 불능과 사실상불능, 원시적불능과 후발적불능, 전부불능과 일부불능 등으로 나누어 설명할 수 있으며 그 불능의 효과는 각각의 원인에 따라서 다르게 된다. 원시적으로 불능한 급부는 당초 채무가 성립하지 않으며 후발적불능은 위험부담(민§537) 또는 손해배상(§551)의 문제가 생기게 된다(이행불능 참조).

이행(履行)

→ 급부(給付)

이행의 제공(履行의 提供)

채권자의 협력을 필요로 하는 채무에 있어서 채무자가 급부의 실현에 필요한 모든 준비를 다해서 채권자의 협력을 요구하는 것을 말한다. 민법은 이행제공의 방법으로서 '현실의 제공'과 '구두의 제공'을 인정하고 있다(민법 460조). 변제를 위한 채권자의 협력이 변제를 수령하는 것뿐이거나 또는 채무자의 이행행위와 동시에 협력하여야 할 때에는 채무자는 자기가 하여야 할 급부행위를 채무의 내용에 좇아 현실적으로 하여야 하는데, 이것이'현실의 제공'이며, 제공의 원칙적 방법이다. 이에 대하여 채권자가 미리 변제의 수령을 거절하거나, 채권자가 미리 협력하여야 할 경우에는 변제의 준비가 되어 있다는 통지와 협력의 최고만으로 제공의 효력이 인정되며, 이것을 '구두의 제공'이라 한다. 이행제공의 효과로서 채무자는 채무불이행의 책임을 면하게 되며, 약정이자는 그 발생을 정지한다.

가분이행·불가분이행
(可分履行·不可分履行)

→ 가분급부·불가분급부

이행기(履行期)
독;Leistungszeit

채무자가 채무를 이행하여야 할 시기이다. 변제기 또는 기한이라고도 한다. 이행기는 당사자 사이의 계약에 의하여 결정하는 것이 보통이지만 당사자가 특히 결정을 하지 않아도 급부의 성질로 결정되는 것 또는 거래의 관습에 의해서 결정되는 것도 있다. 또한 민법은 이행기가 결정되지 않는 경우의 보통규정을 두고 있다(민§603, §613, §698 등). 이 규정에 의해서도 결정되지 않는 경우에는, 채권발생과 동시에 이행기가 도래한 것이라고 생각되고 있다. 이행기는 법률상 여러 가지 효과와 결부되고 있다. 그 이행기에서 중요한 것을 열거하면 다음과 같다. (1) 채무자가 이행을 하지 않고 이행기가 지나면 이행지연의 책임을 진다(민§387). 채무이행의 기한이 없는 경우에 채무자는 이행청구를 받은 때로부터 지체책임이 있다(§387②)는 점에 주의해야 한다. 정기행위에 있어서는 이행기의 경과에 의하여 즉시 해제권이 발생한다(§545). (2) 채권의 소멸시효는 이행기로부터 진행한다(§166). (3) 양쪽이 서로 같은 종류를 목적으로 한 채무를 부담한 경우에 채무의 이행기가 도래하였을 때는 각 채무자는 대등액에 관하여 상계할 수 있다(§492). (4) 쌍방계약으로 양쪽의 채무가 이행기에 있다면 동시이행의 항변권이 성립한다(§536). (5) 이행기가 채무자의 이익을 위하여 정하여졌을 때에는 채무자는 기한의 이익을 포기할 수 있다(§153②).

이행지(履行地)
독;Leistungsort
불;lieu de paiment

채무자가 이행을 하여야 할 장소이다. 이행지는 채무의 성질 또는 당사자의 명시 혹은 묵시의 의사표시로 정하여지는 일이 많으나, 이 경우 민법은 보충적 규정을 두어서 특정물의 인도는 채권발생의 당시 그 물건이 존재하였던 장소를, 특정물 인도 이외의 급여는 채권자의 현주소를 이행지로 한다(민§467). 그러나 영업에 관한 채무의 변제는 채권자의 현 영업소에서 하여야 한다(§467②단). 그리고 지시채권이나 무기명채권과 같은 증권적채권은 채무자의 현 영업소를 이행지로 한다(§516, §526). 이행지가 채권자의 주소인 것을 지참채무, 채무자의 주소 또는 영업소인 것을 추심채무, 그 밖의 제3자인 것을 송부채무라고 한다. 민사소송법상 재산권의 소는 이행지의 법원에 제기할 수 있다(민소§8후단).

이행보조자(履行補助者)
독;Erfüllungsgehilfe

이행보조자라고 하는 경우에는 다음의 두 가지 경우가 포함된다. 첫째로는 채무자가 채무를 이행하는데 있어서 자기의 수족처럼 사용하고 있는 자(협의의 이행보조자)이다. 예를 들면 운송회사의 운전사인데 채무자는 이런 자들을 언제라도 공유할 수 있지만 그의 고의·과실에 대하여는 이것을 채무자 자신의 고의·과실로서 채무불이행의 책임을 부담해야 하는 것이다. 둘째로 채무자를 대신해서 독립된 입장에서 이행하는 자(이행대용자)이다. 수치인(受置人)에 갈음하여 임치물을 보관하는 자가 그 예이다. 이 경우 이행보조자 사용이 금지되었는데도(민§120, §657 ② 등) 사용한 때는 채무자가 모든 책임을 져야 한다. 사용이 허용된 경우에는 채무자가 그 선임·감독에 고의·과실이 있는 경우에만 책임을 진다(§122).

민법 제391조에서의 이행보조자로서의 피용자라 함은 일반적으로 채무자의 의사관여 아래 그 채무의 이행행위에 속하는 활동을 하는 사람이면 족하고, 반드시 채무자의 지시 또는 감독을 받는 관계에 있어야 하는 것은 아니므로 채무자에 대하여 종속적인가 독립적인 지위에 있는가는 문제되지 않는다*(대법원 1999. 4. 13. 선고 98다51077, 51084).*

이행지체(履行遲滯)
독;Leistungsverzug

채무자가 채무의 이행이 가능함에도 불구하고 채무자의 책임 있는 사유에 의하여 이행기에 그 이행을 하지 않고 부당하게 이행을 지체하는 것이다. 이행하려고 생각하면 이행할 수 있는 상태에 있다는 점에서 이행불능과는 다르다. 이행기는 당사자 사이에 결정하는 경우가 많지만, ○년 ○월 ○일이라고 확정적으로 정하였을 때에는 그 기한이 경과하면 지체가 되고 또한 상경을 하면 시계를 주겠다고 하는 것처럼 불확정한 기한을 정하였을 때는 채권자가 상대방이 상경한 사실을 알았을 때(상경하였을 때가 아니라)부터 지체가 된다. 기한을 정하지 않았을 때는 채무자가 이행청구를 받을 때로부터 지체가 된다(민§387). 이행지체를 이유로 하여 손해배상을 받으려면 채무자에게 지체에 대한 고의나 과실이 있어야 한다(§390). 그러나 금전채무에 대하여서는 특별한 규정이 있다. 이행지체의 불가항력 또는 손해의 유무에 관계없이 지체이자를 받을 수 있다(§397). 그리고 계약에 있어서 당사자 일방이 그 채무를 이행하지 아니하는 때에는 상대방은 상당한 기한을 정하여 이행을 최고하고, 그 기간 내에 이행하지 않을 때는 계약을 해제할 수 있다(§544).

이행불능(履行不能)
영;impossibility of performance
독;Unmöglichkeit der Leistung
불;impossibilité d'exécution

채무가 성립할 당시에는 이행이 가능하였으나, 후에 채무자의 고의 또는 과실로 인하여 이행이 불가능하게 된 경우를 말한다. 불가항력으로 인한 불능이라고 하더라도, 이것이 일단 이행지체가 된 후에 발생한 것일 때에는 결국은 채무자에게 책임이 있다고 할 수 있다. 이행의 일부가 불능이 되는 경우는 원칙적으로 그 부분에 대하여서만 불능의 효과가 생기며, 나머지만으로 채권의 목적을 달성할 수 없을 경우에만 전부불능과 동일하게 다루어진다. 이행불능이 된 경우에는 채권자는 채무자에 대하여 손해배상(전보배상)을 청구할 수 있다(민§390). 그리고 이 채무가 계약에 근거하고 있을 때에는 채권자는 계약을 해제할 수 있다(§546). 넓은 의미로는 채무성립 당시에 이미 이행을 할 수 없는 상태인 경우(원시적 불능)도 이행불능이라고 하지만, 이런 경우에는 계약은 성립되지 않으므로 앞에서 말한 문제는 발생하지 않는다. 또한 채무성립 후에 이행불능이 된 경우(후발적불능)에도 이것이 불가항력으로 인한 것일 때에는 채무는 소멸한다. 그리고 쌍방계약의 경우에는 위험부담이 문제될 뿐이다. 채무자가 이행지체가 된 후에 이행불능이 생기는 경우에는 원칙적으로 불능이 채무자에게 과실이 없는 경우에도 채무자에게 책임이 있으므로 손해배상을 하여야 한다.

채무의 이행이 불능이라는 것은 단순히 절대적·물리적으로 불능인 경우가 아니라 사회생활에 있어서의 경험법칙 또는 거래상의 관념에 비추어 볼 때 채권자가 채무자의 이행의 실현을 기대할 수 없는 경우를 말한다*(대법원 2003. 1. 24. 선고 2000다22850)*.

원시적 불능(原始的 不能)

처음부터 이행이 불능한 것을 말한다. 예컨대 소실된 가옥의 매매계약의 경우이다. 이행불능의 일종이다. 후발적불능(계약성립 후에 집이 소실한 경우)과는 달리, 계약은 당초부터 성립될 수 없고, 따라서 대금지급이나 채무불이행으로 인한 손해배상문제는 발생하지 않는다. 그러나 매도인이 이행불능을 알고 있었다거나 또는 과실로 모르고 있었던 경우에는, 매수인이 계약의 효력이 있다고 생각하고, 이사를 할 준비를 하거나 다른 싼 집을 살 기회를 잃었다고 하는 손해(신뢰이익)를 매도인에게 배상시켜야한다는 주장도 있다(계약체결상의 과실).

후발적 불능(後發的 不能)

계약이 성립한 때는 이행이 가능했지만, 후에 이행이 불가능하게 된 경우를 말한다. 예를 들면 매매계약 당시에는 존재하고 있었던 가옥이 계약체결 후 이를 인도하기 전에 소실한 경우이다. 원시적 불능과는 달리 일단 효력이 있는 계약이 성립되었기 때문에 계약을 한 그 후의 효과가 문제가 된다. 불능이 채무자의 책임 있는 사유에 의하여 발생하였을 때)에는 채무불이행으로서 채권자는 손해배상을 청구할 수 있다. 이에 대하여 채무자의 귀책사유가 없을 때(예를 들면 천재지변이나 대화재로 인하여 연소하였을 때)에는 채무는 소멸하지만 채무가 쌍무계약(별항)에서 발생한 경우에는 위험부담(별항)의 문제가 생긴다.

객관적 불능(客觀的 不能)
독;objektive Unmöglichkeit)

급부가 당해 채무자에게만 불능인 주관적 불능과는 달리, 누구에게 있어서도 불능인 경우를 말한다. 이에 관하여는 현행 민법상 불능은 객관적 불능만을 가리킨다는 견해, 또 그 구별의 표준에 관해, 채무자의 일신적 사정에 의한 불능을 제외한 불능이 객관적 불능이라는 견해 등 여러 설이 있으나, 유력설은 구별 불필요설이다.

귀책사유(歸責事由)

일정한 결과를 발생하게 한 데 대하여 법률상 책임의 원인되는 행위이다. 보통 고의·과실을 요하나 자기의 지배하에 있는 자의 과실 및 신의칙상 이와 동시할 수 있는 원인행위도 포함하는 경우가 있다(민§390, §546, §538). 귀책사유의 판단은 공평하고 적정한 책임의 분담을 실현하는 데 의미가 있다.

일시적 불능(一時的 不能)

채무의 이행이 일정기간 일시적으로 불가능한 것이다. 그러나 이행이 일시적으로 불가능하더라도 변제기에 있어서 가능한 것이 분명하면 채무의 성립이나 존속에는 영향이 미치지 않는다.

계속적 불능(繼續的 不能)

채무의 이행이 일시적이 아니라 계속적으로 불능이면서 그 불능이 제거될 시기도 알 수 없는 경우를 말한다. 이 행불능이 채무자의 귀책사유에 의한 경우에 채권자는 손해배상을 청구할 수 있으며(민법 390조), 이때의 손해배상은 성질상 전보배상이다. 또한 채무자의 책임 있는 사유로 인하여 이행이 불능으로 된 때에는 채권자는 계약을 해제할 수 있다(민법 546조). 이 해제권의 행사는 손해배상의 청구를 방해하지 않는다(민법 551조).

지체(遲滯)
라;mora 독;Verzug 불;demeure

채무자가 이행기에 이행을 하지 않거나 또는 채무자가 변제를 받아야 함에도 정당한 이유 없이 이를 받지 않는 것이다. 전자를 이행지체 또는 채무자지체라 한다. 지체를 한 자는 이후에 상대방의 의무불이행에 대하여 책임을 묻지 못할뿐더러 손해배상이나 이용부담의 불이익을 입는 경우가 있다(민§390, §400, §403).

채권자지체(債權者遲滯)
라;mora creditoris
독;Verzug des Gläubigers
불;demeure ducréancier

채무자가 이행의 제공을 하였는데도 채권자가 그 수령을 받을 수 없거나, 수령을 거절하는 것이다(민§400). 수령지체라고도 한다. 채무의 이행에 관하여 적극적인 수령행위를 필요로 하지 않는 것에서는 채권자지체의 문제가 생기지 않는다. 민법은 공탁에 의하여 채무자가 단독으로 채무를 면할 수 있

민
법

도록 하였다(§400, §403). 채권자의 수령의무가 있는가에 대하여는 부정설과 긍정설이 대립한다. 부정설에 따르면 채권자는 수령의무를 부담하는 것이 아니기 때문에 채권자가 수령을 거절해도 그것은 무방하다. 따라서 채권자가 수령을 거절한다고 해도 이로 인하여 채무자가 채권자에 대하여 손해배상을 청구한다거나 계약을 해제할 수 있는 것이 아니다. 다만 채무자는 일단 이행을 하려고 했으니까 그 이후에 이행지체로써 손해배상청구를 받지 않는다고 한다. 긍정설에 따르면 채권자는 거래상 신의성실의 책임이 있으므로 채무자가 제공한 이행을 수령할 의무가 있다는 것이다. 따라서 채권자의 책임으로 돌아갈 이유에 의해서 채권자가 수령을 거절하였을 경우에는 일종의 채무불이행이라고 생각해야 되며 채무자는 손해배상이나 계약의 해제를 청구할 수 있다.

채권자지체의 본질

채무 불이행설	채권자의 급부수령의무를 법적 의무로 인정하여 채권자지체는 채권자의 채무불이행으로 보는 견해이다.
법정 책임설	채권자지체는 공평이나 신의칙의 관점에서 채권자에게 일정한 불이익을 부담시킬 뿐 채권자에게 채무불이행책임을 묻는 제도는 아니라는 견해이다.
절충설	기본적으로 법정책임설에 바탕을 둔 것으로서 일반적으로 채권자는 수령의무를 부담하는 것은 아니지만, 예외적으로 계약의 유형에 따라서 채권자에게 부수의무로서 수취의무를 인정하는 견해이다.

수령지체(受領遲滯)

→ 채권자지체

수령거절(受領拒絶)

채권자의 이행의 수령을 거절하는 의사표시를 말한다. 이처럼 채권자가 이행의 수령을 거절하는 때에는 이행의 제공이 있는 때로부터 지체책임이 있다(민법 400조). 그런데 채권자가 미리 변제받기를 거절하는 경우에는 변제자는 변제준비의 완료를 통지하고 그 수령을 최고하면 된다(민법 460조 단서). 채권자가 변제를 받지 않을 때에는 변제자는 채권자를 위하여 변제의 목적물을 공탁하여 그 채무를 면할 수 있다(민법 487조).

수령의무(受領義務)
(독;Annhmepflicht)

채권자의 협력의무, 즉 채무자측의 행위만으로는 완료시킬 수 없는 급부에 있어서 채권자가 그 완료에 협력하여야 할 의무를 말한다. 이는 제공된 이행을 받아들여야 할 채권자의 의무이다. 독일민법(433·640조)은 매매도급에서 이 수령의무를 규정하고 있으나, 우리 민법 제400조는 채권자가 이행을 받을 수 없거나 받지 아니한 때에는 이행의 제공 있는 때로부터 지체책임이 있다고 규정할 뿐, 명문으로 이를 규정하고 있지 않다. 한편 이 개념은 채권자의 협력, 즉 수령을 요하는 급부에서 문제가 되며, 부작위 및 의사표시를 목적으로 하는 급부에서는 문제되지 않는다. 수령의무의 논점은 어떤 개념을 우리법상 인정할 것인가, 인정하지 않을 것인가, 특히 수령지체의 본체를 수령의무의 위반으로 파악할 수 있는가 없는가이며 실제상의 차이는 채무자에게 수령지체에 기한 계약해제권·손해배상청구권을 부여할 수 있는가 없는가이다. 종래 소극설, 즉 수령의무를 인정하지 않는 설이 지배적이었으나, 최근 수령의무를 인정하는 긍정설이 유력하게 대두되고 있다.

채무불이행(債務不履行)

채무자가 채무의 내용에 따른 이행을 하지 않는 것을 말한다(민§390). 채무의 내용에 따른 이행인지의 여부는 법률규정·계약취지·거래관행·신의성실의 원칙 등을 고려하여 판단한다. 채무불이행에는 이행지체·이행불능·불완전이행 등 세 가지 유형이 있다(§390참조). 부작위채무에 있어서는 채무자가 금지되어 있는 행위를 하였을 때 채무이행이 된다. 채무불이행 시에는 채무본래의 이행이 가능하다면 강제이행을 할 수 있다(§389). 또한 담보권실행과 계약해제(§544, §546) 및 손해배상청구가 가능하다(§390, §392~§397). 그러나 이러한 채무자의 책임이 발생하기 위해서는 채무자의 귀책사유가 있어야 하며 학설과 판례는 거증책임이 채무자에게 있다고 한다.

불완전이행(不完全履行)

독;unvolkomme Erfüllung, manglhafte Erfüllung

채무자가 이행기에 이행을 하였지만 그 이행이 채무의 내용을 좇은 완전한 것이 아닌 것이다. 민법에는 직접적인 규정은 없지만, 민법 제390조에서 이를 유추 적용할 수 있다. 채무불이행의 한 형태이다. 불완전한 이행이 채무자의 고의나 과실에 의한 때에는 채권자는 그로 인하여 발생한 손해의 배상을 청구할 수 있다. 또한 불완전이행의 경우에는 추완이 가능한 한 채권자는 완전한 이행을 청구할 수 있다. 이에 대하여 판례는 채무자가 불완전한 급부를 일단 인수하였다면, 그 이후에는 추완청구를 할 수 없고, 하자담보책임(민§580)을 물을 수 있다고 규정하고 있을 뿐이다. 추완이 불가능한 경우에는 채권자는 손해배상 이외에 계약의 해제를 청구할 수 있을 뿐이다.

지급불능(支給不能)

영; insolvency
독;Zahlungsungähigkeit

채무자가 금전을 가지지 않았거나 가까운 시일내에 채무를 변제할 가망이 없기 때문에(이른바 지급수단의 흠결)이로 이하여 이미 이행기에 있거나 또는 청구를 받고 있는(금전) 채무의 전부 또는 중요한 부분을 이행할 수 없는 상태이다. 일반적 파산원인이 된다. 즉각적인 이행을 요하는 채무이행에 필요한「금전의 흠결」이 중심적 개념이고, 이것이 채무자의 자력의 불충분한 징후라고 간주되어 파산원인으로 정해지기 때문이다. 따라서 채무액을 초과하는 자산을 갖고 있더라도 금전의 흠결이 있게 되면 지급불능이 될 수 있고, 반대로 도덕상·기술상·기업상의 신용에 의하여 금전의 융통을 받을 수 있는 한 지급불능이 되지 않는다. 지급불능은 객관적 상태이며, 채무자의 인식을 불문한다. 이점에서 지급정지와 다르다.

이행거절(履行拒絶)
독;Erfüllugnsverweigerung

급부 그 자체는 가능하지만 채무자가 채권자에 대하여 이행할 의사가 없는 취지를 통지하는 일종의 의사통지이다. 의사통지는 서면 또는 구술로도 가능하다. 의사를 표명하는 점에서 의사와 상관없이 발생하는 이행불능과 구별되며 이행기도과라는 사실에 기하지 않는 점에서 이행지체와도 구별된다. 쌍방계약의 일방의 당사자가 이행거절을 할 때에는 반대급부의 수령거절도 포함한다고 볼 수 있는 것이 보통이므로 다른 당사자는 구두상의 제공만으로 동시이행의 항변을 배척할 수 있다(민 §400, §460, §536). 그러나 그 이상으로 상대방의 이행거절을 이유로 전보배상의 청구 또는 최고 없이 해제를 할 수 있는지 그 여부는 의문이며, 원칙적으로 부정하는 것이라고 해석된다.

이행이익(履行利益)
독;Erfüllungsinteresse

계약이 완전히 이행되는 경우에 채권자가 받게 되는 이익을 손해로 산출하는 것이며 적극적 계약이익이라고도 한다. 예컨대 계약완전이행시 채무자가 받게 되는 이익 등이다. 신뢰이익에 대립하는 말이다. 채무이행을 이유로 하는 손해배상은 원칙적으로 이행이익의 배상이며 신뢰이익의 배상은 특별한 경우뿐이다.

신뢰이익(信賴利益)
독;Vertrauensinteresse

무효인 계약을 유효라고 믿었기 때문에 입은 손해를 말하며 소극적 계약이익이라고 한다. 예컨대 계약체결비·이행준비비용 등이다.

대상청구권(代償請求權)
독;Surrogationsanspruch

어떤 원인으로 말미암아 채무가 이행불능이 되어, 이와 동일한 원인에 의하여 채무자가 이익을 얻게 된 경우 이 채무의 목적물에 대신하는 이익을 채권자가 청구하는 권리이다. 매수인에게 인도해야 할 건물이 제3자로 말미암아 타버렸을 때에 매수인으로부터 매도인에 대하여 취득하는 손해배상청구권의 이전을 청구하는 권리 등이 이에 속한다. 민법에는 규정이 없으나 공평의 원칙에 의하여 해석상 안정되어 있다. 이행불능이 채무자의 책임 없는 사유로 생긴 경우에 이 이론의 실익이 있다.

대상청구권 인정여부

긍정설(다수설)	민법에서 대상청구권을 규정하고 있지는 않으나 후발적 불능의 효과로서 해석상 이를 부정할 이유가 없다는 견해이다.
제한적 긍정설	위험부담, 제3자의 채권침해, 채권자대위권 등 다른 제도와 충돌되지 않는 범위 내에서만 인정하자는 견해이다.
판례	긍정설(92다4581참조)

우리 민법에는 이행불능의 효과로서 채권자의 전보배상청구권과 계약해제권 외에 별도로 대상청구권을 규정하고 있지 않으나 해석상 대상청구권을 부정할 이유가 없다*(대법원 1992. 5. 12. 선고 92다4581, 92다4598).*

가격배상(價格賠償)

영;price reparation

공유자 1인이 공유물 전부를 취득하여 다른 공유자에게 각자의 지분에 따라 그 가격을 배상하는 방법을 일컫는데, 광의로는 물건의 대가를 금전으로 현금화(환가)하여 배상하는 것을 말한다.

손해배상(損害賠償)

영;compensation for damage
독;Schadeneratz
불;dommages-intérêts, réparation des dommages

일정한 사실에 의하여 타인에게 입힌 손해를 전보(塡補)하고 손해가 발생하지 않은 것과 똑같은 상태로 원상 복귀시키는 것이다. 손해배상청구권의 발생 원인은 계약에 의한 경우 즉 손해담보계약도 있으나, 대부분의 경우는 위법행위 즉 채무불이행과 불법행위이다(민§390이하, §750~§766). 민법에는 손해배상청구권에 관한 일반규정은 없고 채무불이행과 불법행위의 경우에 각각 그 성립요건이나 배상범위나 방법이 정하여져 있다. 배상해야 하는 손해는 재산적·정신적 손해이며, 재산감소 같은 적극적 손해뿐만 아니라 증가할 재산이 증가하지 못한 소극적 손해도 포함된다. 손해의 범위는 손해배상책임을 발생케 한 원인 사실과 인과관계(상당인과관계)에 있는 것에 한한다. 손해배상은 금전배상을 원칙으로 하며 예외적으로 원상회복이 인정된다(§394, §763, §764, 광§93). 채권자가 손해배상으로써 채권의 목적인 물건 또는 권리의 가액전부의 배상을 받았을 경우에 채무자가 그 물건 또는 권리에 대하여 채권자를 대위한다(§399. 채무불이행의 경우에 명문으로 규정되어 있으나 불법행위의 경우에도 유추 적용된다. 이는 채권자에게 실질손해 이상으로 이익을 주는 일을 막기 위한 취지이다.

금전배상(金錢賠償)

독;Geldersatz

모든 손해를 금전으로 평가하여 그 금액을 납부함으로써 행하는 손해배상 방법이다. 원상회복방법에 대한 것이다. 민법은 채무불이행이나 불법행위에 의한 손해는 당사자간에 특별한 의사표시가 없으면 그 손해의 내용이 물질적이건 정신적이건 불문하고 금전으로 배상한다고 규정하고 있다(§394, §763).

적극적 손해(積極的 損害)

라;damnum emergens
독;positiver Schaden

이미 가지고 있던 재산에 적극적인 감소가 발생하는 것이다. 예컨대 물건이 멸실·훼손되는 것이다. 소극적 손해에 대비되는 개념이다. 민법상 채무불이행이나 불법행위로 인하여 발생하는 배상청구에는 적극·소극의 모든 손해가 대상이 된다.

재산적 손해(財産的 損害)

재산상 받는 손해로서 정신적 손해에 대하는 것이다. 그 액은 금전적으로 산출된다. 재산의 침해의 경우 뿐 아니라 신체 등의 인격적 이익의 손해의 경우에도 재산적 손해가 생기므로(치료비·상실이익 등)그 어느 경우에도 동시에 정신적 손해를 발생시킨다. 손해배상에 있어서는 재산적·정신적인 두 손해가 모두 배상된다(민§750~§752 참조).

무형적 손해(無形的 損害)

재산적 손해에 상대되는 개념으로 고통이나 슬픔 등과 같이, 위법한 행위로 인하여 받는 정신상의 손해를 말한다. 신체·자유·명예·생명 등의 인격적 이익에 대한 침해는 일면, 예컨대 치료비의 지출 등과 같은 재산적 손해를 발생시키지만, 거의 모든 경우에 정신적 손해를 발생시킨다. 정신적 손해의 배상을 인정하느냐의 여부는 입법주의의 문제이다. 독일 민법 등에서는 정신적 침해에 대한 보상을 제한적으로 인정하고 있으나, 우리 민법에서는 언제나 인정하고 있다(민법 751조). 정신적 손해의 배상을 위자료라고 한다.

소극적 손해(損害)

라;lucrum cessans
독;negativer Schaden,
entgangener Gewinn

얻을 수 있었던 새로운 재산의 취득이 방해된 경우의 손해이다. 얻을 수 있었을 이익의 상실이라고도 한다. 적극적 손해에 대립되는 말이다. 전매(轉賣)로 인하여 얻을 수 있었던 이익의 상실 등이 그 예이다. 손해배상에 있어서는 적극적·소극적인 양손해(兩損害)가 모두 배상된다.

지연배상(遲延賠償)

채무이행이 지연됨으로써 발생한 손해를 배상하는 것이다. 예를 들면 가옥의 인도가 지연된 경우에 이행지체의 기간동안의 가임(家賃)의 상당액을 배상하는 것과 같은 경우이다. 이행지체로 인하여 손해가 발생한 경우에는 본래의 급부청구에 가산하여 지연배상이 청구되어 본래의 급부의 청구와 兩立(양립)한다. 이 점이 이행에 대신하는 손해의 배상(전보배상)과 다르다. 배상하는 손해액은 보통은 실손해이지만 민법에서는 특히 금전배상을 지연한 경우에 대한 규정을 설정하고 실손해의 유무에 관계없이 지연이자를 받을 수 있다고 하였다(민§397).

전보배상(塡補賠償)

채무자의 과실로 채무이행이 불가능하게 되거나 이행을 지체하여 본래의 급부를 받는다고 해도 이미 채권자에게 이익이 없는 때에, 채권자가 수령을 거절하고 이행에 갈음하여 청구하는 손해배상을 말한다(민§395). 예를 들면 시가 1억원의 가옥을 9천만원에 매수하기로 하였는데 매도인의 과실로 인하여 가옥이 소실되었다거나, 이행이 지체되고 있는 동안에 매수인이 외국으로 가지 않으면 안될 경우에 가옥의 인도에 갈음하여 지급되는 가옥상당액(1억원)이다. 더구나 매수인은 대금을 지급하지 않아도 되므로 실제로는 가격과 대금의 차액(1천만원)을 지급하는데 불과한 것이다(손익상계). 따라서 시가로 매매를 하였을 때에는 특별히 손해가 없는 경우도 있다. 이행불능에 의한 손해배상은 모두 전보배상(塡補賠償)이다. 이행지체에 의한 손해배상은 지연배상을 원칙으로 하지만, 지체 후의 이행이 채권자에게 아무런 이익을 부여하지 않을 경우에는 예외적으로 이행에 갈음하여 전보배상을 청구할 수 있다. 채무자가 이행의 의사가 없을 경우에도 청구할 수 있다고 해석된다.

과실책임주의(過失責任主義)

영;principle of liability with fault
독;Prinzip der Culpahafung,
Verschuldungsprinzip
불;théorie de faute

자기의 고의나 과실에 대하여서만 가해행위의 책임을 진다는 주의이다. 자기책임의 원칙이라고도 한다. 근대민법은 과실책임주의를 기본원칙의 하나로 한다. 우리 민법은 이 원칙을 불법행위에 관한 규정에 표명하고 있다(민§750, §390). 이로써 개인은 경제활동에 있어서 최대한의 자유가 보장되어 왔다. 그러나 근대자본주의발전에 공헌한 이 과실책임주의는 오늘날 대기업의 발생에 수반하는 새로운 사태에 당면하여 그 결함을 드러내게 되었는데 이 같은 과실책임주의의 결함을 수정하기 위하여 등장한 것이 무과실책임의 이론이다. 민법은 예외적으로 특별위험에 대하여 무과실책임을 인정하고 있으며(§758 등), 특별법에서 무과실책임의 경향이 증대되고 있다.

무과실책임주의(無過失責任主義)

영;liability without fault, absolute liability
독;Schadenersatzpflichtohne Verschulden
불;responsabilité sans faute,
responsabilité objective

손해발생에 있어서 고의 또는 과실이 없는 경우에도 그 배상책임을 진다는 주의이다. 과실책임주의와 대립하는 개념이다. 이는 근대의 과실책임주의가 기계문명 발달과 자본주의의 고도화로 인해 수정을 가할 수밖에 없었다. 즉 공장 등에서 유해한 폐수나 가스가 방출되어 타인에게 손해를 입힌 경우에, 가해자는 피해방지에 최선을 다하면 무과실이 되므로 손해배상의 의무를 면하게 된다. 그러나 경영주는 그 기업에 의하여 막대한 이익을 보면서도 자기 때문에 일어난 피해가 무과실이란 이유로 책임을 전혀 지지 않는다는 것은 불합리하다. 이 같은 대기업의 책임을 둘러싸고, 종래의 과실책임주의가 수정되어 무과실책임을 인정하는 근거로는 (1) 위험한 시설의 소유자는 그에 따라 생기는 손해에 대해서도 책임을 져야 한다는 위험책임론, (2) 큰 이익이 돌아가는 데에는 손실까지도 돌아가게 해야한다는 보상책임론, (3) 손해의 원인을 준 자에게 배상책임을 지워야 한다는 원인책임론, (4) 불법행위에 의한 배상책임은 손해의 공평한 분담을 주장하는 사상에 따라 정해져야 한다는 구체적 공평론등이 있다. 우리나라 법에서는 민법상 감독자나 사용자의 책임에 있어서(§755, §756) 무과실의 입증책임을 그들에게 전환시켜 무과실의 입증을 곤란케 하거나, 이를 받아주지 않음으로써 실제 무과실책임에 가까운 결과책임을 부담시키는 사례가 있고, 또 공작물소유자의 손해배상책임에 관한 규정(§758)도 무과실책임에 흡사함을 볼 수 있다. 특별입법으로서는 광업법 제75조에 의한 광업권자의 광해배상의무 등에서 무과실책임의 예를 볼 수 있다. 그밖에 자동차손해배상보장법에서도 앞에 예시한 민법상 특수불법행위와 같이 과실책임주의에 수정을 가하고 있다(자동차손해배상보장법§3).

사정변경의 원칙(事情變更의 原則)

라;clausula rebus sic stantibus

계약체결당시의 사회적 사정이 변경되면 계약은 그 구속력을 잃는다고 하는 원칙이다. 일단 계약을 한 이상 이것을 당연히 지켜야 한다. 그러나 어떤 경우를 막론하고 계약을 지키라고 한다면 때로는 신의공평에 반하는 부당한 결과를 발생할 수도 있다. 이와 같이 (1) 당사자의 책임 없는 사유(인플레 등)로 (2) 계약 당시에는 당사자가 미처 예상할 수도 없었던 것 (3) 현저한 사정의 변경이 발생하였을 경우에는 신의·공평의 견지에서 계약내용을 개정하던가(지대의 증액 등), 만약에 그것이 불가능할 때는 계약의 해제를 인정해야 한다는 것이다. 법문상 일반적으로 이 원칙을 승인한 규정은 없지만 학설상 주장되고 있으며 판례에도 이 원칙을 적용한 것이 있다. 그러나 계약의 변경을 안이하게 인정하게 되면 거래계는 혼란에 빠질 우려가 있기 때문에 이 원칙은 구체적 사정에 따라 신축성 있게 해석해야 할 것이다.

사정변경의 원칙

(요 건)	(효 과)
① 계약당시 예상하지 않았던 것	계약내용의 개정
② 현저한 사정의 변경이 있었다는 것	계약해제
③ 이 변경이 당사자의 책임으로 돌아가지 않는 것	

인과관계(因果關係)

영;causation
독;kausalzusammenhang, Kausalität
불;causalité

일반적으로 어떤 선행사실(원인)과 후행사실(결과)의 필연적 관계를 가리킨다. 어느 행위가 일정한 효과를 나타냈을 경우에 행위자의 책임을 전제로서 인과관계가 문제된다. 민법상 불법행위나 채무불이행에 의한 손해배상책임을 논할 경우에 중요하다. 이에는 (1) 행위와 손해와의 사이에 조금이라도 논리적 인과관계가 있으면 그 손해에 대하여 책임을 져야한다는 조건설과 (2) 경험적·일반적으로 그 행위로부터 흔히 생겨날 결과에 대하여서만 책임을 지면된다는 상당인과관계설이 대립되고 있다. 최근의 학설과 판례는 상당인과관계설을 채택하고 있다.

과실상계(過失相計)

라;compensatio culpae
독;Culpakompensation, konkurrierendes verschulden
불;faute commune

불법행위나 채무불이행으로 인한 손해배상청구의 경우에 그 손해의 발생 또는 그 증대에 대하여 피해자(채권자·배상권리자)에게도 과실이 있으면 배상유무 및 손해액을 정하는데 참작하는 것이다(민§396, §763). 상계라고는 하나 고유한 의미의 상계(§492, §499)는 아니며 오로지 자기의 과실에 의한 손해를 전부 타인에게 전가하는 것은 형평의 정신에 반한다는 취지의 제도이다. (1) 채무불이행에 대하여 채권자의 과실이 있을 때에는 반드시 그 과실을 참작하여 배상액을 정하여야 하며, 때로는 채무자의 책임을 면제하는 수도 있다. (2) 불법행위에 대한 피해자의 과실은 배상액에 참작할 수는 있으나 가해자의 책임을 면제할 수는 없다(§763). 그리고 피해자의 과실이 경미한 때에는 반드시 그 과실을 참작하지 아니하여도 된다.

> 불법행위에 있어서 피해자의 과실을 따지는 과실상계에서의 과실은 가해자의 과실과 달리 사회통념이나 신의성실의 원칙에 따라 공동생활에 있어 요구되는 약한 의미의 부주의를 가리키는 것으로 보아야 한다*(대법원 1999. 2. 26. 선고 98다52469).*

손익상계(損益相計)

라;compensatio lucri cum damno
독;Vorteilsausgleichung, Vorteilsaufrechnung

손해배상청구권자가 손해를 본 것과 같은 원인에 의하여 이익도 보았을 때에는 손해에서 그 이익을 공제한 잔액을 배상해야 할 손해로 하는 것이다. 예컨대 생명침해에 의한 손해배상액은 사망자가 얻을 수 있었던 수입액(손해)에서 지출해야 하는 생활비(이익)를 뺀 것이다. 민법에는 이에 관한 규정이 없으나 손해배상의 성질상 당연한 사항이다. 그 공제되는 이익의 범위는 손해의 원인인 사실과 상당인과관계에 있는 이익이라고 해석된다. 여기서 상계란 진정한 의미의 상계는 아니다. 민법상 직접적인 규정은 없지만 주로 공평의 요구에 따라 손해배상의 성질상 당연히 인정된다.

위약금(違約金)

계약금의 채무를 이행하지 못할 때 채무자가 채권자에게 지급할 것으로 미리 약정한 금원을 말한다. 기일이 되어도 채무의 이행이 지체될 경우에는 1일당 OO원씩 지급을 한다거나 채무를 전혀 이행하지 않는 경우에는 OO원을 지급하겠다고 약정한 그 금원이다. 위약금의 성질은 채무불이행에 의한 손해배상과는 별도로 지급되는 제재금으로서 의미를 지닐 수도 있지만, 일반적으로는 위약금 이외에는 배상금을 받을 수 없는 손해배상액의 예정인 것이다. 민법은 명확하게 판단할 수 없는 경우에는 위약금을 배상액의 예정이라고 추정하고 있다(민§398④). 채권자는 채무불이행의 사실이 증명되기만 하면 그 손해의 발생여부와 관계없이 예정된 위약금을 청구할 수 있다. 다만 법원은 그 예정액이 부당하게 과다한 경우에는 적당히 감액할 수 있다(§398②). 노동계약시 위약금약정은 금지된다(동기§4).

위약금의 성질

(1) 위약금=손해배상액예정=배상액≠실손해액
(2) 위약금+실손해액=배상액
(3) 위약금+X=실손해액=배상액
§398은 (1)로 추정하고 있다

배상액의 예정(賠償額의 豫定)

英;previously fixed amount of damages
獨;Vertragstrafe, Konventionalstrafe
佛;clause pénale

채무불이행의 경우에 채무자가 지급하여야 할 손해배상의 액을 당사자 사이에 미리 정하여 두는 것을 말한다. 배상액을 예정하였을 때는 채권자는 채무가 이행되지 않으면 채무자의 귀책사유나 손해발생 여부에 관계없이 즉시 예정된 배상액을 청구할 수 있다. 그러나 실제의 손해가 예정액 이상일지라도 예정액 이상으로 청구할 수는 없다. 예정된 배상액은 공서양속에 위반하지 않는 한 유효하지만, 예정액이 부당하게 과다한 경우에는 법원은 적당히 감액할 수 있다(민§398②). 근로계약의 불이행에 대하여는 위약금 또는 손해배상액의 예정이 금지되고 있다(근기§20).

지연이자(遲延利子)

금전채무의 이행이 지체되었을 경우에 지급하는 손해배상금이다. 연체이자라고도 한다. 이자라고는 하지만 원금(원본)을 사용하는 대가로서 지급되는 이자의 의미는 아니고 단지 채무액의 일정한 비율을 지연된 기간에 따라서 지급한다는 점이 통상의 이자와 비슷하여 이렇게 부르고 있는데 지나지 않는다. 여기서 일정한 비율이란 본래의 금전채권에 대해서 약정이율이 정하여지고, 이에 따라 이자를 지급할 때의 약정이율인 것이며, 그렇지 않을 때는 법정이율(년5분 내지 6분)이다(민§379). 지연이자의 특징은 금전채무가 아닌 채무의 이행지체에 의한 손해배상과는 달리 채무자의 책임으로 돌아갈 사유가 없어도, 또한 실손해가 없을 때에는 일정한 금액을 지급한다는 점이다. 더구나 당사자 사이에 미리 지연이자의 요건과 다른 요건으로 손해의 배상을 예정해 두는 것은 무방하다.

대위(代位)

독;Surrogation 불;subrogation

권리의 주체 또는 객체인 지위에 대신한다는 의미의 용어로 민법상 여러 가지 경우에 쓰인다. (1) 채권자의 대위권(민§404)은 대위자(채권자)가 피대위자의 지위를 대신하여 그 권리를 행사함을 말하고, (2) 대위변제(§480, §485)·배상대위(§399)·보험자대위(상§681, §682) 따위는 피대위자가 가진 일정한 물건 또는 권리가 법률상 당연히 대위자에게 이전되는 것을 말하며, (3) 물상대위(민§342)는 담보물권의 효력이 그 목적물에 대신하는 것 위에 미치는 것을 말한다.

배상자대위(賠償者代位)

채권자가 그 채권의 목적인 물건 또는 권리의 가액전부를 손해배상으로 받은 때에는 채무자는 그 물건 또는 권리에 관하여 당연히 채권자를 대위하는 것을 말한다. 시계를 빌리고 있는 자나, 이것을 수선하기 위하여 보관하고 있는 자는 자기의 부주의로 인하여 그 시계를 도둑맞거나 잃어버린 경우 시계의 반환에 대신하여 손해배상을 하지 않으면 안 된다. 그런데 시계의 대가를 배상한 다음에 그 시계를 찾았을 때에는 그 시계는 누구의 소유물이 되는가? 만약 원래의 소유주에게 돌려주어야 한다면 그는 시계와 대가를 이중으로 취득하게 되므로 불공평하다. 그래서 민법은 이런 경우에 채권자가 그 채권의 목적인 물건 또는 권리의 가액전부를 손해배상으로 받은 때에는 채무자는 그 물건 또는 권리에 관하여 당연히 채권자를 대위한다(민§399)고 규정하고 있다. 따라서 이런 경우에는 시계는 차주(借主)·보관자의 소유가 된다. 이것을 배상자의 대위라고 한다.

> 민법상 <u>손해배상자의 대위</u>의 취지는 <u>채권자가 채권의 목적이 되는 물건 또는 권리의 가격 전부를 손해배상으로 받아 그 만족을 얻었을 때</u>에는 그 <u>물건 또는 권리에 관한 권리는 법률상 당연히 채무자에게 이전되는 것</u>이고 그에 관하여 채권자나 채무자의 양도 기타 어떤 특별한 행위를 필요로 하는 것이 아니다 *(대법원 1977. 7. 12. 선고 76다408).*

채권자대위권(債權者代位權)

불;action subrogatoire, action oblique, action indirecte

채권자가 자기의 채권을 보전하기 위하여 필요한 경우에 채무자가 행사를 해태(懈怠)하고 있는 권리를 자기의 이름으로 대신하여 행사하는 권리이다(민§404). 예를 들면 채무자의 일반재산이 채무자의 전채무(全債務)보다도 부족함에도 불구하고, 채무자가 자기의 대금을 회수하지 않거나 소멸시효를 중단시키지 않을 때, 채권자가 이를 대신하여 수금을 하거나 시효중단을 시키는 경우의 권리를 말한다. 채권의 대외적 효력의 하나이며, 대위소권 또는 간접소권이라고도 한다. 재판상에서나 재판외에서도 행사할 수 있다. 따라서 취소·해제·해지 등의 형성권도 행사할 수 있다. 그러나 일신전속권에 속하는 권리는 채권자가 대신하여 행사할 수 없다. 원래 이런 권리의 행사를 채권자에게 인정한 것은, 그것이 채권자전체의 이익이 된다는 취지에서 채무자의 일반재산이 전 채무액에 부족한 경우에 한한다는 것이 원칙이었다. 그러나 판례는 이 취지를 확대하여 예외적으로 (1) 갑으로부터 을 그리고 을로부터 병에게로 부동산이 이전된 경우에 병이 을을 대신하여 을의 자력에 관계없이 을의 갑에 대한 이전등기청구권의 행사가 가능하다고 판시하였고, (2) 병이 임차하는 토지를 불법점유한 갑에 대하여 을의 자력에 관계없이 병은 을이 가지고 있는방해배제청구권(명도청구권)을 행사할 수 있다고 판시했다. 채권자대위권이 행사됨으로써 얻은 재산이나 권리는 채무자에게 귀속하고 총 채권자가 그 이익을 받는다.

채권자취소권(債權者取消權)

라;actio pauliana
독;Giäubigeranfechtungrecht
불;action ŕevocatioire, action paulien

채권자가 자기의 채권의 보전을 위하여 필요한 경우에 채무자의 부당한 재산처분행위를 취소하고 그 재산을 채무자의 일반재산으로 원상 회복하는 권리이다(민§406). 사해행위취소권 또는 폐파소권이라고도 한다. 예를 들면 채무자의 일반재산이 채무자의 전채무보다 부족함에도 불구하고 제3자에게 부동산을 매우 싸게 매도하거나 증여·채무면제 해주는 경우에 채권자가 이런 행위의 취소를 법원에 청구하여 부동산을 되찾거나 채무를 면제하지 못하도록 하는 것이다. 채권대외적효력의 하나로서 취소의 목적이 되는 사해행위의 결과 잔존재산만으로는 전채무를 변제하는 것이 부족할 경우에 채권자는 취소권을 행사할 수 있다. 사해행위에는 증여·채무부담행위 등이 포함된다. 그러나 사행행위에 신분상의 행위는 포함되지 않는다. 다만 부동산의 시가에 의한 매각이나 기존채무의 변제는 사해행위가 아니다. 채권자취소권이 성립하기 위하여는 채무자·수익자·전득자(轉得者)의 악의가 필요하다. 채권자취소권의 소의 피고는 이득반환청구의 상대방, 즉 수익자나 전득자이다. 그러나 채무자를 피고로 할 수는 없다. 원상을 회복한 재산은 채무자에게 복귀하고 총채권자의 이익을 위하여 효력이 있다(§407). 즉 공동의 담보인 채무자의 일반인 재산이 확보되는 결과가 된다. 그러나 취소권을 행사한 채권자가 우선적 지위를 획득하는 것은 아니다. 채권자취소권은 채권자가 취소원인을 안 날로부터 1년, 법률행위가 있은 날로부터 5년 내에 행사하여야 한다(§406).

사해행위취소권(詐害行爲取消權)

채권자를 해함을 알면서 행한 채무자의 법률행위(사해행위)를 취소하고 채무자의 재산을 회복하는 것을 목적으로 하는 채권자의 권리를 말한다(민법 406조 1항). 채권자취소권은 소송법상의 권리가 아니라 실체법상의 권리이다. 또 이 권리는 채무자 회생 및 파산에 관한 법률상 부인권과 그 목적에서 동일하다. 이 제도는 채권자대위권과 함께 채무자의 책임재산의 보전을 위한 것이다. 다만, 대위권과는 채권의 공동담보의 보전이라는 목적에서는 동일하나, 채권자대위권은 행사되더라도 채무자나 제3자에게는 본래 있어야 할 상태를 만들어 내는데 지나지 않으므로 그 영향은 크지 않다. 그러나 채권자취소권의 행사는 채권자와 제3자 사이에 본래 있어서는 안 되는 상태를 만들어 내는 것이 되어 채무자 및 제3자에게 미치는 영향이 대단히 크다는 점에서 차이가 있다. 따라서 그 성립요건에 관해서는 공동담보 보전의 필요성, 채무자 및 제3자의 이해관계를 비교·형량하여 엄격하게 정해야 한다. 채권자취소권제도는 로마법에서 그 기원을 찾을 수 있다.

무자력(無資力)

특정인이 부담하는 채무의 총액이 그 자가 현재 소유하는 적극재산의 총액을 초과하는 것이다. 채무초과와 동일한 의미이다.

전득자(轉得者)

권리의 양수인으로부터 다시 그것을 양도받은 자를 모두 포함하여 전득자라고 부른다. 그러나 민법에서는 특히 사해행위에 관하여 수익자와 맞서는 관념으로 이 말을 쓰고 있다. 즉 채무자가 행하는 사해행위의 상대방이 수익자이고, 그 자로부터 다시 목적인 권리의 전부나 일부를 취득한 자를 전득자라 부른다(민§406). 채무자 회생 및 파산에 관한 법률상의 부인권에 관한 전득자(채회파§110)도 같은 뜻이다.

다수당사자의 채권

(多數當事者의 債權)
독;Mehrheit von Glä ubigern, Mehrheit von Schuldnern

하나의 급부에 대하여 채권자가 복수인이고 채무자가 1인인 경우 및 채권자와 채무자가 모두 복수인 경우를 다수당자사의 채권관계라고 한다. 여기에는 분할채무(민§408), 불가분채무(§411) 및 연대채무가 있다(§414). 부진정연대채무는 특수한 예이다. 보증채무(§428)나 연대보증채무(§437단)에 있어서 주채무는 단일하며 종채무가 부속하고 있으나 이들도 모두 다수당사자의 채무에 포함시킬 수 있다. 왜냐하면 보증채무도 하나의 채무이므로 채권자에게 있어서는 주채무자와 보증채무자(보증인)의 복수의 채무자가 있기 때문이다. 민법은 다수당사자의 채권관계는 특별한 의사표시가 없으면 분할채권관계로 한다(§408).

분할채권관계(分割債權關係)

독;teilbares Schuldverhältnis
불;obligation divisible

하나의 가분급부를 목적으로 하는 다수당사자의 채권관계이다. 불가분채권관계란 동일한 급부에 2인이상의 채권자 또는 채무자가 있을 때, 분할할 수 있는 급부를 말한다. 예를 들면 甲·乙·丙 세사람이 丁에 대하여 3만원의 채권을 가지고 있을 때, 각각 1만원씩의 채권으로 분할할 수 있는 경우에 그 3만원의 채권이다(丁의 입장을 기본으로 한다면 가분채무 또는 분할채무가 된다). 우리 민법은 다수당사자의 채권관계에서는 분할채권관계를 원칙으로 한다(민§408). 즉 급부가 가분(可分)이고 특별한 의사표시가 없으면 각 채권자 또는 채무자는 균등한 비율로 권리를 갖고 의무를 진다. 그러나 이 원칙을 고집하면 현실에 맞지 않는 경우도 있으므로 특별한 약속이나 의사표시가 없어도 연대채무(또는 불가분채무)로서 취급하는 것이 타당한 경우가 많다. 상사(商事)의 경우가 특히 그러하다(상§57).

불가분채권·불가분 채무

(不可分債權·不可分債務)
독;teibares Scchuldverhältnis
불;obligation divisible

다수의 채권자나 채무자가 하나의 불가분급부를 목적으로 하는 채권을 가지고 채무를 부담하는 경우의 채권·채무관계이다(민§409~§412). 여기서 불가분급부란 (1) 분할하면 경제적 가치를 잃거나 멸하는 성질상의 불가분과 (2) 당사자의 의사표시에 의하여 불가분이 된 급부(給付)를 의미한다. 예를 들면 1대의 자동차급부에 관하여 甲·乙·丙이 공동으로 丁에게 구입한 경우는 불가분이며, 갑·을이 100만원을 분할하지 않고 병으로부터 받은 채권은 의사표시에 의한 불가분이다. 불가분채권관계에서 각 채권자는 단독으로 변제를 수령할 수 있으며(§409, §410), 각 채권자는 채무자에 대하여 전부의 이행을 청구할 수 있다(§411). 채무자가 1인의 채권자에게 이행하면 다른 채권자의 채권도 소멸한다(§409). 불가분채무에 있어서는 각 채무자가 각자 전부급부의 의무를 지고 1인의 채무자의 이행에 의하여 다른 채무자의 채무도 소멸한다(§411). 그 밖의 점에서는 각채권·채무는 독립한 것으로 취급된다(§410①, §411, §412 참조).

연대채무(連帶債務)

독;Gesamtschuld, passives Gesamtschuldverhältnis
불;obligations solidaires, solidarité pssive

수인의 채무자가 채무전부를 각자 이행할 의무가 있고 채무자 1인의 이행으로 다른 채무자도 그 채무를 면하게 되는 다수당사자의 채무이다(민§413). 각 채무자의 채무가 독립되어 있고 주종의 차(差)가 없다는 점에서 보증채무와 다르다. 그 점이 보증채무보다도 유력한 담보제도가 되는 원인의 하나이다. 그 성질에 대하여서는 단일채무설·중첩채무설·복수채무설로 나누어진다. 연대채무는 법률의 규정에 의하여 발생하는 경우(민§35②, §760, §832·상§24, §57①, §81, §138 등)와 법률행위에 의하여 발생하는 경우(연대의 계약)가 있다. 채권자는 연대채무자 중의 1인 또는 수인 또는 전원에 대하여 전부 또는 일부를 청구할 수 있다. 수인 또는 전원에 대하여 청구할 때는 동시에 청구할 수도 있고 순차로 청구할 수 있다(민§414). 연대채무자의 1인에 대하여 변제·대물변제·공탁·수령지체·상계·청구·경정·면제·혼동·시효가 발생하면 그의 효력은 다른 연대채무자에게도 미치지만(§416~§422) 그 이외의 사유가 발생해도 다른 자와는 관계가 없다(§423). 연대채무자 내부에서는 부담부분이 정해져 있다. 즉 연대채무자의 한 사람이 채무를 변제하고 그 밖의 자기의 출재로 공동면책을 받을 때에는 다른 채무자에 대하여 구상권을 가진다(§425①). 그 부담부분의 비율은 특약이 있다면 그에 의하고 특약이 없으면 균등한 것으로 추정된다(§425①). 구상권의 범위는 채무가 면책된 날 이후의 법정이자 및 피할 수 없는 비용 기타 손해배상을 포함한다(§425②). 그러나 연대채무자 가운데 1인이 변제를 하려면 그 전후에 다른 연대채무자에게 통지할 의무가 있다. 이 통지를 해태하면 구상권에 제한을 받게 된다.

인적담보(人的擔保)
불;sureté personelle

채권의 안전을 기하기 위하여 채무자 이외의 특정인의 신용에 의한 채권의 담보를 말한다. 결국 보증인이나 연대보증인의 전재산에 인적 책임에 의한 담보를 세우는 것이 된다. 따라서 인적담보는 담보인의 일반재산의 상황에 따라 좌우된다. 대인담보라고도 하며, 보증이나 연대채무 등이 그 주요한 것이고 그밖에 불가분 채무관계에서도 인적 담보의 실효를 가지게 된다.

물적담보(物的擔保)

특정한 재산에 의한 채권의 담보를 말한다. 인적 담보에 대하는 말이다. 저당권·질권이 가장 중요한 것이다. 인적 담보는 담보하는 사람이 자력을 잃으면 가치가 없게 되는데 대하여, 물적 담보는 그 물건의 가치가 유지되는 한 이것에 따라 목적을 달성할 수 있으므로 오늘날의 경제조직에 있어서는 인적 담보보다 훨씬 중요한 작용을 영위한다고 할 것이다.

물적신용(物的信用)

그 기초가 직접 물적인 것에 존재하는 신용이다. 질권(민§329~§355)·저당권(§356) 등이 대표적이다. 따라서 예컨대 대부를 할 경우에 담보물권을 설정하는 담보부대부 등은 물적 신용에 의하게 된다.

인적책임(人的責任)
독;persönliche Haftung, Personenhaftung

자신의 총재산으로써 그 자신의 채무를 담보하는 것을 말한다. 물적 책임 및 인적 유한책임에 대응하는 말로써 무한책임과 같은 뜻으로 쓰인다. 보통의 채무는 인적 책임이며, 채권자의 채무는 완제를 받을 때까지 그 채무자의 총재산에 대하여 강제집행을 할 수 있다.

양적 유한책임(量的 有限責任)
독;quantitativbeschränkte Haftung

채무자의 재산은 그 전부가 책임의 대상이 되나 책임액이 양적으로 일정액으로 한정되어 있는 경우, 즉 물적유한과 같이 특정물 또는 특정재물에 국한되지 않으나 책임의 범위가 일정수량에 국한되어 있는 경우의 책임이다. 예컨대 최고액을 정한 신용보증과 같은 경우이다.

물적책임(物的責任)

특정물 또는 특정재산이 어떤 채무의 담보로 되어 있는 상태를 말한다. 질권·저당권의 설정은 물적 책임을 지는 행위이다.

물적 유한책임(物的 有限責任)

채무자의 재산중의 특정한 물건 또는 재산만이 채무의 담보가 되는 것을 말한다. 유한책임의 일종이며, 한정승인을 행한 상속인의 책임에 상속재산에 국한되는 것이 그 예(민법 1028조, 1031조)이다. 이들 재산이 채무액보다 부족할 때에도 채권자는 채무자의 다른 재산에 대하여 강제집행을 하지 못한다. 채무자의 재산이 채무의 일정액을 한도로 하여 담보가 되는 양적 무한책임 또는 인적 유한책임과 구별된다. 무한책임이 원칙이고, 유한책임은 특히 법률로써 정한 경우에 한하여 인정된다.

인적집행(人的執行)

독;Personalexekution

채무자의 재산뿐 아니라 그 노동력·육체도 집행의 목적물로 하는 강제집행이다. 채권자의 만족을 도모하는 강제집행방법의 분류에 있어서 물적 집행에 대립하는 것이다. 그러나 개인의 인격존중을 기초로 하는 근대법에서는 자취를 감추었으며, 우리나라 법은 전혀 이 종류의 집행을 인정하고 있지 않으나 부대체적 작위의무의 간접강제의 수단 혹은 집행보전의 방법으로서 채무자의 구속(채무구류)을 인정하는 입법도 있다(독민§888, §890, §901, §913, §918, §933 등).

연대무한책임(連帶無限責任)

수인이 연대하여 각각 그 전 재산으로써 채무자의 채무를 변제할 책임을 지는 것이다. 원래 하나의 사유로 수인이 채무를 부담할 경우에는 각자는 분할한 액의 채무를 부담하는 것이 원칙이므로(민§408). 연대책임을 부담하는 것은 예외이다. 그러나 채무는 무한책임이 원칙이므로 연대채무도 무한책임을 원칙으로 한다. 따라서 연대채무에 관하여 특히 연대무한책임이라는 이론적 필요는 요하지 않는다. 다만 유한책임이 아니라는 점을 강조하기 위하여 이같이 부르는 것이다.

연대의 면제(連帶의 免除)

불;remise de la solidarite

연대채무에 있어서 채권자가 각 채무자에 대하여 전액을 청구할 수 있는 권리를 포기하고 부담부분에 한하여서만 청구하겠다고 하는 채권자의 의사표시이다. 일종의 채무의 면제이다. 모든 연대채무자에 대하여 연대의 면제를 하면 분할채무로 변하지만(절대적 연대면제) 일부의 연대채무자에 대하여서만 연대면제를 하면 그 이외의 연대채무자는 그대로 전액을 변제할 의무를 진다(상대적 연대면제). 이 경우 전액변제의 의무를 진 연대채무자 중에 변제자력이 없는 자가 있을 때에는 무자력자가 변제할 수 없는 부분에 대하여 연대의 면제를 받은 자가 부담하여야 할 부분을 채권자가 부담하도록 하여, 연대의 면제를 받은 자는 부담부분 이상의 부담을 지지 않도록 하고 있다(민§427).

공동면책(共同免責)

채무자가 수인인 채무관계 즉 불가분채무·연대채무·보증채무에 있어서 채무자의 한 사람이 하는 변제가 그 밖의 채무의 소멸 또는 소멸을 생기게 하는 행위로서 총채무자를 위하여 그 효력이 생기게 하는 것이다. 자기가 비용을 부담함으로써 공동의 면책을 생기게 한 채무자는 원칙적으로 구상권을 갖는다(민§425, §411, §448②).

공동채무자(共同債務者)

동일한 채권에 대하여 공동으로 채무를 지는 자를 말한다. 즉 수인이 각자 채무를 부담하는데 한 사람이 이행한다면 그것으로 인하여 전원의 채무가 소멸하는 것과 같은 관계에 있는 것이 보통이고, 불가분채무자·연대채무자·주된 채무자와 보증인 등이 그 예이다. 한 사람의 이행으로 인하여 채무가 소멸함으로써 내부적으로 구상권이 생길 수 있다.

구상권(求償權)

타인이 부담하여야 할 것을 자기의 출재(出財)로써 변제하여 타인에게 재산상의 이익을 부여한 경우 그 타인에게 상환을 청구할 수 있는 권리이다. 일종의 반환청구권이다. 민법상 대표적인 것으로는 (1) 연대채무자의 1인이 채무를 변제한 경우에 다른 연대채무자에게, (2) 주채무자의 부탁으로 보증인·물상보증인이 된 자가 과실없이 주채무를 소멸시킨 때에 주채무자에게(민§441①), (3) 타인의 행위에 의하여 배상의무를 부담케 된 자가 그 타인에게(§465, §756, §758), 타인 때문에 손해를 입은 자가 그 타인에게(§1038, §1051, §1056), (4) 그리고 변제에 의해서 타인에게 부당이익을 발생하게 하였을 경우에는 변제자가 그 타인에게(§745) 각각 구상권에 의한 반환청구를 인정하고 있다. 이 경우 (1)에서의 구상권은 채무면제된 날 이후의 법정이자 및 불가피한 비용 기타의 손해배상을 포함한다(§425). 이 경우에 다른 연대채무자에게 사전 혹은 사후에 통지하지 아니하고 변제 기타 자기의 출재로 공동면책이 된 경우에 다른 연대채무자가 채권자에게 대항할 수 있는 사유가 있을 경우에 그 부담부분에 한하여 면책행위를 한 연대채무자에게 대항할 수 있고, 그 대항사유가 상계인 때에는 상계로써 소멸할 채권은 그 연대채무자에게 이전된다.(§426①) 면책행위를 알지 못한 다른 연대채무자가 선의로 다시 채권자에게 변제 기타 유상의 면책행위를 한 때에는 그 연대채무자는 자기의 면책행위의 효력을 주장할 수 없다(§426②). 연대채무자 가운데 상환의 자력이 없는 자가 있을 경우에는 구상권자 및 다른 자력 있는 채무자가 그 부담부분에 비례하여 분담하지만, 구상권자에게 과실이 있을 때에는 다른 연대채무자에 대하여 분담을 청구할 수 없다(§427①). 분담할 다른 채무자가 채권자로부터 연대의 면제를 받은 때에는 그 채무자의 분담할 부분은 채권자 부담으로 한다(§427②). 또한 (2)에서의 보증인은 특정한 경우에는 출재(出財)에 앞서 미리 구상(求償)할 수 있다(§422, §443).

부진정연대채무(不眞正連帶債務)

독;unechte Solidaritat
불;solidarite imparfaite

수인이 동일한 목적을 지닌 채무를 부담하고 각채무자가 각각전부의 급부의무를 지며 1인의 채무자의 완전한 이행에 의하여 다른 채무가 소멸하는 관계이다. 예를 들면 수치물(受置物)을 부주의로 도난당한 수치인의 채무불이행에 의한 배상의무와 절취자의 불법행위에 의한 배상의무의 관계이다(§755, §756, §759 등). 이런 경우는 하나의 공동목적을 위하여 수인이 채무를 부담하지만 이들은 연대채무와는 달리 채무자상호간에 독립되어 있고 공동목적을 위하여 협력할 주관적 관계성이 없다. 그러므로 부진정연대채무에서는 부담부분이 없다. 또한 채무는 독립적이므로 1인의 채무자에게 생긴 사유가 채권을 만족시키는 사유(변제 · 대물변제 · 공탁 · 상계) 이외의 사유(이행청구, 채무의 승인, 채무면제, 소멸시효의 완성 등)라면 타자에게 아무런 영향을 미치지 못한다. 따라서 구상권도 특별한 규정이 없는 한 당연히 발생하지 않는다. 그러나 공동불법행위에서와 같이 채무자들 사이에 특별한 내부관계가 있는 경우에는 구상관계가 인정되기도 한다. 이와 관련하여 판례는 부진정연대채무의 관계에서 대체로 구상을 인정하지 않았으며, 공동불법행위의 경우에만 구상을 인정해 왔다. 그러나 최근에는 일반적으로 구상을 인정하려는 듯한 판시도 하고 있다(2005다19378).

> 이른바 부진정연대채무의 관계에 있는 복수의 책임주체 내부관계에 있어서는 형평의 원칙상 일정한 부담 부분이 있을 수 있으며, 그 부담 부분은 각자의 고의 및 과실의 정도에 따라 정하여지는 것으로서 부진정연대채무자 중 1인이 자기의 부담 부분 이상을 변제하여 공동의 면책을 얻게 하였을 때에는 다른 부진정연대채무자에게 그 부담 부분의 비율에 따라 구상권을 행사할 수 있다*(대법원 2006. 1. 27. 선고 2005다19378)*.

독립채무(독立債務)

다른 채무에 연관되지 않고 존재하는 채무를 말한다. 예컨대 취소의 원인이 있는 채무를 보증한 자가 보증계약당시에 그 원인이 있음을 안 경우에 주채무자의 불이행 또는 취소가 있는 때에는 주채무와 동일한 목적의 독립채무를 부담한 것으로 본다(민§436).

보증채무(保證債務)

주채무자가 그의 채무를 이행하지 않을 경우 그 이행의 책임을 지는 제3자의채무를 말한다. 주채무와 동일한 내용을 지닌 종속된 채무로서 주채무를 담보하는 작용을 한다(민§428 ~ §448). 주채무가 없으면 보증채무는 성립할 수 없고, 주채무의 무효·취소는 보증채무의 무효·취소를 가져온다(부종성). 그러므로 주채무자가 제한능력자이기 때문에 그의 법정대리인이 주채무를 취소한 경우에는 보증채무도 소멸한다. 그러나 보증인이 당초에 주채무자가 제한능력자라는 것을 알고 있었을 때에는 보증채무는 소멸하지 않는다. 또한 채권이 양도(채권자가 바뀔 때)되어도 보증채무는 소멸되지 않지만(수반성), 채무인수(채무자가 바뀔 때)일 때에는 소멸한다. 보증인이 이행해야 하는 것은 특약이 없는 한 주채무는 물론 주채무의 이자·위약금·손해배상 기타 주채무에 종속된 채무가 포함된다. 채권자가 보증인에게 청구를 할 때에는 보증인은 먼저 주채무자에게 청구하라고 항변할 수 있다(최고의 항변권). 또한 보증인은 주채무자의 변제자력이 있는 사실 및 그 집행이 용이함을 증명하여 먼저 주채무자의 재산에 대하여 집행할 것을 항변할 수 있다(검색의 항변권). 이 두 가지 경우에 채권자가 보증인의 항변에도 불구하고, 채권자의 해태로 인하여 주채무자로부터 일부의 변제를 받지 못한 경우에는 변제를 받았을 한도에서 보증인은 주채무자가 채권자에 대하여 가지고 있는 채권으로 상계할 수 있다. 주채무자에 대하여 소멸시효의 중단 및 기타 여러 가지 사유가 발생하면 그것은 보증인에 대하여도 효력이 있다. 보증인이 주채무를 변제하면 당연히 주채무자에 대하여 구상할 수 있다(민§441). 보증인은 변제를 하기 전후에 주채무자에게 통지하여야 하며, 이에 대한 통지를 해태하면 구상권의 제한을 받게 된다(§445). 고용되어 일하는 피용자가 장래에 만약 부당한 행위를 하여 고용주에게 손해배상책임을 부담하는 경우를 위하여 신원보증인을 세우게 하는 경우가 있다. 이것은 일종의 조건부채무의 보증이다. 이에 대하여는 신원보증법이라고 하는 특별법이 제정되어 있다.

부종성(附從性)

독;Akzessorität

어떤 권리·의무가 주된 권리·의무의 경제적 목적을 달성하는 수단인 경우에 법률상 그 성립·존속·태양(態樣)·소멸 등에 주된 권리·의무와 운명을 같이하는 성질을 말한다. 예컨대, 채권을 담보하기 위하여 저당권·질권을 설정하거나(물적 담보) 보증인을 세운다면(인적 담보), 거기에는 근본이 되고 있는 주된 권리와 의무 이외에 저당권·질권과 관련된 권리·의무 그리고 보증채무 및 그에 대한 권리라는 형식으로 종속된 권리·의무가 발생한다. 이런 경우에 종속한 권리·의무는 주된 권리·의무가 성립하지 않으면 성립할 수 없고, 주된 권리·의무가 소멸하면 역시 소멸하다. 그러나 부속성을 엄격히 요구하면 실제의 거래에 있어서 적합하지 않는 일이 일어나기 때문에 부종성의 완화가 필요한 예로는 장래의 채권을 위한 질권·저당권·근담보·소유자저당 등이다. 즉 근저당·근질(根質)·근보증의 경우와 같이 대금의 한계를 정하고(예를 들면 100만원까지라는 계약) 그 범위 내에서 차용하고 변제를 하는 거래관계에서는 그 한계 즉 100만원의 채무를 위하여 근저당·질권 또는 보증채무가 설정된다.

> 보증채무는 주채무와 동일한 내용의 급부를 목적으로 함이 원칙이지만 주채무와는 별개 독립의 채무이고, 한편 보증채무자가 주채무를 소멸시키는 행위는 주채무의 존재를 전제로 하므로, 보증인의 출연행위 당시에는 주채무가 유효하게 존속하고 있었다 하더라도 그 후 주계약이 해제되어 소급적으로 소멸하는 경우에는 보증인은 변제를 수령한 채권자를 상대로 이미 이행한 급부를 부당이득으로 반환청구할 수 있다*(대법원 2004. 12. 24. 선고 2004다20265)*.

수반성(隨伴性)

종속한 권리·의무가 주된 권리나 의무의 처분에 따라서 이전하고 이와 법률상의 운명을 같이 하는 성질이다. 수반성은 종속한 권리·의무가 가지고 있는 부종성에서 당연히 생기는 성질이다. 예컨대, 채권이 양도되면 저당권·질권 보증금(가임채권 등의 담보)·보증채무 등도 당연히 신권리자와 채무자간의 관계로서 이전하게 된다. 주된 권리·의무의 이전이라는 것은 양도 기타 약정의 경우나 강제집행 또는 대위(예를 들면 대위변제)등, 법률의 규정에 의한 경우일지라도 마찬가지이며 종속한 권리·의무가 수반한다는 것에는 변함이 없다. 단 채권양도와 같은 경우에는 물론 대항요건을 갖추고 있어야 한다.

> 보증채무는 주채무에 대한 부종성 또는 수반성이 있어서 주채무자에 대한 채권이 이전되면 당사자 사이에 별도의 특약이 없는 한 보증인에 대한 채권도 함께 이전하고, 이 경우 채권양도의 대항요건도 주채권의 이전에 관하여 구비하면 족하고, 별도로 보증채권에 관하여 대항요건을 갖출 필요는 없다*(대법원 2002. 9. 10. 선고 2002다21509)*.

보증의 방식(保證의 方式)

2015년 2월 3일 민법 개정시 보증의 방식에 관한 제428조의2가 신설되었다. 보증에 관한 기존 규정만으로는 보증인의 보호에 불충분하고, 「보증인 보호를 위한 특별법」은 그 적용 범위가 아무런 대가 없이 호의(好意)로 이루어지는 보증으로 제한되어 있으므로 일반 보증인을 보호하기 위하여 보증 방식에 대한 규정을 신설한 것이다. 이에 의하면 보증은 그 의사가 보증인의 기명날인 또는 서명이 있는 '서면'으로 표시되어야 효력이 발생하며, 보증의 의사가 전자적 형태로 표시된 경우에는 효력이 없다. 또한 보증인이 보증채무를 이행한 경우에는 그 한도에서 방식의 하자를 이유로 보증의 무효를 주장할 수 없도록 하고 있다.

근보증(根保證)

근보증이란 일정한 계속적인 거래관계로부터 장차 발생하게 될 불특정·다수의 채무를 보증하는 것을 말한다. 이와 관련하여 2015년 2월 3일 민법 개정시 근보증에 관한 제428조의3이 신설되었다. 이에 의하면 보증은 불확정한 다수의 채무에 대해서도 할 수 있으나, 이 경우 보증하는 채무의 최고액을 서면으로 특정하여야 하며, 채무의 최고액을 서면으로 특정하지 아니한 보증계약은 효력이 없도록 하였다.

보증인(保證人)
독;Bürge

채권관계에 있어서 주채무자 이외에 동일한 내용의 채무를 부담하는 종된 채무자를 두어서 주채무자의 채무에 대한 채권을 담보하는 제도를 보증이라 하는데, 이 보증에서 종된 채무자를 말한다. 보증인의 조건은 채권자가 보증인을 지명한 경우 외에는 보증인으로 되는 자는 행위능력 및 변제자력이 있어야 하며, 변제자력이 없게 된 때에는 채권자는 보증인의 변경을 청구할 수 있다. 보증인은 주채무자가 이행하지 아니한 채무를 이행할 의무가 있고, 보증채무에 관한 위약금 기타 손해배상액을 약정할 수 있다. 주채무자의 항변포기는 보증인에게 효력이 없고, 보증인은 주채무자의 항변으로 채권자에게 대항할 수 있다. 주채무자가 채권자에 대하여 취소권·해제권·해지권이 있는 동안은 보증인은 채권자에 대하여 채무의 이행을 거절할 수 있다. 채권자가 보증인에게 채무의 이행을 청구한 때에는 보증인은 주채무자의 변제자력이 있는 사실 및 그 집행이 용이할 것을 증명하여 먼저 주채무자에게 청구할 것과, 그 재산에 대해 집행할 것을 항변할 수 있다. 그러나 보증인이 주채무자와 연대하여 채무를 부담한 때에는 그러하지 아니한다. 또 주채무자의 채권에 대한 상계로 채권자에게 대항할 수 있다.

채권자의 정보제공의무와 통지의무
(債權者의 情報提供義務와 通知義務)

2015년 2월 3일 민법 개정시 채권자의 정보제공의무와 통지의무에 관한 제436조의2가 신설되었다. 이에 의하면 채권자는 보증계약을 체결할 때 보증계약의 체결 여부 또는 그 내용에 영향을 미칠 수 있는 주채무자의 채무 관련 신용정보를 보유하고 있거나 알고 있는 경우에는 보증인에게 그 정보를 알려야 한다. 보증계약을 갱신할 때에도 또한 같다. 또한 채권자는 보증계약을 체결한 후에 ① 주채무자가 원본, 이자, 위약금, 손해배상 또는 그 밖에 주채무에 종속한 채무를 3개월 이상 이행하지 아니하는 경우, ② 주채무자가 이행기에 이행할 수 없음을 미리 안 경우, ③ 주채무자의 채무 관련 신용정보에 중대한 변화가 생겼음을 알게 된 경우 중 어느 하나에 해당하는 사유가 있는 경우에는 지체 없이 보증인에게 그 사실을 알려야 한다. 만약 보증인의 청구가 있으면 채권자는 주채무의 내용 및 그 이행 여부를 알려야 한다. 채권자가 이러한 의무를 위반하여 보증인에게 손해를 입힌 경우에는 법원은 그 내용과 정도 등을 고려하여 보증채무를 감경하거나 면제할 수 있다.

항변권(抗辯權)
라;exceptio 독;Einrede

청구권의 행사를 특정한 조건이 성취될 때까지 일시적으로 거부하여 연기의 효과를 발생시키는 권리이다. 보증인의 항변권(민§437, §438)·동시이행의 항변권(§536)·최고(催告)의 항변권·검색의 항변권 등이 그 예이다. 항변권의 행사에 의하여 청구권의 효력이 저지되며, 그 내용은 항변권의 종류에 따라 다르다(§536, §438 참조). 그러나 그 어느 것도 항변권의 행사에 의하여 법률효과가 발생하므로 항변권은 형성권의 하나라고 볼 수 있다. 항변권은 청구를 일시적으로 저지하고 연기의 효력을 발생시키는 연기적·정지적 항변권(dilatorische od. vorübergehende Einrede)과 청구를 영구적으로 저지하고 청구권소멸의 효과를 발생시키는 부정적·영구적 또는 멸각적 항변권(peremptorische od. dauernde Einrede)의 두 가지로 나눌 수 있다. 독일민법의 소극시효의 항변권은 부정적·영구적 또는 멸각적 항변권에 속하다.

최고의 항변권(催告의 抗辯權)
독;Einrede der Mahnung
불;b'enefice de avertissment

채권자가 보증인에게 채무의 이행을 청구한 때는 보증인은 먼저 주채무자가 자력이 있다는 사실 및 그 집행이 용이하다는 것을 증명하여 먼저 주채무자에게 청구할 것을 항변할 수 있는 권리이다(민§437). 보증인의 1차적 항변권으로서 검색의 항변권과 함께 보증채무의 보충성에 기하는 항변권이다. 보증인의 항변에도 불구하고 채권자가의 해태로 인하여 채무자로부터 전부나 일부의 변제를 받지 못한 경우에는 채권자가 해태하지 아니하였으면 변제받았을 한도 내에서 보증인은 그 의무를 면한다(§438). 다만 이 항변은 채권자가 주채무자에게 최고하면 효력을 상실하게 되므로 유력한 항변이라고는 할 수 없다. 주채무자가 파산 한 때·행방불명의 경우(§452단) 또는 보증인이 연대보증인인 때에는 예외적으로 이 항변권이 인정되지 않는다.

검색의 항변권(檢索의 抗辯權)
라;beneficium excussionis
독;Einrede der Vorausklage
Rechtswohltat der Verausklage
불;b'enefice de discussion

채권자가 보증인에게 채무의 이행을 청구한 경우에 보증인은 주채무자에게 변제자력이 있다는 사실 및 집행이 용이함을 증명하여, 먼저 주채무자에게 집행하라고 그 청구를 거절할 수 있는 권리이다(민§437 본문). 이것은 보증채무의 보충성에 입각하여 최고의 항변권과 함께 인정된 것이다. 따라서 보충성이 인정되지 않는 연대보증인에 대하여서는 검색의 항변권이 인정되지 않는다(§437단). 검색의 항변을 하려면 주채무자에게 변제자력이 있는 사실 및 그 집행이 용이하다는 것을 증명하여야 한다. 여기서 변제자력이라는 것이 채무의 전액을 변제하는데 있어서 충분한 자력인지의 여부에 대하여는 학설이 일치하지 않으나, 현행법의 해석으로는 거래관념상 상당한 액을 변제 할 수 있는 자력을 의미한다. 다음에 집행이 용이하다는 것은 채권자가 집행을 위하여 현저한 시일과 비용을 요함이 없이 용이하게 그 채권을 실행할 수 있다는 것을 말한다. 일반적으로 말한다면 금전·유가증권 등은 집행이 용이하지만 부동산은 그렇지 않다고 할 수 있다. 검색의 항변을 하게 되면 채권자는 먼저 주채무자의 재산에 대해서 집행해야 한다. 만약에 그것을 해태하였기 때문에 주채무자로부터 전부의 변제를 받을 수 없을 때는 채권자가 즉시 주채무자의 재산을 집행했더라면 변제 받았을 한도에서 보증인은 그 의무를 면한다(§438).

연대보증(連帶保證)
독;Solidarbürgschaft
불;cautionnement solidaire

보증인이 주채무자와 연대하여 채무를 부담하는 보증을 말한다. 다만, 연대보증도 보증채무의 일종이기 때문에 부종성이 있다는 점에서 연대채무와 다르며 일반의 보증채무와는 동일하다. 즉 주채무가 성립되지 않으면 연대보증도 성립되지 않으며 주채무가 소멸되면 연대보증도 역시 소멸된다. 또한 보통의 보증채무와는 달리 연대보증인에게는 최고 및 검색의 항변권이 없다(민§437단). 특약이나 법률의 규정에 의하여 성립된다(상§57②). 채권자는 주채무자의 자력의 유무에 불문하고 즉시 연대보증인에게 청구하고 강제집행을 할 수 있다(민§437). 그러나 그 범위는 주채무의 범위를 넘지 못한다. 주채무자 또는 연대보증인에 관하여 생긴 사유의 효력에 관하여는 보통의 보증의 경우와 동일하다. 연대보증인이 변제한 경우의 주채무자에 대한 구상권은 보통의 보증의 경우와 동일하나 연대보증은 특약에 의하여생기는 것이 원칙이므로, 보통의 보증 가운데서 오로지 부탁 받고 보증한 경우의 규정(§441~§443)이 적용된다.

분별의 이익(分別의 利益)
라;beneficiumdivisionis
독;b'enefice de division

공동보증에 있어서는 각보증인이 채무에 대하여 보증인의 수에 따라 균등비율로 분할하여 책임을 부담한다. 이를 분별의 이익이라 한다. 공동보증에서는 각보증인이 1개의 계약으로 보증인이 되었거나 별개의 계약으로 보증인이 된 경우일지라도 각 보증인간에 균등하게 분할하고 그 분할된 부분을 보증하기로 되어 있다(민§439). 연대보증인은 분별의 이익을 지니지 않는다. 또한 주채무가 불가분채무라면 보증인에게는 분별의 이익은 없다. 그렇기 때문에 이런 경우에는 각보증인은 금액의 채권을 변제할 책임을 부담하게 되는 것이다. 더구나 상사채무의 경우에도 분별의 이익이 없다(상§57).

공동보증(共同保證)

독;Mitbürgschaft
불;cautionnement conjoint

동일한 주채무에 관하여 수인이 채무를 균등하게 분할하여 부담하는 보증을 말한다. 수인이 동시에 1개의 계약으로 보증인이 된 경우는 물론 순차적으로 별개의 계약으로 보증인이 된 경우에도 각보증인은 채무액을 전보증인에게 균등하게 분할하고 그 일부를 보증하게 된다(민§439). 이것을 분별의 이익이라고 한다. 이 분별의 이익은 연대보증인 또는 불가분채무의 보증인에게는 없다. 공동보증인은 변제한 금액을 주채무자에게 구상할 수 있다. 공동보증인이 다른 보증인에 대하여 구상권을 행사할 때는 (1) 분별의 이익이 있는 경우에는 자기의 부담부분을 넘는 변제를 하였을 때 다른 보증인에 대하여 구상권을 행사할 수 있고(§448②). (2) 분별의 이익이 없는 경우에는 연대채무자간의 구상권에 관한 규정을 준용한다(§448①).

채권양도(債權讓渡)

독;Abtretung der Forderung,
Ubertragung der Forderung
불;transport oucessionde la créance

채권의 동일성을 유지하면서 채권을 이전할 것을 목적으로 하는 구채권자와 신채권자간의 계약을 말한다. 채권의 양도는 원칙적으로 인정되고 있다(민§449~§452). 예외적으로 채권양도가 금지되는 경우가 있다. 첫째, 법률에 의하여 금지되고 있는 경우(예를 들면 친족간의 부양청구권 및 연금청구권 등)이고 둘째, 채권의 성질로 미루어 허용될 수 없는 경우(예 : 사용자주의 채권 §610, §629 등)이며, 셋째, 채권자와 채무자 사이에 미리 양도하지 않는다는 특약이 있는 경우(단, 이 특약은 선의의 제3자에게 주장할 수 없다)이다. 양도는 양도인과 양수인의 합의만으로 효력을 발생하지만 양도의 효력을 제3자에게 주장하기 위하여는 다음과 같은 요건이 필요하다. 첫째로 채무자를 상대로 주장하려면 양도가 있었다는 것을 양도인으로부터 채무자에게 통지하거나 채무자가 그것을 승낙해야 한다. 둘째로 채무자 이외의 제3자에게 주장하기 위하여는 통지나 승낙이 확정일자가 있는 증서(예를 들면 내용증명우편 등)로 하여야 한다. 이상은 보통의 채권(지명채권)에 대하여 서술한 것이다. 채권에는 이밖에 증권적 채권(지시채권, 무기명채권, 기명소지인출급채권)이 있다. 지시채권의 양도 효력을 제3자에게 주장하기 위하여는 증권에 양도의 내용을 배서하여 양수인에게 교부해야 하며 무기명채권과 기명소지인출급채권의 경우에는 증권의 인도(교부)에 의한다. 단 상법상의 증권적 채권은 증권의 배서교부에 의하여 당사자 및 제3자에 대하여 효력을 발생한다(지시채권 참조).

기존의 채권이 제3자에게 이전된 경우 이를 채권의 양도로 볼 것인가 또는 경개로 볼 것인가는 일차적으로 당사자의 의사에 의하여 결정되고, 만약 당사자의 의사가 명백하지 아니할 때에는 특별한 사정이 없는 한 동일성을 상실함으로써 채권자가 담보를 잃고 채무자가 항변권을 잃게 되는 것과 같이 스스로 불이익을 초래하는 의사를 표시하였다고는 볼 수 없으므로 일반적으로 채권의 양도로 볼 것이다*(대법원 1996. 7. 9. 선고 96다16612)*.

지명채권(指名債權)

채권자가 특정되어 있는 채권이다. 통상적인 채권이다. 증권적 채권과는 달라서 지명채권은 그 채권의 성립·존속·행사·양도 등을 위하여 증서 즉 증권의 작성·교부를 필요로 하지 않는다. 따라서 증서는 단순한 증거로서의 역할을 할뿐이다. 지명채권의 양도는 자유이지만, 채무자에 대한 통지 또는 채무자의 승낙이 없는 한, 양수인은 채무자에 대하여 채권의 취득을 주장할 수 없다(민§450①). 또한 이 통지나 승낙은 확정일자 있는 증서에 의하지 아니하면 채무자 이외의 제3자에게 대항하지 못한다(§450②).

지시채권(指示債權)

독;Orderforderung 불;créance à orde

특정인 또는 그가 지시한 자에게 변제하여야 하는 증권적 채권이다. 어음·수표·창고증권·화물상환증·선하증권·기명주식은 원칙적으로 지시채권이다. 법률의 규정에 의하여 당연히 지시채권이 되는 것도 있고, 그밖에 민법상 임의로 지시채권을 성립시킬 수 있지만, 실제상 그 예는 거의 없다. 민법은 어음법이나 수표법에서와 같이 증권의 배서교부를 채권양도의 성립조건으로 하고 있다.

선택무기명증권

(選擇無記名證券)
독;alternatives Inhaberpapier
불;titre auporteur alternatif

증권 위에 특정인을 권리자로 기재함과 동시에 증권소지인도 권리자로 인정하는 취지를 기재한 증권이다. 기명식소지인출급 또는 선택무기명증권이라고도 한다. 수표법 제5조 2항은 선택무기명식증권인 수표를 소지인출급식수표로 본다고 규정하고 있으나, 어음법에서는 선택무기명식증권으로 발행하는 것을 금하고 있다(어§1Ⅵ, §75, §76). 선택무기명증권에는 상법 제65조에 의하여 민법이 준용되므로, 이 증권의 양도는 무기명식증권에서와 같이 증권의 교부로써 양도의 효력이 생긴다(민§523). 대개의 경우, 무기명증권과 동일한 효력을 인정받으나 면책증권에 지나지 않는 경우도 있다(민§525).

무기명채권(無記名債權)

독;Forderung auf den Inhaber
불;créance au porteur

증권면 위에 채무자는 기재되어 있으나 채권자는 특정하지 않고 그 성립·존속·행사에 반드시 증권을 필요로 하며 정당한 소지인에 대하여 변제하여야할 증권적 채권이다. 상품권·승차권·극장의 입장권·무기명국채 등이 이에 속한다. 이 무기명채권을 표시하는 증서를 무기명증권이라고 한다는 점에 유의하여 지시채권에 관한 여러 규정을 준용하였다(민§523, §524).

면책증권(免責證券)
독;Legistimationspapier

채무자가 증권의 소지인에게 변제를 하면 소지인이 정당한 권리자가 아닌 경우라도 채무자가 악의나 중대한 과실이 없는 한 채무를 면할 수 있는 효력을 가진 증권이다.자격증권이라고도 부른다. 면책증권은 권리의 유통확보나 그 행사를 위하여 작성한 것이 아니고 채무자의 변제정리의 목적을 가지는 것이다. 예를 들면 철도수화물상환증·극장 등의 휴대물예치증·적하수취증·은행예금증서 등이 이에 해당한다. 면책증권은 특정인간의 채권·채무관계에 관한 증거증권에 채무자의 이익을 위해 면책력을 인정한 것에 지나지 않으며, 권리를 표시하는 것이 아니기 때문에 유가증권은 아니다. 따라서 면책증권의 양도라는 것은 있을 수 없다. 증권에 화체(化體)된 증권적 채권이 아니므로 채권의 행사에 증권의 제시를 꼭 필요로 하는 것이 아니며 분실하여도 공시최고절차에 의하여 무효로 할 필요가 없다. 그러나 증권에 면책성이 있다는 것은 변제를 용이하게 하므로 유가증권과 같이 유통성을 존중하는 증권은 대부분 면책증권성을 갖는다.

변제(辨濟)
라;solutio
영;performance, payment
독;Erfüllung, Zahlung
불;paiement

채무자가 채무의 내용에 따라 급부를 실현하는 행위를 말한다. 변제가 있으면 채권자는 목적을 달성하고 채권은 소멸된다(민§460~§486). 이행과 동의어이지만 이행은 채권의 효력에서 본 용어이고, 변제는 채무의 소멸에서 본 용어이다. 변제로 되는 급부는 사실행위일 수도 있고 법률행위일 수도 있다. 변제를 완료하기 위하여는 채무자와 채권자가 서로 협력을 필요로 하는 경우가 많다. 즉 채권자도 채무변제에 협력해야 하는 신의성실의 원칙상의 의무가 있다. 이 채무자의 행위를 변제의 제공이라고 하고 채권자의 행위를 변제의 수령이라고 하는데 모두가 신의성실의 원칙이나 거래관습에 따라서 그 내용과 정도를 결정하여야 한다. 변제는 채무의 내용에 따라서 정하여진 이행기에 일정한 장소에서 하여야 하며(민§467), 변제비용은 다른 의사표시가 없으면 채무자가 부담한다(§473). 변제는 대물변제와 제3자 변제 및 대위변제가 가능하다. 또한 변제는 채권자만이 수령할 수 있다는 것이 원칙이지만 예외적으로 채권자일지라도 압류를 당하거나(민사집행법§227①, §276, §296③) 파산하였을 경우와 같이 수령권한이 없는 경우가 있으며 수령권한이 없는 자에 대한 변제가 유효인 경우도 있다(예금증서와 인장을 소지한 자나, 수령증의 지참인이 진정한 수령권한이 있는 자가 아닌데도 이 자에게 변제를 한 경우). 변제를 채무자 자신이 증명하는 것은 곤란하므로 민법은 수령증청구권과 채권증서반환청구권을 인정하고 있다(민§474, §475).

우선변제(優先辨濟)

채권자 가운데 한 사람이 다른 채권자에 우선하여 받은 변제를 말한다. 물론 채무자의 재산이 전채무를 변제하기에 부족한 경우에 그 실익이 있다. 각 채권자는 제각기 동등한 지위에서 채권액에 비례하여 변제를 받는 것을 원칙으로 하는데, 이것을 채권자 평등의 원칙이라고 한다. 그러므로 예외적으로 법률이 인정한 경우에 우선변제를 받을 수 있다. 민법이 인정한 채권 가운데 우선변제를 받을 수 있는 것은 담보물권 중에 질권·저당권이 있는 경우의 채권이다. 이밖에도 특별법에 의한 채권, 예를 들면 세금이나 건강보험·산재보험·복지연금·자동차손해보험 등의 할부금을 징수하는 청구권이 우선권으로 인정되고 있다.

배당변제(配當辨濟)

상속받은 재산으로 변제할 것을 법적으로 규정한 채무이행방법을 말한다. 상속은 원칙적으로 채무도 이전되는 것이므로 한정상속이나 포기의 의사표시를 하지 않으면 단순상속이 되어 채무이행의 의무도 수계받는다. 단 상속재산의 분리청구기간(민법 1045조)과 상속채권자와 유증받은 자에 대한 공고기간(민법 1046조)이 만료되기 전에는 변제거절권이 인정된다(민법 1051조 1항). 그러나 이 기간만료후에 상속인은 상속재산으로써 재산분리의 청구 또는 그 기간내에 신고한 상속채권자, 유증받은 자와 상속인이 알고 있는 상속채권자, 유증받은 자에 대하여 각 채권액 또는 수증액의 비율로 변제 하여야 한다. (민법 1051조 2항 본문). 그러나 질권·저당권 등의 우선권 있는 채권자에 대해서는 상속재산으로써 우선적으로 변제하여야 한다(민법 1051조 2항 단서). 상속재산관리인, 유언집행자, 또는 상속인은 상속재산으로써 상속채권자와 유증 받은 자에 대한 채무를 완제할 수 없는 것을 발견한 때에는 지체없이 파산의 신청을 하여야 한다. 그리고 배당변제의 절차는 변제방법과 비슷하므로, 한정승인의 경우 변제에 관한 제1035조나 제1038조의 규정이 준용된다(민법 1051조 3항).

변제수령자(辨濟受領者)

영;person accepting performance
독;Empfänger der Erfüllung

채권의 변제를 수령할 권한이 있는 자를 말한다. 즉 그에게 변제하면 변제가 유효하게 되어서 채무가 소멸하는 자이다. 채권자 및 그 대리인 등 정당하게 채권자의 권리를 행사하는 자만이 수령권한을 가지고 있으나 한편에 있어서는 채권자에게 수령권한이 없는 경우가 있다(민§472·파§7 등). 다른 한편에 있어서는 채권자 이외의 자 즉 채권의 준점유자(민§470), 영수증소지자(§471), 지시채권 또는 지명소지인·

출급채권의 증서소지인(§518) 등이 수령권한을 가지는 경우와 같이 예외가 있다.

제3자의 변제(第三者의 辨濟)
영;performance of a third person
독;Erfüllung der dritten Person

제3자가 자기의 이름으로 타인의 채무를 변제하는 것이다. 채무의 내용이 채무자 자신이 하지 않으면 목적을 이룰 수 없는 경우를 제하고 원칙적으로 제3자의 변제는 유효하므로(민§469①), 채권자는 수령을 거절하지 못한다. 제3자 변제를 하는 경우 채무자의 위탁을 받지 않아도 무방하고, 경우에 따라서는 채무자의 의사에 반하여도 변제할 수 있다(§469②). 그러나 이행보조자·이행대행자·대리인의 변제는 채무자에 의한 변제이며, 제3자의 변제는 아니다. 제3자는 본래의 채무변제 이외에 공탁·대물변제할 수 있으나, 자기의 채권으로 상계할 수는 없다. 제3자의 채무변제원인은 채무자의 위임·사무관리·채무자에 대한 증여 등이다. 그러나 (1) 일신전속권인 채무(민§469①但), (2) 당사자가 반대의 의사를 표시한 때(§469①단), (3) 이해관계 없는 제3자의 변제가 채무자의 의사에 반할 때에는(§469②) 변제할 수 없다. 또한 제3자가 변제를 하면 제3자는 채무자에 대하여 구상권을 취득하고, 이 구상권을 확실히 하기 위하여 대위제도가 인정된다.

변제의사(辨濟意思)
독;Erfüllungswille

변제를 함으로써 채무를 소멸시키려고 하는 의사를 말한다. 변제의 법률적 성질에 관한 학설 중에 변제를 법률적 행위라고 하는 학자는 변제에는 변제의사가 필요하다고 한다. 그러나 통설은 이것이 필요치 않다고 하며 변제는 법률적 행위가 아니고 준법률행위라고 한다. 즉 변제에 의하여 채무가 소멸하는 것은 채권의 목적을 달성하기 때문이지 변제자의 효과의사 때문이 아니며 또 급부가 어떤 채무를 위하여 행하여졌는가는 변제자의 의사에 의하는 것이 아니라 객관적 사정에 의하여 정하여지기 때문이라 한다.

연부(年賦)

채무를 해마다 일정액씩 나누어서 지급하는 변제방법이다. 매매대금의 지급이나 금전대차의 결제에도 쓰인다. 일부변제가 정기적으로 행하여지는 것이지만 정기금채권은 아니며 법문상에 규정도 없다. 연부금(年賦金)을 그 기한 내에 지급하지 않을 때는 기한의 이익을 잃게 되며 전액을 일시에 변제하여야 한다는 약관이 많다. 연부는 일시에 모두 변제할 수 없는 채무자에게 기한을 유예하기 위하여 행해지지만 부동산 담보의 대부 등에서는 대부의 안전을 도모하기 위하여 원리의 분할상환의 방법이 많이 쓰인다.

영수증(領收證)
영;receipt 독;Quittung 불;quittance

채권자가 채무의 변제를 받았다는 것을 증명하기 위하여 채무자에게 교부하는 증서를 말한다. 특별한 형식이 정해져 있는 것이 아니므로 변제를 받은 증거가 되는 증서이면 족하다. 다만 영수증의 증거이므로 목적물의 표시, 수령의 문언, 수령인의 서명, 일자의 기재, 상대방의 표시 등을 기재하는 것이 실제로 필요할 것이다. 변제를 한 자는 변제를 수령한 자에게 영수증의 교부를 청구할 수 있다(민§474). 변제와 영수증의 교부는 동시이행관계에 있다. 영수증의 작성비용은 채권자가 부담한다. 영수증은 채권소멸의 증거가 되지만, 이밖에 영수증의 소지자를 변제를 받을 권한이 있는 자라고 오신하고 변제를 한 경우, 예를 들면 해고된 수금원이 영수증을 지참하였기 때문에 이를 지급한 경우 이 변제는 변제자에게 과실이 없는 한, 효력이 있다(§471). 그러나 이 영수증이 위조된 것인 때에는 이에 대한 변제는 무효이다.

법정충당(法定充當)

변제의 충당방법 가운데 법률이 정하는 순서에 따라 행하여지는 것이다. 어떤 채권자에 대하여 동종류의 복수의 채무를 지고 있는 채무자가 총채무를 변제하기에 부족한 급부를 할 경우에는 그 급부를 어느 채무의 변제로 할 것인가를 정하여야 한다. 변제의 충당은 우선 채무자가 지정할 수 있고 채무자가 지정하지 않으면 채권자가 지정할 수 있다(민§476). 그리고 채무자나 채권자가 충당의 지정을 하지 않을 경우에는 법률의 규정에 의하여 충당이 결정된다(§477). 이것을 법정충당이라고 한다. 법정충당보다도 유리한 충당을 하기 위하여는 채무자는 충당의 지정을 할 것(어느 채무의 변제인가를 채권자에게 통지한다)이 긴요하다. 법정충당의 순서는 (1) 이행기가 도래한 채무 (2) 채무자에게 변제이익이 많은 채무이다. 이 경우 그 채무액에 비례하여 각 채무의 변제에 충당한다. 또한 변제는 비용·이자·원본의 순서로 충당한다(§479).

변제충당(辨濟充當)
독;Anrechnung der Zahlung, Imputation der Zahlug

채무자가 동일한 채권자에 대하여 동종의 목적을 갖는 수개의 채무를 부담한 경우 또는 1개의 채무의 변제로서 수개의 급부를 하지 않으면 안 될 경우 및 채무자가 1개 또는 수개의 채무에 대하여 원금 외에 이자 및 비용을 지급할 경우에 있어서 변제로서 제공한 급여가 채무전부를 소멸시키는 데 부족한 경우에는 그 급여를 어느 채무 또는 어느 급여의 변제에 충당할 것인가를 정하는 것을 말한다(민§476①, §478). 변제충당권자는 원칙적으로 변제자이지만 변제수령자일 수도 있다(§476). 충당의 방법으로는 (1) 변제자와 변제수령자와의 계약에 의한 충당, (2) 충당권자의 일방적 의사표시에 의한 충당(§476), (3) 법정충당의 세 가지가

민 법

있다. 특히 수개의 채무가 있는 경우에는 이를 충당하는 순서가 문제가 된다. 동일한 채무자에게 2개 이상의 채무가 있을 때 어느 채무를 위하여 변제하였는지 불명일 때는 민법의 규정에 따라서 이를 충당한다(§476). 더구나 원본, 이자, 비용에 있어서는 이에 관하여 특약이 없는 한 비용, 이자, 원본의 순으로 충당한다(§479).

지정변제충당(指定辨濟充當)

채무자가 동일한 채권자에 대하여 같은 종류를 목적으로 한 수개의 채무를 부담한 경우에 변제의 제공이 그 채무 전부를 소멸하게 하지 못하는 때, 변제자가 그 당시 어느 채무를 지정하여 그 변제에 충당하는 것을 말한다(민§476①). 채무자(변제자)가 지정을 하지 아니할 때에는 채권자(변제받는 자)는 그 당시 어느 채무를 지정하여 변제에 충당할 수 있다(§476②본문). 다만 채무자가 그 충당에 대하여 즉시 이의를 할 수 있다(§476②但). 위의 변제충당은 상대방에 대한 의사표시로써 하게 되어 있다(§473③). 그리고 채무자나 채권자가 변제에 충당할 채무를 지정하지 아니한 때에는 법률의 규정에 의하여 변제충당이 결정된다(§477). 이것을 법정변제충당이라고 한다. 1개의 채무에 수개의 급여를 요할 경우에 채무자(변제자)가 그 채무전부를 소멸하게 하지 못할 급여를 한 때에는 앞에서 설명한 지정변제충당과 법정변제충당의 규정을 준용하게 되어 있다(§478). 이것을 부족변제의 충당이라고 한다. 그리고 채무자가 1개 또는 수개의 채무의 비용 및 이자를 지급할 경우에 채무자(변제자)가 그 전부를 소멸하게 하지 못한 급여를 한 때에는 비용·이자·원본의 순서로 변제에 충당하도록 되어 있다(§479①).

현실의 제공(現實의 提供)

독:tatsächliches Angebot

변제의 제공 중에서 변제자가 급부의 대부분을 완료하고 채권자에 대하여 수령의 청구를 하는 것을 말한다. 목적물을 매수인에게 송부할 약속이 있는 경우에 매도인이 이를 현실로 매수인의 주소로 보내는 것 등이 그 예이다. 구두상의 제공에 대한 관념이지만 변제의 제공의 원칙이다(민§460).

변제의 제공(辨濟의 提供)

독:Angebot der Leistung
불:offre de paiement

채무자가 변제를 위하여 필요한 모든 행위를 완료하고 채권자의 수령을 구하는 것이다. 이행의 제공이라고도 한다. 민법상 변제제공의 방법은 (1) 채무의 내용에 좇아서 현실제공으로 이를 하여야 한다(민§460본문). 이것을 현실제공이라고 한다. 예를 들면 금전의 지참채무는 금전을 가지고 지급장소로 나가야 하는 것이다. (2) 예외로서 채권자가 미리 변제받기를 거절하거나, 채무의 이행에 채권자의 행위를 요하는 경우에는 변제준비의 완료를 통지하고 그 수령을 최고하면 된다(§460단). 이것을 구두(口頭)의 제공이라 한다. 예를 들면 가임인상(家賃引上)을 둘러싼 분쟁으로 인하여 그 달의 가임을 가주(家主)가 받지 않는 경우에 가임이 준비되었으니까 받으라고 통지를 하거나 채권자가 지정하는 장소에 상품을 송부할 경우에 상품발송의 준비를 하고 송부처의 지정을 바라는 것과 같은 경우이다. 이러한 구별은 정도의 문제로서 거래관행과 신의성실의 원칙에 의하여 결정되어질 문제이다. 그러나 수령거절의 정도가 매우 강고하고 수령거절이 명확한 경우일지라도 채무자는 변제의 제공을 요하는가 하는 문제가 생긴다. 이점에 대하여 최근 대법원에서는 변제제공의 필요가 없다고 했지만, 그 후 변제의 제공을 요한다는 판결도 있어 아직 명확히 결정되지 않고 있다. 더구나 변제를 제공하면 그때로부터 채무자는 채무불이행으로 인하여 발생하는 모든 책임을 면할 수 있고(§461), 경우에 따라서 채권자가 수령을 거절하면 수령지체가 되는 것이다.

채무승인(債務承認)

광의로는 채무자가 채무를 부담하고 있음을 인정하는 관념의 통지(시효 중단의 사유인 승인〈민§168, §177〉이 이에 해당한다)까지 포함하나 협의로는 채무의 존재를 인정하고 그 채무에 구속된다는 요지의 의사표시만을 가리킨다. 그러나 그 중에도 여러 가지가 있는바 단순히 채권자의 입증을 필요로 하지 않는다는 뜻을 가진 것, 채무자에 있어서 채무의 존재를 다투지 않는다는 뜻을 가진 것(영국법의 IOY(I owe you)〉는 이에 해당한다), 또 채권의 존재·액수 등이 분명한 경우에 이것을 확정적인 채무로서 효력을 부여하는 뜻을 가진 것(독일법의 Schulderkenntnis가 이에 해당된다)등이 있다. 가장 나중의 경우는 특히 무인(無因)의 채무승인이라고 부르며 채무약속과 같이 무인채무를 발생한다. 우리 민법에는 규정은 없으나 어느 종류의 것을 인정하더라도 무방하다고 해석되고 있다.

채무인수(債務引受)

독;Schuldübernahme
불;cession de dette

채무의 동일성을 유지하면서 그 채무를 그대로 인수인에게 이전하는 것을 목적으로 하는 계약을 말한다. 즉 갑의 을에 대한 채무를 인수인인 병에게 이전하는 계약이다. 채권관계변동의 일태양(一態樣)이다. 우리민법은 제453조에서 채권자와의 계약에 의한 채무인수를 규정하고 있으며 학설과 판례에서도 이를 인정하고 있다. 채권자·채무자·인수인 삼면계약은 물론이며 채무자의 의사에 반하지 않는 한 채권자와 인수인의 계약으로도 할 수 있으며(민§453). 또 채무자와 인수인과의 계약으로도 할 수 있는데 이 경우에는 채권자의 승낙에 의하여 그 효력이 생긴다. 효과로서 채무는 동일성을 잃지 않고 인수인에게 이전하고, 채무자는 채무를 면하고, 인수인은 채무자가 가졌던 모든 항변권을 수계(受繼)한다(§458). 담보물권과 보증채무는 채무자가 설정한 담보물권을 제외하고는 이전하지 않는다(§459). 그러나 보증인이나 물상보증인이 동의한 경우에는 보증채무나 담보채무가 이전한다(§459단§).

병존적 채무인수

(倂存的 債務引受)
독;kumulative Schuld übernahme

제3자(인수인)가 채무관계에 가입하여 채무자가 되고 종래의 채무자와 더불어 새로이 동일내용의 채무를 부담하는 채권자·인수인간의 계약을 말한다. 중첩적·부가적·첨부적·확보적·보존적·첨부적 채무라고도 한다. 이런 채무인도에 대하여 보통의 채무인수를 면책적 채무인수라고 부른다. 면책적 채무인수인지 병존적 채무인수인인지는 당사자의 의사의 해석으로 정하여진다. 의사가 분명하지 않을 때에는 현실거래의 실제가 채무담보를 위하여 인수계약이 행하여지므로 병존적 채무인수로 보는 것이 타당하다. 병존적 채무인수는 채권자와 인수인 사이의 계약에 의하여 채무자의 의사에 반하여 이를 행할 수 있다. 여기서 문제가 되는 것은 구채무자와 인수인이 어떤 관계에 있는가 하는 것인데 연대채무관계·불가분채무관계·부진정연대채무관계, 보증채무관계 등 여러 가지설로 나누어지고 있다. 계약의 내용에 따라서 결정할 수밖에 없는데, 계약의 내용이 확실하지 않을 때에는 연대채무관계라고 해석하는 설이 통설이다.

면책적 채무인수(免責的 債務引受)

독;befreiende Schuldübernahme

→ 병존적 채무인수 참조

대물변제(代物辨濟)

채무자가 부담하고 있던 급부 대신에 다른 급부를 함으로써 채권을 소멸시키는 채권자와 변제자 사이의 계약을 말한다. 변제와 동일한 효력을 가지지만(민§466), 계약이라는 점에서 차이가 있다. 또한 현실급여를 요하므로 단지 다른 급부를 할 의무만을 지는 것은 경개(更改)이지 대물변제가 아니다. 요물(要物)·유상계약이므로 물건에 하자가 있더라도 대물변제로 일단 소멸된 채권은 당연히 부활되지는 않으며 채권자는 매매의 하자담보의 규정을 준용하여 계약의 해제 또는 손해배상을 청구할 수 있다(§580). 대물변제는 소비대차에 부수하여 예약이란 형식으로 많이 행하여지는데, 소액의 채무를 위하여 고액의 재산을 이전하게 되는 일이 많으므로 민법은 질권에 의한 대물변제의 예약, 즉 유질계약을 금지한다(§339). 또한 소비대차에 있어서 대물변제의 예약(대물반환의 예약)을 한 경우에는 借主(차주)가 사용물에 갈음하여 이전할 것을 예약한 다른 재산권의 예약 당시의 가액이 그 차용액 및 이에 붙인 이자의 합산액을 넘지 못하도록 하고 있다(§607, §608).

대물변제의 예약

(代物辨濟의 豫約)

대물변제를 미리 예약하는 것을 말한다. 예를 들면 100만원을 차임하는데 있어서 기한에 변제를 하지 않을 때에는 이를 대신하여 가옥의 소유권을 이전한다는 계약을 하는 경우이다. 특히 소비임차에 관하여 설정된 담보물권의 목적물에 관하여 많이 행하여진다. 대물변제의 예약은 그 내용의 차이에 따라서 그 결과도 달라진다. (1) 예약의 내용이 만약에 기한 변제를 하지 않을 때에는 목적물의 소유권이 당연히 채권자에게 이전한다는 내용일 경우에는 정지조건부 대물변제계약이다. 따라서 목적물에 관하여 강한 양도담보계약이 행하여진 것과 같은 결과가 된다. 그러므로 변제하지 않은 사실이 있었다면 소유권은 그대로 채권자에게 귀속하게 된다. 그러나 목적물에 대하여 채무자가 채권자에게 질권 또는 저당권을 함께 설정하고 있을 때에는 유질계약은 무효이기 때문에(민§339), 대물변제의 예약도 무효인데 반하여 저당권설정계약은 유효이기 때문에 대물변제의 예약은 효력이 있다. (2) 예약을 본계약으로 하는 권리(예약완결권)가 채권자·채무자의 한쪽 또는 양쪽에 보류되어 있을 때에는 참된 의미의 대물변제의 예약이다. 이 경우는 매매의 예약(별항)의 규정을 준용하여 다루어진다. 그러나 채권자에게만 보류되고 있는 경우가 많을 것이다. 그 때에는 첫째의 경우와 똑같은 결과가 된다. 또한 (1)이든 (2)이든간에 그 물건의 예약당시의 가액이 차용액과 이에 붙인 이자의 합산액을 넘어서는 아니되며, 이를 넘는 경우에는 그 예약은 효력이 없다(§607, §608).

대물반환의 예약
(代物返還의 豫約)

대물변제가 예약의 형식으로 행하여지는 것을 말한다. 그 성질에 관해서는 두 가지로 요약된다. (1) 정지조건부 대물변제계약이라는 점이다. 즉 만약에 기한 내에 변제를 하지 않으면 목적물의 소유권이 당연히 채권자에게 이전된다고 하는 것이 그것이다. 따라서 목적물에 관하여 강한 양도담보계약이 행하여진 결과와 같게 된다. 그것이 담보물권의 목적물인 때에는 유질·유저당과 관련하여 그 효력이 검토되어야 한다. (2) 진정한 의미의 대물변제의 예약이라는 점이다. 즉 만약에 채권자·채무자의 일방 또는 쌍방의 특정의 물건의 급부로써 대물변제를 할 수 있는 권능을 보유할 뿐인 경우가 그것이다. 채권자만이 이 권능을 보유하는 경우에는 채권자의 의사에 의하여 강한 양도담보계약 또는 유담보계약과 같은 효력을 지니게 되므로 정지조건부 대물변제예약과 마찬가지로 취급하여야 한다. 그리고 어느 경우에 있어서나 그 물건의 예약 당시의 가액이 이에 붙인 이자의 합산액을 넘어서는 안되며(민법 607조), 이를 넘는 경우에는 그 예약은 효력이 없다(민법 608조). 이는 채권자의 폭리로부터 채무자를 보호하기 위한 규정이며, 강행규정이다.

대위변제(代位辨濟)
독;surrogierte Erfüllung
불;paiement avecsubrogation

제3자 또는 공동채무자의 한 사람이

채무자를 위하여 변제를 하여 채무자 또는 다른 공동채무자에 대하여 구상권을 취득한 경우에 이 구상권의 효력을 확보하기 위하여 종래 채권자가 가지고 있었던 채권에 관한 권리가 구상권의 범위안에 법률상 당연히 변제자에게 이전하는 것을 가리켜 변제자의 대위 또는 대위변제라고 한다(민§480, §481).

변제자대위(辨濟者代位)

제3자 또는 공동채무자(연대채무자·보증인·불가분채무자 등)의 한 사람이 채무자를 위하여 변제한 경우, 채권자 또는 다른 공동채권자에 대하여 대위한 자는 자기의 권리에 의하여 구상할 수 있는 범위에서 가지고 있었던 채권에 관한 권리가 법률상 당연히 변제자에게 이전하는 것을 말한다. 채권자의 승낙 또는 변제에 의한 대위는 임의대위와 법정대위로 나누어진다. 변제할 정당한 이익이 없는 자는 채권자의 승낙이 있어야만 대위할 수 있으며(임의대위), 이 때 채권자의 승낙은 변제와 동시에 행해져야 한다(민법 480조 1항). 임의대위에 있어서 채무자는 누가 변제에 의한 대위를 하였는가, 또는 채권자의 승낙이 있었느냐의 여부를 미리 알 수 없으므로, 민법은 채무자의 보호를 위하여 지명채권양도의 대항요건과 그 효력에 관한 규정(민법 450조 내지 452조)을 준용하고 있다(민법 480조 2항). 이에 따라 채무자에 대하여 대위를 가지고 대항하려면, 채권자의 채무자에 대한 대위통지 또는 채무자의 대위승낙을 필요로 하며(대판 1962.1.25. 4294 면상 183), 채무자 이외의 제3자에 대하여서는 확정일자 있는 증서로써 하여야 한다. '변제할 정당한 이익이 있는 자'는 채권자의 승낙을 필요로 하지 않고 변제로 법률상 당연히 채권자를 대위한다(민법 481조 : 법정대위). 여기서 '변제할 정당한 이익이 있는 자'라 함은 불가분채무자·연대채무자·보증인·물상보증인·담보물의 제3취득자, 후순위담보권자 등을 말한다.

임의대위(任意代位)

변제함에 있어서 정당한 이익을 가지지 않는 자가 채무자를 위하여 변제함과 동시에 채권자의 승낙을 얻어 채권자를 대위하는 경우를 임의대위라고 한다(§480①). 변제에 정당한 이익을 가지지 않는 자가 변제시 채권자의 승낙을 얻지 못하면 대위의 효과가 생기지 않는다. 따라서 채권양도의 경우와 동일한 대항요건 즉 채무자에의 통지와 승낙을 요한다.

법정대위(法定代位)

변제를 함에 있어서 정당한 이익을 갖는 자가 변제에 의하여 당연히 채권자에 대위하는 경우를 법정대위라고 한다(민§480①). 여기서 변제를 함에 있어서 정당한 이익을 갖고 있는 자란 물상보증인·담보부동산의 제3취득자·보증인·연대채무자 등을 말한다. 이들은 채무자를 위하여 변제를 하기만 하면 대위가 되며(§481), 그 결과로서 채무자 또는 다른 공동채무자에 대하여 구상권을 가지게 된다.

일부대위(一部代位)

채권의 일부에 대하여 변제가 있었을 경우에 생기는 대위이다. 이 경우에는 대위자는 그 변제한 가액에 비례하여 채권자와 함께 그 권리를 행사한다. 그러나 이러한 경우에도 채무불이행을 원인으로 하는 계약의 해제 또는 해지는 채권자만이 할 수 있고, 채권자는 대위자에게 그 변제한 가액과 이자를 상환하여야 한다(민§483).

상계(相計)

라;compensation
영;set-off
독;Aufrechung, kompensation
불;compensation

채권자와 채무자가 서로 동종의 채권·채무를 가지는 경우에 그 채권과 채무를 대등액에 있어서 소멸케 하는 일방적 의사표시이다(민§492). 예컨대 갑에게 500만원을 차재(借財)한 을이 갑에 대하여 300만원의 외상대금이 있을 때에 을은 자기의 300만원의 채권과 갑의 자기에 대한 채권 가운데 300만원을 소멸시키는 것이다. 일종의 채권담보적 작용을 한다. 상계는 광의로는 당사자사이의 계약에 의한 상계(상계계약)를 포함하지만 협의로는 일방적인 의사표시에 의한 상계만을 가리킨다. 상계하는 측의 채권(앞의 예에서 300만원인 을의 채권)을 자동채권이라고 하고, 상계를 당하는 측의 채권을 수동채권이라고 한다. 양 채권이 상계할 수 있는 사정에 놓여질 때 이를 상계적상(相計適狀)이라고 한다. 상계는 상대방에 대한 의사표시에 의하지만 이것은 재판상이거나 재판 외이거나를 불문한다. 상계의 의사표시가 있으며 상계적상 시로 소급하여 효력을 발생한다. 상계의 상대방이 수개의 채권을 지니고 있을 경우에는 어느 채권을 먼저 충당할 것인가 하는 문제가 발생하지만, 이에 대하여는 변제의 충당에 관한 규정(§476~§479)이 준용된다.

> 상계는 쌍방이 서로 상대방에 대하여 같은 종류의 급부를 목적으로 하는 채권을 가지고 자동채권의 변제기가 도래하였을 것을 그 요건으로 하는 것인데, 형벌의 일종인 벌금도 일정 금액으로 표시된 추상적 경제가치를 급부목적으로 하는 채권인 점에서는 다른 금전채권들과 본질적으로 다를 것이 없고, 다만 발생의 법적 근거가 공법관계라는 점에서만 차이가 있을 뿐이나 채권 발생의 법적 근거가 무엇인지는 급부의 동종성을 결정하는 데 영향이 없으며, 벌금형이 확정된 이상 벌금채권의 변제기는 도래한 것이므로 달리 이를 금하는 특별한 법률상 근거가 없는 이상 벌금채권은 적어도 상계의 자동채권이 되지 못할 아무런 이유가 없다*(대법원 2004. 4. 27. 선고 2003다37891).*

상계적상(相計適狀)

당사자 양쪽이 서로 대립한 동종의 채권을 가지고 또한 상계하려고 하는 자의 채권(자동채권)이 변제기에 있어서 상계를 할 수 있는 상태에 있는 것이다. 상계적상이 되려면 (1) 자동채권과 수동채권이 존재하고 있어야 한다. 단 자동채권이 시효로 소멸하여도 그의 소멸 이전에 양 채권이 동시에 존재하고 있다면 무방하다. (2) 양 채권이 변제기에 도래하고 있어야 한다. 단 수동채권은 변제기가 도래하지 않았다고 할지라도 상계하는 자가 변제기 이전에 지급할 의사가 있다며 무방하다. 상계적상에 있으면 단독의 의사표시로 상계할 수 있는 것이 원칙이다. 그러나 (1) 상계금지의 특약이 있는 경우(민§492②), (2) 채권의 성질이 상계를 허용하지 않을 경우(부작위채무·상호노무를 제공하는 채무 등)(민§492①단), (3) 상계되는 쪽의 채권(수동채권)이 불법행위에 입각한 손해배상채권인 경우나 압류가 금지된 채권의 경우(§496, §497·상§334, §596 등), (4) 자동채권의 처분이 금지되어 있는 경우 등에는 상계가 허용되지 않는다.

> 당사자 쌍방의 채무가 서로 상계적상에 있다 하더라도, 별도의 의사표시 없이도 상계된 것으로 한다는 특약이 없는 한, 그 자체만으로 상계로 인한 채무 소멸의 효력이 생기는 것은 아니고 상계의 의사표시를 기다려 비로소 상계로 인한 채무 소멸의 효력이 생긴다*(대법원 2000. 9. 8. 선고 99다6524)*.

상계계약(相計契約)

독;Aufrechnungs vertrag, Kompensations vertrag

수인이 상호간에 채권을 가지고 있는 경우에 서로의 채권을 대등액만큼 소멸시키는 계약이다. 일종의 유상계약이며, 당사자의 의사표시만 합치되면 효력이 있다. 이점에서 일방적 의사표시만으로 효력을 발생하는 상계와 다르다. 예를 들면 불법행위에 의하여 발생한 채권이나 압류금지의 채권을 상계에 의하여 소멸시킬 수 있다. 어음의 決濟(결제)(어음교환)도 상계계약의 원리에 입각하여 행하여지는 것이며, 이 의미에서 광의의 상계제도는 화폐에 의존하지 않는 거래를 가능하게 한다. 상계계약의 내용은 해석에 의하여 결정된다. 그러나 특별한 의사표시가 없으면 상계계약의 성립은 민법상의 상계와 마찬가지로 소급효를 가진다고 한다.

경개(更改)

라;novatio
영;novation
독;Novation, Schuldersetzung, Schuldumwandlung
불;novation

채무의 중요한 부분을 변경함으로써 신 채무를 성립시킴과 동시에 구 채무를 소멸시키는 계약이다(민§500~§505). 경개의사에 의하여 구채무를 신채무로 변경시키는 점에서 대물변제와 비슷한지만 대가를 현실로 주지 않는 점에서 다르다. 경개계약의 당사자는 경개의 종류에 따라 다르다. (1) 채무자 변경으로 인한 경개 : 즉 을의 갑에 대한 채무를 소멸시키고 병의 갑에 대한 채무를 성립시키는 경개는 갑, 을, 병 3인의 계약으로 할 수 있음은 물론이지만, 갑, 병만의 계약으로 할 수 있다. 다만, 을의 의사에 반하는 때에는 효력이 생기지 않는다(§501). (2) 채권자변경으로 인한 경개 : 즉 갑의 을에 대한 채권을 소멸시키고 병의 을에 대한 채권을 성립시키는 병의 을에 대한 채권을 성립시키는 경개는 갑, 을, 병 3인의 계약에 의한다고 해석되고 있다. (3) 채무의 목적변경으로 인한 경개는 동일채권자·채무자간의 계약이다. 경개계약에는 아무런 형식을 필요로 하지 않는다. 다만 채권자 변경으로 인한 경개는 확정일자 있는 증서로 하지 아니하면 이로써 제3자에게 대항하지 못한다(§502). 경개의 효력으로서 구채무가 소멸되고 신채무가 성립하지만 신, 구 양 채무는 동일성이 없으므로 구채무의 담보·보증·항변권 등은 원칙적으로 소멸한다. 다만 질권·저당권은 특히 이를 신 채무에 옮길 수 있지만(§505본문), 제3자가 제공한 담보는 그 승낙을 얻어야 한다(§505단). 그리고 경개는 유인계약(有因契約)이므로 구채무가 존재하지 않으면 신 채무는 발생하지 않으며, 신채무가 생기지 아니하면 구채무가 소멸되지 않는 것이 원칙이다. 그러나 이에는 두 가지 예외가 인정된다.

첫째는 갑, 을, 병 3인의 계약으로 갑, 을간의 채권을 소멸시키고 병, 을간의 채권을 성립시키는 경우에, 을이 이의(異義)를 보유하지 아니하고 이 계약을 한 때에는 비록 갑, 을간의 구채권이 존재하지 않는 경우에도 병, 을간의 신 채권은 성립하는 것이다(§503, §451①준용). 둘째는 예컨대, 10만원의 채무를 말(馬) 한 마리의 채무로 변경하는 경개에 있어서, 그 말이 이미 사망하였기 때문에 이것을 목적으로 하는 신채무가 성립되지 않는 경우에 만약 당사자가 이 사실을 알고 있으면 신채무의 불성립에도 불구하고 구 채무는 소멸되는 것이다(민법 제504조의 규정의 반대해석에서 생긴다).

채무면제(債務免除)

라;acceptilatio
독;Erlass
불;remise de ladette

채권자가 채무자에 대한 일방적인 의사표시에 의하여 채권을 무상으로 소멸시키는 것이다. 즉 면제는 채권자의 단독행위이며 그것은 채권의 포기에 지나지 않는다. 그러나 계약에 의한 면제도 유효하며 이것을 면제계약이라고 한다. 면제를 하려면 채권을 포기하겠다는 의사가 채무자에 대하여 표시되었다면 어떤 방법이든 무방하다. 예컨대 명확히 면제하겠다는 통지를 할 뿐만 아니라 채권증서를 묵(墨)으로 말소하여 이것을 채무자에게 보내면 면제한 것으로 본다. 또한 일부면제나 조건을 붙이는 것이 가능하다. 그러나 만약에 채권에 질권이 설정되어 있으면 면제를 할 수 없으며, 면제에 의하여 제3자의 권리를 해할 때는 면제는 허용되지 않는다(민§506). 또한 연대채무자의 1인에 대한 채무면제는 그 자의 부담부분에 대하여서만 절대적 효력을 발생한다(§419).

민 법

채권혼동(債權混同)

라;confusio
영;merger
독;Konfusion, Vereinigung
불;confusion

병존시켜 놓을 필요나 이유가 없는 두 개의 법률상의 지위가 동일인에게 귀속하는 것이며, 주로 물권(민§191)과 채권(§507)의 소멸원인으로서 의미가 있다. 채권과 채무가 상속이나 회사합병 등에 의하여 동일인에게 귀속되었을 경우에는 그 채권은 소멸한다(§507). 그러나 그 채권이 제3자의 권리의 목적으로 되어 있을 때에는 예외이다. 또한 어음·수표에 있어서는 당사자의 개념이 매우 형식화되어 있으므로 혼동의 법리는 전혀 성립되지 않는다(§509①·어§11③·수§14③).

공탁(供託)

라;depositio 영;deposit
독;Hinterlegung 불;consignation

법령의 규정에 의하여 금전·유가증권 또는 그밖의 물품을 공탁소 또는 일정한 자에게 임치하는 것이다. 공탁의 성질은 공탁공무원의 수탁처분과 공탁물 보관자의 공탁물 수령으로써 성립하는 하나의 공법상의 법률관계이다. 공탁을 하는 경우는 공법·사법에 걸쳐 대단히 많으나 크게 나누면 4종류가 된다. (1) 채무소멸을 위하여 하는 공탁(변제공탁) : 채무자가 채무를 면하는 수단으로서 가장 중요한 실체법상의 의미를 가진다. 이 공탁에 의하여 의무를 면할 수 있는 경우(공탁원인)는 일반적으로 채권자의 수령거절·수령불능 및 채무자가 과실 없이 채권자를 확실히 알 수 없는 때이며(민§487) 그밖에도 법률에 규정되는 경우가 있다(상§67③, §803). (2) 채권담보를 위하여 하는 공탁(담보공탁) : 상대방에게 생기는 손해의 배상을 담보하기 위한 수단으로서 주로 민사소송법·민사집행법 및 세법에 그 예를 볼 수 있다(민소§213, 민사집행법 §280, §301·상속세및증여세법시행령§23①). (3) 단순히 보관이란 의미로 하는 것(보관공탁) : 타인의 물건을 즉시 처분할 수 없는 경우에 일시공탁에 의하여 보관하는 것(§353, §362, §589·민사집행법§292, §222 등). (4) 그밖에 특수한 목적을 위하여 하는 것(특수공탁) : 예컨대 공직선거의 입후보자가 하는 공탁 따위가 있다.

공탁의 성질

사법관계설	제3자를 위한 임치계약으로 이해하는 견해이다.
공법관계설	국가기관의 처분행위인 점을 고려하여 공법관계로 이해하는 견해이다.
양면관계설	절차면은 공법관계이나, 실체면은 사법관계로 보는 견해이다.
판례	기본적으로 공법관계설로 이해된다(91다3924참조).

계약(契約)

영;contract 독;Vertrag
불;contrat

일정한 법률효과의 발생을 목적으로 하는 서로 대립된 두 개 이상의 의사표시의 합치에 의하여 성립하는 법률행위이다. 계약은 하나의 법률행위이다. 본인의 의사표시에 의하여 권리 의무를 발생하거나 변경하는 행위를 법률행위라고 하는데 계약은 단독행위와 같이 그의 일부에 속한다. 그러므로 계약에는 민법의 법률행위에 관한 여러 규정들이 적용된다. 그런데 민법 제3편의 계약은 채권관계를 발생시키는데 한정되고 있는 소위 채권계약으로서 공법상의 계약(관할의 합의나 행정주체간의 계약) 및 물권계약(지상권설정계약이나 저당권설정계약, 그리고 준물권계약(채무양도와 같이 즉시 채권이행의 효과를 발생한 뒤에 채무의 이행의 문제를 남기지 않는 계약)과 가족법상의 계약〈신분계약(혼인이나 입양)〉과는 다르다. 계약은 서로 대립하고 있는 의사표시의 합치에 의해서 성립한다. 보통은 청약·승낙이라고 하는 서로 대립되고 있는 두 개의 의사표시의 합치로 성립한다. 단 예외로서 청약만으로써 즉 호텔방을 예약해 둔다든가(의사실현), 양쪽의 당사자가 동일내용의 청약(교차청약)을 하는 경우에 계약이 성립하기도 한다(민§533①).

준계약(準契約)
영;quasi-contract 불;quasi contrat

로마법에서는 계약도 불법행위도 아닌 사유에 의하여 계약과 비슷한 채권관계를 발생하는 경우에 이것을 일괄하여 준계약이라고 하여 채권발생원인이라고 생각하였다. 사무관리·후견·우연한 공유·유증·부당이익등이 그 예이다. 이중 어떤 것은 체계상 다른 부분에 흡수되었으며, 프랑스 민법에서는 사무관리와 비채변제(非債辨濟)만이 이에 속하고(프·민§1370이하), 독일·스위스 및 우리나라의 민법은 이 관념을 인정하지 않고 있다.

합동행위(合同行爲)
영;joint actb 독;gesamtakt
불;acte joint

수인이 공동으로 동일한 목적을 향하여 행하는 의사표시의 결합에 의하여 성립하는 법률행위이다. 예컨대 많은 사람들이 단체를 조직하는 경우이다. 수인이 의사표시를 한다는 점에 있어서는 계약과 동일하다. 그러나 합동행위에서는 수인의 의사가 동일한 목적 및 방향(예를 들면 단체를 조직한다는 목적)에서 합치한다는 점이 계약과는 다르다. 단체법상의 법률행위의 전형으로서 계약의 규정이 반드시 적용되지 않는다는 점에 구별의 실익이 있다.

단독행위(單독行爲)
영;unilateral act
독;einseitges Geshäft
불;acte unilat́eral

취소원인이 있어 어떤 계약을 취소하는 것과 같이 일방적인 의사표시에 의하여 법률효과를 발생케 하는 법률행위이다. 따라서 서로 대립하는 2개 이상의 의사표시의 합치로 성립하는 계약(쌍방행위)과 수인이 공동으로 동일목적을 향하여 행하는 의사표시의 결과에 의하여 성립하는 합동행위와 다르다. 취소·추인의 경우와 같이 일정한 상대방에 대해서 행하는 단독행위와 유언이나 기부행위와 같이 반드시 상대방을 필요로 하지 않는 것이 있다. 전자를 상대방 있는 단독행위라 하고 후자를 상대방 없는 단독행위라고 한다. 단독행위는 행위자의 의사만으로 효력이 생기고, 이 행위로 인하여 영향을 받는 자의 의사를 무시하는 것이므로 민법이 특히 인정하는 경우 이외에는 자유로이 할 수 없다.

부합계약(附合契約)
불;contrat d'adhesion

계약 당사자의 한쪽이 결정한 것에 대해 다른 한쪽은 사실상 그대로 따를 수밖에 없는 계약이다. 부종계약(附從契約)이라고도 한다. 오늘날 일반인이 대기업과 체결하는 운송·보험·전기의 공급·고용의 계약과 같은 것이다. 불란서의 살레이유(Saleilles)가 포괄적인 승인을 부합한다(adh'erer)라는 뜻으로 contrat d'adh'e- stion이라 이름 지은 것이 그 시초이다. 이러한 현상은 기업의 독점화에 따라서 차츰 확대되어 일반인은 계약내용의 절충은 물론 계약을 체결해야 할지 그 여부의 자유마저 충분히 못가지게 되어 계약자유의 원칙은 실질적으로 타당의 범위가 좁아진다. 그러므로 부합계약의 본질이 계약이냐 제도이냐가 논란의 대상이 되는 것이다. 또한 부합계약의 합리성을 확보하기 위하여는 국가의 행정적인 감독이 필요하므로 현재 어느 정도 그것이 실현되고 있다.

계약강제(附合契約)
독;Kontrahierungszwang Vertragszwang

특정한 계약의 체결이 법령에 의하여 강제당하는 것이다. 근대법은 계약자유의 원칙의 내용으로 계약체결의 자유를 원칙으로 하고 있으나 오늘날에는 공익적 독점사업이나 공익적 직업에 관한 의무와 같이 법률상 계약의 체결을 강제하는 것이 증가되었다. 이것에는 (1) 전기사업, 철도운송사업, 철도소운송업, 숙박업 등의 공익적·독점적 기업이나 공증인, 집행관, 의사 등의 공공적 직무에 관한 공법적인 응수(應需) 등의 공공적 직무에 관한 공법적인 응수의무, (2) 차지·차가관계에 있어서의 건물·부속물의 매수청구권·주주의 주식의 매수청구권과 같이 상대방의 승낙없이 일방인 단독의 의사표시로써 계약을 성립시키는 것, (3) 농업용 임야의 사용권의 설정·채석권의 설정과 같이 일정한 자의 신청에 대하여 협의의무를 과하고, 협의가 성립하지 않을 때에는 국가기관의 재정으로써 당연히 계약의 효과를 발생시키는 것, (4) 공출의무와 같이 일정한 자에 신고의 의무를 과하거나 배급의 등록제와 같이 일정한 자를 상대로 계약을 체결하지 않으면 안되는 것 등의 여러 가지 형태가 있다. 계약강제의 경우에 있어서의 법적 효과는 위반자에게 공법상의 책임 또는 민법상의 배상책임을 과하는 경우와 강제당하는 자의 의사에 관계없이 계약을 성립시키는 경우 등이 있다.

계약자유의 원칙
(契約自由의 原則)
영;librty of contract

개인이 자기의 의사에 따라 계약의 내용이나 형식 및 계약체결을 자유로이 할 수 있는 원칙이다. 소유권의 절대·과실책임의 원칙과 함께 근대민법의 3대 원칙을 이루고 있다. 계약자유의 내용으로서는 체결의 자유·상대방 선택의 자유·내용결정의 자유·방식의 자유 등 4가지를 드는 것이 보통이다. 이 원칙은 자본주의의 초기에 특히 강조되고 있었지만 오늘날에는 제한을 받고 있다. (1) 내용결정의 자유에 대해서는 민법이나 노동기준법 등 법률이 정한 조건이 아니면 계약을 할 수 없도록 제한하는 경우가 있다. 또한 보험계약이나 근로계약과 같은 부합계약(당사자의 일방인 기업자가 계약내용을 일방적으로 결정하고 상대방은 그 내용을 좇음으로써 성립하는 계약)에서는 당사자 일방의 자유는 사실상 박탈되고 있다. (2) 제정법상 형식의 자유가 명확히 박탈되고 있는 경우(현상광고의 청약 또는 노동계약 등이 그 예이다)는 적다. 그러나 서면으로 표시되지 않은 증여는 효력이 약하여 각 당사자는 이를 해제할 수 있다(민§555). (3) 계약을 체결하느냐 체결하지 않느냐의 자유 즉 체약의 자유에도 제한이 따른다. 독점적인 기업(우편·철도·가스·수도)이나 공공적인 사업(의사·조산사 등) 및 사회정책인 제도(건물의 매수청구권의 행사)에서는 체약이 되는 수가 있다. (4) 상대방을 누구를 선택할 것인가 하는 상대방 선택의 자유도 재판이나 노동조합 및 노동관계조정법 등의 법률에 의하여 박탈되고 있는 경우가 있다.

전형계약(典型契約)
독;typischer Vertrag

법률에 일반적으로 행하여지는 계약의 전형으로서 특히 규정을 둔 계약이다. 유명계약이라고도 한다. 민법에서는 증여, 매매, 교환, 소비대차, 사용대차, 임대차, 고용, 도급, 여행계약, 현상광고, 위임, 임치, 조합, 종신정기금, 화해에 이르기까지 도합 15종의 전형계약을 규정하고 있다. 참고로 전형계약 중 여행계약은 2015년 2월 3일 민법 일부개정(2016년 2월 4일 시행)시 신설된 것으로서, 계속적으로 증가하는 추세인 여행과 관련하여 이를 직접 규율하는 법령이 없어 여행자 보호에 취약한 부분이 있다는 문제의식에 따라 이를 보완하기 위하여 여행계약에 관한 기본적인 사항을 규정한 것이다. 이 밖에 상법에서는 창고계약·운송계약·보험계약 등을 규정하고 있다.

비전형계약(非典型契約)
독;atypischer Vertrag, nichtbenannter Vertrag, Innominatkontrakte
불;contrats innommes

전형계약 이외의 계약이다. 전형적인 명칭이 없으므로 무명계약이라고도 한다. 계약자유의 원칙에 의하여 채권계약에서는 공서양속에 위반하지 않는 한 어떠한 비전형계약도 허용된다. 계약자유의 원칙에 의하여 전형계약 이외의 계약을 체결하는 것도 자유이며, 실제상 비전형계약일 경우가 많다. 그러나 물권만은 배타성이 있으므로 관습법 및 민법이 규정하는 종류와 내용의 것 이외에는 창설하지 못하므로(물권법정주의:민§185) 비전형계약이란 있을 수 없다.

혼합계약(混合契約)
독;gemischter Vertrag

비전형계약의 일종으로서 2개 이상의 전형계약의 내용을 혼합하는가, 1개의 전형계약의 내용과 전형계약 이외의 것이 혼합한 계약이다. 혼성계약(混成契約)이라고도 한다.

유명계약(有名契約)
독;benannter Vertarg

법률이 일정한 명칭과 요건 및 규정을 두고 있는 계약의 종류이다. 전형계약과 동일하다. 무명계약에 상대되는 개념이다. 매매, 증여, 임대차 등 15종의 민법상 유명계약이 있으나 그 밖의 계약도 자유로 할 수 있다(계약자유원칙). 등기 없는 전세계약 등은 무명계약의 예이다.

무명계약(無名契約)
독;nichtbenannter Vertrag, Innominatkontrokt

법률이 일정한 명칭을 붙여서 규정하고 있는 계약(민법 제3편 제2장 제2절 내지 제15절에 정한 15종의 전형계약) 이외의 계약을 말한다. 비전형계약이라고도 하며 유명계약에 대하는 말이다. 원칙적으로 계약자유의 원칙에 의하여 민법이 정한 유명계약 이외의 어떠한 계약도 자유로이 체결할 수 있다. 무명계약 중에는 2종 이상의 전형계약의 성질을 겸유한 것도 있고 전형계약의 구성요소에 속하는 사항과 어떠한 전형계약의 구성요소에도 속하지 않는 사항을 혼합시킨 내용을 가진 것도 있다. 이 경우 특히 전자의 경우를 가리켜 혼합계약이라고 한다.

유상계약(有償契約)
독;entgeltlicher Vertrag
불;contrat 'a titre on'ereux

계약의 각 당사자가 서로 대가적(對價的) 의미를 가지는 재산성의 출연을 하는 계약이다. 재산적 출손에 대한 상호의존관계는 각 당사자가 상호 채무를 부담하는 쌍방계약에 있어서는 필연적으로 존재한다. 그러나 유상계약의 범위는 쌍무계약보다 넓다. 모든 쌍무계약은 유상계약이라고 할 수 있지만, 모든 유상계약은 쌍무계약이라고는 할 수 없다. 즉 소비대차와 같은 편무계약도 유상계약이라고 할 수 있기 때문이다. 유상계약에 속하는 것은 민법의 전형계약 가운데서는 매매·교환·현상광고·임대차·고용·도급·조합·화해 등이다. 민법은 유상계약에 관하여 매매의 규정을 준용하도록 규정하고 있다(민§567).

무상계약(無償契約)
독;unentgeltlicher vertrag
불;contrat `a titre gratuit

증여계약 등과 같이 경제적인 출연은 한쪽 당사자만 하고, 상대방에서는 이에 대응하는 반대급부를 하지 않는 계약을 말한다. 편무계약은 대부분이 무상계약이다. 그러나 이자 있는 소비임차는 이자라고 하는 경제적인 지급을 수반하지만(이른바 유상계약이다) 임주(賃主)와 차주(借主)의 채무는 서로 대등한 관계가 아니므로 편무계약이다. 민법의 전형계약 가운데 증여·사용임차는 무상계약이다. 그리고 임치소비대차·위임·종신정기금은 당사자의 의사에 따라 유상 또는 무상이 되므로 성질상 일정하지 않다.

낙성계약(諾成契約)
독;konsensual Vertrag
불;contrat consensuel

당사자 사이에 의사표시가 일치하기만 하면 계약이 성립하고 그밖에 다른 형식이나 절차를 필요로 하지 않는 계약이다 요물계약(要物契約)에 대한 용어이다. 민법이 정하고 있는 15종의 전형계약 가운데 현상광고를 제외한 나머지는 모두 낙성계약이다.

요물계약(要物契約)
독;Realvertrag 불;contrat ŕeel

당사자의 합의 외에 물건의 인도 기타 급부의 완료가 있어야 성립할 수 있는 계약을 요물계약(要物契約)이라고 한다. 민법이 정하고 있는 15종의 전형계약 가운에 현상광고만이 요물계약이다. 단 주의할 것은 동산의 질권설정계약(민§330)과 같이 계약법 이외의 규정에 의한 요물계약도 있다는 것이다.

쌍무계약(雙務契約)
독;gegenseitiger Vertrag,
zweiseitiger Vertrag
불;contrat synallagmatique

당사자양쪽이 서로 대가적 의미를 가지는 채무를 부담하는 계약을 쌍무계약이라 한다. 민법에서 규정하고 있는 15종의 전형계약(典型契約) 가운데 매매 이외에 임대차·교환·도급·조합·화해·고용 등은 쌍무계약이다. 위임·임치는 유상이면 쌍무계약, 무상이면 편무계약이다. 여기에 상호의 채무가 대가적 의미를 가지고 있다는 것은 그 채무의 객체인 이행이 객관적·경제적으로 서로 균형이 되는 가치를 가지고 있는 것이 아니고, 상호적으로 이행해야 할 일이 의존관계를 가지고 채무의 부담이 교환적인 원인관계에 서는 것을 뜻한다. 쌍무계약과 편무계약의 구별하는 실익은 쌍무계약에 있어서는 동시이행의 항변(민§536), 위험부담(§537)의 문제가 일어나고, 편무계약에는 그러한 문제가 생길 여지가 없는 점에 있다.

편무계약(片務契約)
독;einseitiger Vertrag
불;contrat unilateral

편무계약이라 함은 증여의 경우와 같이 당사자 일방만이 급부를 하고, 상대방은 이에 대응하는 반대급부를 하지 않는 계약을 말한다. 이것은 쌍무계약과는 달리 동시이행의 항변권이나 위험부담 등의 문제가 발생하지 않는다. 민법에서 정하고 있는 15종의 전형계약 가운데 증여 이외에 소비대차·무상의 위임·무상의 임치·사용대차가 편무계약에 속한다.

대가(對價)

독;Aquivalent 불;equivalent

광의로는 대상, 즉 자기의 재산·노력 등을 타인에게 주거나 이용시키는 보수로서 받는 재산상의 이익이다. 물건의 매도대금·건물의 임대·노무의 제공에 대한 매매대금·이자·차임(借賃)·노동임금 등이다. 이러한 대가(대상)의 유무에 따라서 유상계약·무상계약·유상행위·무상행위로 구분된다. 협의로는 넓은 뜻의 대가 중에 그 제공의 의무가 법률적으로 서로 대응하는 관계에 입각하는 것이다. 예컨대 이자부 소비대차에 있어서 차주의 이자의 지급의무에 대응하는 임주(賃主)의 원본대여의무는 광의의 대가관계가 있으므로 유상계약에는 틀림없으나 법률상 차주의 이자의 지급의무가 선이행될 것을 전제하므로 이자는 여기에서 말하는 뜻의 대가가 아니다. 양쪽의 채무가 대가의 관계에 있느냐의 여부에 의하여 쌍무계약·편무계약으로 나눈다.

견련(牽連)

독;Konnexität 불;conexite

사물 상호간에 연결되어 있는 의존성을 견련(牽連) 또는 관계이라 부르고, 이것에 법률상의 뜻을 부여하는 경우를 말한다. 예컨대 유치권에 있어서 담보된 채권과 물건이, 쌍무계약의 경우에 양쪽의 채무가 견련관계에 있다고 한다.

단순계약(單純契約)

영;simple contract

영미법에서 날인계약으로서의 요건을 갖추지 않은 구술 또는 서면에 의한 계약으로 약인(約印)을 수반함으로써 비로소 법률상 유효하게 되는 것이다. 구술계약이라고 하지만 반드시 구술에 의한 것에 국한되는 것은 아니다.

담보계약(擔保契約)

당사자 일방(담보자)이 어떤 사실에 관하여 상대방(피담보자)에게 손해를 가하지 않을 것을 약정하는 계약이다. 특정한 사실을 조성하기 위하여 이루어질 때도 있으며, 피담보자가 어떤 사람을 고용하거나 어떤 사람과 신용거래를 함에 있어서 체결되는 경우도 있다. 보증계약과 다른 점은 담보자가 독립하여 배상책임을 지는 점에 있으나 이들은 서로 유사한 계약이므로 실제적으로 계약이 어느 쪽에 속하는지 구별이 분명하지 않은 때가 많다. 예컨대 신용보증·신원보증 따위이다. 담보계약의 법률상의 성질은 편무·무상·낙성·불요식 계약이다.

계속적 채권관계
(繼續的 債權關係)
독;dauernde Schuld verhältnisse

계속적 급여나 회귀적 급여를 목적으로 하는 채권관계이다. 급여가 어느 일정기간을 통하여 실현되는 것으로서 어느 일정시점에 급여를 실현하는 일시적 채권관계에 대한다. (1) 가스·수도의 공급처럼 일정한 종류의 부정기간(不定期間) 계속하여 공급하기로 약정하는 계속적 공급계약에 의한 채권관계나 (2) 임금·고용 등의 계속적 채권계약에 의거한 채권관계나 (3) 신용보증·신원보증 등의 계속적인 채권관계의 특질은 기본적인 계약관계를 전제로 하여 당사자가 포괄적인 지위를 취득하고 이에 입각하여 개개의 권리의무가 파생하는 점에 있다. 사회적·경제적으로는 노동자의 고용관계 및 부동산의 임대차계약 등이 중요한 것인데 이론적으로는 특히 계약관계의 존속을 강행법(사회법)에 의하여 강제하는 경우가 허다하다.

계속적 급부(繼續的 給付)
독;sukzessive Leistung

가스의 공급·신문의 배달 등과 같이 계속적 공급계약에 의하는 급부나, 가옥의 임대·노무의 공급 등 계속적 채권관계에 의하는 급부를 말한다. 그리고 경업(競業)을 하지 않는다는 계속적 부작위의 급부 등과 같이 계속적으로 행하여지는 급부이다. 보통의 매매와 같이 1회에 한한 급부에 대하는 관념이다. 신문의 배달과 같이 일정한 기간 반복적으로 하는 급부를 회귀적 급부라 하고 다른 것을 협의의 계속적 급부라고 하는 경우도 있다.

계속적 공급계약
(繼續的 供給契約)
독;Sukzessivliefer ungsvertrag

종류로써 정해진 물건을 일정기간 혹은 수요가 있는 동안 일정한 대금으로 계속하여 공급할 것을 약정하는 계약이다. 매매의 특수한 형태. 그 중에서 일부의 공급과 대금은 개별적으로는 대응하지만 계약은 전체로서 단일하므로 매도인은 전월분의 대금미지급을 이유로 금월분의 공급의 청구에 대하여 동시이행의 항변을 할 수 있으며 또 1회의 채무불이행을 이유로 장래에 대하여 계약전부의 해제를 할 수도 있다.

청약(請約)
영;offer
독;Antrag, Angebot, Offerte
불;offre, pollicitation

승낙과 함께 일정한 내용의 계약을 성립시킬 것을 목적으로 하는 일방적 의사표시이다. 청약만으로는 계약이 성립하지 않으므로 법률행위가 아니라 법률사실이다. 승낙으로써 계약은 곧 성립하므로 청약을 할 자를 유인하는 청약의 유인과는 다르다. 청약은 일반 불특정인에 대하여서도 행할 수 있다(예 : 현상광고). 청약의 효력발생시기는 의사표시의 효력발생시기에 관한 일반원칙(즉 도달주의)에 의한다(민§111①). 따라서 청약의 도달전에 청약자가 사망하거나 능력을 잃더라도 효력 발생에 영향이 없는 것이 원칙이지만(§111②), 청약자가 반대의 의사를 표시하거나 또는 상대방이 사망·능력 상실의 사실을 알았을 때에는 영향을 받는다고 볼 것이다. 청약은 그것만으로는 상대방을 구속하는 효력을 가지지 않는다. 그러나 청약을 받은 상대방은 승낙여부를 결정하기 위하여 준비를 하는 것이 보통이므로 청약자가 임의로 철회하는 것을 인정하면 상대방에게 부당한 손해를 입히게 되므로 민법은 승낙기간을 정한 청약은 철회할 수 없으며(§528①), 승낙기간을 정하지 않은 청약은 승낙을 얻는데 상당한 기간 동안은 철회할 수 없는 것으로 하였다(§529). 이를 청약의 구속력이라고 한다. 또한 승낙은 청약이 승낙적격을 가지는 동안에 하지 않으면 안 된다. 즉 승낙기간을 정한 청약은 그 기간 내에 한하여 승낙할 수 있다. 승낙기간을 정하지 않은 청약의 승낙적격에 대하여서는 규정이 없으나 청약자가 철회하지 않는 한 무제한으로 승낙적격을 가진다는 것은 타당하지 않으며 상당한 기간을 경과한 후에는 승낙적격을 잃는다고 해석하여야 한다.

계약이 성립하기 위한 법률요건인 청약은 그에 응하는 승낙만 있으면 곧 계약이 성립하는 구체적, 확정적 의사표시여야 하므로 <u>청약은 계약의 내용을 결정할 수 있을 정도의 사항을 포함시키는 것이 필요</u>하다*(대법원 2005. 12. 8. 선고 2003다41463)*.

청약의 유인(請約의 誘引)

영;invitation of offer
독;Einladung zu Offerte

상대방에게 청약을 하게끔 하려는 의사의 표시이다. 그러나 상대방이 청약의 유인에 따라 청약의 의사표시를 하여도 그것만으로 청약이 바로 성립하는 것은 아니고, 청약을 유인한 자가 다시 승낙을 함으로써 비로소 계약이 성립된다. 따라서 청약을 유인한자는 상대방의 의사표시에 대하여 낙부(諾否)를 결정할 자유를 가진다. 이와 같이 청약과 청약의 유인과는 이론상 다르지만, 실제상 양자를 구별한다는 것은 곤란한 경우가 있다. 대가(貸家)라고 하는 표시, 상품목록의 배부, 정당한 값을 적은 패를 붙인 상품의 진열, 「셋집구함」의 신문광고 등의 경우가 그 예이다. 그 구별의 표준은 대체로 그 행위가 계약의 내용을 지시하고 있느냐, 계약의 당사자가 누구라도 상관이 없는 성질의 것이냐, 거래의 관습은 어떠하냐 등이다.

승낙(承諾)

청약의 상대방이 청약에 의하여 계약을 성립시킬 목적으로 청약자에 대하여 행하는 의사표시이다. 이 승낙은 청약의 내용과 일치하여야 한다. 즉 청약에 대하여 조건이나 변경을 가한 승낙은 청약의 거절과 동시에 새로운 청약을 한 것으로 간주된다(§534). 청약수령자는 원칙적으로 승낙할 의무는 없으나 특별한 경우에 승낙이 강제되는 경우도 있다(상§53, §54·공증§4). 승낙의 방식은 불요식이며 아무 제한이 없다. 승낙은 청약의 승낙적격이 있는 동안에 하여야 한다. 승낙기간을 정한 청약에 대하여는 그 기간 내에 승낙의 통지가 도달하였을 때에 계약이 성립한다(민§528②). 기간 내에 도달할 수 있는 발송이 지연되었을 때에는 청약의 효력이 상실된 후이기 때문에 보통 계약은 성립될 수 없을 것이다. 그러나 승낙자는 계약이 성립된 것이라고 생각하고 있으므로 이 기대를 보호하기 위하여 청약자가 연착하였다는 통지를 즉시 하지 않으면 계약은 성립되는 것이다(§528③). 승낙기간을 정하지 않은 청약에 대하여는 승낙의 통지를 받을 상당한 기간 내에 청약은 철회할 수 없다. 이것을 청약의 구속력이라고 한다. 이 기간이 지나면 당연히 효력을 잃는다(§529).

승낙적격(承諾適格)

독;Annahmefähigkeit

계약의 실질적 효력으로서, 승낙이 있다면 계약을 성립시킬 수 있는 청약의 효력을 말한다. 그 효력은 승낙이 도달한 때로부터 발생하며, 승낙기간의 만료, 청약의 철회, 청약의 거절 또는 청약자가 사망하고 그 상대방이 그것을 아는 것 같은 경우에 소멸한다. 이에 대하여 현행 민법은 계약의 청약은 이를 철회하지 못하고(민법 527조), 승낙의 기간을 정한 계약의 청약은 청약자가 그 기간 내에 승낙의 통지를 받지 못한 때에는 그 효력을 잃으며, 또 승낙의 통지가 승낙기간 후에 도달한 경우에 보통 그 기간 내에 도달할 수 있는 발송인 때에는 청약자는 지체 없이 상대방에게 그 연착의 통지를 하여야 한다. 그러나 그 도달 전에 지체의 통지를 발송한 때에는 예외로 한다. 그리고 청약자가 지연의 통지를 하지 아니한 때에는 승낙의 통지는 정착하지 아니한 것으로 본다(민법 538조1·2·3항, 또 승낙의 기간을 정하지 않은 계약의 청약은 청약자가 상당한 기간 내에 승낙의 통지를 받지 못한 때 효력을 잃고, 격지자간의 계약은 승낙의 통지를 발송한 때 성립하며 승낙의 통지가 필요하지 아니한 경우에는 계약은 승낙의 의사표지로 인정되는 사실이 있는 때에 성립한다(민법 529·531·532조). 당사자 간에 동일한 내용의 청약이 상호교차 된 경우에는 양청약이 상대방에게 도달한 때에 계약이 성립하고, 승낙자가 청약에 대하여 조건을 붙이거나, 변경을 가하여 승낙한 때에는 그 청약의 거절과 동시에 새로 청약한 것으로 본다(민법 533·534조).

교차청약(交叉請約)

독;Kreuzofferte

동일내용을 가진 계약의 청약이 당사자 양쪽으로부터 행하여지는 것이다. 교차청약은 청약과 승낙에 의하지 않는 특수한 계약성립의 태양(態樣)이다. 계약은 청약과 승낙이 합치됨으로써 성립한다. 그러나 서로 대항하는 의사표시가 동시에 이루어짐으로써 선후의 구별을 할 수 없는 경우가 있다. 그러나 이런 경우에도 서로 대향하고 있는 의사표시가 합치되고 있으므로 계약의 성립을 인정하여야한다. 계약성립의 시기는 최후의 청약이 도달한 때이다(민 §111, §533).

현상광고(懸賞廣告)

독;Auslobung
불;promesse publique

광고자가 어느 행위를 한 자에게 일정한 보수를 지급할 의사를 표시하고, 응모자가 그 광고에 정한 행위를 완료함으로써 성립하는 계약(민§675)이다. 가출인의 수색, 유실물의 수색, 학술적 발명 등에 널리 쓰이는 방법이다. 민법상 전형계약의 일종이다. 현상광고는 일종의 요건계약이며 또 유상·편무계약이다. 광고자는 광고에 정한 행위완료자에 대하여 광고소정의 보수를 지급할 의무를 진다(§675). 광고에 정한 행위를 한 자가 수인인 때에는 먼저 그 행위를 완료한 자가 보수를 받을 권리를 가진다(§676①). 즉, 최초로 지정행위를 완료한 자에 대해서만 계약이 성립한다. 수인이 동시에 지정행위를 완료한 때에는 각각 균등한 비율로 보수를 받을 권리를 취득하는 것이 원칙이지만, 만약 보수가 그 성질상 분할할 수 없거나, 광고에 1인만이 보수를 받을 것으로 정한 때에는 추첨에 의한다(§676②). 특히 문제되는 것은 광고가 있음을 알지 못하고 광고에 지정한 행위를 완료한 경우인바, 이 경우에는 청약에 대하여 승낙을 한 것은 아니므로 계약은 성립되었다고 볼 수 없다. 그러나 민법은 이 경우에도 계약의 성립을 인정하여 보수청구권을 갖는다는 특별규정을 두고 있다(§677). 민법은 현상광고의 철회에 관하여 특수한 규정을 두고 있다. 광고자가 광고에 지정행위의 완료기간을 정한 때에는 그 기간만료 전에는 광고를 철회하지 못한다(§679①). 광고에 행위의 완료기간을 정하지 아니한 때에는 지정행위의 완료 전에 자유롭게 철회할 수 있으나, 그 방법은 전의 광고와 동일한 방법에 의함을 요한다. 동일한 방법으로 철회할 수 없을 때에는 그와 유사한 방법으로 철회할 수 있으나 이 철회는 철회한 것을 알지 못한 제3자에 대하여는 철회로서의 효력이 생기지 아니한다(§679①·②).

민법 제675조에 정하는 현상광고라 함은, 광고자가 어느 행위를 한 자에게 일정한 보수를 지급할 의사를 표시하고 이에 응한 자가 그 광고에 정한 행위를 완료함으로써 그 효력이 생기는 것으로서, 그 광고에 정한 행위의 완료에 조건이나 기한을 붙일 수 있다*(대법원 2000. 8. 22. 선고 2000다3675).*

우수현상광고(優秀懸賞廣告)

광고에 정한 행위를 완료한 자가 수인인 경우 그 중 우수한 자에게만 보수를 지급할 것을 정하는 것이다. 이 광고에는 응모기간을 정해야 한다(민§678①). 우수의 판정은 광고 중에 정한 자가 하고, 광고 중에 판정자(判定者)를 정하지 아니한 때에는 광고자가 특정한다(§678②). 우수한 자가 없다는 판정은 할 수 없다(§678③본문). 다만 광고 중에 다른 의사표시가 있거나 정하여져 있는 때에는 그것에 의한다(§678③단). 그리고 응모자는 판정에 대하여 이의를 하지 못한다(678④). 수인의 행위가 동등으로 판정된 때에는 각각 균등한 비율로 보수를 받을 권리가 있고, 보수가 그 성질상 분할할 수 없거나 광고에 1인만이 보수를 받을 것으로 정한 때에는 추첨에 따라 결정한다(§678⑤).

제3자를 위한 계약

(第三者를 위한 契約)
라;pactum in favorem tertii
영;contract for the benefit of a third person
독;Vertrag zugunsten Dritter, Vertrag auf Leistung an Dritte
불;stipulation pourautrui

계약당사자가 아닌 제3자로 하여금 계약당사자의 일방에 대하여 일정한 급부를 청구할 권리를 취득시킬 것을 목적으로 하는 계약을 말한다(민§539, §542). 예컨대 갑·을간의 계약으로써 갑이 상대방 을에 대하여 카메라를 급부할 채무를 지고, 을이 그 대가로서 3만원을 직접 제3자 병에게 지급하는 것과 같은 경우이며 갑을 수약자(要約者), 을을 낙약자(諾約者), 병을 수익자(제3자)라고 한다. 이 계약은 賣買(매매)·증여·임대차 등과 같이 특수한 계약유형은 아니고, 그들 계약조항 중에 제3자에게 그 계약의 효과의 일부인 권리를 취득시킬 것을 내용으로 하는 약관(이것을 제3자 약관이라고 한다)이 삽입되어 있는데 지나지 않는다는 점에 특색이 있다. 이 계약의 실익은 낙약자의 출연을 요약자 스스로 취득하여 이것을 다시 제3자에게 급부하는 절차를 생략하여 낙약자로부터 직접 제3자에게 급부하게 하는 점에 있으며, 실제상 타인을 위하여 보험계약·신탁계약·임치계약·운송계약·연금계약·매매계약 등을 할 경우에 많이 행하여지고 있다. 제3자의 권리는 제3자가 수익의 의사표시를 하였을 때에 발생하며(그러나 보험·신탁·공탁의 경우에는 수익의 의사표시를 요하지 않는다), 일단 권리가 발생한 후에는 계약당사자가 이것을 변경하거나 소멸시킬 수는 없다(민§541·상§639·신탁§51). 제3자가 취득하는 권리의 내용은 요약자(要約者)·낙약자(諾約者)간의 계약에 의하여 정하여지는 것이며, 그 권리는 이 계약에 의하여 생기는 것이므로, 낙약자는 그 계약에 기인하는 항변으로써 제3자에게 대항할 수 있다(§542). 요약자·낙약자간의 법률관계도 그 계약에 의하여 정하여지는 것인데 요약자도 제3자에게 소정의 급부를 할 것을 낙약자에 대하여서 청구할 수 있는 것으로 해석된다.

제3자(第三者)

라;tertius 영;third party
독;Dritter 불;tiers

어떤 법률관계에 있어서 직접 참여하는 자를 당사자라고 하며, 그 이외의 자를 제3자라고 한다. 당사자에 대하는 말이다. 예를 들면 가옥의 매매에 있어서 매도인·매수인이 당사자이고, 목적가옥의 임차인, 그밖의 사람은 모두 제3자이다. 그러나 권리의무의 포괄승계인(상속인)은 계약당사자로서의 지위를 승계한 자로서 제3자는 아니다. 또 때에 따라서는 일정한 법률관계에 있어서 일정사항을 주장하는 정당한 이익을 갖는 자만을 제3자라고 할 경우가 있다(민§110, §539). 법률상, 거래안전을 위하여 제3자보호(특히 선의의 제3자 보호)의 제도가 마련된다(§108② 등).

계약체결상의 과실

(契約締結上의 過失)
독;culpa in confrahendo

계약 체결을 위한 준비단계에 있어서 또는 계약의 성립과정에 있어 당사자 일방이 자신에게 책임 있는 사유로 상대방에게 손해를 가한 경우 부담하는 배상책임을 말한다. 1861년 예링(Jhering)에 의해 주창된 이 제도는 계약이 아직 성립되지 않아 당사자 사이에 기본적인 채권·채무가 발생하지 않더라도 신의원칙에 입각하여 당사자간에는 법률행위적 의무가 생긴다고 보아 체약상의 과실책임을 인정하고 있다. 우리 민법은 535조에서 원시적 불능의 경우에 한하여 계약체결상의 과실을 인정하고 있다.

낙약자·요약자

(諾約者·要約者)
영;promissor·stipulator

민법상 제3자를 위한 계약에 있어서 제3자에 대하여 채무를 부담하는 자를 낙약자, 그 상대방을 요약자라고 하다. 양자 간에는 제3자의 권리를 취득하는 점 이외에는 보통의 계약과 같으며 동시이행의 항변이나 위험부담 등의 규정이 적용되는 것이 일반적이다.

수령능력(受領能力)

독;Empfangsfähigkeit

타인의 의사표시의 내용을 이해할 수 있는 능력이다(법적 자격). 행위능력이 의사표시의 능동적 능력인데 대하여 수령능력은 의사표시의 수동적 능력이다. 의사표시는 상대방에 도달하는 것으로써 효력을 발생하나, 상대방에 수령능력이 없는 경우에는 그 의사표시의 도달로써 대항할 수 없다(민§112본문). 수령능력자에 대하여 수령능력은 타인의 의사표시의 내용을 이해할 수 있는 능력이므로, 행위능력보다 정도가 낮아도 무방하다. 그러나 민법은 제한능력자를 수령무능력자로 하고 있다(§112본문). 수령무능력자에 대하여 의사표시를 하여도 표의자는 의사표시의 효력을 주장할 수 없으므로 수령무능력자에 대한 의사표시는 그 법정대리인 앞으로 할 필요가 있다. 다만, 수령무능력자가 의사표시를 수령한 경우라도, 법정대리인이 그 수령을 안 이상 의사표시는 도달된 것으로 표의자가 주장할 수 있게 하였다(§112단).

동시이행의 항변권

(同時履行의 抗辯權)
라;exceptio non adimpleti contractus
독;Einrede des nicht erfüllten Vertrages
불;exception tirée de l'inexecution

쌍무계약의 당사자 일방이 상대방이

그 채무이행을 제공할 때까지 자기의 채무이행을 거절할 수 있는 권리를 말한다(민§536①). 쌍무계약에 있어서 공평의 원칙상 인정되는 것으로 유치권과 그 취지를 같이 한다. 동시이행의 항변권은 비단 매매의 경우뿐만이 아니라 모든 쌍무계약에 있어서 발생하는 것이다. 보통 쌍무계약에서는 양쪽의 채무사이에 즉, 일방의 채무와 상대방의 채무와의 사이가 서로 동시이행의 관계에 있기 때문이다. 쌍무계약이라도 당사자의 일방이 먼저 이행할 특약이 있는 때에는 동시이행의 항변권은 없다(선이행의무 : 민§536①단). 당사자 일방이 상대방에게 먼저 이행하여야 할 경우에 상대방의 이행이 곤란한 현저한 사유가 있는 때에는 동시이행의 항변권이 있다(§536②). 또한 동시이행의 항변은 해제에 의한 원상회복의무(§549)와 담보책임(§583) 그리고 수급인의 담보책임(§667①)·종신정기금의 해제와 동시이행 등의 경우에도 똑같이 취급된다. 또한 계약의 무효 및 취소의 경우에 생기는 반환의무에도 이 원리가 적용된다. 동시이행의 항변권을 행사하려면 다음의 요건이 필요하다. (1) 동일한 쌍무계약에서 발생하는 양쪽의 채권이 존재하여야 한다. (2) 상대방의 채무가 이행기에 있어야 한다. 먼저 이행할 의무가 있을 때에는 항변권을 상실한다. (3) 상대방이 채무의 이행이나 변제의 제공을 하지 않았을 때이다. 한 번이라도 제공하면 항변권이 영구히 소멸할 것인가의 여부는 의문이지만 소멸하지 않는다는 것이 판례이다. 그 효력은 (1) 항변권이 있는 한 채무의 이행을 거절할 수 있으며 거절을 해도 채무불이행이 되지 않는다. (2) 소송을 하면 상대방의 급부(대금지급)와 상환하여 급부하라는 제한 승소판결을 받을 수 있다.

계약불이행의 항변
(契約不履行의 抗辯)

쌍무계약의 당사자 일방이 그 채무의 이행 또는 이행의 제공을 할 때까지 타방 당사자가 자기채무의 이행을 거절할 수 있다는 것을 말하는 것으로(민법 536조), 공평의 원칙에 입각하여 쌍무계약에서 생기는 대립하는 채무사이에 이행상의 견련관계를 인정하려는 제도이다. 이 계약불이행에 대한 항변권은 민법 549조·583조·667조3항·728조 등에 준용된다.

연기항변(延期抗辯)

좁은 뜻의 항변 가운데 하나로서 청구권의 행사를 저지하고 일시적인 이행을 거절할 수 있는 효력을 가지는 것이다. 일시항변이라고도 한다. 예컨대 동시이행의 항변(민§536)과 같이 상대방이 이행의 제공을 행할 때까지 자기의 채무의 이행을 거절하고 또 보증인의 최고·검사의 항변(§437)과 같이 채권자가 일정한 행동을 할 때까지 이행을 하지 않는 것이다.

채무자주의(債務者主義)

쌍방계약에 있어서 일방의 채무가 채무자의 책임으로 돌아가지 않는 사유로 인하여 이행불능이 되어 소멸한 경우에 타방의 채무도 또한 소멸한다는 주의이다. 채권자주의에 대한다. 민법은 채무자주의를 원칙으로 하지만(민§537, §538) 예외적인 경우가 있다.

위험부담(危險負擔)

독;Gefahrtragung

쌍방계약에 있어서 일방의 채무가 당사자의 책임에 돌릴 수 없는 사유에 의하여 이행불능으로 소멸한 경우에 타방의 채무는 어떻게 하느냐 하는 문제이다. 예컨대, 가옥을 매매하는 계약을 체결한 후에 그 목적인 가옥이 화재로 소실된 때에는 이 쌍방계약에서 생긴 일방의 채무인 가옥인도의 채무는 이행불능으로 소멸된다. 이 경우 다른 일방이 부담하는 대금지급의 채무의 운명은 어떻게 되는 것인지가 문제된다. 이 경우에 어느 편에 위험을 부담시키느냐 하는 것은 이론적으로만 결정지을 수는 없으며, 입법정책적으로 해결하지 않으면 안된다고 하여 로마법 이래 채권자주의와 채무자주의가 대립된다. 우리민법은 채무자주의를 채택하고 있다(민§537). 구민법에서는 특정물에 관한 물권의 설정 또는 이전을 목적으로 하는 쌍무계약에 대하여서는 채권자주의를 채택하고 있었다(구민§534, §535). 그러나 현행민법에서는 구법과 달리 채무자주의를 일관시키고 있다. 이것은 당사자의 채무가 이행불능으로 인하여 소멸하는 때에는 이와 교환적인 의의를 가지는 다른 당사자의 채무도 소멸하게 하는 것이 쌍무계약의 성질상 당연하기 때문이다. 위험부담의 중심문제는 쌍무계약의 당사자 일방의 채무의 이행불능이 당사자 양쪽의 어느 쪽에도 책임없는 사유로 인하여 생긴 경우에 관한 것이다. 그러므로 채무의 이행불능이 채무자의 책임있는 사유로 인한 것인 경우에는 채무는 손해배상의무로 변하고 위험부담의 문제는 생길 여지가 없으며, 또 채권자의 책임있는 사유 및 채권자의 수령지체 중 당사자 양쪽의 책임없는 사유로 인한 이행불능의 경우는 항상 채권자가 위험을 부담함이 공평하므로 입법주의를 논의할 여지가 없다(§538). 다만 위험부담의 민법상 규정은 임의규정이므로 당사자의 의사로 다르게 정할 수 있다.

해제(解除)

영;concellation, rescission
독;Rücktritt 불;résolution

일단 유효하게 성립한 계약을 소급적으로 소멸시키는 일방적인 의사표시이다. 계속적 채권관계의 효력을 장래에 대하여 소멸시키는 해지, 일정한 사실의 발생에 의하여 계약이 당연히 소멸하다고 하는 실권약관, 당사자의 합의에 의하여 계약의 효력을 소멸시키는 합의해제와는 각각 약간의 차이가 있다. 채무자가 채무를 이행하지 않았을 때와 그밖에 특별한 경우(법정해제권·약관해제권)에는 계약을 해제할 수 있다. 해약의 의사표시는 이것을 표시한 이상 철회하지 못한다(민§543②). 계약당사자가 수인이 있는 경우에는 그 전원이 해제의 의사표시를 하여야 하며,

상대방이 수인인 경우에는 그 전원에 대하여 의사표시를 하여야 한다(§547①). 이것을 해제권불가분의 원칙이라고 한다. 계약이 해제되면 계약으로써 생긴 법률적 효과는 계약당시에 소급하여 소멸된다(해제의 소급효). 따라서 아직 이행하지 않은 부분에 대하여서는 채무가 소멸하고 이행을 한 부분에 관하여는 상대방에게 부당이익반환의무의 일종인 원상회복의무가 생긴다(§548). 또 계약을 해제하여 손해가 있을 때에는 손해배상의 청구를 할 수 있다(§551). 해제를 하여도 계약이 있었다는 사실을 부정할 수 있는 것은 아니므로 이행의 준비로써 지출된 비용이나 이행기가 경과함으로써 목적물의 가격이 변동되어 손해를 보는 경우 등이 있으므로 원상회복의무 외에 손해배상이 인정되는 것이다.

해제권(解除權)
독;Rücktrittsrecht

유효하게 성립한 계약을 일방적 의사표시에 의하여 소급적으로 해소시키는 권리를 해제권이라 한다. 계약당사자의 일반적 의사표시에 의하여 기존의 계약을 소급적으로 소멸시키는 일종의 형성권이다. 해제는 이 해제권에 의거한 것이므로 합의해제(해제계약)와는 다르다. 해제권은 당사자의 유보계약(예 : 해약금〈민§565〉)과 같은 계약에 의하여 생기는 경우도 있으나(약정해제권), 법률의 규정에 의하여 생기는 경우가 많다(법정해제권〈§543〉). 상대방에 대하여 일방적 의사표시로써 행한다. 일단 해제의 의사표시를 하였을 때에는 후에 철회하는 것은 허용되지 않는다(§543②). 또 계약당사자의 한쪽 또는 양쪽이 수인인 경우에는 어느 편에서 해제를 하든지 간에 그 당사자 전원으로부터 또는 그 전원에 대하여 행하여지지 않으면 안 된다. 이것을 해제권불가분의 원칙이라고 한다(§547①).

해제계약(解除契約)

기존계약의 당사자가 그 계약을 체결하지 않은 것과 같은 효과를 가지게 하는 것을 내용으로 체결하는 계약으로, 반대계약이라고도 한다. 효과 면에서는 해제와 같지만, 당사자 간의 합의로써 이루어지는 점에서, 형성권인 해제권에 기한 일방적 의사표시로써 행사되는 해제와 다르다. 따라서 민법의 해제에 관한 규정은 해제계약에는 적용되지 아니한다. 합의해제의 요건이나 내용은 원칙상 합의 자체에 의하기 때문이다.

실권약관(失權約款)
라;lex commissoria
독;Verwirkungsklausel

채무자에게 채무불이행이 있을 경우에는 채권자측의 특별한 의사표시가 없더라도 당연히 계약의 효력이 없어지고, 채무자의 계약상의 권리를 상실하게 하는 뜻의 약관이다. 실효약관이라고도 한다. 이것은 해제권의 보유가 아니라 채무불이행을 해제조건으로 하는 조건부행위로 생각된다. 따라서 이점에서 해제와 다르다. 월부판매(月賦販賣)

등에 그 예가 많으나(1회의 이행연체가 있으며 즉시 물품을 반환시키는 약관), 이것이 채무자에게 너무 가혹한 결과가 되는 경우에는 공서양속위반(민§103)으로서 무효가 되는 경우가 있다.

합의해제(合意解除)

계약 당사자 양쪽의 합의에 의하여 계약의 효력을 소급적으로 소멸시키는 것이다. 본래 해제(법정해제)는 채무불이행의 사유가 있을 때 일방적으로 행하는 단독행위라는 점에서 계약인 합의해제와 다르다. 합의해제는 일종의 계약이므로 해제권이 없더라도 양 당사자가 자유롭게 할 수 있다는 점에 특색이 있다.

법정해제권(法定解除權)

법률의 규정에 의하여 당연히 해제할 수 있는 권리가 발생하는 것이다. 약정해제권과 대립하는 용어이다. 일반적으로 이행지체 등 채무의 불이행에 의한 해제권이 이에 해당하는데 매도인의 담보책임 등 특별한 규정(민§576)에 의한 경우도 있고 사정변경의 원칙에 의한 해제권도 똑같이 취급되고 있다. 이행지체일 경우는 상당한 기간을 정하여 이를 최고하고 이 최고기간이 지나면 법정해제권을 행사할 수 있다(§544). 이행불능인 경우에는 최고를 하지 않아도 계약을 해제할 수 있고(§545), 이행불능인 때에는 채권자는 최고없이 계약을 해제할 수 있다(§546). 불완전이행의 추완(追完)을 허용하는 경우에는 이행지체에 준하고 추완을 불허하는 경우에는 이행불능에 준하는 것이다.

약정해제권(約定解除權)

독;vertragsmassiges Rü cktrittsrecht

당사자의 계약에 의하여 발생하는 해제권이다. 이 해제권은 당사자의 한쪽 또는 양쪽을 위하여 유보하는 수도 있으나 반드시 당초의 계약으로써만 할 수 있는 것은 아니고 후일 별개의 계약으로써도 할 수 있다. 민법은 이에 대하여 일반적인 규정은 두지 않았지만, 민법 제543조는 그것을 전제로 한 규정이며 매매계약에 있어서의 해약금의 교부(민§565)와 환매의 특약(§590~§595)등이 그 예이다.

해지(解止)

계속적 계약관계를 당사자의 일방적 의사표시에 의하여 장래에 대하여 소멸시키는 것이다. 소급효를 가지지 않고 장래에 대하여서만 효력을 가진다는 점에서 해제와 다르다. 해지권의 발생원인은 계약과 법률의 규정이 있다. 민법이 규정하고 있는 해지권의 발생사유로는 (1) 존속기간의 약정이 없는 경우에는 비교적 용이하게 해지권을 인정하지만(민§603②, §613②, §635, §660, §689, §699), 존속기간의 약정이 있는 경우에는 일정한 요건 하에서 해지권을 인정하였으며(§659, §661, §698), (2) 중대하게 신의칙에 반하는 사유가 있었거나(§625, §640, §641, §658), 계약관계를 존속시키는 것이 중대하게 신의칙에 반하게 되는 경우(§614, §627②, §637) 등에 해지권을 인정하였다. 해지권은 장래에 대한 채권관계의 소멸이므로 원상회복의 의무는 발생시키지 않지만 손해배상청구에 영향을 미치지 않는다(§551). 당사자의 일방 또는 양쪽이 수인인 경우에는 해지의 의사표시는 그 전원으로부터 또는 전원에 대하여라는 점은 해제에 있어서와 동일하다(§547). 혼인이나 입양 등 신분상의 계약관계를 장래에 향하여 무효로 하는 이혼이나 파양도 그 성질은 해지와 같다.

약정해지권(約定解止權)

당사자의 계약에 의해 계약을 실효시키는 권한을 말한다. 여기서 해지라 함은 계속적인 계약을 장래에 향하여 실효시키는 것을 말한다. 이것은 장래에 향하여 실효시키는 것을 말한다. 이것은 장래에 향하여 계약을 소멸시키는 점에서 해제의 소급적 효력과 구별된다.

해지통고(解止通告)

독;kündigung

현존하는 계속적인 계약관계를 장래에 향하여 소멸시키는 일방적 행위이다. 해지통고를 하는 권리인 고지권(告知權)은 형성권에 속한다. 해제와 달라서 해지에는 소급효가 없으며, 따라서 원상회복의 의무를 발생케 하는 일이 없다. 학설은 해제와 구별하기 위하여 해지라고 한다. 민법전에서는 경우에 따라서 해제 또는 해약의 신청이라고 한다(민§311, §610, §636, §637).

정기행위(定期行爲)

독;Fixgeschäft

일정한 일시나 기간 내에 이행되지 않으면 계약체결의 목적이 달성되지 않는 것과 같은 계약이다. 정기매매인 것이 보통이다. 여기에는 결혼식 화환 주문과 같이 그 성질상 당연히 정기행위가 되는 절대적 정기행위와 당사자의 약속에 의하여 정기행위가 되는 상대적 정기행위가 있다. 어느 경우에나 이를 해제하는 데는 새삼 최고를 할 필요가 없고 언제나 해제할 수 있다(민§544, §545). 상사매매에 있어서는 이행기 경과 후 즉시 이행을 청구하지 아니하면, 계약은 해제된 것으로 본다(상§68).

원상회복의무(原狀回復義務)

독;Naturalherstellung, Naturalrestitution

계약해제의 효과로 계약이 이루어지지 않았던 이전의 상태로 복귀시키는 의무를 말한다. 원상회복의무의 성질에 대해서는 부당이익반환청구인지 법률상 특별한 청구인지 대립한다. 계약해제의 경우 계약의 각 당사자가 상대방에 대하여 부담하게 되는 원상회복의무는 현존이익의 반환의무 뿐 아니라 처음부터 급부를 받지 않았던 것과 마찬가지의 법률상태로 되돌아가게 하는 채무이기 때문에 부당이익의 반환의무와는 그 내용을 달리한다(민§548, §741). 손해배상의 경우도 원칙적으로는 손해발생 전의 상태로 환원시킬 의무가 발생하게 되는 것인데, 우리민법은 원칙적으로 원상회복의무를 인정하지 않고 금전배상주의에 의거(§394, §763)하고 있다. 그러나 예외적인 경우에 원상회복주의를 취한다. 즉 (1) 불법행위가 명예훼손을 원인으로 한 때에 법원은 피해자의 청구에 의하여 손해배상과 함께 「명예회복에 적당한 처분」을 명할 수 있도록 규정하고 있으며(민§764), (2) 광해(鑛害)의 배상에 대해서 원상회복이 인정되고(광§93), (3) 기업간의 부정한 수단에 의한 경쟁에 대하여는 영업상의 신용을 회복하는데 필요한 조치를 명할 수 있도록 규정하여(부정경§6) 예외적으로 원상회복주의를 취한다.

증여(贈與)

라;donatio 영;gift
독;Schenkung 불;donation

한쪽 당사자(증여자)가 대가없이 자기의 재산을 상대방(수증자)에게 주겠다는 의사를 표시하고 상대방이 이를 승낙함으로써 성립하게 되는 계약이다(민§554~§562). 증여는 낙성계약이며, 또 무상·편무계약이다. 증여계약의 성립에는 따로이 방식을 요하지 않으나, 서면에 의하지 않은 증여는 아직 이행하지 않은 부분에 대하여 언제라도 각 당사자가 이를 해제할 수가 있다(§555, §558). 이것은 증여자에게 신중을 기하게 함과 동시에 그 진의를 명확히 하고 증거의 확실을 도모하기 위한 제도이다. 또 수증자가 증여자에 대하여 중대한 망은행위(忘恩行爲)를 한 때 또는 증여계약 후에 증여자의 재산상태가 현저히 악화하여 그 이행으로 생계에 중대한 영향을 미칠 경우에는 증여자는 아직 이행하지 아니한 부분에 대하여 해제할 수 있다(§556~§558). 또한 증여는 무상계약이므로 증여자는 담보책임을 지지 않는 것(§559)이 원칙이지만, 특약이 있을 경우, 증여자가 하자·흠결을 알고서 고지하지 아니한 경우(악의의 경우) 및 부담부증여의 경우에는 예외로서 담보책임을 진다(§559①단·②). 증여의 특수한 형태로는 부담부증여·현실증여·사인증여가 있다.

부담부증여(負擔附贈與)

라;donatio submobo
독;Schenkung unter einer Auflage
불;donation avec charges

수증자가 증여를 받음과 동시에 증여자 또는 제3자에게 어떠한 급부를 부담으로 하는 부관(附款)을 갖는 증여이다. 예컨대 100평의 토지를 증여하는데 그 중의 30평은 증여자의 자동차주차장으로 사용한다든가 선박을 1척 증여하는데 매월 1회씩 무료로 증여자의 운송물을 선적하게 한다는 것처럼 부담이 있는 증여를 말한다. 이것도 증여이기 때문에 증여의 규정을 따르지만 부담가격의 한도에서는 대가관계가 있는 계약으로 되어야 할 것이다. 그러므로 증여이기는 하나 쌍무계약의 규정을 따르고(민§561), 또한 유상계약과 같이 담보책임을 부담하게 되는 것이다.(§559).

상대부담 있는 증여에 대하여는 민법 제561조에 의하여 쌍무계약에 관한 규정이 준용되어 부담의무 있는 상대방이 자신의 의무를 이행하지 아니할 때에는 비록 증여계약이 이미 이행되어 있다 하더라도 증여자는 계약을 해제할 수 있고, 그 경우 민법 제555조와 제558조는 적용되지 아니한다*(대법원 1997. 7. 8. 선고 97다2177).*

현실증여(現實贈與)
독;SRealsthenrurg, Handschenrung

증여의 목적을 즉시 수증자에게 인도하여 버리는 증여를 현실증여라고 한다. 현실증여는 채권계약인 증여와 동일하게 보아 민법상증여의 규정을 적용하여야 한다.

정기증여(定期贈與)

정기적으로 일정한 급부를 하는 증여이다(민§560). 매달 10만원씩 준다고 하는 것이 그 예이다. 존속기간의 특약이 없으면 당사자의 사망에 의하여 효력을 상실한다는 점에서 종신정기금과 그 성질을 같이 한다.

사인증여(死因贈與)

증여자의 사망으로 인하여 효력이 발생하는 것으로서 생전에 미리 계약을 맺으나 그 효력발생은 증여자의 사망을 법정조건으로 하는 증여이다(민§562). 일종의 정지조건부증여이다. 유증은 단독행위이기 때문에 상대방의 승낙이 필요없지만 사인증여는 생전의 계약이므로 승낙이 필요하다. 그러나 유증의 경우일지라도 수유자(受遺者)는 이것을 포기할 수 있으며, 행위자의 사망에 의하여 효력을 발생하는 사인행위인 점에서 유증과 같으므로 유증에 관한 규정이 준용된다(§562).

민법 제562조는 사인증여에 관하여는 유증에 관한 규정을 준용하도록 규정하고 있지만, 유증의 방식에 관한 민법 제1065조 내지 제1072조는 그것이 단독행위임을 전제로 하는 것이어서 계약인 사인증여에는 적용되지 아니한다*(대법원 1996. 4. 12. 선고 94다37714, 37721).*

매매(賣買)
라;emptio venditio
영;(contract of)sale
독;kauf
불;vente

당사자의 일방(매도인)이 어떤 재산권을 상대방에게 이전할 것을 약정하고 상대방(매수인)은 이에 대하여 그 대금을 지급할 것을 약정함으로써 성립하는 낙성·쌍무·불요식의 유상계약이다(민§533). 민법은 매매를 채권관계상 유상계약의 전형적인 것으로서 상세한 규정을 두어(§563~§589), 그 규정들은 다른 유상계약에 준용하고 있다. 매도인은 목적물을 완전히 매수인에게 인도할 의무를 부담한다. 즉 (1) 소유권 그 자체를 이전해야 한다. (2) 권리변동의 효력발생요건으로서의 등기를 이전해 주어야 한다. (3) 모든 권리증서와 그밖에 이에 속한 서류를 인도하여야 한다. 여기서 특히 중요한 것은 매도인의 담보책임이다. 이것은 매매의 목적물인 물건 또는 권리에 불완전한 점이 있는 경우에 매도인이 대금을 감액하고 계약의 해제를 당하고 손해배상을 부담해야 하는 책임이다. 매수인은 대금을 지급하고 그 지급이 지체되었을 때에는 이자를 지급하여야 한다. 단, 목적물의 인도가 지체되었을 때에는 그러하지 아니하다(§587). 매매는 대금을 결정하는 방법에 따라 자유매매·경쟁매매·입찰·시험매매 등이 있으며, 특수한 것으로 계속적 공급계약·분할지급약관부매매 등의 형태가 있다.

매도인(賣渡人)

민법상 매매계약에 있어서 목적물을 파는 쪽 당사자를 매도인 또는 매주(賣主)라고 한다. 상대방(매수인)에 대하여 대금의 지급을 청구할 수 있으며 그 자신은 목적물의 재산권을 이전할 의무가 있다(민§563). 사업상으로는 매매에 있어서 매수인이 목적물의 수령을 거부할 경우에 그 목적물을 공탁·경매할 수 있는 권리를 가지며 이 경우에는 매수인에 대하여 통지의무를 부담한다.

매수인(買受人)

민법상 매매계약에 있어서 사는 쪽의 당사자를 말한다. 상대방인 매도인에 대하여 재산권이전청구권을 가지며 스스로는 대금지급의무를 부담한다(민§563). 상법상으로 상인간의 매매에 있어서는 매수인은 목적물을 수령할 때에는 하자나 수량의 부족을 검사하여 매도인에게 통지할 의무가 있으며, 만약 통지하지 아니한 경우에는 계약의 해제, 대금감액 또는 손해배상을 청구하지 못한다(상§69). 이와 같은 경우에 매매계약을 매수인이 해제한 경우에는 매도인의 비용으로 매매의 목적물을 보관 또는 공탁하여야 한다.

현실매매(現實賣買)

독;Realkauf, Handkauf, Naturalkauf

목적물과 대금을 동시교환으로 하는 매매를 현실매매라고 한다. 자동판매기에 의한 매매와 서점에서 대금을 지급하고 서적을 사는 경우와 같은 것이 그 예이며, 즉시매매라고도 한다. 통상 매매에서는 매도인은 물품의 인도, 매수인은 대금지급의 채무를 부담하고 나중에 그 채무의 이행을 시키는 것인데, 현실매매에서는 급부가 동시에 이루어져서 이행의 청구를 생각할 여지가 없는 점에 특색이 있다. 현실매매에 있어서는 뒤에 이행할 채무를 남기지 않으므로 먼저 채무를 부담하고 뒤에 이것을 이행하는 보통의 매매와 같으냐가 문제되는 바, 이 경우에도 당사자 양쪽이 대금지급의무와 목적물의 소유권을 이전할 채무를 부담한다는 것이 적어도 관념적으로 선행되고 채무의 이행으로서 서로 상환으로 대금과 목적물의 소유권을 이전하여야 한다고 생각하여야 한다. 따라서 현실매매에 있어서도 채권계약인 매매와 마찬가지로 민법의 매매에 관한 규정이 적용되며, 목적물에 하자가 있는 경우에 하자담보의 규정의 적용이 있다고 해석하여야 할 것이다(민§580, §581).

공매(公賣)

광의로는 법률의 규정에 의거하여 공적 기관에 의하여 강제적으로 행하여지는 매매로서 사인간의 임의매매와 대립된다. 민법상의 강제집행의 수단으로서 행하여지는 경매는 그 주요한 것이다. 협의로는 조세체납처분의 최종단계로서의 공매 즉 재산현금처분을 뜻한다(국징§61이하). 좁은 뜻에서의 공매의 특색은 수세관리(收稅官吏)에 의하여 행하여진다는 것, 공매의 종결에 의하여 채무가 소멸된다는 것 등이다. 그런데 공매에 의한 재산취득이 원시취득인가의 여부에 관하여는 설이 일치되지 못하고 있다. 국세징수법§61·§67에 의하면 세무공무원이 압류한 동산·부동산·유가증권·무체재산권과 제3자로부터 받은 물건은 원칙적으로 공매에 붙이는 것으로 하고 있다.

경쟁매매(競爭賣買)

일반적으로 계약내용에 관하여 다수인을 서로 경쟁시켜 그 중에서 가장 유리한 조건을 제시하는 자를 선택하여, 그 자와 매매를 성립시키는 매매방법이다. 주로 증권거래소가 개설하는 유가증권시장에서 체결되는 거래방법으로 쓰인다.

경쟁계약(競爭契約)

계약의 내용에 관하여 다수인을 경쟁시켜 그 중 가장 유리한 내용을 제시하는 자를 상대방으로 하여 체결하는 계약이다. 입찰이나 경매의 방법에 의한 것이 그것인바, 계약체결을 신청할 수 있는 자가 한정되어 있는가의 여부에 따라 지명경쟁계약과 일반경쟁계약으로 나누어 볼 수 있다.

경매(競賣)

독;Versteigerung

매도인이 다수자 중에서 구술로 매수신청을 시키고 최고가격의 신청인에게 매도하는 매매방법이다. 입찰에 의한 매매가 서면에 의하여 행해지는 점에서 다르다. 개별적 매매에 비해서 비교적 높게 그리고 또 공평하게 행하여지므로 국가기관에서 행하는 경우에 이용되는데, 물론 사인이 행하는 때도 있다. 국가기관에서 행할 경우를 공적경매 또는 공매라고 부른다. 이 중에서 협의로는 민사집행법상의 강제경매에 대하여 경매법 폐지. 즉 재산의 보관 또는 정리의 방법으로서 현금화(환가)하는 이른바 자조매각(自助賣却)과 저당권·질권 등 타인의물건에 대한 담보권의 실행으로서 행하여지는 것 등이다. 이런 종류의 경매의 성질에 대해서는 견해가 나누어져 있으나, 비송사건이라고 하는 설이 유력하다. 어떻든 임의경매(담보권실행등을 위한 경매)와 민사집행법상의 강제집행에 의한 경매와는 절차가 전반적으로 같고, 특히 부동산의 경매에는 임의경매(담보권실행등을 위한 경매)도 강제경매에 관한 민사집행법의 규정을 많이 준용하고 있다. 따라서 양자가 경합할 수 있는 경우에는 어느 쪽이든지 먼저 개시한 절차에 그 후의 신청을 흡수시켜서 배당요건의 효력을 발생시켜 양자의 연락을 도모하고 있다. 그러나 임의경매(담부권실행등을 위한 경매)에서는 성질상 채권자·채무자의 대립은 없고 집행권원(채무명의)을 필요로 하지 않으며, 또 일반채권자의 배당요구가 원칙적으로 인정되지 않는 것은 강제집행에 있어서의 경매와 다르다.

입찰(入札)

경쟁계약의 경우 매수희망자로 하여금 자기의 청약가격을 문서에 기재하여 이것을 제출하도록 하고 최고가격 청약자에 대하여 낙찰시키는 행위이다. 구술에 의한 경매와는 달라서 서로 경쟁자가 표하는 청약내용을 알 수 없으므로 자기가 상당하다고 믿는 가격을 부르게 하는 데 특색이 있다. 입찰에 부친다는 뜻의 표시는 청약의 유인인 경우가 많다. 따라서 입찰은 청약, 낙찰은 승낙에 해당한다. 입찰에 있어서 위계 또는 위력 그 밖의 방법으로 경매 또는 입찰의 공정을 해한 자는 2년이하의 징역 또는 7백만원이하의 벌금에 해당하는 처벌을 받는다(형§315).

견본매매(見本賣買)

영;sales by sample

견본이나 모형에 의하여 목적물의 품질과 속성을 미리 정하여 두는 매매이다. 견품매매라고도 한다. 보통 불특정물의 매매에 사용되며 견품대로의 물건이 급부되지 않으면 채무불이행이 있는 것으로 되어 계약의 해제와 손해배상이 문제된다. 또한 특정물매매의 경우에는 하자담보책임이 생겨서 견본과 동일한 것을 다시 제공하여야 할 의무가 생긴다. 또한 견품과의 동일품질 여부는 사회통념, 특히 거래관행에 의하여 결정되지만 그 입증책임은 매도인에게 있다(판례). 상법에서는 견본을 견품이라 한다(상§95).

정기매매(定期賣買)

독;Fixhandelskauf

그 계약의 성질상 또는 당사자의 의사표시에 의하여 일정한 시기에 이행되지 않으면 계약의 목적을 이룰 수 없는 매매를 말한다. 예컨대 결혼식에서 쓸 의복·음식물의 매매와 같다. 기한대로 이행되지 않았을 때에는 상대방은 최고(催告) 없이 곧 계약을 해제할 수 있다(민§545). 상사매매의 경우에는 신속함을 중히 여기므로 상대방이 기간경과 후에 즉시 해제한 것으로 간주한다(상§68).

제작물공급계약

(製作物供給契約)

독;Werklieferungsv ertrag

당사자의 일방이 재료를 사용하여 제작한 물건을 공급할 것을 약정하고, 상대방이 이에 대하여 보수를 지급할 것을 약정하는 계약이다. 주문에 의한 가구나 양복의 제작이 그 예이다. 주문에 의한 제작이라고 하는 점에서는 도급의 성질을 가지며, 제작물의 소유권을 보수를 받고 이전한다고 하는 점에서 매매의 성질을 갖는 혼합계약으로서 매매의 매도도급(賣渡都給)이라고도 부른다. 따라서 도급과 매매의 혼합계약으로서 제작에 관하여는 매매의 규정을 적용한다.

> 당사자의 일방이 상대방의 주문에 따라 자기 소유의 재료를 사용하여 만든 물건을 공급할 것을 약정하고 이에 대하여 상대방이 대가를 지급하기로 약정하는 이른바 제작물공급계약은, 그 제작의 측면에서는 도급의 성질이 있고 공급의 측면에서는 매매의 성질이 있어 이러한 계약은 대체로 매매와 도급의 성질을 함께 가지고 있는 것으로서, 그 적용 법률은 계약에 의하여 제작 공급하여야 할 물건이 대체물인 경우에는 매매로 보아서 매매에 관한 규정이 적용된다고 할 것이나, 물건이 특정의 주문자의 수요를 만족시키기 위한 부대체물인 경우에는 당해 물건의 공급과 함께 그 제작이 계약의 주목적이 되어 도급의 성질을 띠는 것이다*(대법원 1996. 6. 28. 선고 94다42976)*.

담합행위(談合行爲)

토건(土建)의 도급·입찰을 함에 있어서 입찰자끼리 협정을 맺는 것이다. 협정하여 입찰한 결과 경쟁입찰의 사실이 없음에도 경쟁입찰을 가장하면 타인을 기망한 것으로 되어 사기죄의 성부가 문제될 수 있다.

소유권유보계약(所有權留保契約)

매매에 있어서 매도인이 경매대금의 완제를 받을 때가지 소유권을 보유하는 계약이다. 할부약관이 붙은 매매에서 종종 이같은 계약을 수반한다. 매수인은 대금 전액을 지급할 때까지 매도인의 소유물을 빌리는 형식이 된다. 매수인은 대금을 완제할 때까지는 조건부권리(대리권)을 가지는데 그치므로 목적물을 처리할 수 없으나 매도인도 매수인의 기대권(期待權)을 해치는 행위는 할 수 없다.

이중매매(二重賣買)

매도인이 동일한 목적물을 2인 이상의 매수인에게 매매하는 것이다. 채권은 배타성이 없으므로 채권계약의 단계, 즉 권리이전청구를 내용으로 하는 채권이 발생할 뿐인 단계에서 이중매매를 하더라도 두 매수인의 권리는 서로 충돌하지 않는다. 따라서 채권계약으로서 제1의 매수인과 제2의 매수인에게 이중으로 매매계약을 체결하더라도 아무런 문제가 되지 않는다. 이행에 이르렀을 때에는 두 매수인 가운데 먼저 등기나 인도 또는 대항요건을 갖춘 자가 완전한 권리를 취득하고 다른 편의 매매계약은 이행불능이 된다.

대금(代金)

매매에 있어서 재산권이전의 대가로서 매수인이 지급하는 금전이다. 지급의 시기·장소·대금이자의 지급 등에 관하여는 당사자 간에 특약이 있으면 그 것에 따르고 특약이 없는 경우에는 보충규정이 적용된다(민§563, §568, §585, §587). 대금지급과 목적물의 소유권 이전은 서로 동시이행의 관계에 있다.

계약보증금(契約保證金)

계약을 체결할 때에 당사자 일방이 계약가액의 일부를 지급하는 금전을 말한다. 계약보증금을 지급하는 목적에는 여러 가지가 있다. (1) 계약보증금은 계약이 확실히 성립되었다고 하는 증거의 의미를 가진다. (2) 위약금은 어느 한편이 임의로 계약을 철회할 때, 이를 위약한 벌로서 몰수 할 수 있는 것이다. 여기에는 계약보증금을 몰수하고 다시 손해배상을 받을 수 있는 것과, 계약보증금만을 몰수할수 있는 것이 있다. (3) 해약금은 매수인이 계약보증금을 포기하고 매도인은 계약보증금의 배액(倍額)을 지급하여 매매계약을 해제할 수 있다. 이들 가운데, (1)은 모든 계약보증금이 지니고 있는 효력이며, (2)와 (3) 가운데 어느 것에 해당할 것인가 하는 것은 계약의 취지에 따라서 결정된다. 매매에서는 당사자의 특약이 없으면 해약금으로 본다(민§565).

담보책임(擔保責任)

계약의 당사자가 급부한 목적물에 하자가 있는 경우에 부담하는 손해배상과 그밖의 책임이다. 증여(민§559)·도급(§667~§672)·소비대차(§602) 등에 관한 규정이 있으나 특히 매매에 관한 규정(민§569~§584)이 널리 유상계약 일반에 준용된다(§567). 즉 매매의 목적물에 권리의 하자(소유권의 전부 또는 일부가 타인에게 귀속되거나 타인의 권리에 의하여 제한되거나 또는 제시된 수량이 부족한 때) 또는 물건의 하자가 있을 경우에 매수인은 계약의 해제권·대금감액의 청구권·손해배상의 청구권 등 3종의 권리를 부여받는다. 권리의 하자인 경우에는 추탈담보(追奪擔保), 물건의 하자가 있는 경우에는 하자담보라고 불리운다. 이것은 다른 유상계약에 준용된다(§567). 도급의 경우에도 동일하게 도급인에게 해제권·하자보수청구권·손해배상청구권의 3종의 권리가 부여된다. 이러한 담보책임의 근거는 대가적 관계에 있는 급부를 하는 계약당사자간의 공평을 도모하고, 거래에 대한 일반적인 신뢰를 확보한다는 점에서 구할 수 있다. 따라서 무상계약에 있어서의 담보책임(예 : 증여자)은 하자를 알고 알리지 않은 경우에 한하지만 유상계약에서의 담보책임(예 : 매도인·도급인)은 하자를 몰랐을 경우에도 부담되는 일종의 무과실책임이다. 구민법에 있어서는 불특정물의 매매에 있어서의 매도인이 하자있는 물건을 급부한 경우에 하자담보의 규정의 적용이 있는가에 대하여 문제가 되었으나 현행 민법은 이를 입법적으로 해결하여 불특정물의 매매에 있어서도 목적물의 특정 후에 그것에 하자가 있는 경우에는 하자담보책임을 물을 수 있도록 하였다(§581). 그리고 담보책임은 특약으로 면제할 수 있으나 하자를 알면서도 고지하지 않았을 때에는 책임을 면하지 못한다(§584, §672).

매도인의 담보책임
(賣渡人의 擔保責任)

매매에 의해 매수인이 취득하는 권리나 권리의 객체인 물건에 하자 내지 불완전한 점이 있는 때에 매도인이 매수인에 대하여 부담하는 책임을 말한다. 매도인에게 이러한 담보책임을 인정하는 것은 매매계약의 유상성에 비추어 매수인을 보호하고 일반거래의 동적 안전을 보장하기 위해서이다. 매도인의 담보책임은 매도인의 고의나 과실 등의 귀책사유를 그 요건으로 하지 않으므로 일종의 무과실책임으로서, 특정물의 매매에 있어서 뿐만 아니라 불특정물매매에서도 인정된다. 민법상 규정된 담보책임의 발생원인을 살펴보면, (1) 권리에 하자가 있는 경우로는 ① 재산권의 전부 또는 일부가 타인에게 속하는 경우(민법 569조 내지 573조. 그러나 민법 571조는 매도인 보호를 위한 특별규정이며 담보책임에 관한 것은 아니다), ② 재산권의 일부가 전혀 존재하지 않는 경우(민법 574조), ③ 재산권이 타인의 권리에 의하여 제한을 받는 경우(민법 575조 내지 577조)이고, (2) 물건에 하자가 있는 경우로는 ① 특정물매매에 있어서 목적물에 하자가 있는 경우(민법 580조), ② 종류매매(불특정물매매)에 있어서 목적물에 하자가 있는 경우(민법 581조, 582조)이다. 또 경매에 있어서의 담보책임(민법 578조, 580조 2항)으로서 매도인이 부담하여야 할 책임의 내용은 각 경우에 따라서 다소 다르지만, 대체로 매수인은 일정한 요건 하에서 계약해제권·대금감액청구권·손해배상청구권·완전물급부청구권을 갖는다. 손해배상의 범위에 대해서는 신뢰이익의 배상이라는 견해와 이행이익의 배상이라는 견해가 나누어져 있다. 권리의 전부가 타인에게 속하여 매도인이 매수인에게 그 권리를 이전할 수 없는 경우 매도인은 담보책임을 진다(민법 570조). 그러나 매도인이 계약 당시에 매매의 목적이 된 권리가 자기에게 속하지 않음을 알지 못하여, 그 권리를 취득하여 매수인에게 이전할 수 없는 때에는 매도인은 손해를 배상하고 계약을 해제할 수 있으며(민법 571조 제1항), 특히 매수인이 악의인 때에는 매도인은 손해백상을 하지 않고서, 다만 권리이전이 불능임을 통지하고 해제할 수 있다(민법 571조 제2항).

추탈담보책임(追奪擔保責任)
독:Haftung wegen Eviktion
불:garantie contre l'eviction

매매의 목적인 권리에 하자가 있는 경우에는 매도인이 부담하는 담보책임이다(민§570~§579). 로마법에서는 매매의 목적물인 권리가 제3자에게 속하고 있기 때문에 매주(買主)가 매수한 권리를 후에 제3자로부터 추탈당한 경우의 매주책임을 가리키는 말로서 사용되어 왔으나 우리 민법에서는 추탈의 유무에 불구하고 민법§570~§579에 일반적인 담보책임을 규정하고 있으므로 특별히 이와 같은 용어를 구별할 실익은 없다.

하자담보책임(瑕疵擔保責任)

독;Gewährleistung wegen Mängel der Sache
불;garantie contre les vices de lachose

매매의 목적물에 하자가 있는 경우에 매도 등의 인도자가 부담하는 담보책임이다. 거래상 요구되고 있는 통상의 주의로도 이를 알지 못한 때는 매수인은 계약을 해제하고 손해배상을 청구할 수 있다(민§580). 이것은 매매의 목적인 재산권에 하자가 있는 경우 즉 물질적으로 하자가 있는 경우에 한한다. 예를 들면 매도인으로부터 매수한 가옥이 표면으로 보아서는 알 수 없지만 부실공사로 인하여 파손이나 무너질 것 같은 상태에 놓여 있는 경우이다. 그러나 전파사에서 텔레비전을 샀는데 부분품이 불량하여 이를 사용할 수 없을 때는 하자담보가 아니라 채무불이행(불완전이행이 된다)의 책임으로서 교환청구 및 해제 또는 손해배상청구를 할 수 있다는 것이 유력한 학설이다. 또한 상인간의 매매에 있어서는 담보책임의 효과로서 매도인에게 하자가 있다는 통지를 하지 않으면 대금감액 또는 손해배상을 청구하지 못한다(상§69).

환매(還買)

독;wiederkauf 불;réméré, rachat

매도인이 일단 매각한 목적물에 대하여 대금상당의 금액을 매수인에게 지급하고 다시 사는 계약이다. 민법상 환매는 일반적으로 매매계약의 해제라고 해석되며, 환매권은 일종의 해제권으로 간주되며 재산권으로 양도성을 갖는다고 본다. 환매권은 일정기간 내에 다른 특약이 없으면 최초의 대금계약의 비용을 제공하여 환매권자의 일방적 의사표시에 의하여 행하여진다(민§594①). 환매를 할 수 있는 것은 동산이나 부동산을 가리지 않는다. 부동산의 경우에는 환매특약을 등기하여 보전할 수 있다. 환매는 매매계약과 함께 이루어지는 계약으로 일종의 해제권 유보 있는 매매이다. 따라서 일단 매매행위가 끝나면 환매를 한다는 특약을 알 수 없다. 그것은 재(再) 매매의 예약에 의해서 행하여진다. 환매가 이루어지면 목적물은 매도인에게 복귀한다(해제의 경우의 원상복구와 동일). 이 경우 매수인의 수취과실과 매도인(환매권자)의 대금의 이자와는 특별한 약정이 없으면 상계한 것으로 간주되고(§590③), 또 매수인이 지급한 비용의 상환청구가 인정된다(§594). 그러나 민법에서 정하고 있는 환매의 규정(§590~§595)은 실제의 거래와 부합되지 않으므로 보통 매매의 예약의 규정(§564)을 적용하는 경우가 많다.

물권적 취득권(物權的 取得權)

독;dingliches Erwerbsrecht Amnwartschaftsrecht

장래의 일정한 조건하에 의사표시를 함으로써 재산권을 취득함을 내용으로 하는 배타적인 권리이다. 형성권의 하나이다. 독일민법의 선매권(Vorkaufsrecht, 독·민§1094이하)이 그 적례이며 우리 민법에는 이러한 의미의 물권적 취득권은 인정되지 않으나 부동산의 매매의 예약완결권(민§564)·환매권(§590)으로서 등기된 것은 이것과 유사하다.

대금감액청구권(代金減額請求權)

매매의 목적이 되는 권리의 일부가 다른 사람에게 속하게 되어 매도인이 이를 매수인에게 이전할 수 없는 경우 및 수량을 지시하여 매매한 물건이 수량부족이거나 일부멸실한 경우에 매도인의 담보책임의 효력으로서 매수인은 그 부족한 부분 또는 멸실부분의 비율에 따라서 대금의 감액을 청구할 수 있다(민§572~§874, §578). 선의의 매수인은 이와는 별도로 손해배상을 청구할 수 있다(§572②, ③). 이 권리의 행사는 매수인이 선의인 경우에는 사실을 안 날, 악의인 경우에는 계약한 날로부터 1년의 제척기간이 있다.

예약(豫約)

라;pactum de contrahendo
독;Vorvertrag
불;avantcontrat, promesse

장래 일정한 계약을 체결할 것을 미리 약정하는 계약이다. 장래 체결될 본계약에 선행하는 것이다. 예약에 있어서는 당사자의 한쪽 또는 양쪽이 상대방에 대하여 본계약의 청약을 하면 타방이 이를 승낙할 의무를 진다. 청약할 권리를 일방만이 가지고 있는 때에는 편무예약, 양쪽이 가지고 있을 때에는 쌍무예약이라고 한다. 예약자체는 항상 채권계약이나, 예약으로써 장래 체결되어야 할 본계약은 채권계약 뿐만 아니라, 질권·저당권의 설정과 같이 물권계약이나 혼인과 같은 신분상의 계약인 경우도 있다. 그리고 광의에 있어서는 당사자의 한쪽 또는 양쪽이 예약완결권을 가지는 경우까지를 포함하여 널리 예약이라고 한다. 민법이 매매의 일방예약에 관하여 규정하고(§564) 이를 다른 유상계약에 준용하여 당사자간에 예약이 있는 때에는 본계약을 성립시킬 권리가 있는 당사자가 본계약을 성립시킬 의사표시를 한 때에는 상대방의 승낙을 요하지 않고 성립된다고 정하고 있는 것이 이것이다(§564, §567). 예약은 본계약의 내용을 결정한다. 본계약이 불능·불법 등의 이유로 무효인 때에는 예약도 무효가 된다. 예약권리자가 본계약의 청약을 한 때에는 예약의무자는 이에 대하여 승낙을 할 채무를 지며, 이 의무위반에 대하여서는 채무불이행에 의한 손해배상 및 예약해제를 할 수 있으며, 또 예약권리자는 승낙에 갈음할 재판을 구할 수도 있다(§389② 참조). 본계약이 요식행위인 때에 예약도 또한 그 방식에 따라야 할 것인가의 여부에 대하여서는 문제가 있는데, 통설은 본계약을 요식행위로 하는 취지에 따라 결정된다고 한다.

매매의 예약(賣買의 豫約)

장래에 매매를 성립시킬 것을 미리 약속하는 것(예약)이다. 매매의 예약은 크게 나누어 두 종류가 있다. 하나는 당사자의 일방적인 의사표시만으로 매매계약이 성립하는 것이며 또 하나는 일방이 청약을 하고 상대방이 이를 승낙하면 이에 따라 매매계약이 성립하는 것이다. 후자의 경우에는 상대방이 승낙하지 않으면 매매계약이 성립될 수 없다. 그러나 상대방이 계속 승낙하지 않으면 그 승낙의 의사표시를 법원에 청구해야 되므로 아무런 의의가 없다. 그래서 실제로 행하여지고 있는 것은 전자인 경우가 많다. 이것을 매매에 있어서의 일방의 예약이라고 한다. 민법은 「매매의 일방예약은 상대방이 매매를 완결할 의사를 표시하는 때에 매매의 효력이 생긴다」(민§564)라고 정하고 있으므로 이 경우만을 규정한 것이 된다. 일방의 예약에 있어서 일방적으로 본계약(매매계약)을 체결할 권리를 가지고 있는 자가 본계약을 하겠다는 의사표시를 하면 그것만으로 상대방의 승낙을 기다릴 필요없이 매매계약이 성립한다. 이러한 권리를 예약완결권이라고 한다. 예약완결권은 일종의 형성권이며 토지 또는 건물을 목적으로 할 때는 가등기를 할 수 있다(부등§3). 예약완결권을 소유하고 있는 자의 상대방은 최고에 의해 이를 소멸시킬 수 있다(§564②, ③).

재매매의 예약(再賣買의 豫約)

매매계약에 있어서 매도인이 장래 목적물을 도로 사겠다고 예약하는 것이다. 매도인의 재매매의 청약에 대하여 매수인이 승낙의무를 지는 것과, 승낙 없이 바로 재매매가 성립되는 것이 있는데 후자가 보통이다(민§564). 이것은 환매약관부매매의 일종으로서 환매와 똑같이 금융에 대한 담보작용을 하는 점에 그 경제적 의의가 있다. 환매는 재매매의 예약에 비하여 요건이 엄격한 데 대하여 재매매의 예약은 대금·기간 등을 자유로이 정할 수 있기 때문에 담보형식으로서의 효용을 발휘하고 있다. 그리고 그 예약완결권의 가등기로써 예약권리자는 제3자에게 대항할 수 있게 된다.

내금(內金)

금전채무의 일부변제로서 지급하는 금전이다. 그러나 보통 매매·도급 등의 쌍무계약을 맺음에 있어서 대금·보수의 일부로서 금전의 대금·보수의 지급에 앞서 지급되는 금전을 말한다. 해약권 유보의 효력을 발생하지 않는데서 계약금과 다르지만 실제상 이 두 가지를 구별하는 데는 상당한 어려움이 있다.

교환(交換)

영;exchange 독;Tausch
불;échange

당사자 양쪽이 금전의 소유권 이외의 재산권을 상호 이전할 것을 약정함으로써 성립하는 계약이다(민§596). 유상·쌍무의 계약이며 일반적으로 매매에 관한 규정이 준용된다(§567). 그러나 현재로는 물물교환은 거의 중요성이 없다. 토지의 교환 등의 경우 이외에는 거의 행하여지지 않는다. 이런 경우에도 각각 특별법이나 관습이 우선하여 민법의 규정은 오히려 보충적 의미를 가질 뿐이다. 자기의 물건이 상대방의 물건보다 가격이 쌀 때는 재산권이전과 동시에 금전에 의한 보충지급을 한다. 갑의 토지와 을의 가옥에 300만원을 현금으로 가산하여 교환하는 경우 등이다. 이런 경우의 300만원을 금전의 보충지급이라고 한다. 금전의 보충지급에 대하여는 매매대금에 관한 규정을 준용한다(§597). 유상계약이므로 서로 담보책임이 있다.

> 일반적으로 교환계약을 체결하려는 당사자는 서로 자기가 소유하는 교환 목적물은 고가로 평가하고, 상대방이 소유하는 목적물은 염가로 평가하여, 보다 유리한 조건으로 교환계약을 체결하기를 희망하는 이해상반의 지위에 있고, 각자가 자신의 지식과 경험을 이용하여 최대한으로 자신의 이익을 도모할 것이 예상되기 때문에, 당사자 일방이 알고 있는 정보를 상대방에게 사실대로 고지하여야 할 신의칙상의 주의의무가 인정된다고 볼만한 특별한 사정이 없는 한, 일방 당사자가 자기가 소유하는 목적물의 시가를 묵비하여 상대방에게 고지하지 아니하거나, 혹은 허위로 시가보다 높은 가액을 시가라고 고지하였다 하더라도, 이는 상대방의 의사결정에 불법적인 간섭을 한 것이라고 볼 수 없으므로 불법행위가 성립한다고 볼 수 없다*(대법원 2001. 7. 13. 선고 99다38583).*

소비물·비소비물
(消費物·非消費物)

소비물이란 한 번 쓰면 없어져서 같은 용도에 따라 사용할 수 없는 물건(예 : 쌀·석유·식료품 등)을 말하고, 비소비물이란 한 번 사용되어도 없어지지 않고 두 번 이상 같은 용도로 사용할 수 있는 물건을 말한다. 이의 구별의 실익은 (1)소비대차(민법 598조)와 임치(민법 693조), (2)소비대차(민법 598조)·사용대차(민법 609조)·임대차(민법 618조) 등의 구별에 있다.

소비대차(消費貸借)
라;mutuum
영;loan for consumption
독;Darlehn
불;prêt de consommation

당사자의 일방(貸主)이 금전 기타의 대체물이 소유권을 상대방(借主)에게 이전할 것을 약정하고 상대방은 그것과 동종·동질·동량의 물건을 반환할 것을 약정함으로써 성립하는 계약이다(민§598~§608). 금전이나 미곡등의 대차가 대표적인 것이다. 소비대차는 임대차와 사용임차가 목적물 그 자체를 반환하는 것과는 달리 차주가 목적물의 소유권을 취득하여 이를 소비한 후에 다른 동가치의 물건을 반환하는 점에 특색이 있다. 낙성·편무계약이다. 법률상은 무이자의 무상계약이 원칙이지만 실제로는 이자있는 유상계약이 많다(상§55 참조). 차주의 이자지급의무는 특약에 의하여 발생하기로 되어 있는데 상인간의 금전소비대차에 있어서는 특약이 없어도 임주(貸主)는 법정이자(년6분)를 청구할 수 있다(상§54).

> 민법상 소비대차는 당사자 일방이 금전 기타 대체물의 소유권을 상대방에게 이전할 것을 약정하고 상대방은 그와 같은 종류, 품질 및 수량으로 반환할 것을 약정함으로써 그 효력이 생기는 이른바 낙성계약이므로, 차주가 현실로 금전 등을 수수하거나 현실의 수수가 있은 것과 같은 경제적 이익을 취득하

여야만 소비대차가 성립하는 것은 아니다(*대법원 1991.4.9. 선고 90다14652*).

준소비대차(準消費貸借)

당사자의 한쪽이 소비대차에 의하지 아니하고 금전 기타의 대체물을 지급할 의무가 있는 경우에 당사자가 그 물건으로써 소비대차의 목적으로 할 것을 약정하는 계약(민§605)이다. 매매대금을 차금으로 바꾸는 경우 같이 기존의 채무를 소멸시키고, 기존채무에 관하여 소비대차와 동일한 효력을 생기게 하는 것을 목적으로 하는 계약이다. 민법은 「소비대차에 의하지 아니하고」부담한 채무라고 하고 있으나, 과거의 소비대차상의 채무에 관하여도 준소비대차계약을 체결하는 것은 무방하다고 하는 것이 종래의 판례의 태도이다. 준소비대차는 기존의 채무의 존재를 전제로 하므로, 기존채무가 처음부터 없거나 또는 소멸된 때에는 성립하지 아니한다. 반대로 준소비대차가 무효 또는 소멸되어도 기존의 채무는 소멸하지 않는 것으로 된다. 준소비대차는 그 성립의 요건이 다를 뿐 소비대차로서의 효력은 보통의 소비대차와 같다. 준소비대차의 경우에 신구채무(新舊債務)가 동일성을 가지느냐는 담보소멸시효 등이 문제가 되는데 현재의 판례는 양자는 원칙적으로 동일성을 잃지 않으며 다만 당사자의 의사에 의하여 동일성을 상실시킬 수 있다고 한다.

경개나 준소비대차는 모두 기존채무를 소멸케 하고 신채무를 성립시키는 계약인 점에 있어서는 동일하지만 경개에 있어서는 기존채무와 신채무와의 사이에 동일성이 없는 반면, 준소비대차에 있어서는 원칙적으로 동일성이 인정된다는 점에 차이가 있는 바, 기존채권채무의 당사자가 그 목적물을 소비대차의 목적으로 할 것을 약정한 경우 그 약정을 경개로 볼 것 인가 또는 준소비대차로 볼 것인가는 일차적으로 당사자의 의사에 의하여 결정되고 만약 당사자의 의사가 명백하지 않을 때에는 의사해석의 문제이나 특별한 사정이 없는 한 동일성을 상실함으로써 채권자가 담보를 잃고 채무자가 항변권을 잃게 되는 것과 같이 스스로 불이익을 초래하는 의사를 표시하였다고는 볼 수 없으므로 일반적으로 준소비대차로 보아야 한다(*대법원 1989.6.27. 선고 89다카2957*).

사용대차(使用貸借)

라;commodatum 독;Leihe
불;prê ˋausage, commodat

당사자의 일방(貸主)이 상대방(借主)에게 무상으로 사용·수익하게 하기 위하여 목적물을 인도할 것을 약정하고 상대방은 이것을 사용·수익한 후 그 물건을 반환할 것을 약정함으로써 성립되는 계약이다(민§609~§617). 친구로부터 교과서를 차용하는 경우와 같은 것이 이것이며, 실제경제상의 효용은 별로 크지 않다. 이것은 차용물이용후에 그 물건(동일물)을 반환하는 점에 특색이 있으며, 이 점에서 소비대차와 다르며 임대차와 비슷하다. 그러나 사용대차는 물건의 이용이 대가의 지급을 하지 않는 무상인 점에서 임대차와도 본질적으로 다르다(§612, §623 참조). 차주의 사용·수익은 그 목적물의 성질에 의하여 정하여진 용법에 좇아서 하여야 하며, 임주(貸主)의 승낙이 없으면 제3자에게 그 차용물을 사용·수익시킬 수 없다(§610). 차주가 이에 반하는 행위를 한 때는 대주는 즉시 계약을 해지할 수 있다. 사용대차에 있어서 목적물의 반환의 시기를 정한 경우에는 차주는 그 시기에 반환을 하여야 하며 반환시기를 정하지 않는 경우에는 차주가 소정의 목적에 따라서 사용수익을 하는 데 족한 기간이 경과한 때에는 임주(貸主)는 언제든지 계약을 해지할 수 있다. 무상계약인 사용임차는 개인적인 색채가 강하므로 차주의 사망 또는 파산선고로 인하여 대주가 계약을 해지할 수 있다는 규정은 이에 대한 표현이라고 할 수 있다.

대물대차(代物貸借)

금전을 소비대차의 목적으로 하는 경우에 차주가 현금에 갈음하여 유가증권(약속어음·예금통장·인장) 기타의 물건을 인도받고 금전으로 반환할 것을 약정하는 대차이다. 그런데 대물대차에 있어서 금전에 갈음하는 유가증권 기타 물건의 가액은 수시로 변동하기 때문에 소비대차의 차용액의 결정시기에 관하여 다툼의 우려가 있고 대주(貸主)가 차주(借主)의 약한 지위를 악용하여 그 시가가 차용금액보다도 훨씬 낮은 유가증권 기타의 물건을 차용금에 갈음하여 교부함으로써 교묘하게 이자제한에 관한 강제규정의 적용을 배제하고 폭리를 취하는 수가 있으므로 민법은 유가증권 기타 물건의 인도시의 가액으로서 차용액으로 하며(민§606)이에 위반하여 차주에 불리한 당사자의 약정은 무효이다(§608).

전대차(轉貸借)

독:Untermiete, Unterpacht
불:souslocation

임차인이 임차물을 다시 제3자에게 유상 또는 무상으로 사용·수익하게 하는 계약이다. 임대인과 임차인간에 임대관계는 여전히 존속하며 임차인과 전차인(轉借人)간에 새로이 임차관계가 발생한다. 전대차에는 임대인의 동의를 필요로 하는바 임대인의 동의없이 전대(轉貸)하면 임대인은 임대차를 해지할 수 있다(민§629). 그 승낙이 있는 적법한 전임차에서는 전차인은 임대인에 대하여 직접 차임지급 등의 의무를 진다(§630). 또한 임대인과 임차인의 합의로 계약을 종료시키는 때에는 전차인의 권리는 소멸하지 않는다(§631). 다만 건물의 소부분(小部分)을 타인에게 사용하게 한 경우에는 위 규정들에 적용되지 아니한다(§632). 임대차계약이 해지의 통고로 인하여 종료한 때에는 임차인은 그 사유를 전차인에게 통지하여야 하며, 통지가 있은 때로부터 일정한 유예기간이 경과하여야 전대차의 해지의 효력이 생긴다(§638).

임대차(賃貸借)
라;Locatio conductiorei
독;Miete und Pacht
불;louage des choses

당사자의 일방(賃貸人)이 상대방(임차인)에 대하여 어떤 물건을 사용·수익하게 할 것을 약정하고, 상대방이 이에 대하여 차임을 지급할 것을 약정함으로써 성립하는 계약(민§618~§654). 유상·쌍무·낙성계약이다. 임차인은 물건의 사용·수익을 내용으로 한, 임용한 물건자체를 반환하지 않으면 안되는 점에서 소비대차와 다르고 사용대차에 유사하나, 차임의 지급이 요소로 되어 있는 점에서 사용대차와도 다르다. 임대차 중에서 중요한 사회적 기능을 지니고 있는 것은 택지·건물·농지의 임대차이다. 타인의 토지를 이용하는 제도로서는 임대차 이외에 지상권(§279)·전세권(§303) 등이 있다. 존속기간의 약정이 없을 경우에는 당사자는 언제든지 해지통고를 할 수 있다(고지기간의 경과를 요한다〈§635②〉). 임대차에 있어서 임대인은 목적물을 임차인의 사용수익에 필요한 상태를 유지하게 할 적극적 의무를 부담하며, 임차인은 임차물을 반환할 때까지 「선량한 관리자의 주의」로 그 목적물을 보존하고 계약 또는 임대물의 성질에 의하여 정한 용법에 따라서 사용수익하여야 한다. 또한 민법은 임차인이 임대인의 승낙없이 임차인으로서의 권리 즉 임차권을 양도하거나 임차물을 전대하는 것을 금하고 만약에 임차인이 이에 반하여 무단히 제3자에게 임차물의 사용수익을 하게 하면 임대차를 해지할 수 있다고 정하고 있다.

보증금(保證金)

부동산임대차, 특히 건물임대차에 있어서 임차인의 채무를 담보하기 위하여 임차인 또는 제3자가 임대인에게 교부하는 금전기타의 유가물을 말한다. 보증금의 성질에 대해서는 정지 조건부 반환채무를 수반하는 금전소유권의 이전으로 이해되어 임대차가 종료하는 때에, 임차인의 채무불이행이 없으면 전액을, 만일에 채무불이행이 있으면 그 금액 중에서 당연히 변제에 충당되는 것으로 하고 잔액을 반환한다는 조건으로 금전소유권을 임차인(또는 제3자)이 임대인에게 양도하는 것이라고 한다. 보증금계약은 임대차에 종된 계약이므로 임대차가 유효하게 성립해야만 보증금계약도 유효하게 된다. 보증금은 차임의 부지급, 임차물의 멸실·훼손 등 임대차관계에서 발생하게 되는 임차인의 모든 채무를 담보하므로, 임대인은 이 보증금으로부터 다른 채권자에 우선하여 변제 받을 수 있다. 임대인은 보증금으로 연체차임 등에 충당할 수도 있고, 혹은 충당하지 않고서 그 지급을 임차인에게 청구할 수도 있다.

임차권(賃借權)

임대차계약에 의하여 임차인이 목적물을 사용·수익할 수 있는 권리이다. 임차권의 성질은 임대인의 사용·수익하게 할 채무에 대응하는 임차인의 사용·수익청구권이라는 채권에 부수하는 일종의 권리이다. 따라서 임차인은 임대인 이외의 제3자에 대하여 이것을 주장하여 대항하지 못한다. 용익물권에 비하여 일반적으로 임차인의 지위가 약하므로, 특히 부동산(건물·대지 등)의 임차권의 강화가 꾀하여지고 있다. 부동산의 임차권은 등기하면 그 때부터 제3자(그 부동산에 관하여 물권을 취득한 자, 예컨대 매수인·저당권자 등)에 대해서도 효력이 생기며(§621②), 별도 약정이 없는 한, 임차인은 임대인에게 임대차등기의 절차에 협력할 것을 청구할 수 있고(§621①), 토지임대차(건물·대지 임대차)의 경우에는 이를 등기하지 않은 때에도 임차인이 그 토지상의 건물을 등기한 것을 요건으로 하여, 그 토지의 임차권에 대항력을 인정하였다(§622①). 또한 선박임대차에 있어서는 임차인에게 당연히 등기청구권이 인정되고 있는데(상§765), 이와 같은 임차인의 지위강화의 현상을 임차권의 물권화라고 한다. 존속기간이 만료한 때에는 일정한 경우에는 임차인은 계약의 경신(更新)을 청구할 수 있고(경신청구권〈민§643〉) 또한 임대차의 기간경과 후에 여전히 사용·수익을 계속하는 때에는 임대차는 경신한 것으로 본다(묵시의 경신〈§639〉). 임차인은 임대인의 동의가 없으면 임차권의 양도 또는 전대차를 할 수 없으며, 임차인이 임대인의 동의없이 임차권을 양도 또는 전대한 때에는 임대인는 계약을 해지할 수 있다(민§629). 또한 임차인이 임차지상에 건물 기타의 공작물을 건설했다든가 하여 다대한 자본을 투자한 경우에는 그 회수가 곤란하므로, 일정한 경우에 민법은 임차인에게 지상물매수청구권과 부속물매수청구권을 인정하고 있다(§644②, §647). 이외에 임차인이 방해제거청구권을 가지느냐가 논란되고 있으나, 판례는 목적물의 인도 후에는 이것을 긍정하고 있다.

차임(借賃)

영;rent 독;Mietzins, pachtzins 불;loyer

임차금에 있어 임차물의 사용수익의 대가로서 지급되는 금전 및 기타의 물건을 말한다. 즉 차임은 반드시 금전이어야 하는 것은 아니며, 당사자의 약정으로 자유로이 정할 수 있다. 차임의 액에 관하여는 민법상 아무런 규정이 없다. 따라서 이 또한 당사자의 약정으로 자유로이 정할 수 있다. 그러나 이 점이 문제이며, 차임은 큰 도시 같은 곳에서는 이를 제한할 것이 요청된다. 실제로 특별법으로 그와 같은 통제를 하고 있는 나라가 많다. 당사자가 약정으로 차입금을 일단 정한 후에 특별한 사정으로 그 증액 또는 감액을 청구할 수 있는 경우가 있다. 이에 대하여는 민법 뿐 아니라 주택임대차보호법에도 특별규정이 있다. 차임과 같은 의미로서 토지의 경우에는 지대, 가옥의 경우에는 지료(민법 286·287)라는 용어를 사용하고, 임대차에서는 차임이라는 용어를 사용한다.

차임증감청구권(借賃增減請求權)

임대물에 대한 공과부담의 증감 기타의 경제사정의 변동으로 약정한 차임이 부당한 것으로 된 때에 임대인이나 임차인이 장래에 대한 차임의 증액을 청구할 수 있는 권리를 말한다(민법 628조). 민법에 명문으로 규정되어 있는 이 권리는 계속적 채권관계에 있어서 문제되는 '사정변경의 원칙'을 정면으로 인정한 것이므로 타당하다. 즉 이 권리는 차임을 약정한 때와 그 약정차임의 증감을 청구하는 때의 경제사정에 변동이 있어야 한다. 민법은 공과부담의 증감을 들고 있으나, 그것은 하나의 예시에 지나지 않으며, 차임액을 결정하는 데 관계되는 모든 경제사정의 변동은 증·감액의 사유가 된다. 부동산 임대차에 있어서 부동산 가액의 변동이 그 주요한 것이 될 것이다. 또 그러한 경제사정의 변동은 증·감액의 사유가 된다. 이 증감청구권의 성질은 형성권이며 또한 재판 외에도 얼마든지 사용될 수 있다. 따라서 청구의 의사표시가 상대방에게 도달한 때로부터 차임의 객관적으로 상당한 부분까지 증액·감액된다.

단기임대차(短期賃貸借)

처분의 능력 또는 권한없는 자가 임대차를 하는 경우에 일정기간 이상의 장기의 것은 허용되지 않는 단기의 임대차를 말한다. 즉, 한정치산자와 같이 재산관리능력은 있으나 처분능력이 없는 자나, 권한을 정하지 아니한 대리인(민§118)과 같이 타인의 재산에 대하여 관리의 권한만이 있고, 처분할 권한이 없는 자가 임대차를 하는 경우에는 그 임대차는 다음 각호의 기간을 넘지 못하도록 되어 있다(§619). (1) 식목·채염 또는 석조·석회조·연와조 및 이와 유사한 건축을 목적으로 한 토지의 임대차는 10년, (2) 기타 토지의 임대차는 5년, (3) 건물 기타 공작물의 임대차는 3년, (4) 동산의 임대차는 6월. 그리고 위의 기간은 갱신할 수 있다(§620본문). 그러나 기간만료 전 토지에 대하여는 1년, 건물 기타 공작물에 대하여는 3월, 동산에 대하여는 1월내에 갱신하여야 한다(§620但).

대여(貸與)

임대차·사용대차·소비대차 등의 계약에 의하여 당사자 일방이 금전 기타의 물건 또는 유가증권을 교부하고 일정한 시기에 반환할 것을 약속하고 상대방으로 하여금 특정한 금전 또는 물건·유가증권을 소비 또는 사용수익하게 하는 것이다.

용익임대차(用益賃貸借)

독;Pacht

독일 민법상 물건의 사용·수익을 목적으로 하는 임대차를 말한다(독민§581이하). 소작이 그 대표적인 것으로, 대략 우리나라의 임대차에 해당한다. 독일민법은 용익임대차 외에도 물건의 사용만을 목적으로 하는 사용임대차를 인정하고 있다.

예고기간(豫告期間)

미리 통지를 하고 일정기간이 지남으로써 법률효력이 발생하는 기간이다.

예컨대, 임대차의 경우에 임대인의 해지의 통지 후 토지에 있어서와 건물 및 그밖에 공작물에 있어서는 6개월, 동산에 있어서는 5일이 각각 경과해야 효력이 발생한다(민§635).

대주(貸主)

민법상 대주란 사용대차 및 소비대차의 한 쪽 당사자로서 목적물의 소유자를 의미하는 것이다(민§602, §610, §613 등).

임대료(賃貸料)

영;rent
독;Mietzins, Pachtzins
불;loyer

임대차계약에 있어서 임차물의 사용대가로 지급하는 금전 또는 기타 물건을 말한다. 임대차에서는 차임(토지의 경우에는 지료, 건물의 경우에는 가임(家賃)이라고 하나 민법은 지료(地料)라는 말을 쓴다)이라고 부른다(민§618, §632). 때로는 임대료를 보다 넓게 해석하여 예컨대 지상권의 대가인 지료를 포함하여 사용하는 일도 있다. 임대료의 지급시기는 별다른 특약이 없는 한 후불로 한다(§633). 임대료의 액은 당사자간 계약으로 자유로이 정하되, 일정한 경우에는 증감할 수 있다(§628).

임대인(賃貸人)

임대차계약에 있어서 당사자의 일방으로서의 상대방이다. 즉 임차인에 대하여 목적물을 사용·수익하기로 약정한 자를 말한다. 임대인은 임차인에 대하여 아래와 같은 권리·의무를 진다. 목적물을 사용·수익시킬 의무, 담보책임, 비용상환, 차임청구권 등이 있다(민§623, §624).

계약의 갱신(契約의 更新)

존속기간이 정하여져 있는 계약에 있어서(예:임대차) 그 기간이 만료되었을 때에, 계약의 동일성을 유지하면서 기간만을 연장하는 것이 통례이나(약정경신), 일정한 사실이 있을 때에 법률상 갱신을 청구할 수 있거나 갱신의 추정을 받을 경우가 있다(법정경신·묵시의 갱신〈민§283①, §639①〉). 건물 또는 공작물의 소유 등을 목적으로 하는 지상권이나 토지임대차의 경우에는 일정한 요건하에 지상권자나 임차인에게 갱신청구권을 인정하고 있다(§283, §643). 또 갱신 후의 존속기간은 당사자의 계약에 의하여 정하여지는데, 그 최장기 또는 최단기가 제한되는 일이 있다(§284, §312②,).

계약갱신청구권(契約更新請求權)

지상권이 소멸한 경우에 있어서 지상물이 현존하는 때 또는 건물 기타의 공작물의 소유 또는 수목·채염·목축을 목적으로 한 토지임대차에 있어서, 그 기간이 만료한 경우에 건물·수목 기타의 토지시설이 현존할 때에 지상권자 또는 토지임차인이 지상권설정자 또는 임대인에 대해 계약의 갱신을 청구할 수 있는데, 그 권리를 가리켜 계약갱신청구권이라 한다(민법 283조·643조). 그러나 이러한 갱신청구권의 성질은 형성권은 아니라 하겠다. 민법 283조의 경우 "지상권이 소멸한 경우"라고 규정하고 있으나, 결국 갱신청구권이 발생하는 것은 존속기간의 만료로 인하여 소멸하는 경우에 한하게 된다. 지상권자 또는 임차인의 갱신청구로 곧 계약갱신의 효과가 발생하는 것은 아니며, 다만 지상권설정자 또는 임대인이 갱신청구에 불응하는 경우에는 지상권자의 지상물매수청구권 또는 임차인의 지상시설의 매수청구권이 발생하게 된다. 그러므로 갱신청구가 있는 때에 지상권설정자 또는 임대인이 이에 응하느냐 또는 지상물을 매수하느냐의 양자 중 어느 하나를 택하여야 할 뿐, 계약갱신만을 감수하여야 하는 것은 아니다. 여기서 지상권자의 지상물매수청구권 또는 임차인의 지상시설매수청구권은 이른바 형성권이라 하겠다. 지상권자 또는 임차인이 이러한 이익을 갖는 범위내에서 갱신청구권은 권리성을 띠게 되는 것이다. 민법 283조와 634조의 규정은 강행규정이며, 이에 위반하는 것으로서 지상권자 또는 임차인에게 불리한 약정은 그 효력이 없다.

임대차의 갱신(賃貸借의 更新)

기간을 정한 임대차계약에서 계약기간이 만료한 경우 임차인이 임차물을 계속 사용·수익하려고 할 때에는 임대인과 재계약을 체결함으로써 임대차를 갱신할 수 있다. 이러한 재계약 외에, 임대차의 기간 만료 후에 임차인이 목적물의 사용·수익을 계속하고 있고 임대인이 이를 알면서도 이의를 제기하지 않는 경우 전임대차(前賃貸借)와 동일조건으로 다시 임대차를 한 것으로 보는 묵시의 갱신을 할 수도 있다(§639).

묵시의 갱신(黙示의 更新)

계약의 존속기간이 만료한 후 일정한 사실이 있으면 계약의 갱신으로 추정할 수 있다는 것이다. 임대차의 기간만료 후에 임차인이 임차물의 사용·수익을 계속할 경우에 임대인이 이것을 알고도 이의를 말하지 않을 때에는 전임대차와 동일조건으로써 다시 임대차를 한 것으로 추정되며(민§639①), 고용기간만료 후 근로자가 계속 노무에 종사하고 있는 것을 사용자가 알면서 이의를 제기하지 않을 경우에는 이전 계약과 동일한 조건으로써 재차 고용계약이 이루어진 것으로 추정되는(§662①) 것이 그 예이다. 이 경우에는 기간의 약정이 없는 임대차 또는 고용으로 된다. 그러나 당사자는 해지의 통고를 할 수 있다(§639①단, §662①단). 또한 이전의 임대차 또는 고용에 관하여 제3자가 제공한 담보는 인계되지 않고 기간의 만료로 인하여 소멸한다(§639②, §662②). 당사자의 의사의 여하를 불문하고 일정한 사실이 있으면 법률상 당연히 계약의 갱신이 있었던 것으로 보는 것이므로 일종의 법정갱신이다.

법정갱신(法定更新)

→ 묵시의 갱신참조

고용(雇用)
라;locatio conduction operatum
독;Dienstvertrag
불;louage de services, contrat de travail

당사자일방(노무자)이 상대방(사용자)에 대하여 노무를 제공할 것을 약정하고, 상대방이 이에 대하여 보수를 지급할 것을 약정함으로써 성립하는 계약을 말한다(민§655). 낙성의 유상·쌍무계약이다. 노무공급계약의 일종이기는 하지만 사용자의 지휘에 따라서 노무자체의 공급을 목적으로 하는 점에서 도급 또는 위임과 다르다. 고용의 기간은 장기에 관하여는 직접의 제한이 없으나 보통 3년을 넘거나, 또는 당사자의 일방 또는 제3자의 종신을 기간으로 하는 때에는 각 당사자는 3년을 경과한 후에는 언제든지 해지할 수 있다(§659①). 일용고용도 가능하다. 노무자는 스스로 노무를 제공할 의무가 있으며, 사용자의 동의 없이 제3자로 하여금 자기에 갈음하여 노무를 제공하게 하지 못한다(§657②). 이에 위반한 때에는 사용자는 계약을 해지할 수 있다(§657③). 노무자는 사용자에 대해서만 노무를 제공할 의무를 진다. 즉 사용자는 노무자의 동의 없이 노무청구권을 제3자에게 양도하지 못한다(§657①). 사용자는 계약으로 정한 보수를 지급할 의무가 있다. 보수 또는 보수액의 약정이 없는 때에는 관습에 의하여 지급해야 한다(§656①). 보수는 약정한 시기에 지급해야 하며, 시기의 약정이 없으면 관습에 의하고, 관습이 없으면 약정한 노무를 종료한 후 지체없이 지급해야 한다(§565②). 고용기간의 약정이 있는 때에는 그 기간의 만료로 인하여 고용계약은 종료하는데 그 기간만료 후 노무자가 계속하여 그 노무를 제공하는 때에는 임대차의 경우와 동일한 묵시의 경신이 인정된다(§662). 고용기간의 약정이 없는 때에는 당사자는 언제든지 계약해지의 통고를 할 수 있다(§660①). 이 경우에는 상대방이 해지의 통고를 받은 날로부터 1월이 경과하면 해지의 효력이 생긴다(§660②). 기간으로 보수를 정한 때에는 상대방이 해지의 통고를 받은 당기초의 1기를 경과함으로써 해지의 효력이 생긴다(§660③). 그러나 고용에 관한 특별법이라고 할 수 있는 근로기준법은 거의 모든 고용관계에 대해서 민법상의 고용에 관한 규정에 수정을 가하고 있다.

노무공급계약(勞務供給契約)
독;arbeitslieferungsvertrag

타인의 노무 또는 노동력을 이용하는 계약이다. 구체적으로는 (1) 노무자체의 이용을 목적으로 하고, 따라서 이것을 지시하여 일정한 목적을 향하여 효과를 발휘시키는 권능은 사용자에 속하는 고용과 (2) 타인의 노력에 의하여 완성된 일정한 일을 목적으로 하고, 따라서 노무자가 스스로 그 노무를 按配(안배)하고 그 위험에 있어서 일의 완성에 노력하는 도급, 그리고 (3) 일정한 사무의 처리라고 하는 통일된 노무를 목적으로 하고, 따라서 반드시 완성된 사무의 결과만을 목적으로 하지 않지만, 사무의 처리는 노무자가 그 독자의 식견·재능에 의하여 하는 위임이 있다.

도급(都給)
라;locatio conductio operis
독;Werkvertrag
불;louage d'industrie, louage d'ouvrage

당사자의 일방(수급인)이 어느 일을 완성할 것을 지정하고 상대방(도급인)이 그 일의 결과에 대한 보수지급을 약정하는 계약(민§664~§674)이다. 구 민법상에서는 청부라 하였다. 상법상 운송계약은 도급의 특수한 경우의 것이다(상§114~§150). (1) 도급의 성질은 유상·쌍무·불요식의 낙성계약으로서 광의(廣義)의 노무공급계약이지만 고용에 있어서와 같이 노무제공 그 자체가 목적이 아니고 노무로서 일을 완성시키는 점에 본질적인 특징이 있다. 수급인은 일의 완성과 목적물의 인도의무를 지며(가옥의 수리 등은 인도를 요하지 않는다), 도급인은 보수지급의 의무를 진다. 특약이 없는 한 일의 완성까지는 보수를 받을 수 없고, 수급인이 목적물인도의 의무를 질 때에는 인도와 보수지급은 동시이행의 관계에 선다(민§665). 일의 완성 전의 위험(재해)은 수급인의 부담으로 돌아가지만 일의 완성 후, 인도전에 생긴 위험은 보통 도급인이 부담한다. 그리고 일의 결과에 하자가 있을 때에는 수급인은 그 유책사유 유무에 불구하고 도급인에 대한 담보책임을 진다(§671). 수급인이 아직 일을 완성하지 않은 동안에는 도급인은 손해를 배상하고 언제든지 계약을 해제할 수 있다(§673). 또한 도급인이 파산선고를 받은 때에는 수급인 또는 파산관재인은 계약을 해제할 수 있다(§674①). 그리고 완성된 목적물의 하자로 인하여 계약의 목적을 달성할 수 없는 때에는 도급인은 계약을 해제할 수 있다(§668본문).

여행계약

생활 속에 대중화·보편화되어 계속적으로 증가하는 추세인 여행과 관련하여 여러 가지 법적 문제가 발생하고 있으나 민법에 이를 직접 규율하는 법령이 없어 여행자 보호에 취약한 부분이 있으므로 이를 보완하기 위하여 2015년 2월 3일 민법 개정 시 여행계약의 의의, 해제·해지, 담보책임에 관한 사항 등 여행계약에 관한 기본적인 사항을 신설하였다(2016년 2월 4일부터 시행). 여행계약은 당사자 한쪽이 상대방에게 운송, 숙박, 관광 또는 그 밖의 여행 관련 용역을 결합하여 제공하기로 약정하고 상대방이 그 대금을 지급하기로 약정함으로써 효력이 생긴다(§674의2). 여행자는 여행을 시작하기 전에는 언제든지 계약을 해제할 수 있다. 다만, 여행자는 상대방에게 발생한 손해를 배상하여야 한다(§674의3). 부득이한 사유가 있는 경우에는 각 당사자는 계약을 해지할 수 있다. 다만, 그 사유가 당사자 한쪽의 과실로 인하여 생긴 경우에는 상대방에게 손해를 배상하여야 한다(§674의4①). 여행자는 약정한 시기에 대금을 지급하여야 하며, 그 시기의 약정이 없으면 관습에 따르고, 관습이 없으면 여행의 종료 후 지체 없이 지급하여야 한다(§674의5). 여행에 하자가 있는 경우에는 여행자는 여행주최자에게 하자의 시정 또는 대금의 감액을 청구할 수 있다. 다만, 그 시정에 지나치게 많은 비용이 들거나 그 밖에 시정을 합리적으로 기대할 수 없는 경우에는 시정을 청구할 수 없다(§674의6①). 여행자는 시정 청구, 감액 청구를 갈음하여 손해배상을 청구하거나 시정 청구, 감액 청구와 함께 손해배상을 청구할 수 있다(§674의6③). 여행자는 여행에 중대한 하자가 있는 경우에 그 시정이 이루어지지 아니하거나 계약의 내용에 따른 이행을 기대할 수 없는 경우에는 계약을 해지할 수 있다(§674의7①). 계약이 해지된 경우에는 여행주최자는 대금청구권을 상실한다. 다만, 여행자가 실행된 여행으로 이익을 얻은 경우에는 그 이익을 여행주최자에게 상환하여야 한다(§674의7②).

위임(委任)
라;mandatum 영;mandate
독;Auftrag 불;mandat

사법상 당사자의 일방(위임자)이 상대방을 신뢰하여 사무의 처리를 위탁하고 상대방(수임자)이 그것을 수락함으로써 성립되는 계약(민§680~§692)이다. 노무공급계약의 일종이지만, 일정한 사무의 처리라고 하는 통일된 노무를 목적으로 하는 점에 특색이 있다. 사무의 내용은 매매·임대차 등의 법률행위인 경우도 있고 그렇지 않은 경우도 있다. 위임의 성질은 원칙적으로 무상·편무계약이지만 보수의 약정이 있는 경우가 많고 이 경우에는 유상·쌍무계약이 된다. 그리고 위임은 낙성·불요식의 계약이지만 실제에 있어서는 위임장이 교부되는 예가 많다. 이것은 성약서(成約書)에 불과하나 보통 대리권 수여의 증거로 쓰인다. 수임자는 보수의 유무에 관계없이 위임의 본지에 따라 선량한 관리자의 주의를 가지고 위임사무를 처리해야 하며(§681), 사무처리 상황의 보고의무(§683), 사무처리에 당하여 수취한 금전 그 밖의 물건 및 과실의 인도의무(§684①), 위임자를 위하여 취득한 권리의 이전의무(§684②), 자기를 위하여 사용한 금전의 이자지급 및 손해배상의무 등을 진다(§685). 위임자는 보수지급의무(유상의 경우)를 지는 외에 비용선급의 의무, 지출비용 및 이자의 상환의무 등 민법소정의 의무를 진다(§686, §687, §688). 위임은 당사자 간의 신뢰에 기초되는 것이므로 그 신뢰가 무너지면 각 당사자는 언제든지 그 이유를 제시하지 않고 해지할 수 있다(§689). 또한 위임은 당사자 한쪽의 사망이나 파산으로 종료되고, 수임인이 성년후견개시의 심판을 받은 경우에도 종료된다(§690). 또한 위임종료의 경우에 급박한 사정이 있는 때에는 수임인·그 상속인이나 법정대리인은 위임인· 그 상속인이나 법정대리인이 위임사무를 처리할 수 있을 때까지 그 사무의 처리를 계속하여야 한다(§691). 위임종료의 사유는 이를 상대방에게 통지하거나 상대방이 이를 안 때가 아니면, 이로써 상대방에게 대항하지 못한다(§692).

위임장(委任狀)

형식적인 의미로는 타인에게 어떠한 사항을 위임한 사실을 기재한 문서를 말하나, 실제에 있어서는 그 사항에 관한 대리권을 수여한 것을 표시하는 문서로서, 대리권 수여의 증거로 쓰인다. 위임장의 일부(대리할 사항, 대리권 수여의 상대방)를 백지로 하여 둔 것을 특히 백지위임장이라고 한다. 위임장 중에서 가장 많은 문제점을 가지고 있다. 국제법상으로는 영사(領事)에 관한 위임장이 있다.

위탁(委託)

법률행위 또는 사실행위를 타인에게 의뢰하는 것이다. 위임, 준위임·주선·운송·신탁·어음 등 여러 가지 법률관계의 기초를 이룬다. 위탁을 받은 자는 어느 정도까지 자유재량을 행사할 수 있고 위탁자와의 사이에 신임관계가 생기는 데 특색이 있다. 위탁을 한 자와 위탁을 받은 자의 명칭은 법률관계에 따라 다르다. 예컨대 위임의 경우에는 위임자·수임자이고, 신탁의 경우에는 위탁자·수익자라고 한다.

임치(任置)
라;depositum 영;deposit
독;Verwahrung 불;dépôt

당사자의 일방(수치인)이 상대방(임치인)을 위하여 금전이나 유가증권 기타 물건을 보관하는 계약이다(민§693~§702). 구민법은 이것을 기탁(寄託)이라 하고, 요물계약으로 하였으나, 현행의 민법은 임치계약을 낙성계약으로 하였다. 보관료를 지급하는 경우와 그렇지 않은 경우가 있는바, 전자는 유상·쌍무계약이고, 후자는 무상·편무계약이다. 목적물은 동산인 경우가 많지만 부동산일 수도 있다. 상법상의 임치에 대하여서는 특칙이 있으며(상§62, §152, §154), 특히 그 특수형태인 창고업에 대하여서는 상세한 규정이 구비되어 있다(상§155~§168). 임치물의 보관은 무상임치의 경우에는 「자기재산과 동일한 주의」를 가지고 보관하면 충분하지만(민§695), 유상임치의 경우에는 선량한 관리자의 주의를 가지고 보관하지 않으면 안된다(상법상으로는 비록 무상이라 하더라도 선관의무을 진다 〈상§62〉). 임치인은 반환시기를 정하였다 하더라도 언제든지 계약을 해지할 수가 있으며, 수치인도 부득이한 경우에는 기한 전이라도 계약을 해지할 수 있다(민§698, §699).

수치인(受置人)

임치에 의하여 임치인으로 부터 금전이나 유가증권 기타의 물건의 보관을 위탁받은 자를 말한다. 수치인은 가장 기본적인 의무로서 임치물 보관의무를 부담한다. 임치가 무상인 경우에는 수치인은 자기재산과 동일한 주의를 가지고 보관하여야 한다(민법 695조). 만일 임치가 유상이면 선량한 관리자의 주의의무를 가지고 보관하여야 한다(민법 374조). 또한 상인이 그 영업범위 내에서 물건의 임치를 받은 경우에는 비록 무상이더라도 선관주의가 요구되며(상법 62조), 공중접객업자가 손님으로부터 받은 임치물에 관하여는 특히 무거운 책임을 지게 된다(민법 694조). 수치인은 자신이 임치물을 보관하는 것이 원칙이지만 임치인의 승낙이나 부득이한 사정이 있는 때는 제3자에게 보관시킬 수 있다(민법 701조). 이런 경우에 수치인은 그가 선임한 복수치인의 선임·감독에 귀책사유가 있을 때에만 그 복수치인이 채무불이행에 대하여 책임을 진다(민법 121조 1항). 또한 복수치인을 임치인이 지명한 때에는 그 복수치인의 부적임 또는 불성실을 알면서도 임치인에게 통지나 해임을 해태한 경우에만 책임을 진다(민법 112조2항). 복수치인은 임치인과 제3자에 대하여 수치인과 동일한 권리·의무를 갖는다(민법 123조2항). 수치인은 보관에 따르는 부수적 의무로서 임치물에 대한 권리를 주장하는 제3자가 소를 제기하거나 압류한 때에는 지체 없이 임차인에게 이를 통지할 의무를 진다(민법 696조). 또한 위임의 규정의 준용에 의하여 수치인은 임치물의 보관을 위하여 받은 금전 기타의 물건 및 그 수취한 과실을 임치인에게 인도하여야 하며, 수치인이 임치인을 위하여 자기의 명의로 취득한 권리는 임차인에게 이전하여야 한다(민법 684·701조). 또한 수치인이 임치인의 금전을 자기를 위하여 소비한 때에는 그 소비한 날 이후의 이자를 지급하여야 하며, 그밖에 손해가 있으면 이를 배상하여야 한다(민법 685·701조).

선관주의의무(選管主意義務)

독;die im Verkehr erforderliche Sorgfalt
불;diligentia boni patris familias, les soins d'un bon pére de famille)

선관주의 즉 선량한 관리자의 주의라 함은 그 사람의 직업 및 사회적 지위에 따라 거래상 보통 일반적으로 요구되는 정도의 주의를 말한다. 일반적·객관적 기준에 의해 요구되는 정도의 주의를 말한다. 일반적·객관적 기준에 의해 요구되는 주의를 결하는 것을 추상적 과실이라 하는데, 이는 민법상의 주의의무의 원칙이다. 이에 반해 행위자의 구체적·주관적 주의능력에 따른 주의만이 요구되어 주의의무가 경감되는 경우가 있다. 예를 들면, 자기재산과 동일한 주의(민법 695조), 자기의 재산에 관한 행위와 동일한 주의(민법 922조), 고유재산에 대하는 것과 동일한 주의(민법 1022조) 등이다. 이러한 정도의 주의를 결하는 것을 구체적 과실이라고 한다.

소비임치(消費任置)

라;depositum irregulare
독;Hinterlegungsdarlehen, unregelmässige Verwahrung
불;depôt irregulier

수치인이 임치물을 소비하고 후일 그와 동종·동질·동량의 물건을 반환할 것을 약정하는 임치(민§702)이다. 불규칙 임치라고도 한다. 우편예금이나 은행예금 등이 예가 된다. 소비임치의 특징은 임치물의 소유권이 수치인에게 이전하며 임치물이 대체물이고 소비물이라는 데 있다. 일반적으로 소비대차에 관한 규정이 준용된다. 그러나 소비대차는 차주(借主)의 이익을 위하여 체결되는 데 대하여 소비임치는 임치인의 이익을 위하여 체결되는 것으로 경제적 목적에 차이가 있다. 그러므로 반환시기에 약정이 없는 경우의 반환청구는 소비대차에 있어서는 상당한 유예기간을 둠에 반하여 소비임치에 있어서는 언제든지 할 수 있다(§603②, §702단). 비록 반환시기가 약정되고 있다 할지라도 필요한 사정이 있으면 임치인은 그 기한 전일지라도 반환청구를 할 수 있다(§699).

조합(組合)

라;societas 영;partnership
독;Gesellschaft 불;société

2인 이상의 영업자가 상호출자하여 공동사업을 경영할 것을 약정하는 계약(민§703~§724)이다. 출자는 그 종류·성질에 제한이 없고 금전 그 밖의 재산·노무·신용 등 재산적 가치가 있는 것이면 된다(§703②). 사업은 영리를 목적으로 하지 않는 것이거나 일시적인 것(당좌조합)이어도 좋다. 그러나 공동으로 경영하는 것이어야 하므로 이익은 전원이 받는 것이어야 한다. 따라서 한 사람만이 이익을 보는 사자조합(獅子組合)이나 익명조합은 민법상의 조합이 아니다. 조합계약은 낙성계약으로 각 조합원이 지는 출자의무는 대가관계에 있으므로 유상·쌍무계약이다. 쌍무계약이라고는 하지만 보통의 쌍무계약과는 달라 각 조합원의 채무는 모두 공동목적을 위하여 결합되어 있는 점에 특색이 있으며, 쌍무계약에 관한 일반적 규정을 조합에 적용함에 있어서는 일정한 제한을 받는다. 첫째 동시이행의 항변에 관한 것으로 각 조합원은 업무집행자로부터 출자를 청구 당하면 자기 이외에 출자를 하지 아니한 다른 조합원이 있어도 동시이행의 항변을 행사하지 못한다. 둘째 위험부담에 있어서도 일(一) 조합원의 출자의무가 불능으로 되어도 그 조합원이 조합관계로부터 탈퇴할 뿐이고, 다른 조합원간의 조합관계는 존속한다. 조합은 공동목적을 가진 인적 결합체로서 일종의 단체성을 가지며, 사단과 대비된다. 그러나 조합은 사단과는 달리 단체로서의 단일성이 약하고 각 조합원의 개성이 강하며, 각 조합원이 공동목적에 의하여 결합되는데 불과하다. 대외적으로는 사단이 법인격(사단법인)을 갖는데 대하여 조합은 법인격을 갖지 않는 것이 보통인데, 내부관계에서 오는 단체의 유형과 법인격과는 반드시 일치하지 않고, 법인이 아닌 사단(권리능력 없는 사단)이 있는가 하면 반면에 조합의 실체를 갖는 법인(합명회사)도 있다. 또 민법상의 조합은 아니나 조합의 이름을 갖는 특별법상의 법인이 있다(예 : 노동조합·협동조합·공공조합 등).

조합의 업무집행

(組合의 業務執行)

조합의 관리나 업무는 원칙적으로 조합원전원이 다수결에 의하여 행하여진다. 다만 조합계약(또는 추가계약)에 의하여 1인 또는 수인의 조합원을 업무집행자로 정한 때에는 그에게 위임되고 다른 조합원은 검사권만을 갖는다(민§706, §710). 업무집행의 방법은 통상업무 이외는 업무집행자의 과반수로 결정한다(§706③). 그러나 조합의 통상업무는 각 조합원 또는 각 업무집행자가 전행(專行)할 수 있다(§706③본문). 다만 그 사무의 완료 전에 다른 조합원 또는 업무집행자의 이의가 있는 때에는 즉시 중지하여야 한다(§706③但). 조합계약으로 업무집행자를 정하지 아니한 경우에는 조합원의 3분의 2이상의 찬성으로써 이를 선임한다(§706③). 위의 업무집행자의 직무는 마치 수임인 직무에 유사하므로 민법은 이에 관하여 수임인의 권리·의무에 관한 규정을 전부 준용하고 있다(§707). 그러나 그 관계는 위임과 같이 양당사자가 언제든지 해지할 수 있는 것이 아니고(§689①), 정당한 사유가 없으면 사임하지 못하며, 또 다른 조합원의 일치가 아니면 해임하지 못한다(§708). 조합의 업무를 집행하는 조합원은 그 업무집행의 대리권이 있는 것으로 추정한다(§709). 즉 대외적으로는 전적으로 대리의 이론에 의한다. 일반적으로 업무집행자가 대리권을 갖고 그 자만이 정당한 대리인으로서 행동한다(조합대리). 그러나 대리권이 없는 조합원 또는 업무집행자의 대외적 행위는 표현대리의 이론에 의하여 해결되는 경우가 많을 것이다.

조합재산(組合財産)

독;gesellschaftsvermögen

민법상의 조합을 구성하는 조합원의 합유에 속하는 재산을 의미한다. 조합원이 출자한 재산이 그 중요한 부분을 이루나, 그밖에 각 조합원에 대한 출자청구권, 조합의 공동사업으로 취득한 재산, 조합재산에서 생긴 과실 등도 이에 속한다. 조합재산은 조합원 개인의 고유의 재산인 경우에는 어느 정도의 독자성이 있으며, 총조합원의 합유에 속한다(민§271, §704). 따라서 조합원은 조합청산 전에 조합재산의 분할을 청구하지 못하며, 조합원 전원의 동의 없이 조합재산에 대한 지분을 처분할 수 없다. 또한 조합원의 지분에 대한 압류는 그의 장래의 이익 배당 및 지분의 반환을 받을 권리에 대해서만 효력이 미친다(§714). 또한 조합의 채권도 총조합원에게 합유적으로 귀속하며, 조합의 채무자는 그 채무와 조합원에 대한 채권과는 상계할 수 없다(§715). 조합채무는 대개는 조합재산으로부터 변제되지만, 조합채권자는 직접으로 조합원의 개인재산에 대해서 집행할 수도 있다. 조합원 각자가 부담하여야 할 채무의 비율은 출자액에 따르고, 채권발생당시 조합원의 손실부담비율을 모를 때에는 채권자는 각 조합원에게 균분하여 그 권리를 행사할 수 있다(§711①, §712). 조합원 중에 변제할 자력 없는 자가 있으면 그 변제할 수 없는 부분은 다른 조합원이 균분하여 변제하여야 한다(§713). 다만, 법인격 있는 특별법상의 조합의 재산은 법인의 재산이므로 일반의 조합재산과 다르다.

조합의 탈퇴와 가입
(組合의 脫退와 加入)

조합원은 조합에서 임의로 탈퇴할 수도 있고(민§716①), 사망·파산·성년후견의 개시·제명 등에 의해 비임의로 탈퇴할 수도 있다(§717). 조합계약으로 조합의 존속기간을 정하지 아니하거나 조합원의 종신까지 존속할 것을 정한 때에는 각 조합원은 언제든지 탈퇴할 수 있다(§716①본문). 그러나 부득이한 사유 없이 조합에 불리한 시기에 탈퇴하지 못한다(§716①단). 또 조합원의 존속기간을 정한 때에도, 조합원은 부득이한 사유가 있으면 탈퇴할 수 있다(§716②). 또한 조합원의 제명은 정당한 사유 있는 때에 한하여 다른 조합원의 일치로써 이를 결정한다(§718①). 이 제명결정은 제명된 조합원에게 통지하지 아니하면 그 조합원에게 대항하지 못한다(§718②). 탈퇴는 탈퇴자와 다른 조합원과의 사이에 지분의 환급문제를 발생시키고, 조합을 청산하게 한다. 가입에 관하여는 민법에 규정이 없지만 탈퇴를 허용하고 있는 이상 당연히 가입도 허용되어야 한다.

조합의 해산과 청산
(組合의 解散과 淸算)

각 조합원은 부득이한 사유가 있는 때에는 조합의 해산을 청구할 수 있다(민§720). 조합은 해산에 의하여 종료한다. 청산은 해산한 조합의 재산관계의 정리이며, 법인의 청산과 비슷하다. 조합이 해산한 때에는 청산은 총조합원 공동으로 또는 그들이 선임한 자가 그 사무를 집행한다(§721①). 이 경우의 청산인의 선임은 조합원의 과반수로써 결정한다(§721②). 청산인이 수인인 때에는 업무집행은 그 과반수로써 결정한다(§722, §706② 후단준용). 조합원 중에서 청산인을 정한 때에는 그 청산인은 정당한 사유 없이 사임하지 못하며, 다른 조합원의 일치가 아니면 해임하지 못한다(§723, §708준용). 청산인의 직무 및 권한은 법인의 청산인의 그것과 동일하다(§724①, §87준용). 잔여재산은 각 조합원의 출자가액에 비례하여 이를 분장한다(§724②).

민법 제720조에 규정된 조합의 해산사유인 부득이한 사유에는 경제계의 사정변경이나 조합의 재산상태의 악화 또는 영업부진 등으로 조합의 목적달성이 현저히 곤란하게 된 경우 외에 조합원 사이의 반목·불화로 인한 대립으로 신뢰관계가 파괴되어 조합의 원만한 공동운영을 기대할 수 없게 된 경우도 포함되며, 위와 같이 공동사업의 계속이 현저히 곤란하게 된 이상 신뢰관계의 파괴에 책임이 있는 당사자도 조합의 해산청구권이 있다*(대법원 1993. 2. 9. 선고 92다21098)*.

집합재산(集合財産)
독;Gesamthandsvermögen

특별재산 중에서 1인의 주체에 속하는 것에 대하여 수인의 주체에 속하는 것을 특히 이같이 부르는 일이 있다. 조합재산(민§704). 공동상속재산(§100

6) 등이 그 예이다. 이들 경우에는 수인의 주체간에도 어떤 인적 견련관계가 있으며, 집합재산의 관리는 이 인적 조합관계를 규율하는 규범에 의거하여 행해지는 일이 많다.

해산(解散)

영;winding up, dissolution
독;Auflösung
불;dissolution

존속이유를 잃은 법인이 본래의 권리능력을 상실하는 것이다. 사단법인과 재단법인에 공통한 해산사유로서는 존립기간의 만료, 정관에 정한 해산사유의 발생, 법인의 목적의 달성 또는 달성의 불능, 파산, 설립허가의 취소가 있다. 사단법인만에 특유한 해산사유로서는 사원이 없게 되는 것 및 총회의 해산결의가 있다(민§77). 사단법인의 총회에서 해산결의를 함에는 정관에 다른 규정이 없으면 총사원의 4분의 3 이상의 동의가 있어야 한다(§78). 해산한 법인은 청산의 절차가 개시되며, 청산의 목적의 범위 안에서만 법인으로서 권리능력이 존속한다(청산법인). 민법은 법인이 아닌 조합이 그 조합관계를 종료하여 재산의 정리를 할 단계에 들어가는 것도 해산이라고 하고 있다(§720~§724). 이것은 가장 넓은 의미로서 단체가 그 존재를 잃고 재산의 정리 상태에 들어가는 점에서는 법인의 해산의 경우와 같으나 조합의 해산은 그 인격의 소멸원인이 아니라는 점에 차이가 있다.

종신정기금계약(終身定期金契約)

영;life annuity
독;Leibrentenvertrag
불;contrat de rente vigère

한 쪽 당사자가 자기, 상대방 또는 제3자의 종신까지 정기로 금전 기타의 물건을 상대방 또는 제3자에게 지급할 것을 약정함으로써 성립하는 계약(민§725)이다. 정기에 지급하는 금전 기타 물건을 정기금이라 한다. 이 계약의 특색은 특정인의 終期(종기), 즉 사망시까지 정기금 채권이 존속하는 것이며, 사망이라는 불확정적인 우연한 사실에 계약의 존속이 구속된다는 점에서 일종의 사행계약이라는 데에 있다. 이 계약의 성질은 정기금 채무를 부담함에 있어서 아무 대가 없이 증여로 할 경우에는 무상계약이고, 외상채무·소비대차채무 기타 원본을 수취하여 종신 정기금으로 하는 경우는 유상계약이며, 모두 제3자를 위한 계약이다. 그리고 당사자의 의사의 합치만으로 성립하고, 또한 아무런 방식도 요하지 아니하므로 성낙·불요식계약이다. 정기금의 목적물은 보통 금전이고 그 외에 「기타의 물건」도 될 수 있으나 이는 대체물임을 요한다. 「정기로 지급한다」함은 매년·매월처럼 일정한 기간을 두고 규칙적으로 돌아오는 시기마다 지급함을 말하며, 매기에 지급하는 금액은 동일함을 요하지 않는다. 정기금채무의 불이행에는 채무불이행의 일반원칙이 적용되지만, 특히 정기금 채무자가 원본을 수취한 경우에는 정기금채권자는 최고 없이 계약을 해제하여 원본의 반환을 청구할 수 있고, 또한 손해가 있으면 그 배상도 청구할 수 있다. 그러나 이미 수취한 정기금이 있는 경우에는 원본의 이자를 공제한 금액을 정기금 채무자에게 반환하여야 한다(§727). 채권자의 사망으로 종신정기금계약은 종료되지만, 그 사망이 정기금 채무자의 귀책사유로 인한 때에는 정기금 채권자 또는 그 상속인은 민법 제727조에 의하여 계약해제·손해배상의 청구를 하든지 법원에 추정생존연한을 인정받든지 할 수 있다(§729①, ②). 종신정기금계약은 보험적 작용을 하는데, 실제로 사인끼리 적용되는 일은 드물고 공공의 제도로 이용되는 일이 많다.

화해(和解)
라;transactio 영;compromise
독;Vergleich 불;transaction

분쟁당사자가 서로 양보하여 당사자 사이의 분쟁을 종지할 것을 약정함으로써 성립하는 계약(민§731)이다. 재판상의 화해(소송상의 화해 및 제소전의 화해)에 대하여 재판외의 화해라고도 한다. 양쪽 당사자가 주장을 포기·변경하여 양보할 채무를 진다는 점에서 쌍무계약이며, 양쪽 모두 양보로써 제공을 받는 점에서 유상계약이다. 법률관계는 화해의 결과에 따라 정하여지며(§732), 후에 화해의 내용에 반하는 확증이 나타나더라도 화해의 결과는 상실되지 아니한다. 그러나 친족관계의 분쟁과 같이 당사자가 임의로 처분할 수 없는 분쟁에 대하여서는 화해할 수 없다(§846참조). 그리고 화해계약의 의사표시에 착오가 있어서도 화해계약을 취소하지 못한다(§733본문). 그것은 화해로 인하여 법률관계가 창설적 효력을 가지기 때문이다. 그러나 화해당사자의 자격 또는 화해의 목적인 분쟁 이외의 사항에 착오가 있는 때에는 예외로 한다(§733단).

사무관리(事務管理)
라;negotiorum gestio
독;Geschäftsführung ohne uftrag
불;gestion k'affaire

법률상의 의무없이 타인을 위하여 그 사무를 관리하는 행위를 말한다(민§734~§740). 부탁받지 않고 부재자의 집을 수리하는 것이나 도망쳐 달아난 가축을 잡아서 먹이를 주는 행위 등이다. 타인의 사무를 간섭하는 것은 안 되지만 공동생활에서 권리나 의무가 없는 경우에도 호의로 하는 때에는 그 행위는 어느 정도까지 시인되어야 한다. 그래서 민법은 한편으로 관리자에 대하여 적어도 타인의 사무를 관리하기 시작한 이상, 가장 본인에게 이익이 되는 방법으로 관리를 계속할 의무를 지우는 동시에 다른 한편으로 본인에 대하여 관리자가 지출한 비용을 상환할 의무를 지우고 있다(§734~§740). 사무관리의 성질은 준법률행위이다. 본인에게 불리하거나 본인의 의사에 반하는 것이 명백하지 않을 경우에 의무 없이 타인을 위하여 그 사무를 관리함으로써 성립한다. 관리자가 사무의 관리를 시작한 때에는 지체없이 본인에게 그 뜻을 통지하여야 한다(§736본문). 관리자는 본인·상속인 등이 그 사무를 관리할 수 있게 될 때가지 관리를 계속하여야 한다. 그러나 관리의 계속이 본인의 의사에 반하거나 본인에게 불리함이 명백하 때에는 그렇지 않다(§737). 급박한 위해가 있는 경우에는 물건을 파손하였더라도 악의 또는 중대한 과실이 없는 한 손해배상의 책임이 없다(§735). 본인은 사무의 관리를 위탁한 것은 아니므로 계약상의 채무는 지지 않으나 관리자가 지급한 비용을 상환하여야 하며, 또한 관리자가 본인을 위하여 부담한 채무를 변제하지 않으면 안된다(§739). 관리자가 사무관리를 함에 있어서 과실없이 손해를 받은 때에는 본인의 현존이익의 한도 내에서 그 손해의 배상을 청구할 수 있다(§740). 본인은 관리자에게 원칙적으로 보수를 지급해야 할 의무는 지지 않으나 유실물의 습득이나 수난구호의 경우에는 각각 특별법에 의하여 보상금·보수를 지급해야 한다고 규정되어 있다(유실§4, 수구§28~§32).

사무관리의 인정근거

사회부조설	타인의 사무에 간섭하면 위법하여 불법행위가 되지만 상호부조의 정신에 따라 위법성을 조각시키는 것이 사무관리의 취지라는 견해이다. 이에 의하면 사무관리가 성립하기 위해서는 사무관리의사가 있어야 한다.
귀속성설	타인사무관리에 따른 본인과 관리인의 재산관계를 다루기 위한 제도를 사무관리로 이해하는 견해이다. 따라서 사무관리가 성립하기 위해서는 객관적으로 타인의 사무이면 충분하고, 사무관리의사는 요건으로 하지 않는다.
판례	사회부조설의 태도이다(94다59943참조).

사무관리라 함은 의무 없이 타인을 위하여 그의 사무를 처리하는 행위를 말하는 것이므로, 만약 그 사무가 타인의 사무가 아니라거나 또는 사무를 처리한 자에게 타인을 위하여 처리한다는 관리의사가 없는 경우에는 사무관리가 성립될 수 없다*(대법원 1995. 9. 15. 선고 94다59943)*.

준사무관리(準事務管理)

독;unechte Geschafsfü hrung ohne Auftrag

권리가 없음을 알면서 타인의 사무를 자기를 위한 의사로써 관리하는 것이다. 예컨대, 타인의 가옥을 임대하여 비싼 가임(家賃)을 받든가, 타인의 특허권을 행사하여 고율의 이자를 받는 경우에 진정한 권리자와 관리자 사이에 성립되는 관계를 말한다 일반적 사무관리의 관계는 타인을 위하여 하는 의사를 갖고 관리한 경우인데 대하여 준사무관리에 있어서는 자기를 위하여 하는 의사를 가지고 하는 것이므로, 사무관리에 준하는 관계라고 칭하는 것이다. 준사무관리는 원래 불법행위 또는 부당이득의 규정에 의하여야 할 것이지만, 본인의 청구를 용이하게 하고 본인의 지위를 보호하려는 뜻에서 인정되는 것이다. 이러한 뜻에서 명문이 없는 우리 민법의 해석으로서도 이것을 인정하려는 설이 유력하다(독일 민법에는 명문규정이 있다〈독민§687②〉).

보존비(保存費)

채권의 소멸시효중단을 위한 비용이나 건물의 수리비 등과 같이 점유물의 멸실·훼손을 방지하기 위하여 지출한 비용을 말한다. 즉 점유자가 점유물을 점유하고 있는 동안 그 점유물에 관해 지출한 비용이 있으면 점유물을 반환할 때에 점유회복자에게 그 지출한 비용을 청구할 수 있는 바, 그 비용에는 민법상 필요비와 유익비가 있는데, 필요비에는 보존비·수선비·사육비·공조공과 등이 있다. 민법 제203조 제1항은 '점유자가 점유물을 반환할 때에는 회복자에 대하여 점유물을 보존하기 위하여 지출한 금액, 기타 필요비의 상환을 청구할 수 있다. 그러나 점유자가 과실을 취득한 경우에는 통상의 필요비는 청구하지 못한다.'고 규정하고 있다.

유익비(有益費)

독;nützliche Verwendung
불;dépenses utiles)

필요비에 상대되는 개념으로, 물건의 개량·이용을 위하여 지출되는 비용을 말한다. 유익비라고 할 수 있기 위하여서는 목적물의 객관적 가치를 증가하는 것이어야 하나, 목적물 자체의 가치를 증가하여야 하는 것은 아니다. 예컨대 가옥의 임차인이 집 앞 통로의 포장비용을 지출한 때에도, 그것이 가옥의 가치를 증가시킨 한도에서 유익비가 될 수 있다. 타인의 물건에 관하여 지출한 유익비는 그것을 지출함으로써 생긴 가액의 증가가 현존하는 경우에 한하여 상환을 청구할 수 있다(민법 203조2항, 325조2항, 367조, 594조, 611조, 626조2항). 이는 유익비를 지출하여 목적물의 가치가 증가한 때에는 부당이득이 되므로 상환케 하는 것이다. 상환의무자는 지출금액이나 현존하는 증가액 중의 어느 하나만을 선택하여(민법 380조이하) 상환하면 된다. 그러나 사무관리에 있어서는 지출한 유익비만을 상환하여야 한다(민법 739조1항). 유익비의 청구자는 유치권은 가지나, 법원은 상환의무자의 청구에 의하여 상당한 기간을 허여할 수 있으며, 이때에는 유치권이 소멸한다. 유익비·필요비 이외에는 사치비라고 한다.

현존이익의 한도

(現存利益의 限度)

어떤 사실에 의하여 받은 이익이 그 후의 멸실·훼손·소비 등에 의하여 감소한 경우에 그 잔여의 이익을 현존이익이라고 말한다. 이익은 반드시 원형으로 남아 있음을 요하지 않고 이익의 경제적 가치, 즉 수익자의 증가된 재산상태가 현존하면 된다. 이익의 현존여부는 반환청구당시를 표준으로 하며, 수익자가 받은 이익은 현존하는 것으로 추정되기 때문에 이익이 현존하지 않는다는 사실은 수익자가 입증함을 요한다. 민법은 취득한 이익을 전부반환 시키는 것이 과중하다고 생각되는 때에는 이것을 제한하기 위하여 이 표준을 사용하여 현존이익의 한도내에서만 반환하도록 하였다. 민법은 「현존이익의 한도」라고 표현할 때도 있고(§444②, §739③), 「이익이 현존하는 한도

」(§29②, §141단) 또는「이익이 현존한 한도」(§748①)로 표현할 때도 있다.

비채변제(非債辨濟)

라;condictioindebiti
독;Zahlung einer Nichtschuld
불;paiement de l'indu

협의로는 채무가 없는데도 불구하고 변제하는 것이며, 광의로는 그 이외에 기한 전의 변제나 타인의 채무의 변제까지도 포함하는 의미이다. (1) 협의의 비채변제(非債辨濟) : 채무가 존재하지 않는데도 불구하고 변제를 하게 되며, 법률상의 원인을 결하는 것이므로 일반적으로는 부당이익이 성립하고 반환청구가 인정되는 것이지만, 변제당시「채무의 부존재를 알고 있을 경우」에는 그 급부한 것의 반환을 청구할 수 없다(민§742). (2) 기한전의 변제 : 기한도래 전의 변제는 법률상의 원인을 결(缺)하고 있다고는 할 수 없으므로 부당이익은 성립하지 않고 반환청구도 할 수 없다. 그러나 착오에 의하여 기한 전에 변제하였을 경우에는 그에 의하여 얻은 채권자의 이익(기한까지의 은행이자 등)의 반환청구를 할 수 있다(§743). (3) 타인의 채무변제 : 채무자가 아닌 자가 타인의 채무인 것을 알면서 변제하는 경우와 타인의 채무를 자기의 채무로 오인하고 변제하는 경우가 있다. 전자는 제3자의 변제로서 유효하나(§469), 후자는 무효가 되고 부당이익이 성립되어 반환청구를 할 수 있다. 그러나 후자의 경우에 대하여서는 선의의 채권자를 보호하기 위하여 채권자가 선의로 증서를 훼멸하고, 담보를 포기하고 또는 시효로 인하여 그 채권을 잃었을 경우에는 반환청구가 인정되지 않고(§745①), 변제자는 채무자에 대하여 구상권을 행사할 수 있는데 불과하다. (4) 도의관념에 적합한 비채변제(非債辨濟) : 채무없는 자가 착오로 인하여 변제한 경우에 그 변제가 도의관념에 적합한 때에는 그 반환을 청구하지 못한다(§744).

부당(不當)

일반적으로 법의 이념에 비추어 적당하지 않은 것을 말한다. 용례에 따라 다의적인 바, (1) 민법 제741조의 부당이득에서의 '부당'은 법률상 원인 없이 타인의 손실로 인해 이익을 얻는 것을 뜻하고, (2) 위법에 상대되는 개념으로도 쓰이는 바, 이때는 예컨대 '행정처분이 위법은 아니지만 부당하다'고 고하는 경우처럼, 법규위반은 아니지만 제도의 목적상 타당하지 않다는 의미이다.

부당이득(不當利得)

법률상의 원인없이 타인의 재산이나 노무 등의 손실에 의하여 이익을 얻는 것이다. 예를 들면 채무자가 이중변제를 한다든가, 타인의 산림을 자기의 산림으로 오인하여 수목을 벌채하였을 경우이다. 형평의 이념에 입각하여 부당한 이득자는 손실자에게 그 이득을 반환하여야 한다는 것이 이 제도의 취지이다. 즉 부당이득은 손실자에게 그 이득을 반환하여야 한다는 것이 이 제도의 취지이다. 즉 부당이득은 손실자의 급부행위에 의하여 발생하는 경우도 있고 첨부와 같이 손실자의 급부행위 없이 발생하는 경우도 있지만 일반적으로는 부당이익의 반환의무를 부담하게 하는 것은 권리자의 의사에 반하는 재산적 이익을 인정할 수 없다는 근대법의 원리에 유래하고 있다. (1) 부당이득이 성립하려면 ㉮ 타인의 재산 또는 노무에 의하여 이익을 얻을 것 : 그 이득은 적극적 이득은 물론이고 소극적 이득(당연히 부담하여야 할 채무를 면한 것 같은 것)을 포함한다. ㉯ 그 이득에 의하여 타인에게 손실을 입히는 것 : 부당이득이 되려면 이득과 손실과의 사이에 직접적인 원인관계가 필요하게 된다. ㉰ 그 이득이 법률상의 원인을 결하는 것일 것 :「법률상의 원인없다」고 하는 것은 이득의 직접원인인 법률요건이 없는 등 실질적으로 보아 이러한 이득을 수익자에게 유보시킨다는 것이 법률의 이념인 공평관념에 반하는 것으로 인정될 것 등이다. (2) 부당이득의 효과로서 손실자에게는 이득반환청구권이 생긴다. 원물반환이 원칙이지만 그것이 불가능하면 가격반환의 방법에 의할 수 있다(§747). 반환의 범위는 ㉮ 이득자가 선의인 경우에는 현존이익에 한하며, ㉯ 악의인 경우에는 받은 이익과 그 이자를 반환하고 또한 손해가 있으면 그 배상책임이 있다(§748). (3) 특수한 부당이득이란 특수한 요건하에 성립하는 부당이득이다. 민법은 불법원인급부와 비채변제에 대한 규정을 설정하고 있다(§742, §746).

악의의 수익자(惡意의 受益者)

부당이득에 있어서 법률상 원인없이 어떤 이익을 취득하고 있음을 알면서 수익을 한 자이다. 악의의 수익자의 이득반환의 범위는 선의의 수익자의 경우보다 넓어서, 그 받은 이익에 이자를 붙여 반환하고 손해가 있으면 이를 배상하여야 한다(§748).

불법원인급여(不法原因給與)

라;condictio obiniustam causam, condictio obturpem causam
독;Kondiktio wegen verwerflichen Empfanges
불;refus k'action pour cause k'indignite

불법의 원인에 기하여 행하여진 급부를 말한다. 불법원인급부라고도 한다. 인신매매나 도박판에서 금전의 수수가 이루어진 경우와 같이 불법한 원인에 의하여 행하여진 급부이다. 이러한 급부는 본래 공서양속에 반하는 무효의 것이며, 법률상의 원인이 없는 이득이 되어 부당이득의 반환이 대상이 되어야 하겠지만 그렇게 하는 것은 오히려 불법적인 행위에 국가가 조력하는 것이 되어 법의 이념에 반하기 때문에 그 반환을 청구할 수 없게 하였다(민 §746전단). 그러나 불법의 원인이 수익자에게만 존재하는 경우에는 부당이득 반환청구권이 인정된다(§746후단). 여기에서 「불법」의 의미에 대하여 견해가 나뉜다. 최광의설은 선량한 풍속 기타 사회질서 위반 외에 강행법규 위반도 포함한다는 견해이고, 광의설은 선량한 풍속 기타 사회질서 위반을 의미한다고 본다. 협의설은 선량한 풍속

위반을 뜻하며, 도덕적 비난 가능성이 있어야 한다고 보는 견해이다. 대법원은 광의설의 태도로서 제103조 위반의 경우를 의미한다고 이해한다(83다430참조).

> 자민법 제746조가 규정하는 불법원인이라 함은 그 원인될 행위가 선량한 풍속 기타 사회질서에 위반하는 경우를 말하는 것으로서 설사 법률의 금지에 위반하는 경우라 할지라도 그것이 선량한 풍속 기타 사회질서에 위반하지 않는 경우에는 이에 해당하지 않는 것이다*(대법원 1983. 11. 22. 선고 83다430).*

불법행위(不法行爲)
라;delictum 영;tort
독;unerlaubte handlung
불;acte illicite, delit(civil)

고의 또는 과실로 인한 위법행위로 타인에게 손해를 입히는 행위이다(민§750). 불법행위로 인하여 생긴 손해는 가해자가 배상하여야 되며(민§751), 이 손해배상의무는 계약과 더불어 채권발생의 원인이 되는 양대지주가 되고 있다.

(1) 성립요건 : 일반적 불법행위의 성립요건은 다음과 같다. ㉮ 가해자에게 고의·과실이 있을 것 : 이것은 과실책임주의의 표현으로서, 최근에는 대기업의 발전과 더불어 무과실책임주의가 증가하는 추세에 있다. ㉯ 행위자(가해자)에게 책임능력이 있을 것 : 자기행위의 책임을 변식(辨識)할 능력이 없는 미성년자와 심신상실자는 불법행위책임을 부담하지 아니한다(§753, §754). ㉰ 위법성이 있을 것 : 구민법은 이에 해당하는 요건을 권리침해라고 했으나 현행 민법은 「위법행위」라는 용어를 사용, 가해행위가 객관적으로 보아 권리침해 여하를 불문하고 위법이며 타인의 권익을 침해하였을 경우에는 불법행위가 성립되게 하였다. 위법성을 결정함에는 침해된 이익(피침해이익)과 침해하는 행위(침해행위)의 태양(態樣)과의 양면을 비교하여 생각하지 않으면 안 되는바, 이 요건은 불법행위의 요건으로서 실제상 가장 중요한 것이다. 그리고 일반적으로 위법성이 있는 경우라 할지라도 정당방위·긴급피난·자력구제·사무관리·권리의 정당한 행사 등의 사유가 있을 경우에는 위법성이 조각된다. ㉱ 손해가 발생할 것 : 손해에는 재산상 손해와 정신적 손해를 모두 포함한다. ㉲ 가해행위와 손해 발생과의 사이에 인과관계가 존재할 것(이른바 상당인과관계를 필요로 한다) : 특수한 불법행위에 대하여서는 타인의 행위에 대한 책임을 인정하고 또 고의·과실의 거증의 책임을 전환하거나 무과실책임을 인정하기도 하여 그 성립요건이 특수화되어 있다(§755~§760). 특수한 불법행위에는 민법상 다음 다섯 가지이다. ㉮ 책임무능력자를 감독하는 자의 책임(민§755), ㉯ 피용자의 행위에 대한 사용자의 책임(§756), ㉰ 공작물을 점유 또는 소유하는 자의 책임(§758), ㉱ 동물의 점유자의 책임(§759), ㉲ 공동불법행위(§760) 그리고 민법 이외의 특별법에 의한 특수불법행위로서는 근로기준법상의 재해보상, 광업법상의 광해배상 등이 있으며 여기에는 무과

실책임이 인정된다.

(2) 효과 : 불법행위에 의하여 피해를 당한 자는 손해배상청구권을 취득한다. 그 내용은 채무불이행으로 이한 손해배상청구권의 내용과 비슷하다. 배상의무자는 원칙적으로는 가해자인데, 특수불법행위에서는 가해자 이외의 사람(사용자, 감독자 등)에게 배상의무가 과하여질 경우가 있다. 배상의 방법은 금전배상을 원칙으로 하지만, 사죄광고의 방법과 원상회복을 인정하는 경우도 있다(민§762, §394준용, §764·광§93). 또한 손해배상청구권은 3년의 단기소멸시효에 걸린다(민§766). 또 불법행위를 이유로 하는 손해배상청구권에 관해서는 태아는 이미 출생한 것으로 본다(§762).

준불법행위(準不法行爲)

불;quasi-délit

로마법에서는 불법행위의 성립은 특히 위법성이 강한 경우에만 국한되었고 별도로 불법행위에 준하여 손해배상의 채무를 발생하는 경우를 정하고 있었다. 예컨대 도로에 버리거나 떨어뜨린 물건에 의하여 손해를 끼친 자의 책임이나 여관의 사용인이 손님에게 끼친 손해에 대한 여관 주인의 책임과 같다. 프랑스 민법은 이를 계승하여 「불법행위 및 준불법행위」라는 구절을 두었다. 그러나 오늘날 이 양자를 구별할 실익이 없으므로, 독일 민법과 우리 민법은 이를 인정하지 않고 있다.

계속적불법행위(繼續的不法行爲)

계속적 불법행위란 가해행위가 연속하여 행하여지고, 손해도 연속적으로 발생하는 불법행위이다. 토지의 불법점거나 부당한 체포·감금행위 등이 전형적인 예이다. 앞의 예에서 정당한 권리자가 본권의 소에 의하여 인도를 청구한 경우 이에 불응하면 손해의 발생이 계속되는 것이므로, 소멸시효나 지연이자의 취급에 있어서 보통의 불법행위와는 취급을 달리한다.

공동불법행위(共同 不法行爲)

수인이 공동으로 불법행위를 하여 타인에게 손해를 가한 경우이다. 이에는 세 가지의 태양이 있다. (1) 각자가 저마다 일반불법행위의 요건을 갖추는 협의의 공동불법행위(민§760①전단) : 예를 들면 수인이 공동으로 타인의 가옥을 파괴하는 행위이다. (2) 가해자가 불명한 공동불법행위(§760②) : 예를 들며 수인이 한사람을 구타한 경우에 그 중의 한사람의 행위로 손해를 입혔으나 그것이 누구의 행위인지 알 수 없는 경우이다. (3) 불법행위자를 교사 또는 방조하는 행위(§760③) : 이러한 자는 직접의 가해자와 그 가해행위 자체를 공동으로 하는 것은 아니지만 민법은 이것 또한 공동불법행위로 보고 있다. 공동불법행위자는 연대하여 손해배상의 책임을 진다(민§760①후단 : 부진정연대채무). 공동불법행위자에게 연대책임을 부담하게 하는 취지는 가해자들의 각자 행위의 경중을 문제삼기 전에 피해자가 누구에게나 배상금을 전부 받을 수 있도록 피해자를 보호하기 위함이다.

불법행위능력(不法行爲能力)
독;Deliktsfähigkeit

불법행위로 인한 손해배상의 책임을 지는 능력이다. 불법행위의 책임을 부담할 수 있는 능력이므로 자연인에 관하여는 책임능력이란 말이 사용되며, 불법행위능력이란 말은 주로 법인에 대하여 사용된다. 우리 민법 제35조에는 「법인의 불법행위능력」이라 칭하고 그 1항에 「법인은 이사 기타 대표자가 그 직무에 관하여 타인에 가한 손해를 배상할 책임이 있다」라고 규정하고 있다. 따라서 법인자체의 불법행위능력의 유무에 관하여 견해가 대립되고 있다. 법인의제설에 의하면 법인은 스스로 행위를 할 수 없는(행위능력이 없는) 것이므로 불법행위능력도 없는 것이 당연하며 이 규정은 특히 법인의 대표자인 개인의 행위에 대하여 법인이 책임을 질 것을 정책적으로 인정한 것이라고 한다. 반면에 법인실제설에 의하면 대표자의 행위는 법인자체의 행위이며 법인도 당연히 불법행위능력을 가지고 있으므로, 이 규정은 이와 같은 당연한 것을 규정한 것에 불과하다고 한다. 법인실재설이 오늘날의 통설이다.

책임능력(責任能力)
독;Zurechnungsfähigkeit

위법행위로 인한 자기행위에 대해 책임을 질 수 있는 능력이다(민§753~§754, 불법행위능력이라고도 하다). 대개는 판단능력·의사능력을 기초로 하다. 자기의 행위가 불법행위로서 법률상의 책임을 발생하게 한다는 것을 지각할 수 있는 정신능력이며, 반드시 배상책임이라는 법률적인 의미까지 이해하고 있을 필요는 없다. 즉, 책임능력은 법률행위의 유효요건인 의사능력을 책임의 면에서 보아서 파악한 개념이지만 의사능력보다는 약간 높은 정신능력으로 인식되고 있으며, 대체로 12세를 전후하여 책임능력이 있는 것으로 취급된다. 이것이 결여된 미성년자·심신상실자는 불법행위에 의한 배상책임을 지지 않는다(민§753, §754 : 감독의무자의 책임이 생길 때가 있다). 행위능력이 일률적인 데 반하여(민§5~§17) 책임능력은 개별적으로 결정되는 점에 특징이 있다.

고의(故意)
라;dolus 영;intention
독;Vorsatz 불;intention

자기의 행위가 일정한 결과를 발생시킬 것을 인식하고 또 이 결과의 발생을 인용하는 것을 말한다. 과실에 대하는 말이다. 형법에서는 원칙적으로 고의의 경우만을 처벌하고 과실의 경우에는 처벌하지 않기 때문에(형§14), 고의와 과실과의 구별이 중요하다. 그러나 사법상 고의는 책임을 발생시키는 조건으로서 과실과 동일하게 취급받는 일이 많고(민§390, §750), 법문상에도 과실이란 말이 고의를 포함하는 때가 많다. 따라서 사법상은 고의와 과실의 관념상의 구별에 관하여 형법과 같이 크게 논의할 실익이 없다. 그러나 그 실익이 전혀 없는 것은 아니다. 예를 들면 불법행위의 성립요건에 있어서 채권침해의 경우에는 침해자의 고의가 요구된다고 해석하고 있으며 또 효과에 있어서도 고의로 인한 불법행위의 경우에는 특별한 사정에 의한 손해라고 볼 수 있는 것을 배상액에 산입한다고 할 것이다.

> 불법행위에 있어서 고의는 일정한 결과가 발생하리라는 것을 알면서 감히 이를 행하는 심리상태로서, 객관적으로 위법이라고 평가되는 일정한 결과의 발생이라는 사실의 인식만 있으면 되고 그 외에 그것이 위법한 것으로 평가된다는 것까지 인식하는 것을 필요로 하는 것은 아니다*(대법원 2002. 7. 12. 선고 2001다46440).*

과실(過失)
라;culpa
영;negligence
독;Fahrlässigkeit
불;faute

어떠한 사실을 인식할 수 있었음에도 불구하고 부주의로 인식하지 못한 것이다. 고의에 대하는 말이다. 민법에서는 위법한 행위의 효과에 관하여 고의와 과실을 구별하지 않는 것이 원칙이므로(예 : 민§750) 과실이 고의를 포함하는 것으로 해석되는 경우가 적지 않다(§385②, §396, §627 등). 과실은 부주의의 정도에 따라 중과실(현저히 심한 부주의)·경과실(다소 주의를 결하는 것)로 나누어지는데 민법·상법 등에서 과실이라 하면 경과실을 말하고, 중과실을 의미하는 경우에는 특히 「중대한 과실」이라 한다(민§109, §518, §735·상§137③, §648, §651, §653·어§16②·수§21단). 과실은 또한 그 전제로 되는 주의의무의 표준에 따라 추상적 과실(그 직업이나 계급에 속하는 사람으로서 보통 요구되는 주의, 즉 선량한 관리자의 주의를 결하는 것)과 구체적 과실(그 사람의 일상의 주의능력의 정도의 주의를 결하는 것)로 나누어지는데, 민법·상법에서 과실이라고 할 때에는 추상적 과실을 말하고, 구체적 과실을 표준으로 할 때에는 특히 「자기재산과 동일한 주의」(민§695), 「자기의 재산에 관한 행위와 동일한 주의」(§922), 「고유재산에 대하는 것과 동일한 주의」(§1022) 등으로 표시한다. 이론적으로 말하면 추상적 과실 중에 경과실·중과실의 구별이 있을 수 있을 뿐만 아니라, 구체적 과실 중에도 경과실·중과실로 나누어 볼 수 있겠지만 법률은 후자의 구별을 하고 있지 않다. 결국 추상적·구체적 과실에서와 상관없이 경과실(선량한 관리자의 주의를 조금이라도 결하는 것), 중과실(선량한 관리자의 주의를 현저하게 결하는 것), 구체적 과실(그 사람의 일상의 주의능력의 정도를 조금이라도 결하는 것)의 세 가지를 구별하는 것으로 족하다.

> 불법행위의 성립요건으로서의 과실은 이른바 추상적 과실만이 문제되는 것이고 이러한 과실은 사회평균인으로서의 주의의무를 위반한 경우를 가리키는 것이지만, 그러나 여기서의 '사회평균인'이라고 하는 것은 추상적인 일반인을

말하는 것이 아니라 그때 그때의 구체적인 사례에 있어서의 보통인을 말하는 것이다(*대법원 2001. 1. 19. 선고 200 0다 12532*).

구체적 과실(具體的 過失)
라;culpa in concreto

개개의 행위자의 주의능력을 표준으로 하여 그 사람이 자기의 일상 사무를 처리함에 있어서 가지고 있는 정도의 주의를 결하는 과실이다. 민법은 특히 주의의무를 경감하는 경우에 이를 표준으로 하고 있다.

원인주의(原因主義)

손해배상책임의 근거를 고의나 과실에 구하지 않고 손해발생의 집단에 중점을 두는 입장이다. 과실주의에 대하여 특히 원인주의라고 부른다.

주의의무(注意義務)
독;Sorgfaltspflicht

어떤 행위를 함에 있어서 일정한 주의를 하여야 할 의무이다. 그 기준에 따라서 선량한 관리자의 주의와 자기를 위하는 것과 동일한 주의로 나누어진다. 주의의무에 위반하면 과실이 있게 되어 여러 가지 책임을 지게 되는 것이다.

채권침해(債權侵害)
독;Forderungsverletzung

채권은 채권자와 채무자라는 당사자간의 관계에 불과하기 때문에 제3자에 대하여 아무 효력을 미치지 않으며 따라서 제3자가 채권을 침해해도 불법행위가 되지 않는다는 견해가 지배적이었다. 그러나 최근에 와서는 제3자의 채권침해와 불법행위성립을 인정하는 이론이 일반화되고 있다. 위법한 채권침해에 있어서 불법행위가 위법성을 띠느냐 하는 것에 대하여 판례는 고의에 의한 채권침해에 대해서만 그것도 단순한 고의만으로는 족하지 않고 가해의사 있는 고의를 요건으로 하여 불법행위의 성립을 인정하려는 경향이 짙어지고 있다.

명예훼손(名譽毁損)
영;libel and slander
독;Ehrverletzung
불;infamation etnjure, attainte `a l'honneur

특정인에 대한 사회적 평가를 저하시키는 행위이다. 형법상으로는 명예훼손죄를 구성하고 민법상으로는 불법행위가 성립한다(민§750, §751①). 오로지 공익을 도모할 목적으로 행한 경우에는 그로 인하여 어떤 특정인의 사회적인 평가가 저하되는 결과를 빚어낸다고 하더라도 불법행위가 성립되지 않는다. 예를 들어 신문보도가 진실일 경우에는 비록 특정인에 대한 사회적인 평가가 그로 인하여 저하되는 한이 있을지라도 불법행위가 성립되지 않는 경우가 많을 것이다. 이에 반하여 신문이 강간의 피해자의 성명을 밝힌 경우에는 비록 진실이라고 하더라도 「오로지 공공의 이익」을 위한 것이라 볼 수 없기 때문에 불법행위가 성립될 가능성이 있다고 생각된다. 타인의 명예를 훼손한자에 대하여는 법원은 피해자의 청구에 의하여 손해배상에 갈음하거나 손해배상과 함께 명예회복에 적당한 처분을 명할 수 있다(§764).

사죄광고(謝罪廣告)

민법 제764조에서는 "타인의 명예를 훼손한 자에 대하여는 법원은 피해자의 청구에 의하여 손해배상에 갈음하거나 손해배상과 함께 명예회복에 적당한 처분을 명할 수 있다."고 규정하고 있다. 이와 관련하여 헌법재판소는 민법 제764조의 "명예회복에 적당한 처분"에 사죄광고를 포함시키는 것은 헌법에 위반된다고 판단한 바 있다(89헌마160).

위자료(慰藉料)

독;Schmerzensgeld
불;réparation dudommage(ou préjudice) morale

불법행위에 의해서 발생하는 손해는 재산적인 손해와 정신적인 손해로 나눌 수 있는데 정신적인 손해에 대한 배상도 인정되고 이에 대한 배상을 위자료라고 한다. 생명·신체·자유·명예·정조 등의 침해로부터 발생하는 손해의 배상인 것이 보통이다. 피해자의 정신상의 고통을 금전으로 평가하여 배상을 청구하는 위자료의 손해배상으로서의 성격을 부정하고 일종의 사적 제재로 한다는 견해도 있었지만 오늘날에는 위자료를 피해자의 주관적인 고통에 대한 위자료라기보다는 자칫하면 경직화하기 쉬운 법적 처리에 구체적 타당성을 부여하는 기술적 구성이라는 견해가 유력하다. 우리 민법은 위자료를 정신적 손해의 배상으로서 전면적으로 인정하는 입장을 취하고 있고(민§751, §752), 명문은 없으나 해석상 채무불이행의 경우에도 인정되고 있다. 금전으로 평가하여 금전배상을 하는 것이 원칙이나(§394, §763), 명예훼손의 불법행위의 경우에는 금전배상에 갈음하거나 금전배상과 함께 사죄광고 등 명예회복에 적당한 처분을 하는 것이 허용된다(§764). 재산적 손해의 경우와 마찬가지로 상당인과관계설에 의하지만 사람의 정신적 고통을 일률적으로 금전으로 평가하기는 곤란한 것이어서 결국은 당사자의 자력·지위·직업·경력 등 모든 사정을 고려하고 피침해이익, 침해의 방법·정도 등을 교량하여 결정한다. 종래의 통설은 위자료청구권을 일신전속권이라 해석하고 다만 피해자가 생전에 그 청구의 의사를 표시하였을 경우에만 그것을 금전의 지급을 목적으로 한 권리로서 상속되는 것으로 해석하고 있다. 근래의 학설은 사자에게 청구의 기회를 주었다면 반드시 청구하였으리라고 믿어진 경우나 피해자 자신이 포기하였다고 간주될 만한 특별한 사정이 없는 한 위자료청구권의 상속을 인정해야 한다고 하고 있다.

정당방위(正當防衛)

영;self-defence
독;Notwehr
불;légitime défense

타인의 불법행위에 대하여 자기 또는

제3자의 권리를 방위하기 위하여 부득이하게 행한 가해행위를 말한다(민§761①본문). 이런 경우에는 손해배상책임이 없다. 가해행위가 부득이했다고 할 수 있기 위하여는 첫째로 그 행위 이외에 적절한 수단이 없어야 한다. 둘째로 침해행위에 의해서 침해된 이익이 작아야 한다. 예를 들면 절도범을 살해하면 정당방위가 될 수 없다. 이 가해행위는 불법행위자에 대한 반격이거나 제3자에 대한 것이거나를 가리지 않는다. 이 점에서 형법상 정당방위와 다르다. 다만 피해자인 제3자는 불법행위자에 대하여 손해배상을 청구할 수 있다(§761①단).

긴급피난(緊急避難)
영;necessity
독;Notstand
불;etat de necessite

급박한 위난을 피하기 위하여 부득이 타인에게 손해를 가하는 것이다. 형식적으로는 정당방위의 경우와 마찬가지로 불법행위이지만 실질적으로는 위법성이 없기 때문에 손해배상책임이 없다(민§761②). 예를 들어 갑이 기르고 있는 개(물건)가 을에게 덤벼들어 을이 그 개를 살해한 경우 을은 갑에 대하여 이에 대한 손해배상의 책임을 지지 않는다. 정당방위와의 차이는 정당방위가 사람의 행위에 의하여 위험이 발생한 경우인데 대하여 긴급피난은 물건에 의해서 위험이 발생한 경우라는 것이다. 형법상에서도 긴급피난이 문제가 되지만 그 개념은 민법의 경우와는 차이가 있다.

보상책임(報償責任)
독;Equivalenzprinzip

무과실책임을 인정하는 근거로서 사회생활에 있어서 막대한 이익을 얻은 자는 그 수익활동에서 비롯되는 손해에 대하여 항상 책임을 져야 한다는 사고방식이다. 이익이 있는 곳에 손실을 돌려야 한다는 공평의 관념에 기초하는 것이다(민법의 사용자 책임(민§756)은 이러한 사고의 구현이며 그것을 적당히 확장하여 큰 이익을 얻는 기업자에게는 그 책임도 넓게 인정해야 한다고 주장하는 사람이 많다. 위험책임과 무과실책임이론의 중추를 이루고 있다.

위험책임(危險責任)
독;gefahrdungshaftung
불;responsabilite derisque

무과실책임을 인정하는 이론적 근거로서, 사회에 대하여 위험을 조성하는 자(예컨대 위험한 시설의 소유자 등)는 그 시설에서 생기는 손해에 대해 항상 책임을 져야 한다고 하는 발상이다. 우리 민법상 공작물소유자의 책임(민§758①단)을 이같은 위험을 내포하고 있는 현대적 대기업, 예컨대 운송업·광업 등에도 확장시켜야 한다는 견해가 많다.

사용자책임(使用者責任)
영;vicarious liability of master
독;Hafung des Geschäftsherrn füreinen Verrichtungsgehilfen
불;responsabilite des maîtres oucommettants

어떤 사업을 위하여 타인을 사용하는

자는 피용자가 그 사업의 집행에 관하여 제3자에게 가한 불법행위로 인한 손해를 배상할 책임을 말한다(민§756①본문). 사용자의 배상책임이라고도 한다. 사용자책임은 민법이 규정하는 특수적 불법행위의 일종이다. 근대법은 자기의 과실에 대해서만 책임을 진다고 하는 자기책임, 과실책임의 원칙을 취하는데 사용자책임은 타인의 불법행위에 관하여 책임을 지고 자기의 직접적인 과실 없이 책임을 진다고 하는 점에서 책임무능력자의 감독자의 책임(§755), 공작물점유자 등의 책임(§758), 동물점유자의 책임(§759)과 함께 예외를 이루고 있다. 그러나 사용자는 피용자의 선임 및 그 사무·감독에 상당한 주의를 한 때, 또는 상당한 주의를 하여도 손해가 있을 경우에는 책임을 면한다(§756①단). 또한 사용자가 책임을 진때에는 피용자에 대하여 구상권을 사용할 수 있다(§756③). 이러한 점에서는 보상책임 또는 기업책임의 원리가 약화되었다고 볼 수 있다. 그리고 사용자에 갈음하여 그 사무를 감독하는 자도 사용자와 같은 책임을 진다(§756②).

제조물 책임(製造物 責任)
독:Product Liability / Manufacturer's Liability

제조자로부터 소매상을 통하여 판매된 상품(제조물)에 어떤 결함 내지 하자가 있어 소비자나 이용자 또는 기타의 자가 인적·재산적 손해를 입은 경우에, 제조자가 부담하는 배상책임을 말하며, 이와 관련하여 제조물 책임법이 제정되어 있다. 상품의 하자, 제조자의 과실, 상품의 하자와 손해배상 사이의 원인관계에 대한 입증책임은 소비자가 지나, 이때에는 엄격한 증명을 필요로 하지 않고 상식적으로 보아 개연성이 높으면 인과관계를 추정하고 있다. 보통 상품의 하자는 제조 내지 검사에 있어 제조자의 과실에 의하는 경우가 많으므로 하자의 존재가 인정되는 경우에는 과실의 존재가 인정될 수 있다. 제조물의 대부분이 고도의 기술을 바탕으로 제조되고, 이에 관한 정보가 제조업자에게 편재되어 있어서 피해자가 제조물의 결함여부 등을 과학적·기술적으로 입증한다는 것은 지극히 어렵다. 이에 대법원도 이를 고려하여 제조물이 정상적으로 사용되는 상태에서 사고가 발생한 경우 등에는 그 제품에 결함이 존재하고 그 결함으로 인해 사고가 발생하였다고 추정함으로써 소비자의 입증책임을 완화하는 것이 손해의 공평·타당한 부담을 원리로 하는 손해배상제도의 이상에 맞는다고 판시한 바 있다. 이러한 대법원 판례의 취지를 반영하여 2018년 4월 19일 시행되는 개정 제조물 책임법에서는 피해자가 '제조물이 정상적으로 사용되는 상태에서 손해가 발생하였다는 사실' 등을 증명하면, 제조물을 공급할 당시에 해당 제조물에 결함이 있었고, 그 결함으로 인하여 손해가 발생한 것으로 추정하도록 하여 소비자의 입증책임을 경감하였다. 한편, 개정 제조물 책임법에서는 일정한 요건 하에 징벌적 손해배상제를 도입하여 제조업자의 악의적 불법행위에 대한 징벌 및 장래 유사한 행위에 대한 억지력을 강화하고, 피해자에게는 실질적인 보상이 가능하도록 하였다. 이에 따라 제조업자가 제조물의 결함을 알면서도 그 결함에 대하여 필요한 조치를 취하지 아니한 결과로 생명 또는 신체에 중대한 손해를 입은 자가 있는 경우에는 그 자에게 발생한 손해의 3배를 넘지 아니하는 범위에서 배상책임을 지도록 하였다(제조물책임법 제3조 2항).

> 이른바 제조물책임이란 제조물에 통상적으로 기대되는 안전성을 결여한 결함으로 인하여 생명, 신체나 제조물 그 자체 외의 다른 재산에 손해가 발생한 경우에 제조업자 등에게 지우는 손해배상책임이고, 제조물에 상품적합성이 결여되어 제조물 그 자체에 발생한 손해는 제조물책임이론의 적용 대상이 아니다*(대법원 1999. 2. 5. 선고 97다26593)*.

토지공작물소유자의 책임
(土地工作物 所有者의 責任)

건물이 무너져서 통행인이 부상을 당하였거나 도로가 패여 있어 오토바이가 전도(轉倒)하여 운전자가 다쳤다거나 토지의 공작물을 원인으로 손해가 발생하였을 때에 그 공작물의 소유자 또는 점유자가 지는 배상책임(민§758)이다. 하천·항만의 제방·도로·건널목 등 토지공작물의 범위는 광범하다. 토지공작물소유자의 책임이론은 기업책임을 확립하는 데 유력한 근거가 된다. 매연이나 수은 등의 공해에 대하여도 기업설비의 설치관리에 있어서의 과실로 보아 사용자책임과 더불어 기업책임을 형성할 수 있을 것이다.

민사책임(民事責任)
영;civil laibility
독;zivilrechtliche Verantwortlichkeit
불;resonsabilite civile

불법행위에 의한 손해배상책임이다. 사법상의 책임으로 범죄로서 형벌을 가하는 형사책임에 대립되는 개념이다. 옛날에는 양자 간에 구별이 없었으나 오늘날에 있어서는 완전히 분화하여 민사책임에는 반드시 손해의 발생을 요건으로 하고 객관적 실손해의 발생을 중시하여 고의·과실을 구별하지 않고 또는 무과실책임도 인정하는 경향에 있다. 또한 민사책임이란 말은 광의(廣義)로는 불법행위에 의한 손해배상책임 이외에 채무불이행의 경우를 포함하여 민사상의 손해배상책임의 의미로 사용되는 경우도 있다. 손해배상채무는 원칙적으로 금전채무이다(민§394, §763). 채무불이행책임과 불법행위책임과의 관계에 대하여는 청구권 경합설과 법조경합설과의 대립이 있다. 민사책임에서는 배상이라는 말을 쓰는데, 이는 위법행위를 법률요건으로 하지 않는 경우의 보상과 구별된다.

친 족

친족(親族)

일정범위의 혈연과 혼인관계에 있는 자들 상호간의 신분상 법률관계를 친족관계라 하고, 그 사람들을 서로 친족이라고 한다(민§762). 1990년 1월 13일 법률제4199호 개정민법에서는 친족의 범위를 크게 조정하여 (1) 부계·모계 차별 없이 8촌이내의 혈족, (2) 4촌 이내의 인척, (3) 배우자(사실혼관계의 배우자는 포함되지 않음)로 하여 개정전보다 모계혈족 및 처족인척 범위가 확대되었으며 반면에 부족인척의 범위는 반으로 축소되었다(§777). 개정민법은 친족범위를 부모양계친족 개념으로 전환시켰으며, 현대 문명국가의 친족관념은 부모양계개념으로 보고 있는 것이 일반적이다. 현행법에서도 판례는 친족의 개념정의가 일치하지 않고 있다. 지금까지의 판례를 보면 (1) 제932조의 직계혈족에 모계혈족인 외조모가 포함된다(대판§ 1982. 1. 29. 91스 25~29 공675호 228). (2) 이종형제자매는 제777조 소정의 4촌 이내의 모계혈족에 해당하지 않는다(대판§ 1980. 9. 9. 80도 1355 공642호 13139호) (3) 외조모의 형제자매는 친족으로 보지 않는다(대판 1980. 4. 22. 80도 485 공634호 12833). (4) 재산상속권자인 형제자매는 피상속인의 부계방계혈족만을 의미한다고 하여 모계의 형제자매를 포함시키지 않는다(대판 1975. 1. 14. 74다 1503, 공508호 8292). 입법례로서 독일·프랑스 민법은 친족자체의 범위를 일반적으로 한정하지 않고, 근친혼·부양의무·상속 등의 구체적 법률관계에 대하여 친족관계의 범위를 정하고 있다. 친족관계는 출생·혼인·입양·인지 등에 의하여 발생하고 사망·혼인의 취소나 해소·파양에 의하여 소멸된다(민§775, §776). 특정한 친족관계에 있는 자에게는 부양의무(§974)·상속(§997~§1118)·근친혼금지 등의 민법상 효과가 발생되는 이외에 형법상 범인은닉·절도 등에 인적 처벌조각사유가 되며(형§344·§365), 재판상 제척·증언거부의 사유가 되는(민소§41~§50, §314·형소§17~§25, §148)등 여러 가지 효과가 인정된다.

친족법(親族法)

영;law of domestic relations
독;Familienrecht
불;droit de famille

친족이나 가족 등의 신분관계 및 그 신분관계에 따르는 권리·의무를 규정한 법률규정이다. 친족법은 상속법과 합하여 신분법 또는 가족법이라고 한다. 민법의 일부로서 민법전 제4편에 규정되어 있으며 제767조부터 제979조에 이르는 199개조로 되어 있다. 친족법은 모두가 부부·친자·가족 및 친족 등의 인간본연의 결합관계에 관한 법이므로 타산적·우발적 결합관계에 관한 재산법에 비하여 민족적·지방적 관습이 존중되고 비합리적·연혁적이라는 특색이 있다.

가족권(家族權)

가족법상의 특정한 지위에 따라 부여

되는 권리를 말한다. 신분권이라고도 한다. 여기서 특정한 지위란 부와 처, 부모와 자 등의 관계를 말한다. 이처럼 자를 보호·교양할 권리(민법 913조)나, 거소지정권(민법 914조), 징계권(민법 915조), 부양청구권(민법 979조)과 같이 가족법상의 지위에 의하여 주어진 권리를 가족권이라고 하는데, 신분권은 재산권과는 달리 동시에 의무가 따르는 경우가 많다. 친권의 경우에 있어서 부 또는 모가 친권을 남용하거나 현저한 비행 기타 친권을 행사시킬 수 없는 중대한 사유가 있는 때에는 자의 친족 또는 검사의 청구에 의하여 법원은 그 친권의 상실을 선고할 수 있기 때문에(민법 924조), 가족권이 부당하게 행사되지 않아야 함은 당연한 것이다. 또한 가족권은 일신전속이어서 상속이나 양도를 할 수 없음이 원칙이고, 시효에 따른 취득·소멸이 되지 않는다.

신분행위(身分行爲)

신분행위란 신분상의 법률효과를 일으키는 법률행위이다. 부부재산계약(민§829~§833)·혼인(§807~814)·입양(§866~§882)·유언(§1060~§1064) 등이 이에 속한다. 신분행위도 법률행위이므로 민법총칙의 적용이 있을 것 같으나 그 특수성에 비추어 일반적으로 적용되지 않고 가족법 독자의 입장에서 다루어진다. 즉 신분행위는 본래 합리적인 이해판단에 의하여 행하여지는 것이 아니고, 비합리적·정서적 요소를 가지기 때문에 가족법(신분법)상의 행위에 대하여 요구되는 판단력은 보다 고도의 것이어야 한다. 따라서 신분행위 능력자일 경우에도 의사능력만 있으면 완전히 유효한 법률행위를 할 수 있다. 또 신분행위는 행위자의 의사를 존중해야 하므로 전면적으로 의사주의가 취하여지고 그 하자도 가족법(신분법) 독자의 원리에 의하여 규율된다. 예컨대 당사자의 합의가 없는 혼인은 절대무효가 된다(§815 I). 본인이 직접적인 의사표시를 필요로 하므로 대리를 인정하지 않는 것이 원칙이다.

배우자(配偶者)

영;spouse
독;Ehgatte, Ehgattin
불;épоux, épouse

혼인으로 말미암아 결합된 남녀의 일방을 상대방에 대하여 부르는 말이다. 민법상 배우자는 친족이지만 촌수는 무촌이다. 배우자를 친족에 포함시키는 입법례는 구미에는 없다. 배우자의 신분은 혼인(신고)에 의하여 취득되고 혼인의 해소에 의하여 상실한다. 따라서 혼인신고가 되어 있지 않으면 배우자가 아니다(내연관계). 부부의 일방이 사망하였을 경우의 사망배우자에 대하여 타방을 생존배우자라고 한다.

혈족(血族)

자기의 직계존속과 직계비속을 직계혈족이라 하고, 자기의 형제자매와 형제의 직계비속·직계존속의 형제자매 및 그 형제의 직계존속을 방계혈족이라 한다(민§768). 혈족은 다시 자연적인 혈통이 연결되어 있는 자연혈족과 양자와 같이 혈통이 연결되어 있는 것으로 의제된 법정혈족으로 나누어진다.

직계혈족

→ 혈족 참조(직계혈족)

방계혈족(傍系血族)

→ 혈족 참조

법정혈족(法定血族)

자연적인 혈통의 연결이 없음에도 불구하고 친자라고 하는 혈통이 이어져 있는 것으로 의제되어 친족관계를 가지는 자이다 즉 생리적으로 존재하지 않는 혈족관계를 법의 의제(擬制)에 의하여 승인받은 자이다. 예컨대 양자로 들어가면 양부모등은 법정혈족이 된다. 또한 동생의 아들을 양자로 삼으면 삼등친(三等親)이라는 혈연이 있기는 하지만 새로이 친자관계라는 혈연이 법적으로 의제된다(민§772). 그러나 개정전 양친자관계와 함께 법정혈족으로 취급하였던 계모자관계(§773 : 1990년 1월 13일 폐지)와 적교모서자관계(嫡嬌母庶子關係)(§774 : 1990년 1월 13일 폐지)는 인척관계로 전환되었다.

자연혈족(自然血族)

혈통이 연결되어 사실상 혈연관계에 있는 자를 말한다. 자연혈족관계의 발생은 출생이라는 자연적 사실에 의하는 것을 원칙으로 하며, 당사자의 특별한 의사표시를 필요치 않는다. 다만 혼인외의 출생자는 모와의 관계에서는 출생으로 발생하는 것이 원칙이지만 부에 대한 관계에서는 그 부의 인지나 이를 대신하는 인지의 재판이 있어야만 비로소 혈연관계가 발생한다. 자연혈족관계는 당사자의 사망에 의해서만 소멸하지만 그 사망을 사망자를 통하여 맺어진 생존자의 혈연관계에는 영향을 미치지 않는다. 또한 새롭게 법정혈족관계가 성립하여도 그때까지의 자연혈족관계는 존속한다.

존속(尊屬)

자기의 선조 및 그들과 같은 세대에 있는 혈족이다. 자기의 자손 및 그들과 같은 세대에 있는 혈족을 비속이라한다. 자기의 배우자나 자기와 같은 세대에 있는 형제자매 등은 존속도 비속도 아니다. 인척에 관해서도 이러한 구별이 있는가에는 학설의 다툼이 있지만 종래 통설은 긍정하고 있다. 단 직계존속·직계비속이라고 하는 것과 같이 직계·방계라는 개념과 연결하여 고찰할 때에는 인척은 포함되지 않는다. 존속은 양자가 될 수 없고(민§877), 형법상 존속살인에 대해서는 형을 가중(사형, 무기, 또는 7년이상의 징역)하고 있다(형§250②).

비속(卑屬)

아들이나 손자 등과 같이 어떤 사람을 기준으로 하여 혈연관계에 있어서 그 자에 뒤따르는 세대에 있는 자이다. 존속에 대립하는 개념이다 아들과 손자 등의 직계비속과 생질 등의 방계비속이 있다. 피상속인의 직계비속은 상계시 첫 순위의 상속인으로 취급된다(민§1000 I).

인척(姻戚)

자기의 혈족의 배우자, 배우자의 혈족, 배우자의 혈족의 배우자를 말한다(민§769, §771). 인척관계는 혼인의 취소나 이혼에 의하여 소멸하며 부부의 일방이 사망한 후에 생존배우자가 재혼한 때에도 인척관계는 종료한다(§775).

친계(親系)

불;ligne de la parenté

친족관계를 혈통의 연결에 의하여 계통적으로 본 각종계열의 총칭이다. 관점에 따라서 (1) 남계, 여계 (2) 부계, 모계 (3) 직계, 방계, (4) 존속, 비속의 네 종류가 있다. 이 가운데 법률상 의미를 가지는 것은 (3)과 (4)이며, (1)과 (2)는 법률상 의미가 없는 것이다.

직계친·방계친

(直系親·傍系親)

친자와 같이 특정인 사이에 혈통이 서로 직상직하(直上直下)하는 관계에 있어서 연결되는 친족을 직계친(直系親)이라 하고, 공동의 시조를 통하여 서로 혈통이 연결되는 친족을 방계친이라고 한다. 양자의 구별의 실익은 부양의무(민§974~§979)와 상속권(§984~994)등이 있다.

존속친·비속친

(尊屬親·卑屬親)

혈통의 연결이 자기의 부모와 동열이상에 있는 자를 존속친이라고하며 자기의 子와 동열이하에 있는 자를 비속친이라고 한다. 부모·조부모는 직계존속이며, 백숙부모(伯叔父母)는 방계존속이다. 반면에 자·손은 직계비속이고 생질은 방계비속이다. 자기와 동열에 있는 형제자매·종형제 등은 존속도 비속도 아니다. 이 구별의 실익은 혼인금지(민§809)·입양금지(§877)등에 있다.

직계비속(直系卑屬)

직계존속에 상대되는 개념으로, 자·손과 같이 본인으로부터 출산된 친족의 호칭을 말한다. 직계비속에 대하여는 다음과 같은 효과가 인정된다. 즉 (1) 미성년의 직계비속에 대하여는 친권상의 권리·의무가 있고(민법 913조 내지 927조), (2)직계비속에 대하여는 부양의무가 있으며(민법 974조1호), (3)상속에 있어서 상속권의 우위가 인정된다(민법 984조1·2호, 1000조1항1호).

직계존속(直系尊屬)

직계비속에 상대되는 개념으로, 부모·조부모와 같이 본인을 출산하도록 한 친족을 말한다. 직계존속에 대하여서는 다음과 같은 효과가 인정된다. 민법상 (1)부부나 양친자의 일방이 타방의 직계존속에 대하여 가한 혹은 그로부터 당한 심히 부당한 대우는 이혼 또는 파양의 원인이 되며(민법 840조3·4호, 905조2·3호), (2)직계존속에 대하여는 부양의무가 있다(민법 974조1호).

촌(寸)

촌이란 친족 상호간의 혈연연결의 멀고 가까움의 차이를 나타내는 척도이며 친등(親等)이라는 말이 사용되기도 한다(민§985①, §1000②). 촌은 원래 손마디 관절을 의미하는 것으로 오늘날 사회적으로 촌자가 친족의 지칭어로 사용되기도 한다. 예컨대 종형제를 사촌이라고 부르는 경우이다. 그러나 직계혈족에 관하여는 촌수로 대칭하지 않는 것이 관습이다. 촌수가 적으면 많은 것보다 근친임을 의미한다.

친등(親等)

영;degree of consagnguinity
독;Verwandtschaftsgrad
불;degré deparenté

친족관계의 원근의 관계를 나타내는 단위로서 촌(寸)과 동일하다. 친족단체 내의 신분의 상하를 나타내는 계급적 친등제와는 다르며, 현대법에서는 혈연의 원근만이 문제되고 있다. 친등은 세대의 수에 따라서 정해진다. 민법은 방계의 친등계산에 있어서 로마식을 채용하고, 공동시조에 이르는 세수(世數)를 합산하지만(민§770~§772), 게르만법을 근원으로 하는 카논식은 이것을 합산하지 않고 공동시조에 이르는 세수 중에서 많은 편으로써 친등을 정한다. 인척의 친등은 배우자를 기준으로 하여 계산한다. 친등의 원근은 우리 민법에서는 친족의 범위결정의 기준이 되고, 또 친족법상의 법률효과의 기준이 되기도 한다.

성(姓)

자기가 출생한 계통(혈연)을 표시하는 표지이다. 즉 모계시대에는 모계의 혈통을 표시하였고, 부계시대에는 부계의 혈통을 표시하였다. 우리나라의 성은 씨족사회의 씨족명이 아니라 중국에서 수입된 한성(漢姓)으로서 특권세습계급의 칭호인데 고려시대 이전에는 오늘날과 같은 성이 없었고, 고려시대에 이르러서 百姓(백성)에게 일반적으로 성을 가질 수 있게 하였다. 그러나 이같이 성을 일반적으로 사용하게 된 시기는 이미 부계중심사회였으므로, 성은 각 개인의 부계혈통을 표시하는 표식이었다. (1) 민법상 자녀의 성은 부의 성을 따르는 것이 원칙이며, (2) 부의 인지를 받지 못한 혼인 외의 출생자는 모의 성을 따르고, (3) 부모를 알 수 없는 자는 법원의 허가를 얻어 성을 창설하지만 창설 후에 부 또는 모를 알게 될 때에는 그 부 또는 모의 성을 따른다(민§781). 우리나라 관습상 성의 변경은 허용되지 않고, 민법도 이를 인정하지 않았으나 2005. 3. 31. 민법 개정으로 2008. 1. 1. 부터는 子의 복리를 위하여 子의 성을 변경할 필요가 있을 때에는 부, 모 또는 자의 청구에 의하여 법원의 허가를 받아 이를 변경할 수 있다(§781⑥).

본(本)

본이라 함은 개인의 소속시조의 발상지명을 표시하는 것을 말한다. 본관·관적·적관·족본·관향·본향·선향 등의 여러 가지 이름으로 불리우며 이를 줄여서 본·적·향이라고도 한다. 본은 혈족계통을 나타냄에 있어서 성과 불가분의 관계가 있는데, 본과 더불어 성을 병칭하여야 비로소 동족의 표식이 된다. 그러나 성과 본이 동일하다고 하여도 반드시 동족인 것은 아니며 동족이라고 하여 반드시 동본인 것은 아니다. 즉 이족에는 동성이본(예: 연안이씨와 한산이씨)·이성동본(예 : 경주최씨와 경주김씨)·동성동본(예 : 속칭 主洪이라는 남양홍씨와 속칭 唐洪이라는 남양홍씨)이 있고, 동족에는 이성동본(예 : 안동김씨와 안동권씨)·동성이본(예 : 강릉김씨와 광산김씨)·동성동본(예 : 영일정씨의 양가)이 있다. 가족관계의 등록 등에 관한 법률에서 가족관계등록부의 작성시 본을 기재사항으로 하고 있다(§9②). 자는 부의 성과 본을 따른다. 다만 부모가 혼인신고시 모의 성과 본을 따르기로 협의한 경우에는 모의 성과 본을 따른다. 그리고 부가 외국인인 경우에는 모의 성과 본을 따를 수 있고, 부를 알 수 없는 경우에는 모의 성과 본을 따른다(§781①~③). 종전에는 성과 본의 변경이 허용되지 않았으나, 2005. 3. 31. 민법 개정으로 자의 복리를 위하여 子의 성과 본을 변경할 필요가 있는 때에는 부, 모 또는 자의 청구에 의하여 법원의 허가를 받아 이를 변경할 수 있다(§781⑥).

호적(戶籍)

종전의 호적이란 (1) 가의 법률상의 소재라는 의미와 (2) 가를 단위로 하여 그 가에 속하는 자의 신분에 관한 사항을 기재한 공문서 자체를 의미하기도 하였다. 호주와 가족에 관하여 실친·양친·출생년월일 등 그 者의 혈연관계, 호주에 관하여 전 호주와의 관계, 가족의 호주와의 관계, 타가에서 입적한 자에 대하여는 원적과의 관계 등이 기재되었다. 호적은 가적이며 일가일적이었고, 호적은 호주를 기준으로 하여 가별로 되었었다. 그러나 호주제도가 폐지됨에 따라(2005. 3. 31.) 호적도 폐지되었다.

가족관계등록부(家族關係登錄簿)

종전의 호적부에 대신하여 국민의 (1) 성명·본·성별·출생연월일 및 주민등록번호, (2) 출생·혼인·사망 등 가족관계의 발생 및 변동에 관한 사항, (3) 그 밖에 가족관계에 관한 사항으로서 대법원규칙이 정하는 사항을 기록하는 공적 장부를 말한다. 가족관계기록부는 등록기준지에 따라 개인별로 구분하여 작성한다(가족관계의 등록 등에 관한 법률 §9).

가족관계의 등록 등에 관한 법률 (家族關係의 登錄 등에 관한 法律)

종전의 호적법이 폐지되고 그 대체입법으로 제정된 것이 가족관계의 등록 등에 관한 법률(2007. 5. 17. 법률 제8541호)이다. 이 법은 국민의 출생·혼인·사망 등 가족관계의 발생 및 변동사항에 관한 등록과 그 증명에 관한 사항을 규정함을 목적으로 한다. 이 법은 124개의 조문과 부칙으로 구성되어 있다. 제1장 총칙, 제2장 가족관계등록부의 작성과 등록사무의 처리, 제3장 등록부의 기록, 제4장 신고(통칙, 출생, 인지, 입양, 파양, 친양자의 입양 및 파양, 혼인, 이혼, 친권 및 후견, 사망과 실종, 국적의 취득과 상실, 개명 및 성·본의 변경, 가족관계 등록 창설), 제5장 등록부의 정정, 제6장 불복절차, 제7장 신고서류의 송부와 법원의 감독, 제8장 벌칙으로 구성되어 있다.

가족(家族)

종전에는 가족이란 일가의 구성원으로서 호주가 아닌 자를 말하고, 동일한 호주면에 기재되어 있는 것이 요건이었었다. 즉, 민법상의 가족은 호주를 중심으로 한 호적상의 공동체를 말하고, 현실적으로 생활을 같이 하고 있는지의 여부는 관계가 없었다. 그러나 2005. 3. 31. 민법개정으로, 민법상 가족은 (1) 배우자·직계혈족 및 형제자매 (2) 생계를 같이 하는 직계혈족의 배우자·배우자의 직계혈족 및 배우자의 형제자매를 말한다(§779).

호주(戶主)

호적법상 일가의 가장으로서 그 가의 구성원인 가족을 통솔하는 자이다. 2005. 3. 31. 민법개정으로 호주제도는 폐지되었다.

정혼(定婚)

친권자들이 그 자녀들끼리의 혼인을 약속하는 것을 말한다. 그러나 정혼은 혼인당사자의 의사에 의한 것이 아니므로 오늘날에는 약혼으로 인정되지 않으며 또한 법률적으로 아무런 효과가 생기지 않는 무효행위이다.

약혼(約婚)

영;engagement, promise of marrige
독;Verlöbnis
불;promesse de mariage

장차 혼인관계에 들어갈 것을 약정하는 당사자 사이의 가족법상(신분상)의 계약이다. 따라서 실질적인 혼인생활을 하면서 다만 혼인신고만을 하지 않고 있는 이른바 사실혼과 구별된다. 또한 정혼이라는 용어는 남녀양가의 주혼자들이 당사자의 혼인을 약정하는 것을 의미하므로 당사자에 의하여 이루어지는 신분적 합의인 약혼과는 다르다. 약혼은 당사자의 합의로써 성립한다. 따라서 대리는 허용되지 않는다. 개정전에는 남자는 만18세, 여자는 만16세에 달하면 자유로이 약혼할 수 있었으나 2007. 12. 21.민법 개정으로 남·여 모두 만18세가 된 경우 부모 또는 미성년후견인의 동의를 얻어 약혼할 수 있도록 되었다(민§801전단). 미성년자는 부모의 동의를 얻어야 하고(§801전단, §808①), 부모가 모두 동의권을 행사할 수 없을 때에는 미성년후견인의 동의를 얻어야 한다(§801, §808①). 피성년후견인은 부모 또는 성년후견인의 동의를 얻어야 한다(§802, §808②). 당사자가 위와 같은 동의없이 한 약혼이라도 무효는 아니며 당사자 또는 그 법정대리인이 약혼을 취소할 수 있는데 그친다고 해석된다(§817유추). 약혼의 체결방식에 대하여는 민법상 규정이 없으며 따라서 아무런 방식도 필요치 않는다. 또한 약혼은 강제이행을 청구하지 못하므로(§803) 언제나 해제할 수 있다. 약혼의 해제는 상대방에 대한 의사표시로써 한다. 다만 정당한 사유없이 약혼이 해제된 경우에 당사자 일방은 과실있는 상대방에 대하여 손해배상을 청구할 수 있다(§806①). 손해배상의 범위는 재산상의 손해 이외에 정신상의 고통도 포함된다(§806②). 정신상의 고통에 대한 배상청구권은 양도 또는 승계하지 못한다. 다만 당사자 사이에 이미 그 배상에 관한 계약이 성립되거나 심판을 청구한 후에는 일반재산권과 구별될 이유가 없으므로 타인에게 양도 또는 승계할 수 있다(§806③).

일반적으로 약혼은 특별한 형식을 거칠 필요 없이 장차 혼인을 체결하려는 당사자 사이에 합의가 있으면 성립하는데 비하여, 사실혼은 주관적으로는 혼인의 의사가 있고, 또 객관적으로는 사회통념상 가족질서의 면에서 부부공동생활을 인정할 만한 실체가 있는 경우에 성립한다*(대법원 1998. 12. 8. 선고 98므961).*

약혼의 해제(約婚의 解除)

약혼을 한 당사자가 합의 또는 법정된 사유에 의하여 약혼관계를 해소시키는 행위를 말한다. 민법 제804조는 당사자 일방에 다음과 같은 사유가 있을 때에는 상대방이 약혼을 해제할 수 있는 것으로 하고 있다. 즉 (1) 약혼 후 자격정지 이상의 형의 선고 받은 때, (2) 약혼 후 성년후견개시나 한정후견개시의 심판을 받은 때, (3) 성병, 불치의 정신병 기타 불치의 병질이 있는 때, (4) 약혼 후 타인과 약혼 또는 혼인한 때, (5) 약혼 후 타인과 간음한 때, (6) 약혼 후 1년 이상 생사가 불명할 때, (7) 정당한 이유 없이 혼인을 거절하거나 그 시기를 지연하는 때, (8) 기타 중대한 사유가 있는 때 등이다. 약혼의 해제는 상대방에 대한 의사표시로 한다. 그러나 상대방에 대하여 의사표시를 할 수 없는 때에는 그 해제의 원인이 있음을 안 때에 해제된 것으로 본다(민법 805조). 약혼을 해제한 때에는 당사자의 일방은 과실 있는 상대방에 대하여 이로 인한 재산상·정신상의 손해배상을 청구할 수 있다(민법 806조 1·2항). 정신상 고통에 대한 배상청구권은 양도 또는 승계하지 못하지만, 당사자 사이에 이미 그 배상에 관한 계약이 성립되거나 소를 제기한 후에는 그러하지 아니하다(민법 806조 3항).

종전에 서로 알지 못하던 갑과 을이 중매를 통하여 불과 10일간의 교제를 거쳐 약혼을 하게 되는 경우에는 서로 상대방의 인품이나 능력에 대하여 충분히 알 수 없기 때문에 학력이나 경력, 직업 등이 상대방에 대한 평가의 중요한 자료가 된다고 할 것인데 갑이 학력과 직장에서의 직종·직급 등을 속인 것이 약혼 후에 밝혀진 경우에는 갑의 말을 신뢰하고 이에 기초하여 혼인의 의사를 결정하였던 을의 입장에서 보면 갑의 이러한 신의성실의 원칙에 위반한 행위로 인하여 갑에 대한 믿음이 깨어져 갑과의 사이에 애정과 신뢰에 바탕을 둔 인격적 결합을 기대할 수 없어 갑과의 약혼을 유지하여 혼인을 하는 것이 사회생활관계상 합리적이라고 할 수 없으므로 민법 제804조 제8호 소정의 '기타 중대한 사유가 있는 때'에 해당하여 갑에 대한 약혼의 해제는 적법하다*(대법원 1995. 12. 8. 선고 94므1676, 1683).*

예물(禮物)

약혼이 성립된 때에 그 증표로 남자측과 여자측 사이에서 교환하는 금품을 말한다. 그러나 예물의 교환과 약혼의 성립과는 아무런 관계가 없다. 다만 문제가 되는 것은 약혼의 해제나 파기의 경우에 예물의 처리에 관한 것이다. 원래 예물의 성격은 증여(민§554)이다. 따라서 혼인불성립을 해제조건으로 한 것이다. 그러므로 합의해제의 경우에는 반환문제는 합의 중에 결정되겠지만 합의가 없으면 부당이득(§741)으로 반환하여야 하며 반환을 청구할 수 있다. 당사자 양쪽에게 귀책되지 않는 사유로 인하여 혼인이 이행불능으로 된 경우에도 동일하다. 이에 반하여 한쪽 당사자에게 과실이 있는 경우의 약혼파기는 책임없는 자만이 반환청구권을 가지거나 반환의무를 부담하지 않으며 책임있는 자는 받은 물건을 반환하고 준 물건의 반환을 청구할 수 없게 된다. 만약 양쪽에 과실이 있다면 양쪽은 과실없는 경우에 준하여 과실상계(§492)의 원리를 가미함으로써 반환범위를 결정하여야 할 것이다.

혼인(婚姻)

영;marriage 독;Ehe 불;mariage

부부관계를 성립시키는 신분행위를 말한다. 혼인은 혼인장애사유가 없는자 사이에 혼인에 대한 합의가 있고, 가족법이 정한 바에 의하여 신고함으로써 성립한다(법률혼주의). 혼인식은 혼인성립과 관계가 없다. 종전에는 혼인신고를 제출하여도 위법한 경우에는 심사에 의하여 수리되지 않을 수도 있었으나 2005. 3. 31. 개정 민법은 민법 제807조(혼인적령), 제808조(동의를 요하는 혼인), 제809조(근친혼 등의 금지), 제810조(중혼의 금지) 및 제812조 2항(혼인신고시 당사자 쌍방과 성년자인 증인 2인의 연서한 서면 제출)의 규정 기타 법령에 위반함이 없는 때에는 반드시 이를 수리하여야 하는 것으로 규정하였다(§813). 신고는 당사자양쪽과 성년자인 증인 2인이 연서(連書)하고 가족법에 의한 사항을 기재한 혼인신청서를 부의 본적지인 시·읍·면장에게 제출하여야 한다(민§812). 신고는 구술 혹은 우송할 수 있지만 대리인에 의한 신고는 허용되지 않는다. 등록사무담당공무원은 위의 수리요건에 위반하는지의 여부를 심사할 형식적 심사권만을 가지며, 당사자의 혼인의사를 심사할 실질적 심사권은 가지지 않는다. 혼인은 (1) 당사자간에 혼인의 합의가 없는 때, (2) 근친혼 등의 금지 규정(8촌 이내의 혈족 사이의 혼인금지 : 제809조 1항)에 위반한 때, (3) 당사자간에 직계인척관계가 있었거나 있었던 때, (4) 당사자간에 양부모계의 직계혈족관계가 있었던 때 등의 경우에 무효로 된다(§815). 혼인의 효과는 (1) 미성년자도 혼인으로 성년으로 된다(§826의2 : 성년의제). (2) 상호간의 동거·부양·협조의무가 있다(§826 : 상호부조), (3) 부와 처 사이에는 친족관계가 형성된다(§777 Ⅲ). (4) 부부생활비는 부부가 공동으로 부담한다(§833 : 공동생활). (5) 서로 상속권을 가지게 된다(§1003①).

법률혼주의(法律婚主義)

혼인의 성립은 일정한 법률상의 절차를 통하여 이루어진다는 주의로서 민사혼주의라고도 한다. 사회적 사실로서 존재하고 있는 혼인관계를 혼인으로 보는 사실혼주의나 일정한 관습상·종교상의 양식을 거치는 관습혼주의·교회혼주의와 다르다. 근세에 세속적 생활에 대한 국가권력의 확립에 따라 법률혼주의가 성립되었다. 우리 민법도 가족법에 따른 법률혼주의이다.

사실혼(事實婚)

혼인신고를 하지 않고서 사실상 혼인생활을 하며 동거하고 있는 남녀관계이다. 민법은 법률혼주의를 채택하고 있으므로 혼인식 여부와 혼인생활기간의 장단에 관계없이 혼인신고를 하지 않은 동안은 사실혼이 된다. 종래 내연관계라고 불려 온 사실혼은 법률상 의미의 혼인이 아니기 때문에 원칙적으로 혼인의 효력에 관한 민법규정이 적용되지 않는다. 다만 판례는 사실혼을 혼인예약으로 보고, 강제이행의 청구는 할 수 없지만(민§803) 이를 파기하였을 때에는 상대방에 대하여 손해배상의무를 져야 한다고 판시한 바 있다. 또한 민법 이외의 특별법규 가운데 사실상의 처에 대하여 법률상의 혼인에 준하는 효과를 인정하고 있다(공연금§3①). 그러나 사실혼을 전면적으로 법률혼과 동일시할 수 없으므로 혼인관계에 있는 당사자일방은 법률의 심판을 받음으로써 혼인 신고할 수 있는 길을 열어 놓았다(가소§2①나류사건 1호). 또한 심판청구 이외에 부당파기자의 책임을 비롯하여 혼인의 신분적 효과는 일반적으로 인정하여야하므로 동거·부양·정조의 의무 등은 인정하여야 한다. 그리고 재산관계에 관하여는 일상가사에 관한 연대책임·혼인비용 부담문제 등은 부부와 동일하게 다루어도 좋으나 친족관계발생·출생자의 적출생 등의 그 밖의 법률관계에 관하여는 동일하게 다룰 수 없다.

> 일반적으로 약혼은 특별한 형식을 거칠 필요 없이 장차 혼인을 체결하려는 당사자 사이에 합의가 있으면 성립하는 데 비하여, 사실혼은 주관적으로는 혼인의 의사가 있고, 또 객관적으로는 사회통념상 가족질서의 면에서 부부공동생활을 인정할 만한 실체가 있는 경우에 성립한다*(대법원 1998. 12. 8. 선고 98므961).*

내연관계(內緣關係)

→ 사실혼

근친혼(近親婚)

영;marriage of near relation, incest
독;Inzest 불;inceste

가까운 친족관계에 있는 자 사이의 혼인을 말한다. 근친혼의 금지는 예로부터 많은 민족에게 널리 인정되어온 원칙이며 오늘날은 우생학적 이유와 도덕적 이유에서 금지된다. 우리 민법도 처음에는 민법 제809조에서 근친혼의 혼인금지범위를 (1) 동성동본의 혈족간 (2) 남계혈족의 배우자·부의 혈족 및 기타 8촌 이내의 인척이거나 인척이었던 자 사이에서는 혼인하지 못한다고 규정하고 있었으나 1997. 7. 16 95헌가 6내지 13(병합) 사건에서 민법 제809조 제1항이 헌법불합치 결정을 받았고, 이에 2005년 3월 31일 개정을 통하여 남녀평등과 혼인의 자유를 침해할 우려가 있는 동성동본금혼제도를 폐지하고 근친혼금지제도로 전환하되, 근친혼제한의 범위를 합리적으로 조정하였다. 이에 따라 8촌 이내의 혈족(친양자의 입양 전의 혈족을 포함한다) 사이에서는 혼인하지 못하며, 6촌 이내의 혈족의 배우자, 배우자의 6촌 이내의 혈족, 배우자의 4촌 이내의 혈족의 배우자인 인척이거나 이러한 인척이었던 자 사이에서는 혼인하지 못하도록 하였다. 또한 입양관계가 소멸된 경우에는 6촌 이내의 양부모계(養父母系)의 혈족이었던 자와 4촌 이내의 양부모계의 인척이었던 자 사이에서는 혼인하지 못하도록 규정하였다(민§809). 만약 8촌 이내의 혈족간에 혼인한 경우, 혼인당사자간에 직계인척관계가 있거나 있었던 경우, 혼인당사자간에 양부모계의 직계혈족관계가 있었던 경우에 이러한 혼인은 무효이다(민§815). 이 외의 근친혼의 경우에는 혼인 취소사유에 해당한다(민§816).

동성동본불혼의 원칙
(同性同本 不婚의 原則)

동성동본 혈족간의 혼인을 금지하는 원칙이다. 우리나라는 고려시대까지 내혼제가 성행하였으나 중국에서 기원한 동성동본불혼이 조선시대부터 도입되었다고 한다. 이 동성동본 불혼은 근친혼, 특히 혈족·근친자간의 혼인을 금지하고자 하는 데 취지가 있다. 우리민법 제809조는 동성동본인 혈족간에는 혼인하지 못한다고 규정하고 있었다. 그러나 우리헌법재판소는 민법 제809조 1항 위헌제정사건(1997년 7월 16일 95헌가 6내지 13(병합)에서 동조항을 헌법불합치 결정을 내림으로써 2005. 3. 31. 민법 제809조의 전문개정이 이루어졌다. 따라서 다음에 해당하는 경우에는 혼인을 할 수 없고 그 외의 친족이나 인척간에는 혼인을 할 수 있다(§809). (1) 8촌 이내의 혈족(친양자의 입양전의 혈족 포함)사이 (2) 6촌 이내의 혈족의 배우자, 배우자의 6촌 이내의 혈족, 배우자의 4촌 이내의 혈족의 배우자인 인척이거나 이러한 인척이었던 자 사이 (3) 6촌 이내의 양부모계의 혈족이었던 자와 4촌 이내의 양부모계의 인척이었던 자 사이

자유혼인(自由婚姻)

부모의 동의를 얻지 않고 할 수 있는 혼인이다. 현행민법은 미성년자가 혼인할 때에는 부모의 동의를 얻어야 하며, 부모 중 일방이 동의권을 행사할 수 없을 때에는 다른 일방의 동의를 얻어야 하고, 부모가 모두 동의권을 행사할 수 없는 때는 미성년 후견인의 동의를 얻어야 하다(민§808).

입부혼(入夫婚)

입부혼은 종전 민법 제826조 3항·4항에서 규정하고 있던 것으로, 처가에 入籍(입적)할 약속으로 남자가 호주되는 여자와 혼인하는 것을 말한다. 이 경우 출생자는 모가(母家)에 입적하여 姓과 本을 따르며 모가에 입적하는 것으로 하였다. 그러나 입부혼제도는 2005. 3. 31. 민법 개정시에 폐지되었다.

일부다처혼(一夫多妻婚)

영;polygamy
독;Polygamie
불;poligamie

한 남자가 수명의 여자와 혼인할 수 있는 혼인제도이다. 예로부터 여러 민족에 존재하였다. 유럽에서는 기독교가 이를 부정하였다. 아시아 지역에는 오늘날에도 이 형태가 잔존하는 곳이 많다. 우리나라에서는 법률상 일부다처제가 부정되고 있다(민§810).

중혼(重婚)

배우자가 있는 자가 거듭하여 혼인을 하는 것이다. 일부일처제의 입장에서 중혼은 금지되고 혼인취소사유가 된다(민§810, §816Ⅰ). 따라서 후혼에 관하여는 취소의 소송을 제기할 수 있고(§810. §818), 전혼에 관하여는 이혼원인이 될 수 있다(§840Ⅰ). 우리나라의 혼인신고절차상 중혼의 혼인신고는 수리되지 않으므로 실제상 중혼이 생기는 예는 극히 드물다.

과거기간(寡居期間)

여자의 재혼이 금지되는 기간이다. 대혼기간(待婚期間)이라고도 한다. 원칙적으로 여자는 전혼(前婚)의 해소 또는 취소일부로부터 6개월이 경과하지 않으면 재혼할 수 없었으나(개정 전 민법 제811조). 이 규정은 2005. 3. 31. 민법 개정시에 폐지되었다.

부(夫)

혼인관계에 있는 남자, 즉 처가 있는 남자를 말한다. 내연관계에 있는 부는 법률상 부가 아니다. 현행민법은 헌법의 정신에 비추어 혼인에 있어서의 부부평등의 원칙을 채용하여 부와 처의 권리·의무를 동등하게 규정하고 있다(민§826, §827, §829 내지 §833).

가부권(家父權)

⇒ 가장권

가부장제(家父長制)

가족형태 중 가장인 남자가 강력한 권한을 가지고 가족을 통제하고 지배하는 것을 말한다. 1990년 개정 가족법에서는 호주제도를 대폭 수정하여 현재까지 가부장제의 성격이 강하게 남아있었던 민법을 현대에 맞게 고쳤으나 호주제도는 존치시켜 가부장제도는 형식상으로 우리민법에 아직 남아있다고 할 수 있었다. 그러나 호주제도가 2005. 3. 31. 민법 개정시에 폐지되었다.

처(妻)

혼인관계에 있는 여자이다. 혼인으로써 그 신분을 취득하고 혼인의 해소 또는 취소에 의해 그 신분을 잃는다. 법률상의 처만을 의미하며 이른바 사실혼의 처를 포함하지 않는다. 구민법은 부권우월(夫權優越)의 사상 하에서 처를 무능력자로 규정했으나 현행법은 이를 폐지하고 처의 재산관계는 남녀평등의 원칙에 의한 부부재산의 규정에 의하여 규율된다(민§829~§833).

가사대리권(家事代理權)

부부는 일상의 가사에 관하여 서로 대리권이 있는데, 이는 현행 민법 제827조에서 보장하고 있다. 일상가사란 부부의 공동생활에서 필요로 하는 통상의 사무를 말하는데, 학설과 판례는 부부공동생활에 통상 필요로 하는 쌀·부식 등의 식료품의 구입, 연료·의복류의 구입, 가옥의 임차, 집세·방세 등의 지급 또는 접수, 전기요금·수도요금·전화요금의 지급, 세금의 납부 등의 가족의 의식주에 관한 사무나, 가족의 보건·오락·교제, 자녀의 양육·교육 등에 관한 사무가 일상가사의 범위에 속하나, 일상생활비로서 객관적으로 타당시되는 범위를 초과한 소비대차, 전화가입권의 매도담보, 가옥의 임대, 순수한 직무상의 사무, 입원, 어음배서행위 등은 일상가사에 포함되지 않는 것으로 본다. 부부 상호간의 가사대리권과 관련하여 문제가 되는 것은 민법 제126조의 표현대리의 적용여부인데, 대법원 판례는 부가 직장관계로 별거중에 처가 보관중인 부의 인장을 사용하여 부의 부동산에 저당권을 설정하고, 저당권자가 그 부동산을 경락취득한 것에 대하여,"비록 부가 자기의 처에게 저당권설정에 관한 권한을 수여한 사실이 없다하더라도, 부부 사이에는 일사의 가사에 관하여 대리권이 있는 것이므로, 위 처의 행위는 권한 밖의 법률행위를 한 경우에 해당한다고 할 수 없을 것이요, 저당권을 취득한 상대방이 위에서 본바와 같이 처에게 그러한 권한이 있다고 믿을 만한 정당한 이유가 있다면, 본인 되는 부는 처의 행위에 대하여 책임을 져야 되는 것이다.(대법원 1967. 8. 29. 67다1125)"라고 판시하고 있다.

> 대리가 적법하게 성립하기 위하여는 대리행위를 한 자, 즉 대리인이 본인을 대리할 권한을 가지고 그 대리권의 범위 내에서 법률행위를 하였음을 요하

며, 부부의 경우에도 일상의 가사가 '아닌' 법률행위를 배우자를 대리하여 행함에 있어서는 별도로 대리권을 수여하는 수권행위가 필요한 것이지, 부부의 일방이 의식불명의 상태에 있어 사회통념상 대리관계를 인정할 필요가 있다는 사정만으로 그 배우자가 당연히 채무의 부담행위를 포함한 모든 법률행위에 관하여 대리권을 갖는다고 볼 것은 아니다*(대법원 2000. 12. 8. 선고 99다37856)*.

일상가사채무(日常家事債務)

부부가 혼인의 효과로서 일상가사에 관하여 제3자에 대하여 부담하는 채무를 말한다. 우리나라의 경우 일상가사는 보통 처가 처리하는 것이지만 일상가사 자체가 부부를 중심으로 한 가족의 공동생활을 위한 것이므로 민법은 부부의 일방이 일상가사에 관하여 제3자와 법률행위를 한 때에는 다른 일방은 이로 인한 채무에 대하여 연대책임이 있다. 그러나 이미 제3자에 대하여 다른 일방의 책임 없음을 명시한 때에는 그러하지 아니하다(민법 832조). 여기서 일상가사란 예컨대 주식·부식 등 생활필수품의 구입, 집세의 지급, 의료비의 지출 등과 같이 가족의 공동생활을 유지하기 위하여 처리할 필요가 있는 모든 사항을 말한다.

민법 제832조에서 말하는 일상의 가사에 관한 법률행위라 함은 부부가 공동생활을 영위하는데 통상 필요한 법률행위를 말하므로 그 내용과 범위는 그 부부공동체의 생활 구조, 정도와 그 부부의 생활 장소인 지역사회의 사회통념에 의하여 결정되며, 문제가 된 구체적인 법률행위가 당해 부부의 일상의 가사에 관한 것인지를 판단함에 있어서는 그 법률행위의 종류·성질 등 객관적 사정과 함께 가사처리자의 주관적 의사와 목적, 부부의 사회적 지위·직업·재산·수입능력 등 현실적 생활상태를 종합적으로 고려하여 사회통념에 따라 판단하여야 한다*(대법원 1999. 3. 9. 선고 98다46877)*.

동거의무(同居義務)

독;Die Zusammenwohnenspflicht

혼인의 효과 중의 하나로 부부가 공동생활을 함에 있어서 부담하는 한 집에서 함께 살아야 할 의무(민법 826조 1항 본문)를 말한다. 그러나 정당한 이유로 일시적으로 동거할 수 없는 경우에는 서로 용인해야 한다(민법 826조 1항 단서). 부부 중 일방이 동거의무를 위반하는 경우에는 타방은 동거를 청구할 수 있고, 이에 응하지 않는 때에는 악의의 유기로서 이혼원인이 된다고 할 것이다(민법 840조 2호). 동거의 장소는 1990년 민법 일부개정 전에는 부가 지정하도록 되어 있었으나 현행민법은 부부공동의 의사로 협의에 따라 정하되, 협의가 이루어지지 않는 경우에는 당사자의 청구에 의하여 가정법원이 이를 정하도록 규정하고 있다(민법 826조 2항).

부부간의 계약취소권
(夫婦間의 契約取消權)

개정 전 민법에 규정되어 있던 권리로서, 부부간에 계약을 한 때에는 그 계약을 혼인 중 언제든지 부부의 한쪽에서 취소할 수 있는 권리이다(개정전 민§828). 부부사이의 계약은 애정에 사로잡힌 다던가 압력에 눌려서 체결됨으로써 진의에 의하지 않는 경우가 많으며 또한 부부는 애정과 신뢰를 바탕으로 하는 논리적 결합이기 때문에 법률적 구속을 가할 필요가 없다는데 있었다. 그러나 계약을 강제당할 처라면 취소조차도 할 수 없는 경우가 많을 것이며 반대로 부의 취소권 남용으로 처의 지위가 위협 당할 염려가 많으므로 계약취소권을 두지 않는 것이 타당하다는 주장이 지배적이었다. 이에 2012년 2월 10일 민법 개정시 동 조항은 삭제되었다.

> 민법 제828조에서 "혼인 중"이라 함은 단지 형식적으로 혼인관계가 계속되고 있는 상태를 의미하는 것이 아니라, 형식적으로는 물론 실질적으로도 원만한 혼인관계가 계속되고 있는 상태를 뜻한다고 보아야 하므로 혼인관계가 비록 형식적으로는 계속되고 있다고 하더라도 실질적으로 파탄에 이른 상태라면 위 규정에 의한 계약의 취소는 할 수 없다*(대법원 1993. 11. 26. 선고 93다40072).*

부부재산제(夫婦財産制)
독;eheliches Güterrecht
불;régime matrimonial

혼인에 의하여 부부간에 생기는 재산관계를 규율하는 제도이다. 우리 민법의 부부재산제는 혼인당사자의 계약으로 자유로이 그 재산관계를 정하는 것(부부재산계약)과 법률의 규정에 의하여 정하는 것(법정재산제)으로 나누어진다.

부부재산계약(夫婦財産契約)
영;marriage settlement
독;Ehevertrag
불;contrat de mariage

부부사이에 혼인성립 전에 그 혼인중의 재산에 과하여 자유로이 체결하는 계약을 말한다(민§829). 부부재산계약의 체결에는 통상 재산법적 행위능력을 필요로 하는 것이 보통이지만, 혼인에 따르는 것이므로 혼인체결의 능력이 있으면 충분하다고 본다. 부부재산계약은 자유이지만, 재산계약은 혼인신고 전에 등기소의 등기부에 등기하지 않으면 부부의 승계인이나 제3자에게 대항하지 못한다(§829④). 혼인 전의 재산에 관하여 약정을 한 경우에는 혼인중 이를 변경하지 못한다. 다만 정당한 사유가 있을 때에 한하여 법원의 허가를 얻어 변경할 수 있다(민§829①, ②). 즉 약정에 의하여 부부의 일방이 타방의 재산을 관리하는 경우에 부적당한 관리로 인하여 그 재산을 위태하게 하는 때에는 다른 일방은 자기가 관리할 것을 법원에 청구할 수 있으며 그 재산이 부부의 공유인 때에는 그 분할을 청구할 수 있다(§829②). 재산계약 중에 미리 관리자의 변경이나 공유재산의 분할에 관하여 정한 것이 있는 때에는 이에 따라 관리자를 변경하거나 분할할 수 있다(§829⑤). 그러나 어느 경우나 그 사실을 등기하지 않으면 제3자에게 대항 할 수 없다(§829⑤). 이러한 부부재산계약은 민법상 법정재산제와는 다른 내용의 부부재산계약이 체결될 것을 예정하고 있지만 부부평등의 원리에 반하는 계약은 무효라고 본다.

법정재산제(法定財産制)

혼인에 있어서 부부재산계약이 체결되지 않았던 경우에는 부부 사이의 재산관계는 법정재산제의 규정에 의한다. 법정재산제에는 부부가 재산을 공유한다는 공동재산제와 부부의 특유재산제 그리고 부부가 전혀 따로 소유하고 관리하는 별산제의 세 가지 형식이 있다. 민법상으로는 (1) 부부의 공동생활비용은 당사자간에 특별한 약정이 없으면 부부가 공동으로 부담하며(민§833), (2) 부부는 일상가사에 관하여는 서로 대리권이 있으며(§827①), (3) 일상가사에 관한 채무는 부부가 연대책임을 진다(§8320. (4) 소속이 불분명한 재산은 부부의 공유로 추정한다(§830②).

부부별산제(夫婦別産制)
영;separation of goods
독;allgemine Güterrennung
불;regime de separation des biens

재산상 부부는 각각 혼인 전부터 가졌었던 고유재산과 혼인생활 중에 자기의 명의로 취득한 재산을 그의 특유재산으로 하여 각자에게 속하게 하는 제도이다. 이 제도의 취지는 사람은 언제나 독립된 인격의 주체이므로 부부 사이라도 인격상 재산상 독립의 권리를 가진다는 것이다.

특유재산(特有財産)
라;peculium

부부의 일방이 혼인 전부터 가진 고유재산과 혼인중 자기 명의로 취득한 재산을 특유재산으로 하여 각자가 관리·사용·수익한다(민§830, §831). 원래 로마의 가장이 그 권력에 복종하는 가족이나 노예에 자유로운 수익권(후에는 처분권까지 포함)을 준 재산이다. 현대법에 있어서는 모든 개인이 권리능력을 가지므로 아내나 자녀나 자기의 고유재산을 소유 할 수 있음은 당연한 일이므로 특유재산이라는 개념은 존재의 의의를 잃어버렸다.

고유재산(固有財産)

상속·양도 등에 의하여 취득한 재산이 그 청산이나 보관 그밖에 특정한 목적 때문에 그 사람이 본래 소유한 재산과 구별하여 관리하는 경우에 그 본래의 재산을 말한다. 상속재산에 대한 상속인의 고유재산과 신탁재산에 대한 수탁자의 고유재산 등이 그 예이다.

이혼(離婚)
영;divorce 독;Ehescheidung
불;divorce

부부가 생존 중에 혼인을 해소하는 것이다. 출생으로 발생하는 신분관계는 사망에 의하여 소멸되지만, 계약에 의하여 창설되는 신분관계는 사망 이외에 당사자의 합의나 재판에 의해서도 소멸되는 수가 있다. 즉 이혼은 사망에 의하지 않은 배우자 관계의 소멸이다. 이혼은 (1) 협의상이혼(민§834~§839의2)과 (2) 재판상이혼(§840~§843)으로 나누어진다. 이혼한 부부사이에 자가 있을 때에 그 양육에 관한 사항은 협의로 정한다(§837①). 협의가 되지 않거나 협의할 수 없을 때에는 가정법원은 당사자의 청구 또는 직권에 의하여 그 자의 의사·연령·부모의 재산상황 기타 사정을 참작하여 양육에 필요한 사항을 정하며 언제든지 그 사항을 변경 또는 다른 적당한 처분을 할 수 있다(§837④). 자를 양육하지 아니하는 부모 중 일방은 면접교섭권을 가진다(§837의2). 또한 이혼한 자의 일방은 타방에 대하여 재산분할 청구권을 가진다(§839의 2). 이혼이 성립되면 부부사이에 생긴 모든 권리의무는 소멸된다.

이혼무책주의(離婚無責主義)

재판상 이혼에 있어서 이혼의 법정원인을 어떻게 할 것인가에 관한 입법주의 중 일정한 사유가 발생하여 부부공동생활체를 계속 유지시킬 수 없는 경우에는 부부 쌍방 중 어느 일방의 책임 유무에 관계없이 이혼을 인정한다는 입장을 말하는 바, 파탄주의라고도 한다. 이에 비하여 이혼유책주의는 당사자 일방에게 이혼의 책임이 있는 경우에만 타방은 이혼청구를 할 수 있는 입법주의를 말한다. 우리 민법은 제840조에서 제1호부터 제5호까지는 유책주의 이혼원인을 제6호에서는 파탄주의 이혼주의 이혼원인을 규정하고 있다. 판례는 민법 제840조 각호의 이혼원인에 대해 상호 독립적인 것으로 보면서 전환성을 인정하지 않지만, 무책주의를 보다 폭 넓게 받아들여 법원의 후견적 역할을 강조한다는 의미에서 제1호 내지 제5호는 제6호의 전형적인 예시라고 봄이 타당할 것이다. 제6호의 '혼인을 계속하기 어려운 중대한 사유'라 함은 혼인의 본질에 상응한 공동생활의 회복이 불가능하다고 인정될 만큼 심각하게 혼인을 파괴한 사유를 말한다고 해석하여야 한다. 구체적으로는 불치의 정신병, 성병의 감염, 배우자의 범죄, 혼인 전의 부정행위, 성격차이와 애정상실 등이 원인이 되어 혼인관계가 심각하게 현저하게 파괴된 경우를 들 수 있다.

이혼소송(離婚訴訟)
독;Scheidungsklage

법정의 이혼원인에 해당하는 사실이 존재하는 경우에 부부의 일방이 타방을 상대방으로 하여 심판을 청구함으로써 하는 이혼을 말한다(가사소송법 나류사건 4호). 이 심판의 청구는 이혼권의 주장이며, 조정이 선행되므로(가사소송법 50조) 원칙적으로 제3자에 의한 제기는 허용되지 않는다. 재판상 혼인의 소는 가정법원의 전속관할로 한다(가사소송법 22조).

이혼신고(離婚申告)

협의상 이혼의 경우에 하는 신고를 말한다. 협의상 이혼은 가정법원에 확인을 받아 가족관계의 등록 등에 관한 법률에 정한 바에 의하여 신고함으로써 그 효력이 생기는데, 이 신고는 당사자 쌍방과 성년자인 증인 2인의 연서한 서면으로 하여야 한다(민법 836조). 이혼의 신고서에는 (1)당사자의 성명·본 및 등록기준지 (2)당사자의 부모와 양친의 성명 및 등록기준지, (3)민법 909조 제4항의 규정에 의하여 친권을 행사할 자가 정하여진 때에는 그 취지와 내용을 기재하여야 한다.

이혼의 무효(離婚의 無效)

현행 우리 민법에는 이혼의 무효에 관한 규정을 두고 있지 않으나, 협의이혼도 신분행위의 일종이므로 민법총칙의 규정이 아니라, 혼인에 관한 규정을 유추 적용하여, 당사자간에 이혼의 합의가 없는 때에는 이를 무효원인으로 하여야 한다.

이혼의 취소(離婚의 取消)

일정한 원인으로 인하여 이혼의 효과를 소멸시키거나, 이를 목적으로 하는 소송행위를 말한다. 취소의 방법은 언제나 재판으로 하여야 하며, 취소의 효과에 관해서는 그 성질상 소급효를 인정하여야 한다. 이혼의 취소에 관하여는 그 성실상 소급효를 인정하여야 한다. 이혼의 취소에 관하여는 민법총칙의 취소에 관한 규정이 적용되지 않으므로 선의의 제3자의 사기에 의한 이혼은 상대방 배우자가 선의인 경우에도 취소할 수 있다(민법 110조3항). 또 제3자의 사기에 의한 이혼은 상대방 배우자가 선의인 경우에도 취소할 수 있다(민법 110조2항). 민법 838조에 의해 사기 또는 강박으로 인하여 이혼의 의사표시를 한 자는 그 취소를 가정법원에 청구할 수 있으며, 사기 또는 강박으로 인한 이혼은 사기를 안 날 또는 강박을 면할 날부터 3개월을 경과한 때에는 그 취소를 청구하지 못한다(민법 839·823조).

이혼의 효과(離婚의 效果)

이혼이 성립함으로써 나타나는 법적 권리·의무관계의 변동을 말한다. 이혼은 배우자의 사망과 더불어 혼인의 해소원인이 된다. 양자는 일단 유효하게 성립한 혼인이 종료하게 된다는 점에서는 공통하여 혼인의 취소와는 구별되지만, 이혼의 경우에서는 인척관계 등 혼인의 모든 효과가 종료함에 반하여(단 혼인관계의 권리장애적 효과는 존속 ; 민법 809조2항), 배우자의 사망에 있어서는 모든 것이 종료하지 않고 부부의 일방이 사망한 경우에 생존배우자가 재혼한 때에 인척관계가 종료한다(민법 775조2항). 이혼에는 협의상 이혼·재판상 이혼 나아가 조정 이혼 등이 있으나, 그 효과에 있어서는 다를 바가 없고, 다만 가정법원의 개입에 있어서 정도의 차이가 있다. 이혼이 성립되면 부부라는 배우자관계는 해소되고, 혼인으로 발생된 일체의 효과는 장래에 향하여 소멸되므로, 재혼할 수도 있으며, 종래의 인척관계도 사망의 경우와는 달리 소멸된다(민법 775조).

면접교섭권(面接交涉權)
영;visitation rights
독;Umgangsrecht
불;droit de visite

이혼 등에 의하여 미성년자인 자에 대한 친권자나 양육권자가 아닌 자가 그 자와 면접·교통·방문·숙식 등을 할 수 있는 권리를 말한다. 이 제도는 일찍부터 영·미·독·불 등의 여러 나라에서 인정하여 오는 것을 1990. 1. 13. 우리 개정민법에서 받아들여 이혼 후 친권자나 양육권자가 아닌 부모의 일방에게 자의 면접·방문을 할 수 있는 면접교섭권을 두게 된 것이다. 그러나 부모에게만 면접교섭권을 인정하고 있어 자녀는 면접교섭권의 객체로 인식되는 문제가 있어왔다. 이에 2007. 12. 21. 민법 개정에 의하여 자녀에게도 면접교섭권을 인정하였다(민§837의 2①). 또한 2016. 12. 2. 민법 개정을 통해 일정한 경우에 조부모의 면접교섭권을 인정하였다. 즉, 자녀를 직접 양육하지 아니하는 부모 일방이 사망하거나 질병, 외국거주, 그 밖에 불가피한 사정으로 면접교섭권을 행사할 수 없을 때에는 그 부모의 직계존속이 가정법원에 손자녀와의 면접교섭을 청구할 수 있도록 하였다(§837의 2②). 면접교섭권의 내용은 구체적 사정에 따라 당사자의 협의, 조정, 심판에 의해 정해지고, 가정법원은 자녀의 복리를 위하여 필요한 때에는 당사자의 청구 또는 직권에 의하여 면접교섭권을 제한하거나 배제할 수 있다(§837의 2③). 면접교섭권은 부모의 일신전속의 자연권으로서, 합의에 의하여 일시적으로 행사를 중지할 수 있지만 영구적으로 포기할 수 없고, 또한 친권과 달리 면접교섭권은 반드시 행사하여야 한다.

재산분할청구권(財産分割請求權)

이혼한 자의 일방이 타방에 대하여 재산분할을 청구할 수 있는 권리이다(민§839의2). 혼인생활이 계속되면 부부의 상호협력을 통하여 재산이 축적된다. 그러나 주로 이러한 재산은 부의 명의로 되는 수가 많다. 따라서 이러한 상태에서 이혼을 하게 되면 처는 재산축적에 대한 아무런 대우를 받지 못하고 불우한 상태에 빠지므로 부부공동생활 중 축적된 재산에 대한 처의 협력을 인정하여 처가 갖게 될 잠재적 지분을 인정하게 된 것이다. 재산분할청구권의 성질에 대하여는 위자료적 성질로 보는 견해와 부부재산의 청산 내지는 잠재적 지분의 반환적 성질을 지닌다는 견해가 있다. 재산분할의 유무·액수·방법 등은 우선 당사자의 협의에 의하지 않을 때는 당사자의 청구에 의하여 가정법원은 재산분할여부·분할액수·분할방법 등을 결정한다(§839의2②). 가정법원이 참작하여야 할 사항으로는 이혼부부의 재산상태·청구자의 재산형성에 대한 기여도·가사노동의 대가·혼인기간의 장단·당사자의 취업·연령·건강상태·재혼과 취직의 가능성·이혼에 대한 유책성 여부·혼인생활비용 부담실태 등이다. 재산분할권을 부양적 성질로 보면 부양청구권이 일신전속적 성질을 가지므로 상속은 부정되지만 청산적 성질로 본다면 상속이 가능하다. 재산분할청구권은 이혼한 날로부터 2년이 경과하면 소멸한다(§839의 2③). 그리고 사실혼에도 유추적용되어야 할 것이다. 재산분할청구권과 관련하여 재산분할청구권이 구체적으로 확정되기 전에 재산분할청구권을 피보전권리로 하는 사해행위취소권이 인정되는지 여부에 대하여 다툼이 있었다. 이에 2007. 12. 21. 민법 개정에 의하여 부부의 일방이 상대방 배우자의 재산분할청구권 행사를 해함을 알고 사해행위를 한 때에는 상대방 배우자가 그 취소 및 원상회복을 법원에 청구할 수 있도록 재산분할청구권을 보전하기 위한 사해행위취소권을 인정하였다(§839의3신설). 이에 따라 재산 명의자가 아닌 배우자의 부부재산에 대한 잠재적 권리 보호가 강화될 것으로 기대된다.

협의상이혼(協議上離婚)

부부는 그 원인 여하를 묻지 않고 협의로써 이혼을 할 수 있다(민§834). 즉 근대 혼인법은 남녀평등의 원칙에 입각하여 부부의 자유의사를 존중한다. 따라서 당사자가 합의만 이루어지면 특별한 사유 없이도 당사자 양쪽과 증인 2인이 연서한 서면을 가정법원의 확인을 받아 가족법의 정한 바에 따라 신고를 함으로써 이혼은 성립한다(§836). 이 점은 재판상의 이혼만을 인정하고 협의상의 이혼을 인정하지 않는 구미제국(舊美諸國)의 대다수의 입법례에 비하여 현저한 특색을 이룬다. 금치산자는 후견인의 동의를 얻어서 이혼할 수 있다(§835, §808② 준용). 이혼당사자는 그 자의 양육에 관한 사항을 협의에 의하여 정한다(§837①). 이러한 협의가 자의 복리에 반하는 경우에는 가정법원은 보정을 명하거나 직권으로 그 자의 의사·연령과 부모의 재산상황, 그 밖의 사정을 참작하여 양육에 필요한 사항을 정한다(§837②). 그러나 협의가 되지 않거나 협의할 수 없는 경우에 가정법원은 직권으로 또는 당사자의 청구에 의하여 그 자의 연령·부모의 재산상태 기타 사정을 참작하여 양육에 필요한 사항을 정하며 언제든지 그 사항을 변경 또는 다른 적당한 처분을 할 수 있다(§837④, ⑤). 또한 사기·강박에 의하여 이혼의 의사표시를 한 자는 그 취소를 가정법원에 청구할 수 있다(§838). 그러나 사기를 안 날이나 강박을 면할 날로부터 3개월을 경과한 때에는 취소청구권은 소멸한다(§839, §823준용). 협의이혼과 관련하여 2007. 12. 21. 민법 개정으로 인하여 협의이혼시 자녀 양육사항 및 친권자 지정 합의를 의무화하였다(법 제836조의2제4항 신설). 개정 전 법에 의하면 당사자 사이에 자녀 양육사항 및 친권자 지정에 관한 합의 없이도 이혼이 가능함에 따라 이혼 가정 자녀의 양육

환경이 침해되는 문제가 있어왔다. 이에 개정법은 협의이혼 하고자 하는 부부에게 양육자의 결정, 양육비용의 부담, 면접교섭권의 행사여부 및 그 방법 등이 기재된 양육사항과 친권자결정에 관한 협의서 또는 가정법원의 심판정본을 이혼 확인시 의무적으로 제출하도록 하였다.

이혼숙려기간(離婚熟慮其間)

개정 전 법에 의하면 협의이혼제도는 당사자의 이혼의사 합치, 가정법원의 확인, 호적법에 의한 신고 등 간편한 절차만으로도 이혼의 효력이 발생함으로써 혼인의 보호보다는 자유로운 해소에 중점을 두고 있다는 문제점이 있어왔다. 이에 2007. 12. 21. 민법 개정으로 이혼숙려기간을 도입하였다(법 제836조의2제2항 및 제3항 신설). 즉, 협의이혼 당사자는 일정 기간(양육하여야 할 자녀가 있는 경우는 3개월, 양육하여야 할 자녀가 없는 경우는 1개월)이 경과한 후 가정법원으로부터 이혼의사 확인을 받아야만 이혼이 가능하도록 하였다. 이에 따라 신중하지 아니한 이혼이 방지될 것으로 기대된다.

재판상이혼(裁判上離婚)

법정의 이혼원인에 의거하여 부부의 일방이 타방에 대하여 소송에 의하여 행하는 이혼이다(민§840). 재판이혼이라고도 하며 가정법원의 심판에 의하므로 심판이혼이라고도 한다. 민법 제840조는 재판상 이혼의 원인으로서 (1) 배우자의 부정행위 (2) 배우자의 악의의 유기 (3) 배우자 또는 그 직계존속에 의한 심히 부당한 대우 (4) 자기의 직계존속에 대한 배우자의 심히 부당한 대우 (5) 배우자의 3년 이상의 생사불명 (6) 그 밖의 혼인을 계속하기 어려운 중대한 사유 등의 6종을 열거하고 있다. 그러나 먼저 가정법원에서 조정을 받고 조정이 성립되지 않으면 비로소 조정등본이 송달된 날로부터 2주일 내에 서면으로 재판이혼의 심판을 청구할 수 있다(가심§2① 나류사건 4호). 그리고 위의 재판상 이혼원인이 있는 경우에도 법원은 일체의 사정을 고려하여 혼인의 계속이 상당하다고 인정될 때에는 이혼의 청구를 기각할 수 있다(이른바 상대적 이혼원인). 또한 배우자의 부정행위는 다른 일방의 사전동의나 사후용인을 한때 또는 이를 안 날로부터 6월, 그 사유가 있은 날로부터 2년을 경과하면 이혼을 청구하지 못한다(민§841). 또한 기타원인으로 인한 이혼청구는 다른 일방이 안 날로부터 6월, 그 사유가 있은 날로부터 2년을 경과하면 청구하지 못한다(§842).

조정이혼(調停離婚)

가사소송법은 재판이혼에 관하여 조정전치주의를 채용하므로(가소§2① 나류사건 4호), 재판이혼의 심판을 청구하기 위하여는 먼저 가정법원에 조정을 신청하여야 한다(가소§50). 조정을 통하여 당사자 사이에 이혼에 대한 합의가 성립되면 그것으로 조서에 기재함으로써 확정판결과 동일한 효력이 있으므로(가소59, 민소§220), 이혼은 성립한다. 이것이 조정이혼이다. 조정이혼은 당사자 사이에 합의가 있어야 성립하므로 협의이혼에 가깝다. 그러나 협의이혼신고는 창설적 신고임에 반하여 조정이혼신고는 보고적 신고이다.

이혼원인(離婚原因)

재판상의 이혼원인으로서 법률상 규정되어 있는 사유이다. 즉 이혼원인을 특정한 사유에 한정하고 그 사유가 있는 경우에 이를 근거로 이혼을 청구하면 당연히 이혼선고가 내려지는 경우이다. 이 사유들은 절대적 이혼원인이라고 한다. 반면에 이혼원인이 법정되어 있더라도 구체적인 사건에 대하여 이혼을 명할 것인가 그 여부의 판단을 법원의 재량에 위임하는 경우에는 이들 이혼원인은 상대적 이혼원인이라고 한다. 우리 민법은 상대적 이혼원인을 따르고 있다(민§840).

악의유기(惡意遺棄)

이혼이나 파양의 원인중 하나이다. 이혼에 있어서는 동거의무의 불이행을 의미하며, 파양에 있어서는 부양의무의 불이행을 뜻한다. 그리고 여기에서 말하는 악의란 특히 상대방에 대한 악의를 뜻한다(민§840, §905).

정조의무(貞操義務)

부부간에 서로 지고 있는 性的인 순결을 지켜야 할 신의성실의 의무를 말한다. 민법은 이것을 적극적으로 규정하고 있지는 않지만 혼인의 본질상 당연히 인정되는 의무이다. 간접적으로는 부정행위를 이혼원인으로 하고 있는 점에서 알 수 있다(민§840Ⅰ). 제3자에 의하여 한쪽 배우자의 정조가 침해당하였을 경우에는 다른 배우자는 침해한 제3자에 대하여 불법행위의 책임을 물을 수 있게 된다. 따라서 정조의 침해는 직접 침해당한 측과 그 배우자의 양자에게 불법행위가 되는 수가 있다.

친자(親子)

친자라 함은 자연적 혈연관계에 의거하는 친생자와 법률상 친생자에 준하는 법정친자를 포함하는 말이다.

친생자(親生子)

영;legitmate child
독;cheliches kind
불;enfant l'egitimes

법률상 혼인 중에 출생한 자이다. 아내가 혼인 중 포태한 자는 남편의 자로 추정하고(민 §844①), 남편은 친생부인의 소에 의해서만 이 추정을 부인할 수 있다(§847~§852). 친생자는 상속에 있어서 상속인이 수인인 때에는 균분으로 받는다(§1009①).

혼인중의 자(婚姻中의 子)

부모의 법률상 혼인관계에서 출생한 子이다 혼인중의 자가 되기 위한 조건은 (1) 부모가 혼인하였을 것 (2) 부의 자일 것 (3) 부부의 혼인 중 처가 포태하였을 것 등이 필요하다. 혼인중의 출생한 자는 적출(嫡出)의 추정을 받아 혼인중의 자로서의 신분을 취득한다(§844). 또한 혼인전에 출생한 자라도 차후에 부모가 혼인하면 혼인중의 자로서의 신분을 취득한다(§855②).

혼인외의 자(婚姻外의 子)

영;bastard illegitimate child, child orn out wedlock
독;uneheliches Kind
불;enfant naturel

혼인관계에 있지 않은 남자에게서 출생한 자를 말한다. 구법에서는 서자·사생자·서출자라는 용어를 사용하였으나 현행법에는 이와 같은 계급적 의미의 용어는 존재하지 않는다. 혼인이 취소된 경우에는 그 효과가 소급하지 않으므로 그 혼인관계 중에 출생한 자는 혼인중의 자이다 혼인외의 출생자와 부의 법률상 친자관계는 인지가 없으면 발생하지 않는다. 다만 부모가 혼인하면 혼인중의 출생자로 된다.

법정친자(法定親子)

친자에 준하는 법률이 특히 친자와 동일한 관계를 의제한 자이다. 과거 민법에서는 법정친자로는 양친자(민§772)·계모자(§773)·적모서자(§774)의 세가지를 규정하였으나 1990년 1월 13일 민법 개정시 계모자와 적모서자는 삭제하여 이제는 양친자만이 유일하게 법정친자로 남게 되었다.

양친자(養親子)

양친과 양자간의 친자관계이다. 양자는 신고일부터 양친의 친생자로서의 신분을 취득한다(민§722). 양친자는 법정친자이지만 법률적으로는 친생자와 다를 바가 없다. 양친자관계는 입양의 취소 또는 파양으로서 소멸하게 된다(§776).

서자(庶子)

혼인외의 출생자를 부가 인지한 경우 부에 대해 그 자를 서자라고 하는 것이다 역사적으로 서자제도가 생기게 된 것은 부권적인 가족제도를 고수하려는 취지에서였으나, 현행 민법은 이 명칭을 없애고 혼인 외의 출생자라고 한다.

서자차별법(庶子差別法)

조선 태종 때의 일부 유학자들의 주장으로 만들어진 법으로, 적출자와 서자의 차별을 엄격히 하여 그 자손에 이르기까지 벼슬길을 막는 것을 내용으로 한다. 그러나 현대에는 이같은 법제는 사라지고 공·사법 전 분야에 걸쳐 인격평등이 실현되고 있다.

계모자관계(繼母子關係)

계모자관계는 원래 계자와 계모 및 그 혈족·인척 사이의 법정친족관계, 즉 전처의 출생자와 그 부의 후처와의 친자관계를 말하는 것이었으나 1990년 1월 13일 개정민법에서 삭제되었다.

계친자(繼親子)

부모중 일방의 자녀와 그의 친부모가 아닌 다른 일방의 부모와의 친자관계인데(예:전처의 자녀와 현재의 처와의 관계). 이 역시 1990년 1월 13일 개정에서 삭제되었다고 볼 수 있다.

계후자(繼後者)

양자를 입양한 후에 출생한 친생자를 말한다. 조선 명종 8년(1553년)에는 양자한 뒤 친자를 낳았을 때는 친자가 봉사하고 양자는 중자, 즉 차자와 같이 대우하여 파양하지 않기로 되어 있었다. 또한 인조 때에는 최명길의 소청에 의하여 양자가 이미 있는 때에는 친자가 탄생하여도 친자를 차자로 하였으며 헌종 때 이후에 이르러 친생자를 차자로 하는 것이 영구적이 되었다.

가봉자(加捧子)

부의 입장에서 볼 때 처의 전부의 출생자를 말한다. 가봉자가 될 자가 타가의 가족인 때에는 그 호주의 동의를 얻어야 한다는 규정(민법 §784조 삭제)은 폐지되었다.

가봉자 입적(假捧子 入籍)

⇒ 인수입적

친생추정되는 자(親生推定되는 子)

법률상 혼인 중 포태한 자이다. 이러한 자는 부의 자로 추정한다(민§844①). 또한 혼인성립의 날로부터 200일 후 또는 혼인관계가 종료한 날로부터 300일 내에 출생한 자는 혼인 중에 포태한 것으로 추정한다(§844②, ③). 다만, 헌법재판소는 개정 전 민법 제844조 제2항의 내용 중 "혼인관계종료의 날로부터 300일 내에 출생한 자"에 관한 부분은 아무런 예외 없이 그 자를 전남편의 친생자로 추정함으로써 친생부인의 소를 거치도록 함으로써 입법형성의 한계를 벗어나 모가 가정생활과 신분관계에서 누려야 할 인격권, 혼인과 가족생활에 관한 기본권을 침해한다고 판단하며 헌법불합치 결정을 한 바 있다(2013헌마623). 이에 2018년 2월 1일 시행된 개정 민법에서는 헌법재판소의 헌법불합치결정의 취지를 반영하여 친생부인의 허가 청구를 규정한 제854조의2와 인지의 허가 청구를 규정한 제855조의2를 신설하였다. 이에 따라 혼인관계가 종료된 날부터 300일 이내에 출생한 자녀에 대하여 어머니와 어머니의 전(前) 남편은 친생부인의 허가 청구를, 생부(生父)는 인지의 허가 청구를 할 수 있도록 하여 친생부인(親生否認)의 소(訴)보다 간이한 방법으로 친생추정을 배제할 수 있도록 하였다. 자연의 혈연이 있으면 법률상으로 친자관계로 인정하는 것이 바람직하지만, 아무리 자연과학이 발달했다 하더라도 남자가 자연적 혈연의 존부를 정확히 식별하는 것은 불가능하기 때문에 친생추정의 규정을 두고 있는 것이다. 추정은 반증에 의하여 다툴 수 있기 때문에 부가 자기의 자가 아니라고 생각 될 때에는 법원에 친생부인의 소를 제기할 수 있다. 우리 민법은 친생부인의 소는 자 또는 그 친권자인 모를 상대로 하여 출생을 안날로부터 1년 내에 제기하여야 한다(§847)고 규정하고 있었다. 그러나 1997. 3. 27 헌법재판소는 이 규정 1항중 '그 출생을 안 날로부터 1년내'의 기간 부분이 헌법에 위반된다고 위헌결정을 내렸다. 현재는 이를 개정하여 그 '사유가 있음을 안 날부터' '2년내'에 이를 제기하여야 한다고 규정하고 있다(§847①). 이와 반대로 혼인외의 자는 부의 인지에 의하여 친자관계가 성립한다.

친생부인의 소(親生否認의 訴)

친생부인의 소란 친생의 추정을 받은 자에 대하여 친자관계를 부인하기 위하여 제기되는 소를 말한다. 「친생부인의 소는 부 또는 처가 다른 일방 또는 자를 상대로 하여 그 사유가 있음을 안 날부터 2년 내에 이를 제기하여야 하고, 상대방이 될 자가 모두 사망한 때에는 그 사망을 안 날부터 2년 내에 검사를 상대로 하여 친생부인의 소를 제기할 수 있다(§847).」만일 남편이나 아내가 피성년후견인인 경우에는 그의 성년후견인이 성년후견감독인의 동의를 받아 친생부인의 소를 제기할 수 있다. 만약 성년후견감독인이 없거나 동의를 할 수 없을 때에는 가정법원에 그 동의를 갈음하는 허가를 청구할 수 있다. 또한 성년후견인이 친생부인의 소를 제기하지 아니하는 경우에는 피성년후견인은 성년후견종료의 심판이 있은 날부터 2년 내에 친생부인의 소를 제기할 수 있다(§848). 자의 출생 후에 친생자임을 승인한 자는 다시 친생부인의 소를 제기하지 못한다(§852).

인지(認知)

독;Anerkennung
불;reconnaissance

혼인외의 자를 자기의 자라고 인정함으로써 법률상의 친자관계를 발생시키는 의사표시이다. 혼인외의 자는 법률상 부를 가질 수 없으며 생부나 생모가 가족법이 정한 바에 의하여 신고함으로써 부 또는 모를 확정하게 된다. 혼인외의 자와 부사이의 부자관계는 인지라는 사실에 의하여 생기지만 모자관계는 보통 자의 분만이라는 사실로서 명백하기 때문에 특히 모의 인지를 필요로 하지 않는다. 그러나 모자관계가 분명치 않은 기아 등의 경우에는 모의 인지를 필요로 한다. 현행법상 인지에는 임의인지와 강제인지가 있다. 임의인지는 인지하려는 부의 의사가, 강제인지는 반대로 인지를 받으려는 자의 의사가 그 본체를 이루고 있다. 인지가 있으면 일반적으로 법률상 부자관계 또는 모자관계가 발생하고 인지는 그 자의 출생시에 소급하여 효력이 생긴다(§860). 그러나 인지의 소급효는 제3자가 이미 취득한 권리를 해칠 수는 없다(§860단).

인지의 취소(認知의 取消)

인지가 사기·강박 또는 중대한 착오

로 인하여 이루어진 때는 이를 취소할 수 있다(민법 861조). 사기자 또는 강박자는 인지를 받는 자이건 제3자이건 묻지 않는다. 그 취소를 하려면 사기나 착오를 안 날 또는 강박을 면한 날로부터 6월 이내에 가정법원에 그 취소를 청구해야 한다(민법 861조). 인지의 취소를 하려면 가정법원에 우선 조정을 신청하여야 하며 조정이 성립되지 않으면 판결로써 한다. 그리고 취소의 결과는 다른 법률행위결과와 달리 소급한다.

임의인지(任意認知)

혼인외의 자를 부 또는 모가 임의로 하는 인지로서 자유인지라고도 한다(민§855①전단). 인지는 가족법의 정하는 바에 의하여 신고함으로써 효력이 생기므로(§859①), 요식행위이다. 자를 인지할 수 있는 자는 그 자의 진정한 부 또는 모이다. 인지하기 위하여는 의사능력이 있어야 하고, 의사능력만 있으면 미성년자라도 누구의 동의없이 인지할 수 있다. 그러나 부가 피성년후견인인 경우에는 성년후견인의 동의를 받아 인지할 수 있다(§856). 인지는 유언으로도 할 수 있으며(유언인지), 이 경우 유언집행자가 이를 신고하여야 한다(§859②). 피인지자는 혼인외의 子이다. 子가 사망한 경우에도 그 직계비속이 있는 때에는 그 사망한 子를 인지할 수 있다(§857). 또한 아직 포태중에 있는 子를 인지할 수도 있다(§858). 무효인 인지는 법률상 당연무효이지만 그 무효를 확정하기 위하여 子 및 이해관계인은 가정법원에 인지의 무효확인의 심판을 청구할 수 있다(가소§2①가) 일단 행하여진 인지는 철회할 수 없지만, 사기·강박 또는 중대한 착오로 인하여 인지를 한 때에는 사기나 착오를 안 날 또는 강박을 면한 날로부터 6월내에 법원의 허가를 얻어 이를 취소할 수 있다(민§861·가소§2①나). 자 또는 이해관계인이 인지에 관하여 이의가 있는 경우에는 그 신고가 있은 것을 안 날로부터 1년 내에 가정법원에 이의의 소를 제기할 수 있다(민§862·가소§2①나). 이 경우에 부 또는 모가 이미 사망한 때에는 그 사망을 안 날로부터 2년 내에 검사를 상대로 하여 이의의 소를 제기 할 수 있다(민§864).

강제인지(强制認知)

부 또는 모가 임의로 인지하지 않는 경우에 子편에서 재판에 의하여 부자(모자)를 상대로 청구하는 인지로서(민§863·가소§2①나), 재판인지(소송상의 인지)라고도 한다. 소의 청구인은 자와 그 직계비속 또는 법정대리인이다. 피청구인은 부 또는 모이며, 부 혹은 모의 의사와는 아무관계가 없다. 부 또는 모가 사망한 때에는 그 사망을 안 날로부터 2년 이내에 검사를 상대로 하여 인지의 소를 제기할 수 있다(§864). 재판이 확정된 경우에는 심판을 청구한 子가 재판확정일로부터 10일 이내에 재판의 등본 및 확정증명서를 첨부하여 가족법에 따라 그 취지를 신고하여야 한다. 강제인지는 심판에 의하여 효력이 생기므로 그 신고는 보고적 신고이다.

> 인지청구권은 포기할 수 없고, 포기하였다 하더라도 효력이 발생할 수 없다*(대법원 1999. 10. 8. 선고 98므1698).*

조정인지(調停認知)

가사소송법은 강제인지에 관하여 조정전치주의를 채택하고 있으므로(가소2①나), 인지의 재판을 청구하려면 제소에 앞서 가정법원의 조정을 신청하여야 한다. 그리하여 가정법원의 조정에 의하여 당사자 사이에 인지에 대한 합의가 성립되면 그것을 조서에 기재함으로써 확정판결과 동일한 효력을 발생시키기 때문에 인지는 성립된다. 이것이 조정인지이다. 조정인지는 조정에 있어서 당사자 사이에 합의가 있어야 성립되기 때문에 임의인지에 가깝다. 조정인지의 경우에도 인지신고를 하여야 하지만 그 신고는 보고적인 것에 불과하다.

준정(準正)
영;legitimation
독;Legitimation
불;légitimation

법률상 혼인관계가 없는 부모 사이에 출생한 자가 그 부모의 사후의 혼인으로 인하여 혼인중의 子로서의 신분을 취득하는 것을 말한다(민§855②). 로마법에서 비롯된 것이나, 子의 이익을 위하고 또 혼인외의 남녀관계를 정상적인 혼인관계로 이전시킬 수 있다는 정책적인 고려에 적당한 제도이므로 유럽제국에 계승되어 세계 여러 나라에서 일반적으로 채택하고 있다. 현행민법과 학설상 인정되는 준정에는 (1) 혼인에 의한 준정 : 혼인외의 子(자)가 이미 부모의 인지를 받고 있는 경우에 부모의 혼인에 의하여 그 혼인시부터 혼인중의 子로서의 신분을 취득하는 것으로 혼인준정(婚姻準正)이라고도 한다(§855②). (2) 혼인중의 준정 : 부모의 혼인전에는 인지되지 않았던 혼인외의 子가 부모의 혼인후 부가 인지함으로서 그 때부터 혼인중의 子로 되는 것으로 인지준정(認知準正)이라고도 한다. (3) 혼인취소후의 준정 : 혼인전의 출생자가 부모의 혼인중에는 인지되고 있지 않다가 그 혼인의 취소 또는 소멸된 후에야 인지됨으로써 혼인 중의 子의 신분을 취득하는데(§855②), 그의 효력은 준정시에 발생할 뿐 그 子의 출생시에 소급하지 않는다(불소급효).

양자(養子)
영;adoptive-child, adopted child
독;angenommenes Kind
불;adopté, fils adoptif

입양에 의하여 혼인중의 자로서의 신분을 취득하는 법률상 의제된 법정친자이다. 양자는 친생자와 동일한 법률상의 효력이 부여된다. 양자에 대하여 의제(擬制된 父母(부모)로 된 자를 양부모(양부·양모)라고 한다. 양자는 입양일자로부터 양친의 혼인중의 자와 동일한 신분을 취득하며, 양자의 배우자·직계비속과 그 배우자는 양자의 양가에 대한 친계(親系)를 기준으로 하여 친족관계가 발생한다(민§772). 그러나 양자의 생가의 부모 그 밖의 혈족에 대한 친족관계는 여전히 유지되고, 양친자관계는 입양이 취소되거나 파양한 경우에 소멸된다(§776). 존속이나 연장자는 양자로 할 수 없다(§877). 미성년자를 입양하려는 사람은 가정법원의 허가를 받아야 하며(§867), 양자가 될 미성년자는 원칙적으로 부모의 동의를 받아야 한다(§870①). 가정법원은 부모가 3년 이상 자녀에 대한 부양의무를 이행하지 아니한 경우이거나, 부모가 자녀를 학대 또는 유기(遺棄)하거나 그 밖에 자녀의 복리를 현저히 해친 경우에는 부모가 동의를 거부하더라도 입양의 허가를 할 수 있다(§870②).

입양(入養)
라;adoptio 영;adoption
독;Adoption 불;adoption

부모와 그 혼인중의 자간의 친자관계와 동일한 법률관계를 당사자간에 설정할 것을 목적으로 하는 창설적 신분행위이다. 자연의 혈연이 없음에도 불구하고 있는 것과 같이 법적으로 의제하는 제도가 입양이다. 현행 법률은 자의 복리증진을 위한 양자제도가 지배적이다. 또한 1990년 1월 13일 법률 제4199호 개정민법은 사후양자(§880)·서양자(婿養子)(§876) 직계비속장남의 입양금지(§875)·호주상속양자의 동성동본성(§877②)·유언양자(§886)·호주상속양자의 파양금지(§898②) 등을 모두 폐지하였다. 입양의 성립요건은 다음과 같다. (1) 실질적 성립요건 : ㉮ 당사자 사이에 입양합의가 있을 것(§883 Ⅰ), ㉯ 양친은 성년자일 것(§866), ㉰ 대낙입양(代諾入養)의 경우에는 일정한 자가 승낙할 것(§870①), ㉱ 성년양자는 부모 등의 동의를 얻을 것(§870①), ㉲ 미성년양자는 부모·후견인의 동의를 얻을것(§871), ㉳ 피성년후견인은 성년후견인의 동의를 얻을 것(§873), ㉴ 배우자 있는 자는 공동으로 입양을 할 것(§874①), ㉵ 양자는 양친의 존속 또는 연장자가 아닐 것, (2) 형식적 요건 : ㉮ 입양의 신고를 할 것(§878). 신고의 방식과 수리는 혼인의 경우와 동일하다. ㉯ 입양의 무효와 취소에 관하여도 혼인의 무효·취소와 거의 동일하다. ㉰ 입양은 가족관계의 등록 등에 관한 법률의 규정에 정한 바에 의하여 신고함으로써 효력이 생긴다(§878). 양자의 효과로는 양자와 양친 사이에 법정친자관계가 발생하고 이러한 기본적인 효과에 따라서 양자는, 그 직계비속이나 배우자와 양친의 혈족·인척 사이에도 법정친족관계가 발생하여(§722), 자연혈족의 경우와 동일하게 부양관계나 승계관계가 인정된다(§974, §984~§994). 양자가 미성년자인 경우에는 생부나 생모의 친권을 벗어나서 양부 또는 양모의 친권에 복종하게 된다(§909 ①, ②, ⑤).

친양자(親養者)

친양자제도는 2005. 3. 31 민법 개정시에 새로 도입되어 2008. 1. 1.부터 시행된 제도이다. 친양자는 부부의 혼인중의 출생자로 간주되는 것을 말한다(민법 §908의 3①). 친양자는 양자가 마치 양친의 친생자인 것처럼 양친의 성과 본을 따를 뿐만 아니라 가족관계등록부(종전의 호적부)에도 양친의 친생자로 된다. 양자는 양부모의 자녀로 출생한 것으로 다루어지므로, 친양자입양은 '제2의 출생'으로 다루어진다. 친양자제도는 그 효과면에서 입양아동이 법적으로뿐만 아니라 실제 생활에 있어서도 마치 양친의 '친생자와 같이' 입양가족의 구성원으로 편입·동화되는 제도이다. 현행 민법상의 입양(보통양자)과는 달리 친양자는 법원의 선고(허가)에 의해서만 성립한다(민법 §908의 3①). 친양자를 입양하려면 (1) 3년 이상 혼인중인 부부로서 공동입양을 하여야 하고(다만, 1년 이상 혼인중인 부부의 일방이 그 배우자의 친생자를 친양자로 하는 경우는 예외), (2) 친양자로 될 자가 미성년자이어야 하고, (3) 친양자로 될 자의 친생부모가 친양자 입양에 동의하여야 하며(단, 부모가 친권상실의 선고를 받거나 소재를 알 수 없거나 그 밖의 사유로 동의할 수 없는 경우에는 예외), (4) 친양자가 될 사람이 13세 이상인 경우에는 법정대리인의 동의를 받아 입양을 승낙하여야 하고, (5) 친양자가 될 사람이 13세 미만인 경우에는 법정대리인이 그를 갈음하여 입양을 승낙하여야 한다(§908의 2①). 친양자를 입양하고자 하는 사람은 친양자 입양 재판의 확정일부터 1개월 이내에 재판서 등본 및 확정증명서를 첨부하여 입양신고를 하여야 한다(가족관계의 등록등에 관한 법률 §67).

부부공동입양(夫婦共同入養)

배우자 있는 자가 양자를 함에 있어서는 배우자와 공동으로 해야 하는 것(민법 874조 1항)을 말한다. 그리고 양자가 되는 자가 부부인 경우에는 공동으로 할 필요는 없고 다른 일방의 배우자의 동의를 얻어야 한다(민법 874조 2항). 배우자의 일방에게 양자를 할 때에 공동으로 할 수 없거나 양자가 될 때에 동의를 할 수 없는 사정이 있을 경우에 다른 일방이 양자를 하거나 할 수 있느냐가 문제되나, 이 경우 단독으로 양자를 하거나 양자를 할 수 있다고 해석된다고 본다. 그리고 배우자의 혼인 중의 출생자를 양자로 하는 경우도 공동으로 해야 할 것이다. 마찬가지로 배우자의 부모의 양자가 되는 경우에 다른 일방 배우자의 동의를 얻어야 한다고 본다. 배우자가 있음에도 불구하고 공동으로 하지 않고 양자를 하는 입양신고를 하거나, 배우자가 있는데도 다른 일방의 동의를 얻지 않고 양자가 되는 입양신고를 하면 수리가 거부될 것이지만(민법 881조), 만약 잘못 수리되면 배우자가 취소를 청구할 수 있다(민법 884조 1호, 888조 전단). 그러나 그럴만한 정당한 사유가 있다면 취소청구를 할 수 없다고 보아야 한다. 일반의 무효나 취소원인이 있어도 마찬가지이다.

연장자양자(年長者養子)

자기보다 나이가 많은 자를 양자로 하는 것이다. 그러나 양친보다 나이가 많은 자는 관습상으로나 법규상으로는 양자로 할 수 없다(민§877).

유언양자(遺言養子)

양친이 되는 자의 유언에 의하여 행해지는 입양이지만(민§880), 1990년 1월 13일 법률 제4199호 개정민법에서 삭제되었다.

대낙양자(代諾養子)

양자가 될 자가 13세미만인 때는 그 법정대리인이 그에 갈음하여 입양의 승낙을 정할 수 있는 바(민법 869조), 이를 대낙양자라고 한다. 입양은 신분행위이기 때문에 대리를 인정하는 것이 원칙적으로는 허용되지 않는다. 그러나 양자로 될 자가 유아인 경우가 많기 때문에 의사능력이 없는 경우가 많다. 그렇기 때문에 예외적으로 법정대리인 대낙규정을 설치하였다. 여기서 대낙권자는 법정대리인 즉 친권자 또는 후견인이다. 부모의 공동친권의 경우에는 공동하여 대낙하여야 한다. 이 경우에 재산관리권이 없는 친권자(민법 925조)라 할지라도, 입양대낙은 신분에 관한 것이므로 대낙할 수 있다고 보아야 할 것이다. 후견인이 법정대리인으로서 대낙하는 경우에는 민법 제871조(미성년자입양동의)를 유추하여 후견인이 대낙할 때에도 가정법원의 허가를 얻어야 한다고 해석하여야 할 것이다. 이를 위반한 입양은 무효이다(민법 883조). 대낙은 일종의 대리라고 볼 수 있으므로 대낙권이 없는 자가 한 대낙은 일종의 무권대리라고 본다. 따라서 자가 13세 이상이 되어 이를 추인하면 유효가 된다.

양가(養家)

입양에 의하여 양자가 된 자 쪽에서 본 양친의 가를 말한다. 양자가 파양으로 양가에서 나오는 경우에는 특별한 법률적 효과를 가지지 않는다.

친가(親家)

2008년 시행된 개정 민법 시행 전 개념으로서 혼인 또는 입양으로 타인의 가에 입적한 자 쪽에서 본 친부모의 가(家)를 뜻한다. 참고로 2008년 시행된 개정 민법에서는 호주를 중심으로 가(家)를 구성하는 호주제를 폐지하였고, 이에 따라 호주제를 전제로 한 입적 등에 관한 규정 등을 삭제하였다.

입양의 무효(入養의 無效)

입양이 법률에 정한 사유가 있는 경우에 무효로 되는 것을 말한다. 민법상 무효원인으로는 (1) 당사자간에 입양의 합의가 없는 때(민§883 I), (2) 13세 미만의 자가 양자가 될 경우에 대낙권자(代諾權者)인 법정대리인의 승낙을 받지 못한 때(§883 II, §869준용), (3) 양자가 양친의 존속이거나 연장자일 때(§883 II, §877준용) 등이 있다. 입양의 무효는 혼인의 무효와 같이 당연무효이지만 다툼이 있는 경우에는 가정법원에 입양무효의 재판을 청구할 수 있다(가소§2①가(1)). 이 재판의 효력은 제3자에게도 미친다(가소§2①가(1)). 심판이 확정되면 소를 제기한 者는 판결의 확정일로부터 1월내에 판결의 등본 및 확정증명서를 첨부하여 그 취지를 신고하여야 한다. 입양이 무효로 된 때에는 당사자의 일방은 과실이 있는 상대방에 대하여 재산상·정신상의 손해배상을 청구할 수 있다(민§806, §897).

입양의 취소(入養의 取消)

법률에 정한 사유가 있는 경우에 특정의 청구권자가 가정법원에 입양의 취소를 청구함으로써 그 재판에 의하여 일단 성립되었던 양친자관계를 취소시키는 것이다. 민법상 취소원인과 취소권자로는 (1) 미성년자가 양자를 하였을 때(민§884Ⅰ, §866)이며 양부모·양자와 그 법정대리인 또는 직계혈족이 취소권자이다(§885). (2) 양자로 될 자가 부모 또는 기타 직계존속의 동의를 얻지 않았을 때(§884Ⅰ, §870), 법정대리인이나 동의권자가 취소권자이다(§886후단). (3) 배우자가 있는 자가 배우자와 공동으로 하지 않고 양자를 하였거나 또는 양자가 되었을 경우(§884Ⅰ, §874준용), 배우자가 취소권자이다(§888). (4) 입양당시 양부모와 양자 중 어느 한쪽에게 악질이나 그 밖에 중대한 사유가 있음을 알지 못한 때(§884Ⅰ), 취소권자는 양부모와 양자이다(§896). (5) 입양이 사기 또는 강박으로 인하여 된 때(§884Ⅲ), 취소권자는 사기나 강박으로 인하여 입양을 한 자이다(§897). 그러나 (1)은 양친이 성년에 달한 때에는 취소권이 소멸된다(§889). (2)와 (3)의 경우에는 그 사유가 있음을 안 날로부터 6월, 그 사유가 있는 날로부터 1년을 경과하면 취소권은 소멸한다(§894). (4)의 경우에는 취소권자는 그 사유가 있음을 안 날로부터 6월을 경과하면 그 취소를 청구하지 못한다(§896). (5) 취소권자는 사기를 안 날 또는 강박을 면한 날로부터 3월을 경과한 때에는 취소권은 소멸한다(§897, §823). 입양취소의 효력은 입양성립일에 소급하지 않는다(§897, §824). 입양으로 인하여 발생한 가족관계는 그 취소로 인하여 종료한다(§776).

파양(罷養)

양친자관계성립 후에 생긴 사유로 양친자관계를 해소하는 것이다. 파양은 입양성립 후에 생긴 사유로 인하여 입양을 해소하는 것이며, 입양의 취소와 구별되어야 한다. 파양의 효과는 입양으로 인하여 생긴 양자관계의 효과를 장래에 향하여 소멸시킨다. 파양으로 양자와 양친간 및 양자와 양친의 혈족과의 친족관계가 종료하고, 양자의 배우자 및 직계관계도 종료된다(민§776). 따라서 그 사이의 친족관계·상속관계도 소멸한다. 그러나 혼인장애는 남는다(§809②). 민법상 파양에는 협의상 파양과 재판상 파양이 있으며 가사소송법상의 조정상 파양이 있다.

협의상 파양(協議上 罷養)

입양의 당사자가 협의에 의하여 하는 파양이다(민§898①). 입양의 당사자는 그 원인여하를 묻지 않고 협의로써 파양을 할 수 있다(§898①). 다만, 2012년 2월 10일 민법 개정에 의하여 미성년자에 대한 파양은 재판으로만 할 수 있도록 하였다. 피성년후견인의 협의상 파양의 경우에도 피성년후견인인 양부모는 성년후견인의 동의를 받아 파양을 할 수 있다(§902). 파양은 형식적 요건으로 파양신고를 해야 한다(민§904, §898준용). 가족법상의 신고에 의하여 효력을 발생하는바 신고의 방식은 혼인신고에 준한다(§903). 그 무효·취소의 사유·절차 등은 협의상의 이혼에 있어서와 같다.

재판상 파양(裁判上 罷養)

법률이 정한 파양원인에 기인하여 양자와 양친간의 소송에 의하여 행해지는 파양이다. 즉 입양당사자는 법정의 파양원인에 의거하여 타방을 상대방으로 하여 가정법원에 파양재판을 청구할 수 있다(민§905. 가소§2①가(2)). 민법 제905조는 파양원인으로 (1) 양부모가 양자를 학대 또는 유기하거나 그 밖에 양자의 복리를 현저히 해친 경우, (2) 양부모가 양자로부터 심히 부당한 대우를 받은 경우, (3) 양부모나 양자의 생사가 3년 이상 분명하지 아니한 경우, (4) 그 밖에 양친자관계를 계속하기 어려운 중대한 사유가 있는 경우의 4개를 열거하고 있는데 이들 사유가 있는 경우에도 법원은 일체의 사정을 고려하고 양친관계의 계속을 상당하다고 인정할 때에는 파양의 청구를 기각한다(이른바 상대적 파양원인). 파양의 소에 관하여는 가사소송법에 특칙이 있다(가소§30, §31). 그러나 파양재판청구에는 제한이 있어서 (1) 양자가 13세 미만인 경우에는 입양의 승낙을 한 사람이 양자를 갈음하여 파양을 청구할 수 있으며, (2) 양자가 13세 이상의 미성년자인 경우에는 그 입양의 동의를 한 부모의 동의를 받아 파양을 청구할 수 있다. 또한 (3) 양부모나 양자가 피성년후견인인 경우에는 성년후견인의 동의를 받아 파양을 청구할 수 있다(§906). 검사는 미성년자나 피성년후견인인 양자를 위하여 파양을 청구할 수 있다. 양자의 생사불명을 사유로 하는 경우를 제외하고 다른 법정사유로써 하는 파양재판의 청구는 다른 일방이 그 사유를 안 날로부터 6개월, 그 사유가 있은 날로부터 3년을 지나면 하지 못한다(§907, §905 I ~ III·V).

조정파양(調停罷養)

가사소송법은 재판상파양에 관하여 조정전치주의를 채택하고 있기 때문에(가소§2①가(2)) 재판파양의 심판을 청구하기 위하여는 우선 가정법원에 조정을 신청하여야 한다(가소§50). 조정에 의하여 성립되는 파양을 조정파양이라고 하는데 그 성질은 조정이혼의 경우와 동일하다.

친권(親權)
영;right and duties of the parents
독;elterliches Gewalt
불;puissance paternelle

부 또는 모가 자를 보호·양육하고 그 재산을 관리하는 것을 내용으로 하는 권리·의무의 총칭이다(민§909~§927). 연혁적으로는 가부(家父)의 절대적 지배권력의 제도에서 발달한 것이지만 오늘날은 부모로서의 의무를 다하는 권리로 이해된다. 부모는 미성년자인 자의 친권자가 된다. 양자의 경우에는 양부모(養父母)가 친권자가 된다. 친권의 내용은 다음과 같다. (1) 자의 보호·교양(§913) ·거소지정(§914)·징계(§915)·영업허가(§8①) 등의 子의 신분에 관한 권리의무를 가지며, (2) 子의 특수재산을 관리할 수 있다(§916). 다만 친권자와 子에 대한 무상증여자가 친권자의 관리권을 배제한 경우(§918)에는 그 재산에 관하여 관리권을 갖지 못한다. 또한 재산행위라도 그 子의 행위를 목적으로 하는 채무를 부담할 경우에는 子 자신의 동의가 필요하다(§920). 子가 성년이 되면 친권자는 그 친권을 잃으나 친권자는 정당한 사유가 있을 때에는 법원의 허가를 얻어 그 법률행위의 대리권과 재산관리권을 사퇴할 수 있다(§927①). 친권을 행사함에 있어서는 자의 복리를 우선적으로 고려하여야 한다(§912). 친권남용 따위의 중대한 사유가 있을 때에는 법원은 자녀, 자의 친족 또는 검사 또는 지방자치단체의 장의 청구에 의하여 친권상실 또는 일시 정지를 선고 할 수 있으며(§924) 또 관리가 소홀했을 때에는 관리권의 상실을 선고할 수 있다(§925). 또한 가정법원은 거소의 지정이나 징계, 그 밖의 신상에 관한 결정 등 특정한 사항에 관하여 친권자가 친권을 행사하는 것이 곤란하거나 부적당한 사유가 있어 자녀의 복리를 해치거나 해칠 우려가 있는 경우에는 자녀, 자녀의 친족, 검사 또는 지방자치단체의 장의 청구에 의하여 구체적인 범위를 정하여 친권의 일부 제한을 선고할 수 있다(§924의2). 2005. 3. 31. 개정 전 법에서는 자는 친권에 '복종한다'는 표현을 사용하여 친권관계가 명령복종의 권위적인 관계로 보여 졌으나, 개정법은 이러한 권위적인 표현을 삭제하고, 친권행사의 기준규정으로서 '친권을 행사함에 있어서는 자의 복리를 우선적으로 고려하여야 한다.'라는 제912조의 규정도 신설하여 의무적 성격도 갖도록 하였다.

보호·교양권(保護·敎養權)

친권자는 자를 보호하고 교양할 권리와 의무가 있다(민법 913조). 이 규정은 친권의 근본취지를 표시한 것이다. 보호는 주로 신체에 대한 보호이고, 교양은 정신의 발달을 꾀하는 것으로서 자의 정신·육체 모두를 건전한 인간으로 육성하는 것이다. 그 구체적인 내용으로서 거소지정권 이하의 기능이 규정되어 있다. 여기서 자의 보호·교양이라고 하는 것은 실제로 보호하고 교육하며 양육하는 것을 말하며, 반드시 그 비용을 수반하는 것은 아니다. 만약 자가 제3자에게 불법행위를 한 경우에 책임능력이 없을 때에는 친권자는 감독의무자로서 손해배상의 책임이 있다(민법 755조 1항 본문, 753조). 그러나 감독의무를 게을리 하지 않은 때에는 책임이 없다(민법 755조 1항 단서).

친권자(親權者)

친권을 행사하는 자를 친권자라고 한다. 부모는 미성년자의 친권자가 되고, 양자의 경우에는 양부모가 친권자가 된다(§909). (1) 친권은 부모가 혼인중인 때에는 부모가 공동으로 행사하나, 부모의 의견이 일치하지 않을 때에는 당사자의 청구에 의하여 가정법원이 정한다(민§909①, ②). 부모의 일방이 친권을 행사할 수 없을 때에는 다른 일방이 행사한다(§909③). 미성년자가 친권자인 경우에는 그 법정대리인이 대리행사한다(§910, §911). (2) 혼인외의 자가 인지된 경우와 부모가 이혼한 경우에는 부모가 협의로 친권을 행사할 子를 정하고, 협의할 수 없거나 협의가 이루어지지 않으면 가정법원은 직권으로 또는 당사자의 청구에 의하여 친권자를 지정한다(§909④). 추정된 부로부터 인지되지 않은 혼인외의 子는 생모가 친권을 행사한다. 왜냐하면 모자관계는 분만이라는 사실자체로 결정되기 때문이다. 가정법원은 혼인의 취소, 재판상 이혼 또는 인지청구의 소의 경우에는 직권으로 친권자를 정한다(§909⑤)

공동친권(共同親權)

부모가 공동으로 행사하는 경우의 친권이다. 민법상 미성년자인 子에 대한 친권행사에 있어서 부모의 친권공동행사를 원칙으로 하고 있으나 부모가 의견이 일치하지 않을 경우 당사자의 청구로 가정법원이 결정하도록 함으로써(§909②단), 친권의 부권적 요소를 완전히 배제하였다. 이 때 가정법원은 子의 최선의 복리증진을 기준으로 결정한다.

친권의 변경(親權의 變更)

가정법원은 자의 복리를 위하여 필요하다고 인정되는 경우에는 자의 4촌 이내의 친족의 청구에 의하여 정하여진 친권자를 다른 일방으로 변경할 수 있다(§909⑥). 이를 친권의 변경이라고 한다.

부권(父權)

부권은 (1) 父즉 남자인 가장이 가족을 통솔하기 위하여 가지는 가장권, 가부권(Patria·potestas) (2) 부권제 가족형태에서 모권에 대하여 부의 가족에 대한 지배권을 의미할 때 사용되는 부권 혹은 (3) 부가 가지는 친권 등 여러 가지 뜻으로 사용된다.

모권(母權)

어머니가 가족을 통제하기 위하여 가지는 권력이다. 모가 가족의 지배권을 가지는 가족의 형태를 모권제도라 한다.

모권설(母權說)
영;theory of matriarchy
독;Mutterrechtstheorie
불;théore de matriarchie

고대에 있어서 부권중심사회에 앞서서 어머니가 가족생활뿐 아니라 당시의 사회의 지배권을 가진 때가 있었다고 하는 설이다. 바호펜(J.J. Bacho fen 1815~1887)이 1861년에 모권론(das Mutterrecht)에서 주장하였다. 그 후 미국의 인류학자 모르간(Leuis Henry Morgan 1818~1881)이 현재까지 남아 있는 미개사회의 자료에 의하여 모권설의 논증을 시도한 바 있었다.

후견(後見)
라;tutela 英;guardianship
독;Vormundschaft
불;tutelle

제한능력자나 그 밖에 보호가 필요한 사람을 보호하는 것을 말한다. 2011년 3월 7일 개정민법에 의할 때, 후견에는 법정후견과 임의후견이 있다. 법정후견에는 미성년후견·성년후견·한정후견·특정후견이 있으며, 임의후견에는 후견계약에 의한 후견이 있다. 후견의 직무를 행하는 것을 후견의 기관이라 하고 이에는 집행기관과 감독기관이 있다. 집행기관으로는 후견인, 감독기관으로는 미성년후견감독인, 성년후견감독인, 가정법원이 있다.

후견계약(後見契約)

우리 민법은 과거 법정후견제도만 두고 있었다. 그러나 2011년 3월 7일 개정민법에서 후견계약에 관한 내용이 신설됨으로써 임의후견제도가 도입되었다. 후견계약은 질병, 장애, 노령, 그 밖의 사유로 인한 정신적 제약으로 사무를 처리할 능력이 부족한 상황에 있거나 부족하게 될 상황에 대비하여 자신의 재산관리 및 신상보호에 관한 사무의 전부 또는 일부를 다른 자에게 위탁하고 그 위탁사무에 관하여 대리권을 수여하는 것을 내용으로 하는 계약을 말한다.

후견인(後見人)
라;tutor 영;guardian
독;Vormund 불;tuteur

후견사무를 직접 행하는 기관이다. 후견에는 (1) 미성년자후견 : 친권자가 없거나 친권자가 법률행위의 대리권 및 재산관리권을 행사할 수 없을 때에 개시된다(민§928). 가정법원은 민법 제931조에 따라 지정된 미성년후견인이 없는 경우에는 직권으로 또는 미성년자, 친족, 이해관계인, 검사, 지방자치단체의 장의 청구에 의하여 미성년후견인을 선임한다. 미성년후견인이 없게 된 경우에도 또한 같다. (2) 성년후견인 : 가정법원의 성년후견개시심판이 있는 경우에는 그 심판을 받은 사람의 성년후견인을 두어야 한다. 이러한 성년후견인은 가정법원이 직권으로 선임한다. 가정법원이 성년후견인을 선임할 때에는 피성년후견인의 의사를 존중하여야 하며, 그 밖에 피성년후견인의 건강, 생활관계, 재산상황, 성년후견인이 될 사람의 직업과 경험, 피성년후견인과의 이해관계의 유무(법인이 성년후견인이 될 때에는 사업의 종류와 내용, 법인이나 그 대표자와 피성년후견인 사이의 이해관계의 유무를 말한다) 등의 사정도 고려하여야 한다. 후견인은 법정의 결격사항에 해당하는 者가 아니어야 한다(§937). 또한 후견인은 정당한 사유가 있는 경우에는 가정법원의 허가를 얻어 사퇴할 수 있다(§939). 가정법원은 피후견인의 복리를 위하여 후견인을 변경할 필요가 있다고 인정되는 경우에는 직권 또는 피후견인의 친족, 후견감독인이나 검사, 지방자치단체의 장의 청구에 의하여 후견인을 변경할 수 있다.

지정후견인(指定後見人)

미성년자에 대하여 친권을 행사하는 부모가 유언으로 지정한 미성년자의 후견인이다(민§931본문), 그러나 법률행위의 대리권과 재산관리권 없는 친권자는 지정후견인을 지정하지 못한다(§931단). 지정은 유언으로써만 하여야 하기 때문에 친권자의 생존 중에 후견이 개시되는 경우에는 지정후견인이란 있을 수 없다.

법정후견인(法定後見人)

개정전 민법에 의할 때, 지정후견인이 없는 경우에 법률규정에 의하여 당연히 선임하게 되는 후견인을 의미하였다(민§932). 미성년자의 직계혈족·3촌 이내의 방계혈족의 순위로 후견인이 되는데 만약 직계혈족 또는 방계혈족이 수인인 때에는 최근친(最近親)을 선순위로, 동순위자가 수인인 때에는 연장자를 선순위로 하였다(§935①). 미성년자에 대하여 양자의 친생부모와 양부모가 구존(俱存)하는 경우에는 양부모를 선순위로 하고 그 밖의 생가혈족과 양가혈족의 촌수가 동순위인 경우에는 양가혈족을 선순위로 하였었다(§935②). 다만, 2011년 3월 7일 민법 개정으로 인하여 후견인의 법정순위를 폐지하고, 가정법원이 피후견인의 의사 등을 고려하여 후견인과 그 대리권·동의권의 범위 등을 개별적으로 결정하도록 하였다.

선정후견인(選定後見人)

일정한 자의 청구에 의하여 가정법원이 선임한 후견인이다.

선임후견인(選任後見人)

법원에 의해서 선임된 후견인을 말한다.

친족회(親族會)

2011년 3월 7일 민법 개정에 의하여 2013년 7월 1일부터 친족회와 관련된 조항은 삭제되었다. 개정 전 민법에 의할 때 친족회라 함은 무능력자의 보호 등 가족·동족집단의 중요한 사항을 결정하기 위하여 친족이 협의하는 합의체를 말한다. 친족회는 후견인을 지정할 수 있는 친권자에 의하여 지정된 자 및 친족이나 이해관계인의 청구에 의하여 법원이 본인이나 그 집에 있는 자 중에서 선임한 3인 이상 10인 이하로 구성되며, 친족회 대표자는 소송행위 그 밖의 외부에 대한 행위에 있어서 친족회를 대표하였다(민§961~§963). 친족회의 소집은 본인·그 법정대리인·배우자·직계혈족·會員(회원)·이해관계인 또는 검사의 청구에 의하여 법원이 이를 하고(§966), 그 의사의 결의방법은 회원과반수의 찬성으로써 결정하였다(§967①). 그러나 과반수의 찬성으로 행한 서면결의로써 친족회의 결의에 갈음한 경우에는 친족회의 소집을 청구할 수 있는 자는 2월 이내에 그 취소를 법원에 청구할 수 있다(§967③). 친족회에서 의견을 진술할 수 있는 자는 본인·그 법정대리인·배우자·직계혈족·4촌 이내의 방계혈족인바 친족회에서 결의할 수 없거나 결의를 하지 않을 때에는 친족회의 소집을 청구할 수 있는 자는 그 결의에 갈음할 재판을 법원에 청구할 수 있었다(968, §969). 친족회원은 정당한 사유가 있는 때에는 법원의 허가를 얻어 사퇴할 수 있었다(§970). 또 친족회원에 부정행위 또는 그 밖의 사유가 있는 때에는 법원은 직권 또는 본인·법정대리인 혹은 친족이나 이해관계인의 청구에 의하여 그 회원을 해임할 수 있었다(§971). 그리고 친족회의 결의에 대하여 이의가 있을 때에는 2월 이내에 이의의 소를 제기할 수 있었다(§972). 친족회는 친족협의 또는 친족단합을 목적으로 하는 과거의 관행을 법제화한 것이나, 최근 가족동족집단이 점점 해체되어 가고 내부적 이해관계의 대립이 날카로워짐에 따라서 법률상의 제도로서의 친족회의 그 본래의 사명을 다하지 못하게 되어 가는 경향이 있었다. 이에 개정 민법에 의하여 폐지한 것이다.

부양(扶養)
독;unterhalt 불;alimentaire

부양이라 함은 자기의 자력 또는 노력에 의하여 생활을 유지할 수 없는 자에 대한 경제적 급부(생활비지급·현물제공 등)를 말한다(민§975). 민법상 부양은 생활유지의 부양과 생활질서의 부양으로 나누어진다. 부부사이의 부양(§826①)과 부모와 미성년자 사이의 부양 등이 생활유지의 부양에 속하고 친족사이의 부양(§974Ⅰ, Ⅲ)이 생활질서의 부양에 속한다.

부양청구권(扶養請求權)
독 : Unterhaltsanspruch

부양의무에 기하여 부양을 받을 권리를 말한다. 부양청구권은 (1)부양의무자가 존재하고 또 그 자에게 부양능력이 있는 경우, 즉 부양가능상태와, (2)자기의 자력이나 노력으로는 생활할 수 없는 자의 존재, 즉 부양필요상태가 모두 구비되어 있으면 당연히 발생한다. 부양청구권에 관하여는 학설이 나뉘나, 현실의 이행을 하여야 할 시기는 부양권리자가 부양의 청구를 한 때로서 문제를 처리하는 것이 타당할 것이다. 또 부양청구권의 처분은 금지하고 있다(민법 979조). 이는 신분권으로서는 비교적 재산적 색채가 강하기는 하나 부양이란 이것을 받을 자가 현실적으로 스스로 이를 받아야 할 것이기 때문이다. 따라서 상계에 적합하지 않고(민법 497조), 채권자가 이를 압류할 수도 없으며, 상속의 대상이 되지 않는다(민법 1005조 단서).

부양의무자(扶養義務者)

부양의무는 다음과 같은 일정한 신분을 가지는 자 사이에서만 발생한다. (1) 직계혈족 및 배우자 사이(민§974Ⅰ), (2) 생계를 같이 하는 그 밖의 친족사이(§974Ⅲ)에서 발생한다. 부양의무자가 수인인 경우에 부양을 할 자의 순위는 먼저 당사자의 협정으로 정하도록 한다(§976①전단). 그러나 협정이 성립되지 않거나 협정할 수 없는 때에는 당사자의 청구에 의하여 가정법원이 그 순위를 결정하고(§976①, 가소§2①나(2)), 이 경우에 가정법원은 수인을 공동의 부양의무자로서 선정할 수 있다(§976②). 또한 가정법원은 당사자의 협정이나 심판이 있은 후라도 사정변경이 있는 경우에는 당사자의 청구에 의하여 그 협정·심판을 취소 또는 변경할 수 있다(민§978·가소2①나9 2)). 부양을 받을 권리자가 수인 있는 경우에 부양의무자의 자력이 그 전원을 부양할 수 없는 때에도 역시 우선 당사자의 협정에 의하고 그 것이 불가능하면 가정법원의 심판에 의하여 정하며, 그 후라도 가정법원은 그 협정이나 심판을 취소 또는 변경할 수 있다(민§976①후단②, §978, 가소§2①나(2)). 부양액이나 부양방법에 대하여는 먼저 당사자 사이의 협정에 따라 정해지지만 협정이 이루어지지 않으면 당사자의 청구에 의하여 가정 법원이 부양권리자의 생활정도와 부양의무자의 자력 그 밖의 여러 사정을 참작하여 정하게 된다(민§977, 가소§2①나(2)). 그러므로 사정에 따라서는 생활비를 지급함으로써 할 수 있을 것이고, 의·식·주등 현물을 제공함으로써 할 수도 있다. 부양청구권은 양도·입질·상계를 할 수 없으며, 대위행사·상속도 할 수 없고, 압류할 수도 없다.

호주승계(戶主承繼)

호주승계란 사람의 사망 그 밖의 일정한 사유를 원인으로 하여 행하여지는 호주권의 승계를 말한다. 호주승계제도는 2005. 3. 31. 민법 개정시에 폐지되었다.

상 속

상속(相續)

영;inheritance, succession
독;Erbgang, Erbfolge
불;héredite succession

상속이란 사망자 등의 재산을 승계하는 것을 말한다. 1990년 1월 13일 법률 제4199호 개정민법의 상속법 구조에서는 호주상속제도를 호주승계제도로 대치하여 그 편별(編別)에서도 호주승계제도는 친족편으로 넘어가게 되었다. 따라서 상속법은 재산상속만 되었다. 따라서 상속법은 재산상속만을 규율하게 되었으며 상속법상 상속은 재산상속만을 의미한다. 상속의 형태로는 상속인을 법정하는 법정상속주의와 상속인에게 선출하게 하는 자유상속주의가 있는데 법정상속주의에는 단독상속과 공동상속이 있다.

단독상속(單독相續)

공동상속에 상대되는 개념으로, 상속인이 1인으로 한정되어, 피상속인의 가장으로서의 지위나 전 유산을 단독으로 승계하는 상속형태를 말한다. 우리 민법은 재산상속에 있어 공동상속으로 하고 있다.

자유상속주의(自由相續主義)

누구를 상속인으로 할 것인가 피상속인의 자유의사에 맡겨진 입법주의으로, 법정상속주의와 대립하는 주의이다. 상속은 주로 재산의 상속이므로 소유권의 자유·계약의 자유와 연계되어 유증의 자유가 인정되기에 이르렀고, 영미법계에서 상속인의 선정도 피상속인의 자유의사에 맡기고 있다. 거기에서는 상속순위의 규정은 상속인의 지정이 없는 경우의 보충적 규정이 된다. 그러나 영미법에서도 부당한 유언의 효력은 제한되므로, 결과적으로는 대륙법계와 별 차이가 없다.

상속법

영;law of inheritance or succession
독;Erbrecht
불;droit de succession

상속에 관한 법률관계를 규율하는 법규의 총체이다. 친족법과 함께 가족법(신분법)을 구성한다. 우리나라 현행상속법의 주된 규정은 민법 제5편에 있으며 가사소송법 등 기타의 법령 중에도 상속에 관한 규정이 많이 포함되어 있다. 상속법은 1977년 12월 31일(법률 제3051호)에도 상속분의 조정, 유류분제도의 신설 등 큰 재정이 있었으며, 그 후 10여년만인 1990년 1월 13일에 다시 개정(법률 199호)이 이루어졌다. 즉 개정된 상속에서는 호주상속제도가 폐지되고 호주승계제도로 변화되었으며, 그 편별(編別)에 있어서도 호주승계제도는 친족편으로 넘어가는 등 대폭적인 개정이 단행되었다. 이에 따라 구조면에서 현대상속법의 체계를 갖추게 되었다. 즉 현행 제5편 「상속」이란 표제는 제2장 재산상속의 머리로 옮겨지고, 제1장 상호상속은 제8장 호주상속으로 하여 친족편에 속하게 되었다. 개정 상속법상 상속은 재산상속을 의미하기 때문에 현행법 제2장 재산상속이 제5편 상속 제1장 상속으로 되고(§997~§1059), 제2장 유언(§1060~§1111), 제3장 유류분(§1112~§1118)으로 상속법이 구성된다. 또한 2002. 1. 14에도 상속회복청구권이 기간 상속인의 승인, 포기의 기간, 법정단순승인에 대한 개정이 이루어졌고, 2005. 3. 31.에도 상속결격사유(§1004), 한정승인의 방식(§1030), 배당변제(§1034) 등에 대한 개정이 이루어졌다.

유산채무(遺産債務)

상속재산의 일부를 이루는 채무, 피상속인이 지고 있던 채권자에 대하는 채무와, 피상속인의 사망에 의해 발생한 수유자(受遺者)에 대하는 채무의 양자를 포함한다. 학문상의 용어로 민법에는 없다.

상속재산(相續財産)

독;Erbschaft, Nachlass
불;succession

상속에 의하여 개개의 상속인이 계승하는 재산을 포괄적으로 부르는 말이다. 피상속인이 가진 소유권·채권 등의 적극재산과 함께 피상속인이 지고 있던 채무·유증에 의한 채무 등의 소극재산도 포함한다. 상속재산은 보통 상속인의 고유한 재산과 혼동해 버리지만 상속의 한정승인·재산분리·상속재산의 파산 등에 의하여 그 청산을 행할 경우는 상속인의 고유한 재산으로부터 분리된 일종의 特別財産(특별재산)으로 취급된다. 그리고 유산분배의 공동재산은 공유라고 하나(민§1006), 학설상으로는 합유 또는 합유채권관계라고 하는 설이 있다. 상속재산을 구체적으로 살펴보면 다음과 같은 것이 있다. (1) 상속재산에 들어가는 것 : 권리로서는 소유권·지상권·저당권·질권·점유권 등의 물권, 매매·증여·소비대차·임대차·도급계약 등에 의거한 채권, 저작권·특허권·실용신안권·디자인권·상표권 등의 무체재산권과 사원권이 있다. 또 의무로서는 금전채무는 물론, 피상속인이 부담하고 있던 매도인으로서의 담보책임, 불법행위나 채무불이행으로 인한 손해배상의무, 계약의 해제나 해지를 받는 지위등이다. (2) 상속재산에 들어가지 않는 것 : 일신전속권은 상속인에게 승계되지 아니한다(§1005단). (3) 상속재산에 들어가는지, 아닌지가 의심스러운 것 : 살해·치사(致死)등을 당한 때의 위자료(정신적 고통의 손해배상) 청구권은 판례에 의하면 피해자가 청구의 포기를 표시하고 사망한 때 이외에는 상속인에게 승계된다. 다만 피해자가 사망의 순간에 「분하다」고 하는 말을 남기는 것(청구의 의사)을 필요로 한다고 한다.

상속인의 순위(相續人의 順位)

피상속인으로부터 상속재산을 승계하는 자를 상속인이라 하는데 상속인의 상속순위는 다음과 같다. (1) 제1순위자 : 제1순위의 상속인은 피상속인의 직계비속과 피상속인의 배우자이다(민§1000①). 피상속인의 직계비속이면

되고, 남녀에 의한 차별, 혼인중의 子와 혼인외의 子에 의한 차별, 연령의 고하에 의한 차별 등을 인정하지 않는다. 피상속인의 배우자는 피상속인의 직계비속과 직계존속이 있는 경우에는 그 상속인과 동순위로 공동상속인이 되고 그 상속인이 없는 때에는 단독상속인이 된다(§1003①). 피상속인의 배우자의 상속분은 직계비속 또는 직계존속과 공동으로 상속할 때는 직계비속·존속의 상속분의 5할을 가산한다(§1009②). 태아는 상속순위에 관하여는 이미 출생한 것으로 본다(§100③). (2) 제2순위자 : 제2순위자의 상속인은 피상속인의 직계존속이다. 피상속인의 직계존속이면 어떠한 차별도 없다. 직계존속이 수인있는 경우에는 최근친을 선순위로 하고 동일한 촌수의 상속인이 수인 있는 경우에는 동순위로 공동상속인이 된다(§1000②). (3) 제3순위자 : 제3순위의 상속인은 피상속인의 형제자매이다(§1000①Ⅲ). 피상속인의 형제자매이면 되고 어떠한 차별도 없다. 형제자매가 수인있는 경우에는 동순위로 공동상속인이 된다(§1000②후단). (4) 제4순위자 : 제4순위의 상속인은 피상속인의 4촌 이내의 방계혈족이다(§1000①Ⅳ). 4촌이내의 방계혈족 사이에서는 근친자에 우선하여 상속인이 되고, 같은 촌수의 혈족이 수인있는 경우에는 동순위로 공동상속인이 된다. 그리고 여자에 대하여 상속분상의 차별도 없으며 상속순위 상으로는 아무런 차별도 없다. 이 경우에도 역시 태아는 이미 출생한 것으로 간주한다.

상속권(相續權)

상속권은 민법상 두 가지 의미로 사용된다. (1) 상속개시전 상속권 : 상속개시전에 추정상속인이 가지는 상속에 대한 기대권으로서 현상대로 상속이 개시되면 상속인이 될 수 있다는 불확정한 권리이다. (2) 상속개시후 상속권 : 상속의 결과 상속인이 취득한 포괄적인 권리로서(민§1005) 상속개시에 의하여 발생하는 확정적인 권리이다.

상속회복청구권(相續回復請求權)

라;hereditatis petitio
독;Erbschaft anspruch, Erbschaftsklage
불;pétition d'hérédité

상속권이 없음에도 사실상 상속의 효과를 보유하는 참칭(僭稱) 상속인에 대하여 진정한 상속인이 상속권의 확인을 요구하고 아울러 재산의 반환과 같은 상속의 효과 회복을 청구하는 권리(민§999)이다. 자격을 상실한 상속인 또는 참칭상속인이 상속재산을 점유하고 있다고 하면 악의의 경우는 물론이고, 비록 선의일지라도 진정상속인의 상속권을 침해한 것이 된다. 그래서 진정상속인은 참칭상속인에 대하여 침해된 상속권의 회복을 청구할 수 있게 된다. 청구권자는 상속인 또는 그 법정대리인이고 상대방은 참칭상속인이다. 다만, 참칭상속인으로부터 상속재산을 양수한 제3자가 있으면 그 제3자고 상대방이 된다. 다만 상속회복청구권은 그 침해를 안 날로부터 3년, 상속권의 침해행위가 있은 날부터 10년을 경과하면 소멸된다(§999).

대습상속(代襲相續)

독;Repräsentation
불;succession pararepresentation

추정상속인인 직계비속이 상속개시전에 사망 또는 상속결격으로 인하여 상속권을 상실한 경우에 그 사람의 직계비속이 그 者에 갈음하여 상속하는 것이다. 이전에는 호주상속 개시 전에 호주상속인이 될 직계비속 남자가 사망하거나 결격자로 된 경우에, 그 직계비속인 남자가 있는 때에 한하여 그 직계비속이 사망하거나 결격된 자의 순위에 갈음하여 호주상속인이 되게 규정했었으나 1990년 1월 13일 법률 제419호 개정민법에서 삭제되었다. 따라서 현행민법상 대습상속이란 재산상속개시 전에 상속인이 될 직계비속 또는 형제자매가 사망하거나 결격자로 된 경우에 그 자에게 직계비속이 있으면 그 직계비속에 갈음하여 그 직계존속(피대습자)과 동순위로 상속인이 되는(민§1001) 경우의 상속을 말한다. 이는 직계비속 사이에서는 촌수가 가까운 자가 우선한다는 원칙에 대한 예외를 인정한 것이다. 이 대습상속을 승조상속이라고도 한다. 이에 대하여 추정상속인이 그대로 상속하는 경우를 본위상속이라고 한다. 또 민법은 피대습자의 배우자에게도 대습상속권을 인정하여(§1003②), 그 상속상의 지위를 강력하게 보호하고 있다. 즉 민법은 직계비속·형제자매·배우자에 대하여 대습상속을 인정하고 있다.

민법 제1000조 제1항, 제1001조, 제1003조의 각 규정에 의하면, 대습상속은 상속인이 될 피상속인의 직계비속 또는 형제자매가 상속개시 전에 사망하거나 결격자가 된 경우에 사망자 또는 결격자의 직계비속이나 배우자가 있는 때에는 그들이 사망자 또는 결격자의 순위에 갈음하여 상속인이 되는 것을 말하는 것으로, 대습상속이 인정되는 경우는 상속인이 될 자(사망자 또는 결격자)가 피상속인의 직계비속 또는 형제자매인 경우에 한한다 할 것이므로, 상속인이 될 자(사망자 또는 결격자)의 배우자는 민법 제1003조에 의하여 대습상속인이 될 수는 있으나, 피대습자(사망자 또는 결격자)의 배우자가 대습상속의 상속개시 전에 사망하거나 결격자가 된 경우, 그 배우자에게 다시 피대습자로서의 지위가 인정될 수는 없다 *(대법원 1999. 7. 9. 선고 98다64318, 64325).*

상속결격(相續缺格)

라;indignitas(successionis)
독;Erbunwürdigkeit
불;indignité

상속결격이란 일정한 사유(결격사유)가 있을 경우에 법률상 당연히 상속인으로서의 자격을 상실하는 것을 말한다. 민법은 상속인으로서의 결격자를 다음과 같은 자로 규정하고 있다(민§1004). (1) 고의로 직계존속·피상속인·그 배우자 또는 상속의 선순위자나 동순위에 있는 자를 살해하거나 살해하려 한 자, (2) 고의로 직계존속, 피상속인과 그 배우자에게 상해를 가하여 사망에 이르게 한 자, (3) 사기 또는 강박으로 피상속인의 상속에 관한 유언 또는 유언의 철회를 방해한 자, (4) 사기 또는 강박으로 피상속인의 상속에 관한 유언을 한게 한 자, (5) 피상속인의 상속에 관한 유언서를 위조·변조·파기 또는 은닉한 자 등은 상속인으로서의 자격을 상실한다.

단독상속(單독相續)

상속인이 재산 전체를 상속 1인으로 하는 상속형태이다. 공동상속에 대하는 말이다. 장자상속·말자상속 등이 있다. 신분상속에 있어서는 그 성질상 단독상속이 행해지나 근대의 재산상속에 있어서는 일반적으로 공동상속이 이루어지고 있다.

말자상속(末子相續)

영;ultimogeniture

막내아들이 단독 상속하는 상속형태로 장자상속에 대한다. 일반적인 것은 아니나 분포지역은 비교적 넓다고 한다. 성숙한 아들이 차례로 집을 떠나는 결과 마지막에 남은 아들이 가(家)를 계승하는 데서 생긴 제도로서 유목민족들에게서 자주 볼 수 있다.

일자상속(一子相續)

독;Anerbenrecht

일자상속은 단독상속의 뜻으로도 사용되나 Anerbenrecht의 역어로서 사용되는 것이 보통이다. 이것은 균분상속에 의한 농지의 세분화를 방지하기 위하여 중세 및 근세의 독일 농민간에 행해진 상속형태인바, 일자상속인(대개는 장남)이 농지 그밖의 농업자산을 상속함과 동시에 다른 자녀에게 그 보상으로 현금 또는 연금을 주는 것이다. 그 경우 일자상속인은 상속분에서 우대되는 것이 보통이다(3분의 1인 Voraus 등). 일종의 공동상속이지만 실질적으로는 단독상속과 공동상속의 중간적 성질을 가진다.

공동상속(共同相續)

공동상속이란 상속인이 수인있는 경우에 상속재산을 그 상속분에 따라 분할하게 될 것이나 그 분할까지는 전상속인의 공유로 되고(민§1006), 수인의 상속인이 각자의 상속분에 따라 피상속인의 권리의무를 승계하는 상속형태를 말한다(§1007). 상속인이 1인만 있는 경우에는 그 1인이 전상속재산을 승계한다(단독상속). 그러나 실제에 있어서는 상속인이 수인있는 경우가 많다. 이 경우에는 상속재산은 그 상속인의 상속분에 따라 분할하게 되는데 그 분할까지는 전상속인의 공유로 한다(§1006). 그러나 본조에서 명시된 「공유」(§262~§270)로 볼것인가(공유설) 또는 「합유」(§271~§274)로 해석해야 할 것인가(합유설)에 관하여 견해가 나누어진다. 이는 공동상속의 본질문제로서 상속재산의 공동소유적 귀속에 대한 우리나라의 다수설은 공유설이다. 민법상 상속재산의 공동소유형태를 공유로 본다면 상속재산전체에 대한 공동소유관계는 성립될 수 없고, 개개의 상속재산에 대하여 각 공동상속인이 그 상속분에 따라 지분을 가지며(§262) 그 지분은 상속재산의 분할 전에 단독으로 자유처분할 수 있다(§268). 또 채권채무도 그 목적이 가분하다면 법률상 당연히 각 공동상속인에게 분할되는 것이 원칙이다(§408). 이에 대하여 소수설로서 합유설이 있다. 민법상 상속재산의 공동소유형태를 합유로 본다면 공동상속인은 전 상속재산에 대한 상속분을 가지므로(§271①), 개개의 상속재산에 대한 상속분을 가지지 못하고, 설사 가진다고 하더라도 그것을 임의로 처분할 수 없다(§273). 또 채권채무는 상속재산이 분할되기까지 상속재산에 포함되어 공동상속인에게 불가분적으로 귀속된다. 공유설이 타당하다고 생각된다. 판례도 분할할 수 없는 채권은 별도로 하고 분할 가능한 예금채권 등은 상속분에 따라 분할 귀속된다고 해석하고, 대체로 「공유」로 보고 있다.

공동상속인(共同相續人)

독;miterbe 불;cohéritier

상속재산을 공동상속하는 상속인을 말한다. 각 공동상속인의 상속분에 따라서 피상속인의 권리·의무를 계승한다(민§1007). 상속재산은 일단 공유가 되지만(§1006), 유산의 분할에 의하여 상속이 개신된 때에 소급하여 각인에게 귀속한다(§1015).

기여분(寄與分)

공동상속인 중 상당한 기간 동거·간호 그 밖의 방법으로 피상속인을 특별히 부양하거나 피상속인의 재산의 유지 또는 증가에 특별히 기여한 자가 있는 경우에는 상속분산정에 있어서 그 기여분을 가산하여 주는 제도이다(민§1008의2). 상속인간의 공평을 유지하기 위하여 타당한 것이다. 기여분 제도는 1990년 1월 13일 법률 제4199호 개정민법에서 그 필요성이 인정되어 채택된 제도이다. 기여분을 청구할 수 있는 자는 상속인에 한한다. 상속인 이외의 자, 예컨대 사실혼 배우자나 사실상의 양자는 기여분청구권자가 될 수 없다. 기여분은 먼저 공동상속인의 협의로 정하고(§1008의 2①), 협의가 되지 않거나 협의할 수 없는 때에는 가정법원이 기여자의 청구에 의하여 정한다(§1008의②). 가정법원은 기여의 시기, 방법 및 정도와 상속재산의 액 그밖의 사정을 참작하여 기여분을 정한다(§1008의2②). 이것은 기여분이 절대적인 가액으로서 독립하여 산정될 수 있는 성질의 것이 아니고 다른 상속인과의 상대적 관계에서 정해진다는 것을 밝힌 것이다. 한편 기여분은 상속이 개시된 때의 재산가액에서 유증의 가액을 공제한 액을 넘지 못한다고 제한하고 있다(§1008의2③). 이것은 유증이 기여분보다 우선한다는 것으로 기여분을 상속채권과 같이 절대적인 것으로 오인할 가능성을 미리 방지한 것이다. 상속개시 후의 기여에 대해서는 본조의 문언으로 보아 부정하여야 할 것으로 생각되나 실정을 보면 상속개시 후 장기에 걸쳐 상속재산의 분할이 완료되는 경우가 있고, 따라서 이런 기간에 공동상속인 중의 1인이 재산관리를 충실하게 하여 상속재산의 유지를 하였다면 획일적으로 부정할 필요는 없을 것이다.

상속분(相續分)

독;Erbteil

동순위의 공동상속인 각자가 전상속재산에 대하여 가지는 승계의 비율을 말한다(민§1009). 일반적으로는 그 비율을 말하지만 그 비율에 의하여 구체적인 수액인 지분을 상속분이라고도 한다. 다만 어느 것이나 구체적인 재산이 아니고 추상적인 재산의 범위를 가리킨다. 상속분은 민법의 규정에 의하여 정해진다(법정상속분).

양수상속분(讓受相續分)

상속인이 수인있는 경우에 그 공유에 속하는 상속재산에 대하여 분할 전 각자의 상속분을 타인에게 양도하는 것은 자유이나, 이것을 무조건으로 허용하면 제3자가 상속재산의 분할에 참여하게 되어, 다른 공동상속인에게 중대한 영향을 미치게 되므로, 민법은 공동상속인중에 그 상속분을 제3자에게 양도한 자가 있는 때에는 다른 공동상속인이 그 가액과 양도비용을 상환하고 그 상속분을 양도할 수 있도록 한 것을 말한다(민법 1011조 1항). 이 제도는 가중심적인 가산옹호의 제도로서 부당하며, 실제에 있어서도 이용될 가능성이 적은 것으로서 폐지하는 것이 입법론상 타당하다.

지정상속분(指定相續分)

피상속인은 우선 유언에 의하여 유증의 형식으로 상속분을 지정할 수 있는데, 이 지정에 의하여 정해진 상속분이 지정상속분이다. 지정상속분은 상속인의 유류분을 침해하지 않으면 어떠한 비율로도 지정할 수 있다.

법정상속분(法定相續分)

유증의 형식을 통하여 피상속인의 상속분에 대한 지정이 없는 경우에 민법의 규정에 의하여 결정되는 상속분이다. 우리 민법은 동순위의 상속인이 수인 있는 때에는 그 상속분은 균분하는 것을 원칙으로 한다(민§1009①). 그러나 다음과 같은 예외가 있다. (1) 피상속인의 배우자의 상속분은 직계비속과 공동으로 상속하는 때에는 직계비속의 상속분의 5할을 가산하고, 직계존속과 동등으로 상속하는 때에도 직계존속의 상속분의 5할을 가산한다(§1009②). (2) 대습상속인의 상속분은 피대습상속인의 상속분에 의한다(§1010①). 그리고 피대습상속인의 직계비속이 수인인 때에는 그 상속분은 피대습상속인의 상속분의 한도에서 전술한 방법(§1009)에 의하여 결정된다(§1010②전단). 배우자가 대습상속하는 경우(§1003②)에도 동일하다(§1010②후단). 그리고 공동상속인 중에 피상속인으로부터 재산의 증여 또는 유증을 받은 자는 특별수익자 그 수증재산이 자기의 상속분에 달하지 못한 때에는 부족한 부분의 한도에서 상속분이 있다(§1008). 공동상속인 중에 피상속인의 재산유지 또는 증가에 특별히 기여한 자(피상속인을 특별히 부양한 자 포함)가 있을 때에는 상속개시 당시의 피상속인의 재산가액에서 공동상속인의 협의로 정한 그 자의 기여분을 공제한 것을 상속재산으로 보고 법정상속분 및 대습상속분에 의하여 산정한 상속분에 기여분을 가산한 액으로써 그 자의 상속분으로 한다. 그리고 그것이 협의되지 않거나 협의할 수 없을 때에는 가정법원이 기여자의 청구에 의하여 여러 가지의 사정을 참작하여 기여분을 정한다. 그 기여분은 상속이 개시된 때의 피상속인의 재산가액에서 유증의 가격을 공제한 액을 넘지 못한다(§1008의2).

포괄승계(包括承繼)

독;Universalsukzession, Gesamtnachfolge

포괄승계란 상속인이 상속개시된 때로부터 피상속인에게 일신전속적인 것을 제외하고 그 재산에 관한 포괄적 권리의무를 승계하는 것을 말한다(민§1005). 포괄승계는 상속개시의 때, 즉 상속인이 사망한 때에 행하여지며 따로 상속인의 의사표시나 신고를 필요로 하지 않고 개시된다. 포괄승계의 대상이 되는 재산에는 일신전속권을 제외한 모든 재산적 가치있는 권리 및 의무(의무의 경우에는 상대방〈권리자〉에서 보아 재산적 가치가 있으면 된다)이다. 포괄승계한 상속재산은 상속인이 이전부터 가지고 있던 재산과 마찬가지로 상속인의 재산을 구성하게 되는데, 부동산의 경우에는 등기를 필요로 하지 않으나(§187본문) 등기를 하지 아니하면 이를 처분하지 못한다(§187단). 기명주식인 때에는 명의개서(상§337①)가 없으면 제3자에 대항하지 못한다. 또 분묘에 속한 1정보 이내의 금양임야(禁讓林野)와, 600평 이내의 묘토(墓土)인 농지, 족보와 제구의 소유권은 제사를 주재하는 자에게 승계된다(민§1008의3).

상속재산분할(相續財産分割)

독;Auseindersetzung der Erbschaft
불;partage

공동상속의 경우에 일단 그 상속인의 공유가된 유산을 상속분에 따라 분할하여 각 상속인의 재산으로 하는 것이다(민§1012~§1018). 상속재산의 분할요건은 (1) 상속재산에 대하여 공동소유관계가 있어야 한다. (2) 공동상속인이 확정되어야 한다. (3) 분할의 금지가 없어야 한다. 피상속인은 유언으로 상속재산의 분할방법을 정하거나, 또는 이를 정할 것을 제3자에게 위탁할 수 있는데 이 경우 공동상속인의 협의에 의하나, 협의가 조정되지 않으면 가정법원에 분할청구를 신청한다(가소§2). 그러나 피상속인 또는 법원은 일정기간, 즉 상속개시의 날로부터 5년을 초과하지 않는 기간 내에서만 상속재산의 분할을 금지할 수 있다(민§1012). 분할을 청구할 수 있는 자는 상속을 승인한 공동상속인이다. 포괄적 수증자도 분할을 청구할 수 있다(§1078). 공동상속인의 대습상속인 또는 상속분을 양도받은 제3자 및 상속인의 채권자도 상속인에 대위하여 분할 청구를 할 수 있다. 분할은 상속재산에 속하는 물건·권리의 종류 및 성질·각 상속인의 직업 그 밖의 모든 사정을 참작하여 행한다. 따라서 일반의 공유물의 분할과 같이 현물분할의 원칙으로 하는 것이 아니라 어느 자가 전답을 취하고, 다른 자가 현금을 취한다는 가격분할이라도 무방하다. 판례는 성질상 나눌 수 있는 금전채권이나 금전채무는 상속개시와 동시에 분할된다고 하지만 학설은 반대한다. 분할의 효력은 상속개시된 때에 소급하나 그 때까지는 제3자가 취득할 권리는 해치지 못한다(§1015).

상속재산을 분할하는 방법에는 지정분할·협의분할·법원분할의 3가지가 있다. (1) 지정분할 : 피상속인은 유언으로 상속재산의 분할방법을 정하거나 이를 정할 것을 제3자에게 위탁할 수 있다(민§1012전단). (2) 협의분할 : 공동상속인은 피상속인에 의한 지정분할이 없을 때에는 분할요건이 갖추어져 있는 한, 언제든지 그 협의에 의하여 분할을 할 수 있다(§1013①) (3) 법정분할 : 상속재산의 분할방법에 관하여 협의가 성립되지 않는 경우에는 전부 또는 일부의 공동상속인은 가정법원에 그 분할을 청구할 수 있다(§1013, §269①). 또한 상속재산을 현물로써 분할 할 수 없거나 분할로 인하여 현저히 그 가액이 멸손될 염려가 있을 때에는 법원은 그 물건의 경매를 명할 수 있다(§1013②, §269②).

상속재산의 협의분할은 공동상속인 간의 일종의 계약으로서 공동상속인 전원이 참여하여야 하고 일부 상속인만으로 한 협의분할은 무효라고 할 것이나, 반드시 한 자리에서 이루어질 필요는 없고 순차적으로 이루어질 수도 있으며, 상속인 중 한사람이 만든 분할 원안을 다른 상속인이 후에 돌아가며 승인하여도 무방하다*(대법원 2004. 10. 28. 선고 2003다65438, 65445).*

대상분할(代償分割)

상속재산의 성질상 분할할 수 없을 때 상속인 중 1인이 취득하고 나머지 상속인에게 그 지분을 금전으로 지급하는 방식을 말한다. 이 방법은 현물분할이나 현금화(환가) 분할을 피하는 것이 좋은 때에 적당한 방법이므로 상속재산이 농지·공장·병원·점포와 같은 것으로서 그 후계자인 상속인의 소유로 하는 것을 다른 공동상속인들도 원하는 경우를 대비한 방법이다. 대상분할을 할 경우에 가장 문제되는 것은 채무자의 지급능력이다. 제도의 취지에 따라 일괄지급이 좋겠지만, 지급능력이 부족한 때에는 분할지급도 인정해야 할 것이다. 분할지급의 이익을 주었으므로 다른 일방에게는 이자의 이익을 주어야 하는 것이 당연하다.

상속재산분할효과
(相續財産分割效果)

상속재산의 분할효과로는 분할의 소급효·분할 후 피인지자의 청구권·공동상속인담보책임으로 나누어 볼 수 있다. (1) 분할의 소급효 : ㉮ 상속재산의 분할은 상속이 개시된 때에 소급하여 그 효력이 발생한다(민§1015본문). 이것은 상속재산을 분할하면 각 공동상속인에게 귀속되는 재산은 상속개시 당시에 이미 피상속인으로부터 직접분할을 받은 자에게 이전하여 승계된 것으로 보는 것을 의미한다. ㉯ 상속재산분할의 소급효는 제3자의 권리를 해칠 수 없다(§1015단). 상속개시부터 분할시까지 상속재산에 관하여 행한 제3자의 거래안전을 보호하기 위하여 이 규정을 둔 것이다. (2) 분할후의 피인지자 등의 청구권 : 인지 또는 재판확정에 의하여 공동상속인이 된 자는 분할 기타의 처분을 한 공동상속인에 대하여 그 상당분에 상당한 가액의 지급을 청구할 수 있다(§1014). 이 청구권은 일종의 상속회복청구권이다. (3) 공동상속인 사이의 담보책임 : ㉮ 공동상속인은 다른 공동상속인이 분할로 인하여 취득한 재산에 대하여 그 상속분에 따라서 매도인과 같은 담보책임이 있다(§1016). 매도인과 같은 담보책임이란 추탈 및 하자담보책임을 말한다. 그 내용에는 손해배상책임과 분할계약의 전부 또는 일부의 해제청구권까지도 포함한다. ㉯ 상속채무자의 자력에 대한 담보책임 : 공동상속인은 다른 공동상속인이 분할로 인하여 취득한 채권에 대하여 분할당시의 채무자의 자력을 담보한다(§1017①). 변제기에 달하지 아니한 채권이나 정지조건부채권에 대하여는 변제를 청구할 수 있는 때의 채무자의 자력을 담보한다(§1017②). ㉰ 무자력공동상속인의 담보책임분담 : 담보책임 있는 공동상속인 중에 상환의 자력이 없는 자가 있는 때에는 그 부담부분은 구상권자와 자력 있는 다른 공동상속인이 그 상속분에 응하여 분담한다(§1018본문). 그러나 구상권자의 과실로 인하여 상환을 받지 못하는 때에는 그 손해는 구상권자 자신이 부담해야하고 다른 공동상속인에게 그 분담을 청구할 수 없다(§1018단).

상속의 승인(相續의 承認)

독;Annahme der Erbschaft
불;acceptation de la succession

상속개시 후에 상속인이 상속을 수락하는 의사표시를 하는 것이다. 상속은 사람의 사망에 의하여 당연히 개시되지만 유산이 채무초과인 경우에는 상속인에게 불이익하게 되므로 민법은 상속의 승인·포기를 상속인의 의사에 의하여 선택시킨다(민§1019~§1044). 상속의 승인에는 상속인이 아무런 이의 없이 피상속인의 채무에 대하여 무한책임을 지는 단순승인과 피상속인의 채무에 대하여 상속에 의하여 얻은 재산을 한도로 하는 유한책임을 지는데 그치는 한정승인의 두 가지가 있다. 상속의 승인은 법률행위이므로 상속인이 무능력자인 경우에는 법정대리인이 동의하여야 하며, 동의 없는 승인은 나중에 취소할 수 있다. 또 승인은 상속재산의 전부에 대하여 하며, 그 일부에 대해서만 하는 것은 허용되지 아니한다. 또 승인은 상속개시 있음을 안 날로부터 원칙으로 3개월 이내에 함을 요하며(§1019①본문), 승인을 할 때까지는 자기의 고유재산에 대하는 것과 동일한 주의로써 상속재산을 관리하여야 한다(§1022본문).

단순승인(單純承認)

단순승인이란 상속인이 상속재산의 승계를 무조건적으로 수락하는 것을 말한다. 단순승인으로 상속인은 피상속인의 권리·의무를 승계하게 되고(민§1025), 나중에 취소(철회)할 수 없게 된다. 그리고 상속재산과 상속인의 고유재산은 완전히 일체화된다. 상속인은 상속개시가 있음을 안 날로부터 3월내에 단순승인을 할 수 있고, 이 기간은 이해관계인 또는 검사의 청구에 의하여 가정법원이 연장할 수 있다(§1019①). 단순승인에는 특별한 신고를 요하지 아니한다. 다음의 사유가 있는 경우에는 상속인이 단순승인을 한 것으로 보게 된다(§1026). 즉 (1) 상속인이 상속재산에 대한 처분행위를 한 때, (2) 상속인이 상속개시 있음을 안 날로부터 3월내에 한정승인 또는 포기를 하지 아니한 때, (3) 상속인이 한정승인 또는 포기를 한 후에 상속재산을 은닉하거나 부정소비를 하거나 고의로 재산목록에 기입하지 아니한 때 등이다. 그러나 상속인이 상속을 포기함으로 인하여 차순위상속인이 상속을 승인한 때에는 위의 (3)의 사유는 상속의 승인으로 보지 아니한다(§1027). 상속인은 단순승인을 하기 전에 상속재산을 조사할 수 있고(§1019 2항), 상속인이 상속채무가 상속재산을 초과하는 사실을 중대한 과실없이 승인기간 내에 알지 못하고 단순승인을 한 경우에는 그 사실을 안 날로부터 3월내에 한정승인을 할 수 있다.(민법 제1019조 3항, 1026조) 미성년자 상속인의 경우 스스로 법률행위를 할 수 없기 때문에 법정대리인이 상속을 단순승인하거나 특별한정승인을 하지 않으면 상속채무가 상속재산을 초과하더라도 미성년자 상속인 본인의 의사와 관계없이 피상속인의 상속채무를 전부 승계하여 상속채무에서 벗어날 수 없고 성년이 된 후에도 정상적인 경제생활을 영위하기 어렵게 되는 문제가 있고, 대법원 2020. 11. 19. 선고 2019다232918 전원합의체 판결에서도 상속채무가 상속재산을 초과함에도 미성년자 상속인의 법정대리인이 한정승인이나 포기를 하지 않는 경우의 미성년자 상속인을 특별히 보호하기 위하여 별도의 입법조치가 바람직하다는 다수의견 등에 따라 2022.11.민법개정으로 '미성년자인 상속인이 상속채무가 상속재산을 초과하는 상속을 성년이 되기 전에 단순승인한 경우에는 성년이 된 후 그 상속의 상속채무 초과사실을 안 날부터 3개월 내에 한정승인을 할 수 있다. 미성년자인 상속인이 한정승인을 하지 아니하였거나 할 수 없었던 경우에도 또한 같다' 내용 추가되었다.(제1019조 4항)

법정단순승인(法定單純承認)

상속인이 상속재산을 자기의 고유재산과 혼합하거나 상속재산을 처분한 후에 한정승인 또는 포기를 하면 상속채권자가 손해를 입을 염려가 있으므로, 이러한 사유가 있는 때에 상속인은 한정승인이나 포기를 못하게 하여 당연히 단순승인 한 것으로 한다. 이것을 법정단순승인이라고 하는데, 다음과 같은 경우가 이에 해당한다. 즉 (1)상속인이 상속재산에 대한 처분행위를 한 때(민법 1026조 1호), (2) 상속인이 상속개시있음을 안 날로부터 3월내에 한정승인 또는 포기를 하지 아니한 때(민법 1026조 2호) (3) 상속인이 한정승인 또는 포기를 한 후에 상속재산을 은닉하거나 부정소비하거나 고의로 재산목록에 기재하지 않은 때(민법 1026조 3호) 등의 경우는 단순상속으로 본다. 그리하여 상속의 원칙적 효과가 발생하고 상속인은 상속채무에 대해서도 무한책임을 지게 되며, 상속채권자는 상속재산에 대하여 각각 강제집행을 할 수 있다. 단순승인이 확정되면, 설사 그 후에 한정승인·포기의 신고가 수리되어도 그것은 무효이다.

한정승인(限定承認)

한정승인이란 상속인이 상속재산의 한도에서 피상속인의 채무와 유증을 변제한다고 하는 조건을 붙여서 상속을 수락하는 것을 말한다(민§1028). 한정승인은 상속개시가 있음을 안 날(보통은 피상속인의 사망의 날)로부터 3개월 이내에 상속재산의 목록을 첨부하여 가정법원에 신고하여야 한다(§1030①). 상속채무가 상속재산을 초과하는 사실을 과실없이 알지 못하여 단순승인을 하였다가 다시 한정승인을 하는 경우(§제1019③) 상속재산 중 이미 처분한 재산이 있는 때에는 그 목록과 가액을 함께 제출하여야 한다(§1030②). 상속인이 수인인 때에는 각 상속인은 그 상속분에 응하여 취득할 재산의 한도에서 그 상속분에 응한 피상속인의 채무와 유증을 변제할 것을 조건으로 상속을 승인할 수 있다(§1029). 한정승인이 있으면 한정승인자는 승인을 한 날로부터 5일 내에 상속채권자와 수증자에 대하여 일정한 기간(2개월 이상으로 하여야 한다)내에 그 채권 또는 수증을 신고하지 않으면 청산에서 제외한다고 하는 공고를 하고(§1032①), 이에 응한 자에게 변제를 한다. 그러나 이 공고와는 별도로 알고 있는 채권자에 대하여는 각각 그 채권신소를 최고하여야 하며 또 알고 있는 채권자를 그냥 청산에서 제외할 수는 없다(§1032②, §89). 변제는 제1로 저당권 등의 우선권을 가진 채권자, 제2로 일반채권자, 제3으로 수증자, 제4로 신고를 하지 아니한 채권자의 순으로 한다(§1034 ~ §1040).

<u>상속의 한정승인은 채무의 존재를 한정하는 것이 아니라 단순히 그 책임의 범위를 한정하는 것</u>에 불과하기 때문에, 상속의 한정승인이 인정되는 경우에도 상속채무가 존재하는 것으로 인정되는 이상, 법원으로서는 상속재산이 없거나 그 상속재산이 상속채무의 변제에 부족하다고 하더라도 상속채무 전부에 대한 이행판결을 선고하여야 하고, 다만, 그 채무가 상속인의 고유재산에 대해서는 강제집행을 할 수 없는 성질을 가지고 있으므로, 집행력을 제한하기 위하여 이행판결의 주문에 상속재산의 한도에서만 집행할 수 있다는 취지를 명시하여야 한다*(대법원 2003. 11. 14. 선고 2003다30968)*.

상속의 포기(相續의 抛棄)

독;Ausschlagung der Erbschaft
불;renonciationa al succession

상속이 개시된 후에 상속인이 행하는 상속거부의 의사표시이다. 민법은 상속재산이 채무초과인 경우를 고려하여 상속의 승인이나 포기를 상속인에게 선택하게 한다(§1041). 상속의 포기를 할 수 있는 자는 상속권이 있고 또 상속순위상에 해당하는 자에 한한다. 상속인이 상속을 포기한 때에는 이해관계인 또는 검사 등에 의하여 가정법원에 대한 기간연장의 청구가 없는 한, 상속개시된 것을 안 날로부터 3개월 내에 가정법원에 포기의 신고를 하여야 한다(§1041, §1091①). 상속의 포기는 상속이 개시된 때에 소급하여 그 효력이 발생한다(§1042). 따라서 상속포기자는 상속개시당초부터 상속인이 아닌 것으로 확정된다. 포기한 상속재산의 귀속은 상속인이 수인인 경우에는 그 상속분은 다른 상속인의 상속분의 비율로 그 상속인에게 귀속된다(§1043). 유처(遺妻)와 혈족상속인을 분리하여 별도로 다루고 있는 민법 제1003조 1항과 제1009조 2항 등을 민법 제1043조의 법문에 적당히 보충하여 해석할 필요가 있다. 즉 「상속인이 수인인 경우」란 제1순위의 상속인인 직계비속이라든가 제3순위의 상속인인 형제자매가 수인있는 경우를 의미하며, 또 「다른 상속인」중에 유처는 포함되지 않는다. 상속을 포기한 자는 그 포기로 인하여 상속인이 된 자가 상속재산을 관리할 수 있을 때까지 재산의 관리를 계속하여야 한다(§1044①).

유류분을 포함한 상속의 포기는 상속이 개시된 후 일정한 기간 내에만 가능하고 가정법원에 신고하는 등 일정한 절차와 방식을 따라야만 그 효력이 있으므로, 상속개시 전에 한 상속포기약정은 그와 같은 절차와 방식에 따르지 아니한 것으로 효력이 없다*(대법원 1998. 7. 24. 선고 98다9021).*

재산분리(財産分離)

라;separatio bonorum
불;séparation des patrimonines

재산분리란 상속에 의한 상속재산과 상속인의 고유재산과의 혼합을 방지하기 위하여 상속개시 후에 상속채권자·수유자 또는 상속인의 채권자의 청구에 의하여 상속재산과 상속인의 고유재산을 분리하여 상속재산에 관한 청산을 목적으로 하는 재판상의 처분을 말한다. 상속이 개시되면 원칙적으로 상속재산은 상속인은 피상속인의 채권자(상속채권자)나 수유자에 대하여서와 상속인 자신의 채권자에 대하여 혼합된 전 재산을 가지고 변제하여야 한다. 이 경우에 상속인이 채무초과이면, 상속채권자·수유자는 상속인의 채권자 때문에 자기의 채권의 완전한 만족을 받지 못하게 될 우려가 있다. 반대로 상속재산이 채권초과이면, 상속인의 채권자가 불리하게 된다. 재산분리는 이와 같은 상속채권자·수유자 또는 상속인의 채권자의 불이익을 방지하기 위한 것이다. 가정법원에 대하여 상속재산과 상속인의 고유재산과의 분리를 청구할 수 있는 자는 상속채권자·수증자·상속인의 채권자이다(민§1045①). 재산분리의 청구기간은 상속이 개시된 날로부터 3개월 내에 하여야 함을 원칙으로 한다(§1045①). 그러나 상속개시 후 3개월의 기간이 경과하더라도 재산상속인이 승인이나 포기를 하지 않는 동안은 재산분리의 청구를 할 수 있다(§1045②). 재산분리의 대상이 되는 재산은 상속개시 당시에 피상속인에게 속하고 있던 모든 재산이 된다. 상속채권자·수증자 또는 상속인의 채권자에 의한 재산분리의 청구가 있는 경우에는 가정법원의 분리명령에 의하여 일정한 절차를 밟아 상속재산과 상속인의 고유재산이 아직 혼합되지 아니한 경우에는 상속인은 그 상태를 유지해야 하고 이미 혼합된 경우에는 두 재산을 분리하여야 한다. 법원에 의하여 재산분리의 명령이 있는 때에는 피상속인에 대한 상속인의 재산상 권리·의무는 소멸되지 않는다(§1050). 따라서 분리된 상속재산과 상속인의 고유재산은 그것이 권리자에게 이전될 때까지 상속인은 관리자로서의 권리의무를 계속하여 지게된다. 또 단순승인을 한 상속인은 재산분리의 명령이 있는 때에는 상속재산에 대하여 자기의 고유재산과 동일한 주의로써 관리하여야 한다(§1048①). 상속인은 상속재산의 분리청구기간만료전 또는 상속채권자와 수증자에 대한 공고기간 만료 전에는 상속채권자와 수증자에 대하여 변제를 거절할 수 있다(§1051①). 재산분리의 청구기관과 상속채권자에 대한 공고기간만료 후에 상속인은 상속재산을 가지고 재산분리의 청구 또는 그 기간 내에 신고한 상속채권자·수증자와 상속인이 알고 있는 상속채권자·수증자에 대하여 각 채권액 또는 수증액의 비율로 변제하여야 한다(§1051②본문). 그러나 우선권 있는 채권자의 권리를 해칠 수 없으므로(§1051②단), 질권자·저당권자 등에 대하여는 상속재산으로써 우선적으로 변제하여야 한다. 상속채권자와 유증받은 자는 상속재산만으로는 채권전액을 받을 수 없는 경우에 한하여 상속인의 고유재산으로부터 채권의 변제를 받을 수 있고(§1052①), 이 경우에 상속인의 채권자는 상속인의 고유재산으로부터 우선 변제를 받을 권리가 있다(§1052②).

상속인부존재(相續人不存在)
불;successionvacante

상속인부존재라 함은 재산상속인의 존재여부가 분명하지 아니한 상태를 말한다(민§1053①). 상속개시 후 재산상속인의 *存否*(존부)가 불분명한 경우에는 상속인을 수색하기 위하여 일정한 절차가 필요할 뿐만 아니라, 상속재산의 최후의 귀속자인 국고를 위하여 또는 상속채권자와 수증자 등의 이익을 위하여 상속재산에 대한 관리와 청산을 할 필요가 있다. 따라서 민법은 재산상속인부존재제도를 설정하여 상속인의 수색을 위하여 일정한 공고절차와 함께 상속재산의 관리·청산의 절차에 관한 규정을 두고 있다.

(1) 상속재산의 관리 : ㉮ 재산상속인의 존부가 분명하지 않는 때에는 가정법원은 제777조에 의한 피상속인의 친족 기타 이해관계인 또는 검사의 청구

에 의하여 상속재산관리인을 선임하고 지체없이 이를 공고하도록 되어 있다(민§1053①). ㉯ 재산관리인의 권리의무에 관하여는 부재자를 위한 재산관리인에 관한 규정이 준용되고(§1053②), 그리고 재산관리인은 상속채권자나 수증자의 청구가 있는 때에는 언제든지 상속재산의 목록을 제시하고 그 상황을 보고할 의무가 있다(§1054). 관리인의 임무는 그 상속인이 상속을 한 때에 종료하고(§1055①), 이 경우에는 관리인은 지체없이 그 상속인에 대하여 관리의 계산을 하게 되어 있다(§1055②). (2) 상속재산의 청산 : ㉮ 법원이 상속재산관리인의 선임을 공고한 후 3개월 내에 상속인의 존부를 알 수 없는 때에는 관리인은 지체없이 일반상속채권자와 수증자에 대하여 2개월 이상의 기간을 정하 그 기간 내에 채권 또는 유증을 신고할 것을 공고하게 되어 있다(1055②). 이 경우의 공고절차는 비영리법인의 해산에 관한 규정이 준용된다(§1056②). ㉯ 관리인은 채권신고최고의 공고절차를 취한 후 한정승인의 경우와 동일한 방법으로써 상속채권자 또는 수증자에 대하여 변제를 하게 되어 있다(§1056②). ㉰ 재산관리인 선임에 관한 공고와 이에 後行(후행)하는 청산공고기간이 경과하여도 상속인의 존부를 알 수 없는 때에는 가정법원은 관리인의 청구에 의하여 1년 이상의 기간을 정하여 상속인이 있으면 그 기간 내에 권리를 주장할 것을 공고하게 되어 있다(§1057). 이 기간 내에 상속권을 주장하는 자가 없는 때에는 가정법원은 피상속인과 생계를 같이 하고 있던 자, 피상속인의 요양간호를 한 자 및 기타 피상속인과 특별한 연고가 있던 자의 청구에 의하여 상속재산의 전부 또는 일부를 분여할 수 있다. 이 청구는 제1057조의 기간(상속인 수색의 공고기간인 1년 이상의 기간) 만료 후 2월 이내에 하여야 한다(§1057의 2). (3) 상속재산의 국가귀속 : 민법 제1057조의 2의 규정에 의하여 분여되지 아니하는 때에는 상속재산은 국가에 귀속한다(§1058①). 그리고 상속재산이 국가에 귀속된 후에는 상속재산으로 변제를 받지 못한 상속채권자나 유증을 받은 자가 있는 때에도 그 변제를 국가에 청구할 수 없다(§1059).

특별연고자 상속재산분여
(特別緣故者 相續財産分與)

가정법원은 상속인 수색의 공고를 하여도 상속권을 주장하는 자가 없는 때에는 피상속인과 생계를 같이 하고 있던 자, 피상속인의 요양간호를 한 자, 기타 피상속인과 특별한 연고가 있던 자의 청구(이 청구는 상속인 수색의 공고기간이 만료된 후 2월내에 하여야 함)에 의하여 상속재산의 전부 또는 일부를 분여할 수 있다(민§1057의2). 이것이 특별연고자에 대한 상속재산분여 제도이다. 이 제도는 1990년 1월 13일 법률 제4199호 개정상속법에 창설된 제도이다. 특별연고자가 상속재산의 분여를 받는 지위에 따르는 상속재산 분여청구권도 일반적인 권리와 동일한 성질을 가지고 있다. 특별연고자의 유형으로는 (1) 생계동일자, (2) 요양간호를 한 자, (3) 기타 피상속인과 특별한 연고가 있던 자이다. 청산기간은 상속인 수색공고기간 만료 후 2개월 이내이다(§1057의2②, §1056). 그러나 본인의 청구가 있을지라도 모든 청구가 인정되는 것이 아니라 가정법원에서 그 청구의 상당성이 인정되어야 할 것이다. 이 상당성은 가정법원의 자유재량에 의하여 결정되며 특별연고자의 종류, 성별, 직업, 연령, 상속잔여재산의 종류, 액, 내용, 소재, 교육정도 등 일체의 사정이 종합적으로 고려될 것이다. 가정법원에서 특별연고자의 분여청구권이 인정되면 상속재산의 전부 또는 일부에 대한 분여처분이 있게 된다. 이 처분에 의한 금전 그 밖의 급부심판은 집행력을 가지며(가소§41), 부동산등기 등의 권리이전은 단독으로 청구할 수 있게 된다. 그리고 특별연고자가 분여받은 재산은 원시취득으로 보아, 변제를 받지 못한 상속채권자나 수증자는 이에 대하여 아무런 청구도 할 수 없다고 보아야 한다.

유언(遺言)
라;testamentun 영;will
독;Testamen 불;testament

유언이란 유언자의 사망과 동시에 일정한 효과를 발생시키는 것을 목적으로 하는 상대방이 없는 단독행위를 말한다. 사유재산제도에 입각한 재산처분의 자유의 한 형태로서 사람이 생전뿐 아니라 유언에 의하여 사후의 법률관계(주로 재산관계)까지 지배하는 것을 인정한 것이다. 그러나 법률은 유언으로 할 수 있는 사항을 다음과 같이 한정하고 있다. (1) 상속에 관한 사항 : ㉮ 상속재산분할방법의 지정 또는 위탁(민§1012전단), ㉯ 상속재산분할금지(§1012후단), (2) 상속 이외의 유산의 처분에 관한 사항 : ㉮ 유증(§1074~§1090). ㉯ 재단법인의 설립(§47②), ㉰ 신탁의 설정(신탁§2), (3) 신분상의 사항 : ㉮ 인지(§859②), ㉯ 친생부인(§850), ㉰ 후견인의 지정(§931), ㉱ 친족회원지정(§962), (4) 유언의 집행에 관한 사항 : 유언집행자의 지정 또는 위탁(§1093). 또한 본인의 최종의 사인가를 명확히 해 둘 필요에서도 엄격한 방식이 요구된다(유언의 요식성: 민§1060참조). 일단 한 유언도 자유로이 철회할 수 있고, 이 철회권을 포기하지 못하게 되어 있다(§1108참조). 민법은 유언의 해석에 관하여도 엄격한 기준을 정하고 있다. 즉 전후의 유언이 저촉되거나 유언 후의 생전행위가 유언과 저촉되는 경우에는 그 저촉된 부분의 전(前) 유언은 이를 철회한 것으로 본다(§1109), 유언의 목적이 된 권리가 유언자의 사망 당시에 상속재산에 속하지 아니한 때에는 유언은 그 효력의 없다(§1087①본문)는 등의 규정이 그것이다. 그러나 유언이 임종시에 행하여지는 것이 많은 우리나라의 실정에서 본다면 내용이 불명확한 경우도 적지 않다.

유언의 효력(遺言의 效力)

유언은 유언자가 사망한 때로부터 그 효력이 생긴다. 따라서 유언에 의하여 이익을 받는 자도 유언자가 사망할 때까지는 아무런 권리도 취득하지 못한다. 또 상대방 없는 의사표시라는 유언의 성질상 유언자가 사망하였을 때 특별한 조치 없이 바로 효력이 생긴다. 또 유언인지(민법 859조2항)와 같이 유언내용으로 되어 있는 사항 자체가 원래 요식행위인 경우에는 그 효력의 발생시기가 유언자체의 효력이 생기는 때, 즉 유언자의 사망시인가 또는 유언집행자가 형식적 요건의 구비나 절차를 완료한 때인가에 관하여는 견해가 대립된다. 정지조건이 있는 경우에는 그 조건이 유언자의 사망 후에 성취한 때에는 그 조건이 성취한 때로부터 그 효력이 생기니, 유언자가 유언 중에서 그 효력을 사망시에 소급시키는 것은 무방하다(민법 1073조2항·147조3항). 해제조건이 있는 유언의 경우에도 이에 준하여 해결된다. 유언에 시기를 붙였을 경우에는 그 이행은 기한이 도래한 때에 비로소 청구할 수 있게 된다고 보며(민법 152조1항), 종기를 붙인 경우에는 기한의 도래에 의하여 그 효력을 잃는다. 다만 유언의 효력은 유언자가 사망한 때이다.

유언인지(遺言認知)

생전인지에 상대되는 개념으로, 생부 또는 생모가 유언에 의하여 혼인외의 출생자를 인지하는 것을 말한다. 즉 인지는 유언으로도 이를 할 수 있으며, 이 경우에는 유언집행자가 이를 신고해야 하는 바(민법 859조2항), 유언에 의한 인지가 있는 경우는 유언집행자는 그 위임일로부터 1개월 이내에 인지에 관한 유언증서 등본 또는 유언녹음을 기재한 서면을 첨부하여 인지신고서를 제출해야 한다.

유언증언(遺言證言)

유언작성에 참여하는 증인을 말한다. 유언의 진실성을 확보하기 위해서 민법은 녹음에 의한 유언(민법 1067조), 공정증서에 의한 유언(민법 1068조 ; 증인 2인), 비밀증서에 의한 유언(민법 1069조 ; 증인 2인 이상), 구두증서에 의한 유언(민법 1070조 ; 증인 2인 이상)에서 증인이 참여해야 함을 규정하고 있다. 유언증인의 자격에는 제한이 없으나 성질상 미성년자(민법 1072조1항1호), 금치산자와 한정치산자(민법 1072조1항2호), 유언에 의하여 이익을 받을 자 및 그 배우자와 직계혈족은 그 자격이 없으며(민법 1072조1항3호), 공정증서에 의한 유언에 있어서는 공증인법 제13조에 결격자를 규정하고 있다.

유언능력(遺言能力)

유언을 유효하게 할 수 있는 능력이다. 유언도 일종의 의사표시이기 때문에 의사능력이 없는 자가 한 유언은 비록 형식을 구비하더라도 무효이다. 그러나 유언이 효력을 발생한 때에는 유언자는 생존하고 있지 아니하므로 행위자를 보호하는 취지의 제한능력자 제도를 그대로 엄격히 유언에 적용할 필요가 없다. 그래서 민법은 제5조·제10조와 제13조의 규정은 유언에는 적용하지 않는 것으로 하고 있다(§1062). 그러나 유언도 이에 효력이 인정되기 위해서는 그것이 정상적인 의사에 의하는 것이 필요하다. 그래서 민법은 미성년자에 관하여는 만17세를 능력의 표준으로 하고 그 이하의 자의 유언은 모두 무효로 하고 있다(§1061). 또 피성년후견인은 그 의사능력이 회복된 때에 한하여 유언을 할 수 있고(§1063①), 이 경우에는 의사가 심신회복상태를 유언서에 부기하고 서명 날인하도록 되어 있다(§1063②). 유언자가 유언당시 유언능력을 가지고 있는 한, 후에 그 능력을 잃더라도 유언의 효력에 영향은 없다.

수증능력(受贈能力)

수증능력이란 유증의 이익을 양수 할 수 있는 능력으로서 수증자가 될 수 있는 능력을 말한다. 수증능력은 의사능력의 존재를 전제로 하지 않으며, 권리능력자이면 된다는 점이 의사능력을 전제로 하는 유언능력과 다르므로 의사무능력자·법인·태아도 수증자가 될 수 있다(§1064, §100③). 그러나 민법은 재산상속인의 결격사유를 수증자의 경우에도 준용하여(§1064, §1004), 재산상속인으로서의 결격자는 수증능력도 없는 것으로 하고 있다.

유언자유의 원칙(遺言自由의 原則)

독;Tesfierfierfreiheit

유언에 의하여 자기의 재산을 자유로이 처분할 수 있는 원칙이다. 계약자유의 원칙과 함께 사적 자치의 원칙의 한 부분을 이룬다. 그러나 유산에 관하여는 배우자나 자녀는 일정한 비율로 상속할 권리를 가지는 것이 인정되고, 또한 자녀사이의 상속권의 평등이 법정되어 있으므로 이에 의해서 유언의 자유가 제한 될 수 있다.

무유언주의(無遺言主義)

가산을 공유하는 사상을 기초로 하는 상속법제에 있어서는 상속인은 반드시 피상속인의 가족 또는 친족이어야 하며, 유언 그 밖의 사후처분에 따라 타인을 상속인으로 지정하는 것을 불허하는데 유언이 없는 경우에는 원칙적으로 법정상속을 인정하고 이를 그 피상속인의 의사로 추정하는 뜻으로 간주한다.

유언의 방식(遺言의 方式)

유언의 방식이라 함은 요식행위인 유언에 관하여 민법이 요구하고 있는 일정한 방식을 말한다. 민법이 요구하는 일정한 방식에 따르지 않으면 유언은 무효가 된다(민§1060참조). 그러나 근소한 차질로 인하여 무효로 하는 것은 오히려 부당하므로 판례는 법률의 규정을 약간 부드럽게 해석하는 경향이 있다. 유언의 방식에는 보통 방법으로서 자필증서·녹음·공정증서·비밀증서와 구수증서이 5종이 있다(§1065).

민법 제1065조 내지 제1070조가 유언의 방식을 엄격하게 규정한 것은 유언자의 진의를 명확히 하고 그로 인한 법적 분쟁과 혼란을 예방하기 위한 것이므로, 법정된 요건과 방식에 어긋난 유언은 그것이 유언자의 진정한 의사에 합치하더라도 무효라고 하지 않을 수 없다*(대법원 2006. 3. 9. 선고 2005다57899)*.

자필증서에 의한 유언
(自筆證書에 의한 遺言)

유언자가 유언의 전문과 연월일·주소·성명을 자서하고 날인하는 방식에 의한 유언이다(민§1066①). 자필증서에 의한 유언을 집행하기 위하여는 반드시 가정법원에 의한 검인절차를 받도록 되어 있다(민§1091·가소§2①). 그리고 자필증서에서 문자를 삽입하거나 유언문을 삭제 또는 변경하는 경우에는 유언자가 이를 자서(自書)하고 날인하도록 되어 있다(§1066②).

녹음에 의한 유언
(錄音에 의한 遺言)

유언자가 유언의 취지, 그 성명과 연월일을 구술하고 이에 참여한 증인의 유언의 정확함과 그 성명을 구술하는 방식에 의한 유언이다(민§1067). 금치산자가 그 의사능력이 회복되어 녹음에 의한 유언을 하는 경우에는 참여한 의사는 심신회복의 상태를 유언서에 부기하고 서명날인하는 대신에(§1063) 그 취지를 녹음해야 할 것이다. 이 방법에 의한 유언은 인간이 생존 당시의 육성을 사후에도 들을 수 있을 뿐만 아니라, 복잡한 내용의 유언까지도 간단히 할 수 있는 점으로 과학적인 혜택이 크다 하겠다.

공정증서에 의한 유언
(公正證書에 의한 遺言)

유언자가 증인 2인이 참여한 공증인의 면전에서 유언의 취지를 말로 전하고 공증인이 이를 필기·낭독하여 유언자와 증인이 그 정확함을 승인한 후 각자가 서명 또는 기명하고 날인하는 방식에 의한 유언이다(§1068). 공정증서에 의한 유언의 집행에 있어서는 검인절차가 필요 없다는 장점이 있지만 반면에 유언내용이 타인에게 누설되기 쉽고 상당한 비용이 소요된다는 단점도 있다.

비밀증서에 의한 유언
(祕密證書에 의한 遺言)

유언자가 필자의 성명을 기입한 증서를 엄봉·날인하고 이를 2인 이상의 증인이 면전에 제출하여 자기의 유언서인 것을 표시한 후 그 봉서표면에 제출년, 월, 일을 기재하고 유언자와 증인이 각자 서명 또는 기명날인하는 방식에 의한 유언이다(민§1069①). 이 비밀증서에 의한 유언방식은 자기의 성명을 자서(自書)할 수 있는 자이면 모두 할 수 있을 뿐만 아니라, 자필증서에 의한 유언방식과 공정증서에 의한 유언방식을 절충한 유언방식이므로 유언내용이 비밀을 유지하고, 그 누설을 방지하는 동시에 유언의 존재와 내용을 확실하게 할 수 있는 장점이 있다. 그리고 비밀증서의 방식에 의하여 작성된 유언봉서는 그 표면에 기재된 날로부터 5일 내에 공증인 또는 법원서기(현 주사보 이상)에게 제출하여 그 봉인상에 확정일자를 받도록 되어 있다(§1069②). 비밀증서에 의한 유언에 있어서 그 방식상 요건을 흠결한 경우에는 비밀증서유언으로서의 효력이 발생하지 못한다. 그러나 민법은 비밀증서로는 흠결이 있더라도 그 증서가 자필증서의 방식에 적합한 때에는 자필증서에 의한 유언으로서 효력을 인정한다(§1071) 따라서 무효로 된 비밀증서유언이 자필증서유언으로서 전환되기 위하여는 유언서전문과 연월일·주소·성명의 자서(自書)와 날인이 있어야 한다.

구수증서에 의한 유언
(口授證書에 의한 遺言)

질병, 기타 급박한 사유로 인하여 자필증서·녹음·공정증서 또는 비밀증서 등의 방식으로서 유언을 할 수 없는 경우에 유언자가 2인 이상의 증인의 참여로 그 1인에게 유언의 취지를 구수하고 그 수수를 받은 자가 이를 필서·낭독하여 증인이 그 정확함을 승인한 후 각자가 서명 또는 기명하고 날인하는 방식에 의한 유언이다(민§1070①). 구수증서(口授證書)의 방식에 의한 유언은 그 증서 또는 이해관계인이 급박한 사유가 종료한 날로부터 7일내에 가정법원에 검인을 신청하도록 되어 있다(§1070②가소§2① 라류사건 36호).

민법 제1065조 내지 제1070조가 유언의 방식을 엄격하게 규정한 것은 유언자의 진의를 명확히 하고 그로 인한 법적 분쟁과 혼란을 예방하기 위한 것이므로, 법정된 요건과 방식에 어긋난 유언은 그것이 유언자의 진정한 의사에 합치하더라도 무효라고 하지 않을 수 없는바, 민법 제1070조 제1항이 구수증서에 의한 유언은 질병 기타 급박한 사유로 인하여 민법 제1066조 내지 제1069조 소정의 자필증서, 녹음, 공정증서 및 비밀증서의 방식에 의하여 할 수 없는 경우에 허용되는 것으로 규정하고 있는 이상, 유언자가 질병 기타 급박한 사유에 있는지 여부를 판단함에 있어서는 유언자의 진의를 존중하기 위하여 유언자의 주관적 입장을 고려할 필요가 있을지 모르지만, 자필증서, 녹음, 공정증서 및 비밀증서의 방식에 의한 유언이 객관적으로 가능한 경우까지 구수증서에 의한 유언을 허용하여야 하는 것은 아니다*(대법원 1999. 9. 3. 선고 98다17800).*

검인(檢認)

검인이란 가정법원이 유언서 또는 유언녹음의 존재 및 내용을 인정하는 것을 말한다. 자필유언증서나 비밀유언증서 또는 녹음을 보관하는 자나 이것을 발견한 자는 유언자가 사망한 후 지체없이 유언증서 또는 유언녹음을 가정법원에 제출하여 그 검인을 청구하여야 하다(민§1091①). 검인에 의하여 유언자 또는 유언녹음의 존재를 명확히 하고, 또한 유언 등의 위조·변조를 방지하려는 것이다. 그러나 검인은 유언서나 유언녹음의 내용을 심사하는 것이 아니고 단지 외형을 검사·인정하여 그 형식적 존재를 확보하는 절차에 불과하므로 검인에 의하여 무효인 유언서나 유언녹음이 유효하게 되는 것은 아니다. 그리고 공정증서나 구수증서에 의한 유언에 관하여는 검인을 필요로 하지 아니한다(§1091②). 또 가정법원이 봉인된 유언증서를 개봉할 때에는 유언자의 상속인, 그 대리인 기타 이해관계인의 참여가 있어야 한다(§1092). 구수증서의 방식에 의한 유언은 그 증서 또는 이해관계인이 급박한 사유가 종료한 날로부터 7일 내에 가정법원에 검인을 신청하여야 한다(§1070②). 이 경우의 검인은 위에서 설명한 검인과는 달리 유언의 진부(眞否), 즉 유언이 유언자의 진의에서 나온 것인가 아닌가를 판정하는 것이다. 따라서 앞의 검인과 구별하기 위하여 확인이라는 용어를 쓰는 것이 타당하다고 본다.

공동유언집행(共同遺言執行)

수인이 공동으로 하는 유언집행을 말한다. 유언집행자가 수인인 경우에는 임무의 집행의 가부는 그 과반수의 찬성으로 결정한다. 가부동수로 인하여 과반수를 얻을수 없는 경우에는 이를 해임하고 새로운 유언집행자를 선임한다(민법 1106조·1096조). 하지만 보존행위는 각자가 이를 수 있다.

유언집행자(遺言執行者)

영;executor, adminstrator
독;Testamentsvollstrecker
불;exécuteur testamentaire

유언집행자란 유언의 내용을 실현시키기 위한 직무권한을 가진 자를 말한다. 위임계약의 수임인의 지위에 있다. 유언집행자에는 유언자가 직접 지정하거나 유언자의 위탁을 받아 제3자가 지정한 지정유언집행자(민§1093)와, 유언자 또는 제3자에 의하여 지정된 유언집행자가 없는 경우에 상속인이 당연히 취임하게 되는 법정유언집행자(§1095), 그리고 유언집행자가 없는 경우 또는 사망 기타의 사유로 인하여 유언집행자가 없게 된 경우에 가정법원이 선임하는 선정유언집행자(§1096)의 세 가지가 있다. 제한능력자와 파산선고를 받은 자는 유언집행자가 되지 못한다(§1098). 지정 또는 선임에 의한 유언집행자는 상속인의 대리인으로 보는 동시에 유언집행자의 관리처분 또는 상속인과의 법률관계에 대하여는 위임관계의 규정을 준용하고 있다(§1103). 즉 유언집행자는 유언의 집행에 필요한 모든 행위를 할 권리·의무가 있다. 지정 또는 선임에 의한 유언집행자는 정당한 사유가 있는 때에는 가정법원의 허가를 얻어 그 임무를 사퇴할 수 있고(§1105), 또 지정 또는 선임에 의한 유언집행자가 그 임무를 해태하거나 적당하지 아니한 사유가 있는 때에는 가정법원은 상속인 기타의 이해관계인의 청구에 의하여 유언집행자를 해임할 수 있다(§1106).

선임유언집행자(選任遺言執行者)

유언집행자가 없거나 사망·결격 기타 사유로 인하여 없게 된 때에는 법원은 이해관계인의 청구에 의하여 유집행자를 선임하여야 하고, 법원이 유언집행자를 선임한 경우에는 그 임무에 관하여 필요한 처분을 명할 수 있다. 또 지정에 의한 유언집행자는 유언자의 사망 후 지체없이 이를 승낙하거나 사퇴할 것을 법원에 통지하여야 한다. 상속인 기타 이해관계인은 상당한 기간을 정하여 그 기간 내에 승낙여부를 확답할 것을 지정 또는 선임에 의한 유언집행자에게 최고할 수 있다. 그 기간 내에 최고에 대한 확답을 받지 못한 때에는 유언집행자가 그 취임을 승낙한 것으로 본다(민법 1096조, 1097조 1·2·3항).

지정유언집행자(指定遺言執行者)

유언자가 직접 지정하거나 지정을 위탁받은 제3자가 지정한 유언집행자를 말한다. 지정에 의한 유언집행자는 유언의 사망 후 지체없이 이를 승낙하거나 사퇴할 것을 상속인에게 통지하여야 하며, 선임에 의한 유언집행자는 선임의 통지를 받은 후 지체없이 이를 승낙하거나 사퇴할 것을 법원에 통지하여야 한다. 상속인 기타 이해관계인은 상당한 기간을 정하여 그 기간 내에 승낙여부를 확답할 것을 지정 또는 선임에 의한 유언집행자에게 최고할 수 있다. 그 기간 내에 최고에 대한 확답을 받지 못한 때에는 유언집행자가 그 취임을 승낙한 것으로 본다(민법 1097조).

유증(遺贈)

라;legatum 영;devise, legacy
독;Vermächtnis 불;legs

유증이란 유언자가 유언에 의하여 재산을 수증자에게 무상으로 증여하는 단독행위를 말한다. 유증에 의하여 재산을 받는 자를 수증자라고 하며, 유증을 이행하는 상속인을 유증의무자라고 한다. 유증은 자유이므로 (1) 재산의 전부 또는 일부를 그 비율액(유산의 몇 분의 몇)으로 증여하는 포괄적 유증과 (2) 특정한 재산을 증여하는 특정한 유증을 할 수 있으며, 수증자를 각각 포괄적 수증자, 특정수증자라고 한다. 또한 수증자에게 일정한 부담을 지우는 부담부유증도 가능하다. 포괄적 수증자는 재산상속인과 동일한 권리의무가 있으므로(민§1078), 포괄적 유증을 하면 유언에 의하여 정해진 비율의 상속분을 가지는 상속인이 1인 증가했다고 생각하면 된다. 포괄적 유증의 효과는 다음과 같다. 즉 (1) 상속인과 같이 유언자의 일신에 전속한 권리·의무를 승계한다(§1005). 이 승계는 유언의 효력이 발생하는 동시에 당연히 생기고(물권적 효력) 유증의무자의 이행의 문제가 생기지 아니한다. (2) 그리고 포괄적 수증자와 상속인, 포괄적 수증자와 다른 포괄적 수증자와의 사이에는 공동상속인 상호간에 있어서와 동일한 관계가 생긴다. 즉 상속재산의 공유관계가 생기고(§1006, §1007), 분할의 협의를 하게 된다(§1013①). (3) 유증의 승인·포기에 관하여도 재산상속의 단순 또는 한정승인·포기를 할 필요가 있고, 이것을 가정법원에 신고하지 않으면 단순한 포괄적 유증승인이 있는 것으로 보게 된다. 이와 같이 포괄적 수증자의 권리·의무의 내용에 있어서는 상속인과 거의 차이가 없다. 그러나 수증자가 상속개시 전에 사망한 경우에는 원칙으로 유증이 실효되므로 대습상속이 인정되지 않는다는 점이 상속과 다르다.

유증이 포괄적 유증인가 특정유증인가는 유언에 사용한 문언 및 그 외 제반 사정을 종합적으로 고려하여 탐구된 유언자의 의사에 따라 결정되어야 하고, 통상은 상속재산에 대한 비율의 의미로 유증이 된 경우는 포괄적 유증, 그렇지 않은 경우는 특정유증이라고 할 수 있지만, 유언공정증서 등에 유증한 재산이 개별적으로 표시되었다는 사실만으로는 특정유증이라고 단정할 수는 없고 상속재산이 모두 얼마나 되는지를 심리하여 다른 재산이 없다고 인정되는 경우에는 이를 포괄적 유증이라고 볼 수도 있다*(대법원 2003. 5. 27. 선고 2000다73445).*

단순유증(單純遺贈)

유언에 아무런 조건이나 기한 및 부담을 붙이지 않고 재산의 무상증여를 하는 보통의 유증을 말한다. 단순유증의 효력은 유언자가 사망한 때로부터 발생한다(민법 1073조).

수증능력(受贈能力)

수증자 적격을 말하며, 수유능력이라고도 한다. 자연인과 법인을 불문하고 권리능력자로서 유언효력 발생시에 있어서 현존함으로써 족하다. 태아도 상속순위에 관하여는 이미 출생한 것으로 보기 때문에 수증능력이 있다. 그러나 (1)고의로 직계존속·피상속인, 그 배우자 또는 상속의 선순위나 동순위에 있는 자를 살해하거나 살해하려 한 자, (2) 고의로 직계존속, 피상속인과 그 배우자에게 상해를 가하여 사망에 이르게 한 자 (3) 사기 또는 강박으로 피상속인의 상속에 관한 유언 또는 유언의 철회를 방해한 자, (4) 사기 또는 강박으로 피상속인의 상속에 관한 유언을 하게 한 자, (5) 피상속인의 기타 상속에 관한 유언서를 위조·변조·파기 또는 은닉한 자는 상속인이 되지 못하므로 수증결격자로 취급되어 수증능력을 갖지 못한다(민법 1004·1064조).

수증자(受贈者)

수증자란 유언에 의한 증여(유증)를 받는 자를 말한다. 자연인뿐만 아니라 법인도 수증자가 될 수 있다. 상속인과 동일한 결격사유가 인정된다(민§1064, §1004). 또 수증자는 유언이 효력을 발생한 때(유언자가 사망한 때)에 생존해 있어야 한다. 유언자의 사망 전에 수증자가 사망한 경우에는 수증자인 지위의 승계(일종의 대습수증(代襲受贈))는 인정되지 아니하므로 결국 유증은 그 효력이 생기지 아니한다(§1089

①). 그러나 유언 중에 특히 수증자의 상속인의 승계를 인정한다는 뜻을 표시하고 있으면(보충유증) 그것에 따른다. 또 태아는 유증에 있어서도 이미 출생한 것으로 보게 된다(§1064, §1000③). 따라서 태아에게 유증할 수도 있다. 수증자에는 포괄적 유증을 받는 포괄적 수증자와 특정유증을 받는 특정수증자가 있다. 수증자에게 인도할 때까지 유증의 목적물은 상속인이 점유·관리하게 되는데 이 때에도 상속인이 그것을 사용·수익하는 것은 허용되지 아니한다(§1080~§1090). 또 특정수증자는 상속인에 대하여 유언자의 사망 후에 언제든지 유증을 승인 또는 포기할 수 있고(§1074①), 승인이나 포기는 유언자의 사망시에 소급하여 효력이 생긴다(§1074②). 그 외에 수증자에게 채무를 지우는 부담부유증의 제도가 있으며(§1088), 이 경우에는 부담시킨 채무를 이행하지 않으면 유증이 취소되는 수가 있다.

유류분(遺留分)
독;Pflichtteil 불;réserve légale

일정한 상속인을 위하여 법률상 유보된 상속재산의 일정부분을 말한다. 피상속인의 사망 후에 있어서의 상속인의 생활을 보장하고 또 상속인간의 공평을 도모하기 위하여 인정된 제도이며, 피상속인은 아무리 자기의 재산이라고 하여도 유류분을 침해해서까지 처분할 수는 없는 것이다. 즉 일정한 근친에게 재산을 상속시키는 것이 사회적으로 보다 합리적이므로 법정상속주의가 채용되고, 이를 유지하기 위하여는 재산의 일정부분을 상속권자를 위하여 보류하지 않으면 안된다. 유류분은 이러한 요구를 조화시키기 위한 제도이다. 그런데 유류분은 모든 상속순위자에게 인정되는 것이 아니고, 제3순위의 재산상속인, 즉 피상속인의 형제자매에 이르기까지만 인정된다(§1000~§1003참조). 유류분권리는 피상속인의 증여 및 그 유증으로 인하여 그 유류분에 부족이 생긴 때에는 부족한 한도에서 그 재산의 반환을 청구할 수 있다(§115①). 이것을 부족분에 대한 반환청구권이라고 한다. 이 경우에 증여 및 유증을 받을 자가 수인인 때에는 각자가 얻은 유증가액의 비율로 반환하여야 한다(§115②). 그리고 증여에 대하여는 유증을 반환 받은 후가 아니면 이것을 청구할 수 없다(§1116). 위의 반환청구권은 유류분권리자가 상속의 개시와 반환하여야 할 증여 또는 유증을 한 사실을 안 때로부터 10년을 경과하면 시효에 의하여 소멸된다(§1117).

유류분권리자의 상속순위
(遺留分權利者 相續順位)

유류분권리자의 순위와 유류분의 비율은 상속인으로서의 순위에 따라서 각각 차이가 있다(민§1112). (1) 피상속인의 직계비속은 그 법정상속분의 2분의 1(§1112Ⅱ). (2) 피상속인의 배우자는 그 법정상속분의 2분의 1(§112Ⅱ). (3) 피상속인의 직계존속은 그 법정상속분의 3분의 1(§112Ⅲ). (4) 피상속인의 형제자매는 그 법정상속분의 3분의 1(§1112Ⅳ). 그리고 유류분은 태아에 대해서도 인정된다. 대습상속인도 피대습자의 상속분의 범위 내에서 유류분을 가진다(§1118에 의한 §1001, §1010의 준용). 이상과 같은 모든 경우에 유류분권을 행사할 수 있는 자는 재산상속의 순위상 상속권이 있는 자이어야 한다. 즉 예컨대 제1순위 상속인인 직계비속이 있는 경우에는 제2순위 상속인인 직계존속에 대해서 유류분권이 인정되지 않는다.

유류분 산정방법
(遺留分 算定方法)

유류분의 산정방법은 다음과 같다. (1) 유류분은 피상속인의 상속개시시에 있어서 가진 재산의 가액에 증여재산의 가액을 가산하고 채무의 전액을 공제하여 이를 산정한다(민§1113①). (2) 조건부의 권리 또는 존속기간이 불확정한 권리는 가정법원이 선임한 감정인의 평가에 의하여 그 가격을 정한다(§113②). (3) 증여는 상속개시 전의 1년간에 행한 것에 한하여 그 가액을 산정한다(§1114전단). 그러나 당사자 쌍방이 유류분 권리자에 손해를 가할 것을 알고 증여를 한 때에는 1년 전에 한 것도 함께 산정한다(§1114후단). (4) 공동상속인 중에 피상속인으로부터 특수수익분을 받은 것이 있으면 그것은 비록 상속개시 1년 전의 것이라고 하더라도 모두 산입하게 된다.

민 사 특 별 법

섭외사법(涉外私法)

대한민국에 있어서의 외국인 및 외국에 있어서의 대한민국 국민의 섭외생활관계에 관하여 준거법을 정한 법률이었다. 본법이 채택하고 있는 국제사법상의 특색은 (1) 법률관계에 관하여 그 성질에 따라서 적용할 법률을 정한 것, 즉 법률관계성질설을 채택하였으며, (2) 원칙적으로 이른바 완전쌍방적 저촉규정의 형식을 가지고 있으며, (3) 속인법으로서 본국법주의를 채택하였으며, (4) 국제민법과 국제상법을 통일적으로 규정하였다는 것 등이다. 전문 3장 47조 부칙으로 된 우리나라의 국제사법에 관한 단행법전이었다. 지금은 국제사법으로 변경되었다.

가족관계의 등록 등에 관한 법률
(家族關係의 登錄 등에 관한 法律)

국민의 출생·혼인·사망 등 가족관계의 발생 및 변동사항에 관한 등록과 그 증명에 관한 사항을 규정함을 목적으로 2007. 5. 17. 제정된 법률이다. 2005. 3. 31. 개정 민법은 호주제도를 폐지하였고, 이에 따라 호적법을 폐지하고 그 대체입법으로 가족관계의 등록 등에 관한 법률이 제정된 것이다. 본법은 124개조와 부칙으로 구성되어 있으며, 제1장 총칙, 제2장 가족관계등록부의 작성과 등록사무의 처리, 제3장 등록부의 기록, 제4장 신고(통칙, 출생, 인지, 입양, 파양, 친양자의 입양 및 파양, 혼인, 이혼, 친권 및 후견, 사망과 실종, 국적의 취득과 상실, 개명 및 성·본 변경, 가족관계등록 창설), 제5장 등록부의 정정, 제6장 불복절차, 제7장 신고서류의 송부와 법원의 감독, 제8장 벌칙 등에 관한 규정이 있다.

주민등록법(住民登錄法)

주민의 등록에 관한 사항을 정한 법률이다. 과거의 기류법(寄留法)에 대신한 법률이다. 이 법에서 주민이란 30일 이상 거주할 목적으로 그 관할 구역안에 주소 또는 거소를 갖는 자이다(주민등록법§6①). 주민등록사무소의 관할청은 시장(서울특별시장, 광역시장제외)·군수 또는 자치구청장이다(주민등록법§2①). 주민등록사항의 기재를 위하여 주민등록표를 개인별 및 세대별로 작성비치하고 세대별 주민등록표색인부를 비치, 기록한다(주민등록법§7①). 주민의 등록 또는 그 등록사항의 정정이나 말소는 주민의 신고에 의한다(주민등록법§8본문). 신고는 신고사유가 발생한 날로부터 14일 이내에 하여야 하며(주민등록법§11) 등록 의무자는 원칙적으로 세대주이다(주민등록법§11).

국가에 귀속하는 상속재산이전에 관한 법률
(國家에 歸屬하는 相續財産移轉에 관한 法律)

민법 제1058조 제1항의 규정에 의하여 국가에 귀속하는 상속재산의 관리인은 피상속인의 주소지를 관할하는 세무서장에게 지체없이 그 상속재산의 관리를 이전할 것을 목적으로 제정한 법률이다. 이 경우에 피상속인의 주소가 외국인 때에는 영사 또는 영사의 직무를 행하는 者에게 지체없이 그 상속재산의 관리를 이전할 것을 규정하고 있다.

주택임대차보호법
(住宅賃貸借保護法)

주택임대차보호법이라 함은 주택의 임대차에 관한 민법에 대한 특례를 규정함으로써 임대인을 보호하고 국민의 주거생활의 안정을 보장함을 목적으로 하여 제정된 법률이다. 민법에서 말하는 「전세」는 주택을 매매하거나 저당잡힐 때처럼 등기부에 「등기」한 경우만 가리키는 것이다. 따라서 보통 행하는 전세는 거의 대부분 등기가 되어 있지 아니하기 때문에 엄밀한 의미에서 「전세」가 아니다. 등기를 하지 않고 보통 보증금을 내거나 월세로 들어가 있는 경우는 법률상 「임대차」라고 부른다. 즉, 등기를 한 경우는 민법의 보호를 받게 되고, 등기하지 않는 경우에는 주택임대차보호법의 보호를 받게 되는 것이다.

가등기담보 등에 관한 법률
(假登記擔保 등에 관한 法律)

차용한 금전의 반환에 관하여 차주가 차용한 금전에 갈음하여 다른 재산권(예컨대 집이나 땅의 소유권)을 이전할 것을 예약한 경우에 그 재산의 가액에서 차용액(이자를 포함한다)을 공제한 나머지 금전(청산금)을 임주(채권자)가 반드시 차주(채무자)에게 돌려주게 함으로써 임주(고리대금업자)의 횡포를 막고 차주(일반서민)을 보호할 목적으로 제정된 법률이다. 이 법률은 18개 조문과 부칙으로 구성되어 있다.

부동산등기법(不動産登記法)

부동산등기에 관한 사항을 규정함을 목적으로 하여 제정된 법률이다. 이 법률상의 부동산등기라 함은 토지·건물에 대한 등기를 말한다. 물적편성주의로서 일필일용지주의를 취하고 있다.

이자제한법(利子制限法)

1962. 1. 15.법률 제971호로 제정되었던 이자제한법은1998. 1. 13.자금의 수급상황에 따라 금리가 자유로이 정해질 수 있도록 하여 자원배분의 효율성을 도모하고자 폐지되었다가2007. 3. 29.법률 제8322호로 다시 제정되었다. 이자제한법은 이자의 적정한 한도를 정함으로써 국민경제생활의 안정과 경제정의의 실현을 목적으로 한다(§1).금전대차에 관한 계약상의 최고이자율은 연 20퍼센트를 초과하지 아니하는 범위 안에서 대통령령으로 정한다(이자제한법§2①,이자제한법 제2조제1항의 최고이자율에 관한 규정)계약상의 이자로서 최고이자율을 초과하는 부분은 무효로 하고,채무자가 최고이자율을 초과하는 이자를 임의로 지급한 경우에는 초과지급된 이자 상당액은 원본에 충당되

고,원본이 소멸한 때에는 그 반환을 청구할 수 있다(이자제한법§2③·④).대차원금이10만원 미만인 대차의 이자에 관하여는 이자의 최고한도에 관한 제한을 받지 않는다(§2⑤).그리고 다른 법률에 따라 인가·허가·등록을 마친 금융업 및 대부업에는 이자제한법을 적용하지 아니한다(§7).

채무자 회생 및 파산에 관한 법률(債務者 回生 및 破産에 관한 法律)

종전의 회사정리법·화의법·파산법 및 개인채무자회생법을 통합하여 제정한 법률이다. 이 법은 채무자 회생 및 파산에 관한 사항이 파산법·회사정리법·화의법·개인채무자회생법에 분산되어 있어서 각 법률마다 적용대상이 다를 뿐만 아니라, 특히 회생절차의 경우 회사정리절차와 화의절차로 이원화되어 그 효율성이 떨어지므로 상시적인 기업의 회생·퇴출체계로는 미흡하다는 지적에 따라 이들을 하나의 법률로 통합한 이른바 '통합 도산법'이라 할 수 있다. 이 법은 재정적 어려움으로 인하여 파탄에 직면해 있는 채무자에 대하여 채권자·주주·지분권자 등 이해관계인의 법률관계를 조정하여 채무자 또는 그 사업의 효율적인 회생을 도모하거나 회생이 어려운 채무자의 재산을 공정하게 환가·배당하는 것을 목적으로 한다. 또 파산선고로 인한 사회적·경제적 불이익을 받게 되는 사례를 줄이기 위해 정기적 수입이 있는 개인채무자에 대하여는 파산절차에 의하지 아니하고도 채무를 조정할 수 있는 개인회생제도를 두고 있다.

공탁법(供託法)

법령의 규정에 의하여 행하는 공탁의 절차를 정한 법이다(1958. 7. 29 법률 제492호). 공탁사무의 집행자와 공탁물 보관자의 지정에 관한 규정, 공탁절차의 대강과 공탁공무원의 처분에 대한 항고절차 등을 규정하고 있다. 상세한 공탁절차에 대하여는 따로 공탁규칙이 있다. 공탁이라 함은 유가증권 기타 물품의 공탁소에 임치하는 것으로서 공법·사법에 걸쳐서 많은데 대체로 (1) 채권소멸을 위한 공탁 즉, 채무자가 채권자의 협력 없이 채무를 면하는 수단으로(변제공탁), (2) 채권담보를 위한 공탁 즉, 상대방에 생길 손해의 배상을 담보하기 위한 수단으로(담보공탁), (3) 단순히 보관하는 의미로 하는 것(보관공탁)과 기타 특수한 목적으로 하는 것(특수공탁)등을 말한다.

실용신안법(實用新案法)

실용적인 고안을 보호·장려하고 그 이용을 도모함으로써 기술의 발전을 촉진하여 산업의 발전에 이바지함을 목적으로 하는 법률이다.

특허법(特許法)

발명을 보호·장려하고 그 이용을 도모함으로써 기술의 발전을 촉진하고 산업에 이바지하게 함을 목적으로 하는 법률이다.

발명진흥법(發明振興法)

발명을 장려하고 발명의 신속하고 효율적인 권리화와 사업화를 촉진함으로써 산업의 기술경쟁력을 제고하고 나아가 국민경제발전에 이바지함을 목적으로 한 법률이다.

민법

국적법(國籍法)

헌법 제2조 제1항에 기하여 대한민국의 국민이 되는 요건을 규정하는 법률이다.

저작권법(著作權法)

저작자의 권리와 이에 인접하는 권리를 보호하고 저작물의 공정한 이용을 도모함으로써 문화의 향상발전을 이바지함을 목적으로 하는 법률이다.

재외법(在外法)

외국에 있는 내국인에 관한 사항을 규정하는 법률이다. 외인법(外人法)에 대응하여 사용된다. 재외법에는 공법과 사법이 있다. 예컨대 내국인의 국외범에 관한 형법 제3조, 외국에서 하는 송달의 방법에 관한 민사소송법 제191조 등은 공법의 예이고, 외국에서의 혼인신고에 관한 민법 제814조, 외국에서의 입양신고에 관한 민법 제882조 등은 사법의 예이다. 재외법은 외인법과 함께 섭외적 색채를 띠고 있어 국제사법과 비슷하나, 사법적 사항뿐만 아니라 공법적 사항까지도 포함하고 있으며, 재외법이 실질법임에 반하여 국제사법은 사법적 사항만을 규정하고 또 내외제국인에 관한 간접법이라는 점에서 차이가 있다.

가사소송법(家事訴訟法)

가사소송에 관한 절차를 정한 법률이다. 혼인관계(가사소송법§22~§25), 친생자관계(가사소송법§26~§29), 입양관계(가사소송법§30~§31)에 관한 사건을 가사소송사건으로 규정하고, 친권, 후견인, 상속, 유언(가사소송법§34~§48) 등은 가사비송사건으로 규정하며, 그 외 조정전치주의를 채택하고 있다. 본법은 민사소송법에 대하여 특별법의 지위를 차지하며, 동시에 공익성이 강조되므로 처분권주의를 제한하고 직권탐지주의를 채택하는 등 민사소송법에 대하여 많은 예외규정을 두고 있다.

가사소송(家事訴訟)

넓은 의미의 가사소송은 가정법원의 전속관할에 속하는 소송으로, 가사사건을 그 성질에 따라 가사소송사건과 가사비송사건으로 나누고, 가사소송사건은 가류·나류 및 다류로, 가사비송사건은 라류 및 마류로 세분하여, 그 중 나류 및 다류 가사소송사건과 마류 가사소송사건을 조정의 대상으로 하였다. 가사소송사건은 판결로, 가사비송사건은 심판으로 재판한다. 1990년 민법의 일부개정으로 사후양자선정의 허가를 가사심판사항에서 삭제하고, 이혼 등의 경우에는 미성년자인 자의 친권을 행사할 자의 지정, 기여분의 결정, 특별연고자에 대한 상속재산의 분여 등을 가정법원의 관장사항으로 규정하여 그 재판절차를 정하고 있다. 또 친생자관계존부확인 등을 위한 혈액형 검사 등의 수검명령, 금전의 정기적 지급 또는 유아의 인도명령을 위반한자에 대하여는 일정한 경우에 30일의 범위내에서 감치에 처할 수 있도록 하였다.

가사조정(家事調停)

가정 또는 친족 사이의 분쟁에 관하여 가사소송법이 정하는 바에 따라 가정법원이 행하는 조정을 말한다. 가사소송법상 나류 및 다류 가사소송사건과 마류 가사비송사건에 대하여 가정법원에 소를 제기하거나 심판을 청구하고자 하는 자는 먼저 조정을 신청하여야 하는 바, 이를 조정전치주의라 한다. 이 사건에 관하여 조정을 신청하지 아니하고 소를 제기하거나 심판을 청구한때에는 가정법원은 그 사건을 조정에 회부하여야 한다. 그러나 공시송달에 의하지 아니하고는 당사자의 일방 또는 쌍방을 소환할 수 없거나, 그 사건이 조정에 회부되더라도 조정이 성립될 수 없다고 인정할 때에는 그러하지 아니하다(가사소송법 50조). 가사조정에 관하여는 가사소송법에 특별한 규정이 있는 경우를 제외하고는 민사조정법의 규정을 준용한다. 다만, 민사조정법 제18조(대표당사자) 및 제23조(진술의 원용제한)의 규정은 이를 준용하지 아니한다. 가사조정사건은 그에 상응하는 가사소송사건이나 가사비송사건을 관할하는 가정법원 또는 당사자가 합의로 정한 가정법원의 관할로 하며, 또 가사소송법 제13조 제3항 내지 제5항의 규정은 가사조정사건에 준용한다(가사소송법 51조). 가사조정사건은 조정장 1인과 2인 이상의 조정위원으로 구성된 조정위원회가 처리하며, 조정담당판사는 상당한 이유가 있을 때에는 당사자가 반대의 의사를 명백하게 표시하지 아니하는 한 단독으로 조정할 수 있다(가사소송법 52조). 조정위원회 조정 시 당사자의 이익 외의 조정으로 인하여 영향 받게 되는 모든 이해관계인의 이익을 고려하고 분쟁의 평화적·종국적 해결을 이룩할 수 있는 방안을 마련하여 당사자를 설득하여야 하며, 또 자의 친권을 행사할 자의 지정과 변경·양육방법의 결정 등 미성년자인 자의 이해와 직접 관련되는 사항을 조정함에 있어서는 미성년자인 자의 복지가 우선적으로 고려되어야 한다(가사소송법 58조). 조정은 당사자 사이에 합의된 사항을 조서에 기재함으로써 성립하는데, 조정 또는 확정된 조정에 갈음하는 결정은 재판상 화해와 동일한 효력이 있다. 그러나 당사자가 임의로 처분할 수 없는 사항에 대하여는 그러하지 아니하다(가사소송법 59조). 조정신청 된 민사사건의 청구에 관하여 조정신청인이 제소신청을 함(가사소송법 57조2항)에 있어서는 민사조정법 제36조의 규정에 준용하며, 이 경우 가정법원은 결정으로 당해 민사사건을 관할법원에 이송하여야 한다(가사소송법 60조). 조정의 목적인 가사사건의 청구에 관하여 민사조정법

제36조의 규정에 따라 제소신청 또는 심판에의 이행청구가 있거나, 가사소송법 제50조 제2항의 규정에 의하여 조정에 회부된 사건을 다시 가정법원에 회부할 때에는 조정장 또는 조정담당판사는 의견을 첨부하여 기록을 관할 가정법원에 송부하여야 한다(가사소송법 61조).

가사비송사건(家事非訟事件)

가사비송사건에는 가사소송법상 라류·마류 사건이 있는데, 가사비송절차에 관하여는 이 법에 특별한 규정이 있는 경우를 제외하고는 비송사건절차법 제1편의 규정을 준용한다. 다만, 비송사건절차법 제15조의 규정은 이를 준용하지 아니한다(가사소송법 34조). 가사소송법과 대법원규칙으로 관할법원을 정하지 아니한 가사비송사건은 대법원 소재지의 가정법원의 관할로 하며, 가사소송법 제13조 제2항 내지 제5항의 규정(가사소송관할)은 가사비송사건에 준용한다(가사소송법 35조). 가사비송사건의 청구는 가정법원에 심판청구를 함으로써 하며, 심판의 청구는 서면 또는 구술로 할 수 있는데, 심판청구서에는 (1) 당사자의 본적·주소·성명·생년월일, 대리인이 청구할 때에는 대리인의 주소와 성명, (2) 청구의 취지와 원인, (3) 청구의 연월일, (4) 가정법원의 표시등을 기재하고 청구인 또는 대리인이 기명날인 하여야 한다. 구술로 심판청구를 할 때에는 가정법원의 법원서기관·법원사무관·법원주사 또는 법원주사보 앞에서 진술하여야 한다. 이 경우에 법원사무관등은 위 각호의 사항을 기재한 조서를 작성하고 이에 기명날인 하여야 한다(가사소송법 36조).

가정법원(家庭法院)

가정에 관한 사건과 소년에 관한 사건의 처리를 목적으로 설립된 법원을 말한다. 가정법원은 각 부의 장 및 판사 그리고 조정위원회로 구성된다. 조정위원회는 조정장 1인과 조정위원 2인 이상으로 조직되며, 조정장 또는 조정담당판사는 가정법원장·지원장이 그 법원의 판사중에서 지정한다(가사소송법 52조 1항). 조정위원은 학식과 덕망이 있는 자로서 매년 미리 가정법원장 또는 가정법원지원장이 위촉한 자 또는 당사자의 합의에 의하여 선정된 자 중에서 각 사건마다 조정장이 지정한다(가사소송법 53조 2항). 가정법원의 관장사항을 가사소송사건과 가사비송사건으로 대별하고, 성질에 따라 가사소송사건을 가류(7개항목), 나류(12개항목), 다류(3개항목)사건으로 나누고, 가사비송사건을 라류(44개 항목), 마류(10개 항목)사건으로 나누었다. 가사소송사건 중 나·다류사건과 가사비송사건중 마류에 대하여는 조정전치주의에 의하여 조정을 거쳐 재판을 한다(가사소송법 50조).

소액사건심판법(少額事件審判法)

지방법원 및 지방법원지원에서 소액의 민사사건을 간이한 절차에 따라 신속히 처리하기 위하여 민사소송법에 대한 특례를 규정한 법률이다. 소송물의 가액이 3,000만원을 초과하지 아니하는 민사사건에 대하여 적용한다(소액사건심판법§2, 동규칙§1의2). 상고 및 재항고의 제한(소액사건심판법§3), 구술에 의한 소의 제기(소액사건심판법§4) 등에 관하여 규정하고 있으며 기타 소송대리(소액사건심판법§8)·심리절차(소액사건심판법§9)·증거조사(소액사건심판법§10) 등에 관하여는 특별규정을 두고 있다.

신탁법(信託法)

신탁에 관한 일반적인 사법적 법률관계를 규율함을 목적으로 제정된 법률이다. 법제일반에 걸쳐서 대륙법의 영향을 받은 우리나라는 처음에는 신탁에 관한 일반적인 규정이 없었으나, 일제시대 조선 민사령이 구신탁법(1911년)을 의용함으로써 신탁에 관한 일반적 규정을 보게 되었다. 이 법은 신탁의 설정·공시·영업, 신탁관계인, 신탁재산, 수탁자의 권리·의무, 수익자의 권리·의무, 신탁의 종료, 신탁의 감독 등을 규정하고 있다.

실화책임에 관한 법률
(失火責任에 관한 法律)

개정 전 실화책임에 관한 법률이라 함은, 실화자에게 중대한 과실이 있는 경우에 한하여 불법행위로 인한 손해배상책임을 지우게 할 목적으로 제정한 법률이었다. 이 법률에 의하면 경과실로 인한 경우에는 실화자에게 손해배상책임이 없고, 중대한 과실이 있는 경우에 한하여 불법행위로 인한 손해배상책임(민§750)을 지도록 되어 있었다. 그러나 실화(失火)의 경우 중대한 과실이 있을 때에만 「민법」 제750조에 따른 손해배상책임을 지도록 한 규정에 대하여 헌법재판소가 헌법불합치 및 적용중지 결정을 하였다(헌재 2007. 8. 30. 2004헌가25). 이에 따라 2009. 5. 8. 이러한 취지를 반영하여 경과실의 경우에도 「민법」 제750조에 따른 손해배상책임을 지도록 하는 한편, 「민법」 제765조와 달리 생계곤란의 요건이 없어도 실화가 경과실로 인한 경우 실화자, 공동불법행위자 등 배상의무자에게 손해배상액의 경감을 청구할 수 있도록 하고, 법원은 구체적인 사정을 고려하여 손해배상액을 경감할 수 있도록 하여, 실화로 인한 배상의무자에게 전부책임을 지우기 어려운 사정이 있는 경우에 가혹한 손해배상으로부터 배상의무자를 구제하려는 것으로 개정하였다.

신원보증법(身元保證法)

신원보증관계를 적절히 규율하는 것을 목적으로 하여 제정된 법률이다. 이 법률에서 신원보증계약이라 함은, 피용자가 업무를 수행하는 과정에서 그의 책임있는 사유로 사용자에게 손해를 입힌 경우에 그 손해를 배상할 채무를 부담할 것을 약정하는 계약을 말한다(신원보증법 §2).

자동차손해배상보장법
(自動車損害賠償保障法)

자동차손해배상보장법이라 함은, 자동차로 인한 인사사고에 관하여 자동차의 보유자에게 무과실책임과 동일한 손해배상책임을 인정하는 동시에 정부가 재보험하는 강제보험제도에 의하여 피해자에게 정액의 보험금급여를 보장(손해의 사회보장화)한 법률이다. 피해자는 자기를 위하여 자동차를 운행하는 자가 그 운행으로 인해 다른 사람이 사망 또는 부상한 경우, 피해자는 보험가입자 등에게 이에 대한 손해배상책임을 물어 보험금 등을 자기에게 직접지급할 것을 청구할 수 있다. 또 자동차의 보유자에 대해서 손해배상을 청구할 수 있다. 자동차 보유자가 피해자에게 손해배상금을 지급한 경우에는 보험사업자에게 보험금의 한도 금액 안에서 그가 피해자에게 지급한 금액을 청구할 수 있다. 또한 무과실의 입증책임은 가해자에게 지우고 있는 점에서, 입증책임의 전환이 행하여져 있고, 그만큼 가해자의 면책사유가 감소되어 결과적으로는 무과실배상책임에 가까운 것으로 되어 있다.

모자보건법(母子保健法)

모성 및 영유아의 생명과 건강을 보호하고 건전한 자녀의 출산과 양육을 도모함으로써 국민의 보건향상에 기여하게 함을 목적으로 제정된 법률이다. 인공임신중절수술의 허용한계를 규정하여(모자보건법§14) 종래 학설로 주장되어 오던 낙태죄의 위법성 조각사유를 명문화하였다.

건축법(建築法)

건축물의 대지, 구조, 설비의 기준 및 용도 등을 정하여 건축물의 안전, 기능 및 미관을 향상시킴으로써 공공복리의 증진에 이바지함을 목적으로 하는 법률이다.

공장 및 광업재단 저당법
(工場 및 鑛業財團 抵當法)

이 법은 공장재단 또는 광업재단의 구성, 각 재단에 대한 저당권의 설정 및 등기 등의 법률관계를 적절히 규율함으로써 공장 소유자 또는 광업권자가 자금을 확보할 수 있게 하여 기업의 유지와 건전한 발전 및 지하자원의 개발과 산업의 발달을 도모함을 목적으로 한다. 종래 공장저당법과 광업재단저당법으로 규율하고 있었으나 기업의 재산일체를 하나의 담보물로 허용하는 공통의 목적을 가지고 있는 두 법을 하나의 법률로 통합하여 기업담보에 관한 기본법의 기틀을 마련하기 위하여 2009. 3. 25. 전면개정하였다.

중소기업협동조합법
(中小企業協同組合法)

중소기업자가 상호부조의 정신에 의거한 협동사업을 행함에 필요한 조직을 규율함으로서 그들의 경제적인 기회균등과 자주적인 경제활동을 조장하여 그 경제적 지위의 향상과 국민경제의 균형 있는 발전을 도모함을 목적으로 제정된 법률을 말한다. 이 법에서의 중소기업협동조합이란 중소기업자가 그들의 경제적인 기회균등과 자주적인 경제활동을 조장하여 그들의 경제적 지위의 향상을 도모하기 위하여 중소기업협동조합법에 의하여 설비하는 조합이다. 협동조합·사업협동조합·협동조합연합회·협동조합중앙회의 4종이 있다.

의료법(醫療法)

국민의료에 관하여 필요한 사항을 규정함으로써 의료의 적정을 기하여 국민의 건강을 보호증진함으로 목적으로 하는 법률이다.

보증인보호를 위한 특별법

이 법은 보증에 관하여 「민법」에 대한 특례를 규정함으로써 아무런 대가 없이 호의(호의)로 이루어지는 보증으로 인한 보증인의 경제적·정신적 피해를 방지하고, 금전채무에 대한 합리적인 보증계약 관행을 확립함으로써 신용사회 정착에 이바지함을 목적으로 하여 2008. 3. 21. 법률 제8918호로 제정되었다. 우리나라 특유의 인정주의에 따라 특별한 대가를 받지 아니하고 경제적 부담에 대한 합리적 고려 없이 호의로 이루어지는 보증이 만연하고 채무자의 파산이 연쇄적으로 보증인에게 이어져 경제적·정신적 피해와 함께 가정파탄 등에 이르는 등 보증의 폐해가 심각하므로 보증채무의 범위를 특정하고, 보증인에게 정신적 고통을 주는 불법적 채권추심행위를 금지하며, 금융기관과 보증계약을 체결할 때에는 채무자의 신용에 대한 정보를 보증인이 제공받도록 함으로써 합리적인 금전거래를 확립하려는 것이다.

부 동 산 등 기 법

총 칙

사실의 등기·권리의 등기 (事實의 登記·權利의 登記)

사실의 등기는 부동산의 상황을 명백히 하는 등기로서 등기용지 가운데 표제부에 하는 등기가 이에 속한다. 즉 부동산의 위치·사용목적(건물의 경우에는 구조)·면적을 표시하여 그 등기용지가 어느 부동산에 관한 것인지를 밝혀주는 등기이다. 표제부등기라고도 한다. 한편 권리의 등기는 등기용지 가운데 갑구란과 을구란에 하는 부동산의 권리관계에 관한 등기이다. 양자의 구별실익은 (1) 등기의 실체법상의 효력인 효력발생요건이 권리의 등기에 대하여서만 인정되고, (2) 등기절차가 다르며, (3) 등기관의 심사권한에 차이가 있다는 점에 있다.

창설적 등기(創設的 登記)

등기가 행하여짐으로써 새로이 부동산물권의 변동이 생기는 것으로 형식적 등기라고도 한다. 등기가 행하여지는 효력의 성질에 따른 분류로서 정정적 등기에 대한 것이다. 기입등기와 변경등기는 언제나 창설적 등기이며 말소등기는 창설적 등기일 수도 있고 정정적 등기일 수도 있다.

정정적 등기(訂正的 登記)

현재의 등기가 실질적 권리관계와 합치하지 않는 경우에 이를 합치시키기 위하여 행하는 등기이다. 창설적 등기에 대한 것이다 경정등기와 회복등기 그리고 멸실등기는 정정적 등기이며, 말소등기는 정정적 등기일 수도 창설적 등기일 수도 있다.

기입등기(記入登記)

새로운 등기원인(예 : 매매에 의한 소유권이전·토지나 건물의 저당권설정)이 발생한 경우에 그 등기원인에 입각하여 새로운 사항을 등기부에 기재하는 등기이다. 일반적으로 등기라 하면 이것을 가리킨다. 소유권보존등기·소유권이전등기·저당권설정등기 등이다. 이미 기재를 필하고 있는 등기의 말소·변경·회복의 경우와 구별하는 뜻에서 기입등기라고 부른다.

본등기(本登記)

→ 종국등기

종국등기(終局登記)

등기의 본래의 효력인 물권적 효력을 발생시키는 등기이다. 따라서 완전한 등기효력을 가지지 못하는 예비등기와 구별된다. 가등기에 대응하는 뜻으로 가등기에 의하여 순위가 보전된 등기를 본등기라고도 한다(부등§6②). 종국등기는 그 기재내용에 따라 기입등기·변경등기·말소등기·회복등기로 분류되며 그 형식에 의하여 주등기와 부기등기로 구별된다.

예비등기(豫備登記)

장래 행하게 될 종국등기에 대비하여 그 권리보전을 하기 위한 등기이다. 예비등기만으로는 대항력을 발생하지 못하는 점에서 본등기와 다르다. 예고등기와 가등기 등 종류가 있다.

가등기(假登記)
독;Vormerkung

종국등기를 할 수 있을 만한 실체법적 또는 절차법적 요건을 구비하지 못한 경우에 본등기를 위하여 미리 그 순위를 보존하게 되는 효력을 가지는 등기이다(부등§3). 예비등기의 일종이다. 가등기의 효력은 (1) 그 자체로는 완전한 등기로서의 효력이 없으나 후에 요건을 갖추어 본등기를 하게 되면 그 본등기의 순위는 가등기의 순위로 되므로, 결국 가등기를 한 때를 기준으로 하여 그 본등기의 순위가 확정된다는 본등기순위보전의 효력(부등§6②)과, (2) 본등기 이전에 가등기가 불법하게 말소된 경우에 가등기 명의인은 그 회복을 청구할 수 있는 가등기 자체의 효력(청구권보존의 효력)이 있다.

가등기가처분(假登記假處分)

가등기를 함에는 당사자간의 협력이 필요한바, 상대방이 가등기신청에 동의하지 않는 경우 법원에 대하여 가등기를 필해야 한다는 취지의 가처분명령을 신청하고, 이 명령에 의거하여 일방적으로 행하는 가등기를 가등기 가처분이라고 한다(부등§37, §38). 가등기하려는 자는 그 부동산의 주소지를 관할하는 지방법원에 이를 신청하고, 매매계약자나 농지매매계약서 등 상대방이 당연히 가등기에 응할 의무가 있다는 것을 소명한 서면 등을 제출하면 보증금의 공탁 등이 필요 없이 가등기를 해야 한다는 가처분명령정본을 교부하여 준다. 그것을 등기소에 제출하면 권리증이나 상대방의 날인 없이도 가등기를 할 수가 있다.

예고등기(豫告登記)

등기원인의 무효나 취소로 인한 등기의 말소나 회복의 소송이 제기된 경우(패소한 원고가 재심의 소를 제기한 경우를 포함)에 이를 제3자에게 경고하기 위하여 수소법원이 직권으로 등기소에 촉탁하여 행하여지는 등기이다. 예고등기는 소의 제기가 있었다는 사실을 공시함으로써 제3자에게 경고를 준다는 사실상의 효과를 가질 뿐 물권변동의 효력발생과는 관계없는 특수한 등기이다. 본래 등기의 공신력이 인정되지 아니하는 법제에서 거래의 안전을 보호하기 위하여 인정되는 제도이나, 예고등기로 인하여 등기명의인이

거래상 받는 불이익이 크고 집행방해의 목적으로 소를 제기하여 예고등기가 행하여지는 사례가 있는 등 그 폐해가 크므로 2011.4.12 개정에서 폐지되었다.

등기소와 등기관

등기기관(登記機關)

등기기관으로서는 등기소가 있고 등기소에는 등기관이 있다.

등기소(登記所)

등기사무를 담당하는 국가기관을 말한다. 등기소라는 명칭을 가진 기관만이 등기소는 아니다. 즉 등기사무를 담당하는 국가기관은 법원이며(법조§2③, §36), 법원가운데 지방법원과 동 지원이 등기사무에 관하여는 등기소인 것이다. 한편 지방법원은 관할지역내에 그의 등기사무의 일부를 처리하기 위하여 법원 외에 따로 등기소라는 명칭을 가진 관서를 둘 수 있다(법원조직법§3③). 이 등기소의 설치·폐지 및 관할구역은 대법원규칙으로 정하도록 하고 있다(법원조직법§3③). 각 등기소는 원칙적으로 자기 관할지역내에 소재하는 부동산을 목적으로 하는 권리에 관하여서만 등기사무를 행할 권한을 가진다(부등§7①). 각 등기소의 관할구역은 대체로 행정구역인 시·읍·군을 기준으로 하여 정하여 있다.

등기관(登記官)

등기관이란 지방법원과 동 지원 및 등기소에 근무하는 법원서기관·등기사무관·등기주사 또는 등기주사보(법원사무관·법원주사 또는 법원주사보 중 2001년 12월 31일 이전에 시행한 채용시험에 합격하여 임용된 사람을 포함한다) 중에서 지방법원장(등기소의 사무를 지원장이 관할하는 경우에는 지원장을 말한다)이 지정한 자로서 등기사무를 처리하는 공무원이다. 등기사무는 그 성질상 공평·엄정하게 처리하여야 하므로 일정한 등기사무소에 관하여는 등기관의 제척에 관한 규정을 두고 있다(부동산등기법§12). 등기관의 고의·과실로 사인에게 손해를 준 경우에 관한 손해배상규정은 없다. 따라서 국가배상법에 따라 국가가 배상책임을 지게되고, 국가는 그 등기관에 대하여 구상권을 가진다(국배§2).

> 등기공무원은 등기신청이 있는 경우 당해 등기원인의 실질적 요건을 심사함이 없이 신청서 및 그 첨부서류와 등기부에 의하여 등기요건의 충족 여부를 형식적으로 심사할 권한만을 가지고 있어서 신청인이 그 확정판결에 기하여 소유권이전등기를 신청하고 있는 경우에는 등기관이 부동산실권리자명의등기에 관한법률 제8조 제2호의 특례에 해당하는지 여부에 관하여 다시 심사를 하여 명의신탁약정 및 그 명의신탁등기의 유·무효를 가리는 것은 등기관의 형식적 심사권의 범위를 넘어서는 것이어서 허용될 수 없다*(대법원 2002. 10. 28. 자 2001마1235)*.

등기장부

등기부(登記簿)

부동산에 관한 권리관계와 권리객체인 부동산의 상황을 기재하는 공적 장부이다. 구체적으로는 개개의 부동산에 관한 일정양식의 등기용지를 편철한 장부이다. 이것은 등기소에 비치되고 있는데 토지등기부와 건물등기부의 두 가지가 있다(부등§14①). 등기부와 그 부속서류는 사변(事變)을 피하기 위한 경우를 제외하고는 등기소 밖으로의 이동은 금지되고 있으며 영구 보존하도록 되어 있다. 그러나 신청서 기타 부속서류에 대하여 법원의 명령 또는 촉탁이 있는 때에는 그러하지 아니하다. 원래 등기부는 토지·건물에 대한 권리관계를 일반인에게 공시하기 위한 것이기 때문에 누구나 신청하면 등기부 또는 부속서류를 열람할 수 있으며 수수료를 납부하고 등기부의 등본이나 사본의 교부를 청구할 수 있으며 등기부의 부속서류 중 이해관계 있는 부분에 한하여 열람을 청구할 수 있다(부등§19).

물적편성주의(物的編成主義)

독;System des Realfoliums

등기의 대상인 부동산을 표준으로 하여 등기를 편성하는 주의이다. 즉 등기부를 편성하는 방식으로써 목적부동산인 각각의 토지·건물의 권리관계를 1등기용지에 사용하여 등기부를 편성하는 방식이다. 이에 대하여 부동산의 소유자인 권리자를 기준으로 하여 1인에

1등기용지를 사용하여 편성하는 방식을 인적편성주의라고 한다. 물적편성주의는 공시방법이 간명하다는 장점이 있지만 특정인이 가지고 있는 부동산의 권리의 총괄조사에는 인적편성주의가 유리하다. 인적편성주의는 프랑스에서 물적편성주의는 독일 등에서 행하여지고 있다. 우리나라의 부동산등기법은 물적편성주의를 취하여 1필의 토지 또는 1동의 건물에 대하여 1등기용지를 사용하도록 하였다(부등§15).

인적편성주의(人的偏性主義)

독;System des Personalfoliums

→ 물적편성주의

등기용지(登記用紙)

등기용지란 하나의 부동산에 대하여 등기내용을 기재하는 용지를 말한다. 2011년 4월 12일 부동산등기법 전부개정 전에 사용되었던 표현이다. 현재에는 등기부 전산화 작업이 완료되어 모든 등기사무가 전산정보처리조직으로 처리되므로 이를 등기사무처리방식의 원칙으로 규정하고 있으며, 종이등기부를 전제로 한 규정 또는 용어(등기용지, 기재, 날인 등)는 전산등기부와 부합하지 아니하므로 모두 삭제되었다.

등기번호란(登記番號欄)

등기번호란은 등기가 처음으로 기재되는 차례로서 각 토지나 건물대지의 지번을 기재하는 란이다.

표제부(表題部)

표제부는 토지·건물의 표시에 관한 사항이며, 다시 표시란과 표시번호란으로 나누어진다. 표시란에는 부동산의 상황 즉 토지의 소유권·지번·지목·평수 등이나 건물의 소유지·종류·구조·건평 등 및 그 변경사항을 기재하여 목적 부동산의 동일성을 표시하며 표시번호란에는 표시란에 등기한 순서를 기재한다.

갑구(甲區)

갑구는 소유자가 누구인가라는 관계사항을 기재하며, 다시 사항란과 순위번호란으로 나누어진다. 사항란에는 소유권에 관한 사항을 기재하고 순위번호란에는 각 사항란의 기재의 순위를 표시하는 번호를 적는다.

을구(乙區)

을구는 저당권이라든가 임차권 등 소유권 이외의 권리관계를 각각 기재하며, 다시 사항란과 순위번호란으로 나누어진다. 사항란에는 소유권이외의 권리에 관한 사항을 기재하고 순위번호란에는 그 기재의 순서를 적는다.

일필일등기기록주의(一筆一登記記錄主義)

등기부기재에 있어서 1필의 토지마다 1개의 등기기록을 써서 그 토지에 관한 법률관계를 그 용지에 기재하는 주의이다. 등기를 정확·명료하게 하기 위한 것이다.

등기절차

등기신청권(登記申請權)

등기관에 대하여 등기를 신청 할 수 있는 권리이다. 등기권리자와 등기의무자는 모두 등기신청권이 있다. 그러나 등기권리자가 단독으로 등기신청을 할 수 있다는 점에서 등기청구권과 구별된다. 또한 등기관이라는 국가기관에 대한 일종의 공법상의 권리인 점에서도 사법상의 권리인 등기청구권과 다르다.

등기청구권(登記請求權)

등기권리자가 등기의무자에 대하여 등기의 신청에 노력할 것을 청구하는 권리이다. 등기는 당사자의 공동신청으로 하는 것이 원칙이므로 등기청구권이 없으면 등기제도는 실효를 거둘 수 없게 된다. 등기신청권은 등기관이라는 국가기관에 대하여 등기를 신청하는 공법상의 권리이지만 등기청구권은 사인에 대한 사법상의 권리이다. 등기청구권은 원인행위인 채권행위로부터 발생하므로 채권적 청구권이라는 견해와 물권적 합의에 근거가 있으므로 물권적 청구권이라는 설이 대립한다. 등기청구권은 계약에 입각한 권리변동에 한하지 않으며 진실과 합치되지 않는 등기가 존재하는 모든 경우에 발생하는 것이라고 하여도 좋다. 다만 중간생략등기의 경우는 중간자의 승낙을 얻어야 한다. 또한 임차인의 지위를 강화하기 위하여 부동산임차인은 반대의 약정이 없으면 임대인에 대하여 임대차등기절차에 협력할 것을 청구할 수 있다(민§621①).

등기원인(登記原因)

등기를 행할 원인이 되는 사실이다. 창설적 등기의 경우에는 매매나 증여와 같은 계약·소유권의 시효취득 등이 있다. 정정적 등기(訂正的 登記)의 경우에는 등기의 오기·계약의 무효·상속·토지의 멸실 등이 있다. 등기신청 시에는 등기신청서와 더불어 등기원인을 증명하는 정보, 등기원인인에 대하여 제3자의 허가, 동의 또는 승낙이 필요한 경우에는 이를 증명하는 정보, 등기상 이해관계 있는 제3자의 승낙이 필요한 경우에는 이를 증명하는 정보 또는 이에 대항할 수 있는 재판이 있음을 증명하는 정보, 신청인이 법인인 경우에는 그 대표자의 자격을 증명하는 정보, 대리인에 의하여 등기를 신청하는 경우에는 그 권한을 증명하는 정보 등을 등기소에 제공하여야 한다.

등기권리자·등기의무자(登記權利者·登記義務者)

등기절차상 등기를 함으로써 등기부상 종래보다 유리한 지위를 차지하게 되는 자를 등기권리자라고 한다. 예컨대 등기부상 새로운 소유자로 기재되는 자이다. 반대로 등기부상 종래보다 불리한 지위를 차지하게 되는 자를 등기의무자라고 한다. 예컨대 지금까지는 소유자로 기재되어 있었지만 당해등기 이후에는 등기부상 과거의 소유자가 된 자이다. 등기는 법률에 다른 규정이 없는 경우에는 등기권리자(登記權利者)와 등기의무자(登記義務者)가 공동으로 신청한다. 다만 실체법상의 등기권리자나 등기의무자는 절차상의 형식적인 자격 이외에 실체법상의 사권인 등기청구권을 가진 자와 그에 대응하는 의무자이다 이러한 실체법적으로 의미하는 자와 절차법적으로 의미하는 자가 일치하는 때도 있지만 그렇지 않을 경우도 있다. 예를 들어 갑이 부동산을 을에게 매도한 경우 매수인은 매도에 대하여 이전등기를 하라는 등기청구권이 있지만 이 경우에 실체상 또는 절차상 매수인이 등기권리자이고 매도가 등기의무자이다. 그러나 매수인이 이전등기를 하려 하여도 매도가 응하여 주지 않을 경우 매도는 등기절차상으로는 등기의무자이지만 실체법상의 등기청구권의 관계에 있어서는 등기권리자가 된다.

등기의무자(登記義務者)

등기는 원칙적으로 등기권리자와 등기의무자의 공동신청에 기하여 행하여지는 바(부동산등기법 28조), 등기절차상의 등기의무자는 등기가 행하여짐으로써 실체적 권리관계에 있어 권리의 상실 또는 기타의 불이익을 받는 자라는 것이 등기부상 형식적으로 표시되는 자를 말한다. 이에 비해 실체법상의 사권인 등기청구권을 가진 자와 그에 대응하는 의무자가 각 실체법상의 등기권리자·등기의무자이다.

등기명의인(登記名義人)

토지와 가옥에 관한 권리관계를 표시하는 부동산등기부상에 그 물권의 권리자로서 기재되어 있는 자를 말한다. 그러나 부동산에 대해서는 공신의 원칙이 인정되고 있지 않으므로(공신의 원칙 참조), 부동산실명의인을 신뢰한 제3자가 손해 입을 우려가 있다.

주등기(主登記)

갑구·을구의 순위번호란에 독립된 번호를 붙여서 행해진 사항란의 등기이다. 형식에 따른 것으로 부기등기에 대한 것이며 독립등기라고도 한다. 번호는 기존등기의 표시번호나 순위번호에 이뤄지는 등기의 순서에 따라서 붙여진다. 등기는 원칙적으로 이 주등기의 형식으로 행하여진다.

부기등기(附記登記)

그 자체로서는 독립된 번호가 없고 기존의주등기의 번호를 그대로 사용하고, 다만 이 주등기번호의 아래에 부기○호라는 번호기재를 붙여서 행하여지는 등기이다(부등§5). 부기등기라는 형식이 인정되는 것은 어떤 등기가 다른 기존의 등기(주등기)의 순위를 그대로 보유케 할 필요가 있는 경우에 대비하기 위하여서이다(예 : 변경등기·경정등기·소유권 이외에 권리의 이전등기 등).

등기신청(登記申請)

등기는 당사자의 신청 또는 관공서의 촉탁에 따라 한다. 다만, 법률에 다른 규정이 있는 경우에는 그러하지 아니하다(부등§22). 등기신청은 등기권리자와 등기의무자가 공동으로 하는 것이 원칙이다(부등§23). 다만, 소유권보존등기(所有權保存登記) 또는 소유권보존등기의 말소등기(抹消登記)는 등기명의인으로 될 자 또는 등기명의인이 단독으로 신청한다. 그리고 상속, 법인의 합병, 그 밖에 대법원규칙으로 정하는 포괄승계에 따른 등기는 등기권리자가 단독으로 신청하며, 판결에 의한 등기도 승소한 등기권리자 또는 등기의무자가 단독으로 신청한다. 부동산표시의 변경이나 경정(更正)의 등기 역시 소유권의 등기명의인이 단독으로 신청한다. 또한 등기명의인표시의 변경이나 경정의 등기는 해당 권리의 등기명의인이 단독으로 신청한다. 등기신청은 대리인에 의해서도 가능하다(§24). 등기신청에 필요한 서면으로는 (1) 등기신청서, (2) 등기원인을 증명하는 정보, (3) 등기원인에 대하여 제3자의 허가, 동의 또는 승낙이 필요한 경우에는 이를 증명하는 정보, (4) 등기상 이해관계 있는 제3자의 승낙이 필요한 경우에는 이를 증명하는 정보 또는 이에 대항할 수 있는 재판이 있음을 증명하는 정보 (5) 신청인이 법인인 경우에는 그 대표자의 자격을 증명하는 정보 (6) 대리인에 의하여 등기를 신청하는 경우에는 그 권한을 증명하는 정보. (7) 등기권리자(새로 등기명의인이 되는 경우로 한정한다)의 주소(또는 사무소 소재지) 및 주민등록번호(또는 부동산등기용등록번호)를 증명하는 정보(다만, 소유권이전등기를 신청하는 경우에는 등기의무자의 주소(또는 사무소 소재지)를 증명하는 정보도 제공하여야 한다), (8) 소유권이전등기를 신청하는 경우에는 토지대장·임야대장·건축물대장 정보나 그 밖에 부동산의 표시를 증명하는 정보 등이 있다(부등규§46).

신청주의(申請主義)

원칙적으로 등기는 당사자의 신청에 의하여 행하여진다는 것(부동산등기법 23조1항)을 말한다. 또 등기신청은 공동신청의 원칙, 즉 등기권리자와 등기의무자 또는 대리인이 등기소에 출석하여 이를 신청할 수도 있고 대법원규칙으로 정하는 바에 따라 전산정보처리조직을 이용하여 신청정보 및 첨부정보를 보내는 방법(법원행정처장이 지정하는 등기유형으로 한정한다)으로도 신청할 수 있다(부동산등기법 제24조). 한편, 공동신청에 의하지 않더라도 등기의 진정을 보장할 수 있는 사정이 있거나, 등기의 성질상 등기의무자가 없을 경우에는 등기권리자나 등기명의인의 단독신청이 인정된다. 즉, (1)소유권보존등기(所有權保存登記) 또는 소유권보존등기의 말소등기(抹消登記), (2)상속, 법인의 합병, 그 밖에 대법원규칙으로 정하는 포괄승계에 따른 등기, (3) 판결에 의한 등기, (4)부동산표시의 변경이나 경정(更正)의 등기, (4) 등기명의인표시의 변경이나 경정의 등기 등은 단독으로 신청한다(부동산등기법 제23조). 한편, 등기원인이 발생한 후에 등기권리자 또는 등기의무자에 대하여 상속이나 그 밖의 포괄승계가 있는 경우에는 상속인이나 그 밖의 포괄승계인이 그 등기를 신청할 수 있으며(부동산등기법 제27조), 채권자는 민법 제404조에 따라 채무자를 대위하여 등기를 신청할 수 있다(부동산등기법 제28조).

등기신청서(登記申請書)

등기신청시 일정한 사항을 기재하고 신청인이 기명·날인하여 제출하는 서류를 등기신청서라 한다. 소유권등기명의인이 등기의무자로서 등기를 신청할 때에는 인감증명서를 제출하여야 한다.

등기필증(登記畢證)

등기소에서 교부하는 등기완료의 증명서이다. 즉 등기가 완료되었을 때 등기소에서 등기신청시 제출한 등기원인을 증명하는 서면이나 신청서의 부본에 신청서의 접수연월일, 접수번호, 순위번호와 등기필의 뜻을 기재한 뒤 등기소인을 찍어 이를 등기권리자에게 교부하여야 한다. 등기필증이 있으면 권리자로 추정되므로 권리증이라고도 한다. 단순한 증명서에 지나지 않으나 실제상으로는 등기필증에 등기의 위임장을 첨부하여 부동산의 매매·담보 등이 행해지는 일이 많다. 그리고 다음번 등기를 신청할 때에는 이를 제출하여야 한다.

보증서(保證書)

등기필증을 멸실·분실하였을 때 등기의무자가 본인임을 보증하는 서면이다. 그 등기소에서 등기의무자 또는 그 법정대리인이 보증인이 되어 본인임을 보증하는 서면 2통에 신청서를 첨부하여 등기소에 제출하면, 이 보증서로써 등기필증을 가름하게 된다. 등기필증을 대신하는 보증서로 행한 등기신청이 소유권에 관한 것일 때에는 신청서를 제출하면 등기소로부터 등기신청에 착오가 없다는 내용의 회신이 있은 이후에 등기신청은 접수되고 등기를 한다.

실질적 심사주의

(實質的 審査主義)
독;materillees Legalitätsprinzip

사실의 실체 이른바 권리의 실체관계까지 심사하는 주의를 실질적 심사주의라고 한다.→ 형식적 심사주의

형식적 심사주의

(形式的 審査主義)
독;formelles Legalitä tsprinzip

광의(廣義)로는 법률의 절차에 있어서 형식요건만을 조사하여 판단하는 주의를 말한다. 실질적 심사주의에 대한다. 특히 증거신청에 있어서 등기법령이 정하는 형식적 요건을 구비하고 있는가의 여부에 대해서만 심사할 권한을 등기관에게 부여하고 실체법상의 권리관계와 일치하는지의 여부에 대한 심사권한은 부여하지 않는 주의를 말한다. 우리나라 부동산등기법은 형식적

심사주의를 채택하여 등기의 신청을 각하할 수 있는 경우를 한정적으로 규제하고 있다(부등§29).

중간생략등기(中間省略登記)

부동산물권이 최초의 양도인으로부터 중간취득자에게, 중간취득자로부터 최종취득자에게 전전이전(轉轉移轉)되어야 할 경우에 그 중간취득자의 등기(중간등기)를 생략하여 최초의 양도인이 직접 최후의 취득자에게 등기하는 것을 말하다. 등기관도 형식적인 심사권한 밖에 없으므로 이러한 등기도 그대로 등기가 된다. 이는 등록세 기타의 세(貰)부담을 경감하고 그 밖의 절차와 비용을 절약하기 위한 편법으로 구민법시대로부터 널리 관행적으로 행하여지고 있다. 중간생략등기의 효력에 대하여 유효설과 무효설이 대립하는데 유효설이 다수설이다.

> 최종 양수인이 중간생략등기의 합의를 이유로 최초 양도인에게 직접 중간생략등기를 청구하기 위하여는 관계 당사자 전원의 의사합치가 필요하지만, 당사자 사이에 적법한 원인행위가 성립되어 일단 중간생략등기가 이루어진 이상 중간생략등기에 관한 합의가 없었다는 이유만으로는 중간생략등기가 무효라고 할 수는 없다*(대법원 2005. 9. 29. 선고 2003다40651).*

입목등기(立木登記)

소유권보존등기를 받을 수 있는 수목의 집단은 시·군에 비치되는 입목등기원부에 등록된 것에 한한다(입목§8~§11). 또한 그 소유권양도나 저당권설정에 관하여는 입목등기부에의 등기에 의하여 공시된다(입목에관한법률§2, §3②). 소유권보존등기는 입목이 부착된 토지의 소유자 또는 지상권자로서 등기기록에 등기된 자, 위에 해당하는 자의 증명서에 의하여 자기의 소유권을 증명하는 자, 판결에 의하여 자기의 소유권을 증명하는 자가 신청할 수 있다(입목§16). 한편, 소유권보존의 등기를 신청하는 경우에 그 보존등기에 관하여 토지의 등기기록상 이해관계 있는 제3자가 있을 때에는 제3자의 승낙이 있어야 한다(입목§17). 입목등기부는 물적편성주의에 따라 편철된다(입목§13).

공동담보목록(共同擔保目錄)

공동담보의 등기신청서에 첨부되는 담보목적물을 표시한 목록이다. 공동담보의 목적부동산이 5개 이상인 때에 저당권설정신청서에 이것을 첨부하도록 한다(부등§78). 이는 각 부동산의 등기에 관하여 공동담보로 되어 있는 다른 부동산을 표시하는 불편을 피하기 위하여 설정된 제도이다. 공동담보목록은 등기부의 일부로 본다(부등§78).

건물등기(建物登記)

건물등기부에 대한 일정한 권리관계를 기재하는 일을 말한다. 민법상 건물은 토지의 정착물로서 토지와는 별개의 독립한 부동산으로 취급되며(민법

99조1항), 토지등기부와는 별도로 건물등기부가 있다(부동산등기법 14조1항). 건물을 등기하려고 하면 건물이라고 볼 수 있는 정도의 실체가 있어야 한다. 짓고 있는 건물이 언제 독립한 부동산이 되느냐 또는 헐고 있는 건물이 언제부터 건물이 아닌 것이 되느냐는 양도와 관련하여 중요한 문제이다. 이에 대하여 일정한 표준은 없고 사회통념 내지 거래관념에 의하여 결정하여야 한다. 건물은 1동의 건물을 1개의 물건으로 취급하는 것이 원칙이고, 부동산등기법상으로도 1동의 건물에 대하여 1개의 등기기록을 사용하게 되어있다(부동산등기법 15조). 그러나 예외적으로 수인이 1동의 건물을 소유할 것을 내용으로 하는 구분소유를 인정하고 있다(민법 215조). 1동의 건물을 수인이 구분하여 소유하는 경우에는 각 부분의 등기를 할 수 있고, 그 경우에 구분건물의 소유자는 1동에 속하는 다른 구분건물의 소유자를 대위하여 그 건물의 표시에 관한 등기를 신청할 수 있다(부동산등기법 46조).

보존등기(保存登記)

물권취득자가 자기의 권리를 보존하기 위하여 하는 등기로, 등기관이 미등기부동산에 대하여 법원의 촉탁에 따라 소유권의 처분제한의 등기를 할 때에는 직권으로 소유권보존등기를 하고, 처분제한의 등기를 명하는 법원의 재판에 따라 소유권의 등기를 한다는 뜻을 기록한다(부등§66). 이것은 권리의 설정·이전 이외의 방법으로 이미 취득한 소유권에 대하여 처음으로 행하여지는 등기이다. 보존등기는 우선 그 부동산에 관하여 등기용지를 설치하여 협상을 공시하고 그 후의 등기의 기초로 하는 것으로서 소유자가 단독으로 신청하는 것이 원칙이다. 취득시효에 의한 소유권취득은 권리의 성질도 이전도 아니므로 그 소유권취득등기는 성질상 권리보존을 위한 등기이지만 형식상 이전등기가 행하여진다. 그리고 보존등기의 신청서에는 등기원인을 적을 필요가 없으므로(§64), 신축·매립 등과 같은 권리취득의 원인은 공시되지 않는다.

이전등기(移轉登記)

매매·증여 등의 법률행위나 또는 상속과 같은 사실에 의하여 생기는 권리의 이전에 관한 등기를 말한다. 그러나 가장행위에 의하여 타인에게 권리이전의 등기를 한 자가 자기의 등기명의의 회복을 꾀하는 경우나, 취득시효로 인한 취득과 같이 이론상은 권리의 이전이 없는데도 절차상은 이전등기를 할 수 있는 경우가 있다. 또 토지수용에 의한 권리취득은 이전등기에 의할 것이고 하고 있다. 이전등기는 이른바 권리변동의 등기이며, 등기의 내용에 의한 분류상으로는 기입등기에 속한다.

독립등기(독立登記)

절차상 기존의 등기와 독립하여서 행하여지는 등기를 말한다. 표시란에 등기할 때는 표시부번호란에, 갑구나 을

구에 등기할 때는 순위번호란에, 각각 기존의 등기의 표시번호나 순위번호에 이어지는 독립한 번호를 붙여 행하는 등기이다. 이를 신등기라고도 하며, 등기는 원칙적으로 독립등기의 형식으로 행하여진다. 독립등기에 부기등기가 행하여진다. 독립등기에 부기등기가 행하여지면 독립등기를 주등기라고도 한다.

경정등기(更正登記)

당초의 등기절차에 있어서 신청인이나 등기관은 착오 또는 유누(遺漏)가 있어서 원시적으로 등기와 실질관계와의 사이에 불일치가 생긴 경우에 이를 시정하기 위하여 하는 등기이다(부등§32).

변경등기(變更登記)

등기가 행하여진 후에 후발적으로 등기사항에 변경이 생긴 경우에 기존등기내용의 일부를 변경하는 등기이다(부등§35). 종국등기의 일종이다. 즉 등기의 기재내용과 부동산실체관계가 불일치하게 되는 경우에 기재와 실체가 합치되도록 변경보정 하는 등기를 말한다. 예를 들면 토지의 분필·합필 혹은 건물의 분할·구분 그리고 부동산의 합병 등의 등기는 사실의 등기로서의 변경등기이며, 저당권 이율변경을 위한 등기 등은 권리의 등기로서의 변경등기이다. 경정등기와 변경등기로서의 변경등기이다. 경정등기와 변경등기를 합하여 광의(廣義)의 변경등기라고 하는데 대비하여 협의(狹義)의 변경등기라고 한다.

분필등기(分筆登記)

토지등기부상 1필로 등기되고 있는 토지를 2필 이상의 토지로 분할하는 것이다. 예를 들면 토지의 일부를 타인에게 매도하거나 1필의 토지를 상속인의 수에 따라 분할하기 위해서는 분필을 하여야 한다. 분필등기의 신청은 소유자가 행하는 것이 원칙이다. 분필을 하려는 자는 분필후의 토적측량도를 첨부하여 신청하여야 하다. 즉○○○구 ○○동 ○○번지의 토지를 셋으로 분할한다면 ○번지의 1, ○번지의 2, ○번지의 3이라는 토번(土番)의 토지가 각각 1필의 토지로서 독립하여 등기부에 기재되고 각 등기용지의 표시란에 어느 토지에서 분할하여 이전하였는가 하는 것이 기재된다.

합필등기(合筆登記)

토지등기부상 독립된 토지로서 등기되고 있는 수필의 토지를 합필하여 1필의 토지로서 등기하는 것이다. 소유자가 신청하는 것이 원칙이다. 그러나 다음의 경우와 같이 地目(지목)이 틀리는 토지는 합필할 수 없다. (1) 당해 토지에 저당권 등을 설정하였거나, (2) 문자가 틀리거나 (3) 한편의 토지가 미등기이거나 (4) 각 토지가 접속하지 않았거나 (5) 한편의 토지가 택지이고 다른 한편이 농지의 경우 등이다. 갑·을·병 소유의 토지를 갑에게 합필하려면 을과 병토지의 등기용지는 폐쇄되고, 갑토지는 을·병의 부분만큼 그 지적이 증가하고, 갑의 토지등기부에 ○년 ○

○월 ○일 을·병의 토지를 합필하였다는 내용이 개재된다.

합병등기(合併登記)

한 개의 토지 또는 건물의 일부를 분할하여 다른 토지나 건물에 합병하는 것이다. 즉 분필과 합필이 결합하여 행해지는 등기이다. 이러한 합병등기는 동일한 소유자에게 속하는 토지나 건물에 대하여서만 인정되고 있다. 토지에 대하여는 甲地에서는 분할에 의한 변경등기를 乙地에서는 합병에 의한 변경등기를 할뿐이며, 새로운 등기용지의 개설이나 그 등기용지를 폐쇄하지 않는다. 건물의 경우는 甲건물의 등기용지는 폐쇄되고 乙건물에는 합병으로 인한 변경등기를 한다.

구분등기(區分登記)

1동의 건물에 독립하여 부동산이 될 수 있는 부분이 여러 개가 있는 경우 그 각 부분을 양도하거나 그 일부분만을 임대를 할 경우, 이에 대응한 소유권이전등기나 임대권의 설정등기를 하기 위하여는 그 1동의 건물을 수개의 건물로 하는 등기 즉 각 부분을 1개의 건물로 하는 등기를 하여야 한다. 이 등기를 구분등기라고 한다. 건물소유자의 신청에 의하여 행하여지며, 그 신청서에는 구분하기 전의 건물·구분한 건물을 표시하고, 구분후의 각건물의 도면 및 가층의 평면도를 첨부하여야 한다.

말소등기(抹消登記)

기존의 등기의 전부를 말소하는 등기를 말한다. 즉 등기에 대응하는 실체관계가 없는 경우에 그 등기를 법률적으로 소멸시킬 목적으로 행하여지는 등기이다. 따라서 변제나 저당권말소 등과 같이 유효하게 등기된 권리가 후에 소멸한 경우나 목적부동산의 원시적 부존재 등과 같이 처음부터 부적법한 등기는 말소등기를 하여 기존의 등기를 전부 소멸시켜야 한다. 이 점이 어떤 내용을 존속시키면서 일부만을 보정하는 변경등기와 구별된다. 말소등기는 단지 등기면의 기재사항을 실선으로 주말(朱抹)하는 것뿐만이 아니라 적극적으로 「○월 ○일 제○번의 등기말소」라는 내용을 새로이 기입하여야 한다. 말소등기뿐 아니라 변경·경정·멸실등기에도 주말을 하게 된다.

회복등기(回復登記)

기존의 등기가 부당하게 소멸된 경우에 이를 부활·재현하는 등기를 말한다. 등기를 실체관계에 합치하게 하기 위하여 행하여지는 것으로 종국등기의 일종이다. 회복등기는 구등기의 소멸원인이 무엇이냐에 따라서 (1) 멸실회복등기와 (2) 말소회복등기가 있다.

멸실회복등기(滅失回復登記)

등기부의 전부 또는 일부가 멸실한 경우에 그로 인하여 소멸된 등기의 회복을 목적으로 하는 등기로서 회복등기의 일종이다.

말소회복등기(抹消回復登記)

구등기의 전부 또는 일부가 부적법하게 말소된 경우에 그 말소된 등기의 회복을 목적으로 하는 등기로서 회복등기의 일종이다. 예컨대 저당권소멸의 원인이 없음에도 불구하고 부적법하게 저당권말소등기가 있는 때에 행하여지는 등기이다.

등기말소(登記抹消)

부동산물권변동의 원인인 매매·상속·취득시효 같은 법률관계에 의하여 등기원인이 소멸한 경우에 말소의 등기를 함으로써 등기를 말소하는 것이다.
→ 말소등기 참조

멸실등기(滅失登記)

부동산이 멸실된 경우에 행하여지는 등기이다. 멸실등기는 사실의 등기이지만 부동산이 멸실된 경우에는 부동산의 권리도 소멸한다. 즉 토지가 함몰하여 없어지거나 건물이 소실·파괴되어 한 개의 부동산 전체가 멸실하였을 경우에는 그 멸실을 등기하고 당해 등기용지를 폐쇄하는 것이다. 그러나 토지나 건물의 일부가 멸실한 때에는 면적이나 건물표시의 변경등기가 행하여질 뿐이고 멸실등기를 하는 것은 아니다. 멸실등기자의 신청이 있을 때에는 등기소는 그 등기용지의 표시란에 멸실의 원인을 기재하고 기타 기재내용을 朱抹(주말)하여 그 등기용지를 폐쇄한다. 또한 등기를 필한 토지가 하천부지가 된 경우에는 당해 관청으로부터의 촉탁에 의하여 하천부지가 되었다는 내용을 기재한다.

상속등기(相續登記)

소유권·지상권 등 부동산등기에 의하여 공시되는 권리가 상속으로 인하여 피상속인으로부터 상속인으로 이전하였다는 것을 나타내는 등기이다. 상속의 경우에는 직전의 권리자(피상속인)가 이미 사망하였거나, 비록 생존하고 있다 하더라도 가족관계등록부 등에 의하여 상속사실을 증명하는 것은 쉬운 일이다. 그러므로 상속에 의한 등기는 가족관계등록부등 상속을 증명하는 시·구·읍·면의 장의 서면 또는 이를 증명함에 족한 서면을 첨부하고, 등기권리자인 상속인이 신청하면 된다. 그러나 상속인이 수인이 있는 경우에는 우선 전원공유의 상속등기를 하고, 후에 유사분할절차의 결과에 따라 그 부동산을 취득하기로 결정된 특정의 상속인만의 소유로 하기 위한 등기를 하는 것이 원칙이다. 그런데 유산분할이 끝날 때까지 피상속인의 명의로 그냥 둔 채 상속인 전원의 공동상속등기를 생략하고 유산분할의 결과에 따라서 결정된 특정한 상속인의 명의로 상속등기를 직접 하기도 한다.

등기세(登記稅)

재산권 기타 권리의 취득·이전·변경·말소에 관한 사항의 등기를 신청하는 경우에 원칙으로 지방세법에 의한 등기세의 납부를 필요로 한다. 그 과세기준은 대개 그 토지나 건물의 재산세평가액에 근거를 두고 있다. 등기세는 대통령령이 정하는 바에 의하여 현금으로 납부하고 영수증서를 신청서에 첨부하여야 한다.

민사소송법

- 법원·당사자 / 663
- 소의 제기 / 683
- 변　론 / 692
- 소송의 종결 / 714
- 상　소 / 724

채무자 회생 및 파산에 관한 법률 / 729

민사소송법개요

사회가 있는 곳에는 논쟁이 있기 마련이다. 사람은 사회가 존재하지 않으면 생존할 수 없으므로 사회에는 당연히 논쟁해결의 힘이 요구되는 바, 이러한 논쟁이 사인간(私人間)의 재산상·가족법상〈신분상〉의 다툼에 관한 것일 때, 이에 고유한 법규의 총체(민사재판의 방법이나 약속 등의 규칙을 정하는 법)를 민사소송법이라 한다. 민사소송법이 정하는 절차에 따라, 분쟁을 간명하게 정리한 다음, 재판관은 민법·상법과 같은 실체법의 입장에서, 논쟁당사자의 어느 쪽이 정당한가를 결정하는 것이다. 환언하면 민사소송법은 사인간(私人間)의 생활관계에 관한 이해충돌·분쟁을 해결·조정하기 위한 일련의 절차를 규정하고 있는 절차법이다. 민사소송법은 국가재판권의 조직작용을 규정하는 점에서만 보면 공법이라고 볼 수 있으나, 그 기능적인 측면을 고려하면 민·상법과 같이 사법과 관계된다. 즉 민사소송법은 사인간(私人間)의 생활관계의 법적 규제를 목적으로 하는 절차법이다. 다만 실체법인 민·상법 가운데에도 사인간의 관계를 규율하지 않고 오직 소송상의 재판이나 집행방법, 추정규정 등의 절차법적 규정을 두고 있다. 또한 민사소송법의 규정 가운데에도 소송비용의 부담, 가집행에 따른 손해배상 등과 같은 실체적 규정도 포함되어 있다. 한편 현행 민사소송법은 영미법적인 요소를 많이 가미하고 있는 점에 특색이 있다. 현행 민사소송법은 1960년 4월 4일 법률 제547호로 제정되어 2017년 10월 31일 법률 제14966호의 개정에 이르기까지 수차례의 개정을 거쳐 오늘에 이르고 있다.

민 사 소 송 법

법원·당사자

민사소송(民事訴訟)

영;civil procedure
독;Zivilprozes
불;procéedure civile

사법상의 권리 또는 법률관계의 존부(存否)를 확정하는 재판상 절차이다. 즉 민·상법 등 사법이 규율하는 대등한 사인간(私人間)의 경제상 또는 가족법상(신분상)의 생활관계에 관한 충돌·분쟁을 국가의 재판권에 의해 법률적·강제적으로 해결·조정하기 위한 일련의 절차를 말한다. 사회생활에서 발생하는 사인간의 이해의 충돌·분쟁이 사법에 의해 규율되는 생활관계를 둘러싼 사건인 경우, 그 분쟁사건의 한쪽당사자가 사법에 의해 인정되는 법적 지위를 확보하려고 한다면, 스스로 원고로서 그 분쟁사건을 법원에 제기하여 법원의 재판을 청구하여야 한다. 이러한 청구를 위해서 원고는 자기의 주장이 정당하다는 것을 입증하는 자료를 제출하여야 하고, 상대방인 피고도 자기에게 유리한 공격과 방어를 함으로써 스스로의 지위를 지켜가게 된다. 이와 같은 원고와 피고의 대립된 이해관계상의 투쟁으로 민사소송은 진행되며, 법원은 양쪽에서 제출한 자료를 기초로 법률을 적용하여 그 판단으로서의 재판을 한다. 소송의 결과 판결이 확정되면 집행력이 생기고 국가의 공권력에 의해 사권의 목적이 실현된다. 즉 판결의 확정에 의해 국가기관으로서의 법원이 국가권력을 발동하여 분쟁사건을 해결함으로써 사법이 인정하는 법적 지위의 실현을 도모함과 동시에 사법생활질서의 유지를 도모하게 되는 것이다.

비송사건(非訟事件)

독;freiwillige Gerichtsbarkeit

법원이 사인간의 생활관계에 관한 사항을 통상의 소송절차에 의하지 아니하고 간이한 절차로 처리하는 것을 말한다. 예를 들어, (1) 가족관계등록부·등기 등 공부의 관리, 공탁취급 등, (2) 법인의 인허와 그 사업이나 청산절차의 감독, (3) 후견인·재산관리인·유언집행자 등의 선임감독, (4) 이혼시 재산분여, 자의 친권자 지정, 유산의 분할방법 등에 관한 것 등이 이에 해당한다. 민사소송과 비교할 때 비송사건의 재판은 그 성질상 일종의 행정작용이라고 할 수 있으며, 그 절차에 있어서도 소송사건에 비하여 대체로 간이·신속하고, 대심구조를 취하지 아니한다. 그리고 직권주의적 색채가 짙어 절차는 신청 또는 직권으로 개시되고, 직권탐지주의를 취하며(비송사건절차법 11조), 심문은 비공개이고(비송사건절차법 13조), 검사의 참여 및 의견진술이 인정된다(비송사건절차법 15조). 재판은 결정으로 하고(비송사건절차법 17조), 판단된 권리나 법률관계에 관해서는 기판력이 발생하지 않는다(비송사건절차법 19조).

소(訴)

영;action, suit 독;klage
불;action

어떤 자가 법원에 대하여 어떤 타인과의 관계에서 자기의 청구가 법률적으로 정당한지의 여부에 관하여 심판을 구하는 행위를 말한다. 즉 원고(재판을 청구하는 자)가 피고(상대가 되는 자)와의 사이에서 일정한 법률상의 주장이 올바른 지의 여부에 관하여 법원에 심리·판결을 구하는 신청이며, 이 소에 의하여 법원이 제1심절차가 개시된다. 소의 제기방식은 일정한 형식을 갖춘 소장이라는 서면을 법원에 제출하면 된다. 일단 소를 제기 하면 같은 소를 다시 제기할 수 없게 되고, 소에 의하여 심판을 구하고 있는 권리에 관한 시효도 중단되는 결과가 발생한다.

소송물(訴訟物)

독;Streigegenstand, Prozessgegenstand
불;bjet du litige

민사소송에 있어서는 심판의 대상이 되는 기본단위(구체적 사항), 즉 소송의 객체를 말한다. 민사소송은 원고의 소에 기하여 구체적 사건에 관하여 심리를 행하고 판결로써 응답을 하는 절차이므로, 소·심리 및 판결을 통하여 소송에는 항상 특정한 대상이 있기 마련이며, 이러한 소송의 객체가 바로 소송물이다. 민사소송법은 소송물을 표현하는 용어로서 '청구'라는 말을 가장 많이 사용하고 있으나, 이것은 실체법상의 청구와는 다른 개념이므로 강학상으로는 이를 '소송상의 청구'라고 한다. 소송물은 소송의 객체이므로 소송에서 다투어지고 있는 권리관계의 목적물, 즉 계쟁물과 구별하여야 한다. 한편 소송물은 심판의 대상으로서 소송절차의 모든 국면에서 중요한 기능을 행하는 바, 우선 소송절차의 개시와 관련하여 권리절차의 선택, 관할의 결정 및 심판의 대상과 범위를 특정하는데 기준이 되고, 소송절차의 진행과정에서는 청구의 병합, 청구의 변경, 중복소송 등을 판단하는 기준이 된다. 소송절차의 종결과 관련하여 판결주문의 작성, 기판력의 객관적 범위, 소취하후의 재소금지 등을 정함에 있어서 기준이 된다. 소송물의 단복(單複)·이동을 결정하는 기준에 대해서는 여러가지 견해가 주장되고 있다. (1) 소송법상의 청구를 실체법상의 청구권과 동일시하는 견해인 구실체법설, (2) 소송상의 청구는 실체법상의 청구권과는 별개의 것이고, 순수한 소송법상의 내용으로 구성하여야 한다는 소송법설, (3) 소송상의 청구를 수정된 형태의 실체법상의 청구권과 재결합시켜 구성하는 신실체법설등이 그것이다. 판례와 통설은 실체법상의 권리 또는 법률관계의 주장을 소송물로 보는 구실체법설을 취하고 있으나, 최근에는 소송법적 요소인 신청과 사실관계에 의하여 또는 신청만으로 소송물이 구성된다고 보는 소송법설이 강력하게 주장되고 있다. 소송법설은 이를 신소송물이론이라고 하여, 구소송물이론인 구실체법설과 대립된다.

<u>두 개의 소의 소송물이 동일한 법률사실에 기하고 있더라도 청구원인이 다르다면 그 소송물은 서로 별개라고 할 것</u>이므로 판결이 확정된 전소가 해고기간 동안의 임금을 종전임금에 따라 청구한 것인데 대하여, 후소는 복직의무 불이행 또는 복직거절로 인한 임금상승 누락분을 손해금으로 청구하는 것이라면 양자는 청구취지와 청구원인을 전혀 달리하고 있어 소송물 또한 별개이다*(대법원 1989. 3. 28. 선고 88다1936).*

소송물의 가액(訴訟物의 價額)

독;Wert des Streigegenstandes

원고가 소로써 보호를 구하는 권리 또는 법률관계에 관하여 가지는 경제적 이익을 금전으로 평가한 액을 말한다. 민사소송법 제29조에 말하는 '소로써 주장하는 이익'이 이에 해당하며, 사물관할을 정하는 기준이 될 뿐만 아니라, 소장 기타의 신청서에 첩용하는 인지액 및 변호사 보수를 정산하는 기준이 된다. 소가를 산정하는 방법은 원고가 소로써 주장하는 이익에 의하는데, 이는 원고가 승소하면 받을 직접적인 이익을 말하며, 사건의 복잡성이나 심판의 난이와는 관계가 없다. 이익의 평가는 객관적 가치에 의하여야 하며, 원고의 주관적 감정은 고려되지 않는다. 소송물이 금전채권인 경우에는 액면금이 소가가 되므로 그 산정이 간단하지만, 그 밖의 소송물인 경우 소가의 산정이 곤란하거나 불가능한 경우에는 대법원규칙에 의해 정해진다(민소법 26조 2항, 민사소송등인지법 2조 4항). 소가의 산정의 표준시기는 제소한 때이며, 도중에 소송물 자체는 변동이 없어 그 가액이 증감되더라도 관할에 영향이 없다(민소법 33조). 한 개의 소로써 수개의 청구를 하는 경우에는 그 가액을 합산한다(민소법 27조 1항). 그러나 합산을 하는 것은 수개의 청구가 경제적으로 별개독립의 이익을 가진 경우에 한하고, 수개의 청구의 경제적 이익이 별개 독립적이 아닌 경우에는, 가액이 많은 것을 평가하면 족하다(중복청구의 흡수). 예컨대 청구의 선택적 병합이나 예비적 병합의 경우에는 그 중 다액인 가액이 소가로 된다.

소가(訴價)

독;streitwert

원고가 소로서 주장하는 권리 또는 법률관계에 관하여 가지는 이익을 객관적으로 평가하여 금액으로 표시한 것으로서, 소송물가액이라고도 한다(민사소송법 26조 1항). 민사소송에 있어 소가는 사물관할을 정하는 표준이 되며, 소장에 첩용할 인지액을 정하는 기준이 된다. 소가는 제소시를 기준으로 하여 정해지므로 제소 후 목적물의 훼손이나 가격의 변동이 있어도 관할에는 영향이 없다. 소가는 소의 유형이나 심판의 난이 등과는 무관하게 산정되며, '소가산정에 관한 예규'가 중요한 기준이 된다.

소송물의 양도(訴訟物의 讓渡)

널리 소송물의 양도라 함은 소송계속중에 소송물인 권리관계에 관한 당사자적격이 특정적으로 제3자에게 이전된 경우를 말한다. 따라서 소송물의 양도를 특정승계라고도 한다. 소극적으로는 소송승계의 원인중 당연승계의 원인 이외의 것을 말한다. 제소전이라면 당연히 양수인이 당사자로서 소송하여야 하며, 또 소송완료 후라면 그 판결의 기판력에 의한 판단에 양수인도 구속되나, 소송중의 이전의 경우에는 보통의 원칙에 의하면 종래의 당사자간에서는 판결을 하면 무의미하게 되고, 양수인과 상대방간에 새로이 소송을 고쳐서 하지 않으면 분쟁이 해결되지 않는다. 그러나 소송물의 양도를 어떻게 해결할 것인가에 대해서는 여러 가지 입법례로 나뉘어져 있다. 우리 민사소송법은 소송목적이 실체적인 권리관계의 변동을 소송에 반영시켜, 승계인의 당사자로서 소송에 가입시키고 전주의 소송상의 지위를 승계시키는 소송승계주의를 채택하여 민사소송법 제81조·제82조에서 참가승계와 인수승계를 인정하고 있다. 소송물의 양도의 태양으로서는 임의처분 뿐만 아니라 집행처분 그리고 법률상의 당연이전을 포함한다. 승계취득이든 원시취득이든 전부양도의 경우만 아니라 양적·질적 일부양도의 경우도 포함된다.

재판적(裁判籍)

독;Gerichtsstand

소송사건과 법원의 관할구역과의 관계를 결정하는 것으로 소송관계에서 당사자를 어느 법원의 재판권의 행사를 받게 하느냐를 정하는 근거가 되는 관계를 말하는 것이다. 우리나라의 각 지에는 각각 일정한 지방을 구획한 관할구역을 가진 법원이 설치되어 있고, 소송사건이 이 구역과 어떠한 관계를 갖는 경우에는 그 구역의 법원에서 그 사건을 취급하게 된다. 이와 같이 사건을 어느 지역을 담당하는 법원이 다루게 되는가는 그 사건과 법원의 관할구역과의 관계에서 결정되는데, 이 관계를 결정하는 것을 재판적이라 한다. 소를 어떤 법원에 제기하기 위해서는 그 법원의 관할구역 가운데에 그 소송사건의 재판적이 있어야 하는 것이다. 재판적은 원칙적으로 피고의 주소나 거소에 의하여 결정되지만(이를 보통재판적이라 한다. 민소§3~§6), 소송사건의 내용에 따라서 결정되는 경우도 있다(이를 특별재판적이라 한다. §7~§23).

관할권(管轄權)

법원의 종류나 수는 많은데 이들 법원 사이에 본래는 국가에만 귀속하는 재판권을 어떻게 나누어 행사할 것인가를 정하는 것을 관할이라고 한다. 이 관할의 정함에 따라 결정된 재판을 하는 권한을 관할권이라 한다. 이 관할권의 유무여부는 그 법원이 재판을 할 수 있는지의 여부를 의미하므로 법원으로서는 사건에 대하여 본격적인 심리를 시작하기 전에 관할권의 유무를 조사하고, 조사 결과 관할권이 있으면 심리를 진행하여도 좋으나, 관할권이 없는 경우에는 만약 그것이 다른 법원의 관할에 들어가는 것이면 그 사건을 이송하지 않으면 안된다.

소의 객관적 병합

(訴의 客觀的 併合)
영;objective consolidation of suits

원고의 피고에 대한 관계에서 소의 최초부터 하나의 소로써 2개 이상의 청구를 하는 것(청구의 병합). 하나의 소를 제기함에 있어서, 어차피 재판을 받는다면 그 기회에 차금(借金)의 지급이나 빌려준 물건의 반환이라는 몇 개의 청구에 관하여도 심판 받으려고 하는 의도로 하나의 소에 수개의 사건을 포함시키는 경우에 생긴다. 그렇지만 마음대로 할 수 있는 것은 아니고, 그렇게 하는 것이 법률상 금지되어 있지 않고 동종류의 소송절차에 따라 심리되는 것에 한한다(민소§253).

소의 주관적 병합

(訴의 主觀的 併合)
독;subjektive Klagenhäufung

2인 이상의 원고로부터 또는 2인 이상의 피고를 상대로 하여 소를 제기하는 것을 말한다. 이에 의해 하나의 소송이면서 원고 또는 피고의 한쪽 또는 양쪽 모두 당사자가 2인 이상인 형태의 소송이 발생하는데, 이러한 형태의 소송을 공동소송이라 한다. 어떠한 경우에 이러한 병합이 가능한가는 법률에 정하여져 있는데(민소§65), 예컨대 당사자가 공유자이든가 또는 연대보증인과 주채무자라는 관계에 있다든가 하는 경우가 이에 해당하며, 동일사고에 의한 수인의 피해자가 손해배상청구를 하는 때 등도 이 같은 형태의 소송이 허용된다.

사물관할(死物管轄)

영;material jurisdiction
독;Sachliche Zuständigkeit
불;compétence rationaemateriae

동일지방법원 및 지방법원지원의 단독판사와 합의부간의 사건분배의 표준을 사물관할이라 한다. 즉 법원조직법에 따르면 제1심의 경우 사건의 신속·저렴한 해결을 위하여 단독제를 원칙으로 하고, 소송물가액이 크거나 공익적인 사건은 신중하게 처리한다는 취지에서 예외적으로 합의사건으로 하고 있는 것과 같은 것이다. 다만 합의부와 단독판사간의 사무분장은 관할의 합의(민소§294), 응소관할(§30), 및 이송의 재판(§34)등에 의하여 변경될 수 있으며, 대법원의 부나 순회판사는 사물관할의 범위에서 제외된다.

직분관할(직무관할)

(職分管轄〈職務管轄〉)
독;funktionelle Zuständigkeit

어느 법원에 어떠한 재판권의 작용을 담당시킬 것인가를 정하는 것을 직분관할 또는 직무관할이라 한다. 즉 소송사무의 종류를 표준으로 하여 정하는 법원의 관할을 말한다. 재판권에는 여러 가지 작용이 존재하므로 판결절차, 강제집행절차, 가처분절차 등 성질이 다른 것에 관하여 미리 법원의 사무를 구분하여 놓고 각각 적당한 법원에 배분할 것을 정하는 것이다. 여기에는 판결을 내리는 법원과 강제집행을 하는 법원의 구별 및 상급법원과 하급법원의 구별(심급관할이라 한다) 등이 있다.

합의관할(合意管轄)

영;Agreement in Juridiction
독;Prorogation
불;competence conventionnelle

당사자의 합의에 의해 정해지는 관할을 합의관할이라 한다(민소§29).

이것은 법률에서 정하고 있는 관할법원과는 다른 법원에 소를 제기하려고 하는 당사자간의 합의에 따라 발생하는 것이므로 후에 문제가 되지 않도록 합의한 것을 서면으로 하여 두지 않으면 안 된다 (민소§29②). 다만 전속관할의 경우에는 합의는 인정되지 않으며, 제소 후에는 마음대로 법원을 변경할 수 없다.

변론관할(辯論管轄)

독;Prorogation durch rügeloseEinlassung

어떤 소에 관하여 그 법원이 심리할 관할권을 갖고 있지 않음에도 불구하고 피고가 제1심 법원에서 관할위반이라고 항변하지 아니하고 본안에 대하여 변론하거나 변론준비기일에서 진술하면 그 법원은 관할권을 가지는데 이를 변론관할이라고 한다(민소§30). 민사소송법 개정 전에는 응소관할이라고 표현하였다.

이것은 소에 관한 관할이 어떤 특정한 법원에 있는 것처럼 처음부터 결정되어 있어서 변경할 수 없는 경우 이외에는 관할권이 없는 법원에 소를 제기하여도 피고에게 이의가 없고 그 법원에서 재판을 받으려고 하는 태도를 갖고 있는 이상은, 그대로 그 법원의 관할로 하는 것이 당자자에게 있어 편리하고 소송경제도 도모한다는 배려에서 인정되는 것이다.

전속관할(專屬管轄)

영;exclusive juridiction
독;Ausschliessliche Zuständigkeit
불;compétence exclusive

강한 공익적 요구에 따라 특정법원만이 재판을 할 수 있도록 인정된 관할로서, 법원이나 당사자의 의사 등으로 변경할 수 없는 관할이다. 전속관할에 해당하는 것으로서는 직분관할 또는 법률이 특히 전속관할이라고 명시한 토지관할이 있다(민소§453①, §463, §7, §12준용). 전속관할의 정함이 있는 경우에는 합의관할이나 변론관할은 인정되지 않으며, 법원으로서도 전속관할이 정해져 있는 법원 이외의 법원으로 사건을 이송할 수 없다(§35단서). 전속관할의 위반은 법원의 직권조사사항이며 위반이 명백할 때는 관할법원에 이송한다(§34①, ④). 이 위반을 간과하고서 행하여진 판결에 대하여는 상소하여 다툴 수 있고, 절대적 상고이유도 된다(§424① III).

법정관할(法定管轄)

법률규정에 따라서 당연히 결정된 관할을 법정관할이라 말하며, 대부분의 관할은 법정관할인데, 예외적으로 지정관할과 합의관할이 있다.

임의관할(任意管轄)
독;gewillkürte Zuständigkeit

당사자간의 합의(민소§29) 또는 피고의 변론(§30)에 의하여 변경되는 성질의 관할을 말하는 것으로서, 전속관할에 상대되는 말이다. 임의관할의 위배는 상소심에서 이를 다투거나 판결의 취소를 구할 수 없다.

지정관할(指定管轄)
독;angeordnete Zuständigkeit

구체적 소송사건에 관하여 상급법원이 관할법원을 지정함으로써 생기는 관할(민소법 28조)을 말한다. 지정관할은 관할법원이 법률상 또는 사실상 재판권을 행사할 수 없거나(예 : 관할법원의 법관 전원이 제척원인에 의해 직무를 수행할 수 없는 경우), 법원의 관할구역이 분명하지 않은 경우에 생긴다.
지정관할에 대한 신청은 관계법원이나 당사자가 관계법원에 공통하는 상급법원에 행하며, 관할지정신청을 받은 법원은 관할지정결정을 하거나 기각결정을 해야 한다. 관할지정의 결정은 법원과 당사자를 구속하므로 지정된 법원이 지정한 법원과 다른 의견을 가져 지정결정이 부당하다고 보더라도 자신의 관할권을 부인할 수 없다. 그러나 원고가 법원을 기망하여 지정결정을 받은 경우에는 구속력이 없다.

관할의 병합(管轄의 併合)

전속관할의 규정이 없는 한, 병합소송중의 한 청구에 관하여 토지관할권을 가지는 법원이 다른 청구에 관해 토지관할권을 가지는 것을 말한다(민소법 25조).

관할의 지정(管轄의 指定)

구체적 사건에 대하여 그 관할 상 관계있는 법원의 상급법원이 심판할 법원을 지정하는 것을 말하며, 이것에 의하여 발생한 관할을 지정관할이라 하는 바, 이는 재정관할의 일종이다. 관할법원이 법률상 또는 사실상 재판권을 행사할 수 없는 때나, 법원의 관할구역이 분명하지 아니한 때 신청에 의하여 결정으로 관할법원을 정하는 것을 말한다(민소법 28조). 이를 지정관할 또는 재정관할이라 하는 바, 관할의 지정결정에 재해서는 불복할 수 없다(민소법 28조2항).

관할의 합의(管轄의 合意)
독;Vereinbarung über die Zuständigkeit Prorogation
라;prorogatio

당사자의 합의에 의하여 생긴 관할을 말하는데, 합의관할이라고도 한다(민소법 29조). 원래 관할에 관한 규정은 법원간에 재판사무의 공평한 분배를 참작하는 외에, 주로 당사자의 편의를 고려하여 정해진 것이다. 따라서 관할에 관한 규정은 전속관할에 관한 것을 빼어놓고는 원칙적으로 임의규정이라 할 수 있기 때문에, 당사자의 합의에 의하여 법정관할 법원과 다른 법원을 관할법원으로 정할 수 있게 하더라도 그것이 빈번히 행하여져 법원간의 부담의 균형을 해칠 염려는 없고, 오히려 당사자의 편의에 이바지 할 수 있다고 본다. 합의관할의 성립요건은 제1심법원의 임의관할에 한하여 할 것, 일정한 법률관계에 기인한 소에 관한 합의일 것, 서면으로 하여야 할 것, 일정한 법원을 관할법원으로 정할 것 등이다. 합의로써 관할을 정하는 형태로서는 법정관할법원 이외에 다시 관할법원을 추가하는 것과 일정한 법원만을 관할법원으로 정하고, 다른 법원의 관할권을 배제하는 것(전속적 합의관할)이 있다. 적법한 합의가 성립하면 그 효력으로써 직접 그 내용대로의 관할의 변경을 발생한다. 합의는 당사자 간에만 효력이 있으며, 원칙적으로 제3자에게는 효력이 미치지 않는다.

소송의 이송(訴訟의 移送)

영;transfer of acase
독;Verweisung
불;renvoi

어느 법원에 소가 제기된 후에 그 법원에 관할권이 없거나 법원이 정한 일정사유가 있는 경우 소제기로 인하여 발생한 소송의 계속을 다른 법원으로 옮기는 것을 소송의 이송이라 한다. 소송의 이송은 다음의 (5)의 경우를 제외하고는 법원의 결정에 의하여 행하여지는데, 일단 이송을 하면 이송 받은 법원은 이에 기속된다. 따라서 사건을 다시 다른 법원에 이송하지 못한다.

관할위반에 따른 이송 : 관할위반의 경우 소를 각하하여 재소를 제기하게 하면 시효중단이 맞지 아니하거나 법률상의 기간을 준수할 수 없거나 동일한 소의 제기가 반복되어 노력·비용이 낭비된다. 한편 관할은 법원간의 재판권의 범위를 정하고 있는 것이고 그 결정은 어느 정도 전문화되어 있으므로 관할위반의 불이익을 원고에게 일방적으로 강요하는 것은 적당하지 않으므로 법원이 직권으로 관할권을 가진 법원에 이송하는 것이다(민소§34①).

재량에 따른 이송(단독부에서 합의부로의 이송) : 지방법원 단독판사는 소송이 관할에 속하는 경우라도 상당한 이유가 있는 때에는 직권 또는 당사자의 신청에 따라 소송의 전부 또는 일부를 동일지방법원 합의부로 이송할 수 있다(§34②).

손해나 지연을 피하기 위한 이송 : 원고가 제소한 법원에 관할권은 있으나 다른 법원에서 심판하는 것이 피고가 받은 손해나 소송의 지연이 발생하는 것을 피할 수 있는 경우에는 당사자의 신청이나 또는 법원의 직권으로 이송할 수 있다. 다만, 전속관할이 정해 있을 경우에는 이송할 수 없다(§35).

반소제기에 따른 이송 : 지방법원 단독판사가 심리하는 도중에 반소가 제기되어 지방법원합의부의 관할로 되었을 때 본소와 반소는 합의부로 이송하여야 한다(§269②).

하급심의 환송에 갈음하는 이송 : 전심의 판결이 관할위반인 경우에는 원심법원에 환송하는 대신에 직접 관할법원에 이송한다(§418, §436①).

전심관여(前審關與)

사건의 직접 또는 간접적인 하급심의 재판이나, 이와 동일시하여야 할 하급법원의 재판에 관여하는 것을 말한다. 전심관여는 법관의 제척사유(민소법 41조)가 되는 바, 이를 제척사유로 한 것은 예단배제로 재판의 공정성을 유지하고 심급제도의 취지가 몰각되는 것을 막기 위해서이다. 여기의 관여라 함은 판결의 합의나 판결작성에 관여한 경우를 의미한다. 따라서 단지 변론에 관여하여 소송지휘의 재판·증거조사나 증거결정을 한데 그치거나, 판결의 선고에만 관여한 것은 전심관여에 포함되지 않는다. 또 다른 법원으로부터 촉탁을 받아 전심에 관여하는 것도 제척사유(민소법 41조)가 아니다. 또한 환송이나 이송되기 전의 원심판결, 재심소송에 있어서 재심의 대상이 된 확정판결, 청구이의의 소에 있어서 재심의 대상이 된 확정판결, 청구이의의 소에 있어서 그 대상이 된 확정판결, 청구이의의 소에 있어서 그 대상이 된 확정판결, 본안소송에 대한 관계에서 가압류·가처분에 관한 재판, 집행문부여이의의 소나 집행정지 신청사건에 대하여 채무명의를 성립시킨 본안판결 따위는 전심재판 해당되지 않는다. 이는 심급관계를 문란하게 할 염려가 없기 때문이다.

<u>법관의 제척원인이 되는 전심관여(전심관여)라 함은 최종변론과 판결의 합의에 관여하거나 종국판결과 더불어 상급심의 판단을 받는 중간적인 재판에 관여함을 말하는 것</u>이고 최종변론 전의 변론이나 증거조사 또는 기일지정과 같은 소송지휘상의 재판 등에 관여한 경우는 포함되지 않는다*(대법원 1997. 6. 13. 선고 96다56115)*.

법관의 제척(法官의 除斥)

독;Ausschließung

법관이 그 사건과 관계가 있는 경우에 그 법관을 직무집행으로부터 제외시키는 것을 말한다. 법관의 제척원인은 (1) 법관 또는 그 배우자나 배우자이었던 사람이 사건의 당사자가 되거나, 사건의 당사자와 공동권리자·공동의무자 또는 상환의무자의 관계에 있는 때, (2) 법관이 당사자와 친족의 관계에 있거나 그러한 관계에 있었을 때, (3) 법관이 사건에 관하여 증언이나 감정을 하였을 때, (4) 법관이 사건 당사자의 대리인이었거나 대리인이 된 때, (5) 법관이 불복사건의 이전심급의 재판에 관여하였을 때(다만, 다른 법원의 촉탁에 따라 그 직무를 수행한 경우는 제외)(민소법 41조) 등이다. 제척원인이 있는 법관은 모든 재판사무의 집행으로부터 제외가 된다. 재판은 제척·기피신청을 당한 법관의 소속법원 합의부가 결정으로 하는데(민소법 46조 1항), 제척·기피당한 법관 자신은 이 결정에 관여하지 못하고 의견만 진술할 수 있다(민소법 46조 2항). 또 제척·기피가 이유없다고 한 재판에 대하여는 즉시항고할 수 있으나(민소법 47조 2항), 제척 또는 기피신청이 이유있다고 하는 결정에 대하여는 불복신청을 하지 못한다(민소법 47조 1항). 재판에 의해 제척원인이 있는 것이 확정되면 그때까지 행하여진 소송절차는 전부 무효가 되며, 이를 간과한 종국판결은 상고이유(민소법 424조 1항 2호)와 재심사유가 된다(민소법 451조 1항 2

호). 제척·기피의 신청이 합의부의 법관에 대한 경우에는 그 법원의 소속법원에, 수명법관·수탁판사·단독판사에 대한 경우에는 그 법관에게 그 원인을 명시해서 신청해야 하며(민소법 44조 1항), 이때 그 원인은 소명으로 밝히는데 신청일로부터 3일내에 서면으로 하여야 한다(민소법 44조 2항). 제척이나 기피신청이 있는 때에는 그 재판이 확정될 때까지 소송절차를 정지하여야 한다(민소법 48조).

법관의 기피(法官의 忌避)

기피란 법률상 정해진 제척원인 이외의 재판의 공정을 기대하기 어려운 사정이 있는 경우에, 당사자의 신청을 기다려 재판에 의하여 비로소 법관이 직무집행에서 배제되는 것을 말한다. 이는 제척제도를 보충하여 재판의 공정을 보다 철저하게 보장하기 위한 것이다. 당사자는 법관에게 공정한 재판을 기대하기 어려운 사정이 있는 때에는 기피신청을 할 수 있다. 법관을 기피할 이유가 있다는 것을 알면서도 본안에 관하여 변론하거나 변론준비기일에서 진술을 한 경우에는 기피신청을 하지 못한다(§43). 「법관에게 재판의 공정을 기대하기 어려운 사정」이란 통상인의 판단으로서 법관과 사건과의 관계에서 편파적이고 불공평한 재판을 하지 않을까 하는 염려를 일으킬 수 있는 객관적 사정을 가리킨다.

민사소송법 제39조 제1항 소정의 "재판의 공정을 기대하기 어려운 사정이 있는 때"라 함은 당사자가 불공정한 재판이 될지도 모른다고 추측할 만한 주관적인 사정이 있는 때를 말하는 것이 아니고, 통상인의 판단으로서 법관과 사건과의 관계로 보아 불공정한 재판을 할 것이라는 의혹을 갖는 것이 합리적이라고 인정될 만한 객관적인 사정이 있는 때를 말하는 것이므로, 설사 소송당사자 일방이 재판장의 변경에 따라 소송대리인을 교체하였다 하더라도 그와 같은 사유가 재판의 공정을 기대하기 어려운 객관적인 사정이 있는 때에 해당할 수 없다*(대법원 1992. 12. 30. 자 92마783)*.

법관의 회피(法官의 回避)

독;Selbstablehnung

법관이 스스로 제척 또는 기피원인이 있음을 인정하고 자발적으로 그 사건에의 관여를 피하는 것을 말한다. 회피에 대해서는 법원의 허가가 있어야 하나(민소법 49조), 허가는 재판이 아니므로 허가 후에 그 법관이 당해 사건의 소송행위를 하는 일이 있더라도 그 행위에 관하여 무효나 취소의 문제는 생기지 않는다.

당사자(當事者)

법원에 대하여 자기명의로 판결이나 집행을 요구하는 자와 그에 대립하는 상대방을 당사자라고 한다. 즉 소송의 주체로서 자기에 대한 판결을 구하는 자 또는 판결이 요구되는 자를 가리킨다. 결국 원고와 피고를 의미한다. 판결절차에서는 자기의 명의로 소를 제기하여 판결을 받는 자와 그 상대방이며, 집행절차에서는 자기 이름으로 강제집행을 구하거나 집행을 당하는 자이다. 민사소송은 개인간에 발생한 분쟁을 해결하는 데 목적이 있으므로 서로 대립하는 지위의 당사자가 없으면 성립할 수 없다. 두 당사자의 대립(이 당사자대립주의)이 보통 소송의 경우이나 삼면소송관계가 특별히 인정되는 경우가 있다(독립당사자참가의 경우, 민소§72).

당사자소송(當事者訴訟)

독;Parteiprozess

소송법상상 근대의 소송은 원고와 피고가 당사자주의·당사자대등주의 내지는 당사자평등의 원칙에 입각한 공격·방어 방법을 통하여 서로의 권익주장을 한다는 의미에서 이를 당사자소송이라고 한다. 이와 같은 의미에서 당사자소송은 행정소송뿐만이 아니라 민사소송이나 형사소송에서도 찾아볼 수 있으며, 당사자소송을 기본으로 하고 있음을 알 수 있다. 민사소송에서는 특히 변호사소송에 대하여 당사자본인소송을 뜻한다. 형사소송에 있어서 당사자소송은 소제기후의 소송절차(공판절차)에 한해서 적용되며 당사자소송의 구조를 갖지 아니한 형사절차, 예를 들면 수사절차, 재판의 집행절차에서는 인정되지 않는다. 변호사강제주의를 채택하고 있는 독일법에서는 당사자소송이 불가능하나, 우리 민사소송에서는 이것이 가능하며, 헌법소송에서는 예외가 된다.

당사자대등주의(當事者對等主義)

독;Prinzip der Parteigleichheit, Waffengleichheit)

소송법상 대립당사자는 그 지위가 평등하고 대등한 공격·방어의 수단 기회를 가진다는 주의를 말한다. 무기평등의 원칙이라고도 한다. 민사소송법상 강제집행절차에 있어서는 채권자와 채무자의 지위의 상위상 당사자 대등주의가 성립하지 않으나, 판결절차에서는 원고·피고의 대등주의가 성립된다.

당사자능력(當事者能力)

독;Parteifähigkeit

민사소송에서 일방적으로 당사자가 될 수 있는 소송법상의 능력, 즉 소송법상의 모든 효과의 귀속주체가 될 수 있는 능력을 당사자능력이라 한다. 민법상 권리능력을 가진 자는 모두 당사자능력이 있다(민소§51). 이는 분쟁의 해결을 위해서는 사법상의 권리능력자를 동시에 소송의 주체로 하여 재판을 받게 하는 것이 가장 효과적이기 때문인데, 소송법은 재차 법인이 아닌 사단 또는 재단이라도 대표자 또는 관리인이 정해져 있는 경우에 관하여는 당사자능력을 인정하고 있다(§52). 이것은 법인이 아니라도 단체로서 여러 종류의 사회생활을 영위하고 거래사회에서 타인과의 사이에 이해의 대립을 발생시키는 경우에는 이들을 당사자로서 취급하는 편이 분쟁해결을 위하여 편리하다는 점에서 인정되기에 이른 것이다. 이 당사자능력을 결한 소는 부적법으로 법원에 의해 각하된다.

개념 비교

구분	의미
당사자능력	당사자가 될 수 있는 일반적인 능력
당사자적격	특정 소송물에 관해 당사자로 소송을 수행하고, 판결을 받을 자격
소송능력	스스로 또는 임의대리인을 통해 유효한 소송행위를 하거나 받을 수 있는 능력
변론능력	법원에 출석해 유효하게 소송행위를 할 수 있는 능력

소송무능력자(訴訟無能力者)

독;Prozessunfähige

소송당사자(또는 보조참가인)로서 스스로 또는 임의대리인을 통하여 유효하게 소송행위를 하거나, 또는 이를 받기 위하여는 소송능력이 필요한 바, 이러한 능력이 없는 자를 소송무능력자라고 한다. 소송능력이 없는 자는 법정대리인에 의하여 대리되지 않으면 안된다(민소법 55조). 일반적으로 소송수행은 거래행위보다 복잡하고 또 이를 제대로 못하는 경우에는 중대한 불이익이 따르므로 소송법은 소송능력을 갖추지 못한 자는 스스로 또 임의대리인을 통하여도 소송수행을 할 수 없도록 하여 소송에 있어서 자기의 이익을 충분히 주장·옹호할 능력이 없는 자인 소송무능력자를 보호하기 위하여 소송무능력자를 두게 된 것이다. 미성년자 또는 피성년후견인은 원칙적으로 법정대리인에 의해서만 소송행위를 할 수 있다. 다만, 미성년자가 독립하여 법률행위를 할 수 있는 경우, 피성년후견인이 「민법」 제10조 제2항에 따라 취소할 수 없는 법률행위를 할 수 있는 경우에는 예외적으로 소송능력을 가진다(민소법 제55조 1항). 미성년자가 독립하여 법률행위를 할 수 있는 경우란 미성년자가 법정대리인의 허락을 얻어 영업에 관한 법률행위를 하는 경우(민법 8·10조), 회사의 무한책임사원이 될 것을 허락받은 경우(상법 7조)에는 그 허락받은 범위 내에서 소송능력이 인정되는 경우를 들 수 있다. 또한 미성년자가 혼인한 때에는 성년자로 보므로(민법 826조의2), 이때에는 완전하게 소송능력을 가진다. 피한정후견인의 경우 한정후견인의 동의가 필요한 행위에 관하여는 대리권 있는 한정후견인에 의해서만 소송행위를 할 수 있다(민소법 제55조 2항). 민법상으로는 미성년자가 법정대리인의 동의를 얻어 법률행위를 할 수 있지만, 소송법상으로는 이 경우에도 소송능력이 인정되지 아니한다. 소송무능력자에 대하여 급속하게 소를 제기하려는 자는 법원에 그 특별대리인의 선임을 신청할 수 있다(민소법 62조).

당사자적격(當事者適格)

독;Sachlegitimation, Prozesslegitimation

일정한 권리 및 법률관계에 있어서 소송당사자로서 유효하게 소송을 수행하고 판결을 받기 위하여 필요한 자격을 당사자적격이라 한다. 구체적 소송에 있어서 어떤 자를 당사자로 하여야 분쟁해결이 유효하고 적절할 것이냐 하는 관점에서 인정된 제도이므로 이를 소송수행권 또는 소송실시권이라고도 하고, 그 자만이 적법하게 당사자로서의 자격을 갖는다는 의미에서 정당한 당사자라고도 한다. 당사자적격은 소송진행의 전제요건이 되므로 구체적 사건에 있어서 누가 누구를 상대로 소를 제기할 것인가는 청구의 내용에 의하여 결정한다. 이처럼 당사자적격은 구체적 사건과의 관계에서 문제가 되는 것이므로 당사자능력이나 소송능력과는 다르다. 따라서 적격을 갖는 자는 소송의 목적인 권리관계에 관하여 법률상의 이해가 대립하는 자이며, 대부분의 경우는 그 권리의 귀속자(권리자가 되는 자와 의무자가 되는 자)이지만, 반드시 귀속자 자신이 아니면 안되는 것도 아니다(타인간 법률관계의 확인도 인정되므로).

자격당사자(資格當事者)

일정한 자격을 가짐으로써 타인의 권리·이익에 관하여 자기의 명의로 민사소송의 당사자가 되는 자를 말한다(민소§96, §218③). 예컨대 파산재판에 관한 소송을 하는 파산관재인, 해난구조청구에 있어서의 선장(상§859②) 등이 있다.

변론능력(辯論能力)

법원에 출정하여 법원에 대한 관계에서 유효하게 소송행위를 하기 위해 요구되는 능력을 말한다. 법원에 대한 소송행위를 하기 위해 필요하기 때문에 당사자간의 소송행위에 있어서는 필요없으며, 이 점에서 모든 소송행위에 필요로 하는 소송능력과 차이가 있다. 법원은 소송관계를 분명하게 하기 위하여 필요한 진술을 할 수 없는 당사자 또는 대리인의 진술을 금지할 수 있다(§144①). 이러한 처분을 받은 자는 변론능력이 없다.

선정당사자(選定當事者)

공동의 이해를 갖는 까닭에 다수의 자가 공동으로 소송을 하려고 하는 경우에 그들 가운데 선정되어 모두를 위하여 대신 소송당사자가 되는 자를 선정당사자라 한다(민소§53①). 선정당사자제도는 수인이 전원 당사자로서 소송을 진행하는 절차의 복잡과 번거로움을 피하려는 데 그 목적이 있다. 하지만 법으로 강제되는 것이 아니고 당사자의 편의를 위하여 임의로 이루어지므로 실효는 반감되는 경향도 있다. 선정은 선정을 하는 자가 갖고 있는 각자의 권리나 이해에 관하여 소송을 진행할 권한을 선정당사자에게 수여하는 소송상의 행위이다. 선정을 하기 위해서는 원고 또는 피고가 될 자가 수인(2인 이상) 존재하고 있을 것, 이들이 공동의 이익을 갖고 있을 것 그리고 이 공동의 이익을 갖고 있는 자 가운데에서 선정할 것 등의 조건을 충족하여야 한다. 선정의 시기는 소제기의 전후를 묻지 않으며, 선정된 당사자는 그 자격을 서면으로 증명하여야 한다.

공동의 이해관계가 있는 다수자는 선정당사자를 선정할 수 있는 것인바, 이 경우 공동의 이해관계란 다수자 상호간에 공동소송인이 될 관계에 있고, 또 주요한 공격방어방법을 공통으로 하는 것을 의미한다고 할 것이므로 다수자의 권리·의무가 동종이며 그 발생원인이 동종인 관계에 있는 것만으로는 공동의 이해관계가 있는 경우라고 할 수 없을 것이어서 선정당사자의 선정을 허용할 것은 아니다(*대법원 1997. 7. 25. 선고 97다362*).

보정(補正)

소송상 제출하는 서류나 소송행위에 불충분한 점이나 하자가 있을 경우에 이를 보충하거나 고치는 것을 보정이라 한다. 예컨대 소송능력이 흠결된 자가 행한 소송행위에 추인의 여지가 있는 때에는 법원은 기간을 정하여 그 보정을 명하여야 한다. 그리고 대리인이 소를 제기한 때에도 그 대리권을 증명하는 서면을 제출하여야 한다. 이 경우 보정을 하지 않으면 그 행위는 무효가 되고 보정에 의하여 추인이 있게 되면 행위시로 소급하여 유효가 된다(민소§59, §60). 한편 소장은 일정한 형식을 가져야 하며 소정의 인지(印紙)를 첩부하는 것이 필요한데, 이에 불비(不備)가 있는 때에는 재판장이 원고에게 상당한 기간을 정하여 그 기간내에 흠결을 보정할 것을 명하고, 이 기간 내에 원고가 흠결의 보정을 하지 아니한 때에는 재판장은 명령으로 소장을 기각한다. 다만 흠결의 보정명령에 대해서는 즉시항고를 할 수 있다.

본인소송(本人訴訟)

독;Parteiprozess

민사소송에서 당사자가 변호사를 소송대리인으로 선임하지 않고 스스로 소송행위을 하는 것을 말한다. 현행법은 변호사강제주의을 채택하지 않으므로 보통 본인소송주의에 의하고 있으나 당사자가 변론능력이 없을 때에는 법원이 변호사의 선임을 명할 수 있다(민소§144).

공동소송(共同訴訟)

독;Streitgenossenschaft

공동소송은 소송에 있어서 대립되는 당사자의 일방 또는 쌍방이 복수인 복합적 소송형태를 가리킨다. 같은 편에서 있는 2인 이상의 사람들을 공동소송인이라 부르고, 그들이 원고이면 공동원고, 피고이면 공동피고라고 부른다. 공동소송인은 각자가 각각 자기의 이름으로 판결을 받는 자이며, 스스로 판결의 명의인이 되지 않는 법정대리인이나 사단의 대표자 및 재단의 관리인은 수인인 경우에도 공동소송인으로는 되지 않고, 반대로 현실적으로는 2인만 관여하고 있는 경우라도, 가령 동일인이 공유자의 1인이고 동시에 다른 공유자의 파산관재인으로서 제3의 공유자로부터 분할청구의 피고로 된 때와 같이 2 이상의 자격을 가지고 있는 때에는 공동소송의 성립을 인정할 수 있다.

공동소송인(共同訴訟人)

공동소송에서는 하나의 소송절차에 수인의 원고 또는 피고가 관여하는데, 이 경우와 같이 여러 원고 또는 피고를 말한다. 공동소송인의 지위는 공동소송인독립의 원칙에 의거한다. 통상의 공동소송이 개별적·상대적으로 해결해야 할 여러 개의 사건이 편의상 하나의 소송절차에 병합된 형태이기 때문에 공동소송인중 1인의 소송행위 또는 이에 따른 상대방의 소송행위가 다른 공동소송인에게 영향을 주지 않는다는 것을 가장 큰 특징으로 한다.

필수적 공동소송

(必須的 共同訴訟)
독;notwendige Streitgenossenschaft

소송의 목적인 권리 또는 법률관계가 공동소송인 전원에 대하여 법률상 합일적으로 확정되어야 할 공동소송을 필수적 공동소송이라 한다(민소§67①). 독일보통법시대 중기 이후 합유단체를 둘러싼 소송에서 발달한 공동 소송형태로서 합일확정 공동소송이라고도 한다. 법률상 판결의 내용이 공동소송인간에 서로 다를 수 없고 언제나 합일확정의 관계에 있기 때문에 증거공통의 원칙이 적용된다. 필요적 공동소송은 당사자적격을 갖는 자 전원이 또 전원에 대하여 소를 제기하여야 하는 고유필수적 공동소송과 당사자적격자 전원이 전원에 대하여 소를 제기하지 않아도 상관없는 유사필수적 공동소송으로 나뉜다.

고유필수적 공동소송에서 당사자는 수인이나 청구는 하나라는 것과 당사자적격자 가운데 한 사람만 빠져도 적법한 소가 될 수 없다는 점에서 유사필수적 공동소송과 구별된다. 그러나 양자가 모두 법률상 합일적으로 확정할 필요성이 있는 소송관계라는 점은 이미 언급한 바와 같다.

소송참가(訴訟參加)

독;Beteiligung Drittet am Rechtsstreite

소송의 계속 중에 소송외의 제3자가 타인 사이의 소송의 결과에 따라 자기의 법률상 이익에 영향을 미치게 될 경우에 자기의 이익을 위하여 그 소송절차에 가입하는 것을 말한다. 이러한 소송참가는 소송의 결과에 따라 영향을 받는 제3자를 보호하기 위한 제도인 것이다.

협의의 소송참가란 제3자가 당사자로서의 권한을 가지는 독립당사자참가(민소법 79·80조) 및 공동소송참가(민소법 83조), 제3자에게 당사자에 준하는 권한만 인정되는 보조참가(민소법 71조 내지 77조)를 말하며, 광의의 소송참가란 소송승계까지 포함한다.

소송탈퇴(訴訟脫退)

독;Prozwssurteil

종전의 소송당사자의 일방이 제3자의 소송참가(민소법 79조) 또는 승계인의 소송인수(민소법 82조)가 있는 경우에 그 소송으로부터 탈퇴하는 것(민소법 80조, 82조 3항)을 말한다. 또한 소송의 당연승계인인 때 피승계인이 소송에서 당연히 탈퇴하는 당연탈퇴의 경우도 있다(민소법 53조 2항). 당연탈퇴는 별다른 요건이 필요없으나, 그 외의 경우 탈퇴하는 당사자는 상대방의 승낙을 얻어야 한다. 그러나 참가인이나 승계인의 동의를 얻을 필요는 없다. 소송탈퇴의 효과로서는 탈퇴자가 소송에서 이탈함으로써 종전의 당사자로서의 지위를 상실하고, 탈퇴한 당사자의 지위를 새로운 당사자가 승계한다는 점을 들 수 있으나, 가장 중요한 효과는 새로운 당사자와 상대방이 그 후 소송수행의 결과 받은 판결의 효력이 탈퇴한 자에게도 미친다는 것이다(민소법 80조 단서). 이 때, 탈퇴자에 대한 판결의 효력의 성질에 대해서 참가적 효력설·기판력설·집행력포함설 등 견해가 대립되고 있으나, 집행력포함설이 통설이다.

보조참가(補助參加)

영;Intervention for Assistance
독;Nebenintervention, Streitgehilfe

타인간의 소송계속중 소송결과에 대하여 법률상 이해관계를 갖는 제3자가 한쪽 당사자의 승소를 위하여 소송에 참가하는 것을 보조참가라고 한다(민소§71). 보조참가를 하는 자는 소송의 당사자가 아니면서 타인간의 소송결과에 이해관계를 갖기 때문에 어느 한쪽을 보조하여 소송에 참가하고 자신의 이익을 보호할 수 있도록 하는 제도이다. 보조참가를 하려는 자는 서면이나 구술로 소송계속 법원에 참가신청을 하여야 한다. 참가신청은 참가의 취지와 이유를 명시하여야 하고, 당사자는 참가에 대한 이의를 제기할 수 있으나 이의 없이 변론을 하거나 준비절차에서 진술한 때에는 이의할 권리를 잃는다. 이의가 있으면 법원은 참가의 허부를 결정한다(§73①). 참가 결과 패소한 경우 참가한 자는 당사자가 아니므로 직접 판결의 효력을 받지는 않으나 후에 참가된 자와의 사이에 분쟁이 생겼을 때 전의 소송에서 조금 더 잘 했더라면 승소했을 것이라고 하여 책임을 전가시킬 수 없는 구속(참가적 효력)을 받는다(§77).

민소법 제77조의 참가적 효력의 성질

기판력설	기판력의 확장이라고 보는 견해이다.
참가적 효력설 (통설)	기판력과는 다른 특수효력으로 보는 견해이다. 즉, 참가적 효력으로서 피참가인이 패소하고 나서 뒤에 피참가인이 참가인 상대의 소송을 하는 경우 신의칙상 피참가인에 대한 관계에서 참가인은 판결의 내용이 부당하다고 주장할 수 없는 구속력을 받는다고 보는 것이다.
신기 판력설	참가인과 피참가인 사이에는 참가적 효력이 생기지만, 판결기초의 공동형성이라는 견지에서 참가인과 피참가인의 상대방 사이에도 기판력 내지 쟁점효를 인정해야 한다는 견해이다.
판례	참가적효력설의 태도이다(86다카2289참조).

보조참가인이 피참가인을 보조하여 공동으로 소송을 수행하였으나 피참가인이 그 소송에서 패소한 경우에는 형평의 원칙상 보조참가인이 피참가인에게 그 패소판결이 부당하다고 주장할 수 없도록 구속력을 미치게 하는 이른바 참가적 효력이 있음에 불과하므로 피참

가인과 그 소송상대방간의 판결의 기판력이 참가인과 피참가인의 상대방과의 사이에까지는 미치지 아니한다*(대법원 1988. 12. 13. 선고 86다카2289).*

공동소송적 보조참가

(共同訴訟的 補助參加)
독;streitgenössische od selbständige Nebenintervention

계속중인 소송에 대한 판결의 효력이 소송의 상대방과 제3자에게 미치는 경우에 그 제3자가 자기의 권리를 지키기 위하여 계속중인 소송에 보조참가하는 경우를 말한다. 우리 민소법에서는 공동소송적 보조참가를 인정하고 있다. 특히 제3자가 당해 소송의 소송물에 관해서 당사자 적격이 있을 때는 공동소송참가(민소법 83조)를 함으로써 피참가인의 소송견제를 벗어날 수 있으나 제3자에게 당사자적격이 없는 경우에는 당사자로써는 공동소송참가를 할 수 없이 보조참가만 가능하므로 공동소송적 보조참가제도가 필요하다(민소법 78조).

독립당사자참가(獨立當事者參加)

영;Independent Party Intervention

타인간의 소송계속중 그 목적과 관계있는 자기의 청구에 관하여 당해소송의 원고·피고를 상대로 재판을 요구할 목적으로 당사자로서 당해소송에 참가하는 경우를 의미한다(민소§79). 이러한 참가의 이유로는 타인간 소송의 목적 전부 또는 일부가 자기의 권리임을 주장하는 경우와 타인간 소송의 결과 자기의 권리가 침해되는 경우가 있다. 참가가 있으면 원고의 청구와 참가인 청구의 당부를 함께 해결할 목적으로 심리는 공통자료를 통해 함께 행해진다. 따라서 참가권의 심리에 있어서는 필요적 공동소송의 규정이 준용된다(§79②, §67).

당사자의 변경(當事者의 變更)

독 ; Parteiänderung

동일 소송절차에서 제3자가 소송에 가입하는 기회에 종전 당사자가 그 소송에서 탈퇴하는 경우를 널리 당사자의 변경이라고 한다. 신당사자가 탈퇴자의 지위를 승계하지 않는 경우와 신당사자가 탈퇴자의 기존의 소송상태를 승계하는 경우가 있다. 전자를 임의적 당사자의 변경이라고 하고, 후자를 소송승계라고 한다. 당사자의 변경도 넓은 의미의 소의 변경에 해당된다. 그러나 우리 민사소송법 제235조는 '청구의 취지 또는 원인'의 변경을 청구의 변경으로 하고 있으므로, 당사자의 변경을 소의 변경으로 논해서는 안 되며, 임의적 당사자의 차원으로 보아야 한다. 대법원 판례는 표시의 정정 이외에 임의적 당사자의 변경은 원칙적으로 허용하고 있지 않다. 이에 반해 통설은 임의적 당사자의 변경을 지위의 승계가 없는 당사자의 변경으로 보고 당연히 허용된다고 본다. 이는 당사자의 편의와 소송경제를 근거로 하는 것이다.

소송인수(訴訟引受)

독;übernahme des Prozesses

소송계속 중에 제3자가 그 소송의

한쪽당사자와 교대하여 그대로 상대방과의 사이에서 소송을 계속하는 것을 소송인수라고 한다. 예컨대 소송의 목적이 되어 있는 채무를 승계한 경우, 상대방의 신청에 따라 그 채무승계자를 소송의 당사자로 끌어들여 이 자가 소송을 계속하도록 하는 것을 들 수 있다. 이른바 소송을 인수시켜 계속하는 것이므로 「인수승계」(민소§82)라고 불린다. 채무승계의 경우뿐만 아니라 권리승계의 경우에도 승계인은 스스로 그 소송에 참가할 수 있으므로 채무승계의 경우와 마찬가지로 상대방의 인수신청은 가능한 것으로 되어 있다.

공동소송참가(共同訴訟參加)

소송의 목적이 한쪽당사자와 제3자에 대하여 합일적으로만 확정될 때, 즉 판결의 기판력(旣判力)이 당사자뿐만 아니라 제3자에 대하여 미치는 경우, 그 제3자가 그러한 한쪽당사자의 공동소송인으로서 그 소송에 참가하는 형태를 공동소송참가라고 한다(민소§83). 타인간에 소송이 승계하고 있고, 혹 그 소송에서 판결이 내려지면 그 효력이 제3자에게까지 미치는 경우에는, 그 자신이 별도로 같은 소를 제기하여 재판을 행하려고 하여도 먼저 타인간의 소송이 종료하면 시간에 맞지 않으므로 별도로 동일한 소를 제기하는 대신 현재 계속중인 소송을 이용하여 공동소송인이 되어 소송을 진행하는 길이 열려 있는 것이며, 이는 소송경제에도 일치하고 참가인을 보호함에도 유용한 제도로 되어 있다. 이 참가가 인정되는 것은 타인간의 소송이 아직 계속중이고 소송의 목적이 당사자간 및 상대방간에 일률적으로 확정되는 것인 경우이어야 한다.

공동소송인 독립의 원칙
(共同訴訟人 獨立의 原則)

일반적 공동소송에서는 공동소송인중 1인의 소송행위 또는 이에 대한 상대방의 소송행위 및 1인에 관해 발행한 사항(예컨대 소송중단의 사유)은 다른 공동소송인에게는 영향을 주지 않는다(민소§66). 따라서 소송의 진행·판결이 각각일 수 있다. 이것을 공동소송인 독립의 원칙이라 한다. 필요적 공동소송에서는 합일적 확정의 필요성으로 인하여 이 원칙을 인정하지 않고 있다(§67참조).

소송고지(訴訟告知)
영;notice of action
독;Streitverkündigung

소송고지란 소송계속중 당사자가 소송에 참가할 이해관계 있는 제3자에 대하여 일정한 방식(민소§85)에 따라 소송계속의 사실을 통지하는 것이다(§84). 이 통지제도의 목적은 소송에 참가할 수 있는 자에게 그 소송의 판결에 있어 참가적 효력을 미치게 하는 데 있는데 따라서 소송고지를 한 당사자는 패소하더라도 그 책임을 고지 받은 제3자에게 분담시킴으로써 장차 일어날 수 있는 분쟁을 일괄 해결할 수 있는 이점이 있다. 고지의 여부는 원칙적으로 당사자의 자유이며, 소송고지를 받은 제3자는 보조참가의 이익이 있는 자에 한정될 것이다.

소송대리(訴訟代理)

소송을 대리할 권한에 따라 당사자에 대신하여 소송행위을 수행하는 것을 소송대리라 한다. 즉 소송대리를 하기 위해서는 대리권을 갖고 있어야 하는데, 이 권한은 법령상 소송대리인이 갖는 법정의 권한으로 인정되는 것과 소송위임에 의해 인정되는 것이 있는 바, 소송법은 주로 소송위임에 의해 인정되는 경우를 정하고 있다(민소§92).

이 위임에 따라 소송대리권을 받은 자를 보통 소송대리인이라 부르는데 대리인이 되는 자는 원칙적으로 변호사가 아니면 안된다(§87본문). 즉 당사자 자신은 어느 법원에서나 스스로 소송을 행할 수 있으나, 타인에게 소송을 진행하도록 하는 경우에는 그 소송대리인은 변호사에 한정된다. 일단 소송대리인을 선정한 후에는 대리인이 대리권의 범위 내에서 행한 소송행위는 본인이 행한 것과 동일한 효력을 발생한다.

다만 소송대리인에게 소송을 위임했다고 하여 본인이 소송을 진행할 수 없는 것은 아니고, 본인은 언제라도 스스로 소송을 진행해 나갈 수 있다.

소송의 승계(訴訟의 承繼)

독;Sukzession od. Rechtsnachfolge in den Prozess

소송계속중 소송물로 주장된 권리·의무가 제3자에게 이전되었을 경우 그 지위를 승계받은 제3자를 소송에 가입시켜 이전의 절차를 속행하는 것을 말한다. 종전 당사자의 소송절차를 그대로 승계함으로써 소송경제를 도모하고 절차 중에 발생한 당사자간의 이익들을 그대로 보호할 목적으로 소송경제를 위한 참가제도를 법률에 규정하고 있다(민소§81). 소송의 승계의 방식을 독립당사자참가에 따른다.

당연승계(當然承繼)

소송계속 중 당사자의 지위가 제3자에게 포괄적으로 승계되는 것으로서 그 원인으로서는 (1) 당사자의 사망·소멸(민소법 211조 1항 후단, 212조 1항 후단), (2) 수탁자의 임무 종료(민소법 214조 후단), (3) 당사자의 자격상실(민소법 215조 1항 후단), (4) 선정당사자의 선정(민소법 49조), (5) 파산(민소법 217조)·파산절차 해지(민소법 218조) 등이 있다. 포괄승계의 원인이 발생하면 소송절차가 중단되고, 승계하여야 할 자가 신청을 하거나 상대방으로부터 신청이 있으면, 법원은 그 적격을 조사하여 적격이 인정될 때에는 승계인에 의한 소송의 승계를 허용하거나 승계하지 않는 경우에는 직권으로 그 속행을 명할 수 있고(민소법 222조), 승계이유가 없을 때에는 신청기각의 결정을 한다(민소법 219조, 221조). 포괄승계의 원인이 발생하였더라도 소송대리인이 있는 경우에는 소송절차가 중단되지 않는다(민소법 216조, 단 파산·파산절차해지시에서는 예외).

직권진행주의(職權進行主義)

독;Amtsbetrieb, Offizialmaxime

당사자진행주의에 상대되는 개념으로 소송절차의 진행에 있어서 법원측에 주도권을 인정하는 주의를 말한다. 형사소송에 있어서는 전면적으로 이 주의가 취하여지고 있으나, 민사소송에서는 원칙적으로 당사자 진행주의가 취하여지고 예외적으로 기일의 지정(민소법 165조), 직권송달(민소법 174조), 중단중인 소송의 속행(민소법 244조) 등 소송의 지연을 피하기 위하여서만 인정되고 있다.

직권조사사항(職權調査事項)

법원이 직권으로 조사하여 적당한 조치를 취하여야 하는 사항을 말한다. 일반적 소송요건의 존부(다만 항변사항은 제외), 소변경이나 반소요건의 존부, 강행규정의 준수의 유무, 사건에 적용되어야 할 실체법규의 탐색, 제척원인의 유무(민소법 41조), 변론공개의 유무 등이 이에 속한다. 직권조사사항에 관하여 법원은 당사자가 제출한 자료에 의하여 조사함으로써 족하므로 직권탐지주의만큼 넓은 의무를 지지 않는다. 직권조사사항에 관한 당사자의 신청이나 주장은 다른 공격방어방법과는 달리 제출시기에 제한을 받지 않는다(민소법 149, 285조1항단서, 434조).

소송에 관한 합의

(訴訟에 관한 合意)

현재 계속 중이거나 장래 계속될 특정의 민사소송 또는 강제집행에 대해 직접·간접으로 영향을 미칠 법률효과의 발생을 목적으로 하는 사인간의 합의를 말한다. 관할의 합의(민소법 29조), 담보제공방법에 관한 합의(민소법 126조 단서), 변론 및 준비절차의 최초기일의 변경합의(민소법 165조 2항), 불항소의 합의, 준비절차에 있어서의 당사자간의 협의(민사소송규칙 55조 2항)등 법률상 명문규정이 있는 경우에는 그것이 소송법상 효력을 발생함은 의문의 여지가 없으나, 법률상 명문규정이 없는 경우에도 소송상합의를 일반적으로 허용할 것인가가 임의소송금지의 원칙과 관련하여 문제된다. 그러나 오늘날 처분권주의와 변론주의가 적용되는 범위 내에서는 당사자는 어떤 행위를 하느냐 여부에 관한 자유를 가지고 있으므로 이러한 범위 내에서의 당사자간의 합의도 허용된다고 함이 일반적이다.

소송계약(訴訟契約)

독;Prozessvertrg

소송상의 효과가 발생을 주된 목적으로 하는 당사자간의 합의를 말한다. 소송계약은 민사소송법상 명문 규정이 있는 경우(예 : 관할의 합의(민소법 26조), 불항소의 합의(민소법 390조)) 뿐만 아니라, 명문규정이 없더라도 당사자의 처분권주의·변론주의 범위 내에서와, 당사자의 의사결정의 자유를 부당하게 제한하지 않는 범위 내에서는 허용된다(예 : 소취하의 계약, 증거법상의 계약 등)고 보는 것이 통설이다. 그러나 변론의 비공개에 대해서나 법원의 자유심증주의를 제한하는 내용의 계약은 무효이다. 소송계약의 성질에 대해서는 직접적으로 사법상의 효과만을 인정하려는 사법행위설과, 소송법상의 효력이 직접 발생한다는 소송행위설이 대립하고 있는데, 판례와 다수설은 사법행위설 중에서도 계약당사자간의 일정한 소송행위에 대한 사법상의 작위·부작위의무가 발생하고, 당사자의 일방이 이 의무를 이행하지 않으면 상대방에게 항변권이 발생한다는 견해를 취하고 있다. 소송계약의 요건에 대해서도 사법행위설을 따르면 민법의 규정이 적용되며, 소송법설에 따르면 소송법의 규정이 적용되나, 의사표시의 하자에 대해서는 민법의 규정이 적용된다고 한다.

소의 제기

소의 제기(訴의 提起)
독;Klageerhebung

소의 제기는 원칙적으로 원고가 소장을 관할법원에 제출함으로써 행하여진다(민소법 248·249조). 소장에는 소송주체(당사자·법정대리인), 청구의 취지 및 원인이 표시되어야 하며(소장의 필요적 기재사항), 소송물가액에 따른 법정의 인지를 첩용해야 한다. 피고에게 송달하기 위하여 피고인수의 부본을 첨부하고, 송달의 비용을 예납하여야 한다(민소법 116조). 소의 변경(민소법 262조 1항), 중간확인의 소(민소법 264조 1항), 반소(민소법 269·270조), 독립당사자참가(민소법 79·72조), 공동소송적 당사자참가(민소법 83·72조) 등에는 소장에 준하는 서면을 제출함으로써 소가 제기된 것이 되고, 소액사건에 관한 소는 구술제소 또는 임의출석에 의한 제소를 할 수 있다(소액사건심판법 4·5조). 소제기에 의하여 소송법상 소송계속의 효과가 발생하고 실체법상으로는 민법 기타 실체법상의 효과가 발생한다. (1) 재판상의 청구는 시효의 중단이 되고(민법 168조), (2) 어음법상의 상환청구권의 소멸시효의 기산점(어음법 70조 3항)이고, (3) 패소한 선의점유자를 악의로 의제하는 기준시(민법 197조 2항)며, (4) 소의 제기로 제척기간 준수의 효과(상법 184조 1항, 236조 2항, 376조 1항, 민법 204조 3항, 205조 1·2항, 206조 2항) 생기고, (5) 이혼소송의 제기는 간통고소의 요건이 된다(형소법 229조 1항).

소제기의 의제(訴提起의 擬制)

소의 제기가 있을 것으로 간주되는 것을 말한다. 즉 소의 제기는 소장이라는 서면을 법원에 제출하여 하는 것이 원칙이지만(민소법 248조), 소장을 제출하지 아니하여도 소가 제기된 것으로 보는 경우가 두 가지 있다. 하나는 독촉절차에 의한 지급명령에 대하여 채무자가 이의한 경우로서, 이 경우에는 독촉절차가 판결절차로 이행되며, 지급명령을 신청한 때에 소를 제기한 것으로 본다. 다른 하나는 제소전 화해가 불성립이 된 후 당사자가 제소신청을 한 경우로서, 이 경우에도 제소전 화해절차는 판결절차로서 이행되며, 제소전 화해를 신청한 때에 소가 제기된 것으로 본다(민소법 388조).

소장(訴狀)

독;Klageschrift

원고가 소를 제기할 때 제1심법원에 제출하는 서면을 말한다. 민사소송의 제기는 소장을 법원에 제출함으로써 한다(민소§248). 소장에는 반드시 당사자, 법정대리인, 청구의 취지 및 원인을 기재하여야 한다(§249①).

소송계속(訴訟係屬)

특정한 청구에 대하여 법원에 판결절차가 현실적으로 존재하는 상태, 다시 말하면 법원이 판결하는데 필요한 행위를 할 수 있는 상태를 말한다.

소송계속은 판결절차(협의의 소송절차)에 의하여 처리되는 상태를 말하기 때문에, 판결절차가 아닌 강제집행절차, 가압류·가처분절차·증거보전절차, 중재절차에 걸려 있을 때에는 소송계속이라 할 수 없다.

판결절차가 현존하면 소송계속은 있다고 할 것이며, 그 소가 소송요건을 갖추고 있지 못하더라도 상관없다. 다만 피고나 그 대리인에게 소장의 부본이 송달된 것으로 족하다.

소송계속은 특정한 소송상의 청구(소송물)에 대하여 성립하는 것이므로 청구의 당부를 판단하는데 전제가 되는 공격방어방법을 이루는 주장이나 항변으로 주장한 권리관계에 대하여서는 소송계속이 발생하지 않는다.

소권(訴權)

독;Klagrecht 불;action

법원에 소를 제기하여 심판을 청구할 수 있는 당사자의 권능을 소권(訴權)이라 한다. 즉 민사분쟁의 경우 누구나 그 해결을 위하여 소를 제기할 권능을 갖는데 이 권능을 소권(訴權)이라 부른다. 법원에 소를 제기할 수 있는 것도, 법원이 피고를 소환하고 심리를 진행하여 판결을 내리는 것도 모두 이 소권에서 출발하고 있다. 예전에 소권은 사권(私權)의 일부라고 생각되었다(사법적 소권론). 사권을 갖고 있는 자, 예컨대, 금전채권을 갖는 자는 채무자에 대하여 금전의 지급을 청구할 수 있고, 채무자가 응하지 않으면 법원에 제소할 수도 있다. 소는 사권을 행사하는 하나의 방법임에 틀림없다. 그러나 권리나 의무가 존재하지 않음을 확인하기 위한 소극적 확인소송이 인정되는 현행법상에서 사법적 소권론으로써는 소극적 확인소송을 충분히 설명할 수 없다. 사법적 소권론에 대하여 국가에 재판을 요구하는 공권으로서의 소권을 인정하는 것이 공법적 소권론이다. 공법적 소권론은 다시 승소·패소에 관계없이 재판을 받기만 하면 된다고 하는 추상적 소권론과 구체적으로 승소를 전제로 재판을 요구하는 구체적 소권론(승소판결청구권론)으로 나뉜다. 그러나 소송의 결과(소송의 승패)는 판결이 내려진 후에야 비로소 알 수 있는 것이므로, 소권은 소송의 승패를 묻지 않고 소의 내용에 관한 법원의 판결을 요구하는 공권이라고 해석하는 것이 적당하다.

소송요건(訴訟要件)

독;Prozessvoraussetzung

원고의 소의 내용에 관하여 법원이 판결(본안판결)하기 위한 요건을 소송요건 또는 본안판결요건이라 한다. 소송요건에 속하는 주된 사항으로는 (1) 법원에 관하여는 법원이 관할권을 가질 것, (2) 당사자에 관하여는 당사자가 현존하고 당사자능력 및 당사자 적격을 가질 것, (3) 원고가 소의 내용에 관하여 판결을 받을 법률상의 이익 내지 필요(권리보호의 이익)가 있을 것 등이다. 소송요건이 결여된 소는 본안판결을 받을 수 없고 소의 각하결정을 받게 된다.

권리보호의 이익

(權利保護의 利益)

독;Rechtsschutzinteresse

원고가 청구에 관하여 판결을 구하는데 필요한 법률상의 이익을 권리보호의 이익이라고 한다. 예를 들면, 갑이 을에게 100만원을 반환하지 않으므로 을이 법원에 소를 제기하여 판결을 받고 그 판결이 확정된 경우에는 을은 갑에 대하여 동일한 이유로 다시 소를 제기할 필요가 없을 것이다. 즉 100만원의 청구에 대하여는 법원의 확정판결에 따라 갑과 을의 분쟁이 해결되었기 때문이다. 이처럼 권리보호의 이익이 없는 경우에는 법원 또한 그 내용에 관해 심리·재판할 이유가 없으므로 소를 각하하게 된다. 이와 같이 법원에 제소하여 본안판결을 받기 위해서는 소송의 목적인 권리에 대하여 권리보호의 이익 또는 필요가 있어야 한다.

권리보호의 자격

(權利保護의 資格)

독;Rechtsschutzfäahigkeit

원고의 청구가 확정판결의 요건상 적합한 유형에 해당하는 내용인지의 여부를 권리보호의 자격이라 한다. 법원은 법률상의 쟁송을 재판하므로 자연적 현상의 변화 등에 관하여 다투거나 신앙적 사상에 관하여 다투는 것 등은 소송에 적합하지 않다. 법률상의 다툼이라 해도 추상적인 법령의 효력이나 해석의견 등은 소송에 적합하지 않다. 결국 원고의 청구는 재판상으로 주장하기에 적합한 특정권리관계의 주장이어야 한다. 따라서 법원에 제소하여 본안판결을 받기 위해서는 다툼이 있는 권리가 판결을 받기에 적합한 권리보호의 자격을 가진 것이어야 한다. 소에 의한 권리보호의 자격이 없는 경우, 법원은 원고의 소를 각하함으로써 권리에 관한 판단은 없다.

이행의 소(履行의 訴)

독;Leistungsklage, od. Verurteilungskl-age.

원고로부터 피고에 대하여 「…할 것(이행)을 요구한다」는 내용의 소이다(민소§251). 예를 들면 「피고는 원고에 대하여 金 10만원을 지급하라」(금전지급청구),「피고는 원고에 대하여 OO동 OO번지 가옥을 인도하라」(가옥인도청구), 「피고는 원고에 대하여 목조가옥 1동을 건축하여 줄 것」(주택건축도급계약이행청구), 「피고는 원고의 다방영업을 방해하지 말 것」(부작위청구) 등과 같이 특정한 구체적 내용의 이행을 청구하는 것이 이행의 소이다. 원고의 이행청구를 법원이 인정한 경우, 법원은 「피고는 원고에 대하여 金 50만원을 지급하라」와 같이 원고에 대한 피고의 이행을 명령하는 형태의 판결을 내리는 경우가 통례이며, 이것을 이행판결이라 부른다.

확인의 소(確認의 訴)

독;Feststellungsklage

당사자간 법률적 불안정을 방지하기 위해서 실체법상의 권리 또는 법률관계의 존부(存否)를 확인할 목적으로 하는 소송을 말한다(민소§250). 예를 들면 「OO번지 소재의 토지 100평은 원고의 소유라는 사실의 확인을 구한다」와 같은 소이다. 이 예에서 만일 피고가 원고의 토지에 불법 침입하여 건물을 건축하고 있으면「피고는 원고에 대하여 ××건물을 수거하여 ××를 인도하라」와 같이 이행의 소를 제기하여야 효과적이다. 그러나 그와 같은 침해행위가 아직 발생하지 않은 경우에는 확인의 소로써 족하다. 다만, 아직 침해는 없으나 이제 곧 침해할 우려가 있는 경우에는 상대방의 부작위를 청구하는 내용의 이행의 소를 제기할 필요가 있다.

형성의 소(形成의 訴)

독;Gestaltunsklage, Rechtsänderung-sklage

법률관계의 변동을 목적으로 하는 소송으로서, 형성판결에 따라서 형성요건의 존재를 확정함과 동시에 새로운 법률관계를 발생케 하거나 기존 법률관계를 변경시키거나 소멸시키는 창설적 효과가 있는 소송을 말한다. 원고인 갑이 피고인 을과 이혼하고 싶으나 을이 이혼에 동의하지 않는 경우, 갑측에 이혼할 정당한 원인이 있으면(민§840) 「갑은 을을 상대로 하여 원고와 피고는 이혼한다」는 내용의 판결을 구할 목적으로 소를 제기하는데, 이러한 소를 형성의 소라고 한다.

청구의 취지(請求의 趣旨)

영;purport of the claim

소장에는 청구의 취지와 청구의 원인을 반드시 기재하여야 하는바(민소§24

9①), 소장 가운데에 「…판결을 구한다」라고 기재되는 부분이 청구의 취지에 해당한다. 소장중의 청구의 취지를 통해 심판의 대상이 무엇인지를 판명할 수 있고, 법원의 판결은 이 청구를 인정한다거나 또는 인정하지 않는다는 형태로써 내려진다.

청구의 원인(請求의 原因)
영;cause of the claim

원고가 청구의 특정을 목적으로 소장에 열거한 사실관계를 청구의 원인이라 한다. 소장에는 청구의 취지와 청구의 원인을 기재하여야 한다(민소§249①). 청구의 취지는 원고가 어떠한 내용의 판결을 구하고 있는가, 어떠한 권리·의무관계에 관하여 심판을 구하고 있는가를 명시한 것이다. 이에 대하여 청구의 원인은 이러이러한 원인사실이 있으므로 청구의 취지에 기재한 판결을 구한다는 것처럼 청구의 원인이 되는 사실관계를 기재한 것으로서, 소의 원인이라고도 부른다.

청구의 기초(請求의 基礎)

소로써 주장하는 이익(청구의 이익)에 공통하는 기초를 말한다. 예를 들어, 갑은 을이 운전하는 자동차에 치어 다리를 다쳐 불구자가 되었다. 이에 갑은 을을 상대로 하여 치료비 150만원을 지급하라는 소를 제기하고, 소송 중에 다시 위자료 300만원을 추가하여 청구하였다. 이때 치료비와 위자료는 모두 동일사고로 인한 것이고, 그 기초가 공통되므로 소송의 계속중 이러한 변경을 인정하여 동일한 소송절차에서 심리·재판 할 수 있다는 규정을 두고 있다(민소§262).

예비적 청구(豫備的 請求)

주된 주장에 관한 판결의 청구가 그 목적을 달성할 수 없는 때를 위해, 이와 병행하지 않는 주장에 관하여 제2차적으로 행하는 판결의 청구를 예비적 청구라 한다. 갑으로부터 을에 대하여 매매대금의 지급을 구하면서, 만약에 매매가 무효라는 이유로 매매대금의 지급청구가 인정되지 않을 때에 대비하기 위한 물품의 반환청구는 예비적 청구이다. 법원은 제1의 매매대금 청구를 인용할 때에는 예비적 청구에 대하여 심판할 필요가 없지만, 제1의 청구를 기각할 때에는 예비적 청구에 대하여 심판하지 않으면 안 된다. 소를 제기할 때에 예비적 청구가 있으면 소의 예비적 병합이 되고, 소송의 중간에 예비적 청구가 있으면 소의 변경이 된다.

예비적 병합(豫備的 併合)
독;eventuelle Klagenhäufung

논리적으로 서로 저촉되지 않는 2개의 청구 가운데 하나가 이유있다는 것을 해제요건으로 하여 다른 청구의 심판을 구하는 경우를 의미하여, 청구의 병합의 한 유형이다.

경합적 병합(競合的 併合)

일개의 소송절차에 경합하는 수개의 권리를 병합하여 주장하는 민사소송상의 개념을 의미한다. 경합의 일종이나 여기에서의 권리의 경합은 수개의 청구권 또는 급부목적물이 동일하든가 또는 경제상의 목적이 동일할 때(예컨대 대여금과 그것을 담보하는 어음), 또는 수개의 형성권의 효력이 동일할 경우(예컨대 계약에 있어서 수개의 취소원인이 있는 경우)에 발생한다.

소송구조(訴訟救助)

경제적 약자에게 「재판을 받을 권리」의 실질적 보장을 위하여 민사소송법이 마련한 비용을 안들이고 소송을 할 수 있는 제도이다(§128~133).

요건 : 소송구조를 받으려면「소송비용을 지출할 자력이 부족한 자가 패소할 것이 명백한 경우가 아닐 때」라야 한다(§128).

소송구조의 객관적 범위 : 소송과 강제집행에 대한 소송구조의 범위는 다음과 같다. 다만 법원은 상당한 이유가 있는 때에는 그 일부에 대한 소송구조를 할 수 있다. ㉮ 재판비용의 납입유예, ㉯ 변호사 및 집행관의 보수와 체당금의 지급유예, ㉰ 소송비용의 담보면제, ㉱ 대법원규칙이 정하는 그 밖의 비용의 유예나 면제

구조의 절차 : 소송구조는 구조받고자 하는 자의 신청에 따라 또는 직권으로 할 수 있으며, 신청인은 구조의 사유를 소명하여야 한다(§128 ①·②).

구조효력의 주관적 범위 : 소송구조는 이를 받은 사람에게만 효력이 미친다. 법원은 소송승계인에게 미루어 둔 비용의 납입을 명할 수 있다(§130).

변론의 제한(辯論의 制限)

영;limitation of oral proceedings

심리의 편의상 법원에 의해 변론이 제한되는 경우이다. 원고 갑과 피고 을이 구두변론에서 수개의 주장을 하고 있는 경우, 법원으로서는 그것을 방치하여 두면 심리가 방만하게 되고 정리 불가능하게 될 염려도 있다. 예를 들면 갑은 을의 음주운전으로 차에 치어 부상당하여 100만원의 손해를 입었다고 주장하고, 을은 자신은 취하지 않았었고 갑의 신호 무시로 인해 사고가 일어났다고 하고 또 갑의 손해는 10만원 정도라고 주장한다고 하면, 법원으로서는 사고의 원인이 갑에 있는지 을에 있는지, 갑의 부주의인지 을의 부주의인지, 갑의 부상정도는 어느 정도인지 등을 확인해야 하고, 따라서 갑·을에게 손해액의 변론은 뒤로 미루게 하고 사고의 원인에 관해서만 변론을 시키는 조치를 취한다. 이처럼 심리의 편의에서 변론을 제한하는 것을 변론의 제한이라 한다(민소§141).

변론의 분리(辯論의 分離)

영;separation of oral proceedings
독;Prozesstrennung

하나의 절차로 병합된 수개의 청구를 별개의 절차에서 심리할 목적으로 분리하는 것을 말한다. 예를 들어, 원고

갑은 피고 을에 대해 100만원의 대금청구와 200만원의 매매대금청구를 병합하여 소를 제기하였다. 법원이 이 소송을 심리하는 경우 대금청구의 건은 간단하지만 매매대금청구의 건은 상품의 하자 문제가 얽혀 있어서 매우 복잡하고 심리에 상당한 시일이 소요된다. 이 경우 법원은 두 개의 변론을 별개로 분리해서 심리하여 대금청구에 관하여는 일찍 판결을 내릴 수 있다. 이처럼 한 개의 소송에 병합된 수개의 청구를 별개의 절차에서 심리할 목적으로 분리하는 것을 변론의 분리라고 한다(민소§141).

변론의 병합(辯論의 併合)

영;combination of oral proceedings
독;Prozessverbindung

동일한 법원에 계속중인 수개의 소를 하나의 절차에서 심리할 목적으로 결합하는 것이다. 예컨대 갑은 을을 상대로 하여 2월 1일에 대금 100만원의 지급을 구하는 소를 제기하였다. 이보다 앞서 갑은 을에게 200만원의 상품을 팔고 그 대금의 지급기일이 3월 1일로 되어 있었는데 3월 1일이 지나도 을은 매매대금을 지급하지 않으므로 3월 10일 갑은 재차 을에 대하여 매매대금 200만원의 지급을 구하는 소를 제기하였다. 이와 같이 합계 두 개의 소가 제기되어 있으나 별개로 심리하기보다 함께 심리하는 것이 적합하다고 생각되는 경우, 법원은 변론의 병합을 명하고 2개의 청구를 1개의 절차에서 심리할 수 있다(민소§141).

중복제소의 금지

(重複提訴의 禁止)

소송계속 중의 동일사건에 관하여 중복하여 소를 제기하는 것을 금지하는 원칙으로서 이중제소의 금지라고도 한다. 한 개의 사건에 관하여 이중 삼중으로 법원을 번거롭게 하는 것은 한 사람이 법원을 독점하는 것과 같은 것이므로 다른 사람들의 사건 심리가 그만큼 지연되게 된다. 법원은 공공기관이므로 사인(私人)의 재판제도 이용에는 한도가 있다. 현재 법원에서 심리를 받는 것은 권리보호의 이익이 없기 때문에, 민사소송법 제259조는 중복제소를 금지하고 있다.

소의 변경(訴의 變更)

독;Klageänderung

소송 도중에 원고가 청구의 기초에 변경이 없는 범위 내에서 청구취지나 원인을 변경하는 것. 예를 들면 갑이 을에게 가옥건축을 의뢰하고 도급보수로 500만원을 지급하였다. 그러나 을이 건축에 착수하지 않으므로 갑이 을을 상대로 하여 「계약대로 가옥을 건축하라」는 판결을 구하여 소를 제기하였다. 그 소송진행중 도급계약으로 정한 건축완성기한에 이르러서 을이 계약을 도저히 이행할 수 없다는 것을 알게 되어 갑은 을과의 계약을 해제하고 을의 채무불이행을 이유로 600만원의 손해배상청구를 하려 한다. 이 경우 도급계약이행의 청구와 손해배상의 청구와는 서로 관련이 있으므로 손해배상청구소송을 따로 제기하는 것보다 도급계약의 이행청구절차를 손해배상의 청구절차로 변경하여 종전의 절차를 유지하는 것이 편리할 것이다. 민사소송법 제262조는 위의 예에서 갑이 도급계약의 이행청구소송을 하고 있는 도중에 종래의 청구를 변경하여 손해배상청구로 바꾸는 것을 인정하는 바 이것이 소의 변경이다. 그러나 소의 변경은 그 절차를 현저하게 지연시키지 않는 경우에만 허용된다(민소§262①단).

교환적 소의 변경
(交換的 訴의 變更)

소의 변경의 한 유형으로 구청구(舊請求)와 교환하여 신청구(新請求)의 심리를 청구하는 경우를 뜻한다. 구청구의 소멸을 초래하는 점에서 소의 취하와 같으므로 피고가 본안에 관하여 변론을 행하였거나 준비절차를 이미 제출한 뒤에는 피고의 동의를 필요로 한다(민소§266①).

> 소의 교환적 변경은 신청구의 추가적 병합과 구청구의 취하의 결합형태로 볼 것이므로 본안에 대한 종국판결이 있은 후 구청구를 신청구로 교환적 변경을 한 다음 다시 본래의 구청구로 교환적 변경을 한 경우에는 종국판결이 있은 후 소를 취하하였다가 동일한 소를 다시 제기한 경우에 해당하여 부적법하다 *(대법원 1987. 11. 10. 선고 87다카1405).*

중간확인의 소(中間確認의 訴)
독;Zwischenfeststellung-sklage, Inzidentfeststellungs-klage

소송의 계속중에 본래 청구의 전제가 되는 권리관계에 관하여 당사자가 제기하는 확인의 소를 말한다. 예컨대 갑이 소유하는 라디오를 을이 고장내어 갑이 을을 상대로 30만원의 손해배상청구소송을 제기하였다. 그런데 이 소송에서 을은 라디오가 갑의 소유임을 부인하고 라디오는 을의 소유물이라고 주장하였다. 이 경우 갑은 본래 소의 목적인 손해배상청구권의 존재를 판결받기 위해 우선 라디오가 갑의 소유인 점을 확실히 해야 한다. 따라서 라디오가 갑의 소유라는 것을 밝히는 일이 선결문제이다. 민사소송법 제264조는 소송의 계속중 이러한 선결문제에 관하여 분쟁이 발행한 경우 위 예에서 갑은 손해배상의 청구를 확장하여 라디오의 소유권에 관한 확인의 소를 제기하고 양자를 함께 심리·재판받는 것을 인정하고 있다. 소송의 계속중 제기되는 확인의 소이므로 중간확인의 소라 한다.

소송상의 구조(訴訟上의 救助)
독;Armenrecht

자기의 정당한 권리를 주장하기 위해 소를 제기하거나, 상대방으로부터 부당하게 제기된 소송을 방어하기 위하여 필요한 소송비용으로 감당해 나갈 자력이 없는 자를 구제하기 위한 제도를 말한다. 소송상의 구조의 요건으로서는 소송비용을 지출할 자력이 부족하고 패소할 것이 명백하지 않아야 한다. 소송상의 구조는 각 심급마다 신청에 의하여 구조사유의 소명을 거쳐 결정으로 부여하고, 각심급에서 부여한 구조의 효력은 당해 심급에 한하여 효력이 있다(민소법 128조). 소송상의 구조신청은 소송계속 중에서 그 법원에, 소송계속 전에는 신청인이 장래에 제기할 본안소송의 관할 법원에 제기하여야 한다. 소송상의 구조신청을 각하한 결정에 대하여 신청인은 즉시항고할 수 있다(민소법 133조). 소송상의 구조부여결정이 있었다 하더라도 피구조자가 처음부터 자력이 부족한 자가 아니었다는 것이 판명되거나, 구조부여결정 후 피구조자가 자력을 가지게 되었을 경우에는 법원(소송기록이 있는 법원)은 언제든지 구조결정을 취소하고 유예한 소송비용의 지급을 명할 수 있다(민소법 131조). 소송구조는 (1)당사자가 소송을 수행함에 있어서 법원에 납입하여야 할 비용(예 : 인지대금), (2)당사자가 법원에 예납하여야 할 송달·공고의 비용, 증인·감정인·통역인 등에 지급해야 할 여비·일당·숙박료 및 법관·법원사무관 등 법원직원의 현장검증을 위한 출장에 소요되는 경비, (3)대법원규칙이 정한 범위 내에서의 변호사의 보수 및 집행관의 보수와 증인 기타의 조사에 소요된 국가의 체당금의 지급유예, (4)소송비용의 담보의 면제에 그 효력이 미친다.

소송상의 담보(訴訟上의 擔保)

독;Sicherheitsleistung
불;caution judiciaire

민사소송이나 강제집행에 관해 당사자의 일방이 임시로 자기에게 유리한 소송행위를 하는 것이 허용되는 때에 그에 의해 장래 상대방에 대하여 부담할 일이 있을 비용의 상환의무나 손해배상의무에 대해 미리 제공하는 물적·인적담보를 말한다. 한편 법원은 당사자 또는 법정대리인으로 하여금 보증금을 공탁하게 하거나 그 주장이 진실함을 선서하게 하여 소명에 갈음할 수 있는 바(민소법 299조2항), 이 같은 소명대용의 보증금은 당사자의 진술의 진실성을 확보하는 수단에 불과하며, 상대방을 위해 제공하는 소송상의 담보와 구별된다. 소송상의 담보의 대표적인 종류로 소송비용의 담보가 있다. 즉 원고가 대한민국에 주소·사무소와 영업소를 두지 아니한 때 또는 소장·준비서면, 그 밖의 소송기록에 의하여 청구가 이유 없음이 명백한 때 등 소송비용에 대한 담보제공이 필요하다고 판단되는 경우에 피고의 신청이 있으면 법원은 원고에게 소송비용에 대한 담보를 제공하도록 명하여야 한다. 담보가 부족한 경우에도 또한 같다(민소법 117조 1항). 법원은 직권으로 원고에게 소송비용에 대한 담보를 제공하도록 명할 수 있다(동조 2항). 이것은 패소하여 소송비용을 부담하게 되는 경우에 그 소송비용상환의무의 이행을 확보하기 위한 것이다. 이 때에 피고는 원고가 담보를 제공할 때까지 응소를 거부할 수 있으며(민소법 119조), 기간

내에 지공하지 않을 때에는 소를 각하할 수 있다(민소법 124조). 담보제공의 방법으로서 특약이 있을 때에는 그에 의하고 특약이 없을 때에는 그전 또는 법원이 인정하는 유가증권을 공탁하거나 대법원규칙이 정하는 바에 따라 지급보증위탁계약을 체결한 문서를 제출하는 방법에 의한다. 또한 담보의 취소(민소법 125조), 변경(민소법 126조)도 인정된다.

변 론

변론주의(辯論主義)

독;Verhandlungsmaxime

본안판결을 목적으로 하는 소송자료(사실과 증거)의 제출은 당사자에게 일임하여 법원이 관여하지 않는다는 원칙을 뜻하는 개념으로 직권주의에 대응하는 개념이다. 민사소송은 원래 당사자의 사익에 관한 분쟁해결이 목적이므로 소송자료의 제출을 당사자에게 맡기는 것이 보다 공평하고 능률적인 절차진행을 기대할 수 있을 것이다. 뿐만 아니라 법원이 이에 관하여 앞장서서 조사한다는 것은 당사자의 소송수행에 대한 관심을 감소시키고 만일 진실을 발견하지 못하면 오히려 불공평한 결과를 일으키게 되므로 변론주의를 채택한 것이다. 그러므로 당사자는 스스로 자료를 제출하여 사실을 증명하지 않으면 불이익을 받게 되며, 다른 한편 법원은 당사자의 변론에 나타난 사실만을 가지고 재판의 기초로 하여야 하므로, 당사자의 자백과 상반되는 사실을 인정할 수 없는 구속을 받게 된다. 이는 명문의 유무를 막론하고 민사소송제도하에서 당연히 인정되는 원칙이다. 예를 들면, 대금반환청구소송에서 원고가 소비대차계약을 체결한 사실을 주장하여도, 그것을 증명할 수 없는 한 법원이 채택해서는 안되며, 반대로 피고가 실제로 변제했더라도 변제사실을 주잘·입증하지 않으면 법원은 당해변제가 없는 것으로 판단하여야 한다.

속심주의(續審主義)

항소법원이 제1심의 심리를 기초로 하여 새로운 자료를 추가시켜 사건에 관하여 판단함으로써 원심판결의 당부를 심리하는 주의를 말한다. 이에 따르면 당사자는 항소심에서 새로운 공격방어방법의 제출이 가능하게 되는데, 이러한 신자료의 추가를 변론의 갱신권이라고 한다. 이 경우 항소심변론은 제1심 변론의 속행심리가 되고, 항소심을 경유한 경우의 기판력의 표준시는 항소심의 변론종결시가 된다. 독일·일본과 우리 민사소송법(민소법 407조 2항)은 이 주의를 취하고 있다. 속심제는 청구를 새로이 계속심리한다는 점에서 진실에 보다 가까워질 수 있는 장점은 있으나, 심리를 새로이 계속함으로써 소송의 지연을 가져오고, 항소가 소송지연의 수단으로 악용될 우려가 있으며, 항소법원은 보통 당사자의 주거와 지리적으로 원거리에 있기 때문에 당사자와 변호사간에 연락을 취하기가 어렵고, 사실 및 증거조사에 1심보다 심리가 원활히 진행되지 아니한다. 그리고 소송비용이 많이 들며, 항소심에 있어서의 증인은 1심을 체험하였으므로 사건의 핵심이 어디에 있는가를 알고 있기 때문에, 자기와 이해관계를 공통으로 하고 있는 자에게 유리하도록 증언하거나 1심에서 불명료하였던 것을 명백히 말하는 것과 같은 작위가 개입될 위험성이 있다. 뿐만 아니라 심리의 중점이 2심으로 옮아가 1심에서 신중한 심리를 할 의미가 없어진다는 단점이 있다.

구두주의(口頭主義)

독:Mündlichkeitsprinzip
불:principe de l'oralit

서면주의에 상대되는 개념으로서 구술에 의하여 제공된 소송자료에 기하여 재판을 행하는 주의를 말한다. 구두주의는 법관에게 신선한 인상을 주고 법관이 진술태도를 통하여 진술의 진의를 파악할 수 있으므로 법관이 정확한 심증형성을 할 수 있다는 장점이 있다. 그뿐 아니라, 공개주의나 직접주의 등의 다른 요청에 구두주의는 쉽게 기여할 수 있다. 그러나 구두주의를 취한다고 해서 서면의 중요성이 부정되는 것은 아니다. 우리 민소법에서는 그 결함을 보충하기 위하여 서면주의를 가미한다.

변론(辯論)

독;Verhandlung

정하여진 기일에 당사자 쌍방이 구술(口述)을 통하여 진술, 공격방어방법의 제출을 하는 것을 뜻하며, 구두변론이라고도 한다. 당사자 쌍방이 구술에 따른 진술을 통하여 직접 법원에 소송자료(사실과 증거)를 제출하는 것이 심리의 방식으로서 합리적일 뿐만 아니라, 민사소송의 근본원리인 공개주의, 대심주의, 구두주의, 직접주의와 쉽게 결합하기 때문이다. 따라서 판결을 함에는 특별한 규정이 있는 경우(민소§124, §219, §413, §429, §430) 외에는 반드시 당사자의 변론에 의하지 않으면 안되고 (민소§134①), (이것을 필요적 변론이라 한다), 구두로 변론한 사항만

민사소송법

판결의 기초가 되며, 또 그 전부(준비절차의 결과의 진술〈§287②〉, 종전 또는 제1심 변론의 결과의 진술〈§204②, §407②〉도 포함한다)가 기초로 되어야 한다. 이에 대하여 결정·명령에 따라 재판하기 위해서는 (§28, §62⑤, §82② 등) 변론을 해야 하는지, 어떤지를 법원 또는 법관의 재량에 의해 정할 수 있으나(§134①단, 이를 임의적 변론이라 한다), 변론을 열지 않은 때는 서면과 당사자의 심문(§134②)에 의해 심리할 수 있고 변론을 연 이상은 필요적 변론의 규정에 따라 행한다. 공격방어방법은 변론종결시까지 언제라고 제출할 수 있으므로 변론기일이 몇 회에 걸쳐도 또 어느 단계에서 제출하여도 변론은 동일한 효과를 갖는다(이를 변론의 일체성이라 한다). 더구나 당사자 일방이 변론기일에 결석하거나, 출석했지만 본안변론을 하지 아니한 경우도 당사자가 제출한 소장, 준비서면 등에 기재한 사항은 진술한 것으로 간주하여 변론으로 의제하고 있다(§148①)

변론의 일체성(辯論의 一體性)

독;Einheit der mündlichen Verhandlung

소송은 포괄적으로 준비된 1회의 변론기일에서 완결되는 것이 바람직하므로, 현실적으로 변론이 수회에 걸쳐 행해졌다 하더라도 이들이 일체를 이루어 후의 기일에는 전회까지의 변론을 속행하면 되고, 또 어느 기일에 변론이 행해지더라도 동일한 효과를 가진다고 하는 것을 말한다. 이에 따라 각 기일에 있어서 종전의 변론을 경신하거나, 그 결과를 진술할 필요가 없게 되며, 변론에 제출된 소송자료는 어느 기일에 제출되었더라도 변론종결시에 동시에 제출된 것으로 간주된다. 변론의 일체성은 항소심까지 포함한다.

변론의 지휘(辯論의 指揮)

소송절차에 있어서 변론의 개시를 명하고, 변론 도중에는 변론을 질서 있고 신속·원할하게 행할 수 있도록 정리하며, 소송이 재판을 하기에 성숙하면 종결하는 등 변론에 관한 전과정을 주재하는 것을 말한다. 이는 소송절차를 신속·원활히 진행시키고 심리를 완전하게 하여 분쟁을 신속·원활히 진행시키고 심리를 완전하게 하여 분쟁을 신속·적정하게 해결하기 위해 법원에 인정된 소송지휘권의 일부이다. 민사소송법 제135조에 의하면, 변론은 재판장이 지휘하고 재판장은 발언을 허가하거나 그 명에 응하지 않는 자에 대해 발언을 금지할 수 있다. 변론의 지휘는 합의부 법원에서는 재판장이 행하고 단독법원에서는 단독판사가 행한다.

변론조서(辯論調書)

영;protocol for hearing

변론진행과정을 공증할 목적으로 법원사무관 등이 기일마다 작성하는 서류를 변론조서라고 한다(민소§152). 조서에는 변론의 형식에 관하여 제153조 각호에 규정된 형식적 기재사항을 구비하지 않으면 안 된다. 실질적 기재사항(§154)은 변론의 내용에 관한 사항으로 그 내용 전부를 기재할 필요는 없고 변론의 진행, 경과, 요지를 기재하면 충분하다. 변론의 방식에 관한 사항, 예를 들면 기일의 개시, 변론의 공개·비공개, 증인의 선서와 진술, 재판의 선고 등은 조서가 멸실되지 않은 한 조서의 기재를 통해서만 증명할 수 있을 뿐이며, 다른 증거로 증명하는 것은 허용되지 않는다(§158). 그러나 변론의 내용이나 증거조서의 내용에 관하여는 조서만이 증거가 되는 것이 아니며 다른 증거로써 증명할 수 있으며, 소송당사자는 그 기재내용에 관하여 다툴 수 있다. 한편 법관도 조서에 기재되지 않은 다른 증거를 판결의 기초로 이용할 수 있다.

선결문제(先決問題)

독;Vorfage, Präjudizialfage
불;question préjudicielle

판결을 하기 위한 전제로서 우선 결정을 요하는 문제를 뜻한다. 특히 행정재판과 사법재판을 분리하는 제도하에서 사법법원이 민사 또는 형사의 재판을 하는 경우 그 본래의 해결을 위한 전제로서 우선 결정해야 할 행정법규의 적용에 관한 문제를 의미하였다. 이러한 의미에서 선결문제의 취급방법이라 함은 일시 본안의 심리를 중단하고 선결문제에 관하여 권한 있는 행정청 또는 행정법원의 판단을 기다리는 주의[프랑스]와 원칙적으로 본안법원이 이를 심리·결정하는 주의[독일]로 나눌 수 있다. 우리나라 헌법은 행정재판·사법재판의 분리를 인정하지 않으므로 이 같은 의미에서의 특수한 선결문제의 개념은 존재하지 않는다고 보아야 한다. 그러나 본안 판결의 전제로서 행정행위의 적법성이 문제가 되는 경우는 행정행위가 일단 유효하게 행하여지고 있으면 그 적법성의 심사는 당해 행위의 취소·변경을 청구하는 소의 절차를 따라야만 한다.

석명권(釋明權)

독;Fragerecht, Aufklärungsrecht

소송관계를 명료하게 하기 위한 조치로서 재판장이 당사자에게 사실상·법률상 사항에 관하여 질문하고 입증을 촉구할 수 있는 후견적 권능을 의미한다(민소§136). 판결은 당사자가 제출한 사실과 증거를 기초로 하여 행해지는 것이므로 실체적 진실발견과 판결의 적정은 당사자 쌍방이 공정하고 대등한 힘을 가지고 있고 또한 충분한 소송자료를 정확히 제출하는 것을 전제로 하여 비로소 기대할 수 있는 것인데, 실제로 소송에서는 반드시 그렇게 되지는 않을 것이므로 당사자의 청구나 공격·방어방법의 모두에 관하여 불명확이나 모순이 있는 경우에 이를 명확히 하기 위하여 법원이 당사자에게 변명시키고 또는 소송절차에 관하여 무지나 오해로 인한 필요증거의 불제출 등에 대해 당사자에게 주의를 시킬 권한을 갖는다. 특히 본인소송과 같은 경우에는 이 석명권(釋明權)의 기능은 민사소송의 대헌장이라고 부를 만큼 법원의 중요한 권한이자, 의무가 된다. 그 결과 법원이 석명의 의무를 완수하지 않은 경우에는 심리불충분으로 상고의 이유가 된다.

법원이 석명을 태만히 하거나 그릇 행사한 경우 상고이유가 되는지 여부

적극설	석명권의 범위와 석명의무의 범위가 일치하는 것을 전제로 석명권 불행사가 판결결과에 영향을 미칠 수 있는 한 모두 심리미진이고 상고이유가 된다는 견해.
소극설	석명권은 법원의 권능이고 그 행사 여부는 법원의 자유재량에 속하므로 석명권의 불행사는 상소의 대상이 되지 않는다는 견해.
절충설 (다수설)	석명권의 중대한 해태로 심리가 현저히 조잡하게 되었다고 인정되는 경우에는 상고이유가 된다고 보는 견해.

수명법관(受命法官)

영;commissioned judge
독;beauftrager Richter
불;juge-commissaire

법원합의부를 구성하는 인원으로서 법정된 일정사항에 관해 처리를 위임받은 법관을 말한다. 예컨대 수소법원 외에서 증거조사를 할 경우(민소§297①)라든가 당사자에게 재판상의 화해를 시키려고 시도하는 경우(§145)에 그 합의제법원의 구성원인 법관을 재판장이 지정하여(§139) 직무를 행하게 한다. 그 수명법관은 위임된 사항을 처리하기 위해서는 법원이나 재판장과 같은 권한이 부여된다(§332). 그러나 수명법관이 신문할 때에 취한 조치에 대한 이의에 관하여는 합의부가 재판한다. 또한 수명법관이 행한 재판에 대한 불복신청은 직접 상급심으로의 항고는 인정되지 않으며, 합의부에 대한 이의의 신청이 선행되어야만 한다(§441).

수탁판사(受託判事)

독 ; ersuchter Richter
불 ; juge requis, juge enquêteur

소송의 계속중에 있는 법원의 촉탁을 받아서 일정한 사항을 처리하는 판사를 뜻한다. 예를 들면, 소송계속 중인 법원보다도 먼 곳에 위치하는 장소에서 증거조사를 하는 경우(민소§297①) 및 당사자에게 재판상의 화해를 권고하는 경우(§145)에 다른 지방법원판사에게 증거조사를 의뢰할 수 있는데, 이 때 그 의뢰의 처리를 담당하는 판사를 말하는 것이다. 의뢰는 소송계속 중 법원의 재판장이하며(§139②), 그 위촉을 받은 수탁판사는 상황판단 후 재차 타 지방법원판사에게 촉탁할 수 있다(§297②). 수탁판사는 수소법원을 구성하는 자는 아니지만 촉탁에 따라 일정사항을 처리하는 것은 수명법관원의 경우와 같으므로 그 취급 또한 수명법관과 일치한다.

공격방어방법(攻擊防禦方法)

독;Augriffs und Verteidigungsmittel

민사소송의 경우에 당사자가 그 본안의 청구를 지지하고 이유가 있음을 주장하는 법률상·사실상의 모든 진술과 증거의 신청을 의미한다(민소§76, §99, §100, §149, §201). 공격방법과 방어방법의 구별은 제출자의 입장에 따라 구별된 것으로 내용상 분류는 존재하지 않는다. 소의 변경, 반소, 중간확인의 소 및 상소 등은 그 자체가 본래의 신청이므로, 신청의 기초를 성립시키는 공격방법에는 해당하지 않는다. 현행법

은 공격방어방법의 제출시기에 관하여 수시제출주의를 택하고 있으며 약간의 제한을 두고 있다(§149, §258). 한편 방어방법은 단순한 부인이 아니라 소송상대방의 주장을 배척할 목적으로 별개의 사실을 주장하는 것인바, 이를 특히 항변이라 한다.

진술(陳述)

영;tetimony
독;Behauptung

당사자가 자신의 청구를 이유 있게 할 목적으로 또는 상대방의 신청을 배척할 목적으로 사실상 또는 법률상의 사실의 존부(存否)에 관한 인식을 법원에 보고하는 소송행위를 진술이라 한다. 이를 主張(주장)이라고도 하며, 이에는 법률상의 진술과 사실상의 진술이 있다. 법률상의 진술은 두 가지로 나뉘는 바, 법규의 존부 또는 그 해석과 적용에 관한 의견진술을 포함하는 광의의 법률상 진술과 구체적인 권리의 발생·변경·소멸에 관한 자기판단을 법원에 보고하는 주장으로서 권리주장이라고도 하는 협의의 법률상 진술이 있다. 한편 구체적인 사실의 존부에 관한 인식을 법원에 보고하는 진술을 사실상 진술이라고 한다.

적시제출주의(適時提出主義)

적시제출주의란 당사자가 공격방어방법을 소송의 정도에 따라 적절한 시기에 제출해야 하는 입장을 말한다. 민사소송법 제146조에서는 '공격 또는 방어의 방법은 소송의 정도에 따라 적절한 시기에 제출하여야 한다.'고 하여 적시제출주의를 채택하고 있다(민소§146). 과거 민사소송법에서는 '공격 또는 방어의 방법은 특별한 규정이 없으면 변론의 종결까지 제출할 수 있다.'고 하여 수시제출주의를 채택하고 있었으나(구법 민소§136), 2002년 민사소송법 전부개정시 적시제출주의를 채택하였다. 수시제출주의는 시기의 제약을 받지 않고 가치 있는 소송자료와 증거자료를 선택하여 충분히 제출할 수 있으므로 적정한 재판을 기할 수 있다는 장점이 있지만, 악의의 당사자에 의하여 소송지연의 도구로 남용되는 폐해도 적지 않았다. 이에 최근의 입법추세에 맞추어 적시제출주의를 채택한 것이다.

이의(異議)

법원 또는 상대방이 소송절차의 규정을 위반한 소송행위에 관하여 그 부당 또는 위법을 주장하는 것을 말하며, 이 이의를 제기할 당사자의 권리를 책문권(責問權))이라 한다. 당사자의 위법소송행위 대부분은 법관이 알 것이며, 알지 못하면 당사자가 이를 지적하여 법원은 그것을 배척할 뿐이다(특히 규정에 의해 이의권을 인정하고 있는 경우에도 이의를 제기하지 않은 때는 이의권을 잃는다(민소§73, §74, §266②). 그러나 재판기관의 행위에 대한 이의의 신청은 중요한 경우에는 법원이 재판한다. 예를 들면 재판장의 변론지휘(§135), 석명권(釋明權)·구문권(求問權)의 행사(§136), 석명준비명령(§137) 등의 변론의 진행에 대한 이의에 관하여는 법원이 결정으로 재판한다(§138). 또 수명법관·수탁판사의 재판에 대한 이의는 항고가 허용되는 재판에 한하여 소송이 계속하고 있는 법원에 이의신청을 하고 이에 대해서는 결정으로 재판한다(§441). 그밖에 소송관계인은 조서의 기재에 대하여 이의를 제기할 수 있는데(§157②), 그 사유를 조서에 기재하고 이의가 정당한 경우에는 조서상의 기재를 정정하면 충분하고, 이의에 관한 별개의 재판은 필요 없다.

책문권(責問權))

독;Rügerecht

당사자가 법원 또는 상대방의 소송행위가 소송절차에 관한 효력규정에 위배되었다는 이의를 하여 그 무효를 주장하는 소송법상의 권리를 책문권(責問權)이라 한다. 소송절차의 진행은 법원이 지휘·감독하는 것이므로 절차규정에 위배하는 소송행위는 당연히 배척되겠지만 법원도 그 위배를 간과하는 경우도 있을 것이므로 그것을 알게 된 당사자가 그 사실을 법원에 지적함으로써 그 소송행위를 배척하거나 고칠 것을 주장할 수 있다고 하는 것이 책문권인 것이다. 그러나 책문권의 행사가 있으면 언제라도 그 하자 혹은 소송행위가 무효로 되고, 그것을 기초로 하여 진행된 절차를 무효로 한다고 하면 소송절차를 불안정하게 하고 또 소송경제에도 반한다. 그래서 소송절차규정에 위배되는 소송행위라도 그것이 당사자의 이익보호를 목적으로 하는 이익규정에 위배되면 그에 따라 불이익을 당하는 당사자가 이에 이의를 주장하지 않는 때는 무효로 할 필요가 없을 것이다. 그러므로 사익규정(私益規定)의 위반에 관한 한, 책문권을 포기할 수 있게 되고, 또 당사자가 그 위배를 알면서 혹은 당연히 알 수 있었는데 지체 없이 이의를 주장하지 않는 때는 책문권을 상실하는 것으로 한다(민소§151). 따라서 책문권의 포기·상실에 의해 그 위배에 근거한 하자는 치유되는 것이 된다. 이에 반하여 법원의 구성, 법관의 제척, 반소(反訴)나 공동소송 등의 요건, 상소(上訴)의 요건, 변론의 공개, 소송요건 등의 절차규정은 공익강행규정이어서 법원이 직권에 의해 그 준수를 확보해야 할 경우이므로 책문권의 포기·상실에 의해 그 절차규정의 위배는 치유되지 않는다. 사익규정의 주된 예는 소의 제기방식, 소환, 송달, 참가신청의 방식에 관한 규정, 증거조사의 방식에 관한 규정 및 소송절차의 중단 또는 중지중의 행위에 관한 규정 등이다.

기일(期日)

영;date 독;Termin

기일이란 법원, 당사자, 기타의 소송관계인이 모여서 소송행위를 진행하는 시간을 의미한다. 기일은 미리 법원에서 연월일과 개시시간을 표시하여 지정되는데, 그 일시의 도래에 따라 당연히 개시되는 것은 아니고, 사건과 당사자의 호명으로 개시되며(민소§169), 기일의 종료선언에 따라 종료하는 것이고 그 동안의 시간이 기일이다. 기일은 신청 또는 직권에 따라 지정되는데(§165①) 그 경우 당사자 기타 소송관계인을 소환해야 한다. 기일은 법원의 재량에 의해 결정으로 개시 전에 지정을 취소하고, 신기일(新期日)을 정할 수 있다(기일의 변경). 그리고 변론의 최초기일이나 준비절차의 최초기일의 경우 상당한 사유가 없어도 당사자의 합의로써 기일의 변경은 가능하다(§165②).

기일의 지정(期日의 指定)

민사소송법상 기일은 재판상이 정하며, 수명법관이나 수탁판사의 신문 또는 심문기일은 그 법관이나 판사가 정하는데, 기일의 지정은 직권 또는 당사자의 신청에 의하여야 한다(민사소송법 165조). 또 경매기일과 경락기일(민사집행법 104조) 그리고 경락대금 지급기일(민사집행법 142조)은 법원이 정한다. 당사자의 기일지정신청을 각하하는 때에는 결정에 의하여야 한다. 기일은 필요한 경우에 한하여 일요일 기타 일반의 휴일이라도 정할 수 있다(민사소송법 165조). 기일의 통지는 소환장의 송달에 의하여야 하나, 당해 사건으로 출석한 자에 대해서는 기일을 고지하면 된다(민사소송법 166조). 그런데 소송관계인이 기일에 출석할 것을 기재한 서면을 제출한 때에는 소환장의 송달과 동일한 효력이 있다(민사소송법 168조).

기일의 변경(期日의 變更)

독;Verlegung eines Termins

기일 개시 전에 그 지정을 취소하고 새 기일을 지정하는 것을 말한다. 민사소송법상 재판장·수명법관 또는 수탁판사는 기일을 변경할 수 있다. 변론의 최초기일이나 준비절차의 최초기일의 변경은 현저한 사유가 없는 때에도 당사자의 합의가 있으면 이를 허가한다. 그러나 소송촉진을 위하여 준비절차를 거친 변론기일은 부득이한 사유가 없는 한, 그리고 위의 것 이외의 기일은 현저한 사유(즉 그 기일에 출석이 불가능하거나 변론이나 증거제출 준비의 여유가 없는 경우)가 없는 한 당사자의 합의가 없어도 변경이 허용되지 않는다. 종전의「소송촉진등에관한특례법」상 기일연장 제한규정(구동법 4조)은 1990. 1. 13 법률 제3361호 개정법으로 폐지되었다.

법정기간(法的期間)

독;gesetzliche frist

소송법상 기간에는 법정기간과 재정기간이 있는데, 법정기간은 기간의 길이가 법률에 의해 정해져 있는 것이고, 재정기간은 재판에 의해 정해지는 것이다. 법정기간은 또 불변기간과 통상기간으로 분류된다. 통상기간이 법원의 재량으로 기간을 신장·단축될 수 있는데 비해, 불변기간은 법원이 임의로 신축할 수 없다. 단 불변기간에 대해 법원은 주소 또는 거소가 원격지에 있는 자를 위해 부가기간을 정할 수 있고(민소법 175조 2항), 당사자가 그 책임을 질 수 없는 사유로 인해 불변기간을 준수할 수 없었던 경우에는, 그 사유가 없어진 후 2주일 내에 해태된 소송행위를 추완할 수 있다. 다만 그 사유가 없어질 당시 외국에 있는 당사자에 대해서는 이 기간을 30일로 한다(민소법 173조). 불변기간의 예로는 상소기간·재심기간·행정소송 등에 있어서 제소기간·중재판정취소의 소의 출소기간 등이 있다.

부가기간(附加期間)

독;Zusatzfrist

민사소송법상 불변기간에 관하여 공평의 요청상 법원이 주소 또는 거소가 원격지에 있는 자를 위하여 특히 부가하는 기간(민소법 172조 2항)을 말한다. 부가기간은 법원의 직권에 의한 결정으로 정한다. 그러나 당사자에게는 신청권이 없으므로 불복신청은 인정되지 않는다.

소환장(召喚狀)

영;a writ of summons

법원이 기일을 지정한 경우, 당사자 기타 관계인에게 그 기일에 출석하도록 요구하기 위해 법원사무관등이 기일이 열리는 일시, 장소 등을 기재하여 작성·송달하는 서류를 말한다. 기일을 지정하여도 그것은 법원 기타 소송관계인이 모이는 일시를 지정할 뿐 출석요구를 포함하고 있지 않으므로 소환장을 송달하여 소환하는 것이다. 그 목적은 기일에 관하여 알려주는 데 있는 것이므로 그 사건에 대해 출석한 자(기일에 출석한 경우는 물론 그 사건의 기록열람), 서류제출, 비용의 예납을 위하여 출석한 경우도 포함된다)에 대하여는 기일의 고지를 하는 것만으로 충분하다(민소§167단). 그러므로 기일의 끝에 다음 기일을 지정하여 고지하는 것만으로도 족하다. 즉 이와 같은 경우에도 소환장의 작성·송달은 필요 없는 것이다. 또 소송관계인이 기일에 출석할 것을 기재한 서면을 제출한 때에는 소환장의 송달과 동일한 효력이 있다(§168).

송달(送達)

영;service
독;zustellung
불;signification

송달은 법정형식에 따라 송달받을 자에게 소송상의 서류를 교부하거나 그 내용을 알 수 있는 기회를 주기 위해 시행하는 사법기관의 명령적·공증적 행위이다. 송달은 그 자체가 독립적 의의를 갖는 소송행위는 아니고, 소송관계인에 대하여 소송상의 서류를 교부하거나 교부받을 수 있는 기회를 주어 그 서류에 기재된 소송행위를 완성하거나 이미 완성된 소송행위를 전달하는 중개적·수단적인 소송행위이다. 송달은 명령적·공증적 행위인 만큼 확실성 및 안정성이 요구되므로 법은 송달을 필요로 하는 경우를 개별적으로 규정하여(민소§72②, §266⑤, §273① 등) 단순한 통지(§144③, §242, 민사집행법§11조 등)와 분류하고 있으며, 특정인에 대해서 행하여지는 명령적 기능을 가지므로 불특정다수를 대상으로 하는 공고(민사집행법§106조)와는 구분된다.

교부송달(交付送達)

송달의 보통방식으로 송달 영수인에게 송달서류를 교부함으로써 행하는 송달을 말한다. 즉 송달은 특별한 규정(예를 들어 출회송달·보충송달·유치송달)이 없으면 송달을 받을 자에게 서류의 등본을 교부하여야 하며, 송달할 서류의 제출에 갈음하여 조서를 작성한 때에는 그 조서의 등본이나 초본을 교부하여야 한다(민소법 178조). 또 형소법상 서류의 송달에 관하여 법률에 관한 다른 규정이 없는 경우에는 민소법을 준용한다(형소법 65조).

송달관(送達官)

독;Zustellungsbeamte

송달의 집행기관을 말한다. 원칙적으로 집행관 및 우편집배원(민소법 176조)이며, 예외로 법원사무관(민소법 177조) 등이 있다. 송달을 실시한 기관은 송달보고서를 작성하여 법원에 제출하여야 한다(민소법 193조). 송달보고서는 단순히 송달이 있었음을 증명하는 서류이므로, 그 작성을 게을리 하여도 송달의 효력에는 영향이 없다(반대견해가 있다). 또 송달보고서는 송달이 적법하게 행하여졌는가에 관한 유일한 증거방법은 아니므로, 다른 자료에 의하여도 이를 증명할 수 있다.

재정기간(裁定期間)

독;richterliche Frist

민사소송법상의 기간 가운데에서 법률에 의하여 정하여진 법정기간에 상대되는 개념으로, 그 기간을 재판기간이 각 경우에 상응하여 구체적 사정에 따라 재판으로 정한 기간을 말한다. 소송능력 따위의 보정기간(민소법 59조), 담보제공기간(민소법 120조), 권리행사최고기간(민소법 125조3항), 준비서면제출기간(민소법 273조2항) 등이 이에 속한다. 법원은 이를 신장하거나 또는 단축할 수 있는 것이 원칙이다(민소법 172조1·3항). 기간의 획일성을 지양하고 법원의 재량에 의해 적당한 기간으로 조절하기 위한 것이다. 기간의 신축에 대한 조치는 법원의 직권사항이기 때문에 당사자의 합의에 구속되지 아니하며, 당사자는 그 조처에 불복신청을 할 수 있다.

직권송달주의(職權送達主義)

당사자송달주의에 상대되는 개념으로, 직권으로 송달을 행하는 입법주의를 말한다. 따라서 송달에 있어서 당사자의 신청을 필요로 하지 않으며 또 그 실시를 당사자에게 맡기지 않는다. 현행 민사소송법은 원칙적으로 이 주의를 채택하고 있으며(민소법 189조), 송달실시기관은 원칙적으로 우편집배원과 집행관이다(민소법 176조).

공시송달(公示送達)

독 ; öffentliche Zustellung

공시송달은 송달을 받을 자의 주소 또는 거소를 알 수 없기 때문에 통상적 방법으로는 송달을 할 수 없는 경우에 절차의 계속과 당사자의 권리보호를 위하여 법원사무관등이 송달서류를 보관하고 그 사유를 법원게시장에 게시함으로써(민소§195①) 송달에 갈음하여 보충적·최후적 방법이다.

당사자의 주소, 거소, 기타 송달장소를 알 수 없는 경우와 외국에서 송달을 해야 할 경우에 촉탁에 의한 송달이 불가능하거나 촉탁에 의해도 그 목적을 이루기 어렵다고 예상되는 경우에 재판장은 직권 또는 당사자의 사유소명(§194②)에 따른 신청에 의하여 공시송달을 명할 수 있다(§194①). 공시송달은 법원사무관등이 송달기관으로서 송달한 서류를 보관하고 동시에 그 사유를 법원게시장에 게시하여 수송달자가 출석하면 언제라도 그 서류를 교부받을 수 있도록 해야 한다. 공시송달의 효력 발생시기는 최초로 실시한 공시송달의 경우에는 그 사유를 게시한 날로부터 2주간을 경과하면 효력이 생기고 동일 당사자에 대한 그 이후의 송달은 게시한 다음날 그 효력이 생긴다(§196①). 국외거주자에 대한 공시송달의 경우에는 그 효력발생을 위한 공시기간을 2월로 하고 있다(§196②). 이러한 기간은 단축할 수 없다(§196③).

유치송달(遺置送達)

독;Zurücklassungszustellung, Zustellung durch Niederlegung

송달받을 자 또는 또는 송달을 받을 자를 교부할 장소에서 만나지 못한 경우에 그 사무원·고용인 또는 동거자 등을 만났으나, 그들이 정당한 사유없이 송달받기를 거부하는 경우에 송달할 장소에 서류를 두는 방법에 의한 송달(민소법 186조3항)을 말한다. 유치송달은 송달장소에서만 가능하다.

준비서면(準備書面)

독;vorbereitende Schriftsätze

당사자가 변론에서 진술하려고 하는 사항을 기재하여 법원에 제출하는 서면을 말한다. 그 가운데 피고나 피상소인의 본안신청을 기재한 최초의 준비서면을 답변서라 한다(민소§148,§428②, §430). 민사소송법§ 제272조 내지 제274조는 준비서면의 제도를 규정하고 있으며, 당사자는 변론기일 전에 변론에서 진술하려는 것을 준비서면에 기재하여 법원에 제출하고, 법원은 1통을 보존하고 그 부본(副本)을 상대방에게 송달하는 것으로 하고 있다.

답변서(答辯書)

민사소송법상 피고 또는 피상소인이 원고 또는 상소인의 소장이나 상소장 또는 상고이유서에 대응하여 신청의 배척을 구하는 취지의 반대신청 또는 그 이유를 기재한 준비서면의 성격을 갖는 서면을 말한다. 답변서에 기재된 사실은 원칙적으로는 변론에서 진술하여야만 판결의 기초자료가 되는 것이지만 변론기일에 결석하면 답변서의 기재사실은 진술한 것으로 간주되며(민소법 148조), 또 상고심에서는 답변서에 기하여 변론 없이 상고심이 종국판결을 할 수 있다(민소법 430조). 답변서의 제출기간은 피고가 원고의 청구를 다투는 경우에는 소장의 부본을 송달받은 날부터 30일 이내에 제출하여야 한다(민사소송법 제256조 제1항). 그러나 상고심에서는 상고이유서의 송달을 받은 날로부터 10일 이내에 답변서를 제출할 수 있다(민소 428조 2항). 한편 답변서에는 인지를 첨용하여야 한다(민사소송등인지법 12조).

준비절차(準備節次)

독;vorbereitendes verfahren
불;procédure prepartoire

합의사건의 변론준비를 위하여 합의부의 일원인 수명법관의 주도하에 변론에서 진술할 당사자들의 신청, 공격방어방법, 증거신청 등을 미리 진술하게 하여 쟁점을 정리하고 변론의 집중을 꾀하려는 예비절차를 말한다. 합의부사건을 한정하여 적용이 있으며, 변론의 일부가 아니고 변론의 준비에 지나지 않으므로 공개주의 및 구술주의는 적용되지 않는다. 합의사건의 심리를 촉진하고 합의부의 시간·노력을 절감하여 소송자료를 수집·정리하기 위하여 마련된 제도이다.

재판상의 자백(裁判上의 自白)

독;gerichtliches Geständnis

소송의 변론 또는 수명법관이나 수탁판사의 신문기일에 당사자의 일방이 자신에게 불리한 상대방의 주장사실을 진실이라고 진술하는 것을 뜻한다. 법원에서 당사자가 자백한 사실은, 그것이 법률요건을 구성하는 사실인 한, 여타의 증거에 따른 판단을 필요로 하지 않고 판결의 기초가 된다(민소§288). 이러한 자백을 당사자가 취소할 수 있는가에 관하여는 자백한 당사자가 자기의 진술내용이 진실에 반하고 또한 착오에 의한 것임을 증명한 경우에는 취소할 수 있다(§288단).

의제자백(擬制自白)

독;fingiertes Geständnis

당사자가 변론이나 준비절차에서 자기에게 불리한 상대방의 주장사실을 분명히 다투지 않는 경우와 변론기일 또는 준비절차기일에 출석하지 않음으로써 상대방이 주장하는 사실을 자백한 것으로 보게 되는 것을 의미한다(민소§150①·③, §286). 상대방이 주장하는 사실에 관하여 다투면 상대방에게 사실을 증명할 필요가 생기며 그것을 인정하면 재판상의 자백이 된다. 그러나 단순히 모른다고 하는 것은 그 사실을 다툰 것으로 추정한다(§150②). 재판상의 자백과는 달리 특별한 경우 외에는(§138, §285) 사실심의 변론종결시까지 다툴 수 있으며, 변론 또는 준비절차에 결석한 소송당사자가 공시절차를 통하여 소환을 받았을 경우에는 의제자백이 성립하지 않는다(§150③단).

현저한 사실(顯著한 事實)

소송상 별개로 조사할 필요 없이 이미 법관이 명확히 알 수 있고 조금도 의심할 여지가 없을 정도로 인식하고 있는 사실을 뜻하며, 특히 증거에 의해 그 존부(存否)를 인정할 필요가 없는 사실을 의미한다(민소§288). 그러나 단지 법관이 개인적으로 확신을 갖는다는 것만으로는 불충분하며 보다 엄밀하고 객관적일 것이 요청된다. 그 때문에 민사소송에서는 일반공지의 사실과 직무상 현저한 사실에 한정하여 명확성을 이유로 하는 증거불요의 사실이 성립한다.

공지의 사실(公知의 事實)

독;Allgemeinkundige, offenkundige od. notorisch Tatsachen

보통의 지식과 경험을 가진 불특정다수인이 그 존부(存否)의 명확성에 대해서 전혀 의심을 같지 않을 정도로 알려져 있는 사실을 뜻한다. 재판관도 알고 있어야 하는 것은 당연하다. 그 인식의 시기·방법 등은 묻지 않으며 일반의 사회인으로서 알고 있으면 족하다. 자연현상, 생리현상, 정치사회적 사실, 교통 및 경제상 사실 등은 공지의 사실로 보는 것이란 판례의 입장이다.

다툼없는 사실(다툼없는 事實)

변론 중에 당사자간의 분쟁이 없는 사실을 뜻한다. 당사자가 변론에서 상대방이 주장한 사실을 분명히 다투지 않고, 변론의 전취지(全趣旨)를 통해서도 다툰 것으로 인정되지 않는 경우 그 사실을 자백한 것으로 간주한다(민소§150①). 이를 의제자백이라 한다. 명시적인 자백이 없어도 당사자의 거동과 그 밖의 사항에 따라 어떤 사실에 관하여 당사자에게 다툼이 없는 것이 확실히 인정되는 경우에는 다툼이 없는 사실이라는 점에서 자백과 같은 것이 되므로 이것이 판결의 기초가 되는 것이다. 다투는지의 여부는 상대방이 주장할 때의 상태에서가 아니라 변론종결시의 상태에서 판단한다. 다만 변론의 전취지(全趣旨)에 의해 그 사실을 다투고 있다고 인정되는 경우에는 의제자백이 되지 않음은 물론이다. 더욱이 상대방의 주장사실에 관하여 단순히 모른다는 내용의 진술은 당해사실을 다투는 것으로 추정된다(§150②).

반증(反證)

반증이란 상대방의 입증사실을 부정할 목적으로 그 반대당사자가 제출하는 일체의 증거를 의미하는 것이다. 본증(本證)이 목적을 달성하기 위해서는 요증사실에 관하여 법관에게 확신을 갖게 하지 않으면 안되는데, 반증은 반대의 사실에 관하여 법관에게 확신을 갖게 할 필요는 없고, 본증에 의한 법관의 심증형성을 방해 또는 동요시켜 그 사실에 관하여 진위불명의 상태로 이끌어 가는 정도에서 그 목적을 달성할 수 있다. 이로 인해 상대방의 본증에 의한 요증사실의 증명은 실패하고 입증책임의 원칙에 따라 그 상대방이 불리한 판단을 받는 결과가 되기 때문이다. 본증(本證)·반증의 구별은 그 제출자의 입증책임 유무에 따른 것이며, 원고·피고인 자격에 의하는 것은 아니다. 반증은 본증과 동시에 또는 본증의 절차 후에 행하여진다.

부인(否認)
영;denial

소송당사자가 자신의 변론에서 상대방이 주장하는 사실에 대하여 그러한 사실은 없다고 답변하는 것을 의미한다. 이에는 상대방의 주장사실이 존재하지 않는다고 단순히 부인하는 것(단순부인)과 부인의 이유를 함께 진술하는 것(이유부부인)이 있다. 변론주의하에서는 당사자가 자백한 사실은 증거에 따라 판단할 것을 요하지 않으므로(민소§288) 법원은 부인된 사실에 한하여 증거에 따라 인정하게 되며, 또한 모른다는 취지의 진술은 부인한 것으로 추정한다(§150②).

부지(不知)
영;ignorance

소송의 당사자가 상대방이 주장한 각각의 사실에 관해 그러한 사실이 있는지 여부를 모른다고 답변하는 것이다. 당사자가 상대방의 주장사실에 대해 답변으로써 다투지 않는 때는 그 주장사실의 진실여부를 조사함이 없이 판결의 기초로 되는 불이익을 받는다. 그런데 상대방이 주장하는 사실에 대하여 부지(不知)로써 답변하는 것은 허용되지 않는 것이 원칙이다. 즉, 부지의 진술은 당사자가 상대방의 주장사실을 다툴 의사인지 어떤지 불명(不明)하다고 보아야 하기 때문이다. 그러나 자기의 행위가 아닌 사실 및 자기가 경험한 것이 아닌 사실에 관하여 그 진부(眞否)의 답변을 요구하는 것은 당사자에게 가혹하므로 이 경우에는 부지의 진술이 허용된다. 법은 모른다고 답변한 사실은 이를 다툰 것으로 추정하고 있다(민소§150②). 추정적 부인이라고도 하는바, 부인과 동일한 취급을 받는다.

가정항변(假定抗辯)

자기의 항변이 배척되는 경우를 예상하여 동일한 목적을 달성하기 위해 예비적으로 이와 양립하지 않는 항변을 하는 것이다. 반격을 위한 항변은 가정적(예비적)으로 할 수 있는바, 두 가지 사실의 진술이 서로 모순되어 일관되지 않는 경우에는 취지 불명료로서 기각되는 경우가 있는데, 한 가지 사실의 존재가 부정됨으로써 공격·방어의 목적이 달성되지 않는 경우에 대비하여 미리 예비적으로 혹시 그 사실이 긍정되면 법률상 무의미하게 되는 바의 사실을 가정적으로 진술하여 두는 것은 허용되는 것이며, 항변에 관하여도 마찬가지이다. 예를 들면, 대금반환청구소송에서 피고가 「돈을 빌린 사실은 없다. 만약 빌렸다고 해도 이미 변제하였다」라는 내용의 항변을 하는 경우를 뜻한다.

상계의 항변(相計의 抗辯)
독;Aufrechnungseinrede

소송에서 원고의 소송물인 채권을 피고가 소유하는 반대채권에 의해 피고가 상계를 한다고 하는 주장을 뜻한다. 원고의 채권이 존재할 때 이를 자기의 반대채권으로 상계한다고 하는 것이 보통이다(이를 예비적 상계의 항변)이라 한다). 예컨대 매매대금청구소송에서 피고는 먼저 그 매매계약 그 자체를 다투거나 또는 변제사실을 주장하고, 그래도 원고의 청구권이 존재하면 자기가 갖고 있는 반대채권으로 상계한다고 하는 것이다. 따라서 법원도 피고의 다른 주장의 조사를 끝내고 서야 이를 채택한다. 상계의 항변의 법적 성질에 관하여는 다수설과 판례는 사법행위와 소송행위가 병존한다고 보는 병존설을 취하고 있으며, 상계의 항변에 관해서는 다른 항변과는 달리 상계로 대항한 액수에 한해서는 기판력(旣判力)이 발생한다.(민소§216②).

본증(本證)
독;Hauftbeweis

입증책임이 있는 당사자가 당해사실을 증명하기 위해 제출하는 증거방법을 뜻한다. 법원은 입증책임을 지는 당사자가 제출한 본증(本證)이 불충분한 한, 상대방의 반증을 조사할 필요는 없다. 즉, 본증은 요증사실에 관하여 법관에게 확신을 갖게 할 필요가 있는데, 반증은 단지 본증에 관하여 법관이 가진 확신을 방해 또는 동요시키는 정도로써 충분하다. 원고가 청구원인이 되는 사실을 제출하거나 또는 피고가 항변사실을 입증하기 위하여 제출하는 증거방법은 대개 본증에 해당한다.

검진(檢眞)
독;Beweis der Urkundenechtheit

민사소송에서 사문서의 성립에 관한 진정을 입증하기 위한 증거조사를 말한다. 사문서의 진정을 입증하기 위하여 필적 또는 인영의 대조에 의하여 문서의 진부를 증명하는 방법(민소법 359조)과, 일반증거방법에 의하는 경우가 있는데, 전자의 방법을 검진이라 한다. 대조용의 필적이나 인영있는 문서는 입증자로 하여금 제출시키거나, 상대자나 제3자에 대하여 제출을 명하거나 또는 송부를 촉탁한다. 제3자가 정당한 사유없이 이 제출명령에 응하지 아니한 때에는 법원은 결정으로 200만원 이하의 과태료에 처하고, 이에 대하여 즉시 항고할 수 있다(민소법 360조2항·3항). 대조에 적당한 필적이 없는 때에는 대조하기 위하여 상대방에게 그 문자의 수기를 명할 수 있고, 상대방이 정당한 사유없이 이 명령에 응하지 않은 때에는 법원은 문서의 진부에 관한 신청자의 주장을 진정한 주장으로 인정할 수 있다. 필치를 변경하여 수기한 때에도 같다(민소법 361조). 대조용으로 쓴 서류의 원본·등본 또는 초본을 증서에 첨부하여야 한다(민소법 362조). 법원은 문서의 진정한 성립을 증명하려는 위와 같은 절차에 의하여 수집한 물건들을 대조하여 자유심증으로 그 진부를 판단하고, 그 대조의 결과를 알아내기 위하여 특별한 지식이 필요하면 감정을 명할 수 있다.

증거(證據)
영;evidence 독;Beweis
불;preuve

재판을 하기 위하여는 법원이 법률의 적용 이전에 당사자에 의해 주장된 사실을 조사하고, 그 사실의 진부(眞否)를 판단하지 않으면 안된다. 이 사실의 진부를 판단하기 위한 자료를 증거라고 한다. 환언(換言)하면, 법관이 사실 인정을 하기 위한 자료로서 오관(五官)의 작용에 의해 획득하는 소송상의 수단, 방법 그리고 그 획득한 자료 등을 가리키며, 다음과 같이 여러 의미로 사용되고 있다. 즉 (1) 증거방법 : 당사자가 법원에 사실의 진위를 판단하도록 그 조사를 요구하고, 또 법원이 사실인정의 자료를 얻기 위해 조사해야 하는 유형물, 즉 증인, 감정인, 당사자, 문서 및 검증물 등 (2) 증거자료 : 법원이 증거방법을 조사함으로써 감지한 내용. 즉 증언, 감정의견, 증거방법으로서의 당사자 본인의 진술, 문서의 기재내용 및 검증의 결과 (3) 증거원인 : 법원이 사실인정을 함에 있어서 현실적으로 그 심증의 기초가 된 증거자료나 정황, 즉 증거조사의 결과, 법관이 신용할 수 있는 증언 및 변론의 전취지(全趣旨) 등 (4) 증거능력 : 증거로 될 수 있는 재료, 즉 증거방법이 증거의 적격을 가진 것. 모든 증거방법은 원칙적으로 증거능력을 갖지만, 민사소송법은 예외로서 증거능력을 제한하거나 또는 부인하고 있다. 즉 증거조사에 의해 법원이 심증을 얻을 수 없는 경우에 한하여 당사자신문을 인정한다(민소§367)는 것은 증거능력을 제한하는 예이며, 특정사항에 관하여 특정인에서 증인의무를 지우지 않는 것(§306①)은 증거능력을 부인하는 예이다. (5) 증거력 : 증거조사의 결과 법원이 입증의 객체에 관하여 심증을 얻게 되는 효과를 그 증거의 입장에서 보아 증거력이라 한다.

직접증거·간접증거

(直接證據·間接證據)
독;unmittelbarer Beweis
불;preuve directe
독;mittelbarer Beweis
불;preuve indirecte

법률효과의 발생에 직접 필요한 사실인 주요사실의 존부를 직접 증명하는 증거를 직접증거라고 한다. 예컨대 변제에 대한 수령서, 계약에 대한 계약서라든지 입회인 등이 그것이다.

이에 비해서 간접사실 또는 증거의 증거능력 혹은 증명력에 관계되는 사실의 존부에 관한 증거로서, 간접적으로 주요사실의 증명에 도움이 되는 증거를 간접증거라고 한다. 예컨대 '알리바이(현장부재증명)'를 위한 증인, 증인의 증언의 신빙성에 영향을 주는 증인의 성격·이해관계 등의 사실을 증명하기 위한 것이므로 주요사실에 대하여 자백이 있거나 직접증거에 대하여 충분한 확증이 형성된 경우에는, 간접사실 등에 대하여 자백이 있거나 직접증거에 대하여 충분한 확증이 형성된 경우에는, 간접사실 등에 대하여 다툼이 있어도 그것에 관한 증거를 조사하지 않아도 무관하다. 그런데 직접증거와 간접증거는 입증요지와의 관계에서 정하여지는 것이므로 동일한 증거라도 직접증거도 되고 간접증거도 될 수 있다.

증거보전절차(證據保全節次)

독;Beweissicherungsverfahren

판결절차에서 정식의 증거조사의 시기까지 기다려서는 어떤 증거의 이용이 불가능하거나 곤란하게 될 염려가 있는 경우(예컨대 증인이 중태이거나, 검증물의 현상변경의 염려가 있는 경우 등), 미리 그 증거를 조사하여서 그 결과를 보전해 두기 위한 판결절차를 말한다(민소법 375 내지 384조). 증거보전절차는 원칙적으로 당사자의 신청에 의하여 개시되지만(민소법 375조), 소송계속 중에는 직권에 의해서도 행해질 수 있다(민소법 379조). 증거보전의 관할법원은 소제기 전이나 급박한 사정이 있는 경우에는 증거방법의 소재지를 관할하는 지방법원이고, 소제기 후에는 그 증거를 사용할 심급의 법원이다(민소법 376조).

소명(疎明)

독;Glaubhaftmachung

당사자가 그 주장하는 사실에 관하여 법관에게 일단 진실한 것 같다는 추측이 생기도록 하는 것, 또는 이를 위하여 당사자가 증거를 제출하는 것을 말한다. 소명은 법관에게 가벼운 심증을 얻게 하는 간단한 것이므로 소송절차상의 지엽적인 사항(예컨대 민소§73①, 민사집행법 46조②) 및 급속한 심리가 요망되는 경우(예컨대 민사집행법§279조②)에 허용되고 있다. 소명은 이와 같이 소송을 신속하게 행할 필요가 있는 경우, 또는 비교적 경미한 소송절차상의 사항에 대해서 인정되는 것이므로 그 방법은 즉시 조사할 수 있는 증거, 예컨대 구두변론이 개시되는 경우, 그 기일에 재정하고 있는 증인이나 그 기일에 즉시 조사할 수 있는 서증(書證)에 한한다(§299①). 따라서 소환을 필요로 하는 증인이나 제출명령을 필요로 하는 서증(書證), 현장검증 등은 소명의 방법을 사용하지 않는다. 그리고 소명의 대용으로서 법원의 재량에 의하여 당사자의 보증금을 공탁시키거나 또는 그의 주장사실이 진실하다는 것을 선서시키는 등의 방법을 취하기도 한다(§299②). 이러한 경우에 보증금을 공탁한 당사자 또는 법정대리인이 허위의 진술을 한 것으로 밝혀진 때에는 보증금을 몰수할 수 있고(§300) 또 선서한 당사자 또는 법정대리인이 허위의 진술을 한 때에는 200만원 이하의 과태료에 처할 수 있다(§301).

소명방법(疏明方法)

소명에 사용되는 증거방법을 말한다. 소명은 법관이 어느 사실의 존재가 일응 확실할 것이라는 추측을 얻은 상태 또는 그러한 상태에 이르도록 증거를 제출하는 당사자의 노력을 말하며, 대체로 신속한 처리를 필요로 하는 경우이거나 절차적 문제·파생적 문제인 경우에 허용되며, 증거조사를 간단 신속히 행하는 것을 목적으로 한다. 따라서 소명방법은 즉시 조사할 수 있는 증거방법에 의하여야 한다(민소법 299조 1항). 예컨대 재정증인이나 현재 소지하고 있는 문서에 의하여야 한다. 또 보증금의 공탁이나 당사자의 선서로써 소명이 갈음하는 방법이 인정되고 있다(민소법 299조 1항). 이 경우에 후일 허위의 진술을 한 것이 판명된 때에는 보증금의 몰수(민소법 300조) 또는 과태료의 제재(민소법 301조)를 받는다. 소명자료라고도 한다.

간접증거(間接證據)

경험상 다툼이 있는 사실의 존부(存否)를 추인케 하는 사실, 즉 간접사실 또는 어느 증거방법의 증거력의 존부 또는 증거방법의 평가에 기초가 되는 사실(보조사실)의 존부에 관한 증거를 말한다. 예를 들면, 대금반환청구소송에서 미리 피고가 원고에게 돈을 빌리고 싶다고 의뢰하였던 사실, 그 때 피고가 돈이 곤궁했던 사실은 직접증거와 함께 원고·피고간의 소비대차계약이 성립한 사실을 추측케 하는 간접사실이며, 이들 사실을 증명하기 위한 증거가 간접증거이다. 소송에서 주요사실의 인정은 직접증거만으로 이루어지는 경우는 적고, 그것과 간접사실·보조사실과의 결합에 의해 이루어지며, 주요사실의 존부는 직접증거와 간접증거에 따른 경험칙에 의해 인정되는 경우가 일반적이다.

주장책임(主張責任)

독;Anführungs od. Behauptungslast

불이익의 귀속 또는 일정한 사실을 주장하지 않는 것으로 인한 패소의 위험을 뜻한다. 민사소송에서는 당사자변론주의를 채택하고 있는 바, 법원은 당사자가 변론에서 주장한 사실만을 판결의 기초로서 채택할 수 있다. 따라서 예컨대 대금반환청구소송에서 피고가 그 대금을 변제하였는데도 그 변제사실을 변론에서 주장하지 않으면 법원이 이를 알고 있더라도 판결의 기초로 채택할 수는 없다. 이처럼 일정한 사실을 당사자가 주장하지 않음으로써 판결의 근거로 되지 않고, 그 결과로서의 불이익의 귀속 또는 패소의 위험을 주장책임이라 부른다.

결석(缺席)

독;versäumnis

당사자가 변론기일에 출석하지 않는 경우 또는 출석하였어도 변론을 하지 않는 경우를 말한다. 기일의 종류 및 당사자의 쌍방결석·일방결석에 따라 그 취급이 달라진다. (1) 당사자 양쪽이 결석한 때에는 증거조사기일(민소§295), 판결선고기일(§207②)과 같이 당사자가 재정하지 않아도 할 수 있는 경우를 제외하고, 재판장은 다시 기일을 정하여 당사자 양쪽을 소환하여야 한다. 당사자 쌍방이 변론의 기일내 출석하지 아니하거나, 출석하더라도 변론하지 아니한 때에는 재판장은 다시 기일을 정하여 당사자 쌍방을 소환하여야 한다(§268①). 다시 정한 출석 기일 또는 그후의 기일에도 당사자 양쪽이 출석하지 않거나 변론을 하지 않으면 1일내에 기일지정의 신청을 하지 아니하면 소의 취하가 있는 것으로 본다(§268②). 위의 기일 지정 신청에 의하여 정한 기일 또는 그 후의 기일에 당사자 쌍방이 출석하지 아니하거나 출석하더라도 기일 지정의 신청을 하지 아니하면 소의 취하가 있는 것으로 본다(§268③). (2) 당사자일방이 결석 또는 출석하여도 변론을 하지 않은 경우에는 제출한 소장, 답변서 기타 준비서면에 기재한 사항을 진술한 것으로 보고 출석한 상대방에 대하여 변론을 명할 수 있다(§148①). 변론의 속행기일에 당사자일방이 결석한 때에는 출석한 당사자에게 변론을 시키지만, 결석한 당사자가 전회(前回)의 기일후에 제출한 준비서면이 있어도 이는 진술한 것으로 간주하지 않는 것이 유력한 견해이다. 이와 같은 규정은 준비절차, 항소심, 상고심의 경우에도 준용된다.

결석재판주의(缺席裁判主義)

대석재판주의 내지 쌍방심문주의에 대립하는 개념으로서, 이에 따르면 당사자 일방이 결석한 경우에 출석자의 주장사실에 관하여 결석자의 자백이 의제되고, 출석자의 신청에 의하여 결석판결이 행해져 소송이 종료되며 당사자 쌍방이 결석한 때에는 절차가 휴지되고 일정기간 휴지의 방치에 의해 소취하가 의제되어 소송이 종료된다. 현행법은 이러한 결석재판주의를 취하지 않고 결석자가 제출한 준비서면의 내용을 변론한 것과 동일하게 다루어서 출석자의 변론과 종합해서 심리 판결하도록 하고 있다(민소법 148조). 당사자 쌍방이 적법한 소환을 받고도 결석하거나, 참석한 경우에도 법원으로부터 진술금지결정을 받거나(민소법 144조) 퇴정명령을 받아서 변론하지 않은 경우 재판장은 새로운 기일을 정하여 당사자 쌍방이 불출석하거나 출석하더라도 변론하지 않는 경우에는 한 달 이내에 기일지정신청을 하지 않으면 소를 취하한 것으로 보고 있다(민소법 268조).

문서제출의무(文書提出義務)
독;Urkundenvor- legungspflicht

문서를 소지하고 있는 자가 법률이 규정한 일정한 경우에 그 문서를 제출하라는 명령이 있으면 그 명령에 따라 문서를 제출해야 하는 의무를 말한다. 이 의무를 부담하는 경우로서는(민소§344) (1) 당사자가 소송에서 인용한 문서를 소지한 때, (2) 신청자가 문서소지자에 대하여 그 인도나 열람을 구할 수 있는 때(민§475, 상§277①, §448②, §466① 등), (3) 문서가 신청자의 이익을 위하여 작성되었거나 신청자와 문서소지자 간의 법률관계에 관하여 작성된 것인 때(상업장부, 계약서 등) 등이다. 문서제출명령에 응하지 않는 경우에 법원은 문서의 제출을 구한 자의 주장을 진실한 것으로 인정할 수 있으며(민소§349), 또한 제3자가 문서제출명령에 응하지 않은 때에는 법원은 결정으로 500만원 이하의 과태료에 처하며, 이에 대하여는 즉시항고가 가능하다.

원본(原本)
영;original 독;Urschrift

서류를 작성하는 자가 그 내용을 확정적으로 표시한 것으로서 최초에 작성한 서류를 말한다. 원본은 정본, 등본, 초본 등의 기본이 된다. 원본에는 그 서류를 작성한 자가 서명·날인을 하여야 하며, 또한 공문서의 경우와 같이 법률상 일정한 장소에 보존하여야 하는 경우가 많다. 한편 원본으로서 수통(數通)이 일시에 작성되는 경우가 있는데 모두가 원본으로서의 효력을 갖는다.

정본(正本)
독;Ausfertigung

법령상 권한 있는 자, 즉 공증권한을 갖는 공무원이 원본에 기하여 작성한 등본의 일종으로 특히 정본이라고 표시한 문서를 말한다. 정본은 법률상 원본과 동일한 효력이 인정된다. 따라서 민사소송법상 문서의 제출 또는 송부는 원본·정본 또는 인증등본에 의하여야 함이 원칙이다(민소법 355조1항). 원본은 작성자가 일정한 내용을 표시하기 위해 확정적인 것으로서 최초에 작성한 문서를 말하는데, 원본 중에는 법률의 규정에 의해 일정한 장소에 보관하여야 하는 것도 있다. 정본은 원본을 부여할 수 없는 경우에 그 원본을 보관하는 자, 예컨대 법원사무관·공증인 등이 외부에 대하여 원본을 소지함과 동일한 효력이 있는 것으로서 당사자 기타의 이해관계인에게 부여한다. 예를 들면 판결의 원본은 법원에 보관하고, 당사자는 판결정본의 부여를 받음으로써 강제집행이 가능하게 된다(민사집행법 28조).

검증(檢證)
독;Augenscheinbeweis
불;constation

사람을 신문하여 그 진술을 증거로 삼지 않고, 사람의 신체 또는 현장 등을 검사하여 그 결과를 증거로 하는 것처럼, 법관이 다툼 있는 사항의 판단근거로 할 목적에서 그 사실에 관계되는 물체를 자신의 감각으로 스스로 실험하는 증거조사를 검증이라고 한다. 검증의 대상을 검증물이라 하고, 오관(五官)에 의하여 지각될 수 있는 것이면 생물·무생물·유체물·무체물 등을 묻지 아니하고 모두 대상이 된다. 검증의 신청은 검증물과 이에 의하여 증명되는 사실을 표시하고(민소§289, §364), 그것이 상대방이나 제3자의 소지 또는 지배하에 있을 때에는 그 자에게 제출을 명령하거나 그의 송부를 촉탁하도록 법원에 신청하여야 한다(§366①, §343, §347~§350, §352). 정당한 이유 없이 상대방 또는 제3자가 이 명령에 응하지 않는 경우에는 검증을 신청한 자의 주장을 진실한 것으로 인정할 수 있고(§366, §349,§350), 제3자는 법원의 결정에 따라 200만원 이하의 과태료에 처하며, 이에 대하여 즉시항고가 가능하다(§366②).

감정서(鑑定書)

감정인이 법원에 보고하기 위하여 감정의 경위와 결과를 적은 종이를 말한다. 서면에 의한 보고가 요구됨은 증인과 다른 특징이다(민소법 312조, 형소법 171조). 감정은 인증의 일종이다. 법원의 명령에 의하여 감정인이 작성한 감정서는 서증으로 취급해서는 안 된다. 그러나 소송외에서 당사자의 의뢰에 의하여 작성된 감정서가 법원에 제출되었을 때에는 서증으로 본다. 감정인에 대한 당사자의 기피권(민소법 309조), 신문권의 보장(민소법 305조, 298조)을 침해하기 때문이다.

감정인기피(鑑定人忌避)

감정인에게 성실한 감정을 기대할 수 없을 때 감정인의 감정을 거절하는 것을 말한다. 예를 들어, 당사자의 한 쪽이 감정인과 친척관계에 있어서 성실한 감정을 기대할 수 없는 사정이 있을 때에, 당사자가 그 사유를 밝혀 그 감정인이 감정을 하지 못하게 하는 경우를 말한다. 이 기피는 감정인이 진술을 한 후에 그 원인이 발생하였거나 또는 당사자가 그 후에 이 사실을 알게 되었을 경우를 제외하고는 진술전에 하여야만 하고(민소법 309조), 기피의 신청은 수소법원·수명법관 또는 수탁판사에게 하여야 한다. 기피의 이유가 있다고 한 결정에 대하여는 불복을 신청하지 못하고 이유없다고 한 결정에 대하여는 즉시항고를 할수 있다(민소법 310조). 이는 제1심 법원이 한 것이든지 항고법원이 한 것인지를 불문하고 기피의 원인이 있다고 한 결정에 대해서는 상소할 수 없다.

감정증인(鑑定證人)

독;sachverständiger Zeuge

부상자를 진찰한 의사가 부상의 용태 정도를 보고하는 경우처럼 특별한 지식·경험에 의하여 알게 된 과거의 사실을 진술하는 자(민소법 313조, 형소법 179조)를 말한다.

당사자신문(當事者訊問)

독;Beweis durch Parteivernehmung
불;interrogatoire sur faits et articles

당사자 본인이나 그에 대신하여 소송을 수행하는 법정대리인을 증거방법의 하나로 하여 그가 경험한 사실에 대하여 신문하는 증거조사를 말한다(민소§367~§373). 당사자신문은 당사자를 증인과 동일하게 증거조사의 대상으로 하여 그의 진술을 증거로 하는 것이므로, 법원이 소송관계를 명백히 하기 위하여 당사자, 본인 또는 법정대리인에게 출석을 명하고 사실의 내용에 대하여 행하는 질문(§140)과는 다르다. 구법에서는 당사자신문은 다툼 있는 사실에 대하여 전혀 증거가 없거나, 또는 이미 행한 증거조사에 의하여 법원이 그 진부를 판단할 수 없는 경우에 한하여 보충적으로 행할 수 있었다(구 민소법§367). 즉, 당사자 본인을 증거방법으로 하면서 보충성의 원리를 채택했던 것이다. 이것은 당사자가 당해소송의 주체라는 점에서 그 증거력을 기대할 수 없는 것이 보통이고, 또 자기의 이익에 관계되는 진술을 강요하는 것은 가혹하기 때문이었다. 그러나 이러한 보충성으로 인하여 당사자본인신문을 다른 증거를 조사한 뒤로 미루게 됨에 따라 사건 내용을 잘 아는 당사자본인을 통해 사건의 개요를 신속하게 파악하기가 어려워지고 재판의 신속, 적정을 해치는 문제점이 지적되었다. 이에 신법은 보충성을 폐지하여 '법원은 직권으로 또는 당사자의 신청에 따라 당사자 본인을 신문할 수 있다. 이 경우 당사자에게 선서를 하게 하여야 한다.'고 규정하였다(민소법§367). 당사자신문의 절차에는 증인신문의 규정이 준용되며, 본인과 그 법정대리인을 같이 신문하는 것을 방해하지 않는다(§372).

반대신문(反對訊問)
영;cross examination

증인신문의 방법은 교호신문제도(交互訊問制度)를 채택하고 있다. 즉 증인을 신청한 당사자가 먼저 이를 신문하고 다음에 다른 당사자가 신문한다. 신청한 당사자가 먼저하는 신문을 주신문(主訊問)이라 하고, 주신문이 끝난 뒤에 상대방 당사자가 하는 신문을 반대신문이라 한다. 이 반대신문은 교호신문 가운데 가장 중요한 역할을 한다. 반대신문을 받는 증인은 신문을 신청한 당사자에서는 유리한 증언을 하고, 반대신문을 하는 당사자에게는 불리한 증언을 하는 것이 일반적이므로 이러한 불리한 증언을 번복하여 증언의 신용성을 감쇄(減殺)하는 것이 반대신문의 목적이기 때문이다. 따라서 반대신문에 의하여 검토되지 않은 증언은 그다지 가치가 없는 것이다. 그러므로 반대신문을 하는 방법 여하에 따라서 소송의 승패에 큰 영향을 미치는 경우가 많으므로, 상대방은 이를 소홀히 해서는 안 된다.

증거보전(證據保全)
독;Sicherung des Beweises

재판에서 정상적인 증거조사를 할 때까지 기다려서는 현재의 증거방법을 이용하기 곤란한 경우에, 본안의 절차와는 별도로 미리 증거조사를 하는 절차를 뜻한다(민소§375). 현재의 소송제도에서는 원고 또는 피고가 자기에게 유리한 사실을 주장하더라도 상대방이 그 사실에 대하여 다투게 되면 증거를 통하여 증명해야 한다. 여기에 소송을 제기하기 전에 증거를 확보해 놓지 않으면 소송에서 증거로 이용할 수 없는 염려가 있는 경우 미리 그 증거를 확보해 둘 필요가 있다. 이러한 필요가 있는 경우에는 법원에 소를 제기하기 전이거나 또는 이미 소를 제기한 후에도 법원에 증거보전을 신청할 수 있다. 신청은 소를 제기하기 전에는 신문을 받을 자나 문서를 소지한 자의 거소 또는 검증물의 소재지를 관할하는 지방법원에 하고, 소송이 계속 중인 때에는 그 증거를 사용할 심급의 법원에 신청한다(§376①). 종국판결 후에는 상급법원이 관할법원이 된다. 그러나 급박을 요하는 경우에는 제소후라도 보전할 증거물의 소재지를 관할하는 지방법원에 신청할 수 있다(§376②). 증거보전신청에는 상대방의 표시, 입증할 사실, 증거, 증거보전사유등을 명확히 하고, 증거보전사유를 소명하여야 한다(§377). 증거보전절차도 소송절차의 하나이므로 상대방이 참여하여야 한다. 따라서 증거조사기일에는 신청인과 상대방을 소환하여야 하고, 다만 급속을 요하는 경우에는 예외로 한다(§381).

시담(示談)

재판외에서 당사자간에 성립한 화해

계약을 시담(示談)이라 부르며, 그 자체로는 재판상의 화해조서의 경우처럼 확정판결과 동등한 효력을 발생하는 것은 아니다.

소송의 종결

주문(主文)
독;Urteilstenor

판결의 결론부분으로서 청구의 취지에 대응하는 것을 말한다. 즉 제1심의 판결에 있어서 주문은 원고의 청구를 인용 또는 기각하거나 혹은 소를 부적법하다고 하여 각하는 것이고, 상급심의 판결에 있어서는 상소를 인정 또는 기각하거나 혹은 상소를 부적법한 것으로 각하하는 것이 된다. 그 밖에 소송비용의 재판(민소법 104·105조)이나 가집행선고(민소법 129조) 등을 직권에 의하여 주문에 기재할 수 있다.

결심(結審)

소가 부적법하여 각하를 면할 수 없는 경우나, 원고의 청구가 이유 있거나 또는 없는 것이 명확해진 경우처럼, 사건을 재판하기에 적합한 때에 변론을 종결하는 것을 말한다.

판결(判決)
영;judgrment, degree, sentence
독;Urteil
불;jugement

법원이 구두변론을 기초로 하여 민사소송법 제208조에 규정된 일정한 방식에 따라 판결원본을 작성하고 선고라는 엄정한 방법으로 당사자에게 고지하는 재판을 뜻한다. 판결은 원칙적으로 구두변론에 의해야 하므로 판결을 하는 법원은 그 구두변론에 관여한 법관에 의하여 구성되어야 하지만(민소§204①), 구두변론을 거치지 않고 판결을 하는 예외적인 경우(§124, §219, §413, §430)에는 이 원칙이 적용되지 않는다. 판결의 내용은 단독판사의 의견 또는 합의부 법관 과반수의 의견에 따라서 정해지며, 이를 기초로 판결원본을 작성하여(§208) 당사자에게 선고함으로써 판결이 성립하고 효력을 발생한다. 판결의 선고는 선고기일에 공개법정에서 재판장이 판결원본에 의하여 그 주문을 낭독하고 이유의 요지를 설명하여 행한다(§206). 판결원본은 판결선고 후 지체없이 법원사무관등에게 교부되며, 법원사무관등은 판결원본에 따라 판결정본을 작성하여 판결수령일부터 2주일 내에 당사자에게 송달한다.

종국판결(終局判決)
독;Endurteil

소(訴) 또는 상소에 의하여 소송이 계속된 사건의 전부 또는 일부를 현재 계속중에 있는 심급에서 완결시키는 판결을 말한다. 판결은 구두변론을 거쳐야 하므로, 구두변론을 거쳐 법원의 결론이 나올 수 있는 상태가 되었을 때 법원은 판결을 하여야 한다(민소§198). 종국판결에는 사건을 완결하는 범위에 따라 전부판결, 일부판결, 추가판결이 있으며, 소·상소에 의한 주장의 이유 유무를 판단하는 판결로서 본안청구를 이유 있다고 인정하거나 또는 이유 없다고 기각하는 본안판결과 소송요건의 흠결 또는 상소요건의 흠결을 이유로 소 또는 상소를 부적법하다고 하여 기각하는 소송판결이 있다.

전부판결(全部判決)
독;Vollendurteil

소송이 계속되고 있는 사건의 전부를 동시에 완결 짓는 종국판결을 말한다. 예컨대 하나의 청구 전체에 대하여 판결하는 경우는 물론이고 피고가 반소를 제기함으로써 본소청구와 반소청구가 병합심리 되는 경우(민소§269) 등은 그 전부의 청구를 재판할 수 있는 상태가 되었을 때 한 개의 판결로서 전부의 청구에 대하여 재판하는 경우이다. 다만 이 경우에 외관상으로는 한 개의 판결이 있더라도 실질적으로는 수개의 판결이라는 이설(異說)이 있다. 전부판결에 대하여 상소가 제기된 때에는 모든 청구에 대하여 상소심으로 이심(移審)의 효력이 발생하고, 또한 판결의 확정이 차단되는 효력을 발생한다.

일부판결(一部判決)
독;Teilendurteil

소송사건의 일부를 분리하여 다른 부분과 독립적으로 재판할 수 있는 상태가 된 때, 그 부분만을 재판하는 종국판결이다(민소§200). 예컨대 본소(本訴)와 반소 가운데 어느 하나를 판결하거나 또는 법원이 수개의 소송에 대하여 변론의 병합을 명하고 그 가운데 하나에 대하여 재판하는 경우이다. 그러나 일부판결을 할 것인가의 여부는 법원의 재량으로 결정한다. 일부판결을 하는 경우는 그것도 역시 종국판결이므로 독립하여 상소의 대상이 되고, 또 그것만으로 확정한다. 일부판결은 사건의 성질상 허용되지 않는 경우가 있다. 예컨대 필요적 공동소송의 경우, 청구의 예비적 병합, 독립당사자참가소송(§79) 등이 이에 해당한다.

중간판결(中間判決)
독;Zwischenurteil

종국판결을 하기 이전에 실체상 또는 소송상에 관한 각각의 쟁점을 정리·해결함에 따라서 종국판결의 준비를 하는 재판이며, 소송물 자체에 대하여 종국적 판단을 하는 것이 아니라 심리의 단계를 정리하는 점에 본질적 기능이 있다. 중간판결에는 상소를 허용하지 않고(민소§390), 종국판결에 대하여 상소가 있는 경우에 상소심에서 이 점에 관한 판단을 받을 뿐이다(§392). 중간판결을 할 것인가의 여부는 법원의 재량에 속한다. 공격방어방법, 중간쟁의 및 청구의 원인과 수액(數額))에 관한 다툼(§201) 등이 중간판결을 할 수 있는 사항에 속한다.

원인판결(原因判決)
독;Grundurteil

청구의 원인과 수액(數額)에 각각 다툼이 있는 경우에 우선 원인이 정당하다는 것을 판단하는 중간판결이다(민소§201). 예를 들면 매매대금청구소송에서 피고가 그 가격은 물론 매매계약 그 자체를 다투는 경우에, 가격에 관한 판단은 뒤로 미루고, 먼저 그 계약체결의 유무, 유효인지의 여부, 변제, 상계 등의 여부를 심리하여 그 매매대금채권의 존재를 인정한 경우에 하는 중간판결이다. 그 후에 수액(數額)에 관한 심리에 착수하게 된다. 불법행위에 의한 손해배상청구소송 또는 부당이득의 반환청구소송의 경우에 원인판결이 유용하게 이용되고 있다.

본안판결(本案判決)
독;Sachurteil

원고의 청구가 실질적인 이유가 있는지의 여부 또는 상소에 의한 불복의 주장이 실질적인 이유가 있는지의 여부를 판단하는 종국판결이다. 소송이 계속중 소송요건을 구비하고, 제기된 상소가 상소의 적법요건을 구비하면 법원은 반드시 본안판결을 하여야 한다. 이에는 원고승소의 청구인용판결, 원고패소의 청구기각판결 또는 상소인 승소의 상소인용판결과 상소인패소의 상소기각판결이 있다. 청구인용판결은 이행판결, 확인판결, 형성판결 등 그 청구의 유형에 따라 분류할 수 있다.

판결의 경정(判決의 更正)

판결의 선고 후에 그 판결 중에 명백한 표현상의 오류·불비(不備)가 있는 경우에 그 판결 전체의 내용이 변하지 않는 범위 안에서 판결을 선고한 법원이 판결을 정정하는 것을 의미한다(민소§211). 경정(更正)은 당사자의 신청 또는 법원의 직권에 의하여, 그리고 상소심에 계속중이거나 확정후에도 할 수 있는데, 이는 결정으로써 해야 한다.

이 결정을 경정결정이라 하며, 경정결정이 행하여지면 그 판결은 처음부터 경정된 상태에서 선고된 것으로 본다.

재판의 탈루(裁判의 脫漏)

법원이 의식적으로 청구의 일부에 대하여 판결하면 일부판결(민소§200①)이 되지만, 법원이 청구 전부에 대하여 판결할 의도로써 판결을 내렸는데도 현실적으로 판결이 안 된 청구부분이 잔존한 경우에 이를 재판의 탈루라고 한다(§212). 항소심에서 항소기각의 주문이 탈락되었을 때에는 판결이유에서 항소를 기각한다는 취지의 판단이 되어 있더라도 항소심의 판결은 없는 것과 마찬가지이므로 판결의 탈루에 해당되지 않는다. 재판의 탈루가 있는 경우에 그 유탈(遺脫)된 부분은 아직 그 심급에 계속한 것으로 보기 때문에 (§212①), 법원은 언제든지 당사자의 신청에 의하여 또는 직권으로 추가판결을 하여야 한다. 추가판결은 일부판결을 한 경우와 마찬가지로 본판결과 독립하여 상소의 대상이 되고 확정될 수도 있다.

형식적 확정력(形式的 確定力)

독;formelle Rechtskraft

종국판결에 대하여 일반의 불복신청 방법인 상소가 불가능하게 되어 그 종국판결이 상급법원에 의하여 취소될 가능성이 없게 된 상태를 뜻한다. 종국판결에 대해서 당사자가 상소하게 되면 상급법원은 이에 의하여 심리하고, 이것을 취소할 수 있다. 그러나 이것은 당사자의 불복신청이 있는 경우에 한하는 것이므로 당사자에게 일반적으로 인정되어 있는 불복신청의 방법이 없어진다면 그 판결은 이미 이러한 소송절차에 의해서는 취소할 수 없게 된다. 이러한 취소불가능성을 형식적 확정력이라 한다. 그리하여 판결이 이와 같은 형식적 확정력을 갖고 있는 경우에 판결은 확정된다고 말하고, 이 판결을 특히 확정판결이라 한다. 판결의 내용에 의한 효력으로서의 기판력(旣判力)·집행력·형성력은 이러한 형식적 확정력을 전제로 하여 생기는 것이다. 형식적 확정력이 생기는 시기는 (1) 상소를 허용하지 않는 판결인 상고심판결 또는 당사자가 상소하지 않기로 합의한 때의 하급심판결(민소§390①단)은 선고와 동시에 확정된다. (2) 상소할 수 있는 판결은 상소가 불가능하게 된 때에 형식적 확정력이 발생한다.

기속력(羈束力)

독;Bindende Kraft

소송법상 법원에 대한 판결의 효력으로서 선고 기타의 방법에 의하여서 재판을 일단 공표한 이상 법원은 그 재판을 임의로 철회 또는 변경할 수 없게 되는 구속력을 말하는 것으로서, 법적 안정성과 소송제도의 신용을 보장하기 위해 인정되고 있다. 재판의 기속력이 강한 반면, 명령·결정의 일반적으로 완화되어 있으나, 절차를 동결시키는 의미를 가지는 경우에는 판결과 마찬가지의 기속력을 인정하여야 할 것이다. 그리고 선고된 판결서라도 표현상의 오류가 있는 경우에는 일정한 요건 하에서 판결의 경정이 인정된다(민사소송법 211조).

정지의 효력(停止의 效力)
독;suspensiveeffiekt
불;effect suspensif

상소의 제기에 의하여 재판의 확정이 차단되고 상소기간이 경과되어도 원재판이 확정되지 않는 것(민사집행법 35조 1항)을 말한다. 확정력이 생기지 않기 때문에 집행력 등 재판의 확정을 전제로 하는 판결의 효력은 생기지 않는다. 다만 가집행선고가 있을 때에는 집행력이 발생한다. 확정차단의 효력은 판결에 대한 항소·상고와, 결정·명령에 대한 통상항고에 관하여는 예외적으로 확정차단의 효력이 인정되지 아니하므로 이 경우에는 고지 즉시 집행력이 발생하고, 따라서 집행력을 저지하기 위해서는 별도의 집행정지의 조치가 필요하다(민소법 477조).

명령(命令)
영;order
독;Verfügung, Anordung
불;ordonnance

재판장·수명법관·수탁판사가 하는 재판을 명령이라 한다. 이 점에서 결정과 구별되지만, 재판사항은 법원이 결정으로써 재판하여야 하는 경우 이외에는 대개 결정의 경우와 동일하고, 또 성립시기에 관한 것도 마찬가지이다. 더구나 불복신청의 방법에 대해서도 합의체에 재판장이 재판기일에 소송지휘에 의하여 행한 명령 및 수명법관 또는 수탁판사의 명령에 대해서 소송이 계속되어 있는 법원에 이의를 신청하는 이외에는 결정에 대한 불복신청의 방법과 동일하다.

지급명령(支給命令)
독;Zahlungsbefehl

독촉절차에 있어서 채권자의 청구의 취지에 일치하는 목적물의 지급을 명하는 내용의 재판을 말한다. 금전 기타의 대체물이나 유가증권의 일정수량의 지급을 목적으로 하는 청구에 대하여, 법원은 채권자의 일방적인 신청이 있으면 채무자를 심문하지 않고 채무자에게 그 지급을 명하는 재판인 지급명령을 할 수 있다(민소법 462조). 지급명령에 대해서는 청구의 가액에 불구하고 지방법원단독판사의 직분관할에 전속하며, 토지관할은 채무자의 보통재판적 소재지나 사무소 또는 영업소 소재지법원의 전속관할이다. 지급명령에는 당사자·법정대리인, 청구의 취지나 원인을 기재하고, 채무자가 지급명령이 송달된 날로부터 2주일 내에 이의신청을 할 수 있음을 부기하여야 한다(민소법 468조). 지급명령에 대하여는 이의를 신청할 수 있으며(민소법 469조2항), 채무자의 이의신청이 있으면 지급명령은 이의의 범위안에서 그 효력을 잃는다(민소법 470조). 이의신청이 부적법한 경우에는 법원은 이를 결정으로 각하하여야 하고 적법한 이의신청이 있으면 독촉절차는 보통의 소송절차로 이행하며, 지급명령을 신청한 때에는 소를 제기한 것으로 본다(민소법 472조).

가집행(假執行)

가집행선고 있는 판결에 기한 강제집행을 말한다. 가집행선고 있는 판결은 선고에 의하여 즉시 집행력이 발생한다. 가집행의 방법으로는 가압류·가처분과 같은 집행보전에 그치는 것이 아니라, 종국적 권리의 만족에까지 이를 수 있는 점에서 확정판결에 기한 본집행과 다름이 없다. 다만 확정판결에 의한 본집행과 달리 가집행은 확정적인 것이 아니며, 상급심에서 가집행선고 또는 그 본안판결이 취소되지 않을 것을 해제조건으로 집행의 효력이 발생한다. 확정적 집행이 아니므로 상급심에서는 가집행의 결과를 참작함이 없이 청구의 당부를 판단하여야 한다.

가집행선고(假執行宣告)

독;vorläufige Vollstreckbarkeit
불;exécution provisoire

가집행은 미확정의 종국판결에 관하여 집행력이 주어지는 형식적 재판이다. 수소법원이 가집행선고를 할 수 있게 하는 목적은 강제집행의 지연을 위한 패소자의 고의적 상소를 막고, 제1심에서 피고의 집중적 변론을 유도하며 판결이 상소심에서 취소 또는 변경되는 경우에는 피고가 집행을 받지 아니한 상태로 회복시킬 무과실책임을 원고가 지는 것을 전제로 인정된 제도이다. 그러므로 상대방이 상소하여도 집행은 계속되는 것이다. 다만 경우에 따라서는 집행의 정지 또는 취소가 명해지는 때도 있다(민소§501). 주의할 것은 가압류·가처분 등도 가집행이라 하고 있으나, 이 집행의 효력은 확정판결의 집행과 동일한 것이므로(민사집행법§24조) 그 판결이 상소심에서 취소되더라도 이미 완료한 집행절차는 무효로 되지 않는 점에서 가집행선고와 구별해야 하는 것이다. 가집행의 요건은 먼저 재산상 청구할 수 있는 판결이 있을 것, 판결이 집행에 적합할 것 및 그것에 대하여 가집행선고의 필요가 있을 것 등이다(§213). 따라서 이러한 요건을 충족한 때에는 원고가 판결전에 신청한 경우 또는 법원의 직권에 의하여 선고하는 것이다.

가집행면제의 선고

(假執行免除의 宣告)

가집행선고가 인정되는 경우, 패소예기자의 신청에 의해 또는 직권으로 판결주문에 피고가 채권 전액을 담보로 제공하고 가집행선고의 집행력의 면제를 받을 수 있다는 취지를 선고하는 것으로(민소법 213조2항), 이를 가집행면제선고 또는 가집행해방선고라 한다. 구민사소송법은 채권 전부의 담보를 요구하지 않던 것을, 현행법은 채권 전액의 담보를 요구하지 않던 것을, 현행법은 채권전액의 담보를 채권 전액의 담보를 요구함으로써 채무자의 부담을 가중시켜 권리실현의 부당한 방해를 예방하고자 한다. 가집행면제 선고는 가집행선고를 무의미하게 할 수 있으므로 가집행선고에 있어서 법원의 재량권이 완전히 배제되는 경우에는 가집행면제선고를 할 수 없다. 가집행면제선고에 있어서는 반드시 담보제공을 조건으로 하여야 하는 바, 이 때의 담보는 판결의 확정시까지 가집행의 지연으로 인해 원고가 입은 손해의 담보이지, 원고의 기본채권까지 담보하는 것이 아니라는 견해가 있고, 판례도 이와 같다. 가집행면제의 선고가 있는 때에는 담보를 제공한 취지의 증명서를 제출하여 강제집행의 정지를 청구할 수 있다(민소법 49조3항).

제소전화해(提訴前和解)

민사분쟁에 관하여 소의 제기 전에 화해를 원하는 당사자의 신청에 의하여 지방법원 단독판사 앞에서 행하여지는 화해를 말한다(민소법 385조1항). 소송계속을 전제로 하고 있지 않다는 점에서 소송상의 화해와 다르다. 제소전 화해는 소가에 관계없이 단독판사의 사물관할에 속하며, 순회판사의 관장사항이다(법원조직법 7조4항, 34조1항2호, 민소법 385조1항). 적법한 신청이 있으면 법원은 기일을 정하여 당사자 쌍방을 소환하여 화해를 권고하며, 화해가 성립되면 그 내용은 조서에 기재되고 이 조서는 확정판결과 동일한 효력을 가진다. 화해가 성립되지 않으면 당사자는 화해불성립조서등본이 송달된 날로부터 2주일의 불변기간 내에 제소신청을 할 수 있고, 적법한 제소신청이 있는 경우에는 화해신청시에 소가 제기된 것으로 간주되어(민소법 388조) 그 때부터 시효중단의 효력이 인정되나, 제소신청을 하지 않아 사건이 종료된 경우에는 그 후 1월 내에 제소하지 않으면 시효중단의 효력이 상실된다(민소법 187조). 화해의 비용은 특별한 합의가 있는 경우 외에는 당사자 각자의 부담으로 하고, 화해불성립의 경우에는 소송비용은 신청인이 부담하며, 다만 제소신청이 있는 경우에는 소송비용의 일부로 한다(민소법 389조).

소송상화해(訴訟上和解)

독; Prozessvergleich

소송제기 후에 수소법원, 수명법관 또는 수탁판사 앞에서 당사자가 서로 합의한 결과로 소송의 전부 또는 일부에 관해서 다툼을 종료하는 소송상 합의를 뜻한다. 법원은 소송의 정도 여하를 불문하고 화해를 권고할 수 있고(민소§145①), 당사자도 소송계속 중에는 언제라도 화해할 수 있으며, 이에 기초하여 작성된 화해조서는 확정판결과 동일한 효력이 있다(§220). 소송상 화해의 법적 성질에 대해서 그것을 단순히 사법행위로 보는 사법행위설, 소송행위로 보는 소송행위설 또는 사법행위와 소송행위 양자의 성질을 갖는 것으로 이해하는 절충설 및 양자가 경합한다고 이해하는 경합설, 그리고 그 것에도 단계적으로 계층이 부가되어 있다고 하는 계층구조설 등의 학설이 대립하고 있는데 근래 우리나라의 통설은 소송행위설을 취하고 있다.

청구의 포기(請求의 抛棄)

독;Kalgverzicht

원고가 소송물인 권리관계의 존부에 관한 자기주장을 부인하고 청구가 이유 없음을 자인하는 법원에 대한 소송상 진술을 말한다. 소의 취하가 심리·판결의 요구 그 자체를 철회하는 진술인 데 대하여, 청구의 포기는 자신의 권리주장이 실체법상 근거가 없다는 것을 자인하는 것이다. 이것을 조서에 기재하면 청구기각의 판결을 받아 그것이 확정된 것과 동일한 결과가 된다. 따라서 이 청구에 대해서는 기판력이 생긴다. 다만 청구포기의 조서에 재심사유(민소§451①)가 있는 경우는 제 451조 내지 제461조의 규정에 준한 재심에 의해 구제가 가능하다.

청구의 인낙(請求의 認諾)

독;Klaganerkenntnis

피고가 권리관계의 존부(存否)에 대한 원고주장의 전부 또는 일부를 이유 있다고 승인하는 법원에 대한 진술행위를 말한다. 청구의 인낙(認諾)은 이것을 조서에 기재함으로써 청구인용판결이 확정된 것과 같은 효력이 생긴다. 따라서 청구의 인낙은 원고의 청구인 권리주장을 선결적 법률관계 및 개개의 법적 효과 또는 개개의 사실에 대한 것이 아니라 직접 무조건적으로 인정하는 경우이어야 하며, 또한 확정판결과 동일한 효력이 있는 것이므로 기판력(旣判力)은 물론 원고의 청구가 이행청구인 경우에는 이에 대하여도 집행력이 생기고 채무명의가 된다.

재판상 화해(裁判上 和解)

독;gerichtlicher Vergleich

소송상 화해와 제소전 화해를 포함하는 것이다. 소송상 화해는 당사자 양쪽이 수소법원 앞에서 서로 주장을 양보하여 소송을 종료시키는 행위이다. 화해의 결과, 당사자의 진술을 조서에 기재하면 소송이 종료되며 이 화해조서는 확정판결과 동일한 효력이 생긴다. 화해의 내용이 무효 또는 취소의 원인이 있을 때의 구제방법에 관하여는 종래 학설·판례가 구구하였지만 민사소송법은 준재심제도를 규정하여(민소§461) 입법적으로 해결하고 있다.

소의 취하(訴의 取下)

독;Zurücknahme der Klage

소의 취하는 소를 제기한 자가 청구한 심판의 일부 또는 전부를 철회하는 소송상의 의사표시이다(민소§266). 소의 취하는 판결에 의하지 아니한 소송종료원인의 하나로서 소를 제기한 경우는 물론 소의 변경, 중간확인의 소, 반소 등과 같이 소의 제기와 동일시되는 경우에도 할 수 있다. 소의 취하가 있으면 소는 처음부터 제기하지 않은 경우와 일치하는 상태 즉 판결이 없는 상태로서 종료된다.

반소(反訴)

독;Widerklage

반소란 소송계속중 피고가 원고에 대하여 본소의 소송절차에 병합하여 제기하는 새로운 소를 뜻한다(민소§269). 반소는 본소의 피고가 계속중인 소송절차를 이용하여 적극적으로 제기하는 소이므로 피고에 의한 청구의 추가적 병합이고 이에 의하여 동일소송절차 안에서 복수의 소송물이 다루어진다.

반소제도는 상호견련사건을 동일절차에서 함께 심판하는 것이 별소(別訴)를 제기하는 것보다 소송경제에 적합하고, 본소와 반소의 재판을 통일할 수 있으며, 원고로 부터 소구(訴求)당하고 있는 피고에게도 동일절차를 이용하여 새로운 소의 제기를 허용함 당사자 양쪽을 공정하게 취급할 수 있다는 취지에서 허용되는 것이다.

소송절차의 중단

(訴訟節次의 中斷)
독;Unterbrechung des Verfahrens

당사자나 소송수행자에게 소송수행불능사유가 발생한 경우에 새로운 수행자가 출현하여 소송에 참여할 수 있을 때까지 법률상 당연히 절차의 진행이 정지되는 것을 뜻한다. 중단사유(민소§233~§240)가 발생하여 소송절차가 중단되면 그 동안 법원은 재판 및 증거조사를 할 수 없고, 당사자가 소송절차상의 소송행위를 하여도 무효이다. 다만 상대방이 책문권(責問權)을 포기·상실하면 유효하다. 한편, 당사자측에서 소송을 재개한다는 繼受(계수)의 신청이 있고 그것을 상대방에게 통지한 때 당사자로서 이를 게을리 하여 법원이 소송의 속행을 명한 때(§244)에 중단은 해소되고 소송절차가 재개된다.

소송절차의 중지

(訴訟節次의 中止)
독;Aussetzung des Verfahrens

소송절차의 중지는 법원이 천재 기타 사고로 직무집행이 불능한 경우(민소§245), 당사자에게 부정기간의 장애가 있는 경우(§246) 및 기타 심리진행이 부적당한 경우(헌재§42①) 등에 법원의 결정으로 그 사유가 소멸될 때가지 소송절차가 정지되는 것을 말한다.

소송절차의 법령위반

(訴訟節次의 法令違反)
라:error in pricedendo

형사소송법상, 소송절차에 있어서의 소송법령의 위반을 말한다. 판결전 소송절차의 법령위반이 소송절차의 법령위반이라는 점에는 이론이 없으나, 판결을 선고함에 있어서 준수하여야 할 법령의 위반을 어느 정도 포함할 것이냐에 대해서는 견해가 대립된다. 판결에 영향을 미친 소송절차의 법령위반은 상소이유가 되고(형소법 361조의5, 383조), 원심소송절차가 법령에 위반한 때에는 비상상소이유가 된다(형소법 441조).

소송절차의 속행명령

(訴訟節次의 續行命令)

소송절차의 중단의 해소원인의 하나로, 당사자 중 어느 누구도 수계신청을 하지 아니하여 사건이 중단되어 방치되었을 때에, 법원이 직권으로 속행을 명하는 결정(민소법 244조)을 말한다. 속행명령이 당사자에 송달되면 중단은 해소된다. 속행명령은 중단 당시에 소송이 계속된 법원이 발한다. 법원이 속행명령을 발하지 않고 직접 변론기일을 지정하여 양당사자를 소환한 경우에는 속행명령을 발한 것으로 보아야 한다는 견해가 있으나, 중단 중의 소송행위가 무효인 것에 비추어 받아들이기 어렵다. 속행명령은 중간적 재판이므로 독립하여 불복할 수 없다.

소송절차의 수계

(訴訟節次의 受繼)
독;Aufnahme des Verfahrens
불:reprise d'instance

소송절차의 중단을 종료시키는 당사자의 행위를 말한다. 즉 소송절차의 중단은 당사자측의 수계신청에 의하여 해소되며, 해소되면 소송절차의 진행이 재개된다. 다만 파산절차의 해지의 경우에는 파산자는 당연히 소송절차를 수계하는 예외가 있다(민소법 240조). 수계신청은 중단사유가 있는 당사자측의 신수행자(민소 233조 내지 237조) 및 상대방이 할 수 있다(민소법 241조). 신청하여야 할 법원은 중단 당시 소송이 계속된 법원이나, 종국판결이 송달된 뒤에 중단된 경우 수계신청을 원법원에 하느냐 상소법원에 하느냐에 대해서는 견해가 나누어진다. 수계신청은 신수행자가 수계의 의사를 명시하여 서면 또는 구술로 할 수 있다(민소법 161조).

소송절차의 정지

(訴訟節次의 停止)
독;stioostand des Verfahrens

소송계속 후 그 종료전에 소송절차가 법률상 진행될 수 없는 상태가 되는 것으로서 중단과 중지를 총칭한 것을 말한다. 소송절차의 중단은 소송계속 중 당사자 일방에게 소송진행을 불능 또는 곤란하게 하는 사유가 발생한 경우에 절차가 법률상 당연히 정지되는 것이고, 소송절차의 중지는 일정한 경우에 법률상 당연히 또는 법원의 소송지휘상의 처분에 의하여 소송절차가 정지하는 경우이다. 소송절차의 중단사유로서는 당사자의 당사자능력 또는 소송능력상실, 법정대리인의 사망 내지 대리권의 상실, 당사자가 당사자적격을 상실한 결과 당연히 소송에서 탈퇴하는 경우를 들 수 있으며, 중지의 원인으로서는 천재 기타의 사고로 법원의 직무집행이 일반적으로 불능한 경우, 당사자에게 부정기간의 장애로 소송절차의 속행이 불가능한 경우 및 기타 다른 절차와의 관계상 소송의 속행이 부적당하다고 인정되는 경우(예 : 파산절차가 계속 중 화의개시결정이 있는 때) 등이 있다. 소송절차가 정지되면 소송상의 기간은 진행을 개시하지 않고, 이미 진행중인 기간은 그 진행을 정지한다. 소송절차의 중단·중지 중에 당사자와 법원은 소송행위를 중단·중지 중에 당사자와 법원은 소송행위를 할 수 없고, 그 동안 행하여진 당사자와 법원의 소송행위는 무효이다.

상 소

변호사강제주의(辯護士强制主義)

독;Anwaltszwang

본인의 소송행위를 금하고 소송수행을 변호사에게 대리시키도록 강요하는 입법주의를 말한다. 독일은 지방법원 이상에 이 변호사 강제주의를 채용하고 있다. 변호사 강제주의의 실시에 의해 법률에 대한 전문적 지식이 없는 자를 보호할 수 있고, 소송수행의 원활화를 기할 수 있으나, 그 전제조건으로서 충분한 수의 변호사가 확보되어야 하며, 변호사 비용의 패소자 부담 및 법률부조제도의 활성화로 변호사비용 부담을 덜어 주어야 할 것이다. 우리나라는 증권관련 집단소송(증권관련 집단소송법 제5조 제1항)이나 헌법재판절차(헌법재판소법 제25조 제3항) 이외에는 변호사강제주의를 채택하고 있지 않기 때문에 본인스스로 소송할 수 있다. 다만, 대리인을 세우는 이상 대리인은 법률사무의 전문가로서 공인된 변호사에 한정된다.

항소(抗訴)

영;appeal

항소는 항소심법원에 대하여 제1심의 종국판결의 취소나 변경을 구하고자 심리의 속개를 요청하는 불복신청이다(민소§390①). 항소가 제기되면 제2심의 소송절차가 개시되고 제1심 판결에 대한 불복의 당부(當否)를 다시 심사하게 된다. 심사의 범위는 사실문제까지 할 수 있다는 점에서 법률문제만을 심리하는 상고심과는 다르다(§423). 항소를 할 수 있는 자는 제1심판결에 의해서 불이익을 받은 당사자에 한하기 때문에 원고의 청구가 기각되었을 경우에 피고는 불이익을 받은 바 없으므로 항소할 수 없다. 그러나 원고의 청구가 일부는 기각되고 일부는 인용된 때에 피고는 그 일부인용된 부분에 한하여 항소할 수 있다. 민사소송법은 항소심에서 사건을 심리함에 있어서 제1심에서의 자료를 기초로 인용(認容)할 수 있고 또 새로운 자료의 추가를 인용하는 속심주의를 취하고 있다(§409). 항소의 제기기간은 판결정본의 송달을 받은 뒤로부터 2주일 내이다(§396). 그렇지만 항소는 판결의 송달을 받기 이전에도 가능하다.

불항소합의(不抗訴合意)

당사자 양쪽이 상고할 권리를 유보하고, 항소하지 않기로 합의하는 것을 말한다(민소 §390단서). 이 합의는 당사자 쌍방에게 구체적인 항소권이 발생하기 전이라도 즉 불이익의 판단이 내려지기 전이라도 할 수 있다. 첫째, 양쪽이 항소하지 않겠다는 약속이 이루어져야 하므로 어느 일방에서만 항소하지 않겠다고 약속하는 것은 효력이 없다. 둘째, 사건이 일정한 법률관계에 관한 분쟁인 경우에 한한다. 이는 관할의 합의와 같이 그 법률관계가 당사자가 처분할 수 있는 사항일 것을 요한다. 이에 반하여 가사소송과 같이 공익성이 강한 절차에서는 제3자나 검사 등의 기회를 박탈하므로 이와 같은 합의는 인정되지 않는다. 불항소합의는 서면에 의한다(§390②, §27②). 적법한 합의가 있으면 그 사건에 관하여서는 양쪽이 모두 항소권을 잃게 되어, 이를 무시한 항소는 부적법한 것으로서 각하된다.

부대항소(附帶抗訴)

부대항소는 상대방의 항소에 기인한 소송절차에 부대(附帶)하여 원판결(原判決)에 대한 불복을 신청하여 항소심의 심판범위를 자기에게 유리하게 확장하는 피항소인의 신청이다(민소§402). 부대항소제도가 인정되는 이유는 독립하여 항소를 제기한 자는 그 항소에 의하여 사건의 전부에 대한 이심(移審)의 효력이 생기므로 항소심변론종결시까지 언제나 항소범위를 확정할 수 있는데 반하여, 피항소인이 항소권 포기 또는 항소기관 도과 등의 사유로 항소권이 소멸되었다고 하여 전연 불복을 못한다고 하면 피항소인에게 너무 가혹하므로 공평상 피항소인에게도 변론종결시까지 불복신청을 할 길을 열어준 것이다. 다만, 부대항소는 주된 항소에 종속적인 것이므로 주된 항소가 취하되거나 각하되면 그 효력을 상실한다(§403).

부대항고(附帶抗告)
獨;Auschlussbeschwerde

항고절차에 있어서 상대방이 제기한 항고절차에 편승하여 항고인과 명확히 이해상반되는 지위에 있는 자가 자기에게 불이익한 부분의 변경을 요구하는 신청을 말한다. 부대항고는 부대항소에 준하고, 부대재항고는 부대상고에 준한다(민소 §443). 그러나 보통 항고의 경우에는 이를 부정하는 견해도 유력하다.

상고(上告)
독;Revision

상고는 상고권자가 고등법원이 제2심 또는 제1심으로서 선고한 종국판결과 지방법원 본원합의부가 제2심으로 선고한 종국판결(민소§422①), 또는 비약상고 (§422②, §390①단))의 경우에는 제1심의 종국판결에 대한 법률위반을 이유로 하여 그 취소변경을 상고법원에 구하는 상소이다. 상고는 원판결의 당부(當否)를 법률적인 면에서만 심사하는 사후심이라고 볼 수 있다. 원판결이 적법하게 인정한 사실은 상고법원을 기속하며(§432), 상고법원은 이를 기준으로 하여 法令(법령)의 해석·적용의 당부를 심판한다. 상고심의 소송절차는 원칙적으로 항소심의 소송절차에 준한다(§425). 상고심은 법률심이므로 상고인은 새로운 주장이나 새로운 증거를 제출할 수 없으며 상고이유서를 따로 제출한다. 상고법원은 상고를 부적법하게 각하하는 경우(§413①, §425), 상고이유서를 제출하지 아니하여 기각되는 경우(§429) 외에 상고를 이유 없다고 하여 기각하는 경우에도 변론 없이 서면심리로써 판결을 할 수 있다(§430). 상고심에서는 직권조사사항과 직권탐지사항을 판단하기 위한 증거조사의 경우에 사실심리가 예외적으로 인정되고 있다.

재심(再審)

독;wiedcraufnachme

재심은 확정된 종국판결에 대하여 기판력(旣判力)에 따른 효력을 유지할 수 없는 중대한 하자가 있을 때 그 판결을 취소하고 소송을 판결 전의 상태로 회복시켜 다시 변론절차에 돌아가서 재판할 것을 구하는 특별한 불복신청방법이다. 이 재심제도는 확정판결의 하자가 중대한 경우에 구체적 정의를 도모하려는 제도이다. 그러나 법적 안정성의 요구도 무시할 수 없는 문제이므로, 민사소송법이 특정한 경우에만 허용된다(민소§451). 법정된 재심사유가 있다고 판단될 때에는 당사자는 판결확정 후 그 사유를 안 날로부터 30일 이내에 재심의 소를 제기하여야 한다(§456①). 한편, 확정판결과 동일한 효력이 있는 화해·청구의 포기 및 인낙의 경우에도 재심청구를 할 수 있는바, 이를 준재심(準再審)이라 한다(§431, §206).

재심사유(再審事由)

재심을 구하기 위하여 필요한 이유를 말한다. (1) 법률에 따라 판결법원을 구성하지 아니한 때, (2) 법률상 그 재판에 관여할 수 없는 법관이 관여한 때, (3) 법정대리권, 소송대리권 또는 대리인이 소송행위를 하는 데에 필요한 권한의 수여에 흠이 있는 때(다만 민사소송법 제60조 또는 제97조의 규정에 따라 추인한 때에는 그러하지 아니하다). (4) 재판에 관여한 법관이 그 사건에 관하여 직무에 관한 죄를 범한 때, (5) 형사상 처벌을 받을 다른 사람의 행위로 말미암아 자백을 하였거나 판결에 영향을 미칠 공격 또는 방어방법의 제출에 방해를 받은 때, (6) 판결의 증거로 된 문서, 그 밖의 물건이 위조되거나 변조된 것인 때, (7) 증인·감정인·통역인의 거짓진술 또는 당사자신문에 따른 당사자나 법정대리인의 거짓 진술이 판결의 증거가 된 때, (8) 판결의 기초가 된 민사나 형사의 판결, 그 밖의 재판 또는 행정처분이 다른 재판이나 행정처분에 따라 바뀐 때, (9) 판결에 영향을 미칠 중요한 사항에 관하여 판단을 누락한 때, (10) 재심을 제기할 판결이 전에 선고한 확정판결에 어긋나는 때, (11) 당사자가 상대방의 주소 또는 거소를 알고 있었음에도 있는 곳을 잘 모른다고 하거나 주소나 거소를 거짓으로 하여 소를 제기한 때에는 확정된 종국판결에 대하여 재심의 소를 제기할 수 있다. 다만 당사자나 상소에 의하여 그 사유를 주장하였거나 이를 알고 주장하지 아니한 때에는 그러하지 아니한다(민소법 451조).

재심항고(再審抗告)

독;Nicheigkeitsbeschwerde

준재심의 일종으로, 즉시항고할 수 있는 재판에 재심사유(민소법 451조)가 있을 때에 하는 항고를 말한다. 재심항고는 재심의 소에 관한 규정을 준용(민소법 461조)하는 점에서 다른 항고와 구별되나, 이 역시 항고이므로 판결이나 화해·포기·인낙조서에 대한 재심의 경우처럼 소에 의하지 않고 신청으로 개시되며, 그 절차는 결정절차이다.

제권판결에 대한 불복의 소
(際權判決에 대한 不服의 訴)

제권판결의 절차 또는 내용에 중대한 하자가 있을 때 제권판결의 취소를 구하기 위하여 제기하는 불복의 소를 말한다. 제권판결에 대하여는 상소는 인정되지 않지만 부당한 하자를 가진 제권판결을 존치시키는 것은 허용될 수 없으므로 제권판결을 확정시킴과 동시에 불복있는 자는 소를 제기하여 제권판결의 실효를 청구할 수 있는 것으로 하였다(민소법 490조2항). 이 소는 제권판결의 효력의 소멸을 구하는 형성의 소이다. 불복의 소를 구할 수 있는 사유는 (1) 법률상 공시최고절차를 허가하지 아니할 경우일 때, (2) 공시최고의 공고를 하지 아니하였거나, 법령이 정한 방법으로 공고를 하지 아니한 때, (3) 공시최고기간을 지키지 아니한 때, (4) 판결을 한 판사가 법률에 따라 직무집행에서 제척된 때, (5) 전속관할에 관한 규정에 어긋난 때, (6) 권리 또는 청구의 신고가 있음에도 법률에 어긋나는 판결을 한 때, (7) 거짓 또는 부정한 방법으로 제권판결을 받은 때, (8) 제451조 제1항 제4호 내지 제8호의 재심사유가 있는 때이다(민소법 490조2항).

공시최고(公示催告)
독;Aufgebot

공시최고는 권리 또는 청구의 신고를 하지 아니하면 실권될 것을 법률로 정한 경우에 한하여 이를 할 수 있다(민소법 475조). 여기서 법률로 정한 경우는, 예컨대 상법 제360조의 주권의 제권판결·재발행에 대하여"주권은 공시최고의 절차에 의하여 이를 무효로 할 수 있으며, 주권을 상실한 자는 제권판결을 얻지 아니하면 회사에 대하여 주권의 재발행을 청구하지 못한다"고 규정하고 있고, 또 이외에 실종선고를 위한 공시최고, 등기·등록의 말소를 위한 공시최고는 법률에 다른 규정이 있는 경우를 제외하고는 실권될 권리자의 보통재판적있는 지방법원이 관할하되, 등기 또는 등록의 말소를 위한 공시최고는 그 등기 또는 등록을 한 공무소 소재지의 지방법원에 신청할 수 있고, 민사소송법 제492조(증권의 무효선고를 위한 공시최고)의 경우에는 증권이나 증서에 표시된 이행지의 지방법원이 관할하되, 증권이나 증서에 이행지의 표시가 없는 때에는 발행인의 보통재판적 있는 지방법원이, 그 법원이 없는 때에는 발행인의 발행 당시에 보통재판적 있던 곳의 지방법원이 각 관할하고, 위 두 경우의 관할은 전속관할로 한다(민소법 476조). 공시최고의 신청에는 그 신청의 원인과 제권판결을 구하는 취지를 명시하여야 하는데, 이 신청은 서면으로 하여야 하며, 법원은 수개의 공시최고의 병합을 명할 수 있다(민소법 477조). 공시최고의 허부에 대한 재판은 결정으로 하고, 허가하지 아니한 결정에 대하여는 즉시항고를 할 수 있으며, 이 경우에는 신청인을 심문할 수 있다(민소법 478조). 공시최고의 신청을 허가한 때에는 법원은 공시최고를 하여야 하는데, 공시최고에는 신청인의 표시·공시최고 기간일까지 권리 또는 청구의 신고를 하여야 한다는 최고·신고를 아니하면 실권될 사항·공시최고를 기일을 기재하여야 한다. 공시최고의 공고는 대법원규칙으로 정한다(민소법 480조).

공시최고절차(公示催告節次)
독;Aufgebotsverfahren

법률이 정하는 경우에 법원이 당사자의 선처에 의하여 공고의 방법으로 불특정 또는 불분명한 이해관계인에게 권리 또는 청구의 신고를 시키게 하기 위하여, 만약 일정기일까지 권리 또는 청구의 신고를 하지 않으면 실권의 효력이 발생할 것이라는 취지의 경고를 붙여서 공고한재판상의 최고를 말하며(민소법 475조), 이러한 최고를 하고 최고시에 경고한 실권을 제권절차에 의해 선고하는 절차가 공시최고절차이다. 공시최고는 법률이 정한 경우에만 허용되는데, 예를 들자면 실종선고를 위한 공시최고, 증권 또는 증서의 무효선언을 위한 공시최고가 있다. 공시최고는 법률에 다른 규정이 있는 경우를 제외하고는 실권될 권리자의 보통재판적이 있는 지방법원이 관할하며(민소법 476조1항), 공시최고절차의 관할은 전속관할이다(민소법 476조3항). 공시최고는 신청에 의해서만 행해지며, 그 심리는 임의적 변론에 의한다.(민소법 478조1항). 공시최고는 공고에 의해 실시되는데, 법원은 게시판에 게시하고 신문지에 2회 이상 게재하여야 한다. 공시최고의 기간은 공고종료일로부터 3월 뒤로 정하여야 한다(민소법 481조). 공시최고절차는 공시최고신청의 취하, 각하 및 제권판결절차의 종료에 의하여 종료된다.

채무자 회생 및 파산에 관한 법률

의의(意義)

채무자 회생 및 파산에 관한 법률은 채무자 회생 및 파산에 관한 사항이 파산법·회사정리법·화의법·개인채무자회생법에 분산되어 있어서 각 법률마다 적용대상이 다를 뿐만 아니라 특히 회생절차의 경우 회사정리절차와 화의절차로 이원화 되어 있어 그 효율성이 떨어지므로 상시적인 기업의 회생·퇴출 체계로는 미흡하다는 지적에 따라 이들을 하나의 법률로 통합한 이른바 '통합 도산법'이라 할 수 있다. 이 법은 재정적 어려움으로 인하여 파탄에 직면해 있는 채권자·주주·지분권자 등 이해관계인의 법률관계를 조정하여 채무자 또는 그 사업의 효율적인 회생을 도모하거나, 회생이 어려운 채무자의 재산을 공정하게 환가·배당하는 것을 목적으로 한다. 또한 파산선고로 인한 사회적·경제적 불이익을 받게 되는 사례를 줄이기 위해 정기적 수입이 있는 개인채무자에 대하여는 파산절차에 의하지 아니하고도 채무를 조정할 수 있는 개인회생제도를 두고 있다.

파산(破産)

영;bankruptcy
독;Konkurs 불;faillite

채무자가 경제적으로 파탄하여 그의 변제능력으로써는 총채권자의 채무를 완제할 수 없는 상태에 이르렀을 때에 다수경합된 전채권자(全債權者)에게 공평한 만족을 주기 위하여 행하여지는 채무자의 재산에 대한 포괄적(일반적) 강제집행이다. 만약 채무자가 모든 채권자에 대하여 채무를 완제할 수 있다면 각 채권자는 보통의 권리보호의 방법(임의변제를 하지 않을 경우에는 강제집행)에 의하여 만족을 얻으면 충분하나, 다수의 채권자가 경합되어 있는데도 불구하고 변제에 충당할 자산이 부족할 때에는 특별한 사권보호의 절차가 필요하다. 파산절차는 이 요구에 따른 것이다. 이러한 절차를 상인에 대하여서만 인정할 것인가, 일반인에 대하여도 인정할 것인가에 따라 상인파산주의와 일반파산주의가 대립된다. 프랑스법계국가가 상인파산주의의 입장을 취하고(일본구파산법), 독일법계국가가 일반파산주의의 입장을 따르고 있다. 우리 파산법은 일반파산주의의 입장이다. 파산절차의 개시는 지급불능과 채무초과를 그 원인으로 한다(채무자회생법§305, §306, §307). 파산이 일반의 강제집행과 다른 것은 민사집행법에 규정하는 강제집행절차가 각각의 채권자를 위하여 채무자의 개개의 재산에 대하여 행하여지는 개별적 집행인 데 대하여 파산절차는 채무자의 총재산(파산재단)에 대하여 행하여지는 포괄적 집행인 점이다. 입법례에 따라서는(미국), 채권자의 복수의 신청을 파산선고의 요건으로 하고 있으나, 우리 파산법에서는 다수파산채권자의 존재를 관념적으로 전제하고 있지만 그를 요건으로 하고 있다고 인정하기는 곤란하다. 파산법에서는 채무자의 재산관계를 근본적으로 명백히 하여 종국적으로 청산하기 위하여 실체적·절차적인 각종의 특별규정을 두고 파산채권자에의 공평한 변제를 꾀하고 있다. 파산절차는 파산선고절차와 파산선고 후의 절차로 양분된다.

소비자파산(消費者破産)

소비자파산이란 제도가 따로 정해져 있는 것이 아니고 파산 중 그 신청자가 일반 개인 소비자인 경우를 소비자파산이라 부를 따름이다. 봉급생활자, 주부, 학생 등 개인소비자가 소비활동의 일환으로 신용카드 등을 이용하여 상품을 구입하거나 금전을 차용한 결과 발생한 채무가 자신의 변제능력으로 감당할 수 없게 되어 자신의 모든 재산을 충당하여도 모든 채무를 변제할 수 없는 지급불능상태에 빠진 경우에, 법원에서 채무자의 모든 재산을 강제적으로 금전으로 환가하여 채권자 전원에게 공평하게 배당하는 절차를 소비자파산이라 할 수 있다.

파산자(破産者)

영;bankrupt
독;Gemeinschuldner
불;failli

크게 두 가지의 의미가 있다. (1) 파산선고를 받고 현재 그 자에 대하여 파산절차가 진행되고 있는 자. 파산자는 파산재단에 속하는 재산을 관리·처분할 권능을 상실하며, 그와 같은 재산에 관하여 파산자가 행한, 또는 이에 대하여 행하여진 법률행위는 파산채권자에게 대항할 수 없다(§329). 그러나 파산자의 행위능력이나 소송능력이 제한되는 것은 아니므로 재산에 관한 것이 아닌 의무를 이행하거나 소송을 수행할 수 있으며, 또 새로 취득한 재산에 기하여 신사업(新事業)을 시작하는 것도 무방하다. 그러나 파산자는 파산절차의 목적달성 그밖의 이유로 일신상 몇 가지 제한을 받고 있는데, 그것은 ① 파산자는 파산관재인·감사위원 또는 채권자집회의 요청에 의하여 파산에 관하여 필요한 설명을 할 의무가 있다(§321). ② 법원은 필요하다고 인정하면 파산자를 拘引(구인) (2) 전에 파산선고를 받고 아직 채무자 회생 및 파산에 관한 법률 제3편 8장의 복권규정에 의하여 복권되지 아니한 자를 말한다. 민법 제937조 제3호, 국가공무원법 제33조 1항 2호 등에서 파산자라 함은 이 의미이다.

파산관재인(破産管財人)

영;trustee in bankruptcy
독;Konkursverwalter
불;syndic de la failite

파산재단의 재산을 관리·처분하고, 파산채권의 조사·확정에 참여하며, 재단채권을 변제하고, 파산채권자에게 환가금을 배당하는 등 파산절차상의 중심적 활동을 하는 공공기관이다. 파산관재인은 관리위원회의 의견을 들어 법원이 선임하고, 법인도 파산관재인이 될 수 있다(§355). 파산관재인은 정당한 사유가 있는 때에는 법원의 허가를 얻어 사임할 수 있고, 법원은 채권자집회의 결의, 감사위원의 신청에 의하거나 직권으로 파산관재인을 해임할 수 있다(§303, 364). 그 지위에 관하여는, (1) 파산채권자 또는 파산자의 대리인이라는 대리설, (2) 목적재산으로서의 파산재단의 대표기관이라 보는 재단대표설, (3) 국가의 집행권을 위임받은 사인(私人)이라 하는 국가기관설 또는 직무설 등이 대립되어 있으나, 국가기관설 또는 직무설이 통설·판례이다. 파산관재인이 여럿이 있을 때에는, 직무집행은 공동으로 하는 것이 원칙이나, 법원의 허가를 얻어 분장할 수 있다(§360). 필요한 때에는 그 직무를 행하게 하기 위하여 자기의 책임으로 대리인을 선임할 수 있다. 이 경우 법원의 허가를 받아야 한다(§362①·②). 파산관재인대리는 파산관재인에 갈음하여 재판상 또는 재판 외의 모든 행위를 할 수 있다(§362④). 직무집행은 선량한 관리자의 주의로써 하여야 하며, 이 주의를 해태(懈怠)하면 이해관계인에 대하여 연대하여 손해배상책임을 진다(§136). 파산관재인은 일반적으로 파산법원의 감독을 받을 뿐만 아니라, 일정한 사항을 행하려면 감사위원의 동의, 채권자집회의 결의 또는 파산법원의 허가를 얻어야 한다. 파산절차의 해지, 파산관재인의 사임(§363)·해임(§364) 또는 사망에 의하여 그 임무가 종료되는바, 그 임무가 종료되면 채권자집회에 계산의 보고를 하여야 하며, 이 보고에 대하여 파산자, 파산채권자 또는 후임의 파산관재인이 이의를 진술하지 아니하면 승인한 것으로 본다(§365). 또 임무가 종료한 뒤라도 급박한 경우에는 긴급처분을 할 의무가 있다(§366).

파산관재인이 민법 제108조 제2항의 경우 등에 있어 제3자에 해당하는 것은 파산관재인은 파산채권자 전체의 공동의 이익을 위하여 선량한 관리자의 주의로써 그 직무를 행하여야 하는 지위에 있기 때문이므로, 그 선의·악의도 파산관재인 개인의 선의·악의를 기준으로 할 수는 없고 총파산채권자를 기준으로 하여 파산채권자 모두가 악의로 되지 않는 한 파산관재인은 선의의 제3자라고 할 수밖에 없다*(대법원 2006. 11. 10. 선고 2004다10299)*.

파산원인(破産原因)

독;Konkursgrund

파산선고의 실질적 요건으로서, 채무자가 총채권자에게 그 채무의 전부를 이행할 수 없는 상태, 즉 법률이 파산을 필요로 할 정도로 채무자의 경제상태가 악화되었다고 인정되는 요건이다. 이러한 파산원인을 정하는 방법으로는 대륙법계의 개괄주의와 영미법계의 열거주의와의 대립이 있다. 열거주의는 「파산행위」라 하는 수개유형의 행위를 열거하여 채무자에게 그 중 어느 하나에 해당하는 행위가 있는 경우에 파산선고를 하게 하는 것이고, 개괄주의는 파산원인을 일정한 포괄적 개념(지급불능, 지급정지, 채무초과)을 가지고 정하는 입장이다. 상인파산주의를 취하는 프랑스법에서는 지급정지를 파산원인으로 하는 데 대해, 독일법을 따라 일반파산주의를 취하고 있는 우리 파산법은 지급불능을 파산원인으로 하고, 지급정지는 이를 추정하는 것에 그친다. (1) 보통파산의 원인 : 보통파산의 원인은 지급불능이다. 채무자가 지급을 할 수 없는 때(지급불능)에는 법원은 신청에 의하여 결정으로 파산을 선고한다. 변제능력이 부족한 관계로 변제기가 도래한 채무를 일반적·계속적으로 변제할 수 없는 객관적 상태에 있는 것을 지급불능이라 한다. 채무자가 지급을 정지한 경우에는 지급을 할 수 없는 것으로 추정한다(§305). (2) 법인의 파산원인 : 법인에 대해 그 부채의 총액이 자산의 총액을 초과하는 때, 즉 채무초과의 경우에도 파산선고를 할 수 있다(§306①). 채무초과는 합명회사·합자회사 즉 인적 회사를 제외한 법인과 상속재산에 있어서 특유한 파산원인이다(§306②). (3) 상속재산의 파산원인 : 상속인이 상속재산으로 상속채권자 및 유증을 받은 자에 대한 채무를 완제할 수 없는 경우에는 법원은 신청에 의하여 결정으로 파산을 선고한다(§307).

파산범죄(破産犯罪)

파산절차상의 범죄이다. 파산의 목적을 확실하고 충분하게 달성하기 위하여, 파산재단을 감소시키거나 또는 채권자간의 공평을 해하는 행위 신속공정한 파산절차의 운영을 방해하는 등의 관계인의 행위를 금지할 필요가 있다. 여기에 법은 이와 같은 종류의 부정행위를 범죄로서 처벌하게 된 것이다. 파산범죄에도 형법총칙의 규정이 적용되고, 그 처벌도 형사소송법의 규정에 의한 검사의 소추로 일반형사법원이 심리하며, 파산절차를 행하는 파산법원의 관할에 속하지 않는다. 파산범죄의 유형으로서는, 사기파산죄(§650). 과태파산죄(§651) 일정한 지위에 있는 자(채무자의 법정대리인·법인인 채무자의 이사·채무자의 지배인)의 사기파산 및 과태파산죄(§652), 구인불응죄(§653), 제3자의 사기파산죄(§654), 파산수뢰죄(§655), 파산증뢰죄(§656), 재산조사결과의 목적외 사용죄(§657), 설명의무위반죄(§658) 등이 있다.

파산법원(破産法院)

독;Konkursgericht

파산사건에 관하여 법원이 행할 권한을 행사하는 법원이다. 파산관재인의 선임·감독, 채권자집회의 소집·지휘, 채권조사기일의 시행, 파산자에 대한 강제처분, 파산절차의 개시·종결 등을 담당한다. 회생사건, 간이회생사건 및 파산사건 또는 개인회생사건은 1. 채무자의 보통재판적이 있는 곳, 2. 채무자의 주된 사무소나 영업소가 있는 곳 또는 채무자가 계속하여 근무하는 사무소나 영업소가 있는 곳, 3. 1 또는 2에 해당하는 곳이 없는 경우에는 채무자의 재산이 있는 곳(채권의 경우에는 재판상의 청구를 할 수 있는 곳을 말한다)의 어느 한 곳을 관할하는 회생법원의 관할에 전속한다. 다만, 회생사건 및 파산사건은 채무자의 주된 사무소 또는 영업소의 소재지를 관할하는 고등법원 소재지의 회생법원에도 신청할 수 있다. 채권자의 수가 300인 이상으로서 대통령령으로 정하는 금액 이상의 채무를 부담하는 법인에 대한 회생사건 및 파산사건은 서울회생법원에도 신청할 수 있다. 개인이 아닌 채무자에 대한 회생사건 또는 파산사건은 회생법원의 합의부의 관할에 전속한다.

일반파산주의(一般破産主義)

상인·비상인의 구별 없이 모든 사람에 대하여 파산을 선고할 수 있는 주의로서, 상인에 대해서만 파산선고를 하는 상인파산주의에 대한 관념이다. 독일법·영미법은 이를 채택하고 있고 우리 파산법도 이를 따르고 있다. 이 주의에서는 파산법을 상법 중의 일부로 하지 않고 단행법으로 하는 것이 보통이다. 이에 대하여 상인파산주의는 상인만을 파산의 대상으로 하고 비상인에 대하여서는 가자분산(家資分散)의 선고를 하는바 프랑스법이 이에 해당된다.

상인파산주의(商人破産主義)

→ 일반파산주의 참조

사기파산죄(詐欺破産罪)

독;betrüglicher Bankerott

파산자가 파산선고의 전후를 불문하고 자기 또는 타인의 이익을 도모하거나, 채권자를 해칠 목적으로 파산재단에 속하는 재산을 은닉·손괴하거나 법률에 의한 상업장부를 작성하지 않는다거나 그밖에 채무자 회생 및 파산에 관한 법률 제650조에 열거된 행위를 함으로써 성립되는 죄이다. 파산선고가 확정된 때에 성립하고, 파산자의 법정대리인·법인인 채무자의 이사 및 채무자의 지배인, 상속재산의 파산에 있어서 상속인 및 그 법정대리인과 지배인이 위와 같은 행위를 한 때에도 같은 죄가 성립한다(§652). 처벌은 10년 이하의 징역 또는 1억원 이하의 벌금이다(§650).

과태파산죄(過怠破産罪)

독;einfacher Bankerott

채무자가 파산선고의 전후를 불문하고 파산의 선고를 지연시킬 목적으로 신용거래로 상품을 구입하여 현저히 불이익한 조건으로 이를 처분하거나, 파산의 원인인 사실이 있음을 알면서 어느 채권자에게 특별한 이익을 줄 목적으로 한 담보의 제공이나 채무의 소멸에 관한 행위로서 채무자의 의무에 속하지 아니하거나 그 방법 또는 시기가 채무자의 의무에 속하지 아니하는 행위를 하거나, 법률의 규정에 의하여 작성하여야 하는 상업장부를 작성하지 아니하거나, 그 상업장부에 재산의 현황을 알 수 있는 정도의 기재를 하지 아니하거나, 그 상업장부에 부정의 기재를 하거나, 그 상업장부를 은닉 또는 손괴하는 행위를 하거나, 법원사무관등이 폐쇄한 장부에 변경을 가하거나 이를 은닉 또는 손괴하는 행위를 하고, 그 파산선고가 확정된 경우에 성립하는 죄이다. 처벌은 5년 이하의 징역 또는 5천만원 이하의 벌금이다(§651).

채무초과(債務超過)

독;überschuldung

채무자가 그의 재산으로써 채무를 완제할 수 없는 것이다. 즉 소극재산(부채)이 적극재산(자산)을 초과하는 상태를 말한다. 채무초과는 지급불능이나 지급정지와 달라서 신용이나 노력·재능 등 채무자의 주관능력은 고려하지 않고 오로지 재산만을 표준으로 한 개념이다. 그리고 채무초과인가 아닌가는 적극재산·소극재산과 같이 그 현실의 가액으로 평가하여 이를 정하여야 한다.

즉 한편으로는 적극재산은 처분가액으로 보지 않으면 안되고, 다른 한편으로 소극재산에서는 기한미도래의 채무를 포함하고, 자본금이나 제준비금(諸準備金)은 차변(借邊)으로부터 제외할 것은 물론이다. 채무초과는 법인이나 상속재산에 대한 파산원인이다(§306①, 307). 다만 존립 중의 합명회사나 합자회사는 지급불능만이 파산원인이고, 채무초과는 제외된다(§306②).

이것은 이러한 인적 회사에 있어서는, 무한책임사원의 인적 신용이 회사의 변제능력의 구성요소가 되어 있기 때문이다. 그러나 일단 청산절차에 들어가면 그러하지 않다.

지급정지·지급불능

(支給停止·支給不能)

독;Zahlungseinstellung Zahlungsunfähigkeit

변제능력이 부족한 관계로 변제기가 도래한 채무를 일반적·계속적으로 변제할 수 없는 객관적 상태에 있는 것을 지급불능이라 한다. 채무자가 지급을 정지한 경우에는 지급을 할 수 없는 것으로 추정한다(§305). 파산원인 중에서 원칙적인 것이다. 설령 채무액을 초과하는 자산을 가지고 있을지라도 금전의 결핍을 가져오면 지급불능이 되고, 반대로 도덕상·기술상·기업상의 신용에 의하여 금전의 융통을 받아들이는 한 지급불능은 아니다. 이에 대하여 지급정지란, 지급불능이라는 뜻을 채권자에게 표시하는 채무자의 주관적 행위를 말한다. 이 표시는 명시적이거나 묵시적이거나를 불문한다. 채무자의 재산상태를 가장 잘 알고 있는 본인이 스스로 지급불능이라고 표시하는 것이므로 객관적으로 지급불능이 있는 것이라 하여 채무자 회생 및 파산에 관한 법률 제305조 2항은 지급정지가 있으면 지급불능이라고 추정한다. 지급정지는 부인권이나 상계권의 행사에 관하여 중요한 의미를 갖는다(§391, 422).

파산능력(破産能力)

독;Konkursfähigkeit

파산선고를 받을 수 있는 적격, 즉 파산자가 될 수 있는 능력이다. 파산절차는 민사소송의 특별절차이기 때문에, 채무자 회생 및 파산에 관한 법률에 특별한 규정이 없는 한 민사소송의 당사자능력의 유무에 의하여 정하여진다(파§99). 자연인은 모두 파산능력을 가지며, 상인 또는 비상인을 가리지 않는다(일반파산주의). 자연인의 파산능력은 사망에 의하여 소멸되나, 사망한 뒤에도 유산이 상속인의 고유재산과 혼합되어 있지 않을 때에는 아직 그 주체성의 잔영에 기하여 파산능력이 인정된다 (§299). 법인 중 국가 또는 지방자치단체도 민사소송의 당사자로 될 수 있으나, 국가나 지방자치단체는 본원적인 통치단체로서 파산에 의하여 재산관리권을 상실한다는 것은 통치의 운영을 방해하기 때문에 파산능력이 없다는 것이 통설이다. 그 밖에 공공기업체인 석탄공사나 주택공사 등은 국유재산을 관리운영함을 목적으로 하여 그 경제는 국가의 예산과 직결되어 있는 점에서 국가의 분신이라고 볼 수 있기 때문에 파산능력을 인정하지 아니하나, 농업협동조합이나 토지개량조합 등과 같은 공공조합에는 파산능력이 인정되어야 할 것이다. 사법인(私法人)은 영리법인이든 비영리법인이든 관계없이 파산능력을 가진다. 법인 아닌 사단 또는 재단으로서 대표자 또는 관리자가 있는 경우에는 파산능력이 인정된다(§297). 외국인 또는 외국법인은 채무자 회생 및 파산에 관한 법률의 적용에 있어서 대한민국 국민 또는 대한민국 법인과 동일한 지위를 가지므로 파산능력이 인정된다(§2).

현실재단(現實財團)

실재재단이라고도 한다. 파산관재인이 파산재단으로서 현실로 점유·관리하는 총재산이다. 법정재단에 대한 말이다. 법정재단과 현실재단은 반드시 일치하는 것이 아니다. 이와 같은 현상은 환취권(還取權))에서 나타나는바, 법정재단외의 재산이 우연히 관재인이 지배하는 현실재단 중에 있을 때 이해관계인으로부터 그 배제를 구하는 권리를 채무자 회생 및 파산에 관한 법률상 환취권이라 한다. 채무자 회생 및 파산에 관한 법률상 파산재단)이라는 말은 두 가지 의미로 사용되는데, 채무자 회생 및 파산에 관한 법률 제3절에서 말하는 파산재단은 현실재단을 뜻한다.

파산재단(破産財團)

영;property divisible(or available) for distribution amongst creditors
독;Konkursmasse
불;actif de la faillite

파산절차에 있어서 배당에 의하여 총파산채권자에게 변제하여야 할 파산자의 재산이다. 관념상 실재재단과 법정재단의 구별이 있다. 실재재단은 현실적으로 파산재단으로서의 관리기구에 속하고 있는 재산임에 대하여 법정재단은 이에 속하여야 할 재산을 말한다. 채무자 회생 및 파산에 관한 법률이 인정하는 법정재단은 파산선고시에 파산자가 가지고 있던 압류가능한 모든 재산으로서 국내에 있는 모든 재산(§382). 따라서 압류할 수 없는 재산이나 파산선고 후 새로이 취득한 재산은 이에 속하지 않고, 파산자의 적극재산, 즉 자산을 의미하며, 채무는 포함하지 않는다. 제3자의 재산이 실재재단 중에 있을 때, 또는 실재재단에 관한 권리가 제3자에게 이전되었기 때문에 재단 중에 현존하지 않을 경우에는 환취권(還取權)이나 부인권이 생긴다. 상속재산의 파산에 대하여서는 특별한 규정이 있다(§385~§389). 파산자는 파산선고에 의하여 파산재단의 관리·처분권을 잃고, 그 권한은 파산관재인에 전속한다(§384). 따라서, 파산선고가 있으면 파산관재인은 취임 후 곧 파산재단에 속하는 재산의 점유 및 관리에 착수하여야 한다(§479). 그 관리의 방법에 대하여서는 상세한 규정이 있다(§480~§486). 또한 파산재단에 속하는 재산을 파산관재인이 점유·관리하여도 파산자는 그 재산에 대한 소유권이나 그밖의 권리를 잃는 것이 아니므로, 파산선고 후에 있어서도 파산자는 또한 그 재단에 속하는 권리를 처분할 수 있다. 다만 그러한 처분으로써 파산채권자에게 대항할 수 없다(§329). 파산관재인은 일반의 채권조사가 종료하기를 기다려 배당을 위하여 재단을 환가하여야 하며 그 방법에 관하여는 원칙적으로 파산관재인에게 일임되어 있으나, 환가의 적정타당을 기하기 위하여 약간의 제한적인 규정이 설정되어 있다(§491~§501). 재단의 관리 및 환가에 관하여 발생하는 소송 및 파산에 의하여 중단된 선고당시에 계속된 소송에 관하여는 파산관재인이 원고 또는 피고가 된다(§359).

파산절차는 파산자에 대한 포괄적인 강제집행절차로서 이와 별도의 강제집행 절차는 원칙적으로 필요하지 않는 것인 바, 구 파산법(2005. 3. 31. 법률 제7428호 채무자 회생 및 파산에 관한 법률 부칙 제2조로 폐지)에 강제집행을 허용하는 특별한 규정이 있다거나 구 파산법의 해석상 강제집행을 허용하여야 할 특별한 사정이 있다고 인정되지 아니하는 한 파산재단에 속하는 재산에 대한 별도의 강제집행은 허용되지 않고, 이는 재단채권에 기한 강제집행에 있어서도 마찬가지로서 재단채권자의 정당한 변제요구에 대하여 파산관재인이 응하지 아니하면 재단채권자는 법원에 대하여 구 파산법 제151조, 제157조에 기한 감독권 발동을 촉구하든지, 파산관재인을 상대로 불법행위 손해배상청구를 하는 등의 별도의 조치를 취할 수는 있을 것이나, 그 채권 만족을 위해 파산재단에 대해 개별적 강제집행에 나아가는 것은 구 파산법상 허용되지 않는다*(대법원 2007. 7. 12. 자 2006마1277)*.

별제권(別除權))
독;Absonderungsrecht

파산재단에 속하는 특정재산에서 다른 채권자에 우선하여 변제를 받을 권리를 말한다. 별제권(別除權)을 가지는 자는 채무자 회생 및 파산에 관한 법률에 의하면 (1) 파산재단에 속하는 재산상에 존재하는 유치권(상사유치권이냐 민사유치권이냐를 가리지 않는다), 질권, 저당권 또는 전세권을 가진 자(§411) 등이다. 이에 대하여 상법상의 우선특권(상§861~§874)을 가지는 자에는 별제권을 인정하지 않고 있다. 별제권의 행사는 파산절차에 의하지 않고 행하는 것이다(§412). 즉 각 별제권의 종류에 따라 그 본래의 권리자체의 효력에 기하여 이를 행사하는 것인데 그의 보통 방법은 민사소송법에 의한 담보권 실행 등을 위한 경매이다. 그러나 상행위에 기한 질권이면, 이른바 유질(流質)의 방법에 의할 수도 있고(파§194.상§59.민§339), 추심에 의하거나, 또는 민사소송법에 의한 집행방법에 의할 수도 있다(민§353, §354). 별제권자가 별제권의 행사로 변제를 받지 못할 때에는 그 채권액에 대하여 파산채권으로서 파산절차에 참가할 수 있다(§413 본문). 또 별제권을 포기한 경우에는 그 전액으로써 파산채권자로서의 권리를 행사할 수 있다(§413 단서).

환취권(還取權))

독;Aussonderungsrecht

제3자가 재단을 관리하는 파산관재인의 지배하에 있는 재산이 파산재단에 속하지 아니하는 경우에 그 지배의 배제를 구하는 권리이다. 즉 법정재단 이외의 재산이 우연히 관재인이 지배하는 현실재단 중에 포함된 것을 배제할 것을 이해관계인이 주장하는 것을 말한다(§407). 환취권(還取權)에는 일반환취권과 특별환취권이 있다.

일반환취권은 채무자 회생 및 파산에 관한 법률이 창설한 권리가 아니고 파산선고 전부터 본래 가지고 있는 권리에 의거한 주장을 파산선고 후에 있어서 하는 것뿐이다. 그리고 어떤 권리가 환취의 효력을 가지는가는 실체법에 의하여 정하여진다.

특별환취권으로서는 운송중인 매도물의 환취권(§408), 위탁매매인의 환취권(§409), 대체적 환취권(§410)등이 있다. 환취권은 파산절차에 의하지 않고 재판외 또는 재판상으로 파산관재인에 대하여 행한다. 이에 대하여 파산관재인은 파산자가 가지고 있었던 모든 방어방법으로 이에 대항할 수 있다.

부인권(否認權)

독;Anfechtungsrecht

파산자가 파산선고를 받기 전에 그 재산에 대하여 행한 파산채권자를 해치는 행위에 대하여, 그 효력을 상실하게 하는 파산채권자의 권리로서 민법상 채권자취소권과 같은 취지이다.

요건 : 일반적 요건(부인의 대상)으로서는 파산자의 행위일 것, 파산채권자의 이익을 침해할 것 및 수익자가 있을 것 등이 필요하다. 또한 특별요건(부인의 원인)으로서는 고의부인(§391 Ⅰ), 위태부인(§391 Ⅱ~Ⅲ), 무상부인(§391 Ⅳ), 등에 있어 각각 다르다.

행사 : 부인권은 파산관재인이 소 또는 항변에 의하여 행사한다(§396). 그 효과로서는 「파산재단을 원상으로 회복시킨다」는 것이지만(§397①), 그 내용에 대해서는 문제가 있으며, 통설은 부인권의 효과가 상대적 또는 물권적이라고 한다. 타면(他面), 상대방의 채권은 부활하고, 또는 재단이 받은 이익은 반환하지 않으면 안 된다(§397①, 399). 부인권은 파산선고가 있은 날부터 2년이 경

과하면 행사할 수 없고, 부인할 수 있는 행위(§391)를 한 날부터 10년이 경과한 때에도 행사할 수 없다(§405).

> 구 파산법(2005. 3. 31. 법률 제7428호 채무자 회생 및 파산에 관한 법률 부칙 제2조로 폐지)상의 부인권은 파산채권자의 보호를 위하여 파산자의 행위를 부인함으로써 파산재단의 충실을 도모함에 그 제도의 취지가 있는 것으로서 파산자와 그 상대방 간의 이해를 조절하기 위한 것이 아니므로, 원칙적으로 무상성, 유해성, 부당성 등 부인권행사의 요건이 충족되는 한 파산관재인의 부인권행사가 부인권 제도의 본질에 반한다거나 신의칙 위반 또는 권리남용에 해당한다고 볼 수 없다*(대법원 2009. 5. 28. 선고 2005다56865)*.

파산선고(破産宣告)

독;Konkurseröffnung

파산절차의 개시를 명하는 파산법원의 재판(결정)이다. 파산신청권자는 채권자·채무자, 법인에 있어서는 그 기관, 상속재산에 있어서는 상속채권자, 수유자(受遺者) 이외의 상속인, 상속재산관리인, 유언집행자 등이다(§295~§299). 파산신청은 채무자 회생 및 파산에 관한 법률 제302조 각호의 사항을 기재하여 서면으로 하여야 한다. 관할법원은 파산신청이 있으면, 결정절차에 의하여 직권조사를 하고 기각사유(§309)가 있으면 기각하지만 신청이 적법하고 또한 파산원인이 있다고 인정하면 파산선고결정을 한다. 파산선고의 요건은 (1) 파산원인인 사실이 존재하고, (2) 채무자가 파산능력이 있고, (3) 파산장애가 없고, (4) 적법한 파산신청이 있을 것 등이다. 파산선고의 효과로서 채무자는 파산자로 되어 그 재산에 대한 관리·처분권을 상실하고, 이에 의하여 파산재단이 성립하여 그 전재산은 파산재단에 들어가게 되며, 또 채권자는 파산자에 대하여 그 권리를 실행할 수 없게 되고 파산절차에의 참가가 강제된다. 따라서 파산재단에 속하는 재산에 대한 관리·처분권을 파산관재인이 가지게 된다. 파산선고의 효력은 선고를 한 때부터 발생하므로 파산선고의 결정은 결정서를 작성하고 파산선고의 연월일시를 기재하여야 한다(§310, 311). 선고와 동시에 법원은 파산관재인을 선임하고, 일정한 사항을 공고하며 또 알려진 채권자·채무자 및 파산재단에 속하는 재산의 소지자에 대하여는 따로이 송달하고(§313), 파산범죄의 수사기회를 주기 위하여 검사에게 통지하여야 한다(§315). 파산선고에 대하여는 이해관계인은 즉시항고를 할 수 있지만, 파산결정에 대하여 항고가 있어도 선고의 효력은 정지되지 아니한다(§316). 즉시항고가 이유가 있다고 인정된 때에는 파산결정은 취소될 수 있는데, 이 때에는 파산선고는 소급하여 효력을 상실하므로 선고할 때와는 반대의 처리를 하지 않으면 아니 된다.

파산채권(破産債權)

영;debts provale in bankruptcy
독;Konkursforderung
불;créance

파산절차에서 그 채권을 신고하고 파

산재단으로부터 공평한 공동변제를 받을 수 있는 채권이다. (1) 파산채권의 요건 - ① 재산상의 청구권으로서 금전채권이든지 또는 금전으로 평가할 수 있는 청구권일 것(§423), ② 대인적 청구권, 즉 채권에 한하므로 물권적 청구권은 환취권(還取權)으로서 행사될 수 있어도 파산채권은 될 수 없으며, ③ 강제할 수 있는 권리일 것, ④ 적어도 채권발생의 원인이 파산선고 전에 발생한 것일 것 등을 필요로 한다. 기한부인 채권으로서 파산선고시에 기한이 도래하지 아니한 것은 파산선고시에 변제기에 이른 것으로 본다(§425). (2) 파산채권의 배당순위 - 파산채권은 동일순위로 그 채권액에 따라 파산절차에 의하여 배당이 행하여지는 것이 원칙이지만, 채권의 성질상 또는 다른 채권자와의 공평을 유지하기 위하여 우선적 파산채권·일반파산채권·후순위파산채권으로 나누어진다. 우선적 파산채권은 파산재단에 속하는 재산에 대하여 일반우선권이 있는 채권(§441)이고, 후순위파산채권은 채무자 회생 및 파산에 관한 법률 제446조에 열거하고 있는 것들이다. 기한부무이자채권은 호프만식 계산법에 의하여 중간이자를 빼낸 액을 일반파산채권으로 한다. 그 빼낸 중간이자는 법인·상속재산의 파산의 경우에만 후순위 파산채권으로 하고 다른 경우에는 파산채권으로 삼지 않는다. (3) 파산채권의 행사 - 파산채권은 파산절차에 의하여 파산재단으로부터 공동적·비례적 만족을 얻는 이외에 적극적으로 행사할 수 없다(§424). 그러나 파산채권자가 별제권자(別除權者) 또는 상계권자인 경우에는, 이러한 권리를 행사함에는 파산절차에 의할 필요가 없다. 파산채권은 소정의 형식에 의하여 파산법원에 신고하여야 하고(§447), 채권확정절차를 경유하여 확정되는 것으로서 채권표에 기재된 것만이 배당을 받을 수 있다. 그리고 파산채권자는 서로 자기의 배당을 증가시키려고 하여 그 이해가 상반되므로 파산채권자가 파산재단으로부터 받아야 할 공평·평등의 변제를 확보하기 위하여서는 채권자집회에 의하여 그 의사를 결정하고, 다시 파산관재인을 그 이익의 대표로 하고 있는 점에 주의하여야 한다.

파산채권의 확정
(破産債權의 確定)

신고한 파산채권이 진정으로 파산절차에 배당을 받을 자격이 있는가를 확정하는 것이다. 채권조사기일에 파산관재인이나 다른 파산채권자로부터 이의가 없을 때는 파산자의 이의진술여부를 불문하고 파산채권의 액·우선권 및 열위적 부분과의 구분이 확정된다(§458). 법원은 조사의 결과를 채권표에 기재하는데(§459), 확정된 뜻의 채권표에의 기재는 파산채권자의 전원에 대하여 확정판결과 동일한 효력을 가진다(§460). 다만 채권표를 채무명의로 하여 파산자에 강제집행하려면 파산자의 이의가 없어야 한다. 다시 말해서 파산관재인 또는 다른 채권자의 이의가 있을 때에는 채권은 확정되지 않는다. 이 경우에는 소로써 이의를 배척하여야 한다. 그런데 소송에 의하여 이의를 제거함에는 이미 집행력 있는 채무명의나 또는 종국판결이 있는 채권, 즉 유명의채권과 집행력이 있는 채권, 즉 무명의채권과의 두 가지로 구별하여 각각 취급을 달리하고 있다. 무명의채권자에 있어서는 이의를 제거하기 위하여 피이의자인 파산채권자로부터 자진하여 이의자에 대하여 소를 제기하고 그 채권의 확정을 구할 것을 요한다. 이에 대하여 유명의채권의 경우에는 이의자는 채권자에 대하여 파산자가 할 수 있는 소송절차에 의하여서만 그 이의를 주장할 수 있다(§466).

파산채권자(破産債權者)
독;Konkursgläubiger
불;créancier dans la masse

실질적 또는 객관적 의미에서는 파산적 청산에 의하여 만족을 받는 파산채권의 주체를 말하며, 형식적 또는 주관적 의미에서는 자기의 파산채권을 신고하여 파산절차에 참가하는 자를 말한다. 파산채권자상호간의 관계와 파산채권자의 파산재단에 대한 관계가 채무자 회생 및 파산에 관한 법률상의 근본문제가 된다. 파산채권자상호간의 관계에 있어서는 총파산채권자는 파산재단에 관하여 평등하게 취급되고, 그 관리처분에 대해서도 공동이익을 가지므로 하나의 이익단체를 이룬다고 생각된다(→ 파산채권자단체). 파산채권자의 파산재단에 대한 관계에 있어서는 파산채권자단체가 파산의 효과로서 파산재단상에 어떤 실체상의 권리(예 : 채권)를 취득하는 것이라고 보는 설과, 하등의 실체적 권리를 취득하지 않고 그 파산재단으로부터 배타적 또는 공동적으로 변제 받는 것은 오직 소송법적 관계에 불과하다고 하는 설이 있는데, 후자가 통설이다.

파산채권자단체(破産債權者團體)
독;Gläubigerschaft
불;masse des créanciers

파산선고에 의하여 파산채권자로서 관념상 형성되는 것으로 상정되는 단체이다. 파산채권자는 파산재단에 관하여 평등한 취급을 받으며, 파산재단의 점유·관리·환가에 대하여는 공동의 이익을 가지므로, 파산선고 후에 하나의 이익단체를 이룬다고 보는 것이 파산채권자, 파산관재인, 감사위원의 지위, 재단의 관리처분권, 부인권의 귀속 및 행사 등을 통일적으로 설명하는 데 편리하므로, 다수설은 그와 같은 단체를 상정하는 것이다. 파산채권자단체의 법적 성질에 관하여는 법인설과 조합설이 대립하고 있다. 법인설은 이 단체는 법인은 아니나 그 자격으로 소구(訴求)하고 또는 소구당하는 일종의 사단이며, 파산관재인·감사위원·채권자집회 등은 이 단체의 기관이라고 한다. 이에 대하여 조합설은 파산채권자상호간의 관계는 소송적 법률관계, 즉 공동소송·공동집행의 관계에 있고, 파산관재인·감사위원 및 채권자집회는 이것을 실시하는 공공기관이라고 한다. 그러나 요즈음에는 그 단체성을 부인하는 견해가 유력해지고 있다.

파산채권확정소송
(破産債權確定訴訟)

채권조사기일에 다른 파산채권자 또는 파산관재인으로부터 이의가 있었기 때문에 확정하지 못한 파산채권에 관하여 파산채권자가 이의자를 상대로 제기하는 소로서, 파산채권의 확정을 목적으로 하는 것이다. 이 소송은 파산법원의 관할에 전속하기는 하나(§463②), 이는 파산법원이 통상법원으로서 심판하는 의미이며 파산절차의 일환으로 심판하는 취지는 아니다. 이 소에 있어서의 소가(訴價)는 배당예정액을 표준으로 하여 파산법원이 정한다(§470). 파산채권확정소송에 있어서는 이미 집행력 있는 채무명의나 또는 종국판결이 있는 채권, 즉 유명의채권인가, 이것이 없는 채권, 즉 무명의채권인가에 따라 그 법률적 취급을 달리한다. 파산채권자는 채권표에 기재된 사항에 관하여서만이 소를 제기할 수 있으며 그 판결은 파산채권자의 전원에 대하여 효력이 발생한다(§465, 468).

소송의 결과는 채권표에 기재된다(§467). 파산관재인이 아니라 파산채권자가 이의를 주장하였을 때에는 패소의 경우의 소송비용은 개인적으로 부담할 것이나 승소하면 재단도 이익을 받게 되므로 그 한도에서 재단채권자로서 소송비용의 상환을 청구할 수 있다(§469).

파산배당(破産配當)
영;bankrucptcy dividend
독;Konkursverteilung

배당은 파산관재인이 파산재단에 속하는 재산을 환가하여 얻은 금전을 파산채권자에게 그 채권의 순위, 채권액에 따라 평등한 비율로 분배하여 변제하는 절차이다. 파산관재인은 채권조사에 의하여 배당에 참가할 채권이 확정되고 배당에 적당한 재원이 확보된 단계부터 순차배당을 하게 된다. 배당은 가장 일반적인 파산종결원인이다. 파산배당의 종류에는 중간배당·최후의 배당·추가배당이 있다.

중간배당(中間配當)
영;interim bankrucptcy dividend

일반의 채권조사의 종료후 전재단(全財團)의 환가종료전에 배당하기에 적당한 금전이 있다고 인정할 때마다 수회에 걸쳐서 하는 배당이다(§505). 이를 실시하는 자는 파산관재인이며 감사위원의 동의, 감사위원이 없을 때에는 법원의 허가를 필요로 한다(§506). 먼저 파산관재인은 배당표를 작성하고 법원에 제출함과 동시에 채권총액 및 배당할 수 있는 금액을 공고한다(§507~§508). 파산채권자는 배당표에 대하여 이의를 신청할 수 있다(§514①). 파산관재인은 이의신청기간경과후 또는 이의의 신청이 있을 때에는 그 결정후 지체없이 배당율을 정하고 배당에 참가하여야 할 각 채권자에 대하여 그 통지를 발하지 않으면 안 된다(§515). 통지를 받은 채권자는 파산관재인으로부터 배당을 받아야 한다(§517). 이의있는 채권에 관하여는 채권자가 배당공고가 있은 날부터 기산하여 14일 이내에 파산관재인에 대하여 채권조사확정재판을 신청하거나 제463조 1항의 소송을 제기하거나 소송을 수계한 것을 증명하지 아니한 때에는 배당으로부터 제외되고(§512①), 별제권자가 배당제외기간 안에 파산관재인에 대하여 그 권리의 목적의 처분에 착수한 것을 증명하고, 그 처분에 의하여 변제를 받을 수 없는 채권액을 소명하지 아니한 때에는 배당에서 제외된다(§512②). 또 해제조건부채권을 가진 자는 상당한 담보를 제공하지 아니하면 배당을 받을 수 없고(§516), 정지조건부 또는 장래의 청구권이 최후의 배당에 관한 배당제외기간 안에 이를 행사할 수 있게 되지 못한 때에는 그 채권자는 배당에서 제외된다(§523).

최후의 배당(最後의 配當)

파산절차상 파산재단전부의 환가를 종료한 후에 행하여지는 배당을 말한다. 원칙적으로 파산재단에 속하는 재산전부의 환가종료후 감사위원의 동의 외에 법원의 허가를 받아 파산관재인이 실시한다(§520). 최후의 배당은 대체로 중간배당의 절차와 같지만 청산의 결말을 짓는 관계상 다음 점에서 다르다. (1) 제척기간이 법원의 결정으로 정하여진다(§521). (2) 배당율이 아니라, 배당액을 각 채권자에게 통지한다(§522). (3) 파산절차를 마감하기 위하여 일정한 조건을 정하여 정지조건부채권이나 장래의 청구권을 가진 자 및 별제권자(別除權者)의 제척 및 해제조건부채권자에 대한 지급이 인정된다(§523~§525). (4) 임치금(任置金)의 배당이 인정된다(§526). (5) 소송 등이 종결되지 않았기 때문에 임치하고 있는 배당액 등의 공탁이 인정된다는 것(§528) 등이다.

추가배당(追加配當)

독;Nachtragsverteilung

최후의 배당에 있어서의 배당액의 통지후 새로이 배당에 충당할 만한 상당한 재산이 있게 되었을 때에 행하여지는 배당이다. 추가배당할 재산은 (1) 이의있는 채권에 대한 배당액으로 공탁하여 높은 금액이 이의소송에서 채권자의 패소로 된 결과 다른 채권자에 배당할 수 있게 되었을 때, (2) 관재인의 착오 등으로 인하여 재단채권자에게 변제하거나 파산채권자에게 배당되었는데 그것이 반환되었을 때, (3) 파산재단 소속재산이 새로 발견되었을 때 등의 재산으로 구성된다. 이러한 추가배당은 파산종결결정 후에도 행할 수 있다(§531). 추가배당은 법원의 허가를 얻어 관재인이 행한다. 법원의 허가가 있으면 파산관재인은 지체없이 배당할 금액을 공고하며, 또 각채권자에 대한 배당금액을 정하여 통지하지 않으면 안된다(§531). 배당표는 새로이 작성하지 않고 최후의 배당의 배당표에 의한다(§532). 추가배당을 한 때에는 지체 없이 계산보고서를 작성하여 법원에 제출하고 그 인가를 받아야 한다(§533).

배당률(配當率)

배당률은 배당에 참가시킬 채권의 총

액(분모)으로 배당할 수 있는 금액(분자)을 나눈 숫자이다. 배당에 참가시킬 채권의 총액은 공고 후에 배당표 경정의 결과 변경된 금액으로 한다. 물론 배당표가 경정되지 않은 경우에는 공고한 금액과 동액이 된다. 배당률을 정하는 때에는 법원의 허가를 받아야 한다. 다만 감사위원이 있는 때에는 감사위원의 동의를 얻어야 한다. 배당률은 우선권 있는 파산채권자와 일반파산채권자를 나누어 정한다.

동 순위의 채권자 사이에서는 평등하게 하여야 한다. 우선권 있는 채권이 전액 배당되지 않으면 일반파산채권의 배당률을 정할 수 없고, 마찬가지로 차순위인 일반 파산채권이 전액 배당된 후가 아니면 후순위 파산채권의 배당률을 정할 수 없다.

재단채권(財團債權)
독;Masseforderung

파산재단으로부터 일반 파산채권자에 우선하고 또 파산절차에 의하지 않고 변제를 받을 권리이다. 이 권리를 인정하는 이유는 파산절차의 원활한 수행을 기하고 파산채권자 전체에 대하여 부당한 이익을 주지 않기 위하여서이다. 재단채권은 파산재단으로부터 변제를 받는 권리이기 때문에 파산재단에 속하지 않는 재산을 목적으로 하는 환취권(還取權), 파산재단에 속하는 특정재산을 목적으로 하는 별제권(別除權)과 구별된다. 재단채권의 범위는 법률로 규정되고 일반의 재단채권(§473)과 특수한 재단채권(§474)의 2종이 있다. 재단채권은 파산절차에 의하지 아니하고 수시로 변제한다(§475). 또 재단채권은 파산채권보다 먼저 변제한다(§476).

실재재단·법정재단
(實在財團·法定財團)

파산절차에 있어서 어느 재산이 파산재단이 되는가는 법률상 추상적으로 규정되어 있다(파§6). 이와 같은 재산을 법정재단(당연재단)이라고 한다. 여기에 대하여 파산관재인이 파산재단에 속하는 것으로서 사실상 점유·관리하는 재산을 실재재단(현실재단)이라고 한다. 이 양자는 현실의 파산절차에 있어서는 일치하지 않는 것이 통례이다. 예를 들면 파산관재인이 잘못하여 제3자의 재산을 파산재단에 넣거나, 어떤 재산에 관한 권리가 제3자에게 이전되었기 때문에 파산재단 속에 현존하지 않을 경우 등이다. 전자의 경우는 환취권(還取權)의, 후자의 경우는 부인권의 원인이 된다.

상속재산의 파산
(相續財産의 破産)
독;Nachlasskonkurs

상속재산으로써 상속채권자나 수증자에 대한 채무를 완제할 수 없을 때에 상속재산에 대하여 선고되는 파산이다(§307). 상속재산 그 자체의 파산, 즉 상속재산에 파산능력이 인정되는가 그렇지 않으면 상속인이 파산자인가 하는 점에 대하여는 학설상 다툼이 있으나 전자로 보는 것이 통설이다. 상속재산에 속하는 모든 재산을 파산재단으로 하므로, 피상속인이 상속인에 대하여 또는 상속인이 피상속인에 대하여 가지고 있던 권리는 소멸하지 않은 것으로 간주하여 각각 파산재단에 속하는 권리 및 파산채권으로서 존속한다. 그 결과 상속인도 상속재산에 대하여 상속채권자와 동일하게 그 권리를 행사할 수 있다(§434, 435). 파산신청을 할 수 있는 자는 상속채권자·수유자(受遺者) 이외에 상속인·상속재산관리인·유언집행자이고(§299①), 신청기간에는 제한이 있다(§300).

면책주의(免責主義)

파산종결후, 파산자에게 종전의 파산채권의 부담을 면제하여 주는 입법주의이다. 파산절차 후에도 계속 무한의 책임을 지게 하는 독일법계의 비면책주의에 대한 것이다. 구파산법은 비면책주의를 취하고 다시 프랑스법계의 영향아래 파산자에게 여러 가지로 신분상의 불이익을 과하고, 이것을 회복하려면 복권절차에 의하도록 하고 있었지만, 이후 개정을 통하여 영미법과 개정일본파산법의 예에 따라 면책주의를 채택하고 있다(§556~§573). 그 방법은 파산자의 신청에 의하여 법원이 면책허가의 결정으로 하지만, 배당율을 불문하는 점에서 대체로 미국법에 가깝다.

파산폐지(破産廢止)

독;Einstellung des Konkursverfahrens

파산선고에 의하여 일단 개시된 파산절차를 그 목적을 달성하지 못한 채 중지하는 것이다. 파산적 청산에 갈음하여 채권자의 변제계획이 정하여졌기 때문에 종결하는 것이 아니므로 강제화의와 다르고 또 효력이 소급하지 아니하고 장래에 향하여서만 파산절차를 중지시킨다는 점에서 파산의 취소와 다르다. (1) 종류 : ① 동의폐지(파산폐) – 신고한 파산채권자의 전원이 파산절차의 폐지에 동의한 경우에 파산자의 신청에 의하여 법원이 폐지결정을 함으로써 파산집행을 폐지하는 것(§538). ② 재단부족에 의한 폐지 – 동시파산폐지와 이시파산폐지가 있는데, 그 어느 것이나 파산재단으로써 파산절차의 비용조차 상환하기에 부족한 경우이다. 동시파산폐지는 파산선고와 동시에 폐지되는 경우, 이시파산폐지는 일단 파산절차가 개시된 후에 재단부족이 판명되었을 경우에 행한다. (2) 효과 : 파산취소의 경우와는 달라서 파산선고의 효력을 소급하여 소멸시키는 것이 아니고, 단순히 유효하게 개시한 파산선고의 효력을 장래에 향하여 소멸시킴에 불과하다. 파산자는 파산재단의 관리·처분권을 회복하고, 파산자의 법률행위에 대한 모든 파산법상의 제한이 소멸한다. 그러나 파산자로서 받은 신분상의 구속은 해소되는 것이 아니므로 따로이 복권의 절차를 필요로 한다. 따라서 파산채권자는 이후 파산절차에 의하지 아니하고, 강제집행에 의하여 그 권리를 실현하는 것이 되고, 파산관재인은 원칙적으로 그 지위 및 임무가 종료한다.

파산종결결정(破産終結決定)

파산관재인의 최후의 배당에 의하여 파산이 종결될 때에 파산법원이 하는 결정으로서 이 결정에 의하여 파산절차를 종결시키는 것이다(파§254). 파산종결의 시기는 파산관재인의 결산보고의 집회가 종결한 때이다.

제2파산(第二破産)

동일채무자에 대하여 제1의 파산절차가 끝나기 전에 개시되는 파산으로 제1파산과는 별개로 진행되는 파산절차이다. 파산법은 파산재단의 범위에 관하여 고정주의를 채택하고 있으므로, 제1의 파산종결 전에 있어서도 파산자는 자유재산에 관하여는 관리처분권을 가지며, 새로운 경제활동을 할 수 있다. 제2파산재단이 제1파산재단에 흡수되지 않는 것은 고정주의의 당연한 결과인데, 제2파산재단이 제1파산재단을 흡수하는 것도 아닌 것은 파산절차 중은 파산재단소속재산의 파산자에의 귀속이 정지되는 것으로 해석되기 때문인 것으로 설명될 수 있다. 제2파산선고에 대하여서는 제1파산선고 후 새로이 발생한 파산원인(지급불능)만을 기초로 하고 제1파산원인을 참작할 것이 아니다. 우리 파산법에 있어서는 제1파산의 파산채권자가 제2파산에도 참가할 수 있는가의 여부에 대한 아무런 규정이 없다. 외국의 입법례로서 일본 파산법 제97조 1항 후단은 구채권자를 제2파산재단에 대한 관계에서는 별제권자(別除權者)에 준하여 다루고 구채권자는 제1파산에서 변제 받을 수 없는 채권액에 대하여서만 제2파산에서 그 권리를 행사할 수 있게 되어 있다.

간이파산(簡易破産)

파산재단에 속하는 재산이 5억원 미만이라고 인정되는 때에는 법원은 파산선고와 동시에 간이파산의 결정을 하여야 한다(§549). 종전의 파산법은 재단채권액이 2억원 미만인 경우에만 간이파산절차를 이용할 수 있어 활용도가 저조한 문제가 있어 채무자 회생 및 파산에 관한 법률은 간이파산절차에 의할 수 있는 재단채권액을 2억원 미만에서 5억원 미만으로 상향조정하여 그 적용대상을 대폭적으로 확대하였다. 간이파산절차를 이용하면 채권자 집회를 생략하고 제1회 기일에 배당이 이루어지는 등 비용과 시간이 크게 절감된다.

요건 : 파산절차 중 파산재단에 속하는 재산액이 5억원 미만임이 발견된 때에는 법원은 이해관계인의 신청에 의하거나 직권으로 간이파산의 결정을 할 수 있다(§550).

간이파산절차의 특칙 : 간이파산절차의 경우 제1회 채권자집회의 기일과 채권조사의 기일은 부득이한 사유가 있는 때를 제외하고는 이를 병합하여야 하고(§552), 감사위원은 두지 아니한다(§553). 배당은 1회로 하며, 최후의 배당에 관한 규정에 의한다. 다만 추가배당을 할 수 있다(§555).

면책(免責)

면책이란 개인인 파산자에 대하여 파산절차에 의하여 배당되지 아니한 잔여 채무에 대하여 변제책임을 면하게 하는 것을 말한다. 현행 채무자 회생 및 파산에 관한 법률은 파산절차와는 별개의 제도로서 규정하고 있다. 면책제도의 이념 내지 근거에 대하여는 두 가지 입장이 논의되고 있다. 하나는 파산제도의 주된 목적이 채권자의 권리 실현에 있는 것을 전제로, 파산채권자의 이익 실현에 성실하게 협력한 파산자에 대하여 특전으로서 면책을 부여한다는 입장이고(특전설), 다른 하나는 면책을 파산자에게 갱생수단을 부여하기 위한 사회정책적 입법으로 보는 입장이다(갱생설).

면책의 신청 : 개인인 채무자는 파산신청일부터 파산선고가 확정된 날 이후 1월 이내에 법원에 면책신청을 할 수 있다(§556①). 법원은 채무자 회생 및 파산에 관한 법률 제564조 1항 각 호에 해당하는 때를 제외하고는 면책을 허가하여야 한다.

면책의 효력 : 면책을 받은 채무자는 파산절차에 의한 배당을 제외하고는 파산채권자에 대한 채무의 전부에 관하여 그 책임이 면제된다. 다만 조세, 벌금·과료·형사소송비용·추징금 및 과태료, 채무자가 고의로 가한 불법행위로 인한 손해배상, 채무자가 중대한 과실로 타인의 생명 또는 신체를 침해한 불법행위로 인하여 발생한 손해배상, 채무자의 근로자의 임금·퇴직금 및 재해보상금, 채무자의 근로자의 임치금 및 신원보증금, 채무자가 악의로 채권자목록에 기재하지 아니한 청구권(다만, 채권자가 파산선고가 있음을 안 때에는 그러하지 아니하다), 채무자가 양육자 또는 부양의무자로서 부담하여야 하는 비용, 「취업 후 학자금 상환 특별법」에 따른 취업 후 상환 학자금대출 원리금에 대하여는 책임이 면제되지 않는다.

복권(復權)

파산선고에 의하여 박탈된 공·사권의 제한을 해제하고 그 권리능력을 회복하는 것이다. 이에는 징계주의와 비징계주의가 있는바, 파산선고로 파산자의 신상에 효과를 미치어 그 공·사권상에 제한을 가하고, 심지어는 파산자를 공권이 박탈된 자와 동일한 지위에 두는 것이 징계주의이고, 그렇지 아니한 것이 비징계주의이다. 우리 채무자 회생 및 파산에 관한 법률은 비징계주의를 취하고 파산의 효과로서 파산종결 뒤에 신상에 효과를 미치는 주의(이른바 징계주의를 채택하지 않고 있으나, 다른 법령에 있어서는 파산자에 공·사권의 제한을 가하여, 파산자는 거의 모든 공직에 취임할 수 없는 상태에 있게 하여, 마치 공권박탈과 동일한 지위에 놓고 있다(민§937 등). 이 경우에 복권에 의하여 이와 같은 신분상의 효과를 소멸시키는 것이다. 그러므로 복권절차는 징계주의하에서는 필요하나 비징계주의하에서는 무익한 것이다. 우리 채무자 회생 및 파산에 관한 법률은 당연복권(§574)과 신청에 의한 복권(§57

5)을 인정하고 있다.

당연복권 : 법원의 복권결정을 필요로 함이 없이 법률상 당연히 복권되는 경우로서, 면책결정의 확정, 강제화의 인가결정의 확정, 신청에 의한 파산폐지의 결정이 확정된 때(§538), 파산자가 선고 뒤에 사기파산에 관하여 유죄판결을 받음이 없이 10년을 경과한 때와 같은 경우이다(§574).

신청에 의한 복권 : 파산자가 파산채권자에 대한 채무전부에 관하여 변제·면제 기타의 방법에 의하여 그 책임을 면한 때, 파산자의 신청이 있으면 파산법원의 복권결정으로써 한다(§575).

감사위원(監査委員)

영;committee of inspection
독;Gläubigerausschuss

파산절차에 있어서의 감사위원은 파산관재인의 직무수행을 감사하는 파산재단의 기관이다(§376~§381). 감사위원의 임무는 파산재단의 상황의 조사, 파산관재인에 대한 보고요구, 파산관재인의 해임신청, 파산관재인의 계산보고에 대한 의견서제출, 파산관재인의 관리·환가·배당에 대한 동의 등이다. 제1회의 채권자집회에서 감사위원을 둘 것인가의 여부 및 감사위원의 수를 의결할 수 있다. 다만 제1회 후의 채권자집회에서 그 결의를 변경할 수 있다(§376). 감사위원은 법률이나 경영에 관한 전문가로서 파산절차에 이해관계가 없는 자이어야 하고, 감사위원 선임의 결의는 법원의 인가를 받아야 한다(§377). 감사위원이 3인 이상 있는 경우에 감사위원의 직무집행은 그 과반수의 찬성으로 결정하고, 특별한 이해관계가 있는 감사위원은 표결에 참가할 수 없다(§378). 감사위원은 언제든지 채권자집회의 결의로 해임할 수 있다(§380①).

개인채무자(個人債務者)

개인회생절차에 있어서 개인채무자란 파산의 원인인 사실이 있거나 그러한 사실이 생길 염려가 있는 자로서 (1) 유치권·질권·저당권·양도담보권·가등기담보권·「동산·채권 등의 담보에 관한 법률」에 따른 담보권·전세권 또는 우선특권으로 담보된 개인회생채권은 10억원, (2) 유치권·질권·저당권·양도담보권·가등기담보권·「동산·채권 등의 담보에 관한 법률」에 따른 담보권·전세권 또는 우선특권으로 담보된 개인회생채권 외의 개인회생채권은 5억원 이하의 채무를 부담하는 급여소득자 또는 영업소득자를 말한다(§579 Ⅰ).

개인회생재단(個人回生財團)

개인회생절차 개시결정 당시 채무자가 가진 모든 재산과 개인회생절차 진행 중에 채무자가 취득한 재산 및 소득은 개인회생재단에 속한다. 파산재단이 원칙적으로 파산 당시 채무자가 보유한 재산에 한정되는 것과는 달리 개인회생재단은 개인회생절차 개시결정 당시 채무자가 가진 모든 재산은 물론 회생절차진행 중에 채무자가 취득한 재산 및 소득도 포함된다. 따라서 개시결정 이후 개인회생절차에 따른 변제기간 동안 채무자가 얻게 될 것으로 확실히 예정되어 있는 장래 수입이나 재산도 개인회생재단에 속하게 되고, 이러한 장래 수입과 재산을 포함하여 변제의 기초로 삼게 된다. 다만 (1) 압류할 수 없는 재산(민사집행법 §246 ①)과 (2) 채무자의 신청에 의하여 법원이 면제재산으로 결정한 주거용 건물에 관한 임차보증금반환청구권 중 일정액 및 6개월간의 생계비에 사용할 특정재산은 개인회생재단에서 제외된다(§580).

개인회생채권(個人回生債權)

개인회생채권은 채무자에 대하여 개인회생절차 개시결정 전의 원인으로 생긴 재산상의 청구권을 말한다(§581). 다만 개인회생절차 개시 후에 생긴 채권이더라도 채무자 회생 및 파산에 관한 법률에 예외적으로 개인회생채권이라고 하는 것이 있다. 개인회생채권이 되기 위해서는 (1) 개인회생절차 개시결정 전의 원인으로 생긴 것이어야 하고, (2) 채무자에 대한 인적 청구권이어야 하고, (3) 채무자에 대한 재산적 청구권이어야 한다. 개인회생채권은 변제계획에 의하지 않고는 변제하거나 변제 받는 등 이를 소멸하게 하는 행위를 하지 못한다(§582).

상계권(相計權)

상계는 채무자가 채권자에 대하여 자기 또한 동종의 채권을 가지는 경우에 그 채권과 채무를 대등액에서 소멸시키는 채무자의 일방적 의사표시를 말한다. 개인회생채권자는 개인회생절차 개시결정시에 채무자에 대하여 채무를 부담하고 있는 경우에는 개인회생절차에 의하지 아니하고 상계를 할 수 있다(§587). 파산절차의 상계권에 관한 규정(§416~422)은 개인회생절차에 관하여 준용한다.

개인회생위원(個人回生委員)

개인회생위원은 법원의 감독 아래 채무자의 재산 및 소득을 조사하고, 채무자의 변제계획안 작성을 지도하며, 그것이 적정한지를 심사하고, 개인회생채권자집회를 진행하며, 채권자집회결과를 법원에 보고하고 변제계획안 인가 여부에 대한 의견을 법원에 제출하며, 변제계획 인가 후에는 변제계획에 따라 채무자가 납입한 변제액을 채권자에게 분배하는 일을 하는 자이다(§602). 법원은 이해관계인의 신청에 의하거나 직권에 의해 회생위원을 선임할 수 있다(§601).

보전처분(保全處分)

보전처분은 개인회생절차가 개시된다면 개인회생재단에 속하게 될 채무자의 일체의 재산을 그 대상으로 하여 가압류·가처분 그 밖에 필요한 처분을 하는 것을 말한다(§592). 채무자 이외의 제3자의 재산은 그 대상이 될 수 없다. 보전처분의 내용은'가압류·가처분 그 밖에 필요한 보전처분'이다. 그 예로는 유체동산·부동산·채권 등에 대한 가압류·가처분, 상업장부의 열람·보관의 가처분이나 처분금지, 차재금지, 변제금지 등 채무자에게 일반적 부작위를 명하는 가처분 등을 들 수 있으나 법원이 보전의 필요성에 따라 그 내용을 정할 수 있다. 채무자가 보전처분에 반하는 행위를 한 경우 상대방이 악의인 경우에는 개인회생절차와의 관계에 있어서 그 행위는 무효라고 할 것이다.

변제계획안(辨濟計畫安)

변제계획안은 개인회생절차를 신청한 채무자가 자신의 가용소득을 투입하여 얼마 동안, 어떤 방법으로, 채권자들에게 채무금액을 변제하여 나가겠다는 내용 등으로 계획을 세운 것을 말하고, 이에 대하여 법원은 인가 여부의 결정을 내리게 된다. 채무자는 개인회생절차 개시의 신청일부터 14일 이내에 변제계획안을 제출하여야 한다(§610①). 채무자가 변제계획안을 작성·제출하기 위해서는 개인회생절차 신청 전에 자신의 부채 및 재산상태, 수입의 정도에 관하여 완벽할 정도로 준비를 하여야 할 것이다. 채무자가 개인회생절차개시 신청과 동시에 변제계획안을 제출하지 않은 경우에는 회생위원은 그 채무자에게 변제계획안 양식을 교부하고 기본적인 작성요령을 안내하는 방법으로 채무자가 변제계획안을 작성하도록 하여야 한다. 채무자는 일단 변제계획안을 제출한 이후, 변제계획안이 인가되기 전에는 변제계획안에 대해서 수정을 할 수 있다. 변제계획안에는 (1) 채무변제에 제공되는 재산 및 소득에 관한 사항, (2) 개인회생재단채권 및 일반의 우선권 있는 개인회생채권의 전액의 변제에 관한 사항, (3) 개인회생채권자 목록에 기재된 개인회생채권의 전부 또는 일부의 변제에 관한 사항 등 3가지는 반드시 정해져 있어야 한다(§611). 변제계획에서 정하는 변제기간은 변제개시일부터 3년을 초과하여서는 아니된다(§611⑤). 다만, 「변제계획의 인가결정일을 기준일로 하여 평가한 개인회생채권에 대한 총변제액이 채무자가 파산하는 때에 배당받을 총액보다 적지 아니할 것」이라는 변제계획인가결정 요건을 충족하기 위하여 필요한 경우 등 특별한 사정이 있는 때에는 변제개시일부터 5년을 초과하지 아니하는 범위에서 변제기간을 정할 수 있다(§611⑤단서). 2017년 12월 12일 개정 전에는 변제기간은 5년을 초과하지 못하도록 규정하고 있었으나, 개인회생제도의 도입 취지에 맞게 회생 가능한 채무자들을 조속히 적극적인 생산활동에 복귀할 수 있도록 하기 위하여 2017년 12월 12일 법 개정시 미국이나 일본과 같이 개인회생의 변제기간은 3년을 초과하지 못하도록 단축한 것이다. 개정법은 2018년 3월 13일부터 시행되었다.

개인회생채권자집회
(個人回生債權者集會)

개인회생채권자집회는 채무자가 제출한 변제계획안에 대하여 개인회생채권자들이 직접 채무자로부터 설명을 듣고 결의에 부치지 아니한 채 변제계획안에 대한 이의진술의 기회만을 부여한 다음 집회를 종료함으로써 변제계획안의 인가 여부를 신속하게 결정하기 위하여 마련된 제도이다. 개인회생절차는 채권자집회에서 개인회생채권자들의 결의를 요건으로 하지 않는 것이 특징이다. 즉 파산절차나 회생절차와는 달리 개인회생절차상의 개인회생채권자집회는 개인회생채권자들에 의한 결의를 거치기 위한 절차가 아니라 단지 채무자가 제출한 변제계획안에 대하여 인가요건을 충족하였다는 점에 대한 이의 유무를 확인하는 절차에 불과하다.

민사집행법

- 총　　칙 / 755
- 강제집행 / 762
- 보전처분 / 773

민 사 집 행 법 개 요

민사소송법상 강제집행절차에 관한 규정은 1960년에 민사소송법이 제정된 후 1990년에 경매법을 흡수하기 위하여 동법을 개정한 것을 제외하고는 약 40년간 개정이 이루어지지 아니하여 사회·경제적 발전에 따른 신속한 권리구제의 필요성에 부응하지 못하고 있다는 지적에 따라, 채무자 등의 제도남용에 의한 민사집행절차의 지연을 방지하고 불량채무자에 대한 철저한 책임추궁을 통하여 효율적이고 신속한 권리구제방안을 마련함으로써 정의로운 신용사회를 이룩하는 한편, 법률용어를 국민의 법감정에 맞도록 순화하고, 통일적이며 일관된 법집행을 위하여 민사집행부분을 민사소송법에서 분리하여 별도의 법률로 제정하였다.

민사집행법의 주요내용은 다음과 같다. (1)외국송달의 특례제도 및 항고이유서 제출강제제도를 도입하고, 매각허가결정에 대한 항고시 보증공탁을 하여야 하는 항고인을 모든 항고인으로 확대하여 항고의 남발이나 항고심의 심리지연을 방지함으로써 집행절차가 신속하게 진행될 수 있도록 하였다(법 제13조·제15조 및 제130조). (2)채무자가 정당한 사유없이 명시기일에 불출석하거나, 재산목록의 제출을 거부하거나 또는 선서를 거부한 때에는 20일 이내의 감치에 처하도록 하고, 거짓의 재산목록을 낸 때에는 3년 이하의 징역 또는 500만원 이하의 벌금에 처하도록 하였다(법 제68조). (3)채무불이행자명부를 주소지 시·구·읍·면의 장에게 송부·비치하도록 하여 일반인이 열람·등사할 수 있게 함과 아울러 금융기관에도 통보하여 신용불량자로서 불이익을 받게 하였다(법 제72조). (4)개인의 재산 및 신용정보에 관한 전산망을 관리하는 공공기관·금융기관 등에 대하여 채무자 명의의 재산에 관한 조회를 할 수 있게 함으로써 채권자가 채무자의 재산을 쉽게 발견할 수 있도록 하여 재산의 투명성을 확보하되, 재산조회 결과를 강제집행 외의 목적으로 사용하는 자를 처벌하여 남용을 방지하였다(법 제74조 내지 제77조). (5)미등기 건물중 건축법에 의한 건축신고 또는 건축허가를 마쳤으나 사용승인을 받지 아니하여 보존등기를 마치지 못한 건물에 대하여 그 실체를 인정하여 부동산집행방법에 의한 강제집행을 가능하게 하였다(법 제81조). (6)기간입찰제도 및 매수대금(경락대금)의 지급기한제도를 도입하고, 매각(경락)부동산의 인도명령 대상을 권원이 없는 모든 점유자로 확대하여 매각허가결정이 확정되면 즉시 대금을 지급하고 간이한 방법으로 부동산을 인도받을 수 있도록 하는 등 경매제도를 개선하였다(법 제103조·제136조 및 제142조). (7)채권을 압류한 경우에 제3채무자는 채권자가 경합하지 아니하더라도 압류채권액 상당액 또는 전액을 공탁할 수 있도록 하여 제3채무자가 채무로부터 해방될 수 있도록 하였다(법 제248조). (8)보전처분 집행후 10년내에 소를 제기하지 아니하는 경우 채무자 또는 이해관계인의 신청에 따라 보전처분을 취소하도록 하던 것을 3년이 지나면 취소하도록 함으로써 가압류·가처분을 한 후 이를 장기간 방치하는 사례를 방지하였다(법 제288조).

민 사 집 행 법

총 칙

강제집행의 정지
(强制執行의 停止)

법률상의 이유로 인하여 강제집행절차를 개시할 수 없거나 또는 속행하지 못하는 것을 말한다. 가집행선고 있는 판결은 선고에 의하여 즉시 집행력이 발생하므로, 이를 정지시키려면 별도로 신청에 의한 강제집행정지의 결정을 받아야 한다. 집행의 일부에 대하여 생긴 정지를 강제집행의 제한이라 한다. 강제집행은 집행할 판결 또는 그 가집행을 취소하는 취지나, 강제집행을 허가하지 아니하거나 그 정지를 명하는 취지 또는 집행처분의 취소를 명한 취지를 기재한 재판의 정본, 강제집행의 일부정지를 명한 취지를 기재한 집행력 있는 재판의 정본, 집행을 면하기 위해서 담보를 제공한 증명서류, 집행할 판결의 기타의 재판이 소의 취하 기타 사유에 의하여 실효되었음을 설명하는 조서등본과 기타 법원사무관 등이 작성한 서증, 강제집행을 하지 않는다는 취지 또는 강제집행의 신청이나 위임을 취하한다는 취지를 기재한 화해조서의 정본 또는 공정증서의 원본 등의 서류를 제출한 경우에는 강제집행을 정지하거나 제한하여야 한다(민사집행법 49조). 일시의 정지를 명한 재판을 취소하고 집행의 속행을 허가하는 재판(속행명령)이 있을 때(민사집행법 47조, 48조3항), 채권자가 속행에 필요한 담보를 제공한 때 및 판결이 확정되었을 때에는 채권자는 정지된 집행의 속행을 구할 수 있다. 강제집행정지결정이 있으면 결정 즉시로 당연히 집행정지의 효력이 있는 것이 아니고, 그 결정정본을 집행기관에 제출함으로써 정지의 효력이 발생한다.

강제집행의 제한
(强制執行의 制限)

강제집행의 일부에 관하여 생긴 정지, 즉 강제집행의 범위를 감축하는 것을 말한다. 예를 들어, 집행권원(채무명의)에 기재된 청구금액의 변제와 집행비용의 변제에 필요한 범위를 초과하여 압류한 경우에, 일부변제·일부면제를 이유로 청구이의의 소를 제기하여(민사집행법 제44조), 그 확정판결의 정본을 집행기관에 제출한 경우, 또는 변제나 의무유예의 승낙이 청구권의 일부에 대하여서만 있어서 그 승낙서를 집행기관에 제출한 경우(민사집행법 제188조2항)에 집행범위를 감축하게 된다. 강제집행이 이미 완료된 때에는 이를 정지 또는 제한하는 것은 사실상 불가능하므로 법원은 집행행위 완료 후에는 집행의 정지 및 제한을 명할 수 없을 것이고, 가령 이를 명하였다고 할지라도 집행기관은 이를 정지 및 제한할 수 없다.

강제집행의 취소
(强制執行의 取消)

이미 실시된 집행절차에 있어 그 중의 어느 부분이나 또는 전부에 대한 집행처분을 종국적으로 배제하는 집행기관의 행위를 말한다. 집행의 취소는 집행 중 집행처분을 배제하는 것이므로 집행이 개시된 뒤 아직 종료되기 전에도 할 수 있다. 취소의 원인에는 취소를 명하는 재판(민사집행법 49조1항·민사집행법 27조1항·46조2항·47조·48조3항), 집행의 종국적 정지의 사유로 되는 재판(민사집행법 49조1항), 일정한 서류의 존재(민사집행법 49조3항·50조)등이 있다. 강제집행절차를 취소하는 결정, 집행절차를 취소한 집행관의 처분에 대한 이의신청을 기각·매각하는 결정 또는 집행관에게 강제집행절차의 취소를 명하는 결정에 대하여는 즉시항고를 할 수 있고, 이 결정은 확정되어야 효력이 있다(민사집행법 17조)

강제집행비용(强制執行費用)

강제집행을 하기 위하여 필요로 하는 비용으로, 그 비용은 채무자의 부담으로 하고, 그 집행에 의하여 우선적으로 변상을 받는다. 강제집행의 기본판결이 파기된 때에는 채권자는 그 집행비용을 채무자에게 변상하여야 한다(민사집행법 53조). 채무자가 부담할 강제집행비용으로서 그 집행에 의하여 변상 받지 못한 비용에 관하여는 채권자의 신청에 의하여 집행법원이 결정으로 그 금액을 정한다(민사집행규칙 24조 1항). 강제집행을 신청하는 때에 채권자는 강제집행에 필요한 비용으로 법원이 정하는 금액을 예납하여야 한다. 채권자가 이 비용을 예납하지 아니한 때에는 법원은 신청을 각하하거나 집행절차를 취소할 수 있으며, 이 결정에 대하여 즉시 항고를 할 수 있다(민사집행법 18조).

강제집행의 보전
(强制執行의 保全)

의무자의 자력감소 기타 현상의 변경에 의하여 당사자의 권리를 실행하지 못하거나 이를 실행함에 현저히 곤란한 염려가 있는 경우에 강제집행을 보전하는 것을 말한다. 이것은 채권자의 일반담보를 이루는 재산이나 채권의 목적물을 채무자의 은닉·손괴·소비로부터 예방하려는 데에 의의가 있다. 이를 위하여 금전채권이나 금전으로 현금화(환가)할 수 있는 채권에 대하여 동산 또는 부동산에 대한 강제집행을 보전하기 위한 가압류와 계쟁물에 대한 가처분이 있다. 이를 위하여 가압류할 물건의 소재지의 지방법원이나 본안의 관할법원이 필요한 처분을 명할 수 있다(민사집행법 305조). 집행권원(채무명의)의 획득에 상당한 시간을 요하는 강제집행제도 아래에서는 집행보전제도는 매우 중요한 의의를 가진다.

국고에 대한 강제집행
(國庫에 대한 强制執行)

민사집행법 제192조는 '국가에 대한 강제집행은 국고금을 압류함으로써 한다'하여, 국가도 집행권원(채무명의)상 집행채무자가 되며, 이 때 집행권자는 국고금을 압류할 수 있다. 이 규정은 주의규정으로 보이는 바, 이는 국가가 집행권원(채무명의)을 존중하지 않는다는 전제하에서의 규정이기 때문이다.

집행계약(執行契約)

집행확장계약이나 집행제한계약과 같이 현재나 장래에 있어서 특정한 강제집행을 법이 정하는 일반적 형태나 경과와는 조금 다르게 할 것을 목적으로 하는 집행관계자 사이의 합의를 말한다. 집행확장계약이란 예컨대 집행권원(채무명의)송달의 불요를 약정하던가 또는 집행력 있는 정본의 불요를 약정하는 것과 같이 집행채권자에 유리하게 법정의 집행요건을 감경하는 것 등을 말한다. 집행제한계약이란 예컨대 집행가능성을 제한하며 집행의 목적물이나 순서를 한정하고, 집행의 정도나 방법을 지정하는 등 채무자에게 유리한 법정의 집행개시요건을 가중하는 것을 말한다. 이 중 집행제한계약은 널리 허용되지만 집행확장계약은 집행기관의 법정권한과 저촉되며, 또 법이 채무자에게 부여하는 보장을 박탈하므로 원칙적으로 허용되지 않는다. 집행계약 중에는 민사집행법 203조 제1항의 경매장소의 변경합의처럼 집행법상의 합의로 보아야 할 명문규정이 있는 경우도 있으나, 일반적인 집행제한계약은 실체상 청구의 속성을 변경하거나 채권자의 작위·부작위를 약정하는 순수한 민법상의 계약으로 보아야 할 것이 많으며, 그 위반은 (1)민사집행법 제44조의 청구에 관한 이의의 소에 준하여 구제를 받으며, (2)또 손해배상 청구의 구제수단을 이용할 수 있다.

집행기간(執行期間)

민사집행법상 가압류 또는 가처분에 대한 재판의 집행은 채권자에게 재판을 고지한 날부터 2주를 넘긴 때에는 하지 못한다.(민사집행법 292조2항, 301조), 채권자는 이 기간 내에 집행을 하여야 하므로 이 기간을 말한다.

집행력(執行力)
독;Vollstreckbarkeit

확정판결이 가지는 주요한 효력으로서 (1)협의로는 이행판결(또는 조서)의 내용인 이행의무를 강제집행에 의하여 실시할 수 있는 효력을 말하며, (2)광의로는 강제집행 이외의 방법으로 판결의 내용에 적합한 상태를 실현할 수 있는 효력(예 : 확인판결에 기하여 등기소에 등기신청을 하는 경우)을 말한다. 협의의 집행력을 가지는 판결은 이행판결 뿐이며, 확인판결이나 형성판결에는 소송비용의 재판부분에 집행력이 있을 뿐이다. 그러나 이행판결 중에서도 성질상 강제적 실현을 할 수 없는 것(예 : 부부동거의무를 명하는 판결)에 관해서는 집행력이 인정되지 않는다.

집행력있는 정본

(執行力있는 正本)
독;vollstreckbare Ausfertigung

판결 기타 집행권원(채무명의)의 정본의 말미에 집행문을 부기한 것으로서 집행권원(채무명의)에 집행력의 존재를 공증한 것을 말한다. 강제집행의 개시에는 집행권원(채무명의)만으로는 부족하고 집행력 있는 정본을 필요로 한다. 집행력이 있는 정본이 있는 한, 그것이 판결정본과 상위하거나 소의 취하로 실효된 판결에 기인된 집행이라도 그 집행은 적법하지만, 집행기관은 정본 자체의 기재상 그 집행권원(채무명의)의 부존재가 분명한 때에는 그 집행신청을 거부하여야 한다. 집행력 있는 정본은 모든 집행권원(채무명의)에 대하여 필요하며 당사자의 합의에 의하여 이 요건을 배제할 수 없다. 다만 가압류명령(민사집행법 292조)·가처분명령(민사집행법 301조)에 대하여는 당사자의 승계가 있는 경우 외에는 집행문의 부여가 필요하지 않으며, 민사집행법 60조의 검사의 과태료 집행명령과 같이 법률이 특히 집행력 있는 집행권원(채무명의)과 동일한 효력을 부여한 것, 민사집행법 234조의 재판의 부수적 집행으로 채권압류명령에 의하여 채권증서를 빼앗는 집행, 민사집행법 146조6항의 부동산인도명령 등을 집행하는 데에는 집행문이 필요하지 않다.

집행문(執行文)

독 ; Vollstreckungsklausel

집행권원(채무명의)의 집행력의 현존 또는 집행력의 내용을 공증하기 위하여 법원사무관 등(민사집행법 28조)이 집행권원(채무명의)의 정본 말미에 부기하는 공증문서를 말한다. 공증인이 작성한 증서의 집행문은 그 증서를 보존하는 공증인이 부여한다(민사집행법 59조1항). 집행문의 방식은 '정기 정본은 피고 모 또는 원고 모에 대한 강제집행을 실시하기 위하여 원고 모 또는 피고 모에게 부여한다'라고 기재하고, 법원사무관 등이 기명날인한 후 법원의 인을 압인하여야 한다(민사집행법 29조). 집행문은 판결이 확정되거나 가집행선고 있는 때에 한하여 부여하며, 판결의 집행에 조건을 붙이는 경우에 그 조건의 성취를 채권자가 증명하여야 하는 때에는 이를 증명하는 서류를 제출한 때에 한하여 집행문을 부여한다. 다만 판결의 집행이 담보의 제공을 조건으로 하는 때에는 그러하지 않다(민사집행법 30조). 집행문은 판결에 표시된 채권자의 승계인을 위하여 부여하거나 판결에 표시된 채권자의 승계인을 위하여 부여하거나 판결에 표시된 채무의 승계인에 대한 집행을 위하여 부여할 수 있다. 다만 그 승계가 법원에 명백한 사실이거나 증명서로 이를 증명한 때에 한한다. 이 경우 승계가 법원에 명백한 사실인 때에는 이를 집행문에 기재하여야 한다(민사집행법 31조).

승계집행문(承繼執行文)

이 판결에 표시된 채권자의 승계인을 위하여 또는 채무자의 승계인에 대하여 집행하는 경우에 부여되는 집행문을 말한다. 승계집행문은 그 승계가 법원에 명백한 사실이거나 증명서로 이를 증명한 때에 한하여 부여할 수 있다(민사집행법 31조1항). 이 승계가 법원에 명백한 사실인 때에는 이를 승계집행문에 기재하여야 한다(민사집행법 31조2항). 승계집행문은 제1심법원의 법원사무관 등이 부여하고, 소송기록이 상급심에 있는 때에는 그 법원의 법원사무관 등이 부여할 수 있지만(민사집행법 28조2항), 재판장의 명령있는 때에 한하여 부여한다(민사집행법 32조1항). 승계집행문의 의의에서 집행력의 주관적 범위는 기판력의 주관적 범위와 일치한다(민소법 218조1항).

강제집행절차에 있어서는 권리관계의 공권적인 확정 및 그 신속·확실한 실현을 도모하기 위하여 절차의 명확·안정을 중시하여야 하므로, 집행권원을 가진 채권자의 지위를 승계한 자라고 하더라도 기존 집행권원에 기하여 강제집행을 신청하려면 민사집행법 제31조 제1항(같은 법 제57조의 규정에 따라준용되는 경우를 포함한다)에 의하여 승계집행문을 부여받아야 하고, 집행권원에 의한 강제집행이 개시된 후 신청 채권자의 지위를 승계한 경우라도 승계인이 자기를 위하여 강제집행 속행을 신청하기 위하여는 민사집행규칙 제23조가 정한 바와 같이 승계집행문이 붙은 집행권원의 정본을 제출하여야 하며 그 경우 법원사무관등 또는 집행관은 그 취지를 채무자에게 통지하도록 하고 있다 *(대법원 2008. 8. 11. 선고 2008다32310).*

집행문 부여에 대한 이의
(執行文 付與에 대한 異議)

집행문 부여의 처분에 대하여 채무자로부터 그 집행문을 부여한 법원사무관 등의 소속 법원에 그 시정을 구하는 신청(민사집행법 34조1항)을 말한다. 이의의 원인은 집행문의 부여를 위법으로 하는 모든 사유가 이에 해당하며, 이의의 시기에 제한은 없지만 집행문이 부여된 후면 집행이 실제로 개시되기 전이라도 할 수 있으나, 그 집행정본에 의하여 집행이 완료된 후면 이의할 이익이 없다. 집행문이 법원사무관 등의 주관하에 부여되었든, 재판장의 명령을 받아 부여되었든, 집행문부여 거절에 대하여 채권자가 보통항고를 한 결과 항고법원의 명령에 의하여 부여된 경우이든 상관없다. 채권자가 집행문부여의 소에 의하여 집행문을 받았다던지 또는 채무자가 집행문부여에 대한 이의의 소에서 부여가 적법하다고 확정되었을 때에는, 그 판결의 기판력에 의하여 이 방법에 의한 구제는 인정되지 않는다. 그러나 이의가 배척된 후라도 집행문 부여에 대한 이의의 소를 제기하는 것은 무방하다(민사집행법 45조단서).

집행문 부여의 소

(執行文 付與의 訴)

독;Klage auf Erteilung der Vollstreckungsklausel)

채권자가 집행문의 부여를 받기 위해 조건의 성취나 승계의 사실을 증명해야 하는 데, 이를 할 수 없거나 또는 부여를 거절당한 경우에 채권자가 소로써 이들 사실을 증명해야 하는 데, 이를 할 수 없거나 또는 부여를 거절당한 경우에 채권자가 소로써 이들 사실을 주장하여 집행문부여를 구하는 것을 말한다(민사집행법 31조1항, 32조, 33조). 청구를 인용하는 판결이 확정되면 법원사무관 등은 재판장 또는 법원의 명령을 기다리지 않고 집행문을 부여하는 데, 이때에는 '집행문을 부여하라는 판결이 있었다'는 뜻을 집행문 중에 기재한다.

집행방법에 관한 이의

(執行方法에 관한 異議)

독;Erinnerung gegen die Art und Weise der Zwangsvollstreckung

강제집행의 절차에 관한 집행법원의 재판으로서 즉시항고를 할 수 없는 것과, 집달관의 집행행위의 처분 기타 집행관이 준수할 집행절차에 대하여 채권자·채무자 또는 이해관계를 가지는 제3자가 하는 이의신청(민사집행법 16조1항) 또는 집행관의 집행위임의 거부나 집행행위의 지체 또는 집행관이 계산한 수수료에 대한 이의신청(민사집행법 16조3항)을 말한 자. 집행방법에 관한 이의는 집행관의 위법한 집행행위가 있으면 언제든지 구술 또는 서면으로 할 수 있다(민사소송법 161조). 그러나 이의의 신청에 의하여 집행이 당연히 정지되는 것은 아니며, 다만 이의자를 위하여 재판장은 집행정지의 가처분을 할 수 있다(민사집행법 16조2항, 34조2항).

집행법원(執行法院)

독;Vollstreckungsgericht

당해 사건에 관해 강제집행을 실시할 수 있는 권한을 가진 법원을 말한다. 민사집행법에서 규정한 집행행위에 관한 법원의 처분이나 그 행위에 관한 법원의 협력사항을 관할하는 집행법원은 법률에 특별히 지정되어 있지 아니하면 집행절차를 실시할 곳이나 실시한 곳을 관할하는 지방법원이 된다(민사집행법 3조). 일반적으로 강제집행을 실시함에 있어 채무자나 채무자 이외의 자가 점유하는 물건이나 유가증권의 압류, 경매의 실시 등 사실행위에 속하는 행위는 집행관이 집행기관이 되나, 채권이나 재산권에 대한 집행, 동산집행에 있어서 배당절차, 부동산과 등기선박에 대한 집행 등과 같이 법률상의 판단이 필요한 경우 또는 집행관의 집행행위에 협력할 필요가 있는 경우나 감독할 필요가 있는 경우에는 집행법원이 집행기관으로서의 직분을 행한다.

집행위임(執行委任)

독;Auftrag an den Gerichtsvollzieher

채권자의 집행관에 대한 강제집행의 신청을 말한다. 집행위임이 있으면 집행관은 민사집행법 제16조 제3항에 의해 정당한 이유 없이 이를 거절할 수 없다. 채권자가 집행관에게 집행력 있는 정본을 교부함으로써 집행위임이 이루어지며, 이로써 집행관은 집행권원(채무명의)에 표시된 청구권의 강제집행을 행할 권한이 있다(민사집행법 43조). 이 경우 민사집행법에서는 위임이라는 용어를 사용하나, 집행관은 국가의 집행기관으로 위에서 본 것처럼 이를 거절할 수 있는 것도 아니므로 이는 민법상의 위임이 아니라 공법상의 신청이다.

제3자 이의의 소(第3者 異議의 訴)

독 ; Exekutionsinterventionsklage

강제집행시 집행관은 그 목적물이 채무자에게 실제로 속하는지를 심사할 의무가 없으므로 채무자의 점유에 있는 제3자 소유의 물건에 대해서도 강제집행 할 수 있는 데, 이 때 그 제3자가 채권자에 대해 그 목적물에 대한 강제집행이 부적합함을 선고해 달라고 제기하는 소를 말한다(민사집행법 48조). 소제기는 일반적인 방식에 의하며, 강제집행에 의해 목적물이 경매된 때에도 그 권리는 매수인(경락인)에게 이전되지 않는 것이 원칙이다. 토지관할은 집행절차가 실시된 토지를 관할하는 법원이다. 통설은 이를 형성의 소로 보며, 이 소의 제기에 의하여 집행은 당연히 정지되지 않고, 집행정지명령이 제출된 경우에 한하여 정지된다(민사집행법 46조2항, 47조1항, 48조3항, 49조).

> 민사집행법 제48조의 강제집행에 대한 제3자이의의 소는 이미 개시된 집행의 목적물에 대하여 소유권 기타 목적물의 양도나 인도를 막을 수 있는 권리가 있다고 주장함으로써 그에 대한 집행의 배제를 구하는 것이니만큼 그 소의 원인이 되는 권리는 집행채권자에 대항할 수 있는 것이어야 한다*(대법원 2007. 5. 10. 선고 2007다7409).*

강제집행

강제경매(强制競賣)

독;Zwangversteigeruy)

민사집행법상의 강제집행으로 법원에서 채무자의 부동산을 압류·매각하여 그 대금으로 채권자의 금전채권의 만족을 충당시키는 절차를 말한다. 수익집행인 강제관리에 대하여 집행대상의 경매에 의한 현금화(환가)를 수반하는 점에 강제경매의 특징이 있다. 부동산에 대한 강제경매를 기본으로 하고, 여기서 부동산이라 함은 부동산 이외에 특별법에 의해 부동산으로 간주되거나 또는 준용되는 것을 포함한다. 부동산에 대한 강제집행은 그 부동산 소재지의 지방법원이다. 부동산이 여러 지방법원의 관할구역에 있는 때에는 각 지방법원에 관할권이 있다. 그리고 이 경우 법원이 필요하다고 인정한 때에는 사건을 다른 지방법원에 이송할 수 있다(민사집행법 79조). 유체재산에 대한 집행기관인 집행관과 다르게 한 것은 부동산이 중요재산일 뿐만 아니라, 부동산에 각종의 담보물권·용익물권이 설정된 경우에 압류·현금화(환가)·배당 등에 관하여 고도의 법률지식이 필요하기 때문이다. 부동산에 대한 강제경매는 채권자의 신청에 의하여 개시한다(민사집행법 78조). 집행법원의 채권자의 신청에 의하여 경매시기를 결정하고, 이에 따라 부동산의 압류를 명하여야 하며, 경매절차의 개시결정 후에는 법원은 직권 또는 이해관계인의 신청에 의하여 부동산에 대한 침해행위를 방지하기 위하여 필요한 조치를 할 수 있다(민사집행법 83조1항 내지 3항). 압류는 채무자에게 그 결정이 송달된 때 또는 경매신청의 등기(민사집행법 94조)가 된 때에 효력이 생긴다. 강제경매신청을 각하하는 재판에 대하여는 즉시 항고를 할 수 있다(민사집행법 83조 4, 5항). 법원은 경매개시결정을 한 후 지체없이 집행관에게 부동산의 현황·점유관계 차임 또는 보증금의 액수 기타 현황에 관하여 조사할 것을 명하여야 한다(민사집행법 85조1항). 이해관계인은 매각대금(경락대금)의 완납시까지 법원에 경매개시결정에 대한 이의를 할 수 있다. 압류부동산의 현금화(환가)방법에는 경매와 입찰의 두 가지가 있다. 매각 기일에 최저매각가격 이상의 경매신청이 있을 때에는 매각기일(경매기일)로부터 일주일 이내에 매각결정기일(경락기일)을 정하고, 다시 그 매각(경락)을 허가할 것인지 안할 것인지를 결정한다(민사집행법 104조 내지 120조 이내에 매각결정기일(경락기일)을 정하고 다시 매각결정기일(경락기일)에 관계인의 진술을 들은 후에 그 매각(경락)을 허가할 것인지 안할 것인지를 결정한다(민사집행법 104조 내지 120). 이해관계인은 매각(경락)허부의 결정에 대하여 즉시 항고를 할 수 있다.

공적 경매(公的 競賣)

독;ffentliche Versteigerung

강제집행에 있어서 압류의 목적물을 현금화하는 경우, 경매신청의 기회를 모든 사람에게 부여하여 행하는 경매의 절차를 말한다. 공적 경매는 유체동산을 압류한 경우의 원칙적 현금화방법으로서 압류를 집행한 집달관이 하고, 채권자 또는 채무자의 신청에 의하여 다른 방법이나 다른 장소에서 압류물을 매각(경락)하게 할 수 있고, 집행관에게 위임하지 아니하고 다른자로 하여금 경매하게 할 수 있다(민사집행법 214조).

경매신청(競賣申請)

독;Abgabe von Geboten

경매에서 매수신청을 하는 것을 말한다. 저당권의 실행은 저당권자가 목적부동산 소재지의 지방법원에 경매를 신청함으로써 시작된다. 이 경매신청은 일정한 사항을 기재한 서면을 법원에 제출함으로써 이루어진다(민사집행법 80조). 경매신청은 이를 취하할 수 있다(민사집행법 93조1항). 그러나 매수의 신고가 있는 후에 경매신청을 취하하고자 할 경우에는 최고가 매수신고인과 차순위 매수신고인의 동의가 있어야 한다.

경매개시결정(競賣開始決定)

독;Beschluss über die Anordnung der Versteigerung

경매신청이 적법하다고 인정하여 경매절차의 개시를 선고하는 법원의 결정을 말한다. 법원은 경매신청이 적법하다고 인정할 때에는 경매개시결정을 한다. 또한 법원은 경매개시결정과 동시에 그 저당부동산의 압류를 명하여야 한다(민사집행법 83조1항). 경매개시결정을 하면 법원은 채무자에게 그 결정을 송달하고, 관할 등기소에 경매등기를 촉탁하여야 한다. 그리고 압류의 효력은 경매개시결정이 채무자에게 송달된 경우 또는 법원의 촉탁에 의해 경매등기가 이루어진 경우에 생긴다(민사집행법 83조4항·94조). 법원은 경매개시결정을 한 후에는 지체없이 집행관에게 경매부동산의 현상, 점유관계, 차임 또는 보증금액, 기타 현황에 관해 조사할 것을 명하여야 한다(민사집행법 85조). 그리고 이해관계인은 매각대금(경락대금)의 완납이 있을 때까지 법원에 경매개시결정에 대한 이의신청을 할 수 있다(민사집행법 86조). 또한, 경매개시결정을 한 법원은 내부적으로 감정인에게 부동산을 평가케 하고 그 평가액을 참작하여 최저매각가격을 정해야 한다(민사집행법 97조1항). 그리고 법원은 수개의 부동산에 대해 경매개시결정을 한 후에는 부동산의 위치, 형태, 이용관계 등을 고려하여 이를 동일인에게 일괄매수시킴이 상당하다고 인정한 경우에는 일괄매각할 것을 정할 수 있다(민사집행법 98조 1항).

매각조건(경매조건)(賣却條件)

매수인(경락인)에게 압류목적물의 소유권을 취득시키는 조건을 말한다. 경매는 보통의 매매와 다르므로, 그 효력과 요건을 미리 정형화할 필요가 있는데, 여기에는 법정매각조건과 특별매각조건이 있다. 법원은 감정인에게 부동산을 평가하게 하고, 그 평가액을 참작하여 최저매각가격을 정하여야 한다(민사집행법 97조1항). 또한 매수인(경락인)은 매각대금(경락대금)을 완납한 때에 경매의 목적인 권리를 취득한다(민사집행법 135조). 최저매각가격 이외의 매각조건은 이해관계인의 합의에 의하여 변경할 수 있다. 이 합의는 매각기일(경매기일)까지 할 수 있다(민사집행법 110조). 또한 법원은 필요하다고 인정한 경우에 직권으로 민소법상의 강제경매에 게기한 매각조건을 변경할 수 있다. 그리고 여기에 대한 재판에 관해서는 불복을 신청하지 못한다. 다만, 최저매각가격의 변경에 관해서는 즉시항고할 수 있다. 집행관은 매각 기일 또는 호가경매의 방법에 의한 매각기일에는 매각물건명세서, 현황조사보고서 및 평가서 사본을 볼 수 있게 하고, 특별한 매각 조건이 있는 경우에는 이를 고지하고 매수가격신고를 최고하여야 한다(민사집행법 112조).

매각기일(경매기일)(競賣期日)

경매실시에 관한 절차를 행하기 위한 기일로써 법원의 의견으로서 법원 내 기타의 장소에서 집행관으로 하여금 실시하게 하는 기일을 말한다. 법원이 경매개시결정을 한 때에는 매각기일(경매기일)을 지정하여 이를 공고한다(민사집행법 104조2항). 또한 법원은 매각기일(경매기일)을 이해관계인에게 통지하여야 한다(민사집행법 104조2항). 매각기일(경매기일)의 공고내용에는 부동산의 표시, 강제집행으로 매각한다는 취지와 그 매각 방법, 부동산의 점유자, 점유의 권원, 점유사용할 수 있는 기간, 차임 또는 보증금 약정 및 그 액수, 매각기일의 일시·장소, 최저매각가격, 매각결정기일의 일시 및 장소, 매각물건명세서, 현행조사 보고서 및 평가서의 사본을 매각기일 전에 법원에 비치하여 누구든지 볼 수 있도록 제공한다는 취지, 등기부에 기입을 요하지 아니하는 부동산 위에 권리 있는 자의 채권을 신고할 취지, 이해관계인이 매각기일(경매기일)에 출석할 취지를 기재하여야 한다. 경매인으로서의 의무를 지고자 하는 자의 매수가격에 대한 단독의사표시를 말한다. 매각기일(경매기일)과 매각결정기일(경락기일)을 공고하면 집행관은 매각기일 또는 호가경매의 방법에 의한 매각기일에는 매각물건명세서, 현황조사보고서 및 평가서 사본을 볼수 있게 하고, 특별한 매각조건이 있는 때에는 고지하고 매수가격신고를 최고하여야 한다(민사집행법 112조). 이 때 매수신청인은 대법원규칙이 정하는 바에 따라 집행법원이 정하는 금액과 방법에 맞는 보증을 집행관에게 제공하여야 한다(민사집행법 113조). 이 때 저당물의 소유권을 취득한 제3자도 매수신청을 하여 경매인이 될 수 있다(민법363조2항).

경매실시(競賣實施)

집행관은 기일입찰 또는 호가경매의 방법에 의한 매각기일에는 매각물건명세서·현황조사보고서 및 평가서의 사본을 볼 수 있게 하고, 특별한 매각조건이 있는 때에는 이를 고지하며, 법원이 정한 매각방법에 따라 매수가격을 신고하도록 최고하여야 한다(민사집행법 112조). 매수신청인은 대법원규칙이 정하는 바에 따라 집행법원이 정하는 금액과 방법에 맞는 보증을 집행관에게 제공하여야 한다(민사집행법 113조). 최고가매수신고인 외의 매수신고인은 매각기일을 마칠 때까지 집행관에게 최고가매수신고인이 대금 지급기한까지 그 의무를 이행하지 아니하면 자기의 매수신고에 대하여 매각을 허가하여 달라는 취지의 신고(이하 "차순위매수신고"라 한다)를 할 수 있다. 차순위매수신고는 그 신고액이 최고가매수신고액에서 그 보증액을 뺀 금액을 넘는 때에만 할 수 있다(민사집행법 114조). 집행관은 최고가매수신고인의 성명과 그 가격을 부르고 차순위매수신고를 최고한 뒤, 적법한 차순위매수신고가 있으면 차순위매수신고인을 정하여 그 성명과 가격을 부른 다음 매각기일을 종결한다고 고지하여야 한다. 차순위매수신고를 한 사람이 둘 이상인 때에는 신고한 매수가격이 높은 사람을 차순위매수신고인으로 정한다. 신고한 매수가격이 같은 때에는 추첨으로 차순위매수신고인을 정한다. 최고가매수신고인과 차순위매수신고인을 제외한 다른 매수신고인은 제1항의 고지에 따라 매수의 책임을 벗게 되고, 즉시 매수신청의 보증을 돌려 줄 것을 신청할 수 있다. 기일입찰 또는 호가경매의 방법에 의한 매각기일에서 매각기일을 마감할 때까지 허가할 매수가격의 신고가 없는 때에는 집행관은 즉시 매각기일의 마감을 취소하고 같은 방법으로 매수가격을 신고하도록 최고할 수 있다. 제4항의 최고에 대하여 매수가격의 신고가 없어 매각기일을 마감하는 때에는 매각기일의 마감을 다시 취소하지 못한다(민사집행법 116조). 매각허가결정에는 매각한 부동산, 매수인(경락인)과 매각가격을 적고 특별한 매각조건으로 매각한 때에는 그 조건을 적어야 한다(민사집행법 128조1항).

경매절차의 중지
(競賣節次의 中止)

민사집행법 제207조의 경매의 한도에 관한 규정에 의하면, 유채동산의 경매에서 목적물이 여러개 있어서 순차로 매각하는 때에 매각대금(매득금)으로 채권자에게 변제하고 강제집행비용에 충분하게 되면 경매절차를 즉시 중지해야하는 것을 말한다.

경매취소권(競賣取消權)

민사집행법 127조1항에서 인정하고 있는 것으로 매수가격의 신고 후에 천재지변 기타 자기의 책임을 질 수 없는 사유로 인하여 부동산이 현저히 훼손된 경우에, 매수인(경락인)이 대금을 납부할 때까지 매각(경락)허가결정의 취소신청을 할 수 있는 권리를 말한다. 매각(경락)허가결정의 취소신청에 대한 결정에 관해서는 즉시항고를 행할 수 있다(민사집행법 127조2항).

강제관리(强制管理)
독;Zwangverwaltung

민사집행법상의 강제집행의 한 방법으로, 채무자의 부동산을 법원에서 압류하여 관리인을 선임, 그 부동산을 관리·수익하게 하여 그 수익으로써 채권에 충당시키는 집행절차(민사집행법 163조·171조)를 말한다. 채무자가 압류부동산의 소유권을 상실하지 않는다는 점에서 강제경매와 다르다. 채권자는 강제경매와 강제관리의 어느 하나를 선택할 수 있고, 양자를 병용하여도 무방하다(민사집행법 78조2항). 수익이 가능한 부동산이나 지상권·임차권과 같은 부동산을 목적으로 하는 권리에 대하여도 할 수 있고, 강제경매에 적합하지 않은 부동산이라도 수익을 압류할 수 있는 경우, 즉 양도가 금지된 부동산이나 또는 매각대금으로 저당권자에게 변제하고 나면 남는 것이 없는 부동산에 대해서도 가능하며, 시가가 싸기 때문에 강제관리를 하면서 강제경매의 시기를 기다리는 경우 등에 효용이 있으나, 실제는 관리·수익이 쉽지 않아 별로 이용되고 있지 않다. 강제관리는 채권자의 신청으로 법원에서 강제관리개시결정을 함에 따라 개시된다(민사집행법163조). 강제관리개시결정에는 채무자에 대하여 관리사무에 대한 간섭과 부동산 수익의 처분을 금하고, 부동산 수익을 채무자에게 지급한 제3자에게는 그 후 관리인에게 지급할 것을 명하여야 한다. 개시결정은 제3자에 대하여 송달에 의하여 효력이 생긴다. 강제관리신청을 각하하는 재판에 대하여는 즉시항고를 할 수 있다(민사집행법 164조). 개시결정이 있은 후 법원은 관리인을 임명하고, 관리인은 관리와 수익을 위하여 부동산을 점유할 수 있고, 제3자의 채무자에게 지급할 수익을 추심할 권한이 있다(민사집행법 166조). 관리인은 그 부동산을 점유·관리하여 그 부동산으로부터 얻은 수익에서 조세 등 공과금·관리비용 등을 공제하고 잔액을 채권자에게 배당하여야 한다(민사집행법 169조). 관리인은 법원의 압류에 의하여 징수한 수익권능을 수권위탁받은 자이며, 집행기관은 아니다. 강제관리의 취소는 각 채권자가 부동산 수익으로 전부변제를 받은 때에 하고, 강제관리의 취소결정에 대하여는 즉시항고를 할 수 있다(민사집행법 171조).

배당이의의 소(配當異義의 訴)

강제집행의 배당절차에 있어서 이의가 완결되지 아니한 때, 이의를 신청한 채권자가 이의에 관하여 이해관계를 가지고 또 이의를 정당하다고 인정하지 않는 다른 채권자를 상대로 이의를 주장하기 위해 제기하는 소(민사집행법 154조)를 말한다. 배당이의의 소의 성질에 관하여 통설은 본소송에 의해 비로소 그 배당액이 형성되기 때문에 형성의 소라고 보나, 배당액의 확정을 구하는 확인의 소라는 유력한 견해도 있다. 제154조 1항의 배당이의의 소는 배당을 실시한 집행법원이 속한 지방법원의 관할로 한다. 다만, 소송물이 단독판사의 관할에 속하지 아니할 경우에는 지방법원의 합의부가 이를 관할한다. 여러 개의 배당이의의 소가 제기된 경우 한 개의 소를 합의부가 관할하는 때에는 그 밖의 소도 함께 관할한다. 이의한 사람과 상대방이 이의에 관하여 단독판사의 재판을 받을 것을 합의한 경우에는 156조 제1항 단서와 156조 제2항의 규정을 적용하지 아니한다(민사집행법 156조). 이의를 신청한 채권자가 154조 3항의 기간을 지키지 아니한 경우에도 배당표에 따른 배당을 받은 채권자에 대하여 소로 우선권 및 그 밖의 권리를 행사하는데 영향을 미치지 아니한다(민사집행법 155조). 배당이의의 소에 대한 판결에서는 배당액에 대한 다툼이 있는 부분에 관하여 배당을 받을 채권자와 그 액수를 정하여야 한다. 이를 정하는 것이 적당하지 아니하다고 인정한 때에는 판결에서 배당표를 다시 만들고 다른 배당절차를 밟도록 명하여야 한다(민사집행법 157조). 이의한 사람이 배당이의소송의 첫 변론기일에 출석하지 아니한 때에는 소를 취하한 것으로 본다(민사집행법 158조).

배당이의 소의 원고적격이 있는 자는 배당기일에 출석하여 배당표에 대한 실체상의 이의를 신청한 채권자 또는 채무자에 한하고, 제3자 소유의 물건이 채무자의 소유로 오인되어 강제집행목적물로서 경락된 경우에도 그 제3자는 경매절차의 이해관계인에 해당하지 아니하므로 배당기일에 출석하여 배당표에 대한 실체상의 이의를 신청할 권한이 없으며, 따라서 제3자가 배당기일에 출석하여 배당표에 대한 이의를 신청하였다고 하더라도 이는 부적법한 이의신청에 불과하고, 그 제3자에게 배당이의의 소를 제기할 원고적격이 없다*(대법원 2002. 9. 4. 선고 2001다63155)*.

경락(競落)

독 ; Zuschlag

민사집행법 제정으로 '매각'이라는 용어로 명칭이 변경되었다. 경매에 의하여 그 목적물인 동산 또는 부동산의 소유권을 취득하는 것을 말한다. 경매란 광의로 매도인이 다수인을 집합시켜 구술로 매수신청을 최고하고, 매수신청인 가운데 최고가 신청인에게 승낙을 하여 매매하는 것을 의미하는데, 여기서의 승낙이 바로 매각(경락)이다. 민사집행법상의 경매의 경우에 동산의 매각(경락)의 고지는 집행관이 최고가매수신고일의 성명과 가격을 말한 뒤 매각을 허가한다(민사집행법 205조1항). 또한 부동산의 경우에는 법원이 매각(경락)허부의 재판을 하기 위하여 매각결정기일(경락기일)을 연다. 이때 매각결정기일(경락기일)은 매각기일(경매기일)로부터 일주일 이내로 정해야 하며, 매각(경락)절차는 법원 내에서 하여야 한다(민사집행법 109조). 매각결정기일(경락기일)은 매각기일(경매기일)의 공고중에 기재하여야 한다. 법원은 매각결정기일(경락기일)에 출석한 이해관계인에게 매각(경락)에 관한 의견을 진술하게 해야 하며(민사집행법 120조), 그 진술을 들어 이의사유가 없다고 인정할 때에만 매각(경락)허가 결정을 한다. 또한 과잉매각(과잉경매)의 경우(민사집행법 124조)는 매각(경락)불허의 결정을 해야 하지만 경매 자체를 불허하는 경우가 아닌 한 매각(경락)불허의 결정이 있어도 신경매를 행한다(민사집행법 125조). 매각(경락)허가결정이 확정된 경우에는 법원은 대금 지급기일을 정하고 매수인(경락인)과 차순위 매수신고인을 소환하여야 하며, 매수인(경락인)은 법원이 정하는 기일에 매각대금(경락대금)을 그 법원에 완납하여야 한다(민사집행법 142조). 매수인(경락인)이 대금을 지급함으로써 차순위 매수신고인은 매수인(경락인)의 책임을 면하고 즉시 보증금의 반환을 청구할 수 있다. 이와 같이 매수인(경락인)은 매각대금(경락대금)을 완납한 때에 경매목적물의 소유권을 취득하며, 법원은 경매허가결정의 등본을 첨부하여 소유권이전의 등기를 촉탁하여야 한다(민사집행법 144조1항).

매각기일(賣却期日)

경매에 있어서 매각(경락)을 허가할 것인가의 여부를 이해관계인의 진술을 들어 재판하기 위한 기일을 말한다. 매각결정기일(경락기일)은 매각기일(경매기일)로부터 일주일 이내에 정하여야 한다(민사집행법 109조). 다만 이는 훈시규정이므로 이를 어겼다고 하여 경매절차가 무효가 되는 것은 아니다.

매각(경락)허가결정

(競落許可決定)
독 ; Zuschlagsbeschluss

부동산의 경매절차에 있어서, 법원이 최고가 경매인에 대해 경매부동산의 소유권을 취득시키는 집행처분을 말한다. 매각기일(경매기일)에서 최고가매수신고인이 정하여지면 법원은 매각결정기일(경락기일)을 열어 매각(경락)허가 결정을 한다(민사집행법 128조1항). 매각(경락)허가결정이 확정된 때에는 법원은 대금지급기일을 정하고 매수인(경락인)과 차순위 매수신고인을 신고하여야 하며, 매수인(경락인)은 법원이 정하는 기일에 매수대금(경락대금)을 법원에 완납하여야 한다(민사집행법 142조).

매각(경락)불허가결정

(競落不許可決定)

매각(경락)을 허가하지 않는다는 뜻의 결정을 말한다. 매각(경락)불허가결정을 하는 사유는 법정되어 있는데, 민사집행법 123조·124조·127조의 규정이 그것이다. 다만 법원이 직권으로 매각(경락)불허가결정을 하는 경우에는 민사집행법 123조2항 단서의 제한이 있다.

매각(경락)허가에 대한 이의

(競落許可에 대한 異議)

매각(경락)을 허가할 수 없다는 소송상의 진술을 말한다. 매각(경락)허가에 대한 이의사유는 다음의 이유에 의해야 한다. ①강제집행을 허가할 수 없거나 집행을 속행할 수 없는 경우, ②최고가 매수신고인이 부동산을 매수할 능력이나 자격이 없는 경우, ③최고가 매수신고인이나 그 대리인이 민사집행법 108조 각호의1에 해당하는 경우, ④법률상의 매각조건에 위반하여 매수하거나 모든 이해관계인의 합의 없이 법률사의 매각조건을 변경한 경우, ⑤매각기일(경매기일) 공고가 법률의 규정에 위반한 경우, ⑥최저경매가격의 결정, 일괄경매의 결정 또는 물건 명세서의 작성에 중대한 하자가 있는 경우, ⑦민사집행법 115조의 규정에 위반한 경우, ⑧법원은 이의 신청을 정당하다고 인정한 경우에는 매각(경락)을 허가하지 아니한다(민사집행법 123조1항). 매각(경락)에 관한 이의는 매각(경락)허가가 있기까지 신청하여야 한다. 이미 신청한 이의에 대한 진술도 같다(민사집행법 120조1항). 또한 이의는 다른 이해관계인의 권리에 관한 이유에 의해서는 하지 못한다(민사집행법 122조).

배당요구(配當要求)

강제집행에 있어서 압류채권자 이외의 채권자 집행에 참가하여 변제를 받기 위해 집행관의 압류금액·매각대금(매득금) 등의 배당을 요구하는 것을 말한다. 우리 민사소송법은 압류로 인해 우선권을 취득하는 우선배당주의(독일)를 취하지 않고 평등배당주의를 취하므로 압류채권자 이외의 채권자도 배당요구에 의하여 평등한 배당을 받을 수 있다. 배당요구의 절차는 압류의 목적물의 종류에 따라 다르니, (1) 유체동산에 대한 집행에 있어서의 배당요구는 집행관이 금전을 압류한 때 또는 매각대금을 영수하거나, 집행관이 어음·수표 기타 금전의 지급을 목적으로 한 유가증권에 대하여 그 금전을 지급을 받은 때(민사집행법 220조 1항 1·2호)에 민사집행법 제217조 내지 219조의 규정에 따라 배당을 요구할 수 있다. 민법·상법 기타 법률에 의하여 우선변제청구권이 있는 채권자는 매각대금의 배당을 요구할 수 있고(민사집행법 217조), 이 배당요구는 이유를 밝혀 집행관에게 하여야 한다(민사집행법 218조). (2) 채권과 다른 재산권에 대한 집행에 있어서의 배당요구는 집행법원에 신고하여야 하는 것이 원칙이며, 집행력 있는 정본의 유무와 무관하다. 민법·상법 그 밖의 법률에 의하여 우선변제청구권이 있는 채권자와 집행력 있는 정본을 가진 채권자는, 제3채무자가 제248조 제4항에 의한 공탁의 신고를 한 때, 채권자가 제236조에 의한 추심의 신고를 한 때, 집행관이 현금화한 금전을 법원에 제출한 때에 법원에 배당을 요구할 수 있다(민사집행법 247조 1항). 전부명령이 제3채무자에게 송달된 후에는 배당요구를 하지 못한다. 이 배당요구에는 유체동산에 있어서의 배당절차를 준용한다(민사집행법 247조 3항). 그리고 배당요구는 제3채무자에게 통지하여야 한다(민사집행법 247조 4항). 그리고 법원은 배당기일 경과 후 배당표에 의하여 배당을 실시한다. (3) 부동산의 강제경매 및 강제관리 있어서는 매수인(매각(경락)인)이 매수대금(매각(경락)대금)을 지급하면 법원은 배당기일을 정하고 이해관계인과 배당을 요구한 채권자를 소환하여서(민사집행법 146조), 대금·재매각(재경매)의 경우에는 대금지급기일부터 대금지급까지의 지연이자, 제130조 제6항과 제138조 제4항의 보증금을 배당하여야 한다. 집행력 있는 정본을 가진 채권자, 경매개시결정이 등기된 뒤에 가압류를 한 채권자, 민법·상법, 그 밖의 법률에 의하여 우선변제청구권이 있는 채권자는 배당요구를 할 수 있다(민사집행법 88조 1항). 그리고 그 배당요구는 그 원인을 명시하고 법원 소재지에 주소나 사무소가 없는 자는 가주소를 선정하여 법원에 신고하여야 한다.

배당법원(配當法院)

독 ; Verteilungsgericht

강제집행에 있어서 배당절차가 행해지는 경우, 그 절차를 행하는 법원을 말한다. 채권과 다른 재산권에 대한 강제집행에 있어서는 최초에 압류명령을 내린 집행법원이고(민사집행법 248조 4항), 유체재산의 집행에 있어서는 금전의 압류지 또는 압류물의 경매지의 집행법원이다. 민사소송법은 법률에 특별히 법원을 지정하지 아니한 경우에는 집행절차를 실시할 곳이나 실시한 곳을 관할하는 지방법원을 집행법원으로 본다(민사집행법 3조).

배당기일(配當期日)

독 ; Verteilungstermin

강제집행절차에 배당절차를 실행하는 경우에 배당표에 관한 진술과 배당실시를 위하여 법원이 지정한 기일(민사집행법 146조)을 말한다. 배당기일에 출석하지 아니한 채권자는 배당표의 실시에 동의한 것으로 본다(민사집행법 153조). 부동산 또는 선박의 강제경매에 있어서는 배당기일은 동시에 매각대금(경락대금)의 지급기일이다(민사집행법 142조, 172조).

선박경매(船舶競賣)

등기선의 경매는 등기선이 부동산유사성을 가지므로 부동산의 강제경매에 관한 규정에 의하여야 한다. 다만 물건의 성질에 의한 차이나 특별한 규정이 있는 경우에는 그러하지 아니하다(민사집행법 172조). 선박에 대한 강제집행은 압류 당시의 정박항을 관할하는 압류 당시의 정박항을 관할하는 지방법원을 집행법원으로 한다(민사집행법 173조). 그밖에 등기선에 관한 경매에 관하여 민사집행법 제173조 이하에서 규정하고 있다. 비등기선은 부동산유사성이 없으므로 동산의 경매에 준하여 행한다.

압류금지(押留禁止)

독 ; Unpfändbarkeit 불, insaisissabilit

채무자를 보호하기 위하여 법률이 일정한 물건 또는 채권에 대하여 압류를 금지하는 것을 말한다(민사집행법 195·246조). 민사집행법 제195조는 일정한 유체동산을, 동법 246조는 일정한 채권을 압류하지 못하는 것으로 열거하고 있으나, 기타 법률에서 개별적으로 압류의 금지를 규정하는 경우도 많다. 또 법원은 일정한 요건 하에서는 재량적으로 압류금지의 범위를 확장할 수 있다(민사집행법 196조). 민사집행법 제195조는 사회정책적인 견지에서 채무자의 최저생업의 유지를 위해 다음에 열거하는 물건에 대하여 압류를 금지하고 있다. (1)채무자와 그 동거친족을 위하여 없어서는 안될 의복·가구·부엌가구 기타 생활필수품, (2)채무자와 그 동거친족에 필요한 2개월간의 식료품·연료 및 조명재료, (3)채무자등의 생활에 필요한 1월간의 생계비로서 대통령령이 정하는 액수의 금전 등이 그것이다. 압류금지인정의 근거는 채무자의 최저한도의 생활이나 생업의 유지를 보장하려는 사회정책적 목적과, 국가적·공익적 업무에 종사하는 자를 보호하려는 목적에서 유래된 것이다. 압류금지물은 채무자가 파산하더라도 파산재단에 들어가지 않는다(채무자 회생 및 파산에 관한 법률 제383조1항).

압류명령(押留命令)
독 ; pfändungsbeschluss

제3채무자에 대하여 채무자에게 지급하는 것을 금하고, 채무자에 대하여 채권의 처분, 특히 그 추심을 해서는 안된다고 명령하는 집행법원의 결정을 말한다(민사집행법 227조). 제3채무자에게 송달함으로써 채권의 압류의 효력이 생긴다(민사집행법 227조 3항). 채권과 다른 재산권에 대한 강제집행은 집행법원의 압류명령에 의하여 하고, 이 명령에 위반하는 처분, 즉 채무자의 채무양도나 제3채무자의 변제는 이로써 압류채권자에 대항하지 못한다. 압류명령은 채권자의 신청에 의하여 행하여지며(민사집행법 225조), 압류명령을 내림에 있어서는 미리 제3채무자 및 채무자를 신문할 필요가 없다(민사집행법 226조). 유체동산 또는 부동산의 인도청구권에 대한 압류명령 중에는 인도명령을 포함하지만, 이 인도명령이 압류명령의 요소는 아니다.

압류채권자(押留債權者)
독 ; Vollstreckungsläubiger

금전채권을 추심하기 위해 강제집행이 개시된 경우에, 집행위임압류명령의 신청이나 강제경매 또는 강제관리의 신청을 한 채권자를 말한다. 우리나라 법은 평등배당주의를 취하고 있으므로 압류채권자는 배당요구채권자에 대하여 우선적 지위가 인정되지 않는다.

보조적 압류(補助的 押留)
독 ; Hifspfändung

채권이 압류되었을 때 그 압류된 채권에 고소한 증서를 채무자가 소지하고 있을 경우에, 압류채권자가 법원의 압류명령에 의하여 그 증서를 채무자로부터 강제집행의 방법으로 인도시키는 것을 말한다.

공동압류(共同押留)
독 ; mehrfache pfändung

동시압류라고도 하며, 금전집행에 있어 채무자의 동일재산을 동시에 다수의 채권자를 위하여 행하는 압류를 말한다(민사집행법 222조2항·162조·172조). 다수채권자가 공동으로 동시에 집행을 신청하거나, 집행기관이 별개의 신청을 병합하여 채무자의 동일재산에 대하여 동시에 압류할 경우에 생긴다. 압류절차·현금화(환가)방법은 단독집행에 준하며, 그 만족의 정도는 채권자 경합의 다른 경우에 준한다.

대체집행(代替執行)

채무자가 채무를 이행하지 않을 때에 채권자가 법원에 청구하여 그 재판에 따라서 채무자로부터 비용을 추심해서 그 비용으로 채권자 또는 제3자로 하여금 채무자에게 갈음하여 채권의 내용을 실행케 하는 강제집행의 하나의 방법이다(민법 389조 2항, 민사집행법 260조). 직접강제가 '주는 채무'의 경우에 허용됨에 반하여 대체집행은 '하는 채무' 즉 작위채무의 경우에 허용된다. 그러나 모든 작위채무에 대체집행이 인정되는 것은 아니며, 그 가운데에서도 채무자의 일신에 전속하지 아니한 작위를 목적으로 하는 채무에 허용되는 점이 간접강제와도 다르다. 즉 대체집행은 채무의 내용이 본인 스스로의 이행이 아니라 제3자로 하여금 대신 시켜도 이행의 목적을 달성시킬 수 있는 경우에 해당되는 것이다. 대체집행에는 작위채무의 대체집행과 부작위채무의 대체집행이 있다. 전자는 제3자로 하여금 채무를 이행케하고 그 비용은 채무자에게 부담시키는 것이고, 후자는 채무자가 부작위의무를 위반하여 생긴 결과를 제3자가 제거하게 하고 그 비용은 채무자에게 부담시키는 것이다. 대체집행의 절차와 방법은 민사집행법 규정에 따라 채권자의 신청에 의하여 제1심 수소법원이 이를 결정하고 채권자는 동시에 제3자로 하여금 이행시키는 비용을 미리 채무자에게 지급할 것을 명하는 취지의 신청을 할 수 있다. 다만 이 경우 후일 그 초과비용을 청구할 권리는 해당되지 않으며, 채권자의 대체집행의 신청에 대하여 즉시항고를 할 수 있는 길을 열어 놓고 있다(민사집행법 260조). 법원의 대체집행에 대한 결정은 변론 없이 할 수 있으나 결정전에 채무자를 신문하여야 한다(민사집행법 262조).

강제이행(强制履行)

채무자가 채무의 이행이 가능함에도 불구하고 자발적으로 이를 행하지 않을 때에 채권자가 법원에 의하여 강제적으로 급부를 실현하는 것을 말한다. 강제이행의 방법으로서는 직접강제·대체집행·간접강제 등이 있는데, 인격존중의 측면에서 사용의 순서는 직접강제·대체집행·간접강제라고 해석하고 있다. 강제이행을 실현하기 위해서는 우선 이행판결이나 기타의 집행권원(채무명의)을 얻고, 이를 근거로 민사소송법의 규정에 따라 강제집행을 신청한다. 직접강제는 민법 제389조 제1항의 해석에 따라 [주는 채무]에만 허용되며, 또 이때는 다른 강제방법이 허용되지 않는다. 대체집행은 채무자로부터 비용을 추심하여, 이 비용으로 채권자 또는 제3자로 하여금 채무자에 대하여 채권의 내용을 실현하게 하는 방법으로서 [하는 채무]중 채무자의 일신에 전속하지 않는 대체적 작위채무에 한하여 허용된다. 그 절차와 방법은 민사집행법상의 규정에 따른다(민사집행법 260조·262조). 간접강제는 손해배상·벌금·구금의 수단으로써 채무자에게 심리적 압박을 가해 채권내용을 실현시키는 방법인데, [하는 채무]중 대체집행이 허용되지 않는 부대체적 작위채무에 한하여 허용된다. 그러나 이 중에서도 제3자의 협력을 요해 채무자 본인의 의사만으로 실현될 수 없는 채무나, 예술가의 작품제작 채무와 같이 채무자의 의사에 반하여 강제된다면 채무의 내용에 적합한 급부를 할 수 없는 경우 또는 부부간의 동거의무와 같이 강제됨으로써 인격존중에 반하는 채무에서는 간접강제가 적용되지 않는다.

비금전집행(非金錢執行)

금전의 지급을 목적으로 하지 않는 비금전채권에 대한 강제집행을 말한다. 결국 비금전채권의 만족을 위하여 하는 강제집행이다. 우리의 강제집행법은 금전집행과 비금전집행으로 크게 구분하고 있다. 비금전집행에 대해서는 7개조의 규정(민사집행법 257조 내지 263조)을 두고 있다. 비금전집행의 구조는 집행력있는 청구권의 물건의 인도채권인가, 작위·부작위 채권인가에 따라 다르며, 이것을 일괄하여 비금전집행이라는 개념으로 부르는 것은 대체로 적극적인 의미를 갖지 않는다. 다만 금전집행에서 한결같이 압류→현금화(환가)→만족이라는 단계를 거치므로 대체집행도 간접강제도 적용될 여지가 없다. 이에 반하여 비금전집행에서는 직접강제를 허용하지 않는 것을 원칙으로 하고, 대체집행과 간접강제외에 특수한 집행방법만이 인정된다. 예외적으로 직접강제에 의한 물건인도채권의 집행에 있어서도 압류와 만족의 단계만이 존재하고 현금화(환가)의 단계는 성질상 존재하지 않는다는 점에서 금전집행과의 비교에 있어서 분류상의 의미를 가질 뿐이다.

보전처분

집행보전절차(執行保全節次)

민사집행법 제4편 보전처분을 말한다. 강제집행의 보전을 목적으로 하는 특별 민사소송절차로서 보전소송이라고도 한다.

보전처분(保全處分)

좁은 의미로는 채무자 회생 및 파산에 관한 법률에 의한 파산, 화의, 회사정리 등의 목적을 달성하기 위해 인정된 각종의 처분을 말하나, 넓은 의미로는 권리를 보전하기 위해 그 확정이나 실현까지의 사이에 법원이 명하는 잠정적인 처분을 총칭한다. 즉 채권자가 집행권원(채무명의)을 얻기까지는 많은 시간을 요하는데, 그 사이에 채무자가 그 재산을 은닉하거나 처분해 버리면 채권자의 권리실현은 실효를 거둘 수 없게 되므로, 이러한 장래의 강제집행의 불가능 또는 곤란을 예방하고, 책임재산·급부목적물을 보전할 필요가 있다. 또한 소송제기에 의한 권리관계의 확정이 있기까지 생기는 권리자의 손해를 방지할 필요가 있어, 그 위험을 즉시 제거해야만 하는 경우도 있다. 이와 같은 경우에 장래의 강제집행을 보전하거나 권리확정시까지 현재의 위험을 제거하기 위해 잠정적으로 임시의 조치를 취하는 것이 보전처분이다. 보전처분의 종류에는 가압류·계쟁물에 관한 가처분·임시지위를 정하는 가처분이 있다. 가압류·계쟁물에 관한 가처분은 장래의 강제집행을 보전하는 데 그 목적이 있으나, 임시지위를 정하는 가처분은 권리관계에 관한 현재의 위험을 제거하기 위한 것이라는 점에서 다르다. 또 가압류는 금전채권의 집행보전을 위헌 것임에 비해, 계쟁물에 관한 가처분은 금전채권 이외에 계쟁물에 대한 급부청구권의 집행보전을 위한 것인 점에서 다르다. 보전처분절차는 보전명령절차와 보전집행절차로 구분된다. 보전명령절차는 판결절차에 대응하는 것으로서 채권자의 신청에 의해 보전명령을 발하는 절차인데, 판결절차의 규정이 준용된다. 보전집행절차는 강제집행절차에 대응하는 것으로 보전명령을 집행하는 절차인데 강제집행절차의 규정이 준용된다.

가압류법원(假押留法院)

가압류는 가압류할 물건이 있는 곳을 관할하는 지방법원이나 본안의 관할법원의 관할(민사집행법 278조)로 하는 바, 가압류명령을 발하는 법원을 가압류법원이라 한다. 가압류법원은 채무자의 신청에 따라 변론 없이 채권자에게 상당한 기간 내에 본안의 소를 제기하여 이를 증명하는 서류를 제출하거나 이미 소를 제기하였으면 소송관계사실을 증명하는 서류를 제출하도록 명하며(민사집행법 287조1항), 위 기간은 2주일 이상으로 정하여야 하며(민사집행법 287조2항), 채권자가 위 기간내에 증명서류를 제출하지 아니한 때에는 법원은 채무자의 신청에 따라 결정으로 가압류를 취소하여야 한다(민사집행법 287조3항). 또 가압류 결정에 대한 이의의 재판(민사집행법 286조), 승계집행문 부여의 소(민사집행법 292조), 채권에 대한 가압류의 집행(민사집행법 292조2항)등을 관할한다. 급박한 경우에는 변론을 요하지 아니하는 것에 한하여 재판장이 이를 할 수 있다(민사집행법 312조).

가압류의 집행(假押留의 執行)

가압류의 집행에 관하여는 강제집행에 관한 규정을 준용하고, 다만 예외적인 경우에는 가압류의 신속·간이성을 고려하여 그러하지 않다(민사집행법 291조). 가압류에 대한 재판이 있은 후 채권자나 채무자의 승계있는 경우에는 그 명령에 집행문을 부기하여야 한다. 가압류에 대한 재판의 집행은 채권자에게 재판을 고지한 날부터 2주를 넘긴 때에는 하지 못한다. 그러나 이 집행은 채무자에게 재판을 송달하기 전에도 할 수 있다(민사집행법 292조). 민사소송법은 가압류와 가처분의 편에 따로이 동산가압류의 집행(민사집행법 296조), 부동산가압류의 집행(민사집행법 293조), 선박가압류의 집행(민사집행법 295조)을 규정하고 있고, 가압류의 집행으로 강제관리하는 경우에는 보전할 채권에 상당한 금액을 추심하여 공탁하여야 한다(민사집행법 294조). 가압류명령에서 정한 금액을 공탁한 때에는 법원은 집행한 가압류를 취소하여야 하고, 이 재판은 변론없이도 할 수 있다. 가압류집행의 취소결정에 대하여 즉시항고를 할 수 있다(민사집행법 299조).

가압류의 취소(假押留의 取消)

일반적으로 가압류명령의 취소를 말하나, 가압류집행의 취소를 의미하는 때도 있다. 가압류명령의 취소는 가압류결정에 대하여 이의가 있는 경우에 취소되는 경우 이외에(민사집행법 283조), 이와는 관계없이 채무자의 신청에 의해 별개의 소송절차에서 제소명령 소정기간의 불준수(민사집행법 287조), 사정변경이나 담보의 제공이 있는 경우의 취소 등이 있다. 즉 채무자는 가압류이유의 소멸 기타 사정변경이 있거나 법원이 정한 담보를 제공한 때, 가압류가 집행된 뒤에 3년간 본안의 소를 제기하지 아니한 때에는 가압류인가 후에도 그 취소를 신청할 수 있다(민사집행법 제288조). 이들 신청에 대하여는 종국판결로 재판하여야 한다. 이 재판은 가압류를 명한 법원이 하는데, 본안이 이미 계속 중인 때에는 본안법원이 이를 한다(민사집행법 288조). 가압류명령을 취소하는 판결은 당연히 집행력이 생기는 것이 아니므로 가집행선고가 붙은 경우에 한하여 즉시 효력을 발생한다(민소법 213조). 이에 대하여 항소 또는 상고를 할 수 있다. 가압류집행의 취소의 경우는 가압류 명령에서 정한 금액을 공탁한 경우에 변론없이 가압류의 집행을 취소할 수 있다. 이 취소결정에 대하여는 즉시항고할 수 있다(민사집행법 299조).

가압류해방금액(假押留解放金額)

독;LÖsunssumme

가압류의 집행정지나 집행한 가압류를 취소하기 위하여 채무자가 공탁하여야 할 금액으로서 가압류명령 중에 기재되는 금액(민사집행법 282조)을 말한다. 이 금액은 보전되어야 할 채권의 원본·과실·집행비용을 표준으로 정한다. 판례는 금전만을 공탁의 대상으로 보고 있으나, 금전에 한하지 않고 일정한 수량의 유가증권이나 당사자의 합의한 내용도 유효하다 하겠다. 가압류해방금액은 가압류목적물을 대신하는 것이므로 그 금액은, 현금 또는 그 금액 이상의 실질적 통용가치 있는 유가증권을 공탁하여야 한다. 이 금액이 인정되는 것은 가압류가 금전적 가치의 확보를 목적으로 하므로, 그 성격을 달리하는 가처분의 경우에도 준용되느냐에 관하여 학설상 다툼이 있다.

가처분(假處分)

독;einstweilige Verfügung

금전채권 이외의 청구권에 대한 집행을 보전하기 위하여 또는 다투어지고 있는 권리관계에 대해 임시의 지위를 정하기 위해 법원이 행하는 일시적인 명령을 말한다. 가처분절차는 민사집행법상 인정되고 있는 약식절차의 하나로서, 일반소송절차에서와 같이 가처분명령을 발하는 가처분 소송절차와 이를 통해 얻어진 집행권원(채무명의)으로써 집행을 행하는 가처분 집행절차로 나뉘어지고 있다. 가처분 명령이 행해지기 위해서는 피보전채권이 존재해야 하고 또한 현상의 변경으로 당사자의 권리를 실행하지 못하거나 이를 실행함에 현저히 곤란할 염려가 우려된다는 가처분의 이유가 있어야 한다. 가처분 재판은 본안법원은 제1심 법원으로 한다. 다만, 본안이 제2심에 계속된 때에는 그 계속된 법원으로 한다(민사집행법311조). 그 밖에도 재판장이 급박한 경우에 가처분 신청에 대한 재판을 할 수 있다(민사집행법312조).

계쟁물에 관한 가처분

(係爭物에 관한 假處分)
독;enistweilige Verfügung in Beziehung auf den Streitgegenstand

금전채권 이외의 특정물의 인도 따위를 특정적 급부를 목적으로 하는 청구권의 가처분을 말한다. 계쟁물에 관한 가처분은 현상의 변경으로 당사자의 권리를 실행하지 못하거나 이를 실행함에 현저히 곤란할 염려가 있는 때에 발하게 된다(민사집행법 300조). 가처분에 의하여 보전될 청구권은 가압류에 의하여 보전될 금전지급 이외의 물건을 대상으로 하는 급여를 목적으로 하는 청구권이어야 한다. 채권적 청구권·물권적 청구권 또는 친족법상의 청구권의 어느 것이라도 상관없다 하겠다. 물건을 대상으로 하는 급여란 물건의 사실상태 또는 이에 대한 권리관계의 변경 또는 불변경을 의무의 내용으로 하는 경우를 말하며, 이 물건을 계쟁물이라 칭한다. 동산의 인도·제시, 토지가옥의 명도, 공작물의 수거, 물건에 대한 권리에 관한 등기·등록을 할 작위의무, 물건의 소유 또는 이용에 관한 부작위의무 또는 수인의무 등이 여기에 대한 예라 하겠다. 이에 반하여 물건을 대상으로 하지 않는 작위청구권이나 부작위청구권과 같은 것은 현재의 물적상태의 유지에 의해 보전될 수 없기 때문에 가처분의 적용을 받지 않는다. 그러나 계쟁물이라 함은 반드시 유체물에 한정되지는 않는다고 하겠다. 계쟁물은 가처분에 의해 보전될 강제집행의 대상이 될 수 있는 물건임을 요하므로 제3자의 소유물은 가처분의 대상이 되지 않는다.

가처분명령(假處分命令)

독;Anordnung einstweiliger verfűgung

가처분의 신청을 인용하는 재판을 말한다. 가처분집행의 집행권원(채무명의)이 된다. 가처분명령을 발하는 요건은 계쟁물에 대한 가처분과 쟁의 있는 권리관계에 대한 임시의 지위를 정하는 가처분으로 나눌 수 있다. 계쟁물에 관한 가처분은 금전채권이외의 청구권으로서 특정한 계쟁물의 인도 또는 명도를 목적으로 하는 권리, 즉 보전할 권리에 대해 현상의 변경으로 인하야 권리의 실행을 불능케 하거나 현저한 곤란을 생기게 하는 경우, 예컨대 계쟁물인 특정물이 양도·훼손·상태변경·부담증가가 될 경우 등에 허용되는 것으로, 그 신청에는 이 요건을 구체적으로 주장하여야 한다(민사집행법 300조1항). 임시의 지위를 정하는 가처분은 쟁의있는 권리관계에 대하여 임시의 순위를 정하기 위한 것으로, 이 처분은 특히 계속하는 권리관계에 현저한 손해를 피하거나 급박한 위험을 방지하기 위하여 또는 기타의 필요한 이유에 할 수 있다(민사집행법 300조2항). 가처분절차에는 가압류절차에 관한 규정을 준용한다(민사집행법 301조). 가처분에 의한 집행정지의 효력은 당해 가처분결정의 주문에 소정된 시기까지 존속하는 것이고, 그 시기의 도래와 동시에 그 효력이 당연히 소멸하는 것이다. 사정변경으로 인한 가처분명령의 취소에 관한 재판은 판결로서 하여야 하고 결정으로 할 것이 아니다.

가처분법원(假處分法院)

가처분명령을 발하는 법원을 말한다. 가처분의 재판은 본안의 관할법원 또는 다툼의 대상이 있는 곳을 관할하는 지방법원이 관할한다(민사집행법 303조). 본안의 관할법원도 그 재판장도 아닌 법관이 한 가처분명령 일지라도 당연무효라고는 할 수 없고, 이의에 의하여 취소될 때까지는 유효하다. 계쟁물의 소재지를 관할하는 지방법원은 급박한 경우에 재판장이 가처분명령을 발할수 있다(민사집행법 312조).

가처분에 관하여 가압류에 관한 규정을 준용하므로 그 권한도 가압류법원의 권한에 준한다. 다만 계쟁물의 소재지를 관할하는 법원은 가처분명령을 한 때라도 집행에 관한 것 이외에는 그 권한을 가지지 않는다. 그리고 그 사안이 급박한 경우인가의 판단은 법원의 직권에 속한다.

가처분의 집행(假處分의 執行)

가처분절차는 가압류절차를 준용하도록 되어 있기 때문에(민사집행법 301조), 집행문이 불필요하다. 가압류의 집행에 관하여는 특칙의 경우를 제외하고는 강제집행의 규정에 의한다(민사집행법 291조). 가처분집행의 집행방법에 관한 이의에 있어서는 피신청인은 집행관이 그 집행을 실시하는데 형식상 절차의 하자를 이유로 하는 때에 한하고, 실체상의 이유를 들어 그 이의사유로 할 수 없다. 가처분명령의 내용은 단일한 것이 아니므로 그 집행방법도 다양하다. 법원은 직권으로 필요한 처분을 명할 수 있고, 보관인을 결하거나 상대방에게 행위를 명하거나 금지할 수 있고, 급여를 명할 수도 있다(민사집행법 305조1·2항). 부동산의 양도나 저당을 금한때에는 법원은 그 금지를 등기부에 기입하여야 한다(민사집행법305조3항). 그리고 본안판결 확정전에 청구권을 실행하는 결과를 초래하는 집행은 허용되지 않는다.

가처분의 취소(假處分의 取消)

일반적으로 가처분의 취소란 가처분명령의 취소를 의미하나, 가처분집행의 취소를 의미하는 경우도 있다. 가처분에 있어서는 가압류의 규정을 준용하고 있으므로 여기에도 가압류에 관한 규정들이 준용되고, 법원은 특별한 사정이 있는 때에는 담보를 제공케 하고 가처분을 취소할 수 있다. 가처분의 취소에 있어서 특별한 사정이 있을 때라 함은 피보전권리가 금전적 보상으로 목적을 달성할 수 있거나, 또는 가처분 채무자가 가처분으로 과다한 손해를 받고 있는 사정들이 있음을 말한다.

형　법

형법총론 / 783
- 구성요건해당성 / 793
- 위법성 / 818
- 책임성 / 828
- 미수론 / 836
- 공범론 / 843
- 죄수론 / 857
- 형벌론 / 862

형법각론 / 881
- 개인적 법익에 관한 죄 / 881
- 사회적 법익에 관한 죄 / 944
- 국가적 법익에 관한 죄 / 973

형 법 개 요

형법은 범죄와 형벌에 관한 법이다. 범죄는 우리들의 사회생활에서 말하자면 필연적으로 수반되는 현상이지만 이는 사회생활에서 나타나는 병리현상이므로 건전한 사회생활의 유지 발전을 위하여는 이러한 범죄발생이 가급적 방지되어야만 한다. 형벌은 이러한 범죄에 대처하기 위한 하나의 수단으로서 고대로부터 인정되고 있는 것이다. 오늘날에는 범죄에 대하여 형벌을 과한다고 하는 작용은 모든 국가에 있어서 받아들여지고 있다. 또 모든 국가에서 이른바 죄형법정주의와 관련하여 범죄와 형벌에 관한 법을 제정하고 있다. 요컨대 어떠한 국가에서도 실정법 특히 성문법으로서의 형법을 가지고 있지 않은 나라는 없다.

형법은 범죄와 형벌에 관한 법이지만 그 내용이나 형식은 국가에 따라 또 실행에 따른 범죄관이나 형벌관보다 근본적으로는 사회관이나 윤리관에 의해 또는 형사정책적인 고려에 큰 영향을 받는다.

형법은 일정한 반사회적 행위를 범죄로 규정하여 이에 대하여 일정한 형벌을 과하는 것을 규정하고 있다. 따라서 형법은 사회생활에서 사람들의 다양한 행위 가운데 국가·사회질서를 침해하는 행위 즉 반사회적 행위에 먼저 관심을 가지게 된다. 그런 다음 형법은 이러한 반사회적 행위 가운데 형벌을 과할 필요가 있는 것만을 선택하여 형벌을 과하게 된다. 이와 같이 형법은 국가·사회질서의 유지를 위하여 반사회적 행위에 대한 형벌을 과하기 위하여 마련된 국가형벌관 발동의 근원이 되는 법이다.

1953년 9월 18일 법률 제293호로 제정된 형법은 그 적용범위와 죄, 형 및 기간을 정한 제1편 총칙과 제2편 각칙으로 구성되어 있다.

형 법 총 론

형법총론

형법(刑法)
영;criminal law
독;Strafrecht
불;droit pénal

형법이라는 말은 대체로 세 가지의 의미로 사용되고 있다.

어떠한 행위가 범죄로 되며 그것에 어느 정도의 벌을 과하게 되는지를 정한 법률이라는 의미가 있다. 「형법」이라는 명칭은 형벌과 그것을 정한 법률이라는 의미에서 붙여진 것에 틀림없다. 독일에서도 형벌법이라는 의미를 나타내는 Strafrecht 이라는 명칭이 붙어 있다. 이것은 우리나라에서 「형법」이라는 명칭을 쓰고 있는 것과 유사하다. 그러나 프랑스나 영국, 미국에서는 형벌법이라는 의미로도(Code penal : criminel : Criminal law) 사용되고 있다. 주로 형벌법이라는 의미는 형사적인 법규의 이름으로, 범죄법이라는 의미는 실질적인 「형사법」이라는 의미로 사용되는 것 같다. 이러한 명칭으로부터 알 수 있듯이 형법은 범죄와 형벌을 정하고 있는 것이다. 이러한 의미에서 세계 여러 나라의 형법이나 옛날의 형법도「형법」이다.

「형법」이라는 이름이 붙어 있는 현행의 법률(법규)을 의미한다. 이러한 의미에서는 현재 우리나라의 법전 등에 실려 있는 「형법」만을 의미한다(1953년 9월 18일 법률 제293호 제정). 이것을 보통 협의의 형법이라고 한다(학자에 따라서는 형식적 의의의 형법이라고도 함).

「형법」이라는 이름이 붙어 있지 않더라도, 일체의 형벌을 정한 법령을 총칭하여 단순히 「형법」이라고 부르는 일이 있다. 이러한 의미의 형법으로부터 「형법」이라는 이름의 법률을 제외하고 부를 때에는, 그것을 「특별법」 또는 「특별형법」이라고 하는 관례가 있다.「행정형법」(도로교통법, 식품위생법 등), 「노동형법」, 「경제형법」 등은 모두 이 특별법의 분야를 의미한다. 이를 보통 광의의 형법이라 한다(학자에 따라서는 실질적 의의의 형법이라고도 함).

범죄(犯罪)
영;crime
독;Verbrechen
불;infraction

범죄의 개념은 사회적 관점에서의 실질적 범죄개념과 법률적 관점에서의 형식적 범죄개념으로 나누어진다. 형식적 범죄개념은 범죄를 형벌법규에 의하여 형벌을 과하는 행위라고 정의한다. 그것은 형벌을 과하기 위하여 행위가 법률상 어떤 조건을 갖추어야 하는가를 문제삼는다. 여기서 형식적 범죄개념은 범죄를 구성요건에 해당하고 위법하고 책임 있는 행위를 말한다고 하게 된다. 형식적 범죄개념은 형법해석과 죄형법정주의에 의한 형법의 보장적 기능의 기준이 되는 범죄개념이다. 다만 형식적 범죄개념에 의하여는 어떤 행위를 범죄로 해야 할 것인가에 대하여 아무런 기준을 제시하지 못한다는 결점이 지적되고 있다. 실질적 범죄개념이란 법질서가 어떤 행위를 형벌에 의하여 처벌할 수 있는가, 즉 범죄의 실질적 요건이 무엇인가를 밝히는 것을 말한다. 실질적 범죄개념은 범죄란 형벌을 과할 필요가 있는 불법일 것을 요하며, 그것은 사회적 유해성 내지 법익을 침해하는 반사회적 행위를 의한다고 해석하고 있다. 여기서 사회적 유해성이란 사회공동생활의 존립과 기능을 현저히 침해하는 것을 말한다. 실질적 범죄개념은 입법자에게 어떤 행위를 범죄로 할 것이며 범죄의 한계가 무엇인가에 대한 기준을 제시할 뿐이며, 형법의 해석에 관하여는 간접적인 역할을 담당할 뿐 아니라, 이는 형사정책과 밀접한 관련을 가지는 문제이므로 범죄의 형사정책적 의의라고도 할 수 있다. 이러한 의미에서의 범죄의 개념은 형식적 범죄개념과 실질적 범죄개념의 양면에서 검토해야 한다.

마그나 카르타

영;Great Charter
라;Magna Carta

영국의 존왕이 1215년 6월 15일 라니미드에서 봉건귀족들의 요구에 굴복하여 조인한 전문과 63조로 구성된 헌법적 문서인 칙허장을 말한다. 마그나 카르타는 권리청원·권리장전과 함께 영국헌법의 3대 성서로 불리우며, 영국헌법의 원천 또는 대헌장이라고도 한다. 그 주요 내용은 교회의 자유, 조세부과의 제한, 통행의 자유, 국법이나 재판에 의하지 않고는 신체의 자유를 침해받지 않을 권리, 저항권 등이나, 당시 배경을 살펴보면 근대적 의미의 인권선언이 아니고, 역시 왕으로 하여금 봉건귀족들의 권익을 확인받고 이를 침해하지 않을 것이라는 것을 약속받는 데 있었다. '마그나 카르타'는 색슨의 Common Law에 바탕을 둔 것으로, 그 후 1225년 헨리 3세와 1297년 에드워드 1세에 의하여 재확인되었다.

형법의 기능(刑法의 機能)

형법의 기능이 무엇인가 하는 문제에 대해서는 견해가 일치하지 않고 있다. 그러나 대체로 형법의 본질적 기능으로서는 보호적 기능, 보장적 기능 및 사회보호적 기능으로 대별할 수 있다.

보호적 기능 : 형법은 사회질서의 기본가치를 보호하는 기능을 가지는데 이를 형법의 보호적 기능이라고 한다. 여기에는 법익보호의 기능과 사회 윤리적 행위가치의 보호 2가지의 기능이 있다.

보장적 기능 : 형법의 보장적 기능이란 형법이 국가형벌권의 한계를 명확히 하여 자의적인 형벌로부터 국민의 자유와 권리를 보장하는 것을 말한다. 여기에는 두 가지 측면, 즉 형법에 규정되어 있는 범죄 외에는 일반국민에게 무한한 행동의 자유를 보장하는 면과 범죄인이라도 형법에 정해진 형벌의 범위 내에서만 처벌되고 전단적인 처벌이 허용되지 않는다는 면이 있다. 형법을 범죄인의 마그나카르타라고 하는 이유도 바로 여기에(후자의 경우)있다.

사회보호적 기능 : 형법은 형벌 또는 보안처분이라는 수단에 의하여 국가나 사회의 질서를 침해하는 범죄에 대하여 사회질서를 유지하고 보호하는 기능을 가지는데 이를 형법의 사회보호적 기능이라고 한다.

심리강제설(心理强制說)

독;Theorie des psychologischen Zwangs

범행에 의하여 기대되는 이익과 형벌에 의하여 기대되는 불이익을 비교하여 취사선택할 수 있는 이성적 인간을 전제로 하고, 범죄를 행함으로써 얻어지는 쾌락보다 더 큰 불쾌로서의 형벌 위협은 심리적 강제로서 작용한다는 이론을 말한다.

심리강제설은 형벌의 목적이 일반예방에 있다는 입장에서 포이에르바하가 주장한 것이다. 즉 그는 형벌의 목적은 범죄를 방지하는 데 있지만 이는 일반국민에게 범죄를 행함으로써 얻어지는 쾌락보다는 범죄에 대하여 과하여지는 불쾌의 고통이 더욱 크다는 것을 알게 하는 심리적 강제에 의하여만 달성할 수 있으며, 이러한 심리적 강제는 형벌을 법전에 규정하여 두고 이를 집행함으로써 효과적으로 얻어질 수 있다고 보았다.

죄형법정주의(罪刑法定主義)

라;mullum crimon sine lege, nulla poena sine lege
영;principle of legality
독;principe de la légalité des délits dt des peines

범죄와 형벌은 미리 법률로 규정되어 있어야 한다는 형법상의 원칙이다. 「법률 없이는 형벌도 범죄도 없다」(mulla pona sine lege, nullum crimen sine lege)는 사상이다. 죄형법정주의는 근대형법에 있어서 형법의 근본원리로써 1801년 독일의 포이에르바하(A. Feuerbach)에 의해 처음으로 상용된 말이다. 이는 1215년 영국의 대헌장(Magna Carta§39)에 근원을 두고 있다. 우리말의「죄형법정주의」라는 표현은 그 실질을 잘 표현하고 있다. 그 명칭에서 나타나는 것과 같이 어떠한 행위가 범죄로 되며 또 어느 정도의 벌을 과하게 되는지를 법령으로 미리 정해두지 않으면 사람을 벌하는 것이 허용되지 않는다는 것이 이 주의의 실체인 것이다.

「미리」라는 것은 죄형법정주의라고 하는 명칭 자체에는 반드시 명시되어 있지는 않아도 이것을 법정하는 것이 행위에 앞서서 이루어져 있을 것이 요구되며 그것이 매우 중요한 것이다. 전제정치시대에는 이와 같은 것을「미리」정하여 두는 것을 요건으로 하지 않고 어떠한 행위가 행해진 후에 그 당시의 권력자가 그것을 부당하다고 생각하면 그 후에 법령을 만들어서라도 그 행위를 처벌할 수 있었다. 그렇기 때문에 어떠한 행위를 하면 좋을지 국민들은 알 수가 없다. 올바른 것으로 생각하여 행한 후에 「법률위반이다」, 「범죄」라고 하여 언제 어떻게 처벌될지도 모르기 때문에 국민은 안심할 수 없다. 이러한 것이 바로 인권을 보장하여야 할 규정을 설정하여야 할 사항이다. 우리 나라 헌법은 이에 관하여 적법절차의 보장(헌§12

①), 소급처벌의 금지(헌§13①) 규정을 두고 있다. 이것은 형법에 있어 너무나 당연한 것이기 때문에 이에 관한 특별 규정을 두고 있지 않으나 형법 제1조 1항은 그 파생원칙을 정하고 있다.

죄형법정주의의 중요사항

입법적 연혁	사상적 연혁	파생원칙
• 대헌장(1215) 제39조 •권리청원, 권리장전 •버어지니아 권리선언(1776) •프랑스 인권선언 제5조(1789) •나폴레옹형법(1810) 제4조	•계몽주의사상 •사회계약설 •Feuerbach의 심리강제설 •Beccaria의 죄형균형론	•관습형법금지의 원칙 •명확성의 원칙 •소급효금지의 원칙 •유추해석금지의 원칙 •절대적 부정기형금지의 원칙

관습형법금지의 원칙
(慣習刑法禁止의 原則)

관습법을 형법의 법원으로 하고 이에 의하여 처벌할 수 없다는 원칙을 말한다. 그 이유는 관습법은 성문으로 제정된 법이 아니므로 그 내용과 범위가 명백하지 아니하고, 범죄와 형벌의 관계가 명시되어야 한다는 형벌법정주의에 배치되기 때문이다. 관습형법금지의 원칙은 처벌하거나 형을 가중하는 관습법의 금지를 의미한다. 따라서 성문의 형법규정을 관습법에 의하여 폐지하거나 관습법에 의하여 구성요건을 축소하거나 형을 감경하는 것은 관습형법금지의 원칙에 반하지 않는다. 즉 관습형법금지의 원칙은 관습법이 직접 형법의 법원이 될 수 없다는 의미에 불과하며 관습법이 형법의 해석에 간접적으로도 영향을 미칠 수 없다는 의미는 아니다. 따라서 관습법은 간접적으로는 형법의 해석에 영향을 미칠 수 있다. 이를 보충적 관습법이라고 한다.

형벌불소급의 원칙
(刑罰不遡及의 原則)

행위시에 그 행위가 범죄로서 형벌을 과하게 되는 것으로 정하여져 있지 않은 경우에는 그 후에 정하여진 법률의 효력을 행위시까지 소급하여 행위자를 처벌하는 것을 효용되지 않는다는 원칙(헌§13①, 형§1). 범죄법정주의의 하나의 중요한 적용이다. 이 원칙이 없으면 적법으로 생각하여 행위한 것이 후에 처벌될지도 모른다는 것이 되므로 누구도 안심하고 행위할 수 없다.

명확성의 원칙(明確性의 原則)

만약 형벌법규가 불명확하여 무엇이 범죄인지를 일반국민이나 법관이 잘 알 수 없다면 형벌권의 자의적인 행사를 방지하고 국민의 자유와 인권을 보장한다는 죄형법정주의에 반하게 된다. 그리하여 최근에 와서 형벌법규는 명확하여야 하며 불명확한 형법법규는 헌법에 위반한 것으로서 무효라는 주장도 대두되고 있다. 이러한 명확성의 원칙은 구성요건의 명확성뿐만 아니라 그 가벌성의 정도에까지 요구된다.

죄형법정주의에서 파생되는 명확성의 원칙은 법률이 처벌하고자 하는 행위가 무엇이며 그에 대한 형벌이 어떠한 것인지를 누구나 예견할 수 있고, 그에 따라 자신의 행위를 결정할 수 있도록 구성요건을 명확하게 규정하는 것을 의미한다. 그러나 처벌법규의 구성요건이 명확하여야 한다고 하여 모든 구성요건을 단순한 서술적 개념으로 규정하여야 하는 것은 아니고, 다소 광범위하여 법관의 보충적인 해석을 필요로 하는 개념을 사용하였다고 하더라도 통상의 해석방법에 의하여 건전한 상식과 통상적인 법감정을 가진 사람이면 당해 처벌법규의 보호법익과 금지된 행위 및 처벌의 종류와 정도를 알 수 있도록 규정하였다면 헌법이 요구하는 처벌법규의 명확성에 배치되는 것이 아니다*(대법원 2006. 5. 11. 선고 2006도920 판결)*.

백지형법(白地刑法)

독;Blankettstrafgesetz

일정한 형벌만을 규정해 놓고 그 법률요건인 금지내용에 관하여는 다른 법령이나 행정처분 또는 고시 등에 일임하여 후일 별도의 보충을 필요로 하는 형벌법규를 말한다. 백지형벌법규라고도 부른다. 예컨대 형법 제112조의 중립명령위반죄나 행정법규 가운데 대부분의 경제통제법령이 여기에 해당한다. 백지형법의 공백을 보충하는 규범을 보충규범 또는 충전규범이라고 한다. 백지형법에 유효기간이 정하여져 있는 한 한시법임에 이의의 여지가 없다. 그러나 유효기간이 특정되어 있지 않은 경우에도 한시법을 광의로 파악하는 입장에서는 그것이 일시적 사정에 대처하기 위한 법률의 성질을 가졌다는 점에 착안하여 한시법으로 본다.

유추해석(類推解釋)

영;analogy 독;Analogie 불;analogie

법률에 명시되어 있지 않은 사항에 대하여 그와 유사한 성질을 가지는 사항에 관한 법률을 적용하는 것을 유추해석이라고 한다. 형벌법규의 해석에 있어서는 죄형법정주의(罪刑法定主義)의 원칙상 유추해석은 금지되며, 이를 유추해석금지의 원칙이라고 한다. 다만, 대법원은 피고인에게 유리한 유추해석은 죄형법정주의의 취지에 반하는 것이 아니므로 허용된다고 본다. 행위자에게 불리한 경우에 유추해석이 허용되고 있지 않으나 확장해석은 허용된다고 하는 설이 유력하다. 확장해석은 법문언의 가능한 의미를 벗어나지 않는 범위 내에서의 해석이므로 유추해석과 달리 허용될 수 있다는 것이다. 그러나 대법원은 유추해석뿐만 아니라 확장해석도 죄형법정주의의 원칙에 어긋나는 것으로서 허용되지 않는다고 본다.

한시법(限時法)

독;Zeitgeist

일정한 기간에 한하여 효력이 있는 것으로 제정된 법률, 이것은 일반적인 정의이지만 한시법의 개념은 확고부동한 것이 아니기 때문에 이것과 다소 틀리는 용례도 있고, 광의의 한시법과 협의의 한시법에도 차이가 있다. 어느 것이라도 유효기간을 한정하여 예고되어 있는 것에 그 특색이 있다. 만약 일반법률인 경우라면 그 법률의 폐지시기가 도래하면 효력을 잃고 비록 그 유효기간 중에 행한 범죄행위에 대하여도 형사절차상에는 면소의 선고를 하지 않으면 안 되나(형소§326Ⅳ), 한시법의 경우에도 그렇게 한다면 법의 위신을 확보할 수 없게 된다. 예고된 실효기간의 직전이 되면 사람들은 면소를 예상하여 범행을 할지도 모른다. 따라서 한시법의 추급효를 인정하여야 한다. 즉 한시법에 한하여 그 법률의 실효시기가 도래한 후에도 그것이 유효하였던 당시에 행하여진 행위에 대하여는 유효한 법률규정으로서 적용을 인정하여야 한다는 것이다. 법문상 명문으로 그렇게 정하고 있는 경우도 있으나, 명문이 없는 경우에도 이론상으로 이를 긍정할 것인지 아닌지에 대해서는 학설이 나뉘어져 있다. 현행 우리 형법상 한시법의 소급효에 관한 학설을 살펴보면 추급효 인정설과 부정설, 동기설이 있는데 판례는 동기설을 취하고 있다.

한시법의 추급효 인정여부

추급효 인정설	한시법의 유효기간이 경과한 후에도 유효기간중에 행한 범죄에 대해서 추급하여 처벌할 수 있다는 견해
추급효 부정설 (통설)	추급효를 인정하는 명문규정이 없는 한 유효기간이 경과함과 동시에 한시법은 실효되므로 그 이후에는 처벌할 수 없다는 견해
동기설	한시법의 실효가 입법자의 법적 견해의 변경에 의한 경우에는 추급효를 부정하지만, 단순한 사실관계의 변경에 의한 경우에는 추급효를 인정하여 처벌해야 한다는 견해

판례 (동기설)	대법원 1988.3.22. 선고 87도2678 판결

범죄지(犯罪地)

범죄의 구성요건에 해당하는 사실의 전부나 일부가 발생한 곳을 말한다. 범죄행위가 행해진 곳은 물론, 구성요건적 결과가 발생한 곳, 그리고 중간지(중간현상이 발생한 곳)도 이에 해당한다. 형법상 국내범(형법 2조), 내국인의 국외범(형법 3조), 국외에 있는 내국선박 등에서 외국인이 범한 죄(형법 4조) 등 장소적 효력의 표준이 되며, 형사소송법(형소법 4조)상 토지관할과 관련된다.

속지주의와 속인주의
(屬地主義와 屬人主義)

형법의 장소적 적용범위를 어떻게 정할 것인가의 원칙에 대한 입장을 말한다. 자국의 영토주권이 미치는 범위내에서 행하여진 범죄에 대하여는 범인이 어느 나라의 국민인가에 관계없이 모두 그 지역의 형법을 적용한다(형§2)는 것이 속지주의이다. 이는 국가의 주권은 그 영토 내에서만 존재한다는 사상에서 유래한 것이다. 현행 형법은 국외에 있는 내국선박·항공기내에서 행해진 외국인의 범죄에도 한국영역에 준하여 우리나라의 형법을 적용하고 있다(§4).

이에 대해 자국민의 범죄이면 국외에서 범해진 것에도 자국의 형법을 적용한다는 원칙이 속인주의이다(제3조는 한정적이나마 이 원칙을 채용하고 있다). 또한, 자국의 중요한 법익을 범하는 죄에 대하여는 그 법익을 보호하기 위하여 외국에서 외국인이 범하는 경우에까지 자국의 형법을 적용하는 경우가 인정되고 있는데(§2) 이를 보호주의라고 한다.

일반예방과 특별예방
(一般豫防과 特別豫防)

형법은 일정한 행위를 한 자를 벌하는 것을 예고하거나 현재에 처벌함으로써 일반인들에게 경고를 발하여 일반인들로 하여금 죄를 범하지 아니하도록 하는 예방의 효과를 거둘 수 있다는 것이 일반예방의 사상이다. 이에 대하여 형법은 현재 죄를 범한 특정인에 대하여 그를 개선하는 작용을 영위하도록 하여야 한다는 것이 특별예방주의이다. 형벌은 이 양작용을 같이 영위하여야 하며 또한 현재 양작용을 같이 영위하고 있는 것이다.

응보형과 교육형(應報刑과 教育廳)

응보형사상이란 악한 행위를 한 者에게는 惡한 보답을 주는 것이 당연한 것이라는 생각에서 형벌의 본질은 범죄에 대한 정당한 응보(gerechte Vergeltung)에 있다고 하는 사상이다. 그런데 형벌은 악행에 대한 응보가 아니고 범죄인을 개선하고 교육하여 사회에 유용한 인간으로 만드는 것을 목적으로 하는 것이라는 사상이 19C말부터 대두되기 시작했는데, 이를 교육형(목적형, 개선형이라고도 함)이라고 한다. 이러한 신사상은 옛날부터 응보형사상을 야만적인 복수사상이라고 공격하고 응보와 교육과는 전혀 상반하는 것처럼 설명한다. 그러나 복수와 응보와는 동일한 것이 아니며, 교육은 응보의 원리라고 해야 비로소 큰 효과를 거둘 수 있는 것이다. 양자는 이를 총합통일한다는 것보다도 본래 불가분일체인 것으로 보아야 할 것이다.

주관주의와 객관주의
(主觀主義와 客觀主義)

행위의 객관적인 표현, 특히 그 결과를 형법상의 평가의 대상으로서 주목하는 입장을 객관주의라고 하는데, 이는 고전학파가 취하고 있는 이론이다. 이에 대해 행위의 주체면, 즉 행위자(범인)에 주목하는 입장을 주관주의라 하는데, 이는 실증학파가 취하고 있다. 이와 같이 대립되고 있는 양이론을 형법상의 여러 가지 사항이나 구체적 사건에 적용할 경우에 여러 가지의 대립적인 견해가 많이 생길 수 있는 데 전혀 조화불능의 것은 아니다. 지금은 이 양자의 지양통일(止揚統一)을 시도하는 학설도 나타나고 있다. 이것은 당연한 것으로서 범죄가 인간의 행위인 이상 행위자를 떠난 행위가 있을 수 없고, 또한 행위를 무시하고 행위자는 평가할 수 없기 때문이며, 형법이 사람을 벌하는 것인 이상 벌받을 사람을 무시할 수 없는 것과 동시에 형법은 사회의 안전을 위하여 존재하는 것이므로 범죄의 사회에 미치는 영향(객관적 결과)을 무시할 수도 없기 때문이다.

구파(舊派)

독;klassische Schule

형법학에 있어서 신파에 대응되는 개념으로, 응보형론(형벌은 과거에 행해진 악행에 대해 응보적으로 가해지는 해악이라는 이론), 일반예방설(응보적 작용은 일반인이 범죄를 저지르는 것을 예방하는 것이라는 이론), 범죄현실설(범죄행위는 그 자체로서 현실적 의미를 가진다는 이론), 객체주의(과형의 근거는 행위 및 결과에 중점을 두어야 한다는 이론), 의사자유론(사람은 누구나 같게 자유의사를 지니고 있다는 이론), 도의적 책임론(자유의사에 기해 행한 나쁜 행위에 대해서는 행위자에게 도덕적 비난이 가해지는 것이라는 이론) 등을 그 주요내용으로 한다. 베카리아, 포이에르 바하에 의해 기초되고, 이후 빈딩, 비르크마이어 등에 의해 주장되었다. 고전학파라고도 한다.

신파(新派)

신파는 근대학파라고도 하는데, 자연과학적 방법론에 의하여 형법학을 실증적으로 연구하고자 한 형법이론을 말한다. 범죄와 형벌에 대한 실증적 연구를 중시하였다는 점에서 이를 실증학파 또는 사회학파라고도 한다.

신파의 특징은 범죄인은 보통 사람과는 달리 유전적 또는 후천적으로 육체와 정신이 비정상적인 변태인이고, 인간의 자유의사는 환상에 불과하고(결정론), 사회적으로 위험성을 가진 범죄인에 대하여는 사회가 자기를 방위·보호할 필요가 있으므로 범죄인은 사회방위처분을 받아야 하며 형벌은 일반인에 대한 위하보다는 범죄인을 교화·개선하여 사회에 복귀시킴으로써 범죄를 방지함을 목적(특별예방주의)으로 한다고 한다.

롬브로조, 페리, 가로팔로 등에 의해 주장되고, 리스트 등 근대사회학파에 의하여 확립되었다.

법인의 범죄능력(法人의 犯罪能力)

법인도 범죄의 주체가 될 수 있는가, 즉 법인에게 범죄능력이 있는가 하는 문제는 이미 오래전부터 오늘에 이르기까지 논란의 대상이 되어 왔다. 여기에서 범죄능력이란 범죄행위를 할 수 있는 능력으로서, 불법을 행할 수 있는 행위능력과, 이미 행한 불법에 대하여 책임을 질 수 있는 책임능력을 모두 포함하는 용어이다.

법인의 범죄능력을 인정할 것인가에 대하여는 대륙법계와 영미법계의 태도에 차이가 있다. 범죄의 주체를 논리적 인격자로 파악하는 대륙에서는 이를 부정함에 반하여, 실용주의적 형법관에 바탕을 두고 있는 영미에서는 법인 단속의 사회적 필요성을 중시하여 법인의 범죄능력을 인정하고 있다.

우리나라와 독일 및 일본에 있어서 통설·판례는 부정설을 취하고 있다. 소수설의 입장인 긍정설은 주로 법인 활동의 증대에 따른 법익침해의 증가와 관련하여 법인의 독자적 행위를 인정하고, 이에 형사재제를 가할 필요가 있다는 형사정책적 고려에서 강력히 주장되고 있다. 형사범에 있어서는 법인의 범죄능력을 부정하면서 행정범에 대하여는 이를 인정하는 견해도 있다. 책임을 인격에 대한 논리적 비난가능성이라고 이해할 때에는 법인의 책임을 인정할 수 없으므로 범죄능력을 부정하지 않을 수 없다. 이에 대하여 긍정설은 책임은 법적·사회적 책임이며 책임의 논리적 성격이 법인의 책임을 부정하는 결정적 이유가 될 수 없다고 한다. 법인을 처벌하는 규정은 대부분 양벌규정의 방식에 의하고 있다.

법인의 범죄능력을 인정하는 견해에 의하면 법인은 자기행위에 의하여 당연히 형벌의 객체가 될 수 있다. 이에 반하여 법인의 범죄능력을 인정할 것인가에 대하여 다시 견해가 대립된다. 법인의 수형능력도 부정하는 것이 이론적으로 철저하다는 견해도 있으나, 다수설은 이러한 행정형법에 대하여는 법인도 형벌능력을 가진다고 해석하고 있다. 행정형법은 고유한 형법에 비하여 윤리적 색채가 약하고 행정목적을 달성하기 위한 기술적·합목적적 요소가 강조되는 것이므로 행정단속 기타 행정적 필요에 따라 법인을 처벌할 수 있다는 것을 이유로 한다. 이에 의하면 법인은 범죄능력은 없지만 형벌능력은 긍정하는 결과가 된다.

양벌규정에 의해 법인을 처벌하는 경우에 법인의 형사책임의 성질 내지 그 근거가 무엇인가에 대해서도 견해가 대립된다. 이에는 무과실책임설·과실추정설·과실의제설 그리고 과실책임설 등이 대립하고 있다.

형법 제355조 제2항의 배임죄에 있어서 타인의 사무를 처리할 의무의 주체가 법인이 되는 경우라도 법인은 다만 사법상의 의무주체가 될 뿐 범죄능력이 없는 것이며 그 타인의 사무는 법인을 대표하는 자연인인 대표기관의 의사결정에 따른 대표행위에 의하여 실현될 수 밖에 없어 그 대표기관은 마땅히 법인이 타인에 대하여 부담하고 있는 의무내용 대로 사무를 처리할 임무가 있다 할 것이므로 법인이 처리할 의무를 지는 타인의 사무에 관하여는 법인이 배임죄의 주체가 될 수 없고 그 법인을 대표하여 사무를 처리하는 자연인인 대표기관이 바로 타인의 사무를 처리하는 자 즉 배임죄의 주체가 된다*(대법원 1984. 10. 10. 선고 82도2595 전원합의체 판결)*.

범죄론상 주요문제점에 관한 양주의의 구체적 대립

문제점	객관주의	주관주의
(1) 기본적 범죄관	자유의사(자기의 행동을 제어할 수 있는 능력)을 갖추고 또한 시비선악을 분간할 능력이 있는 자가 자유의사에 의하여 선택한 결과이다. 또는 이해득실의 타산의 결과 등이라고 판단하여 범한다.	인간의 자유의사는 부정된다. 범죄는 죄를 범하기 쉬운 특별한 성격(경향)을 지닌 인간, 시비선악의 판단능력과 그것에 좇아서 자기를 규율하는 능력이 없는 인간에 의하여 필연적으로 저질러진다(범인이 어떻게 할 도리가 없는 현상이다).

(2) 범죄의 성립요건에 관한 일반적인 기본적 태도	외부에 나타난 결과(=피해)·행위를 중시한다.	행위에 나타난 범인의 범죄적 의사 또는 범죄를 저지르기 쉬운 성격을 중시한다.
(3) 위법성	규범위반성 내지 법익침해성을 기본으로 한다.	반사회성, 사회상규로부터의 일탈성을 중시하다(특히 실질적 위법론의 전개에공헌)
(4) 책임의 본질	위법행위수행의 의사를 형성한 데 대한 비난가능성	범죄로 향한 성격의 위험성
(5) 책임능력	의사형성에 비난을 돌릴 수 있는 전제(시비의 변별능력 및 변별에 좇아 행위할 수 있는 능력)	형벌적응성(형벌이라는 수단에 의하여 개선될 수 있는 적격성·적응성)
(6) 범의(犯意)의 성립범위	의사를 중심으로 생각한다(의사설, 인용설이 다수)	행위자의 인식을 중심으로 생각한다(인식설)
(7) 착오에 관한 입장	구체적 부합설 또는 법정적 부합설	추상적 부합설
(8) 위법성의 인식	도의적 비난의 전제로서 필요(다만 위법성 의식가능성으로 충분하다는 견해가 많다)	자연범에 관해서는 위법성 인식불요, 법정범에 과하여는 필요
(9) 기대가능성	행위자를 표준으로 할 것이라는 견해가 많다.	객관적 기준(기대가능성의 존재를 행위자의 위험성의 표현이라고 본다)
(10) 과실의 기준	주관적 기준에 의한 설이 다수설	객관적 기준
(11) 실행의 착수시기	결과발생에 밀접한 단계 또는 구성요건적 행위의 일부개시	수행행위에 의하여 범의가 표현된 시점
(12) 미수범의 처벌	기수보다 감경하여 처벌하는 것이 원칙	기수와 동일하게 처벌(결과의 발생 유무는 범인의 악성과 관계없다)
(13) 불능설	절대불능설 또는 구체적 위험설에 의하여 긍정	미신범을 제외하고서는 부정(주관적 위험설)
(14) 공범의 본질	1개의 사회적 불법사태에 복수인이 가담·협력하는 것으로 본다(범죄공동설)	공동의 행위로 각자가 별개로 각자의 악성·사회적 위험성을 표현하는 것으로 본다(행위공동설)
(15) 공범의 립성	공범전체의 행동을 일체로서 파악하여 직접정범자의 실행행위가 있을 때에 비로소 공범(교사방조)을 처벌하는 것이 원칙(종속성설)	교사행위 자체가 범인의 악성을 수행적 행위에 의한 표현이므로 스스로 실행하는 것과 동일하다(독립성설)
(16) 교사의 고의(미수를 교사하는 경우)	미수범의 제도에서 교사를 인정한다.	죄로 되지 아니한다(교사의 고의는 교사된 자가 기수에 도달한 의사이어야 한다)
(17) 승계적공범	중도에 가담함으로써 이전의 사태를 포함하여 책임을 질 여지를인정한다.	중도에 가담한 이후에 자기가 수행한 부분만에 관하여 책임을 진다
(18) 죄수를 결정하는 표준	행위표준설, 구성요건표준설, 법익표준설	의사표준설

구성요건해당성

범죄의 성립요건

(犯罪의 成立要件)
영;criminal law 독;Strafrecht
불;droit pénal

범죄가 법률상 성립하기 위한 요건에 대해 통설은 구성요건해당성·위법성·책임성을 취하고 있다. 범죄구성요건의 첫째는 구성요건해당성이다. 무엇이 범죄인가는 법률상 특정행위로 규정되어 있다. 이러한 법률상 특정된 행위의 유형을 구성요건이라고 한다. 그리하여 범죄가 성립하려면 우선 구성요건에 해당해야 한다. 이렇게 사실이 구성요건에 맞는다는 성질을 구성요건해당성이라고 한다. 여기에서 해당한다는 것은 완전히 맞지는 않지만 그 가능성을 지니고 있는 경우도 포함되는데 이를 미수라 한다. 두 번째의 범죄의 성립요건은 위법성이다. 구성요건에 해당하는 행위도 예를 들어 정당방위와 같은 경우에는 법률상 허용되어 있다. 범죄는 법률상 허용되지 않는 것이어야 한다. 여기에서 말하는 법률상 허용되지 않는 성질을 위법성이라 한다. 즉 범죄는 위법한 행위이어야 한다. 세 번째의 범죄의 성립요건은 유책성(책임)이다. 구성요건에 해당하는 위법한 행위라도 그 행위에 관하여 행위자에 대해 비난이 가능한 것이 아니면 범죄가 되지 않는다. 이와 같이 행위에 관해 행위자에 대해 비난이 가능하다는 성질을 유책성 또는 책임성이라 한다. 즉 범죄는 유책한 행위이어야 한다. 범죄는 구성요건해당성·위법성 및 유책성의 어느 하나라도 결하면 성립되지 아니한다. 그 중 특히 위법성을 결하게 되는 사유를 위법성조각사유라 하고, 책임을 결하게 되는 사유를 책임조각사유라고 한다. 범죄성립요건과 구별되어야 하는 것으로 가벌성의 요건과 소추요건이 있다. 전자에는 파산범죄에서의 파산선고의 확정이라든가 친족상도례에서의 직계혈족·배우자·동거친족 등과 같은 인적 처벌조각사유의 부존재 등이 있으며, 후자에는 친고죄의 고소·형법 제110조의 외국정부의 의사에 반하여 논할 수 없다는 것 등이 있다. 또한 학설 중에는 가벌성의 요건을 범죄성립요건 중에 해소하여 가벌성의 요건이라는 관념을 부정하는 것도 있다.

구성요건(構成要件)

독;Tatbestand

형법상 금지 또는 요구되는 행위가 무엇인가를 추상적·일반적으로 기술해 놓은 것을 말한다. 즉 구성요건은 형법상 금지 또는 요구되어 있는 행위, 즉 금지의 실질을 규정한 법률요건에 해당한다. 이 법률요건에 대응하여 법률효과로서 형벌 또는 보안처분 등의 형사제재가 뒤따른다. 그러므로 구성요건과 형사제재가 합쳐져야 하나의 형벌법규를 이룬다.

구성요건의 흠결(構成要件의 欠缺)

독;Mangal am Tatbestand

구성요건요소 가운데 인과관계의 착

오 이외의 구성요건요소, 즉 범죄의 주체(공무원 아닌 자가 공무원범죄를 범하는 경우)·객체(사체 살해)·수단(당료환자를 설탕으로 살해) 또는 행위상황(화재 발생이 없는데 진화방해한 경우) 등이 구비되지 않은 경우를 말한다. 사실의 흠결이라고도 한다.

구성요건해당성(構成要件該當性)

위법성·책임성과 함께 범죄성립요건 중의 하나로 구체적이 사실이 구성요건에 해당되는 것을 말한다. 따라서 만약 어떠한 사실이 구성요건에 해당하면 위법성조각사유·책임조각사유가 없는 한 범죄는 성립하다. 범죄의 성립을 위해서는 구성요건해당성이 필요하다는 것이 현재의 통설이다. 그러나 이것이 명확하게 주장된 것은 비교적 새로운 일인데, 금세기에 와 독일의 벨링(E. Beling)과 마이어(M. E. Mayer)에 의해 제창·발전됐으며 일본의 小野(오노)에 의해 전개되어 오늘에 이르게 되었다. 벨링과 마이어는 犯罪는 먼저 형법각칙의 이른바 특별구성요건에 해당해야 된다고 했다. 구체적인 생활사실은 구성요건해당성을 지님으로써 비로소 형법상의 문제가 된다. 이것은 정책적으로는 죄형법정주의의 요청을 충족시키게 되고, 이론적으로는 형법의 각론과 총론을 결부시키게 된다. 구성요건해당성은 구성요건 그것과 범죄구성사실과는 다르다. 구성요건이라 함은 구성요건해당성 판단의 기본이 되는 법적 요건으로 학자에 따라서 이를 순수한 기술적 성질의 것이라 하고(E. Beling), 위법성의 인식근거라 하며(M. E. Mayer), 위법성의 존재근거이며 그것은 위법유형이라고도 하고(Mezger)또는 그것은 위법유형임과 동시에 책임유형이라고도 하나(오노〈小野〉), 결국 형법 각본조에 규정된 관념형상이다. 또 범죄구성요건이라 함은 구성요건에 해당된 사실이다. 이에 대해 구성요건해당성은 사실이 법률상의 구성요건에 해당한다는 성질을 말하는 하나의 판단을 의미한다. 즉 구성요건에 해당된다는 것은 사실이 구성요건에 적용된다는 것으로 완전하게 구성요건을 실현한 경우(기수)뿐만 아니라 부분적으로만 구성요건을 실현한 경우도 포함된다. 또한 구성요건은 1인의 행위에 의해서 실현되기도 하지만(단독범), 다수인의 행위에 의해서도 실현된다(공범).

사실상의 추정(事實上의 推定)

전제사실로부터 다른 사실을 추정하는 것을 말한다. 예를 들면 어떤 범죄 전제사실로부터 다른 사실을 추정하는 것을 말한다. 예를 들면 어떤 범죄의 구성요건해당성이 인정되면 위법의 구성요건해당성이 인정되면 위법성과 책임은 사실상 추정된다. 사실상 추정된 사실은 증명을 요하지 않는다. 그러나 사실상 추정된 사실에 대하여도 반증이 허용되며, 반증에 의하여 의심이 생긴 때에는 증명을 필요로 한다.

소극적 구성요건표지이론
(消極的 構成要件標識理論)

구성요건과 위법성의 관계에 관한 이론으로, 이 이론은 위법성조각사유를 소극적 구성요건요소로 파악한다. 즉 위법성조각사유의 부존재는 불법판단에 있어서 불법을 기초하는 적극적 구성요건요소의 존재와 같은 의미를 가지며, 따라서 구성요건과 위법성조각사유는 일반적인 금지규범과 특수한 허용규범으로 대립되는 것이 아니라 불법을 조각하는 사유로서 금지규범을 제한할 뿐이라고 한다. 이 설에 의하면 적법한 행위는 처음부터 금지되지 않았고 구성요건에도 해당하지 않는 것이 된다. 그리하여 구성요건해당성과 위법성은 전체구성요건으로 결합되어 하나의 판단과정으로 흡수되고 범죄론은 전체구성요건과 책임이라는 2단계의 구조를 가지게 된다. 이 이론은 사실의 착오와 법률의 착오의 중간에 위치하는 위법성조각사유의 객관적 요건에 대한 착오를 사실의 착오로 취급할 수 있는 명쾌한 이론적 근거를 마련한 점에 공헌하였다. 그러나 이 설은 위법성조각사유의 독자성을 파악하지 못한 잘못이 있고, 처음부터 구성요건에 해당하지만 위법성이 조각되는 행위의 가치차이(Wertun - terscheid)를 무시하고 있다는 비판을 받고 있다.

기술적 구성요건요소와 규범적 구성요건요소
(記述的 構成要件要素와 規範的 構成要件要素)

기술적 구성요건요소란 사실세계(Seinwelt)에 속하는 사항을 사실적으로 기술함으로써 개별적인 경우에 사실확정에 의하여 그 의미를 인식할 수 있는 구성요건요소를 말하다. 예를 들어 살인죄에 있어서 「사람」·「살해」 또는 절도죄에 있어서 「재물」 등이 여기에 속한다. 규범적 구성요건요소는 규범의 논리적 판단에 의하여 이해되고 보완적인 가치판단에 의하여 확정될 수 있는 구성요건요소를 말하다. 예를 들어 절도죄에 있어서의 재물의 타인성·불법영득의 의사·문서·공무원 등이 여기에 속한다.

객관적 구성요건요소와 주관적 구성요건요소
(客觀的 構成要件要素와 主觀的 構成要件要素)

객관적 구성요건요소란 행위의 외부적 발생형태를 결정하는 사항을 말한다. 즉 행위의 주체, 행위의 객체, 행위의 모습 및 결과의 발생 등이 이에 속한다. 주관적 구성요건요소란 행위자의 관념세계에 속하는 심리적·정신적 구성요건사항을 말한다. 예를 들어 목적범에 있어서의 목적, 경향범에 있어서의 내적인 경향 등이 여기에 속한다.

주관적 구성요건요소
(主觀的 構成要件要素)
독;subjektive Tatbestandselemente

구성요건 요소 중 행위자의 주관적 태도에 연관된 구성요건요소를 말한다. 여기에는 고의범에 있어서 고의, 과실범에 있어서 과실과 같은 일반적·주관적 불법요소 및 목적범에 있어서 목적, 경향범에 있어서 경향, 표현범에 있어서 표현과 같은 특별한 주관적 불법요소, 그 밖에서도 재산죄에 있어서 위법영득 내지 위법이득의 의사와 같은 심적 요인도 포함된다. 고전적 범죄체계에서는 구성요건에 단지 객관적 표지만 속한다는 견해가 지배적이었으나, 오늘날은 주관적 구성요건요소도 존재하며 여기에는 고의·과실 외에 특별한 주관적 구성요건 표지들이 속한다는 견해가 확립되어 있다.

가감적 구성요건(加減的 構成要件)

당해 불법유형에 본질적이고 공통적인 표지를 내포하는 기본적 구성요건 이외에 형벌을 가중하거나 감경할 만한 사유가 포함된 구성요건을 말한다. 이에는 가중적 구성요건과 감경적 구성요건이 있는데, 가중적 구성요건의 예로는 보통살인죄에 대한 존속상해죄(형법 250조2항)·과실상해죄에 대한 업무상 과실치상죄(형법 268조)등이 있으며, 감경적 구성요건의 예로는 보통살인죄에 대한 영아살해죄(형법 251조) 및 촉탁·승낙에 의한 살인죄(형법 252조1항)등이 있다.

개방적 구성요건
(開放的 構成要件)
독;offene Tatbestände

법률이 구성요건표지의 일부만 기술하고 나머지 부분에 대해서는 법관이 보충해야 할 관점만을 제시해 줌으로써 법관에게 구성요건의 보충을 일임하고 있는 구성요건을 말한다. 벨첼(Welzel)은 이러한 개방적 또는 보충을 필요로 하는 구성요건으로 과실범과 부진정부작위범을 들고 있다.

거동범(擧動犯)

구성요건상의 일정한 행위(작위 또는 부작위)만이 필요하며 외부적인 결과의 발생이 필요하지 않은 범죄로서 단순행위범이라고도 하며, 결과범에 반대되는 용어이다. 예를 들어 주거침입죄, 퇴거불응죄(형§319), 다중불해산죄(§116), 아편흡식기소지죄(§199) 등이 이에 속하며, 기타 법정범(행정범)에 그 예가 많다. 이러한 거동범을 결과범과 구별하는 실익은 인과관계의 필요유무를 결정하는 표준이 되는데 있다. 언어범 또는 표현범과 같이 일정한 의사나 관념을 표현하는 것이 요건으로 되어 있으며 행위 그 자체보다는 그로 인해 야기되는 무형의 결과가 유해하여 넓은 의미의 결과범이지만 이를 거동범으로 이해하는 사람도 있다. 그러한 예로는 위증죄(§152)와 명예훼손죄(§307, §308) 등을 들 수 있다.

결과범(結果犯)

독;Erfolgsdelikt

행위 외에 일정한 결과의 발생을 구성요건상 필요로 하는 범죄(예 : 상해죄)를 말한다. 거동범의 반대말로 형법상의 대부분의 범죄는 이것이다. 결과범에 대해서는 행위와 결과 사이에 인과관계를 필요로 한다. 보통 결과범을 침해범과 위태범으로 나누기도 하는데, 그렇게 구별하는 실익은 범죄의 기수·미수의 시기를 결정하는데 의의가ㅋ 있다. 결과범과 거동범은 구별을 부정하는 의견도 있다. 제1설은 결과라는 용어가 문제되지만 의사표동으로 인한 외계의 변화를 모두 결과라고 생각하는 주관주의론자의 주장이며, 제2설은 거동범의 시간적 행위와 결과가 일치하고 논리적으로 구별되지만, 거동범이라는 것은 있을 수 없다는 주장이다. 또 결과범이라는 말은 이른바 결과적 가중범의 의미로 사용되는 일이 있다.

위태범(危殆犯)

독;Gefährdungsdelikt

침해범에 대한 말로서 위험범이라고도 하며 신용훼손죄(형§313) 및 교통방해죄(§185) 등과 같이 구성요건의 내용으로서 단순히 법익침해의 위험이 생긴 것으로 족하고, 법익이 실제로 침해되는 것을 필요로 하지 않는 범죄를 말하다. 위태범은 법익침해의 위험이 구체적이냐 또는 추상적이냐에 의하여 구체적 위태범과 추상적 위태범으로 나누어진다. 구체적 위태범은 형법 제166조 2항의 자기소유의 일반건조물에 대한 방화와 같이 구성요건의 내용으로서 특히 위험의 발생을 필요로 하여 규정하고 있는 경우이고, 추상적 위태범은 제164조의 주거에 대한 방화와 같이 특히 위험발생을 필요로 하는 뜻의 규정은 없으나 구성요건의 내용인 행위를 하면 그것으로써 위험이 있는 것으로 된다. 양자를 구별하는 실익에 대하여 통설은 구체적 위태범에는 그 위험에 대하여 고의를 필요로 하나 추상적 위태범에는 그 위험에 대하여 고의를 필요로 하지 않는 점을 들고 있다.

계속범(繼續犯)

독;Dauerverbechen 불;délit continu

구성요건의 내용인 행위의 위법상태가 어느 정도의 시간적 계속을 필요로 하는 범죄를 말하여 즉시범(즉성범)의 반대말이다. 체보·감금죄가 그 대표적인 예이다. 계속범은 위법상태가 단순히 일시적으로만 생긴 경우에는 미수이고 그것이 어느 시간동안 계속됨으로써 비로소 기수가 된다. 따라서 기수에 달하기까지에는 언제든지 방조범(종범)은 성립하고, 공소시효는 진행하지 않으며, 또 이에 대하여 정당방위도 가능하다. 퇴거불응죄나 신고의무위반 등의 부작위범도 계속범으로 해석할 것인가의 문제가 있다. 독일에서는 일부의 학자가 순정부작위범의 대부분을 계속범으로 하고 있으나, 보통은 이와 같은 부작위범으로는 반드시 구성요건의 내용인 행위의 상태가 일정한 시간 계속하는 것을 필요로 하지 않으므로 소극적으로 해석하고 있다. 약취·유인죄를 계속범이라고 하는 학설도 있으나, 부정하는 설도 있다. 또 사람의 신체를 일순간 구속하는 것은 폭행죄가 될 뿐이다.

적건축법상 허가를 받지 아니하거나 또는 신고를 하지 아니한 경우 처벌의 대상이 되는 건축물의 용도변경행위(1999. 2. 8. 법률 제5895호로 건축법이 개정되면서 건축물의 용도변경에 관하여 허가제에서 신고제로 전환되었다)는 유형적으로 용도를 변경하는 행위뿐만 아니라 다른 용도로 사용하는 것까지를 포함하며, 이와 같이 허가를 받지 아니하거나 신고를 하지 아니한 채 건축물을 다른 용도로 사용하는 행위는 계속범의 성질을 가지는 것이어서 허가 또는 신고 없이 다른 용도로 계속 사용하는 한 가벌적 위법상태는 계속 존재하고 있다고 할 것이므로, 그러한 용도변경행위에 대하여는 공소시효가 진행하지 아니하는 것으로 보아야 한다*(대법원 2001. 9. 25. 선고 2001도3990 판결)*.

상태범(狀態犯)
독;Zustandsverbrechen

법익침해가 발생함에 의하여 범죄사실이 끝나고 그 이후에도 법익침해의 상태는 계속되고 있으나 그것이 범죄사실이라고는 인정되지 않는 경우, 예를 들어 절도죄·사기죄 등이 그것이다. 상태죄에는 사후의 위법상태도 당연히 그 구성요건에 의하여 충분히 평가되어 있다. 예를 들어 절도범인이 도품을 소비하거나 파괴하여도 그것은 절도죄의 구성요건에 의하여 충분히 평가되어 있으므로 따로 횡령죄나 기물손괴죄가 되지 않는 것과 같이 충분히 평가되어 있는 범위에서는 따로 범죄를 구성하지 않는다(불가벌적 사후행위). 상태범의 위법상태가 계속하고 있는 장소는 토지관할의 표준으로 범죄지가 되지만 공소시효는 범죄사실이 종료된 때부터 기산된다.

신분범(身分犯)
라;delictum proprium 불;Sonderdelikte

신분범이란 구성요건인 행위의 주체에 일정한 신분을 요하는 범죄를 말한다. 여기에서 말하는 신분이란 범인의 인적 관계인 특수한 지위나 상태를 말한다. 신분범에는 진정신분범과 부진정신분범이 있다. 진정신분범이란 일정한 신분에 있는 자에 의해서만 범죄가 성립하는 경우를 의미하며 위증죄(형§152)·수뢰죄(§129)·횡령죄(§355①) 등이 이에 속한다. 부진정신분범이란 신분이 없는 자에 의해서도 범죄가 성립할 수는 있지만 신분있는 자가 죄를 범한 때에는 형이 가중되거나 감경되는 범죄를 말하며 존속살해죄(§250②)·업무상횡령죄(§356)·영아살해죄(§251) 등이 이에 해당한다.

자수범(自手犯)

자수범(eigenhändige Delikte)이란 행위자 자신이 직접 실행해야 범할 수 있는 범죄, 즉 구성요건의 자수에 의한 직접적 실현에 의해서만 범죄의 특수한 행위무가치가 실현될 수 있는 범죄를 말한다. 위증죄(형§152), 준강간죄(§299)등이 여기에 해당한다.

지능범(知能犯)
영;intellectual offence
독;Intelligenzverbrechen

사기·횡령·배임 각종의 위조죄 등과 같이 범죄행위의 실행방법에 고도의 지능을 필요로 하는 범죄를 말한다. 강력범·폭력범 등에 대한 것으로서 범죄수사·형사학에서 사용되는 개념이다.

위험범(危險犯)
독;Gefährdungsdelikt

구성요건상 전제된 보호법익에 대한 위험상태의 야기만으로 구성요건이 충족되는 범죄를 말하며, 위태범이라고도 한다. 위험범은 다시 구체적 위험범과 추상적 위험범으로 구분된다. 법익에 대한 실행발생의 위험이 현실로 야기된 경우에 구성요건의 충족을 인정하는 범죄를 구체적 위험범이라고 하고, 단지 법익침해의 추상적 위험, 즉 일반적인 법익침해의 위험이 있음으로써 곧 당해 구성요건의 충족을 인정하는 범죄를 추상적 위험범이라 한다. 예컨대 자기소유일반건조물방화죄(형법 166조2항), 자기소유건조물등에의 일수죄(형법 179조2항) 등은 구체적 위험범이고, 현주건조물 등 방화죄(형법 164조), 위증죄(형법 182조) 등은 추상적 위험범이다. 이러한 구분의 중요성은 구체적 위험범은 위험에 대한 고의를 필요로 하는 반면, 추상적 위험범은 위험에 대한 고의를 필요로 하지 않는다는 점에 있다. 위태범이라고도 한다.

실질범(實質犯)
독;Materialdelikt

형식범에 상대되는 개념으로, 보호법익의 침해 내지는 침해의 위태가 구성요건의 내용으로 되어 있는 범죄를 말하는데, 이에는 침해범과 위험범(위태범)이 있다.

즉시범(卽時犯)
불;délit instantané

실행행위가 시간적 계속을 필요로 하지 않고 일정한 행위객체를 침해 또는 위태화시킴으로써 범죄가 기수에 이르고 동시에 완료되는 범죄를 말한다. 즉성범이라고도 한다. 예컨대 살인죄, 상해죄 등 대부분의 범죄가 이에 해당한다. 그러나 즉시범은 의미상 상태범에 포섭되는 구성요건 유형이므로 이를 별도로 분류하지 않는 것이 독일 형법 이론의 일반적 관행이다.

강력범(强力犯)
영;barbarous offence
독;Gewaltdelikt

흉기나 폭력을 쓰는 범행 또는 그 범인을 말한다. 살인·강도·강간 등을 예로 들 수 있으며, 폭력범이라고도 한다. 비교적 높은 지능지수를 필요로 하는 지능범에 대응하여 범죄수사·형사학에서 사용되는 개념이다. 집단적 또는 상습적 폭력 행위를 중하게 처벌하려는 특별법으로서 폭력행위등처벌에관한법률, 특정강력범죄의처벌에관특례법 등이 있다.

목적범(目的犯)

독;Absichtsdelikt

목적범이란 내란죄에 있어서의 「국헌문란의 목적」, 위조죄에 있어서의 「행사의 목적」, 영리목적 약취·유인죄에 있어서의「영리의 목적」등과 같이 구성요건상 고의 이외에 일정한 행위의 목적을 필요로 하는 범죄를 말한다. 목적범은 구성요건적 행위의 실행에 의하여 그 목적이 실현되는가의 여부에 따라서 절단된 결과범과 단축된 이행위범으로 구별되고, 또한 진정목적범과 부진정목적범으로 구별되기도 한다.

> 내란죄에 있어서의 국헌문란의 목적은 엄격한 증명사항에 속하고 직접적임을 요하나 결과발생의 희망, 의욕임을 필요로 한다고 할 수는 없고, 또 확정적 인식임을 요하지 아니하며, 다만 미필적인식이 있으면 족하다 할 것이다*(대법원 1980. 5. 20. 선고 80도306 판결)*.

의무범(義務犯)

독;Pflichtdelikte

구성요건에 앞서 존재하는 전형법적 특별의무를 침해할 수 있는 자만이 정범이 될 수 있는 범죄를 말한다. 예컨대 공무원의 직무상의 범죄 중 특히 공법상의 특별한 의무를 침해하는 불법체포·불법감금(형법 124조), 폭행·가혹행위(형법 125조), 피의사실공표(형법 126조), 공무상비밀누설(형법 127조)과 사인의 업무상의 비밀누설(형법 317조)이나 배임죄(형법 355조2항)와 같은 직무상의 신분범죄와 공무원의 직무유기(형법 122조)나 일반유기(형법 271조1항)와 같은 의무 있는 자의 유기행위 및 부진정부작위범 등을 들 수 있다. 의무범은 신분범의 특수형태라고 할 수 있다. 이 의무범의 특성은 전형법적 특별의무의 침해만이 정범성을 근거지우고 범행지배와 같은 다른 표지의 존재는 필요로 하지 않는다는 점이다. 따라서 구성요건적으로 특별한 의무침해가 없는 한, 비록 범행지배가 있어도 행위자는 정범이 아니라 단지 방조범에 불과하다.

자연범·형사범(自然犯·刑事犯)

「살인하지 말라, 간음하지 말라, 도적질하지 말라」 등과 같이 예로부터 하나의 계율로 되어 법률의 명문규정이 없어도 행위 그 자체가 이미 반도덕적인 범죄로 평가되는 범죄를 말한다. 형법전에 규정되어 있는 대부분의 범죄는 이 자연범이다. 따라서 살인죄라는 형법의 조문을 알지 못하여도 사람을 죽여서는 안 된다는 도덕률은 분명하다. 이와 같이 법률의 규정이 없어도 도덕상 나쁘다고 되어 있는 행위를 내용으로 하는 범죄를 자연범 또는 형사범이라고 한다. 자연범에 대하여는 「그러한 법률이 있다는 것을 알지 못했다」라고 하는 변명이 적용되지 않는다.

법정범·행정범(法定犯·行政犯)

행위의 도덕상의 선악과는 관계없이 국가의 정책목적상 그 위반행위를 벌하는 범죄를 말한다. 벽지에 살다가 처음으로 대도시에 나온 사람이 보행신호를 위반했다고 해서 그를 범죄자로 볼 수는 없다. 왜냐하면 법률에서 「보행자는 도로의 좌측을 통행하여야 한다」(도교§8②)는 규정을 두지 아니하였다면 도로의 우측을 보행하는 자체는 하등 도덕적으로 나쁠 것이 없기 때문이다. 교통정리의 목적상 이러한 법률을 만들어 위반자를 벌함에 불과한 것이므로 도덕적으로 볼 때는 무의미한 행위인 것이다.

확신범(確信犯)

독;berzeugungsverbrechen

급격한 사회적 변동기나 정치적 또는 종교적 사상이 급변하는 시기에 많이 나타나는 범죄의 한 종류로서 정치적·국사범이라고 전해 내려오는 범죄는 통상 확신범으로서의 성격을 지니고 있다. 형법범죄론에서는 확신범인에 과연 위법성의 의식이 있는지 또는 기대가능성이 있는지가 문제된다. 확신범인에게는 위법성의 의식은 없다라고 하는 입장도 없지 않으나 이에 반대하는 입장에서는 확신범인에게도 현재의 법질서에는 반한다는 의식은 있다고 설명하고 있다. 형사정책면에서는 확신범인에게 통상의 형벌을 과하는 것이 적당한가 혹은 보안처분이 필요한 것이 아닌가하는 문제가 제기된다. 독일에서는 1922년 라드부르흐(Radbruch) 초안이 확신범인에게는 명예구금의 성질을 지닌 「감금형」을 과하여야 한다는 제안을 하였으나 현행 독일형법은 각칙에 특히 규정한 죄에 대하여서만 감금형을 과할 수 있도록 되어 있다.

행위·범죄행위(行爲·犯罪行爲)

「범죄는 행위다」. 이것은 형법학에서의 전통적인 명제였으며, 현재도 통설에 의해 범죄의 본질로서 지지를 받고 있다. 통설에 의하면 행위개념은 형법의 체계상 두 가지의 의미를 지니고 있다고 한다. 제1은, 행위는 형법상 문제가 되는 모든 현상의 최외곽을 한계짓는 것이다. 즉 「행위가 아닌 범죄는 없다」는 것이다. 제2는, 행위는 그에 구성요건해당성·위법성·책임성이 속성으로 부가된 실체이다. 통설적 행위개념(인과적 행위론)에 의하면 행위라 함은 의사에 의한 신체의 운동 또는 정지(동정)이다. 의사의 객관화 또는 그의 외부적인 실현이라 하여도 좋다. 그래서 의사의 객관화라 할 수 없는 반사운동이나 우연적 사관 절대적 강제 하의 동작·태도는 형법상의 행위가 아니고, 또 외부적으로 실현되지 않는 단순한 내면적 의사도 형법상 문제되지 않는다. 다만 이 견해에서는 성립한 결과와 어떠한 의사에 의한 신체의 동정(動靜)과의 인과관계가 행위론의 중심문제로서 행위론에서 배제되어 있다. 이에 대해 최근 독일의 벨첼(Welzel), 베버(M. Weber)등의 학자에 의하여 주장되고 있는 목적적 행위론에 의하면 인간의 행위는 목적활동이며 이때까지 책임조건으로 되어 있는 고의(사실적 고의·사실의 인식)야 말로 행위의 본질적 요소, 따라서 구성요건의 주관적 위법요소라고 한다. 그리고 이 설은 이같은 고의(사실적 고의)를 책임론으로부터 배제함에 의하여 이때까지 사실의 인식과 함께 고의의 요소라고 생각했던 위법성의 인식에 관하여 이 위법성의 인식의 가능성을 독립된 책임요소로 파악하는 견해(책임설)를 이론적으로 뒷받침할 수 있다고 주장하고 있다. 그러나 이 설은 고의를 행위의 본질적 요소로 하고 있는데 이른바 과실행위는 행위의 본질적 요소가 된 고의를 결하므로, 행위라 할 수 없는 것이 아닌가의 의문이 생긴다. 그래서 이 점을 둘러싼 의론이 집중하여 (1) 「범죄는 행위다」라는 명제 그것을 부정하고 과실행위는 행위가 아니라고 하는 자, (2) 잠재적 목적성이라는 것으로 과실행위도 행위라는 자 등등이 있으나 아직 통일된 결론에 이르지 못하고 있다.

인과적 행위론(因果的 行爲論)

형법상의 행위를 어떤 의사에 의하여 외부세계에 야기된 순수한 인과과정으로 보는 견해를 말한다. 19세기의 자연과학적 기계론의 영향을 받아 인간행위를 자연주의적으로 파악하는데 그 특징이 있다. 이러한 인과적 행위개념은 자연주의적 행위개념이라고도 한다. 인과적 행위론에 의하면 행위는 유의성과 거동성의 두 요소로 구성되어 있다. 의사의 내용은 행위론에서는 전혀 의미를 가지지 않고 그것은 책임론에서 문제될 뿐이다. 인과적 행위론은 오랫동안 고전적 범죄론 체계의 기초를 형성했고 객관적·인과적인 것은 불법에, 모든 주관적·심리적인 것은 책임에 속한다는 명제를 성립시켰다. 그러나 인과적 행위론은 거동성이라는 행위요소 때문에 부작위를 행위개념으로부터 배제한다. 또한 유의성을 행위요소로 보기 때문에 인식 없는 과실도 행위개념에서 제외된다. 따라서 인과적 행위론은 사회적 관계에서 지니는 행위의 의미와 중요성을 간과하고 있다. 그래서 인과적 행위론에 의한 행위개념은 한계기능을 충족시키기는 하지만, 기초요소로서의 기능과 결합요소로서의 기능을 충족시키지 못한다는 비판을 받는다.

사회적 행위론(社會的 行爲論)

독 ; soziale Handlungslehre

인과적 행위론 및 목적적 행위론이 가지는 일반적 행위론으로서의 난점을 해결하려는 이론으로서, 일반적 행위론이 가지는 행위기능을 수행하면서 과실범·부작위범 및 망각범에 대해서도 타당한 통일적 행위개념을 정립하려는 이론을 말한다. '슈미트'가 창시한 이후 다수학자의 지지를 얻어 현재 우리나라와 독일 등에서 유력한 지위를 차지하고 있다. 사회적 행위론은 이를 하나의 통일된 행위론으로 파악하기 어려울 정도로 학자에 따라 그 내용에 많은 차이를 보이고 있다.

목적적 행위론(目的的 行爲論)
독;finale Handlugslehre

행위의 존재구조의 분석으로부터 인간의 행위를 목적활동의 수행으로 파악하는 이론을 말한다. 이 이론은 벨첼이 주장하여 부쉬·니제·마우라하·샤프트슈타인·카우프만 등의 지지를 얻었다. 인과적 행위론에 대한 비판적 안목에서 출발한 목적적 행위론은 행위는 단지 인과적 사건이 아니라 목적활동성의 수행이라고 본다. 그리고 행위의 목적성은 인간이 자신의 인과적 지식을 토대로 하여 자기의 활동이 초래할 결과를 일정한 범위 내에서 예견하고 여러 가지 목표를 세워 자기의 활동을 이들 목표의 달성을 위하여 계획적으로 조종할 수 있다는 사실에 의존한다. 목적적 행위론의 입장에서 고의는 구성요건을 실현하기 위한 목적적 행위의사로서 행위의 본질적 요소이고, 주관적 구성요건요소로 된다. 그리고 불법의 실질은 야기된 결과(결과반가치)에만 있는 것이 아니라 이보다도 이를 야기한 인간의 행위(행위반가치)에 있으므로 행위자와 관련된 인적 불법이어야 하고 고의와 과실은 행위반가치의 내용을 이루는 주관적 불법요소로 된다. 책임은 비난가능성으로서 무가치 판단을 하는 것이므로 가치판단의 대상이 되는 고의 나아가서 과실은 책임요소로 될 수 없고, 오로지 규범적 요소만이 책임요소로 된다는 순수한 규범적 책임론을 주장하게 된다. 그 결과 위법성의 인식 내지 그 인식의 가능성은 고의와 독립된 책임요소로 보는 책임설을 주장한다. 목적적 행위론은 고의행위의 형태를 잘 설명해 줄 수 있는 장점이 있다. 그러나 행위론으로서의 기능을 다할 수 없다는 비판이 제기된다. 즉 목적적 행위론은 과실행위를 설득력 있게 설명하지 못한다. 그리고 목적적 행위개념은 부작위 및 의식적 조종의 요소가 없는 자동화된 행위(예컨대 보행이나 운전 등), 격정적·단락적인 행위를 행위개념에 포함시킬 수 없다.

작위범(作爲犯)
독;kominssivdelikt
불;délit de commission

행위자의 적극적인 동작에 의하여 행하여지는 범죄를 말한다. 예를 들어 가만히 두었다면 죽지 않았을 사람을 독을 먹여 살해하고(형§250), 또는 자동차의 운전을 잘못하여 사람을 치게 한(§266) 경우 등이다. 이것이 행위의 일반적인 형태이고, 대부분의 범죄는 이러한 형식으로 행하여지고 있다. 형법 이론의 설명에서 인용된 예도 작위범인 것이 보통이다. 그것은 범죄라고 한다면 곧 작위범으로 예상될 정도로 작위범이 많기 때문이다. 작위범은 「…한 것을 하여서는 아니된다」라는 금지규정에 위반하여서는 안 된다는 것을 한 것이고, 고의에 의하여 된 경우와 과실에 의하여 된 경우가 있다.

부작위범(不作爲犯)
독;Unterlassungsdelikt

법률상 어떠한 행위를 할 것으로 기대되는 자가 그것을 하지 않는 것이다.

즉, 부작위에 의해 실현되는 범죄를 말한다. 부작위범에는 구성요건상 처음부터 부작위의 형식으로 정하여져 있는 경우와 행위의 형식으로 규정되어 있는 구성요건을 부작위에 의해 실현하는 경우가 있다. 전자를 진정부작위범이라 하고 후자의 경우를 부진정부작위범이라 한다. 현행법상 다중불해산죄(형§116), 퇴거불응죄(§319), 전시군수계약불이행죄(§103①),전시공수계약불이행죄(§117①), 집합명령위반죄(§145②) 등이 해당된다. 부작위범도 작위범과 같이 고의의 경우에 한하지 않는다. 그리하여 예를 들어 철로차단기의 당번이 부주의로 잠자면서 신호를 안 했기 때문에 기차를 충동시킨 경우는 과실의 부작위에 의한 기차전복죄(§189, §187)가 된다. 이같은 경우에는 忘却犯(망각범)이라고도 한다. 부진정부작위범이 성립됨에는 행위자에게 결과가 생기는 것을 방지하여야 하는 법적 의무(작위의무)가 있음이 필요하다. 이 의무가 생기는 근거는 법령에 의하거나 계약에 의하거나, 관습상 또는 조리상 인정되는가를 불문한다. 이러한 부작위의무의 위반은 부진정부작위범의 위법성을 기초로 한다. 그러나 이것만으로는 충분하지 못하며 또한 그 부작위가 일정한 구성요건에 해당하여 실행행위로서의 정형성을 지니는 것이 필요하다. 부진정부작위범은 이론상 모든 범죄에 대하여 생각할 수 있다. 그러나 종래의 학설에서 부진정부작위범이 문제되었던 것은 결과범에 대해서이다. 그것은 결과범에서는 어떤 결과가 생기는 것이 요건으로 되어 있으므로 부작위로서 그 결과를 생기게 할 수 있을 것인가가 문제이고 또 부작위의 위법성을 뒷받침하는 작위의무도 그의 성질·내용에서 부진정부작위범의 경우와 다른 것이 있기 때문이다. 부진정부작위범에는 실행의 착수가 있는가의 점에 대해 학설의 다툼이 있으나 최근에는 긍정설이 많다. 퇴거불응죄에 있어서 퇴거를 요구받은 자가 퇴거에 필요한 시간이 지나기 전에 밀어내는 것과 같은 경우에는 미수로 되어 있다(학자에 따라서는 부작위 자체에 의하여 실현되는 범죄를 진정부작위범, 결과와 결부된 부작위에 의해 실현되는 범죄를 부진정부작위범이라고 하기도 한다.

부진정부작위범에서의 작위의무의 체계적 지위

구분	내용	주장자
위법성 요소설	부진정부작위범에서의 작위의무는 위법성요소가 된다고 본다 그리하여 작위의무를 「작위에의 법적 의무」라고 표현하는 견해도 있다.	M. E. Mayer, R. Frank, W. Sauer
구성 요건 요소설	작위의무를 구성요건요소로 본다. 즉 부진정부작위범에서는 모든 부작위로 결과가 발생하면 모든 구성요건에 해당하는 것이 아니라 구성요건적 결과의 발생을 방지해야 할 작위의무자(위증인의 지위에 있는자)의 부작위만이 구성요건에 해당된다고 한다.	Nagler, Gallas, Schmidthäuser
의무와 정황의 이분설	작위의무 그 자체는 위법성요소로, 작위의무의 기초가 되는 정황 내지 보증인적 지위는 구성요건 해당성의 문제로 보려는 견해	Welzel

형법상 부작위범이 인정되기 위해서는 형법이 금지하고 있는 법익침해의 결과 발생을 방지할 법적인 작위의무를 지고 있는 자가 그 의무를 이행함으로써 결과 발생을 쉽게 방지할 수 있었음에도 불구하고 그 결과의 발생을 용인하고 이를 방관한 채 그 의무를 이행하지 아니한 경우에, 그 부작위가 작위에 의한 법익침해와 동등한 형법적 가치가 있는 것이어서 그 범죄의 실행행위로 평가될 만한 것이라면, 작위에 의한 실행행위와 동일하게 부작위범으로 처벌할 수 있고, 여기서 작위의무는 법적인 의무이어야 하므로 단순한 도덕상 또는 종교상의 의무는 포함되지 않으나 작위의무가 법적인 의무인 한 성문법이건 불문법이건 상관이 없고 또 공법이건 사법이건 불문하므로, 법령, 법률행위, 선행행위로 인한 경우는 물론이고 기타 신의성실의 원칙이나 사회상규 혹은 조리상 작위의무가 기대되는 경우에도 법적인 작위의무는 있다*(대법원 1996. 9. 6. 선고 95도2551 판결)*.

부진정 부작위범

(不眞正 不作爲犯)
독;unechtes Unterlassungsdelikt

결과방지의 의무 있는 보증인이 부작위로써 금지규범의 실질을 갖고 있는 작위범의 구성요건을 실현하는 범죄를 말한다. 이를 부작위에 의한 작위범이라고도 한다. 부진정부작위범은 형법상 작위의 형식으로 규정된 구성요건을 부작위에 의해 실현하는 것으로서 이 때 작위의무자의 부작위에 의한 범행이 작위를 통한 법적 구성요건의 실현에 상응해야 한다. 이것이 바로 부진정부작위범의 동치성(Gleichstellung)의 문제이다. 이 동치성의 문제는 오늘날 부진정부작위의 구성요건해당성의 문제라고 하는 것이 일반적인 견해이다. 동치성에는 두 가지 요소가 있다. 동치성의 제1요소로서 보증인적 지위가 있다. 이 보증인적 지위와는 별도로 보증인적 의무라는 것이 있는데, 이 양자의 관계 및 보증인적 의무의 체계상의 위치에 관하여는 견해가 갈린다. 동치성의 제2요소로서 행위양태의 동가치성이 있다. 이것을 상응성이라고도 부른다. 이 동가치성의 체계상의 지위 및 적용범위를 놓고 물론 견해의 대립이 있다. 그러나 오늘날 대체로 동치성의 문제는 부진정부작위의 구성요건해당성의 문제이며, 따라서 보증인적 지위와 동가치성의 표지가 부진정부작위범의 객관적 구성요건요소라고 보는 것이 일반적 경향이다.

보증인설(保證人說)

독;Garantenlehre

부진정부작위범에 있어서 구성요건적 결과의 발생을 방지해야 할 보증인적 지위에 있는 자의 부작위만이 구성요건에 해당하고, 이 때의 작위의무와 그 기초가 되는 제반정황은 구성요건요소가 된다는 이론을 말한다. 보증인, 즉 작위의무 있는 자의 부작위를 부진정부작위범 구성요건의 해당성의 문제로 파악하여 위법성설의 결함을 제거한 것이 바로 Nagler에 의하여 주장된 보증인설이다. 다만 Nagler의 보증인설은 보증인 지위와 그 기초가 되는 보증의무를 모두 부진정부작위범의 구성요건요소로 이해하고 있다. 그러나 이에 대하여 작위범에 있어서는 법적 의무가 구성요건요소가 아님에도 불구하고 부작위범의 작위의무를 구성요건요소라고 하는 것은 부당하다는 비판이 있다. 여기서 보증인설도 보증인 지위가 그 기초가 되는 보증의무(작위의무)를 구별하여, 보증인 지위는 부지정부작위범의 구성요건요소이나 보증인의무는 위법성의 요소라고 해석하게 되었다. 이 견해가 우리나라에서도 통설의 위치를 차지하고 있으며, 이를 특히 이분설이라고 분류하는 학자도 있다.

망각범(忘却犯)

독;Vergesslichkeitsdelik

망각범이란 인식 없는 과실에 의한 부진정부작위범을 말한다. 즉 기대된 행위시에 그 행위에 대한 인식이 없음으로 인하여 결과가 발생한 경우의 범죄이다. 예를 들어 신호수(信號手)가 음주 후 잠에 들어 그로 인해 신호를 하지 못하여 기차를 전복시킨 경우, 또는 유모가 유아에게 젖꼭지를 물린채 잠이 든 결과 유아가 질식사한 경우 등이 여기에 해당된다. 그러나 망각범은 원인에 있어서의 자유로운 행위의 일종인 과실에 의한 부작위범과는 구별해야 한다. 즉 망각범은 작위의무 자체를 과실로 인하여 망각하고 부작위로 나간 경우이고, 과실에 의한 부작위범은 원인행위 자체를 과실로 인하여 야기하고 이로 말미암아 작위의무를 이행하지 못한 경우이다.

인과관계(因果關係)

독;Kauzalzusammenhag, Kausalität
불;causalité

선행행위와 후행사실이 원인과 결과의 관계가 되는 것을 말하며 형법상의 결과범에서 문제가 야기된다. 왜냐하면 결과범에서는 구성요건이 충족되기 위하여 실행행위에 의한 구성요건해당성의 결과가 생기는 것이 필요하기 때문이다. 예를 들어 권총을 쏘아 사람을 죽인 경우에 권총의 발사라는 실행행위를 원인으로 하여 사망이라는 결과가 생긴 때에 살인죄의 구성요건이 충족된다. 이와 같이 결과범에서는 실행행위와 결과 사이의 인과관계가 문제된다. 어떠한 경우에 인과관계가 있다고 보는가에 대해서는 19세기의 독일 형법학에서 크게 다툼이 있었으며 다음의 세 가지로 그 내용을 대별할 수 있다. (1) 조건설 : 그러한 행위가 없었다면 그 결과는 생기지 아니하였으리라는 관계만 있다면 인과관계가 있다는 설. (2) 원인설 : 조건 중에서 어떠한 표준(예를 들어, 최후의 조건, 필연적인 것, 최유력한 것 등)으로 일정한 것을 선택하여 이것만을 원인으로 하여 이 원인에서만 결과와의 인과관계를 인정하려는 설. 조건설에 의한 형사책임의 확대를 제한하려고 생긴 설로서 개별화설 또는 차별화이라고도 말한다. 이 설은 우선 관념적으로는 이해할 수 없는 것도 아니지만 실제로는 무엇이 최유력한 것인가, 무엇이 필연적인가를 반드시 분명하게 알 수 없으므로 현재로는 찬성자가 거의 없다. (3) 상당인과관계설 : 그 행위로부터 결과가 발생하는 것이 경험상 통상일 때에 인과관계가 있다는 설로 최근의 통설로 되어 있다. 또 일부학자들은 형법에서의 인과관계론은 결국 어떠한 조건을 부여한 자에게 그 결과에 대한 형사책임을 지울 것인가를 한정할 필요에서 생긴 것이므로 인과관계론은 책임론에 해소되어야 한다고 주장하고 있다.

인과관계에 관한 학설과 그 주장자

학 설	주 장 자	
상당인과관계설	주관설	kries
	객관설	Rümelin
	절충설	Trüger
중요설	Mezger	
목적설	Jerome Hall	
위험관계 조건설	마끼노(牧野英)	
조 건 설	Buri	
원 인 설	필요조건설	Stübel
	최종조건설	Ortmann
	최유력조건설	Birkmeyer
	동력조건설	Kohler
	우세조건설	Binding
인과관계 부정설	M. E. Mayer	

조건설(條件說)

그 행위가 없었다면 그러한 결과가 생기지 않았을 것이라는 경우에는 인과관계가 있다는 설로 평등설 또는 등가설이라고도 한다. 예를 들어 상처는 가벼운 것이었으나 피해자가 혈우병환자였기 때문에 죽은 경우에도 범인의 행위와 사망이라는 결과사이에는 인과관계가 있게 된다. Buri가 최초로 주장한 학설로 최근까지 통설로 받아들여지고 있다.

상당인과관계설(相當因果關係說)

독;Theorie der adäquaten Verursachung

어떤 행위에서 그러한 결과가 생기는 것이 경험상 통상인 경우에는 인과 관계가 있다는 설로 현재의 통설이며 크게 다음의 세 가지로 나누어진다. (1) 주관설 : 행위당시에 행위자가 인식하였거나 인식할 수 있었던 사정을 기초로 하여 상당인과관계를 고려해야 한다는 설로 독일의 Kries가 주장하였다. (2) 객관설 : 재판시 재판관의 입장에서 행위당시에 존재한 모든 사정과 예견 가능한 사후의 사정을 기초로 하여 인과관계 여부를 판단하여야 한다는 설로 Rümelin이 주장하였다. (3) 절충설 : 행위당시 통상인이 알거나 예견할 수 있었을 것이라는 일반적 사정과 행위자가 현재 알고 있거나 또는 예견하고 있던 특별한 사정을 기초로 하여 판단해야 한다는 설로 Träger가 주장하였다. 주관설에 대하여는 행위자가 알지 못하였다는 사정을 모두 제외하는 점에서 너무 좁다는 비판이 있고, 객관설에 대하여는 행위 당시의 사정과 행위 후에 발생한 사정을 구별하는 것은 이론적 근거가 없다든지, 행위당시의 사정에 관한 한 일반인도 알 수 없고 행위자도 알 수 없었던 특수한 사정도 기초로 함은 경험상 통상이라는 상당인과관계설의 근본 취지에 모순된다는 등의 비판이 있다. 절충설이 현재의 통설이다.

중요설(重要說)

형법상의 인과관계는 법규의 구성요건해당성의 문제이므로 각 구성요건에 있어서의 중요성에 의하여 인과관계를 판정하여야 한다는 학설로서 Mezger에 의해 주장되었다. 중요설은 조건설에 의한 인과관계를 상당인과관계설과 같이 상당성 또는 개연성의 판단에 의하지 않고 구체적인 범죄구성요건의 의의와 목적 및 구성요건이론의 일반원칙에 따라 검토하여 결과귀속의 범위를 결정하자는 것이다. 그러나 이 설은 결과의 객관적 귀속에 대한 기준으로 구성요건적 중요성에만 집착한 나머지 이에 대한 실질적 기준을 결여하고 있다는 비판을 받고 있다.

인과관계중단설(因果關係中斷說)

인과관계가 진행되는 중에 타인의 고의행위나 예상하지 못한 우연한 사정이 개입된 경우에는 이에 선행했던 행위와 결과사이의 인과관계가 중단된다는 이론으로 조건설에 의한 인과관계의 무한한 확대를 제한하기 위하여 제기되었다.

위험관계조건설(危險關係條件說)

인과관계를 위험관계로 파악하여 행위와 결과 사이에 사회적 위험성이 있는 경우에 인과관계를 인정하려는 이론으로 일본의 마끼노(牧野)에 의해 주장되었다.

객관적 귀속이론
(客觀的 歸屬理論)

최근에 와서 인과관계론과 관련하여 논의되는 이론으로, 이 이론은 인간의 행태(Verhalten)를 통하여 야기된 불법한 결과는 만일 그 행태가 법적으로 비난받을 수 있는 일정한 결과로서 실현되었을 경우에 행위자에게 객관적으로 귀속된다는 견해이다. 그러나 무엇이 행위자에게 귀속되느냐에 대해서는 학자에 따라 광협(廣狹)의 차이가 있다. 즉 형법상의 인과관계확정은 형법상의 의미 있는 행위가 있느냐를 확정하는 행위귀속의 문제이므로 일반인이 예견가능하고 지배 가능한 것이면 귀속시킬 수 있다는 견해(Maihofer)와 객관적으로 귀속되는 것은 불법구성요건의 범위 내에서 예견가능성·회피가능성·지배가능성이 있는 것이어야 하다는 견해(Welsels)등이 있다.

객관적 귀속론(客觀的 歸屬論)
독;Die Lehre von der dbjektiven Zurechnung

인과관계가 인정되는 결과를 행위자의 행위에 객관적으로 귀속시킬 수 있는가를 확정하는 이론을 말한다. 인과관계는 발생된 결과를 행위자에게 귀속시키기 위하여 행위와 결과 사이에 어떤 연관이 있어야 하는가에 대한 이론이다. 그러나 발생된 결과를 행위자에게 귀속시킬 수 있느냐의 문제는 인과관계가 있는가라는 존재론적 문제가 아니라 그 결과가 정당한 처벌이라는 관점에서 행위자에게 객관적으로 귀속될 수 있느냐라는 규범적·법적 문제에 속한다. 인과관계론과 객관적 귀속론의 관계에 관하여 독일에서는 객관적 귀속론의 독자성을 인정하여 인과관계론을 객관적 귀속론으로 대체해야 한다는 이론도 대두되고 있다. 그러나 인과관계를 무용지물로 보지 않고 이와는 독립된 객관적 귀속관계의 중요성을 강조하면서 인과관계를 먼저 검토하고 난 뒤 더 나아가 반드시 객관적 귀속관계를 검토함으로써 구성요건적 결과의 구성요건 해당성을 최종적으로 판단하려는 견해가 지배적이다.

고의(故意)

독;Vorsatz

고의란 범죄사실에 대한 인식을 말하며 행위자에게 책임을 지우기 위한 조건의 하나이다. 「고의로 했느냐, 모르고 하였느냐」라는 말은 일상용어로서도 자주 사용되고 있다. 나쁜 짓이다. 법률에 저촉된다는 것을 알면서도 일부러 행한 행위가 고의로 한 행위이다. 이 점에서 무심히 부주의로 잘못을 저지른 「과실」과 구별된다. 일부러 한 행위가 부주의로 한 행위보다 무겁게 다루어지는 것은 당연하다. 형법은 먼저 고의에 의한 범죄를 벌하고 예외로 과실범을 벌할 것을 규정하고 있다(형§13단, §14). 한마디로 고의라 하지만 여러 가지 종류가 있다. 저놈을 죽여버리겠다고 분명하게 상대방을 정하여 살인을 의식하는 것을 확정적 고의라고 하고, 이에 반하여 사람들이 군집한 가운데 폭탄을 던져 누군가가 맞을 것이라는 경우(개괄적 고의)나, 甲이 乙, 丙중에서 어느 한 사람을 죽일 작정으로 발포한 경우(택일적고의)나 죽일 작정은 없으나 자칫하면 탄환에 맞을 지도 모르지만 그래도 좋다는 정도의 기분으로 발포할 경우(미필적 고의)를 불확정고의라 하고 모두 고의범으로 처벌된다.

고의의 본질 내지 성립에 관한 학설 개요

학 설	내 용	주장자
인식설 (관념설)	구성요건적 사실에 대한 인식 또는 표상만 있으면 고의가 존재한다고 한다.	Frank, 牧野(아끼노), 염정철
희망설 (사상설)	행위자는 범죄사실의 표상 또는 인식만으로 부족하고, 결과발생을 희망 또는 의욕하여야만 고의가 성립된다고 한다.	Hippel, Mezger, 大場(오오바)
인용설	행위자가 구성요건적 사실을 인식하고 이를 인용하는 태도로 나왔을 때 고의가 성립된다고 한다.	Beling, 小野(오노), 통설 이건호, 정성근
개연 성설	행위자가 범죄사실을 인식하되, 그 인식의 정도가 상당히 고도의 개연성을 띠는 경우 고의가 인정된다고 한다.	Mayer, 莊子, 남흥우

위법의 인식(違法의 認識)

위법의 인식이란 행위자가 자신의 행위가 법률상 허용되지 않음을 인식하는 것을 말한다. 고의로 한다는 것을 알면서 일부러 하는 것이지만, 이 경우에 「알고있다」라 함은 단지 (1) 이것은 타인의 돈지갑이라는 사실을 알면 되는 것인가 (2) 타인의 돈지갑을 훔치는 것은 나쁘다는 것을 인식(위법의 인식)하지 못한다면 고의라 할 수 없는가의 문제가 있다. (1)의 문제는「사실의 인식」이고 (2)는 「위법성의 인식」에 관한 문제이다. 학설은 자연범의 경우에는 (1)의 사실의 인식만으로 고의라 할 수 있으나 법정범의 경우에는 (2)의 위법의 인식까지가 아니면 고의라고는 말할 수 없다는 것도 있으나 고의범이 과실범보다 무겁게 다루게 되는 것은 나쁘다는 것을 알면서도 하는 것에 있으므로 위법의 인식까지 없으면 고의범이 되지 않는 것으로 해석하여야 한다. 이를「위법성의 인식필요설」이라고 한다.

위법성인식의 체계적 지위

학설	내용
고의설	인과적 행위론을 배경으로 고의를 책임요소로 이해하고, 고의의 내용으로서 구성요건에 해당하는 객관적 사실에 대한 인식 이외에 위법성의 인식이 필요하다는 견해이다. 이 견해는 위법성의 인식은 없으나 인식가능성이 있는 경우에 과실책임을 인정할 것인지, 고의책임을 인정할 것인지에 따라 엄격고의설과 제한적고의설로 구분된다.
책임설	목적적 행위론을 배경으로 고의는 주관적 구성요건에 속하고, 위법성의 인식은 독자적인 책임요소가 된다는 견해이다. 이 견해는 위법성조각사유의 전제사실에 대한 착오를 어떻게 이해할 것인가와 관련하여 엄격책임설과 제한적 책임설로 구분된다.
위법성인식불요설	구성요건실현에 대한 인식·인용만 있으면 고의가 성립하고 위법성의 인식은 필요하지 않다는 견해이다.
법과실 준고의설	고의의 성립에 위법성의 인식이 필요하지만 위법성인식의 결여에 과실이 있는 경우에는 고의와 동일하게 취급하는 견해이다.
자연범·법정범 구별설	자연범의 경우에는 고의의 성립에 위법성인식이 필요 없지만, 법정범의 경우에는 고의의 성립에 위법성인식이 필요하다는 견해이다.

미필적 고의(未必的 故意)
라;dolus eventualis

미필적 고의란 범죄사실이 발생할 가능성을 인식하고 또 이를 인용하는 것을 말하며 조건부 고의라고도 한다. 예를 들어 엽총으로 조류를 쏘는 경우에 자칫하면 주의의 사람에게 맞을지도 모른다고 생각하면서 발포하였는데, 역시 사람에게 맞아 사망하였을 경우에 미필적 고의에 의한 살인죄가 성립된다. 그러나 이 경우에 이를 고의범이라 하여 살인죄로 물을 것인가, 아니면 과실치사죄로 취급할 것인가하는 문제가 제기되는데 이는 대단히 미묘한 문제이다. 왜냐하면 그에게는 분명히 살인의 고의는 없었기 때문이다. 그러나 사람에게 맞더라도 할 수 없다고 하는 태도는 사망이라는 결과의 발생을 인용하고 있는 것으로 인정하여 보통의 고의범으로 취급된다. 「어쩌면 하는 고의」라고는 하는 정도의 고의, 즉 「미필의 고의」로서 취급된다. 이에 반하여 조류를 쏜 경우 주의에 사람이 있음을 인식하고는 있으나 자기의 솜씨라든가 행운같은 것을 믿고 결코 사람에게는 맞지 않는다고 생각하고 발포한 경우에는 만일 사람에게 맞아 그 사람이 사망하여도 그는 사망이라는 결과의 발생을 부정하고 한 것이므로 그 부주의의 점만 과실치사죄로서 다루어지는데 불과하다. 이것을 인식 있는 과실(Bewusste Fahrlässingke-it)이라 하고 「미필의 고의」와 미묘한 일선에서 구별된다. 즉 미필적 고의와 인식 있는 과실은 다 같이 결과발생의 가능성을 인식하고 있는 점에서는 차이가 없으나 미필적 고의는 그 가능성을 긍정하고 있는 점에서 결과발생의 가능성을 부정한 인식 있는 과실과 구별되는 것이다.

> 살인죄의 범의는 자기의 행위로 인하여 피해자가 사망할 수도 있다는 사실을 인식·예견하는 것으로 족하지 피해자의 사망을 희망하거나 목적으로 할 필요는 없고, 또 확정적인 고의가 아닌 미필적 고의로도 족하다*(대법원 1994. 3. 22. 선고 93도3612 판결)*.

개연성설(蓋然性說)

행위자가 결과 발생의 개연성을 인식한 때에는 미필적 고의가 성립하고, 단순한 가능성을 인식한 때에는 인식있는 과실이 성립한다는 견해이다.

☞ 미필적 고의

불확정적 고의(不確定的 故意)

라;dolus indeterminatus

구성요건적 결과에 대한 인식 또는 예견이 불명확한 경우를 말한다. 불확정적 고의는 독일 보통법시대에 통용되었고 '포이에르바하(Feuerbach)'에 의해서도 거론되었던 개념으로서 불확정적 의사(ein unbestimmtes Wollen)를 의미한다. 불확정적 고의는 주로 행위 대상이 확정적인 경우를 의미하는 확정적 고의에 대응하는 개념으로서, 이에는 개괄적 고의, 택일적 고의, 미필적 고의가 속하는 것으로 설명되기도 한다. 그러나 고의로 확정적 고의와 불확정적 고의로 분류하는 견해는 그 척도가 분명치 아니하고 특히 불확정적 고의에 이미 설명한 것처럼 서로를 포용할 수 있는 개념인 택일적 고의와 미필적 고의를 함께 포함시키고 있어 그 설득력이 의심스럽다.

개괄적 고의(概括的 故意)

독;dolus generalis

행위자가 일정한 구성요건적 결과는 실현하려고 했으나, 그의 생각과는 달리 연속된 다른 행위에 의해 결과가 야기된 경우를 말한다. 인과관계에 대한 착오의 한 특별한 경우로서, 행위자가 이미 첫번째 행위에 의하여 범행의 결과가 발생했다고 믿었으나 실제로는 두번째 범죄행위에 의하여 비로소 발생된 경우가 이에 해당한다. 예컨대 어떤 자가 사람을 살해했다고 오신하고 죄적을 숨기려고 피해자를 물에 던진 결과 익사한 경우가 이에 해당한다. 이 경우에는 행위자가 발생된 결과에 대한 고의의 기수책임을 진다. 개괄적 고의는 불확정적 고의의 하나로서, 예컨대 군중을 향하여 총을 쏘는 경우처럼 구성요건적 결과가 발생하는 것은 확실하나 어느 객체에 결과가 발생할지가 불확정적인 경우라고 이해되기도 한다. 이러한 입장에서는 택일적 고의를 결과발생이 양자택일인 경우이고, 개괄적 고의는 다자택일의 경우라고 구분한다. 그렇지만 이러한 구분은 의미가 없고 모두 택일적 고의에 포함되는 것으로 이해하는 것이 타당하다.

착오(錯誤)

라;error 영;mistake
독;Irrtum 불;erreur

착오란 주관적 인식과 객관적 실재가 일치하지 않는 것을 의미한다. 형법상으로는 구성요건적 고의와 구성요건적 사실이 일치하지 않는 경우를 말한다. 착오에는 현실적으로 존재하지 않는 사실을 존재한다고 생각하는 적극적 착오와 존재하는 사실을 존재하지 않는다고 생각하는 소극적 착오가 있다. 예를 들어 환각적 불능범 및 미수범이 적극적 착오에 해당된다.

비 교 표

<table>
<tr><th>학설</th><th></th><th>객체의 착오</th><th>방법의 착오</th></tr>
<tr><td rowspan="2">구체적 부합설</td><td>구체적 사실의 착오</td><td>기수</td><td>미수+과실</td></tr>
<tr><td>추상적 사실의 착오</td><td colspan="2">미수+과실의 상상적 경합</td></tr>
<tr><td rowspan="2">법정적 부합설</td><td>구체적 사실의 착오</td><td colspan="2">기수</td></tr>
<tr><td>추상적 사실의 착오</td><td colspan="2">미수+과실의 상상적 경합</td></tr>
<tr><td rowspan="3">추상적 부합설</td><td>구체적 사실의 착오</td><td colspan="2">기수(법정적 부합설과 동일)</td></tr>
<tr><td rowspan="2">추상적 사실의 착오</td><td colspan="2">경(인식)→중(실현)=(경 : 기수, 중 ; 과실)</td></tr>
<tr><td colspan="2">중(인식)→경(실현)=(중 : 미수, 경 ; 기수)</td></tr>
</table>

구성요건적 착오(構成要件的 錯誤)

(Tatbestandsirrtum)

종래 사실의 착오와 같은 말로, 구성요건의 객관적 요소(사실적 요소·규범적 요소 포함)에 관한 착오를 말한다. 이에 관하여는 오랫동안 위법성의 사실에 관한 착오가 사실의 착오인가 법률의 착오인가에 대해 논란이 있어 왔던 바, 이런 개념의 혼동을 피하기 위해서도 사실의 착오와 법률의 착오의 분류보다는 구성요건적 착오와 금지의 착오로 분류하는 것이 타당하다.

사실의 착오와 법률의 착오

(事實의 錯誤와 法律의 錯誤)

종래에는 착오를 사실의 착오와 법률의 착오로 분류한 뒤, 사실의 착오는 고의를 조각하지만 법률의 착오는 고의를 조각하지 않는다고 보는 것이 일반적이었다. 그러나 이러한 구별은 명확하지 않아 착오론 자체를 혼란에 빠뜨리게 되었다. 그리하여 최근에 이를 구성요건적 착오와 금지의 착오와 구별한 뒤, 구성요건의 착오는 객관적 구성요건요소의 존재에 대한 착오임에 반하여 금지의 착오는 행위자가 인식한 사실이 법적으로 금지되어 있느냐에 대한 착오를 의미한다고 하고 있다(독일형§16, §17).

구체적 부합설(具體的 附合說)

행위자의 인식과 발생한 사실이 구체적으로 부합하는 경우에 한하여 발생한 사실에 대한 고의를 인정하는 학설을 말한다. 구체적 부합은 비록 동기의 착오는 있었다 할지라도 현실적으로 인식한 객체에 결과가 발생하고, 행위자가 생각했던 객체와 실제로 행위의 대상이 되었던 객체사이에 구성요건적 동가치성이 있어야 한다는 두가지 조건에 부합될 때에만 긍정된다. 이 설에 의하면 구체적 사실의 착오에 있어서 객체의 착오에 관하여는 고의법의 기수를 인정하나, 방법의 착오에 관하여는 인식과 사실이 구체적으로 부합되지 아니하므로 인식한 사실에 대한 미수와 발생한 사실의 과실범의 상상적 경합이 성립한다고 보며, 추상적 사실의 착오에 관하여는 방법의 착오와 같이 해결한다.

법정적 부합설(法定的 符合說)

구성요건적 착오에 관한 학설 가운데 하나로서, 행위자의 인식과 발생한 사실이 구성요건적으로 부합되면 언제나 발생된 사실에 대한 고의가 성립한다는 이론이다. 이 설은 프랑크, 리스트 등이 주장하고 독일의 소수설인데, 우리나라와 일본에 있어서는 다수설의 위치에 있다. 이 설은 구체적 사실의 착오에 관하여는 객체의 착오와 방법의 착오를 불문하고 인식한 사실과 발생한 사실이 동일한 구성요건에 속하므로 결과에 대한 고의의 성립을 인정한다. 그러나 추상적 사실의 착오에 관하여는 구체적 부합설과 같이 인식한 사실의 미수와 발생한 사실의 과실범의 상상적 경합이 된다고 한다. 법정적 부합설은 구성요건적 부합설과 법익(죄질) 부합설로 구분되기도 한다. 구성요건부합설은 행위자가 인식한 사실과 발생한 사실이 같은 구성요건에 속하는 경우에만 발생한 사실에 대한 고의를 인정함에 대하여, 죄질부합설은 양자사이에 구성요건이 같은 경우는 물론 죄질이 동일한 경우에도 고의의 성립을 인정하고 있다. 따라서 기본적 구성요건과 가중적 구성요건 사이에는 물론, 절도죄와 점유이탈물횡령죄와 같은 다른 구성요건 사이에도 고의가 인정된다.

사실의 착오의 태양
(事實의 錯誤의 態樣)

사실의 착오는 크게 구체적 사실의 착오와 추상적 사실의 착오로 분류할 수 있다. 구체적 사실의 착오란 인식사실과 발생사실이 구체적으로 일치하지 아니하나 동일한 구성요건에 해당하는 경우를 말하고, 추상적 사실의 착오란 인식사실과 발생사실이 서로 상이한 구성요건에 해당되는 경우를 말한다.

사실의 착오와 고의의 성부
(事實의 錯誤와 故意의 成否)

고의가 현실로 발생한 사실과 어느 정도 일치하여야 고의범의 기수로 처벌할 수 있느냐라는 문제가 제기되는데 이에 대해서는 세 가지의 견해가 있다. (1) 구체적 부합설 : 인식사실과 발생사실이 구체적으로 부합되는 경우에 한하여 고의·기수의 성립을 인정하려는 견해, (2) 법정적 부합설(구성요건적 부합설) : 인식사실과 발생사실이 법정적 사실의 범위에서 符合하면, 즉 동일한 구성요건에 속하면 고의·기수의 성립을 인정하는 견해, (3) 추상적 부합설 : 인식사실과 발생 사실이 모두 범죄사실인 이상 추상적으로 양자가 일치하는 한도에서 고의·기수의 성립을 인정하여야 한다는 견해.

객체의 착오(客體의 錯誤)

객체의 착오란 행위자가 의도한 객체가 아닌 다른 객체를 침해한 경우를 말하며 목적의 착오라고도 한다. 객체의 착오에는 동일한 구성요건의 범위 내에서 생기는 경우(구체적 사실의 착오)와 별개의 구성요건에 걸쳐서 생기는 경우(추상적 사실의 착오)가 있다. 예를 들어 甲인줄 알고 발포하였던 바 사실은 乙이었던 경우는 구체적 사실의 착오의 예이고, 개라고 생각하여 사살하였는데 개가 아니라 사람이 사망하였던 경우는 추상적 사실의 착오의 예이다. 이러한 객체의 착오에 대해 통설 및 판례는 고의의 성립에 영향을 미치지 않는 것으로 보고 있다.

방법의 착오(方法의 錯誤)

방법의 착오는 타격의 착오라고도 하며 수단에 엇갈림이 생겨 의도한 객체 이외의 객체에 결과가 발생하여 버린 경우를 말한다. 예를 들어 甲을 향하여 발포하였는데 갑에 명중하지 아니하고 옆에 있던 乙에 명중하여 버린 것과 같은 경우이다. 이 경우에 구체적 부합설에 의하면 甲에 대한 살인죄의 미수와 乙에 대한 과실치사죄와의 관념적 경합을 인정하고, 법정적 부합설·추상적 부합설에 의하면 乙에 대한 관계에도 살인죄의 기수를 인정한다. 최근의 유력설은 방법의 착오에 대하여 구체적 부합설을 취한다. 왜냐하면 갑을 향하여 발포하였는데 갑뿐만 아니고 우연히 곁에 있던 을에게도 명중한 경우에는 법정적 부합설로서는 설명이 곤란하기 때문이다.

구체적 사실의 착오
(具體的 事實의 錯誤)

인식한 행위객체와 결과가 발생한 행위객체 사이에 구성요건적 동가치성이 인정되는 경우의 착오를 말한다.

인과관계의 착오
(因果關係의 錯誤)
독;Irrtum ber Kausalverlauf

인식된 사실과 발생된 사실은 일치하지만 그 결과에 이르는 인과과정이 행위자가 인식했던 인과과정과 다른 경우를 말한다. 예컨대 갑이 을을 강물에 밀어 넣어 익사시키고자 함에 있어서 을이 강물에 떨어지는 중 교각에 머리를 부딪쳐 사망한 경우가 이에 해당한다. 종래 인과과정이 행위자의 표상과 본질적으로 상위한가 아니면 비본질적으로 상위한가를 기준으로 하여 본질적인 상위의 경우 발생된 결과에 대한 고의기수를 부인하고 비본질적인 상위의 경우에는 고의기수를 인정하였다. 그러나 최근에는 인과관계의 착오를 단지 객관적 귀속의 문제로 해결하려는 경향이 점증하고 있다. 인과관계의 착오에서는 인과과정과 관련된 행위자의 주관적 표상보다 행위자의 행위에서 발단하여 현실적으로 등장한 인과과정과 현실적으로 야기된 결과가 일반인의 관점에서 객관적으로 귀속될 수 있느냐가 더 중요하기 때문이다.

위법성 조각사유의 객관적 전제조건에 관한 착오

(違法性 阻却事由의 客觀的 前提條件에 관한 錯誤)

행위자가 객관적으로 존재하지 않는 위법성 조각사유의 객관적 전제사실이 존재한다고 착오로 잘못 믿고 정당방위·긴급피난·자구행위 등의 조치를 취한 경우를 말한다. 허용구성요건 착오라고도 한다. 이에는 오상방위·오상긴급피난·오상자살행위 등이 있다. 이 같은 허용구성요건착오의 경우는 그것이 위법성 조각사유의 객관적 요건과 관련되어 있다는 점에서 구성요건의 객관적 표지와 관계되어 있는 구성요건착오와 유사한 점이 있는 반면, 행위의 금지사실과 관련되어 있다는 점에서 금지착오와도 유사한 점이 있다. 그리하여 이것을 구성요건착오로 볼 것인가 또는 금지착오로 볼 것인가, 아니면 제3의 착오형태로 보아야 할 것인가가 논의의 핵심이 되고 있다. 소극적 구성요건표지이론은 위법성조각사유의 객관적 전제사실에 관한 착오를 구성요건착오로 취급한다. 따라서 허용구성요건 착오는 구성요건 착오에 관한 규율이 직접 적용되는 경우로서, 고의가 배제되며, 만약 행위자에게 과실이 있고 과실범처벌이 법정되어 있는 경우에는 과실범으로 처벌될 수 있다는 것이다. 제한적 책임설은 허용구성요건착오의 경우에 고의가 배제된다는 결론에 있어서는 소극적 구성요건 표지이론과 같다. 그러나 위법성조각사유의 객관적 전제사실은 구성요건의 객관적 요소와 유사성은 갖고 있지만 동일한 것은 아니라는 전제에서 허용구성요건착오가 있는 경우에는 구성요건착오의 경우 그 불법내용에는 구성요건고의가 그대로 남아 있어 고의범이 성립하지만, 그 법효과, 즉 처벌에 있어서 만은 행위자의 감경된 책임 때문에 과실범과 같이 취급한다. 따라서 고의행위자가 과실범으로 처벌받는 결과가 된다. 엄격책임설은 목적적 범죄체계에서 주장하는 이론으로서 허용구성요건착오의 경우는 구성요건착오의 경우가 아니라 금지착오의 규정이 직접 적용되는 예로 본다. 모든 위법성조각사유는 구성요건해당성을 배제하는 것이 아니라 위법성만을 조각하는 것이므로 위법성 조각사유의 객관적 전제사실에 관한 착오는 구성요건고의를 배제하는 것이 아니라 책임요소인 위법성의 인식, 즉 불법의식을 배제할 뿐이기 때문에 그것은 구성요건착오가 아니라 금지착오라는 것이다.

과실(過失)

라;culpa 영;negligence
독;Fahrlässigkeit 불;faute

과실이란 고의와 함께 책임요건의 하나로서 범죄사실의 발생을 행위자의 부주의에 의하여 인식하지 못한 것을 말한다. 예를 들어, 생각 못한 실수로 화재를 내거나 자면서 몸을 뒤쳐 아기를 압사시키는 것 등이 과실이다. 알면서 일부러 한 일이 아니기 때문에 엄격한 책임을 부여할 수는 없으나 주의만 하면 그러한 결과를 가져오지 않을 수 있고 사회생활을 영위하는 보통인이면 서로 인명이나 공공의 안전에 대하여 과실이 없도록 주의할 의무가 있을 것이다. 바로 이 주의의무에 위반하여 중대한 피해를 발생시킨 점에 대하여 과실범으로서의 형사책임을 묻게 되는 것이다. 그러나 논어에는 「잘못은 따지지 말라」고 했다. 형법은 고의범을 원칙적으로 벌하고 과실범은 예외적으로 법률에 과실범을 벌하는 규정이 있는 경우에 한하여 이를 벌하기로 되어 있다(형§14). 이와 같이 과실은 부주의에 대한 형법적인 비난이므로 아무리 주의를 하여도 결과의 발생을 피할 수 없었다는 경우에는 불가항력으로 과실범으로서도 성립하지 아니한다. 또 성격적으로 주의력 산만으로 인해 주의하려 해도 주의할만한 주의능력이 없는 사람에 대하여는 부주의의 책임까지도 추급할 수 없는 것이나 그래서는 득을 보는 자가 생길 수 있기 때문에 주의했는가 아니했는가는 통상일반 보통인의 주의능력을 표준으로 하여 정하도록 되어 있다.

인식 없는 과실(認識 없는 過失)

라;negligentia

행위자가 그에게 요구되는 주의의무를 위반하여 법적 구성요건의 실현가능성을 인식하지 못한 경우를 말한다. 우리 형법 제14조에 규정된 '죄의 성립요소인 사실을 인식하지 못한 행위'란 바로 인식 없는 과실을 지칭한 말이다.

인식 있는 과실(認識 있는 過失)

라;luxuria

행위자가 법적 구성요건의 실현가능성을 인식했으나 그에게 요구되는 주의의무를 위반하여 자신의 경우에는 구성요건이 실현되지 않을 것으로 신뢰한 경우를 말한다. 우리 형법 제14조는 인식 없는 과실만을 명문으로 규정하고 있지만 인식 있는 과실도 당연히 전제하고 있다. 행위자가 구성요건 실현의 가능성을 인식했지만 자신의 능력을 과신하거나 기타 부주의로 구성요건적 결과가 발생하지 않으리라고 신뢰한 점이 이 과실형태의 특징이다. 인식 있는 과실은 특히 미필적 고의와의 구별이 문제된다.

중과실(重過失)

라;culpa lata
영;gross negligence
독;grobe Fahrlässigkeit
불;lourde faute, faute grave

중과실이란 주의의무의 위반이 현저한 과실, 즉 극히 근소한 주의만 하였더라도 결과발생을 예견할 수 있었음에도 불구하고 부주의로 이를 예견하지 못한 경우를 말한다. 형법 제171조의 중실화 제268조의 중과실사상이 여기에 해당된다. 중과실의경우는 보통의 과실, 즉 경과실에 비하여 비교적 형이 중하다.

업무상 과실(業務上 過失)

독;Berufsfahrlässigkeit

업무상 필요한 주의를 태만히 하는 것, 즉 의사나 자동차운전사와 같이 사람의 생명·신체 등에 위험이 따르는 각종 업무에 종사하고 있는 자가 그 업무의 수행상 필요한 주의의무를 게을리 하여 사람을 상하게 하거나 사망케 한 경우는 보통의 과실범에 비하여 중하게 처벌되는데, 이러한 것을 업무상 과실이라고 한다. 예를 들어 형법 제268조의 업무상과실치사상죄, 제189조의 업무상과실교통방해죄 등이 이에 해당한다. 이와 같이 업무상 과실을 중하게 처벌하는 것은 보통과실에 비하여 주의의무는 동일하나 예견의무가 다르기 때문에 책임이 가중되어 형법이 이를 가중하여 벌하는 것이다.

허용된 위험(許容된 危險)

결과발생의 가능성을 예견하였을 경우에 최선의 회피수단은 그러한 행위를 즉각 중지하는 것이다. 그러나 결과발생을 방지하기 위하여 오늘날의 발달된 기계문명의 시설을 모두 제거해 버릴 수는 없다. 왜냐하면 만약 그렇게 된다면 그것은 문명에 대한 역행이 되기 때문이다. 따라서 일정한 생활범위에 있어서는 예견하고 회피할 수 있는 위험이라 할지라도 전적으로 금지할 수 없는 것이 있다. 그러한 위험을 허용된 위험이라고 한다. 예를 들어 허용된 위험은 자동차교통에 있어서와 같이 모든 교통규칙을 준수하더라도 타인에게 피해를 입힐 가능성이 항상 내포되어 있는 경우에 인정되는 것이다. 이러한 허용된 위험은 사회생활상의 필요성과 결합된 사회적 상당성(soziale Adäquanz)의 표현이라고 할 수 있다.

신뢰의 원칙(信賴의 原則)

위험발생의 방지책임을 공동으로 지고 있는 수인이 있는 경우에 각인은 특별한 사정이 없는 한 공동책임을 지고 있는 타인이 그의 채무를 충실히 이행한 것이라는 신뢰아래 자신의 책무만 충실히 이행하면 된다고 생각하게 된다. 예를 들어 교통규칙을 준수한 운전자는 다른 교통관여자가 교통규칙을 준수할 것이라고 신뢰하게 되는 것이다. 이와 같이 타인의 책무수행에 대한 신뢰하에 자기의 할 일을 다한 경우에는 주의의무를 이행하였다고 보는 것을 신뢰의 원칙이라고 한다. 독일의 판례가 발전시킨 이론으로 오늘날 많은 학자들의 지지를 받고 있으며 우리 대법원 판례도 교통사고의 경우에 이 원칙을 인정하고 있다.

결과적 가중범(結果的 加重犯)

독;erfolgsqualifiziertes Delikt

일정한 고의에 기한한 범죄행위가 그 고의를 초과하여 행위자가 예견하지 못하였던 중한 결과를 발생시킨 경우에 그 중한 결과에 의하여 형이 가중되는 범죄를 말한다. 예를 들어 단지 쓰러뜨릴 작정으로 안면을 구타하였더니 뇌출혈로 상대방이 죽어버린 경우에는 어떻게 되는가, 이 경우 행위자에게는 구타할 의사는 있었으나 살의는 전혀 없었다. 따라서 사망은 의외의 결과이므로 과실치사죄가 성립될 만하기도 하다. 그러나 형법은 구타라는 본래의 행위에 고의가 있으면 그 행위에서 파생한 결과(사망)에 대하여는 설사 결과의 발생을 인식하지 않았다 하여도 그 결과에 대하여는 과실범으로서가 아니라 상해치사죄(형§259)로서 상해죄보다 무겁게 벌하게 되어 있다. 이것이 결과적 가중범이다. 이외에 기차를 전복하여 승객 등을 사망시킨 경우(§187), 강도현장에서 사람을 살해한 경우(§338)등 모두기차전복·강도의 기본행위에 고의가 있으면 우연히 사람을 사상케 하여도 그 결과에 의하여 기본행위보다 무거운 책임을 지우게 된다.

위 법 성

위법성(違法性)

독;Rechtswidrigkeit
불;lément injuste

범죄의 성립요건의 하나로서 행위가 법률에 의해 허용되지 않는다는 성질을 말한다. 범죄는 위법한 행위이다. 상술하면 범죄는 형법각칙의 규정(예를 들어, 제250조의 살인죄, 제329조의 절도죄)에 해당되는 위법·유책한 행위이다. 따라서 행위가 「위법」하다는 것은 범죄의 성립에 매우 중요한 요소이다. 그러나 그럼에도 불구하고 형법에는 무엇이 위법인가에 대해 정의를 내리고 있지 않다. 보통은 형법각칙의 처벌규정에 해당하는 행위를 원칙으로 하여 위법여부를 판단하는 것이나, 무엇이 위법인가의 문제에 대한 실질적인 답은 학설에 맡기고 있으며, 형법에는 다만 실질적으로 위법한 행위가 되지 않는 행위만을 제20조부터 제24조까지 규정하고 있을 뿐이다. 실질적으로 위법이라 함은 문자 그대로 법에 어긋나는 것, 즉 법질서에 위반하는 것이다. 이것을 조리위반, 의무위반, 공서양속위반 또는 규범위반이라고도 하는데 모두 같은 의미를 표현하고 있는 것이라 이해해도 좋다. 요컨대 위법성이란 사회적으로 견디기 어려운 것(사회적 상대성)을 말하는 것이다. 예를 들어 비록 자신이 놓은 불이 아니라고 하더라도 타인이 놓은 불이 화재가 될 것을 알면서도(더구나 불을 쉽게 끌 수 있음에도 불구하고 끄지 않은 경우에 그러한 행위는 방화죄(즉 위법)가 된다는 과거의 일본판례가 있었는데 이는 사회생활상 상당하지 않은 행위라는 것이 그 이유일 것이다.

위법성의 본질

구 분		학 설 의 내 용	주 장 자
형식적 위법성론		행위자가 형식적으로 법규범에 위반하면 위법성 있다고 함.	Binding, Merkel
실질적 위법성론	권리침해설	권리침해가 위법의 본질이라고 함	Feuerbach
	법익침해설	법질서 목적위반, 즉 법익의 침해 또는 위태가 위법의 실질이라고 함	Bimbaum Liszt
	유해성설	사회생활상 이익을 비교형량하여 유익한 것보다 유해한 것이 초과된 행위가 위법이다.	Hippel Sauer
	반윤리성설	문화규범에 반하는 것이 위법이다.	M. E. Mayer
		사회적 상당성에 반한 것이 위법	Welzel
		조리에 반하는 것	瀧川(다끼가와), 草野(구사노)

가벌성의 조건(可罰性의 條件)

성립된 범죄의 가벌성에 직접 관련된 것으로, 일단 성립한 범죄의 가벌성만을 형벌 필요성 내지 형사정책적 이유에서 문제삼는 요건을 말한다. 이에는 적극적 가벌요건인 객관적 처벌조건과 소극적 가벌요건인 인적 처벌조각사유가 있다. 가벌성의 재판인 형 면제의 판결을 선고하게 된다.

가벌적 위법성론(可罰的 違法性論)

일본형법에서 형벌의 겸억주의(경미한 사건에 무죄판결을 내리기 위한)를 바탕으로 하여 발전된 것으로, 이 이론에 의하면 행위가 일정한 구성요건에 해당하더라도 범죄로써 형벌을 과하기에 상당한 정도의 위법성을 결한 경우에는 아직 위법하다고 할 수 없다고 한다. 사회상규에 위배되지 아니하는 행위를 포괄적 위법성조각사유로 규정하고 있는 우리 형법(20조)에는 이 이론을 도입해야할 하등의 필요성이 없으며, 각 본조에는 구성요건을 일정한 형벌의 예고로서 법적으로 금지된 행위의 유형 즉, 가벌적 위법유형을 표시하여 규정하고 있다. 이 이론은 위법성과 불법을 구분하지 아니한 개념상의 문제점이 있다.

객관적 위법성설

(客觀的 違法性設)
독;Objektive Rechtswidrigkeit

법규범의 기능을 평가규범과 결정규범으로 나누어 객관적인 평가규범에 위반하는 것이 위법이라고 하는 견해를 말한다. 주관적 위법성설에 대립하는 것으로서 법은 의사결정 규범으로서의 기능을 하기 이전에 논리적 전제로서 평가규범으로서의 기능을 하게된다는 법규범의 구조분석에서 출발한 이론이다. 이 이론은 예링(v. Jhering)에 의하여 민법분야에서 처음으로 주장되었으나, 이를 형법학에 도입하여 객관적 위법성설의 기초를 제시한 자는 베링·리스트·나글러이고, 또 힙펠·슈미트·메츠거 등의 지지를 받아 통설로 되었다.

객관적 위법성(客觀的 違法性)

법을 객관적인 평가규범으로 이해하고, 행위가 객관적인 평가규범에 위반하는 것을 위법이라고 하는 설. 범죄는 위법한 행위이다. 그러나 그 위법이라는 것을 누구의 입장에서 판단할 것인가에 대하여는 학설의 다툼이 있다. 통설은 이를 제3자(일반인)의 입장에서 객관적으로 결정해야 한다고 주장한다. 따라서 행위는 이러한 입장에서 객관적으로 위법성이 있는 경우에 범죄가 되는 것도 행위자가 어떻게 생각하든지 객관적으로 위법이기 때문이다. 다만 객관적으로 판단한다 하더라도 판단의 객체에 주관적 요소, 즉 행위자의 동기·목적 등을 포함하는 것은 모순되지 않는다. 이와 같은 요소를 포함하여 객관적으로 위법성을 결정하는 것이다.

주관적 위법성(主觀的 違法性)

주관적 위법성이라 함은 행위자의 유책행위를 전제로 하는 객관적 위법성의 반대말로서 무엇이 위법인가를 행위자의 입장을 중심으로 하여 결정한다는 설이다. 다시 말해서 행위는 그것이 객관적으로 위법하다는 것만으로는 부족하고 행위자가 위법하다는 것을 알면서 그 행위를 한 경우가 아니면 위법이라 할 수 없게 된다. 따라서 이 입장에서 보면 정신병자는 자기의 행위에 대하여 위법이라는 평가를 할 수 없기 때문에 그 행위는 언제나 위법이 아니고 범죄가 되지 않는다(특히 이 자의 침해에 대하여는 정당방위도 성립되지 않을 것이다). 원래 행위자가 어떻게 생각하였는가 하는 것은 책임의 문제이기 때문에 이 설은 위법의 문제와 책임의 문제를 혼동하고 있다는 비판을 받고 있다.

위법성 조각사유(違法性 阻却事由)

독;Rechtswidrigkeitsaus-schliessungsgrund
불;fait justificatif

위법성을 조각하는 일련의 사유를 말한다. 위법성은 범죄성립요건의 하나이므로 위법성이 없으면 범죄는 성립하지 않는다. 그런데 형법은 위법성에 관하여 적극적으로 규정하지 않고 소극적으로 위법성이 조각되는 사유만을 규정하고 있다. 따라서 형법의 각칙규정 중에 형벌을 규정한 조문에 해당하는 행위는 일단 위법한 것(형식적 위법)으로 판단된다. 그러나 그 행위가 실질적 또는 사회적으로 상당한 것으로 인정될 경우에는 그러한 위법성을 조각하게 된다. 형법은 제20조에서 제24조까지 정당행위, 정당방위, 긴급피난, 자구행위, 피해자의 승낙 등을 위법성조각사유로 규정하고 있다. 노동쟁의행위, 치료행위 등에 대하여는 이를 제20조의 정당행위에 포함시킬 것인가에 대하여 다툼이 있다. 여하간 범위의 광협(廣狹)의 차는 있으나, 형법이 규정하고 있는 세 가지의 경우에 한하지 아니하고 실질적으로 보아 사회적으로 상당성이 있는 행위는 위법성을 조각한다는 견해가 지배적이다. 이와 같은 형법에 규정되어 있는 위법성조각사유 이외의 위법조각사유를 초법규적 위법조각사유라고 한다.

객관적 처벌조건

(客觀的 處罰條件)
독;objktive Bedingungen der Strafbarkeit

범죄의 성부와 관계없이 일단 성립한 범죄에 대한 형벌권의 발생을 좌우하는 외부적·객관적 사유를 말한다. 예컨대 파산범죄에 있어서 파산의 선고가 확정된 때(파산법 366조·367조) 또는 사전수뢰죄에 있어서 공무원 또는 중재인이 된 사실(형법 129조2항)이 여기에 해당한다. 명예훼손죄 즉 형법 제307조의 규정이 객관적 처벌조건에 속한다는 견해도 있다. 그러나 형법 310조는 특수한 위법성조각사유를 규정한 것이라고 해석하는 것이 다수설이다. 객관적 처벌조건은 책임원칙에 위배된다는 견해가 있다. 그러나 객관적 처벌조건은 충분한 불법내용과 책임내용이 드러남에도 불구하고 형벌을 부가적 정황에 의존하게 함으로써 실제에 있어 형벌의 제한근거가 되기 때문에 책임원칙에 합치된다고 보아야 할 것이다.

정당방위(正當防衛)

독;notwehr
불;légitime défense

자기 또는 타인의 법익에 대한 현재의 부당한 침해를 방위하기 위한 행위 즉 급박부당한 침해에 대하여 자기 또는 타인의 권리를 방위하기 위하여 부득이하게 된 가해행위를 말한다. 몸에 튀긴 불꽃은 털어 버려야 한다. 우리들은 누구도 부당한 침해를 감수할 의무는 없다. 이러한 취지를 규정한 것이 바로 형법 제21조의 정당방위이다. 따라서 정당방위행위에 의하여 상대(침해자)를 죽이거나 상하게 하여도 살인죄(형§250)나 상해죄(§257) 등은 성립하지 않는다. 이것이 위법조각사유의 가장 전형적인 것이다. 그런데 이러한 정당방위가 성립되려면 세 가지의 요건이 필요하다. 첫째는 급박부당한 침해가 존재해야 한다는 것이다. 여기서 말하는 급박이라 함은 현재라는 의미이므로 과거 또는 미래의 침해에 대하여는 정당방위가 허용되지 아니한다. 따라서 밤마다 술을 도둑질 당하기 때문에 그 보복으로 술병에 독을 넣어 두는 것 같은 경우에는 해당이 안 된다. 침해는 실해뿐만 아니라 위험도 포함한다. 두 번째로는 자기 또는 타인의 권리를 방위하기 위한 것이 아니면 안 된다는 것이다. 여기서 말하는 권리는 법률이 보호하는 이익이라는 넓은 의미의 것으로 또 방위한다는 목적이 없어서는 안된다. 세 번째로 부득이한 것이었어야 한다. 이것은 급박피난과 달라서 다른 수단·방법이 없었다는 경우이었음을 요하지 아니하고, 필요부득이

한 것이었다는 것만으로도 족하다. 방위행위가 필요의 정도를 넘으면 과잉방위가 되어 위법성을 조각하지 못하게 된다. 이러한 정당방위의 본질에 대하여 통설은 법의목적이 정당한 법익보호에 있는 이상 법규범의 본질상 당연히 정당방위가 인정된다고 한다(법규범본질설).

> 경찰관의 행위가 적법한 공무집행을 벗어나 불법하게 체포한 것으로 볼 수밖에 없다면, 그 체포를 면하려고 반항하는 과정에서 경찰관에게 상해를 가한 것은 불법 체포로 인한 신체에 대한 현재의 부당한 침해에서 벗어나기 위한 행위로서 정당방위에 해당하여 위법성이 조각된다*(대법원 2000. 7. 4. 선고 99도4341 판결).*

대물방위(對物防衛)

독; Notwehrgegen Sachen

정당방위의 요건 중 하나인 「현재의 부당한 침해」가 사람의 침해행위가 아니라 그 이외의 단순한 침해사실이 있을 때에 이에 대해 방위행위를 할 수 있는가 하는 경우이다. 여기서 주로 문제가 되는 것은 동물의 침해가 있는 경우이다. 이에 대해 학설은 (1) 동물의 침해는 부당한 침해가 아니라는 것을 근거로 하여 정당방위가 성립되는 것이 아니라 긴급피난이 허용된다는 설과 (2) 법익에 대한 침해는 모두 위법한 것이므로 정당방위를 인정해야 한다는 설로 나뉘어져 있다.

오상방위(誤想防衛)

객관적으로 정당방위의 요건이 구비되지 않았음에도 불구하고 주관적으로 구비된 것으로 오인하고 방위행위를 한 경우를 말한다. 예를 들어 밤길에 사람을 만나 이를 강도로 잘못 알고 상해한 것과 같은 경우이다.

실제로는 급박부당한 침해(즉 강도)가 없는데도 이를 있다고 오신하여 방위행위에 착수하였다는 점에서 정당방위와 비슷하지만 이와는 구별하여야 한다.

이 경우는 위법인 사실을 인식하지 못한 것이므로 이를 단순한 과실상해로 볼 것인가(사실의 착오설), 또는 우선 고의의 상해로 볼 것인가(위법성의 착오설)에 대하여는 설이 나뉘어져 있다. 형법학상 가장 다툼이 있는 문제의 하나이다.

과잉방위(過剩防衛)

독 ; Notwehrexzess
불 ; excés de la légitime défense

방위행위가 지나쳐 그 상당성의 정도를 벗어난 경우를 말하며, 초과방위라고도 한다. 과잉방위는 위법한 행위로서 범죄가 되지만 정황에 의하여 그 형의 경감 또는 면제될 수 있다(형법 21조2항). 과잉방위의 경우에 있어서도 그 행위가 야간 기타 불안스러운 상황하에서 공포·경악·흥분 또는 당황으로 인한 때에는 벌하지 아니하는데(형법 21조3항), 이는 이러한 불안한 상태하에서는 적법행위에의 기대가능성이 없고, 따라서 책임성이 조각되기 때문이다.

오상과잉방위(誤想過剩防衛)

오상과잉방위란 현재의 부당한 침해가 없음에도 불구하고 존재한다고 오인하고 상당성을 넘어 방위행위를 한 경우, 즉 오상방위와 과잉방위가 결합된 경우를 말한다. 오상과잉방위의 처리에 대해서는 이를 오상방위와 동일하게 취급하여 엄격책임설에 따라 처리해야 한다는 견해와 과잉성을 인식한 협의의 오상방위는 과잉방위로, 착오로 그 정도를 초월한 광의의 오상방위는 오상방위와 같이 처리하자는 견해가 있다.

긴급피난(緊急避難)

영;necessity
독;Notstand
불;tat de nécessité

자기 또는 타인의 법익에 대한 현재의 위난을 피하기 위한 행위를 말하는 것으로서 위법성조작사유의 하나이다. 자기 또는 타인의 생명, 신체, 자유, 재산에 대한 현재의 위난을 피하기 위하여 부득이 행한 행위로서, 그 행위에서 생긴 피해는 피하려는 피해의 정도를 넘지 않은 경우에 인정되며, 그 피해의 정도를 넘은 때에는 과잉피난이 되어 위법성이 조각되지 않는다는 것은 정당방위의 경우와 같다(형§22). 법익은 생명, 신체, 자유, 재산의 네 가지이나 명예, 정조에 대한 현재의 위난(실해와 위험)을 피하려는 경우에도 인정된다. 긴급피난이 정당방위와 상위되는 점은 (1) 정당방위는 부정에 대한 정(正)이라는 관계이나, 긴급피난은 정(正) 대 정(正)이라는 관계에 있는 것 (2) 긴급피난은 달리 취할 방법이 없는 경우가 아니면 인정되지 않는 것(보충성) (3) 법익을 비교하여 피할 수 있었던 피해가 加한 피해보다 크지 않으면 안 된다는 것의 세 가지 점이다. 예를 들어 길을 꽉 채운 자동차를 피하려고 연도의 인가에 돌입한 경우에 생명, 신체의 위험과 주거의 안전과의 비교에서 긴급피난이 허용되며 주거침입이 되지 않는 것은 그 하나의 예라 하겠다. 다만 경찰관, 소방관과 같이 일정한 위험에 직면할 의무가 있는 자들에게는 긴급피난성립의 여지가 적게 된다(형§22②참조).

임신의 지속이 모체의 건강을 해칠 우려가 현저할 뿐더러 기형아 내지 불구아를 출산할 가능성마저도 없지 않다는 판단하에 부득이 취하게된 산부인과 의사의 낙태 수술행위는 정당행위 내지 긴급피난에 해당되어 위법성이 없는 경우에 해당된다*(대법원 1976. 7. 13. 선고 75도1205 판결)*.

정당방위와 긴급피난의 비교
<(正) 정당방위 (緊) 긴급피난>

구분	같은 점
성질면	•긴급피난 •위법성조각사유
성립요건	•자기 또는 타인의 법익 •방위·피난의사가 필요 •침해와 위난의 현재성
취급면	•불벌 •오상·과잉행위의 문제에 있어서 동일 •가담자도 불벌
•긴급피난의 본질에 있어서는 책임조각설, 이분설 등의 학설대립이 있다.	

구 분	다 른 점
본 질 상	(정) 부정 대 정 (긴) 정 대 正
상 당 성	(정) 법익균형·보충성 불요 (긴) 법익균형·보충성 요함
행위대상	•제3자 법익침해는 정당방위가 아니나 긴급피난에서는 가능함 •사실의 침해→긴급피난
주 체	(정) 제한없음 (긴) 제한있음(형§22②)
민 법 상 책 임	(정) 손해배상책임 없음 (긴) 배상책임 있는 경우가 있음

오상피난(誤想避難)

독;Putativnotstand

객관적으로 긴급피난의 요건이 사실이 존재하지 아니함에도 불구하고 그것이 존재한다고 오신하고 피난행위를 한 경우를 말한다. 오상피난은 오상방위와 마찬가지로 위법성조각사유의 전제사실에 착오가 있는 경우에 해당한다. 착각피난이라고도 한다.

과잉피난(過剩避難)

독;Notstandsexzeß

피난행위의 상당성이 결여된 경우를 말한다. 위법성을 조각하지 아니하나, 정황에 따라 그 형을 경감 또는 면제할 수 있다(형법 22조3항·21조2항). 이 때에도 행위가 야간, 기타 불안스러운 상태하에서 공포·경악·흥분 또는 당황으로 인한 때에는 벌하지 아니한다(형법 22조3항·21조3항).

의무의 충돌(義務의 衝突)

의무의 충돌이란 동시에 긴급하게 이행하여야 할 의무가 서로 충돌하여 행위자가 두 의무 가운데 하나만을 이행할 수 있을 뿐이고 다른 의무를 이행할 수 없게 되어 그 결과 구성요건을 실현하는 경우를 말한다. 우리 형법상에는 명문의 규정이 없다. 따라서 보통 긴급피난의 특수한 경우로 해석하여 형법 제22조의 규정에 의하여 해결하고 있다.

정당행위(正當行爲)

우리 형법 제20조는 「법령에 의한 행위 또는 업무로 인한 행위 기타 사회상규에 위배되지 아니하는 행위는 벌하지 아니한다」로 규정하고 있다. 그러나 여기에서 말하는 「법령」 또는 「업무」에 의한 행위 등은 사회상규에 위배되지 않는 정당행위의 예시에 불과하다. 「법령에 의한 행위」라 함은 예를 들면 공무원의 직무행위, 징계행위, 현행범의 체포, 정신병자의 감치 등을 말하고, 「업무로 인한 행위」라 함은 직접 법령에 근거가 없어도 사회관념상 정당시되는 행위를 업무로 하여 행하는 경우를 말한다. 씨름, 권투, 프로레슬링 등의 스포츠 및 의술 등에서 타인에게 상처를 입힌다든지 수술로 신체를 상해하는 것이 허용되는 것은 이 규정에 의한 까닭이다. 그리고 자진해서 이러한 행위를 미숙한 사람이 행하였을 때에도 위법성이 조각된다. 즉 누군가 행하든지 행위자체가 정당한 것이기 때문이다. 더구나 정당행위는 정당한 업무로 인한 행위에 한하지 아니하고 넓게 법률상 정당한 행위 일반을 의미하고 제20조는 그러한 의미를 지닌 규정으로 해석되고 있다. 따라서 정당방위나 긴급피난은 본래 이러한 의미의 정당행위로 해석되기도 한다. 또 노동쟁의행위도 그 범위를 일탈하지 않는 한, 정당행위가 된다. 또한 자손행위도 법률에 특별규정이 없는 한 원칙적으로 위법성이 조각된다. 그러나 자손행위가 예를 들어 자기물건방화(형§166②), 자기낙태(§269①) 또는 특별규정이 있는 경우, 예를 들어 병역기피목적의 자상(병역§86) 등에 관하여는 처벌규정(1년이상 3년이하의 징역)이 있다.

정당한 행위로서 위법성이 조각되는지 여부는 그 구체적 행위에 따라 합목적적, 합리적으로 가려져야 할 것인바 정당행위를 인정하려면 첫째, 그 행위의 동기나 목적의 정당성 둘째, 행위의 수단이나 방법의 상당성 셋째, 보호이익과 침해이익과의 법익권형성 넷째, 긴급성 다섯째로 그 행위외에 다른 수단이나 방법이 없다는 보충성 등의 요건을 갖추어야 한다*(대법원 1984. 5. 22. 선고 84도39 판결)*.

안락사(安樂死)

라;Euthansie 독;euthanasia
불;Euthanasie

의학상으로 보아 회복의 가망이 없는 빈사(瀕死)의 병인에 대하여 본인의 진지한 촉탁 또는 승낙을 받아 그 고통을 제거해 주기 위하여 강구된 사기(死期)를 빠르게 하는 행위를 안락사 또는 안사술(安死術)이라고 한다. 고통을 제거하여 안락하게 죽도록 한다는 의미에서 이러한 이름이 붙여졌다. 형법학상 이러한 행위의 살인죄 성립여부에 대하여 논쟁이 있다. 1985. 4. 15. 미국정부에서는 안락사의 권리를 인정한 규칙을 발표하였다. 즉 (1) 유아가 장기간 혼수상태에 있어서 회복이 불가능한 경우, (2) 치료가 단지 피치 못할 죽음을 연장하기 위한 경우, (3) 극단적인 치료로서도 효력의 가망이 없고, 그것이 비인도적이 되는 경우의 세 가지 기준을 제시하고 있다. 그러나 이에 대해서 일본의 한 학자는 안락사가 위법성을 조각하기 위해서는 (1) 환자가 불치의 병으로 사기(死期)가 임박하였을 것, (2) 환자의 고통이 차마 눈으로 볼 수 없을 만큼 극심할 것, (3) 환자의 고통을 완화시키기 위한 목적으로 행할 것, (4) 환자의 의식이 명료한 때에는 본인의 진지한 촉탁 또는 승낙이 있을 것, (5) 원칙적으로 의사에 의해 시행되고 그 방법이 윤리적으로 타당하다고 인정될 수 있을 것 등이 요구된다고 하였다. 안락사는 생명단축을 수반하지 않고, 임종시의 고통을 제거하기 위하여 적당량의 마취제나 진정제를 사용하여 안락하게 자연사하도록 하는 '진정 안락사'와 생명을 단축시키는 안락사인 '부진정 안락사'로 구분할 수 있다. '부진정 안락사'는 다시 생명연장을 위한 적극적인 수단을 취하지 않음으로써 환자로 하여금 빨리 죽음에 이르도록 하는 '소극적 안락사', 고통완화처치가 필수적으로 생명단축의 부수효과를 가져오는 '간접적 안락사', 생명단축을 목적으로 적극적 수단을 사용하여 생명을 단절시키는 '적극적 안락사'로 나뉜다. '진정 안락사'는 살해라고 할 수 없어 살인죄의 구성요건에 해당하지 않는다. '소극적 안락사'와 '간접적 안락사'는 일정한 요건(사기임박, 육체적 고통 극심, 고통완화 목적, 피해자의 촉탁·승낙, 의사가 윤리적 방법으로 시행)을 갖춘 경우에 사회상규에 위배되지 않는 행위로서 위법성이 조각될 수 있다는 것이 다수설이다. 반면, '적극적 안락사'는 살인죄에 해당한다는 것이 다수설이다.

치료행위(治療行爲)

치료행위는 형법 제20조의 정당행위에 속한다. 따라서 치료의 목적으로 의학상 상당한 방법을 사용하는 한 상해죄가 되지 않는다. 이는 치료를 하는 행위자가 의사이거나 미숙한 사람이거나를 불문하고 적용된다. 고름을 빼기 위하여 피부를 절개하거나 가시를 빼기 위하여 손가락을 상하게 하는 등의 일반인의 행위가 허용되는 것은 바로 이 때문이다. 다만 미숙한 사람인 경우 이것을 업무로 행하는 것이 의료법 등에 위반되는 것과는 별론이다.

자구행위(自救行爲)

독;Selbsthilfe 불;justice privée

법정절차에 의한 청구권보전이 불가능한 경우에 그 청구권의 실행불능 또는 현저한 실행곤란을 피하기 위해 자력으로 구제하는 행위를 말하며, 자력구제라고도 한다. 예를 들어 결혼반지를 도난당한 자가 우연히 길에서 자기의 결혼반지를 끼고 있는 범인을 발견했을 때 경찰관을 부를 여유가 없어 자기 스스로 탈환한 경우 또는 변제기일이 급박한 채무자가 장기간 해외여행을 가려고 하는 경우에 자력으로 채무자의 여행을 저지하는 행위 등이 그것이다. 학설과 판례도 이를 인정하고 있다. 자구행위의 성립요건을 분설하면 첫째로 법정절차에 의하여 청구권이 보전 가능한 경우이어야 하며, 둘째로 청구권의 실행불능 또는 현저한 실행곤란을 피하기 위한 행위이어야 하고, 셋째로 상당한 이유가 있어야 한다. 만일 세 번째 요건을 충족하지 않는 경우, 즉 상당성이 없는 경우에는 과잉자구행위로서 위법성이 조각되지 않는다(형 §23②). 자구행위에 있어서 문제되는 것은 형법 제335조의 사후강도에 관하여 범인으로부터 도품을 탈환하는 경우인데, 이 경우에 있어서는 자구행위로 이해하는 경우와 정당방위로 이해하는 견해가 있는데, 후설이 다수설이다.

과잉자구행위(過剩自救行爲)

독;Selbsthilfeexzeß

청구권의 보전수단인 구제행위가 그 정도를 지나쳐 상당한 이유가 없는 경우를 말한다. 이 경우에는 위법성이 조각되지 아니하나 정황에 따라 그 형이 감경 또는 면제될 수 있다(형법 23조2항). 과잉방위나 과잉피난의 경우와는 달리 형법 제21조3항이 준용되지 아니한다.

피해자의 승낙(被害者의 承諾)

영;consent of the victim
독;Einwilligung des Verletzten
불;consentement de la victime

피해자가 자기의 법익에 대한 침해행위를 허용·동의한 경우에는 가해자의 행위는 위법이 되지 않는다는 것을 말하며 위법조각사유의 하나이다. 그러나 생명에 대한 승낙에는 이 이론은 적용되지 아니하고(고로 제252조는 동의살인죄를 벌하고 있다), 신체상해에 대하여도 사회적으로 상당하지 않는 경우(수족, 손가락의 절단 등)에는 적용되지 아니한다. 개인의 자유처분이 허용되어 있는 재산에 대하여는 원칙적으로 피해자의 승낙은 행위의 위법성을 조각한다. 피해자의 승낙이 있으면 타인의 재물을 탈취하여도 절도죄가 성립하지 아니하게 되는 것은 그 예의 하나이다. 국가적 법익, 사회적 법익 또는 타인과의 공동의 법익(전원의 승낙이 없는 한)에 대하여는 피해자의 승낙은 위법성조각의 효과가 생기지 않는다. 피해자의 승낙에 의한 행위가 위법성을 조각하려면 (1) 그 법익을 처분할 수 있는 자의 승낙이 있어야 하고 (2) 법률에 특별한 규정이 없어야 하며, (3) 승낙으로 인한 행위는 법익침해의 분량정도 및 방법이 사회상규에 위배되지 않아야 하고, (4) 행위당시에 승낙이 있어야 한다.

> 형법 제24조의 규정에 의하여 위법성이 조각되는 피해자의 승낙은 개인적 법익을 훼손하는 경우에 법률상 이를 처분할 수 있는 사람의 승낙을 말할 뿐만 아니라 그 승낙이 윤리적, 도덕적으로 사회상규에 반하는 것이 아니어야 한다*(대법원 1985. 12. 10. 선고 85도1892 판결)*.

추정적 승낙(推定的 承諾)

독;mutmaβliche Einwillgung

추정적 승낙이란 피해자의 승낙이 없거나 피해자 또는 그 대리인이 부재중이거나 의식이 없어 필요한 때에 승낙을 받을 수 없지만 모든 사정을 객관적으로 판단하면 승낙이 확실히 기대될 수 있는 경우를 말한다. 이러한 추정적 승낙에 의해 위법성이 조각될 수 있다는 점에 대해서는 견해가 일치하고 있다. 그러나 그 성질에 관해서는 긴급피난설, 승낙의 대용물이라는 설, 사무관리설, 상당설 등의 학설상의 대립이 있다. 추정적 승낙이 위법성을 조각하기 위해서는 (1) 그 법익이 처분할 수 있는 법익이어야 하고, (2) 피해자의 승낙을 바로 얻을 수 없는 것이어야 하며, (3) 피해자의 승낙이 확실히 기대될 수 있어야 한다. 그리고 이러한 모든 상황은 행위당시 행위자의 모든 사정에 대한 양심에 따른 심사를 전제로 한다. 이러한 의미에서 양심의 심사는 추정적 승낙에 있어서 주관적 정당화요소가 된다.

양해(諒解)

독;Einverständnis

양해란 피해자의 승낙이 구성요건해당성 자체를 조각하는 경우를 말한다. 예를 들어 절도죄는 타인의 재물을 절취함으로써 성립하는데, 만약 그 타인이 재물의 취거를 동의하면 절취라고 할 수 없게 된다. 즉 범죄의 불법상황은 피해자의 의사에 반하는 데 있으므로 피해자가 동의한다면 범죄가 될 수 없는 것이다. 그러한 피해자의 동의를 양해라 한다.

책 임 성

책임(責任)

독;Verantwortlichkeit
불;responsabilité

「형법 제○조에 위반하는 행위를 하였다」라고 하는 것만으로 범죄가 성립되지 아니한다. 고대에는 법률에 위반된 행위가 있으면 비록 철이 없는 어린아이의 행위라고 할지라도 그것만으로 처벌되고 또 자기는 아무런 잘못이 없어도 일가일족의 누군가가 대죄를 범하면 그에 연좌되어 처벌을 받는 일도 있었다. 「책임 없으면 형벌 없다(Keine Strafeohne Schuld)」는 원칙을 대전제로 하고 있는 근대의 형법은 그렇지 않다. 그리하여 비록 법규에 위반된 행위를 하여도 그 위반행위자가 연령 기타의 점에 대하여 사회인으로서 충분하게, 법률의 요구에 따라서 행동할 수가 있었을 것이고 또 법을 범하지 않으려면 범하지 않을 수도 있었을 것이다라는 행위자 그 자신에 대한 연령적, 심리적, 도의적의 요건이 갖추어지지 않으면 그 위반행위를 범죄로 하여 처벌할 수 없다. 따라서 위반행위를 한 자에 대하여 사회로부터 비난이 가해질 수 있는 행위자에 대한 요건을 책임이라고 한다. 이러한 책임이 없는 자의 행위는 범죄가 되지 않는다. 왜냐하면 범죄는 구성요건에 해당하는 위법·유책한 행위이기 때문이다. 그러면 어떤 경우에 책임이 없다 할 수 있는가. 형법은 먼저 행위자가 형법상의 책임을 질 수 있는 힘을 가진 자, 즉 책임능력자임을 요건으로 한다. 즉 사물의 시비선악을 판단하고 그 판단에 따라서 행동할 수 있는 능력을 가진 자가 책임능력자이다. 그리고 이 능력이 없는 자를 책임무능력자라 한다. 책임무능력자는 (1) 14세가 되지 아니한 자(형§9), (2) 심신상실자 - 심신장애 등에 의하여 사물을 辨別(변별)할 능력이 없거나 이에 가까운 자(통상인이라도 혼취〈混醉〉로 인해 이러한 상태가 되는 수가 있다. §10①). 한정책임능력자는 (1) 농아자(§11), (2) 심신미약자 - 변별능력이 극히 감퇴하였으나 심신상실정도는 아닌 자(§10②)이다. 책임무능력자의 행위는 벌하지 아니하며 한정책임능력자의 경우에는 형이 감경된다. 책임에는 이외에도 고의·과실이라는 심리상황, 적법행위의 기대가능성이라는 사정이 요건이 된다.

결과책임(結課責任)

(Erfolgs haftung)

행위자의 책임에 의하지 않고, 단순히 야기된 결과에 대해 죄책을 인정하는 것을 의미한다. 결과책임은 오늘날 책임원칙과정면충돌하는 것으로서 원칙적으로 사라졌지만, 그럼에도 결과책임의 잔재가 엿보이는 몇 가지 제도들이 형사정책의 필요성 때문에 아직도 남아 있다. 예컨대 인식없는 과실, 객관적 처벌조건, 결과적 처벌조건, 결과적 가중범, 합동범, 상해죄의 동시범의 특례, 양형에서 결과의 고려 등을 들 수 있다.

인격적 책임론(人格的 責任論)

독;persönlichkeitsschuldlehre

소질과 환경의 영향을 받으면서 어느 정도 상대적 의사자유를 가진 인격상을 전제로 하여 책임의 근거를 행위자의 배후에 있는 인격에서 찾으려는 견해를 말한다. 이 견해의 특색은 현실적으로 나타난 일회적인 불법행위 이외에 하나하나의 생활(인격형성과정)까지 책임비난의 대상으로 삼는 데 있다. 따라서 이 견해를 인격형성책임론이라고도 한다.

도의적 책임론(道義的 責任論)

독;moralische Schuld
불;reponsabilité morale

책임의 근거를 자유의사에 두고 책임은 자유의사를 가진 자가 자유로운 의사에 의하여 적법한 행위를 할 수 있었음에도 불구하고 위법한 행위를 하였으므로 행위자에게 윤리적 비난을 가하는 것이라고 하는 이론을 말한다. 따라서 행위자에게 자기의 행위를 지배할 수 있는 자유의사가 없으면 책임도 없고, 자유의사가 없는 자는 책임무능력자로서 이에 대하여 형벌을 과할 수 없다. 그러므로 책임능력은 범죄능력을 의미하며 일반인에게 과하는 형벌과 책임무능력자에 대한 보안처분은 질적 차이를 가지게 되고, 책임은 행위에 포함된 범위에서만 문제되어 행위책임의 원리가 지배하게 된다. 도의적 책임론은 자유의사를 전제로 하는 전통적인 고전학파(구파)의 책임이론이며, 형벌을 도의적 비난에 근거한 응보로 이해하는 응보형주의의 책임론이다.

심리적 책임론(心理的 責任論)

독;psychologische Schuldlehre

책임을 결과에 대한 행위자의 심리적 관계로 파악하는 이론을 말한다. 심리적 책임개념은 주로 리스트(Liszt)의 지도하에 형성된 자연주의적인 체계적 책임개념으로서 규범적 책임개념이 나올 때까지 지배적이었다. 당시의 범죄론에 있어서는 모든 객관적이고 외적인 것은 위법성에, 그리고 모든 주관적이고 내재적인 것은 책임에 속하는 것으로 이해되었으며, 따라서 책임에 속하는 것으로 이해되었으며, 따라서 책임은 결과에 대한 행위자의 심적 관계라야 한다고 보았다. 행위자의 심적 관계는 상이한 두 종류, 즉 고의 또는 과실로서 나타난다. 책임능력은 범행에 대한 행위자의 심적 관계(주관적 영상)에 속하지 아니하므로 책임의 구성부분이 아니고 책임의 전제일 뿐이다. 심리적 책임개념에 의하면 책임의 전제인 책임능력이 있고 고의 또는 과실만 있으면 행위자의 책임은 인정된다. 이러한 심리적 책임론에 대하여는 다음과 같은 비판이 가하여진다.

(1) 심리적 책임개념은 어떠한 심적 관계가 중시되고 어찌하여 그것이 책임을 지우며 그것이 없으면 책임이 조각되는가에 대하여 하등의 근거를 제시하고 있지 아니하다. (2) 책임능력의 전제하에 고의 또는 과실만 있으면 책임은 인정되므로 책임조각사유(예컨대 강요된 행위나 일정한 조건하의 과잉방위 등)가 있을 경우 어째서 책임이 없다고 하는가를 설명하지 못한다. (3) 인식 없는 과실에 있어서는 결과에 대한 행위자의 심적관계가 없기 때문에 심리적 책임개념에 의해서는 책임을 인정하기 어렵다.

규범적 책임론(規範的 責任論)

독;normative schuldauffassung

책임의 본질을 비난가능성이라 하고, 고의 또는 과실이라는 심리적 요소뿐만 아니라 부수적 사정에 의한 기대가능성이라는 규범적 요소를 포함시켜 책임개념을 파악하는 이론을 말한다. 프랑크, 골트슈미트, 프로이덴탈 등을 거쳐 정립된 기대가능성을 중심으로 삼는 규범적 책임론은 오늘날 통설적 지위를 차지하게 되었다. 이에 의하면 고의 또는 과실이 있는 경우에도 기대가능성이 없으면 책임이 조각되므로 고의·과실은 책임의 조건이 될 뿐이고 궁극적으로 책임을 결정하는 것은 기대가능성이라 하게 된다. 한편 목적적 행위론은 행위의 심적 구성부분인 고의를 가치판단의 개념인 책임으로부터 배제하는 한편, 종래 고의의 요소로 취급되었던 위법성의식을 규범적 성격을 지닌 독자적 책임요소로서 인정함으로써 이른바 순수한 규범적 책임개념을 형성하였다. 그러나 순수한 규범적 책임개념은 평가의 대상과 대사의 평가를 엄격히 구별하여 단지 평가, 즉 비난가능성만을 그 표식으로 삼기 때문에 규범적 평가의 대상은 책임개념 그 자체에 있는 것이 아니라, 타인의 머릿속에만 존재하고 있어, 결국 책임개념의 공허화에 이르고 만다는 약점을 안고 있다. 이런 관점에서 책임은 순수한 규범적 책임개념으로 존재할 수는 없고 오히려 평가의 대상으로서 고의·과실 등을 책임요소로서 요구할 뿐만 아니라, 이 대상에 대한 평가로서 비난가능성을 함께 고려하고 있는 소위 복합적 책임개념의 형태로 존재하는 전통적인 규범적 책임개념이어야 할 것이다.

사회적 책임론(社會的 責任論)

독;soziale Verantwortlichkeit
불;responsabilit

범죄는 소질과 환경에 의해서 필연적으로 결정된 행위자의 사회적 위험성이 있는 성격의 소산이므로 책임의 근거는 사회적으로 위험한 행위자의 사회적 성격(반사회적 성격)에 있다는 견해를 말한다. 사회적 책임론은 인과적 결정론의 입장에서도 도의적 책임론이 형사책임의 근거로 삼고 있는 자유의사는 하나의 주관적 환경에 불과하다고 비판하며 인간의 자유의사를 부정한다. 즉 범죄는 행위자의 소질과 환경에 의하여 결정되는 것이므로 행위자에게 도덕적 비난을 가하는 것은 넌센스에 지나지 않는다고 한다. 사회적 책임론에 의하면 책임의 근거는 행위자의 반사회적 성격에 있으므로 사회생활을 하고 있는 책임무능력자에 대하여도 사회방위의 보안처분을 하여야 한다. 따라서 책임능력은 형벌능력을 의미하고, 형벌과 보안처분은 사회방위의 수단인 점에서 동일하며, 다만 양적 차이가 있을 뿐이다. 책임의 근거가 행위자의 반사회적 성격에 있기 때문에 책임론은 반사회적 성격의 징표를 문제로 하며, 여기에 성격책임의 원리가 지배하게 되는 것이다. 사회적 책임론은 근대학파(신파)의 형법이론에 기초가 되어 있는 책임이론이며, 범죄론에 있어서의 주관주의와 형벌론에 있어서의 목적형주의와 결합된 책임이론이라고 할 수 있다.

심신상실(心神喪失)

심신장애로 인하여 사물을 변별할 능력이 없거나 의사를 결정할 능력이 없는 상태를 말한다. 심신상실로 인한 책임무능력자가 되기 위해서는 심신장애라는 생물학적 요소와, 심신장애로 인하여 사물의 변별능력과 의사결정능력이 없다는 심리적 요소가 있어야 한다. 심신상실의 요인으로는 정신병·정신박약, 심한 의식장애 또는 기타 중한 심신장애적 이상을 들 수 있다. 형법상 심신상실자는 책임무능력자로서 처벌되지 않는다(형법 10조 1항).

> 피고인이 범행 당시 그 심신장애의 정도가 단순히 사물을 변별할 능력이나 의사를 결정할 능력이 미약한 상태에 그쳤는지 아니면 그러한 능력이 상실된 상태이었는지 여부가 불분명하므로, 원심으로서는 먼저 피고인의 정신상태에 관하여 충실한 정보획득 및 관계 상황의 포괄적인 조사·분석을 위하여 피고인의 정신장애의 내용 및 그 정도 등에 관하여 정신의로 하여금 감정을 하게 한 다음, 그 감정결과를 중요한 참고자료로 삼아 범행의 경위, 수단, 범행 전후의 행동 등 제반 사정을 종합하여 범행 당시의 심신상실 여부를 경험칙에 비추어 규범적으로 판단하여 그 당시 심신상실의 상태에 있었던 것으로 인정되는 경우에는 무죄를 선고하여야 한다 *(대법원 1998. 4. 10. 선고 98도549 판결)*.

형
법

심신미약(心神微弱)

심신장애로 인하여 사물을 변별할 능력이나 의사를 결정할 능력이 미약한 상태를 말한다. 심신미약도 심신장애의 일종이며, 다만 심신상실과는 그 장애의 정도에 차이가 있을 뿐이다. 형법은 심신상실과 마찬가지로 심신미약에 대해서도 혼합적 방법(생물학적 및 심리적)을 사용하고 있다. 심신미약의 '생물학적 요소'는 심신상실의 정도에 이르지 아니한 심신장애가 있어야 한다. 중병 아닌 정신박약·신경쇠약·히스테리·노쇠·알콜중독·경증의 정신병질 및 경한 운동장애 등이 보통이겠으나, 경우에 따라서는 경한 뇌성마비·정신분열증 또는 간질에 대해서도 한정책임능력을 인정할 수 있다. 심신미약의 '심리적 요소'는 사물변별능력과 의사결정능력이 미약해야 한다. 심신미약의 판단에는 전문가의 감정이 중요한 역할을 할 수 있지만, 궁극적으로는 법적·규범적인 관점에서 법관이 판단할 법률문제이다. 형법상 심신미약자는 한정책임능력자로서 그 형이 감경할 수 있다(형법 10조 2항).

> 형법 제10조에 규정된 심신장애의 유무 및 정도의 판단은 법률적 판단으로서 반드시 전문감정인의 의견에 기속되어야 하는 것은 아니고, 정신질환의 종류와 정도, 범행의 동기, 경위, 수단과 태양, 범행 전후의 피고인의 행동, 반성의 정도 등 여러 사정을 종합하여 법원이 독자적으로 판단할 수 있다*(대법원 1999. 8. 24. 선고 99도1194 판결).*

원인에 있어서 자유로운 행위

(原因에 있어서 自由로운 行爲)
독;actio liberain causa

책임능력자의 고의·과실에 의하여 스스로 일시적인 심신장애의 상태를 야기시키고, 그 상태를 이용하여 범죄를 실행하는 경우를 말한다. 예를 들어 사람을 상해할 목적으로 자의로 음주혼취하고 그 상태에서 사람에게 상해를 가한 경우가 이에 해당된다. 일반적으로 형법상 혼수상태에서 행하여진 살인이나 상해 등은 심신상실 중의 행위라 하여 처벌되지 아니하거나 또는 심신미약자의 행위라 하여 형이 감경된다(형§10③). 그러나 일부러 술에 취하여 책임무능력 상태를 스스로 연출하고 그 후에 그 상태를 이용하여 살인을 행하는 것 같은 경우, 즉「원인에서 자유로운 행위(actiolibera in causa)의 경우는 처음부터 범죄행위의 고의가 있는 것이므로 단순한 책임무능력자의 행위와는 다르다. 즉 행위시에는 취한 상태로서 판단능력이 없지만 그러한 혼취한 상태를 조작하려고 음주한 원인행위 당시는 그 능력이 충분히 있었기 때문에 그 원인인 행위와 사후의 행위를 합하여 살인실행행위라 하여 이를 처벌하려는 것이다. 명정행위(酩酊行爲)는 그 자체에는 책임이 부족하나 스스로 죄를 행하려고 명정상태를 조작한 경우 또는 평소 주난(酒亂)의 경향이 있는 자가 폭음한 경우 등의 명정중의 범죄에 대하여도 형사책임을 부담하게 된다.

원인에 있어 자유로운 행위의 가벌성의 근거

학설	내용
구성요건 모델	책임능력이 있었던 원인행위 자체를 이미 불법의 실체를 갖춘 구성요건적 행위로 보고, 그 원인행위에 가벌성의 근거가 있다는 견해.
반무의식 상태설	원인행위는 단순한 예비행위에 지나지 않고, 심신장애상태하의 행위가 범죄의 실행행위가 되고, 여기에 가벌성의 근거가 있다는 견해.
예외모델 (다수설)	실행행위는 심신장애상태하의 행위이나 책임능력은 원인행위 시에 갖추어져 있으므로 원인행위와 실행행위의 불가분적 연관에 가벌성의 근거가 있다는 견해.

법률의 착오(法律의 錯誤)

독;erroëiuris 불; Rechtsirrtum

행위가 법률로서 금지되어 있는 것을 알지 못하는 것(허용되어 있는 것으로 믿고 있는 것을 포함)을 말하며 금지의 착오 또는 위법성의 착오라고도 한다. 예를 들어 새로운 단속법규가 제정된 것을 모르고 태연하게 위반행위를 행한 것은 법률의 착오이다. 이 경우에 법률의 유무에 불구하고 도덕적으로 나쁘다고 되어 있는 자연범이면 법률의 착오는 변명의 이유가 되지 않으나 도로교통법이나 공직선거 및 부정선거방지법 등에 정하여 있는 범죄는 법률을 알지 못하였거나 바로 이해하지 않으면 나쁘다는 것을 알지 못하고 무심히 위반행위를 범해버릴 염려가 있다. 따라서 이것을 보통의 고의범으로 벌하는 것은 불합리하다. 그리하여 학설 중에는 특히 법정범에 대하여 법률의 착오가 있는 때에는 고의범이 아니고 과실범으로 취급해야 한다는 학설도 있으나, 그렇게 하면 법률을 알지 못한 자가 득을 보고 법률을 알고 있었던 자만 처벌되게 된다고 하여 판례는 일률적으로 법률의 착오는 문제시 않고 있다. 법률의 착오는 근본적으로 두 가지 형태, 즉 직접적 착오와 간접적 착오로 나눌 수 있다. 직접적 착오란 행위자가 그의 행위에 대하여 직접 적용되는 금지규범을 인식하지 못하여 그 행위가 허용된다. 오인한 경우를 말하고, 간접적 착오란 행위자가 금지된 것을 인식하였으나 구체적인 경우에 위법성조각사유의 법적 한계를 오해하였거나 위법성조각사유가 존재하는 것으로 오인하여 위법성을 조각하는 反對規範(반대규범)이 존재하는 것으로 착오한 것을 의미한다.

기대가능성(期待可能性)

독;Zumutbarkeit

기대가능성이란 행위당시 행위자에게 기대할 수 있는 적법행위의 기대 가능성을 말하는 것으로 책임요건 중의 하나이다. 그러한 경우 누구라도 그렇게 하지 않을 수 없었을 것이라는 상황 아래서 행해진 위법행위에 대하여는 그 행위를 형법적으로 비난하는 것은 안 된다. 누구든지 그와 같은 상황에 몰린다면 나쁜 일인 줄 알면서도 그 행위를 그만두거나 나아가서 적법한 행위를 취하기가 불가능했으리라고 판단되기 때문이다. 행위자의 책임이 추급되는 것은 일반적으로는 보통인이라면 누구라도 적법행위를 취할 수가 기대되는데 그 기대를 배반하여 위법행위를 감행한 경우만에 한한다. 적법행위를 취하여야 할 「기대가능성」이 없는 상황에서 하게 된 행위에 대해서는 책임이 없다. 즉 기대가능성의 유무가 책임의 유무를 결정한다는 견해가 통상적 지위를 점하고 있다. 이 점에 대한 독일의 흥미 있는 판례[Léinenfänger(라이엔 권리사건)]가 있다. 마차를 끄는 말이 난폭하여 통행인에게 상처를 입혔다. 이 마차를 모는 마부는 본래부터 이 말의 난폭함을 잘 알고 있었다. 마부는 당연 「업무상과실상해죄」로 문책받아야 했다. 그러나 마부는 그 이전에 재삼 고용주에게 말을 바꾸어 달라고 요청하였다. 그러나 고용주는 이 요청을 거절하고 마부로서 주인의 명령을 거역하면 해고되리라는 것은 필연의 사실이다. 법원은 이 사건에 대하여 마부에게는 그 말을 부리지 않을 것을 기대할 수 없다하여 무죄를 선고하였다는 것이다[(1897. 3. 23. 라이히법원(Reichsger - icht/ 판결)].

양심적 병역거부자에게 그의 양심상의 결정에 반한 행위를 기대할 가능성이 있는지 여부를 판단하기 위해서는, **행위 당시의 구체적 상황하에 행위자 대신에 사회적 평균인을 두고 이 평균인의 관점에서 그 기대가능성 유무를 판단**하여야 할 것이다*(대법원 2004. 7. 15. 선고 2004도2965 전원합의체 판결).*

강요된 행위(强要된 行爲)
독:Nötingsstand

형법 제12조는 「저항할 수 없는 폭력이나 자기 또는 친족의 생명·신체에 대한 위해를 방어할 방법이 없는 협박에 의하여 강요된 행위는 벌하지 아니한다」라고 규정하고 있다. 이것이 바로 강요된 행위이며 형법상의 책임조각사유 중의 하나이다. 강요된 행위는 구법하에서 초법규적 책임조각사유로서 학설상 인정되었던 것을 현행법이 명문화한 것이다. 이 규정의 입법취지는 이러한 폭력이나 협박에 의하여 강요된 사정하에서는 행위자에 대하여 적법행위로 나올 것을 기대할 수 없다는 점에 있다(기대불가능성). 즉 책임조각사유로서의 강요된 행위는 기대가능성이론의 한 예시인 것이다.

기대가능성의 판단기준

학 설	내 용	주 장 자
평균인 표준설	•행위에 평균인이 행위자의 지위에 있다면 그 통상인도 역시 행위자와 마찬가지로 행하였을까 하는 것을 판단의 기초로 한다. •평균인에게는 기대 가능해도 행위자에게 기대불가능한 경우 비난이 불가능하다는 비판을 받고 있다.	Goldschmidt, Liszt, 황산덕, 정영석, 정성근
국가 표준설	•기대가능성의 표준은 국가 내지 국법질서를 표준으로 결정할 것이라고 하다. •기대하는 것은 국가측이라도 기대가능한가는 행위자측에 있고, 법률상 어떤 경우에 기대가능성을 인정할 것인가에 있어서 법질서가 기대가능성을 인정하면 기대가능성이 있다고 함으로써 질문에 대하여 질문으로 답한다는 비판이 있다.	Wolf, Mezger, 佐伯, 平場
행위자 표준설	•행위자 개인의 능력과 그 개인적 사정을 기초로 적법행위의 기대가능성의 유무를 판단한다. •부당하게 형사사법을 약화시키고 책임판단을 불가능하게 한다는 비판이 있다.	Freudenthal, 木村(기무라), 유기천, 심재우, 이형국

기대가능성의 구체적 지위

학 설	내 용	주 장 자
고의·과실의 구성요건설	기대가능성을 고의·과실의 구성요소로 본다.	Freudenthal, E. Schmidt, 小野(오노)
책임조각 사 유 설	원칙적으로 책임능력과 책임조건이 있으면 책임이 인정되나 예외적으로 기대가능성이 없는 때에는 책임이 조각된다는 설	독일과 우리나라의 다수설
제3의 책임요소설	기대가능성은 책임능력·책임조건 등과 併例的 위치에 있는 제3의 책임요소라는 설	Frank, Goldschmidt, 이형국, 심재우, 진계호

미 수 론

미수(未遂)
독;Versuch

미수란 범죄의 실행에 착수하였으나 종료함에 이르지 않은 경우를 말한다. 일반적으로 범죄는 그 실행에 착수하여 처음 행위자가 의도한 대로 소기의 결과를 거두는 것도 있지만, 그 중도에서 좌절되는 것도 있고 또 스스로 중지하는 경우도 있으며 또한 행위는 종료하였으나 그 결과를 얻지 못하는 경우도 있다. 그리하여 형법은 범죄의 실행에 착수하여 어떠한 죄가 될 사실의 전부가 실현된 때에는 범죄가 완료된 것으로 기수(Vollendung)라 하고 이에 반하여 실행에 착수는 하였으나 어떠한 사정에 의하여 법률이 각개의 조문에서 죄로 규정하고 있는 사실의 전부를 실현함에 이르지 않은 경우를 미수라 하고 있다(형§25). 미수범이라 함은 행위자가 주관적으로는 어떤 범죄를 실현하려는 고의를 가지고 객관적으로 그 죄가 될 사실(이른바 구성요건적 사실)의 일부가 되는 행위를 하였으나 어떠한 사유로 인하여 예정하고 있던 죄가 될 사실의 전부를 실현할 수 없었거나 또는 전부의 행위를 종료하였으나 소기의 결과를 얻을 수 없었던 경우를 말한다. 그러나 형법은 모든 범죄에 대하여 이와 같은 미수를 죄로 인정하고 있는 것은 아니고 예를 들어 방화나 살인 등 중요한 법익을 침해하는 범죄에 대해서만 이를 인정하고 있다. 형법상 미수범에는 두 가지의 경우가 있다.

범인의 자유의사에 의하지 않고 외부의 사정에 의하여 범죄의 완료에 이르지 못한 경우로 이를 협의의 미수 또는 장애미수라 하며, 그 법정형은 기수와 같으나 법관의 자유재량에 의하여 형을 감경할 수 있다(§25②).

행위자 자신의 자유의사에 의하여 범죄를 중단시킨 경우로 이를 중지범이라 하며, 이 경우에는 반드시 형을 감경 또는 면제하여야 한다(§26).

기수(旣遂)
영;consummation
독;Vollendung
불;consimmatio

행위가 구성요건의 모든 표식을 충족하는 경우를 말한다. 형법은 기수를 범죄의 기본형으로 하고 있다. 범죄마다 그 특성이 다르기 때문에 기수시기 문제에 대하여 모든 범죄에 공통되는 일정한 이론적 표준을 세우는 것은 불가능하다.

그러므로 각 범죄의 기수시기는 그 범죄의 구성요건의 해석에 따라 구체적으로 결정된다. 기수는 범행의 종료와 구분된다. 즉 범행은 기수에 달함으로써 서로 끝나버리는 것이 아니라 구성요건에 의하여 보호되는 법익에 대한 손상이 실제로 행위자가 원하는 범위내로 들어갔을 때에 비로소 이루어진다. 이를 기수와 구분하여 범행의 종료라고 한다.

실행의 착수(實行의 着手)

독;Aufangcher Ausführung

실행의 착수라 함은 「범죄실행의 개시」를 의미하며, 예비와 미수를 구별하는 한계선이 된다. 미수범의 성립에는 객관적 요건의 하나로서 「실행의 개시」 또는 「실행의 착수」라는 것이 필요하다. 행위가 이 같은 단계에 들어가기 이전의 것은 「예비」에 지나지 않으며, 이러한 예비단계에서 처벌되는 것은 극히 드물며, 중요한 법익을 해하는 범죄의 경우이고 또 특히 그러한 명문이 있는 경우에 한한다.

그러면 실제문제로서 어떠한 상태에 달하였을 때에 실행의 착수가 있는가에 대해서 대체로 두 가지의 의견이 있다.

(1) 객관적인 견해로 이른바 구성요건에 속하는 행위사실의 일부분 또는 이에 밀접한 관계가 있는 행위가 행하여진 때이나 또는 범죄를 수행하기에 도달할 위험이 있는 행위에 착수하였거나 혹은 범죄를 완성하기 위하여 필요 불가결한 행위에 착수하는 것이라고 본다.

(2) 주관적인 견해로서, 즉 어떤 죄를 범하려는 고의가 행위자의 행동에 의하여 외부적으로 표현되었다고 보아야 할 단계에 달하였을 때가 실행의 착수가 있었던 것으로 한다. 요컨대 죄가 될 사실형식에 해당하는 행위의 일부 실행에 의하여 행위자의 범죄실행에의 의사가 확인됨에 이르렀을 때에 비로소 실행의 착수가 있다고 하는 견해인 것이다.

실행의 착수에 관한 학설개요

학설	내 용		주 장 자
객관설	형식적 객관설 (정형설)	•형식적으로 구성요건의 각도에서 보아 구성요건의 일부를 실현한 때 실행의 착수가 있다고 한다. •대부분의 학자가 이 설을 정형설이라 한다.	백남억, 박문복, 박정근, 김종수, 小野(오노), 團藤
	실질적 객관설 (밀접설)	실행의 착수를 보다 실질적으로 고찰하는 입장에서 구성요건적 해당행위와 밀접한 관련이 있기 때문에 자연적 파악에 의하면 구성요건적 행위의 구성부분이라고 생각되는 행위시에 실행의 착수가 있다. 그런데 밀접설을 형식적 객관설이라고 보는 견해도 있다(齊藤)	Frank, 瀧川(다까가와), 판례
	기타	보호법익에 대한 위태화 또는 보호법익침해의 제1행위가 있으면 착수가 있다	Mezger, 大塚, Maurach
주관설	행위자의 반사회적 성격을 중시하고 범죄행위를 행위자의 처벌적 의사의 표현으로 보는 신파의 입	Ⓐ 범의의 비약적 표동이 있을 때	宮本(미야모또)
		Ⓑ범의의 성립이 그 수행적 행위에 의하여 확정적으로 확정된 때	牧野(마끼노)
		Ⓒ행위자의 범죄적 의사가 하나여야 하고, 취소가 불가능하리만큼 확실성을 보이는 행위가 있을 때	本村(기무라)

	장에서 주장되는 것으로 범의를 표준으로 하여 실행의 착수를 결정하려 한다.	Ⓓ자기의 행위가 사물의 자연적 경과에 의하면 범죄를 실현할 가능성이 있음을 인식하고 그 행위에 나온 때	江家
절충설	Ⓐ객관적인 면에 중점을 두는 견해	「행위자가 자기계획에 의하면 직접적으로 범죄구성요건 실행을 시작하는 활동」이 있을 때	Welzel
	Ⓑ주관적인 면에 중점을 두는 견해	범죄적 의사가 행위자의 전체계획에 의하면 직접으로 해당구성요건의 보호객체의 위태화로 인도하는 행위 속에 명백히 나타난 때	Schönke, Schröder

중지범(中止犯)

독;Freiwilliger Rücktrittv um Versuch
불;désistement volontaire de l'agent

미수범중에서 「자기의 의사에 의하여 이를 중지한」 경우이다. 형법상 미수범에는 두 가지 경우, 즉 장애미수죄와 중지범이 있다. 장애 미수는 객관적인 고장에 의하여 범죄를 완료할 수 없었던 경우이고 중지범은 범인의 주관적 의사에 의하여 임의적으로 범죄의 완료에 이르지 않은 경우이다. 독일의 형법 등에서는 미수범이라면 다만 장애미수죄의 경우, 즉 협의의 미수범만을 지칭하고, 「미수로부터의 후퇴」(Rucktrit von Versuch)라 함은 범인이 자기의 행위에 의하여 생긴 결과의 발생을 방지하려고 노력하는 경우와 같은 것을 말하고 이것은 미수범에서 구별하여야 한다고 하고 있다. 형법상 장애미수죄의 법정형은 기수의 경우와 같다. 다만 법관의 자유재량에 의하여 형벌을 감경할 수 있을 뿐이다. 그러나 중지범의 경우에는 법관이 그 형을 반드시 감경 또는 면제하여야 한다(형§26).

실행행위(實行行爲)

독;Ausführungshandlung
불;acted'execution

구성요건을 실현하는 행위를 말한다. 실행행위의 개시를 실행의 착수라고 한다. 실행의 착수는 미수와 예비·음모를 구분하는 척도가 된다.

실행미수(實行未遂)

독;beendeter Versuch
불;infraaction manquee

실행행위는 종료되었지만 결과가 발생하지 아니한 경우의 미수를 말한다. 종료미수라고도 하며, 착수미수와 구별되는 것이다. 실행행위의 종료여부에 따라 미수의 형태를 착수미수와 실행미수로 구분하는 실익은 무엇보다도 중지미수와 관련하여 실행행위가 아직 끝나지 아니한 시점에 있어서는 행위자가 실행행위를 자의적으로 중지하면 되지만, 실행행위가 종료된 시점에 있어서는 행위자가 자의에 따라 적극적이고도 진지한 태도로 결과의 발생을 방지해야만 중지미수로 된다는 점에 있다.

불능범과 불능미수
(不能犯과 不能未遂)

불능범이란 행위자에게 범죄의사가 있고 외관상 실행의 착수라고 볼 수 있는 행위가 있지만 행위의 성질상 결과의 발생이 불가능한 경우, 즉 구성요건실현의 가능성이 없는 경우를 말한다. 구성요건실현의 가능성은 위험성을 의미하므로 불능범은 위험성이 없는 행위로서 미수범으로 처벌할 수 없고 범죄도 성립하지 않는다는 것이 종래의 통설의 견해이다.

그런데 형법 제27조는 불능범이란 논제아래 「실행의 수단 또는 대상의 착오로 인하여 결과의 발생이 불가능하더라도 위험성이 있는 때에는 처벌한다. 단 형을 감경 또는 면제 할 수 있다」고 규정하고 있다. 즉 형법 제27조는 그 제를 불능범이라고 하고 있지만 불가벌적인 불능범을 규정하고 있는 것이 아니라 위험성이 있기 때문에 처벌되는 미수를 규정하고 있는 것이다.

일반적으로 불능범과 불능미수는 그 위험성의 유무에 의해 구별된다. 즉 불능범은 사실상 결과의 발생이 불가능할 뿐 아니라 위험성이 없기 때문에 벌할 수 없는 행위임에 대하여, 불능미수는 결과의 발생은 사실상 불가능하나 그 위험성으로 인하여 미수범으로 처벌되는 경우를 말한다.

환각범(幻覺犯)

환각범은 사실상 허용되고 있는 행위를 금지되거나 처벌된다고 오인한 경우를 말한다. 반전된 금지의 착오라고 할 수 있다. 환각범은 불능미수와 구별되는데, 불능미수는 구성요건요소가 존재하지 아니함에도 불구하고 이를 존재한다고 착오한 경우이며, 사실의 착오의 반대 경우라고 할 수 있다.환각범의 예로는 근친상간이 금지된 것으로 알고 이를 범한 경우나 인적 처벌조각사유가 존재함에도 불구하고 자기의 행위가 처벌받는다고 인식한 경우 등을 들 수 있다.

위험성의 판단기준에 관한 학설개요

학 설	내 용	주 장 자
객관적 위험설 (절대적·상대적 불능설)	•위험성의 유무를 객관적 입장에서 절대적 불능과 상대적 불능으로 구분하여 절대적 불능이 불능범이고 상대적 불능이 미수범이라고 함. •비판-입장에 따라 절대와 상대가 바뀔 수 있다.	Feuerbach, Nittermayer, Cohn
사실적 불능설과 법률적 불능설	•불능을 사실적 불능과 법률적 불능으로 나누어 사실적 불능을 미수범, 법률적 불능을 불능범이라고 함. •비판-양자의 구별이 상대적이다.	Roux, Garraud
구체적 위험설(신객관설·객관적 위험설)	•행위자의 인식과 일반인의 인식을 기초로 하여 일반적으로 위험성 유무를 판단한다. •비판-행위자와 일반인의 인식이 불일치한 경우 어느 사정을 기초로 하여 판단할 것인가가 불명하다.	Liszt, Hippel,, 이재상, 이형국

형
법

추상적 위험설	•행위자가 의도한 대로 실현되면 객체에 대한 침해가 있었으리라고 일반적으로 인정되는 것을 법질서에 대한 위험이라 하여 미수범이 된다고 한다.	Wachenfeld, Frank
(순)주관설	•일반적으로 불능범의 개념을 부정하고 미신범 이외에는 불능범이 없다고 한다. 그리고 일단 주관적으로 범의가 확실히 표현된 이상 객관적으로 절대적 불능한 행위라도 미수로 본다. •비판-미신범만을 불능범으로 인정하여 미수범으로부터 제외하려는 이론적 근거가 박약하다.	Buri, Schröder, Maurach, Welzel
주관적 위험설	•위험성 판단의 기초를 행위자의 주관에 두고, 위험성 판단의 주체를 일반인에게 두어 일반인의 입장에서 위험하다고 생각되면 미수범이 된다. 따라서 이 설에 의할 때 미신범은 그 위험성이 없어 불능범이 된다.	木村(기무라)

사실의 흠결(事實의 欠缺)

독;Mangel am Tatbestand

행위의 내용 중 구성요건에 해당하는 요소가 없는 경우로서 구성요건의 흠결이라고도 하며 미수, 불능범과는 구별되는 범죄불성립사유 중의 하나이다. 예를 들면 甲이 乙을 독살하려고 취약을 혼입한 식사를 제공하였으나 乙의 의사의 노력에 의하여 생명을 구하게 되었으면 이것은 미수이나, 이에 반하여 임신한 부녀를 낙태시키려고 낙태약을 복용시켰으나 상대방의 부녀는 실제로 임신하지 않았다는 경우나 증뢰(贈賄)하려 했으나 상대방은 공무원이 아니었다는 것과 같은 경우는 구성요건의 기초적 사실을 결했으므로 당연히 무죄이며 미수범의 문제는 발생할 여지가 없다. 이에 대하여 일부의 견해는「사실의 흠결」(Mangel am Tatbestand)이라 하고 미수범과 불능범과를 구별하는 하나의 기준으로 하고 있다. 즉 불능범이라 함은 범인이 취한 행위가 그 목표로 하는 대상물 내지 수단에 관한 경우를 말한다. 예를 들면 설탕물로 사람을 독살하려는 것과 같은 것이지만 구성요건에 해당한다고 보는데 필요한 「사실 자체를 흠결」하고 있는 경우도 범죄를 실현할 수 없는 것이므로 이것도 생각에 따라서는 불능범의 하나로 볼 수 있다.

장애미수(障碍未遂)

장애미수란 미수중 중지미수를 제외한 것을 말한다. 형법은 제25조에 「범죄의 실행에 착수하여 행위를 종료하지 못한 것은 그 형을 감경할 수 있다」고 규정하고 있다. 즉 범죄의 실행에 착수는 하였지만 어떠한 외부적인 사정에 의하여 그 범죄행위의 완성에 이르지 못한 경우를 장애미수라고 한다. 이는 미수범의 일종인 「중지범」과 구별하는 의미에서 또 「협의의 미수범」이라고도 하며 주로 적극적인 행위에 의한 범행 특히 고의범인 경우에 생기는 범죄형식이다. 이 협의의 미수범에는 이른바 「착수미수」와 「실행미수」와의 구별이 있다. 착수미수라 함은 행위자가 어떤 범죄실행에 착수하였으나 자기의 의사 이외의 사정에 방해되어 예정한 행위의 전부를 종료함에 이르지 못한 경우를 말한다. 그 중에는 (1) 의외의 외부적인 장애에 의한 경우와 (2) 행위자의 오해가 범죄를 완료할 수 없게 한 경우와 (3) 이른바 「잘못하여」 즉 행위자의 실행방법이 졸렬함에 의한 경우 등이 있다. 실행미수라 함은 예정된 행위는 전부 완료했으나 소기의 결과를 거두지 못한 경우를 말하며 혹은 이를 종료미수라고도 한다. 그 중에는 (1) 결과의 발생은 필연적이었으나 행위자의 의사활동에서 독립한 다른 사유에 의하여 결과가 발생하지 아니한 경우, 예를 들면 상대방에게 치명상을 주었으나 의사의 가료(加療)로 목숨을 건진 경우와, (2) 결과의 발생은 확실한 것이나 현재로서는 아직 결과가 발생하지 아니한 경우, 예를 들면 상해는 반드시 죽게 될 것이나 피해자는 아직 생존하고 있는 경우와, (3) 행위는 완료했으나 결과의 발생은 아직 불명확한 경우, 예를 들면 살인행위에 의한 피해자는 중상이지만 사망하게 될는지는 불명한 경우 등이 있다.

중지미수(中止未遂)

독;freiwilliger Rücktritt vom Versuch

구성요건실현의 결의로 범죄의 실행에 착수한 자가 그 범죄가 완성되기 전에 자의로 범행을 중단하거나 결과의 발생을 방지한 경우를 말한다(형법 26조). 중지범이라고도 한다.

☞ 중지범

자의성(自意性)

독;Freiwilligkeit

중지미수에 특유한 주관적 요건으로 자의성이 필요하다. 자의성에 의해 중지미수와 장애미수가 구별된다. 자의성의 표지가 일반적으로 어떠한 기준에 따라서 판단될 수 있느냐 하는 점은 학설, 판례에서 통일되어 있지 않다. 자의성의 일반적인 판단기준에 관하여 절충설은 일반의 사회관념상 범죄수행에 장애가 될 만한 사유가 있는 경우는 장애미수이지만, 그러한 사유가 없음에도 불구하고 자기의사에 의하여 중지한 경우에 자의성을 인정하는 견해이다. 즉 강제적 장애사유가 없음에도 불구하고 자율적 동기에 의하여 중지한 때에는 자의성이 인정되지만, 범인의 의사와 관계없이 사태를 현저히 불리하게 만든 장애사유 때문에 타율적으로 중지한 때에는 자의가 되지 않는다는 것이다. 절충설이 우리나라의 다수설이다.

자의성의 판단기준

학설	내용
객관설	외부적 사정으로 인하여 범죄를 완성하지 못한 경우는 장애미수이고, 내부적 동기로 인하여 범죄를 완성하지 못한 경우는 중지미수라는 견해.
주관설	후회, 동정, 연민, 양심의 가책 등 윤리적 동기로 범죄를 완성하지 못한 경우는 중지미수이고, 그 외의 사정으로 인하여 범죄를 완성

	하지 못한 경우는 장애미수라는 견해.
Frank의 공식	할 수 있었음에도 불구하고 하기를 원하지 않아서 중지한 경우에는 중지미수이고, 하려고 하였지만 할 수가 없어서 중지한 경우에는 장애미수라는 견해.
절충설 (다수설)	사회일반의 경험상 강제적 장애사유로 인하여 타율적으로 중지한 때에는 장애미수이고, 이러한 사유가 없음에도 자율적 동기에 의하여 중지한 때에는 중지미수라는 견해.
규범설	범인의 범행중지의 동기가 형의 필요적 감면의 보상을 받을만한 가치가 있다고 평가되는 경우에는 중지미수이고, 그렇지 않은 경우에는 장애미수라는 견해.

예비(豫備)

독;Vorbereitung 불; acte préparatire

예비라 함은 범행장소의 심사, 범행의 도구의 구입 등과 같은 범죄의 실현을 위한 일체의 준비행위를 말한다. 즉 예비는 범죄의 실행을 위한 준비 또는 계획의 단계로 아직 실행행위가 개시되지 않은 것이다. 일반적으로 예비는 형법상의 금지되는 범죄행위는 아니나, 예비행위에 의하여 간접적으로 침해되는 법익의 가치와 그 행위 또는 행위자의 위험성으로 인하여 그 자체가 법적 평온에 대한 중대한 위협이 되는 때에는 형사정책상 예외적으로 처벌된다. 형법도 「범죄의 음모 또는 예비행위가 실행의 착수에 이르지 아니한 때에는 법률에 특별한 규정이 없는 한 벌하지 아니한다」고 규정하고 있다(형§28). 형법상 예외적으로 처벌되는 예비죄는 예를 들어 내란예비죄(§90), 외환예비죄(§101), 방화예비죄(§75), 살인예비(§255), 통화에 관한 죄의 예비(§213) 등이 있다.

> 부정선거관련자처벌법 제5조 제4항에 동법 제5조 제1항의 예비음모는 이를 처벌한다고만 규정하고 있을 뿐이고 그 형에 관하여 따로 규정하고 있지 아니한 이상 죄형법정주의의 원칙상 위 예비음모를 처벌할 수 없다*(대법원 1977. 6. 28. 선고 77도251 판결)*.

음모(陰謀)

독;komplot

2인 이상의 자가 일정한 범죄를 실행할 것을 모의한다는 말이다. 형법상 어떤 범죄가 성립함에는 특정한 고의 또는 예외로 과실에 의하여 어떤 범죄행위사실이 있은 경우에 한한다. 따라서 단순히 고의가 생긴 것으로는 범죄가 되지 않는다. 그러나 극히 희소한 경우이지만 2인 이상의 자가 어떤 범죄를 하기 위하여 談合(담합)한 정도로 이를 죄로서 벌하는 경우가 있는데, 이를 「음모죄」라 한다. 예를 들면 내란음모죄(형90), 외환음모죄(§101) 등이 그것이다.

> 일본으로 밀항하고자 공소외인에게 도항비로 일화 100만엔을 주기로 약속한 바 있었으나 그 후 이 밀항을 포기하였다면 이는 밀항의 음모에 지나지 않는 것으로 밀항의 예비정도에는 이르지 아니한 것이다*(대법원 1986. 6. 24. 선고 86도437 판결)*.

공 범 론

정범(正犯)
독;Täterschaft

기본적 구성요건에 해당하는 행위, 즉 실행행위를 행하는 자를 말한다. 공범과 구별되는 개념이다. 정범에는 이론상 보통 단독(직접)정범·간접정범·공동정범이 포함한다. 단독정범은 자기의 범죄를 스스로 행하는 자이고, 간접정범은 타인을 이용하여 자기의 범죄를 행하는 자이며, 공동정범은 수인이 공동하여 죄를 범하는 경우라고 할 수 있다. 형법각칙의 구성요건은 주로 정범의 형태로 규정되어 있다. 행위자가 단독으로 또한 직접 구성요건을 실현하는 단독정범 및 직접 정범의 형태가 대부분이지만 합동범, 필요적 공동정범·간접정범·동시범 등의 정범형태는 이러한 각칙상의 정범형태에 대해 보충적으로 적용될 뿐이다.

주관적 정범개념(主觀的 正犯概念)
독;subjektiver Täterschaftsbegriff

행위자의 의사를 표준으로 하여 스스로를 위하여 범죄를 행한다는 의사를 가지고 행위하는 것을 정범이라고 하는 정범개념을 말한다. 이에 상대되는 개념으로, 좁은 의미의 공범은 타인을 위해 한다는 의사를 가지고 행위하는 것을 말한다.

제한적 정범개념(制限的 正犯概念)
독 ; restriktiver Täterschaftsbegriff

확장적 정범개념에 상대되는 개념으로, 타인의 개입 없이 직접 범죄의 구성요건에 해당하는 행위를 한 경우만을 정범으로 보는 정범개념을 말한다. 이에 따르면 타인을 이용한 행위는 모두 협의의 공범이 되는 까닭에, 공범규정이 없는 경우에는 처벌할 수 없어 결과적으로 형벌확장사유를 정한 것이 된다. 또한 이 개념을 취하면 간접정범을 정범으로 인정하는 데에도 무리가 생긴다.

확장적 정범개념(擴張的 正犯概念)

확장적 정범개념이란 구성요건적 결과발생에 조건을 설정한 자는 그것이 구성요건에 해당하는 행위인가의 여부를 불문하고 모두 정범이 된다는 정범개념이다. 이 개념에 의하면 고사범, 종범도 원래 정범의 형으로 처벌되어야 할 것이지만 정범보다 가볍게 취급하는 것은 정범의 처벌범위를 축소한 형벌축소사유가 된다.

공범(共犯)
독;Teilnahme 불;complicite

공범이란 단독범으로 규정된 구성요건에 대하여 두 사람 이상이 가공하여 범죄를 실현하는 것을 말한다. 형법각칙의 각각의 구성요건은 원칙으로 한 사람이 이를 실현하는 것을 예상하고 규정되어 있다. 그러나 2인, 3인 또는 다수인이 협력하여 범죄를 실현하는 경우가 있는데 이를 공범이라 하고, 함께 죄를 범한 자를 공범자라고 한다. 여기에서 문제가 되는 것은 공범의 경우 이에 참가한 각인의 책임을 어떻게 정할 것인가 어떤 범죄에 참가한 자 중에는 실행에 중요한 역할을 한 자도 있을 것이고, 또는 경미한 부분을 연출함에 불과한 자도 있을 것이다. 또 때로는 실제로는 범죄행위를 하지 아니하고 다만 모의에만 가담했다던가 또는 타인을 선동하여 범죄의 결심을 하게 한 者도 있을 것이고, 또 어떤 자는 실행도중에 중지한 자도 있을 수 있으며, 또 범행현장에서 모두가 모의했던 것과 다른 행동을 한 자도 있을 것이다. 이에 대하여 주관주의의 견해는 이러한 참가자로서 적어도 그 죄를 범할 의사를 가지고 행동에 참가한 이상, 그 어느 누구도 주범자로서 각자 행동에 상당한 처벌을 하여야 한다고 본다. 이에 반하여 객관주의의 견해에 의하면 위와 같은 획일주의를 배척하고 적어도 주된 역할을 행한 자와 종(從)된 역할을 행한 자를 우선 법률상에서 구별하여 그 범위 내에서 실재행동에 따라서 처벌하여야 할 것이라고 본다. 우리 형법에서는 대체로 객관주의의 견해를 취하여 어떤 죄를 범할 의사를 같이 하여 결과의 발생에 공동으로 힘을 합한 자 모두를 정규적 행위자 즉 정범으로서 정범에 종속적인 역할을 행한 것으로 보아 「교사범」과 「종범」의 두 가지 형식을 인정하고 상대방은 교사범에 종속해서만 처벌할 수 있는 것으로 하고 있다(§30~§32).

공범의 본질에 관한 학설개요

구분	학설	내 용	특색(비교)
공범의 공동성	범죄공동설(객관주의)	(1)공범이란 수인이 공동하여 특정범죄를 공동으로 하는 것이다. (2)주관적 요건인 의사연결은 공동하여 「범죄」를 실행하는 고의의 공동을 의미함.	(1)과실범의 공동정범, (2)고의범과 과실범의 공동정범, (3)공모공동정범, (4)편면적 공동정범, (5)승계적 공동정범을 모두 부정
	행위공동설(주관주의)	(1)공범이란 수인이 「행위」를 공동하여 각자가 범죄를 수행한다는 것. (2)주관적 요건인 의사공동은 반드시 특정구성요건적 고의의 공동을 요치 않고 전구성요건적·전법률적·자연적 의사의 공동으로 족함	이상 범죄공동설이 부정하는 것을 모두 인정
	공동의사 주체설	(1)법률이 공범을 규정한 것은 2인 이상이 합하여 공동목적을 실현하려는 특수한 사회심리적 현상을 억제하려는 것이며, 공범은 고의범에만 인정되고 과실범에서는 부정된다고 본다. (2)주관적 요건으로 고의 공동을 요하는 점은 범죄공동설과 같다.	(1)공모공동정범을 인정 (2)민법의 조합이론을 형법에 수용한 것
	공동행위 주체설	(1)공동의사주체설의 수정설 (2)어느 의미에서든지 실행 행위를 분담했다고 볼 수 있는 경우에만 공동성립을 인정한다.	과실의 공동정범을 긍정함

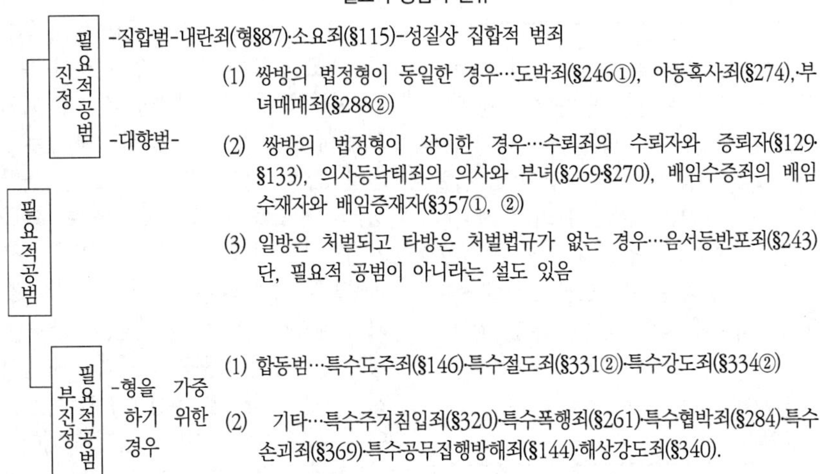

필요적 공범(必要的 共犯)

범죄의 성질상 당연히 수인의 공동을 필요로 하는 범죄, 즉 구성요건의 내용으로서 수인이 공동가공하여 실행할 것을 예정하고 있는 범죄를 말한다. 예를 들면 뇌물을 주고받는 것인 증수뢰죄 혹은 다수인의 참가를 전제로 하는 소요죄와 같은 경우이다. 그 중에는 범죄의 구성상 일반적으로 수인의 병존을 필요로 하는 집합적 필요적 공범과 상대방의 대립을 필요로 하는 대립적 필요적 공범이 있다. 소요죄, 내란죄는 집합적 필요적 공범의 예이고, 증수뢰죄와 같은 것은 대립적 필요적 공범의 예이다. 여기에 문제가 되는 것은 이 같은 필요적 공범의 경우에 형법의 「공범의 규정」이 적용되는가 하는 점이지만 이것들은 특별죄이므로 필요적 공범의 내부관계에 관한 한, 일반공범규정을 적용할 여지는 없다. 다만 이와 외위(外圍)와의 관계에서 때로는 공범규정을 적용하여야만 하는 경우가 있다. 그러나 이같은 경우는 실제로는 극히 드물다.

형법 제357조 제1항의 배임수재죄와 같은 조 제2항의 배임증재죄는 통상 필요적 공범의 관계에 있기는 하나 이것은 반드시 수재자와 증재자가 같이 처벌받아야 하는 것을 의미하는 것은 아니고 증재자에게는 정당한 업무에 속하는 청탁이라도 수재자에게는 부정한 청탁이 될 수도 있는 것이다*(대법원 1991. 1. 15. 선고 90도2257 판결)*.

대향범(對向犯)

필요적 공범의 일종으로 범죄의 성립에 2인 이상의 행위자가 상호 대향된 행위의 존재를 필요로 하는 범죄를 말한다. 회합범이라고도 하며 수뢰죄·간통죄 등이 이에 해당된다.

집합범(集合犯)

필요적 공범의 일종으로 범죄의 성립상 다수자가 동일한 방향으로 공동할 것을 필요로 하는 범죄를 말한다. 내란죄, 소요죄 등이 이에 해당된다. 집합범은 일반적으로 수괴, 모의에 참여한 자, 솔선하여 가담한 자, 부화뇌동한 자 등의 행위가 구성요건으로 규정되어 그 사이에 형의 경중을 두고 있다.

동시범(同時犯)

독;Nebentäterschaft

공범이 성립되기 위해서는 주관적 요건으로서 참가자 사이에 「의사의 공통」, 즉 고의가 있어야 한다. 그런데 형법 제263조는 독립행위가 경합하여 상해의 결과를 발생케 한 경우, 즉 의사공통 내지 연락이 없어도 공범과 같이 취급하는 경우를 규정하고 있다. 그것은 2인 이상이 폭행을 가하여 사람을 상해한 경우에 과연 그 중에 누가 실제로 상해를 가하였는지, 만일 2인이 같이 하였다 해도 그 가한 상해의 정도를 알 수 없을 때에는 이들 가해자 사이에 의사의 공동이 없어도 공동정범의 예에 의하여 처치하고 모두 결과의 발생에 대하여 형사책임을 지운다는 것이다. 이것은 일종의 의제적인 규정이지만 이같은 규정을 설정해야 할 이유는 어디까지나 진실의 정도를 증거에 의하여 입증하지 않으면 안 된다고 한다면 이와 같은 경우에는 분명한 증거는 없고 가해의 결과는 판명되었는데도 행위자가 행한 점이 판명되지 않아 무죄로 하여야 한다는 결과가 되기 때문이다.

공범의 종속성

<table>
<tr><th>구분</th><th>학 설</th><th>내용</th><th>양설의 비교</th><th>주장자</th></tr>
<tr><td rowspan="2">종속성의 유무</td><td>공범종속성설(객관설)</td><td>(1)공범을 일종의 차용범죄라 함
(2)정범의 실행행위가 있기 전의 공범(교사방조)의 행위는 한낱 예비에 불과하고 정범의 가능성이 확정되어야 공범의 가벌성도 확정된다고 함</td><td>(1)교사의 미수를 부인하고 미수의 교사만 인정
(2)간접정범의 정범성 인정
(3)제33조 본문을 당연규정으로 봄
(4)자살의 공범처벌을 특별규정이라 함</td><td>Hippel</td></tr>
<tr><td>공범독립성설(주관설)</td><td>(1)공범을 일종의 고유범 또는 개별범으로 본다.
(2)공범(교사방조)의 범죄성 또는 가벌성은 정범과 독자적으로 판단</td><td>(1)공범미수, 교사의 미수 또는 미수의 교사를 인정
(2)간접정범을 본질상 공범내지 공동정범이라 함
(3)제33조 본문을 예외규정이라 함
(4)자살의 미수처벌은 당연한 것이다.</td><td>牧野
木村</td></tr>
<tr><td>종속성의 정도</td><td colspan="3">(1)최소한 종속형식-정범의 행위가 구성요건에 해당하기만 하면 가담범으로 처벌가능
(2)제한적 종속형식-정범의 행위가「구성요건해당+위법」하면 가담범으로 처벌가능
(3)극단적 종속형식-정범의 행위가「구성요건해당+위법+책임」까지 구비하여야 가담범 처벌가능
(4)초극단적 종속형식-정범의 행위가 구성요건을 완전히 구비하고 처벌조건까지 구비해야 가담범 처벌가능</td><td>M. E. Mayer</td></tr>
</table>

공범과 정범의 구별표준에 관한 학설개요

구분	학설	내 용	비 판	주장자
조건적주인과관관계론에설입각	목적설(이익설)	자기목적(이익)을 위해 범죄하면 정범이고, 타인목적(이익)을 위해 범죄하면 공범이 된다는 설	구성요건이 타인을 위한 의사를 규정한 경우에(촉탁살인·타인을 위한 강도·사기·배임 등) 그 구성요건에 해당하는 행위자는 정범임에도 공범이 된다는 모순이 있다.	독판례(RG. 74:85)
	의사설(고의설)	범인의 의사가 자기범죄의 의사이면 정범이고, 타인범죄의 의사이면 공범이라는 설	행위를 안 한 참여범이나 예비행위만을 협력한 자, 나아가 실행정범을 도와준 데 불과한 경우(범인은닉)에도 정범이 되는 모순이 있다.	독판례(BGH 3,350)
객관설	실질설(원인·조건설)	결과발생에 원인을 준 행위는 정범이고, 단순한 조건을 주면 공범이라는 설	원인과 조건의 구별이 어렵다는 비판이 있다.	Birkmeyer
	형식설(제한적 정범개념설)	(1)실행행위를 한 자가 정범이고, 다만 실행행위를 이용한 자는 교사범 또는 종범이라고 한다. (2)실행자 아닌 공범(교사범·종범)이 처벌되는 것은「형벌확장사유」를 인정한 것이라 한다.	범행에 직접 가담치 않은 단체범죄의 두목은 교사방조죄에 불과하다는 모순이 있고 구성요건에 해당하는 정형적 행위를 하지 않는 단순한 이용자가 간접정범이 되는 이유를 설명하지 못하는 결함이 있다고 본다.	Welzel
	확장적 정범 개념설	구성요건적 결과발생의 원인이 되는 행위를 한 자는 모두 정범이므로, 교사방조자도 정범으로 되지만 정범과 구별하여 처벌하는 이유는 「형벌축소원인」을 인정하기 때문이라고 한다.	간접정범을 정범이라 이해하는 데 편리하나, 이 설은 공범과 간접정범을 포함하는 정범개념을 미리 정립하고 이어서 공범을 제거하고 남은 부분을 정범이라 論하므로 정범개념은 공범개념에 선행치 못한 모순이 있다.	Mezger
	목적적 행위 지배설	(1)행위자가 지배가능한 외부적 행위를 하는「목적적 행위지배」가 있으면 정범이고, 행위지배 없이 그저 고의만 가지고 있으면 공범이 된다는 설 (2)압수행위도 공동정범이 가능하다고 본다.	압수행위는 종범 또는 교사에 불과하다는 반대설이 있다	Welzel

형 법

가담범(加擔犯)

⇒ 교사범 또는 종범

공범독립성설·공범종속성설
(共犯獨立性說·共犯從屬性說)

공범독립성설은 공범이 독립한 범죄이지 정범에 종속하여 성립하는 것은 아니라고 한다. 주관주의범죄론은 범죄를 반사회적 성격의 징표라고 보기 때문에 반사회적 징표만 있으면 범죄가 성립한다. 따라서 교사범과 종범도 교사 또는 방조행위에 의하여 반사회성이 징표되면 정범의 성립과 관계없이 성립하며, 따라서 공범은 타인의 행위를 이용하여 자기의 범죄를 행하는 단독정범에 지나지 않는다. 공범종속성설은 공범의 성립은 정범의 성립에 종속한다고 한다. 즉 공범은 정범을 예정한 개념이며, 범죄의 실행행위가 정범에 의하여 행하여지고 공범은 여기에 가담하는데 불과하므로 공범은 正犯의 행위에 종속되어 정범이 성립하는 때에 한하여 성립한다는 것이다. 이 설에 의하면 공범의 본질은 타인의 구성요건실현에 가담하는데 있고 불법은 구성요건요소를 실현해야 형성되는 것이므로 공범의 처벌근거는 정범의 행위를 야기하거나 촉진하여 공범의 행위원인이 되었다는데 있게 된다. 즉 공범의 불법은 독립하여 존재하는 것이 아니라 공범의 불법에서 나오는 것이므로 공범의 불법은 정범에서 나오는 것이므로 공범의 불법은 정범의 불법에 종속되지 않을 수 없다고 한다. 이 설은 객관주의범죄론의 공범이론이다.

> 정범의 성립은 교사범, 방조범의 구성요건의 일부를 형성하고 교사범, 방조범이 성립함에는 먼저 정범의 범죄행위가 인정되는 것이 그 전제요건이 되는 것은 공범의 종속성에 연유하는 당연한 귀결이다 *(대법원 1981. 11. 24. 선고 81도2422 판결)*.

간접정범(間接正犯)
독;mittelbar Täterschaft

타인을 「생명 있는 도구」로 이용하여 범죄를 실행하는 경우로서 직접정범에 대응하는 개념이다. 이는 Stübel이 주장한 이래 독일·일본의 학설·판례에 의해 인정되었고, 우리 형법도 이를 인정하고 있다(형§34①). 예를 들면 형법상 책임능력이 없는 14세 미만의 자를 꾀어 절도를 시키거나 혹은 광인(狂人)을 조종하여 타인의 가옥에 방화시키고 또는 상급공무원이 하급공무원을 무리하게 강제로 수뢰(受賂)케 하는 등의 경우이며 이러한 것은 공범이 성립되지 아니하고 이를 이용한 자가 정범자가 된다. 그런 의미에서 간접정범이라 한다(형§34). 간접정범이 성립되는 주된 경우는 (1) 수단으로 사용한 인물이 책임능력 또는 책임조건을 결(缺)한 경우, (2) 피이용자가 책임성을 부정할 수 있는 사정을 지닌 경우(예를 들면 강제에 의한 경우), (3) 이용된 인물이 어떤 주관적 의식을 결하고 있음을 이용한 경우, (4) 피이용자가 어떤 범죄구성의 사실요건을 결한 행동으로 나온 것을 이용하는 경우 등이다.

처벌되지 아니하는 타인의 행위를 적극적으로 유발하고 이를 이용하여 자신의 범죄를 실현한 자는 형법 제34조 제1항이 정하는 간접정범의 죄책을 지게 되고, 그 과정에서 타인의 의사를 부당하게 억압하여야만 간접정범에 해당하는 것은 아니다*(대법원 2008. 9. 11. 선고 2007도7204)*.

단독정범(單獨正犯)
독;Einzeltäterschaft

공동정범에 대응하는 개념으로서 다른 사람의 가담없이 스스로 구성요건을 충족시키는 자를 말한다. 형법각칙은 원칙적으로 단독정범을 규정하고 있다.

공동정범(共同正犯)
독;Mittäter
불;coanteur

2인 이상의 책임능력이 있는 자가 서로 공동으로 죄가 될 사실을 실현하고, 그것에 참가공력한 정도의 여하를 불문하고 전원을 정범자(교사범도 아니고 종범자도 아닌 주범인)로서 처벌한다는 것으로, 이를 「공동정범」이라 한다(형 §30). 공동정범의 특성은 하나의 범죄를 각자가 분담하여 이행하였지만 각자는 그 전체에 대해 형사책임을 진다는 점에 있다. 예를 들면 3인이 타인의 주택 내에 침입하여 절도할 것을 모의하고 그 중 1인은 옥외에서 망을 보고 다른 1인은 입구의 창문을 열고 또 다른 1인은 옥내에 침입을 하여 재물을 절취한 경우, 이 3인은 모두 주거침입, 절도의 정범으로 처벌된다(그 중 망을 보고 있었던 자는 때로는 종범이 될 수도 있다). 공동정범이라는 것은 타자의 행위에 대하여 종속적으로 책임을 지는 것이 아니고 그 자체가 독립적으로 정범자로서의 책임을 지는 것이다. 법문에「각자」라고 한 것은 이러한 의미에서의 표현이다. 공동정범의 성립에는 먼저 객관적 요건으로서 2인 이상의 자가 공동으로 어떤 범죄를 실행하였다는 공동참가의 사실이 있어야 한다. 다음으로 주관적 요건으로서 소위「공동모의」내지 서로 공동으로 어떤 범죄를 실행하려는 공동의사가 존재하여야 한다.

형법 제30조의 공동정범은 2인 이상이 공동하여 죄를 범하는 것으로서, 공동정범이 성립하기 위하여는 주관적 요건인 공동가공의 의사와 객관적 요건인 공동의사에 의한 기능적 행위지배를 통한 범죄의 실행사실이 필요하고, 공동가공의 의사는 공동의 의사로 특정한 범죄행위를 하기 위하여 일체가 되어 서로 다른 사람의 행위를 이용하여 자기의 의사를 실행에 옮기는 것을 내용으로 하는 것이어야 한다*(대법원 2001. 11. 9. 선고 2001도4792 판결)*.

공동의사 주체설(共同意思 主體說)

2인 이상이 일정한 범죄를 실현하려는 공동 목적하에 일심동체를 이루면 여기에 공동의사주체가 형성되어 그 중의 일부가 범죄를 실행해도 그 실행행위는 공동의사주체의 행위가 되어 직접 실행행위를 분담하지 않은 단순

공모자도 실행자에 종속하여 공동정범이 된다는 이론을 말한다.

범죄공동설(犯罪共同說)

수인이 공동하여 특정한 범죄를 행하는 것이 공동정범이라고 보는 견해를 말한다. 이 설은 객관적으로 특정한 범죄를 예상하고 이를 2인 이상이 행하는 경우를 공동정범으로 이해하며 따라서 각 공동행위자의 고의까지도 동일한 범죄사실에 속할 것이 요구된다. 예컨대 갑과 을이 한 개의 범죄인 살인죄를 공동으로 행한 경우에는 공동관계가 인정되나, 갑은 살해의 의사로써, 을은 강도의 의사로써 단지 폭행행위만을 공동으로 한 경우에는 공동관계가 부정된다. 범죄공동설에 의하면 과실범의 공동정범, 고의범과 과실범의 공동정범 및 상이한 구성요건간의 공동정범은 부정된다. 그러나 범죄공동설의 내용이 오늘날은 새로운 주장과 더불어 관점에 따라 변모되고 있다. 전통적인 견해, 즉 동일한 고의범만을 공동으로 실행하는 것이 공동정범이라는 견해는 고의공동설로 불리어지는가 하면, 공동정범의 성립을 객관적 구성요건 충족의 관점에서 인정한 후 그 책임은 각자의 고의의 범위 내에서 개별적으로 논하는 구성요건공동설, 수인의 공동행위자의 죄가 각각 개별인 경우에도 구성요건적으로 중첩하는 범위 내에서 공동정범의 성립을 인정하는 부분적 범죄공동설 등이 거론되고 있다.

과실범의 공동정범(過失犯의 共同正犯)

2인 이상이 공동의 과실로 인하여 과실범의 구성요건적 결과를 발생케 한 경우에 과실범의 공동정범이 될 수 있는가의 문제를 말한다. 공동정범의 성립요건인 공동의사의 내용을 어떻게 파악할 것인가의 문제이다. 이 문제를 두고 종래의 행위공동설을 취하면 과실범의 공동정범을 인정하게 되고, 범죄공동설을 취하면 부인하게 된다는 것이 공식이었다. 우리나라의 판례는 초기에는 과실범의 공동정범을 부인하는 입장이었다. 하지만 1954년부터 초기의 입장을 바꾸어 1962년에 행위공동설의 입장에서 과실범의 공동정범을 처음으로 인정한 후 줄곧 이 입장을 견지하고 있다. 다수설은 과실범의 공동정범의 성립을 부정하는 부정설을 취하고 있고, 그 논거로는 범죄공동설·목적적 범행지배설 그리고 기능적 범행지배설이 있다. 이에 반해 과실범의 공동정범을 긍정하는 이론으로는 행위공동설·공동행위주체설 그리고 과실공동·행위공동설 등이 있다.

건물(삼풍백화점) 붕괴의 원인이 건축계획의 수립, 건축설계, 건축공사공정, 건물 완공 후의 유지관리 등에 있어서의 과실이 복합적으로 작용한 데에 있다고 보아 각 단계별 관련자들을 업무상과실치사상죄의 공동정범으로 처단한 사례*(대법원 1996. 8. 23. 선고 96도1231 판결)*.

승계적 공동정범
(承繼的 共同正犯)

공동정범에 있어서는 공동의사의 성립시기에 따라 공모공동정범·우연적공동정범 및 승계적공동정범 등으로 구분된다. 승계적 공동정범이란 공동의 의사가 행위도중, 즉 실행행위의 일부 종료 후 그 기수 이전에 성립한 경우를 말한다. 예를 들어 A가 강도의 의사로 B에게 폭행을 가하여 억압한 후 친구인 C에게 그 사실을 이야기하고 공동하여 B의 재물을 탈취한 경우나, A가 강간의 의사로 B女에게 폭행을 가하여 상처를 입히고 실신케 한 후 우연히 그곳을 지나가던 C와 함께 B를 간음한 경우를 말한다.

공모공동정범(共謀共同正犯)

공모공동정범이란 2인 이상의 자가 공모하여 그 공모자 가운데 일부가 공모에 따라 범죄의 실행에 나아간 때에는 실행행위를 담당하지 아니한 공모자에게도 공동정범이 성립한다는 이론이다. 이 이론은 처음, 일본의 대심원 판례(1896. 3. 3.)에 의하여 인정되어 처음에는 지능범에만 적용하여 오다가 실력범에 이르기까지 확대되었고, 우리 대법원도 일관하여「공동정범에 있어서 범죄행위를 공모한 후 그 실행행위에 직접 가담하지 아니하더라도 다른 공모자가 분담 실행한 행위에 대하여 공동정범의 죄책을 면할 수 없다」고 판시하며 이 이론을 인정하고 있다.

> 공모공동정범의 경우에 공모는 법률상 어떤 정형을 요구하는 것은 아니고 2인 이상이 공모하여 범죄에 공동가공하여 범죄를 실현하려는 의사의 결합만 있으면 되는 것으로서, 비록 전체의 모의과정이 없었다고 하더라도 수인 사이에 순차적으로 또는 암묵적으로 상통하여 그 의사의 결합이 이루어지면 공모관계가 성립한다 할 것이고, 이러한 공모가 이루어진 이상 실행행위에 직접 관여하지 아니한 자라도 다른 공범자의 행위에 대하여 공동정범으로서 형사책임을 지는 것이다*(대법원 1997. 10. 10. 선고 97도1720 판결)*.

공모공동정범의 인정여부

구분	학설	근거	주장자
부정설	(1)범죄공동설 (2)행위공동설 (3)공동행위주체설	(1)실행행위 없는 자에 대한 부채는 「행위책임 원칙」에 반한다. (2)공동의사주체는 일시적으로 단체성이 없고, 「개별책임원칙」에 반한다. (3)모의사실만으로 공동범죄이라면 교사범과의 구별이 어렵다. (4)교사범도 정범과 같은 법정형으로 처벌하는 이상 이를 인정할 실익이 없고, 수괴나 거물급은 제34조 2항을 적용·처벌할 수도 있다.	牧野 (마끼노) 瀧川 (다끼가와)
긍정	(1)공동의사주체설 (2)목적적행위지배설	(1)주족 자체가 실행행위와 같은 목적적 행위지배가 인정된다. (2)의사강화작용과 행위의 이용·보충이라는 공범의 분업원리상 긍정해야 한다. (3)금일의 집단범죄시대에서는 배후조종자인 거물급의 처벌이 필요하다. (4)실행자가 공모전에 범의를 가졌거나 또는 지휘감독관계에 있지 않을 때에는	草野 (구사노)

설		제34조2항의 적용도 불가능하다. (5)구형법 제60조의 「공동하여 범죄를 실행한 때」와 달리 신형법 제30조는「공동하여 죄를 범한 때」로 규정한 실정법적 근거가 있다.	
판례	일본의 경우	처음은 공갈죄와 같은 지능범에 한하여 공모공동정범을 인정했으나(1911. 10. 6), 후에는 방화죄·절도죄·살인죄 등의 강력범에까지 확대했고(1931. 11. 9), 전후에는 모든 범죄에 공모공동정범을 인정하기에 이르렀다(1936. 5. 28일대판 연합부).	
	우리나라의 경우	처음은 절도·강도죄와 같이 유형적 행위를 필요로 하는 범죄의 공모공동정범을 부인하고 사기죄·공갈죄 같은 지능범에만 이를 인정했으나(1916. 4. 22. 朝고판), 그 입장을 바꾸어 모든 범죄에 대한 공모공동정범을 인정하였다(1932. 4. 6. 朝고판 ; 1967. 9. 19. 76도1027 대판).	

교사범(敎唆犯)

교사범(Anstifung)이란 타인에게 범죄를 결의하여 실행케 한 자를 말한다. 교사범이 성립하려면 교사자의 교사행위와 정범의 실행행위가 있어야 한다. 책임능력이 없는 소년이나 광인(狂人)에게 정신적 영향을 주어 범행을 하게 한 때에는 간접정범이며 교사범이 되지 않는다. 이 경우에 타인에게 어떤 범죄를 하도록 결의시키는 수단은 제한이 없으나, 만일 그것이 강제·위협·긴급의 상태·오해를 이용하였을 경우에는 이것도 간접정범은 될 수 있어도 교사범은 되지 않는다. 교사범의 성립요건으로서는 먼저 주관적 요건으로서 자기의 행위에 의하여 타인에게 어떤 범죄를 실행하도록 결의시켜 그 자에게 그 범죄를 실행케 하려는 의사가 있음을 요하고(교사고의), 다음에 객관적 요건으로 타인으로 하여금 어떤 범죄를 하려는 결의가 생기도록 하여 이 결의에 의하여 그 타자가 범죄를 실행함에 이르렀다는 결과를 필요로 한다. 교사범은 일견 그 책임이 정범에 비하여 가벼운 것 같으나 타인에게 범의가 생기도록 하여 실행시키는 의미에서 그 책임은 반드시 가볍지 않다. 그래서 형법은 교사범의 책임은 「죄를 실행한 자와 동일한 형으로 처벌한다」(형§31)고 규정하고 있다.

> 교사범이 성립하기 위해서는 교사자의 교사행위와 정범의 실행행위가 있어야 하는 것이므로, 정범의 성립은 교사범의 구성요건의 일부를 형성하고 교사범이 성립함에는 정범의 범죄행위가 인정되는 것이 그 전제요건이 된다*(대법원 2000. 2. 25. 선고 99도1252 판결)*.

교사의 미수(敎唆의 未遂)

형법 제31조에 의하면 교사범의 성립에는 피교사자로 하여금 단순히 범의를 생기게 함에 그치지 아니하고 나아가서 실행행위를 하도록 하여 적어도 실행의 착수 이상에 이르러야 함을 요한다. 따라서 이른바 「교사의 미수」, 즉 교사의 결과 상대방에게 고의가 생기도록 하였으나 상대방이 그 고의를 실행하는 활동이 이르지 않은 때에는 원칙적으로 불가벌이 된다. 여기서 이것과 구별해야 하는 것은 「미수죄에의 교사」의 경우로서, 즉 교사행위가 미수범에 관하여 어떤 교사에 의하여 피교사자가 범행을 결의하고 이에 의하여 상대방이 그 미수행위에 착수한 한, 그 한도의 교사죄는 성립한다.

미수의 교사(未遂의 教唆)

일반적으로 「교사범」은 범인으로 하여금 어떤 범죄를 결의케 하여 그 자로 하여금 그 범죄를 실행하게 함으로써 성립하는 것이다. 그렇다면 「어떤 범죄의 미수행위를 행하도록 하기 위하여 타인으로 하여금 범죄를 결의케하고, 그 자로 하여금 그 미수행위에 그치도록 하였을 때, 즉 일종의 교사행위의 형사책임은 어떻게 되는가」하는 문제는 어떻게 처리할 것인가? 다시 말하면「교사자가 정범의 미수에 그칠 것을 인식하고 그 교사를 한 경우에 그 책임은 어떤 것인가」의 문제가 제기된다. 이른바 「아장 쁘로보까떼르(Agent Provocateur)」의 문제로 학자간의 의론(議論)이 있다. 통설로는 전혀 실행행위에 착수하지 않을 것을 예상했던 경우에는 죄가 되지 않으나 이론상 이점의 해답에는 세 가지의 설이 있다. 제1설은, 항상 유죄로 한다. 그러나 형법은 교사죄의 성립에는 피교사자가 실행행위에 착수하여야 하므로 이 설은 채택할 수 없다. 제2설은, 그 교사가 범인의 기수행위에 착수할 것임을 예견한 경우에 한하여 범죄가 된다는 것이다. 그러나 이것은 여기에 문제되어 있는 것에서 일탈하고 있다. 제3설은, 교사자가 그 행위의 미수임을 예상하고 있어도 이것을 실행행위에 유도하려고 교사한 경우에 한하여 죄가 되는 것으로 하고 있다. 형법에서 교사범의 성립에는 상대방에게 일정한 고의를 발생케 하고, 다시 나아가 실행행위에의 착수 이상의 행위가 있음을 요하므로, 소위 「교사의 미수」, 즉 피교사자가 실행의 착수 이상의 행위가 없을 때에는 죄가 되지 안으나 「미수죄에의 교사」인 경우, 즉 교사에 의하여 피교사자가 미수행위에 착수한 한, 그 한도에서의 교사죄는 성립하는 것이다.

간접교사(間接教唆)

독;mittelbare Anstifung

타인에게 제3자를 교사하여 범죄를 실행하게 한 경우와 타인을 교사하였는데 피교사자가 직접실행하지 않고 제3자를 교사하여 실행하게 한 경우를 정범에 대한 간접교사라고 하며, 교사의 한 형태이다. 간접교사의 가벌성에 대하여 간접교사를 처벌한다는 명문의 규정이 없는 형법 아래서는 범죄의 정형적 의미를 중시하고 형벌법규의 엄격한 해석이 요구되므로 그 가벌성을 부정해야 한다는 견해와 형법은 교사범의 요건으로 "타인을 교사하여 죄를 범한자"라고만 규정하고 있을 뿐이며, 그 방법에는 제한이 없으므로 피교사자가 반드시 정범이어야 하는 것은 아니고, 따라서 간접교사도 타인을 교사하여 죄를 범한자에 해당한다고 보아야 하므로 교사범과 같이 처벌하여야 한다는 견해의 대립이 있다. 대법원은 간접교사를 교사범으로 처벌하고 있다.

연쇄교사(連鎖敎唆)
독;Kettenanstiftung

재간접교사 및 그 이사의 교사의 교사를 말한다. 이에 대하여는 가벌성을 긍정하는 견해와, 부정하는 견해로 나누어져 있다. 간접교사의 경우와 마찬가지로 재간접교사가 바로 앞의 간접교사자도 행위사정을 알 것이라고 생각하고 교사했으며 중간교사자들과 정범의 실행 사이에 인과관계 내지 객관적 귀속의 가능성이 있는 한 가벌성을 인정할 수 있을 것이다.

종범(從犯)
독;Beihilfe

종범이란 정범을 방조한 자로서 방조범이라고도 한다. 여기에서 말하는 방조란 정범에 의한 구성요건의 실행을 가능하게 하거나, 쉽게 하거나 또는 정범에 의한 법익침해를 강화하는 것을 말한다. 일반적으로 종범은 그 자신 스스로 범죄를 실행하는 것이 아니라 정범의 실행행위에 가담하는 것이므로 교사범과 함께 협의공범에 해당된다. 따라서 종범은 행위지배가 없는 점에 그 특색이 있다. 정범 내지 공동정범이 성립하는 경우와「종범」과의 구별에 관하여는 견해가 나누어져 있다. (1) 주관설에 의하면 자신이 죄를 범할 의사인 경우가 정범이고, 타인의 범죄에 참가할 의사로 한 경우를 종범이라 하고, (2) 객관설 중의 형식설은 실행행위를 분담한 자를 정범이라 하며, 그렇지 않고 이에 支待行爲(지대행위)를 행한 자를 종범으로 하고, 또 (3) 사건을 실질적으로 생각하려는 견해는 결과적으로 보아 중요한 부분을 행하였는가에 의하여 양자를 구별하려고 한다. 실제로는 위 3설을 종합하여 결정함이 타당하다. 종범의 성립요건으로서는 객관적으로 범인의 범죄의 실행을 지대원조한 행위가 있어야 하며 피원조자는 유책적으로 범죄의 실행행위를 행함을 요한다. 그리고 이 지지원조행위는 물리적 힘에 의한 지지든 정신적 지지행위든 불문한다. 이런 의미에서 종범행위에는 (1) 유형적 종범과 (2) 무형적 종범과의 구별이 있다. 유형적 종범은 기구의 급여 기타의 유형적인 방법으로 원조하는 경우이고, 무형적 종범은 유도지시 기타의 무형의 방법으로 원조하는 경우를 말한다. 또 주관적 요건으로서는 정범을 원조한다는 의사, 즉 자신은 개인의 어떤 범죄행위를 지지한다는 인식이 필요하다. 종범의 형은 반드시 정범의 형보다 감경한다(형§32②).

> 형법상 방조행위는 정범이 범행을 한다는 정을 알면서 그 실행행위를 용이하게 하는 행위로서 그것은 정범의 실행에 대하여 물질적 방법이건, 정신적 방법이건, 직접적이건, 간접적이건 가리지 아니한다 할 것인바, 피고인들이 정범의 변호사법 위반행위(금 2억원을 제공받고 건축 사업허가를 받아 주려한 행위)를 하려한다는 정을 알면서 자금능력있는 자를 소개하고 교섭한 행위는 그 방조행위에 해당한다*(대법원 1982. 9. 14. 선고 80도2566 판결)*.

사후방조(事後幇助)

타인이 죄를 범한 후에 범죄에 기한 증거인멸·범인은닉 등의 목적으로 행해지는 방조행위를 말한다. 이러한 행위는 전범의 종범으로 되지 않고, 다만 그 형태에 의하여 장물죄(형§362), 범인은닉죄(§151), 증거인멸죄(§155)를 구성하는 경우가 있다.

방조범(幇助犯)

독;Beihilfe 불;complicité

정범의 범죄실행을 방조한 자(형법 32조 1항)를 말한다. 종범이라고도 하며 교사범과 함께 협의의 공범에 해당한다. 방조에는 언어방조와 거동방조가 있다. 언어방조는 지적·정신적 방조를 말하는 것으로 이미 범죄를 결의하고 있는 자에게 결의를 강화시켜주고 조언을 한다는 점에서 교사와 구별된다. 그리고 거동방조는 기술적·물리적 방조를 말하며 범행지배가 없다는 점에서 공동정범과 구별된다. 각칙상 방조행위가 특별구성요건으로 규정되어 있는 경우가 많다. 예컨대 도주원조(형법 147조), 아편흡식 등 장소제공(형법 201조 2항), 자살방조(형법 252조 2항) 등의 경우에는 그것 자체가 정범의 실행행위이므로 제32조가 적용될 여지가 없다. 방조행위는 정신적 내지 물리적으로는 또는 적극적 작위 내지 소극적 부작위로 정범의 실행행위를 돕는 것을 말하며 그 방법에는 제한이 없다. 예컨대 언어에 의한 조언·격려, 범행도구의 대여, 범행장소의 제공, 범행자금의 제공 등을 비롯하여 정범에게 두려움을 없애 주고 안정감을 일으켜 범행결의를 강화하는 경우 및 절취해 온 장물을 처분해 주겠다는 약속 등을 포함한다. 방조행위는 정범의 실행행위 착수 전후에 걸쳐 가능하다. 즉 착수 이전에 예비행위의 방조, 정범결의의 강화 등이 가능하며, 또한 실행행위의 종료 후에도 결과발생 전까지는 방조가 가능하다. 그러나 범죄가 완료된 후에는 방조범이 성립할 수 없으므로 범죄완료후 범인은닉, 증거인멸 등은 사후종범이 아니라 독립된 범죄비호유형이 된다(형법 151조, 155조). 방조행위와 정범의 실행행위간에 인과관계를 필요로 하느냐를 놓고 불필요설과 필요설이 대립되고 있다. 그러나 공범의 처벌 근거는 종속적 원인 야기에 의한 법익침해행위라는데 있으므로 그 한도 내에서 인과관계는 필요하다. 방조범은 정범의 범죄실행을 방조한다는 인식, 즉 '방조의 고의'와 정범이 범죄를 실행함으로써 기수에 이르러 결과가 발생할 것이라고 하는 '정범의 고의'가 있어야 한다. 이를 이중의 고의라고 한다. 방조범과 정범간의 의사가 일치가 있을 필요가 없다. 그러므로 편면적 방조범도 인정할 수 있으며, 이 점에서 편면적 공동정범이 인정될 수 없는 것과 구별된다. 정범의 실행행위를 필요로 하느냐에 관하여는 공범독립설과 공범종속성설에 따라 다르고, 또 후자의 입장에서는 그 실행행위가 어느 정도의 범죄성을 갖춤을 요하느냐에 관하여, 어느 종속형태를 채용하느냐에 따라 다르다. 다수설에 따른다면 제한적 후속형식의 결과 이 경우 정범의 실행행위는 구성요건에 해당하고 위법해야 한다. 방조범의 형은 정범의 형보다 감경한다(형법 32조 2항). 이는 정범에게 적용하는 법정형을 방조범에게도 적용하지만 필요적으로 감경한다는 것을 의미한다. 피방조자가 방조자의 지휘·감독을 받는 자인 경우에는 특수방조범(형법 34조 2항)으로 되어 방조자는 정범의 형으로 처벌받게 된다. 또한 형법은 어느 행위로 인하여 처벌되지 아니하거나, 과실범으로 처벌되는 자를 방조하여 범죄행위의 결과를 발생하게 한 경우에, 방조의 예에 의하여 처벌하도록 규정하고 있다(형법 34조 1항). 형법 제33조의 적용에 따라 신분없는 자도 진정신분범의 방조범이 될 수 있다. 부진정신분범에 있어서 비신분자는 기본적 범죄의 방조범이 될 뿐이다. 방조범은 공동정범 또는 교사범과 흡수관계에 있다.

공범과 신분(共犯과 身分)

형법 제33조는 "신분관계로 인하여 성립될 범죄에 가공한 행위는 신분관계가 없는 자에게도 전3조(공동정범·교사범·방조범)의 규정한다. 다만 신분관계로 인하여 형의 경중이 있는 경우에는 중한 형으로 벌하지 아니한다"라고 규정하고 있다. 이것을 종래 공범과 신분이란 문제로 취급하여 왔다. 즉 신분이 범죄의 성립이나 형의 가감에 영향을 미치는 경우에 신분없는 자와 신분있는 자가 공범관계에 있을 때 이를 어떻게 취급할 것이냐의 문제가 그것이었다. 우리나라의 통설은 형법 33조의 본문은 진정신분범의 연대성을, 단서는 부진정신분범의 개별화를 규율한다는 입장을 취해 왔다.

구성적 신분(構成的 身分)

행위자에게 일정한 신분이 있어야 범죄가 성립하는 경우의 신분을 말한다. 이 경우의 신분은 가벌성을 구성하는 요소로 작용한다. 구성적 신분을 필요로 하는 범죄를 진정신분범이라 한다. 예를 들어 수뢰죄(형법 129조)·위증죄(형법 152조)·허위진단서작성죄(형법 233조)·업무상비밀누설죄(형법 317조)·횡령죄및배임죄(형법 355조)가 여기에 해당한다.

가감적 신분(加減的 身分)

가감적 신분이란 신분이 없어도 범죄는 성립하지만 신분에 의하여 형이 가중 또는 감경되는 경우를 의미한다. 이러한 가감적 신분을 요하는 범죄를 부진정신분범이라고 한다. 예를 들어 존속살해죄의 직계비속, 업무상횡령죄의 업무자는 가중적 신분의 예이고, 영아살해죄의 직계존속은 감경적 신분의 예이다.

죄 수 론

죄수(罪數)

독;Einheit und Mehrheit der Verbrechen

범죄의 개수를 말한다. 한 사람이 1개의 범죄를 범한 때는 일죄, 수개의 범죄를 범한 때는 수죄이다. 일죄의 경우와 수죄의 경우와는 형법상의 취급이 다르므로 무엇을 표준으로 하여 범죄의 수를 결정한 것인지가 중요한 것이다. 이 표준에 대하여는 설이 나누어져 있어서 행위가 1개인가 어떤가에 의한 행위설, 각행위에서 발생한 결과의 수에 의한 결과설, 범인의 의사가 단일한 것인가, 아닌가에 의한 의사설 등이 있으나, 현재의 통설로서는 구성요건표준인데, 형벌규정의 구성요건에 해당되는 행위가 몇 회 행하여졌는가에 의하여 죄수를 결정하려는 것이다. 이 설에 의하면, 죄수는 반드시 자연적인 관찰에 의한 행위의 수와는 일치한다고 할 수 없다. 예를 들면, 창고 속에 있는 물건을 하룻밤 사이에 몇 회에 나누어 도출함은 자연적인 행위로서는 수개의 행위가 될지라도 1개의 절도죄로 평가되며, 반대로 1발의 탄환으로 사람을 죽이고 물건을 파괴한 때의 행위는 1개이나 죄살인죄와 손괴죄의 2죄이다.

죄수결정에 대한 학설

학설	내 용	주장자
행위 표준설	객관주의입장에서 행위가 1개이면 1죄, 행위가 2개이면 2죄 라는 설, 이 설은 수개의 행위로 1개의 죄를 범한 경우 또는 구성요건상 처음부터 수개의 행위를 내용으로 한 범죄를 설명하기 곤란하다는 비판이 있다.	(1958. 4. 11. 대판)
법익 표준설	법익을 단위로 하여 죄수를 결정하는 역시 객관설의 입장으로, (1)전속적 법익(살인죄 등)침해의 경우는 1개의 행위로 2개의 법익을 침해한 경우 2죄이고, (2)비전속적 법익(손괴죄 등)인 경우는 1개의 행위로 수개의 법익을 침해하더라도 1죄라고 본다. 양자의 구별이유가 불충분하다는 비판이 있다.	박문복
의사 표준설	주관주의 입장으로 범죄의사를 단위로 하여 범죄수를 결정하려는 설이다. 그러나 구성요건을 무시하고 의사만에 의하여 행위나 죄의 수를 결정하려는 태도가 부당하다.	木村 (기무라)
구성요건 충 족 설	이 설은 실정법의 면에서 죄수를 결정하려는 입장으로서 구성요건을 1회 충족하면 1죄, 2회 충족하면 2죄라고 보는 설이다(다수설).	유기천
결 합 설	이상 제설은 종합적으로 고려하여 합목적적으로 죄수를 결정할 것이라고 한다.	

병과주의(倂科主義)

수죄를 어떻게 처벌한 것인가에 대한 한 방법으로 각죄에 정한 형을 병과하는 주의이다. 이것은 수죄의 처벌에 관한 전통적인 원칙이며 아직도 영미법은 이 주의를 따르고 있다. 그러나 이 주의는 자유형 가운데 유기형을 병과하는 때에는 실제상 무기형과 같은 효과를 가져오게 되어 형벌의 성질을 바꾸는 결과가 된다는 비판을 받고 있다.

흡수주의(吸收主義)

수죄의 처벌에 대한 한 방법으로, 수죄 중 가장 중한 죄에 정한 형으로 처단하고 다른 경한 죄에 정한 형은 여기에 흡수되는 주의를 말한다. 형법은 사상적 경합(형§40)과 경합범 가운데 중한 죄에 정한 형이 사형 또는 무기징역이나 무기금고인 때(§38①)에 흡수주의를 취하고 있다.

가중주의(加重主義)

수죄의 처벌에 대한 한 방법으로, 수죄에 대하여 하나의 전체형을 선고하는 것을 말한다. 이 경우 전체형은 통상 가장 중한 죄에 정한 형을 가중하는 방법으로 이루어진다. 스위스형법(§68)과 오스트리아형법(§28)은 상상적 경합과 경합범을 모두 가중주의에 의하여 벌하고 있으나, 우리 형법과 독일형법은 원칙적으로 경합범만 가중주의에 의하여 벌하고 있다(§38①Ⅱ).

법조경합의 태양

종 류	내 용	예
특별관계	1개의 형벌법규가 타형벌법규에 대하여 특별법의 관계에 있는 경우로서 특별법만이 적용되는 경우	(1)횡령죄와 배임죄 (2)존속살인죄와 보통살인죄 (3)산림절도죄와 형법상 절도죄 (4)통화위조와 문서위조죄
흡수관계	1개의 형벌법규가 타형벌법규를 흡수하는 경우로서 피흡수법은 배척되고 흡수법만이 적용된다.	(1)예비·음모와 미수 (2)살인죄와 상해죄 (3)방화죄와 재물손괴죄
보충관계	기본적 법규와 보충적 법규가 경합하는 경우에 기본법규는 보충적 규정에 우선하고 기본적 법규가 적용되지 않는 경우에 한하여 보충성이 적용	(1)기수에 대한 미수 (2)미수에 대한 예비 (3)상해죄에 대한 폭행죄 (4)명예훼손죄에 대한 모욕죄
택일관계	양립되지 않는 2개의 법규간에 있어서 그 일방만이 적용되는 관계이다.	(1)절도죄와 횡령죄 (2)단, 횡령죄와 배임죄를 택일관계로 보는 견해가 있으나, 특별관계라고 본다

법조경합(法條競合)

독;Gesetzeskonkurrenz

법조경합이란 하나의 행위가 2개 이상의 형벌 규정에 저촉되는 것 같은 외관을 지녀도 실은 그러한 형벌법규 상호간의 관계상 그중 1개만이 적용되고 다른 것의 적용은 배제되는 경우를 말한다. 예를 들면, 자기의 부모를 죽인 자는 살인죄(형§250①)와 존속살인죄(§250②)의 2개에 해당되는 것처럼 보이나 실은 존속살인죄만(특별관계) 적용되고, 불을 질러 타인의 건물을 태워버린 자는 방화죄(§164)의 적용만을 받아 건조물손괴죄(§367)의 적용을 받지 아니하고(흡수관계), 또 타인으로부터 위탁받은 물건을 횡령하는 행위는 원칙적으로 동시에 배임죄(§355②)의 요건을 갖추고 있으나 횡령죄(§355①)의 성립을 인정하면 배임죄를 적용할 여지는 없다(택일관계).

포괄일죄(包括一罪)

수개의 행위가 포괄적으로 1개의 구성요건에 해당하여 일죄를 구성하는 경우를 포괄일죄라 한다. 예를 들어 사람을 체포하여 감금한 경우와 뇌물의 요구를 약속하고, 수수한 경우에는 각각 체포·감금죄(형§276), 수뢰죄(형§129)의 일죄이다. 또 외설문서를 수회에 걸쳐 판매하여도 1개의 외설문서의 판매죄가 성립할 뿐이다. 판매라는 것은 당연히 반복적인 행위를 예상하는 것이기 때문이다. 이러한 종류의 경우를 집합범이라 한다. 절도범인이 하룻밤 사이에 같은 창고에서 수회에 걸쳐 물품을 도출(盜出)한 경우에도 1개의 절도죄로 본다. 그러나 이를 일부 학자들은 접속범이라고 부르기도 한다.

결합범(結合犯)

결합범이란 개별적으로 독립된 범죄의 구성요건에 해당하는 수개의 행위가 결합하여 1개의 범죄를 구성하는 경우를 말한다. 예를 들어 강도죄는 폭행죄 또는 협박죄와 강도살인죄는 강도죄와 살인죄, 강도강간죄는 강도죄와 강간죄의 결합범이다.

계속범(繼續犯)

독;Dquerverbechen
불;délit continu

계속범이란 구성요건적 행위가 기수에 이름으로써 행위자는 위법한 상태를 야기하고 구성요건적 행위에 의하여 그 상태가 유지되는 범죄를 말한다. 주거침입죄, 감금죄 등이 이에 해당한다. 계속범은 위법한 상태가 없어질 때 까지는 일시적 중단으로 종료되지 않는다.

접속범(接續犯)

접속범이란 동일한 법익에 대하여 수개의 행위가 불가분하게 접속하여 행해지는 것을 말한다. 즉 단독의 행위에 의해서도 구접속범이란 동일한 법익에 대하여 수개의 행위가 불가분하게 접속하여 행해지는 것을 말한다. 즉 단독의 행위에 의해서도 구성요건의 충족이 가능한 경우에 수개의 행성요건의 충족이 가능한 경우에 수개의 행위가 동일한 기회·동일한 장소에서 불가분하게 결합되어 구성요건적 결과가 발생한 경우를 말한다. 예를 들어 절도범이 문 앞에 자동차를 대기해 놓고 재물을 수회 반출하여 자동차에 싣는 방법으로 절취한 경우가 이에 해당된다.

연속범(連續犯)

독;fortgesetztes Verbrechen
불;déchen

연속범이란 연속한 수개의 행위가 동종의 범죄에 해당하는 것을 의미한다. 연속된 수개의 행위가 반드시 구성요건적으로 일치할 것을 요하지 않고 시간적·장소적 접속도 요건으로 하지 아니하여 그 사이의 연관이 긴밀하지 않다는 점에서 접속범과 구별된다. 연속범의 경우에 죄수를 어떻게 할 것이냐에 대해서는 포괄일죄로 보아야 한다는 견해, 연속범은 접속범과 개념을 달리하는 것이므로 수죄로서 경합범이 된다고 하는 견해, 처분상의 일죄로 보아야 한다는 견해 등이 있다. 대법원은 이 경우 일관하여 포괄일죄에 해당한다고 판시하고 있다.

집합범(集合犯)

집합범이란 다수의 동종의 행위가 동일한 의사에 의하여 반복되지만 일괄하여 일죄를 구성하는 경우를 말한다. 영업범·직업범 및 상습범이 여기에 속한다.

상상적 경합(想像的 競合)

독;idealkon·kurrenz

1개의 행위가 수개의 죄에 해당되는 것을 말한다. 예를 들면 권총 1발의 탄환으로 사람을 죽이고(살인죄) 또 타인의 재물을 파손한(손괴죄) 것과 같은 경우를 말하며, 관념적 경합이라고도 한다. 상상적 경합은 그 수개의 죄명 중에 가장 중한 것으로 처벌된다(형§40). 위 경우에는 살인죄(§366)의 刑보다 무거우므로 살인죄의 형으로 처단하게 된다. 상상적 경합은 본래는 수죄인 것이 1개의 행위에 의하여 행하여졌기 때문에 특히 법률상 일죄로서 취급되는 것이다.

견련범(牽連犯)

견련범이란 범죄의 수단 또는 결과인 행위가 수개의 죄명에 해당하는 경우를 말한다. 예를 들면 주거침입과 절도·강도·강간·살인이나, 문서위조와 위조문서 행사·사기 등의 관계가 이에 해당된다.

경합범(競合犯)

경합범이란 아직 확정재판을 받지 아니한 수개의 범죄 또는 판결이 확정된 죄와 그 판결확정 전에 범한 죄(형§37)를 말한다. 예를 들면 어떤 사람이 절도죄, 횡령죄, 사기죄, 살인죄를 순차적으로 범하였을 때, 그 중의 어느 것이나 아직 확정재판을 받지 아니한 때에는 전부가 경합범이다. 만일 어느 죄에 대하여 금고이상의 형에 처하는 확정판결이 있었을 때에는 그 죄와 그 죄의 재판의 확정 전에 범한 죄만이 경합범이다. 위의 예 중에서 횡령죄에 대하여 재판이 확정되었으나 절도죄는 그 확정전에, 사기죄·살인죄는 그 확정 후에 행하였다면 절도죄와 횡령죄로서 제1의 경합범이, 사기죄와 살인죄로서 제2의 경합범이 성립되는 셈이다. 경합범에 대하여 동시에 재판을 받는 경우에는 형법상 특별한 취급을 받는다(형§37~§40). 즉 그 중의 일죄에 대하여 사형 또는 무기의 징역·금고에 처하여야 할 때에는 원칙적으로 다른 형을 과하지 아니한다. 경합범 중에 2개 이상의 죄에 대하여 유기의 징역·금고에 처하여야 할 때에는 그 중에 가장 중한 죄에 대하여 정하여진 형에 가중하여 처벌한다(§38). 이와 같이 경합범이 동시에 재판되는 경우에는 전체적으로 보아 평가가 행하여지는 결과, 예를 들면 그 중에 일부가 뒤늦게 발각되어 따로 재판을 받는 경우보다도 범인으로서는 유리하게 된다. 그래서 경합범에 대하여 따로 재판이 되는 경우에도 형의 집행에 있어서는 가급적 동시재판의 경우와 가까운 결과가 되도록 하는 특별규정(§39)이 있다.

여죄(餘罪)

경합범 가운데 이미 판결이 확정된 죄와 아직 판결을 받지 아니한 죄가 있는 경우에 있어서 후자의 죄를 말한다. 이 경우 판결이 확정된 죄에 관해서는 거듭 재판할 수 없으므로 여죄에 대해서만 형을 선고한다(형법 39조1항). 이에 의하여 수개의 판결이 있는 때에는 경합범의 처벌예에 의하여 집행한다(형법 39조2항).

과형상의 일죄(科刑上의 一罪)

어떤 범인의 일정한 행위가 1죄인가 혹은 수죄인가를 결정하는 표준에 관하여는 예로부터 여러 가지 학설이 있으나 그 중 현재 가장 유력한 학설로는 소위「구성요건설」이다. 즉 일정인의 행위로서 어떠한 범죄구성요건을 1회만으로 충족할 수 있는 행위가 있으면 그것은 일죄이며, 수회 또는 다른 2개 이상의 구성요건을 충족하는 행위가 있으면 수죄라는 것이다. 그러나 실제로 형법의 규정을 보면, 실질상 일정한 구성요건을 둘 이상 충족하고 있어도 1개의 범죄로서 형법각칙에 규정되어 있는 경우가 있다. 이것을「결합범」이라 한다(형§338). 이에 반하여 2개 이상의 구성요건을 충족하는 행위라도 그 행위가 실질적으로는 상호의 수단, 목적 또는 원인, 결과의 관계에 있는 것인 경우에는 입법자는 이 행위를 사회 관념적으로 한 개의 범죄로 보아서 형법상 취급하는 것이 타당한 것이라고 한다. 그리고 이와 같은 경우에 그러한 수단결과 중에 가장 무거운 범죄구성요건에 해당하는 실체법상 하나의 범죄로서, 그 전부를 처리하도록 되어 있다. 이것을 취급상의 일죄라고 한다.

형 벌 론

주형(主刑)
독;Hauptstrafe
불;peine principale

독립하여 과할 수 있는 형벌을 말한다. 부가형과 구별되는 개념이다. 형법 제41조는 형벌의 종류로서 사형·징역·금고·자격상실·자격정지·벌금·구류·과료 및 몰수의 9종을 인정하고 있다.

자유형(自由刑)
독;Freiheitsstrafe
불;Peine privative de liberté

자유형이란 자유의 박탈을 내용으로 하는 형벌을 말한다. 우리 형법상에는 징역·금고·구류 등 3종의 자유형이 인정되고 있다. 자유형은 범죄인의 자유를 박탈함에 의하여 이를 개과천선하게 하는 교육적 내용을 주된 목적으로 한다. 이 경우 자유형의 집행에 의하여 범죄인은 안정과 자기반성의 기회를 가지고 새로운 인격구조를 형성할 수 있게 된다는 의미에서 자유형은 보호기능을 가지게 된다. 자유형은 현행 형법상 그 적용범위가 크고 또한 그 작용이 커서 현대의 형벌제도 중에서 가장 중요한 지위를 차지하고 있다. 오늘날 자유형에 관해서는 자유형의 단일화, 단기자유형의 폐지, 부정기형의 채용, 누진처우와 같은 문제가 제기되어 형사정책 또는 행형학의 중심이 되어 있다.

단기자유형(短期自由刑)
영;short term imprisonment
독;kurzzeitige Freiheitsstrafe
불;courtes peines

일반적으로 6개월 이하의 자유형을 말한다. 단기자유형의 기준기한을 놓고 1949년 국제형법형무회의에서는 3월 이하설, 1959년 UN범죄방지회의에서는 6월 이하설이, 미국에서는 1년 이하설이 거론되어 왔으나, 통설은 6월 이하설이다. 단기자유형은 개선·교화의 효과를 거둘 시간적 여유가 없고 위하력도 약한 반면, 강한죄질의 수형자가 다른 수형자로부터 악영향을 받을 우려, 전과자로서의 낙인으로 인한 사회복귀의 어려움, 수형자의 가족의 정신적 부담과 경제적 파탄 등 여러 가지 부작용은 크기 때문에 그 폐지가 주장되고 있다. 단기자유형의 대체방안으로서는 벌금형에의 환형, 선고유예·집행유예제도의 활용, 기소유예제도의 활용, 무구금강제노동, 선행보증 등이 있다.

사형(死刑)
독;Todesstrafe
불;death penalty

범인의 생명을 박탈하는 형벌로서 이른바 극형이다. 형법은 내란죄, 외환죄, 방화죄, 기차 등의 전복치사죄, 살인죄, 강도살인죄 등의 중대한 범죄에 대하여 사형을 과할 수 있도록 하였으나, 실제로 사형선고를 받는 자의 대부분은 강도살인죄이다. 사형은 교도소 내에서 교수(絞首)의 방법으로 집행된다(형§66). 형벌제도로서 사형을 폐지시키려는 사형폐지론이 유력하게 주장되고 있는데 그 근거로서는 사형은 잔혹·비인도적이고 오판에 의하여 집행되면 돌이킬 수 없다는 것, 그 위협력은 일반이 생각하고 있는 것처럼 강하지 않다는 것, 피해자의 구제에 도움이 되지 않는다는 것 등이다. 현재 독일, 스위스 등 사형을 폐지하고 있는 나라도 있다. 영국에서도 최근 실질상 사형을 폐지하고 미연방최고법원에서도 사형을 위헌으로 하고 있다. 이에 대하여 사형존치론은 응보관념, 일반위협적 효과, 국민의 규범감정의 만족 등에 그 필요성을 인정하고 있다.

헌법 제12조 제1항에 의하면 형사처벌에 관한 규정이 법률에 위임되어 있을 뿐 그 처벌의 종류를 제한하지 않고 있으며, 현재 우리나라의 실정과 국민의 도덕적감정 등을 고려하여 국가의 형사정책으로 질서유지와 공공복리를 위하여 **형법 등에 사형이라는 처벌의 종류를 규정하였다 하여 이것이 헌법에 위반된다고 할 수 없다***(대법원 1991. 2. 26. 선고 90도2906 판결).*

정역(定役)

미리 정해진 작업을 말한다. 징역과 금고는 수형자를 교도소 내지 포치한다는 점에서는 동일하다. 그러나 징역은 정역에 복무하게 함에 대하여(형법 67조), 금고는 그렇게 하지 않는 점에 차이가 있다(형법 68조). 작업은 수형자의 연령·형기·건강·기술·성격·취미·직업과 장래의 생계 기타 사정을 참작하여 과한다(행형법 35조).

징역(懲役)

징역이란 수형자를 교도소 내에 구치하여 정역(定役)에 복무하게 하는 것을 내용으로 하는 자유형 가운데 가장 무거운 죄형이다(형§67). 징역에는 무기와 유기의 2종이 있다. 무기는 종신형이지만 20년이 경과한 후에는 가석방이 가능하다는 점에서(§72①) 자유형의 사회복귀적기능이 유지되고 있다고 할 수 있다. 유기징역은 1월 이상 30년 이하이나 형을 가중하는 때에는 50년까지로 한다(§42).

금고(禁錮)

수형자를 교도소 내에 구치하여 자유를 박탈하는 형벌로서(형§68) 정역에 복무하지 않는 점에서 징역과 구별된다. 그러나 금고수(禁錮囚)도 희망하면 작업에 나갈 수 있다(행형§38). 금고에도 무기와 유기가 있고, 그 기간 등은 징역의 경우와 같은 것이다. 금고는 징역보다는 가벼운 형벌이며 주로 과실범이나 정치상의 확신범과 같은 비파렴치적인 범죄에 과하게 되는 것이지만 이에 노역을 과하지 않는 것을 수형자에 대한 우우(優遇:아주 후하게 대우함)로 보는 것은 노동멸시의 사상의 표현이라 하여 일본에서는 금고라는 형종을 폐지하자는 주장도 있다고 한다.

구류(拘留)

1일 이상 30일 미만동안 구치소에 구치하는 것(형§46)으로 가장 경한 자유형이며 주로 경범죄에 과한다. 구치소도 교도소의 일종이지만 실제로는 대용교도소로서 경찰의 유치장에 구금되는 것이 많으며 여러 가지 폐해가 있다. 또 구류는 형사소송절차에 피의자나 피고인에 대한 구류와 혼동되지 아니하도록 주의해야 한다.

벌금(罰金)
독;Feldstrafe

범인에 대하여 일정한 금액의 지불의무를 강제적으로 부담케 하는 재산형으로 그 형은 금고보다는 가볍고 구류보다는 무겁다. 형법의 규정에 의하면 그 금액은 원칙적으로 5만원이상으로 되어 있으며(형§45), 벌금을 완납할 수 없는 자는 1일 이상 3년 이하의 기간 노역장에 유치된다(§69②). 이때 선고하는 벌금이 1억원 이상 5억원 미만인 경우에는 300일 이상, 5억원 이상 50억원 미만인 경우에는 500일 이상, 50억원 이상인 경우에는 1,000일 이상의 유치기간을 정하여야 한다(§70②). 기존에는 이러한 제한이 없었다. 즉, 노역장 유치 기간에 대해서는 법관의 재량에 의해 구체적 사안에 따라 정하도록 하고 있었다. 이에 따라 고액 벌금형의 경우 피고인이 벌금을 납입하지 않더라도 단기간 동안 노역장에 유치되는 것만으로 벌금액 전액을 면제받게 되는 경우도 있었다. 이에 2014년 5월 14일 형법 개정시 일정 액수 이상의 벌금형을 선고할 경우에 노역장 유치의 최소 기간을 법률에 규정하여 고액 벌금형을 단기의 노역장 유치로 무력화하지 못하도록 하였다.

과료(科料)

과료도 재산형의 일종으로 범죄인에게 일정한 금액의 지불의무를 강제적으로 부담하게 한다는 점에서 벌금형과 동일하다. 다만 경미한 범죄에 대하여 부과되며, 따라서 그 금액이 적다는 점에서 벌금과 구별될 뿐이다. 과료는 2천원 이상 5만원 미만으로 한다(형§47). 과료를 납입하지 아니한 자는 1일 이상 30일 미만의 기간 노역장에 유치하여 작업에 복무하게 한다(형§69). 과료는 과태료와 구별하여야 한다. 즉 과료는 재산형의 일종이지만 과태료는 형법상의 형벌이 아니라 행정상의 제재에 불과하다. 과료는 형법에 예외적으로 규정되어 있는데 불과하다. 따라서 주로 경범죄처벌법이나 단행법률에 많이 규정되어 있다.

몰수(沒收)
독;Einziehung

범죄행위와 관련된 재산을 박탈하는 형벌로 범죄에 의한 이득을 금지함이 목적이다. 이때 몰수할 수 있는 것은, (1) 범죄행위를 조성한 물건(예를 들면 반포된 외설문서), (2) 범죄행위에 제공하였거나 제공하려고 했던 물건(살인에 사용한 권총 등), (3) 범죄행위로 인하여 생기고 또는 이에 의하여 취득한 물건 혹은 범죄행위의 대가로 얻은 물건(도박에 이겨 취득한 재물, 타태수술의 사례금 등), 도품의 매각대금 등이다(형§48). 몰수할 것인가 아닌가는 법관의 재량에 맡겨져 있으나 수수한 뇌물 등은 반드시 몰수하여야 한다. 형법상 몰수는 부가형(附加刑)으로 되어 있다. 즉 다른 형벌을 선고하는 경우에 한하여 이와 함께 과할 수 있다. 그러나 몰수만을 독립하여 과할 수도 있다(§49단). 이와 같이 몰수는 형식상은 형벌의 일종이지만 이를 과하는 목적은 그 물건에서부터 생기는 위험성을 방지하는 것, 또는 범인에게 범죄에 의한 부당한 이익을 보지(保持)시키지 않는다는 것이며, 실질적인 성격은 오히려 보안처분에 가깝다. 따라서 일정한 경우에는 범인 이외의 자에 속한 물건을 몰수(소위 제3자몰수)할 수도 있다(§48①후단). 그리고 이 부가형은 주형을 선고하는 경우에 있어서 몰수나 몰수에 갈음하는 부가형적 성질을 띠는 추징도 그 선고를 유예할 수 있다(1980. 3. 11. 대법판례 공보 632호).

추징(追徵)

몰수 할 수 있는 물건 중에 범죄행위에 의하여 생기고, 또는 이로 인하여 취득한 물건, 범죄행위의 대가로 취득한 물건의 전부 또는 일부가 소비되었거나 분실 기타의 이유로 몰수 할 수 없게 된 경우에 그 물건에 상당한 가액을 징수하는 것이다(형§48②). 범죄행위로 얻은 불법한 이익을 범인으로부터 빼앗으려는 것이다. 추징은 몰수에 준하는 처분으로서, 몰수와 같이 부가형의 성격을 가진다.

자격상실(資格喪失)

자격상실이라 함은 일정한 형의 선고가 있으면 그 형의 효력으로서 당연히 일정한 자격이 상실되는 것을 말한다. 형법상 자격이 상실되는 경우로는 사형·무기징역 또는 무기금고의 판결을 받은 경우이며, 상실되는 자격은 (1) 공무원이 되는 자격, (2) 공무원의 선거권과 피선거권, (3) 법률로 요건을 정한 공법상의 업무에 관한 자격, (4) 법인의 이사·감사 또는 지배인 기타 법인의 업무에 관한 검사역이나 재산관리인이 되는 자격이다(형§43①).

자격정지(資格停止)

수형자의 일정한 자격을 일정기간 정지시키는 형벌이다. 현행법상 자격정지는 범죄의 성질에 따라 선택형 또는 병과형으로 하고 있고, 또 유기징역 또는 유기금고의 판결을 받은 자는 그 형의 집행이 종료하거나 면제 될 때까지 당연히 자격이 정지되는 경우와(형§43②) 판결의 선고에 의하여 전술한 자격(§43①Ⅰ~Ⅳ)의 전부 또는 일부가 정지되는 경우가 있다. 그리고 자격정지기간은 1년 이상 15년 이하로 한다(§44①). 자격정지와 관련하여, 「형법」 및 「공직선거법」에 의하여 수형자 및 집행유예 중인 자의 선거권을 제한하는 것이 헌법상 과잉금지원칙에 위배된다는 헌법재판소의 헌법불합치 및 위헌 결정이 있었다. 이에 「공직선거법」이 1년 미만의 징역 또는 금고의 집행을 선고받아 수형 중에 있는 사람과 형의 집행유예를 선고받고 유예기간 중에 있는 사람에 대하여 선거권을 부여하도록 개정되었고, 그로 인하여 징역 또는 금고의 집행이 종료하거나 면제될 때까지 선거권을 포함하는 자격 전반이 정지되도록 정하고 있던 「형법」 제43조 제2항의 개정이 필요하였다. 이에 2016년 1월 6일 형법 개정시 제43조 제2항 단서를 신설하여 유기징역 또는 유기금고의 집행이 종료하거나 면제될 때까지 당연히 자격이 정지되도록 하고 있는 제43조 제2항에 대하여 다른 법률에 특별한 규정이 있는 경우에는 그 법률에 따르도록 하였다.

판결선고에 의한 자격정지는 자격정지의 형이 다른 형과 선택형으로 되어 있을 경우에는 단독으로 과할 수 있고 또 다른 형에 병과할 수 있다. 자격정지기간의 기산점은 유기징역 또는 유기금고를 병과한 때에는 징역 또는 금고의 집행을 종료하거나 면제된 날로부터(§44②), 선택형인 때에는 판결이 확정된 날로부터이다(§84①).

노역장 유치(勞役場 留置)

벌금 또는 과료를 선고하는 때에, 이를 납입하지 않을 경우의 유치기간을 정하여 선고하는 환형처분(형법 70조)을 말한다. 벌금 또는 과료를 선고할 때에는 납입하지 아니하는 경우의 유치기간을 정하여 동시에 선고하여야 한다. 벌금을 납입하지 아니한 자는 1일 이상 3년 이하, 과료를 납입하지 아니한 자는 1일 이상 30일 미만의 일정한 기간 노역장에 유치하여 작업에 복무하게 한다. 이때 선고하는 벌금이 1억원 이상 5억원 미만인 경우에는 300일 이상, 5억원 이상 50억원 미만인 경우에는 500일 이상, 50억원 이상인 경우에는 1,000일 이상의 유치기간을 정하여야 한다. 벌금 또는 과료의 선고를 받은 자가 그 일부를 납입한 때에는 벌금 또는 과료액과 유치기간의 일수에 비례하여 납입금액에 상당한 일수를 공제한다(형법 71조). 소년과 법인에 대하여는 환형처분이 금지되어 있고(소년법 55조), 노역장 유치의 집행에 관하여는 형의 집행에 관한 규정이 준용된다(형사소송법 492조).

법정형(法定刑)

개개의 구성요건에 규정되어 있는 형벌을 말한다. 이는 입법자가 각 구성요건의 전형적인 불법을 일반적으로 평가한 형의 범위이다. 법정형은 구체적인 형의 선택을 위한 1차적인 기준이 된다는 의미에서 양형이론의 출발점이라고 할 수 있다. 예를 들어 형법 제250조에서 「사람을 살해한 자는 사형·무기 또는 5년 이상의 징역에 처한다」라고 규정하고 있는 것이 법정형이다.

양형(量刑)

독;Strafzumessung

법원이 법정형에 가능한 수정을 가하여 얻어진 처단형의 범위 내에서 범인과 범행 등에 관련된 제반정황을 고려하여 구체적으로 선고할 형을 정하는 것을 말한다. 형의 양정 또는 형의 적용이라고도 한다.

양형조건(量刑條件)

양형에 있어서 참작해야 할 조건을 말한다. 양형요소라고도 한다. 형법 제51조는 양형조건으로서 (1)범인의 연령·성행·지능 및 환경, (2)피해자에 대한 관계, (3)범행의 동기·수단과 결과, (4)범행후의 정황 등을 규정하고 있다. 그러나 형법 제51조에 규정된 양형요소는 예시적인 것으로 보아야 하며, 그 외의 사항도 적정한 양형을 위해 필요한 사항이라면 폭 넓게 수용해야 한다. 각 양형요소는 상반작용의 양립성을 가지고 있으므로 하나의 동일한 양형요소가 책임 또는 예방관점에 따라 형벌가중적 혹은 감경적으로 작용할 수 있다.

처단형·선고형(處斷刑·宣告刑)

형법은 일정한 범죄에 대하여 법률조문상에서 각각 형의 종류와 정도를 규정하고 있다. 이 「법정형」에는 두 종류가 있는데 그 하나는 「절대적 법정형」이고, 예를 들면 제93조 「여적죄」와 같이 형을 「사형에 처한다」로 하고 별종의 형벌을 선고함을 허용하지 않는다. 그 다음은 「상대적 법정형」이며 이는 일정한 범위에서 형벌의 종류 또는 정도에 최고한도와 최저한도를 정하고 있으며 그 범위에서 법원은 개개의 구체적 범행에 대하여 법률이 특히 정하고 있는 가중할 사정 및 감경할 사정의 존부를 심사하여 이를 수정하고 그리고 그 수정된 범위 내에서 다시 범인 및 범행의 제사정, 정도 등을 심사하여 적당한 구체적 형벌을 정하여 선고하는 것을 허용하는 것이다. 법정형은 前述한 여적죄와 같은 극히 희소한 경우를 제외하고 거의 그 전부는 이 같은 상대적 법정형을 정한 것이다. 그러나 위와 같은 상대적 법정형이라는 것은 형법이 구체적 범행에 대하여 형을 선고함에 있어서 누범자의 경우 또는 경합범의 경우에는 이를 가중하는 것으로 하고(형§35, §37), 또는 반대로 중지범(§26)이라든가 심신미약자(§10②) 또는 종범(§32②)과 같은 경우에는 이를 감경하여야 한다. 그뿐 아니라 위와 같은 형을 가중 또는 감경할 사정이 있을 때에는, 구체적 범죄의 정상이 동정할 가치가 있으면 다시 작량감경도 할 수 있도록 되어 있다(§53). 그러므로 추상적인 상대적 법정형은 위와 같은 제사정의 존부에 의하여 구체적 범행에서 시인되는 형의 종류와 정도·범위는 어느 정도 수정을 받게 된다. 이것을 처단형이라 한다. 또 「처단형」의 범위 내에서 법원은 다시 범인의 주관 및 객관적 제사정의 일체를 참작하여 최후의 구체적인 형을 선고하는 것이다. 이 처단형의 범위 내에서 실제로 선고된 구체적인 형을 선고형이라 한다.

선고형(宣告刑)

처단형의 범위 내에서 구체적으로 형을 양정하여 당해 피고인에게 선고하는 형을 말한다. 형의 가중·감경이 없는 경우에는 법정형을 기준으로 선고형이 정해진다. 자유형의 선고형식에는 자유형의 기간을 확정하여 선고하는 정기형과 그 기간을 확정하지 아니한 채 선고하는 부정기형이 있다. 부정기형에는 재판에 있어서 전혀 형기를 정하지 아니하고 선고하는 절대적 부정기형과 형기의 일정한 장기와 단기를 정하여 선고하는 상대적 부정기형이 있는데, 절대적 부정기형은 죄형법정주의의 명확성의 원칙에 위배되므로 배척된다. 우리 형법은 정기형을 원칙으로 하고 있다. 다만 소년법상 소년범죄자에 대하여서는 상대적 부정기형을 인정하고 있다(소년법 60조). 현행 형법의 정기형제도 아래에서도 가석방제도는 실질적으로 형기를 부정기화하고 있으며, 무기징역도 가석방이 인정됨으로 인하여 실질상 일종의 절대적 부정기형이라 할 수 있다.

유기형(有期刑)

무기형에 상대되는 개념으로, 일정한 기간이 정해져 있는 자유형을 말한다. 형법상 유기형에는 유기징역·유기금고 및 구류가 있다. 징역형과 금고형의 구별을 배제하고 유기형을 단일화하자는 주장이 있다. 유기형은 1개월 이상 30년 이하의 기간인데 형을 가중하는 때에는 그 상한이 50년으로 된다(형법 42조).

무기형(無期刑)

종신구금을 내용으로 하는 자유형을 말한다. 종신형이라고도 한다. 형법상 무기형으로는 무기징역과 무기금고가 있다(형법 42조). 무기징역과 무기금고를 감경할 때에는 10년 이상 50년 이하의 징역 또는 금고로 한다(형법 55조 1항 2호). 무기형의 집행 중에 있는 자에 대하여도 그 행장이 양호하여 개전의 정이 현저한 때에는 무기에 있어서는 20년, 유기에 있어서는 형기의 3분의 1을 경과한 후 행정처분으로 가석방을 할 수 있다(형법 72조 1항). 뿐만 아니라 사면법에 의하면 사면 또는 감형의 길도 열려 있다. 그러나 무기형은 헌법상의 인간의 존엄과 가치 존중의 요청과 합치되는지의 여부, 즉 위헌성이 논의된다.

부가형(附加刑)

독;Neberstrafe
불;peine accessoire et complémentaire

주형에 부가하여서만 과하여지는 형벌을 말한다. 구형법 제9조는 몰수 이외의 형을 주형으로, 몰수를 부가형으로 규정하였으나, 현행 형법은 몰수형의 부가성만을 인정하고 있다(형법 49조).

명예형(名譽刑)

독;Ehrenstrafe
불;peine privative de droit

범인의 명예 또는 자격을 박탈하는 것을 내용으로 하는 형벌을 말한다. 자격형이라고도 한다. 형법상 인정되는 자격형으로는 자격상실과 자격정지가 있다. 여기서 자격이란 (1) 공무원이 되는 자격, (2) 공무원의 선거권과 피선거권, (3) 법률로 요건을 정한 공법상의 업무에 관한 자격, (4) 법인의 이사감사 또는 지배인 기타 법인의 업무에 관한 검사역이나 재산관리인이 되는 자격을 말한다(형법 43조 1항). 명예형은 중세부터 19세기까지 유럽 각국에서 이용되고 있던 원시적인 형벌이며, 19세기 초까지 유럽 각국에서 이용되고 있던 원시적인 형벌이며, 19세기 초까지 유럽 각국에서는 범죄인을 일반 대중에서 선보여 범죄인의 수치심을 유발하는 치욕형이 많았으나, 그 이후에는 주로 명예상실·공직박탈·직업금지 등의 자격형이 많이 이용되었다. 우리나라에서도 조선시대에는 관직에서 해임시키거나 관리에의 취임을 금지시키는 유형이 있었다.

재산형(財産刑)

독;Vermogensstrafe
불;peinepécuniaire

범죄인에게서 일정한 재산을 박탈하는 것을 내용으로 하는 형벌을 말한다. 현행 형법은 재산형으로 벌금·과료 및 몰수의 3종을 인정하고 있다. 과료는 벌금과 같이 재산형의 일종으로 범죄인에게 일정한 금액의 지급을 강제적으로 부담지우는 형벌이다. 그러나 과료는 벌금에 비해 그 금액이 적고 또한 비교적 경미한 범죄의 경우에 부과된다. 몰수는 타형에 부가하여 과하는 것을 원칙으로 한다. 이를 몰수의 부가성이라 한다(형법 49조 본문). 다만 예외적으로 행위자에게 유죄의 재판을 아니할 때에도 몰수의 요건이 있는 때에는 몰수만을 선고할 수 있다(형법 49조 단서).

양벌규정(兩罰規定)

직접 행위를 한 자연인 외의 법인을 처벌하는 규정을 말한다. 쌍벌규정이라고도 한다. 법인을 처벌하는 규정은 대부분 양벌규정의 방식에 의하고 있으며, 각종의 행정형법에서 양벌규정을 두고 있다. 양벌규정의 처벌근거에 관해서는 (1) 법인에게 행위자의 행위에 의한 전가(대위)책임을 인정한다는 무과실책임설, (2) 법인처벌규정을 종업원의 선임·감독에 있어 법인의 과실의 책임을 입법자가 법률상 추정한 규정이라고 이해하고, 과실이 없었음을 증명하지 못하는 한 법인은 부작위에 의한 과실의 책임을 진다는 과실추정설, (3) 법인처벌규정은 종업원의 위반행위가 있으면 법인의 과실을 당연히 의제하는 것이고, 법인은 그 의사 여하와 무과실의 증명을 통하여서도 그 책임을 면제할 수 없다고 보는 과실의제설, (4) 법인의 처벌은 법인 자신의 행위에 기인하는 과실책임이라고 보는 과실책임설 등이 있다. 과실책임설이 유력설이다.

이 사건 법률조항은 법인이 고용한 종업원 등이 업무에 관하여 구 도로법 제83조 제1항 제2호의 규정에 따른 위반행위를 저지른 사실이 인정되면, 법인이 그와 같은 종업원 등의 범죄에 대해 어떠한 잘못이 있는지를 전혀 묻지 않고 곧바로 그 종업원 등을 고용한 법인에게도 종업원 등에 대한 처벌조항에 규정된 벌금형을 과하도록 규정하고 있는바, 오늘날 법인의 반사회적 법익침해활동에 대하여 법인 자체에 직접적인 제재를 가할 필요성이 강하다 하더라도, 입법자가 일단"형벌"을 선택한 이상, 형벌에 관한 헌법상 원칙, 즉 법치주의와 죄형법정주의로부터 도출되는 책임주의 원칙이 준수되어야 한다. 그런데 이 사건 법률조항에 의할 경우 법인이 종업원 등의 위반행위와 관련하여 선임·감독상의 주의의무를 다하여 아무런 잘못이 없는 경우까지도 법인에게 형벌을 부과될 수밖에 없게 되어 법치국가의 원리 및 죄형법정주의로부터 도출되는 책임주의원칙에 반하므로 헌법에 위반된다*(헌재 2009. 7. 30, 2008헌가17).*

누범·상습범(累犯·常習犯)

독;Rückfall·gewohnheitsm assiges Verbrechen
불;récidive délit·d'habitude

일반적으로 범죄를 누적적으로 범하는 것을 의미하나 형법상 금고 이상의 형을 받아 그 집행을 종료하거나 면제를 받은 후 3년 내에 금고 이상에 해당하는 죄를 범한 자를 누범으로 처벌하도록 규정하고 있다(형§35). 누범에 대하여는 형이 가중되어(누범가중) 그 죄에 대하여 정한 형의 2배까지 가중한다. 예를 들면 통상의 절도라면 6년 이하의 징역이지만 그것이 누범의 요건에 해당되었다면 12년 이하의 징역이 된다는 것이다. 이와 같이 누범의 형이 가중되는 것은 이미 형에 처하게 된 자가 개심(改心)하지 아니하고 또 범행을 거듭하였다는 점이 중한 비난의 대상이 됨과 동시에 이러한 행위자는 특히 강한 반사회적 위험성을 지니고 있기 때문이다. 이러한 누범 중 특히 사회적 위험성이 큰 것을 상습범이라고 한다. 그러나 양자는 전혀 다른 개념이다. 즉 누범은 반복된 처벌을 의미함에 비하여 상습범은 반복된 범죄에 징표된 범죄적 경향을 말하는 점에서 개념상 구별된다. 따라서 누범은 전과(全科)를 요건으로 함에 비하여 상습범은 반드시 전과가 있을 것을 요하지 않고, 이범(異犯)은 전과(全科)가 있으면 족하지만 상습범은 동일죄명 또는 동일죄질의 범죄의 반복을 요건으로 한다.

상습범과 누범은 서로 다른 개념으로서 누범에 해당한다고 하여 반드시 상습범이 되는 것이 아니며, 반대로 상습범에 해당한다고 하여 반드시 누범이 되는 것도 아니다. 또한, 행위자책임에 형벌가중의 본질이 있는 상습범과 행위책임에 형벌가중의 본질이 있는 누범을 단지 평면적으로 비교하여 그 경중을 가릴 수는 없고, 사안에 따라서는 폭력행위 등 처벌에 관한 법률 제3조 제4항에 정한 누범의 책임이 상습범의 경우보다 오히려 더 무거운 경우도 얼마든지 있을 수 있다*(대법원 2007. 8. 23. 선고 2007도4913).*

상습범(常習犯)

독;Gewohnheitsnässiges Verbrecheb
불;délit d'habitude, infraction d'habitude

일정한 행위를 상습적으로 행함으로써 성립하는 범죄를 말한다. 형법총칙은 상습범을 일반적으로 규정하지 않고, 각칙에서 개별적으로 규정하여 형을 가중하고 있다. 예컨대 형법 제246

조 상습도박죄, 형법 제332조 상습절도죄 등이 있다. 상습이란 반복된 행위에 의하여 얻어진 행위자의 습벽으로 인하여 죄를 범하는 것을 말한다. 상습범은 범죄학상의 개념인 점에서 형법학상의 개념인 누범과는 그 성질을 달리한다. 주범과 상습범은 범죄를 누차적으로 반복하여 범한다는 의미에서 밀접한 관계가 있으나, 반드시 동일한 개념은 아니다. 누범에는 전형의 체험의 무시로 인한 책임의 증대라는 의미가 포함되어 있으나, 상습범은 동종의 범죄를 반복·실행하는 행위자의 위험성에 착안한 개념이다. 즉 누범은 범수를 바탕으로 하는 개념이고, 상습범은 범수보다도 행위자의 상습적 습벽을 바탕으로 하는 개념이다.

자수·자백·자복
(自首·自白·自服)

죄를 범한 자가 아직 수사기관에 발각되기 전에 자기 스스로 수사기관에 자기의 범죄사실을 신고하여 처분을 구하는 것을 자수라 한다. 이것은 범죄의 발견을 용이하게 하고 실행의 발생을 예방하려는 정책적인 의도에서 일반적으로 자수자에 대하여는 형을 감경 또는 면제할 수 있도록 되어 있다(형§52①). 그리고 범죄사실이 발각되어 있어도 범인이 누구인가가 발각되기 이전에 자수하면 역시 감경이 인정된다. 자수는 자발적으로 하여야 하므로 수사기관의 조사에 응하여 범죄사실을 진술하는 것은 자백이며 자수는 아니다. 또 친고죄에 대하여 고소권을 가진 자에게 자발적으로 자기의 범죄사실을 고하여 그 고소에 맡기는 것을 자복이라 하고 자수와 같이 취급한다(§52②).

> 자수라 함은 범인이 스스로 수사책임이 있는 관서에 자기의 범행을 고하고 그 처분을 구하는 의사표시를 하는 것을 말하고, 가령 수사기관의 직무상의 질문 또는 조사에 응하여 범죄사실을 진술하는 것은 자백일 뿐 자수로는 되지 않는다*(대법원 1982. 9. 28. 선고 82도1965 판결)*.

자복(自服)

피해자의 의사에 반하여 논할 수 없는 죄에 있어서 피해자에게 자기의 범죄사실을 고지하는 것을 말한다. 자복은 성립가능한 범죄의 종류가 제한되고 수사기관이 아닌 피해자에게 고지한다는 점에서 자수와 구분되나 그 본질에 있어서는 동일하다. 자복에 있어서는 피해자에게 범죄사실을 고지하여야 한다. 다만 형법 제52조 제2항은 그 대상범죄를 '피해자의 의사에 반하여 처벌할 수 없는 죄'라고 규정하는데 이에는 그 입법취지나 자복의 본질에 비추어 반의사불벌죄 뿐만 아니라 친고죄도 포함된다고 보아야 할 것이다. 자복은 형의 임의적 감경사유가 된다(형법 52조2항). 자복은 이를 행한 자에게만 효력이 미치며, 타공범자에게는 영향이 없다.

작량감경(酌量減輕)

법률상의 감경사유가 없어도 법률로 정한 형이 범죄의 구체적인 정상에 비추어 과중하다고 인정되는 경우에 법관이 그 재량에 의하여 형을 감경하는 것(§53)을 작량감경이라 한다. 법률상의 감경이라 함은 심신장애자의 범죄라든가 미수죄와 같이 형을 감경하는 것을 의미한다. 또 형을 감경할 수 있는 것이 법률상 분명히 정하여져 있는 경우도 있다. 감경의 정도는 법률상의 감경도 작량감경과 같은 것으로 형법 제55조에 규정하고 있다. 또 법률상의 감경을 하는 경우에도 다시 이중으로 작량감경을 할 수 있도록 인정되어 있다.

형법 제56조는 형을 가중 감경할 사유가 경합된 경우 가중 감경의 순서를 정하고 있고, 이에 따르면 법률상 감경을 먼저하고 마지막으로 작량감경을 하게 되어 있으므로, 법률상 감경사유가 있을 때에는 작량감경보다 우선하여 하여야 할 것이고, 작량감경은 이와 같은 법률상 감경을 다하고도 그 처단형보다 낮은 형을 선고하고자 할 때에 하는 것이 옳다*(대법원 1994. 3. 8. 선고 93도3608 판결)*.

재판상의 감경(裁判上의 減輕)

법률상의 특별한 감경사유가 없더라도 범죄의 정상에 참작할 만한 사유가 있는 경우에 법원이 작량하여 그 형을 감경하는 것을 말한다(형법 53조). 작량감경이라고도 한다. 법률상 형을 가중감경한 경우에도 작략감경을 할 수 있다. 참작할 만한 사유에 관하여는 형법 제51조가 적용되며, 작량감경도 법률상의 감경에 관한 형법 제55조의 범위에서만 허용된다.

부정기형(不定期刑)

영;indeterminate sentence
독;unbestimmte Verurte- ilung
불;sentence indéterminee

부정기형이라 함은 정기형에 대응하는 개념을 말하는 것으로, 법정형에 관한 문제가 아니고 주로 선고형, 특히 자유형의 선고에 관한 것이다. 형법이 법정형에 대하여 「절대적 법정형」을 정하고 있는 것은 형법 제93조와 같은 것을 제외하고는 극히 희소하고, 대체로 「상대적 법정형」을 주의로 하고 자유형의 종류와 그 정도의 최대한 또는 최소한 내지 양자를 한정하여 규정하고 있으나, 실제로는 일정한 범행에 대하여 범인에게 선고된 형은 몇 년 몇 월이라는 「정기형」이며 재판에서는 자유형의 종류와 기간을 구체적으로 확정하여 선고하고 있다. 그런데 일반적으로 부정기형이라고 말하고 있는 것은 재판에서 자유형의 기간을 위와 같이 구체적으로 확정하지 아니하고 후일 재판의 집행의 단계에 들어가서 그 성적을 보고서야 석방의 시기를 결정하는 것을 말한다. 여기에는 두 종류의 것이 있다. 그 하나는 절대적 부정기형으로 재판에서 자유형의 종류는 정하나, 그 기간에 대하여는 전혀 한정하지 않는 경우를 말한다. 그러나 이와 같은 경우에도 형법총칙의 자유형의 일반적 기간의 규정 및 형법각칙의 법정형에 일정한 한도가 표시되어 있는 관계상 그 제한범위를 벗어날 수 없으므로, 이 의미에서는 절대적 부정기형은 아니라고 할 수 있다. 그 다음은 상대적 부정기형이며 재판에서는 일정한 장기 및 단기를 정하여 선고하여도 그 후 형의 집행의 단계에 들어가 그 성적이 어떠한가를 본 후에 석방의 시기를 결정하는 성질의 것을 말한다. 현행형사재판은(성인범에 대하여) 위 2종의 부정기형의 어느 것도 채용하지 않고 모두 정기형의 선고를 하고 있다. 다만 예외적으로 소년법(소년§60)에 있어서는 원칙적으로 상대적 부정기형주의로 하고 있다. 현재 세계 각국 중에서 성인의 범인에 대하여 부정기형언도의 제도를 채택하고 있는 국가는 뉴욕주 등 미합중국의 38주 및 연방형법이고 다른 미국제주와 모든 나라들은 대개 정기형주의이고 다만 이에 병행하여 또는 선택적 내지 집행상에 형이 대체적인 보안감치, 예방구금, 보안감찰, 보호관찰 등의 보안처분을 정기적 또는 부정기적으로 인정하고 있음에 불과하다.

미결구금(未決拘禁)

독:Untersuchungshaft

범죄의 혐의를 받는 자를 재판이 확정될 때까지 구금하는 것을 말한다. 이 것을 판결선고전 구금이라고도 한다. 미결구금의 목적은 증거인멸을 방지하고 범인도피의 예방을 통하여 소송절차의 진행을 확보하고, 유죄판결의 확정에 따라 시행될 형벌집행을 담보하려는데 있다. 물론 미결구금은 형은 아니나 실질적으로는 자유형의 집행과 동일한 효력을 가진다. 2014년 12월 30일 개정 전 형법 제57조 제1항에서는 '판결선고전의 구금일수는 그 전부 또는 일부를 유기징역, 유기금고, 벌금이나 과료에 관한 유치 또는 구류에 산입한다.'고 규정하고 있었고, 이에 대하여 2009. 6. 25. 헌법재판소는 법관이 미결구금일수 중 일부를 형기에 산입하지 않을 수 있도록 한 이 규정은 헌법상 무죄추정의 원칙 및 적법절차의 원칙 등을 위배하여 합리성과 정당성 없이 신체의 자유를 지나치게 제한함으로써 헌법에 위반된다고 결정하였다. 이에 위헌 결정의 취지를 반영하여 2014년 12월 30일 형법 개정시 '또는 일부'를 삭제하여 "판결선고전의 구금일수는 그 전부를 유기징역, 유기금고, 벌금이나 과료에 관한 유치 또는 구류에 산입한다."고 규정하였다. 구금일수의 1일은 징역, 금고, 벌금이나 과료에 관한 유치 또는 구류의 기간의 1일로 계산한다. 무기형에 대하여는 산입할 수 없으나, 항소심이 무기징역을 선고한 일심판결을 파기하고 유기징역을 선고하는 경우에는 1심판결 선고전의 구금일수도 산입하여야 한다.

헌법상 무죄추정의 원칙에 따라 유죄판결이 확정되기 전에 피의자 또는 피고인을 죄 있는 자에 준하여 취급함으로써 법률적·사실적 측면에서 유형·무형의 불이익을 주어서는 아니되고, 특히 미결구금은 신체의 자유를 침해받는 피의자 또는 피고인의 입장에서 보면 실질적으로 자유형의 집행과 다를 바 없으므로, 인권보호 및 공평의 원칙상 형기에 전부 산입되어야 한다. 따라서 형법 제57조 제1항 중 "또는 일부 부분"은 헌법상 무죄추정의 원칙 및 적법절차의 원칙 등을 위배하여 합리성과 정당성 없이 신체의 자유를 침해한다(헌재 2009. 6. 25, 2007헌바25).

집행유예(執行猶豫)
영;reprieve
독;bedingte Verurteilung
불;sursis al'exécution

집행유예란 형을 선고함에 있어서 일정한 기간 형의 집행을 유예하고 그 유예기간을 경과한 때에는 형의 선고는 효력을 잃게 되는 제도를 말한다. 이 경우에 만약 집행유예의 선고를 받은 자가 유예기간 중 고의로 범한 죄로 금고 이상의 실형을 선고받아 그 판결이 확정된 때에는 집행유예의 선고는 효력을 잃게 되어 다시 실형에 복역하여야 한다(형§63). 원래 죄를 범한 자는 그에 상응한 형의 선고를 받고 또 그 집행을 받는 것이 당연하다. 그러나 범죄의 정상에 따라서는 반드시 현실로 형을 집행하여야 할 필요가 없는 경우도 적지 않다. 특히 우발적인 원인에 의하여 비교적 경한 죄를 범한 초범자로서 이미 십분 후회하고 재범의 우려가 없는 자에 대하여서까지 일률적으로 형을 집행하면 오히려 자포자기하여 교도소 내에서의 악감화(惡感化)를 받아 진짜 범죄인으로 만들게 되는 위험이 있다. 이와 같은 폐해를 피하기 위하여 집행유예의 제도가 채용되어 있다. 집행유예를 할 것인가 아닌가는 법원의 재량에 맡기고 있으나 근년에 점차로 활용되어 현재의 상황으로는 법률상 유예가 가능한 경우의 상당수에 대하여 유예를 허용하고 있다. 이러한 집행유예를 선고하기 위해서는 다음의 요건이 구비되어야 한다. 즉 (1) 3년 이하의 징역이나 금고 또는 500만원 이하의 벌금의 형을 선고할 경우, (2) 정상에 참작할 만한 사유가 있을 경우, (3) 금고 이상의 형을 선고한 판결이 확정된 때부터 그 집행을 종료하거나 면제된 후 3년까지의 기간에 범한 죄가 아닐 것이다. 과거에는 3년 이하의 징역이나 금고에만 집행유예가 허용되었었다. 이에 대해 징역형보다 상대적으로 가벼운 형벌인 벌금형에는 집행유예가 인정되지 않아 합리적이지 않다는 비판이 있었고, 벌금 납부능력이 부족한 서민의 경우 벌금형을 선고받아 벌금을 납부하지 못할 시 노역장에 유치되는 것을 우려하여 징역형의 집행유예 판결을 구하는 예가 있는 등 형벌의 부조화 현상이 있었다. 이러한 문제점을 해결하고 서민의 경제적 어려움을 덜어주기 위해 벌금형에 대한 집행유예를 도입할 필요가 있다는 지적이 있었고, 이에 2016년 1월 6일 형법 일부 개정시 벌금형에 대한 집행유예를 도입하여 2018년 1월 7일부터 시행하고 있다. 다만, 고액 벌금형의 집행유예를 인정하는 것에 대한 비판적인 법감정이 있는 점 등을 고려하여 500만원 이하의 벌금형을 선고하는 경우에만 집행유예를 선고할 수 있도록 하였다.

형
법

선고유예(宣告猶豫)

범행이 경미한 범인에 대하여 일정한 기간 형의 선고를 유예하고 그 유예기간을 특정한 사고 없이 경과하면 형의 선고를 면하게 하는 제도를 말한다. 형의 선고유예는 1년 이하의 징역이나 금고, 자격정지 또는 벌금의 형을 선고할 경우에 개전(改悛)의 정이 현저한 자에게 한다. 단, 자격형 이상의 형을 받은 전과가 있는 者에 대하여는 예외로 한다(§60). 그러나 형의 선고유예를 받은 자가 유예기간 중 자격정지 이상의 형에 처한 판결이 확정되거나, 자격정지 이상의 형에 처한 전과가 발견된 때에는 유예한 형을 선고한다(§61). 형의 선고유예제도는 현행법이 새로이 규정한 것으로 집행유예와 같이 단기자유형의 폐해를 피하고 형의 집행 없이 형벌의 목적을 달성하며, 나아가서 유죄판결이 선고되지 않았던 것과 동일한 효력을 부여하려는 제도이다.

가석방(假釋放)

독;Aussetzung des Stragrestes

자유형을 집행 받고 있는 자가 개전(改悛)의 정이 현저하다고 인정되는 때에는 형기만료전이라도 조건부로 석방하는 제도(형§72, §76)를 말한다. 가석방은 이미 개심하고 있는 자에 대한 무용의 구금을 가급적 피함으로써 수형자에게 장래의 희망을 가지도록 하여 개선을 촉진하기 위한 형사정책적인 제도이다. 그 행형적 의의는 「형의 집행유예」등과 같은 것이다. 가석방의 제도는 1791년 영국의 식민지 호주에서 유형의 죄수들을 섬안에서만 살아야 하다는 조건으로 석방한 데서 시작되었으며, 이어서 1829년 및 1833년의 폴란드 법률에 의한 분류제의 채용과 함께 수형자의 상급자에 대한 처우로서 취소를 조건으로 하는 가석방(Ticket of Leave During Good Conduct)이라는 것을 인정함으로써 확립된 것이라 한다. 18세미만의 소년수형자에 대하여는 단기와 장기를 정한 상대적 부정기형을 선고하여야 하는 바(소년§60), 이 경우에는 장기는 10년, 단기는 5년을 초과하지 못하며, 사형 또는 무기형으로 처할 것인 때에는 15년의 유기징역으로 한다(소년§59). 가석방을 허가함에는 「개전의 정」이 있어야 하고 무기형에는 20년, 유기형에는 형기의 3분의 1의 기간을 경과하여야 한다. 가석방은 어떤 의미에서 자유형의 일연장(一延長)이라 하겠고, 외부적으로는 집행이라고 할 수 있다. 설사 구금이 풀리고 자유의 사회에 해방된 것이긴 하나 그 행동에 대해서는 아주 방임하는 것이 아니고, 어느 정도의 단속이 필요한 것이다. 따라서 현행법제하에서는 보호관찰등에관한법률로써 가석방자도 보호관찰의 대상자(보호관찰등에관한법률§3Ⅲ, 형§73)의2②)로 하고 일정한 사항을 정하여 이를 준수케 하고 있다. 그리고 가석방은 취소할 수도 있다(형§75·가석방자관리규정).

가영치(假領置)

경찰관에 의해 보호조치에 취해진 피

구호자가 휴대하고 있는 무기·흉기 등 위험을 야기할 수 있는 것으로 인정되는 물건을 경찰관서에 보관하는 임시 조치(경찰관직무집행법 4조3항)를 말한다. 경찰상의 즉시강제수단의 하나로서 임시영치라고도 한다.

선고유예·집행유예·가석방의 비교

	선고유예	집행유예	가석방
요 건	(1)1년 이하의 징역, 금고, 자격정지, 벌금 (2)개전의 정이 현저할 것 (3)자격정지 이상의 전과가 없을 것	(1)3년 이하의 징역, 금고 (2)정상참작사유가 존재할 것 (3)금고 이상의 형을 선고한 판결이 확정된 때부터 집행을 종료하거나 면제된 후 3년까지의 기간에 범한 죄에 대하여 형을 선고하는 경우가 아닐 것	(1)무기…20년, 유기…형기의1/3경과 (2)개전의 정이 현저할 것 (3)벌금이나 과료를 완납할 것
기 간	2년	1년이상 5년이하	무기형-10년 유기형-잔형기:기간 10년초과못함
기간 경과의 효과	면소된 것으로 간주	형의 선고의 효력상실	형의 집행을 종료한 것으로 간주
실효 요건	(1)유예기간 중 자격정지 이상의 형에 처한 판결의 확정 또는 자격정지 이상의 전과 발견 (2)보호관찰을 면한 선고유예를 받은 자가 보호관찰기간중에 그 준수사항을 위반하고 정도가 무거운 때	집행유예기간 중 고의로 범한 죄로 금고 이상의 실형을 선고받아 그 판결이 확정된 때	금고 이상의 형의 선고를 받아 그 판결이 확정된 경우
취소 요건	취소제도 없음	(1)요건 (3)이 결여된 것이 발각된 경우 (2)보호관찰이나 사회봉사 또는 수감을 면한 집행유예를 받은 자가 준수사항이나 명령을 위반하고 그 정도가 무거운 때	감시에 관한 규칙에 위배하건, 보호관찰의 준수사항을 위반하고 그 정도가 무거운 때(효과-가석방 중의 일수를 형기에 산입하지 않는다)

가위탁(假委託)

⇒ 감호조치

가출옥(假出獄)

가석방에 대한 구형법상의 용어이다.

보안처분(保安處分)
독;sichernde Massnahme
불;mesure de sareté

사회적 위험성을 방지하기 위하여 형벌을 보충하거나 이에 대신하는 보호·양육·교정·치료 및 그 밖의 처분을 말한다. 보안처분과 형벌과의 관계에 있어서는 보안처분을 범인의 장래의 위험성에 대해서 가해지는 특별예방을 목적으로 하는 윤리적으로 무색한 처분이라고 해석하고 양자의 질적 차이를 인정하려는 설과, 보안처분을 이상자 또는 보통인의 이상행위에 대한 예방처분이라고 해석하고 형벌도, 보안처분도 행위자의 위험성을 기초로 하여 과해지는 것이기 때문에 양자는 단순히 양적인 구별에 지나지 않는다라고 하는 설이 있다. 1921년의 이탈리아 형법초안 및 1927년의 구소련 형법은 후자의 견해, 즉 사회방위처분의 일원론을 기초로 한 입법으로 유명하다.

대인적 보안처분
독;persönliche sichernde Maβhmen

사람에 의한 장래의 범죄행위를 방지하기 위하여 특정인에게 선고되는 보안처분을 말한다. 대인적 보안처분에는 자유를 박탈하는 보안처분과 자유를 제한하는 보안처분이 있다.

보호관찰(保護觀察)
영;probation, supervision

범인을 교도소 기타의 시설에 수용하지 아니하고 자유로운 사회에서 인정한 준수사항을 명하여 이를 지키도록 지도하고 필요한 때에는 원호(援護)하여 그의 개선, 갱생을 도모하는 처분, 형의 집행유예가 허용된 자에 대하여는 보호관찰을 행할 수 있으나(재차의 집행유예를 허용한 者에 대하여는 반드시 행하여야 한다), 이 같은 수용처분 없이 처음부터 보호관찰을 행하는 경우를 프로베이션(Probation)이라 한다. 또 가출옥이 허용된 자에 대하여는 보호관찰을 하나 일단 수용처분을 한 후에 가석방하여 보호관찰을 할 경우를 파로올(Parole)이라 한다. 또 프로베이션은 비행소년에 대한 보호처분의 일종으로서도 행하여지고 있다. 파로올은 소년원으로부터 가퇴원(假退院)된 자에 대하여도 행하여지고 있다.

감별(鑑別)

과학적 방법으로 비행소년의 요보호성을 진단하여, 그 교정치료의 방법을 찾는 절차를 말한다. 감별의 대상은 비행이나 범죄 등 그 증상이 아니라 그러한 증상을 나타내는 소년이다. 감별은 비행소년의 개성과 환경을 역동적 상관관계에 의해 규명하여 장래 범죄적 위험성을 예측하고 또 구체적 보호방법을 수립하여 적절한 처우의 결정을 목표로 한다. 따라서 이는 책임능력에 관한 정신의학적 진단인 정신감정과 구분된다.

감호조치(監護措置)

소년사건의 조사·심리에 필요하다고

인정되는 경우 소년의 신병을 감호하기 위한 조치(소년법 18조)를 말한다. 임시조치라고도 하며 소년부 판사의 결정으로써 집행한다. 그 종류로는 보호자·소년을 위탁할 수 있는 적당한 자 또는 시설에 위탁하는 것, 병원 기타 요양소에 위탁하는 것, 소년분류심사원에 위탁하는 것 등이 있다. 감호조치는 언제든지 결정으로써 취소 또는 변경할 수 있다(소년법 18조 6항).

보호감호(保護監護)

수개의 형을 받거나 수개의 죄를 범한 자와 범죄를 목적으로 하는 단체 또는 집단의 수괴 및 간부인 자에 대해 적용되는 보안처분이다. 이러한 의미에서 보호감호는 위험한 상습범에 대한 보안처분이라고 할 수 있다. 그리고 보호감호의 기간은 7년을 초과할 수 없다.

치료감호(治療監護)

치료감호란 심신장애자와 중독자를 치료감호시설에 수용하여 치료를 위한 조치를 행하는 보안처분을 의미한다. 2005. 8. 4. 사회보호법이 폐지됨으로써 보호감호제도 및 그에 따른 보호관찰은 폐지되었지만 치료감호제도 및 그에 따른 보호관찰은 치료감호법을 새로 제정함으로써 존속하게 되었다. 치료감호는 피치료감호자의 치료와 안전의 목적을 동시에 달성하기 위한 보안처분이지만 치료의 목적이 보다 중요시된다. 이때 치료감호의 기간은 심신장애자에 해당하는 자는 15년, 중독자에 해당하는 자는 2년의 기간을 초과할 수 없다(치료감호법 제16조 2항). 치료감호와 형이 병과된 경우에는 치료감호를 먼제 집행한다. 이 경우 치료감호의 집행기간은 형 집행기간에 포함한다(치료감호법 제18조). 치료감호는 치료감호심의위원회의 종료결정에 의해서만 종료된다(치료감호법 제22조). 그러나 검사에 의한 집행정지도 가능하다(치료감호법 제24조).

사면(赦免)

국가의 원수의 특권에 의하여 형벌권을 소멸시키거나 혹은 형벌권의 효력을 멸살하는 것을 말한다. 우리 헌법에서 대통령은 법률[사면법(1948. 8. 30. 법률 제2호)]이 정하는 바에 의하여 사면·감형·복권을 명할 수 있고 국회의 동의를 얻어 일반사면을 명할 수 있다. 이러한 사면 중에서 가장 중요한 것은 일반사면으로서 죄의 종류를 정하여 유죄의 선고를 받은 자에 대하여는 형의 선고효력이 상실되며, 아직 형의 선고를 받지 아니한 자에 대하여는 공소권이 상실된다. 그 외에 특별사면은 형의 집행이 면제되고, 복권(復權)은 상실 또는 정지되었던 자격을 회복하며, 형의 집행을 면제하는 종류 등이 있다.

재판상의 복권(裁判上의 復權)

불;réhabilitation judiciaire

법원의 선고에 의하여 자격을 회복시키는 것을 말한다. 법률상의 복권에 대응하며, 사면법상의 복권과도 구별된다. 자격정지의 선고를 받은 자가 피해자의 손해를 보상하고 자격정지 이상의 형을 받음이 없이 정지기간의 2분의 1을 경과한 때에는 본인 또는 검사의 신청에 의하여 자격의 회복을 선고할 수 있다(형법 82조). 이 규정은 자격정지의 선고를 받은 자가 자격정지의 기간이 만료되지 아니하더라도 일정한 조건하에서 자격을 회복시켜 사회복귀의 장애를 제거하는 데 그 취지가 있다. 형의 실효 및 복권의 선고는 그 사건에 관한 기록이 보관되어 있는 검찰청에 대응하는 법원에 신청해야 한다(형소법 337조1항). 이 신청을 받은 법원은 결정으로써 이를 선고한다(형소법 337조2항). 물론 이 신청을 각하하는 결정에 대하여는 신청인이 즉시항고를 할 수 있다(형소법 337조3항). 복권은 형의 언도의 효력을 상실시키는 것이 아니고 형의 언도의 효력으로 인하여 상실 또는 정지된 자격을 회복시킬 뿐이므로 복권이 있었다고 하더라도 그 전과사실을 누범 가중사유에 해당한다.

형의 시효(刑의 時效)

형의 선고를 받은 자가 재판이 확정된 후 그 형의 집행을 받지 않고 일정한 기간이 경과한 때에는 그 집행이 면제되는 제도를 말한다(형§77, §78). 범죄 후 일정한 시간이 경과하면 제소할 수 없게 되는 「공소의 시효」(형소§249)와는 구별하여야 한다. 구체적인 시효 기간은 사형은 30년, 무기의 징역 또는 금고는 20년, 10년 이상의 징역 또는 금고는 15년, 3년 이상의 징역이나 금고 또는 10년 이상의 자격정지는 10년, 3년 미만의 징역이나 금고 또는 5년 이상의 자격정지는 7년, 5년 미만의 자격정지, 벌금, 몰수 또는 추징은 5년, 구류 또는 과료는 1년이다.

형의 시효는 집행유예의 경우와 같이 형의 집행을 유예하고 혹은 수형자가 심신상실 등의 경우와 같이 법령에 의하여 형의 집행을 정지한 기간은 진행하지 아니한다(형§79①). 또한 형이 확정된 후 그 형의 집행을 받지 아니한 자가 형의 집행을 면할 목적으로 국외에 있는 기간 동안은 시효는 진행되지 아니한다(형§79②). 형의 집행을 위하여 범인을 체포하면 시효는 중단된다(§80).

형의 면제(刑의 免除)

형의 면제라 함은 범죄는 성립하였으나, 다만 이에 대한 형벌을 면제한다는 뜻의 선고를 할 경우를 말한다. 그러므로 실제로는 형의 면제라 하여도 재판으로써 선고하는 것이고, 또 그 재판의 성질은 「유죄의 재판」에 속하는 것이며 「무죄의 재판」과는 전혀 성질이 다르다. 「형의 면제」의 사유에는 (1) 「법률상의 것」과, (2) 「재판상의 것」이 있다. 그래서 위의(1)의 경우에도 ㉮ 법률상 당연한 것과 또 ㉯ 재판상 임의의 것과의 구별이 있다. 즉 위 (1)의 ㉮ 법률상 당연한 것으로서는, 예를 들면 형법 제26조 「중지범」의 경우와 형법 제153조의 「자수」의 경우 등을 들 수 있다. 이와 같은 경우에는 반드시 형의 면제를 선고하여야 한다. 이에 반하여 ㉯의 재판상 임의적인 예로서는, 형법 제155조 4항의 가족이 증거인멸을 한 경우와 같이 법문이 단순히 「처벌하지 아니한다」에 불과한 경우이다. 또 위의 (2)의「재판상의 것」으로서는 예를 들면 형법 제21조 2항, 제22조 3항 등과 같이 「정상에 의하여」형을 면제할 수 있는 경우를 들 수 있다. 여기에서 주의해야 할 것은 위의 「형의 면제」라 함은 「형의 집행면제」와는 엄격히 구별해야 한다는 사실이다. 후자의 형의 집행면제라 함은, 예를 들면 형법 제77조에서 「형의 선고를 받은 자는 시효의 완성으로 인하여 그 집행이 면제된다」고 규정한 것 등이다. 즉 형의 집행면제는 형의 선고가 있는데도 그 집행이 면제되는 것이므로 형의 집행면제의 경우에는 다시 「누범」관계가 문제되는 것이다.

인적 처벌조각사유(人的 處罰阻却事由)

범죄가 성립되었음에도 불구하고 범인의 특정한 신분 기타의 사정으로 인하여 형을 과할 수 없는 경우의 일신적인 사정을 말하며, 일신적 형벌조각사유라고도 한다. 예를 들면, 벌금 이상의 형에 해당하는 죄를 범한 자를 은닉 또는 도피하게 하는 경우에는 범인은닉죄가, 그리고 타인의 형사사건 또는 징계사건에 관한 증거를 인멸, 은닉, 위조 또는 변조하거나 위조 또는 변조한 증거를 사용하는 경우에는 증거인멸죄가 성립하지만, 친족 또 는 동거의 가족이 본인을 위하여 위 두 죄를 범한 경우에는 처벌하지 않는데(형 §151, §155), 이 경우의 친족 또는 동거의 가족이라는 신분이 인적 처벌조각사유가 된다. 또 헌법 제45조에 「국회의원은 국회에서 직무상 행한 발언과 표결에 관하여 국회 외에서 책임을 지지 아니한다」고 정한 것도 인적 처벌조각사유를 정한 것이라고 해석된다.

형 법 각 론

개인적 법익에 관한 죄

생명과 신체에 관한 죄

사람의 시기와 종기
(사람의 始期와 終期)

형법상 생명과 신체에 대한 죄를 논함에 있어서 가장 먼저 대두되는 문제는 사람의 시기와 종기에 대한 것이다. 사람은 출생한 때부터 사람이 된다. 따라서 아직 출생하지 아니한 태아는 낙태죄의 객체가 될 수 있을 뿐이다. 일반적으로 사람의 시기(始期)는 태아가 사람으로 되는 시기를 말하는데, 언제 사람이 출생하였는가 하는 점에 대해서는 견해의 대립이 있다. 즉 (1) 진통설은 규칙적인 진통을 수반하면서 태아의 분만이 개시될 때를 사람의 시기라 한다. 이 설은 우리나라의 통설이며 대법원 판례의 입장이다. (2) 일부노출설은 태아의 신체의 일부가 모체에서 노출된 때를 사람의 시기라 한다. 이 설은 일본의 통설과 판례의 입장이다. (3) 전부노출설은 분만이 완성되어 태아가 모체로부터 완전히 분리된 때를 사람이 되는 시기(始期)라고 한다. 우리 민법상의 통설이다. (4) 독립호흡설은 태아가 모체에서 완전히 분리되어 태반에 의한 호흡을 그치고 독립하여 폐에 의하여 호흡을 할 때에 사람이 된다고 한다. 사람의 종기는 사망이다. 그러나 사망시기에 대해서는 견해의 대립이 있다. 즉 (1) 호흡정지설은 호흡이 영구적으로 그쳤을 때에 사람이 사망한다고 한다. (2) 맥박종지설은 심장의 고동이 영구적으로 정지한 때를 사람의 종기라고 한다. 이설이 우리 나라의 통설이다. (3) 뇌사설은 뇌기능의 종국적인 정지상태, 즉 뇌사상태에 이른 때에 사람이 사망한다고 한다. 이 설은 1968년 8월 9일 시드니에서 개최된 제22차 세계의사학회에서 채택된 Sydney선언에서 사망의 시기결정에 대한 가장 유효한 기준으로 추천되었으며 현재독일에서 통설적인 지위를 차지하고 있다.

> 사람의 생명과 신체의 안전을 보호법익으로 하고 있는 <u>형법의 해석으로는 규칙적인 진통을 동반하면서 분만이 개시된 때(소위 진통설 또는 분만개시설)가 사람의 시기(시기)라고 봄이 타당</u>하다 *(대법원 2007. 6. 29. 선고 2005도3832).*

살인죄(殺人罪)
영·불;homicide 독;Tötung

고의로 타인을 살해하여 생명을 빼앗는 것을 말한다(형§250). 사람을 살해하여 사망이라는 결과를 야기함에 있어서 그 수단이나 방법은 불문한다. 즉 타살·사살·교살·독살·참살·자살·익살·추락) 등의 유형적 방법으로 살해하든 정신적인 고통이나 충격을 주는 무형적 방법으로 살해하든 상관없다. 단 폭발물을 사용하는 경우에는 별죄를 구성한다(형§119참조). 또한 직접적인 방법이나 간접적인 방법으로 살해하든, 작위에 의하든 부작위에 의하든지 상관없다. 여기에서 고의라 함은 행위의 객체에 대해 단지 사람이라는 인식만 있으면 족하고, 또한 행위에 대해서는 사망이라는 결과의 인용이 있으면 족하다. 따라서 객체의 착오, 인과관계의 착오, 방법의 착오는 고의의 성립에 영향이 없고 또한 미필적 고의로도 충분하다. 이 경우 만약 고의가 없다면 단지 상해치사죄(형§259①), 폭행치사죄(§262) 또는 과실치사죄(§267)가 될 뿐이다. 본죄의 객체는 생명이 있는 타인이다. 따라서 생명이 있는 한 기형아·생존능력이 없는 빈사상태의 환자·분만 중인 태아·실종선고를 받은 자 또는 사형의 확정판결을 받은 자 등도 모두 살인죄의 객체가 된다. 본죄는 상대방을 사망시킴으로써 기수가 되고, 살해하기 위한 행위는 있었으나 사망의 결과에 이르지 못한 경우에는 살인미수죄(§254)가 된다. 또한 살인의 목적으로 흉기나 독약을 준비하면 살인예비로서, 2인 이상의 살인을 모의하게 되면 살인음모로서 10년 이하의 징역에 처하게 된다(§255). 본죄를 범한 자는 사형·무기 또는 5년 이상의 징역에 처한다(§250). 단 형의 감경이나 집행유예도 가능하며, 일반적으로 양형의 폭이 매우 넓다.

존속살해죄(尊屬殺害罪)
독;Aszendentenmord 불;parricide

자기 또는 배우자의 직계존속을 살해하는 죄이다(형§250②). 여기에서 말하는 직계존속은 부모·친부모·증조부모 등 직계상의 친족을 말한다. 존속은 어디까지나 법률상·가족법상의 관념이다. 따라서 양친과 법률상의 계부모는 직계존속이 된다. 그러나 인지되지 아니한 사생자가 실부를 살해하거나, 또는 입양으로 말미암아 등록부상 타가에 입적한 자가 그 실부모를 살해하였을 경우에는 반대설이 있으나 존속살해가 되지 않는다. 또 배우자는 법률혼의 경우만을 포함하고 사실혼의 경우는 포함하지 않는다. 따라서 내연의 처의 부모를 부가 살해하더라도 보통살인죄(§250①)가 성립될 뿐이다. 존속살인은 보통살인보다 형을 가중하여 사형 또는 무기징역 또는7년이상의 징역에 처한다. 존속살해에 형을 가중하는 데 대하여 위헌설은 헌법 제11조 제1항에 규정된 국민평등의 원칙에 위반된다던가, 존속살인의 실례를 들어보면 존속측이 가혹하여 도리어 비속측에 동정의 여지가 많다든지, 영아살인의 경우만은 형을 가중하는 것은 인도적 견지에서 허용될 수 없다고 주장한다. 이에 대해 합헌설은 (1) 국민평등에 관한 헌법의 규정은 국민이 법률상 차별취급을 받지 아니한다는 대원칙을 표시한 것이지 모든 사람을 항상 차별대우를 해서는 안된다는 절대적 평등을 의미하는 것은 아니며, (2) 형법이 존속에 대한 범죄를 무겁게 벌하는 것은 자의 부모에 대한 도덕적 의무에 근거를 둔 것으로 이러한 친자관계를 지배하는 도덕은 고금동서를 불문하고 인정되어 있는 인륜의 대본이요 보편적 도덕원리이며, (3) 본죄는 비속의 비윤리성을 특히 비난하는 데 그 본질이 있고 이로 인하여 존속이 강하게 보호되는 것은 그 반사적 이익에 불과하므로 본죄를 위헌이라고 할 수 없다고 한다.

본죄는 살인행위의 실행을 착수한 때에 법률상 존속관계가 존재하면 족하고 그 결과가 일어난 때에 존재함을 요하지 않는다. 또한 배우자의 직계존속은 현재 존재하는 배우자의 직계존속을 가리키는 것으로 배우자가 사망하여 배우관계가 존재하지 않게 된 때에는 배우자의 직계존속이 아니다. 그리고 본죄에 가공한 자는 공범으로 볼 수 있으나 형법 제33조 단서의 규정에 의하여 보통살인죄가 된다.

> 피살자(여)가 그의 문전에 버려진 영아인 피고인을 주어다 기르고 그 부와의 친생자인것 처럼 출생신고를 하였으나 입양요건을 갖추지 아니하였다면 피고인과의 사이에 모자관계가 성립될 리 없으므로, 피고인이 동녀를 살해하였다고 하여도 존속살인죄로 처벌할 수 없다*(대법원 1981. 10. 13. 선고 81도2466 판결).*

영아살해죄(嬰兒殺害罪)

영;infanticide 불;kindertötung

직계존속이 치욕을 은폐하기 위하거나 양육할 수 없음을 예상하거나 특히 참작할 만한 동기로 인하여분만 중 또는 분만 직후의 영아를 살해함으로써 성립하는 범죄이다. 본죄의 주체는 직계존속인데, 여기의직계존속에는 법률상의 직계존속뿐만 아니라 사실상의 직계존속도 포함된다. 다만 직계존속의 범위에 관하여는 견해가 일치하지 않는데, 통설은 형법이 그 주체를 어머니에 제한하지 아니한 이상 직계존속은 모두 본죄의 주체가 된다고 하고 있다. 본죄를 범한 자는 10년 이하의 징역에 처한다(형§251). 형법이 이와 같이 본죄를 살인죄에 비하여 가볍게 벌하는 것은 영아 생명을 경시하기 때문이 아니라, 출산으로 인하여 심신의 균형이 상실된 비정상적인 심신상태로 인하여 행위자의 책임이 감경된다는 데 그 근거가 있다. 본조의 미수범은 처벌한다(§254).

영아유기죄(嬰兒遺棄罪)

직계존속이 치욕을 은폐하기 위하거나 양육할 수 없음을 예상하거나 특히 참작할 만한 동기로 인하여 영아를 유기한 때에 성립하는 범죄(형법 272조)를 말한다. 본죄에 있어서의 직계존속은 법률상의 직계존속과 사실상의 직계존속을 포함하며 반드시 산모에 한하지 않고 부도 포함한다. 본죄에 있어서의 영아는 법문에서 아무런 제한을 두지 않았으므로 분만으로 인한 흥분상태나 종료한 이후에도 무방하며, 또 유기의 성질상 분만 완료 이전의 영아는 객체로 될 수 없다. 따라서 본죄에 있어서의 영아는 전부 노출된 이후의 영아로서 일반적 의미의 영아, 즉 젖먹이 아이(유아)를 의미한다고 보아야 한다.

촉탁·승낙에 의한 살인죄
(囑託·承諾에 의한 殺人罪)

본인으로부터 의뢰를 받고 또는 그의 승낙을 받아 그 사람을 살해하는 경우를 말하며 동의살인죄라고도 한다. 본인으로부터 「차라리 죽여 달라」는 적극적인 부탁을 받아 살해하는 것은 촉탁살인이며 「나 대신에 죽여달라」는 말을 듣고 그의 승낙을 받아 살해하는 것은 승낙살인이다(형§252①). 대체로 촉탁에 의한 살해는 항상 피해자의 희망과 합치되어야 하지만, 승낙에 있어서는 이러한 합치는 엄격하게 요구되지 않고, 다만, 살해행위가 피해자의 의사에 반하지만 않으면 된다. 살해에 대한 의뢰 및 승낙은 일시적인 기분이나 농담에 의해서는 할 수 없고, 본인의 진지한 요청에 의한 명확한 것이어야 한다. 그렇지 않으면 보통의 살인죄가 성립될 것이다. 또 불치의 병자가 육체적인 고통을 참을 수 없어 「죽여달라」는 진지한 요구를 하고, 이에 의하여 사기(死期)를 단축시켜 살해하는 「안락사」는 형식상으로는 동의살인죄에 해당하지만, 상황에 따라 「정당행위」(§20)로서 범죄로 되지 않는 경우도 있다. 본죄의 형은 1년 이상 10년 이하의 징역이며, 본죄의 미수범은 처벌된다(§254).

자살관여죄(自殺關與罪)

타인을 교사(教唆) 또는 방조하여 자살하게 한 범죄이다(형§252②). 자살은 형법상 타인에게 자살을 교사하거나 방조하게 되면 이 범죄가 성립한다. 「함께 자살하자」고 하여 자살의 의사가 없는 자에게 그러한 의사를 가지게 하면 자살교사죄가 성립하고, 자살하려고 하는 자에게 그 자살행위를 용이하게 하기 위하여 총검을 대여해 주거나 독약을 제조해 주는 경우는 자살방조죄가 성립한다. 타인의 자살을 교사·방조함에 있어서 공동자살, 예를 들면 정사(情死)에 있어서 한 사람이 살아났을 경우에는 자살방조죄가 성립한다. 그러나 상대방의 의사에 반하는 강제정사의 경우는 당연히 살인죄(§250①)가 성립한다. 또 자살은 자살이 무엇인가를 이해할 수 있는 능력을 가진 자가 자유로운 의사결정에 의하여 결의하여야 한다. 만일 그렇지 않은 경우에는 보통살인죄가 성립한다. 따라서 자살이 무엇인가를 이해할 수 없는 유아를 교사하여 공동자살하려던 모친은, 그 모친만이 생존한 때에 한하여 살인죄로서 처벌하게 된다. 형은 1년이상 10년 이하의 징역이다.

> 형법 제252조 제2항의 자살방조죄는 자살하려는 사람의 자살행위를 도와주어 용이하게 실행하도록 함으로써 성립되는 것으로서, 그 방법에는 자살도구인 총, 칼 등을 빌려주거나 독약을 만들어 주거나, 조언 또는 격려를 한다거나 기타 적극적, 소극적, 물질적, 정신적 방법이 모두 포함된다*(대법원 1992. 7. 24. 선고 92도1148 판결).*

정사(情死)

영;Suicide Pact 불;Doppelselbstmoerd

정사는 자살관여죄와 관계되어 논의되는 것으로서 합의에 의한 공동자살을 말하며 두 가지의 경우가 있다. 즉 정사하려는 일방이 진정으로 죽을 의사 없이 상대방만을 유혹하여 사망케 하는 경우와 양자가 진정으로 함께 죽을 약속이 되어서 자살한 경우이다. 전자의 경우는 형법 제253조에 따라 위계에 의한 살인죄가 되므로 별문제가 없으나, 후자의 경우에는 어느 일방이 살아남은 경우 어떻게 처벌할 수 있는가 하는 문제를 제기한다. 이 경우에는 사실관계에 따라 (1) 자살을 방조한 사실이 있는 때에는 자살방조죄로 처벌하고, (2) 두 사람이 동시에 자살행위를 한 사실이 명백한 때에는 무죄가 되며, (3) 때로는 교사자로서의 책임을 지는 경우도 있을 것이다.

위계 등에 의한 촉탁살인죄

(僞計 등에 의한 囑託殺人罪)

위계 또는 위력으로써 사람의 촉탁 또는 승낙을 받아 그를 살해하거나, 자살을 결의하게 하여 자살케 함으로써 성립하는 범죄이다(형§253). 여기에서 말하는 「위계」란 목적이나 수단을 상대방에게 알리지 아니하고 그의 부지나 착오를 이용하여 그 목적을 달성하는 것을 말하며 기망뿐만 아니라 유혹도 포함한다. 또한 「위력」이란 사람의 의사를 제압할 수 있는 유형적·무형적인 힘을 말한다. 따라서 폭행·협박은 물론 사회적·경제적 지위를 이용하는 경우도 여기에 해당된다. 본죄에 해당하는 경우는 제250조의 예에 의한다. 즉 본죄의 객체가 사람인 때에는 살인죄(사형, 무기 또는 5년이상의 징역), 자기 또는 배우자의 직계존속인 때에는 존속살해죄의 형(사형, 무기 또는 7년이상의 징역)으로 처벌받는 것이다.

모살·고살(謀殺·故殺)

영;murder·manslanghter
독;Mord·Totschlag

살인죄는 원리 모살(謀殺)과 고살(故殺)이라는 두 가지 태양으로 분리되어 발전되어 왔으며 현재까지도 대부분의 입법례가 모살과 교살을 구별하고 있다. 다만, 양자의 구별기준에 대해서는 그 태도가 일치하지 않는데 대부분 양자의 구별기준으로 윤리적 요소와 심리적 요소를 들고 있다. 여기에서 말하는 모살이란 미리 계획을 세워 사람을 죽이는 것을 말한다. 원래 중세 독일에서는 공개적이고 당당한 싸움에 의한 살인을 고살, 비밀로 행하는 살인을 모살이라고 하였다. 이와 같이 모살은 처음에는 비밀성을 요소로 하였으나 그 후 차츰 이욕(利慾)을 위한 살인, 흉기에 의하거나 예모(豫謀)에 의한 살인까지 포함하게 되었다. 즉 심리적 요소에 의해 모살과 고살을 구별하게 된 것이다. 그러나 심리적 요소에 의해 양자를 구별할 때에는 고통을 이기지 못하는 사람을 동정하여 계획적으로 살해하면 모살이 되고 순간적인 격정에 의하여 잔학한 방법으로 살해한 경우에는 고살에 지나지 않는다는 불합리한 결과가 초래된다. 그리하여 1941년 개정된 독일형법은 1919년의 스위스형법초안의 영향을 받아 심리적 요소를 포기하고 윤리적 요소에 의하여 모살과 고살을 구별하는 태도를 취했다. 이러한 외국의 입법례와는 달리 우리 형법은 일본형법의 영향을 받아 모살과 고살을 구별하지 않는다.

상해죄(傷害罪)

독;vorsätzliche körperverletzung

사람의 신체를 상해하는 죄를 말한다. 상해의 의미에 대해서는 사람의 신체에 손상을 주는 것, 즉 신체의 완전성(完全性)을 해하는 것을 의미한다는 신체의 완전성침해설과 사람의 신체의 건강상태를 불량하게 변경하는 것을 말한다는 생리적기능장애설 및 생리적 기능의 훼손과 신체외모에 대한 중대한 변화라고 해석하는 절충설 등이 있는데 통설은 생리적기능장애설을 취하고 있고, 판례는 신체의 완전성침해설을 취하는 경우도 있고, 생리적기능장애설을 취하는 경우도 있으며, 양자를 포괄하는 입장을 취하는 경우도 있다. 통설의 견해에 따를 때 예를 들면 남자의 수염이나 여자의 소량의 모발을 깎아 버리는 것은 상해가 아니라 폭행죄에 해당된다. 그러나 피부의 표피를 박리(剝離)하는 것, 중독증상을 일으켜 현기구토를 하게 하는 것, 치아의 탈락, 피로·권태를 일으키게 하는 것, 처녀막열상, 성병에 감염시키는 것 등은 모두 상해로 된다. 그러나 상해에 대한 고의는 없이 다만 뺨을 한번 때렸던 바, 의외에도 상처를 입히게 된 경우에는 폭행치상죄(형§262)가 된다. 이에 관하여 구형법에서는 상해죄가 성립된다고 하였으나, 현행 형법은 폭행치상죄의 구성요건을 신설하고 있으므로 상해죄는 고의범에 한하여 성립된다. 형은 7년 이하의 징역·10년 이하의 자격정지 또는 1천만원 이하의 벌금이다. 폭행의 고의도 없이 오로지 과실에 의하여 타인에게 상해를 가한 경우에는 과실치상죄(§266①)로서 5백만원 이하의 벌금·구류 또는 과료에 처하고, 상해를 가하였던 바 상대방이 사망에 이르게 한 경우에는 상해치사죄(형§259①)로서 3년 이상의 유기징역에 처한다. 또 2인 이상이 각각 동시에 특정한 사람에게 상해를 가한 경우에 그 상해가 누구의 행위에 의한 것인지 판명되지 아니할 때에는 그 모두를 공동정범으로 처벌한다(§263). 이는 동시범의 특례를 인정한 것이다. 본죄의 보호객체는 자기 이외의 타인의 신체이다. 즉 피해자는 독립성을 가진 개인임을 요하고 따라서 태아, 사체 및 유골은 포함되지 않는다. 그러나 자기의 신체의 상해라도 특별법에 의해 처벌되는 경우가 있다(병역§86 ; 1년이상 5년이하의 징역, 군형§41① ; 적전(敵前)인 경우 사형, 무기, 5년이상의 징역, 기타의 경우 3년이하의 징역). 그리고 비록 타인의 신체에 상해를 가했다하더라도 그것이 사회상규에 위배되지 않는 피해자의 승낙이거나 치료행위 및 징계행위일 경우에는 위법성이 조각된다.

상해의 개념

학 설	내 용
신체의 완전성침해설	상해란 신체의 완전성에 대한 침해를 의미한다는 견해.
생리적 기능훼손설 (다수설)	상해란 생리적 기능의 훼손, 즉 건강침해로서 육체적, 정신적 병적 상태의 야기와 증가를 의미한다는 견해.
절충설	상해란 생리적 기능의 훼손 이외에 신체외관에 중대한 변경을 가하는 경우를 포함한다는 견해.

상해치사죄(傷害致死罪)

사람의 신체를 상해하여 사망에 이르게 함으로써 성립하는 범죄를 말한다. 객체가 자기 또는 배우자의 직계존속이 경우에는 형을 가중한다(형법 259조 2항). 상해에 대하여는 고의가 있었으나 사망의 결과가 고의 없이 발생한 상해죄에 대한 결과적 가중범의 일반원리에 따라 상해와 사망의 결과 사이에 인과관계가 있어야 하며 사망의 결과에 대한 예견가능성, 즉 과실이 있을 것을 요한다.

중상해죄(重傷害罪)

독;schwere körperverletzung

사람의 신체를 상해하여 (1) 생명에 대한 위험을 발생하게 하거나, (2) 불구에 이르게 하거나, (3) 불치나 난치의 질병에 이르게 함으로써 성립하는 범죄를 말한다. 본죄의 성격에 관해서는 본죄는 결과에 의해 형이 가중되는 경우이지만 여기에서의 중한 결과 역시 상해의 개념에 들어가므로 결과적 가중범이 아니라는 견해와 (1) 형법은 본죄의 미수범은 처벌하지 아니할 뿐만 아니라, (2) 본죄가 단순히 상해의 고의만 있으면 성립한다고 해석하는 것은 결과책임을 인정하는 것이 되므로, 본죄는 결과적 가중범을 규정한 것이지만 중한 결과를 과실로 발생케 한 경우뿐만 아니라 중한 결과에 대하여 고의가 있는 경우에도 성립하는 부진정결과적가중범이라고 해석하는 견해가 있다. 후설이 통설이다.

특수상해죄(特殊傷害罪)

단체 또는 다중의 위력을 보이거나 위험한 물건을 휴대하여 상해·존속상해·중상해·존속중상해의 죄를 범한 경우에 성립하는 범죄이다. 기존에 「폭력행위 등 처벌에 관한 법률」에 규정되어 있던 것을 2016년 1월 6일 형법 일부 개정시 형법에 편입하였다(§258조의2). 단체 또는 다중의 위력을 보이거나 위험한 물건을 휴대하여 상해·존속상해죄를 범한 때에는 1년 이상 10년 이하의 징역, 중상해·존속중상해죄를 범한 때에는 2년 이상 20년 이하의 징역에 처한다.

상해죄의 동시범의 특례

(傷害罪의 同時犯의 特例)

2인 이상이 의사연락 없이 개별적으로 동시에 죄를 범한 경우를 동시범이라 한다. 이 때 동시범은 각자가 단독

형법

정범에 불과하기 때문에 개인책임의 원리에 따라 각자는 자기의 행위에 의하여 발생한 결과에 대해서만 책임을 지게 된다. 형법 제19조가 독립행위의 경합이라고 하여 「동시 또는 이시의 독립행위가 경합한 경우에 그 결과발생의 원인된 행위가 판명되지 아니한 때에는 각 행위를 미수범으로 처벌한다」고 규정하고 있음은 바로 이를 의미하는 것이다. 그러나 형법은 제263조에서 상해죄에 대해서는 동시범의 특례를 인정하여 형법 제19조의 예외를 인정하고 있다. 즉 형법 제263조는 「독립행위가 경합하여 상해의 결과를 발생하게 한 경우에 있어서 원인된 행위가 판명되지 아니한 때에는 공동정범의 예에 의한다」고 규정하고 있다. 이것은 2인 이상이 동일인에 대하여 폭행을 가하여 상해의 결과가 발생한 경우에 누구의 행위에 의하여 상해의 결과가 발생하였는가를 입증하기 곤란하기 때문에 이러한 입증곤란을 구제하기 위하여 정책적인 예외규정을 둔 것이다. 이러한 상해죄의 동시범의 특례에 대해 예외를 둔 형법 제263조의 법적 성질에 대해서는 (1) 피고인이 자기의 행위로 상해의 결과가 발생하지 않았음을 증명할 증거책임을 지운 것이라고 하는 증거책임전환설과, (2) 입증의 곤란을 구제하기 위하여 공동정범에 관한 법률상의 책임의 추정을 규정한 것이라는 법률상추정설 및 (3) 소송법상으로는 증거책임의 전환으로서의 성질을 가지며 실체법상으로는 공동정범의 범위를 확장시키는 의제를 한 것이라는 이원설이 있다. 현재는 증거책임전환설이 다수설이다. 형법 제263조가 상해죄와 폭행치상죄에 대해 적용됨에는 이론(異論)이 없다. 제263조는 '상해의 결과를 발생하게 한 경우'에 적용되므로 당연히 적용되는 것이다. 그러나 상해치사죄·폭행치사죄·강간치상죄에 대해서는 논란이 있다. 우리 대법원은 이 경우에 있어 상해치사죄와 폭행치사죄의 경우에는 형법 제263조가 적용된다고 판시하고 강간치상죄에는 적용되지 않는다고 판시하고 있다.

폭행죄(暴行罪)
영;assault
독;Gewalt

사람의 신체에 대하여 폭행을 가하는 죄이다(형§260①). 여기에서 말하는 폭행이란 신체에 대한 일체의 불법적인 유형력의 행사를 포함하며, 그 행위로 반드시 상해의 결과를 초래할 필요는 없다. 이에 따라 불법하게 모발·수염을 잘라버리는 것, 높지 않은 곳에서 손으로 사람을 밀어 떨어지게 하는 것, 사람의 손을 세차게 잡아당기는 것 등도 폭행이 된다. 또 구타 등과 같이 직접 행위에 의한 경우뿐만 아니라 널리 병자의 머리맡에서 소란을 피우거나 마취약을 맡게 하거나 또는 최면술에 걸리게 하는 등 사람의 신체에 대한 일체의 유형력의 행사, 즉 물리적인 힘의 행사에 한하지 않고 예를 들면 담배의 연기를 상대방에게 뿜어 버리거나 강제로 키스하는 것도 폭행이 된다. 형법에는 폭행죄에 있어서의 폭행 이외에 세 가지 종류의 폭행이 있다. 즉 소요죄·내란죄 등에 있어서의 폭행과 같이 사람에 대한 것이든 물건에 대한 것이든 모든 종류의 유형력의 행사 즉 최광의의 폭행과, 공무집행방해죄에 있어서의 폭행과 같이 사람에 대한 직접적·간접적인 유형력의 행사, 즉 광의의 폭행 및 강도죄·강간죄 및 강제추행죄 등에 있어서의 폭행과 같이 피해자의 저항을 억압할 정도의 유형력의 행사 즉 최협의의 폭행이 있다. 또 폭행은 고의가 있어야 하고 위법한 것이어야 하므로, 씨름·권투시합·프로레슬링에서의 행위는 폭행이 아니며 상대방의 승낙을 받아 시행한 최면술도 폭행이 아니다. 신문기사에 흔히 나오는 「부녀폭행」은 강간을 의미하는 것으로서, 이는 까다로운 표현을 피하기 위하여 사용되는 말에 불과하고 본래의 의미의 폭행과 다르다. 폭행죄는 2년 이하의 징역 또는 500만원 이하의 벌금·구류·또는 과료에 처한다. 또 폭행죄는 이른바 반의사불벌죄로서 피해자의 명시한 의사에 반하여서는 공소를 제기 할 수 없다.

반의사불벌죄(反意思不罰罪)

폭행죄와 같이 피해자의 명시한 의사에 반하여 공소를 제기할 수 없는 죄를 말한다. 즉 처벌을 희망하는 의사표시가 없어도 공소를 제기할 수 있으나, 처벌을 희망하지 아니하는 의사표시가 있거나 처벌을 희망하는 의사표시를 철회하였을 때에는 공소를 제기할 수 없고, 공소를 제기한 때에는 공소기각의 판결을 선고하여야 한다(형소§327 Ⅵ). 이러한 의미에서 반의사불벌죄를 해제조건부범죄라고도 한다.

특수폭행죄(特殊暴行罪)

단체 또는 다중의 위력을 보이거나 위험한 물건을 휴대하여 폭행을 또는 존속폭행을 한 죄이다(형§261). 여기에서 말하는 (1) 단체라 함은 일정한 공동목적을 가진 다수인의 조직적인 결합체를 말한다. 법인·조합은 물론 기타 계속적인 조직을 포함하고 일시적인 데모를 할 공동목적으로 조직된 결합체도 본조의 「단체」라고 봄이 타당하다. (2) 다중이라 함은 단체를 이루지 못한 다수인의 결합을 말한다. 그러나 현실적으로 그 중합인원(衆合人員)이 몇 명 이상이어야 한다는 것은 구체적인 경우에 따라 결정해야 할 것이다. 같은 용어를 쓰고 있는 형법 제115조의 소요죄에서와 같이 일정한 지방의 평온을 교란할 정도의 다수임을 필요로 하지 않고, 불과 수명이라 하더라도 그것이 어떤 집단적 세력을 배경으로 한다던가, 다수로 볼 수 있는 단체 아닌 결합체 등이 이에 해당한다. (3) 위력이라 함은 사람의 의사를 제압하는 힘이다. 그러나 형법 제253조(촉탁살인 등)의 「위력」과는 같지 않다. 즉, 형법 제253조의 경우에는 무형력의 사용도 포함하지만 형법 제261조의 「위력」은 유형력의 사용만을 뜻한다. 따라서 무형력을 사용한 경우에는 특수협박죄에 해당된다. 여기에서 위력을 보인다 함은 사람의 의사를 제압시킬만한 세력을 상대방에게 인식시키는 것을 말한다. 예컨대 시각에 작용시키든(단체위임의 타이틀이 있는 명함을 보이는 것), 청각에 작용시키든(다중의 대표자로서 왔다고 말하는 것), 촉각(觸覺)에 작용하든(맹인에게 점자를 만지게 하는 것) 불문한다. 그리고 위력을 보이기 위하여는 단체 또는 다중이 현장에 있음을 필요로 하지 아니한다. (4) 위험한 물건이라 함은 일반적으로 사람의 생명, 신체를 침해할 수 있는 물건을 말한다. 예컨대 총, 검, 철봉, 곤봉, 폭발물, 독약물이 여기 속한다. 안전면도용 칼날도 그 용법에 따라 위험한 물건이 되기도 한다.

위력(威力)

사람의 의사를 제압할 수 있는 유형적·무형적인 힘을 말한다. 폭행·협박을 사용한 경우는 물론, 사회적·경제적 지위를 이용하여 의사를 제압할 수 있다. 형법상 업무방해죄(형법 314조), 특수폭행죄(형법 261조) 등에 있어서 범행의 수단으로 되어있다.

과실상해·과실치사죄 (過失傷害·過失致死罪)

이 죄(형§266, §267)는 주관적 요건으로, (1) 상해 또는 폭행에 대한 고의가 없어야 한다. 상해의 고의가 있으면 상해죄가 되고, 폭행의 고의가 있으면 폭행치상죄가 문제된다. (2) 부주의로 결과발생을 예견하지 못하거나 (의식 없는 과실), 결과가 발생되지 않으리라고 생각한 경우(인식 있는 과실)이다. 또 객관적 요건으로는, (1) 행위가 작위건 부작위건, 폭행이건 아니건 불문하고 (2) 보통사람의 주의능력을 표준으로 결정한다(객관설). 그러나 행위자를 표준으로 해야한다는 주관설이 있고, 주의능력이 평균인 이하이면본인을 표준으로, 평균인 이상이면 평균인을 표준으로 해야 한다는 절충설이 있다. 따라서 실제에 있어서는 구체적인 사실에 따라 판단해야 한다. 그리고 (3) 과실과 치상과의 사이에는 인과관계가 있어야 한다. 본죄도 반의사불벌죄이다. 본조에서는 본죄와 관련하여 과실범, 즉 본죄의 공범이 가능한가 하는 문제가 제기된다. 과실의 공동정범이 가능한가에 대해 통설은 이를 부정하고 있으나, 대법원의 판례는 행위공동설의 입장에서 이를 긍정하고 있다.

업무(業務)

사회생활상의 지위에 기하여 계속 또는 반복하여 행하는 사무를 말한다. 업무는 사회생활상의 지위에 기한 사무여야 한다. 사회생활상의 지위에 기한 사무란 사람이 사회생활을 유지하면서 행하는 사무를 말한다. 업무는 객관적으로 상당한 횟수 반복하여 행하여지거나 또는 반복 계속할 의사로 행하여진 것이어야 한다.

따라서 호기심에 의하여 단 1회 운전한 것만으로는 업무라고 할 수 없다. 그러나 장래 반복하여 행할 의사로 행한 때에는 단 1회의 행위라도 업무에 해당한다. 업무는 사회생활에서 계속성을 가지는 사무여야 한다.

폭행의 개념

구분	개 념	해 당 범 죄
최광의	일체의 유형력의 행사 (사람에 대한 것이든 물건에 대한것이건 불문함)	내란죄(형§87), 소요죄(§115), 다중불해산죄(§116).
광의	일정한 사람에 대한 직접간접의 유형력의 행사	공무집행방해죄(§136), 특수도주죄(§146), 강요죄(§324).
협의	사람의 신체에 대한 직접적인 유형력의 행사	폭행죄(§260), 특수공무원의 폭행 등의 죄(§324)
최협의	상대방의 항거를 현저히 곤란하게 하거나, 反抗을 억압할 정도의 강한 유형력의 행사	강간죄(§297), 강제추행죄(§298), 강도죄(§333), 준강도죄(§335)

폭행죄와 상해죄의 비교

구 분	상 해 죄	폭 행 죄
보호법익	•신체의 생리적 기능 •신체의 완전성침해설과 생리적 기능의 훼손+신체외모에 대한 중대한 변화라고 하는 절충설도 있음	신체의 완전성
보호정도	침해범	형식범
행 위	상해행위가 보통이며 무형적 방법도 가능	폭행행위, 무형적 방법도 가능
고 의	상해고의일 것	폭행고의일 것
위 법 성	피해자의 승낙이나 징계행위는 사회상규 또는 공서양속에 위배되지 않는 범위 내에서 위법성 조각	상해죄와 같으나 구체적으로 징계행위의 경우 징계목적 달성상 불가피하다는 객관적 요건과 징계목적으로 한다는 주관적 요건이 구비되어야 함
기 타	•친고죄 아님 •과실상해죄 인정(형§266) •동시범의 특례적용(§263)	•반의사불벌죄 •과실폭행은 불벌 •상해죄와는 흡수관계

상해죄와 폭행죄

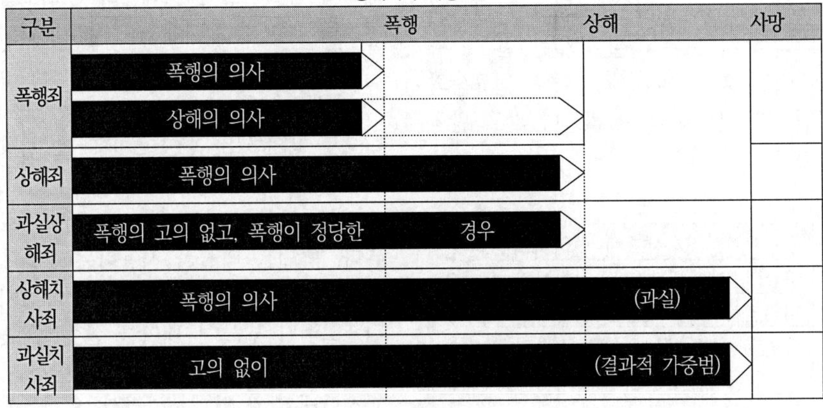

업무상과실치사상죄
(業務上過失致死傷罪)

업무상 과실로 인하여 사람을 사상에 이르게 함으로써 성립하는 범죄이다. 본죄는 업무자라는 신분관계로 인하여 형이 가중되는 가중적 구성요건이다. 그러나 그러한 가중의 근거에 대해서는 (1) 업무자에게는 특히 무거운 주의의무가 과하여지기 때문에 고도의 주의의무를 태만히 한 점에서 형이 가중된다는 견해와, (2) 주의의무는 동일하지만 업무자에게는 고도의 주의능력이 있으므로 위법성이 크다는 점에서 무겁게 벌하는 이유가 있다는 견해 및 (3) 업무자의 주의의무는 일반인과 동일하지만 업무자에게는 일반적으로 결과에 대한 예견가능성이 크기 때문에 그 책임이 보통사람의 중과실의 경우와 같다고 보는 견해 등으로 나뉘어져 있다. 본죄에서 말하는 업무란 「사람이 사회생활상의 지위에 기하여 계속하여 행하는 사무」를 말한다. 대법원도 본죄의 업무에 관하여「사람의 사회생활 면에 있어서의 하나의 지위로서 계속적으로 종사하는 사무를 말하고 반복계속의 의사 또는 사실이 있는 한 그 사무에 대한 각별한 경험이나 법규상의 면허를 필요로 하지 않는다」라고 판시하고 있다.

업무상과실치사상죄에 있어서의 업무란 사람의 사회생활면에 있어서의 하나의 지위로서 계속적으로 종사하는 사무를 말하고, 여기에는 수행하는 직무 자체가 위험성을 갖기 때문에 안전배려를 의무의 내용으로 하는 경우는 물론 사람의 생명·신체의 위험을 방지하는 것을 의무내용으로 하는 업무도 포함된다 할 것이다*(대법원 2007. 5. 31. 선고 2006도3493).*

중과실 치사상죄
(重過失 致死傷罪)

중대한 과실로 인하여 사람을 사상에 이르게 함으로써 성립하는 범죄(형법 268조 후단)를 말한다. 여기서 중대한 과실이라 함은 주의의무위반의 정도가 현저한 경우, 즉 조금만 주의하였더라면 결과의 발생을 회피할 수 있었음에도 불구하고 이를 게을리한 경우를 말한다. 중대한 과실이 있느냐의 여부는 결국 구체적 상황에 따라 건전한 사회의식에 비추어 판단하지 않을 수 없다.

낙태죄(落胎罪)
영;abortion
독;Schwangerschaftsabbruch Abtreibung

자연의 분만기에 앞서서 인위적으로 태아를 모체 밖으로 배출하는 범죄를 말하며 또한 모체내에서 약물 등에 의하여 태아를 살해하는 경우도 포함한다. 낙태죄에 있어서는 태아를 모체 밖으로 배출하는 한, 그 태아의 사망 여부는 범죄의 성부에 영향이 없다. 따라서 임신 1월의 태아도 낙태죄로 된다. 방법은 약물을 사용하든 수술에 의하든 불문한다. 낙태죄는 고의범이다. 그러나 반드시 태아를 살해한다는 의사는 필요하지 않다. 고의범이므로 과실낙태죄는 없다. 따라서 임산부가

회태(懷胎)의 사실을 인식하지 못하고, 또한 낙태의 의사도 없이 약을 복용하였던 바, 우연히 낙태의 결과가 발생하였다하더라도 처벌되지 아니한다. 본죄의 보호법익에 대해서는 태아는 주체성이 없으므로 임산부의 신체만이 보호법익이라는 설과 태아의 생명이라는 설 및 태아의 생명과 임산부의 신체의 안전성이라고 하는 설 등의 세 가지 견해가 있다.

그러나 태아의 생명이 본죄의 보호법익으로 되는 것은 의문이 없지만, (1) 형법이 임부의 동의유무에 따라 刑에 있어서 경중의 차이를 두고 있고, (2) 낙태치사상죄를 무겁게 벌하고 있을 뿐만 아니라, (3) 임부의 신체도 독립된 보호법익이 된다고 해야 하므로 세 번째 견해가 타당하다. 현행 형법상 낙태에는 자기낙태, 동의낙태, 업무상 낙태, 부동의낙태, 낙태치사상 등의 다섯 가지 종류가 있다. 즉 (1) 임부자신이 약물 기타의 방법으로 낙태하면 1년 이하의 징역 또는 200만원 이하의 벌금(§269①)이다. (2) 임부의 촉탁 또는 승낙을 받은 타인이 낙태하게 하면 임부자신의 낙태와 동일하게 처벌하지만(§269②), 이로 인하여 임부를 상해에 이르게 되면 3년 이하의 징역, 사망에 이르게 되면 7년 이하의 징역(§269③)이다. (3) 의사·한의사·조산사·약제사 등이 임부의 촉탁 또는 승낙을 받아 낙태하게 한 때에는 2년 이하의 징역(§270①)이다. (4) 임부의 촉탁 또는 승낙 없이 낙태하게 하면 3년 이하의 징역(§270②)이며 그 결과 임부를 상해에 이르게 하면 5년 이하의 징역이고 사망에 이르게 하면 10년 이하의 징역이다(§270③). 낙태죄를 처벌하는 것이 입법정책상 타당한가에 관하여는 의학적·우생학적·사회경제적·윤리적 견지에서 논의되고 있으며, 심지어 1974년의 개정 독일형법은 기한방식을 도입하여 낙태의 절대적 자유화를 채택하고 있다(독일형법§218의a). 이러한 사조의 영향을 받아 현재 우리 모자보건법에도 낙태죄의 위법성조각사유로서 (1) 본인 또는 배우자가 우생학적 또는 유전학적 정신장해나 신체질환이 있는 경우, (2) 본인 또는 배우자에게 전염성 질환이 있는 경우, (3) 강간 또는 준강간에 의하여 임신된 경우, (4) 법률상 혼인할 수 없는 혈족 또는 인척간에 임신된 경우, (5) 임신의 지속이 보건의학적 이유로 모체의 건강을 심히 해하고 있거나 해할 우려가 있는 경우를 들고 있다(모자보§14①).

> 낙태죄는 태아를 자연분만기에 앞서서 인위적으로 모체 밖으로 배출하거나 모체 안에서 살해함으로써 성립하고, 그 결과 태아가 사망하였는지 여부는 낙태죄의 성립에 영향이 없다*(대법원 2005. 4. 15. 선고 2003도2780 판결).*

형
법

형법상의 사무개념

구분	사항		내 용	형 법 규 정
총칙	정당행위로서의 업무(형§20)		위법성 조각사유(정당행위의 예시적 의의)	
각칙	㉮ 행위주체로서의 업무	(1)과실범에 관한 업무	① 일정한 업무자는 예견의무가 많기 때문에 부주의에 대한 책임이 가중되는 경우 ② 이런 업무는 생명, 기타 중요 법익에 대한 침해가능성이 크므로 법은 일정한 허가제도를 둔다.	업무상과실화죄(§171) 업무상교통방해죄(§189) 업무상과실장물죄(§364) 업무상과실치사상죄(§268)
		(2)진정신분범의 요소로서의 업무	이런 업무는 타인의 비밀 및 상당히 중요한 서류의 취급자이므로 죄형법정주의 원칙상 상당한 해석의 제한이 따른다(예 : 변호사 아닌 변호인은 행위주체가 못됨)	업무상과실장물죄(§364) 업무상비밀누설죄(§317) 허위진단서 등의 작성죄(§233)
		(3)부진정신분범의 요소로서의 업무	특히 형벌을 가중토록 한다.	업무상실화죄(형§171) 업무상과실교통방해죄(§189②) 업무상횡령·배임죄(§356) 업무상과실치사상죄(§268) 업무상낙태죄(§270①) 업무상위력 등에 의한 간음죄(§303)
	㉯ 보호객체로서의 업무		① 업무에 제한이 없다. ② 업무는 방대한 해석이 허용되지 않는다. ③ 합법한 업무에 국한한다. ④ 공·사무의 구별이 있다.	업무방해죄(§314)
	㉰ 행위상황으로서의 업무		곡마단과 같이 생명·신체에 대한 위험성 있는 업무	아동혹사죄(§274)

유기죄(遺棄罪)

영;abandon
불;Aussetzung

나이가 많거나 어림, 질병 그 밖의 사정으로 도움이 필요한 사람을 법률상 또는 계약상 보호할 의무가 있는 자가 유기하는 것을 내용으로 하는 범죄를 말하며(형§271) 일종의 신분범이며 위험범이다. 여기에서 말하는「도움이 필요한 사람」이라 함은 정신상 또는 신체상의 결함으로 인하여 타인의 부조·조력없이는 스스로 일상생활에 필요한 동작이 불가능한 자를 말한다. 이때 그 생활자료를 자급할 수 있는가 여부는 불문한다. 예컨대 경제적인 면에서 곤란하지 않은 사람도 부조를 요하는 경우가 있다. 또한 본죄의 주체는 「보호할 법률상 또는 계약상의 의무 있는 자」이다. 여기에서 말하는 보호의무는 법률의 규정·계약·관습·사무관리·수리 등에 의하여 발생한다. 따라서 보호책임이 없는 자

(지나가는 통행인과 같은)는, 병자를 교외의 들판에 데리고 가서 방기하는 것 같이, 적극적으로 요보호자를 위험한 장소에 옮겼을 때에 한해서 처벌된다(형§271①). 보호책임이 있는 자(친권자, 배우자, 간호사 등)는 요부조자가 있음을 인식하면서도 그대로 떠나버리는 경우에도 처벌된다(형§271①, ②). 형벌에 있어서는 일반유기죄의 경우는 3년 이하의 징역 또는 500만원 이하의 벌금에 처한다. 존속유기죄의 경우는 10년 이하의 징역 또는 1천5백만원 이하의 벌금이고 직계존속이 영아를 유기하였을 때에는 형이 경감된다(2년이하의 징역 또는 3백만원이하의 벌금). 일반유기죄를 범하여 사람의 생명에 대한 위험을 발생케 할 때에는 7년 이하의 징역, 존속유기죄를 범하여 사람의 생명에 대하여 위험을 발생한 때에는 2년 이상의 유기징역에 처한다(§271③, ④).

> 현행 형법은 유기죄에 있어서 구법과는 달리 보호법익의 범위를 넓힌 반면에 보호책임없는 자의 유기죄는 없애고 법률상 또는 계약상의 의무있는 자만을 유기죄의 주체로 규정하고 있어 명문상 사회상규상의 보호책임을 관념할 수 없다고 하겠으니 유기죄의 죄책을 인정하려면 보호책임이 있게 된 경위 사정관계등을 설시하여 구성요건이 요구하는 법률상 또는 계약상보호의무를 밝혀야 하고 설혹 동행자가 구조를 요하게 되었다 하여도 일정거리를 동행한 사실만으로서는 피고인에게 법률상 계약상의 보호의무가 있다고 할 수 없으니 유기죄의 주체가 될 수 없다(대법원 1977. 1. 11. 선고 76도3419).

중유기죄(重遺棄罪)

나이가 많거나 어림, 질병 그 밖의 사정으로 도움이 필요한 사람을 법률상 또는 계약상 보호할 의무가 있는 자가 유기하여 그의 생명에 대한 위험을 발생하게 함으로써 성립하는 범죄(형법 271조3항)를 말한다. 자기 또는 배우자의 직계존속이 객체인 경우에는 형이 가중된다(형법 271조4항). 본죄는 유기죄 또는 존속유기죄에 대한 결과적 가중범이다. 여기서 사람의 생명에 대한 위험이란 구체적 위험을 의미한다. 따라서 본죄는 구체적 위험범이다.

학대·존속학대죄
(虐待·尊屬虐待罪)

자기의 보호 또는 감독을 받는 사람을 학대하거나(형§273①) 자기 또는 배우자의 직계존속을 학대한 죄(§273②)이다. 여기에서 말하는 자기의 보호 또는 감독을 받는 사람이라 함은 그 근거가 반드시 법령의 근거뿐만 아니라, 계약 기타 일반 조리상에 근거한 경우도 포함한다. 또한 「학대」라 함은 반드시 육체적으로 고통을 가하는 행위뿐만 아니라, 정신적 고통은 물론 차별대우 같은 것도 포함한다. 그리고 어느 정도로 학대하는 것을 필요로 하느냐에 대하여는 구체적인 사정에 따라서 결정될 것이다. 여기에서 한 가지 주의할 것은 본죄의 보호법익이 일반적으로 인간의 인격권에 있다고 해야 할 것이므로 인간이 가지는 인격권을 침해하는 행위라고 생각되어도, 이에 대한 침해가 반윤리적인 침해의 정도로는 부족하고, 유기의 일종이라고 볼 수 있는 정도에 달하는 것이라야 본조에 해당하는 행위라고 해석해야 된다는 점이다.

형법 제273조 제1항에서 말하는 '학대'라 함은 육체적으로 고통을 주거나 정신적으로 차별대우를 하는 행위를 가리키고, 이러한 학대행위는 형법의 규정체제상 학대와 유기의 죄가 같은 장에 위치하고 있는 점 등에 비추어 단순히 상대방의 인격에 대한 반인륜적 침해만으로는 부족하고 적어도 유기에 준할 정도에 이르러야 한다*(대법원 2000. 4. 25. 선고 2000도223)*.

아동혹사죄(兒童酷使罪)

자기의 보호 또는 감독을 받는 16세 미만의 자를 그 생명 또는 신체에 위험한 업무에 사용할 영업자 또는 그 종업원에게 인도하거나 인도 받음으로써 성립하는 범죄이다(형§274). 여기에서 말하는 「생명 또는 신체에 위험한 업무」라 함은 서커스, 광산노동 등과 같은 인체성장에 유해한 모든 노동을 말한다. 또 「인도」라 함은 계약에 관계없이 현실적으로 인도함을 의미하고 실제로 위험한 업무에 종사하였는가의 여부는 불문한다. 그리고 이러한 인도는 반드시 그 업무의 영업주에게 함을 필요로 하지 않고 그의 종업원에게 인도한 경우에도 해당된다. 본죄에 있어서 아동은 16세 미만이면 족하고 구체적인 발육의 정도나 본인의 동의 유무를 불문한다(아동§18).

자유에 관한 죄

감금(監禁)

영;detention 독;Einsperrung

사람을 일정한 장소 밖으로 나가지 못하게 하여 신체적 활동의 자유를 장소적으로 제한하는 것을 말한다. 장소적 제한이 있는 점에서 체포와 구별된다. 감금의 수단 또는 방법을 불문한다. 문을 잠그거나 감시인을 두거나 개로 하여금 지키게 하여 출입구를 봉쇄하는 것이 보통이나, 여기에 제한되지 아니한다. 폭력을 사용하거나 묶거나 마취시키는 것과 같은 유형적방법에 의하든, 협박 또는 기망과 같은 무형적 방법에 의하든 불문한다. 밖으로 나가지 못하게 한다는 것은 탈출이 불가능할 것을 요하지 아니하며, 그것이 곤란한 경우도 포함된다. 따라서 사실상 탈출할 수는 있었다고 할지라도 피해자가 출구를 모르거나 인식하기 어려운 상태에 있었다면 감금에 해당한다. 피해자가 출구를 알고 있었던 경우에도, 예를 들어 아파트의 창문을 통하여 뛰어내리거나, 질주하는 차에서 내리는 것과 같이 탈출할 때와 같이 생명 또는 신체에 대한 위험이 뒤따르는 경우는 물론 수치심 때문에 밖으로 나가지 못한 때에도 감금이라고 할 수 있다.

감금죄에 있어서의 감금행위는 사람으로 하여금 일정한 장소 밖으로 나가지 못하도록 하여 신체의 자유를 제한하는 행위를 가리키는 것이고, 그 방법은 반드시 물리적, 유형적 장애를 사용하는 경우뿐만 아니라 심리적, 무형적 장애에 의하는 경우도 포함되는 것인바, 설사 피해자가 경찰서 안에서 직장동료인 피의자들과 같이 식사도 하고 사무실 안팎을 내왕하였다 하여도 피해자를 경찰서 밖으로 나가지 못하도록 그 신체의 자유를 제한하는 유형, 무형의 억압이 있었다면 이는 감금행위에 해당한다 *(대법원 1991. 12. 30. 자 91모5).*

감금죄(監禁罪)

사람을 감금하는 죄(형법 276조1항)를 말한다. 자기 또는 배우자의 직계존속에 대한 존속감금(형법 276조2항), 감금하여 가혹행위를 가한 중감금(형법 277조1항), 존속중감금(형법 277조2항), 단체 또는 다중의 위력을 보이거나 위험한 물건을 휴대하여 행한 특수감금(형법 278조), 그리고 상습감금(형법 279조)의 경우에는 형을 가중한다. 감금치상죄(형법 281조)의 경우에는 상해죄와 비교하여 중한 형으로 처벌한다.

체포·감금죄(逮捕·監禁罪)

불법하게 사람을 체포 또는 감금하여 사람의 신체적 활동의 자유를 침해하는 것을 내용으로 하는 범죄를 말한다(형§276). 본죄는 자연인인 타인을 객체로 하며, 책임능력, 행위능력 및 의사능력의 유무는 불문한다. 다만 갓난 아이는 제외된다. 그러나 주취자, 수면자 등은 각성이 기대되는 한 본죄의 객체가 된다. 여기에서 말하는 체포라 함은 사람의 신체에 대하여 직접의 자유를 박탈하는 것을 말한다. 유형적방식(악지, 결박)이든 무형적방식(위계, 협박)이든 또 작위이든 부작위(해방시킬 의무 있는 자가 필요한 수단을 취하지 않는다)이든 그 수단, 방법에는 제한이 없다. 또한 감금이라 함은 일정한 구역 밖으로 나가는 것을 불가능 또는 현저히 곤란케 하여 신체적 행동의 자유를 제한하는 것을 말한다. 그 수단 및 방법은 역시 불문한다. 체포·감금은 어느 정도 시간적으로 계속하여 행하여져야만 하는 계속범이다. 따라서 일순간의 구속은 폭행죄에 지나지 않는다. 감금은 해상의 선박과 같이 헤엄을 치는 등 비상특별수단에 의하지 않으면 탈출할 수 없는 장소에 두는 것도 감금이다(1949년 2월 20일 일·최고판).

또 목욕 중인 부녀의 의류를 탈취하여 욕실에서 나오지 못하게 하는 행위도 감금이다. 그러나 정당한 사유가 있는 경우에는 본죄를 구성하지 않는다. 예컨대 현행범 체포(형소§212), 친권자의 징계행위(민§915), 정신병자·주취자·자살기도자·부상자의 보호 조치(경찰관직무집행법§4①) 등이다. 이런 것들은 형법 제20조의 정당행위로서 위법성이 조각된다(정당한 이유가 있다고 보는 정신병자 감호를 위한 감치같은 것은 해당하지 않는다).

중체포감금죄(重逮捕監禁罪)

사람을 체포 또는 감금하여 가혹한 행위를 가함으로써 성립하는 범죄(형법 277조1항)를 말한다. 객체가 자기 또는 배우자의 직계존속인 경우에는 형이 가중된다(형법 277조2항). '가혹한 행위'라고 함은 사람에게 육체적·정신적으로 고통을 주는 일체의 행위를 말한다. 예컨대 폭행 또는 협박을 가하거나 일상생활에 필요한 의식주를 제공하지 아니하거나, 수면을 허용하지 않는 것 등이 여기에 해당한다.

그러나 감금의 수단이 된 폭행 또는 협박만으로는 가혹한 행위라고 할 수 없다. 본죄는 처음부터 체포·감금하여 가혹한 행위를 할 의사가 생긴 경우에도 성립한다. 본죄의 미수범은 처벌한다(형법 280조).

협박죄(脅迫罪)

독;Bedrohung

공포심을 일으키게 할 목적으로 상대방 또는 그 친족의 생명, 신체, 자유, 명예에 위해를 가할 것을 통고하는 범죄(형§283)이다. 「죽여버린다」고 말하면 생명에 대한 해악의 통고가 되고, 「집에 불을 질러버린다」고 말하면 재산에 대한 해악의 통고가 된다. 통고의 방법은 구두에 의하건 서면에 의하건 관계없고 또 입밖에 내지 않더라도 팔을 휘두르면서 위협을 보이기만 해도 통고가 된다. 따라서 실제로 위해를 가할 듯이 없었다 하더라도 협박죄는 성립한다. 통고내용은 보통 일반사람이 들어서 위해의 발생을 예감하고 공포심을 갖게 할 정도면 된다. 지구의 종말이 다가 왔다라던가, 죽음의 그림자가 덮였다던가 하는 말은 「경고」이지 협박은 아니다.

또 통고를 받은 사람이 실제로 놀라지 않았다 하더라도 협박죄의 성립에는 영향이 없다. 본죄의 법정형은 3년 이하의 징역, 500만원 이하의 벌금, 구류 또는 과료에 처하도록 되어 있고 피해자의 명시한 의사에 반하여 공소를 제기할 수 없다(반의사불벌죄).

특수체포감금죄(特殊逮捕監禁罪)

단체 또는 다중의 위력을 보이거나 위험한 물건을 휴대하여 전 2조의 죄를 범한 때에는 그 죄에 정한 형의 2분의 1까지 가중한다(형법 278조).

협박죄의 보호의 정도

구분	내용
학설	① 위험범이라는 견해와 ② 침해범이라는 견해(통설)가 대립되고 있다.
판례	협박죄는 사람의 의사결정의 자유를 보호법익으로 하는 위험범이라 봄이 상당하고, 협박죄의 미수범 처벌조항은 해악의 고지가 현실적으로 상대방에게 도달하지 아니한 경우나, 도달은 하였으나 상대방이 이를 지각하지 못하였거나 고지된 해악의 의미를 인식하지 못한 경우 등에 적용될 뿐이다*(대법원 2007. 9. 28. 선고 2007도606 전원합의체판결)*.

형법

형법상 협박의 개념

<table>
<tr><th>표준</th><th colspan="2">내용</th><th>형법규정</th></tr>
<tr><td rowspan="2">행
위
자
체</td><td colspan="2">협박 자체가 죄가 되는 것</td><td>협박죄(§283)</td></tr>
<tr><td colspan="3">협박이 타행위와 결합하는 경우에 죄가 되는 것
a. 협박이 타행위의 목적으로 되는 것 : 다중불해산죄(§116)에서 협박을 목적으로 하는 다중의 중합
b. 협박이 타행위의 수단으로 되는 것 : 특수도주죄(§146), 강간죄(§297), 강도죄(§333), 공무집행방해죄(§136), 강요죄(§324)
c. 타행위와 결합하여 목적도 수단도 아니고 그 자체가 죄로 되는 것 : 소요죄(§115)에 있어서 다중의 중합과 협박</td></tr>
<tr><td rowspan="3">협강
박약

의의
성정
질도</td><td>광 의</td><td>일반적으로 사람에게 외포심을 일으키게 할 만한 해악의 고지</td><td>공무집행방해죄(§136)
특수도주죄(§146)</td></tr>
<tr><td>협 의</td><td>일정한 악의의 고지로 상대방을 현실로 외포케 하는 것</td><td>협박죄(§283), 공갈죄(§350조), 강요죄(§324)</td></tr>
<tr><td>최협의</td><td>상대방의 반항을 현저히 곤란 또는 억압할 정도의 외포심을 일으키게 할 만한 해악의 고지</td><td>강간죄(§297)
강제추행죄(§298)
준강도죄(§335)</td></tr>
<tr><td rowspan="2">행위
주체</td><td colspan="2">중합에 의한 협박(공동의사에 기한 공동협박)</td><td>소요죄(§115)</td></tr>
<tr><td colspan="2">수인 또는 1인의 협박(개인적 협박)</td><td></td></tr>
<tr><td rowspan="3">피
침
해
법
익</td><td colspan="2">개인적 법익</td><td>협박죄(§283), 강간죄(§297), 강도죄(§33), 강제추행죄(§298), 강요죄(§324)</td></tr>
<tr><td colspan="2">국가적 법익</td><td>소요죄(§115), 다중불해산죄(§116),
특수도주죄(§146)</td></tr>
<tr><td colspan="2">사회적 법익</td><td>사문서의 부정행위죄(§236)</td></tr>
</table>

강요죄(强要罪)

폭행 또는 협박으로 사람의 권리행사를 방해하거나 의무없는 일을 하게 함으로써 성립하는 범죄(형법 324조①)를 말한다. 형법은 본죄를 권리행사를 방해하는 죄의 장에서 규정하고 있으나, 본죄는 사람의 의사결정의 자유와 그 활동의 자유를 보호법익으로 하는 침해범이며, 따라서 본죄의 죄명을 강요죄로 개정한 것이 타당하다. 본죄를 범하여 사람의 생명에 대한 위험을 발생하게 한 경우(중강요죄)에는 형을 가중한다(형법 326조). 본죄의 객체

인 사람은 자연인인 타인을 의미하며, 의사의 자유를 가진 자에 제한된다. 강요의 수단은 폭행 또는 협박이다. 폭행이란 타인의 의사나 행동에 대하여 현재의 해악을 가하여 강제효과를 발생케 하는 일체의 수단을 의미한다. 협박이란 해악을 고지하여 상대방에게 공포심을 일으키는 것으로서 협박죄의 있어서의 협박을 의미한다. 본죄의 있어서의 폭행과 협박은 반드시 상대방의 반항을 불가능하게 하거나 곤란하게 할 정도에 이를 것을 요하지 않지만, 적어도 상대

방에게 공포심을 주어 그 의사결정과 활동에 영향을 미칠 정도에 이를 것을 요한다. 권리행사를 방해한다 함은 행사할 수 있는 권리를 행사하지 못하게 하거나 의무없는 일을 행하게 하는 것을 포함한다. 행사할 수 있는 권리란 그것을 행사하는가 아닌가가 그 권리자의 자율에 속하는 것을 말하며, 반드시 법령에 근거가 있을 것을 요하지 않는다. 또 의무없는 일을 하게 한다는 것은 자기에게 아무런 권리도 없고, 따라서 상대방에게 의무가 없음에도 불구하고 일정한 작위·부작위 또는 인용을 강요하는 것을 말한다. 그것이 법률행위이든 사실행위이든 묻지 않는다. 본죄는 폭행 또는 협박에 의하여 권리행사를 방해한다는 결과가 발생하여야 기수가 된다. 폭행 또는 협박과 권리행사방해 사이에는 인과관계가 있어야 한다. 인과관계가 없을 때에는 권리행사방해의 결과가 발생했다 하더라도 본죄는 미수에 불과하다. 그런데 형법은 본죄의 미수범을 처벌하지 않으므로 본죄의 미수에 해당하는 경우에는 폭행죄 또는 협박죄에 의하여 처벌하지 않을 수 없다.

특수강요죄(特殊强要罪)

단체 또는 다중의 위력을 보이거나 위험한 물건을 휴대하여 강요의 죄를 범한 경우에 성립하는 범죄이다(형법 제324조 ②). 기존에는 「폭력행위 등 처벌에 관한 법률」에 규정되어 있었으나, 2016년 1월 6일 형법 일부 개정 시 형법에 편입하였다.

중강요죄(中强要罪)

폭행 또는 협박으로 사람의 권리행사를 방해하여 사람의 생명에 대한 위험을 발생케 함으로써 성립하는 범죄(형법 326조)를 말한다. 본죄는 강요죄를 범하여 사람의 생명에 대한 위험을 발생하게 한 경우에 성립하는 결과적 가중범이다. 여기서 사람의 생명에 대한 위험이란 생명에 대한 구체적 위험을 의미한다.

약취, 유인 및 인신매매의 죄

(略取, 誘引 및 人身賣買의 罪)
영;abduction, kidnapping
독;Entfulhrung, kindese- ntziehung und Geiselnahme

사람을 약취 또는 유인하여 자기 또는 제3자의 실력지배하에 옮김으로써 개인의 자유를 침해하는 범죄이다. 약취는 폭행 또는 협박을 수단으로 하는데 대하여, 유인은 기망 또는 유혹을 수단으로 하는 점에서 구별된다. 미성년자를 약취, 유인한 죄는 10년 이하의 징역, 추행, 간음, 결혼 또는 영리를 위하여 사람을 약취, 유인한 죄는 1년 이상의 10년 이하의 징역, 노동력 착취, 성매매와 성적 착취, 장기적출을 목적으로 한 약취, 유인죄는 2년 이상 15년 이하의 징역, 국외로 이송할 목적으로 약취·유인하거나 국외에 이송한 때에도 2년 이상 15년 이하의 징역에 처한다. 또한 사람을 매매한 사람은 7년 이하의 징역에 처하며 추행, 간음, 결혼 또는 영리의 목적으로 사람을 매매한 사람은 1년 이상 10년 이하의 징역에 처한다. 그리고 동력 착취, 성매매와 성적 착취, 장기적출을 목적으로 사람을 매매한 사람은 2년 이상 15년 이하의 징역에 처한다. 국외에 이송할 목적으로 사람을 매매하거나 매매된 사람을 국외로 이송한 사람도 2년 이상 15년 이하의 징역에 처한다.

형법 제287조에 규정된 미성년자약취죄의 입법 취지는 심신의 발육이 불충분하고 지려와 경험이 풍부하지 못한 미성년자를 특별히 보호하기 위하여 그를 약취하는 행위를 처벌하려는 데 그 입법의 취지가 있으며, 미성년자의 자유 외에 보호감독자의 감호권도 그 보호법익으로 하고 있다는 점을 고려하면, 피고인과 공범들이 미성년자를 보호·감독하고 있던 그 아버지의 감호권을 침해하여 그녀를 자신들의 사실상 지배하로 옮긴 이상 미성년자약취죄가 성립한다 할 것이고, 약취행위에 미성년자의 동의가 있었다 하더라도 본죄의 성립에는 변함이 없다*(대법원 2003. 2. 11. 선고 2002도7115)*.

인질강요죄(人質强要罪)

사람을 체포·감금·약취 또는 유인하여 이를 인질로 삼아 제3자에 대하여 권리행사를 방해하거나 의무 없는 일을 하게 함으로써 성립하는 범죄(형법 324조의2)를 말한다. 이는 사람을 인질로 삼은 권리행사방해를 가중처벌하기 위해 1995년 개정 형법에서 신설한 규정으로, 체포감금죄나 약취유인죄와 강요죄의 결합범이며, 그 보호법익은 인질의 장소 선택의 자유 및 피강요자의 의사결정의 자유이다. 본죄가 성립하려면 체포·감금 또는 약취·유인과 강요라는 행위가 있어야 하는 까닭에 체포·감금·약취 또는 유인하지 않는 자가 강요한 때에는 강요죄가 성립할 뿐이다. 그러나 반드시 강요의 목적으로 체포·감금·약취 또는 유인하였을 것을 요하지 않는다. 여기서 강요란 피체포·감금·약취·유인자를 인질로 삼아 제3자에게 권리행사를 방해하거나 의무없는 일을 하게 하는 것을 말하는 바, 강요의 상대방은 인질을 제외한 제3자(자연인·법인·법인격 없는 단체·국가기관)이다. 착수시기는 강요행위를 개시한 때이며, 기수시기는 강요로 인하여 권리행사를 방해하였을 때이다. 인질강요죄를 범한 자가 인질을 상해하거나 상해에 이르게 한 때 또는 살해한 때에는 그 형을 가중한다(형법 324조의3·4). 본 조의 미수범은 처벌하다. 그러나 인질강요죄 또는 인질상해·치상의 죄를 범한 자 미 그 죄의 미수범이 피약취·유인자나 인질을 안전한 장소로 풀어준 때에는 그 형을 경감할 수 있다.

강간과 추행의 죄 (强姦과 醜行의 罪)

강간과 추행의 죄
(强姦과 醜行의 罪)

형법 제32장의 죄로서 사람의 정조를 침해하는 죄. 즉, 강간·강제추행 등에 의한 상해·치상살인·치사, 미성년자 등에 대한 간음, 업무상위력 등에 의한 간음, 혼인빙자 등에 의한 간음, 미성년자에 대한 간음·추행 등이 이에 해당한다.

강간(强姦)
영;rape 독;Notzuch 불;viol

폭행·협박에 의하여 상대방의 반항을 곤란하게 하고 사람을 간음하는 것을 말한다. 여기서 폭행이란 사람에 대한 유형력의 행사를 말하며, 협박이란 해악을 통고하는 것을 말한다. 반드시 본인에 대한 해악의 통고에 한하지 않고 제3자에 대한 해악(예컨대 자녀에 대한 해악)의 통고도 포함한다. 해악의 내용에는 제한이 없다. 폭행·협박의 정도에 관하여는 강도죄의 그것과 같이 해석하여 상대방의 의사를 억압할 정도에 이를 것을 요한다는 견해도 있으나, 통설은 반드시 상대방의 반항을 불가능하게 하는 경우뿐만 아니라 그것을 현저히 곤란하게 하는 것도 포함한다고 해석하고 있다. 대법원도 본죄의 폭행·협박은 상대방의 반항을 현저히 곤란하게 할 정도로 족하다고 판시하고 있다. 마취제 또는 수면제 등의 약물을 사용하거나 최면술을 거는 것도 본죄의 폭행에 해당한다고 해야 한다. 그것은 절대적 폭행의 한 유형이라고 보아야 하기 때문이다.

강간죄(强姦罪)
영;rape 독;Notzucht

폭행 또는 협박을 수단으로 하여 사람을 항거불능의 상태로 만든 뒤 간음을 함으로써 성립한다(형§297). 다만13세 미만의 사람에 대한 경우에는 폭력을 수단으로 하지 않았어도, 또 상대방의 동의가 있었다 하더라도 본죄가 성립한다(§305). 본죄는 사람의 정조의 자유를 침해함으로써 건전한 성적윤리 질서를 혼란시키는 행위를 처벌하는데 그 목적이 있다. 따라서 스스로 수절(守節)할 수 없는 심신상실자나 항거불능력자에 대한 간음행위는 준강간죄(§299). 강간죄를 피해자의 연령에 따라서 구별하는 것은 합의에 대한 이해능력을 고려한 것이다. 강간죄는 폭행이나 협박의 개시로 착수된다. 본래 강간죄의 객체는 부녀였으나, 변화된 시대상황을 반영하여 개정(2012.12.18. 법률 제11574호)되어 범죄의 객체가 '부녀'에서 '사람'으로 확대되었고, 강간죄 등 성범죄에 관하여 고소가 있어야 공소를 제기할 수 있도록 한 규정도 삭제되었다.

유사강간(類似强姦)

폭행 또는 협박으로 사람에 대하여 구강, 항문 등 신체(성기는 제외한다)의 내부에 성기를 넣거나 성기, 항문에 손가락 등 신체(성기는 제외한다)의 일부 또는 도구를 넣는 행위를 한 사람에게 성립하는 범죄이며, 2년 이상의 유기징역에 처한다(§297의2). 변화된 시대 상황을 반영하여 다양화된 성범죄에 효과적으로 대처하기 위하여 2012년 12월 18일 형법 일부 개정시 신설한 범죄이다.

강간등에 의한 치사상죄
(强姦등에 의한 致死傷罪)

형법 제297조(강간)내지 제297조의2·제298조·299조·300조(유사강간·강제추행·준강간·준강제추행 및 그 미수)의 죄를 범하여 사람을 사상에 이르게 함으로써 성립하는 범죄를 말한다. 본죄는 강간죄·유사강간·강제추행죄·준강간죄·준유사강간·준강제추행죄·미성년자의제강간·미성년자의제강제추행 및 그 미수범을 범하여 사람을 사상에 이르게 하는 결과적 가중범이다. 따라서 위의 각 범죄에 대해서는 결과로 인하여 불법이 가중되는 가중적 구성요건이며 본죄에는 미수범에 관한 규정이 없다. 사상의 결과는 간음·추행의 기회에 또는 이와 밀접히 관련된 행위에서 생긴 것이면 충분하다. 따라서 간음·추행행위 그 자체에서 발생한 경우는 물론, 그 수단인 폭행·협박에 의해서 야기된 경우 또는 간음·추행에 수반되는 행위(피해자가 폭행을 피하려다 상처를 입은 경우)에 의해서 야기된 경우도 포함된다. 상해는 상해죄의 그것과 동일하다. 처녀막열상, 회음부과찰상과 같은 외상은 물론, 보행불능·수면장애·식욕감퇴·성병감염 등 기능장애를 일으킨 경우, 나아가서 "히스테리"증을 야기시킨 경우 등도 모두 상해에 해당한다. 사상의 결과 발생과 그 원인인 간음·추행·폭행·협박 또는 이에 수반되는 행위와의 사이에는 인과관계가 있어야 한다. 따라서 강간당한 피해자가 수치심이나 임신을 비관하여 자살한 경우, 강간으로 임신되어 낙태수술이나 분만중에 사망한 경우에는 강간행위에 수반된 행위로서 야기된 것이라 할 수 없으므로 본죄에 해당하지 않는다. 그러나 강간을 피하려다가 사사의 결과가 발생된 경우에는 강간행위에 수반된 행위와 인과관계가 있으므로 본죄에 해당한다. 본죄는 강간·강제추행 등의 기본행위가 기수로 되었건 미수로 그쳤던 관계없이 사상의 결과발생이 있으면 기수로 된다. 본죄는 결과적 가중범이므로 사상의 결과에 대한 인과관계와 예견가능성이 필요하지만, 행위자에게 결과에 대한 고의가 있을 것을 요하지 않는다.

강도강간죄(强盜强姦罪)

강도가 사람을 강간함으로써 성립하는 범죄(형법 339조)를 말한다. 본죄는 강도가 사람을 강간하는 행위를 일반의 강도나 강간의 경우보다 가중처벌하려는 것으로 강도죄와 강간죄의 결합범이다. 가중처벌을 하는 이유는 강도가 항거불능의 상태에 있는 사람을 강간하는 것은 그 폭행·협박의 정도가 클 뿐만 아니라, 재물탈취와 신체적 자유의 침해 이외에 다시 성적자유까지

침해하고 나아가서 수치심으로 말미암아 수사기관에의 신고를 지연시킬 가능성도 있기 때문이다. 본죄의 주체는 강도범인이라고 하는 일종의 신분범이다. 단순강도죄(형법 333조)·특수강도죄(형법 334조)·준강도죄(형법 335조)·약취강도죄(형법 336조)의 강도범인을 모두 포함한다. 강도의 실행행위에 착수한 후의 자임을 요하나, 강도에 착수한 이상 그 기수·미수를 불문한다. 본죄의 객체는 사람이며, 그 미수범은 처벌한다.

미성년자의제강간죄
(未成年者擬制强姦罪)

2020년 5월 19일 형법개정으로 인하여, 형법 제305조의 미성년자의제강간죄에 내용이 추가되었다. 기존에는 13세 미만의 사람에 대하여 간음 또는 추행을 한 자에게 죄를 물었는데, 제2항이 추가되어 "13세 이상 16세 미만의 사람에 대하여 간음 또는 추행을 한 19세 이상의 자"도 본죄에 해당되게 되었다. 본죄는 13세 미만의 사람 혹은 13세 이상 16세 미만의 사람이라는 점을 알고 간음하면 성립하며, 폭행·협박에 의하여 간음한 때에는 강간죄가 성립한다. 피해자의 동의가 있는 때에도 본죄의 성립에는 영향이 없다. 본죄가 성립하기 위한 주관적 구성요건으로 고의가 있어야 함은 당연하며, 미필적 고의로도 족하다. 따라서 행위자는 피해자가 '13세 미만 혹은 13세 이상 16세 미만'이라는 사실을 인식하여야 한다.

강제추행죄(强制醜行罪)
독;sexuell Nögung

폭행 또는 협박으로 사람에 대하여 추행을 함으로써 성립한다. 본죄는 사람의 성적 자유 내지 성적 자기결정의 자유를 보호하기 위한 것이다. 본죄의 주체에는 아무런 제한이 없어 남자뿐만 아니라 여자도 본죄의 주체가 된다. 또한 본죄는 신분범도 자수범도 아니다. 따라서 여자도 본죄의 단독정범 또는 공동정범이 될 수 있다. 여기에서 말하는 「추행」이란 성욕의 흥분 또는 만족을 얻을 동기로 행하여진 정상적인 성적 수치감정을 심히 해치는 성질을 가진 행위를 말한다. 즉 일반사회의 건전한 도덕감정을 해치는 행위로서 결과를 요하지 않고 일정한 행위에 나아가는 것을 기수로 한다. 예컨대 여자의 국부를 손으로 만지거나 또는 키스하는 경우라든가 동성애 같은 것도 구체적인 경우에 따라서 본죄가 성립될 수 있다. 그리고 강제추행행위가 공공연하게 행해진 때는 본죄와 공연음란죄(형§245)와의 상상적 경합이 된다. 본죄가 성립하기 위해서는 고의가 있어야 하나 미필적 고의로도 족하다. 본죄의 고의는 폭행 또는 협박에 의하여 사람을 추행한다는 인식을 내용으로 한다. 따라서 성욕을 자극 또는 만족한다는 경향이나 목적이 있을 것은 요하지 않는다.

형 법

준강간죄·준강제추행죄
(準强姦罪·準强制醜行罪)

사람의 심신상실 또는 항거불능의 상태를 이용하여 간음 또는 추행을 함으로써 성립하는 범죄를 말하며 강간 또는 강제추행의 예에 의해 처벌된다(형§299). 이것은 비록 폭행이나 협박의 방법으로 간음 또는 추행한 것은 아니지만 심신상실 또는 항거불능의 상태를 이용하여 같은 결과를 초래한 때에 이를 강간죄 또는 강제추행죄와 같이 처벌하는 것이다.

여기에서 말하는 「심신상실」이라 함은 형법 제10조의 심신상실과 반드시 그 의미가 같은 것이 아니다. 즉 형법 제10조의 심신상실이란 심신장애라는 생물학적 기초에서 사물을 변별하거나 의사를 결정할 능력이 없는 것을 말하지만, 본죄의 심신상실은 심신장애라는 생물학적 기초에 제한되지 않는다.

따라서 수면중의 부녀 또는 일시적으로 의식을 잃고 있는 부녀도 여기에 해당된다. 한편 심신미약도 본죄의 심신상실에 포함되는지와 관련하여 포함된다고 보는 견해도 있으나, 형법은 제302조에서 심신미약자에 대한 간음·추행을 별도로 규정하고 있으므로, 심신미약자는 본죄의 객체에 포함되지 않는다는 것이 다수의 견해이다. 그리고 「항거불능」이란 심신상실 이외의 사유로 인하여 심리적 또는 육체적으로 반항이 불가능한 경우를 말한다. 예를 들어 심리적으로 항거가 불가능한 경우로는 의사가 자기를 신뢰한 여자환자를 치료하는 것처럼 하면서 간음한 경우를 들 수 있으며, 포박되어 있거나 수회의 강간으로 기진해 있는 부녀는 육체적으로 반항이 불가능한 경우에 해당된다. 본죄의 보호법익은 개인의 성적 자유이다. 그러나 본죄의 객체는 대부분 성적 자유를 가지지 못한 사람이므로, 엄격히 본다면 본죄는 성적 자유를 가지지 못한 사람이 성욕의 객체나 도구가 되는 것으로부터 보호하는 데 그 취지가 있다고 할 수 있다. 본죄가 자수범인가에 대해서 긍정설이 있으나, 본죄는 성적 거부의사를 제대로 표명할 수 없는 자의 현실적·잠재적 성적 자유를 보호하는 데 그 목적이 있으므로 자수범이 아니라는 부정설이 다수설이다. 본죄의 미수범도 역시 처벌된다(형§300).

> 형법 제299조에서의 항거불능의 상태라 함은 같은 법 제297조, 제298조와의 균형상 심신상실 이외의 원인때문에 심리적 또는 물리적으로 반항이 절대적으로 불가능하거나 현저히 곤란한 경우를 의미한다*(대법원 2000. 5. 26. 선고 98도3257)*.

간음(姦淫)

피해자에 대하여 위법한 성행위를 하는 가해자의 행위로서, 추행행위의 넓은 개념에 속한다. 종래에는 만 13세 미만인 자에 대해서만 이 죄가 성립하였으나, 2020년 5월 19일 법이 개정되어 미성년자 의제강간 연령을 16세로 높였다(형법 제305조 제2항). 심신상실이나 항거불능의 상태를 이용하여 간음한 때에도 역시 강간죄가 성립된다(형법 299조), 이로 인하여 사람을 상해하거나 상해에 이르게 하면 형이 가중된다(형법 301조).

미성년·심신미약자 간음추행죄

(未成年·心神微弱者 姦淫醜行罪)

미성년자 또는 심신미약자에 대하여 위계 또는 위력으로서 간음 또는 추행을 함으로써 성립하는 범죄(형법 302조)를 말한다. 위계라 함은 상대방을 착오에 빠지게 하여 정당한 판단을 못하게 하는 것을 말하며, 기망 뿐만 아니라 유혹도 포함된다. 위력이란 사람의 의사를 제압할 수 있는 힘을 말한다. 폭행·협박은 물론 지위·권세를 이용하여 상대방의 의사를 제압하는 일체의 행위를 포함한다. 그러나 폭행·협박의 경우에는 그것이 강간죄 또는 강제추행죄의 폭행·협박에 이르지 않을 것을 요한다. 피해자가 미성년자라 할지라도 강간죄에서 요구하는 정도의 폭행·협박으로 간음한 때에는 본죄가 아니라 강간죄가 성립한다.

형법 제302조의 위계에 의한 미성년자 간음죄에 있어서 위계라 함은 행위자가 간음의 목적으로 상대방에게 오인, 착각, 부지를 일으키고는 상대방의 그러한 심적 상태를 이용하여 간음의 목적을 달성하는 것을 말하는 것이고, 여기에서 오인, 착각, 부지란 간음행위 자체에 대한 오인, 착각, 부지를 말하는 것이지, 간음행위와 불가분적 관련성이 인정되지 않는 다른 조건에 관한 오인, 착각, 부지를 가리키는 것은 아니다*(대법원 2001. 12. 24. 선고 2001도5074).*

미성년자추행죄

(未成年者醜行罪)

13세 미만의 사람에게 추행을 함으로써 성립하는 범죄(형법 305조 후단)를 말한다. 본죄는 13세 미만의 사람이라는 점을 알고 추행하면 성립하며, 폭행·협박을 수단으로 할 것을 요하지 아니한다. 13세 미만이라고 할지라도 폭행·협박에 의하여 추행한 때에는 강제추행죄가 성립한다. 본죄가 성립하기 위한 주관적 구성요건으로 고의가 있어야 함은 당연하다. 미필적 고의로도 족하다. 따라서 행위자는 피해자가 13세 미만이라는 사실을 인식하여야 한다. 13세 미만인 사람에 대하여는 추행에 대한 동의능력을 인정하지 아니하여 그 동의가 있는 때에도 강제추행죄(형법 298조)의 예에 의하여 처벌하는 것이다. 따라서 본죄의 미수범은 처벌된다.

혼인빙자간음죄(婚姻憑藉姦淫罪)

혼인을 빙자하거나 기타 위계로써 음행의 상습이 없는 부녀를 기망하여 간음함으로써 성립하는 범죄이다. 이는 독일구형법 제179조의 Beischlafser schleichung을 그 원형으로 하며, 기망의 방법으로 성적 자유를 침해하는 것을 보호하기 위한 것이다. 그러나 본죄에 대해서는 최근에 들어 폐지해야 한다는 의견이 제기되고 있었고, 헌법재판소는 2009년 11월 26일 재판관 6:3의 의견으로, 형법 제304조 중 "혼인을 빙자하여 음행의 상습없는 부녀를 기망하여 간음한 자"부분이 헌법 제37조 제2항의 과잉금지원칙을 위반하여 남성의 성적자기결정권 및 사생활의 비밀과 자유를 침해하는 것으로 헌법에 위반된다는 결정을 선고하였고 이에 따라 혼인빙자간음죄의 규정은 효력을 잃게 되었다. 이에 대하여 재판관 3인은 위 조항이 처벌대상의 가벌성에 비하여 지나치게 무겁다고 볼 수 없고 법익균형이 잘못되었다고 할 수 없으며 남녀를 불합리하게 차별하는 것이라고도 보기 어려우므로 헌법에 위반되지 않는다는 반대의견을 밝혔다.

명예와 신용에 관한 죄

명예훼손죄(名譽毁損罪)

영;libel and slander
독;Ehrverletzung

공연히 사실 또는 허위의 사실을 적시하여 사람의 명예를 훼손함으로써 성립한다(형§307). 즉 「그는 뇌물을 받고 있다」, 「여자관계가 복잡하다」는 등의 사실을 여러 사람 또는 불특정인이 지득할 수 있게 하여 타인의 명예, 즉 사회적 지위 또는 가치에 대한 평가를 손상케 하는 죄이다. 여기에서 말하는「공연성」이란 불특정 또는 다수인이 인식할 수 있는 상태를 의미한다. 따라서 불특정인인 경우에는 그 수의 다소를 묻지 않고, 다수인인 경우에는 그 다수인이 특정되어 있다고 하더라도 관계없게 된다. 또한 「사실의 적시」라 함은 사람의 사회적 가치 내지 평가를 저하시키는데 충분한 사실을 지적하는 것을 말한다. 따라서 적시된 사실은 사람의 사회적 가치 내지 평가를 저하시키는데 적합한 것이어야 한다. 본죄에 있어서 그 적시방법은 구두나 전단 또는 입간판이나 신문에 게재하는 방법 외에도 몸짓으로 나타내는 것도 포함한다. 한 가지 주의할 것은 사자(死者)에 대한 명예훼손은 진실을 지적하는 한 죄로 되지 않는데(형§308) 반하여 생존자의 경우는 비록 지적된 사실이 진실한 사실이라 하더라도 처벌된다는 점이다(§307). 본죄의 형은 2년 이하의 징역이나 금고 또는 5백만원 이하의 벌금이다. 단, 생존자에 대한 명예훼손 행위는 예를 들면 행정관서의 부정적발과 같이 내용이 공공의 이해와 관계있거나, 또는 다만 공익을 위한 목적에서 행했을 경우에는 표시된 내용의 진실성이 증명되는 한 벌하지 않는다. 또 법원에 기소되지 아니한 사람의 범죄행위에 관한 사실은 공공의 이해관계되는 경우에 벌한다. 국민의 공사인 공무원이나 공선에 의한 후보자에 대한 명예훼손은 진실의 증명이 있는 한 벌하지 않는다. 본 죄는 피해자의 명시한 의사에 반하여 공소를 제기할 수 없다(반의사불벌죄). 그러나 사자명예훼손죄는 고소가 있어야 공소를 제기할 수 있다(친고죄).

명예훼손죄와 모욕죄의 보호법익은 다같이 사람의 가치에 대한 사회적 평가인 이른바 외부적 명예인 점에서는 차이가 없으나 다만 명예훼손은 사람의 사회적 평가를 저하시킬 만한 구체적 사실의 적시를 하여 명예를 침해함을 요하는 것으로서 구체적 사실이 아닌 단순한 추상적 판단이나 경멸적 감정의 표현으로서 사회적 평가를 저하시키는 모욕죄와 다르다*(대법원 1987. 5. 12. 선고 87도739)*.

사자명예훼손죄(死者名譽毁損罪)

공연히 허위의 사실을 적시하여 사자의 명예를 훼손하는 죄를 말한다(형§308). 본죄의 보호법익에 관하여 사자(死者)는 인격자가 아니며 법익의 주체가 될 수 없으므로 유족의 애모숭경(愛慕崇敬)의 감정이라는 견해도 있으나 통설은 사자 자신의 명예라고 본다. 그 근거로서는 전설에 의할 때에는 유족이 존재하지 않을 때에는 본죄가 성립하지 않고, 유족의 명예를 사자의 명예와 동시할 수 없으며, 또 사자도 역사적인 존재로서 인격자에 준하여 명예의 주체로 인정하여야 한다는 데 있다. 본죄는 허위의 사실을 적시한 경우에 한하여 성립한다. 「공연」이라 함은 불특정 또는 다수인이 인지할 수 있는 상태를 말한다. 본죄는 친고죄(§312①)이며, 그 고소권자는 사자의 친족 또는 자손이고(형소§227), 이러한 고소권자가 없는 경우에는 이해관계인의 신청에 의하여 검사가 10일 이내에 고소권자를 지정한다(형소§228).

모욕죄(侮辱罪)

독;Beleidigung

공연히 사람을 모욕함으로써 성립하는 범죄를 말하며, 본죄의 보호법익은 사람의 외적 명예이다. 여기에서 말하는 모욕이라 함은 사람의 사회적 평가를 저하시키는데 충분한 구체적 사실을 적시하지 아니하고 단지 모멸적인 언사를 사용하여 타인의 사회적 평가를 경멸하는, 자기의 추상적 판단을 표시하는 것을 말한다(대법원 1981. 11. 24. 선고 81도2280). 그러나 모욕에 의하여 상대방이 현실적으로 그 명예에 해를 입었다는 것은 필요로 하지 않는다(형§311). 이 경우에 모욕에의 방법은 문서로 하거나 혹은 구두로 하거나, 동작으로(예를 들면 빰을 치는 경우)하거나를 불문한다(동작으로 하는 경우는 폭행죄와 관념적 경합이 있을 수 있다). 그러나 표시 없는 단순한 무례행위는 여기서 말하는 죄가 되지 않는다. 본죄의 형은 1년 이하의 징역이나 금고 또는 200만 원이하의 벌금이며, 본죄는 명예훼손죄와는 달리 피해자의 고소 없이는 공소를 제기할 수 없다(형§312).

명예훼손죄와 모욕죄의 비교

구 분	명예훼손	모 욕
행위태양	공연히 사실적시	공연히 사람을 모욕
사실적시 방 법	구체적 (요건)	추상적 (사실적시불요)
위 법 성	§310	없음(사실증명에 의한 위법성조각 없음)
처 벌	반의사 불벌죄	친고죄

신용훼손죄(信用毁損罪)

독;Kerditgefärdung

허위의 사실을 유포하거나 기타 위계로써 사람의 신용을 훼손한 때에 성립하는 범죄이다(형§313). 명예에 관한 죄가 인격적 측면에서 사람의 사회적 평가를 침해하는 것을 내용으로 하는 범죄임에 대하여, 본죄는 경제적 측면에서 사람의 사회적 평가를 침해하는 것을 내용으로 하는 범죄인 점에서 양죄는 공통점을 지닌다. 다만 사람의 인격적 가치와 경제적 가치는 반드시 일치하는 것이 아니므로 형법이 이를 독립된 법익으로 보호하고 있는 것이다. 여기에서 말하는 「허위의 사실을 유포한다」라 함은 허위의 사실을 불특정 또는 다수인에게 전파시키는 것을 말한다. 전부 허위이건 일부 허위이건 불문한다. 그리고 그 「사실」은 범인 스스로 날조한 것을 요하지 않고 또 범인이 직접 불특정 또는 다수인에게 전파하는 것을 필요로 하지 않는다. 그리고 「위계」라 함은 사람의 신용을 해하는 술책을 사용하는 것이며, 기망 또는 유혹을 수단으로 타인의 착오 또는 부지)를 이용하는 행위를 말한다. 비밀히 행하거나 공공연하게 행하는가를 묻지 않는다. 또한 「신용」이라 함은 사람의 경제생활에 있어서 사회상의 평가를 말한다. 즉 사람의 지급능력 또는 지급의사에 관한 타인의 신뢰를 실추하게 할 우려가 있는 행위를 하는 것을 말한다. 예를 들면 甲이 乙은 사업에 실패하여 거지같이 되었다고 허위의 사실을 유포한 경우에, 이는 명예훼손죄에 해당하는 것이 아니라, 신용훼손죄에 해당한다. 그러나 구체적인 사실을 적시하여 그 명예를 훼손할 때, 이를테면 그런 사업의 실패는 너무 부당한 이윤을 얻으려고 했기 때문이라는 등의 아주 구체적인 사실의 적시가 있는 때에는 신용훼손죄와 명예훼손죄의 상상적 경합이 될 것이다. 본죄를 범한 자는 5년 이하의 징역 또는 1천 5백만원 이하의 벌금에 처한다.

형법 제313조에 정한 신용훼손죄에서의 '신용'은 경제적 신용, 즉 사람의 지불능력 또는 지불의사에 대한 사회적 신뢰를 말하는 것이다(*대법원 1969. 1. 21. 선고 68도1660 판결 참조*). 그리고 같은 조에 정한 '허위의 사실을 유포한다'고 함은 실제의 객관적인 사실과 다른 사실을 불특정 또는 다수인에게 전파시키는 것을 말하는데, 이러한 경우 그 행위자에게 행위 당시 자신이 유포한 사실

형 법

이 허위라는 점을 적극적으로 인식하였을 것을 요한다(*대법원 2006. 5. 25. 선고 2004도1313*).

업무방해죄(業務妨害罪)
독;Betriebsgefärdung

허위의 사실을 유포하거나 기타 위력으로 사람의 업무를 방해하는 죄이다(형§314①). 여기에서 업무란 정신적·경제적인 것을 묻지 않고 사회생활의 지위를 따라 계속해 종사할 것이 요구되는 모든 사무를 말한다. 정규면허를 갖고 있지 않더라도 또한 무보수로 하고 있는 일이라 할지라도 형법상으로는 업무로서 취급한다. 이러한 업무를 (1) 다중 또는 불특정인에게 허위사실을 유포하여 방해하거나, 또는 타인의 점포에 불량품을 진열하는 따위의 계약을 써서 방해하거나 또는 (2) 위력이나 폭력·협박은 물론, 권력이나 지위 등에 의하여 압력을 가하여 방해하면(형§314①) 본죄에 해당한다. 업무가 방해될 위험이 있으면 범죄는 성립하며, 방해의 결과발생은 필요로 하지 않는다. 노동쟁의행위도 폭력 또는 파괴행위를 수단으로 하여 그 적정한 범위를 일탈하였을 경우에는 권리의 남용이 되어 본조가 적용된다. 컴퓨터등 정보처리장치 또는 전자기록등 특수매체기록을 손괴하거나 정보처리장치에 허위의 정보 또는 부정한 명령을 입력하거나 기타 방법으로 정보처리장치에 장애를 발생하게 하여 사람의 업무를 방해한자도 위와 같다(§314②).

형량은 5년 이하의 징역 또는 1천5백만원 이하의 벌금이다.

업무방해죄의 보호대상이 되는 "업무"라 함은 직업 또는 사회생활상의 지위에 기하여 계속적으로 종사하는 사무나 사업을 말하고 이러한 주된 업무와 밀접불가분의 관계에 있는 부수적인 업무도 이에 포함된다(*대법원 1993. 2. 9. 선고 92도2929*).

경매·입찰방해죄
(競賣·入札妨害罪)

위계 또는 위력 기타의 방법으로 경매 또는 입찰의 공정을 해함으로써 성립하는 범죄이다(형§315). 즉 본죄의 보호법익은 경매 또는 입찰의 공정인 것이다. 「경매」란 매도인이 다수인으로부터 구두로 청약을 받고 그 가운데 최고가격의 청약자에게 승낙함으로써 성립하는 매매를 말하고, 「입찰」이란 경쟁계약에 있어서 경쟁에 참가한 다수인에 대하여 문서로 계약의 내용을 표시하게 하여 가장 유리한 청약자를 상대방으로 하여 계약을 성립시키는 것을 말한다. 이 경우 경매 또는 입찰의 종류는 묻지 않는다. 따라서 국가 또는 공공단체가 하는 경매·입찰뿐만 아니라 사인이 행하는 경매·입찰도 포함한다. 본죄는 추상적 위험범이다. 따라서 경매 또는 입찰의 공정을 해하는 행위가 있으면 족하고, 현실적으로 경매·입찰의 공정히 해하여진 결과가 발생하였을 것은 요하지 않는다. 이 경우에 말하는 적정한 가격이란 객관적으로 산정되는 공정한 가격을 말하는 것이 아니라 경매·입찰의 구체적 진행과정에서 얻어지는 가격을 의미한다. 본조에서 특히 문제되는 것은 이른바 담합행위의 경우에 본죄를 구성하느냐 하는 것이다.

여기서 말하는 「담합」이라 함은 경매·입찰의 경쟁에 참가하는 자가 상호 통모하여 특정한 자를 낙찰자 내지 경낙자로 하기 위하여 기타의 자는 일정한 가격 이상 또는 그 이하로 입찰 또는 호가하지 않을 것을 협정하는 것을 말하며, 가장입찰의 경우뿐만 아니라 수인의 입찰자 가운데 1인을 입찰케 하고 나머지 자는 입찰을 포기할 것을 모의하는 경우도 포함한다. 이러한 경우 본죄를 구성하느냐 여부는 경우를 나누어 결정해야 한다. 즉 담합행위가 공정한 가격을 해하거나 부정한 이익을 얻을 목적으로 행하여진 이상 위계에 의한 경매·입찰방해죄가 성립한다고 해야 하나, 만약 그러한 담합행위가 주문자의 예정가격 내에서 적정한 가격을 유지하면서 무모한 출혈결쟁을 방지함에 있고 낙찰가격도 공정한 가격의 범위내인 때에는 담합자 사이에 금품의 수수가 있었다고 하더라도 경매나 입찰의 공정을 해하였다고 볼 수 없으므로 본죄는 성립하지 않는다고 해야 한다. 본죄를 범한 자는 2년 이하의 징역 또는 7백만원 이하의 벌금에 처한다.

입찰방해죄(入札妨害罪)

위계 또는 위력 기타 방법으로 입찰의 공정을 해함으로써 성립하는 범죄로서, 경매의 경우도 포함하여 경매·입찰방해죄도 규정되어 있다(형법 315조). 입찰이란 경쟁계약에 있어서 경쟁에 참가한 다수인에 대하여 문서로 계약의 내용을 표시하게 하여 가장 유리한 청약자를 상대방으로 하여 가장 유리한 청약자를 상대방으로 하여 계약을 성립시키는 것을 말한다. 입찰의 종류는 묻지 않으며, 국가 또는 공공단체가 하는 입찰뿐만 아니라 사인이 행하는 입찰도 포함한다. 입찰의 공정을 해하는 방법은 위계 또는 위력 및 기타의 방법이다. 입찰의 공정을 해한다는 것은 적정한 가격을 형성하는 공정한 자유경쟁이 방해될 우려가 있는 상태를 말한다. 본죄는 추상적 위험범이므로 입찰의 공정을 해하는 행위가 있으면 족하고, 현실적으로 입찰의 공정이 해하여진 결과가 발생하였을 것을 요하지 않는다. 본죄와 관련해서 문제되는 것은 소위 담합행위가 본죄를 구성하느냐에 있다. 담합이란 입찰의 경쟁에 참가하는 자가 상호 통모하여 특정한 자를 낙찰자로 하기 위하여 기타의 자는 일정한 가격 이상 또는 그 이하로 입찰하지 않을 것을 협정하는 것을 말한다. 담합행위가 공정한 가격을 해하거나 부정한 이익을 얻을 목적으로 행하여진 이상 위계에 의한 입찰방해죄가 성립한다고 해야한다.

사생활의 평온에 관한 죄

비밀침해죄(祕密侵害罪)

봉함 기타 비밀장치를 한 타인의 편지·문서 또는 도화를 개봉함으로써 성립하는 범죄이다(형§316). 봉함 기타 비밀 장치란 사람의 편지·문서·도화 또는 전자기록 등 특수매체 기록을 기술적 수단을 이용하여 그 내용을 알아낸 경우도 마찬가지이다(§316②). 본죄의 보호법익은 개인의 비밀이다. 이 경우에 비밀의 주체는 자연인이든 법인이든 법인격 없는 단체이든 불문한다. 문제는 국가 또는 공공단체의 비밀도 여기에 포함되느냐에 있다. 이점에 대하여서는 본죄가 친고죄로 되어 있으므로 국가의 비밀은 포함되지 않는다는 견해가 있으나, 본죄는 봉함 기타 비밀장치한 타인의 편지·문서 또는 도화를 개봉함으로써 성립하는 추상적 위험범이므로 편지 등에 포함되어 있는 비밀의 내용은 문제되지 않으며, 따라서 개인의 비밀뿐만 아니라 국가 또는 공공단체의 비밀도 여기에 포함된다고 해야 한다. 본죄에서 말하는 비밀장치라 함은 그 문서 자체에 대하여 봉인한 것, 풀로 붙인 것, 끈으로 맨 것 등의 방법에 의한 것으로서 파괴하지 않고서는 그 안에 있는 문서 등을 볼 수 없는 장치를 말한다. 그리고 편지라 함은 특정인에게 의사를 전달하는 문서를 말하고, 발송전이거나 발송 중이거나 발송 후 이건 불문한다. 그러나「우편엽서」같은 비밀장치가 없는 편지는 여기에 해당하지 않는다. 도화라 함은 문자 아닌 형상적 방법으로 어떤 의사나 판단을 표시한 것을 말하고, 문서라 함은 문자 기타 부호로 어떤 의사 또는 판단을 표시한 것을 말한다. 또한 개봉이라 함은 봉함, 기타 비밀장치를 파기하여 편지·문서·도서의 내용을 알 수 있는 상태에 두는 것을 말하고, 개봉 후 원상회복을 불문하고, 또 반드시 그 내용을 인지할 필요는 없다. 따라서 개봉 이외의 방법으로 예를 들면 전등불에 투시하여 그 내용을 읽어보는 것은 편지개봉이 아니다. 본죄가 성립하기 위해서는 편지 등의 개봉이 위법해야 한다. 그러나 본죄의 위법성도 위법성조각사유가 존재하면 조각된다. 또한 편지를 개봉할 권한이 법령에 규정되어 있는 경우에는 위법성이 조각된다. 예컨대 통신비밀보호법 제3조, 행형법 제18조 제3항, 형사소송법 제107조, 제120조 및 우편법 제28조 제2항과 제35조 제2항 등이 그것이다. 본죄는 친고죄이다. 그러나 누가 고소권자인지에 대해서는 견해가 대립되고 있다. 그리하여 편지가 도착하기 전에는 발송인, 도착한 후에는 수신인만이 고소권자가 된다는 견해도 있다. 그러나 다수설은 편지 등의 비밀은 발송인과 수신인에게 공통되는 것이므로 발송인뿐만 아니라 수신인도 언제나 피해자가 된다고 하고 있다. 본죄를 범한 자는 3년 이하의 징역이나 금고 또는 5백만원 이하의 벌금에 처한다.

형법 제316조 제1항의 비밀침해죄는 봉함 기타 비밀장치한 사람의 편지, 문서 또는 도화를 개봉하는 행위를 처벌하는 죄이고, 이때'봉함 기타 비밀장치가 되어 있는 문서'란'기타 비밀장치'라는 일반 조항을 사용하여 널리 비밀을 보호하고자 하는 위 규정의 취지에 비추어 볼 때, 반드시 문서 자체에 비밀장치가 되어 있는 것만을 의미하는 것은 아니고, 봉함 이외의 방법으로 외부 포장을 만들어서 그 안의 내용을 알 수 없게 만드는 일체의 장치를 가리키는 것으로, 잠금장치 있는 용기나 서랍 등도 포함한다고 할 것이다*(대법원 2008. 11. 27. 선고 2008도9071)*.

업무상비밀누설죄
(業務上祕密漏泄罪)

일정한 職에 있는 자 또는 있었던 자가 그 직무상 지득한 타인의 비밀을 누설하는 죄이다(형§317). 남에게 알리고 싶지 않은 사인의 비밀을 보호하기 위하여 타인의 비밀을 쉽게 알 수 있는 의사, 한의사, 치과의사, 약제사, 약종상, 조산사, 변호사, 공증인, 변리사, 계리사, 대서업자나 그 직무상 보조자 또는 이전에 이러한 직에 있었던 자가 그 직업상 지득한 타인의 비밀(예 : 전과라든가 성병감염사실 등)을 누설했을 경우를 처벌하는 것이다. 형은 3년 이하의 징역이나 금고, 10년이하의 자격정지 또는 7백만원 이하의 벌금에 처한다. 본죄는 친고죄이다.

주거침입죄(住居侵入罪)
영;burglary, housebreaking
독;Hausfriedensbruch

사람의 주거 또는 관리하는 장소의 평온과 안전을 침해하는 것을 내용으로 하는 범죄이다. 즉 정당한 이유 없이 사람의 주거, 관리하는 건조물, 선박이나 항공기 또는 점유하는 방실(房室)에 침입한 죄를 말한다(형§319).

본죄에서 말하는 (1) 주거라 함은 사람이 기거하고 침식에 사용하는 장소, 즉 사람이 일상생활을 영위하기 위하여 점거하는 장소를 말한다. 따라서 반드시 영구적일 필요가 없으며, 현재 사람이 있을 것을 요하지 않고, 주거에 사용되는 건조물뿐만 아니라 부수되는 정원도 포함하고 주거하고 있는 차량(소위 Wohnwagon)도 이에 포함하고, 사무실 혹은 침식의 설비가 되어 있지 않은 점포, 기선의 선실 등도 주거로 보아야 하고, 그 장소가 반드시 적법하게 점유된 경우에 국한할 필요가 없다.

(2) 「관리하는」이라 함은 사실상 사람이 관리하는 것을 말하고 관리자 스스로가 관리하거나 타인으로 하여금 감시케 하거나, 자물쇠를 걸어두거나를 불문하고 관리의 사실이 인정될 때를 말한다. 단순히「관리자 이외는 출입을 금한다」는 간판을 세운다던가 첩지(貼紙)하는 것만으로는 관리라 할 수 없다(경범§1 I).

(3) 건조물이라 함은 주거용이 아닌 그 이외의 건물 및 부속정원을 말한다. 극장·공장·관공서 등이다. 이 경우에도 사람이 간수하는 경우에 한한다.

(4) 「선박」이라 함은 사람이 그 안에서 주거할 수 있는 정도의 선박이면

족하다. 따라서 하천에 놓아둔 「보트」는 여기서 말하는 선박이 아니다.

(5) 「점유하는 방실」이라 함은 호텔·여관 등에 투숙한 방이나 기차·전차의 차장실 등을 말한다. 본 죄도 고의범이다. 따라서 행위자는 주거권자의 의사에 반하여 들어간다는 고의가 있어야 하지만 미필적 고의로도 족하다. 이 경우 행위자가 주거권자의 의사에 반한다는 것을 인식하지 못한 때에는 구성요건적 사실의 착오로서 고의가 조각된다. 본죄를 범한 자는 3년 이하의 징역 또는 5백만원 이하의 벌금에 처하며(형§319①), 본죄의 미수범도 처벌한다(형§322).

> 주거침입죄는 사실상의 주거의 평온을 보호법익으로 하는 것이므로, 반드시 행위자의 신체의 전부가 범행의 목적인 타인의 주거 안으로 들어가야만 성립하는 것이 아니라 신체의 일부만 타인의 주거 안으로 들어갔다고 하더라도 거주자가 누리는 사실상의 주거의 평온을 해할 수 있는 정도에 이르렀다면 범죄구성요건을 충족하는 것이라고 보아야 하고, 따라서 주거침입죄의 범의는 반드시 신체의 전부가 타인의 주거 안으로 들어간다는 인식이 있어야만 하는 것이 아니라 신체의 일부라도 타인의 주거 안으로 들어간다는 인식이 있으면 족하다*(대법원 1995. 9. 15. 선고 94도2561).*

주거·신체수색죄
(住居·身體搜索罪)

사람의 신체·주거, 관리하는 건조물·자동차·선박이나 항공기 또는 점유하는 방실을 수색함으로써 성립하는 범죄(형법 321조)를 말한다. 수색이란 사람 또는 물건을 발견하기 위하여 사람의 신체 또는 일정한 장소를 조사하는 것을 말한다. 수색은 불법이어야 하므로 피해자의 동의 또는 형사소송법(형법 109·137조)에 의한 수색은 위법성이 조각된다. 주거에 침입하여 수색한 때에는 본죄와 주거침입죄의 경합범이 된다. 본죄의 미수범은 처벌한다(형법 322조).

퇴거불응죄(退去不應罪)

퇴거요구를 받고 응하지 않음으로써 성립하는 범죄이다(형§319②). 여기에서 「퇴거요구를 받고 응하지 아니한다」라 함은 일단 적법하게 주거에 들어간 자가 퇴거요구를 받고도 나가지 않는 것을 말한다. 따라서 처음부터 주거권자의 의사에 반하여 주거에 침입한 자는 주거침입죄가 성립될 뿐이다. 본죄가 성립하기 위해서는 먼저 퇴거요구가 있어야 한다. 이 때 퇴거요구는 1회로도 족하며 반드시 명시적으로 행해져야 하는 것은 아니다. 다만 그것은 주거권자에 의하여 행해져야 한다. 그러나 주거권자를 대리하거나 주거권자로부터 위탁받은 자도 할 수 있다. 이 경우에 반드시 그가 성인일 필요는 없다. 본죄는 진정부작위범으로서 본죄를 범한 자는 3년 이하의 징역 또는 5백만원 이하의 벌금에 처한다.

재산에 관한 죄

절도죄(窃盜罪)

영;larceny 불;Diestahl

타인의 재물을 절취하는 것을 내용으로 하는 범죄로서(형§329) 재산죄 중에서 재물만을 객체로 하는 순수한 재물죄이다. 본죄의 보호법익은 소유권인데 재물에 대한 실질적·경제적인 가치를 보호하는 것이 아니라, 그 재물에 대한 형식적 소유권을 보호법익으로 하고 있다. 여기에서 말하는 「타인의 재물」이란 타인이 소유하는 재물을 말하는 것으로 하늘을 나르는 새와 같이 누구의 소유에도 속하지 않는 무주물은 절도죄의 객체로 될 수 없다. 그러나 타인이 양식하고 있는 양어를 절취한다면 당연히 절도죄가 성립한다. 그리고 타인의 소유물이라 하더라도 그것을 타인이 점유하고 있지 않을 때에는 횡령죄 등의 객체로 될 수 있음은 별문제로 하고 절도죄는 성립하지 않는다. 따라서 자기가 보관하고 있는 타인의 시계를 임의로 질입(質入)하였을 경우에는 횡령죄(§355①)가 성립한다. 토지나 건물 등의 부동산을 그 상태대로 두고 절취할 수 있느냐에 대해서 다수설은 이를 긍정하지만 판례와 소수설은 부정한다. 부동산에 대한 절도죄를 인정하지 않는 입장에서는 경계선을 넘어서 타인의 인지의 일부를 차지하는 것에 대해서는 경계침범죄(§370)가 성립한다고 한다. 또 자기 재산이라도 타인이 점유하고 있는 물건을 그 점유자의 의사에 반하여 자기의 사실상의 지배하에 옮기는 경우는 권리행사방해죄(§323)가 성립하고, 공무소의 명령에 의해서 타인이 간수하고 있는 물건도 타인의 물건으로 간주되고 있으나, 이에 관하여는 공무상 보관물무효죄(§142)가 적용된다.

그러므로 예를 들면 타인에게 임대하고 있는 자기의 물건을 절취하면 권리행사방해죄가 성립한다. 전기와 같은 동력은 재물로 간주한다(§346). 절취는 탈취의 일종으로서 재물에 대한 타인의 소지 즉 사실상의 지배를 그 의사에 반하여 자기 또는 제3자의 지배하에 옮기는 것을 말한다. 따라서 형법상의 점유는 민법상의 점유와 달리 현실적으로 사실상의 지배를 의미하며 보통 「소지」라고 한다. 그러나 그 「소지」가 현실적으로 현재 점유하고 있지 않을지라도 사실상 지배하고 있다고 인정되면 형법상 점유는 있는 것이다. 그러므로 소지자 또는 소유자가 일시 재물을 잃어버렸을 때에도 그 재물이 건물안에 존재하는 한 또 화재를 당하여 피난자가 가재도구를 공용도로에 내어넣고 일시 그 곳을 떠났을 지라도, 그리고 주인에게 돌아오는 습성을 가진 새가 일시 그 주인의 사실상의 지배를 떠나 외유 중일지라도 귀환하는 습성을 잃지 않는 한 절도죄의 객체로 되는 것이다. 또 타인이 소유하고 있는 재물을 자기의 것이라고 속여 정을 모르는 제3자로 하여금 가져가게 한 때에도 절도죄는 성립한다. 그러나 절도범인으로부터 현장에서 장물을 탈환하는 것은 자구행위로서 죄로 되지 않는다. 절도죄가 기수로 되려면 단순히 타인의 재물에 손을 대는 정도로는 부족하나(접촉설) 재물의 장소를 이전하는 것까지는 필요치 않고(이전설) 재물의 취득이 있음으로써 족하다(취득설). 그러므로 장롱 속에서 의류를 자기 손에 넣지 않았을 때에는 절도미수죄가 성립한다(형§342). 또 자식이나 동거친족이 부 또는 가족의 재물을 절취하면 절도죄는 성립하지만 그 형은 면제한다(§344, §328 준용). 절도죄의 형은 6년 이하의 징역 또는 1천만원 이하의 벌금이다.

불가벌적 사후행위

(不可罰的 事後行爲)
독;mitbestrafte Nachtat

범죄에 의하여 획득한 위법한 이익을 확보하거나, 사용·처분하는 구성요건에 해당하는 사후행위가 이미 주된 범죄에 의하여 완전히 평가된 것이기 때문에 별죄를 구성하지 않는 경우를 말한다. 예컨대 절도범이 절취한 재물을 손괴하여도 절도죄 이외에 손괴죄를 구성하지 않는 것이 그 전형적이 예이다. 불가벌적 사후행위에 있어서는 주된 범죄와 사후행위의 성질에 관하여는 이를 보충관계로 보거나, 실체적 경합에 해당하지만 인적 처벌조각사유라고 하는 견해도 있으나, 흡수관계로 이해하는 것이 타당하다. 사후행위가 다른 사람의 새로운 법익을 침해한 때에는 불가벌적 사후행위가 아니다. 예컨대 절도·횡령·사기한 재물을 손괴하거나 횡령물의 반환을 거부하는 것은 불가벌적 사후행위이지만, 절취 또는 갈취한 예금통장으로 현금을 인출한 경우에는 사기죄 등이 별개의 범죄를 구성한다. 사후행위는 제3자에 대한 관계에서는 불가벌적 사후행위가 되지 않는다. 제3자에게는 처벌받는 주된 범죄가 없기 때문이다. 따라서 사후행위에만 관여한 공범은 처벌될 수 있다.

재물(財物)

재물의 개념에 대하여는 유체성설과 관리가능성설이 대립되고 있다. 유체성설은 재물이란 유체물, 즉 일정한 공간을 차지하고 있는 물체에 한한다고 보는데 대하여, 관리가능성설은 관리할 수 있으면 유체물 뿐만 아니라 무체물도 재물이 된다고 한다. 통설은 관리가능성설을 취하면서, 형법 346조는 관리가능성설을 입법화한 것이므로 형법의 해석에 있어서 이러한 논쟁은 실익이 없다고 한다. 형법상의 재물에는 유체물 뿐만 아니라 전기 기타 관리할 수 있는 동력도 포함된다(형법 346조). 따라서 민법상의 물건과 개념과 대체로 같은 의미이다(민법 98조). 재물은 부동산도 포함한다. 다만, 부동산이 절도죄·강도죄의 객체인 재물에는 포함될 수 있는가에 대해서 견해가 나누어진다. 살아 있는 사람은 권리의 주체이지 객체가 아니므로 재물이 아니다. 그러나 사람의 신체의 일부분이 분리되었을 경우에 그 분리된 부분 및 인격자의 유해로서의 성질을 상실하여 단순한 학술연구의 자료에 지나지 않는 사체는 재물이 될 수 있다.

타인의 재물
(他人의 財物)

형법은 절도, 강도죄, 횡령죄 및 손괴죄의 객체로서 「타인의 재물」이라 규정하고 있는 데(형§329, §333, §335 ①, §366) 이것은 타인소유의 재물을 의미한다. 이에 대하여 사기죄 및 공갈죄에서는 단순히「재물」이라고 규정하고 있는데(§347, §350) 이것도 역시 타인소유의 재물을 의미하는 것이다. 형법은 또한 도박죄의 객체로서의 도물도 「재물」이라고(§246) 규정하고 있는데, 이는 본래부터 타인소유의 재산을 의미하지 않는다는 점에서 재산죄의 객체인 재물과 다르다. 타인소유의 재물을 의미하는 「재물」에 관하여는 여러 가지 문제가 있다. 첫째로 재물이란 유체물에 한하지 않으며, 관리 가능한 동력이면 족하다는 것이 통설인데, 유체물설도 있다. 유체물설에 따르면 전기 등 동력을 재물로 간주하고 있는 형법 제346조는 예외 규정이 된다고 한다. 둘째로 재물은 경제적 가치를 가질 필요는 없으나, 적어도 어떠한 사용가치는 있어야만 한다는 것이다. 셋째로 재물은 형벌규정에 의하여 보호받을 만한 정도의 가치가 있어야 한다. 넷째로 인체와 같이 소유권의 목적이 될 수 없는 것은 재물이 아니다. 끝으로 가동성은 재물의 요건은 아니지만, 부동산이 재산죄의 대상이 되느냐 안 되느냐에 관하여는 의론(議論)이 있다.

불법영득의 의사(不法領得의 意思)
독;Zueignung sabsicht, Zueignungswille

절도죄나 강도죄를 재물의 소유권을 침해하는 성질의 것으로 보는 입장에서는 그러한 범죄가 성립하기 위해서는 행위자에게 불법영득의 의사가 반드시 있어야만 한다고 한다(통설·판례). 불법영득의 의사 또는 영득의 의사란「권리자를 배제하고 타인의 재물을 자기 소유물과 같이 그 경제적 용법에 따라서 이용 또는 처분하는 의사」로서, 통설에 따르면 일단 영득의 의사를 가지고 타인의 재물을 자기 지배하에 옮긴 이상 그후에 그 재물을 유기하는 등의 비경제적 처분을 하더라도 절도죄는 성립한다는 것이다(이점에 있어서는 이익의 의사와 구별되고 있다). 이에 대해 반대설은「형법상의 탈취는 재물의 소지를 침해하는 사실만으로 성립되기 때문에 탈취죄(즉 절도죄나 강도죄)가 성립하는 데는 영득의 의사를 필요로 하지 않는다」고 이해하고 있으나 판례는 무죄로 하고 있다. 즉 「정부보유 양곡의 재고량의 차질을 없애기 위하여가마니마다 쌀을 조금씩 뽑아내어 새가마니에 채워 수량을 증가시킨 본안에 대하여, 쌀을 뽑아낸다는 사실 그 자체를 형식상으로 볼 때에는 소지의 침해가 있다고 할 수 있겠으나, 그 쌀을 자기의 물건으로 소지하려는 의사가 없는 것이므로 절도죄라 할 수 없다」고 하고 있다. 독일의 형법에는 절도죄의 성립에 불법영득의 의사를 필요로 한다는 규정이 있지만(독형§242), 우리 형법에는 이에 관한 명문규정이 없으므로 해석상 논란이 있다. 그러나 통설과 판례는 탈취죄의 주관적 요소로서「불법영득의 의사」를 필요로 한다고 한다.

> 형법상 절취란 타인이 점유하고 있는 자기 이외의 자의 소유물을 점유자의 의사에 반하여 그 점유를 배제하고 자기 또는 제3자의 점유로 옮기는 것을 말하고, 절도죄의 성립에 필요한 불법영득의 의사라 함은 권리자를 배제하고 타인의 물건을 자기의 소유물과 같이 그 경제적 용법에 따라 이용·처분할 의사를 말하는 것으로, 단순한 점유의 침해만으로는 절도죄를 구성할 수 없으나 영구적으로 그 물건의 경제적 이익을 보유할 의사가 필요한 것은 아니고, 소유권 또는 이에 준하는 본권을 침해하는 의사 즉 목적물의 물질을 영득할 의사이든 그 물질의 가치만을 영득할 의사이든을 불문하고 그 재물에 대한 영득의 의사가 있으면 족하다 *(대법원 2006. 3. 24. 선고 2005도8081).*

탈취죄(奪取罪)

타인의 재물을 영득하는 것을 내용으로 하는 범죄인 영득죄 중 타인의 의사에 의하지 않고 재산을 취득하는 범죄를 총칭하는 개념이다. 이는 영득죄 중 타인의 하자 있는 의사에 의하여 재물을 취득하는 범죄를 총칭하는 개념인 편취죄에 대비되는 개념이다. 탈취죄는 타인의 의사에 반하거나 적어도 그 의사에 의하지 않고 재산을 취득하는 범죄이며(절도·강도·장물·횡령), 편취죄는 피해자를 기망하거나 협박하여 착오나 공포에 빠지게 하고 그 상태 하에서 재물의 교부를 받는 것이다(사기·공갈). 편취죄는 그 수단이 실력에 의하여 직접 행동으로 행하여지는데 대하여 편취죄는 그 수법이 보다 간접적·지능적인 성격을 가진다는 데 특징이 있다.

불법영득의사의 여부에 따른 재산죄의 분류

불법영득의사필요설	재물죄	영득죄	탈취죄 : 재물이 타인의 지배하에 있는 경우(절도, 강도, 장물죄)재물이 자기의 점유하에 있거나 누구의 지배하에도 있지 않은 경우(횡령죄)	
		훼손죄	손괴죄	
	이득죄	배임죄		
불법영득의 사불요설	재물죄	영득죄	탈취죄	교부죄 : 하자 있는 의사에 의한 교부(사기죄, 공갈죄) 도취죄 : 의사에 반하여 점유이전(절도, 강도, 장물죄)
			횡령죄	탈취가 필요없는 범죄
		훼기죄	타인재물의 효용·가치를 감각시키는 것(손괴죄)	
	이익죄	재산상의 이익을 침해하는 범죄(배임죄)		

형법

편취죄(編取罪)

타인의 지배 아래 있는 재물을 그 지배자의 하자 있는 의사표시에 의하여 자기가 취득하거나 제3자에게 영득케 하는 죄. 이는 하나의 죄명이 아니고 사기죄와 공갈죄를 포함하는 뜻으로 쓰인다. 권리자의 의사에 반하여 타인의 재물을 강취하는 절도·강도죄와 구별된다.

이득죄(利得罪)

이익죄라고도 한다. 재물 이외의 재산상 권리획득을 목적으로 하는 범죄다. 재물죄에 대한 개념이다. 구법과 다르게 현행법은 배임죄(§355②)를 이익죄로 규정하였으므로 이득죄를 특히 이익죄와 구별할 필요는 없다. 그리고 강도죄(§333)·사기죄(§347②후, §348②후)·공갈죄(§350①후·②후)는 재물 또는 재산상의 이익을 그 객체로 하므로 재물죄인 동시에 리익죄가 된다.

점유강취죄(占有强取罪)

폭행 또는 강박으로 타인의 점유에 속하는 자기의 물건을 강취함으로써 성립하는 범죄를 말한다(형법 325조1항). 본죄를 범하여 사람의 생명에 대한 위험을 발생하게 한 때에는 형을 가중한다(형법 326조). 강도죄에 대응하는 범죄이며, 타인의 점유에 속하는 자기의 물건에 대한 강도죄라고 할 수 있다. 폭행·강박은 강도죄에 있어서와 같이 상대방의 의사를 억압할 정도에 이를 것을 요하지 않는 점에서 강도죄와 차이가 있을 뿐이다. 공무소의 명에 의하여 타인이 간수하는 자기의 물건을 폭행·강박으로 강취한 경우에도 본죄가 성립한다. 강취란 폭행·강박에 의하여 목적물의 점유를 취득하는 것을 말한다. 본죄의 미수범은 처벌된다(형법 325조3항).

준점유강취죄(準占有强取罪)

타인의 점유에 속하는 자기의 물건을 취거함에 당하여 그 탈환을 항거하거나, 체포를 면탈하거나, 죄적을 인멸할 목적으로 폭행 또는 협박을 가함으로써 성립하는 범죄(형법 325조2항)를 말한다. 준강도죄에 대응하는 범죄이며, 자기의 물건에 대한 준강도죄이다. 본죄는 체포를 면탈하거나 죄적을 인멸하거나 탈환을 항거할 목적으로 폭행·협박하여야 성립하는 목적범이다. 그러나 목적의 달성여부는 본죄의 성립에 영향이 없다. 폭행·협박의 정도가 상대방의 의사를 억압할 정도임을 요하는 것은 준강도의 경우와 같다. 다만 폭행·협박은 취거함에 당하여 행하여져야 하며, 취거행위와 시간적·장소적 접근성이 인정되어야 한다. 점유자와 폭행·협박을 받은 자가 같은 사람임을 요하는 것은 아니다. 본죄의 미수범은 처벌한다(형법 325조3항).

야간주거침입절도죄
(夜間住居侵入窃盜罪)

야간에 사람의 주거, 관리하는 건조물, 선박, 항공기 또는 점유하는 방실(房室)에 침입하여 타인의 재물을 절취

형
법

(竊取)함으로써 성립하는 범죄로서(형§330), 야간주거침입죄와 절도죄의 결합범이다. 보호법익은 '야간주거의 사실상 평온'과 '사실상 소유상태'이며, 보호의 정도는 침해범이다. 단순절도죄에 비하여 불법이 가중된 범죄유형으로서 본죄를 범한 자는 10년 이하의 징역에 처한다.

(1) 「주거」란 사람의 기와침식에 사용되는 장소를 말한다. 그러나 사람이 현존할 필요는 없다. 부재중의 저택이나 별장도 거주이다.

(2) 종래 항공기는 본죄의 객체가 아니었지만 2020년 개정형법에서는 이를 추가하였다. 절도죄의 객체는 타인이 점유하는 타인소유의 재물이다.

(3) 「건조물」은 주위벽 또는 기둥과 지붕 또는 천정으로 구성된 구조물로서 사람이 기거하거나 출입할 수 있는 장소를 말하며 반드시 영구적인 구조물일 것을 요하지 않는다(대판 1989. 2. 28. 88도2430).

(4) 「야간」은 일몰 후부터 다음 날 일출 전까지이다(대판 1967. 8. 29. 67도944).

(5) 본죄의 실행의 착수시기는 주거침입을 개시한 시점이며(대판 1984. 12. 26. 84도2433), 기수시기는 절취가 기수에 이른 때, 즉 재물의 취득시이다.

> 야간에 타인의 재물을 절취할 목적으로 사람의 주거에 침입한 경우에는 주거에 침입한 단계에서 이미 형법 제330조에서 규정한 야간주거침입절도죄라는 범죄행위의 실행에 착수한 것이라고 보아야 한다*(대법원 2006. 9. 14. 선고 2006도2824).*

사용절도(使用窃盜)

독;Gebrauchsdiebstahl

사용절도란 타인의 재물을 일시적으로 사용한 후에 소유자에게 반환하는 것을 말한다. 따라서 사용절도의 본질은 반환의사에 있다. 예를 들면 가정부가 주부의 의복을 꺼내 입고 외출한 후에 바로 제자리에 놓아두었다고 하는 경우에 일시로 사용한 다음 반환할 의사가 있었다고 볼 수 있고 함부로 자기의 물건으로 사용하려는 의사, 즉 불법영득의 의사가 있었다고 볼 수 없다. 이를 보통 사용절도라고 하고 다수설은 절도죄로 되지 않는다고 본다. 판례도 「불법영득의 의사 없이 단순히 일시적으로 사용하기 위하여 타인의 재물을 자기 소지로 옮겼다」고 하였다. 그런데 이러한 경우에도 권리자의 동의 없이 타인의 자동차, 선박, 항공기 또는 원동기장치자전차를 일시 사용한 자는 3년 이하의 징역, 500만원이하의 벌금, 구류 또는 과료에 처한다(형§331의2). 또한 타인의 저금통장과 인장을 사용하여 저금을 인출했을 때에는 통장을 제자리에 갖다 놓았다 하더라도 사용절도가 아닌 절도죄가 성립하고 사기죄와 상상적 경합이 된다(통설·판례).

자동차 등 불법사용죄

(自動車 등 不法使用罪)

권리자의 동의 없이 타인의 자동차·선박·항공기 등 원동기장치자전거를 일시 사용함으로써 성립하는 범죄(형법 331조의2)를 말한다. 사용절도에는 불법영득의사가 없어 절도죄가 성립되지 않기 때문에 이를 처벌하기 위해 신설한 것이다. 이처럼 본죄는 절도죄에 대해 보충관계에 있으므로, 본죄는 절도죄에 해당하지 않는 경우에만 인정된다. 만일 권리자의 동의가 있다고 오인한 때에는 구성요건적 사실의 착오로서 고의를 조각한다. 여기서 사용이란 기관의 시동을 거는 것만으로는 부족하고 통행수단으로 이용하였을 것을 요한다.

소극적 신분(消極的 身分)

행위자에게 일정한 신분이 있으면 범죄의 성립 또는 형벌이 조각되는 경우의 신분을 말한다. 이는 적극적 신분(구성적 신분과 가감적 신분)에 대응하는 개념으로서 거론된다. 이에는 일반인에게 금지된 행위를 특정신분자에게 허용하는 경우, 예컨대 의료행위에 있어서의 의사의 신분과 같은 위법조각적 신분, 형사미성년자(형법 9조)와 같은 책임조각적 신분, 친족상도례(형법 328조)에 있어서의 친족적 신분과 같은 형벌조각적 신분이 이에 해당된다.

절도죄의 유형

죄 명	행 위	처 벌
단순절도죄 (형§329)	절취	① 6년 이하의 징역 ② 1천만원 이하의 벌금 ③ 유기징역에 처할 경우에는 10년 이하의 자격정지병과 가능 ④ 미수 처벌(§342)
야간주거침입절도죄 (형§330)	① 야간 ② 주거침입 ③ 절취	① 10년 이하의 징역 ② §329③, ④와 동일
특수절도죄 (형§331)	① 야간 ② 문호 또는 장벽 기타 건조물의 일부를 손괴 ③ 침입 ④ 절취	① 1년 이상 10년 이하의 징역 ② §329 ③, ④와 동일
상습절도죄 (형§332)	상습으로 §329조, §330조, §331, §331조의2를 범함	① 형의 1/2까지 가중 ② §329③, ④와 동일

절도죄에 있어서의 점유의 요소

요 소	내 용	사 례
물리적 요소	(1)「사실상의 물적 지배」인 사실적 개념이므로 법률적 개념인 민법상의 점유와 구별된다.	(1) 민법이 인정하는 간접점유·상속에 의한 점유의 승계를 형법에서는 인정치 않고, (2) 민법이 부인하는 점유보조자의 점유를 형법은 인정한다. (3) 민법이 인정하는 법인의 점유를 부인하고 형법은 자연인을 통해서만 점유를 인정
사회규범적인 요소	(1) 형법상의 점유는 반드시 握持(악지)할 필요가 없고 일반관습에 의하여 물건에 대한 사실상의 지배관계가 있으면 족하다. (2) 사회규범적인 요소를 점유요소로 보지 않고 점유의 범위문제로 취급하는 견해가 있다.	(1) 일시 외출한 공가 및 가옥내에 방치한 물건, 밭에 퇴적한 곡물, 들판에서 놀고 있는 가축 등은 주인의 점유하에 있다. (2) 여객이 유실한 물건은 여관주인의 점유하에 있다. (3) 화재시에 가재(家財)를 가두에 반출하고 일시 그 장소를 떠나도 소유자의 점유에 있다.
정신적 요소	(1) 물(物)에 대한 점유의사가 필요하다. 그러나 이 점유의사는 개별적인 의사가 아니라 일반적·포괄적인 의사이다.	(1) 편지통에 들어 있는 우편물 (2) 바다에 쳐놓은 그물 속에 들어 있는 물고기들은 행위자의 점유가 인정된다.
	(2) 점유의사는 법적 개념이 아니라 사실적 개념이다.	정신병자나 유아도 이러한 의사를 가진다.

절도죄의 공동점유

경 우	구 분	내 용	
① 상하주종관계	학설	㉮ 부정설-상하주종관계의 공동점유를 부정하여, 주된 소지자만이 점유자이고 종된 소지자는 단순한 手足(수족)으로 보조자에 불과하다고 하여, 점원이 상점 내의 상품을 영득한 경우 절도라고 한다. ㉯ 긍정설-주된 소지자 외에 종된 소지자도 점유자라 한다. 다만 긍정설도 점원의 점유자임을 인정한 후 상품영득행위는 주된 소지자인 주인의 점유를 침해할 것이므로 부정설과 같이 절도라고 한다. ㉰ 횡령죄설-사실적 지배에다 신분자로서의 점유(보관의 의미)의 성질을 대유하는가를 고려하여 절도인가 횡령인가를 정할 것인바(진계호「형법각론」289면), 위의 예는 단순한 외부로부터의 점유침해와는 달리 점유의 내부관계에서의 침해란 점에서 주점유자에 대한 배임적 성격을 가지므로 횡령이라고 한다.	
	판례	점포주인이 점원에게 금고 열쇠와 오토바이 열쇠를 맡기고 금고 안의 돈은 배달될 가스대금으로 지급할 것을 지시하고 외출했음에도, 점원이 현금을 꺼내어 오토바이를 타고 도주한 경우(81도3396)	절도죄가 아니라 횡령죄가 성립하는 경우
		산지기로서 종중 소유의 분묘를 간수하고 있는 자가 그 분묘에 설치된 석등이나 문관석 등을 반출하여 가는 행위(84도3024)	횡령가 아니라 절도죄가 성립하는 경우
② 대등관계	㉮ 수인이 공동하여 타인의 재물을 보관(점유)하는 경우 1인이 그의 단독점유로 옮긴 때는 공동점유자의 점유를 침해한 것으로 절도이다(통설). ㉯ 수인이 공동하여 자기들의 재물을 점유하는 경우 1인이 불법하게 영득하면 역시 절도이다(1965. 1. 1964도581대판). ㉰ 공동소유물이라도 공동점유하에 있지 않고 어느 1인의 단독점유하에 있는 경우 그 점유자가 영득하면 횡령이 된다.		

封緘(봉함)된 包緘物(포함물)을 수탁자가 그 내용물을 영득한 경우의 형사책임

학 설	내 용
제1설	위탁물 전체에 대해서는 수탁자가 그 내용물에 관해서는 수탁자가 점유를 가지므로 절도죄가 된다고 함.
제2설	포장물 전체나 내용물에 대해서도 수탁자의 점유에 속하므로 횡령죄가 된다고 함
제3설	포장물 전체나 내용물에 대하여 수탁자의 점유에 속하므로 절도죄가 된다고 함
제4설	내용물에 대하여는 동시에 타인의 직접점유와 자기의 간접점유와의 공동점유가 성립하므로 이에 대한 영득은 자기점유의 관계에 대하여 횡령이고, 타인점유의 관계에 대하여 절도가 되어 양자가 법조경합관계에 있다고 함.
제5설	단순히 형식적으로 봉함물이란 점에 구애된 것이 아니라 구체적인 위탁관계를 참작하여 단순히 형식적 위탁관계라면 절도가 되고, 실질적 위탁관계라면 횡령이 된다고 함.

친족상도례(親族相盜例)

강도죄와 손괴죄를 제외한 재산죄에 있어서는 친족간의 범죄의 경우 형을 면제하거나 고소가 있어야 공소를 제기할 수 있는 특례가 인정되고 있는데 이를 친족상도례라고 한다(형§328, §344). 형법이 이러한 특례를 인정하는 것은 친족간의 내부의 일에는 국가권력이 간섭하지 않고 친족내부에서 처리하는 것이 사건화하는 것보다 친족의 화평을 지키는 데 좋을 것이라는 취지에서이다. 이러한 친족상도례에 있어서 刑이 면제되는 경우에 그 법적 성질에 대해서는 위법성조각설 또는 책임조각설 등이 주장되고도 있으나 통설은 이를 인적 처벌조각사유라고 해석하고 있다. 본특례에 있어서 친족간의 범위는 민법의 규정에 따라 정해진다. 이러한 친족관계는 행위시에 존재해야 한다. 따라서 행위시에 친족관계에 있는 이상 그 후에 그 친족관계가 없어지더라도 친족상도례는 적용된다. 또한 본 특례규정은 정범에 대하여 뿐만 아니라 공범에게도 적용된다. 그러나 정범과 공범 사이는 물론 수인의 공범에 대하여도 친족상도례는 친족관계가 있는자에게만 적용된다. 현행 형법은 친족상도례를 권리행사방해죄에서 규정하고, 이를 절도·사기·공갈·횡령·배임·장물 등의 여러 죄에도 준용하고 있다.

> 형법 제344조, 제328조 제1항 소정의 친족간의 범행에 관한 규정이 적용되기 위한 친족관계는 원칙적으로 범행 당시에 존재하여야 하는 것이지만, 부가 혼인 외의 출생자를 인지하는 경우에 있어서는 민법 제860조에 의하여 그 자의 출생시에 소급하여 인지의 효력이 생기는 것이며, 이와 같은 인지의 소급효는 친족상도례에 관한 규정의 적용에도 미친다고 보아야 할 것이므로, 인지가 범행 후에 이루어진 경우라고 하더라도 그 소급효에 따라 형성되는 친족관계를 기초로 하여 친족상도례의 규정이 적용된다*(대법원 1997. 1. 24. 선고 96도1731).*

상대적 친고죄(相對的 親告罪)

친족상도례(형법 328·334조) 경우와 같이 범인과 피해자 사이에 일정한 신분관계가 있음으로써 비로소 친고죄로 되는 것을 말한다. 이 점에서 절대적 친고죄와 구별된다. 즉 양자를 구별하는 이유는 후자의 경우에는 고소불가분의 원칙이 적용되므로 범인을 지정할 필요가 없으나, 전자에 있어서는 범인을 지정하고 고소하지 않는 한 다른 공범자를 고소하더라도 그 효과는 친족인 공범자에게 미치지 않는 데 있다.

강도(强盜)

영;robbery 독;Raub
불;Volavec violence

폭행·협박으로 타인의 재물을 강취하거나, 기타 재산상의 이익을 취득하거나, 제3자로 하여금 이를 취득하게 하는 것을 말한다. 폭행이란 사람에 대한 유형력의 행사를 말한다. 단순한 물건에 대한 유형력의 행사는 폭행이라고 할 수 없다. 그러나 직접 사람에 대하여 유형력이 행사되었을 것을 요하는 것은 아니다. 직접적으로는 물건에 대한 유형력이라고 할지라도 간접적으로는 사람에 대한 것이라고 볼 수 있으면 여기에 폭행에 해당한다. 사람의 신체에 직접 유형력이 미쳐야 하는 것도 아니다. 따라서 사람에게 총을 겨누는 것도 폭행이 될 수 있다. 협박이란 해악을 고지하여 상대방에게 외포심을 일으키는 것을 말한다. 해악의 내용에는 제한이 없다. 반드시 생명·신체에 대한 해악에 제한되지 않는다. 현실적으로 해악을 가할 의사와 능력이 있을 것을 요하는 것도 아니다. 폭행·협박은 재물의 소지자에게 행하여지는 것이 보통이지만 제3자에 대하여 가하여져도 무방하다. 폭행과 협박은 상대방의 의사를 억압하여 반항을 불가능하게 할 정도에 이를 것을 요한다. 강취란 폭행·협박에 의하여 자기 또는 제3자의 점유로 옮기는 것을 말한다. 강취는 반드시 탈취임을 요하지 않고 상대방의 의사에 반하여 교부한 경우도 포함된다. 폭행·협박과 재물의 강취 사이에는 일정한 관계가 있어야 한다. 폭행 또는 협박이 재물강취의 수단이 되지 아니한 때에는 강도죄는 성립하지 않는다. 이러한 관계는 폭행·협박과 재물의 강취가 시간적·장소적 연관이 있어야 인정될수 있다.

강도죄(强盜罪)

영;robbery 불;Raub

폭행 또는 협박으로 타인의 재물을 강취하거나 기타 재산상의 이익을 취득하거나 제3자로 하여금 이를 취득하게 하는 죄를 말한다(형§333). 따라서 사람의 신체를 포박하거나, 사람에게 흉기로 위협하면서 현금 등을 탈취하는 경우 및 노무를 제공케 하는 행위 등은 모두 강도죄이다. 그리고 본죄에 있어서의 「강취」는 반드시 탈취일 필요는 없고 피해자가 교부하는 외관을 보이더라도 그것이 피해자의 의사를 억압한 경우에는 강취가 된다. 폭행은 사람에 대하여 유형력을 행사하는 것이고, 협박은 해악의 고지에 의하여 사람에게 공포심을 일으키게 하는 것인데, 강도죄에서는 이러한 행위가 반드시 재물강취의 수단이어야 하므로 이에 의하여 상대방의 반항을 억압하는 데 족할 정도에 달했는가 아닌가는 피해자의 성별, 연령, 범행장소, 시간 등을 고려하여 사회일반인의 통념에 따라서 판단할 수밖에 없다. 만약 이 정도에 미달하는 협박에 의해서 재물을 교부케 되었다면 그것은 형법상의 공갈죄(§350)가 성립할 뿐이다. 또한 폭행이나 협박은 강취의 수단에 불과한 것이므로 집사람을 협박하여 주인의 물건을 탈취해도 강도죄가 된다. 형은 3년 이상의 유기징역이며, 미수죄와 예비음모죄(7년이하의 징역)도 처벌한다(§342, §343). 또 절도가 재물의 탈환을 항거하거나 체포를 일탈하거나 죄적을 인멸할 목적으로 폭행 또는 협박을 가한 때에는 준강도라 하고, 강도죄와 동일한 형으로 처벌한다(§335). 강도범인이 사람을 상해하거나 상해에 이르게 하였을 때(강도상해치상)에는 무기 또는 7년 이상의 징역에 처하고, 사람을 살해한 때(강도살인죄)에는 사형 또는 무기징역에 처하고, 사망에 이르게 한 때(강도치사죄)에는 무기 또는 10년 이상의 징역에 처하는데(형§338), 이러한 죄를 총칭해서 강도치사상죄라고 한다.

여기에서 말하는 강도범인이란 강도에 착수한 자를 말하며 사후 강도도 이에 포함된다. 강도범인에게 살해의 고의가 있었을 경우(강도살인죄)도 강도살인·치사죄에 의하여 처벌된다. 강도의 실행에 착수한 범인이 사람을 강간했을 때(강도강간죄)에는 무기 또는 10년 이상의 징역에 처하며, 이로 인하여 고의 없이 사람을 사망케 했을 때에는 강도강간죄와 강간치사죄의 상상적 경합이 되고, 고의로서 강간한 후 살해하면 강도강간죄와 강도살인죄의 상상적 경합이다. 강도살인과 강도강간의 미수죄도 처벌한다(§342). 사람을 체포·감금·약취 또는 유인하여 이를 인질로 삼아 재물 또는 재산상의 이익을 취득하거나 제3자로 하여금 이를 취득하게 한 경우, 즉 인질강도죄(§336)의 경우에는 3년 이상의 유기징역에 처한다. 본죄는 약취죄와 공갈죄의 결합범으로서 그 약취의 객체는 반드시 미성년자에 한하지 않는다. 본죄는 인질로 삼아 재물 또는 재산상의 이익을 취득함으로써 기수에 이르고 그 객체는 재물 또는 재산상의 이익에 한하며, 약취유인죄(§287, §288)와 법조경합의 관계에 서게 된다. 그리고 야간에 사람의주거, 관리하는 건조물이나 선박이나 항공기 또는 점유하는 방실에 침입하여 제333조의 죄를 범할 경우에는 특수강도죄로서 무기 또는 5년 이상의 징역에 처하게 되는데(§334), 이것은 행위의 방법 때문에 불법이 가중된 가중적 구성요건이다. 또한 다중의 위력으로 해상에서 선박을 강취하거나 선박 내에 침입하여 타인의 재물을 강취한 경우에는 해상강도죄(§340①)로서 무기 또는 7년 이상의 징역에 처하며 그 미수범도 역시 처벌한다(§342).

강도살인·치사죄(强盜殺人·致死罪)

강도가 사람을 살해하거나 치사케 함으로써 성립하는 범죄(형법 338조)를 말한다. 본죄의 입법취지는 강도의 기회에 잔혹한 살상행위가 수반되는 예가 허다하므로 고의에 의한 살인의 경우나 고의없는 치사의 경우를 구별함이 없이 동일하게 처벌하려는 취지이다. 그러나 외국의 입법례와는 달리 치사행위를 살인행위와 동등하게 취급함은 책임주의에 반하므로 입법상 재고가 요청된다. 형법 제338조는 강도살인죄와 강도치사죄를 병합하여 규정했으나, 성격상 전자는 고의범이고, 후자는 결과적 가중범이다. 따라서 후자에 관한 한 치사의 결과발생에 대한 예견이 없는데 대하여 과실이 있어야 한다. 따라서 후자는 미수범을 처벌하지 않는다. 또 재산권 이외에 피해자의 생명도 보호하는 강도죄와 살인죄의 결합범이다. 본죄의 주체는 강도범인이다. 강도죄의 실행에 착수한 자로서 단순강도죄·사후강도죄·약취강도죄의 범인이며, 강도의 기수·미수는 묻지 않는다. 살해는 살인의 고의가 있는 경우이며, 치사는 고의 없이 사망의 결과를 발생케 한 경우이다. 살해 또는 치사는 반드시 강도의 수단인 폭행에 의하여 일어날 것을 요하지 않는다. 살해 또는 치사가 강도의 기회에 일어날 것을 요하지만 그것으로 족하다. 협박으로 인한 쇼크로 피해자가 사망한 때에도 본죄를 구성한다. 강도살인죄의 미수범은 처벌한다. 강도살인죄의 기수와 미수는 살인의 기수·미수를 불문하고 강도 살인 미수죄가 성립한다. 강도의 고의 없이 사람을 살해하고 그의 재물을 영득한 때에는 살인죄와 점유이탈물횡령죄의 경합범이 된다. 이에 반하여 강도의 고의로 사람을 살해하고 재물을 탈취한 때에 강도살인죄가 성립한다는 데는 이론이 없다.

형법상 「특수」가 붙은 구성요건

<table>
<tr><th>범죄형태</th><th>구 성 요 건</th><th>특 징</th></tr>
<tr><td>특수도주죄
(§146)</td><td>수용설비 또는 기구를 손괴하거나 사람에게 폭행 또는 협박을 가하거나 2인 이상이 합동하여 법률에 의하여 체포 또는 구금된 자가 도주한 경우</td><td rowspan="3">① 합동범인 점
② 손괴 또는 침입 등의 행위가 특수상황하에서 이루어지고 있는 점</td></tr>
<tr><td>특수절도죄
(§331)</td><td>① 야간의 문호 또는 장벽 기타 건조물을 일부를 손괴하고 §330의 장소(사람의 주거, 간수하는 저택, 건조물이나 선박 또는 점유하는 방실)에 침입하여 타인의 재물을 절취한 경우
② 흉기를 휴대하거나 2인 이상이 합동하여 타인의 재물을 절취한 경우</td></tr>
<tr><td>특수강도죄
(§334)</td><td>① 야간에 사람의 주거, 관리하는 건조물이나 선박이나 항공기 또는 점유하는 방실에 침입하여 강도죄를 범한 경우
② 흉기를 휴대하거나 2인 이상이 합동하여 강도죄를 범한 경우</td></tr>
<tr><td>특수공무방해죄
(§114)</td><td>단체 또는 다중의 위력을 보이거나 위험한 물건을 휴대하여 §136(공무집행방해), §138(법정 또는 국회의장모욕), §140내지 §143 공무상 비밀표시무효, 부동산 강제집행효용침해 공용서류등의 무효, 공유물의 파괴, 공무상 보관물의 무효, 미수범의 죄를 범한 때는 각조에 정한 형의 2분의 1까지 가중한다.</td><td rowspan="3">① 단체 또는 다중의 위력을 보이거나 위험한 물건을 휴대하여 행위하는 점
② 이른바 방법적 가중유형이다.</td></tr>
<tr><td>특수상해죄
(§258의2)</td><td>단체 또는 다중의 위력을 보이거나 위험한 물건을 휴대하여 상해·존속상해, 중상해·존속중상해죄를 범한 경우</td></tr>
<tr><td>특수폭행죄
(§261)</td><td>단체 또는 다중의 위력을 보이거나 위험한 물건을 휴대하여 폭행·존속폭행죄를 범한 경우</td></tr>
</table>

특수체포·감금죄 (§278)	단체 또는 다중의 위력을 보이거나 위험한 물건을 휴대하여 체포와 감금의 죄(§276, §277)를 범한 경우
특수협박죄 (§284)	단체 또는 다중의 위력을 보이거나 위험한 물건을 휴대하여 협박죄·존속협박죄(§283①, ②)를 범한 경우
특수주거침입죄 (§320)	단체 또는 다중의 위력을 보이거나 위험한 물건을 휴대하여 주거침입죄(§319)를 범한 경우
특수강요죄 (§324②)	단체 또는 다중의 위력을 보이거나 위험한 물건을 휴대하여 강요죄를 범한 경우
특수공갈죄 (§350의2)	단체 또는 다중의 위력을 보이거나 위험한 물건을 휴대하여 공갈죄를 범한 경우
특수손괴죄 (§369)	단체 또는 다중의 위력을 보이거나 위험한 물건을 휴대하여 재물 또는 문서 또는 전자 기록등 특수매체기록의 손괴죄(§366)를 범한 경우

강도상해·치상죄
(强盜傷害·致傷罪)

강도가 사람을 상해하거나 치상케 함으로써 성립하는 범죄(형법 337조)를 말한다. 본죄의 취지는 강도살인·치사죄(형법338조)와 함께 범행에 있어서 살상·치사상 등의 잔혹한 행위를 수반하는 경우가 많음에 비추어 가중처벌하려는 것이다. 본죄는 강도상해죄와 강도치상죄를 병합하여 규정한 것이나, 강도상해죄는 강도죄와 상해죄, 강도치상죄는 강도죄와 과실치상죄의 결합범이다. 그러나 본죄를 강도죄에 대한 독자적인 범죄로 이해하는 견해도 있다. 본죄의 주체는 강도라는 일정한 신분범이다. 단순강도죄(형법333조)뿐만 아니라 특수강도죄(형법334조)·준강도죄(형법335조)·약취강도죄(형법336조)의 강도범인도 본죄의 주체가 됨은 물론이다. 강도의 기수·미수를 불문하고 강도의 실행의 착수가 있으면 본죄의 주체가 되나 강도예비·음모죄의 범인은 제외된다고 본다. 상해란 상해에 대한 고의가 있는 경우를 말하며, 치상이란 상해의 고의 없이 상해의 결과를 발생케 한 경우를 말한다. 강도상해죄는 고의범이므로 반드시 상해의 결과에 대한 고의가 있어야 하며, 폭행의 고의로 상해의 결과를 가져온 때에는 강도상해죄는 성립하지 않는다. 이에 반하여 강도치상죄는 결과적 가중범이다. 따라서 강도와 상해의 결과 사이에는 인과관계가 있어야 할뿐 아니라 결과에 대한 예견가능성이 있어야 한다. 상해 또는 치상의 결과는 반드시 강도의 수단인 폭행으로 인한 것임을 요하지 않는다. 그 원인이 강도의 기회에 이루어진 것이면 족하다. 강도치상죄의 미수범은 처벌한다.

강도죄의 여러 형태

죄 명	수 단 등
단 순 강 도	폭행 또는 협박으로 재물강취(§333)
특 수 강 도	주거침입 등, 흉기휴대, 2인 이상 합동-동상행위(§334)
준강도(사후강도)	탈환항거, 체포면탈, 죄적인멸-동상행위(§335)
인 질 강 도	사람을 체포·감금·약취 또는 유인하여 이를 인질로 삼아 재물 또는 재산상의 이익취득(§336)
강도상해·치상죄	강도가 사람을 상해, 상해에 이르게 한때(§337)
강도살인·치사죄	강도가 사람을 살해·사망에 이르게 한때(§338)
강 도 강 간 죄	강도가 부녀를 강간(§339)
해 상 강 도 죄	다중의 위력으로 해상에서 선박·재물강취(§340①)
해상강도상해·치상죄	동상행위로 사람을 상해·상해에 이르게 한때(§340②)
해상강도살인·치사·강간죄	동상행위로 사람을 살해, 사망에 이르게 하거나 강간(§340③)
상 습 강 도 죄	상습으로 §333, §334, §336, §340①의 범죄
강도예비·음모죄	강간할 목적으로 예비, 음모(§343)

준강도죄(準强盜罪)

절도가 재물의 탈환을 항거하거나 체포를 면탈하거나 죄적을 인멸한 목적으로 폭행 또는 협박을 가함으로써 성립하는 범죄(형법 335조)를 말한다. 사후강도죄라고도 한다. 준강도죄에 있어서도 강도죄의 경우와 같이 절도와 폭행·협박이 결합되어 있다. 그러나 강도죄가 재물을 강취하기 위하여 폭행·협박을 하는 경우인 데 대하여, 준강도죄는 재물을 절취하거나 이에 착수한 자가 일정한 목적을 위하여 폭행·협박을 함으로써 성립하는 점에서 그 결합의 형식이 강도죄와 구별된다. 본죄의 주체는 절도범이다. 절도죄는 미수범을 처벌한다. 따라서 여기의 절도에는 절도의 기수뿐만 아니라 미수범도 포함된다. 그러나 절도의 실행에 착수하기 전에 예비단계에서 폭행·협박을 한 때에는 본죄가 성립하지 않는다. 폭행 또는 협박의 정도는 강도죄의 그것과 같다. 따라서 상대방의 반항을 억압할 정도에 이르지 않으면 안 된다. 폭행 또는 협박은 절도의 기회에 행하여져야 한다.

인질강도죄(人質强盜罪)

2사람을 체포·감금·약취 또는 유인하여 이를 인질로 삼아 재물 또는 재산상 이익을 취득하거나 제3자로 하여금 이를 취득하게 함으로써 성립하는 범죄(형법 336조)를 말한다. 상습인질강도의 경우에는 형을 가중한다(형법 341조). 본죄의 인질의 객체는 사람인데, 반드시 미성년자에 한하지 않는다. 인질이란 폭행 또는 협박으로 사람을 체포·감금·약취 또는 유인하여 현재의 상태에서 자기 또는 제3자의 실력적 지배하에 옮기는 것을 말한다. 본죄는 석방의 대상으로 재물을 취득하거나 제3자로 하여금 이를 취득하게 함으로써 기수에 이른다. 객체는 재물 또는 재산상의 이익인데, 피약취자와 재물의 피해자가 일치할 것을 요하지 않는다. 미성년자를 약취·유인하고 재물이나 재산상의 이익을 취득한 때에는 특정범죄가중처벌등에관한법률에 의하여 가중처벌된다. 본죄는 약취유인죄(형법 287·288조)와 법조경합의 관계에 있다. 미수범은 처벌한다(형법 342조). 인질강도죄를 변경되었다.

☞ 인질강도죄

사기죄(詐欺罪)

영;false pretence, cheat 독;Betrug

사람을 기망하여 재물의 교부를 받거나 재산상의 이익을 취득하는 경우 및 제3자로 하여금 재물의 교부를 받게 하거나 재산상의 이익을 취득하게 하는 죄이다(형§347). 사기죄는 절도죄 및 강도죄와 같이 재물죄 특히 영득죄의 일종이지만 절도죄 및 강도죄가 상대방의 의사에 반하여 재물을 탈취하는 것과는 달리, 사기죄는 기망에 의한 상대방의 착오 있는 의사에 의하여 재물을 교부받거나 재산상의 이익을 취득하는 것이다. 따라서 외관상으로는 피해자의 임의에 의한 교부가 있더라도 그 교부행위가 착오에 의한 교부라는 점에 특색이 있다. 이를 편취라 한다. 그리고 교부는 자진해서 교부하는 것에 한하지 않고 이에 준할 수 있는 것, 예를 덜면 법원 또는 집행관을 기망하여 공권력에 의하여 피해자로 하여금 재물을 교부하게 하는 이른바 소송사기도 사기죄로 된다는 것이 통설이다. 기망은 사람을 착오에 빠뜨리는 것이다. 착오가 어떠한 점에서 생겨났는가는 가리지 않는다. 반드시 법률행위의 중요한 요소에 관한 착오일 필요는 없다. 기망된 의사표시가 민법상 무효한 것이라도 본죄의 성립에 영향을 미치지 않는다. 기망의 수단·방법은 언어에 따르던 무전취식과 같은 동작에 따르던, 또 상대방이 이미 착오에 빠져있음을 알면서도 고의로 진실을 알리지 않는 부작위에 의하건 불문한다. 그러므로 판례는 피보험자의 질병을 묵비하고 보험계약을 체결하는 경우, 저당권이 설정되어 있음을 감추고서 부동산을 보통가격으로 매각하는 경우 등에도 사기죄를 인정하였다. 또 사기죄는 상대방의 교부행위, 즉 처분행위에 의하여 재물을 취득하는 것이 필요하다. 따라서 예를 들면 자동판매기에 위조동전을 넣고 물건을 가져가는 것은 처분행위가 없는 것이므로 사기죄는 성립할 수 없고 절도죄가 성립한다. 또 사기죄가 성립함에는 기망당하는 사람과 재산상의 손해를 받는 사람이 동일할 필요가 없다. 즉 기망이 재산상의 피해자에게 직접 행해질 필요는 없는 것이다. 따라서 처를 속여서 남편의 재물을 편취한 경우에도 사기죄가 된다.

강도죄와 마찬가지로 재산상의 이익도 사기죄의 객체로 된다. 즉 착오에 의한 상대방의 처분행위로 말미암아 채무의 면제를 받거나, 전기계량기를 역회전시켜 요금지불을 면탈하는 것은 모두 사기죄로 되는 것이다(판례). 사기죄가 기수로 되기 위하여는 기망행위와 재물의 교부 또는 이익의 공여와의 사이에 인과관계가 있어야 한다는 것이 통설이다. 그러므로 기망당한 상대방이 착오를 일으키지 아니하고 다만 연민의 정에서 행위자에게 재물을 교부하였다면 사기죄의 미수범으로 처벌된다(§352). 사기죄의 법정형은 10년 이하의 징역 또는 2천만원 이하의 벌금이다.

기망행위(欺亡行爲)

사기죄의 행위는 기망행위이다. 이러한 행위자의 기망행위는 피기망자에게 착오를 일으킬 것을 요한다. 기망이란 널리 거리관계에서 지켜야 할 신의칙에 반하는 행위로서 사람으로 하여금 착오를 일으키게 하는 것을 말한다. 기망행위의 수단·방법에는 제한이 없다. 일반에게 착오를 일으킬 수 있는 모든 행위가 포함된다. 명시적이든 묵시적이든 작위이건 부작위이건 묻지 않는다. 무전취식이나 무전숙박은 작위에 의한 기망행위에 해당한다. 재물을 처분하는 자는 그 재물이 자기의 소유물이거나 이를 처분할 권한이 있음을 묵시적으로 표현했다고 해야 한다. 따라서 타인에게 이전등기해 준 부동산을 매도하거나 임대하고 대금을 받은 때에는 당연히 사기죄를 구성하게 된다(대판 1984. 1. 31. 83도1501).

> 사기죄의 요건으로서의 기망은 널리 재산상의 거래관계에 있어 서로 지켜야 할 신의와 성실의 의무를 저버리는 모든 적극적 또는 소극적 행위를 말하는 것이고, 이러한 소극적 행위로서의 부작위에 의한 기망은 법률상 고지의무 있는 자가 일정한 사실에 관하여 상대방이 착오에 빠져 있음을 알면서도 이를 고지하지 아니함을 말하는 것으로서, 일반거래의 경험칙상 상대방이 그 사실을 알았더라면 당해 법률행위를 하지 않았을 것이 명백한 경우에는 신의칙에 비추어 그 사실을 고지할 법률상 의무가 인정되는 것이다 *(대법원 1998. 12. 8. 선고 98도3263).*

준사기죄(準詐欺罪)

미성년자의 사리분별력 부족 또는 사람의 심신장애를 이용하여 재물을 교부받거나 재산상 이익을 취득한 죄(형§348). 본죄는 미성년자(20세 미만의 자)의 지려천박 또는 사람의 정신상태에 심신의 장애가 있는 상태를 이용하여(기망수단을 쓰지 않더라도) 재물의 교부를 받거나, 재산상의 이익을 취득하게 하면 성립된다. 본죄의 특질은 사람의 지려의 부족을 이용하는 것을 기망수단을 사용하는 것과 동일하게 취급하는 데 있다. 그러나 기망행위를 한 경우에는 아무리 본죄에 해당하는 행위의 객체일지라도 일반적인 사기죄(§347)에 따라서 처벌되는 것이다. 그러나 전연 의사능력이 없는 유아나 심신상실자로부터 재물을 취득했을 경우에는 본죄가 아니고 절도죄가 된다. 예를 들면 초등학교 1학년 정도의 어린이에게 과자를 주고는 그 어린이가 갖고 있는 사진기를 교부하게 하는 경우이다.

컴퓨터 사용 사기죄

컴퓨터 등 정보처리장치에 허위의 정보 또는 부정한 명령을 입력하여 정보처리를 하게 함으로써 재산상의 이익을 취득하거나 제3자로 하여금 취득하게 함으로써 성립하는 범죄이며(§347의 2), 이익사기죄의 특별유형이라고 할 수 있다. 범죄는 컴퓨터의 조작에 의해 불법한 이익을 얻는 행위가 사기죄에 의하여 처벌되지 않는 처벌의 결함을 보완하기 위한 규정이며, 기계를 이용하여 불법한 이익을 취득한 경우에 성립하는 범죄란 점에서 편의시설부정이용죄(§348의 2)와 공통된 성질을 갖는다. 편의시설부정이용죄가 자동판매기 등 유료자동설비를 이용한 경우임에 반해 본죄는 컴퓨터를 이용한 경우라는 점에서 차이가 있을 뿐이다. 본죄의 보호법익은 재산상의 이익, 즉 재산권이다. 따라서 컴퓨터를 사용함으로써 얻게 되는 경제상의 일반적 이익은 반사적 효과에 불과하다.

편의시설부정이용

부정한 방법으로 대가를 지급하지 아니하고 자동판매기, 공중전화 기타 유료자동설비를 이용하여 재물 또는 재산상의 이익을 취득한 자는 3년 이하의 징역, 500만원 이하의 벌금, 구류 또는 과료에 처한다. (§348조의2)

형법 제348조의2에서 규정하는 편의시설부정이용의 죄는 부정한 방법으로 대가를 지급하지 아니하고 자동판매기, 공중전화 기타 유료자동설비를 이용하여 재물 또는 재산상의 이익을 취득하는 행위를 범죄구성요건으로 하고 있는데, 타인의 전화카드(한국통신의 후불식 통신카드)를 절취하여 전화통화에 이용한 경우에는 통신카드서비스 이용계약을 한 피해자가 그 통신요금을 납부할 책임을 부담하게 되므로, 이러한 경우에는 피고인이 '대가를 지급하지 아니하고' 공중전화를 이용한 경우에 해당한다고 볼 수 없어 편의시설부정이용의 죄를 구성하지 않는다.
(대법원 2001. 9. 25., 선고, 2001도3625, 판결)

부당이득죄(不當利得罪)

영; unjust enrichment
독; ungerechtfertigte Bere- icherung

사람의 궁박한 상태를 이용하여 현저하게 부당한 이익을 취득하거나 제3자로 하여금 취득하게 함으로써 성립하는 범죄이다(형§349). 본죄는 이른바 폭행행위를 처벌하는 것으로 엄밀하게 보면 사기죄의 한 형태라고 할 수 없다. 본죄의 본질은 사람의 궁박한 상태를 경제적으로 이용하여 현저하게 부당한 이익을 취득하는 것을 금지하는 데 있다. 즉 본죄는 사기죄는 아니지만 타인의 궁박한 상태를 이용하였다는 점에서 사기죄의 한 형태로서 처벌하고 있는 것이다. 본죄의 보호법익은 전체로서의 재산이며, 본죄의 완성을 위하여는 피해자에게 손해가 발생하였음을 요하지 않고 재산상의 위험만 있으면 족하다는 점에서 본죄는 위험범이다. 따라서 본죄의 미수범은 처벌하지 않는다.

> 부당이득죄에 있어서 궁박이라 함은 '급박한 곤궁'을 의미하는 것으로서, 피해자가 궁박한 상태에 있었는지 여부는 거래당사자의 신분과 상호간의 관계, 피해자가 처한 상황의 절박성의 정도 등 제반 상황을 종합하여 구체적으로 판단하여야 할 것이고, 특히 부동산의 매매와 관련하여 피고인이 취득한 이익이 현저하게 부당한지 여부는 우리 헌법이 규정하고 있는 자유시장경제질서와 여기에서 파생되는 계약자유의 원칙을 바탕으로 피고인이 당해 토지를 보유하게 된 경위 및 보유기간, 주변 부동산의 시가, 가격결정을 둘러싼 쌍방의 협상과정 및 거래를 통한 피해자의 이익 등을 종합하여 구체적으로 신중하게 판단하여야 한다*(대법원 2005. 4. 15. 선고 2004도1246)*.

공갈죄(恐喝罪)
독;Erpressung

사람을 공갈하여 재물의 교부를 받거나 재산상의 불법한 이익을 취득하거나 타인으로 하여금 이를 얻게 함으로써 성립하는 범죄이다(형§350). 본죄는 재물뿐만 아니라 재산상의 이익도 객체로 하고 공갈, 즉 폭행 또는 협박을 수단으로 하는 점에서 강도죄와 유사한 구조를 가진다. 그러나 여기에서 말하는 공갈이란 재물 또는 그 밖의 재산상의 이익을 공여케 하는 수단으로서 협박을 가하는 것이며, 상대방의 반항을 억압할 정도에 이르지 아니한 협박이라야 한다. 따라서 공갈은 강도죄의 수단으로 행해지는 협박에 비하여 정도상의 차이가 있다. 즉 공갈죄는 상대방의 의사에 의하여 재물이나 그 밖의 재산상의 이익을 교부, 공여하게 하는 점에서 상대방의 저항을 억압하는 강도죄와 성질상의 차이가 있다. 공갈죄의 협박도 상대방에게 공포심을 일게 하는 해악의 고지이기는 하나, 그 해악내용은 재산적 이익을 목적으로 하는 것에 한하므로, 협박죄의 경우(§283①)와는 다르다. 또 협박은 사람의 신체·생명·자유·명예·재산을 해악의 내용으로 하는 것에 한하지 않고 그 해악의 실현가능성 유무 등 아무런 제한을 받지 않는다. 해악의 고지는 묵시라도 좋고, 권리를 행사하거나 또는 대가를 제공했을 경우에는 협박이 재물이나 이익을 취득하는 수단으로서 부당하지 않을 때에는 공갈죄로 되지 않는다. 또 상대방이 교부 또는 그에 준하는 처분행위를 하지 아니하면 공갈죄는 성립하지 않는다. 사람과 충돌하여 그 사람이 휘청거리는 사이에 재물을 탈취하는 것은 공갈이나 강도가 아니라 절도이다. 사람을 공갈해서 금전교부의 약속을 하게 하는 것으로 공갈죄의 기수라 할 수 없다. 형은 10년 이하의 징역 또는 2천만원 이하의 벌금에 처한다.

공갈죄의 수단으로써의 협박은 객관적으로 사람의 의사결정의 자유를 제한하거나 의사실행의 자유를 방해할 정도로 겁을 먹게 할 만한 해악을 고지하는 것을 말하고, 그 해악에는 인위적인 것뿐만 아니라 천재지변 또는 신력이나 길흉화복에 관한 것도 포함될 수 있으나, 다만 천재지변 또는 신력이나 길흉화복을 해악으로 고지하는 경우에는 상대방으로 하여금 행위자 자신이 그 천재지변 또는 신력이나 길흉화복을 사실상 지배하거나 그에 영향을 미칠 수 있는 것으로 믿게 하는 명시적 또는 묵시적 행위가 있어야 공갈죄가 성립한다*(대법원 2002. 2. 8. 선고 2000도3245)*.

특수공갈죄(特殊恐喝罪)

단체 또는 다중의 위력을 보이거나 위험한 물건을 휴대하여 공갈죄를 범한 경우에 성립하는 범죄이며, 1년 이상 15년 이하의 징역에 처한다(§350의2). 기존에는 「폭력행위 등 처벌에 관한 법률」에 규정되어 있었으나, 2016년 1월 6일 형법 일부 개정시 형법에 편입하였다.

횡령죄(橫領罪)

영;embezzlement
불;Veruntreung, Unters- chlagung

타인의 재물을 보관하는 자가 그 재물을 횡령하거나 그 반환을 거부함으로써 성립하는 죄를 말한다(형§355①). 횡령죄를 범할 수 있는 주체는 타인의 재물을 보관하는 자이고 타인재물만이 횡령죄의 객체로 할 수 있고, 재산상의 이익은 제외된다. 보관은 재물에 대한 사실적 지급 또는 법률적 지배를 말한다. 따라서 동산에 관하여 시장이 그의 지배 아래 있는 시의 재산을 보관하기 위하여 은행에 예치하였을 경우에도 시장은 보관자가 되며, 부동산에 관하여는 사실상 타인의 부동산을 관리하고 있는 자는 등기부상의 명의인이 따로 있을지라도 그 보관자가 된다. 창고증권을 소지하는 경우, 예금을 한 경우에는 보관이 된다고 하는 판례도 있다. 그리고 여기서 보관은 위탁임무에 따른 것이어야 하고, 반드시 계약 등에 의하여 위임된 것에 한하지 않는다. 횡령은 자기가 보관하는 타인의 재물을 불법으로 횡령하는 행위이다(영득행위설). 횡령의 태양(態樣)으로서는 소비·보관 중의 예금인출·임치물의 매각·차용물의 질입(質入)·압류·은닉 등을 들 수 있다. 영득의 의사는 자기가 영득하려는 의사뿐만 아니라 제3자에게 영득하게 하는 의사도 포함한다. 이장이 마을의 공금을 보관 중, 이것을 마을을 위한 의사로서 사용용도가 다른 경비에 유용했을 경우, 또는 주지가 사원의 집기를 사원을 위한 일로 매각 처분했을 경우에는 불법영득의 의사가 없기 때문에 횡령죄는 성립하지 않는다. 친족간의 범행의 특례에 대한 형법 제344조의 규정은 횡령죄에도 준용되는데(§361), 이 경우에는 재물의 소유자와 위탁자의 쌍방이 범인의 친족이어야만 한다. 형벌은 5년 이하의 징역 또는 1천5백만원 이하의 벌금에 처한다.

> 횡령죄에 있어서 보관이라 함은 재물이 사실상 지배하에 있는 경우뿐만 아니라 법률상의 지배·처분이 가능한 상태를 모두 가리키는 것으로 타인의 금전을 위탁받아 보관하는 자는 보관방법으로 이를 은행 등의 금융기관에 예치한 경우에도 보관자의 지위를 갖는 것이다*(대법원 2000. 8. 18. 선고 2000도1856)*.

업무상횡령죄(業務上橫領罪)

업무상 횡령죄라 업무상 자기가 보관하는 타인의 재물을 그 임무에 위배하여 횡령하는 죄를 말한다(형§356). 업무상 타인의 재물을 보관한다는 것은 신분에 관한 것이며, 본죄는 업무상의 임무를 위배했다는 점에서 단순횡령죄보다도 중하게 벌하는 것으로 역시 신분범의 하나이다. 여기에서 말하는 업무란 반복 계속되는 사무를 총칭하며, 업무상의 보관이란 업무에 관한 보관이면 족하다. 반드시 직무 또는 영업으로서 생활유지를 위한 업무에 한하지 않고 또 보수나 이익 등 반대급부가 있음을 필요로 하지 않는다. 경찰관이 증거물건을 영치하거나 역장이 단체여행을 주최하고 그 비용을 보관하는 것은 업무상의 보관이다. 이러한 점을 제외하면 단순횡령죄에서 설명한 모두가 본죄에 적용된다. 형벌은 10년 이하의 징역 또는 3천만원 이하의 벌금이다.

점유이탈물횡령죄(占有離脫物橫領罪)

유실물·표류물·매장물 기타 타인의 점유를 이탈한 재물을 횡령함으로써 성립하는 범죄이다(형§360). 타인의 점유에 속하지 않는 타인의 재물을 영득하는 죄라는 점에서는 횡령죄와 공통점을 가진다. 그러나 본죄는 위탁관계에 의하여 타인의 재물을 보관할 것을 요하지 아니하며, 따라서 신임관계의 배반을 내용으로 하지 않는 점에서 횡령죄나 업무상 횡령죄와는 그 성질을 달리하는 범죄이다. 여기에서 말하는 「유실물·표류물」이란 점유자의 의사에 의하지 않고 그 점유를 이탈하여 그 누구의 점유에도 속하지 않는 물건을 말하고, 「점유를 이탈한 물건」이라 함은 유실물법「타인이 놓고 간 물건」, 「유실한 가축」 기타 「우연히 자기점유에 소속된 물건」 등을 말한다(예컨대 바람에 날려온 옆집의 세탁물). 그리고 매장물이라 함은 점유이탈물에 준하는 것으로서, 예컨대 고분 내에 매장되어 있는 보석, 거울, 도검 등이다(1934. 6. 13. 일대판).

배임죄(背任罪)
독;Untreu

타인을 위하여 그 사무를 처리하는 자가 그 임무에 위배되는 행위로써 재산상의 이익을 취득하거나 제3자로 하여금 이를 취득하게 하여 본인에게 재산상의 손해를 가하는 죄(형§355②)이다. 여기에서 말하는 타인을 위하여 그 사무를 처리하는 자란 타인과의 위탁신임관계에 의하여 사적 또는 공적 사무를 행하는 자를 말하며, 이러한 신분이 없는 자는 본죄의 주체가 될 수 없다. 따라서 배임죄는 신분범이다. 그리고 그 임무에 위배되는 행위란 위탁,

신임 관계에 위반하는 행위를 말하여, 보관하고 있는 물품을 부패하게 했을 때가 그 예이다. 재산상의 손해를 가한다는 것은 적극적으로 기존재산을 감소하게 하거나 또는 소극적으로 얻을 수 있었던 이익을 잃게 하는 등 전체적인 재산에 손해를 발생하게 하는 것이다. 배임죄의 본질에 관해서는 권한남용설과 배신설 등이 있는데, 배임죄의 본질을 위탁이나 신임에 위반하는 것으로 보는 배신설에 의하게 되면 횡령죄는 배임죄의 특별죄이며, 횡령죄가 성립되는 경우에는 일반죄인 배임죄는 성립되지 않는다고 한다. 그리고 대개 타인의 사무를 처리하는 자가 그 임무에 위배하고 타인을 기망하여 재물을 편취했을 경우에는 사기죄만이 성립한다는 것이 통설인데 이러한 경우에는 사기죄와 배임죄와의 상상적 경합이라는 설이 많다. 형벌은 5년 이하의 징역 또는 1천5백만원 이하의 벌금이다.

배임죄는 타인의 사무를 처리하는 자가 위법한 임무위배행위로 재산상 이득을 취득하여 사무의 주체인 타인에게 손해를 가함으로써 성립하는 것이므로, 그 범죄의 주체는 타인의 사무를 처리하는 신분이 있어야 한다. 여기에서 '타인의 사무를 처리하는 자'라고 하려면 두 당사자의 관계의 본질적 내용이 단순한 채권관계상의 의무를 넘어서 그들 간의 신임관계에 기초하여 타인의 재산을 보호 내지 관리하는 데 있어야 한다. 만약, 그 사무가 타인의 사무가 아니고 자기의 사무라면, 그 사무의 처리가 타인에게 이익이 되어 타인에 대하여 이를 처리할 의무를 부담하는 경우라도, 그는 타인의 사무를 처리하는 자에 해당하지 않는다(*대법원 2009. 2. 26. 선고 2008도11722*).

횡령죄와 배임죄의 구별

죄명 / 구분	횡 령 죄	배 임 죄
신임 관계	같다	
주 체	특정재물의 보관자 또는 합득자	타인의 사무를 처리하는 자
객 체 (개개)	타인의 재물	널리 타인의 재물 또는 재산상의 이익
재물처분 행위	자기계산 또는 자기명의로	본인계산 또는 본인명의로
죄성립	본죄가 성립하면 배임죄와 경합으로 배임죄 불성립	횡령죄불성립의 경우에도 배임죄 성립

업무상배임죄(業務上背任罪)

업무상 타인의 사무를 처리하는 자가 그 임무에 위배하는 행위로서 재산상의 이익을 취득하거나 제3자로 하여금 이를 취득하게 하여 손해를 가함으로써 성립하는 범죄(형법 356조)를 말한다. 타인의 사무를 처리하는 것이 업무로 되어있기 때문에 배임죄에 대하여 책임이 가중되는 가중적 구성요건이다. 따라서 본죄도 타인의 사무를 처리하는 자라는 신분과 업무자라는 신분, 즉 이중의 신분을 요구하는 신분범이다. 전자는 구성적 신분(진정신분범)이고, 후자는 가감적 신분(부진정신분범)이다. 본죄의 미수범은 처벌한다(형법 359조). 친족상도례가 허용된다(형법 361조).

부동산의 이중매매의 형사책임

구 분		내 용
인정 여부	부정설 (소수설)	부동산 물권변동에 관하여 형식주의를 취한 신민법하에서는 부동산의 이중매매 자체가 있을 수 없다고 함
	긍정설 (다수설)	① 채권계약으로써 매매계약의 이중적 체결이 가능하다. ② 물권행위 후 등기이전이 끝나지 않은 채로 제2의 매매계약으로 물권행위와 등기가 가능하므로 신민법하에서도 부동산의 이중매매가 가능하다.
부동산의 이중 매매	① 계약금만 교부받은 경우	상호간에 계약금의 배상상환 또는 계약금의 포기 등으로 계약해제가 가능하므로 채무불이행의 책임외에 형사책임이 없다.
	② 중도금까지 교부받은 경우	㉮ 이쯤되면 매도인은 매수인에 대하여 사무처리자의 지위에 서므로 배임죄를 구성한다.
		㉯ 이 단계에서도 역시 계약당사자간의 채권관계에 불가하고 매도인은 여전히 그 소유권의 내용인 처분기능을 갖기 때문에 역시 채무불이행의 문제가 될 뿐이라고 한다.
	③ 대금 전액을 지급받은 경우	㉮ 사기죄는 피해자와 피기망자의 일치를 필요치 않고, 매도인은 제2의 매수인에게 제1매수인과의 매매계약의 사실을 묵비한 기망행위가 있으므로, 사기죄라고 한다.
		㉯ 매도인에게 제2의 매수인에게 제1의 매수인과의 매매계약의 사실을 고지할 법률상 또는 신의칙상의 작위의무가 거래실정으로 보아 없고, 다만 신의성실의 원칙상 대금전액을 받고 다만 등기의무만 남았다면 매도인은 이제 타인의 업무처리상의 지위에 있다고 해석되므로 배임죄가 성립된다.

배임수증재(背任收贈財)

타인의 사무를 처리하는 자가 그 임무에 관하여 부정한 청탁을 받고 재물 또는 이익을 취득하거나 제3자로 하여금 이를 취득하게 함으로써 성립하는 범죄이다(형§357①). 기존에는 재물이나 재산상 이익을 본인이 아닌 제3자에게 제공하도록 한 경우에는 처벌할 수 있는 근거가 없었다. 이에 부패행위를 방지하고 「UN 부패방지협약」 등 국제적 기준에 부합하도록 본인이 직접 재물이나 재산상의 이익을 취득하는 행위뿐만 아니라 제3자로 하여금 재물이나 재산상 이익을 취득하게 하는 행위도 처벌할 수 있도록 2016년 5월 29일 형법 일부 개정시 배임수재죄의 구성요건에 '제3자로 하여금 재물이나 재산상의 이익을 취득하게 한 경우'도 추가하였다. 본죄는 타인의 사무처리에 있어서의 공정과 성실의무를 지키고자 하는 데 그 근본 취지가 있다. 즉 본죄의 보호법익은 거래의 청렴성인 것이다. 여기에서 말하는 부정한 청탁이란 배임이 되는 내용의 부정한 청탁을 말하는 것이 아니라, 사회상규 또는 신의성실의 원칙에 반하는 것을 내용으로 하는 청탁이면 족하다. 본죄를 범한 자는 5년 이하의 징역 또는 1천만원 이하의 벌금에 처하고, 그 미수범도 처벌한다(§359). 범인 또는 배임수재의 정을 아는 제3자가 취득한 재물을 몰수하고, 그 재물을 몰수할 수 없거나 재산상의 이익을 취득한 때에는 그 가액을 추징한다. 이 경우 몰수 또는 그 추징은 필요적이다. 따라서 배임수재자가 해당 금액을 공여자에게 반환하였다고 하여도 추징하여야 한다.

장물죄(贓物罪)

영;receiving stolen property
불;Hehlerei, Sachhehlerei

장물죄란 장물을 취득·양여·운반·보관 또는 이들 행위를 알선하는 죄(형§362)를 총칭하는 것이다. 장물이란 재산죄 중의 영득죄(절도, 강도, 사기, 공갈, 횡령죄)에 의하여 불법으로 영득된 재물로서, 피해자가 법률상 그것을 추구할 수 있는 재물, 즉 도둑맞은 시계나 편취된 보석을 말한다. 따라서 영득죄가 아닌 도박에 의하여 취득한 금품은 장물이 아니다. 장물이 될 수 있는 재물을 최초로 영득한 범죄 또는 범죄인을 본범이라고 하는데, 그 본범에는 책임이 없기 때문에 그 행위가 가벌적으로 될 수 없는 경우, 예를 들면 14세 미만의 자가 절취한 경우에도 그로 인하여 취득한 재물은 장물이다. 피해자가 추구권을 갖지 않는 재물은 장물이 아니기 때문에 본범의 피해자가 소유권을 상실한 재물은 원칙으로 장물이 아니다. 장물죄는 고의범이기 때문에 장물인 情을 행위자가 인식하고 있음을 필요로 한다. 그러나 그것이 어떠한 범죄에 의하여 취득한 것인가, 본범은 누구인가 등 구체적 사실을 자세히 알 필요는 없다.「취득」이란 장물을 유상 또는 무상으로 취득하는 것이며, 「양여」는 장물을 취득한 자가 이것을 제3자에게 유상·무상으로 수여하는 것이다. 또「운반」이란 장물의 소재를 유상·무상으로 이전하는 것이고, 「보관」이란 장물인 정을 알고서 위임을 받아 그것을 은닉하는 행위이며, 「알선」이란, 장물의 법률적 처분행위(매매·입질) 또는 사실상 처분(운반·보관)을 매개·주선하는 것을 말한다. 형벌은 7년 이하의 징역이나 1천 5백만원 이하의 벌금으로 되어 있는데 친족간의 범행에 대해서는 특칙이 인정되고 있다(§365).

> 장물이라 함은 재산죄인 범죄행위에 의하여 영득된 물건을 말하는 것으로서 절도, 강도, 사기, 공갈, 횡령 등 영득죄에 의하여 취득된 물건이어야 한다*(대법원 2004. 12. 9. 선고 2004도5904).*

중과실장물죄(重過失 贓物罪)

중대한 과실로 인하여 장물을 취득·운반 또는 보관하거나 이러한 행위를 알선함으로써 성립하는 범죄(형법 364조후단)를 말한다.

업무상과실장물죄 (業務上過失贓物罪)

업무상과실로 인하여 장물을 취득·양여·운반·보관하거나 이들의 행위를 알선함으로써 성립하는 범죄(형법 364조)를 말한다. 형법상의 재산죄 가운데 중과실의 경우와 더불어 과실범을 처벌하는 유일한 규정이다. 본죄의 입법취지에 관하여는 고의의 입증이 곤란한 경우에 과실범으로 처벌할 길을 열어 단속의 효과를 거둔다는 정책적 고려에 있다고 보는 견해도 있다. 그러나 본죄가 업무상 과실과 중과실만을 처벌하고 있는 점에서 볼 때, 고물상이 전당포와 같이 중고품을 취급하는 업무에 종사하는 자는 장물을 취급하기 때문에 그 업무처리상의 주의의무를 요구하고, 보통인의 중과실을 이와 같이 취급하는 것이라고 해야 한다. 여기의 업무는 반드시 본래의 업무에 한하지 아니하고 그에 부수되는 업무도 포함한다. 친족간의 범죄에는 특례(형법 365조 1·2항)가 적용된다.

장물죄의 본질과 장물범위

학 설	내 용	장 물 범 위	주장자
추구권설	장물죄의 본질은 재산죄의 피해자가 점유를 상실한 재물에 대하여 추구·회복함을 곤란 내지 불능케 하는 점에 있다고 한다(여기서 추구라 함은 소유권 기타 물권에 기한 반환청구권을 말한다)	재산죄에 의하여 불법으로 취득한 재물로서 피해자가 법률상 추구할 수 있는 것. 따라서 절도, 강도, 사기, 공갈, 횡령, 장물죄에 의하여 얻은 물건을 장물이라고 한다.	통설·판례
유지설	장물죄의 본질은 재산권침해로 인하여 성립한 위법한 재산상태의 유지·존속에 있다고 한다.	장물의 개념을 전반적인 재산권 침해로 인하여 취득한 물건에까지 확장한다. 따라서 조수 보호 및 수렵에 관한 법률위반, 수산업법위반, 도박에서 얻은 물건, 뇌물로 받은 물건 등 범죄로 인하여 취득한 물건은 장물이다.	독일의 통설
공범설	장물죄의 본질을 범죄에 의하여 얻은 이익에 관여하는 것으로 본다.	피해자의 추구권 유무와는 관계없이 오로지 수수한 물건과 피해자간에 관련성만 있으면 장물이다.	平野, 유기천

손괴죄(損壞罪)

독;Sachbeschädigung

타인의 재물, 문서 또는 전자기록등 특수매체를 손괴 또는 은닉 기타의 방법으로 그 효용을 해하는 죄(형§366)이다. 손괴죄의 본질은 타인의 재물에 대하여 그 이용가치 내지 효용의 전부 또는 일부를 해하는데 있으므로 재산죄의 하나이지만, 그 재물을 「영득할 의사」가 없다는 점에서 영득죄인 다른 재산죄와 구별된다. 도죄(盜罪)와 같이 친족상도례의 적용이 없는데 특색이 있다. 또 손괴죄의 객체인 타인의 재물, 문서 또는 전자기록등 특수매체기록은 국가·법인·법인격 없는 단체 또는 개인의 것임을 불문하고, 또 그것을 타인이 소지하고 있음을 요하지 않고, 자기가 소지하는 타인의 재물 또는 문서를 손괴·은닉 기타 효용을 해하더라도 무방하다. 그러나 자기소유의 재물에 대한 손괴는 본죄가 아니라 권리행사방해죄가 성립될 수 있을 뿐이다. 재물은 동산·부동산을 가리지 않으나 공무소에서 사용하는 서류 기타 물건 또는 전자기록등 특수매체기록은 제외되고(§141), 또 공익건조물에 대한 손괴는 형이 가중된다(§367). 문서는 타인의 권리·의무에 관한 것에 한하지 않으며, 공문서도 사인의 소유하는 것인 때, 또는 자기명의의 문서라도 타인의 소유인 경우에는 재물·문서손괴죄의 객체로 된다. 또한 관리 가능한 동력도 재물로 본다(§372, §342준용). 손괴는 물질적 파괴가 보통이지만, 반드시 전부를 사용 불가능하게 하는 것을 요하지 않고, 예를 들면, 자기 명의의 차용증서의 내용의 일부 또는 그 서명을 말소하는 경우, 또는 문서에 첩부된 인지를 떼어내는 것도 문서손괴로 된다. 또 양조(養鳥)나 양어(養魚)를 개방하거나, 타인의 식품에 방뇨하여 그 효용적 가치를 해하는 것도 재물손괴로 된다. 즉 손괴란 재물 또는 문서에 직접 유형력을 행사하여 그 이용가능성을 침해하는 것을 말한다. 그러나 이로 인하여 물체 자체가 반드시 소멸 될 것은 요하지 아니하며, 그 재물이 가지고 있는 원래의 목적에 사용될 수 없게 하는 것이면 족하다. 그리고 은닉이라 함은 재물, 문서 또는 전자기록등 특수매체기록의 소재를 불분명하게 하여 그 발견을 곤란 또는 불가능하게 함으로써 그 재물, 문서 또는 전자기록 등 특수매체기록이 가진 효용을 해하는 것을 말한다. 따라서 은닉은 물권 자체의 상태의 변화를 가져오지 않는다는 점에서 손괴와 구별된다.

재물손괴등 죄는 3년 이하의 징역 또는 700만원 이하의 벌금에 처하고, 공익건조물파괴죄는 10년 이하의 징역 또는 2천만원 이하의 벌금이다. 이상의 죄를 범하여 사람의 생명·신체에 위험을 발생시키면 1년 이상 10년 이하의 징역, 사람을 상해에 이르게 한 때에는 1년이상의 유기징역에 처한다. 사망에 이르게 한 때에는 3년이상의 유기징역에 처한다(§368①, ②). 단체 또는 다중의 위력을 보이거나 위험한 물건을 휴대하여 재물손괴(§366)등 죄를 범하면 5년 이하의 징역 또는 1천만원 이하의 벌금, 이에 의하여 공익건조물파괴죄(§367)를 범하면 1년 이상의 유기징역 또는 2천만원 이하의 벌금에 처한다(§369①, §371). 또 경계표를 손괴·이동 또는 제거하거나 기타의 방법으로 토지의 경계를 인식 불능하게 하면 3년 이하의 징역 또는 5백만원 이하의 벌금이다(§370).

재물손괴죄에서의 효용을 해하는 행위에는 일시 물건의 구체적 역할을 할 수 없는 상태로 만드는 경우도 해당하므로 판결에 의하여 명도받은 토지의 경계에 설치해 놓은 철조망과 경고판을 치워버림으로써 울타리로서의 역할을 해한 때에는 재물손괴죄가 성립한다*(대법원 1982. 7. 13. 선고 82도1057)*.

중손괴죄(重損壞罪)

재물문서손괴죄·공익건조물파괴죄를 범하여 사람의 생명 또는 신체에 대하여 위험을 발생하게 하거나 사람을 사상에 이르게 함으로써 성립하는 범죄(형법 368조1·2항)를 말한다. 재물(문서)손괴죄와 공익건조물파괴죄의 결과적 가중범이다. 형법 제368조 제1항은 생명·신체에 대한 위험이 발생한 경우이며, 제2항은 사상이라는 결과가 발생한 경우이다(재물손괴치사상죄). 재물손괴죄와 공익건조물파괴죄는 미수범을 벌하므로 손괴 또는 파괴가 기수인가 미수인가는 묻지 않는다. 결과적 가중범의 일반원리에 따라 손괴행위와 발생한 결과 사이에 인과관계가 있어야 하고 그 결과는 예견할 수 있는 것이어야 한다.

재물문서손괴죄(財物文書損壞罪)

타인의 재물·문서 또는 전자기록 등 특수매체기록을 손괴 또는 은닉 기타 방법으로 그 효용을 해함으로써 성립하는 범죄(형법 366조)를 말한다. 본죄의 보호법익은 소유권의 이용가치 또는 기능으로서의 소유권이다. 본죄에 대한 가중적 구성요건으로는 본죄로 인해 사람을 상해한 경우인 중손괴죄(형법 368조)와 특수손괴죄(형법 369조)가 있다. 본죄에서 '재물'이란 유체물 뿐만 아니라 관리할 수 있는 동력을 포함한다(형법 372조). 동산·부동산을 불문하며, 동물도 또한 여기의 재물에 해당한다. 재물은 반드시 경제적 가치를 가질 것을 요하지 않는다. '문서'란 형법 141조 제1항(공용서류 등 무효죄)의 서류에 해당하지 않는 모든 서류를 말한다. 사문서이든 공문서이든 불문한다. 사문서는 권리·의무에 관한 문서이든 사실증명에 관한 문서이든 묻지 않는다. 특정인으로부터 특정인에게 의사를 전달하는 신서는 물론 도서나 유가증권도 여기에 포함된다.'재물 또는 문서'는 타인의 소유에 속하여야 한다.

경계침범죄(境界侵犯罪)

경계표를 손괴·이동 또는 제거하거나 기타의 방법으로 토지의 경계를 인식불능케 함으로써 성립하는 범죄로서(형 §370) 토지에 대한 권리와 중요한 관계를 가진 토지경계의 명확성을 그 보호법익으로 한다. 여기에서 말하는 토지의 경계란 소유권 등의 권리의 장소적 한계를 나타내는 지표를 말한다. 따라서 사법적 권리의 범위를 표시하건 공법적 권리의 범위를 표시하건 불문하며, 자연적 경계이건 인위적 경계이건 또는 그 경계가 권한 있는 기관에 의해 확정된 것이건 사인간의 계약에 의하여 확정된 것이건 불문한다. 또한, 그 경계가 관습상 일반적으로 인정된 것이라도 가리지 아니하며 비록 그 경계가 실체법상의 권리와 일치하지 않더라도 상관없다. 그리고 경계표란 토지의 경계를 확정하기 위하여 그 토지에 만들어진 표식·공작물·입목 기타의 물건을 말하며 반드시 타인의 소유임을 요하지 않고 자기의 소유이든 무주물이든 불문한다. 본 죄는 경계표를 손괴·이동·제거하거나 기타의 방법으로 경계를 인식 불능케 한다는 인식을 요하며 또한 그것으로 족하다. 따라서 정당한 경계가 아니라고 믿는 것만으로는 고의가 조각되지 않는다. 그러나 토지의 경계를 인식 불능케 한다는 인식이 없고 손괴의 고의만 있을 때에는 본죄가 성립하지 않고 재물손괴죄를 구성한다. 본죄의 형은 3년 이하의 징역 또는 5백만원 이하의 벌금이다.

형법 제370조의 경계침범죄는 토지의 경계에 관한 권리관계의 안정을 확보하여 사권을 보호하고 사회질서를 유지하려는데 그 규정목적이 있으므로 비록 실체상의 경계선에 부합되지 않는 경계표라 할지라도 그것이 종전부터 일반적으로 승인되어 왔다거나 이해관계인들의 명시적 또는 묵시적 합의에 의하여 정하여진 것이라면 그와 같은 경계표는 위 법조 소정의 계표에 해당된다 할 것이고 반대로 기존경계가 진실한 권리상태와 맞지 않는다는 이유로 당사자의 어느 한쪽이 기존경계를 무시하고 일방적으로 경계측량을 하여 이를 실체권리관계에 맞는 경계라고 주장하면서 그 위에 계표를 설치하더라도 이와 같은 경계표는 위 법조에서 말하는 계표에 해당되지 않는다*(대법원 1986. 12. 9. 선고 86도1492)*.

권리행사방해죄(權利行使妨害罪)

타인이 점유하거나 권리의 목적이 된 자기의 물건 또는 전자기록등 특수매체기록을 그 타인의 승낙 없이 취거·은닉 또는 손괴하여 타인의 권리행사를 방해하는 죄이다(형§323). 예를 들면 타인에게 임대해 준 자기의 자전거를 그 타인의 승낙 없이 제3자에게 매매하여 인도한 경우가 이에 해당한다. 여기서 타인은 자연인에 한하지 안고 법인이든 법인격 없는 단체이든 관계없다. 또 자기와 타인이 공동으로 점유하는 물건도 타인이 점유하는 물건으로 인정된다. 그러나 자기와 타인이 공동으로 소유하는 물건은 타인의 물건이 되어 본죄의 객체로 되지 않는다. 공무소의 명령에 의하여 타인이 간수하는 자기의 물건도 타인의 점유에 속하는 것이지만, 이에 관하여는 공무상보관물무효죄(형§142)가 성립될 뿐이다. 점유는 사실상의 지배를 말하므로, 예를 들면 백금반지를 친구에게 맡기고 돈을 차용한 경우에, 그 백금반지가 친구의 정원에 떨어져 있음을 알고 이를 은닉한 때에도 권리행사방해죄가 된다. 또 타인의 권리의 목적이 된 자기의 물건은 그것이 질권이나 저당권)과 같은 물권의 목적이든, 임대된 물건과 같은 채권의 목적이든, 묻지 않고 그 물건도 재산죄에 있어서의 「재물」의 개념·내용과 동일하다. 따라서 「관리할 수 있는 동력」(§346)도 여기의 물건에 포함시키는 것이 통설이다. 본죄의 행위는 점유자의 의사에 반하여 타인의 점유물을 자기 또는 제3자의 사실상의 지배밑으로 옮기거나(취거), 물건의 소재의 발견을 불능 또는 곤란하게 하거나(은닉), 혹은 물건의 일부 또는 전부를 용익적·가치적으로 해하는 것(손괴)이고, 이러한 행위에 의하여 타인의 권리행사를 방해함으로써 범죄가 성립한다. 5년 이하의 징역 또는 7백만원 이하의 벌금에 처하고, 본죄를 직계혈족·배우자·동거친족·가족 또는 그 배우자 사이에 범한 경우에는 그 형을 면제하고(§328①), 그 이외의 친족 사이에 범한 때에는 고소가 있어야 공소를 제기할 수 있다(§328②). 이른바 친족상도례가 적용되는 범죄이다.

폭력 또는 협박으로 타인의 권리행사를 방해하거나 의무 없는 일을 하게 하면 5년 이하의 징역(§324)에 처하고, 사람을 체포·감금·약취 또는 유인하여 이를 인질로 삼아 제3자에 대하여 권리행사를 방해하거나 의무 없는 일을 하게 하면 3년이상의 유기징역에 처하고, 이에 의하여 인질을 상해하건, 상해에 이르게 한때에는 무기 또는 5년이상의 징역, 인질을 살해한 때에는 사형 또는 무기징역, 사망에 이르게 한 때에는 무기 또는 10년이상의 징역에 처한다. 위의 미수범은 처벌하고 위의 죄를 범한자 및 그 죄의 미수범이 인질을 안전한 장소로 풀어준 때에는 형을 감경할 수 있다(§324의 2 내지 §324의6). 폭행 또는 협박으로 타인이 점유하는 자기의 물건을 강취하거나 타인의 점유에 속하는 자기의 물건을 취거함에 당하여 그 탈환을 거부하거나 체포를 면탈하거나 죄적을 인멸할 목적으로 폭행 또는 협박을 가한 때에는 7년 이하의 징역 또는 10년 이하의 자격정지에 처하며(§325①, ②) 위 죄의 미수범은 처벌한다(§325③). 이에 의하여 사람의 생명에 위험을 발생하게 하면 10년 이하의 징역에 처한다(§326). 또 강제집행을 면할 목적으로 재산을 은닉·손괴·허위양도 또는 허위채무를 부담하여 채권자를 害하면 3년 이하의 징역 또는 1천만원 이하의 벌금이다(§327). 이 죄는 목적범이므로 강제집행을 면하는 데 성공하였는가 아닌가는 범죄의 성립에 영향을 미치지 아니한다.

중권리행사방해죄(重權利行使妨害罪)

점유강취죄·준점유강취죄를 범하여 사람의 생명에 대한 위험을 발생하게 함으로써 성립하는 범죄(형법 326조)를 말한다. 본죄는 결과적 가중범이다. 사람의 생명에 대한 위험이란 생명에 대한 구체적 위험을 의미한다. 사사의 결과가 발생한 경우는 본조에서 규정하지 않고 있다. 따라서 점유강취죄나 준점유강취죄와 함께 폭행치상 또는 폭행치상죄가 성립할 뿐이라고 해야 한다.

공무원권리행사방해죄 (公務員權利行使妨害罪)

공무원이 직권을 남용하여 사람으로 하여금 의무없는 일을 행하게 하거나 사람의 권리행사를 방해함으로써 성립하는 범죄(형법 123조)를 말한다. 본죄의 성질에 관하여 다수설은 폭력에 의한 권리행사방해죄(형법 324조)에 대하여 공무원이라는 신분으로 인하여 책임이 가중되는 가중적 구성요건이라고 해석하고 있다.

사회적 법익에 관한 죄

공공의 안전과 평온에 관한 죄

공안을 해하는 죄(公安을 害하는 罪)

공공의 법질서 또는 공공의 안전과 평온을 해하는 것을 내용으로 하는 범죄(형법 각칙5장)를 말한다. 형법은 공안을 해하는 죄로 제114조 이하에서 범죄단체조직죄(형법 114조), 소요죄(형법 115조), 다중불해산죄(형법 116조), 전시공수계약불이행죄(형법 117조) 및 공무원자격사칭죄(형법 118조)의 5개범죄를 규정하고 있다.

공공위험죄(公共危險罪)

독;gemein grfährliche straftaten

공공의 위험의 발생이 구성요건으로 되어 있는 범죄를 말한다. 형법상 공공위험죄로 들 수 있는 것은 폭발물에 관한 죄, 방화와 실화의 죄, 일수와 수리에 관한 죄, 교통방해의 죄, 음용수에 관한 죄 등이다. 이 이외에 소요죄도 공공위험죄에 포함된다는 견해도 있다. 공공의 위험의 판단 기준은 보통인의 객관적 판단을 기준으로 하여야 한다. 또한 그것은 물리적 가능성이 아니라 심리적·객관적 가능성을 뜻한다.

범죄단체조직죄(犯罪團體組織罪)

사형, 무기 또는 장기 4년 이상의 징역에 해당하는 범죄를 목적으로 하는 단체 또는 집단을 조직하거나 이에 가입 또는 그 구성원으로 활동함으로써 성립하는 죄를 말한다(형§114). 사형, 무기 또는 장기 4년 이상의 징역에 해당하는 범죄를 목적으로 하는 단체의 조직행위를 처벌하도록 하여 그 범위를 제한하여 '국제연합국제조직범죄방죄협약'의 내용과 조화를 이루게 하였다.

> 형법 제114조 제1항 소정의 범죄를 목적으로 하는 단체라 함은 특정다수인이 일정한 범죄를 수행한다는 공동목적 아래 이루어진 계속적인 결합체로서 그 단체를 주도하는 최소한의 통솔체제를 갖추고 있음을 요한다*(대법원 1985. 10. 8. 선고 85도1515)*.

소요죄(騷擾罪)

독;Landfriedensbruch

다중이 집합하여 폭행·협박 또는 손괴행위를 함으로써 성립하는 범죄이다(형§115). 사회의 평온을 그 보호법익으로 한다. 다중의 집합을 요건으로 하는 필요적 공범이며, 군집범죄(Massedelikte)라는 점에서 내란죄와 그 성질을 같이 한다고 할 수 있다. 그러나 국헌문란 등을 목적으로 하지 않는 점에서 내란죄(§87)와 다르다. 다중이란 몇 사람 이상이라고 명시되어 있는 것은 아니나 한 지방의 공공의 평온을 해할 수 있는 폭행, 협박, 손괴를 하는데 있어서의 상당한 다수의 인원을 말한다. 집합이란 내란죄와 같이 조직화를 필요로 하지 않으며, 집합의 목적도 불문한다. 집합한 다중이 특정한 공동목표를 가질 것도 필요로 하지 않는다.

폭행, 협박은 가장 넓은 의미의 것을 말한다. 즉 폭행은 사람에 대한 것이든 물건에 대한 것이든 모두 포함한다. 협박은 사람에게 공포심을 갖게 하는 일체의 행위를 포함한다. 이 죄가 성립하려면 단순한 폭행, 협박이 이루어짐으로써 족하느냐, 그 폭행, 협박은 구체적으로 한 지방의 공공의 평온을 해하는데 족할 정도임을 필요로 하는가에 대해서 학설과 판례는 견해를 달리하고 있는데 판례는 後說을 취한다. 형은 1년 이상 10년 이하의 징역이나 금고 또는 1천5백만원 이하의 벌금이다.

다중불해산죄(多衆不解散罪)

독;Auflauf

폭행·협박·손괴의 행위를 할 목적으로 다중이 집합하여 그를 단속할 권한이 있는 공무원으로부터 해산명령을 3회 이상 받았음에도 불구하고 해산하지 않는 죄로서, 형은 2년 이하의 징역이나 금고 또는 3백만원 이하의 벌금에 처한다(형§116). 이 죄는 소요죄에 이르는 전 단계를 독립한 범죄로서 규정한 것으로 넓은 의미의 소요죄에 포함되는 것이다. 따라서 집합한 다중이 더 나아가서 적극적으로 폭행·협박·손괴의 행위를 하였을 경우에는 소요죄가 성립되는 것이다. 이 죄는 목적범죄이다. 다만 집합시초부터 폭행, 협박의 목적이 있음은 필요하지 않으며, 타목적으로 집합한 다중이 도중에서 이러한 목적이 생김으로써 충분하다. 단속할 권한이 있는 공무원이란 해산을 명할 수 있는 권한이 있는 공무원을 말한다. 3회 이상의 해산명령은 최소한 3회임을 말하며 각회의 명령사이에는 해산에 필요한 정도의 시간적 간격이 있어야 한다. 연속 3회를 연호(連呼)하여도 그것은 1회의 명령에 지나지 않는다.

전시공수계약불이행죄

(戰時公需契約不履行罪)

전쟁·천재 기타 사변에 있어서의 국가 또는 공공단체와 체결한 식량 기타 생활필수품의 공급계약을 정당한 이유 없이 이행하지 아니한 범죄를 말한다(형§117). 본죄는 전쟁·천재 기타 사변에 있어서 국가 또는 공공단체와 체결한 공수계약을 이행하지 않거나 계약이행을 방해한 자를 처벌하여 국가비상사태하에서 생활필수품의 원활한 공급을 가능하게 하여 국민생활의 안정을 도모하려는 데 그 취지가 있으며, 전시군수계약불이행죄(§103)와 평행되는 규정이다. 그러나 여기에서 말하는 국가는 제103조의 정부보다 넓은 개념이며, 또한 공공단체에는 지방조합도 포함된다.

전시군수계약불이행죄

(戰時軍需契約不履行罪)

전쟁 또는 사변에 있어서 정당한 이유없이 정부에 대한 군수품 또는 군사공작물에 관한 계약을 이행하지 아니하거나, 이러한 계약이행을 방해함으로써 성립하는 범죄(형법 103조1·2항)를 말한다. 계약불이행죄는 진정부작위범이고, 계약이행 방해는 작위범으로 규정되어 있다. 전쟁 또는 사변과 같은 비상사태에서 군작전상 필요한 물자와 시설에 대한 계약을 이행하지 않거나 그 이행을 방해하는 것은 군작전 수행에 막대한 지장을 초래하고, 나아가서 국가의 존립까지 위태롭게 할 염려가 있다는 이유로 범죄로서 처벌하기로 한 것이다. 본죄에서의 정부란 행정부를 통칭하지만 정부를 대표하여 군수계약을 체결할 수 있는 지방관서도 포함하며, 군수품·군용공작물이란 군작전상 필요로 하는 일체의 물자와 시설을 말한다.

공무원자격사칭죄
(公務員資格詐稱罪)

공무원의 자격을 사칭하여 직권을 행사함으로써 성립하는 범죄이다(형§118). 따라서 본죄가 성립하기 위해서는 공무원의 자격사칭과 직권행사라는 두 가지의 요건이 구비되어야 한다. 여기에서의 공무원에는 임시직원도 포함된다. 그리고 자격을 사칭하는 방법에는 제한이 없다. 따라서 자기 자신이 스스로 사칭할 것을 요하지 않고 부작위에 의한 사칭도 가능하다. 그러나 본죄에 있어서 직권행사가 없는 단순한 사칭은 경범죄에 해당될 뿐이다(경범§1Ⅷ).

공무원자격사칭죄가 성립하려면 어떤 직권을 행사할 수 있는 권한을 가진 공무원임을 사칭하고 그 직권을 행사한 사실이 있어야 하는바, 피고인들 이 그들이 위임받은 채권을 용이하게 추심하는 방편으로 합동수사반원임을 사칭하고 협박한 사실이 있다고 하여도 위 채권의 추심행위는 개인적인 업무이지 합동수사반의 수사업무의 범위에는 속하지 아니하므로 이를 공무원자격사칭죄로 처벌할 수 없다*(대법원 1981. 9. 8. 선고 81도1955).*

폭발물사용죄(爆發物使用罪)

폭발물을 사용하여 사람의 생명·신체 또는 재산을 해하거나 기타 공안을 문란케 함으로써 성립하는 범죄로서 공공위험범죄의 일종이다(형§119). 즉 본죄는 폭발물의 사용이라는 특별한 방법에 의하여 공공의 평온을 해하는 범죄인 것이다. 여기서의 폭발물이란 점화 등 일정한 자극을 가하면 폭발하는 작용을 하는 물체를 말한다. 그러나 그 개념은 법률적 개념으로 폭발의 파괴력이 사람의 생명·신체·재산을 해하거나 공안을 문란케 할 정도에 이르러야 한다. 또 공안의 문란이라 함은 폭발물을 사용하여 한 지방의 법질서를 교란할 정도에 이르는 것을 말한다. 따라서 본죄는 폭발물이 폭발하여 공안을 문란케 하였을 때에 기수가 된다.

방화죄(放火罪)
영;arson 독;Brandstiftung

고의로 현주건조물·공용건조물·일반건조물 또는 일반건물을 소훼하는 것을 내고의로 현주건조물·공용건조물·일반건조물 또는 일반건물을 소훼하는 것을 내용으로 하는 공공위험죄의 대용으로 하는 공공위험죄의 대표적인 예이다.

본죄는 개인법익인 재산에 대한 손괴의 성질도 가지고 있으며, 역사적으로도 매우 중하게 처벌되어 왔다. 그런데 형법은 이러한 좁은 의미의 방화죄외에 진화를 방해하거나, 폭발성 있는 물건을 파열하거나 가스등의 공작물을 손괴하는 것도 방화죄에 준하여 처벌하고 있다. 따라서 광의의 방화죄에는 이와 같은 방화죄도 포함된다고 보아야 한다. 방화죄는 그 목적물의 종류에 따라 여러 가지 태양(態樣)이 있다.

즉 (1) 불을 놓아 사람이 주거로 사용하거나 사람이 현존하는 건조물, 기타, 전차, 선박, 자동차, 항공기, 광갱등을 소훼했을 때는 무기 또는 3년 이상의 징역에 처하며(형§164①), 그 미수죄도 처벌한다(§174). 위 죄를 범하여 사람을 상해에 이르게 한때에는 무기 또는 5년 이상의 징역에, 사망에 이르게 한 때에는 사형, 무기 또는 7년 이상의 징역에 처한다(§164②). 여기서 사람이라 함은 범인 이외의 자를 말하며, 처자 등도 포함한다. 건조물 등의 소유권이 범인에게 속하는가 타인에게 속하는가는 불문한다. (2) 불을 놓아서 사람이 주거로 사용하거나 사람이 현존하지 않는 건조물이나 기차, 전차, 자동차, 선박, 항공기 또는 광갱을 소훼했을 때에는 2년 이상의 유기징역(§166①), 또는 그것이 자기소유물일 때에는 공공의 위험을 발생하게 하였을 경우에 한하여 7년 이하의 징역 또는 1천만원 이하의 벌금에 처한다(§166②). (3) 불을 놓아 건조물 등 이외의 물건을 소훼하여 공공의 위험을 발생하게 한 자는 1년 이상 10년 이하의 징역에 처하고(§167①), 이러한 물건이 자기소유에 속한 때에는 3년 이하의 징역이나 700만원 이하의 벌금에 처한다(§167②). 또 (1)(2)에 대한 예비·음모도 처벌된다(§175). (2)(3)에서 말하는 공공의 위험이란 불특정 또는 다수인의 생명, 신체, 재산을 침해하는 개연성 있는 상태를 말하며, 이러한 범죄가 성립되자면 이와 같은 공공의 위험의 인식이 있어야 함이 필요하다. 그러나 이에 대해서는 이견이 있다. 이 밖에도 연소죄(§168), 진화방해죄 (§169), 실화죄(§170, §171)가 있다. 여기에서 말하는 연소란 행위자가 예기치 않은 건조물 등 물건에 옮겨 붙은 것을 말하는 것이며, 진화방해행위란 예를 들면 수도를 차단하여 소화작업을 방해했을 때나 진화행위가 방해될 만한 장소에서 물러가지 않는 행위 같은 것을 말한다. 이와 같은 방화죄의 기수시기에 대해서는 몇 가지의 견해가 대립되고 있다. 즉 (1) 불이 매개물을 떠나 목적물에 독립하여 연소할 수 있는 상태에 이르렀을 때에 기수가 된다는 독립소설과 (2) 화력에 의하여 목적물의 중요부분이 소실되어 그 효용이 상실된 때에 기수가 된다는 효용상실설 그리고 (3) 양자의 절충설이 있다. 그러나 현재 통설 및 판례는 제(1)설을 취하고 있다.

방화죄는 화력이 매개물을 떠나 스스로 연소할 수 있는 상태에 이르렀을 때에 기수가 된다*(대법원 1970. 3. 24. 선고, 70도330).*

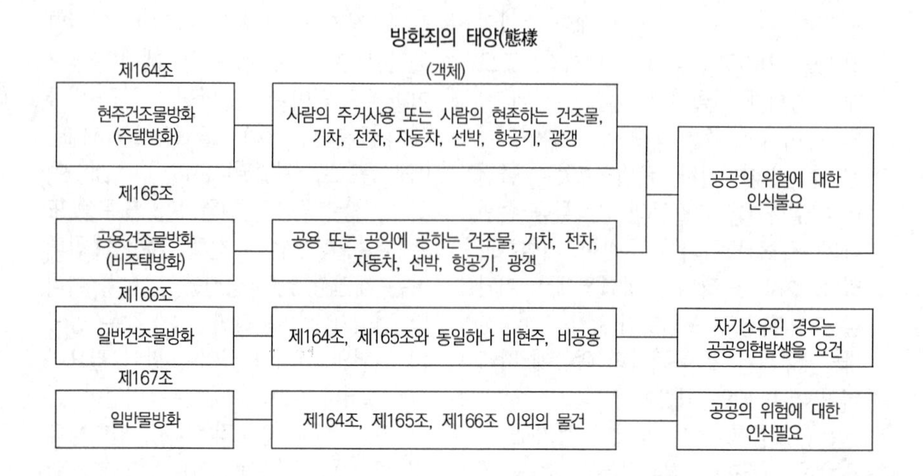

진화방해죄(鎭火妨害罪)

화재에 있어서 진화용의 시설 또는 물건을 은닉 또는 손괴하거나 기타 방법으로 진화를 방해한 죄(형§169)를 말한다. 본죄에서 말하는 (1) 「화재에 있어서」라 함은 공공의 위험이 발생할 정도의 물건 등이 연소상태에 있는 것을 말한다. 화재의 원인이 방화이건, 실화이건, 천재이건 불문한다. 그리고 소훼의 결과가 일어나는 것을 필요로 하지 않고, 화재가 일어나고 있다는 사실만으로 충분하다. (2) 「은닉」이라 함은 일정한 행위의 객체의 발견을 불가능 또는 곤란하게 하는 행위를 말한다. (3) 「손괴」라 함은 그 물건의 제조목적을 해하는 것을 말한다. (4) 「기타의 방법」이란 예컨대 소방차를 못가게 한다던가, 소방원에게 폭행 또는 협박을 하여 전화작업(鎭火作業)을 못하게 하는 것 등이다. (5) 「진화용의 시설」이라 함은 화재경보기 등과 같은 소방용 통신시설이나 기타의 시설을 말한다. (6) 「진화용의 물건」이라 함은 소방자동차 또는 소방용 호스와 같이 화재를 방지하기 위하여 만든 물건을 말한다.

가스, 전기등 공급방해죄
(가스, 電氣等 供給妨害罪)

공공용 또는 일반의 가스, 전기 또는 증기의 공작물을 손괴 또는 제거하거나 기타 방법으로 가스, 전기 또는 증기의 공급이나 사용을 방해하여 공공의 위험을 발생하게 하는 죄이다. 처벌은 1년 이상 10년 이하의 징역(형§173③). 이 위험은 공공에 대한 위험일 것이 요구되며(구체적 위험범), 이 죄의 고의에 대해서는 견해가 대립되어 있다. (1) 소극설은 누출 등의 행위에 대해서는 인식예견이 필요하지만 결과의 발생에 대해서는 필요하지 않는다고 본다. (2) 적극설은 위험발생에 대해서도 인식예견이 필요하다. 그러나 위험의 예견이면 족하고 결과의 구체적인 인식은 필요하지 않다고 본다.

형법

(1)설이 통설로 받아들여지고 있지만 (2)설도 상당히 유력하다. 이 죄를 범함으로 인하여 사람을 사상케 한 경우는 결과적 가중범이 된다.

가스·전기등 방류죄
(가스·電氣등 放流罪)

가스·전기·증기 또는 방사선이나 방사성 물질을 방출·유출 또는 살포시켜 사람의 생명·신체 또는 재산에 대하여 위험을 발생시킴으로써 성립하는 범죄(형법 174조의2항)를 말한다. 미수범(형법 174조) 및 예비·음모(형법 175조)도 처벌한다.

폭발성물건파열죄
(爆發性物件破裂罪)

보일러, 고압가스 그 밖에 폭발성이 있는 물건을 파열케 하여 사람의 생명, 신체 또는 재산에 대하여 위험을 발생시키는 죄이다(형§172①). 이 죄는 1년 이상의 유기징역에 처한다. 사람을 상해에 이르게 한 때에는 무기 또는 3년 이상의 징역에 처한다. 사망에 이르게 한 때에는 무기 또는 5년 이상의 지역에 처한다(§172②). 공공위험범의 일종이다. 압류·강제처분을 받거나 타인의 권리 또는 보험의 목적이 된 물건은 자기의 물건이라도 타인의 소유로 취급한다는 점에서 방화죄에 있어서와 같다(§176).

실화죄(失火罪)
독;fahrlässige Brandstifung

과실로 인하여 현주건조물(형§164) 또는 공용건조물(§165) 및 일반건조물(§166) 등에 기재된 물건을 연소시킨 죄(§170)이다. 사람의 주거에 사용하거나 사람이 현존하는 건조물, 기차, 전차, 자동차, 선박, 항공기 또는 광갱 그 밖에 사람의 주거에 사용하지 않는 타인소유의 건조물 또는 사람이 현존하지 않는 건조물 등을 과실로 인하여 소훼했을 때에는 추상적 위험범으로서 즉시 범죄가 성립되는 것이나(§170①), 만일 자기소유에 속하는 것일 경우에는 구체적 위험범으로서 공공의 위험이 발생한 때에 한하여 범죄로 되는 것이다(§170②). 그 어느 것이든 1천5백만원 이하의 벌금으로 처벌된다. 과실에 의한 손괴는 처벌하지 않고 실화만 처벌하는 것은 화력이 지니는 특수한 위험성 때문이다. 실화란 과실로 인하여 불이 나게 한 것을 말하는데, 담배불을 붙이다가 옆에 있던 휘발유탱크에 인화하는 경우나, 전기 다리미의 스위치를 뽑지 않고 그대로 두는 것과 같은 부작위에 의한 경우도 포함된다. 업무상 필요한 주의를 태만함으로써 일어난 중과실의 경우는 그 형이 가중된다(§171). 여기서 업무라고 함은 통설에 따르면 예컨대 휘발유탱크와 같이 발화의 위험을 수반하는 업무를 의미한다고 해석하고 있다. 그리고 중과실이란 부주의의 정도가 특히 큰 경우를 말한다.

업무상실화죄(業務上失火罪)

업무상 과실로 인하여 범한 실화죄(형법 171조)를 말한다. 업무상실화는 업무자의 예견의무로 인하여 책임이 가중되는 경우이다. 여기서 업무란 주유소와 같이 화재의 위험이 수반되는 업무, 화기·전기를 다루는 사람과 같이 화재를 일으키지 않도록 특별히 주의해야 할 업무 및 화재방지를 내용으로 하는 업무가 포함된다.

> 업무상 실화죄에 있어서의 업무에는 그 직무상 화재의 원인이 된 화기를 직접 취급하는 것에 그치지 않고 화재의 발견 방지 등의 의무가 지워진 경우를 포함한다(*대법원 1983. 5. 10. 선고 82도2279*).

일수죄(溢水罪)

영;inundating
독;berschwemmung

수해(水害)를 일으켜서 공공의 안전을 해하는 것을 내용으로 하는 범죄로서 공공의 평온을 그 보호법익으로 하는 공공위험죄라는 점에서 방화죄와 본질이 같다. 그러나 방화죄가 화력에 의한 파괴를 예방하는 데 그 본질이 있음에 반하여, 수익죄는 수력에 의한 파괴력을 이용하는 점에 특색이 있다. 즉 본죄는 물을 넘겨 사람의 주거에 사용하거나 사람이 현존하는 건조물, 기차, 전차, 자동차, 선박, 항공기, 광갱을 침해한 죄이다(형§177①). 이 경우 자기소유에 속하는 것 이외의 물건에 대해서는 공공의 위험이 발생할 것을 필요로 한다.「수력에 의한다」,「화력에 의한다」라는 것만이 다를 뿐 이 죄는 방화죄와 그 성질을 같이하는 공공위험죄이다. 여기서 말하는 일수(溢水)란 제한되어 있는 물의 자연력을 해방하여 범람하게 하는 것이다. 이러한 물은 유수(流水)이건 저수이건 상관없다. 해방의 수단도 제한되어 있지 않다. 제방이나 수문을 파괴하거나 그밖에 어떠한 수단이라도 상관없다. 작위는 물론 부작위에 의해서도 가능하다. 또 일수(溢水)는 방수를 해(害)하는 행위도 포함된다. 다만 형법에서는 이를 다른 죄로 써 독립하여 처벌하고 있다(방수방해죄). 여기서의 침해란 수력에 의한 물건의 손괴(효력의 멸실 또는 현저한 감소)를 말한다(통설). 또 공공의 위험발생을 필요로 하는 경우에 이를 예견함이 필요한가에 관하여 이론이 있으나 통설은 필요하다고 한다. 일수죄는 그 미수죄도 처벌된다(§182). 또 과실에 의한 일수의 경우도 처벌된다(§181).

과실일수죄(過失溢水罪)

과실로 현주건조물등 일수죄(형법 177조) 또는 공용건조물등 일수죄(형법 178조)에 기재된 물건을 침해하거나, 일반건조물등 일수죄(형법 179조)에 기재한 물건을 침해하여 공공의 위험을 발생케 한 경우에 성립하는 범죄를 말한다. 과실에 의한 재물손괴는 처벌하지 않는다. 그러나 수력의 파괴력이 크다는 점을 고려하여 형법은 일수죄에 관하여는 공공의 위험이 인정되거나 또는 그 위험이 발생한 경우에 과실범을 처벌하는 것이다. 전자가 추상적 위험범임에 반하여, 후자는 구체적 위험범이다.

방수방해죄(防水妨害罪)

수재에 있어서 방수용의 시설 또는 물건을 손괴 또는 은닉하거나 기타 방법으로 방수를 방해함으로써 성립하는 범죄(형법 180조)를 말한다. 본죄는 진화방해죄(형법 169조)와 그 본질을 같이하는 공공위험죄이다. '수재에 있어서'란 수재로 인하여 침해의 결과가 일어난 때뿐만 아니라 수재발생의 위험이 있는 상태를 포함한다. 수재발생의 원인은 묻지 않는다. 방수용의 시설 또는 물건이란 방수하기 위하여 만든 일체의 시설 또는 물건을 포함한다. 재료나 구조가 어떤가는 물론 소유권의 여하도 문제되지 않는다. 따라서 자기 소유의 물건에 대하여도 본죄가 성립될 수 있다.

수리방해죄(水利妨害罪)

제방을 결궤(決潰)하거나 수문을 파괴하거나 기타 수리방해가 되는 행위를 한 죄로서 5년 이하의 징역 또는 7백만원 이하의 벌금에 처한다(형§184). 수리권의 보호가 그 목적이며, 공공위험죄는 아니다. 일수죄와 같은 장에 규정되어 있는 것은 이 죄가 일수의 위험을 수반하는 일이 많으며, 또 수단도 공통되기 때문이다. 수리란 관개, 목축, 발전 등 모든 물의 이용을 말하며, 다만 교통, 수도에 의한 음료수의 이용은 제외된다. 방해되는 수리는 타인의 권리에 속하는 것이어야만 하며, 수리를 방해받은 사람에게 수리권(水利權)이 없을 때에는 이 죄가 성립되지 않는다. 그리고 방해방법은 제방의 결궤나 수문파괴 외에도 유수(流水)의 폐색, 변경, 저수를 유출케 하는 등 현실로 수리(水利)를 방해할 우려가 있는 모든 행위를 말한다. 다만 경미한 수로의 물을 방해하는 행위는 포함되지 않는다. 따라서 실제로 수리방해의 결과 발생을 요하지는 않는다.

> 형법 제184조는 '제방을 결궤(결궤, 무너뜨림)하거나 수문을 파괴하거나 기타 방법으로 수리를 방해'하는 것을 구성요건으로 하여 수리방해죄를 규정하고 있는바 여기서 수리(수리)라 함은, 관개용·목축용·발전이나 수차 등의 동력용·상수도의 원천용 등 널리 물이라는 천연자원을 사람의 생활에 유익하게 사용하는 것을 가리키고(다만, 형법 제185조의 교통방해죄 또는 형법 제195조의 수도불통죄의 경우 등 다른 규정에 의하여 보호되는 형태의 물의 이용은 제외될 것이다), 수리를 방해한다 함은 제방을 무너뜨리거나 수문을 파괴하는 등 위 조문에 예시된 것을 포함하여 저수시설, 유수로(유수로)나 송·인수시설 또는 이들에 부설된 여러 수리용 장치를 손괴·변경하거나 효용을 해침으로써 수리에 지장을 일으키는 행위를 가리키며, 나아가 수리방해죄는 타인의 수리권을 보호법익으로 하므로 수리방해죄가 성립하기 위하여는 법령, 계약 또는 관습 등에 의하여 타인의 권리에 속한다고 인정될 수 있는 물의 이용을 방해하는 것이어야 한다*(대법원 2001. 6. 26. 선고 2001도404)*.

교통방해죄(交通妨害罪)
독;Verkehrsstraftaten, gefährliche Eingriffe in den Verkehr

교통로 또는 교통기관 등 교통설비를 손괴 또는 불통하게 하여 교통을 방해하는 것을 내용으로 하는 범죄, 즉 육로, 수로 또는 교량을 손괴 또는 불통하게 하거나 기타 방법으로 교통을 방해한 죄를 말한다. 본죄의 보호법익은 교통의 안전이다. 일반적으로 교통의 안전은 한편으로는 공중의 생명, 신체, 재산의 안전을 내포하고 있다. 따라서 이것은 공공위험죄에 속한다. 교통방해죄는 철도 또는 그 표지, 등대 또는 부표 등을 파괴하거나(형§186), 사람이 현존하는 기차, 전차, 자동차, 선박 또는 항공기 등을 전복, 매몰, 추락 또는 파괴하는 행위(§187)를 포함한다. 이 경우에 육로란 도로만을 의미하며 철도는 제외된다. 또 기차나 전차라고 함은 휘발유나 경유같은 것으로 움직이게 되는 차도 포함한다. 또 과실, 업무상과실, 중과실에 의한 교통방해죄(§189)가 있으며 업무상과실 또는 중과실의 경우에는 3년 이하의 금고 또는 2천만원 이하의 벌금에 처한다. 과실로 인한 경우에는 1천만원 이하의 벌금에 처한다.

과실교통방해죄(過失交通妨害罪)

과실로 인하여 일반교통방해죄(형법 185조), 기차·선박등 교통방해죄(형법 186조) 및 기차등 전복죄(형법 187조)를 범함으로써 성립하는 과실범을 말한다. 교통방해죄의 공공위험성이 크다는 점을 고려하여 과실범을 처벌키로 한 것이다. 과실범이므로 과실범의 일반적 구성요건을 구비하여야 한다.

중과실교통방해죄
(重過失 交通妨害罪)

중대한 과실로 인하여 일반인교통방해죄(형법 185조), 기차·선박 등 교통방해죄(형법 186조) 및 기차등 전복죄(형법 187조)를 범한 경우에 성립하는 범죄(형법 189조)를 말한다. 과실교통방해죄보다 형이 가중된다.

업무상과실교통방해죄
(業務上過失交通妨害罪)

업무상과실로 인하여 일반교통방해죄(형법 185조), 기차·선박등 교통방해죄(형법 186조) 및 기차등 전복죄(형법 187조)를 범한 경우에 성립하는 범죄(형법 189조2항)를 말한다. 업무란 사회생활상의 지위에서 계속하여 행하는 사무를 말한다. 여기의 업무는 주로 직접 또는 간접으로 기차·전차 등 교통에 종사하는 자의 업무를 말한다.

교통방해치사상죄
(交通妨害致死傷罪)

일반교통방해죄(형법 185조), 기차·선박 등 교통방해죄(형법 186조) 또는 기차등 전복죄(형법 187조)를 범하여 사람을 사상케 하는 결과가 발생하였을 때에 성립하는 결과적 가중범을 말한다. 본죄는 기수 뿐만 아니라 미수도 포함한다. 사람의 사상이란 교통기관

안에 현존하는 사람뿐만 아니라 보행자 또는 부근에 있던 기타의 다른 사람들을 포함 한다. 본죄의 성격에 대해서는, 사상의 결과 발생에 대하여 과실이 있는 때에만 성립되는 결과적 가중범이라는 견해, 그리고 치사죄는 진정결과적 가중범이고, 치상죄는 부진정결과적 가중범이라는 견해로 나누어진다.

건조물(建造物)

독;Gebäude 영;a building

형법상 주거 또는 저택을 제외한 일체의 건물을 말한다. 즉 공장·차고·극장 또는 관공서의 청사도 여기에 해당한다. 건물뿐만 아니라 정원도 포함한다. 그러나 건조물은 주거와 달리 부동산에 제한하지 않을 수 없다. 즉 건조물이라 하기 위하여는 지붕이 있고 담 또는 기둥으로 지지되어 토지에 정착하고 있어 사람이 출입할 수 있을 것을 요한다. 따라서 사람이 출입할 수 없는 견사나 토지에 정착되지 않은 천막은 건조물이 아니다.

공익건조물파괴죄

(公益建造物 破壞罪)

공익에 속하는 건조물을 파괴함으로써 성립하는 범죄를 말한다(형법 367조). 공용건조물·선박·기차 또는 항공기의 파괴에 대해서는 형법 제141조2항에 별도로 규정하고 공익건조물의 파괴에 한하여는 재물손괴죄의 특별구성요건으로 신설한 것이다. 본죄의 보호법익은 공공의 이익이며, 객체는 공익에 공하는 건조물이다. 공익에 공하는 건조물이란 공공의 이익을 위하여 사용되는 건조물을 말하며, 국가공공단체의 소유이건 사인의 소유이건 묻지 않는다. 그러므로 국유인 경우에도 국유재산대부계약에 의하여 사인의 용도로 사용되고 있는 건조물은 이에 해당하지 않는다. 반면 사인의 소유라도 공공의 이익을 위하여 사용되는 건조물(교회 등)은 공익건조물이 된다. 다만 공무소에서 사용하는 건조물은 형법 141조의 적용을 받으므로 여기서 제외된다. 본죄의 미수범은 처벌한다(형법 371조).

공용물파괴죄(公用物破壞罪)

공무소에서 사용하는 건조물·선박·기차 또는 항공기를 파괴함으로써 성립하는 범죄를 말한다(형법 141조2항). 본죄는 성질상 손괴죄에 해당하지만 공무방해의 면에서 공무방해에 관한 죄의 일종으로 규정한 것이다. 본죄의 성질에 대해서는 손괴죄(형법 366조)에 대한 가중규정이라는 견해와, 공익건조물파괴죄(형법 367조)에 대한 가중규정이라는 견해가 대립하고 있으나, 손괴죄의 가중규정이라고 보는 것이 타당하겠다. 따라서 공무소에서 사용하는 건조물에는 공익에 공하는 건조물(형법 367조)은 포함되지 않는다. 본죄의 미수범은 처벌한다(형법 143조).

공공의 신용에 관한 죄

통화위조죄(通貨僞造罪)
영;coinage offences
독;Münzverbrechen

행사할 목적으로 통화를 위조·변조하거나, 위조·변조한 통화를 행사·수입·수출 또는 취득하거나, 통화유사물을 제조함으로써 성립하는 범죄를 말한다. 본죄는 화폐, 지폐, 은행권에 의한 거래의 안전을 보호하기 위한 것인데, 통설은 이외에도 국가의 통화발행권도 포함된다고 하고 있다. 본죄는 다음과 같은 여러 가지의 태양(態樣)이 있다. 즉, (1) 협의의 통화위조죄 : 행사의 목적으로 통용하는 화폐나 지폐 또는 은행권을 위조, 변조하는 죄로서, 형은 무기 또는 2년 이상의 징역(형§207①) 단 유기징역에 처한 경우에는 10년 이하의 자격정지 또는 2천만원 이하의 벌금을 병과할 수 있다(§209). 위조란 통화발행권이 없는 자가 통화의 외관을 가진 물건을 만드는 것이며, 보통 사람으로 하여금 진정통화로 믿게할 수 있는 정도이면 충분하다는 것이 통설이다. (2) 위조통화행사죄 : 위조, 변조의 화폐 등을 행사하거나 또는 행사할 목적으로 수입 또는 수출하는 죄로서 그 위조 또는 변조의 각죄에 정한 형으로 처벌한다(§207④). (3) 외국통화위조죄(§207②) : 국내에 유통하는 외국통화를 대상으로 한다. 유통이란 강제통용력이 있다고 주장하는 반대설도 있지만 사실상 유통하는 것을 말한다. 1년 이상의 유기징역에 처하며, 단, 10년 이하의 자격정지 또는 2천만원 이하의 벌금을 병과할 수 있다(통설). 또 이러한 통화를 행사하거나 행사할 목적으로 수입·수출하는 위조외국통화행사죄(§207④)도 동일한 형으로 처벌한다. (4) 위조통화취득죄 : 행사의 목적으로 위조, 변조의 화폐등을 취득함으로써 성립된다(§208). 형벌은 5년 이하의 징역 또는 1천 5백만원 이하의 벌금에 처하며, 단 10년 이하의 자격정지 또는 2천만원 이하의 벌금을 병과할 수 있다. 「취득」이라 함은 위조, 변조한 통화를 자기의 소지에 옮기는 일체의 행위를 말하고 유상무상을 불문하며 또 그 방법의 여하도 불문한다. (5) 위조통화취득후의 지정행사죄 : 통화를 취득한 후, 그정을 알고 행사하는 죄로서 2년 이하의 징역, 5백만원 이하의 벌금에 처한다. (6) 통화류이물의 제조 등 죄 : 판매할 목적으로 내국 또는 외국에서 통용하거나 유통하는 화폐, 지폐 또는 은행권에 유사한 물건을 제조, 수입 또는 수출하거나 판매함으로써 성립한다. 3년 이하의 징역 또는 7백만원 이하의 벌금에 처한다. (7) 미수범 : 통화위조죄(§207①, ④)·외국통화위조죄(§207②, ③, ④)·위조통화취득죄(§208) 및 통화류이물제조죄(§211)의 미수범은 처벌한다. (8) 예비, 음모죄 : 제207조 제1항 제3항의 죄를 범할 목적으로 예비 또는 음모한 자는 5년이하의 징역에 처하고 그 목적한 죄의 실행에 이르기 전에 자수한 때에는 그 형을 감경 또는 면제한다(형§213).

> 위조통화행사죄의 객체인 위조통화는 객관적으로 보아 일반인으로 하여금 진정통화로 오신케 할 정도에 이른 것이면 족하고 그 위조의 정도가 반드시 진물에 흡사하여야 한다거나 누구든지 쉽게 그 진부를 식별하기가 불가능한 정도의 것일 필요는 없으나, 이 사건 위조지폐인 한국은행 10,000원권과 같이 전자복사기로 복사하여 그 크기와 모양 및 앞뒤로 복사되어 있는 점은 진정한 통화와 유사하나 그 복사된 정도가 조잡하여 정밀하지 못하고 진정한 통화의 색채를 갖추지 못하고 흑백으로만 되어 있어 객관적으로 이를 진정한 것으로 오인할 염려가 전혀 없는 정도의 것인 경우에는 위조통화행사죄의 객체가 될 수 없다*(대법원 1985. 4. 23. 선고 85도570)*.

형법상의 유가증권

구 분	요 지
의 의	(대한민국 또는 외국의 공채증서 기타의 유가증권) ㉮ 공채증서-국가·지방자치단체에서 발생하는 국채나 공채(유가증권의 일례) ㉯ 유가증권-재산권이 체화되어 표시된 증권으로서 그 권리행사에 증권의 점유를 요하는 것
내 용	㉮ 재산권이라면 물권·채권·사원권을 불문한다. ㉯ 재산권의 주체도 사인·국가·외국을 불문한다(형§214). ㉰ 기명식·무기명식·지시식을 불문한다.
종 류	㉮ 유가증권에 해당할 것 a) 법률상의 것-약속어음·환어음·수표·주식회사의 주권·사채권·화물상환증·창고증권·선하증권 등 b) 사실상의 것-철도·전차·자동차 등의 승차권·상품권·복권·상품권·극장이나 흥행장의 입장권·관람권 등 ㉯ 유가증권이 아닌 것-증명증권(신용증서), 증거증권(영수증), 면책증권(공중접객업소가 발행하는 신발표, 수표·소화물상환표), 금액권(우표, 수입인지, 지폐), 물품구입권, 무기명정기예금증서 등
유통성의 유 무	유가증권에 유통성이 있음을 요하는가? 일반인으로 하여금 일견 진정한 유가증권임을 인정할 정도의 형식을 구비할 것이라면 유통성의 유무는 불필요하다는 것이 통설, 판례이다(1972. 12. 26. 72도1688대판). 따라서 발행일자의 기재가 없는 수표(1959. 12. 24. 大判). 허무인 명의로 작성된 유가증권(1971. 7. 27. 71도905 대판)등도 유가증권임에 변함이 없다.

위조·변조통화행사죄
(僞造·變造通貨行使罪)

위조 또는 변조한 통화(형법 207조1항 내지 3항에 기재된 통화)를 행사하거나 행사할 목적으로 수입 또는 수출함으로써 성립하는 범죄(형법 207조4항)를 말한다. '행사'란 위조 또는 변조된 통화의 점유 또는 처분권을 타인에게 이전하여 통화로서 유통될 수 있게 하는 것을 말한다. 통화를 유통시킬 것을 요하므로 단순히 자기의 신용력을 보이기 위하여 위조통화를 제시하는 것만으로는 행사에 해당하지 않는다.

'수입'이란 외국에서 국내로 반입하는 것을 말하며, '수출'은 국내에서 국외로 반출하는 것이다. 본죄의 미수범은 처벌한다(형법 212조).

변조(變造)

통화위조죄, 문서위조죄, 유가증권위조죄를 구성하는 행위다. 통화의 변조란 정당한 권한 없이 진화에 가공을 하여 진정 통화의 외관을 갖도록 만드는 것이다. 지폐표면에 나타나 있는 문자나 모양에 가공을 하여 통화의 외관을 갖게 하는 것 등이 그 예이다. 진화를 그 재료로 하였더라도 그것이 전혀 새로운 것으로 만들어지는 경우 변조가 아니고 위조이다. 동화에 도금하여 금화로 만든 경우가 위조냐, 변조냐에 관하여 이론이 있지만 변조설이 유력하다. 유가증권의 변조란 문서의 변조와 같이 권한 없는 자가 진정한 타인명의의 유가증권에 변경을 가하는 것을 말한다. 예를 들면, 자기가 발행한 어음을 타인에게 배서하게 한 다음, 그 발행일자를 임의로 변경하는 것과 같이 자기명의의 유가증권에 대해서도 변조가 성립된다는 소수설이 있다. 또 변조는 어음의 발행과 같은 기본적인 증권행위에 대해서만 성립되느냐에 관하여 이론이 있으나 그것에 한하지 않는다고 보는 유력설이 있다.

모조(模造)

모조·위조는 모두 그 진정을'속이는 것으로서 일반적으로 보아 진정한 것이라고 하는 인상을 주는 정도의 것일 때 이를 위조라 하고 그 정도에 이르지 않은 것을 모조라고 한다. 통화·증권에 있어서 위조는 통화위조죄·유가증권위조죄로서 처벌되며 모조도 역시 처벌되나 그 형이 가볍다. 때로 특정한 상대방을 기망할 우려는 있지만 사회 일반의 신용을 해할 만한 위험은 없기 때문이다.

행사(行使)

통화위조죄(형§207④, §210), 문서위조죄)(§229, §234, 유가증권위조죄(§217) 및 인장위조죄(§238, §239)의 행위의 하나이다. 통화위조죄에 있어서의 행사란 위조, 변조한 통화를 진정의 통화와 같이 만들어서 진정한 통화의 용법에 따라 유통하는 것을 말한다. 대가의 유무나 그 용도 등은 묻지 아니한다. 따라서 진화로서 타인에게 증여하거나 도박에 사용하는 것도 행사이다. 공중전화기나 자동판매기에 사용하는 것도 행사이다(통설). 그러나 현금을 갖고 있음을 나타내기 위하여 이른바 「전시효과」로 사용하는 것은 유통시킨 것이 아니기 때문에 행사죄를 구성하지 않는다. 위화행사에 대해서는 위화(僞貨)를 사용해서 재물을 사취했을 경우에는 위화행사죄 외에도 사기죄가 성립하는가에 관하여 이론이 있으나 통설은 사기죄를 인정하지 않는다. 문서위조죄의 행사란 위조, 변조 또는 허위 기재한 문서를 그 용법에 따라 진정 또는 내용이 진실한 문서로서 사용하는 것을 말하며, 반드시 문서의 본래의 용법에 따라서 사용될 필요는 없다. 그러므로 애첩에게 저금을 증여하기 위하여 위조저금통장을 진정의 통장인 것처럼 증여하는 것도 행사이다. 행사의 방법은 타인에게 제시 또는 인도하는 것이 보통이지만 공정증서의 원본과 같은 것은 부실기재한 것만으로도 행사란 문서의 경우와 같으며 진정한 또는 내용이 진실한 유가증권으로서 사용하는 것을 말한다. 통화의 경우와는 달리 유통에 그 목적이 있는 것은 아니다. 또 인장위조죄에서도 행사라는 말을 사용하고 있는데, 위인(僞印)의 사용이란 허위의 인영(印影)을 나타낸 문서나 그밖의 것을 행사하는 것을 의미하며, 인영을 나타내는 행위를 의미하지는 않는다.

유가증권위조죄(有價證券僞造罪)

독;Werpapierfälschung

행사의 목적으로 유가증권을 위조 또는 변조하거나 혹은 유가증권에 허위기재를 하는 죄(형§214)와 위조, 변조의 유가증권 또는 허위기재를 한 유가증권을 행사 또는 행사할 목적으로 이를 사람에게 수입 또는 수출하는 죄(§217)로서, 처벌은 어느 것이나 10년 이하의 징역이다. 행사 등의 죄에 대해서는 미수도 벌한다(§223). 본죄는 유가증권에 대한 공공의 신용을 보호법익으로 하고 있다. 여기서 말하는 유가증권이란 예컨대 수표나 상품권과 같이 재산권을 나타내는 증권으로서 그 권리행사와 처분을 위하여 그 증권의 점유를 필요로 하는 것을 말한다. 그리고 형법 제214조는 공채증서를 들고 있는데, 여기의 공채증서는 국가 또는 지방자치단체에서 발행하는 유가증권(국채·공채 등)을 말한다. 그 밖의 유가증권으로서는 약속어음·환어음·수표, 기차승차권, 화물상환증, 질입증권, 선하증권 등이다. 그러나 본죄에 있어서의 유가증권은 유통성이 있음을 요하지 않는다(통설). 따라서 철도승차권이나 복권 등도 유가증권이다. 위조란 유력한 학설에 의하면 타인의 명의를 속여서 유가증권을 작성하는 것이라고 하는데, 통설과 판례는 어음발행과 같이 이른바 기본적인 증권행위에 대해서 타인의 명의를 모용하는 경우라고 한다. 변조란 진정하게 성립된 유가증권에 대하여 권한 없이 변경을 가하는 것이다. 그리고 허위기재란 통설에 의하면 유가증권의 진실에 반하는 기재를 하는 일체의 행위를 말한다. 단, 위조, 즉 작성명의를 속이고 증권을 작성하는 행위만은 제외한다. 그러나 유력한 학설은 작성권한이 있는 자가 그러한 내용을 속이고 기재를 하는 것이라 한다. 그러므로 유력설에 의하면 예컨대 창고업자가 수치하지 않는 화물에 대해서 예치증권을 발행하는 행위가 이에 해당하며, 타인의 명의를 모용하여 약속어음에 배서를 하는 것은 위조에 해당한다.

우표·인지의 위조·변조죄

(郵票·印紙의 僞造·變造罪)

행사할 목적으로 대한민국 또는 외국의 인지, 우표 기타 우편요금을 표시하는 증표를 위조 또는 변조하는 것을 말한다(형§218①). 본죄의 객체는 대한민국 또는 외국의 표시하는 증표이다. 여기서 말하는 우표란 정부 기타 발행권자가 일반인에게 우편요금의 납부용으로 첨부·사용하게 하기 위하여 일정한 금액을 권면(券

面)에 표시하여 발행한 증표를 말하고, 인지(印紙)란 인지법이나 인세법이 정하는 바에 따라 일정한 수수료 또는 인지세를 납부하는 방법으로 첨부·사용하기 위하여 정부 기타 발행권자가 일정한 금액을 권면에 표시하여 발행한 증표를 말한다. 본죄를 범한 자는 10년 이하의 징역에 처하며, 그 미수범도 처벌한다(§223). 변조된 대한민국 또는 외국의 인지·우표 기타 우편요금을 표시하는 증표를 행사하거나 행사할 목적으로 수입 또는 수출한 때에도 위의 형과 같다(§218②). 그리고 이러한 위조 또는 변조된 표시하는 증표를 행사할 목적으로 취득한 자는 3년 이하의 징역 또는 1천만원 이하의 벌금에 처한다(§219). 이 경우에도 역시 그 미수범을 처벌한다(§223).

도화(圖畵)

독;Abbildung

문자 이외의 상형적 부호에 의하여 관념 내지 사상이 표시된 것을 말한다. 지적도나 상행의 부위를 명백히 하기 위한 인체도가 여기에 해당한다. 사람의 관념 내지 의사가 화체되어 표현될 것을 요하므로 단순한 미술작품으로서의 회화는 도화에 해당되지 않는다. 또한 도면이나 인체도라도 명의인의 관념 내지 의사가 표시된 의미를 갖지 못하는 것은 도화라 할 수 없다. 도화는 상형적 부호를 사용하고 있다는 점에서 협의의 문서와 다를 뿐, 관념내지 의사를 표시한다는 점에서는 협의의 문서와 다르지 않다. 따라서 도화도 영속적 기능·증명적 기능·보장적 기능이 있어야 한다.

문서위조죄(文書僞造罪)

영;forgery
독;urkunden Straftaten

행사할 목적으로 문서를 위조 또는 변조하거나, 허위의 문서를 작성하거나, 위조·변조·허위 작성된 문서를 행사하거나 문서를 부정행사 함으로써 성립하는 범죄이다. 본죄의 보호법익은 문서에 대한 거래의 안전과 신용이다. 판례도 문서에 대한 공공의 신용이 문서위조죄의 보호법익이라고 판시하고 있다. 따라서 문서에 관한 죄에 의하여 보호되는 것은 문서 자체가 아니라 문서의 증명력과 문서에 화체된 사상에 대한 안전과 신용이라고 할 수 있다. 형법상 문서에 관한 죄는 (1) 인장과 서명의 유무에 따라 형기를 구별하지 아니하고, (2) 자격모용에 의한 공문서와 사문서의 작성죄(형§226, §232)에 관한 규정을 신설하고, (3) 적법한 공문서 또는 사문서를 부정하게 행하는 것을 처벌하는 규정(§230, §236)을 둔 점에 특색이 있다. 본죄는 추상적 위험범이다. 따라서 문서에 대한 거래의 안전과 신용의 추상적 위험이 있으면 본죄는 성립한다. 광의의 문서위조는 협의의 문서위조(유형위조)와 허위문서의 작성(무형위조)으로 구분된다. 통설에 따르면 거래의 안정을 위해서는 책임소재에 허위가 없어야 함이 가장 중요하다는 관점에서 유형위조를 주로 벌하게 되며, 무형위조를 벌하는 것은 특히 중요한 경우에 한한다. 또한 넓은 의미에서 유형위조라고 하면 「변조」도 포함된다. 「변조」란 타인명의의 문서에 권한 없이 변경을 가하는 것을 만드는 것이 아니라는 점에서 위조와 구별되지만 이와 동일한 의미를 가지는 행위이다. 좁은 의미의 문서위조죄에는 공문서위조죄(§225, §226)와 사문서위조죄(§231, §232)가 있다. 문서란 문자 또는 이에 대신하는 부호로서 다소 계속적으로 사상을 표시한 것이며, 도서란 기타 형상을 갖고 표시한 것을 말한다. 우체국의 일부인(日附印)·인감지(印鑑紙)·지급전표(支給傳票)같은 것도 문서이다. 형벌은 공문서위조가 사문서 위조보다 무겁고, 또 인장이나 서면을 사용했을 때가 이를 사용하지 않았을 때보다 무겁다. 문서위조죄는 어느 것이나 행사의 목적이 있어야 한다(목적범). 따라서 만일 행사의 목적이 없이 예컨대 단순히 장난삼아 타인명의의 문서를 만들었을 경우에는 이 죄가 성립되지 않는다. 허위문서작성죄에는 허위공문서작성죄(§227)와 공전자기록위작, 변작죄(§227의2)와 공정증서원본등의 부실기재죄(§228) 및 허위진단서등의 작성죄(§233)등이 있다. 다만, 특별법에는 허위기재를 벌하는 것이 적지 않다(예 : 소득세법 중에서). 이러한 위조(허위)문서를 행사하게 되면 각기 위조죄나 허위문서작성죄와 같은 형에 처벌되며 문서를 위조하고 이를 행사하게 되면 위조죄와 행사죄와의 상상적 경합이 된다(§40).

자격모용공문서작성죄
(資格冒用公文書作成罪)

행사할 목적으로 공무원 또는 공무소의 자격을 모용하여 문서 또는 도서를 작성함으로써 성립하는 범죄를 말한다. 본죄는 자격모용에 의한 사문서작성죄에 대해서 불법이 가중되는 가중적 구성요건이다. 여기서 '자격을 모용하여 공문서를 작성한다'는 것은 일정한 지위를 허위로 기재한다는 것을 의미한다. 이와 같이 본죄는 타인의 자격만을 모용하는 것이라는 점에서, 타인명의를 모용하는 공문서위조죄와 구별된다. 따라서 타인의 자격뿐만 아니라 명의까지 모용하여 공문서를 작성한 때에는 본죄가 성립하는 것이 아니라 공문서위조죄가 성립한다. 본죄는 목적범이며, 미수범은 처벌한다(형법 235조).

자격모용사문서작성죄
(資格冒用私文書作成罪)

행사할 목적으로 타인의 자격을 모용하여 권리의무 또는 사실증명에 관한 문서 또는 도서를 작성함으로써 성립하는 범죄(형법 232조)를 말한다. 대리권 또는 대표권을 가지지 아니하는 자가 타인의 대표자격 또는 대표자격이 있는 것으로 가장하여 문서를 작성하는 경우를 처벌하기 위한 것이다. 예컨대 대리권 없는 갑이 을의 대리인으로 자기명의(을 대리인 갑)의 문서를 작성하는 경우가 이에 해당한다. 그러므로 대리권 또는 대표권 없는 자가 타인의 대리자격을 사칭하여 그 타인명의의 문서를 작성하는 경우, 또는 대리권·대표권이 있다고 하더라도 그 권한 이외의 사항에 관하여 대리(대표)권자 명의의 문서를 작성하는 경우, 권한보조자가 권한 있는 자의 대리·대표자격을 모용하여 권한 있는 자 명의의 문서를 작성하는 경우 등은 모두 본죄에 해당한다. 본죄는 목적범이며, 미수범은 처벌한다(형법 235조).

문서위조죄의 본질과 개념

구분		내용	비고
본질	형식주의	문서위조죄는 문서의 형식적 진정(성립의 진정), 즉 문서의 작성명의의 진정(眞正)을 보호하는 것이 그 본질이라고 한다. 따라서 내용이 진실하더라도 권한 없이 타인명의의 문서를 작성하면 위조라고 본다.	통설 판례 (1957.6.7.4290형상102 대판 동지)
	실질주의	문서위조는 문서의 실질적 진정(표시된 내용의 진정)을 보호하려는 것이 문서위조죄의 본질이라고 한다. 따라서 문서의 의사의 내용으로서 표시된 사실이 객관적 사실과 일치되는 이상 설사 작성명의를 거짓으로 하였다 할지라도 문서위조가 될 수 없다고 한다.	
개념	유형위조	① 문서위조는 작성명의를 허위로 기재하는 것. 즉 타인의 작성명의를 도용(모용)하여 문서를 작성하는 것을 말한다(협의의 개념) ② 형법은 원칙적으로 이것을 벌한다.	
	무형위조	① 문서위조라 함은 자기명의의 문서에 내용상에 있어서 허위기재를 하는 것을 말한다(광의의 개념) ② 형법은 예외적으로 처벌한다.	

문서에 관한 죄의 죄수 결정 표준

구분	학설	내용	주장자
주관설	의사설	의사의 단복(單複)을 표준으로 하여 단일의사로 행한 한, 문서의 물체·작성명의인·내용·사항·수를 불문하고 1죄로 보는 입장	
	주체설	작성명의인의 수를 표준으로 하는 설. 작성명의인이 1인인 한, 물체·의사의 복수가 인정되더라도 1죄	
객관설	물체설	문서의 물체의 동일성을 기초로 하여 물체가 1개인 이상 그 표시된 명의인 또는 명의·사항을 불문하고 1죄	
	법익설	피해법익의 수를 표준으로 하여 죄수를 결정하는 입장	劉基天 大場 (오오바)
	의사표시사항설	문서에 표시된 의사내용의 單複(단복)을 표준으로 하여 그것이 단일인 때에는 문서의 물체·작성명의 등의 단복을 불문하고 1죄	木村 (기무라)
결합설		문서에 관한 죄의 보호법익인 문서에 대한 공공의 신용에 입각하여 合目的的(합목적적)으로 결정하여야 한다는 견해	
판례		우리 판례는 「문서가 2명 이상의 작성명의인의 연명(連名)으로 작성되었을 때에는 명의자마다 1개의 문서가 성립되는 것으로 보아야 할 것이다」(1956. 3. 2. 대판)라고 하여 주체설에 입각한다.	그러나 일본판례는 물체설에 입각한 것이 있는가하면(1917. 3. 10. 일대판), 의사표시사항설에 입각한 것도 있다(1914. 3. 24. 일대판).

유형위조(有形僞造)

권한 없이 타인명의의 문서를 작성하는 것으로 무형위조에 대한 개념이다. 현행형법은 원칙으로 유형위조를 처벌하며, 무형위조를 벌하는 것은 특히 중요한 경우(형§227, §228, §233)에 한해서만 인정하고 있다. 문제는 대리(대표) 자격을 모용했을 경우, 예컨대 甲이 권한 없이 「乙 대리인 甲(을 대리인 갑)」이라는 이름으로 문서를 만들었을 경우이다. 문서내용의 「乙 대리인」에 허위가 있기 때문에 무형위조라고 하는 소수설도 있지만, 통설과 판례는 유형위조라고 한다. 그런데 유형위조라고 하는 설에 있어서도 그 이유에 대하여 여러 가지 異見이 있다. 또 대리인이 그 대리권의 범위를 초월한 사항에 대해서 본인명의의 문서를 만들게 되면 유형위조가 되는데, 그 권한 내의 사항에 대해서는 작성명의에 허위가 없기 때문에, 예컨대 자기나 제3자의 이익을 위하여 작성했다 하더라도 유형위조는 되지 않는다. 가공의 명의를 사용하여 문서를 작성한 경우에는 유형위조가 되지 않는다고 하는 설이 있으나 최근의 학설은 보통 가공인으로 파악할 수 있는 명의를 사용하는 경우를 제외하고는 이 경우도 유형위조라고 보고 있으며, 판례의 입장도 이와 같다.

무형위조(無形僞造)

문서의 작성권한자가 문서의 내용을 허위로 작성하는 것을 말한다. 형법은 유형위조와 구별하여 이 경우를 「허위문서작성」, 「허위(또는 부실)기재」라고 칭한다(통설). 무형위조는 공문서(형§227, §228) 외에는 원칙적으로 처벌하지 않는다(예외형§233). 이것은 형법이 사문서에 대한 사회의 신용을 그 내용의 진실이라는 것보다는 작성명의가 진정한 것이어야만 된다고 생각하기 때문이다. 무형위조에 대해서는 공정증서원본등의 부실기재(§228) 이외의 공문서에 대하여 정을 모르는 공무원을 이용하여 내용을 허위로 작성하게 한 자는 허위공문서작성죄(§227)의 간접정범이 되는가 하는 것이 논의되고 있는데, 예를 들어 공무원이 공무원을 이용하는 경우는 간접정범이 되지만, 공무원이 아닌 자가 공무원을 이용하는 경우는 간접정범이 되지 않는다고 보고 있다.

공정증서원본부실기재죄
(公正證書原本不實記載罪)

공무원에 대하여 허위신고를 하여 공정증서원본 또는 이와 동일한 전자기록 등 특수매체 기록, 면허증, 허가증, 등록증 또는 여권에 부실의 사실을 기재 또는 기록하게 함으로써 성립하는 범죄이다(형§228①, ②). 본죄는 공무원을 이용하여 행하는 공문서의 무형위조이므로 공무원이 그 정을 알지 못하는 것이 요건이다. 만일 공무원에게 허위인 정을 알려서 부실의 사실을 기재하게 하면 공무원은 허위공문서작성죄를 적용받게 되고 그것을 기재하게 한자는 그 공범이 된다. 「공정증서원본」이라 함은 부동산등기부·가족관계등록부·상업등기부 또는 공무원이 그 직무상 작성하는 문서로서 권리·의무에 관한 어떠한 사실을 증명하는 효력을 가지는 것을 말한다. 그것은 사법상의 사항의 증명에만 한정하는 것이 아니고 수세(收稅)등의 사항을 증명하는 것도 포함한다. 「면허증」이란 특정한 권능을 부여하기 위하여 공무원이 작성하는 증서를 지칭하고(의사면허증), 「허가증」, 「등록증」이란 각종 영업허가증, 등록증과 같이 공무소가 일정한 사람에 대하여 일정한 영업을 할 수 있도록 허가하는 문서를 말하며, 「여권」이란 여행의 허가증을 말한다. 또한 「허위신고를 한다」함은 진실에 반하여 일정한 사실의 존부에 대하여 신고하는 것을 말한다. 공정증서원본부실기재죄를 범한 경우에는 5년 이하의 징역 또는 1천만원 이하의 벌금에 처한다. 그리고 면허증·허가증·등록증 또는 여권에 대한 부실기재는 3년 이하의 징역 또는 7백만원 이하의 벌금에 처한다.

> 형법 제228조에서 말하는 공정증서란 권리의무에 관한 공정증서만을 가르키는 것이고 사실증명에 관한 것은 이에 포함되지 아니하므로 권리의무에 변동을 주는 효력이 없는 토지대장은 위에서 말하는 공정증서에 해당하지 아니한다*(대법원 1988. 5. 24. 선고 87도2696)*.

인장위조죄(印章僞造罪)

행사의 목적으로 공무원 또는 공무소의 인장, 서명, 기명 또는 기호와 타인의 인장, 서명, 기명 또는 기호를 위조 또는 부정사용하는 것을 내용으로 하는 범죄이다. 본죄의 보호법익은 인장, 서명 등의 진정에 대한 공공의 신용이다. 여기에서 말하는 (1) 인장이라 함은 특정인의 인격 및 동일성을 증명하기 위하여 사용하는 인영(人影) 또는 인영을 현출시키는데 필요한 문자 등을 조각한 물체(이것을 인과〈印顆〉라고 한다)를 말한다. 인장은 반드시 특정인의 성명을 표출한 것만을 요하지 않는다. 그러므로 무인이나 우체국의 일부인도 인장으로 본다. 그리고 형법 제238조에서 말하는 인장은 공무원이 공무상 사용하는 모든 인장을 말한다. 현재 「인장」에 관하여는 인과(인형)로 보는 견해와 인영(印影)으로 보는 견해로 나뉘고 있으나, 구법의 경우와 달라서 신법에 있어서는 「인장의 부정사용」(형 §238①, §239①, 이 때의 인장은 인과〈印顆〉를 의미한다)를 구별하고 있는 점으로 보아 인과와 인영을 모두 포함한다고 보아야 한다. (2) 서명이라 함은 특정인격의 주체를 표시하는 문자를 말하고 자서(自署)에 국한한다(개명은 포함하지 않는다). 성명을 표시하는 경우만이 아니라 요약해서 성만 쓰거나 이름만을 쓰는 경우 그리고 상호나 아호 등도 이에 포함한다. (3) 기명은 자서이외의 경우로서 대필이나 인쇄하는 것들이다. (4) 부정사용이라 함은 진정한 인장·서명·기명 또는 기호를 정당한 권한 없이 타인에 대하여 위법하게 사용하는 것을 말한다. 권한있는 자라도 그 권한을 남용하여 사용하는 경우는 부정사용이 된다. 위조행위가 그 인장자체의 거짓을 만드는 것인 데 반하여 부정사용은 인장자체는 진정한 것이지만「사용의 진정」을 거짓으로 하는 것이다. (5) 행사는 위조 또는 부정사용한 인장, 서명, 기명, 기호를 그 용법에 따라 타인에 대하여 사용하는 것이다. 자기가 위조·부정사용한 것이거나, 타인에게 위조·부정사용하게 한 것이거나를 불문하나 후자의 경우에는 위조·부정사용이라는 인식이 있음을 필요로 한다. 「행사할 목적」은 행위자가 스스로 행사할 목적은 물론, 타인으로 하여금 행사케 할 목적도 포함한다. (6) 타인이라 함은 공무소 공무원 이외의 타인을 말한다. 법인격 있는 자는 물론, 법인격이 없는 자도 사회거래상 독립하여 권리의무의 주체가 될 수 있는 단체인 이상 타인이다. 인장위조는 문서(유가증권)위조의 수단으로 행해지는 경우가 많다. 그리하여 문서 등의 위조가 기수로 되면 인장위조는 이러한 위조죄에 흡수되어 독립하여 처벌되지 아니한다. 그러나 그러한 위조가 미수로 끝났을 때에는 인장위조죄가 성립한다.

사문서위조변조죄

(私文書 僞造變造罪)

행사할 목적으로 권리의무나 사실증명에 관한 타인의 문서·도화 또는 전자기록 등 특수매체기록을 위조 또는 변조함으로써 성립하는 범죄(형법 231~234조)를 말한다. 문서에 관한 죄 중 가장 기본적인 범죄라고 하겠다. 사문서 중에는 권리의무 또는 사실증명에 관한 문서만 본죄의 객체가 된다. 권리의무에 관한 문서만 본죄의 객체가 된다. 권리의무에 관한 문서란 공법상 또는 사법상의 권리의무의 발생·변경 또는 소멸에 관한 사항을 기재한 문서를 말한다. 사실증명에 관한 문서는 권리의무에 관한 문서 이외의 문서로서 거래상 중요한 사실을 증명하는 문서를 말한다. 추천서·인사장·안내장·이력서 또는 단체의 신분증 등이 여기에 해당한다. 위조란 작성권한 없는 자가 타인 명의를 모용하여 문서를 작성하는 것을 말한다. 부진정한 문서를 작성하는 것을 의미한다고 할 수 있다. 변조란 권한 없이 이미 진정하게 성립된 타인 명의의 문서내용에 그 동일성을 해하지 않을 정도로 변경을 가하는 것을 말한다. 본죄는 고의 이외에 행사의 목적을 필요로 하는 목적범이다. 위조문서는 원칙적으로 형법 제48조 제1항에 의하여 몰수할 수 있다. 그러나 위조문서라 할지라도 선의의 제3자를 보호할 필요가 있거나, 문서의 일부만 위조 또는 변조된 때에는 그 전부를 몰수할 수는 없게 된다. 본죄의 미수범은 처벌한다(형법 235조).

공인위조부정행사죄

(公印僞造不正行使罪)

행사할 목적으로 공무원 또는 공무소의 인장·서명·기명 또는 기호를 위조 또는 부정행사함으로써 성립하는 범죄를 말한다(형법 238조1항). 위조·부정사용한 것을 행사한 때에는 별죄(형법 238조)를 구성한다. 본죄는 목적범이며, 행위의 객체가 공무원 또는 공무소의 인장·서명 등이기 때문에 사인위조죄에 대하여 불법이 가중되는 가중적 구성요건이다.

사인위조부정사용죄

(私印僞造 不正使用罪)

행사할 목적으로 타인의 인장·서명·기명 또는 기호를 행사하면 별죄(형법 239조 2항)를 구성한다. 행위의 객체는 타인의 인장·서명 기명 또는 기호이다. 적어도 권리의무 또는 사실증명에 관한 것임을 요한다. 위조란 권한 없이 타인의 인장·서명·기명 또는 기호를 작성 내지 기재하여 일반인으로 하여금 명의인의 진정한 인장·서명·기명 또는 기호로 오신케 하는 것을 말한다. 권한 없는 경우뿐만 아니라 대리권 또는 대표권을 가진 자가 그 권한 이외의 무권대리행위로 서명·날인하는 경우도 포함한다. 부정사용이라 함은 인장 등을 권한 없는 자가 사용하거나 권한 있는 자가 그 권한을 남용하여 부당하게 사용하는 것을 말한다. 본죄가 성립하기 위해서는 고의 이외에 행사의 목적이 있어야 한다. 행사의 목적이란 위조인장을 진정한 인장으로 사용하려는 의사를 말한다. 미수범은 처벌한다(형법 240조).

사문서부정행사죄

(私文書 不正行使罪)

관리의무나 사실증명에 관한 타인의 문서 또는 도화를 부정행사함으로써 성립하는 범죄(형법 236조)를 말한다. 부정행사란 권리의무 또는 사실증명에 관한 진정성립된 타인의 사문서를 사용할 권한 없는 자가 문서명의자로 가장 행세하여 이를 사용하거나, 또는 사용할 권한이 있더라도 본래의 사용목적 이외에 다른 사실을 직접 증명하는 용도에 이를 사용하는 것을 말한다. 객체가 진정한 사문서라는 점에서 위조·변조 등 사문서 행사죄와 구별된다.

형법 제236조 소정의 사문서부정행사죄는 사용권한자와 용도가 특정되어 작성된 권리의무 또는 사실증명에 관한 타인의 사문서 또는 사도화를 사용권한 없는 자가 사용권한이 있는 것처럼 가장하여 부정한 목적으로 행사하거나 또는 권한 있는 자라도 정당한 용법에 반하여 부정하게 행사하는 경우에 성립한다*(대법원 2007. 3. 30. 선고 2007도629)*.

공중의 건강에 관한 죄

먹는 물에 관한 죄

제16장 음용수에 관한 죄가 2020년 12월 8일 형법 개정으로 먹물에 관한 죄로 변경되었다. 공중의 건강을 보호법익으로 하는 범죄로서 공공위험죄의 하나이다. 사용방해죄, 혼독치사상죄, 수도불통죄로 나누어진다. 사용방해죄는 목적물이 음료수인가 또는 수도에 의해서 공중에게 공급되는 음수 또는 그 수원(水源)인가에 따라서 처벌이 다르다(형§192·139). 오물을 혼입한다는 것은 사용할 수 없게 하는 것을 말하며, 감정적으로 불쾌감을 주게 하는 것이면 된다. 음용수란 자연적으로 솟아나는 것도 되고, 샘(泉) 같이 계속 고이는 곳이라도 된다. 음용으로 하는 사람의 범위는 불특정 또는 다중이라고 해석되고 있다(통설). 수도란 물을 일정한 장소로 유도하는 설비를 말하는 것이다. 혼독시치사죄는 독물이나 그밖의 건강을 해할 물건을 흡입하는 죄로 사용방해죄와 같이 목적물에 의해서 처벌이 다르다(193②). 먹는물의 사용방해죄나 수돗물의 사용방해죄를 범하여 사람을 상해 또는 사망에 이르게 했을 때는 형이 가중된다(§194). 치사상의 인식이 있으며 살인죄나 상해죄와의 상상적 경합이 된다. 수도불통죄(§195)의 목적물은 수도에 한하며, 수원(水源)은 포함되지 않는다. 수원의 파괴 또는 폐쇄는 수리방해죄(§184)에 해당한다.

수도불통죄(水道不通罪)

공중의 음용수를 공급하는 수도 기타 시설을 손괴 기타 방법으로 불통하게 함으로써 성립하는 범죄(형법 195조)를 말한다. 객체가 수도 기타 시설이고 행위의 양태가 손괴 기타의 방법으로 불통하게 하는 것이라는 점에서 음용수 사용방해죄가 가중된 구성요건이며, 정수의 공급시설의 효용을 해하여 간접적으로 음용을 방해하는 점에 특색이 있다. 공중의 음용수를 공급하는 수도는 음용수를 공급하는 인공적 시설을 말하며, 수도음용수 사용방해죄의 수도에 의하여 공중의 음용에 공하는 정수와 같은 의미이다. 기타 시설은 공중의 음용수를 공급하는 수도 이외의 시설을 말한다. 예컨대 불특정 또는 다수인에 의하여 이용되는 우물이 여기에 해당한다. 손괴란 행위의 객체를 물리적으로 훼손하여 효용을 해하는 것을 말하고, 불통하게 한다는 것은 손괴 이외의 방법으로 수도의 유통을 제지하여 정수의 공급을 불가능하게 하는 것을 말한다. 정수의 공급을 불가능하게 할 정도에 이르지 않을 때에는 경범죄처벌법 또는 수도법에 의한 제재를 받는 데 불과하다. 본죄의 미수범은 처벌한다(형법 196조). 또한 본죄를 범할 목적으로 예비 또는 음모한 자도 처벌한다(형법 197조).

마약(痲藥)

영;narcotic 독;Narkotikum

아편·모르핀(morphin)·코카인(kokai

n : 의학상으로는 중추신경계흥분제로 분류됨)·헤로인(heroin)·메타돈(metha done) 기타 화학적으로 합성된 것 등의 마취약을 말한다. 이러한 것들은 적은 양으로도 진통작용이 있을 뿐만 아니라 사용에 따라서 환각 내지는 도취를 체험하게 되므로 한번 잘 못 운용하면 의존상태에 빠지고 금단증상이 일어나 이것을 끊기가 매우 어렵다. 따라서 대부분의 사용자나 중독자들이 마약을 얻기 위하여 여러 수단을 강구하게 되어 불량한 하층사회에 들어가 사기·절도 등의 범죄를 저지르거나 매춘 등을 하게 된다. 뿐만 아니라 자기중심적 행동에의 경향·변덕·불쾌·허언남발 등 인격변화를 일으켜 가정파탄을 가져오고 악행이나 범죄를 저지르기 쉽다. 이에 따라 마약은 국내외적으로 단속대상이 되어있다. 즉 1919년 제령 제15에 의한 조선아편취체령을 시발로, 1935년 제령 제6호에 의한 조선마약취체령, 1946년 군정법령 제119호에 의한 마약취체령에 이어, 현행 형법상 아편에 관한 죄(형법 198조 내지 206조)와 단행법으로 마약법·대마관리법· 향 정신성의약품관리법 등이 있었으나, 2000년 1월 12일 마약류관리에관한법률로 통합되어 규율하고 있다(법률 제6146호). 한편 국제적으로는 1909년 상해의회의 국제아편회의 결의를 비롯하여, 1924년부터 1926년까지의 제네바회의의 제1아편회의의 협정 및 의정서, 그리고 1931년 마약의 제조제한 및 분배단속에 관한 조약 등이 있다.

아편에 관한 죄(阿片에 관한 罪)

아편의 흡식 등에 의하여 국민보건에 위험을 초래하게 하는 것을 내용으로 하는 죄를 말한다. 여기에서 말하는 아편이란 단속적인 측면에서 보아 생아편도 포함된다. 생아편은 마약류관리에 관한 법률의 규정이 적용된다. 형법에서 처벌되는 것은 다음과 같은 행위이다. (1) 아편, 몰핀 또는 그 화합물을 제조, 수입 또는 판매하거나 판매할 목적으로 소지하거나(형§198), 아편을 흡식하는 기구에 대한 위의 행위(§199), 세관관리가 그와 같은 것을 수입 또는 수입을 허가한 행위(§200), (2) 아편을 흡식 또는 몰핀을 주사하거나, 아편의 흡식 또는 몰핀 주사를 위해 적당한 장소를 제공하여 이득을 취득하는 행위(§201) 또는 아편, 몰핀 그 화합물 또는 아편흡식의 기구를 소지한 행위(§205), (3) 소지죄 이외의 위의 죄 등에 대한 미수행위(§202)이다. 여기서 수입이라 함은 국외로부터 국내에 들어오게 하는 것인데, 기수시기에 관하여 이론이 있다. 통설에 따르면 육상의 경우는 국경선을 넘었을 때, 해상의 경우는 양육을 했을 때 기수로 된다고 하지만 해상의 경우는 영해에 들어왔을 때에 기수로 된다는 반대설이 있다.

사회의 도덕에 관한 죄

성풍속에 관한 죄
(性風俗에 관한 罪)

성생활에 관련되는 성도덕 또는 건전한 성풍속을 해하는 행위를 내용으로 하는 범죄를 말하며, 음행매개죄, 음란물죄, 공연음란죄 등이 이에 해당한다.

간통죄(姦通罪)
영;adultery 독;Ehebruch

배우자 있는 자가 간통하거나 그와 상간하는 것을 내용으로 하는 범죄로서 개정 전 형법 제241조에서 규정하고 있었다. 간통죄와 관련하여 그 폐지론이 강력히 주장되었으며, 헌법재판소는 2015년 2월 26일 재판관 9명 중 7명의 위헌의견으로 간통죄를 규정하고 있는 형법 제241조가 성적 자기결정권 및 사생활의 비밀과 자유를 침해하여 헌법에 위반된다고 판단하였고 이에 따라 간통죄는 폐지되었다(2009헌바17등).

음행매개죄(淫行媒介罪)

영리의 목적으로 사람을 매개하여 간음하게 함으로써 성립하는 범죄이다(형§242). 따라서 본죄는 미성년의 부녀와 음행의 상습없는 부녀를 보호하려는 것이다. 본죄에 있어서 (1) 「영리의 목적」이라 함은 현실로 그 결과가 있었음을 필요로 하지 않고, 또 타인의 이익을 위한 경우도 포함한다. (2) 「매개한다」라 함은 간음할 결의를 하게 하는 일체의 행위를 말한다. 그러나 이 행위는 교사행위일 필요는 없다. 즉 피간음매개자가 간음할 생각을 가지고 있을 때라도 사람을 매개하여 구체적인 결과를 낳게 하면 여기에 해당하고, 돈 폭행이나 협박 등은 여기에 포함되지 않는다. 즉 폭행이나 협박이 따르면 형법 제32장의 강간과 추행의 죄에 해당되기 때문이다.

음란죄(淫亂罪)

음서 등의 반포죄(형§243) 및 공연음란죄(§245) 등을 말한다. 여기에서 (1) 음서등의 반포죄라 함은 음란한 문서나 도서 필름 기타 물건을 반포, 판매 또는 임대하거나, 공연히 그것을 전시 또는 상영하는 죄를 말한다. 여기에서 반포란 불특정 또는 다수인에 대한 무상의 교부이며, 판매는 유상의 양도를 말한다. 단 한번만의 교부나 양도도 반복의 의사에서 행한 것이라면, 반포나 판매가 된다. 공연히 전시 또는 상영한다는 것은 불특정 또는 다중이 관람할 수 있는 상태에 두는 것을 말한다. (2) 공연음란죄란 공연히 음란한 행위를 하는 죄를 말한다. 여기에서 「음란」이란 함부로 사람의 성욕을 흥분시키거나 자극시켜 보통사람의 정상적인 성적 수치심을 해하거나 선량한 성도덕 관념에 반하는 것을 의미한다. 이 경우 음란행위에는 동작 이외에 언어도 포함된다(통설). 또한 「공연히」란 불특정 또는 다수인이 알 수 있는 상태를 의미한다. 따라서 내부적으로 결합된 수인 사이에서 음란행위를 하는 것은 여기에 포함되지 않는다.

공연음란죄(公然淫亂罪)

형법 제245조의 공연히 음란한 행위를 함으로써 성립하는 범죄를 말한다. 형법 243·244조의 음란물죄가 음란한 물건에 대한 일정한 행위태양을 처벌하는 범죄임에 대하여, 공연음란죄는 음란한 행위 자체를 처벌하는 거동범이며, 행위상황으로서 공연성을 요구한다는 점에 특색이 있다. 본죄의 보호법익도 선량한 성도덕 내지 성풍속이라는 사회 일반의 이익이다. "공연히"란 불특정 다수인이 인식할 수 있는 상태를 말한다.

> 형법 제245조 소정의 '음란한 행위'라 함은 일반 보통인의 성욕을 자극하여 성적 흥분을 유발하고 정상적인 성적 수치심을 해하여 성적 도의관념에 반하는 행위를 가리키는 것이고, **그 행위가 반드시 성행위를 묘사하거나 성적인 의도를 표출할 것을 요하는 것은 아니**다 *(대법원 2006. 1. 13. 선고 2005도1264)*.

음란물건반포죄(淫亂物件頒布罪)

음란한 문서·도서 기타 물건을 반포·판매 기타 임대하거나 공연히 전시함으로써 성립하는 범죄(형법 243조)를 말한다. 선량한 성풍속을 보호하기 위한 추상적 위험범이라 할 수 있다. 통설은 음란성을 그 내용이 성욕을 자극 또는 흥분시키고 보통인의 정상적인 성적 수치심을 해하고 선량한 성적 도의관념에 반하는 것을 말한다고 설명하고 있으며, 판례도 같은 취지로 판시하고 있다. 음란성의 판단기준은 보통인, 즉 통상의 성인이다. 그리고 음란성의 판단대상은 문서 전체가 되어야 하며, 어느 부분의 음란성이 아니다. 과학서나 문예작품의 과학성과 예술성이 음란성과 양립할 수 있는가에 대하여는 적극설과 소극설이 대립되고 있다. 문서나 도화는 비밀침해죄와 문서위조죄의 그것과 같으며, 사진과 필름도 도화에 해당한다. 기타 물건에는 조각품·음반 또는 녹음테이프 등이 포함된다. 반포란 불특정 또는 다수인에게 무상으로 교부하는 것을 말하며, 유상인 때에는 판매에 해당한다. 판매란 불특정 또는 다수인에 대한 유상양도를 말하며, 매매 또는 교환에 제한되지 않는다. 술값 대신 음화를 주거나 음란지를 배부하는 것도 대가관계가 인정되며 여기에 포함된다. 임대란 유상의 대여를 말한다. 영업으로 행할 것을 요하지 않는다. 반포·판매·임대의 상대방은 본죄의 공범으로 처벌받지 않는다. 공연히 전시한다는 것은 불특정 또는 다수인이 관람할 수 있는 상태에 두는 것을 말하며, 유상인가 무상인가를 불문한다.

음란물건제조죄(淫亂物件製造罪)

반포·판매 또는 임대하거나 공연히 전시할 목적으로 음란한 물건을 제조·소지·수입 또는 수출함으로써 성립하는 범죄(형법 244조)를 말한다. 음화 등

반포·매매·임대 또는 공연전시죄의 예비에 해당하는 범죄를 독립한 구성요건으로 규정한 것이다. 따라서 본죄는 음화판매등죄를 범할 목적이 있어야 하는 목적범이다. 행위의 객체는 음란한 물건이다. 음란한 물건이란 음란한 문서와 도화를 포함하는 개념이다. 제조는 음란한 물건을 만드는 것이고, 소지는 이를 자기의 사실상의 지배하에 두는 것을 말한다. 수입과 수출은 국외에서 국내로 반입하는 것과 국내에서 국외로 반출하는 것을 말한다.

도박죄(賭博罪)

도박을 함으로써 성립하는 범죄를 말하며(형§246), 국민의 근로정신과 공공의 미풍양속을 그 보호법익으로 한다. 도박을 한 사람은 1천만원 이하의 벌금에 처한다. 다만, 일시오락 정도에 불과한 경우에는 예외로 한다. 상습으로 본죄를 범한 사람은 3년 이하의 징역 또는 2천만원 이하의 벌금에 처한다.

형법 제246조에서 도박죄를 처벌하는 이유는 정당한 근로에 의하지 아니한 재물의 취득을 처벌함으로써 경제에 관한 건전한 도덕법칙을 보호하는 데 있다. 그리고 도박은'재물을 걸고 우연에 의하여 재물의 득실을 결정하는 것'을 의미하는바, 여기서'우연'이란 주관적으로 '당사자에 있어서 확실히 예견 또는 자유로이 지배할 수 없는 사실에 관하여 승패를 결정하는 것'을 말하고, 객관적으로 불확실할 것을 요구하지 아니한다. 따라서, 당사자의 능력이 승패의 결과에 영향을 미친다고 하더라도 다소라도 우연성의 사정에 의하여 영향을 받게 되는 때에는 도박죄가 성립할 수 있다(*대법원 2008. 10. 23. 선고 2006도736*).

도박장소 등 개설

영리의 목적으로 도박을 하는 장소나 공간을 개설함으로써 성립하는 범죄이다(형§247). 본죄는 성질상 도박행위를 교사하거나 준비시키는 예비행위에 불과하나 형법은 이를 독립된 범죄로 하여 도박죄로다 가중하여 처벌하고 있다. 왜냐하면 행위자가 재물상실의 위험을 부담하지 않고 인간의 사행본능을 이용하여 도박범을 유인하거나 이를 촉진시킴으로써 영리를 도모하는 것은 도박행위보다 더 반도덕적 요소가 있기 때문이다. 본죄에 있어서「영리의 목적」이라 함은 도박을 하는 자로부터 개평 등의 명목으로 도박개설의 대가로 불법의 이득을 취하려는 의사를 말한다(1949. 6. 18. 일최고판). 그리고 영리의 목적일 때는 현실로 이익을 얻을 것을 필요로 하지 않는다(1949. 4. 12. 일최고결§). 그리고 「개장한다」함은 주재자로서 그 지배하의 도박을 위하여 일정한 장소를 제공하는 것이다. 때문에 도박의 주재자가 되지 않는한, 단순히 도박장소를 제공한 것만으로는 설사 사례를 받았다하더라도 본죄가 성립하지 않는다(이 경우는 도박방조죄가 성립한다). 그리고 이 경우에 도박장을 상설인 것을 필요로 하지 않고 또 개장자가 도박장에 나가 있어야 하거나 함께 도박을 할 필요가 없다. 본죄를 범한 자는 5년 이하의 징역 또는 3천만원 이하의 벌금에 처한다. 본죄에 관한 규정 형법 제246조, 247조는 2013.4.5. 법률제11731호로 개정되어 도박하는 장소 뿐 아니라 도박하는 공간을 개설한 경우도 처벌할 수 있도록 규정을 명확히 하였다. 그동안 인터넷상에 도박사이트를 개설하여 전자화폐나 온라인으로 결제하도록 하는 경우 판례상 도박개장죄로 처벌하고 있었지만, 법개정으로 인하여 처벌규정이 명확해졌다.

형법 제247조의 도박개장죄는 영리의 목적으로 스스로 주재자가 되어 그 지배하에 도박장소를 개설함으로써 성립하는 것으로서 도박죄와는 별개의 독립된 범죄이고, '도박'이라 함은 참여한 당사자가 재물을 걸고 우연한 승부에 의하여 재물의 득실을 다투는 것을 의미하며, '영리의 목적'이란 도박개장의 대가로 불법한 재산상의 이익을 얻으려는 의사를 의미하는 것으로, 반드시 도박개장의 직접적 대가가 아니라 도박개장을 통하여 간접적으로 얻게 될 이익을 위한 경우에도 영리의 목적이 인정되고, 또한 현실적으로 그 이익을 얻었을 것을 요하지는 않는다*(대법원 2002. 4. 12. 선고 2001도5802)*.

복표에 관한 죄(福票에 관한 罪)

복표의 발매·발매의 중개·취득을 함으로써 성립하는 범죄를 말한다(형§248). 이 경우에 복표라 함은 발매자가 번호찰을 발매하고 추첨 및 그 밖의 방법으로 구매자간에 불평등한 금액을 분배하는 것을 말한다. 도박과의 차이는 도박에는 관여자가 모두 위험을 부담함에 반하여 복표에 있어서는 복표발매자는 기업실패의 위험을 부담하나 우연에 의한 위험은 부담하지 않는다는 점이다. 그러나 경마 등에 있어서와 같이 복표발매를 허가하는 특별한 경우가 있다. 본 죄에 관한 형법 제248조는 '국제연합국제조직범죄방지협약'의 대상범죄가 될 수 있도록 2013. 4.5. 법률 제11731호로 개정되어 법정형이 '3년 이하의 징역 또는 2천만원 이하의 벌금'에서 '5년 이하의 징역 또는 3천만원 이하의 벌금'으로 상향되었다.

복표발매·중개·취득죄
(福票發賣·仲介·取得罪)

법령에 의하지 아니한 복표를 발매·발매중개 또는 취득함으로써 성립하는 범죄(형법 248조)를 말한다. 복표의 발행도 우연에 의하여 승패가 결정된다는 의미에서 넓은 의미의 도박죄에 해당하나, 형법이 이를 별도로 규정하여 복표의 발매와 중개 및 취득을 처벌하고 있다. 그러나 복표의 발행은 사행행위 등 규제법의 적용을 받게 된다. 복표는 법령에 의하지 아니한 것임을 요한다. 따라서 법령에 의하여 적법하게 발행된 복표는 본죄의 객체가 되지 않는다.

신앙에 관한 죄(信仰에 관한 罪)

종교적 평온과 종교감정을 침해하는

것을 내용으로 하는 범죄를 말한다. 신앙에 대한 죄는 종교적 평온과 종교적 감정을 보호하기 위한 범죄이며, 종교 자체를 보호하는 것은 아니다. 형법에는 신에 대한 모독죄의 규정이 없기 때문이다. 여기서 종교적 감정이란 개인의 종교적 감정이 아니라 다수인 또는 일반의 그것을 의미한다. 형법은 신앙에 관한 죄로 장례식등 방해죄(형법 158조), 사체등 오욕죄(형법 159조), 분묘발굴죄(형법 160조), 사체등 손괴·영득죄(형법 161조), 및 변사자 검시 방해죄(형법 163조) 등을 규정하고, 그 중 분묘 발굴죄와 사체등 손괴·영득죄의 미수범을 처벌한다(형법 162조). 그리고 변사자 검시 방해죄는 사체에 관련된 것이라 하여 편의상 신앙에 관한 죄에 규정하고 있으나, 이는 종교생활의 평온이나 종교감정과 아무런 관련이 없는 범죄이며, 오히려 범죄수사를 목적으로 하는 행정법규에 지나지 않는다. 신앙에 관한 죄의 보호법익이 무엇이냐에 대해서, 사회풍습 내지 선량한 풍속으로 되어 있는 종교감정이라는 견해와, 사회풍습으로서의 종교감정과 종교생활의 평온을 모두 보호한다는 통설이 대립한다.

장식방해죄(葬式妨害罪)

장식·제전·예배 또는 설교를 방해함으로써 성립하는 범죄(형법 158조)를 말한다. 장식 등 종교적 행사를 방해하는 행위를 처벌하여 종교적 평온을 보호하기 위한 범죄라고 할 수 있다. 장식·예전·예배 또는 설교에 한하므로 교회 내에서 종교단체의 회합이라도 정치적·학술적 강연을 위한 집회나 결혼식은 본죄의 객체로 되지 않는다. 따라서 본조의 규정 이외의 의식에 대한 방해행위는 경범죄처벌법 제1조 제18호에 의하여 처벌될 뿐이다. 장식이란 사자를 장사지내는 의식을 말한다. 반드시 종교적인 의식일 것을 요하지 않고 비종교적 장식도 포함한다. 사체가 존재할 것도 요하지 않는다. 예전이란 제사지내는 의식을 말한다. 종교적 의식도 여기에 포함된다. 예배란 종교단체의 규칙과 관례에 따라 신에게 기도하고 숭경하는 종교적 의식을 말한다. 예배의 장소는 문제되지 않는다. 설교란 종교상의 교의를 해설하는 것을 말한다. 방해란 장식·제전·예배 또는 설교의 평온한 진행에 지장을 주는 일체의 행위를 말한다. 방해의 방법에는 제한이 없다. 본죄는 추상적 위험범이다. 따라서 본죄는 장식 등을 방해하면 기수가 되며, 종교적 의식이 방해되었다는 결과가 발생할 것은 요하지 않는다.

사체영득죄(死體領得罪)

사체·유골·유발 또는 관내에 장치한 물건을 손괴·은닉 또는 영득함으로써 성립하는 범죄(형법 161조 1항)를 말한다. 분묘를 발굴하여 봄죄를 범한 경우에는 형이 가중된다(형법 161조 2항). 사회의 종교적 감정을 보호하기 위한 범죄라는 점에서 재산죄와는 성질을 달리한다. 본죄의 객체에 대하여 재산죄가 성립할 수 있는가에 관하여는 견해가 대립되고 있다. 사체라 할지라도 해부목적으로 의과대학에 기증된 것은 본죄의 객체라 할 수 없으므로 재산죄의 객체로 된다는 점에 의문이 없다. 또 사자에 대한 숭경의 대상이 되는 사체·유골·유발도 소유의 대상이 아니므로 재물이 될 수 없다는 것도 명백하다. 관내 장치물에 대해서는 재산성이 있으므로 재산죄의 객체로 된다는 견해와, 본죄의 객체와 재산죄의 객체는 성질이 다르므로 재산죄의 객체로 될 수 없다는 견해가 대립한다. 본죄의 주체에는 제한이 없다. 사자의 후손도 또한 본죄를 범할 수 있다. 사체 등에 대하여 처분권을 가지고 있더라도 관계없다. 사체·유골·유발의 개념은 사체 등 오욕죄의 그것과 같다. 관내에 장치한 물건이란 기념을 위하여 사체와 함께 관내에 둔 일체의 부장을 말한다. 사체의 착의나 사자의 유애물 등이 여기에 해당한다. 그러나 관 자체는 여기에 포함되지 않는다. 손괴란 종교적 감정을 해할 정도의 물리적인 훼손 또는 파괴를 말한다.

사체오욕죄(死體汚辱罪)

사체·유골 또는 유발을 오욕함으로써 성립하는 범죄(형법 159조)를 말한다. 보호법익은 사자에 대한 사회의 경외와 존경의 감정, 즉 종교적 감정이다. 사체란 사람 모양의 통일체로 결합되어 있는 사람의 시체를 말한다. 사태는 사체에 포함되지 않는다고 해석하는 견해도 있다. 그러나 통설은 인체의 형태를 갖춘 사태도 사체에 포함된다고 해석한다. 시체의 전부 뿐만 아니라 일부도 포함한다. 따라서 머리나 팔·다리는 물론 장기와 뇌장도 여기에 해당한다. 유골이란 화장 기타의 방법에 의하여 백골이 된 사체의 일부분을 말하며, 유발은 사자를 기념하기 위하여 보존한 모발이다. 화장하고 버려진 재는 여기의 유골에 포함되지 않는다. 유골과 유발은 사자를 제자·기념하기 위하여 보존하고 있는 것임을 요한다. 따라서 유골이나 유발이라 할지라도 학술상 표본이 된 것은 종교적 감정의 보호와 관계없기 때문에 여기에 포함되지 않는다. 오욕이란 폭행 기타 유형력의 행사에 의하여 모욕적인 의사를 표현하는 것을 말한다. 예를 들면 시체에 침을 뱉거나 방뇨하는 경우는 물론, 시체를 간음하는 경우도 여기에 해당한다.

분묘발굴죄(墳墓發掘罪)

분묘를 발굴함으로써 성립하는 범죄(형법 160조)를 말한다. 분묘의 평온을 유지하여 사자에 대한 종교적 감정을 보호하기 위한 것이다. 판례는 본죄의 보호법익을 종교감정의 공서양속이라고 해석하고 있다. '분묘'란 사람의 사체·유골·유발을 매장하여 사자를 제사 또는 기념하는 장소를 말한다. 사체나 유골이 분해된 이후라고 할지라도 후손의 제사와 존경의 목적이 되어 있는 것은 여기의 분묘에 해당한다. 다만 제사나 예배의 대상이 되지 않는 고분은 분묘라고 할 수 없다. '발굴'이란 복토의 전부 또는 일부를 제거하거나 묘석 등을 파괴하여 분묘를 손괴하는 것을 말한다. 관이나 유골 또는 사체가 외부에 표출될 것을 요하는가에 대하여 복토제거설과 외부인지설이 대립되고 있다. 판례는 발굴행위에는 유골·사체가 외부로부터 인식할 수 있는 상태까지 현출될 필요는 없다고 하여 복토제거설을 취하고 있다. 그러나 미수범을 처벌하는 형법의 태도에 비추어 볼 때 통설인 외부인지설이 타당하다.

국가적 법익에 관한 죄

국가의 존립과 권위에 관한 죄

국교에 관한 죄(國交에 관한 罪)

외국과의 평화로운 국제관계를 침해하여 국제법상 보호되는 외국의 이익을 해하고, 외국과의 국교관계 내지 자국의 대외적 지위를 위태롭게 하는 범죄를 말한다.

선전(宣傳)

일정한 사항에 관한 취지를 불특정다수인에게 이해시키고, 그들의 찬동을 얻기 위한 일체의 의사전달행위를 말한다. 이에 관해서 내란죄(형법 90조 2항), 외환죄(형법 101조 2항), 국가보안법 제4조 등에 처벌규정을 두고 있다.

국헌문란(國憲紊亂)

헌법의 기본질서에 대한 침해를 말한다. 형법 제91조는 국헌문란의 목적을 구체적으로 정의하여 국헌문란의 목적이란 (1) 헌법 또는 법률에 정한 절차에 의하지 아니하고 헌법 또는 법률의 기능을 소멸시키는 것, (2) 헌법에 의하여 설립된 국가기관을 강압에 의하여 전복 또는 그 기능행사를 불가능하게 하는 것을 말한다고 규정하고 있다. 헌법 또는 법률에 정한 절차에 의하지 아니하고 헌법 또는 법률의 기능을 소멸시키는 것은 국가의 기본조직을 파괴 또는 변혁하는 것을 의미하며, 헌법에 의하여 설치된 국가기관을 강압에 의하여 전복 또는 그 권한행사를 불가능하게 하는 것은 이에 대한 예시라고 할 수 있다. 따라서 정부조직제도 자체를 불법하게 파괴하는 것은 국헌문란에 해당되지만, 개개의 구체적인 정부와 내각을 타도하는 것은 여기에 포함되지 않는다. 또한 단순히 국무총리나 수상을 살해하여 내각을 경질함을 목적으로 하는 것이 아닐 때에도 국헌문란이라고 할 수 없다. 헌법에 규정된 권력분립, 의회제도, 복수정당제도, 선거제도 및 사법권의 독립은 국가의 기본조직에 속하는 것이므로 이를 파괴하는 것은 국헌문란이라고 할 수 있다. 내란죄가 성립하기 위해서는 국토를 참절하거나 국헌을 문란할 목적이 있어야 한다.

내란죄(內亂罪)

폭동에 의하여 국가의 존립과 헌법질서를 위태롭게 하는 범죄, 즉 국토를 참절하거나 국헌을 문란하게 할 목적으로 폭동을 일으킴으로써 성립하는 범죄를 말한다(형§87). 본죄는 이른바 목적범으로서 본죄가 성립하려면 주관적으로 일정한 목적, 즉 주관적 위법요소가 있어야 한다. 국토참절 또는 국헌문란의 목적이 바로 그것이다. 또 이 범죄는 1인으로서는 범할 수 없고, 다중이 결합하여 폭행 또는 협박을 하는 어느 정도의 조직적인 것임을 요한다. 이러한 의미에서 필요적 공범이라 하고 특히 그 중에서도 집합적 범죄에 속한다. 그리고 여기에서의 폭동은 한 지방의 평온을 해할 정도의 대규모적임을 요한다. 본죄의 처벌은 각행위자별로 나뉘어 있다. 즉 본죄의 수괴는 사형·무기징역 또는 무기금고, 모의에 참여하거나 지휘하거나 기타 중요한 임무에 종사한 자 또는 살해·파괴 혹은 약탈의 행위를 실행한 자는 사형·무기 또는 5년 이상의 징역이나 금고, 기타 부화수행하거나 단순히 폭력에만 관여한 자는 5년 이하의 징역 또는 금고에 처한다. 또 내란죄 등을 범할 목적으로 예비 또는 음모하거나 이를 선동 또는 선전한 자는 3년 이하의 유기징역이나 금고에 처하고 그 목적한 죄의 실행에 이르기 전에 자수한 때에는 그 형을 감경 또는 면제한다(§90). 본죄에 있어서 국헌을 문란할 목적이라 함은 (1) 헌법 또는 법률에 정한 절차에 의하지 아니하고 헌법 또는 법률의 기능을 소멸시키는 것과, (2) 헌법에 의하여 설치된 국가기관을 강압에 의하여 전복 또는 그 기능행사를 불가능하게 하는 것을 말한다.

> 내란죄의 구성요건인 폭동의 내용으로서의 폭행 또는 협박은 일체의 유형력의 행사나 외포심을 생기게 하는 해악의 고지를 의미하는 최광의의 폭행·협박을 말하는 것으로서, 이를 준비하거나 보조하는 행위를 전체적으로 파악한 개념이며, 그 정도가 한 지방의 평온을 해할 정도의 위력이 있음을 요한다*(대법원 1997. 4. 17. 선고 96도3376 전원합의체 판결).*

내란목적살인죄(內亂目的 殺人罪)

국토를 참절하거나 국헌을 문란할 목적으로 사람을 살해함으로써 성립하는 범죄(형법 88조)를 말한다. 본 죄의 성격에 관해서는, (1) 국토참절 또는 국헌문란을 목적으로 사람을 살해하면 제87조의 제2호의 내란죄에 해당하지만, 이를 특별히 중하게 처벌하기 위한 특별규정으로서 내란죄의 일종으로 해석하는 견해, (2) 폭동시에 일반인을 살해하는 폭동에 의한 내란죄와 구별하여 폭동의 전후를 묻지 않고 요인암살을 내용으로 하는 독립된 내란죄의 한 유형이라고 해석하는 견해, (3) 본죄의 내용은 폭동에 의한 살인이 아니라 살인의 목적을 달성하기 위해서 내란의 목적을 가진데 불과하므로 살인죄에 대한 가중적 구성요건으로서 살인죄의 한 유형이라고 해석하는 견해 등이 대립된다. 살해의 수단·방법은 묻지 않으나 내란목적을 가지고 살해해야 한다. 본죄의 미수(형법 89조), 예비(형법 90조 1항), 선동·선전(형법 90조 2항)은 처벌한다. 다만 실행에 이르기 전에 자수한 때에는 그 형을 감경 또는 면제한다(형법 90조 1항 단서).

외환죄(外患罪)

외환을 유치하거나 대한민국에 항적하거나 적국에 이익을 제공하여 국가의 안전을 위태롭게 하는 범죄를 말한다. 국가의 존립과 안전을 위태롭게 한다는 점에서는 내란죄와 그 본질이 같으나, 외부로부터 국가의 존립을 위태롭게 하는 행위를 처벌하는 것이라는 점에서 구별된다. 즉 내란죄는 그 보호법익이 국가의 내적 안전임에 비하여 본죄의 보호법익은 국가의 외적 안전인 것이다. 본죄는 다음의 각 사항별로 나누어 볼 수 있다. 즉 (1) 외국의 정부·군대·외교사절 등과 통모하여 전투상태를 개시하게 하거나 적국을 위하여 군무에 종사함으로써 대한민국에 반항, 적대하는 자는 사형 또는 무기징역에 처한다(외환유치죄 : 형§93). 이 범죄는 현행 형법상 사형만을 인정하고 있는 유일한 규정이다. 이를 절대적 법정형이라고 한다. 그러나 이 범죄에 있어서도 작량감경을 할 여지는 있다(§53). (3) 적국을 위하여 적국에 통보 또는 교부할 의사로써 대한민국의 국가기밀을 탐지하거나 또는 국가기밀에 속하는 정보 기타 도서·물건 등을 수집하고, 또 적국의 간첩자라는 정보를 알면서 그를 원조하여 용이하게 하거나, 또는 군사상의기밀을 누설한 자는 사형·무기 또는 7년 이상의 징역에 처한다(간첩죄§98). 이 범죄는 적국을 위한 간첩 등의 범죄를 처벌하는 것이므로 적국이 아닌 북한의 반국가단체를 위하여 간첩 등의 행위를 한 경우에는 국가보안법에 의하여 처벌된다. 외환의 죄를 범할 목적으로 예비 또는 음모한 자는 2년 이상의 유기징역에 처하고, 다만 그 목적한 죄의 실행에 이르기 전에 자수한 때에는 그 형을 감경 또는 면제한다(§101①).

외환유치죄(外患誘致罪)

외국과 통모하여 대한민국에 대하여

전단(戰端)을 열게 하거나 외국인과 통모하여 대한민국에 항적함으로써 성립하는 범죄(형법 92조)를 말한다. 본죄의 행위의 양태는 외국과 통모하여 대한민국에 대하여 전단을 열게 하거나, 외국인과 통모하여 대한민국에 항적하는 것으로 나뉘어진다. '외국과 통모한다'는 것은 외국의 정부기관과 의사를 연락하는 것을 말한다. 통모의 발의가 누구에 의한 것인가 또한 의사연락의 방법이 직접적인가 간접적인가를 불문한다. '전단을 연다'는 것은 전투행위를 개시하는 것을 말한다. 전쟁을 국제법상 전쟁개시의 형태로 인정되어 있는 적대행위를 의미한다고 해석하는 견해도 있으나, 반드시 국제법상 전쟁을 개시하는 경우에 제한되지 않고 사실상의 전쟁도 포함한다고 해석해야 한다. '항적한다'는 것은 적국을 위하여 적국의 군무에 종사하면서 대한민국에 적대하는 일체의 행위를 말한다. 적국의 군무에 종사하여 적대행위를 하면 족하고 전투원인가 비전투원인가는 묻지 않는다.

여적죄(與敵罪)

적국과 합세하여 대한민국에 항적함으로써 성립되는 범죄를 말한다(형§93). 여기서 적국이라 함은 대한민국에 대적하는 외국 또는 외국인의단체를 포함하며(§102), 항적(抗敵)은 동맹국에 대한 것도 포함한다(§104). 본죄의 미수·예비·음모·선동·선전 등도 처벌한다. 본죄에 있어서 고의는 적국과 합세하여 대한민국에 항적한다는 인식을 필요로 한다.

간첩죄(間諜罪)

적국을 위하여 간첩행위를 하거나 적국의 간첩을 방조하는 죄를 말한다(형§198). 사실상의 기밀을 적국에 누설한 자도 같다. 미수·예비·선동·선전을 처벌한다. 또한 본죄는 동맹국에 대한 행위에도 적용된다(§104). 본죄에 있어서 간첩(영§:spy, 독:Spion)이라 함은 일방의 교전자의 작전지역 내에서 타방의 교전자에게 통지할 의사를 가지고 비밀리에 또는 허위의 구실하에 정보를 수집하는 자를 말한다. 그러나 변장하지 않고 적의 작전지역내에 침입하는 군인, 자국군이나 적군에게 보낸 통신을 공공연히 전달하는 자, 군 및 지방의 상호간의 연락을 도모하는 자는 간첩이 아니다. 간첩은 국제법상 위법은 아니나 상대방 교전국이 체포한 경우에는 재판에 의하여 전시범죄로서 처벌할 수 있다. 군인의 간첩행위는 현행중임을 요한다.

외국에 대한 사전죄
(外國에 대한 私戰罪)

외국에 대하여 사전(私戰)하거나 사전할 목적으로 예비 또는 음모함으로써 성립하는 범죄를 말한다(형§111). 국민의 일부가 외국에 대하여 마음대로 사적인 전투행위를 하는 때에는 외교관계를 더욱 악화시켜 국가의 존립을 위태롭게 할 위험이 있기 때문이다. 여기서의 사전이란 국가의 전투명령을 받지 않고 함부로 외국에 대하여 전투행위를 하는 것을 의미한다. 본죄를 범한

형
법

자는 1년 이상의 유기징역에 처하고 이를 위해 예비·음모한 자는 3년 이하의 금고 또는 500만원이하의 벌금에 처한다. 단 그 목적한 죄의 실행에 이르기 전에 자수한 때에는 그 형을 경감 또는 면제한다.

중립명령위반죄(中立命令違反罪)

외국간의 교전에 있어서 중립명령을 위반함으로써 성립하는 범죄를 말한다(형§112). 외국간의 교전이 있을 때, 국가가 중립을 선언하였음에도 불구하고 일반국민이 여기에 따르지 않고 교전국의 일방에 가담하여 군사행동을 하게 되면 중립선언이 무의미하게 되고, 그 국가와의 국교관계를 위태롭게 할 우려가 있기 때문에 본죄를 규정하고 있는 것이다. 본죄에 있어서 어떠한 행위가 중립명령에 위반되는가는 중립명령에 의해 결정된다. 따라서 본죄는 구성요건의 중요한 내용을 중립명령에 위임하고 있는 백지형법의 대표적인 예이다. 본죄를 범한 자는 3년 이하의 금고 또는 5백만원 이하의 벌금에 처한다.

외교상기밀누설죄
(外交上 機密漏泄罪)

외교상 기밀누설죄는 외교상의 기밀을 누설하거나 누설을 목적으로 외교상의 기밀을 탐지 또는 수집함으로써 성립하는 범죄(형법 113조1·2항)를 말한다.'외교상의 기밀'이란 외국과의 관계에서 국가가 보지(保持)해야 할 기밀을 말하고, 외국과의 기밀조약을 체결한 사실 또는 체결하려고 하는 사실 등이 이에 해당한다. 이미 국내에서 공지에 속한 사실은 아직 외국에 알려져 있지 않은 경우 기밀이 될 수 있느냐에 대해서는 견해가 대립된다. '누설'이란 직접·간접으로 타국 또는 타인에게 알리는 것을 말한다. 다만 외교상의 기밀 중에는 간첩죄에 해당하는 군사기밀도 포함되므로 이를 적국에 누설하면 간첩죄에 해당한다. 따라서 외교상의 기밀을 적국 아닌 타국에 누설한 때에만 본죄가 성립한다. 누설하는 수단·방법에는 제한이 없다. 누설할 목적으로 외교상의 기밀을 탐지·수집한 자도 같은 형으로 처벌한다. 기밀누설에 대한 예비행위를 독립하여 규정한 경우이다. 외교상의 기밀을 탐지·수집하는 때에는 고의 이외에 누설할 목적이 있음을 요한다.

국기· 국장모독죄
(國旗·國章冒瀆罪)

대한민국을 모욕할 목적으로 국가 또는 국장을 손상·제거 또는 오욕함으로써 성립하는 범죄를 말한다(형법 105조). 모욕의 목적이 있어야 성립하는 목적범이며, 모욕죄와 손괴죄의 결합범이라고 할 수 있다. 국기란 국가를 상징하는 기를 말하며, 국장이란 국기 이외의 휘장을 말한다. 국기·국장의 소유권이 누구에게 있는 가는 묻지 않는다. 본죄의 행위는 손상·제거 또는 오욕이다. 손상이란 국기나 국장을 절단하는 것과 같은 물질적인 파괴 내지 훼손을 말한다. 제거는 국기·국장 자체를 손상하지 않고 이를 철거 또는 차폐하는 것을 말한다. 장소적 이전을 요하지 않는다. 오욕이란 국가·국장을 불결하게 하는 일체의 행위를 말한다. 국기에 오물을 끼얹거나, 방뇨하거나, 침을 뱉는 것이 여기에 해당된다. 손상·제거 또는 오욕은 대한민국의 권위와 체면을 손상시킬 정도에 이를 요한다. 따라서 본죄는 구체적 위험범이다.

국기·국장비방죄
(國旗·國章誹謗罪)

대한민국을 모욕할 목적으로 국기 또는 국장을 비방함으로써 성립하는 범죄를 말한다. 국기·국장모독죄와는 행위의 양태가 다를 뿐이다. 모독죄가 물질적·물리적으로 국가나 국장을 모독하는 경우임에 반해, 여기서 비방이란 언어나 거동, 문장이나 회화에 의하여 모욕의 의사를 표현하는 것을 말한다. 단 비방이라고 하기 위해서는 동연성이 있어야 한다고 해석해야 한다.

외국국기국장모독죄
(外國國旗國章冒瀆罪)

외국을 모욕할 목적으로 그 나라의 공용에 공하는 국기 또는 국장을 손상·제거 또는 오욕함으로써 성립하는 범죄(형법 109조)를 말한다. '공용에 공하는'이란 국가의 권위를 상징하기 위하여 그 나라의 공적 기관이나 공무소에서 사용되는 것을 말한다. 공용에 공하는 국기·국장임을 요하므로 사용(私用)에 공하는 것은 제외된다. 따라서 장식용 만국기나 외국인을 환영하기 위하여 사인이 게양·휴대·소지하는 외국기 또는 현실적으로 사용되지 않는 소장 중의 외국의 국기·국장 등은 본죄의 객체로 될 수 없다. 외국의 국기·국장이므로 초국가적인 국제연합은 본죄의 외국에 포함되지 않는다. 따라서 국제연합기나 그 휘장도 본죄의 객체가 아니다. 본죄의 주관적 요건으로서 고의 이외에 외국을 모욕할 목적이 있어야 하는 목적범이다. 여기서 모욕이란 외국에 대한 경멸의 의사를 표시하는 것을 말한다. 본죄는 그 외국정부의 명시한 의사에 반하여 공소를 제기할 수 없다(형법 110조).

외국사절에 관한 죄
(外國使節에 관한 罪)

대한민국에 파견된 외교사절에 대하여 폭행·협박 또는 모욕을 가하거나 명예를 훼손함으로써 성립하는 범죄(형법 108조1·2항)를 말한다. '외국사절'이란 대사·공사 등을 말한다. 외국사절인 이상 상설사절인가 임시사절인가, 정치적 사절인가 의례적 사절인가를 불문하며, 계급 또한 불문한다. 외국사절은 대한민국에 파견된 자임을 요한다. 그러므로 제3국에 파견되어 부임 또는 귀국 중에 대한민국에 체제하는 자는 여기에 포함되지 않는다. 또 외국사절임을 요하므로 외교사절의 특권과는 달리, 외국사절의 가족·수행원·사자 등은 본죄의 객체가 되지 않는다. 본죄는 그 외국정부의 명시한 의사에 반하여 공사를 제기할 수 없다(형법 110조).

외국원수에 대한 죄
(外國元首에 대한 罪)

대한민국에 체재하는 외국의 원수에 대하여 폭행·협박 또는 모욕을 가하거나 명예를 훼손함으로써 성립하는 범죄(형법 107조 1·2항)를 말한다. 행위의 객체가 대한민국에 체재하는 외국원수이기 때문에 폭행죄·협박죄·모욕죄 또는 명예훼손죄에 대하여 불법이 가중되는 가중적 구성요건이라고 할 수 있다. 대한민국의 원수에 대한 폭행·협박 등에 대하여도 특별규정이 없는 점에 비추어 입법론상 의문을 제기하는 견해도 있다. '원수'란 외국의 헌법에 의하여 국가를 대표할 권한이 있는 자를 말한다. 따라서 외국의 대통령 또는 군주는 여기에 포함되지만, 내각책임제하의 수상은 일반적으로 원수라고 할 수 없다. 폭행·협박의 개념은 폭행죄 또는 협박죄의 경우와 같다. 모욕이나 명예훼손죄의 위법성조각사유에 관한 규정이 적용되지 않는다는 점에서 모욕죄나 명예훼손죄와 구별된다. 또 모욕죄가 친고죄임에 반하여, 본죄는 반의사불벌죄이다. 따라서 그 외국정부의 명시한 의사에 반하여 공소를 제기할 수 없다(형법 110조).

시설제공이적죄(施設提供利敵罪)

군대·요새·진영 또는 군용에 공하는 선박이나 항공기 기타 장소·설비 또는 건조물을 적국에 제공하거나, 병기 또는 탄약 기타 군용에 공하는 물건을 적국에 제공함으로써 성립하는 범죄(형법 95조)를 말한다. 군대·요새·진영은 군사시설의 예시이고 군용에 공하는 설비 또는 물건이란 우리나라의 군사목적에 직접 사용하기 위하여 설비한 일체의 시설 또는 물건을 말한다. 예컨대 군사통신시설·군용양식 등도 이에 포함된다. 대한민국에 적대하는 외국 또는 외국인의 단체는 적국으로 간주한다(형법 102조). 본죄의 미수범(형법 100조)과 예비·음모(형법 101조1항본문)·선동·선전(형법101조2항)은 처벌한다. 단 예비·음모의 경우에 실행에 이르기 전에 자수한 때에는 그 형을 감경 또는 면제한다(형법 101조1항단서).

시설파괴이적죄(施設破壞利敵罪)

적국을 위하여 군대·요새·진영 또는 군용에 공하는 선박이나 항공기 기타 장소·설비 또는 건조물, 병기 또는 탄약 기타 군용에 공하는 물건을 파괴하거나 사용할 수 없게 함으로써 성립하는 범죄(형법 96조)를 말한다. 본죄가 성립하기 위해서는 군사시설·군용물건을 파괴 또는 사용할 수 없게 한다는 고의 이외에 적국을 위한다는 이적의사가 있어야 한다(일종의 목적범). 따라서 적국 함대의 포획을 면하기 위하여 승선을 자침케 하는 경우는 이적의사가 없으므로 본죄로 보지 않는다. 이적의사 없이 군사시설을 손괴 기타 방법으로 그 효용을 해한 자는 군사시설보호법(동법 11조)의 적용을 받게 된다. 본죄의 미수범(형법 100조)과 예비·음모(형법 101조1항본문)·선동·선전

(형법 101조2항)은 처벌한다. 단 예비·음모의 경우에 실행에 이르기 전에 자수한 때에는 그 형을 감경 또는 면제한다(형법 101조1항단서).

모병이적죄(募兵 利敵罪)

적국을 위하여 모병하거나 모병에 응함으로써 성립하는 범죄(형법 94조)를 말한다. 적국이란 대한민국에 적대하는 외국을 말하고, 대한민국에 적대하는 외국 또는 외국인의 단체도 적국으로 간주된다(형법 102조). 적국의 범위에 관해서는 국제법상 선전포고를 하고 대한민국과의 전쟁을 수행하는 상대국에 한정하는 견해도 있으나 사실상 전쟁을 수행하고 있는 외국도 포함된다고 본다. 모병이란 전투에 종사할 사람을 모집하는 것을 말하고, 모병에 응한 자란 자발적으로 이에 지원한 자를 말한다. 강제모병에 응한 때에는 기대불가능성이 문제될 수 있다. 본죄는 모병 또는 모병에 응한다는 고의 이외에 적국을 이롭게 할 이적의사가 있어야 한다. 따라서 일종의 목적범이다. 미수범(형법 100조), 예비·음모(형법 101조 1항 본문), 선동·선전(형법 101조 2항)을 처벌한다. 단 예비·음모의 경우에, 실행에 이르기 전에 자수한 때에는 그 형을 감경 또는 면제한다(형법 101조 1항 단서).

물건제공이적죄
(物件提供 利敵罪)

군용에 공하지 아니하는 병기·탄약 또는 전투용에 공할 수 있는 물건을 적국에 제공함으로써 성립하는 범죄(형법 97조)를 말한다. 군용에 공하는 시설·물건을 적국에 제공하면 별도로 시설제공 이적죄(형법 95조)가 성립한다. 미수범(형법 100조) 및 예비·음모·선동·선전(형법 101조 1항, 2항)을 처벌한다. 단 예비·음모의 경우 그 실행에 이르기 전에 자수한 때에는 그 형을 감경 또는 면제한다(형법 101조 1항 단서).

반국가단체구성죄
(反國家團體構成罪)

정부를 참칭하거나 국가를 변란할 목적으로 결사 또는 집단을 구성함으로써 성립하는 범죄(국가보안법 3조)를 말한다. 수괴의 임무에 종사한 자, 간부 기타 지도적 임무에 종사한 자, 간부 기타 지도적 임무에 종사한 자, 그리고 그 이외의 자로 나누어 그 형을 달리하고 있다. 본죄의 미수범(국가보안법 3조 3항) 및 예비·음모(국가보안법 3조 4항, 5항)를 처벌한다.

국가의 기능에 관한 죄

공무원의 직무에 관한 죄
(公務員의 職務에 관한 罪)

공무원이 의무에 위배하거나 직권을 남용하여 국가기능의 공정을 해하는 것을 내용으로 하는 범죄를 말한다. 즉 공무원의 직무범죄(Amtsdelikte) 이다. 이는 국가의 기능이 직권남용·뇌물 기타의 이유로 부패되는 것을 방지하기 위한 범죄라고 할 수 있다. 형법에서 규정하고 있는 공무원의 직무에 관한 죄는 직권남용죄와 직무위배죄 및 뇌물죄의 세가지로 분류된다.

공무원(公務員)

공무원이라 함은 법령(國家公務員法·지방공무원법 또는 기타 법령)에 의하여 공무에 종사하는 직원·의원·위원을 말한다. 공무종사의 관계는 임명의 형식에 의하건 촉탁에 의하건 또는 선거에 의하건 불문한다. 다만 공무원의 직무에 관한 죄의 주체로서의 공무원이라 하기 위해서는 직무수행에 있어서 어느 정도 정신적 지능적인 판단을 요하는 사무에 종사하는 것을 필요로 하므로 단순히 노무에 종사하는 공무원(국공§2③Ⅳ), 예컨대 공원, 인부, 사환 등과 같이 단순히 기계적 노무에 종사하는 데 불과한 자는 여기에 말하는 공무원이라 할 수 없다. 그런데 대법원은 공무원의 의의에 관하여 현행법에는 구법과는 달라 공무원의 정의에 관한 규정이 없으나 현행법 하에서는 공무원이라 함은 「관리에 의하여 그 직무권한이 정하여진 자에 한하지 않고 널리, 법령에 의하여 공무에 종사하는 직원을 지칭한다고 해석하는 것이 타당하다」(대판)고 하고 있다.

직무유기죄(職務遺棄罪)

공무원이 정당한 이유 없이 그 직무수행을 거부하거나 직무를 유기함으로써 성립하는 범죄를 말한다(형§122). 본죄가 성립하기 위해서는 주관적으로 직무의 수행을 거부하거나 이를 유기한다는 인식과 객관적으로는 직무 또는 직장을 벗어나는 행위가 있어야 한다. 따라서 공무원이 직무집행과 관련하여 태만·분망(奔忙)·착각 등으로 인해 부당한 결과를 초래하였다고 하더라도 본죄는 성립하지 않는다. 여기에서 말하는 (1) 「직무수행을 거부한다」라 함은 그 직무를 수행할 의무 있는 자가 이를 행하지 않는 것을 말한다. 그 거부는 국가에 대한 것이건, 국민에 대한 것이건 또한 적극적이건, 소극적이건 불문한다(1966. 10. 19. 대판). (2) 「직무를 유기한다」라 함은 직장을 무단이탈 한다거나 직무를 포기하는 것을 말한다. 그러나 단순한 직무의 태만은 아니다. 본죄를 범한 자는 1년 이하의 징역이나 금고 또는 3년 이하의 자격정지에 처한다.

형법 제122조의 이른바 직무를 유기한다는 것은 법령, 내규, 통첩 또는 지시 등에 의한 추상적인 충근의무를 태만히 하는 일체의 경우를 이르는 것이 아니

> 라 구체적으로 직무의 의식적인 포기 등과 같이 국가의 기능을 해하며 국민에게 피해를 야기시킬 가능성이 있는 경우를 일컫는 것이므로 직무유기죄가 성립하려면 주관적으로는 직무를 버린다는 인식과 객관적으로는 직무 또는 직장을 벗어나는 행위가 있어야 하고 다만 직무집행에 관하여 태만, 분망, 착각등 일신상 또는 객관적 사정으로 어떤 부당한 결과를 초래한 경우에는 형법상의 직무유기죄는 성립하지 않는다 *(대법원 1983. 1. 18. 선고 82도2624).*

피의사실공표죄(被疑事實公表罪)

검찰, 경찰 기타 범죄수사에 관한 직무를 행하는 자 또는 이를 감독하거나 보조하는 자가 그 직무를 행함에 있어서 지득한 피의사실을 공판청구 전에 공표하는 범죄(형§126). 즉, 공판청구 전에 불특정 또는 다수인에게 피의사실의 내용을 공표하는 범죄(형§126)이다. 다만 한 사람의 신문기자에게 알려주는 (작위) 경우, 또는 비밀을 보지(保持)할 법률상의 의무 있는 자가 신문지기자의 기록열람을 묵인한(부작위)경우도 신문의 특성으로 보아 공표 되는 것으로 본다(형소§198, 소년§68).

공무상비밀누설죄(公務上祕密漏泄罪)

공무원 또는 공무원이었던 자가 법령에 의한 직무상 비밀을 누설한 죄를 말한다(형§127). 「비밀」은 법령에 의한 직무상의 비밀을 말하며 일반적으로 알려져 있지 않거나, 알려서는 안되는 사항으로서 국가가 일정한 이익을 가지는 사항이다. 자신의 직무에 관한 사항이거나 타인의 직무에 관한 것이거나를 불문한다. 그리고「누설」이라 함은 타인에게 알리는 것으로서, 그 방법에는 제한이 없다. 따라서 비밀서류를 열람케 하는 것도 여기에 포함한다. 본죄를 범한 자는 2년 이하의 징역이나 금고 또는 5년 이하의 자격정지에 처한다.

> 형법 제127조는 공무원 또는 공무원이었던 자가 법령에 의한 직무상 비밀을 누설하는 것을 구성요건으로 하고 있고, 동 조에서 법령에 의한 직무상 비밀이란 반드시 법령에 의하여 비밀로 규정되었거나 비밀로 분류 명시된 사항에 한하지 아니하고 정치, 군사, 외교, 경제, 사회적 필요에 따라 비밀로 된 사항은 물론 정부나 공무소 또는 국민이 객관적, 일반적인 입장에서 외부에 알려지지 않는 것에 상당한 이익이 있는 사항도 포함하는 것이나, 동 조에서 말하는 비밀이란 실질적으로 그것을 비밀로서 보호할 가치가 있다고 인정할 수 있는 것이어야 할 것이다. 그리고 본죄는 기밀 그 자체를 보호하는 것이 아니라 공무원의 비밀엄수의무의 침해에 의하여 위험하게 되는 이익, 즉 비밀의 누설에 의하여 위협받는 국가의 기능을 보호하기 위한 것이다*(대법원 1996. 5. 10. 선고 95도780).*

직권남용죄(職權濫用罪)

공무원이 직권을 남용하여 사람으로 하여금 의무 없는 일을 행하게 하거나

형법

사람의 권리행사를 방해하는 범죄로서 타인의 권리행사방해죄(형§123)라고도 한다. 또 재판, 검찰, 경찰 기타 범죄 수사에 관한 직무를 행하는 자 또는 이를 감독하거나 보조하는 자가 그 직권을 남용하거나 보조하는 자가 그 직권을 남용하여 사람을 체포, 감금하거나(불법감금, 불법체포 : §124), 또는 재판, 검찰, 경찰 기타 인신구속에 관한 직무를 행하는 자 또는 이를 보조하는 자가 그 직무수행상 형사피고인이나 피의자, 참고인 등에게 폭행을 가하거나 학대를 가하는 행위(폭행, 가혹행위 : §125)는 일반공무원보다도 그 형이 훨씬 중하다. 타인의 권리행사방해죄와 폭행 등 가혹행위죄는 5년 이하의 징역과 10년 이하의 자격정지 또는 1천만원 이하의 벌금에 처하고, 불법체포감금죄는 7년 이하의 징역과 10년 이하의 자격정지에 처하며, 폭행, 가혹행위죄는 5년이하의 징역과 10년 이하의 자격정지에 처한다. 본죄는 권리행사방해의 결과발생시에 비로소 기수로서 인정된다. 따라서 국가의 기능이 현실적으로 침해되어야 하는 것은 아니다. 이러한 의미에서 본죄는 추상적 위험범이다.

직권남용죄의"직권남용"이란 공무원이 그의 일반적 권한에 속하는 사항에 관하여 그것을 불법하게 행사하는 것, 즉 형식적, 외형적으로는 직무집행으로 보이나 그 실질은 정당한 권한 이외의 행위를 하는 경우를 의미하고, 따라서 직권남용은 공무원이 그의 일반적 권한에 속하지 않는 행위를 하는 경우인 지위를 이용한 불법행위와는 구별되며, 또 직권남용죄에서 말하는"의무"란 법률상 의무를 가리키고, 단순한 심리적 의무감 또는 도덕적 의무는 이에 해당하지 아니한다*(대법원 1991. 12. 27. 선고 90도2800).*

가혹행위(苛酷行爲)

타인으로 하여금 심히 수치·오욕(汚辱) 또는 고통을 받게 하는 행위를 말한다. 따라서 폭행·협박은 물론 정신적 또는 육체적 고통을 주는 행위도 포함한다. 법원·검찰·경찰 그밖에 인신구속에 관한 직무를 행하는 자 및 그 보조자가 직무집행중 형사피고인·피구금자·피의자 기타 소송관계인 등 수사재판에 있어서 신문·조사의 대상으로 되는 사람에 대하여 폭행 또는 가혹한 행위를 하게 되면 본죄가 성립한다(형§125). 처벌은 5년 이하의 징역과 10년 이하의 자격정지이다.

선거방해죄(選擧妨害罪)

검찰·경찰 또는 군의 직에 있는 공무원이 법령에 의한 선거에 관하여 선거인·입후보자 또는 입후보자가 되려는 자에게 협박을 가하거나 기타 방법으로 선거의 자유를 방해한 경우에 성립하는 범죄를 말한다(형§128). 본죄는 민주주의 국가의 기본이 되는 선거의 자유, 즉 정치적 의사결정과 의사표현의 자유를 보호하기 위한 것이다.

본죄의 본질에 관해서는 직무위배죄의 일종이라는 견해와 직권남용죄에 대한 특별규정이라고 하는 견해가 있다. 그러나 본죄는 선거 자체의 적정한 진행을 보호하는 것이 아니라 선거권의 자유로운 행사 내지 선거권자의 선거권을 보호하는 것이므로 직권남용죄에 대한 특별규정이라는 견해가 타당하다. 본죄는 선거의 자유를 방해할 행위를 하면 족하다. 따라서 현실적으로 방해의 결과가 발생될 것을 요하지 않는다.

뇌물죄(賂物罪)
독;Bestechungsdelikte

공무원 또는 중재인이 직무행위에 대한 대가로 법이 인정하지 않는 이익을 취득하지 못하도록 하는 내용의 범죄이다(형§129). 본죄의 보호법익은 국가기능의 공정성에 있다. 형법상 뇌물죄(Bestechung)란 공무원 또는 중재인에게 이를 공여하는 것을 내용으로 하는 범죄이다. (1) 중재인이라 함은 법령에 의하여 중재인의 직에 있는 자를 말한다. 예컨대 노동조합 및 노동관계조정법에 규정된 중재인 등이다. 따라서 단순한 분쟁의 해결이나 알선을 위한 사실상의 중재인은 여기에 해당하지 않는다. 중재인은 공무원은 아니지만 그 직무의 공공성에 비추어 공무원과 함께 본죄의 주체가 되는 것이다. (2) 「직무에 관하여」라 함은 그 공무원의 권한에 속하는 직무행위는 물론이고 그 직무행위와 밀접한 관계에 있는 경우도 포함한다. 따라서 그 결정권의 유무를 불문하고, 또 행위자가 반드시 구체적으로 그 직무를 담당할 필요가 없고, 자기의 직무분담구역내에 있을 필요로 한다(1949. 4. 17. 일최판). (3) 뇌물이라 함은 직무의 대가로서의 부당한 이익을 얻는 것을 말한다. 「직무의 대가」라 하여도 직무 중의 어떤 특정한 행위에 대한 대가이거나 포괄적인 것이거나를 가릴 필요는 없다. 그리고 직무행위에 대한 대가로서 인정되느냐 않느냐에 따라서 뇌물성이 결정된다. 따라서 사교적 의례의 명목을 빌렸다 해도 뇌물성이 있는 이상 뇌물인 것이다. 예컨대 관혼상제를 계기로 사교적 의례의 범위를 넘은 금품의 공여나, 뇌물을 차용금 명목으로 수수하고 실제로 이를 변제하였다 해도 뇌물죄의 성립에는 영향이 없는 것이다(1968. 9. 6. 대판). 그러나 진정으로 순수한 사교적 의례의 범위에 속한 향응이나 물품의 증답(贈答)은 뇌물성이 없다할 것이다(1955. 6. 7. 대판). (4) 「수수」라 함은 뇌물이란 정을 알고 받는 것을 말한다. (5) 「요구」라 함은 뇌물을 받을 의사로써 상대방에게 그 교부를 청구하는 것이다. 이 청구가 있은 때에 본죄는 기수가 된다. 따라서 상대방이 이에 응했든 아니했든 본죄의 성립에는 상관없다. (6) 「약속」이라 함은 양 당사자간에 뇌물의 수수를 합의하는 것을 말한다. 그리고 뇌물의 목적물인 이익은 약속당시에 현존할 필요는 없고, 예기만 할 수 있는 것이라도 무방하며 이익이 금전일 경우에는 그 금액의 교부시기가 확정되어 있지 않아도 본죄는 성립하는 것이다. 또 약속의 의사표시를 어느 쪽이 먼저 하였는가도 불문한다. (7) 「청탁」이라 함은 장차 공무원 또는 중재인이 될 사람에 대하여 일정한 직무행위를 부탁하는 것이다. 그 부탁은 부당한 직무행위거나, 정당한 직무행위거나를 불문한다. 형법 제129조 제1항의 단순수뢰와 다른 점은 「공무원 또는 중재인이 될 자」라고 하는 행위자의 신분과 「청탁을 받고」 수뢰한다는 점이다. 본죄는 필요적 공범이다(다수설·판례).

본죄는 다음의 각 사항별로 나누어 볼 수 있다. 즉 (1) 공무원 또는 중재인이 그 직무에 관하여 뇌물을 수수·요구 또는 약속한 때에는 5년 이하의 징역 또는 10년 이하의 자격정지에 처하고(단순수뢰죄형§129①), 이 경우 범인 또는 情을 아는 제3자가 받은 뇌물 또는 뇌물에 공할 금품은 沒收하며, 몰수가 불가능할 경우에는 그 가액을 추징한다(§134). (2) 공무원 또는 중재인이 될 자가 그 담당할 직무에 관하여 청탁을 받고 뇌물을 수수·요구 또는 약속한 후 공무원 또는 중재인이 된 때에는 3년이하의 징역 또는 7년이하의 자격정지에 처하며(사전수뢰죄§129②), 뇌물 또는 그에 공할 금품은 몰수한다(§134). (3) 공무원 또는 중재인이 그 직무에 관하여 부정한 청탁을 받고 제2자에게 뇌물을 공여하게 하거나 공여를 요구 또는 약속한 때에는 5년 이하의 징역 또는 10년 이하의 자격정지에 처한다(제3자뇌물제공죄 §130). 이 경우에도 그 뇌물 또는 뇌물에 공할 금품은 몰수 또는 추징한다(§134). (4) 공무원 또는 중재인이 §129내지 §130의 죄를 범하여 부정한 행위를 한 때에는 1년 이상의 유기징역에 처한다(수뢰후부정처사죄§131①). 이 경우에는 10년 이하의 자격정지를 병과할 수 있으며 뇌물 또는 그에 공할 금품은 역시 몰수 또는 추징한다. (5) 공무원 또는 중재인이었던 자가 그 재직 중에 청탁을 받고 직무상 부정한 행위를 한 후 뇌물을 수수·요구 또는 약속한 때에는 5년 이하의 징역 또는 10년 이하의 자격정지에 처한다(사후수뢰죄§131③). 이 경우 10년 이하의 자격정지를 병과할 수 있으며, 뇌물 또는 그에 공할 금품은 역시 몰수 또는 추징한다. (6) 공무원이 그 지위를 이용하여 다른 공무원의 직무에 속한 사항의 알선에 관하여 뇌물을 수수·요구 또는 약속한 때에는 3년 이하의 징역 또는 7년 이하의 자격정지에 처하며(알선수뢰죄§132), 뇌물 또는 그에 공할 금품은 몰수 또는 추징한다. (§7) 제129조 내지 제132조에 기재한 뇌물을 약속·공여 또는 공여의 의사를 표시한 자는 5년 이하의 징역 또는 2천만원 이하의 벌금에 처하고, 위 행위에 공할 목적으로 제3자에게 금품을 교부하거나 그 정을 알면서 교부를 받은 자도 위의 형과 같다(증뢰물전달죄§133).

> 뇌물죄가 직무집행의 공정과 이에 대한 사회의 신뢰 및 직무행위의 불가매수성을 그 보호법익으로 하고 있음에 비추어 볼 때, 공무원이 그 이익을 수수하는 것으로 인하여 사회일반으로부터 직무집행의 공정성을 의심받게 되는지 여부도 뇌물죄의 성부를 판단함에 있어서의 판단 기준이 된다*(대법원 2000. 1. 21. 선고 99도4940).*

제3자뇌물공여죄(第3者賂物供與罪)

공무원 또는 중재인이 그 직무에 관하여 부정한 청탁을 받고 제3자에게 뇌물을 공여하게 하거나 공여를 요구 또는 약속한 때에 성립하는 범죄(형법 130조)를 말한다. 본죄의 성질에 관하여는 뇌물을 받는 자가 제3자라는 점에서 실질적인 간접수뢰를 규정한 것이라고 보는 견해(다수설)와 본죄는 간접수뢰와는 엄격히 구별되어야 한다는 견해가 대립되고 있다. 제3자란 행위자와 공동정범자 이외의 사람을 말한다. 교사범이나 종범도 제3자에 포함될 수 있다. 자연인에 한하지 않고 법인 또는 법인격 없는 단체도 제3자가 될 수 있다. 그러나 처자 기타 생활이익을 같이하는 가족은 여기의 제3자가 될 수 없다. 제3자에게 뇌물을 공여하게 하거나 이를 요구·약속함으로써 본죄는 성립하며, 제3자가 뇌물을 수수하였을 것을 요하지 않는다. 제3자가 그 정을 알았는가도 문제되지 않는다. 본죄는 공무원 또는 중재인이 직무에 관하여 부정한 청탁을 받는 것을 요건으로 한다. 부정한 청탁이란 위법한 것뿐만 아니라 부당한 경우를 포함한다.

형법 제130조의 제3자 뇌물공여죄에 있어서'부정한 청탁'이라 함은, 그 청탁이 위법하거나 부당한 직무집행을 내용으로 하는 경우는 물론, 비록 청탁의 대상이 된 직무집행 그 자체는 위법·부당한 것이 아니라 하더라도 당해 직무집행을 어떤 대가관계와 연결시켜 그 직무집행에 관한 대가의 교부를 내용으로 하는 청탁이라면 이는 의연'부정한 청탁'에 해당한다고 보아야 한다*(대법원 2006. 6. 15. 선고 2004도3424)*.

증뢰죄(贈賂罪)

독;bribery 독;aktive Bestechung
불;corruption active

형법 제129조 내지 제132조(수뢰·사전수뢰·제3자뇌물제공·수뢰후부정치사·사후수뢰·알선수뢰)에 기재한 뇌물을 약속·또는 공여의 의사를 표시하거나 혹은 이러한 행위에 공할 목적으로 제3자에게 금품을 교부하거나 그 정을 알면서 교부를 받을 때에 성립하는 범죄(형법 133조1·2항)를 말한다. 뇌물공여등죄라고도 한다. 뇌물죄가 공무원의 직무범죄임에 반하여, 본죄는 비공무원이 수뢰행위를 방조 또는 교사하는 공범적 성격을 갖는 행위를 따로 처벌하는 것이라고 볼 수 있다. 주체에는 제한이 없다. 비공무원임이 보통이나, 공무원도 또한 본죄의 주체가 될 수 있다. 공여란 뇌물을 취득하게 하는 것을 말한다. 상대방이 뇌물을 수수할 수 있는 상태에 두면 족하며, 현실적인 취득을 요하는 것은 아니다. 공여의 의사표시는 상대방에게 뇌물을 공여할 의사를 표시하면 족하며 공여할 금약을 표시하였을 것도 요하지 않는다. 정을 아는 제3자가 받은 뇌물 또는 뇌물에 공할 금품은 몰수하며, 그를 몰수하기 불능인 때에는 그 가액을 추징한다(형법 134조).

수뢰죄(受賂罪)

영;corruption
독;Bestechungsdelikte
불;corruption passive

공무원 또는 중재인이 그 직무에 관하여 뇌물을 수수·요구 또는 약속한 때에 성립하는 범죄(형법 129조)를 말한다. 공무원이란 국가 또는 지방자치단체의 사무에 종사하는 자로서 그 직무의 내용이 단순한 기계적·육체적인 것에 한정되어 있지 않은 자를 말한다. 기한부로 채용된 공무원도 포함한다. 중재인이란 법령에 의하여 중재의 직무를 담당하는 자를 말하며 사실상 중재를 하는 것만으로는 족하지 않다. 노동조합및노동관계조정법에 의한 중재위원(동법 64조), 중재법에 의한 중재인(중재법 12조)이 여기에 해당한다. 수수란 뇌물을 취득하는 것을 말하나, 무형의 이익인 때에는 이를 현실로 받은 때에 수수가 된다. 수수한 뇌물의 용도는 불문한다. 수수한 장소가 공개된 곳인가도 문제되지 않는다. 그러나 수수라고 하기 위하여는 영득의 의사가 있을 것을 필요로 한다. 요구란 뇌물을 취득할 의사로 상대방에게 그 교부를 청구하는 것을 말한다. 청구가 있으면 족하며 뇌물의 교부가 있을 것을 요하지 않는다. 약속이란 양당사자 사이에 뇌물의 수수를 합의하는 것을 말한다. 청구가 있으면 족하며 뇌물의 교부가 있을 것을 필요로 한다. 요구란 뇌물을 취득할 의사로 상대방에게 그 교부를 청구하는 것을 말한다. 청구가 있으면 족하고 뇌물의 교부가 있을 것을 요하지 않는다. 약속이란 양당사자 사이에 뇌물의 수수를 합의하는 것을 말한다. 뇌물의 수수를 장래에 기약하는 것이므로 목적물인 이익이 약속 당시에 현존할 필요는 없고 예기할 수 있으면 족하며 또 가액이 확정되었을 것도 요하지 않는다. 동일인에 대하여 순차로 요구·약속·수수한 때에는 포괄하여 한 개의 수수죄가 성립할 뿐이다.

사전수뢰죄(事前受賂罪)

공무원 또는 중재인이 될 자가 그 담당할 직무에 관하여 청탁을 받고 뇌물을 수수·요구 또는 약속함으로써 성립하는 범죄(형법 129조)를 말한다. 취직 전의 비공무원이 청탁을 받고 뇌물을 수수하는 경우에도 앞으로 담당할 공무의 공정과 그 신뢰를 해할 위험성이 있으므로 감경적 구성요건으로 처벌하기로 한 것이다. 공무원 또는 중재인이 될 자란 공무원 또는 중개인이 될 것이 확실할 것을 요하는 것은 아니다. 본죄는 직무에 관하여 청탁을 받고 뇌물을 수수·요구·약속할 것을 요한다. 청탁이란 일정한 직무행위를 할 것을 의뢰하는 것을 말하며, 청탁을 받고란 그러한 의뢰에 응할 것을 약속하는 것을 말한다. 직무행위가 부정할 것을 요하지 않으며, 청탁과 약속이 명시적이어야 하는 것도 아니다. '공무원 또는 중재인으로 된 때'는 객관적 처벌조건이라고 하는 것이 통설이다(구성요건요소라고 해석하는 견해도 있다). 따라서 본죄는 공무원 또는 중재인이 되었을 때에 처벌한다.

형법 제129조 제2항의 사전수뢰는 단순수뢰의 경우와는 달리 청탁을 받을 것을 요건으로 하고 있는바, 여기에서 청탁이라 함은 공무원에 대하여 일정한 직무행위를 할 것을 의뢰하는 것을 말하는 것으로서 그 직무행위가 부정한 것인가 하는 점은 묻지 않으며 그 청탁이 반드시 명시적이어야 하는 것도 아니라고 할 것이다*(대법원 1999. 7. 23. 선고 99도1911)*.

사후수뢰죄(事後收賂罪)

공무원 또는 중재인이 그 직무상 부정한 행위를 한 후 뇌물을 수수·요구 또는 약속하거나, 제3자에게 이를 공여하게 하거나, 공여를 요구 또는 약속함으로써 성립하는 범죄(형법 131조 2항)를 말한다. 부정한 행위를 한 후에 뇌물을 수수하는 경우라는 점에서 수뢰후부정처사죄(형법 131조 1항)와 대립되는 경우라 할 수 있다. 부정행위와 뇌물죄가 결합되어 형이 가중되는 경우라는 의미에서 본죄와 수뢰후부정처사죄를 합하여 가중수뢰죄라고도 한다. 공무원 또는 중재인이었던 자가 그 재직중에 청탁을 받고 직무상 부정한 행위를 한 후 뇌물을 수수·요구 또는 약속하는 경우에는 형이 가볍다(형법 131조 3항). 이 경우에 재직 중 직무상 부정한 행위를 할 것을 요하므로 정당한 행위를 한 때에는 본죄가 성립하지 않는다.

수뢰후 부정처사죄
(收賂後 不正處事罪)

공무원 또는 중재인이 수뢰·사전수뢰 또는 제3자뇌물공여의 죄를 범하여 부정한 행위를 함으로써 성립하는 범죄(형법 131조 1항)를 말한다. 본죄는 공무원 또는 중재인이 수뢰행위를 하였을 뿐만 아니라 부정한 행위를 하여 국가기능의 공정성이 구체적으로 위험에 처하게 되었다는 것을 고려하여 그 형을 가중한 것이다. 부정한 행위란 공무원 또는 중재인이 직무에 위배하는 일체의 행위를 말한다. 직무행위 자체뿐만 아니라 그 것과 관련 있는 행위를 포함한다. 적극적으로 부정한 행위를 하는 작위인가 또는 당연히 해야 할 일을 하지 않는 부작위인가를 불문한다. 예컨대 수사기록의 일부를 파기·소각하거나 응찰자에게 예정가격을 보여 주는 경우뿐만 아니라, 증거품의 압수를 포기하거나 회의에 참석하지 않는 것도 여기에 해당한다. 부정한 행위가 공문서위조죄나 또는 배임죄를 구성하는 때에는 본죄와 상상적 경합이 된다.

알선수뢰죄(斡旋收賂罪)

공무원이 그 지위를 이용하여 다른 공무원의 직무에 속한 사항의 알선에 관하여 재물을 수수·요구 또는 약속함으로서 성립하는 범죄(형법 132조)를 말한다. 직무행위의 불가매수성을 보호한다는 점에서 수뢰죄와 본질을 같이 하나, 간접적으로 직무행위의 공정을

형
법

보호하고자 하는 점에 특색이 있다. 본죄가 성립하기 위해서는 공무원이 지위를 이용하였을 것을 요한다. 지위를 이용하면 족하며 다른 공무원에 대한 임면권이나 압력을 가할 수 있는 법적 근거가 있을 것을 요하지 않고, 또 상하관계나 감사관계 또는 협조관계가 존재할 것도 요하지 않는다. 알선이란 일정한 사항을 증가하는 것을 말한다. 알선행위는 과거의 것이거나 현재의 것이거나 불문한다. 정당한 직무행위의 알선에 대하여는 본죄가 성립하지 않는다는 견해도 있으나, 이 경우에도 본죄의 성립을 부정해야 할 이유는 없다.

> 형법 제132조 소정의 알선수뢰죄에 있어서"공무원이 그 지위를 이용하여"라고 함은 친구, 친족관계 등 사적인 관계를 이용하는 경우이거나 단순히 공무원으로서의 신분이 있다는 것만을 이용하는 경우에는 여기에 해당한다고 볼 수 없으나, 다른 공무원이 취급하는 업무처리에 법률상 또는 사실상으로 영향을 줄 수 있는 공무원이 그 지위를 이용하는 경우에는 여기에 해당하고 그 사이에 반드시 상하관계, 협동관계, 감독권한 등의 특수한 관계에 있거나 같은 부서에 근무할 것을 요하는 것은 아니다*(대법원 1994. 10. 21. 선고 94도852)*.

공무방해에 관한 죄
(公務妨害에 관한 罪)

형법 제8장에 규정된 죄로 협의에서의 공무집행방해죄·위계에 의한 공무집행방해죄·법연(法延) 또는 국회회의장모욕죄·공무상비밀 표시무효죄·인권옹호직무방해죄·공용서류등의 무효·공용물의 파괴죄·공무상 보관물의 무효죄·부동산강제집행효용침해죄·특수공무집행방해죄 등이 해당된다.

공무집행방해죄(公務執行妨害罪)

직무를 집행하는 공무원에 대하여 폭행 또는 협박을 함으로써 그 직무수행을 방해하는 죄(형§136①). 세무공무원이 장부 등을 조사하러 왔을 때 사무실 밖으로 떠밀어내는 행위도 바로 이 죄에 해당한다. 또한 직접 공무원의 신체에 손을 대지 않아도 책상을 두들긴다거나, 주먹을 휘두르면서 장부를 보여주지 않는 것도 폭행이 된다. 공무원에게 상해를 가하면 공무집행방해죄와 동시에 상해죄가 성립한다. 직무집행의 범위는 넓으며 압류 또는 현행범의 체포와 같이 강제적인 집행에 한하지 않고, 공무소의 회의실에서 회의중이거나 서류를 운반하는 일도 모두「직무집행」에 해당한다. 다만 여하한 직무도 집행하기 이전에 어떠한 처분을 하지 못하게 하거나, 또는 협박을 할 때에는 직무강요죄(§136②)가 성립한다. 처벌은 5년 이하의 징역이다. 공무집행방해죄에 있어서 먼저 문제가 되는 것은 위법한 공무집행도 형법의 보호를 받는가 하는 점이다. 이에 대해서는 적법한 직무집행이라야 형법상의 보호를 받는다는 적극설과 공무의 집행인 이상 적법성 내지 합법성을 필요로 하지 않는다는 소극설이 있는데, 적극설이 통설이다. 또한 적법성의 요건이 구비되었느냐에 여부를 누구의 입장에서 판단할 것인가에 대해 (1) 법원의 법령해석에 따라 판단하자는 객관설과 (2) 당해 공무원이 적법한 것이라고 믿고 행한 것이라면 적법한 것으로 보는 주관설 및 (3) 일반인의 견해를 표준으로 하자는 절충설이 있는데, 통설은 객관설을 취하고 있고 판례는 절충설을 취하고 있다.

> 형법 제136조 제1항에 규정된 공무집행방해죄에서 '직무를 집행하는'이라 함은 공무원이 직무수행에 직접 필요한 행위를 현실적으로 행하고 있는 때만을 가리키는 것이 아니라 공무원이 직무수행을 위하여 근무중인 상태에 있는 때를 포괄하고, 직무의 성질에 따라서는 그 직무수행의 과정을 개별적으로 분리하여 부분적으로 각각의 개시와 종료를 논하는 것이 부적절하고 여러 종류의 행위를 포괄하여 일련의 직무수행으로 파악함이 상당한 경우가 있으며, 나아가 현실적으로 구체적인 업무를 처리하고 있지는 않다 하더라도 자기 자리에 앉아 있는 것만으로도 업무의 집행으로 볼 수 있을 때에는 역시 직무집행 중에 있는 것으로 보아야 하고, 직무 자체의 성질이 부단히 대기하고 있을 것을 필요로 하는 것일 때에는 대기 자체를 곧 직무행위로 보아야 할 경우도 있다*(대법원 2002. 4. 12. 선고 2000도3485)*.

위계에 의한 공무집행방해죄
(爲計에 의한 公務執行妨害罪)

위계로서 공무원의 직무집행을 방해한 때에 성립하는 범죄를 말한다(형법 137조). 공무집행방해의 수단이 폭행·협박이 아니라 위계일 뿐이며, 대상에 있어서도 현재 직무를 집행하고 있는 공무원일 것을 요하지 않는다. 장래의 직무집행을 예상한 경우도 포함한다는 점에서 좁은 의미의 공무집행방해죄와 구별된다. '위계'란 타인의 부지 또는 착오를 이용하는 일체의 행위를 말한다. 기망뿐만 아니라 유혹의 경우를 포함한다. 또 위계의 상대방이 직접 직무를 담당하는 공무원일 것을 요하지 않으므로, 제3자를 기망하여 공무원의 직무를 방해하는 경우도 이에 해당한다.

직무강요죄(職務强要罪)

공무원에 대하여 그 직무상의 행위를 강요 또는 저지하거나 그 직을 사퇴하게 할 목적으로 폭행 또는 협박한 경우의 죄를 말한다(형§136②). 본죄의 객체는 어떤 직무에 관한 권한 있는 공무원이다. 따라서 권한이 없는 행위를 강요하였다면 본죄는 성립하지 않는다.

강제집행면탈죄(强制執行免脫罪)

강제집행을 면한 목적으로 재산을 은닉·손괴·허위양도 또는 허위의 채무를 부담하여 채권자를 해함으로써 성립하는 범죄를 말한다. 본죄의 보호법익은 국가의 강제집행권이 발동될 단계에 있는 채권자의 채권이다. 따라서 본죄가 성립하기 위하여는 주관적 구성요건으로 강제집행을 면할 목적이 있어야 하는 외에, 객관적 구성요건으로 강제집행을 받을 객관적 상태에 있음을 요한다. 강제집행을 받을 위험이 있는 객관적 상태라 함은 민사소송에 의한 강제집행 또는 가압류·가처분 등의 집행을 당할 구체적 염려가 있는 상태를 말한다. 여기의 강제집행은 민사소송법상의 강제집행이나 민사소송법이 준용하는 강제집행에 한하지 않고, 형사소송법상의 벌금·과료·몰수의 재판의 집행도 포함한다는 견해가 있다. 그러나 본죄는 채권자의 채권을 보호하는 데에 그 근본취지가 있는 것이므로, 본죄의 강제집행은 민사소송법상의 강제집행이나 동법이 준용되는 가압류·가처분만을 의미한다고 해석하는 것이 타당하다고 생각된다. 재산이란 재물뿐만 아니라 권리도 포함되며, 재물은 동산·부동산을 불문한다. 다만 그것이 강제집행의 대상이 될 수 있는 것이라야 함은 당연하다. 은닉이란 강제집행을 실시하려는 자에 대하여 재산의 발견을 불가능하게 하거나 곤란하게 만드는 것을 말하며, 손괴란 재물의 물질적 훼손뿐만 아니라 그 가치를 감소케 하는 일체의 행위를 의미한다. 허위양도란 실제로 재산의 양도가 없음에도 불구하고 양도한 것으로 가장하여 재산의 명의를 변경하는 것을 말한다. 채권자가 현실적으로 해를 입을 것을 요하는 것이 아니라 채권자를 해할 위험성이 있으면 족하다. 즉, 본죄는 위험범이다.

부동산강제집행효용침해죄
(不動産强制執行效用侵害罪)

강제집행으로 명도 또는 인도된 부동산에 침입하거나 기타 방법으로 강제집행의 효용을 해함으로써 성립하는 범죄(형법 140조의2)를 말한다. 본죄의 미수범은 처벌한다. 본죄의 보호법익은 국가의 부동산에 대한 강제집행권인 바, 강제집행으로 명도 또는 인도된 부동산에 침입하여 강제집행의 효용을 무력화함으로써 공권행사에 지장을 초래하는 행위를 처벌하기 위하여 1995년 개정형법에서 신설한 것이다. 강제집행과 그 효용을 해하는 행위의 시간적 관련성에 관하여는 명문규정이 없으므로 반드시 그 직후이어야 하는 것은 아니나, 시간적 관련성이 있어야 한다. 그 행위는 침입하거나 기타 방법으로 그 효용을 해하는 것이며, 강제집행이 적법하여야 하는 것은 강제처분표시무효죄에 있어서와 동일하다. 본죄의 주체는 강제집행을 받은 채무자는 물론, 채무자의 친족 기타 제3자도 무방하며, 그 객체는 강제집행으로 명도 또는 인도된 부동산이다.

공무상 비밀표시무효죄
(公務上 祕密表示無效罪)

공무원이 그 직무에 관하여 실시한 봉인 또는 압류 기타 강제처분의 표시를 손상·은닉 또는 그 효용을 해하는 범죄(형§140①). 공무원이 그 직무에 관하여 비밀로 한 봉함 기타 비밀장치한 문서나, 도화를 개봉한 죄(§140②). 그리고 위의 문서, 도화 또는 전자기록 등 특수매체 기록을 기술적 수단을 이용하여 내용을 알아낸 범죄를 말한다. 집행관이 재산을 압류하거나 세무공무원이 밀주(密酒)를 발견했을 때에는 「봉인」을 하여 압류의 표시를 한다. 이러한 봉인을 뜯어버리거나 밀주가 들어있는 독밑에 구멍을 내어 봉인의 효력을 잃게 하는 행위가 이 죄에 해당한다. 공무원이 실시한 봉인인 이상 도장이 찍혀 있었는지의 여부는 불문한다. 또 공시문만 붙이고 개개의 물품에 일일이 봉인을 하지 않았다 하더라도 그 물품을 함부로 공개하게 되면 이 죄가 성립한다. 또 압류된 물건이 제3자에게 보관되어 있는 경우, 이를 가져가면 공무상 비밀표시무효죄와 동시에 절도죄가 적용된다. 형벌은 5년 이하의 징역 또는 7백만원 이하의 벌금에 처하여진다.

공문서에 관한 죄
(公文書에 관한 罪)

형법 각칙 제20장 문서에 관한 죄 중 공문서에 관한 죄(형법 225조·230조·235조)를 말한다. 이는 사문서에 관한 죄와 상대되는 개념으로 형법상의 형명은 아니다. 일반적으로 공문서에 관한 죄는 사문서에 관한 죄보다 중하게 처벌하고 있다. 공문서와 사문서의 구분은 문서의 형식이나 작성명의인에 의하여 결정된다.

공문서(公文書)
독;ffentliche Urkunde

공무소 또는 공무원이 직무에 관하여 작성한 문서를 말한다. 즉 공문서는 공무소 또는 공무원이 작성명의인인 문서로, 이는 사문서에 대응하는 것이다. 외국의 공무소 또는 공무원이 작성한 문서는 공문서가 아니다. 민사소송법은 문서의 방식과 취지에 의하여 공무원이 직무상 작성한 것으로 인정한 때에는 진정한 공문서로 추정한다는 규정을 두고있다(민소법 356조). 공증인이 사서증서를 인증하는 경우와 같이 공문서와 사문서가 병존하는 문서도 있다. 공문서의 위조는 사문서의 위조보다 형이 무겁다(형법 225조·231조).

공문서부정행사죄
(公文書不正行使罪)

공무원 또는 공무소의 문서 또는 도서를 부정행사하는 경우에 성립하는 범죄(형법 230조)를 말한다. 죄의 주체는 제한이 없으며, 공무원·비공무원 모두 주체가 될 수 있다. 객체는 이미 진정하게 성립된 공문서 또는 공도서이다. 따라서 위조 또는 변조된 공문서(공도서)를 부정행사한 때에는 본죄를 적용하지 않고 형법 225조 및 229조를 적용한다.

사용권한자와 용도가 특정되어 있는 공문서를 사용권한 없는 자가 사용한 경우에도 그 공문서 본래의 용도에 따른 사용이 아닌 경우에는 형법 제230조의 공문서부정행사죄가 성립되지 아니한다 *(대법원 2003. 2. 26. 선고 2002도4935).*

공문서위조·변조죄
(公文書僞造·變造罪)

행사를 목적으로 공무원 또는 공무소의 문서 또는 도서를 위조·변조함으로써 성립하는 범죄이다(형법 225조). 사문서 변조·위조죄에 대해서 객체가 공문서이기 때문에 불법이 가중된 가중적 구성요건이다. 공무원·공무소의 직무상 작성명의로 되어 있는 공문서는 사문서에 비하여 신용력이 무겁다는 점을 고려한 것이다. 본죄는 객체가 공무원 또는 공무서의 문서·도서이고, 목적범이므로 주관적 구성요건으로 고의 이외에 행사의 목적이 있어야 한다. 위조·변조된 공문서, 공도서, 전자기록, 특수매체기록 등을 행사하면 별죄(형법 229조)를 구성한다.

공공서류 등 무효죄
(公共書類 等 無效罪)

공무소에서 사용하는 서류 그 밖의 물건 또는 전자기록등 특수매체기록을 손상 또는 은닉하거나 기타의 방법으로 그 효용을 해함으로써 성립하는 죄를 말한다(형§141). 형벌은 7년 이하의 징역 또는 1천만원 이하의 벌금이다. 공무방해에 관한 죄중의 하나이다.

공용서류무효죄(公用書類無效罪)

공무소에서 사용하는 서류 기타 물건을 손상 또는 은닉하거나 기타 방법으로 그 효용을 해함으로써 성립하는 범죄이다(형법 141조1항). 원래 손괴의 일종으로 파악되던 범죄였으나, 소유권과 관계없이 공무소를 보호하기 위한 공무방해죄의 일종으로 구성되어 있는 점에 특색이 있다. 공무소에서 사용하는 서류란 공무소에서의 사용목적으로 보관하는 일체의 문서로 작성자가 공무원·사인인지, 그 작성목적이 공무소·사인을 위한 것인지를 불문한다. 서류 또는 물건의 소유권이 누구에게 있는가도 불문한다.

법정모욕죄(法庭侮辱罪)
영;contempt of court

법원의 재판을 방해 또는 위협할 목적으로 법정 또는 그 부근에서 모욕 또는 소동함으로써 성립하는 범죄(형법 138조)를 말한다. 본죄는 법정의 기능을 특히 보호하기 위한 범죄이며, 특수법정모욕(형법 144조)의 경우에는 형을 가중한다. 모욕의 상대방은 법관임을 요하지 않고 증인이나 검사에 대한 것도 포함한다. 소동이란 내란죄에 있어서의 폭동이나 소요죄의 폭행·협박에 이르지 않고 재판을 방해할 정도로 소음을 내는 문란한 행위를 말한다. 부근이란 심리에 영향을 미칠 수 있는 장소를 의미한다고 할 수 있다. 본죄가 성립하기 위해서는 고의 이외에 법원의 재판을 방해 또는 위협할 목적이 있을 것을 요하는 목적범이다.

도주죄(逃走罪)

법률에 의하여 체포 또는 구금된 자가 스스로 도주하거나 타인의 도주에 관여함으로써 성립하는 범죄를 말한다(형§145). 본죄는 국가의 구금권 또는 국가의 특수한 공적 권력관계의 확보를 그 보호법익으로 한다. 본죄의 주체는 법률에 의해 체포 또는 구금된 자이다. 여기서 말하는 「구금된 자」라 함은 현실로 구금된 자를 말하고, 가석방 중에 있는 자나 보석 중 또는 형집행정지 중에 있는 자는 해당하지 않는다. 또 아동복리시설에 수용중인 자도 구금이 아니기 때문에 또한 여기에 해당하지 않는다. 그러나 체포되어 연행 중에 있는 자, 특히 영장 없이 긴급체포된 자는 여기에 포함된다. 그리고 「도주」라 함은 구금상태로부터 이탈하는 것을 말하고, 간수자의 실력적 지배로부터 이탈할 때에 기수가 된다. 그리고 특수도주행위는 다음의 세 가지의 태양(態樣)이 있다. 즉 (1) 수용시설 또는 기구를 손괴하는 것, (2) 폭행 또는 협박을 행하는 것 그리고 (3) 2인 이상이 합동하여 행하는 것 등이다. 본죄를 범한 자는 1년 이하의 징역에 처하고, 그 미수범도 처벌한다(형§149). 그리고 본죄에는 단순도주죄, 집합명령위반죄, 특수도주죄 등의 태양이 있다.

인권옹호직무방해죄
(人權擁護職務妨害罪)

경찰의 직무를 행하는 자 또는 이를 보조하는 자가 인권옹호에 관한 검사의 직무집행을 방해하거나 그 명령을 준수하지 아니함으로써 성립하는 범죄(형법 139조)를 말한다. 국가의 기능 중에서 검사의 인권옹호에 관한 직무집행기능을 보호하기 위한 범죄이다. 그러나 검사의 직무집행을 방해하는 그 자체로도 공무집행방해죄에 해당하며, 검사와 상명하복관계에 있는 경찰이 그 명령을 준수하지 않는 경우에는 징계처분으로도 충분히 그 목적을 달성할 수 있으므로 이를 특히 형법에서 범죄로 규정할 필요는 없다고 본다. 본죄의 주체는 경찰의 직무를 집행하는 자 또는 이를 보조하는 자에 한한다(신분범). 검사의 지휘를 받아 수사의 직무를 담당하는 사법경찰관과 이를 보조하는 사법경찰리가 이에 해당한다.

집합명령위반죄(集合命令違反罪)

법률에 의하여 구금된 자가 천재·사변 기타 법령에 의하여 잠시 해금된 경우에 정당한 이유 없이 그 집합명령에 위반함으로써 성립하는 범죄를 말한다(형법 145조2항). 본죄의 주체는 법률에 의하여 해금된 경우라고 해석하는 견해도 있으나, 이는 천재·사변 또는 이에 준할 상태에서 법령에 의하여 해금된 경우를 말한다고 보아야 한다. 따라서 천재 등의 상태에서 불법출소한 때에는 본죄가 적용되지 않는다. 본죄는 집합명령에 응하지 않음으로써 성립하는 진정부작위범이다. 진정부작위범의 미수를 인정할 수 있는지와 관련하여 미수범처벌규정이 있는 한 미수를 인정할 수 있다는 견해도 있지만(긍정설), 형법상의 진정부작위범은 모두 거동범이므로 미수를 인정할 수 없다는 견해(부정설)가 다수설이므로, 이에 따를 때 비록 형법이 본죄에 대하여 미수범처벌규정을 두었다 할지라도 본죄의 미수범은 있을 수 없다고 해야 한다.

도주원조죄(逃走援助罪)
독;Gefangenbefreiung

법률에 의하여 구금된 자를 탈취하거나 도주하게 함으로써 성립하는 범죄(형법 147조)를 말한다. 간수 또는 호송하는 자가 이를 도주하게 하는 때에는 형이 가중된다(형§148). 본죄는 성질상 도주죄의 교사 또는 방조에 해당하는 행위이지만 형법을 이를 독립된 구성요건으로 규정한 것이다. 자기도주의 경우와 달리 기대가능성이 적다고 할 수 없으므로 본죄를 도주죄에 비하여 중한형으로 처벌하기로 한 것이다. 따라서 본죄에 대하여는 총칙상의 공범규정을 적용할 여지는 없다. 탈취란 피구금자를 그 착수자의 실력적 지배로부터 이탈시켜 자기 또는 제3자의 실력적 지배로 옮기는 것을 말한다. 단순히 피구금자를 해방하여 달아나게 하는 것은 탈취가 아니라 도주하게 만드는 것이다. 탈취의 수단과 방법은 불문한다. 탈취에 있어서는 탈취의 결과가 나타남으로써 기수가 되며, 도주하게 하게 하는 때에는 피구금자가 착수자의 실력적 지배에서 이탈하였을 때는 본죄는 기수가 된다. 피구금자의 동의의 유무는 문제되지 않는다. 본죄의 미수범(형§149) 및 예비 또는 음모(형§150)는 처벌한다.

범인은닉죄(犯人隱匿罪)

벌금 이상의 형에 해당하는 죄를 범한 자를 은닉 또는 도피하게 한 경우에 성립하는 범죄를 말한다(형§151①). 여기서 말하는 (1)「벌금 이상의 형에 해당하는 죄」라고 함은 법정형 중 가장 중한 형이 벌금 이상의 형으로 되어 있는 죄를 말하고, 선택형으로서 구류나 과료가 함께 규정되어 있어도 무방하다. 따라서 형법각칙에 규정된 죄는 전부 이러한 죄에 해당된다고 볼 수 있다. (2) 「죄를 범한 자」라 함은 실제로 죄를 범한 자에 한정한다는 설(소수설)과 그러한 죄를 범하였다는 혐의로 수사 또는 소추 중에 있는 형사피의자 또는 형사피고인도 포함된다는 설(다수설)이 있으나 본죄가 사법에 관한 국권의 행사를 방해하는 자를 처벌한다는 것이므로 수사 중인 자도 포함된다는 것이 판례의 입장이다(1960. 2. 24. 4292 형§(상§555, 대법판). 또 친고죄의 범인에 대하여 아직 고소가 없더라도 본죄의 객체가 된다. 왜냐하면 친고죄에 있어서 고소는 단지 소송조건에 불과하기 때문이다. 여기에는 정범 뿐만 아니라 교사종범·미수범·예비·음모한 자도 그 형이 벌금이상에 해당하면 객체가 된다. (3) 은닉이라 함은 장소를 제공하여 수사기관원의 발견, 체포를 방해하는 것을 말한다. (4) 도피라 함은 은닉 이외의 방법으로 수사기관원의 발견, 체포를 방해하는 것을 말한다. 예컨대 범인을 변장시키는 행위·도피의 장소를 가르쳐 주는 행위 등이다. 본죄를 범한 자는 3년 이하의 징역 또는 5백만원 이하의 벌금에 처한다. 단, 친족 또는 동거의 가족이 본인을 위하여 범한 경우에는 처벌하지 않는다(친족간의 특례 : §151②).

위증죄(僞證罪)

법률에 의하여 선서한 증인이 허위의 진술을 하거나, 법률에 의하여 선서한 감정인·통역인 또는 번역인이 허위의 감정·통역 또는 번역을 함으로써 성립하는 범죄를 말한다(형§152, §154). 법원으로부터 소환 받은 민사·형사사건의 증인은 증언하기 전에 선서를 한다. 즉 「양심에 따라 숨김과 보탬이 없이 사실 그대로 말하고 만일 거짓말이 있으면 위증의 벌을 받기로 맹서합니다」라고 기재된 선서서를 낭독하고 서명날인한다(형소§157). 따라서 본죄는 이 선서를 한 증인이 허위의 진술, 즉 자기의 견문 경험 등에 의한 기억에 반하는 사실을 증언하는 범죄이다(형§152). 형은 5년 이하의 징역 또는 1천만원 이하의 벌금이다. 이 허위의 증언이 재판상 사실의 판단을 결정하는 데에 영향을 미치지 아니하더라도 자기의 기억에 반한 사실의 진술이 있으면 위증죄는 성립한다. 다만 위증한 자가 그 진술한 사건의 재판 또는 징계처분이 확정되기 전에 자백 또는 자수한 대에는 그 형을 감경 또는 면제한다(§153). 또 위증죄는 소환 받은 증인뿐만 아니라 선서한 감정인·통역인·번역인이 허위의 감정·통역·번역을 한 때에도 준용된다(§154).

> 위증죄는 법률에 의하여 선서한 증인이 자기의 기억에 반하는 사실을 진술함으로써 성립하는 것이므로 그 진술이 객관적 사실과 부합하지 않는다고 하여 그 증언이 곧바로 위증이라고 단정할 수는 없다*(대법원 1996. 8. 23. 선고 95도192).*

모해위증죄(謀害僞證罪)

형사사건 또는 징계사건에 관하여 피고인·피의자 또는 징계혐의자를 모해할 목적으로 법률에 의하여 선서한 증인이 허위의 공술을 함으로써 성립하는 범죄(형법 152조 2항)를 말한다. 본죄를 범한 자가 그 공술한 사건의 재판 또는 징계처분이 확정되기 전에 자백 또는 자수한 때에는 그 형을 감경 또는 면제한다(형법 153조). 본죄는 피고인·피의자 또는 징계처분자를 모해할 목적으로 인하여 불법이 가중되는 가중적 구성요건이며, 부진정목적범이다. 모해할 목적이란 그들을 불이익하게 할 일체의 목적을 말한다. 피고사건 이외에 피의사건을 포함시킨 것은 증거보전절차(형소법 184조)와 증인신문의 청구(형소법 221조의2)에 의하여 피의사건에 대한 증인신문이 가능하기 때문이다. 피고사건 또는 피의사건의 경중은 불문한다.

증인은닉도피죄(證人隱匿逃避罪)

타인의 형사사건 또는 징계사건에 관한 증인을 은닉 또는 도피하게 함으로써 성립하는 범죄를 말한다(형법 155조2항). 피고인·피의자 또는 징계혐의자를 모해할 목적으로 본죄를 범한 때에는 형이 가중된다(형법 155조3항). 여기의 증인에는 형사소송법상의 증인뿐만 아니라 수사기관에서 조사하는 참고인을 포함한다. 행위는 증인을 은닉하거나 도피하게 하는 것이다. 은닉은 증인의 현출을 방해하는 것이며, 도피하게 하는 것은 증인의 도피를 야기내지 방조하는 일체의 행위를 말한다. 친족 또는 동거의 가족이 본인을 위하여 본죄를 범한 때에는 처벌하지 아니한다(형법 155조4항).

모해증인은닉도피죄
(謀害證人隱匿逃避罪)

피고인·피의자 또는 징계혐의자를 모해할 목적으로 타인의 형사사건 또는 징계사건에 관한 증인을 은닉 또는 도피하게 함으로써 성립하는 범죄(형법 제155조 3항)를 말한다. 본죄는 증인은닉·도피죄에 대해서 모해할 목적 때문에 불법이 가중되는 부진정목적범이다. 그리고 친족 또는 동거의 가족이 본인을 위하여 본죄를 범한 때에는 처벌하지 아니한다(형법 155조 4항).

증거인멸죄(證據湮滅罪)

타인의 형사사건 또는 징계사건에 관한 증거를 인멸·은닉·위조 또는 변조하거나 위조 또는 변조한 증거를 사용한 자 또는 그러한 증인을 은닉 또는 도피하게 한 경우와 피고인, 피의자 또는 징계혐의자를 모해할 목적으로 위와 같은 죄를 범한 자이다(형§155). 여기에서 말하는 (1) 「타인의 형사사건 또는 징계사건」은 타인의 죄의 유무와 징계사실의 유무나 또는 후일의 기소여부를 불문한다. 그리고 행위자는 장차 공소의 제기가 있을 것을 예상하고서 실행하는 것이므로 수사개시전의 행위도 포함된다. (2) 증거라 함은 재판에 있어서 법원에 대하여 사실의 유무에 관한 확신을 주는 자료를 말한다. 즉 범죄의 성부(成否)와 경중 등을 믿게 하는 것으로서 물적이건 인적이건 불문한다. 또 증거는 피고인, 피의자 또는 징계혐의자 등에게 유리한 것이건 불리한 것이건 불문한다. (3) 인멸이라 함은 증거의 현출방해는 물론 그 효력을 멸실·감소시키는 일체의 행위를 말한다(1961. 10. 19. 대법판 4294). (4) 은닉이라 함은 증거의 소재를 알 수 없게 하여 그것을 찾아내기에 곤란하게 하는 일체의 행위를 말한다. (5) 위조라 함은 진정하지 아니한 증거를 만들어 내는 것, 즉 현존하지 않는 증거를 새로이 만들어 내는 행위를 말한다. 증거위조는 증거자체를 위조하는 것을 지칭하고 증인의 위증을 포함하지 않는다(1953. 10. 19. 일최판). 위증을 교사하는 행위는 실질적으로 증거위조에 해당하지만 이 경우에는 본죄가 아닌 위증교사죄에 성립한다. (6) 변조라 함은 현존의 증거를 가공하여 증거로의 가치(증거의 증명력)을 변경하는 것을 말하고 문서인 경우에는 그 작성권한이 있는 자에 의한 경우에도 변조가 된다. (7) 「위조 또는 변조한 증거를 사용하다」라 함은 위조 또는 변조된 증거를 법원에 제출하는 것에만 한하지 않고 수사기관 또는 징계위원회에 제출하는 것도 포함하고, 자진해서 제출하는 것이건 요구에 의하여 제출하는 것이건 불문한다. 본죄를 범한 자는 5년 이하의 징역 또는 7백만 원 이하의 벌금에 처한다. 그러나 친족 또는 동거하는 가족이 본인을 위하여 범한 경우에는 처벌하지 아니한다(친족간의 특례 : §155④).

모해증거인멸죄(謀害證據湮滅罪)

피고인·피의자 또는 징계혐의자를 모해할 목적으로 타인의 형사사건 또는 징계사에 관한 증거를 인멸·은닉·위조 또는 변조하거나, 위조 또는 변조한 증거를 사용함으로써 성립하는 범죄를 말한다(형법 155조). 본죄는 증거인멸죄에 대해서 모해할 목적 때문에 불법이 가중되는 부진정목적범이다. 여기의 모해할 목적이란 피고인·피의자 또는 징계혐의자에게 형사처분 또는 징계처분을 받게 할 목적을 말하며 그 목적 달성 여부는 본죄의 성립에 영향이 없다. 특별법으로서 국가보안법 제12조 제1항이 있다. 그리고 친족 또는 동거의 가족이 본인을 위하여 본죄를 범한 때에는 처벌하지 아니한다(형법 155조 4항).

모해허위감정통역번역죄
(謀害虛僞鑑定通譯飜譯罪)

법률에 의하여 선서한 감정인·통역인 법률에 의하여 선서한 감정인·통역인 또는 번역인이 형사사건 또는 징계또는 번역인이 형사사건 또는 징계사건에 관하여 피고인·피해자 또는 징계혐의자를 모해할 목적으로 허위의 감정·통역 또는 번역을 함으로써 성립하는 범죄(형법 154조)를 말한다. 본죄를 범한 자가 그 감정·통역 또는 번역한 사건의 재판 또는 징계처분이 확정되기 전에 자백 또는 자수한 때에는 그 형을 감경 또는 면제한다.

무고죄(誣告罪)
영;false charge
독;fasche Verdächtigung

타인으로 하여금 형사처분 또는 징계처분을 받게 할 목적으로 허위의 사실을 경찰서나 검찰청 등의 공무소 또는 공무원에게 신고함으로써 성립하는 범죄를 말한다(형§156). 신고의 방법은 자진하여 사실을 고지하는 한 구두에 의하건 서면에 의하건 고소·고발의 형식에 의하건 혹은 記名(기명)에 의하건 익명에 의하건 또는 자기명의에 의하건 타인명의에 의하건 모두 불문한다. 이 경우에 신고의 상대방은 공무원 또는 공무소이다. 여기에서 말하는 공무원 또는 공무소라 함은 형사처분 또는 징계처분을 할 수 있는 권한을 가지고 있는 상당관서 또는 관헌 및 그 보조자를 말한다. 예를 들면 경찰 또는 검사와 같은 수사기관 및 그 보조자인 사법경찰리, 임명권 또는 감독권이 있는 소속장관 또는 상관 등이다. 처벌은 10년 이하의 징역 또는 1천 5백만원 이하의 벌금이다. 그러나 허위의 신고를 한 자가 그 신고한 사건의 재판이 확정되기 전에 또는 징계처분을 행하기 전에 자백 또는 자수한 때는 그 형을 감경 또는 면제한다(형§157). 본죄는 국가적 법익인 국가의 심판기능 내지 형사 또는 징계권의 적정한 행사를 그 보호법익으로 한다. 그리고 본죄는 목적범으로서 허위사실의 신고가 공무소 또는 공무원에게 도달한 때에 기수로 된다. 따라서 도달한 문서를 비록 되돌려 받았다고 하더라도 본죄의 성립에는 영향이 없다.

> 무고죄는 타인으로 하여금 형사처분 등을 받게 할 목적으로 신고한 사실이 객관적 진실에 반하는 허위사실인 경우에 성립되는 범죄로서, 신고자가 그 신고내용을 허위라고 믿었다 하더라도 그것이 객관적으로 진실한 사실에 부합할 때에는 허위사실의 신고에 해당하지 않아 무고죄는 성립하지 않는 것이며, 한편 위 신고한 사실의 허위 여부는 그 범죄의 구성요건과 관련하여 신고사실의 핵심또는 중요내용이 허위인가에 따라 판단하여 무고죄의 성립 여부를 가려야 한다*(대법원 1991. 10. 11. 선고 91도1950).*

변사자검시방해죄
(變死者 檢視妨害罪)

검시를 받지 않은 변사자의 사체에 변경을 가함으로써 성립하는 범죄(형법 163조)를 말한다. 범죄수사와 경찰목적을 달성하기 위하여 규정된 범죄이며, 종교적 평온과 종교감정을 보호하기 위한 신앙에 관한 죄와는 아무 관계가 없다는 점에 관하여는 이론이 없다. 검시란 사람의 사망이 범죄로 인한 것인가를 판단하기 위하여 수사기관이 변사자의 상황을 조사하는 것을 말한다. 검시를 검증과 같은 뜻으로 이해하는 견해도 있으나, 이는 수사의 단서에 지나지 않으므로 범죄의 혐의가 인정된 경우의 수사처분인 검증과는 구별하지 않으면 안 된다. 변사자란 자연사 또는 통상의 병사가 아닌 사체로서 범죄로 인한 사망이라는 의심이 있는 것을 말한다. 사체에 변경을 가한다는 것은 주로 밀장을 의미하나 여기에 제한되지 않는다. 사체에 대하여 외적 또는 내적으로 변화를 일으키는 일체의 행위를 포함한다.

형사소송법

- 총　　론 / 1005
- 법원·당사자 / 1011
- 수사·강제처분 / 1027
- 공　　소 / 1049
- 공　　판 / 1059
- 판　　결 / 1089
- 상소·비상구제절차·특별절차 / 1097

형 사 소 송 법 개 요

순수한 소송은 민사소송뿐이라고 하는 견해도 있으나, 범죄자에게 형벌을 과하는 데에도 국민의 권리보호라는 점에서 보면, 범죄자를 찾는 자와 죄를 결정하는 자를 나누어 범죄의 유무경중을 제3자적 판단에 위임하고, 피의자는 항시 범죄를 부정하는 자라고 가정하여 이 자에게도 나름대로의 주장을 하도록 하는 등, 민사재판을 모방한 절차에 의한 재판을 거치도록 하고, 그 다음 형벌권을 행사하는 것이 요망된다. 이러한 이유에서 일반인에 대한 국가형벌권의 유무와 범위를 정하기 위하여 행하여지는 재판절차 즉 형사재판의 절차를 규정하고 있는 법을 형사소송법이라 한다. 1954년 9월 23일 법률 제341호로 제정된 이 법은 피의자의 인권·변호권 등의 확장을 내용으로 개정되어 1961년 9월 1일 법률 제705호로 공포되고 수차례의 개정을 거쳐 현행 형사소송법으로 시행되고 있다. 현행 형사소송법은 영미법의 영향을 받아 변호권이 확장되어 피의자에게도 인정되어 있고, 묵비권을 규정하고 있으며, 강제처분에 법원의 영장을 필요로 하는 등의 인권보장적 측면에서의 규정과 자유·전문증거에 대한 증거능력을 제한하고 있고, 대법원으로의 상고이유를 판결에 영향을 미친 헌법위반·법률위반 등으로 한정하고 있는 점 등의 특색이 있다. 즉 현행 형사소송법은 직권주의에서 당사자주의로의 전환을 이루고 있는 점에 특색이 있다.

형 사 소 송 법

총 론

형사소송절차(刑事訴訟節次)

영;criminal procedure
독;Straf prozess

현대국가는 어떠한 행위를 범죄로 하고 또 거기에 어떠한 형벌을 과할 것인가에 대하여 반드시 미리 법률로써 규정해야한다(죄형법정주의). 그러나 실제로 어떤 범죄가 행해졌는가의 여부 또는 그 범죄를 어떻게 처벌해야 하는가는 공정한 법원의 재판을 받지 않으면 구체화되

지 아니된다. 또한 공정한 법원의 재판을 거친 후에라야 비로소 처벌할 수 있는 것이다. 이 형사재판의 절차를 형사소송이라 하며, 형사소송절차를 어떻게 정하는 가는 형사소송법에 규정되어 있다. 형사재판에서는 범죄가 행해진 경우에는 반드시 범인을 발견하여 처벌해야 한다는 요구(실체적사실주의)와 협의를 받아 재판에 회부된 자라도 그의 인권은 충분히 보장되어야 한다는 요구가 상호대립하고 있다. 그 이해를 어떻게 조화시키는가는 역사적인 배경에 따라서 여러 가지 형태로 나타낸다. 다만, 현행의 형사소송법은 영미법의 강한 영향을 받아 성립한 것이고 또한 제2차대전 전의 인권경시의 비참한 경험에서 인권보장에 보다 큰 비중을 두고 있다고 할 수 있다.

실체적 진실주의(實體的 眞實主義)

독;prinzip der mate- riellen Wahrheit

사법상의 분쟁을 해결하기 위한 절차인 민사소송에서는 원고·피고의 어느 일방이 정당한가를 판단하면 족하고 분쟁의 밑바닥에 있는 진상은 무엇인가를 추구할 필요는 없다(형식적 사실주의). 그러나 범죄는 사회의 질서를 문란케 하므로 형사소송에서는 민사소송의 경우와는 달리 국가가 진상의 발견에 힘써서 범죄자는 반드시 이를 처벌함으로써 질서의 유지를 도모하여야 한다. 이처럼 소송의 실체에 관하여 객관적 진실을 발견하여 사안의 진상을 밝히자는 주의를 실체적 진실주의라 한다. 즉, 법원이 당사자의 사실상의 주장, 사실의 부인 또는 제출한 증거에 구속되지 않고 사안의 진상을 규명하여 객관적 진실을 발견하려는 소송법상의 원리를 말한다. 형사소송은 피고인과 피해자 사이의 법적 분쟁을 해결하기 위한 개인적 관계가 아니라 국가형벌권의 범위와 한계를 확정하여 형벌권을 실현하는 절차이므로 법원이 사안의 진상을 정확히 파악하는 것이 전제되어야 한다. 이러한 의미에서 실체적 진실의 발견은 형사소송의 최고의 목표이며 가장 중요한 지도이념이 된다. 그러나 실체적 진실의 발견에 급급하여 피의자나 피고인의 인권을 침해하여서는 안될 것이다. 범죄를 반드시 발견하여 처벌하는 것이 실체적 진실주의에 있어서 그 어느 것을 강조하는가는 각국의 체제에 따라 다르나

현재는 「100명의 유죄자를 놓치더라도 한 사람의 무죄를 벌하지 말라」, 「의심스러운 때는 피고인의 이익으로」라는 점들을 강조하여야할 것이다.

규문주의(糾問主義)

영;inquisitorial system
독;Inquisitionsp4rinzip

법원이 스스로 절차를 개시하여 심리·재판하는 주의를 말한다. 이는 심리개시와 재판의 권한이 법관에게 집중되어 있다는 점에 특색이 있다. 근세 초기의 절대주의국가에 있어서 전형적으로 형성되었지만 「프랑스」혁명 후는 국가소추에 의한 탄핵주의로 대치되었다. 규문주의는 법원이 소추권·증거수집권·심판권을 갖기 때문에 소송활동이 민활(敏活)·신속한 점에 장점이 있으나 수사와 심리개시 및 재판의 권한이 법관에게 집중되어 법관에게 지나친 부담을 주며 법관은 공평한 재판을 하기보다 소추기관으로 활동하게 되고, 심사와 심리의 객체에 지나지 않는 피고인은 충분한 방어를 할 수 없다는 폐단이 있다.

탄핵주의(彈劾主義)

영;accusatorial system
독;Akkusationsprinzip

재판기관과 소추기관을 분리하여 소추기관의 소송제기에 의하여 법원이 절차를 개시하는 주의를 말하며 소추주의라고도 한다. 이러한 소추주의는 소추권자가 누구이냐에 따라 국가소추주의, 피해자소추주의, 공중소추주의로 분류되는데, 피해자소추주의, 공중소추주의를 합하여 사인소추주의라 한다. 탄핵주의는 재판기관과 소추기관이 분리되므로 불고불리의 원칙이 형사소송의 기본원칙이 되며 피고인은 소송당사자로서 소송에 관여하게 되므로 형사절차는 소송의 구조를 갖게 된다. 유럽 대륙에서는 프랑스혁명 후 나폴레옹의 치죄법(治罪法) 이후 국가소추주의에 입각한 탄핵주의적 형사소송제도가 확립되었으며 英·미에서는 그 역사적·정치적 특수성으로 말미암아 비교적 일찍부터 공중소추주의, 배심제도를 기초로 한 탄핵주의적 형사소송제도가 확립되었다. 우리나라에서는 국가소추주의를 채택하고 있다(형소§246참조)

당사자주의(當事者主義)

독;Parteienprinzip

형사소송은 검사가 처벌을 요구한 사실이 증거에 의하여 증명이 되었는가의 여부를 법원이 판단하는 과정이다. 이를 위해서는 될 수 있는 한 충분하게 증거를 수집하여 시기적절하게 증거조사를 하지 않으면 아니된다. 이때에 소송당사자에게 주도적 지위를 인정하여 당사자 상호간의 공격·방어에 의하여 심리가 진행되고 법원은 제3자적 입장에서 양당사자의 주장과 입증을 판단하는 주의를 당사자주의라 한다. 이 당사자주의는 법원이 직권으로 증거를 수집하여 직권으로써 증거조사를 행하는 직권주의와 대립한다. 형사소송절차가 당사자주의를 취하는가 직권주의를 취하는 가는 역사적인 배경에 좌우되는 것이지만, 현행법은 당사자주의를 원칙으로 하고 직권주의를 다소 보충적인 것으로 규정하고 있다. 그런데 당사자주의는 심리의 능률과 신속을 기하기 어렵고, 당사자의 이기적 소송활동 내지 입증활동에 의해 실체적 진실발견이 왜곡될 위험성이 있으며, 당사자간의 소송능력의 차이로 인하여 변호인 없는 피고인에게 오히려 불리한 결과를 가져올 염려가 있으며, 당사자주의가 당사자처분주의로 흐를 때 국가의 형벌권의 행사가 당사자간의 타협을 위한 거래에 의해서 좌우될 염려가 있게 된다. 그러나 기술적 측면에서 보더라도 실상을 누구보다도 잘 알고 있는 검사 및 피고인이 스스로 증거를 수집하여 자기에게 유리한 증거를 내세워 공평한 법원에 그것을 판단시키려는 것인 만큼 오히려 진상을 더 잘 발견할 수 있을 것이다. 그리고 형사소송법에서의 진실이라 함은 무죄인 자는 결코 처벌하지 않는다는 점에 있다고 하면, 공평한 법원이 배후에 물러나서 냉정하게 재판의 흐름을 감시하고, 재판의 주도권을 감시하고, 재판의 주도권을 당사자에게 맡기는 것이 바람직하다고 할 것이다.

당사자주의의 장·단점

구분	내용
장점	① 소송의 결과에 대하여 직접적인 이해관계를 가진 당사자에게 증거를 수집, 제출케 함으로써 많은 증거가 법원에 제출될 수 있고, 법원은 제3자의 입자에서 공정한 재판이 가능해짐. ② 당사자주의에 의하여 피고인은 비로소 적극적으로 소송활동을 수행하는 실질적인 소송의 주체가 될 수 있음.
단점	① 당사자 간에 공격과 방어의 항쟁이 계속되어 심리의 능률과 신속을 달성할 수 없음. ② 국가형벌권의 행사가 당사자의 타협이나 거래의 대상이 될 수 있음.

직권주의(職權主義)

독;Offizialprinzip

형사소송절차에서 검사나 피고인에 대하여 법원이 적극적인 역할을 하는 소송구조를 직권주의라 한다. 직권주의는 당사자주의에 대립한다. 직권주의적 소송구조하에서는 법원이 실체진실을 발견하기 위해서 사건의 심리를 적극적으로 관여하여 피고인 신문·증거조사 등에 있어서 주도적 역할을 담당하고 소송물은 법원의 지배 아래 놓이게 된다. 이러한 의미에서 직권주의를 직권심리주의 또는 직권탐지주의라 한다. 유럽에서 프랑스 혁명을 계기로 규문주의적 형사제도를 폐지하고 탄핵주의적 형사제도를 채택하였으나 국가권위주의 내지 관료주의사상의 영향으로 직권주의를 원칙으로 한 소송구조가 확립되었다. 그런데 이러한 직권주의는 법원이 적극적·능동적으로 사건의 심리에 관여하는 관계로 실체적 진실발견에 효과적이며, 심리의 능률을 기할 수 있고, 소송진행의 신속을 도모 할 수 있는 장점이 있으나 사건의 심리가 법원의 자의·독단으로 흐를 위험성이 있고, 당사자의 소송활동이 경시되고 피고인의 방어권 보장이 소홀하게 될 염려가 있으며, 법원 자신이 소송의 와중에 휩쓸리게 되어 공정한 판단을 하기 어렵게 된다는 단점이 있다.

당사자주의와 직권주의

	당사자주의	직 권 주 의
소송의 개시	검 사	법 원
입 증	검사·피고인	법 원
절차의 감시	검사·피고인의 이의신청	법원의 직권에 의함

직권주의의 장·단점

장점	① 재판의 지연을 방지하여 능률적이고 신속한 재판을 가능하게 함. ② 법원이 소송에서 주도적으로 활동하게 되어 실체진실의 발견이 가능하게 됨.
단점	① 사건의 심리가 법원의 독단에 빠질 위험이 있음. ② 피고인의 주체성이 형식적인 것에 그칠 위험이 있음.

소송법률상태설(訴訟法律狀態說)

독;Prozess als Rech- tslage

이 설은 소송의 동적·발전적 성격에 착안하여 소송의 전체를 통일적으로 파악하는 학설로서 James Goldschmidt에 의하여 제창되었다. 이 설에 따르면 형사소송절차는 절차라고 하지만 단지 절차의 집적에 불과한 것은 아니며, 증명을 통하여 검사 및 피고인에게 유리하게 또는 불리하게 일보 발전해 가는 부동한 상태이고, 더구나 이 부동한 상태는 형사소송법이라는 법률에 묶인 하나의 법률상태라고 한다. 그리하여 소송법상의 여러 가지 문제를 검토함에 있어서도 이러한 소송 특유의 모습을 잃어버리지 않고 그 입장에서 생각하지 않으면 아니될 것을 가르친 것이 이 견해이다(소송법적 관료방법). 이 견해에 의하면 소송주체의 소송절차상의 권리의무는 판결이 확정되기까지는 미확정적·부동적인 것이므로 소송의 전체를 소송의 종국적 목표인 기판력과 관련시켜서 이해해야 한다고 주장하는 바, 즉 소송은 법률관계가 아니고「기판력을 종점으로 한 부동적 법률상태」로 파악한다고 한다. 그러나 소송은 전체적으로 보면 이와 같은 법률상태인 것은 정당하다 하더라도, 하나 하나의 절차는 법원·검사·피고인간에서 엄밀하게 법률에 의하여 규정된 법률관계라는 것도 망각하여서는 아니된다(소송법률관계설). 소송이 법률관계인 일면을 경시하면 피고인의 권리를 침해하는 결과를 초래하기 쉽다(소송의 전체).

전체의 소송

법원이 심증을 형성하는 과정	법률상태 법률관계
소송을 진행하는 과정	
절차의 과정	

소송법률관계설(訴訟法律關係說)

소송의 본질을 소송주체간에 존재하는 통일적 법률관계로 파악하여야 한다는 견해로서 Oskar Bülow에 의하여 제창되었다. 이 설은 법원은 심판을 하는 권리의무를 가지고, 당사자는 심판을 구하고 심판을 받을 권리 의무를 가지는 바, 이러한 법률관계가 일보일보 발전하여 나가는 데에 소송의 특질이 있고 소송의 전체는 이러한 법률관계의 통일체로 파악하여야 한다고 한다. 이 설은 소송법률관계가 실체법률관계와 차원이 다르다는 점을 명백히 하였다는 점에서 또한 소송의 본질을 소송주체간의 권리의무관계로 파악함으로써 피고인의 권리보호에 기여하였다는 점에서 소송법이론에 큰 공적을 남겼다. 그러나 원래 법률관계란 정지적·고정적이기 때문에 소송의 동적·발전적 성격을 해명하는 데 부적당하다.

무죄추정주의(無罪推定主義)

영;presumption of inno- cence

형사절차에서 피고인 또는 피의자는 유죄의 판결이 확정될 때까지는 무죄로 추정된다는 원칙을 말한다. 영미법상 피고인의 진범이라 할지라도 증거가 없는 한 무죄를 선고하여야 한다는 주의나 대륙법상「의심스러운 때는 피고인의 이익으로」(in dubio pro reo)라는 법언도 이에 해당한다. 이러한 주의는 피의자·피고인의 인권보장을 그 합리적 기초로 하고 있다. 그리고 이는 법관의 사실인정에 대해서만 지배하는 원리가 아니라 수사절차·공판절차 등 형사소송의 전과정을 지배하는 지도원리이다. 그래서 형사소송법상 거증책임이 검사에게 있다고 하거나, 피의자·피고인의 진술거부권의 인정, 부당한 대우의 금지, 권리보석(權利保釋)을 인정하는 것 등은 모두 이러한 주의의 표현이라고 볼 수 있다.

소송조건(訴訟條件)

독;Prozeβvoraussentzung

소송조건이란 사건의 실체에 대하여 심판할 수 있는 실체심리의 전제조건 즉 형벌권의 존재를 심판하는데 구비되어야 할 전체로서의 소송에 공통된 조건을 말한다 소송조건은 실체적 심판의 조건이므로 피고사건의 실체에 대한 심리시 및 재판시에 존재해야 함은 물론 소송제기시에도 존재해야 한다. 따라서 소송조건은 소송제기의 적법·유효요건(소송개시의 조건)이며 실체적 심리의 조건(소송존속의 조건)인 동시에 소송의 목표인 실체적 재판의 조건이다. 이러한 의미에서 소송조건을 전체로서의 소송의 허용조건(zuverl äs sigkeit des verfahrens imganzen)이라고도 한다. 이러한 소송조건은 소송의 전단계에 존재함을 필요로 하는 조건으로 개개의 소송행위의 유효요건과는 구별된다. 이러한 소송조건의 개념은 1868년 소송법률관계설을 주장한 Bülow가 소송관계의 성립요건으로 제창한 것이 Kries에 의해서 형사소송법에 도입된 것이다. 소송조건은 여러 기준에 따라 (1) 일반의 사건에 공통적인 일반적 소송조건이나 특수한 사건에만 요구되는 특별소송조건 (2) 법원이 직권으로 조사함을 요하는 절대적 소송조건이나 당사자의 신청에 의해서 조사사항으로 되는 상대적소송조건 (3) 형사소송법에서 유형적으로 규정하고 있는 유형적 소송조건과 형사소송법이 소송조건으로 규정하고 있지 아니한, 예컨대 조사의 위법, 소송권의 남용과 같은 비유형적 소송조건 그리고 (4) 절차면에 관한 사유가 실체적 심판의 조건으로 되는 경우의 형식적 소송조건이나 실체면에 관한 사유가 소송조건으로 되는 실체적 소송조건 등으로 분류된다.

실체적 소송조건(實體的 訴訟條件)
독;materielle Prozessvoraussetzungen

형식적 소송조건에 상대되는 개념으로, 소송조건의 일종으로서, 실체면에 관한 사유를 소송조건으로 하는 것을 말한다. 실체적 소송조건은 형사소송법상 면소의 판결(형소법 326조)을 해야 할 것으로 규정되어 있다.

절대적 친고죄(絶對的 親告罪)

상대적 친고죄에 상대되는 개념으로 범인과 피해자와의 신분관계의 여하를 묻지 않고 항상 친고죄로 되는 범죄를 말한다. 강간죄와 사자명예훼손죄 등이 이에 해당한다.

사건의 단일성(事件의 單一性)
독;Einheit des Prozeβgegenstandes

사건의 단일성이란 형사소송법상 발전하는 소송의 어느 시점에서 횡단적·정적으로 관찰하였을 경우에 그 사건이 1개의 객체로서 취급되는 것을 의미한다. 즉 사건이 소송법상 불가분인 1개로 취급되는 경우에 그 사건은 1개이다. 사건이 단일하기 위하여는 피고인이 단일하고, 공소사실이 단일함을 요한다. 피고인이 수인인 때에는 사건도 수개이다. 공범사건은 피고인의 수에 따라 수개의 사건이며 관련사건(형소§11Ⅱ)으로 되는 데 불과하다. 피고인이 1인이라도 공소사실(범죄사실)이 수개인 때에는 수개의 사건으로서 관련사건이 된다. 경합범(형§37)은 수개의 범죄사실로 되는데 이론이 없으나 과형상(科刑上)의 일죄인 상상적경합(§40)은 형법상으로 수개로 보는 것이 통설이지만, 형사소송법상으로는 1개의 범죄사실로 취급된다.

사건의 동일성(事件의 同一性)
독;Identitat des Prozeβgegenstandes

사건의 동일성은 소송의 발전적인 면에서 착안하여 종단적·동적으로 관찰하는 경우에 사건이 전후동일함을 말한다. 사건의 동일성은 사건의 단일성을 전제로 하는 개념이다. 그래서 사건이 수개인 경우에는 개개의 사건에 관하여 동일성여부를 판단하여야한다. 사건이 동일하기 위해서는 피고인이 동일하여야 하고 공소사실이 동일함을 요한다. 피고인의 동일은 전후에 걸쳐 동일하여야 한다(주관적동일). 공소사실도 전후 동일하여야 한다. 공소사실의 동일성이 사건의 동일성을 결정하는 요소이고, 법원은 이 동일성을 해하지 않는 범위 내에서 공소장의 변경을 허가해야 한다(형소§298①). 법원은 사건의 동일성을 넘어서 심판할 수 없다.

법원·당사자

법원(法院)

영;court
독;Gericht

법원은 사법권을 행사하는 국가기관이다. 법률상의 쟁소에 관하여 심리·재판하는 권한과 이에 부수하는 권한을 사법권이라 하는데 이는 법관으로 구성된 법원에 속한다(헌§101). 법원이라는 말은 두 가지 의미로 사용된다. 국법상 의미의 법원과 소송법상의 의미의 법원이 그것이다. 국법상 의미의 법원은 사법행정상의 관청으로서의 법원과 관서로서의 법원으로 구분된다. 전자는 사법행정권의 주체가 되는 법원을 말하고 후자는 그 자체로서는 아무런 권한을 가지고 있지 않는 법관과 전직원을 포함한 사법행정상의 단위에 불과한 법원을 말한다. 법원조직법에서 말하는 법원은 흔히 국법상 의미의 법원을 말한다. 법원에는 최고법원인 대법원이 있고 하급법원으로서는 고등법원과 지방법원·가정법원이 있다. 또 지방법원의 사무의 일부를 처리하게 하기 위하여 그 관할구역 내에 지원과 소년부지원을 둘 수 있다. 가정법원은 지방법원과 동등하며 그 사무의 일부를 처리하게 하기 위하여 그 관할구역 안에 지원을 둘 수 있다. 대법원에는 대법관을 두고 그 수는 대법원장을 포함하여 14인으로 한다. 고등법원에는 고등법원장과 법률로써 정한 수의 판사를 둔다. 지방법원과 가정법원에는 각 지방법원장·가정법원장과 법률로써 정한 원수의 판사를 둔다. 그리고 소송법상 의미의 법원은 개개의 소송사건에 관하여 실제로 재판권을 행사하는 재판기관을 말하며 1인의 법관이 담당하는 경우(단독제)와 수인이 담당하는 경우(합의제)가 있다. 형사소송법상의 법원은 대체로 이러한 의미로 사용된다. 소송법상 의미의 법원은 각각 독립하여 재판권을 행사하며 그 재판권행사에 관하여 상급법원 또는 소속법원의 장으로부터 지휘감독을 받지 아니한다.

형사재판권(刑事裁判權)

형사재판권이라 함은 어떤 범인에 대한 범죄사실을 인정하여 형벌 등의 처분을 과할 수 있는 권한을 말한다. 이 권한은 국가에 속하며, 법원이 이를 행사한다(헌§101①). 형사재판권의 주요 내용은 형사사건을 심리·재판하는 권한, 즉 심판권이며 이에 부수하는 권한으로 소송지휘권, 법정경찰권, 강제처분권 등이 있다. 형사재판권은 공판법원 뿐만 아니라 그 외의 재판기관에도 인정되고 있다.

합의제(合議制)

법원이 공소가 제기된 사건을 재판할 경우에 수인의 법관이 합의하여 재판하는 제도이다. 사건을 신속하게 처리할 수 없으며 법관의 책임감이 약화될 우려가 있으나, 신중과 공정을 기할 수 있어 과오가 적다는 장점을 갖고 있으므로 상소법원의 재판에 있어서는 합의제가 요망된다. 대법원과 고등법원은 항상 합의제이다. 즉 대법원은 원칙적으로 대법원판사 전원의 3분의 2이상의 합의체에서 심판한다. 그런데 대법원판사 3인 이상으로 구성되는 부에서 먼저 사건을 심리하여 의견이 일치한 때에 한하여 그 부에서 재판할 수 있는 경우도 있다(법조§7①단). 고등법원은 언제나 3인의 판사로 구성된 합의부에서 심판하고 지방법원·가정법원·지방법원지원·가정법원지원·지방법원소년부지원은 단독제와 합의제를 병용하고 있으나 합의제인 경우에는 판사 3인으로 구성된 합의부에서 심판한다. 합의제에 있어서 중요한 것은 법관과반수의 의견으로 결정하며, 구성원으로서 재판장과 수명법관이라는 자격을 인정하여 어는 정도 단독활동의 여지를 남기고 있다.

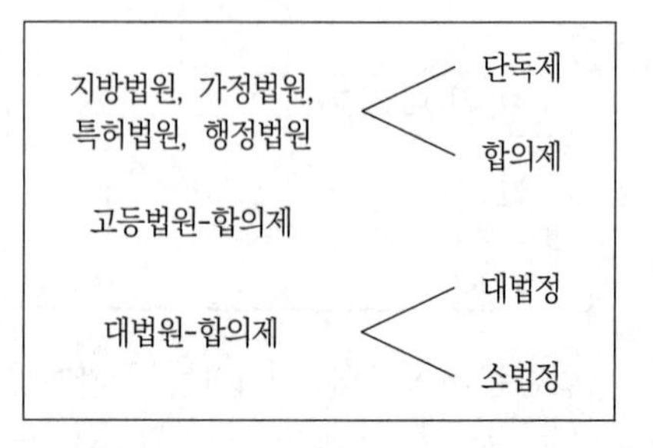

단독제(單獨制)

공소가 제기된 사건의 재판을 1인의 법관이 담당하는 경우이다. 그 장단점은 합의제의 경우와 반대가 된다. 형사재판에서는 과오를 최대한으로 방지하기 위하여 합의제가 이상적이나 현재의 사건 수에 비하여 인적·물적 설비의 부족에 의해 단독제를 채용할 수밖에 없어서 지방법원 등에 단독제를 원칙적으로 채용하고 있다. 단 사건의 성질에 따라서 합의제에서 심판하는 경우를 명시하고 있다(법조§32).

재판장(裁判長)

독;Vorsitzender

재판장은 공판법원의 기관으로 법원이 합의체인 경우 그 구성원 중의 1인이 된다. 재판장은 합의체의 기관으로서 공판기일지정권, 소송지휘권, 법정경찰권 등을 가지며, 독립하여서는 급속을 요하는 경우에 피고인을 소환, 구속할 수 있는 권한을 가진다. 재판장 이외의 법관을 합의부원(배석판사)이라고 한다. 재판장은 소송절차를 진행시키기 위한 권한만을 가지고 있으며 심판에 있어서는 다른 법관과 동일한 권한을 가질 뿐이다.

수명법관(受命法官)

합의제법원으로부터 특정한 소송행위를 하도록 명을 받은 합의제법원의 구성원을 수명법관이라고 한다. 수명법관은 명을 받는 소송행위에 관하여 법원 또는 재판장과 동일한 권한이 인정되는 경우가 있다. 예컨대 압수 또는 수색의 경우(형소§136), 증인의 신문의 경우(§167)등이 그러하다.

수탁판사(受託判事)

독;ersuchter Richter

공탁법원으로부터 특정한 소송행위를 촉탁 받은 다른 법원의 판사를 말한다. 수탁판사는 촉탁 받은 소송행위에 관하여 법원 또는 재판장과 동일한 권한이 인정되기도 한다. 수탁판사는 공판법원의 구성원이 아니라는 점에서 수명법관과 다르다.

수임판사(受任判事)

수소법원과는 독립하여 소송법상의 권한을 행사할 수 있는 개개의 법관을 수임판사라 한다. 예컨대 수사기관의 청구에 의하여 각종의 영장을 발부하는 판사, 증거보전절차를 행하는 판사, 수사상의 증인신문을 하는 판사 등이 있다. 수소법원과 관계없이 소송행위를 하는 재판기관이라는 점에서 수명법관·수탁판사와 다르다.

공평한 법원(公平한 法院)

조직과 구성에 있어서 편파적인 재판을 할 우려가 없는 법원을 말한다. 공평한 법원을 위해서는 사법권의 독립이 보장되고 자격 있는 법관에 의해 법원이 구성되어야 한다. 사법권의 독립은 공평한 법원의 구성을 위한 일반적 보장이다. 어떠한 경우가 그러한 공평한 법원이라고 할 수 있는가는 결국 사회상식에 따라서 이해될 것이다. 그런데 그 법원을 구성하는 법관이 그 사건의 피해자이던가 피해자의 친족인 경우는 물론이고, 당사자주의의 소송이라는 입장에서 보면 법관이 그 사건에 대하여 이미 일방적으로 치우친 지식을 가지고 있는 경우에도 공평한 법원이라고는 할 수 없다. 그러므로 이러한 점들에 따라 공평한 법원의 구성을 구체적으로 보장하기 위하여 마련된 제도가 제척·기피·회피제도인 것이다.

제척(除斥)

영;exclusion
독;Ausschlieβung

구체적인 사건의 심판에 있어서 법관이 불공평한 재판을 할 우려가 현저한 것으로 법률에 유형적으로 규정되어 있는 사유에 해당하는 때에 그 법관을 직무집행에서 배제시키는 제도를 말한다. 그 효과가 법률의 규정에 의하여 당연히 발생한다는 점에서 당사자 또는 법관 스스로의 신청이 있을 때에 재판에 의하여 법관이 직무집행에서 배제되는 기피·회피와 구별된다. 예컨대 법관이 피해자라든가 피고인에 친족인 관계가 있으면 상식적으로 판단할 때 그 법관에게 공평한 재판을 기대할 수 없고, 그러한 법관이라도 재판할 수 있는 지위에 설 수 있다면 재판제도에 대한 국민의 신뢰를 잃어버리게 된다고 아니할 수 없다. 여기에 공평한 법원의 구성에 의한 공정한 재판을 위한 제척의 존재이유가 있다. 제척의 원인이 되는 사유에 대해서는 형사소송법 제17조에서 다음과 같이 규정하고 있다. ① 법관이 피해자인 때 ② 법관이 피고인 또는 피해자의 친족·가족 또는 피해자의 친족·가족 또는 이러한 관계가 있었던 자인 때

③ 법관이 피고인 또는 피해자의 법정대리인·후견감독인인 때 ④ 법관이 사건에 관하여 증인·감정인·피해자의 대리인으로 된 때 ⑤ 법관이 사건에 관하여 피고인의 대리인·변호인·보조인으로 된 때 ⑥ 법관이 사건에 관하여 검사 또는 사법경찰관의 직무를 행한 때 ⑦ 법관이 사건에 관하여 전심재판 또는 그 기초되는 조사·심리에 관여한 때 등이다.

> 형사소송법 제17조 제7호의 제척원인인 '법관이 사건에 관하여 그 기초되는 조사에 관여한 때'라 함은 전심재판의 내용 형성에 사용될 자료의 수집·조사에 관여하여 그 결과가 전심재판의 사실인정 자료로 쓰여진 경우를 말하므로, 법관이 선거관리위원장으로서 공직선거및선거부정방지법위반혐의사실에 대하여 수사기관에 수사의뢰를 하고, 그 후 당해 형사피고사건의 항소심 재판을 하는 경우, 형사소송법 제17조 제7호 소정의 '법관이 사건에 관하여 그 기초되는 조사에 관여한 때'에 해당한다고 볼 수는 없다*(대법원 1999. 4. 13. 선고 99도155)*.

기피(忌避)

독;Ablehnung

제척원인이 있는 법관이 제척되지 않고 재판에 나설 경우, 또 제척원인이 없더라도 법관이 불공평한 재판을 할 염려가 있는 경우에 당사자에게 그 법관을 직무집행으로부터 배제하도록 하는 신청을 인정하고 있다(형소§18). 이것을 기피라 하며 이는 제척제도를 보충하는 제도이다. 기피제도는 제척제도·회피제도와 마찬가지로 재판의 공평을 보장하기 위한 제도이다. 그러나 이는 악의의 당사자에 의해서 소송지연의 수단으로 악용될 우려가 없지 않다. 기피는 법관뿐만 아니라 법원의 서기관, 서기 및 통역인에 대하여도 이를 신청할 수 있다(§25). 법관에 대한 기피신청이 있는 경우에는 기피 당한 법관이 소속한 법원의 합의부에서 이를 결정하며, 서기관·서기 및 통역인에 대한 기피신청이 있는 경우에는 그 소속법원이 이를 결정하여야 한다(§21①, §25②). 기피신청이 소송의 지연을 목적으로 함이 명백하거나 법률의 규정에 위배된 때에는 신청을 받은 법원 또는 법관은 결정으로 이를 기각한다(§201①).

회피(回避)

독;Selbstablehnung

법관 자신이 기피의 원인이 있다고 생각되는 경우에는 자발적으로 그 직무의 집행으로부터 탈퇴하는 제도이다(형소§24). 그러나 법관에게 회피권이 인정된 것은 아니므로 법관이 스스로 기피사유가 있다고 판단한 때에는 사건의 재배당이나 합의부원의 재구성에 의하여 내부적으로 해결할 수 있다. 그러나 이러한 해결이 이루어지지 않을 때에는 회피하여야 한다. 법관의 회피신청은 직무상의 의무라고 할 수 있다. 회피는 자기가 소속하는 법원에 서면으로 신청하도록 되어 있다. 제척 및 기피와 마찬가지로 형사소송법에 명시한 제도로서 법원의 서기관, 서기, 통역인 역시 스스로 회피할 수 있다.

제척·기피·회피

	원인	절차
제척	법률에 유형적으로 정해져 있음(형소§17)	법률상 당연히 제외됨
기피	•유형적으로 정해져 있지 않음 •불공평한 재판을 할 염려가 있는 일체의 경우(§18)	당사자의 신청에 의하여 법원이 판단함
회피	위와 같음	법관 스스로 직무집행으로부터 탈퇴함

배심제(陪審制)

국민가운데서 선출된 일정수의 전문가가 아닌 배심원으로서 구성되는 배심의 심판 또는 기소를 행하는 제도. 심판을 행하는 것을 심리배심 또는 소배심이라 부르고, 기소를 행하는 것을 기소배심 또는 대배심이라고 부른다. 배심제도의 기원에 관하여 자연발생적이라고 하는 설, 프랑크시대의 규문절차가 노르만인과 함께 전래하였다고 하는 설 등의 논쟁이 있으나 여하튼 영국에서는 12, 13세기 경부터 발달하였다. 처음에는 증인 또는 범죄사실의 보고자였으나 뒤에 소를 제기하게 되고 신판(神判)의 소멸과 더불어 스스로 심판을 하게 되었다. 심리배심은 프랑스 혁명당시 프랑스에 들어왔다가 다시 1948년에는 독일에 전파되었으나, 그후 독일에서는 이를 폐지하고 참심제만을 채용하고 있다. 기소배심은 프랑스에서도 혁명당시에 한때 채용되었을 뿐이고, 영국에서도 1933년에 폐지되었으나 미국은 헌법에서 중죄에 관하여는 배심의 기소를 필수적인 것으로 하고 있다.

국민참여재판제도
(國民參與裁判制度)

국민참여재판은 일반 시민이 배심원으로 형사재판에 참여해 유무죄 판단을 한 뒤 판사에게 평의 결과와 양형 의견을 내놓는 재판제도를 말한다. 2007. 6. 1. '국민의 형사재판 참여에 관한 법률이 법률 제849호로 공포됨에 따라 2008. 1. 1.부터 동법 제5조에 규정된 범죄에 대해서는 배심재판이 행해지게 되었다. 다만, 배심원단 평결은 권고적 효력만 있고 재판부가 이를 반드시 따라야 하는 것은 아니어서 미국식 배심제도와는 차이가 있다. 그러나 재판부가 배심원단평결과 다르게 판결을 선고할 때에는 반드시 판결문에 그 이유를 적어야 하고, 법정에서 피고인에게 설명해 주도록 하였다(동법 §48).

관할(管轄)
영;jurisdiction
독;Zuständigkeit

각 법원에 대한 재판권의 배분, 즉 특정법원이 특정사건을 재판할 수 있는 권한을 말한다. 관할은 사건의 경중·심판의 난이·법원의 부담의 공평 및 피고인의 편의 등을 고려하여 결정하고 있다. 관할에는 사건의 경중에 의한 구별(사물관할), 지역적 차이에 의한 구분(토지관할) 및 제1심·항소심·상고심과 같은 심급상의 구별(심급관할)이 있는데 특정사건이 어떤 법원에 계속되는가는 이 세 가지 점을 고려하여 결정된다. 그리고 법원의 관할에는 사건자체의 심판에 관한 관할과 특정한 절차에 관한 관할이 있는데 전자를 사건관할, 후자를 직무관할이라 한다. 그리고 법률의 규정에 의하여 직접 관할이 정하여진 법정관할과 법원의 재판에 의하여 관할이 정해지는 관련사건의 관할이 있다. 이처럼 법원의 재판에 의하여 관할이 정해지는 (관련사건의 관할이 있다. 이처럼 법원의 관할을 정함에 있어서는 한편으로 심리의 편의, 사건의 능률적 처리라는 공익적 측면을 고려하며 또 한편으로 피고인의 출석편의 등 피고인의 이익보호라는 측면도 고려하여야 한다. 관할에 관한 규정에 의해서 일단 특정법원에 계속된 사건에 대해서는 동일법원에 의하여 심판이 행해질 것이 요청되는데 이를 관할항정의 원칙이라 한다.

사물관할(事物管轄)

독;sachliche Zuständigkeit

사건의 경중 또는 성질에 의한 제1심 법원의 관할의 분배를 말한다. 사건관할은 제1심 법원의 단독판사 또는 합의부에 속한다. 그러나 원칙적으로 제1심 법원의 사물관할은 단독판사에 속한다. 예외적으로 사건이 중대하거나 특히 신중한 심리가 요청되는 사건에 대해서는 합의부의 관할로 하고 있다. 사물관할을 정하는 원칙에는 범죄를 기준으로 하는 범죄주의와 형벌을 기준으로 하는 형별주의가 있다. 현행법원조직법은 양주의(兩主義)를 병용하고 있다.

토지관할(土地管轄)

독;rtliche Zustädigkeit

동등법원간에 있어서 사건의 토지관계에 의한 관할의 분배를 말한다. 토지관할은 사건의 능률적 처리와 피고인의 출석·방어의 편의를 고려하여 결정되어야 한다. 법원의 토지관할은 범죄지 또는 피고인의 주소·거소·현재지에 의한다. 각 법원은 그 관할구역 내에 범죄지 또는 피고인의 주소·거소·현재지가 있는 사건에 대하여 토지관할권을 갖는다. 이처럼 토지관할의 표준이 되는 범죄지·주소 등을 재판적이라고 한다.

심급관할(審級管轄)

상소관계에 있어서의 관할을 말한다. 상소에는 항소와 상고 및 항고가 있다. 지방법원 또는 동지원의 단독판사의 판결에 대한 항소사건은 지방법원 본원합의부에서 관할하고 지방법원 합의부의 제1심 판결에 대한 항소사건은 고등법원에서 관할한다. 제2심 판결에 대한 상고사건과 제1심 판결에 대한 비약상고사건은 대법원의 관할에 속한다. 그리고 지방법원단독판사의 결정·명령에 대한 항고사건은 지방법원합의부에서 관할하고 지방법원합의부의 제1심 결정에 대한 항고사건은 고등법원의 관할에 속한다. 또 고등법원의 결정과 지방법원합의부의 제2심 결정에 대한 항고사건은 대법원의 관할에 속한다.

관할의 지정(管轄의 指定)

구체적 사건에 대하여 그 관할상 관계있는 법원의 상급법원이 심판할 법원을 지정하는 것을 말하며, 이것에 의하여 발생한 관할을 지정관할이라 하는 바, 이는 재정관할의 일종이다. 지정의 관할을 신청할 수 있는 사유는 다음과 같다. 법원의 관할이 명확하지 아니한 때, 관할위반을 선고한 재판이 확정된 사건에 관하여 다른 관할법원이 없을 때이다. 관할위반의 재판의 당·부당은 불문한다. 관할의 지정은 검사가 관계 있는 제1심법원에 공통되는 직근 상급법원에 신청하여야 한다(형소법 14조). 신청은 공소제기 전후를 불문하고, 사유를 기재한 신청서를 제출함에 의한다(형소법 16조1항). 공소제기 후에 관할지정을 신청한 때에는 공소를 접수한 법원에 통지해야 한다(형소법 16조2항).

관할의 병합(管轄의 併合)

관련사건에 대하여는 병합관할이 인정되고 있다. 즉 사물관할을 달리하는 수개의 사건이 관련된 때에는 법원합의부는 병합관할 한다. 단 결정으로 관할권 있는 법원 단독판사에게 이송할 수 있다(형소법 9조). 토지관할을 달리하는 수개의 사건이 관련된 때에는 한 개의 사건에 관하여 관할권 있는 법원은 다른 사건까지 관할 할 수 있다(형소법 5조).

관할의 이전(管轄의 移轉)

독;bertragung der Zunständigkeit

관할법원이 재판권을 행사할 수 없거나 적당하지 않은 때에 법원의 관할권을 관할권 없는 법원으로 이전하는 것을 말한다. 따라서 형소법상의 관할이전의 사유는 다음과 같다. 관할법원이 법률상의 이유 또는 특별한 사정으로 재판권을 행사할 수 없을 때, 범죄의 성질·지방의 민심·소송의 상황 기타 사정으로 공평을 유지하기 어려울 염려가 있는 때이다. 관할의 이전은 검사 또는 피고인의 신청에 의한다(형소법 15조). 관할의 이전을 신청함에는 그 사유를 기재한 신청서를 직근상급법원에 제출하여야 하며, 공소를 제기한 후에 신청하는 때에는 즉시 공소를 접수한 법원에 통지하여야 한다(형소법 16조).

관련사건(關聯事件)

독;Zusammenhängende Strafsachen

수개의 사건이 상호 관련하는 것을 말하는 것으로 형사소송법상 두 개 이상의 사건이 있는 경우 그 중 한 사건에 관하여 관할권이 있고 타방에 대하여도 관할을 갖게 되는 경우에 이 두 사건을 관련사건이라고 한다. 한 사람이 여러개의 범죄를 하였을 때(경합범이 해당), 여러 사람이 공동으로 죄를 범하였을 때(공범), 여러 사람이 동시에 동일한 장소에서 죄를 범하였을 때(동시범)가 이에 해당한다. 그리고 범인은닉죄, 증거인멸죄, 위증죄, 허위통역, 감정의 죄 및 장물에 관한 죄와 그 본범 간에는 관련사건이 된다. 관련사건의 관할수정은 심판의 편의상 병합관할(형소§5, §9), 심리의 병합(§6, §10), 심리의 분리(§5, §9)가 인정된다.

심판불가분의 원칙(審判不可分의 原則)

형사소송법에 있어, (1) 법원은 한 개의 사건의 일부에 대하여 분할하여 심판할 수 없다는 원칙을 말한다. 공소불가분의 원칙을 법원에 적용한 관념이다. 따라서 판결의 효력(기판력)은 사건이 단일하고 동일한, 그 전부에 미친다. (2) 사건의 범죄성립문제와 형벌문제의 전부에 관하여 불가분적으로 심판하여야 한다는 원칙을 말한다. 즉 범죄와 형벌, 주형과 부가형, 형벌과 집행유예를 분리하여 심판할 수 없다는 것이다.

관할의 경합(管轄의 競合)

법원의 관할이 여러 가지 기준에 의하여 결정되는 결과 동일사건에 대하여 2개 이상의 법원이 관할권을 가지는 경우가 있는데 이를 관할의 경합이라 한다. 관할저촉이라고도 한다. 관할의 경합은 토지관할의 경우에 주로 발생한다. 형사소송법상 토지관할에 관하여 그 표준이 여러 가지 있을 뿐 아니라 여러 개의 관할구역에 걸쳐서 행해진 결과로서 또는 토지관할 외에 관련사건의 토지관할이 인정되는 결과가 발생한다. 사물관할에 있어서도 하급법원의 고유 관할사건에 대하여 상급법원이 관련사건의 관할을 가지는 결과가 발생한다. 그러나 심급관할의 경우에는 1개의 법원만이 관할법원으로 되므로 관할의 경합은 발생하지 않는다.

관할위반의 항변
(管轄違反의 抗辯)

관할권이 없는 법원에 제기된 소에 관한 피고의 항변을 말한다. 관할위반의 재판이 법률에 위반됨을 이유로 원심판결을 파기하는 때에는 판결로써 사건을 원심법원에 환송하여야 한다(형소법 366조).

소송계속의 경합
(訴訟係屬의 競合)

관할의 경합으로 인하여 1개의 사건(동일사건)이 수개의 법원에 계속되는 경우가 있다. 이를 소송계속의 경합이라 한다. 이는 동일사건에 대하여 한 법원에 공소가 제기된 경우에도 다른 법원의 관할권이 소멸되지 않기 때문이다. 그런데 동일사건에 대한 중복심리, 이중판결은 허용할 수 없으므로 동일사건이 수개의 법원에 소송 계속된 경우에는 어느 한 법원으로 하여금 심판하도록 하여야 한다. 동일사건이 사물관할을 달리하는 수개의 법원에 계속한 때에는 법원합의부가 심판한다(형소§12). 그리고 동일사건이 사물관할을 같이 하는 수개의 법원에 계속된 때에는 먼저 공소를 받은 법원이 심판함을 원칙으로 한다. 그러나 각 법원에 공통되는 직근상급법원은 검사 또는 피고인의 신청에 의하여 결정으로 뒤에, 공소를 받은 법원으로 하여금 심판하게 할 수 있다(§13).

사건의 이송(事件의 移送)

법원이 소송계속 중인 사건을 다른 법원 또는 군사법원으로 이송하는 것을 말한다. 이 때에는 소송기록과 증거물을 송부하여야 한다. 사건의 이송은 동급법원간의 이송 또는 일반법원과 군사법원 사이의 이송인 수평적 이송과 상급법원에 의한 파기이송인 수직적 이송으로 구분할 수 있다. 또한 필요적 이송과 임의적 이송으로 분류된다.

검사(檢事)

영;Public Prosecutor
독;Staatsanwalt

검찰권을 행사하는 국가의 기관이다. 이런 점에서 사법권의 행사를 그 직무로 하는 법관과 그 성격·지위를 달리한다. 검사의 권한은 주로 범죄의 수사, 공소의 제기 및 수행재판의 집행을 지휘·감독하는 것이다. 이 권한을 검찰사무라 한다. 검사는 각자가 국가의 기관으로서 검찰사무를 처리할 수 있는데, 이 점에서 일반의 관청과 다르다. 이와 같은 검찰사무는 그 내용면에서 사법권과 밀접한 관계에 있으므로 일반 행정관과 달리 검사임명에 있어서 엄격한 자격의 제한과 강력한 신분의 보장이 법률에 의해 이루어지고 있다. 즉 검사는 행정관이면서 준사법관적 성격이 있다. 사법권의 독립에 의하여 심판상 독립성이 보장된 법관과 달리 검사는 검찰총장을 정점으로 검사동일체의 원칙에 의해 상관의 명령을 받아 그 명령에 따라서 활동하는 관계(상명하복의 관계)에 있다.

검사동일체의 원칙

(檢事同一體의 原則)
독;Grundsatz der Einheitlichkeit der Staatsanwaltschaft

모든 검사는 검찰권의 행사에 관하여 검찰총장을 정점으로 하여 피라미드형의 계층적 조직체를 형성하여 상하복종관계로 일체불가분의 유기적 통일체로서 활동한다. 이를 검사동일체의 원칙이라 한다. 이 원칙은 범죄수사와 공소의 제기 및 재판의 집행을 내용으로 하는 검찰권의 행사가 전국적으로 균형을 이루게 하여 검찰권행사의 공정을 기하려는 데 주된 이유가 있다.

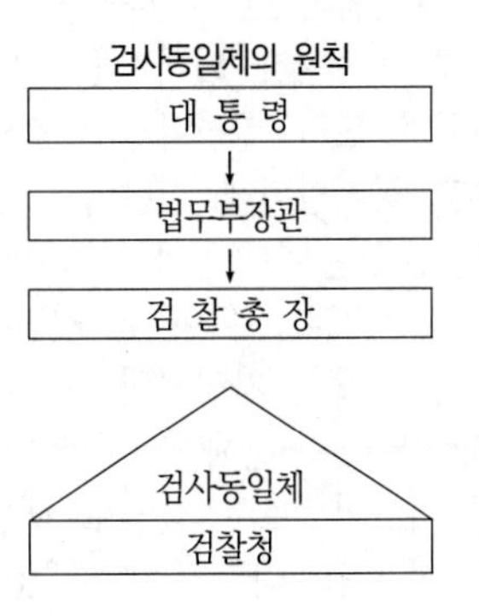

검찰청(檢察廳)

검찰청법에 의하여 설치되는 것으로 검사의 사무를 통할하는 관서이다. 그 종류로는 대검찰청·고등검찰청 및 지방검찰청의 3종이 있으며, 각각 대법원·고등법원 및 지방법원에 대응하여 설치되어 있다. 다만 지방법원 설치구역에는 이에 대응하여 지방검찰청지청을 둘 수 있다. 그러므로 각각의 검찰청에 소속하는 검사는 그에 대응하는 법원이 담당하는 직무에 응한 검찰사무를 행하는 것이다. 그리고 검찰청과 지원의 관할구역은 법원과 지원의 관할구역에 의한다. 대검찰청의 장을 검찰총장이라고 하고 고등검찰청 및 지방검찰청의 장을 검사장이라 한다.

피고인(被告人)
영;accused
독;Angeklagte

피고인이라 함은 검사에 의하여 형사책임을 져야 할 자로 공소가 제기된 자 또는 공소가 제기된 자로 취급되어 있는 자를 말한다. 피고인은 공소제기 이후의 개념이므로 수사기관에 의하여 수사의 대상으로 되어 있는 피의자와 구별되며 또한 판결확정 이전의 개념이므로 확정판결에 의하여 형의 집행을 받고 있는 수형인과 구별된다. 누구를 피고인으로 보아야 할 것인가는 공소장에 기재된 자인가의 여부에 따라서 판정된다는 견해(공시설)와 이에 대하여 피고인으로서 실제로 행위를 한 자를 피고인이라고 보는 설(행위설), 그리고 검사의 의사를 기준으로 하여 피고인을 결정하여야 한다는 설(의사설) 등이 대립하고 있는데 형사소송에서는 전 2설을 포괄하여 결정함이 타당하다는 것이 통설이다. 이러한 피고인은 판결이 확정되어 유죄로 확정될 때까지는 무죄로 추정되며 그러므로 검사가 충분하게 입증하지 못한 때에는 비록 혐의가 있더라도 범인이 아니었던 것으로 해서 무죄가 선고된다. 또, 피고인은 단순히 법원에서 취조를 받는 입장에서가 아니고, 무죄를 주장하여 적극적으로 다툴 입장이 인정되어 있다. 이것을 소송의 당사자로서의 지위라 한다. 이러한 피고인의 당사자로서의 지위에 의하여 피고인은 검사와 대등한 입장에 있는 것이다. 이것을 당사자 대등의 원칙이라 하는데, 실제로 피고인과 검사가 힘이 균등하지 않으면 대등의 입장이라 할 수가 없다. 피고인의 법률지식을 보충하는 변호인제도는 그래서 중요한 것이다. 그리고 피고인은 항상 재판시에 법정에 출석할 권리를 갖는다. 따라서 원칙적으로 피고인의 출석 없이는 개정할 수 없다. 피고인이 정당한 이유 없이 출석하지 않으면 구인(拘引)해서라도 출석시켜야 한다. 이와 같이 피고인의 지위는 소송의 당사자로서 재판에 있어서 부당하게 처벌받지 않도록 자신을 수호할 지위에 있으나, 또 한편으로 현행법은 피고인이 법정에서 임의로 진술한 것을 증거로 할 수 있도록 하였다. 그러나 이것도 피고인이 반드시 공술(供述)해야 하는 것은 아니고 진술을 거부할 수 있다. 이를 피고인의 묵비권(진술거부권)이라 한다.

공동피고인(共同被告人)
영;codefendant
독;Mitbeschuldigte

복수의 피고인의 형사사건을 함께 병합 심리하는 경우에 여러 사람이 하나의 소송절차에서 피고인으로 된 자를 말한다. 공동피고인에 대하여는 소송관계는 독립해 존재하고, 또 공범 등이 다른 관계에서 비롯하는 영향은 예외로 하며 공동피고인에 대하여 생긴 사유는 원칙적으로 다른 사람에게 영향을 미치지 아니한다. 공동피고인은 피고인인 동시에 다른 피고인과의 관계에서는 제3자일 따름이다. 따라서 그 진술조서는 다른 공동피고인에 대한 관계에서는 피고인 이외의 자의 진술에 해당되므로 전문법칙이 적용되고(형소§312~§315), 또 그 내용이 타인으로부터 전문한 진술이면 형소법 제316조가 적용된다. 공동피고인의 진술은 이상의 기준에 의하여 다른 공동피고인의 자백에 대한 보강증거로 될 수 있으나 그것만으로써 다른 공동피고인을 유죄로 인정할 수 있는지에 관하여는 의론(議論)이 있다.

피의자(被疑者)
영;suspect
독;Beschuldigter
불;prévenu

경찰이나 검사 등의 수사기관으로부터 범죄의 의심을 받게 되어 수사를 받고 있는 자를 피의자라 한다. 피의자는 수사개시 이후의 개념이므로 피내사자와 구별되며 공소제기 이전이 개념이므로 피고인과 구별된다. 현행형사소송법상 피의자는 기본적으로 수사의 대상이 된다. 또한 준당사적지위를 가지고 있어서 진술거부권, 변호인 선임권, 자료제출권, 변호인과의 접견교통권 등의 권리를 가진다.

소송절차참여권(訴訟節次參與權)

피고인은 소송의 주체로서 공판기일의 소송절차(공판심리절차)뿐만 아니라 공판준비절차, 강제처분절차, 증거보전절차 등 소송절차의 전반에 참여할 권리가 있다. 피고인의 이러한 권리를 소송절차참여권이라 한다. 이러한 권리는 피고인의 방어권 행사와 소송절차의 공정을 보장하기 위해서 필수적으로 요청된다. 소송절차참여권을 절차의 단계에 의하여 분류하여보면 공판절차참여권, 공판준비절차참여권), 증거보전절차참여권 등이 있으며 절차의 내용에 의하여 분류하여 보면 공판정출석권, 증거조사참여권, 강제처분참여권 등이 있다.

당사자능력(當事者能力)
독;Parteifähigkeit

소송법상 당사자가 될 수 있는 일반적 능력을 말한다. 당사자에는 검사와 피고인이 있으나 검사는 일정한 자격요건을 갖춘 자 중에서 임명된 국가기관이므로 당사자능력이 문제될 여지가 없다. 따라서 당사자능력의 문제는 피고인으로 될 수 있는 일반적 능력의 문제로 다루어진다. 자연인, 법인 모두 당사자능력이 있다. 이러한 당사자능력은 소송법상의 능력이라는 점에서 형법상의 책임능력과 구별된다. 한편 일반적·추상적으로 당사자가 될 수 있는 능력이라는 점에서 구체적 특정사건에서 당사자가 될 수 있는 자격인 당사자적격과 구별된다. 법률은 피고인이 사망하거나 피고인인 법인이 존속하지 아니하게 되었을 때에는 공소기각의 결정을 하도록 하고(형소§328)①II) 이 경우의 공소는 무효로 하고 있다.

당사자대등주의(當事者對等主義)

독;Prinzip der Parteigleichheit, Waffengleichheit

형사소송법상 검사와 피고인의 실질적 평등은 사실상 실현될 수 없는 것이 현실이다. 그러나 이는 국민의 기본적 인권 옹호상 중요하므로 형사소송법은 검사와 피고인의 대등을 실현하기 위하여 노력하고 있다. 예컨대 피고인에게 묵비권을 보장하는 규정이라든가(형소법 289조), 피고인의 방어력을 보충하는 변호인제도 등은 당사자 대등주의를 구현하려는 것이다.

소송능력(訴訟能力)

독;Prozeßfähigkeit

피고인이 소송당사자로서 유효하게 소송행위를 할 수 있는 능력, 즉 의사능력을 기초로 하는 소송행위능력을 말한다. 소송능력은 소송상의 행위능력으로서 당사자능력과 구별된다. 당사자능력의 존재는 소송조건으로서 이를 결하면 공소기각의 재판을 하여야 하나 소송능력의 존재는 소송행위의 유효요건으로서 이를 결하면 원칙적으로 공판절차를 정지하여야한다. 형소법상의 당사자능력이나 소송능력의 관계는 민법상의 권리능력과 행위능력의 관계에 비유할 수 있다.

변론능력(辯論能力)

독;Postulationsfähigkeit

법정에서 사실을 진술하거나 법률적인 의견을 진술할 수 있는 자격을 말한다. 소송에서의 자기의 지위와 이해를 이해할 수 있는 만큼의 능력(소송능력)이 있으면 그 者 자신을 직접 소송에 참가시켜 자기의 입장을 지키도록 할 필요가 있다. 그러나 한편 소송의 원활·신속한 처리라는 것도 중요하다. 소송경험이 없고 법률지식도 불충분한 자가 실제로 법정에서 사실이나 법률적인 의견을 진술한다면 소송이 원활·신속하게 처리되기 어렵기 때문에 그 자격을 제한할 필요가 있다. 그러나 어떠한 경우에 제한할 것인가는 제한되는 자의 이해에도 관계되므로 간단하게 정할 수 없는 것이다. 상고심에서는 변호인인 변호사 이외에는 피고인이라도 변론능력이 없다(형소§386).

변호인(辯護人)

영;counsel
독;Verteidiger

피고인·피의자의 방어력을 보충함을 임무로 하는 피고인 또는 피의자의 보조자를 말한다. 소송에서의 당사자 주의가 이상적으로 효과를 거두려면 검사와 피고인·피의자의 사이에 공격방어의 무기가 평등하게 있지 않으면 아니된다. 그런데 법률적인 소양(素養)에서는 양자간에는 큰 차이가 있다. 그래서 법률적인 면에서 피고인을 보조하는 제도로서 변호인제도가 설치되어 있다. 이러한 변호인은 소송법상 피고인·피의자의 이익을 보호하는 보호자적 지위와 그 보호하는 이익이 정당한 이익에 한정되는 공익적 지위를 가진다. 변호인은 원칙적으로 변호사의 자격을 가진 자 중에서 선임된다(형소§31). 변호인에는 피고인 자신(혹은 배우자 등 일정한 친족)이 사비로써 선임하는 경우(사선변호사)와 국가가 이를 선임하는 경우(국선변호사)가 있다. 어느 경우에도 변호인은 피의자나 피고인의 권리를 충분히 옹호하기 위하여 그들과 입회인 없이도 연락할 수 있는 권리(접견·교통권)나 서류증거물을 읽거나 증사할 수 있는 권리, 또는 증인신문이나 감정·검증 등에 참여할 수 있는 권리 등이 인정되어 있다. 그러나 권리 중에 어떤 것은 피의자나 피고인의 권리를 대리함에 불과한 것도 있고(대리권), 또 어떤 것은 변호인이기 때문에 당연히 가지는 권리(고유권)도 있다. 변호인의 권리는 가능한 한 고유권으로 해석하는 것이 바람직하다. 대리권인 경우에는 피의자나 피고인이 권리를 잃으면 변호인도 권리를 잃게되어 피의자나 피고인의 권리를 충분히 옹호할 수 없게 되기 때문이다.

변호인의 고유권
(辯護人의 固有權)

변호인의 권리로 특별히 규정된 것 중에서 성질상 대리권이라고 볼 수 없는 것을 말한다. 고유권에는 변호인이 피고인 또는 피의자와 중복하여 가지고 있는 권리와 변호인만 가지고 있는 권리가 있다. 후자를 협의의 고유권이라고 한다. 압수 및 수색영장의 집행에의 참여(형소법 145·121조), 감정에의 참여(형소법 176조), 증인신문에의 참여(형소법 163조), 증인신문(형소법 161조의2), 증거제출·증인신문신청(형소법 294조) 및 최종의견진술(형소법 303조) 등은 전자에 속하며, 피고인 또는 피의자와의 접견교통권(형소법 34조), 서류 증거물의 열람 등사권(형소법 35조) 및 피고인에 대한 신문권(형소법 296조의2)은 후자에 해당한다. 변호인의 고유권 가운데 가장 중요한 것이 바로 접견교통권과 기록 열람·등사권이다.

접견교통권(接見交通權)

형사절차에 의하여 신체의 구속을 받고 있는 자와 면회하는 것을 접견이라고 하는 바, 이를 통신 및 서류·물건의 접수와 더불어 접견교통이라고 하고, 이와 같은 권리를 접견교통권이라 한다. 형사소송법에서는 변호인 또는 변호인이 되려는 자는 신체구속을 당한 피고인 또는 피의자와 접견하고 서류 또는 물건을 수수할 수 있는 권리가 인정되어 있다(형소법 34조). 변호인 또는 변호인이 되려는 자 이외의 자도 구속 중인 피고인·피의자와 접견·교통할 수 있으나, 법원은 도망하거나 또는 죄증을 인멸할 염려가 있다고 인정할 만한 상당한 이유가 있는 때에는 접견을 금하거나 수수할 서류 기타의 물건을 검열·수수의 금지 또는 압수를 할 수 있다. 다만 의류·양식·의료품의 수수는 이를 금지 또는 압수할 수 없다(형소법 91조).

변호권(辯護權)

검사의 공소권에 대응하는 피고인의 권리이다. 이 권리는 피고인뿐만 아니라 피의자에게도 인정된다. 이 변호권을 행사할 수 있는 것은 피고인 및 피의자이지만 가장 직접적으로 또한 구체적으로 행사하는 것은 변호인이다. 변호인은 피고인 및 피의자의 정당한 이익을 옹호함으로써 형사사법의 공정·타당한 운영에 협력하는 것이다. 그 의미에서는 피고인 및 피의자의 이익만을 옹호하는 것이 아니다. 즉 변호인은 보호자로서 뿐만 아니라 공익적인 지위도 아울러 가지고 있다. 따라서 변호인은 피고인에게 불이익이 되는 행동을 해서는 아니 되지만 보호하는 것은 피고인의 정당한 이익에 한하며 피고인의 의견에 구속되지 않는다. 구체적인 변호인의 권리로서 변호인고유의 권리와 피고인의 대리인으로서의 권리의 두 가지가 있다. 형사소송법의 역사는 변호권 확대의 역사라는 말처럼 인권사상의 보급과 형사소송의 당사자주의화에 따라 변호권이 확대·강화되어 왔으며 변호권의 확대는 필연적으로 변호인제도의 강화를 요구하고 있다.

국선변호인(國選辯護人)

독;Offzialverteidigung,
Bestellteverteidigung

변호인은 당사자주의에 의한 실체진실의 발견이나 공정한 재판의 이념을 실현하기 위한 불가결한 전제이며 문명국가의 형사절차를 위한 최소한의 요구라 할 수 있다. 그런데 변호인은 사선(私選)되는 것이 원칙이나 피고인이 빈곤 기타의 사유에 의하여 변호인을 사선 할 수 없는 때에는 피고인의 청구에 의하여 법원이 변호인을 선정하여야 하며 피고인이 미성년자이거나 70세 이상의 노인, 농아자, 심신장애의 의심이 있는 때 등의 경우에 법원이 직권으로 이를 선정하여야 한다(형소§33). 또한 피의자와 관련하여서는 체포·구속적부심사를 청구한 피의자가 형소법 제33조의 국선변호인 선임사유에 해당하고 변호인이 없는 때에는 국선변호인을 선정하여야 한다(형소§214조의2⑩). 종래에는 이 규정을 제외하고는 국선변호인은 피고인에게만 인정되고 피의자에게는 인정되지 않았었다. 그러나 2006년 형사소송법 개정에 따라 국선변호가 대폭 확대되어 구속된 피고인뿐만 아니라 피의자에 대하여도 공판과 수사절차에서 전면적인 국선변호가 인정되었다. 즉, 구속영장을 청구받은 지방법원판사가 피의자를 심문하는 경우에 심문할 피의자에게 변호인이 없는 때에는 직권으로 변호인을 선정하여야 한다. 이 경우 변호인의 선정은 피의자에 대한 구속영장청구가 기각되어 효력이 소멸한 경우를 제외하고는 제1심까지 효력이 있다(형소§201조의2⑧). 법원은 변호인의 사정이나 그 밖의 사유로 변호인 선정결정이 취소되어 변호인이 없게 된 때에는 직권으로 변호인을 다시 선정할 수 있다(형소§201조의2⑨).

변호사(辯護士)

독;Rechtsanwalt

변호사라 함은 당사자 또는 그 밖의 관계인의 의뢰 또는 관공서의 위촉에 의하여 소송사건·비송사건·소원(訴願)·심사의 청구·이의의 신청 등 행정기관에 대한 불복신청의 사건에 관한 행위 및 일반법률사무를 행하는 것을 직무로 하는 자를 말한다. 변호사에 관하여는 변호사법에 그 직무, 자격, 사명 등에 관한 규정이 있다.

필요적 변호(必要的 辯護)

변호인이 없으면 공판을 열 수 없는 경우를 말한다. 소송은 검사가 피고인에게 의심을 두고 피고인은 그로부터 자신을 지키려는 형태를 통해 진상을 밝히려는 구조로 구성되어 있다. 이 경우 경미한 사건이면 피고인 자력으로 능히 자기를 수호할 수 있으나, 중대한 사건에서는 대개 검사와의 힘의 차이가 커서 자력으로써는 충분히 자기의 입장을 보호할 수가 없다. 이러한 경우에 변호인 없이는 진상이 명확하지 못할 경우도 있고, 또 잘못 판단하여 처벌하는 일이 있는 때 그 피해는 돌이킬 수 없게 된다. 따라서 형사소송법은 피고인이 구속된 때, 피고인이 미성년자인 때, 피고인이 70세 이상인 때, 피고인이 농아자인 때, 피고인이 심신장애의 의심이 있는 때, 피고인이 사형, 무기 또는 단기 3년 이상의 징역이나 금고에 해당하는 사건으로 기소된 때의 어느 하나에 해당하는 사건 및 형소법 제33조 제2항·제3항의 규정에 따라 변호인이 선정된 사건에 관하여는 변호인 없이 개정하지 못한다고 규정하고 있다. 단, 판결만을 선고할 경우에는 예외로 한다(형소§282). 형소법 제282조 본문의 경우 변호인이 출석하지 아니한 때에는 법원은 직권으로 변호인을 선정하여야 한다(§283).

보조인(輔助人)

보조인이라 함은 일정한 신분관계에 의한 정의(情宜)의 발현으로 자진하여 피고인 또는 피의자의 보조인으로 된 자라는 점에서 법률전문가가 법률적 측면에서 피고인·피의자로 보조하는 변호인과 구별된다. 피고인·피의자의 법정대리인, 배우자, 직계친족, 형제자매는 보조인이 될 수 있다(형소§29①). 만약 보조인이 될 수 있는 자가 없거나 장애 등의 사유로 보조인으로서 역할을 할 수 없는 경우에는 피고인 또는 피의자와 신뢰관계 있는 자가 보조인이 될 수 있다(형소§29②). 보조인은 소송에서 피고인이 할 수 있는 행위라면 피고인의 명시한 의사에 반하는 경우를 제외하고는 일체를 할 수 있다. 위와 같은 신분관계에 있는 자가 보조인이 되려면 법원에 서면으로 신고하면 된다. 보조인의 신고는 보조인이 되고자 하는 자와 피고인 또는 피의자와의 신분관계를 소명하는 서면을 첨부하여 심급마다 이를 하여야 한다. 그런데 이러한 보조인은 변호인제도의 확립에 따라 실효성을 잃게 될 것이다.

소송관계인(訴訟關係人)

독;Verfahrensbeteiligten

형사소송법상으로는 소송당사자와 보조자를 합친 개념이다(형소법 45·291·290조). 소송당사자로는 검사와 피고인이 있고, 피고인의 보조자에는 변호인 이외에 보조인과 대리인이 있고, 검사의 보조자로 사법경찰관리가 있다. 소송관계인은 소송관여자와는 구별하여야 하는데, 증인·감정인·고소인 등과 같이 소송의 주체가 아닐 뿐 아니라, 소송에 대한 적극적인 형성력이 없기 때문에 소송관계인이 될 수 없는 자를 소송관여자라고 한다.

소송서류(訴訟書類)

소송상 필요에 의하여 법원에 제출되거나 법원에서 소송과 관련하여 작성되는 일체의 서류를 말한다. 형사소송법상의 소송에 관한 서류는 공판의 개정 전에는 공익상 기타 필요 기타 상당한 이유가 없으면 공개하지 못한다(형소법 47조). 피고인·피의자·증인·감정인·통역인 또는 번역인을 신문하는 때에는 참여한 법원사무관 등이 또는 번역인을 신문하는 때에는 참여한 법원사무관 등이 조서(소송서류)를 작성하여야 하고, 그 조서에는 진술자에게 읽어주거나 열람하게 하여 기재내용의 정확여부를 물어야 한다. 또 조서에는 진술자로 하여금 간인(間印)한 후 서명·날인하여야 한다(형소법 48조 1·3·7항). 또 공무원이 작성하는 서류에는 법률에 다른 규정이 없는 때에는 작성년월일과 소송공무소를 기재하고 기명날인 또는 서명하여야 하고, 서류에는 간인을 하여야 한다. 또 공무원이 서류를 작성함에는 문자를 변개하지 못하며, 삽입·삭제 또는 난외기재를 할 때에는 기재한 곳에 날인하고 그 문수를 기재하여야 한다. 다만 삭제한 부분은 해득할 수 있도록 자체를 존치하여야 한다(형소법 57·58조). 또 공무원이 아닌 자가 작성하는 서류에는 연월일을 기재하고 기명날인 또는 서명하여야 하고, 인장이 없으면 지장으로 한다(형소법 59조).

수사·강제처분

강제처분 법정주의(强制處分 法定主義)

강제처분은 법률에 특별한 규정이 없으면 하지 못한다는 원칙(형소법 199조)을 말한다. 인권침해의 위험을 방지하기 위하여 강제수사의 허용조건을 법률에 규정함으로써 강제처분을 제한하는 일반적 형식에 의한 억제를 의미한다. 이 주의는 임의수사의 원칙과 표리관계에 있는 원칙이다.

수사(搜査)

영;investigation
독;Ermittlung

범죄가 발생하였거나 발생한 것으로 생각되는 사정이 있는 경우에 범죄의 혐의 유무와 정상을 명백히 하여 공소의 제기 여부를 결정하기 위해서 또는 공소의 유지를 위한 준비로서 범인을 발견하여 신체를 보전하고, 또한 증거를 수집·확보하여야 한다. 이러한 절차를 수사라고 한다. 이러한 수사의 목적에 대해서 공소의 제기·수행이 그 목적이라는 통설과 제소·불기소의 결정이 그 목적이라는 반대설이 있다. 수사절차를 행하는 수사기관은 제1차적으로는 검사(형소§196)이고, 제2차적으로는 사법경찰관리이다. 이는 한편으로 수사목적을 보다 능률적으로 달성하기 위한 것으로 사법경찰에게는 그가 가진 통일적 활동력·과학적 수사기술 내지 설비에 기대하며, 검사에게는 재판에서 소추기관으로서의 역할을 보다 중시하게 한다는 것에 있고, 다른 한편으로는 사법경찰이 동시에 행정경찰로서의 활동도 행하기 때문에 수사에 대한 행정적 압력을 배제하여야 하다는 점에서 검사로 하여금 보정시킨다는 뜻도 있다. 그런데 이러한 수사는 그 성격상 실제에서 법률적 형식적 요청과 모순되는 경우가 있다. 이에 대하여 적정절차(due process)와 실체진실발견의 대립이 나타나기도 한다. 그러나 법치국가에서 수사는 인권존중의 관점에서 엄격한 법적 규제에 의하여야 한다. 그런 점에서 현행 형사소송법에서는 수사의 방법은 강제수단에 의하지 않는 것이 원칙이다(임의수사). 강제적으로 행하여지는 것은 예외로서, 특히 법률이 정한 경우가 아니면 할 수 없다(§199①). 임의수사의 예로서는 내사, 전문, 미행, 실황분석, 승낙을 얻은 수색이나 출입, 피의자나 참고인의 출석요구(§200, §221), 감정이나 통석(通釋)의 의뢰·임의제출한 물건의 압수(§218), 공무소 등에 대한 조회(§199②), 경찰관 등의 불심검문(경직§3①), 변사체의 검시(형소§222) 등이 있으나, 그 한계에 대하여 문제가 되는 수가 많다(예컨대 도청의 경우). 수사는 사법경찰관리가 범죄가 발생한 것으로 생각할 때(§196), 또는 검사가 필요하다고 인정할 때(형소§195)에 시작된다. 그런데 수사개시의 원인 즉 수사의 단서가 되는 것으로는 수사기관 자신의 체험에 의한 것과 타인의 체험에 의한 것이 있다. 그 단서들 중 법률에 규정되어 있는 것들은 고소(§223이하), 고발(§234), 자수(§240), 검시(§222), 현행범(§211이하), 불심검문(경직

§3) 등이다. 수사의 마무리, 즉 소송제기 또는 불기소처분은 검사만이 할 수 있다. 위와 같은 수사절차에 대하여 이론적으로는 그 기본적인 구조를 어떻게 생각하는가의 문제가 있는데 그 수사구조에 대한 이론으로서는 탄핵적 수사관 또는 규문적 수사관이 있다. 이것은 어떠한 수사관에 기초를 두는 가에 따라서 차이가 있다. 그래서 실제적으로는 소위 과학적 수사의 발달 촉진과 인권보장을 어떻게 조화시키는가의 문제가 가로놓여져 있으며, 강제수사와 임의수사와의 경계나 간극(도청, 사진촬영, 마취분석 등), 임의수사의 요건이나 한계 등이 문제가 된다. 한편, 2020년 1월 28일 검경 수사권 조정 법안이 공포되어 한동안 이슈가 되었던 검찰과 경찰의 수사권에 대한 전면적인 개정이 이루어졌다. 개정 법안은 공포 후 6개월이 경과한 날부터 1년 내에 시행하되, 그 기간 내에 대통령령으로 정하는 시점부터 시행된다.

강제수사의 분류

대상 주체	사람에 대한 것	물건에 대한 것
수사기관이 스스로 판단하여 행하는 것	현행범 체포 (형소§212)	체포에 따른 압수·수색·검증(§216)
수사기관이 법관의 허가를 얻어 행하는 것	통상체포 (§200조의2)	영장에 의한 압수·수색·검증(§215)
법원이 수사기관의 청구에 기하여 행하는 것	구속(§70), 증인신문 (§221의2), 감정유치 (§221의3)	

강제수사(强制捜査)

강제처분에 의한 수사를 말한다. 수사상의 강제처분은 수사기관이 영장없이 행하는 것과 영장에 의해서 행하는 것, 그리고 판사에게 청구하여 행하는 것으로 구분할 수 있고, 이는 각각 대인적 강제처분과 대물적 강제처분으로 나누어진다. 대인적 강제처분으로서 영장없이 행할 수 있는 것은 현행범인의 체포(형소법 212조)와 긴급체포(형소법 200조의 3)등이 있으며, 영장에 의해서 행하는 것은 체포영장에 의한 체포(형소법 200조의 2), 구속(형소법 201조) 등이 있다. 대물적 강제처분으로서 영장없이 행할 수 있는 것은 피의자구속을 위한 수색과 그 현장에서의 압수·검증(형소법 216조·217조), 유류물이나 임의로 제출된 물건의 압수(형소법 218조) 등이고, 영장에 의해서 행하는 것은 보통의 압수·수색·검증(형소법 215조), 판사에게 청구하여 행하는 것은 증거보존절차상의 압수·수색·검증·감정(형소법 184조1항)등이다. 강제처분 내지 강제수사는 형사사법에 있어서 불가결한 제도이지만 이로 인하여 개인의 기본권을 침해하는 필요악이다. 여기에 강제처분을 제한하기 위한 법적규제가 필요하게 된다. 강제처분은 법률에 특별한 규정이 없으면 하지 못한다(형소법 199조). 이를 강제처분법정주의 또는 강제수사법정주의라고 한다. 영장주의란 법원 또는 법관이 발부한 적법한 영장에 의하지 않으면 형사절차상의 강제처분을 할 수 없다는 원칙을 말한다. 법관의 공정한 판단에 의하여 수사기관에 의한 강제처분권하의 남용을 방지하고 시민의 자유와 재산의 보장을 실현하기 위한 원칙이다.

고위공직자범죄수사처 설치 및 운영에 관한 법률

고위공직자 및 그 가족의 비리를 중점적으로 수사·기소하는 독립기관을 말한다. 고위공직자 등의 범죄는 정부에 대한 신뢰를 훼손하고, 공공부문의 투명성과 책임성을 약화시키는 중요한 원인이 되고 있는바, 고위공직자 등의 범죄를 독립된 위치에서 수사할 수 있는 고위공직자범죄수사처의 설치 근거와 그 구성 및 운영에 필요한 사항을 정함으로써 고위공직자 등의 범죄를 척결하고, 국가의 투명성과 공직사회의 신뢰성을 높이려는 이유로 제정되었다. 주요내용은 ① 고위공직자와 그 가족, 고위공직자범죄 및 관련범죄의 범위를 정의한다(제2조). ② 고위공직자범죄 등에 관한 수사와 대법원장, 대법관, 검찰총장, 판사, 검사 또는 경무관 이상의 경찰공무원으로 재직 중에 본인 또는 본인의 가족이 범한 고위공직자범죄 및 관련범죄의 공소제기와 그 유지에 필요한 직무를 수행하기 위하여 고위공직자 범죄수사처를 둔다(제3조). ③ 고위공직자범죄수사처에 처장 1명과 차장 1명을 두고, 처장은 처장후보자 추천을 위하여 국회에 두는 고위공직자범죄수사처장후보추천위원회로부터 일정한 요건을 갖춘 사람중에서 2명을 추천받아 대통령이 그 중 1명을 지명한 후 인사청문회를 거쳐 임명하고, 차장은 일정한 요건을 갖춘 사람 중에서 처장의 제청으로 대통령이 임명한다(제4조부터 제7조까지). ④ 고위공직자범죄수사처검사는 일정한 요건을 갖춘 사람 중에서 고위공직자범죄수사처에 두는 인사위원회의 추천을 거쳐 대통령이 임명하고, 고위공직자범죄수사처 수사관은 일정한 요건을 갖춘 사람 중에서 처장이 임명한다(제8조부터 제10조까지). ⑤ 처장, 차장, 고위공직자범죄수사처검사는 퇴직 후 일정기간 동안 특정한 직위에는 임용될 수 없도록 하고, 고위공직자범죄수사처에 근무하였던 사람은 퇴직 후 1년 동안 고위공직자범죄수사처의 사건을 변호사로서 수임할 수 없도록 한다(제16조). ⑥ 처장, 차장 및 고위공직자범죄수사처검사의 직무와 권한, 고위공직자범죄수사처 소속 공무원의 정치적 중립 및 직무상 독립 등에 관한 사항을 정한다(제17조부터 제22조까지). ⑦ 고위공직자범죄수사처검사는 고위공직자범죄의 혐의가 있다고 사료하는 때에는 범인, 범죄사실과 증거를 수사하도록 하고, 고위공직자범죄수사처와 다른 수사기관과의 관계 등 수사와 공소의 제기 및 유지에 관한 사항을 정한다(제23조부터 제31조까지). ⑧ 고위공직자범죄수사처검사가 재직 중 정치운동에 관여하거나 금전상의 이익을 목적으로 하는 업무에 종사하는 등의 행위를 한 경우 징계하도록 하는 등 징계사유와 징계절차 등에 관한 사항을 정한다(제32조부터 제43조까지). ⑨ 이 법에 규정된 사항 외에 고위공직자범죄수사처의 조직 및 운영에 관하여 필요한 사항은 고위공직자범죄수사처 규칙으로 정하도록 하고, 그 밖에 고위공직자범죄수사처 검사 및 수사관의 직무와 권한 등에 관하여는 이 법의 규정에 반하지 아니하는 한 「검찰청법」 및 「형사소송법」을 준용하도록 한다(제45조 및 제47조). 이다.

임의수사(任意搜査)

임의적인 조사에 의한 조사를 말한다. 즉 강제력을 행사하지 않고 상대방의 동의나 승낙을 받아서 행하는 수사이다. 이에 대하여 강제처분에 의한 수사를 강제수사라고 한다. 형사소송법의 규정에 의하면, 수사에 관하여는 그 목적을 달성하기 위하여 필요한 수사를 할 수 있다. 다만 강제처분은 법률에 특별한 규정이 있는 경우에 한하며, 필요한 최소한도의 범위 안에서만 하여야 한다(형소법 199조). 이와 같이 수사는 원칙적으로 임의조사에 의하고 강제수사는 법률에 규정된 경우에 한하여 허용된다는 원칙을 임의수사의 원칙이라 한다. 임의조사의 방법으로는 피의자신문(형소법 200조), 참고인조사(형소법 221조), 감정·통역·번역의 위촉(형소법 221조), 형사조회(형소법 199조2항)가 대표적이다.

수사기관(搜査機關)

법률상 수사의 권한이 인정되어 있는 국가기관을 말한다. 수사기관에는 검사와 사법경찰관리가 있다. 검사와 사법경찰관은 수사, 공소제기 및 공소유지에 관하여 서로 협력하여야 한다. (형소법 196조). 검사는 범죄의 혐의가 있다고 사료하는 때에는 범인, 범죄사실과 증거를 수사한다. 검사는 제197조의3제6항, 제198조의2제2항 및 제245조의7제2항에 따라 사법경찰관으로부터 송치받은 사건에 관하여는 해당 사건과 동일성을 해치지 아니하는 범위 내에서 수사할 수 있다. 경무관, 총경, 경정, 경감, 경위는 사법경찰관으로서 범죄의 혐의가 있다고 사료하는 때에는 범인, 범죄사실과 증거를 수사한다. 경사, 경장, 순경은 사법경찰리로서 수사의 보조를 하여야 한다.

수사의 개시

검사 또는 사법경찰관이 다음 각 호의 어느 하나에 해당하는 행위에 착수한 때에는 수사를 개시한 것으로 본다. 이 경우 검사 또는 사법경찰관은 해당 사건을 즉시 입건해야 한다.

1. 피혐의자의 수사기관 출석조사
2. 피의자신문조서의 작성
3. 긴급체포
4. 체포 · 구속영장의 청구 또는 신청
5. 사람의 신체, 주거, 관리하는 건조물, 자동차, 선박, 항공기 또는 점유하는 방실에 대한 압수 · 수색 또는 검증영장(부검을 위한 검증영장은 제외한다)의 청구 또는 신청 (준칙 제16조)

불심검문(不審檢問)

경찰관이 거동이 수상한 자를 발견한 때에 이를 정지시켜 질문하는 것을 말한다. 직무질문이라고도 한다. 경찰관 직무집행법 제3조 1항에서는 이 불심검문에 대해 규정하고 있다. 이는 범죄가 발견되지 않은 경우 범죄수사의 단서가 될 뿐 아니라 특정범죄에 대한 범인이 발각되지 않은 때에 범인발견의 계기가 된다는 점에서 수사와 밀접한 관련을 가진다. 그러나 이는 어디까지나 행정경찰작용 특히 보안경찰의 분야에 속하는 것으로 범죄수사와는 엄격히 구별하여야 한다. 이러한 불심검문은 정지와 질문 및 동행요구를 내용으로 한다.

임의동행(任意同行)

수사기관이 피의자의 동의를 얻어 피의자와 수사기관까지 동행하는 것을 말한다. 임의동행에는 형사소송법 제199조 1항에 의한 임의수사로서의 임의동행과 경찰관직무집행법에 의한 직무질문(불심검문)을 위한 것 두 가지가 있다. 임의 수사로서의 임의 동행은 피의자신문을 위한 보조수단으로서 임의수사로서의 성질을 가진다. 그러나 경찰관 직무집행법에 의한 직무질문(불심검문)을 위한 것은 범죄예방과 진압을 위한 행정경찰처분이다. 이러한 임의동행은 피의자의 승낙을 전제로 한 임의수사이므로 피의자의 자유의 구속이 없는 적법한 상태서만 허용된다.

형소법 제199조의 임의수사의 방법으로 임의동행이 허용되는지 여부

구분	내용
긍정설	통상적으로 동의하에 이루어지며, 초동수사의 긴급성을 이유로 임의수사로서 허용된다고 보는 견해.
부정설	상대방의 신체의 자유가 실제로 제약되므로 강제수사로 보는 견해로서, 경찰관직무집행법이나 주민등록법이 특정 목적을 위해 엄격한 요건 하에서 임의동행을 인정하고 있으므로 법률에 구체적인 요건과 절차에 관한 규정이 없음에도 일반적인 수사의 방법으로 임의동행을 인정하는 것은 곤란하다는 견해.
판례	일정한 조건하에 허용된다고 본다(2005도6810참조).

수사관이 수사과정에서 당사자의 동의를 받는 형식으로 피의자를 수사관서 등에 동행하는 것은 … 수사관이 동행에 앞서 피의자에게 동행을 거부할 수 있음을 알려 주었거나 동행한 피의자가 언제든지 자유로이 동행과정에서 이탈 또는 동행장소로부터 퇴거할 수 있었음이 인정되는 등 오로지 피의자의 자발적인 의사에 의하여 수사관서 등에의 동행이 이루어졌음이 객관적인 사정에 의하여 명백하게 입증된 경우에 한하여, 그 적법성이 인정되는 것으로 봄이 상당하다. 형사소송법 제200조 제1항에 의하여 검사 또는 사법경찰관이 피의자에 대하여 임의적 출석을 요구할 수는 있겠으나, 그 경우에도 수사관이 단순히 출석을 요구함에 그치지 않고 일정 장소로의 동행을 요구하여 실행한다면 위에서 본 법리가 적용되어야 하고, 한편 행정경찰 목적의 경찰활동으로 행하여지는 경찰관직무집행법 제3조 제2항 소정의 질문을 위한 동행요구도 형사소송법의 규율을 받는 수사로 이어지는 경우에는 역시 위에서 본 법리가 적용되어야 한다*(대법원 2006. 7. 6. 선고 2005도6810)*.

함정수사(陷穽捜查)

함정수사란 수사기관 또는 그 의뢰를 받은 자가 범죄를 교사하거나 또는 방조한 후에 용의자가 범죄의 실행에 착수하는 것을 잡는 것을 말한다. 이는 마약법 위반사건의 경우에 그 발견이 어렵기 때문에 쓰이기도 한다. 이에 대해서 대륙법계의 나라에서는 미수의 교사의 한 형태로서 올가미에 건자의 형사책임을 문제로 했다. 이에 대하여 미국에서는 「올가미의 이론」으로 올가미에 걸린 자의 처분을 문제로 삼았다. 우리나라에서는 이를 위법하다고 보는 소극설, 적법하다고 보는 적극설과, 함정에 의하여 비로소 범죄의 의도가 발생한 경우에만 위법하고, 그 이외의 함정수사는 적법하다는 절충설 등이 있다.

> 본래 범의를 가지지 아니한 자에 대하여 수사기관이 사술이나 계략 등을 써서 범의를 유발케 하여 범죄인을 검거하는 함정수사는 위법함을 면할 수 없고, 이러한 함정수사에 기한 공소제기는 그 절차가 법률의 규정에 위반하여 무효인 때에 해당한다 할 것이지만, 범의를 가진 자에 대하여 단순히 범행의 기회를 제공하는 것에 불과한 경우에는 위법한 함정수사라고 단정할 수 없다*(대법원 2007. 5. 31. 선고 2007도1903).*

고소(告訴)

영;Plaint
독;Strafantrag

범죄의 피해자, 그의 법정대리인 기타 일정한 자(고소권자, 형소§223)가 범죄사실을 수사기관에 신고하여 범인의 소추를 구하는 의사를 표시할 수 있는데, 이를 고소라 한다. 역사적으로 보면 고대 사인(피해자) 소추의 유물이라 말할 수 있다. 이 고소가 있었다고 해서 반드시 검사는 기소하여야 하는 것은 아니고 수사를 촉진하는데 불과하다. 그러나 이른바 친고죄에 있어서는 고소가 없으면 기소할 수 없고 따라서 심리도 할 수 없다. 이러한 고소를 할 수 있는 자, 즉 고소권자로는 피해자, 그의 법정대리인, 그의 배우자, 친족 그리고 고소할 자가 없는 경우에 이해관계인의 신청에 의해 검사가 지정하는 지정고소권자가 있다. 그리고 고소는 서면 또는 구술로 검사 또는 사법경찰관에게 하여야 한다. 또 친고죄에 대하여는 범인을 알게 된 날로부터 6월을 경과하면 고소하지 못한다.

> 고소는 서면 또는 구술로써 검사 또는 사법경찰관에게 하여야 하는 것이므로 피해자가 피고인을 심리하고 있는 법원에 대하여 간통사실을 적시하고 피고인을 엄벌에 처하라는 내용의 진술서를 제출하거나 증인으로서 증언하면서 판사의 신문에 대해 피고인의 처벌을 바란다는 취지의 진술을 하였다 하더라도 이는 고소로서의 효력이 없다*(대법원 1984. 6. 26. 선고 84도709).*

고소기간(告訴期間)

형소법상 유효한 고소를 할 수 있는 기간을 말한다. 친고죄의 고소에 관하여는 고소기간이 정하여져 있지만, 친고죄가 아닌 범죄에 대하여는 고소기간의 제한이 없다. 친고죄의 경우는 범인을 알게 된 날로부터 6개월이 경과하면 고소하지 못하며(형소법 230조1항), 다만 성폭력범의 경우는 1년이다. 따라서 고소기간의 경과후에 고소하는 것은 무효이다. 고소기간에 제한을 둔 것은 사인의 의사에 대하여 형사사법권의 발동이 장기간 불확정한 상태에 놓이는 것을 방지하려는 취지이다.

고소의 추완(告訴의 追完)

친고죄에 관하여 고소가 없음에도 불구하고 공소가 제기된 후에 비로소 고소가 있는 경우, 무효인 공소가 유효로 되는 것을 말한다. 고소의 추완은 피해사건이 친고죄인 경우에 한해서 문제되며, 고소가 수사의 단서에 불과한 비친고죄의 경우는 고소의 추완은 문제되지 않는다.

고소의 추완을 인정할 것인지 여부

적극설	소송경제와 절차유지의 원칙을 이유로 고소의 추완을 인정해야 한다는 견해.
절충설	공소제기시에 공소사실이 친고죄임에도 불구하고 고소가 없는 경우에는 고소의 추완을 인정할 수 없으나, 비친고죄로 공소제기된 사건이 심리결과 친고죄로 판명되거나 친고죄가 추가된 때에는 고소의 추완을 인정해야 한다는 견해.
소극설	공소제기는 절차의 형식적 확실성이 강하게 요청되는 소송행위이므로 무효의 치유를 인정해서는 안 되기에 고소의 추완을 부정하는 견해.
판례	소극설의 태도(82도1504참조)

고소의 취소(告訴의 取消)

일단 제기한 고소를 철회하는 소송행위를 말한다. 고소는 제1심 판결선고 전까지 취소할 수 있다(형소법 232조1항). 범인과 피해자 사이의 화해 가능성을 고려하여 고소의 취소를 인정하면서도 국가사법권의 발동이 고소인의 자의에 의하여 좌우되는 것을 막기 위하여 이를 제1심 판결선고 전까지로 제한한 것이다. 여기서의 고소는 친고죄의 고소를 말한다.

고소인(告訴人)

독;Ankläger

고소를 한 사람을 말한다. 검사는 고소가 있는 사건에 관하여 공소를 제기하거나, 제기하지 아니하는 처분, 공소의 취소 또는 타관송치를 한 때에는 그 처분한 날로부터 7일 이내에 서면으로 고소인에게 그 취지를 통고하여야 한다(형소법 258조1항).

고소권자(告訴權者)

형소법에 의해 고소권을 가지는 자를 말한다. 범죄로 인한 피해자(형소법 223조), 피해자의 법정대리인(형소법 225조1항), 피해자의 법정대리인이 피의자이거나, 법정대리인의 친족이 피의자인 때에는 피해자의 친족(형소법 226조), 피해자가 사망한 때에는 그 배우자·직계친족 또는 형제자매(형소법 225조2항) 등이 고소권자이다. 그러나 자기 또는 배우자의 직계존속은 고소하지 못하고(형소법 224조), 사자의 명예를 훼손한 범죄에 대하여는 그 친족 또는 자손이 고소할 수가 있다(형소법 227조). 친고죄에 관하여 고소할 자가 없는 경우에 이해관계인의 신청이 있으면 검사는 10일 이내에 고소할 수 있는 자를 지정해야 한다(형소법 228조). 또 고소할 수 있는 자가 수인인 경우에는, 1인의 기간이 해소되거나 이혼소송을 제기한 후가 아니면 고소할 수 없다(형소법 229조1항).

고소불가분의 원칙
(告訴不可分의 原則)

고소의 효력이 불가분이라는 원칙을 고소불가분의 원칙이라 한다. 즉 1개의 범죄의 일부에 대한 고소 또는 그 취소가 있는 경우에는 그 효력은 당연히 그 범죄사실의 전부에 대하여 발생하고(객관적 불가분), 또 친고죄의 공범 중 그 1인 또는 수인에 대한 고소 또는 그 취소는 다른 공범자 전체에 대하여도 효력이 있다(주관적 불가분, 형소§233). 그런데 이 원칙에 대해서 예외가 있다. 즉 전자에 있어서 이른바 과형상의 일죄(원래는 수개의 범죄)인 경우에 각 부분의 피해자가 서로 다를 때, 또는 일부분만이 친고죄인 때에는 모두 분리하여 고찰하여야 하고, 후자에 있어서도 이른바 상대적 친고죄(예 : 형§328, §344)의 경우에는 일정한 신분을 가진 공범을 신분 없는 자와 분리하여 논한다.

고발(告發)
영;denunciation
독;Anzeige

고발이라 함은 고소와 마찬가지로 범죄사실을 수사기관에 신고하여 범인의 소추를 구하는 의사표시이다. 그러므로 단순한 피해신고는 고발이라고 할 수 없다. 그런데 고소와 달리 범인 및 고소권자 이외의 제3자는 누구든지 할 수 있다. 공무원은 그 직무를 행함에 있어서 범죄가 있다고 사료하는 때에는 고발의 의무가 있다. 여기에서 직무를 행함에 있어서란 범죄의 발견이 직무내용에 포함되는 경우를 말하고 직무집행과 관계없이 우연히 범죄를 발견한 경우는 여기에 해당하지 않는다. 고발도 일반적으로는 단순히 수사를 촉진하기 위한 것이나, 특별법에서는 친고죄의 고소와 기타의 공소 내지 심리의 조건(소송조건)이 되는 고발도 있다(예 : 조세범처벌법§6). 자기 또는 배우자의 직계존속은 고발하지 못한다. 고발과 그 취소의 절차와 방식은 고소와 같다(형소§237, §238, §239). 다만 대리인에 의한 고발이 인정되지 않고, 고발기간에는 제한이 없으며, 고발을 취소한 후에도 다시 고발할 수 있다는 점이 고소와 다르다.

자수(自首)
영;self-denunciation

범죄사실을 수사기관에 告함으로써 그 범죄의 기소를 바라는 의사를 표명하는 것을 자수라 한다. 다만 고소·고발과 다른 점은 그것을 하는 것이 범인자신이라는 점이다. 그러나 이 경우 반드시 자기 자신이 출두하여 고하지 않아도 무방하며 타인을 시켜도 좋다. 그러나 사실만을 고하고 행방을 감추는 것 등은 자수가 되지 않는다. 일반적인 고소·고발과 같이 자수도 단순히 수사의 개시를 촉구하는 것에 불과하며 그 절차에 있어서도 고발·고소의 방식에 관한 제237조, 제238조의 규정을 준용한다(형소§240). 또 형법상으로는 자수(형§52①, §90①단)는 형을 경감하거나 면제하는 등의 근거가 된다.

구속(拘束)

구속이란 피고인 또는 피의자의 신체의 자유를 제한하는 대인적 강제처분을 말한다. 이는 구인(拘引)과 구금을 포함하는 말이다. 구속은 두 가지 뜻을 포함하는데 그 하나는 피고인 또는 피의자를 구속하는 재판의 뜻이고, 또 다른 하나는 이 재판을 집행하는 사실행위를 의미하기도 한다. 검사 또는 사법경찰관은 관할 지방법원 판사가 발부한 구속영장을 받아서 피의자를 구속할 수 있는데, 구속이유로는 죄를 범하였다고 의심할만한 상당한 이유가 있고, 도망하거나 도망할 염려가 있고, 증거인멸의 염려가 있어야 하며, 다만 50만원 이하의 벌금·구류·과료에 해당하는 범죄에 관하여는 주거부정의 경우에 한하여 구속할 수 있다(형소§70, §201). 구속기간은 사법경찰관과 검사가 각각 10일이고 검사에 한하여 부득이한 경우에 10일을 한도로 연장을 받을 수 있다(§205). 구속되었다가 석방된 피의자는 다른 중요한 증거를 발견한 경우를 제외하고는 동일한 범죄사실에 대하여 다시 구속하지는 못한다(§208). 피의자의 구속은 피고인구속에 관한 규정이 많이 준용된다(§209). 이러한 구속은 형사소송의 진행과 형벌의 집행을 확보함을 목적으로 한다. 또한 이는 형사사법의 기능이라는 공익과 개인의 자유라는 이익이 정면으로 충돌하는 분야이다.

이중구속(二重拘束)

이중구속이란 이미 구속영장에 발부되어 피고인 또는 피의자에 대해 구속영장을 집행하는 것을 말한다. 다수설은 구속영장의 효력은 구속영장에 기재된 범죄사실에 대해서만 미치고(사건단위설), 구속된 피고인 또는 피의자가 석방되는 경우를 대비하여 미리 구속해 둘 필요가 있다는 이유로 이중구속도 허용된다고 해석한다.

형사소송법 제75조 제1항은, "구속영장에는 피고인의 성명, 주거, 죄명, 공소사실의 요지, 인치구금할 장소, 발부연월일, 그 유효기간과 그 기간을 경과하면 집행에 착수하지 못하며 영장을 반환하여야 할 취지를 기재하고 재판장 또는 수명법관이 서명날인하여야 한다." 고 규정하고 있는바, 구속의 효력은 원칙적으로 위 방식에 따라 작성된 구속영장에 기재된 범죄사실에만 미치는 것이므로, 구속기간이 만료될 무렵에 종전 구속영장에 기재된 범죄사실과 다른 범죄사실로 피고인을 구속하였다는 사정만으로는 피고인에 대한 구속이 위법하다고 할 수 없다*(대법원 2000. 11. 10. 자 2000모134)*.

별건구속(別件拘束)

수사기관이 본래 수사하고자 하는 사건(본건)에 대하여는 구속의 요건이 구비되지 않았기 때문에 본건의 수사에 이용할 목적으로 구속요건이 구비된 별건으로 구속하는 경우 이를 별건구속이라 한다. 별건구속은 별건을 기준으로 할 때 적합하지만 본건구속의 요건이 없는 이상 영장주의에 반하고, 본건구속에 대한 구속기간의 제한을 벗어나는 것이 되며, 구속의 사유가 없는 경우에 자백강요 내지 수사의 편의를 위하여 구속을 인정하는 것이 되므로 위법하다.

별건구속의 허용여부

적법설 (별건기준설)	구속영장심사 단계에서 수사기관의 주관적 의도를 심사하는 것은 곤란하므로 별건에 대한 구속사유와 필요성이 있는 한 구속은 적법하다고 본다.
위법설 (본건기준설)	사실상 구속기간의 제한을 잠탈하는 것이고, 본건에 의한 영장발부가 아니기 때문에 법관은 본건에 대한 영장심사를 제대로 할 수 없기 때문에 영장주의의 근본 취지에 반하므로 위법하다고 본다.

구속의 취소(拘束의 取消)

구속의 사유가 없거나 소멸된 경우에 구속된 자를 석방하는 것을 말한다. 구속의 사유가 없거나 소멸된 때에 피고인에 대하여는 법원이 직권 또는 검사·피고인·변호인과 변호인선임권자의 청구에 의하여, 피의자에 대하여는 검사 또는 사법경찰관이 결정으로 구속을 취소하여야 한다(형소법 93조·209조). 구속의 사유가 없는 때란 구속사유가 처음부터 존재하지 않았던 것이 판명된 경우이고, 구속사유가 소멸된 때란 존재한 구속사유가 사후적으로 소멸한 경우를 말한다. 법원이 피고인에 대한 구속취소의 결정을 함에는 검사의 청구에 의하거나 급속을 요하는 경우 이외에는 검사의 의견을 물어야 한다. 구속취소결정에 대하여 검사는 즉시항고를 할 수 있다(형소법 97조4항).

긴급체포(緊急逮捕)

체포를 하려면 사전에 검사의 신청에 의하여 법관이 발부한 영장을 제시해야 하는 것이 원칙이지만(헌§12③본문, 형소§200의2), 피의자 사형·무기 또는 장기 3년 이상의 징역이나 금고에 해당하는 죄를 범하였다고 의심할만한 상당한 이유가 있고 증거인멸, 도망 또는 도망의 염려가 있는 경우에 긴급을 요하여 지방법원판사의 체포영장을 받을 수 없는 경우에, 검사 또는 사법경찰관은 그 사유를 알리고 영장 없이 피의자를 체포할 수 있다(헌§12③단, 형소§200의 3). 이것을 긴급체포라 한다.

이러한 사유로 피의자를 체포한 경우에 피의자를 구속하고자 할 때에는 지체없이 영장을 청구하여야 하고, 영장청구기간은 체포한 때부터 48시간을 초과할 수 없고, 긴급체포서를 첨부하여야 한다(형소법 200조의 4).

영장(令狀)

영;warrant

강제처분의 재판을 기재한 서면을 말한다. 강제처분을 행함에 있어서는 원칙적으로 영장을 피처분자에게 제시하여야 한다. 강제처분의 남용을 피하고 피처분자의 인권을 옹호하는 것을 그 목적으로 한다. 헌법은 체포·구속·압수·수색의 강제처분에 있어서의 영장주의를 선언하고 있다(헌법 12조3항). 영장의 종류로서는 소환장, 체포·구속영장과 압수·수색영장의 3종이 있다. 영장의 기재사항은 그 종류에 따라 다르다.

영장주의(令狀主義)

법원 또는 수사기관의 형사절차에서 강제처분을 함에는 법원 또는 법관이 발부한 영장에 의하여야 한다는 주의를 령장주의라 한다. 수사 등의 절차를 행하는 강제처분은 사람의 신체 및 의사의 자유에, 또는 사람의 물건에 대한 지배에 제한을 가하는 것이므로 강제처분권을 남용하여 기본적인권이 침해되는 경우가 있을 수 있다. 그래서 기본적 인권보장을 위해서는 강제처분을 하여야 할 것인가의 여부를 수사기관의 판단에 맡기지 않고 먼저 법원이 판단하여(이 판단도 재판의 일종이다) 그 결과를 영장에 기재하고 이 영장이 없으면 강제처분을 할 수 없도록 하는 원칙이 바로 영장주의이다. 이러한 영장주의는 수사기관의 강제처분에 대하여 더더욱 강조되고 있다. 헌법은 체포·구금·압수·수색에는 영장을 필요로 한다고 규정하고 있다(헌§12②). 영장 중에서도 법원 스스로가 강제처분을 할 때의 영장은 이것을 실제로 집행하는 기관에 대한 명령장의 성질을 갖는 것이다(소환장·구속영장·체포령장·감정류치장·법원이 행하는 경우의 압수·수사령장). 그런데 탄핵적 수사권에 기초를 두고 체포·구속영장을 명령장이라고 이해하는 유력한 학설이 있다. 그러나 이 강제처분은 법원의 의사에 의한 것이 명백한 경우(예를 들면 공판정에서의 압수·수색) 및 수사기관의 행위가 아님이 명백한 경우(예를 들면 현행범체포)혹은 이미 일정한 범위에서 법원이 판단을 하고 있는 사안에 관한 경우, 예를 들면 영장을 기초로 한 체포·구속·압수·수색·검증에는 실질적으로 영장주의와 모순되지 않는 영장주의의 예외가 된다. 그리고 영장주의의 원칙이 행정상의 강제처분 특히 행정상의 즉시강제에도 적용되느냐에 관해 견해가 대립되고 있는데 행정목적의 달성을 위하여 불가피한 경우에는 영장주의가 적용되지 아니한다는 견해가 유력하다.

체포·구속영장
(逮捕·拘束令狀)
독;Haftbefehl

수사기관에 체포·구속을 허용하는 법관의 허가장이다. 체포·구속은 범죄용의자에 대한 강제처분이므로 체포·구속을 할 경우에는 영장을 필요로 하는 것이 원칙이다((형소§73, §200의2, §201①). 즉 체포·구속하여야 하는가의 여부는 법원이 판단하는 것이고 영장 없이는 수사기관이 체포·구속 할 수 없는데, 이 법원의 판단을 기재한 것을 체포·구속영장이라 하고, 이 체포·구속영장은 법원의 집행기관에 대한 허가장으로서의 성질을 갖고 있다. 체포·구속영장의 발부를 청구할 수 있는 권한을 가진 자는 검사와 사법경찰관이고, 청구에 대하여 법원은 체포·구속의 이유와 필요가 있다고 인정되면 체포·구속영장을 발부한다(형소§200의2, §201③). 명백히 체포·구속의 필요가 없는 때에는 그 청구를 기각한다. 따라서 이와 같은 의미에서 법원은 체포·구속영장청구에 대하여 하나의 실질적심사권을 갖고 있는 것이다. 체포·구속영장에는 피의자의 성명·주거·죄명·공소사실의 요지·인치구금할 장소·유효기간(원칙으로 체포 48시간, 구속은 10일)과, 유효기간이 경과하면 집행에 착수하지 못하며 영장을 반환하여야 할 취지·영장발부 연월일 등을 기재하고 재판장 또는 수명법관이 서명·날인하여야 한다(형소§75①, §200의5). 체포·구속영장에 의하여 체포·구속할 수 있는 것은 수사기관뿐이다. 체포·구속할 때에는 체포·구속영장을 제시하여야 하지만, 긴급을 요할 때에는 범죄사실의 요지와 이에 대하여 체포·구속영장이 발부되어 있음을 알리고 영장 없이도 체포·구속할 수 있다. 그러나 체포·구속한 후에는 신속히 구속영장을 제시하여야 한다(형소§85③, ④, §200의6). 검사 또는 사법경찰관은 피의자를 체포하는 경우에는 피의사실의 요지, 체포의 이유와 변호인을 선임할 수 있음을 말하고 변명할 기회를 주어야 한다(형소§200의 5).

영장실질심사(令狀實質審査)

영장실질심사란 구속영장의 청구를 받은 판사가 피의자를 직접 심문하여 구속사유를 판단하는 것을 말한다. 영장실질심사는 피의자나 배우자, 직계가족 등의 신청이 있을 때에만 실시했지만 2007. 6. 1. 형사소송법 개정으로 2008. 1. 1.부터는 신청이 없어도 모든 구속영장 청구 사건에서 실질심사가 진행된다.

형사소송법 제201조의 2는 ① 영장에 의한 체포, 긴급체포, 현행범인의 체포에 따라 체포된 피의자에 대하여 구속영장을 청구 받은 판사는 지체없이 피의자를 심문하여야 하고, ② 그 외의 피의자에 대하여 구속영장을 청구받은 판사는 피의자가 죄를 범하였다고 의심할 만한 상당한 이유가 있는 경우에 구인을 위한 구속영장을 발부하여 피의자를 구인한 후 심문하여야 한다고 규정하고 있다.

현행범인(現行犯人)

현행범인의 개념에 대하여 광의의 현행범인은 협의의 현행범인과 준현행범인을 포함하는 개념이며 현행 형사소송법은 현행범인을 광의의 의미로 사용하고 있다. 협의의 현행범인이라함은 범죄의 실행 중이거나 실행 직후인 자(형소§211①)를 말한다. 현행범인을 체포할 때에는 급히 서둘러야 하고, 또 체포로 말미암아 부당한 침해가 발생할 우려도 일응 없다고 생각되므로 영장은 불필요하며, 또 수사기관이 아니라도 누구든지 체포할 수 있다(§212, 다만 §214참조). 한편 준현행범인이라 함은 범죄실행 직후라고는 할 수 없더라도 실행 후 시간이 얼마 지나지 않은 것이 명백히 인정되거나 범인으로 호창되어 추적되고 있거나 장물 또는 분명히 범죄를 위해 사용되었다고 생각되는 흉기 등을 현재 몸에 숨기고 있거나, 신체 또는 의류에 범죄의 증적(證跡)이 현저하거나, 누구임을 물음에 대하여 도망하려 하는 등, 이상의 둘 중 하나에 해당하는 자로 현행범인과 똑같이 취급되는 자를 말한다(§211②).

준현행범인(準現行犯人)

현행범인은 아니지만 현행범인으로 간주되는 자를 말한다. 형사소송법은 (1) 범인으로 호창되어 추적되고 있는 때, (2) 장물이나 범죄에 사용되었다고 인정함에 충분한 흉기 기타의 물건을 소지하고 있는 때, (3) 신체 또는 의복류에 현저한 증적이 있을 때, (4) 누구임을 물음에 대하여 도망하려 하는 때를 현행범인으로 간주하고 있다(형소법 211조2항). 현행범인과 같이 준현행범인도 누구나 영장없이 체포할 수 있다(형소법 212조).

체포·구속적부심사제도
(逮捕·拘束適否審査制度)

수사기관의 피의자에 대한 체포·구속의 위법여부 또는 체포·구속계속의 필요성 유무를 법관이 심사하여 그 체포·구속이 부적법·부당한 경우에 체포·구속된 피의자를 석방하는 제도를 체포·구속적부심사제도라 한다. 피의자의 석방제도라는 점에서 피고인의 석방제도인 보석제도와 다르며 법관의 심사에 의한 석방제도라는 점에서 검사가 피의자를 석방하는 구속취소제도와 다르다. 이 제도는 수사기관의 위법 부당한 인신 체포·구속으로부터 피의자를 구제하려는 데 그 존재이유가 있다. 체포·구속된 피의자, 그의 변호인, 법정대리인, 배우자, 직계친족, 형제자매, 가족, 동거인, 가족 또는 고용주가 할 수 있으며 서면에 의할 것을 요한다. 그리고 체포·구속영장을 발부한 법관은 그 청구사건에 대한 심사나 결정에 관여하지 못한다. 또한 체포·구속적부심사청구에 대한 법원의 결정은 기각결정과 석방결정이 있는데 이 결정은 청구서가 접수된 때부터 48시간 이내에 하여야 한다(형소 §214의 2).

인치(引致)

신체의 자유를 구속한 자를 일정한 장소로 연행하는 것을 말한다. 구인의 효력으로서 인정되며, 구인한 피고인을 법원에 인치한 경우에 구금할 필요가 없다고 인정할 때에는 그 인치한 때로부터 24시간 내에 석방하여야 한다(형소§71). 사법경찰관이 피의자를 구속한 때에는 10일 이내에 피의자를 검사에게 인치하지 아니하면 석방하여야 한다(§202). 검사가 피의자를 구속한 때 또는 사법경찰관으로부터 피의자의 인치를 받은 때에는 10일 이내에 고소를 제기하지 아니하면 석방하여야 한다(§203).

대물적 강제처분

(代物的 强制處分)

증거물이나 몰수물의 수집과 보전을 목적으로 하는 강제처분을 말한다. 압수와 수색 그리고 검증이 여기에 해당한다. 대상적 강제처분은 그 직접적 대상이 물건이라는 점에서 대인적 강제처분과 구별된다. 대물적 강제처분은 주체에 따라 법원이 증거수집을 위해서 행하는 경우와 수사기관이 수사로 행하는 경우로 나눌 수 있다. 특히 수사기관의 대물적 강제처분을 대물적 강제수사라 한다. 단 증거물이나 몰수할 물건의 수집과 확보를 목적으로 하는 강제처분이라는 점에서 양자는 그 성질을 같이한다. 대물적 강제수사에 대해서도 법원의 압수·수색과 검증에 관한 규정이 준용된다. 대물적 강제처분이 가능하기 위해서는 영장주의원칙, 필요성, 범죄의 혐의 등의 요건이 갖추어져야 한다. 대물적 강제처분도 국민의 기본권을 제한하는 요인이 될 수 있으므로 영장주의의 원칙이 준수되어야 한다. 다만 대물적 강제수사에서는 긴급성이 있을 때 영장주의의 예외를 인정한다. 또한 대물적 강제처분은 필요성이 인정되어야 한다. 그러므로 법치국가의 원리 중 비례성의 원칙은 여기서도 적용되어야 한다. 범죄의 혐의는 구속의 경우에 요구되는 정도가 아니라 '최초의 혐의' 또는 '단순한 혐의' 정도면 족하다고 볼 수 있다.

수색(搜索)

영;Search
독;Durchsuchung

수색이란 압수해야 할 물건이나 체포·구인해야 할 사람의 발견을 위해 사람의 신체·물건·가옥 또는 기타의 장소에 대하여 행하는 강제처분을 말한다. 원칙적으로 법원이 행하나(형소§109) 법관(§136, §184) 또는 수사기관이 행하는 수도 있다(§137, §215), §216). 또 원칙적으로 수색영장이 필요하다(헌§12, 형소§113, §215. 예외로서는 §137, §216). 압수하여야 할 물건의 수색에 대하여는 피고인과 피고인이 아닌 자와의 사이에 구별이 있고(§109), 또 가옥 기타 사람이 거주하는 장소의 수색에 대한 검사·피고인·변호인의 참여권(§121, §122), 여자신체의 수색에 대한 성년여성의 참여(§124)등 여러가지 제한이 있다.

야간수색(夜間搜索)

압수할 물건 또는 체포하여야 할 사람의 발견을 목적으로 사람의 신체·물건 또는 그 밖의 장소에 대하여 행한 강제처분인 수색을 야간(일출 전 일몰 후)에 행함을 말한다. 야간수색은 주간 수색에 비해 제한이 가해지고 있다. 즉 수색영장에 야간집행의 기재가 없으면 타인의 주거, 간수자있는 가옥, 건조물·항공기 또는 선차내에 들어가지 못하게 하고 있는 바(형소법 125조), 이는 야간에 있어서의 사생활의 평온을 보호하기 위함이다. 그러나 예외적으로 수색영장에 야간집행의 기재가 없더라도 도박 기타 풍속을 해하는 행위에 상용된다고 인정되는 장소와 여관·음식점 기타 야간에 공중인 출입할 수 있는 장소(공개된 시간중)에서는 야간수색의 제한을 받지 않는다(형소법 126조).

압수(押收)

독;Beschlagnahme

압수라 함은 물건의 점유를 취득하는 강제처분을 말하며 압수와 영치 및 제출명령의 세 가지를 내용으로 한다. 압류란 점유취득과정 자체에 강제력이 가하여지는 경우를 말하고, 유치물과 임의제출물을 점유하는 경우를 영치라 하며, 일정한 물건의 제출을 명하는 처분을 제출명령이라고 한다. 다만 수사기관에 의한 강제수사에는 제출명령이 포함되지 않는다. 이러한 수사는 원칙적으로 법원이 행하나(형소§106이하) 때에 따라서는 합의부원에게 이를 명할 수 있으며 또한 그 목적물의 소재지를 관할하는 지방법원판사에게 촉탁할 수도 있다(§136). 또 법관의 영장을 얻어 수사기관이 행하는 경우도 있다(§215). 압수에는 원칙적으로 영장이 필요하다(§113 이하). 또 공무 및 업무상의 비밀을 보호하기 위하여 압수가 제한되는 경우가 있다(§111, §112). 압수할 때에는 영장을 제시하고, 압수한 물건의 목록을 작성하여 소유자·소지자·보관자 등에게 이를 교부하여야 한다(§118, §129). 압수물에 대하여는 그 상실 또는 파손 등의 방지를 위하여 상당한 조치를 하여야 하고(§131), 압수를 계속할 필요가 없다고 인정되는 때에는 압수물을 환부하여야 한다(§133, §134).

압수물(押收物)

압수의 강제처분에 의하여 법원 또는 수사기관이 점유를 취득한 물건을 말한다. 압수한 경우에는 압수목록을 작성하여 소유자 등에게 교부하여야 하고(형소법 129·219조), 운반 또는 보관에 불편한 압수물에 관하여는 간수자를 두거나 소유자 또는 적당한 자의 승낙을 얻어 보관하게 할 수 있다(형소법 130조1항, 219조). 현행 형사소송법상 압수물의 처분에는 폐기처분(형소법 130조2항), 환가처분(형소법 132조), 환부·가환부(형소법 133·134조)

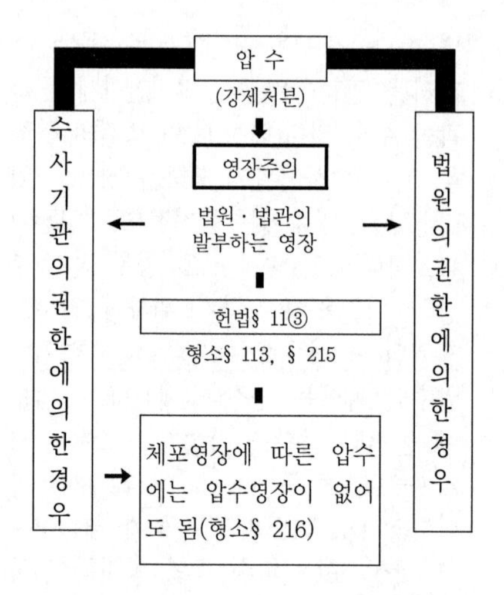

몰수물(沒收物)

몰수재판의 확정에 의해 몰수된 물건을 말한다. 몰수물은 국고에 귀속한다. 또 몰수물은 검사가 처분하여야 한다(형사소송법 483조). 물수를 집행한 후 3월 이내에 그 몰수물에 대하여 정당한 권리 있는 자가 몰수물의 교부를 청구한 때에는 검사는 파괴 또는 폐기할 것이 아니면 이를 교부하여야 한다. 몰수물을 처분한 후 교부의 청구가 있는 경우에는 검사는 공매에 의하여 취득한 대가를 교부하여야 한다(형사소송법 484조).

압수·수색영장(押收·搜索令狀)

압수·수색의 강제처분을 기재한 재판서를 말한다. 수사기관에 대한 허가장인 경우(형소법 215조)와 집행기관에 대한 명령장인 경우(형소법 113·115조)가 있다. 법원이 행하는 압수·수색이라 할지라도 공판정외에서 압수·수색을 할 때에는 영장을 발부하여야 한다(형소법 113조). 다만 공판정에서의 압수·수색에는 영장을 요하지 않는다. 압수·수색영장은 처분을 받는 자에게 반드시 제시해야 한다(형소법 118·219조). 압수와 수색은 실제로 함께 행하여지는 것이 통례이고, 실무상으로도 압수·수색영장이라는 단일영장이 발부되고 있다. 압수·수색영장에는 압수할 물건과 수색할 장소를 명시하여야 하므로(형소법 114조 1항) 현행법상 일반영장은 금지된다.

구금(拘禁)

독;Verhafung

구금이라 함은 일정한 자가 죄를 범하였다고 의심할만한 상당한 이유가 있는 자로서 일정한 주거가 없고, 범죄의 증거를 인멸할 염려가 있고 또, 도망하거나 도망할 염려가 있는 때(형소 §70①) 등 법원이 긴급을 요하는 경우에 재판장 또는 수명법관이 행하는 강제처분의 일종으로서 이는 구속영장에 의하여 집행한다(§69이하). 즉 주로 逃亡(도망) 또는 증거인멸을 방지할 목적으로 피고인·피의자를 교도소 또는 구치소에 구속하는 것이다. 유죄가 확정되기 전에도 할 수 있으므로 형의 일종인 구류와는 다르다. 구금을 할 때에는 반드시 구속의 사유를 명시하여야 한다(구속사유의 제시). 구속영장에는 피고인 또는 피의자의 성명·주소·죄명·공소사실의 요지·인치·구금할 장소·발부연월일·그 유효기간과 그 기간을 경과하면 집행에 착수하지 못하며 영장을 반환하여야 할 취지를 기재하고 재판장 또는 수명법관이 서명·날인하여야 한다(§75①). 공소제기 전의 구속영장(피의자에 대한 것으로 검사가 청구한다)이나 공소제기후의 구속영장(피고인에 대한 것)은 모두 법원의 집행기관에 구속을 허용하는 구속영장과 다르다. 구금은 강제처분의 일종으로서 비교적 기간이 장기이므로 부당하게 남용하지 못하도록 하기 위하여 두 가지 제도를 두고 있다. 그 하나는 保釋이고 다른 하나는 구속기간의 제한이다. 피고인에 대한 구속기간은 원칙적으로 2월로 하고 필요에 따라서 심급마다 2차에 한하여 결정으로 경신할 후 있으나 경신한 기간도 2월로 한다(§92). 피의자에 대한 구속기간은 원칙으로 10일 이내이지만 검사는 10일을 초과하지 않는 한도에서 1차에 한하여 연장할 수 있다(§202, §203, §205). 구금의 사유 중 주거가 없는 때와 도망하거나 도망의 염려가 있는 때에는 불출석을 방지하기 위한 것이나, 증거인멸의 염려가 있는 때를 부가한 것은 문제가 있다. 결국 증거인멸이라는 것은 피의자의 구술을 듣기 위한 구실에 불과하고, 보석을 인정하지 않으면 결국 구금을 자백을 위한 증거수집과 진술을 듣기 위하여 전적으로 사용하게 되므로 임의수사의 원칙은 아주 협소하게 된다는 견해가 있다. 구금의 내용은 자유형과 별로 다르지 않고 형이 확정되었을 때는 판결선고전의 구금일수 그 전부를 자유형에 산입하며 이미 그 형을 집행한 것과 동일하게 취급한다(형§57). 이러한 구금을 미결구금이라고도 한다.

구인(拘引)

독;Vorführung

법원·재판장 또는 판사가 피고인이나 증인을 법원 또는 기타 지정한 장소로 인치하여 억류하는 재판 또는 그 집행을 말한다. 피고인이나 증인이 정당한 사유없이 소환 또는 동행명령에 응하지 않는 경우(형소법 69조·74조·152조·166조2항) 구속영장에 의하여 구인할 수 있다(형소법 73조). 그런데 또 구인한 피고인을 법원에 인치한 경우에 구금할 필요가 없다고 인정한 때에는 그 인치한 때로부터 24시간 내에 석방하여야 한다(형소법 71조). 한편 피의자 구인 또는 형을 집행하기 위한 구인도 있다(형소법 209조·473조2항·3항).

가택수색(家宅搜索)

주거 그 밖의 장소에 대하여 행하는 수색(형소§109, §123①, §137)을 말한다. 법원은 필요한 경우에 피고인의 신체·물건 또는 주거 그 밖의 장소를 수색할 수 있다. 그러나 피고인이 아닌 자의 신체·물건 또는 주거 그 밖의 장소에 관하여는 압수할 물건이 있음을 인정할 수 있는 경우에 한하여 수색할 수 있다(형소§109). 이는 원래 증거물의 발견을 위하여 행하나 사람을 발견하기 위해서도 행하는 경우가 있다. 수색은 지방법원판사가 발부하는 압수수색 명령장에 의해 할 수 있다(§215). 또한 행정상즉시강제의 수단으로서 가택수색이 행하여지는 경우도 있다(총포화약§44).

소환(召喚)

소환이라 함은 피고인 또는 증인 등에 대하여 법원 기타의 일정한 장소에 호출하는 강제처분의 하나이며, 소환장에 의하여 법원이 행하는 것이 원칙이다(형소§68, §73, §74, §76, §151, §155, §177, §183). 구속을 요하는 경우 및 증거보전청구가 있는 경우에는 재판장 또는 판사가 소환할 수도 있다(형소§80, §184). 증인이 소환에 불응하거나 정당한 사유 없이 동행을 거부한 때에는 구인 할 수 있으며(§152, §166②), 경우에 따라서 과태료 등의 제재가 가해지는 수도 있다(§161). 형을 집행하기 위한 검사의 소환(§473①)은 여기서 말하는 소환과는 그 성질이 다르다.

보석(保釋)

영;bail
독;Sicherheits leistung

보석이라 함은 일정한 보증금의 납부를 조건으로 구속의 집행을 정지함으로써 구속된 피고인을 석방하는 제도를 말한다. 보석은 구속의 집행만을 정지하는 제도라는 점에서 광의의 구속집행정지에 속하지만 보증금의 납부를 조건으로 한다는 점에서 구속의 집행정지와 구별된다. 피고인·변호인 등의 청구에 의하는 청구보석(형소§94)의 경우와 직권으로 행하는 직권보석(§96)이 있다. 그리고 반드시 청구를 허가해야 하는 필요적보석(§95)과 법원의 재량에 맡겨져 있는 임의적보석(§96)이 있다. 2007. 6. 1. 개정 형사소송법은 보석조건을 다양화 해 불구속 원칙과 실질적 평등원칙을 확대했다. 법원이 지정하는 장소에의 출석과 증거를 인멸하지 않겠다는 서약서제출, 보증금 상당금액 납입의 약정서, 주거제한, 출석보증서 제출, 출국금지, 피해 공탁 및 담보제공, 보증금 납입 등 다양한 보석조건을 도입, 개별 사안의 특성과 피고인의 처지에 적합한 조건을 정할 수 있도록 했다(형소 §98). 2020. 8. 5. 부터는 전자보석제도를 시행하고 있는데, 전자보석제도란 전자장치 부착을 조건으로 석방되는 것을 말한다. 대상은 현재 구속·기소되어 재판 중에 있는 사람이며, 피고인, 피고인의 변호인·법정대리인·배우자·직계친족·형제자매·가족·동거인 또는 고용주로 전자보석을 청구할 수 있다. 재판이 진행 중인 관할 법원에 신청할 수 있으며, 전자보석으로 석방될 경우 스마트워치와 유사한 '손목시계 형태'의 전자장치를 착용하게 되고, 전자보석 기간 중에는 보호관찰관의 감독을 받게 된다. 또한 가족과 함께 생활할 수 있게 된다. 피고인이 도망한 때, 도망 또는 죄증을 인멸할 염려가 있다고 믿을만한 충분한 이유 없이 출석하지 아니한 때, 또 주거의 제한 기타 법원이 정한 조건을 위반한 때에는 법원은 결정으로써 보석을 취소하고 보증금 또는 담보의 전부 또는 일부를 몰취할 수 있다(§102, §103). 그리고 법원은 보증금의 납입 또는 담보제공을 조건으로 석방된 피고인이 동일한 범죄사실에 관하여 형의선고를 받고, 그 판결이 확정된 후 집행하기 위한 소환을 받고 정당한 이유 없이 출석하지 아니하거나 도망한 때에는 보증금 또는 담보의 전부 또는 일부를 몰취하여야 한다(§103②).

구속영장의 효력이 소멸하거나 보석이 취소된 때(다만 피고인 또는 법원이 지정하는 자가 보증금을 납입하거나 담보를 제공한 경우는 예외)에는 보석조건은 즉시 그 효력을 상실한다(§104의2).

구속집행정지(拘束執行停止)

법원은 상당한 이유가 있는 때에는 결정으로 구속된 피고인을 친족·보호단체 기타 적당한 자에게 부탁하거나 피고인의주거를 제한하여 구속의 집행을 정지할 수 있다. 구속된 피의자에 대하여는 검사 또는 사법경찰관이 구속의 집행을 정지할 수 있다(형사소송법 §101, §209). 사법경찰관은 이 경우 검사의 지휘를 받는다. 그런데 법원이 피고인의 구속집행정지결정을 함에는 검사의 의견을 물어야 하는데 급속을 요하는 경우에는 그러하지 않다. 개정 전 형사소송법에서는 구속의 집행정지결정에 대하여 검사가 즉시항고를 할 수 있다고 규정하고 있었다(§101 ③). 즉시항고의 경우 재판의 집행을 정지하는 효력이 있으므로 검사가 즉시항고를 할 경우 법원의 구속 집행정지결정의 효력이 정지되는 문제가 있었다. 이에 헌법재판소는 구속집행정지결정에 대한 검사의 즉시항고를 인정하는 이 규정은 검사의 불복을 법원의 판단보다 우선시킬 뿐만 아니라, 사실상 법원의 구속집행정지결정을 무의미하게 할 수 있는 권한을 검사에게 부여한 것이라는 점에서 헌법 제12조 제3항의 영장주의원칙에 위배된다며 위헌 결정을 하였다(2011헌가36). 이에 2015년 7월 31일 형사소송법 개정시 §101 ③항을 삭제하였다. 따라서 검사는 재판의 집행을 정지하는 효력이 없는 보통항고로만 불복할 수 있다. 법원은 직권 또는 검사의 청구에 의하여 결정으로 구속의 집행정지를 취소할 수 있고, 구속된 피의자에 대하여는 검사 또는 사법경찰관이 결정으로 구속의 집행정지를 취소할 수 있다(§102, §209).

구속의 효력(拘束의 效力)

여기에는 구속의 취소와 당연실효가 있다. 전자는 구속의 사유가 없거나 소멸된 때에 피고인에 대하여는 법원이 직권으로 또는 검사·피고인·변호인과 변호인선임권자의 청구에 의해, 그리고 피의자에 대하여는 검사 또는 사법경찰관의 결정으로 된다(형소§93). 후자는 구속영장의 효력이 당연히 상실되는 것으로 구속기간의 만료, 구속영장의 실효, 사형·자유형의 확정 등의 경우에 이루어진다(§92).

압수물의 가환부
(押收物의 假還付)

압수물은 소유자·소지자·보관자 또는 제출인의 청구에 의하여 가환부할 수 있다. 증거로만 사용할 목적으로 압수한 물건으로서 그 소유자 또는 소지자가 계속 사용하여야 할 물건은 사진촬영 기타 원형보존의 조치를 취하고 신속히 가환부하여야 한다(형소§133). 이를 결정할 때에는 검사·피해자·피고인 또는 변호인에게 미리 통지하여야 한다(§135). 가환부는 법원이 행하는 경우도 있으나 수사기관이 스스로 압수한 것을 가환부할 수도 있다(§219). 이러한 규정의 취지는 압수물을 유치할 필요성이 전혀 없지는 아니한 경우라도 일시적으로 유치를 해제하는 것이 수사 또는 소송상 중대한 지장이 되지 아니할 때에는 그 물건을 반환해 주는 것이 권리침해를 최소화할 수 있다는 데에서 이와 같은 절차를 인정하고 있다. 특히 수사기관은 수사상 또는 공소유지상의 필요가 없는 경우에는 속히 환부 또는 가환부하는 것이 바람직하다. 변호인 측에서는 흔히 이 가운데 유리한 증거를 발견하는 경우가 많이 있다. 가환부는 어디까지나 임시로 반환하는 것이므로 압수 그 자체의 효력은 잃지 않는다. 그러므로 가환부 받은 자는 그 기간동안 보관의 의무를 지며, 임의로 처분함은 허용되지 않는다. 가환부를 받은 물건에 관하여는 종국적 재판에서 별도의 선고가 없는 한 환부의 선고가 있는 것으로 본다. 따라서 이 경우에는 임의 처분도 가능하다.

검증(檢證)
독;Augenscheinbeweis
불;constation

검증이란 사람, 장소, 물건의 성질·형상을 오관(五官)의 작용에 의하여 인식하는 강제처분이다. 이에는 법원의 검증과 수사기관이 하는 검증이 있다. 법원의 검증은 증거조사의 일종으로 영장을 요하지 않는다. 이에 반하여 수사기관의 검증은 증거를 수집·보전하기 위한 강제처분에 속하며 따라서 원칙적으로 법관의 영장에 의하지 않으면 안 된다. 또한 영장에 의한 검증과 영장에 의하지 않는 검증이 있다.

신체검사(身體檢査)
독;körperliche Untersu- chung

형사소송법상 신체검사가 거론되는 것은 수사(형소§109이하), 검증(§139이하), 감정(§173의 세 가지 경우이다. 신체검사는 신체자체를 검사의 대상으로 하는 점에서 신체외부와 착의에 대한 증거물의 수색인 신체수색과 구별된다. 신체검사는 인권을 침해할 우려가 크기 때문에 신중한 규정을 두고 있으나, 신체수색의 경우만은 특별한 규정이 없다. 이것을 입법의 불비라 하여 수색의 경우에도 검증에 관한 규정을 적용하여야 한다(예컨대 수색영장과 신체검사영장의 두 가지를 필요로 하는 등)는 주장도 있다. 검증으로서의 신체검사에 대하여는 검사를 당하는 자의 명예를 해하지 않도록 주의하여야한다(§141). 법원·법관이 행하는 것이 원칙이나, 수사기관이 행하는 경우에는 원칙적으로 신체검사영장이 필요하다(§215①). 감정으로서의 신체검사에 대하여는 검증으로서의 그것에 대한 규정이 준용되며, 감정인이 행할 때에는 법원의 허가장을 필요로 한다(§173).

증거보전(證據保全)
독;Sicherung des Beweises

증거보전이라 함은 공판정에서의 정상적인 증거조사가 있을 때까지 기다려서는 증거방법의 사용이 불가능하거나 현저히 곤란하게 될 염려가 있는 경우에 미리 증거를 수집·보전하여 두기 위하여 법관에게 청구하여 행하여 그 결과를 보전하여 두는 강제처분을 말한다. 현재의 형사소송은 당사자주의를 취하고 있으나, 한쪽 당사자인 검사는 국가기구의 하나로서 강력한 권한을 가지고 있음에 대하여 상대방인 피고인의 입장은 대단히 약하다. 그래서 피고인의 입장을 강화하여 평등에 가깝도록 하기 위하여 설치한 것의 하나가 이 증거보전절차이다. 즉 피고인측도 재판을 자기에게 유리하도록 인도하기 위하여 증거를 수집·확보하여야 하는데, 예컨대 증인이 중병으로 사기에 임박해 있다든지 국외로 여행하려 하고 있다든지 혹은 범죄현장이 변용되어 버렸거나 증거물이 소실되어 버릴 우려가 있을 때에, 이를 그대로 방치해 두면 실제로 공판에서 그 증거를 사용할 수가 없게 된다. 그래서 이와 같은 사정이 있을 때 피고인·피의자·변호인은 제1회 공판이전에 한하여 재판관에게 청구하여 미리 그러한 증거에 대한 압수·수색 기타의 처분을 받아둘 수 있도록 규정하고 있다(§184①). 이 경우 검사·피고인·피의자 또는 변호인은 판사의 허가를 얻어 법원에 보관된 증거를 열람하거나 등사할 수 있다(§185). 그리고 증거보전청구를 기각하는 결정에 대하여는 3일 이내에 항고할 수 있다(§184④).

감정유치(鑑定留置)
영;confinement for expert opinion

감정유치라 함은 피고인 또는 피의자의 정신 또는 신체에 관한 감정(즉 피고인이 정신병자인가 아닌가 등의 정신상태나 신체의 상흔 등의 신체적 상태 또는 능력의 감정)이 필요한 때에 법원이 기간을 정하여 의사 등의 전문가에게 감정시키기 위하여 병원 기타 적당한 장소에 피고인을 유치하는 강제처분을 말한다(§172③). 감정유치도 헌법에서 말하는 체포의 일종으로 간주하여 감정유치장이라는 영장을 발부하여야 한다(§172④). 수사기관이 임의의 처분으로서 감정을 하는 때에도 유치의 필요가 있을 때에는 신체의 구속을 동반하므로 법원에 그 처분을 청구하여야 한다. 감정유치도 피고인 또는 피의자의 신체를 구속하는 것이기 때문에 형사소송법에 정하여져 있는 구속에 관한 규정이 적용되어 피고사건의 고지, 변호인선임권의 고지, 변호인선임의 신고, 변호인 등에의 통지, 접견교통, 구속이유 개시, 구속의 취소, 집행정지 등의 규정이 준용된다.

검시(檢視)

노쇠(老衰)나 병 이외의 원인으로 사망한 경우를 사고사라 하는데, 그 가운데 범죄에 의하여 사망한 것인가 아니가를 잘 조사하여 보지 않으면 알 수 없는 것을 변사체라 한다. 또 사고사인가 아닌가 조차도 잘 알 수 없는 경우에는 이를 변사의 의심이 있는 사체라 한다. 이러한 변사체나 변사의 의심이 있는 사체를 조사하여 범죄에 의한 것인가 아닌가를 결정하는 처분이 검시이다. 따라서 범죄가 행해진 것이 아닌가 하는 의심이 전제가 되어 있으며, 수사 그 자체는 아니지만 검시의 결과 범죄에 의한 것으로 판명되면 수사가 개시된다. 결국 범죄의 발견과 동시에 증거의 확보를 위하여 행하여진다. 검시는 검사 또는 검사의 명에 따라서 사법경찰관이 행한다(형소§222).

필요적 보석(권리보석)
(必要的 保釋(權利保釋))

피고인 또는 그 변호인·법정대리인·배우자·직계친족·형제자매, 가족·동거인 및 고용주는 보석의 청구를 할 수 있다(§94). 이에 대하여 법원은 (1) 피고인이 사형·무기 또는 장기 10년 이상의 징역이나 금고에 해당하는 죄를 범한 때, (2) 피고인이 누범에 해당하거나 상습범이 죄를 범한 때, (3) 피고인이 죄증을 인멸하거나 인멸할 염려가 있다고 믿을 만한 충분한 이유가 있는 때, (4) 피고인이 도망하거나 도망 염려가 있다고 믿을 만한 충분한 이유가 있는 때, (5) 피고인의 주거가 분명하지 아니한 때, (6) 피고인이 피해자, 당해 사건의 재판에 필요한 사실을 알고 있다고 인정되는 자 또는 그 친족의 생명·신체나 재산에 해를 가하거나 가할 염려가 있다고 믿을 만한 충분한 이유가 있는 때 등 이외에는 반드시 보석을 허가하여야 한다(§95). 이를 필요적 보석이라 한다. 예외적으로 청구가 없더라도 법원이 임의로 보석하는 경우도 있다(직권보석·임의적보석). 그런데 원칙적인 권리보석에는 많은 예외가 광범위하게 규정되어 있어서(형소§95) 실제적인 보석의 효과에는 큰 차이가 없다. 보석을 청구할 수 있는 자는 제한되어 있고(§94) 피의자에 대한 보석은 인정되지 않는다(§94). 피고인에 비하여 구속기간이 짧다는 것이 피의자에게 보석을 인정하지 않는 이유이고 재고의 여지가 있다는 설도 있다. 법원은 보석을 허가하거나 보석청구를 기각할 때에는 검사의 의견을 들어야 한다. 이 이외의 절차에 관하여는 형사소송법 제98조 이하에서 규정하고 있다.

검거(檢擧)

수사기관이 범죄의 예방공안의 유지 또는 범죄수사상 지목된 자를 일시 억류하는 것으로서 법률상의 개념은 아니다. 검거는 구속과는 다르므로 본인의 승낙 없이 강제할 수는 없다고 본다. 만일 강제처분이 필요한 경우라면 법관에게 영장을 신청하여 체포 또는 구속할 수 있을 뿐이다. 형사소송법이 인정하는 특수한 경우에 긴급체포를 할 경우에도 반드시 긴급체포서를 작성한 후에 구속영장을 교부해야 하며 또한 엄격한 법정요건을 갖추어야 한다(형소§200의3).

영치(領置)

형사소송법상 소유자나 소지자 또는 보관자가 임의로 제출한 물건이나 유류한 물건을 영장 없이 그 점유를 취득하는 법원 또는 수사기관의 강제처분(형소§108, §218). 압수의 일종이나 협의의 압수는 상대방의 의사에 반하여 행하는 강제처분으로서 법관의 압수·압수영장을 필요로 하지만 영치는 임의적인 것이므로 영장을 필요로 하지 않는다. 그러나 임의적이라고 하더라도 압수와 동일한 효력을 갖는다.

공 소

국가소추주의(國家訴追主義)

독;Offizialprinzip

공소제기의 권한을 국가기관(특히 검사)에게 전담하게 하는 것을 말하며, 사인의 공소제기를 인정하는 사인소추주의에 대한다. 이는 범죄예방과 처벌에 대한 공적 이익을 사인에게 맡길 것이 아니라는 견지에서 나온 것이다. 독일 형사소송법은 국가소추주의를 원칙으로 하면서도(동법 152조) 주거침입이나 비밀침해 등 경미한 범죄에 관하여 예외적으로 사인소추를 인정하나, 우리 형사소송법은 공소는 검사가 제기하여 수행한다고 규정하여(형사소송법 246조), 국가소추주의를 일관하고 있는 점에 특색이 있다.

기소(起訴)

기소란 검사가 일정한 형사사건에 대하여 법원의 심판을 구하는 행위를 말한다. 이를 공소의 제기라고도 한다. 과거 유럽에서는 사소(私訴)라고 하여 사인이 기소하는 것을 인정한 때도 있었으나, 현재는 검사만이 이를 행할 수 있다(형소§246). 국가기관인 검사만 행할 수 있으므로 국가소추주의 또는 기소독점주의라고 한다. 검사는 피해자를 위하여서만 기소하는 것이 아니라, 사회질서의 유지라는 공익의 측면에서 공익의 대표자로서 기소하는 것이다. 그러나 검사는 범죄의 혐의가 있을 때에는 반드시 기소해야만 하는 것은 아니다. 범인의 연령, 성행, 지능과 환경, 피해자와의 관계, 범행의 동기, 수단과 결과, 범행 후의 정황 등을 종합하여 기소하지 않음이 상당하다고 판단되는 때에는 기소유예처분을 할 수 있다(기소편의주의 : §27①). 기소법정주의로서는 이에 대하여 기소유예를 인정치 않으나, 현재에는 대부분 기소편의주의를 취하고 있다. 기소할 때에는 공소장이라는 서면을 관할법원에 제출하여야 한다(§254①). 검사는 제1심판결의 선고 전까지는 공소를 취소할 수도 있다(§2550).

이중기소(二重起訴)

소송계속중인 동일사건에 대하여 이중으로 공소가 제기되는 것을 말한다. 종국적 재판으로 일단 소송이 끝난 후 동일사건에 대하여 다시 공소가 제기되는 재기소와 구별된다. 형사소송법상, 공소의 제기가 있는 때에는 동일사건에 대하여 다시 공소를 제기할 수 없다. 이를 이중기소(재소)의 금지 또는 공소제기의 외부적 효과라고도 한다. 따라서 동일사건이 동일법원에 이중으로 공소가 제기 되었을 때에는 후소에 대하여 공소기각의 판결을 하여야 한다(형소법 327조3호). 동일사건을 수개의 법원에 이중으로 공소 제기하는 것도 허용되지 않는다. 그러므로 동일사건이 사물관할을 달리하는 수개의 법원에 계속된 때에는 먼저 공소를 받은 법원이 심판한다(형소법 13조). 이 경우 심판할 수 없게 된 법원은 공소기각의 결정을 하여야 한다(형소법 328조3호). 다만 동일사건의 일부분이 동일법원에 동일절차 중에서 이중으로 공소가 제기 되었을 때에는 한 개의 사건으로 심판할 것이고, 공소를 기각할 필요가 없다(공소불가분의 원칙의 결과이다). 민사소송법상으로는 이중제소라고 한다.

공소(公訴)

독;Klagverhebung

법원에 대하여 특정한 형사사건의 심판을 요구하는 검사의 법률행위적 소송행위를 공소라 한다. 검사의 소송제기는 수사의 종결을 의미하는 동시에 이에 의하여 법원의 심판이 개시된다. 공소에 의하여 범죄수사는 종결되고 사건은 공판절차로 이행된다.

공소의 제기(公訴의 提起)

검사가 피고사건에 관하여 법원에 대해 그 심판을 구하는 소송행위를 말한다. 기소 또는 소추라고도 한다. 수사결과 범죄의 객관적 혐의가 충분하고 소송조건을 구비하여 유죄판결을 받을 수 있다고 인정할 때에는 검사는 공소를 제기한다(형소법 246조). 방법은 공소장을 관할법원에 제출하는 것이다(형소법 254조). 약식명령을 할 수 있는 경우에는 공소제기와 동시에 약식명령을 청구할 수 있다(형소법 449조).

공소의 취소(公訴의 取消)

공소제기를 철회하는 검사의 법원에 대한 소송행위를 말한다. 공소의 취소를 허용하는 주의를 공소변경주의라 한다. 현행법은 기소편의주의와 함께 공소변경주의를 채택하고 있다(형소법 255조). 공소의 취소는 공소의 유지가 불가능하거나 불필요한 경우에 행해진다. 유죄를 입증할 증거가 불충분한 경우에는 무죄판결의 기판력 발생을 방지하고 후일의 재기소를 위하여 공소의 취소가 필요한 경우가 있다. 공소의 취소는 검사만이 할 수 있다(형소법 255조). 이는 기소독점주의에 의한 것이다. 재판상의 준기소절차에 의하여 지방법원의 심판에 부하여진 사건에 관하여 공소유지자로 지정된 변호사(형소법 265조)는 공소유지의 권한이 없다고 본다. 공소를 취소함에 있어서는 그 이유를 기재한 서면을 수소법원에 제출하여야 한다. 그러나 공판정에서는 구술로써 할 수 있다(형소법 255조2항). 고소 또는 고발있는 사건에 관하여 공소를 취소한 때에는 7일 이내에 서면으로 고소인 또는 고발인에게 그 취지를 통지하여야 한다(형소법 258조1항). 공소의 취소는 제1심판결의 선고전까지만 허용한다(형소법 255조1항).

공소의 효력(公訴의 效力)

유효한 공소의 제기에 의하여 생기는 소송법상의 효과를 말한다. 우선 공소제기에 의하여 사건은 법원에 계속된다. 이에 의하여 법원·검사·피고인의 3주체간에 일정한 법률관계가 생긴다. 이것을 소송계속의 적극적 효과 또는 공소제기의 내부적 효과라고 한다. 또 소송계속이 있는 때에는 동일 사건에 대하여 다시 공소를 제기할 수 없다. 이를 공소제기의 외부적 효과라고도 한다. 공소제기는 또한 공소시효의 정지(형소법 253조)의 소송법상의 효과를 발생시킨다. 공소제기의 효과는 그 외에 공소장에 기재된 피고인과, 공소사실과 단일성 및 동일성이 인정되는 모든 사실에 미친다. 이를 공소불가분의 원칙이라고 한다.

공소변경주의(公訴變更主義)

일단 제기한 공소의 취소를 인정하는 제도를 말한다. 기소법정주의의 논리적 결론이 공소불변경주의임에 대하여, 공소변경주의는 기소편의주의의 논리적 귀결이라고 할 수 있다. 형사소송법은 공소는 제1심 판결의 선고전까지 취소할 수 있다고 규정하여(형소법 255조1항) 공소변경주의를 선언하고 있다. 공소변경주의가 기소편의주의의 논리적 귀결이라 하여 기소유예에 해당하는 사유가 발생한 때에만 공소취소를 할 수 있는 것은 아니다. 소송조건이 결여되었음이 판명된 경우나 증거 불충분으로 공소를 유지할 수 없음이 명백한 경우에도 공소를 취소할 수 있다.

공소불가분의 원칙

(公訴不可分의 原則)
독;Prinzip der Unteilbarkeit des Prozesgegenstandes

소송제기의 효과는 공소장에 기재된 피고인과, 공소사실과 단일성 및 동일성이 인정되는 모든 사실에 불가분적으로 미친다는 원칙을 말한다. 이를 소송객체불가분의 원칙이라고도 한다. 그 인적범위(주관적 범위)는 공소장에 피고인으로 지정된 자에 대해서만 미치며, 그 이외의 다른 사람에게는 미치지 않는다(형소법 248조). 따라서 공범자 중 일부에 대한 공소제기의 효력은 다른 공범자에게 미치지 않는다. 이 점에 있어서 고소불가분의 원칙과 다르다. 공소제기의 물적 범위(객관적 범위)는 범죄사실의 일부에 대한 공소는 그 효력이 전부에 미친다(형소법 248조2항). 즉 공소제기의 효력은 단일사건의 전체에 미치고 동일성이 인정되는 한 그 효력은 계속 유지된다. 단일성과 동일성이 인정되는 사실의 전체에 대하여 공소제기의 효력이 미치므로 그것은 법원의 잠재적 심판의 대상이 된다. 공소장 변경에 의하며 현실적 심판의 대상이 된 때에만 법원은 그 사건에 대하여 심판할 수 있다. 이러한 의미에서 공소 효력의 물적 범위는 법원의 잠재적 심판의 범위를 의미하며, 그것은 공소장 변경의 한계가 되고 기판력의 객관적 범위와 일치한다고 할 수 있다. 반면 법원은 공소제기가 없는 사건에 대하여 심판할 수 없다. 이를 특히 불고불리의 원칙이라 한다.

공소권 이론(公訴權 理論)

공소권이란 공소를 제기하는 검사의 권리를 말한다. 공소를 제기하고 수행하는 검사의 지위를 권리 또는 권한의 측면에서 파악한 것이라고 할 수 있다. 검사의 공소제기에 관한 권리를 의미하는 것으로 실체법상의 형벌권과 구별된다. 그리고 공소권이론이란 공소권의 본질과 성격을 어떻게 파악할 것인가에 대한 이론이다. 이에 대해서는 (1) 검사가 형사사건에 대해 공소를 제기할 수 있는 일반적 권한을 공소권이라고 하는 추상적 공소권설, (2) 검사가 구체적 사건에 관해 공소를 제기할 수 있는 구체적 권한을 공소권이라하는 구체적 공소권설, (3) 공소권이란 구체적 사건에 관하여 검사가 유죄 또는 무죄의 실체판결을 구하는 권능이라고 하는 실체판결청구권설 등이 있다. 그런데 소송절차를 동적·발전적으로 파악하여 공소권이론을 독립하여 논하는 것은 부당하다는 공소권 부인론 내지 무용론이 있다. 또한 공소의 제기가 형식적으로 적법하나 실질적으로는 공소권의 행사가 그 재량의 한계를 일탈한 경우에 있어서 즉 공소권남용에 있어서 법원은 유죄·무죄의 실체판결을 할 것이 아니라, 공소기각 또는 면소판결과 같은 형식재판으로 소송을 종결해야 한다는 공소권남용이론도 있다.

소송객체불가분의 원칙

(訴訟客體不可分의 原則)

소송제기의 효과는 공소장에 기재된 피고인과, 소송사실과 단일성 및 동일성이 인정되는 사실에 미친다는 원칙을 말하며, 공소불가분의 원칙과 같은 의미이다. 특히 공소불가분의 원칙을 공소제기의 효력이 미치는 물적범위에 한정하여 사용하기도 하는데, 이에 의하면 범죄사실이 단일한 한 공소제기의 효력은 그 전부에 대해서 불가분적으로 미치게 되기 때문에 단순일죄의 일부에 대해서만 공소제기가 있는 경우에도 공소제기의 효력은 그 전부에 대해서 미치게 된다(형소법 247조 2항). 공소제기의 효력은 공소장에 기재된 범죄사실과 동일성이 인정되는 범위 내의 전부에 미치기 때문에 설사 공소장에 공소사실로서 적시되지 아니한 경우에도 법원의 잠재적 심판의 대상이 되며 공소장변경절차에 의하여 공소장에 공소사실로 기재되면 현실적 심판의 대상으로 된다. 또한 기판력도 공소불가분의 원칙에 의하여 공소사실과 단일성 및 동일성이 인정되는 사실의 전부에 미치게 된다.

공소장(公訴狀)

독:Borufungsschrift

검사가 공소를 제기하는 때는 공소장을 관할법원에 제출하여야 한다(형소§254). 이처럼 검사가 법원에 제출하는 이 서면을 공소장이라 한다. 반드시 공소장이라는 서면을 제출하도록 되어 있으며, 구두라든가 전보 등에 의하는 것은 허용되지 않는다. 공소장에는 일정한 기재사항이 법률에 의하여 규정되어 있으며, 이 기재사항 이외의 것을 기재하거나 또는 기재사항을 빠뜨리는 것은 허용되지 아니한다. 공소장에 기재하여야 할 사항으로서는 (1) 피고인의 성명 기타 피고인을 특정할 수 있는 사항, (2) 죄명, (3) 공소사실 (4) 적용법조 등을 기재하여야 한다(§254③). 또한 검사는 법원의 허가를 얻어 공소장에 기재한 공소사실 또는 적용조문의 추가·철회 또는 변경할 수 있으며, 이 경우에 법원은 공소사실의 동일성을 해하지 아니하는 범위에서 허가하여야 한다(§298①). 한편 판례는 동일성의 판단기준에 대하여 공소사실의 동일성은 구체적 사실로서 지엽말단(枝葉末端)의 점까지 동일할 필요는 없고 기본적 사실관계만 동일하면 족하다고 판시하고 있다(대판1967. 3. 7.).

기소독점주의(起訴獨占主義)

기소독점주의라 함은 범죄를 기소하여 소추하는 권리를 국가기관인 검사만이 가지고 있는 것을 말한다(형소§246). 형벌권이 국가에 집중되고 재판의 방법이 규문주의에서 탄핵주의로 이행하여감과 함께 근대국가에서는 기소독점주의가 일반적이다. 이 기수독점주의의 장점은 공공의 이익을 대표하는 자로서의 검사가 범죄·범인에 대한 피해자의 감정이나 사회의 반향 등에 구애되지 않고 오히려 그러한 요소까지도 고려에 넣은 종합적인 입장에 서서 기소의 시비를 결정할 수 있도록 하기 위하여 기소편의주의·검사동일체의 원칙과 함께 형사사법의 공정성을 도모한다는 점에 있다고 한다. 그러나 다른 한편으로는 검사의 독단·전횡에 흐르기 쉽고 특히 정치세력과 직접 결합하는 경우에는 독재화될 가능성도 있다. 따라서 현 형사소송법에서는 검사의 기소독점에 대하여 몇 가지 점에서 그의 시정, 억제를 고려하고 있다. 즉 고소·고발의 청구가 있는 사건에 대하여 검사가 기소 또는 불기소처분을 한때에는 그 이유도 통지하도록 되어 있다(§258, §259). 또 기소의 전제가 되어 있는 친고죄의 고소, 특별한 고발 등도 제한기능을 하는 것이다.

기소편의주의·기소법정주의
(起訴便宜主義·起訴法定主義)

기소할 수 있는 권한을 가진 사람이 기소할 것인가 아닌가를 결정하는 방식에는 두 가지가 있다. 하나는 법률이 미리 일정한 전제조건을 정하여 두고 그 조건이 충족되면 반드시 기소하여야 하는 것으로 기소법정주의이고, 또 하나는 일정한 조건이 충족된 후에도 여러 가지 사정을 고려하여 기소·불기소의 어느 것을 결정하여도 좋다고 하는 것으로 기소편의주의이다. 전자의 특징은 획일적·형식적이므로 기소의 기준이 명확하고 범죄와 형벌의 관계를 긴밀히 하지만, 후자는 구체적·개별적인 사정을 고려할 수 있으며 기소의 기준에 탄력성이 많다. 또, 일단 기소한 후에도 제1심판결의 선고전까지는 검사는 공소를 취소할 수 있다(§255) 고 하는 것과 같이 공소취소를 인정하는 제도를 기소변경주의, 인정하지 않는 것을 기소불변경주의라 할 수 있다. 이것도 각각 편의주의·법정주의의 연장으로 볼 수 있다. 또, 형법의 입장에서의 개선형과 응보형의 대립, 보다 일반적으로는 근대파와 고전파라는 소위 학파의 대립에 거슬러 올라가 생각할 수 있다(주관주의와 객관주의, 응보형과 개선형과 교육형 등의 항 참조). 양자의 장단점은 논리적으로는 표리의 관계에 있으나, 기소의 권한을 집중적으로 장악한 국가에 대한 사고방식이 법치국가로부터 행정국가 내지 복지국가로 이행하는 경향을 배경으로 하여 기소편의주의가 오히려 합리적인 것으로 보아 왔다. 그러나 기소편의주의는 기소독점주의와 결합하여 독재화에의 길을 열 위험도 있음을 주의하여야 할 것이다. 현행 형사소송법은 기소·불기소를 결정하는 표준으로서 범인의 연령·성행·지능과 환경, 피해자에 대한 관계, 범행의 동기·수단과 결과, 범행 후의 정황 등을 참작하여 기소편의주의를 취하도록 하고 있다(§247). 따라서 기소독점주의에 대한 시정·억제의 수단은 여기서도 합리적인 억제수단으로서 기능한다.

불기소처분(不起訴處分)

불기소처분이란 검사가 기소하지 않음을 결정하는 것을 말한다. 기소편의주의한 기소유예(형소§247)의 경우 외에, 소송조건이 불비한 경우나 사건이 죄가 되지 않거나 증명이 되지 않는 경우 등 결국 유죄가 될 가망이 없는 경우에 행사한다. 일단 불기소처분을 한 후 새로이 기소하여도 지장은 없으나, 불기소처분을 한 때에는 그 취지를 피의자·고소인·고발인에게 통지하여야 하며, 고소인 또는 고발인의 청구가 있는 경우에는 7일 이내에 그 이유를 서면으로 설명하여야 한다(§258, §259).

기소유예(起訴猶豫)

현행 형사소송법은 기소편의주의를 취하여 검사는 범인의 연령·성행·지능과 환경, 피해자에 대한 관계, 범행의 동기·수단과 결과, 범행 후의 정황 등의 사항을 고려하여 訴追가 필요 없다고 생각되면 기소하지 않아도 되도록 되어 있다(형소§247). 이처럼 이른바 형사정책상의 고려에서 기소하지 아니하는 처분을 기소유예라 한다. 이에 대하여 범죄가 특히 경미하여 기소할 것까지는 없다고 생각되기 때문에 기소하지 않는 처분을 미죄처분(微罪處分)이라 하여 실무상 구별하고 있다.

가방면(假放免)

이탈리아 주석학파로부터 전래된 이후 "카날리나 법전"을 거쳐 1848년 개정에 이르기까지 독일에 존속하였던 제도로, 유죄의 증거가 충분하지 못한 경우에 일시 방면하였다가 새로운 증거가 나타났을 때에 다시 공소의 제기를 허용하는 것을 말한다.

재정신청(裁定申請)

재정신청이란 검사의 불기소처분에 불복하여 그 불기소처분의 당부를 가려 달라고 직접 법원에 신청하는 제도를 말한다. 지금까지는 재정신청의 대상범죄가 공무원의 직무에 관한 죄 중 형법 제123조~제125조의 죄, 즉 직권남용죄, 불법 체포·감금죄, 폭행·가혹행위죄 등 3개였으나, 2007. 6. 1. 형사소송법 개정으로 모든 고소범죄(형법 제123조~제125조의 죄에 대하여는 고발의 경우도 포함)로 확대되었다. 즉 형사소송법 제260조 제1항은 "고소권자로서 고소를 한 자는 검사로부터 공소를 제기하지 아니한다는 통지를 받은 때에는 그 검사 소속의 지방검찰청 소재지를 관할하는 고등법원에 그 당부에 관한 재정신청을 할 수 있다"고 규정하고 있다.

재정신청절차도 간소화되었다. 종전에는 고등검찰청에 항고하고, 대검찰청에 재항고한 뒤에야 고등법원에 재정신청을 할 수 있었으나 재항고절차를 없애 고검에서 항고가 기각되면 바로 재정신청을 할 수 있다.

법원은 재정신청을 인용할 경우 공소제기를 결정하고 공소의 제기는 검사가 한다(§260⑥). 종전에는 재정신청이 이유 있는 때에는 사건을 지방법원의 심판에 부하는 결정(부심판결정)을 하고, 이 결정이 있는 때에는 그 사건에 대하여 공소의 제기가 있는 것으로 하고, 그 사건에 대하여 공소의 유지를 담당할 자를 변호사 중에서 지정하였었다.

또한 개정 형사소송법은 재정신청의

남용을 방지하고 피고소인이 장기간 법적불안정 상태에 빠지는 것을 막기 위해 재정신청 법원을 고등법원으로 하고 결정의 불복금지규정을 두어 단심제로 운영하도록 하였다(§262④).

공소사실(公訴事實)

공소사실이란 범죄의 특별구성요건을 충족하는 구체적 사실을 말한다. 검사가 공소장에 적시하여 심판을 구하는 당해 범죄사실을 말한다. 본래 공소사실은 대륙법에 있어서의 심판의 대상으로서의 개념이다. 현행형사소송법은 「공소사실」의 개념을 채택하여, 「검사는 법원의 허가를 얻어 공소장에 기재한 공소사실 또는 적용법조의 추가·철회 또는 변경을 할 수 있다. 이 경우에 법원은 공소사실의 동일성을 해하지 아니하는 한도에서 허가하여야 한다」(형소§298①)고 규정하고 있을 뿐이고, 영미법에 있어서의 소인제도(訴因制度)는 채택하고 있지 아니하다. 따라서 현행형사소송법상 공소사실과 소인(訴因)과의 관계는 문제되지 아니한다. 공소장에서 공소사실의 기재는 범죄의 시일·장소와 방법을 명시하여 사실을 특정할 수 있도록 해야 한다(형소§254④). 범죄의 시기·장소와 방법은 범죄의 구성요건은 아니나 범죄구성요건의 기재만으로써는 그 공소사실을 다른 사실로부터 구별할 수 없는 경우가 많기 때문이다. 다만, 시일은 법률의 개정·시효 등에 관계가 없는 한 정확한 기재를 필요로 하지 않으며, 토지관할이 판명될 정도면 충분하다. 공소사실의 특정은 절대적 요건이며, 공소사실이 특정되지 않으면 공소의 목적물이 판명되지 않으며, 따라서 피고인이 이에 대한 방어방법을 강구할 수 없기 때문이다. 따라서 공소사실이 특정되지 않은 공소는 원칙적으로 무효이다. 다만 공소사실로서 구체적인 범죄구성요건사실이 기재되어 있는 경우에만 검사는 스스로 또는 법원의 석명에 의해 그 불명확한 점을 보정·추완할 수 있다.

공소장 일본주의
(公訴狀 一本主義)

공소를 제기함에는 공소장을 관할법원에 제출하여야 하며, 공소장에는 사건에 관하여 법원에 폐단이 생기게 할 수 있는 서류 기타 물건을 첨부하여서는 아니된다. 이와 같이 공소제기시에 법원에 제출하는 것은 공소장 하나이며 공소사실에 대한 증거는 물론 법원에 예단을 생기게 할 수 있는 것은 증거가 아니라도 제출할 수 없다는 원칙을 공소장일본주의라고 한다. 이는 당사자주의소송구조와 예단배제의 법칙과 공판중심주의에 그 이론적 근거를 두고 있다. 그런데 이러한 원칙의 예외가 인정된다. 즉 약식절차의 경우이다.

예단배제의 원칙
(豫斷排除의 原則)

재판의 공정을 확보하기 위해 법관이 사건에 관한 사전판단을 가지고 법정에 임하는 것을 피하지 않으면 안 된다고 하는 원칙을 말한다. 공소장 일본주의, 제척, 기피, 회피의 제도 등은 이 원칙을 적용한 예이다.

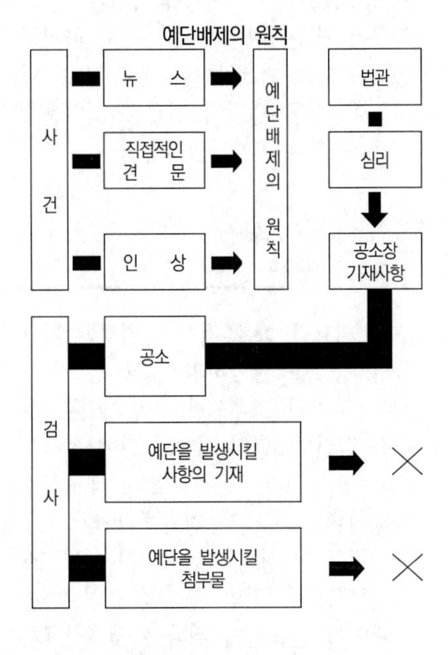

공판중심주의(公判中心主義)

공판중심주의라 함은 사건의 실체에 대한 법관의 심증형성은 공판기일의 심리에 의하여야 한다는 주의를 말한다. 구법에서는 예심제도를 인정하여, 복잡하고 중요한 사건에 대해서는 검사는 직접으로 공판청구를 하지 않고 예심을 청구하여 예심판사로 하여금 증거를 수집하여 왔다. 그리하여 예심판사는 용의주도한 심리를 하여 이를 공판법원에 회부하고, 공판을 맡은 법관이 비로소 일건기록(一件記錄)을 조사하여 심리를 하였으므로 공판심리는 자연히 형식적인 것에 불과하였다. 그러나 현행법은 예심제도를 폐지하고 사건의 실체에 관한 모든 심증은 공판절차의 과정에서 형성하여야 한다는 원칙을 채용하여, 공판중심주의를 명실공히 확립하게 되었다. 더욱이 현행법은 항소심의 구조를 사후심으로 하여, 단순히 제1심판결의 여부를 심사하는데 지나지 않도록 하고 특히 제1심의 공판중심주의를 중요시하고 있는 것이다. 한편 공판중심주의는 직접심리주의, 구두변론주의를 전제로 하므로 공소장일본주의는 직접심리주의, 구두변론주의에 의해서도 요청된다.

공판준비절차(公判準備節次)

공판준비절차란 공판기일에 있어서의 심리를 충분히 능률적으로 행하기 위한 준비로서, 수소법원에 의하여 행하여지는 절차를 말한다. 2007. 6. 1. 개정 형사소송법은 공판기일 전에 쟁점을 정리하고, 입증계획을 세울 수 있도록 공판준비절차제도를 도입했다. 공판준비절차는 주장 및 입증계획 등을 서면으로 준비하게 하거나 공판준비기일을 열어 진행한다(§266의 5②).

검사·피고인 또는 변호인은 법률상·사실상 주장의 요지 및 입증취지 등이 기재된 서면을 법원에 제출할 수 있고, 법원은 검사·피고인 또는 변호인에 대하여 이들 서면의 제출을 명할 수 있다(§266의 6).

불고불리의 원칙
(不告不理의 原則)

불고불리의 원칙이라 함은 공소제기가 없는 한 법원은 사건에 대하여 심판할 수 없고, 또 법원은 공소제기된 사건에 대하여서만 심판을 할 수 있다는 원칙이다. 법원이 심판할 수 있는 것은 공소장에 기재된 피고인 및 공소사실에 대해서이며, 이에 의하여서 심판대상의 범위가 정해지는 것이다. 이 경우 심판의 대상에 관하여 공소사실대상설에 따라면 고소제기에 의하여 공소사실이 단일한 限 그 전부가 심판의 대상이 되므로 법원은 그 범위 내에서 심판할 수 있다고 본다. 한편으로 소인대상설(訴因對象說)에 따르면 심판의 대상은 공소장에 기재된 소인이므로 법원은 그 소인의 범위 내에서 심판하여야 하며 그것에서 일탈하는 것은 허용되지 않는다고 본다. 이와 같이 그 심판의 대상에 관하여는 어느 설을 취할 것인가에 따라 심판대상의 범위가 다르게 된다.

증거개시제도(證據開示制度)

증거개시제도는 2007. 6. 1. 형사소송법 개정시에 새로 도입된 제도로, 국가안보 등 특별한 사유가 없는 한 재판이 진행되기 전 검사와 피고인이 서로 증거를 열람 또는 복사할 수 있도록 하는 제도를 말한다. 형사소송법 제266조의 3은 피고인 또는 변호인이 공소제기된 사건에 대한 서류 또는 물건의 열람·등사를 신청할 수 있도록 하는 증거개시제도를 규정하고 있다. 검사도 피고인 또는 변호인에게 증거개시를 요구할 수 있다. 검사는 국가안보·증인보호의 필요성·증거인멸 등의 사유가 있는 경우 서류 또는 물건의 열람·등사를 거부하거나 제한할 수 있고, 이 경우 법원의 판단으로 허용할 것을 명할 수 있다(§266의 4).

공소시효(公訴時效)
독;Strafverfolgungsverj- hrung

공소시효라 함은 검사가 일정한 기간 동안 공소를 제기하지 않고 방치하는 경우 국가의 소추권을 소멸시키는 제도를 말한다. 형의 시효와 함께 형사시효의 일종이다. 공소시효의 제도적인 존재이유는 시간의 경과에 따라 발생한 사실상의 상태를 존중하자는 것, 소송법상으로 시간의 경과에 의하여 증거판단이 곤란하게 된다는 것, 실체법상으로는 시간의 경과로 인하여 범죄에 대한 사회의 관심이 약화되는 것, 피고인의 생활안정을 보장하자는 것 등이다. 그러므로 공소시효가 완성하면 실체적인 심판을 함이 없이 면소판결을 하여야 한다. 시효기간에 관하여는 형사소송법 제249조에 규정되었다. 시효의 기산점은 범죄행위가 끝난 때이다. 시효는 당해 사건에 대하여 공소가 제기된 때에는 그 진행이 정지되고 공소기각 또는 관할위반의 재판이 확정된 때로부터 진행한다(형소§253①). 다만, 2015년 7월 31일 형사소송법 개정에 의하여 사람을 살해한 범죄(종범은 제외한다)로 사형에 해당하는 범죄에 대하여는 공소시효를 적용하지 아니하도록 하였다(형소§253의2). 공범의 1인에 대한 시효정지는 다른 공범자에게도 효력이 미치고, 당해 사건의 재판이 확정된 때로부터 진행한다. 그리고 재정신청이 있으면 재정결정이 확정될 때까지 공소시효의 진행이 정지된다(형소 §262의 4①).

공 판

개정(開廷)

지정된 공판기일에 공판정에서 소송절차를 진행하는 것을 말한다. 공판은 법정에서 행함을 원칙으로 하고, 법원장은 필요에 따라 법원외의 장소에서 개정할 수 있다(법원조직법 56조). 피고사건에 대한 공판심리를 위해서는 소송주체 내지 소송관계인이 공판정에 출석하여야 한다. 공판정은 판사와 검사, 법원사무관 등이 출석하여 개정한다(§275②). 2007. 6. 1. 개정 형사소송법은 공판정의 좌석을 변경하여, 공판정의 좌석은 법대의 좌·우측에 검사와 피고인이 서로 마주보도록 하여 대등한 소송당사자임을 강조하였다. 그리고 피고인과 변호인을 함께 앉도록 하여 피고인의 심리적 불안감을 해소하였다. 또한 증인은 법대의 정면에 위치하도록 하고 피고인은 신문시에 증인석에 앉게 된다(§275③). 소송당사자인 검사와 피고인이 공판기일에 출석하지 아니한 때에는 원칙적으로 개정하지 못한다(형소법 275조2항·276조). 피고사건이 필요적 변호사건 또는 국선변호사건인 경우에는 변호인의 출석없이 개정하지 못한다.

공판절차(公判節次)

독; Hauptverhandlung

공소가 제기되어 사건이 법원에 계속된 이후 그 소송절차가 종결될 때까지의 전(全)절차 즉 법원이 사건에 대해

심리·재판하고 또 당사자가 변론을 행하는 절차단계를 말한다. 사건에 대한 법원의 심리는 모두 공판절차에서 행하여진다. 이런 의미에서 공판절차는 형사절차의 핵심이며 정점이다.

공판절차의 경신

(公判節次의 更新)
독;Erneuerung der Haupverhandlung

이미 집행된 공판심리절차를 일단 무시하고 다시 그 절차를 진행하는 것을 말한다. 현행법상 공판절차를 경신하여야 할 경우는 다음과 같다. 판사의 경질이 있는 경우(형소법 301조), 간이공판절차의 결정이 취소된 때(형소법 301조 단서), 공판절차의 정지의 경우이다. 공판절차를 경신하는 경우에는 어느 정도로 공판심리절차를 경신하여야 하느냐에 관해서는 형사소송규칙에서 규정하고 있다(형사소송규칙 144조).

공판절차의 정지

(公判節次의 停止)
독;Stillstand der Hauptverhandlung

법원의 결정으로 공판절차의 진행을 일시 정지하는 것을 말한다. 공판진행의 사실상 중단은 공판절차의 정지가 아니다. 공판절차를 중지해야 할 사유에는 피고인의 심신상실과 질병의 경우, 공소장의 변경의 경우, 그 밖의 경우로서 기피신청이 있는 때(형소법 22조) 즉 병합심리신청이 있는 때·재심청구가 경합된 때 등이다. 공판절차의 정지결정에 의해서 공판절차는 합법적으로 정지된다. 따라서 공판절차의 정지결정이 있으면 판결선고기간의 제한을 받지 아니하며, 피고인의 심신상실 또는 질병으로 인하여 공판절차를 정지한 경우에는 그 정지된 기간은 피고인의 구속기간에 산입하지 아니한다(형소법 92조3항).

공판기일(公判期日)

형소법상 법원과 검사 그리고 피고인 및 기타 소송관계인이 모여 공판절차를 실행하는 기일을 말한다. 재판장은 공판기일을 정하여야 하는데, 공판기일에는 피고인·대표자 또는 대리인을 소환하여야 한다. 또 공판기일은 검사·변호인과 보조인에게 통지하여야 한다(형소법 267조). 법원의 구내에 있는 피고인에 대하여 공판기일을 통지한 때에는 소환장 송달의 효력이 있다(형소법 268조). 제1회의 공판기일은 소환장의 송달후 5일 이상의 유예기간을 두어야 하나, 피고인의 이의 없는 때에는 유예기간을 두지 않을 수 있다(형소법 269조). 재판장은 직권 또는 검사·피고인이나 변호인의 신청에 의하여 공판기일을 변경할 수 있다. 공판기일 변경신청을 기각한 명령은 송달하지 않는다(형소법 270조). 공판기일에 소환 또는 통지서를 받은 자가 질병 기타의 사유로 출석하지 못할 때에는 의사의 진단서 기타의 자료를 제출하여야 한다(형소법 271조). 법원은 검사·피고인 또는 변호인의 신청에 의하여 공판준비에 필요하다고 인정한 때에는 공판기일 전에 피고인 또는 증인을 신문할 수 있고 검증·감정 또는 번역을 명령할 수 있다(형소법 273조1항). 검사·피고인 또는 변호인은 공판기일 전에 서류나 물건을 증거로 법원에 제출할 수 있다(형소법 274조). 공판기일에는 공판정에서 심리한다(형소법 275조1항). 피고인이 공판기일에 출석하지 않은 때에는 특별한 규정이 없으면 개정하지 못하나, 피고인이 법인인 경우에는 대리인을 출석하게 할 수 있다(형소법 276조). ① 다액 500만원 이하의 벌금 또는 과료에 해당하는 사건, ② 공소기각 또는 면소의 재판을 할 것이 명백한 사건, ③ 장기 3년 이하의 징역 또는 금고, 다액 500만원을 초과하는 벌금 또는 구류에 해당하는 사건에서 피고인의 불출석허가신청이 있고 법원이 피고인의 불출석이 그의 권리를 보호함에 지장이 없다고 인정하여 이를 허가한 사건, ④ 제453조 1항에 따라 피고인만이 정식재판의 청구를 하여 판결을 선고하는 사건에 대하여는 피고인의 출석을 요하지 아니한다. 이 경우 피고인은 대리인을 출석하게 할 수 있다(형소법 277조). 검사가 공판기일의 통지를 2회 이상 받고 출석하지 아니하는 때에는 검사의 출석없이 개정할 수 있다(형소법 278조). 공판기일의 소송지휘는 재판장이 한다(형소법 279조).

기일의 지정(期日의 指定)

형사소송법상 재판장은 공판기일을 정하여야 하는데, 공판기일에는 피고인·대표자 또는 대리인을 소환하여야 하며, 공판기일은 검사·변호인과 보조인에게 통지하여야 한다(형사소송법 267조). 법원의 구내에 있는 피고인에 대하여 공판기일을 통지한 때에는 소환장 송달의 효력이 있다(형사소송법 268조). 다만 제1회 공판기일은 소환장의 송달 후 5일 이상의 유예기간을 두어야 하나, 피고인이 이의가 없는 때에는 이 유예기간을 두지 아니할 수 있다(형사소송법 269조).

기일의 변경(期日의 變更)

독;Verlegung eines Termins

기일 개시 전에 그 지정을 취소하고 새 기일을 지정하는 것을 말한다. 형사소송법상 재판장은 직권 또는 검사·피고인이나, 변호인의 신청에 의하여 공판기일을 변경할 수 있다. 공판기일변경신청은 기각한 명령은 송달하지 아니한다(형사소송법 270조).

공개주의(公開主義)

독;Offentlichkeitsprinzip
불;principe de la publicite

일반국민에게 공판절차(심판)의 방청을 허용하는 주의를 말한다. 비밀재판을 허용하게 되면 권력자의 임의로 불공정한 재판을 자행하여 공포정치를 초래할 우려가 있다. 그러므로 재판의 공정을 보장하기 위해서는 공판절차를 국민의 감시아래 두어야 하고, 또 이렇게 하는 것이 국민의 재판에 대한 신뢰를 유지할 수 있는 동시에, 개인의 권리도 존중하는 결과가 되는 것이다. 헌법은 「형사피고인은 상당한 이유가 없는 한 지체없이 공개재판을 받을 권리를 가진다」(헌§27③)고 하여 공개재판을 받을 권리를 보장하였고, 「재판의 심리와 재판은 공개한다」(§109)고 하여 공개재판주의를 선언하고 있다. 그러나 이 원칙에도 심리가「국가의 안전보장 또는 안녕질서를 방해하거나 선량한 풍속을 해할 염려가 있을 때」에 한하여 법원의 결정으로 공개하지 않을 수 있도록 예외를 인정하고 있다(§109단).

구두변론주의(口頭辯論主義)

구술주의와 변론주의를 합한 것으로 법원은 당사자가 제출한 자료에 대하여 구술에 의한 공격방어를 바탕으로 심판함을 원칙으로 하고 있다. 2007. 6. 1. 개정 형사소송법은 공판중심주의의 충실화를 위해 구두변론주의를 직접 선언하여"공판정에서의 변론은 구두로 하여야 한다"고 규정하였다(§275의 3). 편의상 구술주의와 변호주의를 나누어 설명한다. (1) 구술주의 : 서면주의에 대한 개념으로 구술에 의하여 공판정에 제출된 자료에 의거해 재판을 행하는 주의. 이는 실체형성에 있어서 법관에게 신선한 인상을 주어 심증형성에 편리할 뿐만 아니라 공개재판주의에도 부합한다는 장점이 있으나 시간의 경과에 따라 변론의 내용을 기억하거나 보전하기가 곤란하다는 단점이 있다. 현행법은 구술주의를 원칙으로 하되 그 결함을 보충하기 위하여 서면주의를 가미하였다. (2) 변론주의 : 민사소송법상으로는 자료의 수집과 제출을 당사자들의 능력과 성의에 일임하고 법원이 앞에 나서지 않는 주의. 주요사실의 존부는 당사자의 진술이 없는 한 법원은 그것을 판결의 기초로 할 수 없고 당사자 사이에 다툼이 없는 것은 법원이 이를 그대로 인정하여야 할 구속을 받는다. 이것을 변론주의라고 한다. 이와 같이 당사자의 공격방어에 의한 투쟁을 절차의 중심으로 삼는다는 점에서 형사소송법상 변론주의라 다른 점이 없다. 이것은 직권주의와 대립하고 당사자주의와 부합한다. 그러나 민사소송은 당사자간의 사적 분쟁을 해결함을 목적으로 하는 데 대하여 형사소송에서는 사회질서를 유지하기 위하여 범죄사실의 진상을 파악하고 유죄·무죄의 판단을 하는 공익성을 가지므로 직권주의를 근거로 하는 실체진실발견주의의 정신이 강조되지 않을 수 없다는 점에서 상당한 차이가 있다.

직접주의(直接主義)

독;Unmittelbarkeitsgrundsatz

공판정에서 직접조사한 증거만을 재판의 기초로 삼을 수 있다는 주의를 말한다. 이에는 법관이 직접 증거를 조사하여야 한다는 형식적 직접주의와 원본증거를 재판의 기초로 삼아야 한다는 실질적 직접주의가 포함된다. 직접주의는 구두주의와 함께 법관에게 정확한 심증을 형성하게 할 뿐만 아니라 피고인에게 증거에 관하여 직접 변명의 기회를 주기 위하여 요구되는 원칙이다. 형사소송법이 공판개정후에 판사의 경질이 있으면 공판절차의 경신을 하도록 한 것은 직접주의 요청이라 할 것이며 전문증거법칙도 직접주의와 표리일체의 관계에 있다고 할 수 있다.

집중심리주의(集中審理主義)

독;Konzentrationsmaxime

심리에 2일 이상을 요하는 사건은 계속하여 심리하여야 한다는 원칙을 말한다. 계속심리주의라고도 한다. 이는 법관이 신선하고 확실한 심증에 의하여 재판할 수 있을 뿐만 아니라 소송의 촉진과 신속한 재판을 실현하고자 하는 데 그 취지가 있다.

2007. 6. 1. 개정 형사소송법은 집중심리주의를 직접 선언하여, 공판기일의 심리는 집중되어야 하고, 심리에 2일 이상이 필요한 경우에는 부득이한 사정이 없는 한 매일 계속 개정하여야 하며, 재판장은 여러 공판기일을 일괄하여 지정할 수 있다고 규정하고 있다(§267의 2①~③).

법정경찰권(法廷警察權)

법정의 기능을 확보하기 위해 법정의 질서가 유지되어야 한다. 그래서 법정의 질서를 유지하기 위하여 법원이 행하는 권력작용을 법정경찰권이라 한다. 사건의 심리내용에 관계하지 않고 법정의 질서를 유지하는 것이며, 방청인에게도 미치는 점에서 소송지휘권과 구별된다. 법정경찰권은 법원의 권한에 속하지만 질서유지의 신속성과 기동성을 고려하여 재판장이 이를 행한다(법조§58①, ②). 그 작용은 妨방해예방작용(방청권의 발행, 방청인의 소지품의 검사 등), 방해배제작용(퇴임명령, 촬영, 녹화 등의 금지 등) 및 제판작용(법정 등 질서유지에 관한 20일 이내의 감치, 100만원 이하의 과태료)의 세 가지로 되어 있다. 법정경찰권은 법정의 질서유지에 필요한 한 법정의 내외를 불문하고 법관이 방해행위를 직접 목격하거나 또는 들어서 알 수 있는 장소까지 미치고, 또 그 시간적 한계는 법정의 개정 중 및 이에 접속하는 전후의 시간을 포함한다. 그러나 구체적으로 어느 범위 또는 어느 정도까지 미치는 가는 변호권이나 방청인의 권리 및 보도의 자유와 충돌하는 경우에 문제가 될 것이다.

소송지휘권(訴訟指揮權)

독;Prozessleitungsrecht

소송의 진행을 질서 있게 하고 심리를 원활하게 할 수 있도록 하기 위한 법원의 합목적적 활동을 소송지휘라 한다. 소송지휘는 단순히 공개기일의 지정·변경, 국선변호인의 선임 등 형식적·절차적인 것에 그치지 아니하고, 「사실의 진상」을 분명히 하기 위한 실질적·실체적인 것에 미친다. 예컨대 소인(訴因)의 변경을 명하거나, 필요한 입증을 촉구하는 것 등은 이에 해당한다(이 경우를 석명권이라 하기도 한다. 당사자주의 하에서는 당사자의 활동이 중심이지만, 그 활동을 충분하도록 하는 것은 법원의 의무라고도 할 수 있으므로 석명권의 행사가 충분하지 못할 때에는 항소이유가 되기도 한다. 소송지휘권은 본래 법원에 속한 것이나 공판기일에서의 소송지휘는 특히 신속성을 필요로 하기 때문에 법은 이를 포괄적으로 재판장에게 일임하고있다(형소§279). 이러한 소송지휘권은 법률에 의하여 재판장에게 부여된 권한(소송지휘권권한)이라고 하나 사법권에 내재하는 본질적 권한이며 법원의 고유한 권한 내지 사법권의 보편적 원리라고 할 수 있다.

집행지휘(執行指揮)

재판의 집행을 지휘하는 것을 말한다. 형사재판의 집행은 그 집행을 한 법원에 대응한 검찰청 검사가 지휘한다(형소법 460조1항). 상소의 재판 또는 상소의 취하로 인하여 하급법원의 재판을 집행할 경우에는 상소법원에 대응한 검찰청 검사가 지휘한다(형소법 460조2항). 이 경우에는 통상 소송기록이 상소법원에 송부되어 있기 때문이다. 따라서 소송기록이 하급법원 또는 그 법원에 대응한 검찰청에 있는 때에는 그 검찰청 검사가 지휘한다(형소법 460조2항). 그러나 법률에 명문의 규정이 있거나 그 성질상 법원 또는 법관이 지휘해야 하는 경우가 있다(형소법 460조1항단서). 특별한 규정에 의하여 법원에서 지휘해야 하는 경우에는 급속을 요하는 구속영장의 집행의 압수·수색영장의 집행(형소법 115조1항단서)이 있으며, 재판의 성질상 법원 또는 법관이 지휘해야 할 경우로는 법원에서 보관하고 있는 압수장물 환부(형소법 333조), 법정경찰권에 의한 퇴정명령 등이 있다.

모두절차(冒頭節次)

모두절차라 함은 공판기일의 최초에 행하는 절차로서, 인정신문으로부터 피고인 및 변호인의 피고사건에 대한 진술까지의 절차를 말한다. (1) 인정신문 : 재판장은 먼저 피고인에 대하여 그 사람이 피고인에 틀림없음을 확인하기 위한 사항을 묻는다. 이것을 「인정신문」이라 하며, 그의 성명, 연령, 본적, 주거, 직업 등을 질문한다(형소§284). 피고인이 인정신문에 대해 진술거부권을 행사할 수 있는가에 대해서는 견해가 대립되고 있다. (2) 검사의 모두진술 : 재판장은 검사로 하여금 공소장에 의하여 기소의 요지를 진술하게 할 수 있다(§285). 공소장에 불명확한 점이 있으면 질문할 수 있다. (3) 피고인의 진술 : 검사의 기소요지의 진술이 끝나면 재판장은 피고인에게 그 이익 또는 사실을 진술할 기회를 주어야 한다(§286). 이것은 피고인의 주장, 청구 및 소송사실에 관한 임의적인 인부(認否) 등의 총괄적인 진술을 할 기회를 주기 위한 것이다. 따라서 관할위반의 신청(§320②), 관할이전의 신청(§15), 공소장부본의 송달에 대한 이의신청(§266단) 등은 늦어도 이 단계에서 행하여야 한다. 물론 재판장은 피고인에 대하여 진술할 기회를 주면 족하고 반드시 현실로 진술하게 할 필요는 없다. 또 이 기회에 피고인으로부터 공소사실에 대한 자백이 있는 경우에는 소정의 요건을 구비하고 있으면 간이공판절차에 의하여 심리할 것을 결정하여야 한다.

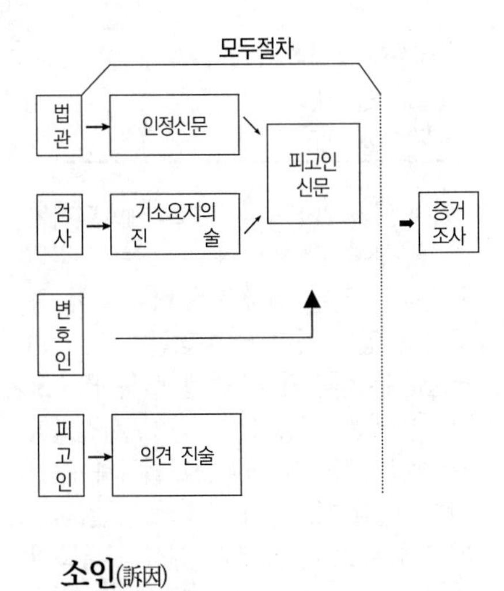

소인(訴因)

소인이란 검사가 공소장에 기재하여 법원의 심판을 구하는 구체적 범죄 사실의 주장을 의미한다는 것이 소인의 의의에 관한 통설이다. 학설에 따라서 소인의 의의에 관해 약간의 표현방법이 차이가 난다. 즉 소인이란 그것에 관하여 검사가 심판을 청구하는 검사의 주장, 즉 구성요건에 해당하는 사실의 주장을 의미한다는 견해, 소인이란 검사에 의해서 공소사실로 파악된 것을 일정한 구성요건에 해당시켜 구성·제시한 사실형상을 의미한다는 견해, 그리고 소인이란 특정의 범죄적 혐의를 법률적 주장으로서 구성한 청구원인사실을 의미한다는 견해 등이 있다. 이러한 소인과 소송사실에 대해서 그 양자의 관계를 어떻게 이해하느냐에 관하여 견해의 대립이 있다. 첫째, 공소사실과 소인은 실체와 표시의 관계라고 보는 견해이다. 이는 공소사실이 심판의 대상으로 되는 실체이며 소인은 소송사실의 표시방법에 불과하다고 한다. 둘째, 소인은 피고인의 방어권 행사를 충분히 보장하기 위한 절차적 제약에 불과하다고 보는 견해가 있다. 이는 소인이란 범죄의 특별구성요건에 해당하여 법률적으로 구성된 공소사실의 기재를 의미한다고 정의하면서 소인은 절차적으로 표현된 한도에서 가설적인 사실에 불과하다고 한다. 셋째 소인이 심판의 대상인 실재물이며 공소사실은 실재물이 아니고 소인변경의 한계설정을 위한 기능개념 내지 조작개념에 불과하다는 견해가 있다. 넷째, 공소사실과 소인의 관계를 민사소송에서의 청구의 취지와 청구의 원인으로서의 관계에 비유하는 견해가 있다. 끝으로 다섯째, 소인은 공소장에 기재된 공소사실의 구성부분이라는 견해가 있다. 그리고 현행형사소송법이 소인제도를 채택하고 있는가에 대해 소인인정설과 소인부정설이 대립하고 있다.

인정신문(認定訊問)

공판기일이 개시되면 먼저 재판장은 출정한 피고인이 공소장에 기재된 인물과 동일인인가 아닌가를 확인하여야 한다. 이것을 인정신문이라 한다. 보통은 피고인의 성명, 생년월일, 직업, 본적, 주거 등을 물어서 확인한다. 피고인이 인정신문에 대하여 진술거부권을 행사할 수 있는가에 관하여 적극설과 소극설이 있다. 긍정하는 적극설이 타당하다고 본다. 피고인이 성명을 묵비하고 있는 경우에는 지문, 사진 등으로 확인한다.

묵비권(默祕權)

묵비권이라 함은 피고인 또는 피의자가 수사기관의 조사나 공판 등에서 시종 침묵하거나 또는 개개의 질문에 대하여 답을 거부할 수 있는 권리를 말한다(형소§283의 2②, 289). 당사자주의를 취하고 있는 현행법하에서는 피고인은 소송의 주체로서 검사와 대등하게 취급되어야 한다. 「당사자평등의 원칙」을 관철하기 위하여는, 진실에 대하여도 피고인이 묵비할 수 있는 권리를 인정하여야 한다. 피의자에 대하여도 같다고 할 수 있다. 따라서 형사소송법은 헌법 취지를 받아서 이익·불이익을 불문하고 일체 침묵하거나 또는 개개의 질문에 답하지 않을 수 있는 권리를 인정하고 있다(형소§283의 2, 진술거부권). 묵비권을 침해하여 강요된 진술은 설령 그것이 진실한 것이라 하여도 증거로 할 수 없다(헌§12⑦, 형소§309). 또 묵비하였다고 해서 사실의 인정상 또는 양형상 이를 피고인에게 불이익으로 처리하여서는 아니된다. 묵비권은 성명, 주거 등의 소위 인적사항에 대해서 인정할 것인가에 관하여는 견해의 대립이 있다. 피의자가 성명, 주거를 진술하는 것은 이것에 의하여 피의자에게 불이익한 증거자료가 이끌어내어지는 경우도 적지 않으므로, 이러한 사항에 대하여도 묵비권이 있는 것으로 해석하는 견해가 타당하다고 본다.

기소사실인부절차

(起訴事實認否節次)
영;Arraignment

이것은 공판정에서 피고인에 대하여 기소사실에 관하여 유죄 또는 무죄의 답변을 구하는 절차로서, 영미법이 채택하고 있는 것이다. 이러한 「Arraignment」는 사건의 경·중을 불문하고 모든 사건에 적용되며 증거조사절차를 생략하는 점에서 간이공판절차와 구별된다. 만일 피고인이 유죄의 답변을 한 경우에는 그것만으로써 배심의 유죄판결이 내린 것과 같은 효력이 인정되어, 증거조사를 행함이 없이 판결에 의하여 형을 선고할 수 있다. 무죄의 답변, 즉 공소장기재의 사실을 부인한 경우에는 통상의 절차에 따라서 기소사실에 관한 증거조사가 행하여진다. 미국에서는 형사사건의 약85%가 이 제도로써 해결되고 있으나, 우리나라에서 이 제도를 채용하는 것은 민사소송의 「청구의 인낙」과 같은 제도를 도입하는 것으로 되어 형사소송의 본질에 반하게 될 것이다.

간이공판절차(簡易公判節次)

현행형사소송법은 기본권 보장의 견지에서 소송절차를 신중·복잡한 것으로 하고 있지만 대부분의 경우 경미하고 다툼이 없는 때도 많다. 이러한 사건에 대하여는 비교적 간단한 절차로 신속하게 처리하기 위하여 간이공판절차가 설치되어 있다. 즉 피고인이 공판정에서 자백하는 단독재판의 관할사건에 대해 형사소송법이 규정하는 증거조사 절차를 간이화하고 증거능력의 제한을 완화하여 심리를 신속하게 하기 위하여 마련된 공판절차를 간이공판절차라 한다. 이 절차는 피고인이 모두절차에서 유죄임을 자백한 경우에 그 공소사실에 한하여 행할 수 있다. 그러나 이 사건에 대하여 피고인의 진술이 신빙할 수 없다고 인정되거나 또는 간이공판절차로 심판하는 것이 현저히 부당하다고 인정되는 때에는 법원은 검사의 의견을 들어서 그 결정을 취소하여야 한다(형소§286의2, §286의3). 간이공판절차가 통상의 절차와 다른 것은 증거능력제한(보강증거되는 전문증거의 증거능력제한)의 완화와 증언조사의 절차의 엄격성의 간이화에 있다. 간이공판절차에 의하여 심판할 취지의 결정(§286의2)이 있는 사건의 증거에 관하여는 제310조의2, 제312조 내지 제314조 및 제316조의 규정에 의한 증거에 대하여 제318조 제1항의 동의가 있는 것으로 간주한다. 다만 검사·피고인 또는 변호인이 증거로 함에 이의가 있는 때에는 그러하지 아니하다(§318의3). 또한 간이공판절차에 의하여 심판할 취지의 결정이 있는 사건에 대하여는 제161조의2(증거조사의 시기, 당사자의 증거제시설명, 증거조사의 방식, 증거조사결과와 피고인의 의견) 및 제297조(피고인 등의 퇴정)의 규정을 적용하지 아니하며, 법원이 상당하다고 인정하는 방법으로 증거조사를 할 수 있다(§297의2).

증거(證據)
영;Evidence
독;Beweis
불;Preuve

형사소송법은 「사실의 인정은 증거에 의하여야 한다」(형소§307)고 규정하고 있는데 이것을 「증거재판주의」라 한다. 증거에 의하지 않은 제멋대로의 사실인정은 인정되지 않는다. 이 경우 사실관계를 명백하게 하기 위하여 사용하는 자료를「증거」라 한다. 소송법상 「증거」라는 말은 여러 가지 의미로 사용되고 있다. (1) 당사자가 법원에게 확신을 줄 수 있는 행동이라는 작용적인 의미, 즉 거증. (2) 당사자가 법원의 확신을 얻으려고 그 조사를 신청하고 또는 법관이 그 오관(五官)의 작용에 의해 조사할 수 있는 유형물이라는 유형적인 의미, 즉 증거방법. (3) 법원이 증거조사결과로 감득(感得)한 자료라는 무형적인 의미, 즉 증거자료. (4) 법원이 증거조사결과로 확신을 얻은 원인이라는 결과적인 의미, 즉 증거원인을 뜻한다. 증거방법은 증인·감정인(이상 인적증거), 증거물·증거서류(이상 물적증거) 등으로 분류할 수 있다. 증명의 대상이 되는 사실(주요사실)의 증명에 직접 사용되는 증거를 직접증거, 간접사실(주요사실을 간접적으로 추인시킨 사실, 예컨대 알리바이)을 증명하는 사실을 증명하기 위한 증거가 본증이며, 그것을 다투는 상대방이 제출하는 증거가 반증이다. 적극적인 증거에 대하여, 단순히 증거의 증명력을 다투기 위한 증거가 있다. 이를 탄핵증거(§318의2)라고 한다.

증거조사(證據調査)

증거조사라 함은 법원이 범죄사실의 존부 및 양형의 사정에 관한 심증을 얻기 위하여 인증, 물증, 서증 등 각종의 증거를 조사하여 그 내용을 감득(感得)하는 소송행위를 말한다. 증거조사는 제287조(재판장의 쟁점정리 및 검사·변호인의 증거관계 등에 대한 진술)에 따른 절차가 끝난 후에 실시한다. 필요한 때에는 피고인신문 중에도 할 수 있다. 이러한 증거조사의 주체는 법원이다. 증거조사의 절차는 검사의 모두진술(§285, 사건의 개요, 입증의 방침을 명확히 한다)에서 시작하여 증거조사의 신청(§294), 증거신청에 대한 결정(증거결정, §295) 등을 한 후에 증거조사의 실시(협의의 증거조사)라는 순서로 행해진다. 그리고 증거조사의 방법은 증거방법의 성질에 따라 차이가 있다. 증거조사의 순서는 검사가 신청한 증거를 조사한 후 피고인 또는 변호인이 신청한 증거를 조사하고, 이것이 끝난 후 법원이 직권으로 결정한 증거를 조사한다(§290의 2). 증인의 조사방법은 신문이고, 증거서류는 요지의 고지 및 낭독이며 증거물의 조사는 제시에 의한다. 또 검사·피고인 또는 변호인은 증거조사에 관하여 이의신청을 할 수 있다. 법원은 이의신청에 관하여 결정하여야 한다.

물적 증거(物的 證據)

영;real evidence

물건의 존재 또는 상태가 증거로 되는 것을 말한다. 물증이라고도 하며, 범행에 사용된 흉기 또는 절도의 장물이 여기에 해당한다. 사람도 그 신체의 물리적 존재가 증거가 되는 한 물적 증거이다. 물적증거를 직접 실험하는 방법이 검증이다. 물적증거의 조사방법은 제시를 반드시 요하며(형소법 292조), 물적증거를 취득하는 강제처분은 압수이다. 서면의 물리적 존재가 증거로 되면 그것은 물적증거이나 서면의 의미내용이 증거로 되는 것을 증거서류라고 한다. 증거서류와 물적증거인 서면을 합하여 서증이라고 한다.

정황증거(情況證據)

영;circumstantial evidence

요증사실을 간접적으로 추인할 수 있는 사실, 즉 간접사실을 증명함에 의하여 요증사실의 증명에 이용되는 증거를 말한다. 간접증거라고도 하며, 직접증거에 대하는 말이다. 예컨대 범행현장에 남아있는 지문은 정황증거이다. 직접증거에 높은 증명력을 인정하였던 증거법정주의에서는 의미가 있었으나, 직접증거의 우월을 인정하지 않는 자유심증주의에서는 이러한 구별은 의미를 잃게 되었다. 특히 과학적 채증의 발달에 따라 정황증거의 중요성이 더욱 강조되고 있다.

인적증거(人的證據)

영;personal evidence

사람의 진술내용이 증거로 되는 것을 말하며, 인증이라고도 한다. 예컨대 증인의 증언, 감정인의 감정이 그것이다.

피고인은 소송주체로서 당사자의 지위에 있고, 본래의 증거방법은 아니나, 그 임의의 진술은 증거능력이 있으므로(형소법 309·317조), 이 한도에서서는 피고인의 진술도 인적증거에 속한다. 인적증거의 증거조사방법은 신문이며(형소법 161조의2, 177조, 183조), 인적증거를 취득하는 강제처분은 소환·구인이다.

증거물의 서면(證據物의 書面)

형사절차에 있어서 서면의 기재내용과 그 물리적 존재가 모두 증거가 되는 경우를 말한다. 예컨대 명예훼손죄의 경우에 명예훼손 문서, 문서위조죄의 경우에 위조문서 등이 그 적례이다. 조서의 방식은 그 요지의 고지, 열람·등사 또는 낭독의 방법에 의한다(형소법 292조). 증거서류와의 구별에 관해서는 학설이 대립한다.

증인(證人)

영;witness 독;Zeuge 불;témoin

증인이라 함은 법원 또는 법관에 대하여 자기가 과거에 견문(見聞)한 사실을 진술하는 제3자를 말한다. 이 진술을 증언이라 한다. 법원 또는 법관에 대하여 진술한다는 점에서 수사기관에 대하여 진술하는 자인 참고인과는 다르다. 그리고 증인은 자기가 견문한 사실을 진술하는 자인 점에서 특별한 지식·경험에 속하는 법칙이나 이를 구체적 사실에 적용하여 얻은 판단을 보고하는 감정인과 구별된다. 증인은 제3자라야 하며 그 사건에 관계하는 법관, 검사, 피고인, 변호사는 증인이 될 수 없다. 기타의 제3자는 누구라도 증인으로서 신문할 수 있는 것이 원칙이지만(형소§146), 재판권이 미치지 않는 자(예컨대 타국의 외교관)는 증인으로서 강제적으로 소환할 수 없다. 또 공무원 또는 공무원이었던 자가 그 직무에 관하여 알게 된 사실에 관하여 비밀에 속한 사항일 때에는 그 소속 공무소 또는 감독관공서의 승낙 없이는 증인으로 신문하지 못한다(§147). 증인이 소환장을 송달받고 정당한 이유 없이 출석하지 아니한 때에는 불출석으로 인한 소송비용을 부담하고 500만원 이하의 과태료를 부과할 수 있다(§151①). 또 소환된 경우는 정당한 사유가 없는 한 출두하여 선서하고 증언할 의무가 있다. 이를 거부하면 제재를 받으며(§161). 소환에 불응하면 구인(拘引)되기도 한다(§152). 또 허위의 증언을 하면 위증죄(§158)로서 처벌한다.

공판기일전증인신문

(公判期日前證人訊問)

범죄수사에 없어서는 아니될 사실을 안다고 명백히 인정되는 자가 출석 또는 진술을 거부하는 경우 검사가 제1회 공판기일전에 한하여 판사에게 그에 대한 증인신문을 청구할 수 있는 제도를 말한다(형소법 221조의2). 판사는 제1항의 청구에 따라 증인신문기일을 정한 때에는 피고인·피의자 또는 변호인에게 이를 통지하여 증인신문에 참여할 수 있도록 하여야 한다(형소법

221조의2). 이 경우 법원은 날짜를 정해 증인에게 출석을 요구한다. 관례상 2~3차례의 출석요구에도 증인이 불응할 경우에는 법원은 구인장을 발부하여 강제할 수 있다.

증인적격(證人適格)

증인적격이라 함은 누가 증인이 될 자격이 있는가, 즉 법원이 누구를 증인으로 신문할 수 있는가의 문제를 말한다. 형사소송법 제146조는 「법원은 법률에 다른 규정이 없으면 누구든지 증인으로 신문할 수 있다」고 규정하고 있으므로 누구든지 증인적격이 있다고 할 수 있다.

재정증인(在廷證人)

증인신문을 함에는 법원이 증인의 채택을 결정하고, 신문할 장소에 출두시켜 선서하게 한 후에 신문하게 된다. 증인으로서 출두시킬 때에는 법원에서 소환장을 발부하여 출두를 명하는 것이 보통이다. 그러나 증인신문은 항상 소환을 전제로 하는 것은 아니다. 증인이 임의로 법원의 구내에 있는 때에는 소환을 하지 아니하고 신문할 수 있다(형소§154). 이것을 재정증인이라 한다. 이것은 그때마다 소환장을 발부함이 없이 소송을 신속하게 진행시킴으로써 소송경제상의 이익을 위하여 인정된 제도이다.

선서(宣誓)

영;oath 독;Eid

출석한 증인은 신문 전에 미리 선서를 하여야 한다(형소§156). 선서는 증인이 되기 위한 하나의 요건이다. 선서는 양심에 따라 진실을 말하고 숨김과 보탬이 없을 것을 서약하는 것이다(§157②). 미국에서는 성서를 손에 들고 선서하는데 대하여 우리나라에서는 선서서를 낭독하고 이에 서명날인한다. 정당한 이유 없이 선서나 증언을 거부한 때에는 50만원 이하의 과태료에 처할 수 있다(§161①). 선서한 후에 거짓말을 하면 위증죄로 처벌받게 된다. 따라서 선서는 위증의 벌에 의한 심리적 강제에 의해 증언의 진실성과 확실성을 담보하기 위한 것이라고 할 수 있다. 선서의 취지를 이해할 수 없는 자, 예컨대 유아 등에 대하여는 선서를 시키지 아니하고 신문하여야 한다. 말하자면 선서에 관한 특별행위능력이다. 그러나 선서를 하지 아니하고 한 증언도 증거로서 채용할 수 있는 것은 당연하다. 선서능력이 있는데도 선서시키지 아니하고 신문한 경우는 그 진술에 증거능력이 없다.

증언(證言)

영;testimong

증인의 진술을 말한다. 감정의견, 문서의 기재내용, 검증결과, 참고인진술 등과 같이 증거자료 중의 하나이다. 증언은 법원 또는 법관에 대하여 제3자가 실험한 사실의 보고이다. 따라서 제3자가 자기의 견문 그 밖의 지각에 의하여 경험한 구체적인 사실이면, 그 자가 우연히 특별한 지식을 가지고 또한 전문적 경험을 쌓았기 때문에 알 수 있었던 것도 증언이 된다. 즉 감정증인은 과거의 사실을 진술하는 자이므로 증인에 해당한다(형소법 179조). 이에 반하여 자기의 경험사실을 기초로 하여 의견이나 상상을 말하는 것은 본래의 증언은 아니고, 그것이 특별한 학식경험을 요하면 감정의견으로 된다. 증언은 법원 또는 법관에 대하여 진술하는 것이므로 제3자(참고인)가 수사기관에 대하여 자기가 과거에 실제로 경험한 사실을 진술하더라도 그것은 증언이 아니다.

증언거부권(證言拒否權)

증언거부권은 증거의무의 존재를 전제로 하여 증언의무의 이행을 거절할 수 있는 권리를 말한다. 이는 증인거부권과 구별된다. 증인거부권이 인정된 때에는 증인신문 자체를 거부할 수 있으나 증언거부권이 인정되는 때에는 증인이 출석을 거부할 수 없다. (1) 자기 또는 근친자의 형사책임에 관한 증거거부권의 경우 : 자기·친족 또는 친족 관계가 있었던 자, 법정대리인 및 후견감독인이 형사소추 또는 공소제기를 당하거나 유죄판결을 받을 사실이 드러날 염려가 있는 경우에는 증언을 거부할 수 있다(형소§148).

이것은 영미법상의 이른바 자기부죄(self- incrimination)의 강요금지와 신분관계에 기한 정의(情誼)를 고려하여, 이러한 경우에는 진실의 증언을 기대하기가 어렵기 때문이다. (2) 업무상비밀에 관한 증언거부권의 경우 : 변호사·변리사·공증인·공인회계사·세무사·대서업자·의사·한의사·치과의사·약사·약종상·조산원·간호사·종교의 직에 있는 자 또는 이러한 직에 있었던 자가 그 업무상 위탁을 받은 관계로 알게 된 사실로서 타인의 비밀에 관한 것은 증언을 거부할 수 있다. 다만 본인의 승낙이 있거나 중대한 공익상 필요가 있는 때에는 예외로 한다(§149). 이것은 일정한 업무에 종사하는 자의 업무상의 비밀을 보호함으로써 그 상대자인 위탁자를 보호하려는 취지이다. (3) 그 밖에 「국회에서의 증언·감정 등에 관한 법률」에도 위 (1), (2)에 해당하는 경우와 공무원 또는 공무원이었던 자가 그 직무상 업무에 대하여 일정한 경우에 증언 등을 거부할 수 있는 규정을 두고 있다(국공증감§3, §4). 형사소송법은 증언거부권의 행사를 실효성 있게 하기 위하여 증인이 증언을 거부할 수 있는 자에 해당하는 경우에는 재판장은 신문전에 증언을 거부할 수 있음을 설명하여야 한다고 규정하고 있으며(§160), 또한 증언을 거부하는 자는 거부사유를 소명하여야 하고(§150) 증인이 정당한 이유 없이 증언을 거부한 때에는 50만원 이하의 과태료에 처할 수 있도록 규정하고 있다(§161).

교호신문(交互訊問)

영;cross examination
독;Kreuzverhör

증인신문도 피고인신문과 마찬가지로 인정신문과 사실에 대한 신문으로 나눌 수 있다. 그런데 사실에 대한 신문은 증인을 신청한 검사·변호인 또는 피고인이 먼저 신문하고 다음에 다른 당사자가 신문한다. 다시 필요가 있으면 신청한 당사자가 재주신문(再主訊問)을 행하며 이에 대하여 상대방 당사자도 재반대신문을 행하는 순서로, 양 당사자가 교호로 신문을 하는 방식을 교호신문이라 한다. 그 방식은 주신문-반대신문-재주신문-재반대신문의 순서로 행하여진다.

주신문(主訊問)

英;Exzmination in chief

문호신문원칙상 증인신문을 청구한 자가 최초에 행하는 신문을 말한다. 주신문은 원칙적으로 요증사실 및 이와 관련되는 사실에 관하여서만 행해져야 한다. 또한 여기에서는 유도신문이 금지된다.

중복신문(重複訊問)

英;repetitious question

한 번 신문하여 답변을 얻은 사실에 관하여 반복하여 행하는 신문을 말한다. 우리 형사소송법은 재판장은 소송관계인의 진술 또는 신문이 중복된 사항이거나 그 소송에 관계없는 사항인 때에는 소송관계인의 본질적 권리를 해하지 않는 한도에서 이를 제한할 수 있게 하였다(형소법 299조). 이는 재판장의 소송지휘권의 한 내용이 된다.

반대신문(反對訊問)

상호신문에서 증인신문을 청구한 자의 상대방 당사자가 행하는 신문을 말한다. 반대신문은 주신문에서 나타난 사항, 증인의 진술의 증명력 등을 다투기 위하여 필요한 사항 등에 대하여 행하여진다. 주신문에서는 일반적으로 신문청구자에게 유리한 증언이 진술된다. 이를 뒤집기 위하여 하는 것이 반대신문이며 이에 대하여서는 유도신문도 허용된다.

유도신문(誘導訊問)

증인신문자가 희망하는 답변을 이끌어 내려고 하는 신문방법을 말한다. 증인이 「예」, 「아니오」만으로 답하게 되는 신문은 대개는 유도신문에 해당한다. 예컨대 증인이 언제 어느 곳에 갔었는가가 쟁점이 되어 있는 경우에「증인은 ○월 ○일 ○시에 모소(某所)에 갔습니까?」라고 묻는 경우이다. 주신문에서의 증인은 통상적으로 신문자측에 유리한 증인이고 주신문자에게 호의를 가지고 있으므로, 주신문자가 이와 같은 신문을 하면 증인은 그 암시에 따라서 사실과 다른 증언을 할 우려가 있다. 이런 까닭에 주신문에서는 원칙적으로 유도신문이 금지되어 있다. 그러나 반대신문에서는 이와 같은 우려가 없기 때문에 유도신문이 허용되는 것이다.

대질(對質)

英;confrontation
獨;Gegenüberstellung

증인의 증언 또는 당사자의 진술의 상호간에 모순이 있을 때 법원이 증인 상호간, 당사자 상호간, 또는 증인과 당사자를 대면시켜 신문하는 것(민소법 329조, 368조·형소법 162조 245조)을 말한다. 이 제도는 대질을 통하여 진술자의 진술의 모순점을 발견하고 진술의 태도에 의해서 진술의 신빙성에 관하여 정확한 심증을 형성하려는데 그 목적이 있다.

감정(鑑定)
영;expertise 독;Gutachten

감정이란 특수한 지식·경험을 가진 제3자가 그 지식·경험에 의하여 알 수 있는 법칙 또는 그 법칙을 적용하여 얻은 판단을 법원에 보고하는 것을 말한다.

감정유치(鑑定留置)

피고인의 정신 또는 신체의 감정이 필요한 때에는 법원은 기간을 정하여 병원 기타 적당한 장소에 피고인을 유치할 수 있고 감정이 완료되면 즉시 유치를 해제하여야한다. 이를 감정유치라고 한다. 이를 함에는 감정유치장을 발부하여야 한다. 구속에 관한 규정은 특별한 규정이 없는 경우에는 유치에 준용한다. 유치는 미결구금일수의 산입에 있어서는 구속으로 간주한다.

감정인(鑑定人)
영;expert witness
독;Sachverständige
불;expert

감정인이라 함은 전문적 학식경험에 속하는 法則, 또는 이를 구체적 사실에 적용하여 얻은 판단을 법원에 보고하는 자를 말한다(형소§169). 예컨대 사체를 해부하여 사인(死因)을 감정한다던가, 필적을 조사하여 그 이동을 감정하는 자와 같은 경우이다. 증인에 관한 규정은 구인을 제외하고는(감정인은 전문적 지식만 있으면 누구라도 상관없기 때문에) 감정인에 준용된다(§177). 증인은 사실을 그대로 보고하는 자임에 대하여 감정인은 사실에 대한 판단을 보고하는 자이다. 또 자기가 경험한 사실을 진술하는 자는 그 사실이 특별한 지식·경험에 의하여 하게된 것이라도 그 진술은 증언이고 따라서 진술자는 증인이다. 그러나 이것을 특별하게 감정증인(§179)이라고 부른다. 예컨대 살인죄의 피해자의 임종에 입회한 의사가 전문적 관점에서 관찰한 당시의 상태를 보고하는 경우가 이에 해당된다.

묵비의무(默祕義務)

의사·한의사·치과의사·약제사·약종상·조산사·변호사·변리사·공인회계사·공증인 등의 자가 업무처리 중 지득한 사실에 관한 비밀을 지켜야 할 의무를 말한다. 형법상의 제재에 의하여 담보되는 경우도 있다(형소법 149조 단서). 묵비의무가 인정되는 사항에 대하여는 증언을 거부할 수 있으나(형소법 149조 본문, 민소법 제315조 1항), 당해 관청 또는 감독기관이 승인한 경우 공무원은 그 증언을 거부할 수 없게 된다(형소법 147조, 민소법 306조). 당해 비밀의 주체인 본인의 승낙이 있는 경우에도 비밀준수의무는 해소된다.

심증(心證)

재판의 기초인 사실관계의 존부에 대한 법관의 주관적 의식상태 내지 확신의 정도를 말한다. 이에는 확신하는 정도의 심증을 요구하느냐, 일응 진실한 것 같다는 심증을 요구하느냐에 따라 증명과 소명으로 구별된다. 형사소송법은'증명과 증명력은 법관의 자유판단에 의한다'는 자유심증주의를 규정하여(형소법 308조), 법관의 심증형성에 대하여는 특별한 제약이 없다.

증거능력·증명력

(證據能力·證明力)
독;Beweisfähigkeit·Beweiswert

증거능력이라 함은 증거가 엄격한 증명의 자료로 쓰이기 위해 갖추어야 할 자격을 말한다. 증거능력이 없는 증거는 사실인정의 자료로서 사용할 수 없을 뿐만 아니라, 공판정에서 증거로서 제출하는 것도 허용되지 않는다. 증거의 증거능력의 유무는 법률의 규정에 따르며, 원칙적으로 법관의 자유로운 판단은 허용되지 않는다. 증거능력은 증명력과는 구별하여야 한다. 증명력이라 함은 증거의 실질적인 가치를 말하며 법관의 자유로운 판단(자유심증주의)에 맡겨지고 있다. 범죄사실의 인정은 합리적인 의심이 없는 정도의 증명에 이르러야 한다(§307②). 그러나 어느 정도 증명력이 있는 증거라도 법에 의하여 증거능력이 부인되는 것(예컨대 진실에 합치하지만 강제에 의하여 얻어진 자백)은 사실인정의 자료로 할 수 없다. 임의성이 없는 자백은 증거능력이 없다(헌법§12⑦, 형소§309). 반대신문권을 행사할 수 없는 전문증거도 원칙으로 증거능력이 없다(§310의2). 그리고 당해 사건에 관하여 작성된 의사표시문서, 예컨대 공소장 등도 증거능력이 없다. 실체적 사실의 발견만을 형사재판의 지상목적으로 하는 입장에서는 증명력이 있는 증거는 모두 증거로 하는 것이 바람직할 것이다. 그러나 현행형법은 영미법의 영향을 받아서 증명력의 평가를 착오하기 쉬운 것(전문증거), 또는 진실발견을 다소 희생하더라도 타목적(예컨대 소송절차의 공정, 인권의 보장 등)을 보호할 필요가 있는 경우에는 그 증명력의 여하를 불문하고 증거능력을 인정하고 있지 않다.

증거재판주의(證據裁判主義)

형소법 제307조는「사실의 인정은 증거에 의하여야 한다. 범죄사실의 인정은 합리적인 의심이 없는 정도의 증명에 이르러야 한다」라고 규정함으로써 증거재판주의를 선언하고 있다. 옛날에는 신판(神判), 결투, 선서 따위의 증거에 의하지 않은 재판이 행해졌으나 근대국가는 모두 이 증거재판주의에 의하고 있다. 이와 같이 증거재판주의는 근대형사소송법의 대원칙이다. 증거재판주의에서 「증거」라 함은 증거능력을 가지고 있으며, 또한 공판정에서 적법하게 증거조사가 행해진 증거를 의미한다. 또 「사실」이라 함은 공소사실 기타의 중요한 사실을 의미한다는 것이다. 다시 말하면 공소사실 등과 같이 형벌을 과할 것인가, 또는 어떠한 형벌을 과할 것인가의 중요한 사항을 결정하기 위한 기초가 되는 사실에 관하여는 그것이 의심스러운 증거(예컨대 강요된 자백)나 소송관계인이 확인할 수 없는(법정에서 조사되지 않은) 비밀증거에 의하여 인정되어서는 안 된다는 원칙을 의미하는 것이다.

엄격한 증명·자유로운 증명

(嚴格한 證明·自由로운 證明)
독;Strenbeweis·Freibeweis

증명이라 함은 어떤 사실의 존부에 대하여 법관에 확신을 주기 위한 것을 목적으로 하는 소송활동이며, 또한 법관이 사실에 대하여 확신을 얻은 상태를 말한다. 증명의 방식에는 두 가지가 있다. 이들은 독일의 형사소송법학에서 유래하는 개념이다. 「엄격한 증명」이라 함은 법률상 증거능력이 있고 또 공판정에서 적법한 증거조사를 거친 증거에 의한 증명을 말하며, 「자유로운 증명」이라 함은 그 이외의 증거에 의한 증명을 말한다. 공소범죄사실(위법성조각사유의 부존재 등을 포함), 처벌조건(예컨대 파산범죄에서의 파산선고의 확정), 법률상 형의 가중감면사유가 되는 사실(예컨대 전과의 존재)등과 같이 형벌권의 존부 및 그 범위를 정하는 기초가 되는 중요한 사실에 대하여는 엄격한 증명이 필요하다. 이에 대하여 양형의 기초가 되어야 할 정황에 관한 사실(예컨대 피해변상의 사실, 피고인의 경력·성격 등) 및 소송법상의 사실에 관하여는 자유로운 증명으로 족한 것으로 되어 있다. 그러나 자유로운 증명의 경우에도 증거능력이 있는 증거가 아니라도 관계없고, 또 엄격한 증거조사를 필요로 하지 않을 뿐이지 이것을 상대방에게 전혀 제시하지 않아도 된다는 취지는 아니다. 상대방에게 그 증거의 증명력을 다투기 위한 기회를 줄 필요가 있으므로, 원칙적으로 증거를 법정에 제출해야 하는 것으로 해석해야 할 것이다. 이러한 엄격한 증명과 자유로운 증명은 증거능력의 유무와 증거조사의 방법에 차이가 있을 뿐이고 심증의 정도에 차이가 있는 것은 아니다. 엄격한 증명과 자유로운 증명은 모두 합리적 의심 없는 증명 또는 확신을 요하는 점에서 같다.

간접사실(間接事實)

독;Indizien

간접사실이란 주요사실의 존부를 간접적으로 추인하는 사실을 말한다. 예컨대 알리바이의 증명은 주요사실에 대한 간접적인 반대증거가 될 수 있는 간접사실이다. 요증사실이 주요사실인 때에는 간접사실도 엄격한 증명의 대상이 된다.

경험법칙(經驗法則)

독;Erfahrungsgesetz

경험에 의하여 알게 된 지식이나 법칙을 말하며, 반드시 학리상의 어려운 법칙에 국한되지 아니한다. 일상생활에서 수학·자연과학에 이르기까지의 모든 사물·현상의 일반적 성장 및 인과관계에 관한 지식·법칙이다. 지구는 둥글다든지, 밤이 되면 어두워져서 사물이 보이지 않게 된다든가, 술에 취하면 정신이 흐려진다던가 지문은 만인부동이라든가 등이 그 예이다. 법관은 사실의 인정에 있어서 경험법칙에 따라야 하지만, 일반적·상식적인 범위를 넘어서 특별한 학식·경험에 의하여야 할 것은 감정 등의 방법에 의하여야 한다.

공지의 사실(公知의 事實)

독;Offenkundige Tatsa- che

공지의 사실이란 일반적으로 널리 알려져 있는 사실, 즉 보통의 지식·경험 있는 사람이면 의심하지 않는 사실을 말한다. 역사상 명백한 사실이나 자연계의 현저한 사실이 여기에 속한다. 반드시 모든 사람에게 알려져 있는 사실임을 요하지 않고 일정한 범위의 사람에게 알려져 있으면 족하다. 따라서 공지인가는 구체적인 사회생활에서 그 사실에 대하여 가지고 있는 의식에 따라 결정되는 상대적 개념이라 할 수 있다.

법원에 현저한 사실

(法院에 顯著한 事實)

독;gericrtsbekannte Tatsache

법원에 현저한 사실이란 법원이 직무상 명백히 알고 있는 사실, 즉 법관이 법관이기 때문에 알고 있는 사실을 말한다. 독일의 통설·판례는 이것도 공지의 사실에 속한다고 한다.

거증책임(擧證責任)

영;burden of proof

독;Beweislast

소송상 권리 또는 법률관계의 존부를 판단하는데 필요한 사실에 관하여, 소송에 나타난 모든 증거자료에 의하여도 법원이 존부 어느 쪽으로도 결정할 수 없는 경우에 법원은 이것을 어느 당사자에게 불리하게 가정하여 판단하지 않는 한 재판할 수 없게 된다. 이러한 경우에 불이익을 받을 당사자의 법적 지위를 거증책임이라 한다. 거증책임은 당사자의 일방이 불이익을 받을 법적 지위를 의미한다는 점에서 당사자가 아닌 법원이 부담하는 직권에 의한 심리의무와 구별된다. 형사소송에서는 거증책임을 원칙적으로 검사가 지는 것으로 되어 있다. 최선의 심리를 다 하여도 범죄사실의 존부에 관하여 법원이 확신을 가질 수 없는 경우에는 거증책임에 따라서 피고인은 무죄가 된다. 「의심스러운 것은 피고인의 이익으로」라는 법률격언이 타당한 것이다. 이것은 형사재판에서의 인권보장 견지에서 당연한 것이고, 형소법에서도 「범죄사실의 증명이 없는 때」는 무죄로 하여야 한다는 뜻을 규정하고 있다(형소§325). 검사는 소송범죄사실의 존부에 관하여서 뿐만이 아니라, 정당방위, 긴급피난 등의 위법성 또는 책임조각사유와 부존재, 형의 가중사유(예컨대 누범전과)의 존재 등의 사항에 관하여도 모두 거증책임을 진다. 그러나 예외적으로 피고인측에 거증책임이 있는 경우가 있다. 이러한 경우에는 피고인측에서 증명하지 않는 한 피고인에게 불이익하게 인정되게 된다. 이처럼 거증책임의 분배원칙에 대한 명문의 규정에 의한 예외를 거증책임의 전환이라 한다. 이에 해당하는 것으로 형법 제263조의 규정 이외에 형법 제310조의 규정이 있다.

자유심증주의(自由心證主義)

독;Prinzip der freien Beweiswurdigung
불;systeme de preuve morals ou de l'intime conviction

자유심증주의란 증거에 의하여 사실을 인정함에 있어서 증거의 증명력을 법관의 자유로운 판단에 맡기는 주의를 말한다(형소§308). 즉 어느 증거를 신뢰하고, 어느 증거를 신뢰할 수 없는 것으로 하며, 또 어떤 증거에 의하여 범죄사실을 인정할 것인가에 대한 판단을 모두 법관에게 일임하고 있는 주의이다. 이것은 일정한 증거가 없으면 어떠한 사실을 인정할 수 없다는 법정증거주의에 대응하는 개념이다. 형사소송법은 실체적 진실발견을 목적으로 하고 있으므로 형식적인 법정증거주의보다도 이 자유심증주의 쪽이 더 우월한 제도임은 부정할 수 없다. 그러나 자유심증주의는 증거의 증명력만을 법관의 자유로운 판단에 맡기는 것이지, 증거가 될 수 있는 능력(증거능력)까지 법관의 판단에 일임하는 것은 아니다. 증거능력은 형사소송법에 의하여 제한되어 있다. 또 자유로운 판단이라 하더라도 법관의 마음대로 판단을 허용하는 것은 아니고, 그 판단은 경험 법칙·논리법칙에 합치되어야 한다. 따라서 판결이유에 표시된 증거로부터 범죄사실을 인정하는 것이 경험법칙·논리법칙에 반하여 불합리한 때에는 「자유의 모순」 또는 「사실오인」으로 항소이유가 된다(§361의5XI·XIV). 또 자유심증주의에는 자백에 관하여 중요한 예외가 있다. 즉 법관이 피고인의 자백에 의하여 유죄의 심증을 얻었더라도 그것이 유일한 증거로서 달리 이것을 뒷받침할 증거(이른바 보강증거)가 없는 때에는 범죄사실을 인정할 수 없다(§310)는 규정이 그것이다.

자백(自白)

영;confession
독;Geständnis

피고인 또는 피의자가 범죄사실 및 자기의 형사책임을 인정하는 진술을 말한다. 이러한 자백에 있어서 진술을 하는 자의법률상의 지위는 문제되지 않는다. 피고인의 진술뿐만 아니라 피의자나 증인·참고인의 진술도 모두 자백에 해당한다. 그리고 진술의 형식이나 상대방도 묻지 않는다. 사람은 자기가 형사책임을 져야 할 사실을 고백하는 것은 정말 어찌할 수 없는 경우에 한하는 것이 보통이다. 따라서 자백은 그만큼 진실을 말하는 것으로 생각되어졌다. 옛날부터「자백은 증거의 王」이라고 일컬어졌던 것은 자백의 증명력이 절대적이었음을 뜻하는 것이다. 그러나 한편으로는 자백이 의심스러운 경우도 없는 것은 아니다. 수사관의 마음에 들기 위해 자진해서 허위의 자백을 하거나, 강제에 의한 자백이 행하여진 예도 결코 적다고 할 수 없다. 따라서 자백만으로써 유죄가 된다고 하면 오판의 위험이 클 뿐만 아니라 수사기관이 피의자에게 자백을 강요하기 위하여 고문 등의 행위를 할 위험도 적지 않다. 그와 같은 오판위험의 방지와 강제·고문 등에 대한 인권의 보장이라는 쌍방의 견지에서 헌법 및 형소법은 임의성이 없는 자백 또는 임의성이 의심스러운 자백의 증거 능력을 부정하고, 또한 비록 임의성이 있는 자백이라도 자백이 피고인에게 불이익한 유일한 증거인 경우에는 이를 유죄의 증거로 하지 못하도록 규정하고 있다(헌§12⑦, 형소§309, §310). 임의성이 없는 자백의 부정은 증거능력의 문제인 데 대하여 자백이 유일한 증거인 경우의 유죄의 금지는 자유심증주의에 대한 예외의 문제이다. 후자는 법관이 자백만으로써 충분하게 유죄의 심증을 얻었다 하더라도 다른 증거, 즉 보강증거가 없는 한 유죄인정을 해서는 안 된다는 것이다. 이런 의미에서 자백의 증명력이 법적으로 제한을 받는다고 할 수 있다.

자백의 임의성법칙

(自白의 任意性法則)

임의성 없는 자백의 증거능력을 배제하는 증거법칙을 말한다. 현행법은 헌법과 형사소송법에서 자백의 임의성법칙을 명문으로 규정하고 있다(헌법 12조7항, 형소법 309조). 임의성이 의심되는 자백의 증거능력을 부정하는 이론적 근거에 관해서는 학설이 대립되고 있다. (1) 허위배제설은 고문 등에 의한 자백은 허위일 위험성이 많으므로 허위배제의 관점에서 증거능력을 부정한다는 학설이다. (2) 인권옹호설은 피고인·피의자의 인권보장을 도모하기 위해서 고문 등에 의한 자백의 증거능력을 부정한다는 학설이다. (3) 절충설은 임의성이 의심되는 자백은 허위배제와 인권침해의 방지를 위해서 증거능력을 부정한다는 견해로서 우리나라의 통설이다. (4) 위법배제설은 자백획득의 수단이 위법하기 때문에 자백의 증거능력이 부정된다는 견해이다. 현행법상 임의성 없는 자백으로 의제되는 것은 (1) 고문·폭행·협박·신체구속의 부당한 장기화로 인한 자백, (2) 기망 기타 방법에 의한 자백을 말한다(형소법 309조). 전자는 강요된 자백의 예시이고, 후자는 유도적 방법에 의한 자백을 말한다. 고문·협박 등과 자백 사이에 인과관계의 존재를 요하는가에 관해서는 적극설과 소극설이 대립되고 있으나, 대법원판례는 적극설의 태도를 취하고 있다.

> <u>임의성 없는 자백의 증거능력을 부정하는 취지</u>가 허위진술을 유발 또는 강요할 위험성이 있는 상태하에서 행하여진 자백은 그 자체로 실체적 진실에 부합하지 아니하여 <u>오판의 소지</u>가 있을 뿐만 아니라 그 진위 여부를 떠나서 자백을 얻기 위하여 피의자의 <u>기본적 인권을 침해하는 위법부당한 압박이 가하여지는 것을 사전에 막기 위한 것</u>이므로 그 <u>임의성에 다툼이 있을 때에는</u> 그 임의성을 의심할 만한 합리적이고, 구체적인 사실을 피고인이 입증할 것이 아니고 <u>검사가 그 임의성의 의문점을 해소하는 입증을 하여야 한다</u>*(대법원 1998. 4. 10. 선고 97도3234)*.

자백의 증명력(自白의 證明力)

형사소송법 제310조는 '피고인의 자백이 그 피고인에게 불이익한 유일의 증거인 때에는 이를 유죄의 증거로 하지 못한다'고 규정하여 자백의 보강법칙을 규정하고 있다. 뿐만 아니라 헌법 제12조 제7항 후단은 '정식재판에 있어서 피고인의 자백이 그에게 불리한 유일한 증거인 때에는 이를 유죄의 증거로 삼거나 이를 이유로 처벌할 수 없다'고 규정하여 보강법칙을 헌법상의 원칙으로도 하고 있다. 자백에 의하여 법관이 유죄의 심증을 얻은 때에도 보강증거가 없으면 유죄판결을 할 수 없다는 의미에서 자백의 보강법칙은 증거의 증명력에 있어서 인정되는 자유심증주의에 대한 예외가 된다. 보강법칙의 근거는 자백의 진실성을 담보하여 오판의 위험성을 배제하고 자백편중으로 인한 인권침해를 방지하려는 데 있다. 형사소송법 제310조의 자백에 공범자 또는 공동피고인의 자백이 포함되는가에 관하여는 견해가 대립되어 있다.

공범자의 자백(共犯者의 自白)

피고인의 자백에 공범자의 자백이 포함되어 공범자의 자백이 있는 때에도 보강증거가 있어야 유죄로 인정할 수 있는가에 대해서는 의견이 대립하고 있다. 공범자의 자백이 있으면 그 자백에 대한 보강증거가 없더라도 부인하는 피고인을 유죄로 인정할 수 있다는 보강증거불요설과, 공범자의 자백이 있더라도 그 자백에 관한 보강증거가 없으면 피고인을 유죄로 인정할 수 없다는 보강증거필요설, 공동피고인 공범자의 자백에는 보강증거가 필요하나 공동피고인이 아닌 공범자가 자백한 경우에는 보강증거가 없더라도 피고인을 유죄로 인정할 수 있다는 절충설 등이 있다. 대법원은 공범자의 자백에는 보강증거를 요하지 않는다고 판시하고 있다(85도951, 92도917). 공범자의 자백이 보강증거가 될 수 있느냐의 문제에서 공동피고인 모두가 자백한 경우에는 상호보강증거가 될 수 있다는 견해와 아니라는 견해가 있다. 대법원은 일관하여 공범자의 자백이나 공범자인 공동피고인의 자백은 보강증거가 될 수 있다고 판시하고 있다(83도1111, 2006도1944).

> 형사소송법 제310조의 피고인의 자백에는 공범인 공동피고인의 진술이 포함되지 아니하므로 <u>공범인 공동피고인의 진술은 다른 공동피고인에 대한 범죄사실을 인정하는데 있어서 증거로 쓸 수 있고</u> 그에 대한 보강증거의 여부는 법관의 자유심증에 맡긴다*(대법원 1985. 3. 9. 선고 85도951)*.

> <u>공범인 피고인들의 각 자백은 상호보강증거가 되므로</u> 그들의 자백만으로 범죄사실을 인정하였다 하여 보강증거없이 자백만으로 범죄사실을 인정한 위법이 있다 할 수 없다*(대법원 1983. 6. 28. 선고 83도1111)*.

독수의 과실이론

(毒樹의 果實理論)
영;fruit of the poisonous tree

위법하게 수집된 증거에 의해 발견된 제2차 증거를 말한다. 위법하게 수집된 증거를 배제하면서도 과실의 증거능력을 인정할 것인가에 대하여는 위법수집증거가 배제되어도 과실의 증거능력이 인정되면 배제법칙을 무의미하게 한다는 이유로 부정하는 견해와 임의성 없는 자백 가운데도 강제에 의한 자백으로 수집된 증거의 증거능력만을 부정해야 한다는 견해도 있다.

독수의 과실이론의 예외

오염순화에 의한 예외	후에 피고인이 자의에 의하여 행한 행위는 위법성의 오염을 희석한다는 것.
불가피한 발견의 예외	위법한 행위와 관계 없이 합법적인 수단에 의할지라도 증거를 불가피하게 발견하였을 것임을 증명할 수 있을 때에는 증거로 허용될 수 있다는 이론.
독립된 오염원의 예외	위법한 압수, 수색과 관계없는 독립된 근거에 의하여 수집될 수 있었던 증거임을 증명할 수 있을 때에는 증거로 허용된다는 이론.

위법수집증거배제법칙

(違法蒐集證據排除法則)

위법수집증거배제법칙이란 위법한 절차에 의하여 수집된 증거, 즉 위법수집증거의 증거능력을 배제하는 법칙을 말한다. 이 법칙은 미국의 증거법에서 유래한다. 즉 1886년 Boyd판사에 의해 비롯되었다. 이 법칙이 확립된 것은 1914년의 Weeks판사에 의하여 되었다. 이에 대해 독일에서는 증거금지의 문제로 다루어지고 있다. 2007. 6. 1. 개정 형사소송법은 위법수집증거의 배제에 관한 명문규정을 신설하여「적법한 절차에 따르지 아니하고 수집한 증거는 증거로 할 수 없다」고 규정하였다. 이러한 위법수집증거배제의 법칙은 적정절차의 보장이라는 관점에서 그리고 위법수사의 억지라는 이유에서 그 근거가 제시된다. 적정절차의 보장의 면은 이론적 근거임에 대하여 위법수사의 억지의 면은 정책적 근거로 이해된다. 위법수집증거의 유형으로는 헌법정신에 위배되어 수집한 증거, 즉 영장주의를 위반한 경우 또는 적정절차를 위반하여 수집한 증거와 형사소송법의 효력규정에 위반하여 수집한 증거의 경우가 있다.

당사자의 동의와 증거능력

(當事者의 同意와 證據能力)

검사와 피고인이 증거로 할 수 있음을 동의한 서류 또는 물건은 진정한 것으로 인정한 때는 증거능력을 인정한다(형사소송법 318조 1항). 전문법칙에 의하여 증거능력이 없는 증거라 할지라도 당사자가 동의한 때는 증거로 할 수 있게 하여 불필요한 증인신문을 회피하는 것이 재판의 신속과 소송경제에 부합한다는 점을 고려한 것이다. 그러나 동의는 증거능력 발생의 전제조건에 불과하고 법원의 진정성의 인정에 의하여 비로소 증거능력이 인정된다. 이런 의미에서 증거로 함에 대한 당사자의 동의에 있어서도 당사자주의와 직권주의가 조화를 이루고 있다고 할 수 있다. 증거로 하는데는 당사자의 동의가 형식적으로 증거능력이 없는 증거에 대하여 증거능력을 부여하기 위한 당사자의 소송행위라고 할 수 있다. 동의의 본질에 대해서는 통설은 동의가 실질적으로 반대신문권을 포기하는 것으로 해석한다. 따라서 동의에 의해서 증거능력이 인정되는 것은 반대신문권의 보장과 관련된 증거이어야 하며, 임의성 없는 자백은 물론 위법하게 수집된 증거는 동의의 대상이 되지 않는다. 일반 당사자가 신청한 증거에 대하여는 타방 당사자의 동의가 있으면 족하다. 이에 반해 법원이 직권으로 수집한 증거는 양당사자의 동의가 있어야 한다. 동의의 상대방은 법원이다. 또한 동의의 대상은 서류 또는 물건과 증거능력 없는 증거에 한정된다. 그러나 판례는 반대증거서류를 동의의 대상으로 하지 않는다. 통설은 동의가 적극적으로 명시되어야 한다는 입장이다. 단 피고인이 출정하지 않거나(형사소송법 318조 2항), 간이공판절차의 결정이 있는 사건의 증거에 대해서는 동의가 있는 것으로 간주한다. 동의의 효과로 증거능력이 인정된다.

전문증거(傳聞證據)

영;hearsay evidence

전문증거라 함은 사실인정의 기초가 되는 경험적 사실을 경험자 자신이 직접 법원에 진술하지 않고 다른 형태에 의하여 간접적으로 보고하는 것을 말한다. 이러한 증거는 그 내용이 진실한가 아닌가를 반대신문에 의하여 음미할 수 없으므로, 그 평가를 그르칠 위험성이 있다. 그래서 법원 그 증거능력을 원칙적으로 부정하고 있다(형소§310의2). 전문증거에는 첫째, 경험사실을 들은 타인이 전문한 사실을 법원에서 진술하는 경우(전문진술 또는 전문증거), 둘째, 경험자 자신의 경험사실을 서면에 기재하는 경우(진술서), 셋째, 경험사실을 들은 타인이 서면에 기재하는 경우(진술녹취서)가 포함될 수 있다. 즉 전문증거는 전문진술과 진술서 및 진술녹취서를 기본형태로 하며 진술서와 진술녹취서를 합하여 진술을 기재한 서류를 전문서류 또는 진술대용서면이라 한다. 이러한 전문증거를 배척하는 법칙)을 모든 경우에 엄격하게 적용하는 것은 사실상 불가능하다. 그 때문에 영미법에서도 여러 가지 예외를 인정하고 있다. 전문법칙의 예외가 인정될 수 있는 것은 첫째로 「신용성의 정황적 보장」이 있는 경우, 즉 반대신문에 의한 진실성의 음미를 필요로 하지 않을 정도로 고도의 진실성이 모든 정황에 의하여 보장되어 있는 경우이다. 예로서 임종시의 진술을 들 수 있다. 둘째로 「필요성」이 있는 경우이다. 「필요성」이란 원진술자의 사망·병환·행방불명·국외체재 등의 특수한 사정으로 인하여 원진술자를 공판정에 출석케 하여 다시 진술을 하게 하는 것이 불가능 또는 현저하게 곤란하거나, 또는 원진술의 성질상 다른 동가치의 증거를 얻는 것이 곤란하기 때문에 전문증거라도 이를 사용할 필요가 없는 경우를 말한다. 우리 형사소송법에서도 대체로 이와 같은 영미법의 사고방식을 받아서 전문법칙의 예외를 설정하고 있다. 즉, 형사소송법 제316조(전문의 진술)에서는 전문진술의 예외를 규정하고, 제312내지 제315조에서는 진술기재서와 같은 서면에 의한 전문증거의 증거능력에 관하여 엄격한 조건하에 전문법칙의 예외를 규정하고 있다. 또 당사자의 동의가 있으면 전문법칙의 적용이 배제된다(형소§318). 재판의 실제에서 가장 문제가 되는 것은 수사기관이 작성한 조서의 취급이다. (1) 검사 작성의 피의자신문조서 : 검사가 피고인이 된 피의자의 진술을 기재한 조서는 적법한 절차와 방식에 따라 작성된 것으로서 피고인이 진술한 내용과 동일하게 기재되어 있음이 공판준비 또는 공판기일에서의 피고인의 진술에 의하여 인정되고, 그 조서에 기재된 진술이 특히 신빙할 수 있는 상태하에서 행하여졌음이 증명된 때에 한하여 증거로 할 수 있다(§312①). 그럼에도 불구하고 피고인이 그 조서의 성립의 진정을 부인하는 경우에는 그 조서에 기재된 진술이 피고인이 진술한 내용과 동일하게 기재되어 있음이 영상녹화물 기타 객관적인 방법에 의하여 증명되고, 그 조서에 기재된 진술이 특히 신빙할 수 있는 상태 하에서 행하여졌음이 증명된 때에 한하여 증거로 할 수 있다(§312②). (2) 검사 이외의 수사기관이 작성한 피의자신문조서 : 이 경우는 적법한 절차와 방식에 따라 작성된 것으로서 공판준비 또는 공판기일에 그 피의자였던 피고인 또는 변호인이 그 내용을 인정할 때에 한하여 증거로 할 수 있다(§312③). (3) 검사 또는 사법경찰관이 피고인이 아닌 자의 진술을 기재한 조서 : 이 경우는 적법한 절차와 방식에 따라 작성된 것으로서 그 조서가 검사 또는 사법경찰관 앞에서 진술한 내용과 동일하게 기재되어 있음에 원진술자의 공판준비 또는 공판기일에서의 진술이나 영상녹화물 기타 객관적인 방법에 의하여 증명되고, 피고인 또는 변호인이 공판준비 또는 공판기일에 그 기재내용에 관하여 원진술자를 신문할 수 있었던 때에는 증거로 할 수 있다. 다만 그 진술이 특히 신빙할 수 있는 상태 하에서 행하여졌음이 증명된 때에 한한다(§312④).

특신상태(特信狀態)

특신상태(특히 신빙할 수 있는 상태)란 증거능력이 없는 전문증거에 증거능력을 부여하기 위한 요건으로, 진술내용이나 조서 또는 서류의 작성에 허위개입의 여지가 거의 없고 그 진술내용의 신용성이나 임의성을 담보할 구체적이고 외부적인 \정황이 있는 경우를 말한다. 이 특신상태는 영미법의 신용성의 정황적 보장과 같은 의미이다.

형사소송법 제314조는 「제312조(검사 또는 사법경찰관의 조서 등) 또는 제313조(진술서 등)의 경우에 공판준비 또는 공판기일에 진술을 요하는 자가 사망·질병·외국거주·소재불명 그 밖에 이에 준하는 사유로 인하여 진술을 할 수 없는 때에는 그 조서 및 그 밖의 서류를 증거로 할 수 있다. 다만 그 진술 또는 작성이 특히 신빙할 수 있는 상태하에서 행하여졌음이 증명된 때에 한한다」고 규정하여 필요성과 신용성의 정황적 보장을 이유로 전문증거의 증거능력을 인정하고 있다.

형사소송법 제314조 단서에 규정된 진술 또는 작성이 특히 신빙할 수 있는 상태하에서 행하여진 때라 함은 그 진술내용이나 조서 또는 서류의 작성에 허위개입의 여지가 거의 없고 그 진술내용의 신용성이나 임의성을 담보할 구체적이고 외부적인 정황이 있는 경우를 가리킨다*(대법원 2007. 6. 14. 선고 2004도5561)*.

탄핵증거(彈劾證據)

탄핵증서라 함은 진술증거의 증명력을 다투기 위한 증거를 말한다. 형소법 제318조의2는 공판준비 또는 공판기일에서의 피고인 또는 피고인 아닌 자의 진술의 증명력을 다투기 위한 증거에 관하여는 전문법칙의 적용을 일반적으로 배제하고 있다. 탄핵증거에 전문법칙이 적용되지 않는 이유는 탄핵증거가 적극적으로 범죄사실이나 간접사실을 인정하기 위한 것이 아니라 단순히 증명력을 다투기 위한 것에 불과하므로 이를 인정하여도 전문증거를 배제하는 취지에 반하지 않고 반증에 의한 번잡한 절차를 거치지 않게 하여 소송경제에 도움이 되며 오히려 당사자의 반대신문권을 효과적으로 보장할 수 있다는 점이다. 다만, 그 범위에 관하여는 해석상 다툼이 있다. 제1설(한정설)은 영미법의 입장에서 형소법 제318조의2는 자기모순의 진술에 한하여 적용된다고 한다. 자기모순의 진술이란 증인 기타의 者가 법정에서의 진술과 상이한 진술을 법정 외에서 하였던 것을 말한다. 제2설(절충설)은 자기모순의 진술에 한정되지 않으나, 증인의 신빙성만에 보조사실을 입증하는 증거에 한하며, 설령 증인의 신빙성을 탄핵하기 위한 것이라도 그 사실이 주요사실 또는 이에 대한 간접사실인 때에는, 법원이 전문증거에 의하여 사실상 심증을 형성하는 것을 방지하기 위하여 전문법칙이 배제되지 않는 다고 한다. 제3설(비한정설)은 본조를 문리해석하여, 증명력을 다투기 위한 증거로서는 널리 전문증거를 사용할 수 있다고 한다. 증명력을 다투기 위한 증거에는 멸살된 증명력을 유지하기 위한 증거(회복증거)도 포함하는 것으로 해석된다. 공판정외의 진술도 본조에 의하여 다툴 수 있다. 임의성이 없는 피고인의 진술(특히 자백)은 탄핵증거로도 사용할 수 없다는 것이 다수설이며, 또 증명력을 다투기 위한 증거의 조사방식에 관하여는 통상의 증거조사의 절차·방식에 의하여야 한다는 견해와 공판정에서의 조사는 필요하나 반드시 법정의 절차를 요하지 않는다는 견해가 있다.

고문(拷問)
영;torture
독;folter

고문이라 함은 광의의 고문이라고 할 때에는 피의자에게 정신적 압박 또는 육체적 고통을 주어 자백을 얻는 것을 말한다. 협의로는 유형력을 행사하여 육체적 고통을 주어서 자백을 얻는 것을 말한다. 예전부터 자백은 증거의 왕이라 하여 수사기관에서는 피의자나 피고인의 자백을 얻기 위해 노력하였다. 그런데 이 경우 자백을 얻기 위해 피의자·피고인에게 고문이 행하여진 것은 동서양을 막론하고 역사적으로 뚜렷한 일이다. 그러나 이는 매우 위험한 것이다. 왜냐하면 목적을 위해서 수단을 가리지 아니하고 자백을 얻기 위하여 고문을 하면, 피의자는 그것에 견디지 못하여 허위의 자백을 할 우려가 있기 때문이다. 또 비록 진범이라 하여도 자백을 얻기 위하여 피의자의 인권이 침해될 우려가 있다는 이중의 위험이 있다. 그러므로 헌법은 고문을 금지(헌§12②)하고 있으며, 피고인의 자백이 고문·폭행·협박·구속의 부당한 장기화 또는 기망 기타의 방법에 의하여 자의로 진술된 것이 아니라고 인정될 때, 또는 정식재판에 있어서 피고인의 자백이 그에게 불리한 유일한 증거일 때에는 이를 유죄의 증거로 삼거나 이를 이유로 처벌할 수 없도록 규정함으로써(헌§12⑦) 국민의 기본적 인권을 보장하려 하고 있다. 그리고 형소법에서도 헌법규정을 받아서「피고인의 자백이 고문·폭행·협박·신체구속의 부당한 장기화 또는 기망 기타의 방법으로 임의로 진술한 것이 아니라고 의심할 만한 이유가 있는 때에는 이를 유죄의 증거로 하지 못한다」고 규정하고 있다(형소§309). 이와 같이 해서 얻은 자백은 진위의 여하를 불문하고 이를 증거로 채용하는 것을 금지함으로써 증거법상으로도 헌법의 정신을 보장하려는 것이다.

진술(陳述)
독;Behaptung

진술이란 공소관계인이 공판정에서 사실상 또는 법률상의 의견을 말하는 것을 말한다. 이 공판정에서의 진술자체가 재판의 증거로서 채택된다. 물론 법원에서는 그 진술을 녹취하여 공소기록에 철하고 있으나, 그 서류자체가 증거가 되는 것은 아니고 어디까지나 공판정에서 직접 들은 진술만이 증거로 채택된다. 이것은 직접주의의 요청이기도 하다. 그러나 법관이 바뀌거나 법원이 구성이 변경된 때에는 바뀌어진 법관은 전의 진술을 직접 듣지 못했기 때문에 그것을 녹취한 서면자체가 증거로써 채택된다. 다만, 이 경우에는 공판절차를 갱신하여야 한다.

진술서(陳述書)

진술서라 함은 피고인·피의자 또는 참고인이 스스로 자기의 의사·사상·관념 및 사실관계를 기재한 서면을 말한다. 이런 점에서 법원 수사기관이 작성하는 진술기재조서와 구별된다. 서면에 상대가 있는 경우(예컨대 피해신고 등)와 상대가 없는 경우(예컨대 일기)가 있다. 또 서명이 있는 경우와 없는 경우도 있다. 진술서는 진술자에 대한 반대신문을 할 수 없으므로 전문증거로서의 증거능력이 없는 것으로 되어 있다(형소§310의2). 그러나 일정한 요건에 해당하는 때에는 예외적으로 증거능력을 인정하고 있다. 즉 피고인 또는 피고인이 아닌 자가 작성한 진술서나 그 진술을 기재한 서류로서 그 작성자 또는 진술자의 자필이거나 그 서명 또는 날인이 있는 것은 공판준비나 공판기일에서의 그 작성자 또는 진술자의 진술에 의하여 그 성립의 진정함이 증명된 때에는 증거로 할 수 있다(§313①본문). 다만 피고인의 진술을 기재한 서류는 공판준비 또는 공판기일에서의 그 작성자의 진술에 의하여 그 성립의 진정함이 증명되고, 그 진술이 특히 신빙할 수 있는 상태하에서 행하여진 때에 한하여 피고인의 공판준비 또는 공판기일에서의 진술에 불구하고 증거로 할 수 있다(동조단서). 여기에서 「피고인이 아닌 자」라 함은 피고인 이외의 제3자, 예컨대 피해자·공동피고인 등을 말한다. 또 「피고인 또는 피고인이 아닌 자가 작성한 진술서나 그 진술을 기재한 서류」라 함은, 예컨대 피고인의 일기·편지·경위서 또는 피해자의 피해신고, 참고인 진술서, 기타 일반인의 면전에서 피고인 또는 피고인이 아닌 자의 진술을 기재한 서류를 말한다. 또 그 작성자 또는 진술자의 자필이거나 그 서명 또는 날인이 있는 것을 요건으로 하고 있는 것은 이러한 것이 있음으로써 비로소 그 작성내용 또는 진술내용이 작성자 또는 진술자가 한 것이라는 것이 보장되기 때문이다. 다만 피고인의진술을 기재한 서류에 관하여는 원진술자가 피고인이므로 피고인의 자기자신에 대한 반대신문은 있을 수 없기 때문에 그 진술이 특히 신빙할 수 있는 상태하에서 행하여진 때에 한하여 증거로 할 수 있도록 한 것이다.

진술조서(陳述調書)

검사 또는 사법경찰관이 피의자 아닌 자(참고인)의 진술을 기재한 조서를 말한다. 검사가 작성한 진술조서는 형사소송법 제312조 제1항, 사법경찰관이 작성한 진술조서는 제313조 제1항에 따라 진술자의 진술에 의하여 성립의 진정이 증명된 때에 한하여 증거능력이 인정된다.

영상녹화제(映像錄畵制)

영상녹화제는 2007. 6. 1. 형사소송법 개정시에 새로 도입된 제도로서, 수사기관이 피의자나 참고인을 조사할 때 주요 내용을 모두 영상녹화하는 것을 말한다. 영상녹화를 하기 위해서는 피의자에게는 미리 녹화를 한다는 사실을 알리기만 하면 되고, 참고인에게는 사전에 동의를 받아야 한다(§244조의 2). 재판과정에서 영상녹화 내용이 그 자체로 증거로 인정되지는 않는다. 그러나 수사기관이 작성한 조서가 객관적으로 신빙성이 있는지를 뒷받침할 수 있는 자료로 활용이 가능하다. 종전제도는 피고인이나 증인이 수사기관에서 작성된 조서내용을 법정에서 부인하면 그 조서는 증거능력이 없어 쓸모없게 되었지만, 앞으로는 검사가 영상녹화 내용을 근거로 피의자를 추궁할 수 있게 되고, 법관의 판단에 따라 피의자나 증인이 조서내용을 부인해도 증거로 채택될 수 있다. 또한 피의자나 참고인을 조사한 경찰관이 법정에 증인으로 나와 자신이 조사한 내용이 진실임을 주장할 수 있고, 이는 공판조서에 기재되어 증거능력이 인정된다.

진술거부권(陳述拒否權)

소송관계인이 신문 또는 질문에 대하여 진술을 거부할 수 있는 권리를 말한다. 우리 헌법은'모든 국민은 … 형사상 자기에게 불리한 진술을 강요당하지 아니한다'라고 규정하여 진술거부권을 국민의 기본적 인권을 보장하고 있다(헌법 12조2항). 이에 따라 형사소송법은 피고인은 공판정에서 각개의 신문에 대하여 이익·불이익을 불문하고 진술을 거부할 수 있게 하였고(형소법 289조), 검사 또는 사법경찰관이 수사상으로 피의자진술을 들을 때에는 미리 그 진술을 거부할 수 있음을 알리도록 하여 피의자의 진술거부권(형소법 200조 2항)을 보장하고 있다. 증인·감정인은 일정한 경우에 한하여 진술거부권이 인정될 뿐이다(형소법 148·149·177조). 그런데 증인의 진술거부권은 특히 증언거부권이라 한다.

검증조서(檢證調書)

검증조서라 함은 법원 또는 수사기관이 검증의 결과를 기재한 서면 즉 검증을 한 자가 五官의 작용에 의하여 물건의 존재와 상태에 대하여 인식한 것을 기재한 서면을 말한다. 이는 검증당시에 인식한 바를 직접 기재한 서면이므로 진술에 의한 경우보다 정확성을 기할 수 있고 검증 그 자체가 가치판단을 포함하지 않는 기술적인 성격을 가지기 때문에 허위가 개입될 여지가 없다는 점에서 전문법칙에 대한 예외를 인정하고 있다.

메모의 이론(메모의 理論)

「메모의 이론」이라 함은 영미법상의 이론으로 이것은 이른바, 진술자의 경험사실에 관하여 기억이 사라져 가고 있는 경우에 기억을 환기시켜 진술을 정확하게 하기 위하여 「메모」를 사용하여 진술함을 허용하거나, 또는 기억을 완전히 상실한 경우에 「메모」를 사용하여 진술함을 허용하거나, 또는 기억을 완전히 상실한 경우에 「메모」자체가 상당히 새로운 기억의 기록인 것과, 진술자가 그 뜻을 법정에서 진술한 경우에「메모」자체를 증거로 함을 허용한다는 이론이다. 경험의 당시에「메모」한 것은 착오가 적다는 이론적 근거에 의한다. 우리나라의 형사소송법은 이 이론을 일부 원용하여 수사기관의 검증조서, 감정인의 감정서에 대하여 증거능력을 인정하고 있다(형소§312⑥, §313②). 다만 우리나라에서는 「메모」

를 현재의 진술의 일부로서 제출하고, 더욱이 「메모」그 자체를 증거로서 제출하는 것을 인정하고 있음을 주의하여야 한다. 일반의 증인의 경우에는 본인이 완전히 기억을 상실하고 있고(필요성의 원칙), 또 특히 신빙할 수 있는 상태하에서 작성된 경우에 비로소 증거로써 채택될 수 있다(§314참조).

알리바이(alibi)

현장부재증명 또는 단순히 부재증명이라고도 한다. 어떤 범죄가 행해진 경우에 그 범행의 당시에, 그 현장에 있지 않았다는 사실을 주장하여 자기의 무죄를 입증하는 방법을 말한다. 범행의 당시에 그 현장에 없었음이 입증된 경우에는 그 범죄를 행할 가능성은 경험칙상 인정할 수 없는 것이므로 그 용의자는 범인으로 단정할 수 없다는 것이다. 범행현장에 없었다는 사실은 범행현장 이외의 장소에 있었던 사실을 입증하면 된다.

보강증거, 자백의 보강법칙
(補强證據, 自白의 補强法則)

자백이 유일한 증거로 되는 경우에는 유죄로 되지 않는다(형소§310). 법관은 자백에 의하여 유죄의 심증을 얻은 경우에도 자백을 보충하는 증거, 즉 보강증거가 없는 한 유죄로 인정하여서는 안 된다. 이를 자백의 보강법칙이라 한다. 이는 자백의 진실성을 담보하여 오판의 위험성을 배재하고 자백편중으로 인한 인권침해를 방지하려는 데 있다. 보강증거로 될 수 있는 증거는 공판정의 내외를 불문하고 본인의 자백 이외의 증거능력이 있어야 한다. 단 공범자의 자백은 상호간에 보강증거가 될 수 있다.

죄체(罪體)

범죄구성사실 가운데 객관적인 부분을 말한다. 영미법에서 자백의 보강증거에 필요한 범위로 되어 있으며, 우리나라의 통설도 이를 인정하고 있다. 예컨대 살인죄의 경우에 어느 누군가의 행위에 의하여 사람이 죽었다는 사실이 죄체이고 그 부분에 대하여 보강증거가 요구된다.

공판조서(公判調書)

공판조서라 함은 공판기일에서 어떠한 소송절차가 행해졌는가를 명백히 하기 위하여 일정한 사항을 기재한 서면을 말한다. 공판기일의 소송절차에 관하여는 참여한 법원사무관등이 공판조서를 작성하도록 되어 있다(형소§51①). 공판조서에는 다음 사항 기타 모든 소송절차를 기재하여야 한다(§51②). (1) 공판을 행한 일시와 법원 (2) 법관·검사·서기관 또는 서기의 관직·성명 (3) 피고인·대리인·대표자·변호인·보조인과 통역인의 성명 (4) 피고인의 출석여부 (5) 공개의 여부와 공개를 금한 때에는 그 이유 (6) 공소사실의 진술 또는 그를 변경하는 서면의 낭독 (7) 피고인에게 그 권리를 보호함에 필요한 진술의 기회를 준 사실과 그 진술한 사실 (8) 제48조 2항(각종서류의 기재사항)에 기재한 사항 (9) 증거조사를 한 때에는 증거될 서류, 증거물과 증거조사의 방법 (10) 공판정에서 행한 검증 또는 압수 (11) 변론의 요지 (12) 재판장이 기재를 명한 사항 또는 소송관계인의 청구에 의하여 기재를 허가한 사항 (13) 피고인 또는 변호인에게 최종 진술할 기회를 준 사실과 그 진술한 사실 (14) 판결기타의 재판을 선고 또는 고지한 사실 등. 공판조서는 각 공판기일 후 5일 이내에 신속하게 정리하여야 하고(§54①), 다음 회의 공판기일에 있어서는, 전회의 공판심리에 관한 주요사항의 요지를 조서에 의하여 고지하여야 한다. 검사·피고인 또는 변호인이 그 변경을 청구하거나 이의를 진술한 때에는 그 취지를 공판조서에 기재하여야 한다(§54②). 이 경우에는 재판장은 그 청구 또는 이의에 대한 의견을 기재하게 할 수 있다(§54③). 공판조서의 기재는 당사자의 공격·방어 또는 상소이유의 유죄를 판단함에 있어서 중요한 자료가 되는 것이므로 당사자의 열람권을 인정하고 있다(§35, §55). 또 공판기일의 소송절차로서 공판조서에 기재된 것은 그 조서만으로써 증명해야 하고(§56), 다른 자료에 의한 증명은 허용되지 아니한다.

논고(論告)

논고라 함은 공판절차에 있어서 증거조사가 끝난 후에 검사가 행하는 사실 및 법률적용에 관한 의견의 진술을 말한다. 논고는 단순히 법원의 참고가 됨에 지나지 않으므로 반드시 진술하여야 하는 것은 아니며, 법원으로서는 논고할 기회를 주기만 하면 족한 것으로 되어 있다. 논고 중 검사가 피고인의 징역 몇 년에 처함이 상당하다든지, 벌금 몇원이 상당하다고 주장하는 것과 같이 형벌의 종류 및 그 양에 대한 의견을 진술하는 것을 구형이라 한다. 구형은 검사의 의견일 뿐이고 법원을 구속하지 않으므로 법원은 구형보다 중한 형을 선고하여도 무방하다.

최후진술(最後陳述)

형사공판절차에 있어서 증거조사가 끝나면 검사의 논고가 행해지는데, 재판장은 검사의 논고가 끝난 후에 피고인과 변호인에게 최종의 의견을 진술할 기회를 주어야 한다(형소§303). 이를 「최후진술」이라고 한다. 최후진술의 기회는 피고인 또는 변호인의 일방에 이를 부여하면 충분하다는 견해가 있으나, 쌍방에 다 부여함이 타당하다. 최후진술이라고 하여도, 그 진술이 중복된 사실이거나, 그 소송에 관계없는 사항인 때에는 진술인의 본질적인 권리를 침해하지 아니하는 한도에서 이를 제한할 수 있다(형소§299).

판 결

판결(判決)
영;judgement
독;Urteil
불;jugement

재판의 형식에의 분류에 의하면 판결, 결정, 명령이 있다. 판결에는 실체재판인 유죄·무죄의 판결과 형식재판인 관할위반·공소기각 및 면소의 판결이 있다. 판결은 원칙적으로 구두변론에 의하여야 하고 이유를 명시하여야 하며 판결에 대한 상소방법은 항소 또는 상고이다. 판결은 주문 및 이유로 되어 있는데, 주문은 「피고인을 징역 3년에 처한다」든가, 「피고인은 무죄」라든가 하는 결론적 부분이며, 이유란 주문이 이끌어내진 논리과정의 기술이다. 또 유죄판결에는 반드시 「범죄될 사실」, 「증거의 요지」 및 「법령의 적용」을 명시하여야 하며, 그밖에 정당방위·심신상실과 같이「법률상 범죄의 성립을 조각하는 이유」또는 심신미약과 같이 「법률상 형의 가중감면의 이유」가 되는 사실이 주장된 때에는 이에 대한 판단을 명시하여야 한다(형소§323). 또 판결서에는 피고인의 성명·연령·직업·주거와 검사의 관직·성명·변호인의 성명의 기재 및 법관의 서명날인 등이 필요하다(§410, §41). 판결의 선고는 공판정에서 재판장이 주문을 낭독하고 그 이유의 요지를 설명함으로써 행한다(§43). 선고된 판결은 법원 스스로도 이를 취소·변경할 수 없다. 다만 상고법원은 그 판결의 내용에 오진이 있음을 발견한 때에는 직권 또는 당사자의 신청에 의하여 정정의 판결을 할 수 있다(§400). 판결에 불복하는 자는 항소 또는 상고할 수 있다. 항소 또는 상고하지 아니하고 상고기간을 경과한 경우, 또는 이를 취하한 경우에는 판결은 확정하여 기판력이 생긴다.

유죄판결(有罪判決)
독;Verurteilung

범죄의 증명이 있는 때에 선고하는 판결(형소법 321조)을 말한다. '범죄의 증명이 있는 때'라 함은 법관이 공소범죄사실의 존재에 대하여 심증을 형성한 경우를 말한다. 그 심증형성의 정도는 합리적인 의심이 없을 정도의 확신을 요하며, 이러한 확신에 이르지 아니한 경우에는 피고인에게 유죄의 의심이 간다 하더라도 피고인의 이익으로 판단하여야 한다. 유죄판결은 종국재판인 동시에 실체재판이므로 유죄판결이 선고되면 당해소송은 그 심급에서 종결되며, 확정되면 기판력(일사부재리의 효력)이 발생한다. 현행법상 유죄판결에는 형의 선고의 판결, 형의 면제의 판결, 형의 선고유예의 판결이 있다. 형의 집행유예, 판결전구금일수의 본형산입, 노역장유치기간, 재산형의 가납명령은 형의 선고와 동시에 판결로써 선고하여야 한다(형소법 321조2항·334조2항). 형을 선고하는 때에는 판결이유에 범죄될 사실, 증거의 요지와 법령의 적용을 명시하여야 하며, 법률상 범죄의 성립을 조각하는 이유 또는 형의 가중·감면의 이유되는 사실의 진술이 있는 때에는 이에 대한 판단을 명시하여야 한다(형소법 323조).

무죄판결(無罪判決)

영;acquittal
독;Freisprechung

피고사건에 대하여 구체적 형벌권의 부존재를 확인하는 법원의 판결을 말한다. 실체판결인 동시에 종국판결이다. 무죄판결의 사유는 피고사건이 범죄로 되지 아니하거나 범죄사실의 증명이 없는 때이다(형소법 325조). '피고사건이 범죄로 되지 아니한 때'라 함은 공소사실이 범죄의 특별구성요건에 해당되지 아니한 경우, 위법성조각사유 또는 책임조각사유에 해당한 경우를 말한다. 다만'공소장에 기재된 사실이 진실하다 하더라도 범죄가 될만한 사실이 포함되지 아니한 때'는 공소제기 자체가 일견하여 무효임이 명백한 경우이므로 실체심리를 할 필요 없이 결정으로 공소를 기각하여야 한다(형소법 328조 1항 4호). '범죄사실의 증명이 없는 때'라 함은 공소범죄사실의 부존재가 적극적으로 증명된 경우(예컨대 진범인의 발견, 알리바이의 입증)와 공소사실의 존재에 대하여 법관이 유죄의 확신을 하지 못한 경우, 즉 증거불충분의 경우를 의미한다. 법관이 충분한 심증을 얻지 못한 경우, 즉 유죄인지 무죄인지 의심스러운 경우에 무죄를 선고하여야 함은 무죄추정의 법리(형소법 275조의2)에 의해서 당연하다. 피고인의 자백에 대하여 보강증거가 없는 경우도 범죄사실의 증명이 없는 때에 해당한다. 무죄판결은 실체적 종국판결이므로 그 선고에 의해서 구속력이 발생하며, 확정되면 기판력(일사부재리의 효력)이 발생한다. 무죄판결은 원칙적으로 형사보상의 사유로 되며(헌법 28조, 형사보상법 13조), 재심절차에서 무죄판결이 선고된 경우에는 법원은 그 판결을 관보와 법원소재지의 신문에 공고하여야 한다(형소법 440조 본문). 다만, 피고인 등 재심을 청구한 사람이 이를 원하지 않는 경우에는 재심무죄판결을 공시하지 아니할 수 있다(형소법 440조 단서). 개정 전 법에서는 재심에서 무죄판결을 선고받은 피고인의 명예회복을 위한 조치로 재심무죄판결을 필요적으로 공고하도록 규정하고 있었다. 그러나 이로 인해 오히려 무죄판결을 선고받은 피고인의 사생활이 침해되거나, 인격·명예가 훼손되는 경우가 발생한다는 비판이 있었다. 이에 2016년 5월 29일 일부개정시 피고인 등 재심을 청구한 사람이 원하지 아니하는 경우에는 재심무죄판결을 공시하지 아니할 수 있도록 단서를 신설하였다.

한편, 피고인이 무죄판결에 대하여 유죄판결을 주장하며 상소할 수는 없다. 상소의 이익이 없기 때문이다.

결정(決定)

독;Beschluß 불;ordonnance

결정은 종국 전의 재판의 원칙적 형식이며 절차에 관한 재판은 원칙적으로 결정에 의한다. 보석을 허가하는 결정, 보석을 각하하는 결정(형소§97), 증거조사에 관한 이의신청에 대한 결정(§296), 공소기각의 결정(§328) 등 그 예는 많다. 결정은 구도변론에 의함을 요하지 않으나, 신청에 의하여 공판정에서 행하는 때, 또는 공판정에서의 신청에 의한 때에는 소송관계인의 진술을 들어야 하며 그 밖의 경우에는 진술을 듣지 아니하고 할 수 있다. 또 결정을 하기 위하여 필요한 때에는, 증인신문 등의 사실조사를 할 수 있다(§37③). 판결에는 반드시 이유를 붙여야 하지만, 결정은 반드시 이유를 붙일 것을 필요로 하지는 않는다(§39). 또 판결은 반드시 공판정의 선고에 의하여야 하지만, 결정은 결정서 등본의 송달에 의하여 고지할 수 있으며, 또 송달도 필요 없는 경우가 있다. 결정에 대한 불복신청은 항고의 방법에 의하여야 한다.

명령(命令)
영;Order
독;Verfügung
불;réglement

명령은 법원이 아니라 재판장·수명법관·수탁판사로서 법관이 하는 재판을 말한다. 명령은 모두 종국 전의 재판이다. 형사소송법에서 명령이라고 규정하지 않는 경우에도 재판장 또는 법관 1인이 하는 재판은 모두 명령에 해당한다. 그러나 略式命令은 명령이 아니라 독립된 형식의 재판이다. 이러한 명령은 법관이 하는 재판의 형식으로서 구두변론에 의거하지 않아도 된다(형소§37②). 불필요한 변론 등의 제한(§299), 피고인의 퇴임허가(§281) 등 소송지휘나 법정의 질서유지에 관한 재판이 그 예이다. 구속영장, 압수·수색영장 등의 발부는 결정인가 명령인가가 확실하지 않으나, 법원이 발하는가 법관이 발하는가에 따라서 각각 결정 또는 명령의 성질을 가진 것이라고 해석하여야 할 것이다. 결정에 대하여는 소송관계인의 진술을 들어야만 하는 경우가 있으나, 명령은 소송관계인의 진술을 듣지 않고 할 수 있다. 또 필요한 경우에는 사실조사를 할 수 있는 것은 결정의 경우와 같다. 명령을 고지하는 방법은 결정의 경우와 같다. 또 명령은 원칙적으로 불복신청을 허용하지 않는다. 다만, 특별한 경우에 이의의 신청(§296), 준항고(§416)가 허용되어 있음에 불과하다.

약식명령(略式命令)

약식절차에 의하여 재산형을 과하는 재판을 말한다. 약식명령의 청구권자는 검사에 한하며(형소법 449조), 약식명령을 청구할 수 있는 사건은 지방법원의 관할에 속하는 사건으로서 벌금·과료 또는 몰수에 처할 수 있는 사건이다(형소법 448조 1항). 약식명령의 청구는 공소제기와 동시에 서면으로 하여야 하며(형소법 448·449조), 약식명령의 청구와 동시에 약식명령을 하는데 필요한 증거서류 및 증거물은 법원에 제출하여야 한다(형사소송규칙 170조). 따라서 약식명령을 청구하는 경우에는 공소장일본주의의 원칙이 적용되지 않는다. 법원은 심사의 결과 공판절차에 이행할 경우가 아니면 약식명령을 하여야 한다. 약식명령에는 약식명령의 고지를 받은 날로부터 7일 이내에 정식재판을 청구할 수 있음을 명시하여야 한다(형소법 451조). 약식명령의 고지는 검사와 피고인에 대한 재판서의 송달에 의하여야 한다(형소법 452조). 약식명령은 정식재판의 청구기간이 경과하거나 청구의 취하 또는 청구기각의 결정이 확정된 때에는 확정판결과 동일한 효력이 있다(형소법 457조). 피고인이 정식재판을 청구한 사건에 대하여는 약식명령의 형보다 중한 형을 선고하지 못하도록 하여(형소법 457조의2) 불이익변경금지의 원칙을 적용하였다. 한편 약식명령에 대하여 정식재판을 청구한 피고인이 공판기간에 2회 불출석한 경우에는 결석재판을 허용한다(형소법 458조2항).

제출명령(提出命令)

독;vorlegungsbefehl

법원·수사기관이 증거가 될 물건이나 몰수할 물건을 지정하여 그 소유자나 소지자 또는 보관자에게 그 제출을 명하는 것(형소법 106조2항, 107조, 219조)을 말한다. 검증을 위해 물건의 제시를 명하는 경우도 있지만, 이들 기관이 점유를 취득하면 압수의 효과가 발생한다. 자기의 형사소송의 우려를 이유로 한 제출명령의 거부는 인정되지 아니하며, 일반적으로 압수를 거부할 수 있는 경우에만 한한다.

정식재판(定式裁判)

통상의 공판절차에 의한 재판을 말한다. 약식명령을 받은 피고인 또는 검사가 약식명령에 대하여 불복신청을 하였을 때 및 즉결심판을 받은 피고인이 이에 불복신청을 하였을 때 행하여진다. 정식재판의 청구는 재판의 고지를 받은 날로부터 7일 이내에, 약식명령에 대하여는 그 명령을 한 법원에 서면으로 제출하고(형소법 453조2항), 즉결심판에 대하여는 서면으로 경찰서장을 경유하여 소관지방법원 또는 지방법원지원에 한다(법원조직법 35조, 즉결심판에관한절차법 14조).

실체적재판·형식적재판

(實體的裁判·形式的裁判)

재판은 그 내용에 따라서 사건의 실체를 판단하는 재판과 그 이외의 재판의 두 가지로 분류할 수 있다. 전자를 실체적재판이라 하며, 유죄 및 무죄의 판결이 이에 해당한다. 후자 즉 소송절차를 판단의 대상으로 하는 재판을 형식적재판이라 한다. 형식적재판은 다시 소송을 종결시키는 재판인가, 아닌가에 따라서 형식적종국재판과 종국전의 재판으로 나눌 수 있다. 형식적 종국재판은 사건이 그 법원의 관할에 속하지 않는다든가, 공소시효가 완성하였다든가, 피고인이 사망한 경우와 같이 소송요건의 불비를 이유로써 실체의 심리에 들어갈 수 없어 소송을 종결시키는 재판으로서, 관할 위반의 판결(형소§319), 면소의 판결(§326), 공소기각의 판결·결정(§327, §328)이 이에 해당한다. 종국전의 재판으로서는 명령의 전부 및 결정의 대부분이 이에 해당하며 보석허가결정 등에 그 예가 많다. 실체적 재판과 형식적종국재판은 다같이 소송을 종결시키는 기능을 가지기 때문에 종국적재판이다. 그래서 종국적 재판을 실체적재판과 형식적재판으로 나누는 예가 많으나 재판을 그 내용에 따라서 분류할 경우 다음과 같이 된다.

범죄될 사실(犯罪될 事實)

라; corpus delicti

범죄될 사실이란 특정한 구성요건에 해당하고 위법하고 유책한 구체적 사실을 말한다. 유죄판결에는 반드시 「범죄될 사실」 등 일정한 사항을 명시하여야 한다(형소§323①). 범죄될 사실을 기재할 때에는 일시·장소·방법 등에 의하여 사건의 동일성을 확인할 수 있는 정도의 구체적 사실을 표시하여야 한다. 그밖에 형법 제109조의 「모욕할 목적」이라든가, 형법 제207조의 「행사할 목적」등의 행위의 목적, 형법 제188조의 「사람을 상해에 이르게 한 때」와 같은 행위의 결과, 상습누범절도의 전과 등은 구성요건의 요소로서 당연히 기재되어야 한다. 또한 처벌조건(파산§366이하의 사기, 파산죄에 있어서 파산선고의 확정 등)도 표시되어야 한다. 또 재판서에는 주문이 도출된 이유를 붙여야 하고, 따라서 누범가중의 원인인 전과, 심신박약의 사실, 형법 제37조를 적용할 경우의 확정판결을 거친 사실 등은 죄가 되는 사실은 아니지만 명시하도록 되어 있다(죄가 되는 사실이므로 당연히 명시해야 한다는 설도 있다).

관할위반(管轄違反)

독; Unzuständigkeit
불; incompétence

사건이 그 법원의 관할에 속하지 않는 것을 말한다. 관할에 속하는가의 여부는 법원이 직권으로 조사하여야 할 사항이며, 속하지 않음이 분명하게 된 때에는 관할위반의 판결을 선고하여야 한다(형소§319본문). 이를 관할위반의 판결이라 한다. 다만, 재판상의 준기소절차에 의하여 지방법원의 심판에 부하여진 사건(§262①Ⅱ)에 대하여는 관할위반의 판결을 하지 못한다(§319단). 또 법원은 피고인의 신청이 없으면 토지관할에 관하여 관할위반의 선고를 하지 못한다(§320①). 관할위반의 신청은 피고사건에 대한 진술 전에 하여야 한다(§320②). 토지관할은 주로 피고인의 이익을 위하여 정하여진 것이므로, 피고인에게 이의가 없는 때에는 그대로 실체적 심리를 할 것으로 하고 있다. 사건이 법원의 사물관할에 속하는가 아닌가는 공소장에 기재된 소인에 의하여 정하고, 만일 소인이 변경된 때에는 변경된 소인에 의하여 관할을 정한다. 법원의 토지관할을 정하는 기준이 되는 피고인의 주소·거소에 대하여는(§4①) 기소된 시기를 표준으로 하여 판단한다. 관할위반의 선고전에 행하여진 개개의 소송행위는 관할위반을 이유로 하여 효력을 잃지 아니하며, 또한 관할위반이 분명하더라도 그의 선고전이면 긴급을 요하는 필요한 처분을 할 수 있다. 관할위반의 판결은 기판력이 없으므로 다시 관할법원에 기소할 수 있다.

공소기각의 재판
(公訴棄却의 裁判)

공소기각의 재판이라 함은 형식적 소송조건의 흠결(관할권이 없는 경우는 제외)을 이유로 공소를 무효로 하여 소송을 종결시키는 형식적 재판을 말한다. 소송조건의 흠결사유의 발견이 어려운가 쉬운가, 또한 그 사유가 비교적 중대한가, 그렇지 아니한가에 따라서 판결에 의하는 경우(형소§327)와 결정에 의하는 경우(§328)로 나눈다. 먼저 판결로써 공소를 기각해야 할 경우는 다음과 같다. (1) 피고인에 대하여 재판권이 없는 때(§327Ⅰ), (2) 공소제기의 절차가 법률의 규정에 위반하여 무효인 때(§327Ⅱ), (3) 공소가 제기된 사건에 대하여 다시 공소가 제기되었을 때(§327Ⅲ), (4) 제329조(공소취소와 재기소)의 규정에 위반하여 공소가 제기되었을 때(§327Ⅳ), (5) 고소가 있어야 죄를 논할 사건에 대하여 고소의 취소가 있을 때(§327Ⅴ), (6) 피해자가 명시한 의사에 반하여 죄를 논할 수 없는 사건에 대하여 처벌을 희망하지 아니하는 의사표시가 있거나, 처벌을 희망하는 의사표시가 철회되었을 때(§328Ⅵ). 결정으로써 공소를 기각하는 경우는 다음과 같다. (1) 공소가 취소되었을 때(§328Ⅰ), (2) 피고인이 사망하였거나, 또는 피고인인 법인이 존속하지 아니하게 되었을 때(§328Ⅱ), (3) 제12조(동일사건과 수개의 공소계속) 또는 제13조(관할의 경합)의 규정에 의하여 재판을 할 수 없는 때(§328Ⅲ). (4) 공소장에 기재된 사실이 진실하다 하더라도 범죄가 될만한 사실이 포함되지 아니한 때(§328Ⅳ). 공소기각의 재판은 확정되더라도 기판력이 없으므로 소송조건을 보정하여 재공소를 할 수 있다.

가납재판(假納裁判)

재판의 확정후에는 집행할 수 없거나 집행하기 곤란할 염려가 있다고 인정할 때, 직권 또는 검사의 청구에 의하여 피고인에게 벌금·과료 또는 추징에 상당한 금액의 가납을 명하는 재판(형소법 334조)을 말한다. 재판의 형식이 명령이므로 가납명령이라고도 하는데, 가납명령은 형의 선고와 동시에 판결로써 선고하여야 한다(형소법334조 2항). 가납명령은 즉시로 집행할 수 있으며(형소법 334조 3항), 가납의 재판을 집행한후에 벌금·과료·추징의 재판이 확정된 때에는 그 금액의 한도에서 형이 집행된 것으로 간주한다(형소법 481조).

면소(免訴)
영;acquittal

면소라 함은 소송조건(소송을 진행시켜 실체판결을 하기 위한 조건) 중 실체적 소송조건(형소§326)을 결하기 때문에 공소가 부적당하다고 하여 소송을 종결시키는 재판이다. 면소의 판결은 형식재판이면서 일사부재리의 의론(議論)이 인정되는 재판이다. 그리고 면소의 판결은 기판력(일사부재리의 효력)을 가진다. 기판력을 가지는 이유에 대하여는 면소판결의 본질과 관련하여 학설상 다툼이 있다. 실체적재판설, 형식적재판설, 실체관계적형식재판설, 실체적재판·형식적재판이분설 등이 있는데, 실체적 소송조건은 실체면에 관한 사유를 소송조건으로 한 것이고, 그 존부의 심사에는 필연적으로 어느 정도까지 사건의 실체에 들어가서 그것에 관계시켜 판단되므로, 형식적 재판이면서도 실체관계적이라고 하는 실체관계적형식재판설이 일반적 견해이다. 그러나 이에 대하여는 유력한 반대설이 있다. 면소사유는 다음과 같다(§326각호). (1) 확정판결이 있을 때(유죄·무죄·면소의 확정판결이 있는 때에는 본호에 의하여 면소가 된다. 관할위반·공소기각의 확정판결은 포함하지 않는다.) (2) 사면이 있는 때 (3) 공소의 시효가 완성되었을 때 (4) 범죄 후의 법령개폐로 형이 폐지되었을 때 등이다.

기판력(旣判力)
라;res judicata
독;materielle Rechtskraft
불;autoirt de la chose jugee

기판력에 대하여 넓은 의미로서 유죄·무죄의 소위 실체적 재판 및 면소의 판결이 통상의 상소방법에 의하여 다툴 수 없게 되면(형식적확정) 재판의 내용도 확정되어, 내부적 효력으로서 그 내용에 따라 집행할 수 있는 효력 및 외부적 효력으로서 동일사건에 대하여 공소의 제기를 허용하지 않는 효과가 생기는데 이 두 가지 효력을 합하여 기판력이라 한다. 그러나 일반적으로는 후자, 즉 일사부재리의 효력을 기판력이라 하고 있다. 재판의 효력의 분류에 관하여 그리고 기판력은 확정의 어떠한 효력에 유래하는 것인가에 대하여 학설이 여러 가지로 나누어져 있다. 또 면소의 판결이 왜 기판력을 발생하는가에 대하여도 면소판결의 본질과 관련하여 학설이 날카롭게 대립하고 있다. 다음으로 기판력의 범위에 대하여 살펴보면 다음과 같다. 인적범위에 관하여는 그 소송에서의 소송당사자에게만 효력이 미친다. 또 포괄적 일죄 또는 계속범과 같이 행위가 판결의 전후에 걸쳐서 행해진 경우에 어느 시점에서 기판력이 미치는 범위를 정해야 하는가 하는 문제가 있다. 변론종결시설과 판결선고시설이 있으나, 통설은 후설을 취하고 있다. 또 기판력은 어떠한 사실의 범위에까지 미치는가에 대하여 통설은 확정판결의 내용이 되는 사실과 단일·동일의 관계에 있는 전사실에 미친다는 것이다(예컨대 돌을 던져 유리창문을 깨고 사람을 상하게 한 경우 상해만이 소인이 되어 이에 대하여 확정판결이 있으면 그 기판력은 위의 전사실에 미치고 후에 기물손괴에 대하여 심판함은 허용되지 않는다). 그것은 소인의 추가 등에 의하여 전사실에 대하여 심판할 수 있는 법률적 가능성이 있었기 때문이다. 이와 같은 사고방식에 대하여는 비판도 있으나, 헌법 제13조 1항과의 관계에서 볼 때에 통설의 입장이 타당하다고 보아야 한다.

소송비용(訴訟費用)
영; costs
독; Prozesskosten
불; dépends et frais, taxe

소송비용이라 함은 소송절차를 진행함으로 인하여 발생한 비용으로서 형사소송법에 의하여 특히 소송비용으로 규정된 것을 말한다. 증인·통역인·감정인의 일당·여비·숙박료와 보수, 감정인·통역인·번역인의특별요금, 법원이 선임한 변호인의 일당·여비·숙박료, 관보와 신문지에 공고한 비용이 여기의 소송비용에 해당한다. 소송비용은 지출원인에 대하여 책임 있는 자에게 부담시키는 것이 원칙이다.

약식절차(略式節次)
독;Strafbefehsverfahren

약식절차라 함은 지방법원이 그 관할에 속한 사건에 대하여 통상의 공판절차를 거치지 아니하고 略式命令(약식명령)이라는 재판에 의하여 벌금·과료 또는 몰수에 처할 수 있는 간이한 절차를 말한다(형소§448). 약식명령의 청구는 지방법원관할에 속하는 사건이다. 이는 벌금 이하의 형에 해당하는 죄 및 선택형으로서 벌금이 정해져 있는 죄에 대하여만 할 수 있으며, 공소의 제기와 동시에 서면으로 하여야 한다(§449). 약식명령으로 할 수 없거나 약식명령으로 하는 것이 적당하지 아니하다고 인정한 때에는 공판절차에 의하여 심판하여야 한다(§450). 여기에서 약식명령으로 할 수 없는 경우라 함은 법정형이 자유형 이상에 해당하는 사건인 경우와 무죄·면소·소송기각 또는 관할 위반 등을 선고하여야 할 경우를 말한다. 또 약식명령으로 하는 것이 적당하지 아니한 경우라 함은, 법률상으로는 약식명령을 하는 것이 가능하나, 사안이 복잡하다든지 또는 기타의 이유로 재판을 신중하게 하는 것이 상당하다고 인정되는 경우를 말한다. 약식명령에는 범죄사실·적용법령·주형(主刑)·부수처분과 약식명령의 고지를 받은 날로부터 7일 이내에 정식재판을 할 수 있음을 명시하여야 한다(§451). 약식명령의 고지는 검사와 피고인에 대한 재판서의 송달에 의하여야 한다(§452). 약식명령은 정식재판을 청구할 수 있는 기간이 경과하거나, 그 청구의 취하 또는 청구기각의 결정이 확정된 때에는 확정판결과 동일한 효력을 발생한다(§457). 약식명령에 불복하는 자는 위 기간 내에 정식재판의 청구를 할 수 있다(§453). 정식재판에 의한 판결이 확정될 때에는 전의 약식명령은 그 효력을 잃게 된다(§456). 피고인이 정식재판을 청구한 사건에 대하여는 약식명령의 형보다 중한 종류의 형을 선고하지 못하고, 약식명령의 형보다 중한 형을 선고하는 경우에는 판결서에 양형의 이유를 적어야 한다(§457의2).

판결의 정정(判決의 訂正)

상고법원은 판결의 내용에 오류가 있음을 발견한 때에는 직권 또는 검사·상고인이나 변호인의 신청에 의하여 판결로써 정정할 수 있다(형소§400①).

인간이 하는 재판이기 때문에 잘못이 있을 수 있으므로 상고법원 자신이 판결을 정정하는 권한을 인정한 것이다. 따라서 다른 법원에서는 이 권한이 없다. 판결정정의 신청은 판결의 선고가 있은 날로부터 10일 이내에 하여야 한다(§400②).

상소·비상구제절차·특별절차

상소(上訴)

영;appeal
독;Rechtsmittel

미확정인 재판에 대하여 상급법원에 불복신청을 하여 구제를 구하는 불복신청제도를 말한다. 원래 소송법상 「재판」에는 「판결」이외에 「결정」·「명령」이 있으나, 대부분의 재판은 한번 행해지면 즉시로 확정되는 것이 아니라, 일정한 요건을 구비하여 불복을 신청할 수 있도록 허용하고 있으며, 이 불복신청이 바로 상소이다. 상소중에서 항소와 상고는 판결에 대한 불복신청이고, 항고는 결정과 명령에 대한 불복신청이다. 재판에 대한 불복신청으로서 재심과 비상상고가 있으나, 양자 모두 확정된 재판에 대한 불복신청이라는 점에서 상소와 다르다. 또 이 이외에 이의의 신청이 있는데, 이중에는 실질적으로 상소와 동일한 작용을 하는 것도 있으나 일반적으로는 상급법원에 대한 불복신청이 아니라는 점에서 상소와 다르다. 피고인이 상소를 제기할 수 있음은 물론이지만 검사도 상소를 제기할 수 있다(형소§338①). 재판상의 준기소절차에 의하여(§262) 법원의 심판에 부하여진 사건에 관하여는 공소유지의 담당자로서 지정된 변호사(§265①)도 상소를 제기할 수 있다(§338②). 이를 고유의 상소권자라 한다. 이 이외의 상소권의 대리행사자가 있다. 즉 피고인의 법정대리인(§340), 피고인의 배우자·직계친족·형제자매 또는 원심의 대리인이나 변호인(§341①) 등도 피고인의 이익을 위하여 상소할 수 있다. 그러나 상소권의 대리행사자는 피고인이 상소권을 상실한 후에는 상소를 제기할 수 없다(대판. 1959. 10. 30.). 또 이중에서 피고인의 배우자 등의 친족과 변호인은 피고인의 명시한 의사에 반하여서는 상소를 제기하지 못한다(§341②). 상소는 상소를 제기할 수 있는 기간 내에 하여야 하지만 그 기간은 상소의 종류에 따라서 다르다. 항소 및 상고는 7일(§358, §374)이며, 즉시항고와 준항고는 3일이다(§405, §416③). 보통항고에는 제기기간에 제한이 없고 항고의 이익이 있는 한 할 수 있다(§404). 그리고 상소의 기간은 재판을 선고 또는 고지한 날로부터 진행하고 그 말일로써 종료한다. 그러나 초일은 산입하지 아니하므로(§66), 결국 상소기간은 재판을 선고 또는 고지한 날의 익일로부터 기산하여 법정의 일수(7일)가 경과함으로써 종료하게 된다.

상소의 효과(上訴의 效果)

상소의 효과에는 정지의 효력과 이심의 효력이 있다. 정지의 효력은 상소가 제기되면 원심재판은 그 상소에 관한 재판이 확정될 때까지 그 확정이 정지되며, 따라서 그 집행도 당연히 정지된다. 그러나 항고는 즉시항고 이외에는 재판의 집행을 정지하는 효력이 없으며, 다만 원심법원이나 항소법원이 결정으로 항고에 대한 재판이 있을 때까지 집행을 정지할 수 있을 뿐이다(형소법 409조). 구속영장의 실효 등 종국재판의 부수적 효력은 상소에 의하여 영향을 받지 않는다. 한편 재산형에 대한 가납의 판결은 그 선고 후 즉시 집행할 수 있다는 취지이므로 상소에 영향을 받지 않는다. 그리고 이심의 효력이란 소송계속이 원심을 떠나 상소심에 옮겨지는 것을 말한다. 그러나 이 효력은 상소제기와 동시에 곧 발생하는 것은 아니다. 즉 상소에 있어서는 원심법원에서 일단심사가 이루어지는 것이며, 상소가 법률상의 방식에 위반하거나 상소권의 소멸 후인 것이 명백할 때에는 원심법원에서 기각되며(형소법 407조), 원심법원이 항고의 이유가 있는 것으로 인정한 때에는 원심법원은 결정을 경정하여야 하므로(형소법 408조 1항), 이러한 경우에는 이심의 효력은 상소제기시가 아니고, 소송기록·증거물 등을 상소법원에 송부한 때에 발생하는 것으로 보아야 한다.

일부상소(一部上訴)

형사소송법상 법원이 내린 재판에 대하여 그 내용의 일부에 대한 상소를 의미한다. 재판을 그 내용상으로 분리할 수 있는 때에는 그 부분에 대하여서만 불복상소의 길을 열어줄 필요가 있으며 이러한 상소에서는 그 불복부분에 한하여 상소의 효과가 인정된다(형소§342). 그러나 이는 공소불가분의 원칙상 본래의 일죄 및 과형상의 일죄의 판결에 대하여 사실인정·법령의 적용 또는 형의 양정만을 다투는 것은 허용되지 않는다. 병합죄에 관해서도 한 개의 형이 선고되었을 때에는 그 재판은 불가분이므로 일부상소를 하지 못한다. 일부상소를 함에는 일부상소를 한다는 취지를 명시하고 불복부분을 특정하여야 한다.

상소권회복(上訴權回復)

형사소송법상 상소기간이 경과한 후에 법원의 결정에 의하여 소멸한 상소권을 회복시키는 제도를 말한다. 상소권자의 책임 없는 사유로 인하여 상소기간이 경과한 경우에 구체적 타당성을 고려하여 상소권자에게 상소의 기회를 주는 제도이다. 따라서 상속권회복의 사유는, 상소권자 또는 대리인이 책임질 수 없는 사유로 인하여 상소제기기간 내에 상소하지 못한 때이다. 책임질 수 없는 사유란 상소권자 본인 또는 대리인의 고의·과실에 기하지 않은 것을 말한다. 고유의 상소권자 뿐만 아니라 상소권의 대리행사자도 포함된다(형소법 345조). 상소권회복의 청구는 사유가 종지한 날로부터 상소제기기간에 상당한 기간 내에 서면으로 원심법원에 제출하여야 한다(형소§346①). 상소권회복의 청구를 할 때에는 원인이 된 사유를 소명하여야 한다. 상소권의 회복을 청구하는 자는 그 청구와 동시에 상소를 제기하여야 한다.(형소§346③). 상소권회복의 청구가 있는 때에는 법원은 지체없이 그 사유를 상대방에게 통지하여야 한다(형소법 356조). 상소권 회복의 청구를 받은 법원은 청구의 허부에 관한 결정을 하여야 한다(형소§347①). 이 결정에 대하여는 즉시항고를 할 수 있다(형소§347②). 법원은 상소권회복 청구의 허부에 관한 결정을 할 때까지 재판의 집행을 정지하는 결정을 할 수 있다(형소§348①). 집행정지의 결정을 할 경우에 피고인의 구금을 요하는 때에는 구속영장을 발부하여야 한다. 다만 구속사유(형소§70)가 구비될 것을 요한다(형소§348②).

불이익변경금지의 원칙

(不利益變更禁止의 原則)
독;Verschlechte- rungsverbot

피고인이 상소한 사건이나 피고인을 위하여 상소한 사건에 대하여는 원심판결의 刑보다 중한 형을 선고할 수 없다는 원칙을 말한다. 이는 중형변경금지의 원칙을 채택한 것이다. 주로 상소 및 재심에 관한 문제이다. 이 원칙을 인정하는 이유는 만일 이와 같은 원칙을 인정하지 않으면 피고인이 불복신청을 한 결과로서 전심재판의 판결보다 불이익한 재판을 받게 될 것을 두려워한 나머지 본의 아니게 불복신청을 포기하게 되는 폐해가 있기 때문이다. 현행형사소송법은 항소에 있어서 피고인이 항소한 사건과 피고인의 이익을 위하여 항소한 사건에 대하여는 원심판결의 형보다 중한 刑을 선고하지 못한다고 규정하고(형소§368) 이 원칙을 상고심(§396②), 재심(§439)에도 인정하였다. 상고심이 파기환송 또는 이송되는 경우에도 파기자판의 경우와 같이 불이익변경의 금지원칙을 적용할 것인가에 관하여 판례는 이를 긍정하고 있다. 불이익변경금지의 원칙은 중한 형의 선고만을 금지하는 것이므로(중형금지의 원칙) 단순히 원판결보다 중한 사실을 인정하거나 또는 중한 법령을 적용하는 것은 무방하다. 또 재심의 경우와 달리 피고인이 상소하거나 또는 피고인을 위하여 상소한 사건(§340, §341)에 한하여 이 원칙을 적용하고, 검사만이 상소한 사건에도 이를 적용하지 않고 보다 중한 형을 선고할 수 있다. 그러나 이에 대하여는 반대설이 있다. 또 이 원칙과 관련하여 중한형인가 아닌가에 관하여 문제가 되는 것이 적지 않다. 대체로 主刑이 동일한 한 집행유예를 없애거나 유예기간을 연장하는 것은 불이익변경이다. 또 판례에 따르면 징역 10월을 징역 1년으로 하고 새로이 집행유예를 부가하여 불이익 형이 된다(대판. 1966. 12. 8.). 집행유예가 없어지면 형기가 짧게 되더라도 불이익변경이다(대판. 1965. 12. 10.). 징역형에 대한 선고유예를 벌금형으로 하는 것(대판. 1966. 4. 6.). 징역 6월을 징역 6월, 집행유예 2년 및 벌금형을 병과하는 것은(대판. 1970. 5. 26.) 피고인에게 불이익하다. 그러나 형의 집행유예를 벌금형으로 하는 것은 불이익변경으로 되지 아니한다(대판. 1966. 9. 27.). 몰수에 관하여는 주형을 동일하게 하고 새로이 몰수를 부가하면 당연히 불이익으로 되지만(대판 1961. 10. 12.) 주형(主刑)을 경하게 하면 몰수를 부가 또는 증액하더라도 불이익변경으로 되지 아니한다. 또 추징은 형벌이 아니나 실질적인 의미에서 논할 때에는 형에 준하여 평가하여야 할 것이므로 원심과 주형을 같이하고 추징은 부가 선고하는 것은 불이익변경금지의 원칙에 위배되는 것이다(대판. 1961. 11. 9.). 부정기형을 정기형으로 변경하는 경우에도 곤란한 문제가 있으나 통설은 정기형이 부정기형의 중간위(예를 들면 단기 1년, 장기 3년의 경우에는 2년)를 초과하지 아니하면 불이익변경을 되지 아니한다는 중간위설을 취하고 있다.

항소이유(抗訴理由)

항소이유란 항소권자가 적법하게 항소를 제기할 수 있는 법률상의 이유를 말한다. 항소는 법률에 정한 이유가 없으면 제기할 수 없다(형소§361의5). 항소이유에는 법령위반이 되는 항소이유와, 그 밖의 항소이유가 있다. 법령위반인 항소이유는 다시 절대적 항소이유와 상대적 항소이유로 나누어진다. 절대적 항소이유는 그 법령위반이 판결에 영향을 미치는가 아닌가에 관계없이 항소이유가 되는 것으로, 법원의 구성이 법률에 위반되어 있거나, 심판이 공개되지 않았거나, 판결에 이유를 붙이지 아니하거나 이유에 모순이 있는 경우, 그밖에 제361조의5에 규정된 사유이다. 상대적 항소이유는 판결에 영향을 미칠 것이 분명할 경우에 한해 인정되는 항소이유이다(§361의5 I). 법령위반 이외의 항소이유로서는 형의 부당, 사실의 오인, 재심사유 및 원심판결 후의 형의 폐지·변경 또는 특사 등이 있다.

항소(抗訴)

아직 확정되지 아니한 제1심 법원의 판결에 대하여 지방법원단독판사 가 선고하는 것은 지방법원본원합의부에, 지방법원합의부가 선고한 것은 고등법원에 하는 불복신청을 말한다. 항소는 법률에 정한 이유가 있는 경우에 한하여 제기할 수 있으며, 그 이유는 항소이유서에 기재하여야 한다. 항소심의 절차에 관하여는 특별한 규정이 없으면 제1심공판에 관한 규정이 준용된다(형소§370). 다만 항소심의 사후심적 성격으로부터 다음과 같은 특칙이 규정되어 있다. (1) 피고인의 출정에 관한 특칙 : 피고인이 공판기일에 출정하지 아니한 때에는 다시 기일을 정하여야 한다(§365①). 피고인이 정당한 사유 없이 다시 정한 기일에 출정하지 아니한 때에는 피고인의 진술 없이 판결할 수 있다(§365②). (2) 항소법원의 심판범위에 관한 특칙 : 항소법원은 항소이유에 포함된 사유에 관하여 심판하여야 한다(§364①). 그러나 판결에 영향을 미친 사유에 관하여는 항소이유서에 포함되지 아니한 경우에도, 직권으로 심판할 수 있다(§364②). 제1항의 규정은 항소심의 사후심적 성격을 선언하는 동시에 항소심의 심리가 변론주의·당사자주의라는 것을 명백히 밝힌 규정이라고 하겠다. 그리고 제2항은 실체적진실주의 내지 법령의 정당한 적용의 확보라는 측면에서 판결에 영향을 미친 사유에 관하여는 항소이유에서 포함되어 있지 아니한 경우에도 직권에 의한 심판의 권한을 항소법원에 인정하고 있다. 다만, 이 경우에는 의무적인 직권심판이 아니므로 항소이유서에 포함되어 있지 않은 사항에 관하여 심판하지 않았다고 해서 위법이라고는 말할 수 없다. (3) 증거에 관한 특칙 : 제1심 법원에서 증거로 할 수 있었던 증거는 항소법원에서도 증거로 할 수 있다(§364③). 이 규정은 항소심에서 판결(특히 파기자판〈破棄自判〉의 경우)을 하는 경우에 재1심에서 증거능력이 있었던 증거는 항소심에서도 그대로 증거능력을 인정하여 판결의 기초로 할 수 있고, 다시 증거조사를 할 필요가 없다는 취지이다. 이것은 항소심의 사후심적 성격에서 오는 규정이다. 항소법원은 심사의 결과 항소가 이유 없다고 인정한 때에는 판결로써 항소를 기각하여야 한다(§364④). 항소가 이유 있다고 인정한 때에는 경우에 따라서 환송 또는 이송판결을 해야한다(§366, §367). 다만, 소송기록과 원심법원 및 항소법원에서 조사한 증거에 의하여 직접 판결할 수 있다고 인정한 때에는 피고사건에 대하여 다시 판결할 수 있다(§364⑥). 이것을 파기자판이라고 한다.

항소이유서(抗訴理由書)

항소의 이유를 기재한 서면을 항소이유서라 한다. 항소인은 항소장을 제출하기만 하면 되는 것이 아니고, 소정의 기간 내에 항소이유서를 항소법원에 제출하여야 한다(형소§361의3①). 항소이유서에는 법령위반, 형의 양정부당, 사실의 오인 기타 항소이유를 뒷받침할만한 사실을 간결하게 명시하여야 한다. 항소이유서를 제출기간 내에 제출하지 않거나, 제출하더라도 그것이 형소법 혹은 법원규칙에서 정한 방식에 위반되거나, 항소권소멸 후임이 명백한 때에는 결정으로 항소를 기각하여야 한다(§360, §361의4). 반대로 항소이유서의 적법한 제출이 있으면, 법원은 이에 포함된 사항은 반드시 조사하여야 한다. 또한 이에 포함되어 있지 않은 사항이라도 본래 항소이유가 되는 사항은 직권으로써 조사할 수 있다.

답변서(答辯書)

형사소송법상 항소인 또는 상고인이 상소법원(항소법원 또는 상고법원)에 제출하는 항소이유서(형소법 361조의3 1항) 또는 상고이유서(형소법 379조 1항)에 대응하여 상대방이 상소법원에 제출하는 서면을 말한다. 항소 또는 상고이유서의 제출을 받은 상소법원은 지체없이 그 부본 또는 등본을 상대방에게 송달하여야 하고(형소법 361조의3 2항, 379조 3항), 상대방은 그 송달을 받은 날로부터 10일 이내에 답변서를 상소법원에 제출하여야 한다(형소법 361의3 3항, 379조 4항). 답변서의 제출을 받은 상소법원은 지체없이 그 부본 또는 등본을 항소인·상고인 또는 변호인에게 송달하여야 한다(형소법 361조의3 4항, 379조 5항).

상고(上告)

독;Revision

원칙적으로 상고는 항소심의 판결 즉 제2심 판결에 대한 불복신청이다. 제1심 판결에 대해서도 이른바 비약 상고가 인정되어 있으므로 예외적으로 제1심 판결에 대한 상고도 포함된다. 상고심의 관할권을 가지는 법원은 어떠한 경우에도 대법원이며, 그 제기기간은 항소의 경우와 마찬가지로 7일이다(형소§374). 상고도 상소의 일종이므로 당사자의 구제를 목적으로 하지만, 상고심의 주된 사명은 하급법원의 법령해석·적용의 통일을 기하는 것이다. 상고는 최종심이므로 상고심의 재판에 대하여는 다시 상소의 방법이 없기 때문에 현행법원은 신중을 기하는 의미에서 「판결의 정정」제도를 인정하고 있다(§400). 상고심도 항소심과 마찬가지로 사후심으로서의 성질을 갖기 때문에, 상고심의 절차에 관하여는 특별한 규정이 없으며, 항소심의절차에 관한 규정이 준용된다(§399). 다만, 상고심은 원칙적으로 법률심이므로 다음과 같은 특칙이 있다. (1) 변호인의 자격 : 변호사 아닌 자를 변호인으로 선임할 수 없으며(§386), 따라서 상고심에서는 특별변호인은 허용되지 아니한다. (2) 변호능력 : 상고심에서는 변호인이 아니면 피고인을 위하여 변론하지 못한다(§387). 이것은 상고심에서는 법률적인 면의 주장이 많으므로, 피고인은 변론하지 못하도록 규정한 것이다. 따라서 상고심에서는 공판기일에 피고인을 소환할 필요가 없다. (3) 변론의 방법

: 검사와 변호인은 상고이유서에 의하여 변론하여야 한다(§388). 이것은 구두변론의 범위를 정한 규정으로서, 변론을 할 수 있는 자는 검사와 변호인에 한하고 또 그 변론의 범위도 상고이유서에 기재된 내용을 벗어나지 못하도록 한 것이다. (4) 변호인의 불출석의 경우 : 변호인의 선임이 없거나, 변호인이 공판기일에 출정하지 아니한 때에는 검사의 진술을 듣고 판결을 할 수 있다(필요적 변호사건은 제외). 이 경우에 적법한 이유서의 제출이 있는 때에는 그 진술이 있는 것으로 간주한다(§389). (5) 상고심의 심판범위 : 상고심은 상고이유서에 포함된 사유에 관하여 심판하여야 한다. 다만, 형사소송법 제383조 1호 내지 3호의 경우에는 상고이유서에 포함되지 아니한 때에도 직권으로 심판할 수 있다(§384). (6) 서면심리 : 상고법원은 상고장·상고이유서 기타의 소송기록에 의하여 변론 없이 판결할 수 있다(§390). 상고심의 재판에는 상고기각의 재판과 원심판결의 파기재판이 있다. 전자에는 결정으로 되는 것과(§381) 판결로써 되는 것이 있으며(§399, §364), 후자는 다시 변론을 거치지 않고 되는 것과 변론을 거쳐서 되는 것으로 나누어진다. 파기의 재판은 상고가 이유 있을 때 판결로써 하며(§391), 이 경우에는 동시에 이송(§394) 또는 환송(§393, §395)의 판결이 행해져야 한다. 다만 상고법원은 소송기록 및 원심법원과 제1심 법원이 조사한 증거에 의하여 충분하다고 인정한 때에는 이송이나 환송을 하지 아니하고 피고사건에 대하여 직접 판결할 수 있다(§396). 이것을 파기자판(破棄自判)이라고 한다.

비약적 상고(飛躍的 上告)
독;Sprungrevision

제1심 판결에 대하여 항소를 하지 아니하고 직접 상고법원에 행하는 상고를 말한다(형소§372). 비약적 상고를 할 수 있는 경우로서는 (1) 원심판결이 인정한 사실에 대하여 법령의 적용에 착오가 있는 때와 (2) 원심판결이 있은 후 형의 폐지나 변경 또는 사면이 있는 때이다. 이와 같이 비약적 상고를 인정하는 취지는 판결의 확정을 신속히 하여 사회생활의 불안을 제거하고자 하는 데에 있다. 그러나 한편 비약적 상고는 1회만 심리를 받게 되어 상대방(특히 피고인)의 심급이익을 박탈하는 결과가 된다. 그리하여 형사소송법은 제1심 판결에 대한 상고는 그 사건에 대한 항소가 제기된 때에는 그 효력을 잃는다고 규정하고 있다(§373 본문). 다만 이 경우에도 항소의 취하 또는 항소기각의 결정이 있는 때에는 비약적 상고는 그 효력을 잃지 아니한다(§373단).

항고(抗告)
독;Beschwerde

항고란 결정에 대한 상소를 말하는 것으로 여기에는 일반항고와 재항고가 있다. 일반항고는 다시 보통항고와 즉시항고로 나누어진다. 즉시항고는 특히 이를 허용하는 규정이 있는 경우에만 할 수 있는 항고이고, 보통항고는 특별히 즉시항고를 할 수 있다는 뜻의 규정이 없는 경우에 널리 법원이 행한 결정에 대하여 인정되는 항고이다(형소§402본문). 항고법원 또는 고등법원의 결정에 대하여는 판결에 영향을 미친 헌법·법률·명령 또는 규칙의 위반이 있음을 이유로 하는 때에 한하여 대법원에 즉시항고를 할 수 있도록 되어 있는데, 이를 재항고라 한다(§415). 보통항고는 신청의 실익이 있는 한 언제든지 할 수 있으나, 즉시항고와 재항고는 기간의 제한이 있다. 항고법원은 항고절차가 규정에 위반되었거나 또는 항고가 이유 없을 때에는 결정으로써 항고를 기각하여야 한다. 항고가 이유 있을 때에는 결정으로 원결정을 취소하고, 필요할 때에는 다시 재판을 하여야 한다. 그밖에 엄격한 의미에서 항고라고는 할 수 없으나 이에 유사한 불복신청으로서 준항고제도가 있다.

즉시항고(卽時抗告)

독;sofortige Beschwerde

항고의 일종. 제기기간이 7일로 한정되어(형소§405) 이 기간 내에 제기 할 것을 요한다. 그러나 헌법재판소는 2018년 12월 27일, 해당 조항이 헌법에 합치되지 아니한다고 판단하였다(헌법불합치). 따라서 위 조항은 2019년 12월 31일을 시한으로 입법자가 개정할 때까지 계속 적용될 뿐이다. 집행정지의 효력이 있어서 즉시항고의 제기기간내 및 그 제기가 있는 때에는 원재판의 집행은 정지된다(§410). 법률이 즉시항고를 인정한 취지는 한편에서 이에 집행정지의 효력을 인정하여 원재판에 불복한 자의 이익을 확고함과 동시에, 다른 한편으로는 제기기간을 극히 단기간으로 제한함으로써 부당하게 장기간집행이 정지되는 것을 방지하려는 데에 있다. 즉시항고는 법률에 특히 규정이 있는 경우에만 허용된다(§402).

재항고(再抗告)

독;weitere Beschawerde

형사소송법은 원래 불복을 신청할 수 없는 결정에 대하여도 재판에 영향을 미친 헌법·법률·명령 또는 규칙의 위반이 있는 경우에는 특별히 대법원에 항고 할 수 있도록 하였다(§415). 이를 재항고라 한다. 이에 의하면 항고법원의 결정 또는 고등법원의 결정 등, 원래 항고를 허용하지 않는 것에 대하여도(재항고금지의 원칙) 위와 같은 사유가 있으면 대법원에 즉시 항고할 수 있다. 재항고를 제기할 수 있는 기간은 3일이며 즉시항고와 동일한 효력을 가진다.

준항고(準抗告)

준항고라 함은 법관이 행한 일정한 재판, 검사 또는 사법경찰관이 행한 일정한 처분에 대하여 법원에 제기하는 불복신청을 말한다. 먼저 법관의 재판, 즉 재판장 또는 수명법관이 한 재판에 있어서는 법률은 기피신청을 기각한 재판 등 4종의 재판에 대하여 준항고를 인정하여 소정의 법원에 위 재판의 취소 또는 변경을 청구할 수 있도록 규정하고 있다(형소§416). 또 검사 또는 사법경찰관의 구금·압수 또는 압수물의 환부에 관한 처분에 대하여도 각각 소정의 법원에 그 처분의 취소 또는 변경을 청구할 수 있다(§417). 준항고 중에 어떤 것은 즉시항고와 같이 제기기간의 제한이 있고, 또 집행정지의 효력을 가지나, 그 외는 당연하게 이것을 가지는 것은 아니다(§416④, §419, §409).

비상구제절차(非常救濟節次)

비상구제절차라 함은 판결이 확정된 후에 현저한 법률상 또는 사실상의 하자를 이유로 판결의 파기를 요구하는 절차를 말한다. 이것은 이미 판결이 확정된 후의 구제절차라는 점에서 보통의 상소와는 다르며, 재심이나 비상상고가 이에 해당한다. 재심은 사실의 오인이 있는 경우에, 비상상고는 법령위반의 하자가 있는 경우에 인정된다. 민사소송에서는 이러한 용어가 강학상 별로 쓰이지 않으나 실제에서는 재심·준재심이 이 기능을 하고 있다.

재심(再審)

독:Wiederaufnahme

확정판결에서의 부당한 사실인정으로부터 피고인을 구제하기 위하여 인정된 비상구제수단이다. 이미 확정한 판결에 대한 구제수단인 점에서 항소나 상고와 다르며, 또 주로 사실인정의 잘못을 구제하기 위한 것인 점에서, 법령의 해석적용의 착오를 시정하기 위한 비상상고와 다르다. 재심을 인정하는 취지는 판결이 이미 확정된 경우에는 이에 대하여 함부로 불복의 신청을 허용해서는 안 된다는 것은 당연하지만 판결에 잘못이 있다고 생각되는 현저한 사유가 있는 경우에는 예외적으로 불복의 신청을 인정하여 그 판결을 취소하고 새로이 판결을 하는 것이 정의에 합치하기 때문이다. 재심은 비상수단이므로 그 신청을 할 수 있는 경우에는 원판결의 증거된 서류 또는 증거물이 위조 혹은 변조된 것이라든가, 증인의 증언·감정·통역 또는 번역이 허위였음이 확정판결에 의하여 증명된 때라든가 무죄·면소·형의 면제를 선고하거나 또는 경한 죄를 인정하여야 할 명백한 증거가 새로 발견된 때, 그 밖에 법률에 정한 중요한 사유가 있는 경우에 한한다(형소§421 I 내지Ⅷ). 따라서 원판결에 사실오인이 있더라도 위와 같은 사유가 없는 한 재심을 청구할 수 없다. 또 재심은 유죄선고를 한 확정판결 또는 항소·상고를 기각한 확정판결에 대하여 피고인의 이익을 위하여서만 신청할 수 있으며(§420, §421), 피고인에 불이익한 재판은 허용되지 아니한다. 재심의 청구는 원판결을 한 법원이 관할하며(§423), 법원은 청구가 이유 없을 때에는 청구기각의 결정을 하고 반대로 이유가 있을 때에는 재심개시의 결정을 한다(§434, §435). 이 재심개시결정이 확정한 사실에 대하여는 약간의 특칙을 제외하고는 그 심급에 따라서 다시 심판을 하여야 한다(§438). 다만, 이 경우 원판결보다 중한 형을 선고할 수 없다(§439). 재심의 청구는 형의 집행이 종료되었거나 또는 피고인이 사망한 경우, 기타 형의 집행이 불가능하게 된 때에도 할 수 있다(§427, §438②Ⅰ). 왜냐하면 이러한 경우에는 명예회복이나 형사보상을 받을 이익이 있기 때문이다.

비상상고(非常上告)

불;pourvoi dans l'interét de la loi

판결이 확정된 후 그 사건의 심판이 법령에 위반한 것을 발견한 때에는 검찰총장은 대법원에 비상상고를 할 수 있다(형소§441). 이처럼 확정판결에 대하여 그 심판의 법령위반을 이유로 하는 비상구제절차를 비상상고라 할 수 있다. 비상상고는 재심과 마찬가지로 확정판결에 대한 비상구제수단이지만 피고인의 구제를 주된 목적으로 하지 않고, 법령의 해석·적용의 과오를 시정하는 데에 목적이 있고, 따라서 피고인의 이익은 단순히 제2차적 또는 부차적으로 고려되는데 불과하다는 점에서 재심과 다르다. 비상상고를 함에는 그 이유를 기재한 신청서를 대법원에 제출하여 하고(§442). 제출기간의 제한이 없으므로 판결확정 후 언제든지 할 수 있다. 대법원은 신청서에 포함된 이유에 한하여 조사하여야 하고(§444①). 비상상고가 이유 없다고 인정한 때에는 판결로써 이를 기각하여야 하며(§445). 또 이유 있다고 인정한 때에도 원칙적으로 원판결의 법령위반의 부분 또는 법령위반의 원심소송절차를 파기하는 데 그친다(§446). 피고사건에 대해서는 다시 판결을 하지 않으나 다만 원판결이 피고인에게 불이익한 경우에 한하여 판결 전부를 파기하고 피고사건에 대하여 다시 판결 할 수 있다(§446Ⅰ단). 비상상고의 판결의 효력은 전술한 원판결을 파기하고 피고사건에 대하여 다시 판결을 하는 경우를 제외하고는 단순히 법령의 해석·적용의 과오를 시정한다는 의미를 갖는데 불과하고 피고인에게는 효력이 미치지 않는다(§447).

형사보상(刑事補償)

영;indemnity
독;Entschädigung

형사보상이란 국가형사사법의 과오에 의하여 죄인의 누명을 쓰고 구속되었거나 형의 집행을 받은 자에 대하여 국가가 손해를 보상하여 주는 제도를 말한다. 이에 관하여 헌법에도 그 명문 규정을 두고 있다. 이 형사보상에 관하여는 그 본질에 있어서 법률의무설과 공평설의 다툼이 있다.

사실심(事實審)

법원이 사건을 심판함에 있어서 사실문제와 법률문제 양자 모두를 심판할 수 있는 경우를 사실심이라 하고 단순히 법률문제에 대에서만 심판할 수 있는 경우를 법률심이라 한다. 원래 사건을 재판하기 위해서는 과연 검사가 피고인을 기소한 공소사실을 인정할 것인가 아닌가, 또 이 공소사실을 인정하는 경우에 과연 그것은 법률상 어떤 범죄에 해당하는 가를 판단하여야 하므로 특수한 경우를 제외하면 제1심이 사실심이어야 한다는 것은 당연하다. 그러나 상소심에 있어서는 반드시 사실심이어야 할 필요는 없으며, 사실심으로서의 사실문제 및 법률문제양자 모두를 심판할 수 있는 원칙을 수용할 수 있다고 한다면 법률심으로서의 법률문제에 대해서만 심판할 수 있는 원칙을 채용하는 것도 가능하다. 또 사실심은 복심(覆審) 또는 결심(結審)과 결합하는 것이 극히 자연적이지만, 현행 형사소송법은 사후심으로서의 사실심 제도를 인정하고 있다.

법률심(法律審)

독;Rechtsinstanz

법원이 사건을 심판함에 있어서 법률문제에 대해서만 심판할 수 있는 경우를 말한다. 제1심은 그 심리의 성질상 법률심을 원칙으로 할 수 없으나, 상소심은 사실심 뿐만 아니라 법률심으로도 할 수 있다. 그러나 원칙적으로 소송심은 사실심으로 그리고 상고심은 법률심으로 하는 것이 타당하다. 이것은 항고심이 제1심 판결에 대한 불복신청인데 대하여, 상고심은 원칙적으로 항고심의 재판에 대한 불복신청이라는 점 외에 상고라는 제도가 법령해석의 통일을 그의 주된 목적으로 인정된 제도이기 때문이다. 법률심에 있어서의 심리는 법률점(法律點)에 국한되기 때문에 사실의 인정에 과오가 있거나 형의 형량이 부당하다하더라도 문제로 삼을 수 없으나, 대부분의 입법례는 약간의 예외를 인정하여 이 가운데 어떤 것은 상소이유로 하고 또는 직권으로 이를 심사할 수 있도록 하였다. 또 한편으로 법률심에 있어서의 그 심사를 할 수 있는 범위를 위헌문제 및 판례위반으로 한정할 수도 있다. 우리나라의 상고심은 법률의 위헌심사를 하지 않고(헌§107①), 명령·명령·규칙·처분이 헌법이나 법률에 위반되는 여부가 재판의전제로 된 때에 최종 심사권을 가지는 것으로 규정하고 있다(헌§107②).

즉결심판(卽決審判)

즉결심판이란 즉결심판절차에 의한 재판을 의미한다. 즉결심판절차라 함은 지방법원·지원 또는 시·군법원의 판사가 20만원 이하의 벌금·구류 또는 과료에 처할 경미한 범죄에 대하여 공판절차에 의하지 않고 즉결하는 심판절차이다. 즉결심판절차는 즉결심판에 관한 절차법에 의한다. 이 절차는 범증(犯證)이 명백하고 죄질이 경미한 범죄사건의 신속·적절한 처리를 통해 소송경제를 도모하려는 데 그 주된 목적이 있다.

배상명령절차(賠償命令節次)

이는 법원이 직권 또는 피해자의 신청에 의하여 피고인에게 범죄행위로 인한 손해의 배상을 명하는 절차를 말한다. 부대소송(Adb ä sionsprozeβ) 또는 부대사송 (zivilrechtlicher Ann ex)라고도 한다. 이 제도의 취지는 피해자의 신속한 구제에 있다.

의의신청(疑義申請)

형의 선고를 받은 자가 그 집행에 관하여 재판의 해석에 관하여 의의가 있는 때에 재판선고법원에 제기하는 신청(형소법 488조)을 말한다. 의의신청은 법원의 결정이 있을 때까지 취하할 수 있고(동법 490조1항), 이 신청이 있으면 법원은 결정을 하여야 하며(동법 491조1항), 법원의 결정에 대하여는 즉시항고를 할 수 있다(동법 491조2항). 한편 교도소에 있는 자의 신청 또는 취하에는 특칙(동법 344조)이 적용된다. 그런데 여기서'재판의 해석에 대하여 의의가 있는 때'에 관하여, 학설은 판결의 주문의 취지가 불분명하여 그 해석에 대하여 의의가 있는 경우도 포함된다고 하나, 판례는 전자만을 의미한다고 보고 있다.

형사특별법

- 자본시장법 / 1111
- 국토계획법 / 1129
- 공직선거법 / 1131
- 공무원법 / 1136
- 농수산물품질법 / 1138
- 도로교통법 / 1139
- 동물보호법 / 1140
- 마약 / 1141
- 먹는물 / 1142
- 모자보건법 / 1143
- 문화재보호법 / 1144
- 성매매처벌법 / 1149
- 약사법 / 1154
- 여신전문금융업법 / 1155
- 의료법 / 1157
- 주택법 / 1160

형 사 특 별 법

자본시장법

증권시장(證券市場)

영;securties market, stock market
독;stock exchange

증권시장이란 유가증권이 정부나 기업 등 발행주체로부터 투자자에게 공급되고 다시 많은 투자자 상호간에 유통(매매)되는 경제사회관계를 총칭하여 말한다. 따라서 증권시장은 자금을 유통시키는 시장이라는 의미에서 금융시장의 일환으로 이해되며 화폐시장은 임금 등 인건비나 원자재구입비 등 운전자금 같은 단기자금을 공급하는데 대하여, 증권시장은 공장건설이나 기계 설비자금 등 장기자금을 조달하여 주는 역할을 한다는 뜻에서 자본시장이라고도 한다.

증권시장은 증권발행시장과 증권유통시장으로 분류되고 증권유통시장은 다시 증권거래소가 개설한 거래소시장과 주로 증권회사 창구에서 이루어지는 장외시장으로 분류되는데 거래소시장을 협의의 증권시장이라고 한다. 자본시장과 금융투자업에 관한 법률에서 "증권시장"이란 증권의 매매를 위하여 거래소가 개설하는 시장이라고 규정하여(자본법§8의2④) 증권시장을 협의의 증권시장으로 정의하고 있다.

한국거래소(韓國去來所)

영;Korea exchange, KRX

자본시장과 금융투자업에 관한 법률에 의하여 유가증권의 공정한 가격의 형성과 안정 및 유통의 원활을 기하기 위하여 설치된 특수법인이다(자본법§373). 개정전 법에 의할 때 한국거래소는 자본금을 1천억원 이상으로 하며, 그 주사무소를 부산광역시에 두고 필요한 곳에 지점을 둘 수 있다고 규정하였었다(자본법§375②). 다만, 2013. 5.28. 법 개정에 의하여 거래소에 대한 경쟁력 강화 및 불법 장외거래에 대한 규제를 위하여 거래소 법정주의를 폐지하고 거래소 허가제를 도입하였다. 한국거래소에 대하여는 자본시장과 금융투자업에 관한 법률 또는 동법에 의하여 발하는 명령에 특별한 규정이 있는 것을 제외하고는 상법중 주식회사에 관한 규정을 준용한다. 거래원은 거래소결제회원, 매매전문회원, 그 밖에 대통령령으로 정하는 회원에 한하며(자본법§387②참조), 한국거래소에는 이사장 1인, 상근이사인 감사위원회 위원 1인, 시장감시위원장 1인, 이사 12인 이내를 두며, 임기는 3년으로 하고 정관이 정하는 바에 따라 연임할 수 있다(자본법§380①②). 이사장은 자본법 제385조 1항에 따른 이사후보추천위원회의 추천을 받아 주주총회에서 선임한다.

투자자문업(投資諮問業)

자본법상 투자자문업이라 함은 금융투자상품, 그 밖에 대통령령으로 정하는 투자대상자산(이하 "금융투자상품등"이라 한다)의 가치 또는 금융투자상품등에 대한 투자판단(종류, 종목, 취득·처분, 취득·처분의 방법·수량·가격 및 시기 등에 대한 판단을 말한다. 이하 같다)에 관한 자문에 응하는 것을 영업으로 하는 것을 말한다. "대통령령으로 정하는 투자대상자산"이란 부동산, 지상권·지역권·전세권·임차권·분양권 등 부동산 관련 권리, 금융기관에의 예치금을 말한다. 우리나라는 그동안 투자자문만을 전업으로 하는 회사는 없었고, 증권회사가 위탁매매를 하는 과정에서 무보수의 부수적 서비스업무로서 고객에 대한 투자상담이나 자료제공 등을 하고 있었는데, 1984년 Korea Fund의 설립을 계기로 대우경제연구소가 처음으로 투자자문업을 시작하였다. 우리나라 경제의 흑자기조의 정착과 더불어 금융자산이 늘어나고 있고 증권시장의 활황으로 증권시장에 대한 일반 국민들의 관심이 높아지면서 무분별한 투자조언이나 간행물을 발간, 배포하는 사례가 늘어나고 있어 증권시장의 건전한 투자풍토조성과 투자자보호를 위하여 이에 대한 적절한 규제가 필요하게 되었다. 이에 1987년 11월 28일 제9차 증권거래법 개정시 투자자문업을 도입 규정하였다.

한국예탁결제원(韓國預託關制院)

한국예탁결제원은 증권등의 집중예탁과 계좌간 대체, 매매거래에 따른 결제업무 및 유통의 원활을 위하여 대통령령으로 정하는 특수법인이다(자본법§294). 자본시장과 금융투자업에 관한 법률은 증권등의 유통의 원활과 증권수불업무의 합리화를 기하고 투자자를 보호하기 위하여 한국예탁결제원에 대하여 여러 가지 규제를 하고 있으며 금융위원회로 하여금 그에 대한 감독의 철저를 기하게 하고 있다.

증권예탁(證券預託)

증권예탁이란 증권회사(투자매매업자, 투자중개업자)나 기관투자가 등으로부터 한국거래소가 지정한 증권등을 집중적으로 예탁받아 계좌를 개설한 예탁자 상호간의 매매거래, 질권설정 또는 신탁거래를 함에 있어 해당 유가증권의 교부·이전 대신에 계좌간 장부상의 대체·기재만으로서 현물수수에 갈음하는 것을 말한다. 원래 유가증권은 매매 기타 거래를 할 때마다 이를 교부·인도하여야 하나(상§336참조) 대량으로 거래가 이루어지는 증권시장에서는 이러한 증권예탁제도를 채택함으로써 대량이동에서 발생할 수 있는 증권의 분실 등 제반사고를 방지하고 증권수불업무의 신속화와 효율화를 기할 수 있으며 유가증권을 집중보관 관리함으로써 사고유가증권을 조기색출하는 등 유통시장의 원활화를 기할 수 있게 된다.

상장(上場)

한국거래소가 증권등에 대하여 거래시장의 매매대상으로 지정하는 것이다.

상장의 승인(上場의 承認)

한국거래소의 신청에 의하여 금융위원회가 하는 증권의 상장을 승인하는 것이다(자본법§409). 이 승인은 상장의 요건이므로 특정한 증권을 제외하고는 이 상장의 승인을 받지 않으면 증권시장에 상장하지 못한다. 발행시장에 있어서의 유가증권의 모집·매출의 신고제도에 대응하여 유통시장에서 일반대중의 투자대상인 유가증권의 내용을 분명히 하기 위하여 설치된 제도이다.

위탁증거금(委託證據金)

한국거래소의 거래원인 투자매매업자 및 투자중개업자가 매매거래의 수탁에 즈음하여 위탁계약에 의거하여 그 자가 위탁자에 대하여 취득하게 될지도 모르는 채무불이행 그 밖의 일로 인한 채권을 담보하기 위하여 위탁자로부터 징수하는 금전 또는 물건이다(주로 대용증권). 위탁증거금은 위탁매매가 성질상 계속적인 계약이므로 해약금으로 해석할 것은 아니며 따라서 위탁자가 위탁내용에 따른 채무를 이행하지 않더라도 이를 포기하여 위탁계약을 해지한다거나 또는 매매계약을 해제한다고 해석할 수는 없다. 위탁자가 위탁내용에 다른 채무를 이행하지 않는 경우에는 수탁계약준칙에 따라 간이변제충당하고 잔액이 있으면 위탁자에게 반환하여야 하고, 부족액에 대하여는 이를 위탁자에게 청구할 수 있다. 위탁증거금은 이와 같이 결제의 안전을 보장하기 위한 제도이나 시장의 동향에 따라 증거금율 또는 대용증권충당율의 변경에 의하여 수급을 조절하는 중요한 시장관리 수단의 하나이다.

호가(呼價)

호가라 함은 회원이 매매거래를 하기 위하여 시장에 제출하는 상장유가증권의 종목, 수량, 가격 등의 매매요건 또는 그의 제출행위를 말한다. 종목이라 함은 일정시점에서 투자자의 투자판단이 단일하여지는 범위에 있는 매매거래대상으로서의 구분이며 증권거래소가 정한다. 회원이 매매거래를 하고자 할 때에는 한국거래소가 지정한 호가장소(통칭 「포스트」라 한다)에서 위탁매매와 자기매매, 매도와 매수를 각각 구분하여 당해 종목의 호가를 행하여야 한다. 다만 전산매매종목의 경우에는 호가장소를 지정하지 아니한다. 호가는 주권, 수익증권, 주식의 성질을 갖는 사채권의 경우에는 종목별 가격 및 수량으로 하고, 주식의 성질을 갖는 사채권을 제외한 채권의 경우에는 증권거래소가 정하는 바에 따라 종목별 또는 종류별 수익율 및 수량으로 한다. 호가는 문서 또는 전산입력의 방법에 의한다. 전산입력호가는 증권거래소의 전산매매체결시스템에 호가를 록하는 것을 말한다. 문서호가는 공동온라인시스템호가와 수기호가로 구분되며 시장에서의 매매거래는 원칙적으로 공동온라인시스템호가에 의하여야 하나 공동온라인 장애시간중의 호가는 수기호가에 의한다. 호가의 효력은 매매거래의 종류별로 매매거래의 시간범위 내에서 호가의 접수로부터 매매거래가 성립될 때까지 지속되는 것으로 하되, 증권거래소가 지정하는 종목을 제외하고는 전장(前場)에 매매거래가 성립되지 아니한 호가는 후장(後場)에 접수한 호가로 본다, 그러나 일정한 경우의 호가는 그 효력을 인정하지 아니한다.

장외시장(場外市場)

영;off-board market

장외시장이란 한국거래소가 개설하는 시장외에서의 매매거래가 이루어지는 시장을 말한다. 장외시장은 증권유통시장의 한 분야로서 일정한 조직과 설비를 갖춘 한국거래소시장에 대한 상대적 개념으로 파악되고 있는데, 일반적으로 한국거래소시장이 거래방법과 거래참가자의 자격 등 증권거래에 관련된 제반사항에 엄격한 규정을 두고 조직적으로 관리하는 구체적 시장인 반면에 장외시장은 한국거래소시장 밖에서 고객과 증권회사, 증권회사 상호간 또는 고객상호간에 개별적으로 거래가 이루어지는 비조직적인 추상적 시장이라고 할 수 있다. 장외시장은 다시 그 거래주체와 장소에 따라 증권회사의 창구에서 고객과 증권회사 사이에 이루어지는 창구시장(Over-the- Counter Market)과 증권회사가 개입하지 않고 고객끼리 개별적으로 거래하는 직접거래시장(No Broker Market)으로 나누어진다. 그러나 직접거래시장의 중개업자를 통하지 않는 거래형태로서 엄밀한 의미에서 시장이라고 할 수 없기 때문에 장외시장이라고 하면 보통 창구시장만을 뜻하는 제한적 개념으로 사용되는 경우가 많으며, 현재 미국의 NASDAQ (National Association of Securities Dealers Automated Quotation)시장, 일본의 주식점두시장 및 우리나라의 주식장외시장 등에서 보는 바와 같이 각국이 제도화하여 관리하고 있는 장외시장의 형태도 창구시장을 지칭하고 있다.

시가발행제(時價發行制)

시가발행제란 신주의 발행가격을 기발생주식의 현재 시가에 준하는 가격으로 정하여 발행하는 것을 뜻한다. 따라서 유통시장에서 시가가 형성되어 있는 주식, 즉 상장주식에 대해서만 있을 수 있는 일이다. 발행가액을 시가에 따라 정하는 것이므로 시가에 따라 액면미달이 될 수도 있고, 액면초과가 될 수도 있다. 액면미달발행은 제약을 받으므로 회사가 자율적으로 할 수 있는 시가발행이란 액면초과발행에 국한되어 있다.

통정매매(通情賣買)

영;matched orders

통정매매라 함은 자기가 매도하는 같은 시기에 그와 동일한 가격으로 타인이 그 유가증권을 매수할 것을 사전에 그 자와 통정한 후 매도하거나, 자기가 매수하는 같은 시기에 그와 같은 가격으로 타인이 그 유가증권을 매도할 것을 사전에 그 자와 통정한 후 매수하는 것을 말한다.

가장매매(假裝賣買)
영;wash sales

매매의 진의가 없으면서 상대방과 통정하여 허위표시를 함으로써 매매를 가장하는 행위이다. 가장행위의 일종이다. 이러한 매매는 무효이지만, 그 무효는 선의의 제3자에게 대항하지 못한다(민§108). 특히 증권거래소에서 행하여지는 유가증권의 권리의 이전을 목적으로 하지 않는 가장의 매매거래와 같은 것은 시세조종수단으로서, 매매거래상황에 관하여 타인에게 오해를 줄 목적으로 행하여지고 있으며, 이는 건전한 공정시세의 형성을 방해하므로 금지되어 있다

안정조작(安定操作)
영;stabilizing operation

안정조작이라 함은 상장법인의 증권등의 모집 또는 매출을 원활하게 하기 위하여 일정한 기간 상장증권등의 가격을 고정하거나 안정하도록 증권시장에서 당해 증권을 매매거래 또는 그 위탁이나 수탁하는 것을 말한다. 증권등의 모집·매출로 대량의 증권이 증권시장에 공급되면 일시적인 공급과잉현상으로 증권시장에서 수급균형이 깨져 증권의 가격은 하락하게 된다. 이 경우 증권의 인수업자가 일반투자자가 모집·매출가격으로 매수할 때까지 인수한 증권을 보유할 수 있을 정도의 자금력이 없다면 증권의 발행에 의한 자금조달은 곤란하게 된다. 여기서 일시적인 수급불균형으로 인한 증권의 가격하락을 막아 상장법인의 증권의 발행에 의한 산업자금조달을 가능하게 하기 위하여 인위적인 수요창출로서의 안정조작의 필요성이 대두된다. 안정조작은 인위적인 매수행위로서 증권의 가격의 하락을 막는 것이므로 안정조작이 끝나면 증권의 가격은 하락할 가능성이 크며 따라서 인위적으로 고정시킨 가격으로 증권을 매수한 일반 투자자는 손실을 입을 위험성이 크다. 또한 안정조작은 증권의 가격의 안정을 꾀하기 위하여 인위적으로 증권을 매수하는 것으로 이에 의하여 증권의 매매거래가 성황을 이루고 있는 듯한 외관을 가지고 있지만, 안정조작이 끝나며 인위적인 매수행위는 없어져 증권의 거래량은 감소될 것이다.

이리하여 안정조작이 행해질 당시의 증권시장의 풍부한 유동성을 믿고 매수한 일반투자자는 또한 손실을 입을 위험성이 있다. 자본시장과 금융타자업에 관한 법률은 상장법인의 증권의 발행에 의한 원활한 산업자금조달을 위하여 안정조작을 인정하지만, 이 안정조작은 자유시장관리에 반하고 일반투자자를 해칠 위험성이 크므로 안정조작의 내용을 엄격히 규제하고 있다.

시장조성(市場造成)

시장조성이란 모집 또는 매출한 증권

의 수요·공급을 당해유가증권의 상장후 일정기간 조성하는 것을 말한다. 즉, 모집 또는 매출한 증권 등이 상장후 모집 또는 매출가격을 유지하지 못하는 경우에 모집 또는 매출가격을 유지하도록 증권 등에 대한 수요·공급을 조성하는 것을 허용함으로써 증권등의 모집 또는 매출을 원활히 하도록 하는 제도가 시장조성제도이다. 따라서 시장조성제도는 실제에 있어서는 모집 또는 매출한 유가증권의 상장후 시세가 모집 또는 매출가격을 하회하는 경우 모집·매출한 증권 등을 매입(그 위탁이나 수탁을 포함한다.)함으로써 모집·매출가격을 유지시키는 경우가 대부분이며, 모집·매출한 증권의 상장후 시세가 모집·매출가격을 초과하여 상한가를 계속하는 경우 당해모집·매출한 증권을 공급함으로써 모집·매출가격을 유지시키는 시장조성을 생각하기 어렵다. 이러한 경우에까지 시장조성을 인정하여야 할 필요성은 발견하기 어렵다. 그러나 증권거래법은 모집·매출한 유가증권의 상장후 시세를 최소한 모집·매출가격을 유지시켜 투자자가 모집·매출하는 유가증권의 투자를 하도록 함으로써 유가증권의 모집·매출을 원활히 하여 산업자금조달을 용이하게 하였다. 그러나 한편 시장조성행위를 중단하면 다시 모집·매출가격을 유지하지 못하고 하회할 가능성이 있으므로 모집·매출한 증권을 매입한 투자자는 손실을 입을 위험성이 크다. 따라서 자본시장과 금융투자업에 관한 법률은 산업자금조달의 원활화를 위하여 시장조성을 허용하되, 투자자보호를 위하여 행위자, 기간, 가격 등을 한정하는 등 엄격한 규제를 하고 있다.

내부자거래(內部者去來)

영;insider trading

상장기업의 임·직원 또는 주요주주(누구의 명의로 하든지 자기의 계산으로 주식총수의 10%이상 소유주주)가 그 직무 또는 지위에 의하여 얻은 내부정보를 이용하여 자기회사의 주식을 거래하는 것을 말한다. 이러한 거래가 문제시되고 규제의 대상이 되는 이유는 유가증권의 투자판단에 현저한 영향을 미치는 미공개된 중요한 정보를 가지고 있는 자가 그 정보를 알지 못하는 상대방과 매매거래를 하는 것은 그 상대방을 기망하여 거래를 하는 것으로 그 거래상대방에 대한 사기행위가 된다는 점이다. 그것은 예컨대 증권을 매도하려는 자가 그 증권의 발행자에 의한 획기적인 신제품이나 신기술의 기업화 등 그 증권을 계속적으로 보유하게 하는 중요한 정보를 알았다면 그의 매도를 단념하였을 것이며, 또 이와 반대로 증권을 매수하려는 자가 그 증권 발행자의 생산활동 전면중단 등 그 증권의 매수에 불리한 중요한 정보를 취득하였다면 그의 매수를 단념하여 그 거래에 의한 손실을 회피하였을 것이기 때문이다. 즉, 자본시장과 금융투자업에 관한 법률은 증권의 투자판단에 현저한 영향을 미치는 미공개된 중요한 정보를 가지고 있는 자에 대하여 그 증권의 매매거래를 하려면 그 정보를 공개한 후에 하도록 하고 그 정보를 공개하지 아니하려면 그 증권의 매매를 단념할 것을 요구하고 있다. 이처럼 내부자거래준칙의 취지가 자유공정한 시장의 유지와 일반투자자의 공정한 시장에 대한 신뢰를 보호하는 데 있으므로 이 규제의 취지를 살리는 범위에서 내부자거래는 규제되어야 할 것이다. 자본시장과 금융투자업에 관한 법률은 제172조에서 주권상장법인의 임원·직원 또는 주요주주가 그 법인의 주권 등을 매수한 후 6월 이내에 매도하거나 매도한 후 6월 이내에 매수하여 이익을 얻는 경우에는 당해 법인 또는 금융위원회는 그 이익을 그 법인에게 제공할 것을 청구할 수 있도록 규정하고 있는데, 이 장치는 회사내부자가 자기회사 발행주식 등을 6월내에 단기매매하여 생기는 이득을 당해 법인에게 반환하게 하려는 제도로서 내부정보이용을 억제할 목적으로 출발하였으나 내부정보이용여부의 입증문제가 있어 최근에는 내부정보이용여부에도 불구하고 6월 내 매매차익을 반환시키는 추세에 있으며, 그 대상이 되는 자는 상장법인과 등록법인의 임원·직원·주요주주(10%이상 소유주주 등 사실상 지배주)이다.

상호주소유(相互株所有)

영;cross-ownership

상호주소유는 좁게는 2개의 독립된 회사가 상대방 회사에 대하여 출자하고 있는 상태, 예컨대 A사가 B사에, 그리고 B사가 A사에 출자하고 있는 단순상호주소유형태이나, 넓게는 3개 이상의 회사간의 순환적인 출자관계, 예컨대 A사가 B사에, B사가 C사에, C사가 다시 A사에 출자하는 환상(고리)형 상호주소유형태(circular- ownership)와 A, B, C, ... N사들이 A사가 B, C, …… N사의 주식을, B사가 A, C, …… N사의 주식을, C사가 A, B, …… N사의 주식을 소유하는 이른바 행렬식(matrix)형 상호주소유형태가 있다. 재벌그룹의 계열사 간의 상호주소유형태는 주로 환상형형태를 취하나 행렬식형태를 취하기도 한다. 상호주소유형태를 취하는 이유는 대체로, (1) 상호주는 최소한의 비용으로 기업결합 효과를 가져오므로 계열기업확장을 꾀하고 (2) 경영권쟁탈에 대한 방어책으로 안정주주를 확보하기 위해 계열기업 또는 동맹적관계의 기업간에 상호주를 소유하며 (3) 법인세 또는 지배주주들의 소득세, 상속세를 경감하기 위하여 지배권의 약화없이 지분을 조정하는 방법으로 주식을 소유하고 (4) 창업자가 기업공개 과정에서 주식의 대중분산을 원치 않아 위장분산하는 수단으로 계열사간에 상호소유케 하는 경우도 있다. 증권거래법은 상호주소유의 규제를 상호주의 의결권을 제한하는 방식을 취하지 아니하고 일정한 요건하에 상호주의 소유자체를 금지하고 있다. 그러나 상장법인은 실제로는 비상장법인과의 상호주소유관계를 갖는 것이 오히려 일반적일 것이며 더구나 계열기업간의 상호주소유관계가 통상적이라고 볼 수 있는 만큼 계열기업 중 일부만 상장법인일 경우에는 더욱 그러하다. 따라서 상장법인과 비상장법인간의 상호주소유도 규제대상이 되어야 할 것이다.

공개매수(公開買受)

공개매수는 기업의 지배권을 취득하거나 또는 강화할 목적으로 미리 매수기간, 매수가격 등 매수조건을 공시하여 유가증권시장 외에서 불특정다수인으로부터 주식 등을 매수하는 제도이다. 공개매수의 규제는 연혁적으로는 기업의 기존 경영권을 보호하고, 공개매수와 관련하여 발생할 수 있는 투자자의 이익의 침해를 방지하기 위하여 발달한 것이다. 그러나 현행 자본시장과 금융투자업에 관한 법률상의 공개매수제도는 기업의 기존 경영자의 경영권을 보호할 목적으로 규정되었다고 하기 보다는 공개매수에 의해서 기업의 기존 경영자의 의사에 반하여 기업의 경영권이 이전될 수도 있음을 인정하여 도입된 것이고, 공개매수에 의하여 침해될 수도 있는 투자자의 이익을 보호하기 위하여 공시제도를 확립하여 증권관리위원회에 감시조정권한을 부여한 것이다. 다만, 공개매수에 있어서 신고서 사본의 대상회사에 대한 송부, 금융위원회의 감시, 조정명령, 대상회사의 의견발표절차 등을 규정한 데에 경영권 보호의 일면이 나타나고 있다. 공개매수를 함에 있어서 매수되는 증권의 대가로는 금전으로 매수하는 경우와 다른 증권과 교환하는 경우가 있으나 대가의 성질에 따른 구분없이 모두 신고하여야 한다. 공개매수자(공개매수자무취급자를 포함한다)는 공개매수공고일부터 3일(기간산정에 있어서 공휴일 그 밖의 금융위원회가 정하는 날을 제외한다)이 경과하지 아니하면 공개매수를 하지 못한다. 공개매수자는 대통령령이 정하는 경우를 제외하고는 공개매수를 할 수 있는 날부터 그 매수기간이 종료하는 날까지 당해주식 공개매수에 의하지 않고는 매수 등을 하지 못한다.

공개매수공고일부터 과거 6월간 공개매수를 통하여 당해주식등을 매수한 사실이 있는 자(그 특별관리자를 포함한다)를 제외하고는 공개매수를 하지 못한다.

의결권대리행사권유제도
(議決權代理行使勸誘制度)

현재의 상장법인과 같이 주식이 대중에게 광범위하게 분산되고, 동시에 대다수 주주인 일반투자자가 회사의 경영보다 자본이득의 실현에만 관심을 갖는 실정하에서 경영을 담당하는 측에게는 주주총회가 그 기능을 발휘할 수 있도록 하기 위하여, 또는 현재의 경영진에 대한 불만을 갖는 측에게는 회사경영권의 변동·개선을 위하여 사용할 수 있는 수단이 의결권대리행사권유제도이다.

주식매수청구권제도
(株式買受請求權制度)

주식매수청구권제도는 회사의 해산이나 합병, 영업양도·양수·임대 등의 결의 등 회사경영에 중대한 영향을 미치는 행위에 대한 다수주주의 결정에 반대하는 소수주주를 보호하기 위하여 회사가 반대주주의 보유주식매수를 청구할 수 있는 권리를 부여한 제도이다. 상법상 주식매수청구권이 인정되는 경우는 ① 회사의 영업양도 등을 함에 있어 필요한 특별결의(상법 제374조, 제374조의2), ② 합병승인의 특별결의(상법 제522조의3), ③ 분할합병승인의 특별결의(상법 제530조의11), ④ 주식의 포괄적 교환승인의 특별결의(상법 제360조의5), ⑤ 주식의 포괄적 이전승인의 특별결의(상법 제360조의22)의 경우에 있어서 이에 반대하는 주주는 회사에 대하여 주식매수청구권을 행사할 수 있도록 규정하고 있다. 이와 더불어 자본시장과 금융투자업에 관한 법률에서도 주식매수청구제도에 대하여 규정하고 있는데, 상장법인의 주주에게 부여되고 있으며, 반대주주 중 일정금액 이하의 주식을 소유하는 소수주주를 특히 보호하고, 회사경영에 중대한 영향을 미치는 사유를 제한하는 점과 매수가격의 결정방법을 비교적 간결하게 법정하여 분쟁의 소지를 제거한 점에 그 제도적 특징이 있다. 주식매수청구권은 주주의 일방적 의사표시에 의하여 성립하는 것이므로 형성권이며 매수청구는 일정한 요식을 갖추어야 하는 요식행위이다. 상장법인이 주주총회의 특별결의사항인 (1) 영업의 전부 또는 중요한 일부의 양도 (2) 영업 전부의 임대 또는 경영위임, 타인과 영업의 손익전부를 같이 하는 계약, 기타 이에 준한 계약의 체결, 변경 또는 해약 (3) 다른 회사의 영업 전부의 양수 (4) 합병 등에 관하여 이사회의 결의가 있는 때에 그 결의에 반대하는 주주는 주주총회 전(상법 제527조의2의 규정에 의한 소멸하는 회사의 주주의 경우에는 동조 제2항의 규정에 의한 공고 또는 통지를 한 날로부터 2주간 내)에 당해 법인에 대하여 주주총회의 결의일(상법 제527조의2의 규정에 의한 소멸하는 회사의 주주의 경우에는 동조 제2항의 규정에 의한 공고 또는 통지를 한 날로부터 2주간이 경과한 날)부터 20일 이내에 주식의 종류와 수를 기재한 서면으로 매수를 청구할 수 있다. 여기서 주주는 의결권 없는 주식의 주주도 포함된다(자본법§165조의5①). 주식매수청구를 받은 당해 법인은 매수의 청구기간이 종료하는 날부터 1월 이내에 당해 주식을 매수하여야 한다. 주식매수가격은 원칙적으로 주주와 당해법인간의 협의에 의하여 결정한다(자본법§165조의5②).

선물거래(先物去來)

영;future trading

특정상품의 특정수량에 대하여 현재 한국거래소(증권거래소)에서 결정된 가격으로 장래의 특정일에 매도나 매수할 것을 계약하는 거래이다. 매매계약의 성립과 동시에 목적물의 인도와 대금지급이 이루어지는 현물거래에 대응하는 개념이다. 선물거래에 의해 생산이나 운송 등에 상당한 기간을 요하는 물건에 대하여 그 사이의 물가변동의 위험을 방지할 수 있다. 이 때 그 대상이 농산물이나 금속 등 실질상품인 경우에는 상품선물거래라고 하며, 외국통화나 유가증권 등의 금융상품인 경우에는 금융선물거래라고 한다. 그러나 선물거래는 보통 상품선물거래에 많이 이용되고 있다. 한국거래소에서의 발행일결제거래도 일종의 선물거래이다.

선도거래(先渡去來)
영;forward trading

공식적인 매매기관인 선물거래소(한국은 한국거래소) 이외의 장소에서 사인간의 상대거래에 의하여 성립하는 거래를 말한다. 장래 수도계약의 일종이다. 목적물이 표준화되어 있지 않고 계약상 결제시점에 목적물의 인도와 대금지급이 반드시 이루어지며 결제이행의 제3자보증과 증거금의 징수가 없는 매매거래이다.

옵션거래(옵션去來)
영;option trading

특정상품의 특정수량을 특정가격으로 특정일 혹은 특정기간 내에 매수나 양도할 수 있는 권리부 매매거래를 말한다. 특히 옵션의 매도인만이 목적물의 매매를 이행할 의무를 갖는다.

장외거래(場外去來)

증권시장 중 국가에 의해 공인된 한국거래소(증권거래소)를 통하지 않고 장외시장 내지 점두시장(over-the-counter market)에서 증권등의 매매 기타의 거래를 하는 것을 말한다. 장외시장을 통한 증권의 거래에 관한 규제로는 증권관리위원회규정인 '중소기업 등의 주식장외거래에 관한 규정', '채권의 장외거래에 관한 규정'등이 있다. 장외시장에서는 주로 비상장유가증권이 거래되는데, 우리나라에는 일부 중소기업이 발행한 주식의 매매와 환매조건부채권에 대해 장외거래가 이루어진다.

채무증권

국채증권, 지방채증권, 특수채증권(법률에 의하여 직접 설립된 법인이 발행한 채권을 말한다.), 사채권, 기업어음증권(기업이 사업에 필요한 자금을 조달하기 위하여 발행한 약속어음으로서 대통령령으로 정하는 요건을 갖춘 것을 말한다.), 그 밖에 이와 유사(유사)한 것으로서 지급청구권이 표시된 것을 말한다.

금융투자상품

이익을 얻거나 손실을 회피할 목적으로 현재 또는 장래의 특정(특정) 시점에 금전, 그 밖의 재산적 가치가 있는 것을 지급하기로 약정함으로써 취득하는 권리로서, 그 권리를 취득하기 위하여 지급하였거나 지급하여야 할 금전등의 총액(판매수수료 등 대통령령으로 정하는 금액을 제외한다)이 그 권리로부터 회수하였거나 회수할 수 있는 금전등의 총액(해지수수료 등 대통령령으로 정하는 금액을 포함한다)을 초과하게 될 위험(이하 "투자성"이라 한다)이 있는 것을 말한다. 다만, 1. 원화로 표시된 양도성 예금증서, 2. 수탁자에게 신탁재산의 처분 권한(「신탁법」 제42조 및 제43조에 따른 처분 권한을 제외한다)이 부여되지 아니한 신탁(이하 "관리신탁"이라 한다)의 수익권 해당하는 것을 제외한다. 금융투자상품은 증권, 파생상품이 있다.

지분증권

주권, 신주인수권이 표시된 것, 법률에 의하여 직접 설립된 법인이 발행한 출자증권, 「상법」에 따른 합자회사·유한회사·익명조합의 출자지분, 「민법」에 따른 조합의 출자지분, 그 밖에 이와 유사한 것으로서 출자지분이 표시된 것을 말한다.

투자계약증권

특정 투자자가 그 투자자와 타인(다른 투자자를 포함) 간의 공동사업에 금전 등을 투자하고 주로 타인이 수행한 공동사업의 결과에 따른 손익을 귀속받는 계약상의 권리가 표시된 것을 말한다.

파생결합증권

기초자산의 가격·이자율·지표·단위 또는 이를 기초로 하는 지수 등의 변동과 연계하여 미리 정하여진 방법에 따라 지급금액 또는 회수금액이 결정되는 권리가 표시된 것을 말한다.

기초자산

"기초자산"이란 다음 각 호의 어느 하나에 해당하는 것을 말한다.

금융투자상품

통화(외국의 통화를 포함한다)

일반상품(농산물·축산물·수산물·임산물·광산물·에너지에 속하는 물품 및 이 물품을 원료로 하여 제조하거나 가공한 물품, 그 밖에 이와 유사한 것을 말한다)

신용위험(당사자 또는 제삼자의 신용등급의 변동, 파산 또는 채무재조정 등으로 인한 신용의 변동을 말한다)

그 밖에 자연적·환경적·경제적 현상 등에 속하는 위험으로서 합리적이고 적정한 방법에 의하여 가격·이자율·지표·단위의 산출이나 평가가 가능한 것

파생상품

"파생상품"이란 다음 각 호의 어느 하나에 해당하는 계약상의 권리를 말한다.

기초자산이나 기초자산의 가격·이자율·지표·단위 또는 이를 기초로 하는 지수 등에 의하여 산출된 금전 등을 장래의 특정 시점에 인도할 것을 약정하는 계약

당사자 어느 한쪽의 의사표시에 의하여 기초자산이나 기초자산의 가격·이자율·지표·단위 또는 이를 기초로 하는 지수 등에 의하여 산출된 금전등을 수수하는 거래를 성립시킬 수 있는 권리를 부여하는 것을 약정하는 계약

장래의 일정기간 동안 미리 정한 가

격으로 기초자산이나 기초자산의 가격·이자율·지표·단위 또는 이를 기초로 하는 지수 등에 의하여 산출된 금전 등을 교환할 것을 약정하는 계약

금융투자업

이익을 얻을 목적으로 계속적이거나 반복적인 방법으로 행하는 행위로서 투자매매업, 투자중개업, 집합투자업, 투자자문업, 투자일임업, 신탁업 중 어느 하나에 해당하는 업(업)을 말한다.

투자매매업

누구의 명의로 하든지 자기의 계산으로 금융투자상품의 매도·매수, 증권의 발행·인수 또는 그 청약의 권유, 청약, 청약의 승낙을 영업으로 하는 것을 말한다.

투자중개업

누구의 명의로 하든지 타인의 계산으로 금융투자상품의 매도·매수, 그 청약의 권유, 청약, 청약의 승낙 또는 증권의 발행·인수에 대한 청약의 권유, 청약, 청약의 승낙을 영업으로 하는 것을 말한다.

집합투자

2인 이상에게 투자권유를 하여 모은 금전등 또는 「국가재정법」 제81조에 따른 여유자금을 투자자 또는 각 기금관리주체로부터 일상적인 운용지시를 받지 아니하면서 재산적 가치가 있는 투자대상자산을 취득·처분, 그 밖의 방법으로 운용하고 그 결과를 투자자 또는 각 기금관리주체에게 배분하여 귀속시키는 것을 말한다. 다만, 다음 각 호의 어느 하나에 해당하는 경우를 제외한다.

대통령령으로 정하는 법률에 따라 사모(사모)의 방법으로 금전등을 모아 운용·배분하는 것으로서 대통령령으로 정하는 투자자의 총수가 대통령령으로 정하는 수 이하인 경우

「자산유동화에 관한 법률」 제3조의 자산유동화계획에 따라 금전등을 모아 운용·배분하는 경우

그 밖에 행위의 성격 및 투자자 보호의 필요성 등을 고려하여 대통령령으로 정하는 경우

투자자문업

금융투자상품의 가치 또는 금융투자상품에 대한 투자판단(종류, 종목, 취득·처분, 취득·처분의 방법·수량·가격 및 시기 등에 대한 판단을 말한다. 이하 같다)에 관한 자문에 응하는 것을 영업으로 하는 것을 말한다.

투자일임업

투자자로부터 금융투자상품에 대한 투자판단의 전부 또는 일부를 일임받아 투자자별로 구분하여 금융투자상품을 취득·처분, 그 밖의 방법으로 운용하는 것을 영업으로 하는 것을 말한다.

전문투자자

금융투자상품에 관한 전문성 구비 여부, 소유자산규모 등에 비추어 투자에 따른 위험감수능력이 있는 투자자로서 국가, 한국은행, 대통령령으로 정하는 금융기관, 주권상장법인.(다만, 금융투자업자와 장외파생상품 거래를 하는 경우에는 전문투자자와 같은 대우를 받겠다는 의사를 금융투자업자에게 서면으로 통지하는 경우에 한한다), 그 밖에 대통령령으로 정하는 자에 해당하는 자를 말한다. 다만, 전문투자자 중 대통령령으로 정하는 자가 일반투자자와 같은 대우를 받겠다는 의사를 금융투자업자에게 서면으로 통지하는 경우 금융투자업자는 정당한 사유가 있는 경우를 제외하고는 이에 동의하여야 하며, 금융투자업자가 동의한 경우에는 해당 투자자는 일반투자자로 본다.

금융위원회(金融委員會)

영 ; inancial Services Commission

금융위원회(구 금융감독위원회)는 건전한 신용질서와 공정한 금융거래관행을 확립하고 예금자 및 투자자 등 금융수요자를 보호하기 위하여 설립된 국무총리 소속의 중앙행정기관으로서 금융기관에 대한 감독과 관련된 규정의 제정 및 개정 금융기관의 경영과 관련된 인·허가 및 금융기관에 대한 검사, 제재와 관련된 주요사항. 증권, 선물시장의 관리 감독 및 감시등과 관련된 사항들을 처리하는 기관이다.

채권평가회사(債權評價會社)

집합투자재산에 속하는 채권 등 자산의 가격을 평가하고 이를 집합투자기구에게 제공하는 업무를 금융위원회에 등록하고 영위하는 것을 말한다.

채권평가회사의 요건은 상법에 따른 주식회사이고 자본금 20억원 이상으로서 대통령령으로 정하는 금액 이상의 자기자본을 갖추고, 상호출자제한기업집단의 출자액 또는 대통령령으로 정하는 금융기관의 출자액이 각각 100분의 10 이하이며, 상근 임직원 중 대통령령으로 정하는 기준의 전문인력을 보유하고, 전산설비 등 대통령령으로 정하는 물적 설비를 갖추고, 임원이 자본시장과 금융투자업에 관한 법률 제24조 각 호의 어느 하나에 해당하지 아니할 것과 대통령령으로 정하는 채권 등의 가격평가체계를 갖추고, 대통령령으로 정하는 이해상충방지체계를 구축하고 있을 것(대통령령으로 정하는 금융업을 영위하고 있는 경우에 한한다)을 조건으로 하고 있다.

채권평가회사 등록을 하려는 자는 금융위원회에 등록신청서를 제출하여야 하고, 금융위원회는 등록신청서를 접수한 경우에는 그 내용을 검토하여 30일 이내에 등록 여부를 결정하고, 그 결과와 이유를 지체 없이 신청인에게 문서로 통지하여야 한다. 이 경우 등록신청서에 흠결이 있는 때에는 보완을 요구할 수 있다. 검토기간을 산정함에 있어서 등록신청서 흠결의 보완기간 등 총리령으로 정하는 기간은 검토기간에 산입하지 아니한다.

금융위원회는 등록을 결정한 경우 채권평가회사등록부에 필요한 사항을 기재하여야 하며, 등록결정한 내용을 관보 및 인터넷 홈페이지 등에 공고하여야 한다.

투자목적회사(債權評價會社)

투자목적회사는 상법에 따른 주식회사 또는 유한회사이어야 하며, 자본시장과 금융투자업에 관한 법률 제249조의12 제1항의 투자를 목적으로 하여야 한다. 그리고 그 주주 또는 사원은 ① 경영참여형 사모집합투자기구 또는 그 경영참여형 사모집합투자기구가 투자한 투자목적회사, ② 투자목적회사가 투자하는 회사의 임원 또는 대주주, ③ 그 밖에 투자목적회사의 효율적 운영을 위하여 투자목적회사의 주주 또는 사원이 될 필요가 있는 자로서 대통령령으로 정하는 자이어야 하고, 그 주주 또는 사원인 경영참여형 사모집합투자기구의 사원 수와 경영참여형 사모집합투자기구가 아닌 주주 또는 사원의 수를 합산한 수가 49명 이내여야 한다. 또한 투자목적회사는 상근임원을 두거나 직원을 고용하지 않고, 본점 외에 영업소를 설치해서는 안 된다. 「상법」 제317조제2항제2호·제3호 및 제549조제2항제2호는 투자목적회사에는 적용한다.

가정폭력범죄(家庭暴力犯罪)

가정폭력이란 가정구성원 사이의 신체적, 정신적 또는 재산상 피해를 수반하는 행위를 말하며, "가정폭력범죄"란 가정폭력으로서 다음의 어느 하나에 해당하는 죄를 말한다. ①「형법」제2편제25장 상해와 폭행의 죄 중 제257조(상해, 존속상해), 제258조(중상해, 존속중상해), 제258조의2(특수상해), 제260조(폭행, 존속폭행)제1항·제2항, 제261조(특수폭행) 및 제264조(상습범)의 죄 ②「형법」제2편제28장 유기와 학대의 죄 중 제271조(유기, 존속유기)제1항·제2항, 제272조(영아유기), 제273조(학대, 존속학대) 및 제274조(아동혹사)의 죄 ③「형법」제2편제29장 체포와 감금의 죄 중 제276조(체포, 감금, 존속체포, 존속감금),제277조(중체포, 중감금, 존속중체포, 존속중감금), 제278조(특수체포, 특수감금), 제279조(상습범) 및 제280조(미수범)의 죄 ④「형법」제2편제30장 협박의 죄 중 제283조(협박, 존속협박)제1항·제2항, 제284조(특수협박), 제285조(상습범)(제283조의 죄에만 해당한다) 및 제286조(미수범)의 죄 ⑤「형법」제2편제32장 강간과 추행의 죄 중 제297조(강간), 제297조의2(유사강간), 제298조(강제추행), 제299조(준강간, 준강제추행), 제300조(미수범), 제301조(강간등 상해·치상), 제301조의2(강간등 살인·치사), 제302조(미성년자등에 대한 간음), 제305조(미성년자에 대한 간음, 추행), 제305조의2(상습범)(제297조, 제297조의2, 제298조부터 제300조까지의 죄에 한한다)의 죄 ⑥「형법」제2편제33장 명예에 관한 죄 중 제307조(명예훼손), 제308조(사자의 명예훼손), 제309조(출판물등에 의한 명예훼손) 및 제311조(모욕)의 죄 ⑦「형법」 제2편제36장 주거침입의 죄 ⑧「형법」 제2편제37장 권리행사를 방해하는 죄 중 제324조(강요) 및 제324조의5(미수범)(제324조의 죄에만 해당한다)의 죄 ⑨「형법」제2편제39장 사기와 공갈의 죄 중 제350조(공갈), 제350조의2(특수공갈) 및 제352조(미수범)(제350조, 제350조의2의 죄에만 해당한다)의 죄 ⑩「형법」제2편제42장 손괴의 죄 중 제366조(재물손괴등) 및 제369조(특수손괴)제1항의 죄 ⑪「성폭력범죄의 처벌 등에 관한 특례법」 제14조(카메라 등을 이용한 촬영) 및 제15조(미수범)(제14조의 죄에만 해당한다)의 죄 ⑫「정보통신망 이용촉진 및 정보보호 등에 관한 법률」 제74조제1항제3호의 죄 ⑬ 가목부터 타목까지의 죄로서 다른 법률에 따라 가중처벌되는 죄 (가정폭력처벌법 제2조)

가축전염병(家畜傳染病)

가축이란 소, 말, 당나귀, 노새, 면양·염소(유산양) 사슴, 돼지, 닭, 오리, 칠면조, 거위, 개, 토끼, 꿀벌, 고양이, 타조, 메추리, 꿩, 기러기 등을 말하며, 가축전염병은 다음의 제1종 가축전염병, 제2종 가축전염병 및 제3종 가축전염병을 말한다. ① 제1종 가축전염병 : 우역(牛疫), 우폐역(牛肺疫), 구제역(口蹄疫), 가성우역(假性牛疫), 블루텅병, 리프트계곡열, 럼피스킨병, 양두(羊痘), 수포성구내염(水疱性口內炎), 아프리카마역(馬疫), 아프리카돼지열병, 돼지열병, 돼지수포병(水疱病), 뉴캣슬병, 고병원성 조류(鳥類)인플루엔자 및 그 밖에 이에 준하는 질병으로서 농림축산식품부령으로 정하는 가축의 전염성 질병 ② 제2종 가축전염병 : 탄저(炭疽), 기종저(氣腫疽), 브루셀라병, 결핵병(結核病), 요네병, 소해면상뇌증(海綿狀腦症), 큐열, 돼지오제스키병, 돼지일본뇌염, 돼지테센병, 스크래피(양해면상뇌증), 비저(鼻疽), 말전염성빈혈, 말바이러스성동맥염(動脈炎), 구역(狗疫), 말전염성자궁염(傳染性子宮炎), 동부말뇌염(腦炎), 서부말뇌염, 베네수엘라말뇌염, 추백리(雛白痢: 병아리흰설사병), 가금(家禽)티푸스, 가금콜레라, 광견병(狂犬病), 사슴만성소모성질병(慢性消耗性疾病) 및 그 밖에 이에 준하는 질병으로서 농림수산식품부령으로 정하는 가축의 전염성 질병 ③ 제3종 가축전염병 : 소유행열, 소아카바네병, 닭마이코플라스마병, 저병원성 조류인플루엔자, 부저병 및 그 밖에 이에 준하는 질병으로서 농림수산식품부령으로 정하는 가축의 전염성 질병 (가축전염병예방법 제2조)

감염병

제1급감염병, 제2급감염병, 제3급감염병, 제4급감염병, 기생충감염병, 세계보건기구 감시대상 감염병, 생물테러감염병, 성매개감염병, 인수(人獸)공통감염병 및 의료관련감염병을 말한다. (감염병예방법 제2조) 의사, 치과의사 또는 한의사는 다음 각 호의 어느 하나에 해당하는 사실(제16조제6항에 따라 표본감시 대상이 되는 제4급감염병으로 인한 경우는 제외한다)이 있으면 소속 의료기관의 장에게 보고하여야 하고, 해당 환자와 그 동거인에게 질병관리청장이 정하는 감염 방지 방법 등을 지도하여야 한다. 다만, 의료기관에 소속되지 아니한 의사, 치과의사 또는 한의사는 그 사실을 관할 보건소장에게 신고하여야 한다. (제11조)

개인정보(個人情報)

살아있는 개인에 관한 정보로서 다음의 어느 하나에 해당하는 정보를 말한다.① 성명, 주민등록번호 및 영상 등을 통하여 개인을 알아볼 수 있는 정보 ② 해당 정보만으로는 특정 개인을 알아볼 수 없더라도 다른 정보와 쉽게 결합하여 알아볼 수 있는 정보. 이 경우 쉽게 결합할 수 있는지 여부는 다른 정보의 입수 가능성 등 개인을 알아보는 데 소요되는 시간, 비용, 기술 등을 합리적으로 고려하여야 한다. ③ 위 ① 또는 ②을 가명처리함으로써 원래의 상태로 복원하기 위한 추가 정보의 사용·결합 없이는 특정 개인을 알아볼 수 없는 정보(가명정보) (개인정보 보호법 제2조) 개인정보를 처리하거나 처리하였던 사람은 다음에 해당하는 행위를 하여서는 아니 된다. ① 거짓이나 그 밖의 부정한 수단이나 방법으로 개인정보를 취득하거나 처리에 관한 동의를 받는 행위 ② 업무상 알게 된 개인정보를 누설하거나 권한 없이 다른 사람이 이용하도록 제공하는 행위 ③ 정당한 권한 없이 또는 허용된 권한을 초과하여 다른 사람의 개인정보를 훼손, 멸실, 변경, 위조 또는 유출하는 행위(제59조)

건설공사(建設工事)

토목공사, 건축공사, 산업설비공사, 조경공사, 환경시설공사, 그 밖에 명칭에 관계없이 시설물을 설치·유지·보수하는 공사(시설물을 설치하기 위한 부지조성공사를 포함) 및 기계설비나 그 밖의 구조물의 설치 및 해체공사 등을 말한다. (건설산업기본법 제2조). 종합공사란 종합적인 계획, 관리 및 조정을 하면서 시설물을 시공하는 건설공사를 말한다. 전문공사란 시설물의 일부 또는 전문 분야에 관한 건설공사를 말한다.

형사특별법

건축용어

대지(垈地)

「공간정보의 구축 및 관리 등에 관한 법률」에 따라 각 필지(筆地)로 나눈 토지를 말한다. 다만, 대통령령으로 정하는 토지는 둘 이상의 필지를 하나의 대지로 하거나 하나 이상의 필지의 일부를 하나의 대지로 할 수 있다.

건축물(建築物)

토지에 정착(定着)하는 공작물 중 지붕과 기둥 또는 벽이 있는 것과 이에 딸린 시설물, 지하나 고가(高架)의 공작물에 설치하는 사무소·공연장·점포·차고·창고, 그 밖에 대통령령으로 정하는 것을 말한다. 건축물의 용도는 건축물의 종류를 유사한 구조, 이용 목적 및 형태별로 묶어 분류한 것을 말한다.

지하층(地下層)

건축물의 바닥이 지표면 아래에 있는 층으로서 바닥에서 지표면까지 평균높이가 해당 층 높이의 2분의 1 이상인 것을 말한다.

거실(居室)

건축물 안에서 거주, 집무, 작업, 집회, 오락, 그 밖에 이와 유사한 목적을 위하여 사용되는 방을 말한다.

주요구조부

내력벽(耐力壁), 기둥, 바닥, 보, 지붕틀 및 주계단(主階段)을 말한다. 다만, 사이 기둥, 최하층 바닥, 작은 보, 차양, 옥외 계단, 그 밖에 이와 유사한 것으로 건축물의 구조상 중요하지 아니한 부분은 제외한다.

대수선(大修繕)

건축물의 기둥, 보, 내력벽, 주계단 등의 구조나 외부 형태를 수선·변경하거나 증설하는 것으로서 대통령령으로 정하는 것을 말한다.

① 내력벽을 증설 또는 해체하거나 그 벽면적을 30제곱미터 이상 수선 또는 변경하는 것 ② 기둥을 증설 또는 해체하거나 세 개 이상 수선 또는 변경하는 것 ③ 보를 증설 또는 해체하거나 세 개 이상 수선 또는 변경하는 것 ④ 지붕틀(한옥의 경우에는 지붕틀의 범위에서 서까래는 제외한다)을 증설 또는 해체하거나 세 개 이상 수선 또는 변경하는 것 ⑤ 방화벽 또는 방화구획을 위한 바닥 또는 벽을 증설 또는 해체하거나 수선 또는 변경하는 것 ⑥ 주계단 · 피난계단 또는 특별피난계단을 증설 또는 해체하거나 수선 또는 변경하는 것 ⑦ 다가구주택의 가구 간 경계벽 또는 다세대주택의 세대 간 경계벽을 증설 또는 해체하거나 수선 또는 변경하는 것 ⑧ 건축물의 외벽에 사용하는 마감재료를 증설 또는 해체하거나 벽면적 30제곱미터 이상 수선 또는 변경하는 것

공사감리자(工事監吏者)

자기의 책임(보조자의 도움을 받는 경우를 포함한다)으로 이 법으로 정하는 바에 따라 건축물, 건축설비 또는 공작물이 설계도서의 내용대로 시공되는지를 확인하고, 품질관리·공사관리·안전관리 등에 대하여 지도·감독하는 자를 말한다.

신축(新築)

건축물이 없는 대지(기존 건축물이 해체되거나 멸실된 대지를 포함한다)에 새로 건축물을 축조(築造)하는 것[부속건축물만 있는 대지에 새로 주된 건축물을 축조하는 것을 포함하되, 개축(改築) 또는 재축(再築)하는 것은 제외]을 말한다.

증축(增築)

기존 건축물이 있는 대지에서 건축물의 건축면적, 연면적, 층수 또는 높이를 늘리는 것을 말한다.

개축(改築)

기존 건축물의 전부 또는 일부(내력벽·기둥·보·지붕틀 중 셋 이상이 포함되는 경우를 말한다)를 해체하고 그 대지에 종전과 같은 규모의 범위에서 건축물을 다시 축조하는 것을 말한다.

재축

건축물이 천재지변이나 그 밖의 재해(災害)로 멸실된 경우 그 대지에 종전과 같은 규모의 범위에서 다시 축조하는 것을 말한다.

발코니

건축물의 내부와 외부를 연결하는 완충공간으로서 전망이나 휴식 등의 목적으로 건축물 외벽에 접하여 부가적(附加的)으로 설치되는 공간을 말한다. 이 경우 주택에 설치되는 발코니로서 국토교통부장관이 정하는 기준에 적합한 발코니는 필요에 따라 거실·침실·창고 등의 용도로 사용할 수 있다.

초고층 건축물

층수가 50층 이상이거나 높이가 200미터 이상인 건축물을 말한다. 준초고층 건축물은 고층건축물 중 초고층 건축물이 아닌 것을 말한다.

한옥(韓屋)

기둥 및 보가 목구조방식이고 한식지붕틀로 된 구조로서 한식기와, 볏짚, 목재, 흙 등 자연재료로 마감된 우리나라 전통양식이 반영된 건축물 및 그 부속건축물을 말한다. (건축법 및 건축법시행령)

건폐율과 용적률 (建蔽率과 容積率)

건폐율은 대지면적에 대한 건축면적(대지에 건축물이 둘 이상 있는 경우에는 이들 건축면적의 합계를 말하며, 용적률은 대지면적에 대한 연면적(대지에 건축물이 둘 이상 있는 경우에는 이들 연면적의 합계를 말한다. 국토의계획및이용에관한법률에서는 용적률은 주거지역은 500% 이하, 상업지역은 1,500%이하를 건폐율은 주거지역은 70% 이하 상업지역은 90% 이하로 규정하면서 이 범위에서 특별시·광역시·특별자치시·특별자치도·시 또는 군의 조례로 정하도록 하고 있다.

국토계획법

지구단위계획(地區單位計劃)

도시계획 수립 대상지역의 일부에 대하여 토지이용을 합리화하고 그 기능을 증진시키며 미관을 개선하고 양호한 환경을 확보하며, 그 지역을 체계적·계획적으로 관리하기 위하여 수립하는 도시관리계획을 말한다. (제2조)

도시계획(都市計劃)

특별시·광역시·시 또는 군의 관할 구역에 대하여 수립하는 공간구조와 발전방향에 대한 계획으로서 도시기본계획과 도시관리계획으로 구분한다. ① 도시기본계획은 특별시·광역시·시 또는 군의 관할 구역에 대하여 기본적인 공간구조와 장기발전방향을 제시하는 종합계획으로서 도시관리계획 수립의 지침이 되는 계획을 말한다. ② 도시관리계획은 특별시·광역시·시 또는 군의 개발·정비 및 보전을 위하여 수립하는 토지 이용, 교통, 환경, 경관, 안전, 산업, 정보통신, 보건, 후생, 안보, 문화 등에 관한 용도지역·용도지구의 지정 또는 변경에 관한 계획, 개발제한구역, 도시자연공원구역, 시가화조정구역(市街化調整區域), 수산자원보호구역의 지정 또는 변경에 관한 계획, 기반시설의 설치·정비 또는 개량에 관한 계획, 도시개발사업이나 정비사업에 관한 계획, 지구단위계획구역의 지정 또는 변경에 관한 계획과 지구단위계획을 말한다. (국토계획법 제2조)

용도지역

토지의 이용 및 건축물의 용도, 건폐율, 용적률, 높이 등을 제한함으로써 토지를 경제적·효율적으로 이용하고 공공복리의 증진을 도모하기 위하여 서로 중복되지 아니하게 도시관리계획으로 결정하는 지역을 말한다.

용도지구

토지의 이용 및 건축물의 용도·건폐율·용적률·높이 등에 대한 용도지역의 제한을 강화하거나 완화하여 적용함으로써 용도지역의 기능을 증진시키고 미관·경관·안전 등을 도모하기 위하여 도시관리계획으로 결정하는 지역을 말한다.

용도구역

토지의 이용 및 건축물의 용도·건폐율·용적률·높이 등에 대한 용도지역 및 용도지구의 제한을 강화하거나 완화하여 따로 정함으로써 시가지의 무질서한 확산방지, 계획적이고 단계적인 토지이용의 도모, 토지이용의 종합적 조정·관리 등을 위하여 도시관리계획으로 결정하는 지역을 말한다.

게임물

컴퓨터프로그램 등 정보처리 기술이나 기계장치를 이용하여 오락을 할 수 있게 하거나 이에 부수하여 여가선용, 학습 및 운동효과 등을 높일 수 있도록 제작된 영상물 또는 그 영상물의 이용을 주된 목적으로 제작된 기기 및 장치를 말한다. 이중 "사행성게임물"은 그 결과에 따라 재산상 이익 또는 손실을 주는 것으로. 베팅이나 배당을 내용으로 하는 게임물, 우연적인 방법으로 결과가 결정되는 게임물, 「한국마사회법」에서 규율하는 경마와 이를 모사한 게임물, 「경륜·경정법」에서 규율하는 경륜·경정과 이를 모사한 게임물, 「관광진흥법」에서 규율하는 카지노와 이를 모사한 게임물을 말하다. (게임산업진흥법)

골재(骨材)

하천, 산림, 공유수면이나 그 밖의 지상·지하 등에 부존(賦存)하는 암석[쇄석용(碎石用)에 한정한다], 모래 또는 자갈로서 건설공사의 기초재료로 쓰이는 것을 말한다. (골재채취법) 여기서 '자연석이'란 산지전용 · 산지 일시사용하는 과정에서 부수적으로 원형 상태의 암석의 가장 긴 직선길이가 18㎠ 이상인 암석을 말한다. (산지관리법 시행령 제32조의2 제1호)

공직선거법

공직선거법(公職選擧法)

깨끗하고 돈 안드는 선거를 구현하기 위하여 선거에 있어서 부정 및 부패의 소지를 근원적으로 제거하고, 국민의 자유롭고 민주적인 의사표현과 선거의 공정성을 보장하며, 각종 선거법을 단일법으로 통합함으로써 선거관리의 효율성을 제고하는 등 선거제도의 일대 개혁을 통하여 새로운 선거문화의 정착과 민주정치의 실현을 도모하기 위해 1994.3.16. 공직선거 및 선거부정방지법으로 제정·시행하다 2005.8.4. 공직선거법으로 법명을 개정하여 현재에 이르고 있다.

선거운동(選擧運動)

당선되거나 되게 하거나 되지 못하게 하기 위한 행위를 말한다. 다만, 다음에 해당하는 행위는 선거운동으로 보지 아니한다. 선거에 관한 단순한 의견개진 및 의사표시, 입후보와 선거운동을 위한 준비행위, 정당의 후보자 추천에 관한 단순한 지지·반대의 의견개진 및 의사표시, 통상적인 정당활동,. 설날·추석 등 명절 및 석가탄신일·기독탄신일 등에 하는 의례적인 인사말을 문자메시지(그림말·음성·화상·동영상 등을 포함한다. 이하 같다)로 전송하는 행위 (공선법 제58조)

선거운동 할 수 없는 자
(選擧運動 할 수 없는 자)

대한민국 국민이 아닌 자. 19세미만 미성년자, 선거권이 없는 자.「국가공무원법」제2조(공무원의 구분)에 규정된 국가공무원과「지방공무원법」제2조(공무원의 구분)에 규정된 지방공무원. 향토예비군 중대장급 이상의 간부,. 통·리·반의 장 및 읍·면·동주민자치센터(그 명칭에 관계없이 읍·면·동사무소 기능전환의 일환으로 조례에 의하여 설치된 각종 문화·복지·편익시설을 총칭한다. 이하 같다)에 설치된 주민자치위원회(주민자치센터의 운영을 위하여 조례에 의하여 읍·면·동사무소의 관할구역별로 두는 위원회를 말한다. 이하 같다)위원, 특별법에 의하여 설립된 국민운동단체로서 국가 또는 지방자치단체의 출연 또는 보조를 받는 단체(바르게살기운동협의회·새마을운동협의회·한국자유총연맹을 말한다)의 상근 임·직원 및 이들 단체 등(시·도조직 및 구·시·군조직을 포함한다)의 대표자, 선상투표신고를 한 선원이 승선하고 있는 선박의 선장 (공선법 제60조)

선거기간(選擧期間)

대통령선거는 후보자등록마감일의 다음 날부터 선거일까지 23일.국회의원선거와 지방자치단체의 의회의원 및 장의 선거는 후보자등록마감일 후 6일부터 선거일까지 14일이다.

선거구(選擧區)

대통령 및 비례대표국회의원은 전국을 단위로 하여 선거한다. 비례대표시·도의원은 당해 시·도를 단위로 선거하며, 비례대표자치구·시·군의원은 당해 자치구·시·군을 단위로 선거한다. 지역구국회의원, 지역구지방의회의원(지역구시·도의원 및 지역구자치구·시·군의원)은 당해 의원의 선거구를 단위로 하여 선거한다. 지방자치단체의 장은 당해 지방자치단체의 관할구역을 단위로 하여 선거한다. (제20조)

의원정수

국회의 의원정수는 지역구국회의원 253명과 비례대표국회의원 47명을 합하여 300명으로 한다. 하나의 국회의원지역선거구(이하 "국회의원지역구"라 한다)에서 선출할 국회의원의 정수는 1인으로 한다. 시·도별 지역구시·도의원의 총 정수는 그 관할구역 안의 자치구·시·군(하나의 자치구·시·군이 2 이상의 국회의원지역구로 된 경우에는 국회의원지역구를 말하며, 행정구역의 변경으로 국회의원지역구와 행정구역이 합치되지 아니하게 된 때에는 행정구역을 말한다)수의 2배수로 하되, 인구·행정구역·지세·교통, 그 밖의 조건을 고려하여 100분의 20의 범위에서 조정할 수 있다. 다만, 인구가 5만명 미만인 자치구·시·군의 지역구시·도의원정수는 최소 1명으로 하고, 인구가 5만명 이상인 자치구·시·군의 지역구시·도의원정수는 최소 2명으로 한다. 자치구·시·군의회의 최소정수는 7인으로 한다. 비례대표자치구·시·군의원정수는 자치구·시·군의원 정수의 100분의 10으로 한다. 이 경우 단수는 1로 본다. (제20~23조)

기탁금(寄託金)

후보자등록을 신청하는 자는 등록신청 시에 후보자 1명마다 다음의 기탁금(후보자등록을 신청하는 사람이 「장애인복지법」 제32조에 따라 등록한 장애인이거나 선거일 현재 29세 이하인 경우에는 다음 각 호에 따른 기탁금의 100분의 50에 해당하는 금액을 말하고, 30세 이상 39세 이하인 경우에는 다음 각 호에 따른 기탁금의 100분의 70에 해당하는 금액)을 중앙선거관리위원회규칙으로 정하는 바에 따라 관할선거구선거관리위원회에 납부하여야 한다. 이 경우 예비후보자가 해당 선거의 같은 선거구에 후보자등록을 신청하는 때에는 납부한 기탁금을 제외한 나머지 금액을 납부하여야 한다. ① 대통령선거는 3억원 ② 지역구국회의원선거는 1천500만원 ③ 비례대표국회의원선거는 500만원 ④ 시·도의회의원선거는 300만원 ⑤ 시·도지사선거는 5천만원 ⑥ 자치구·시·군의 장 선거는 1천만원 ⑦ 자치구·시·군의원선거는 200만원 (제56조)

선거일(選擧日)

임기만료에 의한 선거의 선거일은 대

통령선거는 그 임기만료일전 70일 이후 첫번째 수요일. 국회의원선거는 그 임기만료일전 50일 이후 첫번째 수요일. 지방의회의원 및 지방자치단체의 장의 선거는 그 임기만료일전 30일 이후 첫번째 수요일.만약 선거일이 국민생활과 밀접한 관련이 있는 민속절 또는 공휴일인 때와 선거일전일이나 그 다음날이 공휴일인 때에는 그 다음주의 수요일로 한다. (제34조)

예비후보자등록

예비후보자가 되려는 사람(비례대표국회의원선거 및 비례대표지방의회의원선거는 제외)은 다음에서 정하는 날(그 날후에 실시사유가 확정된 보궐선거등에 있어서는 그 선거의 실시사유가 확정된 때)부터 관할선거구선거관리위원회에 예비후보자등록을 서면으로 신청하여야 한다.

① 대통령선거 : 선거일 전 240일 ② 지역구국회의원선거 및 시 · 도지사선거 : 선거일 전 120일 ③ 지역구시 · 도의회의원선거, 자치구 · 시의 지역구의회의원 및 장의 선거 : 선거기간개시일 전 90일 ④ 군의 지역구의회의원 및 장의 선거 : 선거기간개시일 전 60일 (제60조의2)

기부행위(寄附行爲)

당해 선거구안에 있는 자나 기관·단체·시설 및 선거구민의 모임이나 행사 또는 당해 선거구의 밖에 있더라도 그 선거구민과 연고가 있는 자나 기관·단체·시설에 대하여 금전·물품 기타 재산상 이익의 제공, 이익제공의 의사표시 또는 그 제공을 약속하는 행위를 말한다. (공선법 제112조)

호별방문(戶別訪問)

호별방문죄는 연속적으로 두 집 이상을 방문함으로써 성립하고, 또 타인과 면담하기 위하여 그 거택 등에 들어간 경우는 물론 타인을 면담하기 위하여 방문하였으나 피방문자가 부재중이어서 들어가지 못한 경우에도 성립한다. 호별방문죄에 있어서 각 집의 방문이 '연속적'인 것으로 인정되기 위해서는 반드시 집집을 중단 없이 방문하여야 하거나 동일한 일시 및 기회에 각 집을 방문하여야 하는 것은 아니지만, 각 방문행위 사이에는 어느 정도의 시간적 근접성이 있어야 할 것이고, 이러한 시간적 근접성이 없다면 '연속적'인 것으로 인정될 수는 없다. 호별방문죄의 입법 취지와 보호법익에 비추어 보면, 일상생활을 영위하는 거택은 물론이고 널리 주거나 업무 등을 위한 장소 혹은 그에 부속하는 장소라면 공직선거법 제106조 제1항의 '호'에 해당하나, 다만 '호'에 해당하더라도 일반인의 자유로운 출입이 가능하여 다수인이 왕래하는 공개된 장소라면 같은 조 제2항에 따라 선거운동 등을 위하여 방문할 수 있다고 해석된다. 그리고 일반인의 자유로운 출입이 가능하도록 공개된 장소인지 여부는 그 장소의 구조, 사용관계와 공개성 및 접근성 여부, 그에 대한 선거권자의 구체적인 지배·관리형태 등 여러 사정을 종합적으로 고려하여 판단하여야 한다(대법원 2010. 7. 8. 선고 2009도14558 판결)

선거일 후 답례(答禮)금지

후보자와 후보자의 가족 또는 정당의 당직자는 선거일 후에 당선되거나 되지 아니한데 대하여 선거구민에게 축하 또는 위로 그 밖의 답례를 하기 위하여 다음에 해당하는 행위를 할 수 없다.

① 금품 또는 향응을 제공하는 행위 ② 방송·신문 또는 잡지 기타 간행물에 광고하는 행위 ③ 자동차에 의한 행렬을 하거나 다수인이 무리를 지어 거리를 행진하거나 거리에서 연달아 소리지르는 행위. 다만, 제79조(公開場所에서의 演說·對談)제3항의 규정에 의한 자동차를 이용하여 당선 또는 낙선에 대한 거리인사를 하는 경우에는 그러하지 아니하다. ④ 일반선거구민을 모이게 하여 당선축하회 또는 낙선에 대한 위로회를 개최하는 행위 ⑤ 현수막을 게시하는 행위. 다만, 선거일의 다음 날부터 13일 동안 해당 선거구 안의 읍·면·동마다 1매의 현수막을 게시하는 행위는 그러하지 아니하다. (제118조)

투표지 촬영과 공개금지
(投票紙 撮影과 公開禁止)

누구든지 기표소 안에서 투표지를 촬영하여서는 아니 된다. 선거인은 자신이 기표한 투표지를 공개할 수 없으며, 공개된 투표지는 무효로 한다. 이를 위반할 경우 촬영의 경우는 2년이하의 징역 또는 400만원 이하의 벌금, 공개의 경우는 3년 이하의 징역 또는 600만원 이하의 벌금에 처한다. (제166조의2, 제167조)

재선거(再選擧)

다음에 해당하는 사유가 있는 때에는 재선거를 실시한다. ① 당해 선거구의 후보자가 없는 때 ② 당선인이 없거나 지역구자치구·시·군의원선거에 있어 당선인이 당해 선거구에서 선거할 지방의회의원정수에 달하지 아니한 때 ③ 선거의 전부무효의 판결 또는 결정이 있는 때 ④ 당선인이 임기개시전에 사퇴하거나 사망한 때 ⑤ 당선인이 임기개시전에 피선거권상실로 인한 당선무효 등)제2항의 규정에 의하여 당선의 효력이 상실되거나 당선이 무효로 된 때 ⑥ 선거비용의 초과지출로 인한 당선무효) 내지 선거사무장 등의 선거범죄로 인한 당선무효의 규정에 의하여 당선이 무효로 된 때 (제195조)

보궐선거(補闕選擧)

지역구국회의원·지역구지방의회의원 및 지방자치단체의 장에 궐원 또는 궐위가 생긴 때에는 보궐선거를 실시한다. 비례대표국회의원 및 비례대표지방의회의원에 궐원이 생긴 때에는 선거구선거관리위원회는 궐원통지를 받은 후 10일이내에 그 궐원된 의원이 그 선거 당시에 소속한 정당의 비례대표국회의원후보자명부 및 비례대표지방의회의원후보자명부에 기재된 순위에 따라 궐원된 국회의원 및 지방의회의원의 의석을 승계할 자를 결정하여야 한다. 비례대표의 경우 의석을 승계할 후보자를 추천한 정당이 해산되거나 임기만료일 전 120일 이내에 궐원이 생긴 때에는 의석을 승계할 사람을 결정하지 아니한다. (제200조)

선거범죄(公訴時效)

선거범죄의 공소시효는 당해 선거일 후 6개월(선거일후에 행하여진 범죄는 그 행위가 있는 날부터 6개월)을 경과함으로써 완성한다. 다만, 범인이 도피한 때나 범인이 공범 또는 범죄의 증명에 필요한 참고인을 도피시킨 때에는 그 기간은 3년으로 한다. 선상투표와 관련하여 선박에서 범한 이 법에 규정된 죄의 공소시효는 범인이 국내에 들어온 날부터 6개월을 경과함으로써 완성된다. 공무원(선거운동을 할 수 있는 사람은 제외)이 직무와 관련하여 또는 지위를 이용하여 범한 이 법에 규정된 죄의 공소시효는 해당 선거일 후 10년(선거일 후에 행하여진 범죄는 그 행위가 있는 날부터 10년)을 경과함으로써 완성된다. (제268조)

카지노업

전문영업장을 갖추고 주사위·트럼프·슬러트머신등 특정한 기구등을 이용하여 우연의 결과에 따라 특정인에게 재산상의 이익을 주고 다른 참가자에게 손실을 주는 행위등을 하는 업을 말한다. (관광진흥법 제3조)

교육환경보호구역

교육감은 학교경계 또는 학교설립예정지 경계(학교경계등)로부터 직선거리 200미터의 범위 안의 지역을 다음의 구분에 따라 교육환경보호구역으로 설정·고시하여야 한다.
① 절대보호구역 : 학교출입문으로부터 직선거리로 50미터까지인 지역(학교설립예정지의 경우 학교경계로부터 직선거리 50미터까지인 지역) ② 상대보호구역 : 학교경계등으로부터 직선거리로 200미터까지인 지역 중 절대보호구역을 제외한 지역 (교육환경법 제8조)

공무원법(公務員法)

공무원의 종류

국가공무원은 경력직공무원과 특수경력직공무원으로 구분한다.

경력직공무원

실적과 자격에 따라 임용되고 그 신분이 보장되며 평생 동안(근무기간을 정하여 임용하는 공무원의 경우에는 그 기간 동안을 말한다) 공무원으로 근무할 것이 예정되는 공무원을 말하며, 그 종류는 다음과 같다. ① 일반직공무원: 기술·연구 또는 행정 일반에 대한 업무를 담당하는 공무원 ② 특정직공무원: 법관, 검사, 외무공무원, 경찰공무원, 소방공무원, 교육공무원, 군인, 군무원, 헌법재판소 헌법연구관, 국가정보원의 직원, 경호공무원과 특수 분야의 업무를 담당하는 공무원으로서 다른 법률에서 특정직공무원으로 지정하는 공무원

특수경력직공무원

경력직공무원 외의 공무원을 말하며, 그 종류는 다음과 같다. ① 정무직공무원 : 선거로 취임하거나 임명할 때 국회의 동의가 필요한 공무원과 고도의 정책결정 업무를 담당하거나 이러한 업무를 보조하는 공무원으로서 법률이나 대통령령(대통령비서실 및 국가안보실의 조직에 관한 대통령령만 해당한다)에서 정무직으로 지정하는 공무원 ② 별정직공무원: 비서관·비서 등 보좌업무 등을 수행하거나 특정한 업무 수행을 위하여 법령에서 별정직으로 지정하는 공무원 (국가공무원법 제2조)

고위공무원단

국가의 고위공무원을 범정부적 차원에서 효율적으로 인사관리하여 정부의 경쟁력을 높이기 위하여 고위공무원단을 구성한다. 고위공무원단은 직무의 곤란성과 책임도가 높은 직위에 임용되어 재직 중이거나 파견·휴직 등으로 인사관리되고 있는 일반직공무원, 별정직공무원 및 특정직공무원(특정직공무원은 다른 법률에서 고위공무원단에 속하는 공무원으로 임용할 수 있도록 규정하고 있는 경우만 해당)의 군(群)을 말한다.

직위와 직급
(職位와 職級)

직위란 1명의 공무원에게 부여할 수 있는 직무와 책임을 말한다. 직급은 직무의 종류·곤란성과 책임도가 상당히 유사한 직위의 군을 말한다.

강임(降任)

같은 직렬 내에서 하위 직급에 임명하거나 하위 직급이 없어 다른 직렬의 하위 직급으로 임명하거나 고위공무원단에 속하는 일반직공무원을 고위공무원단 직위가 아닌 하위 직위에 임명하는 것을 말한다.

국유재산(國有財産)

국가의 부담, 기부채납이나 법령 또는 조약에 따라 국가 소유로 된 재산을 말한다. 국유재산은 그 용도에 따라 행정재산과 일반재산으로 구분한다. 행정재산은 공용재산(국가가 직접 사무용·사업용 또는 공무원의 주거용으로 사용하거나 대통령령으로 정하는 기한까지 사용하기로 결정한 재산)과 공공용재산(국가가 직접 공공용으로 사용하거나 대통령령으로 정하는 기한까지 사용하기로 결정한 재산), 기업용재산(정부기업이 직접 사무용·사업용 또는 그 기업에 종사하는 직원의 주거용으로 사용하거나 대통령령으로 정하는 기한까지 사용하기로 결정한 재산), 보존용재산(법령이나 그 밖의 필요에 따라 국가가 보존하는 재산)으로 분류되고, 일반재산이란 행정재산 외의 모든 국유재산을 말한다. (국유재산법 제6조)

기부금품(寄附金품)

환영금품, 축하금품, 찬조금품(贊助金品) 등 명칭이 어떠하든 반대급부 없이 취득하는 금전이나 물품을 말한다. 다만, 다음에 해당하는 것은 제외한다. ① 법인, 정당, 사회단체, 종친회(宗親會), 친목단체 등이 정관, 규약 또는 회칙 등에 따라 소속원으로부터 가입금, 일시금, 회비 또는 그 구성원의 공동이익을 위하여 모은 금품 ② 사찰, 교회, 향교, 그 밖의 종교단체가 그 고유활동에 필요한 경비에 충당하기 위하여 신도(信徒)로부터 모은 금품 ③ 국가, 지방자치단체, 법인, 정당, 사회단체 또는 친목단체 등이 소속원이나 제3자에게 기부할 목적으로 그 소속원으로부터 모은 금품 ④ 학교기성회(學校期成會), 후원회, 장학회 또는 동창회 등이 학교의 설립이나 유지 등에 필요한 경비에 충당하기 위하여 그 구성원으로부터 모은 금품 (기부금품법 제2조)

농수산물품질법

농산물우수관리

농산물(축산물은 제외)의 안전성을 확보하고 농업환경을 보전하기 위하여 농산물의 생산, 수확 후 관리(농산물의 저장·세척·건조·선별·박피·절단·조제·포장 등을 포함) 및 유통의 각 단계에서 작물이 재배되는 농경지 및 농업용수 등의 농업환경과 농산물에 잔류할 수 있는 농약, 중금속, 잔류성 유기오염물질 또는 유해생물 등의 위해요소를 적절하게 관리하는 것을 말한다.

선거범죄(公訴時效)

농수산물의 안전성 등에 문제가 발생할 경우 해당 농수산물을 추적하여 원인을 규명하고 필요한 조치를 할 수 있도록 농수산물의 생산단계부터 판매단계까지 각 단계별로 정보를 기록·관리하는 것을 말한다.

지리적표시

농수산물 또는 농수산가공품의 명성·품질, 그 밖의 특징이 본질적으로 특정 지역의 지리적 특성에 기인하는 경우 해당 농수산물 또는 농수산가공품이 그 특정 지역에서 생산·제조 및 가공되었음을 나타내는 표시를 말한다.

유전자변형농수산물

인공적으로 유전자를 분리하거나 재조합하여 의도한 특성을 갖도록 한 농수산물을 말한다. (농수산물품질법 제2조)

대부업

금전의 대부(어음할인·양도담보, 그 밖에 이와 비슷한 방법을 통한 금전의 교부를 포함)를 업(業)으로 하거나 대부계약에 따른 채권을 양도받아 이를 추심(대부채권매입추심)하는 것을 업으로 하는 것을 말한다. 이러한 대부업을 하기 위해서는 시도사에게 대부업 등록을 하여야 하며. 대부업자는 연 100분의 20을 초과할 수 없다. (대부업법) 현행 대부업법만으로는 사채업의 폐해를 해결할 수 없다는 인식하에 이자제한법을 제정하여 이자의 적정한 최고한도를 정함으로써 국민경제생활을 보호하기 위한 최소한의 사회적 안전장치를 마련하고 있는데 이자제한법상 최고이자율도 연 20%이다.

도로교통법

자동차(自動車)

철길이나 가설된 선을 이용하지 아니하고 원동기를 사용하여 운전되는 차(견인되는 자동차도 자동차의 일부로 본다)로서 자동차관리법에 따른 승용자동차, 승합자동차, 화물자동차, 특수자동차, 이륜자동차, 건설기계관리법에 따른 건설기계를 말한다. 그러나 자동차 관리법상 정의는 원동기에 의하여 육상에서 이동할 목적으로 제작한 용구 또는 이에 견인되어 육상을 이동할 목적으로 제작한 용구(피견인자동차)를 말한다.

자율주행자동차

운전자 또는 승객의 조작 없이 자동차 스스로 운행이 가능한 자동차를 말한다.

원동기장치자전거

이륜자동차 가운데 배기량 125시시 이하(전기를 동력으로 하는 경우에는 최고정격출력 11킬로와트 이하)의 이륜자동차, 배기량 125시시 이하(전기를 동력으로 하는 경우에는 최고정격출력 11킬로와트 이하)의 원동기를 단 차를 말한다.

주차와 정차(駐車와 停車)

주차란 운전자가 승객을 기다리거나 화물을 싣거나 차가 고장 나거나 그 밖의 사유로 차를 계속 정지 상태에 두는 것 또는 운전자가 차에서 떠나서 즉시 그 차를 운전할 수 없는 상태에 두는 것을 말한다. 정차란 운전자가 5분을 초과하지 아니하고 차를 정지시키는 것으로서 주차 외의 정지 상태를 말한다.

초보운전자(初步운전자)

처음 운전면허를 받은 날(처음 운전면허를 받은 날부터 2년이 지나기 전에 운전면허의 취소처분을 받은 경우에는 그 후 다시 운전면허를 받은 날)부터 2년이 지나지 아니한 사람을 말한다. 이 경우 원동기장치자전거면허만 받은 사람이 원동기장치자전거면허 외의 운전면허를 받은 경우에는 처음 운전면허를 받은 것으로 본다.

모범(模範)운전자

무사고운전자 또는 유공운전자의 표시장을 받거나 2년 이상 사업용 자동차 운전에 종사하면서 교통사고를 일으킨 전력이 없는 사람으로서 경찰청장이 정하는 바에 따라 선발되어 교통안전 봉사활동에 종사하는 사람을 말한다.

음주운전(飮酒運轉)

누구든지 술에 취한 상태에서 자동차등(건설기계관리법에 따른 건설기계 외의 건설기계를 포함), 노면전차 또는 자전거를 운전하여서는 아니 된다. 측정 결과에 불복하는 운전자에 대하여는 그 운전자의 동의를 받아 혈액 채취 등의 방법으로 다시 측정할 수 있다. 운전이 금지되는 술에 취한 상태의 기준은 운전자의 혈중알코올농도가 0.03퍼센트 이상인 경우로 한다. 0.08퍼센트 이상일 경우 운전면허가 정지사유에 해당한다. (도로교통법 제44조) 선반 운항의 경우에도 혈중알코올농도 0.03퍼센트 이상일 경우 처벌하고 있다 (해사안전법 제41조)

동물보호법

동물(動物)

고통을 느낄 수 있는 신경체계가 발달한 척추동물로서 포유류, 조류, 파충류·양서류·어류 중 농림축산식품부장관이 관계 중앙행정기관의 장과의 협의를 거쳐 대통령령으로 정하는 동물을 말한다.

맹견(猛犬)

도사견, 핏불테리어, 로트와일러 등 사람의 생명이나 신체 또는 동물에 위해를 가할 우려가 있는 개로서 도사견과 그 잡종의 개, 아메리칸 핏불테리어와 그 잡종의 개, 아메리칸 스태퍼드셔 테리어와 그 잡종의 개, 스태퍼드셔 불 테리어와 그 잡종의 개,. 로트와일러와 그 잡종의 개, 사람의 생명이나 신체 또는 동물에 위해를 가할 우려가 있어 시·도지사가 맹견으로 지정한 개를 말한다. 등록대상동물인 맹견을 사육하려는 사람은 시·도지사에게 맹견사육허가를 받아야 한다. 이를 위반할 경우 1년 이하의 징역 또는 1천만원 이하의 벌금에 처한다.

반려동물(伴侶動物)

반려(伴侶) 목적으로 기르는 개, 고양이, 토끼, 페럿, 기니피그 및 햄스터를 말한다. 월령(月齡) 2개월 이상인 개를 주택·준주택에서 기르기 위해서는 행정기관에 등록대상동물로 등록하여야 한다. (제2조)

동물학대(動物虐待)

동물을 대상으로 정당한 사유 없이 불필요하거나 피할 수 있는 고통과 스트레스를 주는 행위 및 굶주림, 질병 등에 대하여 적절한 조치를 게을리하거나 방치하는 행위를 말한다. 학대방법으로는 목을 매다는 등의 잔인한 방법으로 죽음에 이르게 하는 행위, 노상 등 공개된 장소에서 죽이거나 같은 종류의 다른 동물이 보는 앞에서 죽음에 이르게 하는 행위, 고의로 사료 또는 물을 주지 아니하는 행위로 인하여 동물을 죽음에 이르게 하는 행위, 그 밖에 수의학적 처치의 필요, 동물로 인한 사람의 생명·신체·재산의 피해 등 농림축산식품부령으로 정하는 정당한 사유 없이 죽음에 이르게 하는 행위를 말한다. (동물보호법 제8조)

마약(痲藥)

마약(痲藥)

마약이란 다음에 해당하는 것을 말한다.

① 양귀비: 양귀비과(科)의 파파베르 솜니페룸 엘(Papaver somniferum L.), 파파베르 세티게룸 디시(Papaver setigerum DC.) 또는 파파베르 브락테아툼(Papaver bracteatum) ② 아편 : 양귀비의 액즙(液汁)이 응결(凝結)된 것과 이를 가공한 것. 다만, 의약품으로 가공한 것은 제외한다. ③ 코카 잎[엽]: 코카 관목[(灌木): 에리드록시론속(屬)의 모든 식물을 말한다]의 잎. 다만, 엑고닌·코카인 및 엑고닌 알칼로이드 성분이 모두 제거된 잎은 제외한다. ④ 양귀비, 아편 또는 코카 잎에서 추출되는 모든 알카로이드 및 그와 동일한 화학적 합성품으로서 대통령령으로 정하는 것

⑤ ① 부터 ④까지에 규정된 것 외에 그와 동일하게 남용되거나 해독(害毒) 작용을 일으킬 우려가 있는 화학적 합성품으로서 대통령령으로 정하는 것(마약류관리법 제2조)

향정신성의약(向精神性醫藥)

인간의 중추신경계에 작용하는 것으로서 이를 오용하거나 남용할 경우 인체에 심각한 위해가 있다고 인정되는 다음에 해당하는 것을 말한다. ① 오용하거나 남용할 우려가 심하고 의료용으로 쓰이지 아니하며 안전성이 결여

되어 있는 것으로서 이를 오용하거나 남용할 경우 심한 신체적 또는 정신적 의존성을 일으키는 약물 또는 이를 함유하는 물질 ② 오용하거나 남용할 우려가 심하고 매우 제한된 의료용으로만 쓰이는 것으로서 이를 오용하거나 남용할 경우 심한 신체적 또는 정신적 의존성을 일으키는 약물 또는 이를 함유하는 물질, ③ ①과 ②에 규정된 것보다 오용하거나 남용할 우려가 상대적으로 적고 의료용으로 쓰이는 것으로서 이를 오용하거나 남용할 경우 그리 심하지 아니한 신체적 의존성을 일으키거나 심한 정신적 의존성을 일으키는 약물 또는 이를 함유하는 물질 ④ ③에서 규정된 것보다 오용하거나 남용할 우려가 상대적으로 적고 의료용으로 쓰이는 것으로서 이를 오용하거나 남용할 경우 다목에 규정된 것보다 신체적 또는 정신적 의존성을 일으킬 우려가 적은 약물 또는 이를 함유하는 물질 (마약류관리법 제2조)

대마(大麻)

다음에 해당하는 것을 말한다. 다만, 대마초[칸나비스 사티바 엘(Cannabis sativa L)]의 종자(種子)·뿌리 및 성숙한 대마초의 줄기와 그 제품은 제외한다. ① 대마초와 그 수지(樹脂), ② 대마초 또는 그 수지를 원료로 하여 제조된 모든 제품 (마약류관리법 제2조)

먹는물

먹는물

먹는물이란 먹는 데에 일반적으로 사용하는 자연 상태의 물, 자연 상태의 물을 먹기에 적합하도록 처리한 수돗물, 먹는샘물, 먹는해양심층수(海洋深層水)등을 말한다. "샘물"이란 암반대수층(岩盤帶水層) 안의 지하수 또는 용천수 등 수질의 안전성을 계속 유지할 수 있는 자연 상태의 깨끗한 물을 먹는 용도로 사용할 원수(原水)를 말한다. "먹는샘물"이란 샘물을 먹기에 적합하도록 물리적으로 처리하는 등의 방법으로 제조한 물을 말한다.

먹는해양심층수

해양심층수의 개발 및 관리에 관한 법률제2조제1호에 따른 해양심층수를 먹는 데 적합하도록 물리적으로 처리하는 등의 방법으로 제조한 물을 말한다. "해양심층수"란 기본수준면으로부터 200미터 이하수심의 바다에 존재하면서 수질의 안전성을 계속 유지할 수 있는 바닷물로서 수질기준에 적합한 것을 말한다. (먹는물관리법 제3조)

정수기(淨水器)

물리적·화학적 또는 생물학적 과정을 거치거나 이들을 결합한 과정을 거쳐 먹는물을 먹는물의 수질기준에 맞게 취수 꼭지를 통하여 공급하도록 제조된 기구[해당 기구에 냉수·온수 장치,

제빙(製氷) 장치 등 환경부장관이 정하여 고시하는 장치가 결합되어 냉수·온수, 얼음 등을 함께 공급할 수 있도록 제조된 기구를 포함한다]로서, 유입수(流入水) 중에 함유된 오염물질을 감소시키는 기능을 가진 것을 말한다. (먹는물관리법 제3조)

모자보건법

임산부(姙産婦)

임신 중이거나 분만 후 6개월 미만인 여성을 말한다. 모성이란 임산부와 가임기(可姙期) 여성을 말한다.

영유아

영유아는 출생 후 6년 미만인 사람을 말한다. 영유아 어린이집"이란 보호자의 위탁을 받아 영유아를 보육하는 기관을 말하며, 어린이집의 종류는 국공립어린이집, 사회복지법인어린이집, 법인·단체등어린이집, 직장어린이집, 가정어린이집, 협동어린이집, 민간어린이집이 있다. (영유아보육법 제2조)

신생아(新生兒)

신생아는 출생 후 28일 이내의 영유아를 말한다. "임산부"란 임신 중이거나 분만 후 6개월 미만인 여성을 말한다.

미숙아(未熟兒)

신체의 발육이 미숙한 채로 출생한 영유아로서 임신 37주 미만의 출생아 또는 출생 시 체중이 2천500그램 미만인 영유아로서 보건소장 또는 의료기관의 장이 임신 37주 이상의 출생아 등과는 다른 특별한 의료적 관리와 보호가 필요하다고 인정하는 영유아를 말한다. (모자보건법 제2조)

산후조리업(産後調理業)

산후조리 및 요양 등에 필요한 인력과 시설을 갖춘 곳에서 분만 직후의 임산부나 출생 직후의 영유아에게 급식 · 요양과 그 밖에 일상생활에 필요한 편의를 제공하는 업(業)을 말한다.

난임(難妊)

부부(사실상의 혼인관계에 있는 경우를 포함)가 피임을 하지 아니한 상태에서 부부간 정상적인 성생활을 하고 있음에도 불구하고 1년이 지나도 임신이 되지 아니하는 상태를 말한다. (모자보건법 제2조)

문화재보호법

문화재(文化財)

인위적이거나 자연적으로 형성된 국가적 · 민족적 또는 세계적 유산으로서 역사적 · 예술적 · 학술적 또는 경관적 가치가 큰 것으로 유형문화재, 무형문화재, 기념물, 민속문화재를 말한다.

유형문화재(有形文化財)

건조물, 전적(典籍: 글과 그림을 기록하여 묶은 책), 서적(書跡), 고문서, 회화, 조각, 공예품 등 유형의 문화적 소산으로서 역사적·예술적 또는 학술적 가치가 큰 것과 이에 준하는 고고자료(考古資料)

무형문화재(無形文化財)

여러 세대에 걸쳐 전승되어 온 무형의 문화적 유산 중 ① 전통적 공연·예술, ② 공예, 미술 등에 관한 전통기술 ③한의약, 농경·어로 등에 관한 전통지식 ④ 구전 전통 및 표현 ⑤ 의식주 등 전통적 생활관습 ⑥ 민간신앙 등 사회적 의식(儀式)⑦ 전통적 놀이·축제 및 기예·무예에 해당하는 것을 말한다.

기념물(記念物)

① 절터, 옛무덤, 조개무덤, 성터, 궁터, 가마터, 유물포함층 등의 사적지(史蹟地)와 특별히 기념이 될 만한 시

설물로서 역사적·학술적 가치가 큰 것 ② 경치 좋은 곳으로서 예술적 가치가 크고 경관이 뛰어난 것 ③ 동물(그 서식지, 번식지, 도래지를 포함), 식물(그 자생지를 포함), 지형, 지질, 광물, 동굴, 생물학적 생성물 또는 특별한 자연현상으로서 역사적·경관적 또는 학술적 가치가 큰 것

민속문화재(民俗文化재)

의식주, 생업, 신앙, 연중행사 등에 관한 풍속이나 관습과 이에 사용되는 의복, 기구, 가옥 등으로서 국민생활의 변화를 이해하는 데 반드시 필요한 것 (문화재보호법 제2조)

방문판매(訪問販賣)

재화 또는 용역(일정한 시설을 이용하거나 용역을 제공받을 수 있는 권리를 포함)의 판매(위탁 및 중개를 포함)를 업(業)으로 하는 자(이하 "판매업자"라 한다)가 방문을 하는 방법으로 그의 영업소, 대리점, 그 밖에 총리령으로 정하는 영업 장소 외의 장소에서 소비자에게 권유하여 계약의 청약을 받거나 계약을 체결(사업장 외의 장소에서 권유 등 총리령으로 정하는 방법으로 소비자를 유인하여 사업장에서 계약의 청약을 받거나 계약을 체결하는 경우를 포함)하여 재화 또는 용역을 판매하는 것을 말한다. 방문판매자란 방문판매를 업으로 하기 위하여 방문판매조직을 개설하거나 관리·운영하는 자(방문판매업자)와 방문판매업자를 대신하여 방문판매업무를 수행하는 자(방문판매원)를 말한다. (방문판매법 제2조)

다단계판매

다음의 요건을 모두 충족하는 판매조직(다단계판매조직)을 통하여 재화등을 판매하는 것을 말한다. ① 판매업자에 속한 판매원이 특정인을 해당 판매원의 하위 판매원으로 가입하도록 권유하는 모집방식이 있을 것 ② 판매원의 가입이 3단계(다른 판매원의 권유를 통하지 아니하고 가입한 판매원을 1단계 판매원으로 한다.) 이상 단계적으로 이루어질 것. 다만, 판매원의 단계가 2단계 이하라고 하더라도 사실상 3단계 이상으로 관리·운영되는 경우로서 대통령령으로 정하는 경우를 포함한다. ③ 판매업자가 판매원에게 후원수당을 지급하는 방식을 가지고 있을 것 (방문판매법 제2조)

법무사

법무사의 업무는 법원과 검찰청에 제출하는 서류의 작성, 법원과 검찰청의 업무에 관련된 서류의 작성, 등기나 그 밖에 등록신청에 필요한 서류의 작성, 등기·공탁사건(供託事件) 신청의 대리(代理), 「민사집행법」에 따른 경매사건과 「국세징수법」이나 그 밖의 법령에 따른 공매사건(公賣事件)에서의 재산취득에 관한 상담, 매수신청 또는 입찰신청의 대리, 채무자 회생 및 파산에 관한 법률에 따른 개인의 파산사건 및 개인회생사건 신청의 대리 사무를 하는 사람이다.

사회복무요원(社會服務要員)

국가기관, 지방자치단체, 공공단체, 사회복지시설의 기관 등의 공익목적 수행에 필요한 사회복지, 보건·의료, 교육·문화, 환경·안전 등의 사회서비스 업무 및 행정업무 등의 지원을 위하여 소집되어 공익 분야에 복무하는 사람을 말한다.

보험업(保險業)

보험상품의 취급과 관련하여 발생하는 보험의 인수(引受), 보험료 수수 및 보험금 지급 등을 영업으로 하는 것으로서 생명보험업·손해보험업 및 제3보험업을 말한다. "생명보험업"이란 생명보험상품의 취급과 관련하여 발생하는 보험의 인수, 보험료 수수 및 보험금 지급 등을 영업으로 하는 것을 말한다. "손해보험업"이란 손해보험상품의 취급과 관련하여 발생하는 보험의 인수, 보험료 수수 및 보험금 지급 등을 영업으로 하는 것을 말한다. "제3보험업"이란 제3보험상품의 취급과 관련하여 발생하는 보험의 인수, 보험료 수수 및 보험금 지급 등을 영업으로 하는 것을 말한다. (보험업법 제2조)

복권(福券)

다수인으로부터 금전을 모아 추첨 등의 방법으로 결정된 당첨자에게 당첨금을 지급하기 위하여 발행하는 표권(票券)으로서 다음의 것을 말한다. ① 추첨식 인쇄복권: 복권면에 추첨용 번호를 미리 인쇄한 후에 추첨으로 당첨번호를 결정하는 복권 ② 즉석식 인쇄복권: 당첨방식을 미리 정한 후 복권면에 당첨방식에 관한 내용을 인쇄하여 복권의 최종 구매자가 구입하는 즉시 당첨 여부를 확인할 수 있는 복권 ③ 추첨식 전자복권: 「정보통신망 이용촉진 및 정보보호 등에 관한 법률」 제2조제1항제1호에 따른 정보통신망(이하 "정보통신망"이라 한다)을 통하여 발행 및 판매가 이루어지는 전자적 형태의 복권으로서 복권면에 추첨용 번호를 미리 정하여 두거나 최종 구매자가 번호를 선택할 수 있도록 한 후에 추첨으로 당첨번호를 결정하는 복권 ④ 즉석식 전자복권: 정보통신망을 통하여 발행 및 판매가 이루어지는 전자적 형태의 복권으로서 당첨방식을 미리 정한 후 복권면에 당첨방식에 관한 내용을 표시하고 복권의 최종 구매자가 구입하는 즉시 당첨 여부를 확인할 수 있는 복권 ⑤ 온라인복권: 복권의 최종 구매자가 직접 번호를 선택하거나 전산에 의하여 자동으로 번호를 받은 후에 추첨으로 당첨번호를 결정하는 복권으로서 복권발행시스템을 갖춘 중앙전산센터와 정보통신망으로 연결된 복권의 발매단말기를 통하여 출력된 복권 또는 복권발행시스템을 갖춘 중앙전산센터와 연결된 정보통신망을 통하여 발행 및 판매가 이루어지는 전자적 형태의 복권 ⑥ ①과 ③의 복권을 혼합한 형태의 복권(추첨식 인쇄·전자결합복권) (복권법 제2조)

명의신탁약정(名義信託約定)

부동산에 관한 소유권이나 그 밖의 물권을 보유한 자 또는 사실상 취득하거나 취득하려고 하는 자(실권리자)가 타인과의 사이에서 대내적으로는 실권리자가 부동산에 관한 물권을 보유하거나 보유하기로 하고 그에 관한 등기(가등기를 포함)는 그 타인의 명의로 하기로 하는 약정(위임·위탁매매의 형식에 의하거나 추인追認에 의한 경우를 포함)을 말한다. 다만, ① 채무의 변제를 담보하기 위하여 채권자가 부동산에 관한 물권을 이전(移轉)받거나 가등기하는 경우 ② 부동산의 위치와 면적을 특정하여 2인 이상이 구분소유하기로 하는 약정을 하고 그 구분소유자의 공유로 등기하는 경우 ③.「신탁법」 또는「자본시장과 금융투자업에 관한 법률」에 따른 신탁재산인 사실을 등기한 경우는 제외한다.

명의신탁자와 명의수탁자
(名義信託者와 名義受託者)

명의신탁자란 명의신탁약정에 따라 자신의 부동산에 관한 물권을 타인의 명의로 등기하게 하는 실권리자를 말한다. 명의수탁자는 명의신탁약정에 따라 실권리자의 부동산에 관한 물권을 자신의 명의로 등기하는 자를 말한다. (부동산실명법 제2조)

사행행위(射倖行爲)

사행행위란 여러 사람으로부터 재물이나 재산상의 이익을 모아 우연적(偶然的) 방법으로 득실(得失)을 결정하여 재산상의 이익이나 손실을 주는 행위를 말한다. 사행행위영업은 다음에 해당하는 영업을 말한다. ① 복권발행업(福券發行業): 특정한 표찰(컴퓨터프로그램 등 정보처리능력을 가진 장치에 의한 전자적 형태를 포함한다)을 이용하여 여러 사람으로부터 재물등을 모아 추첨 등의 방법으로 당첨자에게 재산상의 이익을 주고 다른 참가자에게 손실을 주는 행위를 하는 영업 ② 현상업(懸賞業): 특정한 설문 또는 예측에 대하여 그 답을 제시하거나 예측이 적중하면 이익을 준다는 조건으로 응모자로부터 재물등을 모아 그 정답자나 적중자의 전부 또는 일부에게 재산상의 이익을 주고 다른 참가자에게 손실을 주는 행위를 하는 영업 ③ 그 밖의 사행행위업: ① 및 ② 외에 영리를 목적으로 회전판돌리기, 추첨, 경품(景品) 등 사행심을 유발할 우려가 있는 기구 또는 방법 등을 이용하는 영업(회전판돌리기업 : 참가자에게 금품을 걸게한 후 그림이나 숫자등의 기호가 표시된 회전판이 돌고 있는 상태에서 화살등을 쏘거나 던지게 하여 회전판이 정지되었을 때 그 화살등이 명중시킨 기호에 따라 당첨금을 교부하는 행위를 하는 영업, 추첨업 : 참가자에게 번호를 기입한 증표를 제공하고 지정일시에 추첨등으로 당첨자를 선정하여 일정한 지급기준에 따라 당첨금을 교부하는 행위를 하는 영업, 경품업 : 참가자에게 등수를 기입한 증표를 제공하여 당해 증표에 표시된 등수 및 당

첨금의 지급기준에 따라 당첨금을 교부하는 행위를 하는 영업 (사행행위규제법 제2조)

산업단지(産業團地)

공장, 지식산업 관련 시설, 문화산업 관련 시설, 정보통신산업 관련 시설, 재활용산업 관련 시설, 자원비축시설, 물류시설, 교육 · 연구시설과 이와 관련된 교육·연구·업무·지원·정보처리·유통 시설 및 이들 시설의 기능 향상을 위하여 주거·문화·환경·공원녹지·의료·관광·체육·복지 시설 등을 집단적으로 설치하기 위하여 포괄적 계획에 따라 지정·개발되는 일단(一團)의 토지로서 다음의 것을 말한다. ① 국가산업단지: 국가기간산업, 첨단과학기술산업 등을 육성하거나 개발 촉진이 필요한 낙후 지역이나 둘 이상의 특별시·광역시 또는 도에 걸쳐 있는 지역을 산업단지로 개발하기 위하여 지정된 산업단지 ② 일반산업단지: 산업의 적정한 지방 분산을 촉진하고 지역경제의 활성화를 위하여 지정된 산업단지 ③ 도시첨단산업단지: 지식산업·문화산업·정보통신산업, 그 밖의 첨단산업의 육성과 개발 촉진을 위하여 「국토의 계획 및 이용에 관한 법률」에 따른 도시지역에 지정된 산업단지

④ 농공단지(農工團地): 농어촌지역에 농어민의 소득 증대를 위한 산업을 유치·육성하기 위하여 지정된 산업단지 (산업입지법 제2조)

가짜 석유제품

조연제(助燃劑), 첨가제(다른 법률에서 규정하는 경우를 포함), 그 밖에 어떠한 명칭이든 다음의 방법으로 제조된 것으로서 자동차 및 대통령령으로 정하는 차량·기계(휘발유 또는 경유를 연료로 사용하는 것만을 말한다)의 연료로 사용하거나 사용하게 할 목적으로 제조된 것을 말한다. ① 석유제품에 다른 석유제품(등급이 다른 석유제품을 포함한다)을 혼합하는 방법 ② 석유제품에 석유화학제품(석유로부터 물리·화학적 공정을 거쳐 제조되는 제품 중 석유제품을 제외한 유기화학제품으로서 산업통상자원부령으로 정하는 것을 말한다. 이하 같다)을 혼합하는 방법③ 석유화학제품에 다른 석유화학제품을 혼합하는 방법 ④ 석유제품이나 석유화학제품에 탄소와 수소가 들어 있는 물질을 혼합하는 방법 (석유사업법 제2조)

성매매처벌법

성매매

불특정인을 상대로 금품 그 밖의 재산상의 이익을 수수·약속하고 성교행위나 구강·항문 등 신체의 일부 또는 도구를 이용한 유사성교행위를 하거나 그 상대방이 되는 것을 말한다. 성매매를 한 사람은 1년 이하의 징역이나 300만원 이하의 벌금 · 구류 또는 과료(科料)에 처한다.

성매매알선등행위

성매매를 알선·권유·유인 또는 강요하는 행위, 성매매의 장소를 제공하는 행위, 성매매에 제공되는 사실을 알면서 자금·토지 또는 건물을 제공하는 행위를 하는 것을 말한다. 성매매알선 등 행위를 한 사람은 3년 이하의 징역 또는 3천만원 이하의 벌금에 처한다.

성매매피해자

위계·위력 그 밖에 이에 준하는 방법으로 성매매를 강요당한 자, 업무·고용 그 밖의 관계로 인하여 보호 또는 감독하는 자에 의하여 마약류관리에관한 법률 제2조의 규정에 의한 마약·향정신성의약품 또는 대마(이하 '마약등'이라 한다)에 중독되어 성매매를 한 자, 청소년, 사물을 변별하거나 의사를 결정할 능력이 없거나 미약한 자 또는 대통령령이 정하는 중대한 장애가 있는 자로서 성매매를 하도록 알선·유인된 자, 성매매 목적의 인신매매를 당한 자를 말한다. (성매매처벌법 제2조)

성범죄

성범죄란 성과 관련되어 발생하는 범죄이다. 형법상 규정된 성관련 범죄는 물론 '성폭력범죄의 처벌 등에 관한 특례법', '아동·청소년의 성보호에 관한 법률', '풍속영업의 규제에 관한 법률', '성매매알선 등 행위의 처벌에 관한 법률', '경범죄처벌법' 등 특별법상 규정된 성관련 범죄 일체를 포함하는 것으로 사람의 신체의 완전성과 성적 자기결정의 자유를 침해하는 모든 범죄를 말한다.

성폭력

성폭력은 성범죄를 범하기 위하여 그 수단으로 사용되는 폭행, 협박을 비롯하여 전화·컴퓨터·우편 등을 이용하여 상대방에 대하여 성적 해악을 고지하거나, 음란한 언어, 영상 등을 송부함으로써 성적 수치심을 유발하게 하는 등 개인의 성적 자유 내지 애정의 자유를 침해하는 행위를 말하며, 사람에게 가해지는 모든 신체적, 언어적, 정신적 폭력을 포괄하는 개념이다. 따라서 성폭력에 대한 막연한 불안감이나 공포뿐만 아니라 그것으로 인한 행동제약도 간접적인 성폭력이라고 할 수 있다.
현행법상 성폭력범죄에 관하여는 '성폭력범죄의 처벌 등에 관한 특례법' 제2조에서 성에 관련된 대부분의 범죄를 성폭력 범죄라 하여 포괄적으로 규정하고 있다.

성폭력범죄

다음의 어느 하나에 해당하는 죄를 말한다.
①「형법」제2편제22장 성풍속에 관한 죄 중 제242조, 제243조, 제244조 및 제245조의 죄 ②「형법」제2편제31장 약취, 유인 및 인신매매의 죄 중 추행, 간음 또는 성매매와 성적 착취를 목적으로 범한 제288조 또는 추행, 간음 또는 성매매와 성적 착취를 목적으로 범한 제289조, 제290조(추행, 간음 또는 성매매와 성적 착취를 목적으로 제288조 또는 추행, 간음 또는 성매매와 성적 착취를 목적으로 제289조의 죄를 범하여 약취, 유인, 매매된 사람을 상해하거나 상해에 이르게 한 경우에 한정), 제291조(추행, 간음 또는 성매매와 성적 착취를 목적으로 제288조 또는 추행, 간음 또는 성매매와 성적 착취를 목적으로 제289조의 죄를 범하여 약취, 유인, 매매된 사람을 살해하거나 사망에 이르게 한 경우에 한정), 제292조[추행, 간음 또는 성매매와 성적 착취를 목적으로 한 제288조 또는 추행, 간음 또는 성매매와 성적 착취를 목적으로 한 제289조의 죄로 약취, 유인, 매매된 사람을 수수 또는 은닉한 죄, 추행, 간음 또는 성매매와 성적 착취를 목적으로 한 제288조 또는 추행, 간음 또는 성매매와 성적 착취를 목적으로 한 제289조의 죄를 범할 목적으로 사람을 모집, 운송, 전달한 경우에 한정한다] 및 제294조(추행, 간음 또는 성매매와 성적 착취를 목적으로 범한 제288조의 미수범 또는 추행, 간음 또는 성매매와 성적 착취를 목적으로 범한 제289조의 미수범, 추행, 간음 또는 성매매와 성적 착취를 목적으로 제288조 또는 추행, 간음 또는 성매매와 성적 착취를 목적으로 제289조의 죄를 범하여 발생한 제290조제1항의 미수범 또는 추행, 간음 또는 성매매와 성적 착취를 목적으로 제288조 또는 추행, 간음 또는 성매매와 성적 착취를 목적으로 제289조의 죄를 범하여 발생한 제291조제1항의 미수범 및 제292조제1항의 미수범 중 추행, 간음 또는 성매매와 성적 착취를 목적으로 약취, 유인, 매매된 사람을 수수, 은닉한 죄의 미수범으로 한정)의 죄 ③「형법」제2편제32장 강간과 추행의 죄 중 제297조, 제297조의2, 제298조, 제299조, 제300조(미수범), 제301조, 제301조의2, 제302조, 제303조 및 제305조의 죄 ④「형법」제339조(강도강간)의 죄 및 제342조(제339조의 미수범으로 한정한다)의 죄 (성폭력처벌법 제2조)

세무사(稅務士)

납세자 등의 위임을 받아 다음의 행위 또는 업무(세무대리)를 수행하는 것을 그 직무로 한다. ① 조세에 관한 신고·신청·청구(과세전적부심사청구, 이의신청, 심사청구 및 심판청구를 포함) 등의 대리(「개발이익환수에 관한 법률」에 따른 개발부담금에 대한 행정심판청구의 대리를 포함한다) ② 세무조정계산서와 그 밖의 세무 관련 서류의 작성 ③ 조세에 관한 신고를 위한 장부 작성의 대행 ④ 조세에 관한 상담 또는 자문 ⑤ 세무관서의 조사 또는 처분 등과 관련된 납세자 의견진술의 대리 ⑥「부동산 가격공시에 관한 법률」에 따른 개별공시지가 및 단독주택가격·공동주택가격의 공시에 관한 이의신청의 대리 ⑦ 해당 세무사가 작성한 조세에 관한 신고서류의 확인. 다만, 신고서류를 납세자가 직접 작성하였거나 신고서류를 작성한 세무사가 휴업하거나 폐업하여 이를 확인할 수 없으면 그 납세자의 세무 조정이나 장부 작성의 대행 또는 자문 업무를 수행하고 있는 세무사가 확인할 수 있다. ⑧「소득세법」에 따른 성실신고에 관한 확인

소음과 진동
(騷音과 振動)

소음이란 기계·기구·시설, 그 밖의 물체의 사용 또는 공동주택 등 환경부령으로 정하는 장소에서 사람의 활동으로 인하여 발생하는 강한 소리를 말한다. 진동은 기계·기구·시설, 그 밖의 물체의 사용으로 인하여 발생하는 강한 흔들림을 말한다. (소음·진동관리법 제2조)

수도(水道)

관로(管路), 그 밖의 공작물을 사용하여 원수나 정수를 공급하는 시설의 전부를 말하며, 일반수도·공업용수도 및 전용수도로 구분한다. 다만, 일시적인 목적으로 설치된 시설과「농어촌정비법」 제2조제6호에 따른 농업생산기반시설은 제외한다.① 일반수도란 광역상수도·지방상수도 및 마을상수도를 말한다. ② 광역상수도란 국가·지방자치단체·한국수자원공사 또는 환경부장관이 인정하는 자가 둘 이상의 지방자치단체에 원수나 정수를 공급(제43조제4항에 따라 일반 수요자에게 공급하는 경우를 포함한다)하는 일반수도를 말한다. 이 경우 국가나 지방자치단체가 설치할 수 있는 광역상수도의 범위는 대통령령으로 정한다. ③ 지방상수도란 지방자치단체가 관할 지역주민, 인근 지방자치단체 또는 그 주민에게 원수나 정수를 공급하는 일반수도로서 광역상수도 및 마을상수도 외의 수도를 말한다. ④ 마을상수도란 지방자치단체가 대통령령으로 정하는 수도시설에 따라 100명 이상 2천500명 이내의 급수인구에게 정수를 공급하는 일반수도로서 1일 공급량이 20세㎥ 이상 500세㎥ 미만인 수도 또는 이와 비슷한 규모의 수도로서 특별시장·광역시장·특별자치시장·특별자치도지사·시장·군수가 지정하는 수도를 말한다. (수도법 제3조)

바다목장

일정한 해역에 수산자원조성을 위한 시설을 종합적으로 설치하고 수산종자를 방류하는 등 수산자원을 조성한 후 체계적으로 관리하여 이를 포획 · 채취하는 장소를 말한다. (수산자원관리법 제2조)

바다숲

갯녹음(백화현상) 등으로 해조류가 사라졌거나 사라질 우려가 있는 해역에 연안생태계 복원 및 어업생산성 향상을 위하여 해조류 등 수산종자를 이식하여 복원 및 관리하는 장소를 말한다. 바닷속 생태계의 중요성과 황폐화의 심각성을 국민에게 알리고 범국민적인 관심 속에서 바다숲이 조성될 수 있도록 하기 위하여 매년 5월 10일을 바다식목일로 한다. (수산자원관리법 제2조)

스토킹범죄

지속적 또는 반복적으로 스토킹행위를 하는 것을 말한다. 스토킹처벌법은 스토킹으로 인하여 정상적인 일상생활이 어려울 만큼 정신적·신체적 피해를 입는 사례가 증가하고, 범행 초기에 가해자 처벌 및 피해자에 대한 보호조치가 이루어지지 아니하여 스토킹이 폭행, 살인 등 신체 또는 생명을 위협하는 강력범죄로 이어져 사회 문제가 되고, 이에 따라 스토킹이 범죄임을 명확히 규정하고 가해자 처벌 및 그 절차에 관한 특례와 스토킹범죄 피해자에 대한 각종 보호절차를 마련하여 범죄 발생 초기 단계에서부터 피해자를 보호하고, 스토킹이 더욱 심각한 범죄로 이어지는 것을 방지하여 건강한 사회질서의 확립에 이바지하려는 2021. 4. 20., 제정하여 2021. 10. 21.부터 시행하고 있다. (스토킹처벌법 제2조)

스토킹행위

상대방의 의사에 반(反)하여 정당한 이유 없이 상대방 또는 그의 동거인, 가족에 대하여 다음의 어느 하나에 해당하는 행위를 하여 상대방에게 불안감 또는 공포심을 일으키는 것을 말한다. ① 접근하거나 따라다니거나 진로를 막아서는 행위 ② 주거, 직장, 학교, 그 밖에 일상적으로 생활하는 장소(이하 "주거등"이라 한다) 또는 그 부근에서 기다리거나 지켜보는 행위 ③ 우편·전화·팩스 또는 「정보통신망 이용촉진 및 정보보호 등에 관한 법률」제2조제1항제1호의 정보통신망을 이용하여 물건이나 글·말·부호·음향·그림·영상·화상(이하 "물건등"이라 한다)을 도달하게 하는 행위 ④ 직접 또는 제3자를 통하여 물건등을 도달하게 하거나 주거등 또는 그 부근에 물건등을 두는 행위 ⑤ 주거등 또는 그 부근에 놓여져 있는 물건등을 훼손하는 행위 (스토킹처벌법 제2조)

아동(兒童)

18세 미만인 사람을 말한다. 아동복지법은 아동을 매매하는 행위, 아동에게 음란한 행위를 시키거나 이를 매개하는 행위 또는 아동에게 성적 수치심을 주는 성희롱 등의 성적 학대행위, 아동의 신체에 손상을 주거나 신체의 건강 및 발달을 해치는 신체적 학대행위, 아동의 정신건강 및 발달에 해를 끼치는 정서적 학대행위(가정폭력범죄의 처벌 등에 관한 특례법에 따른 가정폭력에 아동을 노출시키는 행위로 인한 경우를 포함), 자신의 보호·감독을 받는 아동을 유기하거나 의식주를 포함한 기본적 보호·양육·치료 및 교육을 소홀히 하는 방임행위, 장애를 가진 아동을 공중에 관람시키는 행위, 아동에게 구걸을 시키거나 아동을 이용하여 구걸하는 행위, 공중의 오락 또는 흥행을 목적으로 아동의 건강 또는 안전에 유해한 곡예를 시키는 행위 또는 이를 위하여 아동을 제3자에게 인도하는 행위, 정당한 권한을 가진 알선기관 외의 자가 아동의 양육을 알선하고 금품을 취득하거나 금품을 요구 또는 약속하는 행위, 아동을 위하여 증여 또는 급여된 금품을 그 목적 외의 용도로 사용하는 행위를 금지하고 있다. (아동복지법 제2조, 제17조)

아동·청소년

(兒童·青少年)

청소년성보호법상 아동·청소년이란 19세 미만의 자를 말한다. 다만, 19세에 도달하는 연도의 1월 1일을 맞이한 자는 제외한다.

아동·청소년의 성을 사는 행위

아동·청소년, 아동·청소년의 성(性)을 사는 행위를 알선한 자 또는 아동·청소년을 실질적으로 보호·감독하는 자 등에게 금품이나 그 밖의 재산상 이익, 직무·편의제공 등 대가를 제공하거나 약속하고 성교행위, 구강·항문 등 신체의 일부나 도구를 이용한 유사 성교행위, 신체의 전부 또는 일부를 접촉·노출하는 행위로서 일반인의 성적 수치심이나 혐오감을 일으키는 행위, 자위행위를 아동·청소년을 대상으로 하거나 아동·청소년으로 하여금 하게 하는 것을 말한다. (청소년성보호법 제2조)

멸종위기 야생생물

(滅種위기 야생생물)

① 멸종위기 야생생물 Ⅰ급: 자연적 또는 인위적 위협요인으로 개체수가 크게 줄어들어 멸종위기에 처한 야생생물로서 대통령령으로 정하는 기준에 해당하는 종② 멸종위기 야생생물 Ⅱ급: 자연적 또는 인위적 위협요인으로 개체수가 크게 줄어들고 있어 현재의 위협요인이 제거되거나 완화되지 아니할 경우 가까운 장래에 멸종위기에 처할 우려가 있는 야생생물로서 대통령령으로 정하는 기준에 해당하는 종 (야생생물법 제2조)

약사법(藥師法)

의약품(醫藥品)

다음의 어느 하나에 해당하는 물품을 말한다. ① 대한민국약전(大韓民國藥典)에 실린 물품 중 의약외품이 아닌 것 ② 사람이나 동물의 질병을 진단·치료·경감·처치 또는 예방할 목적으로 사용하는 물품 중 기구·기계 또는 장치가 아닌 것 ③사람이나 동물의 구조와 기능에 약리학적(藥理學的) 영향을 줄 목적으로 사용하는 물품 중 기구·기계 또는 장치가 아닌 것 (제2조)

의약외품(醫藥外品)

다음의 어느 하나에 해당하는 물품으로서 보건복지부장관이 지정하는 것을 말한다. ① 사람이나 동물의 질병을 치료·경감(輕減)·처치 또는 예방할 목적으로 사용되는 섬유·고무제품 또는 이와 유사한 것 ② 인체에 대한 작용이 약하거나 인체에 직접 작용하지 아니하며, 기구 또는 기계가 아닌 것과 이와 유사한 것 ③ 감염병 예방을 위하여 살균·살충 및 이와 유사한 용도로 사용되는 제제

일반의약품

다음의 어느 하나에 해당하는 것으로서 보건복지부장관이 정하여 고시하는 기준에 해당하는 의약품을 말한다. ① 오용·남용될 우려가 적고, 의사나 치과의사의 처방 없이 사용하더라도 안전성 및 유효성을 기대할 수 있는 의약품 ② 질병 치료를 위하여 의사나 치과의사의 전문지식이 없어도 사용할 수 있는 의약품 ③ 의약품의 제형(劑型)과 약리작용상 인체에 미치는 부작용이 비교적 적은 의약품

임상시험(臨床시험)

의약품 등의 안전성과 유효성을 증명하기 위하여 사람을 대상으로 해당 약물의 약동(藥動)·약력(藥力)·약리·임상적 효과를 확인하고 이상반응을 조사하는 시험(생물학적 동등성시험을 포함)을 말한다. 다만,「첨단재생의료 및 첨단바이오의약품 안전 및 지원에 관한 법률」제2조제3호에 따른 첨단재생의료 임상연구는 제외한다.

복약지도(服藥指導)

다음의 어느 하나에 해당하는 것을 말한다. ① 의약품의 명칭, 용법·용량, 효능·효과, 저장 방법, 부작용, 상호 작용 등의 정보를 제공하는 것 ② 일반의약품을 판매할 때 진단적 판단을 하지 아니하고 구매자가 필요한 의약품을 선택할 수 있도록 도와주는 것 (제2조)

양곡(糧穀)

미곡(米穀)·맥류(麥類), 그 밖에 대통령령으로 정하는 곡류(穀類)·서류(薯類)와 이를 원료로 한 분쇄물(粉碎物)·가루·전분류(澱粉類), 그 밖에 이에 준하

는 것으로서 대통령령(두류·조·좁쌀·수수·수수쌀·옥수수·메밀·귀리·율무·율무쌀·기장·기장쌀, 미곡·맥류 및 제1호에 규정된 곡류의 교잡(交雜)곡물, 감자·고구마)으로 정하는 것을 말한다. 정부관리양곡이란 정부가 민간으로부터 매입하거나 외국으로부터 수입하는 등의 방법으로 취득하여 관리하는 양곡을 말한다. 공공비축양곡이란 양곡부족으로 인한 수급불안과 천재지변 등의 비상시에 대비하기 위하여 정부가 민간으로부터 시장가격에 매입하여 비축하는 미곡과 대통령령(밀과 콩)으로 정하는 양곡을 말한다. (양곡관리법 제2조)

여신전문금융업법

신용카드

이를 제시함으로써 반복하여 신용카드가맹점에서 다음을 제외한 사항을 결제할 수 있는 증표로서 신용카드업자(외국에서 신용카드업에 상당하는 영업을 영위하는 자를 포함)가 발행한 것을 말한다. ① 금전채무의 상환 ② 「자본시장과 금융투자업에 관한 법률」제3조제1항에 따른 금융투자상품 등 대통령령으로 정하는 금융상품 ③「게임산업진흥에 관한 법률」제2조제1호의2에 따른 사행성게임물의 이용 대가 및 이용에 따른 금전의 지급. 다만, 외국인(해외이주법 제2조에 따른 해외이주자 포함)이 관광진흥법에 따라 허가받은 카지노영업소에서 외국에서 신용카드업에 상당하는 영업을 영위하는 자가 발행한 신용카드로 결제하는 것은 제외한다. ④ 그 밖에 사행행위 등 건전한 국민생활을 저해하고 선량한 풍속을 해치는 행위로 대통령령으로 정하는 사항의 이용 대가 및 이용에 따른 금전의 지급 (제2조)

직불카드

직불카드회원과 신용카드가맹점 간에 전자적(電子的) 또는 자기적(磁氣的) 방법으로 금융거래계좌에 이체(移替)하는 등의 방법으로 물품의 판매 또는 용역의 제공과 그에 대한 대가의 지급이 동시에 이루어질 수 있도록 신용카드업자가 발행한 증표{자금(資金) 융통받을 수 있는 증표는 제외한다}를 말한다. (제2조)

선불카드

신용카드업자가 대금을 미리 받고 이에 해당하는 금액을 기록(전자적 또는 자기적 방법에 따른 기록을 말한다)하여 발행한 증표로서 선불카드소지자가 신용카드가맹점에 제시하여 그 카드에 기록된 금액의 범위에서 결제할 수 있게 한 증표를 말한다. (제2조)

전자화폐

이전 가능한 금전적 가치가 전자적 방법으로 저장되어 발행된 증표 또는 그 증표에 관한 정보로서 다음의 요건을 모두 갖춘 것을 말한다. ① 대통령령이 정하는 기준 이상의 지역 및 가맹점에서 이용될 것(2개 이상의 광역지방자치단체 및 500개 이상의 가맹점) ② 발행인 외의 제3자로부터 재화 또는 용역을 구입하고 그 대가를 지급하는데 사용될 것 ③ 구입할 수 있는 재화 또는 용역의 범위가 5개 이상으로서 대통령령이 정하는 업종 수 이상일 것(2개 이상의 광역지방자치단체 및 500개 이상의 가맹점) ④ 현금 또는 예금과 동일한 가치로 교환되어 발행될 것 ⑤ 발행자에 의하여 현금 또는 예금으로 교환이 보장될 것 (전자금융거래법 제2조)

유사수신행위

다른 법령에 따른 인가·허가를 받지 아니하거나 등록·신고 등을 하지 아니하고 불특정 다수인으로부터 자금을 조달하는 것을 업(業)으로 하는 행위로서 다음의 어느 하나에 해당하는 행위를 말한다. ① 장래에 출자금의 전액 또는 이를 초과하는 금액을 지급할 것을 약정하고 출자금을 받는 행위 ② 장래에 원금의 전액 또는 이를 초과하는 금액을 지급할 것을 약정하고 예금·적금·부금·예탁금 등의 명목으로 금전을 받는 행위 ③ 장래에 발행가액(發行價額) 또는 매출가액 이상으로 재매입(再買入)할 것을 약정하고 사채(社債)를 발행하거나 매출하는 행위 ④ 장래의 경제적 손실을 금전이나 유가증권으로 보전(補塡)하여 줄 것을 약정하고 회비 등의 명목으로 금전을 받는 행위 (유사수신행위법 제2조)

노래연습장업

연주자를 두지 아니하고 반주에 맞추어 노래를 부를 수 있도록 하는 영상 또는 무영상 반주장치 등의 시설을 갖추고 공중의 이용에 제공하는 영업을 말한다. 노래연습장업을 영위하고자 하는 자는 문화체육관광부령으로 정하는 노래연습장 시설을 갖추어 시장·군수·구청장에게 등록하여야 한다. 노래연습장업자는 주류를 판매·제공하지 아니할 것, 접대부(남녀를 불문한다)를 고용·알선하거나 호객행위를 하지 아니할 것, 「성매매알선 등 행위의 처벌에 관한 법률」 제2조제1항의 규정에 따른 성매매 등의 행위를 하게 하거나 이를 알선·제공하는 행위를 하지 아니할 것 등을 준수하여야 한다. (음악산업법 제2조)

의료법(醫療法)

의료기관

의료인이 공중(公衆) 또는 특정 다수인을 위하여 의료·조산의 업을 하는 곳을 말한다. 의료기관은 다음과 같이 구분한다. ① 의원급 의료기관 : 의사, 치과의사 또는 한의사가 주로 외래환자를 대상으로 각각 그 의료행위를 하는 의료기관으로서 그 종류는 의원, 치과의원, 한의원이 있다. ② 조산원 : 조산사가 조산과 임부·해산부·산욕부 및 신생아를 대상으로 보건활동과 교육·상담을 하는 의료기관을 말한다. ③ 병원급 의료기관 : 의사, 치과의사 또는 한의사가 주로 입원환자를 대상으로 의료행위를 하는 의료기관으로서 그 종류는 병원, 치과병원 ,한방병원, 요양병원, 정신병원, 종합병원이 있다. (제3조)

종합병원(綜合病院)

종합병원은 다음의 요건을 갖추어야 한다. ① 100개 이상의 병상을 갖출 것 ② 100병상 이상 300병상 이하인 경우에는 내과·외과·소아청소년과·산부인과 중 3개 진료과목, 영상의학과, 마취통증의학과와 진단검사의학과 또는 병리과를 포함한 7개 이상의 진료과목을 갖추고 각 진료과목마다 전속하는 전문의를 둘 것 ③ 300병상을 초과하는 경우에는 내과, 외과, 소아청소년과, 산부인과, 영상의학과, 마취통증의학과, 진단검사의학과 또는 병리과, 정신건강의학 및 치과를 포함한 9개 이상의 진료과목을 갖추고 각 진료과목마다 전속하는 전문의를 둘 것 (제3조의3)

상급종합병원

보건복지부장관은 다음의 요건을 갖춘 종합병원 중에서 중증질환에 대하여 난이도가 높은 의료행위를 전문적으로 하는 종합병원을 상급종합병원으로 지정할 수 있다. ① 20개 이상의 진료과목을 갖추고 각 진료과목마다 전속하는 전문의를 둘 것 ② 전문의가 되려는 자를 수련시키는 기관일 것 ③ 보건복지부령으로 정하는 인력·시설·장비 등을 갖출 것 ④ 질병군별(疾病群別) 환자구성 비율이 보건복지부령으로 정하는 기준에 해당할 것 (제3조의4)

태아 성 감별 행위 등 금지

의료인은 태아 성 감별을 목적으로 임부를 진찰하거나 검사하여서는 아니 되며, 같은 목적을 위한 다른 사람의 행위를 도와서도 아니 된다. 의료인은 임신 32주 이전에 태아나 임부를 진찰하거나 검사하면서 알게 된 태아의 성(性)을 임부, 임부의 가족, 그 밖의 다른 사람이 알게 하여서는 아니 된다. (제20조)

원격의료(遠隔醫療)

의료인(의료업에 종사하는 의사·치과의사·한의사만 해당)은 컴퓨터·화상통신 등 정보통신기술을 활용하여 먼 곳에 있는 의료인에게 의료지식이나 기술을 지원하는 원격의료를 할 수 있다. 원격의료를 행하거나 받으려는 자는 원격진료실과 데이터 및 화상(畵像)을 전송·수신할 수 있는 단말기, 서버, 정보통신망 등의 장비를 갖추어야 한다. 원격지의사는 환자를 직접 대면하여 진료하는 경우와 같은 책임을 진다. (제34조)

보이스 피싱(voice phishing)

주로 금융기관이나 유명 전자 상거래 업체를 사칭하여 불법적으로 개인의 금융 정보를 빼내 범죄에 사용하는 범법행위. 음성(voice)과 개인정보(private data), 낚시(fishing)를 합성한 용어이다.

증권(證券)

내국인 또는 외국인이 발행한 금융투자상품으로서 투자자가 취득과 동시에 지급한 금전등 외에 어떠한 명목으로든지 추가로 지급의무(투자자가 기초자산에 대한 매매를 성립시킬 수 있는 권리를 행사하게 됨으로써 부담하게 되는 지급의무를 제외한다)를 부담하지 아니하는 것을 말한다. 채무증권이란 국채증권, 지방채증권, 특수채증권(법률에 의하여 직접 설립된 법인이 발행한 채권), 사채권(「상법」 제469조제2항제3호에 따른 사채의 경우에는 제7항제1호에 해당하는 것으로 한정), 기업어음증권(기업이 사업에 필요한 자금을 조달하기 위하여 발행한 약속어음으로서 대통령령으로 정하는 요건을 갖춘 것), 그 밖에 이와 유사(類似)한 것으로서 지급청구권이 표시된 것을 말한다. 지분증권이란 주권, 신주인수권이 표시된 것, 법률에 의하여 직접 설립된 법인이 발행한 출자증권, 「상법」에 따른 합자회사·유한책임회사·유한회사·합자조합·익명조합의 출자지분, 그 밖에 이와 유사한 것으로서 출자지분 또는 출자지분을 취득할 권리가 표시된 것을 말한다. 투자계약증권이란 특정 투자자가 그 투자자와 타인(다른 투자자를 포함) 간의 공동사업에 금전등을 투자하고 주로 타인이 수행한 공동사업의 결과에 따른 손익을 귀속받는 계약상의 권리가 표시된 것을 말한다. (자본시장법 제4조)

뇌사자(腦死者)

살아있는 사람이란 사람 중에서 뇌사자를 제외한 사람을 말하고, "뇌사자"란 장기이식법에 따른 뇌사판정기준 및 뇌사판정절차에 따라 뇌 전체의 기능이 되살아날 수 없는 상태로 정지되었다고 판정된 사람을 말한다. (장기이식법 제4조)

매장(埋葬)

시신(임신 4개월 이후에 죽은 태아를 포함)이나 유골을 땅에 묻어 장사(葬事)하는 것을 말한다. 화장이란 시신이나 유골을 불에 태워 장사하는 것을 말한다. 자연장이란 화장한 유골의 골분(骨粉)을 수목·화초·잔디 등의 밑이나 주변에 묻어 장사하는 것을 말한다. (장사법 제2조)

장애인

신체적 · 정신적 장애로 오랫동안 일상생활이나 사회생활에서 상당한 제약을 받는 자를 말한다. 장애의 종류는 지체장애인(肢體障碍人), 뇌병변장애인(腦病變障碍人), 시각장애인(視覺障碍人), 청각장애인(聽覺障碍人), 언어장애인(言語障碍人), 지적장애인(知的障碍人), 자폐성장애인(自閉性障碍人), 정신장애인(精神障碍人), 신장장애인(腎臟障碍人), 심장장애인(心臟障碍人), 호흡기장애인(呼吸器障碍人), 간장애인(肝障碍人), 안면장애인(顔面障碍人), 장루·요루장애인(腸瘻·尿瘻障碍人), 뇌전증장애인(腦電症障碍人)으로 구분된다. (장애인복지법)

위치추적 전자장치

전자파를 발신하고 추적하는 원리를 이용하여 위치를 확인하거나 이동경로를 탐지하는 일련의 기계적 설비로서 다음의 것을 말한다. ① 휴대용 추적장치: 전자장치가 부착된 사람이 휴대하는 것으로서 피부착자의 위치를 확인하는 장치 ② 재택(在宅) 감독장치: 피부착자의 주거지에 설치하여 피부착자의 위치를 확인하는 장치 ③ 부착장치: 피부착자의 신체에 부착하는 장치로서, 휴대용 추적장치와 재택 감독장치에 전자파를 송신하거나 피부착자의 위치를 확인하는 장치 (전자장치부착법 제2조)

정보통신망(情報通信網)

전기통신설비("전기통신설비"란 전기통신을 하기 위한 기계 · 기구 · 선로 또는 그 밖에 전기통신에 필요한 설비)를 이용하거나 전기통신설비와 컴퓨터 및 컴퓨터의 이용기술을 활용하여 정보를 수집·가공·저장·검색·송신 또는 수신하는 정보통신체제를 말한다. (정보통신망법 제2조)

정신질환자(精神疾患자)

망상, 환각, 사고(思考)나 기분의 장애 등으로 인하여 독립적으로 일상생활을 영위하는 데 중대한 제약이 있는 사람을 말한다. 정신질환자에 대한 입원은 자의 입원, 동의입원, 보호의무자에 의한 입원, 특별자치시장 · 특별자치도지사 · 시장 · 군수 · 구청장에 의한 입원으로 구분된다. (정신건강복지법 제3조)

주차장(駐車場)

자동차의 주차를 위한 시설로서 다음의 어느 하나에 해당하는 종류의 것을 말한다. ① 노상주차장(路上駐車場) : 도로의 노면 또는 교통광장(교차점광장만 해당한다. 이하 같다)의 일정한 구역에 설치된 주차장으로서 일반(一般)의 이용에 제공되는 것 ② 노외주차장(路外駐車場) : 도로의 노면 및 교통광장 외의 장소에 설치된 주차장으로서 일반의 이용에 제공되는 것 ③ 부설주차장 : 제19조에 따라 건축물, 골프연습장, 그 밖에 주차수요를 유발하는 시설에 부대(附帶)하여 설치된 주차장으로서 해당 건축물·시설의 이용자 또는 일반의 이용에 제공되는 것 (주차장법 제2조)

주택법(住宅法)

주택(住宅)

세대(世帶)의 구성원이 장기간 독립된 주거생활을 할 수 있는 구조로 된 건축물의 전부 또는 일부 및 그 부속토지를 말하며, 단독주택과 공동주택으로 구분한다.

단독주택(單獨住宅)

1세대가 하나의 건축물 안에서 독립된 주거생활을 할 수 있는 구조로 된 주택을 말하며, 단독주택은 다시 단독주택, 다중주택(1개 동의 주택으로 쓰이는 바닥면적의 합계가 660제곱미터 이하이고 주택으로 쓰는 층수가 3개 층 이하일 것), 다가구주택(1개 동의 주택으로 쓰이는 바닥면적의 합계가 660제곱미터 이하일 것, 19세대 이하가 거주할 수 있을 것)으로 분류된다.

공동주택(共同住宅)

건축물의 벽·복도·계단이나 그 밖의 설비 등의 전부 또는 일부를 공동으로 사용하는 각 세대가 하나의 건축물 안에서 각각 독립된 주거생활을 할 수 있는 구조로 된 주택을 말하며, 아파트(주택으로 쓰는 층수가 5개 층 이상인 주택), 연립주택(주택으로 쓰는 1개 동의 바닥면적(2개 이상의 동을 지하주차장으로 연결하는 경우에는 각각의 동으로 본다) 합계가 660제곱미터를 초과하고, 층수가 4개 층 이하인 주택), 다세대주택(주택으로 쓰는 1개 동의 바닥면적 합계가 660제곱미터 이하이고, 층수가 4개 층 이하인 주택)으로 구분된다.

국민주택(國民住宅)

다음의 어느 하나에 해당하는 주택으로서 국민주택규모 이하인 주택을 말한다.

① 국가·지방자치단체, 한국토지주택공사 또는 지방공사가 건설하는 주택
② 국가·지방자치단체의 재정 또는 주택도시기금으로부터 자금을 지원받아 건설되거나 개량되는 주택. 국민주택규모는 주거의 용도로만 쓰이는 면적(주거전용면적)이 1호(戶) 또는 1세대당 85㎡ 이하인 주택(수도권을 제외한 도시지역이 아닌 읍 또는 면 지역은 1호 또는 1세대당 주거전용면적이 100㎡ 이하인 주택)을 말한다. 이 경우 주거전용면적의 산정방법은 국토교통부령으로 정한다.

도시형 생활주택

300세대 미만의 국민주택규모에 해당하는 주택으로서 소형주택, 단지형 연립주택, 단지형 다세대주택으로 구분된다.

① 소형 주택: 세대별 주거전용면적은 60제곱미터 이하일 것, 세대별로 독립된 주거가 가능하도록 욕실 및 부엌을 설치할 것, 주거전용면적이 30제곱미터 미만인 경우에는 욕실 및 보일러실을 제외한 부분을 하나의 공간으

로 구성할 것, 주거전용면적이 30제곱미터 이상인 경우에는 욕실 및 보일러실을 제외한 부분을 세 개 이하의 침실(각각의 면적이 7제곱미터 이상인 것)과 그 밖의 공간으로 구성할 수 있으며, 침실이 두 개 이상인 세대수는 소형 주택 전체 세대수의 3분의 1을 초과하지 않을 것, 지하층에는 세대를 설치하지 아니할 것
② 단지형 연립주택: 소형 주택이 아닌 연립주택. 다만, 「건축법」 제5조제2항에 따라 같은 법 제4조에 따른 건축위원회의 심의를 받은 경우에는 주택으로 쓰는 층수를 5개층까지 건축할 수 있다.
③ 단지형 다세대주택: 원룸형 주택이 아닌 다세대주택 (주택법 제2조)

채권추심자

건축물의 노후화 억제 또는 기능 향상 등을 위한 다음의 어느 하나에 해당하는 행위를 말한다. ① 대수선(大修繕) ② 사용검사일(주택단지 안의 공동주택 전부에 대하여 임시사용승인을 받은 경우에는 그 임시사용승인일) 또는 사용승인일부터 15년(15년 이상 20년 미만의 연수 중 특별시·광역시·특별자치시·도 또는 특별자치도의 조례로 정하는 경우에는 그 연수로 한다)이 지난 공동주택을 각 세대의 주거전용면적(건축물대장 중 집합건축물대장의 전유부분의 면적)의 30퍼센트 이내(세대의 주거전용면적이 85㎡ 미만인 경우에는 40퍼센트 이내)에서 증축하는 행위. 이 경우 공동주택의 기능 향상 등을 위하여 공용부분에 대하여도 별도로 증축할 수 있다. ③ 각 세대의 증축 가능 면적을 합산한 면적의 범위에서 기존 세대수의 15퍼센트 이내에서 세대수를 증가하는 증축 행위(세대수 증가형 리모델링). (주택법 제2조)

집회와 시위(集會와 示威)

옥외집회란 천장이 없거나 사방이 폐쇄되지 아니한 장소에서 여는 집회를 말한다. 시위는 여러 사람이 공동의 목적을 가지고 도로, 광장, 공원 등 일반인이 자유로이 통행할 수 있는 장소를 행진하거나 위력(威力) 또는 기세(氣勢)를 보여, 불특정한 여러 사람의 의견에 영향을 주거나 제압(制壓)을 가하는 행위를 말한다. 주최자(主催者)는 자기 이름으로 자기 책임 아래 집회나 시위를 여는 사람이나 단체를 말한다. 주최자는 주관자(主管者)를 따로 두어 집회 또는 시위의 실행을 맡아 관리하도록 위임할 수 있다. 이 경우 주관자는 그 위임의 범위 안에서 주최자로 본다. (집시법 제2조)

질서유지선

관할 경찰서장이나 시·도경찰청장이 적법한 집회 및 시위를 보호하고 질서유지나 원활한 교통 소통을 위하여 집회 또는 시위의 장소나 행진 구간을 일정하게 구획하여 설정한 띠, 방책(防柵), 차선(車線) 등의 경계 표지(標識)를 말한다. (집시법 제2조)

채권추심자

채권추심이란 채무자에 대한 소재파악 및 재산조사, 채권에 대한 변제 요구, 채무자로부터 변제 수령 등 채권의 만족을 얻기 위한 일체의 행위를 말한다. (채권추심법 제2조)

청소년(靑少年)

청소년 기본법에서는 9세 이상 24세 이하인 사람으로 규정하고 있으면서 다른 법률에서 청소년에 대한 적용을 다르게 할 필요가 있는 경우에는 따로 정할 수 있다고 규정하고 있다. 청소년 보호법에서는 만 19세 미만인 사람을 말한다. 다만, 만 19세가 되는 해의 1월 1일을 맞이한 사람은 제외한다. (청소년 보호법 제2조)

총포 도검(銃砲 刀劍)

총포란 권총, 소총, 기관총, 포, 엽총, 금속성 탄알이나 가스 등을 쏠 수 있는 장약총포(裝藥銃砲), 공기총(가스를 이용하는 것을 포함) 및 총포신·기관부 등 그 부품으로서 대통령령으로 정하는 것을 말한다. 도검은 칼날의 길이가 15㎡ 이상인 칼·검·창·치도(雉刀)·비수 등으로서 성질상 흉기로 쓰이는 것과 칼날의 길이가 15㎡ 미만이라 할지라도 흉기로 사용될 위험성이 뚜렷한 것으로 도검의 종류는 월도, 장도, 단도, 검, 창, 치도, 비수, 재크나이프(칼날의 길이가 6센티미터이상의 것), 비출나이프(칼날의 길이가 5.5센티미터이상이고, 45도이상 자동으로 펴지는 장치가 있는 것), 그밖의 6센티미터이상의 칼날이 있는 것으로서 흉기로 사용될 위험성이 뚜렷이 있는 도검을 말한다. (총포화약법 제2조)

축산물가공품 이력추적관리

축산물가공품(식육가공품, 유가공품 및 알 가공품)을 가공단계부터 판매단계까지 단계별로 정보를 기록·관리하여 그 축산물가공품의 안전성 등에 문제가 발생할 경우 그 축산물가공품의 이력을 추적하여 원인을 규명하고 필요한 조치를 할 수 있도록 관리하는 것을 말한다. (축산물 위생관리법 제2조)

감청(監聽)

전기통신에 대하여 당사자의 동의없이 전자장치·기계장치등을 사용하여 통신의 음향·문언·부호·영상을 청취·공독하여 그 내용을 지득 또는 채록하거나 전기통신의 송·수신을 방해하는 것을 말한다. 감청설비는 대화 또는 전기통신의 감청에 사용될 수 있는 전자장치·기계장치 기타 설비를 말한다. 다만, 전기통신 기기·기구 또는 그 부품으로서 일반적으로 사용되는 것 및 청각교정을 위한 보청기 또는 이와 유사한 용도로 일반적으로 사용되는 것 중에서, 대통령령이 정하는 것은 제외한다. (통신비밀보호법 제2조)

폐기물(廢棄物)

쓰레기, 연소재(燃燒滓), 오니(汚泥), 폐유(廢油), 폐산(廢酸), 폐알칼리 및 동물의 사체(死體) 등으로서 사람의 생활이나 사업활동에 필요하지 아니하게 된 물질을 말한다. 생활폐기물은 사업장폐기물 외의 폐기물을 말한다. 사업장폐기물은 「대기환경보전법」, 「물질환경보전법」 또는 「소음·진동규제법」에 따라 배출시설을 설치·운영하는 사업장이나 그 밖에 대통령령으로 정하는 사업장에서 발생하는 폐기물을 말한다. 지정폐기물은 사업장폐기물 중 폐유·폐산 등 주변 환경을 오염시킬 수 있거나 의료폐기물(醫療廢棄物) 등 인체에 위해(危害)를 줄 수 있는 해로운 물질로서 대통령령으로 정하는 폐기물을 말한다. 의료폐기물은 보건·의료기관, 동물병원, 시험·검사기관 등에서 배출되는 폐기물 중 인체에 감염 등 위해를 줄 우려가 있는 폐기물과 인체 조직 등 적출물(摘出物), 실험동물의 사체 등 보건·환경보호상 특별한 관리가 필요하다고 인정되는 폐기물로서 대통령령으로 정하는 폐기물을 말한다. (폐기물관리법 제2조)

학원(學院)

사인(私人)이 10명 이상의 학습자 또는 불특정다수의 학습자에게 30일 이상의 교습과정(교습과정의 반복으로 교습일수가 30일 이상이 되는 경우를 포함)에 따라 지식 · 기술 · 예능을 교습(상급학교 진학에 필요한 컨설팅 등 지도를 하는 경우와 정보통신기술 등을 활용하여 원격으로 교습하는 경우를 포함)하거나 30일 이상 학습장소로 제공되는 시설을 말한다. 과외교습은 초등학교 · 중학교 · 고등학교 또는 이에 준하는 학교의 학생이나 학교 입학 또는 학력 인정에 관한 검정을 위한 시험 준비생에게 지식 · 기술 · 예능을 교습하는 행위를 말한다 (학원법 제2조)

경마(競馬)

기수가 타고 있는 말의 경주에 대하여 승마투표권(勝馬投票券)을 발매(發賣)하고, 승마투표 적중자에게 환급금을 지급하는 행위를 말한다. 경주마는 경주에 출전시킬 목적으로 설립된 한국마사회에 등록한 말을 말한다. (한국마사회법 제2조)

행정사

다른 사람의 위임을 받아 다음의 업무를 수행한다. ① 행정기관에 제출하는 서류의 작성 ② 권리·의무나 사실증명에 관한 서류의 작성 ③ 행정기관의 업무에 관련된 서류의 번역 ④ 제1호부터 제3호까지의 규정에 따라 작성된 서류의 제출 대행(代行) ⑤ 인가·허가 및 면허 등을 받기 위하여 행정기관에 하는 신청·청구 및 신고 등의 대리(代理) ⑥ 행정 관계 법령 및 행정에 대한 상담 또는 자문에 대한 응답 ⑦ 법령에 따라 위탁받은 사무의 사실 조사 및 확인 (행정사법 제2조)

화염병(火焰瓶)

유리병이나 그 밖의 용기에 휘발유나 등유, 그 밖에 불붙기 쉬운 물질을 넣고 그 물질이 흘러나오거나 흩날리는 경우 이것을 연소(燃燒)시키기 위하여 발화장치 또는 점화장치를 한 물건으로써 사람의 생명·신체 또는 재산에 위해(危害)를 끼치는 데에 사용되는 것을 말한다. (화염병처벌법 제2조)

화장품(化粧品)

인체를 청결·미화하여 매력을 더하고 용모를 밝게 변화시키거나 피부·모발의 건강을 유지 또는 증진하기 위하여 인체에 바르고 문지르거나 뿌리는 등 이와 유사한 방법으로 사용되는 물품으로서 인체에 대한 작용이 경미한 것을 말한다.

기능성 화장품

화장품 중에서 다음의 어느 하나에 해당되는 것을 말한다. ① 피부의 미백에 도움을 주는 제품 ② 피부의 주름 개선에 도움을 주는 제품 ③ 피부를 곱게 태워주거나 자외선으로부터 피부를 보호하는 데에 도움을 주는 제품 ④ 모발의 색상 변화·제거 또는 영양공급에 도움을 주는 제품 ⑤ 피부나 모발의 기능 약화로 인한 건조함, 갈라짐, 빠짐, 각질화 등을 방지하거나 개선하는 데에 도움을 주는 제품 (화장품법 제2조)

1인 창조기업

창의성과 전문성을 갖춘 1인 또는 5인 미만의 공동사업자로서 상시근로자 없이 사업을 영위하는 자(부동산업 등 대통령령으로 정하는 업종을 영위하는 자는 제외한다)를 말한다. 청년 1인 창조기업은 39세 이하인 청년이 소유하거나 경영하는 1인 창조기업으로서 대통령령으로 정하는 기준에 해당하는 기업을 말한다. 1인 창조기업이 규모 확대의 이유로 1인 창조기업에 해당하지 아니하게 된 경우에는 그 사유가 발생한 연도의 다음 연도부터 3년간은 제2조에도 불구하고 1인 창조기업으로 본다. (1인창조기업법 제2조)

담보계약(擔保契約)

민법 제608조(차주에 불이익한 약정의 금지)에 따라 그 효력이 상실되는 대물반환(代物返還)의 예약[환매(還買), 양도담보(讓渡擔保) 등 명목(名目)이 어떠하든 그 모두를 포함한다]에 포함되거나 병존(竝存)하는 채권담보(債權擔保) 계약을 말한다. (가등기담보법 제2조)

개발이익(開發利益)

개발사업의 시행이나 토지이용계획의 변경, 그 밖에 사회적 · 경제적 요인에 따라 정상지가(正常地價)상승분을 초과하여 개발사업을 시행하는 자(사업시행자)나 토지소유자에게 귀속되는 토지가액의 증가분을 말한다. 개발사업은 국가나 지방자치단체로부터 인가 · 허가·면허 등을 받아 시행하는 택지개발사업이나 산업단지개발사업을 말한다. 개발부담금은 개발이익 중 이 법에 따라 특별자치시장·특별자치도지사·시장·군수 또는 구청장이 부과·징수하는 금액을 말한다. 시장·군수·구청장은 제5조에 따른 개발부담금 부과대상사업이 시행되는 지역에서 발생하는 개발이익을 이 법으로 정하는 바에 따라 개발부담금으로 징수하여야 한다. (개발이익환수법 제2조)

검역감염병

다음의 어느 하나에 해당하는 것을 말한다. 콜레라, 페스트, 황열, 중증 급성호흡기 증후군(SARS), 동물인플루엔자 인체감염증, 신종인플루엔자, 중동 호흡기 증후군(MERS), 에볼라바이러스병, 외국에서 발생하여 국내로 들어올 우려가 있거나 우리나라에서 발생하여 외국으로 번질 우려가 있어 질병관리청장이 긴급 검역조치가 필요하다고 인정하여 고시하는 감염병(급성출혈열증상, 급성호흡기증상, 급성설사증상, 급성황달증상 또는 급성신경증상을 나타내는 신종감염병증후군, 계보건기구가 공중보건위기관리 대상으로 선포한 감염병, 원숭이 두창) (검역법 제2조)

경륜과 경정(競輪과 競艇)

경륜"이란 자전거 경주에 대한 승자투표권(勝者投票券)을 발매하고 경주 결과를 맞힌 사람에게 환급금을 내주는 행위를 말한다. 경정은 모터보트 경주에 대한 승자투표권을 발매하고 경주 결과를 맞힌 사람에게 환급금을 내주는 행위를 말한다. (경륜·경정법 제2조)

경비업(警備業)

다음에 해당하는 업무(경비업무)의 전부 또는 일부를 도급받아 행하는 영업을 말한다. ① 시설경비업무 : 경비를 필요로 하는 시설 및 장소(이하 "경비대상시설"이라 한다)에서의 도난·화재 그 밖의 혼잡 등으로 인한 위험발생을 방지하는 업무 ② 호송경비업무 : 운반중인 현금·유가증권·귀금속·상품 그 밖의 물건에 대하여 도난·화재 등 위험발생을 방지하는 업무 ③ 신변보호업무 : 사람의 생명이나 신체에 대한 위해의 발생을 방지하고 그 신변을 보호하는 업무 ④ 기계경비업무 : 경비대상시설에 설치한 기기에 의하여 감지·송신된 정보를 그 경비대상시설외의 장소에 설치한 관제시설의 기기로 수신하여 도난·화재 등 위험발생을 방지하는 업무 ⑤ 특수경비업무 : 공항(항공기를 포함한다) 등 대통령령이 정하는 국가중요시설의 경비 및 도난·화재 그 밖의 위험발생을 방지하는 업무 (경비업법 제2조)

계엄(戒嚴)

계엄은 비상계엄과 경비계엄으로 구분한다. 비상계엄은 대통령이 전시·사변 또는 이에 준하는 국가비상사태 시 적과 교전(交戰) 상태에 있거나 사회질서가 극도로 교란(攪亂)되어 행정 및 사법(司法) 기능의 수행이 현저히 곤란한 경우에 군사상 필요에 따르거나 공공의 안녕질서를 유지하기 위하여 선포한다. 경비계엄은 대통령이 전시·사변 또는 이에 준하는 국가비상사태 시 사회질서가 교란되어 일반 행정기관만으로는 치안을 확보할 수 없는 경우에 공공의 안녕질서를 유지하기 위하여 선포한다. (계엄법 제2조)

고독사(孤獨死)

가족, 친척 등 주변 사람들과 단절된 채 홀로 사는 사람이 자살·병사 등으로 혼자 임종을 맞고, 시신이 일정한 시간이 흐른 뒤에 발견되는 죽음을 말한다. (고독사예방법)

공익신고(公益申告)

공익침해행위가 발생하였거나 발생할 우려가 있다는 사실을 신고·진정·제보·고소·고발하거나 공익침해행위에 대한 수사의 단서를 제공하는 것을 말한다. 다만, 다음에 해당하는 경우는 공익신고로 보지 아니한다. ① 공익신고 내용이 거짓이라는 사실을 알았거나 알 수 있었음에도 공익신고를 한 경우 ② 공익신고와 관련하여 금품이나 근로관계상의 특혜를 요구하거나 그 밖에 부정한 목적으로 공익신고를 한 경우

내부 공익신고자

다음의 어느 하나에 해당하는 공익신고자를 말한다. ① 피신고자인 공공기관, 기업, 법인, 단체 등에 소속되어 근무하거나 근무하였던 자 ② 피신고자인 공공기관, 기업, 법인, 단체 등과 공사·용역계약 또는 그 밖의 계약에 따라 업무를 수행하거나 수행하였던 자 ③ 그 밖에 대통령령으로 정하는 자(피신고자인 공공기관, 기업, 법인, 단체 등에 소속되어 근무하기 전에 피신고자인 공공기관, 기업, 법인, 단체 등에서 직무교육 또는 현장실습 등 교육 또는 훈련을 받고 있거나 받았던 자 등

공인노무사

다음의 직무를 수행한다.

① 노동관계 법령에 따라 관계기관에 대하여 행하는 신고·신청·보고·진술·청구(이의신청·심사청구 및 심판청구를 포함한다) 및 권리구제 등의 대행 또는 대리 ② 노동관계 법령에 따른 서류의 작성과 확인 ③ 노동 관계 법령과 노무관리에 관한 상담·지도 ④ 「근로기준법」을 적용받는 사업이나 사업장에 대한 노무관리진단 ⑤ 「노동조합 및 노동관계조정법」 제52조에서 정한 사적(私的) 조정이나 중재 ⑥ 사회보험 관계 법령에 따라 관계 기관에 대하여 행하는 신고·신청·보고·진술·청구(이의신청·심사청구 및 심판청구를 포함한다) 및 권리 구제 등의 대행 또는 대리 (공인노무사법 제2조)

공인회계사(公認會計士)

타인의 위촉에 의하여 다음의 직무를 행한다. ① 회계에 관한 감사·감정·

증명 · 계산 · 정리 · 입안 또는 법인설립 등에 관한 회계 ② 세무대리 ③ 제1호 및 제2호에 부대되는 업무 (공인회계사법 제2조)

공직자윤리법(公職者倫理法)

이 법은 공직자 및 공직후보자의 재산등록, 등록재산 공개 및 재산형성과정 소명과 공직을 이용한 재산취득의 규제, 공직자의 선물신고 및 주식백지신탁, 퇴직공직자의 취업제한 및 행위제한 등을 규정함으로써 공직자의 부정한 재산 증식을 방지하고, 공무집행의 공정성을 확보하는 등 공익과 사익의 이해충돌을 방지하여 국민에 대한 봉사자로서 가져야 할 공직자의 윤리를 확립함을 목적으로 한다.

이해충돌 방지 의무

국가 또는 지방자치단체는 공직자가 수행하는 직무가 공직자의 재산상 이해와 관련되어 공정한 직무수행이 어려운 상황이 일어나지 아니하도록 노력하여야 한다. 공직자는 자신이 수행하는 직무가 자신의 재산상 이해와 관련되어 공정한 직무수행이 어려운 상황이 일어나지 아니하도록 직무수행의 적정성을 확보하여 공익을 우선으로 성실하게 직무를 수행하여야 한다. 공직자는 공직을 이용하여 사적 이익을 추구하거나 개인이나 기관 · 단체에 부정한 특혜를 주어서는 아니 되며, 재직 중 취득한 정보를 부당하게 사적으로 이용하거나 타인으로 하여금 부당하게 사용하게 하여서는 아니 된다. 퇴직공직자는 재직 중인 공직자의 공정한 직무수행을 해치는 상황이 일어나지 아니하도록 노력하여야 한다. (공직자윤리법)

공휴일(公休日)

공휴일은 다음과 같다.
① 「국경일에 관한 법률」에 따른 국경일 중 3 · 1절, 광복절, 개천절 및 한글날 ② 1월 1일 ③ 설날 전날, 설날, 설날 다음 날(음력 12월 말일, 1월 1일, 2일) ④ 부처님 오신 날(음력 4월 8일) ⑤ 어린이날(5월 5일) ⑥ 현충일(6월 6일) ⑦ 추석 전날, 추석, 추석 다음 날(음력 8월 14일, 15일, 16일) ⑧ 기독탄신일(12월 25일) ⑨ 「공직선거법」 제34조에 따른 임기만료에 의한 선거의 선거일 ⑩ 기타 정부에서 수시 지정하는 날 (공휴일법 제2조)

국경일(國慶日)

국경일은 다음과 같다.
① 3·1절: 3월 1일
② 제헌절: 7월 17일
③ 광복절: 8월 15일
④ 개천절: 10월 3일
⑤ 한글날: 10월 9일 (국경일법 제2조)

광물(鑛物)

금광, 은광, 백금광, 동광, 연광(鉛鑛), 아연광, 창연광(蒼鉛鑛), 주석광(朱錫鑛), 안티몬광, 수은광, 철광, 크롬철광, 티탄철광, 유화철광(硫化鐵鑛), 망

간광, 니켈광, 코발트광, 텅스텐광, 몰리브덴광, 비소광(砒素鑛), 인광(燐鑛), 붕소광(硼素鑛), 보크사이트, 마그네사이트, 석탄, 흑연, 금강석, 석유(천연피치 및 가연성 천연가스를 포함한다), 운모[견운모(絹雲母) 및 질석(蛭石)을 포함한다], 유황, 석고(石膏), 납석(蠟石), 활석(滑石), 홍주석[홍주석. 규선석(硅線石) 및 남정석(藍晶石)을 포함한다], 형석(螢石), 명반석(明礬石), 중정석(重晶石), 하석(霞石), 규조토(硅藻土), 장석(長石), 불석(沸石), 사문석(蛇紋石), 수정(水晶), 연옥(軟玉), 고령토[도석(陶石), 벤토나이트, 산성백토(酸性白土), 와목점토(蛙目粘土), 목절점토(木節粘土) 및 반토혈암(礬土頁岩)을 포함한다], 석회석[백운석(白雲石) 및 규회석(硅灰石)을 포함한다], 사금(砂金), 규석, 규사, 우라늄광, 리튬광, 카드뮴광, 토륨광, 베릴륨광, 탄탈륨광, 니오비움광, 지르코늄광, 바나듐광 및 희토류광[세륨, 란타늄, 이트륨, 프라세오디뮴, 네오디뮴, 프로메튬, 사마륨, 유로퓸, 가돌리늄, 테르븀, 디스프로슘, 홀뮴, 에르븀, 툴륨, 이터븀, 루테튬, 스칸듐을 함유하는 토석을 말한다] 중 어느 하나에 해당하는 물질을 말하며, 그 물질의 폐광(廢鑛) 또는 광재(鑛滓: 제련하고 난 찌꺼기)로서 토지에 붙어 있는 것은 광물로 본다. (광업법 제2조)

교통시설(交通시설)

도로 · 철도 · 궤도 · 항만 · 어항 · 수로 · 공항 · 비행장 등 교통수단의 운행 · 운항 또는 항행에 필요한 시설과 그 시설에 부속되어 사람의 이동 또는 교통수단의 원활하고 안전한 운행 · 운항 또는 항행을 보조하는 교통안전표지 · 교통관제시설 · 항행안전시설 등의 시설 또는 공작물을 말한다. (교통안전법 제2조)

교통약자(交通弱者)

장애인, 고령자, 임산부, 영유아를 동반한 사람, 어린이 등 일상생활에서 이동에 불편을 느끼는 사람을 말한다. 교통약자는 인간으로서의 존엄과 가치 및 행복을 추구할 권리를 보장받기 위하여 교통약자가 아닌 사람들이 이용하는 모든 교통수단, 여객시설 및 도로를 차별 없이 안전하고 편리하게 이용하여 이동할 수 있는 권리를 가진다. (교통약자법 제2조)

차상위계층

수급권자에 해당하지 아니하는 계층으로서 소득인정액이 대통령령으로 정하는 기준 이하인 계층을 말한다. "소득인정액이 대통령령으로 정하는 기준 이하인 계층"이란 소득인정액이 기준 중위소득의 100분의 50 이하인 사람을 말한다. (기초생활보장법 제2조)

남극과 북극(南極과 北極)

남극이란 남위 60도 이남의 육지 · 빙붕(氷棚: 육상의 얼음과 연결되어 바다에 떠 있는 규모가 큰 얼음덩어리를 말한다. 이하 같다) 및 수역과 그 상공을 말한다. 북극은 북위 66도 30분 이북의 육지·빙붕 및 수역과 그 상공을 말한다. (극지활동 진흥법 제2조)

급경사지(急傾斜地)

택지·도로·철도 및 공원시설 등에 부속된 자연 비탈면, 인공 비탈면(옹벽 및 축대 등을 포함) 또는 이와 접한 산지로서 다음에 해당하는 것을 말한다. ① 지면으로부터 높이가 5미터 이상이고, 경사도가 34도 이상이며, 길이가 20미터 이상인 인공 비탈면 ② 지면으로부터 높이가 50미터 이상이고, 경사도가 34도 이상인 자연 비탈면 ③ 그 밖에 관리기관이나 특별자치시장·시장·군수 또는 구청장(자치구의 구청장을 말한다. 이하 같다)이 재해예방을 위하여 관리가 필요하다고 인정하는 인공 비탈면, 자연 비탈면 또는 산지 (급경사지법 제2조)

온실가스(溫室가스)

적외선 복사열을 흡수하거나 재방출하여 온실효과를 유발하는 대기 중의 가스 상태의 물질로서 이산화탄소(CO2), 메탄(CH4), 아산화질소(N2O), 수소불화탄소(HFCs), 과불화탄소(PFCs), 육불화황(SF6) 및 그 밖에 대통령령으로 정하는 물질을 말한다. (탄소중립기본법 제2조)

난민(難民)

인종, 종교, 국적, 특정 사회집단의 구성원인 신분 또는 정치적 견해를 이유로 박해를 받을 수 있다고 인정할 충분한 근거가 있는 공포로 인하여 국적국의 보호를 받을 수 없거나 보호받기를 원하지 아니하는 외국인 또는 그러한 공포로 인하여 대한민국에 입국하기 전에 거주한 국가로 돌아갈 수 없거나 돌아가기를 원하지 아니하는 무국적자인 외국인을 말한다. (난민법 제2조)

차별(差別)

남녀고용평등법상 차별이란 사업주가 근로자에게 성별, 혼인, 가족 안에서의 지위, 임신 또는 출산 등의 사유로 합리적인 이유 없이 채용 또는 근로의 조건을 다르게 하거나 그 밖의 불리한 조치를 하는 경우[사업주가 채용조건이나 근로조건은 동일하게 적용하더라도 그 조건을 충족할 수 있는 남성 또는 여성이 다른 한 성(性)에 비하여 현저히 적고 그에 따라 특정 성에게 불리한 결과를 초래하며 그 조건이 정당한 것임을 증명할 수 없는 경우를 포함한다]를 말한다. 다만, 다음의 어느 하나에 해당하는 경우는 제외한다. ① 직무의 성격에 비추어 특정 성이 불가피하게 요구되는 경우 ② 여성 근로자의 임신·출산·수유 등 모성보호를 위한 조치를 하는 경우 ③ 그 밖에 이 법 또는 다른 법률에 따라 적극적 고용개선조치를 하는 경우 (남녀고용평등법 제2조)

직장 내 성희롱

사업주·상급자 또는 근로자가 직장 내의 지위를 이용하거나 업무와 관련하여 다른 근로자에게 성적 언동 등으로 성적 굴욕감 또는 혐오감을 느끼게 하거나 성적 언동 또는 그 밖의 요구 등에 따르지 아니하였다는 이유로 근로조건 및 고용에서 불이익을 주는 것을 말한다. (남녀고용평등법 제2조)

노숙인 등

다음 각 목의 어느 하나에 해당하는 사람 중 18세 이상인 사람을 말한다. ① 상당한 기간 동안 일정한 주거 없이 생활하는 사람 ② 노숙인시설을 이용하거나 상당한 기간 동안 노숙인시설에서 생활하는 사람 ③ 상당한 기간 동안 주거로서의 적절성이 현저히 낮은 곳에서 생활하는 사람 (노숙인복지법 제2조)

농업재해(農業재해)

가뭄, 홍수, 호우(豪雨), 해일, 태풍, 강풍, 이상저온(異常低溫), 우박, 서리, 조수(潮水), 대설(大雪), 한파(寒波), 폭염(暴炎), 황사(黃砂), 대통령령으로 정하는 병해충(病害蟲), 일조량(日照量) 부족, 유해야생동물(「야생생물 보호 및 관리에 관한 법률」 제2조제5호의 유해야생동물을 말한다), 그 밖에 제5조제1항에 따른 농업재해대책 심의위원회가 인정하는 자연현상으로 인하여 발생하는 농업용 시설, 농경지, 농작물, 가축, 임업용 시설 및 산림작물의 피해를 말한다. 어업재해는 이상조류(異常潮流), 적조현상(赤潮現象), 해파리의 대량발생, 태풍, 해일, 이상수온(異常水溫), 그 밖에 제5조제2항에 따른 어업재해대책 심의위원회가 인정하는 자연현상으로 인하여 발생하는 수산양식물 및 어업용 시설의 피해를 말한다. (농어업재해대책법 제2조)

뉴스통신

전파법에 따라 무선국(無線局)의 허가를 받거나 그 밖의 정보통신기술을 이용하여 외국의 뉴스통신사와 뉴스통신계약을 체결하고 국내외의 정치·경제·사회·문화·시사 등에 관한 보도·논평 및 여론 등을 전파하는 것을 목적으로 하는 유무선을 포괄한 송수신 또는 이를 목적으로 발행하는 간행물을 말한다. (뉴스통신법 제2조)

대안교육

개인적 특성과 필요에 맞는 다양한 교육내용 및 교육방법을 통하여 개개인의 소질과 적성 개발을 목적으로 하는 학습자 중심의 교육을 말한다. 대안교육기관은 초·중등교육법에 따른 인가를 받지 아니하고 등록하여 대안교육을 실시하는 시설·법인 또는 단체를 말한다. (대안교육기관법 제2조)

미세먼지

다음의 흡입성먼지를 말한다.
① 입자의 지름이 10마이크로미터 이

하인 먼지(PM-10: 미세먼지) ② 입자의 지름이 2.5마이크로미터 이하인 먼지(PM-2.5: 초미세먼지). 미세먼지 생성물질은 대기 중에서 미세먼지로 전환되는 다음 각 목의 물질을 말한다. ① 질소산화물 ② 황산화물 ③ 휘발성 유기화합물 ④ 암모니아를 (미세먼지법 제2조)

백두대간

백두산에서 시작하여 금강산, 설악산, 태백산, 소백산을 거쳐 지리산으로 이어지는 큰 산줄기를 말한다. 백두대간법은 백두대간의 보호에 필요한 사항을 규정하여 무분별한 개발행위로 인한 훼손을 방지함으로써 국토를 건전하게 보전하고 쾌적한 자연환경을 조성함을 목적으로 한다. (백두대간법 제2조)

별정우체국(別定郵遞局)

과학기술정보통신부장관의 지정을 받아 자기의 부담으로 청사(廳舍)와 그 밖의 시설을 갖추고 국가로부터 위임받은 체신(遞信) 업무를 수행하는 우체국을 말한다. 이 법은 우체국이 없는 지역에 별정우체국(別定郵遞局)을 설치·운영하여 국민에게 편의를 제공하고, 직원의 퇴직과 사망에 대하여 적절한 급여제도를 확립함으로써 직원과 그 유족의 경제적 생활 안정과 복리 향상에 이바지함을 그 목적으로 한다. (별정우체국법 제2조)

선박(船舶)

수상 또는 수중에서 항행용으로 사용하거나 사용할 수 있는 배 종류를 말하며 그 구분은 다음과 같다. ① 기선: 기관(機關)을 사용하여 추진하는 선박[선체(船體) 밖에 기관을 붙인 선박으로서 그 기관을 선체로부터 분리할 수 있는 선박 및 기관과 돛을 모두 사용하는 경우로서 주로 기관을 사용하는 선박을 포함한다]과 수면비행선박(표면효과 작용을 이용하여 수면에 근접하여 비행하는 선박을 말한다) ② 범선: 돛을 사용하여 추진하는 선박(기관과 돛을 모두 사용하는 경우로서 주로 돛을 사용하는 것을 포함한다) ③ 부선: 자력항행능력(自力航行能力)이 없어 다른 선박에 의하여 끌리거나 밀려서 항행되는 선박 (선박법 제3조)

삼청교육(三清教育)

1980년 8월 4일 법률 제69호 계엄법 제13조의 규정에 의하여 선포된 계엄포고 제13호에 의하여 실시된 순화교육·근로봉사 또는 법률 제3286호 사회보호법 부칙 제5조의 규정에 의하여 실시된 보호감호를 말한다. 삼청교육피해자는 삼청교육으로 인하여 사망하거나 행방불명된 자, 삼청교육으로 인하여 상이(대통령령이 정하는 질병을 포함한다. 이하 같다)를 입고 그 후유증으로 인하여 사망한 자, 삼청교육으로 인하여 상이를 입은 자이다. (삼청교육피해자법 제2조)

통합방위

적의 침투·도발이나 그 위협에 대응하기 위하여 각종 국가방위요소를 통합하고 지휘체계를 일원화하여 국가를 방위하는 것을 말한다. 갑종, 을종, 병종사태로 구분된다. "갑종사태"란 일정한 조직체계를 갖춘 적의 대규모 병력 침투 또는 대량살상무기(大量殺傷武器) 공격 등의 도발로 발생한 비상사태로서 통합방위본부장 또는 지역군사령관의 지휘·통제 하에 통합방위작전을 수행하여야 할 사태를 말한다. "을종사태"란 일부 또는 여러 지역에서 적이 침투·도발하여 단기간 내에 치안이 회복되기 어려워 지역군사령관의 지휘·통제 하에 통합방위작전을 수행하여야 할 사태를 말한다. "병종사태"란 적의 침투·도발 위협이 예상되거나 소규모의 적이 침투하였을 때에 시·도 경찰청장, 지역군사령관 또는 함대사령관의 지휘·통제 하에 통합방위작전을 수행하여 단기간 내에 치안이 회복될 수 있는 사태를 말한다.(통합방위법 제2조)

재난(災難)

국민의 생명·신체·재산과 국가에 피해를 주거나 줄 수 있는 것으로서 다음의 것을 말한다.

① 자연재난: 태풍, 홍수, 호우(豪雨), 강풍, 풍랑, 해일(海溢), 대설, 한파, 낙뢰, 가뭄, 폭염, 지진, 황사(黃砂), 조류(藻類) 대발생, 조수(潮水), 화산활동, 소행성·유성체 등 자연우주물체의 추락·충돌, 그 밖에 이에 준하는 자연현상으로 인하여 발생하는 재해 ② 사회재난: 화재·붕괴·폭발·교통사고(항공사고 및 해상사고를 포함한다)·화생방사고·환경오염사고 등으로 인하여 발생하는 대통령령으로 정하는 규모 이상의 피해와 국가핵심기반의 마비, 「감염병의 예방 및 관리에 관한 법률」에 따른 감염병 또는 「가축전염병예방법」에 따른 가축전염병의 확산, 「미세먼지 저감 및 관리에 관한 특별법」에 따른 미세먼지 등으로 인한 피해 ③ 해외재난이란 대한민국의 영역 밖에서 대한민국 국민의 생명·신체 및 재산에 피해를 주거나 줄 수 있는 재난으로서 정부차원에서 대처할 필요가 있는 재난을 말한다. (재난 및 안전관리 기본법 제2조)

훈장(勳章)

훈장의 종류는 무궁화대훈장, 건국훈장, 국민훈장, 무공훈장, 근정훈장, 보국훈장, 수교훈장, 산업훈장, 새마을훈장, 문화훈장, 체육훈장, 과학기술훈장으로 구분된다.

무궁화대훈장은 우리나라의 최고 훈장으로서 대통령에게 수여하며, 대통령의 배우자, 우방원수 및 그 배우자 또는 우리나라의 발전과 안전보장에 이바지한 공적이 뚜렷한 전직(前職) 우방원수 및 그 배우자에게도 수여할 수 있다. 건국훈장은 대한민국의 건국에 공로가 뚜렷하거나, 국가의 기초를 공고히 하는 데에 이바지한 공적이 뚜렷한 사람에게 수여하며, 이를 5등급으로 한다. 국민훈장은 정치·경제·사회·교육·학술 분야에 공을 세워 국민의 복지 향상과 국가 발전에 이바지한 공적이 뚜렷한 사람에게 수여하며, 이를 5등급으로 한다. 무공훈장은 전시(戰時) 또는 이에 준하는 비상사태에서 전투에 참가하거나 접적(接敵)지역에서 적의 공격에 대응하는 등 전투에 준하는 직무수행으로 뚜렷한 무공을 세운 사람에게 수여하며, 이를 5등급으로 한다. 근정훈장은 공무원(군인·군무원은 제외), 사립학교 교원(「평생교육법」 제31조제3항에 따라 국·공립학교의 교원에 관한 규정이 준용되는 학력인정 평생교육시설의 교원을 포함) 또는 별정우체국법에 따른 별정우체국 직원으로서 그 직무에 부지런히 힘써 공적이 뚜렷한 사람에게 수여하며, 이를 5등급으로 한다. 보국훈장은 국가안전보장에 뚜렷한 공을 세운 사람에게 수여하며, 이를 5등급으로 한다. 수교훈장은 국권의 신장 및 우방과의 친선에 공헌(貢獻)이 뚜렷한 사람에게 수여하며, 이를 5등급으로 한다. 새로 임명되어 임지로 부임하는 외교관과 정부대표, 특별사절 및 정부에서 필요하다고 인정하는 수행원에게는 외교행사 시 품위유지를 위한 의례적 장식용으로 수교훈장을 패용(佩用)하게 한다. 산업훈장은 국가 산업 발전에 이바지한 공적이 뚜렷한 사람에게 수여하며, 이를 5등급으로 한다. 새마을훈장은 새마을운동을 통하여 국가 및 사회 발전에 이바지한 공적이 뚜렷한 사람에게 수여하며, 이를 5등급으로 한다. 문화훈장은 문화예술 발전에 공을 세워 국민문화 향상과 국가 발전에 이바지한 공적이 뚜렷한 사람에게 수여하며, 이를 5등급으로 한다. 체육훈장은 체육 발전에 공을 세워 국민체육의 위상을 높이고 국가 발전에 이바지한 공적이 뚜렷한 사람에게 수여하며, 이를 5등급으로 한다. 과학기술훈장은 과학기술 발전에 이바지한 공적이 뚜렷한 사람에게 수여하며, 이를 5등급으로 한다.

포장(褒章)

포장은 훈장에 다음가는 훈격(勳格)으로서 그 종류는 건국포장, 국민포장, 무공포장, 근정포장, 보국포장, 예비군포장, 수교포장, 산업포장, 새마을포장, 문화포장, 체육포장, 과학기술포장으로 나뉜다.

건국포장은 대한민국의 건국과 국가의 기초를 공고히 하는 데에 헌신·진력(盡力)하여 그 공적이 뚜렷한 사람에게 수여한다. 국민포장은 정치·경제·사회·교육·학술 분야의 발전에 이바지한 공적이 뚜렷한 사람, 생명의 위험을 무릅쓰고 인명을 구조하였거나 재산을 보호한 사람, 재산을 기부하는 등 선행을 한 사람, 그 밖에 공익사업에 종사하여 국민의 복리 증진에 이바지한 공적이 뚜렷한 사람에게 수여한다. 무공포장은 국토 방위에 헌신·노력하여 그 공적이 뚜렷한 사람에게 수여한다. 근정포장은 공무원, 사립학교 교원 또는 「별정우체국법」 제2조에 따른 별정우체국 직원으로서 직무에 부지런히 힘써 국가의 이익과 국민의 행복에 이바지한 공적이 뚜렷한 사람에게 수여한다. 보국포장은 국가안전보장 및 사회의 안녕과 질서유지에 공적이 뚜렷한 사람에게 수여한다. 예비군포장은 예비군의 육성·발전에 이바지한 공적이 뚜렷한 사람과 예비군으로서 직무에 부지런히 힘쓴 사람에게 수여한다. 수교포장은 국권(國權)의 신장 및 우방과의 친선에 뚜렷한 공을 세운 사람 또는 국위 선양(宣揚)에 크게 이바지한 사람에게 수여한다. 산업포장은 산업의 개발 또는 발전에 이바지하거나 실업(實業)에 부지런히 힘써 그 공적이 뚜렷한 사람 또는 공장, 사업장, 그 밖의 직장에 근무하는 근로자로서 그 직무에 부지런히 힘써 국가 발전에 이바지한 공적이 뚜렷한 사람에게 수여한다. 새마을포장은 새마을운동을 통하여 새마을정신을 구현함으로써 지역사회 개발과 주민복리 증진에 이바지한 공적이 뚜렷한 사람에게 수여한다. 문화포장은 문화예술활동을 통하여 문화 발전에 이바지한 공적이 뚜렷한 사람 및 문화예술활동을 통하여 국위를 선양한 사람에게 수여한다. 체육포장은 체육활동을 통하여 국민체육 발전에 이바지한 공적이 뚜렷한 사람 및 체육활동을 통하여 국위를 선양한 사람에게 수여한다. 과학기술포장은 과학기술의 연구개발활동 등을 통하여 과학기술 발전에 이바지한 공적이 뚜렷한 사람 또는 과학기술의 연구개발활동 등을 통하여 국위를 선양한 사람에게 수여한다.

공증인(公證人)

공증인이란 공증(公證)에 관한 직무를 수행할 수 있도록 법무부장관으로부터 임명을 받은 사람(임명공증인)과 공증인가를 받은 자(인가공증인)를 말한다. 공증인의 직무 당사자나 그 밖의 관계인의 촉탁(囑託)에 따라 다음의 사무를 처리하는 것을 직무로 한다. 공증인은 위 직무에 관하여 공무원의 지위를 가지는 것으로 본다. ① 법률행위나 그 밖에 사권(私權)에 관한 사실에 대한 공정증서(公正證書)의 작성 ② 사서증서(私署證書) 또는 전자문서등(공무원이 직무상 작성한 것은 제외한다)에 대한 인증 ③ 이 법과 그 밖의 법령에서 공증인이 취급하도록 정한 사무(공증인법)

인신보호법(人身保護法)

이 법은 위법한 행정처분 또는 사인(私人)에 의한 시설에의 수용으로 인하여 부당하게 인신의 자유를 제한당하고 있는 개인의 구제절차를 마련함으로써 「헌법」이 보장하고 있는 국민의 기본권을 보호하는 것을 목적으로 한다. 이 법에서 "피수용자"란 자유로운 의사에 반하여 국가, 지방자치단체, 공법인 또는 개인, 민간단체 등이 운영하는 의료시설·복지시설·수용시설·보호시설(이하 "수용시설"이라 한다)에 수용·보호 또는 감금되어 있는 자를 말한다. 다만, 형사절차에 따라 체포·구속된 자, 수형자 및 「출입국관리법」에 따라 보호된 자는 제외한다. 피수용자에 대한 수용이 위법하게 개시되거나 적법하게 수용된 후 그 사유가 소멸되었음에도 계속 수용되어 있는 때에는 피수용자, 그 법정대리인, 후견인, 배우자, 직계혈족, 형제자매, 동거인, 고용주 또는 수용시설 종사자(이하 "구제청구자"라 한다)는 이 법으로 정하는 바에 따라 법원에 구제를 청구할 수 있다. 다만, 다른 법률에 구제절차가 있는 경우에는 상당한 기간 내에 그 법률에 따른 구제를 받을 수 없음이 명백하여야 한다.

국가장(國家葬)

전직·현직 대통령, 대통령당선인, 국가 또는 사회에 현저한 공훈을 남겨 국민의 추앙을 받는 사람이 서거한 경우에는 유족 등의 의견을 고려하여 행정안전부장관의 제청으로 국무회의의 심의를 마친 후 대통령이 결정하는 바에 따라 국가장(國家葬)으로 할 수 있다. (국가장법 제2조) 국가장이 결정되면 정부는 빈소(殯所)를 설치·운영하며 운구(運柩)와 영결식(永訣式) 및 안장식(安葬式)을 주관한다. 지방자치단체의 장과 재외공관의 장은 분향소(焚香所)를 설치·운영할 수 있다. 장례기간은 5일 이내로 한다. 다만, 천재지변 등 불가피한 사유가 있는 경우에는 국무회의의 심의를 거쳐 그 기간을 연장할 수 있다.

상 법

- 총 칙 / 1181
- 상행위법 / 1196
- 회사법 / 1206
- 보험법 / 1257
- 해상법 / 1279

상사특별법 / 1303

상 법 개 요

실질적 의의에서의 상법이라 함은 실질적으로 기업생활관계에 특유한 사법을 말한다. 기업의 성립에서 소멸에 이르기까지 기업의 활동과 조직에 특유한 사적인 법규범을 일반적으로 상법이라고 한다. 따라서 상법은 기업생활관계에 관한 법이며, 기업생활관계에 특유한 법이고, 기업생활관계에 관한 사법법규라고 요약할 수 있다.

한편 형식적 의의에서의 상법이라 함은 형식적으로 상법이라고 불리워 지는 성문법전을 말한다. 우리나라에는 1962년 1월 20일 공포되어 1963년 1월 1일부터 시행된 법률 제1000호 상법전이 있다. 그리고 이 법은 새로운 제도를 다수 신설하는 등 지금까지 수차례 개정이 있었다. 최근의 주된 개정으로는 2014. 5. 20. 개정을 통하여 1963년 시행된 제정 상법에서부터 존재한 무기명주식 제도를 폐지하였다. 즉, 무기명주식은 현재까지 발행 사례가 없어 기업의 자본조달에 기여하지 못하는 등으로 더 이상 유지할 실익이 없는바, 현행 무기명주식 제도를 폐지하여 주식을 기명주식으로 일원화함으로써 조세 및 기업 소유구조의 투명성 제고를 위한 기반을 마련하였다. 2015. 12. 1. 개정을 통하여 삼각주식교환, 역삼각합병 및 삼각분할합병 제도를 도입하였고, 무의결권 주주도 주식매수청구권을 행사할 수 있음을 명문으로 규정하여 무의결권 주주에게도 반대주주 주식매수청구권이 인정되는지에 대한 실무상 혼란을 해소하고자 하였다. 또한 영업양도, 양수, 임대 등의 행위를 하려는 회사의 총주주의 동의가 있거나, 주식 90퍼센트 이상을 그 거래의 상대방 회사가 소유하고 있는 경우에는 그 행위를 하려는 회사의 주주총회 승인은 이사회의 승인으로 갈음할 수 있도록 하는 등 간이한 영업양도, 양수, 임대 제도를 도입함으로써 기업의 효율적인 구조 조정이 원활해지도록 하였다. 이어 2017. 10. 31. 개정을 통하여 타인의 사망을 보험사고로 하는 보험계약 체결 시 동의를 얻어야 하는 타인의 서면의 범위에 일정한 전자문서를 포함하도록 하여 전자금융거래가 활성화되고 있는 사회적인 현상을 반영할 수 있도록 하였다. 상법은 민법에 대하여 특별법적인 지위에 위치하며, 특수한 법영역을 형성하고 있다. 상법적 사실은 영리성, 반복성, 집단성, 비개인성, 정형성 등의 성격을 가진다는 데에 그 특수성이 있다. 이러한 성격들은 상행위법의 영역에서 명백할 뿐만 아니라 기업경영을 위한 조직에 관하여도 그것에 적합한 특수한 구성을 필요로 하며(회사제도), 기업거래의 원활한 흐름에 확실한 진행을 확보하기 위한 제도(기업약관)나 취급(외관주의, 공시주의, 획일주의, 신속주의, 법적 확실주의나 책임)의 가중·경감 등)을 필요로 하고, 이에 따른 합목적적 성격은 법전체로 하여금 기술성·전문적일 것을 요구하고 있다고 본다. 즉 상법을 기업법으로 볼 때 그 규제대상은 기업생활관계이며, 상법에서 기업은 일정한 계획 아래 자본과 노력을 유기적으로 결합하여 계속·반복적으로 영리를 추구하는 경제단위이다.

상법은 기업생활관계에서 개개 경제주체의 이익을 조정하는 데에 그 목적이 있으므로 기업의 활동과 조직 특수성을 그대로 반영하고 있다. 즉 기업의 조직을 강화하고 기업의 활동을 원활·확실하게 보호하는 것을 그 특징으로 한다. 전자를 흔히 기업의 유지강화라고 하며, 후자를 기업거래의 안전보호라고 한다.

상 법

총 칙

상법(商法)
영;commercial law, mercantiel law, business law
독;Handelscript
佛;droit cimercial

(1) 경제생활 일반을 규율하는 일반사법인 민법에 대하여 상법은 상기업을 중심으로 전개되는 생활관계를 규율하는 특별사법이다. 기업을 유지강화하여 영리활동을 활발하게 하며, 그 거래의 안전을 보호함으로써 자본의 순조로운 재생산활동을 발전시키고 나아가서 국민경제에 이바지하도록 함을 이념으로 하고 있다. 상법은 실질적 의의와 형식적 의의 두 가지 뜻이 있다. 상법은 이러한 특별사법, 즉 기업의 성립으로부터 소멸에 이르기까지 기업의 조직과 활동에 특유한 사적인 법규범을 말한다. 형식적 의미의 상법은 상법이라고 이름 붙여진 성문법전, 이른바 상법전을 말한다(1962년 1월 20일 법 제1000호).

실질적 의의의 상법은 형식적 의의의 상법인 상법전에서 정하고 있는 대상이 그 중심을 이루고 있다. 그러나 상법전은 그 내용이 극히 다양하고 더욱이 단편적인 규정이 적지 않다. 이에 따라 통일적 법령성으로서 상법이 존재하는가의 여부에 의문이 제기된다. 심지어 외국의 경우 실질적인 상법의 개념을 파악할 수 없다고 보아 상법전에 정해진 내용이 곧 상법이라고 파악하여 통일적 개념파악방엽설도 있었다. 상법의 대상이 되는 법률상의 상(商)도 당초에는 고유의 상(商)에 한정하였다. 그러나 오늘날에는 상법의 대상인 업무의 범위는 이에 그치지 않고 은행·운송·창고·보험·리스·프랜차이즈·팩토링 등을 비롯하여 제조·가공·전기·전파·가스 또는 물의 공급, 출판·촬영은 물론 광물 또는 토석의 채취 등과 같은 원시생산까지를 포함하게 되었다(상 §46).

여기에 이들 모두를 어떻게 통일적으로 파악할 것인가가 문제되고 이에 관해 종래 사적(史的)·발전적관련설, 매개행위설, 상적색채설이 논의되었으며, 최근 기업법설이 유력해지고 있다. 물론 상법은 기업에 관한 법이지만 기업에 관한 법 모두가 상법은 아니다. 개인의 기업생활관계는 일반 경제생활관계의 일부이며 일반경제생활관계는 민법에서 규율하고 있다. 상법은 기업생활관계 가운데 민법으로 규율할 수 없거나 하지 않는 특수한 생활 관계를 규율하는데 지나지 않는다. 기업생활관계는 영리를 추구하는데 목적이 있으므로 그 특수성으로 영리성, 집단성, 계속·반복성, 신속성 및 개성 상실성이 크게 나타나며 이러한 특수성이 반영되는 기업생활관계만을 상법에서 규율하는데 지나지 않는다. 이점에서 상법은 기업생활관계에 특유한 법이라고 본다. 상법의 대상은 상인 개인의 사생활 관계에 관한 법이므로 법의 분류에서는 사법에 속한다. 그러나 오늘날에는 기업 일반이 가지는 사회적 국민경제적 의의가 강조되고 기업생활관계를 당사자인 개개 경제주체의 자유로운 처리만으로 원활한 해결을 기대할 수 없다. 여기에서 부득이 국가가 사법기관 또는 행정기관을 통하여 기업생활관계의 합리적 조정을 시도하고 있다. 이에 따라 상법에는 형벌법규·소송법규·섭외사법규정 등 많은 공법적 규정이 들어가게 되어 상법의 연구에는 이를 반드시 고려하여야 한다.

상사조약(商事條約)

상사조약이란 상사에 관하여 국가 그 밖의 능동적 국제법 주체 사이에 문서로 된 합의를 말한다. 상법은 그 규율의 대상인 기업생활관계가 가지는 특색을 반영하여 세계적으로 통일될 가능성을 가지고 있고, 또 국제거래의 실제적 필요에서 국제조약이 많이 체결되어 있다.

약관(約款)

영;general conditions
독;allgemeine Geschäftsbedingungen
불;conditions généraux

일방당사자 다수의 계약체결을 위하여 미리 마련한 계약의 내용을 말한다. 19세기 이후의 대규모기업의 발달에 따라 생겨났다. 일반적으로 보통거래약관, 또는 거래약관이라 부르지만 보험약관·운송약관·은행예금약관·창고임치약관 등 여러 가지로 불리워진다. 보통은 부동문자로써 인쇄되며 대개는 기업자 또는 그 단체에 의하여 일방적으로 작성되지만 거래의 당사자가 특히 보통거래약관에 의하지 않는다는 뜻을 표시하여 계약을 하지 않는 한 이것에 의한 것으로 인정된다. 약관의 내용은 일반적으로 그 약관으로부터 일어나는 당사자간의 권리의무불이행에 대한 제재, 약관의 존속기간, 기간만료전 해약권 면책규정 및 재판관할 등을 포함하고 있다. 약관의 법규범성에 대하여는 설이 나누어져 있다. 즉 약관 그 자체를 법규범으로 보아 그 구속력을 인정하는 법원긍정설과 약관 그 자체를 법규범으로 보지 않고 당사자가 그 약관에 따라 계약을 체결할 경우 그 계약에서 구속력을 찾는 법원부정설이 있다. 또한 제한긍정설 다시 약관을 기업거래권이라는 부분사회가 독자적으로 제정한 자치법이라고 보는 자치법설과 약관을 기업의 이념실현을 위하여 기업에 마련되어 있는 제도적인 현상이라고 보는 제도설로 나뉘어진다. 또 법원부정설의 경우에도 약관을 당사자의 동의에 의하여 계약내용으로 흡수된 경우 구속력을 가진다는 계약설과 개개 약관 자체에는 규법성이 없지만 약관에 의하여 거래가 이루어지는 분야에서의 계약은 특별한 사정이 없는 한 약관에 따른다는 상관습 또는 상관습법이 존재하는 결과로서 당사자를 구속한다는 관습법설이 있다. 우리나라에서는 계약설이 다수설과 판례의 태도이다.

보통거래약관의 내용으로서 정할 수 있는 것은 거래내용과 법률행위의 내용과 법률행위의 내용으로 될 수 있는 모든 사항이지만 이 점에 대하여서는 면책약관의 효력이 문제가 된다. 선량한 풍속 기타 사회질서나 신의성실의 원칙에 반하는 약관의 무효가 될 뿐 아니라 입법에 의한 특정조항의 효력에 부정(상§790에 의한 면책약관의 제한), 특정사업에 있어서의 보통거래약관에 대한 행정감독 등이 있게 된다.

약관이 계약당사자 사이에 구속력을 갖는 것은 그 자체가 법규범이거나 또는 법규범적 성질을 가지기 때문이 아니라 당사자가 그 약관의 규정을 계약내용에 포함시키기로 합의하였기 때문이므로 계약당사자가 명시적으로 약관의 규정과 다른 내용의 약정을 하였다면, 약관의 규정을 이유로 그 약정의 효력을 부인할 수는 없다*(대법원 1998. 9. 8. 선고 97다53663)*.

보통거래약관(普通去來約款)

기업 또는 개인(예 ; 사무실 임대업을 하는 빌딩 소유자)이 그의 업종에 속하는 많은 계약을 체결할 때 그 획일적인 처리를 위해 일방적으로 작성한 정형적인 계약 내용 내지 계약조건을 말한다. 보통거래약관에 의한 계약에 있어서는 경제적 약자인 소비자의 보호가 문제되는 데, 독일과 같은 특별법을 통한 법적 규제방법을 가지지 못한 우리의 경우에는 약관조항의 해석을 통하여 이 문제를 해결하여야 한다(예 ; 객관적 해석의 원칙, 축소해석의 원칙, 개별약정 우선의 원칙 등).

민법의 상화(民法의 商化)

독;Kommerzialisierung des Bürgerlichen Rechts

민법과 상법의 관계에서 두 법의 경계가 유동적인 현상을 민법의 상화라는 말에는 두 가지 뜻이 있다. 첫째는 특별법인 상법상의 제도 내지 규정이었던 것이 일반법인 민법에 수용되어 민법의 제도내지 규정이 되는 경우이다. 계약자유의 원칙, 파산제도 등이 그 예이다. 둘째는 당초 민법에 속하였던 제도나 법률관계가 상법의 지배 아래 옮기는 경우이다. 예컨대 종래 상행위 이외의 영리행위를 목적으로 하는 사단, 이른바 민사회사는 당초 민법에 속하고 있었으나, 오늘날에는 상법상의 회사로 인정되는 경우이다. 첫째, 합리적이고 진보적인 상법의 제도나 규정이 경제의 발전에 따라 민법의 일반 원칙으로 이르게 된 것이다. 상법의 형식의 범위는 축소되었을지라도 실질적으로는 상법의 지위를 반영한 것에 따라 또 둘째, 상법상 기술적 제도의 보편화로 본래 상법에 속하여야 할 것이 상법에 속하기에 이른 것이며 민법의 상화라기보다는 민법의 순화라 하겠다. 민법에는 친족·상속에 관한 부분과 비영리적인 거래에 관한 제규정이 있다. 따라서 민법의 자주성은 확고부동한 면도 있으므로 민법의 상화현상을 과대평가하여서는 안 된다. 다만 상법학의 대상파악과 연구방법에 관하여는 이 현상을 언제든지 고려하여야 한다.

소상인(小商人)

자본금액이 1천만원에 미달하는 상인으로서 회사가 아닌 자를 말한다(상시령§2). 자본금액은 회사법상의 자본액과는 달리 단순히 적극재산인 영업재산의 현존가액을 뜻한다. 소상인에 대해 일반의 상인을 보통상인 또는 완전상인이라고 한다. 소상인의 제도는 독일구상법을 비롯한 독일법계제국에서 인정되는 것으로 우리나라도 이 입법례에 따른 것이다. 소상인에 대해서는 지배인·상호·상업장부 및 상업등기에 관한 규정은 적용되지 않는다(상§9). 기업의 규모가 극히 적은 상인에게까지 이러한 영업조직에 관한 모든 법규를 적용하는 것은 그 실익이 적고, 오히려 번잡하고 경우에 따라서는 가혹한 일도 있을 수 있기 때문이다. 그러나 회사는 그 자본금액에 관계없이 소상인으로 취급되지 않는다. 그 이유는 자본금액이 적다고 하더라도 법인조직인 회사의 경우에는 기술적인 경영조직을 구비하고 있으므로 영업시설에 관한 상법의 규정을 적용할 필요가 있기 때문이다. 또한 소상인도 지배인 등에 관한 상법규정만이 적용되지 않을 뿐 상인이라는 점에서 오로지 임금을 받을 목적으로 물건을 제조하거나 노무에 종사하는 사람(상§46단)과는 구별된다. 이는 상인이 아니며 따라서 전혀 상법의 적용범위 밖에 있다.

영업대리(營業代理)

상인이 영업상 행한 대리를 영업대리라고 한다. 민법상 대리에 대응한다. 대리는 본인을 위하여 제3자가 대신하여 법률행위를 하는 것을 말하고, 이와 같은 권한을 대리권이라고 한다. 본인으로부터 대리권이 부여되어 있으면 대리인의 대리행위는 유효하게 본인에 대하여 효력이 생기나, 대리권이 부여되지 않았는데 대리행위를 하면 무권대리가 되어 본인의 추인이 없으면 그 행위는 무효가 된다. 민법상의 대리의 경우, 대리권 범위는 본인이 임의로 결정할 수 있는데, 대량, 신속, 반복, 계속적인 상거래의 경우에는 일일이 대리권의 범위에 관하여 조사를 하는 것은 불가능하다. 그래서 상법은 영업대리권의 범위를 정형화하여, 본인이 임의로 그 범위를 제한하여도 이것을 선의의 제3자에게 대항할 수 없도록 하였다(상§11③·15②). 이 영업대리권의 가장 광범한 것을 가지는 자가 지배인이고, 지배인은 영업주에 갈음하여 그 영업에 관한 재판상 또는 재판외의 모든 행위를 할 수 있는 권한(지배권)이 부여되어 있다(상§11①). 또 이 지배권보다 좁은 권한으로서 위임받은 영업의 특정종류 또는 특정사항의 범위 내에서 재판외의 모든 행위를 할 수 있는 대리권이 부여된 것이 부분적 포괄대리권을 가진 사용인(예컨대 부장·과장 등)이다. 지배인과 부분적 포괄대리권을 갖는 상업사용인에 대하여는 競경업피지의무를 지우고 있다(상§17).

길드

영;gild(guild) 독;Gilde
불;gilde

11세기 후반 이후 서구도시의 경우에 주로 대상인이 그 도시에 있어서의 상거래의 독점을 목적으로 하여 自主的(자주적)으로 조직한 맹약단체이다. 이러한 상인 길드는 도시가 도시영주의 지배를 탈피하여 자치시로 발전하는데 중요한 정치적 역할을 하였다. 그 후 시참사회의 내부에서 세력을 떨쳤으나, 한편 12세기전반 이후, 수공업자나 중소상인이 상인길드를 모방하여 조직한 직종별의 동업길드는 자급자족을 취지로 하는 도시경제의 실질적인 담당자로서 세력을 얻었다. 보통 길드라 하면 동업 길드를 말하고, 이는 법인격 없는 사단 또는 법인이며 그 장·위원회·구성원 전체의 집회를 기관으로 한다. 14세기이후 동업 길드는 점차 변질되어, 그 후 자본주의적 경영이 발달함에 따라 기득권에 의존하여 겨우 그 명맥을 이어왔으나 18세기말~19세기부터 영업자유의 원칙을 근간으로 하는 제국의 입법은 길드의 특권을 전부 폐지하게 되었다.

상인길드(商人길드)

⇒ 길드 참조

동업길드(同業길드)

英;Craftgild 獨 ; Zunft

⇒ 길드 참조

지배인(支配人)

독;Prokurist

특정한 상인(영업주)의 기업에 종속하여 그 영업에 관한 재판상 또는 재판외의 모든 행위를 할 수 있는 권한을 가진 상업사용인이다(상§10~§14). 지배인의 권한을 대리권(지배권)이라고 하는데, 지배인인가의 여부는 그 실질, 즉 영업주의 영업전반에 걸친 포괄적인 대리권한을 갖느냐의 여부에 의하여 결정된다. 따라서 그 명칭의 여하를 불문한다. 지배인이 아닌 자가 영업주임 기타 유사한 명칭을 사용한 때에는 거래의 안전을 보호하기 위하여 재판외의 행위에 관하여는 지배인과 동일한 권한이 있는 것으로 본다(§14). 지배인은 영업주인 상인 또는 지배인의 선임을 수권이 없는 한, 그 영업주를 위하여 다른 사용인을 선임할 수는 없다(§11②). 지배인의 임무는 고용의 종료 또는 대리권의 소멸 및 영업의 폐지·양도로 인하여 종료한다. 지배인의 선임 및 그 대리인 의 소멸에 대하여는 등기하여야 한다(상§13). 지배인은 영업주에 갈음하여 영업에 관한 재판상 또는 재판외의 모든 행위를 하는 권한을 가진다. 영업주가 이에 대해 제한한다고 하여도 선의의 제3자는 대항할 수 없다(§11③). 지배인의 대리권은 광범하므로 그 남용을 방지하기 위하여 영업주는 수인의 지배인이 공동으로만 그 권한을 행사해야 한다는 것을 규정할 수가 있다(§12). 지배인은 영업주의 허락이 없으면 자기 또는 제3자의 계산으로 영업주의 영업부류에 속하는 거래를 하거나 또는 회사의 무한책임사원·이사 또는 다른 상인의 사용인이 될 수는 없다(§17). 이에 위반할 경우에는 영업주에게 개입권이 인정되어 있다.

지배인은 영업주에 갈음하여 그 영업에 관한 재판상 또는 재판 외의 모든 행위를 할 수 있고, 지배인의 대리권에 대한 제한은 선의의 제3자에게 대항하지 못하며, 여기서 지배인의 어떤 행위가 영업주의 영업에 관한 것인가의 여부는 지배인의 행위 당시의 주관적인 의사와는 관계없이 그 행위의 객관적 성질에 따라 추상적으로 판단되어야 한다*(대법원 1997. 8. 26. 선고 96다36753).*

표현지배인(表見支配人)

상인의 영업활동에서 본점 또는 지점의 영업주임 기타 유사한 명칭을 가진 사용인으로서 지배인이 아닌 자를 표현지배인이라 한다. 예를 들면 지점장·지사장·영업소주임 등과 같이 본점이나 본점의 영업소 책임자인 것을 표시하는 명칭을 붙이고 사용되는 상업사용인이다. 상법에서는 이런 표현지배인은 재판상의 행위를 제외하고, 영업에 관하여 지배인과 동일한 권한을 가지고 있는 것으로 본다(상§14 ①). 그러나 이 규정은 외관을 신뢰한 선의의 거래자를 보호하기 위한 것이므로 상대방이 악의일 경우에는 적용되지 않는다(상§14 ②). 과실로 인한 선의는 악의로 취급되지 않지만, 중과실이 있는 때에는 이를 악의와 동일시하여 상대방은 보호받지 못한다고 본다. 악의의 판정시기는 표현지배인과 상대방 사이에 행위가 이루어진 최초의 시기라고 해석한다. 민법상의 표현대리의 법리를 특히 상거래의 보호를 위하여 수정한 것으로서 독법상의 외관법리와 영미법상의 금반언의 법리와 동일한 정신의 표현이다.

상법 제14조 제1항 본문에 본점 또는 지점의 영업주인 기타 유사한 명칭을 가진 사용인은 본점 또는 지점의 지배인과 동일한 권한이 있는 것으로본다 하여 표현지배인을 규정하고 있는데 **'표현지배인으로서 본조를 적용하려면 당해 사용인의 근무장소가 상법상의 영업소인 "본점 또는 지점"의 실체를 가지고 어느정도 독립적으로 영업할 동을 할 수 있는 것임을 요한다** 할 것'이다 *(대법원 1978. 12. 13. 선고 78다1567).*

상호(商號)

영;trade name
독;Handelsfirma
佛;rasion de commerce, nom commercial

상인이 그 영업상 자기를 나타내기 위하여 사용하는 명칭이다. 상호는 명칭이기 때문에 문자로써 표시되어야 하고 발음할 수 있어야 한다. 기호·원형·문양 등은 상표나 영업표는 될 수 있어도 상호로는 되지 못한다. 상호는 외국어라도 무방하나 외국문자로 된 상호는 법률상 등기할 수 없으므로 외국어는 그 발음을 한자 또는 한글로 표시하는 경우에만 상호로 사용할 수 있다. 또 상인이 아닌 사업자의 명칭(예 ; 상호보험회사·각종협동조합의 명

상 법

칭 등)도 상호는 아니다. 소상인은 상인이지만 상호에 관한 규정이 적용되지 아니하므로(상§9) 그가 사용하는 영업상의 명칭도 상호가 아니다.

또 상호는 상인을 표시하기 때문에 상품을 표시하는 상표나 영업을 표시하는 영업표와 다르다. 상호는 영업의 동일성을 영속적으로 표시하고 그 신용을 유지하는 실익이 있다. 개인상인은 상호를 사용하건 않건 자유이나, 회사는 반드시 정하여야한다(상§179Ⅱ, §270,§289①Ⅱ,§543). 그 선정은 성명·영업내용·영업지 등의 실질에 구애되지 않고 자유로운 것을 원칙으로 하나(상호자유의 원칙〈§18〉), 회사는 상호 중에 그 종류에 따라 합명회사·합자회사·유한책임회사·주식회사·유한회사의 문자를 사용하여야 하며, 회사가 아닌 것은 그 상호 중에 회사인 것을 나타내는 문자를 사용할 수가 없다(상§19, §20). 그리고 회사는 가령 수개의 영업을 영위하는 경우라도 1개의 상호를 가져야 하며, 개인상인은 1개의 영업에 1개의 상호를 원칙으로 한다(상호단일의 원칙〈§21〉). 누구라도 부정한 목적을 가지고 타인의 영업과 오인될 수 있는 상호를 사용할 수 없으며, 정당하게 상호를 사용하는 상인은 타인의 부정목적에 의한 그 사용을 금지시키고 또 손해배상을 청구할 수 있다(상호전용권). 이 권리는 가등기·등기(가등기·등기)를 한 상호뿐만 아니라 미등기상호에 대하여서도 인정되나(§23①, ②, ③), 전자가 강한 보호를 받는다(상§22, §22의2, §23④, 부정경쟁방지§1, §2). 그리고 상호의 양도는 영업과 함께 하는 경우 및 영업을 폐지하는 경우에 한하여서만 허용되며, 영업과 분리된 상호만의 양도는 인정되지 않는다. 양도의 대항요건으로서 등기를 요한다(상§25).

유사상호(類似商號)

타인의 영업으로 오인시킬 수 있는 상호를 말한다. 상법상 누구든지 부정한 목적으로 타인이 영업으로 오인할 수 있는 상호를 사용하지 못하며, 이에 위반하여 상호를 사용하는 자가 있는 경우에 이로 인하여 손해를 받을 염려가 있는 자 또는 상호를 등기한 자는 그 폐지를 청구할 수 있는데 이는 손해배상의 청구에 영향을 미치지 아니한다. 한편 동일한 특별시·광역시·시·군에서 동종 영업으로 타인이 등기한 상호를 사용하는 자는 부정한 목적으로 사용하는 것으로 추정한다. 유사 상호를 사용한 자에게는 과태료의 제재가 가해진다(상법 28조).

상호의 등기(商號의 登記)

상호는 그 사용자에 대하여서 뿐만 아니라, 그 사용자와 거래하는 일반공중에 대하여도 중요한 사항이므로 등기사항으로 되어 있다. 그러나 개인상인은 상호를 등기할 것인가 아니할 것인가가 그의 자유에 맡겨져 있으므로 상호등기의 의무는 없다. 그러나 일단 상호를 등기한 경우에는 그 상호의 변경·폐지는 등기사항이므로 상인은 상호의 변경 폐지의 등기를 하여야 할 의무가 있다.

회사에 있어서는 상호가 등기사항이므로 회사는 상호등기의 의무가 있다.

상호의 양도(商號의 讓渡)

독,Veräusserung der Handelsfirma

상호권자가 상호권을 타인에게 양도하는 것을 말한다. 상호를 양도할 수 있느냐는 상호권의 법적 성질과 관련되는 문제이다. 상호권은 인격권으로 보는 경우에는 상호의 양도는 불가능하나, 상호권을 재산권으로 보는 경우에는 상호의 양도가 가능하다. 상법은 영업을 폐지하는 경우와 영업을 양도하는 경우에만 상호를 양도할 수 있는 것으로 하였다(상법 25조 1항). 상호의 양도는 상호의 양도인과 상호양수인과의 합의에 의해서 효력이 생기며, 이에 특별한 방식이 있어야 하는 것은 아니다. 상호권자가 상호를 양도한 경우에는 양수인이 그 상호의 상호권자로 된다. 영업의 양도와 함께 상호를 양도한 경우에 양수인은 양도인의 영업상의 채무에 대하여 채무의 인수 기타 채무부담 행위를 아니하였더라도 상호양도인과 함께 변제할 책임이 있다(상법 42조 1항). 그러나 이 경우에 상호양수인이 상호양수를 한 후 지체없이 상호양도인의 채무에 대하여 책임이 없음을 등기하거나 상호양도인이 지체없이 채권자에 대하여 그 뜻을 통지한 때에는 변제할 책임이 없다(상법 42조 2항). 그리고 영업을 양도한 경우에, 상호양도인이 채무자가 상호양수인에게 변제한 때에는 선의이며 중대한 과실이 없는 한 유효하다(상법 43조).

기업회계기준(企業會計基準)

상업장부의 작성에 관하여 상법에 규정한 것을 제외하고는 일반적으로 공정·타당한 회계관행에 의하는 바(상법 29조 2항), 어떠한 것이 공정·타당한 회계관행인가는 널리 공정한 회계원칙이나 회계기준이라는 것이 부기·회계상 존재하고, 이것을 구체화하고 집약한 것이 기업회계기준이다. 여기서 '상업장부에 관하여 이 법에 규정된 것'이라 함은 상법 제30조뿐 아니라 주식회사나 유한회사의 계산규정도 포함되므로 이 규정은 널리 기업회계전체에 통하는 원칙적 규정이다. 또 특별한 이유가 없는 한 '공정·타당한 회계관행'을 따라야 한다는 것이 상법 제29조 제2항의 법의인 바, 이 기업회계기준을 거의 확립된 공정·타당한 회계관행으로 인정하여 상관습 내지 상관습법으로 포괄적으로 승인한 것이다.

대차대조표(貸借對照表)

영;balance sheet 독;Bilanz
불;bilan

대차대조표는 일정한 시기에 있어서의 상인의 영업용 총재산을 자산의 부(차변〈借邊〉)와 부채 및 자본의 부(대변〈貸邊〉)로 나누어 기재하여 현재 가지고 있는 재산액과 가져야 할 재산액을 대조함으로써 상인의 재산상태와 손익계산을 명백히 하는 상업장부이다. 자산의 운용상황을 표시하는 자산의 부와 재산가치의 귀속관계 또는 투자관계를 나타내는 부채의 부로 나누어 총영업재산을 명백히 하므로 총자산의 적요표 또는 일람표라고도 한다. 일정한 시점에 있어서의 재산의 정태(靜態)를 표시하는 점에서 회계장부와 구별된다. 대차대조표는 그 작성의 시기와 목적에 따라 통상대차대조표와 비상대차대조표로 구분된다. 통상대차대조표는 영업의 계속을 전제로 하여 개업시 또는 회사의 성립시에 작성하는 개업대차대조표와 매년 일정한 시기 또는 매결산기에 작성하는 결산대차대조표를 말하고 비상대차대조표는 회사에 있어서 청산·파산·합병·정리절차개시 등의 경우에 작성하는 대차대조표를 말한다(상§247①·§256①·§269·§522의2·§533①·§603·§613·파§179①, 회정§178). 대차대조표는 회계장부에 의하여 작성하고 작성자가 기명날인 또는 서명하여야 한다(상§30②). 그 방식은 공정·타당한 회계관행의 기초가 되는 기업회계기준에 따라야 한다고 본다. 대차대조표는 신고식 또는 계정식으로 작성하여야 하며 아울러 기업회계기준에서는 각각의 표준양식 기타 작성에 관하여 상세한 규정을 두고 있다(기업회계기준§10 ~ §63).

재산목록(財産目錄)

영;inventory 독;Invebtar
불;inventaire

일정한 시기에 있어서의 기업의 총재산에 관하여 각각 개별적으로 가액을 붙여서 기재하는 명세표 내지 총목록이다. 기재할 재산은 총재산이므로 동산·부동산·채권 등의 적극재산만이 아니고 채무와 같은 소극재산을 포함하며 무체재산과 고객관계·영업상 비결등의 사실관계도 유상취득인 것은 기재할 수 있다.

이것은 기업의 일정시기에 있어서의 재산의 정태를 명시하는 것을 목적으로 하는 점에서, 그 동태를 명백히 할 것을 목적으로 하는 일기장과 다르다. 이 점에서는 대차대조표와 같지만 대차대조표가 기업의 재산의 개괄표인데 대하여 재산목록은 기업의 재산의 명세표이고 그 밖의 세부의 점에 있어서 다르다. 재산목록의 종류에는 통상재산목록과 비상재산목록이 있으며 통상재산목록은 자연인인 상인이 개업시, 그리고 회사가 성립시에 작성하는 개업재산목록과, 자연인인 상인이어서는 매년 일회이상 정기에, 회사가 매결산기에 작성하는 연도재산목록 등이 있다(상§30). 비상재산목록은 법률이 비통상적인 필요에 따라 임시로 그 작성을 요구하고 있는 것이다. 대체로 말하자면 영업의 종료 또는 변경을 전제로 하여, 재산의 현 상태를 명백히 하는데 있다.

일기장(日記帳)

영;journal 독;Tagebuch
불;livre-journal

영업상의 거래 기타 기업재산의 일상의 동적상태를 기록하기 위한 장부이다. 그 명칭의 여하는 불문하며 일기장인가 아닌가는 그 실질에 따라 판단하여야 할 것이다. 회계부기상의 일기장·분개장·원장·전표등도 일기장에 포함된다. 현행상법 제29조 1항에서 말하는 회계장부에는 이것 모두 포함된다. 일기장에 기재할 사항은 일상의 거래 기타 영업재산에 영향 있는 모든 사항이며, 법률행위이든 불법행위이든 화재·수해 등의 사실이든 상관없다. 그러나 단순히 법률관계의 발생만으로는 아직 기재능력이 없고, 현실적인 재산이동의 발생을 기다려 기록하여야 한다. 그 기록방법은 기재사항을 명기(明記)하면 되고, 반드시 매일 기재할 필요는 없다.

영업소(營業所)

영;place of business
독;Handelsniederlassung
불;etablissement commercial

상법상 영업소란 상인의 영업활동의 중심이 되는 일정한 장소를 말한다. 영업활동의 중심이 되는 장소란 영업활동의 지휘가 그 곳에서 이루어지고, 또 그 결과가 그곳에서 통일되는 장소를 말한다. 영업소의 존재는 사실의 문제이며, 당사자의 의사는 이에 관계되지 않는다. 즉 영업의 중심이라고 할 수 있는 실질을 구비하고 있는지의 여부에 따라 결정될 문제이다. 따라서 상인이 특정장소를 영업소로 표시하더라도 그것이 영업소로 되는 것은 아니다. 다만 당사자가 등기 기타의 방법으로 일정한 장소를 영업소로 공시한 때에는 선의의 제3자에 대해서 그 곳이 영업소가 아님을 주장할 수 없다(상§39).

회사의 영업소에 관해서는 상법에서 그 소재지를 정관에 정할 것을 요구하고 있으므로 이 경우에는 실질여부를 묻지 않고 정관 소정의 장소를 영업소로 보아야 할 것이다. 상인은 1개의 영업을 위하여 수개의 영업소를 가질 수 있다. 그러나 이 경우에도 1개의 영업인 한, 그 전체가 1개의 중심에 통할(統轄)되어야 한다. 여기에 각 영업소간에 주종관계가 생긴다. 중심이 되어 있는 전영업의 최고지휘가 행하여지는 곳이 본점이고, 이에 종속하여 어느 범위에서 독립된 영업활동의 중심이 되어 있는 곳이 지점이다. 영업소의 법률효과의 주요한 것은, (1) 상행위에 의하여 생긴 채무의 이행장소가 되는 것(상§56, 민§467②), (2) 법원의 관할결정의 표준이 되는 것(민소§4, §10). (3) 상업등기의 등기소의 관할을 정하는 표준이 되는 것(상§34, 비송§66), (4) 민사소송상의 소송서류송달의 장소가 되는 것(민소§183①, §184①) 등이다.

영업소폐쇄명령(營業所閉鎖命令)

법원은 일정한 사유가 있을 때에는 이해관계인이나 검사의 청구에 의하여 외국회사의 국내영업소에 대하여 그 폐쇄를 명할 수 있다. 폐쇄사유는 (1) 영업소의 설치 목적이 불법인 때, (2) 영업소의 설치등기 후 정당한 사유 없이 1년 내에 영업을 개시하지 아니하거나 1년 이상 영업을 휴지하거나 정당한 사유없이 지급을 정지한 때, (3) 대표자 또는 업무를 집행하는 자가 법령 또는 사회질서에 위반한 행위를 한 때이다(상법 619조1항). 법원은 폐쇄명령 전이라도 영업소 재산의 보전에 필요한 처분을 할 수 있으며(상법 619조2항·176조2항), 외국회사가 이해관계인의 폐쇄명령청구가 악의임을 소명하여 청구한 때에는 이해관계인의 담보의 제공을 명할 수 있다(상법 619조 2항, 176조3·4항).

본점·지점(本店·支店)

영업전체의 지휘·명령 및 통일이 이루어지는 주(主)된 영업소를 본점이라 하며, 그것에 종속되면서 일정한 범위에서 부분적 중심지로 되는 종(從)된 영업소를 지점이라 한다. 상인이 수종의 영업을 하는 경우 그 각 영업에 관하여 각각 독립의 영업소를 가질 수 있으며 또한 1개의 영업에서도 수개의 영업소를 가질 수 있다. 따라서 1개의 영업에 관하여 수개의 영업소가 있는 경우에, 그 영업소간에 주종관계가 생기게 되어 이들 간에 본점과 지점의 구분이 이루어지게 된다. 지점은 본점과 소재장소를 달리하여야 하지만 그 거리의 원근을 묻지 않고, 동일 행정지역내라도 가능하다.

지점은 본점과 동일한 기업에 속한다. 본점도 지점도 장소에 지나지 않기 때문에 법률적으로는 그 자체 거래의 주체가 되는 것은 아니고 본점 취급 또는 지점 취급의 거래의 의미이다. 또 본점과 지점은 동일상인에 속하는 영업소이기 때문에 그 사이에 법률적으로 매매·임대차 등의 거래는 존재할 수 없지만, 어음·수표관계는 동일기업의 본·지점간에도 인정된다. 지점은 본점의 지휘·감독을 받지만 본점으로부터 독립되어 독자적으로 영업활동의 결정을 하고, 대외적인 거래를 할 수 있는 인적·물적 설비와 회계적인 독립성을 가져야 한다. 그러나 지점의 영업은 본점의 영업과 함께 한 개의 영업을 구성하고 본점의 목적에 이바지 할 것을 요하고 기본적인 사무집행은 본점에서 결정하여야 한다. 당해 영업소가 지점으로서의 실질을 가지는가의 여부는 그 기구·운영·활동·상황 등에 따라 구체적으로 검토하여 객관적으로 판단하여야 한다. 지점이라는 명칭을 사용하지 않고 다른 명칭을 가진 것이라도 지점으로서의 실체를 가진 것은 상법상의 영업소이며, 지점이 되는 것이다.

지점(支店)

영;branch office
독;Zweiginiederlassung, Filiale
불;succursale

본점의 지휘를 받으면서도 일정한 범위 내에서 독립된 영업적 중심을 형성하고 영업을 수행하는 영업소를 말한다. 전체 영업중 수량적 일부를 차지하며 영업을 하므로 본점은 한 있으나, 지점은 여러 개가 있을 수 있다. 기업의 실제를 보면 보통 영업지역을 구획하여 각 지역별로 지점을 두어 해당지역의 영업을 전담시키고 있으나, 이것은 영업활동의 효율을 위하여 편의적 관할을 둔 것일 뿐이고, 대외적 거래에 법적 제한이 있는 것은 아니다. 영업소의 한 형태인 지점은 명칭이나 등기여부에 관계없이 독립단위의 영업을 수행하는 등 영업소로서의 실체를 갖추어야 한다. 따라서 영업의 기능적 일부를 수행하는 출장소·매점 등은 지점이 아니며, 회사가 특정지역에 설립하는 자회사인 지사도 그 자체가 하나의 상인이고 법적으로 독립된 법인이므로 지점이 아니다. 지점은 독립한 법인격을 전제로 하는 소송능력과 같은 능력은 없으나, 독립적으로 영업양도의 대상으로 할 수 있으며(통설), 그 영업에 관하여 지배인을 선임할 수 있다(상법 10·13조). 또한 상업등기의 효력을 결정하기 위한 독립적 단위로서, 지점에서의 등기가 없는 경우에 본점에 있어서의 등기를 적용할 수 없다(상법 34·38조). 지점에서의 거래로 인한 채무의 이행장소가 행위의 성질이나 당사자의 의사표시에 의하여 특정되지 아니한 경우에는 특정물의 인도 이외의 채무의 이행은 그 지점을 이행장소로 본다(상법 56조).

분점·출장소·파출소
(分店·出張所·派出所)

영업소의 일부로서 본점이나 지점의 지휘·명령 없이는 독립하여 활동할 수 없는 곳이다. 이들을 지점과 구별할 실익은, 첫째 그 영업을 독립하여 양도할 수 없다는 점, 둘째 그 영업의 책임자임을 표시하는 명칭을 가진 자가 표현지배인으로 취급되지 않는 점(상§14①) 등에 있다. 어느 장소가 지점인가의 여부는 영업소로서의 실질에 따라 결정할 것이며, 명칭이나 지점등기의 유무에서 결정될 것은 아니다.

대리점(代理店)

대리점은 대리상이 본인인 상인의 영업부류에 속하는 거래의 대리 또는 중개를 하는 곳이다. 본인으로부터 독립한 대리상의 영업소로서, 본인이 상인의 영업소는 아니다.

연쇄점(連鎖店)

같은 종류의 상품을 판매하는 다수의 소매상이 그 중심인 본부의 지휘명령에 통할되는 곳으로서 보통 체인스토어로 불리운다. 그 법적 성질은 다양하다. 즉 주인을 같이 하는 것은 지점·분점 또는 출장소가 될 수 있으나, 주인을 같이 하지 않는 것은 콘체른 관계 기타 특수한 관계를 이루어 독립된 상인의 영업소에 지나지 않는다.

상업등기(商業登記)
영;commercial registration
독;Handelsregister
불;enregistrement de commerce

상업등기는 상법의 규정에 의하여 상업등기부에 하는 등기를 말한다(상§34). 상업등기법은 "상업등기"란 「상법」 또는 다른 법령에 따라 상인 또는 합자조합에 관한 일정한 사항을 등기부에 기록하는 것 또는 그 기록 자체를 말한다고 규정하고 있다(§2 I). 기업거래의 안전과 원활을 기하기 위한 제도이다. 상업등기부에는 상호·무능력자·법정대리인·지배인·합자조합·합명회사·합자회사·유한책임회사·주식회사·유한회사·외국회사에 관한 11종이 있다(상업등기법 §11①). 이러한 11종의 등기부에 하는 것이 아니면, 가령 상법의 규정에 의한 등기가 있어도(예컨대 선박등기〈상§743〉), 상업등기는 아니다. 상업등기에 관한 사항을 규정함을 목적으로 2007. 8. 3. 법 제8582호로 상업등기법이 제정되었다. 등기사항은 각종의 상업등기부에 의하여 따로이 정하여지고, 반드시 등기할 것을 요하느냐의 여부에 따라 절대적사항과 상대적사항으로, 책임을 생기게 하는 사항이냐, 면제될 사항이냐에 따라 설정적사항과 면책적사항으로 갈라진다. 상업등기부는 당사자의 신청에 의하여 하는 것을 원칙으로 한다. 관할등기소는 당사자의 영업소의 소재지의 지방법원, 그 지원 또는 등기소이며, 등기사무는 등기관이 취급한다.

등기의 일반적 효력으로서 등기하여야 할 사항은 이를 등기하지 아니하면 선의의 제3자에 대항할 수 없으며, 등기한 후라도 정당한 사유에 의하여 알지 못한 자를 제외하고 선의의 제3자에게도 대항할 수 있다(상§37).

그리고 특정한 사항에 대하여서는 새로운 법률관계의 창설, 일정한 법률관계의 하자의 치유, 또는 행위의 허용 그리고 면책(상§25②, §172, §234, §269, §530②, §603, §616) 등의 특수적효력이 인정된다. 그러나 고의 또는 과실에 의하여 부실한 사항을 등기한 자는 그 사항의 부실을 가지고 선의의 제3자에 대항할 수 없다(상§39).

상업등기부(商業登記簿)

상업등기사항을 기재하기 위한 장부로서, 각 등기소에는 다음과 같은 상업등기부가 비치되어 있다(상등 §11). (1) 상호등기부, (2) 무능력자등기부, (3) 법정대리인등기부, (4) 지배인등기부, (5) 합자조합등기부, (6) 합명회사등기부, (7) 합자회사등기부, (8) 유한책임회사등기부, (9) 주식회사등기부, (10) 유한회사등기부, (11) 외국회사등기부가 이것이다. 상호등기부에는 개인상인의 상호에 관한 등기사항을 기재하며, 회사의 상호는 각 회사의 등기부에 기재된다(상§180Ⅰ·§269·§317②Ⅰ·§549②Ⅰ). 무능력자등기부는 미성년자가 법정대리인의 허락을 얻어서 영업을 하는 경우의 등기사항을 기재하는 등기부이다(상§6, 상등 §47). 법정대리인등기부는 법정대리인이 미성년자, 피한정후견인 또는 피성년후견인을 위하여 상법 제4조의 영업을 할 경우의 등기사항을 기재하는 등기부이다(상§8①, 상등 §50). 지배인등기부는 상인이 지배인의 선임과 그 대리권의 소멸에 관한 등기사항을 기재하는 등기부이다(상§13, 상등 §53~55). 대법원장은 등기부의 부속서류가 손상되거나 멸실될 우려가 있을 때에는 이를 방지하기 위하여 필요한 처분을 명령할 수 있다(상등 §14①). 누구든지 수수료를 내고 등기기록에 기록되어 있는 사항의 전부 또는 일부의 열람과 이를 증명하는 등기사항증명서의 발급을 신청할 수 있다. 다만, 등기기록의 부속서류에 대해서는 이해관계 있는 부분만 열람을 신청할 수 있다(상등 §15).

영업권(營業權)

영;good will
독;Chancen, Kundschaft
불;client'ele

상업상의 비결·명성·경영조직 등 오랫

동안의 영업에 의해서 얻은 무형적인 이익을 총칭하는 말로 사용된다. 영어로는 good will이라 하며 노포권(老鋪權)이라고도 한다. 상인의 단골 고객을 의미하는 뜻으로도 사용된다. 영업양도의 목적물인 「영업」이 각개 재산의 개별적 가치의 총화 이상의 가치를 가지고 있는 것은, 바로 이 영업권이라고 하는 사실관계가 포함되어 있기 때문이다. 상인은 「영업권」에 관하여 영업상의 무형의 이익을 가지고 있고, 그 이익의 침해는 불법행위로 된다.

영업양도(營業讓渡)
영;transfer of business
독;Geschäftsübertragung, Geschäftsveräusserung
불;achat ou vente des fonds de commerce

영업양도의 개념은 객관적 의의의 영업을 어떻게 파악하느냐에 따라 달라진다. 영업을 일정한 영업목적을 위하여 조직화된 각종의 재산 즉 물건·권리 및 사실관계로 이루어진 유기적 일체로서의 재산(기능적 재산)이라고 해석한다면 영업의 양도는 사회적 활력이 있는 유기적 일체로서의 영업 내지 기능적 재산을 계약(하나의 채권계약)에 의하여 이전하는 것이라고 해석된다(영업재산양도설). 영업을 재산적 측면보다도 영업활동을 중시하여 본다면 영업양도는 영업의 존속을 전제로 한 영업주의 지위의 양도라고 해석된다(지위교체설). 영업양도에는 영업전부의 양도와 영업의 일부의 양도가 있고, 또 영업은 반드시 양도인의 수중에 있는 그대로의 상태로 이전할 것을 요하지 않는다. 영업양도계약은 당사자간의 합의에 의하여 성립한다. 영업양도계약은 거래상의 계약이지만 단순한 매매(또는 교환, 증여)는 아니고, 고객의 소개, 비결의 전수 등이 포함된 복잡한 내용의 혼합계약이다. 당사자 중 양도인은 양도의 목적인 영업재산의 소유자인 상인이어야 하지만, 반면에 양수인은 상인일 필요가 없다. 합명회사나 합자회사가 영업을 양도하는 경우에는 회사가 존속중일 때에는 총사원의 동의를 요하고(상§204, §269), 해산 후 양도할 때에는 총사원 과반수의 결의가 있으면 된다. (상§257, §269) 합명회사나 합자회사가 영업양수인인 경우에는 양수에 의하여 정관 변경이 필요한 때에 한하여 총사원의 동의를 요한다(상§204, §269). 그 밖의 경우에는 일반적인 업무집행방법에 따른다. 주식회사와 유한회사가 영업의 전부 또는 중요한 일부를 양도하고자 하는 경우에는 해산의 전후를 불문하고 주식회사는 주주총회, 유한회사는 사원총회의 특별결의가 있어야 한다(상§374①Ⅰ, §576①). 또 주식회사 또는 유한회사가 다른 회사의 영업전부를 양수하는 때에도 주식총회 또는 사원총회의 특별결의를 필요로 한다(상§374①Ⅲ, §576①). 영업양도계약에 의하여 당사자간에 있어서는 영업을 조직하는 각종재산을 이전하는 채권·채무가 생긴다. 그리고 양도인이 같은 영업을 재개하여 양도의 효과를 잃게 하여서는 안 되므로 법률은 양도인의 경업금지를 규정하고 있다(상§41). 영업의 양수인이 양도인의 상호를 계속 사용할 경우에는 양도인의 영업에 의하여 생긴 채무에 대하여서는 양수인도 또한 그 변제의 책임을 진다(상§42①). 그러나 양수인이 영업양도가 있은 후 지체없이 양도인의 채무에 대하여 책임을 지지 않는다는 뜻을 등기 또는 통지하였을 경우에는 책임을 면할 수 있다(§42②). 상호를 계속 사용하지 않을 경우에는 양수인은 반드시 양도인의 영업상의 채무에 대해서 책임을 지지 않으나 양수인이 양도인의 영업상의 채무를 인수한다는 뜻을 광고했을 경우에는 채권자는 그 양수인에 대하여 변제의 청구를 할 수 있다(§44). 양수인이 양도인의 채무에 대해서 책임을 질 경우에는 양도인의 책임은 법정기간의 경과에 의해서 소멸된다(§45). 양수인이 양도인의 상호를 계속 사용할 경우 양도인의 영업에 의해서 생긴 채권의 채무자가 양수인에게 변제한 경우에는 변제자가 선의이고 또한 중대한 과실이 없었을 때에 한하여 그 변제는 유효하다(§42①, §43).

상법 제42조 제1항의 영업이란 일정한 영업목적에 의하여 조직화된 유기적 일체로서의 기능적 재산을 말하고, 여기서 말하는 유기적 일체로서의 기능적 재산이란 영업을 구성하는 유형·무형의 재산과 경제적 가치를 갖는 사실관계가 서로 유기적으로 결합하여 수익의 원천으로 기능한다는 것과 이와 같이 유기적으로 결합한 수익의 원천으로서의 기능적 재산이 마치 하나의 재화와 같이 거래의 객체가 된다는 것을 뜻하는 것이므로, 영업양도가 있다고 볼 수 있는지의 여부는 양수인이 유기적으로 조직화된 수익의 원천으로서의 기능적 재산을 이전받아 양도인이 하던 것과 같은 영업적 활동을 계속하고 있다고 볼 수 있는지의 여부에 따라 판단되어야 한다 *(대법원 2005. 7. 22. 선고 2005다602).*

상행위법

상행위(商行爲)

독 ; Handelsgeschäft
불 ; acte de commerce

상행위는 실질적으로 기업의 거래 활동인 영리행위를 뜻하며, 형식적으로는 상법(§46, §47) 및 특별법에서 상행위로 규정되어 있는 행위를 말한다. 이 행위는 기업에 관한 법률행위 및 준법률행위를 모두 포함한다. 다만 법률행위가 아닌 단순한 사실행위에 그치는 영업소의 설치, 현물의 인도·수령·사무관리행위 등도 상행위의 개념 속에 포함한 것인가에 대해 통설은 이를 긍정하고 있다. 그러나 준법률행위는 그 자체가 독립하여 상행위는 될 수 없고 부속적 상행위에 포함된다. 그러나 부부·부자관계 등 신분상의 행위는 포함되지 않는다. 또한 상행위의 성질은 채권법적인 행위가 기본적인 것이며, 물권행위는 이행행위로서 나타남에 불과하다.

형식적인 상행위의 개념정립에 있어서는 주관주의와 객관주의 및 절충주의의 立입법주의가 있다. 주관주의는 먼저 상인의 관념을 정하고 그 상인의 영업상 행위를 상행위로 보는 주의이고, 객관주의는 행위의 주체를 묻지 않고 행위의 객관적 성질에 의하여 상행위를 정하는 입법주의이다. 통설은 우리 상법의 입법주의에 관해 양주의를 병용한 절충주의로 보나 상법전에서는 영업을 떠난 상행위(절대적 상행위)를 인정하지 않으므로 주관주의로 보는 것이 타당하다. 상행위를 분류하면 행위의 성질상 당연히 절대적으로 상행위로 되는 절대적 상행위와 그렇지 않고 그 행위를 하는 자와의 관련 여하에 따라 상행위로 되거나 되지 않는 상대적 상행위로 나누어진다. 상대적 상행위는 다시 상인에 의하여 영업으로서 행하여짐으로써 상행위로 되는 영업적 상행위와 상인에 대하여 그 영업의 수단으로서 행하여짐으로써 상행위로 되는 부속적 상행위로 갈라져 있다. 또 영업적 상행위(상§46)는 절대적 상행위와 더불어 상인의 개념을 정하는 기초가 되므로(상§4) 이 양자를 기본적 상행위라고 한다. 이에 대하여 부속적 상행위(상§47)는 상인의 개념이 먼저 정하여져 있고 이로부터 도출되는 것이므로 보조적 상행위라고 한다. 또 그 행위가 거래의 당사자 쌍방에 대하여 상행위로 되는 것을 쌍방적 상행위라고 하고, 일방에게만 상행위이고 타방에게는 상행위로 되지 않는 것을 일방적 상행위라고 한다. 상행위는 민법상의 행위에 비하여 영리성, 신속성, 집단성, 비개인성 등의 특색을 가지고 있으므로 상법은 상행위 일반에 관한 통칙을 두고(상§46~§66) 특별한 취급을 하고 있다. 그의 가까운 예를 들면 상행위의 대리는 민법상의 대리(민§114·§115)와 달라서 본인을 위하여 대리한다는 것을 표시하지 아니하여도 좋다(상§48). 또 상인이 그 영업범위 내에서 타인을 위하여 행위를 한 때에는 이에 대하여 특약이 없어도 상당한 보수를 청구할 수 있다(상§61). 또 상사법정이율은 민사법정이율의 연5분(민

§379)을 넘어서 연6분으로 되어 있고(상§54), 소멸시효는 민법에서는 10년이 원칙으로 되어 있는데(민§162①) 상법에서는 5년으로 단축되어 있다(상§64). 고유의 상행위는 아니지만 상행위에 관한 상법의 규정이 준용되므로 준상행위라고 하는 것이 있다. 상인이 영업을 위하여 하는 행위는 상인이 당연상인(상§4)이든 의제상인(상§5)이든 묻지 않고 다 상행위가 된다. 그러나 상인의 영업의 목적인 행위 그 자체는 고유상인의 경우에는 상행위이지만 의제상인의 경우에는 상행위가 아니다. 그러나 이러한 행위도 상행위법의 적용을 받도록 하지 않으면 안 된다. 이리하여 상법은 의제상인인 설비상인과 민사회사(상§5①·②)의 행위에 대하여 상행위법 통칙에 관한 규정을 준용할 것을 규정하고 있다(상§66).

상사채권(商事債權)

상행위로 인하여 발생한 채권을 말하며, 민사채권에 비하여 상사채권은 특별한 취급을 받는다. 금전을 목적으로 하는 상사채권의 경우에는 특약이 없어도 법정이자(연6분)가 당연히 발생하게 된다(상§54). 또 상사채권의 담보를 목적으로 인정된 질권에서는 유질계약금지에 관한 민법의 적용이 없다. 그리고 채무의 이행지는 특정물인도의 행위당시 당해 물건이 존재하던 장소로 하고 그 밖의 이행에서는 채권자의 현재 영업소이다. 상인간의 거래인 경우에는 그 채무자와의 상행위에 의하여 자기의 점유에 귀속한 채무자점유의 물건 또는 유가증권에 대해서는 유치권이 성립하며, 이를 유치할 수 있고, 그 소멸시효는 5년으로 한다(§64).

상사채권의 소멸시효
(商事債權의消滅時效)

상행위로 인하여 생긴 채권의 소멸시효이다. 상행위로 인한 채권은 상법에 다른 규정이 없는 때에는 5년간 행사하지 아니하면 소멸시효가 완성한다(상§64). 이는 채권의 소멸시효기간을 10년으로 정한 민법의 일반원칙(민§162①)에 대한 특칙으로 상사거래관계의 신속한 해결을 기하려는 데 그 취지가 있다. 이것은 상거래에서 요구되는 신속주의의 구현이다. 시효의 기간이 단축될 뿐이며 기타의 점은 민사채권의 경우와 동일하다. 그러나 다른 법령에 이 보다 단기의 시효의 규정이 있는 때에는 그 규정에 의한다(상§64). 즉 상행위로 인한 채권은 상법에 다른 규정이 있는 경우(상§121·§122·§154·§166·§662)와 다른 법령에 단기시효의 규정이 있는 경우(민§163·§164, 어§70, 수§15)에는 그 규정에 의한다(상§64 단). 따라서 5년의 상사시효가 적용되는 범위는 실제로 좁아지게 된다. 상사소멸시효의 적용 받는 채권은 상행위로 생긴 것이면 족하고 당사자 쌍방의 상행위일 것을 요하지 않는다. 상행위에 의해 생긴 채권을 변형한 채권, 즉 채무불이행에 의한 손해배상청구권, 계약해제에 의한 원상회복청구권 및 계약해제권 등도 당연히 5년의 시효에 걸린다. 또 상사채무가 보증채무인 경우에는 주채무가 10년의 민법상의 소멸시효에 걸리더라도 그 시효는 역시 5년이다. 다만 상사채무를 소비대차로 更改(갱개)한 경우에는 이미 새로운 계약이므로 그 준소비대차계약이 보조적 상행위가 되지 않는 한 이 규정은 적용되지 않는다.

> 당사자 쌍방에 대하여 모두 상행위가 되는 행위로 인한 채권뿐만 아니라 당사자 일방에 대하여만 상행위에 해당하는 행위로 인한 채권도 상법 제64조에서 정한 5년의 소멸시효기간이 적용되는 상사채권에 해당하는 것이고, 그 상행위에는 상법 제46조 각 호에 해당하는 기본적 상행위뿐만 아니라 상인이 영업을 위하여 하는 보조적 상행위도 포함된다(대법원 2005. 5. 27. 선고 2005다7863).

상사시효(商事時效)

상사채권의 소멸시효를 말한다. 상행위로 인한 채권은 상법에 다른 규정이 있는 경우 또는 다른 법령이 이보다 단기의 소멸시효기간의 정함이 있는 경우 이외에는 원칙적으로 그 소멸시효기간은 5년이다(상법 64조). 즉 민법에서는 채권의 소멸시효기간을 10년으로 정하고 있으나 상법에서는 상사거래관계의 신속한 해결을 위하여 민법에 대한 특칙으로서 상행위로 인하여 생긴 채권의 소멸시효 그러나 다른 법령에 이 보다 단기의 시효의 규정이 있는 때에는 그 규정에 의한다(상§64). 4 즉 상행위로 인한 채권은 상법에 다른 규정이 있는 경우(상§121·§122·§154·§166·§662)와 다른 법령에 단기시효의 규정이 있는 경우(민§163·§164, 어§70, 수§15)에는 그 규정에 의한다(상§64 단). 따라서 5년의 상사시효가 적용되는 범위는 실제로 좁아지게 된다. 상사소멸시효의 적용 받는 채권은 상행위로 생긴 것이면 족하고 당사자 쌍방의 상행위일 것을 요하지 않는다(일본대판 1915. 2. 8. 민록 21집 79면). 상행위에 의해 생긴 채권을 변형한 채권, 즉 채무불이행에 의한 손해배상청구권, 계약해제에 의한 원상회복청구권 및 계약해제권 등도 당연히 5년의 시효에 걸린다. 또 상사채무가 보증채무인 경우에는 주채무가 10년의 민법상의 소멸시효에 걸리더라도 그 시효는 역시 5년이다. 다만 상사채무를 소비대차로 경개한 경우에는 이미 새로운 계약이므로 그 준소비대차계약이 보조적 상행위가 되지 않는 한 이 규정은 적용되지 않는다.

> 상법 제64조의 상사시효제도는 대량, 정형, 신속이라는 상거래 관계 특유의 성질에 기인한 제도임을 고려하면, 상인이 그의 영업을 위하여 근로자와 체결하는 근로계약은 보조적 상행위에 해당한다고 하더라도, 근로자의 근로계약상의 주의의무 위반으로 인한 손해배상청구권은 상거래 관계에 있어서와 같이 정형적으로나 신속하게 해결할 필요가 있다고 볼 것은 아니므로 특별한 사정이 없는 한 5년의 상사 소멸시효기간이 아니라 10년의 민사 소멸시효기간이 적용된다(대법원 2005. 11. 10. 선고 2004다22742).

상
법

상호보증금(相互保證金)

거래소에서의 거래당사자의 일방 거래원이 그 상대방 거래의 결제이행을 확보할 목적으로 자기가 특정대금 중의 일정보증금) 거래소에 제공하고 동시에 상대방에게 그와 같은 동액보증금의 제공을 청구한 경우, 거래소가 상대방으로 하여금 제공하도록 하는 보증금을 말하는바, 일종의 매매증거금이다.

상사위임(商事委任)

상행위의 위임을 의미하며, 이 경우의 수임자는 위임의 본래 뜻에 위배하지 않는 범위 내에서 위임받지 않은 행위도 할 수 있다(상§49, 민§681). 상인이 그 영업에 관하여 수여한 대리권은 본인의 사망으로 인하여 소멸하지 아니한다(상§50, 민§127Ⅰ). 상행위의 대리인이 본인을 위한 것임을 표시하지 아니하여도 그 행위는 본인에 대하여 효력이 있다. 그러나 상대방이 본인을 위한 것임을 알지 못한 때에는 대리인에 대하여도 이행의 청구를 할 수 있다(상§48, 민§114·§115). 어느 경우나 상행위의 영리성·비개인성 및 신속성에 따른 규정으로서 민법에 대한 특별규정이다.

상업신용장(商業信用狀)

영:commercial letter of credit, L/C

은행이 수입상의 의뢰를 받고 수출지의 다른 은행에 대하여 수출상에게 금전을 지급할 것을 위탁하는 것이다. A 은행이 수입상 갑의 의뢰에 응하여 수출지의 B은행에 대하여 수출상 을에게 금전을 지급할 것을 위탁한 을에 대한 B은행의 금전지급은 을이 A은행(때로는 갑)을 지급인으로 하여 발행하는 환어음을 매수하는 형식에 의하는 것이 보통이며, A은행은 B은행이 매수한 어음에 대해 직접 인도·지급할 것을 약속한다. 을이 발행하는 어음은 대개의 경우 선하증권 등을 붙인 화환(貨換)어음일 것이나(화환신용장:documentary credit), 그렇지 않은 경우도 있는데 그것을 단순신용장(clean credit)이라고 한다.

상업신용장의 제도는 매수인의 신용이 수출지에 알려져 있지 않은 때에도 매도인은 신용장발행은행의 신용에 의하여 쉽사리 어음을 환가(換價)하여 대금을 회수할 수 있으므로 국제거래에 있어서 많이 이용된다.

중개(仲介)

타인 간의 법률행위를 매개하는 것이다. 이른바 브로커(Broker)는 중개를 영업으로 하는 자이다. 중개에 관한 행위는 기본적 상행위이다(상 §46 11호). 상행위의 중개를 영업으로 하는 자는 상법상 중개인이고(상 §93), 상행위 이외의 법률행위의 중개를 영업으로 하는 자는 민사중개인이다. 예컨대 가옥·아파트·토지·임야 등을 전문으로 중개하는 부동산업자나 결혼상담업자 등은 민사중개인이다. 상법상 중개의 모습은 (1) 중개업에 있어서 유가증권의 매매, 해상보험·해상운송의 거래관계의 행위(§93). (2) 주선업에 있어서 위탁매매업·운송주선업·준위탁매매업(§101, §114, §113)의 행위 (3) 대리상에 있어서 중개대리 (§87)의 행위로 각각 나타난다. 그러나 협의의 중개는 상법 제93조에 소정의 중개인의 행위를 말하며 위탁자를 위하여 중개하는 행위가 상행위인 경우에 그것을 영업으로 하는 자를 상사중개인이라 한다. 상행위이외의 혼인·취직·부동산의 매매 등의 행위를 중개하는 자를 민사중개인이라 한다. 민사중개인도 상법 제46조 제11호, 제4조에 의하여 상인자격을 갖는다. 중개에 관한 행위, 즉 중개계약은 영업적 상행위인 성질을 가지므로 유상계약이어야 하며 그 성질은 위임이다.

인보이스

영;invoice 독;Faktur 불;facture

매매상품을 원격지에 발송하는 경우 등에, 발송인이 수하인에게 송부하는 상품의 명세서이다. 보통 상용인보이스를 가리키며, 수출입에 쓰이고 적하화물의 안내서임과 동시에 대금청구서를 겸한 계산서. 우리나라에서는 송장이라고 한다. 수출업자가 계약조건을 정확히 이행하였음을 증명하는 명세서의 의미를 지닌다. 인보이스에는 이 밖에도 영사증명인보이스, 세관인보이스 등이 있다.

공중접객업(公衆接客業)

극장·여관·음식점, 그 밖의 공중이 이용하는 인적·물적 접객시설을 설치하고 이를 이용시키는 것을 목적으로 하는 영업이다(상§151). 공중접객업은 상법 제151조에서 예시하고 있는 영업 이외에도 목욕탕·각종 오락장·동물원·유원지·이발소 등 공중을 그 시설 안에 머물게 하여 그 인적·물적 설비를 이용케 하거나 그 시설에 의하여 거래를 하는 모든 영업을 포함한다. 객의 집래를 위한 시설에 의한 거래는 영업적 상행위(기본적 상행위) 중의 하나이다. 이들 공중접객업은 일반 공중을 상대로 다수인을 그 제공된 장소에 모이게 하므로 국가 정책적으로 공안·위생 등의 이유에서 이를 감독·단속하는 특별법규로 공중위생관리법이 있다. 공중접객업에 공통되는 점은 공중의 모임에 적합한 인물·물적 시설에 의하여 거래하고 있다는 점에 착안하여 이에 관한 공중의 보호규정을 두고 있다. 이에 따라 공중접객업에는 불특정 다수의 객이 모이고, 또 상당한 기간을 그 곳에 머물게 되어 손님의 소지품이 분실되거나 도난당할 우려가 크므로, 손님이 휴대한 물건에 대한 민법상 선관의무 이외에 특별책임을 과하고 있다.

여관 부설주차장에 시정장치가 된 출입문이 설치되어 있거나 출입을 통제하는 관리인이 배치되어 있거나 기타 여관측에서 그 주차장에의 출입과 주차사실을 통제하거나 확인할 수 있는 조치가 되어 있다면, 그러한 주차장에 여관 투숙객이 주차한 차량에 관하여는 명시적인 위탁의 의사표시가 없어도 여관업자와 투숙객 사이에 임치의 합의가 있은 것으로 볼 수 있으나, 위와 같은 주차장 출입과 주차사실을 통제하거나 확인하는 시설이나 조치가 되어 있지 않은 채 단지 주차의 장소만을 제공하는 데에 불과하여 그주차장 출입과 주차사실을 여관측에서 통제하거나 확인하지 않고 있는 상황이라면, 부설주차장 관리자로서의 주의의무 위배 여부는 별론으로 하고 그러한 주차장에 주차한 것만으로 여관업자와 투숙객 사이에 임치의 합의가 있은 것으로 볼 수 없고, 투숙객이 여관측에 주차사실을 고지하거나 차량 열쇠를 맡겨 차량의 보관을 위탁한 경우에만 임치의 성립을 인정할 수 있다 *(대법원 1992. 2. 11. 선고 91다21800).*

공권(空券)

임치물 또는 운송물을 수령하지 않고 발행한 화물상환증·선하증권·창고증권이다. 그 효력에 대하여는 학설이 분류되는바, 요인성을 중시하는 설은, 공권은 원인흠결 때문에 무효가 되며 운송인 또는 창고영업자는 당해기재에 기초한 급부의무가 없고, 다만 공권을 발행한 데 관한 손해배상의무를 진다고 한다. 이에 반하여 문언성을 중시하는 설은 요인성이란 증권의 문언에 있어서 원인을 요한다는 뜻이고, 증권은 기재된 문언에 따른 효력을 가지며 운송인이 이행할 수 없으면 채무불이행책임을 부담하는 것으로 이해하며, 판례도 이에 따르고 있다.

자조매각(自助賣却)
독;Selbsthilfeverkauf

급부(給付)의 의무를 면하려고 채무자가 스스로 그 목적물을 경매 또는 시가로 방매(放賣)하는 것이다. 상사매매의 매수인, 위탁매매인에게 매입의 위탁을 한 위탁자 또는 창고업자에 대한 임치자가 각각 목적물을 수취할 것을 거절하거나 이것을 수취할 수가 없을 때에는 매도인·위탁매매인·창고업자는 그 물건을 공탁하든가 상당한 기간을 정하여 최고(催告)를 한 후에 이것을 경매할 수가 있다(상§67①, §109, §165). 또 손괴되기 쉬운 물건이면 최고도 요하지 않는다. 또 그 대가의 전부 또는 일부를 대금에 충당하여도 좋다(§67②). 운송인에 대하여서도 수하인을 모르거나 운송물의 인도에 관하여 시비가 있는 경우 자조매각이 인정되고 있다(§142, §143, §145). 민법상의 자조매각은 대가공탁의 준비행위에 지나지 않으나, 상법상의 자조매각은 채무를 면하는 독립수단이며, 민법 제490조에 대한 특칙의 성질을 갖는다.

할부매매(割賦賣買)
영;installment selling
독;Abzahlungsgeschäft
불;vente tempärament

매매대금을 일정시기마다 분할하여 지급하기로 한 특약이 붙은 매매이다(월부판매〈月賦販賣〉 등). 자동차·미싱·가구·양복 등 비교적 대금이 다액인 물건에 대하여 널리 행하여지고 있다. 이 매매의 경우에는 대금완제후에 목적물을 인도하는 것도 있으나 제1회분의 할부금 지급전 또는 지급과 동시에 목적물을 인도하는 것이 통례(通例)이다. 구매욕을 자극하면서 판로를 확대하는 방법에 적합하므로 최근 특히 성행하고 있다. 매도인은 대금완제시까지 목적물의 소유권을 유보하고, 대금완제와 동시에 매수인에게 소유권을 이전한다는 이른바, 소유권유보약관, 할부금의 1회분의 지급지체가 있으면 민법 제544조의 최고(催告)없이 매매계약의 효력을 상실하고 목적물의 반환을 청구할 수 있다는 실권약관, 그리고 매수인은 기한의 이익을 잃고 매도인은 대금잔액을 일시에 청구할 수 있다는 등의 기한이익상실약관 등 자기에게 유리한 약관을 정하는 일이 많다. 이러한 약관은 반사회질서의 법률행위 또는 권리남용의 문제를 발생시킬 우려가 많다.

리스거래(리스去來)
영;lease

임대차의 형식을 취하지만 실질적으로는 대주(貸主)의 차주(借主)에 대한 융자가 행하여지고, 임대차의 목적물을 그 담보로 하는 것을 말한다. 담보로 하는 임대차가 무엇인가는 개별적으로 판단되지만, 계약기간종료후, 차주가 상당한 대가를 지불하거나 명목상의 대가를 지불함으로써 목적물의 소유권을 취득할 선택권을 가지게 된다. 리스의 계약내용은 그 목적에 따라 여러가지로 나누어지며 융자목적을 위한 리스 이외에도 많이 이용되고 있다. 리스계약은 예외없이 리스회사가 작성한 리스약관에 의해 체결되고 있는데, 리스약관에는 역시 예외없이 리스물건의 인도가 지연되거나 물건의 규격·사양·성능·기능 등에 부적합, 불완전, 기타의 하자가 있을 때에도 리스회사는 리스이용자에 대하여 책임을 지지 아니한다는 면책조항이 있다.

금융리스(金融리스)
영;finance lease,
독;Finanierungsleasing

금융리스라 함은 통상 리스사용자가 공급자, 리스물건, 판매물건 등을 결정하고 리스업자가 이에 따라 매수·리스 기타 방법으로 리스할 물건을 취득하여 일정기간 정기적인 대가를 받기로 하고 이용자로 하여금 리스할 물건을 이용하게 하는 거래이다. 따라서 대체로 범용성이 없는 물건에 대해 이루어진다. 금융리스는 리스업자가 목적물의 소유권을 취득하거나 사용·수익권을 취득하여 리스이용자로 하여금 사용·수익케 한다는 점에서 임대차의 성격을 지닌 반면(형식적 측면), 목적물의 취득에 필요한 원공급자와의 거래는 이용자선에서 이루어지고 단지 취득대가를 리스업자가 지급하고 그 회수를 부담하기 위해 리스업자가 소유권 또는 원사용·수익권을 취득할 뿐이라는 점에서는 금융거래적 성격이 강하다(실질적 측면). 즉 금융리스의 기본적인 계약내용은 물건의 이용과 구입자금의 조달로써 경제적으로 금융적 성격이 강하다. 따라서 금융리스에서는 리스기간중 중도해지가 원칙적으로 금지된다. 여기서의 리스기간은 이론적으로 리스물건의 경제적 내용연수와 거의 일치하는 것이다. 위와 같은 금융리스의 실체는 리스계약의 법적 이해에 중대한 영향을 미친다. 리스계약의 법형식이 임대차계약의 형태를 채용하고 있음에도 불구하고 그 계약사항의 사실적 해석에 있어서는 금융거래계약으로 판단되는 등 법구성의 양면성을 띠게 되는 근원이 된다. 우리나라에서 일반적으로 리스라고 불리는 것은 이와 같은 금융리스를 말하는데 협의의 리스라고 불리는 것은 통상 금융리스를 뜻하는 것이다.

운용리스(運用리스)

영;operating lease, operating leasing

운용리스란 이용자가 원하는 물건을 리스업자가 조달하여 리스업자의 유지·관리책임 아래 일정기간 정기적인 대가를 받기로 하고 이용자로 하여금 동 물건을 이용하게 하는 거래이다. 대체로 컴퓨터·자동차·복사기 등 범용성이 있는 물건에 대해 이루어진다. 금융리스가 아닌 것을 통틀어 운용리스로 분류한다. 운용리스도 거래의 실질적 배경에 금융적 동기가 있기는 하지만 임대차와 본질적인 차이점을 찾기 어렵다. 이러한 운용리스는"서비스 제공적 성격"이 강하다. 금융리스가 특정의 이용자를 대상으로 함에 반하여 운용리스는 물건의 소유자가 가동률이 높은 범용기기를 불특정다수인을 대상으로 임대하는 것으로 물건을 수시로 혹은 일정한 예고기간을 두고 사전통보하면 중도해지가 가능한 리스계약이다. 법적으로는 전형적 임대차계약(민법상의 임대차)이 많지만 다른 계약과의 혼합계약으로 되는 경우도 있다. 흔히 대상물건의 수선의무, 위험담보 및 하자담보 책임은 물론 물건 진부화의 위험도 대주측(貸主側)이 진다.

공동리스(共同리스)

영;syndicated lease

공동리스란 복수의 리스회사가 동일 물건을 공동소유하여 리스하는 리스형태를 말한다. 이러한 리스계약의 형태는 선박이나 항공기와 같이 단일물건의 리스금액이 절대적으로 크거나 혹은 리스회사가 동일인에 대한 신용공여액의 최고한도에 적용받게 되어 특정의 리스회사가 단독으로 리스할 수 없는 경우에 발생한다. 리스계약에 참여하는 리스회사는 최소한 10분의 1 이상의 지분을 참여하도록 규제하고 있으며, 참여회사들은 그 중 한 회사를 주관회사(간사회사)로 정하여 이용자와의 협의나 거래를 주관하게 된다.

전대리스(轉貸리스)

영;sub-lease

전대(轉貸)리스는 국내리스회사가 외국리스회사로부터 물건을 리스받고 동물건을 다시 이용자에게 리스해 주는 계약형태를 뜻한다. 우리나라에서는 이러한 국제간의 전대리스계약은 아직 활성화되고 있지 못하나, 국내리스 회사간에 영업능력이나 자금조달능력의 불균형이 있을 경우 공동의 이익을 가능케 하는 리스계약형태로 이용되고 있다.

판매재취리스(販賣再取리스)

영;sale and back lease

판매재취리스는 기업이 자금을 조달하기 위하여 그가 소유하고 있는 자금을 리스회사에 매각하고, 이를 리스회사로부터 리스의 방법으로 다시 취득하는 것이다. 이는 자금운영의 효율화를 도모하기 위한 것이다.

계획사업리스(計劃事業리스)
영;project lease

계획사업리스는 리스회사가 기업으로부터 일정한 규모의 공사나 계획사업을 도급 받아 이를 시공·완성한 후에, 이를 기업에게 리스하여 주는 것이다. 이는 판매재취리스와 정반대의 형태이다. 그리고 이들은 모두 특수한 금융리스의 형태라고 할 수 있다.

양도조건부리스(讓渡條件附리스)

일반적인 리스계약조건은 리스기간 종료시 리스물건을 리스회사에 반환하거나 재리스하는 것을 말한다. 양도조건부리스는 리스물건의 처분에 있어서 리스물건을 일정가액으로 양도하는 것을 조건으로 하는 계약이다. 양도조건부리스는 리스기간 종료후 리스물건에 대한 소유권을 이용자가 리스회사로부터 이전받을 수 있다는 점에서 리스로부터의 이점(利點)뿐만 아니라 통상적인 구매로 인한 소유권획득의 이점도 겸하고 있는 것이다. 양도조건부리스의 실질적인 성격은 할부판매에 근접하는 것이라고 할 수 있는 것으로 회계·세무상 양도조건부리스는 금융리스로 분류되어 할부판매 등과 유사한 처리를 하게 된다. 리스물건의 양도가액의 결정은 시장가격기준과 확정가격기준이 있는데 우리나라에서는 확정가격기준 일반적이다.

팩터링
영;factoring

팩터링이라 함은 물건을 판매하는 상인이 외상판매채권을 전문적인 채권회수업자에게 양도하여 관리·회수하게 하는 것을 내용으로 하는 거래이다. 신용사회가 정착됨에 따라 차츰 외상거래가 많아지고, 외상채권이 다량화함에 따라 채권의 회수도 전문적인 기술을 요하게 되었다. 여기서 상인이 외상채권을 직접 회수해야 한다면 채권회수를 위한 별도의 조직을 운영해야 하고 이를 위한 관리비용도 지출해야 할 것이다. 그러나 외상채권의 회수만을 전문으로 하는 자에게 채권을 양도하여 회수하게 한다면 판매상인은 저렴한 비용(수수료)으로 채권을 회수할 수 있으므로 자신의 본업인 판매에만 전념할 수 있다. 또 판매상인은 외상채권이 회수될 때까지 자금의 회전·운용에 정체를 겪게 되는데, 채권의 양도와 결부시켜 금융을 얻을 수 있다면, 채권을 조기에 회수하는 효과를 누릴 수 있다. 팩터링거래에는 세 사람의 당사자가 관계한다. 우선 물건판매상인이 그의 고객(소비자)에게 외상으로 물건을 판매한다. 다음에는 판매상인이 자신의 외상채권을 채권회수업자(은행·단기금융회사 등)에게 양도한다. 그러면 채권회수업자는 만기에 가서 소비자로부터 채권을 변제 받아 판매상인에게 지급해준다. 이 당사자들을 영어로 부를 때에는 채권회수업자를 중심으로 해서 이름을 붙인다. 즉 채권회수업자를 factor, 판매상인을 client, 소비자를 cus tomer라 한다. 개개의 팩터링거래는 불특정다수의 상인과 채권회수업자간에 일회적으로 행해지는 것이 아니라 특정의 판매상인과 특정의 채권회수업자간의 기본계약(팩터링계약)에 기초해서 행해진다. 판매상인과 채권회수업자는 사전에 일정기간 발생하는 외상채권에 관해 팩터링을 하기로 하는 계약을 체결하고, 이 계약에서 앞으로 행할 팩터링거래의 일반적인 사항(수수료·이율·위험부담 등)을 약정한다. 따라서 이 기본계약은 계속적 계약이며, 그 이행으로서 개별적인 팩터링거래가 행해진다. 기본계약은 예외 없이 채권회수업자가 작성한 약관에 의해 체결된다. 기본계약에 기초하여 판매상인이 외상판매를 할 때마다 그 채권을 추심하기 위한 팩터링행위가 행해지는데, 팩터링행위에서 가장 두드러지게 나타나는 것은 외상채권의 양도지만 팩터링행위 자체가 바로 채권의 양도는 아니다. 팩터링행위는 채권회수업자에게 채권을 양도함과 동시에 동채권의 포괄적인 관리를 위탁하며, 경우에 따라서는 전도금융의 수수도 내용으로 하는 채권계약이다. 따라서 이 계약은 소비대차·위임 등이 혼합된 무명계약이다. 외상채권의 양도를 위해서는 지명채권의 양도방식(민§450)에 따라 채무자(소비자)에게 통지하거나 또는 그의 승낙을 받아야 하는데, 보통 외상판매계약(판매약관)에서 소비자의 승낙을 얻고 있다. 팩터링은 상법 제46조 제21호가 정하는 기본적 상행위(영업상 채권의 매입·회수에 관한 행위)이다. 따라서 채권회수업자는 당연상인(상§4)이다. 그런 채권회수업자는 동시에 예외 없이 회사이다. 이 같은 채권회수업자는 당연상인이므로 팩터링은 상행위(상§46 XXI)로 볼 수 있다. 앞에서 본 기본계약 및 팩터링행위가 바로 채권회수업자의 영업행위이다. 채권회수업자는 팩터링에 의해 판매상인으로부터 채권의 관리·회수에 대한 대가로서 수수료를 받으며, 전도금융을 줄 때에는 외상채권액으로부터 그 변제기까지의 이자를 공제한 잔액을 지급한다(이 수수료와 이자는 애초 외상판매를 할 때 물건의 판매대금에 포함시킴으로써 결국은 소비자에게 전가시킨다). 채권회수업자는 이 수수료와 이자의 수령을 통해 그의 관리성을 실현한다.

팩터링금융(팩터링金融)

채권회수업자가 소비자로부터 변제받아서 이를 가지고 판매상인에 대한 채권과 상계하는 것을 팩터링금융이라 한다. 판매상인이 채권회수업자에게 채권을 양도하고 이를 담보(채권질)로 하여 금융(전도금융)을 얻는 것이 보통이며 팩터링거래에서 실제로 가장 중요한 기능을 한다. 그런데 소비자의 무자력, 물건판매계약의 무효·취소·해제 등으로 인해 채권회수업자가 소비자로부터 채권을 변제 받지 못하는 경우도 있다. 이 같은 채권의 회수불능으로 인한 위험부담을 판매상인과 채권회수업자 중 누가 부담하느냐는 문제가 있다. 채권회수업자가 부담하는 팩터링을 「진정팩터링」(echte Factoring), 판매상인이 부담하는 팩터링을 「부진정팩터링」(unechte Factoring)이라고 한다. 누가 부담하느냐에 따라 팩터링금융의 법적 의미를 달리 보아야 한다. 이는 당사자의 약정으로 정할 문제이나 보통은 판매상인이 부담하고 있다.

프랜차이즈 계약(프랜차이즈 契約)
영;franchise

프랜차이즈계약이란 특정한 상호, 상표, 서비스표 등을 보유한 자가 복수의 독립된 판매업자에게 이것을 이용할 수 있는 사용허가(license)를 대여함과 동시에 그들 업자에게 사업운영 및 판매전략 등에 조력하도록 하는 복합적 법률관계의 설정을 목적으로 하는 계약이다(상§46 XX). 이는 유상·쌍무계약이다. 프랜차이즈를 대여하는 자를 franchisor라 하며 프랜차이즈를 대여받는자 franchisee라 부른다. franchi-see는 모든 부분에 대하여 franchisor의 상표 등을 사용하며, 점포의 외관과 종업원의 제복 등도 통일하는 일이 많이 있다.

회사법

회사(會社)
영;company, corparation
독;Handelsgesellschaft
불;sociéte commerciale

상행위 기타 영리를 목적으로 설립한 사단법인(상§169). (1) 회사는 영리를 목적으로 하면서 그 이익을 사원에게 귀속시키는 요소가 있어야 하며(영리성), (2) 복수인의 공동목적을 위한 결합체이어야 하며(그러나 주식회사에서는 1인 회사가 인정될 수 있다), 그러므로 사원이 1인이 되는 것은 회사의 해산사유가 되며(사단성), (3) 회사는 모두 법인이어야 하나(§169), 합명회사·합자회사에서는 관계에 조합의 규정이 준용되며(법인성), (4) 회사는 상행위를 행하므로 당연상인, 상행위 이외의 영업행위를 행하므로 의제상인이 되며(상인성), (5) 회사는 상법 회사편의 규정에 따라 설립하여야 한다(준칙성). 상법상의 분류로서 합명회사·합자회사·유한책임회사·주식회사·유한회사의 5종이 있으며 이 이외에도 강학상의 구별로서 인적회사·물적회사의 구별, 또는 단체주의적회사와 개인주의적회사라는 구별이 있으며, 법원상(法源上)의 구별로서 일반법상의 회사와 특별법상의 회사, 일반회사와 특수회사의 구별도 있다.

회사법(會社法)

실질적 의의로는 회사에 관한 法規一般(법규일반)을 의미하지만 보통은 회사의 조직에 관한 사법적 규정을 뜻하며, 형식적 의의로는 상법 제3편 회사를 가리킨다. 회사법의 법원(法源)은 상법 회사편이 그 주요한 부분을 이루지만 이 이외에도 특별법령, 상관습법, 각 회사의 정관 등을 들 수 있다. 회사법은 공동기업형태로서의 회사의 종류·조직·설립·계산·해산에 관하여 그 내외의 법률관계를 규정하는 것이므로 기업법으로서의 상법의 중요한 일부분을 구성한다.

회사범죄(會社犯罪)

회사제도의 남용방지 목적으로 형벌이 과하여지는 위법행위이다. 특히 주식회사의 경우에는, 그 조직이 복잡하므로, 그 제도의 남용의 위험이 많고 주주·회사채권자를 보호할 필요성이 크고, 또한 그 범죄의 결과는 일반공중의 이해(利害), 국민경제의 운영에 중대한 영향을 준다. 범죄와 형벌에 관하여는 일반법으로 형법이 있으나 회사범죄를 처벌하기 위하여 상법에 특별형법적인 규정을 두고 있다(상§622~§637의2). 제재의 종류로서는 징역·벌금·몰수가 있다. 특별배임행위, 반자본단체행위, 부실문서의 행사, 납입가장행위, 초과발행행위, 임원의 독직죄, 권리행사의 방해 등의 행위를 회사범죄로 규정하고 있다.

법인격부인의 법리
(法人格否認의 法理)

회사의 법인격을 부분적으로 탈하여 회사와 그 배후에 있는 사원을 동일시하는 법리를 말한다. 회사는 법인이므로 이를 구성하는 사원과는 별개의 인격체이지만 회사의 법인격인정에 따른 형식적 독립성을 관철하는 것이 정의·형평에 반한다고 인정되는 경우 회사의 법인격을 부분적으로 박탈하여 회사와 사원은 별개의 인격이라는 대원칙을 부인하는 법리이다. 문제가 된 당해 구체적 사건에서나 또는 당해 특정한 당사자간에서만은 회사의 법인격을 부정하여 회사와 주주를 법률상 동일시하는 법리를 말한다. 법인격부인의 법리는 미국법에서 판례·학설로 인정한 데서 비롯한다. 당초 회사가 그 배후에 있는 자의 대리인 또는 수단에 지나지 않는 경우 회사의 법인격 또는 기업의 실체를 부인하거나(disregard of the corporate fiction), 회사의 베일을 벗긴다(piercing the corporate veil)는 데서 연유한다. 채무자가 채무를 잠탈하거나 불법행위 또는 범법행위의 수단으로 법인격이 이용되는 경우 그 법인격의 배후에 있는 자에 대하여 법률상의 책임을 부담시키는 것을 내용으로 한다. 영국도 종래의 소극적인 태도로부터 1962년 개정회사법에서 이에 관한 명문규정을 두었다(영회사§30, §108, §332). 또 그 동안 무관심한 태도로 일관되어온 독일법에서도 제2차대전 후 책임실체파악이론(Haftungsdurchgriffslehre)으로 이를 도입하였고, 프랑스, 일본에서도 판결로 이를 채택하였다. 우리나라에서도 이에 관한 학설은 상당히 오래 전부터 제기되었고 하급심판결에서 인정한 바 있었으며(서울고판 1974. 5. 8, 72나 2582)

대법원판례에서 이를 도입하였다(대판 1988. 11. 22, 87다카1671 공 1989, 17). 법인격부인의 법리가 적용되는 유형으로 흔히 네 가지를 든다. (1) 법인격이 오직 형해화(形骸化)하여 외형에 지나지 않는 경우(서울 고판 1974. 5. 8, 72나 2582), (2) 법인격이 법률의 적용을 회피하기 위하여 남용되는 경우(대판 1988. 11. 22, 87다카1671 공1989, 17). (3) 당사자가 법적으로서가 아닌 사실상 별개의 사람일 것이 전제가 되는 법규의 해석이 문제되는 경우(예컨대 임차인인 상인이 그 영업을 주식회사조직으로 개편한 경우 그것이 전대〈轉貸〉〈민§629〉가 되는 경우), 그리고 (4) 기본적 의의를 가지는 사단적 법규로 비록 간접적으로라도 그 법규의 목적이 침해되어서는 아니되는 경우(예컨대 경제적으로 일체관계에 있는 자회사에 의한 모회사의 주식취득과 같은 경우) 등이다. 법인격부인의 법리에 대한 이론적 근거는 법인격남용에 대한 탄력적 조치에서 찾는다. 반면에 실정법상 근거로는 (1) 민법 제2조 2항의 권리남용의 규정에서 찾는 입장, (2) 상법 제169조의 법인규정에서 찾는 견해, (3) 민법 제2조1항의 신의칙의 규정에서 찾는 견해 그리고 (4) 권리남용금지규정에 근거를 두면서도 사원의 유한책임규정에서 찾는 입장 등이 있다. 법인격남용이란 법인격에 주어진 특전을 남용하여 형평과 공정에 반하는 것인 바, 특전의 바탕인 법인규정과 유한책임에 대한 규정이 그 근거가 됨은 분명하다. 법인격부인의 효과는 회사의 법인으로서의 존재 그 자체에는 아무런 영향을 미치지 않는다. 다만 당해 사건의 해결을 위한 범위에서 법인격이 없는 것과 같이 처리될 뿐이다. 이런 뜻에서 회사가 사원으로부터 분리되었다는 법형식상의 기능이 일시적·부분적으로 정지되는 효과를 가져온다. 다만 이 법리를 적용한 경우의 효과와 관련하여 1인 회사 채권자와 지배주주 개인의 채권자가 경합하는 경우, 모회사채권자와 자회사채권자가 경합하는 경우, 또 회사에 대한 청구의 경우, 소수주주의 이익양도 등이 문제된다. 이 점은 구체적 사항에 따라 실체에 적응한 일체의 사정을 고려하여 타당한 해결을 시도하여야 할 것이다.

회사가 외형상으로는 법인의 형식을 갖추고 있으나 이는 법인의 형태를 빌리고 있는 것에 지나지 아니하고 그 실질에 있어서는 완전히 그 법인격의 배후에 있는 타인의 개인기업에 불과하거나 그것이 배후자에 대한 법률적용을 회피하기 위한 수단으로 함부로 쓰여지는 경우에는, 비록 외견상으로는 회사의 행위라 할지라도 회사와 그 배후자가 별개의 인격체임을 내세워 회사에게만 그로 인한 법적 효과가 귀속됨을 주장하면서 배후자의 책임을 부정하는 것은 신의성실의 원칙에 위반되는 법인격의 남용으로서 심히 정의와 형평에 반하여 허용될 수 없고, 따라서 회사는 물론 그 배후자인 타인에 대하여도 회사의 행위에 관한 책임을 물을 수 있다고 보아야 한다*(대법원 2001. 1. 19. 선고 97다21604).*

법인격의 남용(法人格의 濫用)

회사의 배후에 있는 자가 회사와 법인격을 위법 또는 부당한 목적으로 이용하는 것이다. 자연인에 있어서는 권리의 남용이라는 것이 생길 수 있으나 인격의 남용이라고 하는 개념은 없다. 이에 반하여 법인격에 있어서는 그 남용이 문제가 된다. 남용하는 자는 일반적으로 발기인이나 이사와 같은 지위에 있는 자연인이지만, 남용은 법인의 생성, 발전, 소멸의 전과정상에서 나타난다. 회사법상 다수결의 남용을 들고 있으나, 그것은 일례에 불과하다. 법인격남용에는 배후에 있는 자가 지배와 목적의 요건을 충족하여야 한다. 지배의 요건이란 법인격이 그 배후에 있는 지배자에 의하여 단순한 도구(instrumentality) 또는 제2의 자기(alter ago)로 이용되는 경우이다. 목적의 요건이란 법인격을 위법·부당한 목적을 위하여 이용하는 경우이다. 예컨대 상법상 경업피지의무를 부담한 이사나 지배인이 회사를 설립하여 경업을 함으로써 그 의무를 逸脫(일탈)하는 경우, 회사를 해산하여 종업원을 해고한 뒤 다시 신회사를 설립하여 구영업을 계속하는 경우, 채무자가 채권자의 강제집행을 면탈하기 위하여 자기재산을 회사에 현물출자 하는 경우 등이다. 이 경우에는 회사와 사원, 관계회사간의 실질적 동일성 이외에, 배후의 계약상 의무와 법의 규정을 잠탈하려는 위법·부당한 주관적 의도가 중요한 요건사실로 된다. 법인격의 남용에 대한 대책으로서는 법인격의 부인, 즉 그의 베일을 벗겨서 인격없는 것으로서 처리하는 방법과 취소무효, 책임가중 등의 방법이 고려될 수 있다.

회사법정주의(會社法定主義)

상법상 회사를 그 신용의 기초인 사원의 책임에 따라 5종의 회사로 구분하여 인정하는 것을 말한다.

제170조에서 회사는 합명회사, 합자회사, 유한책임회사, 주식회사, 유한회사로 한다고 규정한 것이 바로 그것이다. 이 규정은 한편에 회사의 종류를 밝힘과 동시에 다른 한편 회사를 다섯 종류에 한정한다는 것을 천명하고 있다. 상법에서 이같이 회사의 종류를 5종으로 한정한 것은 기업의 주체인 회사를 중심으로 다수의 이해관계인이 있으므로 회사의 범위와 그 법률관계를 명확히 정리하여 회사·주주 및 제3자의 이익을 보호하고, 나아가서는 회사에 대한 행정적 감독을 용이하게 하려는데 그 취지가 있다. 상법에서 회사의 종류를 분류하는 기준은 회사의 구성원인 사원의 책임이 어떠한가에 있다. 다만 책임이라는 용어에 관해서는 사용방법이 뚜렷하지는 않다. 광의(廣義)에서는 사원의 출자의무를 포함하여 사원인 자격에서 생기는 모든 지출의무를 뜻한다. 예컨대 주주유한책임이라는 경우가 이에 해당된다. 이에 대하여 협의에서는 회사의 제3자에 대한 채무부담을 전제로 사원이 그것을 직접 변제할 의무를 부담하는 것을 뜻한다. 가령 합명회사의 사원이 무한책임이라고 말하여지거나 합자회사의 유한책임사

원의 책임이 유한책임이라고 하는 경우가 이에 해당된다. 상법에서는 대체로 광의로 쓰인다. 일반적으로 회사의 채무에 관해 직접 회사채권자에 대하여 변제의 의무를 지는 경우를 직접책임이라 말하여지며, 이때 일정한 한도에서 제한되는 경우를 유한책임, 회사채무전액에 관해 변제의 의무를 부담하는 경우를 무한책임이라 한다. 그리고 회사에 대한 출자의무만을 부담하는 경우를 간접책임이라고 한다.

주식회사(株式會社)
영;company limited by shares
미;stock corporation
독;Aktiengesellschaft
불;socíeťe anonyme, socíeťe aer actions

주식회사는 사원(주주)의 지위가 균등한 비율적 단위로 세분화된 형식(주식)을 가지고, 사원은 주식의 인수가액을 한도로 회사에 대하여 출자의무를 부담할 뿐(상§331), 회사채무자에 대하여 아무런 책임을 지지 않는 회사를 말한다. 주식회사의 법적 특질로서는 주식과 유한책임을 들 수 있다. 다만 주식회사의 개념설정은 입법정책상의 문제이다. 현행상법이 종래 독일법계의 법리구성에 좇아 총사원의 출자로 구성되는 자본을 균등액으로 분할하여야 한다(상§329②)는 자본의 단체성을 중시하는 점에 착안하여 통설은 주식과 유한책임 이외에 자본을 주식회사의 기본적인 특질에 포함시킨다. 주식회사의 설립함에는 발기인이 정관을 작성하여야 한다.(상§288). 그 설립의 방법에 따라 발기설립(상§295, §296)과 모집설립(상§301)이 있다. 사원은 균등한 비율적 단위로 세분화한 주식을 중심으로 출자를 하고 이에 따른 권리·의무를 가진다. 그 출자는 원칙적으로 현금이며 신용이나 노무출자는 제한된다. 주식은 주식회사의 구성단위로서의 금액의 뜻과 주주의 회사에 대한 권리·의무를 내용으로 하는 지위라는 두 가지 뜻이 있다. 이러한 주식을 표창하는 요식의 유가증권으로서 주권이 발행된다. 주주는 자기가 인수한 주식의 금액을 한도로 회사에 출자의무를 질 뿐 그 밖의 아무런 책임을 지지 않고, 회사채권자를 보호하기 위한 특별한 조치(자본에 관한 3원칙)가 강구되어 있다. 소유와 경영이 분리되어 주주가 직접 경영에 참가할 필요는 없고, 또 기관의 분화가 이루어져 있다. 의사결정기관으로서의 주주총회와 집행기관으로서의 이사회·대표이사가 있다. 감독기관으로서의 감사는 필요적 상설기관이다. 주주의 지위를 표창하는 주식은 자유로이 양도할 수 있고 정관으로써도 이를 제한할 수 없다. 사원의 퇴사제도는 없으나 주식회사는 1인회사까지 인정된다. 신주(新株)의 발행은 수권자본제의 채택에 따라 정관변경에 관계없이 행하여진다. 그 결정은 원칙적으로 이사회의 권한이다. 회사의 자금조달의 수단으로서 사채(社債)의 발행이 인정되며, 이에 대하여는 상세한 규정이 있다(상§469~§516의 11).

주식회사는 물적회사이며 주주의 책임은 유한이므로, 회사의 계산에 대하여 엄격한 규정을 설정하고 있다(§447~§468). 정관의 변경은 주주총회의 특별결의에 의하며(§434), 자본의 감소는 정관변경사항은 아니나 이것도 같이 주주총회의 특별결의사항이다(§438①). 회사의 정리는 회사정리법에 의한 정리절차에 의한다. 구상법에는 정리에 관한 규정을 두었으나, 상법은 이에 관한 규정을 두지 아니하고 채무자 회생 및 파산에 관한 법률이라는 단행법에 규정하고 있다. 그리고 주식회사에 있어서는 임의청산에 의하지 않으면 안된다. 해산은 주주총회의 특별결의(§434, §518, §585)가 있으면 된다(§517Ⅱ). 이 외에 (1) 존립기간의 만료 기타 정관으로 정한 사유의 발생, (2) 합병, (3) 파산한 경우, (4) 법원의 해산명령 또는 판결이 있었을 경우(§517Ⅰ) 등에 해산한다. 주식회사는 경제적으로 사회에 널리 분산된 소자본을 규합하여 대규모의 공동기업으로 경영하는데 적합한 회사이다.

유한회사(有限會社)

영;private company
독;Gesellschaft mit beschränkter Haftung
불;sociéte a responsabilite limitee

유한회사는 그 사원은 원칙적으로 출자가액을 한도로 하는 출자의무를 부담할 뿐 직접 아무런 책임을 부담하지 않는(상§553)회사이다. 유한회사는 독일, 프랑스의 유한책임회사, 영국의 사회사를 모방하여 채용된 물적 회사와 인적회사의 장점을 융합시킨 중간적 형태의 회사로서 중소기업에 적합한 형태의 회사이다. 그 조직이 비공중적, 폐쇄적인 점에서는 그 인적회사와 유사하나, 유한책임사원으로 구성되는 자본단체란 점에서는 주식회사와 유사하다. 다만 유한회사에는 인적회사의 요소가 가미됨으로서 주식회사에 대하여 여러 가지 특징을 갖는다. 흔히 폐쇄성, 법규제의 간이화 그리고 사원의 책임과 자본 등 세 가지로 그 특징이 요약된다. 유한회사에서는 설립절차나 회사의 관리운영절차가 주식회사에 비하여 현저히 간이화되어 있다. 설립에 있어서는 모집설립이 인정되지 않으므로 사원 이외에 발기인제도가 없으며 복잡한 절차나 내용을 요하지 아니한다. 유한회사는 폐쇄적, 비공개적이다. 따라서 사원의 지위는 개성적이다. 사원의 총수는 제한이 없고 자본금이 출자 1좌의 금액 100원 이상으로 나누고(상§546), 출자구좌는 사원의 권리의무를 단위로 작용하는 점에 주식회사의 주식과 같으나 이것을 지분이라 부른다. 사원의 공모(상§589②) 사채의 발행(상§604①단) 등도 금지된다. 지분의 유가증권화를 금지하고 있다(상§555). 또 주식회사에서와 같은 공시주의를 채용하지 않으므로 대차대조표의 공고는 요하지 않으며 주식회사와 같은 정리제도가 없다. 이사는 필요기관이지만 이사회제도가 없고, 이사의 수·임기에 제한이 없다. 감사는 임의기관이며(상§568), 업무·회계감사권한을 가진다. 사원총회는 필요기관이지만 그 소집절차가 간편하고 소집기간이 단축되어 있으며(상§571②), 총사원의 동의가 있으면 소집절차를 생략할 수 있다(상§573). 결의의 요건은 강화되어 있으나(§574) 널리 정관에 의한 자치가 인정한다. 유한회사도 인적회사와 같이 사원의 지위를 지분이라 하며 각 사원은 그가 가진 출자좌수에 따라 지분을 가진다(상§554). 그 출자의무는 인수한 출자좌수에 따라 정하여지고 그밖에는 아무런 책임을 지지 않는다. 다만 예외로 회사성립 당시의 사원 또는 자본증가에 동의한 사원은 특별한 실가부족재산전보책임(상§550①)과 불이행출자전보책임(상§551①)이 과해진다. 지분의 양도는 사원총회의 특별결의를 요하는 제한이 있다(상§556①). 유한회사는 그 폐쇄성으로 주식회사와는 달리 수권자본제도를 채용하지 않고 있다. 그 자본의 금액은 정관에 기재된다. 출자 1좌의 금액은 100원 이상으로 균일하게 하여야 하고(상§546), 자본의 증가에는 정관변경이 요구되어 등기로 증자의 효력이 발생한다(상§592). 사원이 1인이 된 때에는 해산된다(상§609① Ⅰ, §227 Ⅲ). 경제적으로 주식회사의 축소판으로 설립절차나 운영이 간편하기 때문에 비교적 소규모의 공동기업경영에 적합한 회사이다.

합명회사(合名會社)

영;partnership
독;offene Gesellschaft
불;société en nom collectif

합명회사는 2인이상의 무한책임사원(상§212)만으로 구성되는 일원적 조직의 회사로서 전사원이 회사채무에 대하여 직접·연대·무한의 책임을 지고(상§212), 원칙적으로 각 사원이 업무집행권과 대표권을 가지는(상§207) 회사이다. 합명회사는 2인 이상의 사원이 공동으로 정관을 작성하고(상§178), 설립등기를 함으로써 성립한다(상§172, §178). 사원의 대내관계는 조합과 유사한 성질을 가지므로 정관 또는 상법에 규정이 없으면 조합에 관한 민법의 규정이 준용된다(상§195), 각 사원은 출자의무를 지지만 그 출자는 재산뿐만 아니라 노무와 신용까지도 할 수 있으며, 그 업무집행권과 대표권은 정관에 다른 규정이 없는 한 각 사원이 모두 가지게 된다(§200, §207). 또 각사원은 서로 개인적 신용관계로서 결합되고 있으므로 사원의 변경은 각사원에 대하여 중대한 영향을 미친다. 이리하여 지분(지위)을 타인에게 양도하려면 다른 총사원의 동의를 얻어야 한다(§197). 사원은 다른 사원의 동의가 없으면 자기 또는 제3자의 계산으로 회사의 영업의 부류에 속하는 거래를 하거나 동종의 영업을 목적으로 하는 타회사의 무한책임사원 또는 이사도 될 수 없고 이에 위반하였을 경우에는 회사의 개입권이 인정되어 있다(경업피지, §198). 손익의 분배는 정관 또는 민법의 규정에 의하여 한다. 사원의 대외관계란 회사와 제3자와의 관계 및 사원과 제3자와의 관계를 가리킨다. 업무집행사원은 원칙적으로 각자 회사를 대표한다(§200, §207). 회사재산을 가지고 회사의 채무를 완제할 수 없을 때에는 각사원도 연대하여 그 변제의 책임을 진다(§212). 사원의 신뢰관계가 중시되므로 사망·금치산·파산 및 제명 등의 경우 퇴사가 인정된다(§218). 퇴사원은 본점의 소재지에서 퇴사의 등기를 하기 전에 생긴 회사의 채무에 대하여서는 사원으로서의 책임을 진다(§225). 합명회사는 상법 제22

7조에 열거된 사유로 인하여 해산한다. 즉 (1) 존립기간의 만료 기타 정관으로 정한 사유의 발행, (2) 총사원의 동의, (3) 사원이 1인으로 될 때, (4) 합병, (5) 파산, (6) 법원의 명령 또는 판결등 이다. 해산하였을 때에는 일정한 기간 내에 본점 또는 지점의 소재지에서 해산의 등기를 하여야 한다(§228). 청산에는 임의청산과 법정청산이 있다. 임의청산은 정관 또는 총사원의 동의로써 정하여진 방법에 따라서 행하는 청산이며, 법정청산은 법률의 규정에 의한 청산이다(§247, §250). 경제적으로 서로 신뢰할 수 있는 소수인이 결합하는 소규모공동기업에 적합한 형태이다.

합자회사(合資會社)
영;limited partnership
독;Kommanditgesellschaft
불;socïeté en commandite

합자회사는 무한책임사원과 유한책임사원 각 1인 이상으로 구성되는 이원적 조직의 회사이다(상§268). 합명회사가 무한책임사원만으로 구성되는 일원적 조직체인데 대하여 합자회사는 무한책임사원과 유한책임사원으로 구성되는 이원적 조직체라는데 그 차이가 있다. 경제적으로는 무한책임사원이 경영하는 사업에 유한책임사원이 자본적 참가를 하는 형식이며 이러한 뜻에서 인적 요소와 물적 요소의 결합형태라고도 볼 수 있다. 그러나 이 회사의 대내관계에서는 사원간의 개인적 신뢰관계를 기초로 한 조합성이 병존하는 점에서 주식회사와 뚜렷한 대조를 보인다. 그러나 이 점에서 합명회사의 경우와 많은 공통점이 있다. 따라서 입법기술면에서 합자회사의 무한책임사원에 관해서는 합명회사의 무한책임사원과 동일하게 취급할 수 있을 뿐만 아니라, 무한책임사원과 유한책임사원의 관계나 유한책임사원 상호간의 관계에 관해서도 합명회사의 규정을 준용할 수 있는 것이 많다. 우리 상법도 여기에 합자회사가 유한책임사원의 사원을 가짐으로써 생기는 별단(別段)의 결과에 관해서만 특별히 규정하고 그 밖의 사항에 관해서는 합명회사의 규정을 준용할 방침에 따르고 있다. 내부관계의 규정은 임의규정이다. 무한책임사원의 출자는 재산·노무·신용중 어느 것이든지 출자할 수 있고(§269, §222), 유한책임사원은 금전 그 밖의 재산만을 그 출자의 목적으로 할 수가 있다(§272). 정관에 다른 정함이 없는 한 무한책임사원의 각자가 의무를 집행할 권리와 의무를 가진다(§273). 이에 반하여 유한책임사원은 회사의 업무를 집행할 수가 없다(§278). 업무집행의 의사결정은 업무집행권을 가지는 무한책임사원의 과반수로 행한다(§269, §200 ②). 유한책임사원에게는 제한적인 감시권이 있을 뿐이다(§277 ②). 무한책임사원의 지분의 양도에는 사원전원의 승낙을 필요로 하거나(§269, §197), 유한책임사원의 지분양도에는 무책임사원 전원의 승낙만으로써 한다(§276). 무한책임사원은 경업피지규정의 적용을 받는다(§26 9, §198). 손익분배도 대체로 합명회사와 같다. 대외관계의 규정은 강행규정이다. 각 무한책임사원은 원칙적으로 각자가 회사대표권을 가진다(§273). 무한책임사원의 책임은 합명회사사원의 책임과 동일하다. 유한책임사원의 책임의 성질은 무한책임사원과 동일하나 수액(數額)에 있어서 그 재산출자액을 한도로 하는 점에 있어서만 그와 다르다(§272, §279 참조). 유한책임사원이 자기를 무한책임사원으로 오인시키는 행위를 한 때에는 그 사원은 오인으로 인하여 회사와 거래를 한 자에 대하여 무한책임사원과 동일한 책임을 진다(§281①). 합자회사의 입사와 퇴사는 대체로 합명회사의 경우와 비슷하나, 유한책임사원에 대하여는 특별규정이 있다(상§282~§284). 즉 사망의 경우에도 상속자가 그 지위를 승계하고, 또 성년후견개시를 받았을지라도 퇴사의 원인이 되지 않는다(상§284). 합자회사의 해산·계속·조직변경은 유한책임사원이 존재한다는 데에 합명회사의 경우와 약간 다르지만(§268, §285~§287 참조) 청산은 합명회사의 경우와 거의 같다. 경제적으로 경영능력이 있으나 자본이 없고, 자본이 있으나 경영능력이 없는 소수인이 결합하여 소규모의 공동기업을 경영하는데 적합한 회사이다.

유한책임회사(有限責任會社)

유한책임회사는 2011년 개정상법으로 신설된 회사로서, 그 사원은 주식회사나 유한회사의 사원처럼 설립등기전까지 금전이나 그 밖의 재산의 출자전부를 이행한 다음, 자신이 출자한 이금액을 한도록 책임을 지는 것이 원칙이다. 즉, 내부적인 법률관계에서는 합명회사나 합자회사와 마찬가지로 민법상 조합의 법리에 따라 운영되지만, 외부적으로는 사업실패시에 그 사원이 주식회사나 유한회사의 사원과 같이 출자액의 범위 내에서만 책임을 지게 되는 것이다.

1인회사(一人會社)

英;one man company
독;Einmanngesellschaft

사원의 지분양도나 주주의 주식양도에 의하여 주식이나 지분의 전부가 1인의 사원의 소유에 들어간 회사이다. 또는 사원이 수인일지라도 실질상으로는 그 중의 1인 전실권을 장악하고 다른 사원은 명의상의 지위만을 가지고 있는 경우에도 1인회사라고 한다. 회사는 사단이며 따라서 복수사원의 존재가 그 본질적 요건이므로 설립시에는 항상 복수자원의 존재가 필요하다. 뿐만 아니라 우리 상법은 합명회사·합자회사는 사원이 1인으로 되는 것을 해산사유의 하나로 하고 있으므로(§227 Ⅲ, §269참조)이러한 회사에서는 1인회사가 성립할 수 없다. 유한회사의 경우에는 2001년 상법개정 전에는 사원이 1인으로 되면 회사의 해산사유에 해당하였으나(구법 제609조 1항 1호, 제227조 3호 참조), 개정상법에서는 회사의 해산사유에서 '사원이 1인으로 된 때'라는 부분을 삭제함으로써 1인 유한회사의 존속을 인정하였다고 볼 수 있다. 주식회사에서는 상법개정 전에는 설립시 3인 이상의 발기인이 있어 각자 1주 이상을 인수하여야 하므로 회사성립시에는 3인 이상의 주주가 있어야 했으나, 2001년 상법개정으로 발기인의 수에 대한 제한이 철폐됨으로써(제288조 참조) 1인 주식회사의 설립이 가능하게 되었다. 또한 주식회사의 성립한 후에는 주주가 3인 미만으로 되어도 회사는 해산하지 아니하므로 1인회사가 인정된다(§517 참조). 즉, 현행법상으로는 주식회사의 경우 1인회사의 설립과 존속이 모두 가능하다고 하겠다. 주식회사는 사단법인이므로 적어도 2인 이상의 주주가 있어야 한다는 견해도 있으나, 주식의 양도는 자유이고, 주식은 배서 또는 양도증서의 방법에 의하여 유통되는 것이므로 회사가 모르는 사이에 전주식이 1인의 손에 소유되는 일이 있을 수 있고 이 경우에 당연히 회사를 해산시키는 것은 타당하지 아니하다. 1인회사는 개인 또는 회사가 그 업무에 관하여 책임한정의 이익을 얻을 목적으로 이용되는 일이 많으나, 회사가 경영합리화의 목적으로 그 영업부문의 일부를 독립한 회사로 하면서, 그 경영지배를 완전히 확보하고자 하는 경우, 또 법률적 용상의 이익을 얻기 위하여 외국지점을 독립한 회사로 하는 경우 등에 이용되는 일이 있다. 그러나 본래 개인적 기업으로서 무한책임을 져야 할 1인의 사원이 유한책임의 이익을 향유함으로써 이를 남용하기 쉬운 폐단이 있다. 그러므로 최근의 판례는 법인격부인의 법리에 기하여 형식상·실질상 1인의 주주에게 전주식이 귀속되어 있는 경우, 어떤 행위를 그자가 회사의 행위로서 행하였다는 주장을 배척하고 그 자의 개인의 행위로 인정하고(그 행위에 한한 법인격부인이다), 또는 이와는 반대로 그 자의 개인의 행위라는 주장을 배척하고 이것을 회사의 행위라고 인정하는 등 1인회사와 거래하는 상대방을 보호하고 있다.

주식회사에 있어서 회사가 설립된 이후 총주식을 한 사람이 소유하게 된 이른바 1인회사의 경우에는 그 주주가 유일한 주주로서 주주총회에 출석하면 전원총회로서 성립하고 그 주주의 의사대로 결의가 될 것임이 명백하므로 따로이 총회소집절차가 필요없고 실제로 총회를 개최한 사실이 없었다 하더라도 그 1인 주주에 의하여 의결이 있었던 것으로 주주총회 의사록이 작성되었다면 특별한 사정이 없는한 그 내용의 결의가 있었던 것으로 볼 수 있다*(대법원 1976. 4. 13. 선고 74다1755).*

회사의 권리능력
(會社의 權利能力)

회사는 법인이므로 마땅히 자연인과 같이 권리와 의무의 주체가 될 수 있는 권리능력을 가진다. 다만 회사는 개별적인 권리·의무에서는 자연인과 달리 특별한 제한을 받는다. 회사는 법에 의하여 비로소 인정된 것이며, 육체를 갖지 않으므로 당연히 이에 따른 제한을 받을 뿐만 아니라, 회사 스스로가 하나의 목적단체이므로 목적의 범위내에서만이 권리능력을 갖기 때문이다. (1) 성질에 따른 제한 ; 회사는 유기적인 육체를 갖지 않으므로 자연인의 천연적 성질을 전제로 하는 권리·의무를 갖지 못한다. 이에 반해 재산권은 물론 회사의 명칭인 상호나 회사의 명예에 관한 인격권을 가질 수 있다. 재산상속권은 없으나, 회사도 유증을 받을 수 있으므로 포괄유증으로 상속과 동일한 효과를 거둘 수 있다. 또 회사는 대리인이 될 수 있으며 회사가 이사·감사·청산인 등 다른 회사의 기관이 될 수 있는가에 관해서는 의견이 나누어진다. (2) 법률에 따른 제한 ; 상법 제173조에서 회사는 다른 회사의 무한책임사원이 되지 못한다고 정하고 있다. 회사가 다른 회사의 무한책임사원이 될 경우 자기의 모든 운명을 다른 회사에 맡김으로써 각 회사의 독립된 운영을 기대할 수 없게 되어 실질적으로 회사의 본질에 반하므로 입법정책상 이를 제한하였다. 해산후의 회사와 파산선고를 받은 회사는 청산 또는 파산의 목적 범위 내에서만 권리·의무를 가진다(상§245). 이러한 일반적인 제한과는 달리 각종의 특별법에서 특정회사의 권리능력을 제한하는 경우가 있다(은행§27, 보험§9~§11). (3) 목적에 따른 제한 ; 회사의 권리능력에 관하여 특히 문제가 되는 것은 법인의 권리능력에 관한 민법 제34조의 준용을 받을 수 있는가 이다. 즉 정관으로 정한 목적의 범위에 의하여 권리능력이 제한되느냐 하는 점이다. 1) 제한긍정설은 회사의 권리능력은 정관에 정한 목적의 범위 내에서 인정된다는 입장이다. 종래 판례와 우리나라 및 일본의 다수설이다. 그 이론적 근거로 ① 민법 제34조의 규정은 법인 일반에 관한 원칙으로 회사에서만 배제할 근거가 없고 ② 법인은 목적단체이므로 그 목적의 범위내에서만 권리능력을 가짐은 당연하며 ③ 특정한 목적을 위해서만 자본을 제공하고 있는 회사구성원의 예정적 이익을 보호하여야 하고 ④ 회사의 목적은 등기로서 공시되어 있으므로 거래의 안전을 해칠 우려가 없으며 ⑤ 만일 목적을 제한하지 않는다면 회사가 비영리사업을 하게 되어 민법에서 비영리법인의 설립을 허가주의로 택한 의의가 없어지고 나아가서 목적을 정관의 절대적 기재사항으로 하여 등기를 요구한 근거가 희박하여진다고 본다. 다만 이 입장에서도 목적의 범위를 당초 엄격하게 보았으나 거래의 안전을 위해 정관에 정한 목적에 반하지 않는 한 일체의 행위를 할 수 있다고 본다(대판 1968. 6. 21. 68다461). 2) 제한부정설은 회사의 권리능력은 정관에 정한 목적의 범위내에서 제한을 받지 않는다는 입장이다. 일본의 소수설이지만 우리나라에서는 유력시되고 있다. 그 이론적 근거로 ① 민법 제34조는 비영리법인에 관한 규정으로 영리법인에 적용된다는 명문규정이 없고 ② 회사의 목적 사업은 이윤획득의 수단에 지나지 않으므로 그 활동범위를 제한한다는 것은 타당치 않으며 ③ 회사의 목적은 등기되어 있으나 제3자가 거래할 때마다 조사한다는 것은 번잡하고 판단이 어려울 뿐만 아니라 이를 기화로 불성실한 회사가 책임회피의 구실을 갖게 되고 ④ 비교법적으로도 대륙법계에게서는 이러한 제한이 없고 능력외이론(ultra vires doctrine)으로 그 제한이 엄격하였던 영국법계(영국법계) 역시 오늘날에는 크게 완화되고 있다는 것 등을 든다. 다만 이 입장에서도 정관소집의 목적에 대한 무엇인가의 법적 의의를 부여하려고 한다. 3) 우리나라에 있어서는 법률해석을 통하여 법인의 목적을 광범하게 인정하고 있다.

> 회사의 권리능력은 회사의 설립 근거가 된 법률과 회사의 정관상의 목적에 의하여 제한되나 그 목적범위 내의 행위라 함은 정관에 명시된 목적 자체에 국한되는 것이 아니라, 그 목적을 수행하는 데 있어 직접, 간접으로 필요한 행위는 모두 포함되고 목적수행에 필요한지의 여부는 행위의 객관적 성질에 따라 판단할 것이고 행위자의 주관적, 구체적 의사에 따라 판단할 것은 아니다 *(대법원 1999. 10. 8. 선고 98다2488).*

회사설립행위(會社設立行爲)

회사설립을 목적으로 하는 법률행위를 회사설립행위라고 한다. 이것은 장래 성립할 회사에 법인격취득의 효과를 발생시키려는 의사표시를 요소로 하는 법률행위이다. 다만 회사의 설립행위는 각 회사에 따라 다르다. 합명회사나 합자회사와 같은 인적 회사나 유한회사에 있어서는 정관의 작성만으로써 인적 요소로서의 사원과 물적 기초로서의 자본 내지 출자 그리고 활동을 위한 기관이 결정되어 이른바 회사실체가 구성되며, 곧 설립등기를 함으로써 회사의 설립은 간편하게 이루어진다. 이에 대하여 주식회사에서는 정관작성 이외에도 사원과 자본의 확정, 기관의 구성이라는 각개 설립행위가 요구되어, 복잡한 실체구성절차를 거친 뒤 비로소 설립등기를 하여 회사가 설립된다. 설립행위의 법적 성질에 관한 법리구성에 있어서는 종래 계약설, 단독행위설, 합동행위설 등이 있었다. 우리나라에서는 합동행위설이 통설이다. 다만 주식회사의 모집설립에서의 주식인수는 계약으로 보아야 한다. 이에 따라 주식회사의 설립은 합동행위와 계약으로 보는 입장도 타당하다. 여기에서 회사의 설립행위를 합동행위로 보는 경우 그것을 구성하는 의사표시의 일부분에 의사의 흠결(민§107~§109)이나 하자(민§110)가 있음으로써 그것이 무효 또는 취소되더라도 다른 의사표시에는 아무런 영향이 없다.

발기설립(發起設立)

독;bernahmergründung, Einheitsgrundüng, Simultangründung

발기인이 회사의 설립시에 발행하는 주식총수를 인수하는 것에 의하여 주식회사를 설립하는 것이다. 단순설립 또는 동시설립이라고도 한다. 주식회사 설립방법의 한 형태로서 모집설립에 대한다. 이 방법에 의한 회사설립은 발기인이 정관을 작성하여, 그 정관에 공증인의 인증을 받고(자본금 총액이 10억 이상인 경우에 해당되고, 10억 미만인 경우에는 각 발기인이 정관에 기명날인 또는 서명을 하여 정관의 효력이 생긴다), 주식발행사항을 결정하며 또 회사의 설립시에 발행하는 주식의 총수를 인수하여야 한다(상§288~§293). 이어서 발기인은 인수한 주식의 발행가액전액을 납입하고 현물출자가 있는 때는 그 전부를 납부하며 또 이사·

감사를 선임하여야 한다(§295, §296).
이사는 설립경과를 조사하기 위하여 검사인의 선임을 법원에 청구하고 이 검사인이 변태설립사항(위험한 약속 : §290)뿐만 아니라 발행가액의 납입 및 현물출자의 급부가 있었는가도 조사한다. 다만, 변태설립사항 중 발기인이 받을 특별이익(상§290 I)과 설립비용(상§290 IV)에 관하여는 공증인의 조사·보고로 현물출자(상§290 II)와 재산인수(상§290III)에 관하여는 공인된 감정인의 감정으로 조사인의 조사에 갈음할 수 있다(상§299조의2). 출자의 이행이 불완전한 때는 그것을 완전하게 하여 검사인의 승인을 받아도 좋으나 법원이 검사인의 보고를 듣고 변태설립사항을 부당하다고 인정한 때는 법원이 그것을 변경하는 등의 필요한 조치를 취하게 된다(상§300). 그 후 일정한 기간내에 설립등기가 이루어지고(상§317) 이 등기에 의하여 주식회사는 성립한다(상§17 2).

모집설립(募集設立)

독;Zeichnungsgründüng, Stufengrü-ndung, Sukzessivgründung

발기인이 회사의 설립시에 발행하는 주식총수의 일부를 인수하고 그 잔여를 일반으로부터 모집하여 주식회사를 설립하는 것이다. 복잡설립 또는 점차설립이라고도 한다. 주식회사 설립방법의 한 형태로서 발기설립에 대한다. 이 방법에 의한 회사설립은 먼저 3인 이상의 발기인이 정관을 작성하여 그 정관에 공증인의 인증을 받고, 주식발행사항을 결정하여야 한다. 이어서 각발기인은 회사의 설립시에 발행하는 주식총수의 일부를 인수하여야 한다(상§288~§293). 나머지 주식에 대하여는 발기인이 주주를 모집하여야 한다(상§301). 이 모집은 공모이든 연고모집이든 무관하나 회사조직의 대강과 계약의 조건을 주식청약인에게 알리고 그들을 보호하기 위하여 발기인은 법정사항을 기재한 주식청약서를 작성하여 청약인에게 교부하여야 한다(상§302②). 주식청약인은 발기인이 작성하고 교부한 주식청약서에 법정사항을 기재하여 청약하여야 한다(상§302①). 이 청약에 따라 발기인이 배정을 하면 배정된 주식에 대한 청약인의 주식인수가 확정되고 주식청약인은 주식인수인이 된다(상§303). 설립시에 발행하는 주식의 총수가 인수된 때에는 각 주식에 대한 인수가액의 전액을 납입시켜야 하고, 현물출자가 있는 때는 그 전부가 급부되어야 한다(상§305). 모집설립에서는 주금(株金)을 확실히 납입시키기 위하여 납입장소가 제한되어 있고(상§302, §305, §306), 수많은 인수인의 주금납입을 촉구함으로써 신속한 설립을 가능하게 하도록 실권절차가 인정되어 있다(상§307). 상법은 앞에서 본 것처럼 주식의 청약에 대하여 배정이 이루어지고 이어서 발행가액전액의 납입이 이루어질 것을 예정하고 있다. 그러나 실제는 주식의 청약시 발행가액전액을 청약증거금으로 납입시키고 이 청약증거금을 주식의 납입에 충당하고 있다. 이로써 인수된 주식에 대하여 납입이 되지 아니하는 사태를 피할 수 있다. 모집설립에서 출자가 완전히 이행되면 발기인의 소집에 의한 창립총회가 개최된다. 창립총회는 주식인수인으로 구성된다. 창립총회에서는 발기인이 회사의 설립에 관하여 보고하고, 이사·감사가 선임된다. 이사·감사는 설립시에 발행하는 주식의 총수에 대하여 인수 및 출자의 이행유무를 조사하고, 그 결과를 창립총회에 보고하여야 한다. 변태설립사항이 있는 때는 그 조사를 위하여 발기인이 창립총회 전에 검사인의 선임을 법원에 청구하여야 한다. 이 검사인의 보고서는 창립총회에 제출되고, 이사·감사는 그 보고서를 조사하여 창립총회에 그 의견을 보고하여야 한다. 이사·감사 중에 발기인인 자가 있는 경우에는 창립총회에서 특별히 검사인을 선임하여 이사·감사가 행하여야 할 조사·보고를 이 검사인에게 시킬 수 있다. 창립총회가 변태설립사항을 부당하다고 인정한 때는 창립총회가 이것을 변경하는 등의 필요한 조치를 취하게 된다. 창립총회에서는 정관변경 또는 설립폐지의 결의를 할 수도 있다(상§308~§316). 창립총회가 설립폐지의 결의를 하지 아니하고 종료한 때는 그후 일정한 기간 내에 회사의 설립을 등기하여야 하고(상§317), 이로써 주식회사는 성립된다(상§172).

설립중의 회사(設立中의 會社)
독;Vorgesellschaft, entsehende Gesellschaft, werdende Gesellschaft
불;société en formation

주식회사의 설립에서 정관작성과 발기인의 주식인수로부터 설립등기에 이르는 미완성의 회사를 말한다. 주식회사인 법인은 설립등기에 의하여 성립된다(상§172). 그러나 주식회사의 실체는 설립등기시 갑자기 나타나는 것이 아니라 그 등기시까지 점차 성장·발전하여 온 것이다. 이와 같이 회사의 실체는 점차로 정비되어 가고 이러한 회사의 실체는 설립등기까지는 회사로서 미완성이나 실제로 존재하여 회사와 직접 많은 접촉을 가진다. 오늘날 통설은 이러한 실체를 법률적으로도 어느 정도 의미가 있는 것으로 승인하고 이것을 설립중의 회사라고 부른다. 이러한 설립중의 회사의 법적 성질에 대하여는 여러 학설이 나뉘고 있으나 통설은 이것을 권리능력없는 사단이라고 보고 있다. 또 설립중의 회사의 창립시기에 대하여도 여러 학설이 있으나 발기인이 정관을 작성하고 1주 이상의 주식을 인수한 때 설립중의 회사가 설립한다고 보는 것이 다수설, 판례이다. 발기인은 설립중의 회사의 기관인 지위에 있고, 창립사무를 수행할 권리·의무를 가진다. 따라서 발기인의 회사설립에 필요한 행위에 의하여 생긴 법률관계는 실질적으로 설립 중의 회사에 귀속하고 회사성립과 동시에 형식적으로도 단연히 회사에 귀속한다. 그리고 회사 불성립의 경우에 있어서도 이론적으로는 발기인 자신이 책임을 질 이유가 없지만 주식인수인이나, 설립중의 회사와 거래상의 채권자를 보호하기 위하여 상법은 회사 불성립의 경우에 회사설립에 관한 행위에 대하여 발기인은 연대하여 책임을 지고(상§326①), 회사설립에 관하여 지급한 비용을 부담하게 하였다(§326②).

설립중의 회사라 함은 주식회사의 설립과정에서 발기인이 회사의 설립을 위하여 필요한 행위로 인하여 취득하게 된 권리의무가 회사의 설립과 동시에 그 설립된 회사에 귀속되는 관계를 설명하기 위한 강학상의 개념으로서 정관이 작성되고 발기인이 적어도 1주 이상의 주식을 인수하였을 때 비로소 성립하는 것이고, 이러한 설립중의 회사로서의 실체가 갖추어지기 이전에 발기인이 취득한 권리, 의무는 구체적 사정에 따라 발기인 개인 또는 발기인조합에 귀속되는 것으로서 이들에게 귀속된 권리의무를 설립 후의 회사에 귀속시키기 위하여는 양수나 채무인수 등의 특별한 이전행위가 있어야 한다*(대법원 1994. 1. 28. 선고 93다50215)*.

원시정관(原始定款)

독;Urstatut, Ursatzung

회사의 설립당초에 작성된 정관이다. 회사설립후 변경된 정관에 대하여 특히 원시정관이라 부른다. 원시정관은 물적회사에 있어서는 공증인의 인증을 필요로 한다(상§292, §543③). 정관의 기재사항 중 절대적 필요사항은 원시정관에 기재하지 않으면 회사의 설립을 인정받지 못한다. 또 상대적 필요사항 중, 예를 들면 건설이자의 배당(구상법§463) 같은 것은 원시정관에 기재되지 않으면 안 되고 회사설립 후 정관을 변경하여 그 정관을 추가할 수는 없는 것으로 해석되고 있다.

정관의 인증(定款의 認證)

정관의 성립 및 기재에 관하여 공인을 부여하는 공증인의 행위이다(공증§2). 발기인이 작성한 정관은 공증인의 인증을 받음으로써 그 효력이 생긴다(상§292). 다만, 자본금 총액이 10억원 미만인 회사를 제295조제1항에 따라 발기설립(發起設立)하는 경우에는 제289조제1항에 따라 각 발기인이 정관에 기명날인 또는 서명함으로써 효력이 생긴다. 이는 2009. 5. 28. 상법 개정으로 인한 것으로서 종전에는 회사를 설립하는 경우에 자본금의 규모나 설립 형태를 불문하고 설립등기 시에 첨부하는 정관에 대하여 일률적으로 공증인의 인증을 받도록 강제하고 있어 창업에 불필요한 시간과 비용이 드는 경우가 있다는 지적이 있었다. 이에 개정법은 자본금 총액이 10억원 미만인 회사를 발기설립하는 경우에는 창업자들의 신뢰관계를 존중하여 발기인들의 기명날인 또는 서명이 있으면 공증인의 인증이 없더라도 정관에 효력이 발생하도록 하였다. 이와 같이 공증의무를 면제함으로써 소규모 회사의 신속한 창업을 가능하게 하여 활발한 투자 여건이 조성될 수 있도록 한 것이다.

정관은 공정증서에 의할 필요는 없고 사서증서로도 족하다. 다만 법은 그 작성의 명확과 확실을 기하고 정관의 성립 및 기재에 대하여 분쟁이나 부정행위가 발생하는 것을 방지하기 위하여 인증을 요구하고 있는 것이다. 즉 정관의 인증은 원래 정관작성의 확실을 기하여 후일의 분쟁을 방지하는데 있지만, 한편 발기인의 기명날인 또는 서명을 확인하여 이로써 회사설립에 관한 책임의 귀속을 명시하고, 만일 분실의 경우 이를 대비하여 1통을 공적 기관에 보관시키려는 데도 그 취지가 있다. 따라서 만약 공정증서에 의하여 정관을 작성한 경우에는 법의 취지로 보아 별도로 인증을 필요로 하지 않는다. 정관의 인증은 원시정관에 한하여 요구되며 정관의 변경의 경우에는 요구되지 않는다. 인증의 절차는 (1) 발기인이 본점소재지를 관할하는 지방검찰청에 소속하는 공증인이나 합동법률사업소에 발기인 및 그 대리인이 정관 2통을 제출하여 각각 그에 대하여 기명날인 또는 서명을 공증인 앞에서 자인하고 공증인은 그 뜻을 기재한다. (2) 공증인은 1통을 자신이 보관하고 다른 1통은 환부한다(공증§63). 그러나 실제는 정관 3통에 인증을 받는 것이 통례이다. 설립등기 신청서의 첨부서류로서 공증인이 인증한 정관을 요하기 때문이다.

1주의 금액(1株의 金額)

주주의 출자단위인 주식을 금액으로 표시한 것이다. 회사가 설립시 발행할 주식의 총수를 이것에 곱하여 설립시 회사자본의 규모를 명확히 하기 위함이다. 상법은 과거 무액면주식을 인정하지 않고, 액면주식만을 인정하고 있었으나, 2011년 상법 개정을 통하여 무액면주식을 도입하였다. 이에 정관에 규정이 있는 경우에는 회사가 주식 전부를 무액면주식으로 발행할 수 있게 되었다. 다만, 무액면주식을 발행한 회사는 액면주식을 발행할 수 없다. 액면주식의 금액은 균일하여야 하고, 그 금액은 100원 이상이어야 한다(상§329).

변태설립(變態設立)

독;qualifizierte Gründung

회사설립시 회사자본의 충실과 회사채권자를 해치는 위험한 사항을 변태설립사항이라 하며, 이러한 정관사항을 기초로 회사를 설립하는 것을 변태설립이라 한다. 상법은 제290조에서 발기인 또는 그 일족에 의해 개인적 이익추구의 수단으로 남용되어 회사·주주 혹은 회사채권자에 손해를 줄 위험이 큰 사항을 정하고, 그 예방대책을 강구하고 있다. 이러한 변태설립사항으로는 (1) 발기인이 받을 특별이익과 이를 받을 자의 성명, (2) 현물출자를 하는 자의 성명과 그 목적인 재산의 종류, 수량, 가격과 이에 대하여 부여할 주식의 종류와 수, (3) 회사성립 후에 양수(讓受)할 것을 약정한 재산의 종류, 수량, 가격과 그 양도인의 성명, (4) 회사가 부담할 설립비용과 발기인이 받을 보수액 등이다. 이러한 사항은 ① 상대적 기재사항으로서 정관에 기재하지 않으면 효력이 발생할 수 없고(상§290), ② 주식청약서의 기재사항으로 하여(상§302), ③ 그 내용에 관하여 법원이 선임한 검사인의 검사를 받게 하고(상§299, §310), ④ 그것이 부당한 때는 발기설립의 경우 법원, 모집설립의 경우 창립총회에서 변경할 수 있도록 하고 있다(상§300, §314). 유한회사에서는 회사설립시의 현물출자·재산인수 및 회사가 부담한 설립비용에 관한 사항을 정관의 상대적 기재사항으로 하고(§544), 주식회사와 같은 특별한 검사는 없으나 회사에 제공된 재산의 실가가 정관에 정하여진 가액에 현저하게 부족한 때에는 회사설립 당시의 사원에게 그 부족액을 지급할 연대책임을 지우고 있다(§550).

발기인의 보수(發起人의 報酬)
독;Gründerlohn

발기인이 회사의 설립사무에 종사한 노무에 대한 보수이다. 발기인이 받을 특별이익과는 달리 성립 후 회사로부터 일시에 지급되는 것이다. 이를 정관에 기재하도록 한 것은 보수액이 과다하게 지출되면 회사의 재산적인 기초를 해할 우려가 있으므로 이를 방지하기 위한 것이다. 발기인의 보수는 설립비용과 구별하여 기재하여야 하고 발기인의 보수를 설립비용 중에서 지급할 수는 없다.

사후설립(事後設立)
독;Nachgründung

회사가 영업에 사용할 것을 예정한 일정한 재산을 회사설립 후에 회사에 양도하는 계약을 체결하는 것이다. 이것은 현물출자나 재산인수에 관한 엄격한 규정의 탈법수단이 될 우려가 있다. 따라서 상법은 이를 막기 위하여 주식회사 및 유한회사는 성립 후 2년 내에, 회사성립 전부터 존재하는 재산으로서 영업을 위하여 계속하여 사용해야 할 것을 자본의 100분의 5 이상에 해당하는 대가로 취득하는 계약을 하려면, 주주총회 또는 사원총회의 특별결의를 요한다(상§375, §576②). 그 재산은 계속해서 영업용으로 사용하여야 하므로 유동자산은 그 대가여하를 불문하고 제한을 받지 않는다. 다만 사후설립은 현물출자나 재산인수에 비하여 검사인의 검사가 면제되므로 잠탈방지기능의 실효성이 의문시된다. 따라서 독일의 입법례와 같이 주주총회결의에 앞서 검사인 또는 감사의 감사를 받도록 함이 타당하다(독·주§52 I 참조).

사해설립(詐害設立)

사원이 채권자를 해치는 것을 알면서 회사를 설립하는 것이다. 합자·유한·합명회사에 있어서는 채권자는 이를 이유로 하여 사원 및 회사에 대한 소송으로 회사설립의 취소를 청구할 수 있다(상§185).

회사등기(會社登記)

상법과 상업등기법에 따라서 회사에 관한 사항을 상업등기부에 등기하는 것이다. 회사에 관한 등기사항으로는 회사의 설립, 업무집행사원·이사·감사·대표사원·대표이사·공동대표, 해산·청산, 자본증감, 사채, 합병, 계속, 조직변경 등이 있다(상업등기법 제6절~7절 참조). 회사등기는 신청으로 하는 것이 원칙이나 법원이 직권으로 등기를 등기소에 촉탁 할 수도 있다.

주식(株式)
영;share, stock
독;Akite
불;action

주식은 상법상 주식회사의 자본의 구성단위로서의 금액과 주주의 회사에 대한 권리·의무를 내용으로 하는 지위라는 두 가지 의미가 있다. 일반적으로 주주의 회사에 대한 권리·의무를 내용으로 하는 지위를 사원권 혹은 주주권이라고 부른다. 그리고 주주권은 주권이라는 유가증권에 표창되므로 주권을 주식이라고 부르는 경우도 있으나 상법상으로는 구별되고 있다. 주주는 회사에 대하여 자기가 가지고 있는 주식의 내용과 수에 따라 권리·의무를 가지게 되고, 비율적으로 기업지배와 기업이윤에 참여하게 된다. 각 주주는 1株(1주)에 1의결권을 가지고 (상§369①), 이익 또는 이자의 배당은 각 주주가 소유하고 있는 주식수에 따라 하며 (§464), 회사가 해산하여 청산한 후에 아직 재산이 남아 있는 때에는, 그 재산을 각 주주가 가진 주식의 수에 따라 주주에게 분배하여야 한다(§538). 이와 같이 주주는 그가 가지고 있는 주식수에 따라 권리의 비율이 정하여지므로, 주식은 주주의 회사에 대한 지율적 지위라고도 한다. 각 주식의 금액은 균일하여야 하며(§329③), 자본의 전부가 주식으로 분해되어 있어야 하고 액면주식 1주의 금액은 1백원이상 이어야 한다(§329③). 그러므로 자본의 일부만을 주식으로 분할하는 것은 허용되지 않는다. 상법상 주식은 일정한 금액으로 표시하는 금액주에 한하나, 입법예에 따라서는 자본에 대한 분수적 비례로 표시하고 권면액이 없는 이른바 무액면주(부분주·비례주)도 있다. 주식은 회사설립·선의취득에 의하여 원시적으로 취득되고, 합병·상속 등에 의한 법률상의 이전과 당사자의 계약에 의한 주식의 양도에 의하여 승계적으로 취득된다. 또 주식의 입질(入質))도 가능하다. 다시 주식은 그 이전 또는 실권절차에 의하여 상대적으로 소멸하고 회사의 해산과 주식소각에 의하여 절대적으로 소멸하나 주주의 퇴사는 인정되지 않는다. 또한 주식은 기명주식과 무기명주식으로 나누어지고 양도·입질(入質)·의결권의 행사 등의 경우에 그 취급을 달리한다.

의결권(議決權)
영;voting right
독;Stimmrecht
불;droit de vote

주주가 자신의 의사표시를 통해 주주총회의 공동의 의사결정에 지분적으로 참가할 수 있는 권리를 말한다. 의결권은 주주의 가장 중요한 공익권이며, 보유권의 일종으로서 정관의 규정으로도 이를 박탈하거나 제한할 수 없고, 주주도 이를 포기하지 못한다. 의결권은 주식평등의 원칙에 따라 1주마다 1개의 의결권만이 주어진다. 일정한 경우에는 의결권 행사가 제한되는 바, 회사가 가진 자기주식(상법 369조2항), 상호주(상법 369조3항), 특별이해관계 있는 주주(상법 368조4항), 감사선임시의 제한(상법 409조2항) 기타 공정거래법·증권거래법 등에 의한 제한이 그 예이다. 의결권을 행사하기 위해서는 기명주식의 경우에는 주주명부에 주주로 등재되어 있어야 하며, 무기명주식의 경우에는 회일의 1주간 전에 주권을 회사에 공탁하여야 한다(상법 368조2항). 주주가 2개 이상의 의결권을 가지고 있는 때에는 이를 통일하지 않고 행사할 수 있다. 그러나 회사는 주주가 주식의 신탁을 인수하였거나 기타 타인을 위하여 주식을 가지고 있는 경우외에는 이를 거부할 수 없다(상법 368조의2 2항). 또한 의결권은 대리행사가 가능하며, 회사는 정관으로도 이를 금지할 수 없다.

지분(持分)

영;share
독;Anteil, Teilhaberschaft
불;part social

지분이란 사단법인의 구성원의 몫이다. 상법상으로는 합명회사·합자회사·유한회사의 사원이 회사에 대하여 가지는 법률상의 지위(사원권)을 말한다. 예컨대, 지분의 양도(상§197·§269·§556), 지분의 압류(§223·§269), 지분의 입질(入質)(§559①), 지분의 상속이라고 하는 경우는 이 의미이다(법률적 의미의 특분). 또한 회사가 해산하였거나 사원이 퇴사하였을 경우에 사원이 그 자격에서 회사에 청구하거나 회사가 지급해야 할 계산상의 수액(數額)을 의미할 경우도 있다. 즉 사원인 지위의 경제적 평가액이며, 지분의 환급(§222·§269)·계산이라고 하는 경우는 이 의미이다(경제적 의미의 지분). 지분이라는 용어는 공동소유의 경우에도 사용되는 데, 회사에서 말하는 지분은 회사재산이 법인인 회사의 단독소유로 되어 있기 때문에 공동소유지분과는 동일한 의미가 아니다. 그러나 회사사원의 지위는 본질상 공동소유자적 지위이고, 그것이 회사에 부여된 법인성과 함께 회사와 사원과의 법률관계(사원관계에 제도상 변화한 것에 지나지 않는다.

주주(株主)

영;shareholder, stockholder
독;Aktionär
불;actionnaire

주주는 주식의 취득만으로써 그 자격이 얻어지며 그 밖의 원인으로 주주가 될 수 있는 약정은 무효이다. 주주인가의 여부는 실질적 법률관계에 따라 정하여지며 그 명의가 누구에게 되어 있는가는 이를 묻지 않는다. 판례도 이에 따르고 있다. 법률상 주주의 종류는 주식의 종류에 따라 보통주주·우선주주·후배주주·혼합주주 등이 있다. 이에 대하여 경제적으로는 소유주식의 수량으로부터 대주주와 소주주로 나누어지며, 소유의 동기 및 기능으로부터 투자주주·투기주주·기업가주주 등으로 나누어진다. 주주의 자격에는 특별한 제한이 없다. 자연인·법인을 묻지 않으며 능력·국적·연령·성별 등에 관계없이 주주가 될 수 있다. 다만 자기주식의 취득과 특수회사의 경우 주식의 취득과 보유 및 상호주식보유 등에 관하여는 일정한 제한이 있다. 그러나 회사설립 후에는 제한이 없으므로 1인회사를 인정

상
법

하는 것이 우리나라의 학설과 판례의 일치된 견해이다. 주주는 실질적으로는 기업의 소유자로서 회사의 최고의사결정기관인 주주총회를 구성한다. 오늘날에는 기업의 소유와 경영의 분리가 이루어져감에 따라 이른바 주주의 사채권자화현상이 현저해지고 있으나, 법적으로는 어디까지나 회사의 구성원이지 단순한 채권자는 아니다. 그러나 합명회사나 합자회사의 사원과 달라서 퇴사라고 하는 것은 인정되지 않는다. 그러나 실질적으로는 퇴사와 똑같은 결과가 생기는「주식의 양도성」이 제한적으로 인정된다. 즉 주식은 타인에게 이를 양도할 수 있다. 다만, 주식의 양도는 정관이 정하는 바에 따라 이사회의 승인을 얻도록 할 수 있다(§335①). 위 규정에 위반하여, 이사회의 승인을 얻지 아니한 주식의 양도는 회사에 대하여 효력이 없다(§335②). 또한 주주의 지위는 인적 회사의 사원의 지위와는 다르고, 물적 성질이 강하다. 그 책임은 회사채권자에 대한 직접책임이 아닌 간접책임이고, 또 그가 가지는 주식의 인수가액을 한도로 하는 유한책임이다(§331). 주주는 주주인 자격에 의한 법률관계에 관하여는 그가 가지는 주식의 수에 따라서 평등한 취급을 받는 것을 원칙으로 한다(주주평등의 원칙). 주식회사에서는 사원이 많고 자본적으로만 회사에 관여하고, 그 사이에 인적 신뢰관계가 없으며, 다수결원칙이 보편적으로 채택되므로 주주평등의 원칙이 중요한 의의를 갖는다.

주주제안제도(株主提案制度)

주주의 적극적인 경영참여와 경영감시를 강화하기 위하여 발행주식총수의 100분의 3이상의 주식을 보유한 주주에게 주주총회의 목적사항(의제 또는 의안)을 이사에게 제안할 수 있는 권한을 부여하였다. 즉 (1)의결권 없는 주식을 제외한 발행주식총수의 100분의 3이상에 해당하는 주식을 가진 주주는 이사에 대하여 회일의 6주전에 서면으로 일정한 사항을 주주총회의 목적사항으로 할 것을 제안(주주제안)할 수 있고(상법 363조의2 1항), (2)주주는 이사에 대하여 회일의 6주전에 서면으로 회의의 목적으로 할 사항에 추가하여 당해 주주가 제출하는 의안의 요령을 상법 제363조에서 정하는 통지와 공고에 기재할 것을 청구할 수 있으며(동법 363조의2 2항), (3)이사는 주주제안이 있는 경우에는 이를 이사회에 보고하고, 이사회는 주주제안의 내용이 법령 또는 정관에 위반되는 경우를 제외하고는 이를 주주총회의 목적사항으로 하여야 한다. 이 경우 주주제안을 한 자의 청구가 있는 때에는 주주총회에서 당해 의안을 설명할 기회를 주어야 한다(동법 363조의2 3항).

사원(社員)

영;member 독;Mitglied

사단법인의 구성원을 사원이라고 한다. 실정법상의 용어로서 주식회사의 구성원은 주주, 특별법상 조합의 구성원은 조합원이라 부르며, 공익사단법인·합자회사·합명회사·유한회사·상호회사·유한책임회사의 구성원만을 사원이라고 한다. 또한 보통 회사원을 사원이라고 하나 법률상으로는 여기서 뜻하는 사원이 아니며 피용자일 뿐이다.

대표사원(代表社員)

회사대표권이 인정되는 사원으로, 합명회사의 각 사원 및 합자회사의 각 무한책임사원 또는 이 양회사의 의무집행사원은 원칙적으로 회사대표권을 갖는다. 그러나 정관이나 총사원의 동의에 의해 이들 중에서 특히 대표사원을 정할 수가 있다(상§207, §269). 대표사원은 원칙적으로 각자 회사를 대표하는 권한을 갖지만 정관 또는 총사원의 동의로써 공동대표로 정할 수가 있다(§208, §269). 대표사원을 정하는 경우와 공동대표를 정하는 경우에는 이를 등기하여야 한다(§180 Ⅳ Ⅴ, §37). 대표사원의 권한은 회사영업에 관한 모든 재판상·재판외의 행위에 미치며, 이에 가해진 제한은 선의의 제3자에게 대항할 수 없다(§209, §269). 회사대표에 관하여 부정행위가 있거나 또는 권한 없이 대표한 때에는 타사원의 과반수의 결의에 따라서 회사는 제명의 선고를 법원에 청구할 수 있다(§220①Ⅲ, §269). 그리고 회사와 사원간의 소에 관하여 회사를 대표할 사원이 없을 경우에는 타사원의 과반수의 결의로써 대표사원을 선정하여야 한다(§211, §269).

무한책임사원(無限責任社員)

영;partner with unlimited liability
독;presnlich haftender Gesellschafter
unbeschränkt haftender Gesellschafter
불;associe indefiniment responsable

회사채무에 관해서 직접·무한·연대책임을 지고 있는 사원이다. 합명회사는 무한책임사원만으로 구성되며(상§212), 합자회사는 이 사원과 유한책임사원으로 구성되어 있다(§268). 무한책임사원의 책임은 (1) 회사재산으로 회사채무를 완전히 변제할 수 없는 경우(채무초과) (2) 회사재산에 대한 강제집행이 가능하지 못한 경우에 구체화되는 것이므로 제2차적 책임이라고 할수 있다. 회사채권자의 청구에 대하여 회사에 변제자력이 있으며 집행이 용이한 것을 증명한 경우 책임을 면할 수 있다(§212③, §269). 또 사원의 책임은 종속적인 것이며, 따라서 회사의 채무가 소멸하면 사원의 책임도 소멸하고 회사에 있어서 채무의 이행을 거절할 수 있는 항변사유가 있으면 사원도 그 사유를 원용하여 채권자에게 대항할 수 있다(§214). 무한책임사원은 중대한 책임을 지는 대신 회사의 경영에 있어서는 업무집행권·대표권을 갖는다.

유한책임사원(有限責任社員)

영;partner with limited liability
독;beschränkt hafteder Gesellschafter
beschränkthaftender Kommanditist
불;associe definiment responsavle
commanditabe definiment responsable

회사채무에 관해서 출자가액을 한도로 하여 직접·연대책임을 지는 사원이다. 주식회사의 주주와 유한회사·유한

책임회사의 사원은 책임의 한도가 회사채권자에 대해서 유한이나 직접 부담하는 것이 아니며 또 연대책임도 아니다. 유한책임은 출자가액을 한도로 하지만 만약 출자를 이행한 경우에는 그 한도에서 책임을 면하게 된다. 또 이와 반대로, 채권자에 대하여 책임을 이행한 경우에는 그 한도에서 출자의 이행이 있는 것으로 된다. 즉 일방을 이행하면 타방은 그만큼 감경되는 관계에 있다(상§279①). 유한책임사원의 책임은 출자가액을 한도로 하지만 연대책임이다. 이때의 연대란 유한책임사원간에서 뿐만 아니라 무한책임사원간도 포함되는 상호 연대관계에 있는 것을 말한다. 또 유한책임사원의 책임도 무한책임사원의 책임과 같이 제2차적 책임이고 회사채무에 관해서 보충성·종속성을 가진다. 따라서 회사의 채무가 소멸하면 사원의 책임도 없어진다(§212·§269). 유한책임사원은 회사의 업무집행, 대표권을 갖지 않는 반면 감시권이 부여되어 있다. 이 권리는 영업연도말에 있어서 영업시간내에 한하여 행사할 수 있고, 이에 근거하여 회사의 회계장부·대차대조표를 열람할 수 있고 회사의 업무와 재산상태를 검사할 수 있다(§277①).

업무집행사원(業務執行社員)

사원중 회사의 업무를 집행하는자, 합명회사의 각 사원 및 합자회사의 각 무한책임사원은 원칙적으로 업무집행사원이지만(상§200①), 정관으로 예외를 규정할 수도 있다. 이와 같이 합명회사 및 합자회사의 경우에는 기관자격과 사원자격이 일치되어 있는 점에 있어서 주식회사와 현저한 차이가 있다. 업무집행의 의사결정은 업무집행사원의 과반수로써 이루어지는데, 그 결의의 집행자체와 통상업무의 의사결정은 다른 사원 또는 다른 업무집행사원의 이의가 없는 한 각 업무집행사원이 단독으로 할 수 있다(상§195, §203, §269, 민§706참조). 그리고 각 업무집행사원은 원칙적으로 회사를 대표할 권한을 갖는다(상§207, §269, §278). 회사와 업무집행사원간의 관계는 민법의 위임에 관한 규정에 따른다(상§195, §269, 민§707, §681~§688참조).

자본(資本)

영;share capital, capital stock
미;stated capital, legal capital
독;Grundkapital, Stammkapital
불;capital social

자본은 회사가 회사채권자보호를 위하여 자산을 확보하여야 하는 기준액이다. 이는 사원이 회사채권자에 대하여 직접 책임을 부담하지 않는 주식회사나 유한회사와 같은 물적 회사에만 존재하는 것이며 개인상인, 조합기업 등은 물론 합명회사, 합자회사 등의 인적 회사에는 이러한 의미에서의 자본은 존재하지 않는다. 또한 이는 추상적인「기준금」이므로 구체적인 자산과는 직접적인 관계가 없으며, 현금, 채권, 상품, 기계, 특허권 등의 자산이 내용물이라고 한다면, 자본은 이를 담기 위한 용기에 불과하다.

이상과 같은 본래 의의(意義)의 자본

외에 자본에는 총자산을 의미하는 자본(소상인의 정의에 있어서). 순자산 또는 자기자본을 의미하는 대차대조표의 자본항목, 정관에 규정된 주식발행한도액을 의미하는 수권자본, 유보이익에 대응하는 의미의 축적자본 또는 실질자본, 주주의 출자액을 의미하는 출자자본, 주주의 갹출액을 의미하는 각출자본, 생산수단을 의미하는 경제학상의 총자본등 여러 가지 의의가 있다. 그러나 각종 회사에 있어서 자본은 다음과 같다. (1) 주식회사의 자본은 발행주식의 액면총액(상§451), (2) 유한회사는 정관의 기재사항으로서의 자본의 총액(§543②Ⅱ), (3) 유한책임회사는 정관의 기재사항으로서의 자본금의 액(§287의3), (4) 합명회사와 합자회사는 정관의 기재사항인 재산출자의 가액(§179Ⅳ, 269)의 총계이다. 또 경제상 사원의 출자를 자기자본이라 하고, 사채 기타의 차입금을 타인자본이라고 하는 경우가 있으나 이러한 것은 회사법상의 자본과 다르다. 「회사가 발행할 주식의 총수」(§289①Ⅲ)를 수권자본(authorized capital, nominal capital)이라 하는데 이것은 회사가 조달할 수 있는 기본액을 말하는 것으로 회사의 기금이라는 뜻의 자본과 어느 정도의 관련성은 있으나, 본래의 회사법상의 자본과는 전혀 다른 것이다. 주식회사의 자본은 회사재산을 확보하기 위한 기준이며 또한 손익계산의 기준이 된다. 물적회사에 있어서 자본은 특히 중요한 의의를 가진다.

수권자본제도(授權資本制度)

영;authorized capital system,
authorized stock system
독;authorisiertes kapitalsystem

주식회사가 발행을 예정하는 자본 가운데 회사설립시 그 일부분만 주식을 인수하여 납입함으로써 회사는 설립되고 그 나머지 부분에 대하여 이사회가 원하는 시기에 수시로 발행할 수 있는 제도이다. 영미법계의 입법주의로서 창립주의라고도 한다. 수권자본제도는 정관에 기재한 회사가 발행할 주식총수 가운데 회사설립시에 발행하지 않았던 미발행주식에 관해 회사성립후 이사회의 결의에 따라 언제나 임의로 주식을 발행할 수 있는 제도로 수권이란 회사가 국가 또는 주(州)로부터 주식발행의 권능이 부여되어 있는 것을 뜻한다. 수권자본제도는 자기자본조달의 기동성을 발휘할 수 있지만 채권자보호에 소홀할 염려가 있다. 우리 상법은 확정자본제도와 수권자본제도를 타협·조정한 1950년 일본 개정상법을 수정·도입하였다. 회사는 정관에 "회사가 발행할 주식의 총수"인 발행예정주식총수, 이른바 수권자본을 기재하지만 회사설립시 그 자본 전체를 인수 납입할 필요는 없고 다시 "설립시 발행하는 주식의 총수"를 기재시켜 그 부분에 대한 주식의 인수·납입을 요구하고 있다. 1984년 4월 10일 법률 제3724호 상법 개정전에는 2분의 1로 너무 과중하여 실효를 거들기 어렵다는 비판이 있었다. 이에 개정전 자본시장육성에관한법률(1997. 4. 1. 폐지) 제11조에서는 상장주식회사의 경우 4분의 1이상으로 그 예외를 두었었다. 1984년 4월 10일 개정상법 법률 제3724호에서는 이러한 비판의 특별법의 예외규정을 수용하여 주식회사 일반에 대하여 수권자본과 발행자본의 비율을 4분의 1 이상으로 조정하였다. 그러나 이 규정은 2011.4.11.에 삭제되었다.

최저자본액(最低資本額)

2009년 상법 개정전법에 의할 때 주식회사의 설립 및 존속에 필요한 자본의 최저한도액을 말한다. 즉 개정전법에 의하면 주식회사의 자본액은 5천만원 이상이어야 했다(상§329①). 주식회사자본액의 최저한을 정하여 영세개인기업이 주식회사의 탈을 씀으로써 나타나는 주식회사의 남설·부실을 저지하려는 데 그 취지가 있었다. 그러나 2009년 상법개정에 의하여 최저자본금제가 폐지되어 창의적인 아이디어를 갖고 있는 사람이라면 누구라도 손쉽게 저렴한 비용으로 회사를 설립할 수 있도록 하였다. 본래 최저자본금제도는 채권자보호를 위한 목적으로 한 것이나 현대 회사제도에 있어서 최저자본금제도는 이러한 채권자보호 목적이 형해화되어 있는것이 현실이며, 오히려 최저자본금제도가 창업의 물리적·심리적 장벽으로 작용하고 있는 것이 현실적인문제점으로 지적되어 왔다. 현실에 있어서, 채권자는 자본금으로 회사의 신용도를 평가하는 것이 아니라 회사의 재무상태로 회사의 신용도를 평가하고 있으므로 최저자본금제도가 폐지된다고 하여 채권자 보호에 문제가 생기지는 않을 것이다. 한편, 유한회사에서의 경우에는 출자 1좌의 금액은 100원 이상으로 균일하게 하여야 한다(상§546).

주식인수(株式引受)

영;subscription for shares
독;Aktienübernahme, Aktienzeichnung
불;souscription d'action

주식회사의 설립 또는 신주발행의 경우에 회사에 출자할 것을 약정하여 주주가 될 지위를 취득하는 것이다. 주식인수의 방법·효과·법적 성질은 발기설립과 모집설립에 있어서 각기 다르다. (1) 발기설립의 경우 설립시 발행하는 주식의 총수는 발기인만이 인수한다. 발기인에 의한 주식의 인수는 서면에 의하여야 한다(상§293). 구두에 의한 인수는 무효이다. 서면의 방식에는 특별한 제한이 없다. 발기인이 인수한 주식의 종류 및 수를 기재하고 당해 발기인의 서명 또는 기명날인을 하는 것이 일반적이다. 주식인수의 시기에도 제한이 없으므로 정관작성후이든 정관작성전이든 무방하다고 보는 것이 다수설이다. 다만 정관작성과 동시에 또는 그 후에야 가능하다고 보는 소수설도 있다. 발기인의 주식인수의 법적 성질은 합동행위로 보는 견해와 설립중의 회사에서 입사계약으로 보는 견해가 있다. 합동행위로 보는 견해가 다수설이다. (2) 모집설립의 경우에는 설립시 발행하는 주식총수의 일부만 발기인에 의하여 인수되고 나머지 주식은 모집주주가 인수한다. 주주모집은 그 방법에 제한이 없다. 공모이든 연고모집이든 관계없다. 발기인이 앞서 기술한 주식인수와는 별개로 이 모집에 따라서 주식을 인수하여도 무방하나 그 결과 회사의 설립시 발행하는 주식의 총수가 발기인만으로 인수된 때는 발기설립으로 처리되어야 한다. 주주모집에 대하여 상법에는 발기인이 법정의 사항을 기재한 주식청약서를 작성하고, 주식의 청약은 이것에 의하도록 규정되어 있다(상§302). 주식청약인의 경우는 주식청약서에 의하여 청약을 하고(§302), 발기인 또는 이사의 주식배정에 의하여 인수된다(§303). 그 성질은 설립중의 회사 또는 회사에 대한 입사계약이다.

주식의 청약(株式의 請約)

주식을 인수하여 주주가 되겠다는 발기인(회사설립시) 또는 이사(신주발행시)에 대한 주식응모자의 의사표시이다. 주식인수의 청약을 하고자 하는 자는 주식청약서 2통에 인수할 주식의 종류 및 수와 주소를 기재하고 기명날인 또는 서명하여야 한다(상§302①). 주식청약서에 의하지 않은 청약은 무효이다. 주식청약의 효력여부는 회사의 설립에 중대한 영향을 미친다. 청약이 효력을 가지지 않으면 회사의 설립시 발행하는 주식총수의 인수에 흠결이 발생하고, 이는 회사의 불성립 또는 설립의 무효를 초래케 한다. 청약의 효력을 가능한 유지하기 위하여 다음 몇 가지의 특칙을 두고 있다. 첫째, 비진의의사표시에 관한 민법 제107조 1항 단서의 규정은 주식청약에 적용되지 않는다. 둘째, 회사성립후에는 주식을 인수한 자는 주식청약서의 요건의 흠결을 이유로 하여 그 인수의 무효를 주장하거나 사기, 강박 또는 착오를 이유로 하여 그 인수를 취소하지 못한다(상§320①). 창립총회에 출석하여 그 권리를 행사한 자는 회사의 성립전이라고 할지라도 주식인수의 무효나 취소를 주장하지 못한다(상§320②). 주식청약서에 기재된 시기까지 창립총회가 종결되지 않았음에도 불구하고 그 청약을 취소하지 않고 창립총회에 출석하여 의결권을 행사한 경우도 같다. 그러나 의사무능력·행위무능력 또는 사해행위를 이유로 하는 주식인수의 무효·취소는 가능하다.

주식의 배정(株式의 配定)

영;allotement of shares
독;Zuteilung der Aktieu

주식회사의 모집설립 또는 신주의 발행에 있어 주식청약인의 청약에 대하여 주식의 인수여부는 인수주식의 수를 결정하는 행위이다. 주식청약인의 청약에 대한 회사측의 승낙의 의사표시이며 이로써 주식인수가 성립한다. 배정의 결과 주식청약인은 주식인수인이 되고, 배정된 주식의 수에 따라 납입할 의무를 부담한다(상§303). 배정의 의사표시는 서면으로 하는 것이 상례이지만, 구두로 하여도 된다. 또한 회사는 주식청약서, 사업계획서 또는 주주모집의 광고에 배정의 방법을 미리 정하고 있지 아니하는 한 가장 적당하다고 인정되는 자에게 자유롭게 배정할 수 있다(배정자유의 원칙).

자기주식취득금지
(自己株式取得禁止)

개정 전 상법에 의할 때, 회사는 원칙적으로 자기주식을 취득하거나 질권의 목적으로 받지 못하였었다(구 상법341조). 회사가 자기의 명의로 자기주식을 취득하는 경우뿐만 아니라 타인명의로 취득하는 경우에도 회사의 계산에 의한다면 취득금지의 대상이 되었다. 자기주식의 취득을 금지하는 이유는 회사가 자기주식을 취득해서 실질적으로 주주에 대한 출자반환의 결과가 되어 회사의 자본유지를 해치고, 자기주식의 취득 및 처분에 의하여 주가를 조작하고 회사재산을 투기에 제공할 위험이 있으며, 나아가서 자기주식에 의결권이 있다고 하면 이사가 이것을 이용하여 주주총회의 결의를 자의로 전횡할 우려가 있기 때문이었다. 회사가 자기주식의 취득금지의 원칙에 위반하여 주식을 취득한 경우 그 효력에 관하여는 무효설, 유효설 및 상대적 무효설 등으로 학설이 나누어진다. 무효설은 자본충실·유지의 원칙을 중시하여 제341조를 강행규정으로 보아 자기주식취득 또는 질권설정은 무효라고 본다. 양도인의 선의·악의를 불문하며 판례도 이 입장을 따르고 있다. 유효설은 제341조를 일종의 명령적 규정으로 보아 회사가 자기주식을 취득한 때에는 주식유통의 동적 안전을 중시하여 그 취득행위 자체는 유효하고 오직 위법행위를 한 이사가 회사에 대하여 손해배상의 책임을 질뿐이라고 한다. 상대적 무효설은 위법한 자기주식의 취득은 원칙적으로 무효이지만 회사가 타인명의로 회사의 계산으로 취득하는 경우에 있어서는 양도인에게 악의가 없는 한 유효하다고 본다. 그러나 구 상법 제341조는 다섯 가지 경우에 금지를 해제하여 자기주식의 취득을 허용하고 있었다. 즉, (1) 주식을 소각하기 위한 때(§341 I), (2) 회사의 합병 또는 다른 회사의 영업전부의 양수로 인한 때(§341 II), (3) 회사의 권리를 실행함에 있어 그 목적을 달성하기 위하여 필요한 때(§341 III), (4) 단주(端株)의 처리를 위하여 필요한 때(§341 IV), (5) 주주가 주식매수청구권을 행사한 때(§341 V) 이외에는 자기의 계산으로 자기의 주식을 취득하지 못하였다. 그러나 2011년 상법개정을 통하여 상법상의 일반적인 회사도 배당가능이익의 범위 내에서 자기주식을 취득할 수 있게 되었다.

> 주식회사가 자기의 계산으로 자기의 주식을 취득하는 것은 회사의 자본적 기초를 위태롭게 하여 회사와 주주 및 채권자의 이익을 해하고 주주평등의 원칙을 해하며 대표이사 등에 의한 불공정한 회사지배를 초래하는 등의 여러 가지 폐해를 생기게 할 우려가 있으므로 상법은 일반 예방적인 목적에서 이를 일률적으로 금지하는 것을 원칙으로 하면서, 예외적으로 자기주식의 취득이 허용되는 경우를 유형적으로 분류하여 명시하고 있으므로 상법 제341조, 제341조의2, 제342조의2 또는 증권거래법 등에서 명시적으로 자기주식의 취득을 허용하는 경우 외에, 회사가 자기주식을 무상으로 취득하는 경우 또는 타인의 계산으로 자기주식을 취득하는 경

우 등과 같이, 회사의 자본적 기초를 위태롭게 하거나 주주 등의 이익을 해한다고 할 수 없는 것이 유형적으로 명백한 경우에도 자기주식의 취득이 예외적으로 허용되지만, 그 밖의 경우에 있어서는, 설령 회사 또는 주주나 회사채권자 등에게 생길지도 모르는 중대한 손해를 회피하기 위하여 부득이 한 사정이 있다고 하더라도 자기주식의 취득은 허용되지 아니하는 것이고 위와 같은 금지규정에 위반하여 회사가 자기주식을 취득하는 것은 당연히 무효이다*(대법원 2003. 5. 16. 선고 2001다44109).*

상호주(相互株)

두 개 이상의 회사가 서로 상대방회사 혹은 순환적으로 출자하고 있는 경우에 서로 소유하는 상대방의 주식을 말한다. 이 경우의 주식의 지위에 관해 상법에서는 의결권행사제한(상§369③)만을 정하고 있다. 이에 따라 자회사가 모회사의 주식을 취득할 수 있는 예외의 규정 또는 해석으로 적법하게 취득한 경우에 의결권을 제외한 권리행사가 문제된다. 의결권행사만은 상법 제369조 3항에 따라 모회사가 자회사의 주식 100분의 10 이상을 취득하고 있으므로 마땅히 제한되어야 한다는 데 의문이 없다. 그러나 자회사가 보유하는 모회사의 주식은 이를 자기주식취득의 일환으로 보는 한 구태여 모자관계 없는 회사간의 의결권행사제한규정(§369③)을 적용할 것이 아니고 자기주식의 권리행사제한에 관한 해석을 그대로 원용하여야 한다. 이렇게 함으로써 모자관계가 없는 회사간의 권리행사와 모자관계가 있는 회사간의 권리행사 전체를 일관성있게 해명할 수 있기 때문이다. 따라서 자기주식의 법적 지위와 같이 의결권 행사뿐만 아니라 그 이외의 공익권은 물론 자익권도 제한된다고 본다.

제권판결(除權判決)

독;Ausschlussurteil

공시최고절차의 경우에 신청인의 신청에 따라서 신청인의 이익으로 권리를 변경하는 효력을 가지는 형성판결이다. 상법 제360조 등 법률에 정하여진 경우에만 허용되는 것으로, 제권판결이 있는 경우에 신고가 없는 권리는 실권하게 된다.

민사소송법에는 어음·주권 등 상법에 무효로 할 수 있음을 정한 증서를 분실 또는 멸실한 경우 그 증서를 무효로 하고, 증서가 없더라도 의무부담자에게 권리를 행사할 수 있는 경우의 특별규정도 있다(민소§492~§497).

제권판결이 있은 때에는 법원은 그 요지를 신문지에 게재하여 공고하며(민소§489), 제권판결은 선고와 동시에 확정되고, 권리의 득상·변경이 발생한다. 판결 후 판결의 취지와 상반되는 사실이 증명되더라도 판결이 적법하게 취소되지 않는 한, 판결의 효력을 전복할 수 없다. 제권판결은 선고에 의하여 확정되므로 상소하지 못한다(민소§490①). 그러나 절차 또는 판결에 중대한 하자가 있는 경우에는 제권판결에 대한 불복의 소를 제기할 수 있다(민소§490②).

주권의 선의취득(株券의 善意取得)

사유의 여하를 불문하고 주권의 점유를 잃은 자가 있는 경우에 그 주권을 취득한 소지인은 악의 또는 중과실에 의하여 취득한 경우를 제외하고는 그에 대한 권리를 원시적으로 취득하는 것을 말한다. 주권은 유가증권으로서 어음 이상으로 유통속도가 빠르므로 그 거래의 동적 안전보호의 필요성은 대단히 크다. 따라서 상법은 주권의 선의취득자 보호에 대하여 수표법 제21조를 준용하였다(상§359). 이것은 1984년 4월 10일 법률 제3724호 개정상법에서 수정된 것인데 주식의 양도방법의 개정에 따른 당연한 결과를 표현한 것이다. 주권의 선의취득에서는 양도인이 무권리자였는가 또는 진실한 권리자가 어떤 이유에서 주권을 상실하였는가를 물론 묻지 않는다. 주식의 유통성을 확보하고 선의취득자를 보호하려는데서 민법상의 선의취득과 비교하여 경과실이 보호되는 점, 도품·유실물에 대한 특례(민§250, §251)가 없는 점 등 그 요건이 완화된 점이 다르다. 선의취득의 요건은 (1) 주권이 유효한 것이어야 한다. 법률에 의하여 처분이 금지되어 있는 주식이 아니어야 한다. 다만 법률에 의한 제한이 단속규정에 불과한 때는 선의취득이 인정될 수 있다. (2) 주식의 취득자가 주식양도의 방법에 의하여 취득하여야 한다. 즉 주식의 양도계약에 따라서 주권의 점유를 취득하여야 한다. 회사의 합병이나 상속으로 존속회사 또는 신설회사나 상속인이 주권의 점유를 승계취득한 경우에는 선의취득은 인정하지 않는다. (3) 취득자가 선의이며 중대한 과실이 없어야 한다. 취득자가 양도인이 무권리자인 것을 알거나 또 알지 못한데 중대한 과실이 있는 때는 선의취득이 성립되지 않는다. 주권의 선의취득자는 완전히 주식을 취득한 주주로 된다. 또 주권의 선의취득은 동산의 선의취득(민§249)보다도 더 강력하게 보호되어 주권이 도난을 당했다거나 분실한 경우에도 선의취득은 성립한다. 다만 선의취득의 경우 무권리자로부터의 취득의 경우만을 한정할 것인가, 또는 양도인의 무능력·대리권의 흠결이 있는 경우에도 포함할 것인가에 의론이 있다. 제외설은 이 제도가 민법의 제도와 같이 무권리자인 양도인이 가지고 있는 외관신뢰를 보호하는데 그 취지가 있으므로 이 제도에 의하여 양도인의 무능력이나 기타의 흠이 고쳐지는 것은 아니라고 보아 무능력의 경우에는 선의취득이 성립하지 않는다고 본다. 이에 대하여 포함설은 유가증권의 유통을 확보하기 위해서는 유가증권의 유통방법에 의하여 양수한 자는 무능력·대리권의 흠결 등의 권리취득을 방해하는 사유에 관해 양도인의 형식적 자격의 유무만을 주의하면 충분하며 적극적으로 악의·중과실이 없는 한 양도인의 무능력, 대리권의 흠결의 경우에도 선의취득이 인정되어야 한다고 본다. 판례도 이와 같다(95다49646참조).

주권의 선의취득은 양도인이 무권리자인 경우뿐만 아니라 무권대리인인 경우에도 인정된다*(대법원 1997. 12. 12. 선고 95다49646)*.

명의개서(名義改書)

실질적인 권리자의 변경에 대응하여 증권상 혹은 장부상의 명의인의 표시를 고쳐 쓰는 것으로, 명의서환 이라고도 한다. 회사 기타 제3자에 대한 권리이전의 대항요건으로서 특히 중요하다. 예컨대, 기명사채이전의 경우의 사채원부·사채권의 명의개서(상§479), 기명주식이전의 경우의 주주명부의 명의개서(§337) 등과 같으며, 이 중 주식의 명의개서가 가장 빈번하며, 보통 명의개서라고 할 때에는 이것을 의미한다. 주식의 명의개서청구권은 주권소지인이 주주권을 회사에 대하여 행사하기 위한 전제로서 가지는 권리이다. 따라서 주권소지인은 단독으로 이를 행사할 수 있으며, 양도인인 등록주주의 협력은 필요하지 않다. 한편 명의개서청구권은 주식양도의 자유에 대응하는 것이지만 주식회사의 사무처리상 설정되는 주주명부의 폐쇄기간 중에는 그 행사가 제한된다(§354). 1984. 4. 10 법률 제3724호 개정상법에서 도입하였다.

표현대표이사(表見代表理事)

표현대표이사는 대표이사가 아닌 자가 대표이사로 오인할 수 있는 명칭을 사용하여 회사의 대표행위를 하는 자를 말한다. 대표이사이외의 이사는 법률상 회사를 대표할 권한이 없지만 상법은 거래의 안전을 보장하기 위하여 회사는 이러한 자가 한 행위에 대하여 선의(善意)의 제3자에게 회사의 행위로서 책임을 부담하게 하고 있다(§395, §567). 표현대표이사가 한 행위로서 회사가 그 책임을 부담하기 위하여는 우선 대표이사의 외관이 존재할 필요가 있다. 상법은 이러한 외관을 부여하는 명칭으로서 사장·부사장·전무·상무 기타 회사를 대표할 권한이 있는 것으로 인정될 만한 명칭을 들고 있다. 그 밖에 어떠한 명칭이 여기에 포함되는가에 대하여는 거래계의 통념에 따라 정하여야 한다. 회장, 부회장, 총재, 부총재, 이사장, 부이사장 등이 여기에 포함된다고 보는 것이 통설이다. 또한 외관에 대한 회사의 귀책사유가 있어야 한다. 행위자가 참칭하는 것을 회사가 알고 묵인하여 방치하는 경우도 귀책사유가 된다. 표현대표이사제도는 회사가 부여한 외관을 신뢰하여 거래한 제3자를 보호하기 위한 것이므로 제3자가 행위의 대표권이 없다는 것을 알지 못하여야 한다. 따라서 회사가 책임을 면하기 위하여는 제3자의 악의(惡意)를 입증하여야 한다. 또 어떤 거래에 대하여 표현대표이사의 대표권을 신뢰한 직접의 제3자뿐만 아니라 명칭의 표시를 신뢰한 모든 제3자를 포함한다고 보는 것이 통설이다. 대표권이 있는 명칭하에 행위를 한 주위의 사정으로부터 현저한 의심이 있었음에도 불구하고 등기도 확인하지 않고 회사에 조회도 해보지 않은 경우에 한하여, 회사가 그것을 입증하여 책임을 면할 수 있다(다수설). 대표이사의 선임결의가 무효·취소된 경우 그 대표이사가 제3자와 거래한 경우와 회사가 공동대표를 정하여 그것을 등기한 경우에 공동대표이사가 1인이 단독으로 대표행위를 한 경우에 상법 제395조를 유추 적용할 수 있다. 표현대표이사는 등기(§317② IX)와 이의 공고 후에도 적용이 있으므로 상업등기공고의 효력의 원칙에 대한 예외를 이룬다.

> 상법 제395조는 표현대표이사의 명칭을 예시하면서 사장, 부사장, 전무, 상무 등의 명칭을 들고 있는바, 사장, 부사장, 전무, 상무 등의 명칭은 **표현대표이사의 명칭으로 될 수 있는 직함을 예시한 것으로서 그와 같은 명칭이 표현대표이사의 명칭에 해당하는가 하는 것은 사회 일반의 거래통념에 따라 결정**하여야 할 것이다*(대법원 1999. 11. 12. 선고 99다19797)*.

간접거래(間接去來)

회사와 제3자간의 거래이지만 실질적으로 회사와 이사의 이익이 상반되는 경우를 간접거래라고도 한다. 간접거래도 이사와 회사의 이해가 대립하는 거래이므로 직접거래와 동일하게 취급할 필요가 있다. 상법 제398조의 거래에 간접거래가 포함될 것인가는 우리나라의 경우 통설과 판례에서 간접거래도 포함된다고 보며, 일본의 경우 1981년 개정상법 제265조 1항 후단에서 이를 명문화하였다. 본조의 입법취지가 이사 개인에게 이익이 되고 회사에 불이익이 되는 거래를 저지하는데 있다고 보면, 이사가 당사자가 되는 직접거래나 당사자가 되지 않는 간접거래에 구애됨이 없이 회사와 이사 사이에 이익이 상반되는 한 모두 포함된다고 보아야 한다. 판례에서 상법 제398조의 규제를 받아야 된다고 본 간접거래에는 여러 가지 유형이 있다. 이사가 제3자에게 부담하는 채무를 회사가 연대보증 또는 채무인수를 하는 경우, 이사가 회사의 거래 상대방회사의 이사를 겸하는 경우, 배우자·친족·인척 등 이사와 특별한 관계가 있는 경우 등에서도 이사와 회사와의 실질적인 이해대립이 생긴다고 보고 있다. 오늘날 기업의 결합관계가 크게 진전되고 이른바 문어발식 계열기업이 증대됨으로써 간접거래의 해석문제가 심각하게 등장할 것으로 본다. 이 경우 비록 우리 상법에 명문규정이 없더라도 이사가 대주주인 다른 회사 또는 지배·종속관계가 있는 회사에서도 상법 제398조가 적용되어야 한다고 본다. 간접거래에 있어서 상대방은 그 거래에 이사회의 승인이 필요하다는 것 및 실제에는 이사회의 승낙을 받지 않았다는 것을 알지 못하여야 한다. 상법 제398조가 간접거래에도 적용되는데 있어서 판례는 선의의 제3자를 보호하기 위하여 위반행위의 효과에 대하여 거래의 무효를 주장하려면 회사가 제3자의 악의(惡意)를 입증하여야 한다고 하는 상대적 무효설을 취하고 있다.

> 상법 제398조 소정의 거래 가운데는 이사와 주식회사간에 성립될 이익상반의 행위뿐만 아니라 이사개인의 채무에 관하여 채권자에게 면책적이든 중첩적이든 채무인수를 하는 것과 같은 결국 이사에게는 이롭고 회사에게는 불이익한 것으로 인정되는 행위가 포함된다*(대법원 1965. 6. 22. 선고 65다734)*.

대표소송(代表訴訟)

영;representative suit, derivative suit

주주의 대표소송이란 이사, 감사, 발기인, 청산인 또는 불공정한 가격으로 주식을 인수한 자의 책임을 추궁하기 위하여 주주가 회사를 대표하여 행하는 소송을 말한다. 영미법의 대표소송에서 유래된 제도이며, 대위소송이라고도 한다. 상법 제403조 내지 제406조는 이사의 책임을 추궁하기 위하여 대표소송에 관한 규정을 두고 있으며, 그 밖의 자의 책임의 추궁에 이 규정이 준용되고 있다(상§415, §324, §542②, §424의 2). 주주는 회사를 위해 소송을 수행하고 그 결과는 모두 회사에 귀속된다. 따라서 대표소송을 행하는 권리는 회사의 이익을 보호하기 위하여 주주에게 부여된 공익권이라고 보는 것이 다수설이나, 주식채권설의 입장에서 채권자대위권과 유사한 자익권으로 보는 자도 있다. 대표소송을 함에는 발행주식의 총수의 100분의 1이상에 해당하는 주식을 가진 주주는 먼저 회사에 대하여 서면으로써 이사의 책임추궁을 위한 제소청구를 하여야 하며(상§403①,②), 회사가 30일내에 그 청구에 대하여 제소하지 않을 때에 비로소 주주가 이 소를 제기할 수 있다(§403③). 그러나 이 기간의 경과를 기다려서는 회수불능의 손해가 발생할 우려가 있을 때에는 즉시 회사를 위하여 소를 제기할 수 있다(§403④). 그런데 대표소송은 남용될 염려가 있으므로 피고가 주주의 악의(惡意)임을 소명하고 담보제공을 청구하면 법원은 이에 응하여 소수주주에게 상당한 담보의 제공을 명할 때도 있다(§403⑤, 176③④). 대표소송에 있어 원고·피고가 받은 판결의 효력은 당연히 회사에 미치게 된다(민소§204③). 또 그 반사적 효과로서 다른 주주도 동일한 주장을 하지 못하게 된다. 그러므로 대표소송을 제기한 주주는 회사에 대하여 소송의 고지를 하여야 하며, 회사는 이 소송에 참가할 수 있다(상§404). 주주가 승소할 경우에는 그 주주는 회사에 대하여 소송비용외의 소송으로 인한 실비액의 범위 안에서 상당한 금액의 지급청구권이 인정되며, 패소한 경우에도 악의에 의하지 않는 한 비록 과실이 있는 경우에도 손해배상의 책임을 지지 않는다(§405). 이는 주주로 하여금 대표소송의 제기를 용이하게 하기 위한 것이다. 또 원고·피고의 공모에 의하여 확정된 불리한 판결의 구제를 위하여 재심의 소가 인정된다(§406). 이 제도는 발기인(§324)·감사(§415)·청산인(§542②)에게도 인정되며 유한회사와 유한책임회사에서도 인정된다(§565, §287의22).

집중투표제도(集中投票制度)

소주주의 이익을 대표하는 이사의 선임이 가능하도록 하기 위하여 2인 이상 이사의 선임시 의결권 있는 발행주식 총수의 100분의 3이상의 주식을 보유한 주주의 청구가 있는 경우에는 1주마다 선임할 이사의 수만큼의 의결권을 갖도록 하고 이를 이사후보자 1인에게 집중하여 행사할 수 있는 집중투표의 방법에 의하여 이사를 선임할 수 있도록 한 제도이다. 즉, 2인 이상의 이사의 선임을 목적으로 하는 총회의 소집이 있는 때에는 의결권 없는 주식을 제외한 발행주식총수의 100분의 3이상에 해당하는 주식을 가진 주주는 정관에서 달리 정하는 경우를 제외하고는 회사에 대하여 집중투표의 방법으로 이사를 선임할 것을 청구할 수 있는데(상법 382조의2 1항), 이 청구는 회일의 7일전까지 서면으로 이를 하여야 하며, 이 청구가 있는 경우에 이사의 선임결의에 관하여 각 주주는 1주마다 선임할 이사의 수와 동일한 수의 의결권을 가지며, 그 의결권은 이사 후보자 1인 또는 수인에게 집중하여 투표하는 방법으로 행사할 수 있다(동법 382조의2 2항·3항). 위의 규정에 의한 투표의 방법으로 이사를 선임하는 경우에는 의장은 의결에 앞서 그러한 청구가 있다는 취지를 알려야 한다. 서면은 총회가 종결될 때까지 이를 본점에 비치하고 주주로 하여금 영업시간 내에 열람할 수 있게 하여야 한다(동법 382조의2 4·5·6).

신주인수권(新株引受權)
영;preemptive right
독;Bezugsrecht
불;droit de souscription

신주인수권은 회사성립후 신주를 발행하는 경우 그 신주를 우선적으로 배정 받을 권리를 말한다. 인수를 우선해서 할 수 있는 권리일 뿐 발행가액이나 기타 인수조건에서 우대받을 수 있는 권리는 아니다. 우리 상법은 주주의 이익을 보호하기 위하여 주주의 신주인수권을 원칙적으로 인정한다(상§418). 회사에서 신주가 발행되면 구주주(舊株主)의 주주총회에서 가졌던 결의권 비율은 감소하고 이전 같으면 행사할 수 있었던 소수주주권을 행사할 수 없게 되는 경우가 생기며, 또 주가의 하락에 따른 경제적 손실도 없지 않다. 그러나 신주인수권을 기계적으로 구주주에게만 인정한다면 신주발행에 관한 이사회의 자유재량권이 제한되므로 자금조달의 기동성을 확보하려는 수권자본의 제도적 의의가 격감한다. 이에 상법은 주주 이외에 제3자에게 법률 또는 정관에 특별한 정함이 있는 경우에 신주인수권을 부여하고 있다(§420V). 이러한 법률에 의한 주주의 신주인수권과 정관에 의한 제3자의 신주인수권은 이른바 추상적 신주인수권이며, 이사회의 결의로써 주주 또는 제3자에게 신주인수권을 줄 것을 정한 때에는 구체적 신주인수권이 된다. 그러나 주주는 유한책임을 지므로 신주인수권은 주주의 권리일 뿐 의무는 아니다. 따라서 신주인수권자는 반드시 신주인수권을 행사하여 출자해야 하는 것은 아니다. 또한 신주인수권은 주식의 과실이 아니다. 따라서 신주인수권을 행사하여 인수한 주식에는 질권의 효력이 미치지 아니한다. 신주인수권을 양도할 수 있다는 것은 정관으로 또는 이사회가 임의로 정할 수 있다(§416V). 따라서 이를 정하지 아니할 수도 있다. 신주인수권부사채권자는 이사회의 정함에 따라 신주인수권만을 따로 양도할 수 있다(§516의2, ② Ⅳ). 이사회가 신주인수권을 양도할 수 있음을 정한 경우 신주인수권의 양도는 회사가 발행한 신주인수권증서의 교부에 의하여서만 할 수 있다(§420의3 ①). 신주인수권의 양도방법을 정형화하기 위함이다. 주권에서와 마찬가지로 신주인수권증서의 점유에 권리확정력이 있으면 선의취득도 가능하다(§420의3 ②). 신주인수권부사채권자의 신주인수권은 신주인수권증서의 교부에 의하여 양도한다(§515의6 ①).

통모인수인(通謀引受人)

이사와 통모하여 현저하게 불공정한 발행가액으로 주식을 인수한 자이다. 이러한 자는 회사에 대하여 공정한 발행가액과 차액에 상당한 금액을 지급할 의무가 있다(상§424의 2①). 통모인수인의 책임은 회사의 자본충실을 위한 추가적 출자의무의 성질을 가지므로 주주유한책임원칙의 예외를 이룬다. 공정한 가액과 인수가와의 차액은 인수할 때의 공정한 가액을 기준으로 계산해야 한다. 또한 주식이 양도되더라도 책임이 이전되는 것은 아니다. 인수인으로부터 지급받은 차액은 성질상 자본준비금으로 적립하여야 할 것이다(§459).

포괄증자(包括增資)

신주를 발행함에 있어 발행가액 중 일부는 준비금의 자본전입으로 처리하고 나머지 일부만 인수인이 납입하게 하는 방법이다. 이 때 주주만이 인수인이 되며 그가 가지는 신주인수권에 따라 인수할 수 있다. 이에 의해 주주는 유상의 신주와 무상의 신주를 동시에 취득하는 셈이 된다. 일본상법에서는 일반적으로 이를 인정하지만(일·상§280의9 ②), 우리 상법에서는 주주유한책임과 관련하여 문제가 있어 상당한 보완책의 마련이 선행되어야 한다.

담보부사채(擔保附社債)

영;mortgage debenture
독;obligations hypothécaires

담보부사채란 물적 담보가 있는 사채를 의미한다. 무담보사채의 경우 사채권자는 다른 회사에 대한 채권자와 평등한 지위를 갖고 있다. 사채의 모집·상환 등을 원활하게 하기 위하여 담보부사채가 이용된다. 담보부사채와 보증사채는 담보가 있다는 점에서 같지만, 담보부사채에는 물적 담보가, 보증사채에는 인적 담보가 있다는 점에서 차이가 있다. 사채를 발행하는 경우 각 사채권자에 대하여 개별적으로 담보를 제공하는 것은 어렵기 때문에 영국의 신탁법리를 이용한 담보부사채신탁법을 마련하여 모든 사채권자가 공동의 담보권을 가질 수 있도록 하고 있다. 사채에 물상담보를 설정하고자 할 때에는 그 사채를 발행하는 회사와 신탁업자(신탁회사 또는 금융기관)간에 신탁계약이 체결되어야 한다(담보부사채신탁법§3). 신탁계약은 법정사항을 기재한 신탁증서에 의하여 체결되어야 한다(담보부사채신탁법§12, §13). 신탁업자는 신탁증서에 기재된 총 사채를 위한 담보권을 취득하고 총사채권자를 위하여 담보권을 보존, 실행하여야 한다(담보부사채신탁법§60). 사채권자는 그 채권액에 따라 평등하게 담보의 이익을 가진다(담보부사채신탁법§61). 이 계약은 종된 담보권이 주된 권리인 사채의 성립이전에 그 효력을 발생하며(담보부사채신탁법§62), 주된 권리인 사채의 주체와 종된 권리인 담보권의 주체가 다르며(담보부사채신탁법§60①), 신탁계약의 당사자가 아닌 사채권자에 대하여 신탁회사가 선량한 관리자의 주의로써 신탁사무를 처리하는 의무를 부담하는 것(담보부사채신탁법§59) 등에 특색이 있다. 신탁계약에 의하여 설정될 수 있는 물상담보는 동산질(動産質), 증서가 있는 채권질, 주식질, 부동산저당 기타 법령이 인정하는 각종저당에 한정된다(담보부사채신탁법§4). 신탁업무에 관하여는 재정경제원장관이 일정한 감독권을 갖는다(담보부사채신탁법§7~§11). 담보부사채의 발행에 관하여는 담보부사채신탁법 제17조 내지 제40조에 상세하게 규정되어 있다.

무담보사채(無擔保社債)

사채권의 담보 목적으로 물상담보가 붙여져 있지 않는 사채로서, 담보부사채에 대응하는 개념, 상법상 사채에 관한 규정은 이것을 대상으로 하여 규정하고 있다. 종래 내국채는 무담보사채가 보통이었으나 최근에는 내국채에 관하여도 담보부사채가 통례이며 무담보사채는 감소되는 추세이다.

재무제표(財務諸表)

영;financial statements

재무제표란 회사의 경영과 재산상태를 명확히 표시하기 위한 서류이다. 계산서류라고도 한다. 물적 회사인 주식회사와 유한회사에 대하여 그 작성이 요구된다(상§447, §579). 주식회사와 유한회사도 상인이므로 상업장부를 작성해야 함은 당연한 것이지만(§29) 이것만으로는 불충분하며 특히 재무제표의 작성이 요구된다. 재무제표에는 대차대조표, 손익계산서 및 이익잉여금처분계산서 또는 결손금처리계산서의 3종이 있으며(§447), 이에 부속하는 것으로 재무제표부속명세서가 있다. 재무제표와 상업장부는 재산과 영업상태를 표시함을 목적으로 하는 점에서는 같지만 그 범위는 일치하지 않는다. 대차대조표는 재무제표이자상업장부이고, 회계장부는 상업장부이지만 재무제표가 아니며, 손익계산서와 이익잉여금처분계산서 또는 결손금처리계산서는 재무제표이지만 상업장부가 아니다. 재무제표는 진실·명료·계속성의 원칙에 따라 기재하여야 한다. 이사는 매결산기에 재무제표와 그 부속명세서 및 영업보고서를 작성하여 이사회의 승인을 얻어야 한다(§447, §447의 2①). 또는 이사는 재무제표를 정기주주총회에 제출하여 그 승인을 요구하여야 하며(§449①) 영업보고서를 제출하여 그 내용을 보고하여야 한다(§449②, §447의2). 주주총회에서 재무제표의 승인을 하면 재무제표는 확정되고 이사는 이에 기하여 준비금을 적립하고 이익의 배당을 하는 등

승인내용을 집행하게 된다. 주주총회에서 재무제표의 승인을 받은 후 이사는 지체없이 대차대조표를 공고하여야 한다(§449③). 이사는 정기주주총회 회일의 1주간 전부터 재무제표와 영업보고서 및 감사보고서를 본점에 5년간, 그 등본을 지점에 3년간 비치하여야 한다(§448①, §447, §447의2). 이 비치의 무위반에 대하여는 500만원 이하의 과태료의 제재가 가하여진다(§635①X XI). 주주와 회사채권자는 영업시간 내에 언제든지 위의 비치서류를 열람할 수 있으며 회사가 정한 비용을 지급하고 그 서류의 등본이나 초본의 교부를 청구할 수 있다(§448②)

통상대차대조표(通常貸借對照表)

통상대차대조표란 기업이 결산기에 작성하는 대차대조표를 말하지만 개업시에 작성하는 대차대조표도 이에 속한다. 대차대조표는 상업장부에 속하며(상§29①), 상인은 영업을 개시한 때와 매년 1회 이상 일정시기에 대차대조표를 작성하여야 한다(§30②). 다만, 소상인은 작성의무가 없다(§9). 또한 회사는 성립시와 매결산기에 대차대조표를 작성해야 한다(§30②). 더욱이 물적회사에 있어서 대차대조표는 재무제표에 속하고, 감사에 의한 감사, 이해관계자에 대한 공시 및 주주총회에 의한 승인의 대상이 되며(§447, §447의3, §447의4①, §448, §449), 주식회사에 있어서는 대차대조표를 공고하여야 한다(손익계산서, §449③). 이상에서 언급한 여러 경우에 있어서의 대차대조표 작성은 회계장부를 기초로 작성하여야 한다(이른바 유도법 - 상§30②).

비상대차대조표(非常貸借對照表)

비상대차대조표란 개업시와 통상의 결산기 외에 반드시 기업의 존속을 전제로 하지 않는 비상시에 작성하는 대차대조표인 바, 통상의 결산대차대조표와는 다른 기준이 적용된다(원가주의에 대한 시가주의, 유도법에 대한 재고법 등) 합병, 청산, 파산등의 경우에 작성하는 대차대조표가 이에 속한다(상§522의 2, §534).

자산평가(資産評價)

자산목록이나 대차대조표에 기재할 재산의 평가를 말한다. 상법총칙이 회계장부에 기재되는 자산의 평가원칙을 정하고 있고(상§31), 이는 유한회사에도 준용한다. 그와 같은 특칙은 무엇보다도 유동자산과 고정자산의 평가에 관한 규정이며, 이연자산에 대하여는 그 성질상 따로 규정하고 있다. 다만, 금전채권, 사채, 주식, 영업권 등에 대하여는 그 특수성을 고려하여 규정하고 있다. 평가원칙으로는 취득가액 또는 제작가액을 기준으로 하는 원가주의를 채용하고 있지만, 예외적인 경우도 적지 않다. 또한 자산평가방법을 선택할 수 있는 경우, 평가방법을 변경한 때에는 그 취지를 대차대조표나 손익계산서에 주기하여야 한다. 이른바 계속성의 원칙을 반영한 것이다. 일반재산의 평가는 목록작성당시의 가격에 의하여야 하고(§31 I), 영업용고정자산에 관하여는 그 취득가액 또는 작성가액으로부터 상당한 감손액을 공제한 가액을 기재하도록 되어 있다(§31 II). 주식회사나 유한회사에 있어서는 유동재산에 대하여는 취득가액 또는 제작가액에 의하게 하고(원가주의), 또 시가가 취득가액 또는 제작가액보다 훨씬 낮을 경우에는 시가에 의하도록 하며, 그밖에 금전채권은 채권금액에 의하되 추심불능액을 공제하고, 사채는 거래소의 시세가 있는 것은 결산기전 1월의 평균가액, 그렇지 않은 것은 취득가액에 의하며, 주식은 취득가액을 원칙으로 하나 거래소의 시세가 있는 것이 결산기전 1월의 평균가액이 취득가액보다 낮을 경우에는 시가에 의하게 하였고, 영업권은 유상으로 승계취득한 경우에 한하여 취득가액을 기재하도록 하고 있다(§583①).

자산재평가(資産再評價)

법인이나 개인기업에 소속되는 사업용자산이나 이에 제공한 자산을 현실에 상응한 가액으로 그 장부가액을 증액하는 것이다. 자산재평가법이 이를 정하고 있다. 이 법은 법인 또는 개인의 자산을 현실에 적합하도록 재평가하여 적정한 감가상각을 가능하게 하고 기업자본의 정확을 기함으로써 경영의 합리화를 도모하게 함을 목적으로 한다(§1).

이연계정(移延計定)

영;deferred account

영업연도에 지출된 비용으로서, 기업경영상 필요유익하고, 그 경제적 효과가 차기년도 이후에도 계속 예상되는 경우에 이를 지출연도의 손실에 계상하지 않고 대차대조표의 자산의 부(部)에 계상하여 수년에 분할하여 이를 상각하기 위하여 설정되는 계정이다. 이연자산계정이라고도 한다,

이연자산계정(移延資産計定)

→ 이연계정

결산보고서(決算報告書)

일반적으로 기업에 있어서 회계연도의 경영성적을 계산확정하여 기업의 재정상태를 명확히 하는 절차를 결산이라고 한다. 상법상은 이에 관한 서류를 계산서류라고 하는데 실무상은 이러한 계산서류를 일괄하여 결산보고서 또는 영업보고서라고 하며, 회계상에서도 결산보고서라고 하는 경우가 있다. 물적회사에서는 주주·회사채무자 등의 이익의 조정보호를 위하여 이사에게 이러한 계산서류의 작성·승인·공고 등에 관하여 엄중한 규제를 하고 있다(상§447~§450). 또 청산업무를 종결한 청산인이 작성하고 주주총회에 제출하여 그 승인을 얻어야 하는 결산보고서(§540①)는 별개의 것이다.

영업보고서(營業報告書)
영;operating report
독;Geschäftsbericht

영업보고서라 함은 당해 영업연도의 회사의 영업상황을 서술적으로 기재한 보고서이다. 따라서 영업보고서는 수치로 설명할 수 없는 사항을 해설하는 기능을 가진다. 영업보고서도 상법상 계산서류 중의 하나이다(상§447의2). 이사는 매결산기에 영업보고서를 작성하여 이사회의 승인을 얻어야 한다. 영업보고서에는 대통령령이 정하는 바에 의하여 영업에 관한 중요한 사항을 기재하여야 한다(상447의2, 상법의 일부 규정의 시행에 관한 규정§5).

사업설명서(事業說明書)
영;prospectus
독;Prospekt

주식회사의 경우에서 주식·사채의 모집 또는 매출의 당시에 청약자에게 회사의 근본조직·사업개요 등을 알릴 목적으로 작성하는 서류이다. 우리 상법은 그 작성을 강제하지 않고 모집설립 또는 신주발행에 있어서의 주식인수는 회사의 상호·자본·이익배당 등 사업에 관한 중요한 사항을 기재한 주식청약서에 의하여야 하는 것으로 되어 있고(상§420),사채모집에 있어서의 사채인수도 원칙적으로 사채청약서에 의거하도록 되어 있다(§474). 다만, 사업설명서에 발기인이 아니면서 자기의 성명 또는 설립찬조의 뜻을 기재한 자의 책임(§327)과 허위의 기재를 한 자에 대한 벌칙에 관한 규정(5년 이하의 징역 또는 1,500만원 이하의 벌금)이 설정되어 있다(§627).

보증자본(保證資本)
영;guaranteed capital

은행·회사가 채무자의 보증금으로서 보류하여 두는 자금을 뜻한다. 운영자본에 대하는 개념으로, 은행·회사에 있어서의 미납입금, 은행 및 보험회사가 보유하고 있는 준비금과 동일한 성질의 것이다.

연도평가순익(年度評價純益)

일개 영업연도에 있어서의 재산의 평가이익으로부터 그 평가액을 공제한 액이다. 상법상 전액을 자본준비금으로 적립함을 요한다(상§459).
여기에서 말하는 이른바 평가이익에 관하여는 (1) 영업용의 고정자산에 평가이익의 산출을 부정하는 견지에서 유동자산의 그것에 한하다는 설과, (2) 취득가격 또는 제작가격의 범위 내에서는 고정자산에 관하여 평가이익의 산출을 인정하는 견지에서 고정자산의 그것도 포함한다는 설이 있다. 재무제표규칙에서는 고정자산의 평가액에 한정하고 있다(재규§28①II).

이익공통계약(利益共通契約)
독;Interessengemeinsch-aftsvertrag

사업자가 영업상의 손익 전체를 타인과 공통으로 하는 계약이다. 즉 타인과 일정한 계산기간내에 있어서 영업상의 손익을 합산하고, 그 전체의 결과에 관해서 일정한 비율로써 참가할 것을 약속하는 것으로 이 계약에 따라서 설정되는 기업결합을 이익공동체라고 한다. 물적회사에 있어서는 이 계약의 체결·변경·해약에는 주주총회 또는 사원총회의 특별결의를 필요로 한다(상§374① Ⅱ, §576①).

감가상각(減價償却)

고정자산이 일정기간 후에 점차 소모되어 그 가치를 상실한 경우에 매영업연도의 감가액을 계상하여 재산평가에 있어서 재산의 장부가액에서 그 감가액을 공제하는 것이다. 손실계산을 명백히 하기 위하여 자산을 취득원가로서 계상하고 상각액을 감가상각충당금으로 표시하는 방법이 채용되고 있다. 물적회사 및 상인으로서 이 방법이 채용여부는 법률상 임의이다(상§31Ⅱ).

채무초과(債務超過)

독;berschuldung

재산계산의 경우에 소극재산총액이 적극재산총액을 초과하는 경우를 채무초과라고 하고, 파산법상 사회가 그 재산으로 채무를 완제할 수 없는 때를 의미하기도 한다(파§117, 상§212①·§269, 민§93). 채무초과의 효과로서는 (1) 합명회사·합자회사 사원의 직접연대책임의 발행원인으로 된다(상§212①, §269). (2) 파산절차의 경우에는 일반적으로 지급불능이 파산원인으로 되지만(파§116), 존립중의 합명회사·합자회사를 제외하고 법인의 경우는 그 물적구성이 중요하므로 채무초과도 파산원인으로 되어 있다(파§117).

충당금(充當金)

충당금이란 차기 이후의 지출할 것이 확실한 특정비용에 대비하여 미리 그 이전에 각기간의 대차대조표 부채항목에 미리 계상하는 금액을 말하며, 유동부채, 고정부채와 함께 부채항목의 하나이다. 충당금에는 부채성이 있는 것(이른바 조건부부채)과 채무성이 없는 것이 있다. 부채성충당금에는 퇴직급여충당금과 법인세충당금이 있다. 비채무성충당금에는 수선충당금, 감가상각충당금, 대손충당금이 있는바 이 중 감가상각충당금과 대손충당금은 평가성충당금이라 일컬어지며 각각 자산항목에 기재하는 상각자산 및 금전채권에 대한 평가항목 또는 가격광정항목으로 간주된다.

그러므로 이러한 감가상각액, 환수불능예상액은 자산항목의 금전채권액, 상각자산액으로부터 공제되며, 부채항목에 계상하는 충당금에 포함되지 않는다. 이상과 같이 충당금의 본질은 채무성의 유무가 아니고 비용의 예상여부에 있다. 배당평균적립금, 감채적립금 등은 물론 조세법상의 가격변동준비금, 결손준비금, 특별상각충당금, 해외시장개척준비금 등도 비용인바, 이를 충당금으로 「부채항목」에 계상하는 것을 인정한다면 경영자의 자의에 의하여 이익의 부채화를 인정한 것이 되어 주주총회의 이익처분권, 주주의 이익배당청구권을 해하게 되므로, 이는 충당금에 포함되지 않는다고 해석해야 한다. 설령 조세법이 이를 부채항목에 계상하는 것을 인정하고 있어도 조세법에 따라 부채로 분류할 수는 없으며, 의제부채에 불과하다. 그 충당금은 유동부채, 고정부채와 구분하여 대차대조표의 부채항목 중 충당금항목에 기재한다. 다만 퇴직급여충당금, 법인세충당금과 같은 채무성충당금은 그 외의 충당금과 다른 조건부채무로서 유동부채항목 또는 고정부채항목에 계상할 수도 있지만, 이는 일반적인 충당금과는 다르며 반드시 이상의 어느 것에 계상해야 한다. 또한 감가상각충당금과 대손충당금 같은 평가성충당금은 앞에서 기술한 바와 같이 자산액으로부터 공제되며, 대차대조표에 충당금으로 표시되지는 않는다.

준비금(準備金)
영;reserve, reserve fund
독;Reservefonds
불;réservve

준비금은 회사가 일정한 목적을 위하여 순재산액이 자본액을 초과하는 액을 회사에 보유하여 두는 경우 그 재산적 수액를 말한다. 적립금·부가자본 또는 저축자본이라고도 한다. 주식회사에서 채권자의 담보로 되는 것은 오직 회사재산 뿐이며, 또 장래에 예측하지 않은 자본의 결손이 염려되므로 기업의 건전한 발전과 회사채권자 보호를 위하여 적립된 재산을 준비금이라 한다. 다만, 준비금은 자본과 같이 대차대조표의 부채의 부(部)에 따라 계상되는 순전한 계산상 수액에 지나지 않는다. 특별한 기금의 형태로 보관되는 금전과 같은 것이 아니고 준비금의 액에 상당하는 재산이 회사에 보유되는 한, 어떠한 형태로 있든지 이를 묻지 않는다. 따라서 준비금을 적립한다든가 사용하는 것은 현실적으로 금전을 적립하거나 또는 지출하는 것을 뜻하지 않는다. 오직 대차대조표의 부채의 부에 기재되는 준비금의 액을 증가하거나 감소하는 것을 뜻하는 데 지나지 않는다. 그러나 준비금을 적립하면 주주에게 이익으로 배당하는 금액이 그만큼 감소되므로 회사의 적극재산이 전반적으로 증가하게 된다. 이에 대하여 준비금이 감소되면 자산으로부터 공제하여야 할 금액이 그만큼 감소되는 결과가 생긴다. 이에 따라 대차대조표의 자산의 부에 계상되는 손실의 액이 감소되게 될 뿐이다. 준비금에는 상법 기타 법률의 규정에 의하여 적립하는 법정준비금과 정관 또는 주주총회의 결의에 의하여 적립하는 임의준비금이 있다. 상법에서의 준비금은 법정준비금을 지칭한다(§460, §460①·§462,). 이에 대하여 대차대조표에 표시되지 않는 비밀준비금과 형식상 대차대조표의 부채의 부에 偈記(게기)되나 재산의 평가액의 수정을 위한 이른바 가격광정항목의 뜻만이 있는 진정준비금(의사준비금이라고도 한다)은 광의(廣義)에서는 준비금에 포함되나 이상에서 본바와 같은 진정한 준비금이 아니다.

법정준비금(法定準備金)
영;legal reserve
독;gesetzlicher Reservefonds
불;réserve légale

법정준비금은 자본의 결손을 보충하기 위하여 상법 기타 법률의 규정에 따라 그 적립이 강제되는 준비금을 말한다. 적립의 재원에 따라 이익준비금(상§458)과 자본준비금(§459)으로 나누어진다. 법정준비금은 자본의 결손전보에 충당하는 경우 외에는 이를 처분하지 못하는 것이 원칙이나 주식회사에 있어서는 이것을 자본에 전입할 수 있다(§461①). 여기에서 자본의 결손이란 순재산액이 자본 및 법정준비금의 합계액보다 적은 경우를 말한다. 개정 전 상법에서는 자본의 결손전보를 위하여 법정준비금을 사용하는 데에는 그 준비금의 종류에 따라 사용의 선후가 정하여져 있었다. 즉 이익준비금으로 자본의 결손의 전보에 충당하고서도 부족한 경우가 아니면 자본준비금으로 이에 충당하지 못하도록 규정하고 있었다(§460②). 그러나 2011년 상법개정시 이에 대한 규정은 삭제되었다.

자본준비금(資本準備金)
영;capital surplus reserve

자본준비금은 영업상의 이익 이외의 특수한 잉여금으로서 적립하는 법정준비금이다. 회사의 영업거래로부터 생긴 이익이 아닌 자본잉여금을 재원으로 하는 법정준비금으로 미국법상 자본잉여금제도와 유사한 취지이다. 자본준비금은 자본과 마찬가지로 주주에 의하여 출자된 금액을 기초로 하고 이익준비금과 함께 법정준비금으로 적립이 강제되며 그 사용도 규제를 받고 있지만, 그 원천이 이익이 아니라는 점에서 이익준비금과 차이가 있다. 자본준비금이 구속을 받는 것은 자본이나 이익준비금과 마찬가지로 회사채권자를 보호하기 위한 것이지만, 자본준비금이 자본과 구별되는 것은 오직 기업경영에 탄력성을 줌과 아울러 주주의 이해를 고려한 것이라고 여겨진다. 자본준비금은 자본이나 이익준비금과 동일하게 추상적인 금액이며, 현금 기타 구체적인 재산과는 직접 관계가 없다. 자본준비금은 이익준비금의 경우처럼 적립한도는 없고 무제한으로 적립할 수 있다. 자본준비금으로 적립해야 하는 이익은 대통령령으로 정하도록 되어 있다(§459①).

액면초과액(額面超過額)
영;premium

액면주식을 액면초과하여 발행한 경우의 초과액이다. 주식프레미엄이라고 일컬어진다. 주주의 출자의 일부와 다름 없으며, 자본준비금으로 적립해야 하는 이익으로 분류된다. 우리나라에서는 지금까지 액면발행이 보통이었으므로 주식프레미엄의 발생이 적었으나, 최근에 들어 미국과 같이 시가발행이 많아지면서 프레미엄액도 증가하고 자본준비금 중 중요한 의미를 갖게 되었다. 무액면주식의 발행가액 일부를 자본에 전입하지 않은 경우 그 전입하지 않은 금액을 납입잉여금이라고 하는바 이의 존재는 자본과 자본잉여금의 차이가 전적으로 상대적인 것임을 시사하는 것으로 무액면주식의 발행이 허용되는 미국이나 일본의 경우 이를 자본준비금으로 적립하도록 하고 있다.

감자차익금(減資差益金)
영;Surplus arising from reduction of regal capital

자본감소의 경우에 그 감소액이 주식의 소각이나 주금(株金)의 환급에 요한 금액(사실상의 감자)과 결손의 전보에 충당한 금액(명의상의 감자)을 초과한 때에는 그 초과금액을 말한다. 자본감소로 말미암아 생긴 잉여금이므로 감자잉여금(減資剩餘金)이라고도 한다. 이러한 감자차익금은 자본준비금으로 적립해야 하는 이익으로 분류된다. 회사의 순재산 가운데 자본액을 초과하는 부분이지만 자본수정의 결과 생긴 것으로 그 성질상 주주에게 배당할 수 없기 때문이다. 여기에서 차익이란 대차잔고)는 정도의 의미로 이익이 아니며 감자시에 자본의 일부를 자본준비금에 전입시킨 것일 뿐이다. 이는 주식의 소각도 환급도 아니고 결손의 전보도 아니며, 단지 자본만을 일방적으로 감소한 경우를 고려한 것이다.

감자잉여금(減資剩餘金)

→ 감자차익금

이익준비금(利益準備金)
영;earned surplus reserve

이익준비금은 매결산기의 이익을 재원으로 하는 법정준비금이다. 회사의 이익은 자본과는 달리 본래 그 전부를 주주에게 배당할 수도 있는 것이지만, 주식회사와 같은 물적 회사에서는 회사의 재산적 기초를 보다 견고히 하기 위하여 이익의 일부를 유보하도록 강제하고 있다. 이와 같이 이익준비금은 기업의 유지와 회사채권자의 보호를 목적으로 하는 제도이다. 그러나 이익배당을 전혀 하지 않은 경우와 주식배당의 경우에는 회사자산이 외부로 유출되지 않기 때문에 이익준비금의 적립을 강제하지 않는다. 이익준비금은 자본이나 자본준비금과 마찬가지로 추상적인 금액이며 현금 기타 구체적인 금액과는 직접 관계가 없다. 회사는 그 자본의 2분의 1에 달할 때까지 매결산기의 금전에 의한 이익배당액 10분의 1 이상의 금액을 이익준비금으로 적립하여야 한다(상 §458). 매결산기의 이익이란 주주에게 현실적으로 배당하는 이익이 아닌 대차대조표상의 이익이며(전기의 이월이익금은 제외되지만 이월손익금이 있으면 이것을 공제한 감액) 법인세 공제전의 이익이다. 이익준비금의 적립액은 다음과 같이 두가지 방법으로 산정된다.

(1) 이익준비금당기적립액≥【순자산액-(자본액+법정준비금액)】$\times \frac{1}{11}$

(2) 이익준비금당기적립액≥【(순자산액-자본액)-특정이연자산액】$\times \frac{1}{10}$

또한 중간배당이 행해진 경우에는 금전배당액의 10분의 1을 이익준비금으로 적립해야 한다. 이익준비금의 적립이 적립한도액을 넘는 경우, 그 초과액은 이미 법정준비금이 아니며 단순한 유보이익 내지 임의준비금이다.

임의준비금(任意準備金)

영;voluntary reserve
독;frewillige Reservefonds
불;ŕeserve statutire, ŕeserve extraordinaire

임의준비금은 정관 또는 주주총회의 결의에 의하여 적립하는 준비금을 말한다. 법정준비금을 공제한 잔여이익에서 적립되며, 이것은 사용목적이 미리 정하여져 있는 것과 그렇지 아니한 것(별도적립금)이 있다. 준비금적립의 목적에는 손실전보, 사업의 확장, 주식의 소각(상§343), 퇴직급여, 사채의 상환 등이 있다. 이익의 일부를 차년도에 이월하는 차기이월금도 그 성질이 일시적인 임의준비금이다. 임의준비금은 정관이나 주주총회의 결의의 내용에 따라 사용한다. 또 정관변경이나 주주총회의 결의로 그 적립의 폐지 또는 변경도 할 수 있다.

상환준비금(償還準備金)

영;sinking fund, redemption fund

상환주식 소각의 목적하에 적립되는 임의준비금이다. 상환주식의 상환에 기한을 붙이고 주주에게 주식상환을 청구하는 권리를 부여하는 경우, 대량상환을 가능케 할 목적으로 정관의 규정에 따라서 순익중에서 적립된다. 그 적립을 확실하게 행하기 위하여 적립을 보통주의 배당에 우선시키고, 또 누적적(累積的)으로 행할 수도 있으며, 이에 상응하는 기금을 신탁회사 등에 예탁하는 것도 가능하다.

부진정준비금(不眞正準備金)

독;unechte Reserve

외형적으로는 적립금 또는 준비금의 명목으로서 대차대조표상 부채의 부에 기재되나 실질적으로는 준비금으로서의 성질을 갖지 않은 것이다. 의사준비금이라고도 한다. 이에는 첫째, 평가의 적정을 이루기 위해서 공제항목으로서 감가상각적립금·체대적립금(滯貸積立金) 등이 있으며, 둘째, 장래 발생할 미확정 채무의 담보를 위한 채무항목으로서 책임준비금·수선충당금·납세충당금 등이 있다.

유사준비금(類似準備金)

→ 부진정준비금

비밀준비금(祕密準備金)

영;secret reserve
독;stille Reserven, stille Reservefonds
불;ŕeserve occulte

비밀준비금은 대차대조표상 준비금의 명칭으로 기재되지는 않으나 재산항목을 고의로 과소평가 하여 그 차액이 실질적으로 준비금으로서의 성질을 가진 재산을 뜻한다. 흔히 은닉된 준비금이라고 한다. 가격광정항목은 고정재산의 취득 또는 제작가액 혹은 불확실한 채권명의액을 자산의 부에 계상하는 경우, 부채의 부에 그 감손액 또는 회수불능액을 표시하는 항목을 말한다. 예컨대 동산·부동산에 대한 감가상각준비금 또는 감가적립금·채권에 대한 결손준비금이다. 이것들은 준비금의 명칭을 가지나, 실질적으로 준비금이 아니므로 부진정준비금 또는 위장준비금이라고도 한다. 비밀준비금이나 가격광정항목은 다같이 회사의 재산적 기초를 튼튼히 하고 실제 착실한 회사가 이를 하는 것이 일반적이다. 그러나 이것은 대차대조표에서 진실의 원칙에 반하고 탈세, 이사의 자의를 가져올 염려가 적지 않다. 이에 따라 각국 상법은 준비금의 적립요건을 엄격히 하거나 자산평가규정을 세밀히 하여 이를 금지하고 있다(독주식§153, §154. 영회사부칙§8).

손익계산서(損益計算書)

영;income statement, profit and loss statement
독;Gewinnundverlustrechnung
불;compte de pertes et profits

손익계산서는 회계연도의 비용과 수익을 대응시켜 그 기간의 회사의 손익, 즉 영업성적을 표시한 재무제표이다. 대차대조표가 일정시점에서 기업의 정적 상태를 표시한 것인 반면, 손익계산서는 일정기간의 기업의 동적 상태를 표시한 재무제표라고 할 수 있다. 손익계산서의 기재방법에는 기업 본래의 기간경영에서 계속적으로 발생하는 경상적 손익만을 기재하는 당기업적주의와 1회계년도에 발생 및 발견된 비용·수익은 그 귀속시기를 묻지 아니하고 모두 귀속시키는 포괄주의가 회계이론상 대립된다. 당기업적주의에 의하면 임시손실·당기손익수정 및 영업외의 손익 등이 제외되므로 각기의 경영성과의 비교는 용이하게 되나, 손익항목의 선별이 자의에 의하게 되는 문제점이 있다. 기업회계기준에서는 포괄주의를 취한다(기회§64). 손익계산서의 양식은 계정식과 보고식이 있으나 보고식이 원칙이다(기회§64Ⅱ). 그리고 계정항목은 기업회계기준에서 상세히 정하고 있다(기회§65④).

경상손익(經常損益)

경상손익이란 일정기간에 발생한 비용과 수익이다. 기간손익이라고도 하며 기업경영의 성과를 나타낸다. 경상손익은 영업손익액에 영업외수익의 합계액과 영업외비용의 합계액을 가감한 금액으로 산정되며 그것이 플러스(+)라면 경상이익, 마이너스(-)라면 경상손실이 된다. 그러므로 경상손익산정의 절차는 영업손익의 계산과 영업외손익의 계산으로 분류된다. 이 중 기업의 수익력판정에 있어서 중요한 의미를 갖는 것은 영업손익이다.

영업손익(營業損益)

영업손익은 매상고(賣上高) 등의 영업수익의 합계액과 매상원가, 판매비, 일반관리비 등의 영업비용과 합계액과의 차액이다. 그것이 플러스라면 영업이익, 마이너스라면 영업손실이 된다.

영업외 손익(營業外 損益)

영업외손익은 수입이자, 매입할인 및 외환차익 등의 영업외수익의 합계액(기회§78)과 지급이자, 매출할인 및 외환차손 등의 영업외비용과의 차액이다. 그것이 플러스라면 영업외이익, 마이너스라면 영업외손실이 된다. 기업회계기준에서는 이를 직접 영업손익에 가감하여 경상손익을 계산한다(기회§77).

특별손익(特別損益)

특별손익은 기업의 이익 또는 손실의 증감을 초래하는 요인을 말한다. 엄밀한 의미에서 경영성과는 아니며 본래의 경영성과를 나타내는 경영손익과 구별하여 표시할 것이 요구된다. 특별손익에는 (1) 투자자산처분손익 (2) 고정자산처분손익 (3) 상각채권추심이익 (4) 자산수증이익 (5) 채무면제이익 (6) 재해손익 등의 임시적 손익이 포함된다.

당기손익(當期損益)

당기손익은 경영손익액과 특별손익액을 가감합산한 금액으로, 그것이 플러스라면 당기이익, 마이너스라면 당기손실이다. 이러한 당기손익은 손익계산서의 결론 부분이고, 그 금액은 대차대조표상의 당기손익과 일치하며 이로써 복식부기의 기구가 완결된다.

이익잉여금처분계산서·결손금처리 계산서
(利益剩餘金處分計算書·缺損金處理計算書)

손익계산서에는 당기순손익만이 표시될 뿐이므로 이익잉여금 또는 처리의 결손금의 처분 또는 경과를 표시하기 위하여 요구되는 재무제표이다. 이익잉여금처분계산서는 당기말미처분이익잉여금, 임의적립금이입액, 이익잉여금처분액, 차기이월이익잉여금으로 구분 기재하고 이익잉여금처분액은 다시 이익준비금, 법정적립금, 배당금, 임의적립금, 기타의 이익잉여금처분액으로 세분 기재한다(기회§108). 결손금처리계산서는 당기말미처리결손금), 결손금처리액, 차기이월결손금으로 구분 기재한다(기회§109).

재무제표부속명세서
(財務諸表附屬明細書)
영;schedule

부속명세서는 재무제표에 부속하여 회사의 업무 및 재산상태를 상세히 기재하는 명세서이다. 그러므로 부속명세서에 기재되는 사항은 재무제표에 개괄적으로 기재되어 있는 사항 중 특·히 중요하며 이해관계자에게 보다 상세한 정보의 제공을 요하는 사항의 명세가 주가 된다는 것은 말할 것도 없고, 그 밖에 이사와 회사간의 거래, 담보권의 설정 등 재무제표에는 기재되지 않는 사항이지만 이해관계자에게는 필요한 업무 및 재산에 관한 정보의 기재도 포함한다. 부속명세서에는 16개의 필요적 명세서와 3개의 선택적 명세서, 그리고 10개의 임의적 명세서로 나누어진다(기회§120). 이러한 부속명세서에 의하여 정보제공을 받은 이해관계자는 재무제표의 경우와 마찬가지로 주주이고 그 대상은 총회에서의 재무제표승인에 관한 업무자료인 것이다. 주식회사의 대표이사 및 유한회사의 이사는 매결산기에 재무제표부속명세서를 작성해야 하지만, 작성시기나 그 감사는 회사의 규모에 따라 약간의 차이가 있다. 부속명세서는 주주총회에 제출되지 않고 승인의 대상도 아니지만, 재무제표승인의 전제가 되는 중요한 정보이며 회사채권자에게도 필요한 정보이므로 공시가 요구되고 있다. 이사는 정기총회일 1주간 전부터 재무제표, 영업보고서 및 감사보고서와 함께 부속명세서를 본점에 5년간 비치해야 한다(상§448①). 그리고 주주 및 회사채권자는 영업시간내에는 언제든지 부속명세서의 열람을 청구할 수 있으며, 비용을 지급하고 등본 또는 초본의 교부를 청구할 수 있다(상§448②).

이익공여금지(利益供與禁止)

회사는 누구에게든지 주주의 권리행사와 관련하여 재산상의 이익을 공여할 수 없다는 것이다(상§467의2①). 재산상의 이익을 공여한다 함은 널리 금전·유가증권 외에 동산·부동산 및 신용·노무·이권 등을 무상 또는 현저히 낮은 대가를 받고 제공하는 것을 말한다. 또한 주주권의 행사에 관한 이익공여이므로 주주총회에서의 의결권행사 여부 및 행사방법(예 ; 회사경영의 지지) 등을 합의하고 이익공여하는 경우가 보통이나 그 밖의 주주권행사에 관한 이익의 제공도 포함된다. 이익공여자는 회사이므로 회사의 명의나 회사의 계산으로 이익을 제공하는 것만을 금지한다. 따라서 회사 이외의 자의 계산으로 이익을 제공하는 것은 본조에 해당하지 아니한다. 이익공여의 상대방은 자신의 주주권을 행사하는 주주가 보통이나 상법 제467조의2가“누구에게든지”라고 표현하고 있으므로 주주권의 대리행사자 등 주주가 아니면서 주주권을 행사하는 자도 포함된다. 회사가 이 규정에 위반하여 재산상의 이익을 공여한 때에는 그 이익을 공여받은 자는 공여받은 이익을 회사에 반환하여야 한다(§467의2③ 전단). 공여받은 이익은 부당이득(민§741)이므로 이익의 제공이 불법원인급여(민§746) 또는 비채변제(민§742)가 되어 회사가 반환을 청구할 수 없는 경우가 생긴다. 따라서 본조는 부당이득에 대한 특칙이다. 이익의 반환청구는 회사가 상대방에 대하여 하며, 이 때 회사가 이익을 공여하고 받은 대가는 이익공여의 상대방에게 반환하여야 한다(상§467의2③ 후단). 다만, 회사가 이를 게을리하면 주주가 회사를 위하여 이익반환청구에 관하여 대표소송을 제기할 수 있다(§467의2④, §403~§406). 이익공여금지에 위반한 이익의 공여는 무효이며, 이로 인하여 회사에 손해가 발생한 경우에는 이사는 이를 배상할 책임을 진다(§399). 그외에도 이 규정에 위반한 이사·감사 및 사용인에 대한 벌칙

규정(1년 이하의 징역 또는 3백만원이하의 벌금)이 있다(§634의2).

일할배당(日割配當)

일할배당이란 영업연도 도중에 신주를 발행한 경우 그 신주에 대하여 납입기일로부터 결산기까지의 일수에 대응하는 배당액을 일할계산하여 당해영업연도에 이익배당하는 것을 말한다. 일할계산 외에 월할계산을 하는 경우도 있으며, 이를 월할배당이라 한다. 일할배당은 통상의 신주발행의 경우외에 준비금의 자본전입에 의한 신주발행, 주식배당 및 주식분할의 경우에도 문제가 된다.

위법배당(違法配當)

이익배당의 요건을 충족시키지 못한 배당을 위법배당이라 한다. 위법배당은 이익배당의 형식적 요건인 위법한 주주총회의 승인결의가 없는 경우 즉 주주총회결의불존재의 경우, 승인결의무효인 경우(상§380) 및 승인결의취소의 경우에도 발생하지만, 특히 실질적 요건인 배당가능이익이 없음에도 불구하고 이익배당을 한 경우(§462①,②)에 발생한다. 물적 회사의 이익배당제도에서 생기는 병리현상의 하나로서 상법은 이러한 부당한 배당을 교정하기 위하여 회사채권자에게 주주에 대한 위법배당금을 회사에 반환할 것을 청구할 수 있게 하였다(§462③. §583①). 이와 같은 위법한 배당을 한 이사는 회사에 대하여 연대하여 손해를 배상할 책임이 있고, 이사회의 결의에서 찬성한 이사도 같은 책임이 있다(§399, §567). 또한 5년 이하의 징역 또는 1천5백만원 이하의 벌금에 해당하는 형벌의 제재를 받는다(§625 Ⅲ)

매수합병(買受合併)

회사가 해산하는 동시에 다른 기존회사 또는 새로 설립한 회사에 대하여 그 영업 전부를 양도하여 합병과 비슷한 경제상의 효과를 발생시키는 것을 매매합병이라고 한다. 이 경우 다른 회사 또는 신회사에 의한 해산회사의 사원의 수용은 발생하지 않으므로 합병이 아니고 영업양도의 한 유형에 지나지 않으며, 따라서 해산회사의 경우에는 청산회사가 필요하게 된다.

합병교부금(合併交付金)

소멸회사의 주주가 존속회사 또는 신설회사로부터 합병계약에 따라 교부받은 금액을 합병교부금이라고 한다. 존속회사가 합병으로 인하여 소멸하는 회사의 주주에게 지급할 금액을 정한 때에는 합병계약서에 기재되어야 한다(상§523Ⅳ). 양당사회사의 주식의 가치를 간단한 비율로 조정하기 어려운 경우, 이 비율을 간단히 하기 위해 해산회사의 주주에게 금전을 교부하는 경우가 있다. 합병절차의 진행 중에 해산회사의 주주에 대한 이익배당에 대신하여 합병교부금을 지급하기도 한다. 소수주주의 경우 회사지배에는 관심이 없고 투자이익에만 관심을 갖는 것이 일반적이다. 따라서 적정한 현금을 교부받는 경우 소수주주의 이익은 침해되지 않는다. 회사채권자의 경우는 채권자보호절차에 따라 보호받게 되기 때문에 아무런 피해를 받지 않는다. 이와 같은 점에서 합병교부금만을 지급하여 이루어지는 합병도 가능하다고 본다.

회사의 분할(會社의 分割)

회사의 분할이란 하나의 회사가 영업부문의 일부 또는 전부를 분할하여 둘 이상의 회사가 되는 것을 의미한다. 이에 의해 본래의 회사는 소멸하거나 축소된 상태로 존속하고 그 주주는 본래의 회사의 권리·의무를 승계한 회사의 주식을 취득한다. 회사분할은 크게 단순분할과 분할합병으로 나누어진다. 단순분할은 회사가 분할되어, 영업부문의 일부가 원래의 회사에 남고 다른 일부가 신설회사가 되는 경우와, 분할된 영업부문이 각각 신설회사가 되며 원래의 회사는 소멸하는 경우가 있다. 분할합병이란 분할과 동시에 다른 회사 또는 다른 회사 영업부문의 일부와 합병하여 하나의 회사가 되는 것을 의미한다. 회사운영을 합리화하기 위하기 위하여 일면으로는 회사합병이 활발하게 이루어지지만, 타면으로는 분할제도가 이용된다. 어떤 특정한 영업부문을 분리하여 전문화한다거나 불필요한 영업부문을 분할할 필요성이 있다. 위험도가 높은 영업부문을 모회사로부터 분리시켜 위험부담을 줄이는 경우도 있다. 또 과도하게 집중된 자본의 분산을 위해 회사분할이 행해지기도 한다.

회사의 분할에 관하여는 1998년 12월 28일의 개정에서 「제11절 회사의 분할」이라는 절을 신설하여 이에 관한 구체적 규정들을 마련하고 있다(§530조의2~530조의12).

회사의 조직변경

(會社의 組織變更)
독;Umwandlung der Handelsgesellschaft
불;transformation de société

회사가 인격의 동일성은 여전히 유지하면서 다만 그 법률상의 조직을 변경하여 다른 종류의 회사로 되는 것이다. 회사의 사원 또는 정관의 변경은 회사의 동일성을 해치지 않으나, 회사는 법정조직형태를 갖추고 있으므로 그 법정조직의 변경은 회사의 동일성을 해하기 때문에 일반적으로 인정되지 않는다. 그러나 상법은 이러한 이상과 조화될 수 있는 범위 안에서 기업유지의 정신에서 합명회사와 합자회사간의 조직변경과, 유한회사와 주식회사간의 조직변경, 유한책임회사와 주식회사간의 조직변경은 특히 인정되고 있다(상§242①, §286①, §604①, §607①, §287의43). 실제로는 합명회사 또는 합자회사의 조직을 변경하여 주식회사로 하는 것이 많은데, 이것은 합명회사 또는 합자회사를 일단 해산하고 새로 주식회사를 설립하는 방법에 의한 것이며, 여기에서 말하는 조직변경과는 다르다. 또 합병은 한회사가 소멸하고 타회사가 그 권리·의무를 포괄적으로 승계하는 것이므로 실질적으로도 동일성은 없어지고 상법에서는 회사의 종류를 불문하고 일반적으로 어떤 종류의 회사간에도 이를 인정하고 있으므로 조직변경과는 다르다. 조직변경의 경우에는 앞의 종류의 회사에 있어서는 해산의 등기, 뒤의 종류의 회사에 있어서의 설립의 등기를 하나, 이것은 단순히 등기의 형식에 불과하며, 실질적으로는 동일한 인격이 계속되는 것이므로 앞의 종류의 회사의 인격이 소멸하고 뒤의 종류의 회사로서 새로운 인격이 창설되는 것은 아니다. 회사의 조직변경에는 다음의 6종이 있다.

합명회사의 합자회사에로의 조직변경 ; 합자회사는 총사원의 동의를 얻어 일부사원을 유한책임사원으로 하거나 유한책임사원을 새로 가입시켜 합자회사로 변경할 수 있다(§242①). 일부사원을 유한책임사원으로 변경할 경우에는 채권자를 보호하기 위하여 그 책임을 변경한 사원의 퇴사에 대하여는 무한책임사원의 퇴사에 준하여 본점소재지에서 조직변경등기를 하기 전에 생긴 회사채무에 대하여 등기 후 2년내에는 무한책임을 면하지 못하게 하였다(§244, §242①).

합자회사의 합명회사로의 조직변경 ; 합자회사는 사원전원의 동의를 얻어 그 조직을 합명회사로 변경할 수 있다(§286①). 이 경우에는 회사채권자의 이익을 해칠 우려가 없으므로 보호절차가 필요하다.

주식회사의 유한회사로의 조직변경 ; 주식회사는 총주주의 일치에 의한 총회의 결의로써 그 조직을 변경하여 유한회사로 할 수 있다(§604①본). 유한회사는 사채의 발행이 인정되지 아니하므로 사채의 상환을 완료할 것(§604①단)과 자본충실을 위하여 회사에 현존하는 순재산액보다 많은 금액을 자본의 총액으로 하지 못한다(§604②). 회사에 현존하는 순재산액이 자본의 총액에 부족한 때에는 그 조직변경결의 당시의 이사와 주주는 회사에 대하여 연대하여 그 부족액을 지급할 책임이 있다(§605①).

유한회사의 주식회사에로의 조직변경 ; 유한회사는 총사원의 일치한 총회의 결의로써 그 조직을 변경하여 이를 주식회사로 할 수 있다(§607①). 이 경우에는 조직변경 당시에 발행하는 주식의 발행가액의 총액은 회사에 현존하는 순재산액을 초과하지 못한다(§607②).

주식회사의 유한책임회사에로의 조직변경 ; 주식회사는 총회에서 총주주의 동의로 결의한 경우에는 그 조직을 변경하여 유한책임회사로 할 수 있다(§287의43①).

유한책임회사의 주식회사에로의 조직변경 ; 유한책임회사는 총사원의 동의에 의하여 주식회사로 변경할 수 있다(§287의43②).

회사의 해산(會社의 解散)

영;winding up of company
독;Auflösung der Gesellschaft
불;dissolution de société

회사의 법인격의 소멸을 가져오게 하는 원인이 되는 법률사실로서, 해산은 회사가 인격을 상실하기에 이르는 원인이며, 회사는 이로써 곧 권리능력을 상실하는 것은 아니고 청산종료시에 이르러 법인격의 소멸을 가져온다. 따라서 상법은, 회사는 해산 후라도 청산의 목적의 범위 안에서는 아직 존속하는 것으로 규정한다(상§245, §269, §542①, §613①). 또 파산에 의하여 해산하는 경우에 있어서도 파산의 절차의 종료를 기다려 비로소 인격이 소멸된다(파§4). (1) 해산의 사유는 ① 존립기간의 만료 기타 정관으로 정한 사유의 발생(§227 Ⅰ, §269, §517 Ⅰ, §609① Ⅰ), ② 회사가 다른 회사와 합병한 경우, 단 존속회사는 제외(§227 Ⅳ, §269, §517 Ⅰ, §609① Ⅰ), ③ 회사가 파산한 경우(§227 Ⅴ, §269, §609① Ⅰ), ④ 법원이 해산을 명령 또는 판결한 경우(§227 Ⅵ, §269, §517 Ⅰ, §609① Ⅰ), ⑤ 총사원, 사원총회 또는 사원총회의 해산결의가 있은 경우(§227 Ⅱ, §269, §517 Ⅱ, §609① Ⅱ), ⑥ 합명회사·합자회사·유한회사에 있어서 사원이 1인으로 된 경우(§227 Ⅲ, §269, §609① Ⅰ)〈주식회사에 있어서는 주주가 1인으로 되어도 해산하지 아니한다〉 등이다. 해산으로써 회사는 그 인격을 상실하는 것은 아니고 청산의 목적의 범위 안에서 아직 존속한다. 따라서 영업행위능력은 없으며, 종래의 대표기관의 구성원은 그 지위를 잃고 청산인이 이에 갈음한다. 또 경업피지, 업무집행, 지배인, 이익배당, 입사 및 퇴사 등 영업을 전제로 하는 여러 가지 제도는 그 적용이 없다. 회사가 당사자인 소송은 대표사원의 대표권의 소멸로써 중단된다(민소§212①). 또 합병, 파산의 경우를 제외하고는 본점소재지에서는 2주간내에, 지점소재지에서는 3주간내에 해산등기를 하여야 하며(상§228, §269, §530①, §613①), 주식회사에 있어서는 파산의 경우를 제외하고 주주에게 통지하고 무기명식의 주권을 발행한 경우에는 이를 공고하지 않으면 안된다(§521).

회사의 계속(會社의 繼續)

영;continuation of company or corporation
독;Fortsetzung der Gesellschaft
불;continuation de sociéte

해산으로 청산 또는 파산절차중에 있는 회사가 다시 해산전의 회사로 복귀하는 것이다. 기업유지의 이념에 입각한 제도이다. 즉 (1) 존립기간의 만료 기타 정관에 정하여진 사유가 발생하였을 경우, (2) 총사원의 동의나 주주총회 또는 사원총회의 특별결의에 의하여 해산하였을 경우에는 모든 종류의 회사에 인정되다(상§229①, §227 Ⅰ Ⅱ, §269, §287의40, §519, §610①). (3) 합명회사나 유한회사에 있어서는 사원이 한 사람으로 되어 해산한 경우, 합자회사에 있어서는 무한책임사원의 전원이 또는 유한책임사원의 전원이 퇴사하여 해산한 경우에도 신(新) 사원을 새로 가입시켜 회사를 계속할 수 있다(§229②, §227Ⅲ, §285②. §610②). 이상과 같은 통상의 경우의 회사계속 이외에 또 조직변경에 의한 회사의 계속도 인정되는바, (1) 사원이 1인으로 되어 해산한 합명회사가 새로 유한책임사원을 가입시켜 합자회사로 되는 경우(§242②, §229②, §227Ⅲ), (2) 유한책임사원 전원이 퇴사함으로써 해산한 합자회사가 무한책임사원만으로 합명회사로 계속하는 경우이다. 또 특수한 경우로 회사가 파산선고로 해산한 때에, 강제화의(强制和議)의 가결이 있는 경우에는 정관의 변경에 관한 규정에 따라 회사로 계속할 수 있다(파§283).

청산(淸算)

영·불;liquidation 독;Liquidation

해산으로 원래의 활동이 정지된 법인(청산법인) 기타 단체가 사무처리를 목적으로 재산관계를 정리하는 것이다. 회사는 파산·합병 이외의 원인으로 해산한 때에는 반드시 청산절차가 따르게 된다. 이에는 임의청산과 법정청산이 있다. 임의청산은 사원의 의견에 기하여 해산한 경우(상§247①)에 한하여 인정되는 것이며, 사원의 신뢰관계를 기초로 하는 인적회사에 특유한 청산방법이다. 법정청산은 청산인이 이 사무를 행하는데 청산사무의 내용은 (1) 현존사무의 종결 (2) 채권의 추심과 채무의 변제 (3) 재산의 환가처분 (4) 잔여재산의 분배 등이다(§542①·254①Ⅴ~Ⅵ). 부수적 청산사무로서는 법원에 대한 신고(§532), 회사재산의 조사보고(§533), 주주총회의 소집, 각종 서류의 비치, 열람, 등사 등(§542②, 396)이다. 특히 잔여재산은 변제후에는 사원에게 분배함을 요하는데 그 표준으로서 합명회사·합자회사(인적회사)에서는 출자의 가액, 주식회사·유한회사(물적회사)에서는 수종의 주식과 같은 정관에 별단의 정함이 있는 경우를 제외하고는, 지주수 또는 출자좌수에 따라 분배하게 된다. 이와 같은 이 청산중의 회사를 청산회사라고 하는데 청산회사는 해산전의 회사와 동일한 인격을 가지면서 청산목적을 위하여 존재한다(§245). 청산회사에 있어서는 원칙으로 존속중의 회사에 관한 규정이 적용되나, 앞에서 본 바와 같이 회사목적에 제한이 생기므로 영업을 전제로 하는 업무집행이나, 지배인, 경업피지 의무 등의 규정의 적용은 없고, 또 이익배당이나 입사·퇴사에 관한 규정도 적용받지 않는다.

청산법인(淸算法人)

해산에 따라 청산의 과정에 있는 법인이다. 법인은 해산하면 목적인 사업을 계속할 수 없게 되지만, 청산사무를 수행하는데 필요한 범위 안에서 권리·의무능력을 가지며 청산 또는 파산의 절차를 종료한 때에 완전히 권리·의무능력을 상실한다(민§81). 청산법인 가운데 회사인 경우 특히 청산회사라 지칭한다.

임의청산(任意淸算)

정관 또는 총사원의 동의를 받아서 임의로 정한 청산방법이다. 법정청산의 대응개념으로, 사원이 대외적으로 책임을 지고 대내적으로 상호의 신뢰가 있는 인적회사에 한하여 인정된다(상§247·§269). 재산의 처분방법으로 회사의 영업전부를 양도하여, 그 대금을 사원에 분배하거나 회사재산을 현물로써 분배하는 등 자유로이 정할 수 있다. 그러나 그 방법은 존립기간의 만료 기타 정관에 정한 해산원인의 발생 또는 총사원의 동의에 의한 해산의 경우에 한하여 인정되며(§247②, §227ⅠⅡ), 사원 지분권의 압류채권자의 이익은 침해할 수 없다(§247① 후단, ③,④, §230·§248·§249).

법정청산(法定清算)

청산인에 의해서 법정절차에 따라 행해지는 청산방법이다. 임의청산의 대응개념으로, 인적회사에서는 임의청산방법과 함께 선택적으로 인정된다(상§247·§250). 주식회사의 법정청산으로 보통청산과 특별청산을 든다.

법정청산인(法定清算人)

사원총회에서 사원의 과반수로 청산인을 선임하지 않거나, 정관에 의하여 청산인을 정하지 않은 때에, 법률의 규정에 의하여 되는 청산인(상법 251조)을 말한다. 합명회사·합자회사·에서는 업무집행사원(상법 251조 2항, 287조), 주식회사(상법 531조 1항)·유한회사(상법 613조 1항)에서는 이사가 청산인이 된다.

회사의 소멸(會社의 消滅)

회사가 법인격을 상실하는 것. 회사가 소멸하는 경우는 (1) 합병에 의한 경우(상§227Ⅳ·§269·§517Ⅰ·§609①Ⅰ), (2) 파산한 회사가 파산절차를 종료한 경우(파§4), (3) 합병이나 파산이외의 원인으로 인하여 해산한 회사(상§227Ⅰ·§269·§517Ⅰ·§609①Ⅰ)의 청산절차종료의 경우이다. 회사의 해산은 회사가 법인격을 잃는 원인이 되는 법률요건이며, 이것에 의하여 회사는 즉시 소멸하는 것이 아니라, 해산 후에도 청산의 목적범위 내에서 존속한다. 파산으로 인하여 해산하는 경우에도 파산절차의 종료로 회사가 소멸한다. 이에 대하여 합병의 경우에도 합병 그 자체가 생긴 때에 발생한 경우 소멸회사는 청산절차를 밟지 않고서 즉시 소멸하게 된다(상§250·§269·§531①).

보 험 법

보험(保險)
영;insurance
독;Versicherung
불;assurance

보험은 우발적인 사고의 발생으로 인하여 경제적인 불이익을 받을 우려가 있는 경제주체가 모여서 사고발생의 개연율에 따라 산출된 금액(보험료)을 미리 출연하여 공동준비재산을 만들어 두고, 일정한 사고(보험사고)가 발생한 경우에 일정한 금액(보험금)을 지급하여 경제생활의 불안을 제거 또는 경감시키려는 제도이다. 보험의 구조, 보험의 경제적 기능 내지 본질론에 대하여는 손해전보설, 경제수요설, 경제적 준비설 등이 있으나, 손해보험과 생명보험의 양자를 통일하여 보험제도의 기능을 파악하는 것이 어렵기 때문에 아직은 정설이 없다. 저축은 개인이 단독으로 금전을 적립하여 경제적 안전을 도모하는 제도이므로 보험과 유사한 목적을 가지지만 다수인이 집합하여 특정한 우발적 사고에 대한 준비가 아닌 점이 다르다. 자기보험은 손해발생의 개연율을 기초로 하여 적립을 하는 점에 있어서 단순한 저축 또는 준비재산과 다르며 보험과는 유사하지만, 다수인이 집합하여 위험을 분담한다는 요소를 결하는 점이 다르다. 도박은 다수인의 일정한 금액의 갹출(醵出)에 따라서 성립하는 점, 장래의 우연한 사건에 따라 금전 또는 재물의 수수가 행하여지는 점에서 보험과 매우 유사한 것이라고 할 수 있지만 우연한 사건의 발생에 따라서 금전 또는 재물을 취득하는 것 자체를 목적으로 할 뿐, 그 사건의 발생에 따라 입은 경제적 수요의 충족을 목적으로 하지 않으며, 또 그 수요에 기하여 금전 또는 재물의 수수가 이루어지지 않는 점에서 보험과 다르다. 보증은 그 결과에 대하여 보증되는 사건이 우연하다는 점에 있어서 보험과 유사하지만, 급부(給付)가 사고발생의 개연율에 기하여 산정되는 것이 아니며, 또 채권자와 보증인 두 당사자 간의 개인적 관계에 지나지 않는 점에서 보험과 다르다.

보험의 형태는 극히 다기다양(多岐多樣)하며 여러 가지 표준에 의거하여 분류되지만 주요한 것으로서 공보험과 사보험, 영리보험과 상호보험, 물건보험(재산보험)과 인신보험, 손해보험과 인보험, 해상보험과 육상보험, 원보험과 재보험, 개별보험과 집합보험, 기업보험과 가계보험, 이밖에도 특별보험·총괄보험, 단순보험·혼합보험, 전부보험·일부보험·초과보험 등이 있다. 보험은 우발적 사고의 발생에 따른 경제상의 수요를 충족시킬 것을 목적으로 한다. 이 수요는 구체적·주관적인 경우의 현실적 수요에 국한하지 않고 일반 사회관념상 수요가 있다고 생각되는 경우의 수요를 뜻하는 것이다. 따라서 손해의 정도에 불구하고 일정한 금액의 지급을 받는 생명보험도 사망으로 인하여 경제적 수요 및 정신적 수요에 대하여 보험금이 지급된다고 해석할 수 있고, 또 사람이 보험계약을 체결하는 그 자체가 이미 일정한 수요가 있음을 공시하는 것이라고 할 것이다. 보험은 동질적인 경제상의 위험 하에 있는 다수인의 집합에 의하여 이루어지는 단체적 조직에 의한 것이다. 이처럼 같은 위험 하에 있는 다수인의 집합을 보험단체 또는 위험단체라고 한다. 이 경우 위험하에 있는 자 자신이 구성원이 되는 위험단체(상호회사)에 의하든 제3자 즉 영리로서 행하여지는 기업(주식회사)에 의하든 상관없다. 양자는 보험기술상 동일하며 개개의 피보험자에 대하여 보험자가 상대하고 있다. 보험은 대수의 법칙을 전제로 하여 있을 응용함으로써 성립하는 특색을 가지고 있는 것이다. 다수의 동일한 사고에 대하여 대량적으로 관찰할 때 일정한 위험률을 알 수 있고 이에 의거하여 보험률의 산정을 하게 되는 것이다. 그리고 보험은 이에 가입하는 다수인이 서로 거금(醵金)을 공동의 준비재산으로 적립하고 가입자 중에서 현실의 사고 발생으로 인해 수요가 발생하였다고 인정되는 자에 대하여 공평하게 급여함으로써 경제적 수요의 충족을 도모하는 것이다.

끝으로 보험은 하나의 경제제도 또는 시설이다. 즉, 우발적 사고의 발생 후에 취해지는 선후책이 아니라 우발적 사고의 발생 및 그 결과를 예상하여 사전에 준비하는 경제상의 제도이다. 따라서 법률관계가 일정한 기간 계속되는 것이며 이 점에 있어서도 보험은 단체성이 강하다고 할 수 있다.

보험법(保險法)
영;law of insurance
독;Vericherungsrecht
불;droit d'assurance

가장 넓은 의미로 보험법이라고 하는 경우에는 사보험에 관한 모든 법규만이 아니라 공보험에 관한 법규도 모두 포함되며, 또 보험계약을 규제하는 법규 외에 보험사업의 주체에 관한 법규, 보험사업의 개시·운영에 관한 감독·단속법규도 포함된다. 그러나 이와 같이 보험법을 넓은 의미로 파악하는 경우 거기에는 조직감독법과 보험관계법이라는 성격이 다른 법규가 포함되어 있다. 또 보험관계법은 공보험·사보험이라는 성격이 다른 보험을 규제하는 이질적인 것의 집합에 지나지 않는다. 좁은 의미의 보험법은 보험사법중 보험계약법(Vesicherungsvertragsrecht)을 말한다. 그 실질적 의의에 있어서는 사보험, 특히 영리보험에서의 보험관계 즉 보험자와 보험계약자간의 법률관계를 규율하는 것을 말하고 형식적 의의에 있어서는 상법전에 보험법으로 규정된 것을 말한다.

상법 제4편 보험에 관한 규정은 제1장에 손해보험과 인보험에 공통되는 通則規定(통칙규정)을 두고 제2장에서 손해보험, 제3장에서 인보험에 관한 규정을 두었다. 그러나 물론 광의의 보험법 전부가 상법의 범위에 속하는 것은 아닙니다. 우선 공보험에 관한 법규는 모두 상법의 범위에 속하지 않는다. 또 공영보험이더라도 우리의 체신보험이나 일본의 간이생명보험과 같이 공영보험으로서 행하여지는 것에 관한 법규도 상법에 속하지 않는다. 더욱이 사보험이며 동시에 사영보험으로서 행하여지는 보험에서도 영리를 목적으로 하지 않는 상호보험에 관한 법규는 상법의 범위에서 제외된다(다만, 상호보험에 관해서는 그 실태가 영리보험과 그다지 다르지 않기 때문에 상법의 규정이 많이 준용되고 있다). 따라서 상법의 규제대상으로 되는 것은 영리보험이나 영리보험에 관한 법규가 모두 상법에 속한다고 할 수 없다. 영리보험에 관한 법규는 대체로 다음 3종류가 있다.

상행위인 보험의 인수에 관한 보험계약법(상법 제4편 「보험」에 관한 규정, 각종 영리보험에 관한 특별법, 보험계약에 관한 관습법 등이 있다).

보험사업의 주체에 관한 조직법(보험업법 중 보험사업자에 관한 특별규정).

보험사업의 개시·운영에 관한 감독·단속법(보험업법중의 보험감독원에 관한 규정이다). 이들 가운데 어느 것이 상법의 범위에 속하는 가에 관하여는 실질적 상법의 의의를 어떻게 파악하는 가에 의하지만, 통설에 의하면 보험계약에 관한 규정(보험계약법)과 보험사업의 주체에 속하는 것으로 이해되며, 보험감독원에 관한 법규는 상법의 범위에서 제외되어 있다.

보통보험약관(普通保險約款)
영;policy conditions
독;allgemeine Versicherungsbedin-gungen
불;condition géneraux d'assurance

보통보험약관이란 보험자가 다수의 계약을 위하여 미리 작성한 보험계약의 내용을 이루는 일반적·정형적인 계약조항이다. 보통보험약관은 표준적·일반적인 계약조항이므로 보통보험계약만으로는 불충분하며 다시 상세한 약정을 하는 경우가 있다. 이것을 특별보험약관 또는 부가약관)라고 한다. 특별보험약관은 실질적으로는 보통보험약관의 일부를 이루는 것이다. 보통보험약관은 실제적으로는 보험업법이나 상법전중의 보험편보다 중요한 법원(法源))이다. 약관의 한 종류인 보통보험약관이 존재하는 이유는 보험계약에 관한 상법상이 규정만으로서는 각종 보험에 적용될 세부적인 사항을 규제할 수 없기 때문이다. 결국 보통보험약관은 다수의 보험계약을 체결함에 있어서 보험단체의 구성원을 동종·동액의 보험일 경우 원칙적으로 평등하게 다루기 위해서 뿐만 아니라 다수의 보험계약을 체결하기 위해 필요한 것이라고 할 수 있다.

그러나 보통보험약관을 작성하는 보험자가 경제적 우위성을 이용하여 보험자 자신의 법적 지위를 향상시키는데 주력할 우려가 있다. 이에 대하여 보험계약자는 보험에 관한 법률적인 지식이 없이, 다만 보험사고의 종류, 보험금액 정도만을 알 뿐 구체적인 내용을 알지 못하고 보험계약을 체결하게 되는 경우가 많다. 따라서 이 요건·효과에 대하여 적정하게 규제하기 위하여 법률이나 약관에서 보험계약자 또는 피보험자의 의무에 관한 규정을 두는 것은 당연한 것이다. 상법 제663조는 보험계약자 등의 불이익변경금지의 원칙을 규정함으로써 약관의 내용을 규제하고 있다. 이것은 보험계약자 등의 이익보호를 위한 것이다. 이 밖에도 보험업법에서는 보통보험약관의 사용·변경에 재정경제원장관의 인가를 얻도록 함으로써 약관의 내용을 규제하는 규정 등을 두고 있다. 그런데 우리의 경우 약관의 개시를 요구하고 있지 않기 때문에 보험계약자는 반드시 약관의 내용을 알 수 있는 것은 아니다. 따라서 입법론으로서 보험자가 계약의 체결 이전에 보험계약자가 약관의 내용을 알 수 있도록 약관을 공시하도록 함이 필요하다. 보험업법은 보험사업의 허가를 얻고자 하는 경우에는 보험약관을 첨부하여야 하며(보험§5③Ⅲ) 또 보험약관을 변경하고자 할 경우에는 재정경제원장관의 인가를 얻어야 한다(보험§7①Ⅰ)는 규정으로써 계약의 내용에 대하여 행정적 규제를 하고 있다. 최종적으로 보험계약자를 보호하는 것은 사법적 규제이다. 사법적 규제는 재판을 통해서 보통보험약관이 무효로 되는 경우는 강행규정, 선량한 풍속에 위배되는 경우이다.

보통보험약관의 구속력의 근거

의사설 (계약설)	보통보험약관이 그 자체로 법규범은 아니지만 약관이 계약의 내용을 이루기 때문에 계약당사자를 구속한다는 견해이다.
규범설	보험계약은 보통보험약관에 의하여 체결되는 것이 거래의 실정이므로 보험약관은 객관적인 법과 마찬가지로 보험계약의 법원이 된다고 보는 견해이다.
판례	의사설의 태도이다(84다카2543 참조).

보통보험약관이 계약당사자에 대하여 구속력을 갖는 것은 그 자체가 법규범 또는 법규범적 성질을 가진 계약이기 때문이 아니라 보험계약당사자 사이에서 계약내용에 포함시키기로 합의하였기 때문이라고 볼 것인바, 일반적으로 당사자 사이에서 보통보험약관을 계약내용에 포함시킨 보험계약서가 작성된 경우에는 계약자가 그 보험약관의 내용을 알지 못하는 경우에도 그 약관의 구속력을 배제할 수 없는 것이 원칙이나 다만 당사자 사이에서 명시적으로 약관에 관하여 달리 약정한 경우에는 위 약관의 구속력은 배제된다*(대법원 1985. 11. 26. 선고 84다카2543)*.

보험약관(保險約款)

영;policy conditions
독;Versicherungsbedingungen
불;conditions d'assurance

보험계약의 약관을 말한다. 넓은 의미로는 보통보험약관과 특별보험약관을 말하며, 좁은 의미로는 보통보험약관을 말한다. 이는 다수의 계약체결을 위해서는 보통보험약관의 형식을 취하는 것이 편리하기 때문이다. 보통보험약관이란 보통계약약관의 일종으로 보험자가 일방적으로 미리 작성한 보험계약의 내용이 될 약관을 말한다. 이는 회사의 정관과 함께 상사자치법규에 속하며, 특약이 없는 한 이를 내용으로 계약이 체결되고 사실상 보험계약자는 이에 따르게 되어 있으므로 이는 부합계약에 해당하며 대기업의 집단거래의 형식으로 되어 있다. 보통보험약관은 보험증권의 이면에 기재되는 것이 통례이며 따라서 계약이 성립된 후에 교부되는 보험증권을 통하여 계약자는 비로소 이를 알게 되는 경우가 보통이다. 그러나 계약자의 지·부지에 불구하고 상관습상 그 구속력이 인정되고 상법전에 우선하여 적용되므로 보험법상 가장 중요한 법원이다.

보험계약(保險契約)
영;contract of insurance
독;Versicherungsvertrag
불;contrat d'assurance

보험을 목적으로 하는 계약. 보험계약의 본질에 관해서는 학설이 나뉘고 있는 바, 종래는 손해보험과 인보험을 통일적으로 설명하기를 단념하였으나(분리론), 근래에는 이를 통일적으로 설명하기에 이르렀고(통일론), 그 근거로서 수요충족설과 경제생활확보설이 유력하다. 상법은 통일론에 입각하여, 보험계약은 당사자의 일방이 약정한 보험료를 지급하고 상대방이 피보험자의 재산 또는 생명이나 신체에 관하여 불확정한 사고가 생길 경우에 일정한 보험금액 기타의 급여를 할 것을 약정하는 것이라고 정의하였다(상§638). 따라서 보험계약은 보험료의 지급에 대하여, 사고가 발생하면 보험금액을 지급한다는 「위험부담」의 급여를 대가로 삼으므로 유상·쌍무의 계약이라고 할 수 있다. 보험계약은 보험약관에 따라서 체결되는 것이 보통이므로, 이른바 부합계약성이 강하며, 계약의 성립은 양당사자의 합의로 족하나(낙성계약), 실제로는 약관에 따라서 보험료를 지급하여야 보험자의 책임이 개시되므로(§656). 이른바 요물계약은 결과가 된다. 보험계약은 영업으로 하는 경우에만 상행위가 성립된다(§46XVII).

손해보험(損害保險)
영;property insureance
독;Schadensversicherung
불;assurance desdommages

보험자가 우연한 사고(보험사고)로 인하여 생기는 손해를 전보(塡補))할 것을 약정하고 보험계약자가 이에 보험료를 지급할 것을 약정하는 보험이다(상§665). 물건 그 밖의 재산적 이익에 대한 손실의 전보를 목적으로 하는 점에서 일정한 금액을 지급하는 정액보험인 생명보험과는 다르다. 피보험자가 보험계약자인 경우가 많은데, 반드시 동일인이어야 할 필요는 없다(타인을 위하여 하는 보험계약). 손해의 전보를 목적으로 하므로 그 손해를 입는 데서 오는 이익, 즉 피보험이익의 존재를 필요로 하며, 보험자가 지급해야할 보험금액은 피보험이익의 가액, 즉 보험가액을 초과할 수 없다(§669). 이것을 넘는 보험(초과보험)은 그 초과하는 부분에 대하여 감액을 청구할 수 있다(§669①본문). 이와 동일하게, 동시에 또는 순차로 수개의 보험계약이 체결된 결과(중복보험) 초과보험이 될 경우에는 각 보험자는 각자의 보험금액의 비율에 따라서 보험금액을 한도로 하여 보상책임을 부담한다(§672①). 피보험자의 보험자에 대한 보험금지급청구권은 손해발생의 전후에 관계없이 이전의 목적이 될 수 있으며, 보통 보험의 목적물에 대한 물권과 함께 이에 관한 보험계약상의 권리를 이전하는 일이 많은데, 피보험자가 보험의 목적물만을 양도하고 보험계약상의 권리에 대하여서는 아무런 의사표시가 없더라도 권리와 의무를 함께 승계한 것으로 추정한다(§679). 제3자의 행위에 따른 손해에 관하여 보험자가 보험금액을 지급한 경우에는 당해 제3자에 대하여 보험대위가 인정되며(§682①본문), 보험계약자의 고지의무위반에 대해서는 계약해제를 할 수 있다(§651, §655).

그리고 보험자는 보험사고에 의하여 생긴 손해를 전보(塡補)할 의무를 지지만 전쟁 기타의 변란이나 보험계약자 또는 피보험자의 악의·중과실에 의한 손해에 대하여는 전보의 책임을 지지 않는다(§659①, §660). 손해보험은 보험사고, 보험의 목적, 피보험이익의 종류를 표준으로 하여 상법이 규정하는 화재보험·운송보험·해상보험·책임보험·자동차보험 등이 있다. 또 제3자에 대한 이행의무에 관한 보험으로는 책임보험·재보험 등이 있으며, 사회의 복잡이양화에 따라 다수의 신종보험이 생겨날 추세이다.

초과보험(超過保險)
영;over insurance
독;Uberversicherung
불;surassurance

손해보험에 있어서 약정한 보험금액이 보험가액을 초과하는 보험을 초과보험이라고 한다. 보험금액은 보험가액의 범위 내에서 정하여져야 하는 것이다. 그러나 현실에 있어서는 당사자가 임의로 정한 보험금액은 객관적인 보험가액과 일치하는 것이 아니라 이것을 초과하는 경우가 적지 않다. 이 초과는 계약체결 당초부터 존재할 때도 있으나 경제계의 변동으로 물가가 하락한 경우에 발생한다(상§669③). 초과보험이냐 아니냐는 보험가액이 객관적인 보험가액과의 비교로 판단되는 것이다. 보험가액이 협정된 경우에는 그것이 현저하게 차이가 나지 않는 한, 보험자는 이를 다툴 수 없고 그 한도 내에서는 협정보험가액이 기준이 된다. 따라서 보험금액이 객관적인 보험가액을 약간 초과하고 있더라도 협정가액을 초과하고 있지 않는 한, 초과보험이라고 볼 수 없다. 그러나 협정보험가액이 현저하게 과대한 때에는 협정보험가액은 기준이 되지 못하므로 보험금액을 협정보험가액보다 소액으로 정한 때라도 보험가액이 객관적인 보험가액을 초과하는 한, 초과보험이라고 하지 않을 수 없다. 초과보험은 보험의 소극적인 성격에 반하고 보험을 도박화할 뿐만 아니라 고의로 사고를 발생시킨다는 위험을 수반하기 때문에 이에 대한 法(법)의 감독적 배려를 필요로 한다. 초과보험이 보험계약자의 사기로 인하여 체결된 때에는 그 계약은 무효가 된다. 그러나 보험자는 그 사실을 안 때까지의 보험료를 청구할 수 있다(§669④). 피보험이익의 개념은 주로 보험의 도박화를 방지하기 위한 것이므로 상법은 보험계약자에게 위법한 재산적 이익을 얻고자 하는 사기가 있는 경우에는 그 계약전체를 무효로 한다. 또 보험금액이 보험계약의 목적의 가액을 현저하게 초과한 때에는 초과가 현저한 경우에 한하여 각 당사자가 언제든지 보험금액과 장래의 보험료의 감액을 청구할 수 있도록 하고 있다(§669①). 현저한 초과여부를 정하는 보험가액은 계약당시의 가액을 표준으로 한다(§669②).

중복보험(重複保險)

영;double insurance
독;Doppelversicherung
불;assuarance cumulative

동일한 피보험이익과 동일한 사고 및 동일한 보험기간에 대하여 수인의 보험자와 각각 동시에 또는 순차로 보험계약을 체결한 경우 그 보험금액의 총액이 보험가액을 초과하는 경우를 중복보험이라고 한다. 동일한 보험자와 이와 같은 보험계약을 여러 개 체결한 경우는 단순한 초과보험이고 중복보험이 아니다. 또 수인의 보험자와 각기 별도로 보험계약을 체결한 경우에도 위험 또는 보험기간이 다른 때에는 중복보험이 되지 않는다. 중복보험은 고가물에 대한 보험 기타 1인의 보험자와의 보험계약만으로는 보험자의 자력 등으로 미루어 보아 불안하다고 생각되는 경우 등에 이루어진다. 이 경우에도 수개의 보험계약에 있어서의 보험금의 합계가 보험가액을 초과하는 이상 그 초과부분에 대한 보상을 인정할 수 없는 것은 초과보험에 있어서와 같다. 구상법은 중복보험에 관하여 동시중복보험과 이시중복보험으로 구별하여 전자에는 비례분담주의, 후자에는 우선주의를 적용하였다. 그러나 상법은 동일한 목적과 동일한 사고에 관하여 수개의 보험계약이 동시에 또는 순차로 체결된 경우에 그 보험금액의 총액이 보험가액을 초과한 때에는 보험자는 각자의 보험금액의 한도에서 연대책임이 있다. 이 경우에는 각 보험자의 보상책임은 각자의 보험금액의 비율에 따른다(상§672①)고 규정하였다. 즉, 구법상의 비례분담주의와 우선주의를 통합하여 비례책임주의로 한 것이다. 이는 보험자중 1인이 지급불능이 된 경우에, 그 분담액에 대하여는 보험의 목적을 달성할 수 없다는 불합리한 점을 고려하여 각 보험자의 연대책임을 인정한 것이다. 사기보험의 방지를 위하여 중복보험의 경우에는 보험계약자는 각 보험자에 대하여 각 보험계약의 내용을 통지하여야 한다고 규정하였다(상§672②). 중복보험의 경우 보험계약이 보험계약자의 사기로 인하여 체결된 때에는 그 계약은 무효이다. 이 경우에 보험자가 그 사실을 안 때까지의 보험료를 청구할 수 있는 것은 초과보험의 경우와 같다(§672③, §669④). 중복보험의 경우에 보험자 1인에 대한 권리의 포기는 다른 보험자의 권리·의무에 영향을 주지 아니한다(§673).

사기로 인하여 체결된 중복보험계약이란 보험계약자가 보험가액을 넘어 위법하게 재산적 이익을 얻을 목적으로 중복보험계약을 체결한 경우를 말하는 것이므로, 통지의무의 해태로 인한 사기의 중복보험을 인정하기 위하여는 보험자가 통지의무가 있는 보험계약자 등이 통지의무를 이행하였다면 보험자가 그 청약을 거절하였거나 다른 조건으로 승낙할 것이라는 것을 알면서도 정당한 사유 없이 위법하게 재산상의 이익을 얻을 의사로 통지의무를 이행하지 않았음을 입증하여야 할 것이고, 단지 통지의무를 게을리 하였다는 사유만으로 사기로 인한 중복보험계약이 체결되었다고 추정할 수는 없다*(대법원 2000. 1. 28. 선고 99다50712)*.

일부보험(一部保險)
영;under-insurance
독;Unterversicherung
불;sous-assurance

보험금액이 보험가액에 달하지 않는 경우를 일부보험이라고 한다. 일부보험은 보험계약자가 보험료의 절감을 위하여 의식적으로 하는 경우도 있고, 또 물가가 상승한 결과 자연적으로 발생하는 경우도 있다. 보험가액을 과대하게 협정하고 이것에 미달한 보험금액을 정한 경우 실제의 보험가액이 보험금액보다 적으면 초과보험이 된다. 그러나 보험금액이 보험가액을 초과하지 않을 때에는 당연히 전부보험이 되는 것이 아니라 협정보험가액과 약정보험금액과의 비율에 의한 일부보험이 라고 보아야 할 것이다. 일부보험의 경우에는 보험자의 부담은 보험금액의 보험가액에 대한 비율에 따라 보상할 책임을 진다(상§674본문)(비례분담의 원칙). 따라서 전부멸실의 경우에는 보험자는 보험금액의 전액을 지급하여야 하지만 일부손해의 경우에는 손해액의 일부분을 지급하게 된다. 그러나 특약으로써 보험금액의 범위 내에서 손해액의 전액을 지급한다는 약정은 가능하다(§674단서). 이 경우의 보험을 일반적으로 제1차 위험보험이라고 하며 화재보험에서 많이 이용되고 있다.

전부보험(全部保險)

약정한 보험금액이 보험가액과 일치하는 보험으로, 이 경우에 보험자는 보험사고에 따른 손해액의 전부를 지급할 의무를 진다. 일부보험에 대응하는 개념이다.

화재보험계약(火災保險契約)
영;contract of fire insurance
독;Feuerversi cherungs vertrag
불;assurance contre l'incendie

화재보험계약이란 화재로 인하여 발생하는 손해보상을 목적으로 하는 손해보험계약을 말한다(상§683). 화재보험에 있어서 보험사고인 화재란 사회통념상 화재라고 인정할 수 있는 성질과 규모를 가진 화력의 연소작용으로 인한 재해를 뜻한다. 이에 대해 화재로 통상의 용법에 의하지 아니하고 독립한 연소력을 가진 연소작용으로 인한 재해라고 하는 견해가 있다. 어떻든 화력의 연소작용이 없이 단순한 열 또는 빛의 작용, 낙뢰·폭발 등에 의한 파괴작용은 화재라고 할 수 없다. 그러나 특약에 의하여 화재의 개념을 한정할 수도 있다. 화재보험의 목적은 유체물로서 화재에 의해 손상될 수 있는 한 동산뿐만 아니라 부동산도 포함된다. 상법 제685조는 목적물이 건물과 동산인 경우를 예상하고 있으나, 그 대상을 건물·동산에 한정한 것은 아니다. 따라서 목조교량·입목·삼림 등도 보험의 목적이 될 수 있다. 또 건물을 화재보험의 목적으로 한 경우에 완성된 건물뿐만 아니라 건축 중의 건물·미등기건물도 목적으로 할 수 있다. 건물의 부속물은 이른바 종물로서 건물과 같이 보험의 목적에 포함되지만, 약관으로 보험증권에 기재되지 않는 한 보험의 목적에 포함하지 않는다고 정하는 것이 보통이다. 동산의 화재보험인 경우에는 전기제품·기계기구·가구·의류 등도 집합보험의 목적이 될 수 있다. 그러나 동산 중 고가물, 예컨대 화폐·귀금속·서화 등은 보험증권에 명기한 경우에 한하여 그 목적이 될 수 있다. 동산보험은 건물 내의 동산에 한하지 않고, 목재·석탄·야적한 농산물 등 건물외의 동산에 대해서도 보험의 목적으로 할 수 있다. 그러나 일정한 장소에 있어서의 위험만을 담보하는 것이므로, 보험의 목적인 동산이 다른 장소로 이동된 때에는 담보되지 않는다. 화재보험의 피보험이익은 그 목적물이 동일한 경우라도 피보험자가 누구인가에 따라 소유자이익·임차인이익·사용인이익 등이 있을 수 있다. 피보험이익의 내용이 명확하지 않은 경우에는 소유자의 피보험이익을 계약의 목적으로 한 것이라고 보아야 할 것이다. 화재보험증권에는 보험증권의 일반적 기재사항(상§666)외에 다음 사항을 기재하여야 한다. (1) 건물을 보험의 목적으로 한 때에는 그 소재지, 구조와 용도, (2) 동산을 보험의 목적으로 한 때에는 존치한 장소의 상태와 용도, (3) 보험가액을 정한 때에는 그 가액 등이다(§685). 이밖에 필요한 사항의 기재도 가능하다. 화재보험자는 화재로 인하여 생긴 손해에 관하여 그 화재의 원인이 무엇인가에 관계없이 손해를 보상할 책임이 있다(§683). 이를 위험보편의 원칙이라고 한다. 그러나 (1) 보험계약자·피보험자·보험수익자의 고의·중과실로 인한 손해(§659①), (2) 특약이 없는 경우에 전쟁 기타의 변란으로 인한 손해(§660), (3) 보험의 목적의 성질·하자·자연소모로 인한 손해(§678)에 대하여는 보상책임을 지지 아니한다. 그러나 (1),(2)의 경우와 (3) 의 경우에도 보험계약자·피보험자의 중과실로 인한 손해에 대하여도 보상책임을 진다는 특약은 유효하다. 그러나 보험계약자·피보험자의 고의로 인하여 발생한 손해에 대하여도 보험자가 책임을 진다는 특약은 선량한 풍속과 사회질서 및 공익에 반하므로 무효라고 본다. 화재보험은 화재로 인하여 발생한 손해의 보상을 목적으로 하는 것이므로 화재와 손해와의 사이에는 상당인과관계가 있어야 한다. 따라서 보험자는 화재로 인한 직접적인 손해뿐만 아니라 화재의 소방 또는 손해의 감소에 필요한 조치로 인하여 생긴 손해에 대해서도 보상할 책임이 있다(§684). 즉, 직접 화열로 인한 손해가 아니더라도 상당인과관계설을 취하는 한 당연한 것이나 의문의 여지가 없도록 하기 위해서 규정한 것이다. 이는 손해방지비용을 보험자에게 부담시킨 것과 그 취지를 같이 한다(§680①단참조). 그러나 화재시에 보험의 목적의 분실 또는 도난으로 인한 손해에 대하여는 책임을 지지 않는다는 약관이 있다(화재보험보통약관 제4조 3항).

집합보험(集合保險)
독;Kollektivversicherung

보험의 목적이 경제적으로 독립된 다수의 사람 또는 물건인 보험을 집합보험이라고 한다. 인보험의 경우(해상보험)에서도 볼 수 있으나, 주로 동산화재보험의 경우에 널리 이용되고 있다. 상법은 집합된 물건을 일괄하여 보험의 목적으로 한 때에는 피보험자의 가족과 사용인 물건도 보험의 목적에 포함된 것으로 하며, 이 경우에는 그 보험이 그 가족 또는 사용인을 위하여서도 체결한 것으로 보고 있다(상§686). 이 경우 가족 또는 사용인의 물건에 관하여는 타인을 위한 보험계약을 인정한 것이라고 볼 수 있다.

적하보험(積荷保險)
영;insurance on goods
독;Gütersicherung, Kargoversicherung
불;assurance sur facultés

적하보험은 보험의 목적인 적하의 소유자로서의 피보험이익에 관한 보험이다(상§697 참조). 즉 선적되는 모든 적하에 관한 보험으로서, 적하라고 할 수 없는 저하·연료·어구 등은 포함되지 않는다. 그러나 반드시 상품에 한하는 것은 아니며 양륙(揚陸)이 예정된 운송물이면 모두 포함된다. 실제로는 적하의 가액 중에 희망이익도 합하여 평가하고, 적하보험에 붙이는 일이 많다. 이 적하보험에 있어서는 보험가액이 당사자 사이에서 협정되는 것이 보통이나, 협정이 없을 때에는 그 적하한 때와 곳의 적하의 가액과 선적 및 보험에 관한 비용을 합산한 가액이 보험가액이 된다(§697). 또 보험의 목적인 적하가 목적지에 도달함으로 인하여 생긴 이익 또는 보수도 보험에 붙일 수 있다(§698:희망이익보험). 해상보험기간은 그 하물의 선적에 착수한 때에 개시하고(§699②), 하물 또는 저하의 선적에 착수한 후에 보험계약이 체결 된 때에는 계약성립시에 그 기간이 개시된다(§699③). 그리고 기간의 종료시기는 양륙지 또는 도착지에서 하물을 인도한 때이나, 다만 불가항력으로 인하지 아니하고 그 양륙이 지연된 때에는 그 양륙이 보통 종료될 때에 종료된 것으로 한다(§700). 보험자의 면책사유에 관하여는 해상보험의 경우와 같으나, 보험계약자·피보험자 이외의 특정자(용선자, 송하인 또는 수하인)의 고의 또는 중대한 과실로 인하여 생긴 손해 및 선박이 변경된 후의 사고로 인한 손해에 관하여는 보험자는 보상책임을 지지 않는 점이 이 보험의 특색이다(§706 Ⅱ, §703). 그 밖의 보험증권의 기재사항에 대하여 특별한 규정이 있다(§695).

정기보험(定期保險)
영;time policy
독;Zeitversicherung

정기보험은 보험자의 책임의 시기와 종기가 일정한 기간을 표준으로 하는 보험이다. 기간보험이라고도 한다. 선박보험에 많이 이용되며, 1년 또는 6개월의 기간을 정하는 것이 보통이다.

기간보험(期間保險)

→ 정기보험

항해보험(航海保險)

영;voyage policy
독;Reiseversicherung, Reisepolice
불;assurance en voyage

보험기간이 일정한 항해를 표준으로 하여 보험자의 책임이 정하여지는 보험이다. 적하보험에 많이 이용된다. 선박보험·적하보험·희망이익보험이 이 방법으로 행하여진 경우에 관하여 상법에 규정이 있다(상§696, §697, §698). 항해보험에 있어서 해상보험 기간은 원칙적으로 하물의 선적에 착수한 때에 개시하여 도착항에서 양륙한 때에 종료한다(§699, §700). 상법의 규정은 선적지 및 양륙지에서의 이른바 부주위험은 보험자가 지도록 하였으나 약관에서는 특약이 없는 한 보험자는 이것을 부담하지 않는다고 정하는 것이 보통이다.

혼합보험(混合保險)

영;mixed policy

일정한 기간과 일항해(一航海)의 양자를 표준으로 하는 보험이다. 선박보험의 경우에 이용된다.

예정보험(豫定保險)

영;floating policy, open cover, open policy
독;Versicherung in quovis,
laufende Versicherung
불;assurance police, assurance flottante

예정보험은 보험증권에 기재할 보험계약의 요건의 일부(예컨대 하물을 실을 선박·적하의 종류·선장 등)가 보험계약체결당시 확정되어 있지 않든가 또는 당사자에게 알려져 있지 않은 것을 말한다. 계약내용의 전부가 체결시에 확정되어 있는 확정보험에 대응하는 개념이다. 예정보험계약은 보험계약의 예약과는 다르다. 보험계약의 예약은 아직 보험계약이 성립하지 않는 상태에서 후일 보험계약을 체결하기로 약정하는 것이다. 이에 비해 예정보험계약은 이미 계약 자체는 성립하고 그 내용의 일부만이 미확정인 것이므로 양자는 다르다. 예정보험계약에 있어 미확정인 부분이 확정된 때에는 보험계약자는 보험자에게 이를 통지할 의무를 부담하고, 그 통지에 의하여 계약내용이 확정되는 것이며, 통지에 의하여 비로소 계약이 성립하는 것은 아니다. 예정보험은 신속한 보험계약체결의 편의 혹은 대량적·계속적으로 거래되는 상품 및 이에 수반하는 운송에 관한 포괄적 보험계약의 방법으로서 이용되는 것으로, 해상보험에 한하지 않고 모든 보험계약에 있을 수 있는 것이지만, 주로 해상보험(또한 항공보험) 그것도 대부분이 적하보험에 대하여 행해지는데, 재보험에서도 많이 이용되고 드물게 선박보험에서도 보인다.

저당보험(抵當保險)

독;Hypothekenversicherung

저당권의 목적인 물건의 멸실·훼손 등으로 인해 저당권자가 피담보권자에 관하여 입을지 모르는 손해를 보상할 것을 목적으로 하는 손해보험이다. 저당물에 대해서 저당채무자가 보험계약을 체결했을 경우에는, 목적물의 멸실시에 저당권의 물상대위에 따라서 저당권자는 저당채무자의 보험금청구권상에 그 효력을 미치게 할 수 있으나(민§342, §370), 지급·인도 전에 압류를 하여야 된다는 등 복잡한 절차가 필요하며(민§342후단), 또 보험금청구권상에 저당권자가 질권을 설정 받는 등의 길도 있으나, 여러 가지로 곤란하고 복잡하기 때문에 저당권자 자신이 피보험자로 되는 것이 저당보험이다. 그런데 저당물이 멸실하더라도 채권자가 채권을 보유하는 이상, 당연히 저당물만큼의 손해가 있었다고 할 수 있으므로, 그 법률구성에 논의가 있으나 저당물의 멸실·훼손으로 인해 받을 채권손실(변제수령가능성의 멸퇴)에 관한 일종의 신용보험으로 보아야 할 것이다.

사보험(私保險)
영;private insurance
독;Privatversicherung
불;assurance prive

사보험은 이른바 보험회사(주식회사 또는 상호회사)에 의해 행해지는 사영보험을 말하나 일본의 경우 국가에 의해 행해지는 것(간이생명보험)도 있고 더 나아가 특별법(가령 선주상호보험조합법)에 근거하여 상호보험조합이 경영하는 경우도 있다. 그러나 어느 것이든 국가의 재정적 원조는 행해지지 않고 가입도 강제되지 않는 것이 원칙이지만, 자동차손해배상보장법에 의해 행해지는 자동차손해배상책임보험과 같이 공보험적 성질을 띠는 사보험에 있어서는 예외적으로 가입이 강제되어 있다. 이상의 사보험 가운데 상법의 적용을 받은 것은 사영보험 중 주식회사에 의해 행하여지는 영리보험이지만(상§46XVII), 상호회사에 의해 행하여지는 상호보험도 그 실체가 영리보험과 거의 다르지 않으므로 상호보험에는 영리보험에 관한 상법의 규정이 준용된다(§664).

공보험(公保險)
영;public insurance
독;öffentliche Versicherung

보험의 경영이 국가 또는 법인에 의하여 행하여지는 공영보험을 말한다. 공보험은 사회정책적 견지에서 행하여지는 사회보험과 산업정책적 견지에서 행하여지는 산업보험으로 나누어진다. 각종 행정법의 적용을 받으며 상법이 적용되지 않는다.

사회보험(社會保險)
영;social insurance
독;Sozialversicherung
불;assurance sociale

근로자·소액소득자 등의 사회구성원에 대하여, 그 생활을 위협하는 사고인 재해·질병·폐질·실업·노쇠 등에 대하여 일정기준의 소득을 보장하고, 그로써 그 자 또는 그 가족에게 구제를 주는 보험이다. 사회정책적인 목적을 가지며 또 강제보험이다. 보험시설은 원칙적으로는 국가자신 또는 그 대행기관에 의하여 마련된다. 그 경영자는 국가이고, 국가와 보험급부를 받으려는 자 및 사용자가 공동으로 보험에 필요한 비용을 분담하는 등 사회연대적 사상을 바탕으로 한다. 급부액이 법정되어 있다는 점에서 보통의 영리보험과는 구별된다. 국민건강보험법에 의한 보험등이 사회보험에 해당한다.

산업보험(産業保險)

산업정책적인 견지에서 행하여지는 보험이다. 산업보험에는 우리나라의 경우 원자력손해배상법에 의한 원자력손해배상책임보험 등이 산업보험이다.

영리보험(營利保險)

영;proprietory insurance
독;Versicherung gegen Prämie
불;assurance à prime

영리보험이란 보험자가 가입자로부터 징수할 보험료의 총액과 사고가 발생한 경우 지급해야 할 보험금의 총액 및 경영비와의 차액을 이득으로 할 것을 목적으로 하여 행하여지는 보험이다. 영리보험은 보험단체의 형성과 이에 의한 위험의 분산이 보험계약자와는 다른 경제주체인 보험자의 계산과 책임하에 행하여진다. 이에 대하여 상호보험은 보험에 가입하고자 하는 자가 직접 보험관계(상호회사)를 이루어서 영리를 목적으로 하지 아니하고 상호적으로 보험가입자가 보험자를 겸하여 사원전원의 책임과 계산으로 보험사업을 경영하는 점에서 영리보험과 다르다. 영리보험의 인수는 영업으로서 행하여질 때에는 상행위가 된다(상§46 XVII). 이 사업은 일정액 이상의 자본금을 가지는 주식회사가 아니고서는 영위할 수 없다. 영리보험은 상호보험과 아울러 私人(사인)에 의하여 사경제적 목적으로 경영되므로 사보험 또는 사영보험에 속하며 공보험 또는 공영보험에 대립한다.

상호보험(相互保險)

영;mutual insurance
독;Versicherung auf Gegenseitigkeit
불;assurance mutuelle

상호보험이란 보험을 원하는 사람끼리 서로 모여서 단체를 형성하고 기금을 갹출하여 단체원 중에 보험사고를 당한 사람(단체원 이외의 사람을 피보험자 또는 보험금수령자로 하는 경우도 있다)에 대하여 보험금을 지급하는 형태의 보험이다. 상호보험의 경우는 영리보험과 달라 보험자가 없고 따라서 보험계약도 없으며, 다만 보험단체의 구성원인 사원이 서로 보험자와 피보험자를 겸하는 지위에 있다. 상호보험은 보험계약관계가 없으므로, 상법의 보험계약에 관한 규정은 적용되지 아니하지만, 보험사업의 운영에 있어서는 영리보험과 공통된 점이 많으므로, 상법은 성질이 상반되지 않는 한도에서 영리보험에 관한 규정을 상호보험에 준용하고 있다(상§664).

책임준비금(責任準備金)

독;Deckungsfonds

보험회사가 부담한 보험계약상의 책임을 수행할 목적으로 적립하는 준비금이다. 인보험에서는 보험료적립금과 미경과보험료로 나누어진다. 보험료적립금이라 함은 생명보험료를 보험료기간(1년)으로 분할하여 매년 평균한 이른바 평균보험료를 지급하는 결과, 후년일수록 사망률이 늘어감에 따라서 산출되는 이른바 자연보험료에 비하여 초년에는 필요이상의 보험료를 지급하게 되므로 그 필요한 금액을 초과한 부분은 후년도의 보험수익자를 위하여 이를 적립하여야 하는 금액을 말한다(보험§98). 소정사유로 인하여 보험금액의 지급을 요하지 않게 된 때에는 부당이득이 되므로 보험계약자에게 이를 반환하여야 한다(상§736①). 손해보험의 경우에는 일반적으로 그 기간이 단기이며, 또 위에 설명한 것과 같은 사유가 없으므로 보험료적립금 또는 그 반환에 규정이 없고 다만 미경과보험료만으로 책임준비금이 된다.

보험계약의 유형에 따라서 「보험료와 책임준비금지출방법서」(보험§5Ⅲ)를 근거로 계산하고, 이를 특설한 장부에 기재하여야 한다(보험§120).

공동보험(共同保險)
영;co-insurance

동일한 피보험이익에 관하여 2인 이상의 보험자가 공동으로 계약을 체결하는 것을 뜻한다. 그러나 이 경우에 각 보험업자가 담당한 보험금액의 합계가 보험가격을 초과할 경우는 이를 중복보험이라고 하며 그 초과부분은 무효가 된다.

단독보험(單獨保險)
영;single life insurance
독;Einzellebensversicherung)

피보험자 1인의 생사를 보험사고로 하는 인보험을 말하며, 이를 단생보험이라고도 한다. 인보험에는 생명보험과 상해보험이 있는 데, 본래 단독보험은 인보험의 대표적 형태인 생명보험에서 인정된 것이나, 인보험이 점차 생명보험으로부터 신체에 관한 상해·질병 등의 보험으로 넓혀져 감에 따라 단독보험도 인보험 전반에 걸친 개념으로 사용하게 되었다. 단독보험은 피보험자의 수에 따른 구별로써 부부·형제 등 복수인을 피보험자로 하고, 그 중에 1인이 사망한 경우에 생존한 자가 보험금의 지급을 받는 연생보험, 그 복수인 중 특정한 1인이 사망한 경우에 다른 사람은 생존할 것을 조건으로 보험금의 지급을 받는 생잔보험, 또는 단체의 구성원의 전부 또는 일부를 일괄하여 피보험자로 하는 단체보험(상법 735조의 3 1항)과는 구별되는 개념이다. 다수인을 피보험자로 하는 위의 보험과 대비해서 단독보험은 개별보험에 속한다고 할 수 있다.

단체보험(團體保險)
영;group insurance
독;Gruppenversicherung
불;assurance sur la vie en groupe

사람에 관한 집합보험 또는 총괄보험이다. 단체(예를 들면 회사·공장의 전종업원)에 속하는 다수인을 포괄적으로 피보험자로서 일개의 보험계약을 체결하는 것이다. 그 단체의 가입 또는 탈퇴에 따라서 당연히 피보험자의 자격을 취득 또는 상실하고 개개의 피보험자의 이동과 관계없이 보험계약은 그 동일성을 잃지 않는다. 이 보험은 사업자가 주로 그 종업원의 후생·복지를 위해 행하는 제도로 스스로 보험료를 부담하고 보험금액은 피보험자 가운데 사상자가 생기는 경우에 본인이나 그 유가족에게 지급된다.

실업보험(失業保險)
영;unemployment assurance
독;Arbeitlosenversicherung
불;assurance contre le chômage

근로의 의사와 능력을 가진 고용근로자가 이직한 경우에 그 생활을 보장할 목적으로 설정된 보험이다. 사회보험의 하나이다. 영국의 실업보험을 독립된 국영강제보험으로서 1911년에 시작되었는데, 제1차 대전 후의 세계적 불황에 직면하여 각국은 영국의 예를 따랐다. 오늘날 많은 문명제국에서 이 제도를 채택하고 있으나, 우리나라에서는 고용보험법에서 1995. 7. 1부터 시행하고 있다.

강제보험·임의보험
(强制保險·任意 保險)
독;Zwangsversicher-ung·Freieversic-herung

국가 기타 공공단체에 의해 강제적으로 가입되는 보험을 강제보험이라고 하고, 보험의 가입이 전혀 가입자의 자유의사에 따르는 것을 임의보험이라고 한다. 강제보험은 일정한 범위의 자(예 ; 근로자·사업자 등)에 대하여 직접 법률의 규정으로 당연히 보험단체에 가입할 의무를 부과함으로써, 소정의 국가정책을 강행하여 실효를 거두게 하기 위한 것으로서, 사회보험 기타의 공보험에서 취하는 보험이지만, 사보험에 있어서도 전시 등의 경우에는 화재·해상 등의 보험의 가입이 강제되는 때가 있다. 임의보험은 영리보험을 위시한 사보험이 이에 속한다.
→ 보험

자가보험(自家保險)
영;self-insurance
독;Selbstversicherung
불;assurance de soimême

다수의 선박을 소유하는 해상운송회사나 각지에 다수의 공장·창고 등을 소유한 기업이 해난·화재 기타의 사고로 인한 우연의 재산적 손해를 전보(塡補)할 목적으로 매년 그 재산의 멸실의 위험을 측정하여 일정비율의 금전을 적립하는 제도이다. 자기보험이라고도 한다. 손해발생의 개연율을 기초로 하여 적립을 하는 점에 있어서 단순한 저축 또는 준비재산과는 다르고 오히려 보험과 유사한데, 다수인이 집합하여 부담을 분산한다고 하는 요소가 없는 점에 있어서는 보험과도 근본적으로 다르다. 일부보험에서 피보험자가 손해의 일부만을 보험자로부터 보상받고, 나머지는 스스로 부담하게 되므로 이 경우에도 자가보험이라는 말이 사용되지만 원래의 의미는 아니다.

계속보험(繼續保險)
독;laufende Versicherung
불;assurance souscrite `a abonnement

일정기간에 통하여 그 기간 내의 모든 임치물에 관해서 개별적으로 보험계약을 체결하지 않고 총괄적으로 체결하는 손해보험계약을 말한다. 보험료가 임치물의 가격변동에 따라서 매일 일변(日邊)처럼 계산되는 경우는 특히 일변보험이라 부른다.

거치보험(据置保險)
영;defferred insurance

보험계약 후 일정기간은 계약의 효력이 발생하지 않는 경우를 뜻하며, 계약 후 3년 동안은 비록 사고가 발생하더라도 보험자는 보험금을 지급하지 않는 내용을 조건으로 하는 경우에 이 보험을 거치보험이라고 부른다.

정액보험(定額保險)
독;Summenversicherung

보험사고의 발생에 기인한 실손해의 유무와는 무관하게 보험계약당시에 정한 일정한 금액을 보험금액으로서 지급하는 보험이다. 생명보험이 이에 속한다. 이에 대하여 보험사고의 발생으로 인한 실손해액을 보험계약시에 정한 보험금액의 한도 안에서 지급하는 것을 부정액(손해)보험이라 부른다.

배상책임보험(賠償責任保險)

피보험자가 타인의 신체의 장해(장해에 기인하는 사망을 포함) 또는 재물의 멸실·훼손 혹은 오손에 관하여 법률상의 손해배상책임을 부담함으로써 입는 손해를 보상하는 보험이다(배상책임보험보통보험약관§1). 본보험은 법률상의 손해배상책임를 부담하는 것으로 인하여 입는 손해를 보상하는 보험이지만, 배상책임의 발생원인을 신체장해와 재물손괴에 한정하고 있는 것에 유의할 필요가 있다. 따라서 명예훼손, 비밀폭로, 불법구금 등에 기초한 배상책임이라든가, 타인에게 일반재산상의 손해를 끼친 경우 (예컨대 공인회계사가 잘못 감사를 하고 그 결과를 신용하여 거래를 한 자에 대하여 재산상의 손해를 끼치는 경우)의 배상책임 등은 이 보험의 담보범위에서 제외된다. 더욱이 이 보험은「신체장해 또는 재물손괴에 관하여」 법률상의 손해배상을 부담함으로써 입는 손해를 보상하는 것이다. 따라서 피해자가 사망한 경우에 피해자 자신의 배상청구권만이 아니라 그 배우자·자 등의 고유의 배상청구권에 대하여도 보험자는 보상의 책임을 진다. 또 재물의 손괴배상에서는 재물을 손괴시킨 자 이외에 재물손괴사고와 상당인과관계가 있는 손해를 입은 그밖의 자에 대한 배상책임에 대하여도 보험자는 보상할 책임을 부담한다. 더욱이 배상책임보험보통보험약관은 각 사 공통의 약관이 아니고 다소 다른 바가 있다. 책임의 범위에 대하여「당회사는 피보험자가 특별약관기재의 사고(이하「사고」라 한다) 때문에 타인의 생명 혹은 신체를 해하거나 또는 재물을 멸실, 훼손 혹은 오손시킴으로써 발생한 법률상의 손해배상책임을 지는 것에 의해 입는 손해 (이하 「손해」라고 한다)를 이 약관에 따라서 보상할 책임을 진다」(배상책임보험보통보험약관§1)고 하는 것이 있다. 법리에 서로 다른 바가 있으나, 실질적으로는 담보범위에 제한이 없는 것으로 해석된다. 배상책임의 발생사유는 여러 가지이다. 따라서 보통보험약관에서는 공통적 사항만 규정하고, 따로 특별약관에서 각종의 배상책임보험에 관하여 자세하게 규정하고 있다. 특별약관으로서는 시설소유(관리)자특별약관), 도급업자특별약관, 승강기특별약관, 생산물특별약관, 수탁자특별약관, 자동차항송선특별약관, LP가스업자특별약관, 개인특별약관, 스포츠특별약관, 골퍼특별약관, 헌터특별약관), 선박수선자특별약관, 여관특별약관, 의사특별약관 등이 있다.

인보험계약(人保險契約)
영;contract of person insurance
독;Personenversicherungsve-rtrag
불;assurance contrat de personnes

인보험계약이란 당사자의 일방(보험자)이 상대방 또는 제3자(피보험자)의 생명 또는 신체에 관하여 보험사고가 발생할 경우에 일정한 보험금액 기타의 급여(질병의 치료, 의약품의 공급 등)할 것을 약속하고, 상대방(보험계약자)이 이에 대하여 보수를 지급할 것을 약정하는 보험계약을 말한다(상§727). 인보험은 사람의 생명·신체에 관한 보험이다. 즉 재산보험 내지 물건보험에 대한 것으로 사람에 관하여 생기는 사고를 보험사고로 하는 점이 물건에 대한 사고를 보험사고로 하는 물건보험과 다르다. 상법은 인보험에 관한 장에 4개의 절을 이루어 통칙규정과 생명보험(생사에 관한 보험), 상해보험(상해에 관한 보험), 질병보험(질병에 관한 보험)에 관하여 규정하고 있다. 이 밖에 인보험에 속하는 것에는 교육·퇴직·양로·혼인 등의 목적을 갖는 보험, 또는 이들을 혼합한 보험 등 그 유형은 점차 늘어나고 있다. 인보험은 특히 생명보험은 보험사고가 발생하면 그로 인한 손해와 관계없이 약정한 보험금액을 지급하는 정액보험이다. 이점에서 재산적 손해의 보상을 목적으로 하는 부정액보험인 손해보험과 다르다. 다만, 상해보험의 경우에는 상해의 정도에 따라 일정한 급여를 하는 경우에는 정액보험이지만, 피보험자가 상해로 인하여 입은 경제적인 손실(예컨대, 의료비의 지급)을 보상하는 경우에는 부정액보험이 된다. 인보험에 있어서는 피보험이익이나 보험가액의 관념은 인정되지 않는다. 따라서 초과보험·중복보험·일부보험 등의 문제도 발생할 여지가 없다. 이에 대하여 보험계약의 체결에 어떠한 제한을 가하지 않는다면, 그것이 도박으로 악용되거나 人爲的(인위적)인 사고를 일으킬 우려가 있으므로 인보험에 있어서도 손해보험의 그것과는 그 개념구성에 차이는 있으나 피보험이익의 관념을 인정하는 것이 타당하다는 견해가 있다. 인보험계약에 있어서는 계약당사자인 보험자와 보험계약자 이외에 피보험자와 보험수익자의 지위가 인정되어 있다. (1) 피보험자는 생명 또는 신체에 관하여 보험에 붙여진 자, 즉 보험사고의 대상이 되는 자를 말한다. 피보험자는 보험의 목적에 지나지 않으며 보험계약에 의하여 아무런 권리도 취득하지 않는다. 손해보험계약에서도 피보험자라는 개념이 사용되고 있으나, 이 때는 피보험이익의 주체로서 손해의 보상을 받을 권리를 갖는 자, 즉 보험금액을 받을 자를 의미한다. 따라서 피보험자라는 용어가 손해보험에서와 인보험에서 각기 달리 사용되고 있음에 주의하여야 한다. 보험계약자는 자기를 피보험자로 할 수도 있고, 또 제3자를 피보험자로도 할 수 있다. 후자를 자기의 생명(또는 상해)보험, 후자를 타인의 생명(또는 상해)보험이라고 한다. (2) 보험수익자는 보험사고발생시에 보험자로부터 보험금액을 지급받기로 지정된 자를 말한다. 보험계약자는 자기를 보험수익자로 할 수도 있고, 제3자를 보험수익자로 할 수도 있다. 전자를 자기를 위한 인보험, 후자를 타인을 위한 인보험이라고 한다. 보험수익자가 동시에 피보험자인 경우도 있다. 인보험자는 보험계약자의 청구에 따라 인보험증권을 작성·교부하여야 한다.(상§640). 인보험증권에는 손해보험증권의 기재사항(§666) 이외에 ① 보험계약의 종류, ② 피보험자의 주소와 성명 및 생년월일, ③ 보험수익자를 정한때에는 그 주소와 성명 및 생년월일 등을 기재하여야 한다(상§728). 보험자는 보험사고로 인하여 발생한 보험계약자 또는 보험수익자의 제3자에 대한 권리를 대위하여 행사하지 못한다. 그러나 상해보험계약의 경우에 당사자간에 다른 약정이 있는 때에는 피보험자의 권리를 해하지 아니하는 범위 안에서 그 권리를 대위하여 행사할 수 있다(§729). 손해보험에 있어서는 보험자대위제도를 인정하여 피보험자에게 보험사고로 인하여 2종의 이득을 주지 않으려는 이유에서 보험목적에 관한 보험대위(§681)와 제3자에 대한 보험대위(§682)를 규정하고 있다. 인보험에 있어서는 보험목적의 멸실이라는 것이 존재할 수 없으므로 보험목적에 관한 보험대위란 있을 수 없다. 한편 제3자에 대한 보험대위는 논리상 그 성립이 불가능한 것은 아니다. 그러나 인보험은 ① 정액보험이 원칙이라는 점과, ② 사람의 생명·신체에 관한 우연한 사고를 보험사고로 하므로, 일률적으로 보험대위를 금지하여 보험수익자를 보호하는 것이다. 예컨대, 피보험자가 제3자의 가해행위 때문에 상해를 입은 경우 가해자인 제3자에 대해서는 불법행위로 인한 손해배상청구를 할 수 있으나, 보험자는 보험금지급 기타의 급여를 하였더라도 보험수익자가 가진 제3자에 대한 손해배상청구권을 취득하지 못하게 되는 것이다(프랑스보험§131-2 참조). 이것은 강행규정이므로 법률상 그 예외규정(예컨대, 선원보험§26·산재§54 참조)이 없는 한 보험계약당사자의 특약으로써도 보험대위는 인정되지 않는다. 손해보상을 목적으로 하는 손해보험의 경우에는 피보험자가 실손해액의 보상 이외의 利得(이득)을 얻게 되는 것을 막기 위한 정책적 이유에서 보험대위를 인정하는 것이므로, 인보험 중에서도 손해보험의 방법으로 영위되는 경우(예컨대, 부정액의 상해보험)는 피보험자의 이익을 해치지 않는 범위 내에서 보험대위를 인정하여야 할 필요가 있으나, (개정상법§729단서) 신설. 입법적 해결 되었음. 인보험자의 대위를 명문으로 금지하는 것이 반드시 타당한 것인가에 대해서는, 상법 제729조를 삭제하여 보험정책상의 필요에 따라 보험약관에 그 대위권을 정할 수 있도록 하여야 할 것이라는 견해도 있다.

인보험·물보험

(人保險·物保險)
독;Personenversicherung·Sachversicherung
불;assurance des personnes a ssurance des choses

보험사고가 사람에 관하여 생기는 경우의 보험을 인보험, 물건에 관하여 생기는 경우의 보험을 물보험이라고 하며, 보험사고의 객체에 따른 보험의 분류이다. 인보험에는 생명보험·상해보험·질병보험 등이 이에 속하고(상법은 생명보험과 상해보험만을 규정하였다), 물보험에는 화재보험·선박보험·운송보험·해상보험·자동차보험 등에 속하며, 광의(廣義)에 있어서는 책임보험·신용보험 등도 포함시켜 손해보험으로서 인보험에 대립시킬 수 있다. 인보험은 보험가액의 관념이 없으므로 초과보험·중복보험·일부보험의 문제가 발생하지 않고, 피보험자의 생명 또는 신체에 관하여 보험사고가 발생하여 제거되는 경제생활의 불안정을 제거 또는 경감시키는 것을 그 목적으로 한다.

생명보험계약(生命保險契約)

영;life insurance contract
독;Lebeusversicherungs-vertrag
불;assurance contract sur la vie

생명보험계약이란 보험자가 피보험자(보험계약자 또는 제3자)의 생사에 관하여 일정한 금액(보험금액)을 지급할 것을 약정하고, 보험계약자는 이에 대하여 보수(보험료)를 지급할 것을 목적으로 하는 인보험계약을 말한다(상§730). 생명보험은 손해보험의 경우와는 달리 보험금액 이외에 보험가액의 관념이 없으며, 따라서 초과보험·중복보험·일부보험등의 문제도 발생하지 않는다. 그러나 생명보험에서도 보험관계에서 보험금액의 차이를 둘 수 있다. 보험가액의 평가기준이 되는 피보험이익의 개념도 인정되지 않는다고 하는 것이 통설이나 그 개념을 인정하는 것이 타당할 것이라는 견해도 있다. 생명보험계약에 있어서 보험사고가 발생한 때에 일정한 금액(보험금액)을 지급하는 당사자를 보험자라 하고, 이에 대해 일정한 보수(보험료)를 지급하는 상대방을 보험계약자라고 한다. 계약당사자는 아니지만 보험사고발생시에 보험금액을 지급받을 자를 보험수익자라고 한다. 보험수익자는 보험계약자와 동일인인 경우(자기를 위한 생명보험계약)도 있으나, 제3자가 보험수익자가 되는 경우도 있다(타인을 위한 생명보험계약). 보험자는 상대방(보험계약자) 또는 제3자의 생사에 관하여 보험금액을 지급할 의무를 부담한다. 그 자의 생사가 보험사고로 되는 사람을 피보험자라고 한다. 이는 손해보험에 있어서 「보험의 목적」에 해당한다. 손해보험에 있어서도 피보험자는 보험자로부터 손해를 전보(塡補)받을 수 있는 자를 말하며, 생명보험계약에 있어서의 보험수익자에 해당한다. 피보험자는 보험계약자와 동일인인 경우(자기의 생명보험)도 있고, 제3자를 피보험자로 하는 경우 (타인의 생명보험)도 있다. 또 피보험자는 보험수익자와 동일인일 수도 있으나 다른 자인 경우도 있다. 생명보험계약에 있어서 보험사고는 피보험자의 생사이다. 생(生)이란 일정시기에 있어서의 존재를 말하며, 출생은 보험사고가 될 수 없다. 또 인보험일지라도 질병·상해 등을 보험사고로 하는 것은 생명보험계약이 아니다. 보험사고인 피보험자의 존재 또는 사망은 우연한 것일 것, 즉 존재 또는 사망은 우연한 것일 것, 즉 계약성립시에 불확정일 것을 요한다. 그러나 보험사고의 불확정이 반드시 객관적이어야 할 필요는 없다. 보험자는 일정한 기간 내에 피보험자의 생사(보험사고)가 발생한 경우에 보험금액을 지급할 의무를 부담한다. 그 일정한 기간을 보험기간이라 한다. 생존보험의 경우의 보험기간을 만기라고 한다. 보험자의 책임은 특별한 사정이 없는 일반보험계약의 경우와 마찬가지로 제1회 보험료납입시부터 개시된다(상§ 656). 보험기간의 종기(終期)에 대해서는 보험계약의 성립 또는 보험자의 책임개시시기로부터 일정한 기간을 경과한 때, 또는 피보험자가 일정한 연령에 달한 때 등에 의해 정하는 것이 통례이다. 보험사고가 발생한 경우에 보험자는 보험수익자에게 손해가 발생하였는지의 유무·손해액의 다소에 관계없이 약정한 보험금액을 지급하여야 한다. 생명보험계약은 손해보험계약과는 달리 재산적 손해의 보상을 목적으로 하지 않으므로, 보험사고가 발생하면 일정한 금액이 지급된다(정액보험). 보험계약자는 보험자에 대하여 그 위험부담에 대한 보수(보험료)를 지급하여야 한다. 보험료는 보험자의 보험금액급여와 대가적 관계에 있는 보험계약자의 반대급여이다. 생명보험에 있어서 보험료 산출의 기초가 되는 기간(보험료기간)은 1보험기간에 수개 있는 경우가 보통이다. 생명보험의 종류는 피보험자의 생사를 보험사고로 하므로 손해보험과는 전혀 다른 표준에 의하여 구분된다. (1) 보험사고에 의한 분류로서는 사망보험·생존보험·혼합보험(양로보험), (2) 보험금의 지급방법에 의한 분류로서는 자금보험·연금보험, (3) 피보험자의 수를 표준으로 한 분류로서는 단독보험·연생보험·단체보험이 있고, (4) 피보험자의 연령에 의한 분류로서는 성인보험·소아보험, (5) 피보험자의 건강 정도에 의한 분류로서는 건강체보험·약체보험, (6) 또 보험계약자와 피보험자가 다르면 타인의 생명의 보험이고, 피보험자와 보험수익자가 다르면 타인을 위한 생명보험이 되는데, 타인의 생명의 보험에는 일정한 제한이 있다(§731). 생명보험계약의 체결은 법률상 특별한 방식을 필요로 하지 않는다. 실제로는 생명보험계약의 청약은 보험자가 작성한 청약서에 의하며, 특히 반대의 의사표시를 하지 않는 한 보통보험약관의 조항이 계약의 내용이 된다. 보험계약자와 피보험자의 고지의무 중 생명보험계약에 특이한 점을 들어보면 다음과 같다. (1) 피보험자의 연령의 고지가 잘못된 경우에는 계약당시의 실제의 연령으로 하여 보험료를 계산하여 보험계약자가 지급한 과부족의 보험료에 관하여 추가지급 또는 반환한다는 뜻을 정하거나, 계약당시의 실제의 연령이 보험가능연령에 해당하지 않는 경우는 보험계약을 무효로 한다는 뜻을 정하는 것이 보통이다. (2) 생명보험에 있어서 질문표는 중요한 의의를 가지며, 중요한 사실에 관한 분쟁을 미리 방지하는 수단으로 불가결하다. (3) 보험의는 보험자를 대리할 권한이 있는 것으로 하여, 보험의에 대한 고지는 보험자 자신에 대한 것과 동일시 된다. 생명보험계약의 효과로는 생명보험계약에 있어서 일반적 보험계약의 효과 이외에 특유한 것으로서, 보험자는 ① 계약해지 또는 보험금액의 지급책임이 면제된 때의 보험료적립금의 반환의무(§736①본문), ② 이익배당부보험에 있어서의 이익배당의무(약관)를 지며, 보험계약자는 보험수익자의 지정·변경권을 가지는 동시에(§733①), 보험계약체결 후에 보험수익자를 지정 또는 변경하였을 때에는 보험자에 대하여 그 통지의무를 진다(§734①).

사망보험(死亡保險)

영;insurance ôn death, insurance against death
독;Versicherung auf den Todesfall
불;assurance contre le décès

피보험자의 사망을 보험사고로 하는 보험계약이다. 이는 다시 일정한 보험기간의 약정유무에 따라 (1) 피보험자의 사망의 시기에 관계없이 종신(終身)에 걸쳐 그 사망을 보험사고로 하여 보험금액이 지급되는 종신보험과, (2) 일정한 기간 내의 사망만을 보험사고로 하여 보험금액이 지급되는 정기보험으로 나눌 수 있다. 이 사망보험의 경우에 있어 15세 미만자, 심신상실자 또는 심신박약자를 피보험자로 한 경우에 그 보험계약은 무효로 한다(상§732). 이러한 무능력자를 피보험자로 하는 사망보험을 인정하는 경우 인위적인 보험사고의 발생(예컨대, 피보험자에 대한 살해 등)으로 악용될 여지가 있기 때문이다.

생존보험(生存保險)

피보험자가 일정한 연령까지 생존할 것을 보험사고로 하는 보험계약이다. 그 이용목적에 따라 교육보험·혼인보험 등이 이에 해당한다.

타인의 생명의 보험계약
(他人의 生命의 保險契約)

타인의 생명의 보험계약이란 보험계약자가 자기 이외의 제3자를 피보험자로 하여 그 생사를 보험사고로 하는 생명보험계약을 말한다. 이에 대하여 보험계약자와 피보험자가 동일인인 경우를 자기의 생명의 보험계약이라고 한다. 타인의 생명에 대한 보험계약의 경우에 있어서 다음과 같은 경우에는 피보험자의 동의가 있어야 한다.

타인의 생명의 보험 가운데 생존보험을 제외한 사망보험과 생사혼합보험(양로보험)의 경우, 즉 타인의 사망을 보험사고로 하는 경우(상§731①).

피보험자의 동의로 일단 성립된 보험계약상의 권리를 보험수익자가 피보험자 이외의 자에게 양도하는 경우(§731②).

보험계약자가 타인의 사망보험계약을 체결한 후에 보험기간 중 보험수익자를 지정·변경하는 경우(§734①, §731①)이다. 위의 각 경우에 피보험자가 하는 동의는 법률상 보험계약 또는 양도계약의 성립요건은 아니며 효력발생요건이다. 계약당사자 이외의 의사표시를 계약의 성립요건으로 하는 것은 계약의 일반개념에 반하기 때문이다. 따라서 피보험자의 동의는 계약의 성립 전후와 관계없이 할 수 있다. 그러나 실제로는 계약체결전에 하는 것이 보통이다. 보험계약이 성립하였더라도 피보험자의 동의가 없으면 효력이 발생하지 않기 때문이다. 동의에 관한 상법의 규정은 강행규정이므로 당사자 사이의 특약으로도 이를 배제하지 못한다. 또 15세 미만자, 심신상실자 또는 심신박약자를 피보험자로 하는 사망보험계약은 동의의 유무와 관계없이 무효이다(§732). 동의의 능력을 기대할 수 없는 약자를 보호하기 위한 것이다(다만, 심신박약자가 보험계약을 체결하거나 상법 제735조의3에 따른 단체보험의 피보험자가 될 때에 의사능력이 있는 경우에는 그러하지 아니하다(§732단서)). 동의는 상대방 있는 일방적 의사표시로서 상법은 그 방식에 관하여 규정한 바 없으므로 구두든 서면이든 상관없다. 그러나 실제로는 보험계약체결시에 보험계약의 청약서에 피보험자로 하여금 기명날인 또는 서명하는 것이 보통이다. 동의의 중요성을 고려하여 서면에 의한 동의만을 인정하는 입법례도 있다(독일보험계약법§159②·프랑스보험법 §132-1). 동의의 철회는 계약의 성립 전에는 가능하지만, 동의로 인하여 계약의 효력이 발생한 후에는 보험계약자·보험수익자의 동의 없이는 철회할 수 없다.

해 상 법

해상법(海商法)
영;maritime commercial law
독;Seehandelsrecht
불;droit commercial maritime

해상법은 기업법인 상법의 일부분으로서 해상기업에 특유한 법률관계를 규율하는 법규의 총체라고 할 수 있다(실질적 의의의 해상법). 상법전 제5편 740조 이하에는「해상」에 관한 규정을 두고 있다(형식적 의의의 해상법). 실질적 의의의 해상법이 해상법의 규율대상에 관하여 이론적으로 통일적인 체계를 세우기 위한 것임에 대하여, 형식적 의의의 해상법은 실정해상법이 규정하고 있는 것이 무엇인가 하는 입법정책상의 문제이다. 실질적 의의의 해상법의 핵심적인 내용이 형식적 의의의 해상법에 규정되어 있지만, 양자가 반드시 일치하는 것은 아니다. 특별법령·관습법·조약 등의 형식으로 존재하는 실질적 의의의 해상법도 있다. 항해에 관한 법규를 총칭하여 해법 또는 해사법(Seerecht, maritime law or law of Admiralty, dr oit marit ime)이라고 하는데, 해상법은 이러한 해법의 일부분을 구성하는 것이다. 해법(海法)은 해사공법·해사사법·섭외사법 등을 포괄하는 법개념으로 이해되고 있다. 즉, 「선박」의 「항행(航行)」에 관련된 법규전체를 해법이라 하는데 반하여, 해상법은 「해상기업활동」주체의 이익조정을 위한 것으로 주로 해사사법에 관한 것이다. 해상기업에 관한 법은 육상기업에 앞서 발달하여, 상법의 기원이 되는 것으로서 이미 고대 함무라비법전 중에서도 찾아 볼 수 있다. 이것이 중세에 이르러 지중해·대서양 및 북해의 해항도시를 중심으로 하여 발달하여, 근세에 들어와서는 프랑스·독일을 중심으로 하여 종합적인 법전이 편찬되고, 또 영국에 있어서도 판례에 의한 해상법이 형성되었다. 우리나라의 해상법은 이 가운데서 독일법계에 속한다. 해상법은 주로 해상기업 활동에 있어서의 개별주체 상호간의 이익조정을 목적으로 하는 사법법규가 중심이 되었으나, 사법법규의 실현을 보장하기 위한 약간의 공법적 규정도 포함하게 된다. 상법은「상행위 기타 영리를 목적으로 항해에 사용되는 선박」이라고 하여(상§740), 상행위 이외의 행위를 목적으로 하는 선박(예컨대, 어선)도 포함하게 되었다. 또한 선박법 제29조는 국·공유선을 제외한 모든 항행선에 해상법(상법 제5편 해상)의 규정을 준용한다고 하여 해상법의 적용범위를 비영리선에까지 확장하고 있다. 해상기업은 광대하고 위험한 해양을 무대로 한 고가인 선박에 의하여 행하여지는데 그 특수성이 있다. 따라서 해상법도 선박소유자의 유한책임(상§769~§776), 선장의 광범한 권한 및 의무(§745~§755), 공동해손(§865~§875), 해난구조(§882~§895) 등의 특수한 제도에 관한 규정을 두고 있다. 또 해상기업은 그 성질상, 활동범위가 국제적이기 때문에 해상법도 국제적·통일적 성격을 띠고, 많은 국제통일조약이나 국제적인 보통거래약관의 성립을 볼 수 있다.

2007년 8월 3일 상법 일부규정에 대한 개정으로 해상법의 개정이 있었고, 2008년 8월 4일부터 시행되었다. 개정 이유는 해상운송계약 관련 법체계를 국제무역 실무에 맞게 재정비하고, 전자선하증권제도 및 해상화물운송장제도 등 새로운 무역환경에 부합하는 제도를 마련하는 한편, 해운강국으로서 세계적인 지위에 걸맞는 해상법제를 마련하기 위하여 선박소유자의 책임한도와 운송물의 포장·선적단위당 책임한도를 국제기준에 맞게 상향조정하는 등 「상법」제5편 해상 부분을 전면적으로 개선·보완하려는 것이었다.

해상법통일운동

(海商法統一運動)

해상법통일운동이란 근세 유럽의 여러 국가가 중앙집권제도를 확립하면서 입법화한 각국의 해상법 사이에 많은 차이가 생기게 되어 세계경제의 발전과 국제무역의 발달에 수반된 해상법상의 섭외적 법률관계의 해결에 심한 불편을 가져오게 되자, 19세기 후반부터 내재적 통일성을 갖고 있는 해상법을 국제적으로 통일해야 한다고 하는 운동이 일어난 것을 말한다. 해상법에 관한 국제조약이 이러한 경향에 박차를 가하였고, 각 국은 이와 같은 국제조약의 입장을 수용하는 태도를 보이고 있다. 이러한 통일국제조약은 국제법협회, 국제해사위원회(CMI) 등과 같은 국제기구가 주도하고 있다.

해상법의 법원

(海商法의 法源)

해상법의 법원(法源)이란 실질적 의의의 해상법의 존재형식을 말한다. 가장 중요한 것은 상법 제5편 「해상」즉 형식적의의의 해상법이다. 해상 또는 해사(海事)에 관한 특별법령은 대단히 많으나, 그 대부분은 행정법적 규정이다. 그 중요한 것을 추려보면 다음과 같다. 선박법, 동시행령, 선박직원법, 동시행령, 도선법, 동시행령, 항로표지법, 동시행령, 항만법, 동시행령, 해난심판법, 동시행령, 항만운송사업법, 동시행령, 개항질서법, 동시행령, 선박안전법, 동시행령, 선원법, 선원보험법, 해운법, 동시행령, 상법의 일부규정의 시행에 관한 규정§3, §7.

그리고 해상 또는 해사(海事)에 관한 조약은 많지 않다. 우리의 해상법이 많이 낙후되어 있음에 비추어 조약을 비준하지 않더라도, 조약의 내용과 각국의 입법례를 토대로 해상법을 개정할 필요가 있다. 우리가 가입한 조약은 다음과 같다. 1974년 해상(해상)에서 인명안전에 관한 국제조약, 1972년 국제해상충돌예방규칙조약, 1966년 만재흘수선에 관한 국제조약, 1969년 유탁오염손해에 대한 민사책임에 관한 국제조약, 1954년 유류에 의한 해양의 오염방지에 관한 국제조약, 안전한 컨테이너를 위한 국제조약, 1969년 선박톤수측정에 관한 국제조약 등.

해상법의 특색이 관습적 기원성에 있다고 할 정도로, 현행법에 있어서도 해상 또는 해사에 관한 관습법의 법원적 가치는 지극히 크다고 할 수 있다. 선적·양륙·정박기간 또는 정박료의 계산, 적하수령서, 하도지시서 등에 관습이 표현되어 가장 중요한 법원(法源)을 이루고 있는 것이다. 해상관습법이 성문법 변경적 효력이 있느냐에 관해서 학설이 대립되나, 일반적으로 해상관습법은 성문해상법과 대등한 효력이 있다고 본다.

통상항해조약(通商航海條約)

영;treaty of commerce and navigation
독;Handelsvertrag
불;traité de commerce et navigation

우호관계에 있는 국가 간에 통상과 항해에 관한 일정한 권리·의무를 규정하는 조약으로, 보통 당사국의 국민의 입국·거주·영업 등에 관하여 규정하며, 영사의 교환을 규정하는 경우도 있다. 거의 모든 통상항해조약은 최혜국조항 및 내국민대우조항을 포함하는 경우가 많다.

제조중의 선박(製造中의 船舶)

독;Schiffsbauwerk, Schiff in Bau
불;navire en construction

선박으로 아직 완성되지 않은 것. 항행능력(航行能力)이 없으므로 아직 선박은 아니지만, 선박저당권에 관하여서만은 이것을 선박과 동일하게 취급하고 있다(상§790). 이것을 제조중인 선박의 금융상 편리성을 감안한 것이다.

속구(屬具)

영;appurteance 독;Schiffszubehör

속구는 선박과는 별도로 선박의 상용에 제공되는 목적으로 선박에 계속적으로 부속되는 물건을 말한다. 예컨대 나침반, 단정(boat), 닻(anchor), 돛, 무선전신설비, 신호기, 해도 등이 이에 해당된다. 선박의 常用(상용)에 제공되는 물건이더라도 선박에 설치·고정되어 선박의 일부라고 인정되는 것은 속구가 아니다. 그러나 선박에 설치되었지만 고정되어 있지 않고, 특별한 수단을 사용하지 않고서도 간단히 떼어낼 수 있는 물건은 선박의 일부라고 할 수 없고 속구인 것이다. 속구가 바로 선박의 종물(從物)은 아니다. 선박임차인이 임차선의 상용에 제공하기 위해 부속된 물건이 선박소유자의 소유에 속하는 종물이라고는 볼 수 없다. 그러나 물건의 소유권이 누구에게 있느냐 하는 외관적으로 불분명한 사항을 기준으로 하여 속구인가 아닌가를 결정하는 것은 선박우선특권자나 선박저당권자에게 불이익을 줄 수가 있다. 따라서 속구의 명칭, 수량, 기호를 기재한 속구목록에 기재된 것은 종물로 추정된다(상§742). 속구목록은 선내에 비치하여야 한다. 따라서 종물이 아닌 속구라도 속구목록에 기재되어 있으면 종물로 추정된다(반증을 들어 추정을 깰 수 있음은 물론이다). 종물인 속구는 주물(主物)인 선박의 처분에 따른다(민§100).

항해(航海)
영;nevigation 독;Seefahrt

항해란 말은 「선박의 운항」이라고 표현되는데, 지식 및 기술에 의해 선박을 조종하여 해양을 항행하는 것을 말한다(영국 상선법 제742조의 navigation, 독일 상법 제474조의 Seefahrt). 상법 제740조의 「항해」는 이러한 의미에 해당한다. 항해의 내용은 발항항(發航港) 또는 기항항(寄航港)에서 화물·여객을 적재하고, 선박을 안전·신속하게 목적항에 도착하여 안전하게 양륙(揚陸)·상륙(上陸)시키는 각종의 행위를 포함한다.

선적항(船籍港)
영;port of registry
독;Heimathafen
불;port d'attache

선적항은 두 가지 의미로 사용된다. 하나는 등록항이고 다른하나는 본거항이다. 등록항(port of registry, Registerhafen)이란 선박소유자가 선박의 등기·등록을 하고, 선박국적증서의 교부를 받은 곳을 말한다. 선적항은 시·읍·면의 명칭에 의하여 표시하되 그 시·읍·면은 선박이 항행(航行)할 수 있는 수면에 접한 곳에 한한다(선박령§2①, ②). 선적항은 원칙적으로 그 선박소유자의 주소지에 정한다. 다만 선박소유자가 국내에 주소가 없어서 국내에 선적항을 정하기 위하여 해운항만청장의 허가를 받은 경우 선박소유자가 위의 규정에 해당하지 아니한 곳에 주소를 가졌거나 기타 부득이한 사유로 인하여 그 주소지외의 항행할 수 있는 수면에 접한 시, 읍, 면에 선적항을 정하기 위하여 당해 선박소유자의 주소지를 관할하는 해운관청의 허가를 받은 경우(선적항을 정하고자 하는 곳이 그 주소지를 관할하는 해운관청의 관할구역외인 경우에 한한다)에는 주소지 이외의 곳을 선적항으로 정할수 있다(선박법 시행령§2③ I II). 이러한 의미의 선적항은 행정감독의 편의를 위한 것으로 민사소송법의 관할의 기준이 된다(민소§11).

선박등록(船舶登錄)

선박등록은 등기 후 선적항을 관할하는 해운관청에 비치된 선박원부(船舶原簿)에 일정한 사항을 기재하는 것으로 행정적 감독을 목적으로 하는 것이다. 등록이 되면 해운관청은 선박국적증서를 교부하여야 한다(선박§8①,②,③).

선박소유권(船舶所有權)

선박을 전면적·일반적으로 지배하는 권리를 말한다. 선박은 동산으로서 소유권의 객체가 되지만 그 이용·처분에 관하여는 공사법상의 제한이 가해지고 있다. 즉, 해상교통의 안전, 국방상의 필요, 해운정책 등의 이유 때문에 특수한 감독·보호가 필요할 뿐만 아니라, 사법적으로도 국적상실을 초래할 선박소유권의 처분은 이를 제한할 필요가 있기 때문이다. 선박소유권의 취득원인은 일반동산과 대체로 동일하지만, 공법상의 취득원인으로서 선박의 포획·몰수·수용에 의하는 경우가 있다. 또 사법상의 취득원인으로는 조선·양도·상속·합병 등 이외에도 해상법상 특유한 것으로 보험위부(상§710), 선박공유자 지분의 강제매수(§761①), 국적상실로 인한 지분의 매수 또는 경매처분(§760)·매수청구(§760), 선장의 선박, 경매처분(§753)등이 있다. 선박소유권의 승계취득 가운데 가장 중요한 것은 매매계약과 조선계약이다. 선박소유권의 상실원인은 취득원인의 반면행위 이외에 선박의 침몰·해산(해체) 등이 있다. 선박의 부동산적 취급의 하나로서 등기선에 대하여는 민법상 선의취득에 관한 규정(민§249)은 적용되지 않는다. 선박소유권의 양도는 당사자간의 무방식의 합의만으로 그 효력이 생긴다(상§743본문). 그러나 이를 제3자에게 대항하기 위해서는 이전등기와 선박국적증서에 기재를 하여야 한다(§743단). 비등기선의 양도에 있어서는 일반동산과 마찬가지로 인도를 받아야 소유권을 취득할 수 있다(대판 1966. 12. 20. 66다1554 ; 1969. 7. 29. 68다2236). 건조 중인 선박은 저당권의 설정에 관해서만 등기가 인정되는 것이므로 소유권이전의 경우에는 일반동산과 마찬가지로 인도를 하여야 효력이 발생한다. 선박소유권양도의 특별한 효과로서 항해 중에 있는 선박이나 그 지분을 양도한 경우에는 당사자간에 다른 특약이 없으면 양수인이 그 항해로부터 생긴 이익을 얻고 손실을 부담한다(상§763). 이 규정은 당사자의 손익귀속효과에 관한 것일 뿐, 제3자에 대해서는 여전히 양도인이 권리·의무의 주체가 된다. 선박소유권의 양도에 의해 선박소유자와 선원과의 고용관계는 일단 종료된다. 그리고 이때로부터 신소유자와 선원간에 종전과 동일조건의 선원근로계약이 체결된 것으로 본다(선원§37③). 다만 신소유자 또는 선원은 72시간의 예고시간을 두고 서면으로 통지함으로써 이 근로계약을 해지할 수는 있다.

선박공유자(船舶共有者)
영;partowners of a ship
독;Mitreeder
불;copropríetaires dúm navire

선박공유자란 광의(廣義)로는 선박을 공유하는 자를 말하며, 협의로는 선박을 공유하고 그 선박을 공동으로 상행위 기타 영리를 위해 항해에 이용하는 자(Reederei)를 말한다. 해상법상 선박공유자라고 할 때는 협의의 개념을 뜻한다. 선박공유는 2인 이상이 선박을 공동으로 소유하여 영리항해에 이용하는 해상기업의 한 형태이다. 선박공유의 법적 성질에 관해서 (1) 해상법상 선박공유는 조합관계를 전제로 하고 있으므로 언제나 조합관계를 수반한다고 하여 민법상의 조합의 일종이라고 하는 학설과, (2) 선박공유가 민법상의 조합관계에 비해 자본단체적 성격이 훨씬 강한 것을 들어 법인격이 없는 사단으로 보는 입장이 있다. 해상법에서는 수인이 1쌍의 선박을 공유하고 있는 경우에 관해서만 규정하고 있지만 수인이 다수의 선박을 공유하고 있는 경우에도 개개의 선박마다 독립된 공유관계가 있는 것으로 본다.

그러나 회사제도가 발달한 오늘날에 있어서는 별로 이 형태는 행하여지지 않고, 영세한 어선 등에서만 그 예를 찾을 수 있을 뿐이다. 내부관계에 있어서는 공유선의 이용에 관한 사항은 공유자의 지분의 가격에 따라 그 과반수로 결정하되 공유에 관한 계약을 변경하는 사항은 공유자의 전원일치로 결정하고(상§756), 비용의 분담, 손익의 분배도 모두 지분의 가격을 표준으로 하여 결정한다(§757, §758). 선박관리인을 제외하고는 선박공유자간에 조합관계가 있는 경우에도 지분을 다른 공유자의 승낙없이 타인에게 양도할 수 있다(§759). 공유자는 일정한 경우에 다른 공유자의 지분의 매수 또는 경매를 청구할 수 있다(§760,§761). 외부관계에 있어서 각 공유자는 지분의 가격에 따라 선박의 이용에 있어서 생긴 채무를 변제할 책임을 진다(§754). 선박공유자는 그 대표자로서 선박관리인을 선임해야 하며(§764), 이 선박관리인은 그 공유자의 대리인으로서 특정의 사항을 제외하고 선박의 이용에 관한 모든 재판상 또는 재판외의 행위를 할 권한을 가진다(§765). 또 민사소송법은 선박공유자의 지분에 대한 강제집행에 대하여서는 다른 공유자의 권리보호를 위하여 일반선박에 대한 강제집행과 다른 취급을 하고 있다(민소§678~§688의2).

지분매수청구권(持分買受請求權)

선박공유자 상호간에 인정되어 있는 지분의 매수를 청구할 수 있는 권리를 말한다. 특별한 경우에 있어서 지분권자의 이익보호를 위하여 인정하고 있다. 즉 선박공유자가 신항해를 개시하거나 선박을 대수선할 것을 결의한 때에는 결의에 이의가 있는 공유자는 다른 공유자에 대하여 상당한 가액으로 자기의 지분을 매수할 것을 청구할 수 있다(상법 761조 1항). 이러한 소수지분권자의 지분매수청구권은 상대방의 승낙여부에 관계없이 당연히 그 지분을 매수할 의무를 부담시키는 것이므로 일종의 형성권이다. 그 매수를 청구하고자 하는 자중 결의에 참가한 자는 그 결의가 있는 날로부터 3일 내에, 결의에 참가하지 아니한 경우에는 결의통지를 받은 날로부터 3일 내에 다른 공유자 또는 선박관리에 대하여 그 통지를 발송하여야 한다(상법 761조 2항). 이 기간은 제척기간으로서 이를 도과하면 매수청구권이 소멸한다. 또 선장이 선박공유자인 경우에 그 의사에 반하여 해임된 때에도 다른 공유자에 대하여 상당한 가액으로 그 지분을 매수할 것을 청구할 수 있다(상법 762조 1항). 이 경우에는 지체없이 다른 공유자 또는 선박관리인에 대하여 그 통지를 발송하여야 한다(상법 762조 2항). 그리고 선박공유자의 지분의 이전 또는 국적상실로 인하여 선박이 대한민국의 국적으로 상실한 때에는 다른 공유자는 상당한 대가로 그 지분을 매수하거나 그 경매를 법원에 청구할 수 있다(상법 760조).

선박관리인(船舶管理人)

영;ship's husband, managing owner
독;Korrespondentreeder
불;armateur gérant

선박관리인은 선박공유자에 의하여 선임되며, 선박공유자의 대리인으로서 선박의 이용에 관한 재판상·재판외의 모든 행위를 할 수 있는 자이다. 선박관리인의 선임과 그 인원수는 공유자의 의사에 따르는 것이므로(상§764) 선박관리인은 특정한 행위에 제한을 받으면서 법정권한을 갖는 임의대리인이다. 그 선임의 방법은 원칙으로 공유자의 지분의 가격의 과반수에 의하여 결정하는 것이지만(§756①본문), 공유자 아닌 자를 선임하는 경우에는 전원의 동의가 있어야 한다(§764①후단). 선박관리인은 선박공유자와 위임관계에 있다. 선박관리인이 선임되지 아니한 선박공유관계에 있어서는 공유자전원이 선박관리인의 지위에 있다고 본다. 선박관리인은 선박의 이용에 관한 재판상 또는 재판외의 모든 행위를 할 권한이 있다(§765①). 그러나 (1) 선박의 양도, 임대 또는 담보에 제공하는 일, (2) 신항해를 개시하는일, (3) 선박을 보험에 붙이는 일, (4) 선박을 대수선하는 일, (5) 차재(借財)하는 일 등은 선박공유자의 서면에 의한 위임이 없으면 그 행위를 하지 못한다(§766). 또 그 대리권에 대한 제한은 선의의 제3자에게 대항하지 못한다(§765②). 선박관리인이 대리권에 대한 제한은 선의의 제3자에게 대항할 수 없으나, 상법 제766조에 규정한 사항에 관해서는 대리권의 제한이 법정되어 있으므로 제3자가 서면에 의한 위임유무를 확인하지 않고 선박관리인과 법률행위를 한 경우에는 제3자의 악의(惡意)가 추정되어 선박공유자에 대하여 효력을 발생하지 못한다. 또 선박관리인의 특별한 의무로서는 장부의 기재·비치의무(§767)와 항해의 경과상황과 계산보고, 승인의무가 있다(§768).

해원(海員)

영;seamen 독;Seeleute
불;gens de mer

해원이란 선박소유자의 피용자로서 특정선박에 승선하여 선장의 지휘·감독하에 항해상의 업무에 종사하는 선장이외의 선원이다. 선원법에서는 선원을 선장·해원·예비원(승무 중이 아닌 자)으로 구분하고 있다(선원§3Ⅰ). 해원은 해상기업주체의 단순한 해상노동보조자로서 선장과 같이 기업행위에 관하여 법률상 대리권을 갖고 있지 않다. 따라서 해원은 기업의 보조자는 아니다. 해원은 해상기업자의 대리인이 아니므로 그가 한 행위는 기업자에게 귀속하지 않는다. 즉, 해원은 상법의 대상이 되지 않으며 선원법이 적용되는 해상노무자에 불과하다. 해원은 선박소유자와의 고용계약에 의해 노무에 종사하는 자이므로 다분히 노동법적인 요소가 적용될 여지가 많고, 또 이들이 승선하여 항행업무에 종사하므로 공익을 위한 행정법적 규제가 요구된다. 선원법에서 이러한 내용들이 자세히 규정되어 있다. 선원법에서는 해원을 다시 직원과 부원으로 나누고 있다. 직원은 항해사·기관장·기관사·통신장·통신사·운항장·운항사·그 밖에 대통령령이 정하는 해원(어로장·사무장·의사 기타 항해사·기관사 또는 통신사와 동등 이상의 대우를 받는 해원)을 말하며, 부원은 직원이 아닌 해원으로서 갑판부·무선부·기관부·사무부등의 노무에 종사하는 자를 말한다(선원§3Ⅳ·Ⅴ).

선박권력(船舶權力)
독;Schiffsgewalt

해상의 위험을 예방하고 선박의 안전항행을 위해서 특히 선장에게 주어지는 공법상의 권한이다. 선원법에 규정되어 있는 바, 그 주요한 것으로는 선원에 대한 지휘감독권·명령권·징계권(징계 또는 상륙금지), 그밖에 일정한 강제권(물건의 보관·폐기, 강제하선 그 밖의 필요한 조치) 등이다(선원§6, §4, §25). 다만 그 권력을 남용하는 경우에 관해서는 벌칙의 제재(1년이상 5년이하의 징역)가 존재한다(선원§139).

면책위부(免責委付)
영;abandonment
독;Abandon
불;abandon

구상법상의 선박소유자책임제한방법의 하나로서, 선박소유자나 선박임차인 등이 일정한 종류의 채무에 관하여 선박·운임 등의 해산(海産)을 채권자에게 이전하고 책임을 면하는 것이다(구상§690). 보험위부(상§710이하·구상§833이하)와 구별하여 면책위부라 하나, 현행상법은 보험위부는 인정하지만 면책위부는 이를 폐지하고 그에 대신하여 금액책임주의를 채용하고 있다(상§770이하).

도선사(導船士)
영;pilot 독;Lotse 불;pilote

선로안내인이라고도 하며, 항만 등의 일정구역 내부에서 선박에 탑승하여 당해 선박을 안전한 수로로 향도(嚮導)하는 자(도선법§2ⅠⅡ). 계속적으로 선박에 승선하여 사무에 종사하는 자가 아니므로 선원은 아니다. 도선사가 되고자 하는 자는 국토해양부령이 정하는바에 따라서 국토해양부장관의 면허를 받아야 한다(도선법§4). 도선사가 아닌 자는 도선업무에 종사하지 못하며(도선법§19), 도선사가 업무에 종사하기 위하여 선박에 탑승한 때에는 도선기를 게양하여야 한다(도선법§26). 도선사가 도선을 하였을 때에는 선장에 대하여 도선료를 청구할 권리를 가지며(도선법§21②), 선장은 해상에서 당해선박을 도선한 도선사를 정당한 사유없이 도선구 밖으로 동행하지 못한다(도선법§24).

모험대차(冒險貸借)
영;bottomry
독;Bodmerei
불;prêt `a la grosse

19세기 초반 무렵까지 행하여진 선박 또는 적하를 담보로 하는 일종의 금전의 소비대차로서, 선박이 침몰하면 채무변제의 책임을 면하고, 선박이 무사히 항해를 종료하면 고리를 붙여서 변제하는 것이다. 해상보험의 기원을 이루는 제도이다.

해기사(海技士)

해양항만청장이 시행하는 해기사시험에 합격하여 해기사의 면허를 받은 자이다(선직§4,§5,§6·선직령§4~§20). 해기사가 아니면 선박직원이 될 수 없다(선직§11). 해기사의 면허는 1급항해사 이하 21종의 자격별로 행하여지며(선직§4②), 해기사면허원부에 등록한 후 해기사면허증을 교부한다(선직§5③).

해상운송계약(海上運送契約)
독;Seetransportvertrag

해상운송계약이란 당사자의 일방이 선박에 의해 물건 또는 여객을 운송하기로 하고, 상대방 당사자가 이에 대해 보수(운임)를 지급할 것을 약정한 계약을 말한다. 육상운송계약과 마찬가지로 물건 또는 여객의 장소적 이동의 완성을 목적으로 하고, 이 목적의 완성에 대하여 보수가 지급되는 것이므로 그 법적 성질은 도급계약이라고 할 수 있다. 따라서 이 계약은 쌍무·유상·낙성·불요식의 계약이며, 그 성립·효력 등은 계약의 일반원칙에 따른다. 그러나 해상운송에 관하여는 상법에 자세한 규정을 두고 있을 뿐만 아니라, 해상관습과 각종 약관이 발달되어 있어, 민법상 도급에 관한 규정이 적용될 여지는 거의 없다. 또 해상운송도 「운송」이라는 점에서 육상운송과 공통되므로 육상운송에 관한 규정이 준용되고 있으나(상§815,§134,§136~§140), 운송수단(선박)과 운송장소(해상)의 특성에 따라 해상편에 특별한 규정을 두고 있다. 따라서 해상운송계약에 주로 적용되는 것은 해상편의 규정, 해상관습법, 운송약관 등이다. 해상운송은 상행위성을 갖고 있어 이를 영업으로 하는 때에는 상행위가 된다(§46XIII). 따라서 자기 명의로 해상운송을 영업으로 하는 자는 상인이 된다(§4). 해상운송계약의 당사자는 운송을 인수하는 자(해상운송기업의 주체)로서 선박소유자(선주)·선박임차인·용선자와, 운송을 위탁하는 상대방으로서 송하인(하주)·용선자·여객이 있다. 해상운송을 인수하는 자에 관해, 상법은 육상운송에서와 같은 「운송인」이라는 포괄적인 명칭을 사용하고 있지 않다. 실제로 상법의 규정 가운데, 「선박소유자」라고 표현하고 있으나, 이는 해상운송을 인수하는 자를 뜻하는 것이므로 「해상운송인」이라고 이해하여야 한다. 1924년의 선하증권통일조약(이른바 Hague Rules 1924)이나 1978년 UN해상물건운송조약(Hamburg Rules 1978) 등에서는 운송인(Carrier)이라는 용어를 각기 제1조에서 명정하고 있다.

예선계약(曳船契約)
영;towage contract
독;Schleppvertrag
불;contrat remorquage

예선계약은 한 선박이 다른 선박의 진항력 또는 운항을 돕기 위해 추진력을 급부하는 계약이다. 예선계약의 법적 성질은 피예선(被曳船)의 지휘권이 예선에 있느냐 없느냐에 따라 다르다. 지휘권이 예선에 있을 때에는 운송계약이며 그렇지 않을 경우에는 단순한 도급계약 또는 고용계약이다. 해상운송계약의 경우 운송물은 항상 운송인이 점유·보관하지만, 예선계약의 경우에는 예선(tug)이 피예선(tow)을 점유·보관하지 않는다는 점이 양자간의 근본적인 차이점이다. 따라서 그 보수에 있어서도 운송계약에서는 운임이라고 하는 데 대하여 예선계약의 경우에는 예선료라고 한다(상§777①Ⅰ). 선박우선특권이 인정된다(상§777). 해상위험을 만났을 때의 예선에는 해난구조와의 구별이 분명하지 않을 때가 있으나 피예선이 혼자 힘으로 해난을 벗어날 수 있었느냐의 여부에 따라 판단해야 한다.

용선계약(傭船契約)
영;charter party
독;Chartervertrag, Chartepartie
불;charte-partie

용선계약이란 해상운송인(선박소유자, 선박임차인, 정기용선자)이 선박의 전부 또는 일부를 제공하여 여기에 적재된 물건을 운송할 것을 약속하고, 상대방인 용선자(Charterer, Charterer)는 이에 대한 보수로서 운임(용선료)를 지급할 것을 약속함으로써 성립하는 운송계약이다(선박운송계약:Raumfractvertrag). 개품운송계약이 운송물의 개성을 중요시하는 것과는 달리, 용선계약은 선박공간(선복:space)의 이용을 목적으로 하므로, 그 계약조건에 반하지 않는 한, 어떠한 운송물의 선적도 가능하다. 즉 용선계약에서는 운송물의 개성은 문제되지 않고 선박의 개성(용량, 속력, 하물작업능력 등)이 계약의 중대한 요소가 된다. 용선자는 선박 및 항해에 관하여 광범한 지배권을 갖게 된다. 일반적으로 소형선박을 이용한 부정기항해에 이용된다. 용선의 범위에 따라 전부용선과 일부용선으로 구분되고, 용선의 기간에 따라 항해용선과 기간용선(정기용선)으로 구분된다. 그리고 기간용선(정기용선)은 용선료를 특정기간을 표준으로 하여 지급하는 기간급용선계약과는 다르다(상§806). 2007년 개정상법은 제2장 용선계약을 「운송과 용선」으로 구별한 다음 용선은 항해용선계약, 정기용선계약, 선체용선계약으로 나누어 규정하고 있다. 이는 순수한 운송계약인 개품운송계약과 용선계약을 구별하여 그 법률관계를 규정하는 것이 합리적이고, 용선계약도 그 각 각의 유형에 따라 법률관계가 다르기 때문이다.

선적(船積)
영;loading 독;Einladung
불;chargement

해상운송의 경우에서 운송물의 선박에의 적재로서, 해운관습상으로는 선박에의 인도를 의미한다. 용선계약에서는 용선자 또는 송하인은 선박소유자의 선적준비완료의 통지에 따라 선적기간의 약정이 있는 경우는 일정한 기간내에 선적을 하여야 하고(상§828), 개품운송계약에서는 송하인은 당사자간 합의나 선적항의 관습에 따라서 운송물의 제공을 한다(§792①). 용선계약의 경우에는 선적기간경과 후에도 용선자는 초과정박료를 지급하고 운송물의 선적을 계속할 수 있으나, 전부의 선적을 완료하지 아니한 경우에도 선장에게 발항을 청구할 수 있고, 또 선장은 선적기간이 경과하면 전부의 선적을 완료하기 전이라도 발항할 수 있다(§831①·②). 이러한 경우에도 용선자는 운임의 전액과 운송물전부의 불선적으로 인한 비용을 지급하고, 해상운송인의 청구가 있는 경우는 상당한 담보를 제공하여야 한다(§831③).

선적기간(船積期間)
영;time of loading
독;Ladezeit
불;tempo de la charge)

용선계약에 있어서 계약상 또는 관습에 의하여 정하여진 선적 또는 양륙을 위한 기간을 말한다. 이 기간 내에는 해상운송인인 선박소유자등은 대박의무(待迫義務), 즉 당연히 정박하여 선적 또는 양륙을 하게 할 의무가 있다. 이 기간이 경과한 후에 해상운송인이 선적 또는 양륙을 위하여 선박을 정박시킨 경우에는 그 초과기간에 대해 따로 정박료를 용선자가 지급해야 한다(상법 829조 3항, 838조 3항). 이러한 산적기간은 운송물을 산적할 기간의 약정이 있는 경우에는 그 기간은 선박소유자의 선적준비 완료의 통지가 오전에 있은 때에는 그 날의 오후 1시부터 기산하고, 오후에 있은 때에는 다음 날 오전 6시부터 기산한다. 이 기간에는 불가항력으로 인하여 선적할 수 없는 날을 산입하지 않는다(상법 829조 2항). 정박기간이라고도 한다.

적부(積付)

적부란 선박과 운송물의 안전을 위해 선박 내에서 계획적으로 행하는 운송물의 배치작업을 말한다. 종래에는 운송물의 수령·선적·적부가 거의 동시에 이루어졌으나, 최근의 정기개품운송에 있어서는 수령은 해상기업의 육상본·지점에서 이루어지고 선적과 적부는 선장에 하역업자에 의해 이루어지게 되었다. 적부는 선창에 하는 것이 원칙이며 갑판에 선적하는 것이 관습상 허용되는 경우와 연안항행(상§872②단서 참조)에 있는 경우를 제외하고는 운송물을 갑판에 적부하지 못한다(갑판적금지). 갑판적(cargo ondeck)의 운송물은 선박과 운송물의 위험을 증대시키고 운송물에 쉽게 손해를 입힐 뿐만 아니라, 공동해손에서 불이익을 받게 되기 때문이다(§839①). 각국의 입법례로 이를 금지하거나 갑판적화물을 적하 중에 포함하지 아니한다. 그러나 갑판적을 상정하여 건조된 컨테이너선에 의한 해상운송의 경우는 보통 선하증권에 갑판적자유약관(general liberty to carry on deck clause)을 삽입하여 운영되는 실정상, 재래선과 컨테이너 전용선의 갑판적에 대한 책임을 구별하여 다루어야 한다는 견해가 있다. 원래 갑판적의 경우에는 운송인이 계약상 의무를 위반한 것으로 추정되어 통일조약상의 면책사유 또는 면책약관 등의 적용혜택을 받을 수 없다. 그러나 컨테이너선 자체는 갑판적이 원칙인 것이라 할 것이므로 타당한 견해라고 생각된다.

보증도(保證渡)

운송물의 인도에 관하여 운송물의 매수인이 은행을 연대보증인으로 하여, 후일 선하증권을 입수하는 즉시 이를 운송인에게 인도할 것과 증권과 교환하지 않은 운송물의 인도에 따른 모든 결과에 대해 책임을 지겠다는 보증서를 운송인에게 제출하여 증권과 상환 없이 운송물의 인도를 받는 것을 보증도라고 한다. 이 때 보증서도 없이 선하증권과 상환하지 않고 인도하는 경우를 공도(空渡) 또는 가도(假渡)라고 한다. 보증도제도는 해상운송뿐만 아니라 육상운송 및 창고업 등에서도 널리 행해지고 있는 상관습이다. 특히 해상운송에 있어서 선하증권의 도착이 선박의 입항보다 늦은 경우에 널리 이용되고 있다. 즉, 선하증권이 없이 운송물을 인도받을 수 없게 되어 (1) 전매를 위한 상기(商機)를 잊어버리고, (2) 운송물의 변질과 부패를 가져오며, (3) 보관비용 등이 낭비되므로 이를 피하기 위한 편법으로 이용되었던 것이다. 보증도에 의한 경우 매수인은 화환(貨換)어음을 지급하고 선하증권을 취득하여 운송물의 소유권을 취득하며, 그 선하증권은 운송인에게 반환하여야 한다. 만일 매수인이 부당하게 선하증권을 제3자에게 양도한 경우일지라도 증권취득자가 선의이면 운송인에게 운송물의 인도 또는 손해배상을 청구할 수 있다. 운송인은 보증도가 있었다는 것으로 선의의 제3취득자에게 대항할 수 없다. 이 때 매수인과 보증은행은 운송인에 대하여 보증도로 인해 발생하는 모든 손해에 대하여 연대하여 배상하여야 한다.

공도(空渡)

→ 보증도 참조

가도(假渡)

→ 보증도 참조

하도지시서(荷渡指示書)

영;delivery order
독;Konnossementsteilschein

하도지시서는 운송계약의 목적으로 되어 있는 운송물의 인도를 지시하는 증권이다. (1) 분할하여야 할 다수량의 전운송물에 대하여 1통의 선하증권만이 발행되었을 때 이를 양륙항에서 수인에게 분할매각하고자 할 때, (2) 미착(未着) 기타의 사유로 선하증권을 아직 입수하지 못한 경우에 운송물의 보증도를 받기 위하여, (3) 선하증권을 그대로 사용하게 되면 상품의 구입처가 폭로되므로 거래처를 비밀로 하고자 하는 등의 경제적 목적으로 발행된다. 하도지시서의 형식에는 (1) 운송물의 매도인인 선하증권소지인, 해상운송인과는 관계없이 오로지 해상운송인에 대한 지시의 형식으로 발행하여 이것을 매수인에게 교부하는 것. (2) 매도인인 선하증권소지인이 해상운송인에 대한 지시의 형식으로 발행하여 선하증권과 상환으로 이것을 해상운송인 또는 그 대리인의 승인의 의사표시를 얻는 것. (3) 해상운송인 또는 그 대리인이 선장 또는 기타의 이행보조자에 대한 지시의 형식으로 선하증권 또는 보증서와 상환으로 발행하는 것 등의 세가지가 있다. 또 기명식, 지시식, 선택무기명식, 무기명식의 형식으로 발행된다. 하도지시서의 효력은 그 형식에 따라 각기 다르다. 즉, (1)의 경우에는 해상운송인은 관여하지 않고, 또 선하증권은 아직 선하증권소지인의 수중에 있으므로 하도지시서에 의해서는 해상운송인에 대하여 아무런 인도청구권도 발생하지 않는다. 따라서 이 경우의 하도지시서는 유가증권적 효력이 인정되지 않으며 이 지시서와 상환으로 운송물을 인도한 선의의 해상운송인에 대한 면책적 효력만이 인정될 것이다. 그러나 (2)와 (3)의 경우에 있어서는 선하증권은 해상운송인에게 반환되어 해상운송인 스스로 선하증권소지인의 지시를 승인하거나, 자기의 이행보조자에게 운송물의 인도지시를 하면서 선하증권상의 인도청구권만을 분리하여 증권화하는 것이다. 따라서 그 취득자에게 인도청구권을 발생시키고 해상운송인은 인도채무를 부담하게 된다. 이 경우 하도지시서는 운송물인도 청구권을 표창하는 지시식유가증권이며, 하도지시서의 의해 운송물의 인도를 받을 수 있게 된다.

면책약관(免責約款)

영;exception clause
독;Freizeichnungsklausel, Befreiungsklausel, Entschuldigungsklausel
불;clause de nonresponsibilité

면책약관이란 운송인이 법률상 또는 상관습상의 책임을 면제 또는 감면받을 취지를 정한 약관을 말한다. 집단적 거래관계에 있어서 보통계약약관의 일부로서 삽입하는 일이 많다. 상사과실에 따른 손해에 대해서는 해상운송인은 손해배상책임을 부담하는 것이 원칙이지만, 실제에 있어서는 운송계약 또는 선하증권상의 면책약관을 통해 그 책임을 제한 또는 감면하는 경우가 많다. 면책약관의 종류로는 (1) 과실약관(negligence clause ; 해상운송인·선원 기타의 사용인의 고의·과실에 기한 손해에 대한 책임을 부담하지 않는다는 약관), (2) 부지약관(unknown clause ; 운송물의 내용·품질·수량·기호 등에 관하여 부지라는 문자를 기재한 약관으로서 증권책임을 면하는 효력을 가지는 약관), (3) 특정손해(원인)제외약관(특정한 형태의 손해〈파손, 누수손 등〉에 관하여 면책을 표시하거나, 특정손해의 원인〈예컨대, 해상위험〉으로 인한 손해에 관하여 면책을 표시한 약관), (4) 배상액제한약관(해상운송인의 배상의 책임액을 한정하는 약관), (5) 보험약관(해상운송인은 보험계약으로 인하여 보상할 수 있는 손해에 대하여는 책임을 부담하지 아니한다는 약관인데, 또 다시 해상운송인이 손해를 배상할 때에는 송하인은 보험금청구권을 일정액에 제한하는 약관이다) 등이 있다. 면책약관의 폐해는 곧 운송물이해관계인에게 불이익을 가져오므로 1924년 통일약관에서는 상사과실에 다른 운송인의 손해배상책임을 경감 또는 면제하는 당사자간의 특약을 금지하였다. 우리 상법도 상업상의 과실로 인한 해상운송인의 책임을 경감하는 당사자간의 특약은 효력이 없다고 규정하고 있다(상§799①). 해상운송인에 대한 면책약관의 금지는 해상운송인에게 불리한 것이지만, 반면에 운송인의 사용인의 항해상의 과실 기타 법정사유에 대해서는 당연히 면책되는 것으로 하고 있어 해상운송인과 운송물 이해관계인과의 조화를 유지하고 있다. 상법 제799조는 운송인의 책임원인을 변경하려는 데에 그 목적이 있다고 할 수 있으므로 선하증권통일조약 제4조 5항에서와 같이 운송인의 개별적인 책임한도액을 개정하는 것은 그것이 합리적인 금액이면 본조의 위반으로 되지 않는다고 본다. 면책약관이 무효가 되더라도 당연히 운송계약 전체가 무효로 되는 것은 아니다. 한편 해상운송인의 의무 또는 책임을 상법의 규정보다 더욱 무겁게 하는 약관은 적하이해관계인에게 유리한 것이므로 인정된다.

운임청구권(運賃請求權)

해상운송인이 운송계약에 의하여 물건운송을 인수한 보수로서 운임을 청구할 권리이다. 운임은 운송을 위탁한 용선자 또는 송하인이 운임지급의무를 부담하는 것이 원칙이다. 그러나 운송물을 수령한 수하인도 운임지급의무자가 된다(상§807①). 이 경우에도 용선자 또는 송하인의 운임지급의무가 소멸되는 것은 아니므로 수하인과 함께 부진정연대채무를 부담하게 된다. 용선계약에서의 운임은 실제 거래에 있어서는 용선료라고 한다. 해상운송인이 운임을 청구하기 위해서는 원칙으로 그 인수한 운송을 완료하여야 한다. 따라서 운임은 양륙항에서 지급하는 것을 원칙으로 하며, 운송물이 목적항에 도착하지 아니한 때에는 운임청구를 할 수 없다. 이는 운송계약이 도급계약이기 때문이다. 운송물의 전부 또는 일부가 송하인의 책임없는 사유로 인하여 멸실한 때에는 해상운송인은 그 운임을 청구하지 못하며, 운송인이 이미 그 운임의 전부 또는 일부를 받은 때에는 이를 반환하여야 한다(§815, §134①).

운임청구의 원칙에 대한 반대의 특약이 있으면 이에 따른다.

운송물의 전부 또는 일부가 그 성질이나 하자 또는 송하인의 과실로 인하여 멸실한 때에는 해상운송인은 운임의 전액을 청구할 수 있다(상§815, §134②).

해상운송인은 ① 선장이 항해를 계속하는데 필요한 비용을 지급하기 위하여 운송물을 매각 또는 입질(入質)한 경우(§750①), ② 운송물에 대하여 공동해손을 한 경우(§865)에는 운임의 전액을 청구할 수 있다(§813). 이러한 경우에는 하주(荷主)는 해상운송인 또는 공동해손분담채무자에 대하여 양륙항의 가액에 따른 보상을 청구할 수 있는데, 그 보상액 중에는 운임전액이 가산되어 있으므로 해상운송인으로 하여금 운임전액을 청구토록 하지 않으면 적하이해관계인이 이중이득을 얻게 되기 때문이다.

항해 중에 선박이 침몰 또는 멸실·수선불능·포획된 때에는 해상운송인은 운송의 비율에 따라 현존하는 운송물의 가액의 한도에서 운임을 청구할 수 있다(§810). 또한 항해 중에 항해 또는 운송이 법령에 위반하게 되거나 기타 불가항력으로 인하여 계약의 목적을 달성할 수 없게 되어 계약을 해지한 때에도 해상운송인은 운송의 비율에 따라 운임을 청구할 수 있다(§811②). 이러한 운임을 비율운임(pro rata freight, Distanzfracht)이라고 하며, 그 비율의 산정은 단지 운송거리에 의하지 않고 항해의 난이·비용·시간·노력 등을 참작하여 정하여야 한다. 해원의 과실로 인하여 선박이 침몰된 경우에는 비율운임을 청구할 수 없다고 보는 것이 이해형평에 합치할 것이다.

운임(運賃)
영;freight 독;Fracht

운임은 운송에 대한 보수이다. 운임의 계산방법은 원칙으로 당사자의 계약에 의하여 정하여진다. 상법은 해상운송의 기술적 성격을 고려하여 다음과 같은 보충규정을 두고 있다. 운송물의 중량 또는 용적으로 운임을 정한 때에는 운송물을 인도하는 때의 중량 또는 용적에 의하여 그 액을 정한다(상§805). 기간으로 운임을 정한 때에는 운송물의 선적을 개시한 날로부터 그 양륙을 완료한 날까지의 기간에 의하여 그 액(額)을 정한다(§806①). 그러나 선박이 불가항력으로 인하여 선적항이나 항해도중에 정박한 기간과 항해도중에 선박을 수선한 기간은 그 일수를 산입하지 아니한다(§806②).

정박료(碇泊料)
영;demurrage 독;Liegegeld

정박료란 선적기간 또는 양륙기간을 경과한 후의 정박에 대해 해상운송인이 용선자에게 청구할 수 있는 보수를 말한다(상§829③, §838③). 이론상으로는 개품운송의 경우에도 발생할 수 있으나, 현대의 개품운송은 정기선에 의하여 이루어지므로 사실상 정박료의 문제가 발생할 여지는 없다.

공적운임(空積運賃)
영;dead freight

임의해제 또는 해지의 경우에 용선자나 송하인이 운송인에 지급되는 급부(給付)(운임의 반액, 3분의 2 또는 전액)를 공적운임이라고 한다. 공운임이라고도 한다. 공적운임은 본래의 계약운임도 아니고 손해보상금이나 위반금도 아닌 일종의 법정해약금이다. 용선자 또는 송하인은 해제 또는 해지로 인하여 그 지급의무를 부담한다.

공운임(空運賃)

→ 공적운임

선하증권(船荷證券)
영;bill of lading, B/L
독;Konnossement
불;connaissememt

일정한 운송물의 선적 또는 수취를 인증하고, 또 지정항에 있어서 그 운송물을 증권의 정당소지인에게 인도할 것을 약정하는 유가증권으로, 육상운송의 경우에서 화물상환증에 해당된다. 운송물의 수령 후 선적 전에 발행하는 것을 수령선하증권, 선적 후에 발행하는 것을 선적선하증권이라고 하며, 상법은 선하증권에 관한 통일조약에 의하여 이 두 가지를 인정하고 있다(상§852①,②). 선하증권은 해상운송인인 선박소유자 등이 발행하나, 선장 기타의 대리인으로 하여금 발행하게 할 수도 있다(상§852③). 선하증권에는 법정사항을 기재하고 발행자가 기명날인 또는 서명하여야 한다(요식증권, §853). 그러나 이 요식성은 어음과 같이 엄격하지 않고 기재사항의 한 가지를 결(缺)하여도 선하증권으로 간주할 수 있는 경우는 유효하다고 인정된다. 기명식의 경우에도 배서양도할 수 있으므로 법률상 당연한 지시증권이다(§861, §130). 선하증권을 발행하였을 경우는 이것과 상환하지 않으면 운송물의 인도를 청구할 수 없으며(상환증권 §861, §129), 또 그 처분에도 선하증권을 가지고 하지 않으면 안 된다(처분증권 §861, §132). 선하증권의 인도는 운송물의 이도와 동일한 효력이 있으며(인도증권·물권적 유가증권 §861, §133), 운송인과 소지인간에서는 운송에 관한 내용은 증권이 정하는 문언에 따라가는 것(문언증권적인 성질) 등은 화물상환증의 경우와 동일한 것이다. 그러나 선하증권은 동일운송물에 관하여 수통 작성되는 것이 인정되는 점에서 다르다. 이 경우 양륙항에서는 1통의 선하증권만으로 운송물의 인도를 요구할 수 있으나(§857), 양륙항 외에서는 각통(各通)을 수령하지 않으면 선장은 인도를 할 수 없다(§858).

에프오비약관(에프오비約款)
영;F.O.B clause
독;Fob-Klausel
불;clause fob

매도인이 계약으로 정한 선적지에서 매수인이 지정하는 선박에 물품을 선적함으로써 매도인으로서의 의무가 면제되는(free on board) 약관으로서, 매도인은 선적할 때까지의 위험을 부담하고 매수인은 선적기간 내에 선적지로 선박을 회항시켜서 선적준비를 하고 물품의 인도를 받은 후의 위험 및 비용을 부담한다. 대금은 물품의 수령과 동시에 선하증권과 상환하여 지급 받는 것이 통례이며, 수입무역에서 많이 사용된다.

해손(海損)
영;average
독;Haverei(Havarie)
불;avarie

해상을 항해하면서 불가피하게 발생하는 해상위험으로 인해 선박 및 적하의 손해를 입은 경우, 그 손해를 해상손해라고 한다. 이 해상손해 중 선박 또는 적하 혹은 양자가 전부멸실한 경우의 손해를 제외하고, 선박 또는 적하에 발생한 모든 가치감소(실물손해·비용)를 광의의 해손이라고 한다. 즉, 항해상 발생하는 멸실을 제외한 모든 손해와 비용을 말한다. 광의의 해손에는 (1) 항해에 관련하여 「보통 생기는 손해나 비용」(damage or losses, expenditure or expenses)(예컨대, 선박속구의 자연소모, 연료비, 도선료, 입항비 등)과 (2) 해상항행에서의 사고, 즉 비상원인으로 발생하는 손·비용으로 나눌 수 있다. 전자를 소해손(통상해손 ; petty average, kleine Haverei, menues avaries)이라 하고, 후자를 협의의 해손(비상해손)이라고 한다. 소해손은 선박소유자가 운임으로써 부담하므로 법률상 특별한 문제가 없다. 협의의 해손은 다시 (1) 공동해손(general average, gross od. gemeinschaftliche Haverei, avaries Communes ou grosses) 과 (2) 단독해손(particularaverage,besondereHaverei, avaries particulieres)으로 나누어진다. 공동해손은 선박과 적하에 공동으로 발생한 위험을 면하기 위해 행한 선장의 처분으로 인해 발생한 손해·비용을 말한다. 단독해손은 선박 또는 적하만에 대해 사고로 인하여 발생한 손해·비용을 말한다. 단독해손의 경우에는 손해가 발생한 물건(선박 또는 적하)의 소유자가 이를 부담하게 된다(손해는 소유자에 귀속된다는 원칙 ; res perit domino). 공동해손의 경우에는 선박·운임·적하의 각 이해관계인에 의하여 그 손해를 분담하게 된다. 상법은 공동해손과 단독해손 중 선박충돌에 관해서만 규정을 두고 있다. 이는 선박항행으로 인해 발생하는 특수한 손해로서 그 부담관계를 일반사법의 원칙만으로는 취급하기 곤란한 기술적 성격에 기인하는 것이다. 따라서 선박충돌의 경우에는 민법의 불법행위에 관한 규정과 상법규정이 적용된다. 국제적으로는 1910년의 선박충돌에 관한 통일조약에 따른다. 공동해손의 경우에는 상법에 따르나 실제로는 York-Antwerp 원칙(1974)이 적용된다.

공동해손(共同海損)
영;general average
독;extraordinäre, grosse od. gemeinschaftliche Haverei
불;avaries communes ou grosses

협의의 해손은 단독해손과 공동해손으로 분류되는데, 공동해손이란 선장이 선박과 적하를 공동위험으로부터 면하게 할 목적으로 선박 또는 적하에 관하여 행한 처분에 따라 생긴 손해(상§865)이고 선박·운송임 및 적하로 인하여 공동으로 분담되는 경우를 뜻한다. 해상손해 중 해상법의 중심적 대상이 되는 것은 이 공동해손이다. 선장의 처분에 따라서 공동해손인 손해 또는 비용이 발생한 경우 손해를 본 자 또는 비용을 지출한 자는 다른 이해관계인에 대하여 일정한 비율에 따른 분담금을 청구할 수가 있다(§866). 공동해손의 채권자는 공동해손처분에 따라서 손해를 입었거나 비용을 지출한 해상운송인 또는 적하의 이해관계인이다. 공동해손인 손해 또는 비용은 모두 분담배상되는 것을 원칙으로 하지만 상법은 주로 손해액의 범위의 명확을 도모하고자 예외로 인정한 것은 공동해손으로부터 제외하여 그 입은 손해의 배상을 청구할 수 없게 하고 있다(§872). 배상되어야 할 손해액의 산정은 다음과 같다. 비용에 관하여서는 그 액(額)이 명료하므로 문제가 없다. 선박과 적하가 받은 손해에 관하여서는 상법은 명문을 규정하여 산정의 표준을 정하고 있다(§869, §871, §873, §874). 공동해손은 이로써 보존할 수 있었던 선박, 적하의 가액, 운송임의 반액 및 공동해손의 가액과의 비율에 따라 각 이해관계인이 분담한다(§866). 공동해손에 관하여는 세계적으로 공통되는 「요크 앤트워프」 규칙이 이용되고 있다.

단독해손(單獨海損)

영;particular average
독;einfabhe, partikuläre od. besondere Haverei
불;avaries simples ou particulïeres

손해를 직접적으로 당한 사람만 단독으로 부담하는 해손이다. 소해손 및 공동해손을 제외한 모든 손해 또는 비용이 이에 포함된다. 상법은 선박충돌의 경우에만 손해배상관계에 관하여 특별규정을 두고 있다(상§876~§881).

준공동해손(準共同海損)

독;uneigentliche grosse Haverei

구상법에서는 선박이 불가항력으로 인하여 발항항 또는 항해의 도중에 정박을 하기 위하여 쓰여진 비용에 대해서도 공동해손에 관한 규정을 준용하였다(구상§799). 이를 준공동해손이라 한다. 예컨대, 관헌에 의한 출항정지처분, 검역, 봉쇄, 사변, 폭동 등으로 인해 정박한 경우의 정박비용이 이에 해당한다. 상법은 이에 관한 규정이 없다. Y.A.R(York- Antwep Rules)은 명문으로 준공동해손을 인정하고 있지는 않지만, 공동해손으로 정한 것 가운데에는 본래 공동해손이 아닌 손해나 비용이 포함되어 있다(Y.A.R.§5, §10 참조). 이러한 의미에서 Y.A.R.도 공동해손이라는 명목 하에 준공동해손을 인정하고 있다고 할 수 있다.

내수선(內水船)

독;Binnenschiff
불;bâtiment de reiviére

해상항행을 하는 항해선에 상대되는 개념으로, 상시 호천·항만 등을 항행하는 선박을 말한다. 원칙적으로 내수선은 해상법의 적용을 받지 않는다. 단, 항해선과의 충돌과 해양사고구조에 관한 규정들은 내수선에도 적용 또는 준용을 인정하는 것이 보통이다(상법 876조, 882조).

선박충돌(船舶衝突)

영;collision
독;Zusammenstoss von Schiffen
불;abordage

상법의 적용, 또는 준용(선박법 참조)을 받은 2개 이상 선박이 수상에서 한쪽 또는 양쪽에 손해를 가할 정도로 접촉하는 경우다. 충돌이 불가항력에 기인하거나 또 그 원인이 불명한 경우는 그 손해는 피해자가 부담한다.(상§877). 충돌이 일방의 선원의 과실로 인한 경우에는 불법행위의 일반원칙에 의하여 과실선박측이 손해배상의 책임을 지고(§878), 양쪽의 선원의 과실로 인한 경우에 과실의 경중을 판단할 수 없을 때에는 각 선박소유자가 균분하여 그 손해를 분담한다(§879①후단). 이 양쪽이 손해를 분담하게 될 경우의 배상청구권에 대하여서는 교차책임설과 단일책임설이 있다. 또 양쪽의 과실로 충돌하였을 경우의 제3자에 대한 관계는 민법의 일반원칙에 따라서 각 선박소유자가 연대하여 제3자에 대하여 손해배상의 책임을 부담한다(민§413, §414). 선박충돌로 인한 손해배상청구권에는 선박우선특권이 인정되는데(상§777①Ⅳ), 이 채권은 2년의 단기시효로서 소멸한다. 그러나 이 기간은 당사자의 합의에 의해 연장할 수 있다(§881, §814①단).

충돌약관(衝突約款)
영;collision clause, running down clause (R.D.C)

보험계약자가 선박충돌에 따른 손해배상의무를 지는 경우, 이 의무부담에 의한 손해를 보험자가 전보할 것을 약정한 해상보험에 있어서의 약관이다. 예컨대 보험에 붙여진 선박이 충돌한 경우, 상대방선박에 대하여 지급하여야 할 손해배상에 대하여서는 일반의 선박보험으로는 전보의무를 부담하지 않으므로 특히 이 약관을 보험계약에 삽입할 필요가 있다. 책임보험의 한 유형이다.

해난(海難)
독;Seenot

해난심판법상으로는 다음에 열거한 사항 가운데 하나에 해당할 때이다. 즉 (1) 선박이 훼손 또는 멸실되거나 선박의 운용과 관련되어 선박 이외의 시설에 손상이 생긴 경우, (2) 선박의 구조·설비 또는 운용과 관련되어 사람을 사상에 이르게 한 경우, (3) 선박의 안전 또는 운항이 저해된 경우(해난심판법§2)이다. 해난구조의 경우로는 조난선박이 자력으로써 제거할 수 없는 정도의 위험에 해당하는 경우를 말한다. 어느 경우든지 해난이 발생하면 선장은 해난보고의 의무가 생기고, 해난심판 도는 해난구조의 문제가 발생한다.
→ 해난구조, 해난심판

해난구조(海難救助)
영;maritime salvage
독;Bergung und Hilfsleistung
불;sauvetage et assistance maritime

넓은 의미에서는 해난을 만난 선박 또는 적하를 구조하는 것으로, 여기에는 당사자간에 구조에 관한 계약이 있는 경우와 아무런 계약없이, 즉 의무없이 구조를 하는 경우가 있다. 후자를 좁은 의미의 해난구조라고 부르고, 상법이 규정하고 있는 것도 이 좁은 의미의 해난구조이다. 항해 중에 조난당한 선박에 대하여 인명을 구조하는 것은 도덕상은 물론, 공법상으로도 선원의 의무로 되어 있다. 그러나 조난을 당한 선박 또는 적하를 위험을 무릅쓰고 구조한 자가 있는 경우에는 구조되어 손해를 면한 자와의 이해관계를 어떻게 조정하는가는 사법상의 별문제이다. 상법은 항해에 관하여 해난에 조우한 선박 또는 적하를 의무없이(구조계약에 의하지 아니하고) 구조한 것을 해난구조라 하여 이것에 관하여 관계자의 이해의 조정을 도모하고 있다(상§882~§895). 구조계약에 기하여 구조가 행하여진 때에는 구조료는 계약에서 정하여져 있으므로 상법은 원칙으로 이에 관여하지 않는다(다만 예외가 있다. §887참조). 항해선 또는 그 적하 기타의 물건이 구조된 때에는 (인명만이 구조된 경우를 제외), 의무 없이 이를 구조한 자는 그 결과에 대하여 상당한 보수(구조료)를 청구할 수 있다(§882전단). 우리 상법은 통일조약 제1조와 같이 항해선과 내수항행선간의 구조를 포함시키고 있다(§882후단). 구조된 선박 또는 적하에 관하여는 우선특권이 인정된다(§777①Ⅲ, §782, §893①). 구조의 보수의 액에 관하여는 이에 관한 약정이 없는 경우에 당사자간의 합의가 성립하지 아니할 때에는 법원이 이를 결정한다(§883). 그러나 구조된 결과 도리어 불이익하게 되지 않도록 구조의 보수액은 다른 약정이 없으면 구조된 목적물의 가액의 한도내에서 결정된다(§884①). 해난구조는 선박소유자가 제공하는 선박과 선장·선원이 제공하는 노력에 의하여 행하여지는 것이므로 취득한 보수액(구조료는 이러한 자에게 상법이 정하는 기준에 의거하여 분배한다(§888~§889). 또 섭외관계에 있어서는 「해난에 있어서의 구원·구조에 관한 규정의 통일을 위한 조약」(1910년)이 적용되는 것이 일반적이다.

해양사고의 조사 및 심판에 관한 법률

최근 선박으로 인한 해상교통사고가 점차 대형화되고 그 원인도 복잡해짐에 따라 해양안전심판원이 해양사고의 원인규명을 위하여 행하는 사실조사업무와 그 사실조사에 근거하여 행하는 심판업무의 전문성과 신뢰성을 높여 해양사고의 발생을 미리 방지할 수 있도록 하고, 해양사고에 대하여 이해관계가 있는 자의 권익보호를 강화하며 기타 어려운 법령용어를 정비하여 일반국민이 이해하기 쉽도록 하기 위해 제정된 법으로서 '해난심판법'이라는 제명을 1999년에 '해양사고의 조사 및 심판에 관한 법률'로 개정한 것이다.

교차책임(交叉責任)

영;cross liability

선박이 양쪽의 과실로 인하여 충돌했을 경우, 각 선박소유자가 그 분담해야 할 손해의 비율에 따라 서로 불법행위에 근거한 손해배상청구권을 가지는 것이다. 이 경우에 선박의 충돌이라는 불법행위는 1개로 하고 이로부터 생기는 손해도 역시 1단으로 고찰하여 수취계정이 되는 어느 한쪽의 선박소유자에게만 상대방에 대한 1개의 손해배상청구권이 발생함에 불과하다는 단일책임(single liability)의 입장에 대응하는 것으로, 해상보험약관에서는 보통 교차책임약관을 채용하고 있다.

해산(海産)

독;Schiffsvermögen
불;fortune de mer

선박소유자 등이 해상기업상) 부담하는 특정채무에 관하여서 면책될 목적으로 위부(委付)하는 재산의 총체이다. 위부주의를 채택하고 있던 구상법에서 인정된 개념으로(구상§690), 범위는 당해 책임사유가 발생한 항해가 끝난 때의 선박·운송임 및 선주가 그 선박에 대하여 가지는 손해배상 또는 보수청구권이다. 해산은 1기업항해에 사용된 특정한 1선박을 중심으로 한 책임재산을 포괄한 개념일 뿐이다.

공동구조(共同救助)

해난에 조우한 선박이나 적하를 구조할 목적으로 수개의 선박이 통일적으로 활동하는 것이며, 이 경우에 각 선박공동체간의 구조료분배의 비례에 관하여는 위험의 정도, 구조의 결과와 그 비용이나 노력 기타 여러 가지 사항을 참작하여 법원이 이를 결정한다(상§888, §883). 이렇게 하여 결정된 각 선박공동체가 가질 구조료는 다시 그 선박공동체 내에서 먼저 구조선에 생긴 손해액과 구조에 소요된 비용을 선박소유자에게 지급하고 잔액을 절반하여 선장과 해원에게 분배하도록 하고 있다(§889①). 또한 선박이나 적하와 동일한 해난에서 재산구조와 함께 인명구조에 종사한 자는 선박 또는 적하의 구조의 달성을 전제로 하여 재산구조자의 구조료와는 독립한 구조료를 분배받을 수 있는 것으로 규정되어 있다(§888②).

구조료(救助料)
영;salvage
독;Hilfslohn·Bergelohn
불;rémunération d'assistance

해양사고구조가 주효한 경우에 구조자에게 급부하는 보수를 말한다. 구조의 보수에 관한 약정이 없는 경우에 그 액에 관하여 당사자간에 합의가 성립하지 아니한 경우에는 법원은 당사자의 청구에 의하여 위난의 정도, 구조의 노력, 비용과 구조의 효과 기타의 제반사항을 참작하여 그 액을 정한다(상법 883조). 해난 당시에 구조의 보수액에 관한 약정을 한 경우에도 그 액이 현저하게 부당한 때에는 법원은 위의 사정을 참작하여 그 액을 증감할 수 있다(상법 887조②). 상법은 구조료의 한도에 관해서 규정하고 있는 바, 구조의 보수액은 다른 약정이 없으면 구조된 목적물의 가액을 초과하지 못한다(상법 884조1항). 선순위의 우선특권자의 채권액을 공제한 잔액을 초과하지 못한다(상법 884조2항). 공동구조자간의 구조료 분배에 있어서 그 보수액 분배의 비율에 관해서는 상법 제883조의 규정을 준용한다(상법 888조1항). 인명의 구조에 종사한 자도 제888조1항에 따라 보수액의 분배를 받을 수 있다(상법 제888조2항). 한 선박 내부에 있어서의 구조료 분배, 예선의 구조의 경우, 동일 소유자의 선박간의 구조의 경우 등에 관하여는 각각의 규정이 있다(상법 제889조~제891조). 구조받은 선박에 종사하는 자나 고의 또는 과실로 인하여 해난을 야기한 자, 정당한 거부에 불구하고 구조를 강행한 자, 구조된 물건을 은닉하거나 정당한 이유없이 처분한 자는 구조의 보수를 청구하지 못한다(상법 892조). 구조에 종사한 자의 보수채권은 구조된 적하에 대하여 우선특권이 있다. 그러나 채무자가 그 적하를 제3취득자에게 인도한 후에는 그 적하에 대하여 이 권리를 행사하지 못한다(상법 893조). 선장은 보수를 지급할 채무자에 갈음하여 그 지급에 관한 재판상 또는 재판외의 모든 행위를 할 권한이 있다(상법 894조). 구조료청구권의 시효는 2년이다(상법 895조).

선박우선특권(船舶優先特權)
영;maritimelien
독;Schiffsgläubigerrecht, gesetzliches Pfandrecht
불;privilège maritime

일정한 법정채권(상§777① I ~Ⅳ)의 채권자가 선박과 그 부속물(속구·운임·그 선박과 운임에 부수한 채권)로부터 다른 채권자보다 자기채권의 우선변제를 받을 수 있는 해상법상의 특수한 담보물권이다(§777②). 구상법에서는 선취득권에 관한 규정이 있었으나 우리 민법에서는 일반선취득권제도가 없어졌으므로 상법은 그 성질에 반하지 않는 한 저당권에 관한 규정을 준용한다고 하였다(§777②後段). 선박우선특권을 저당권과 비교하면 전자는 특수한 채권자에게 법률상 당연히 주어지는 담보물권인데 반하여 후자는 당사자간의 저당권 설정계약에 따라서 설정되는 점이 다르나, 목적물에 관하여 우선변제권을 가지는 타물권이며, 부종성·불가분성을 가지는 점 등에서 양자는 그 성격을 같이 한다. 선박우선특권의 목적물은 선박, 그 속구, 그 채권이 생긴 항해의 운임, 그 선박과 운임에 부수한 채권이고(§777①), 우선특권에 의하여 담보되는 채권은 상법 제777조 1항의 1호 내지 4호에 열거되어 있다. 선박우선특권은 한척의 선박에 대하여 수개가 경합하는 수도 있고, 또 다른 담보물권과 경합하는 경우도 있다. 따라서 상법은 선박우선특권 상호간의 순위와 선박우선특권과 다른 담보물권의 순위를 각각 규정하고 있다(§782, §783, §784, §788). 선박우선특권의 효력으로서는 목적물에 대한 경매권(§777②후단)과 우선변제권이 있으며, 이 우선특권은 그 선박소유권의 이전으로 인하여 영향을 받지 아니한다(§785). 선박우선특권은 민법상의 저당권소멸원인(§777②후단)과 상법상의 특별소멸원인(§786)에 따라서 소멸된다. 이상의 선박우선특권에 관한 규정은 건조 중인 선박에 관해서도 준용된다고 규정되어 있다(§790).

선박저당권(船舶抵當權)
영;mortgage of ship
독;Schiffshypothek, Schiffspfandrecht
불;hipothèque maritime

등기선박을 목적으로 하여 계약에 따라서 설정되는 상법상 특수한 저당권이다(상§787①). 저당권은 민법에 따르면 부동산에만 인정되는 제도이며, 동산에는 인정되지 않지만 상법에서는 선박은 동산임에도 불구하고 그 부동산유사성과 선박등기라는 공시제도에 의하여 특히 선박저당권제도를 인정하고 있는 것이다. 선박저당권은 상법상 특수한 것이지만 선박의 부동산유사성에 비추어 민법의 부동산저당권에 관한 규정이 준용되고 있다(§787③). 따라서 그 순위, 효력, 소멸 등은 그 성격에 반하지 않는 한 민법의 규정에 따르게 되는 것이다. 선박우선특권은 공시의 방법이 없고, 법률에 규정되어 있는 채권에 대하여서만 인정되는 것이나, 선박저당권은 등기라는 공시의 방법이 있고, 또 당사자의 계약에 의하여 임의로 설정할 수 있는 것이므로 선박금융의 법률형태로서는 이것이 가장 합당한 것이며 그 경제성에 비추어 선박우선특권보다 오히려 우수하다고 하겠다. 그러나 선박저당권은 우선특권과 경합하는 경우에 공시제도가 없는 우선특권보다 후순위에 서게 된다는 것(§788)이 그 단점이다.「해상우선특권 및 저당권에 관한 규정의 통일을 위한 조약(1926년에 성립, 1967년 개정)」은 선박우선특권을 선박저당권에 우선하는 것과 그렇지 않은 것으로 구별하고 있다(동조약§203②). 선박저당권의 목적은 등기한 선박에 한하고(상§787①), 등기한 선박은 질권의 목적으로 할 수 없다(§789).

선박에 대한 강제집행
(船舶에 대한 强制執行)

채권의 불이행에 근거한 강제집행의 경우에 선박등기 있는 선박에 대한 집행은 부동산의 강제경매에 관한 규정에 따라서 행한다(민사집행법§172). 외국선박에 대한 강제집행에는 등기선박인 요건이 구비되어 있지 않더라도 부동산의 강제경매에 관한 규정에 따라서 집행한다(민사집행법§186). 따라서 내국선박으로서는 선박등기가 없는 선박에 관해서는 선박으로서의 특별한 집행방법에 따르지 않고 유체동산에 대한 집행방법과 동일한 절차에 다른다(민사집행법§189~§222). 또 항해의 준비를 마친 선박과 그 속구(屬具)에 대하여서는 압류 또는 가압류를 할 수가 없다. 그러나 그 선박이 발항준비를 하기 위하여 부담한 채무에 대하여는 예외로 한다(상§744①). 다만, 총톤수 20톤 미만의 선박에는 적용하지 아니한다(상§744②). 집행기관은 선박이 압류 당시 정박하고 있는 항구를 관할하는 지방법원이다(민사집행법§173). 압류의 효력, 환가처분 등에 관해 특별한 취급이 있다(민사집행법§176~§186).

상 사 특 별 법

상사특별법

상법시행법(商法施行法)

상법전이나 상법개정법의 규정을 시행하고, 또는 구체화하기 위한 법률이다(1962.12.12. 법률 제1213호). 조선민사령 제1조에 의하여 의용된 상법시행법(1989. 법률 제49호), 상법중개정법률시행법(1939. 법률 제73호), 1962년 12월 12일 법률 제1231호로 제정되고, 1965년 3월 19일 법률 제1687호로 개정된 상법시행법 및 1984년 8월 16일 대통령령 제11485호로 제정된 상법의 일부규정의 시행에 관한 규정이 있다. 또 이것과는 별도로, 상법전이나 각 개정법의 제정시 부칙에 이에 관한 규정이 있다. 상법전의 말미에 부치(附置)되어 시행일 및 시행에 따른 구법과의 관계, 시행의 범위, 경과조치 등을 정하고 있다. 이와 같은 규정들은 상법의 해석상 중요한 의의를 갖는다.

어음법(어음法)

광의로는 어음거래에 대한 법률관계를 규율하는 사법법규의 전부를, 협의로는 어음의 특질과 어음거래의 필요에 부응하기 위해 특별히 제정된 어음에 특유한 규정을 말한다. 어음거래에 관한 법규는 사법에만 존재하는 것이 아니고 형법(§214~§217), 행정법(인지 §6Ⅷ), 민사소송법(§9, §129, §475~§497, 민사집행법§233), 국제사법 §51, 59)등에도 있지만 이것은 어음법에 포함되지 않는다. 협의의 어음법을 고유의 어음법이라 부르고, 이에 대하여 일반민·상법의 규정으로서 어음관계에 적용되는 것을 민사어음법이라 부르는바, 광의의 어음법은 이 양자를 포함한다. 협의의 어음법(1962. 1. 20. 법률 제1001호)은 어음법전이 규정하는 것이며 이것을 형식적 의의의 어음법이라 한다. 실질적 의의의 어음법 중에는 이외에도 거절증서령(1970. 4. 15. 대통령령 제4919호)을 포함한다. 현행법은 1930년의 제네바통일조약에 의거하여 제정된 법률로서 협의의 어음법의 대부분을 포함한다. 어음법의 특질로는 (1) 기술적 성질(지급의 확실성과 유통증진을 목적), (2) 강행법적 성질(불특정다수인간의 〈원활·신속한 유통), (3) 국제적 통일성(세계각국에 광범유통) 등을 지적할 수 있다. (4) 기명날인과 서명을 선택적으로 사용할 수 있도록 함.

수표법(手票法)

실질적인 의미와 형식적인 의미가 있다. 전자는 수표에 특유한 사법법규의 전부를, 후자는 1931년 제네바에서 성립된 수표법통일조약에 따라 독립된 단행법으로 제정된 수표법(1962. 1. 20. 법률 제1002호)을 의미한다. 이 수표법은 동조약의 제1부속서를 제2부속서의 유보조항에 따라 약간 변경하여 규정하고 특별히 지급보증의 장을 설치하였다. 수표법상의 법률저촉의 해결을 위하여는 섭외사법에 규정이 있으며 거절증서에 관한 사항에 대해서는 거절증서령(1970. 4. 15. 대통령령 제4919호)을 들 수 있다.

부정수표단속법(不正手票團束法)

부정수표의 발행을 단속처벌함으로써 국민경제의 안정과 유통증권인 수표의 기능을 보장함을 목적으로 한 법률이다(1961. 7. 3. 법률 제645호). 부정수표에는 (1) 가설인(假設人)의 명의로 발행한 수표, (2) 금융기관(우체국포함)과의 수표계약없이 발행하거나 금융기관으로부터 거래정지처분을 받은 후에 발행한 수표, (3) 금융기관에 등록된 것과 상위한 서명 또는 기명날인으로 발행한 수표 등 3종이며(부정수표단속법§2①), (4) 수표를 발행하거나 작성한 자가 수표를 발행한 후에 예금부족·거래정지처분이나 수표계약의 해제 또는 해지로 인하여 제시기일에 지급되지 아니한 때에도 부정수표에 준하여 처벌한다(부정수표단속법§2②). 부정수표를 발행하거나 작성한 자는 5년이하의 징역 또는 수표금액의 10배 이하의 벌금에 처한다(부정수표단속법§2①). 과실로 인하여 부정수표에 관한 죄를 범한 때에는 3년 이하의 금고 또는 수표금액의 5배 이하의 벌금에 처한다(부정수표단속법§2③). 제2항 및 제3항의 죄는 수표를 발행하거나 작성한 자가 그 수표를 회수하거나 회수하지 못하였을 경우라도 수표소지인의 명시한 의사에 반하여는 공소를 제기할 수 없다(부정수표단속법§2④). 이밖에 위조·변조자에 대한 형사책임을 규정하고 있으며, 금융기관에 종사하는 자가 부정수표를 발견했을 때에는 48시간 내 또는 30일 내에(발행인이 법인 기타 단체인 경우 포함)에 고발할 의무를 부담시키고 있다(부정수표단속법§7①).

항공안전법(航空安全法)

1961년 제정된 '항공법'은 항공사업, 항공안전, 공항시설 등 항공 관련 분야를 망라하고 있어 국제기준 변화에 신속히 대응하는데 미흡한 측면이 있고, 여러 차례의 개정으로 법체계가 복잡하여 국민이 이해하기 어렵다는 지적이 있었다. 이에 항공 관련 법규의 체계와 내용을 알기 쉽도록 하기 위하여 「항공법」을 「항공사업법」, 「항공안전법」 및 「공항시설법」으로 나누어 규정하여 국제기준 변화에 탄력적으로 대응하고, 국민이 이해하기 쉽도록 하였다. 「항공안전법」은 2016년 3월 29일 제정되어 2017년 3월 30일부터 시행되었으며, 이 법은 「국제민간항공협약」 및 같은 협약의 부속서에서 채택된 표준과 권고되는 방식에 따라 항공기, 경량항공기 또는 초경량비행장치가 안전하게 항행하기 위한 방법을 정함으로써 생명과 재산을 보호하고, 항공기술 발전에 이바지함을 목적으로 한다.

선박법(船舶法)

선박 국적과 톤수측정에 관한 사항을 정하는 법률이다(1982. 12. 31. 법률 제3641호). 한국선박(선박법§2), 국기의 게양(선박법§5), 등기와 등록(선박법§8), 선박국적증서(선박법§12, §19, §20). 선박명칭의 변경(선박법§16), 가선박국적증서(선박법§23 ~ 25), 벌칙(선박법§32~§39) 등을 규정하고 있다. 총톤수 20톤 미만의 선박과 단주(端舟) 또는 노도(櫓櫂)으로만 운전하는 배에 대하여는 원칙적으로 이 법(선박법§7 ~ §25)의 적용이 없는 것으로 규정 되어 있다(선박법§26).

선원법(船員法)

선원의 직무·복무·근로조건의 기준·직업안정 및 교육·훈련에 관한 사항을 정함으로써 선내의 질서를 유지하고 선원의 기본적 생활을 보장·향상시키며 선원의 자질향상을 목적으로 하는 법률이다(1984. 8. 7. 법률 제3751호). 이것은 구조선선원령(1943. 제령 제4호)에 대치된 법률이다.

항만운송사업법(港灣運送事業法)

항만운송에 관한 질서를 확립하고, 항만운송사업의 건전한 발전을 도모하여 공공의 복리를 증진함을 목적으로 하는 법률이다(1963. 9. 19. 법률 제1404호). 항만운송의 정의(항만운송사업법§2)를 먼저 명시하였고, 이 법의 규율대상이 되는 항만운송사업의 종류는 항만하역사업, 검수사업, 감정사업, 검량사업의 4종이며(항만운송사업법§3), 이상의 사업을 영위하고자 하는 자는 해운항만청장의 면허를 받아야 하고(항만운송사업법§4), 항만운송업자는 교통부령이 정하는 바에 따라 운임과 요금, 항만운송약관을 정하여 해운항만청장의 인가를 받아야 한다(항만운송사업법§10, §12). 그 외에 일정한 사유가 있는 경우에는 해운항만청장이 사업의 정지 또는 면허의 취소를 할 수 있다고(항만운송사업법§26)하여 엄격한 감독이 가능하도록 규정하고 있다.

보험업법(保險業法)

보험자의 합법적 지도감독과 보험계약자·피보험자 그 밖의 이해관계인의 이익을 보호하여 국민경제의 건전한 발전을 도모함을 목적으로 하여 제정된 법률이다(1977. 12. 31. 법률 제3043호). 보험사업을 경영하기 위하여서는 재정경제원장관의 허가를 받아야 하며(보험업법§5), 일정액 이상의 자본금(기금)을 가진 주식회사나 상호회사가 아니면 경영할 수 없다(보험업법§5, §6)고 규정한 외에 재정경제원장관의 검사권(보험업법§14), 명령권(보험업법§15), 임원의 해임, 사업의 정지와 허가취소(보험업법§20) 등 강력한 감독규정을 두고 있다. 그밖에 주식회사(보험업법§23 ~ §40), 상호회사(보험업법§41 ~ §81), 외국보험사업자의 국내지점(보험업법§82 ~ §92), 계산(보험업법§93 ~ §98), 보험사업자의 관리(보험업법§99 ~ §113), 해산(보험업법§114 ~ §13

7), 청산(보험업법§138~§143), 벌칙(보험업법§211~§229) 등에 관하여 상세한 규정을 두고 있다.

채무자 회생 및 파산에 관한 법률
(債務者 回生 및 破産에 관한 法律)

이 법은 채무자의 회생 및 파산에 관한 사항이 파산법·회사정리법·화의법·개인채무자 회생법에 분산되어 있어 각 법률마다 적용대상이 다를 뿐만 아니라 특히 회생절차의 경우 회사정리절차와 화의절차로 이원화되어 그 효율성이 떨어지므로 상시적인 기업의 회생·퇴출체계로는 미흡하다는 지적에 따라 이들을 하나의 법률로 통합한 이른바 '통합 도산법'이라 할 수 있다. 이 법은 재정적 어려움으로 인하여 파탄에 직면해 있는 채무자에 대하여 채권자·주주·지분권자 등 이해관계인의 법률관계를 조정하여 채무자 또는 그 사업의 효율적 회생을 도모하거나 회생이 어려운 채무자의 재산을 공정하게 환가·배당하는 것을 목적으로 한다.

자산재평가법(資産再評價法)

법인 또는 개인기업의 합리적인 경영을 위해서 사업용자산을 현실에 맞도록 재평가하여 적정한 자본전입 등 또는 감가상각을 가능케 하여 기업자본의 정확을 도호함에 필요한 규정을 내용으로 한 법이다. 예컨대 부동산을 소유한 기업이 그 부동산의 지가상승이 있는 경우 재평가하여 자본전입 등의 처리와 함께 국가에 재평가세를 납부하고 이와 반대로 기업이 소유한 기계가 마모됐을 때는 그 내용연수에 따라 감가상각을 하는 등이다. 그리고 이 재평가는 법인에 있어서는 각사업년도개시일에, 개인에 있어서는 매년 1월 1일 현재로 한다(자산재평가법§4①).

또 평가방법에 있어서는 「지가공시및토지등의평가에관한법률」에 의한 감정평가사에 의하는 것이 일반관례이며, 재평가를 했을 때는 재평가일로부터 90일 이내에 재평가신고서를 대차대조표·시가감정서·재평가 및 재평가차액에 관한 계산서와 그 부속서류를 첨부하여 관할세무서에 제출하여야 한다. 여기서 감정평가사라 함은 「지가공시및토지등의평가에관한 법률」에 의하여 국가시험에 합격한 자(지가고시및토지등평가에관한법률 §14)를 말한다. 그 업무는 금융기관 등이 그 대부의 담보물인 부동산의 평가 등과 국유재산법에 의하여 매각되는 부동산, 소송에 계류중인 경매부동산·기타의 감정을 그 주된 것으로 하고 있다.

은행법(銀行法)

국내에 있는 모든 금융기관의 조직·업무·통제 그밖의 행정적 감독에 관하여 규정한 법률이다. (1998. 1. 13. 법률 5499호). 본법은 한국은행법과 함께 국내의 금융기관을 규율하는 일반법이고, 금융기관의 수신업무가 대량적·장기적이며 또한 공중적 성격을 갖고 있으므로 상세한 공법적인 감독규정을 두고 있으며, 금융기관의 기업형태·자본금·법정준비금·업무·계산서류 등에 대해서 상법상 주식회사의 규정을 수정·보완하고 있다.

자본시장과 금융투자업에 관한 법률

이 법은 자본시장에서의 금융혁신과 공정한 경쟁을 촉진하고 투자자를 보호하며 금융투자업을 건전하게 육성함으로써 자본시장의 공정성·신뢰성 및 효율성을 높여 국민경제의 발전에 이바지함을 목적으로 한다. 종래 자본시장을 규율하는 「증권거래법」, 「선물거래법」, 「간접투자자산 운용업법」 등의 법률은 금융기관이 취급할 수 있는 상품의 종류를 제한적으로 열거하고 있어 창의적인 상품개발 등 금융혁신이 어렵고, 금융업의 겸영을 엄격하게 제한하고 있어 시너지 효과를 통한 경쟁력 향상에 한계가 있으며, 각 금융기관별로 상이한 규제체계로 되어 있어 규제차익문제 등 비효율성이 발생하고 있고, 투자자 보호장치가 미흡하여 자본시장에 대한 신뢰를 저하시키는 등 제도적 요인이 자본시장의 발전에 장애가 되고 있으므로 「증권거래법」등 자본시장 관련 법률을 통합하여 금융투자상품의 개념을 포괄적으로 규정하고, 겸영 허용 등 금융투자회사의 업무범위를 확대하며, 금융업에 관한 제도적 틀을 금융기능 중심으로 재편하고, 투자자 보호장치를 강화하는 한편, 자본시장에서의 불공정거래에 대한 규제를 강화하는 등 자본시장에 대한 법체계를 개선하여 금융투자회사가 대형화·전문화를 통하여 경쟁력을 갖출 수 있도록 하고, 투자자 보호를 통한 자본시장의 신뢰를 높이며, 자본시장의 혁신형 기업에 대한 자금공급 기능을 강화하는 등 자본시장의 활성화와 우리나라 금융산업의 발전을 위한 제도적 기반을 개선·정비하려는 목적에서 제정된 법률이다.

자본시장과 금융투자업에 관한 법

• 자통법(자본시장법) / 1311

자본시장과 금융투자업에 관한 법률

자통법(자본시장법)

증권시장(證券市場)

영;securties market, stock market
독;stock exchange

증권시장이란 유가증권이 정부나 기업 등 발행주체로부터 투자자에게 공급되고 다시 많은 투자자 상호간에 유통(매매)되는 경제사회관계를 총칭하여 말한다. 따라서 증권시장은 자금을 유통시키는 시장이라는 의미에서 금융시장의 일환으로 이해되며 화폐시장은 임금 등 인건비나 원자재구입비 등 운전자금 같은 단기자금을 공급하는데 대하여, 증권시장은 공장건설이나 기계설비자금 등 장기자금을 조달하여 주는 역할을 한다는 뜻에서 자본시장이라고도 한다.

증권시장은 증권발행시장과 증권유통시장으로 분류되고 증권유통시장은 다시 증권거래소가 개설한 거래소시장과 주로 증권회사 창구에서 이루어지는 장외시장으로 분류되는데 거래소시장을 협의의 증권시장이라고 한다. 자본시장과 금융투자업에 관한 법률에서 "증권시장"이란 증권의 매매를 위하여 거래소가 개설하는 시장이라고 규정하여(자본법§8의2④) 증권시장을 협의의 증권시장으로 정의하고 있다.

한국거래소(韓國去來所)

영;Korea exchange, KRX

자본시장과 금융투자업에 관한 법률에 의하여 유가증권의 공정한 가격의 형성과 안정 및 유통의 원활을 기하기 위하여 설치된 특수법인이다(자본법§373). 개정전 법에 의할 때 한국거래소는 자본금을 1천억원 이상으로 하며, 그 주사무소를 부산광역시에 두고 필요한 곳에 지점을 둘 수 있다고 규정하였었다(자본법§375②). 다만, 2013.5.28. 법 개정에 의하여 거래소에 대한 경쟁력 강화 및 불법 장외거래에 대한 규제를 위하여 거래소 법정주의를 폐지하고 거래소 허가제를 도입하였다. 한국거래소에 대하여는 자본시장과 금융투자업에 관한 법률 또는 동법에 의하여 발하는 명령에 특별한 규정이 있는 것을 제외하고는 상법중 주식회사에 관한 규정을 준용한다. 거래원은 거래소결제회원, 매매전문회원, 그 밖에 대통령령으로 정하는 회원에 한하며(자본법§387②참조), 한국거래소에는 이사장 1인, 상근이사인 감사위원회 위원 1인, 시장감시위원장 1인, 이사 12인 이내를 두며, 임기는 3년으로하고 정관이 정하는 바에 따라 연임할 수 있다(자본법§380①②). 이사장은 자본법 제385조 1항에 따른 이사후보추천위원회의 추천을 받아 주주총회에서 선임한다.

투자자문업(投資諮問業)

자본법상 투자자문업이라 함은 금융투자상품, 그 밖에 대통령령으로 정하는 투자대상자산(이하 "금융투자상품 등"이라 한다)의 가치 또는 금융투자상품등에 대한 투자판단(종류, 종목, 취득·처분, 취득·처분의 방법·수량·가격 및 시기 등에 대한 판단을 말한다. 이하 같다)에 관한 자문에 응하는 것을 영업으로 하는 것을 말한다. "대통령령으로 정하는 투자대상자산"이란 부동산, 지상권·지역권·전세권·임차권·분양권 등 부동산 관련 권리, 금융기관에의 예치금을 말한다. 우리나라는 그동안 투자자문만을 전업으로 하는 회사는 없었고, 증권회사가 위탁매매를 하는 과정에서 무보수의 부수적 서비스업무로서 고객에 대한 투자상담이나 자료제공 등을 하고 있었는데, 1984년 Korea Fund의 설립을 계기로 대우경제연구소가 처음으로 투자자문업을 시작하였다. 우리나라 경제의 흑자기조의 정착과 더불어 금융자산이 늘어나고 있고 증권시장의 활황으로 증권시장에 대한 일반 국민들의 관심이 높아지면서 무분별한 투자조언이나 간행물을 발간, 배포하는 사례가 늘어나고 있어 증권시장의 건전한 투자풍토조성과 투자자보호를 위하여 이에 대한 적절한 규제가 필요하게 되었다. 이에 1987년 11월 28일 제9차 증권거래법 개정시 투자자문업을 도입 규정하였다.

한국예탁결제원(韓國預託決制院)

한국예탁결제원은 증권등의 집중예탁과 계좌간 대체, 매매거래에 따른 결제업무 및 유통의 원활을 위하여 대통령령으로 정하는 특수법인이다(자본법§294). 자본시장과 금융투자업에 관한 법률은 증권등의 유통의 원활과 증권수불업무의 합리화를 기하고 투자자를 보호하기 위하여 한국예탁결제원에 대하여 여러 가지 규제를 하고 있으며 금융위원회로 하여금 그에 대한 감독의 철저를 기하게 하고 있다.

증권예탁(證券預託)

증권예탁이란 증권회사(투자매매업자, 투자중개업자)나 기관투자가 등으로부터 한국거래소가 지정한 증권등을 집중적으로 예탁받아 계좌를 개설한 예탁자 상호간의 매매거래, 질권설정 또는 신탁거래를 함에 있어 해당 유가증권의 교부·이전 대신에 계좌간 장부상의 대체·기재만으로서 현물수수에 갈음하는 것을 말한다. 원래 유가증권은 매매 기타 거래를 할 때마다 이를 교부·인도하여야 하나(상§336참조) 대량으로 거래가 이루어지는 증권시장에서는 이러한 증권예탁제도를 채택함으로써 대량이동에서 발생할 수 있는 증권의 분실 등 제반사고를 방지하고 증권수불업무의 신속화와 효율화를 기할 수 있으며 유가증권을 집중보관 관리함으로써 사고유가증권을 조기색출하는 등 유통시장의 원활화를 기할 수 있게 된다.

상장(上場)

한국거래소가 증권등에 대하여 거래시장의 매매대상으로 지정하는 것이다.

상장의 승인(上場의 承認)

한국거래소의 신청에 의하여 금융위원회가 하는 증권의 상장을 승인하는 것이다(자본법§409). 이 승인은 상장의 요건이므로 특정한 증권을 제외하고는 이 상장의 승인을 받지 않으면 증권시장에 상장하지 못한다. 발행시장에 있어서의 유가증권의 모집·매출의 신고제도에 대응하여 유통시장에서 일반대중의 투자대상인 유가증권의 내용을 분명히 하기 위하여 설치된 제도이다.

위탁증거금(委託證據金)

한국거래소의 거래원인 투자매매업자 및 투자중개업자가 매매거래의 수탁에 즈음하여 위탁계약에 의거하여 그 자가 위탁자에 대하여 취득하게 될지도 모르는 채무불이행 그 밖의 일로 인한 채권을 담보하기 위하여 위탁자로부터 징수하는 금전 또는 물건이다(주로 대용증권). 위탁증거금은 위탁매매가 성질상 계속적인 계약이므로 해약금으로 해석할 것은 아니며 따라서 위탁자가 위탁내용에 따른 채무를 이행하지 않더라도 이를 포기하여 위탁계약을 해지한다거나 또는 매매계약을 해제한다고 해석할 수는 없다. 위탁자가 위탁내용에 다른 채무를 이행하지 않는 경우에는 수탁계약준칙에 따라 간이변제충당하고 잔액이 있으면 위탁자에게 반환하여야 하고, 부족액에 대하여는 이를 위탁자에게 청구할 수 있다. 위탁증거금은 이와 같이 결제의 안전을 보장하기 위한 제도이나 시장의 동향에 따라 증거금율 또는 대용증권충당율의 변경에 의하여 수급을 조절하는 중요한 시장관리 수단의 하나이다.

호가(呼價)

호가라 함은 회원이 매매거래를 하기 위하여 시장에 제출하는 상장유가증권의 종목, 수량, 가격 등의 매매요건 또는 그의 제출행위를 말한다. 종목이라 함은 일정시점에서 투자자의 투자판단이 단일하여지는 범위에 있는 매매거래대상으로서의 구분이며 증권거래소가 정한다. 회원이 매매거래를 하고자 할 때에는 한국거래소가 지정한 호가장소(통칭 「포스트」라 한다)에서 위탁매매와 자기매매, 매도와 매수를 각각 구분하여 당해 종목의 호가를 행하여야 한다. 다만 전산매매종목의 경우에는 호가장소를 지정하지 아니한다. 호가는 주권, 수익증권, 주식의 성질을 갖는 사채권의 경우에는 종목별 가격 및 수량으로 하고, 주식의 성질을 갖는 사채권을 제외한 채권의 경우에는 증권거래소가 정하는 바에 따라 종목별 또는 종류별 수익율 및 수량으로 한다. 호가는 문서 또는 전산입력의 방법에 의한다. 전산입력호가는 증권거래소의 전산매매체결시스템에 호가를 록하는 것을 말한다. 문서호가는 공동온라인시스템호가와 수기호가로 구분되며 시장에서의 매매거래는 원칙적으로 공동온라인시스템호가에 의하여야 하나 공동온라인 장애시간중의 호가는 수기호가에 의한다. 호가의 효력은 매매거래의 종류별로 매매거래의 시간범위 내에서

호가의 접수로부터 매매거래가 성립될 때까지 지속되는 것으로 하되, 증권거래소가 지정하는 종목을 제외하고는 전장(前場)에 매매거래가 성립되지 아니한 호가는 후장(後場)에 접수한 호가로 본다. 그러나 일정한 경우의 호가는 그 효력을 인정하지 아니한다.

장외시장(場外市場)
영;off-board market

장외시장이란 한국거래소가 개설하는 시장외에서의 매매거래가 이루어지는 시장을 말한다. 장외시장은 증권유통시장의 한 분야로서 일정한 조직과 설비를 갖춘 한국거래소시장에 대한 상대적 개념으로 파악되고 있는데, 일반적으로 한국거래소시장이 거래방법과 거래참가자의 자격 등 증권거래에 관련된 제반사항에 엄격한 규정을 두고 조직적으로 관리하는 구체적 시장인 반면에 장외시장은 한국거래소시장 밖에서 고객과 증권회사, 증권회사 상호간 또는 고객상호간에 개별적으로 거래가 이루어지는 비조직적인 추상적 시장이라고 할 수 있다. 장외시장은 다시 그 거래주체와 장소에 따라 증권회사의 창구에서 고객과 증권회사 사이에 이루어지는 창구시장(Over-the- Counter Market)과 증권회사가 개입하지 않고 고객끼리 개별적으로 거래하는 직접거래시장(No Broker Market)으로 나누어진다. 그러나 직접거래시장의 중개업자를 통하지 않는 거래형태로서 엄밀한 의미에서 시장이라고 할 수 없기 때문에 장외시장이라고 하면 보통 창구시장만을 뜻하는 제한적 개념으로 사용되는 경우가 많으며, 현재 미국의 NASDAQ (National Association of Securities Dealers Automated Quotation)시장, 일본의 주식점두시장 및 우리나라의 주식장외시장 등에서 보는 바와 같이 각국이 제도화하여 관리하고 있는 장외시장의 형태도 창구시장을 지칭하고 있다.

시가발행제(時價發行制)

시가발행제란 신주의 발행가격을 기발생주식의 현재 시가에 준하는 가격으로 정하여 발행하는 것을 뜻한다. 따라서 유통시장에서 시가가 형성되어 있는 주식, 즉 상장주식에 대해서만 있을 수 있는 일이다. 발행가액을 시가에 따라 정하는 것이므로 시가에 따라 액면미달이 될 수도 있고, 액면초과가 될 수도 있다. 액면미달발행은 제약을 받으므로 회사가 자율적으로 할 수 있는 시가발행이란 액면초과발행에 국한되어 있다.

통정매매(通情賣買)
영;matched orders

통정매매라 함은 자기가 매도하는 같은 시기에 그와 동일한 가격으로 타인이 그 유가증권을 매수할 것을 사전에 그 자와 통정한 후 매도하거나, 자기가 매수하는 같은 시기에 그와 같은 가격으로 타인이 그 유가증권을 매도할 것을 사전에 그 자와 통정한 후 매수하는 것을 말한다.

가장매매(假裝賣買)

영;wash sales

매매의 진의가 없으면서 상대방과 통정하여 허위표시를 함으로써 매매를 가장하는 행위이다. 가장행위의 일종이다. 이러한 매매는 무효이지만, 그 무효는 선의의 제3자에게 대항하지 못한다(민§108). 특히 증권거래소에서 행하여지는 유가증권의 권리의 이전을 목적으로 하지 않는 가장의 매매거래와 같은 것은 시세조종수단으로서, 매매거래상황에 관하여 타인에게 오해를 줄 목적으로 행하여지고 있으며, 이는 건전한 공정시세의 형성을 방해하므로 금지되어 있다

안정조작(安定操作)

영;stabilizing operation

안정조작이라 함은 상장법인의 증권등의 모집 또는 매출을 원활하게 하기 위하여 일정한 기간 상장증권등의 가격을 고정하거나 안정하도록 증권시장에서 당해 증권을 매매거래 또는 그 위탁이나 수탁하는 것을 말한다. 증권등의 모집·매출로 대량의 증권이 증권시장에 공급되면 일시적인 공급과잉현상으로 증권시장에서 수급균형이 깨져 증권의 가격은 하락하게 된다. 이 경우 증권의 인수업자가 일반투자자가 모집·매출가격으로 매수할 때까지 인수한 증권을 보유할 수 있을 정도의 자금력이 없다면 증권의 발행에 의한 자금조달은 곤란하게 된다. 여기서 일시적인 수급불균형으로 인한 증권의 가격하락을 막아 상장법인의 증권의 발행에 의한 산업자금조달을 가능하게 하기 위하여 인위적인 수요창출로서의 안정조작의 필요성이 대두된다. 안정조작은 인위적인 매수행위로서 증권의 가격의 하락을 막는 것이므로 안정조작이 끝나면 증권의 가격은 하락할 가능성이 크며 따라서 인위적으로 고정시킨 가격으로 증권을 매수한 일반 투자자는 손실을 입을 위험성이 크다. 또한 안정조작은 증권의 가격의 안정을 꾀하기 위하여 인위적으로 증권을 매수하는 것으로 이에 의하여 증권의 매매거래가 성황을 이루고 있는 듯한 외관을 가지고 있지만, 안정조작이 끝나며 인위적인 매수행위는 없어져 증권의 거래량은 감소될 것이다.

이리하여 안정조작이 행해질 당시의 증권시장의 풍부한 유동성을 믿고 매수한 일반투자자는 또한 손실을 입을 위험성이 있다. 자본시장과 금융타자업에 관한 법률은 상장법인의 증권의 발행에 의한 원활한 산업자금조달을 위하여 안정조작을 인정하지만, 이 안정조작은 자유시장관리에 반하고 일반투자자를 해칠 위험성이 크므로 안정조작의 내용을 엄격히 규제하고 있다.

시장조성(市場造成)

시장조성이란 모집 또는 매출한 증권의 수요·공급을 당해유가증권의 상장후 일정기간 조성하는 것을 말한다. 즉, 모집 또는 매출한 증권 등이 상장후 모집 또는 매출가격을 유지하지 못하는 경우에 모집 또는 매출가격을 유지하도록 증권 등에 대한 수요·공급을 조성하는 것을 허용함으로써 증권등의 모집 또는

매출을 원활히 하도록 하는 제도가 시장조성제도이다. 따라서 시장조성제도는 실제에 있어서는 모집 또는 매출한 유가증권의 상장후 시세가 모집 또는 매출가격을 하회하는 경우 모집·매출한 증권 등을 매입(그 위탁이나 수탁을 포함한다.)함으로써 모집·매출가격을 유지시키는 경우가 대부분이며, 모집·매출한 증권의 상장후 시세가 모집·매출가격을 초과하여 상한가를 계속하는 경우 당해 모집·매출한 증권을 공급함으로써 모집·매출가격을 유지시키는 시장조성을 생각하기 어렵다. 이러한 경우에까지 시장조성을 인정하여야 할 필요성은 발견하기 어렵다. 그러나 증권거래법은 모집·매출한 유가증권의 상장후 시세를 최소한 모집·매출가격을 유지시켜 투자자가 모집·매출하는 유가증권의 투자를 하도록 함으로써 유가증권의 모집·매출을 원활히 하여 산업자금조달을 용이하게 하였다. 그러나 한편 시장조성행위를 중단하면 다시 모집·매출가격을 유지하지 못하고 하회할 가능성이 있으므로 모집·매출한 증권을 매입한 투자자는 손실을 입을 위험성이 크다. 따라서 자본시장과 금융투자업에 관한 법률은 산업자금조달의 원활화를 위하여 시장조성을 허용하되, 투자자보호를 위하여 행위자, 기간, 가격 등을 한정하는 등 엄격한 규제를 하고 있다.

내부자거래(內部者去來)

영;insider trading

상장기업의 임·직원 또는 주요주주(누구의 명의로 하든지 자기의 계산으로 주식총수의 10%이상 소유주주)가 그 직무 또는 지위에 의하여 얻은 내부정보를 이용하여 자기회사의 주식을 거래하는 것을 말한다. 이러한 거래가 문제시되고 규제의 대상이 되는 이유는 유가증권의 투자판단에 현저한 영향을 미치는 미공개된 중요한 정보를 가지고 있는 자가 그 정보를 알지 못하는 상대방과 매매거래를 하는 것은 그 상대방을 기망하여 거래를 하는 것으로 그 거래상대방에 대한 사기행위가 된다는 점이다. 그것은 예컨대 증권을 매도하려는 자가 그 증권의 발행자에 의한 획기적인 신제품이나 신기술의 기업화 등 그 증권을 계속적으로 보유하게 하는 중요한 정보를 알았다면 그의 매도를 단념하였을 것이며, 또 이와 반대로 증권을 매수하려는 자가 그 증권발행자의 생산활동 전면중단 등 그 증권의 매수에 불리한 중요한 정보를 취득하였다면 그의 매수를 단념하여 그 거래에 의한 손실을 회피하였을 것이기 때문이다. 즉, 자본시장과 금융투자업에 관한 법률은 증권의 투자판단에 현저한 영향을 미치는 미공개된 중요한 정보를 가지고 있는 자에 대하여 그 증권의 매매거래를 하려면 그 정보를 공개한 후에 하도록 하고 그 정보를 공개하지 아니하려면 그 증권의 매매를 단념할 것을 요구하고 있다. 이처럼 내부자거래준칙의 취지가 자유공정한 시장의 유지와 일반투자자의 공정한 시장에 대한 신뢰를 보호하는 데 있으므로 이 규제의 취지를 살리는 범위에서 내부자거래는 규제되어야 할 것이다. 자본시장과 금융투자업에 관한 법률은 제172조에서 주권상장법인의 임원·직원 또는 주요주주가 그 법인의 주권 등을 매수한 후 6월 이내에 매도하거나 매도한 후 6월 이내에 매수하여 이익을 얻는 경우에는 당해 법인 또는 금융위원회는 그 이익을 그 법인에게 제공할 것을 청구할 수 있도록 규정하고 있는데, 이 장치는 회사내부자가 자기회사 발행주식 등을 6월내에 단기매매하여 생기는 이득을 당해 법인에게 반환하게 하려는 제도로서 내부정보이용을 억제할 목적으로 출발하였으나 내부정보이용여부의 입증문제가 있어 최근에는 내부정보이용여부에도 불구하고 6월 내 매매차익을 반환시키는 추세에 있으며, 그 대상이 되는 자는 상장법인과 등록법인의 임원·직원·주요주주(10%이상 소유주주 등 사실상 지배주)이다.

상호주소유(相互株所有)

영;cross-ownership

상호주소유는 좁게는 2개의 독립된 회사가 상대방 회사에 대하여 출자하고 있는 상태, 예컨대 A사가 B사에, 그리고 B사가 A사에 출자하고 있는 단순상호주소유형태이나, 넓게는 3개 이상의 회사간의 순환적인 출자관계, 예컨대 A사가 B사에, B사가 C사에, C사가 다시 A사에 출자하는 환상(고리)형 상호주소유형태(circular- ownership)와 A, B, C, ... N사들이 A사가 B, C, ······ N사의 주식을, B사가 A, C, ······ N사의 주식을, C사가 A, B, ······ N사의 주식을 소유하는 이른바 행렬식(matrix)형 상호주소유형태가 있다. 재벌그룹의 계열사 간의 상호주소유형태는 주로 환상형형태를 취하나 행렬식형태를 취하기도 한다. 상호주소유형태를 취하는 이유는 대체로, (1) 상호주는 최소한의 비용으로 기업결합효과를 가져오므로 계열기업확장을 꾀하고 (2) 경영권쟁탈에 대한 방어책으로 안정주주를 확보하기 위해 계열기업 또는 동맹적관계의 기업간에 상호주를 소유하며 (3) 법인세 또는 지배주주들의 소득세, 상속세를 경감하기 위하여 지배권의 약화없이 지분을 조정하는 방법으로 주식을 소유하고 (4) 창업자가 기업공개 과정에서 주식의 대중분산을 원치 않아 위장분산하는 수단으로 계열사간에 상호소유케 하는 경우도 있다. 증권거래법은 상호주소유의 규제를 상호주의 의결권을 제한하는 방식을 취하지 아니하고 일정한 요건하에 상호주의 소유자체를 금지하고 있다. 그러나 상장법인은 실제로는 비상장법인과의 상호주소유관계를 갖는 것이 오히려 일반적일 것이며 더구나 계열기업간의 상호주소유관계가 통상적이라고 볼 수 있는 만큼 계열기업중 일부만 상장법인일 경우에는 더욱 그러하다. 따라서 상장법인과 비상장법인간의 상호주소유도 규제대상이 되어야 할 것이다.

공개매수(公開買受)

공개매수는 기업의 지배권을 취득하거나 또는 강화할 목적으로 미리 매수기간, 매수가격 등 매수조건을 공시하여 유가증권시장 외에서 불특정다수인으로부터 주식 등을 매수하는 제도이다. 공개매수의 규제는 연혁적으로는 기업의 기존 경영권을 보호하고, 공개매수와 관련하여 발생할 수 있는 투자자의 이익의 침해를 방지하기 위하여 발달한 것이다. 그러나 현행 자본시장과 금융투자업에 관한 법률상의 공개매수제도는 기업의 기존 경영자의 경영권을 보호할 목적으로 규정되었다고 하기 보다는 공개매수에 의해서 기업의 기존 경영자의 의사에 반하여 기업의 경영권이 이전될 수도 있음을 인정하여 도입된 것이고, 공개매수에 의하여 침해될 수도 있는 투자자의 이익을 보호하기 위하여 공시제도를 확립하여 증권관리위원회에 감시조정권한을 부여한 것이다. 다만, 공개매수에 있어서 신고서 사본의 대상회사에 대한 송부, 금융위원회의 감시, 조정명령, 대상회사의 의견발표절차 등을 규정한 데에 경영권 보호의 일면이 나타나고 있다. 공개매수를 함에 있어서 매수되는 증권의 대가로는 금전으로 매수하는 경우와 다른 증권과 교환하는 경우가 있으나 대가의 성질에 따른 구분없이 모두 신고하여야 한다. 공개매수자(공개매수자무취급자를 포함한다)는 공개매수공고일부터 3일(기간산정에 있어서 공휴일 그 밖의 금융위원회가 정하는 날을 제외한다)이 경과하지 아니하면 공개매수를 하지 못한다. 공개매수자는 대통령령이 정하는 경우를 제외하고는 공개매수를 할 수 있는 날부터 그 매수기간이 종료하는 날까지 당해주식 공개매수에 의하지 않고는 매수 등을 하지 못한다.

공개매수공고일부터 과거 6월간 공개매수를 통하여 당해주식등을 매수한 사실이 있는 자(그 특별관리자를 포함한다)를 제외하고는 공개매수를 하지 못한다.

의결권대리행사권유제도
(議決權代理行使勸誘制度)

현재의 상장법인과 같이 주식이 대중에게 광범위하게 분산되고, 동시에 대다수 주주인 일반투자자가 회사의 경영보다 자본이득의 실현에만 관심을 갖는 실정하에서 경영을 담당하는 측에게는 주주총회가 그 기능을 발휘할 수 있도록 하기 위하여, 또는 현재의 경영진에 대한 불만을 갖는 측에게는 회사경영권의 변동·개선을 위하여 사용할 수 있는 수단이 의결권대리행사권유제도이다.

주식매수청구권제도
(株式買受請求權制度)

주식매수청구권제도는 회사의 해산이나 합병, 영업양도·양수·임대 등의 결의 등 회사경영에 중대한 영향을 미치는 행위에 대한 다수주주의 결정에 반대하는 소수주주를 보호하기 위하여 회사가 반대주주의 보유주식매수를 청구할 수 있는 권리를 부여한 제도이다. 상법상 주식매수청구권이 인정되는 경우는 ① 회사의 영업양도 등을 함에 있어 필요한 특별결의(상법 제374조, 제374조의2), ② 합병승인의 특별결의

(상법 제522조의3), ③ 분할합병승인의 특별결의(상법 제530조의11), ④ 주식의 포괄적 교환승인의 특별결의(상법 제360조의5), ⑤ 주식의 포괄적 이전승인의 특별결의(상법 제360조의22)의 경우에 있어서 이에 반대하는 주주는 회사에 대하여 주식매수청구권을 행사할 수 있도록 규정하고 있다. 이와 더불어 자본시장과 금융투자업에 관한 법률에서도 주식매수청구제도에 대하여 규정하고 있는데, 상장법인의 주주에게 부여되고 있으며, 반대주주 중 일정금액 이하의 주식을 소유하는 소수주주를 특히 보호하고, 회사경영에 중대한 영향을 미치는 사유를 제한하는 점과 매수가격의 결정방법을 비교적 간결하게 법정하여 분쟁의 소지를 제거한 점에 그 제도적 특징이 있다. 주식매수청구권은 주주의 일방적 의사표시에 의하여 성립하는 것이므로 형성권이며 매수청구는 일정한 요식을 갖추어야 하는 요식행위이다. 상장법인이 주주총회의 특별결의사항인 (1) 영업의 전부 또는 중요한 일부의 양도 (2) 영업 전부의 임대 또는 경영위임, 타인과 영업의 손익전부를 같이 하는 계약, 기타 이에 준한 계약의 체결, 변경 또는 해약 (3) 다른 회사의 영업 전부의 양수 (4) 합병 등에 관하여 이사회의 결의가 있는 때에 그 결의에 반대하는 주주는 주주총회 전(상법 제527조의2의 규정에 의한 소멸하는 회사의 주주의 경우에는 동조 제2항의 규정에 의한 공고 또는 통지를 한 날로부터 2주간 내)에 당해 법인에 대하여 주주총회의 결의일(상법 제527조의2의 규정에 의한 소멸하는 회사의 주주의 경우에는 동조 제2항의 규정에 의한 공고 또는 통지를 한 날로부터 2주간이 경과한 날)부터 20일 이내에 주식의 종류와 수를 기재한 서면으로 매수를 청구할 수 있다. 여기서 주주는 의결권 없는 주식의 주주도 포함된다(자본법§165조의5①).

주식매수청구를 받은 당해법인은 매수의 청구기간이 종료하는 날부터 1월 이내에 당해 주식을 매수하여야 한다. 주식매수가격은 원칙적으로 주주와 당해법인간의 협의에 의하여 결정한다(자본법§165조의5②).

선물거래(先物去來)

영;future trading

특정상품의 특정수량에 대하여 현재 한국거래소(증권거래소)에서 결정된 가격으로 장래의 특정일에 매도나 매수할 것을 계약하는 거래이다. 매매계약의 성립과 동시에 목적물의 인도와 대금지급이 이루어지는 현물거래에 대응하는 개념이다. 선물거래에 의해 생산이나 운송 등에 상당한 기간을 요하는 물건에 대하여 그 사이의 물가변동의 위험을 방지할 수 있다. 이 때 그 대상이 농산물이나 금속 등 실질상품인 경우에는 상품선물거래라고 하며, 외국통화나 유가증권 등의 금융상품인 경우에는 금융선물거래라고 한다. 그러나 선물거래는 보통 상품선물거래에 많이 이용되고 있다. 한국거래소에서의 발행일결제거래도 일종의 선물거래이다.

선도거래(先渡去來)
영;forward trading

공식적인 매매기관인 선물거래소(한국은 한국거래소) 이외의 장소에서 사인간의 상대거래에 의하여 성립하는 거래를 말한다. 장래 수도계약의 일종이다. 목적물이 표준화되어 있지 않고 계약상 결제시점에 목적물의 인도와 대금지급이 반드시 이루어지며 결제이행의 제3자보증과 증거금의 징수가 없는 매매거래이다.

옵션거래(옵션去來)
영;option trading

특정상품의 특정수량을 특정가격으로 특정일 혹은 특정기간 내에 매수나 양도할 수 있는 권리부 매매거래를 말한다. 특히 옵션의 매도인만이 목적물의 매매를 이행할 의무를 갖는다.

장외거래(場外去來)

증권시장 중 국가에 의해 공인된 한국거래소(증권거래소)를 통하지 않고 장외시장 내지 점두시장(over-the-counter market)에서 증권등의 매매 기타의 거래를 하는 것을 말한다. 장외시장을 통한 증권의 거래에 관한 규제로는 증권관리위원회규정인 '중소기업 등의 주식장외거래에 관한 규정', '채권의 장외거래에 관한 규정'등이 있다. 장외시장에서는 주로 비상장유가증권이 거래되는데, 우리나라에는 일부 중소기업이 발행한 주식의 매매와 환매조건부채권에 대해 장외거래가 이루어진다.

채무증권

국채증권, 지방채증권, 특수채증권(법률에 의하여 직접 설립된 법인이 발행한 채권을 말한다.), 사채권, 기업어음증권(기업이 사업에 필요한 자금을 조달하기 위하여 발행한 약속어음으로서 대통령령으로 정하는 요건을 갖춘 것을 말한다.), 그 밖에 이와 유사(유사)한 것으로서 지급청구권이 표시된 것을 말한다.

금융투자상품

이익을 얻거나 손실을 회피할 목적으로 현재 또는 장래의 특정(특정) 시점에 금전, 그 밖의 재산적 가치가 있는 것을 지급하기로 약정함으로써 취득하는 권리로서, 그 권리를 취득하기 위하여 지급하였거나 지급하여야 할 금전등의 총액(판매수수료 등 대통령령으로 정하는 금액을 제외한다)이 그 권리로부터 회수하였거나 회수할 수 있는 금전등의 총액(해지수수료 등 대통령령으로 정하는 금액을 포함한다)을 초과하게 될 위험(이하 "투자성"이라 한다)이 있는 것을 말한다. 다만, 1. 원화로 표시된 양도성 예금증서, 2. 수탁자에게 신탁재산의 처분 권한(「신탁법」 제42조 및 제43조에 따른 처분 권한을 제외한다)이 부여되지 아니한 신탁(이하 "관리신탁"이라 한다)의 수익권 해당하는 것을 제외한다. 금융투자상품은 증권, 파생상품이 있다.

지분증권

주권, 신주인수권이 표시된 것, 법률에 의하여 직접 설립된 법인이 발행한 출자증권, 「상법」에 따른 합자회사·유한회사·익명조합의 출자지분, 「민법」에 따른 조합의 출자지분, 그 밖에 이와 유사한 것으로서 출자지분이 표시된 것을 말한다.

투자계약증권

특정 투자자가 그 투자자와 타인(다른 투자자를 포함) 간의 공동사업에 금전 등을 투자하고 주로 타인이 수행한 공동사업의 결과에 따른 손익을 귀속 받는 계약상의 권리가 표시된 것을 말한다.

파생결합증권

기초자산의 가격·이자율·지표·단위 또는 이를 기초로 하는 지수 등의 변동과 연계하여 미리 정하여진 방법에 따라 지급금액 또는 회수금액이 결정되는 권리가 표시된 것을 말한다.

기초자산

"기초자산"이란 다음 각 호의 어느 하나에 해당하는 것을 말한다.

1. 금융투자상품
2. 통화(외국의 통화를 포함한다)
3. 일반상품(농산물·축산물·수산물·임산물·광산물·에너지에 속하는 물품 및 이 물품을 원료로 하여 제조하거나 가공한 물품, 그 밖에 이와 유사한 것을 말한다)
4. 신용위험(당사자 또는 제삼자의 신용등급의 변동, 파산 또는 채무재조정 등으로 인한 신용의 변동을 말한다)
5. 그 밖에 자연적·환경적·경제적 현상 등에 속하는 위험으로서 합리적이고 적정한 방법에 의하여 가격·이자율·지표·단위의 산출이나 평가가 가능한 것

파생상품

"파생상품"이란 다음 각 호의 어느 하나에 해당하는 계약상의 권리를 말한다.

1. 기초자산이나 기초자산의 가격·이자율·지표·단위 또는 이를 기초로 하는 지수 등에 의하여 산출된 금전 등을 장래의 특정 시점에 인도할 것을 약정하는 계약
2. 당사자 어느 한쪽의 의사표시에 의하여 기초자산이나 기초자산의 가격·이자율·지표·단위 또는 이를 기초로 하는 지수 등에 의하여 산출된 금전등을 수수하는 거래를 성립시킬 수 있는 권리를 부여하는 것을 약정하는 계약
3. 장래의 일정기간 동안 미리 정한 가격으로 기초자산이나 기초자산의 가격·이자율·지표·단위 또는 이를 기초로 하는 지수 등에 의하여 산출된 금전등을 교환할 것을 약정하는 계약

금융투자업

이익을 얻을 목적으로 계속적이거나 반복적인 방법으로 행하는 행위로서 투자매매업, 투자중개업, 집합투자업, 투

자자문업, 투자일임업, 신탁업 중 어느 하나에 해당하는 업(업)을 말한다.

투자매매업

누구의 명의로 하든지 자기의 계산으로 금융투자상품의 매도·매수, 증권의 발행·인수 또는 그 청약의 권유, 청약, 청약의 승낙을 영업으로 하는 것을 말한다.

투자중개업

누구의 명의로 하든지 타인의 계산으로 금융투자상품의 매도·매수, 그 청약의 권유, 청약, 청약의 승낙 또는 증권의 발행·인수에 대한 청약의 권유, 청약, 청약의 승낙을 영업으로 하는 것을 말한다.

집합투자

2인 이상에게 투자권유를 하여 모은 금전등 또는 「국가재정법」 제81조에 따른 여유자금을 투자자 또는 각 기금관리주체로부터 일상적인 운용지시를 받지 아니하면서 재산적 가치가 있는 투자대상자산을 취득·처분, 그 밖의 방법으로 운용하고 그 결과를 투자자 또는 각 기금관리주체에게 배분하여 귀속시키는 것을 말한다. 다만, 다음 각 호의 어느 하나에 해당하는 경우를 제외한다.

1. 대통령령으로 정하는 법률에 따라 사모(사모)의 방법으로 금전등을 모아 운용·배분하는 것으로서 대통령령으로 정하는 투자자의 총수가 대통령령으로 정하는 수 이하인 경우
2. 「자산유동화에 관한 법률」 제3조의 자산유동화계획에 따라 금전등을 모아 운용·배분하는 경우
3. 그 밖에 행위의 성격 및 투자자 보호의 필요성 등을 고려하여 대통령령으로 정하는 경우

투자자문업

금융투자상품의 가치 또는 금융투자상품에 대한 투자판단(종류, 종목, 취득·처분, 취득·처분의 방법·수량·가격 및 시기 등에 대한 판단을 말한다. 이하 같다)에 관한 자문에 응하는 것을 영업으로 하는 것을 말한다.

투자일임업

투자자로부터 금융투자상품에 대한 투자판단의 전부 또는 일부를 일임받아 투자자별로 구분하여 금융투자상품을 취득·처분, 그 밖의 방법으로 운용하는 것을 영업으로 하는 것을 말한다.

전문투자자

금융투자상품에 관한 전문성 구비 여부, 소유자산규모 등에 비추어 투자에 따른 위험감수능력이 있는 투자자로서 국가, 한국은행, 대통령령으로 정하는 금융기관, 주권상장법인.(다만, 금융투자업자와 장외파생상품 거래를 하는 경우에는 전문투자자와 같은 대우를 받겠다는 의사를 금융투자업자에게 서면으

로 통지하는 경우에 한한다), 그 밖에 대통령령으로 정하는 자에 해당하는 자를 말한다. 다만, 전문투자자 중 대통령령으로 정하는 자가 일반투자자와 같은 대우를 받겠다는 의사를 금융투자업자에게 서면으로 통지하는 경우 금융투자업자는 정당한 사유가 있는 경우를 제외하고는 이에 동의하여야 하며, 금융투자업자가 동의한 경우에는 해당 투자자는 일반투자자로 본다.

금융위원회(金融委員會)

영;inancial Services Commission

금융위원회(구 금융감독위원회)는 건전한 신용질서와 공정한 금융거래관행을 확립하고 예금자 및 투자자 등 금융수요자를 보호하기 위하여 설립된 국무총리 소속의 중앙행정기관으로서 금융기관에 대한 감독과 관련된 규정의 제정 및 개정 금융기관의 경영과 관련된 인·허가 및 금융기관에 대한 검사, 제재와 관련된 주요사항. 증권, 선물시장의 관리 감독 및 감시등과 관련된 사항들을 처리하는 기관이다.

채권평가회사(債權評價會社)

집합투자재산에 속하는 채권 등 자산의 가격을 평가하고 이를 집합투자기구에게 제공하는 업무를 금융위원회에 등록하고 영위하는 것을 말한다.

채권평가회사의 요건은 상법에 따른 주식회사이고 자본금 20억원 이상으로서 대통령령으로 정하는 금액 이상의 자기자본을 갖추고, 상호출자제한기업집단의 출자액 또는 대통령령으로 정하는 금융기관의 출자액이 각각 100분의 10 이하이며, 상근 임직원 중 대통령령으로 정하는 기준의 전문인력을 보유하고, 전산설비 등 대통령령으로 정하는 물적 설비를 갖추고, 임원이 자본시장과 금융투자업에 관한 법률 제24조 각 호의 어느 하나에 해당하지 아니할 것과 대통령령으로 정하는 채권 등의 가격평가체계를 갖추고, 대통령령으로 정하는 이해상충방지체계를 구축하고 있을 것(대통령령으로 정하는 금융업을 영위하고 있는 경우에 한한다)을 조건으로 하고 있다.

채권평가회사 등록을 하려는 자는 금융위원회에 등록신청서를 제출하여야 하고, 금융위원회는 등록신청서를 접수한 경우에는 그 내용을 검토하여 30일 이내에 등록 여부를 결정하고, 그 결과와 이유를 지체 없이 신청인에게 문서로 통지하여야 한다. 이 경우 등록신청서에 흠결이 있는 때에는 보완을 요구할 수 있다. 검토기간을 산정함에 있어서 등록신청서 흠결의 보완기간 등 총리령으로 정하는 기간은 검토기간에 산입하지 아니한다.

금융위원회는 등록을 결정한 경우 채권평가회사등록부에 필요한 사항을 기재하여야 하며, 등록결정한 내용을 관보 및 인터넷 홈페이지 등에 공고하여야 한다.

투자목적회사(債權評價會社)

투자목적회사는 상법에 따른 주식회사 또는 유한회사이어야 하며, 자본시장과 금융투자업에 관한 법률 제249조의12 제1항의 투자를 목적으로 하여야 한다. 그리고 그 주주 또는 사원은 ① 경영참여형 사모집합투자기구 또는 그 경영참여형 사모집합투자기구가 투자한 투자목적회사, ② 투자목적회사가 투자하는 회사의 임원 또는 대주주, ③ 그 밖에 투자목적회사의 효율적 운영을 위하여 투자목적회사의 주주 또는 사원이 될 필요가 있는 자로서 대통령령으로 정하는 자이어야 하고, 그 주주 또는 사원인 경영참여형 사모집합투자기구의 사원 수와 경영참여형 사모집합투자기구가 아닌 주주 또는 사원의 수를 합산한 수가 49명 이내여야 한다. 또한 투자목적회사는 상근임원을 두거나 직원을 고용하지 않고, 본점 외에 영업소를 설치해서는 안 된다. 「상법」 제317조제2항제2호·제3호 및 제549조제2항제2호는 투자목적회사에는 적용한다.

노 동 법

- 총론 / 1329
- 근로기준법 / 1337
- 노동조합및노동관계조정법 / 1356
- 노동위원회법 / 1377
- 근로자참여및협력증진에관한법률 / 1382

노 동 법 개 요

자본주의사회에서는 노동력을 제공하는 근로자가 이를 제공받는 사용자에 대하여 항상 불리한 지위에 있게 된다. 근로자는 사용자보다 사회·경제적으로 힘이 약하고 육체와 결부되어 있는 노동력이라는 상품의 특수성으로 말미암아 사용자에게 종속될 수 밖에 없기 때문이다. 물론, 형식적으로 근로자는 법률상 사용자와 대등한 지위에 있다. 그러나, 근로자는 실질적으로 사용자가 정한 조건에 따라 채용되고 노동력을 제공하는 과정에서 사용자의 기업조직에 편입되어 일정한 직장규율에 따라 정해진 시간과 장소에서 사용자에게 구속되며 심지어는 근로자가 아무리 열심히 일을 할지라도 근로자의 생존권이 위협받을 염려마저 있게 된다. 노동법은 이와 같은 종속노동관계를 법으로 정하여 근로자의 생존권을 보장하기 위하여 마련된 법이다.

노동법은 종속노동관계에 관한 법이지만 실제로 그 법률은 여러 가지 복잡한 형식을 갖는다. 어느 나라에서나 노동법이 하나의 법전으로 일목요연하게 구성되지 못하고 여러 개의 법률을 한데 모아 노동법이라고 파악하고 있다.

서구 선진국의 경우 노동자보호에 관한 공장법으로부터 출발하여 노동조합및노동관계조정법〔노동조합법, 노동쟁의조정법〕등이 차례로 제정되어 20세기 초 비로소 여러 법규를 통틀어 노동법이라고 부르는 독립된 법역(法域)이 성립되었다.

그러나 20세기 초 바이마르 헌법을 효시로 하는 복지국가헌법에서는 이와는 다르다. 미리 헌법에 노동법의 이념으로써 근로자의 생존권 내지 기본적 생활의 보장을 천명하고 이를 실현하기 위해 노동법을 체계화하고 있다. 다만 이러한 체계는 노동법의 보호대상인 근로자의 수를 기준으로 개별노동관계법과 집단노동관계법으로 나누어 그 대상과 성격을 달리 파악하고 있다. 개별노동관계에서는 개별노동자보호를, 집단노동관계에서는 당사자 자치보장을 그 주된 내용으로 하고 있다. 우리나라 헌법도 건국헌법 이후 이러한 현대헌법의 경향에 따르고 있다. 1987년 헌법에서도 제32조에서 개별노동관계에 대한 국가의 보호, 제33

조에서 집단노동관계에 대한 당사자 자치의 노동기본권을 보장하고 있다. 한편 개별적인 근로자의 취업과 노동조건을 보호하기 위한 개별노동관계법으로서 근로기준법이, 노동조합을 비롯한 기타의 근로자단체와 사용자 또는 사용자단체 사이의 단체적 노동관계에 관한 법으로서 노동조합 및 노동관계조정법, 근로자참여 및 협력증진에 관한 법률, 노동위원회법 등으로 구체화되어 있다.

노 동 법

총 론

노동법(勞動法)

영;labour law
불;droit ouvrier

노동법은 일반적으로 종속노동관계에 관한 법이라고 말한다. 종속노동관계는 다른 사람의 지휘명령 아래 노무를 제공하는 관계를 말한다. 자본주의 사회에서 근로자는 노동력이라는 상품을 사용자에게 제공하고 그 대가로 임금을 받아 생활하고 있다. 그리고 노동력이라는 상품은 시민법의 일반원칙인 계약자유의 원칙 아래 노사간 자유롭고 평등한 지위에서 제값을 받고 거래될 것을 기대하고 있다.

그러나 현실은 근로자가 사회경제적으로 열등한 지위에 있고 노동력이라는 상품의 특수성으로 항시 사용자가 일방적으로 정한 불리한 조건에 따라 노동계약이 이루어짐으로써 근로자는 사용자에게 얽매이게 된다. 또 근로자가 사용자에게 노동력을 제공함에 있어서는 근로자가 사용자의 기업조직에 편입되어 일정한 직장규율에 따라 근로의 시간 장소 및 방법 등에서 사용자의 지휘와 감독을 받게 된다. 이러한 사용자의 지휘명령 아래 노무를 제공하는 관계를 종속노동관계라고 말하며 이에 관한 법을 노동법이라고 말한다.

종속노동관계(從屬勞動關係)

종속노동관계란 다른 사람의 지휘·명령 아래 노무를 제공하는 관계를 말한다. 흔히 이에 관한 법을 노동법이라고 말한다. 근로자는 사용자에게 노무를 제공하고 그 대가로 임금을 받아 생활을 유지하고 있다. 이러한 노사간의 노동관계를 종래 시민법)에서 채무관계로 보아 노사 당사자의 자유롭고 평등한 합의, 이른바 계약을 통하여 원만히 공정하게 이루어 질 것을 기대하여 왔다. 그러나 노사간 경제적인 힘의 불균형과 근로의 특수성은 근로관계에서 자유·평등을 구현할 수 없고, 계약자유의 원칙은 완전히 허구화 되었다. 이에 따라 근로자는 사용자가 일방적으로 정한 조건에 따라 사용자의 지휘명령 아래 노무를 제공하는 관계로 전락하였다. 이러한 근로관계를 노동법에서는 종속노동관계라고 보고 그에 관한 법을 노동법이라고 부른다.

종속노동관계에서 근로자는 사용자의 지휘명령에 따르지만 어떻게 그 지휘명령을 받게 되는가에 관하여는 종래 종속노동의 본질과 관련하여 적지 않게 논의되어 왔다. 독일 바이마르 공화국 이후 등장한 경제적 종속설, 인격적(법적) 종속설, 조직적 종속설 등이 바로 그것이다. 경제적 종속설에 따르면 근로자가 사용자에게 경제적으로 종속되어 있는 사실에 종속노동의 본질을 찾는다. 근로자는 사용자에게 노동력을 파는 것 이외에 생활수단을 갖지 못하고, 또 경제적으로 열악한 지위에서 사용자가 일방적으로 정한 조건에 따라 근로계약을 체결함으로써 사용자의 지배에 따른다고 본다. 법률적 종속설에 따르면 근로자에 주어진 사회 경제적 지위와는 관계없이 근로관계의 계기가 되는 노동계약의 내용에서 종속성의 본질을 찾는다. 다만, 이 입장에서는 ① 근로계약의 체결로 자기의 노동력에 대한 처분권한을 사용자에게 양도한 근로자는 그 노동력의 처분과정에서 사용자의 인격에 대한 지배를 받게 된다는 인격적 종속설, ② 근로자는 근로계약의 내용에 따라 사용자의 지시를 받는 타인결정의 근로에 종속성을 구하는 타인결정노동설, ③ 법률에 의한 권력관계에 따른 사용자의 노동력에 대한 관리권과 처분권에서 종속성을 찾는 권력적 종속설, ④ 근로자는 노동계약의 체결로 경영조직체에 편입되어 그 조직체에 대한 사용자의 지배에 종속성을 찾는 경영조직편입설 등이 있다.

그러나 경제적 종속설이나 법률적 종속설은 서로 분리되는 별개의 이론이 아니다. 서로 유기적인 연관성을 갖는다. 경제적 종속설은 법률적 종속설을 가져오는 계기이며 경제적 종속설을 전제로 법률적 종속설이 전개된다. 이 점에서 오늘날 다수설은 양측면을 복합적으로 모아 종속노동관계를 해명하고 있다. 근로자의 열악한 사회 경제적 지위는 노동계약을 매개로 노동력을 팔지 않을 수 없고, 또 그 계약체결시 실질적인 부자유 불평등을 감수하지 않을 수 없으며(경제적 종속설), 일단 취업후는 근로과정에서 근로계약에 따라 사용자의 지휘명령에 따를 수밖에 없다(법률적 종속설).

종속노동이론에 대한 비판론

(從屬勞動理論에 대한 批判論)

우리나라에서는 노동법을 종속노동관계에 관한 법으로 보는 것이 다수설의 입장이다. 노사관계에서 노사간의 실질적불평등에 착안하여 민법상 고용계약에 따른 형식적 불평등을 극복하려는 데서 노동법의 존재의의를 찾는다. 따라서 노동법의 독자성을 구하는 근거로 종속노동이론을 내세운다. 또, 실정법의 해석과 적용에서 이론적으로 법의 범위를 확정하고 근로계약을 전제로 통일된 근로자의 개념을 정립하는 데 있어서도 종속노동관계를 그 근간으로 한다.

그러나 오늘날 노동법을 종속노동관계로 파악하는데 대한 비판도 적지 않다. 그 근거로 ① 종속노동의 의미·내용에 수없는 학설 대립이 있어 그 개념자체가 애매하고, ② 종속노동도 다른 근로와 구별할 수 있는 엄격한 구별수단이 없으며, ③ 종속노동을 노동법으로 볼 경우 근로계약에 따른 종속 이전의 취업이나 실업을 배제하여 노동법의 범위를 좁게 제한할 우려가 있고, ④ 종속노동은 근로계약의 내용을 나타내는데 지나지 않는 생활 사실을 설명하는 것으로 이를 법적개념으로 드는 것은 정책적 원리와 법의 원리를 혼돈하고 있으며, ⑤ 노동법의 고유의 대상인 노동쟁의 또는 단체협약의 현상에는 종속성이 없고, ⑥ 노동법 형성의 계기에 지나지 않는 종속성을 노동법의 개념으로 내세우는 것은 종속성의 배제를 목적으로 하는"있어야 할"근로관계를 확보하려는 노동법의 개념으로는 타당치 않다는 것 등을 든다.

물론 종속노동은 근로계약의 내용이며 법외적 사실도 나타남은 부인할 수 없다. 또 노동쟁의나 단체협약에서는 종속성이 희박하고, 노동법은 종속성의 배제를 목적으로 하는 법이며 종속성을 유지하기 위한 법은 아니다. 그러나 종속성이 법외적 사실이라고 하더라도 종래 시민법에서 규제 할 수 없었던 생활관계로서 종속된 노동관계가 등장한 이상 법외적 사실과 결부된 생활관계를 노동법으로 보는 경우 반드시 법외적 사실이라는 것만으로 큰 오류라고 볼 수 없다. 또 종속노동관계를 규율한다고 종속노동관계를 합리화하는 것도 아니다. 특히 같은 근로이지만 도급·고용·개업의와 같은 자유업자의 근로와 구별하는 지표로서 종속성을 들어야 한다면 노동법의 개념으로 종속노동관계를 들어도 무방하다고 본다. 또 노동법을 "생존권확보"나 "사회적 세력 관계"로 파악하더라도 종속노동관계에서 나타나는 특성을 무시할 수 없다고 본다면 노동법의 개념으로 종속노동관계를 드는 것이 타당하다고 본다.

노동법의 체계(勞動法의 體系)

노동법은 종속노동관계에 관한 법이지만 실제 그 법률은 여러 가지 복잡한 형식을 갖는다. 어느 나라나 노동법이 하나의 법전으로 일목요연하게 이루어지지 못하고 있다. 선진국의 경우, 근로자보호에 관한 공장법으로부터 시작하여 노동조합및노동관계조정법(노동조합법, 노동쟁의조정법)등이 차례로 제정되어 20세기 초에 이르러 여러 법규를 통털어 노동법이라고 부르는 독립된 법역이 성립되었다.

노동법은 크게 개별노동관계법과 집단노동관계법으로 나뉘어진다. 개별노동관계법에는 취업보장에 관한 법률로 직업안정법, 직업훈련기본법, 남녀고용평등법 등이 있고, 근로조건의 보호에 관한 근로기준법, 최저임금법, 산업안전보건법 및 선원법 등이 있으며 사회보장에 관한 법률로 산업재해보상보험법과 의료보험법등이 있다. 집단노동관계법에는 노동조합의 조직과 운영 및 활동 그리고 노동쟁의행위의 보장과 제한 및 조정에 관한 노동조합및노동관계조정법, 노동위원회의 구성과 운영 및 권한에 관한 노동위원회법 및 노사협의회의 구성과 운영 및 협의사항에 관한 근로자참여및협력증진에관한법률 등이 있다.

노동기본권(勞動基本權)

노동기본권은 근로자의 생존권 확보를 위하여 헌법이 보장하고 있는 근로권(헌§32①) 및 단결권·단체교섭권(쟁의권 헌§33①)을 포함하는 일체의 권리를 말한다. 이러한 권리는 보장의 방법에 따라서 그 성격을 달리한다. 헌법상의 근로권은 국민이 근로의 권리를 갖는다고 하는 취지의 선언적 규정에 불과한 것이며, 법률적으로는 정치적 강령을 표시한 것에 불과한 것이지만, 다른 3권은 노동조합및노동관계조정법·근로기준법 등의 구체적 입법에 의하여 적극적으로 보장되어 있다. 이에 관하여 헌법은 공공복리에 의한 제약을 명정하지는 않았으나, 이러한 권리는 근로자의 생존을 확보하기 위한 수단으로서 보장된 것이라는 점을 고려할 때 그 자체가 절대적 권리로서 무한정의 행사의 보장을 받는 것이라고는 할 수 없다. 즉 전체 사회의 이익보호라는 측면에서 제약을 받게 된다. 다만, 이를 이유로 부당한 제한이 가해져서는 아니된다. 근로자의 기본권에 대하여 사용자측에는 "록·아우트"(lock out·직장폐쇄라고 하는 쟁의행위가 인정되고 있으나(노동조합및노동관계조정법§2-Ⅵ), 이것은 단지 노사의 균형상 인용되고 있을 뿐 노동기본권이라고는 볼 수 없는 성질의 것이다.

노동권(근로권)(勞動權〈勤勞權〉)

노동권(근로권)이란 노동을 할 능력을 갖춘자가 노동을 할 기회를 사회적으로 요구할 수 있는 권리를 말한다. 현실에서 노동을 할 능력을 가지고 있으면서도 일반기업에 취직할 수 없는 자에 대해서 국가 또는 공공단체가 최소한 일반적인 임금으로 근로의 기회를 제공하고, 그것이 불가능한 경우에는 이에 상응한 생활비를 부여할 것을 요구하는 권리라고 할 수 있다. 이 노동권에 관하여는 근본적으로 다른 두 가지의 개념이 있다. (1) 개인이 자유롭게 근로의 기회를 얻음을 국가가 침범하지 못한다는 소극적 의미의 자유권적 기본권으로 보고있는 17·8세기의 개인주의·자유주의를 배경으로 하는 자연법적 기본권리의 개념과, (2) 국민의 균등한 생활을 보장하고 경제적 약자인 근로자의 인간다운 생활을 보장하는 것을 내용으로 하는 적극적 의미의 생존권적 기본권으로 이해하는 20세기의 복리·후생주의적 노동권)의 개념이 그것이다. 이러한 의미의 노동권은 법조사회주의를 주창한"멩거"(Anton Menger)이래 주로 독일에서 제창되어 1919년 바이마르헌법에서 처음으로 채택되었다. 우리 헌법상 노동권(근로권)의 규정은 단순한 직업선택의 자유 이상의 적극적 의미의 생존권적 기본권으로서의 근로권을 인정하는 동시에, 국가는 사회적·경제적 방법으로 근로자의 고용의 증진과 적정임금의 보장에 노력하여야 하며, 법률이 정하는 바에 의하여 최저임금제를 시행하여야 하는 것과 (헌§32①), 「국가는 사회보장·사회복지의 증진에 노력할 의무를 진다」(헌§34②)는 것을 함께 선언하고 있다.

> 근로의 권리는 사회적 기본권으로서, 국가에 대하여 직접 일자리(직장)를 청구하거나 일자리에 갈음하는 생계비의 지급청구권을 의미하는 것이 아니라, 고용증진을 위한 사회적·경제적 정책을 요구할 수 있는 권리에 그친다*(헌재 2002. 11. 28, 2001헌바50).*

단결권(團結權)
독:Koalitionsrecht

단결권이라 함은 경제적 약자인 근로자가 경제적 강자인 사용자에 대항하여 그들의 이익과 지위의 향상을 위하여 단결하는 권리를 말한다. 근로자는 근로조건의 향상을 위하여 자주적인 단결권·단체교섭권 및 단체행동권을 가지기 때문에 (헌§33①), 광의로는 이 단결권 외에 단체교섭권·단체행동권을 포함한다. 결사의 자유와는 달리 국가의 적극적인 관여·보호를 필요로 하는 생존권적 기본권이다. 이 권리는 근로자의 근로조건의 향상을 위하여서만 보장된다. 여기의 근로자에는 법률로써 그 단결권이 인정된 공무원 이외의 공무원은 제외된다. 즉, 단순한 노무에 종사하는 공무원 이외의 공무원 및 교원은 노동운동 기타 공무 이외의 집단적 행위를 할 수 없다(국공§66, 노동조합및노동관계조정법§5단서). 근로자의 단결권을 보장하고 있는 법률로서 노동조합및노동관계조정법이 있다.

헌법상 보장된 근로자의 단결권은 단결할 자유만을 가리킬 뿐이고, 단결하지 아니할 자유 이른바 소극적 단결권은 이에 포함되지 않는다고 보는 것이 우리 재판소의 선례라고 할 것이다. 그렇다면 근로자가 노동조합을 결성하지 아니할 자유나 노동조합에 가입을 강제당하지 아니할 자유, 그리고 가입한 노동조합을 탈퇴할 자유는 근로자에게 보장된 단결권의 내용에 포섭되는 권리로서가 아니라 헌법 제10조의 행복추구권에서 파생되는 일반적 행동의 자유 또는 제21조 제1항의 결사의 자유에서 그 근거를 찾을 수 있다*(헌법재판소 2005. 11. 24. 자 2002헌바95, 96, 2003헌바9(병합) 전원재판부)*.

단체교섭권(團體交涉權)
영;right to bargain collectively

단체교섭권이라 함은 경제적 약자인 근로자가 노동조합을 통하여 경제적 강자인 사용자와 근로조건의 유지·개선에 관하여 교섭하는 권리를 말한다. 우리 헌법도 이 권리의 보장을 규정하고 있다(헌§33①). 근로자의 이와 같은 단체교섭에 대하여 사용자 또는 사용자단체가 정당한 이유없이 이를 거절 또는 해태할 수 없다 (노동조합및노동관계조정법§30②). 단체교섭의 결과 노사간에 체결되는 계약을 단체협약이라고 하는바, 노동조합및노동관계조정법은 이에 대한 여러 가지 보호규정을 두고 있다(노동조합및노동관계조정법§29~§36). 이 권리는 근로자 집단의 문제를 그 대상으로 하므로, 사용자가 독점적으로 보유하고 있는 경영권(인사권 포함)과 이윤취득권에 속하는 사항은 교섭대상이 될 수 없다. 또한, 단체교섭의 주체는 개개 근로자가 주체가 되는 단결권과는 달리 원칙적으로 노동조합이다(노동조합및노동관계조정법§29).

구 노동조합법(1996. 12. 31. 법률 제5244호 노동조합및노동관계조정법에 의하여 폐지된 법률) 제33조 제1항 본문은 "노동조합의 대표자 또는 노동조합으로부터 위임을 받은 자는 그 노동자 또는 조합원을 위하여 사용자나 사용자단체와 단체협약의 체결 기타의 사항에 관하여 교섭할 권한이 있다."고 규정하고 있었는바, 여기서 '교섭할 권한'이라 함은 사실행위로서의 단체교섭의 권한 외에 교섭한 결과에 따라 단체협약을 체결할 권한을 포함하는 것이다*(대법원 1998. 1. 20. 선고 97도588 판결)*.

단체행동권(團體行動權)

단체행동권이라 함은 경제적 약자인 근로자가 강자인 사용자에 대항하여 근로조건의 유지·개선을 위하여 파업·태업(怠業)·시위운동 등의 단체적 행동을 할 수 있는 권리를 말한다. 즉 단체행동권은 단결체의 존립과 목적활동을 실력으로 관철하기 위한 근로자의 투쟁수단으로서 인정된 권리이다. 우리 헌법도 이 권리를 보장하고 있다(헌§33①). 광의로는 단체교섭권도 단체행동권에 포함된다. 근로자의 이와 같은 단체행동은 결국 쟁의행위로 나타나므로 단체행동권은 쟁의권이라고도 한다. 이러한 근로자의 단체행동권은 근로자의 지위향상을 위한 것이므로 최대한으로 보장되어야 하나, 그 과도한 행위는 사용자에게 부당한 손해를 끼치고, 나아가서 국민경제를 위협하므로 노동조합및노동관계조정법은 일정한 행위의 제한·금지를 규정하고 있다(노동조합및노동관계조정법§41~§44).

근로자의 쟁의행위가 형법상 정당행위가 되기 위하여는 첫째 그 주체가 단체교섭의 주체로 될 수 있는 자이어야 하고, 둘째 그 목적이 근로조건의 향상을 위한 노사간의 자치적 교섭을 조성하는 데에 있어야 하며, 셋째 사용자가 근로자의 근로조건 개선에 관한 구체적인 요구에 대하여 단체교섭을 거부하였을 때 개시하되 특별한 사정이 없는 한 조합원의 찬성결정 및 노동쟁의 발생신고 등 절차를 거쳐야 하는 한편, 넷째 그 수단과 방법이 사용자의 재산권과 조화를 이루어야 함은 물론 폭력의 행사에 해당되지 아니하여야 한다는 여러 조건을 모두 구비하여야 한다*(대법원 1998. 1. 20. 선고 97도588 판결)*.

국제노동법(國際勞動法)

국제노동법이라 함은 각국의 노동법 가운데에서 근로자 보호에 관한 법규를 통일하기 위하여 주로 국제조약(특히 국제노동조약)에 근거하여 정하여진 법규를 말한다. 특별히 국제노동법이라는 명칭을 붙일 만한 일반적 이론은 확립되고 있지는 않다. 1890년의 "베를린국제노동회의"를 효시로 하며, 1906년 베를린의 국제노동회의에서는 부인의 심야작업금지·백린성냥제조금지의 2조약이 성립되었다. 제1차 세계대전 후에는 각국의 노동조합의 요구를 인정하여 「베르사유강화조약」중에 노동편 제13편을 마련하여 이 입법사업의 조직·목적을 확립하였다. 즉, 국제연맹 가입국이 국제노동기관을 조직하고 국제노동사무국을 설치하여, 매년 1회 국제노동총회를 개최하였다. 제2차 세계대전 후에는 "베르사유강화조약"의 노동편 대신에 국제노동기관헌장이 채택되었다. 그러나 기본적인 점에서는 변함이 없다.

국제노동조약(國際勞動條約)

국제노동조약이라 함은 국제노동총회가 채택한 노동의 국제적 통제에 관한 조약을 말한다. 각 가맹국은 입법 또는 다른 조치를 취하기 위하여 총회 후 적어도 1년 이내에 권한 있는 기관에 부의하지 않으면 아니된다. 그 기관의 동의를 얻지 못하였을 때에는 장해가 된 사정을 보고하지 않으면 안 된다. 조약불이행에 대해서는 신고·이의신청·노동심리위원회나 국제사법재판소에 부의·제재 절차가 규정되어 있다. 노동의 국제적 통제라 함은 각 국에서의 노동, 특히 근로자 보호를 국제적으로 통제하는 것이다. 이에 관한 통일적 규칙을 조약으로 정하여 각국의 국내법상 이를 채택하여 실행한다. 1991년 우리 나라도 국제노동기구(ILO)에 가입하게 됨으로써 국내법상 국제노동계약을 채택하여 실시하여야 한다.

국제노동기구(國際勞動機構)

영 ; International Labour Organization

국제노동기구라 함은 각국의 근로조건을 개선하고, 근로자의 지위를 향상시켜 사회적 불안을 제거함으로써 세계평화에 공헌하자는 목적아래 설립된 국제기구를 말한다. 약칭하여 ILO라고 한다. 제1차 세계대전 후 「베르사유강화조약」제 13편에 노동조약을 채택하고 이 규약에 근거하여 국제연맹의 자주적인 한기관으로 설립되었다(1919년). 제2차 세계대전 후 1946년에는 동기관과 국제연합간에 협정을 체결하여 전문기관이 되었다. 동기관의 법적 기초인 국제노동기구헌장도 수정되어 1946년 10월 9일 제29차 노동총회에서 채택되었으며, 1948년 4월 20일에 발효, 1953년 6월 25일에 개정된 바 있다. 주요기관으로 총회, 이사회, 국제노동사무국 등이 있다. 동기구에의 가맹은 UN의 비가맹국에도 개방되어 있다.

노동조합주의(勞動組合主義)

영;trade-unionism

노동조합주의라 함은 노동조합운동의 모국인 영국의 노동조합주의를 가리킨다. 그러나 널리 노동조합운동, 즉, 근로자가 노동조합의 단결력을 배경으로 하여 경제적·사회적 지위의 향상을 실현하려고 하는 단체운동의 방식을 의미하는 경우도 있다. 영국에서의 노동조합주의는 사상적으로는 약간의 변화를 보이고 있지만, 기본적으로는 「마르크시즘」을 부정하고 구소련 공산주의와 구별된다. 영국에서는 근로자를 위한 어떠한 시책도 이 노동조합주의와 조화되지 않는 것은 인정되지 않는다.

노동조합운동(勞動組合運動)

英;trade union movement
독;Gewerkschaftsbewegung
불;movent syndical

노동조합운동이라 함은 근로자가 노동조합을 결성하고 이를 중심으로 하여 그들의 경제적·사회적 지위의 향상을 도모하기 위하여 행하는 운동을 말한다. 이와 같은 근로자의 집단적 운동은 고용관계가 존재하였던 고대로부터 있었다고도 할 수 있다. 그러나 오늘날 노동조합운동이라고 하면, 보통 근대사회 이후의 조합운동, 즉 자본주의사회가 성립된 후에 발생·전개된 노동조합운동만을 가리킨다. 노동조합운동은 근대자본주의하에서 노동력의 판매를 통해서만 생활할 수 밖에 없는 근로자가 그 자신의 힘에 의해서 자신의 경제적·사회적 지위를 향상시키기 위하여 전개한 자연발생적인 운동이었기 때문에, 그것은 대체로 자본주의사회의 발전에 따라 발전되어 왔다고 할 수 있다. 따라서 노동조합운동의 양상은 시대와 국가에 따라 많은 차이가 있다. 그러나, 대체적으로 자본주의 초기에는 노동조합운동이 국가에 의해서 심한 탄압을 받았기 때문에, 숙련기술자만에 의한 소규모의 비밀조직운동의 형태로 나타났고, 그 후 자본주의경제조직의 발전과 근로자의 자기의식의 앙양에 따라 국가 또는 사용자에 의해서 방임되는 단계를 거쳐 점차적으로 법적으로도 용인 내지 보장되는 운동으로 진전되었다. 그리하여 오늘날에 와서는 법적 규제면에서 국가에 따라 약간의 차이는 있지만, 노동조합운동은 법적으로는 거의 완전히 보장되고 있다. 노동조합운동의 조국은 영국이며, 1770년 무렵 임금인상을 목표로 재봉·모직물 등의 직공이 단체교섭을 한 것을 필두로 하여, 18세기 후반에 가서는 각종의 노동조합의 성립을 보게 되었다. 우리 나라에서는 헌법에서 단결권·단체교섭권·단체행동권을 보장함과 동시에 1963년 4월 14일 노동조합법 제정, 1997년 3월 13일에 노동조합및노동관계조정법으로 전면 개정으로 비로소 노동조합운동이 본격화 되었다.

노동공급계약(勞動供給契約)

노동공급계약은 타인의 노무 또는 노동력를 이용하는 계약을 말한다. 이 계약에는 고용·도급·위임의 세 가지의 형태가 있다. 그 가운데 (1) 고용은 노무 자체의 給付(급부)를 목적으로 하고, (2) 도급은 일의 완성, 즉 노무에 의하여 이루어지는 일정한 급부를 목적으로 하며, (3) 위임은 노무 제공자의 판단에 따른 사무의 처리를 목적으로 하는 점에서 그 특색이 있다.

노무관리(勞務管理)

노무관리란 기업경영에 있어서 생산과정에 작용하는 노동력을 자본에 합리적으로 통합·제어하는 노동력관리를 말한다. 넓은 의미에서는 생산과정의 기술적·조직적인 문제를 대상으로 하는 생산관리와 관리근로자 층의 노동력관리도 여기에 포함된다. 노무관리는 고용관리·근로조건관리·급여관리로 나누어지며, 보통 적성검사·직무분석·직무평가·시간 및 동작연구·피로검사·인사고과 등의 방법에 의하여 채용·배치·이동·교육·훈련·안전위생·임금·근로시간 등의 관리를 행한다. 이러한 노무관리체계를 보강하는 것으로 근로자 개인의 인간성·감정능력 측면을 대상으로 하는 인간관계관리가 보급되기 시작하였다. 즉, 직장에 있어서의 상하의 의사소통이라든지 불만처리(고충처리)를 위한 개인적 접촉제도, 인사상담·생활상담 등 이른바 번민의 해결을 맡는 산업상담제도, 근로자에게 생산기술·근로조건 등에 관한 의견발표의 기회를 부여하는 제안제도, 기업의 실상을 근로자나 가족에게도 주지시키는 종업원 P.R제도, 완비된 복리후생시설 등이 이에 해당된다.

고용노동부(雇傭勞動部)

고용노동부는 고용정책의 총괄, 고용보험, 직업능력개발훈련, 고용평등과 일·가정 양립 지원, 근로조건의 기준, 근로자 복지후생, 노사관계의 조정, 노사협력의 증진, 산업안전보건, 산업재해보상보험과 그 밖에 고용과 노동에 관한 사무를 관장하는 행정기관을 말한다(고용노동부와 그 소속기관 직제§3). 이전의 노동청이 1981년 4월 8일 노동부로승격하였고, 2010년 7월 5일 정부조직법 개정으로 부처 명칭을 고용노동부로 변경하였다.

근로기준법

근로기준법(勤勞基準法)

근로기준법은 헌법 제 32조 3항에 의거하여 근로조건의 기준을 정함으로써 근로자의 기본적 생활을 보장, 향상시키며 균형있는 국민경제의 발전을 기함을 목적으로 제정된 법률을 말한다(근기§1). 이 법률은 1953년 5월10일 법률 제286호로 제정·공포되어 그 후 수차례 개정을 거쳐 오늘에 이르고 있다. 이 법률은 형식적으로는 (1) 통일적·망라적이라는 점, (2) 보호의 정도가 대개 국제적 수준에 도달하여 있다는 점, (3) 강력한 전국적 감독기관이 설치되어 있는 점 등이 그 특색이 있다. 이 법은 상시 5인 이상의 근로자를 사용하는 모든 사업 또는 사업장에 적용되고 동거의 친족만을 사용하는 사업 또는 사업장과 가사사용인에 대하여는 적용되지 않는다. 그러나 상시 4인이하의 근로자를 사용하는 사업과 사업장은 대통령령의 규정에 따라 일부 규정을 적용할 수 있다(근기§11).

근로(勤勞)

「근로」라 함은 정신노동과 육체노동을 말한다(근기§2). 정신노동이란 주로 두뇌를 써서 하는 노동을 말하고, 육체노동이란 육체를 움직여 그 물리적 힘으로써 하는 노동을 말한다.

근로자(勤勞者)
영;labourer 독;Arbeiter 불;Ouvrier

근로기준법에서 "근로자"는 직업의 종류를 불문하고 사업 또는 사업장에서 임금을 목적으로 근로를 제공하는 자를 말한다(근기§2). 육체노동이든 정신노동이든 이를 묻지 않으며, 오직 근로의 대상으로 임금을 받는 관계, 이른바 종속노동관계가 존재하는 한 여기에서 말하는 근로자이다.

사용자(使用者)
영;employer 독;Arbeitgeber

근로기준법에서"사용자"는 사업주 또는 사업경영담당자 및 기타 근로자에 관한 사항에 대하여 사업주를 위하여 행위하는 자를 말한다(§2). 사업주란 당해사업의 경영주체를 말하고, 사업경영담당자란 사업의 경영을 위임받아 경영상의 권한과 책임을 가진 자를 말한다. 그리고 그 밖에 사업주를 위하여 행위하는 자란 인사, 급여 및 관리 등 근로자에게 관계있는 사항을 결정하거나 집행하는 데 관여하는 자를 뜻한다. 다만 이 개념은 상대적으로 상급자에 대해서는 근로자이지만 하급자에 대해서는 사용자가 될 수 있다.

근로계약(勤勞契約)
영;contract of service
독;Arbeitsvertrag
불;contract de travail

근로계약은 근로자가 사용자에게 근로를 제공하고 사용자는 이에 대하여 임금을 지급함을 목적으로 체결된 계약을 말한다(근기§2). 일반적으로 근로자와 사업주가 사용관계에 들어가 노사간 이른바 종속적 노동관계가 이루어지는 계약을 말한다. 이 계약에 의하여 근로자가 기업 내에서의 지위를 취득하고 그의 의사에 관계없이 일반적으로 사용자가 정한 바에 따라 노무를 제공할 의무를 부담하게 된다. 근로계약은 그 형식에 있어 고용계약·도급계약 또는 위임계약 등으로 이루어진다. 근로계약은 종속노동관계에 따라 근로자의 복종성이 따르므로 민법의 계약자유의 원칙에 대한 여러 가지 특칙을 두고 있다. 특히 근로기준법은 근로조건에 관한 기준을 법정하고, 이에 미달하는 근로조건을 정한 근로계약의 부분을 무효로 함과 동시에, 그 무효로 된 부분은 근로기준법에서 정하는 기준에 의한다고 정하고 있다(근기§15). 또 근로자의 인적 구속 내지 강제근로가 될 우려가 있는 제 약정(諸 約定)의 금지를 규정하였고(근기§17~§22), 해고제한(근기§23~§27), 정당한 이유없는 해고 등의 구제신청(근기§28), 취업방해의 금지(근기§40), 연소근로자의 근로계약체결 등에 대한 규정이 있다(근기§62~§66,§70). 그리고 근로계약의 내용은 단체협약과 취업규칙과의 관계에서 제약을 받는다(노동조합및노동관계조정법§33,근기§100).

근로관계(勤勞關係)
영:labour relation
독:Arbeitsverhältnis

근로자와 그의 사용자 사이의 법률관

계를 말하며, 노동관계라고도 한다. 즉 노동에는 이를 급부하는 자(피용인, 근로자)가 반드시 존재하는데, 이 양자 사이에는 노동수급관계 생긴다. 이 노동관계는 종래에는 순수한 사법상 채권관계로서 계속적 채권관계로 보아 왔지만, 오늘날의 노동법이론에 따르면 이는 타당하지 못한 견해이다. 본래 채권관계라 함은 어느 일방이 가지고 있는 경제가치를 공여하며, 서로 이러한 급부의 교환을 행하는 법률관계이다. 물론 근로관계도 형식적으로는 근로자는 사용자로부터 일정한 보수를 받고 이에 대하여 노동력이라는 상품을 제공하는 것이라고 볼 수 있기 때문에 단순한 채권관계라고도 할 수는 있으나, 근로자가 제공하는 노동력은 매매·증여·임대차 등의 목적물인 일반적 재화와는 본질적으로 성질을 달리하는 인적 급부이므로 근로관계는 민법채권편에서 각종의 계약관계와는 상이한 요소를 담고 있는 것으로 노동관계는 본질상 순수 채권관계라는 법률관계와는 그 성격을 달리한다. 이 근로관계는 개별적 노동관계와 집단적 노동관계로 구별된다. 노동관계의 성립에 대하여 종래 두 가지 학설이 주장되어 왔다. 그 하나는 편입설로서 사용자는 근로자를 채용하고 그의 노동력을 사용·처분함으로써 근로관계가 성립한다고 보는 이론으로서, 만약 근로자가 유효한 근로계약을 체결하지 않은 채 노무를 급부한 경우에는 이를 사실적 근로관계가 존재한다고 보아, 그 기간에 대해서는 유효한 근로계약이 존재한 것과 같은 권리·의무가 양 당사자가 부여된다고 하는 것이다.

근로조건(勤勞條件)

영;Working condition
독;Arbeitsbedingung
불;conditioon du travail

근로조건이란 근로자가 사용자에 대하여 근로계약에 의한 그의 노무를 제공하는 데 관한 제조건을 말한다. 임금·근로시간·연차유급휴가·안전장치 등이 이에 해당하며, 헌법에서 이 기준의 법정을 규정하고 있다(헌§32③). 근로기준법은 이에 의거하여 일정한 규모 이상의 사업에 대해서 필요한 최소한의 근로조건의 기준을 임금·근로시간 등에 관하여 법정하고 이에 대한 차별대우를 금지함은 물론, 이 근로기준의 준수에 대한 감독방법을 강구하고 있다.

근로조건의 명시

(勤勞條件의 明示)

근로조건의 명시라 함은 근로계약의 체결시에 반드시 근로조건을 명시해야 함을 말한다. 이것은 근로계약체결시의 사용자의 의무이다. 보통 근로계약은 근로조건이 제시되지 않고 체결되는 경우가 많아서, 강제근로 등의 폐해를 가져오기 쉽다. 이러한 폐해를 방지하기 위하여 근로기준법 제17조와 제19조에서는 이를 명시할 것과, 명시된 근로조건이 사실과 달랐을 경우에는(근로조건 위반), 손해배상을 청구할 수 있음은 물론, 그 계약을 즉시 해제할 수 있다고 규정하고 있다. 그리고 근로계약이 해제되었을 경우 사용자는 취업을 목적으로 거주를 변경하는 근로자에게 귀향여비도 지급하여야 한다(근기§19②).

균등처우(均等處遇)

균등처우란 사용자는 근로자에 대하여 남녀의 차별적 대우를 하지 못하며, 국적·신앙 또는 사회적 신분을 이유로 임금 기타 일체의 근로조건에 대한 차별대우를 해서는 아니되고 균등하게 처우해야 된다는 것을 말한다(근기§6). 이 규정에 위반한 경우 500만원 이하의 벌금에 처한다(근기§114Ⅰ). 헌법 제11조 1항의 취지를 노사관계에서도 관철시키려고 하는 것이다. 남녀의 차별대우란 여자라고 하는 것을 이유로 차별하는 경우를 말한다. 예를 들면, 동일직종에 취업하는 중학졸업생의 초임급에 대해서 남녀를 차별해서는 안 된다. 국적에 의한 차별대우가 문제되는 경우는 주로 한국인 근로자와 한국 국적을 가지고 있지 않은 외국인 근로자의 경우이다. 신앙은 종교적인 것에 한하느냐, 널리 정치적 신념 또는 사상상의 신념의 자유까지도 포함시키느냐의 여부에 대해서 이론이 있으나, 널리 해석하는 것이 유력설의 입장이다. 사회적 신분은 서자출신과 같은 생래의 신분을 가리켜서 말하는 것이 보통이다.

강제근로의 금지
(强制勤勞의 禁止)

강제근로의 금지란 폭행·협박·감금 기타 정신상 또는 신체상의 자유를 부당하게 구속하는 수단으로써 근로자의 자유의사에 반하여 강제근로를 시키는 것을 금지하는 것을 말한다(근기§7). 여기서 폭행·협박·감금은 형법상의 범죄가 되는 행위이지만, 기타 정신상 또는 신체의 자유를 부당하게 구속한다는 것은 이보다 훨씬 넓은 개념이다. 종래 우리나라에서는 공장에서 여공을 기숙사에 강제수용하여 외부와의 접촉을 막아 사실상 인신을 감금하는 강제근로의 예가 많았었다. 이러한 현상은 우리 나라의 노동관계의 봉건성을 말하는 대표적인 것으로 근로기준법에서 이를 금지한 것이다. 강제근로의 금지 위반에 대한 벌칙은 근로기준법상 가장 엄한 것으로서 2017년 11월 28일 일부 개정 근로기준법에 의할 때 5년 이하의 징역 또는 5,000만원 이하의 벌금에 처한다(근기§107). 법률과 적법한 절차에 의하지 아니하고는 강제노역(강제근로)을 과할 수 없다(헌§12①).

강제저금의 금지
(强制貯金의 禁止)

강제저금의 금지라 함은 사용자가 근로계약에 부수하여 강제저축 또는 저축금의 관리를 규정하는 계약을 체결해서는 아니됨을 말한다(근기§22 ①). 그러나 근로자의 위탁으로 저축금을 관리하는 것은 무방하다. 다만, 사용자가 근로자의 위탁으로 저축을 관리하는 경우에는 다음의 사항을 지켜야 한다.

1. 저축의 종류·기간 및 금융기관을 근로자가 결정하고, 근로자 본인의 이름으로 저축할 것.
2. 근로자가 저축증서 등 관련 자료의 열람 또는 반환을 요구할 때에는 즉시 이에 따를 것(근기§29 ②).

동 규정은 강제저금의 수단으로 근로

자를 억류할 가능성을 배제하기 위한 규정이다.

임금(賃金)

영;Wage
독;Lohn
불;Salaire

임금이란 함은 사용자가 근로의 대상으로 근로자에게 임금, 봉급 기타 여하한 명칭으로든지 지급하는 일체의 금품을 말한다(근기§2). 계약자유의 원칙에 따라 임금의 액·지급방법은 노사간에서 자유로이 결정될 성질의 것이지만, 그렇게 되면 사실상 사용자가 일방적으로 이를 결정하게 되어 근로자에게 불리하게 되므로 법은 두 가지의 점에서 이에 간섭하고 있다. 그 하나는 최저임금이고(최저임금법)·다른 하나는 임금이 확실히 근로자의 손에 들어가도록 배려하는 것이다. 후자에 관해서는 이미 민사집행법 중에 그 보호규정이 마련되어 있다(압류금지채권·민집§246Ⅳ·민§497 참조). 근로기준법에서는 다시 전차금과 임금과의 상계금지(근기§21), 미성년근로자의 임금수령의 보호(근기§68)를 규정하고 있을 뿐만 아니라, 임금은 강제통용력이 있는 통화로 직접 금액을 매월 1회 이상 일정기일에 지급하여야 한다는 것을 정하고 있다(근기§43). 법령 또는 단체협약에 의한 임금의 일부공제, 통화 이외의 지급은 인정된다(근기§43①단서). 임시적 임금에 대하여는 매월 1회이상 일정기일에 지급할 필요는 없다.

임금청구권(賃金請求權)

임금청구권이란 근로자가 사용자에 대해서 임금을 청구할 수 있는 권리를 말한다. 임금은 근로의 대가이며 근로자의 생활을 유지하는 유일한 재원이므로 근로자는 근로계약에 따라서 제공한 근로에 대해서 당연히 임금청구권을 자진다. 근로기준법에서는 통화지급·직접지급)·전액지급·일정기일지급을 정하고(근기§43), 근로자에게 불의의 출비가 생긴 경우에는 지급기일 전의 비상시 지급을 규정하고(근기§45), 휴업시의 생활보장을 위한 휴업수당제도를 규정하고 있다(근기§46). 또한 도급제 기타 이에 준하는 제도로 근로자를 사용하는 경우에도 보장지급의 제도를 정하고 있고(근기§47), 임금과 전차금의 상계를 금지하는 등(근기§21) 임금청구권의 실질적인 확보를 도모하고 있다.

임금통화지급의 원칙

(賃金通貨支給의 原則)

임금통화지급의 원칙이란 사용자가 근로자에게 지급하는 임금은 강제통용력을 가진 통화로 지급하여야 한다는 원칙을 말한다(근기§43①본문). 임금이 현물로 지급되는 이른바 현물급여제(truck-system)의 폐해를 제거하기 위하여 제정된 영국의 현물임금금지법에서 유래한다. 당해 기업의 생산품 기타 화폐이외의 수단으로 임금을 지급하는 경우, 사용자는 그만큼 안이한 시장개척을 하게 된다. 그러나 그 가격이 반드시 시장가격과 일치하기 어려울 뿐만 아니라, 환가(換價) 역시 용이하지 않기 때문에 근로자를 부당하게 착취하는 수단이 되고, 근로자의 생활을 위협한다는 취지에서 채택한 원칙이다. 이 원칙의 예외로서 법령 또는 단체협약에 특별한 규정이 있는 경우에는 임금의 일부를 공제하거나 통화 이외의 것으로 지급하는 것을 인정하고 있다(근기§43①단서). 단체협약에서는 제품이나 일용품으로 지급한다는 뜻을 정하는 것이 보통이다. 주택·기숙사의 제공이 당연히 통화지급의 원칙에 반하는가의 여부에 대하여는 다툼이 있다.

임금대장(賃金臺帳)

임금대장이라 함은 사용자가 사업장별로 임금지급의 명세를 기입·작성하여 근로자와 감독기관이 공람 할 수 있도록 비치하여 두는 대장을 말한다. 대장)에 기입할 사항은 임금의 액수와 함께 가족수당계산의 기초가 되는 상황과 근로기준법 시행령 제22조에 정하는 제사항을 임금지급시마다 기입하여야 하며(근기§48), 3년간 보존하여야 한다(근기§42).

임금대장의 작성을 필요로 하는 이유는 국가의 감독기관이 각 사업장의 근로자의 근로조건을 수시로 손쉽게 파악할 수 있다는 점과, 근로의 실적과 지급임금과의 관계를 명확하게 기록함으로써, 사용자뿐만 아니라 근로자에게도 노동과 그 대가인 임금에 대한 관계를 인식시키는 데 있다.

평균임금(平均賃金)

평균임금이라 함은 이를 산정하여야 할 사유가 발행한 날 이전 3월간에 그 근로자에 대하여 지급된 임금의 총액을 그 기간의 총일수로 나눈 금액을 말한다. 취업후 3월 미만도 이에 준한다(근기§2①). 이 평균임금은 퇴직금(근기§34), 휴업수당(근기§46),재해보상(근기§82.§83.§85~§88), 취업규칙에 의한 감급(근기§95) 등을 산출하는 기초가 된다. 즉 평균임금은 근로자가 현실적으로 지급받는 임금의 한 종류가 아니라 어떠한 給급여금산출에 기초가 되는 단위 개념이다. 평균임금산출방식에 의하여 산출된 금액이 당해 근로자의 통상임금보다 저액일 경우에는 그 통상임금액을 평균임금으로 한다(근기§2②). 임금이 시간급· 일급 ·성과급제에 의하여 지급되는 경우나 도급제의 경우에는 평균임금을 산정하여야 하는 3개월 사이에 결근일수가 많아서 당해 근로자의 평균임금이 저액으로 될 우려가 있으므로 이로 인한 불이익을 방지하기 위함이다.

첵크·오프(check off)

첵크 오프라 함은 사용자가 근로자에게 임금을 지급하기 전에 미리 임금에서 조합비를 공제하여 조합에 일괄납부하는 노동조합의 조합비 징수방법의 하나를 말한다. 미국에서 처음 시작되어진 제도이다. 임금은 근로기준법 제43조 1항 본문에 따라 원칙적으로 전액을 근로자에게 직접 지급하여야 하지만, 근로기준법 제43조 1항 단서의 규정에 의한 임금의 사전공제는 당해 사업 또는 사업장의 노동조합과 노동조합이 결성되지 아니한 때에는 근로자의 과반수를 대표하는 자와의 서면 협정을 필요로 한다. 그러나 학설은 첵크 오프에 관한 협정을 「조합보장조항」의 하나로 보아 근로기준법 제43조의 규정과는 직접적인 관계가 없다고 하는 견해가 유력하다.

남녀동일임금(男女同一賃金)

남녀동일임금이라 함은 동일노동에 대하여 남녀근로자에게 동일한 임금을 지급해야 한다는 것을 말한다. 종래에는 질량으로 동일한 노동을 하고 있는데도 불구하고, 여자라고 하는 이유로 임금이 저렴하였던 것이 통례로 되어 있었으나 오늘날에는 이것이 허용되지 않는다(근기§6). 양성의 본질적 평등(헌§11①)에 위배되는 것이며, 저렴노동을 기업에 제공함으로써 전체로서의 근로조건을 저하시키기 때문이다. 동일가치의 노동에 대하여 동일한 임금을 지급해야 한다는 원칙은 국제노동기구헌장에서도 권장되어, 1951년에는 "동일노동에 대한 남녀 근로자의 동일보수에 관한 조약"이 채택되었다. 여기서 동일가치노동, 동일보수라 함은 기능·지식·경험 등이 동일하여 제공하는 노동가치가 동일함에도 성별에 따른 차등대우를 금지하는 취지로서 능력에 따른 합리적인 차등까지도 금지하는 것은 아니다.

일용근로자(日傭勤勞者)

일용근로자라 함은 1일 단위의 계약기간으로 고용되고, 1일의 종료로써 근로계약도 종료하는 계약형식의 근로자를 말한다. 이러한 근로자는 사용되었던 다음날은 이미 계약이 존재하지 않게 되므로, 다음날의 계약을 새로이 체결하지 않는 한, 사용자는 계속해서 고용할 의무가 없다. 이러한 이유로 당초 상용공으로 고용하여야 할 자를 일용으로 고용하는 경우가 생기는 것이기 때문에, 근로기준법은 이에 대한 보호를 위해서 일용근로자라 하더라도 계속해서 3개월을 초과하여 사용하는 경우에는 통상의 고용자와 같이 해고의 예고 또는 예고수당지급에 관한 규정이 적용된다는 뜻의 규정을 두고 있었다(근기§35 I). 다만, 근로기준법 제35조는 2019. 1. 15. 개정시 삭제되었고, 관련 내용은 해고의 예고 또는 예고수당지급에 대해 규정하고 있던 동법 제26조 단서에서 '근로자가 계속 근로한 기간이 3개월 미만인 경우'에는 예외를 인정한다는 규정을 신설함으로써 적용 예외 기준을 일원화하였다.

가사사용인(家事使用人)

일반 가사의 보조인으로서 가정부·파출부 등을 말한다. 가사사용인의 근로형태는 주로 개인의 사생활과 관련되어있고, 일반근로자와 같은 근로시간이나 임금에 관한 규제를 하기가 어렵다. 따라서 근로기준법의 대상에서 배제되고(근로기준법 11조1항 단서), 가사사용인의 근로관계에 대해서는 민법의 고용규정(민법 655조 내지 663조)이 적용된다. 가사사용인의 여부는 가정의 사생활에 관한 것인가의 여부를 기준으로 근로의 장소·종류 등을 구체적으로 판단하여 결정하여야 한다.

퇴직금(退職金)

퇴직금이란 계속적인 근로관계의 종료를 사유로 하여 사용자가 퇴직자에 대하여 지급하는 금전을 말한다. 사용자가 퇴직하는 근로자에게 지급하는 퇴직급여 제도에 관하여는 「근로자퇴직급여 보장법」이 정하는 대로 따른다(근기§34). 퇴직하는 근로자에게 계속근로연수 1년에 대해서 30일분 이상의 평균임금을 지급할 수 있는 제도를 설정하여야 한다(근로자퇴직급여보장법§8①). 사용자는 주택구입 등 대통령령으로 정하는 사유로 근로자가 요구하는 경우에는 근로자가 퇴직하기 전에 당해 근로자가 계속 근로한 기간에 대한 퇴직금을 미리 정산하여 지급할 수 있다. 즉, 중간정산을 위하여는 일정한 사유가 있어야 한다. 이 경우 미리 정산하여 지급한 후의 퇴직금 산정을 위한 계속근로기간은 정산시점부터 새로이 기산한다(근로자퇴직급여보장법§8②). 이 퇴직금의 액수는 일반적으로 단체협약이나 취업규칙 등에서 근속연수에 따라서 누진적으로 정하여지는 것이 보통이나, 우리나라에서는 이것이 잘 실행되지 않고 있는 실정이므로 이의 강력한 시행을 뒷받침하기 위하여 근로기준법에서 "퇴직금제도"를 특별히 규정한 것이다. 이 퇴직금의 법적 성질에 관하여는 학설상 장기근로의 공로에 대한 사용자의 은혜라고 보는 공로보상설, 퇴직 후의 생활을 보장하는 수단이라고 보는 생활보장설, 근로관계존속기간 중에 적립하여 두었던 임금을 퇴직시에 사후적으로 지급하는 것이라고 보는 임금후불설 등의 대립이 있다. 우리나라의 경우 학설·판례는 임금후불설의 입장을 취하고 있다.

전차금(前借金)

전차금이라 함은 근로계약을 체결할 때 또는 그 후에 근로를 제공할 것을 조건으로 사용자로부터 빌려 장차의 임금으로 변제할 것을 약정하는 금전을 말한다. 전차금이 있는 경우, 근로자는 이를 갚기 위하여 자유로이 퇴직할 수 없고, 더욱이 전차금의 이자가 고율일 경우, 그 폐해는 더욱 크게 된다. 여기에서 금전대차관계와 근로관계를 완전히 분리함으로써 금전대차에 기인하는 신분적 구속의 폐습을 방지하려는 데 그 취지가 있다. 이에 따라 근로기준법은 전차금과 임금의 상계를 금지하고 있을 뿐만 아니라, 전차금 이외에도 장래 근로할 것을 조건으로 하는 어떠한 전대채권과 임금과의 상계도 이를 금지하고 있다(근기§21). 이에 위반하면 5백만원 이하의 벌금에 처하며(근기§114Ⅰ), 민법상으로도 강행법규 위반이 되어 이러한 상계는 무효가 된다.

해고(解雇)
영;discharge

해고라 함은 사용자가 근로자와의 근로계약을 일방적으로 해약하는 것을 말한다. 민법상의 고용계약의 해약(해지·민§658~§663)과 법률상의 성질은 같다. 민법상으로는 기간의 약정이 없는 때에는 사용자는 1개월간의 예고만 하면 언제든지 해약을 할 수 있으나, 실제적으로는 이는 근로자에게 가혹한 것이어서 해고제한의 문제가 생긴다.

해고제한(解雇制限)

해고제한이라 함은 협의로는 근로기준법 제23조에 규정된 해고제한만을 가리키나, 광의로는 사용자의 해고의 자유를 제한하는 일체의 제도를 포함한다. 협의의 해고제한에 관해서는 우선 사용자는 정당한 이유가 없는 한, 근로자를 해고하지 못한다(근기§23①). 즉, (근로기준법 제23조 제1항)은 해고권(해고의 자유)에 대한 일반적·기본적인 제한을 가한 규정으로서 해고의 경우에는 항상 정당사유의 존재여부에 따라서 그것의 유효여부를 판단하게 된다. 다음에 사용자는 근로자가 업무상의 부상 또는 질병의 요양을 위한 휴업기간과 그 후 30일간 또는 산전·산후의 여자에 대해서는 해고를 하지 못한다(근기§23②본문). 그러나 사용자가 일시보상금을 지급하였을 경우 (근기§84 참조) 또는 사업계속이 불가능한 때에는 예외이다(근기§23②단서). 그리고 사용자는 경영상의 이유에 의하여 근로자를 해고하고자 하는 경우에는 긴박한 경영상의 필요가 있어야 한다.(근기§24참조).

해고의 예고(解雇의 豫告)

해고의 예고라 함은 사용자가 근로자를 해고하고자 할 때에 미리 알리는 것을 말한다. 기간의 약정이 없는 근로계약에서는 사용자는 1개월의 예고만 하면 언제든지 근로자를 해고할 수 있는 것이지만(민§660), 근로기준법에서는 「정당한 사유」 즉, 해고를 정당시할 만한 상당한 이유가 있는 경우에 한해서만 (근기§23①) 해고 할 수 있다고 하여, 해고의 자유에 대한 중대한 제한을 가하고 있다. 그러나 이 경우에는 30일 전에 예고를 하지 아니한 때에는 30일분 이상의 통상임금(해고수당 또는 예고수당)을 지급하여야 한다. 다만, 천재·사변이나 기타 부득이한 사유로 사업계속이 불가능한 경우(고용노동부장관의 승인을 요한다.)와 근로자가 고의로 사업에 막대한 지장을 초래하거나 재산상 손해를 끼친 경우(고용노동부장관의 승인을 요한다.)에는 30일의 예고나 해고수당(예고수당)이 없이도 해고할 수 있다(근기§26). 이 경우 당해 근로자는 노동위원회에 그 구제를 신청할 수 있다(근기§28). 또한, 일용근로자로서 3개월을 계속 근무하지 아니한 자, 2개월 이내의 기간을 정하여 사용된 자, 월급근로자로서 6개월이 되지 못한 자, 계절적 업무에 6개월 이내의 기간을 정하여 사용된 자, 수습사용 중의 근로자들에게는 예고의 필요가 없다(근기§35).

사용증명서(使用證明書)

사용증명서라 함은 근로자가 퇴직하는 경우에 그의 청구에 따라서 사용기간·업무의 종류·지위·임금 기타 필요한 사항에 관하여 사용자가 교부하는 증명서를 말한다(근기§39①). 근로자가 한 직장을 퇴직하고 다른 직장에 취직하려고 할 때에는 전 직장에 있어서의 임금·기능·지위 등의 증명이 유력한 자료로 되는 경우가 많으므로 근로자가 이를 청구한 경우에는 이를 교부하여야 한다는 것을 사용자의 의무로 하고 있다. 따라서 이 증명서에는 근로자가 요구한 사항만을 기입하여야 하고(근기§39②), 또 사용자는 근로자의 취업을 방해할 목적으로 비밀 기호 또는 명부를 작성·사용하거나 통신을 하여서는 아니된다(근기§40).

근로자명부(勤勞者名簿)

근로자명부라 함은 사용자가 각 사업장마다 전근로자에 관계된 사항을 작성·비치해 두는 명부를 말한다(근기§41①). 이 명부에는 근로자의 성명·생년월일·이력·주소·종사하는 업무의 종류·고용 또는 고용갱신 연월일·계약기간이 정한 경우에는 그 기간 기타 고용에 관한 사항, 고용 또는 고용 갱신연월일, 계약기간을 정한 경우에는 그 기간 기타 고용에 관한 사항, 해고·퇴직 또는 사망의 연월일과 그 사유, 기타 필요한 사항 등을 기입하여야 하며(근기§41①, 근기령§20), 이 명부는 3년간 보존하여야 한다(근기§42). 그러나 예외적으로 사용기간이 30일 미만의 일용근로자에 대하여는 근로자 명부를 작성하지 아니할 수 있다(근기령§21).

최저임금(最低賃金)

영;minimum wage

최저임금이라 함은 근로자에 대하여 임금의 최저수준을 보장하여 근로자의 생활안정과 노동력의 질적 향상을 기함으로써 국민경제의 건전한 발전에 이바지 하게 함을 목적으로 일정한 사업 또는 직업에 종사하는 근로자를 위해 정할 수 있는 최저의 임금을 말한다. 헌법 제32조 1항에 의거하여 1986년 12월 31일 법률 제3927호로 최저임금법이 제정·공포되었다. 계약자유의 원칙하에서는 임금액수가 노사간에서 자유로이 결정될 것이 예상된다. 그러나 이를 내버려 두면 노동조합의 힘이 강력한 경우를 제외하고는, 사실상 사용자의 일방적인 결정으로 되어 임금은 점점 저하되어가고 근로자가 최저한도의 생활를 영위할 수 없을 정도로 떨어져 버릴 가능성이 있다. 이를 배제하기 위하여 최저의 임금을 법정하고, 사용자는 그를 하회하는 임금으로는 근로자를 사용할 수 없다는 제도가 각국에서 채택되고 있다.

임금채권우선변제
(賃金債權優先辨濟)

임금채권우선변제라 함은 근로자가 그의 임금채권을 사용자의 총재산(이에 대한 질권·저당권 또는 「동산·채권 등의 담보에 관한 법률」에 의하여 담보된 채권을 제외)으로부터 조세·공과금 및 다른 채권에 우선하여 변제받을 수 있음을 말한다.(근기§38①본문). 임금채권이란 임금·퇴직금·재해보상금 기타 근로관계로 인한 채권이다. 근로자의 임금채권을 확보하기 위하여 채권자평등의 원칙의 예외를 인정하여 근로자를 보호하려는 데 그 목적이 있다. 그리고 최종 3월분의 임금채권은 사용자의 총재산에 대하여 질권 또는 저당권, 「동산·채권 등의 담보에 관한 법률」에 따른 담보권에 의하여 담보된 채권, 조세·공과금 및 다른 채권에 우선하여 변제되어야 한다(근기§38②).

비상시지급(非常時支給)

비상시지급이라 함은 근로자가 출산·질병·재해 기타 비상의 경우의 비용에 충당하기 위하여 청구하는 경우에는 사용자는 지급기간전이라도 기왕의 근로에 대한 임금을 지급하여야 하는 것을 말한다(근기§45). 여기에 비상의 경우라 함은 근로자 또는 그의 수입에 의하여 생계를 유지하는 자가 다음 각 호의 1에 해당하게 되는 경우를 말한다(근기령§25). (1) 출산하거나 질병 또는 재해를 입은 경우, (2) 혼인 또는 사망한 경우, (3) 부득이한 사유로 인하여 1주일 이상 귀향하게 되는 경우 등이다.

휴업지급(休業支給)

휴업지급이라 함은 사용자의 귀책 사유로 인하여 휴업하는 경우에는 사용자는 휴업기간 중 당해 근로자에 대하여 평균임금의 100분의 70 이상의 수당을 지급하여야 한다는 것을 말한다(근기§46본문). 여기서 말하는 수당을 휴업수당이라고 한다. 사용자의 귀책사유로 인하여 휴업하는 경우에 근로자에게 휴업수당을 지급하도록 사용자를 강제함으로써 근로자의 생활보장을 도모하려는 것이다. 다만, 평균임금의 100분의 70에 상당하는 금액이 통상임금을 초과하는 경우에는 통상임금을 휴업수당으로 지급할 수 있다(근기§46①단서). 그러나 부득이한 사유로 인하여 사업계속이 불가능하여 노동위원회의 승인을 받은 경우에는 위에서 정한 기준에 미달하는 휴업수당을 지급할 수 있다(근기§46②). 그리고 사용자는 위의 기준에 미달하는 휴업수당지급에 대하여 노동위원회의 승인을 얻고자 할 때에는 근로기준법 시행규칙 별지 제4호 서식의 기준미달의 휴업수당지급 승인 신청서를 관할 지방노동위원회에 제출하여야 한다(근로기준법 시행규칙 §8). 또, 사용자의 귀책사유로 인한 휴업기간 중에 근로자가 임금의 일부를 지급 받은 경우에는 사용자는 당해 근로자에게 그 평균임금과 그 지급받은 임금의 차액을 산출하여 그 차액의 100분의 70이상에 해당하는 수당을 지급하여야 한다. 다만, 통상임금을 휴업수당으로 지급하는 경우에는 통상임금과 휴업기간 중에 지급받은 임금과의 차액을 지급하여야 한다(근로기준법 시행령 §26).

도급근로자에 대한 임금보장
(都給勤勞者에 대한 賃金保障)

도급근로자에 대한 임금보장이라 함은 도급 기타 이에 준하는 제도로 사용되는 근로자의 임금에 대해서는, 근로자가 취업한 이상 비록 그 성과가 적은 경우라 할지라도 근로시간에 따라 일정액의 임금의 보장되어야 함을 말한다(근기§47). 도급제는 일의 완성 그 자체를 목적으로 하는 것이므로(민§664), 일정량의 일에 대해서 부분적으로 완성되지 못한 경우에는 그 전부를 미완성으로 하여 이에 대한 임금을 지급하지 않음으로써 근로자의 생활을 궁지에 빠뜨리게 할 폐단이 생기기 쉽고, 또한 임금을 근로자가 제공한 노무의 분량에 따라서 지급하는 경우라 할지라도 일의 단위량에 대한 임금율을 부당하게 저액으로 정하여 근로자를 가혹한 중노동으로 이끌 위험성이 있는 것이기 때문에 이를 배제하기 위하여 일정한 보장급을 정하고 근로자의 최저생활을 보장하려는 취지이다.

근로시간(勤勞時間)
영;hours of labour
독;Arbeitszeit
불;heures du travail

근로시간이라 함은 근로자가 사용자와의 근로계약에 따라서 휴게의 시간을 제외하고 실지로 노동하는 시간을 말한다. 근로시간은 근로조건 중 가장 중요한 것의 하나이며, 근로자에게 그 노동의 재생산성을 유지시키고 그의 기본적 생활을 보장하기 위하여 그 제한이 필요하게 된다. 근로기준법에서는 다음과 같이 규정하고 있다. (1) 휴게시간을 제외하고 1일 8시간, 1주 40시간을 기준으로 하고(근기§50①,②), 당사자 간에 합의하면 1주 간에 12시간을 한도로 근로시간을 연장할 수 있다(근기§53①). 다만, 특별한 사정이 있는 때에는 고용노동부장관의 인가와 근로자의 동의를 얻어 이 이를 연장할 수 있다. 다만, 사태가 급박하여 인가를 얻을 시간이 없을 경우에는 사후에 지체없이 승인을 얻어야 한다(근기§53④). 고용노동부장관이 이 근로시간 연장이 부적당하다고 인정할 때에는 그 후 연장시간에 상당한 휴게 또는 휴일을 줄 것을 명할 수 있다(근기§53⑤). (2) 15세 이상 18세 미만인자의 근로시간은 1일 7시간, 1주일 35시간 이내를 한도로 하고, 다만 당사자 간의 합의에 의하여 1일 1시간, 1주일 5시간을 한도로 연장할 수 있다(근기§69). 기존에는 1일에 7시간, 1주일에 40시간을 초과하지 못하며, 합의에 따라 1일에 1시간, 1주일에 6시간을 한도로 연장할 수 있었으나, 2018년 2월 28일 개정 근로기준법에서 이를 단축하였다. 개정 규정은 2018년 7월 1일부터 시행한다.

휴게(休憩)

휴게라 함은 소모된 몸을 쉬고 피로한 정신을 회복하는 것을 말한다. 이것을 위해서 근로기준법은 휴게시간을 마련하고 있다. 즉, 근로시간이 계속하여 4시간인 경우 30분 이상을, 8시간인 경우에는 1시간 이상을 휴게시간으로 주도록 규정하고 있다(근기§54). 휴게시간은 모든 근로자에게 일제히 주어야 한다(일제휴게의 원칙). 또 휴게시간은 근로자가 자유로이 이용할 수 있도록 하여야 한다(휴게시간자유이용의 원칙). 다만, 이에 대하여는 예외가 인정된다(근기§59,§63).

휴일(休日)

휴일이라 함은 일반적으로 일을 쉬는 날을 말한다. 여기에는 세가지 뜻이 있다. (1) 국가가 직무·업무의 집행을 쉬는 것으로 특정한 날, 공휴일이 이에 해당한다(관공서의 공휴일에 관한 규정). (2) 특정한 사회에서 일반적으로 업무를 쉬는 날, 각종의 법률에서 "일반의 휴일"이라 불리며, 공휴일 이외에 경우를 말하는 것으로 단오·한식이 포함된다. 이 날에는 일정한 행위는 할 수 없고, 기간의 만료일은 다음날로 연장된다(민소§166,§170②, §175·형소§66·어음§72,§81·수표§60, §66). 민법이 기간의 말일에 해당하면 다음날로 연장한다는 것도 같은 뜻이다(민§161). (3) 근로기준법상의 휴일로 사용자가 근로자의 쉬는 날로 정한 날(근기§55~§62).

유급휴일(有給休日)

유급휴일이라 함은 사용자가 근로자에 대하여 1주일에 평균 1회 이상 주어야 하는 임금이 지불되는 휴일을 말한다(근기§55). 2017년 11월 28일 일부 개정 근로기준법에 의할 때 사용자가 이 유급휴일을 주지 않는 경우에는 2년 이하의 징역 또는 2,000만원 이하의 벌금에 처해진다(근기§110 I).

유급휴가(有給休暇)

영;vacation with pay

유급휴가라 함은 일정한 근로일수를 근로한 자에게 일정한 임금을 주어 휴일을 주는 것을 말한다. 근로기준법은 유급휴일(근기§55), 연차유급휴가(근기§60), 생리휴가, 임신 중의 여자에 대한 산전후휴가(근기§73,§74) 제도를 마련하고 있다. 또한 근로자가 업무상의 부상 또는 질병으로 휴업한 기간과 산전·산후의 여자의 휴가의 기간(산전후를 통하여 90일, 한 번에 둘 이상 자녀를 임신한 경우에는 120일)은 유급휴가를 산정하는데 있어서 출근일수로 본다(근기§60⑥,§74).

휴일근로(休日勤勞)

휴일근로라 함은 휴일에 근로하는 것을 말한다. 휴일근로에 대하여는 통상임금의 100분의 50 이상을 가산한 휴일근로수당이 지급된다(근기§56). 휴일에는 유급휴일과 무급휴일이 있으므로 무급휴일근로와 유급휴일근로와는 지급되는 임금에 차이가 있다.

월차유급휴가(月次有給休暇)

월차유급휴가라 함은 주휴 이외에 1개월에 1일씩 쉬고서도 출근한 것으로 간주하여 통상임금이 지급되는 휴가를 말한다. 이 휴가는 근로자의 자유의사로 1년간에 한하여 적치(積置)하여 사용하거나 분할하여 사용할 수 있었다((구)근기§57②). 그러나 2003. 9. 15. 국제적인 입법례에 따라 월차유급휴가를 폐지하였다.

연차유급휴가(年次有給休暇)

연차유급휴가라 함은 쉬고서도 출근한 것으로 간주되어 통상임금이 지급되는 휴가를 말한다. 근로기준법상 8할 이상 출근한 근로자에게 15일의 유급휴가를 주어야 한다(근기§60①). 또 사용자는 계속하여 근로한 기간이 1년 미만인 근로자에게 1개월 개근 시 1일의 유급휴가를 주어야 한다(근기§60②). 개정 전 근로기준법에서는 사용자는 근로자의 최초 1년 간의 근로에 대하여 유급휴가를 주는 경우에는 법 제60조 제2항에 따른 휴가를 포함하여 15일로 하고, 근로자가 제2항에 따른 휴가를 이미 사용한 경우에는 그 사용한 휴가 일수를 15일에서 뺀다고 규정하고 있었다(개정 전 근기§60③). 그러나 2017년 11월 28일 근로기준법 일부 개정시 이 규정을 삭제하였고, 개정 법률이 시행되는 2018년 5월 29일부터는 최초 1년간의 근로에 대한 유급휴가를 다음해 유급휴가에서 빼지 않도록 되었다. 이에 2년 미만 근로자의 휴가권을 보장할 수 있게 되었다. 그리고 사용자는 3년 이상 계속하여 근로한 근로자에게는 법 제60조 제1항에 따른 휴가에 최초 1년을 초과하는 계속 근로 연수 매 2년에 대하여 1일을 가산한 유급휴가를 주어야 한다. 이 경우 가산휴가를 포함한 총 휴가 일수는 25일을 한도로 한다(근기§60④). 이 때 사용자는 법 제60조 제1항부터 제4항까지의 규정에 따른 휴가를 근로자가 청구한 시기에 주어야 하고, 그 기간에 대하여는 취업규칙 등에서 정하는 통상임금 또는 평균임금을 지급하여야 한다. 다만, 근로자가 청구한 시기에 휴가를 주는 것이 사업 운영에 막대한 지장이 있는 경우에는 그 시기를 변경할 수 있다((근기§60⑤). 또한 법 제60조 제1항부터 제3항까지의 규정을 적용하는 경우 근로자가 업무상의 부상 또는 질병으로 휴업한 기간, 임신 중의 여성이 법 제74조제1항 또는 제2항에 따른 보호휴가로 휴업한 기간 등 은 출근한 것으로 본다(근기§60⑥).

연장근로(延長勤勞)

독;Mehrarbeitszeit

연장근로라 함은 시간외 근로의 일종을 말한다. 근로기준법은 1일에 8시간, 1주일에 40시간을 기준으로 하고 있다(근기§50①,②). 그러나 당사자 간의 합의에 의하여 12시간을 연장할 수 있으며(근기§53①), 특별한 경우에는 고용노동부장관의 인가 또는 근로자의 동의를 얻어 근기§53①의 근로시간을 연장할 수 있다(근기§53③본문). 다만, 사태가 급박하여 고용노동부장관의 인가를 받을 시간이 없을 경우에는 사후에 지체없이 승인을 얻어야 한다(근기§53③단서). 기존 근로기준법에서는 연장근로의 기준이 되는 1주일에 토요일과 일요일이 포함되는지가 명확하게 규정되어 있지 않았다. 이에 월~금요일을 1주일로 보아 실질적으로 주당 법정 근로시간을 68시간으로 보는 문제가 있었다. 이러한 문제를 해결하고자 2018년 2월 28일 근로기준법 일부 개정시 「'1주'란 휴일을 포함한 7일을 말한다.」는 정의 규정을 신설하였다. 이에 주당 법정 근로시간을 휴일을 포함하여 52시간으로 단축되었다. 연장근로에 대하여는 통상임금의 100분의 50이상의 연장근로수당을 가산하여 지급하여야 한다(근기§56).

통상임금(通常賃金)

통상임금이라 함은 근로자에게 정기적·일률적으로 소정근로 또는 총근로에 대하여 지급하기로 정하여진 시간급금액, 일급금액, 주급금액, 월급금액 또는 도급금액을 말한다(근기령§6①). 통상임금은 해고예고에 갈음하는 수당(근기§26①), 연장·야간 및 휴일근로시의 할증임금(근기§56), 연차유급휴가금(근기§60②, ③)의 산출기초가 되는 임금단위이다. 통상임금의 산정방법은 근로기준법시행령 제6조에 따른다. 통상임금과 평균임금의 구별실익은 평균임금액이 통상임금액을 상회하기 때문에 평균임금을 지급하여야 할 경우 평균임금액을 확보하여 주려는 데 있다.

가급임금(假給賃金)

→ 할증임금

할증임금(割增賃金)

2018년 2월 28일 근로기준법 일부 개정을 통하여 연장근로에 대해서는 통상임금의 100분의 50이상을 가산하여 지급하고, 휴일근로에 대하여는 8시간 이내일 경우 통상임금의 100분의 50 이상, 8시간 초과일 경우 통상임금의 100분의 100이상을 가산하여 지급하도록 하였으며, 야간근로(오후 10시부터 다음 날 오전 6시 사이의 근로)에 대하여는 통상임금의 100분의 50이상을 가산하여 지급하도록 하였다(근로기준법 제56조). 이와 같이 가산된 임금을 할증임금이라고 하며, 가산임금 또는 가급임금이라고도 한다.

☞ 가산임금

가산임금(加算賃金)

가산임금이라 함은 연장근로·야간근로·유급휴일 이외의 휴일근로에 대해서 원래 정하여진 기초임금에 통상임금의 5할 이상을 가산한 임금을 사용자가 지급하여야 하는데(근기§56), 이 경우의 가산지급된 임금을 말한다. 근로기준법 제56조는 연장근로·야간근로·휴일근로에 대해서만 가산임금을 지급하여야 하는 것으로 규정하고 있지만, 이는 단지 예시규정에 지나지 않고, 기타의 장시간근로 즉, 근로기준법 제59조, 제69조 등에 의한 연장근로에 대해서도 똑같이 제56조의 규정에 의한 가산임금이 지급되어야 한다. 유급휴일 또는 유급휴가에 노동을 한 경우에는 휴일근로(무급휴일근로)에 대한 임금보다도 더 많아서, 유급으로서 당연히 지급되는 임금에 당해 유급휴일의 노동에 대한 소정의 통상임금을 가산한 임금을 지급하여야 한다.

야간근로(夜間勤勞)

야간근로라 함은 오후 10시부터 오전 6시까지 사이의 근로를 말한다(근기§56). 이러한 근로에 대해서는 가산임금이 지급된다. 사용자는 18세 이상의 여성을 오후 10시부터 오전 6시까지의 시간 및 휴일에 근로시키려면 그 근로자의 동의를 받아야 한다(근기§70①). 한편 원칙적으로 연소자(18세 미만자)와 임산부에 대하여는 야간근로가 금지되고 있으나(근기§70②본문) 다만, 18세 미만자의 동의가 있는 경우, 산후 1년이 지나지 아니한 여성의 동의가 있는 경우, 임신 중의 여성이 명시적으로 청구하는 경우의 어느 하나에 해당하는 경우로서 고용노동부장관의 인가를 받으면 예외적으로 허용된다(근기§70②단서). 물론 이 경우에도 소정의 가산임금이 지급되어야만 한다.

야간근로수당(夜間勤勞手當)

야간근로수당이라 함은 야간근로에 대하여 특별히 지급되는 수당을 말한다. 야간근로수당은 통상임금의 100분의 50 이상이다(근기§56).

야업금지(夜業禁止)

야업금지라 함은 임산부와 18세 미만자에 대하여 야간근로를 금지하는 것을 말한다. 다만, 18세 미만자의 동의가 있는 경우, 산후 1년이 지나지 아니한 여성의 동의가 있는 경우, 임신 중의 여성이 명시적으로 청구하는 경우의 어느 하나에 해당하는 경우로서 고용노동부장관의 인가를 받으면 예외적으로 허용된다(근기§70②단서).

취직인허증(就職認許證)

취직인허증이라 함은 취직이 금지되어 있는 15세 미만자에 대하여 고용노동부장관이 취직을 인허하는 증명서를 말한다. 사용자는 15세 미만자를 근로자로 사용하지 못한다(근기§64①본문). 그러나 고용노동부장관의 취직인허증을 소지한 자는 예외이다(근기§64①단서). 이 취직인허증은 본인의 신청에 의하여 의무교육에 지장이 없는 한 직종을 지정하여서만 발행할 수 있다(근기§64②). 15세 미만자가 취업인허증을 받고자 하는 경우에는 고용노동부령이 정하는 바에 의하여 취직인허증교부신청서를 학교장 및 친권자 또는 후견인의 서명을 받아 사용자가 될 자와 연명)하여서 취직인허증교부신청서를 관할지방노동관서의 장에게 제출하여야 한다. 고용노동부장관이 취직을 인허할 경우에는 노동부령에 정하는 서식의 취직인허증에 따르되, 직종을 지정하여야 하며, 본인 및 사용자가 될 자에게 이를 교부하여야 한다. 15세 미만자를 사용하는 사용자는 이 취직인허증을 사업장에 비치한 경우에는 가족관계증명서와 친권자 또는 후견인의 동의서를 비치한 것으로 본다. 취직인허증이 못쓰게 되거나 이를 잃어버린 경우에는 사용자 또는 15세 미만인자는 지체없이 고용노동부령에 정하는 바에 의해서 그 사유를 증명하는 서류를 첨부하여 재교부 신청을 해야 한다(근기령§39).

연소자증명서(年少者證明書)

연소자증명서라 함은 18세 미만자의 연령을 증명하는 가족관계증명서와 친권자 또는 후견인의 동의서를 말한다. 사용자는 18세 미만자에 대하여는 그 연령을 증명하는 가족관계증명서와 친권자 또는 후견인의 동의서를 사업장에 비치하여야 한다(근기§66). 사용자가 취직인허증을 비치한 경우에는 가족관계증명서 및 친권자 또는 후견인의 동의서를 비치한 것으로 본다(근기령§38①).

유해물(有害物)

유해물이라 함은 근로자의 근로과정에서 근로자의 생명·신체에 특히 유해한 관계가 있는 물질을 말한다. 산업안전보건법 시행령 제29조는 황린 성냥, 백연을 함유한 페인트(함유된 용량의 비율이 2퍼센트 이하인 것은 제외), 폴리클로리네이티드터페닐(PCT). 니트로디페닐과 그 염, 악티노라이트석면, 안소필라이트석면 및, 트레모라이트석면, 베타-나프틸아민과 그 염, 청석면 및 갈석면, 벤젠을 함유하는 고무풀(함유된 용량의 비율이 5퍼센트 이하인 것은 제외), 등의 우해물질의 제조·수입·양도·제공 또는 사용을 금지하고 있다(산업안전보건법 시행령§29 참조).

위약예정금지(違約豫定禁止)

위약예정금지라 함은 사용자에게 근로계약불이행에 대한 위약금 또는 손해배상액을 예정하는 계약의 체결을 금지하는 것을 말한다(근기§20). 근로계약기간 도중에 근로자가 전직 또는 귀향 등을 이유로 근로계약을 이행하지 않는 경우 일정액의 위약금을 정하거나 또는 근로계약의 불이행 내지는 근로자의 불법행위에 대해서 일정액의 손해배상을 지급하여야 한다는 것을 근로자 본인이나 그의 신원보증인과 약속하는 관행이 있으나, 이러한 제도는 자칫하면 근로의 강제가 되기 쉽고, 또는 근로자의 자유의사를 부당하게 구속하여 근로자를 사용자에게 귀속시킬 가능성이 있기 때문에 근로기준법 제20조에서는 이러한 위약금과 손해배상액의 예정을 금지하고 있다.

재해보상(災害補償)

재해보상이라 함은 일반적으로 근로자의 업무상의 재해를 보상하는 것을 말하는 것이다. 업무상의 재해란 업무상의 사유에 의한 근로자의 부상·질병·신체장해 또는 사망 등을 말한다. 근대산업의 발달은 위험한 기계설비의 채택·노동밀도의 강화 및 기타의 사정으로 사업장에서의 근로자의 장해가 빈발하기에 이르렀으나, 종래에는 사용자에게 고의·과실이 없는 한 사용자의 손해배상책임은 없고, 단지 건물 기타 공작물의 설치 보존에 하자가 있는 경우에 한하여 무과실이라도 책임을 지는 정도에 지나지 않았다. 이 정도로는 근로자를 보호하기 어려우므로 업무상의 재해로 인한 근로자의 손실에 대하여는 일정범위 내에서 사용자의 과실이 없어도 보상책임을 지도록 하는 입법이 바로 근로기준법 제8장(근기§78~§92) 에서 규정하고 있는 재해보상제도이다. 재해보상에는 요양보상·휴업보상·장해보상·유족보상·장의비 및 일시보상의 6종이 있으며, 각각 그에 따른 지급요건·지급금액의 기준이 정해져 있다. 뿐만 아니라 재해보상을 보험의 방식으로 해결하는 제도로서 산업재해보상보험이 있다(산재보§1).

취업규칙(就業規則)

독;Arbeitsordnung, Fabrikordnung
불;reglement d'atelier

취업규칙이라 함은 사업 또는 사업장에서 근로자가 준수하여야 할 규율과 근로조건에 관한 세칙을 정한 규칙을 말한다. 흔히 사규규칙, 복무규율이라고 하며 다수의 근로자가 있는 사업 또는 사업장에서 획일·통일적으로 지휘감독을 위한 자치법규이다. 상시 10인 이상의 근로자를 사용하는 사용자는 다음의 사항에 관한 취업규칙을 작성하여 고용노동부장관에게 신고하여야 한다. 이를 변경하는 경우에 있어서도 또한 같다(근기§93). (1) 업무의 시작과 종료 시각, 휴게시간, 휴일, 휴가 및 교대 근로에 관한 사항, (2) 임금의 결정·계산·지급 방법, 임금의 산정기간·지급시기 및 승급에 관한 사항, (3) 가족수당의 계산·지급 방법에 관한 사항, (4) 퇴직에 관한 사항, (5) 「근로자퇴직급여 보장법」 제8조에 따른 퇴직금, 상여 및 최저임금에 관한 사항, (6) 근로자의 식비, 작업 용품 등의 부담에 관한 사항, (7) 근로자를 위한 교육시설에 관한 사항, (8) 산전후휴가·육아휴직 등 근로자의 모성 보호 및 일·가정 양립 지원에 관한 사항, (9) 안전과 보건에 관한 사항, (9의2) 근로자의 성별·연령 또는 신체적 조건 등의 특성에 따른 사업장 환경의 개선에 관한 사항, (10) 업무상과 업무 외의 재해부조에 관한 사항, (11) 표창과 제재에 관한 사항, (12) 그 밖에 해당 사업 또는 사업장의 근로자 전체에 적용될 사항.

취업규칙에서 근로자에 대하여 감급의 제재를 정한 경우에는 그 감액은 1회의 액이 평균임금의 1일분의 2분의 1을, 총액이 1임금지급기에 있어서의 임금총액의 10분의 1을 초과하지 못한다(근기§95). 또, 취업규칙은 법령 또는 당해 사업장에 대하여 적용되는 단체협약에 반할 수 없으며(근기§96), 고용노동부장관은 법령 또는 단체협약에 저촉되는 취업규칙의 변경을 명할 수 있다(근기§96②). 사용자는 취업규칙의 작성 또는 변경에 관하여 고용노동부장관에게 신고하여야 하며(근기§93) 사용자는 취업규칙의 작성 또는 변경에 관하여 당해 사업 또는 사업장에 근로자의 과반수로 조직된 노동조합이 있는 경우에는 그 노동조합, 근로자의 과반수로 조직된 노동조합이 없는 경우에는 근로자의 과반수의 의견을 들어야 하며, 취업규칙을 근로자에게 불이익하게 변경하는 경우에는 그 동의를 얻어야 한다(근기§94①). 취업규칙을 신고할 때에는 위의 의견을 기입한 서면을 첨부하여야 한다(근기§94②). 그리고 취업규칙에 정한 기준에 미달되는 근로조건을 정한 근로계약은 그 부분에 관하여는 무효로 하며, 이 경우에 있어서 무효로 된 부분은 취업규칙에 정한 기준에 의한다(근기§97).

기숙사(寄宿舍)

기숙사라 함은 사업의 필요에서 상당수의 근로자가 공동으로 침식을 같이 하는 시설을 말한다. 근로기준법은 기숙사 내에서 사생활의 자유를 보장하고 근로자의 건강과 풍기를 유지할 수 있는 여러 시설을 규제함으로써 근로자의 보호를 기하고 있다. 즉 사용자는 사업 또는 사업장의 부속기숙사에 기숙하는 근로자의 사생활의 자유를 침해하지 못한다(근기§98). 이에 따라 사용자는 기숙사 생활의 자치에 필요한 임원선거에 간섭하지 못한다(근기§98②). 그리고 부속기숙사에 근로자를 기숙시키는 사용자는 일정한 사항에 관하여 기숙사 규칙을 작성하여야 한다.(근기§99①). 사용자는 이러한 규칙의 작성 또는 변경에 관하여 기숙사에 기숙하는 근로자의 과반수를 대표하는 자의 동의를 받아야 한다(근기§99②).

기숙사규칙(寄宿舍規則)

기숙사규칙이라 함은 사업의 부속기숙사에 기숙시키는 사용자가 다음의 사항에 관하여 작성해 놓은 규칙을 말한다(근기§99①). (1) 기침, 취침, 외출과 외박에 관한 사항, (2) 행사에 관한 사항, (3) 식사에 관한 사항, (4) 안전과 보건에 관한 사항, (5) 건설물과 설비의 관리에 관한 사항, (6) 기타 기숙사에 기숙하는 근로자 전체에 적용될 사항.

사용자는 이 규칙의 작성·변경에 관하여 기숙사에 기숙하는 근로자의 관반수를 대표하는 자의 동의를 얻어야 한다(근기§99②). 사용자와 기숙사에 기숙하는 근로자는 기숙사 규칙을 준수해야 한다(근기§99③). 또 사용자는 사업의 부속기숙사에 대하여 근로자의 건강, 풍기와 생명의 유지에 필요한 조치를 강구해야 하며(근기§100①), 이 조치의 기준은 대통령령으로써 정하여진다(근기§100②,).

근로감독관(勤勞監督官)

근로감독관이라 함은 노동관계법상의 근로조건을 확보하기 위하여 노동부 및 그 소속기관에 배치된 제일선감독관(근기§101①)을 말한다. 근로감독관은 현장조사·서류제출의 명령·심문·검진 등의 권한이 있다(근기§102②·③). 또한 근로기준법 기타 노동관계법령 위반의 범죄에 대하여서는 「사법경찰관리의 직무를 행할 자와 그 직무범위에 관한 법률」에 규정된 사법경찰관의 직무를 행한다(근기§102⑤). 또 근로감독관은 직무상 알게된 비밀을 엄수한 의무를 부담한다(근기§103).

노동조합 및 노동관계조정법

노동조합및노동관계조정법

(勞動組合및勞動關係調整法)

노동조합및노동관계조정법이라 함은 헌법에 의한 근로자의 단결권, 단체교섭권 및 단체행동권을 보장하여 근로조건의 유지 개선과 근로자의 경제적·사회적 지위의 향상을 도모하고, 노동관계를 공정하게 조정하여 노동쟁의를 예방·해결함으로써 산업평화의 유지와 국민경제의 발전에 이바지함을 목적으로 하여 제정된 법률을 말한다(노동조합및노동관계조정법§1). 이 법률을 노동조합법과 노동쟁의조정법을 통합하여 1997년 3월 13일 법률 제5310호로 제정·공포하였다. 이 법률은 총8장과 附則(부칙)으로 되어 있고, 총 조문은 96개조이다. 그 구성은 제1장 총칙, 제2장 노동조합, 제3장 단체교섭 및 단체협약, 제4장 쟁의행위, 제5장 노동쟁의 조정, 제6장 부당노동행위, 제7장 보칙, 제8장 벌칙, 부칙으로 되어 있다.

노동조합(勞動組合)

영;trade union
독;Gewerkschaft, Berufsverein
불;syndicat ouvrier, syndicat professionnel

노동조합이라 함은 근로자가 주체가 되어 자주적으로 단결하여 근로조건의 유지·개선 기타 근로자의 경제적·사회적 지위의 향상을 도모함을 목적으로 조직하는 단체 또는 그 연합단체를 말한다(노동조합및노동관계조정법§2Ⅵ). 그러나 다음 각호의 1에 해당하는 경우에는 노동조합이 아니다(노동조합및노동관계조정법§2Ⅵ). (1) 사용자 또는 항상 그의 이익을 대표하여 행동하는 자의 참가를 허용하는 경우, (2) 그 경비의 주된 부분을 사용자로부터 원조 받는 경우, (3) 공제·수양 기타 복리사업만을 목적으로 하는 경우, (4) 근로자가 아닌 자의 가입을 허용하는 경우, 다만 해고된 자가 노동위원회에 부당노동행위의 구제신청을 한 경우에는 중앙 노동위원회의 재심판정이 있는 때까지 근로자가 아닌 자로 해석하여서는 아니된다. (5) 주로 정치운동을 목적으로 하는 경우, 노동조합은 반드시 법인이 될 것을 요하는 것은 아니지만, 단체로서의 계속적 통일체(이른바 권리능력 없는 사단)일 것을 요한다. 따라서, 근로자의 일시적인 결합단체에 불과한 쟁의단은 노동조합으로 인정되지 아니한다. 노동조합은 단체로서 조합규약을 가져야 한다(노동조합및노동관계조정법§11)는 것은 당연한 것이나, 법은 주로 조합민주화라는 측면에서 이 조합규약의 내용으로서 정하여야 할 약간의 사항을 법정하고 있다. 그리고 이와 같은 조합 요건과 이 조합규약 요건을 충족시키지 못하는 노동조합, 이른바 법외조합에 대하여는 노동조합및노동관계조정법에 정하여진 절차와 구제, 예컨대 노동위원회에 의한 노동쟁의의 조정, 부당노동행위의 구제가 인정되지 않고 있다(노동조합및노동관계조정법§7①). 이것은 노동조합에 대한 국가의 계몽적 입장에서의 조치로 보지만, 근로자의 권리를 부당하게 제약할 염려가 있어서 일반적으로 타당치 않다는 견해가 유력하다. 그러나 노동조합으로서의 단결의 방식은 자유이며, 근로자는 기업별로 (기업별조합, 우리나라에서는 이것이 일반적이다), 혹은 직종별로 (직업별노동조합, 외국에서는 이것이 일반적이다) 조합을 결성할 수 있으며, 또한 조합 (단위조합)을 단위로 하는 연합체, 혹은 조합 및 개인 근로자로 구성되는 단일조합이라도 관계없다. 원칙적으로 조합의 조직·해산 및 조합에의 가입 탈퇴는 자유이다.

근로자(勤勞者)

영;labourer
독;Abeiter
불;ouvrier

노동조합및노동관계조정법에서 근로자라 함은 직업의 종류를 불문하고 임금·급료·기타 이에 준하는 수입에 의하여 생활하는 자를 말한다(노동조합및노동관계조정법§2Ⅰ). 이론에서는 이를 노동법상 종속노동관계에 있는 자라고 한다. 사용자의 지휘명령 아래 근로를 제공하는 자로 그 판단은 (1) 전속성의 유무, (2) 도구와 생산수단의 소유관계, (3) 작업에서 장소, 시간 및 방법 등에 감독을 받는가의 여부, (4) 근로를 대체할 수 있는가의 여부, (5) 근로와 임금의 상관관계가 있는가의 여부 등을 고려하여야 한다.

사용자(使用者)

영;employer
독;Arbeitgeber

노동조합및노동관계조정법에서 사용자라 함은 사업주·사업의 경영담당자 또는 그 사업의 근로자에 관한 사항에 대하여 사업주를 위하여 행동하는 자를 말한다(노동조합및노동관계조정법§2Ⅱ). 여기에서 사업주를 위하여 행동하는 자란 그 사업에서 인사·급여·노무관리 등 근로자에 관한 사항에 대하여 사업주 또는 사업의 경영담당자의 명령·지휘권을 대행하는 모든 자를 말한다.

숍협정(shop協定)

숍협정이라 함은 고용계약(근로계약)과 노동조합의 조합원 자격과의 관계의 결정방식을 말한다. 이에는 「클로우즈드·숍」, 「유니온 숍」, 「오픈 숍」등이 있다.

유니온·숍(Union Shop)

유니온·숍이라 함은 근로자를 신규채용함에 있어 사용자가 노동조합원이건 아니건 이를 불문하고 누구든지 채용할 수 있는 것이지만, 일단 채용된 자는 일정기간 내에 조합에 가입하지 않으면 해고되며, 또 (제명 또는 탈퇴 등으로) 조합원 자격을 상실한 자도 해고된다는 공장사업장을 말한다. 광의의 「클로우즈드·숍」 중에 포함되기도 하지만, 보통 채용시의 차이를 표준으로하여 협의의 「클로우즈드·숍」과 대립되었다. 1980년 12월 31일 개정 이전의 노동조합법은 일정한 조건하에「유니온·숍」을 인정하고 있었기 때문에 (개정前 노동조합법§39Ⅱ단서), 헌법상의「클로우즈드·숍」과 같이 이론이 많았었으나 1980년 12월 31일의 개정으로 위의

제39조 2호 단서가 삭제 되었다가 1987년 11월 28일 노동조합법 일부 개정 때에 다시 신설 되었다(현행 노동조합및노동관계조정법§81Ⅱ 참조).

Union Shop협정 체결 허용여부

부정설	근로자 개인의 자기결정권을 중시하여 조직강제를 부정하는 견해
긍정설	소극적 단결권(단결하지 아니할 자유)이 인정된다고 할지라도 적극적 단결권이 실효를 거둘 수 있도록 하기 위해서는 어느 정도의 단결강제가 허용된다는 견해
판례 (긍정설)	유니언 숍(Union Shop) 협정은 노동조합의 단결력을 강화하기 위한 강제의 한 수단으로서 근로자가 대표성을 갖춘 노동조합의 조합원이 될 것을 '고용조건'으로 하고 있는 것이므로 단체협약에 유니언 숍 협정에 따라 근로자는 노동조합의 조합원이어야만 된다는 규정이 있는 경우에는 다른 명문의 규정이 없더라도 사용자는 노동조합에서 탈퇴한 근로자를 해고할 의무가 있다(대법원 1998. 3. 24. 선고 96누16070 판결).

클로즈우드·숍(Closed Shop)

클로우즈드·숍이라 함은 광의로는 「유니온·숍」까지도 포함시켜서 「오픈·숍」과 대립되는 개념으로, 보통은 이미 노동조합에 가입되어 있는 자만이 채용되며, 제명 혹은 탈퇴 등으로 인하여 조합원 자격을 상실한 자는 해고되는 공장사업장을 말한다. 사용자와 노동조합과의 사이에 협정에 의하여 성립한다. 금세기 초기부터 미국에서 특히 문제가 된 것으로서 이 제도를 채용할 경우 사용자의 인사권을 침해하는 것이 아닌지, 비조합원의 「단결하지 않을 자유」, 「부당하게 일을 박탈당하지 않을 자유」를 침해하는 것이 아닌지가 문제가 된다. 조합측은 근로자가 사용자와 대등한 입장에 서서 교섭하려면, 전근로자가 일체로 되어야 할 필요가 있는 것이며, 이를 위하여는 어느 정도의 단결강제도 불가피하다는 것을 주장한다. 미국에서는 주에 따라서 「클로우즈드·숍」에 대한 태도에 약간의 차이가 있었으나「와그너」법 이후 그의 적법성이 인정되었다. 그러나 「태프트·하틀리」법은 이를 금지하여 현재에 이르고 있다. 우리 나라에서는 직업별노동조합이 거의 없고, 산업별노동조합도 미발달 상태에 있기 때문에 「클로우즈드·숍」의 실례는 거의 없는 실정이다. 그 적법성에 관하여는 헌법 제33조의 단결권이 당연히 「클로우즈드·숍」을 용인하는가의 여부, 또 노동조합및노동관계조정법 제7조 2항이 「유니온·숍」뿐만 아니라 「클로우즈드·숍」까지도 포함하는가의 여부에 관하여 의론이 있다.

오픈·숍

오픈·숍이라 함은 광의의 「클로우즈드·숍」에 대응하는 개념으로 근로자의 채용·해고 기타의 근로조건에 관하여 노동조합에 가입한 근로자와 가입하지 아니한 근로자와의 사이에 어떠한 차이도 두지 아니하는 공장사업장을 말한다. 그러나 실제로는 조합원을 불이익하게 취급하기 쉬운 것이어서 사용자는 이를 노리고 있다. 미국에서는 「클로우즈드·숍」에 반대하는 사용자들이 American Plan이라고 하여 이를 주창하고 있다.

조합원자격(組合員資格)

조합원자격이라 함은 노동조합원으로서의 지위를 말한다. 노동조합은 원래 임의단체이므로, 조합이 그 조합자격에 대하여 어떠한 제한을 가한다 하더라도 자유라고 볼 수 있는 것이지만, 우리나라의 노동조합및노동관계조정법은 건전한 조합을 육성한다는 측면에서 「조합원은 어떠한 경우에도 인종·종교·성별·정당 또는 신분에 의하여 차별대우를 받지 않는다.」(노동조합및노동관계조정법§9)고 하여, 이러한 것을 이유로 한 조합원 자격의 박탈이 있어서는 아니된다는 것을 규정하고 있다. 사용자의 이익을 대표한다고 인정되는 자의 가입은 그것만으로는 곧바로 어용조합화 또는 지배·개입이 있었다고는 할 수 없는 것이지만, 어용화의 우려가 많기 때문에 조합은 관리적 입장에 있는 자를 제외하는 것이 일반적이다.

노동조합규약(勞動組合規約)

노동조합이 다음의 사항에 관해서 작성해 놓은 규약을 말한다(노동조합및노동관계조정법§11). (1) 명칭, (2) 목적과 사업, (3) 주된 사무소의 소재지, (4) 조합원에 대한 사항(연합단체인 노동조합에 있어서는 그 구성단체에 관한 사항), (5) 소속된 연합단체가 있는 경우에는 그 명칭, (6) 대의원회를 두는 경우에는 대의원회에 관한 사항, (7) 회의에 관한 사항, (8) 대표자와 임원에 관한 사항, (9) 조합비·기타 회계에 관한 사항, (10) 규약변경에 관한 사항, (11) 해산에 관한 사항, (12) 쟁의행위와 관련된 찬반투표 결과의 공개, 투표자 명부 및 투표용지 등의 보존·열람에 관한 사항, (13) 대표자와 임원의 규약위반에 대한 탄핵에 관한 사항, (14) 임원 및 대의원 선거 절차에 관한 사항, (15) 규율과 통제에 관한 사항.

기업별조합(企業別組合)

독;Company Union

기업별조합이라 함은 일정한 기업에 속하는 근로자만으로 구성된 노동조합을 말한다. 근로자들의 조합의식이 미약한 가운데 단시일 내 사용자와 교섭하기 위하여 등장한 조합으로 동종산업의 기업별 규모와 대우가 심하게 차이가 나고 노동력의 이동이 적은 경우 활용된다. 그 장점으로는 (1) 조합결합이 손쉽고 조합원의 참여의식이 강하며, (2) 단위기업 내에서 종사하는 모든 근로자의 근로조건을 합리적으로 개선할 수 있고, (3) 사용자와의 관계가 긴밀하여 사용협조가 잘 이루어질 수 있다는 점 등을 들 수 있다. 그러나 단점으로는 (1) 사용자에 의한 어용화의 위험이 큰 점, (2) 근로조건의 개선이 단위조합에 제한되어 있으므로 다른 기업과의 경쟁에서 그 상한선이

한정되고 노동이동이 심한 점, (3) 각 직종간 근로조건의 개선에 공평을 기할 수 없는 점, (4) 소규모 조합이므로 사용자단체로부터 농락당하여 중소기업에서는 노동조합을 결성 할 수 없고, 사용자의 부당노동행위가 극심할 우려가 있는 점, (5) 종업원만이 노동조합에 가입할 수 있으므로 「유니온·숍」 협정이 체결된 경우 조합임원의 무기능·부패를 조장할 우려가 있는 점 등이 있다.

산업별조합(産業別組合)

독;Industrial Uion

산업별조합이라 함은 동종산업에 종사하는 근로자들이 직종과 기업을 초월하여 결합한 노동조합을 말한다. 대량의 미숙련 근로자들이 노동시장에 참가함으로써 나타난 것으로 오늘날 대규모 산업시설을 갖춘 구미 선진국에 일반적으로 채택되고 있는 유형이다. 그 장점으로는 (1) 동종산업에 종사하는 근로자의 지위를 통일적으로 개선할 수 있는 점, (2) 조합규모가 큼으로써 사용자단체와 균형을 이루며 정책반영이 용이한 점, (3) 동일산업 내 동종근로자의 근로조건이 동일함으로써 노동이동이 희박한 점 등을 들 수 있다. 그러나 단점으로는 (1) 상부단체가 무기능한 경우 노동운동이 침체하고 비조직쟁의행위가 범람하는 점, (2) 상부단체와 하부단체와의 마찰, (3) 각 기업의 특수성을 고려할 수 없다는 점 등을 들 수 있다.

직종별조합(職種別組合)

독;craft union

직종별조합이라 함은 동일한 직종에 종사하는 근로자들이 기업과 산업을 초월하여 횡적으로 결합한 노동조합을 말한다. 역사적으로 가장 오랜 것이며, 구미 선진국의 경우 아직도 이러한 경향의 노동조합이 있다. 생산방법이 숙련근로자의 기술에 의존하는 경우 노동력의 공급을 독점하여 근로조건을 향상시킬 수 있다는 데 의의가 크다. 장점으로는 (1) 단결력이 강하며 어용화의 위험이 적다는 점, (2) 투쟁의 목표가 모든 근로자에 일치되므로 노동운동의 방향설정이 손쉬운 점, (3) 노동조합이 노동력 공급을 독점할 수 있으므로 사용자를 구속할 수 있는 점 등이다. 반면에 단점으로는 (1) 기계의 발달로 숙련 근로자만을 요구하지 않는 경우 독점력을 상실하는 점, (2) 배타적인 성격으로 근로자 전체의 지위개선을 기할 수 없는 점 등을 들 수 있다.

단일조직(單一組織)

단일조직이라 함은 근로자가 개인자격으로 노동조합에 가입할 수 있는 조직을 말한다. 산업별 전국조직 또는 지역별 전국조직의 경우 근로자가 개인의 지위로서 조합에 직접 가입하고 그 조합이 독자적인 규약과 기관을 가지고 운영되는 조합이다 이 경우 각 지역내 기업별로 지부·분회 등이 있으나, 이 지부, 분회는 구성단위가 되지 못하고 전국조직의 하부기관에 지나지 않으므로 자주적인 결정권을 행사하지 못한다. 구미 선진국의 직업별(산업별 조합) 등은 대부분 단일조직의 형태이다.

연합체조직(聯合體組織)

연합체조직이라 함은 각 지역별 노동조합 또는 각 기업별 노동조합이 독립된 노동조합의 자격을 가지면서 전국적인 조직의 구성원이 되는 조합을 말한다. 독자적인 또는 전국적으로 결합한 조합이다. 이 조직에서는 개개의 근로자가 구성원이 될 수 없고 오직 근로자가 구성한 독자적인 노동조합이 구성원이 된다. 다만, 이 연합체는 단순한 협의연결기관이 아니고 연합체의 규약에 의하여 각 구성노동조합을 통일하고 있다.

단체협약(團體協約)

독;Gsamtvereinbarung
불;coonvention collective

단체협약이라 함은 노동조합과 사용자 또는 그 단체와의 사이에서 근로조건 및 경제적·사회적 지위에 관하여 합의된 문서를 말한다. 이에 따라 근로자측은 조직의 힘으로 확보된 근로조건을 보장받을 수 있고, 사용자측은 그 효력기간 동안에는 서로 쟁의행위를 하지 않는다는 것을 확보할 수 있다. 또 국가적인 측면에서는 입법의 미비점을 보완하고 입법의 선도적인 기능을 한다. 이와 같은 단체협약을 계약으로 보고, 이른바 집합계약의 일양태로서의 단체협정으로 보는 입장도 있다. 이러한 노사관계를 규율하는 법규설정에 대한 근거는 노동조합운동이 승인됨으로써 성립된 노동관습법 속에서 이를 구할 수 있다. 쟁의단이나 이른바 어용조합은 단체협약을 체결할 능력(협약능력)이 없다. 노동조합및노동관계조정법에 따르면 단체협약은 반드시 서면으로 작성하여야 되며, 양 당사자의 서명날인을 요한다(노동조합및노동관계조정법§31①). 그것의 유효기간은 2년을 초과할 수 없다(노동조합및노동관계조정법§32①). 단체협약에서 정한 근로조건 기타 근로자의 대우에 관한 기준(규범적 부분이라고도 한다)에 위반하는 취업규칙이나 근로계약의 부분은 무효로 하고(노동조합및노동관계조정법§33① 규범적 효력), 근로계약에 규정되지 아니한 사항 또는 이 경우 무효로 된 부분은 단체협약에 정한 기준에 의한다(노동조합및노동관계조정법§33②).

규범적 효력(規範的 效力)

독;normative kraft

규범적 효력이라 함은 단체협약에 정한 근로조건 기타 근로자의 대우에 관한 기준에 위반하는 취업규칙 또는 근로계약의 부분은 무효이며, 무효로 된 부분은 단체협약에 정한 기준에 따르도록 하는 단체협약의 효력을 말한다(노동조합및노동관계조정법§33)

일반적 구속력·지역적 구속력

(一般的 拘束力·地域的 拘束力)

일반적 구속력이라 함은 단체협약에 대하여 노동조합및노동관계조정법이 특별히 인정하고 있는 효력을 말한다. 하나의 사업 또는 사업장에 상시 사용되는 동종의 근로자의 반수 이상이 하나의 단체협약의 적용을 받게 된 때에는 당해 사업 또는 사업장에 사용되는 다른 동종의 근로자도 당연히 그 협약의 적용을 받게 된다(노동조합및노동관계조정법§35·일반적 구속력). 또한 하나의 지역에 있어서 종업하는 동종의 근로자의 3분의 2이상이 하나의 단체협약의 적용을 받게 되는 경우에는 행정관청은 당사자의 양쪽이나 일방의 신청 또는 직권으로 노동위원회의 의결을 얻은 다음, 당해 지역에 있어서 종업하는 다른 동종의 근로자와 그 사용자에게도 당해 단체협약의 적용을 받을 것을 결정할 수가 있다(노동조합및노동관계조정법§36·지역적 구속력). 단체협약은 협약 당사자간의 자주적 규범이어서, 비조합원의 근로조건은 동일한 사용자 밑에서 일을 하더라도 그것의 적용을 받지 않는다는 것을 원칙으로 하지만, 하나의 사업장 또는 하나의 지역내의 근로조건의 기준을 통일한다는 목적에서 법률은 특히 다수자에게 적용되는 협약을 소수자에게도 적용시키고 있다. 이것은 원래 독일의 단체협약령(1818년 12월 23일)의 일반적 구속력(allgemein Verbindlich)의 선언의 제도에서 채택된 것이라고 하나, 노동조합및노동관계조정법 제36조의 「지역적 구속력」만이 독일의 단체협약령과 동일한 형태를 취하는 것이며, 노동조합및노동관계조정법 제35조 의 「일반적 구속력」은 본래의 독일의 단체협약령을 다른 형식으로 확장한 규정이다. 다만, 이들 제도에 대해서는 일반적으로 조합보호를 위한 것이냐, 아니면 비조합보호를 위한 것이냐에 대한 다툼이 있으며 특히 임시공에게도 일반적 구속력이 미치는가에 대하여는 다툼이 있다.

어용조합(御用組合)

영;company union, companydominated union

어용조합이라 함은 노동조합은 사용자에 대하여 완전한 자주성을 보유하여야 하는 것인데, 이를 가지지 못한 조합을 말한다 (노동조합및노동관계조정법§2 Ⅳ). 이는 회사조합 또는 황색조합이라고도 한다.

법외조합(法外組合)

법외조합이라 함은 노동조합및노동관계조정법에서 규정하고 있는 노동조합으로서의 자격요건을 구비하지 않은 근로자의 단체를 말한다. 이른바 어용단체·조합규약요건을 갖추지 못한 노동조합등을 말한다(노동조합및노동관계조정법§2 Ⅳ·§10~§13). 법내조합에 대응하는 개념이다. 헌법이 근로자에게 단결권·단체교섭권·단체행동권(쟁의권)을 보장하고 있는 이상(헌§33①), 이들 조합이라 할지라도 정당한 쟁의행위에 대해서는 민사상·형사상의 면책을 받게 되겠지만(노동조합및노동관계조정법§1,§3,§4), 단체협약의 체결능력이 없음은 물론, 노동위원회에 의한 노동쟁의의 조정이나 부당노동행위의 구제신청 등도 할 수 없다(노동조합및노동관계조정법§7①). 또한 노동조합및노동관

계 조정법에 의한 노동조합이 아니므로 노동조합이라는 명칭을 사용하지 못한다(노동조합및노동관계조정법§7③)

법내조합(法內組合)

법내조합이라 함은 법외조합에 대응하는 개념으로 노동조합및노동관계조정법 제2조 제4호의 요건을 구비하여 노동조합및노동관계조정법 제10조 1항의 신고사항을 기재한 신고서에 노동조합및노동관계조정법 제11조에 따른 규약을 첨부하여 신고증(노동조합및노동관계조정법 §12)을 받은 조합을 말한다.

사용자단체(使用者團體)

사용자단체라 함은 근로자가 노동조합을 결성하고 단체교섭을 하는 것에 대응하여 사용자간에 결성되는 단체를 말한다. 이것은 직업별·산업별의 노동조합에 대응하여 결성되고, 노사의 대등교섭을 확보함과 동시에, 근로관계의 통일적 처리를 실현하려는데 그 의의가 있다. 소속사용자와 상대방조합 및 그 조합원간의 근로관계를 규정하는 단체협약을 체결할 능력(협약능력)을 가지고 있다.

사용자의 부당노동행위 (使用者의 不當勞動行爲)

사용자의 부당노동행위라 함은 노동조합운동에 대한 사용자의 방해행위를 말한다. 노동조합이 자주적으로 이것을 방위할 수 있을 정도로 강력하지 못한 경우에는 국가기관이 이것을 배제함으로써 건전한 노사관계를 육성하는 것이 요청된다. 이것은 원래 미국에서 노동조합운동에 대한 사용자의 방해행위를 배제하고 조합의 어용화를 방지함은 물론 노동조합의 조직화를 촉진하기 위하여 1935년 「와그너」법이 최초로 채택한 제도이다. 우리 헌법에서도 근로자에게 단결권·단체교섭권(쟁의권)을 보장하고 있는 이상 (헌§33①), 이러한 방해행위는 그 자체가 위법이 되는 것이지만, 조합의 조직력이 충분히 강력하지 못한 관계로 노동조합의 건전한 발달을 조성하기 위하여 노동조합및노동관계조정법에서도 부당노동행위제도의 규정을 채택하게 된 것이다. 1963년 12월 7일 개정 이전의 노동조합법에서는 그 위반에 대한 처벌만을 규정한 것을 1963년 12월 7일 이후의 개정법에서는 부당노동행위를 배제하는 원상회복주의를 채택하고 있었다. 현행 노동조합및노동관계조정법에서는 원상회복주의와 처벌주의를 다같이 활용하는 병용주의를 택하고 있다(노동조합및노동관계조정법§81~§86).

부당노동행위로서 금지되는 행위는 사용자가, (1) 직접 개개의 근로자에 대하여 ① 근로자가 노동조합에 가입 또는 가입하려고 하였거나 조합을 조직하려고 하였거나 기타 조합의 업무를 위한 정당한 행위를 한 것, 정당한 단체행동에 참가한 것, 기타 노동위원회에 대한 부당노동행위의 신고를 한 것, 또는 그에 관한 기타 행정기관에 증거를 제출하고 증언을 한 것 등을 이유로 하여 그 근로자를 해고하거나 불이익 처우를 하는 것, ② 근로자가 어느 노동조합에 가입하지 아니할 것, 또는 탈퇴할 것을 고용조건으로 하거나 (이것을 황견계약의 체결이라 한다) 또는 특정한 노동조합의 조합원이 될 것을 고용조건으로 하는 것(「클로우즈드·숍」협정에 의한 해고에 관한 규정은 1980년 12월 31일 개정으로 삭제되었다가 1987년 4월 28일 개정 신설 되었다), (2) 노동조합을 대상으로 하여, ① 정당한 이유없이 단체협약체결 기타 단체 교섭을 거부하거나 해태(懈怠)하는 것, ② 조합의 조직 운영에 지배 개입하거나 운영비의 원조를 하는 것 등이다. 이러한 행위가 있었을 경우에는 근로자 또는 노동조합은 관할 노동위원회(일반적으로는 지방노동위원회, 경우에 따라서는 특별노동위원회)에 3개월 이내에 부당노동행위구제의 신청을 할 수 있다(노동조합및노동관계조정법§82). 노동위원회는 이를 조사 심문하여 부당노동행위가 성립한다고 인정한 경우에는 복직 기타 원상회복명령, 단체교섭에 응하여야 한다는 명령 또는 운영비원조의 중지명령 등을 내린다. 결정에 불복이 있는 관계당사자는 중앙노동위원회에 재심을 신청할 수 있으며 (노동조합및노동관계조정법§85), 이에 불복이 있는 관계당사자는 다시 행정소송을 제기할 수 있도록 되어 있다(노동조합및노동관계조정법§85). 확정된 기각판결 또는 재심판결에 따르지 않은 자는 3년 이하의 징역 또는 3,000만원 이하의 벌금에 처한다(노동조합및노동관계조정법§85③, §89). 또한 「태프트·하틀리」법과는 달리, 근로자의 부당노동행위(예 : 부당한 단체교섭거부)는 인정되지 않는다.

황견계약(黃犬契約)

영;Yellow-dog contract

황견계약이란 근로자가 노동조합에 가입하지 않아야 될 것, 또는 조합에서 탈퇴할 것을 고용조건으로 체결하는 근로계약을 말한다. 이 계약은 특히 미국에서 조합을 싫어하는 사용자가 전 세기말로부터 1920년대에 걸쳐 흔히 사용되었다. 조합활동을 억제하기 위해서는 매우 유력한 수단으로 사용된다. 이 계약은 우리 나라에서도 헌법상의 단결권(헌§33①)을 침해하는 것이어서 당연히 무효가 되는 것으로 생각될 뿐만 아니라, 황견계약의 체결은 사용자의 부당노동행위가 된다(노동조합및노동관계조정법§81Ⅱ,§90). 「와그너」법에 따르면 조합의 정당한 행위를 행하지 않는 계약, 조합조직을 방해할 목적으로 노사의 합자경영의 형식을 취하는 계약도 부당노동행위가 된다.

구제명령(救濟命令)

구제명령이라 함은 노동위원회에서 노동조합·근로자 기타의 자의 신청에 의하여 사용자의 부당노동행위의 사실을 인정하고 이것을 구제하기 위하여 발하는 명령을 말한다(노동조합및노동관계조정법§84①전단). 부당노동행위가 성립된다는 판정과 이를 구제하기 위한 명령 또는 결정은 서면으로 하여야 하며, 이를 당해 사용자와 신청자에게 각각 교부하여야 한다(노동조합및노동관계조정법 §84②). 지방노동위원회 또는 특별노동위원회의 명령에 대하여는

10일 이내에 중앙노동위원회에 그 재심을 신청할 수 있으며(노동조합및노동관계조정법§85①), 중앙노동위원회의 명령에 대해서는 15일 이내에 행정소송을 제기할 수 있다(노동조합및노동관계조정법§85②).

노동쟁의(勞動爭議)
영;labour dispute
독;Arbeitsststreitigkeit
불;coonflit du travail

노동쟁의라 함은 일반적으로 노동조합 내지는 근로자의 단체와 사용자 내지는 그 단체와의 사이의 분쟁상태를 말한다. 노동조합및노동관계조정법 제2조 제5호에서는「노동조합과 사용자 또는 사용자 단체(노사관계 당사자)사이에 임금·근로시간·복지·해고 기타 대우등 근로조건의 결정에 관한 주장의 불일치로 인하여 발생한 분쟁상태를 말한다. 이 경우 주장의 불일치라함은 당사자 사이에 합의를 위한 노력을 계속하여도 더 이상 자주적인 교섭에 의한 합의의 여지가 없는 경우를 말한다」고 규정하고 있다. 노동관계의 당사자라는 것은 근로자측에서는 근로자의 단체(노동조합)만 당사자가 될 수 있는 것이고, 개인으로서의 근로자는 이와 같은 자격이 없는 것으로 해석된다. 사용자측에서는 개인으로서의 당사자인 경우가 있고, 또 사용자 단체가 당사자가 되는 경우도 있다. 또한, 노동쟁의는 근로관계의 당사자 사이의 주장이 서로 일치하지 않았기 때문에 발생하는 것이므로 이 쟁의는 단체교섭을 전제로 하는 것이다. 단체교섭이 행하여지지 않았건 쟁의는 노동조합및노동관계조정법에 있어서의 노동쟁의라고는 볼 수 없다. 분쟁상태는 쟁의행위가 발생할 우려가 있는 상태라고 해석하는 것이 타당할 것이다. 원래 노동쟁의는 노사간의 자주적 해결에 맡겨서, 노사관계의 안정과 산업평화를 도모하기 위하여 노동쟁의를 예방하고 조정하는 기구가 노사간에 자주적으로 구성되는 것이 가장 이상적이다. 다만, 노동조합및노동관계조정법이 노동쟁의를 문제로 하고 있는 목적은 국가기관 또는 행정기관의 관여로 분쟁을 가급적 신속 원만하게 해결하려고 하는 점에 있다.

쟁의권(爭議權)
영;right to strike
독;Streikrecht
불;droit de greve

쟁의권이라 함은 근로자가 사용자에 대하여 근로조건 등에 관한 자기의 주장을 관철하기 위하여 단결하여 파업 기타의 쟁의행위를 하는 권리를 말한다. 시민법상 실질적으로 우위에 서 있는 사용자와 근로자를 대등한 입장으로 유지시키기 위하여 인정된 것이다. 헌법 제33조 1항에서 「단체행동권을 가진다」고 한 것은 명백히 쟁의권을 보장하고 있는 것이다. 현행법상으로도 이에 의거하여 정당한 쟁의행위에 대해서는 형사상 및 민사상의 면책을 인정하고 있다(노동조합및노동관계조정법§3, §4). 그러나 현실로 행하여지는 쟁위행위는 그 목적·양태·수단 등의 여하에 따라서는 헌법이 보장하는 쟁의권의 행사의 범위를 일탈하는 것이 되어 법률상의 책임을 부담하지 않으면 안될 경우가 있다. 따라서 쟁의행위에 관한 법률문제는 쟁의행위의 합법·위법의 한계를 명백히 하는 데에 있다. 근로자의 쟁의권의 보장과 관련하여 형평의 견지에서 사용자 측에서도 직장폐쇄라고 하는 쟁의행위가 인정되며, 그것이 정당한 것인 한, 이에 의해서 근로자의 노무의 수령을 거부한다 하더라도 그것은 수령지체가 되지 않는다.

쟁의행위(爭議行爲)

쟁의행위라 함은 노동관계 당사자가 그의 주장을 관철할 것을 목적으로 행하는 행위와 이에 대항하는 행위로서 업무의 정당한 운영을 저해하는 것을 말한다. 노동조합및노동관계조정법 제2조 제6호는 파업·태업 등을 근로자가 행하는 것으로서, 직장폐쇄를 사용자가 행하는 것으로 각각 규정하고 있다. 이 밖에 쟁의행위의 유형으로 「보이콧(boycott)」, 「피케팅(picketting)」·생산관리 등이 있으며, 또 쟁의행위의 목적에 따라 보통 파업 외에 동정 「스트라이크(sympathetic strike)」·정치 「스트라이크(Political strike)」 등이 있다. 또한 시위행진이나 조합대회가 집무시간 중에 행하여지면 쟁의행위가 될 가능성이 많다. 그러나 이와 같은 쟁의행위가 모두 당연히 과법한 것으로 인정되는 것은 아니다. 즉 쟁의행위 그 자체가 권리로서 행사된다고 하여서 그것이 어떠한 목적·양태·수단을 통해서 행하여지든지 절대적으로 과법시된다고는 볼수 없다. 예를 들면, 쟁의행위에 의한다고 할지라도 인명을 해칠 수 없음은 물론, 헌법이 보장하는 기본적 인권을 침해할 수 없다. 또한 노동기본권과 함께 재산권을 보장하고 있는 헌법 하에서 재산권을 부정하는 따위의 행위가 허용될 수 없음은 물론이다. 그러나 쟁의행위에 의한 업무의 정지 또는 폐지 등으로 인하여 기업이 경제적 손실을 받는 경우 이는 불가피한 것으로 이해된다.

근로자의 쟁의행위가 형법상 정당행위가 되기 위하여는 첫째 그 주체가 단체교섭의 주체로 될 수 있는 자이어야 하고, 둘째 그 목적이 근로조건의 향상을 위한 노사간의 자치적 교섭을 조성하는 데에 있어야 하며, 셋째 사용자가 근로자의 근로조건 개선에 관한 구체적인 요구에 대하여 단체교섭을 거부하였을 때 개시하되 특별한 사정이 없는 한 조합원의 찬성결정 및 노동쟁의 발생신고 등 절차를 거쳐야 하는 한편, 넷째 그 수단과 방법이 사용자의 재산권과 조화를 이루어야 함은 물론 폭력의 행사에 해당되지 아니하여야 한다는 여러 조건을 모두 구비하여야 한다*(대법원 1998. 1. 20. 선고 97도588 판결)*.

쟁의행위의 손해배상
(爭議行爲의 損害賠償)

근로자의 단체행동권은 헌법이 보장하고(헌법 33조) 있으므로 정당한 쟁의행위에 대해서 근로자는 손해배상의 무를 면하는 것이 원칙이다. 노동조합및노동관계조정법상 사용자는 정당한 쟁의행위로 인해 손해를 입는 것을 예정하여 노동조합 또는 노동자에 대한 배상을 청구할 수 없도록 하였다(동법 3조). 그러나 쟁의행위가 정당하지 못할 경우에는 민법에 의한 채무불이행 또는 불법행위로 인한 배상의 책임이 발생함은 물론이다. 이 때 책임의 주체는 그것이 전체로서의 목적이나 수단에 있어서 정당하지 않을 경우에는 조합 자체가 되며, 쟁의행위 중에 폭행 등의 개인적 불법행위가 발생한 경우에는 그 행위를 한 조합원이 된다.

파업(罷業)

영;strike
독;Sreik
불;gréve

파업이라 함은 노동조합 기타의 근로자 단체의 통제하에서 그 소속원(조합원)이 집단적으로 그 노무의 제공을 정지하는 것을 내용으로 하는 쟁의행위를 말한다. 파업은 각종의 쟁위행위 가운데 널리 행하여지는 전형적 쟁의행위인 동시에 가장 순수한 형태로서 그 본체를 조성하는 행위는 노동력에 대한 사용자의 지배관계에서부터 이탈하는 것이다. 즉 생산수단과 노동력과의 결합을 절단하고 노동력의 제공을 집단적으로 거부하는 것이다. 파업에 관해서는 근로자측의 채무불이행·업무방해 등이 문제된다. 제외국에서도 파업이 적법한 것으로 되기까지 오랫동안의 노동조합운동이 전개되었다. 우리 나라에서는 헌법 제33조 1항과 노동조합및노동관계조정법에 의하여 법률의 범위 내에서 그 적법성을 보장하였다. 그러나 구체적으로 어떠한 파업이 적법한 것인가는 그때그때의 목적·양태·수단에 따라서 결정될 문제이다. 파업은 그 목적·양태에 따라서 여러 가지 형태로 분류된다. 예를 들면, 「정치 스트라이크(Political strike)」·「동정(同情) 스트라이크(Sypothetic strike)」와 「제너럴 스트라이크(General strike)」·「일부 스트라이크」 등이 있다.

동정 Strike(同情 스트라이크)

영;sympathetic Strike
독;Sympathiestreik

동정 「스트라이크」라 함은 노동조합 등의 근로자 단체가 자기의 사용자와의 사이에 다툼이 존재하지 않는데도 불구하고, 다른 사업장 또는 직업·산업에 있어서 동맹파업 중에 있는 다른 근로자 단체를 지원하여 행하는 파업을 말한다. 이와 같은 파업의 형태는 노동조합과 사용자와의 사이에 직접적이며 구체적 대립관계가 존재하지 않는다. 따라서 파업의 대상이 된 사용자가 노동조합의 요구에 응할 수가 없는 것이라고 하는 이유로 정당한 쟁의행위라고 볼 수 없으며, 각국에 있어서도 위법시되는 경향이 있다. 그러나 지원된 쟁의행위의 성공으로 자기가 속하는 기업의 근로조건의 유지·향상이 기대되는 이상 법률상 정당한 쟁의행위하고 하는 설도 있다.

정치 Strike(政治 스트라이크)

영;political strike
독;politischer strike
불;greve pilitique

(정치 「스트라이크」라 함은 근로자의 경제적 지위의 향상보다는 정치적 목적의 달성을 위하여 행하여지는 「스트라이크」를 말한다. 예컨대 특정내각의 퇴진, 특정한 입법 또는 정책의 요구나 반대를 목적으로 하는 쟁의행위가 그것이다. 이것은 동정「스트라이크」의 경우와 마찬가지로, 노동조합과 사용자와의 사이에 직접적이며 구체적 대립관계가 존재하지 않는 경우이기 때문에 정당한 쟁의행위로서의 보호를 받지 못하는 것이나, 정치적 목적이 경제적 목적에 부수되어 있는 경우에는 법이 규정된 정당한 목적을 일탈하지 않는 것이라고 볼 수 있다. 경제「스트라이크」는 보통 정치「스트라이크」로 되는 진전이 되기 때문에 이들의 구분은 명확하지 않다.

제너럴스트라이크

(General Strike)

제너럴 스트라이크라 함은 총파업 또는 총동맹파업을 말한다. 「제네스트」라고도 부른다. 동일지역, 동일산업 또는 전국의 주요산업의 근로자가 공동해서 동시에 행하는「스트라이크」를 말한다. 이에는 동정 「스트라이크」의 형태를 가지면서 규모를 확대하여 가는 경제적 「제네스트」, 특정입법 내지 정책의 변개를 요구하는 정치적 「제네스트」또는 현존 사회질서의 일거적 전복을 도모하는 수단으로서의 혁명적 「제네스트」등의 3종이 있다. 따라서 어떤 종류이건 그 결과는 사회의 경제생활이나 기능을 일시적으로 마비시킴은 물론 현존질서에의 위협이 큰 것이고, 또한 이러한 형태의 동맹파업은 노사의 대립관계를 규정하는 노동법의 대상으로서의 성격을 가지고 있지 않기 때문에, 이러한 종류의 행동을 특히 보장하여야 할 사회적 상당성은 없다. 1893년 「벨기에」 근로자의 「제네스트」를 시초로 하여, 그 후 유명한 것으로서 1926년 영국의 「제네스트」가 있다.

태업(怠業)

영;soldiering 독;Sabotage

태업이라 함은 노동조합의 통제아래 표면적으로는 취업을 하면서도 집단적으로 작업 능률을 저하시키고 소극적 작업을 함으로써 사용자에게 손해를 주는 쟁의행위를 말한다. 태업은 대체로 파업에 관한 제한을 회피할 목적으로 행하여지는 경우가 많다. 즉, 단체협약으로 파업에 대하여 어떠한 제한이 가하여진 경우라든지, 파업 그 자체가 사회여론에 나쁜 영향을 주는 사태하에 놓여 있는 경우에는 파업을 피하고 이에 대신하여 태업을 행하는 경우가 있게 될 것이다. 태업의 형태는 보통 적극적인 것과 소극적인 것으로 구별되며, 그의 위법성도 이 구분에 의하여 판단된다. 기계설비에 손해를 주는 행위 등이 적극적인 것에 속하고, 잔업거부 등이 소극적인 것에 속한다. 법률적 측면에서 본다면 소극적인 것은 합리적인 것이지만, 적극적인 것은 비합리적인 것이라고 보는 것이 보통이다. 근로자가 자기의 노력을 아껴서 충분히 발휘하지 않는 것은 정당한 권리인 것이며, 이것은 정당한 파업과 마찬가지로 합법적인 것이지만, 기업자의 재산을 손괴하는 행위는 합법성의 한계를 일탈한 것이라고 볼 수 있기 때문이다. 이 쟁의행위는 빈번히 이용되는 쟁의행위이다.

직장폐쇄(職場閉鎖)

영;Lock out

직장폐쇄라 함은 노동법이 인정하는 유일한 사용자의 쟁의행위를 말한다. 이것은「록·아우트」(Lock out) 또는 공장폐쇄라고도 한다. 이것은 노사의 주장이 대립하는 경우에 사용자가 그의 주장을 관철하기 위하여 노동자를 공장으로부터 내쫓고, 그의 노무수령을 거부하는 쟁의행위이다 (노동조합및노동관계조정법§2Ⅵ). 주로 태업(怠業)에 대항하는 수단으로서 행하여지며, 직장폐쇄를 한 사용자가 수령지체로 되지 않는 것은 물론이다. 직장폐쇄는 방어적인 것이어야 하며, 만약 이를 노동자의 정당한 조합활동을 저해할 목적으로 행하거나 또는 집단적·영구적 해고의 의도를 가지고 행하는 경우는 정당한 것으로 인정할 수 없다는 설이 유력하다. 그리고 노동조합이 쟁의행위를 개시한 이후에만 직장폐쇄를 할 수 있고 사용자가 직장폐쇄를 하고자 할 때에는 고용노동부장관 및 노동위원회에 각각 신고하여야 한다 (노동조합및노동관계조정법§46).

사용자측의 직장폐쇄조치의 위헌여부

위헌설	헌법 제33조는 주체를 근로자라고 명기하고 있어 사용자는 이에 포함되지 않으므로 직장폐쇄 등 사용자측의 단체행동권은 인정되지 않는다는 견해
합헌설	사용자가 노동3권의 향유자가 될 수 없는 것은 당연하지만 재산권을 보장한 헌법 제23조 제1항과 기업의 경제상의 자유를 규정한 헌법 제119조 제1항, 노사간의 실질적 균형 등의 시각에서 불가피한 것으로 보는 견해

보이콧(Boycott)

영;Boycott
독;Boykott
불;boycottage

보이콧(불매동맹)이라 함은 사용자 또는 이 사용자와 거래관계가 있는 제3자의 상품의 구매 또는 그의 시설의 이용을 단결해서 거절하는 일종의 쟁의행위를 말한다. 이 보이콧이라는 용어는「스코틀랜드」의 한 영토의 관리였던「보이콧」대위 (Captain Boycott)의 악정(惡政)에 반항한 영민(領民)이 동대위(同大尉)와의 접촉을 일체 단절한 데서 유래한다. 일반적으로는 거래를 저해하는 행위를 말한다. 직접 쟁의 중의 사용자에 대해서 행하는 보이콧을 1차적「보이콧」이라고 하며, 쟁의와 직접 관계가 없는 제3자에게까지 번지는 보이콧을 2차적「보이콧」이라고 한다. 미국의「태프트·하틀리」법에서는 근로자의 부당노동행위로서 금지되어 있지만, 영국에서는 합법이라고 판시된바 있다. 노동조합이 그 결의에 따라서 어느 사용자에 대하여 그 상품의 불매를 실행하는 것은 조합으로서의 행동의 자유의 범위 내에 속하는 것이기 때문에 적법한 것으로 본다. 그러나 2차적 「보이콧」의 경우는 그 동맹파업이 직접 사용자와의 분쟁에서 일어난 것이 사용자측에서는 대응책이 없는 쟁의행위이기 때문데 정당시 될 수 없다고 보는 것이 보통이다.

피케팅(Picketing)

피케팅이라 함은 「스트라이크」·「보이콧」 기타의 쟁의행위를 하는 경우에, 이를 「스트라이크」파괴자나 탈락자로부터 방위하기 위하여 근로자가 공장·사업장·상점의 입구 등에서 행하는 경계·추수 등의 행위를 말한다. 따라서 「피케팅」은 그 자체독립에의 쟁의행위는 아니며, 다른 쟁의행위에 대한 보조수단의 역할을 한다. 또한 「피케팅」은 쟁의행위의 당사자인 사용자 이외의 제3자에 대한 적극적 행위이다. 그렇기 때문에 관계근로자가 일사불란하게 쟁의행위를 결행하고, 근로자 전체의 연대의식이 강하며, 파업이 파괴될 염려가 없으면 「피케팅」은 아무 필요가 없는 것이다. 「스트라이크」가 노동력의 정지로 스스로의 요구를 관철할 것을 목적으로 하는 이상, 사용자가 고용한 대체 근로자를 근로자측에서 배제한다는 것은 그의 효과를 확보하기 위한 불가결한 수단이라고 하겠다. 현재 제국(諸國)에서는 이러한 「피케팅」이 「스트라이크」에 부수(附隨)되는 것으로서 합법시되고 있으나, 사용자의 재산권 보호의 견지에서 여러가지의 제한을 붙이고 있으며, 그 한계는 일반적으로 엄격한 평화적 「피케팅」에 한정되는 경향이 강하다. 즉, 평화적 설득의 범주를 넘어서는 「피케팅」은 정당화 될 수 없다.

생산관리(生産管理)

생산관리라 함은 노동조합이 사용자의 지휘·명령을 배제하고 직접 기업경영을 담당하는 것을 말한다. 즉 근로자의 단체가 쟁의의 목적을 달성하기 위하여 사용자의 의사에 반하여 사용자의 공장·사업장 또는 설비자제 등 일체를 자기의 점유(지배)하에 놓고, 사용자의 지휘·명령을 배제하여 직접 자기의 손으로 기업경영을 행하는 쟁의행위이다. 이것은 정당한 파업으로는 임금을 받지 못할 뿐만 아니라 자칫 잘못하면 그 결속에 분열이 생기기 쉬운 것이기 때문에 임금을 받아가면서 결속을 굳게 하고 쟁의의 목적을 달성하려고 하는 것이다. 그러나 이것은 노동의 거부라고 하는 소극적 성질에 그 합법성의 기초를 가지고 있는 본래의 의미에 있어서의 쟁의행위를 전용(轉用)하여, 기업자의 소유권을 침해하고 경영권을 탈취하려고 하는 행위이므로 위법이 아니냐는 문제로 많은 논쟁이 있다. 외국의 경우를 보면 학설·판례에서 다양한 의론(議論)이 있다. 원래 이 생산관리는 제2차 세계대전 후의 혼란기를 틈타서 일본에서 널리 행하여 졌으며, 그보다 앞서 제1차 세계대전 후에는 「독일」·「이탈리아」 등에서 이와 같은 것이 행하여졌다.

준법 투쟁(遵法 鬪爭)

영;law-abiding policy

준법투쟁이라 함은 쟁의행위로서의 태업(怠業)의 일종이다. 이에는 크게 나누어 2종류가 있다. 첫째, 업무·시설관리 법규 또는 근로기준법 및 그 시행규칙이 요구하고 있는 조건대로 작업을 실시하고 업무능력을 저하시키는 것, 예컨대, 안전운전·점검투쟁 등이 그것이다. 둘째, 시간외근로·휴일근로를 거부하거나(잔업거부 또는 정시퇴근 등), 또는 단체협약이나 취업규칙으로 인정된 휴가를 일제히 취하는 경우(일제휴가 또는 집단결근 등)이다.

정당한 쟁의행위

(正當한 爭議行爲)

정당한 쟁의행위라 함은 헌법에 의하여 정당하게 보장되는 쟁의행위를 말한다. 헌법에서 근로자의 단체행동권, 즉 쟁의권을 보장하고 있으므로(헌§33①), 정당한 쟁위행위에는 당연히 민사상·형사상의 면책이 인정된다. 여기에서 「정당한」이라 함은, 쟁의행위의 목적·양태·수단에 있어서 사회통념상 정당한 범위에 속하는 것을 말하며 「법으로 보장을 받는다」는 뜻을 말한다. 예컨대, 구체적인 주장도 없이 오로지 사용자를 괴롭히기 위하여 행한 쟁의행위나, 경제적 지위의 향상이 아니라 단순히 정치적 목적의 달성을 위한 쟁의행위라든지, 부당한 폭력행사나 파괴적인 쟁의행위(노동조합및노동관계조정법 §42①)는 정당한 쟁의행위가 아니다. 민사상의 면책이라 함은 근로자가 파업 등을 행하여 단체적으로 사용자에 대하여 노무의 제공을 거부하여도, 사용자에 대하여 채무불이행 또는 계약위반으로 손해배상 책임을 지지 않는 것은 물론, 제3자에 대해서도 불법행위로 인한 손해배상책임을 지지 않음을 말한다(노동조합및노동관계조정법§3). 형사상의 면책이라함은, 원래 그와 같은 근로자의 행위는 노동조합에 대하여는 계약위반의 유도(誘導)로서 불법행위를 구성하고, 나아가서는 업무 내지 영업의 방해를 이유로 한 범죄를 구성하는 것이나, 정당한 쟁위행위에 대해서는 이를 묻지 않는다는 것을 말한다(노동조합및노동관계조정법 §4).

쟁의행위의 제한

(爭議行爲의 制限)

쟁의행위의 제한이라 함은 쟁의권 또는 쟁의행위에 대한 법률상의 제한을 말한다. 쟁의권은 근로자에게 그의 근로조건 등을 향상시키기 위해서 인정된 것이므로 그것 자체가 목적이 아니고 수단인 것이기 때문에 절대적인 것은 아니다. 따라서 국민전체의 이익이나 생명의 안전 등의 요청에서부터 법률상의 제한을 받는다. 쟁의행위는 조정절차를 거치지 아니하면 행할수 없다(노동조합 및노동관계조정법 §45②). 기타 쟁의행위는 조합원의 직접, 비밀, 무기명 투표에 의한 과반수의 찬성으로 행하여야 되며(노동조합및노동관계조정법§41①), 당해사업장 이외의 다른 장소에서는 이를 행할 수 없으며, 폭력이나 파괴행위로는 행할 수 없다는 것(노동조합및노동관계조정법 §42①)을 규정하고 있다. 또한 헌법 제33조 제2항에 의하면 공무원인 근로자는'법률이 정하는 자에 한하여'단결권·단체교섭권 및 단체행동권을 가진다고 규정하고 있다. 이에 따라 헌법 제33조제2항의 규정에 의한 공무원의 노동기본권을 보장하기 위하여 노동조합및노동관계조정법 제5조 단서의 규정에 따라 공무원의 노동조합 설립 및 운영 등에 관한 사항을 정함을 목적으로 '공무원의노동조합설립및운영등에관한법률'이 제정되어 있다. 이 법에서 공무원이라고 함은 국가공무원법 제2조 및 지방공무원법 제2조에서 규정하고 있는 공무원을 말한다. 다만, 국가공무원법 제66조제1항 단서 및 지방공무원법 제58조제1항 단서의 규정에 의한 사실상 노무에 종사하는 공무원과 교원의노동조합설립및운영등에관한법률의 적용을 받는 교원인 공무원을 제외한다(동법 제2조). 이 법에 의하면 동 법의 규율을 받는 공무원은 노동조합의 가입이 허용되어 단결권과 단체교섭권이 보장되지만, 파업·태업 그 밖에 업무의 정상적인 운영을 저해하는 일체의 행위를 하여서는 아니된다(동법 제11조).

공익사업(公益事業)
영;public utilities

공익사업이라 함은 공중의 일상생활과 밀접한 관련이 있거나 국민경제에 미치는 영향이 큰 사업을 말한다(노동조합및노동관계조정법§71①). 노동조합및노동관계조정법에서는 공익사업으로서 (1) 정기노선, 여객, 운수사업 및 항공운수사업 (2) 수도·전기·가스·석유정제 및 석유공급사업 (3) 공중위생 및 의료사업 및 혈액공급사업, (4) 은행 및 조폐사업 (5) 방송·통신사업 등을 규정하고 있다. 이러한 사업에 대하여는 조정에 대한 특칙을 두고 있다(노동조합및노동관계조정법§71~§75)).

그리고 「필수공익사업」이라 함은 위의 공익사업으로서 그 업무의 정지 또는 폐지가 공중의 일상생활을 현저히 위태롭게 하거나 국민경제를 현저히 저해하고 그 업무의 대체가 용이하지 아니한 다음 사업을 말한다. (1) 철도사업, 도시철도사업 및 항공운수사업, (2) 수도사업, 전기사업, 가스사업, 석유정제사업 및 석유공급사업, (3) 병원사업 및 혈액공급사업, (4) 한국은행사업, (5) 통신사업.

특별조정위원회(特別調停委員會)

공익사업의 노동쟁의의 조정을 위하여 노동위원회에 두는 위원회를 말한다. 특별조정위원회는 특별조정위원 3인으로 구성하며, 위 특별조정위원은 노동위원회의 공익을 대표하는 위원중에서 노동조합과 사용자가 순차적으로 배제하고 남은 4인 내지 6인중에서 노동위원회의 위원장이 지명한다. 다만, 관계당사자가 합의로 당해 노동위원회의 위원이 아닌자를 추천하는 경우에는 그 추천된 자를 지명한다. 특별조정위원회에 위원장을 둔다. 위원장은 공익을 대표하는 노동위원회의 위원인 특별조정위원 중에서 호선하고 당해 노동위원회의 위원이 아닌 자만으로 구성된 경우에는 그 중에서 호선한다. 다만 공익을 대표하는 위원인 특별조정위원이 1인인 경우에 당해 위원이 위원장이 된다(노동조합및노동관계조정법§72~§73).

조정(調停)
영;mediaton
독;Versöhnung
불;conciliation

조정이라 함은 노동위원회에 설치된 조정위원회가 조정안을 작성하여 노사 양쪽에게 그 수락을 권고하는 방법을 말한다. 노동조합및노동관계조정법은 제53조에서부터 제61조의2까지에서 이에 관한 상세한 규정을 두고 있다. 노동위원회는 조정을 위하여 조정위원회를 구성하고 이를 행한다. 조정위원회가 관계당사자 사이에 개입하여 양쪽의 주장을 들어, 이것을 기초로 하여 조정안을 작성하고 그 수락을 권고한다. 중재와 달라서, 결국은 관계당사자의 임의수락을 전제로 하는 점에서 노사의 자주적 해결의 정신에 합치하고, 가장 효과적인 쟁의해결의 방법이다. 조정에 붙이느냐 아니냐의 여부는 원칙적으로 당사자의 임의에 맡겨져 있으나, 예외적으로 강제조정제도가 인정되고 있다.

조정강제(調停强制)

조정강제라 함은 노동쟁의의 해결을 위해서 법률상 조정에 붙여지는 것이 강제되어 있는 것을 말한다. 임의조정에 대하여 강제조정이라고도 한다. 다만, 이 경우에도 조정안은 당연히 구속력을 가지는 것은 아니며, 조정에 붙이는 것이 강제되어 있는 것에 불과하므로 조정강제라고 하여야 할 것이다. 노동위원회는 관계당사자의 일방이 노동쟁의의 조정을 신청한 때에는 지체없이 조정을 개시하여야 하며, 관계당사자 쌍방은 이에 성실히 임하여야 한다(노동조합및노동관계조정법§53).

임의조정(任意調停)

임의조정이라 함은 직권조정 또는 강제조정에 대응하는 용어로서, 노동관계당사자는 단체협약에 노동관계의 적정화를 위한 노사협의 기타·단체교섭의 절차와 방식을 규정하고 노동쟁의가 발생한 때에는 이를 자주적으로 해결하도록 노력하여야 한다(노동조합및노동관계조정법 제48조). 관계당사자는 임의조정절차에 의하여 분쟁을 해결하기로 한 때에는 그 조정을 개시한 날로부터 일반사업에 있어서는 10일, 공익사업에 있어서는 15일이 경과하지 않고는 쟁의행위를 할 수 없다(법 제54조). 조정위원회가 작성한 조정안의 수락여부는 관계당사자의 자유이다(노동조합및노동관계조정법 §60① 참조). 조정안이 관계 당사자에 의하여 수락된 때에는 조정위원 전원 또는 단독조정인은 조정서를 작성하고 관계 당사자와 함께 서명 또는 날인하여야 한다.. 그리고 임의조정절차에 의하여 조정 또는 중재가 이루어진 경우에 그 내용은 단체협약과 동일한 효력을 갖는다(법 제61조).

조정안(調停案)

조정안이라 함은 조정위원회가 작성하는 노동쟁의의 해결안을 말한다. 조정위원회는 조정안을 작성하여 관계당사자에게 그 수락을 권고한다. 그러나 중재의 경우와는 달라서 당사자를 구속하는 힘은 없으며, 임의의 수락에 의하여 당사자를 구속하게 된다. 또한 조정안에 이유를 붙여서 공표할 수 있으며, 필요에 따라서는 신문 또는 방송에 보도등 협조를 요청할 수도 있다(노동조합및노동관계조정법§60①).

조정위원(調停委員)

조정위원이라 함은 노동조합및노동관계조정법상의 조정위원회를 구성하는 자를 말한다. 노동위원회의 위원 중에서 노·사·공익위원 각각 1인씩을 노동위원회의 위원장이 지명한다(노동조합및노동관계조정법§55③). 조정위원회의 위원장은 공익을 대표하는 조정위원이 된다(노동조합및노동관계조정법§56②).

조정위원회(調停委員會)

조정위원회라 함은 조정을 담당하는 노동위원회의 특별위원회를 말한다. 본래 노동쟁의의 조정은 노동위원회의 권한이지만, 노동위원회의 위원전원이 조정을 담당하는 것이 아니라 특별히 구성된 조정위원회에서 담당한다. 조정위원회는 당해 노동위원회의 위원 또는 특별조정위원 중에서 노·사·공익위원 각 1인씩의 조정위원으로 구성된다. 조정위원회의 위원장(공익위원이 된다)은 조정위원회를 소집하고, 관계당사자의 의견를 청취한 다음 조정안을 작성하여 관계당사자에게 수락을 권고한다. 조정위원회는 관계 당사자로부터 낙부(諾否)의 통지가 있으면 임무를 끝마치는 일시적인 위원회이지만, 관계당사자에 의하여 수락된 조정안의 해석이나 그것의 이행방법 등에 관하여 요청이 있으면 그의 의견을 제시하여야 한다(노동조합및노동관계조정법§55~§60).

중재(仲裁)
영;arbitration
독;Schiedsgerichtsbarkeit
불;arbitrage

중재라 함은 노동쟁의의 해결조건을 정한 중재재정을 하여 쟁의를 해결하는 조정방법을 말한다. 이 중재는 (1) 관계당사자의 양쪽이 함께 중재의 신청을 한 때, (2) 관계당사자의 일방이 단체협약에 의하여 중재의 신청을 한 때, (3) 필수 공익사업에 있어서 노동위원회 위원장이 특별조정위원회의 권고에 의하여 중재에 회부한다는 결정을 한 때에 중재위원회에서 행한다(노동조합및노동관계조정법§62). 그리고 노동쟁의가 중재에 회부된 때에는 그 날로부터 15일간은 쟁의행위를 하지 못한다(노동조합및노동관계조정법 §63). 중재결정은 강제중재의 경우나 임의중재의 경우나 모두 당사자를 구속한다. 그리고 중재재정은 단체협약과 동일한 효력을 가지는 것이며(노동조합및노동관계조정법 §70①), 따라서 노동쟁의는 최종적으로 해결되는 것이다. 중재재정 또는 재심결정이 위법 또는 월권에 의한 것이라고 인정하는 경우에 한해서만 중앙노동위원회의 재심 또는 행정소송이 허용된다(노동조합및노동관계조정법§69①,②).

강제중재(强制仲裁)

영;compulsory arbitration

강제중재라 함은 분쟁의 당사자 양쪽이 함께 또는 한쪽의 단체협약에 의한 신청이 없음에도 불구하고 개시되는 중재를 말한다. 개정전 노동조합및노동관계조정법의 필수공익사업에 있어서 노동위원회 위원장이 특별조정위원회의 권고에 의하여 중재에 회부한다는 결정을 한 때에 개시되는 중재를 말한다(노동조합및노동관계조정법§62Ⅲ). 즉, 개정전 노동조합및노동관계조정법은 업무의 정지 또는 폐지로 공중의 일상생활 또는 국민경제를 현저히 위태롭게 하는 사업을 필수공익사업으로 규정하고 동 사업에 노동쟁의 발생시 노동위원회가 중재를 통하여 분쟁을 해결하는 직권중재제도를 두고 있었으나, 노동 3권의 과도한 제약이라는 측면에서 위헌 논란과 함께 국제노동기구(ILO) 등에서 지속적으로 개선권고를 받고 있는 문제가 있어 2006. 12. 30. 직권중재제도를 폐지하였다.

임의중재(任意仲裁)

영;voluntary arbitration

임의중재라 함은 강제중재에 대응하는 용어로서 당사자 양쪽의 합의에 의하여 개시되는 중재를 말한다. 노동조합및노동관계조정법에서는 원칙적으로 임의중재를 인정하고 있다(노동조합및노동관계조정법§62Ⅰ·Ⅱ).

중재위원회(仲裁委員會)

중재위원회라 함은 노동쟁의의 중재를 담당하는 노동위원회의 특별위원회를 말한다. 노동조합및노동관계조정법에 의한 노동쟁의의 중재는 노동위원회의 권한이지만 노동위원회의 위원 전원이 아니고 특별위원회를 구성하여 중재를 행한다. 중재위원회는 중재위원 3인으로 구성되며 (노동조합및노동관계조정법§64②), 노동위원회의 공익위원과 공익을 대표하는 위원 중에서 관계당사자의 합의로 선정한 자에 대하여 당해 노동위원회의 위원장이 지명한다(노동조합및노동관계조정법§64③본문).

중재재정(仲裁裁定)

중재재정이라 함은 중재자가 내리는 판단을 말한다. 노동조합및노동관계조정법의 규정에 따라 중재위원회가 내리는 중재재정은 단체협약과 동일한 효력을 가진다. (노동조합및노동관계조정법§70①). 또한, 이것은 서면으로 작성하여야 하며, 효력발생기일을 명시하여야 한다(노동조합및노동관계조정법§68①).

긴급조정(緊急調停)

긴급조정이라 함은 쟁의가 공익사업에 관한 것이거나, 또는 대규모 혹은 특별한 성질의 사업에 관한 것이기 때문에 쟁의행위로 인하여 그 업무가 정지되면, 국민경제의 안전이 현저하게 저해되거나 국민의 일상생활이 크게 위태롭게 될 염려가 있는 경우에 대하여 그 위험이 현존하는 경우에 중앙노동위원회가 행하는 조정을 말한다. 위에서와 같은 사정이 있는 경우에는 고용노동부장관은 중앙노동위원회의 의견을 들은 다음 긴급조정의 결정을 할 수 있다(노동조합및노동관계조정법§76①·②). 고용노동부장관은 긴급조정을 결정한 때에는 지체없이 그 이유를 붙여 이를 公表(공표)함과 동시에 중앙노동위원회와 관계당사자에게 각각 통고하여야 하며 (노동조합및노동관계조정법§76③), 이 통고를 받은 때에는 중앙노동위원회는 지체없이 조정을 개시하여야 한다(노동조합및노동관계조정법 §78). 조정이 성립될 가망이 없다고 인정된 경우에는 공익위원회의 의견을 들어 그 사건을 중재에 회부할 여부를 결정하여야 하고 (노동조합및노동관계조정법§79①), 이것이 결정된 때에는 지체없이 증재를 행하여야 한다(노동조합및노동관계조정법§80). 긴급조정의 결정이 공표된 후 30일간은 쟁의행위를 할 수 없다(노동조합및노동관계조정법 §77).

지배·개입(支配·介入)

부당노동행위의 일종으로 근로자가 근로조합을 조직 또는 운영하는 것을 지배하거나 이에 개입하는 행위와 노동조합의 운영비를 원조하는 행위를 말하는데(노동조합및노동관계조정법 81조), 지배와 개입은 정도의 차이다. 지배·개입행위는 해고 기타의 불이익처분 등 여러 가지이다. 지배·개입이 사용자 이외의 자, 예컨대 종업원이나 주주 등에 의하여 행하여진 경우에 어느 정도까지나 사용자의 부당노동행위로 인정되느냐에 대해서는 사용자의 의사와의 관련성을 기준으로 판단하여야 한다. 또 사용자는 언론의 자유를 가지나 사용자의 언론에 이익 또는 불이익을 내용으로 하는 유도가 수반될 때에는 부당노동행위로 해석된다. 그러나 근로자가 근로시간중에 사용자와 협의 또는 교섭하는 것을 사용자가 허용함은 무방하며, 또한 근로자의 후생자금 또는 경제상의 불신 기타의 재액의 방지와 구제 등을 위한 기금의 기부와 최소한의 규모의 노동조합사무소의 제공은 예외로 한다(동법 81조). 사용자의 부당노동행위로 인하여 그 권리를 침해당한 근로자 또는 노동조합은 노동위원회에 그 구제를 신청할 수 있다. 이에 의한 구제의 신청은 부당노동행위가 있은 날(계속하는 행위는 그 종료일)부터 3월이내에 이를 행하여야 한다(동법 82조).

노동위원회법

노동위원회법(勞動委員會法)

노동위원회법이라 함은 노동관계에 있어 판정 및 조정업무의 신속, 공정한 수행을 위하여 노동위원회를 설치하고 그 운영에 관한 사항을 규정함으로써 노동관계의 안전과 발전을 목적으로 하여 제정된 법률을 말한다(노위§1). 이 법률은 1963년 4월 17일 법률 제1328호로 처음 제정·공포되었다. 이 법률은 총6장과 부칙으로 되어 있다. 즉, 제1장 (총칙), 제2장(조직), 제3장(회의), 제4장(권한), 제5장(보칙), 제6장(벌칙)으로 되어 있다.

노동위원회(勞動委員會)

노동위원회라 함은 노동관계에 개입하여 노동관계의 적절한 조정을 목적으로 구성되는 위원회를 말한다. 이것은 중앙노동위원회와 지방노동위원회 및 특별노동위원회로 구분된다. 각 노동위원회의 위원의 수는 근로자위원·사용자위원은 각 10인 이상 50인 이하, 공익위원은 10인 이상 70인 이하의 범위 안에서 각 노동위원회의 업무량을 감안하여 대통령령으로 정한다. 이 경우 근로자위원과 사용자위원은 동수로 한다(노위§6).

근로자위원은 노동조합에서, 사용자위원은 사용자단체에서 추천한 자 중에서 위촉된다. 위촉권자는 중앙노동위원회의 위원은 대통령, 지방노동위원회의 위원은 중앙노동위원회위원장이다.(노위§6③)

공익위원은 당해 노동위원회위원장·노동조합 및 사용자단체가 각각 추천한 자 중에서 노동조합과 사용자단체가 순차적으로 배제하고 남은 자를 위촉대상 공익위원으로 하고, 그 위촉대상 공익위원 중에서 중앙노동위원회의 공익위원은 고용노동부장관의 제청으로 대통령이, 지방노동위원회의 공익위원은 지방노동위원회위원장의 제청으로 중앙노동위원회위원장이 각각 위촉한다(노위§6④). 다만 노동조합 또는 사용자단체가 공익위원의 추천 또는 추천된 공익위원을 순차적으로 배제하는 절차를 거부하는 경우에는 당해 노동위원회위원장이 위촉대상 공익위원을 선정할 수 있다(노위§6⑤). 공익위원은 심판사건을 담당하는 심판담당공익위원과 차별시정사건을 담당하는 차별시정담당공익위원, 조정사건을 담당하는 조정담당공익위원으로 구분하여 위촉한다(노위§6⑥).

노동위원회 위원의 추천절차, 공익위원의 선출방법 기타 위원의 위촉에 관하여 필요한 사항은 대통령령으로 정한다(노위§6⑦).

노동위원회에 상임위원을 두며 상임위원은 당해 노동위원회의 공익위원 자격을 가진 자중에서 중앙노동위원회위원장의 추천과 고용노동부장관의 제청으로 대통령이 임명한다. 상임위원은 공익위원이 되며, 심판사건·차별시정사건과 조정사건을 담당할 수 있다. 각 노동위원회에 두는 상임위원의 수 및 계급 등은 대통령령으로 정한다(노위§11).

노동위원회에 위원장 1인을 두며(노위§9①), 중앙노동위원회위원장은 중앙노동위원회의 공익위원 자격을 가진 자중에서 고용노동부장관의 제청으로, 지방노동위원회위원장은 당해 노동위원회의 상임위원중에서 중앙노동위원회위원장의 추천과 고용노동부장관의 제청으로 대통령이 각각 임명한다. 중앙노동위원회위원장은 정무직으로 한다. 노동위원회위원장은 공익위원이 되며, 심판사건과 조정사건을 담당할 수 있다(노위§9②,③,④).

노동위원회의 권한으로서는 알선·조정·중재의 조정적 권한과 부당노동행위의 판정·구제, 노동조합의 규약 또는 결의에 대한 취소·변경에 관한 의결, 노동조합의 해산에 관한 의결, 단체협약의 지역적 구속력의 선언에 관한 의결 등 이른바 판정적 권한(준사법적권능)이 있다.

중앙노동위원회(中央勞動委員會)

중앙노동위원회는 노동위원회의 하나이다. 이것은 노동부에 설치된다(노위§2②). 근로자위원, 사용자위원, 공익위원으로 구성되며 (노위§6① , 시행령§3) 대통령이 이를 위촉한다(노위§6③). 또한 중앙노동위원회 상임위원을 두며 (노위§11①), 당해 상임위원은 당연히 공익위원이 되고 중앙노동위원회 위원장의 추천과 고용노동부장관의 제청으로 대통령이 임명한다(노위§11①,②).

중앙노동위원회는 (1) 지방노동위원회 및 특별노동위원회의 처분에 관한 재심사건 (2) 2 이상의 지방노동위원회의 관할 구역에 걸친 노동쟁의의 조정사건 (3) 다른법률에 의하여 그 권한에 속하는 것으로 규정된 사건을 관장한다(노위§3①).

특히 중재의 경우에는 지방노동위원회 또는 특별노동위원회의 중재재정을 재심할 수 있을 뿐만 아니라 (노동조합및노동관계조정법§69①, 노위§26), 이 때에는 지방노동위원회나 특별노동위원회의 상급심이 된다. 이 밖에 긴급조정(조정, 중재)은 중앙노동위원회에서만 관장한다(노동조합및노동관계조정법 §76~§80). 또한 중앙노동위원회는 노동위원회의 사무관리에 관한 지시권과 노동위원회의 운영과 기타 필요한 사항에 관한 규칙제정권)을 가진다(노위 §24,§25). 그리고 중앙노동위원회에는 그 사무정리를 위하여 사무처가 설치된다(노위§14).

지방노동위원회(地方勞動委員會)

지방노동위원회는 노동위원회의 일종으로 근로자위원, 사용자위원, 공익위원으로 구성되며(노위§6) 위촉된다. 또한 지방 노동위원회에 지방노동위원회 상임위원을 둔다(노위§11①). 지방노동위원회는 당해 관할구역에서 발생한 사건을 관장한다(노위§3②). 특히 중재와 부당노동행위의 판정, 구제에 대하여는 제1심의 절차를 담당한다.

특별노동위원회(特別勞動委員會)

특별노동위원회는 노동위원회의 하나이다. 이것은 특히 필요한 경우에 특정한 사항을 관장하게 하기 위하여 당해 특정사항을 관장하는 중앙행정기관 또는 그 소속기관에 설치한다(노위§3③). 근로자위원. 사용자위원, 공익위원으로 구성되며, 다만 위원의 수는 업무량을 감안하여 대통령령으로 정한다(노위§6②). 또 특별노동위원회는 그 설치목적이 된 특정사항에 관한 사건을 관장하며 (노위§3③), 중재와 부당노동행위의 판정, 구제에 대해서는 초심의 절차를 담당한다(노동조합및노동관계조정법§69①,§85① 참조).

근로자위원(勤勞者委員)

근로자위원이라 함은 노동위원회에서 근로자를 대표하는 위원을 말한다. 노동조합이 추천한 자 가운데 중앙노동위원회의 위원은 대통령이, 지방노동위원회의 위원은 중앙노동위원회 위원장이 각각 위촉한다(노위§6②). 근로자위원과 사용자위원 및 공익위원의 임기는 3년으로 하되 연임할 수 있으며(노위§7①), 보궐위원의 임기는 전임자의 잔임기간이다(노위§7②).

사용자위원(使用者委員)

사용자위원이라 함은 노동위원회에서 사용자를 대표하는 위원을 말한다. 사용자단체에서 추천한 자 가운데 중앙노동위원회의 위원은 대통령이, 지방노동위원회의 위원은 중앙노동위원회 위원장이 각각 위촉한다(노위§6②). 임기는 3년이나 연임할 수 있으며, 보궐위원의 임기는 전임자의 잔임기간이다(노위§7① ②).

공익위원(公益委員)

공익위원이라 함은 노동위원회에서 公益(공익)을 대표하는 위원을 말한다. 공익위원은 당해 노동위원회위원장·노동조합 및 사용자단체가 각각 추천한 자 중에서 노동조합과 사용자단체가 순차적으로 배제하고 남은 자를 위촉대상 공익위원으로 하고, 그 위촉대상 공익위원 중에서 중앙노동위원회의 공익위원은 고용노동부장관의 제청으로 대통령이, 지방노동위원회의 공익위원은 지방노동위원회위원장의 제청으로 중앙노동위원회위원장이 각각 위촉한다(노위§6④). 그리고 공익위원은 심판사건을 담당하는 심판담당공익위원과 차별시정사건을 담당하는 차별시정담당공익위원, 조정사건을 담당하는 조정담당공익위원으로 구분하여 위촉한다(노위§6⑤).

중앙노동위원회의 공익위원은 다음의 구분에 따라 다음 각목의 1에 해당하는 자로서 노동문제에 관한 지식과 경험이 있는 자중에서 위촉한다.

1. 심판담당공익위원 및 차별시정담당공익위원

가. 노동문제와 관련된 학문을 전공한 자로서 「고등교육법」 제2조제1호부터 제6호까지의 학교에서 부교수 이상으로 재직하고 있거나 재직하였던 사람

나. 판사·검사·군법무관·변호사 또는 공인노무사의 직에 7년 이상 재직하고 있거나 재직하였던 사람

다. 노동관계업무에 7년 이상 종사한 자로서 2급 또는 2급상당이상의 공무원이나 고위공무원단에 속하는 공무원으로 재직하고 있거나 재직하였던 사람

라. 기타 노동관계업무에 15년이상 종사한 사람으로서 심판담당공익위원 또는 차별시정담당공익위원으로 적합하다고 인정되는 자

2. 조정담당공익위원

가. 「고등교육법」 제2조제1호부터 제6호까지의 학교에서 부교수 이상으로 재직하고 있거나 재직하였던 사람

나. 판사·검사·군법무관·변호사 또는 공인노무사의 직에 7년 이상 재직하고 있거나 재직하였던 사람

다. 노동관계업무에 7년 이상 종사한 자로서 2급 또는 2급상당이상의 공무원이나 고위공무원단에 속하는 공무원으로 재직하고 있거나 재직하였던 사람

라. 기타 노동관계업무에 15년이상 종사한 자 또는 사회적 덕망이 있는 자로서 조정담당공익위원으로 적합하다고 인정되는 자(노위§8①).

지방노동위원회의 공익위원은 다음의 구분에 따라 다음 각목의 1에 해당하는 자로서 노동문제에 관한 지식과 경험이 있는 자중에서 위촉한다.

3. 심판담당공익위원 및 차별시정담당공익위원

가. 노동문제와 관련된 학문을 전공한 자로서 「고등교육법」 제2조제1호부터 제6호까지의 학교에서 조교수 이상으로 재직하고 있거나 재직하였던 사람

나. 판사·검사·군법무관·변호사 또는 공인노무사의 직에 3년 이상 재직하고 있거나 재직하였던 사람

다. 노동관계업무에 3년 이상 종사한 자로서 3급 또는 3급상당이상의 공무원이나 고위공무원단에 속하는 공무원

으로 재직하고 있거나 재직하였던 사람

라. 노동관계업무에 10년 이상 종사한 자로서 4급 또는 4급상당이상의 공무원으로 재직하고 있거나 재직하였던 사람

마. 기타 노동관계업무에 10년이상 종사한 사람으로서 심판담당공익위원 또는 차별시정담당공익위원으로 적합하다고 인정되는 자

3. 조정담당공익위원

가. 「고등교육법」 제2조제1호부터 제6호까지의 학교에서 조교수 이상으로 재직하고 있거나 재직하였던 사람

나. 판사·검사·군법무관·변호사 또는 공인노무사의 직에 3년 이상 재직하고 있거나 재직하였던 사람

다. 노동관계업무에 3년 이상 종사한 자로서 3급 또는 3급상당이상의 공무원이나 고위공무원단에 속하는 공무원으로 재직하고 있거나 재직하였던 사람

라. 노동관계업무에 10년 이상 종사한 자로서 4급 또는 4급상당이상의 공무원으로 재직하고 있거나 재직하였던 사람

마. 기타 노동관계업무에 10년이상 종사한 자 또는 사회적 덕망이 있는 자로서 조정담당공익위원으로 적합하다고 인정되는 자(노위§8②).

공익위원의 임기는 3년이나 연임할 수 있으며(노위§7①), 보궐위원의 임기는 전임자의 잔임기간이다(노위§7②).

상임위원(常任委員)

노동위원회에 상임위원을 두며 상임위원은 당해 노동위원회의 공익위원 자격을 가진 자 중에서 중앙노동위원회위원장의 추천과 고용노동부장관의 제청으로 대통령이 임명한다. 상임위원은 공익위원이 되며, 심판사건과 조정사건을 담당할 수 있다. 각 노동위원회에 두는 상임위원의 수 및 직급은 대통령령으로 정한다(노위§11).

근로자참여 및 협력증진에 관한법률

근로자참여및협력증진에관한법률
(勤勞者參與및協力增進에관한法律)

근로자참여및협력증진에관한법률은 근로자와 사용자 쌍방이 참여와 협력을 통하여 노사공동의 이익을 증진함으로써 산업평화를 도모하고, 국민경제발전에 기여함을 목적으로 하여 제정된 법률을 말한다(근로자참여및협력증진에관한법률 §1). 이 법률은 1980년 12월 31일 법률 제3348호로서 노사협의회법으로 제정, 1981년 법률 제3422호와 1987년 법률 제3968호, 1996년 12월 30일, 1997년 3월 13일 법률 제5312호로 4차(근로자참여및협력증진에관한법률로 법명 변경) 개정되었다. 이 법률은 총7장과 부칙으로 되어 있다. 즉 제1장(총칙), 제2장(협의회의 구성) 제3장(협의회의 운영) 제4장 (협의회의 임무), 제5장 (고충처리), 제6장 (보칙), 제7장(벌칙)과 부칙으로 되어 있다. 이 법률에서의 근로자의 의미는 근로기준법에서의 그것과 같으며 (근로자참여및협력증진에관한법률§3 Ⅱ, 근기§2). 사용자의 의미도 근로기준법에서의 그것과 같다(근로자참여및협력증진에관한법률§3Ⅲ, 근기§2). 이 법에서의 근로자와 사용자는 상호신의를 바탕으로 성실하게 협의에 임하여야 한다(근로자참여및협력증진에관한법률 §2). 그리고 노동조합의 단체교섭 기타 모든 활동은 이 법에 의하여 영향을 받지 아니한다(근로자참여및협력증진에관한법률§5).

노사협의회(勞使協議會)

노사협의회라 함은 근로자와 사용자가 참여와 협력을 통하여 근로자의 복지증진과 기업의 건전한 발전을 도모함을 목적으로 구성되는 협의기구를 말한다(근로자참여및협력증진에관한법률 §3Ⅰ). 노사협의회는 근로조건의 결정권이 있는 사업 또는 사업장 단위로 설치하여야 한다 (근로자참여및협력증진에관한법률§4①본문). 다만 상시(상시) 30명 미만의 근로자를 사용하는 사업 또는 사업장은 그러하지 아니하다(근로자참여및협력증진에관한법률§4①단서). 노사협의회는 근로자와 사용자를 대표하는 동수의 위원으로 구성하되, 각 3인이상 10인 이내로 한다(근로자참여및협력증진에관한법률§6①). 근로자위원은 근로자가 선출하되, 근로자의 과반수로 조직된 노동조합이 조직되어 있는 경우에는 노동조합의 대표자와 그 노동조합이 위촉하는 자로 한다(근로자참여및협력증진에관한법률§6②). 사용자위원은 당해 사업 또는 사업장의 대표자와 그 대표자가 위촉하는 자로 한다(근로자참여및협력증진에관한법률§6③). 노사협의회에 의장을 두며, 의장은 위원중에서 호선한다. 이 경우 근로자위원과 사용자위원 중 각 1인을 공동의장으로 할 수 있다(근로자참여및협력증진에관한법률§7①). 위원의 임기는 3년으로 하되 연임할 수 있으며, 보궐위원의 임기는 전임자의 잔임기간이다(근로자참여및협력증진에관한법률§8②). 노사협의회는 3개월마다 정기적으로 회의를 개최하여야 하며(근로자참여및협력증진에관한법률§12②), 필요에 따라 임시회의를 개최할 수 있다(근로자참여및협력증진에관한법률§12②). 또한 노사협의회는 법정사항에 관하여 협의한다(근로자참여및협력증진에관한법률§20). 노사협의회는 합의된 사항을 신속히 근로자에게 공지시켜야 하며(근로자참여및협력증진에관한법률§23), 근로자와 사용자는 노사협의회의 합의사항을 성실하게 이행하여야 한다(근로자참여및협력증진에관한법률§24).

고충처리위원(苦衷處理委員)

고충처리위원이란 모든 근로자의 고충을 청취하고 이를 처리하기 위하여 모든 사업 또는 사업장(다만, 상시 30인 미만의 근로자를 사용하는 사업 또는 사업장은 제외한다.)에 두는 위원을 말한다.(근로자참여및협력증진에관한법률§26, 동시행령§7) 고충처리위원은 노사를 대표하는 3인 이내의 위원으로 구성한다. 노사협의회가 설치되어 있는 사업 또는 사업장의 경우에는 노사협의회가 그 위원 중에서 선임하고, 노사협의회가 설치되어 있지 않는 사업 또는 사업장의 경우에는 사용자가 위촉한다(근로자참여및협력증진에관한법률§27①). 고충처리위원의 임기는 3년으로 하되 연임할 수 있으며, 보궐위원의 임기는 전임자의 잔임기간이다(근로자참여및협력증진에관한법률§27②,§8①,②). 근로자가 고충사항이 있는 때에는 고충처리위원에게 구두 또는 서면으로 신고하고, 신고된 고충사항은 고충처리위원 전원의 협의로 지체없이 처리하여야 한다. 또 고충처리위원은 근로자로부터 고충사항을 청취한 때에는 10일 이내에 조치사항 기타 처리결과를 당해 근로자에게 통보하여야 하며(근로자참여및협력증진에관한법률§28①), 고충처리위원이 처리하기 곤란한 사항에 대하여는 노사협의회에 부의(附議)하여 협의처리한다(근로자참여및협력증진에관한법률§28②). 그리고 고충처리위원은 비상임·무보수로 한다(근로자참여및협력증진에관한법률§9①).

중앙노사정협의회(中央勞使政協議會)

중앙노사정협의회라 함은 노·사·공익·정부를 대표하는 4자로 구성되어 노동정책의 중요한 사항을 심의하기 위하여 설치된 노동부장관 산하의 자문기구를 말한다(개정전 근로자참여및협력증진에관한법률§28①). 개정전 근로자참여및협력증진에관한법률에 의하면 주요 노동문제를 협의하기 위하여 중앙노사정협의회를 설치·운영하도록 하고 있었으나, 대통령 자문기구인 노사정위원회와 그 기능 및 구성에서 중복되어 중앙노사정협의회 관련 규정을 2007. 1. 26. 개정에 의하여 삭제하였다.

조세법·경제법

조세법 / 1387
- 총　론 / 1387
- 국세실체법 / 1400
- 국세의 징수 / 1408
- 조세쟁송과 조세범칙법 / 1410

경제법 / 1413
- 지적재산권법 / 1415
- 소비자기본법 / 1433
- 저작권법 / 1446
- 독점규제 및
  공정거래에 관한 법률 / 1447

조세 · 경제법

총 론

조세(租稅)
영;tax
독;steuer

국가 또는 지방자치단체가 그 재력을 취득하기 위하여 반대급부 없이, 일반국민으로부터 강제적으로 부과 징수하는 과징금이다. 조세는 국가 또는 지방자치단체가 과징하는 점에서 그 이외의 단체가 과징하는 조합비·회비와 구별된다. 또 직접목적이 과세단체의 재력의 취득에 있는 점에서 벌금·과료·과태료·몰수 등 처벌을 목적으로 하는 벌과금과 구별된다. 또한, 반대급부 없이 과징하는 점에서 사용료·수수료 등과 구별되며, 일반국민으로부터 과징하는 점에서 특정공익사업에 특별한 이해관계가 있는 자로부터 과징하는 부담금과 구별된다. 강제적으로 과징하는 점에서 사업수입·재산수입 등의 사법적 수입과도 구별된다. 그 부과의 필요는 과세단체의 일반적 경비에 충당하려는 것에 있으나, 예외적으로 세액의 전부 또는 일부를 처음부터 특정용도에 충당시킬 것을 예정하는 것이 있는바, 이것을 목적세라고 한다. 조세는 금전으로 납부함이 원칙이나, 예외적으로는 법령에 따라서 물납이 허용될 때도 있다. 조세의 종목과 세율은 법률로써 정한다(헌§59).

조세법(租稅法)
영;tax law
독;steuerrecht

조세에 관한 법의 총칭이다. 조세관서의 조직에 관한 조세행정조직법, 조세채무의 내용에 관한 조세실체법, 조세의 부과징수절차에 관한 조세절차법, 납세의무의 위반에 대한 제재에 관한 조세범처벌법, 납세의무자의 구제에 관한 조세구제법을 포함하고 있다. 조세법에 관한 연구는 근래에 공법의 한 전문분야로 독립하는 경향이 있으나 그럼에도 불구하고 조세법의 원리는 행정법의 일반원리에서 연역되는 특수원리인 까닭에 행정법이론에 관한 기초적 이해가 필요하다. 조세는 국가 기타의 지배단체의 경제적기초가 될 재력을 확보함을 목적으로 하고 있는 동시에 국민의 자유와 재산에 지대한 관계가 있으므로 근대법치국가에서는 그의 과징에 관하여 반드시 법률의 근거를 요하게 하고 있다(조세법률주의)

국세(國稅)
영;national tax

과세권의 주체가 국가인 조세이다. 지방공공단체가 과하는 지방세에 대하는 것이다. 국세의 주요한 것은 소득세, 법인세, 부가가치세, 상속세, 증여세, 부당이득세, 주세, 특별소비세, 인지세, 전화세, 토지초과이득세, 재평가세, 증권거래세, 교육세, 교통세, 농어촌특별세등이다. 어떤 조세를 국세로 하고 지방세로 할 것인지의 명확한 기준은 없다. 다만 일반적으로 세원의 규모가 크고 전국적인 것은 국세, 규모가 비교적 작고 지방에 보편적으로 산재하여 있는 것은 지방세의 대상으로 하고 있다. 그러나 실제적으로는 각 국가의 재정사정과 행정편의를 고려하여 결정하게 된다. 국세에 관한 일반법으로서는 국세기본법, 국세징수법, 조세범처벌법, 조세범처벌절차법, 조세특례제한법 등이 있다.

조세심판원(租稅審判員)

지방세와 국세를 망라한 세금불복 업무를 도맡아 처리하는 국무총리 소속의 기관으로서 재정경제부 산하의 국세심판원을 행정자치부의 지방세심판위원회와 통합해 '조세심판원'이 신설되었다. 심판청구는 해당 처분이 있음을 안 날(처분의 통지를 받은 때에는 그 받은 날)부터 90일 이내에 제기하여야 한다. 이의신청을 거친 후 심판청구를 하려면 이의신청에 대한 결정의 통지를 받은 날부터 90일 이내에 제기하여야 한다(국세기본법§68).

지방세(地方稅)

영;local tax

지방자치단체가 국가로부터 부여된 과세권에 의거하여 주민에게 부과하는 조세이다. 국세에 대하는 것이다. 주민세, 취득세, 등록세, 재산세, 종합토지세, 농지세, 자동차세, 담배소비세, 도축세, 경주·마권세, 도시계획세, 공동시설세, 사업소세, 지역개발세 등이다. 지방세는 과세단체의 구별에 따라 특별시, 광역시·도세·시군구세가 있다.

내국세(內國稅)

국내에 있는 과세물건에 대하여 과하는 조세이며, 국세 가운데에서 톤세(噸稅)와 관세를 제외한 것의 총칭이다. 그러나 외국에서 수입되는 물품에는 관세뿐만 아니라 국내생산물품과 동일하게 내국세인 부가가치세, 특별소비세, 주세 등이 부과된다. 이들은 징수의 편의상 관세를 징수할 때 세관에서 함께 징수되지만 이들은 관세가 아니라 내국세이다. 내국세의 부과징수사무는 지방국세청 세무서가, 관세·톤세의 부과징수사무는 세관이 각각 관장한다.

관세(關稅)

영;custom duties, tariff
독;Zoll
불;douane

관세법(2000. 12. 29. 법률 제6305호 전문개정)에 의하여 수입물품에 대하여 부과·징수하는 조세이다. 외국에서는 수출 또는 통과하는 물품에도 관세를 부과하는 예가 있으나 우리나라에서는 수입하는 물품에 대하여서만 과세한다. 관세에는 내국산업을 보호하기 위하여 내국상품과 경쟁하는 위치에 서 있는 외국상품에 고율의 관세를 부과하는 류의 보호관세적 성질의 것과 내국소비세의 경우와 같이 외국상품의 소비에 담세력을 인정하고 관세를 부과하는 류의 재정관세적 성질의 것이 있다. 관세는 수입물품의 가격 또는 수량을 과세표준으로 하고 조약에 특별한 협정세율이 있을 때에는 그것에 의한다. 덤핑방지관세(관세§51~§56), 보복관세(관세§63~§64), 긴급관세(관세§65~67), 조정관세(관세§69, §70), 농림축산물에 대한 특별긴급관세(관세§68) 상계관세(관세§57~§62), 편익관세(관세§74, §75), 계절관세(관세§72), 할당관세(관세§71) 등이 관세법에 규정되어 있다. 관세는 수입물품 그 자체를 담보로 하여 징수하며 그 징수는 다른 모든 공과와 채권에 우선한다(관세§3).

관세무역일반협정(關稅貿易一般協定)

영;General Agreement on Tariffs and Trade (GATT)

1947년 제네바에서 열린 국제연합무역고용회의준비위원회 제2차회의에서 국제무역헌장초안의 심의와 병행하여 토의되고 1947년 12월 30일에 미국·영국 등 23개국에 의하여 조인, 1948년 1월 1일부터 시행되었다. 이 협정은 국제무역기구헌장의 통상정책에 관한 부분을 조속히 발효하게 할 필요에서 나온 잠정적 협정이지만, 이 헌장의 발효를 보지 못하고 있는 까닭에 그 기간을 연장하여 오고 있으며 최근에는 동 협정을 항구화(恒久化) 하려는 움직임도 있다. 이 협정의 목적은 관세의 인하, 각종무역장해의 완화에 의하여 국제무역을 확대하고 이로써 고용수준이나 생활수준을 높이는 데 있으나, 종래의 호혜협정방식을 바꾸어 세계의 주요무역국을 망라한 다각적 방식을 채택한 데에 그 특색이 있다. 이 협정은 일반규정과 관세양허표로 구성되며, 일반협정은 전문과 35조의 본문 및 부속의정서로서 되어 있다. 본문은 제1부에서 관세 및 기타의 부과금에 대하여 즉시 또한 무조건의 최혜국대우를 부여한다는 취지의 원칙을 규정하고 제2부에서 수출입제한·덤핑·차별대우 등 관세이외의 무역장해의 저감에 관하여 규정하고 있으며, 제3부에서 또한 동협정의 적용구역·개정·가입·탈퇴 등에 관한 절차를 규정하고 있다. 관세양허표는 각 가맹국에 다각적으로 관세교섭을 한 결과를 각국마다 종합한 것으로서 여기에 정하여진 세율보다 불리한 세율은 다른 가입국에 적용함은 허용되지 않는다. 이 협정에의 가입은 일정조건하에 모든 국가에 개방되어 있다. 우리나라는 1958년에 가입을 신청하였으나 동협정 제33조에 규정된 체결국의 3분의 2의 동의·서명이 기한내에 완료되지 못하여 가입이 실현되지 못하고 있다가 1967년 4월 14일에 가입이 실현되었다. 이 협정은 1995년 세계무역기구협정(마라케쉬협정)으로 자동폐지되고 세계무역기구(WTO)로 대체되었다.

직접세·간접세(直接稅·間接稅)

영;direct tax·indirect tax
독;direkte Steuer·indirekte Steuer
불;contribution directe·contributions indirectes

법률상의 조세의무자와 실제의 조세부담자가 일치하는 조세를 직접세라

하고, 입법자가 조세부담을 납세의무자 이외의 다른 사람에게 전가할 것을 예상하고 과징케 하는 조세를 간접세라고 한다. 그러나 직접세와 간접세의 구별에 관하여는 학설이 나누어져 있다. (1) 직접세는 법률상의 납세의무자와 실제의 조세부담자가 일치하는 조세로서 조세부담의 전가가 예상되지 아니하는 조세이며 간접세는 법률상의 납세의무자와 실제의 담세자가 다르고 조세부담의 전가가 예상되는 조세라는 설, (2) 직접세는 재산과 수익에 대한 조세이며, 간접세는 행위에 대한 조세라는 설, (3) 직접세는 납세의무자의 담세력을 직접으로 표현하는 것을 과세물건으로 하는 조세이며, 간접세는 납세의무자의 담세력을 간접으로 표현하는 것을 과세물건으로 하는 조세라는 설, (4) 직접세는 계속적인 효력을 가지는 조세대장에 의하여 계속적인 목적물에 대하여 과하는 조세이며 간접세는 그렇지 않는 조세라는 설 등이 있다. 이들은 양자의 주된 특색을 들고 있기는 하지만 법률상의 구별표준으로 하기는 곤란하며, 결국 입법에 의하여 해결하는 수밖에 없다(헌§59). 직접세로는 소득세·법인세·재산세·상속세 등이 있고, 간접세로는 주세·부가가치세·인지세 등이 있다.

소득세(所得稅)
영:income tax

개인의 소득에 대하여 부과되는 조세이다. 소득은 각인의 경제력 즉 담세력을 가장 잘 표현하는 것이므로 오늘날의 조세이론에 따르면 소득세가 담세능력에 따른 과세의 원칙에 가장 합치되는 이상적 조세이고, 이것이 조세제도의 근간이 되고 있다. 소득의 개념에 관하여는 학설이 갈라져 있으나 그 대표적인 것으로는 원천설과 순증가설이 있다. 원천설는 각인이 일정기간에 각종의 근로사업, 자산에서 받는 계속적 수입에서 이를 얻는 데에 필요한 경비를 공제한 잔액을 소득이라 하고, 순증가설은 일정기간의 재산증가총액에서 그 기간내의 재산감소의 총액을 공제한 잔액을 소득이라고 한다. 어느설에 의하든 일정한 기간에 취득하는 수입으로서 이를 소비처분하여도 이로 인하여 당초에 존재하였던 원래 재산을 감하는 일이 없고 또 경제상 지위를 해하지 않는 것이 소득의 공통개념이다. 부과방법은 일반적으로 종합(일반적)소득세와 분류(개별적)소득세로 대별한다. 종합(일반적)소득세에 있어서는 각종의 소득을 일괄하여 과세하고, 분류(개별적)소득세에 있어서는 소득을 원천별로 포착하여 개개의 소득에 대하여 개별적으로 과세한다. 현재 우리나라에 있어서는 종합소득세제를 주축으로 하고 있으며, 과세소득은 거주자의 소득과 비거주자의 소득으로 구분하며 거주자의 소득은 종합소득(당해연도에 발생하는 이자소득·배당소득·사업소득·근로소득·연금소득과 기타소득을 합산한 것), 퇴직소득(퇴직으로 인하여 발생하는 소득), 양도소득(자산의 양도로 인하여 발생하는 소득)의 3종이다(소득§4)

소득세법(所得稅法)

소득세의 부과·징수에 관하여 정한 법률이다. 납세의무자(소득§1,§2), 과세소득(소득§4,§65,§59,§70,§119,§124), 세율(소득§55), 신고(소득§70), 원천징수(소득§127~§159), 결정·경정과 징수 및 환급 (소득§80~§86) 세무공무원의 질문 조사(소득§170)등에 관하여 자세히 규정하고 있다.

재산세(財産稅)

영;property tax
독;vermögensteuer

재산의 취득, 소유, 가격의 증가를 과세대상으로 하는 조세이다. 재산의 취득시의 과세는 재산이전에 따라 과세하는 것으로 동적 재산세라 하여 상속세·증여세·부동산취득세가 이에 해당한다. 재산의 소유시의 과세는 재산의 정적 상태에서 과세하는 것으로 정적 재산세라 하여 토지세·광구세(鑛區稅)·가옥세 등이 해당한다. 또한 가벼운 세율로써 부과하는 항구적 재산세와 무거운 세율로써 부과하는 일시적 재산세가 있다.재산세에 있어서 가장 큰 문제인 재산의 평가는 재산의 종류에 따라 다르지만, 예컨대, 토지 또는 가옥의 가액은 원칙적으로 시가에 의한다. 우리나라에서는 재산세를 지방세의 일종으로 하고 있다 (지방§5,§6,§180,§196). 국가 등의 공공단체의 소유재산과 일정한 용도에 공하는 재산에는 재산세를 과하지 않으며(지방§183,§184), 개간지재산·매립간척지재산·황지재산·재해재산 및 소액의 재산등에 대하여는 재산세를 면제한다 (지방§191,§201~§204).

소비세(消費稅)

영;consumption tax

재화의 소비 또는 화폐의 지출로써 담세력을 추측하여 과세하는 조세의 총칭이다. 소비세는 소비의 사실을 포착하여 과세하는 것이므로 소비의 최후단계에서 그 소비자에 대하여 과세하는 것이 이상적인 방법이다. 이 과세방법을 직접징수방법이라 하며 이 세를 직접소비세라 한다(예;사치세 오락세 등). 소비의 최후단계에서 포착하지 않고 그 이전의 단계에서 과세하는 것을 간접징수방법이라 하며, 이 세를 간접소비세라 한다. 이 간접소비세는 그 과징방법과 과세물건의 다름에 따라서 두 가지 계통으로 분류된다. 하나는 관세이며, 다른 하나는 내국소비세이다. 관세는 다시 보호관세와 재정관세로 나누어진다. 보호관세는 내국소비자 또는 외국생산자의 부담이 되고 재정관세는 주로 내국소비자의 부담에 귀착된다. 내국소비세는 국내에서 생산 또는 소비되는 재화에 대하여 과세하는 것이다. 그 과세객체의 입장에서 볼 때에는 생활필수품에 대한 세와 기호품에 대한 세와 응분소비품에 대한 세가 성립한다. 응분소비품세는 인간이 자기의 지위·신분에 따라서 생활하는 데 필요한 소비품에 대한 과세이므로 기호품과 필수품과의 중간에 있는 소비품에 과하는 세가 된다(예 : 사탕세 부가가치세 등). 소비세(특히 간접소비세)는 그 납세의무자는 물건의 제조자·판매자이나 그 세액이 물건가격중에 포함되어서 소비자에게 전가되어 실제의 납세자는 소비자인 점에 특색이 있다.

유통세(流通稅)

재화의 유통, 즉 재화의 이전이 있을 때에 이를 통하여 담세능력이 있다고 추정되어 과세되는 조세이다. 특히 유상적인 소유권이전행위에 대한 것이다. 예컨대 인지세·등록세·은행권발행세가 이에 해당된다. 상속세나 증여세도 유통세로서 설명하고 있는 학자도 있으나 이는 유통세의 유형에서 제외하여 재산세의 체계내에 포함시키는 것이 보통이다. 유통세는 개인적 사정과는 관계없는 기회적인 과정 또는 사실과 관련하여 과징되는 것이나 이 과정 또는 사실에 의해서 사람의 급부능력을 직접 포착한다는 것이다. 이것이 간접소비세와는 다르다. 징세비가 경미하다는 점에 있어서 장점이 있으나 경기의 변동에 지배되고 경제유통을 억압할 우려가 있다. 그런데 유통세는 유통에 의해서 획득된 이윤, 특히 경기이윤이나 투기이윤에 과세하고자 하는 것이며, 특수한 조세납부능력을 추측할 수 있는 경우에 있어서는 소득세·수익세의 보충세로서의 역할을 할 수 있다.

인세·물세(人稅·物稅)

과세의 목표를 사람에게 두고 조세주체의 개인적 사정을 고려하여 부과하는 조세가 인세이며, 사람을 떠나 객관적으로 재산 또는 수익에 대하여 부과하는 조세가 물세이다. 즉 과세물건의 종류에 의한 조세의 구별이다. 인세로는 소득세가 가장 대표적이며 물세로는 재산세·주세 등이 있다. 인세와 물세의 구별은 개인적 사정을 고려하느냐의 여부에 따라서 이루어지기 때문에 절대적인 것이 못되고 상대적인 것이다. 따라서 동일조세라 할지라도 과세액을 결정할 때 개인의 주관적 사정을 고려에 넣을 경우는 인세가 되고 그렇지 않을 경우는 물세가 된다고 말할 수 있다. 중복과세를 피하기 위하여 인세는 속인주의로, 물세는 속지주의로, 행위세는 행위지주의로 과세한다.

보통세·목적세(普通稅·目的稅)

특정한 사용목적에 충당하기 위하여 부과하는 조세를 목적세라 하며, 이러한 목적없이 일반적인 경비에 충당하기 위하여 설정된 조세를 일반세 또는 보통세라고 한다. 원래 조세는 일반경비의 재원에 충당하기 위하여 과하는 것이 원칙이지만, 예외로 지방자치단체가 행하는 특정사업에 있어서 수익관계가 있는 자에 대하여 거기에 필요한 경비를 충당하기 위하여 특별히 과세하는 일이 있다. 목적세의 과세는 납세자의 수익의 정도에 대응하여 과해져야 하며, 수익의 한도를 넘어서 과세하여서는 안 된다. 현행법제상에서는 지방세법으로 법정된 경우에만 인정되는데, 도시계획세·공동시설세·사업소세·지역개발세가 그 예이다.

(지방§5,§6,§235,§239,§243,§253). 목적세의 부과징수에 관하여는 지방자치단체의 조례로 정하도록 되어 있다.(지방§238,§241,§258)

종가세·종량세(從價稅·從量稅)

부과물건의 가격에 대하여 부과하는 조세를 종가세(從價稅)라 하며, 과세물건의 분량을 표준으로 하는 조세를 종량세라 한다. 과세표준에 의한 조세분류이다. 종량세는 인플레이션하에서 재정수입을 증가하게 하거나 공평과세를 행하는 점에 있어서 장점이 있으며 과세물건의 평가에 따르는 탈세의 기회를 적게 하고, 또 디플레이션 때에 재정수입을 확보하려는 경우에는 종량세에 의하는 것이 합리적이다. 종량세는 현행 내국조세법상 일부 간접세(주세·특별소비세)에서 적용하고 있다. 반면에 직접세는 주로 종가세이다.

세무서(稅務署)

지방국세청장 소속하의 지방세무행정기관이다(지방세무관서직제§1). 세무서장은 서기관 또는 행정사무관으로 보한다(지방세무관서직제§11). 세무서장의 보조기관으로는 총무과·직세과·부가가치세과·조사과와 소비세과를 두며, 예외가 인정되어 있다(지방세무관서직제§12①). 세무서에는 대통령령이 정하는 바에 의하여 지서 또는 출장소를 둘 수 있다.(지방세무관서직제§14).

조세법률주의
(租稅法律主義)

조세의 부과는 반드시 법률에 의하여야 한다는 주의이다. 영국에 있어서의 이른바 「대표 없으면 과세도 없다」(Without repressesstationno taxation)는 원칙을 표현으로서 근대국가는 이 원칙을 따르고 있다(헌§38). 그 의의는 조세의 종류 및 부과의 근거뿐만 아니라 납세의무자·과세물건·과세표준·세율을 국민의 대표로 구성되는 의회의 법률로 정함으로써 국민의 재산과 법률생활의 안전을 도모하려는 것이다(헌§59). 그 예외로서 우리 국법상 다음의 두 가지가 있다. (1) 지방세는 지방자치단체가 과세권을 국가로부터 부여받고 지방세법이 그 일반적 규준을 정하나 구체적인 것은 지방자치단체의 자치권에 기한 조례로써 정할 수 있다. (2) 관세에 관하여는 그 특수성으로 보아 협정세율에 의하는 경우가 있다.

실질과세의 원칙
(實質課稅의 原則)

과세요건사실에 대한 조세법의 적용에 있어서 경제적 실질과 법적 실질이 일치하지 않을 경우에는 경제적 실질에 따라 과세한다는 원칙이다. 우리 조세법에서는 1967년 11월 29일 법률 제1964호 개정 법인세법(§3)과 1971년 개정 소득세법 (현행폐지)에서 실질과세의 표제가 붙은 규정이 신설되었으며, 그 후 1974년 12월 21일 법률 제2679호 개정 국세기본법(§14)에 국세부과의 원칙으로 규정되었다. 이는 구체적으로 (1) 과세물건이 형식상 귀속하는 자와 실질상 귀속하는 자가 다를 경우에 실질상 귀속하는 자에 대한 귀속으로 보고 과세한다는 실질귀속의 원칙과 (2) 과세물건을 인식함에 있어 과세거래의 형식과 실질이 일치하지 않을 경우 실질에 따라 과세한다는 실질계산의 원칙이 있다(국기§14). 법인세법(법인세법§3①)의 규정에도 법인세는 소득의 가득자(稼得者) 또는 귀속자에게 부과하도록 되어 있는데 이때 소득의 가득자 또는 귀속자는 당연히 실질적인 소득자를 말하는 것이다. 그러나 이와 같은 납세자의 과오 또는 통정허위표시에 의한 명의의 대여나 기타의 행위는 국세기본법 또는 법인세법에서 규정하는 실질과세의 규정이 없다고 하더라도 세법의 원리나 규정상 당연히 그 형식에 구애되지 않고 실질에 따라서 사실대로 과세하여야 한다.

국세기본법(國稅基本法)

국세에 관한 기본적인 사항 및 공통적인 사항과 위법 또는 부당한 국세처분에 대한 불복절차를 규정함으로써 국세에 관한 법률관계를 확실하게 하고, 과세의 공정을 도모하며, 국민의 납세의무의 원활한 이행에 기여함을 목적으로 한 법률이다. 제1장 총칙(국세기본법§~§13), 제2장 국세부과와 세법적용(국세기본법§14~§20), 제3장 납세의무(국세기본법§21~§34), 제4장 국세와 일반채권의 관계(국세기본법§35~§42), 제5장 과세(국세기본법§43~§50), 제6장 국세환급금과 국세환급가산금(국세기본법§51~§54), 제7장 심사와 심판(국세기본법§55~§81), 제7장의2 납세자의 권리(국세기본법§81의2~§81의9), 제8장 보칙(국세기본법§82~§86), 부칙 등에 관하여 정하였다. 종전에는 위법 또는 부당한 국세처분에 대한 불복절차는 국세심사청구법에서 정하였으나, 국제심사청구법은 1975.4.1. 국세기본법에 의하여 폐지되고, 국세처분에 대한 불복절차는 국세기본법에서 정하고 있다. 국세기본법은 위법 또는 부당한 처분을 받은 경우뿐만 아니라 필요한 처분을 받지 못함으로써 권익을 침해당한 자도 구제를 청구할 수 있게 한 점 등에서 현저한 특징이 존재한다. 국세기본법은 조세행정심판으로 심사청구(국세청장에게 국세기본법§61~§66)·심판청구(국세기본법§67~§81,조세심판원에게)의 2단계를 인정하고, 이의신청(국세기본법§66, 세무서장에게)은 불복을 신청하는 자가 원하면 심사청구 전에 제기할 수 있도록 정하고 있다.

납세의무(納稅義務)

국가 또는 공공단체를 유지하는 데 필요한 경비를 조세로서 지급하는 공적의무이다. 납세의 의무는 거의 모든 국가의 헌법이 이를 규정하고 있고, 우리 헌법도 제38조에서 「모든 국민은 법률이 정하는 바에 의하여 납세의 의무를 진다」고 규정하였다. 이는 조세법률주의를 말하는데, 이 조세법률주의는 헌법 제59조에서도「조세의 종목과 세율은 법률로 정한다」고 하여 이를 별도로 규정하고 있다. 조세법률주의는 영국에서 확립된 「대표 없이는 과세 없다」 (Without representation, no taxa-tion)의 원칙으로부터 유래한 것이다. 조세는 금전급부가 보통이지만, 이에 따라서는 부역·현품도 허용될 수 있다. 조세는 급부에 대한 반대급부가 아니라는 점에서 수수료·사업요금·부담금 기타의 과징금과 다르다.

납부(納付)

납세자는 국세를 정하여진 법정납부기한까지에는 확정된 세액을 내지않으면 안 된다. 이것이 곧 국세채무의 이행이다. 그 납부절차 및 방법은 다음에 의한다. (1) 금전납부가 일반적인 방법이다. 납세자가 납부하는 세액에 상당하는 현금을 납부서 또는 납세고지서와 함께 국고수납은행 및 우체국에 내면 된다. 이 때 영수증이 교부된다. (2) 인지납부의 방법은 수입인지를 첨부하여 이를 소인하여 납부한다. 이것은 편의의 원칙을 근거로 하여 채택된 방법이다. (3) 물납(物納)은 상속세의 물납이 허가된 경우에 한한다. 물납을 할 수 있는 것은 부동산과 유가증권이다. 지방세 중 농지세(갑류)는 농지세징수특별조치법(법률 제1662호, 1985. 1.1 폐지)에 하여 현곡으로 물납하도록 되어 있었다. (4) 증권교부의 방법은 수표·우편통상환증서·우편대체저금불출증서·우편소액증서 또는 우편통신환증서 등의 증권으로서 할 수 있다.

신고납부(申告納付)

납세자의 신고에 과세표준확인과 세액확정의 효과를 주어 그 신고에 의거하여 납세하는 제도이다. 인정과세 또는 부과과세에 대립되는 개념이다. 일반적으로 구체적인 납세의무는 과세표준이 외관상 명백한 경우를 제외하고는 과세표준을 인정하는 것에 의하여 발생하므로 세무관서의 행정처분에만 이 확인의 효과를 인정하는 제도를 인정과세라고 한다. 이에 대하여 신고납부란 납세의무자의 과세표준·세액 등의 신고에 이 확인의 효과를 인정하고 납세시키는 제도를 말한다. 우리나라에서는 신고납세를 원칙으로 하나 신고하지 아니하는 때, 또는 신고가 부당하다고 인정할 때에는 인정과세를 하는 동시에 무신고가산제를 부과한다.

신고납입(申告納入)

지방세법상 지방세의 징수에 있어서 원천징수의무자가 그 징수한 지방세의 과세표준액과 세액을 신고하고 동시에 그 신고한 세금을 납입하는 것을 말한다. 이 경우 그 납입할 지방세를 納入金(납입금)이라고 한다.

과세요건(課稅要件)

조세채무 즉 납세의무의 성립에 필요한 법률상의 요건이다. 이 요건은 그 세의 종목에 따라 그 내용을 달리할 것이며, 특정한 세종목의 과세요건을 개별적 과세요건이라 한다. 이 개별적

과세요건의 기초 또는 기준이 되는 것을 일반적 과세요건이라 한다. 그 구성요소로는 납세의무자, 과세물건, 과세표준, 세율(납세의무자, 과세물건, 과세표준, 세율)의 네 가지를 든다. 즉, 어느 조세법상 납세자가 납부하여야 할 세액이나 국가가 징수할 세액이 결정되기 위해서는 과세대상이 무엇이며, 그 대상물건의 과세기준은 어느 정도이며, 또 그 크기는 어느 세율에 해당하는 금액의 세액으로 누구(납세의무자)에게 과세할 것인지가 정해져야 한다.

과세대상(課稅對象)

조세법률관계의 성립에 필요한 물적요소로 법률에서 과세의 목적물로 정하는 일정한 물건·행위·사실 등을 말한다. 과세객체 또는 과세물건이라고도 한다. 주요조세의 과세대상을 보면 소득세는 개인의 소득, 법인세는 법인의 소득, 상속세는 상속재산, 부가가치세는 재화 또는 용역의 공급, 특별소비세는 특정한 물품이나 특정장소에의 입장행위, 관세는 수입물품, 재산세는 재산이 각각 과세대상이 된다. 조세는 과세대상인 소득 기타의 사실로부터 납세자의 담세력) 추측하여 일정한 금전의 납부를 명한 것이다.

과세표준(課稅標準)

영;assessment standard

과세대상인 소득·재산·소비 등에 대한 세액을 산정하기 위한 기초로서 그 단위는 금액·가격·수량 등으로 표시된다. 예를 들면 소득세는 일정한 방법으로 계산한 소득금액을 과세표준으로 하고, 고정자산세는 부동산의 가격을 과세표준으로 하여, 각각 그 가격의 다소에 따른 세율을 곱(乘)하여 세액이 정하여지며, 주세는 술의 종류·유별·급별 알코올 함유량, 출고석수에 따라 세율을 곱하여 세액이 정하여진다. 과세표준은 법률에 규정되어 있는 경우를 제외하고는 납세의무자의 신고의 유무를 불문하고 행정관청이 일방적으로 확인하는바, 그 인정의 방법에는 과세물건의 수량에 의한 경우(종량세)와 과세물건의 가격에 의하는 경우(종가세)가 있다. 과세표준의 인정권은 징세기관에 있는 것이 원칙이다. 예외적으로 다른 기관에 있는 때도 있다.

세율(稅率)

영;tax rate

세액을 결정하기 위하여 과세표준에 곱하는 비율이다. 종량세의 경우에는 과세표준인 수량의 단위에 대하여 금전 또는 백분율(때로는 천분율)에 의한 수량으로 정하고(예 : 인지세 등), 종가세의 경우에는 과세표준인 가격에 대하여 백분율(때로는 천분율)에 의한 금전으로 정한다(예 : 소득세, 법인세 등). 백분율을 정하는 방법으로는 수량 또는 가격의 증가에 따라 정하는 비례세율에 의하는 방법(비례세의 경우)과, 수량 또는 가격의 증가에 따라 누진적으로 정하는 누진세율에 의하는 방법(누진세의 경우)이 있다. 이 수량 또는 가격의 증가에 따라 누진적으로 정하는 누진세율에 의하는 방법에는 다시 과세표준을 여러 단계로 나누어 고단계일수록 고율의 세율을 적용하는 데에 그치는 단순누진세율의 방법과, 각 단계마다 누진적인 기초세액을 정하고 거기에 다시 초과량액에 대하여 세율을 적용하여 산출한 양액을 가산하여 세액을 정하는 초과누진세율의 방법이 있다. 그 외에 실질세율, 탄력세율, 역진세율 등에 의한 방법이 있다.

비례세율(比例稅率)

영;proportional tax rate, flat rate

과세대상이나 과세표준의 크기에 관계없이 동일하게 적용되는 세율이다. 간접세가 대표적이다. 비례세율은 누진세율과 같은 정책적 조작을 용인하지 않으므로, 자유방임경제에 있어 최선의 공평과세방법이었다.

누진세율(累進稅率)

영;progressive tax rate

과세표준의 금액 또는 수량이 많아짐에 따라 비례 이상으로 체차적(遞次的)으로 높은 세율을 적용하는 방법이다. 비례세율에 대립하는 개념으로서, 이에는 다시 단순누진세율과 초과누진세율의 두 가지가 있다. (1) 단순누진세율이란 한 개의 과세표준에 대하여 단일한 누진세율을 적용하는 것을 말한다. (2) 초과누진세율은 한 개의 과세표준을 몇 개의 단계로 구분하여 각 계급에 체차적으로 누진하는 세율을 적용하여 그 총합계액을 세액으로 하는 것을 말한다. 누진세율은 주로 소득의 재분배와 납세의무자의 빈부에 따르는 적정한 부담을 기하기 위해 조세정책에 의해 정해지는 세율이다. 소득세·법인세·상속세등이 이에 속한다.

납세의무자(納稅義務者)

조세법상 당해 조세에 대한 납세의무가 있는 자를 말한다. 즉 조세실체법상의 조세법률관계에 있어서 조세채무를 부담하는 자이다. 조세법상의 권리능력을 갖춘 자일 것이 필요하지만 사법상의 권리능력자와는 다르다. 단독 또는 본래의 납세의무자 이외에 연대납세의무자(국기§25), 제2차 납세의무자(국기§38~§41)가 있다. (1) 납세의무자는 실체상의 담세자와 구별된다. 양자는 일치되는 경우 (직접세)도 있고, 조세의 부담이 전가되어 양자가 일치하지 않는 경우(간접세)도 있다. (2) 또 납세의무자는 그의 부재시 납세의무에 관한 모든 사무를 처리하는 납세관리인(국기§82)와 구별된다. (3) 또 납세의무자는 징수의 위임을 받은 징수의무자와도 구별된다. 조세의 납부에 있어서는 납세의무자의 대리행위를 함을 업으로 하는 세무사제도가 인정되고 있다(세무사법). 납세의무자의 범위는 자연인·법인은 물론, 권리능력 없는 사단도 포함된다. 우리나라에 거주하는 외국인도 원칙적으로 납세의무자가 된다.

과세기간(課稅期間)

법인이나 개인은 영속적인 생명을 갖

고 계속적인 활동을 영위해 나아가는 것이므로 그 활동의 성과를 파악함에 있어서 인위적으로 일정한 기간을 한정 구분하여 기간적 성과 또는 거래실태를 측정할 필요가 있는 것이다. 이를 과세면에서 조세법상 구분 규정한 것을 과세기간이라 한다. 현행 조세법상 법인세는 그 사업연도에 따라 1년(법인§2,§5,§6,), 부가가치세는 간이과세자는 1년, 일반과세자는 6월(부가가치세법§5①), 소득세는 1년(소득§5①)이 과세기간으로 되어 있다.

납세신고(納稅申告)

납세자가 조세법의 규정에 따라 과세표준과 세액을 정부에 제출하는 것을 말한다. 행정법상 사인이 공법행위의 일종인 요식행위이다.

수정신고(修正申告)

납세의무자가 납세신고기한내에 신고를 하였으나 신고사항 중 기재상 또는 계산상 착오가 있음을 발견하여 이를 수정하여 다시 신고기한내 신고를 하는 것을 말한다. 이는 납세자의 권익을 최대한으로 보호하기 위하여, 납세자가 조세법이 정하는 바에 의하여 과세표준을 신고하고 그에 상응하는 세액을 납부한 후에 그에 대한 누락 또는 오류가 있는 것을 발견하였을 때 다시 기회를 주도록 법적으로 보장한 것이다.

납세고지서(納稅告知書)

조세의 납부를 명령하는 문서이다(국징§9①). 납세고지서는 세입징수관(세무서장·시장·군수 등)이 과세연도·세목·세액 및 그 산출근거·납부기한과 납부장소를 명시하여 이를 납세의무자에 대하여 발행하는데 (국징§9①, 지방§25), 이 납세고지서의 발부에 의하여 구체적으로 납세의무가 확정된다. 납세의무자는 이 납세고지서에 의한 과세내용에 이의가 있을 때에는 일정한 기간내에 그 재조사 또는 심사 등을 청구할 수 있다.(지방§58)

연대납세의무(連帶納稅義務)

공유물이나 공동사업으로 인한 납세의무 및 공동사업재산에 관한 납세의무는 그 공유자 또는 공동사업자가 연대로 부담하는 것이다. 과세물건이 공유자 또는 공동사업자에게 공동으로 귀속하고 따라서 담세력도 공동의 것으로 파악하여야 하므로 그들에 연대의무를 부담시킨 것이다. 상속세 및 증여세법상 공동상속인(상속세및증여세법§3), 증여세의 증여자와 수증자가 이에 해당된다. 국세기본법 또는 조세법에 의하여 국세, 가산금과 체납 처분비를 연대하여 납부할 의무에 관하여는 민법상의 연대채무의 내용(민§413), 연대채무에 있어서의 이행청구방법(민§414), 일부 채무자에 대한 무효취소사유의 절대적 효력(민§415), 이행청구의 절대적 효력(민§416), 채무면제의 절대적 효력(민§419), 소멸시효의 절대적 효력(민§421), 효력의 상대성의 원칙(민§423), 구상권(민§425), 구상요건으로서의 통지(민§426), 상환무자력자의 부담부분(민§427) 등에 관한 규정은 국세, 가산금과 체납처분비를 연대하여 납부할 의무에 준용된다(국기§25의2). 공동상속인도 연대하여 상속세 납세의무를 진다(상속세 부분에서 상술).

제2차 납세의무
(第二次 納稅義務)

제2차 납세의무란 납세의무자의 재산으로 체납처분을 하여도 그가 납부하여야 할 국세·가산금 및 체납처분비에 충당하기에 부족한 경우에, 그 납세의무자와 일정한 관계가 있는 자(제2차 납세의무자)가 부족액에 대하여 보충적으로 자는 납세의무를 말한다(국기§2 XI,§38,§41). 국세기본법에서는 해산법인의 청산인(국기§38), 법인의 과점주주 등(국기§39), 무한책임사원 또는 과점주주 등이 출자하고 있는 법인(국기§40) 및 사업의 양수인(국기§41)에 대하여 제2차납세의무를 지게 하고 있다. 제2차납세의무자는 본래의 납세의무에 갈음하는 의무인 까닭에 원납세의무자에 대하여 부종성과 보충성을 갖는다. 그러므로, 본래의 과세의무가 소멸하면 2차납세의무도 따라서 소멸하며(부종성), 또한, 제2차납세의무의 한도는 본래의 납세의무자의 재산으로는 충족시킬 수 없는 부족액에 그친다(보충성). 제2차납세의무의 성립요건은 (1) 본래의 납세의무의 체납과 (2) 그의 재산으로는 체납처분을 하여도 국세·가산금 및 체납처분비에 충당하기에 부족할 것, 그리고 (3) 제3자(제2차납세의무자)가 본래의 납세의무자와 일정한 관계가 있을 것의 세 가지이다. 이와 같이 추상적으로 성립된 제2차납세의무는 제2차납세의무자에 대한 납부고지로 구체적으로 확정된다(국징§12).

부대세(附帶稅)

납세자의 기한내 신고와 납부의 촉진을 꾀하고 적법한 납세자와의 권형(權衡)을 유지하기 위한 제도로서 설정된 기장신고불성실가산세, 신고불이행가산세, 납부불성실가산세, 보고불이행가산세(소득§81)등을 총괄하여 부대세(附帶稅)라 한다. 이 가산세는 법인세법·부가가치세법·특별소비세법 등에도 규정하고 있다. 각 조세법에 의거하여 납부하고 징수되어야 할 또는 과세되어야 할 본래의 조세, 즉 부대세 계산의 기초가 되는 세를 부대세에 대하여 본세라 하고 있다. 부대세는 본세에 부수되어 부가되는 것으로서 본세와 같은 세목의 세금이 된다.

국세실체법

기본공제(基本控除)

소득세법에 있어서의 소득공제) 하나이다. 총소득금액 등으로부터 공제하여 과세소득금액을 산출한다. 상속세 및 증여세법에도 기본 공제(기초공제)의 개념이 있다. 소득세법에 있어서 기본공제가 설정되어 있는 이유는 최저생활비에 과세하는 것은 적당하지 않다는 것이다. 납세의무자 본인의 생활비 등은 필요경비로 산입하는 것이 인정되어 있지 않으므로 그 대신에 납세의무가 본인이 최저생활비를 과세의 대상으로부터 공제하여 이것을 보장하고자 하는 취지로 인정된 것이다. 그리고 최저생활비는 역사적, 사회적 환경으로 지배되는 상대적인 것으로 반드시 확정되어 있는 것은 아니며, 상속세 등의 기본공제(기초공제)는 단지 과세최저한을 정한 것에 지나지 않는 것이다. 근로소득 이 있는 거주자에 대하여는 해당 과세기간에 받는 총급여액에 따라 일정금액이 공제된다(소득§47 참조). 이들 공제액은 실제상 그 시대 국민전체의 담세력과 재정수요의 강약 및 국민생활수준의 동향 등에 의하여 결정되는 경우가 많다. 거주자가 종합소득, 퇴직소득, 근로소득이 있는 경우에는 한 가지 소득에만 기본공제를 하게 되는 것으로 소득마다 공제하는 것은 아니다. 즉, 종합소득금액이 있으면 종합소득금액에서 각 호에 해당하는 가족수에 1인당 일정금액을 곱하여 계산한 금액을 기본공제를 하고, 그외에 추가공제(소득§51), 소수공제자 추가공제(소득§51), 연금보험료공제(소득§51의3), 주택담보노후연금 이자비용공제(소득§51의4), 특별공제(소득§52)가 있다.

부양가족공제(扶養家族控除)

부양가족공제는 소득세의 납세의무자와 생계를 같이 하는 공제대상부양가족이 있는 경우에 소득금액에서 공제하는 제도이다. 부양가족 공제대상은 소득이 있는 당해 거주자와 생계를 같이 하는 부양가족으로서 (1) 거주자의 직계존속으로서 60세 이상인 자와 (2) 거주자 직계비속으로서 20세 이하인 자 및 (3) 동거자의 형제자매로서 20세 이하 또는 60세(장인·장모 포함) 이상인 자 가운데 ① 연간소득금액이 없는 자와 ② 이자소득·배당소득과 부동산소득 이외의 연간소득금액의 합계액이 부양가족공제액 이하인 자 등을 말한다.

자산소득(資産所得)

자산소득은 근로, 용역 등의 제공으로 얻은 소득이 아니고 단순히 자산 즉, 부동산·증권·현금 등의 소유에서 발생하는 부동산소득, 이자소득, 배당소득 등을 말한다. 자산소득은 근로소득 등에 비하여 중과하는 것이 공평의 원칙에 타당하다. 따라서 자산소득은 세대내 주된 소득자의 종합소득에 합산하여 과세하고 있다.

자산소득합산과세(資産所得合算課稅)

우리나라 소득세법은 종합소득세 제도를 채택하고 있으며 원칙적으로 거주자별로 각 소득을 종합하여 과세하되 특례로서 생계를 같이 하는 동거가족이 자산소득 (이자소득·배당소득·부동산소득)이 있는 경우 그 동거가족의 자산소득이 세대내의 주된 소득자에 있는 것으로 보아 주된 소득자의 종합소득에 합산하여 소득세를 과세하는 것을 말한다. 여기서 생계를 같이하는 동거가족으로는 (1) 주된 소득자 (2) 주된 소득자의 배우자 (3) 주된 소득자의 직계존속 및 직계비속과 그 배우자 (4) 주된 소득자의 형제자매와 그 배우자가 있다.

예납기간(豫納期間)

법인세는 각 사업연도를 과세기간으로 하는 것이나 각 사업연도가 6월을 초과하는 경우에 있어서는 각 사업연도 개시의 날로부터 6월간을 예납기간으로 하여 예납적으로 법인세를 징수한다. 소득세의 과세기간도 1년으로서 1년에 중간예납기간은 제1기분은 9월 30일까지, 제2기분은 12월 31일까지 정부에 납부하여야 한다.

예납세액(豫納稅額)

예납기간에 해당하는 세액으로서, 직전 사업연도에 납부할 세액의 2분의 1에 상당하는 금액이다. 그러나 예납기간에 있어서 소득세과세표준이 되는 금액 또는 이에 준하는 금액이 직전 사업연도의 그것을 6월로 환산한 금액에 비하여 10분의 5 이상이 감소하였거나, 직전 사업연도에 납부 또는 납부할 세액이 없는 경우에는 각 사업연도의 소득계산방법에 준하여 계산한 소득금액에 대한 세액을 납부할 수 있다.

중간예납(中間豫納)

(1) 소득세법의 경우-정부는 부동산소득 또는 사업소득이 있는 자에 대하여 1월 1일부터 6월 30일까지의 기간을 중간 예납기간으로 하여 전연도에 종합소득에 대한 소득세로서 납부하였거나 납부할 세액의 2분의 1에 상당하는 금액(중간예납세액)을 소득세로 하여 11월 30일까지 이를 징수한다(소득§65). (2) 법인세법의 경우-내국법인(합병에 의하지 않고 새로 신설된 법인의 설립 후 최초의 사업연도를 제외)으로서 각 사업연도의 기간이 6월을 초과하는 법인은 그 사업연도개시일로부터 6월간을 중간예납기간으로 하여 직전 사업연도의 법인세로서 정부에 의하여 결정된 세액에서 일정한 금액을 공제한 금액을 직전사업연도의 월수로 나눈 금액에 6을 곱하여 계산한 금액(중간예납세액)을 그 중간예납기간이 경과한 날로부터 2월 내에 납부하여야 한다(법인§63). (3) 부가가치세의 경우-예정신고기간이라 한다. 1월 1일부터 3월 31일까지를 제1기, 7월 1일부터 9월 30일까지를 제2기라하여, 기간종료 후 25일 이내에 과세표준과 납부세액, 환급세액 등

을 신고하게 하고 신고시에 부가세액을 함께 납부하게 하고 있다(부가§48).

세액공제(稅額控除)

과세소득금액 등에 세율을 적용하여 산출한 세액에서 일정액을 공제하여 실제로 납부할 세액을 산출하는 것을 말한다. 세액공제는 크게 나누어 (1) 이미 징수하고 있든가 따로 징수하기로 되어 있든가의 이유 때문에, 거기에 의한 중복과세를 조정하는 의미를 가지며, (2) 면세의 의미를 가진다. 세부담의 경감을 실시하기 위해서는 소득에서 공제하는 소득공제라도 세액에서 공제하는 세액공제가 가능하지만 공제의 액을 일정하게 하는 한 세액공제는 저소득자일수록 효과가 크고, 소득공제는 고소득자일수록 효과가 크다.

법인세(法人稅)

법인세법에 의하여 국내에 본점이나 주사무소를 둔 법인(내국법인) 또는 외국에 본점이나 주사무소를 둔 법인(외국법인)으로서 국내원천에서 발생한 소득이 있는 법인을 납세의무자로하여 국내법인에게는 각 사업연도의 소득과 청산소득, 외국법인에게는 각사업연도의 소득에 대하여 부과하는 조세이다(법인§1,§2). 법인에 대하여 과세하기 시작한 것은 19세기 초기부터이다. 이는 자본주의경제가 발전함에 따라 법인기업이 그 수익성에 있어 점차 개인기업을 압도하게 되어 법인과세의 요구가 생기게 되었기 때문이다. 납세는 신고납세의 방법에 의하고 (법인§26, §46,§58), 본점·주사무소 등의 소재지에서 부과한다(법인§7). 일정한 사업으로부터 생긴 소득에는 법인세가 감면되며(조감§4), 공익신탁의 신탁재산에서 생기는 소득 등 일정한 소득에는 법인세를 부과하지 아니한다(법인§10). 국가·지방자치단체와 지방자치단체조합은 비과세법인이다(법인§1④).

거주자(居住者)

우리나라의 소득세법상 거주자라 함은 국내에 주소를 두거나 183일 이상의 거소를 둔 개인을 말한다(소득§1① Ⅰ). 기존에는 1년 이상을 기준으로 하였으나, 경제협력개발기구(OECD) 국가의 대부분이 183일 이상 거소를 둔 경우 거주자로 판정하고 있음에 비추어 2014년 12월 23일 소득세법 일부개정을 통하여 국제적인 기준에 따라 거주자 판정기준을 183일 이상으로 강화하였다. 내국인이나 외국인을 막론하고 모든 과세소득에 대하여 소득세를 납부할 의무가 있으며, 또한 그 소득발생의 국내외를 묻지 않는다. 다만, 우리나라에 국적을 가지지 아니한 자는 국내에서 발생한 과세소득에 한하여 납세의무가 있다.

사업연도(事業年度)

법인에 있어서 법령 또는 정관 기타에서 규정한 1회계기간으로서 법인세의 과세기간이 된다. 일반적으로 법인의 정관·규칙등에 임의로 정하도록 하였으나, 이를 무한히 방치하면 자본가·거래자 또는 채권자 등을 해칠 우려가 있으므로 상법에서는 회사에 대하여 연1회 이상의 결산을 요구함으로써 사업연도의 기간은 1년을 초과할 수 없도록 하였다. 법인세법에서도 각 사업연도의 기간은 1년을 초과하지 못하도록 규정하고 있다. 이러한 규정이 없다면 법인은 사업연도의 기간을 부당하게 길게 하여 과세를 임의로 지연케 할 수 있을 것이다. 1년을 초과하는 경우에는 사업연도 개시일로부터 1년마다 구분하여 그 각각을 사업연도로 하여 1년 미만의 잔여기간이 있을 때는 그 잔여기간을 1사업연도로 간주하여 처리한다. 따라서 사업연도를 정하지 않은 경우에는 설립초일로부터 1년마다 구분하여 그것을 1사업연도로 한다. 법인이 그 설립일전에 생긴 손익을 사실상 그 법인에 귀속시킨 것이 있을 경우에 조세법에서는 조세포탈의 목적이 없다고 인정하는 한 그것을 설립사업연도의 손익에 산입할 수 있도록 하였다. 법인이 사업연도의 중도에서 해산하거나 합병으로 인하여 소멸한 경우에는 그 사업연도의 초일부터 해산 또는 합병시까지의 기간을 사업연도로 보고 있다. 법인이 사업연도 중에 폐업 기타의 사유로 인하여 법인세포탈의 우려가 있다고 인정될 경우에는 각 사업연도 개시의 날로부터 폐업 기타 사유가 발생한 날까지를 기간으로 하여 1사업연도로 취급하여 정상적인 사업연도의 말일의 도래를 기다리지 않고 일단 과세할 수 있게 하고 있다. 이와 같은 조치는 세원의 정확한 포착과 세수의 적기확보를 위한 부과 징수의 편의상 취한 조치이나, 후일 당해법인이 정상적인 사업연도에 의한 결산을 하여 소득신고를 하였을 경우 정부는 다시 정기의 부과를 한다. 이때 수시부과기간 중 과세된 법인세를 공제함은 당연한 것이다.

감가상각(減價償却)

영;depreciation
독;Abschreibung
불;depreciation

고정자산의 감손액을 계량하여 그만큼 장부가격을 감소시켜 이것을 손실 또는 비용으로 이체하는 합계절차이다. 감손액을 당해 고정자산이 사용되는 각 회계연도의 비용으로서 할당하고 이월과액은 연차적으로 감소시켜야 한다. 감가상각은 재고자산과 같은 수량적인 감소의 파악이 아니므로 가치의 감손을 기말의 실사에 의하여 결정할 수 없다. 현행조세법상 고정자산에 대한 감가상각비를 손금으로 인정하되 감가상각의 자의적인 계상을 방지하고 조세수입의 확보를 도모하기 위하여 조세법이 인정하는 일정한 계산방법에 의한 금액의 범위내에서 계상되는 것에 한하여 손금에 산입하도록 하고 있다. 상각범위액계산의 기초가 될 자산의 가액은 유휴설비에 대한 것을 포함하고 건설 중의 자산이나 부당행위계산(고가매입, 과대평가) 등에 의한 시가초과액은 이를 포함하지 아니한다. 법인이 손금지출로서 고정자산을 취득하였거나 고정자산에 대한 수선비로서 자본적 지출에 해당하는 것을 손금경리하였을 경우에는 이를 감가상각한 것으로 인정하여 시부인계산하여 주지만, 그 취득가액이나 수선비가 1,000원 미만인 것에 대하여는 즉시 이를 손금에 산입하여도 무방하다고 하였다. 그러나 법인의 상각액이 세무계산상 시인부족액이 생길 때에는 이를 소멸시킨다. 따라서 법인의 상각액이 (A) 20,000원, 조세법상 상각시인액(償却是認額)이 (B) 25,000원이라면, B-A=5,000원 즉, 상각시인범위액에 5,000원 미달되도록 기업에서 감가상각을 한 경우, 5,000원은 당해년도 감가상각액에 포함시키지 아니한다. 법인의 상각액을 세무회계상 부인하여 익금에 산입한 금액(상각부인액)은 그 후의 사업연도에 있어서 법인이 계산한 상각액이 상각법정액에 미달하는 금액(시인부족액)을 한도로 하여 이를 손금으로 추인하여 준다. 법인이 신규로 취득한 고정자산에 대한 감가상각은 동일한 내용연수를 가진 자산과 합산하여 시부인 계산한다. 이 경우에 있어서 그 자산의 취득이 사업연도 도중일 때에는 취득 후의 월수에 따라 이를 계산한다. 다만, 조세포탈의 목적이 있다고 인정되는 경우를 제외하고 그 기초에 취득한 것으로 하여 계산하여도 무방하다. 고정자산에 대하여 감가상각과 평가증을 병행하였을 경우에는 먼저 감가상각을 한 후에 평가증 또는 평가감을 한 것으로 계산한다. 또한 평가증을 한 경우에 있어서 그 후의 감가상각액은 평가한 후의 가액에 의하여 계산하는데, 이 경우에 있어서 직전사업연도까지에 생긴 부인액이나 시인부족액에 대하여는 (1) 평가증을 한 경우의 상각부인액은 평가중의 한도까지 익금에 산입된 것으로 인정하여 이를 익금에서 공제하여 평가증의 한도를 초과하는 것은 이를 그 후의 사업연도에 이월한 상각부인액으로 계산하며, (2) 평가증을 한 경우의 시인부족액은 이를 소멸계산하는 것이다. 고정자산을 양도하였을 경우에 그 자산에 대한 감가부인액이 있을 때에는 이를 손금으로 추인하고 시인부족액이 있을 때에는 이를 소멸계산하여, 일부를 양도한 경우에 그 양도자산에 대한 상각부인액 또는 시인부족액은 총 자산가액에 대한 양도자산의 비율을 상각부인액 또는 시인부족액에 곱하여 계산한다.

특별감가상각(特別減價償却)

경상적인 감가상각에 대하는 것으로, 돌발적인 감가의 발생을 일시에 상각하는 것을 말하는 것이다. 돌발적인 사유로서는 재해 등에 의한 설비의 파괴, 시가의 현저한 하락에 의한 설비가격의 저하 등이 있다. 전란이나 사회적인 격변에 의한 재액적(災厄的) 감가상각이나 시가감가상각이 여기에 해당한다. 또 당초에 전혀 예측하지 않았던 사건의 발생에 의해 고정자산이 기능적으로 현저히 감가한 경우에 행하는 임시상각을 가리키는 수도 있다. 이 임시상각은 돌발적인 진부화의 발생을 위해 과년도의 상각비의 견적에 오류가 있었던 것이 판명되어, 이것을 수정하고 상각의 추가계상을 하는 의미를 갖는 것인 까닭에 기간외 손익항목으로 되는 것이다. 그리고 조세법상의 특별조치인 특별상각을 가리키는 수도 있다.

상속세(相續稅)

상속개시라는 사실에 따라 피상속인으로부터 상속인에게로 이전하는 재산에 대하여 그 재산가액을 표준으로 상속인에게 과세하는 조세이다. 현행 상속세 제도는 피상속인의 유산액을 과세표준으로 하여 과세하는 유산세체계를 채택하고 있으며, 불로취득재산이라는 점에서 고율의 누진세를 적용하고 있다. 그리고 상속세의 납부는 연부연납과 물납제를 인정하고 있는 것이 특색이다.

증여세(贈與稅)

개인이 증여로 인하여 재산을 취득한 경우, 그 취득재산가액을 표준하여 과세하는 조세이다. 증여세를 받은 자, 즉 수증자가 납세의무자가 되며, 증여자는 이 증여에 대하여 연대납부의 책임을 진다.

이 경우 친족으로부터 증여를 받은 때에는 다음의 구분에 따라 금액을 과세가액에서 공제한다. 다만 당해 증여전 10년 이내의 증여세 계산에 있어서 공제받은 금액과 당해증여가액에서 공제받을 금액의 합계액이 다음의 금액을 초과하는 경우에는 그 초과하는 부분은 공제하지 아니한다(상속세및증여세법§53①).

(1) 배우자로부터 증여를 받은 경우 : 6억원

(2) 직계존속[수증자의 직계존속과 혼인(사실혼은 제외) 중인 배우자 포함]으로부터 증여를 받은 경우 : 5천만원. 다만, 미성년자가 직계존속으로부터 증여를 받은 경우에는 2천만원

(3) 직계비속(수증자와 혼인 중인 배우자의 직계비속을 포함)으로부터 증여를 받은 경우 : 5천만원

(4) (2) 및 (3)의 경우 외에 6촌 이내의 혈족, 4촌 이내의 인척으로부터 증여를 받은 경우 : 1천만원

물납제도(物納制度)

국세가권은 원칙적으로 금전으로써 징수하게 되어 있으나 상속세및증여세법에 따라 상속 또는 증여받은 재산중 부동산과 유가증권의 가액이 전체의 2분의 1을 초과하고 상속세 납부세액 또는 증여세 납부세액이 2천만원을 초과하는 경우에는 납세의무자의 신청을 받아 당해부동산과 유가증권에 한하여 물납을 청구할 수 있게 하는 제도이다(상속세및증여세법§73).

원래 상속세 또는 증여세의 과세기본은 상속 또는 증여에 의하여 얻은 재산이고 소득은 아니므로 일시에 금전으로써 납부하기가 곤란할 것이 예상되기 때문에 이러한 물납제도가 마련된 것이며 이 제도는 일종의 대물변제 제도라고도 할 수 있는 것이다.

채무공제(債務控除)

상속세의 과세가격을 산정할 때 채무는 상속재산의 가액에서 공제한다는 것이다. 상속재산의 가액에서 공제될

수 있는 채무는 세무서장이 확인하는 것이어야 하며 시효가 완성한 채무는 공제될 수 없다. (1) 채무가 금전 이외의 물품의 급여를 내용으로 할 때에는 상속개시 당시의 시가에 의하여 평가 공제한다. (2) 채무가 확실하다고 세무서장이 인정하는 것은 서면증거가 없더라도 인정될 만한 충분한 이유가 있으면 공제한다. (3) 연대채무는 부담부분에 의하며 부담부분이 불명할 때에는 평등액을 공제한다. (4) 보증채무는 공제하지 않는 것이나 주채무자가 파산상태에 있어서 구상능력이 없어 상속인이 부담하여야 할 것은 공제한다.

종합소득(綜合所得)

당해연도에 발생하는 이자소득·배당소득·사업소득·근로소득·연금소득과 기타소득을 합산한 소득(소득§4① I)이다. 원천별소득에 대한 개념이다. 공평부담의 원칙에서 분류소득세제로부터 종합과세제로 이행하기 위하여 도입된 개념이다. 종합소득은 납세의무자 개인을 중심으로 하는 개념이므로 생계를 같이하는 동거가족간의 자산소득(이자·배당·부동산소득)의 합산과는 구별된다.

물품세(物品稅)

특정한 물품의 반출이 있을 때 그 반출가격 또는 수량을 과세표준으로 하여 부과하는 소비세이다. 이 조세는 원래 사치성 소비를 억제하는 한편, 조세수입을 도모하는 조세인데, 우리나라의 물품세법)(1961 법률 제824호, 개정 있었음. 1977. 7. 1 법률 제2934호 폐지)은 사치성 여부에 중점을 두지 않고 조세수입면에 치중하고 있다(물품세법 §1 참조). 과세표준은 제조장에서 반출한 때 또는 판매장에서 판매한 때의 가격 또는 수량으로 한다(물품세법§2). 납세의무자는 판매자·제조판매자·물품인취자 또는 기타 의무자이나(물품세법§3), 세액은 과세물품에 포함되어 소비자에게 전가된다. 수출 및 특수용도물품 등에는 면세의 특혜가 있다(물품세법§10~§11의5). 물품세는 1977. 7.1 법률 제2934호 부가가치세로 흡수되었다.

주민세(住民稅)

지방자치단체인 서울특별시·광역시·시·군의 주민이라는 것을 기준으로 하여 부과되는 인세이다. 주민에는 자치단체내에 주소를 둔 개인과 법인 및 그 자치단체구역내에서 소득세·법인세·농지세의 납세의무가 있는 자를 포함한다. 개인에게는 일정액의 균등할과 소득세액 또는 농지세액을 기준으로 하는 소득할(所得割)이, 법인에게는 균등할과 법인세액 또는 농지세액을 기준으로 하는 소득할이 부과된다(지방§172 -§179의5).

독립세·부가세(獨立稅·附加稅)

국가·지방자치단체가 다른 조세와는 관계없이 독립의 입장에서 과세하는 것이 독립세이다. 다른 단체에 과징한 조세를 기준으로 하여 일정한 조세를 부과하는 것이 부가세이다. 부가세를 부과하는데 있어 기준이 되는 것을 본세라고 한다. 부가세는 본세의 특약을 받아 과세의 최고한에 재한율이 설치되는 것이 보통이다. 부가세주의는 국세와 지방세를, 즉 동일의 세금을 본세와 부가세간에 분할하는 것이고 독립세주의는 국세와 지방세가 각각 다른 세목을 채용하는 것이다. 독립세는 또 특별세라고도 한다. 그러나 特別稅(특별세)에는 이것과 다른 의의를 갖는 경우가 있다. 즉 일반세에 대한 목적세의 의미로 사용되는 경우이다. 독립세·부가세는 각기 장점과 단점이 있어서 두 조세를 병용하는 것이 장단상보의 이점이 있을 것이다.

국제이중과세(國際二重課稅)

동일납세의무자에 귀속되는 동일과세기간에 동일과세물건에 대하여 2개이상의 국가에서 유사한 종목의 조세가 부과되는 것을 말한다. 국가이중과세는 주로 소득세·법인세 및 상속세에서 생긴다. 각국의 세제는 소득과세에 관해서는 주소지과세주의와 발생지과세주의를 병행하고 있다. 그 결과 2개국 이상에 걸쳐 사업을 하는 자에게는 주거지국에 있어서는 전체적 과세를 받으며, 국외원천소득에 관해서는 그 소득의 원천국(소득발생국)에서 부분적 과세를 받으므로 이중과세의 문제가 생긴다. 국가이중과세의 방지형태로서 첫째, 국내법에서 사무적으로 처리하는 형태와, 둘째로, 다수국간의 조약에 의하여 쌍무적으로 처리하는 형태가 있다. 첫째의 국내법에 의한 처리는 타국에 동일한 규정이 없을 경우는 당해국의 과세권이 불리한 결과가 되며, 또 국가간의 소득산정기준·주거지의 판정기준·세율 등이 다르므로 충분한 성과는 기대하기 곤란하다. 둘째의 형태는 각국의 세제가 통일되면 가장 바람직한 일이지만 실제상 각국의 통제는 구구하므로 공통적이고 보편적인 해결은 곤란하다. 그래서 근래에 와서 개국간의 조세조약에 의한 해결이 많이 채택되고 있다. 이들 조약의 성립에는 1928년의 국제연맹위원회보고의 이중과세방지의 조약모델안이 많은 공헌을 했으며, 제2차 세계대전 후에는 경제협력개발기구(OECD)의 재정위원회가 입안하여 1963년 7월에 이사회에서 채택된 Model Convention이 크게 이바지한 바 있다.

국세의 징수

국세징수법(國稅徵收法)

국세의 징수에 관한 기본법이다(1961. 법률 제819호, 1974. 12. 21 법률 제2680호로 전면개정됨). 종래 공법상의 금전납부의무의 불이행에 준용되고 있고 따라서 공법상채권의 강제집행의 일반법이라 할 수 있다(예외: 관세·톤세). 이 법은 제1장 총칙(§1~§7), 제2장 징수(§8-§23), 제3장 체납처분(§24-§88), 부칙 등으로 구성되어있다. 징세의 원칙, 징수방법(납세고지·납기전징수·독촉등), 체납처분(재산의 압류·환가·배당등) 등을 규정하고 있는데, 국세체납처분이 가장 중요한 비중을 차지하고 있다.

경정·결정(更正·決定)

독;Berichtigungsbeshluss

신고과세제도하에서 문제가 되는 것인데 신고의무자의 고의적인 무신고나 허위신고 또는 고의가 아닌 부당한 신고에 대해서 정부가 조사한 자료에 입각하여 과세표준을 정정·결정하는 것을 경정·결정이라고 한다. 신고를 정정하는 것을 경정이라 하고, 무신고를 단독결정하는 것을 결정이라고 하여 이를 구분하기도 한다. 이 제도는 신고과세제도의 미비점을 시정하기 위한 정부의 개정과세의 권한을 인정한 것이며, 우리나라의 조세법에서는 조사결정이라고 하고 있다.

독촉(督促)

국세·지방세 등의 공법상의 금전채권에 대하여 체납처분을 함에 있어서의 그 전제요건으로서 기한을 정하여서 세금의 납부를 권고하는 행위이다. 독촉은 독촉장, 납부고지서로써 행하고(국징§23, 지방§27), 지정기일내에 완납하지 아니할 때에는 체납처분한다(국징§38, 지방§28). 국세를 납부기한까지 완납하지 아니한 때에는 그 납부기한이 경과한 날로부터 체납된 국세에 대하여 100분의 3에 해당하는 가산금을 징수한다. 다만, 국가와 지방자치단체, 지방자치단체조합에 대하여는 그러하지 아니하다(국징§21①). 종래에는 감촉수수료를 징수하도록 하였으니 1962년 12월 8일(법률 제1207호)의 국세징수법의 개정에 따라 감촉수수료제도는 가산금제도에 의하여 대체되었다. 감촉절차는 세금 외에 행정상의 강제징수가 인정되는 금전채권에 관하여도 적용된다. 감촉은 납기경과후 15일 이내에 독촉장에 의하여 행하는바, 이 경우에 납부기한은 감촉장 납부최고서발부일로부터 10일이다. 감촉에는 시효중단의 효력이 있다.

보통징수(普通徵收)

보통징수라 함은 지방세법상의 용어로서 세무공무원(지방자치단체의 장과 그 위임을 받은 공무원을 말함)이 납세고지서를 당해 납세의무자에게 교부하고 그 지방세를 징수하는 것을 말한다(지방§1①Ⅵ). 지방세 가운데서 취득세·

재산세·농지세·도시계획세 및 공동시설세 등의 징수방법은 이 보통징수에 의하여 행하여지고 있다.

원천과세(源泉課稅)

소득이나 수익에 대한 과세를 소득자에게 종합적으로 부과하지 않고, 소득·수익의 원천에서 개별적으로 부과하는 방법이다. 이 과세의 방법은 징수에는 편리하나 누진세율을 적용하거나 공제하는 등의 각인의 부담력에 따라서 과세를 하지 못하는 결점이 있다. 우리나라에서는 종합과세에 대립하는 의미에 있어서의 원천과세를 하지 않고, 징수상의 편의를 고려하여 원천징수가 행하여지고 있다.

원천징수(源泉徵收)

조세법에 규정하는 징수의무자가 거래를 할 때 그 거래시마다 법에 정하여진 바에 따라 거래상대방의 세금을 징수하여 국고에 불입하는 제도를 말한다. 조세의 징수방법의 하나이다. 원천징수는 그 성질에 따라서 갑종근로소득세·배당이자소득세·기타 소득세와 같이 소득금액을 지급할 때에 원천징수함으로써 세금이 완납되는 완납적 원천징수와, 소득세·법인세·부가가치세 등과 같이 원천징수의무자가 거래시마다 징수하는 원천세로 그 후 정기분 과세에 있어 공제되는 것을 예납적 원천징수로 구분할 수 있다. 과세물건이 급여소득·퇴직소득·그 밖의 보수 또는 수익 등일 경우에 그 지급자가 조세의 일부를 징수할 의무를 진다(소득§127~§153, 법인§39). 납세의무자에게는 조세의 분할납부에 의하여 부담을 경감시켜주고, 세부관서로서는 조세의 포탈방지를 기할 수 있다. 징수의무자는 납세의무자는 아니나 징수·납부를 해태할 때에는 국세체납처분의 예에 의하여 강제징수 되며, 가산세액 등도 부담하지 않으면 안 된다(소득§158,§159, 법인§41②). 지방세에서도 이 방법이 취하여지고 있으나, 원천징수란 말은 쓰여지지 않고 특별징수의 일종으로 규정되어 있다(지방§179의 3).

국세체납처분(國稅滯納處分)

국세징수법에 근거한 국세의 강제징수철차이다(국징§24-§88). 공법상의 금전채권의 강제집행도 국세체납처분의 예에 따르는 경우가 많으므로(지방§28④,§65·토수§78), 실질적으로는 공법상의 금전채권의 일반적 강제집행절차로 되어 있다. 절차는 국세가 납기에 완납되지 아니하면, (1) 독촉과 최고(催告)를 행하고(국징§23), (2) 납세의무자가 이를 이행하지 아니하면 납세의무자의 재산을 압류한다. ①「압류」는 민사상의 강제집행과 같이 판결 등의 집행절차를 요하지 않으므로 대단히 간편하고(국징§24-§52 등 참조), ② 압류를 할 수 있는 물건 중에서 생존 또는 생업에 불가결한 일정한 물건 등은 제외되며(국징§31-§33), 제3자의 권리도 될 수 있는 한 보호된다(국징§36,§39,§50,§53등 참조). ③ 체납처분의 효력은 압류재산으로부터 생기는 천연 또는 법정과실에 미치며(국징§36 전단), 압류물건의 사용수익도 제한된다(국징§39). (3) 압류물건은 통화를 제외하고는 원칙으로 공매에 의하여 환가한다(국징§61-§79). (4) 환가대금은 우선 체납처분비에 충당한 다음, 국세 기타 채권(사채권도 포함한다)에 배당하고, 잔여가 있으면 체납자에게 환부한다(국징§80,§81). 환가대금이 국세 기타 채권의 총액에 달하지 못할 때에는 원칙적으로 국세우선주의에 따른다. 또 다른 국세·지방세와의 사이에는 압류선착순으로 우선되며, 국세·가산금 또는 체납처분비는 다른 공과금 기타의 채권에 우선하여 징수한다. 다만, 전세권·질권 및 저당권 등 기타의 채권에 대하여는 그러하지 아니한다(국세기본법§350).

조세쟁송과 조세범칙법

세무소송(稅務訴訟)

조세의 부과징수와 체납처분 등으로 국민의 권리이익이 위법하게 침해되었을 때 납세자는 적정한 판단(재판)을 받을 권리를 갖는다. 이와 같은 조세에 관한 구제절차를 총칭하여 세무소송이라고 한다. 세무소송은 소송의 실체에 있어 현저한 특색이 있는바, 그 첫째는 조세의 본질이 재산권에 대한 일반적 강제과징금이므로 그 訴(소)의 특수성이 있고, 둘째로 소송의 법적, 보장적 기능은 조세법규 기타 관계법령의 법률해석적용의 문제에 그치지 않고, 고도의 부기회계 지식에 기대하는바 큰 점이라고 할 것이다.

세무사(稅務士)

영;Certified Public Tax Accountant

타인의 요구에 따라 조세에 관하여 신고, 신청, 심사의 청구(이의신청, 심사청구 및 심판청구 포함), 행정심판의 제기 등의 대리(개발이익환수에 관한 법률에 의한 개발부담금에 대한 행정심판청구의 대리를 포함한다), 세무조정계산서와 그 밖의 세무 관련 서류의 작성 및 성실신고에 관한 확인, 기타 세무관계서류를 작성하며, 조세신고서류의 확인과 세무상담 또는 세무관서의 조사 또는 처분 등과 관련된 납세자의 의견진술의 대리, 조세에 관한 신고를 위한 기장의 대행을 업으로 하는 자이다(세무§2). 세무사법 제2조에 규정되어 있다. 일정한 자격(세무사자격 시험 합격)을 필요로 하고 기획재정부에 비치하는 세무사등록부에 등록되지 않으면(세무§6) 세무대리 업무를 수행할 수 없으며, "세무사"라는 명칭을 사용할 수도 없다(세무§20).

조세범처벌법(租稅範處罰法)

이 법은 세법을 위반한 자에 대한 형벌 및 과태료 등에 관한 사항을 규정하여 세법의 실효성을 높이고 국민의 건전한 납세의식을 확립함을 목적으로 하는 법률이다. 범칙행위·고발·처벌 등을 규정하고 있다. 이 법이 제정되기 전에는 조세범에 대한 처벌은 각 조세법에 개별적으로 규정하여 통일되어 있지 않았다.

조세범처벌절차법
(租稅犯處罰節次法)

조세범칙사건을 공정하고 효율적으로 처리하기 위하여 조세범칙사건의 조사 및 그 처분에 관한 사항을 정함을 목적으로 하는 법률이다. 실체법인 조세범처벌법에서 추상적인 제재를 규정한 데 반하여 절차법인 조세범처벌절차법에서는 조세범칙사건에 대한 구체적인 처리절차를 규정하고 있다.

통고처분(通告處分)

조세에 관한 범칙사건의 조사결과 범죄의 심증을 얻었을 경우에는 그 이유를 명시하고 벌금 또는 과료에 상당하는 금액이나 몰수 또는 몰수에 해당하는 물품, 추징금에 상당하는 금액, 서류송달, 압수물건의 운반·보관의 비용 등을 지정장소에 납부할 것을 통고하는 지방국세청장·세무서장·세관장의 행정처분이다. 통고의 내용이 이행되면 그 통고처분은 확정판결과 동일한 효력이 발생한다. 따라서 동일사건에 대하여 소추를 당하지 않지만, 일정기간 내에 이행이 없으면 검찰청에 고발이 되어서 사건은 형사소송법에 따라 처리하게 된다(조범절§12·관세§227,§232). 이 제도는 포탈범에 대한 형사소송절차의 선행절차로서 세무관청 등에 의한 통고처분에 의하여 사건을 종결시키려는 제도이며, 이러한 사건은 기술적으로 세무관리 등에게 처리시키는 것이 편리하며 사건의 성질상 증거인멸의 우려에서 요구되는 신속한 처리를 할 수 있으며, 또한 경제적 부담(소송비용 등)의 경감을 도모할 수 있고 소송에 의하여 사업신용을 해칠 우려도 있는 것을 방지할 수 있다. 현행법규 가운데 이와같은 취지로 조세에 관한 범칙사건 이외에도 통고처분을 인정한 것이 있다 (출입국§102~§106·도로교§118). 통고처분의 성질은 일반적으로 행정처분인 금전 등의 납부명령으로 해석되고 범칙자가 이에 복종하지 않을 때에는 그 처분은 효력을 상실하며 형사절차에 이행되기 때문에 헌법 제27조에 위반되지 않는다.

경 제 법 개 요

경제법에 관한 학문은 비교적 근래의 것이라 할 수 있다. 이것은 자본제사회의 후기에 있어서 독점자본주의의 단계에 도달한 경제사회에 고유한 법현상이다. 따라서 경제법에 관하여는 특히 경제)와 법이 밀접한 관계를 갖는 분야가 그 주된 대상이 된다고 할 수 있다. 경제적인 요소, 환언하면 실질적인 관계가 경제법에 있어서 중요한 의미를 갖는다는 사실은 경제법의 개념에도 잘 나타나 있다. 이러한 점에서 경제법에 관하여는 그 성격 및 특질에 관한 검토가 중요하다고 말할 수 있을 것이다.

한편, 경제법에 있어서는 개개의 경제법의 성격 및 특정한 시기에 있어서의 경제법의 성격에 관한 검토 또한 중요하다. 독점자본주의사회에서 그 고유한 경제적 종속관계를 규율하고, 국민경제에 있어서의 수급의 지속적 조정을 확장하는 경제법은 경제의 발전상황이나 경기의 활성 또는 침체에 따라 여러 유형을 취하게 된다.

경제법의 의의에 관하여는 아직 정설이 없으며, 학설과 학자에 따라 그 내용 또는 표현이 다르다. 경제활동이나 조직 등에 관한 개개의 실체법규의 총체를 경제법이라 말하기도 하고, 정부가 국민경제상의 공공이익을 직접 실현하기 위하여 정책적으로 국민경제를 규제·조정하는 법을 경제법이라고 보는 견해가 있다. 또한 시장지배에 대한 국가규제의 범어라고 주장하는 견해도 있는데, 이 경우 시장지배란 일정한 시장에서 유효한 경쟁을 배제하는 행위 또는 배제된 상태를 의미한다. 따라서 경제법은 이러한 시장지배를 국가가 경쟁유지의 정책적 관점에서 규제하는 법의 총체라고 본다. 이 때의 규제에는 시장지배를 금지 내지 억제하는 경우와 육성·조장하는 경우의 두 가지를 포함하고 있다. 일반적으로 경제법이라 함은 국가가 경제를 규제하기 위한 법규범의 총체이며 민법·상법 및 행정법의 대상이 아닌 일체의 경제활동에 대한 규제를 그 고유한 영역으로 한다고 말할 수 있다.

지적재산권법

공업소유권(工業所有權)

영;industrial property
독;gewerbliches Eigentum
불;propriété industrielle industrielle

특허권·실용신안권·디자인권·상표권 등 산업상의 비유체적 이익의 향수(享受)를 내용으로 하는 배타적 권리의 총칭, 만국공업소유권보호동맹조약에서는 위에 열거한 권리 이외에 농업·광업에 관한 권리를 포함하는 넓은 뜻으로 해석되고 있다. 그러나 우리나라에서는 공업소유권이라고 하는 용어는 위와 같은 넓은 의미로 사용되지 아니하고, 특허권, 실용신안권, 디자인권, 상표권의 4권리만을 지칭하는 용어로서 일반적으로 사용되고 있다. 공업소유권에 저작권을 포함시켜서 무체재산권이라고 하는 용어가 사용되고 있다. 또한 공업소유권은 이것을 부여한 국가에서만 효력을 가지는 것으로, 타국에 있어서도 효력을 가지려면 별도로 그 국가에서 권리의 부여를 받지 않으면 안된다는 주의이다. 즉 공업소유권의 효력은 제각기 국가별로 독립된 것으로 되어 있다.

산업(産業)

산업이란 상공업 및 수산업을 말한다. 공업소유권에서는 각종의 법률에 「산업」이라는 용어가 자주 나온다. 여기에서 말하는 산업이란, 상공업은 물론이고, 수산업 등도 포함시켜서 해석하고 있다. 종래에는 공업이라는 용어로 써 대부분 사용되고 있었다. 현행법에서의 산업이라는 용어는 종래의 공업과 동의어로 해석해도 좋다. 종래의 공업의 의의는 매우 넓게 해석되고 있었다. 우리들이 보통 관념하는 협의의 공업과는 전혀 뜻이 다르며, 농업·광업 또는 어업 등 여러 가지의 산업에 미치며, 광범위하게 해석되고 있다. 이와 같은 해석은 지금도 마찬가지이다.

특허권(特許權)

영;patent right
독;Patentrecht
불;droit de brevet d'invention

특허법·실용신안법·디자인보호법에 의하여 특허권자가 독점적·배타적으로 발명·실용신안 또는 디자인에 관하여 가지는 지배권이다. 즉 새롭고 진보적인 발명을 한 사람은 특허를 얻을 수 있다. 다만 이러한 발명은 불특허사(不特許事)에 해당하지 않아야 한다. 이러한 자가 국가에 대하여 특허를 출원하면, 국가는 그 출원이 적법하고 특허를 부여해야 한다고 하는 사상에 입각하고 있다. 무체재산권의 성질을 가진 사권이며 공업소유권 가운데 하나이다. 특허권은 특허를 받거나 등록을 함으로써 완전한 효과를 발생한다. 특허권의 존속기간은 특허출원일부터 20년으로 한다(특허§88 ①). 또한 그 침해에 대하여는 손해배상청구권 외에 신용회복·침해행위금지 및 예방 등의 청구권을 가진다(특허§126~§132). 침해자는 다시 특허침해죄의 처벌(7년 이하의 징역 또는 1억원 이하의 벌금)을 받는다(특허§225).

발명(發明)

영;invention 독;Erfinder

발명이란 자연법칙을 이용한 기술적 사상의 창작으로서 고도(高度)의 것을 말한다(특허§2 I). (1) 발명이란 「자연법칙을 이용한」것이어야 한다. 즉 발명이란 자연력을 이용하는 것이므로, 자연법칙을 이용하지 않은 두뇌만에 의한 산물 및 자연법칙에 반하는 것은 발명이라고는 말할 수 없다. 따라서 암호작성방법, 상품의 판매방법 및 소프트웨어 등은 발명성이 없다. (2) 발명은「기술적 사상의 창작」이어야 한다. 발명은 자연법칙의 이용에 기초를 둔 일정한 기술에 관한 창조적인 사상인데, 그 창작된 기술내용은 그 기술분야에서 통상의 지식·경험을 가지고 있는 자이면 누구든지 이것을 반복실시하여 그 목적으로 하는 기술효과를 올릴 수 있는 정도까지 구체화되고 객관화된 것이어야 한다. 발명은 창작이어야 하므로, 새로운 것을 만들어 내는 것이 필요하다. 따라서 이미 존재하고 있었던 것을 찾아내는 발견과는 다르다. 즉 발견이란 자연법칙자체의 인식이다. 그러나 발명과 발견은 밀접한 관계를 가지고 있다(용도발명).

발명자(發明者)

발명자란 사실상의 발명을 한 자를 말한다. 형식적으로 불리우는 발명자는 보호의 대상이 되지 않는다. 먼저 발명을 함에 있어서는 그 자에게 발명능력이 있음을 필요로 한다. 발명구성의 지적능력이 없는 자는 발명자의 자격을 얻지 못한다. 발명행위는 말할나위도 없이 사실행위이면 법률행위가 아니다. 그러므로 비록 권리능력이 없는 자라도 이것을 할 수 있다. 그러나 미성년자 · 피한정후견인 또는 피성년후견인과 같은 제한능력자는 법정대리인에 의하지 아니하면 특허에 관한 출원 · 청구, 그 밖의 절차를 밟을 수 없다. 다만, 미성년자와 피한정후견인이 독립하여 법률행위를 할 수 있는 경우에는 예외가 인정된다(특허§3).

특허요건(特許要件)

특허요건이란 특허를 받을 수 있는 요건을 말한다. 특허를 받기 위해서는 상업상의 이용성·신규성·진보성을 구비할 것, 준공지(타특허출원의 범위의 확대)의 규정에 해당되지 아니할 것, 불특허사유에 해당되지 아니할 것 등이 요구된다. (1) 산업상 이용할 수 있는 발명이 아니면 특허를 받을 수 없다(특허§29① I , II). 즉 산업경영에서 이용, 실시할 수 있어야 하고, 학술적 또는 실험적으로만 이용되는 발명에 지나지 않는 것은 특허법에 있어서 보호되지 않는다. (2) 신규성이 필요하다. (3) 진보성이 필요하다. 즉, 특허출원 전에 발명이 속하는 해당기술분야에서 통상의 지식을 가진 자가 특허법 제29조1항 각호의 발명에 의하여 용이하게 발명할 수 있는 것일 때에는 특허를 받을 수 없다(§29②). 진보성이란 발명창작이 이루어지기까지의 곤란성을 말한다. (4) 특허출원한 발명이 그 특허출원일 전에 출원되고, 그 특허출원 후 출원공개되거나 등록공고된 다른 특허출원의 출원서에 최초로 첨부된 명세서 또는 도면에 기재된 발명과 동일한 경우에 그 발명은 특허를 받을 수 없다. 다만, 그 특허출원의 발명자와 다른 특허출원의 발명자가 같거나 그 특허출원을 출원한 때의 출원인과 다른 특허출원의 출원인이 같은 경우에는 그러하지 않다. 특허요건을 구비한 발명이라도 산업정책상 또는 공익상의 이유에 의하여 공공의 질서 또는 선량한 풍속을 문란하게 하거나 공중의 위생을 해할 염려가 있는 발명은 특허를 받지 못한다(특허§32).

신규성(新規性)

신규성이란 출원의 발명이 출원시에 공지·공용되지 않은 것을 말한다. 특허를 받기 위해서는 출원의 발명이 출원시에 공지·공용되지 않았을 것을 필요로 한다. 즉, 특허출원 전에 국내 또는 국외에서 공지되었거나 공연히 실시된 발명, 특허출원 전에 국내 또는 국외에서 반포된 간행물에 게재되었거나 전기통신회선을 통하여 공중이 이용할 수 있는 발명은 특허를 받을 수 없다(특허§29①). 여기에서「공지」라 함은 불특정다수인이 알 수 있는 상태를 말하며, 실제로 제3자가 알았는지의 여부는 이를 묻지 않는다. 간행물이라 함은, 공개를 목적으로 하여 인쇄 기타 기계적방법으로 복제된 문서, 도서 등을 말한다. 육필의 것, 탄산지 등으로 복사한 것은 포함되지 아니한다. 반포라 함은 공중이 볼 수 있는 상태에 놓여지는 것을 말한다. 현실로 열람하였다는 사실을 필요로 하지 않는다. 신규성의 판단은 공지·공용의 경우에는 국내에 한정되지만, 교통이 발달한 오늘날에 있어서는 간행물기재에 관하여는 외국도 포함되어 있다. 또한 신규성유무의 판단시점은 발명할 때가 아니고 특허출원을 한 때를 기준으로 한다. 이와 같이 신규성을 상실하면 특허를 받을 수 없는데, 이 원칙을 관철하면 발명자 또는 그 승계인에게 가혹한 경우가 있으므로 예외를 인정하고 있다. 즉, 특허를 받을 수 있는 권리를 가진 자에 의한 경우나 특허를 받을 수 있는 권리를 가진 자의 의사에 반한 경우에는 12개월 이내에 출원함으로써, 그 발명은 신규성을 상실하지 아니한 것으로 의제된다(특허§30① I, II).

출원(出願)

출원이란 특허를 받을 권리를 가진 자나 그 승계인이 특허를 받기 위해 소정의 원서(특허출원서)를 작성하여 특허청장에게 제출하는 것을 말한다. 위의 원서에는 (1) 특허출원인의 성명 및 주소(법인에 있어서는 그 명칭, 영업소의 소재지), (2) 특허출원인의 대리인이 있는 경우에는 그 대리인의 성명 및 주소나 영업소의 소재지, (3) 발명의 명칭, (4) 발명자의 성명 및 주소를 기재하여야 한다(특허§42①). 또 위 원서에는 발명의 설명·청구범위를 적은 명세서 및 필요한 도면 및 요약서를 첨부하여야 한다(특허§42②). 여기서 '발명의 설명'은 그 발명이 속하는 기술분야에서 통상의 지식을 가진 사람이 그 발명을 쉽게 실시할 수 있도록 명확하고 상세하게 적어야 하고, 그 발명의 배경이 되는 기술을 적어야 한다(특허§42③). '청구범위'에는 보호받으려는 사항을 적은 항이 하나 이상 있어야 한다. 이러한 청구항은 발명의 설명에 의하여 뒷받침되어야 하고, 발명이 명확하고 간결하게 적혀 있어야 한다(특허§42④). 또한 '청구범위'에는 보호받으려는 사항을 명확히 할 수 있도록 발명을 특정하는 데 필요하다고 인정되는 구조 · 방법 · 기능 · 물질 또는 이들의 결합관계 등을 적어야 한다(특허§42⑥). 또 특허출원은 1발명(단일의 총괄적 발명개념의 형성에 관련되는 1군의 발명을 포함한다)에 대하여 1출원으로 하여야 한다(1발명 1출원·특허§45①본문).

다항제(多項制)

다항제란 1발명에 대하여 복수항의 특허청구의 범위를 기재하여 특허출원할 수 있는 제도를 말한다. 하나의 특허청구의 범위의 기재만을 인정하고 있는 단항제에 대응하는 용어이다. 주요한 선진국에서는 종래부터 다항제를 채택하고 있는데, 우리나라에서도 1991년 1월 13일의 특허법 개정법률(법률 제4207호)에서 채택하여 특허청구의 범위에는 명세서에 기재된 사항 중 보호를 받고자 하는 사항(청구항)을 1 또는 2이상의 항으로 발명의 상세한 설명에 의하여 뒷받침되고 명확하고 간결하게 기재해야 하며, 발명의 구성에 없어서는 아니되는 사항만으로 기재되어야 한다고 정하였다(특허§42④). 그러나 우리나라의 다항제는 타국과의 1발명의 단위의 상이와의 관계상 세계의 일반다항제와는 약간 다르다.

선원주의와 선발명주의
(先願主義와 先發明主義)

선원주의란 동일발명을 공동발명이 아니고 2인 이상의 자가 별개로 완성한 때, 어느 누구에게 특허를 부여할 것인가라는 경우에 특허출원시를 표준으로 하여 우선하여 출원한 자에게 특허를 부여하는 주의를 말한다. 이에 대하여 선발명주의란 발명의 완성시를 표준으로 하여 먼저 발명을 완성한 자에게 특허를 부여하는 주의를 말한다. 미국의 경우 선발명주의를 채택하고 있으나, 우리나라에서는 선원주의를 채택하고 있다. 동일한 발명에 대하여 다른 날에 2 이상의 특허출원이 있는 경우에는 우선한 출원인만이 특허를 받을 수 있다(특허§36①). 또한 같은 날짜에 2 이상의 특허출원이 있는 때에는 협의가 성립되지 아니하거나 협의를 할 수 없을 때에는 그 어느 출원인도 특허를 받을 수 없다(특허§36②). 위의 선후원관계는 특허출원과 실용신안출원과의 사이에서도 고려된다(특허§36③, 실용§7③). 선원주의의 예외로서는 (1) 출원을 분할한 경우(분할출원, 특허§52), (2) 출원을 변경한 경우(변경출원, 특허§53), (3) 조약 또는 법률에 의한 우선권주장의 출원이 행하여진 경우(특허§54,§55) 등이 있다.

요지불변경의 원칙
(要旨不變更의 原則)

출원에 있어서 원서에 첨부한 명세서나 도면은 출원 후 보충정정할 수 있으나 요지변경을 하는 것은 허용되지 아니한다고 하는 원칙을 말한다. 만약 자유롭게 요지의 변경을 허용하면 출원시에 아직 완성되지 아니한 발명까지도 추가 포함될 염려가 있고, 선원주의의 원칙이 무시되어 결국에는 수습할 수 없는 사태가 발생한다.

특허심사(特許審査)

특허청의 심사관이 특허출원 및 특허이의신청을 심의하여 사정하는 것을 말한다(특허§57①). 심사에는 방식심사와 실체심사가 있고, 실체심사는 심사청구가 있을 때에 한하여 이를 심사한다(특허§59①). 출원을 하면 먼저 방식심사를 하고, 큰 하자가 있는 경우에는 불수리처분을 하게 되나, 보정이 가능한 경우에는 수리된다. 방식을 결한 경우에는 특허청장은 보정명령을 할 수 있다(특허§46). 심사관이 사정을 하기 위하여 행하는 심사이다(특허§57). 심사는 사정을 위한 필요적 요건이다. 심사관이 심사한 결과 특허출원을 거절할 이유가 있다고 인정할 때에는 기간을 지정하여 의견제출의 기회를 준 후 사정하고(특허§62,§63), 심사관은 특허출원에 대하여 거절이유를 발견할 수 없으면 특허결정을 하여야 한다(특허§66).

출원심사청구제도
(出願審査請求制度)

출원심사청구제도라 함은 기술의 고도화, 복잡화 및 출원증가 등에 따라 심사가 지연되어 특허제도 본래의 기능이 저해되는 경우에 심사대상의 감소를 도모하고, 심사의 촉진을 도모하는 제도를 말한다. 특허출원이 있는 때에는 누구든지 그 날로부터 3년내에 특허청장에게 그 특허출원에 관하여 출원심사를 청구할 수 있다(특허§59②). 따라서 출원인뿐만 아니라 제3자도 심사청구를 할 수 있다. 특허청장은 출원공개전에 출원의 심사청구가 있는 때에는 출원공개시에, 출원공개후에 출원심사의 청구가 있는 때에는 지체없이, 그 취지를 특허공보에 게재하고(특허§60②), 또한 특허출원인이 아닌 자로부터 출원의 심사 청구가 있는 때에는 그 취지를 특허출원인에게 통지하여야 한다(특허§60③). 심사청구가 있으면 심사청구의 순위에 따라 실질적 요건의 심사를 하게 된다. 이때 출원일로부터 3년내에 심사의 청구가 없을 때에는 출원은 취하한 것으로 본다(특허§59⑤).

조기공개제도(早期公開制度)

조기공개제도라 함은 출원 후 1년 6개월이 경과된 때에는 심사의 진행상황과 관계없이 출원의 내용을 공개하는 출원공개제도를 말한다. 심사의 지연으로 인한 폐단을 없애기 위하여 1980년에 출원 후 1년 6개월이 경과된 때에는 심사의 진행상황과 관계없이 출원의 내용을 공개하는 이른바 출원공개제도를 채택하였다(특허§64).

출원공개(出願公開)

출원공개라 함은 출원된 발명이 출원일(우선권주장)을 인정받은 출원)에 있어서는 그 우선권주장일로부터 1년 6개월이 경과된 때에는 공개되는 것을 말한다(특허§64①). 이 출원공개에 의하여 특허출원을 한 발명의 내용이 개시되기 때문에 제3자에 의하여 무단으로 실시되지 않도록 출원인을 보호해야만 한다. 그러나 출원공개는 실체심사와 관계없이 행하는 것이므로 제3자의 이익도 고려해야 한다. 따라서 공개된 출원에 대하여 확대된 범위를 가진 선원으로서의 지위(특허§29③) 및 보상금청구권을 인정하여 이를 보호하는 한편(특허§65), 또한 우선심사제도를 인정하고 있다(특허법시행령§9,§10). 보상금의 청구를 위해서는 특허출원한 발명 내용을 서면으로 제시하여 경고하여야 한다. 보상금은 그 발명을 업으로서 실시한 자에 대하여 통상 받을 수 있는 금액이다.(특허§65②). 보상금청구권의 행사는 특허출원 된 발명에 대한 특허권이 설정등록 된 후에만 행사할 수 있다(특허§65③).

우선심사제도(優先審査制度)

우선심사제도라 함은 긴급처리를 요한다고 인정되는 출원에 대하여 또는 출원공개후 특허출원인이 아닌 자가 업으로서 특허출원된 발명을 실시하고 있다고 인정되는 경우에 일반의 심사의 순위에 관계없이 다른 출원에 우선하여 심사하게 하는 제도를 말한다(특허§61, 특허법 시행령§9,§10). 이 우선심사제도는 국가 또는 지방자치단체의 산업정책상 또는 공익상의 이유로 인정된 것이다. 또 출원공개 후에 행하여지는 출원인의 보상금 청구의 시기를 빠르게 한다고 하는 점에 그 특색이 있다.

특허심판(特許審判)

특허권에 관한 쟁송을 판정하는 절차이다. 심판은 특허청장이 지정하는 3인 또는 5인의 심판관으로 구성되는 합의체에 의하여 행하여진다(특허§143,§146). 특허심판에는 심판, 재심이 있다. 과거의 특허심판제도는 특허청내의 심판소와 항고심판소에서 1심과 2심을 다루고 상고심만 대법원에서 다루도록 되어 있었다. 그러나 법원조직법의 개정으로 특허법원이 설치되면서 특허청내의 항고심판소와 심판소를 통합하여 특허심판원을 설치하였다. 이로써 행정부 내에서의 2단계 심판을 1단계로 줄이고 특허심판의 독립성과 전문성을 확보하는 한편, 특허심판원의 심결에 대한 불복의 소는 특허법원의 전속관할로 하고 이에 대한 불복은 대법원에 상고할 수 있도록 함으로써 사실관계 및 법률관계를 법원에서 충분히 심리할 수 있도록 하였다. 심판관은 3인 또는 5인이며(특허§146①), 심판은 구술심리 또는 서면심리로 하며(특허§154①), 직권심리주의(특허§159)가 채택되고 원칙적으로 심결에 의하여 종결한다(특허§162). 당사자는 확정된 특허취소결정 또는 확정된 심결에 대하여 재심사유가 있을 때에는 일정한 기간 내에 재심을 청구할 수 있다(특허§178~185). 특허취소결정 또는 심결에 대한 소 및 특허취소신청서 · 심판청구서 · 재심청구서의 각하결정에 대하여 특허법원에 소를 제기할 수 있다. 이러한 소는 심결 또는 결정의 등본을 송달받은 날부터 30일 이내에 제기해야 한다(특허§186). 이 소송은 특허청장을 피고로 한다(특허§187).

우선심사(優先審査)

우선심사의 대상으로 할 수 있는 특허출원은 . 방위산업분야의 특허출원, 녹색기술과 직접 관련된 특허출원, 수출촉진에 직접 관련된 특허출원 등 특허법 시행령에서 규정하고 있다(특허법시행령§9). 또 출원공개에 의하여 출원내용이 공개된 출원인의 이익을 도모하기 위하여 출원인은 출원공개가 있은 후 업으로서 그 출원된 발명을 실시한 자에 대하여 경고를 한 때에는 보상금의 청구를 할 수 있다(특허§65①). 이 경우 우선심사신청서를 특허청장에게 제출하여야 하며, 특허청장은 위 신청이 있는 때에는 우선심사여부를 결정하도록 규정하고 있다(특허법시행령§10,동시행령규칙§39).

출원공고(出願公告)

출원공고라 함은 특허출원에 대하여 심사관이 심사한 결과 거절할 이유를 발견할 수 없는 경우에 그 발명이 특허하는데 족하다는 것을 일반 공중에게 고지하는 동시에 특허를 해서는 안된다고 주장하는 자에게 특허이의의 신청을 인정하여 심사의 완벽을 도모하려고 하는 제도를 말한다. 즉 심사관이 심사한 결과 일단 특허해야 한다는 심증을 얻은 것에 대하여 다시 공중심사에 붙여서 직권심사를 보충하려고 하는 것이다. 이와 같은 출원공고제도는 1997년 4월 10일 특허법 개정시 특허심사기간을 단축하기 위하여 폐지하였다.

특허이의신청(特許異議申請)

특허이의신청이라 함은 공중심사주의에 입각하여 심사를 보충하려고 하는 것으로, 출원인의 출원이 특허되어서는 안 된다는 뜻의 주장을 하는 것을 말한다. 이 제도는 공중심사주의에 입각하여 심사를 보충하려고 하는 것이므로 이해관계의 유무를 불문하고 누구라도 신청할 수 있게 하고 있다. 특허이의신청과 그 심사에 관하여는 특허법 제70조 내지 제74조에 규정되어 있고 신청이 있는 때에는 심사관이 그 신청에 관하여 심사결정한다. 특허이의의 신청은 출원인의 출원이 특허되어서는 안 된다는 뜻의 주장이며, 그 출원이 정당한 권리자에 의하지 아니한 것, 발명자체에 특허능력이 없다는 것등 특허출원이 거절되는 이유와 거의 동일하지만, 특허청구의 기재 및 1발명 1출원에 한해서는 신청할 수 없다. 특허이의신청은 신청서를 작성하여 이것을 특허청에 제출한다. 신청서에는 신청의 이유와 필요한 증거의 표시를 기재하고, 동시에 이에 필요한 증거자료를 제출한다. 신청서는 정·부본으로 작성되고, 그 부본은 출원인에게 송달되고, 일정한 기간을 정하여(이를 지정기간이라고 한다) 답변의 기회를 주고 있다.

특허료(特許料)

특허료라 함은 특허권설정의 등록을 받고자 하는 자 또는 특허권자가 산업통산자원부령이 정하는 바에 따라서 납부하여야 하는 요금을 말한다(특허§79①). 이 특허료의 납부에는 예외가 있다. 즉 국가에 속하는 특허권 또는 특허출원에 관한 수수료 또는 특허료는 납부하지 않아도 된다(특허§83①Ⅰ). 특허에 관한 이해관계인은 특허료를 대납할 수 있게 되어 있고(특허§80①), 특허료의 납부절차에 관하여 필요한 사항은 산업통산자원부령으로 정하게 되어 있다(특허§79③). 특허권의 설정의 등록을 받고자 하는 자 또는 특허권자는 특허료 납부 기간이 경과한 후 6개월 내에 특허료를 추납할 수 있게 되어 있고(특허§81①), 이 경우에는 특허료의 2배에 상당한 금액을 납부하게 되어 있다(특허§81②). 위의 추납시간 내에 특허료를 추납하지 아니한 때에는 특허권설정의 등록을 받고자 하는 자의 특허출원은 포기한 것으로 보며, 특허권자의 특허권은 특허료를 납부할 기간이 경과한 때에 소급하여 특허권이 소멸된 것으로 본다(특허§81③). 또 이미 납부한 특허료 및 수수료는 이를 반환하지 않는 것이 원칙이다. 다만 납부한 특허료 또는 수수료가 잘못 납부되었을 때에는 특허청장 또는 특허심판원장은 그 사실을 납부한 자에게 통지해야 하고, 통지를 받은 자는 이로부터 3년 내에 반환청구를 해야 한다(특허§84②, ③).

특허사정(特許査定)

발명자의 특허출원에 대하여 그 발명의 사실을 확인하는 특허청의 행정행위이다. 통설은 확인적처분으로 보나 설권처분이라는 설도 있다.

특허등록(特許登錄)

특허권에 관한 사항을 특허원부에 기재하여 공시하는 등록이다. 특허권은 설정등록으로써 발생한다(특허§87①). 특허권의 이전(상속 기타 일반승계에 의한 경우를 제외한다), 포기에 의한 소멸, 그 처분의 제한이나 특허권을 목적으로 하는 질권의 설정·이전(상속 기타 일반승계에 의한 경우를 제외한다)·소멸 또는 그 처분의 제한은 등록없이는 그 효력을 발생하지 않는다. 위의 규정에 의한 특허권·질권의 상속 기타 일반승계의 경우에는 지체없이 그 취지를 특허청장에게 신고하여야 한다(특허§101). 특허실시(전용실시권 및 통상실시권)의 경우에도 대체로 이와 같다(특허§118).

실시권(實施權)

실시권이라 함은 계약·행정청의 처분 또는 법률의 규정에 따라서 타인에게 특허권자의 소유에 속하는 특허발명을 일정한 목적에 이용시키는 것을 내용으로 하는 권리를 말한다. 특허발명을 업으로서 실시하는 권리를 가진 자는 특허권자이지만, 특허법은 일정한 경우에 특허권자 이외의 자에게도 당해 특허발명을 업으로서 실시할 수 있는 권리, 즉 실시권을 인정하고 있다. 실시권은 법적 성질 및 효력에 의하여 전용실시권과 통상실시권으로 분류할 수 있다. 또 발생원인에 따라서 특허권자의 허락에 의한 허락실시권, 법률상 당연히 발생하는 법정실시권 및 행정청의 처분에 의한 강제실시권으로 분류할 수 있다.

전용실시권(專用實施權)

특허권자는 그 특허발명에 대하여 전용실시권을 설정할 수 있다. 그 설정행위로 정한 범위 내에서 전용실시권자는 업으로서 그 특허발명을 실시할 권리를 독점한다(특허§100①,②). 즉 전용실시권은 설정행위로 정하여진 범위 내에서 업으로서 타인의 특허발명을 독점적·배타적으로 실시할 수 있는 권리이다. 따라서 특허권자의 동의를 얻지 아니하면 그 전용실시권을 목적으로 하는 질권을 설정하거나 통상실시권을 허락할 수 없다(특허§100④). 전용실시권자는 전용실시권의 침해에 대하여 자기고유의 권리로서 금지(또는 예방) 및 손해배상의 청구권 등을 행사할 수 있다(특허§126①,§128). 전용실시권은 실시사업과 함께 이전하는 경우 또는 상속 기타 일반승계의 경우를 제외하고는 특허권자의 동의를 얻지 아니하면 그 전용실시권을 이전할 수 없다(특허§100③). 전용실시권자는 특허권자의 동의없이 그 전용실시권에 관하여 질권을 설정하거나 또는 통상실시권을 허락할 수 없다(특허§100④). 전용실시권의 설정·이전(상속 기타 일반승계에 의한 경우를 제외한다), 변경·소멸 또는 처분의 제한, 전용실시권을 목적으로 하는 질권의 설정·이전(상속 기타 일반승계에 의한 경우를 제외한다)·변경·소멸 또는 처분의 제한 등은 원칙으로 등록을 하지 아니하면 효력이 발생하지 아니한다(특허§101①Ⅱ,Ⅲ).

통상실시권(通常實施權)

(1) 허락실시권은 특허권자가 그 특허발명의 실시를 허락하는 뜻의 의사표시를 하고 상대방이 이를 동의함으로써 발생한다. 특허권자는 그 특허발명에 대하여 타인에게 통상실시권을 허락할 수 있고(특허§102①), 전용실시권자도 특허권자의 동의가 있으면 통상실시권을 허락할 수 있다(특허§100④). 이 경우에 등록은 효력발생요건이 아니다. 통상실시권자는 특허법의 규정에 따라서 또는 설정행위로 정한 범위 안에서 업으로서 그 특허발명을 실시할 권리를 가지며(특허§102②), 독점적·배타적으로 실시할 수 있는 것은 아

니다. 따라서 전용실시권이 물권인데 대하여, 통상실시권은 채권이라고 해석되고 있다. 통상실시권의 침해에 대하여 금지(또는 예방) 및 손해배상의 청구권을 인정하는지의 관하여는 견해가 갈라져 있다. (2) 법정실시권은 법률의 규정(특허§39,§102-§105,§182,§183)에 의하여 당연히 발생하고, 특허권자의 의사에 관계없이 발생하는 통상실시권이다. 예컨대 직무발명에 관하여 설명하면, 직무발명은 종업원 등에 의한 발명이며, 그것이 사용자 등의 업무범위에 속하고, 그 발명을 하게된 행위가 종업원 등의 현재 또는 과거의 임무에 속하는 발명을 말한다. 직무발명에 대하여 종업원 등이 특허를 받았거나 특허를 받을 수 있는 권리를 승계한 자가 특허를 받았을 때에는 사용자 등은 그 특허권에 대하여 통상실시권을 가진다. (3) 강제실시권은 일정한 요건을 충족시키지 못한 경우에 특허청장의 처분에 의하여 강제적으로 발생하는 실시권이다(특허§107①,③).

권리침해(權利侵害)

독;Rechtsverletzung

권리침해라 함은 특허권 또는 전용실시권에 대한 침해를 말한다. 특허권은 배타적·지배권적 성질을 가지고 있으므로 정당한 권한없이 타인의 특허발명을 실시하는 것은 특허권을 침해하게 된다. 또 전용실시권은 설정행위로 정하여진 범위 내에서 업으로서 타인의 특허발명을 독점적·배타적으로 실시할 수 있는 권리이므로 이 설정행위의 범위 내에서 제3자가 정당한 권한 없이 특허발명을 실시하는 것은 전용실시권을 침해하게 된다. 다음에서 특허권 및 전용실시권의 침해에 대한 구제방법에 관하여 설명하기로 한다. (1) 금지(또는 예방) 청구권 : 특허권자 또는 전용실시권자는 자기의 권리를 침해한 자 또는 침해할 우려가 있는 자에 대하여 그 침해의 금지 또는 예방을 청구할 수 있다. 특허권자, 전용실시권자가 권리침해에 대한 청구를 할 때에는 침해행위를 조성한 물건(물건을 생산하는 방법의 발명인 경우에는 침해행위로 생긴 물건을 포함한다)의 폐기, 그 침해행위에 제공된 설비의 제거 기타 침해의 예방에 필요한 행위를 청구할 수 있다(특허§126). (2) 손해배상청구권 : 특허권자 또는 전용실시권자는 고의 또는 과실에 의하여 자기의 특허권 또는 전용실시권을 침해한 자에 대하여는 손해배상을 청구할 수 있다(특허§128②). 타인의 특허권 또는 전용실시권을 침해한 자는 그 침해행위에 대하여 과실이 있는 것으로 추정된다. 法院(법원)은 고의 또는 과실에 의하여 특허권 또는 전용실시권을 침해함으로써 특허권자 또는 전용실시권자의 청구에 의하여 손해배상에 갈음하거나 특허권자 또는 전용실시권자의 업무상의 신용회복을 위하여 필요한 조치를 명할 수 있다(특허§131). (3) 부당이득반환청구권 : 특허법은 부당이득반환청구권에 관하여는 특별규정을 두고 있지 아니하므로 민법의 규정을 준용한다(민§741,§748②).

심판(審判)

심판이라 함은 심사의 상급심적인 것으로서 심사 이상의 엄격한 절차에 의하여 3인 또는 5인의 심판관의 합의체에 의하여 행하여지는 심리절차를 말한다(특허§146①).

심판의 성질에 관하여는 행정처분이라고 하는 설과 사법재판이라고 하는 설로 나뉘어져 있다. 통설은 행정기관으로서의 특허청이 행하는 행정처분이라고 해석하고 있다. 심판에는 다음의 종류가 있다.

(1) 특허의 무효심판(특허§133), (2) 특허권의 존속기간의 연장등록의 무효심판(특허§134), (3) 권리범위확인심판(특허§135), (4) 정정심판(특허§136), (5) 정정의 무효심판(특허§137), (6) 통상실시권 허여(許與)의 심판 (특허§138)이 있다. 기타 부수적인 것으로 제척 또는 기피신청에 관한 심판(특허§152), 참가의 신청 및 결정의 심판(특허§156) 등이 있다.

재심(再審)

독;Wiederaufnahme

재심이라 함은 확정된 특허취소결정 또는 확정된 심결에 대하여 중대한 심판절차의 하자, 또는 심결에 불공정이 있는 경우 재심판을 청구하는 제도를 말한다(특허§178①). 즉, 일단 확정된 심판의 심결은 법적 안정의 측면에서 이것을 다툴 수 없다고 봄이 바람직하다. 다만, 전적으로 불복청구의 길을 막아 버리는 것은 사회적 상당성의 요청에 반한다. 따라서 심판절차에 중대한 하자 등이 있는 경우 또는 공모 등에 의한 사해심결에 대하여는 제한적으로 재심의 청구를 인정할 필요가 있다(특허§179). 재심의 사유에 관하여는 특허법 제178조 2항에 의하여 민사소송법 제422조(재심사유)의 규정이 준용되므로, 민사소송법 동법 소정의 사유 이외의 사항을 사유로 하여 청구하는 것은 허용되지 아니한다. 재심의 청구권자는 당사자이고(특허§178①), 이 밖에 공모 등에 의한 사해심결에 대한 불복청구에 있어서는 제3자이며, 이 자는 심판의 당사자(그 청구인 및 피청구인)를 공동피청구인으로 하여 재심을 청구할 수 있다(특허§179①,②). 재심은 당사자가 심결확정후 재심의 사유를 안 날로부터 30일 내에 청구하여야 하며(특허§180①), 대리권의 흠결을 이유로 하며 재심을 청구하는 때에는 청구인 또는 법정대리인이 심결등본의 송달에 의하여 심결이 있는 것을 안 날의 다음날부터 기산한다(특허§180②). 또 재심은 심결확정후 3년 내에 이를 청구할 수 있으며(특허§180③), 재심사유가 심결확정후에 생긴 때에는 이 기간은 그 사유가 발생한 날의 다음 날로부터 이를 기산한다(특허§180④). 이 규정은 당해 심결이전에 행하여진 확정판결과 저촉한다는 이유로 재심을 청구하는 경우에는 적용하지 아니한다. 특허취소결정 또는 심판에 대한 재심의 절차에 관하여는 그 성질에 반하지 아니하는 범위에서 특허취소신청 또는 심판의 절차에 관한 규정을 준용한다(특허§184). 그리고 심리는 재심청구이유의 범위 내에서 하여야 한다(특허§185·민소§459①).

실용신안권(實用新案權)

독;Gebrauchsmusterrecht
불;droit de modele d'utilité

실용신안권이라 함은 산업상 이용할 가능성이 있는 물품의 형상, 구조 또는 조합한 것 등에 관한 구체적인 기술적 목적과 기술적 구성 및 기술적 효과에 의하여 체계적으로 형성된 신규성 있는 기술적 사상의 창작인 무형의 고안을 보호의 객체로 하는 권리를 말한다. 여기에서 물품이란 거래의 대상으로 되어 운반가능한 것이고, 물품의 형상이란 물품의 외관적 형태를 의미하고, 입체적인 것과 평면적인 것도 포함된다. 물품의 구조란 물품의 기계적 구조이고, 물품의 조합이란 2개 이상의 물품을 관련적으로 합체하여 1개의 물품으로서 사용가치가 생기는 경우를 말한다. 고안이란 자연법칙을 이용한 기술적 사상의 창작이며(실용§2Ⅰ), 발명과 동질이나 고도성이 요구되지 아니한다. 실용신안등록의 요건으로서는 물품과 형상, 구조 또는 조합에 관한 고안이라는 것 이외에, 산업상의 이용성, 신규성, 진보성이 있음을 요하고(실용§4), 또 국기 또는 훈장과 동일하거나 유사한 고안 및 공공의 질서 또는 선량한 풍속을 문란하게 하거나, 공중의 위생에 해할 염려가 있는 고안이 아닐 것 등을 요한다(실용§6). 실용신안권은 설정등록에 의하여 발생한다(실용§21①). 그리고 실용신안권자는 그 등록실용신안을 실시할 권리를 독점하고(실용§23본문), 또는 자기의 실용신안권의 침해에 대하여 금지(또는 예방 및 손해배상의 청구권을 행사할 수 있다.(실용§31·특허§126,§128). 실용신안권의 존속기간은 실용신안권을 설정등록한 날부터 실용신안등록출원일 후 10년이 되는 날까지로 한다(실용§22①).

디자인권

영;design right
독;Musterschutzrecht, Geschmacksmusterrecht

디자인권이라 함은 공업소유권의 범주에 속하는 권리로서, 배타적, 독점적인 효력을 갖는 절대권을 말한다. 그 권리의 객체는 무형의 창작이며, 양도이전할 수 있는 이른바 무체재산권이라고 하는 특허권, 실용신안권과 동일하다. 디자인보호법에서 디자인이라 함은 물품의 형상·모양이나 색채 또는 이들을 결합한 것으로서 시각을 통하여 미감을 일으키게 하는 것을 말한다(디자인§2Ⅰ). 여기서 말하는 물품이란 거래의 대상으로 되어 운반가능한 것이다. 물건의 일부도 이것에 속한다. 형상이란 실용신안에서와 같이 외관적 형태이며, 평면적인 것도 입체적인 것도 다 포함된다. 모양이란 장식용의 형상이며 평면적으로 표시된 점, 선 또는 상 등의 집합이고, 색채를 수반하는 것이 많고, 부조모양과 같이 요철로써 하는 것도 있다. 색채란 1종 또는 2종 이상의 색의 배합이다. 결합이란 여기에서 설명한 형상, 모양, 색채의 전부 또는 2 이상이 동일물품에 대하여 동시에 표현되는 경우를 말한다.

(1) 디자인의 등록요건: 디자인이 등록되기 위해서는 그 디자인이 신규이고 또한 고안으로서 진보성이 있고 공업상 이용할 수 있는 것임을 요한다(디자인§33). 디자인보호법에서는 특허법, 실용신안법에서 말하는 「산업상 이용할 수 있는 것」보다는 좁게 공업상 이용할 수 있는 것을 그 요건으로 하고 있다. 「공업상 이용할 수 있는」 이란 공업적으로 양산할 수 있다는 의미이다. 따라서 공업적으로 양산할 수 없는 미술품, 회화 등의 경우에는 공업상 이용할 수 있는 디자인이라고 말할 수 없다. 디자인보호법은 ① 디자인등록출원 전에 국내 또는 국외에서 공지되었거나 공연히 실시된 디자인, ② 디자인등록출원 전에 국내 또는 국외에서 반포된 간행물에 기재된 디자인, ③ 위의 ①, ②에 유사한 디자인은 신규성이 없는 것으로 하고 있다(디자인§33). 즉 공지 또는 간행물기재의 디자인과 동일한 디자인에 한하지 않고, 이들과 유사한 디자인도 신규성이 없는 것으로 하고 있다. 다음은 디자인의 유사여부의 판단에 관하여 설명한다. ㉠ 유사한가 아닌가는 전문가가 아니고 일반수요자를 기준으로 판단한다. ㉡ 디자인은 시각을 통하여 미감을 일으키게 하는 것이므로 그 유사여부의 판단은 육안에 의하여 관찰한다. ㉢ 외관이 유사한가 아닌가에 의하여 판단하여야 한다. ㉣ 부분적으로 판단하는 것이 아니고 전체관찰에 의한 종합판단에 의하여야 한다. ㉤ 수요자의 눈에 띄는 부분으로서, 가장 주의를 끌기 쉬운 부분은 매우 중요하게 판단된다. 디자인등록을 받기 위해서는 창작성을 요한다. 따라서 디자인등록출원 전에 그 디자인이 속하는 분야에서 통상의 지식을 가진 자가 공지·공용·간행물기재의 디자인 또는 국내 또는 국외에서 널리 알려진 형상·모양·색채 또는 이들의 결합에 의하여 용이하게 디자인을 창작할 수 있는 것일 때에는 창작성이 없으므로 디자인등록을 받을 수 없다(디자인§33②). 이것은 특허요건 및 실용신안등록요건으로서의 진보성과 거의 동일한 내용인데, 공지사유에서가 아니고 국내 또는 국외에서 주지된 형상, 모양, 색채 또는 이들의 결합에서의 곤란성을 규정하고 있는 점에서 다르다.

(2) 등록을 받는 권리와 등록권리자, 디자인의 등록을 받는 권리의 본질은 특허 또는 실용신안의 등록을 받는 권리와 거의 동일하다. 디자인등록을 받는 권리자는 디자인을 창작한 자, 그 승계인, 직무창작의 권리귀속자이다. 외국인의 디자인에 대하여도 특허발명 및 실용신안등록의 경우와 같이 권리능력을 인정하고 있다. 디자인권은 설정의 등록에 의하여 발생하고 (디자인§90①), 디자인권자는 등록디자인, 또는 이와 유사한 디자인을 실시할 권리를 독점한다(디자인§92). 또 디자인권의 존속기간은 디자인권 설정등록 한 날부터 발생하여 디자인등록출원일 후 20년이 되는 날까지 존속한다(디자인§91①본문).

관련디자인

관련디자인이란 등록디자인 또는 디자인등록출원한 디자인(기본디자인)과만 유사한 디자인을 말한다. 디자인권자 또는 디자인등록출원인은 관련디자인에 대하여는 그 기본디자인의 디자인등록출원일부터 1년 이내에 디자인등록출원된 경우에 한하여 관련디자인으로 디자인등록을 받을 수 있다(디자인§35①). 이렇게 디자인등록을 받은 관련디자인 또는 디자인등록출원된 관련디자인과만 유사한 디자인은 디자인등록을 받을 수 없다(디자인§35②). 기본디자인의 디자인권에 전용실시권이 설정되어 있는 경우에는 그 기본디자인에 관한 관련디자인에 대하여는 디자인등록을 받을 수 없다(디자인§35③).

비밀디자인

비밀디자인이라 함은 디자인등록출원인의 청구에 의하여 디자인권설정의 등록일로부터 3년 내의 기간동안 그 디자인을 비밀로 하는 제도를 말한다(디자인§43①). 디자인은 물품의 외관에서 나오는 일종의 미감(美感)을 그의 생명으로 하는 것이며 유행성이 풍부하고 변화성을 신조로 하는 것이지만, 다른 기술적 사상과는 달라서 타인의 모방에는 무방비상태에 처하는 약점이 있다. 이를 보호하려고 두어진 제도이며 영국의장조례는 모두 비밀제도이다. 디자인은 물품의 외관에 변화를 줌으로써 보는 자의 취미적 감각에 호소하는 것이다. 이 점이 발명이나 실용신안에서는 기술적사상이며, 이것을 공개함으로써 국가의 기술발전에 기여시킨다. 그러나 디자인은 이와 같은 기술적 사상으로 성립되는 것이 아니며, 물품의 외관에 변화를 줌으로써 표현된 디자인에 의하여 보는 자를 자극하고, 물품의 구매가치, 수요의 증대라고 하는 역할을 한다. 이러한 효용이 있는 반면, 디자인은 외관에 표현된 것이기 때문에 이것을 본 자는 쉽게 그 디자인, 즉 아이디어를 얻든가 또는 모방, 복제한다. 그것이 참신한 디자인일수록 그 경향이 강하다. 디자인등록출원인은 디자인권의 설정의 등록일로부터 3년 내의 기간을 지정하여, 그 기간 동안 디자인을 비밀로 할 것을 청구해야 하고(디자인§43①), 디자인등록출원인 또는 디자인권자는 비밀로 할 것을 청구할 비밀기간을 연장 또는 단축하는 것을 청구할 수 있다. 이 경우 당해 기간을 연장하는 경우에는 디자인권의 설정등록일로부터 3년을 초과할 수 없다(디자인§43③). 비밀로 할 것을 청구할 수 있는 자는 디자인등록출원인에 한하며, 디자인등록출원인은 디자인등록출원을 한 날부터 최초의 디자인등록료를 내는 날까지 디자인을 비밀로 할 것을 청구 할 수 있다(디자인§43②).

또 특허청장은 디자인권자의 동의를 받은 자가 열람청구한 경우, 그 비밀디자인과 동일하거나 유사한 디자인에 관한 심사, 디자인일부심사등록 이의신청, 심판, 재심 또는 소송의 당사자나 참가인이 열람청구한 경우, 디자인권 침해의 경고를 받은 사실을 소명한 자가 열람청구한 경우, 법원 또는 특허심판원이 열람청구한 경우에는 비밀디자인의 열람청구에 응하여야 한다(디자인§43④).

상표권(商標權)
영;trade mark right
독;Warenzeichenrecht, Handelsmarkenrecht
불;droit á la marque de fabrique(et commerce)

상표권이라 함은 공업소유권의 범주에 속하는 사권으로 특허권, 실용신안권, 디자인권과 같이 배타적·독점적인 효력을 가진 무체재산권을 말한다. 상표권은 다른 공업소유권과 다음의 점에서 다르다. (1) 상표권은 자기의 업무에 관계되는 상품에 관하여 타인의 동종상품과 구별하기 위하여 선정사용하는 표지를 그 목적으로 하고 특별히 지능적 소산이라고 말할 수 없는 무형의 이익을 독점적으로 지배하는 권리이다. 이에 대하여 다른 3권들은 그 어느 것도 창의고안, 즉 지능적 소산을 그 목적으로 한다. 이것과 관련하여 다른 3권에서는 출원 전에 이미 특허 또는 등록을 받을 수 있는 권리를 인정하고 있는데 대하여, 상표법에서는 출원 전에 등록받을 수 있는 권리는 인정되지 아니한다. (2) 발명·실용신안·디자인에 있어서는 신규성을 특허 또는 등록의 요건으로 하고 있는데 대하여, 상표에 있어서는 신규성을 요건으로 하지 아니하고, 단지 자타상품을 식별할 수 있는 특별현저성이 있으면 된다. (3) 상표권은 부정경쟁을 방지하고, 영업상의 신용유지를 도모하는 사권이므로 상표를 영속적으로 사용하게 하는 것은 하등 산업의 발전을 저해하는 것이 아니고, 따라서 갱신을 허용하고 있는데 대하여 다른 3권에서는 존속기간의 만료로 소멸되는 것으로 하여 갱신 또는 연장을 인정하지 않는다. 또 다른 3권에서는 3권은 등록된 권리의 이전성이 인정되고 있는데 대하여 상표법에서는 상표는 등록여부를 불문하고, 그 지정상품의 영업과 같이 하는 경우에 한하여 이전성이 인정된다(상표§93①). 이상과 같은 상이점을 제외하고는 상표권은 다른 3권과 거의 비슷하다. 상표권에서의 상표라 함은 상품을 생산, 가공, 증명 또는 판매하는 것을 업으로 영위하는 자가 자기의 업무에 관련된 상품을 타인의 상품과 식별되도록 하기 위하여 사용하는 기호, 문자, 도형 또는 이들의 결합 또는 이것에 각각 색채를 결합한 것(이하 「표장」이라 한다)에 해당하는 것을 말한다(상표§2①).

위에서의 상표의 의의를 요약해 보면 상표라 함은, 상품을 업으로 생산 등을 하는 자가 자타상품을 식별되도록 하기 위하여 사용하는 표장에 해당하는 것을 말한다. 따라서 상표의 성립요건으로서 다음의 4요건이 갖추어져야 한다고 볼 수 있다. (1) 상표는 상품을 업으로서 생산 등을 하는 자가 그 상품에 사용하는 것이어야 한다. (2) 상표는 표장일 것. 여기서 말하는 표장이란 기호·문자·도형 또는 이들의 결합 또는 이것의 각각에 색체를 한 것을 말한다. (3) 상표는 표장으로서 자타상품을 식별할 수 있는 것일 것. (4) 상표는 표장으로서 해당하는 것일 것. 해당하는 것이란 상표를 구성하는 표장이 명확한 일정윤곽을 가지는 것을 말하며, 이것은 시각을 통하여 식별작용을 수행하게 되는 것이다. 해당성 유무의 판단은 상표의 외관·칭호·관념 등에만 의할 것이 아니라 그 상표의 상품이 다른 상표의 상품과 식별되는 것인지의 여부, 즉 어느 상표와 일정한 상품과의 관계에 있어서 일반거래자나 수요자들이 그 상표에 의하여 그 상표의 출처를 인식할 수 있을 것인지의 여부에 의하여야 한다(대판 1962. 10. 11.). 또 상표와 상호는 구별되어야 한다. 단적으로 말하면 상호는 인격의 표지이고, 상표는 상품의 표지이다. 다음은 상표의 등록요건과 등록권리자에 관하여 설명한다. (1) 상표의 등록요건 : 상표의 등록요건에는 적극적 요건과 소극적 요건의 2가지 요건이 있다. 적극적 요건으로서는 이른바 해당성, 즉 자기상품을 식별할 수 있는 능력이 있는 것을 필요로 하고, 소극적 요건으로서는 상표가 상표법에서 정하는 불등록사유에 해당되지 않는 것이 필요하다. (2) 등록권리자 : 등록권리자는 상표법 제2조 1항 1호의 규정에서 명백하듯이 상품을 생산·가공·증명 또는 판매하는 것을 업으로 영위하는 자이다.

연합상표(聯合商標)

연합상표라 함은 자기(상표권자)의 등록상표나 자기(상표등록출원자가 등록출원한 상표와 유사한상표로서 그 지정상품과 동일구분 내의 상품에 사용하는 것을 말한다. 연합상표제도는 1997.8.22. 상표법 개정 시 국제적으로 이미 통용되고 있지 아니하다는 이유로 폐지되었다.

유사상표(類似商標)

타인이 이미 등록하여 사용하고 있는 상표와 거래통념상 비슷하여 혼동을 일으킬 염려가 있는 상표이다. 상표법은 상표권자의 보호를 위하여 유사상표의 등록을 허용하지 않으며, 그 사용도 금지하고 있다 (상표§34① Ⅶ). 이 상표의 유사성에 관한 판정은 일반 거래에 있어서 경험법칙을 바탕으로 하게 된다. 즉 문자·도형 등의 외관이나 호칭 또는 일반인의 인식 등의 기준에 따라 판단한다.

공업소유권의 보호를 위한 파리조약
(工業所有權의 保護를 위한 파리條約)

공업소유권의 보호를 위한 파리조약이라 함은 공업소유권을 보호하기 위한 일반조약을 말하며, 단순히 파리조약이라고도 한다. 1883년에 파리에서 처음으로 체결되고, 그 후 1900년에 브뤼셀, 1911년에 워싱턴, 1925년에 헤이그, 1934년에 런던, 1958년에 리스본, 1967년에 스톡홀름에서 수차에 걸쳐서 개정되었다. 조약당사국은 동맹을 조직하여 특허, 실용신안, 디자인, 서비스마크, 상표, 상호, 원산지표시 또는 원산지명칭을 보호하고, 부정경쟁을 방지한다. 이들의 보호는 동맹국의 국민 또는 동맹국에 주소 또는 영업소를 가진 자에 대하여 모든 동맹국에서 그 국민과 동일한 보호가 부여되고, 또 국제적인 우선권의 주장도 인정되고 있다. 현재 동맹의 사무국은 스위스 제네바에 있다.

내외인평등의 원칙
(內外人平等의 原則)

내외인평등의 원칙이라 함은 파리조약이 동맹국의 국민의 권리능력을 인정하여 공업소유권법의 보호·권리 침해의 경우에 있어서 사법상의 구제 등에 관해 내외인을 평등하게 보호하는 원칙을 말한다. 동맹국의 국민이 아니라도 동맹국에 주소 또는 영업소를 가진 자는 동맹국의 국민과 동일하게 보호를 받게 된다.

우선권(優先權)

우선권이라 함은 파리조약이 인정하고 있는 우선권제도를 말한다. 1국에서 행한 특허출원은 그 나라에서만 효력을 가지고 다른 동맹국에까지는 미치지 아니하므로 다른 나라에서는 별도로 출원을 하여야 한다. 그러나 다른 나라의 보호를 받기 위해서는 각국에서 각각 특허요건을 요구하고 있기 때문에 동시에 다수국에 출원하지 않으면 신규성 등을 상실하게 되는데, 이러한 것은 출원인에 대하여 가혹하다. 따라서 동맹국의 제1국에서 출원한 자는 그 출원일로부터 일정기간 내에 제2국에 출원을 할 때에는 신규성, 선후원 관계에 관하여 제1국의 출원일을 기준으로 하는 우선권제도를 두고 있다.

각국특허의 독립원칙
(各國特許의 獨立原則)

각국특허의 독립원칙이라 함은 1국에서 특허를 받은 자는 그 나라의 영역 내에서만 효력이 있고 다른 동맹국에서는 그 특허권의 효력을 주장할 수 없다는 원칙을 말한다. 파리조약법 제4조의 2는 각국특허의 독립원칙을 규정하고 있다.

발명자증(發明者證)

발명자증이라 함은 발명의 실시권이 국가에 속하는 한편 발명자는 국가로부터 보상이나 명예 등을 받는다고 하는 법적 서류를 말한다. 이 제도는 구 소련을 비롯하여 과거의 동구제국에서 채택되고 있던 제도로서, 이 제국이 파리조약의 가맹에 따라 스톡홀름개정조약으로 채택된 것이다(파리조약§4①). 또 발명자증제도만 있고 특허제도를 채택하지 않는 국가에 대하여는 이 파리조약의 규정은 적용되지 않는다.

외국등록상표(外國登錄商標)

외국등록상표라 함은 동맹국인 본국에서 정규로 등록된 상표는 일정한 경우를 제외하고 다른 동맹국에서도 그대로 그 등록이 인정되는 것을 말한다(파리조약§6의5). 이 상표는 통상의 등록상표와 달라서 본국의 등록상표에 완전히 종속되기 때문에 상표독립의 원칙(파리조약§6③)의 예외가 된다.

특허협력조약(特許協力條約)
PCT;Patent Cooperation Treaty

특허협력조약이라함은 1970년 6월 19일에 채결된 조약으로서 하나의 발명을 다수국에 출원하는데 있어서 국가간의 편의를 도모하도록 조처한 것을 말한다. 이 조약을 PCT하고 하는데 Patent Cooperation Treaty의 약칭이다. 하나의 발명이 다수국에 출원될 경우 거액의 비용과 각국의 방식에 따라 다수의 출원서가 작성되고, 또 각국에서는 별개로 선행기술을 제각기 조사하에 되는 중복이 생기게 되는데, 이 폐단을 방지하려고 한 것이 이 조약의 목적이다. 그러므로 다수국의 보호를 얻으려고 하는 자는 소정의 요건에 따라 1개의 출원서를 작성하고, 보호지정국을 표시한 후 소정의(1개국) 특허청에 출원(이것을 국제출원이라 한다)하면 보호지정국에 대하여 동일로 출원된 것으로 본다. 국제출원서류는 소정의 국제조사기관에 의하여 선행기술을 조사(이것을 국제조사라 한다)한 후 그 보고서(이것을 국제조사보고서라 한다)를 출원인과 지정특허청에 보내면 심사권을 행사할 수 있게 된다. 우리나라의 특허법은 1982년 11월 29일 특허협력조약에 의한 국제출원의 장을 신설하고(제10장), 제1절에서는 국제출원절차, 제2절에서는 국제특허출원에 관한 특례를 각각 규정하고 있다. 특허법 제 192조에 의하면 대한민국국민 또는 대한민국 내에 주소나 영업소가 있는 외국인 등은 특허청장에게 특허협력조약 제2조에 따라 국제출원을 할 수 있다.

노하우(Know-how)

노하우라 함은 기술적 비결을 말한다. 이 용어는 처음에 미국에서 사용된 것으로서 기술적 비결이라고 번역되고 있으나, 오늘날에 있어서는 번역되지 않고 국제적으로 그대로 사용되고 있다. 노하우는 트레이드 시크렛(Trade secret·경영비밀)와 혼동하여 사용되는 것도 있다. 노하우의 정의에 관한 학설에는 기술적 노하우와 상업적 노하우가 있고, 기술적 노하우란 어떤 사람이 그가 가진 기술을 최량의 조건하에 실시하는데 필요로 하는 지식을 말한다고 하는 설, 공업의 생산과정에서 필요 또는 유익한 기술상의 지식 및 경험이며 외부에 대하여 비밀로 되어 있는 것을 말한다고 하는 설, 산업상 이용할 수 있는 기술적 사상의 창작 또는 이것을 실시함에 필요한 구체적인 기술적 지식, 자료·경험이며 이것을 창작·개발·작성 또는 체득한 자(그 자로부터 전수를 받는 자를 포함)가 현재 비밀로 하고 있는 것을 말한다고 하는 설 등이 있다.

국제통일화특허(國際統一化特許)

국제통일화특허라 함은 국제적으로 통일화된 특허제도를 말한다. 이 국제통일화특허의 실시가 기대되는 새로운 조약에는 출원절차와 방법심사의 통일화를 주목적으로 하는 특허협력조약(PCT. 특허협력조약의 항을 참조), 출원, 등록 등의 절차면뿐만 아니라, 부여되는 권익에 있어서도 특정국간의 국경을 초월하여 국가상호간에 통일화된 특허제도를 확립하려고 시도한 구주특허조약(EPC) 및 공동체특허조약(CPC) 등이 있다.

세계지적소유권기구
(世界知的所有權機構)
영;World Intellectual Property Organization

세계지적소유권기구는 1967년 7월 14일 스웨덴에서 체결된 세계지적소유권기구설립조약(Convention Establishing the world Intellectual Property Organizat -ion)에 의하여 설치되어 1970년 4월 26일 발효된 기구이다. WIPO는 1974년 12월에 국제연합의 전문기관으로 되었고, 본부는 제네바에 있다. WIPO의 목적은 (1) 세계적인 지적소유권의 보호를 촉진하고, (2) 제동맹국간의 행정적 협력을 증진하는데 있다. WIPO는 세계지적소유권의 보호를 촉진하기 위하여 새로운 국제조약의 체결과 각국 입법의 조화를 장려하고 개발도상국에는 법적·기술적 원조를 부여하며 정보의 수집·확보를 행하고 있다. 우리나라도 이 WIPO에 가입하고 1979년 3월 5일 조약 제676호로 공포되어 오늘에 이르고 있다.

소비자기본법

소비자(消費者)
영;consumer

사업자가 공급하는 상품 및 서비스(service)를 소비생활을 위하여 구입·사용·이용하는 자를 말하며, 사업자에 대립하는 개념이다. 따라서 일반적으로 소비자라는 개념은, (1) 국민의 소비생활에 관계되는 측면을 취급하는 개념이며, (2) 소비자는 사업자에 대립되는 개념이고, (3) 소비자는 소비생활을 영위하는 자라는 개념이다. 다만, 광의의 개념으로서 생산재를 구입하는 기업도 소비자에 포함시키는 견해도 있다. 그러나 소비자보호관련법규에서의 소비자란 일반소비자나 최종소비자를 말하며, 제품생산과정상 원재료로써 소비하는 중간소비자는 포함하지 않는다고 보는 것이 일반적이다.

소비자권리(消費者 權利)
영 ; consumer's right

시장경제체제를 근간으로 하는 자본주의사회에서는 본래 생산, 판매자측에는 상품·서비스의 자유로운 생산·판매에 관한 권리가 존재하는 데 대하여, 소비자측에는 상품·서비스의 자유로운 선택에 관한 권리가 존재하는 것이 전제되어 있으며, 현대의 경제구조 아래에서는 이를 보장하기 위하여 국가의 적극적인 소비자보호정책이 요구된다. 따라서 이러한 소비자보호정책의 지도원리로서 소비자는 몇 가지의 구체적인 권리를 갖는 것으로 생각되는데, 최초로 소비자권리를 선언한 미국의 케네디 대통령의 의회에 대한 「소비자의 이익보호에 관한 특별교서」(Special Message to the congress on Protecting the Consumer Interest)에 의하면 소비자는 (1) 안전의 권리(the right to be safety), (2) 알 권리(the right to be informed), (3) 선택할 권리(the right to choose), (4) 의결을 반영시킬 권리(the right to be heard) 등 4가지의 권리를 갖는다고 한다. 한편 유럽공동체(EC)의 이사회가 1975년 채택한 소비자보호와 정보에 관한 기본계획에 의하면 소비자는 (1) 소비자의 생명 및 건강을 침해당하지 않을 권리, (2) 적정한 표시를 행하게 할 권리, (3) 부당한 거래조건에 강제당하지 않을 권리, (4) 부당하게 입은 피해로부터 공정하고 신속하게 구제될 권리 및 (5) 정보를 신속하게 제공받을 권리 등 5가지의 권리를 가진다고 한다.

안전의 권리(安全의 權利)

英;the right to be safety

소비자는 모든 상품 및 서비스로부터 발생·초래하는 생명·건강에 대한 위험·위해로부터 보호받을 권리를 갖는데 이를 소비자의 안전의 권리라고 부른다.

알 권리(알 權利)

英;the right to be informed

소비자는 사기 또는 기만적이거나 심하게 오도된 정보·광고·표시 및 이와 유사한 상관습으로부터 보호되고, 상품이나 서비스를 제공하는 측에서 권유하는 대로 상품이나 서비스를 선택하여도 자신의 요구를 만족시킬 수 있도록 보호받는 권리를 갖는데 이를 소비자의 알 권리라고 한다.

선택할 권리(選擇할 權利)

英;the right to choose

소비자는 가능한 한 여러 장소에서 많은 종류의 상품·서비스를 경쟁가격으로 구입할 수 있는 권리를 가지며, 경쟁이 행하여지지 않고 정부의 관여 및 법령 등이 이를 대신하고 있는 공공기업의 경우에 소비자는 만족할 만한 품질 및 서비스를 적정한 가격으로 공급받을 권리를 갖는데 이를 소비자의 선택할 권리라고 한다.

의사반영의 권리

(意思反映의 權利)

소비자의 이익이 정부의 정책입안에 있어서 충분히 그리고 공감을 가지고 고려되며, 행정당국에 있어서는 공정하고 신속하에 처리될 것이 보장되어야 할 권리를 말한다. 한편 이를 위하여 소비자는 소비생활에 관련있는 정책결정기관에 그들의 대표를 파견하거나 직접 참여할 수 있는 권리(the right to representation and participation)도 갖는다.

피해보상과 불만처리의 권리

(被害補償과 不滿處理의 權利)
영 ; the right to recourse and redress

소비자는 상품이나 서비스 또는 거래로 인하여 입은 모든 피해나 불만을 신속하고 적절하게 보상 또는 처리받을 권리를 갖는데, 이를 피해보상과 불만처리의 권리라고 한다.

교육을 받을 권리

(教育을 받을 權利)

소비자는 소비자의 무력화와 소비자문제의 심각화 등 소비자문제에 관한 이론적인 교육을 통하여 소비자로서의 자각을 높이고 소비생활에 필요한 정보를 제공받을 권리를 갖는다.

소비자보호의 주체

(消費者保護의 主體)

소비자보호를 행하는 주체로서는 국가 및 지방자치단체, 생산·판매업자(사업자), 소비자 및 소비자단체 등 3자가 있다. 이들은 각각 해당 분야에서 소비자보호를 위하여 노력하면 상당한 성과를 거둘 수 있으나, 더욱 충분한 성과를 거두기 위해서는 국가 및 지방자치단체가 행하는 消소비자보호행정을 중심으로 하여 3자가 일체가 될 것이 필요하다.

국가·지방자치단체에 의한 소비자보호 : 소비자보호법 제6조는 국가 및 지방자치단체는 소비자의 기본적 권리가 실현되도록 하기 위하여 관계 법령 및 조례의 제정 및 개정·폐지, 필요한 행정조직의 정비 및 운영 개선, 필요한 시책의 수립 및 실시, 소비자의 건전하고 자주적인 조직활동의 지원·육성의 책무를 지도록 규정하고 있다(소비기 §6), 국가에 의한 소비자보호의 방법으로서는 ① 소비생활에 관련있는 관계 법령을 정비·강화하고 ② 소비자보호행정을 종합적으로 추진할 수 있는 행정기구를 정비·강화하여야 하며, ③ 위해의 방지, 표시의 충실, 공정·자유경쟁의 확보, 거래조건의 적정화, 계량·규격의 적정화, 소비자의 교육추진 및 정보의 제공, 소비자의 피해의 구제와 불만의 처리 등 소비자보호시책을 적극적으로 추진함은 물론, 이와 같은 소비자보호시책의 수립. 실시에 있어서 소비자의 의견이 충분히 반영되도록 하고, ④ 건전하고 자주적인 소비자의 조직생활을 촉진하기 위하여 적극적으로 지원하는 것 등이 있다. 한편 지방자치단체에 의한 소비자보호의 방법으로서는 국가의 소비자보호시책에 적극 협력하면서 당해지역의 특성에 맞는 소비자보호시책을 적극적으로 추진해 나가는 것이다. 특히 지방자치단체는 소비자의 불만처리와 소비자교육의 실시에 주력하고, 상품의 비교테스트 등을 통한 정보제공 등을 행하며, 소비자소송의 지원 및 조직생활의 촉진등 지원활동을 적극적으로 전개하고 나아가 소비자의 불만처리를 통하여 파악된 소비자피해의 실태나 위해정보 등을 국가 및 지방자치단체의 소비자보호시책에 반영시키는 것 등을 들 수 있다.

사업자에 의한 소비자보호 : 소비자

보호법은 물품 또는 용역을 제조·가공하거나 판매 또는 제공하는 자(이하 사업자라 한다)는 소비자보호를 위하여 노력하고, 국가 및 지방자치단체가 실시하는 소비자보호시책에 적극 협력하여야 한다(소비자보호법§3①)고 하여, 사업자가 지켜야 할 일반적인 의무를 규정한 다음, 계속하여 사업자가 지켜야 할 구체적인 의무로서 소비자의 의견반영, 불만처리 및 피해보상을 위한 기구의 설치, 운영(소비자보호법 §3②), 안전기준에 위반되는 물품의 제조, 판매나 용역의 제공 금지(소비자보호법§13), 사업자의 명칭 및 당해물품에 대한 기본적인 사항의 표시(소비자보호법§15), 부당한 거래조건이나 방법의 사용금지(소비자보호법§16) 등을 규정하고 있다. 한편 사업자는 생산, 가공, 판매의 각단계에 있어서 행하는 품질이나 그 표시·광고 등에 관하여 자주적인 규제를 실시함으로써 소비자를 보호하는 경우가 있다. 그리고 사업자는 사업활동의 기본원칙으로서 자유롭고 공정한 경쟁을 존중해야 하고, 품질표시 또는 광고 등의 여러 행위에 대하여 사회적책임을 자각하여 소비자에게 보다 좋은 상품이나 서비스를 제공하고 불이익을 끼치지 않도록 노력할 것이 요구된다.

소비자·소비자단체에 의한 소비자보호 : 소비자기본법 제28조는 소비자단체는 국가 및 지방자치단체의 소비자의 권익과 관련된 시책에 대한 건의, 물품 등의 규격·품질·안정성·환경서성에 관한 시험·검사 및 가격 드을 포함한 거래조건이나 거래방법에 관한 조사·분석, 소비자문제에 관한 조사·연구, 소비자의 교육, 소비자의 불만 및 피해를 처리하기 위한 상담·정보제공 및 당사자 사이의 합의의 권고등의 업무를 행한다고 규정하고 있다((소비기§28). 이는 소비자가 전체로서는 극히 다수이고 강력한 힘을 가지고 있지만, 조직되지 않고 개별적으로 분산되어 있기 때문에 극히 무력한 존재라는 점에 착안하여, 소비자가 강력한 소비자단체를 결성하거나, 소비자교육을 충실하게 하는 등의 방법에 의하여 스스로를 보호하여야 하며, 사업자와의 거래에 있어서 사행심, 허영심, 비과학성 등과 같은 인간성의 약점을 지나치게 노출시키지 않고, 자주적이고 합리적으로 행동하도록 함으로써 스스로의 권익을 확보하게 하려는 것이다.

소비자 보호방법
(消費者 保護方法)

소비자보호를 위한 방법에는 여러 가지가 있으나, Von Hippel에 의하면 (1) 입법적 조치, (2) 공급자의 자율적 규제, (3) 경쟁의 촉진, (4) 소비자의 조직화, (5) 사법적 통제, (6) 행정적 통제, (7) 소비자의 대표, (8) 소비자에 대한 정보제공 및 교육 등으로 분류할 수 있다.

입법적 소비자보호조치
(立法的 消費者保護措置)

오늘날의 소비자거래는 정보, 기술조작, 부담전가, 조직력 및 시장지배력에 있어서 양주체간의 「입장의 호환성」이나 「등질성」이 상실되고 있기 때문에, 사적 자치의 원칙이 충분한 기능을 발휘할 수 없게 되었다. 그리하여 종속적인 지위에 놓여 있는 소비자의 권익을 보호하기 위한 법정책이 필요하게 되었다. 이와 같은 사정을 배경으로 하여 각국에서는 소비자보호를 위한 입법조치가 점차 증가해 가고 있다. 우리나라에서도 종전에는 개별적인 입법으로 이러한 목적을 수행해 왔으나, 1980년 1월 4일에 「소비자보호법」을 제정(법률 제3257호)함으로써 본격적인 소비자보호입법을 시작하였으며, 그 밖에 「공정거래법」의 강화, 「생활용품안전관리법안」, 「국민생활안정법안」, 「공산품품질관리법 중 개정법률안」, 「유통근대화촉진법안」 등이 마련되고 있다. 이러한 입법적 조치에 대해서는 경제단체들이 이를 방해 또는 무력화하거나 그 노력을 약화시키려고 하는 것은 각국에서 흔히 있어 온 일이다. 그러므로 효과적인 소비자보호를 위해서는 새로운 법률을 제정하는데 만족하지 말고, 이러한 법률의 효율적인 시행을 위해서도 많은 배려를 기울일 것이 요구된다.

공급자의 자율적 규제
(供給者의 自律的 規制)

이는 사업자들이 스스로 소비자보호를 위한 조치를 강구하는 것으로서, 각 지역이나 사업분야에 따라 상이하게 발전하고 또 상이하게 작용하고 있다. 그런데 그들은 부분적으로 대단한 성과를 거두고 있다. 예컨대 영국에서는 광고에 대한 자발적인 자율적 규제체제가 광고중개업자, 광고매개물 또는 광고회사들에 의해서 행하여지고 있는데, 이들은 좋은 성과를 거두고 있으며, 많은 사업분야에서 채택되고 있는 관행법(Codes of Practice)에 의해서도 자율적인 규제가 적극적인 작용을 하고 있으며 그밖의 여러 나라에서는 공급자가 스스로 혹은 소비자단체와 공동으로, 일정한 상품이나 서비스의 품질에 대한 보증으로서 「품질표시」(Güter-zeichen)와 「편의표시」(Leistungs-zeichen)를 행하고 있다고 한다.

경쟁의 유지와 촉진
(競爭의 維持와 促進)

이는 거의 모든 서구제국에서 노력하고 있는 방법이다. 경쟁의 강화를 통하여 공급이 증대될 수 있고, 품질이 개선될 수 있으며, 가격에도 영향을 미칠 수 있기 때문이다. 소비자보호에 있어서 경쟁이 가지는 의미는 많은 나라에서 점차 강조되고 있으며, 영국의 Molony보고서(Final Report of the Committee on consumer Protection, 1962)는 경쟁을 소비자의 「가장 좋은 친구」라고 한다. 우리나라에서도 경쟁의 유지와 촉진을 위하여 「공정거래법」을 강화하려 하고 있다.

소비자의 조직화(消費者의 組織化)

노동자들과 마찬가지로 소비자들이 사업자나 사업자단체들에 대하여 대항력을 형성하고, 이를 통하여 그들의 이익을 증진시키기 위해서는 스스로 조직화되지 않으면 안 된다는 것은 자명한 일이다. 그런데 경험상으로 보아, 소비자를 조직하는 것은 매우 어려운 일이며, 대부분의 나라에 있어서 소비자의 조직화는 아직도 부족한 상태에 놓여 있다. 서구의 여러 나라에서는 소비자의 이익을 돌보면서 정부의 지원을 받고 있는 단체나 조직들이 설립되어 있는데, 이들 단체의 수는 그렇게 많지 않으나, 이들이 주도하여 상품테스트나 소비자교육을 실시하는 등 소비자보호를 위하여 많은 노력을 하고 있으며, 이미 중요한 성과를 거두고 있다.

소비자의 대표(消費者의 代表)

소비자문제에 관계하는 위원회에 있어서의 소비자의 대표는 소비자의 조직화와 밀접한 관계를 가지고 있다. 오늘날 대부분의 나라에서는 정부의 심의위원회에 소비자 및 소비자단체의 대표를 참가시키고 있다. 그리고 1973년에 설립된 EC委위원회의 소비자위원은 유럽의 소비자를 대표하고 있다. 이와 같은 소비자의 대표를 통하여 소비자는 입법이나 정책결정에 그들의 의견을 반영할 수 있게 된다. 한편, 소비자대표는 표준위원회와 같은 「기준설정」위원회에 참여하거나 보통거래약관의 제정에 참여하기도 한다. 그리고 스웨덴의 시장재판소, 영·미의 자율적 광고규제기구, 이스라엘의 보통거래약관의 검사소 등과 같은 사법적·준사법적 기능을 수행하는 기관과 미국의 소비자불만처리를 위한 중재기관 등에의 소비자대표의 참가가 점차 증가하고 있으며, 독일의 소비자연합회(AGV)는 공기업의 감독관청이나 대기업의 감독기관에 소비자의 대표를 참가시킬 것을 요구하고 있다. 우리나라의 소비자보호법도 소비자보호위원회에 소비자대표를 참가시킬 것을 규정하고 있다(소비보§22②).

소비자에 대한 정보제공과 교육
(消費者에 대한 情報提供과 教育)

소비자의 정보제공과 교육은 국제사회에서 점차 그 중요성이 증대되고 있다. 그리하여 각국에서는 소비자를 기만하는 설명(Angabe)을 금지시키는데 그치지 않고, 공급자들이 소비자에게 특정한 정보를 제공할 것을 의무지우고 있다. 그 결과 제공된 상품 및 서비스에 대한 비판적인 정보의 제공도 원칙적으로 허용되게 되었다. 특히 이 점에 관하여 중요한 것으로서는 각국에서 성행하고 있는 소비자단체에 의한 상품의 비교 테스트 및 가격비교를 통한 소비자에 대한 조언을 들 수 있다. 이와 같은 이른바 「투명정책」(Tran-sparenz Politk)은 개별적인 소비자의 보호에만 기여하는 것이 아니고, 그를 통하여 시장경제체제를 촉진하게 된다. 한편, 소비자들이 소비자로서의 자각을 높이고 소비자정보를 제공받기 위하여 소비자교육이라고 하는 어려운 문제가 제기된다. 소비자교육의 실효를 거두기 위해서는 학교에서의 정규적인 교육을 통한 소비자교육의 강화는 물론, 성인교육을 통한 소비자교육도 실시하여야 하며, 또 인쇄물을 통하여 소비자정보를 얻을 수 없고 성인교육에도 참가할 수 있는 서민층을 위하여, 라디오나 텔레비전을 통한 소비자교육도 실시할 것이 요구된다.

소비자보호의 민사적 통제

(消費者保護의 民事的 統制)
독;Zivilrichterliche kontrolle

소비자를 해치는 거래관계에 대한 사법적 통제의 한 방법이다. 민사적 통제는 당사자의 소제기로 인하여 법원이 이에 관여하는 경우만을 의미하게 되는데, 이는 소비자에게 있어서 일상적인 것은 아니다. 즉 대부분의 소비자들은 법률지식의 부족, 소송비용에 대한 공포 및 소송절차상의 위험 등으로 인하여, 소제기를 꺼리게 되어 소비자의 권리가 실현되지 않거나 제한되는 경우가 많은 것이 현실이다. 이러한 사실이 여태까지는 별다른 관심을 끌지 않고 있었으나, 최근 미국에서 이에 대한 관심이 점차 증가하고 있다. 즉 미국에서는 동일한 사유에 의하여 피해를 받은 소비자가 다수 존재하는 경우에, 그 피해자 중의 1인이 피해를 받은 자 전원으로부터 개별적인 위임을 받음이 없이 그 전원을 대표하는 당사자로서 전원을 위한 구제소송을 제기하여 이를 수행할 수 있는 소송상의 구제방법으로서, 이른바 Class Action 제도가 마련되어 있으며, 또 미국을 위시한 많은 나라에서는 소비자보호를 위하여 간이한 소송절차의 마련과 개별적인 소비자의 청구를 실현하기 위한 소비자소송의 지원에 노력하고 있다. 한편, 독일에서는 소비자보호의 강화를 위하여 1965년 이래 소비자단체에게 제소기능이 부여되어 있다. 즉, 1966년'UWG 제13조 a가 최초로 소비자단체에게 기만적인 광고, 기타 양속위반의 경쟁의 중지를 청구할 수 있는 권한을 부여하였고, AGBG (AGB-Gesetz vom 9.12.1976) 제13조는 소비자단체에게 금지된 약관의 사용이나 추천의 중지를 청구할 수 있는 권한을 부여하고 있다. 이러한 소비자단체소송은 오스트리아(1971), 벨기에(1971) 및 프랑스(1973)에도 도입되고 있다고 한다.

소비자보호의 형사적 통제

(消費者保護의 刑事的 統制)
독;straftrichterliche kontrolle

불공정한 거래방법에 대하여 각국에서는 형사적통제를 실시하고 있는데, 그 효과는 그다지 큰 것 같지 않다. 독일에서는 경제범죄와 그 극복가능성에 대한 토론을 통하여 그 범위가 명확하게 되었으며, 미국에서는 불공정한 거래방법에 대한 형사법규는 오랫동안 효력을 잃고 있었으나, 최근 특정한 영역에서 그 사정은 다소 개선되어 가고 있는 것으로 보인다. 그리고 프랑스에서는 중앙에 공동적인 통제기구 (Service-de la R'epression des Fraudes)가 설립되어 있어서, 그 기구의 장이 전국적인 통제를 실시하고 검찰에게 법률위반을 통고하게 되어 있어 형사적 통제가 좋은 성과를 거두고 있다. 어느 나라에 있어서나 중대한 법률위반의 경우, 예컨대 기업이 고의로 결함 있는 상품을 시장에 내어 놓거나, 위험하다는 것이 밝혀진 상품을 회수하지 않고 시장에 그대로 두거나, 자기의 상품에 대하여 의식적으로 허위의 광고를 하거나, 경쟁제한적 협정을 통하여 가격을 인상하거나, 법률에 위반하여 효력을 잃은 거래약관의 조항을 계속 사용하는 경우에는 형사적 제재를 피할 수 없다. 우리나라의 소비자보호법도 위반물품의 생산 및 판매금지 등에 위반하거나, 표시·광고·부당한 거래방법의 시정명령이나 피해보상기구의 설치·운영명령에 위반한 자에 대하여는 3년이하의 징역 또는 5천만원 이하의 벌금에 처하도록 규정하고 있다(소비보§53).

소비자보호의 행정적 통제
(消費者保護의 行政的 統制)

행정당국에 의한 소비자보호의 한 방법으로서, 행정적 통제는 강제적일 뿐만 아니라 예방적인 조치를 취할 수 있다는 큰 장점을 가지고 있다. 즉 예방적인 행정통제(인가의무)를 통하여 특정한 제품(약품 등)에 의한 소비자의 위해나 보통거래약관에 의한 소비자의 손해를 처음부터 제거하거나 실질적으로 제한할 수 있다. 따라서 효과적인 소비자보호를 위해서는 예방적인 행정통제를 더욱 강화하지 않으면 안 될 것이다.

불공정거래행위의 규제
(不公正去來行爲의 規制)

독점규제및공정거래에관한법률 제23조는 공정거래위원회가 지정하는 불공정한 행위를 하거나, 계열회사 또는 다른 사업자로 하여금 이를 행하도록 하는 것을 금하고 있다. 즉 ① 부당하게 거래를 거절하거나 거래의 상대방을 차별하여 취급하는 행위, ② 부당하게 경쟁자를 배제하기 위하여 거래하는 행위, ③ 부당하게 경쟁자의 고객을 자기와 거래하도록 유인하거나 강제하는 행위, ④ 자기의 거래상의 지위를 부당하게 이용하여 상대방과 거래하는 행위, ⑤ 거래의 상대방의 사업활동을 방해하는 행위, ⑥ 부당하게 특수한 관계인 또는 다른 회사에 대하여 가지급금, 대여금, 인력, 부동산, 유가증권, 무체재산권 등을 제공하거나 현저히 유리한 조건으로 거래하여 특수관계인 또는 다른 회사를 지원하는 행위를 금하고 있다. 독점규제및공정거래에관한법률 제24조는 공정거래위원회는 불공정 거래 행위가 있을 때에는 당해 사업자에 대하여 당해 불공정거래행위의 중지, 계약조항의 삭제, 시정명령을 받은 사실의 공표 기타 시정을 위한 필요한 조치를 명할 수 있다.

부정경쟁행위의 규제
(不正競爭行爲의 規制)

부정경쟁방지 및 영업비밀보호에 관한 법률 제2조는 타인의 상표, 상호 등과 유사한 것을 사용하거나 허위의 원산지 표지을 하는 것 또는 타인의 상품을 사칭하거나 상품 또는 광고에 상품의 품질, 제조방법, 용도 또는 수량의 오인을 일으키게 하는 표지를 하는 행위 등, 부정경쟁행위를 쥬정하고 있고(부정경§2 참조), 제5조는 고의 또는 과실에 의한 부정경쟁행위로 타인의 영업상 이익을 침해하여 손해를 가한때에는 손해배상할 책임을 과하고 있다.

소비자교육(消費者教育)

소비자교육의 목적은 자주적이고 현명한 소비자를 양성하는 데 있다(소비보§9). 소비자가 현명하게 상품을 선택하고 그것을 사용하거나 적정한 서비스를 제공받아야 한다는 것은 일상생활의 기초적 조건이다. 대량소비시대에 있어서 다종다양한 정보와 물량 중에서 그 선택에 필요한 지식을 갖게 하는 것이 소비자교육의 목적이라 할 것이다. 즉, 첫째, 소비자로서 상품과 서비스에 관한 합리적인 판단능력을 양성하고, 둘째, 소비생활을 향상케 하는 합리적인 방법을 체득시키며, 셋째, 경제사회에 있어서 소비와 소비자의 의의를 자각케 하는 데 소비자교육의 의의가 있다. 이러한 목적을 위해 상품표시의 식별법, 품질표시, 유효일자의 판독, 사용방법 등을 교육하게 된다. 그러나 소비자교육의 최종목표는 소비자로서의 권리의식의 확립에 있는 것이다. 우리 헌법이 국민보건의 보호, 교육을 받을 권리, 표현의 자유권 등을 보장하고 있는 당연한 귀결로서 소비자보호법 제4조는 소비자의 역할로서, 안전과 이익의 향상을 위하여 필요한 지식을 습득하여야 한다고 규정함으로써, 소비자교육은 소비자에게 있어서 권리인 동시에 의무임을 천명하고 있는 것이다.

소비자 피해(消費者 被害)

소비자 피해란 법률학적 입장에서는 당사자와의 거래에 있어서 상품, 서비스의 거래조건과 방법에 관하여 소비자의 합리적인 기대와 현실 사이에 상당한 불일치가 있는 상태를 뜻한다.

소비자보호공법(消費者保護公法)

소비자보호행정은 소비자의 이익 및 권익을 옹호하는 것을 목적으로 하는 정부, 지방공공단체의 활동을 의미하는 것이나, 종래 우리나라에 있어서는 정부의 행정지도 밑에서 강력한 경제발전 시책이 추진되어 왔으므로 기업우선의 행정이 일반적이었다. 따라서 행정법규는 기업과 소비자간에 현격한 입장의 불평등이 있는 데도 불구하고 기업측의 과도한 권리남용의 저지에 중점을 둔 소극적인 경찰단속법규)였다(예 : 식품위생법, 약사법 등). 근래 산업구조와 유통구조가 급격히 변화함에 따라서 소비자피해의 구제를 목적으로 하는 법의 입법화가 강하게 요청되었으며, 이러한 요청에 따라 제정된 법이 1980년 1월 4일 제정된 「소비자보호법이다. 이 법은 종래의 기업우선적 행정을 시정하고, 소비자의 안전과 기본권의 보호 및 소비생활의 향상과 합리화를 기하는 법으로 「소비자보호 헌법」에 해당한다고 할 수 있으며, 우리나라 최초의 본래적 소비자보호법이다. 이 소비자보호법은 기본법이라는 성격과 규정의 내용도 간단하고 추상적, 포괄적이기 때문에 선언적 규정의 성격이 짙었는데. 2006년 9월27일 개정을 통해 법 제명을 「소비자보호법」에서 「소비자기본법」으로 변경하였으며, 법의 목적을 소비자의 보호에서 시장경제 주체로서의 소비자의 권익증진과 소비생활의 향상을 통한 국민경제의 발전으로 변경하였다. 소비자보호와 관련있는 공법을 규제목적에 따라 살펴보면, (1) 피해의 방지와 안전의 확보에 관한 법으로서는 식품위생법, 약사법, 유해화학물질관리법, 농약관리법, 고압가스안전관리법, 전기용품안전관리법, 수산물검사법, (2) 계량의 적정화에 관한 법으로서 계량 의 측정에 관한 법률, (3) 물품표시 의 적정화에 관한 법으로서 부정경쟁방지 및 영업비밀보호에 관한 법률, (4) 계약관계의 적정화에 관한 법으로서 보험업법, (5) 공정·자유로운 경쟁의 확보에 관한 법으로서 물가안정에 관한 법률, (6) 소비자소송과 관계있는 법으로서 소액사건심판법 등이 있다.

과실책임의 원칙과 소비자문제

(過失責任의 原則과 消費者問題)

「과실 없으면 책임없다」 또는 「적어도 과실이 없는 한 책임을 지지 않는다」는 과실책임의 원칙은 바꾸어 말한다면 개인은 필요한 주의를 기울여 행동한 이상 예상 외의 사정으로 인하여 손해배상책임을 지지 않는다는 원칙을 말한다. 이 원칙은 개인의 활동(특히 경제적 활동)의 자유를 보장하는 기능을 가지며 자본주의경제의 발전에 지대한 공헌을 하였다. 과실책임의 원칙은 본래 모든 인간을 자유, 평등한 추상적 인격으로 파악하는 시민법상의 전제를 기초로 하고 있다. 그러나 소비자피해는 강한 경제력과 조직력의 소유자인 생산자, 용역업자 또는 유통업자와 비조직적인 소비대중 사이에서 발생하는 피해이며, 당사자간에는 입장의 교환성이 이미 존재하지 않는다. 따라서 소비자보호법상에 있어서는 당사자를 생산자, 공급자 또는 소비자라는 구체적 속성을 지니고 있는 존재로써 파악하여야 하며 이것은 과실책임의 원칙을 그대로 적용할 수 없다는 것을 뜻한다. 또 과실책임의 원칙에 의하면 불법행위에 있어서 현행법상 원칙적으로 피해자에게 과실의 입증책임을 지운다. 그러나 소비자피해의 경우 가해자는 보통 막강한 재력과 고도의 과학기술장치에 의한 생산업체이거나, 시장에 대한 강한 지배력을 가지고 있는 유통업자인 경우가 많다. 이러한 경우에 가해자의 과실을 입증한다는 것은 재력과 기술의 부족, 기업측의 조사거부, 공적 조사기관의 불비 등으로 인하여 거의 불가능하다. 그러므로 소비자피해의 구제에 있어서 과실책임의 원칙을 그대로 적용한다는 것은 기업의 이윤획득의 활동과정에서 입는 소비자피해가 배상되지 않고 방치된다는 부당한 결과로 된다. 과실책임의 원칙의 수정이 요구되는 이유는 여기에 있다. 과실책임의 원칙의 수정방법에는 과실개념의 확대·객관화와 같은 개념자체에 대한 수정과 해석론에 의한 거증책임의 사실상 전환과 같은 것이 있고, 입법적 해결에 의한 무과실책임 원칙의 도입과 같은 방법이 있다.

계약자유의 원칙과 소비자문제
(契約自由의 原則과 消費者問題)

계약자유의 원칙은 자본주의경제에 있어서의 자유경쟁을 보장하는 기능을 가지고 있으며, 근대시민법의 다른 원칙과 더불어 자본주의경제의 발전에 공헌하였음은 물론이다. 그러나 계약자유의 원칙은 계약 당사자의 등질성, 대등성, 입장의 (교환성을 전제로 한 원칙이지만, 자본주의경제의 진전과 더불어 계약당사자간에 경제적·사회적 세력관계에 큰 격차가 생기게 됨에 따라서 실질적 대등성 및 입장의 교환성은 소실되고 이 원칙의 논리적 전제는 무너지게 되었다. 이러한 상황에서는 계약자유의 원칙은 경제적 강자의 의사가 계약을 통하여 일방적으로 경제적 약자에게 강요되는 원칙으로 되어 그 수정은 불가피하게 되었다. 계약자유의 원칙의 수정은 경제적 약자의 생존권보장을 위한 각종 사회입법에 있어서 계약내용결정의 자유의 제한이란 형태로 나타나고 있다. 그리고 전기, 가스, 통신, 운수사업과 같은 국민에 대한 생존배려와 관련되는 독점사업에 관하여서 계약체결 자체를 강제하거나 계약내용의 적정화를 위하여 특별법이 제정되고 있으며 계약체 결의 자유 및 상대방 선택의 자유도 크게 제한을 받게 되었다.

그리고 기업이 대규모화되고 거래가 대량화·집단화됨에 따라서 보통거래약관 에 의한 부합계약이 일반화하여 기업과의 계약의 상대방인 고객이나 소비자는 계약체결의 자유, 내용결정의 자유, 상대방선택의 자유를 재한받게 되어 불리한 입장에 서게 된다. 물론 부합계약에 의한 기업의 일방적 의사를 억제하고 대중의 이익의 보호를 위하여 국가는 입법과 행정지도를 통하여 보통거래약관의 내용을 규제하고 있으며, 재판상 계약해석에 의한 조절을 하고 있다. 그러나 그러한 규제나 해석이 실제에 있어서 고객이나 소비자에게 불리하게 행하여지는 경향이 있다는 것은 부인할 수 없다. 이상과 같은 계약자유의 원칙의 수정은 요컨대 계약당사자간의 경제적 세력관계의 격차가 생기는 데 따라서 실질적인 대등성과 입장의 교환성이란 근대시민법의 논리적 전제가 무너지는 데서 부터 오는 불가피한 요청이기 때문에 소비자문제에 있어서도 그 필요성은 그대로 용인되어야 하며, 현실로 수정되고 있는 과정에 있다.

소비자문제와 인격권
(消費者問題와 人格權)

근대시민법에 있어서는 사람은 법률상 자유·평등·독립의 법적인격으로 취급되는 것이 그 지도원리의 하나이었다. 이것은 인간으로서의 현실적 존재에 있어서 가지고 있는 여러 속성을 모두 사상(捨象)해 버린 추상적인 법인격을 상정하고 이에게 평등한 법률적 자격을 인정한다는 것을 의미한다. 그러나 자본주의 발전과정에서 경제적 강자와 경제적 약자가 생기고, 그간의 경제적 역관계의 격차가 확대됨에 따라서 이러한 추상적 법인격개념은 현실적 기초를 상실하고 완전히 법상 의제로 되어버렸다. 인간을 등질적·추상적 인격으로서 다루는 것은 현실의 사회관계에 있어서의 실질적인 불평등성을 은폐하고 경제적 강자에 의한지배를 법적으로 정당화하는 것이나 다름없다. 이리하여 경제적 역관계의 균형을 회복하고 경제적 약자를 보호하기 위한 사회제입법이 제정되어 시민법원리를 수정하게 되었다. 그러나 경제적 역관계의 불균형은 자본가와 노동자간에 있어서만 존재하는 것이 아니고, 상품의 제조자 및 용역의 공급자와 소비자 사이에 있어서도 경제적 세력관계의 불균형의 폭은 자본가 대 노동자와의 관계에 못지 않을 정도로 넓어지고 있다. 그러므로 상품의 생산자, 판매자, 용역업자와 같은 공급자인 기업과 소비자는 추상적 법인격 상호간의 관계로 파악할 것이 아니고, 자기 및 가족의 생활을 위하여 제 소비재를 구입하는 최말단구매자인 「소비자」로서 현실적·구체적 형태에서 파악하여야 할 것이다. 구체적 소비자 중에는 육체노동자, 정신노동자뿐 아니라 기업인도 있을 수 있다. 그러나 그들을 추상적 인격자로 파악하는 것이 아니고, 상품의 공급관계에 있어서는 소비자라는 공통된 일면에 있어서 공급자인 기업과 대립하는 존재로서 파악되어야 하며, 추상적 인격자개념을 전제로 하는 근대시민법적원리는 근본적인 수정을 면치 못하게 되었다.

소비자신용(消費者信用)

영;consumer credit

소비자신용이라 함은 금융기관, 생산자 또는 판매업자가 최종 소비자에 대하여 소비생활에 필요한 자금을 대부하거나 재화·용역의 판매에 있어서 일정한 대금의 지급을 유예하는 것을 뜻한다. 최근 우리나라에 있어서는 할부판매, 은행융자알선조건의 아파트 판매 등 소비자신용이 활발히 이루어지고 있다. 이러한 경향은 대량생산된 상품의 대량판매의 필요성, 국민소득 수준의 향상 및 생산자금수요에 비하여 소비자금융의 수요의 상대적 증가 등에 연유한다고 할 수 있다. 소비자신용의 형태를 그 내용에 따라 대별하면 소비자에게 자금을 대부하는 소비자금융과 대금지급을 일정기간 유예 하는 소비자신용으로 나눌 수 있다. 할부판매, 크레디트 카드거래와 같은 것은 소비자신용에 속한다. 소비자신용거래에 있어서는, 첫째로 신용공여자가 거래상 우위에 서기 때문에 소비자에게 부당하게 불이익한 계약이 이루어질 경우가 많으며, 둘째로, 소비자신용거래는 복잡한 내용을 가지는 경우가 많으며 소비자는 일반적으로 전문적지식이 부족하므로 거래에 있어서 소비자는 기만당하기 쉽고 부정확하고 난해한 표시로 인하여 불합리한 선택을 하게 된다. 우리나라에 있어서도 할부판매가 성행하고 있으며, 그 계약내용이 판매자에게 일방적으로 유리한 약관으로 되어 있어 소비자에게 크게 불리함에도 불구하고 할부판매에 관한 특별사법이 제정되어 있지 않아 소비자보호에 있어서 큰 문제점으로 되고 있다. 소비자신용보호를 위하여 현행민법의 새로운 해석론을 창조하는 것도 필요하지만 새로운 종합적 소비자신용보호 입법이 요망된다. 일본에 있어서는 할부판매법(1961), 미국에 있어서는 연방소비자신용보호법(Federal Consumer Credit Protection Act-1968)과 각주법의 통일을 목적으로 하는 통일소비자신용법전(Uniform Consumer Credit Code-1969), 영국에서는 소비자신용법(Consumer Credit Act)이 각각 제정되고 있다.

소비자보호절차법(消費者保護節次法)

현대의 「구조적 피해」로부터 소비자를 보호하는 방법으로서 피해발생의 사전예방대책과 현실적으로 피해가 발생한 경우의 사후적 구제책이 필요하다. 이러한 대책을 구체적으로 실시하는 기구로서 첫째로, 사업자측의 자주적 조치에 의한 기구를 들 수 있다. 즉 기업이 자주적으로 소비자문제에 대처하는 기구로서 기업 내에 소비자상담실이나 자주적인 소비자불만처리기구(소비보§3②)를 설치하거나 결함상품의 회수에 관한 기구 등을 두는 경우이다. 둘째로, 행정기구를 둘 수 있다. 소비자기본법에 의하며 정부 및 지방자치단체는 소비자의 불만이나 피해가 신속·공정하게 처리될 수 있도록 관련 기구의 설치 등 필요한 조치를 강구하여야 하며 물품 등의 규격·품질·안전성 등에 관하여 시험·검사 또는 조사를 할 수 있는 기구와 시설을 구비하여야 한다. 셋째로는 사법기구이다. 피해를 받은 소비자는 자기의 권리회복을 위하여 소송의 제기가 불가피하게 된다. 그리고 민사소송은 소비자 스스로 권리행사를 하기 위한 법적으로 보장된 최후의 보루라고 할 수 있다. 이처럼 민사소송이 중요성을 지니고 있는 데도 불구하고 우리나라 사법기구는 소비자보호를 위하여 충분한 기능을 발휘하고 있다고 할 수 없다. 민사소송의 기능적 부진의 원인을 살펴보면 다음과 같다.

(1) 소비자에게 권리의식이 박약하여 소송을 원치 않는다. (2) 대개의 경우에 소비자의 개개의 청구액이 소액이기 때문에 승소한 경우에 있어서도 소송비용이 배상액을 넘는 경우가 많다. (3) 소송비용과 판결시까지의 시간적 손실 때문에 소비자는 제소를 포기하고 기업과 불리한 조건으로 타협하고 말게 된다. (4) 피해소비자가 소송을 제기하여도 소송에 있어서 주장·입증이 곤란할 뿐 아니라 이에 필요한 사실과 자료의 수집이 곤란하다. (5) 피고가 승소에 의하여 얻는 이익은 막대한 데 비하여 원고가 승소에 의하여 얻는 이익은 아주 적기 때문에 소송이익에 심한 격차가 있다. (6) 현행소송제도는 경제적으로 대등한 사인간의 분쟁을 전제로 하고 있기 때문에 현대의 「구조적 피해」를 입고 있는 자의 구제에는 적합하지 않다. 이상과 같이 현행민사소송제도)의 기능적 결함으로 인하여 소비자피해의 사법적 구제의 실현은 곤란하게 되어 있다.

저작권법

한국저작권위원회
(韓國著作權委員會)

저작권과 그 밖에 이 법에 따라 보호되는 권리에 관한 사항을 심의하고 저작권에 관한 분쟁을 알선·조정하며, 저작권의 보호 및 공정한 이용에 필요한 사업을 수행하기 위하여 두는 기구이다(저작권법 §112). 애초 명칭은 저작권조정심의위원회였으나, 저작권위원회로 개칭되었다가 2009년 4월22일 법 개정에 의하여 한국저작원위원회로 바뀌었다. 위원회는 분쟁의 알선·조정, 저작권위탁관리업자의 수수료 및 사용료의 요율 또는 금액에 관한 사항 및 문화체육관광부장관 또는 위원 3인 이상이 공동으로 부의하는 사항의 심의, 저작물등의 이용질서 확립 및 저작물의 공정한 이용 도모를 위한 사업, 저작권 보호를 위한 국제협력, 저작권 연구·교육 및 홍보, 저작권 정책의 수립 지원, 기술적보호조치 및 권리관리정보에 관한 정책 수립 지원, 저작권 정보 제공을 위한 정보관리 시스템 구축 및 운영, 저작권의 침해 등에 관한 감정 등의 업무를 행한다(저작권법 113조 참조).

저작권위탁관리업자
(著作權委託管理業者)

저작권법에 의하여 보호되는 권리를 그 권리자를 위하여 문화체육관광부장관의 허가를 받아 대리·중개·신탁관리하는 것을 업으로 하는 자와 신고하여 대리 또는 중개만을 하는 자를 말한다. 저작권위탁관리업의 허가를 받거나 신고를 한 자는 그 업무에 관하여 저작재산권자가 그 밖의 관계자로부터 수수료를 받을 수 있는데, 이 수수료의 요율 또는 금액은 저작권위탁관리업자가 문체육화관광부장관의 승인을 얻어 이를 정한다.

저작권 침해(著作權 侵害)

저작자의 저작인격권과 지적재산권 등 저작권법에 의해 보호되는 권리를 침해하는 행위를 말한다. 저작권법은 (1) 수입시에 대한민국 내에서 만들어 졌더라면 저작권 그 밖의 이 법에 의하여 보호되는 권리의 침해로 될 물건을 대한민국 내에서 배포할 목적으로 수입하는 행위, (2) 저작권 그 밖의 이 법에 의하여 보호되는 권리를 침해하는 행위에 의하여 만들어진 물건(수입물건을 포함한다)을 그 정을 알면서 배포할 목적으로 소지하는 행위를 저작권 그 밖의 저작권법에 의해 보호되는 권리의 침해로 보며, 또 저작자의 명예를 훼손하는 방법으로 그 저작물을 이용하는 행위는 저작인격권의 침해로 본다(동법124조). 저작권 그 밖의 이 법에 의하여 보호되는 권리(방송사업자에 대한 실연자 및 음반제작자의 보상권을 제외한다)를 가진 자는 그 권리를 침해하는 자에 대하여 침해의 정지를 청구할 수 있으며 그 권리를 침해할 우려가 있는 자에 대하여 침해의 예방 또는 손해배상의 담보를 청구할 수 있다. 저작권 그 밖의 저작권법에 의하여 보호되는 권리를 가진 자는 이 청구를 하는 경우에 침해행위에 의하여 만들어진 물건의 폐기나 그 밖의 필요한 조치를 청구할 수 있는데, 위의 경우 저작권법에 의한 형사의 기소가 있는 때에는 법원은 원고 또는 고소인의 신청에 의하여 보증을 세우거나 또는 세우지 않게 하고 임시로 침해행위의 정지 혹은 침해행위에 의하여 만들어진 물건의 압류 기타 필요한 조치를 명할 수 있다.

독점규제 및 공정거래에 관한 법률

사업자(事業者)

제조업, 서비스업 기타 사업을 행하는 자를 말한다. 사업자의 이익을 위한 행위를 하는 임원·종업원·대리인 기타의 자는 사업자단체에 관한 규정의 적용에 있어서 이를 사업자로 본다(§2 i).

지주회사(持株會社)

지주회사란 주식(지분 포함)의 소유를 통하여 국내 회사의 사업내용을 지배하는 것을 주된 사업으로 하는 회사로서 자산총액이 대통령령이 정하는 금액 이상인 회사를 말한다(§2).

자회사(子會社)

지주회사에 의하여 대통령령이 정하는 기준에 따라 그 사업내용을 지배받는 국내회사를 말한다(§2).

기업집단(企業集團)

동일인이 다음 구분에 따라 대통령령이 정하는 기준에 의하여 사실상 그 사업내용을 지배하는 회사의 집단을 말한다. (1) 동일인이 회사인 경우 그 동일인과 그 동일인이 지배하는 하나 이상의 회사의 집단 (2) 동일인이 회사가 아닌 경우 그 동일인이 지배하는 2 이상의 회사의 집단.

재판매가격유지행위
(再販賣價格維持行爲)

사업자가 상품 또는 용역을 거래함에 있어서 거래상대방인 사업자 또는 그 다음 거래단계별 사업자에 대하여 거래가격을 정하여 그 가격대로 판매 또는 제공할 것을 강제하거나 이를 위하여 규약 기타 구속조건을 붙여 거래하는 행위를 말한다.

시장지배적 지위
(市場支配的 地位)

시장을 주어진 조건으로 받아들이는 것이 아니라 시장의 행태나 성과에 영향을 미칠 수 있는 지위, 즉 상품이나 용역의 가격이나 공급량 또는 기타의 거래조건을 마음대로 좌우할 수 있는 지위를 말하고, 이러한 지위에 있는 자를 시장지배적 사업자라 한다.

불공정거래행위(不公正去來行爲)

공정한 거래를 저해할 우려가 있는 행위를 말한다. 여기서 '공정한 거래'란 사업자 상호간의 경쟁수단의 공정성은 물론이고 거래의 내용이나 조건이 부당한 경우 또는 거래를 위한 교섭이나 정보제공에 있어서 상대방의 합리적인 선택을 방해하는 행위까지 포함하는 개념이다.

국 제 법

국제법 / 1451

국제거래법 / 1493

국 제 법

국 제 법

국제법(國際法)
영;International Law
독;Internationalle Recht

국제법이라 함은 국가간의 권리의무 관계를 규율하는 법을 말한다. 국제법이라는 용어는 로마법의 만민법(jus gentium)에서 유래한 것이며, international law의 번역어이다. 때로는 국제공법이라고도 부른다. 국제법은 원칙적으로는 국가와 국가 사이의 관계를 규율대상으로 하지만, 국제기구 또는 조약상 권리·의무가 부여된 경우에는 개인이나 개인의 단체도 직접적인 규율대상이 된다. 실정법으로서의 국제법은 제국의 실행의 집적에서 생긴 국제관습법과 제국간에 체결된 조약이 있다. 이 밖에도 국제재판소에서는 법의 일반원칙이 재판기준으로 되기도 하지만, 이것이 국제법의 법원으로 될 것인가에는 학설에서 이론이 있다. 국제법은 구속력 있는 규범으로 그 위반에 대한 제재를 예정하고 있다. 그러나 국제사회의 통일성·조직성 등의 결여로 국내법과는 다른 특색을 가진다. 그 첫째는, 국제사회에는 통일적인 입법기관이 없기 때문에 국제법의 제정은 국가간의 합의인 조약의 형식으로 이루어진다. 둘째, 국제재판소는 강제 관할권을 갖지 않으므로 국제 재판은 당사국의 합의에 의해서만 행하여진다. 셋째, 국제법 위반에 대한 제재는 보통 당사국에 의해서만 행하여지므로 공정성 확보에 어려움이 있다. 이와 같은 국제법이 가지는 특징 때문에 그 법적 성격에 논란이 있으나, 오늘날에는 일반적으로 그 법적 성격을 인정하고 있다. 그리고 국제법과 구별하여야 할 것으로 국제사법이 있다. 국제사법은 국내법의 일종이다. 국제법은 평시국제법과 전시국제법으로 나누어진다.

국제법의 법적구속력 인정여부

국제법 부인론	국제법의 법적 구속력을 부인하는 입장으로서 국제법은 위반이 빈번하며, 통일적 입법기관이 결여되어 있고, 강제할 기관 역시 결여되어 있음을 논거로 한다.
국제법 긍정론	국제법의 법적 구속력과 강제성을 긍정하는 입장으로서 국제법 부인론이 들고 있는 논거에 대하여 국내법 역시 위반이 빈번하고, 국제기구나 국제회의를 통한 입법례가 있음을 들어 비판하는 입장이다.

국제법주의(國際法主義)
영;internationalism
독;Internationalismus
불;internationalisme

국제사법의 본질에 관한 학설 중 국내법주의에 상대되는 견해로, 독일의 사비니가 주장한 국제사법학설의 근저를 이루는 국제법적 공동단체설에서 비롯된 이론이다. 이에 의하면 국제사법은 국가간의 관계를 규율하는 법칙이라고 한다.

국제관습법(國際慣習法)

국제관습법이라 함은 법적 구속력이 있는 국제관행을 말한다. 조약과 함께 국제법을 구성한다. 국제관행이 법적 구속력을 가지는 시기는 여러 국가가 서로 장래에도 실행할 것을 묵시적으로 인정하여 합의가 성립된 때이다. 이 경우 국제관행은 일반적 국제관행과 법적 성격을 가지는 국제관습법으로 된다. 종래 국제관습법이 국제법의 대부분을 형성하고 중요한 지위에 있었으나, 최근에는 조약이 그러한 지위에 서는 경향이 있다.

조약(條約)

영:treaty
독;Staatsvertrag
불:traite

조약이라 함은 국제법 주체간에 국제적 법률관계를 규율하기 위한 문서에 의한 합의를 말한다. 그 명칭은 조약·협정·의정서·규약·헌장·협약·합의서·각서 등 여러 가지로 사용된다. 조약은 쌍방적 국제법률행위로서 단독의 의사표시에 의하여 법적 효과를 발생하는 일방적 법률행위에 대응한 개념이다.

이를 나누어 살펴보면, (1) 국제법주체간의 합의이다. 이러한 합의를 할 수 있는 국제법주체는 국제법률행위를 할 수 있는 자, 특히 국제법상의 권리·의무를 자기의사로써 발생·변경·소멸시킬 수 있는 이른바 국제법의 능동적 주체에 한한다. 오늘날의 실정국제법 하에서는 이러한 능동적 주체로서 국가가 있고, 한정적 의미에서 국가조직이 있다. 개인은 국제법상의 권리·의무를 향유함에 지나지 않고 스스로 그 권리·의무의 발생·소멸·변경 등의 국제법률관계의 설정에 참여할 수 없는 이른바 수동적 주체이다. 따라서 개인은 조약체결과 같은 국제법률행위의 능력이 없다. 결국 실정법상 조약이라고 하는 것은 국가간, 국가와 국제조직간, 또는 국제조직 상호간의 구속력 있는 합의라고 할 수 있다. (2) 조약은 국제법주체간의 문서에 의한 명시적 합의이다. 이러한 명시적 합의는 묵시적 합의인 관습과 대응한다. 일반적으로 합의는 문서로써 작성될 때 가장 명시적이며, 이것은 후일의 분쟁을 피하려는 데 그 목적이 있다. 국제연합국제법위원회의 조약법초안과 「하뷔드」 조약안)은 문서에 의한 국제약정만을 조약으로 규정하고 있다. 그러나 구두의 합의도 그것이 법적 구속력 있는 합의인 이상 국제법상의 효력을 가질 가능성이 부인되지 않는다. 조약이라는 용어는 광의와 협의의 두 가지 의의로 쓰인다. 광의의 조약은 국제법주체간의 명시적 합의일반을 총칭하는 것이며, 협의의 조약은 조약 중에 특별히 구체적으로 조약(treaty)이라는 명칭이 붙은 것을 말한다. 그런데 조약의 법적 효력은 명칭 여하와는 관계가 없으며, 조약에 적용될 실체법규에도 구별이 없다. 광의의 조약에는 (협약 : pact, conventio n), 규약(covenant), 헌장(charter, c onstitution), 규정(statute), 협정(agr eement), 결정서(act), 의정서(protoc ol), 선언(declaration), 원래는 일방적 행위이나 현행법을 선언하거나 또는 법의 정립을 위한 합의에도 사용된다), 협정(arrangement, accord), 교환공문(exchange of note), 잠정협정(modus vivendi) 등이 있으며, 이 밖에도 다른 여러 가지 명칭이 있다.

조약은 여러 가지의 기준에 의하여 구별된다. 형식을 기준으로 하는 경우 다수의 국가가 참가하느냐, 2국 또는 특정국가가 참가하느냐에 따라 일반조약과 특별조약으로 구별되고, 또 체약국 이외의 제3국의 가입을 인정하느냐의 여부에 따라서 개방조약과 폐쇄조약으로 구별된다. 내용을 기준으로 하는 경우에는 평화조약·방위조약·통상항해조약·재판조약·어업조약·범죄인인도조약 등이 있다.

조약의 소멸(條約의 消滅)

영;termination of treaties

조약이 국제법질서에서 완전히 사라져 버리는 것을 말하며, 조약의 실시력과 강제력의 소멸을 의미한다. 조약의 소멸은 소급효과가 인정되지 않는다. 조약은 다음의 경우에 소멸한다. (1)조약자체규정에 의한 소멸 : 어떤 조약이 자신의 소멸문제에 관하여 명시하고 있는 경우에는 그 규정을 적용하면 되는데, 자신의 소멸에 관한 규정에는 명시적 조항과 묵시적 조항이 있다. 명시적 조항에는 종말을 확정한 조항, 해제조항, 폐기 및 탈퇴조항 등이 있고, 묵시적 조항에는 명시적 허용규정이 없는 폐기조건이나 탈퇴, 조약의 이행으로 인한 소멸 등이 있다. (2)당사자합의에 의한 소멸 : 이에는 조약의 체결시에 체약국이 소멸기한 또는 소멸요건을 규정하는 방법과 명시적인 조약폐지의 합의와 같은 당사자간의 새로운 합의에 의하는 방법이 있다. 그러나 당사자 합의에 의하여 조약을 소멸시키는 경우에는 일정한 제한이 있다. 즉 그 조약이 강행법규를 포함하고 있는 경우에는 함부로 소멸시킬 수 없으며, 국제해협이나 운하등처럼 객관적 상태를 창설하는 조약은 제3자의 이해관계를 완전히 무시하고 당사자들만의 의사로 조약을 소멸시킬 수는 없다. (3)다른 국제규범에 의한 소멸 : 이에는 나중 조약의 체결에 의한 소멸등이 있다. 그 밖에는 상대방의 의무불이행, 전쟁등에 의하여 소멸하는 경우도 있다. 사정변경으로 인한 조약의 소멸을 주장하는 견해도 있으나, 조약은 당사자간에 명시적 또는 묵시적인 합의없이 사정변경으로 소멸한다는 국제관행은 존재하지 않는다.

국제예양(國際禮讓)

국제예양이라 함은 국제사회에서의 일정한 풍속·예의·호의 또는 편의상의 규칙 등을 말한다. 국제예양의 위반은 불법행위를 구성하지 않으며 오직 국제사회여론의 악화, 정치적 불이익을 초래하는 계기가 될 수 있을 뿐이다. 형식적인 유형으로서 국가대표에 대한 경칭, 외국군함에 대한 예포, 국제회의에서의 좌석순 등을 들 수 있다. 실질적인 것으로서는 해당 조약이 없음에도 불구하고 범죄인을 인도한다든가, 외국인의 입국 및 거주를 허용하는 경우 등을 들 수 있다.

평시국제법(平時國際法)

평시국제법이라 함은 평시의 국제법을 말한다. 전쟁시의 국제법(전시국제법)에 대응하는 개념으로서 이들 양자가 국제법을 이룬다. 평시국제법은 단순히 평화시에 행하여질 뿐만 아니라, 전쟁시에라도 중립국 상호간은 물론 중립국과 교전국간에서도 중립법규의 범위 외에서는 계속하여 시행된다. 평시국제법은 국제법의 중요한 기본적 부분이다. 국가간의 관계는 평화시의 정상적인 관계를 전제로 한 것이다. 전쟁이 있을 때라도 이에 관계없는 한도내에서 평시국제법이 행하여진다는 점을 보면 그것은 명백하여진다.

전시국제법(戰時國際法)

전시국제법이라 함은 전쟁시의 국제법을 말한다. 평시국제법에 대응하는 개념이다. 전시국제법은 (1) 교전국간의 관계를 규율하는 법과, (2) 교전국과 중립국과의 관계를 규율하는 법으로 분류된다. 전자를 전쟁법, 후자를 중립법이라 한다. (전쟁법은 광의에 있어서 양자를 포함하며, 전시국제법과 동의이나 중립법과 함께 사용되는 경우에는 전자를 말한다). 교전국과 중립국과의 관계는 평화관계이며 평시국제법에 의하여 지배되는 것이 원칙이다. 다만, 긴급한 필요에 의하여 평시국제법이 허용하는 한계를 넘어서 중립국의 이익을 침해하는 것이 허용되는 경우도 있다. 이 교전국의 권리의 한계를 정하는 것이 중립법이다.

국제법의 주체(國際法의 主體)

국제법의 주체라 함은 국제법상의 권리·의무)가 귀속하는 단일체를 말한다. 20세기의 초기까지는 국가 또는 국가유사의 단일체(교전단체 등)만에 한한다고 하는 것이 통설이었다. 그러나 최근에는 국가 이외에 국제기구나 개인의 국제법주체성을 인정하는 견해가 지배적이다. 다만, 개인의 국제법 주체성을 어떤 범위까지 인정하느냐에 관하여는 설이 나누어진다. 이에는 국제법이 개인의 권리에 관하여 규정한 경우 일반에 대하여 인정하는 견해와 개인이 국제법상 자기의 이름으로 자기의 권리를 주장하는 것이 인정된 경우에 한하는 견해가 있다.

국가승인(國家承認)

국가승인이라 함은 신생국가가 성립할 경우 기존국가로부터 국제법주체로서 인정받는 것을 말한다. 국가로서 승인되기 위해서는 국가로서의 실질(영토·국민·정부)을 갖추는 동시에 국제법을 준수할 의사·능력을 요한다. 이것이 구비되어 있지 않음에도 불구하고 승인을 부여하는 것은 「상조의 승인」으로서 불법이 된다. 승인의 성질에 관하여는 승인에 의하여 비로소 신생국가가 국제법주체로 된다고 하는 창설적 효과설과, 승인은 이미 국제법주체성을 가지게 된 것을 확인하는데 지나지 않는다고 하는 선언적 효과설이 있다. 또 선언·통고 등에 의한 명시의 승인 이외에 외교사절의 파견·접수, 영사인가장의 청구·부여, 조약체결의 사실이 있으면 묵시의 승인이 있은 것으로 인정된다. 기존 국가의 정부가 혁명 등의 비합법적인 수단에 의하여 교체된 경우 신정부를 기존국가의 정통정부로서 외국이 인정하는 것을 정부승인이라고 한다.

승인행위의 법적성질

창설적 효과설	신생국은 기존국가의 승인이 있어야만 국제법의 목적상 국가가 된다는 견해이다.
선언적 효과설(통설)	승인행위를 신생국의 국제법 주체성에 관한 확인행위로 이해하는 견해이다.

법률상의 승인(法律上의 承認)

영;de jure recognition
독;de jure Anerkennung
불;reconnaissance de jure

국가 또는 정부의 승인 중, 승인의 일반적 요건이 완전히 구비되었을 경우에 영속적으로 신국가의 국제법상의 주체성을 인정하고, 또 신정부를 대외적 대표기관으로 인정하는 것을 말한다. 그러나 경우에 따라서는 법률상의 승인을 하기 전에 승인의 일반적 요건이 구비되지 못하였다든가, 기타 정책적 고려에서 사실상의 승인을 하는 예도 있다. 이 점에서 법률상 승인은 잠정적이며, 사태 여하에 따라 철회할 수 있는 사실상의 승인과 구별된다. 법률상의 승인이 통상 행해지는 정식승인이다.

국가면제(國家免除)

영;State immunity

어느 국가의 영토 안에서 다른 국가 및 그 재산에 대하여 동등한 주권국가라는 근거에서 영토국가의 사법관할권 및 집행권을 면제해 주는 것을 말한다. 과거에는 주로 주권면제 내지 군주의 면제라고 불리웠으며, 정확하게 표현하면 '다른 국가 및 그 재산에 대한 관할면제'이다. 국가면제의 내용을 검토하면 민사·형사 등 재판관할권의 면제, 가압류·가처분·보존조치의 면제, 판결집행의 면제, 조세면제 등 여러 가지가 있다. 이것은 그 성격에 따라 사법관할권의 면제와 집행권의 면제로 구분할 수 있다.

간섭(干涉)

영;intervention
독;intervention

어떤 국가 또는 국가들이 타국가에 대해 대내 및 대외사항에 강제적으로 개입하는 것을 말하는데, 이는 타국가의 독립과 영토고권 및 대인고권의 침해를 초래한다. 국제연맹조약 제11조와 UN헌장 제2조 제6항은 세계 평화를 파괴하는 국가에 대하여 국제평화와 안전의 유지에 필요한 경우 비회원국에 대하여 집단적 간섭권을 인정한다. 한편 국제조약에 의해 그의 독립과 영토고권 및 대인고권의 제한을 받는 국가가 이 제한에 복종하지 않는 경우, 조약에 의하여 정부형태를 보증한 국가가 정부형태의 변경이 있는 경우, 어떤 국가가 평시나 전시의 관습에 의해

제정된 국제법을 위반한 경우, 재외국민의 보호권에 기해 타당사자를 권리로서 간섭할 경우, 어떤 국가의 대외사항이 권리에 의하여 동시에 타국가의 사항일 때에 어떤 국가가 일방적으로 이 사항을 처리한 경우, 그리고 보호국과 피보호국과의 관계에 있을 경우 등에는 국가는 타국에 대해 간섭권을 갖는 바, 이같이 권리에 의한 간섭은 타국가의 독립과 영토고권 및 대인고권을 침해하는 것으로 되지 않는다.

국가책임(國家責任)
영 ; responsibility of states

국내법상은 국가의 불법행위책임을 말한다. 국제법상으로는 일국의 국제법에 위반한 행위로 타국이 받은 손해에 대해 책임귀속 가능성이 있고, 그 타국은 직·간접으로 재산상 손해나 명예의 손상을 받은 사실이 존재할 때 일국이 지는 책임을 말한다. 이 때는 국제법 위반이라고 하는 객관적 사실 외에 고의나 과실이 있어야 한다. 이처럼 국제법상 위법행위가 귀속되는 국가는 그 행위로 발생한 손해에 대해 손해배상·원상회복 또는 명예회복 등으로 배상하여야 한다. 국가의 국제법 위반행위의 주체는 행정기관을 비롯하여 입법·사법기관, 그리고 권한 없는 기관의 행위일지라도 국가행위의 형식으로 표현된 때에는 이를 포함하며, 사인이 국가의 명에 따라 행위를 한 때에는 국가는 그 사인의 행위에 대해서도 책임을 진다.

국내사항(國內事項)
영;domestic matters of questions

국제법이 국가에 의한 규율에 일임한 사항. 즉, 국내관할권에 속하는 사항을 말한다. 이에는 국가의 정부형태, 경제체제, 국가 대 국민의 관계, 이민·관세, 예산편성 등이 해당된다. 여기서 사적적용범위가 제한되는 국가의 배타적 권한을 의미하는 바, UN헌장 제2조제7항에 규정되어 있으며, 국제연맹규약 제15조제8항에도 규정되어 있다.

국제법전편찬
(國際法典編纂)
영;Codification of International Law

국제법전편찬이라 함은 국제법의 법전화를 말한다. 종래 국제법은 대부분이 국제관습법에 의하여 이루어졌기 때문에 의의(疑義)가 많아 국제분쟁의 원인으로 그것을 국제조약의 형식으로 성문화하려고 시도하였다. 그 주된 것으로서는 전시국제법에 관하여 제1회(1889년), 제2회(1907년) 「헤이그」평화회의가 있었고, 평시국제법에 관하여는 국제연맹시대의 국제법전편찬회의(1930년)에 있어서 국적에 관한 조약이 작성되었다. 국제연합이 생긴 후로 국제법위원회가 국제법의 법전화를 추진한 결과 해양법제조약(영해·공해·공해어업·대륙붕), 외교관계조약, 영사관계조약, 특파사절조약, 조약법에 관한 조약 등이 작성되었다.

국제법

국제법과 국내법
(國際法과 國內法)

국제법이라 함은 국제사회의 법이고, 국내법이라 함은 1개의 주권이 행사되는 범위 내에서 효력을 가지며, 주로 그 나라의 내부관계를 규율하는 것을 목적으로 하는 법을 말한다. 국제법과 국내법의 관계는 특히 그 타당 근거와 관련하여 문제되며 이에는 다음의 세 가지 학설이 있다. (1) 이원론(다원론 또는 분립론)은 국제법과 국내법은 각각 그 법적 타당근거를 달리하는 별개의 독립된 법질서라고 하는 것으로서 19세기말 「트리펠」(Triepel)에 의해서 처음 이론적으로 전개되었다. (2) 국제법상위론은, 국제법과 국내법이 전체로서 통일법질서를 이루는 것임을 인정함과 동시에 양자의 관계에 있어 국제법이 우위에 있다는 것으로, 이러한 견해는 「페어드로스」·「켈젠」을 중심으로 한 비엔나 학파가 대표하고 있다. (3) 국내법상위론은 국제법이 개별국가의 의사 혹은 헌법 그 자체에 기초하여 타당하여야만 된다는 것으로 「필립·초론」(Philip Zoron), 「알베르트·초론」(Albert Zoron), 「웬첼」(M. Wenzel) 등이 대표하고 있다. 국제법과 국내법은 별개의 타당근거를 두고 있는 법이나, 전혀 독립된 법은 아니며, 양자가 접촉하는 부분에 관하여는 일정한 범위에서 국제법이 국내법에 대하여 우월한 것으로서 취급받고 있다는 것을 인정하지 않으면 안 된다. 가령 한 국가가 국제법과 내용을 달리하는 국내법을 제정한 경우, 이러한 사실로서 국내법은 무효로 되는 것은 아니나, 대외적인 효과에 있어 국가책임문제를 발생케 한다. 그리고 그 국가는 원칙으로 국제법상의 구속을 국내법을 이유로 하여 면할 수 없다.

국제법의 국내적 도입에 관한 이론

수용이론	의의	국제법으로서의 법적성질을 유지한 채 그 자체로서 국내법질서에 편입된다는 입장
	국가	한국, 일본, 미국, 오스트리아, 스위스
변형이론	의의	국제법은 국내법 질서에 그대로 적용될 수 없고, 국내법으로 변형하여 적용하여야 한다는 이론으로서, 조약체결'후'사후적으로 변경하며, 조약내용을 변경할 수 있다.
	국가	영국, 노르웨이, 덴마크, 스웨덴, 캐나다
집행이론	의의	국제법이 국내적으로 적용되기 위해서는 국가의 일정한 행위가 요구되나, 그 행위는 국제법을 국내법 질서로 옮기는 의미만 가진다는 입장으로, 조약체결'전'에 변경하며, 조약원문의 변경이 불가능하다.
	국가	독일, 프랑스, 벨기에

조약의 체결
(條約의 締結)

조약체결이라 함은 나라 상호간에 조약을 맺는 것을 말한다. 국제법은 조약의 유효한 성립요건의 하나로서 일정한 조약체결의 절차를 정하고 있다. 그러나 조약체결의 절차에 어떤 통일된 방식이 있는 것은 아니다. 일반적으로 조약을 체결하는 절차로서는 먼저 헌법상의 조약체결권자(보통은 국가원수)로 부터 위임받은 전권위원이 조약의 내용에 관해서 협의(교섭)한다. 교섭의 결과 조약의 내용에 의견이 일치하면 서명(조인)이 행하여진다. 서명은 전권위원이 조약의 내용에 관하여 합의를 보았다는 것을 증명하기 위한 행위로서, 서명에 의하여 조약의 내용은 확정된다. 보통의 조약은 서명만에 의해서는 성립하지 않고 다시 비준을 필요로 하는데, 비준을 요하지 않는 조약에 있어서는 서명만으로써 성립한다. 비준은 전권위원이 서명한 조약의 내용에 대해서 조약체결권자가 재검토하고 국가로서의 합의의 의사를 최종적으로 확정하는 행위이다. 비준은 내용이 확정된 조약에 대해서 행하는 것이므로, 조약내용의 전부에 대하여 가부를 결정하여야 하며 특히 상대국의 동의가 없는 한, 일부의 수정비준이나 조건비준은 할 수 없다. 비준에 의하여 조약은 확정적으로 성립한다. 그러나 비준만에 의해서는 조약은 아직 효력을 발생치 않으며, 효력이 발생하기 위하여서는 다시 비준서의 교환·기탁의 절차를 거쳐야 한다. 그러나 조약에 따라서는 특히 시행일자를 따로 정하는 경우도 있고, 비준시를 시행의 시기로 하는 것도 있다. 최근의 조약체결방식은 주요한 조약을 제외하고는 대개 다변조약에서 점차로 간략화하는 현상을 볼 수 있는데, 이러한 현상은 특히 국제기구에서 나타나고 있다.

조인(調印)

조인이라 함은 국제법상 조약당사국의 대표자가 조약의 내용에 관하여 합의를 이룬 것을 증명하기 위하여 서명하는 행위를 말한다. 조인에 의하여 조약은 내용적으로 확정된다. 경우에 따라서는 조인만으로 성립하는 조약도 있다.

비준(批准)

비준이라 함은 전권위원의 서명에 의하여 내용이 확정된 조약을 헌법상의 조약체결권자(대개 국가원수)가 최종적으로 확인하여 동의하는 행위를 말한다. 보통의 조약은 서명(조인)만으로써는 성립되지 않고 다시 비준을 요하는 것이며 비준에 의하여 조약은 확정적으로 성립한다. 그러나 비준은 조약의 효력발생요건은 아니고 그 효력이 발생하기 위하여는 비준서의 교환·기탁의 절차를 거쳐야만 한다. 조약에 따라서는 서명만으로써 그 성립이 인정되는 것도 있고 또 비준시를 시행의 시기로 하는 것도 있다.

비준서의 교환·기탁(批准書의 交換·寄託)

비준서의 교환·기탁이라 함은 조약체결 당사국이 조약의 비준을 증명하기 위하여 일정형식의 비준서(instruments of ratification)를 작성하여 교환 또는 기탁하는 것을 말한다. 비준서의 작성으로서 국내법상의 비준은 완성되나 국제법상 조약의 성립은 비준서를 교환 또는 기탁하는 때에 완성되는 것을 원칙으로 한다. (조약의 성립시기와 효력발생시기는 반드시 일치하지는 않는다). 원칙적으로 2국간의 조약에서는 비준서를 서로 교환하며, 다수국간의 조약에서는 비준서를 일정한 처소(보통 조약체결지국의 외무부 또는 국제기관의 사무국)에 기탁한다. 비준서 교환의 정식절차에 의하여 이를 위한 전권위원을 임명하여 위원이 서로 비준서를 교환한다. 이때에 비준서교환증서를 작성하여 서명한 후 각자 이것을 보관하다. 약식절차에 의하면, 국내법상의 비준의 완성을 서로 통고 또는 공표한다. 다수국간의 조약에서 비준서를 일정한 처소에 기탁하는 이유는 비준서교환의 번거로움을 피하기 위함이다. 조약에 별도의 규정이 없는 한, 조약은 그 비준서의 교환 또는 기탁의 일시에 완성되며, 동시에 조약의 효력도 발생하는 것이 원칙이다. 그러나 특히 소급효를 규정한 경우(미국의 관행은 서명일자에 소급한 효력발생을 인정한다), 또는 실행일을 후일로 규정한 경우에는 효력발생과 교환 또는 기탁의 일자가 일치하지 않는다. 국제연합가맹국을 당사자로 하는 조약은 국제연합사무국에 등록되고 동사무국에 의하여 공표되지 않으면 안 된다(헌장§102①). 등록되지 않은 조약은 국제연합의 어떠한 기관에 대해서도 원용될 수 없다(헌장§102②). 다만, 이 등록은 조약의 효력발생의 要件(요건)은 아니다.

개방조약(開放條約)

개방조약이라 함은 일정한 조약에 규정된 권리·의무를 다른 비가맹국들에도 확대적용할 목적으로 제3국의 가입을 인정하는 뜻의 조항을 조약내용에 두고 있는 조약을 말한다. 국제연합헌장이 대표적이다. 조약 속에 제3국의 가입을 인정(초청)함을 규정하는 조항을 가입조항이라 한다. 가입조항은 원체약국이 그 상호간에 있어서와 같은 동일한 권리·의무를 제3국에도 확장적용하고자 하는 취지의 명시적인 의사표시로서 일종의 청약이다. 제3국은 그 조항이 정하는 바에 따라 동조약에 가입할 수 있다. 가입조항이 있는 조약 중에도 일반으로 모든 국가에 가입이 개방되어 있는 것과 그렇지 않은 것이 있다. 예컨대, 특정범위의 국가에 대하여는 무조건 가입이 인정되나 기타의 가입에는 현체약국의 전부 또는 특정수의 동의를 조건으로 하는 것(예 : 1944년의 국제민간항공조약, 국제연합헌장)이 있다.

조약의 성립요건
(條約의 成立要件)

조약의 성립요건이라 함은 조약당사자간의 의사의 합치가 유효하게 성립하기 위한 요건을 말한다. (1) 조약당사자에게 조약체결능력이 있어야 한다. 국가는 원칙적으로 조약당사자능력이 인정되며, 국제조직은 그 기본조약이 인정하는 범위 내에서 한정적으로 능력을 가진다. 개인은 수동적인 국제법주체에 불과하므로 조약당사자의 지위에서 제외된다. (2) 조약의 체결은 권한(조약체결권)을 가진 자에 의하여야 한다. 일반적으로는 국가를 대표하는 행정수반이 조약체결권자가 되나 입법기관이 되는 국가도 있다. (3) 조약체결권자가 임명한 대표간에 하자없는 합의가 성립되고, (4) 조약의 내용은 가능하고 적법한 것이어야 하며, (5) 일정한 조약체결절차를 완료해야 한다.

조약의 효력(條約의 效力)

조약의 효력이라 함은 유효하게 성립한 조약의 기속력, 즉 조약의 목적내용인 권리·의무를 구체적으로 실행케 하는 법적 구속력을 말한다. 조약이 별도의 규정을 두지 않는 한, 조약의 구속력이 발생하는 시기는 원칙적으로 그 성립시이다. 조약의 효력범위는 당사국에 한정되며, 제3국에는 어떠한 효력도 미치지 않는다. 조약당사국간에는 조약을 성실하게 준수할 의무를 부담하는 것이므로, 만약에 당사국의 어느 일방이 타당사국의 합의 없이 국내법률에 의하여 조약을 폐지하면 국제의무불이행에 대한 국가책임의 문제가 발생한다. 제3국에 대한 효력관계에 있어서는 제3국에서 의무를 과하거나 권리를 제한하는 경우이면 그 조약은 원칙적으로 무효이며, 제3국의 이익을 내용으로 하는 경우에도 이것은 단순한 반사적 이익으로 간주될 뿐이다. 다른 조약과의 효력관계에 있어서는 당사자가 동일한 경우에는 법의 일반원칙인 「신법우선의 원칙」 및 「특별법우선의 원칙」이 적용된다. 그러나 국제연합헌장과 모순되는 조약은 당사국간에만 유효하게 성립할 뿐 헌장에 대항할 수 없다(동헌장§103). 국제연합은 조약의 효력과 관련하여 조약의 등록제도를 두고 있다.

조약의 등록(條約의 登錄)

조약의 등록이라 함은 국제연합헌장의 발효후 가맹국이 체결하는 일체의 조약 및 국제협정은 속히 사무국에 등록하도록 되어 있는 제도를 말한다. 국제연합헌장 제102조는 「헌장의 발효후 가맹국이 체결하는 일체의 조약 및 국제협정은 될 수 있는 대로 속히 사무국에 등록되며, 사무국에 의하여 공표되어야 할 것(동헌장§102①)과 등록하지 않은 조약의 당사자는 국제연합의 어떠한 기구에서도 그 조약을 원용할 수 없다」(헌장§102②)고 규정하고 있다. 조약의 등록·공표제는 원래 비밀조약의 체결을 배제하고 외교의 공개를 도모할 목적으로 국제연맹에서 처음 창설된 것이다. 위의 헌장규정은 「윌슨」대통령의 「평화계획14항」의 1항의 취지를 구체화한 국제연맹규약 제18조에 약간의 수정을 가하여 답습한 것이다. 국제연맹규약 제18조는 「연맹국이 장차 체결할 모든 조약 또는 국제협정은 즉시 이를 사무국에 등록하고, 사무국은 가급적 속히 이를 공표하여야 한다」고 규정하고, 나아가서 「이러한 조약 또는 국제협정은 등록이 완료될 때까지 구속력을 발생하지 않는다」고 규정하고 있다. 이 규정은 미등록의 조약의 법적 효력에 관하여 의문을 남겨 놓았기 때문에 해석상의 논란이 많았다. 국제연합헌장은 이러한 해석상의 논의를 해결하여, 미등록의 효과는 조약의 효력발생에 영향을 주는 것이 아니며, 단지 국제연합의 어떠한 기관에 대해서도 그것을 원용하여 자기의 권리를 주장할 수 없도록 하였다. 조약등록의무는 국제연합가맹국에게만 있다. 따라서 가맹국과 비가맹국간의 조약에서는 가맹국인 체결당사자에 등록의 의무가 있고, 비가맹국만을 당사자로 하는 조약에서는 당사자에 등록의 의무는 없으나, 비가맹국에 의한 자발적 등록을 환영하고 있다. 또 국제연합은 자신을 당사자로 하는 조약을 직무상 당연히 등록하고, 전문기관도 일정한 경우에는 등록을 하도록 하고 있다.

가입조항(加入條項)

국제법상 조약채결국가 이외에 제3국과의 조약에 가입을 인정하는 조항을 말하는데, 가입조항이 붙어있는 조약을 개방조약이라 한다. 제3국은 소정의 절차를 밟음으로써 체약국과 동일한 권리·의무를 인정받게 된다. 가입조항에는 단순히 제3국의 가입통고만에 의하여 효력이 인정되는 것과, 체약국의 전부 또는 일정한 수의 국가들의 동의를 필요로 한다고 하는 조건이 붙어 있는 것 등 그 형태가 다양하다.

거중조정(居中調整)

영;mediation
독;Vermittelung
불;médiation

국제분쟁을 국제기구나 국가 또는 개인 등 제3자의 권고로 평화적으로 해결하는 것을 말한다. 이에 관하여는 국제분쟁의 평화적 해결에 관한 조약이 있는데, 분쟁당사국의 부탁이나 제3자의 발의로 분쟁당사국 사이의 교섭개시를 권유하거나, 또는 직접 해결안을 제시하는 방법이 사용된다. 당사국에 부탁의무가 있거나 제3자의 발의 의무가 있는 것은 아니며, 또 제3자의 해결안이 분쟁당사국에 구속력이 있는 것도 아니다. 이는 외부에서 교섭을 원조하는 주선과 다르다.

조정조약(調停條約)

조정조약이라 함은 국제분쟁을 당사국이 국제조정위원회에 부탁하여 해결할 것을 약정하는 조약을 말한다. 이 조약에서는 모든 분쟁 또는 일정한 분쟁을 대상으로 하여 규정한다. 또한 위원회의 구성방법·권한·조정절차에 관해서도 규정한다. 제1차 세계대전 전에는 2국간의 조정에 한정된 조약이 통례였지만, 최근에는 조정과 국제재판을 동시에 약정한 경우가 많다. 1946년의 미국·필리핀간의 조정조약, 1925년의 로카르노 조약, 1924년의 쥬네브 의정서, 1928년의 일반의정서 등이 그 예이다.

조정재판조약(調停裁判條約)

조정재판조약이라 함은 국제조정과 국제재판을 동시에 규정한 조약을 말한다. 이러한 조약은 일반조약으로서 국제분쟁의 성질에 따라 국제조정에 관한 사건과 국제재판에 관한 사건을 구별한다. 즉, 법률적 분쟁은 사법적 해결을 하고, 비법률적 분쟁은 조정에 부탁하고, 그 조정이 성취되지 않으면 중재재판에 부탁하도록 규정되어 있다. 국제분쟁의 평화적 해결에 관한 조약 또는 일반의정서는 거의 조정재판조약에 해당한다.

국제조정위원회(國際調停委員會)

영;international conciliation commission
독;internationale Vergleichskommission
불;commission de conciliation internationale

중립적 국제기구가 분쟁사건의 사실을 심의하여 타협을 통해 분쟁을 평화적으로 해결하려는 위원회를 말한다. 이 기구의 임무는 사건의 심사 후 적당한 해결안을 당사국에 제시하여 권고하며, 그 분쟁의 해결 여하를 불문하고 보고를 작성하여 그의 조정의 전말을 당사국에 제시 또는 공표하는 데 있다. 거중조정은 국제기구가 아닌 제3국에 의한 조정이고, 국제재판은 원칙적으로 법을 기초로 함으로써 판결의 형식에 의하여 구속력을 가지는 점에서 국제조정과 상이하다. 국제조정제도는 1911년의 녹스조약, 1913년의 브라이언평화조약 등에서 나타나기 시작하였으며, 제1차 세계대전 후 1924년부터는 개별적 조정조약이 많이 체결되었으며, 특히 재판과 조정의 양면을 규정한 재판조정조약이 다수 체결되었다.

중재재판조약(仲裁裁判條約)

중재재판조약이라 함은 현재의 분쟁 또는 장래의 분쟁에 대해서 의무적 중재재판을 약정하는 이국(二國) 또는 수국간의 조약을 말한다. 중재재판조약은 일반의 분쟁 또는 특종의 분쟁에 관하여 체결된다. 이 조약에서는 대개 의무적 중재재판을 약정하는 동시에 부탁절차와 재판절차에 관해서도 규정한다. 물론 상설중재재판소에 부탁하는 것을 약정한 경우에는 그에 따른다. 그런데 대부분의 조약에서는 법률적 분쟁 특히 체약국간의 타조약의 해석에 관한 분쟁을 중재재판에 부탁하는 것을 약정하고, 국가의 명예·독립·중대한 이해에 관한 문제는 제외하는 것이 일반적이다. 중재재판조약과 유사한 형식으로 어떤 조약 중의 조항으로서 그 조약의 해석에 관한 분쟁을 중재재판에 부탁할 것을 규정하는 것이 있다. 이것을 중재재판조항이라 하며, 다수국간의 경제적 또는 전문적 성질을 가지는 조약에 있어서 그 예가 많다.

국제중재재판(國際仲裁裁判)

영;international arbitration
독;internationale Schiedsgerichtsbarkeit
불;arbitrage international

당사자들이 선정한 법관이 당사자들이 합의한 절차규칙에 따라 법에 근거하여 당사자들에게 강제력을 가진 판결을 내림으로써 분쟁을 해결하는 제도를 말한다. 중재재판의 이용은 19C 이후부터이며, 재판제도로서 비교적 격식을 갖춘 좁은 의미의 중재재판은 영국과 미국간의 앨라배마호 사건(1872년)에서 시작된다. 당시의 재판관의 선정방식은 분쟁 때마다 당사국의 재판부탁합의에 의하여 선임하였다. 그러나 1899년의 국제분쟁의평화적해결에관한조약에서 상설중재재판소가 설립되어 재판관의 선정방법은 사전에 일정 수를 임명하고, 그 중에서 중재재판이 있을 때마다 직할의 재판관을 선임하게 되었다.

국제재판의 준칙

(國際裁判의 準則)

국제재판은 중재재판과 사법재판에 따라서 그 준칙이 상이하다. 중재재판의 기준은 당사국이 조약이나 합의에 의하여 결정한다. 즉 분쟁의 발생시 재판부탁합의에 또는 분쟁발생 전 재판조약에 재판준칙을 정하는 등 그 형식과 내용이 여러 가지이다. 준칙으로는 일정한 법규나 또는'형평과 선'또는'법과 형평'이 지정될 수 있다. 이에 반해 사법재판의 준칙은 중재재판준칙에 비하여 보다 엄격히 법에 의할 것을 규정함이 보통이다. 국제사법재판소규정 제38조는 분쟁국이 명백하게 인정한 규칙을 확립하는 것이 일반적 또는 특별의 국제조약, 법으로서 인정된 일반적 관행의 증거로서의 국제관습, 문명국에 의하여 인정된 법의 일반원칙, 법의 규칙을 결정하는 보조수단으로서 재판상의 결정 및 세계의 저명한 법학자의 학설, 특별한 합의가 있는 경우에는 형평과 선을 준칙으로 정할 수 있다고 규정하고 있다. 그러나 재판소의 권고적 의견이 준칙에 있어서는 규정 38조 1항의 적용에 이론이 없으나, 동조 2항, 즉 '형평과 선'의 적용에는 논란이 있다.

국제분쟁(國際紛爭)

영;international dispute
독;Staatenstreitigkeit
불;différend international

국제법상의 법률관계 또는 국제정치상의 이해관계에 관한 국가간의 의견충돌을 말한다. 국제법상의 분쟁은 현행의 법률관계·권리의무관계를 떠나서 그것의 변경을 요구하거나 또는 그것을 부인하는 분쟁이다. 국가와 타민족간의 분쟁은 준국제분쟁이라고 할 수 있다. 국제분쟁의 성질과 관련하여 종래 국제분쟁을 법률적 분쟁과 비법률적 분쟁(정치적 분쟁)으로 구별하는 견해가 있다. 이 견해에 의하면 법률적 분쟁은 재판에 부탁할 수 있으나, 비법률적 분쟁은 조정 기타의 재판이외의 방법에 부탁할 수는 있어도 재판에 부탁하기는 부적당하다고 한다. 국제분쟁의 해결에는 평화적 해결방법과 강제적 해결방법이 있다. 평화적 해결방법에는 외교교섭·주선·거중조정·국제심사·국제조정·중재재판·사법적 해결이 있고, 그 해결 담당자는 외교교섭은 분쟁당사국의 직접담판으로, 주선과 거중조정은 제3국에 의하여, 기타는 임시적 또는 상설적 국제기관에 의한다. 국제분쟁의 강제적 해결방법은 그 분쟁이 평화적으로 해결될 수 없는 경우 일방당사국에 의하여 합법적으로 처리되던가, 국제연합의 안전보장이사회가 처리하게 되는 것을 말한다.

경제봉쇄(經濟封鎖)

영;economic blockade
독;Wirtschaftsblockade
불;blocus conomique

국제분쟁의 해결을 위한 강제조치중 UN헌장 41조에 규정된 비군사적 조치의 한 형태를 말한다. 이에 따르면 안전보장이사회의 결정으로 전가맹국에게 침략국에 대해 경제관계와 철도·항해·우편·전신·라디오 기타 교통수단의 전부 또는 일부의 중단과 외교관계의 단절을 포함하는 조치의 적용을 요구할 수 있다. 경제봉쇄는 국제연맹에도 규정되어 있다. 즉, 국제연맹규약에 위반하여 전쟁을 일으킨 국가는 다른 전연맹국에 전쟁행위를 행한 것으로 간주하여 전연맹은 위반국에게 즉시 통상·금융상의 괸계를 단절하고 자국민과 교전국민과의 교통을 완전 단절함은 물론, 연맹국을 포함하여 모든 국가의 국민과 위반국과의 일체의 통상·금융관계를 금하며, 또 개인적 교통까지 금지한다.

국제기구(國際機構)

영;International Organization
독;Internationale Organisation,
불;Organisation Internationale

설립헌장이라고 불리우는 국제조약에 의하여 설립된 정부간 조직체로서, 기본법과 고유기관 및 독립된 법인격을 가지고 설립헌장사의 목적과 기능에 따라 활동하는 국제공동체의 구성원을 말한다. 국제조직·국제기관 또는 국제단체라고도 한다. 따라서 국제기구는 국제기구의 일방행위로 설립되는 보조기관과 구별되고, 비정부간 합의 내지 민간인의 주도로 결성되는 비정부간 기구와 구별되며, 그 설립헌장 내지 기본법에 명시된 설립목적과 기능의 범위 내에서 활동을 하는 점에서, 포괄적 관할권이 인정되는 국가와 다른 특색을 가지고 있다. 또 국제기구는 회원국의 인격과는 별개의 독립된 법인격을 가지고 있기 때문에 국제공동체에서 권리·의무능력을 가지는 국제법주체가 된다. 또한 일반국제기구는 국가들이 그 실체를 그대로 유지하면서 기능적 결합을 목표로 하고 있다는 점에서 구별된다.

국제연맹(國際聯盟)

영;The League of Nations
독;Der Völkerbund
불;La Société des Nations

국제사회에 처음 나타난 정치적 보편기구로서, 국제연맹규약(제1차 세계대전 강화조약의 제1편)에 의하여 1920. 1. 10 성립된 국제조직을 말한다. 국제연맹은 국제평화의 유지와 국제협력의 촉진을 목적으로 창설되었으며, 그 임무는 군비축소, 분쟁의 평화적 해결, 전쟁방지 및 위임통치, 소수민족의 보호, 경제적·사회적 문제에 관한 국제협력 등이다. 국제연맹은 총회·이사회·사무국으로 구성되어 있으며, 자치기관으로서 국제노동기구와 상설국제사법재판소를 두고 있다. 그러나 국제연맹은 총회건 이사회건 모두 회원국들에 대하여 강제적인 결정을 내리지 못하고 권고만을 할 수 있다는 점, 절차문제를 제외한 내용문제 채택을 만장일치에 의한다는 점, 전쟁을 금지하지 않고 전쟁절차만을 제한하였으며 3개월의 유예기간만을 두었다는 점, 미국 등 강대국이 처음부터 참여하지 않았거나 중간에 탈퇴하였다는 점 등 몇가지 약점을 가지고 있어서 결국 제2차 세계대전으로 와해되고 말았다.

국제연합(國際聯合)

영;United Nations

국제연합이라 함은 제2차 세계대전을 계기로 하여 국제연맹의 뒤를 이어 탄생한 국제평화기구를 말한다. 세계 대다수 국가를 포함하고, 정비된 조직과 광범한 기능을 갖춘 국제평화유지와 국제협력달성을 목적으로 하는 국제기관이다. 국제연합헌장에 따라 1945년 10월 24일 정식으로 성립하여, 1946년 1월 10일부터 활동을 개시하였다. 본부는 뉴욕에 있다. 원가맹국은 제2차 세계대전 중에 연합국으로 전쟁에 참가한 국가로서 51개국이다. 미국·러시아·영국·프랑스·중국 5대국을 전부 포함하며, 국제연맹을 능가하는 일반성과 실력을 가지고 있다. 국제연합총회·안전보장이사회·경제사회이사회·국제사법재판소·사무국의 5기관을 주요기관으로 한다. 국제연합의 제1의 목적과 임무는 국제평화와 안전의 유지인 바, 안전보장이사회(제2차적으로 총회)가 이것을 맡고, 그 밑에 전쟁방지를 위한 집단적 강제조치제도가 강력히 조직되어 있다. 제2의 목적과 임무는 국제협력의 달성이며, 경제적·사회적·문화적 문제의 해결, 인권 및 기본적 자유의 존중·확보가 그것이다. 그것을 위하여 총회 밑에서 경제사회이사회가 활동한다. 이 경우에는 국제연합은 유네스코 기타 각종 전문기관과 연락·협력하는 것을 원칙으로 한다.

이와 같이 목적과 임무에 따라 2개의 이사회가 있음은 국제연맹에는 없었던 특색이다. 또 각 기관을 통하여 의사의 의결에는 다수결제도를 채택한 것도 국제기관으로서 획기적인 것이다. 안전보장이사회 내의 거부권과 같이, 5대국가에 특히 강력한 지위가 부여되어 있는 것도 특색의 하나인 동시에, 국제연합의 활동에 현실적인 길을 여는 계기가 되고 있다. 반면에 그 활동을 방해하는 결과가 되기도 한다. 안전보장이사회는 구속력 있는 결의를 할 수 있다. 평화와 안전의 유지에 대하여 지역주의가 인정되어 있는 것도 하나의 특색이다. 국제연합은 각 가맹국 내에서 법률상의 지위를 인정받을 뿐만 아니라 국제연합 자신이 조약체결권 등을 가지고 있으며, 국제법상의 한 주체로서의 지위를 가진다.

국제연맹(LN)과 국제연합(UN)의 비교

	LN	UN
가입	총회결정(국가, 식민지, 속령도 가입 가능)	안보리권고에 의한 총회 결정(독립국가만 가입 가능)
탈퇴	명문규정이 있음	명문규정이 없음

기관	총회, 연맹이사회, 사무국	총회, 안전보장이사회, 사무국, ICJ, 경제사회이사회, 신탁통치이사회
이사회 결의의 효력	권고효	법적 구속력
표결	만장 일치	다수결

국제연합총회(國際聯合總會)

영;The General Assembly
독;Die Generalversammling
불;L'Assemblée générale

국제연합의 주요기관의 하나로 안전보장이사회와 함께 가장 중요한 기구이다. 모든 회원국으로 구성되는 전체기구이며, 동시에 정부대표로 구성되는 정간기구이다. 총회는 전체기간이기 때문에 그 기능은 일반적이어서 UN 및 그 기관의 모든 기능에 미친다. 따라서 UN의 목적인 국제평화유지, 국가간의 우호관계 발전, 경제·사회·문화관계 국제협력증진 등을 위해 작용함은 물론, UN기구의 구성·조정 및 감독·재정문제 등 UN 내부생활문제도 총괄한다. 다만 국제평화와 안전의 유지에 관하여는 UN헌장 24조가 안전보장이사회에 대하여 그 주된 책임을 맡긴관계로 UN헌장 12조는 이 분야에 있어서 안전보장이사회의 우위를 분명히 규정하고 있다. UN총회는 매년 1회의 정기총회를 가지며, 이 정기총회는 9월 셋째 화요일에 시작된다. 그밖에 총회의 개최가 필요한 경우에는 안전보장이사회나 회원국 과반수의 요청으로 특별총회를 개최한다. 총회의 표결은 일반적으로 단순 과반수 다수결에 의하나, 주요기구이사국 선정, 예산문제, 회원국의 제명 및 자격정지 등 주요문제에 관하여는 참석하여 투표하는 회원국의 수의 3분의 2 다수를 필요로 한다. 또한 주요문제에 관하여는 안전보장이사회의 추천을 받아서 결정한다.

경제사회이사회(經濟社會理事會)

영;The Economic and Social Council
독;Der Wirtschaftsund Sozialrat
불;Le Conseil économique sociale

유엔 경제사회이사회는 1945년 유엔 창설 당시 유엔 전문기구들이 수행하는 경제적, 사회적, 인도적, 문화적 활동을 지휘하고 조정할 목적으로 설치했다. 경제사회이사회는 국제경제, 사회, 문화, 교육, 보건 및 관련사항에 대한 연구, 보고 및 권고 또는 발의를 수행한다. 이사국은 당초 18개국이었으나, 1973년 54개국으로 증가된 이후 유지되고 있다. 이사국은 지역적으로 배분되어 있으며(아시아 11, 아프리카14, 중남미10, 동구6, 서구 및 기타 13개국), 이사회는 통상 연 1~2회의 조직회의, 연 1회의 정기회를 개최하고 있다.

국제연합헌장(國際聯合憲章)

영;The Charter of the United Nations
독;Die Satzung der Vereinten Nationen
불;La Charte des Nations Unies

국제연합의 기초가 되는 조약을 말한다. 국제연맹의 경우와는 달리, 제2차 세계대전의 평화조약과는 별도로 그 이전에 만들어졌다. 즉 1942. 1. 1 침략자들과 싸우는 26개 국가들이 워싱턴에 모여 국제연합 선언을 하였다. 이어서 1943년 모스크바 회의에서 미국·영국·중국·소련의 4주요 연합국에 의하여 국제연합의 창설이 처음으로 공식화된 다음, 1944년 가을부터 미국의 덤버튼 오우크스에서 법률전문가회의를 개최하여 그 창설준비작업을 맡겼다. 1945. 2 얄타회담에서 이 초안을 검토한 뒤 대강의 원칙을 확정하고, 1945 4. 25 샌프란시스코회의 개최를 결정하였다. 이 회의에서 역사적인 국제연합헌장이 51개 원가맹국에 의해 서명되었다. 그러나 헌장은 서명만으로는 성립되지 않고 비준을 요하는 조약이므로 이것은 각국의 비준절차에 회부되어 영국·미국·프랑스·소련·중국의 5개국을 포함한 서명국 과반수의 비준을 얻은 1945. 10. 24에 법적으로 성립되었다. 헌장은 전문 및 19장, 101조로 구성되어 있으며, 국제연합의 근본조직, 국제협력에 의한 세계평화의 유지·확립의 임무를 규정하고 있는 국제사회의 헌법이다.

국제자유노동조합연맹

(國際自由勞動組合聯盟)
영;International confederation of Free Trade Unions[I.C.F.T.U.])

1942. 12 런던에서 세계노련에서 탈퇴한 영국의 TUC와 미국의 CIO 그리고 AFL이 중심이 되어 결성한 반공노동조합의 국제조직을 말한다. 국제자유노련이라 약칭한다.

교전단체(交戰團體)

영 ; belligerent community
독 ; Kriegspartei
불 ; portie belligérante

내란이 확대되어 반란군이 일정지역을 지배하기에 이르렀을 때 그 단체를 교전단체라고 말한다. 그리고 그 단체를 과도적으로 국제법주체로서 인정하는 것을 교전단체의 승인이라고 말한다. 기존정부가 교전단체를 승인하는 이유는 반란군 지배지역 내에서 발생하는 외국권익의 손실에 대하여 책임이 없음을 명백히 하고 양자간의 전투에 전시국제법(교전법규)을 적용하여 내란에 수반되는 잔학성을 완화하기 위한 것이다. 교전단체의 승인이 있게 되면 외국은 당해내전에 대하여 중립의무를 지게 된다.

집단적 자위권(集團的 自衛權)

영;right of collective self-defense
불;droit de légitime défense collective

국제연합헌장 제51조에 의거하여 개별적 자위권과 함께 인정된 권리다. 이것은 외국으로부터 직접 공격을 받지 않은 국가라도 그 국가와 밀접한 이해관계가 있는 국가가 침공을 받으면 공동으로 방위를 위한 실력행사를 할 수 있다는 것을 인정하는 것으로서 집단방위권이라고만 불러야 한다는 견해도 있다. 국제연합헌장상 지역적 기관이나 협정에 의한 강제행동에는 안전보장이사회의 허가가 필요하다(헌장§53). 따라서 5대국의 거부권으로 인하여 지역적 기관이나 협정에 의한 방위활동이 불가능해질 우려가 있다. 이를 방지하기 위하여

챠플데백크 협정에 의거 전후상호원조를 약속한 미주제국에 의하여 제창·삽입되었다. 현재에는 NATO조약 등 많은 지역적 협정 중에 집단적 자위권에 의한 상호원조에 관한 규정이 있다.

신탁통치(信託統治)

영;Trusteeship
독;Treuhandschaft
불;tutelle

신탁통치라 함은 일정한 비자치지역에서 국제연합의 감독아래 그 신탁을 받은 국가(주로 연합국)가 행하는 통치를 말한다. 국제연맹시대의 위임통치를 수정한 것이다. 신탁통치 아래 두는 영토는 위임통치가 행하여지고 있는 영토와, 제2차 세계대전의 결과 추축국으로부터 분리된 영토의 일부(예 : 아프리카에 있어서 이탈리아의 구식민지 「소말릴란드(소말리아)」)이다. 신탁통치의 기본 목적은 국제평화와 안전을 증진하여 주민의 자치 또는 독립을 촉진하고, 인권의 존중, 연합국에 대한 평등대우를 확보하는 것 등이다. 이 목적을 구체화하는 상세한 규칙은 각 신탁통치지역에 관하여 국제연합의 승인을 조건으로 통치를 행하는 국가(시정권자) 기타의 직접관계국간의 신탁통치협정으로 이루어진다. 신탁통치지역은 일반적으로 무장할 수 있으나, 어떤 신탁통치지역의 전부 또는 일부를 전략지역으로서 지정하여 특히 강고히 무장할 수도 있다. 국제연합의 감독은 전략지역은 안전보장이사회에 의하여, 보통의 신탁통치지역은 총회의 권위 아래 신탁통치이사회에 의하여 행하여진다.

위임통치(委任統治)

영;mandate
독;Mandat
불;mandat

위임통치란 제1차 세계대전 후 국제연맹규약(§22)에 의하여 인정된 후진지역에 대한 식민지적 국제통치형태를 말한다. UN의 신탁통치의 전신이라 할 수 있다. 미국 윌슨 대통령의 주창으로 패전국의 영토를 병합하지 않고, 독일의 식민지 터어키령의 아라비아인 거주지역에 영국, 프랑스, 벨기에, 일본 등을 수임국으로 하는 위임통치가 행하여졌다. 위임통치지역은 그 주민의 정치의식의 정도에 따라 A.B.C의 3종으로 구별하였으며, 구체적으로 각 지역에 따라 위임통치조항이 정하여 있다.

안전보장이사회
(安全保障理事會)

영;The Security Council
독;Der Sicherheitsrat
불;Le Conseil de Securite

국제연합을 구성하는 주요기관의 하나이다. 이것은 미·영·러시아·프랑스·중국의 5상임이사국과 총회에서 2년의 임기로 반수를 선출하는 10(1965년까지는 6) 비상임이사국에 의하여 구성되며 그 주된 임무는 국제평화안전의 유지이다. 그 결정에는 가맹국을 구속하는 법적 효력이 인정되고 있다(국제연합헌장§25). 이사회의 결정은 절차사항에 대하여는 단순히 9이사국 이상의 찬성이 있으면 되지만 實실질사항에 대하여는 5대국에 거부권이 있다.

거부권(拒否權)

영;veto, right of veto 불;Veto 독;veto

거부권이란 국제연합의 안전보장이사회의 5대상임이사국이 실질적 문제의 표결에 있어서 갖는 권리를 말한다. 이 이사회에 있어서는 절차사항은 9이사국의 찬성(이사국은 15국이므로 3분의 2의 다수결)으로 결정되어진다.(국제연합헌장§27②), 그 밖의 실질사항은 상임이사국(미국·영국·프랑스·러시아·중국의 5대국)의 동의투표를 포함하는 9이사국의 찬성으로 결정된다(헌장§27③). 따라서 상임이사국의 1국이라도 반대하면 결정은 성립되지 않는다. 이에 대하여는 벌써 국제연합의 성립당시부터 소국들이 강력히 반대하였다. 거부권을 주게 된 이유는, 국제문제의 처리에는 대국의 일치가 중요하다고 하는 국제정치의 현실을 승인한 결과이지만, 그 후에 구소련(현 러시아)은 자주 거부권을 행사하여 결정을 성립할 수 없게 하였으므로 거부권을 제한 또는 폐지하자는 요구가 강하다. 그러나 러시아가 강경하게 반대하고 있으므로 그의 실현은 거의 희망이 없으며, 이 제도의 법적 해결은 정치적 현실의 진전에 의존할 수 밖에 없다.

국제사법재판소(國際司法裁判所)

영;The International Court of Justice
독;Der Internationale Gerichtshof
불;La Cour Internationale de Justice

국제연합의 주요한 사법기관으로서 국제연맹시대의 상설국제사법재판소를 내용적으로국제연합의 주요한 사법기관으로서 국제연맹시대의 상설국제사법재판소를 내용적으로 승계하여 네덜란드 헤이그에 설치되어 있 승계하여 네덜란드 헤이그에 설치되어 있다. 국제연합의 가맹국뿐만이 아니라 스위스, 리히텐슈타인, 산마리노도 참가하고 있으며 그 밖의 국가도 재판소의 관할을 인정하고 판결에 복종할 것과 소송비용을 부담한다는 것 등을 공식적으로 인정하면 재판소를 이용할 수 있다. 그러나 원칙적으로 신청국과 피신청국이 쟁점에 대해서 공동으로 소장을 제출할 것이 요구되며 국내재판소와 같은 일방적인 제소는 재판소의 의무적 관할권을 수락한 국가 상호간의 상호조건하에서만이 인정되고 있다. 재판관은 15명이다. 3교대로 임기는 9년인데 미리 추천된 후보자에 대하여 총회와 안전보장이사회에서 각각 별도로 선거하고 양쪽에서 다수표를 획득한 자가 임명된다. 국가간의 분쟁의 재판 이외에도 국제연합총회 등의 신청에 대하여 권고적인 의견을 제시한다.

국제사법재판소규정

(國際司法裁判所規定)

영;Statutes of the International Court of Justice

국제연맹의 상설 국제사법재판소규정의 후신으로 1954년 서명·발효된 국제연합의 사법기구인 국제사법재판소의 절차법을 말한다. 이 규정에 의하면 법률적 분쟁에 관해서 관할권을 가지는 바, 이 규정의 내용은 재판소의 구성 및 관할, 재판의 기준, 선택조항, 권고적 의견, 판결의 효력 등이며 기본사항에 관하여는 국제연합헌장에 규정하고 있다. 이처럼 이 규정은 국제연합헌장과 불가분의 일체가 되어 있다. 한편, 국제연합의 가맹국은 당연히 이 규정의 당사국이 되고, 기타의 국가는 안전보장이사회의 권고에 기하여 총회가 각 경우에 결정하는 조건에 따라 당사국이 될 수 있다. 이 규정은 일반적으로 재판의무를 설정하고 있지 않으나, 타조약이나 이 규정의 선택조항(임의조항)의 수락에 의하여 재판의무를 가진다.

국제사법공조(國際私法共助)

독;internationales Rechtshilfe

보통 조약에 의하여 외국과 사이에 사법사무에 관하여 서로 협조하는 것을 말한다. 국제교류 및 해외교류의 확대로 섭외사건 또는 당사자나 증거방법이 외국에 존재하는 사건이 증가하고, 범죄의 수사와 재판에도 외국과의 협조가 절실히 요청되는 바, 우리나라도 1988. 8. 5 법률 제4015호로 범죄인인도법을, 1991. 3. 8 법률 제4342호로 국제민사사법공조법을, 1991. 3. 8 법률 제4343호로 국제형사사법공조법을 제정하였다.

선택조항(選擇條項)

英;optional clause
독;Optionsklausel, Fakultativklausel
불;disposition facultative

현행 국제법아래에서 국가는 자기의사에 관계없이 국제재판에 복종할 의무는 없다. 그러나 법적 분쟁에 있어서 특별선언에 의한 국제재판소의 관할을 의무적으로 인정하는 것도 가능하며 상설국제재판소규정(동규정§36②)도 그 길을 열어주고 있다. 이 선언을 할 것인가의 여부는 각국의 자유로운 선택에 맡겨져 있으므로 이 조항을 선택조항 또는 임의조항이라고 부른다.

전문기관(專門機關)

英;specialized agencies
독;Spezialorganisationen
불;institutions spécialisées

국제조약에 의하여 설립된 경제·사회·문화·교육 등에 관한 국제협력기관 가운데 경제사회이사회와의 협정에 따라 국제연합과 제휴관계에 있는 기관을 말한다. 현재 (1) ILO(국제노동기구) (2) UNESCO(국제연합교육과학문화기구) (3) WHO(세계보건기구) (4) FAO(국제식량농업기구) (5) IBDR(국제부흥개발은행) (6) IMF(국제통화기금) (7) IDA(국제개발협회) (8) IFC(국제금융공사) (9) ICAO(국제민간항공기구) (10) UPU(만국우편연합) (11) ITU(국제전기통신연합) (12) WMO(세계기상기구) (13) IMCO(정부간해사협력기구) (14) IAEA(국제원자력기구) 등이 있다. 전문기관은 국제연합의 하급기관이 아니라 일종의 외곽단체와 같은 것이다.

최혜국대우(最惠國待遇)
영;most-favoured nation treatment

통상항해조약에 있어서 일방당사국이 상대국에 대하여 사후 제3국 국민에 대한 통상·항해·입국·거주·영업 등에 관하여 상대국 국민에게 보다 유리한 조건을 허용한 경우에는 상대국 국민에 대하여서도 동등한 조건으로 대우한다는 것을 약속하는 경우인데 그것을 최혜국조항이라고 하며, 그 대우를 최혜국대우라 한다.

권고적 의견(勸告的 意見)
영;advisory opinion
불;avis consultatif

미국의 최고재판소나 독일의 헌법재판소에서는 재판 이외에 행정부가 자문하는 법률문제에 대해서 의견을 표명한다. 이것을 권고적 의견이라고 하는데, 권고적 의견이란 국제연합총회 및 안전보장이사회 기타 기관이 자문하는 법률문제에 대하여 국제사법재판소가 표명하는 의견을 말한다. 이것을 조언적 의견이라고도 한다. 비록 법적 구속력은 없지만 실질에 있어서 존중되고 있으며 분쟁해결을 위해 기여하는 바가 적지 않다. 통상 전재판관이 출석하고 판결할 때와 똑같은 절차를 거쳐 행하여진다.

외교관(外交官)
영;diplomat 독;Diplomat 불;diplomate

외교사절과 재외공관의 중요한 관원을 말한다. 관원의 직제는 각 국가의 국내법에서 이를 규정하나, 보통 참사관·일등서기관·이등서기관·삼등서기관·상무관·통역관·무관 등으로 구성된다. 법률고문·의사·타자수 등도 파견국에 의하여 임명되고 외교사절을 위하여 전임으로 공관내에서 집무하는 경우에는 관원으로 인정되어 외교사절과 유사한 특권을 누린다.

☞ 외교사절, 외교사절의 특권

외교단절(外交斷絶)
영;severance of diplomatic relations

일국이 타국의 행동에 대해서 불만과 항의를 표시하는 강경한 수단으로, 상대국에 파견한 자국의 상주 외교사절과 그 수행원을 소환하는 동시에 자국에 주재중인 상대국의 상주 외교사절과 그 수행원의 퇴거를 명하는 정치적인 행동을 말한다. '국제분쟁의 평화적 처리'에 있어 국제재판의 판결을 승소국이 집행하는 방법으로도 외교단절이 행해지며, 또 국제연합헌장은 평화를 파괴하거나 위협하는 국가에 대해 가맹국이 취할 무력행동을 수반하지 않는 강제조치의 일종으로 외교단절을 규정하고 있다(국제연합헌장 41조). 외교관계의 단절은 불만과 항의를 표시하는 수단에 불과하므로, 양당사국간의 국제법적 관계는 지속되며 재외국민이나 그 권익에 대한 외교적 보호는 제3국에 의뢰하여 그를 통해 상대국과의 교섭을 가지게 된다. 보통 전쟁의 개시로 외교관계는 단절되는 것이 원칙이다. 대사·공사에게는 퇴거에 필요한 일정기간중 외교특권이 인정되나 영사에게는 특권이 인정되지 않는다.

외교문서(外交文書)
영;diplomatic documents
불;documents diplomatiques

넓은 의미로는 외교교섭상의 일체의 공적문서를 말하나, 좁은 의미로는 그 중에서 특히 조약·선언·각서·통첩 등 법률효력이 있는 일방적 의사표시 또는 합의를 표시한 문서만을 가리킨다.

외교사절의 특권
(外交使節의 特權)
영;diplomatic priviliges
독;Vorrechte der Diplomaten
불;priviléges diplomatiques

외교사절이 파견국 대표로서 그 맡은 기능을 독립적·효율적으로 수행할 수 있도록 접수국 내에서 누리를 특별한 국제법상의 지위를 말한다. 외교특권에는 치외법권과 불가침권이 있는 바, 전자에는 접수국의 형사 또는 민사재판권, 경찰권 및 과세권으로부터의 면제가 포함되며, 후자에게는 외교사절의 신체와 명예·관사 및 문서의 불가침이 주요 내용이다. 외교특권의 향유기간은 관례상 외교사절이 접수국에 입국하였을 때부터 그 임무종료 후 상당한 기간동안 접수국을 퇴거할 때까지 인정된다. 또 외교사절이 공적목적으로 접수국을 출발하여 제3국을 여행하는 동안에는 원칙적으로 제3국에서의 외교특권은 인정되지 않으며, 무해통행권만 인정될 뿐이다. 임시외교사절의 특권은 상주외교사절의 특권과 같다. 한편 외교사절의 수행원은 관원·가족·신서사 및 사용인으로 구분되는데, 이 중 관원과 가족은 외교사절과 동일한 외교특권을 향유하나, 어느 정도는 제한적이라고 하겠다.

외교사절(外交使節)
영;diplomatic envoy
독;diplomatischer Agent
불;agent diplomatique

대외적으로 국가를 대표하여 타국에 파견되어 상대국과 교섭에 임하는 국가기관을 말한다. 광의로는 상설이나 임시의 것, 의례적인 것이나 사무적인 것 모두를 말하나 협의로는 상설사무사절을 말한다. 13세기 베네치아에서 타국에 사절을 파견한 것을 시초로 이탈리아제국, 뒤이어 유럽제국간에 채용되고 오늘날에는 거의 모든 국가가 외교사절을 교환하고 있다. 종래 외교사절제도는 주로 국제관습법에 의하여 규율되어 왔으나 1961년 「외교관계에 관한 Wien조약」이 채택, 1964년 발효되었다. 동조약에 따르면 외교사절단의 장에는 (1) 대사와 로마법왕대사 등 (2) 공사와 로마법왕공사 (3) 대리공사가 규정되었고 종래 인정되어 오던 변리공사는 제외되었다. 이 가운데 대리공사는 일국의 외상이 타국의 외상에게 파견하는 독립된 외교사절로서 공사의 대리는 아니며 기타의 사절은 원수와 원수 사이에 파견된다. 신문지상 등에 보이는 대리대사는 대사부재중 선임참사관 등이 맡게 되는 대사의 임시대리이고 동종의 임시대리공사도 있으나 전기의 대리공사와는 구별하여야 한다. 외교사절단의 장을 파견할 때에는 미리 상대국의 동의(agrément)를 구하고 원수(대리공사는 외상)의 신임장을 지참, 이것을 상대국의 원수(또는 외상)에게 제출한다. 외교사절단의 장 및 그 직원(외교·사무기술·역무)은 일정한 외교특권면제를 받는다. 일국에 주재하는 제외국의 외교사절단을 총칭하여 외교단이라 한다.

아그레망(agrément)

불;agrément

외교사절단의 장을 임명, 외국에 파견하려면 사전에 그 개인에 대하여 상대국의 승인을 구하지 않으면 안된다. 이 승인을 아그레망이라고 말하며 접수국으로부터 아그레망을 받는 개인을 「좋은 인물」(persona grata)이라 한다. 아그레망을 거부할 때 접수국은 그 이유를 설명할 필요는 없다(외교관계조약§4).

신임장(信任狀)

영;credential
독;Beglaubigungs-schreiben
불;lettre de créance

외교사절단의 장이 그 자격을 증명하기 위하여 휴대하는 문서를 말한다. 대사나 공사의 경우에는 파견국원수로부터 접수국원수에게, 대리공사의 경우에는 외상사이에 발행된다. 정·부본 2통을 작성하여 임지에 도착하였을 때 접수국 외무성에 도착통지와 함께 부본을 제출하고, 정본은 대·공사가 원수를 알현할 때에 자신이 직접 제출한다(대리공사는 외상에게 제출). 문안에는 사절의 일반적 임무와 사절을 본국의 대표로 신임한다는 내용을 기재하는 것이 일반적이다.

영사(領事)

영;comsul
독;Konsul

외국에서 자국·자국민의 이익보호, 통상·우호의 촉진, 여권·사증(비자)의 발급·공증·사법보조 등의 업무를 행하기 위하여 자국법령과 접수국의 인가에 의거 행동하는 국가기관을 말한다. 본국에서 봉급을 주어 전임으로 파견하는 전임(파견)영사와 임지에 통상거주하고 있는 자국인이나 접수국 국민에 위촉, 봉급을 지급하지 않고 수수료·수당만으로 직무를 행하는 명예영사가 있다. 역사적으로 볼 때 영사는 해외에서 상인간의 분쟁을 중재하는 상사중재인에게서 유래하고 있으며 파견국의 정치적 대표라는 성격을 갖지 않는다는 점에서 외교사절과 다르다. 영사(기관의 장)의 직급에는 총영사·영사·부영사·영사대리가 있다. 영사기관을 외교사절과 동일한 일종의 조직체로 보느냐, 영사의 개인적 자격을 중시할 것이냐 하는 두 가지 견해가 있다. 1963년 「영사관계에 관한 Wien조약」은 전자를 택하고 있으나 후자를 택하는 경우도 있다. 영사에게는 파견국원수(국가에 따라서는 외상)로부터 위임장이 수여되며 대·공사를 경유하여 임지국정부에 제출하고 임지국의 인가장을 받아 이에 의하여 직무개시가 인정되는 것이 통례이다. 영사에게도 일정한 특권이 認인정된다. 종래에는 영사(또는 파견국재판관)가 임지국에 있는 자국민에 대하여는 임지국의 재판권을 배제하고 자국법령에 의거 재판을 행한 예가 있어 영사재판제도라 불렀으나 현재에는 인정하지 않고 있다.

비호권(庇護權)
영;right to asylum
독;Asylrecht
불;droitd'asile

국제법상의 비호에는 영토적 비호와 외교적 비호의 두 가지가 있다. 국가는 자국영역내에 있는 자국민뿐 아니라 외국인에 대하여도 속지적 관할권을 가짐과 동시에 입국에 대한 재량권을 가지고 있다. 그러므로 특정한 개인이 비호를 바라고 입국을 희망하였을 때 국가가 비호를 허가할 것이냐 아니냐는 원칙적으로 그 국가의 자유이다. 따라서 국가는 원칙적으로 영토적 비호의 권리는 가지고 있으나 의무는 없다고 할 수 있다. 그러나 범죄인인도에 관한 조약이 체결되어 있는 경우에는 그에 해당되는 범죄인(정치범 제외)에게 비호권을 부여할 수 없다. 이와는 대조적으로 외교사절(공관)에게 18, 9세기 이전에는 비호권이 인정되어 있었지만 그 이후로는 부정되고 전후 콜롬비아·페루간의 비호권사건에 관하여 국제사법재판소도 부정하고 있다(1905년). 또 외국에 체류하는 군대·군함·군용항공기에도 일반적으로 비호권이 인정되지 않는다.

외교적 보호(外交的 保護)
영;diplomatic protection
독;diplomatischer Schutz
불;protection diplomatique

외국으로부터 자국민이 불법적인 취급을 당하는 경우 국가가 외교절차를 밟아 자국민구제를 행하는 것을 말한다. 재외국민보호라고도 한다. 보호요건으로 (1) 자국민(특히 시정하에 있는 주민)이 외국에 의해 불법적 취급을 받거나 손해를 입을 것. (2) 피해자가 가해국의 재판소 등을 이용하여 국내적 구제절차를 밟아 구제를 받지 못하였거나 구제받을 전망이 없을 것. (3) 피해당시로부터 외교적 보호가 이루어질 때까지 피해자가 본국국적을 계속 보유하였을 것을 조건으로 하고 있다. 외교적 보호의 대상은 외국으로부터 피해를 입은 개인이지만 그 보호행위는 국가자체의 행위이고 피해자 개인의 대리로 행한 것은 아니다. 이 때문에 외교적 보호가 개인의 보호라는 취지를 떠나 정치적 목적에 이용될 우려가 있다.

인가장(認可狀)
영·불;exequatur

영사가 접수국에서의 직무개시를 위하여 접수국으로부터 받는 인가의 서면을 말한다. 이것에 의하여 영사직무가 정식으로 개시된다. 인가장의 형식은 별도의 서면으로 하든지 영사가 지참한 위임장의 일부에 하든지 묻지 않는다.

국제범죄(國際犯罪)
영;international crime
독;internationales Verbrechen
불;crime oudélit international)

통일적 개념은 정립되어 있지 않으나, 일반적으로 국제사회의 일반적 법익을 침해한 국제위법행위를 말한다. 국제관습 및 조약을 중심으로 살펴보면 전쟁범죄로서 통상의 전쟁범죄는 물론 평화에 관한 죄, 인도에 관한 죄가 포함된다. 그러나 이는 조약상 확립된 형사재판소에 의한 것이 아니라 전승국에 의한 사후조치적 성격을 갖는 관계로 죄형법정주의상 문제가 된다. 동범죄에 관하여는 극동 국제군사재판소 및 뉘른베르크 국제재판소에서 일본과 독일의 제2차 세계대전 책임자를 개별적으로 처벌한 바 있다. 침략전쟁 기타의 병력행위도 중대한 국제범죄로서 제1차 세계대전후 여러 조약에서 규정하고 있다. 1923년의 전미상호원조조약안, 불성립된 1924년 제네바의정서 등이 그것이다. 해적행위·노예매매·마약밀매 등의 범죄는, 문명제국의 공통이해에 관한 사항으로 인정되어 공동적 진압이 약속된 범죄로서, 동범죄에 대한 공해상에서의 포획 및 범죄자의 처벌은 국내법에 의한다. 집단살해도 국제범죄로 인정된다. 1948년의 제노사이드조약은 동범죄의 처벌을 규정하고 있다. 절도·사기와 같은 보통범죄도, 국제간의 교통의 발달과 함께 사람 및 행위가 많은 나라에 걸쳐서 행하여지거나 규모가 증대하여, 제국간의 공동적 진압이 강구되어야 한다는 것이 국제형사법학회의나 국제사법경찰회의를 중심으로 논의되고 있다.

국제형법(國際刑法)
독;Internationales Strafrecht
불;droit pénal international

좁은 의미에서는 토지에 관한 형법의 효력, 즉 형법의 장소적 적용범위에 관한 국내법을 의미하며, 한편에서는 부전조약 등에 의해 금지된 전쟁 기타 병력행위의 위반(국제범죄)에 대한 제재법규를 가리키기도 한다. 그러나 최근에는 1948. 12. 9 제3차 유엔총회에서 채택되고, 1951. 1. 12 발효한 ‘집단살해죄의방지및처벌에관한조약(일명 제노사이드조약)’ 등에서 볼 수 있듯이 특수한 법익보호를 위해 여러 나라가 공통된 형벌법규를 제정할 목적으로 체결한 국제조약 및 여러 나라 사이에 서로 형사사법을 공조하기 위해 갖는 법규를 포함한 의미로 사용된다.

가체포(假逮捕)
영;provisional arrest

범죄인인도를 청구하는 국가가 청구에 필요한 근거 서류를 제출하는 동안, 이를 요구받은 국가가 우선 범죄인인도에 관한 협정과 자국 국내법의 규정에 따라 해당 범죄인을 체포하는 것을 말한다. 이에 관한 현행법으로는 범죄인 인도법(1999. 8. 5. 법률 제4015호)과 “범죄인인도법에의한인도심사등의절차에관한규칙”이 있다.

범죄인인도(犯罪人引渡)
영·불;extradition
독;Auslioferung

어떤 국가에서 범죄를 행한 자가 다른 국가로 도망한 경우 그 다른 국가로부터 범죄행위지국가로 외교상의 절차를 밟아서 범죄인을 인도하는 것을 말한다. 범죄행위지의 국가가 아니고 범죄인의 본국에 인도할 수도 있다. 인도되는 범죄인은 인도국에서 볼 때 외국인이므로 범죄인의 인도는 외국인의 강제적 추방의 일종이다. 범죄인의 인도는 문명국가의 공동이익을 위하여 필요한 것이지만 국제법의 일반 원칙에서는 국가는 범죄인을 인도할 의무는 없다. 따라서 범죄인 인도여부는 국가의 자유이다. 그러나 범죄인 인도조약이 체결되면 상호 인도의 의무를 진다. 인도의 객체는 보통범죄를 행한 외국인이며, 정치범(죄인)에 대하여는 인도를 하지 않는 것이 원칙이다. 이것을 정치범불인도의 원칙이라고 한다. 범죄인이 자국민인 경우에도 또한 마찬가지이다. 이것을 자국민불인도의 원칙이라고 한다.

정치범불인도의 원칙
(政治犯不引渡의 原則)

관행상 및 조약상 정치범은 인도할 수 있는 범죄인에서 제외된다는 원칙을 말한다. 19세기 중엽이래 대부분의 국가에서는 범죄인인도조약을 체택하고 있다. 그러나 정치범죄를 「특정국가의 정치질서의 변경을 목적으로 하는 범죄」라고 정의하면서도 구체적인 개념에 대해서는 정설이 없다. (1) 정체의 변경, 분리독립, 외교상 또는 내정상의 정책변경을 목적으로 하는 범죄라는 설, (2) 범죄의 동기가 이상과 같을 때의 범죄라는 설, (3) 정치적인 동기와 목적을 겸유했을 때에 한한다는 설, (4) 반역죄와 같은 일정범죄에 국한된다는 설 등 학설과 관행이 일치하지 않는다. 더욱이 보통범죄와 경합되는 이른바 상대적 정치범죄 및 모든 국가의 정치형태의 변경을 목적으로 하는 반사회적 범죄에 대하여는 확립된 원칙을 찾아볼 수 없다.

가해조항(加害條項)

벨기에 범죄인인도법에 규정된 조항으로, 본래 정치범은 정치범불인도의 원칙에 따라 인도하지 않는 것이 관행이나, 외국원수 및 그 가족에 대한 살해는 이를 정치범죄로 보지 않는다는 내용이다. 이는 국가간의 분쟁을 회피하기 위한 정치적 의도에서 규정된 조항이지만, 법률적으로는 외국원수 및 그 가족에 대한 살해는 목적과 동기가 정치적일지라도 살인죄 등의 일반 범죄를 구성하기 때문이라는 이론에 근거하고 있다. 1856년 벨기에에가 이를 명문화한 이후, 유럽 각국에서 채택하고 있다. 벨기에 조항이라고도 한다.

자국민불인도의 원칙
(自國民不引渡의 原則)

범죄인 인도에 있어서 자국민은 인도하지 않는다는 원칙을 말한다. 범죄인으로서 인도되는 자는 청구국 또는 제3국의 국적을 가진 자에 한정되는 것이 보통이다. 그러나 미국과 영국은 예외로서 영토외 범죄를 처벌하지 않는 주의를 채택하고 있으므로 자국민이라도 인도한다. 입법론적으로도 자국민의 인도가 타당한 것으로 생각된다.

제노사이드(genocide)
영;genocide

어느 특정한 종족이나 종교적 집단을 완전히 없앨 목적으로 그 구성원을 살해하거나 신체적·정신적 박해 등을 행하는 것을 말한다. 그 전형적인 예로서는 나치스 독일의 유태인 학살을 들 수 있다. 1948년 12월 9일 국제연합 제3차 총회에서 「집단살해죄의방지및처벌에관한조약」이 채택되었다.

제노사이드조약
(제노사이드 條約)

「집단살해죄의방지및처벌에관한조약」의 약칭이다. 1948년 12월 9일 제3차 UN 총회에서 채택되었고, 1951년 1월 12일에 발효한 집단살해에 관한 조약이다. 국제연합의 비가맹국에도 가입이 개방되어 있으며, 우리나라는 1950년에 가입하였다. 동조약은 (1) 집단구성원의 살해, (2) 중대한 육체적, 정신적 위해를 가한 경우 등 5개 항목을 구체적으로 열거하고 있다(제노사이드조약§2). 범죄자의 처벌대상은 직접 범행자뿐만 아니라 공동모의에 참가한 자, 범죄의 교사자, 미수자 및 공범자이다(제노사이드조약§3). 처벌은 신분 여하를 막론하고 개인적으로 한다(제노사이드조약§4). 체약국은 동조약의 실시를 위한 입법조치를 취하고 재판은 원칙적으로 행위지에서 행하기로 규정하고 있으나(제노사이드조약§5, §6), 범죄의 성질상 행위지국가의 비호없는 범죄를 생각할 수 없기 때문에 그 재판 역시 기대하기 어렵다. 또한, 국제형사재판소에 의한 심리 및 처벌도 규정하고 있다(제노사이드조약§6).

전쟁(戰爭)
영;war
독;Krieg
불;guerre

무력을 중심으로 한 국가상호간 또는 국가와 교전단체간의 투쟁상태를 말한다. 전쟁을 전쟁행위 그 자체로 보는 견해(병력투쟁설)와 투쟁상태로 보는 견해(상태설)가 있으나 국제법상 전쟁은 보통 개시로부터 종료까지 이르는 통일적 관계로 정의되므로 상태설이 더욱 타당하다. 전쟁이란 분명히 무력행사의 형태인 것이나 무력행사 그 자체가 국가의 목적이 아니고, 이는 다른 일정한 목적을 달성하기 위한 방법에 불과하다. 또한 전쟁수행에 있어서는 국력전반이 동원되는 것이 상례이다. 그것은 당사국의 전의(戰意)로 유지되는 무력이 투쟁관계의 중심적·계속적 요인이 되어 있어야만 하는 점이 그 특징이라고 볼 수 있다. 전쟁의 목적은 적의 저항력을 좌절시키려는 데 있는 것이므로 해적수단이 허용되나 이에 대해서는 투쟁의 가열성과 잔학성을 고려하여 법으로의 제한이 요구되고 있다. 교전단체는 일정한 조건과 시간적 제한하에 전쟁주체가 될 수 있다. 전쟁에 관하여는 근세 초기에 그로티우스가 「정전(正戰)」과 「부정전」을 구별하는 정전학설을 제기한 후로 많은 학자들이 전쟁의 「정당한 이유」를 구명해 왔고, 20세기에 들어와서는 실정법 특히 조약상으로 일정한 전쟁을 불법화하는 「계약상의 채무회수를 위한 병력사용의 제한에 관한 조약」(1907년), 「브라이언조약」(1913~1914) 등에 명기된 바 있으나, 제1차 세계대전 후로는 전쟁 불법화의 노력이 활발하게 되어 1919년의 「국제연맹규약」(§12, §13, §15), 1923년 미발효)의 「상호원조조약안」(§1) 1924년(미발효)의 「쥬네브의정서」(§2, §10), 1925년의「로카르노조약」(§2), 1928년의 「부전조약」(§1), 1933년의 「불침략 및 조정에 관한 조약」(§1, §2), 1945년의 「국제연합헌장」(제2장, 제6장) 등이 국제법 규제아래 개별적·집단적인 자위전쟁과 국제제재로서의 전쟁만을 인정하고 그 밖의 모든 전쟁을 금지하기에 이르렀다.

부전조약(不戰條約)

영;Treaty for the Renunciation of war
불;Tratie pour la renonciation ̀a guerre

1928년 8월 27일 파리에서 체결된 조약을 말한다. 케러크 미국무장관과 브리앙 프랑스외상이 이의 성립을 위하여 노력하였기 때문에 파리조약 또는 케러크·브리앙조약이라고 부른다. 이 조약에서는 (1) 국제분쟁을 해결하기 위하여 전쟁에 호소하는 것을 불법화하고 (2) 모든 분쟁을 평화적 수단에 의하여 해결할 것을 정한 획기적 조약이다. 그러나 이를 체결하는데 있어서 각국은 자위(自衛)를 위한 전쟁은 금지할 수 없다고 표명하였다.

침략(侵略)

영;aggression
독;Angriff
불;agression

국가가 타국에 대하여 정당한 이유없이 무력공격을 행하는 것을 말한다. 자위 및 국제진압행동 이외의 무력행사는 침략에 해당하지만 그의 구체적인 인정은 국제연합헌장에서는 안전보장이사회의 판정에 맡겨져 있다(동헌장§39). 「침략의 정의에 관한 조약」(1933년)이나 국제연합에서의 정의화 노력은 있지만 아직 일반화되고 있지는 않다. 더욱이 무력공격(직접침략) 이외에 외국의 교사와 간섭에 의하여 야기된 대규모적인 내란이나 소요(간접침략)를 침략으로 인정할 것인가에 대하여는 학설이 나뉘어져 있다.

휴전(休戰)

영·불;armistice
독;Waffenstillstand

교전당사자의 합의에 따라서 적대행위를 일시 정지하는 것을 말하는데, 여기에는 특정지역에 한하여 양군의 지휘관이 행하는 것과 교전자간에 전반적으로 또는 부분적으로 행하는 것이 있다. 통상 휴전규약(협정)이 체결되는데 휴전 중에는 현상유지를 원칙으로 하고 방어적행위는 허용되지만 공격적행위는 금지되고 있다(헤이그육전규약§36~§41).

복구(復仇)
영;reprisals
독;Repressalien
불;représailles

상대국의 국제불법행위의 중지를 요구하기 위하여 그와 같은 정도의 강력행위를 가해국에 대하여 가하는 것을 말한다. 종래 이런 경우에는 위법성이 조각되는 것이라고 해석되었지만 국제연합헌장에 따라 무력행사를 수반하는 복구는 불법이라고 해석되고 있다. 상대방의 불법행위라고까지는 할 수 없는 우의·예양에 반하는 행위에 대하여 같은 정도의 행위로 대하는 것을 「보복」이라고 하는데 이는 복구와 엄격히 구별된다.

제네바조약(제네바條約)
영;Genena Convention
독;Genfer Konvention
불;Convention de Genève

광의에서는 제네바에서 체결된 모든 협약을 말하고, 협의로는 제2차 세계대전 후 1949년 8월 12일에 체결된 전쟁의 피해자의 보호를 위한 제네바 제협약을 말한다. 이것은 4개 협약의 총칭으로서, 1949년 「전장에 있는 병력 중의 상자와 병자의 상태개선을 위한 협약」(적십자협약이라고도 한다), 「해상에 있는 병력 중의 상자·병자 및 난항자(難航者)의 상태개선을 위한 협약」, 「포로의 대우에 관한 협약」, 「전시에 있어서의 민간인의 보호에 관한 협약」을 포함한다. 이상의 4개 협약은 총가입조항을 포함치 않고 있으며, 전쟁이라는 명칭을 사용하지 않는 무력행사에도 적용을 기대한다는 점에 그 특징이 있다.

제네바협정(제네바協定)

1949년 발발한 월남전쟁의 종결을 위하여 이에 관계된 9개국이 제네바에서 작성한 베트남·라오스·캄보디아 휴전협정과 일련의 선언(1954년)을 말한다. 미국은 이 협정에 서명하지 않았지만 무력행사를 삼간다는 내용의 단독선언을 하였다.

포로(捕虜)
영;prisoners of war(pow)
독;Kriegsgefangener
불;prisonnier de guerre

전시(戰時) 적에게 체포된 경우에 군사적 이유로 자유를 박탈당하는 사람을 말한다. 부로(俘虜)라고도 한다. 포로는 국제법에 따라서 일정한 대우를 받게 된다. 이 대우는 관습국제법에 의하여 대략 확정되어 있으나, 1907년의 「헤이그 제4호협약」의 부속서인 「육전(陸戰)의 법규·관례에 관한 규칙」은 이것을 명문으로 규정하고 (동규칙 §4~20), 다시 제1차대전의 경험에 비추어 이를 수정·증보한 1929년의 「포로의 상태개선에 관한 제네바 협정」은 이에 대한 상세한 규정을 두었으며, 제2차대전후인 1949년의 「제네바 제3협약 포로의 대우에 관한 협약」은 더욱 상세한 보호규정을 두고 있다. 포로로 취급되는 사람은 군에 속하는 자(전투원과 비전투원을 포함), 군에 속하지 않는 종군자(신문통신원·주보인·

용달인 등)로서 군관헌의 증명서를 가진 자, 군사상이나 정치상의 중요지위에 있는 자(원수·장관·외교사절 등)이다. 일반인은 평화적 인민으로 억류되는 일은 있으나 포로로는 되지 않는다. 포로는 일반적으로 인도적인 취급 특히, 폭행·모욕·공중의 호기심으로부터의 보호가 요구된다. 포로에 대한 복구도 금지된다. 포로는 그 수용국 정부의 권한 내에 속하며, 그 본국군 또는 동맹국군에 복귀하지 못하게 일정한 장소에 억류·감시되고, 장교를 제외한 포로는 그 계급·기능에 따라 과도하지 않고 작전행동에 관계없는 노동에 사용되어 공정한 임금을 받는다. 수용국은 포로를 급양하여야 할 의무가 있으며, 식량·피복·침구에 대해서는 원칙적으로 수용국 군대와 대등한 대우를 받는다. 포로는 수용국의 국법·군율에 복종해야 하며 위반자는 처벌된다. 탈주한 포로는 그 본국군에 도달하기 전 또는 수용국이 지배하는 지역을 이탈하기 전에 다시 체포된 때에는 처벌되나, 탈주에 성공한 후 다시 포로로 된 자에 대하여는 전의 탈주를 이유로 처벌하지 못한다.

교전국은 전쟁개시와 더불어, 중립국은 그 영사에 포로를 수용했을 때 포로정보국을 설치하지 않으면 안된다. 포로정보국은 포로에 관한 일체의 조회에 응해야 하며, 포로의 억류·이동·선서해방·교환·탈주·입원·사망 기타 포로에 관한 개인표를 작성하는데 필요한 정보를 당해국 관헌으로 부터 받는다. 또 포로정보국은 교환·해방된 포로 또는 탈주·사망한 포로가 남긴 일체의 개인용품·유가물·신서 등을 수집·보관하여 이를 관계자에게 송부할 의무를 진다. 포로수용국은 자선행위의 매개자로서 봉사할 목적으로 법률에 의해 정식으로 설치된 포로구휼협회 및 그 정당한 위임을 받은 대리인에 대해 군사상의 필요 및 행정상의 규칙이 허용하는 범위 내에서 포로의 방문, 구호품의 분배 등에 필요한 편의를 제공하지 않으면 안 된다. 포로는 그 전쟁 중 본국 및 동맹국에 재복무하지 않을 것을 선서했을 때 또는 포로교환규약이 성립되었을 때에는 전쟁 중일지라도 해방될 수 있으나, 일반적으로 평화회복시(「제네바 제3협약」에 의하면 실제의 적대행위의 종료시)에 해방되는 것이 원칙이다. 다만, 한국전쟁에서 본 바와 같이 포로의 강제송환과 자유송환 중 어느 것이 원칙이냐 하는 문제에 대하여는 논의가 있다.

포로대우에 관한 협약

(捕虜待遇에 관한 協約)

제2차대전 후 1949년 8월 12일 제네바에서 체결된 4개의 협약(전쟁법규 중의 하나이다. 포로에 관한 일반법규로서는 1907년의「육전의 법규·관례에 관한 규칙」과 1929년의「포로대우에 관한 협약」이 있으며, 1949년의 동협약은 국제적십자위원회가 개정을 준비하여 성립한 것이다. 동협약의 효력은 1950년 10월 21일에 발생하였고, 총6편 143개조로 구성되어 있다.

난민(難民)
영;refugee

정치적·종교적·인종적 기타의 이유에 의한 본국의 박해로부터 도피하여 외국에 보호를 구하는 것이 망명이며, 그러한 망명을 구하는 개인 또는 개인의 집단을 망명자 또는 난민이라고 한다. 그러나 실제에 있어서는 (1) 박해를 받거나 또는 받을 우려가 없을지라도 본국의 정치체제를 싫어하여 귀국하지 않거나 또는 외국에 거주를 구하는 자, (2) 전쟁·동란 또는 재해를 피하여 외국에 피난을 구하는 자도 포함된다. 그러나 (1) 평화에 대한 죄, 전쟁범죄 또는 인도에 대한 죄를 범한 자, (2) 망명자로서 피난국에 입국하기 전, 그 국외에서 중대한 비정치적 범죄를 범한 자 및 (3) UN의 목적과 원칙에 반하는 행위를 한자는 국제적 보호의 대상이 되는 망명자로부터 제외된다.

독가스(毒가스)
영;noxious gas
독;schadliches Gas
불;gaz nuisible

질식성 또는 유독성 가스를 말한다. 제1차 세계대전 전에는 독 또는 독을 장치한 무기의 사용을 금지(육전규칙 §23 가)하였으며, 질식성 또는 유독성 가스의 살포를 유일한 목적으로 하는 발사물의 사용을 금지(「헤이그 제1평화회의 최종의정서」의 선언 제2)하고 있을 뿐이어서 제1차 세계대전 당시 독일의 독가스 살포가 그 금지에 저촉되는가의 여부가 문제되었다. 그 후 「베르사유협약」(§5)에 규정을 두었지만, 1925년 국제연맹이사회가 초청한 회의에서 성립된 「독가스 및 박테리아에 관한 의정서」는 질식성·독성 기타의 가스, 일체의 비슷한 액체·재료·고안을 전쟁에 사용함을 불법이라고 규정하고 있다.

담담탄(담담彈)
영;dumdum bullet
독;Dum Dum Geschoss
불;balle dum-dum

경질의 외포가 중심의 전부를 둘러싸지 않고, 또는 그 외표에 절각을 만듦으로써 인체 내에 들어가서 편평하게 전개되어 불필요한 고통을 주는 탄환을 말한다. 영국이 인도의 캘커타 근교에 있는 「담담」의 포병공장에서 만들었기 때문에 이러한 명칭으로 불리우게 되었다. 헤이그의 제1차평화회의 최종의정서의 선언 제3(1899년)에 의하여 이 탄환의 사용이 금지되었다(육전법규§23 ⑤). 담담탄은 불필요하게 참혹한 창상을 주기 때문이다.

간첩(間諜)
영;spy
독;Spion
불;espion

국제법상의 간첩이란 교전당사자의 작전지대 내에서 상대방 교전자에게 통보할 의사를 지니고 은밀 또는 허위의 구실로써 행동하며 정보를 수집하고 또는 수집하려고 하는 자를 말한다(헤이그육전법규§29). 간첩은 위법한 교전수단은 아니지만 상대국은 간첩을 체포한 경우에는 재판에 회부하고 이를 처벌할 수 있다(§30).

점령(占領)
라;occupatio
영;occupation
독;Okkupation, Besetzung

어느 국가의 영사에 대한 구속력을 배제하고 그 지역을 타국이 그 권력하에 두고 일시적으로 지배하는 것을 말한다. 점령국·피점령국의 합의에 의한 경우 (보장점령 등)와 점령국이 전쟁 또는 復仇(복구)의 수단으로 행하는 경우가 있다. 전시점령의 경우에는 영토침입 이외에 시정권력의 수립을 필요로 하고 점령자에게는 일정한 시정상의 권한이 인정되고 있다(헤이그육전법규§42~§56).

봉쇄(封鎖)
영;blockade
독;Blockade
불;Blocus

적국의 항이나 연안에 한하여 해군력으로 모든 선박화물의 출입을 차단하는 것을 말한다. 이에 대한 성립요건으로서 봉쇄선언과 고지 또는 실효성을 필요로 한다. 봉쇄침파는 국제법상으로 금지되고 있는 것은 아니나, 봉쇄국은 위반선을 포획하고 적하와 함께 이를 몰수할 수 있다(파리선언 4 및 런던선언 1~21).

전시금제품(戰時禁制品)
영;contradand of war
독;Krieskonter-bande
불;contrebande deguerre

전쟁 중 중립국민이 교전국에 공급하는 것을 상대방 교전국이 해상에서 포획몰수할 수 있는 물품을 말한다. 그러나 전시금제품의 성질결정에 관하여는 일반 국제법상 확립된 정의는 없다. 1856년의 파리선언에 따르면 전시금제품을 구성하기 위한 요소로서, (1) 군용에 제공될 수 있을 것, (2) 적성목적지를 가질 것을 요구하고 있다. 1909년의 런던선언에서는 당시의 국제관행을 인정하여 금제품과 자유품으로 구별하고, 금제품을 다시 절대적 금제품과 상대적 금제품(조건부금제품)으로 분류하여 열거하고 있다. 제1차 세계대전 때에는 일반적 규정만을 두어 금제품의 범위를 한층 확대시키는 경향을 보였다. 전시금제품은 전쟁 중 중립국영수 이외의 해상에서 언제나 포획몰수된다.

공전법규안(空戰法規案)
영;Code of Rules of Aerial Warfare

공중전투나 공폭에 관한 국제법규안을 말한다. 제1차세계대전 때 처음으로 대규모의 공전이 전개된 이후, 공전법규의 정비가 통감되어 1922년 「워싱턴」군비제한회의에서 「전시법규의 개정을 심의하는 법률가위원회에 관한 결의」가 채택되었으며, 이 결의에 의거하여 1922년 「헤이그」에서 미국·영국·프랑스·일본·이탈리아·네덜란드 6개위원국에 의하여 위원회가 개최되고, 그 결과 1923년 2월에 공전법규안이 작성되었다. 요점은 (1) 일체의 항공기에 적용할 것, (2) 항공기를 공(군용·비군용)·사(私)로 구분할 것, (3) 모든 국가의 영역 외에 있어서는 일체의 항공기는 공중통과·착수의 자유를 가질 것, (4) 교전권은 군용기에 한할 것, (5) 공중폭격은 금지하지 아니할 것, (6) 군사적 목표주의를 채택할 것, (7) 적국공항공기는 원칙으로 포획심검절차없이 몰수할 수 있을 것, (8) 사항공기는 교전국군용기에 의한 임검·수색·나포에 복종할 것, 다만 그 항공기 및 기상의 화물은 포획심검절차를 거치게 할 것 등이다. 이 공전법규안은 관계국의 비준을 얻지 못하여 공식조약으로 성립하지는 못하였으나 공전에 관한 종합적 규칙으로서 그 권위는 각국에 의하여 인정되고 있어 항공기의 행동을 규율하는 지침으로서의 기능을 하고 있다.

집단적 안전보장

(集團的 安全保障)
영;colletive security
독;sécurité collective

대립관계에 있는 국가를 포함한 관계국 상호간에 국가의 안정을 집단적으로 보장하는 것을 말한다. 군비 등에 의하여 국가가 개별적으로 자국의 안전을 도모하는 것과 다르며, 또 제3국에 대하여 타국과의 동맹으로 안전을 도모하는 것과도 다르다. 세계 또는 그 대다수의 국가가 조약상 조직으로 결합하여 상호간에 전쟁 기타 무력행사를 금지하며, 국제분쟁의 평화적 처리를 정하고, 그것에 반하여 충돌이 생겼을 때에 위반국·침략국에 대하여 다른 모든 나라가 협력하여 조직적 강제조치를 가(加)한다. 위반행위, 침략행위의 방지·진압을 꾀하며, 국가상호의 안전을 보장한다. 20세기의 국제사회는 이러한 방향으로 나아가 국제연맹·국제연합 등은 그 전형적인 예이다. 지역적 협정·지역적 기관에 의하는 안전보장도 지역적 집단안전보장으로서 광의의 집단적 안전보장에 속한다. 그러나 이 경우에는 관계국 이외에는 공동방위를 그 중요한 목적의 하나로 하는 것이 보통이다. 때로는 2국간의 조약에 의한 안전보장을 뜻하기도 하지만, 본래의 의미의 것은 아니다.

중립(中立)

영;neutrality
독;Neutralität
불;neutralite

전쟁불참가국의 국제법상의 지위를 말한다. 중립은 전쟁개시를 제3국이 알게 됨과 동시에 발생하고 전쟁의 종료 또는 그 국가의 참전으로 종결된다. 중립국과 교전국과의 관계는 중립법규에 따라서 규제되며 이 밖에는 평시에 준(準)한다. 중립국은 양교전자에 대하여 중립불편의 태도를 취할 의무 및 적법한 전쟁행위에 의한 영향을 수인할 의무가 있고 교전국은 중립국의 독립과 영역불가침의 의무를 가진다.

중립법규(中立法規)

중립에 관한 국제법상의 법규의 총체를 말한다. 즉, 전쟁에 관계있는 범위 내에서의 교전국·중립국 사이의 권리·의무관계를 규율하는 국제법규이다. 이 중립법규는 교전법규와 합하여 이른바 전시국제법을 구성한다. 종래는 거의 국제관습법규의 형태로 존재하고 있었으나, 20세기에 들어와 1907년의 헤이그평화회의에서 성문화되기에 이르렀다. 「육전에 있어서의 중립국 및 중립인의 권리·의무에 관한 조약」(제5호조약)과, 「해전에 있어서의 중립국의 권리·의무에 관한 조약」(제13호조약) 등이 그 가운데서 가장 중요한 것이다. 또 1909년의 「런던」선언도 중립법규의 중요한 부분을 성문화한 것이었으나 정식으로 효력을 발생하지는 못하였다. 1856년의 「파리」선언도 소수이긴 하지만 전시금제품의 제도를 규정하는 등 중립에 관한 중요한 규칙을 포함하고 있다. 중립국의 의무에 관한 1871년의 워싱턴의 3칙이 있으나, 이것은 그 후에 전기(前期)한 1907년의 「해전에 있어서의 중립국의 권리·의무에 관한 조약」의 내용 가운데 그대로 수용되었다.

영세중립국(永世中立國)

영;permanently neutralized state
독;dauernd neutralisierter
불;StaatEtat neutre 'a titre permanent

영세중립국이란 조약에 의하여 자위의 경우를 제외하고는 영구히 타국가간의 전쟁에 참가하지 않을 의무를 부담하는 한편 타국가에 의하여 자국의 독립과 영토보전이 보장된 국가를 말한다. 원칙적으로 이러한 조약상의 보장이 없으면 영구중립국이 될 수 없으나, 영구중립을 희망하는 국가가 일방적으로 영구중립을 선언하고, 타국이 이것을 승인함으로써 개별적으로 성립된 2개국간의 합의가 다수 집적되어 조약의 체결과 동일한 효과를 나타내는 수도 있다(오스트리아의 경우). 이 영구중립의 제도는 그 국가의 안전과 독립을 위해서뿐만 아니라 이것을 완충국으로 하여 평화를 유지하기 위한 목적으로 인정되는 것이다. 이 제도는 세력균형이 국제관계의 기초를 이루고 있었던 시대에는 그 존재의의가 컸다. 그러나 오늘날처럼 각국의 이해관계에 커다란 영향을 미치는 동시에 결국에는 세계적으로 확대화하게 되고, 또한 항공전이나 원자력전의 출현 등 전쟁기술이 극도로 발달함에 이르러서는 이 제도의 존재의의도 다소 감소되고 있다. 과거에 있어서의 영세중립국의 중요한 實例(실례)로서는 벨기에·룩셈부르크가 있고, 現存(현존)하는 영세중립국은 스위스·오스트리아·라오스의 3개국이다. 스위스는 1815년 이래 항상 중립을 유지하려고 대단히 노력하고 있는 바, 국제연맹에는 조건부로 가입하였고, 국제연합에는 영세중립국의 지위와 양립되지 않는다는 이유로 가입하지 않았다가 2002. 3. 3 유엔가입에 대한 국민투표결과 유엔가입이 통과됨에 따라 스위스도 2002. 9. 10. 190번째 회원국으로 UN에 가입하였다. 오스트리아는 1955년 10월 26일에 국내법으로 영세중립이 일방적으로 선언되고, 이에 대하여 열국이 부여한 개별적 승인의 집적으로 영세중립이 성립되었다. 이러한 형식으로 영세중립이 성립된 것은 오스트리아가 역사상 처음이다. 오스트리아는 스위스와는 달리 국제연합에도 가입하고 있다. 영세중립국이 국제연합 회원국의 의무와 양립하지 않는다는 샌프란시스코회의 당시의 해석이 그 후에 변경되어, 국제연합헌장에 있어서의 중립이 재평가됨으로써 오스트리아의 국제연합 가입이 가능하게 된 것이다. 라오스의 경우는 1962년 제네바 회의에서 라오스가 영세중립을 선언하고, 미국, 영국, 러시아, 프랑스, 중국 등을 포함하는 13개국이 이를 환영하며 라오스의 중립에 관한 선언에 서명함으로써 성립되었다. 라오스는 UN에 가입된 후 영세중립국이 된 경우이다.

국가영역(國家領域)

영;territory
독;Staatsgebiet
불;territoire

국가영역이라 함은 국가가 영유하고 있는 지역적 범위를 말한다. 영토·영해·영공으로 이루어진다. 국가영역은 국가의 구성요소로서 또는 국가권력의 발동 범위로서 국가존립의 기초가 된다. 국내법상으로는 영역의 보전이 중요시되는 한편 국제법상으로는 각 국가의 타국가에 대한 영역불가침의 의무가 확립되어 있다. 국제연맹규약에도 「연맹국은 각 연맹국의 영역보전 및 현존의 정치적 독립을 보장하고 외부의 침략에 대하여 이를 옹호할 것을 약속한다」(국제연맹규약§10)고 규정하고 있다. 또 국제연합헌장에서도 「모든 연합국은 어떠한 국가의 영역보전이나 정치적 독립에 대하여서도 무력으로 위협하거나 또는 무력을 행사함을 삼가야 한다.」(국제연합헌장§2⑥)고 규정하여 국가영역의 불가침성을 보장하고 있다. 국가영역은 어떤 경우에는 증감하나 그것은 결국 영토의 변경에 귀착한다. 그 원인으로는 할양·병합·정복·선점 등이 있다.

국경선획정에 관한 국제법상 원칙

Thalweg원칙 (가항수로 원칙)	하천의 국경 획정에 관한 것으로 선박의 항행이 가능한 하천의 경우 가항수로의 중앙선을 국경선으로 한다는 원칙이다.
Uti Possidetis 원칙	국경획정에 있어 종래의 행정구역을 기준으로 국경선을 결정한다는 원칙이다.
Secter theory (부채꼴이론)	남극의 영유권 주장과 관련하여 영토획정의 원칙으로 주장된 이론이다.

국제지역(國際地域)

영;international servitude
독;völkerrechtliche Servitut, Staatdienstbarkeit
불;servitude internationale

광의로는 조약에 의하여 1국의 영토주권에 타국의 이익을 위하여 과하여진 제한을 말하며, 협의로는 조약에 의하여 1국의 영토주권에 타국의 이익을 위하여 과하여진 제한을 말하는 것은 동일하나, 조차지와 같은 중대한 영토상의 제한을 말하는 것이 아니고 비교적 가벼운 제한, 즉 권리국이 의무국에 대하여 어떠한 국권도 행사함이 없이 의무국이 가진 영역이용의 자유에 대한 제한을 과(課)하거나 (무장금지·영토할양의 금지 등), 그렇지 않으면 국권을 행사하여도 동일지역에 의무국도 동일한 국권을 행사할 수 있는 것을 말한다. 국제지역은 적극지역과 소극지역으로 구분할 수 있다. 적극지역은 A국이 B국의 영토 내에서 군대통행권과 같이 어떠한 행위를 행할 수 있는 경우를 말하며, 수극지역은 B국이 A국의 이익을 위하여 자국의 영토 내에 요새를 구축하지 않겠다는 약속과 같은 것을 말한다. 국제지역은 또 군사지역과 경제지역으로 구분할 수도 있다. 군사지역은 포츠머스 포츠머스 강화조약에 의하여 러·일 양국이 화태도(樺太島)에 상호군사시설을 할 수 없다는 약속과 같은 것을 말하며, 경제지역은 권리국의 경제상의 이익에 주목적을 둔 지역을 말한다(예 ;북대서양어업권). 다만, 1910년 북대서양연안어업사건에서 미국이 그 권리를 국제지역의 관념으로써 주장하였으나, 국제중재재판소는 이것을 부인하여 국제지역은 「주권적 권리의 명시적 양도」인데 미국시민이 전기 수역에서 획득한 권리는 경제적 권리에 불과하므로 그것은 국제지역이 아니고, 따라서 영국은 그 수역에 합리적인 어업규제를 실시할 수 있다고 판결 한 바 있다.

영토(領土)
영;territory

공의로는 국가의 통치권이 미치는 영역으로서 영해·영공까지도 포함하지만, 국제법상의 협의에서는 국가영역가운데 그 중심부분이 토지에 관한 부분만을 말한다. 국가는 국제법상 그 상부 또는 내부에 광범한 배타적·전속적 권리, 이른바 주권(영토고권)을 갖는다. 영토의 범위는 각 국가가 권력행사를 정상적으로 발동할 수 있는 법률적 범위이므로 각 국가의 헌법에 규정되고 있다. 본국뿐만 아니라 해외의 영토도 포함된다. 또 영토는 제국가간에 법률상 정당하게 발동할 수 있는 권력의 범위 또는 한계를 확정하므로 국제법상 영토 및 국경에 관하여 원칙이 확립되어 있다. 특히 국경은 자연적 경계 및 인위적 경계와 국제 조약에 의한 경계의 2종으로 구별하고 있으며, 영토의 변경절차에 관하여는 제국헌법 중에 별도로 규정하고 있는 국가도 있다. 영토는 국제법상 할양·병합·정복·선점에 의하여 변경된다. 또 영토에 관한한, 무해항행·무해항공에 상응하는 의무는 없다.

내수(內水)
영;internal waters

내수라 함은 영해의 기선으로부터 육지측에 있는 수역을 말한다. 종래에는 보통 천, 호, 운하 등과 같이 해안선의 배후에 있는 수역을 의미하였고, 만의 경우에는 입구에 그은 직선의 배후에 있는 수역이 내수로서의 지위를 갖는 것으로 되어 있었다. 이와 같은 내수 이외에 1958년 제네바 해양법회의에서 채택된 「영해 및 접속수역에 관한 협약」에 따르면 영해의 기선의 육지측의 수역도 내수로서의 지위를 갖는 것으로 되어 있다.

이것은 직선기선의 경우에 특별히 중요하다. 통상의 기선에서는 이것과 육지와의 사이에 수역이 전혀 없거나, 있어도 극히 좁아서(통상 기선은 저조선이므로 고조시에 육지와 기선간에 약간의 수역이 생긴다)문제가 되지 않는다. 이에 대하여 직선기선에 경우에는 상당히 넓은 수역이 생기는 것이므로 이 새로운 내수의 지위는 그 만큼 중요하다.

내해(內海)

영;land-locked seas, inland seas
독;Binnenmeer
불;mer intérieure

보통 내해라 하면 둘 이상의 입구에 의해 공해에 접속된 것(협의의 내해)을 말한다, 그러나 넓은 의미로는 봉쇄내수, 즉 육지에 의해 완전히 봉쇄된 것(호수)과 일방의 입구에 의해 공해에 접속된 것(항만)을 포함한다. 내해나 내수에는 그것이 국제수로에 해당하는 것을 제외하고는 영해와는 달리 외국선박의 무해통행권이 인정되지 않는다. 협의의 내해는 연안이 동일한 국가에 속하고, 입구가 24해리를 초과하지 않는 경우에는 연안의 내수가 되며, 영해는 그 입구에 그은 직선기선을 기준으로 하여 밖으로 책정된다. 입구의 폭원이 일정거리 이상인 경우에는 내수가 되지 않으며, 해안선으로부터 곧 영해가 된다. 역사적 내해에 있어서는 입구의 폭원과 관계없이 내수로 인정된다. 연안이 수개의 국가에 분속된 경우에는 내해의 수역도 많은 나라에 분속되는데, 영해가 겹치는 경우에는 특별한 협정이 없는 한 그 중앙선을 경계로 하거나 해협최심부의 중앙선을 경계로 하고, 겹치지 않은 경우에는 영해 밖은 공해가 된다.

만(灣)

영;internal bays

만이라 함은 「뚜렷한 굴입(屈入)으로서 그 입구의 폭에 비하여 내륙해를 포함할 정도로 굴입하고 해안의 단순한 굴곡 이상인 것」을 말한다(영해및접속수역에관한협약§7②본문). 다만, 굴입으로 그 구역이 굴입입구를 연결한 선을 직경으로 한 반원의 면적과 동일하거나 또는 크지 아니하면 만으로 간주하지 아니한다(영해및접속수역에관한협약§7②단서). 연안의 전부가 1국에 속하고 입구가 일정거리(영해및접속수역에관한협약에는 24해리)를 초과하지 않는 경우에는 만은 2국가의 내수를 구성한다. 만의 입구가 광대한 것, 또는 입구는 협소하여도 연안국이 복수인 경우에는 그 만은 내수가 되지 않으며 만내의 영해를 제외한 부분은 공해가 된다. 그러나 연안국이 장기간 어느 만을 그 영역의 일부로 취급하고 타국의 항의를 받지 않을 때에 인정되는 이른바 역사적 만(Historic Bays)에 있어서는 입구가 일정거리를 초과하여도 그것은 내수를 구성한다. 뉴·펀들랜드의 콘셉숀만내의 전선부설권에 관한 사건(1877년)이나 영국·노르웨이 어업분쟁사건(1951년)은 이러한 역사적 만의 이론에 입각한 것이다. 내수로 인정된 만에서는 만의 입구에 그은 직선을 기선으로 하여 그 외방으로 영해가 측정된다.

영해(領海)

영;ㅈmer territoriale

영해라 함은 광의로는 국가에 속하는 해면을 총칭하지만, 협의로는 연안국의 공인대축척해도상의 저조선(통상기선)에서 일정한 연안해를 말한다. 영토·영공에 대응하는 용어이다.

영해란 때로는 연안해를 제외한 다른 부분(특히 만과 내해)을 의미하기도 하지만, 일반적으로 연안해의 뜻으로 쓴다. 영해주권은 남해, 해중뿐만 아니라, 상공, 해상, 해저지하에 미친다(영해및접속수역에관한협약§②). 지역적 특수 사정이 있는 수역에 있어서는 대통령령으로 정하는 기점을 연결하는 직선을 기선으로 할 수 있다(직선기선·영해법§2②). 영해의 폭에 관하여는 제1회(1958년), 제2회(1960)의 해양법회의에서도 결정불가능으로 끝났다. 제3회 해양법회의 제9회기에서는 작성된 개정비공식교섭 통합해양법초안에서는 영해의 폭을 각국이 12해리를 초과하지 않는 범위에서 정할 수 있다고 하고 있다(영해법§3). 우리나라는 1977년 12월 31일 영해를 12해리(다만, 대통령령이 정하는 바에 따라 일정수역에서는 12해리 이내에서 영해의 범위를 정할 수 있다.)로 하는 영해법(법률 제3037호)을 제정하였다(현행 영해 및 접속수역법).

공해(公海)

영;open sea·high seas
독;Hochsee
불;haute mer

영해를 제외한 해역, 즉 어느 국가의 영역에도 속하지 않아, 어느 국가도 배타적으로 이를 관리할 수 없는 특수해역을 말한다. 영해및접속수역법에서 규정하고 있는 바에 따라, 대한민국의 영해는 기선으로부터 측정하여 그 외측에서부터 12해리의 선까지에 이르는 수역을 의미한다. 공해에서는 공해사용자유의 원칙이 지배하는데, 그것에는 제한이 있어서, 예를 들어 자국선·해적 및 외국에서 그 나라의 법률에 위반하거나 또는 위반하려는 것에 대해서는 관할권을 행사하고, 또 전시에는 중립국 선박에 대해서도 심검(visit and search)할 권한을 가진다.

공해자유의 원칙
(公海自由의 原則)

17C초"그로티우스"에 의해 해양자유론이 주장된 이래 19C초에 확립되고, 특히 1958년 제네바해양법회의에서 채택된 공해에 관한 조약에 규정된 국제법상의 원칙으로, 국제법상 어느 국가의 영역에도 속하지 않으며, 어느 국

가도 배타적으로 지배할 수 없는 해역인 공해는 자유라는 원칙을 말한다. 공해는 광대하여 실효적 점유가 곤란하며, 또 타국가의 사용을 방해하지 않더라도 각 국가는 이를 사용할 수 있다는 부차적 이유도 있으나, 공해는 국제교통의 불가결한 통로이므로 이를 위해 공해자유의 원칙이 필요한 것이다.

무해통항(無害通航)

영;innocent passage
독;inoffensive Durchfahrt
불;passage inoffensif

일반국제법상의 외국선박의 항행이 연안국의 안전·공서·재정적 이익이나 위생에 해가 되지 않는 한 영해를 자유로이 항행할 수 있는 것을 말하며, 이 권리를 무해통항권이라 한다. 유·무해 통항의 결정기준은 통과방법을 기준으로 하는 객관론과 통과목적을 기준으로 하는 주관론이 대립되는데, 해운 강대국은 전자를 선호하나, 결국 통항방법과 목적 모두가 무해 여부의 결정기준이 된다고 하겠다. 또 무해통항권은 국제교통에 필요한 국제해협에도 적용된다. 무해통항권은 통과권리이며 해난 기타 부득이한 경우 이외에는 영해에서의 정선의 권리는 인정되지 않는다. 외국군함의 통항권에 대해서는 통설이 없으며, 제네바에서 채택된 '영행에 관한 조약'(1958년)에도 이에 관한 규정을 두고 있지 않다. 무해통항권은 수면에만 허용되고 잠수항행이나 영해상공의 비행은 허용되지 않는다. 한편 어업이나 연안 운송의 경우 등은 이 권리에 포함되지 않는다.

가해선박선적국법주의

(加害船舶船籍國法主義)

공해상에서의 선박충돌시 충돌선박이 각각 선적국법을 달리할 경우, 이에 대하여는 법정지법주의·불법행위지법주의·피해선박선적국법주의·가해선박선적국법주의, 피해선박의 소유자의 선택에 의한 어느 일방의 선적국법주의, 누적적 적용주의가 있다. 이론상으로는 누적적 적용주의가 타당하나, 우리 국제사법 제61조 제2항은 공해에서의 선박충돌에 대한 책임을 각 선박이 동일한 선적국에 속하는 때에는 그 선적국법에 의하고, 각 선박이 선적국을 달리하는 때에는 가해선박의 선적국법에 의하도록 함으로써 공해상의 있어서의 이선적선박 사이의 충돌에 관해서는 가해선박선적국법주의를 채용하고 있다.

보존수역(保存水域)

영;conservation zone

연안국이 공해에 있어서 수산자원의 보존과 확보를 위하여 일반적으로 조약에 의해 관할권을 설정하는 지역을 말한다. 우리나라의 평화선도 일종의 보존수역의 설정이다. 1951년 국제연합의 국제법위원회가 작성한'대륙붕과 관계제사항에 관한 조약안'이 있으며, 이에 관한 대표적인 선언으로는 1945. 9. 28 미국 트루먼 대통령에 의한'공해의 일정 수역에 의한 연안어업에 관한 미합중국정책선언'이 있다.

배타적 경제수역
(排他的 經濟水域)

배타적 경제수역이라 함은 영해의 기선에서 200해리 이내의 수역을 말한다. 중남미제국이 주장하고 있던 「파드리모니알해」(세습수역) 「아프리카」제국이 주장하고 있던 배타적 경제수역의 주장을 통합하여, 제3차 해양법회의(1793년부터 개최)에서는 영해의 기선에서 200해리 이내의 수역에서 연안국은 생물·무생물을 포함한 모든 천연자원을 개발하는 주권적 권리를 행사할 수 있는 배타적 경제수역을 설정할 수 있는 것에 거의 의견이 일치하고 있다. 1977년 처음으로 캐나다·노르웨이·EC·미국·소련 등은 200해리의 어업전관수역(경제수역 중에서 어업만에 한정된 배타적 권리를 주장하는 것)을 설정하고 있다.

대륙붕(大陸棚)
영;continenltal shelf
불;plateau continental

국제법상 대륙붕이라 함은 「해안에 인접하고 있으나 영해 이외에 있는 수심 200미터 이내(또는 해저구역의 천연자원의 개발이 가능한 곳까지)의 해상 및 해저지하」를 말한다. 연안국은 대륙붕에 대하여 그것을 탐색하고 그 천연자원을 개발하기 위한 독점적인 권리를 가진다. 제2차 세계대전 후에 캘리포니아 캘리포니아 유전개발을 위한 트루먼선언(1945년 9월 28일)에 의하여 국제법상의 제도로서 확립되었다. 제3회 해양법회의에서 작성된 개정 비공식 교섭통합 초안에서는 대륙붕의 범위를 영해의 기선에서 200해리 또는 대륙 가장자리(Continental Margine)의 외단까지(다만, 최대한 350해리 또는 수심 250미터의 곳에서 100해리까지)로 하고 있다. 우리나라도 1952년 1월 18일자 대한민국 인접해양의 주권에 대한 대통령의 선언으로써 심도여하를 불문하고 대륙붕의 상부·표면·지하에 있어서 광물 및 수산자원의 보전과 이용을 위하여 주권을 유보하였다.

대륙붕과 배타적 경제수역의 비교

	대륙붕	배타적 경제수역
성립	육지의 자연적 연장으로 당연성립	선포를 필요로 함
구성	해저와 하층토로 구성	해저, 하층토, 상부수역까지 포함
범위	200해리 또는 최대 350해리	기선으로부터 200해리
국권	광물, 비생물자원, 정착성어족	생물과 무생물 모두에 미침

가장적 선점(假裝的 先占)
영;ficititious occupation
독;fiktive okkupation
불;occupation fictive

의제적 선점, 즉 국제법상 실효적이 아닌 선점을 말한다. 예컨대 연안일대의 선점이 그 배후지에까지 그 효력이 미친다는 사상은 실효적 선점에 대한 가장적 선점이다. 이처럼 가장적 선점은 조약에 기하여 세력을 행사하는 세력범위의 관념과 상이하다.

정착어업(定着漁業)
영;sedentary fishery

정착어업이라 함은 해저에 정착한 자원의 어획을 말한다. 즉 부유어업은 각국의 자유이나 「수확기에 있어서 대륙붕의 해상의 표면 또는 하부에 정지하고 있든지 또는 해상 혹은 해저지하에 항상 접촉하여 움직일 수 없는 생물」 즉 해조나 패류의 채취 등은 정착어업으로서 연안국이 독점적인 채취권을 보유하고 있는 대륙붕의 천연자원으로 인정된다(대륙붕조약§2④).

영공(領空)
영;aerial domain
독;Luftraum
불;domaine aérien

영공이라 함은 영토와 영해의 상공으로 구성되는 국가영역을 말한다. 즉, 영토·영해의 한계선으로부터 수직으로 세운 내부공역이며, 상방 한계는 무한으로 인정된다(국제항공협약§1·국제민간항공협약§1). 영공에 대한 국가의 기능은 「완전하고도 배타적인 주권」으로 간주된다. 물론 국제법에 따른 제한을 받는다. 요컨대, 영토나 영해에 대한 것과 원칙적으로 다를 바 없다. 무해항공은 조약상 일정한 것이 인정되나, 영해에 있어서의 무해통항과 같이 일반국제법상 확정되어 있지는 않는다. 영공에 관한 국제법규의 주요한 것으로 국제민간항공협약 및 국제민간항공협약 부속협정 등의 제규칙이 있다.

공공(公空)
영;oplen air·high air

영공을 제외한 기타의 공간을 말한다. 여기서는 영공의 한계가 문제가 되는데, 공공은 공해의 상공이라는 데는 이론이 없으나, 영토 및 영해상의 공간은 상공무한으로 영공이 되는 것인지는 실정법상 해석에 따라 다르다. 이 견해에 따르면 대기권 밖의 우주권은 이른바 공간에 포함되지 않는다. 따라서 현행법의 범위에는 들어있지 않으므로 장래의 입법정책문제에 속한다고 하겠다. 우주권은 이것을 공공으로 하고 거기에는 공해자유의 원칙으로부터 유추되는 “공공자유의 원칙”이 지배해야 하며, 이 새로운 법역의 지위를 확정하기 위해서는 “시카고 조약”의 개정과 다수국간의 조약체결이 필요하다는 설이 유력하다.

국제민간항공협약
(國際民間航空協約)

국제민간항공협약이라 함은 1919년 파리국제항공협약에 갈음하여 1944년 시카고연합국국제민간항공회의에서 채택된 협약을 말한다. 1947년 4월 실시당시 43개국이 참가하였다. 국제민간항공의 규정을 중심으로 영공에 관한 국가의 배타적 주권, 항공기의 종류·자격·소속·지위 등의 규정이 있다. 일반적으로 그 원칙은 파리협약과 같다. 파리협약과 같이 시카고회의에서도 국제항공수송협약(이른바 두 가지 자유협약)을 맺고, 국제민간항공기구(Inter national Civil Aviation Organizati on :ICAO)를 두고 있다.

국제항공조약(國際航空條約)

영;International Convention for the Regulation of Aerial Navigation

항공기의 국제상업상의 이용을 촉진하기 위하여 1919년 파리평화회의에서 조인된 조약으로 국제항공에 관한 다자조약으로서는 최초의 조약이다. 이 조약은 비행기의 국적취득절차 및 국적표시방법에 대하여 규정하고, 체약국의 실행의 통일을 도모하고 있다.

국제거래법

(국제사법·국제계약법)

국제사법(國際私法)

영;private international law
독;internationales Privatrecht
불;droit intenational prive

국제사법이라 함은 섭외적인 사법관계를 규율하기 위한 준거법을 지정하는 법규의 총체를 말한다. 국제사법이란 용어는 1834년 미국의 스토리(T.Story)가 사용한 jus gentium privatum에서 유래한다. 국가와 국가의 관계를 규율하는 법과는 달리 국제사법은 국제적으로 성립한 법체계가 아니라 각국의 국내법이나 국제법 및 섭외적인 절차문제에 관한 국제민사소송법까지도 포함하여 넓은 의미에서 국제사법이라고 불리는 경우가 많다. 우리나라에서는 섭외사법이 국제사법 규정이었으나 2001. 4. 7. 전문개정과 동시에 국제사법으로 명칭이 변경되었다.

국제사법규정의 흠결
(國際私法規定의 欠缺)

어떠한 섭외적 사법관계에 관해서 그 준거법을 결정하는 저촉규정이 존재하지 않는 경우를 말한다. 또 그러한 규정이 존재하는 경우라도 그것이 일방적 저촉규정 또는 불완전쌍방적 저촉규정에 불과할 때에는 저촉규정의 일부흠결 문제가 발생한다. 흠결보충의 방법으로는 유추해석과 조리가 있다.

저촉법(抵觸法)

영;conflict rule
독;Kollisionsnorm
불;regle de conflict

저촉법이라 함은 본래의 의미에서의 국제사법을 말한다. 17세기의 말엽 네덜란드의 학자가 어떤 표제하에 국제사법의 문제를 설명한 이래 그것을 계수한 영미에 있어서는 현재도 국제사법을 저촉법(Conflict of Laws) 또는 보다 정확하게 법률저촉법이라고 부르고 있다. 본래의 의미에서의 국제사법이란 저촉법을 말하며, 또 그 개개의 규정을 저촉규정이라고 한다. 예컨대, 미국인 남편과 한국인 부인과의 사이의 이혼에 관하여는 미국법과 한국법이 저촉(충돌)하는 것 같이 보인다. 그러나 국제사법의 목적은 법률저촉 그 자체가 아니고, 그러한 법률저촉의 상태를 해결하는 것, 즉 서로 저촉하는 법률 가운데서 준거법을 선택하는 것이다(법률선택법). 입법의 형식으로서는 크게 자국법이 적용되는 경우에 관하여만 규정하는 일방적 저촉규정과 보다 일반적으로 섭외적 사건에 관하여 내·외국법을 준거법으로서 지정하는 쌍방적 저촉규정으로 나누어진다. 일방적 규정은 그 적용에 있어서 필연적으로 쌍방화되게 한다. 또한 반정의 이론적 근거로서 저촉규정의 일방적 구성을 주장하는 입장도 있다. 저촉법에 대하여 생활관계를 실질적으로 규율한다고 하는 의미에 있어서 민법·상법 등을 실질법이라고 한다.

외인법(外人法)
영:Fremdenrecht

외인법이란 1국의 국내법상 외국인에 관한 특별규정을 말한다. 프랑스식으로 말하면「국내법상의 외국인의 지위」가 된다. 따라서 그것은 넓은 의미에서는 공법·사법의 모든 영역에 미친다. 그 가운데 특히「외국인의 사법상의 지위」는 때로는 국제사법의 영역에 속한다. 저촉법으로서의 국제사법과 외인법과는 전혀 법적성질을 달리하나, 그 어느 것도 섭외적이라고 하는 편의상의 고려에 근거하고 있다. 외인법의 예를 들면, 상법의 외국회사에 관한 제규정(상 §614~§621), 외국인의 토지취득 및 관리에 관한 법률의 제규정, 저작권법 제3조, 특허법 제25조 등이다.

국제상법(國際商法)
영:international commercial law
독:internationales Handelsrecht
불:droit commercial international

상사에 관한 국제사법, 즉 상사에 관한 이른바 법률의 저촉을 해결하는 법률을 말한다. 예를 들면 국제상행위법·국제유가증권법·국제해상법 등이 이에 해당한다. 상사에 관한 법률관계는 일반적으로 보편적 성질을 가지며 따라서 국제적 성질을 지니는 것이 대부분이다. 이처럼 보편적인 성질을 가진 상사에 관한 법률관계는 국제사법에 의해서 해결하는 것보다는 세계 각국의 실질법을 통일하는 것이 사법적 국제생활을 보다 안전하게 보장해 줄 것이다. 이에 따라 국제적 성질을 가진 상사문제해결을 위해 실질법의 통일을 이루기 위한 국제조약이 추진되어 감에 따라 국제사법의 범위가 그 만큼 축소되고 있다. 그러나 통일법의 실현은 어려우며 이 방면에 관한 문제의 해결은 아직도 거의 국제사법에 의존하고 있다.

국제어음법·수표법
(國際어음법·手票法)
독:internationales Wechsel-und Scheckrecht

제1차 세계대전 종료 후에 어음·수표법에 관한 통일운동이 다시 제기되어 1920년 국제연맹의 주최하에 1930년 및 1931년에 제네바에서 어음법통일회의 및 수표법통일회의가 개최되어 통일조약의 성립을 보았다. 그때 비가입국 간에는 물론, 가입국간에도 조약의 유보사항 및 조약 외의 사항에 관하여 법률의 저촉이 생길 것을 고려하여 성립된 조약이다. 통일 어음법은 독일법계와 프랑스법계 등 대륙법계를 통일한 것이고, 특히 독일법적 색채가 농후하다. 그러므로 진정한 세계통일법이 성립하지 못한 상태이다.

국제해상법(國際海商法)
영:International maritime law

해상에 관한 국제사법, 즉 해상에 관한 이른바 법률의 저촉을 해결하는 법률을 말한다. 우리 섭외사법 제44조 내지 제47조가 국제해상법에 관한 규정이다. 국제해상법에 있어서도 국제사법의 일반원칙이 적용되지만, 해상은 선박을 중심으로 하여 행하여지기 때문에 그 성질상 국제사법의 일반원칙이 그대로 적용될 수 없는 경우도 있다. 이것이 국제해상법에 특별 선진국법이 적용되는 경우가 많은 이유이나, 해상법은 그 규정이 점차 통일되는 경향이 있다.

국제유가증권법(國際有價證券法)

어음 및 수표에 관한 국제사법을 말한다. 우리 섭외사법 제34조 내지 제43조가 국제유가증권법에 관한 규정이다. 어음·수표에 관한 통일조약이 1930년과 1931년에 성립되었지만, 당시 비가입국간은 물론 가입국간에서도 조약의 유보사항 및 조약외의 사항에 관한 법률의 저촉을 고려하여 앞의 통일조약과 법률저촉의 해결을 위한 통일조약을 성립시켰다.

국제민사소송법(國際民事訴訟法)

국제민사소송법이라 함은 어느 나라 국내의 민사소송법에서 섭외적 사항에 대하여 적용될 것을 규정한 법규총체를 말한다. 이에는 외국인의 소송능력, 외국에서 성립된 증거의 효력, 외국에서 행하여져야 할 소송행위, 외국판결의 효력에 관한 법규(민소§57,§296② §217 등)등이 주요한 것이다. 국제사법이 섭외사건에 관하여 어느 나라의 사법을 적용할 것이냐를 규정한 것과는 사뭇 다르다.

섭외사법(涉外私法)

섭외사법이라 함은 대한민국에서의 외국인 및 외국에서의 대한민국 국민의 섭외적 생활관계에 관하여 준거법을 정함을 목적으로 제정되었던 법률이다(섭§1). 이 법률은 1962년 1월 15일 우리나라의 국제사법에 관한 단행법전으로 제정되었고, 2001년 4월 7일 전문개정을 통하여 국제사법으로 명칭이 변경되었다.

국제민법(國際民法)

영;international civil law
독;internationales Zivilrecht
불;droit civil international

민법에 관한 사항의 국제사법 중 상사에 관한 국제상법을 제외한, 즉 민사에 관한 법률의 저촉을 해결하는 법률을 말한다. 우리 국제사법 제11조 내지 제50조가 국제민법에 관한 규정이다. 실질법인 민법과 상법이 일반법과 특별법의 관계에 있는 것과 같이, 국제민법과 국제상법도 일반법과 특별법의 관계에 있다.

국제행정법(國際行政法)

영;International administration

다의적 의미로 사용되지만, 국제행정법은 인류 공동사회로서의 국제단체의 바탕 위에 경제·문화·교통 등 다방면의 국제적 협력을 도모하기 위해 국제통일법의 발달을 가져온 결과이니, 그 중요한 예로는 항공·철도·전신·전화·우편·공업소유권 등 상공업, 저작권 보호 등의 문화적 사업, 노동에 관한 국제조약 등을 들 수 있다. 국제행정법에 관하여는 (1) 국제적 행정의 발달 연혁적 측면에서 파악하여 경제·교통·통신 기타 문화적 행정사무에 대한 국가간의 협력에 관한 법적규율이라는 견해, (2) 각국의 국내행정법의 적용범위의 한계 또는 그 국제적 저촉을 처리하는 법으로 보는 견해, (3) 국제입법 및 국제사법에 대립하는 개념으로 이해하는 견해, (4) 각국의 협력을 바탕으로 하는 공동적 사무처리에 관한 조약에 기하여 설정된 연합 또는 동맹의 조직관계 및 그 행정국 활동에 관한 법으로 보는 견해 등이 있다.

저촉규정(抵觸規定)

저촉규정이라 함은 섭외사항에 관하여 국가사이의 이른바 법률의 저촉을 해결하는 규정을 말한다. 충돌규칙 또는 연결규칙이라고도 한다. 국제사법의 규정은 이에 속하며, 특히 민법·상법 등과 같은 실정법에 대한 용어이다.

준거법(準據法)

준거법이라 함은 국제사법에 의하여 어떤 법률관계에 적용될 법률을 말한다. 예컨대 능력의 준거법은 당사자의 본국법, 채권양도의 제3자에 대한 효력의 준거법은 채무자의 주소지법에 의한다고 하는 경우와 같다. 이러한 각종의 법률관계의 준거법을 지정하는 법률이 곧 국제사법이다. 준거법은 개개의 실제적 문제에 대하여 법률효과의 존부를 판정하는 법률이기 때문에 이것을 효과법이라고 부르는 학자도 있다.

간접법(間接法)

국제사법상 법률관계를 직접적으로 규율하는 사법을 실질법 또는 사항규정이라고 하는데 대해서, 국제사법은 법률관계를 직접적으로 규율하는 법이다. 이러한 의미에서 여러나라의 사법을 지정함으로써 간접적으로 섭외적 생활관계에 있어서의 법률관계를 규율하는 법이다. 이러한 의미에서 여러나라의 사법의 장소적 적용범위를 결정하는 법이므로, 이를 적용법 또는 간접법이라고 한다.

거행지법(擧行地法)

혼인거행지의 법률을 말한다. 우리 섭외사법 15조1항 단서에 의해 혼인의 형식적 성립요건, 즉 방식의 준거법으로 인정된다. 우리 민법 814조는 외국에 있는 본국민 사이의 혼인은 그 외국에 주재하는 대사·공사 또는 영사에게 신고할 수 있다고 규정하고 있어, 이 방식에 의하는 경우를 제외하고는 혼인거행지법의 적용이 강행적이다.

섭외적 사법관계(涉外的 私法關係)

섭외적 사법관계라 함은 내외 다수국가의 법률에 관계를 가지는 법률관계를 일반적으로 섭외적 법률관계라 하는데, 그것이 사법적 법률관계인 경우를 말한다. 어떤 법률관계가 그 요소, 예컨대 당사자의 국적·주소 또는 거소, 목적물의 소재지·행위지·사실발생지 등에 의하여 내외의 법률에 연결되어 있는 경우이다. 예컨대, 한국인과 미국인이 매매계약을 체결하거나 또는 외국인이 한국에서 불법행위를 한 경우 등과 같다. 이러한 섭외적 사법관계에 적용할 사법을 지정하는 법규가 곧 국제사법이다.

본국법주의(本國法主義)

영;doctrine of nationality
독;System der Heimatrechte
불;sytême de laloi nationle

본국법주의라 함은 국제사법상 본국법을 적용하는 주의를 말한다. 다음과 같이 경우에 따라서 다른 의미를 가진다. (1) 국제사법상 속인법으로서 본국법을 채택하는 주의를 의미하는 경우가 있다. 즉 국제사법상 사람의 신분 및 능력에 관한 문제는 속인법에 의하여야 한다는 것이 일반적으로 인정되고 있는데, 무엇을 속인법으로 삼는가에 관하여는 제국의 입법·판례상 본국법에 의한다는 입장과 , 주소지법에 의한다고 하는 입장이 대립하고 있다. 그중 전자를 본국법주의라 하고, 후자를 주소지법주의라 한다. 이와 같은 의미에 있어서의 본국법주의를 국적주의라고도 한다. 속인법으로서의 본국법주의는 「독일」·「프랑스」를 비롯한 대륙법국의 국제사법상 널리 채택되고 있으며, 우리나라 국제사법도 이 주의를 채택하고 있다(국제사법§3이하). (2) 신분 및 능력의 문제일반에 관한 것이 아니고 특정의 법률관계에 본국법을 적용하는 주의를 의미하는 경우가 있다. 예컨대 상속에 관하여는 본국법주의에 의한다는 경우 등과 같다. (국제사법§49, §50). (3) 국제사법상 모든 경우에 원칙적으로 본국법을 적용하는 일파의 학자가 주장하는 주의를 의미하는 경우가 있다.

속인법주의(屬人法主義)

속인법주의라 함은 국제사법상 각종의 법률관계에 대하여 원칙적으로 속인법을 적용하는 주의를 말한다. 19세기의 후반에 「이탈리아」에서 일어난 국제사법상의 일학파(이탈리아 학파)의 학자들에 의하여 주장된 주의이다. 이 학파의 견해에 따르면 법은 원칙적으로 속인적이며, 따라서 사람이 어느 곳에 있는가를 불문하고 본국법의 적용을 받아야 한다고 한다. 또한 이밖에 특정의 법률관계에 대하여 속인법(본국법 또는 주소지법)을 적용하는 주의를 속인법주의라고 하는 경우도 있다. 예컨대 상속에 관한 속인법주의라고 하는 경우 등이 그것이다.

속지법주의(屬地法主義)

속지법주의라 함은 법의 능력을 원칙적으로 속지적인 것으로 보고, 내국인이나 외국인이거나를 불문하고 원칙적으로 자국법의 적용을 인정하며, 오직 일정한 경우에 예외로서 외국법에 의할 것으로 하는 국제사법상의 주의를 말한다. 16세기 「프랑스」의 국제사법학자 「다르장뜨레(d'Argentre, 1519~80)」의 학설이다. 그 학설을 지지한 17세기에 이른바「네덜란드」학파의 입장도 이에 속한다. 오늘날 영·미의 국제사법학파는 비교적 속지법주의적인 경향이 강하다.

반정(反定)

영;renvoi, remittal;
독;Renvoi, Ruckvrweisung
불;renvoi

반정이라 함은 소송지의 국제사법에 따르면 문제된 섭외적 사법관계에 관하여 외국법이 준거법이 되고, 그 외국법소속국의 국제사법에 따르면 동일한 법률관계에 관하여 오히려 소송지의 법률 또는 제3국의 법률이 준거법이 되는 경우에 소송지의 법률 또는 제3국의 법률을 적용하는 국제사법상 원칙을 말한다. 소송지의 법률을 적용하는 경우를 협의의 반정이라 하고, 제3국의 법률을 적용하는 경우를 특히 전정(轉定)이라고 한다. 광의의 반정은 전정을 포함한다. 입법론상 반정을 인정할 것인가의 여부에 관하여는 학설이 나누어지고 있으나, 19세기 후반부터는 반정을 인정하는 국가의 판례가 적지 않고, 입법상으로도 일정한 범위내에서 이것을 인정하는 경우가 많다. 그러나 「이탈리아」·「브라질」·「그리이스」의 경우와 같이 명문으로 반정을 인정하지 않는 입법례도 있다. 또한 반정은 보통 소송지의 국제사법에 의하여 정해지는 문제된 섭외적 사법관계의 준거법소속국의 국제사법의 일반원칙에 의하여 종국적으로 적용할 법률을 정하는 것이며, 그 외국국제사법이 인정하는 반정의 규정을 고려하여 종국적으로 적용할 법률을 정하는 것을 특히 이중반정(double renvoi)이라 한다. 외국의 판례 중에는 이것을 인정한 것이 있다. 우리나라 국제사법의 해석으로서는 이중반정은 인정할 수 없을 것이다. 이중반정을 인정하는 경우에는 본래 반정의 원칙에 의하여 달성하고자 하는 결과와는 반대의 결과가 발생하기 때문이다.

간접반정(間接反定)

국제사법상 갑국 국제사법규정에 의하면 을국법이 지정되나, 을국국제사법규정에 의하면 병국법이 지정되고, 또 병국 국제사법규정에 의하면 다시 갑국법이 지정되는 경우를 말한다. 예컨대, 미국에 주소를 가진 아르헨티나인이 우리나라에 부동산을 남기고 사망하여 그 부동산의 상속문제가 우리법원에서 문제되었을 경우 우리 국제사법에 의하면 사자의 본국법, 즉 아르헨티나법을 따라야 하나, 아르헨티나의 국제사법에 따르면 사자의 최후의 소재지법, 즉 미국법에 따라야 한다. 그런데 미국의 국제사법에 따르면 다시 부동산의 소재지법, 우리나라의 법률에 따르게 된다. 만약 우리나라법을 적용한다면 일종의 반정을 인정한 것이 된다. 이러한 경우 반정은 광의의 반정에 속하나 특히 간접반정이라고 한다.

당사자자치의 원칙

(當事者自治의 原則)
독;Prinzip der Parteiautonome

당사자자치의 원칙이라 함은 법률행위 협약(계약)의 준거법을 당사자의 명시 또는 黙示(묵시)의 의사에 의하여 결정하는 국제사법상의 원칙을 말한다. 의사자치의 원칙이라고도 한다. 우리나라 국제사법 제9조 본문에 따르면 국제적 계약(법률행위)의 준거법은 계약당사자가 합의한 바에 따른다. 바꾸어 말하면 국제사법상 계약(법률행위)의 준거법은 당사자의 자치적인 의사에 의하여 정한다. 기본적인 사고방식에 있어서는 민법상의 사적 자치의 원칙과 공통되며, 각국의 국제사법에서도 널리 승인되고 있는 원칙이다. 국제계약(법률행위)도 대량화와 함께 정형화되고, 그것에 따라서 이러한 준거법에 관한 합의도 다른 조항, 즉 재판관할 및 중재에 관한 합의와 함께 미리 계약문서 중에 명기되어 있는 것이 많다. 준거법에 관한 명시의 합의는 법원을 구속한다. 문제는 당사자의 의사가 분명하지 아니한 경우이다. 그러한 경우에 있어서는 계약에 관련된 각종의 사정을 고려하여 가능한 한 당사자의 합리적인 의사를 고려하게 된다. 그 경우는 각각의 계약의 형태가 기초가 된다. 또 당사자가 계약(법률행위)의 준거법을 지정하는 경우에 그 지정은 두 가지의 의미를 가진다. 하나는 계약(법률행위)의 성립·효력 자체를 지배하는 법률의 지정이며, 다른 하나는 준거법이 허용하는 범위내에서 계약(법률행위)의 구체적 내용을 정하는 대신에 어느 법률에 의하여 하고자 하는 지정이다. 전자를 저촉법적 지정이라 하고, 후자를 실질법적 지정이라 한다. 당사자자치(의사자치)는 전자만을 의미한다. 이러한 의미의 당사자 자치를 이론적으로 부정하는 견해도 있다.

사회질서조항(社會秩序條項)

불;lois d'ordre public

사회질서조항이라 함은 국제사법의 규정에 의하여 준거법으로서 지정된 외국법의 규정이 우리나라의 선량한 풍속 기타 사회질서에 위반하는 때에는 법원은 이러한 외국법 대신에 한국법을 적용하도록 되어 있는 규정을 말한다(국제사법§10). 사회질서조항은 국제사법에 의한 외국법의 적용에 대하여 한계를 짓고 있다. 따라서 사회질서조항을 발동하면 할수록 국제사법의 기능은 후퇴하게 된다.

법률관계의 성질결정

(法律關係의 性質決定)
영;qualification
독;Qualifikation
불;théorie de qualification

법률관계의 성질결정이라 함은 국제사법상의 법률개념을 어느 법률에 의하여 결정할 것인가에 관한 문제를 말한다. 어떤 외국인의 처가 망부의 유산에 대한 취득분을 소구한 경우, 그것을 상속법상의 법률관계로서 성질을 결정하면 국제사법 제49조에 의해서 사망 당시 피상속인의 본국법에 의한다. 또 만일 부부재산제상의 것으로 법률관계의 성질을 결정하면 국제사법 제37·38조에 따라서 부부의 동일한 본국법이 준거법으로 된다. 이와 같이 어떤 법률관계 또는 제기된 구체적 법률문제가 어떻게 성질결정을 하는가에 따라서 적용될 저촉규정이 달라지게 된다. 가령 국제사법규정이 국제적으로 통일되었다고 하여도 거기에서 사용된 법률개념을 각국이 각각 자국의 사법개념에 따라서 해석한다면 표현상 통일된 것 같이 보이는 국제사법도 결과적으로는 무(無)로 귀착될 것이다. 이러한 이유에서 19세기말 「바르땅(E. Bartin 1897, 법률저촉의 결정적 제거 또는 불능론)」과 「칸(O.Kaln 1891, 잠재적 법률의 저촉)」이 국제사법 통일의 불가능성의 논거로서 제창한 것이 시초이다. 그러나 같은 국내법이라도 민법상 사용되고 있는 법률개념과 국제사법상의 개념과는 그 의미 내용을 전혀 달리한다. 예컨대 구체적 세목에 까지 확정되어 있는 것이 민법에서 말하는 혼인의 개념이다. 이에 대하여 섭외사법 제15조에서 말하는 혼인이란 섭외사건에 관하여 준거법을 지정하는데 필요하고 충분한 만큼의 추상적인 것으로 충분하다. 국제사법상의 법률개념은 자국의 사법개념에 의거하면서도 그 기능에 비추어 널리 각국법을 포용할 수 있도록 비교법적으로 추상화된 것이어야 한다.

장소는 행위를 지배한다.

(場所는 行爲를 支配한다.)
loctus regit actum

국제사법상 널리 승인되고 있는 바에 따르면 행위지법이 정한 방식을 갖춘 법률행위는 유효하다. 그러므로 이말은 정확하게 「장소는 방식을 지배한다(loctus regit actum)」라고 표현할 수 있다. 국제사법 제17조에서는 법률행위의 방식은 법률행위의 실질적인 준거법에 의한다고 함과 동시에 보충적으로 이 원칙을 인정하고 있다. 이것은 가급적이면 법률행위의 효과적인 성립을 도모하려는 취지인 것이다. 그런 까닭에 법률행위의 방식에 관한 한 실질적인 준거법 또는 행위지법의 정하는 바에 따른다면 그것으로 유효가 된다. 다만 혼인의 방식은 의무적으로 혼인거행지(행위지)의 법에 의한다고 규정하고 있다. (국제사법 §36②)

불통일법국(不統一法國)

불통일법국이라 함은 동일한 주권 아래 복수의 법률계를 가진 나라를 말한다. 전형적으로는 각주마다 사법체계를 가진 미합중국의 경우가 그 예이다. 그러한 국법이 준거법으로서 지정된 경우 과연 구체적으로 어느 지역의 법률을 적용해야 하는가가 국제사법상의 문제로 된다. 그러나 불통일법국(다수법국)에 대한 지정이라도 예컨대 물건의 소재지라든가 불법행위지라고 하는 것과 같이 국제사법에 의하여 사용된 연결점이 그 자체에 있어서 「지적 한정」의 요소를 가지고 있는 경우는 전혀 문제가 없다. 문제는 그 자체가 아무런 지적 요소를 포함하지 않는 국적이 연결점으로 되어 있는 경우이다. 즉, 불통일법국에 속하는 자의 본국법을 어떻게 하여 결정하는가의 문제이다. 이것에 관하여 법정지의 입장에 있어서 직접 어느 지역의 법률로써 준거법으로 하는가를 결정하려고 하는 것이 직접지정설이다. 이에 대하여 우리나라 국제사법에 의하여 지정된 본국의 그 점에 관한 내부입법에 의하여 그것을 정하려고 하는 것이 간접지정설이다. 이론적으로는 그 어느 쪽도 성립하는 것이지만, 결과적으로는 간접지정설이 보다 타당하다고 본다.

재판관할권(裁判管轄權)

영:juridiction of the International court of Justice

어떠한 경우에 1국의 재판소는 국제사법사건에 대해서 재판할 것인가 하는 개념으로서 그의 결정은 국제사법 또는 국제민사소송법상의 문제이다. 섭외사건에 관한다는 점에서 국제적 관할권이라고도 불린다. 이와 구별해야 하는 것이 한편에서는 민사소송법에서 말하는 토지관할이고 다른 한편에서는 1국의 사법권의 행사에 관한 재판권이라는 관념이다. 재판관할권에 있어서 문제가 되는 것은 전체로서의 1국의 재판소이며 토지관할에 있어서처럼 특정의 재판소가 아니다. 또한 재판권의 한계는 국제공법상의 문제이다. 재판관할권이 문제가 되는 측면은 두 가지 있다. 우선 우리나라의 법원이 직접 섭외사건을 재판할 때의 준거이다. 아울러 외국판결이 승인의 요건으로서 그 외국재판소가 우리나라 입장에서 보아 과연 재판관할권을 지니고 있었느냐의 여부가 문제가 된다.

외국판결의 승인

(外國判決의 承認)

외국판결의 승인이라 함은 외국법원에 의하여 행하여진 확정판결이 일정한 기준에 따라 내국에서 그 효력(확정력)이 승인되는 것을 말한다. 민사소송법 제217조에서는 그 요건을 정하고 있다. 그 가운데 인정하기 곤란한 것은 상호보증의 요건이다. 이것은 특별한 양국가간 조약이 없는 경우에 있어서도 판결이 행하여진 그 외국에 있어서 실질적으로 동등한 요건하에 우리나라의 판결이 승인되는 것에 관한 보증이 있는 것을 말한다. 「캘리포니아」주 판결에 관하여는 상호의 보증을 긍정하고,「벨기에」의 판결에 관하여는 그것을 부정하는 것이 판례이다. 구체적 절차로서는 집행판결을 구하는 단계에 있어서 위의 민사소송법 제217조의 요건이 심사된다. 그러나 이것은 집행을 목적으로 하는 재산권상의 급부판결만에 관한 것이다. 집행이 문제로 되지 않는 신분문제에 관한 형성적인 외국판결, 예컨대 외국이혼판결의 승인에 관하여는 위의 민사소송법의 제217조는 그대로 적용되는 것이 아니다.

신용장(信用狀)
영;letter of credit
독;Kreditbrief
불;lettre de crédit

어떤 은행이 거래처인 특정 은행이나 일반 은행 앞으로 신용장에 정하여진 사람에게 일정한 범위 내의 금전을 지급할 것을 위탁하는 지급위탁서를 말한다. 본래 신용장은 은행이 매수인(수출상)의 대금지급을 보장함으로써 무역거래의 원활을 꾀하기 위하여 이용되었는데, 오늘날은 상품의 대금결제를 목적으로 하지 않고, 금융·보증 등을 위하여 이용되는 것을 비롯하여 여러 가지 변종이 생겨났다. 신용장은 여러 기준에 의하여 분류할 수 있지만, 이용의 목적에 따라 상품의 대금결제를 목적으로 하는 상업신용장과, 상품 이외의 거래를 수행하는데 이용되는 금융신용장 또는 보증신용장이 있다. 상업신용장은 외국무역상 은행이 수출상인 매수인의 의뢰에 의하여 수출지의 은행에 대하여 매도인에게 금전을 지급할 것을 위탁하는 지급위탁이다. 신용장이 개설된 경우에는 매도인은 매수인이 아니라 신용장개설은행을 지급인으로 하는 환어음을 발행하여 이 신용장을 첨부하여 할인은행으로부터 환어음의 할인을 받는 것이다. 보증신용장은 금융이나 보증을 위하여 발행되는 특수한 신용장으로서 주채권자가 계약을 불이행할 경우에 채권자가 은행에 대하여 보증의 실행을 요구할 수 있는 신용장이다. 이처럼 상업신용장은 기본계약이 예정대로 성립하는 경우에 당사자 사이의 대금결제를 위하여 이용되는 수단임에 반하여, 보증신용장은 당사자 사이의 거래가 원만하게 진행되지 않는 경우에 대비하는 수단인 것이다.

■ 집필대표 이병태 약력

▌중앙대학교 법과대학 졸업
▌고려대학교 대학원 법학석사
▌독일 Freiburg대학 수학
▌동국대학교 대학원 법학박사
▌사법시험위원·행정고시위원
▌(전)한양대학교 교수
▌(전)한양대 법학연구소장
▌(전)한양대 법대 학장
▌(전)명예교수

2024판
법률용어사전

2024년 5월 15일 개정(38판) 인쇄
2024년 5월 20일 개정(38판) 발행

1986년 1월 05일 초판 발행

집필대표 이병태
발행인 김현호
발행처 법문북스
공급처 법률미디어

주소 서울 구로구 경인로 54길4(구로동 636-62)
전화 02)2636-2911~2, 팩스 02)2636-3012
홈페이지 www.lawb.co.kr

등록일자 1979년 8월 27일
등록번호 제5-22호

ISBN 979-11-93350-37-9 (91360)

정가 38,000원

이 도서의 국립중앙도서관 출판예정도서목록은 서지정보유통지원시스템 홈페이지(http://seoji.nl.go.kr)와 국가자료종합목록 구축시스템(http://kolis-net.nl.go.kr)에서 이용하실 수 있습니다.